CB021649

CÓDIGO PENAL
COMENTADO

www.saraivaeducacao.com.br
Visite nossa página

Miguel Reale Júnior
COORDENADOR

CÓDIGO PENAL
COMENTADO

Alamiro Velludo Salvador Netto
Alexandre Wunderlich
David Teixeira de Azevedo
Eduardo Saad-Diniz
Fábio Guedes de Paula Machado
Felipe Longobardi Campana
Filipe Henrique Vergniano Magliarelli
Guilherme Brenner Lucchesi
Helena Regina Lobo da Costa
Heloisa Estellita
João Florêncio de Salles Gomes Junior
Luciano Anderson de Souza
Luciano Feldens
Marcelo Almeida Ruivo
Mariângela Gama de Magalhães Gomes
Marina Pinhão Coelho Araújo
Miguel Reale Júnior
Renato de Mello Jorge Silveira
Salo de Carvalho
Víctor Gabriel Rodríguez

2ª edição
revista, ampliada
e atualizada

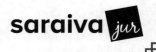

Av. Paulista, 901, Edifício CYK, 4º andar
Bela Vista – São Paulo – SP – CEP 01310-100

SAC sac.sets@saraivaeducacao.com.br

Diretoria executiva	Flávia Alves Bravin
Diretoria editorial	Ana Paula Santos Matos
Gerência de produção e projetos	Fernando Penteado
Gerência editorial	Thais Cassoli Reato Cézar
Novos projetos	Aline Darcy Flôr de Souza
	Dalila Costa de Oliveira
Edição	Jeferson Costa da Silva (coord.)
	Deborah Caetano de Freitas Viadana
Design e produção	Daniele Debora de Souza (coord.)
	Rosana Peroni Fazolari
	Camilla Felix Cianelli Chaves
	Deborah Mattos
	Lais Soriano
	Tiago Dela Rosa
Planejamento e projetos	Cintia Aparecida dos Santos
	Daniela Maria Chaves Carvalho
	Emily Larissa Ferreira da Silva
	Kelli Priscila Pinto
Diagramação	Fabio Kato
Revisão	Carolina Mihoko Massanhi
Capa	Tiago Dela Rosa
Produção gráfica	Marli Rampim
	Sergio Luiz Pereira Lopes
Impressão e acabamento	Edições Loyola

DADOS INTERNACIONAIS DE CATALOGAÇÃO NA PUBLICAÇÃO (CIP)
ODILIO HILARIO MOREIRA JUNIOR – CRB-8/9949

C669   Código Penal Comentado / Alexandre Wunderlich... [et al.] ; coordenação de Miguel Reale Júnior – 2. ed. – São Paulo : SaraivaJur, 2023.

1256 p.

ISBN: 978-65-5559-872-8 (Impresso)

1. Direito. 2. Direito Penal. 3. Código Penal Comentado. I. Salvador Netto, Alamiro Velludo. II. Azevedo, David Teixeira de. III. Saad-Diniz, Eduardo. IV. Machado, Fábio Guedes de Paula. V. Campana, Felipe Longobardi. VI. Magliarelli, Filipe Henrique Vergniano. VII. Lucchesi, Guilherme Brenner. VIII. Costa, Helena Regina Lobo da. IX. Estellita, Heloisa. X. Gomes Junior, João Florêncio de Salles. XI. Souza, Luciano Anderson de. XII. Feldens, Luciano. XIII. Gomes, Mariângela Gama de Magalhães. XIV. Araújo, Marina Pinhão Coelho. XV. Reale Júnior, Miguel. XVI. Silveira, Renato de Mello Jorge. XVII. Carvalho, Salo de. XVIII. Rodriguez, Víctor Gabriel. XIX. Título.

	CDD 345
2022-2549	CDU 343

Índices para catálogo sistemático:

1. Direito Penal   345
2. Direito Penal   343

Data de fechamento da edição: 27-2-2023

Dúvidas? Acesse www.saraivaeducacao.com.br

Nenhuma parte desta publicação poderá ser reproduzida por qualquer meio ou forma sem a prévia autorização da Saraiva Educação. A violação dos direitos autorais é crime estabelecido na Lei n. 9.610/98 e punido pelo art. 184 do Código Penal.

| CÓD. OBRA | 12039 | CL | 608217 | CAE | 812451 |

Índice Sistemático do Código Penal

PARTE GERAL

TÍTULO I
DA APLICAÇÃO DA LEI PENAL
Arts. 1º a 12 1

TÍTULO II
DO CRIME
Arts. 13 a 25 77

TÍTULO III
DA IMPUTABILIDADE PENAL
Arts. 26 a 28 155

TÍTULO IV
DO CONCURSO DE PESSOAS
Arts. 29 a 31 172

TÍTULO V
DAS PENAS

Capítulo I	Das espécies de pena (arts. 32 a 52)	201
Seção I	Das penas privativas de liberdade (arts. 33 a 42)	204
Seção II	Das penas restritivas de direitos (arts. 43 a 48)	221
Seção III	Da pena de multa (arts. 49 a 52)	234
Capítulo II	Da cominação das penas (arts. 53 a 58)	237
Capítulo III	Da aplicação da pena (arts. 59 a 76)	241
Capítulo IV	Da suspensão condicional da pena (arts. 77 a 82)	282
Capítulo V	Do livramento condicional (arts. 83 a 90)	287
Capítulo VI	Dos efeitos da condenação (arts. 91 a 92)	300
Capítulo VII	Da reabilitação (arts. 93 a 95)	309

TÍTULO VI
DAS MEDIDAS DE SEGURANÇA
Arts. 96 a 99 317

TÍTULO VII
DA AÇÃO PENAL

Arts. 100 a 106 329

TÍTULO VIII
DA EXTINÇÃO DA PUNIBILIDADE

Arts. 107 a 120 352

PARTE ESPECIAL

TÍTULO I
DOS CRIMES CONTRA A PESSOA

Capítulo I	Dos crimes contra a vida (arts. 121 a 128)	401
Capítulo II	Das lesões corporais (art. 129)	429
Capítulo III	Da periclitação da vida e da saúde (arts. 130 a 136)	439
Capítulo IV	Da rixa (art. 137)	461
Capítulo V	Dos crimes contra a honra (arts. 138 a 145)	464
Capítulo VI	Dos crimes contra a liberdade individual (arts. 146 a 154-B)	485
Seção I	Dos crimes contra a liberdade pessoal (arts. 146 a 149-A) ..	485
Seção II	Dos crimes contra a inviolabilidade do domicílio (art. 150) .	510
Seção III	Dos crimes contra a inviolabilidade de correspondência (arts. 151 e 152)	515
Seção IV	Dos crimes contra a inviolabilidade dos segredos (arts. 153 a 154-B)	522

TÍTULO II
DOS CRIMES CONTRA O PATRIMÔNIO

Capítulo I	Do furto (arts. 155 e 156)	535
Capítulo II	Do roubo e da extorsão (arts. 157 a 160)	553
Capítulo III	Da usurpação (arts. 161 e 162)	580
Capítulo IV	Do dano (arts. 163 a 167)	586
Capítulo V	Da apropriação indébita (arts. 168 a 170)	596
Capítulo VI	Do estelionato e outras fraudes (arts. 171 a 179)	608
Capítulo VII	Da receptação (arts. 180 e 180-A)	637
Capítulo VIII	Disposições gerais (arts. 181 a 183)	648

TÍTULO III
DOS CRIMES CONTRA A PROPRIEDADE IMATERIAL

Capítulo I	Dos crimes contra a propriedade intelectual (arts. 184 a 186)	653
Capítulo II	Dos crimes contra o privilégio de invenção (arts. 187 a 191)	665
Capítulo III	Dos crimes contra as marcas de indústria e comércio (arts. 192 a 195)	665
Capítulo IV	Dos crimes de concorrência desleal (art. 196)	665

TÍTULO IV
DOS CRIMES CONTRA A ORGANIZAÇÃO DO TRABALHO

Arts. 197 a 207 665

TÍTULO V
DOS CRIMES CONTRA O SENTIMENTO RELIGIOSO E CONTRA O RESPEITO AOS MORTOS

Capítulo I	Dos crimes contra o sentimento religioso (art. 208)	703
Capítulo II	Dos crimes contra o respeito aos mortos (arts. 209 a 212)	708

TÍTULO VI
DOS CRIMES CONTRA A DIGNIDADE SEXUAL

Capítulo I	Dos crimes contra a liberdade sexual (arts. 213 a 216-A)	716
Capítulo I-A	Da exposição da intimidade sexual (art. 216-B)	729
Capítulo II	Dos crimes sexuais contra vulnerável (arts. 217 a 218-C)	730
Capítulo III	Do rapto (arts. 219 a 222)	742
Capítulo IV	Disposições gerais (arts. 223 a 226)	743
Capítulo V	Do lenocínio e do tráfico de pessoa para fim de prostituição ou outra forma de exploração sexual (arts. 227 a 232-A)	745
Capítulo VI	Do ultraje público ao pudor (arts. 233 e 234)	755
Capítulo VII	Disposições gerais (arts. 234-A a 234-C)	759

TÍTULO VII
DOS CRIMES CONTRA A FAMÍLIA

Capítulo I	Dos crimes contra o casamento (arts. 235 a 240)	762
Capítulo II	Dos crimes contra o estado de filiação (arts. 241 a 243)	787
Capítulo III	Dos crimes contra a assistência familiar (arts. 244 a 247)	802
Capítulo IV	Dos crimes contra o pátrio poder, tutela ou curatela (arts. 248 e 249) ..	824

TÍTULO VIII
DOS CRIMES CONTRA A INCOLUMIDADE PÚBLICA

Capítulo I	Dos crimes de perigo comum (arts. 250 a 259)	829
Capítulo II	Dos crimes contra a segurança dos meios de comunicação e transporte e outros serviços públicos (arts. 260 a 266)	857
Capítulo III	Dos crimes contra a saúde pública (arts. 267 a 285)	871

TÍTULO IX
DOS CRIMES CONTRA A PAZ PÚBLICA

Arts. 286 a 288-A 925

TÍTULO X
DOS CRIMES CONTRA A FÉ PÚBLICA

Capítulo I	Da moeda falsa (arts. 289 a 292)	947
Capítulo II	Da falsidade de títulos e outros papéis públicos (arts. 293 a 295)	956

Capítulo III	Da falsidade documental (arts. 296 a 305)	962
Capítulo IV	De outras falsidades (arts. 306 a 311)	986
Capítulo V	Das fraudes em certames de interesse público (art. 311-A)	995

TÍTULO XI
DOS CRIMES CONTRA A ADMINISTRAÇÃO PÚBLICA

Capítulo I	Dos crimes praticados por funcionário público contra a Administração em geral (arts. 312 a 327)	998
Capítulo II	Dos crimes praticados por particular contra a Administração em geral (arts. 328 a 337-A)	1051
Capítulo II-A	Dos crimes praticados por particular contra a Administração Pública estrangeira (arts. 337-B a 337-D)	1100
Capítulo II-B	Dos crimes em licitações e contratos administrativos (arts. 337-E a 337-P)	1108
Capítulo III	Dos crimes contra a Administração da Justiça (arts. 338 a 359)	1149
Capítulo IV	Dos crimes contra as finanças públicas (arts. 359-A a 359-H)	1196

TÍTULO XII
DOS CRIMES CONTRA O ESTADO DEMOCRÁTICO DE DIREITO

Capítulo I	Dos crimes contra a soberania nacional (arts. 359-I a 359-K)	1220
Capítulo II	Dos crimes contra as instituições democráticas (arts. 359-L e 359-M)	1228
Capítulo III	Dos crimes contra o funcionamento das instituições democráticas no processo eleitoral (arts. 359-N a 359-Q)	1231
Capítulo IV	Dos crimes contra o funcionamento dos serviços essenciais (art. 359-R)	1234
Capítulo V	(Vetado)	1235
Capítulo VI	Disposições comuns (arts. 359-T e 359-U)	1236

DISPOSIÇÕES FINAIS

Arts. 360 e 361 1236

Para consultar comentários a eventuais atualizações do Código Penal até o mês de dezembro de 2023, acesse a plataforma Saraiva Conecta pelo QRCode ou o *link* a seguir:

https://somos.in/CPC2

Acesso válido por 24 meses.
Em caso de dúvidas, entre em contato pelo *e-mail* **suportedigital@saraivaconecta.com.br**.

Sumário

Índice Sistemático do Código Penal V
Nota à 2ª edição XV
Apresentação à 1ª edição XVII

Arts. 1º a 12 – Salo de Carvalho 1
Arts. 13 a 25 – Miguel Reale Júnior 77
Arts. 26 a 28 – Víctor Gabriel Rodríguez 155
Arts. 29 a 31 – Salo de Carvalho 172
Arts. 32 a 58 – Marina Pinhão Coelho Araújo 201
Arts. 59 a 82 – Luciano Anderson de Souza 241
Arts. 83 a 99 – Alamiro Velludo Salvador Netto 287
Arts. 100 a 106 – Filipe Henrique Vergniano Magliarelli 329
Arts. 107 a 120 – David Teixeira de Azevedo e João Florêncio de Salles Gomes Junior 352
Arts. 121 a 137 – Renato de Mello Jorge Silveira 401
Arts. 138 a 145 – Luciano Anderson de Souza 464
Arts. 146 a 154-B – Miguel Reale Júnior 485
Arts. 155 a 183 – Alamiro Velludo Salvador Netto 530
Arts. 184 a 186 – Alexandre Wunderlich 653
Arts. 197 a 212 – João Florêncio de Salles Gomes Junior 665
Arts. 213 a 234-C – Renato de Mello Jorge Silveira 716
Arts. 235 a 249 – Fábio Guedes de Paula Machado 761
Arts. 250 a 285 – Helena Regina Lobo da Costa 829
Arts. 286 a 288-A – Heloisa Estellita e Felipe Longobardi Campana 925
Arts. 289 a 311-A – Mariângela Gama de Magalhães Gomes 944
Arts. 312 a 327 – Alexandre Wunderlich 998
Arts. 328 a 333 – Víctor Gabriel Rodríguez 1051
Arts. 334 e 334-A – Marina Pinhão Coelho Araújo e Miguel Reale Júnior 1082
Arts. 335 a 337 – Marina Pinhão Coelho Araújo 1089
Arts. 337-A a 337-D – Luciano Anderson de Souza 1091
Arts. 337-E a 337-G – Guilherme Brenner Lucchesi 1108

Art. 337-H – Luciano Feldens 1118

Arts. 337-I a 337-L – Guilherme Brenner Lucchesi 1128

Art. 337-M – Luciano Feldens 1134

Arts. 337-N a 337-P – Guilherme Brenner Lucchesi 1144

Arts. 338 a 359 – Eduardo Saad-Diniz 1149

Arts. 359-A a 359-H – Marcelo Almeida Ruivo 1196

Arts. 359-I a 359-T – Miguel Reale Júnior e Alexandre Wunderlich 1220

Os Autores

Alamiro Velludo Salvador Netto

Doutor e Mestre em Direito Penal pela Universidade de São Paulo (USP). Professor de Direito Penal, Medicina Legal e Criminologia da Faculdade de Direito da USP. Pesquisador visitante na Universidade de Salamanca (Espanha), na Universidade de Bolonha (Itália), na Universidade Pompeu Fabra (Espanha) e na Universidade de Lisboa (Portugal). Advogado.

Alexandre Wunderlich

Doutor em Direito e Mestre em Ciências Criminais pelo Programa de Pós-Graduação da Pontifícia Universidade Católica do Rio Grande do Sul (PUCRS). Professor de Direito Penal Empresarial no Mestrado Profissional em Direito no Instituto Brasileiro de Ensino, Desenvolvimento e Pesquisa (IDP-Brasília). Professor de Direito Penal na Escola de Direito da Pontifícia Universidade Católica do Rio Grande do Sul (PUCRS, atualmente licenciado). Ex-Presidente do Instituto Transdisciplinar de Estudos Criminais (ITEC). Advogado.

David Teixeira de Azevedo

Livre-docente em Direito Penal pela Universidade de São Paulo (USP). Professor de Direito Penal na Faculdade de Direito da Universidade de São Paulo (USP). Advogado.

Eduardo Saad-Diniz

Livre-docente em Criminologia pela Universidade de São Paulo (USP). Professor da Faculdade de Direito de Ribeirão Preto e do Programa de Integração da América Latina da USP.

Fábio Guedes de Paula Machado

Doutor em Direito Penal pela Universidade de São Paulo (USP). Mestre em Direito Processual Penal pela Pontifícia Universidade Católica de São Paulo (PUC-SP). Pós-doutorado na Universidade de Barcelona.

Felipe Longobardi Campana

Mestre em Direito Penal pela Faculdade de Direito da Universidade de São Paulo (USP). Especialista em Direito Penal Econômico pela Escola de Direito de

São Paulo da Fundação Getulio Vargas (FGV Direito SP). Assistente acadêmico do Mestrado Profissional em Direito Penal Econômico da FGV Direito SP. Advogado.

Filipe Henrique Vergniano Magliarelli

Mestre em Direito Processual Penal pela Universidade de São Paulo (USP). Especialista em Direito Penal Econômico e Europeu pela Universidade de Coimbra. Advogado.

Guilherme Brenner Lucchesi

Doutor em Direito pela Universidade Federal do Paraná (UFPR). *Master of Laws* pela Cornell Law School. Professor da Faculdade de Direito da UFPR. Professor permanente do Programa de Pós-Graduação em Direito da UFPR. Coordenador do Curso de Direito da UFPR. Presidente do Instituto dos Advogados do Paraná. Advogado.

Helena Regina Lobo da Costa

Doutora e Mestre em Direito Penal pela Universidade de São Paulo (USP). Livre-docente em Direito Penal pela Universidade de São Paulo (USP). Professora de Direito Penal na Faculdade de Direito da USP. Advogada.

Heloisa Estellita

Doutora pela Universidade de São Paulo (USP). Bolsista da Fundação Alexander Von Humboldt para realização de pós-doutorado na Universidade Ludwig--Maximilians-Universität de Munique e na Universidade de Augsburg, na Alemanha. Professora dos cursos de graduação, pós-graduação e mestrado da Escola de Direito de São Paulo da Fundação Getulio Vargas (FGV Direito SP), onde supervisiona o Mestrado Profissional com ênfase em Penal Econômico.

João Florêncio de Salles Gomes Junior

Doutor e Mestre em Direito Penal pela Universidade de São Paulo (USP). Advogado.

Luciano Anderson de Souza

Livre-docente em Direito Penal pela Universidade de São Paulo (USP). Professor de Direito Penal do Departamento de Direito Penal, Medicina Forense e Criminologia da Faculdade de Direito da USP. Coordenador do Centro de Estudos em Direito Penal Econômico (CEDiPE) da Faculdade de Direito da Universidade de São Paulo (USP). Coordenador da *Revista de Direito Penal Econômico e Compliance* (RDPec), da editora Revista dos Tribunais.

Luciano Feldens

Doutor em Direito Constitucional pela Universidade de Valladolid. Pós-doutor em Democracia e Direitos Humanos pelo Instituto Ius Conimbrigae da Faculdade de Direito da Universidade de Coimbra. Professor de Direito Penal Econômico e Empresarial no Programa de Pós-Graduação em Ciências Criminais da Pontifícia Universidade Católica do Rio Grande do Sul (PUCRS), nos níveis de Doutorado, Mestrado e Especialização. Advogado.

Marcelo Almeida Ruivo

Doutor em Ciências Jurídico-Criminais pela Faculdade de Direito da Universidade de Coimbra. Bolsista da Fundação para a Ciência e Tecnologia (FCT, Portugal, 2010-2013) e do *Deutscher Akademischer Austauschdienst* (DAAD, 2014). Professor do LLM em Direito Penal Econômico no Instituto Brasileiro de Ensino, Desenvolvimento e Pesquisa (IDP). Professor do Programa de Pós-Graduação em Ciências Criminais da PUCRS (2019-2022). Professor visitante nas Universidades de Turim e de Ferrara. Advogado.

Mariângela Gama de Magalhães Gomes

Livre-docente em Direito Penal pela Universidade de São Paulo (USP). Professora de Direito Penal do Departamento de Direito Penal, Medicina Forense e Criminologia da Faculdade de Direito da Universidade de São Paulo (USP).

Marina Pinhão Coelho Araújo

Doutora em Direito Penal pela Universidade de São Paulo (USP). Especialista em Direito Penal Econômico pela Universidade de Coimbra. Professora no Insper em São Paulo. Ex-Presidente do Instituto Brasileiro de Ciências Criminais (IBCCrim). Advogada.

Miguel Reale Júnior

Professor Titular Sênior de Direito Penal da Faculdade de Direito da Universidade de São Paulo (USP). Ex-presidente da Associação dos Advogados de São Paulo e Membro da Comissão Elaboradora e Revisora do Código Penal e da Comissão Elaboradora da Lei de Execuções Penais de 1984. Foi Presidente da Comissão de Reconhecimento de Mortos e Desaparecidos durante o Regime Militar. Ex-ministro da Justiça em 2002. Advogado e parecerista.

Renato de Mello Jorge Silveira

Livre-docente em Direito Penal pela Universidade de São Paulo (USP). Professor Titular de Direito Penal da Faculdade de Direito da Universidade de São Paulo (USP). Presidente do Instituto dos Advogados de São Paulo (IASP). Advogado.

Salo de Carvalho

Doutor em Direito pela Universidade Federal do Paraná (UFPR) e mestre pela Universidade Federal de Santa Catarina (UFSC). Pesquisador de pós-doutorado em Direito Penal na Universidade de Bolonha (ITA), em Criminologia na Universitat Pompeu Fabra (Barcelona/ES) e em Filosofia Política na Pontifícia Universidade Católica do Rio Grande do Sul (PUCRS). Professor adjunto de Direito Penal da Faculdade Nacional de Direito da Universidade Federal do Rio de Janeiro (UFRJ) e do Programa de Pós-Graduação em Direito da Universidade La Salle (RS). Advogado e parecerista.

Víctor Gabriel Rodríguez

Doutor e Mestre em Direito Penal pela Universidade de São Paulo (USP). Especialista em Direito Penal pela Universidade de Coimbra. Pesquisador bolsista da Universidade de Valladolid. Professor na Faculdade de Direito de Ribeirão Preto (USP).

Nota à 2ª edição

Apresentamos à comunidade jurídica a 2ª edição dos Comentários ao Código Penal, graças ao prestígio recebido da Saraiva. Esta obra que coordeno é, antes de tudo, fruto da nova geração de penalistas, hoje já titulares, livre-docentes ou doutores que começaram sua carreira acadêmica na primeira década de nosso século.

Esta geração, que em grande parte buscou aprimoramento em universidades estrangeiras, ilustra o Direito Penal brasileiro e com sabedoria produz textos de profundidade em uma nova forma de abordagem de comentários aos artigos do Código Penal, caracterizada pela visão crítica ao lado da preocupação informativa.

Nesta 2ª edição, que visa a atualizar os comentários, foram objeto de análise artigos e capítulos inteiros que vieram a ser acrescidos ao Código Penal, de acordo com o princípio da prevalência do Código ao qual se adicionaram matérias antes objeto de leis especiais, como é exemplo o Capítulo XII – Dos Crimes contra a Administração Pública, cujo objeto de tutela é o Estado Democrático de Direito, em substituição à Lei de Segurança Nacional.

De outra parte, há importantes contribuições de autores que não integraram a 1ª edição, que escreveram textos originais. Destaco os trabalhos do Professor Salo de Carvalho, que apresenta um redesenho da parte sobre teoria da lei penal e do concurso de agentes. A nova legislação acerca da Lei de Licitações, que introduziu 12 tipos penais ao Código Penal a respeito de novos crimes, foi bem comentada por dois eminentes Professores e Advogados, Luciano Feldens e Guilherme Brenner Lucchesi. Um tratamento totalmente novo foi dado aos crimes de responsabilidade fiscal, agora de autoria do Advogado e Professor Marcelo Almeida Ruivo. Alexandre Wunderlich e eu tivemos a incumbência de analisar os novos Crimes contra o Estado Democrático de Direito.

Todos os demais autores e autoras, Professores e Professoras reconhecidos, Helena Regina Lobo da Costa, Marina Coelho Araújo, Luciano Anderson de Souza, Eduardo Saad-Diniz, Renato de Mello Jorge Silveira, João Florêncio de Salles Gomes Junior, Mariângela Magalhães Gomes, David Teixeira de Azevedo, Víctor Gabriel Rodríguez, Alamiro Velludo Salvador Netto e Filipe Henrique Vergniano Magliarelli, reenviaram seus escritos, com as atualizações que entenderam pertinentes. Os trabalhos da Professora Heloisa Estellita receberam a coautoria de Felipe Longobardi Campana.

Assim, esperamos poder contribuir para a discussão doutrinária em torno dos institutos que compõem a Parte Geral e a Parte Especial do Código Penal, em face de bibliografia atual e da recente evolução do pensamento jurídico-penal.

Miguel Reale Júnior

Apresentação à 1ª edição

Aceitamos o desafio proposto pela Editora Saraiva de elaborar um *Código Penal comentado* em molde diverso do consagrado, dedicando-se, de forma sintética porém a mais completa possível, à análise doutrinária do texto normativo.

Foi um esforço significativo realizar o exame da matéria objeto da norma dentro de uma estrutura mínima, em geral constituída por Considerações Gerais, Considerações Nucleares e por último Considerações Finais, trazendo ao leitor – advogado, juiz, professor, promotor, delegado, escrivão, estudante – as questões suscitadas pela doutrina mais atual em torno dos elementos do tipo.

Assim, o presente trabalho não é apenas informativo, mas provocador de questionamentos, trazendo, todavia, não apenas dúvidas mas também as soluções que o autor entende as mais corretas em face das posições doutrinárias mais relevantes e recentes.

O trabalho, de mais de um ano, é de responsabilidade de um grupo de professores titulados pela Faculdade de Direito da Universidade de São Paulo, na sua maioria docentes desta faculdade ou de outros estabelecimentos de ensino.

Tive a honra de novamente coordenar um livro deste grupo de estudiosos que, na sua maioria, participaram da análise crítica de julgados em contradição constante do livro *Direito penal*: jurisprudência em debate, agora publicado em um só volume pela própria Editora Saraiva.

Integraram o grupo de comentadores: Renato de Mello Jorge Silveira, Titular de Direito Penal da USP; os Professores Associados Janaina Conceição Paschoal, Mariângela Gama de Magalhães Gomes, Helena Regina Lobo da Costa, Alamiro Velludo Salvador Netto, David Teixeira de Azevedo e Víctor Gabriel Rodríguez, todos Livre-Docentes pela USP; os Doutores Marina Pinhão Coelho Araújo, Heloisa Estellita, Fábio Guedes de Paula Machado, Eduardo Saad-Diniz, João Florêncio de Salles Gomes Junior, Luciano Anderson de Souza e Alexandre Wunderlich, coordenador do Departamento de Direito Penal da PUC Rio Grande do Sul; e o Mestre Filipe Henrique Vergniano Magliarelli.

Cada autor é responsável pelas posições adotadas, sem que se assuma a ideia agasalhada por outro comentador pelo fato de se constituir um só livro. Essa divisão de trabalho trazia mais uma dificuldade, consistente em garantir unidade na estrutura e na forma de apresentação, em especial com relação às citações. O trabalho de uniformização e revisão foi, com grande denodo, realizado pelos Mestres Conrado Almeida Corrêa Gontijo e Tatiana Stocco e pela mestranda Chia, cuja ajuda foi essencial.

Não se poderia deixar de ressaltar a iniciativa da Saraiva Educação, que compreendeu estar a fazer falta no campo do Direito Penal uma obra que combinasse a brevidade com a profundidade, de forma a não dar ao leitor um conhecimento em tiras, meramente informativo, mas apresentar um discurso esclarecedor que ao mesmo tempo levasse à reflexão. É esta a obra que apresentamos.

Miguel Reale Júnior

CÓDIGO PENAL

Decreto-lei n. 2.848, de 7 de dezembro de 1940*

O PRESIDENTE DA REPÚBLICA, usando da atribuição que lhe confere o art. 180 da Constituição, decreta a seguinte Lei:

PARTE GERAL

TÍTULO I
DA APLICAÇÃO DA LEI PENAL

Anterioridade da Lei

Art. 1º Não há crime sem lei anterior que o defina. Não há pena sem prévia cominação legal.

Bibliografia: BARATTA, Alessandro. Princípios de Derecho Penal mínimo: para una teoría de los derechos humanos como objeto y límite de la ley penal. In: ELBERT, Carlos Alberto (Org.). *Criminología y sistema penal*: compilación *in memorian*. Buenos Aires: BdF, 2004; BATISTA, Nilo. *Introdução crítica ao Direito Penal brasileiro*. 10. ed. Rio de Janeiro: Revan, 2005; BECHARA, Ana Elisa L. S. *Bem jurídico-penal*. São Paulo: Quartier Latin, 2014; BETTIOL, Giuseppe. *Instituciones de Derecho Penal y Procesal*. Barcelona: Bosch, 1977; BENEVIDES, Bruna (Org.). *Dossiê assassinatos e violências contra travestis e transexuais brasileiras em 2021*. Brasília: Antra, 2022; BITENCOURT, Cezar Roberto. *Tratado de Direito Penal*. 26. ed. São Paulo: Saraiva, 2020. v. 1; BOBBIO, Norberto. *Teoria do ordenamento jurídico*. Brasília, EdUnB, 1990; BRUNO, Anibal. *Direito Penal*: parte geral. Rio de Janeiro: Forense, 1967. t. I; CARVALHO, Salo. *Penas e medidas de segurança no Direito Penal brasileiro*. 3. ed. São Paulo: Saraiva, 2020; CARVALHO, Salo. *Pena e garantias*. 3. ed. Rio de Janeiro: Lumen Juris, 2008; CARVALHO, Salo. Omissão de notificação de doença. In: REALE JR., Miguel e MOURA, Maria Thereza de Assis (Coord.). *Coleção 80 anos do Código Penal*: parte especial. São Paulo: Revista dos Tribunais, 2020a. v. 3; CARVALHO, Salo. A materialização da antijuridicidade na dogmática jurídico-penal. *Revista da Faculdade de Direito UFMG*, n. 76, 2020b; CARVALHO, Salo. Perspectivas metodológicas na criminologia crítica brasileira. *Revista Brasileira de Sociologia do Direito*, v. 8, n. 2, 2021; CARVALHO, Salo. Sobre a criminalização da homofobia: perspectivas desde a criminologia *queer*. *Revista Brasileira de Ciências Criminais*, v. 99, 2012; CARVALHO, Salo. Em defesa da lei de responsabilidade político-criminal.

---

* Publicado no *Diário Oficial da União* de 31 de dezembro de 1940.

Boletim IBCCRIM, v. 16, n. 193, 2008; COSTA, Helena Regina Lobo. *Proteção penal ambiental*. São Paulo: Saraiva, 2010; COUTINHO, Jacinto. Introdução aos princípios gerais do processo penal brasileiro. *Revista da Faculdade de Direito da UFPR*, v. 30, n. 30, 1998; CUNHA, Rosa Maria Cardoso. *O caráter retórico do princípio da legalidade*. Porto Alegre: Síntese, 1979; CURY, Enrique. *La ley penal en blanco*. Bogotá: Temis, 1988; DIAS, Jorge de Figueiredo. *Direito Penal*: parte geral. São Paulo: Revista dos Tribunais, 2007. t. 1; FERRAJOLI, Luigi. *Diritto e ragione*: teoria del garantismo penale. Roma: Laterza, 1998; FERRAJOLI, Luigi. *El paradigma garantista*: filosofía crítica del Derecho Penal. Madrid: Trotta, 2018; FERRAJOLI, Luigi. La pena in una società democratica. *Questione Giustizia*, v. 35, n. 3-4, 1996; FRAGOSO, Heleno. *Lições de Direito Penal*: parte geral. 16. ed. Rio de Janeiro: Forense, 2003; FRAGOSO, Heleno. *Lições de Direito Penal*: parte especial. 16. ed. Rio de Janeiro: Forense, 1989. v. 1; FRAGOSO, Heleno. Observações sobre o princípio da reserva legal. *Revista de Direito Penal*, v. 1, n. 1, 1971; FRANCO, Alberto Silva e STOCO, Rui (Org.). *Código Penal e sua interpretação*. 8. ed. São Paulo: Revista dos Tribunais, 2007; GRECO, Luis. Casa de prostituição (art. 229 do CP) e Direito Penal liberal: reflexões por ocasião do recente julgado do STF (HC 104.467). *Revista Brasileira de Ciências Criminais*, v. 19, n. 92, 2011; HASSEMER, Winfried. *Direito Penal*: fundamentos, estrutura, política. Porto Alegre: Fabris, 2008; HORKHEIMER, Max. *Eclipse da razão*. 7. ed. São Paulo: Centauro, 2007; HULSMAN, Louk. Descriminalização. *Revista de Direito Penal*, v. 9/10, 1973. HUNGRIA, Nelson. *Comentários ao Código Penal*. Rio de Janeiro: Forense, 1980. v. 1. t. 1; JESCHECK, Hans-Heinrich. *Tratado de Derecho Penal*: parte general. Granada: Comares, 1993; LYRA, Roberto. *Expressão mais simples do Direito Penal*. Rio de Janeiro: Konfino, 1953; LUISI, Luiz. *O tipo penal, a teoria finalista e a nova legislação penal*. Porto Alegre: Fabris, 1987; LUISI, Luiz. *Os princípios constitucionais penais*. 2. ed. Porto Alegre: Fabris, 2003; MACHADO, Luiz Alberto. *Uma visão material do tipo*. Rio de Janeiro: Lumen Juris, 2006; MARTINS, Antonio. Crítica da legalidade cínica. In: BOLDT, Raphael (Org.). *Teoria Crítica e Direito Penal*. São Paulo: D'Plácido, 2020; MASCARO, Alysson L. *Crítica da legalidade e do Direito brasileiro*. 2. ed. São Paulo: Quartier Latin, 2000; MESTIERI, João. *Curso de Direito Criminal*: parte especial. Rio de Janeiro: Alba, 1970; MEZGER, Edmund. *Derecho Penal*: parte general. Buenos Aires: Bibliografica Argentina, 1958; NEUMANN, Franz. *O Império do Direito*: teoria política e sistema jurídico na sociedade moderna. São Paulo: Quartier Latin, 2013; PAVARINI, Massimo. *Corso di Instituzioni di Diritto Penale*. Bolonha: Bononia University Press, 2013; PINHO, Ana Cláudia Bastos e ALBUQUERQUE, Fernando da Silva. *Precisamos falar sobre garantismo*: limites e resistência ao poder de punir. 2. ed. São Paulo: Tirant lo Blanch, 2019; QUEIROZ, Paulo. *Direito Penal*: parte geral. 12. ed. Salvador: Juspodivm, 2016; QUEIROZ, Paulo. Dez teses jurídico-penais. *Boletim do Instituto Brasileiro de Ciências Criminais*, v. 11, n. 248, 2013; REALE JR., Miguel. *Instituições de Direito Penal*: parte geral. Rio de Janeiro: Forense, 2002. v. 1; REALE JR., Miguel. *Antijuridicidade concreta*. São Paulo: Bushatsky, 1973; ROXIN, Claus. *Derecho Penal*: parte general. Madrid: Civitas, 1997. t. 1; SARLET, Ingo W. e BRANDÃO, Rodrigo. Da emenda à Constituição. In: CANOTILHO, J. J. Gomes et al. (Coord.). *Comentários à Constituição do Brasil*. São Paulo: Saraiva/Almedina, 2013; SANTOS, Juarez Cirino. *Direito Penal*: parte geral. 7. ed. Florianópolis: Empório do Direito, 2017; SCHMIDT, Andrei Zenkner. *O princípio da legalidade penal no Estado Democrático de Direito*. Porto Alegre: Livraria do Advogado, 2001; SILVEIRA, Renato de Mello Jorge. Casa de prostituição. In: REALE JR., Miguel (Coord.). *Código Penal comentado.* São Paulo: Saraiva, 2017; STRECK, Lenio L. *Hermenêutica jurídica e(m) crise*: uma exploração hermenêutica da construção do Direito. 11. ed. Porto Alegre: Livraria do Advogado, 2014; STRECK, Lenio L. e MORAIS, José Luiz Bolzan. *Ciência política e teoria geral do Estado.* 8. ed. Porto Alegre: Livraria do Advogado, 2014; TAVARES, Juarez. *Fundamentos de teoria do delito.* Florianópolis: Tirant lo Blanch, 2018; TAVARES, Juarez e MARTINS, Antonio. *Lavagem de capitais.* São Paulo: Tirant lo Blanch, 2020; TOLEDO, Francisco de Assis. *Princípios básicos de Direito Penal.* 5. ed. São Paulo: Saraiva, 1994; WARAT, Luis Alberto. *Introdução geral ao Direito*: interpretação da lei (temas para uma reformulação). Porto Alegre: Fabris, 1994; WEIGERT, Mariana Assis Brasil. *Medidas de segurança e reforma psiquiátrica.* Florianópolis: Empório do Direito, 2017; WELZEL, Hans. *Derecho Penal*: parte general. Buenos Aires: De Palma, 1956; WELZEL, Hans. *Derecho Penal aleman*: parte general. 4. ed. Santiago: Editorial Jurídico de Chile, 1993; WESSELS, Johannes. *Direito Penal*: parte geral. Porto Alegre: Fabris, 1976; WUNDERLICH, Alexandre. Violação de direito autoral. In: REALE JR., Miguel (Coord.). *Código Penal comentado.* São Paulo: Saraiva, 2017; ZAFFARONI, Eugenio Raúl e BATISTA, Nilo et al. *Direito Penal brasileiro.* Rio de Janeiro: Revan, 2003. v. 1; ZAFFARONI, Eugenio Raúl e BATISTA, Nilo et al. *Direito Penal brasileiro.* Rio de Janeiro: Revan, 2010. v. 2. t. 1; ZAFFARONI, Eugenio Raúl e PIERANGELI, José Henrique. *Manual de Direito Penal brasileiro*: parte geral. 13. ed. São Paulo: Revista dos Tribunais, 2019; ZAFFARONI, Eugenio Raúl (Coord.). *Sistemas penales e derechos humanos en América Latina*: informe final. Buenos Aires: Depalma, 1986. v. 1.

Considerações gerais

a) Aplicação da lei penal e Constituição: garantias penais e validade formal e material das leis

A validade das leis (penais) depende da sua conformidade com a Constituição. Nos Estados Democráticos de Direito, as Constituições definem o procedimento (critério formal) e o conteúdo (critério material) para elaboração da legislação ordinária. Em termos procedimentais, a Constituição fixa a competência (quem) e estabelece o rito (como) para a criação das leis; no que diz respeito ao conteúdo, estabelece aquilo que pode e aquilo que não pode ser deliberado pelo legislador.

A Constituição da República Federativa do Brasil de 1988 determina, em seu art. 22, I, que "compete privativamente à União legislar sobre: I – direito civil, comercial, penal, processual, eleitoral, agrário, marítimo, aeronáutico, espacial e do trabalho (...)". Significa dizer, portanto, que a matéria penal fica reservada, com exclusividade, ao Poder Legislativo Federal, não sendo lícito aos Municípios e aos Estados legislar neste campo. Assim, p. ex., as Câmaras de Vereadores municipais e as Assembleias Legislativas estaduais não podem criminalizar ou descriminalizar condutas, aumentar ou diminuir penas, estabelecer regimes carcerários ou alterar prazos prescricionais. Ao mesmo tempo, as casas legislativas federais possuem procedimentos próprios para proposição e aprovação de leis, tais como os sujeitos legitimados à proposição, a análise prévia pelas Comissões temáticas, a reanálise pela Comissão de Constituição e Justiça (CCJ), o quórum para aprovação (maioria simples ou qualificada) etc. Qualquer vício no procedimento invalida *formalmente* o ato legislativo.

No entanto, tão ou mais importante que o estabelecimento dos procedimentos prévios para elaboração das leis é a definição das matérias que podem e que não podem ser objeto de decisão, inclusive pelo Poder Legislativo Federal. A Constituição estabelece um regime republicano que tem por *fundamentos* a soberania; a cidadania; a dignidade da pessoa humana; os valores sociais do trabalho e da livre iniciativa; e o pluralismo político (art. 1º); e como *objetivos fundamentais* a formação de uma sociedade livre, justa e solidária; a garantia do desenvolvimento nacional; a erradicação da pobreza e da marginalização; a redução das desigualdades sociais e regionais; e a promoção do bem de todos sem preconceitos de origem, raça, sexo, cor, idade e quaisquer outras formas de discriminação (art. 3º). Ademais, fixa como princípios reitores nas relações externas a independência nacional; a prevalência dos direitos humanos; a autodeterminação dos povos; a não intervenção; a igualdade entre os Estados; a defesa da paz; a solução pacífica dos conflitos; o repúdio ao terrorismo e ao racismo; a cooperação entre os povos para o progresso da humanidade; e a concessão de asilo político.

No art. 5º, a Constituição reconhece garantias tipicamente penais positivando-as em forma de princípios: princípio da lesividade (art. 5º, XXXV); princípio da legalidade (art. 5º, XXXIX); princípio da irretroatividade da lei penal (art. 5º, LX); princípio da culpabilidade ou da pessoalidade da responsabilidade penal (art. 5º, XLV); princípio da individualização das penas (art. 5º, XLVI e XLVIII); princípio da humanidade das penas (art. 5º, XLVII); princípio do respeito à dignidade da pessoa presa (art. 5º, XLIX), além de outros de natureza processual penal e algumas diretrizes de criminalização.

Os valores e os princípios que abrem o texto constitucional estabelecem o núcleo dos *direitos fundamentais*, conquistas históricas da humanidade, indisponíveis e inalienáveis, cujo conteúdo não pode ser objeto de deliberação. Nas palavras de Ferrajoli (1998, p. 899), os direitos fundamentais circunscrevem a *esfera do indecidível*, matérias que nenhuma maioria ou sequer a unanimidade pode dispor: "a primeira regra do pacto constitucional sobre a convivência civil não é que tudo deva ser decidido pela maioria, mas que nem tudo se pode decidir (ou não decidir), nem mesmo pela maioria. Nenhuma maioria pode decidir a supressão (e não decidir a proteção) de uma minoria ou de um só cidadão"[1].

---

[1] As traduções dos textos em língua estrangeira foram realizadas livremente pelo autor.

Em matéria penal, os direitos fundamentais fixam limites ou proibições para a garantia dos direitos das pessoas. Assim, a *esfera do indecidível* em direito penal veda, p. ex., que, após serem abolidas a pena de morte e a prisão perpétua, sejam tais espécies de sanções reinstituídas, mesmo se a maioria ou a unanimidade dos cidadãos o desejar. As garantias penais operam, portanto, como instrumentos normativos de proteção dos direitos de liberdade, motivo pelo qual sua natureza é negativa, e projetam um modelo político-criminal de intervenção mínima ou subsidiária. Diferente, pois, dos direitos sociais, que demandam prestações positivas, materializadas em intervenções dos poderes públicos.

Nos Estados Democráticos de Direito, exemplifica Ferrajoli (1998, p. 900), sequer por unanimidade é possível decidir que um homem morra ou seja privado de liberdade sem que seja apurada sua culpa em um devido processo legal; que pense ou escreva de um dado modo; que não se reúna ou não se associe com outros; que se case ou não se case com determinada pessoa; que tenha ou não tenha filhos etc. Significa dizer que os direitos fundamentais são eminentemente contramajoritários.

O constituinte brasileiro compreendeu o significado histórico dos direitos fundamentais e positivou essa *esfera do indecidível* ao estabelecer, no art. 60, § 4º, as cláusulas pétreas, o núcleo rígido da Constituição que não pode ser violado: "não será objeto de deliberação a proposta de emenda tendente a abolir: I – a forma federativa de Estado; II – o voto direto, secreto, universal e periódico; III – a separação dos Poderes; IV – os direitos e garantias individuais". Com isso, ao elencar os direitos fundamentais como valores essenciais a serem preservados, a Constituição brasileira estabeleceu formas de proteção dos direitos contra reformas contingentes. Trata-se, portanto, de uma garantia em segundo grau ou de "limites aos limites". Conforme Sarlet e Brandão (2013, p. 1136), os direitos fundamentais de primeira, segunda e terceira geração "integram o DNA da nossa Carta" e expressam "(...) tanto a preocupação em proteger o indivíduo do exercício arbitrário do poder [dimensão negativa], quanto o dever do Estado propiciar condições materiais que sejam necessárias para a preservação da dignidade humana [dimensão positiva]".

A definição de um núcleo rígido de direitos na Constituição e a previsão de um mecanismo de proteção (garantia) contra reformas (cláusulas pétreas) consolidam a ideia de *proibição de retrocesso* em relação aos direitos fundamentais. No campo penal, o exemplo mais significativo é o da regulamentação da pena de morte na Convenção Americana sobre Direitos Humanos (Pacto de São José da Costa Rica), incorporada ao direito interno pelo Decreto n. 678/92, com força de emenda constitucional nos termos do art. 5º, § 3º, da Constituição. Em seu art. 4º, 3, o Pacto de São José determina que "não se pode restabelecer a pena de morte nos Estados que a hajam abolido". Dessa forma, tendo a república brasileira proibido a pena de morte (art. 5º, XLVII, da CF), com ressalvas aos casos de guerra declarada (art. 84, XIX, da CF), a possibilidade de reinstituição resta vetada visto ser considerada uma conquista irreversível em termos de humanização do sistema punitivo.

Entende-se, portanto, como *garantias* os mecanismos normativos, formais e materiais, de invalidação dos atos violadores dos direitos fundamentais, provenientes de quaisquer esferas de poder, público (agências dos poderes Executivo, Legislativo ou Judiciário) ou privado. Em seu neologismo, *garantismo penal* irá designar "as técnicas ordenadas para a defesa dos direitos de liberdade (...), frente a intervenções arbitrárias de caráter policial ou judicial" (FERRAJOLI, 2018, p. 23). Significa, nas lições de Ferrajoli (2018), o conjunto de limites e vínculos imposto aos poderes com o fim de tutelar, mediante a sujeição à lei, os direitos fundamentais contra os abusos dos poderes (públicos e privados).

As garantias penais (e também processuais penais), rigorosamente preestabelecidas na Constituição e na lei penal, significam, portanto, as barreiras formais e materiais que operam como obstáculos ao natural e sempre potencial excesso dos poderes punitivos. Nesse cenário, a dogmática jurídico-penal, compreendida como o conhecimento técnico-científico (método) do direito penal direcionado à racionalização das decisões judiciais[2], orienta-se para a construção de um sistema prático-teórico de contenção e redução da punitividade, pois "(...) sem a contenção jurídica (judicial) o poder punitivo ficaria liberado ao puro impulso das agências executivas e políticas e, por conseguinte, desapareceriam o estado de direito e a própria república" (ZAFFARONI; BATISTA, 2003, p. 40). A imagem proposta por Zaffaroni e Batista (2003, p. 156-157) é representativa: o saber penal como programador de um dique de contenção dos poderes autoritários (estado de polícia) que tendem ao transbordamento, de modo a filtrar sua torrente irracional e reduzir a sua turbulência, mediante um complexo sistema de comportas que impeça o afogamento do Estado de Direito.

Em razão dessa sempre presente tendência ao transbordamento, a *perspectiva garantista*, modelo ideal-típico do direito penal nos Estados Democráticos de Direito, pressupõe uma postura de desconfiança quanto à real capacidade que têm as agências penais para respeitar e para proteger os direitos fundamentais. Opõe-se, pois, às concepções idealistas "que tenham como fundamento a onírica ideia de um 'poder bom'" (FERRAJOLI, 2018, p. 23) que observa espontaneamente os limites impostos pelo direito.

---

[2] Na síntese de Zaffaroni e Batista (2003, p. 64), o método dogmático (saber penal) é "construído racionalmente, partindo do material legal, a fim de proporcionar aos juízes critérios não-contraditórios e previsíveis de decisões dos casos concretos". Embora em inúmeros momentos essa metodologia (dogmática penal) tenha operado na legitimação (e não contenção) do poder punitivo, seu potencial *redutor* é desenvolvido e sofisticado nas correntes críticas (CARVALHO, 2021). Sobretudo porque "a Constituição não admite que a doutrina, a jurisprudência ou o costume sejam capazes de habilitar o poder punitivo" (ZAFFARONI; BATISTA, 2003, p. 203).

b) A teoria da lei na Constituição e no Código Penal

O sistema de direito penal é formado por três eixos: (a) *teoria da lei penal*; (b) *teoria do delito*; e (c) *teoria da pena*. As respectivas teorias encontram-se dispostas de forma organizada na parte geral do Código Penal, redação dada pela Reforma de 1984 (Lei n. 7.209). Na *Parte Especial* do Código (arts. 121 a 360) e nas leis penais especiais são previstos os tipos penais incriminadores, dispostos em distintas classes e compreendidos como figuras legais que descrevem os fatos puníveis (preceito primário: parte dispositiva) e delimitam as penas (preceito secundário: parte sancionatória) (FRAGOSO, 2003, p. 89; *idem*, 1989, p. 4). Além das descrições das condutas delitivas, a parte especial também apresenta algumas regras explicativas ou permissivas (MESTIERI, 1970, p. 9). A título exemplificativo, o art. 124 do Código Penal brasileiro (ainda) criminaliza o aborto, estabelecendo, em seu preceito primário, as condutas de "provocar aborto em si mesma" ou "consentir que outrem lho provoque", seguido da sanção (preceito secundário) de detenção de 1 (um) a 3 (três) anos. A incriminação do art. 124 é, porém, excepcionada pelo tipo permissivo do art. 128: "não se pune o aborto praticado por médico: I – se não há outro meio de salvar a vida da gestante; II – se a gravidez resulta de estupro e o aborto é precedido de consentimento da gestante ou, quando incapaz, de seu representante legal".

Na *Parte Geral* (arts. 1º a 120) são definidos os princípios comuns a todas as incriminações ou, segundo Jescheck (1993, p. 15), "as regulações que podem oferecer interesse para a totalidade dos preceitos penais da parte especial (...)". A Parte Geral do Código disciplina os requisitos relacionados à aplicação da lei (teoria da lei penal, arts. 1º a 12), os critérios para afirmar uma conduta como delitiva (teoria do crime, arts. 13 a 31) e os parâmetros para determinação da espécie, da quantidade e da qualidade da resposta penal (teoria da lei penal, arts. 32 a 120).

A *teoria da lei penal* ocupa-se, fundamentalmente, da determinação dos critérios de validade das leis penais no tempo (quando) e no espaço (onde). Procura responder qual a lei aplicável ao caso em julgamento e qual a sua delimitação territorial – p. ex., se após a condenação, advindo nova lei, é possível sua aplicação retroativa. A *teoria do delito* fixa os critérios para definir a existência (se) do crime, isto é, os requisitos que tornam possível afirmar que determinada ação ou omissão constitui (ou não) delito – p. ex., se constitui crime uma conduta praticada sob coação moral irresistível. A *teoria da pena* trata das consequências jurídicas do delito, dos parâmetros para incidência das sanções penais (penas ou medidas de segurança) – p. ex., se em determinado caso a pena aplicável deve ser a privação de liberdade (prisão) ou a restrição de um direito (prestação de serviço à comunidade). Na síntese de Reale Jr. (2002, p. 60), "na parte geral do Código fixam-se as condições de eficácia das normas incriminadoras, como por exemplo, sua aplicação no tempo, no espaço, a coautoria como forma de realização da conduta, e também o modo de cumprimento das sanções penais, pena e medida de segurança".

A Constituição ancora a responsabilidade criminal na legalidade dos delitos e das penas (art. 5º, XXXIX) e apresenta um critério abrangente relacionado à validade da lei penal no tempo, que é o da retroatividade benéfica (art. 5º, XL). Em relação aos limites territoriais, delega ao Congresso Nacional dispor sobre os seus limites, espaço aéreo e marítimo e bens do domínio da União (art. 48, V). Em decorrência de sua natureza genérica, o texto constitucional não detalha, portanto, todas as hipóteses e as variáveis temporais e espaciais da lei penal, temas que ficam reservados ao título primeiro do Código Penal.

Considerações nucleares

c) Princípios constitucionais e conceitos formal e material de delito

O art. 1º do Código Penal repete o sentido indicado pela Constituição ao definir a legalidade como pressuposto do crime e da pena: "não há crime sem lei anterior que o defina, nem pena sem prévia cominação legal" (art. 5º, XXXIX, da Constituição). O *princípio da legalidade* está igualmente previsto no Pacto de São José: "ninguém pode ser condenado por ações ou omissões que, no momento em que forem cometidas, não sejam delituosas, de acordo com o direito aplicável" (art. 9º, Primeira Parte, Decreto n. 678/92).

Os dispositivos conectam duas categorias ou entes jurídicos (crime e pena) a um pressuposto (lei). Assim, nas palavras de Roberto Lyra (1953, p. 59), "1º A lei é pressuposto necessário do crime (*nullum crimen sine lege*); 2º A lei é pressuposto necessário da pena (*nulla poena sine lege*)". A lei penal incriminadora é o centro de gravidade do *conceito formal* de delito: crime é uma conduta humana (comissiva ou omissiva) que viola um preceito normativo e, em consequência, fica o seu autor sujeito à sanção estabelecida como resposta jurídica.

Segundo Ferrajoli (1998, p. 370), o princípio da legalidade institui uma "(...) regra semântica que identifica o direito vigente como objeto exaustivo e exclusivo da ciência penal, estabelecendo que somente as leis (e não a moral ou outras fontes externas) dizem o que é crime; e que as leis dizem somente o que é crime (e não o que é pecado)". O princípio da legalidade deriva, portanto, da própria ideia republicana de Estado de Direito laico, na qual as esferas do direito e da moral são autônomas e independentes. Com o processo ilustrado de laicização dos poderes públicos, impôs-se a separação das competências das autoridades seculares (Estado) e eclesiásticas (Igreja) e, em consequência, a cisão entre direito e moral e delito (*mala prohibita*) e pecado (*mala in se*). Implica dizer que o Estado não pode intervir nas esferas da intimidade e da vida privada dos cidadãos, impondo ou reforçando determinada concepção moral. Limita-se, pois, a regular, por meio da lei, as condutas danosas a direitos de terceiros e a estabelecer sanções.

Não por outra razão, é o *princípio da secularização* (ou da *laicidade*) que dá condições de possibilidade ao princípio da legalidade. Nas organizações políticas pré-

-modernas e inclusive na primeira manifestação do Estado Moderno (absolutismo), o Príncipe é legitimado pelo Clero e goza de autoridade suprema, detendo soberania para legislar, julgar e determinar a execução dos seus comandos independentemente de regulação prévia. O processo de secularização do Estado e racionalização dos poderes provocou a "substituição do Príncipe pelo princípio", ou seja, "com a passagem da forma estatal medieval para o Estado Moderno, na sua versão inicial absolutista, tem-se o início de um modelo de dominação racional legal. Ou seja, do *ex parte principe* passa-se ao *ex parte principio*" (STRECK; MORAIS, 2014, p. 24). Na Modernidade, o exercício da autoridade (poder) será submetido ao controle (das irregularidades) e à contenção (dos excessos) pela via da legalidade. Nas lições de Mascaro (2008, p. 45), "embora a Modernidade comece incerta da plena estabilidade da legalidade – Maquiavel não é um jusnaturalista, Montaigne zomba da validade das leis, Bodin rejeita a subordinação do soberano às leis – a contraposição ao Absolutismo e ao Antigo Regime faz ruir as últimas paredes do edifício cujo patamar da política estava acima das leis, e, em seu lugar, instaura a lei acima dos homens".

Mas a secularização do direito não fixa apenas a legalidade como categoria reitora para a definição do delito e, em consequência, para a imposição de pena. Apesar de o princípio da legalidade ser a condição primeira, a barreira (dique) intransponível para a habilitação do poder punitivo, o princípio da secularização agrega ao requisito formal uma dimensão *material* que subordina a existência do crime à produção de uma lesão externa e significativa aos valores de referência dispostos na Constituição e que são denominados *bens jurídicos*.

Conforme ponderam Streck e Morais, o Estado de Direito requer algo mais do que a legalidade, necessita de algo que explicite o seu conteúdo, embora seja através da legalidade que se expressem as ideias de hierarquia das normas e autolimitação do poder. Nesse processo de agregar conteúdo à forma jurídica é "(...) que se biparte este conceito em formal – relativo ao mecanismo de atuação estatal, restrito à legalidade (lei) – e material – que diz com o conteúdo da ação estatal e da relação Estado-cidadão" (STRECK; MORAIS, 2000, p. 73)[3]. Em matéria penal, são os direitos fundamentais, decodificados nos *bens jurídico-penais*, que irão expressar esse conteúdo.

Os bens jurídicos possuem uma função prioritária de *limite à intervenção punitiva* (BECHARA, 2014, p. 129). Significa dizer, em primeiro lugar, que o direito penal não possui uma real capacidade de tutela dos direitos fundamentais, como amplamente demonstrado pela crítica criminológica e apesar de ser uma hipótese frequentemente reafirmada pela dogmática penal. Assim, uma perspectiva crítica

---

[3] Streck e Morais (2014) trabalham a dupla dimensão (formal e material) para reconfiguração do conceito de Estado, a partir da transposição do Estado Legal em Estado de Direito. A reflexão é pertinente e aplicável ao conceito de delito.

e adequada à Constituição (garantista) deve reduzir ao máximo a utilização do sistema punitivo como instrumento de resposta aos conflitos sociais, resguardando a incidência do direito penal aos casos mais graves de violação aos direitos. Nessa perspectiva, os bens jurídicos deixam de ser compreendidos como objeto de tutela para adquirir a condição de *pressuposto da incidência da lei penal* (TAVARES; MARTINS, 2020, p. 32)[4]. Em razão da indemonstrabilidade empírica da função protetiva, o central na análise dogmática do conteúdo (material) da lei penal (formal) é a validade constitucional do bem jurídico e o grau de sua violação, pois inexiste

---

[4] A proposição da criminologia crítica, sobretudo na construção de Baratta (2004), da dupla função dos direitos fundamentais na delimitação das políticas criminais alternativas, ou seja, como limite de intervenção e objeto de tutela da lei penal, é orientada fundamentalmente para a constrição do poder punitivo: "o conceito de direitos humanos assume, neste caso, uma dupla função. Em primeiro lugar, uma função negativa relativa aos limites da intervenção penal. Em segundo lugar, uma função positiva, relacionada à definição do objeto, possível, mas não necessário, de tutela por meio do direito penal. Um conceito histórico-social de direitos humanos oferece, em ambas as funções, o instrumento teórico mais adequado para a estratégia de máxima contenção da violência punitiva, que atualmente constitui o momento prioritário de uma política alternativa de controle social" (BARATTA, 2004, p. 299-300).
A referência é importante haja vista a perspectiva expansionista decorrente da tese dos mandados constitucionais de criminalização. Embora tenha a Constituição projetado intervenções em matéria penal (ou deveres positivos de prestação normativa) – p. ex., em relação ao racismo (art. 5º, XLII), a tortura, terrorismo, tráfico de entorpecentes e crimes hediondos (art. 5º, XLIII), às ações de grupos armados contra o Estado Democrático (art. 5º, XLIV), ao meio ambiente (art. 225, § 3º) e à violência contra crianças e adolescentes (art. 227, § 4º). Nesse aspecto, merece destaque a lição de Baratta no sentido de a "função positiva" ser uma possibilidade, não uma obrigação, sobretudo (a) se já houver previsão de responsabilidade jurídica, inclusive jurídico-penal, pela lesão ao bem jurídico de referência; e (b) se a nova intervenção positiva produzir mais danos aos direitos fundamentais, representados pelos bens jurídicos, do que a não intervenção. Sobretudo porque a violação dos direitos fundamentais é uma condição necessária, mas não suficiente, para intervenção penal, sendo exigível, segundo Baratta (2004, p. 310), um atento estudo sobre os impactos sociais da aplicação da pena, pois só subsistiriam as condições de sua introdução se, a partir de um rigoroso controle empírico, fosse possível afirmar "(...) provado ou altamente provável algum efeito útil em relação às situações em que se pressupõem uma grave ameaça aos direitos humanos".
O tema é amplamente debatido na literatura penal nacional e merecem destaque as reflexões de Batista (2005, p. 91-97), Bechara (2014, p. 117-139), Reale Jr. (2002, p. 21-29), Tavares (2018, p. 71-98), Tavares e Martins (2020, p. 31-37) e Zaffaroni e Batista (2010, p. 212-228) que, adotando distintas perspectivas minimalistas, questionam a real capacidade de o direito penal tutelar bens jurídicos (falácia preventivista) e a artificial dicotomia entre bens jurídicos individuais e coletivos que fundamentam a tese dos deveres de criminalização. Especial atenção ao conceito limitativo de bem jurídico proposto por Tavares e Martins (*idem*) e Zaffaroni e Batista (*idem*) que, sob uma perspectiva criminológica crítica, substitui a ideia de bem jurídico como objeto de tutela da lei penal para compreender a sua lesão como *pressuposto da incriminação*.

tipicidade sem ofensa – leia-se: dano ou perigo real de dano a um bem jurídico. Trata-se, portanto, de uma otimização dos princípios da ofensividade e da intervenção mínima frente à falácia preventiva. A ancoragem do direito penal na Constituição reivindicada por Reale Jr. (2002, p. 27) pressupõe exatamente a ideia de que não pode haver intervenção punitiva em comportamentos que não lesem valores constitucionais.

Assim, se o conceito formal de delito gira em torno do princípio da legalidade, o epicentro do conceito material é o princípio da lesividade, positivado no art. 5º, XXXV, da Constituição: "a lei não excluirá da apreciação do Poder Judiciário lesão ou ameaça a direito". Em harmonia com a diretriz de intervenção mínima ou subsidiária, o texto pode ser interpretado no sentido de que a apreciação pela jurisdição penal está condicionada aos casos de lesão ou ameaça (perigo) real a bens jurídicos ou, de acordo com a axiomatização de Ferrajoli, *nulla poena nullum crimen nulla lex poenalis sine iniuria*[5].

---

[5] Ferrajoli (1998) trabalha com a sistematização das categorias centrais do direito penal e do direito processual penal para formular as condições necessárias para atribuição de pena nos Estados democráticos de direito (pena, delito, lei, necessidade, ofensa, ação, culpabilidade, juízo, acusação, prova e defesa). Cada categoria, exceto a primeira (pena), designa um pressuposto normativo para a responsabilização penal e a punição legítima. Cada princípio (ou implicação deôntica) enuncia, portanto, uma condição *sine qua non* para afirmação do crime e aplicação da sanção. Na ausência de qualquer uma das condições, é vedada a proibição ou o castigo. São requisitos de ordem penal material (delito, lei, necessidade, ofensa, ação e culpabilidade) e processual (juízo, acusação, prova e defesa).
Desenha, a partir do encadeamento lógico das categorias, o Sistema Garantista (SG) ou cognitivo ou de estrita legalidade, representado por dez princípios axiológicos fundamentais: (Axioma1) *nulla poena sine crimine*; (A2) *nullum crimen sine lege*; (A3) *nulla lex (poenalis) sine necessitate*; (A4) *nulla necessitas sine iniuria*; (A5) *nulla iniuria sine actione*; (A6) *nulla actio sine culpa*; (A7) *nulla culpa sine iudicio*; (A8) *nullum iudicium sine accusatione*; (A9) *nulla accusatio sine probatione*; (A10) *nulla probatio sine defensione*. Ordenados e conectados entre si, os axiomas definem o modelo garantista de direito, ou seja, as regras do jogo penal no Estado de Direito (FERRAJOLI, 1998, p. 67-93).
Os *axiomas* são interligados um a um em *teoremas*. Assim, a fórmula apresentada relacionada com o princípio da lesividade estabelece que, para imposição de uma pena (PE), pressupõe-se a existência de um crime (RE: *reato* em italiano), de uma lei penal (LE) e de um dano (IN: *iniuria*, "lesão" em latim); corresponde à unificação dos T13 (PE→IN), *nulla poena sine iniuria*, T21 (RE→IN), *nullum crimen sine iniuria* e T28 (LE→IN), *nulla lex poenalis sine iniuria*. Seu teorema unificador ainda incluiria o princípio da necessidade (NE): T69 [(PEvREvLEvNE)→IN] ou *nulla poena, nullum crimen, nulla lex poenalis vel nulla necessitas sine injuria*.
Tem-se, como representações básicas: A1¬(PE.¬RE) e T1(PE→RE) ou, no Axioma1 e no Teorema1, *nulla poena sine crimine*. Ao todo são 75 teoremas, sintetizados nos T56 e T75: T56 [PE (RE.LE.NE.IN.AZ.CO.GI.AC.PR.DI)] ou *nulla poena sine crimine, sine lege, sine necessitate, sine injuria, sine actione, sine culpa, sine judicio, sine accusatione, sine probatione et sine defensione*; T75 [(PEvRE vLEvNEvINvAZvCOvGIvACvPR)→DI] ou *nulla poena, nullum crimen, nulla lex poenalis, nulla necessitas, nulla injuria, nulla actio, nulla culpa,*

Nilo Batista demonstra que o princípio da lesividade transporta para o terreno penal a ideia geral da exterioridade e da alteridade que sustenta o princípio da secularização. Por isso, ao contrário da moral, o direito penal "coloca face-a-face, pelo menos, dois sujeitos" devendo a conduta do autor do crime "relacionar-se, como signo do outro sujeito, o bem jurídico" (BATISTA, 2005, p. 91). Na construção de Ferrajoli (1998, p. 481), "o princípio da ofensividade considera 'bens' apenas aqueles cuja lesão se materializa em um dano provocado em uma pessoa de carne e osso". Nesse sentido, os princípios da legalidade e da lesividade formatam um modelo de *direito penal do fato*, centrado na resposta jurídica a um dano externo, concreto e relevante, a bens jurídicos de terceiros; opondo-se, portanto, aos modelos de *direito penal de autor*, regidos por pautas morais de proibição que viabilizam julgamentos e punições de condições existenciais, de opções individuais, de manifestações da personalidade e de condutas inofensivas a terceiros (autolesões, perigos abstratos e danos insignificantes).

d) Fundamento e funções do princípio da legalidade penal

A ideia de legalidade praticamente se confunde com a de Estado de Direito e a sua função seminal de contenção dos poderes abusivos (arbítrio) expõe a natureza política da sua fundamentação. Nas democracias modernas, a possibilidade de imposição de uma sanção criminal, expressão máxima do exercício da violência legítima monopolizada pelo Estado e ato público de maior invasividade na esfera dos direitos dos cidadãos, requer uma regulamentação antecipada e precisa. Como crime e pena são entes jurídicos autônomos condicionados pelas esferas políticas e culturais; e não havendo uma relação natural (de causalidade) entre ambos os fenômenos (normativos) – ou seja, a prática de um crime (causa) não provoca *per se* a pena (consequência) como a colocação da água aos 100 ºC ao nível do mar causa a ebulição –, é inexorável ao projeto de controle do poder punitivo a ideia de ordenação prévia de quais são as condutas proibidas (*nullum crimen sine lege*), quais são as penas impostas àquelas condutas (*nulla poena sine crimine*) e quais são os procedimentos públicos idôneos para que seja possível atribuir a responsabilidade criminal a alguém que realizou a ação ou omissão proibida (*nullum crimen nulla poena sine iudicio*).

São designadas quatro funções centrais ao princípio da legalidade penal: (a) delimitação da retroatividade da lei penal (*nullum crimen nulla poena sine lege praevia*) – tema relacionado à teoria da lei penal no tempo (arts. 2º, 3º e 4º do Código Penal); (b) restrição do direito consuetudinário como fonte do direito penal (*nullum crimen nulla poena sine lege scripta*); (c) limitação da analogia em matéria

---

nullum judicium, nulla accusatio vel nulla probatio sine defensione. Os símbolos "¬", ".", "v" e "g" são conexões lógicas que significam "não", "e", "ou" e "se", respectivamente, signos de negação, conjunção, disjunção e implicação (FERRAJOLI, 1998, p. 87-90).

penal (*nullum crimen nulla poena sine lege stricta*); e (d) demarcação do uso da linguagem na elaboração da lei penal (*nullum crimen nulla poena sine lege certa*).

d.1) Reserva legal, direito consuetudinário e adequação social (variações do *nullum crimen nulla poena sine lege scripta*)

A exigência do princípio da legalidade de determinação dos crimes e previsão das penas em *lei escrita* estabelece um critério de reserva legal que impõe, como efeito imediato e negativo, a exclusão dos costumes como fonte primária de incriminação ou de sancionamento. Não significa dizer, porém, que a legalidade vede o recurso ao direito consuetudinário como fonte de interpretação ou inclusive parâmetro de crítica à legislação. Pelo contrário, os costumes adquirem importantes funções na aplicação do direito penal, dentre as quais é possível indicar as de (a) integração dos tipos penais; (b) exclusão do injusto ou da culpabilidade; (c) limitação das sanções; e (d) isenção da punibilidade. Assim, os costumes operam fundamentalmente no sentido da ampliação das esferas de liberdade e não como critério incriminador ou punitivo, pois, limitados pela reserva de lei, não podem fundamentar novos tipos ou definir novas sanções.

A Lei de Introdução às Normas do Direito Brasileiro (LINDB), Decreto-lei n. 4.657/42 modificado pela Lei n. 12.376/2010, estabelece o que Bobbio (1990, p. 146-160) denominou como critérios de auto e heterointegração do ordenamento jurídico, ao elencar as fontes a serem utilizadas pelo julgador quando verificar lacunas: "quando a lei for omissa, o juiz decidirá o caso de acordo com a analogia, os costumes e os princípios gerais de direito" (art. 4º, LINDB). O debate sobre o dogma da completude do direito é antigo e se instaura já a partir da codificação napoleônica com as críticas do historicismo ao movimento da exegese (BOBBIO, 1990, p. 115-143). De forma introdutória, porém, é importante salientar que normalmente a discussão sobre as lacunas se estabelece a partir da falsa ideia de constituírem direito e lei um fenômeno único, o que indicaria serem idênticas as lacunas do direito e lacunas da lei. O próprio art. 4º da LINDB e o art. 126 do Código de Processo Civil determinam que o juiz não pode se eximir de proferir decisão alegando lacuna ou obscuridade da lei (princípio do *non liquet*), evidenciando "(...) que o ordenamento é dinamicamente completável através de uma autorreferência ao próprio sistema jurídico", que permite concluir que "(...) não existem lacunas técnicas, sendo todas hermenêuticas", dependendo do seu fechamento de "critérios definidos hermeneuticamente" (STRECK, 2014, p. 156).

Nesse cenário, em sua função integrativa, o direito consuetudinário, produzido geralmente em contextos socioculturais complexos e marcados pela conflitividade, é um componente sempre presente na interpretação da lei. A questão, portanto, não é simplesmente a de vedar o costume na interpretação *in malam partem* – desdobramento direto do princípio da legalidade –, mas a de estabelecer parâmetros de coerência e de integridade para resolução dos casos em que os tipos penais apresentam maiores hiatos ou anemias significativas, em especial técnicas que obriguem o julgador a motivar sua decisão e sanções que invalidem o julgamento em caso de inobservância (nulidades).

Em paralelo à função integrativa, as fontes consuetudinárias possuem importante papel derrogatório de leis penais que, com o tempo, perdem a sua justificação e o seu significado temporal. Nilo Batista (2005, p. 71) pontua que Welzel, em sua última construção, afirmava a tese da adequação social como um princípio que reinsere os tipos no contexto cultural, conectando, portanto, a interpretação da lei ao processo histórico por meio do direito costumeiro. Reale Jr. (1973, p. 55) interpreta a incorporação do *princípio da adequação social* como uma ruptura com o formalista das estruturas abstratas para compreender o crime como "expressão de um desvalor tipificado e sentido por uma comunidade, em determinado momento histórico". Roxin (1997, p. 293) destaca as variações na teoria de Welzel, e evidencia que inicialmente a adequação social operou como um critério de exclusão da tipicidade, depois como causa de justificação vinculada ao direito costumeiro até o retorno à concepção original da atipia material.

Assim, em Welzel (1956, p. 63), predomina a percepção de serem condutas socialmente adequadas aquelas que se inscrevem dentro dos marcos de uma ordem social determinada, razão pela qual não podem ser compreendidas como típicas "mesmo quando seja possível subsumi-las a partir de uma interpretação literal do tipo". Dentre os exemplos apresentados por Welzel, destacam-se as lesões em atividades desportivas, as intervenções médico-cirúrgicas nos limites da arte médica, as lesões corporais insignificantes, as privações de liberdade irrelevantes, a entrega de regalos de pequeno valor para funcionários públicos, as manifestações impertinentes ou indecorosas (WELZEL, 1956, p. 65; *idem*, 1993, p. 67). O princípio da adequação demarcaria, portanto, uma fronteira entre as condutas ilícitas e aquelas que "(...) não são necessariamente exemplares, mas que se mantêm dentro dos marcos da liberdade da ação social" (WELZEL, 1993, p. 67).

O tema das condutas socialmente adequadas é tratado de diversas formas pela dogmática pós-welzeliana, sendo a hipótese admitida como causa material de atipicidade (p. ex., JESCHECK, 1993, p. 227-229; DIAS, 2007, p. 290-294; MACHADO, 2006, p. 71-74[6]; REALE JR., 1973, p. 56; TOLEDO, 1994, p. 131-

---

[6] Luiz Alberto Machado (2006), em trabalho pioneiro sobre o tema no Brasil, publicado originalmente em 1975 pela Universidade Federal do Paraná, aponta que após o exame da tipicidade formal da conduta restaria analisar o aspecto material, sendo possível "(...) reduzir a discussão a respeito da eliminação material do tipo às teorias da ação socialmente adequada e da insignificância da conduta" (*idem*, p. 71). Assim, aproximando-se da perspectiva de Roxin, concluir que "a ausência formal do tipo (atipia) se configura pela inexistência de efetivo e concreto perigo ao bem jurídico tutelado. A inexistência material do tipo está parametrada, no limite inferior, pelo princípio da insignificância e, no limite superior, pelas causas legais e supralegais de permissividade e ou tolerância da conduta pelo direito" (*idem*, p. 74).

132), de justificação (p. ex., nos casos de direito correcional, WESSELS, 1976, p. 80-81) ou, mais isoladamente, de exculpação (p. ex., ROEDER apud ROXIN, 1997, p. 293). Roxin (1997, p. 295) reafirma a importância do princípio da adequação social para a teoria da tipicidade ao sustentar que o desvalor social é imanente ao injusto e constitui o seu elemento material. Assim, analisando os tipos em sua totalidade, "devem ser interpretados de tal modo que apenas se subsumam a eles as condutas socialmente inadequadas". No entanto, diferente de Welzel, Roxin sistematiza as possibilidades de aplicação da adequação social em dois grupos, no marco referencial da imputação objetiva: (a) condutas que se situam no limite do risco juridicamente irrelevante ou permitido; e (b) ações de escassa ofensividade (insignificantes). Dessa forma, desde uma perspectiva material da tipicidade, aponta que a solução correta depende de uma interpretação restritiva pelo grau da lesividade ao bem jurídico (ROXIN, 1997, p. 297).

A jurisprudência nacional tem enfrentado com certa frequência a tese da adequação social – em alguns casos suscitada de forma reiterada –, mas segue mantendo uma posição nitidamente refratária. Embora reconheça, em abstrato, o princípio em seu fundamento básico (comportamentos habituais e admitidos não podem ser considerados típicos), tende a afastar a sua aplicação, em uma compreensão restritiva das causas de atipicidade material.

Nesse sentido, os Tribunais Superiores (Supremo Tribunal Federal e Superior Tribunal de Justiça) têm negado a incidência do princípio da adequação social em situações relacionadas, p. ex., à comercialização de "(...) cópia de obra intelectual ou fonograma reproduzido com violação do direito de autor" (art. 184, § 2º, do Código Penal) e ao jogo do bicho (art. 58 da Lei das Contravenções Penais). Em ambos os casos, o STJ inclusive editou Súmulas para regular as matérias – Súmula 502, que reconhece a tipicidade da exposição à venda de "CDs e DVDs piratas" usualmente praticada por trabalhadores informais nos centros urbanos ("camelôs" e vendedores ambulantes), conforme anota Wunderlich (2017, p. 585-586); Súmula 51, que tipifica a atividade do "apontador" do jogo do bicho, independentemente da identificação do "banqueiro" ou do apostador.

Entendimento não menos conservador é adotado nas situações de "casa de prostituição", figura prevista no art. 229 do Código Penal. Até 2009, a incriminação de "manter casa de prostituição ou lugar destinado a encontros libidinosos" poderia alcançar estabelecimentos comerciais como motéis, sendo mais aceitável o princípio da adequação social. Com o advento da Lei n. 12.015/2009, a elementar típica passou a ser "estabelecimento em que ocorra exploração sexual", excluindo de sua incidência os locais em que o encontro sexual não tivesse conotação mercantil. Todavia se mantém uma posição paternalista de que qualquer atividade sexual mediada por vantagem financeira constitui exploração, isto é, que uma pessoa capaz que exerce a prostituição como atividade laboral (profissional do sexo) necessariamente está sujeita ao abuso, compreensão que inevitavelmente implica a confusão entre as esferas do direito e da moral e *punitur quia peccatum est*.

Aliás, a posição não diverge substancialmente daquela que procurava justificar o antigo tipo penal do adultério (art. 24 do Código Penal, revogado pela Lei n. 11.106/2005). Corretos, pois, Greco (2011, p. 431-456), ao sustentar que a elementar exploração sexual deve compreender apenas as situações em que o ato sexual ocorre por vício na vontade mediante fraude ou coação; e Silveira (2017, p. 674), ao ponderar a possibilidade de aplicação do princípio da adequação social como causa de atipicidade.

Destaca-se, ainda, importante levantamento realizado por Franco e Stoco (2007, p. 3663-3669) no sentido da inconformidade de rituais religiosos ou populares tradicionais de passes, benzeduras, prescrição de ervas curativas, venda de plantas medicinais e até mesmo de cirurgias espirituais com o art. 284 do Código Penal (curandeirismo). Para além do evidente exercício regular do direito de liberdade religiosa, Franco e Stoco (2007, p. 3668) revisitam um parecer de Assis Toledo no qual o então Subprocurador Geral da República argumentava que "a prática de rituais espíritas, como de qualquer religião católica, protestante, budista etc., ainda que para curar ou minorar as dores dos enfermos, não pode constituir crime cuja tipicidade está afastada pelo denominado princípio da adequação social".

Por fim, a terceira função dos costumes no direito penal é a do ajustamento das penas no processo de individualização. Isso porque, se a adequação social do fato não tiver a capacidade de excluir a responsabilidade penal, situando-se na zona fronteiriça do (in)justo penal, esta circunstância deverá necessariamente ser observada pelo juiz no momento da dosimetria da pena, atenuando a sanção em razão do escasso impacto da conduta na coletividade (CARVALHO, 2020a, p. 473-481; WUNDERLICH, 2017, p. 588-589).

d.2) Reserva legal e leis penais em branco (variações do *nullum crimen nulla poena sine lege scripta*)

Outra manifestação de incompletude em matéria penal é derivada da técnica de reenvio do conteúdo dos tipos denominada leis em branco. As leis penais em branco são tipos desprovidos de elementos essenciais e que, por força dessa falha, reenviam a outras normas jurídicas, normalmente normas secundárias de natureza administrativa, a tarefa de fornecer o conteúdo faltante da proibição.

Segundo Aníbal Bruno (1967, p. 190), as leis penais em branco mantêm deliberadamente uma lacuna em sua enunciação para que posteriormente seja integrada por outro dispositivo que lhe fornecerá a configuração necessária: "a norma integradora estabelece, então, as condições ou circunstâncias que complementam o enunciado do tipo da lei em branco. Traz para a lei em branco um complemento necessário, mas na lei penal é que se encontra, embora insuficientemente definido, o preceito principal". Como a eficácia da lei penal em branco depende da formalização do ato integrador, o complemento é efetivamente uma circunstância elementar do tipo penal objetivo. Assim, em razão de a complementação ser seu pressuposto de aplicabilidade, a técnica relativiza a reserva legal, fragilizando o princípio da legalidade.

Na atualidade, o uso de lei em branco é acentuado em decorrência de dois fenômenos independentes: (a) a expansão do sistema penal; e (b) a complexificação das relações sociais. Em um sistema configurado pelo princípio da intervenção penal mínima, o recurso às leis em branco perderia, em grande medida, o seu sentido, mesmo em sociedades marcadas pela fragmentação das relações sociais e trabalhistas, pela descentralização dos núcleos de deliberação política, pela fragilização da soberania das autoridades estatais e pela pluralidade das resoluções em matéria econômica. Importa dizer, portanto, que o uso ampliado dessa técnica não decorre apenas da complexidade que caracteriza o mundo contemporâneo, mas de uma opção político-criminal de expansão da incidência do sistema punitivo e de aposta na pena criminal como mecanismo de controle social.

Zaffaroni (1986, p. 15), ao coordenar o conhecido projeto do Instituto Interamericano de Direitos Humanos de análise comparada da legislação penal latino-americana, no início da década de 1980, demonstra que a difusão irrestrita das leis em branco contamina o sistema jurídico-penal com distintas disposições penais e administrativas, de forma que "(...) meras regulamentações de organismos descentralizados ou autárquicos não somente complementem tipos penais, mas descrevam condutas que por esta via [administrativa] são tipificadas". Em consequência, os poderes executivos passam a desempenhar funções tipicamente legislativas no campo penal. Na última década, Helena Lobo da Costa (2010, p. 85), ao investigar as formas de tutela do meio ambiente pelo direito, enfrenta o tema da assessoriedade administrativa no direito penal ambiental e conclui que, apesar de a remissão a conceitos, normas e atos administrativos parecer inafastável nesse campo, os problemas de legitimidade permanecem insolúveis e são ampliados. Não por outro motivo, sublinha que "o conjunto de problemas trazidos pela assessoriedade administrativa no direito penal deve levar ao questionamento sobre se o direito penal é, efetivamente, uma forma adequada e legítima de intervenção", porque "talvez o próprio direito administrativo, reformulado e fundado sobre novas bases, já seja o suficiente para fornecer soluções mais adequadas e mais legítimas".

Exatamente por essas razões, a crítica mais contundente e necessária deve ser endereçada às denominadas *leis penais em branco próprias* ou *em sentido estrito*, ou seja, aquelas de *complementação heterogênea* nas quais o elemento integrador deriva de uma fonte de natureza hierárquica inferior à da estrutura normativa complementada, caso típico dos atos administrativos que ocorrem, p. ex., na esfera ambiental, no campo das drogas ilícitas[7] e na área sanitária[8]. Em todos esses casos há delegação

---

[7] "Importar, exportar, remeter, preparar, produzir, fabricar, adquirir, vender, expor à venda, oferecer, ter em depósito, transportar, trazer consigo, guardar, prescrever, ministrar, entregar a consumo ou fornecer *drogas*, ainda que gratuitamente, sem autorização ou em desacordo com determinação legal ou regulamentar." (Art. 33, *caput*, da Lei n. 11.343/2006 – grifo nosso)

[8] "Deixar o médico de denunciar à autoridade pública *doença cuja notificação é compulsória*." (Art. 269 do Código Penal – grifo nosso).

do conteúdo da proibição ao órgão administrativo, sendo exemplar a determinação do art. 66 da Lei n. 11.343/2006: "para fins do disposto no parágrafo único do art. 1º desta Lei, até que seja atualizada a terminologia da lista mencionada no preceito, denominam-se drogas substâncias entorpecentes, psicotrópicas, precursoras e outras sob controle especial, da Portaria SVS/MS n. 344, de 12 de maio de 1998".

Note-se que o dispositivo da Lei de Drogas, no parágrafo único do art. 1º, prevê duas formas de integração, via administrativa ou legal, para definir quais são as drogas ilícitas: "para fins desta Lei, consideram-se como drogas as substâncias ou os produtos capazes de causar dependência, assim especificados em lei ou relacionados em listas atualizadas periodicamente pelo Poder Executivo da União". Mezger (1958, p. 154) distingue os tipos em branco em duas categorias, exatamente conforme a esfera de competência do responsável pela elaboração do elemento integrador: (a) *leis penais em branco impróprias* ou *em sentido amplo*, cujo "complemento está contido na mesma lei ou, pelo menos, em outra lei emanada pela mesma autoridade legislativa"; e (b) *leis penais em branco próprias* ou *em sentido estrito*, "nas quais o complemento necessário está contido em uma lei emanada por outra autoridade legislativa". No segundo caso refere, como autoridade normativa, órgãos administrativos do Poder Executivo. As primeiras são conhecidas como leis de complementação homogênea (ou homólogas) e, as segundas, como leis de integração heterogênea (ou heteróloga).

Lembra Schmidt (2001, p. 156) que, de acordo com a terminologia proposta por Mezger, os tipos penais de complementação homogênea (homovitelina ou heterovitelina)[9] constituem, em realidade, *elementares normativas de interpretação conceitual* estabelecidas *a priori* pelo legislador – "não se trata de lei penal em branco, mas de uma técnica legislativa, ou seja, uma opção do legislador em utilizar mais de um artigo para expressar uma norma dentro da mesma lei ou em lei diversa". Veja-se, p. ex., os conceitos de cheque (art. 171, § 2º, VI, do Código Penal) e funcionário público (art. 327 do Código Penal).

Nesse sentido, apenas as leis em branco de complementação heterogênea poderiam desestabilizar o princípio da legalidade por força da relativização da reserva de lei. Ademais, parece ser igualmente correto afirmar, na linha de Batista (2005, p. 74) e Queiroz (2016, p. 83), que inexiste violação à legalidade se o complemento administrativo respeita todas as exigências formais (e materiais), visto ser a técnica remissiva inerente à própria atividade legislativa regular, ou seja, não seria inconstitucional *per se*. Não pode a regulamentação, por evidente, ampliar os horizontes da incriminação, como foi possível notar, p. ex., nas portarias que disciplinam as doenças de notificação compulsória que preenchem as lacunas do art.

---

[9] Nilo Batista (2005, p. 73) lembra a subdivisão das leis penais em branco de integração homogênea: (a) homóloga homovitelina, quando o complemento se encontra em lei de natureza penal; e (b) homóloga heterovitelina, quando proveniente de lei diversa.

269 do Código Penal. Nesse caso, conforme exposto em outro momento (CARVALHO, 2020b, p. 267-287), o ato administrativo do Ministério da Saúde inseriu, para além dos médicos (sujeitos ativos exclusivos do delito do art. 269 do Código Penal), outros profissionais responsáveis pela comunicação (demais profissionais e gestores) e alargou o objeto da notificação para as suspeitas e os agravos provocados pelas doenças de informação obrigatória. O limite estabelecido no art. 269 do Código restringe a responsabilidade criminal apenas aos *médicos* que deixaram de cientificar aquelas *doenças* específicas, não podendo ser incriminado, p. ex., o enfermeiro que não realiza a notificação de doença e o médico que não informa a suspeita de uma doença arrolada nos atos complementares. Nessas duas hipóteses, os profissionais não médicos podem ser responsabilizados pela infração à norma de cuidado que regula a atividade, mas as sanções restringem-se exclusivamente ao campo extrapenal (administrativa e cível).

Cury (1988, p. 40-54) destaca alguns problemas que seriam comuns a ambas as espécies de leis em branco, próprias e impróprias, embora ressalte serem sempre acentuados quando derivados de complemento por normas extrapenais: (a) imprecisões decorrentes da técnica de reenvio; (b) dificuldades hermenêuticas, dada a necessidade de reconstrução preliminar dos objetos de análise; (c) dubiedades na aplicação quando verificável a sucessão de normas integradoras no tempo; e (d) fragilidades estruturais visto a criação, no limite, de "leis penais em branco ao revés", ou seja, tipos cujo preceito primário é completo cabendo ao complemento o estabelecimento da sanção (preceito secundário). Os problemas são reais e aumentam a necessidade do controle judicial da conformidade formal e material do complemento.

A constitucionalidade das leis penais em branco depende, portanto, do cumprimento rigoroso das exigências que conferem validade aos tipos penais em geral, fundamentalmente a descrição precisa da conduta e a cominação da sanção correspondente. Assim, o reenvio da matéria deve ser pontual e determinado e o complemento elaborado dentro desses limites predefinidos. Por essa razão, torna-se não apenas recomendável, mas também imprescindível a fiscalização dos procedimentos (forma) e do conteúdo (substância) das leis incompletas e dos seus atos complementares. Além disso, é imperioso que, na órbita legislativa, sejam diferenciados com precisão os conteúdos das disposições penais e administrativas, sendo vedada a possibilidade de serem reguladas condutas típicas pela via administrativa, ficando a seu cargo exclusivamente as especificações dos objetos ou das circunstâncias daquelas condutas. Elaboradas nesses termos, as leis penais em branco apresentariam, inclusive, garantias maiores que as dos tipos penais abertos, notadamente aqueles tradicionalmente definidos como tipos culturais.

d.3) Analogia e legalidade (variações do *nullum crimen nulla poena sine lege stricta*)

Assim como previsto em relação aos costumes e aos princípios gerais do direito, o art. 4º da LINDB remete a resolução judicial do caso, nas situações de omissão legislativa, à analogia. Bobbio (1990) refere a analogia como o mais típico e importante recurso interpretativo, visto permitir uma expansão do ordenamento para além das situações expressa e abstratamente reguladas. Segundo o politólogo italiano, analogia é "o procedimento pelo qual se atribui a um caso não-regulamentado a mesma disciplina que a de um caso regulamentado semelhante" (BOBBIO, 1990, p. 151).

Trata-se de um procedimento de natureza silogística, a partir da indução (experiência) ou da dedução (premissas gerais), mas suas conclusões encontram-se na esfera da probabilidade e não necessariamente da validade lógica. Em um silogismo comum é possível estabelecer um critério de validade. Haja vista os exemplos fornecidos por Bobbio (1990, p. 153): "os seres vivos são mortais; os cavalos são seres vivos; os cavalos são mortais". O raciocínio analógico opera de forma diversa, pois a premissa menor exprime uma relação de *semelhança*, não de *identidade*: "os homens são mortais; os cavalos são semelhantes aos homens; os cavalos são mortais". Por esse motivo (semelhança em vez de identidade), nem toda analogia é válida, mas apenas aquelas em que a semelhança é relevante. No segundo exemplo, Bobbio afirma que a conclusão só é possível (lícita) porque a semelhança dos cavalos aos homens se estabelece em uma "qualidade que é razão suficiente para que os homens sejam mortais" (BOBBIO, 1990, p. 152). Semelhanças não relevantes tornariam, no direito, injustificável a atribuição de responsabilidade.

A questão é que o princípio da legalidade torna o uso da analogia restrito em matéria penal. Outro exemplo utilizado por Bobbio é útil para pensar as formas analógicas em direito penal: um determinado Estado americano prevê pena de detenção àquele que comercializar livros obscenos. A questão proposta é se, em termos de validade argumentativa, a punição poderia ser aplicada (a) para venda de livros policiais e (b) para o comércio de discos com canções obscenas. Segundo Bobbio (1990, p. 153), é alta a possibilidade de que apenas a segunda extensão seja admitida pelo intérprete, visto que entre livros obscenos e livros policiais não há uma *semelhança relevante* para justificar a punição. O fato de ambos serem livros não justificaria a responsabilização. Todavia, no segundo caso, "a semelhança entre livros obscenos e discos reproduzindo canções obscenas é relevante (mesmo se menos visível), porque tal gênero de discos tem em comum com os livros obscenos exatamente aquela qualidade que foi a razão da proibição". No mesmo sentido a orientação dada por Fragoso (1971, p. 85) de que há aplicação analógica quando a norma se estende a casos semelhantes, embora não previstos em lei, mas aos quais restam evidentes as mesmas razões que fundamentam a disposição legal de referência.

No entanto, o problema enunciado por Bobbio não se resolve exclusivamente com a identificação da semelhança relevante que expressaria materialmente a razão suficiente que validaria a analogia. Se o art. 4º da LINDB permite que seja utilizada essa metodologia de forma ampla no direito brasileiro, o art. 5º, XXXIX, da Constituição e o art. 1º do Código Penal restringem na área penal as situações de analogia *in bonam partem*, sendo expressamente vedada a técnica interpretativa para a incriminação de condutas e a imposição ou o agravamento de penas. O sentido constitucional é o de que a legalidade estabelece um limite máximo à intervenção do poder punitivo, mas não à ampliação dos direitos individuais. Por isso não há quaisquer óbices à remissão aos costumes e à analogia para a estender às esferas de liberdade. Possível afirmar, inclusive, que em relação à ingerência dos poderes punitivos a legalidade fixa um grau máximo (teto); de forma distinta, no que diz respeito aos direitos (liberdade), define um patamar mínimo (piso).

A sistematização das fontes materiais (analogia, costumes, princípios gerais) como dinamizadores dos direitos e constritores dos poderes deriva inclusive do tratamento conferido às penas no texto constitucional. No art. 5º, XLVII, a Constituição veda expressamente formas punitivas desumanas – "não haverá penas: a) de morte, salvo em caso de guerra declarada, nos termos do art. 84, XIX; b) de caráter perpétuo; c) de trabalhos forçados; d) de banimento; e) cruéis". Mas ao regular a individualização das penas, apresenta as modalidades de forma exemplificativa, abrindo espaço para que sejam criadas novas espécies sancionatórias desde que não sejam ultrapassados os limites previstos no próprio corpo constitucional – "a lei regulará a individualização da pena e adotará, entre outras, as seguintes: a) privação ou restrição da liberdade; b) perda de bens; c) multa; d) prestação social alternativa; e) suspensão ou interdição de direitos" (art. 5º, XLVI).

Mecânica similar é adotada pelo Código Penal na previsão das circunstâncias agravantes e atenuantes da pena. Nos arts. 61 e 62 são arroladas, de forma taxativa (*numerus clausus*), as circunstâncias que agravam a pena quando não constituem ou qualificam o crime (princípio *ne bis in idem*). No entanto, ao definir as atenuantes, o Código elenca as circunstâncias redutoras nos arts. 65 e 66 e abre o sistema para que o juiz considere outras causas relevantes não previstas em lei: "a pena poderá ser ainda atenuada em razão de circunstância relevante, anterior ou posterior ao crime, embora não prevista expressamente em lei".

Assim, a diretriz fundamental do princípio da legalidade em sentido estrito é proibir o legislador de editar normas penais que permitam o uso judicial da analogia para configurar crimes e aplicar penas. Lyra (1953, p. 60) lembra que a adesão ao uso da analogia incriminadora ganhou espaço na doutrina e na legislação penal após a Primeira Grande Guerra (1914-1918) sob a justificativa da maior eficácia do sistema punitivo na defesa social contra o crime. Segundo o autor, afirmava-se não ser compreensível que fatos perigosos ficassem impunes por falta de comando incriminador explícito. A experiência que parece inaugurar a abertura do sistema normativo à analogia criminalizadora é a do Código Penal soviético de 1926, "o primeiro a afiançar a nova corrente de ideias, abolindo a proibição tradicional de analogia penal e fazendo de sua 'parte especial' um simples catálogo de exemplos" (LYRA, 1953, p. 60). Motivo pelo qual Mestieri (1970, p. 14) sustenta que é em razão da estrita legalidade que se estrutura a parte especial do Direito Penal, "à maneira de sistema fechado, em que as várias tipicidades são rigorosamente estabelecidas".

Observa Bettiol que, sob o totalitarismo penal, notadamente o regime nazista, as categorias penais foram reinterpretadas a partir de uma concepção organicista das relações entre povo e Estado e entre povo e indivíduo. A comunidade nacional racialmente pura constituía o valor supremo ao qual tudo deveria ser referido. O Estado seria o mecanismo de realização de uma comunidade que espelharia a consciência racial-nacional do povo e seria manifestada na vontade do Führer. Assim, "o direito penal está subordinado ao princípio autoritário (*Führenprinzip*) e serve para a defesa dos interesses da comunidade do povo, nunca – apenas secundariamente – à tutela de posições individuais de autonomia", constatou Bettiol (1977, p. 77). Nesse cenário, a lei formal seria apenas um referencial, pois o julgador poderia invocar os *princípios da consciência da comunidade* para ampliar ou flexibilizar as regras de criminalização. Com a reforma de 1935, o Código alemão passou a prever que "será punido quem cometa um fato que a lei declare punível ou que mereça uma pena conforme os princípios fundamentais da lei penal e de acordo com o são sentimento do povo. Se nenhum texto de lei se aplicar imediatamente ao caso, o ato será punido conforme a lei penal cuja ideia fundamental melhor se adapte". O dispositivo que marca a materialização plena do direito penal sob o nazismo foi precedido de regras semelhantes publicadas entre 1933 e 1934. A primeira (1933) ampliava o tipo penal de "infidelidade" e introduzia como agravante a "nocividade ao bem do povo"; a segunda (1934), Lei van der Lubbe, impunha retroativamente a pena de morte aos incendiários do Reichstag (condutas praticadas entre fevereiro e março de 1933); a terceira (1934) estendia a noção de "delitos de alta traição" e criava os "Tribunais do Povo" (NEUMANN, 2013, p. 478-482). Em setembro de 1939, o processo de reforma chega ao seu ápice com a incorporação definitiva do tipo penal "inimigo do povo" no Código Penal. As alterações na legislação penal introduzidas pelo nacional-socialismo expõem, sem pudores, uma espécie de síntese das experiências normativas totalitárias do século passado. Exatamente em decorrência da sua função de garantia (limitar os poderes punitivos) é que o princípio da legalidade foi o primeiro alvo da ofensiva autoritária.

Nelson Hungria (1980, p. 100-102) defendia que mesmo a analogia *in bonam partem* deveria ser restringida ao Direito Penal especial, ou seja, aos tipos penais incriminadores e seus preceitos sancionatórios, excluindo-se as diretrizes da Parte Geral. Os preceitos relativos à ilicitude (descriminantes), à culpabilidade (eximentes) e à isenção, à atenuação e à exclusão da pena seriam insuscetíveis de aplicação analógica, mesmo se favorável ao réu, em razão da sua natureza excepcional. Assim, rejeitava expressamente o reconhecimento judicial de causas supralegais de exclusão do crime como a inexigibilidade de conduta diversa. Em um sistema fechado como o da legislação penal brasileira, que já enumera várias causas de isenção de responsabilidade penal e de pena, "haveria pouquíssimo espaço para a analogia *in bonam partem*" (*idem*, p. 101). No entanto a posição de Hungria, sobretudo a partir dos anos 1960, foi amplamente superada, não apenas na dogmática brasileira, sendo na atualidade amplamente aceita a materialização do direito penal para efetivação e ampliação da liberdade, notadamente por meio das causas supralegais de exclusão de tipicidade, ilicitude, culpabilidade e punibilidade (CARVALHO, 2020b).

Importante destacar, ainda, a necessidade de superar a tradicional distinção entre *analogia*, técnica de supressão de lacuna por ausência de dispositivo legal, e *interpretação analógica*, ampliação da incidência de uma lei a partir de uma cláusula genérica – como a agravante do art. 61, II, *d*: "com emprego de veneno, fogo, explosivo, tortura *ou outro meio insidioso ou cruel, ou de que podia resultar perigo comum*"; ou o tipo do art. 349-A do Código: "ingressar, promover, intermediar, auxiliar ou facilitar a entrada de aparelho telefônico de comunicação móvel, de rádio *ou similar*, sem autorização legal, em estabelecimento prisional". Isso porque em todo processo de interpretação, do preenchimento das lacunas ao enquadramento típico de uma conduta, há juízo por analogia, pois "(...) explica a lógica contemporânea que todo ato de intervenção judicial implica uma atividade analógica, onde a adequação ao tipo, e do tipo a um comportamento, opera-se mediante um processo de seleção de semelhanças e diferenças" (WARAT, 1994, p. 210). Assim como inexistem tipos absolutamente fechados, sempre haverá raciocínio analógico, exatamente em razão da impossibilidade de os preceitos genéricos da lei esgotarem a experiência humana. Não por outra razão é lícito afirmar, com Streck (2014, p. 388), que "o intérprete sempre atribui sentido (*Sinngebung*) ao texto"; todavia, embora a norma seja sempre um produto de interpretação, não significa dizer que é possível atribuir qualquer sentido ao texto (*idem*). A tarefa do jurista é exatamente a de definir qual o sentido constitucionalmente válido da interpretação, de forma a constranger o abuso do poder punitivo. Na conclusão de Queiroz (2016, p. 125), "a questão fundamental não é saber se há ou não analogia, se existe analogia *in malam* ou *in bonam partem*, porque analogia há sempre, mas em interpretar e argumentar corretamente num sistema aberto, isto é, conforme o direito, aí incluídos princípios e regras, notadamente a Constituição".

d.4) Taxatividade e tipos penais abertos (variações do *nullum crimen nulla poena sine lege certa*)

Nilo Batista (2005, p. 78) destaca que a função de garantia imposta pelo princípio da legalidade exige que a elaboração legislativa disponha de "clareza denotativa na significação dos seus elementos". Significa dizer que é decorrência direta da legalidade a determinação taxativa dos tipos penais, ou seja, que no processo de criminalização primária as figuras delitivas não sejam compostas por expressões vagas e imprecisas, conceitos indeterminados ou ambíguos, cláusulas genéricas ou remissões valorativas. Na percepção de Luisi (2003, p. 24), "o princípio da determinação taxativa preside, portanto, a formulação da lei penal, a exigir qualificação e competência do legislador, e o uso por este de técnica correta e de uma linguagem rigorosa e uniforme".

Ademais, reforçando os modelos de direito penal de fato que caracterizam as democracias modernas, Ferrajoli, a partir das proposições da filosofia jurídica analítica, vincula *taxatividade* e *regulatividade* das normas penais como diretrizes ao "como punir?" (elaboração legislativa). Segundo o autor, *regulativas* são as normas que descrevem um comportamento "(...) qualificando-o deonticamente como permitido, vedado ou obrigatório e condicionando à sua comissão ou à sua omissão a produção dos efeitos jurídicos pré-determinados" (FERRAJOLI, 1998, p. 508). Diferem das estruturas típicas *constitutivas* normas que impõem efeitos punitivos decorrentes de meros estados pessoais ou identidades desviantes independentemente de ações e/ou da sua materialização em danos concretos a bens jurídicos.

As incriminações imprecisas delegam a qualificação do ato proibido ao julgador, ampliando sua esfera de decidibilidade a ponto de praticamente conferir-lhe funções legislativas (decisionismo). Além disso, Ferrajoli demonstra que normas penais constitutivas facilitam sentenças carentes de cognição, isto é, decisões que não verificam ou reconhecem fatos, apenas afirmam condições e determinam penas sem a comprovação de condutas externas ofensivas. Segundo o autor (1998, p. 508-509), um tipo regulador como "aquele que matar alguém ou subtrair para si coisa alheia móvel deve ser castigado com uma pena" deriva de uma sentença declaratória ("Tício cometeu, ou não, um homicídio ou um furto"). No entanto, tipos constitutivos que "(...) determinam diretamente os pressupostos da pena, estigmatizando ou qualificando como réus sujeito ou classe de sujeitos em razão de um modo de ser e não pela sua conduta" (FERRAJOLI, 1998, p. 509), costumam produzir sentenças do tipo "Tício é um inimigo do povo" ou "Caio é um sujeito perigoso". Os tipos penais e as sentenças judiciais constitutivas encontram-se na razão oposta do princípio da secularização, carentes de regulação pela legalidade e de materialização pela lesividade.

A determinação taxativa requer, portanto, a maior regulatividade possível dos tipos penais incriminadores, impondo maior precisão denotativa dos seus elementos constitutivos e reforçando a função de garantia do princípio da legalidade. Na dogmática penal tradicional, sobretudo a partir do neokantismo, foram opostas duas estruturas típicas de acordo com o grau de conformidade às exigências de taxatividade: (a) os *tipos penais fechados*, nos quais preponderariam termos de maior controle da significação dos objetos da realidade (*elementos descritivos*); e (b) os *tipos penais abertos*, caracterizados por estruturas linguísticas ambíguas, vagas ou indeterminadas (*elementos normativos*).

Mezger (1958, p. 146-147) referia que os elementos descritivos da tipicidade objetiva traduziriam "coisas e resultados externos, perceptíveis pelos sentidos", como coisas (móvel, homem, mulher, edifício) e como resultados (matar, incendiar, subtrair); os da tipicidade subjetiva retratariam "eventos psíquicos, que se realizam na alma do autor", especialmente aqueles relacionados com as intenções. Em geral, os *elementos descritivos* indicariam o verbo nuclear (evento) e as modalidades de conduta (comissiva ou omissiva), os sujeitos ativo e passivo, o objeto material do delito, a extensão do dano e as demais circunstâncias de tempo, local e forma de agir (*modus faciendi*). Exibiriam dados da realidade empírica apreendidos ou identificáveis de forma mais imediata pelo julgador e pelos destinatários da lei penal. Nas palavras de Toledo (1994, p. 154): "[elementos] descritivos são os que exprimem juízos de realidade, isto é, fenômenos ou coisas apreensíveis diretamente pelo intérprete (exemplo: 'matar', 'coisa', 'filho', 'mulher' etc.)". Difeririam dos *elementos normativos*, tipicamente vagos e lacunosos e que demandariam uma integração interna (autointegração), pela remissão a outras normas do ordenamento jurídico, ou externa (heterointegração), por meio do recurso aos valores provenientes da cultura. Segundo Toledo (*idem*), são "(...) constituídos por termos ou expressões que só adquirem sentido quando completados por um juízo de valor, preexistente em outras normas jurídicas ou ético-sociais (exemplo: 'coisa alheia', 'propriedade', 'funcionário público', 'mulher honesta' etc.) ou emitido pelo próprio intérprete (exemplo: 'dignidade', 'decoro', 'reputação' etc.)". Para Luisi (1987, p. 57), na interpretação dos elementos normativos não seria suficiente uma atividade meramente cognitiva do julgador, "subsumindo em conceitos o dado natural, mas deve realizar uma atividade valorativa. Não são elementos que se limitam a descrever o natural, mas que dão à ação, ao seu objeto, ou mesmo às circunstâncias, uma significação, um valor".

A crítica ao neokantismo e à filosofia dos valores destaca os problemas derivados dessa cisão artificial entre realidade e valor, ser e dever ser, natureza e cultura (HORKHEIMER, 2007). A teoria crítica do direito (penal), especialmente no que diz respeito à interpretação da lei penal, ao questionar a teoria do conhecimento tradicional (filosofia da consciência), percebe como insuficientes esses métodos de compreensão. Nesse sentido, reputará como "visivelmente arbitrária a distinção feita pelo pensamento dogmático entre elementos descritivos e elementos normativos, com o fim de situar apenas estes últimos como objeto do juízo valorativo do juiz" (CUNHA, 1979, p. 64).

Em razão de os tipos penais serem construídos em linguagem natural, possuem características estruturais de imprecisão distintas da lógica simbólica que rege a matemática e a física, p. ex. Seria possível afirmar, inclusive, que, em decorrência dessa polissemia da linguagem, todos os tipos penais seriam potencialmente vagos (e alguns ambíguos) – "as normas jurídicas, apesar do que dizem as posturas racionalistas, são formuladas em linguagem natural. Apresentam, portanto, problemas de vagueza e polissemia" (WARAT, 1994, p. 36). Não por outro motivo, Queiroz (2016, p. 83; 2013, p. 13) sustenta que todas as elementares típicas são, em alguma medida, em maior ou menor grau, abertas ou incompletas, ou seja, valorativas (normativas)[10].

---

[10] "Não existe distinção entre elementos normativos, descritivos e objetivos do tipo. Todos são normativos (valorativos). Porque o sentido dos textos legais não é dado pelos próprios textos, mas por nós, ao atribuirmos determinado sentido num universo de possibilidades. Nós introduzimos nossos valores nas coisas por meio da interpretação. Logo, todos os

No entanto, Streck é correto (2014, p. 358) ao afirmar que reconhecer que os componentes do tipo penal apresentam incertezas em seu sentido (vagueza e ambiguidades) em razão da natureza plurívoca das palavras da lei "não pode significar que cada intérprete possa atribuir os sentidos que mais lhe convierem". Em razão disso, a primeira orientação para que seja conferida a maior eficácia possível à função de garantia do princípio da legalidade é direcionada ao legislador, no sentido de respeitar parâmetros rígidos de controle da linguagem durante a elaboração normativa para comprimir ao máximo os espaços de dubiedade, vício característico de redações desprovidas de técnica. Como forma de restringir os horizontes de imprecisão e aumentar o grau de clareza dos tipos penais, Zaffaroni (1986, p. 17-18) e Batista (2005, p. 81-83) propõem as seguintes diretrizes: (a) vedar a ocultação dos verbos núcleo dos tipos admitindo-se apenas incriminações construídas sobre a conduta (comissiva ou omissiva) e não sobre o resultado lesivo, p. ex., o crime previsto no art. 149 do Código Penal ("reduzir alguém à condição análoga à de escravo"); (b) proibir o emprego de elementos descritivos sem precisão semântica, como nos casos das qualificadoras, causas especiais de aumento e agravantes relacionadas aos "motivos fútil e torpe" (arts. 61, II, *a*; 121, § 2º, I e II; 122, § 3º, I, todos do Código Penal); (c) impedir o uso de elementos normativos porosos ou de natureza moral, como "socialmente recomendável" (art. 44, § 3º, do Código Penal), "conduta social" e "personalidade do agente" (art. 59, *caput*, do Código Penal), "meio insidioso" (arts. 61, II, *d*; 121, § 2º, III, ambos do Código Penal), "trabalho honesto" (art. 83, III, *d*, do Código Penal), "casa mal afamada" ou "pessoa viciosa ou de má vida" (art. 247, I, do Código Penal), "vexame ou constrangimento" (art. 232 da Lei n. 8.069/90); (d) impedir expressões subjetivas ambíguas ou de natureza moral, como "satisfazer lascívia" (art. 218 do Código Penal) e "fim libidinoso" (art. 148, § 1º, V, do Código Penal; art. 241-D, da Lei n. 8.069/90); (e) proibir incriminações evidentemente abertas, como as descrições dos tipos culposos e os termos empregados nos tipos dolosos de perigo como as expressões "fraudulento", "temerário" e "forma disfarçada", todas presentes na Lei n. 7.492/86; e (f) vedar tipificações exemplificativas, como os tipos incriminadores e as circunstâncias de determinação da pena que, após apresentarem alguma circunstância de referência, fazem remissões à interpretação analógica, p. ex., as agravantes do art. 61, II, *c*, *d* e *j*, e os crimes dos arts. 146, 147, 161, 171 e 284, II, do Código Penal.

O fortalecimento dos níveis de regulatividade das normas penais incriminadoras (criminalização primária) assegura uma maior possibilidade de controle e

---

elementos do tipo são inevitavelmente valorativos, embora esse caráter valorativo nem sempre seja evidente. O pronome indefinido alguém é tão normativo quanto qualquer outro. Não é por acaso que, nos crimes contra honra, se discute, por exemplo, se o alguém aí previsto compreende crianças, mortos e pessoas jurídicas" (QUEIROZ, 2013, p. 13).

obstrução do decisionismo no exercício da jurisdição penal (criminalização secundária). A atividade cognitiva (garantista) ou potestativa (inquisitiva) do juiz está intimamente vinculada ao maior ou menor grau de taxatividade dos tipos penais. Todavia, o controle da regularidade e da conformidade da atividade judicial com a legalidade não é determinado apenas por uma técnica mais sofisticada de elaboração dos tipos penais materiais. Inegavelmente densificar a precisão da significação dos elementos típicos é imprescindível; mas igualmente fundamental é a exigência do cumprimento das regras do jogo processual, com o balizamento e a nulificação de atos judiciais abusivos, visto que os princípios constitucionais, que regulam a jurisdição (imparcialidade, juiz natural, indeclinabilidade e inércia), a ação (oficialidade e obrigatoriedade), e o processo (contraditório, publicidade, motivação, presunção de inocência e duplo grau), são os pilares que sustentam um sistema de garantias (acusatório) (COUTINHO, 1998).

e) Legalidade e medidas de segurança

O debate sobre a regulação das medidas de segurança pelo princípio da legalidade aparece na doutrina geralmente vinculado à dimensão da *lex praevia* (anterioridade da lei penal, art. 2º do Código). Isso porque o art. 75 da redação original do Código Penal (1940) estabelecia que "as medidas de segurança regem-se pela lei vigente ao tempo da sentença, prevalecendo; entretanto, se diversa, a lei vigente ao tempo da execução". Na Exposição de Motivos, o tratamento diferenciado daquele estabelecido para as penas (regulação pela data do fato) é justificado pelo fato de que "a medida de segurança não se confunde com a pena, [assim] não é necessário que esteja prevista em lei anterior ao fato, e não se distingue entre a *lex mitior* e a *lex gravior* no sentido da retroatividade: regem-se as medidas de segurança pela lei vigente ao tempo da sentença ou pela que se suceder durante a execução (art. 75)".

Por tais razões, Hungria (1980, p. 138) referia que "fogem do rigorismo da anterioridade da lei". Estariam submetidas apenas parcialmente ao princípio da legalidade: dependeriam de previsão legal – "o juiz não pode criá-las (isto é, aplicar outras que não as prescritas em lei)" (*idem*) –, mas a sua vigência seria imediata. Para além da justificativa apontada na Exposição de Motivos, que em realidade apenas ressalta a (aparente) diferença de natureza em relação às penas, é o fundamento na periculosidade do autor que tornaria as medidas de segurança imunes à incidência da legalidade em todas as suas dimensões. Se é a periculosidade individual o seu fundamento e pressuposto, um estado subjetivo que perdura, é a lei em vigência na sentença e, em especial, na execução que deveria orientar o "tratamento curativo" (LYRA, 1953; HUNGRIA, 1980; BRUNO, 1967). Em efeito, "não se pode dizer que a nova lei retroage, porque a medida se estabelece, não em razão do crime, que é o passado, mas da perigosidade como existe no presente" (BRUNO, 1967, p. 259).

Com a exclusão do texto original do art. 75 do Código Penal e a extinção das medidas de segurança para imputáveis, alterações promovidas pela Reforma de

1984, parte substancial da doutrina entendeu serem os distintos desdobramentos da legalidade aplicáveis na íntegra a ambas as espécies de resposta jurídica ao cometimento de fatos previstos como delito. Toledo (1994, p. 41) referia, p. ex., ser ilógica a assertiva da "legalidade sem anterioridade da lei"; Reale Jr. (2002, p. 105), de forma mais aguda, conclui que a legalidade deve reger todas as sanções, penas e medidas de segurança, e com todo o seu alcance. Entendimento que é corroborado pela Constituição de 1988, que não diferencia o tratamento jurídico para penas e medidas de segurança, e pelo Pacto de São José, que em seu art. 7, 2, refere que "ninguém pode ser privado de sua liberdade física" sem o estabelecimento de "condições previamente fixadas" em lei.

Outrossim, a partir dos movimentos de descarcerização e desmanicomização, em sintonia com a construção teórica desenvolvida pela criminologia crítica e pela antipsiquiatria, desde o final dos anos 1960, é evidenciado o caráter punitivo das medidas de segurança e a natureza igualmente aflitiva (retributiva) das internações psiquiátricas (WEIGERT, 2017). À demonstração da incapacidade de as medidas de segurança cumprirem suas funções declaradas (curativas), sobretudo em razão da forma manicomial de sua execução, alia-se a comprovação da inconsistência dos métodos para aferição da periculosidade (prognóstico de delinquência futura). Nas considerações de Juarez Cirino dos Santos (2017, p. 611), "a crise das medidas de segurança estacionárias é a crise da prognose de periculosidade e da eficácia da internação para transformar condutas ilegais de inimputáveis em condutas legais de imputáveis. A inconsistência desses pressupostos explica a convicção generalizada sobre a necessidade de redução radical das medidas de segurança estacionárias".

Com o advento da Lei n. 10.216/2001, o estatuto jurídico dos portadores de sofrimento psíquico no Brasil é substancialmente modificado. A Lei da Reforma Psiquiátrica estabelece, como diretriz central, o respeito à autonomia dos usuários do sistema de saúde mental, superando definitivamente a lógica que orientou a instituição do sistema de medidas de segurança no Brasil. Assim, se decorre da Lei n. 10.216/2001 o entendimento de que penas e medidas de segurança possuem a mesma natureza jurídica, especialmente porque ambas impõem restrições significativas a bens jurídicos, inevitável reconhecer que todos os direitos fundamentais, em sua integralidade, sejam garantidos aos usuários do sistema de saúde mental, em decorrência ou não do cometimento de fato previsto como crime. Logo, "toda medida coercitiva imposta pelo Estado, em função do delito e em nome do sistema de controle social, é pena, seja qual for o nome ou a etiqueta com que se apresenta" (FRAGOSO, 2003, p. 549).

O efeito imediato do processo de constitucionalização das medidas de segurança e de adequação à Lei da Reforma Psiquiátrica foi o de garantir um limite à internação psiquiátrica manicomial, por meio da filtragem do art. 97, § 1º, do Código Penal, que estabelece que o cumprimento seria por tempo indeterminado enquanto perdurar a periculosidade. O dispositivo evidentemente não foi recepcionado pelo art. 5º, XLVII, *b*, da Constituição, que veda a perpetuidade da pena.

Assim, em um primeiro momento, os Tribunais consolidaram o entendimento de que as internações não poderiam ultrapassar o limite estabelecido pelo art. 75 do Código Penal. Na sequência, o Superior Tribunal de Justiça editou a Súmula 527, que vincula a máxima restrição de liberdade ao limite estabelecido no preceito secundário do tipo penal violado: "o tempo de duração da medida de segurança não deve ultrapassar o limite máximo da pena abstratamente cominada ao delito praticado". Hoje, cresce a compreensão de que o juiz, ao estabelecer a medida de segurança, deve respeitar, naquilo que é aplicável ao inimputável, a metodologia de determinação da pena prevista no art. 68 do Código, fixando ao portador de sofrimento psíquico a quantidade de sanção que seria adequada se imputável fosse (CARVALHO, 2020a, p. 563-565; QUEIROZ, 2016, p. 546; SANTOS, 2017, p. 622; WEIGERT, 2017, p. 100-102). Sem desrespeitar, logicamente, os comandos de substituição da modalidade de internação psiquiátrica por medida diversa, conforme os parâmetros estabelecidos pela Lei Antimanicomial. Sem prejuízo, ainda, de restarem garantidos todos os demais direitos previstos aos condenados, como detração, remição, comutação, indulto, progressão de regime e livramento condicional (efeitos mediatos).

Ademais, ainda merecem um melhor juízo de adequação à legalidade constitucional (a) a exigência de cumprimento do prazo mínimo de 1 (um) ano (art. 97, § 1º, *in fine*, do Código Penal); e (b) a delimitação de prazos prescricionais similares aos dos imputáveis. Isso porque, se a Reforma de 1984 representou importante avanço ao restringir a imposição de medidas de segurança aos inimputáveis (e semi-imputáveis), "(...) alguns passos poderiam ser dados incorporando-se à construção dogmática as importantes contribuições da Lei 10.216/01, sobre a proteção e direitos das pessoas portadoras de transtornos mentais" (ZAFFARONI; BATISTA, 2003, p. 67).

Considerações finais

f) A instrumentalização do direito penal e a crise do princípio da legalidade

A percepção de um estado de crise experimentado pelo direito penal contemporâneo parece ser um consenso nas ciências criminais. Se distintas perspectivas, em diferentes campos das humanidades (dogmática penal, criminologia, política criminal, sociologia, filosofia e ciência política), procuram mapear e expor os fundamentos e as características dessa crise, interessa, neste momento, enfatizar a dimensão normativa. Desde o plano jurídico, a crise do direito penal se manifesta no aprofundamento dos déficits de legalidade, entendida como o princípio fundamental dos sistemas de garantias.

Os fenômenos da descodificação e da inflação penal, derivados diretamente da adesão dos países ocidentais, a partir da década de 1980, às políticas criminais punitivistas, não apenas elevaram a patamares insustentáveis os índices de encarceramento, em decorrência da criação de novos tipos penais e elevação das penas, como também provocaram a erosão dos pilares do direito penal ilustrado, edificado sobre os princípios da legalidade dos delitos e das penas (*lex praevia*, *scripta*, *stricta* e *certa*), da ofensividade e da culpabilidade. Hassemer (2008, p. 243) destaca a tendência das últimas décadas de "modernizar" o direito penal, o que significa, em termos político-criminais, "(...) ampliá-lo para operacionalizá-lo como instrumento da política de segurança pública, desmantela[ndo] seus limites clássicos". Em síntese, uma tendência crescente de inovar legislativamente (necessidade de agir) por meio de reformas expansionistas que descaracterizam a estrutura de garantias e substituem a finalidade de atuação subsidiária à lesão de bens jurídicos de sujeitos concretos (direitos individuais de pessoas de "carne e osso") pela tutela da fidelidade às instituições (direitos do Estado). Sublinha o autor que, em sua programação "clássica", o direito penal é autolimitado pela legalidade, "mantém-se acorrentado"; mas, em razão das reformas expansionistas (e das dogmáticas que lhe dão suporte teórico, acrescente-se), "adquiriu vida própria" (*idem*, p. 248).

Em sentido similar, Ferrajoli (2018) aponta três causas da crise da legalidade: (a) uso político e demagógico do direito penal, que deriva em leis de emergência, ocasionais, marcadas pelo acréscimo punitivo de valor exclusivamente publicitário; (b) desestabilização da linguagem penal, por meio da elaboração de tipos penais sem determinação semântica e uso de termos vagos, imprecisos e valorativos – "labirintos normativos, fórmulas obscuras e polissêmicas" –, panorama que degrada a função judicial e fomenta o arbítrio na aplicação do direito; e (c) renúncia aos projetos orgânicos de reforma. A experiência político-criminal das últimas décadas obteve, como consequência, "o desajuste da estrita legalidade penal e a redução das garantias", o "descrédito generalizado do ordenamento, provocando a ruptura com a capacidade regulativa da lei: a degradação do Parlamento e da política, incapazes de cumprir com seu labor que é o de produzir leis claras e rigorosas que possam limitar a arbitrariedade dos juízes; a perda da credibilidade do judiciário, exposto constantemente à suspeita da arbitrariedade e da parcialidade política, e da qual fomenta a natural vocação antigarantista (...)" (FERRAJOLI, 2018, p. 206).

A corrupção das bases ilustradas e liberais do direito penal é deflagrada, na política legislativa, pelo uso exaustivo das leis em branco (ofensa à legalidade em sentido estrito) e dos tipos penais abertos (lesão ao mandado de rigor do princípio da taxatividade), pela criminalização de autolesões, delitos sem vítima, condutas de perigo abstrato (enfraquecimento do princípio da lesividade); e, na política judicial, pela referência punitiva aos costumes e pelo uso abusivo da analogia *in malam partem* (redução das funções dos princípios da *lex scrita* e *stricta*)[11].

---

[11] Na teoria do delito, Hassemer (2008, p. 257) sublinha: "(...) um abrandamento das diferenciações dogmáticas, o qual possibilita uma sutil gradação da culpabilidade subjetiva e da culpabilidade objetiva, permitindo sua manipulação segundo critérios contingentes.

Ao analisar o caso brasileiro, Martins (2020) identifica inúmeras situações de esvaziamento do conteúdo da legalidade pela dilatação do campo semântico como nas remissões à "moralidade média" para a qualificação de delitos ou imposição de agravantes ("motivo fútil" e "motivo torpe", p. ex.); no emprego de verbos dúbios na construção das figuras típicas ("embaraçar a investigação", na associação criminosa, p. ex.); na utilização de recursos para ampliar os horizontes de incidência da lei incriminadora ("de qualquer forma", p. ex.); na instituição de sanções indeterminadas a serem estabelecidas pelo juiz (art. 45, § 2º, do Código Penal, p. ex.) dentre outras. Mas se essas graves violações dizem respeito ao trabalho do Legislativo, um problema de segunda ordem também indicado pelo autor é o da ruptura com a legalidade no cotidiano da aplicação do direito penal, ou seja, uma ação relacionada com a postura do Judiciário frente aos limites normativos. Uma das situações mais agudas na história recente da jurisprudência nacional foi a da decisão da Suprema Corte na Ação Direta de Inconstitucionalidade por Omissão (ADO) n. 26 que, ao reconhecer o descumprimento do Parlamento em relação ao mandado de criminalização, previsto no art. 5º, XLI e XLII, da Constituição, equiparou, para fins penais, as condutas homofóbicas e transfóbicas ao crime de racismo previsto na Lei n. 9.459/97.

O fato é que a urgência de reconhecimento dos direitos e vulnerabilidades LGBTs frente à evidente inércia do Legislativo na construção de um estatuto que identifique as principais violações e crie instrumentos de tutela conforme as diretrizes constitucionais – pense-se não apenas no caráter punitivo da Lei n. 9.459/97, mas também (e sobretudo) nas medidas protetivas de urgência da Lei n. 11.340/2006 (Lei Maria da Penha) – não justifica que o Judiciário corrija uma omissão por meio da criminalização por analogia.

Embora seja uma necessidade real de o Estado brasileiro assumir suas responsabilidades em relação às violências praticadas contra a população LGBT – e o fato concreto de o Brasil bater recordes anuais de assassinatos motivados pela homofobia e pela transfobia não pode jamais ser esquecido[12] –, identificando e comunican-

---

Assim, as distinções entre autoria e participação, tentativa e consumação, dolo e culpa, de grande relevância no direito penal tradicional, passam para um segundo plano, quando não perdem totalmente o seu significado (...). A consequência é que as opções de decisão do juiz penal não podem mais ser compreendidas segundo padrões dogmáticos, seu âmbito se amplia consideravelmente e se subtrai progressivamente a todo controle".

[12] "A cada 10 assassinatos de pessoas trans no mundo, quatro ocorreram no Brasil. Por ocasião do dia internacional da memória trans, no dia 20 de novembro de 2021, a equipe do TvT – *Transrespect versus Transphobia World Wilde* publicou os resultados do Observatório de pessoas trans assassinadas no mundo. O projeto de pesquisa Trans Murder Monitoring (TMM) monitora, coleta e analisa sistematicamente os relatórios de homicídios de pessoas trans e com diversidade de gênero em todo o mundo. Desde o início do levantamento, o Brasil tem sido o país que mais reporta assassinatos de pessoas trans no mundo. Do total de 4.042 assas-

do à sociedade que condutas desta espécie representam grave lesão a direitos (CARVALHO, 2012), é fundamental ter presente que a atividade criminalizadora é exclusiva do Legislativo. Do contrário, cria-se uma aporia insustentável: em nome da efetivação da legalidade viola-se a legalidade; para cumprir um comando constitucional, é desrespeitado o princípio constitucional da legalidade.

Legalidade é limite. Sua flexibilização só pode ser admitida para ampliar as esferas de liberdade. Não por outro motivo é que a analogia, em direito penal, "só pode ser aplicada quando estiver em jogo uma norma penal não incriminadora" (PINHO; ALBUQUERQUE, 2019, p. 107). E por mais que seja justificável politicamente, por mais "(...) justa e perfeita: não deixará de ser analogia, vedada pelo princípio da legalidade" (MARTINS, 2020, p. 344).

g) Diretrizes normativas de preservação da legalidade: "direito de intervenção", reserva de Código e responsabilidade político-criminal

A expansão do direito penal conduziu o sistema normativo a uma situação limite de perda de legitimidade e de incapacidade de regular e constranger os atos dos poderes punitivos. Segundo Baratta (2004, p. 309), a lei penal, como ato solene de resposta aos problemas sociais mais agudos e duradouros, depende de uma compreensão exaustiva que deve se realizar na arena parlamentar, com profunda análise técnica dos partidos políticos e com ampla discussão pública. Não pode, portanto, ser uma resposta imediatista de natureza administrativa (ou judicial, acrescente-se), pois a experiência da legislação penal de emergência "(...) obteve, como efeito negativo, a corrupção da lógica dos códigos, devendo proporcionar, neste sentido, um ensinamento válido para todos Estados de direito". Dentre os ensinamentos referidos por Baratta, o de que as bases que fundamentam o direito moderno, como a abstração e a generalidade da norma, não devem jamais ser derrogadas pela lei penal. Apenas um sistema normativo (criminalização primária) rigidamente estruturado na legalidade pode cumprir minimamente a função de restringir a potência punitiva das agências policial e judicial (criminalização secundária). Nas lições de Ferrajoli (2018, p. 208), "somente a estrita legalidade, isto é, a taxatividade dos tipos penais e o conjunto das demais garantias torna possível a exclusiva sujeição do juiz à lei, portanto, a redução da discricionariedade".

Nesse cenário, Hassemer (2008, p. 262) reivindica a redução dos Códigos Penais ao que designa "direito penal nuclear", despojado de parte das "modernizações" que desnaturalizaram sua base ilustrada, preservando a ideia de bens jurídicos operacionalizados a partir dos direitos individuais e definidos com a máxima precisão possível. Bens jurídicos concretos de pessoas de "carne e osso", segundo Ferrajoli (1998). A diretriz político-criminal proposta por Hassemer é que sejam

sinatos catalogados pela TGEU, 1.549 foram no Brasil. Ou seja, sozinho, o país acumula 38,2% de todas as mortes de pessoas trans do mundo." (BENEVIDES, 2022, p. 71-72) retirados do direito penal problemas que não lhe são próprios – considera que temas de direito civil, de direito administrativo e formas extraordinárias de intervenção do mercado foram produtos da "modernização" do direito penal – e a criação de um "direito de intervenção", situado fora da órbita penal e intermediário com as esferas civil e administrativa, dotado de "garantias e formalidades processuais menos exigentes, mas também com sanções menos intensas contra o indivíduo" (*idem*).

Proposição não divergente é a de "reserva de Código", apresentada por Ferrajoli (1996; 2018). Segundo o autor, a crise derivada da proliferação de leis especiais e de exceção só poderia ser revertida com uma reforma radical que assegurasse a máxima racionalidade do sistema de direito penal substantivo, sobretudo para restituir higidez ao princípio da legalidade penal. A ideia, portanto, seria a de substituir o princípio da reserva de lei por uma *reserva de Código*, como mecanismo de frenagem às respostas meramente contingenciais e simbólicas do poder público traduzidas em demandas criminalizadoras. Trata-se de uma metagarantia destinada a imunizar as garantias penais (e processuais penais) das reformas assistemáticas e populistas que conduzem à descodificação, e garantir um sistema normativo coerente e unitário de proibições e punições (FERRAJOLI, 1996, p. 538). Assim, toda inovação em matéria penal ficaria adstrita a um procedimento legislativo qualificado de reforma do próprio Código, o que permitiria sua preservação e estabilidade – experiência neste sentido foi a recodificação dos crimes em licitações e contratos administrativos pela Lei n. 14.133/2021, que inseriu novo capítulo nos crimes contra a Administração Pública em geral. Na Itália, lembra o autor, dispositivo dessa natureza foi aprovado pela Comissão bicameral no projeto de reforma da Constituição: "as novas normas penais somente serão admitidas com a reforma do código penal ou, de igual forma, se estiverem contidas em leis que regulam de forma orgânica o conjunto da matéria a que se destinam" (art. 129).

Outro instrumento normativo pensado para preservação do sistema de garantia contra o populismo punitivo é baseado na ideia de *responsabilidade político-criminal* do legislador (CARVALHO, 2008). Parte significativa do descontrole sobre as consequências das reformas penais deriva da absoluta ausência de investigações preliminares, mais especificamente nos casos de normas penais que, direta ou indiretamente, aumentam penas ou ampliam incriminações. As inovações legislativas no campo penal, não apenas no Brasil, são marcadas pela ausência de exploração empírica antecedente que possibilite projetar minimamente seus impactos no sistema de justiça criminal e no sistema carcerário – pense-se, p. ex., nos efeitos da ampliação do tempo máximo de cumprimento das penas privativas de liberdade de 30 (trinta) para 40 (quarenta) anos e a ampliação dos prazos para progressão de regime, decorrentes das alterações no art. 75 do Código e no art. 112 da Lei de Execução Penal, respectivamente, pela Lei n. 13.964/2019; e da modificação de prazos e termos prescricionais pela Lei n. 12.234/2010. Razão pela qual seria fundamental instituir, como condição para aprovação de novas leis penais, e*studos prévios de impacto político-criminal*, nos moldes já previstos na Constituição para as normas reguladoras das finanças públicas (art. 103 da Constituição) e para a execução de projetos e licenciamento ambiental (art. 225, § 1º, IV, da Constituição). Análise de impacto na esfera criminal que vincularia à proposição da nova lei investigações metodologicamente orientadas sobre suas consequências e a dotação orçamentária para sua implementação. Assim, p. ex., em demandas de novos tipos ou aumento de penas, o projeto ficaria condicionado à exposição do número estimado de novos processos criminais, de vagas nos estabelecimentos penais, bem como o volume e a origem dos recursos para implementação da lei (CARVALHO, 2008). Diretriz de responsabilidade que igualmente deveria ser respeitada pelo Poder Judiciário, sobretudo os Tribunais Superiores, quando modifica a interpretação de institutos penais e processuais e gera, mediata ou imediatamente, consequências encarceradoras – lembre-se, p. ex., das variações jurisprudenciais sobre execução antecipada da pena e também sobre a prescrição.

Com base nessa proposta, encontra-se em trâmite na Câmara dos Deputados o Projeto de Lei n. 4.373/2016, que cria a "Lei de Responsabilidade Político--Criminal". Em seu texto, "a proposta legislativa que tratar da criação de novos tipos penais, aumentar a pena cominada ou tornar mais rigorosa a execução da pena deverá ser submetida à análise prévia de impacto social e orçamentário" (art. 1º), a partir de dados estatísticos e elementos que possibilitem vislumbrar os custos sociais[13] e orçamentários (art. 2º). Como requisitos para inovações criminalizadoras (a) a apresentação de estudo de *impacto social*, relacionado à projeção da quantidade de novos processos criminais a serem submetidos ao Poder Judiciário, ao número de vagas no sistema prisional e às implicações que a criminalização e os aumentos de pena provocarão na vida coletiva (art. 3º); e (b) a exposição da *viabilidade orçamentária*, frente aos seus custos de implementação (art. 4º).

---

[13] Baratta (2004), ao discorrer sobre os princípios de limitação funcional da política criminal minimalista, ao lado do *princípio da resposta não contingente*, elenca o *princípio da adequação do custo social* (ou *princípio da proporcionalidade concreta*). A perspectiva desenvolvida pelo autor é distinta, embora igualmente relevante, no sentido de que a pena produz custos sociais secundários, para além da punição individual, que impactam as famílias e o ambiente social do sujeito encarcerado. Refere, p. ex., pesquisas que demonstram que a incidência negativa da pena, especialmente a executada em regime carcerário, é maior nas camadas mais vulneráveis: "(...) o efeito da pena sobre a vida e o *status* social futuros do condenado é mais grave nos jovens detidos provenientes de estratos sociais inferiores do que naqueles pertencentes aos superiores. Ao medir os efeitos sobre a trajetória social destes sujeitos a partir do estrato de pertencimento, comprovou-se que os ex-presidiários de famílias mais abastadas conseguiram, depois de certo tempo, reintegrar-se ao curso normal de suas vidas, enquanto os presos provenientes de famílias mais humildes ficavam marcados para sempre e não atingiam a trajetória própria do seu grupo de origem" (BARATTA, 2004, p. 311).

h) Diretrizes dogmáticas de preservação da legalidade: substancialização do princípio da legalidade

A defesa do princípio da legalidade constitucional como fundamento elementar do sistema de garantias não pode ficar restrita à política legislativa, porém. Isso porque é na realização do direito penal (criminalização secundária) que as violações aos direitos fundamentais se concretizam. Uma lei penal falha, repleta de lacunas e incoerências, facilita muito o extravasamento do poder punitivo. Mas igualmente as leis penais que respeitam a taxatividade podem ser violadas no cotidiano forense por meio de uma aplicação judicial inquisitiva, situação que acarreta similares danos às garantias. O caso nacional-socialista é exemplar, pois foi possível perceber que tanto o cumprimento da legalidade estrita (forma) quanto a sua flexibilização por ato interpretativo (materialização) foram recursos dogmáticos que serviram para justificar a instrumentalização do direito à política fascista (CARVALHO, 2020a, p. 435; MARTINS, 2020, p. 349).

A exigência primeira, inexoravelmente, é a de que a legalidade seja substancial, ou seja, em conformidade com os direitos e as garantias estabelecidos nos textos constitucionais e nos estatutos e convenções internacionais. Apenas uma legalidade substancializada pelos direitos fundamentais deve vincular a produção legal (política legislativa) e a aplicação do direito (política judiciária) nas democracias. Ademais, segue sendo parâmetro para os atores do direito penal, no cotidiano da justiça criminal, realizar o controle dos desvios e das subversões das regras do jogo.

Se a dogmática jurídica é uma ciência voltada à aplicação judicial do direito, um saber penal que leve a sério o sistema de garantias além de estar fundado sob o rigoroso respeito da legalidade constitucional deve, em igual medida, estar submetido à validação ou à confrontação empírica (TAVARES, 2018, p. 55-60), na linha de uma dogmática criminologicamente orientada (ZAFFARONI; BATISTA, 2010, p. 24). Significa, pois, a submissão a uma dupla ancoragem: (a) normativa, cujo epicentro são os direitos e as garantias previstos na Constituição (REALE JR., 2002, p. 27-29); e (b) criminológica (ou empírica), desde a incorporação dos dados da realidade para operacionalização dogmática (ZAFFARONI; BATISTA, 2010; TAVARES, 2018). Assim, se o Legislativo deve validar sua atuação a partir de elementos concretos que justifiquem a lei penal (responsabilidade político-criminal); o Judiciário, na preservação do sistema de garantias, além de estar vinculado à legalidade substancial (Constituição), deve, ao mesmo tempo, estar atento ao contexto que envolve o sujeito e o fato (responsabilidade judicial).

A ancoragem da dogmática no empírico exige, segundo Tavares (2018, p. 58-59), que o juiz, na análise do caso, indique os "elementos mínimos que possam tornar menos irracional a aplicação da norma penal", o que implica identificar, nos elementos de prova, o dano real e significativo ao bem jurídico (lesividade), o nexo material entre a conduta do sujeito e o resultado ofensivo (causalidade: pressuposto mínimo da imputação) e as condições reais que conferem autonomia ao sujeito (culpabilidade). A vinculação das categorias analíticas do delito no concreto também reclama a reflexão crítica sobre as distintas vulnerabilidades do sujeito frente à programação seletiva do poder punitivo e o juízo sobre o impacto social da aplicação da pena criminal.

Seriam, pois, condições de possibilidade de a dogmática penal manter-se normativamente conformada à racionalização garantista do direito penal e empiricamente vinculada ao contexto social. O processo é o de confrontar, caso a caso, os critérios de imputação com a legalidade constitucional e a realidade concreta da vida, de forma a impedir que se edifique um sistema teórico idealista, puramente abstrato, descolado da realidade.

Lei penal no tempo

Art. 2º Ninguém pode ser punido por fato que lei posterior deixa de considerar crime, cessando em virtude dela a execução e os efeitos penais da sentença condenatória.

Parágrafo único. A lei posterior, que de qualquer modo favorecer o agente, aplica-se aos fatos anteriores, ainda que decididos por sentença condenatória transitada em julgado.

Bibliografia: BATISTA, Nilo. *Introdução crítica ao Direito Penal brasileiro.* 10. ed. Rio de Janeiro: Revan, 2005; BECHARA, Ana Elisa Liberatore Silva. Da aplicação da lei penal. In: SOUZA, Luciano Anderson (Coord.). *Código Penal comentado.* São Paulo: Revista dos Tribunais, 2020; BINDER, Alberto. *Introdução ao Direito Processual Penal.* Rio de Janeiro: Lumen Juris, 2003; BITENCOURT, Cezar Roberto. *Tratado de Direito Penal*: parte geral. 26. ed. São Paulo: Saraiva, 2020. v. 1; BITENCOURT, Cezar Roberto. *Tratado de Direito Penal*: parte especial. 18. ed. São Paulo: Saraiva, 2018. v. 2; BRUNO, Anibal. *Direito Penal*: parte geral. Rio de Janeiro: Forense, 1967. t. 1; CARVALHO, Américo Taipa. *Sucessão de leis penais.* 2. ed. Coimbra: Coimbra Editora, 1997; CARVALHO, Salo. *Penas e medidas de segurança no Direito Penal brasileiro.* 3. ed. São Paulo: Saraiva, 2020; CARVALHO, Salo. *Pena e garantias.* 3. ed. Rio de Janeiro: Lumen Juris, 2008; CASTILHO, Ela Wiecko V. *Controle da legalidade na execução penal.* Porto Alegre: Fabris, 1988; CURY, Enrique. *La ley penal en blanco.* Bogotá: Temis, 1988; DELMAS-MARTY, Mireille. *Modelos e movimentos de política criminal.* Rio de Janeiro: Revan, 1992; DIAS, Jorge de Figueiredo. *Direito Penal*: parte geral. São Paulo: Revista Dos Tribunais, 2007. t. 1; DOTTI, René Ariel. *Curso de Direito Penal*: parte geral. 7. ed. São Paulo: Revista dos Tribunais, 2020; DUCLERC, Elmir. *Introdução aos fundamentos do direito processual penal.* Florianópolis: Empório do Direito, 2016; FAYET, Ney. A sentença criminal como instrumento de descriminalização. *Estudos Jurídicos*, v. 9, n. 25, 1979; FAYET JR., Ney. *Do crime continuado.* 10. ed. Porto Alegre: Aspas, 2021; FRAGOSO, Heleno. *Lições de Direito Penal*: parte geral. 16. ed. Rio de Janeiro: Forense, 2003;

FRAGOSO, Heleno. Observações sobre o princípio da reserva legal. *Revista de Direito Penal*. v. 1, n. 1, 1971; FERRAJOLI, Luigi. *Diritto e ragione*: teoria del garantismo penale. Roma: Laterza, 1998; GOMES, Mariângela G. Magalhães. *Direito penal e interpretação jurisprudencial*: do princípio da legalidade às súmulas vinculantes. São Paulo: Atlas, 2008; HULSMAN, Louk. Descriminalização. *Revista de Direito Penal*, v. 9/10, 1973; HUNGRIA, Nelson. *Comentários ao Código Penal*. Rio de Janeiro: Forense, 1980. v. 1. t. 1; LYRA, Roberto. *Expressão mais simples do Direito Penal*. Rio de Janeiro: Konfino, 1953; LYRA FILHO, Roberto e CERNICCHIARO, Luiz Vicente. *Compêndio de Direito Penal*: parte geral. São Paulo: Bushatsky, 1973; LUISI, Luiz. *Os princípios constitucionais penais*. 2. ed. Porto Alegre: Fabris, 2003; MENDES, Gilmar Ferreira e BRANCO, Paulo Gustavo Gonet. *Curso de Direito Constitucional*. 7. ed. São Paulo: Saraiva, 2012; MESTIERI, João. *Manual de Direito Penal*: parte geral. Rio de Janeiro: Forense, 1999. v. 1; MUÑOZ CONDE, Francisco e GARCÍA ARAN, Mercedes. *Derecho Penal*: parte general. 7. ed. Valencia: Tirant lo Blanch, 2007; NEUMANN, Franz. *O Império do Direito*: teoria política e sistema jurídico na sociedade moderna. São Paulo: Quartier Latin, 2013; OLIVEIRA, Ricardo Rachid. *Introdução à aplicação da norma penal no tempo*: especial ênfase à denominada combinação de leis penais. Rio de Janeiro: Lumen Juris, 2011; QUEIROZ, Paulo. *Direito Penal*: parte geral. 12. ed. Salvador, Juspodivm, 2016; QUEIROZ, Paulo. *Direito Processual Penal*: introdução. 2. ed. Salvador, Juspodivm, 2020; RADBRUCH, Gustav. *Filosofia do Direito*. 6. ed. Coimbra: Armenio, 1979; RADBRUCH, Gustav. *Arbitrariedad legal y derecho supralegal*. Buenos Aires: Abeledo-Perrot, 1962; RADBRUCH, Gustav. *Introducción a la Filosofia del Derecho*. 6. ed. Bogotá: FCE, 1997; REALE JR., Miguel. *Instituições de Direito Penal*: parte geral. Rio de Janeiro: Forense, 2002. v. 1; ROXIN, Claus. *Derecho Penal*: parte general. Madrid: Civitas, 1997. t. 1; SANTOS, Juarez Cirino. *Direito Penal*: parte geral. 7. ed. Florianópolis: Empório do Direito, 2017; SCHMIDT, Andrei Zenkner. *O princípio da legalidade penal no Estado Democrático de Direito*. Porto Alegre: Livraria do Advogado, 2001; SUPREMO TRIBUNAL FEDERAL. Habeas Corpus 73.168/SP, Rel. Min. Moreira Alves, j. 21.11.1995; SUPREMO TRIBUNAL FEDERAL. RExt. 600.817/MS, Rel. Min. Ricardo Lewandowski, j. 07.11.2013; SUPREMO TRIBUNAL FEDERAL. Habeas Corpus 120.026/SP, Rel. Min. Celso de Mello, j. 29.05.2015; TAVARES, Juarez. *Fundamentos de teoria do delito*. Florianópolis: Tirant lo Blanch, 2018; TOLEDO, Francisco de Assis. *Princípios básicos de Direito Penal*. 5. ed. São Paulo: Saraiva, 1994; WELZEL, Hans. *El nuevo sistema de Derecho Penal*: una introducción a la doctrina de la acción finalista. Buenos Aires: BdF, 2003; WUNDERLICH, Alexandre. Sobre a tutela penal das relações de consumo. In: REALE, Miguel, REALE JR., Miguel e FERRARI, Eduardo Reale (Coord.). *Experiências do Direito*. Campinas: Millennium, 2004; ZAFFARONI, Eugenio Raúl e BATISTA, Nilo *et al*. *Direito Penal brasileiro*. Rio de Janeiro: Revan, 2003. v. 1; ZAFFARONI, Eugenio Raúl e BATISTA, Nilo *et al*. *Direito Penal brasileiro*. Rio de Janeiro: Revan, 2017. v. 2. t. 2; ZAFFARONI, Eugenio Raúl e PIERANGELI, José Henrique. *Manual de Direito Penal brasileiro*: parte geral. 13. ed. São Paulo: Revista dos Tribunais, 2019.

Considerações gerais

a) Anterioridade da lei (*lex praevia*): fundamentos políticos

O debate sobre as regras de direito penal intertemporal é precedido pelos critérios de definição da lei válida e aplicável no momento do crime, pois o princípio geral da anterioridade fixa a fórmula *tempus regit actum*: a ilicitude de uma conduta está condicionada à lei vigente no momento da sua concretização. A ideia de anterioridade da lei está prevista no art. 9º do Pacto de São José, Decreto n. 678/92: "ninguém pode ser condenado por ações ou omissões que, no momento em que forem cometidas, não sejam delituosas, de acordo com o direito aplicável. Tampouco se pode impor pena mais grave que a aplicável no momento da perpetração do delito".

Se a lei penal não é aplicável aos fatos anteriores, sendo limitada a sua incidência aos fatos praticados durante a sua vigência, a anterioridade é um desdobramento lógico do princípio da legalidade. Trata-se de uma garantia fundamental estabelecida para a preservação das pessoas contra leis *ad hoc*, derivadas de respostas político-criminais contingenciais. Para Roxin (1997, p. 161), a proibição da retroatividade mantém uma "permanente atualidade político-jurídica pelo fato de que todo o legislador pode cair na tentação de introduzir ou agravar, *a posteriori*, as previsões de pena em decorrência de fatos especialmente escandalosos, para aplacar estados de alarme e excitação politicamente indesejáveis". Alguns projetos para a proteção do sistema normativo de garantia dos direitos fundamentais contra as respostas políticas contingenciais foram destacados nos comentários finais sobre o princípio da legalidade (p. ex., reserva de Código, responsabilidade político-criminal). Mas o princípio da anterioridade é sobretudo uma garantia contramajoritária das pessoas contra consensos políticos de ocasião. Pavarini (2013, p. 196) ressalta que uma das preocupações centrais de um sistema penal democrático é com o uso político da punição, ou seja, "se teme que o direito penal possa ser transformado em um instrumento à disposição do Príncipe para enfrentar a dissidência política através da eliminação ou da criação de desvantagens sociais aos seus adversários". Isso porque se percebe uma tentação política autoritária permanente de transformação do direito penal em um *direito à fidelidade*, no qual não se pune a violação de um preceito de lei determinado ou a lesão ou colocação em perigo de um bem jurídico, mas a desobediência de uma ordem do Príncipe (PAVARINI, 2013, p. 240).

No século passado, alguns Códigos consagraram expressamente a retroatividade da lei, sempre sob a justificativa de ser necessária a proteção da nova ordem política contra atos antirrevolucionários, como o art. 3º do Código Penal soviético de 1922. Apenas a reforma penal de 1958 formalizou o princípio da anterioridade da lei na ex-União Soviética, inclusive porque o Código Criminal de 1926 era omisso em relação ao *tempus regit actum*, o que manteve vigente o art. 3º do estatuto de 1922 (HUNGRIA, 1980, p. 117; LUISI, 2003, p. 27). Na Alemanha nazista, foi exemplar a edição da Lei van der Lubbe (1934), que validou a aplicação retroativa de pena de morte para os delitos praticados entre fevereiro e março de 1933, o que permitiu que Hitler avocasse competência judicial para condenar os incendiários do Reichstag à pena capital (NEUMANN, 2013, p. 478-482; FRAGOSO, 1971, p. 84). No Brasil, Hungria (idem) lembra a "singularidade odiosa" do efeito retroativo que condenou inúmeras pessoas a penas de 30 (trinta) anos de reclusão por fatos que, ao tempo da sua prática, eram lícitos, em decorrência do Decreto-lei n. 4.766/42, que disciplinou os crimes de guerra e contra a segurança do Estado, após a ruptura do país com o Eixo (pacto tripartite): "esta lei retroagirá, em relação aos crimes contra a segurança externa, à data da ruptura das relações diplomáticas com a Alemanha, a Itália e o Japão".

São igualmente frequentes, como exemplos de ofensa ao princípio da anterioridade da lei, referências aos julgamentos realizados pelos Tribunais de Nuremberg e de Tóquio, baseados em convenções internacionais "ajustadas após os fatos" (LUISI, 2003, p. 28), que processaram e condenaram líderes políticos e militares das nações vencidas na Segunda Guerra Mundial (BATISTA, 2005, p. 69; LUISI, 2003, p. 27-28). O tema relacionado à aplicação de convenções e tratados internacionais de direitos humanos para o julgamento dos delitos contra a humanidade, mormente os de genocídio, no período pós-Guerra, é bastante sensível e envolve sobretudo a discussão da validade da "fórmula de Radbruch".

Anota Pavarini (2013, p. 38) que a linha de defesa adotada por oficiais e ministros nazistas foi de uma inflexibilidade intransigente e poderia ser resumida na seguinte hipótese: "as ações de extermínio do povo judeu foram realizadas no cumprimento de ordens, as quais era impossível objetar". Nessa perspectiva, os acusados seriam isentos de pena, visto que suas condutas, durante a Guerra, estariam sob o amparo de comandos hierárquicos superiores, baseados em leis impostas pelo Führer e aprovadas pelo Parlamento, e que determinavam o extermínio das "raças inferiores" e das pessoas com deficiência. Ademais, os acusados alegavam que "a desobediência às leis penais em vigência no momento no qual os fatos foram realizados implicaria a perda da vida" (idem).

A "fórmula de Radbruch" procura resolver esse conflito normativo sobre a aplicação do Estatuto do Tribunal Militar Internacional, firmado na Carta de Londres de 1945 pelos Governos dos Estados Unidos, França, Inglaterra e União Soviética, para julgamento e punição dos "grandes criminosos de guerra do Eixo Europeu". No art. 6º, o Estatuto definia os crimes contra a paz, crimes de guerra e crimes contra a humanidade e, na sequência, excluía qualquer possibilidade de arguir isenção de pena pela posição que o sujeito ocupava nas estruturas de Governo (art. 7º) ou o cumprimento de ordem hierárquica – "o fato de o acusado ter atuado mediante ordem do Governo ou de superior não o isenta de responsabilidade, mas pode ser considerado atenuante da pena pelo Tribunal" (art. 8º).

Nos termos propostos por Radbruch (1962, p. 37), "o conflito entre justiça e segurança jurídica deve ser resolvido em favor do direito positivo, assegurado por lei e pela autoridade, mesmo quando seu conteúdo seja injusto e inadequado, a(o) menos que a contradição entre o direito positivo e a justiça alcance um nível tão insuportável que a lei deva ceder à justiça por ser considerada 'direito injusto'". Apesar de considerar impossível estabelecer uma fronteira precisa para diferenciar leis arbitrárias (injustiça jurídica) e leis válidas, entende viável a fixação de uma linha divisória que estabelecesse, com precisão, os casos de negação do direito – "onde nem sequer se pretende a justiça, onde a igualdade, que constitui o núcleo da justiça, é negada conscientemente no estabelecimento do direito positivo, a lei não é apenas 'direito injusto', mas carece totalmente de natureza jurídica" (*idem*). Em realidade, Radbruch não nega a prevalência do direito positivo, mesmo quando seu conteúdo é injusto. A fórmula pretenderia resolver, porém, casos extremos de injustiça insuportável. O argumento retoma preceitos jusnaturalistas para sustentar a existência de um direito universal e supralegal que condicionaria as leis escritas, situação que demonstraria, inclusive, que a experiência normativa do nazismo não constitui uma experiência jurídica, mas "a negação do Direito" (1997, p. 178). No clássico "Cinco Minutos de Filosofia do Direito" (1979, p. 417), o autor condiciona a validade do direito positivo a um núcleo "seguro e fixo" de direitos estabelecidos como princípios fundamentais nas declarações universais para solucionar os problemas relativos aos critérios que orientariam a interpretação do valor justiça. Em outros termos, considera que os casos de "injustiça extrema" corresponderiam às situações de grave lesão dos direitos humanos.

À compreensão dos direitos fundamentais do homem como valores superiores, baseada na ideia de que "injustiça extrema não é Direito", é acrescido o argumento de que a proibição da retroatividade teria validade apenas nos sistemas jurídicos codificados e não nos de direito judicial. Na Alemanha nazista, segundo Radbruch, foi experimentada uma situação na qual as decisões judiciais, informadas por princípios autoritários que opunham os interesses sociais aos direitos individuais (*Führenprinzip*), foram gradualmente desnaturando o sistema baseado em leis (*civil law*) para efetivar um sistema de precedentes (direito judicial) (RADBRUCH, 1997, p. 177). Essa alteração na estrutura do sistema jurídico igualmente justificaria a retroatividade da lei para julgamentos dos crimes de guerra.

Ademais, Pavarini sustenta que a acusação nos Tribunais de Nuremberg e de Tóquio não estava baseada "simplesmente" no cometimento de homicídios, torturas e esterilizações compulsórias, mas porque foi desenvolvida, de forma conscientemente planejada, uma estratégia de eliminação de uma raça humana. Assim, a "fórmula de Radbruch" daria suporte para afastar a máxima da irretroatividade da lei penal na medida em que confrontaria com delitos "incanceláveis" e imperdoáveis", perpetrados mediante a sistemática violação dos direitos fundamentais do homem (*idem*, p. 244).

A diretriz de Radbruch, no sentido de vincular os direitos humanos como fundamento nuclear dos Estados de Direito, encontra distintos graus de aceitação na teoria do direito contemporâneo. Outrossim, o debate sobre os julgamentos dos crimes de guerra perdeu, em grande medida, a sua força devido ao gradual processo de incorporação normativa (positivação) dos direitos fundamentais nas Constituições, sobretudo as ocidentais desde o pós-Segunda Guerra Mundial, e à instauração do Tribunal Penal Internacional a partir da ratificação do Estatuto de Roma, ao qual o Brasil se submeteu expressamente (art. 5º, § 4º, da Constituição). Todavia o reconhecimento da violação do princípio da anterioridade nos julgamentos perpetrados pelos Tribunais de Nuremberg e de Tóquio é fundamental para que se tenha uma clara compreensão da importância e da extensão do princípio da anterioridade como desdobramento do pilar que a legalidade representa nos sistemas de garantia dos direitos.

b) Anterioridade e retroatividade da lei mais benéfica: fundamentos jurídicos

Fixado o primado da anterioridade para aplicação da lei, o Código Penal, no *caput* e no parágrafo único do art. 2º, estabelece o *princípio da retroatividade da lei penal mais benéfica*, a partir de duas hipóteses: (a) lei posterior que descriminaliza a conduta (*abolitio criminis*); e (b) lei posterior que favorece o autor de um crime praticado na vigência de uma lei mais severa (*novatio legis in mellius*). O princípio da retroatividade benéfica está previsto expressamente na Constituição – "a lei penal não retroagirá, salvo para beneficiar o réu" (art. 5º, XL) – e no Pacto de São José – "se depois da perpetração do delito a lei dispuser a imposição de pena mais leve, o delinquente será por isso beneficiado" (art. 9º, Segunda Parte, do Decreto n. 678/92).

Hungria (1980, p. 115) entende que o fundamento do princípio da anterioridade está assentado na relação jurídica que se estabelece entre Estado e infrator: o direito de o Estado punir a violação à lei; o direito de o indivíduo "(...) não sofrer pena mais grave do que a cominada pela lei então vigente". O argumento de Hungria é consequência direta das bases político-ideológicas liberais e contratualistas do direito penal moderno. Desde uma perspectiva crítica, porém, o Estado não exerce um direito de punir (*ius puniendi*), mas concretiza um poder de punir (*potestas puniendi*) que é a expressão da sua autoridade política na qualidade de detentor do monopólio da violência legítima (CARVALHO, 2020, p. 177-185).

Não obstante, são precisas duas conclusões de Hungria relacionadas ao princípio da *lex praevia*: (a) a anterioridade da lei é uma garantia do cidadão e um limite ao Estado de não exceder ao disposto no momento do delito – "o interesse da tutela social não pode jamais autorizar 'emboscadas' à liberdade jurídica do indivíduo, isto é, que o Estado ultrapasse os limites que, com a lei do *tempus patrati delicti*, solenemente traçou à reação penal" (idem); e (b) a retroação da lei para impor uma sanção mais severa ou não revisar a pena a partir de uma lei mais benéfica do que aquelas cominadas colidiria com qualquer finalidade que se impusesse à pena: (b.1) no caso da retroatividade da lei mais grave, o argumento da prevenção geral negativa redireciona o problema ao Estado, "pois é de se presumir que, se esta já tivesse, ao tempo do crime, o rigor que só veio a assumir depois, o agente se teria abstido de violar a lei" (idem); (b.2) em relação à lei mais benéfica, a vedação da sua aplicabilidade ofenderia "a consciência jurídica" visto que "a eficácia póstuma da lei antiga redundaria numa opressão iníqua e inútil" (*idem*, p. 115).

Considerações nucleares

c) Hipóteses de sucessão de leis penais no tempo

Criminalizar e descriminalizar são, ao mesmo tempo, objeto e sujeito, movimento e definição, consequência e causa da política criminal, conforme ensina Delmas-Marty (1992, p. 152). Embora as perspectivas garantistas e minimalistas, orientadas pelos princípios da subsidiariedade e da intervenção mínima, tenham, desde os anos 1970, elaborado importantes critérios dogmáticos e consistentes pautas político-criminais para a intervenção punitiva, o direito penal dos países Ocidentais assistiu, nas últimas décadas, a um significativo processo de expansão, com a ingerência em áreas consideradas de risco (direito penal ambiental, p. ex.) e o recrudescimento da punição em setores da vida social mais suscetíveis à influência dos meios de comunicação (direito penal das drogas, p. ex.).

Para além da experiência político-criminal, é possível verificar quatro hipóteses de sucessão de leis penais no tempo: (a) lei nova que deixa de considerar uma conduta ilícita (descriminalização ou *abolitio criminis*); (b) lei nova que mantém a ilicitude da conduta, mas estabelece uma situação jurídica mais favorável (*novatio legis in mellius*); (c) lei nova que agrava a situação jurídica da conduta incriminada (*novatio legis in pejus*); e (d) lei nova que criminaliza uma conduta anteriormente lícita (criminalização).

Hulsman (1973, p. 7) conceitua *descriminalização* como "o ato e a atividade pelos quais um comportamento em relação ao qual o sistema punitivo tem competência para aplicar sanções é colocado fora da competência desse sistema". Como ato normativo, a descriminalização advém do processo legislativo; como atividade judicial (descriminalização judicial), decorre do controle de constitucionalidade das leis penais. Na lei penal brasileira, o comando do *caput* do art. 2º é reforçado pela previsão de extinção da punibilidade "pela retroatividade de lei que não mais considera o fato como criminoso" no art. 107, III, do Código Penal.

Na política criminal brasileira contemporânea, um exemplo destacado de descriminalização legislativa foi o realizado pela Lei n. 11.106/2005, que, ao alterar a compreensão e os fundamentos de criminalização da violência sexual, inclusive com a modificação do bem jurídico – as violações, antes consideradas "crimes contra os costumes", passaram a ser denominadas "crimes contra a dignidade sexual" –, revogou os tipos penais da sedução (art. 217), do rapto violento ou mediante fraude (art. 219), do rapto consensual (art. 220) e do adultério (art. 240). Na esfera judicial, o Supremo Tribunal Federal, ao julgar a Ação de Descumprimento de Preceito Fundamental 54, em 2012, declarou inconstitucional a interpretação que compreendia típica a interrupção voluntária da gravidez em casos de fetos anencéfalos, ampliando as causas de exclusão de ilicitude do art. 128 do Código Penal.

Nesse sentido, em paralelo ao controle de constitucionalidade, lei e sentença criminal são instrumentos complementares de atualização e constitucionalização do direito, excluindo a incidência do poder punitivo de comportamentos que, no processo histórico, deixaram de ser considerados censuráveis ou aqueles cuja reprovabilidade restringe-se apenas à esfera moral. Nas lições de Fayet (1979, p. 85), se as alterações legislativas sempre são precedidas da mudança social, a descriminalização de condutas que não são mais compreendidas como desvaliosas pelo corpo social pode se processar "(...) através da redefinição que o juiz dará aos termos da lei", razão pela qual "a sentença criminal surge como o mais notável instrumento descriminalizador (...)".

A segunda hipótese de sucessão temporal da lei penal é a de inovação legislativa favorável (*novatio legis in mellius*), casos em que a lei mantém a incriminação do fato, mas introduz algum elemento benéfico que altera a situação jurídica dos autores da conduta típica. Um dos exemplos mais significativos ocorreu com o tratamento do porte de drogas para consumo pessoal: a Lei n. 11.343/2006 manteve a estrutura do preceito primário do tipo penal do art. 16 da Lei n. 6.368/76, mas substituiu a pena de detenção de 6 (seis) meses a 2 (dois) anos por sanções restritivas de direito (advertência sobre os efeitos das drogas; prestação de serviços à comunidade; medida educativa de comparecimento a programa ou curso educativo, art. 28 da Lei de Drogas).

Hungria (1980, p. 119-133) e Toledo (1994, p. 35-36) enumeram várias possibilidades de alteração benéfica que podem ser introduzidas por lei nova sem que ocorra a descriminalização da conduta: (a) pena mais branda quanto a sua natureza (privação de liberdade, restrição de direitos ou multa); (b) pena menos rigorosa em relação ao modo de execução (detenção e reclusão); (c) pena em abstrato reduzida em sua quantidade ou estabelecido critério menos rígido para sua determinação em concreto; (d) introdução de circunstâncias atenuantes ou de causas especiais de diminuição (minorantes) ou supressão de agravantes ou de causas especiais de aumento (majorantes); (e) instituição de benefícios inexistentes na lei anterior (p. ex., perdão judicial, suspensão condicional da pena ou do processo); (f) previsão de novas causas de extinção da punibilidade ou flexibilização para aplicação (p. ex., novas espécies ou alteração de prazos); (g) estabelecimento de novas condições de procedibilidade (p. ex., requisitos para representação ou apresentação de queixa-crime nas ações penais públicas condicionadas ou privadas); (h) extinção ou alteração nas formas de execução das medidas de segurança; (i) ampliação das hipóteses de atipia, descriminantes ou eximentes; e (j) supressão de requisitos que autorizam extradição[14].

---

[14] Hungria (1980, p. 133) referia, ainda, a possibilidade de "exclusão ou atenuação das penas acessórias". No entanto, em razão de as penas acessórias terem sido abolidas do nosso sistema normativo na Reforma de 1984, excluiu-se essa modalidade de *lex mitior*.

Em realidade, as possibilidades são inúmeras, não apenas em relação ao direito penal material, mas inclusive no âmbito processual penal com reflexos diretos na esfera de liberdade dos réus, como foi possível perceber a partir da introdução de medidas de diversificação processual e, posteriormente, a ampliação do que se convencionou chamar Justiça Consensual. As alterações no sistema de justiça criminal provocadas pela Lei n. 9.099/95, com a previsão da composição civil, transação penal e suspensão condicional do processo, foram ampliadas e renovadas por textos legais posteriores, desde a regulação dos benefícios da colaboração premiada à previsão do acordo de não persecução penal, devido às alterações proporcionadas no Código de Processo Penal pela Lei n. 13.964/2019.

A regra geral do parágrafo único do art. 2º do Código Penal é a de que *qualquer* modificação benéfica ("de *qualquer modo* favorecer o agente") deve impactar a situação jurídica de réus ou condenados, ainda que o agente se encontre em fase de execução penal por força de sentença condenatória transitada em julgado. Nesses casos, a Súmula 611 do Supremo Tribunal Federal determina que compete ao juiz de execução a aplicação da lei nova mais benigna.

Muñoz Conde e García Arán (2007, p. 144) lembram ainda que nem sempre a situação criada pela lei nova é clara o suficiente, podendo surgir dúvidas quanto à efetiva favorabilidade ao réu, sobretudo quando se trata de penas com conteúdo distinto. Exemplificam questionando o que seria mais favorável: uma pena de prisão de 6 (seis) meses a 2 (dois) anos, que pode ser suspensa mediante condições, ou a inabilitação absoluta de atividade profissional de 6 (seis) a 20 (vinte) anos. Em tais situações, embora a decisão seja sempre judicial, os autores referem a necessidade de que o réu seja ouvido, visto ser o destinatário imediato da modificação. Diferente da legislação espanhola, o Código Penal brasileiro não prevê a consulta ao réu sobre situações controversas criadas pela alteração legislativa ("em caso de dúvida sobre a determinação da Lei mais favorável, será ouvido o réu", determina o art. 2, 2, do Código Penal espanhol). Todavia trata-se de procedimento aconselhável, inclusive para que o juiz possa verificar o impacto concreto da nova lei sobre a vida do réu ou do condenado. Inclusive Hungria (1980, p. 134) referia que "a jurisprudência norte-americana admite esse critério de decisão e perante o nosso Código não há razão para recusá-lo".

A desorientação na produção legislativa em matéria penal nas últimas décadas não se restringe apenas a tornar instáveis os princípios da *lex stricta*, *lex scripta* e *lex*

Nas lições de Bitencourt (2020, p. 1712): "O legislador de 1984 adotou a seguinte classificação de penas: a) privativas de liberdade; b) restritivas de direitos; c) multa. Abandonou a velha e desgastada classificação de penas principais e penas acessórias. As acessórias não mais existem, pelo menos como penas acessórias. Algumas foram deslocadas para efeitos da condenação (não automáticos) e outras fazem parte do elenco das chamadas "penas substitutivas", que são as restritivas de direitos".

certa. Em relação à *lex praevia* são igualmente constantes as dúvidas quanto à lei vigente para regulação de fatos ilícitos. Caso exemplar ocorreu com a sucessão das Leis n. 8.078/90 (Código de Defesa do Consumidor) e 8.137/90. Ambas tipificaram condutas contra as relações de consumo, a Lei n. 8.078/90 foi publicada em setembro e a Lei n. 8.137/90, ao final do mesmo ano. Ocorre que, para o início da vigência do Código de Defesa do Consumidor, em razão da necessidade de adequação do setor econômico aos seus dispositivos, foi determinado período de 6 (seis) meses de *vacatio legis* (art. 118), ou seja, março de 1991, enquanto a Lei n. 8.137/90 entrou em vigor na data da sua publicação (art. 22), dezembro de 1990. Embora parte da jurisprudência sustente que houve revogação apenas parcial da Lei n. 8.137/90 – exclusiva aos dispositivos que seriam incompatíveis com a Lei n. 8.078/90 –, correto o posicionamento de Reale Jr. (2002, p. 100) e Wunderlich (2004, p. 403-404), no sentido de que o tratamento sistemático da matéria no Código de Defesa do Consumidor exige a revogação integral do capítulo relativo aos crimes contra as relações de consumo da Lei n. 8.137/90.

d) Lei intermediária e extratividade benéfica

Com o fenômeno da inflação legislativa, experiência que marcou a política-criminal brasileira, sobretudo a partir da década de 1990, a possiblidade de aplicação das leis intermediárias se tornou mais factível. Verifica-se lei intermediária quando há publicação de uma diversa lei entre aquela vigente na data do fato e aquela que rege a matéria no julgamento do caso (sentença penal) – "pode acontecer que, no curso do processo, sobrevenha lei mais favorável, porém já revogada por terceira lei menos favorável no momento do julgamento" (LYRA, 1953, p. 68). A solução reconhecida sem maiores divergências é a da aplicabilidade imediata da lei intermediária mais favorável (CARVALHO, 1997, p. 189), notadamente em razão do fato de o agente ter adquirido, no transcurso processual, "(...) uma posição jurídica que deve ficar a coberto da proibição da retroatividade da lei mais grave posterior" (DIAS, 2007, p. 204).

Assim, se mais benéfica, será conferida extratividade à *lex mitior*, aplicando-a ao caso em detrimento daquelas com vigência no momento da conduta e da sentença. Extrativa porque a lei intermediária será retroativa em relação à lei da data do fato e ultrativa em relação à lei da condenação penal. A capacidade que a lei penal mais favorável possui de produzir efeitos retroativos (para o passado) e ultrativos (para o futuro) define sua natureza extrativa (extratividade = retroatividade + ultratividade).

e) Crimes permanentes e continuados

Em relação à duração do momento consumativo, os delitos classificam-se em instantâneos ou permanentes. Se no delito instantâneo a ofensa ao bem jurídico é imediata, com a identificação da consumação ou da tentativa em um determinado fragmento de tempo, no crime permanente a conduta lesiva é temporalmente prolongada. Reale Jr. (2002, p. 104) refere que "o crime permanente é aquele no qual a ação de constrangimento ao bem jurídico perdura no tempo, como no crime de sequestro, com a permanente limitação da liberdade da vítima, vindo o crime apenas a se consumar no momento que o constrangimento cessa". De igual forma, Bitencourt (2018, p. 401) ao referir-se ao tipo penal do art. 148 do Código Penal: "(...) a ofensa do bem jurídico – privação da liberdade – prolonga-se no tempo, e enquanto a vítima estiver privada de sua liberdade de locomoção a execução estará consumando-se". Fayet Jr. (2021, p. 245) sintetiza com precisão a característica do crime permanente pela sua "extensão temporal consumativa".

Diferentemente dos crimes permanentes que se caracterizam pela realização de uma única conduta prolongada, na *continuidade delitiva* há uma série de ações ou omissões instantâneas e autônomas, com identidade típica (espécie de crime) e similitude das circunstâncias de tempo, local e forma de agir. Nesses casos, Reale Jr. (*idem*) constata que "em virtude da menor culpabilidade", o Código Penal estabelece "uma modulação da pena". Assim, como alternativa político-criminal à regra do concurso material (art. 69 do Código), no qual as penas são aplicadas de forma cumulativa, o art. 71 prevê seja cominada uma única pena, majorada conforme o número de condutas – "quando o agente, mediante mais de uma ação ou omissão, pratica dois ou mais crimes da mesma espécie e, pelas condições de tempo, lugar, maneira de execução e outras semelhantes, devem os subsequentes ser havidos como continuação do primeiro, aplica-se-lhe a pena de um só dos crimes, se idênticas, ou a mais grave, se diversas, aumentada, em qualquer caso, de um sexto a dois terços".

O Superior Tribunal de Justiça, consolidando posicionamento doutrinário histórico (HUNGRIA, 1980, p. 136; BRUNO, 1967, p. 258; FRAGOSO, 2003, p. 127), unificou o tratamento da sucessão de leis penais no tempo para os crimes permanentes e continuados, definindo que "a lei penal mais grave aplica-se ao crime continuado ou ao crime permanente, se a sua vigência é anterior à cessação da continuidade ou da permanência" (Súmula 711). Nos crimes permanentes, tratando-se de conduta única estendida, a prática do delito ocorre sob a vigência de ambas as leis, incidindo a lei nova, independentemente se mais ou menos severa. No crime continuado, segundo o entendimento sumulado, os fatos já eram incriminados e a nova lei apenas estabeleceria uma nova situação jurídica, não havendo duas séries de atos que demandariam tratamento jurídico distinto, "(...) mas uma única (dada a unidade jurídica do crime continuado), que incidirá sob a lei nova, ainda mesmo que esta seja menos favorável que a antiga" (HUNGRIA, *idem*). Lógico que se a nova lei criminaliza conduta até então lícita, somente os atos posteriores, sob a sua vigência, serão incriminados, não integrando na continuidade os anteriores.

No entanto, apesar da posição do STJ, parece correto o entendimento de que os crimes permanentes e continuados constituem realidades jurídicas distintas e, dessa forma, merecem tratamento próprio, mormente nos casos de advento de lei penal mais severa durante sua prática. Reale Jr. (*idem*), opondo-se ao entendimento majoritário, entende que, em relação ao crime continuado, "o maior rigor de lei nova não pode retroagir". Fayet Jr. (2021, p. 485) aponta, inclusive, que na doutrina já há decisões que oferecem soluções alternativas para o problema da sucessão de leis no crime continuado, fundadas na ideia central de que, como ficção jurídica de natureza eminentemente benéfica, é o primeiro crime que deflagra a cadeia delitiva e, portanto, "(...) deve servir de base para a determinação do *tempus* do crime (e, de consequência, da lei a ser aplicada: *tempus regit actum*)".

O argumento faz sentido sobretudo porque o art. 71, *caput*, define que os crimes posteriores devem ser compreendidos como *continuação do primeiro*. Assim, em caso de lei posterior mais severa, àquela vigente na data do fato deveria ser concedido efeito ultrativo, sendo vedada, em consequência, a retroatividade da lei mais grave ao fato anterior, que é exatamente o que confere unidade à continuidade delitiva.

f) Leis distintamente favoráveis: "combinação de leis" (lex tertia) e observância da máxima eficácia dos direitos fundamentais

Com o advento da nova Lei de Drogas em 2006, o debate sobre a combinação de leis foi reacendido na dogmática penal nacional. A Lei n. 6.368/76 estabelecia, no *caput* do art. 12, reclusão de 3 (três) a 15 (quinze) anos para as condutas relacionadas ao comércio ilegal de entorpecentes, sanção que, posteriormente, foi ampliada, em seu mínimo, para reclusão de 5 (cinco) anos, conforme o *caput* do art. 33 da Lei n. 11.343/2006, mantidos os patamares máximos. Trata-se, no ponto, de *lex gravior*, sem possibilidade de aplicação retroativa, visto a evidente sobrecarga punitiva (*novatio legis in pejus*). Todavia, o § 4º do mesmo dispositivo inovou, criando uma hipótese de redução de pena em caso de réu primário, com bons antecedentes e sem vínculos associativos com organizações criminosas (*novatio legis in mellius*)[15].

O câmbio legislativo suscitou manifestação do Supremo Tribunal Federal, em razão de demandas para a aplicação retroativa às condutas realizadas sob a vigência da Lei anterior, da causa de redução de pena do § 4º do art. 33 da Lei n. 11.343/2006, com a garantia da pena mínima de 3 (três) anos prevista no preceito secundário do art. 12, *caput*, da Lei n. 6.368/76. Ao enfrentar o tema, o Supremo (2013) reafirmou entendimento histórico no sentido da impossibilidade da combinação de fragmentos de lei (*lex tertia*), mesmo que favoráveis ao réu, visto que tal

---

[15] "Nos delitos definidos no *caput* e no § 1º deste artigo, as penas poderão ser reduzidas de um sexto a dois terços, vedada a conversão em penas restritivas de direitos, desde que o agente seja primário, de bons antecedentes, não se dedique às atividades criminosas nem integre organização criminosa." (Art. 33, § 4º, da Lei n. 11.343/2006)

procedimento violaria os princípios da legalidade e da separação de poderes, na linha da Súmula 501 anteriormente editada pelo STJ: "é cabível a aplicação retroativa da Lei 11.343/06, desde que o resultado da incidência das suas disposições, na íntegra, seja mais favorável ao réu do que o advindo da aplicação da Lei 6.368/76, sendo vedada a combinação de leis"[16].

Apesar da posição dos Tribunais Superiores, respaldada em tradicional perspectiva dogmática, o argumento de que a incidência parcial de preceitos mais benéficos implicaria a criação de uma terceira lei autônoma (*lex tertia*) pelo julgador, em detrimento da reserva do legislativo, não se mostra adequado. Em primeiro, porque as diretrizes constitucional e legal não permitem a criação de obstáculos ou condições à plena eficácia dos direitos fundamentais senão por força de regra expressa e, em relação à aplicação retroativa da norma jurídica mais benéfica, ainda que de forma "fracionada", inexiste qualquer vedação. Pelo contrário (em segundo), a aplicação tópica da norma favorável é uma determinação do parágrafo único do art. 2º do Código Penal. Não por outra razão o texto legal refere, explicitamente, que "a lei posterior, que de *qualquer modo favorecer* o agente, aplica-se aos fatos anteriores (...)". Trata-se, em realidade, de um dever imposto ao juiz de garantir ao réu a situação jurídica mais vantajosa possível dentro dos limites estabelecidos pelo sistema normativo.

Queiroz (2016, p. 139), ao defender a possibilidade de retroação incondicional sempre que se constatar alguma espécie de atenuação do castigo, refere que impedir a incidência parcial da lei nova implicaria negar vigência ao comando constitucional, pois, "parece claro que, se deve retroagir quando for integralmente favorável, tal deve ocorrer, com maior razão, quando o for apenas em parte, em respeito ao princípio constitucional da retroatividade da *lex mitior*, pouco importando o quanto de benefício encerre; afinal, se a lei deve retroagir no seu todo quando mais branda, o mesmo há de ocorrer quando somente em parte". O entendimento é compartilhado por Zaffaroni e Batista (2003, p. 214-215), Toledo (1994, p. 38), Dotti (2020, p. 413-415), Bitencourt (2020, p. 481), Santos (2017, p. 50-51), Schmidt (2001, p. 221-224), Bechara (2020, p. 41-42), entre outros.

Nesse sentido, na linha proposta por Oliveira (2011), parece importante não apenas apontar o equívoco do *critério da ponderação unitária*, segundo o qual o juiz deve optar pela aplicação integral da lei anterior ou da posterior, mas ressaltar a

---

[16] Mendes e Branco (2012, p. 694) lembram que o Supremo já havia manifestado a impossibilidade de combinação de leis quando analisada o tema do roubo de estabelecimentos bancários: "O critério da lei mais benéfica não permitiria a adoção de uma *lex tertia* ou de uma combinação de leis. É pelo menos essa a posição do Supremo Tribunal Federal, que, a propósito do roubo de estabelecimentos bancários, afirmou ser "lícito ao juiz escolher, no confronto das leis, a mais favorável, e aplicá-la em sua integridade, porém não lhe é permitido criar e aplicar uma 'terza legge' diversa de modo a favorecer o réu, pois, nessa hipótese, se transformaria em legislador".

conformidade constitucional do *critério da ponderação diferenciada* desde a perspectiva de que a máxima efetividade dos direitos valida a incidência das normas mais benéficas de uma e outra lei. Ademais, lembra o autor que a própria conceituação desse procedimento dogmático como "combinação" ou "conjugação" de leis é errônea, visto que o julgador não "reúne" ou "unifica" duas leis, mas "aplica normas extraíveis da lei anterior e normas extraíveis de leis posteriores, sempre as mais benéficas, em razão da disposição constitucional" (OLIVEIRA, 2011, p. 102).

g) Sucessão de complemento de lei penal em branco

Para além das questões constitucionais suscitadas pela relativização da reserva legal, a técnica de remissão do conteúdo da incriminação pelas leis penais em branco, sobretudo no caso de integração heterogênea (órgãos administrativos), desdobra significativos problemas de natureza intertemporal relacionados às consequências jurídico-penais da sucessão do complemento. Assim, indagam Lyra Filho e Cernicchiaro (1973, p. 45) se, em caso de revogação ou modificação da norma que complementa o preceito em branco, seriam aplicáveis as mesmas regras que regulam a lei penal no tempo, reconhecendo-se, para o complemento, todos os efeitos do princípio da retroatividade benéfica (*abolitio criminis*, retroatividade da *lex mitior*, irretroatividade da *lex gravior*).

Juarez Cirino dos Santos (2017, p. 51-52) elucida o problema a partir do tipo penal do art. 269 do Código, que incrimina a omissão médica de notificação compulsória de doença às autoridades sanitárias. As doenças que necessitam ser informadas pelos profissionais da medicina às autoridades públicas encontram-se arroladas nas Portarias do Ministério da Saúde ("Lista nacional de notificação compulsória de doenças, agravos e eventos de saúde pública", Portaria n. 4/2017, anexo V, Capítulo I, do Ministério da Saúde). O ato administrativo regula os procedimentos e especifica o objeto da informação, p. ex., dengue, chikungunya, febre amarela, sífilis e, mais recentemente, Covid-19. Questiona, pois, o autor (*idem*): "um problema prático: decidir se o complemento posterior *favorável* ao autor (por exemplo, a doença foi excluída do catálogo) é retroativo ao fato realizado na vigência de complemento anterior *prejudicial* ao autor (na época do fato, a doença constava do catálogo)".

O tema foi enfrentado pelo Supremo Tribunal Federal (2015), em discussão similar relacionada aos complementos dos tipos penais da Lei de Drogas. No caso, o réu havia sido denunciado pela prática das condutas identificadas como "tráfico de drogas" (art. 12, *caput*, da Lei n. 6.368/76) e corrupção ativa (art. 333, *caput*, do Código Penal), em decorrência de prisão em flagrante, em novembro de 2000, na posse de seis mil e dezesseis (6.016) frascos de "lança-perfume", produto composto por cloreto de etila. Após o processo de conhecimento, o réu foi condenado, por ambos os crimes, a mais de 6 (seis) anos de pena privativa de liberdade. No entanto a defesa sustentou que, apesar de na data do fato (12-11-2000) a substância constar na Portaria complementar da Lei de Drogas como proibida, a

Resolução n. 104/2000 da Anvisa, publicada em 7-12-2000, excluiu o cloreto de etila da Lista das Substâncias Psicotrópicas de Uso Proscrito no Brasil (Portaria n. 344/98, SVS/Ministério da Saúde), situação que configuraria *abolitio criminis*. Ao julgar a ação constitucional de *Habeas Corpus*, o Min. Rel. Celso de Mello reiterou posicionamento da Corte no sentido de que a retirada do cloreto de etila da Lista F2, que especifica as "substâncias psicotrópicas de uso proscrito" – mesmo tendo sido mantido como insumo em outra lista (Lista D2) e reinserido em Resolução subsequente (15-12-2000) – impõe o reconhecimento da *abolitio criminis*, conforme arts. 5º, XL, da Constituição; 2º, *caput*, e 107, III, do Código Penal[17]. Situação idêntica já havia ocorrido, em 1984, com o mesmo princípio ativo do "lança-perfume", quando doutrina e jurisprudência consolidaram a matéria no sentido da atribuição ao complemento administrativo dos mesmos efeitos daqueles correspondentes aos dispositivos legais incriminadores (BITENCOURT, 2020, p. 489-490; REALE JR., 2002, p. 103; SANTOS, 2017, p. 52; TOLEDO, 1994, p. 43).

No entanto, diferente dos casos que envolvem doenças de notificação obrigatória (art. 269, Código Penal) e princípios ativos de substâncias entorpecentes (Lei n. 11.343/2006), há situações em que o tema ganha complexidade notadamente quando o complemento extrapenal apresenta qualidade transitória ou intermitente, como nos casos de tabelamento de preços ou definição de limites para operações financeiras. Lyra Filho e Cernicchiaro (1973, p. 46) lembram os casos da Lei de Economia Popular (Lei n. 1.521/51), que previa, em seu art. 2º, VI, o delito de "transgredir tabelas oficiais de gêneros e mercadorias ou de serviços essenciais", complementados por Portarias da antiga Superintendência Nacional de Abastecimento (Sunab), órgão do Governo Federal então encarregado de regular o mercado por meio da fixação de preços e controle de estoque. A hipótese elaborada pelos autores é a de um proprietário de panificadora denunciado por vender seu produto (pão) por $ 0,40, quando a tabela oficial fixava como preço máximo $ 0,38, mas, na data da sentença, após atualização pelo órgão competente, fora elevado para $ 0,43. Nesse caso, referem que "as tabelas persistem, apenas oscilou o respectivo *quantum*", motivo pelo qual "a incriminação não foi retirada do ordenamento jurídico; persiste a censura com a manutenção da norma preceptiva" (*idem*).

---

[17] "Cabe rememorar, por oportuno, que, antes mesmo do advento da Resolução Anvisa n. 104/2000, o Supremo Tribunal Federal já havia firmado entendimento no sentido de que a exclusão do cloreto de etila da lista de substâncias psicotrópicas vedadas editada pelo órgão competente do Poder Executivo da União Federal faz projetar, retroativamente, os efeitos da norma integradora mais benéfica, registrando-se a 'abolitio criminis' em relação a fatos anteriores à sua vigência relacionados ao comércio de referida substância, pois, em tal ocorrendo, restará descaracterizada a própria estrutura normativa do tipo penal em razão, precisamente, do desaparecimento da elementar típica "substância entorpecente ou que determina dependência física ou psíquica." (STF, 2015, p. 7)

Embora não adira à tese de Cury (1988, p. 125), para quem as leis penais em branco próprias (de complementação administrativa) devem ser consideradas indistintamente como leis temporárias e, dessa forma, isentas dos efeitos retroativos dos complementos benignos, Mestieri (1999, p. 75) refere que o recurso aos tipos em branco para regulação econômica objetiva basicamente garantir estabilidade ao enunciado. Assim, a técnica de remissão às tabelas de preços permitiria deixar "as variações ou atualizações para o complemento, de forma cambiante", sendo ilógico pensar, nessas situações, em irretroatividade, "sob pena de se tornar inoperante a incriminação".

O Supremo Tribunal Federal, ancorado na lição de Soler de que "só tem influência a variação da norma complementar na lei de 'tipicidade carecedora de complemento' (norma penal em branco) quando importe em real modificação da figura abstrata do direito penal (como disse Mayer) e não quando importe a mera modificação de circunstância que, na realidade, deixa subsistente a norma" (STF, 1995, p. 3), assentou o entendimento da ultratividade do complemento de natureza excepcional ou temporária, nos moldes do art. 3º do Código Penal[18]. No exemplo do crime contra a economia popular, a variação temporal dos preços seria uma mera circunstância complementar, uma qualidade transitória que conferiria natureza jurídica excepcional ao ato integrador, visto que o conteúdo da proibição de infração ao preço tabelado permaneceria inalterado. Bechara (2020, p. 43) igualmente converge no sentido de serem os casos de determinação de preços de mercadorias atos complementares excepcionais, submetidos, portanto, às regras do art. 3º do Código Penal, sendo inaplicáveis as hipóteses de *abolitio criminis* e *novatio legis in mellius*.

O debate sobre o caráter excepcional de alguns atos integradores de tipos abertos foi renovado com a alteração das regras que regulamentam depósitos de valores no exterior. O art. 22, parágrafo único, da Lei n. 7.492/86, criminaliza quem "promove, sem autorização legal, a saída de moeda ou divisa para o exterior, ou nele mantiver depósitos não declarados à repartição federal competente". A Declaração de Capitais Brasileiros no Exterior (CBE) é de apresentação anual obrigatória para todas as pessoas físicas e jurídicas, residentes no país, que mantêm, no estrangeiro, até o dia 31 de dezembro do ano-base, valores acima daqueles fixados pelo Conselho Monetário Nacional (CMN). Desde 2004, a Circular n. 3.225

---

[18] "Em princípio, o artigo 3º do Código Penal se aplica à norma penal em branco, na hipótese de o ato normativo que a integra ser revogado ou substituído por outro mais benéfico ao infrator, não se dando, portanto, a retroatividade. Essa aplicação só não se faz quando a norma, que complementa o preceito penal em branco, importa real modificação da figura abstrata nele prevista ou se assenta em motivo permanente, insusceptível de modificar-se por circunstâncias temporárias ou excepcionais, como sucede quando do elenco de doenças contagiosas se retira uma por se haver demonstrado que não tem ela tal característica." (STF, 1995)

do Banco Central (Bacen) estabelece como compulsória a declaração de depósitos acima de US$ 100.000,00 (cem mil dólares). Ocorre que, em 2020, o CMN editou a Resolução n. 4.841, que amplia significativamente o limite anterior para US$ 1.000.000,00 (um milhão de dólares). A (ir)retroatividade do complemento e a consequente definição da (i)licitude dos depósitos acima de US$ 100.000,00 (cem mil dólares) entre os anos de 2004 e 2020 dependeria, portanto, da caracterização da natureza jurídica do ato integrador como excepcional ou essencial, ou, na linha de Soler, se a Resolução importou uma "real modificação na figura típica" ou provocou uma "modificação meramente circunstancial".

Zaffaroni e Batista (2003, p. 217) respondem de forma mais contundente à questão, entendendo como injustificáveis quaisquer soluções que negam a retroatividade dos complementos dos tipos em branco sob o pretexto da natureza excepcional de alguns atos da administração, sobretudo os reguladores da atividade econômica (p. ex., tabelas de preços). Segundo os autores, os argumentos para manter a ultratividade do ato integrador "não podem prevalecer perante o caráter imperativo e incondicional da garantia constitucional da retroatividade benigna". O argumento é qualificado pelo exame da conformidade do próprio art. 3º do Código Penal com a Constituição, objeto de análise na sequência dos comentários.

h) Retroatividade das leis processuais e de execução penal

O art. 2º do Código de Processo Penal fixa o princípio da imediatidade como reitor do direito intertemporal: "a lei processual penal aplicar-se-á desde logo, sem prejuízo da validade dos atos realizados sob a vigência da lei anterior". Assim, independentemente da qualidade da modificação legislativa, restritiva ou ampliadora dos direitos, as regras processuais teriam aplicabilidade plena assim que findo o período de *vacatio*, mesmo em caso de prejuízo ao réu. Não se submeteriam, portanto, aos princípios gerais que regulam a lei penal material.

No entanto, a percepção tradicional de que os dispositivos processuais apenas ordenam os procedimentos e de que são direcionados exclusivamente aos funcionários da administração da justiça – diferente das regras de direito material que seriam endereçadas aos cidadãos – não se sustenta no atual cenário de plena força normativa e de máxima efetividade de direitos e garantias fundamentais que caracterizou o movimento constitucionalista pós-Segunda Guerra Mundial. Além disso, é substancial o entendimento dogmático atual de que parte significativa das leis processuais penais afeta diretamente o núcleo de liberdade individual e que o devido processo legal está orientado para a garantia dos direitos contra quaisquer excessos, inclusive os do legislativo.

É conhecida a distinção proposta por Américo Taipa de Carvalho (1997, p. 263-273) entre as *normas processuais penais materiais* e as *normas processuais penais formais* e que, dentre outros efeitos projetados, pretende exatamente solucionar a aplicação do direito processual penal no tempo frente aos princípios gerais de retroatividade da lei penal mais benigna. Segundo o autor, as normas processuais penais materiais condicionam a efetivação da responsabilidade penal ou restringem diretamente os direitos dos acusados ou reclusos (p. ex., espécies de prova, graus recursais, prisão preventiva, livramento condicional); enquanto as formais apenas orientam o desenvolvimento do processo (forma e prazos de citação, registro dos atos, exames periciais, buscas e apreensões). Exatamente por afetar os direitos fundamentais, "os princípios constitucionais da proibição da retroatividade da lei penal desfavorável e da imposição da retroatividade da lei penal favorável se aplicam às normas processuais penais materiais" (CARVALHO, 1997, p. 274).

Binder (2003, p. 95-96), ao confrontar regras idênticas estabelecidas nos Códigos de Processo da Argentina, invoca o art. 18 da Constituição do seu país, que declara que "ninguém pode ser condenado sem um julgamento prévio fundamentado em lei anterior ao fato do processo", e destaca que o significado de "julgamento prévio" está fundado nos direitos fundamentais e não em uma compreensão formal que o reduz a uma operação lógica de coordenação de atos direcionados à sentença penal. A irretroatividade da lei processual penal que restringe garantias deriva, portanto, "da intenção comum de colocar freios no Estado para evitar que as pessoas sejam presas por motivos diferentes daqueles que foram estabelecidos como um ato punível". E se a irretroatividade da lei penal objetiva frear alterações conjunturais na configuração dos delitos, a da lei processual pretende impedir a "manipulação da forma como está estruturado o processo". Pense-se, p. ex., nas consequências diretas, para quem está submetido a um processo em andamento, da ampliação das hipóteses de prisão provisória, da constrição de dispositivos reguladores das nulidades, da modificação dos critérios de valoração da prova, da revogação de recursos. Aliás, como ocorreu em 2008 com o protesto por novo júri, recurso privativo da defesa para condenados à pena privativa de liberdade igual ou superior a 20 (vinte) anos, previsto no art. 607 e art. 608 do Código de Processo Penal, extinto pela Lei n. 11.689/2008.

Devido processo legal é aquele regulado pela lei vigente na data do fato. Não parece ser outro o sentido estabelecido no art. 7, 2, do Pacto de São José (Decreto n. 678/92), quando submete a validade do processo à observância da regulação prévia da Constituição e das leis ordinárias: "ninguém pode ser privado de sua liberdade física, salvo pelas causas e nas condições previamente fixadas pelas constituições políticas dos Estados-Partes ou pelas leis de acordo com elas promulgadas".

Assim, com a mesma força constitucional devem ser aplicáveis às normas processuais os princípios da retroatividade da *lex mitior* e da irretroatividade da *lex gravior*. Inclusive no que diz respeito à ponderação diferenciada decorrente de sucessão de normas processuais de natureza distinta. Queiroz (2020, p. 91-92) e Duclerc (2016, p. 90-91) sustentam que, tratando-se de normas de conteúdo misto (favorabilidade parcial), deve-se aplicar retroativamente a parte mais benéfica, relegando a situação mais gravosa apenas aos crimes praticados após a sua vigência.

Em sentido similar as regras de execução penal que tutelam os direitos dos condenados. Após a reforma promovida em 1984 pela Lei de Execução Penal, afastou-se a compreensão de que o procedimento executório seria uma atividade meramente administrativa na qual o Estado concede ou retira, de forma discricionária, "regalias" (ou "benefícios") aos subordinados ao seu poder soberano. A Lei de Execução afirma os princípios da jurisdicionalização e do devido processo como instrumentais para tutela dos direitos públicos subjetivos dos presos (CARVALHO, 2008, p. 151-200; CASTILHO, 1988, p. 23-25). Assim, "para efeito de retroatividade/irretroatividade da lei, é irrelevante distinguir lei penal, lei processual e lei de execução penal" (QUEIROZ, 2020, p. 92).

i) Variações jurisprudenciais e aplicabilidade temporal

Embora seja inconstitucional toda pretensão de jurisprudência obrigatória (ZAFFARONI; BATISTA, 2003, p. 223), é inegável a importância de os Tribunais estabelecerem parâmetros os mais precisos possíveis para resolução dos casos penais, mormente quando o sistema normativo apresenta incompletudes e incoerências. A questão, portanto, versa sobre a aplicabilidade temporal das consolidações jurisprudenciais e se tais câmbios devem seguir as mesmas diretrizes relacionadas à (ir)retroatividade da lei penal.

Algumas hipóteses são elencadas pela teoria do direito penal: (a) os Tribunais firmam novo entendimento sobre a ilicitude de uma conduta até então considerada atípica (ou com moldura típica menos gravosa) – p. ex., o julgamento da ADO n. 26 pelo STF (*vide* comentários ao art. 1º do Código) que equiparou a homofobia e a transfobia ao crime de racismo, ampliando o campo semântico de interpretação dessas condutas ofensivas e determinando efeitos jurídicos mais severos às manifestações de ódio e preconceito contra LGBTs; e, em sentido oposto, (b) a jurisprudência consolida posição sobre a atipicidade (ou sobre o reenquadramento mais favorável) de uma conduta reconhecida anteriormente como ilícita – p. ex., a pacificação da posição relativa aos crimes de posse de arma de fogo (Lei n. 10.826/2003), no sentido de que a demonstração pericial da inaptidão para disparo torna atípica a conduta diante da ausência de afetação do bem jurídico incolumidade pública, tratando-se de crime impossível pela ineficácia absoluta do meio. Uma terceira hipótese seria relativa (c) às declarações de inconstitucionalidade ou de não conformação convencional – p. ex., a decisão do Plenário do Supremo que declarou incidentalmente a inconstitucionalidade do § 1º do art. 2º da Lei n. 8.072/90, que previa o cumprimento integral da pena em regime fechado nas condenações por crimes hediondos e assemelhados. Há, ainda, (d) as decisões que, sem alterar o juízo sobre a ilicitude, alteram a compreensão sobre os critérios de determinação da pena.

Em relação à última hipótese, é significativa a alteração jurisprudencial sobre os limites interpretativos dos antecedentes criminais. O art. 59, *caput*, do Código Penal estabelece que o juiz, para determinação da quantidade de pena (no caso, da pena-base), deve considerar, dentre outros, os antecedentes criminais. Até a publicação da Constituição, a jurisprudência entendia que qualquer registro criminal poderia ser utilizado para aumento da pena-base. Por conter elemento normativo que torna aberta a tipicidade da circunstância (antecedentes criminais) e, portanto, seu fechamento depender de uma fonte externa (jurisprudência, no caso), os Tribunais entendiam que poderiam ser considerados como maus antecedentes quaisquer anotações na "folha de antecedentes" dos réus, não apenas inquéritos e processos em andamento, mas inclusive inquéritos arquivados, denúncias rejeitadas, reconhecimento de prescrição e absolvições por ausência de prova. Com a formalização da presunção de inocência pelo art. 5º, LVII, da Constituição, os Tribunais passaram a limitar o conteúdo dos antecedentes criminais, considerando como hábeis para o agravamento da pena-base apenas as condenações transitadas em julgado que não constituíssem reincidência – se a condenação anterior constituísse reincidência, o acréscimo ocorreria na pena provisória. No entanto parte da jurisprudência resistiu à diretriz dos Tribunais Superiores e, apesar de não considerar inquéritos e processos criminais em curso como maus antecedentes, valorava negativamente esses registros como má conduta social ou, ainda, como indicativos de personalidade desajustada, pois conduta social e personalidade do réu, assim como antecedentes, também são circunstâncias que compõem os critérios de valoração da pena-base. Em realidade, esse entendimento produzia, por vias transversas, a violação do princípio da presunção, em nítida oposição aos parâmetros fixados pelo STF e pelo STJ (CARVALHO, 2020, p. 388-396). Nesse cenário, o STJ editou a Súmula 444, cujo conteúdo torna explícito o impedimento de qualquer tipo de valoração judicial negativa de registros criminais, em quaisquer das circunstâncias elencadas pelo art. 59, *caput*, do Código Penal: "é vedada a utilização de inquéritos policiais e ações penais em curso para agravar a pena-base". O caso é ilustrativo porque demonstra que os Tribunais podem ser refratários ao processo de constitucionalização do direito penal, saudosistas de interpretações de baixa densidade democrática.

Nesse cenário, é possível perceber que alterações jurisprudenciais sobre os elementos de configuração da tipicidade e sobre os parâmetros de dosimetria da pena impactam de forma decisiva a liberdade de réus e condenados, em muitos casos em níveis similares às próprias mudanças legislativas. Fundamental, portanto, que os critérios do direito intertemporal sejam aplicados aos câmbios jurisprudenciais.

Bechara (2020, p. 42) e Santos (2017, p. 55) assinalam que corrente majoritária da dogmática penal entende, nos casos em que uma ação, considerada lícita, passa a ser interpretada como ilícita pelos Tribunais, que a questão não estaria relacionada necessariamente à legalidade ou à tipicidade, mas ao juízo de culpabilidade. Essa perspectiva rejeita subordinar a jurisprudência ao princípio da irretroatividade da *lex gravior*, "sob o argumento de que a lei penal somente agora seria corretamente conhecida – mas admite a possibilidade do *erro de proibição inevitável* fundado na confiança do cidadão na jurisprudência anterior" (SANTOS, *idem*).

Roxin (1997, p. 166) compartilha essa posição sob o argumento de que a retroação jurisprudencial contrariaria a ideia básica do princípio da legalidade, equiparando fontes legislativas e jurisprudenciais; no entanto entende que não seria lícito punir o sujeito que confiou em uma interpretação do direito posterior modificada, motivo pelo qual seria aplicável a exculpante do erro de proibição.

A tese da aplicabilidade do erro de proibição parece, porém, apenas uma alternativa, de incidência subsidiária, para otimização do sistema de garantias. Isso porque, se o resultado da inovação derivada da lei ou da jurisprudência produz efeitos idênticos de constrição ou de ampliação das esferas de liberdade das pessoas, ambas as fontes (lei e jurisprudência) devem ser regidas pelo princípio constitucional da anterioridade. Assim, na qualidade de fonte do direito penal, não pode haver dúvida de que as mudanças *in malam partem* deverão ser necessariamente irretroativas, incidentes apenas em situações similares futuras. Inclusive porque "o direito não preexiste à interpretação, mas é dela resultado" e "lei e sua interpretação são inseparáveis" (QUEIROZ, 2016, p. 135).

Nos casos em que os Tribunais recriam a jurisprudência para estabelecer critérios interpretativos mais gravosos aos réus ou condenados, a retroatividade deve ser vedada em quaisquer hipóteses – da definição de novos critérios para caracterização do ilícito à valoração de circunstâncias de aumento de pena ou limitação dos direitos na execução penal. Ademais, Tavares (2018, p. 64) refere que a proibição da retroatividade atinge não apenas uma alteração da concepção jurídico-penal, mas igualmente os casos de integração legislativa. Há integração quando "a decisão judicial acrescentar ao enunciado legal outro elemento nele não previsto e nem autorizado pela própria lei mediante o recurso da interpretação analógica". Nessas situações, a vedação da retroatividade da lei penal mais grave, estabelecida no art. 5º, XL, da Constituição, alcança o entendimento jurisprudencial, pois "a retroatividade dessa nova interpretação integradora implica uma verdadeira quebra de confiança na ordem jurídica, o que afeta diretamente sua [do acusado] liberdade de escolha e orientação" (*idem*).

Mariângela Magalhães Gomes (2008, p. 148) refere que nos casos em que os Tribunais estabelecem novos e mais rigorosos critérios de imputação ou de determinação da pena do que aqueles que regiam a interpretação do direito penal na data do fato, a proibição de aplicação retroativa deve se dirigir igualmente ao operador do direito porque a função de garantia do princípio "(...) não seria totalmente eficaz se viesse aplicada *in abstrato* e não *in concreto*". Ademais, "seria absolutamente contraditório permitir aos juízes o que se proíbe ao legislador: a aplicação retroativa de regras penais desfavoráveis ao réu". Para otimizar o princípio, a autora lembra a técnica do *prospective overruling*, utilizada nos sistemas da *common law*, pela qual o juiz firma a nova posição e alerta que os próximos casos serão julgados desde esta perspectiva, mas mantém a aplicação do direito vigente à época do fato: "o novo entendimento, desfavorável ao réu se comparado àquele existente no momento da infração, não será aplicado a ele, mas somente aos acusados que praticarem a infração a partir da nova orientação jurisprudencial".

A aplicação do princípio da *lex praevia*, em todas as suas dimensões, às mudanças jurisprudenciais é a única forma de garantir minimamente a estabilidade dos direitos individuais frente às inconstâncias da política judicial. Lembre-se, p. ex., das seguidas modificações em relação à execução antecipada da pena; as variações interpretativas sobre a prescrição; as mudanças de referenciais sobre a insignificância nos crimes patrimoniais; dentre inúmeros outros exemplos que poderiam ser elencados. Se os princípios da anterioridade e da irretroatividade da lei mais grave são garantias contra câmbios legislativos contingenciais, é igualmente fundamental a imposição de freios às variações jurisprudenciais *ad hoc*, casuísticas, populistas. Assim, estabilizada a posição jurisprudencial menos favorável em súmulas, enunciados ou ementários, sua aplicabilidade deve atingir *apenas* os fatos praticados a partir da sua publicação, nos estritos termos do art. 2º do Código Penal.

Em sentido inverso, é decorrência lógica do argumento a admissibilidade da retroação das consolidações jurisprudenciais que ampliam os horizontes de liberdade (*jurisprudência mais benéfica*). Lembra, porém, Schmidt (2001, p. 234) que a retroatividade da *interpretativo mitior* não atinge decisões episódicas, sendo imprescindível um estado de consenso sobre o tema para que seja reconhecível aos casos anteriores.

Lei excepcional ou temporária

Art. 3º A lei excepcional ou temporária, embora decorrido o período de sua duração ou cessadas as circunstâncias que a determinaram, aplica-se ao fato praticado durante sua vigência.

Considerações gerais

O art. 3º do Código Penal cria uma exceção à regra da retroatividade da lei mais benéfica determinando a ultratividade das leis excepcionais ou temporárias. O efeito legal de permanência temporal das leis excepcionais ou temporárias aos fatos praticados sob a sua vigência era justificado, na Exposição de Motivos do Código Penal de 1940 (item 8), pelo fato de que, tratando-se de leis temporalmente limitadas, a ausência de ultratividade frustraria a imposição das suas sanções "(...) por expedientes astuciosos no sentido do retardamento dos processos penais".

As *leis temporárias* têm duração predeterminada em seu texto. Na história recente do direito penal brasileiro, por força da realização de eventos internacionais de grande porte (Copa das Confederações em 2013 e Copa do Mundo em 2014), foi editada a Lei n. 12.663/2012, que regulava os direitos comerciais, de propriedade industrial e a exploração de marcas e símbolos de titularidade da organizadora, a Federação Internacional de Futebol (Fifa). Além de disciplinar as sanções civis por eventuais danos causados, o Capítulo VIII estabelecia disposições penais relacionadas às condutas de utilização indevida dos símbolos oficiais dos eventos (arts. 30 e 31) e de *marketing* de emboscada por associação (art. 32) e por intrusão (art. 33), impondo penas que variavam do mínimo de 1 (um) mês ao máximo de 1 (um) ano de detenção ou multa. O art. 36 confere a natureza temporária à Lei n. 12.663/2012: "os tipos penais previstos neste Capítulo [VIII] terão vigência até o dia 31 de dezembro de 2014".

As *leis excepcionais* são editadas para ordenar situações específicas que fogem da regularidade democrática ou do cotidiano sociais e condicionam sua vigência à permanência da situação que lhe deu causa – p. ex., calamidades públicas como desastres naturais (enchentes, estiagens) ou situações de risco sanitário (epidemias) e conflitos políticos de natureza interna ou externa. Lembram Zaffaroni e Pierangeli (2019, p. 209) que "não se deve confundir esse conceito [lei penal excepcional], com o *tipo circunstanciado* que é uma lei penal ordinária que considera delito ou agrava a pena para uma ação típica quando há a concorrência de certas circunstâncias (guerra, catástrofe etc.)".

Ambas, portanto, excepcionais ou temporárias, possuem cláusulas de autor-revogação. Pense-se, p. ex., na de prisão em flagrante de pessoas que, durante a Copa do Mundo ocorrida no Brasil, entre junho e julho de 2014, estivessem vendendo ou distribuindo produtos resultantes da falsificação não autorizada dos símbolos oficiais do evento para fins comerciais. Se aplicável o princípio da retroatividade benéfica, muito possivelmente na data da sentença ou na da execução da pena a Lei n. 12.663/2012 já estaria revogada, pois sua vigência foi estabelecida até o último dia daquele ano (31 de dezembro de 2014).

Como antecipado pela Exposição de Motivos do Código de 1940, a justificativa dessa espécie de regra de ultratividade de *lex gravior* é fundamentalmente utilitarista: a persecução penal, fundada no devido processo, estabelece procedimentos obrigatórios que tornariam inaplicável a lei. Zaffaroni e Batista (2003, p. 216) evidenciam a circularidade do argumento: "constitui logicamente uma petição de princípios postular que se imponha a punição só porque, caso contrário, não seria ela imposta".

Há problemas de duas ordens para sustentar a adequação constitucional da ultratividade das leis temporárias e excepcionais. Primeiro, do ponto de vista *normativo* (direito constitucional penal), a Constituição de 1988, posterior à Reforma do Código Penal, não estabeleceu quaisquer exceções às regras relacionadas à *abolitio criminis* e à retroatividade *in bonam partem*. Trata-se de uma barreira intransponível que questiona seriamente a recepção do art. 3º do Código Penal e o problema político de permanência dos efeitos de leis excepcionais (e temporárias) em períodos de regularidade democrática. O posicionamento acerca da não recepção é igualmente compartilhado por Zaffaroni e Batista (2003, p. 217), Zaffaroni e Pierangeli (2019, p. 210), Queiroz (2016, p. 141) e Schmidt (2001, p. 231).

A segunda ordem de questionamentos é relacionada aos elementos empíricos da justificativa, devendo, portanto, ser redirecionada ao âmbito criminológico e político-criminal. A pergunta que parece ser pertinente é se razões meramente operacionais (utilitárias) podem justificar a suspensão das garantias constitucionais para dar efetividade a leis de exceção. A partir da invocação da Lei de Hume – tese segundo a qual não são deriváveis logicamente conclusões prescritivas (normativas) de argumentos descritivos ou elementos fáticos (e vice-versa), fundamento metodológico do garantismo de Ferrajoli (1998) –, Schmidt (2001, p. 230) aponta evidente vício no argumento: "não será a excepcionalidade de determinadas situações fáticas (uma guerra, p. ex.) que irá justificar, por si só, a validade de um diploma capaz de excluir a garantia constitucional da *retroatividade da lei mais benéfica*". A conclusão é correta em termos lógicos, mas o que ainda é necessário ressaltar é a sobreposição da razão punitiva (razão de Estado) aos direitos fundamentais (razão de Direito) sob o argumento de facilidades operacionais. Apenas em Estados autoritários as garantias penais e processuais penais ficam ao dispor da conveniência do poder punitivo, o que torna o debate sobre a constitucionalidade do art. 3º do Código Penal mais importante do que tradicionalmente se percebe na teoria do direito penal.

Ademais, se o problema é efetivamente de ordem burocrática, cabe ao poder público criar as condições de aplicabilidade e de executividade das leis excepcional e temporária durante a sua vigência sem sacrifício dos direitos fundamentais, na linha da responsabilidade político-criminal exposta anteriormente e nos termos definidos por Zaffaroni e Batista (2003, p. 217): "corresponderá ao legislador, perante situações calamitosas que requeiram drástica tutela penal de bens jurídicos, prover para que os procedimentos constitucionalmente devidos possam exaurir-se durante a vigência da lei; o que ele não pode fazer é abrir uma exceção em matéria que o constituinte erigiu como garantia individual".

Tempo do crime

Art. 4º Considera-se praticado o crime no momento da ação ou omissão, ainda que outro seja o momento do resultado.

Considerações gerais

Hungria (1980, p. 134) pontua que a determinação do tempo do crime (assim como a do local do delito) deixa de ser uma questão pacífica quando a ação ou a omissão se separam cronologicamente do resultado. Um exemplo simples elucida o problema: o sujeito ativo do delito de homicídio que provoca lesão à vítima (conduta) que vem a óbito (resultado) tempos depois. Note-se que é a definição do tempo do crime que irá reger a aplicação da lei em caso de sucessão.

O texto do art. 4º do Código vincula o tempo do crime ao momento da conduta (comissiva ou omissiva), adotando, portanto, a *teoria da atividade*, em detrimento da *teoria do resultado* (tempo do crime é o momento do resultado) ou da *teoria mista* (tempo do crime compreende ambos os momentos, indistintamente, da ação ou do resultado). Aníbal Bruno (1967, p. 259) justifica a opção do legislador brasileiro ao referir que é no momento da ação que o agente realiza a "condição necessária à produção do resultado típico, manifestando, assim, a sua vontade contrária ao dever, que levantará contra ele a reação da ordem jurídica".

A referência à conduta, porém, deve estar sempre vinculada ao seu aspecto exterior e objetivo, ao momento da lesão ou do perigo real e concreto de lesão ao bem jurídico. A exteriorização é um dos momentos da conduta delitiva, posterior às etapas que se desdobram na dimensão subjetiva (psicológica) e que, segundo a proposição finalista (WELZEL, 2003, p. 42-43), se estrutura fundamentalmente pela (a) antecipação do fim; (b) seleção dos meios necessários para sua realização; e (c) a consideração dos efeitos concomitantes vinculados aos fatores causais escolhidos e à consecução do resultado predisposto. Após a eleição da finalidade (elemento volitivo) e da representação das suas consequências (elemento cognitivo), o autor "coloca em marcha a ação no mundo real".

As fases da conduta, descritas por Welzel, compõem as diversas etapas da realização do delito, dispostas em uma sequência de atos sucessivos denominada *iter criminis* (caminho do crime) que compreende: a concepção do crime e a decisão de praticá-lo (*cogitatio*); a busca de informação e de meios para realizá-lo (preparação); a realização da conduta típica (execução); a causação do resultado (consumação); e o esgotamento do fato (ZAFFARONI; BATISTA, 2017, p. 500). O princípio reitor para a definição do limite de ingerência punitiva e o tempo do delito nesse *iter criminis* são o início da realização da conduta incriminada, excluindo-se a etapa subjetiva e os atos preparatórios (exceto os casos em que os próprios atos preparatórios constituem, de forma autônoma, delito). A produção (ou não) do resultado é o traço limite entre consumação e tentativa, nos termos do art. 14 do Código Penal.

O tempo do crime, que demarca a lei que rege a (i)licitude do fato, é, portanto, aquele no qual o sujeito atua ou se omite de atuar, quando deveria, isto é, quando inicia a execução do fato típico, independentemente do resultado. Nesse aspecto, a opção pela teoria da atividade é inequivocamente a que confere densidade ao princípio da legalidade, pois "se uma ação é lícita ao tempo em que foi empreendida, necessariamente lícito será o resultado, ainda que venha a ocorrer na vigência da incriminadora *lex* nova" (HUNGRIA, 1980, p. 134).

Importante registrar que o critério para definição do termo inicial da contagem do prazo prescricional é distinto. Nesse caso, para regular a causa de extinção da punibilidade, o Código estabelece, como marco, "o dia em que o crime se consumou" (art. 111, I) (teoria do resultado), para além de cláusulas específicas relacionadas aos crimes tentados (art. 111, II), permanentes (art. 111, III), de bigamia, falsificação e alteração de assentamento de registro (art. 111, IV) e contra a dignidade sexual de crianças e adolescentes (art. 111, V).

Os problemas específicos dos crimes permanentes e continuados no direito penal intertemporal foram tratados nos comentários ao art. 2º (princípio da anterioridade da lei).

Territorialidade

Art. 5º Aplica-se a lei brasileira, sem prejuízo de convenções, tratados e regras de direito internacional, ao crime cometido no território nacional.

§ 1º Para os efeitos penais, consideram-se como extensão do território nacional as embarcações e aeronaves brasileiras, de natureza pública ou a serviço do governo brasileiro onde quer que se encontrem, bem como as aeronaves e as embarcações brasileiras, mercantes ou de propriedade privada, que se achem, respectivamente, no espaço aéreo correspondente ou em alto-mar.

§ 2º É também aplicável a lei brasileira aos crimes praticados a bordo de aeronaves ou embarcações estrangeiras de propriedade privada, achando-se aquelas em pouso no território nacional ou em voo no espaço aéreo correspondente, e estas em porto ou mar territorial do Brasil.

Bibliografia: BECHARA, Ana Elisa Liberatore Silva. Da aplicação da lei penal. In: SOUZA, Luciano Anderson (Coord.). *Código Penal comentado*. São Paulo: Revista dos Tribunais, 2020; BITENCOURT, Cezar Roberto. *Tratado de Direito Penal*: parte geral. 26. ed. São Paulo: Saraiva, 2020. v. 1; BOBBIO, Norberto. *Teoria do ordenamento jurídico*. Brasília: EdUnB, 1990; BRUNO, Aníbal. *Direito Penal*: parte geral. Rio de Janeiro: Forense, 1967. t. 1; BRUNO, Aníbal e BATISTA, Nilo. *Teoria da lei penal*. São Paulo: Revista dos Tribunais, 1974; CARVALHO, Salo. *Penas e medidas de segurança no Direito Penal brasileiro*. 3. ed. São Paulo: Saraiva, 2020; DALLARI, Dalmo de Abreu. *Elementos de teoria geral do Estado*. 32. ed. São Paulo: Saraiva, 2013; DOTTI, René Ariel. *Curso de Direito Penal*: parte geral. 7. ed. São Paulo: Revista dos Tribunais, 2020; FRAGOSO, Heleno. *Lições de Direito Penal*: parte geral. 16. ed. Rio de Janeiro: Forense, 2003; HUNGRIA, Nelson. *Comentários ao Código Penal*. Rio de Janeiro: Forense, 1980. v. 1. t. 1; MESTIERI, João. *Manual de Direito Penal*: parte geral. Rio de Janeiro: Forense, 1999. v. 1; QUEIROZ, Paulo. *Direito Penal*: parte geral. 12. ed. Salvador: Juspodivm, 2016; LOPES JR., Aury. *Direito processual penal*. 15. ed. São Paulo: Saraiva, 2018; REALE JR., Miguel. *Instituições de Direito Penal*: parte geral. Rio de Janeiro: Forense, 2002. v. 1; SANTOS, Juarez Cirino. *Direito Penal*: parte geral. 7. ed. Florianópolis: Empório do Direito, 2017; TOLEDO, Francisco de Assis. *Princípios básicos de Direito Penal*. 5. ed. São Paulo: Saraiva, 1994; TRIBUNAL DE APELAÇÃO DE TURIM, 2ª Seção Penal, Pres. Dra. Paola Dezani, Processo 11.771/19, j. 3-7-2019; VERGOTTINI, Giuseppe. Defesa. In: BOBBIO, Norberto et al. (Org.). *Dicionário de Política*. 11. ed. Brasília: EdUnB, 1998. v. 1; WEIGERT, Mariana. *Medidas de segurança e reforma psiquiátrica*. Florianópolis: Empório do Direito, 2017; WUNDERLICH, Alexandre. Sobre a tutela penal das relações de consumo. In: REALE, Miguel, REALE JR., Miguel e FERRARI, Eduardo Reale (Coord.). *Experiências do Direito*. Campinas: Millennium, 2004.

Considerações gerais

a) Lei penal no espaço: princípios gerais

A segunda dimensão da teoria da lei penal é relacionada à sua aplicação no espaço. O conjunto de regras previsto no Código sobre a matéria objetiva regular os limites espaciais da incidência da lei penal brasileira, sobretudo porque o seu horizonte de alcance não se confunde apenas com as fronteiras físicas do território no qual o Estado exerce a sua soberania. Embora o princípio regente seja o da territorialidade, outros princípios ampliam o âmbito de ingerência da lei penal, principalmente os decorrentes de compromissos firmados pelo Brasil com a comunidade internacional e de ações que, mesmo fora das fronteiras, ofendem bens jurídicos constitucionalmente relevantes. Dessa forma, (a) o princípio da territorialidade; (b) o princípio da nacionalidade (ou da personalidade); (c) o princípio da proteção (ou defesa); (d) o princípio da universalidade; e (e) o princípio da representatividade fornecem os critérios de justificação e interpretação da aplicação da lei penal brasileira no espaço.

O *princípio da territorialidade* está intrinsecamente vinculado às concepções modernas de soberania e de defesa. Soberania como aplicação da lei nos espaços de domínio de um Estado a partir da delimitação da esfera de validade da ordem jurídica; defesa como representação do poder organizado e das suas instituições políticas. Assim, "território e população colocam-se como pressupostos objetivos e como dimensões espaciais e pessoais no seio dos quais se move o poder organizado, que é poder soberano, enquanto última instância de decisão, com poderes para impor-se às diversas vontades individuais e coletivas que ele controla" (VERGOTTINI, 1998, p. 314). O art. 1º, *caput*, da Constituição, refere que a República Federativa do Brasil é formada pela união indissolúvel dos Estados, dos Municípios e do Distrito Federal, local no qual é exercida a soberania, fundamento primeiro elencado nos incisos do referido artigo. Aplica-se, portanto, a lei penal brasileira aos crimes praticados no território nacional, independentemente da nacionalidade do agente ou da vítima.

A exceção prevista no *caput* do art. 5º – "sem prejuízo de convenções, tratados e regras de direito internacional" – é relacionada à imunidade conferida pelo Estado brasileiro a determinadas pessoas, como as imunidades diplomáticas. A doutrina costuma lembrar as exceções previstas aos agentes diplomáticos nos termos da Convenção de Viena, aprovada pelo Decreto n. 56.435/65, que determina que "o agente diplomático gozará de imunidade de jurisdição penal do Estado acreditado" (art. 31, 1). Nesse sentido, mesmo praticando crimes no Brasil, tais pessoas não ficam sujeitas à lei nacional, respondendo pelos fatos segundo a lei do Estado de origem ou que representam – "a imunidade de jurisdição de um agente diplomático no Estado acreditado não o isenta da jurisdição do Estado acreditante" (art. 31, 2). Por essa razão, a doutrina considera ter o país adotado de forma atenuada (ou temperada) o princípio da territorialidade.

O *princípio da nacionalidade* (ou da *personalidade*) procura garantir a aplicação da lei penal brasileira ao cidadão nacional mesmo quando o delito tenha sido praticado no exterior. Essa incidência extraterritorial excepcional, visto que a regra é a aplicação da lei do local do crime (princípio da territorialidade), é prevista no art. 7º, II, *b*, do Código Penal, que fixa os critérios e os requisitos de punibilidade de brasileiros que tenham cometido crimes fora do Brasil e, no país competente, não tenham sido processados e julgados. Segundo Bruno e Batista (1974, p. 13) e Toledo (1994, p. 47), a aplicação extraterritorial nesses casos é consequência de o Brasil não conceder extradição de nacionais, "(...) salvo o naturalizado, em caso de crime comum, praticado antes da naturalização, ou de comprovado envolvimento em tráfico ilícito de entorpecentes e drogas afins, na forma da lei" (art. 5º, LI, da Constituição).

A regra de extraterritorialidade atinge não apenas as situações de *personalidade ativa*, que considera a nacionalidade do autor do fato, mas também as de *personalidade passiva*, isto é, quando nacional é a vítima de delito ocorrido no estrangeiro. Assim, nos termos do art. 7º, § 3º, do Código Penal, igualmente ficam submetidos à lei brasileira os sujeitos ativos de crimes praticados contra brasileiros, independentemente do local.

O *princípio da defesa* (ou *real*) visa estender a lei penal nacional aos crimes praticados contra bens jurídicos do Estado e outros considerados de relevância. Por essa razão, mesmo violados fora do país, projeta-se a lei penal brasileira, conforme indica o art. 7º, I, *a*, *b* e *c* do Código – crimes contra a vida ou a liberdade do Presidente da República; delitos contra o patrimônio ou a fé pública dos entes federados, de empresa pública, sociedade de economia mista, autarquia ou fundação; e os crimes contra a administração pública por quem está ao seu serviço.

O *princípio da representação* (ou da *bandeira*), previsto no art. 7º, II, *c*, do Código Penal, inclui nas hipóteses de extraterritorialidade os casos em que o delito é cometido em aeronaves e embarcações brasileiras particulares que se encontram em território estrangeiro. A regra é que seja aplicada a lei do local do fato, exceto as embarcações e aeronaves públicas ou a serviço do governo brasileiro (art. 5º, § 1º, do Código Penal). A possibilidade elencada no art. 7º, II, *c*, ocorre quando não há julgamento no exterior, situação na qual o Brasil reserva-se o direito de processar e julgar o fato.

O *princípio da universalidade* (ou da *justiça universal*) formaliza a ideia de cooperação penal internacional que se instrumentaliza pela definição, em tratados e convenções internacionais (art. 7º, I, *d*), dos crimes pelos quais os países firmatários se responsabilizam mutuamente em processar e julgar. Lembra Toledo (1994, p. 48), porém, que o princípio "(...) não pode, obviamente, ter aplicação senão secundária, em casos restritos, dada a diversidade dos sistemas penais existentes e os problemas resultantes dos denominados crimes políticos".

Considerações nucleares

b) Territorialidade e território nacional

Podem ser elencados três elementos constitutivos dos Estados Modernos: povo e território (elementos materiais) e Governo (elemento formal). O território é o espaço de exercício da soberania do Estado no qual está fixado o povo, seu elemento humano – "conjunto de indivíduos que, através de um momento jurídico, se une para constituir o Estado, estabelecendo com este um vínculo jurídico de caráter permanente (...)" (DALLARI, 2013, p. 104). Não se trata, portanto, conforme anota Fragoso (2003, p. 133), de um conceito geográfico, mas jurídico. Streck e Morais (2014, p. 140) lembram que, para a ciência política, o território desempenha dupla função: (a) positiva, no sentido de que todos que se encontram nos seus limites ficam sujeitos às suas leis e à sua autoridade; e (b) negativa, pois exclui toda e qualquer ingerência de autoridades diversas daquelas constituídas.

Integram o território o solo, o subsolo, o espaço aéreo, o mar territorial e os rios e lagos de fronteira. A Lei n. 8.617/93, que dispõe sobre o mar territorial, a zona contígua, a zona econômica exclusiva e a plataforma continental brasileiros, em seu art. 1º, estabelece que "o mar territorial brasileiro compreende uma faixa de doze milhas marítimas de largura, medidas a partir da linha de baixa-mar do litoral continental e insular, tal como indicada nas cartas náuticas de grande escala, reconhecidas oficialmente no Brasil". A referida lei reduziu os limites do mar territorial ao alterar o Decreto-lei n. 1.098/70, editado no período da Ditadura Civil-Militar, que os fixava em 200 milhas náuticas. Bitencourt (2020, p. 507) esclarece que os governos militares "ignoraram os limites do alcance de seu arbítrio" ao estabelecerem tais limites, sobretudo porque "(...) os demais países nunca chegaram a admitir as duzentas milhas, limitando-se a reconhecer o domínio sobre as 12 milhas marítimas".

Em relação ao espaço aéreo, a Lei n. 8.617/93 estabelece que a soberania do Brasil alcança o "espaço aéreo sobrejacente", ou seja, que se assenta por cima do solo e do mar territorial, bem como ao seu leito e subsolo (art. 2º), reproduzindo o texto do art. 11 do Código Brasileiro da Aeronáutica: "o Brasil exerce completa e exclusiva soberania sobre o espaço aéreo acima do seu território e mar territorial" (art. 11 da Lei n. 7.565/86).

Os § 1º e 2º do art. 5º do Código Penal criam uma regra de extensão do território nacional para fins de aplicação da lei penal. Assim, se submetem à jurisdição penal brasileira os crimes cometidos em embarcações e aeronaves nacionais públicas ou a serviço do governo, independentemente do local em que estiverem. De igual forma, aplica-se a lei nacional aos casos ocorridos em aeronaves ou embarcações privadas ou mercantes presentes no espaço aéreo e no mar territorial brasileiros, independentemente da bandeira (nacional ou estrangeira).

Lugar do crime

Art. 6º Considera-se praticado o crime no lugar em que ocorreu a ação ou omissão, no todo ou em parte, bem como onde se produziu ou deveria produzir-se o resultado.

Considerações nucleares

Ao tratar do *tempo* do crime, o art. 4º do Código Penal estabeleceu como critério o momento no qual o sujeito atua (comissão) ou deixa de atuar (omissão de ação), ou seja, quando inicia a execução do fato típico, independentemente de quando o resultado se produz. Nos comentários ao referido artigo, procurou-se definir a partir de qual etapa do *iter criminis*, desde a *cogitatio* ao esgotamento do fato, é legítima a intervenção do direito penal. Isso porque, para a aplicação da lei penal, *praticar* o crime não se confunde com todo seu percurso, que se inicia na decisão (*cogitatio*), segue um momento de preparação e, posteriormente, a conduta típica é realizada (fase de execução), consumada e esgotada. Assim como para a determinação do *tempo*, para o estabelecimento do *local* o sentido de *praticar o crime* é o de *realizar atos de execução* ou de participação na conduta delitiva de outrem, pois não há intervenção punitiva na esfera íntima e somente há persecução penal em atos preparatórios se estes constituírem, por si só, crime.

Todavia, a regra para determinação do local é distinta daquela utilizada pelo Código para fixar o tempo do crime, embora ambos tenham o mesmo referencial quanto ao momento do *iter* (execução) em que passa a ser permitida a incidência da lei. Lugar do crime é "(...) o ponto desse território em que realmente foi cometido o fato punível" (BRUNO; BATISTA, 1974, p. 31). Definir o local não é problema quando a conduta típica, comissiva ou omissiva, e a consumação do crime acontecem no mesmo lugar. Nos *crimes à distância*, porém, algumas dificuldades podem surgir, ou seja, quando "o processo de execução do comportamento criminoso se desdobra através de lugares diferentes, sugerindo mais de um ponto em que se pode tomar como lugar do crime" (*idem*).

Algumas situações narradas na doutrina – p. ex., alguém dispara contra terceiro que se encontra no outro lado da fronteira ou uma pessoa envia carta injuriosa a destinatário em outro país – ganham, na atualidade, complexidade, sobretudo em razão do avanço da técnica. Hipóteses possíveis podem ser imaginadas: nos crimes ambientais (p. ex., a poluição de um rio que banha distintos países); nos crimes financeiros (p. ex., a criação de distintas empresas *offshore* para dificultar o mapeamento de valores obtidos de forma ilícita); nos crimes informáticos (p. ex., a invasão de centros de informação em um país estando o autor localizado em outro); nos crimes que envolvem transporte ilegal de pessoas ou coisas entre distintos países (p. ex., tráfico de drogas, de armas e de pessoas).

Seguir a opção eleita pelo Código para solucionar o tempo do crime (art. 4º: *teoria da atividade*) poderia gerar vácuos na aplicação da lei penal: pense-se em uma conduta realizada em um país que adota a *teoria do resultado*, segundo a qual o local do delito é onde ocorre o resultado típico independente da ação, cujo resultado é deflagrado em um país regido pela *teoria da ação* (ou da atividade), que estabelece como lugar do crime aquele em que foi realizada a conduta. Ambos os países excluiriam, reciprocamente, a possibilidade de persecução penal em razão de conflitos negativos de jurisdição. Por tais razões, a maioria dos países, inclusive o Brasil no art. 6º do Código Penal, adota um modelo misto, denominado *teoria da ubiquidade*, que entende praticado o delito no lugar da realização total ou parcial da conduta (comissiva ou omissiva), onde foi ou deveria ter sido produzido o resultado. Dessa forma, incide a lei penal brasileira se ocorrer qualquer fragmento de delito em território nacional.

No entanto, apesar de o *iter criminis* se desdobrar em etapas e locais diferentes, o delito é uno, não segmentado, sendo o caso julgado em sua totalidade. Nas palavras de Fragoso (2003, p. 139 e s.), "se a ação é praticada no Brasil e a pessoa é atingida na Argentina (efeito intermédio), vindo a falecer no Chile, considera-se o crime praticado nos três países (...). O crime não se fraciona por ultrapassar as fronteiras e será punido em sua inteireza mesmo que só parcialmente executado em nosso território".

Apesar de reproduzir a mesma teoria da ubiquidade, o Código Penal Militar conferiu um tratamento mais sofisticado na redação da matéria, especialmente por destacar a modalidade omissiva e a participação delitiva: "considera-se praticado o fato no lugar em que se desenvolveu a atividade criminosa, no todo ou em parte, e ainda que sob forma de participação, bem como onde se produziu ou deveria produzir-se o resultado. Nos crimes omissivos, o fato considera-se praticado no lugar em que deveria realizar-se a ação omitida" (art. 6º, Decreto n. 1.001/69).

Extraterritorialidade

Art. 7º Ficam sujeitos à lei brasileira, embora cometidos no estrangeiro:

I – os crimes:

a) contra a vida ou a liberdade do Presidente da República;

b) contra o patrimônio ou a fé pública da União, do Distrito Federal, de Estado, de Território, de Município, de empresa pública, sociedade de economia mista, autarquia ou fundação instituída pelo Poder Público;

c) contra a administração pública, por quem está a seu serviço;

d) de genocídio, quando o agente for brasileiro ou domiciliado no Brasil;

II – os crimes:

a) que, por tratado ou convenção, o Brasil se obrigou a reprimir;

b) praticados por brasileiro;

c) praticados em aeronaves ou embarcações brasileiras, mercantes ou de propriedade privada, quando em território estrangeiro e aí não sejam julgados.

§ 1º Nos casos do inciso I, o agente é punido segundo a lei brasileira, ainda que absolvido ou condenado no estrangeiro.

§ 2º Nos casos do inciso II, a aplicação da lei brasileira depende do concurso das seguintes condições:

a) entrar o agente no território nacional;

b) ser o fato punível também no país em que foi praticado;

c) estar o crime incluído entre aqueles pelos quais a lei brasileira autoriza a extradição;

d) não ter sido o agente absolvido no estrangeiro ou não ter aí cumprido a pena;

e) não ter sido o agente perdoado no estrangeiro ou, por outro motivo, não estar extinta a punibilidade, segundo a lei mais favorável.

§ 3º A lei brasileira aplica-se também ao crime cometido por estrangeiro contra brasileiro fora do Brasil, se, reunidas as condições previstas no parágrafo anterior:

a) não foi pedida ou foi negada a extradição;

b) houve requisição do Ministro da Justiça.

Considerações nucleares

Reale Jr. (2002, p. 113) salienta que as disciplinas que envolvem territorialidade e extraterritorialidade possuem um caráter misto, penal e processual penal, porque reconhecer a incidência da lei penal brasileira não produziria qualquer efeito "se tal não significar legitimidade para processar o agente no Brasil". O *princípio da extraterritorialidade* torna possível que os crimes cometidos no exterior sejam processados e julgados em território nacional, conforme o ordenamento jurídico-penal e processual penal vigente no país.

No entanto, afirmar que o tema é de natureza híbrida, material e processual, não implica estender às diretrizes processuais a eficácia extraterritorial. A extraterritorialidade, nos casos permitidos em lei, é relativa à lei penal (material), que transcende as fronteiras e incide em um fato praticado no estrangeiro. Submetido o fato à jurisdição brasileira, são aplicáveis as regras estabelecidas na Constituição e no Código de Processo Penal. Não há, portanto, extraterritorialidade da lei processual, pois nesse terreno vige exclusivamente o princípio da territorialidade. Também não podem ser confundidos eventuais atos processuais realizados no exterior em decorrência de processo instaurado no Brasil. Pense-se na seguinte hipótese: instaura-se processo no Brasil para apurar crime cometido no exterior, em razão do local do fato, parte da cognição probatória deve ser realizada no exterior, p. ex., oitiva de testemunhas, realização de perícia, apreensão de documentos. Nesse caso, o procedimento instrutório realizado no exterior será executado sob o regramento daquele país, sem a observância da lei processual penal brasileira, porque as leis processuais não possuem a capacidade de se projetar espacialmente. Nas lições de Lopes Jr. (2018, p. 116), "não tem nossas leis processuais penais extraterritorialidade para regrar os atos praticados fora do território nacional. Tampouco há de se falar em nulidade. Ao necessitar da cooperação internacional, deve o país conformar-se com a forma como é exercido, lá, o poder jurisdicional".

Restrito às regras de direito penal material, o art. 7º do Código disciplina duas modalidades de extraterritorialidade: (a) *extraterritorialidade incondicionada*, situações delitivas nas quais a aplicação da lei penal não depende do cumprimento de qualquer requisito; e (b) *extraterritorialidade condicionada*, hipótese cuja incidência da lei brasileira está sujeita à observância de alguns pressupostos legais.

a) Extraterritorialidade incondicionada

O § 1º do art. 7º do Código prevê que "o agente é punido segundo a lei brasileira, ainda que absolvido ou condenado no estrangeiro" quando praticados os seguintes delitos: (a) crimes contra a vida ou a liberdade do Presidente da República; (b) crime contra o patrimônio ou a fé pública da União, do Distrito Federal, de Estado, de Território, de Município, de empresa pública, sociedade de economia mista, autarquia ou fundação instituída pelo Poder Público; (c) crime contra a administração pública, por quem está a seu serviço; (d) crime de genocídio, quando o agente for brasileiro ou domiciliado no Brasil.

Conforme exposto anteriormente, a aplicabilidade incondicional da lei penal brasileira nesses casos se justifica em razão da necessidade de o Estado brasileiro dar uma resposta às condutas ofensivas de bens jurídicos pessoais (vida e liberdade) do chefe da nação (art. 7º, I, *a*) ou de interesses públicos considerados de relevância (art. 7º, I, *b* e *c*), conferindo efetividade ao *princípio da defesa* (ou *real*). No mesmo sentido, no caso do delito de genocídio (art. 7º, I, *d*), trata-se de instrumentalizar o *princípio da universalidade* (ou da *justiça universal*) em razão dos compromissos do Estado com a comunidade internacional.

Embora seja um preceito taxativo e com a finalidade bastante evidente de processar e julgar condutas abstratamente graves e com alto impacto em bens jurídicos relevantes para a comunidade nacional e internacional – p. ex., os crimes contra o chefe de Estado e o de genocídio –, a ausência de um critério material concreto regulador (condicionante) pode gerar situações extremamente desproporcionais e em oposição aos próprios fundamentos que justificam a projeção extraterritorial da lei brasileira. O exemplo trazido por Reale Jr. (2002, p. 111), ao comentar o art. 7, I, *c*, é esclarecedor: "desse modo, aplica-se a lei brasileira em relação a um furto praticado por empregado da representação diplomática do Brasil que subtrai dinheiro do cofre da Embaixada".

b) Extraterritorialidade condicionada

A segunda hipótese de extraterritorialidade atinge os crimes (a) que o Brasil se obrigou a reprimir em tratados ou convenções; (b) praticados por brasileiro no estrangeiro; e (c) realizados em aeronaves ou embarcações brasileiras privadas quando em território estrangeiro e não submetidos à justiça do local. O dispositivo do art. 7º, II, do Código é fundamentado nos princípios da justiça universal (art. 7º, II, *a*), da nacionalidade (art. 7º, II, *b*) e da representação (art. 7º, II, *c*).

Nessas situações, para a incidência extraterritorial da lei brasileira, é necessário o cumprimento integral dos seguintes requisitos (art. 7º, § 2º): (a) ingressar o autor, voluntária ou involuntariamente, no território brasileiro; (b) haver bilateralidade em relação à incriminação, ou seja, ser a conduta necessariamente ilícita no lugar em que praticada; (c) estar entre os crimes que a lei brasileira permite extradição; (d) não ter sido processado e julgado no exterior restando absolvido, perdoado ou extinta sua punibilidade ou, em caso de condenação, cumprido a pena.

Outrossim, o Código Penal admite, ainda, a extraterritorialidade nos casos de crime praticado por estrangeiro contra brasileiro no exterior. Às condições impostas no § 2º, o § 3º do art. 7º acrescenta a ausência ou a negativa de extradição precedida da requisição do Ministro da Justiça. Referia Hungria (1980, p. 205) que caberia tão somente ao Estado brasileiro, por meio do Ministério da Justiça, a manifestação de interesse na punição do autor do delito não extraditado.

c) Extradição

A matéria da extradição é regulada, atualmente, pela Lei n. 13.445/2017, que revogou a Lei n. 6.815/80 (Estatuto do Estrangeiro). Existem duas espécies de extradição: (a) *extradição ativa*, quando o governo brasileiro requer a transferência de uma pessoa que se encontra no estrangeiro para responder processo ou cumprir pena no país; e, em via oposta, (b) *extradição passiva*, quando o Brasil é requerido para transferir alguém que se encontra em território nacional. Assim, nos termos do art. 81 da Lei n. 13.445/2017, a *extradição* é uma medida de cooperação internacional entre Estados pela qual se concede (extradição passiva) ou se solicita (extradição ativa) a entrega de alguém para que seja submetido à jurisdição penal de instrução ou de execução. Trata-se de um procedimento de natureza jurídico-política, pois realizado pelo Poder Executivo em coordenação com o Poder Judiciário.

Nas hipóteses de *extradição passiva*, o art. 83 da Lei n. 13.445/2017 estabelece as *condições positivas* para concessão: (a) ser aplicável a lei do Estado requerente ou em seu território ter sido cometida a infração; e (b) estar o extraditando na condição de sujeito passivo de investigação criminal, processo penal de conhecimento (réu) ou de processo de execução de pena privativa de liberdade (condenado). No entanto, a Constituição e a própria Lei n. 13.445/2017 estabelecem vedações à extradição (*limites negativos*). Como visto, o art. 5º, LI, da Constituição, impede a extradição de brasileiro nato, excepcionando o naturalizado, em caso de crime comum, por ilícito cometido antes da naturalização, ou em situações de "comprovado envolvimento em tráfico ilícito de entorpecentes e drogas afins"; e o inciso LII do art. 5º proíbe a extradição por crime político ou de opinião. Ademais, para além das hipóteses constitucionais, o art. 82 da Lei n. 13.445/2017 refere que não será concedida a extradição quando: (a) o fato que motivar o pedido não for crime no Brasil ou no Estado requerente; (b) o Brasil for competente para julgar o crime imputado ao extraditando; (c) a lei brasileira impuser ao crime imputado ao estrangeiro pena de prisão inferior a 2 (dois) anos; (d) o extraditando estiver respondendo a processo ou já houver sido condenado ou absolvido no Brasil pelo mesmo fato; (e) a punibilidade estiver extinta pela prescrição, em qualquer dos Estados (requerente ou requerido); (f) o extraditando for submetido, no Estado requerente, a tribunal ou juízo de exceção; ou (g) o extraditando for beneficiário de refúgio (Lei n. 9.474/97) ou de asilo territorial.

Processado o pedido perante o Supremo Tribunal Federal (art. 102, I, *g*, da Constituição), a entrega do extraditando só é efetivada mediante o compromisso do Estado requerente de (a) não processar ou submeter à prisão o extraditando por fato anterior ao pedido de extradição; (b) computar o tempo de eventual prisão no Brasil imposta em decorrência do processo de extradição; (c) comutar a pena corporal, perpétua ou de morte em pena privativa de liberdade respeitado o limite máximo de cumprimento de 30 (trinta) anos; (d) não entregar o extraditando a outro Estado sem consentimento do Brasil; (e) não considerar motivos políticos como agravantes de pena; e (f) não submeter o extraditando à tortura ou a outros tratamentos ou penas cruéis, desumanos ou degradantes (art. 96 da Lei n. 13.445/2017). As cláusulas elencadas na Lei n. 13.445/2017 objetivam garantir ao estrangeiro o tratamento penal no mínimo similar ao que seria dispendido no Brasil, não apenas no que diz respeito ao tempo (quantidade), mas igualmente à espécie e à qualidade da pena criminal. A obrigação de comutação de pena capital e de prisão perpétua por privação de liberdade limitada em 30 anos é o exemplo mais evidente da vedação de que a extradição implique punição mais severa.

Mas são os casos de *extradição ativa*, excetuadas as hipóteses de ingresso voluntário no Brasil ou de julgamento à distância, que dão efetividade ao princípio da extraterritorialidade. Nessas situações, verificado o interesse do país em julgar ou executar a pena de alguém pela prática, no exterior, dos crimes arrolados no art. 7º, I e II, o procedimento de cooperação internacional objetiva o recebimento do extraditado para que seja submetido à jurisdição nacional. O juízo de pertinência e o deferimento do pedido, porém, dependem dos requisitos e das vedações impostas por cada país.

Veja-se, p. ex., recente caso no qual o Tribunal de Apelação de Turim (2019) negou pedido de extradição do governo brasileiro de advogado acusado de lavagem de dinheiro de cliente que teria, segundo a acusação, recebido valores para intermediar pagamento de propina a diretor da área internacional da Petrobras, investigações ocorridas no âmbito da Operação Lava Jato. Em decisão unânime e transitada em julgado, a Corte italiana ponderou que o Estado brasileiro não teria condições de garantir os direitos fundamentais do extraditando visto que o próprio Supremo Tribunal Federal, no julgamento da liminar na ADPF n. 347, que discute o estado de coisas inconstitucional do sistema carcerário, reconheceu ser a execução da pena no Brasil degradante e cruel. Situação reforçada por relatórios da Comissão de Direitos Humanos da ONU, que também demonstram que as condições das prisões brasileiras são atentatórias aos direitos humanos. Além disso, o Tribunal de Turim alertou para o descumprimento do termo firmado entre o Ministério da Justiça e a Procuradoria Geral da República com o Governo italiano, no qual o Estado brasileiro se comprometia a assegurar direitos fundamentais de cumprimento de pena digna em caso anterior de extradição, processado na Corte de Bolonha, de condenado na AP n. 470 do STF (caso Mensalão). Segundo os julgadores, documentos comprovaram que o acordo teria sido ignorado pelas autoridades nacionais, motivo que reforçou a negativa do pedido.

Pena cumprida no estrangeiro

Art. 8º A pena cumprida no estrangeiro atenua a pena imposta no Brasil pelo mesmo crime, quando diversas, ou nela é computada, quando idênticas.

Considerações nucleares

Afirma Reale Jr. (2002, p. 114) que a extraterritorialidade da lei penal brasileira, se não exclui a atuação da justiça estrangeira, possibilitando que o mesmo fato seja submetido a processo criminal em distintas jurisdições, tem como decorrência lógica que a sanção cumprida no exterior seja descontada ou computada no Brasil, sob pena de *bis in idem*. Assim, o Código procura estabelecer um critério de equilíbrio e proporcionalidade: atenuação, quando diversas; compensação, quando idênticas.

Se há *identidade qualitativa*, de espécie de pena (p. ex., pena privativa de liberdade imposta no exterior e no Brasil), e *quantitativa*, idêntica determinação em concreto do tempo da pena, caberá ao julgador brasileiro, em caso de sentença condenatória, afirmar a reprovação da conduta, comunicando à coletividade a responsabilidade jurídica pela lesão ao bem jurídico, e declarar extinta a punibilidade. Em caso de *semelhança qualitativa* (tipo de pena) e *divergência quantitativa* (tempo), ao magistrado caberá o abatimento do período de pena imposta no exterior, nos exatos termos relacionados à diminuição do tempo de prisão provisória regulados pelo instituto da detração (art. 42 do Código Penal). Se maior a pena imposta no exterior, a solução é igualmente a da extinção de punibilidade.

A questão ganha certa complexidade quando há *diversidade qualitativa* de penas, p. ex., aplicada pena restritiva de direito em um país e privativa de liberdade em outro. Nesses casos, Hungria (1980, p. 206) refere ser a atenuação obrigatória, sendo a medida deixada ao arbítrio do juiz; Bechara (2020, p. 52) igualmente pondera que a definição dos critérios e a forma de aplicação da minoração devem ser realizadas de forma cuidadosa pelo juiz. Reale Jr. (*idem*) identifica o problema, mas é pragmático em sua solução, pois lembra que no Brasil tanto a pena de multa quanto a pena restritiva de direito têm como referenciais a quantidade de pena privativa de liberdade – dias-multa, no caso da pena de multa (art. 49 do Código Penal) e critério da substituição nas restritivas de liberdade (art. 44, *caput*, c/c art. 59, IV, do Código Penal) –, o que facilita o cálculo da detração.

Eficácia de sentença estrangeira

Art. 9º A sentença estrangeira, quando a aplicação da lei brasileira produz na espécie as mesmas consequências, pode ser homologada no Brasil para:

I – obrigar o condenado à reparação do dano, a restituições e a outros efeitos civis;

II – sujeitá-lo a medida de segurança.

Parágrafo único. A homologação depende:

a) para os efeitos previstos no inciso I, de pedido da parte interessada;

b) para os outros efeitos, da existência de tratado de extradição com o país de cuja autoridade judiciária emanou a sentença, ou, na falta de tratado, de requisição do Ministro da Justiça.

Considerações nucleares

O reconhecimento de sentença estrangeira por meio do procedimento de homologação, para além de efetivar os princípios de colaboração no âmbito do direito internacional, transforma o ato em sentença nacional. Todavia, não são plenos os seus efeitos executórios, notadamente no que diz respeito ao conteúdo penal. Demonstra Mestieri (1999, p. 95) que reconhecer a eficácia do ato estrangeiro não pode ser confundido com admitir todas as suas sanções, pois, no que diz respeito à "(...) pena principal, a solução é a da extradição, para que o Estado estrangeiro, que condenou o agente a determinada pena, execute ele mesmo a sentença em seu país". Nesse sentido, o art. 9º do Código prevê dois efeitos extraterritoriais para sentenças penais condenatórias derivadas de processos realizados em outros países: (a) determinação da reparação do dano; e (b) imposição de medida de segurança.

A competência para homologação da sentença estrangeira é disciplina constitucional. Em sua redação originária, o art. 102, I, *h*, determinava que cabia ao Supremo Tribunal Federal "a homologação das sentenças estrangeiras (...)". A Emenda Constitucional n. 45/2004, porém, alterou o órgão competente, delegando a tarefa ao Superior Tribunal de Justiça (art. 105, I, *i*). O parágrafo do art. 9º estabelece as condições para o processamento da homologação: (a) requisição do interessado, nos casos em que se postula a reparação de danos ou a restituição do produto ou vantagens obtidas pela prática de crime (esfera civil); e (b) existência de tratado de extradição ou, na sua ausência, requisição do Ministro da Justiça para submissão do condenado no estrangeiro à medida de segurança.

Em sua finalidade indenizatória, a sentença estrangeira não tem natureza penal, pois "são meras obrigações ou sanções de direito privado", destaca Hungria (1980, p. 209), motivo pelo qual a homologação é similar àquela da sentença cível estrangeira. Trata-se de procedimento que objetiva a satisfação reparatória da vítima ou do Estado, representando a coletividade, nos casos em que figura como sujeito passivo do delito.

A homologação da sentença estrangeira para imposição de medida de segurança não parece, porém, estar plenamente adequada à atual exigência de paridade entre penas e medidas de segurança, sobretudo após a Lei de Reforma Psiquiátrica (Lei n. 10.216/2001), e o decorrente avanço no entendimento dos Tribunais Superiores, conforme exposto nos comentários ao princípio da legalidade (art. 1º do Código Penal). Se atualmente se reconhece o caráter aflitivo das medidas de segurança, posição que torna exigível que ao portador de sofrimento psíquico submetido à medida de segurança sejam garantidos todos os direitos assegurados aos presos (CARVALHO, 2020; WEIGERT, 2017), é indicativa a desconformidade constitucional do art. 9º, II, do Código. No ponto, precisa a conclusão de Queiroz (2016, p. 152) ao referir que essa possibilidade parece ferir o princípio da isonomia, "pois, tanto quanto a pena, a medida de segurança constitui sanção penal restritiva de liberdade do sentenciado, devendo, em consequência, submeter-se às mesmas limitações e princípios". Nesse sentido, sendo legítima a aplicação da medida de segurança, ou seja, sendo reconhecida a inimputabilidade do condenado pela sentença estrangeira, sua execução dependeria, como pena criminal, da realização do devido processo de extradição.

O Código Penal prevê, ainda, efeitos da sentença condenatória estrangeira independentemente da homologação, tais como: (a) impedir a persecução criminal (art. 7º, § 2º, do Código Penal) ou exigir a mitigação do *bis in idem* (art. 8º do Código Penal); (b) determinar a detração (art. 42 do Código Penal); e (c) reconhecer a reincidência (art. 63 do Código Penal) e todos os seus inúmeros efeitos decorrentes na determinação da pena e na persecução e execução penal.

Contagem de prazo
Art. 10. O dia do começo inclui-se no cômputo do prazo. Contam-se os dias, os meses e os anos pelo calendário comum.

Considerações nucleares

A regulação da contagem de prazos é distinta no direito penal e no direito processual (penal e civil). A regra dos prazos em direito penal é a de que seja computado o dia do começo (*dies a quo*). Trata-se de regra mais benéfica para o réu do que as que orientam os prazos processuais, regidos pelo princípio *dies a quo non computatur, dies ad quem computatur* – não é computado o dia do início, apenas o dia do término (do prazo) –, conforme os arts. 798, § 1º, do Código de Processo Penal e 224 do Código de Processo Civil.

Assim, p. ex., em caso de condenação a uma pena privativa de liberdade ou restritiva de direito, conta-se o tempo de cumprimento do dia do início (dia da prisão ou primeiro dia de prestação de serviço à comunidade). Igualmente aplicável essa forma de contagem aos prazos prescricionais e decadenciais estabelecidos no Código Penal (arts. 103 e 111 do Código Penal, respectivamente).

O calendário comum referido no art. 10 é o gregoriano. Dias, meses e anos são unidades não fracionáveis, portanto. Lembra Dotti (2020, p. 438), pois, que o mês poderá ter 28, 29, 30 ou 31 dias e o ano 365 ou 366 (ano bissexto) dias, mas sempre será calculado de forma unitária. Ademais, as penas não podem ser determinadas pelo número global de dias ou de meses (p. ex., 389 dias ou 16 meses, no exemplo de Dotti). A forma de quantificação judicial da pena, definida pela metodologia do art. 59, II, c/c art. 68 do Código Penal, é a da composição conforme as unidades, p. ex., 3 (três) anos, 6 (seis) meses e 15 (quinze) dias, e pelas unidades será a sua execução. O exemplo de Mestieri (1999, p. 97) é elucidativo, em hipótese de réu condenado a 1 (um) mês de detenção: "preso a 1º de janeiro deverá ser solto a 31 de janeiro. No mesmo caso, e para a mesma pena de um mês, se esta tivesse início em 1º de fevereiro, a pena estaria cumprida em 28 ou 29 de fevereiro".

Frações não computáveis da pena
Art. 11. Desprezam-se, nas penas privativas de liberdade e nas restritivas de direitos, as frações de dia, e, na pena de multa, as frações de cruzeiro.

Considerações nucleares

Em decorrência do art. 10 do Código Penal, que determina a contagem de prazos em dias e anos, as "frações de dia", ou seja, horas, minutos e segundos, são, em regra, descartadas. Da mesma forma, são ignorados os centavos, frações de real (mudança de moeda prevista na Lei n. 9.069/95), no estabelecimento da pena de multa. O dispositivo que torna as frações não computáveis foi inovador no Código de 1940, pois rompeu a tradição dos Códigos do Império (1830) e da República (1890). Lembra Hungria (1980, p. 213) que, "ao tempo do Império, não se desdenhavam sequer os *minutos*, e já no regime do Código de 90 não se dispensavam as *horas*. Do mesmo modo, contavam-se, na fixação da multa, até o último *tostão*".

Pertinente sublinhar, porém, que determinadas espécies de penas restritivas de direito podem ter como referenciais as horas, como a prestação de serviço à comunidade. Todavia, como observa Bechara (2020, p. 53), a parametrização das horas aos dias, determinada pelo art. 46, § 3º, do Código Penal, não cria contradição com a regra geral analisada.

Legislação especial

Art. 12. As regras gerais deste Código aplicam-se aos fatos incriminados por lei especial, se esta não dispuser de modo diverso.

Considerações nucleares

O processo histórico de codificação da matéria penal representou uma tentativa de racionalização dos sistemas de responsabilização, um esforço de dotar os ordenamentos de unidade e coerência. A partir da Segunda Guerra Mundial, a subordinação das codificações à força normativa das Constituições não apenas reforçou esse significado como também o requalificou na dimensão da preservação e da garantia dos direitos fundamentais.

Assim, não apenas os dispositivos da parte geral, que definem os critérios e os requisitos positivos e negativos de imputação do crime e de determinação da pena, mas as próprias regras da parte especial, por integrarem o corpo do Código, adquirem universalidade. O art. 12 determina, portanto, que a fonte legal primeira e mais importante para interpretação do universo dos dispositivos penais é o Código. Na atualidade, em decorrência do processo de descodificação, o dispositivo acaba sendo elevado à categoria de princípio regulador da aplicação do direito penal, desempenhando uma espécie de força centrípeta interpretativa que pressiona para o Código (centro do sistema jurídico-penal) todo conjunto de leis especiais e extravagantes que o circunda. Se a descodificação opera em sentido inverso, distanciando as leis especiais do núcleo codificado e induzindo a criação de sistemas interpretativos autônomos, o art. 12 força o retorno para o centro, exigindo sejam respeitados os princípios e as categorias de referência presentes no Código Penal.

Note-se, porém, que o conflito aparente de normas é resolvido por meio de critérios cronológicos (*lex posterior derrogat priori*), hierárquicos (*lex superior derrogat inferior*) e de especialidade (*lex specialis derrogat generali*). Em sentido amplo, segundo Bobbio (1990, p. 96), a passagem de uma regra mais extensa (genérica) para uma regra derrogatória especial objetiva identificar diferenças que não permitem tratamento equânime: "verificada ou descoberta a diferenciação, a persistência na regra geral importaria no tratamento igual de pessoas que pertencem a categorias diferentes e, portanto, uma injustiça". A correção desse tipo de situação apresentada por Bobbio é o que justifica a parte final do dispositivo do art. 12, que assegura a prevalência do princípio da especialidade.

No entanto, sobretudo nesse quadro de irracionalidade normativa, é fundamental o alerta de Bechara (2020, p. 54) no sentido de que a lei especial pode apresentar disfuncionalidades "por ferir a carga axiológica do direito penal". Motivo pelo qual, nessas situações, a aplicação das regras codificadas, segundo a premissa geral do art. 12, é garantia de racionalidade e, "longe de negar o princípio da especialidade, estar-se-ia nesse caso afastando a lei especial por ilegitimidade material" (*idem*).

Considerações finais

O movimento político-criminal expansionista da década de 1990 deflagrou, não apenas no Brasil, mas em grande parte dos países ocidentais, um amplo processo de descodificação. Leis extravagantes ou complementares aos Códigos não são novidades em matéria penal. Ao longo do século passado, vários estatutos, ao regular matérias autônomas, incluíram capítulos reservados à tipificação de condutas, p. ex., a antiga Lei de Falências (Decreto-lei n. 7.661/45), o Código Eleitoral (Lei n. 4.737/65) e a Lei de Imprensa (Lei n. 5.250/67); outros, de natureza estritamente penal, estabeleciam novas e autônomas incriminações, como a Lei dos Crimes Contra a Economia Popular (Lei n. 1.521/51).

Todavia, a intensidade da produção legislativa em matéria penal nas últimas décadas, com o estabelecimento não apenas de novos tipos penais, mas também de parâmetros autônomos de imputação e penalização, desestabilizou o núcleo do sistema jurídico-penal, que é a parte geral do Código. Por mais paradoxal que possa parecer, o excesso de leis penais provocou, em vários temas, a desregulamentação da matéria, fragilizando sobretudo o princípio da legalidade e as garantias dele decorrentes em razão da inserção de regras contraditórias, inovações assistemáticas e formulações tecnicamente frágeis ou simplesmente estéreis.

Princípios que deveriam ser centrais para a responsabilização penal foram alterados por leis especiais ou simplesmente deslocados para a periferia do sistema, reduzindo sua força normativa e/ou desconfigurando o sistema modelado no Código. Um caso exemplar e de alto impacto foi o da Lei dos Crimes Ambientais (Lei n. 9.605/98) que, em atenção ao comando do art. 225, § 3º, da Constituição, institui a responsabilidade penal da pessoa jurídica no país. Prevista de forma isolada e pontual aos crimes ambientais, sem dialogar com as categorias do delito e da pena ordenadas no Código, o conjunto de critérios de responsabilização da pessoa jurídica emergiu como um corpo estranho, obrigando os Tribunais a realizar um processo igualmente assistemático de adaptação. Como resultado, a jurisprudência poluiu o sistema jurídico-penal de elementos próprios da responsabilidade civil e administrativa (objetiva), debilitando ainda mais o já desgastado princípio da culpabilidade. Em relação às penas, de forma injustificada e desnecessária, a Lei Ambiental definiu uma metodologia própria, com regras complementares e sobrepostas às do Código Penal que geram conflitos e lacunas e, em consequência, ampliam a discricionariedade e o decisionismo judiciais.

Outro exemplo importante foi o da regulação dos crimes contra as relações de consumo. Em setembro de 1990, foi publicado o Código de Defesa do Consumidor (Lei n. 8.078/90), cujo Título II é dedicado às infrações penais. Dentre os diversos crimes, modalidades de publicidade falsa ou enganosa – "fazer ou promover publicidade que sabe ou deveria saber ser enganosa ou abusiva" (art. 67); e "fazer ou promover publicidade que sabe ou deveria saber ser capaz de induzir o consumidor a se comportar de forma prejudicial ou perigosa a sua saúde ou segurança" (art. 67). As penas aos referidos tipos são de detenção de 3 (três) meses a

1 (um) ano e multa e de 6 (seis) meses a 2 (dois) anos e multa, respectivamente. Em dezembro no mesmo ano (1990), entra em vigor a Lei n. 8.137/90, que define os crimes contra a ordem tributária, econômica e também contra as relações de consumo. Em seu art. 7º, a Lei n. 8.137/90 define os ilícitos contra o consumidor, dentre eles, "induzir o consumidor ou usuário a erro, por via de indicação ou afirmação falsa ou enganosa sobre a natureza, qualidade do bem ou serviço, utilizando-se de qualquer meio, inclusive a veiculação ou divulgação publicitária" (art. 7º, VII), cuja pena é detenção de 2 (dois) a 5 (cinco) anos ou multa. Além de as leis incriminarem condutas absolutamente similares, a Lei n. 8.137/90, apesar de impor sanção expressivamente maior, permitiu sua substituição por multa; no regime da Lei n. 8.078/90, a privação de liberdade é em grau menor, mas acrescida da multa. Lembre-se, ainda, dos problemas derivados do direito penal intertemporal referidos nos comentários ao art. 2º do Código. Não por outro motivo, ao analisar a matéria, Wunderlich (2004, p. 389) aponta a absoluta ausência de técnica legislativa e a carência de uma clara orientação político-criminal, "(...) formando, com isso, um cipoal de tipos incompatíveis entre si, uma vez que disciplinam a mesma matéria, porém utilizam conceitos juridicamente diversos".

Nesse cenário de baixa racionalidade das leis punitivas, que desencadeia um direito penal de escassa densidade democrática cujo efeito direto são os insuportáveis níveis de encarceramento nacional, a importante finalidade sistematizadora do art. 12 do Código é fragilizada. O conjunto desses problemas parece conferir ainda maior relevância à proposta de reserva de Código (reforçada pelo projeto de responsabilidade político-criminal nas dimensões sociais, técnica e orçamentária). A compreensão dessa realidade político-criminal e o esforço para requalificar um sistema no qual o Código é a fonte central do direito penal exigiriam não apenas restabelecer a autoridade do art. 12 como princípio de universalização das regras codificadas para as leis especiais, mas também substituí-lo pela diretriz da obrigatoriedade da codificação de toda matéria penal (reserva de Código).

TÍTULO II
DO CRIME

Relação de causalidade

Art. 13. O resultado, de que depende a existência do crime, somente é imputável a quem lhe deu causa. Considera-se causa a ação ou omissão sem a qual o resultado não teria ocorrido.

Superveniência de causa independente

§ 1º A superveniência de causa relativamente independente exclui a imputação quando, por si só, produziu o resultado; os fatos anteriores, entretanto, imputam-se a quem os praticou.

Relevância da omissão

§ 2º A omissão é penalmente relevante quando o omitente devia e podia agir para evitar o resultado. O dever de agir incumbe a quem:

a) tenha por lei obrigação de cuidado, proteção ou vigilância;

b) de outra forma, assumiu a responsabilidade de impedir o resultado;

c) com seu comportamento anterior, criou o risco da ocorrência do resultado.

Bibliografia: CEREZO MIR, José. *Derecho penal:* parte general. São Paulo: RT, 2007; COBO DEL ROSAL, M. e VIVES ANTÓN, T. S. *Derecho penal:* parte general. 5. ed. Valencia: Tirant lo Blanch, 1999; COSTA JÚNIOR, Paulo José da. *Do nexo causal*: aspecto objetivo do crime. São Paulo: Saraiva, 1964; DALL'ORA, A. *Condotta omissiva e condotta permanente.* Milano: Giuffrè, 1950; DOHNA, Edgardo Alberto. *La acción libre como base de toda imputación penal, nos Estudos em homenagem a Juarez Tavares* – direito penal como crítica da pena. São Paulo: Marcial Pons, 2012, p. 185; FIANDACA, G. e MUSCO, E. *Diritto penale:* parte generale. 2. ed. Bologna: Zanichelli, 1989; GALLO, Marcelo. Dolo. In: *Enciclopedia del Diritto.* Milano: Giuffrè, 1964. v. XIII; GRACIA MARTIN, Luis. *Fundamentos de dogmática penal:* una introducción a la concepción finalista de la responsabilidad penal. Barcelona, Atelier, 2006; GRAMMATICA, Filippo. *Principi di difesa sociale.* Padova: Cedam, 1961; HUNGRIA, Nélson. *Comentários ao Código Penal.* 4. ed. Rio de Janeiro: Forense, 1958. v. II; JAKOBS, G. La omisión: estado de la questión. In: *Sobre el estado de la teoría del delito.* Madrid: Civitas, 2000; JESCHECK, Hans-Heinrich e KINDHÄUSER, Urs. *Derecho penal de la culpabilidad y conducta peligrosa.* Trad. Claudia López Díaz. Bogotá: Universidad Externado de Colombia, 1996; LUZÓN PEÑA, Diego-Manuel. *Lecciones de derecho penal:* parte general. 2. ed. Valencia: Tirant lo Blanch, 2012; MAIWALD, M. *L'evoluzione del diritto penale tedesco in un confronto con il sistema italiano.* Torino: Giappichelli, 1993; MARQUES, José Frederico. *Curso de direito penal.* São Paulo: Saraiva, 1954. v. 1; MUÑOZ CONDE, Francisco e GARCIA ARÁN, Mercedes. *Derecho penal:* parte general. 8. ed. Valencia: Tirant lo Blanch, 2010; PETROCELLI, Biagio. *Il delito tentato.* Padova: Cedam, 1966; POLAINO NAVARRETE, Miguel. *Lecciones de derecho penal:* parte general. Madrid: Tecnos, 2013. t. II; PRADO, Luiz Regis. *Curso de direito penal brasileiro:* parte geral. 8. ed. São Paulo: RT, 2008; PUNZO, Massimo. *Il problema della causalità materiale.* Padova: Cedam, 1951; RAMOS TAPIA, Maria Inmaculada. In: ESPINAR, José M. Zugaldía (Org.). *Derecho penal*: parte general. 2. ed. Valencia, Tirant lo Blanch, 2004; REALE JÚNIOR, Miguel. *Instituições de direito penal.* 4. ed. Rio de Janeiro: Forense, 2012; REALE JÚNIOR. *Parte geral do Código Penal:* nova interpretação. São Paulo: RT, 1988; SANTOS, Juarez Cirino dos. *Direito penal:* parte geral. 4. ed. São José: Conceito, 2010; SPASSARI, M. *L'omissione nella teoria della fattispecie penale.* Milano: Giuffrè, 1957; TAVARES, Juarez. *Teorias do delito.* São Paulo: RT, 1980; WEIGEND, Thomas. *Tratado de derecho penal*: parte general. Trad. Miguel Olmedo Cardenete. 5. ed. ren. e ampl. Granada: Comares, 2002; WELZEL, Hans. *Derecho penal alemán:* parte general. Juan Bustos Ramírez e Sérgio Yánez Pérez (trad.). 3. ed. Santiago de Chile: Editorial Jurídica de Chile, 1987.

Considerações gerais

O Título II, Do Crime, inicia com referência a elementos estruturantes do delito: ação, omissão, comissão por omissão e o nexo de causalidade, relevante para os crimes comissivos com resultado material que se destaca da ação que o gera.

A parte final do art. 13 edita que se considera causa a ação ou omissão sem a qual o resultado não teria ocorrido, devendo-se, por primeiro, estabelecer o que vem a ser ação e omissão.

A ação, em contraponto à omissão, vem a ser o comportamento comissivo, ou seja, uma atuação que se perfaz por via de um movimento corpóreo modificador do mundo exterior, causando o surgimento de um resultado, como uma lesão corporal, ou o surgimento de dado de realidade antes inexistente, como um testemunho falso.

Mas tanto a ação como a omissão, que adiante se examinará, são condutas fruto de um processo decisório do agente em favor de sua realização por via dos meios condizentes, em busca da realização de um fim e do sentido que lhe é próprio. A conduta humana, comissiva ou omissiva, é sempre final, ou seja, voltada a um fim e iluminada pelo acolhimento ou desprezo por um valor reconhecido pelo direito.

Nas ações, comportamento comissivo, há uma atuação, um agir gerador de resultado (lesão corporal) ou criador de nova parcela que passa a integrar a realidade (um falso testemunho), enquanto na omissão há um não agir em desrespeito ao que se esperava que se fizesse. Se a omissão possui um substrato naturalístico, a sua relevância penal, no entanto, está sujeita a um **enfoque normativo**, graças ao qual se ressaltam e se sobressaem, dentre as tantas omissões, aquelas que se enquadram como *típicas* por ser um não fazer que deveria ter sido feito[19].

Na conduta omissiva há um dado naturalístico observável, qual seja, um não fazer[20] em face de uma obrigação de fazer. Na omissão pode-se permanecer imóvel ou fazer algo que não o devido, *aliud agere*[21], como fruto de uma decisão tomada com conhecimento e vontade de se deixar de agir tal como devido. Se não há, na omissão, um dado físico, há, todavia, um sinal naturalístico constatável e passível de ser qualificado.

Mas há um tempo para se fazer o que cumpre ser feito, um tempo próprio além do qual não mais adianta estender-se até o momento final, no qual ainda se poderia agir, pois a omissão já se deu ao não se agir no momento do dever agir (GALLO, 1964, p. 760). A omissão, nos crimes omissivos próprios, se esgota em si mesma (WESSELS, 1976, p. 158) (por exemplo, na omissão de socorro), independentemente do resultado que decorra do não fazer.

---

[19] Sobre o comportamento omissivo, *vide* Reale Júnior (2012, p. 222 e s.).
[20] Sobre a omissão e quebra do dever positivo, *vide* Jakobs (2000, p. 133).
[21] DALL'ORA, 1950, p. 92, entendendo que há de certa forma "um certo fazer" no comportamento omissivo. Para SPASSARI, 1957, p. 49, para o qual, se na omissão não há um elemento físico, há, no entanto, um elemento naturalístico.

Mas, se a produção de um resultado em geral decorre de uma atitude positiva, pode, contudo, ocorrer que o resultado acontecido seja imputável àquele que deveria ter evitado que sucedesse. Não se trata de nexo de causalidade entre o não agir e o evento. Na forma comissiva por omissão permite-se que o curso causal em desenvolvimento perdure, tendo por consequência o resultado que se deveria impedir de ocorrer. Trata-se de um comportamento comissivo (matar alguém), mas praticado por via de uma omissão quando se tinha o dever de agir para que esse evento morte não sucedesse e se deixa de o realizar (a mãe não amamenta o filho bebê, que falece de inanição). O dever de agir é atribuível conforme conceitos normativos estabelecidos genericamente na lei penal, que adiante se analisará.

Considerações nucleares

a) Equivalência das condições

O nexo causal é um dado inafastável da realidade, do qual ninguém e nenhuma ciência relativa às condutas humanas se liberta, por óbvio, como diz Edgardo Alberto Dohna, pois especialmente nos crimes de resultado é imprescindível saber, se ocorrido um dado, deve dar-se necessariamente uma consequência (DOHNA, 2012).

Assim, nos crimes comissivos em que há um resultado material destacado da ação, surge a questão da exigência de um nexo causal entre esta ação e este resultado, questão que apresenta dois enfoques: o naturalístico e o normativo, o primeiro de caráter empírico, real e lógico, o segundo que parte da constatação do liame físico para examinar se essa relação justifica atribuir-se a causação ao agente como obra sua, como fruto de periculosidade da sua ação.

A relação de causalidade, como problema de ordem natural, física, depende de verificação, muitas vezes complexa, para determinar qual o fator desencadeante do curso causal, e o único critério consiste na teoria da equivalência das condições, da *conditio sine qua non*, segundo a qual uma condição é causa e se sem ela o resultado não teria ocorrido, hipótese examinada graças à operação mental de imaginar e perguntar se, excluída a circunstância, igualmente o resultado teria ocorrido.

A teoria da equivalência das condições adota o método eliminatório, por via do qual se atribui a qualidade de causa à mais remota das condições, o que demonstra evidentemente que deve ser limitada por critérios de cunho normativo, a fim de impedir uma regressão *ad infinitum*. Há de se distinguir, portanto, a relação real, lógica, natural de causalidade da relação de imputação, ou seja, ser causa é diverso de ser responsável, de ser imputável, devendo-se passar a examinar as teorias da imputação.

b) Teoria da imputação

Na verdade, o legislador não adota, de forma bruta, a teoria da equivalência das condições, pois estabelece uma descrição típica que, como veremos à frente, conduz à **teoria da condicionalidade adequada**.

Destarte, a equivalência das condições constitui importante método para identificar as possíveis causas do evento, mas não se pode admitir a revelação do real sem fixação de limites, quando se constrói não mais uma teoria da causalidade, mas sim uma teoria da imputação[22], ou seja, já uma avaliação para saber qual a condição se deve eleger como causa, no caso concreto.

Buscou-se, de forma geral, estabelecer um critério distintivo por meio da teoria da causalidade adequada, segundo a qual uma condição é de ser considerada causa se conforme a experiência e o juízo de pessoa razoável haveria probabilidade séria de produzir o evento.

Assim, dentre todas as condições ocorridas na realidade, deve-se, segundo a teoria da causalidade adequada, selecionar aquelas que têm influência provável na produção do resultado, tendo em vista o que a experiência revela que, em geral e nas circunstâncias concretas, constitui o regular, o normal a produzir o resultado. Este juízo de adequação é de ser aferido segundo o juízo do homem médio, em apreciação a se realizar por prognose póstuma, ou seja, a partir dos dados existentes à época do ocorrido mas segundo se revelou após seu surgimento.

Esta idoneidade de determinada conduta humana é de ser aferida, destarte, em vista da situação que se apresenta já ocorrida, para, diante dos fatores causais que tenham *operado*, realizar-se *um juízo ex ante*; aquela conduta era adequada, apta a causar o resultado, ou seja, *apresentava* **séria probabilidade** de concretizar o resultado danoso? Seria uma condição qualificada, dotada de força causal razoável, captável pelo homem médio?

O defeito da teoria da causalidade adequada está em fundar-se em uma prognose póstuma, na normal eficácia causal apreensível ao homem médio, e não na verificação das forças que atuaram no fato concreto e de sua percepção pelo agente.

Juarez Tavares refere outra regra geral que limita a equivalência das condições, ou seja, a regra *ceteris paribus*, segundo a qual, sempre que se verifique a condição X, **sob iguais fatores**, ocorrerá o resultado Y. Dessa forma, tão só a igualdade de situação, a presença dos mesmos fatores, nos instantes da ação e do surgimento do resultado, permite reconhecer a ocorrência de uma relação de causalidade. A dificuldade desta proposta está contudo em recorrer a uma comparação com hipotético caso paradigmático da relação causal, para estabelecer que em iguais condições a ação X deve ser reputada causa do evento Y.

Para avaliação das condições em contraposição à equivalência das condições, Punzo advogava, em 1951, que os antecedentes lógicos e naturais do evento têm valor diverso uns dos outros, pois um pode ser circunstância longínqua, enquanto outro influencia de modo imediato e efetivo na produção do resultado. Assim, a seu ver,

---

[22] ROXIN, 2008, p. 350 observa que a causalidade não é a única que decide sobre o surgimento do tipo objetivo, senão que se deve adicionar outros critérios de imputação.

condições imediatamente efetivas são aquelas que "determinam a ruptura de equilíbrio de uma situação garantida pelo direito e a consequente passagem à situação vetada pelo direito" (PUNZO, 1951, p. 44). Valiosa esta análise, a demonstrar de forma concreta como avaliar o que é causa no campo da estrutura do delito, ao compreender ser causa apenas o fator que faz surgir uma situação perigosa ao bem jurídico.

Com Roxin, desenvolveu-se a Teoria da Imputação Objetiva, que em outras palavras diz o mesmo que Punzo ao relacionar a causa a um incremento do risco. Mas, como assinala Juarez Tavares, a teoria da Imputação Objetiva constitui não uma teoria para se atribuir, "senão para restringir a incidência da determinação típica sobre determinado sujeito". Assim, cabe projetar critérios negativos de atribuição: "não se devem coligir critérios para afirmar a imputação, mas para negá-la" (TAVARES, 1980, p. 281).

O critério para atribuição, especialmente em uma sociedade de risco, na qual atividades normalmente perigosas são não apenas admitidas, mas imprescindíveis, como o tráfico de veículos ou de aviões, deve ser a da criação por parte do agente de um incremento do risco a um bem jurídico, indo-se além do risco permitido, ou seja, fazendo surgir um risco tipicamente relevante, que se tenha desdobrado em um resultado típico que a norma tem por fim impedir[23].

Em contrapartida, é evidente que a ação nos limites do risco permitido não é imputável, por exemplo, a direção de veículo a 120 km por hora em estrada que fixa esse como limite máximo autorizado. Se o critério de imputação é o do incremento do risco a um bem jurídico, há de se reconhecer que não cabe essa imputação se o agente diminui o risco; se não incrementa o risco já existente; se esse risco não se encaixa no âmbito do fim a que se destina a norma, ou seja, o resultado não corresponde àquele que a norma pretende evitar[24].

O importante está na criação de um risco relevante não permitido, desaprovado, portanto típico, que se acrescenta à causação do resultado, pois, conforme Urs Kindhaüser, este apenas pode ser imputável em face de um risco não permitido, uma vez que não se pode pedir contas em face de um comportamento permitido (U. KINDHAÜSER, 1996, p. XX).

Como corretamente observa Zugaldía Espinar, a teoria da imputação objetiva translada a exigência da previsibilidade objetiva da conduta perigosa da causalidade para o campo da configuração típica, pois a "ação é adequada à causação de um resultado típico quando aumenta de modo não insignificante as possibilidades

---

[23] ROXIN, 2008, p. 363, observa: só se pode imputar o tipo objetivo se se criou um perigo ao bem jurídico não coberto por um risco permitido e esse perigo efetivou-se com um resultado concreto.

[24] LÚZON PEÑA, 2012, p. 216; ZUGALDÍA ESPINAR, 2004, p. 437, refere exigir-se que o risco materializado no resultado é aquele que a norma infringida tinha por objetivo evitar.

de produção do mesmo em sua configuração típica", o que já sinalizara em outros termos Mario Punzo.

O ponto básico está na asserção de que o resultado será obra do agente se fruto do perigo por ele criado. A partir dessa constatação, na linha da fixação das circunstâncias nas quais não cabe imputar o resultado ao agente, ou seja, na vertente dos aspectos negativos da imputação, pode-se observar (JESCHECK; WEIGEND, 2002, p. 307 e s.): 1 – Não haverá imputação, todavia, se o perigo criado não era tipicamente relevante, era permitido. 2 – Igualmente se o agente diminui o risco, impedindo que uma pedra atingisse a cabeça da vítima, desviando-a para sua perna, a lesão ocorrida não lhe é imputável. 3 – Também se o resultado não se encaixar no fim pretendido pela norma, pondo-se como evento que não o que se busca proteger pela norma, esse resultado não é também atribuível, mesmo que se tenha ido além do risco permitido, no exemplo, do motorista que, trafegando acima da velocidade autorizada, atropela um suicida que se joga debaixo das rodas do automóvel. 4 – Do mesmo modo, o resultado não é de ser imputado se decorre de autoexposição da vítima cujo comportamento favorece a ocorrência do resultado mesmo que em ação conjunta com o agente, no caso de se realizar roleta-russa ou de consumo em grupo de cocaína que provoque a morte de alguém. 5 – Se o risco existente não é incrementado e seria o bastante para produzir o resultado.

A teoria da Causalidade Adequada constitui um primeiro limite de imputação do nexo de causalidade, à qual se adicionam os critérios negativos de imputação, que apenas deve ocorrer se houve incremento do risco, seja por se realizar um risco desaprovado, seja por se ir além do risco permitido.

Creio, todavia, que o critério já sugerido por Punzo pode servir de diretriz no exame do caso concreto, se constituindo mais como diretriz do que como regra a presidir o conceito de causa. A meu ver, cumpre reconhecer como causa só a condição que tiver um peso específico, por não ser mero antecedente, mas um fator que determina a ruptura do equilíbrio de uma situação na qual está o bem jurídico protegido, levando a outra situação vedada pelo direito.

O incremento do risco se refere, exatamente, a uma quebra do equilíbrio da situação e produz o surgimento de uma nova situação na qual se expõe o bem jurídico a perigo. De outra parte, não há mudança de situação em desfavor do bem jurídico nas cinco hipóteses acima levantadas de negação da imputação objetiva, ou seja, está ausente o incremento do risco e nem se faz, da periculosidade existente ou a surgir, uma obra sua, antes fruto do azar.

Já em 1951, Mario Punzo, como antes ponderei, bem esclarecia que a condição só é causa se intervém de modo imediato e efetivo na produção do resultado (PUNZO, 1951, p. 44) e não por sua posição de dado antecedente. Esta parece ser o correto critério de distinção entre causa e condição, sem ser preciso recorrer a exemplos fantásticos confirmadores da teoria, como se pretende extrair do casuísmo a formulação de regras gerais.

c) Causa superveniente

Estabelece o art. 13, § 1º, que a superveniência de causa relativamente independente exclui a imputação quando, por si só, produziu o resultado; os fatos anteriores, entretanto, imputam-se a quem os praticou.

Destarte, se houver desvio do curso causal, e o resultado derivar da nova causa que se interpõe, apenas esta será considerada causa do evento se por si deu origem ao evento, como sucede se a vítima ferida na perna é conduzida em ambulância, que, ao bater em poste, vem a causar traumatismo craniano no paciente que transportava.

Assim, entre a ferida na perna e o traumatismo craniano, ocasionador da morte, estabelece-se uma escala. Por sua preponderância sobre as condições anteriores, às quais está ligada de modo relativo, a nova condição, desastre e lesão cerebral, absorve o processo de causalidade no qual interfere, limitado ao ferimento na perna.

Dessa maneira, a ação subsequente, mesmo que relativamente relacionada com as condições anteriores, por si só, apresenta-se como causadora do evento (morte no caso do choque da ambulância no poste), e apenas a ela, ação subsequente, cabe ser atribuído o resultado, com a ressalva de que "os fatos anteriores, entretanto, imputam-se a quem os praticou".

Cabe razão, por conseguinte, a Paulo José da Costa Jr., para o qual o nosso Código perfilha a teoria da *condicionalidade* adequada (COSTA JÚNIOR, 1964, p. 118), mitigando-se as consequências da equivalência das condições, especialmente em face de um curso causal anômalo, em que se dá um desvio.

Mas, na hipótese de intercorrência de novo processo causal, responde o agente pelos resultados antes provocados, pois, se feriu a perna da vítima e esta vem a ter a cabeça lesionada em acidente a caminho do hospital, nem por isso deixa ao agente ser imputada a lesão corporal consistente no ferimento causado na perna da vítima.

d) Relevância da omissão

Pode-se considerar a omissão causa de determinado evento?

Pelo método da equivalência das condições, é possível indagar: a realização da ação omitida teria interferido de tal forma no curso causal, de modo a evitar o surgimento do resultado? A resposta só cabe ser dada como probabilidade, para imaginar se haveria ou não chance de impedir o resultado, restando-se no campo hipotético, como é próprio da teoria da equivalência das condições.

Evidentemente, apenas no exame do caso concreto e em vista do revelado pela experiência e pela ciência se pode encontrar uma resposta para concluir que a omissão foi uma condição necessária para que o evento surgisse como obra de um processo causal, pois, se efetivado o comportamento devido, mas não cumprido, o resultado não teria ocorrido (MAIWALD, 1993, p. 77).

Mas nem toda omissão é tipicamente relevante. Há um tipo comissivo por omissão do homicídio, decorrente da junção dos dizeres do art. 121 do CP com uma das hipóteses do dever de agir descrita em um dos incisos do art. 13, § 2º, do CP. Assim, a omissão será relevante se se enquadrar no tipo penal na forma comissiva por omissão, que exige a soma de um dos incisos do art. 13, § 2º, do CP com a descrição de um tipo comissivo. Assim, o tipo penal Matar Alguém, constante do art. 121 do CP, deve juntar-se a alguma das hipóteses do § 2º do art. 13, como a da ocorrência de um dever de agir por força de lei. Dessa forma, haverá um homicídio típico no caso da mãe que tem de alimentar o filho bebê e o deixa de fazer, morrendo a criança de inanição.

Só há tipicidade na forma comissiva por omissão se presentes o dever de agir e o poder de agir. O dever de agir decorre das circunstâncias elencadas no § 2º do art. 13 do CP, ou seja, nos casos em que se tenha por lei obrigação de cuidado, proteção ou vigilância; que se assuma de outra forma a responsabilidade de impedir o resultado; que com o comportamento anterior se tenha criado o risco da ocorrência do resultado.

Como já expus anteriormente, no tipo penal comissivo por omissão há um sujeito ativo próprio, pois autor só será aquele que possua o dever de agir, oriundo das três situações acima mencionadas. Assim, para se configurar um determinado delito de resultado material na forma comissiva por omissão (homicídio por deixar o professor de natação de salvar o aluno que caiu na piscina), é preciso que haja um omitente (o professor) obrigado a proteger ativamente o bem jurídico atingido (integridade física do aluno), dever esse decorrente de uma relação concreta do sujeito com o bem jurídico lesado (assunção do dever de proteção do aluno), pois só pode ser autor do delito impróprio de omissão quem é responsável perante o ordenamento jurídico pela não produção do resultado.

A omissão será relevante se o omitente tinha não apenas o dever de agir, mas também o poder de agir. O **poder de agir** não se refere a uma censura, a uma inexigibilidade de conduta diversa, própria do juízo normativo de culpabilidade, pois se cinge à verificação de uma impossibilidade concreta que retira a tipicidade do comportamento omissivo.

Assim, se o motorista, causador do perigo, também se fere, mas está sem condições físicas de acudir o passageiro gravemente lesionado, não se lhe pode atribuir o evento morte deste, como criador do perigo, decorrente da falta de assistência, de socorro, a que estava obrigado, pois inviável mexer-se em vista dos ferimentos sofridos. Não se trata de um juízo sobre a possibilidade de agir, mas da constatação real da impossibilidade de agir.

Considerações finais

O importante na evolução da doutrina reside em se ter estabelecido, seja no comportamento comissivo, omissivo ou comissivo por omissão, a exigência de uma relação causal típica como requisito da imputação, distinguindo-se nexo causal de nexo de imputação.

Art. 14. Diz-se o crime:

Crime consumado

I – consumado, quando nele se reúnem todos os elementos de sua definição legal;

Tentativa

II – tentado, quando, iniciada a execução, não se consuma por circunstâncias alheias à vontade do agente.

Pena de tentativa

Parágrafo único. Salvo disposição em contrário, pune-se a tentativa com a pena correspondente ao crime consumado, diminuída de um a dois terços.

Bibliografia: BECHARA, Ana Elisa. Dos crimes contra a incolumidade pública. In: REALE JÚNIOR, Miguel (Org.). *Jurisprudência em debate*. Rio de Janeiro: GZ, 2012. v. 3: Crimes de perigo comum; BRIGHETTI, Giovanni. *Il delito tentato*. Napoli: Jovene, 1943; CEREZO MIR, José. *Derecho penal:* parte general. São Paulo: RT, 2007; COBO DEL ROSAL, M. e VIVES ANTÓN, T. S. *Derecho penal:* parte general. 5. ed. Valencia: Tirant lo Blanch, 1999; FIANDACA, G. e MUSCO, E. *Diritto penale:* parte generale. 2. ed. Bologna: Zanichelli, 1989; GARCÍA ARÁN, Mercedes. *Derecho penal:* parte general. 8. ed. Valencia: Tirant lo Blanch, 2010; GRAMMATICA, Filippo. *Principi di difesa sociale*. Padova: Cedam, 1961; HUNGRIA, Nélson. *Comentários ao Código Penal*. 4. ed. Rio de Janeiro: Forense, 1958. v. II; LUZÓN PEÑA, Diego-Manuel. *Lecciones de derecho penal:* parte general. 2. ed. Valencia: Tirant lo Blanch, 2012; MARQUES, José Frederico. *Curso de direito penal*. São Paulo: Saraiva, 1954. v. 1; MUÑOZ CONDE, Francisco; PRADO, Luiz Regis. *Curso de direito penal brasileiro:* parte geral. 8. ed. São Paulo: RT, 2008; PETROCELLI, Biagio. *Il delito tentato*. Padova: Cedam, 1966; REALE JÚNIOR, Miguel. *Instituições de direito penal:* parte geral. 4. ed. Rio de Janeiro: Forense, 2012; REALE JÚNIOR. *Parte geral do Código Penal:* nova interpretação. São Paulo: RT, 1988; SANTOS, Juarez Cirino dos. *Direito penal:* parte geral. 4. ed. São José: Conceito, 2010; SCARANO, Luigi. *La tentativa*. Trad. Luis Romero Soto. Bogotá: Depalma, 1960; VANNINI, Otorino. *Il problema giuridico del tentativo*. Milano: Giuffrè, 1943; ZUGALDÍA ESPINAR, José M. *Derecho penal:* parte general. Valencia: Tirant lo Blanch, 2004.

Considerações gerais

As normas incriminadoras descrevem condutas correspondentes ao crime consumado. Por essa razão, define-se no art. 14 o que vem a ser o crime consumado, ou seja, quando no comportamento concreto se encontram presentes todos os elementos de sua definição legal. Há, portanto, a consagração normativa da tipicidade.

Mas, se a norma incriminadora define o crime na sua forma consumada, em respeito ao princípio da legalidade, como se há de punir o início de execução de um crime que, por razões alheias à vontade do agente, deixa de se consumar? A resposta está na norma da Tentativa, norma extensiva, como assinalam Frederico Marques (1954, p. 56), Muñoz Conde e García Arán (2010, p. 414), que dota de previsão legal a conduta não consumada, mas a cuja execução se deu começo com a realização de conduta que põe em marcha a ocorrência do tipo (PETROCELLI, 1966, p. 128; e COBO DEL ROSAL e VIVES ANTÓN, 1999, p. 718).

A questão central a ser examinada é saber quando se deve ter por iniciada a execução.

Consideração nuclear

No crime consumado há uma congruência entre a conduta paradigmaticamente descrita na norma e a conduta concreta efetivada. A conduta sempre apresenta duas faces, a interna e a externa. A intenção delitiva exterioriza-se na realização de ações ou omissões, que, ao alcançarem o objetivo pretendido, fazem surgir o evento jurídico previsto na norma penal incriminadora.

Com a consumação, todos os dados elementares da conduta tipificada estão presentes, conjugando-se o desvalor da ação e o desvalor do resultado, como anotam Muñoz Conde e García Arán (2010, p. 414).

Importante a menção conjugada, no art. 14, do crime consumado e da tentativa, pois entre eles há uma relação de todo e parte, uma vez que, na tentativa, uma parcela objetiva da conduta descrita no tipo não se perfaz (REALE JÚNIOR, 2012, p. 279), consistindo em uma ação típica incompleta.

Todavia, a parte interna da conduta resta íntegra, idêntica, no crime consumado e no tentado, enquanto a parte externa destoa, pois o resultado não se efetiva neste último, contrariando a vontade e o objetivo do agente.

Mas o que justificaria a extensão da punição penal à conduta que não corresponde totalmente ao comportamento descrito na norma penal?

O tipo penal visa à proteção de bem jurídico, de valor reconhecido como necessário ao convívio social, a ponto de se recorrer à mais grave sanção, a penal, para coibir ou punir a afronta a este bem. Se não se atinge com a conduta a lesão desse bem juridicamente tutelado, conforme Bechara (2012, p. 111), a intervenção penal apenas se pode dar nos casos de real afetação do bem jurídico em respeito ao princípio da ofensividade[25].

---

[25] Contrariamente a diversos autores, entendo, com Bechara (2012, p. 115), que não cabe admitir-se a tentativa em crimes de perigo concreto, como o crime de incêndio, pois, se

Assim, a proteção só se justifica se houver a criação de situação de perigo a este bem, por via da conduta fracassada no intento de causar efetivo prejuízo.

Tomando-se o fundamento da punição da tentativa como ponto de partida, pode-se buscar a resposta à questão crucial de esclarecer os termos da norma do art. 14, que estabelece haver tentativa quando estiver iniciada a execução do crime, cuja consumação não se dá por razões alheias à vontade do agente.

Afasta-se, evidentemente, a denominada teoria subjetiva, pela qual tem preponderância a posição pessoal do agente, ou seja, o reconhecimento pelo próprio agente de ter posto em marcha um ato de execução (ZULGADÍA ESPINAR, 2004, p. 676), de modo a dispensar a constatação de início de fase na qual se começa realmente a efetivar a conduta descrita no tipo penal.

Pode-se recorrer a dois exemplos: um de Petrocelli (1966, p. 62), para o qual, se o ato de bem limpar um fuzil constitui uma limpeza idônea, não vem a ser, todavia, ato idôneo à comissão de um homicídio.

Veja-se, igualmente, exemplo semelhante fornecido por Nélson Hungria (1958, p. 79): um desafeto espera de tocaia o inimigo, que há pouco ameaçara de morte, após ter buscado em casa revólver devidamente municiado com balas potentes, porém não chega a puxar o gatilho em direção à eventual vítima, com receio de ser visto naquele momento por transeuntes nas proximidades.

Em suma, todos os atos anteriores ao de **acionar** a arma em direção à vítima são atos preparatórios, que podem revelar a intenção do agente, sem que, no entanto, esta se materialize em acontecimento irreversivelmente dirigido de forma unívoca à consecução do objetivo de matar.

Dessa maneira, a idoneidade para vir o ato a lesar o bem jurídico de forma efetiva deve constituir o critério para avaliação do ato como de execução e não meramente como preparatório. Os atos preparatórios revelam a intenção de vir a cometer um determinado delito, ficando, no entanto, suspensa essa intenção (BRIGHETTI, 1943, p. 38), que apenas se corporifica quando o agente utiliza os meios próprios a alcançar o seu objetivo, ou seja, a lesão ao bem jurídico tutelado.

Devem, portanto, ser reconhecidos como de execução os atos com potencialidade real de criar lesão ao bem jurídico protegido, que apenas deixa de ocorrer graças a um fato fortuito.

---

o crime se consuma com a mera criação de uma situação efetiva de perigo, a tentativa não poderia consistir senão na presunção de que no comum dos casos os atos praticados levariam a um perigo, o que consistiria em uma insegurança jurídica por ser "antecipação da intervenção penal para controlar a probabilidade de perigo futuro". Se há criação de perigo e esta corresponde à consumação do delito, não se pode reconhecer a ocorrência de tentativa em crime de perigo concreto, como o de incêndio.

Destarte, o ato é de execução quando é parte do processo de desenvolvimento de uma ação típica, de modo a fazer surgir na realidade, de forma irreversível, uma situação de perigo ao bem jurídico que se pretendia lesar pelo correto desenrolar da ação que se pratica (REALE JÚNIOR, 2012, p. 288; CEREZO MIR, 2007, p. 1071 e s.).

Há tentativa quando o processo de execução é interrompido, por exemplo: o atirador, após o primeiro disparo, que não atinge o alvo, é detido (tentativa inacabada); a tentativa tipifica-se também quando, esgotados todos os meios disponíveis, não se alcança o resultado, como se dá no acionamento de todas as balas do revólver sem se conseguir matar a vítima (tentativa acabada).

Só haverá, dessa maneira, tentativa se houver um *iter criminis*, ou seja, um caminho a ser percorrido na prática do crime, com destaque entre a ação e o resultado, que se distinguem no tempo e no espaço, e dominada a ação por uma intencionalidade voltada à obtenção do resultado. Esta intencionalidade é de ser aferida do conjunto de elementos que constituem a ação: o modo como foi executada, os antecedentes do acusado, o comportamento posterior (SCARANO, 1960, p. 135).

Há tipos de crime nos quais não se pode admitir a tentativa. Assim, diante do acima exposto, há de se reconhecer que não cabe tentativa em **crime culposo**, no qual não há uma vontade dirigida à consecução, por exemplo, da morte da vítima em acidente automobilístico, que constitui uma condição extrínseca de punibilidade (VANINNI, 1943, p. 46 e s.), pois a intenção está voltada ao desrespeito ao dever de cuidado, que se perfaz no momento mesmo da ação descuidada.

Igualmente, em **crime formal**, no qual se antecipa a consumação e esta coincide com o momento da ação, é impossível, em regra, haver tentativa. É o que também ocorre nos **crimes omissivos próprios**, nos quais há um momento em que surge o dever de agir, cuja ausência configura a consumação do crime, sem existência de um *iter*.

Como se viu, é de não se aceitar, também, a configuração de tentativa em **crime de perigo concreto**, pois, se a tentativa consiste em criar uma situação de perigo ao bem jurídico, e esta corresponde à consumação do crime de perigo concreto, não se pode considerar como tentativa uma situação de **perigo de perigo**, sob pena de se incorrer em grave insegurança.

No **crime habitual**, a configuração da tentativa pode ocorrer, mas há de defluir de um conjunto de circunstâncias claramente indicativo do prosseguimento da conduta que se vem a impedir, como no caso de quem monta consultório para o exercício ilegal da medicina, comparece um dia e, no seguinte, antes de iniciar as consultas, vem a ser detido.

No **crime comissivo por omissão** pode ocorrer a tentativa, desde que haja um *iter criminis*, como pode suceder na hipótese da mãe que deixa de amamentar para matar o seu bebê de inanição, mas terceiro interfere e, antes do evento fatal, alimenta a criança, impedindo o resultado morte.

Pena da tentativa

Estabelece o parágrafo único do art. 14 que, ressalvada disposição em contrário, a pena a ser cominada à tentativa é a imposta ao crime consumado, mas reduzida de 1/3 (um terço) a 2/3 (dois terços).

O crime compõe-se do desvalor da ação e do desvalor do resultado. O dolo, os demais elementos subjetivos e a forma de realizar a ação, que constituem o desvalor subjetivo e objetivo da **ação** (PRADO, 2008, p. 313 e 398; LUZÓN PEÑA, 2012, p. 184) são os mesmos no crime tentado e no consumado, diferenciando-se um do outro por faltar no primeiro o aspecto objetivo, consistente no resultado, isto é, na lesão a um bem jurídico.

Por essa razão, o dado subjetivo íntegro em face da inexistência do resultado faz sobressair o desvalor da ação, o dolo e o modo particular da realização da conduta, que merece ser punida. Esta sanção, porém, é de ser cominada de modo mais atenuado, pois não ocorreu, mesmo que seja por razões alheias à vontade do agente, o dano, dado este socialmente positivo.

O anterior Código Penal da França, art. 83, § 5º, estatuía que a tentativa seria punida tal como o delito consumado. Os autores que defendem a teoria subjetiva, segundo a qual importa o aspecto subjetivo revelador de periculosidade do agente, defendem que a pena da tentativa não seja diminuída, pois a inocorrência do resultado por razões alheias à vontade do agente não modifica a sua posição antissocial (GRAMMATICA, 1961, p. 160).

O nosso Código, no entanto, no parágrafo único do art. 14, prevê para a tentativa uma cominação reduzida da pena prevista para o crime consumado, devendo a diminuição variar entre um e dois terços. Essa redução, todavia, não cabe ser sopesada segundo os critérios estabelecidos no art. 59 do CP, relativo às circunstâncias judiciais.

A pena é de ser fixada a partir dos limites estabelecidos para o crime consumado e, após o cálculo da pena justa individualizada, realizar-se a redução, dentro dos parâmetros estabelecidos no parágrafo único do art. 14 do CP.

Atribui-se mais poder discricionário ao juiz, agora, na aplicação da diminuição da pena da tentativa, sem que deva orientar-se pelas circunstâncias do art. 59 do CP. Se assim é, cumpre, então, ao sopesar a pena justa, observar os aspectos próprios da tentativa, ou seja, o grau de perigo a que foi submetido o bem jurídico, ou se o agente esgotou todos os meios de que dispunha, ou se lhe foi impossibilitado prosseguir na ação delituosa, sempre com o dever de justificar as razões da decisão.

Considerações finais

No art. 14 do CP desenha-se a configuração típica da tentativa (SANTOS, 2010, p. 378; REALE JÚNIOR, 1988, p. 51), que se realiza pela junção do descrito neste dispositivo com a norma incriminadora tipificadora da conduta. O crime tentado é, sempre, tentativa de um determinado tipo de crime.

O quadro geral do crime tentado resta estabelecido no art. 14, com a exigência de se fazer a distinção entre ato preparatório e ato de execução, o que não impede vir o legislador, em caso raro, a estabelecer perfazer-se o crime com a mera realização de atos preparatórios, como o estipulado no art. 291 do CP, no capítulo relativo à moeda falsa, que tipifica como delito a mera guarda de objeto destinado à falsificação de moeda.

De outro lado, o legislador pode descrever como tipo consumado a mera tentativa, como o fez diversas vezes na antiga Lei de Segurança Nacional, Lei Federal n. 7.170/83, que estabelecia, por exemplo, no art. 17, a figura delitiva de "tentar mudar, com emprego de violência ou grave ameaça, a ordem, o regime vigente ou o Estado de Direito". A revogada Lei de Segurança também admitia que a pena da tentativa pudesse ser fixada identicamente à do crime consumado.

Mas, verificadas essas exceções, prevalece o desenho típico fruto da soma do art. 14 do CP com a figura típica correspondente à conduta realizada sem alcançar o resultado final, malgrado a utilização de meios idôneos, em virtude da interferência de caso fortuito.

Desistência voluntária e arrependimento eficaz

Art. 15. O agente que, voluntariamente, desiste de prosseguir na execução ou impede que o resultado se produza, só responde pelos atos já praticados.

Bibliografia: BRUNO, Aníbal. *Direito penal:* parte geral. Rio de Janeiro: Forense, 1966. t. II; FERREIRA, Manoel Cavaleiro de. *Direito penal português:* parte geral. Lisboa: Verbo, 1982. v. II; LATAGLIATA, Angelo Raffaele. *La desistenza volontaria*. Napoli: Morano Editore, 1964; LISZT, Franz von. *Tratado de direito penal alemão*. Trad. José Hygino Duarte Pereira. Rio de Janeiro: F. Briguiet, 1899; MAURACH, Reinhard. *Derecho penal*. Trad. Córdoba Roda. Barcelona: Ariel, 1962; MUÑOZ CONDE, Francisco. *El desistimiento voluntario de consumar el delito*. Barcelona, 1972; REALE JÚNIOR, Miguel. *Instituições de direito penal:* parte geral. 4. ed. Rio de Janeiro: Forense, 2012; WELZEL, Hans. *Derecho penal alemán*. Trad. Bustos Ramirez e Yañes Pérez. 12. ed. Santiago: Editorial Jurídica de Chile, 1987.

Considerações gerais

No art. 15 do Código Penal prevê-se a interrupção voluntária da execução do crime, sem que hajam sido esgotados os meios para a sua consecução, havendo apenas uma tentativa inacabada, da qual se desiste. Esta hipótese corresponde à desistência voluntária, prevista na primeira parte do artigo, respondendo o agente não por uma tentativa do crime que pretendia realizar, mas apenas pelos atos praticados, se por si sós constituam crime.

Vários são os fundamentos aventados pela doutrina para alicerçar que se não se aplique a pena merecida pelo início já ocorrido da execução do crime: anulamento da tentativa; nulidade do dolo; anulamento da consequência da tentativa com exclusão da pena; desnecessidade de reprovação da ação; exclusão da pena como merecimento pela não consumação; ausência de tipicidade da tentativa (LATAGLIATA, 1964, p. 15 e s.; MUÑOZ CONDE, 1974, p. 14 e s.).

Pela teoria do anulamento, uma ação sucessiva ao início da execução vem a anulá-lo, ou seja, há uma contra-ação que desfaz, cancela a ação precedente.

Pela teoria da nulidade do dolo, considera-se que o dolo como propósito criminoso de consumar o delito deixa de ocorrer, dando-se uma "deficiência do facto tipicamente ilícito", ou seja, uma falta de persistência da intenção criminosa na terminação do meio necessário "para obter o resultado, sucedendo uma revogação da intenção criminosa antes da consumação" (FERREIRA, 1982, p. 48 e s. e 70).

Como bem observa Latagliata (1964, p. 22), ambas as teorias pretendem o desfazimento do já ocorrido, mas o que "aconteceu não pode se transformar em inexistente", seja a conduta externa e as consequências havidas, seja a vontade manifestada em atos concretos que ultrapassaram o limite dos atos preparatórios.

Embora o anteriormente acontecido não possa ser anulado, o legislador pode construir uma ponte de ouro (LISZT, 1889, § 48), por via da qual o agente que retorna à área de licitude tenha, como decorrência de medida de política criminal, a exclusão da pena, pois o seu fim intimidativo foi alcançado, evitando-se a prática do delito em curso.

Em linha semelhante, mas não fundada na ideia da prevenção geral negativa, que privilegia o caráter intimidativo da sanção penal, mais recentemente na Alemanha defende-se o entendimento de que a impunidade da tentativa inacabada constitui um prêmio ao agente que se autocorrige, cabendo ao Estado renunciar ao direito de punir, pois desnecessária a punição com fim reeducativo de alguém que por si mesmo desistiu de consumar o delito, como assinala Welzel (1987, p. 200 e s.).

De forma aproximada, Maurach (1962, p. 201) defende que na desistência voluntária há uma redução da intensidade delituosa, a justificar a outorga de um prêmio. Nenhuma destas teorias, a meu ver, é satisfatória, pondo-se a questão em outro plano, como se passa a examinar.

Considerações nucleares

Como acentuei em *Instituições de direito penal*, a atuação do agente, no sentido de que não ocorra o resultado, não permite que se tipifique a forma tentada.

Dessa maneira, inexiste um dos elementos constitutivos da forma tentada típica, uma vez que o resultado não surge em razão da vontade do agente. Em suma: há uma alteração relevante do querer, que torna atípica a ação praticada e a descaracteriza como tentativa de um determinado crime, pois este deixa de ocorrer não por causa alheia à vontade do agente, mas graças à sua própria vontade.

Latagliata (1964, p. 157) entende que a atipicidade deriva da própria estrutura ontológica da tentativa abandonada, pois, no mundo real, verifica-se que é o último ato que atribui significado à ação, antes que ela assuma seu livre curso causal. Enquanto a ação e a produção de suas consequências estão sob o controle do agente, o seu significado e o conteúdo da vontade, que lhes são próprios, podem ser alterados, desconstituindo-se, então, a ação típica em curso.

Destarte, a natureza jurídica da desistência e do arrependimento eficaz não se encontra em causa de exclusão da punibilidade, fundada em critério político-criminal de oportunidade, uma vez que, independentemente desse aspecto, a não punição da desistência voluntária e do arrependimento eficaz decorre da atipicidade da conduta como forma tentada.

Na segunda parte do art. 15, em comento, o legislador trata do arrependimento eficaz, ao estabelecer que na tentativa acabada, depois de esgotados os meios de execução, o evento deixa de ocorrer graças à atuação bem-sucedida do próprio agente, que apenas responderá pelos atos já praticados.

O arrependimento eficaz sucede, no mais corriqueiro dos exemplos, na hipótese de o agente, após lançar a vítima ao mar para que ela morra afogada, jogar-se n'água e efetivamente salvá-la.

Realizados todos os meios disponíveis à mão do agente para executar o crime, segue-se uma ação autônoma, uma contra-ação, que para ser relevante não basta que ocorra: é preciso que seja eficiente, ou, como diz Cavaleiro de Ferreira (1982, p. 126), é necessária "uma revogação eficaz que suprima a aptidão causal da execução completa".

Discute-se, igualmente, qual é o fundamento do arrependimento eficaz, se causa pessoal de isenção de pena, por anulamento da tentativa ou do dolo; ou não reprovabilidade, em vista da intenção positiva dirimir a culpabilidade. Entendo, todavia, também não se corporificar, no arrependimento eficaz, a tipicidade da tentativa, pois a consumação deixa de ocorrer graças à ação do próprio agente, posterior à atuação dos meios executórios, voltada a interromper o processo causal desencadeado, impedindo, ele mesmo, a produção do resultado.

Questão tormentosa diz respeito ao que vem a ser voluntariedade, pois a norma em comento exige que o agente **voluntariamente** desista de prosseguir com a ação delituosa já iniciada, ou impeça, com eficácia, o seu resultado, após ter utilizado os meios necessários à consumação delitiva.

Latagliata (1964, p. 46) pergunta se por voluntariedade se deve entender que o agente, sem coação, entre a possibilidade de prosseguir com a execução do delito e a de a abandonar, escolha esta última, ou se deve exigir-se mais: que o agente seja conduzido por uma escolha moralmente reconhecível. Seria preciso uma conversão moral ou é suficiente que o agente desista, independentemente do valor ético dos motivos determinantes da desistência?

Se se entende que na desistência e no arrependimento eficaz dirime-se a culpabilidade, por redução da intensidade da intenção, merecendo o agente um prêmio, então, sim, além da manifestação livre de qualquer coação moral ou material, cabe verificar a positividade dos motivos informadores da nova conduta do agente que impede a consecução do resultado.

Interessantes são as proposições de Frank e de Schroeder. Para o primeiro, a desistência é voluntária quando o agente *poderia* prosseguir no processo de execução, mas deixa de o fazer porque não quer; involuntária, se o agente quer prosseguir, mas deixa de o fazer porque não pode (*Kommentar*, § 46, 55, apud BRUNO, 1966, t. II, p. 246). Já para o segundo, se a situação em que se inicia a execução do crime modifica-se desfavoravelmente para o agente, a desistência não pode ser considerada voluntária; se, no entanto, a situação permanece inalterada, é de se reconhecer a voluntariedade, como observam Maurach (1962, p. 204 e s.) e Muñoz Conde (1972, p. 92).

Como se vê, pelos critérios propostos por Frank e Schroeder, não se faz referência aos aspectos valorativos inspiradores da desistência ou do arrependimento do agente: os motivos da desistência não importam, pois a irrelevância penal não deflui da positividade das razões em função das quais se desistiu.

A linha adotada vê fundamento na destipificação da tentativa, por decorrer a não consumação da própria vontade conducente a se desistir ou arrepender, de modo a não se configurar uma tentativa típica (REALE JÚNIOR, 2012, p. 293 e s.).

Destarte, há voluntariedade mesmo na hipótese de o agente deixar de prosseguir na ação delituosa unicamente com o propósito de vir a realizá-la posteriormente em condições melhores, como no caso de não levar avante o estupro por ter sido surpreendido ao encontrar a vítima menstruada, e, então, preferir cometer a violência em outro dia sem esse incômodo.

A discussão acerca do fundamento da desistência e do arrependimento suscita mais outra questão: a desistência ou o arrependimento, por um dos coautores, que tenha impossibilitado a ocorrência do resultado, estende-se aos demais agentes que concorriam para a realização do crime? É necessário que se tenha interrompido a eficácia causal dos meios executórios ativados ou basta a abstenção da continuidade da conduta delituosa? Qual a posição do coautor que desiste, se não conseguiu impedir que os demais continuem na ação delituosa?

Se há um comportamento final contrário à consecução do crime, resta saber se, estando o agente em coautoria, sua desistência foi capaz de neutralizar a eficácia causal já desencadeada. Se assim for, sendo a desistência efetiva, não se perfaz uma tentativa típica, com o que desaparece a coautoria, pois não há coautoria relevante na prática de fato atípico.

Em suma, se a desistência ou o arrependimento de um dos coautores tiver eficácia para eliminar a idoneidade dos atos praticados até então pelos agentes em concurso, não se dá uma tentativa de determinado tipo de crime, e esta não configuração típica aproveita a todos os coautores, graças ao surgimento de ato com poder causal suficiente para anular a eficácia dos atos executórios ocorridos.

Considerações finais

Há um dado a ser destacado, qual seja, a necessidade de que a desistência ou o arrependimento sejam eficazes, ou seja, que produzam o resultado de desfazer a ação delituosa, sem o que resta mera e inócua intenção, indiferente ao direito penal.

Assim, o ato de desistir ou de se arrepender deve não apenas ser voluntário, mas tempestivo, intervindo de modo eficaz para obstruir a "inteira ação coletiva".

Todavia, se o agente desiste, mas não interrompe a continuidade da ação delituosa coletiva, ou se se arrepende, mas não impede eficazmente o resultado da ação comum, não há desistência ou arrependimento, **mas desistência da coautoria**, e o agente responderá por ter tido uma contribuição de menor importância (LATAGLIATA, 1964, p. 132), aplicando-se o art. 29, § 1º, do Código Penal.

Arrependimento posterior

Art. 16. Nos crimes cometidos sem violência ou grave ameaça à pessoa, reparado o dano ou restituída a coisa, até o recebimento da denúncia ou da queixa, por ato voluntário do agente, a pena será reduzida de um a dois terços.

Bibliografia: PRADO, Luiz Regis. *Comentários ao Código Penal.* 7. ed. São Paulo: RT, 2008; REALE JÚNIOR, Miguel. *Instituições de direito penal:* parte geral. 4. ed. Rio de Janeiro: Forense, 2012; SANTOS, Juarez Cirino dos. *Direito penal:* parte geral. 4. ed. São José: Conceito, 2010.

Considerações gerais

Se a desistência voluntária e o arrependimento eficaz interferem no processo de realização do fato, para tornar atípica a tentativa, pois o resultado material deixa de ocorrer por vontade manifesta do próprio agente, no denominado **arrependimento posterior** tal não vem a ocorrer, visto que o fato já está consumado, incidindo a circunstância do arrependimento apenas na diminuição da pena.

Por isso, advoguei, quando membro da Comissão Elaboradora do Anteprojeto do Código Penal, que este dispositivo não deveria constar do Título II, relativo ao Crime, e sim do Título referente à Pena, pois se trata de causa de menor culpabilidade, em vista da eliminação ou da redução do prejuízo (REALE JÚNIOR, 2012, p. 300).

Considerações nucleares

Comina-se uma diminuição da pena para os crimes contra o patrimônio praticados sem violência ou grave ameaça, como furto, estelionato, apropriação indébita e dano, que, em face das inovações legislativas, tornou-se, em grande parte, ineficaz. Todavia, resta realçar que o denominado Arrependimento Posterior tem como requisitos que: (i) o crime não seja praticado com violência ou grave ameaça; (ii) tenha havido reparação do dano ou restituição da coisa; (iii) a reparação ou restituição tenha ocorrido antes do recebimento da denúncia, sendo este recebimento o primeiro, anterior à resposta à acusação; e, por fim, (iv) haja voluntariedade na reparação ou restituição (PRADO, 2008, p. 90).

Para o reconhecimento da causa de menor culpabilidade em face da satisfação da vítima, após consumado o delito, exige-se que a restituição ou o ressarcimento opere-se antes do recebimento da denúncia, de forma voluntária por parte do agente. Verifica-se estar a origem do instituto do arrependimento posterior na orientação do Supremo Tribunal Federal, referentemente aos crimes de Apropriação e de Estelionato, sob a égide da disciplina original do CP de 1940, segundo a qual a suspensão condicional da pena aplicava-se tão somente aos crimes apenados com detenção, excluídos, portanto, tais delitos, punidos com pena de reclusão.

Assim, réus condenados, por estelionato ou apropriação indébita, a um ano de reclusão deveriam cumprir integralmente a pena privativa de liberdade, não sendo cabível sequer o livramento condicional.

Como forma de minimizar o rigor penal em face de crime não violento contra o patrimônio, entendeu-se que o crime não se configuraria se restituída a importância apropriada ou obtida antes do recebimento da denúncia.

Seria, então, por criação judicial, uma causa de destipificação, considerando-se não presente o dolo, componente da conduta típica, pois, na hipótese do delito de cheque sem fundos, o pagamento indicaria a ausência de fraude, não se perfazendo o crime, conforme edita a Súmula 246 do Supremo Tribunal Federal[26].

Com a alteração da suspensão condicional, estendida aos crimes punidos com reclusão, com a possibilidade de aplicação da prisão-albergue e, desde 1998, das penas alternativas, não teria mais sentido a "ginástica" para considerar não tipificado o crime, recolocando-se a questão no devido lugar, como causa de menor reprovabilidade, permitindo-se uma redução da pena.

Sucede, contudo, que, já a partir de 1995, surgiu, com a Lei n. 9.099, a possibilidade de aplicação, nos crimes de estelionato e de apropriação indébita, da suspensão condicional do processo, sendo uma das suas condições **a reparação do dano**. Assim, estabelece o art. 89 tal benefício aos crimes cuja pena mínima seja

---

[26] Edita a Súmula 246: "Comprovado não ter havido fraude, não se configura o crime de emissão de cheque sem fundos".

igual ou inferior a um ano, devendo o beneficiário da suspensão reparar o dano, salvo impossibilidade de fazê-lo.

Dessa maneira, o instituto criado pela Lei n. 7.209/84 (nova Parte Geral do Código Penal) teve e tem pequena aplicação, seja pela continuidade da aplicação da Súmula 246 do Supremo Tribunal Federal, seja pela introdução do instituto da suspensão condicional do processo.

Todavia, se o pagamento do cheque emitido se der após o recebimento da denúncia, não se obsta o prosseguimento da ação penal, como registra a Súmula 554 do Supremo Tribunal Federal[27], e nem se aplica o instituto do arrependimento posterior, dado que o dano foi reparado depois do recebimento da denúncia. Deve o juiz, no entanto, levar a reparação do dano em consideração a favor do condenado, como circunstância atenuante, de acordo com o preceituado no art. 65, III, *b*, do CP.

Considerações finais

A reparação do dano ou a restituição da coisa, de modo voluntário, constitui medida de política criminal importante, pois pacifica o conflito entre agente e a vítima em casos de crimes patrimoniais praticados sem violência, e costura a harmonia social.

Esta medida é de ser resolvida mais por via da suspensão do processo, prevista na Lei n. 9.099/95, do que como prêmio, segundo o artigo em comento, e consistente em diminuição da pena. Como medida restaurativa, a proposta de reparação do dano ou de restituição da coisa terá mais eficácia se ocorrida no âmbito da suspensão condicional do processo, razão pela qual o estipulado no art. 16 do CP perde seu relevo, cabendo sua aplicação em raros casos, como o acima lembrado decidido pelo Supremo Tribunal Federal.

Crime impossível

Art. 17. Não se pune a tentativa quando, por ineficácia absoluta do meio ou por absoluta impropriedade do objeto, é impossível consumar-se o crime.

Bibliografia: BRIGHETTI, Giovanni. *Il delito tentato*. Napoli: Jovene, 1963; CARRARA, Francesco. *Programma del corso di diritto criminale*. Firenze: Fratelli Cammeli, 1987; CEREZO MIR, José. *Derecho penal:* parte general. São Paulo: RT, 2007; COBO DEL ROSAL, M. e VIVES ANTÓN, T. S. *Derecho penal:* parte general. 5. ed. Valencia: Tirant lo Blanch, 1999; FERREIRA, Manoel Cavaleiro de. *Lições de direito penal:* parte geral. 4. ed. Lisboa: Verbo, 1992. v. II; FIANDACA, G. e MUSCO, E. *Diritto penale:* parte generale. 2. ed. Bologna: Zanichelli, 1989;

---

[27] Edita a Súmula 554: "O pagamento de cheque emitido sem provisão de fundos, após o recebimento da denúncia, não obsta ao prosseguimento da ação penal".

FIORE, Carlo. *Il reato impossibile*. Padova: Cedam, 1972; FIORE, Carlo. *Diritto penale:* parte generale. Torino, 2001. v. 1; GALLO, Marcelo. Dolo. Verbete *Enciclopedia del Diritto*. Milano: Giuffrè, 1964. v. XIII; GRAMMATICA, Filippo. *Principi di difesa sociale*. Padova: Cedam, 1961; HUNGRIA, Nélson. *Comentários ao Código Penal*. 4. ed. Rio de Janeiro: Forense, 1958. v. II; LUZÓN PEÑA, Diego-Manuel. *Lecciones de derecho penal:* parte general. 2. ed. Valencia: Tirant lo Blanch, 2012; MARQUES, José Frederico. *Curso de direito penal*. São Paulo: Saraiva, 1954. v. 1; MODONA, Neppi. *Il reato impossibile:* Milano: Giuffrè, 1965; MUÑOZ CONDE, Francisco e GARCÍA ARÁN, Mercedes. *Derecho penal:* parte general. 8. ed. Valencia: Tirant lo Blanch, 2010; NUÑEZ BARBERO, R. *El delito imposible*. Salamanca, 1963; PRADO, Luiz Regis. *Curso de direito penal brasileiro:* parte geral. 8. ed. São Paulo: RT, 2008; PETROCELLI, Biagio. *Il delito tentato*. Padova: Cedam, 1966; REALE JÚNIOR, Miguel. *Instituições de direito penal:* parte geral. 4. ed. Rio de Janeiro: Forense, 2012; REALE JÚNIOR. *Parte geral do Código Penal:* nova interpretação. São Paulo: RT, 1988; SANTOS, Juarez Cirino dos. *Direito penal:* parte geral. 4. ed. São José: Conceito, 2010; SCARANO, Luigi. *La tentativa*. Trad. Luis Romero Soto. Bogotá: Depalma, 1960; VANNINI, Otorino. *Il problema giuridico del tentativo*. Milano: Giuffrè, 1943; WELZEL, Hans. *Derecho penal alemán*. Trad. Bustos Ramirez e Yañes Pérez. 12. ed. Santiago: Editorial Jurídica de Chile, 1987; ZUGALDÍA ESPINAR, José M. *Derecho Penal:* parte general. Valencia: Tirant lo Blanch, 2004.

Considerações gerais

No art. 17 do CP edita-se que **não se pune a tentativa**, porém, há de se convir que sequer há tentativa nos exatos quadros definidos no art. 14, antes comentado.

Se a tentativa consiste no desencadear de um processo causal, apto a alcançar a consumação, que deixa de ocorrer por razões alheias à vontade do agente, no crime impossível a ação empreendida não tem, de início, qualquer aptidão para levar à consumação, em vista de defeito insuperável, seja dos meios escolhidos, seja do objeto material sobre o qual recai a conduta. Por isso, menciona-se que se trata de tentativa inidônea ou crime impossível.

Considerações nucleares

Se há uma tentativa inidônea, cumpre partir do dado essencial caracterizador da tentativa, que, como se viu, consiste em criar uma situação de perigo ao bem jurídico, que não vem a ser lesado graças à interferência de uma causa estranha à vontade do agente. Deve haver, contudo, um início de execução, por via de meios idôneos à consecução do crime, que recaiam sobre objeto dotado da propriedade de ser efetivamente prejudicado.

Deve-se partir, portanto, na análise da tentativa inidônea, do conceito de tentativa, cujo dado essencial está na possibilidade de dano ao bem jurídico protegido, como observa Nuñez Barbero (1963, p. 122), pois é da tentativa punível que se chega à caracterização da tentativa inidônea.

Em ambas as situações, tentativa punível e tentativa inidônea, há um elemento subjetivo íntegro, consistente no querer alcançar a consecução do crime. Divergem, todavia, as condutas, no aspecto objetivo, pois, enquanto na tentativa punível os meios são adequados à produção do resultado e o objeto é próprio para sobre ele recair a conduta delituosa, na tentativa inidônea os meios são absolutamente inadequados para se realizar a intenção delituosa ou o objeto material é absolutamente impróprio.

A inidoneidade dos meios ou a impropriedade do objeto devem ser desconhecidas pelo agente, pois, se sabe de tais circunstâncias, é forçoso concluir inexistir, como diz Modona (1965, p. 203), a intenção de cometer o delito. Na tentativa punível, o agente escolhe meios *idôneos, os sabe idôneos e efetivamente eles o são*. No crime impossível, o agente escolhe meios inidôneos, *que pensa idôneos, mas que realmente não o são*. No crime impossível, portanto, de acordo com as observações de Modona (1965, p. 203), o juízo de inidoneidade é de caráter objetivo, a ser realizado *ex post*.

Cumpre indagar se está correto o legislador ao exigir que haja uma inidoneidade absoluta ou uma impropriedade absoluta. Primeiramente, destaca-se que a inidoneidade ou inexistência deve ocorrer anteriormente ao início da execução, pois, se ocorre concomitantemente ou após o início da execução, *não torna atípica a tentativa* por constituírem causas alheias à vontade do agente, que impedem a consumação do delito, configurando-se, então, uma tentativa.

Como observei em *Instituições* (2012, p. 305), a clássica distinção entre inidoneidade absoluta e relativa, adotada por nosso Código, parece-nos insatisfatória, pois a avaliação da inidoneidade deve ser feita de conformidade com as circunstâncias concretas em que se realiza a ação. O Anteprojeto Hungria eliminava a distinção entre inidoneidade absoluta e relativa dos meios, ao editar, tão somente, em seu art. 15, § 2º, que nenhuma pena é aplicável quando, por ineficácia do meio empregado, é impossível consumar-se o crime. Mantinha, no entanto, a exigência de ser a impropriedade do objeto absoluta.

Carrara (1987, p. 413) procura fixar um critério abstrato de inidoneidade e de impropriedade. Exemplo de inidoneidade absoluta, a seu ver, está no ato de se pretender envenenar alguém, fazendo-o, por equívoco, ingerir açúcar em vez de arsênico; exemplo de impropriedade absoluta do objeto está no desferir tiros em um homem já morto. Seriam de outra parte casos de inidoneidade relativa: ter tentado atirar em alguém com arma que não se soube manejar; ou introduzir a mão no bolso da vítima, que se encontra vazio, pretendendo furtar carteira ocasionalmente inexistente.

A meu ver, seguindo as ideias de Nuñez Barbero (1963, p. 79 e s.), dá-se o crime impossível se uma concreta atividade executiva é inidônea para colocar em perigo o bem jurídico, independentemente da circunstância de se "'qualificar' esta ação abstratamente como capaz de ocasionar o resultado".

Assim, a tipicidade ou atipicidade decorrem da qualidade da ação concreta, sem referência ao que poderia ter sido em outra circunstância, ou à eficácia causal genericamente considerada.

Desse modo, de acordo com a exigência de uma inidoneidade real, o único critério satisfatório é o seguinte: se concretamente os meios ou o objeto eram inidôneos à consecução do resultado, antes de se iniciar a ação executória, o crime é impossível; se os meios ou o objeto tornam-se inidôneos concomitantemente ou após o início da execução, tipifica-se uma tentativa do crime que se pretendia cometer, pois essa inidoneidade posterior ao princípio da execução atua como obstáculo, que interfere no processo de execução, impedindo que se consume a ação delituosa (NUÑEZ BARBERO, 1963, p. 122).

Se a forma tentada inicia-se com a utilização de meios idôneos, voltados a objeto material próprio, e não se consuma em virtude de razão alheia à vontade do agente, é evidente que esta causa independente do querer do agente deve ser posterior ao início da execução, transformando o meio que era idôneo em inidôneo, ou o objeto que era próprio em impróprio.

Assim, a alteração da idoneidade em inidoneidade, de propriedade em impropriedade, após iniciado o processo de execução, é a razão alheia à vontade do agente, que constitui dado integrante da forma tentada típica.

Dessa forma, se anteriormente ao início do processo de execução o meio era inidôneo, ou impróprio o objeto, não ocorre tentativa típica.

Concilia-se, portanto, a compreensão do crime impossível como ausência de tipo com um critério para determinação de quando a inidoneidade é relevante para se configurar a atipicidade como tentativa da ação malsucedida.

Correta, portanto, a teoria objetiva, ao dar relevância à adequação típica e à exposição do bem jurídico a perigo, para a conceituação do crime impossível, e não se voltar para o aspecto subjetivo, visando a incriminar a intenção delituosa que se resolveu em atos inidôneos ou impróprios a colocar o bem jurídico em perigo.

Segundo a teoria subjetiva, pouco importa a idoneidade ou não do meio utilizado, desde que se manifeste a vontade dirigida ao delito, razão primacial da punição da tentativa.

A manifestação da intenção delituosa por via de atos executivos, por conseguinte, deve se constituir no fundamento da punição, razão por que se torna indiferente a inidoneidade dos meios de que se utiliza o agente.

Esta a posição da escola positiva italiana, para a qual cumpre à sociedade se defender de ataques à sã convivência, afastando do meio social aqueles que se mostram perigosos e terríveis. O delito, por conseguinte, revela sintomaticamente a periculosidade do agente. Desse modo, pouco importa a inidoneidade dos meios, desde que a ação realizada constitua indício da periculosidade do agente.

As ideias preconizadas pelos partidários da escola positiva foram adotadas pela *Nouvelle Defense Sociale*, do pós-Segunda Guerra Mundial, que recolocou a questão de punibilidade do crime impossível, como preconiza o seu mais ortodoxo representante, Grammatica (1961, p. 70).

O finalismo welzeliano, ao destacar a dicotomia desvalor da ação e desvalor do resultado, admitiu a punibilidade da tentativa inidônea, entendendo que a vontade de delinquir, manifestada por atos executórios, mesmo que inidôneos, é em si perigosa. A distinção, todavia, entre desvalor da ação e desvalor do resultado não tem o condão de priorizar o desvalor da ação, de tal forma que basta esta para se punir uma conduta, mesmo que inidônea. A ação inidônea tem um dado objetivo de incapacidade de atingimento do bem jurídico que não pode ser ignorado, pois o delito é um conjunto indissociável de aspecto subjetivo e objetivo.

O CP de 1940, em sua origem, fez uma concessão à teoria subjetiva, sob influência da escola positiva, ao adotar, em parte, a teoria sintomática, pois possibilitou a aplicação da medida de segurança (liberdade vigiada) aos perigosos que venham a praticar um crime impossível (arts. 76, parágrafo único, e 94, III).

O Anteprojeto Hungria e a nova Parte Geral eliminaram, a nosso ver, com razão, a exceção estabelecida anteriormente para aplicação da medida de segurança, independentemente de configuração do fato como crime.

Como assinalei em *Instituições* (2012, p. 308), na nova Parte Geral de 1984, ao inimputável será determinada a internação em manicômio judiciário, quando suas condições pessoais e o fato revelarem que ele oferece perigo à incolumidade. Porém, por força de respeito ao princípio geral de que não haverá aplicação de medida de segurança, a não ser diante de fato previsto como crime, é de se concluir, obrigatoriamente, que se exige a prática de um crime, o que não sucede na hipótese de tentativa inidônea.

Considerações finais

Aspecto importante foi levantado por Modona (1965, passsim), no sentido de que a norma do crime impossível demonstra a necessidade de a conduta estar revestida de potencial ofensivo. Assim, o crime impossível, *contrario sensu,* indica a ofensividade como dado formador do delito, ao se considerar atípico o fato destituído de meios idôneos a colocar em perigo o bem jurídico, ou que recai sobre objeto material impróprio, razão pela qual não se insere em situação perigosa o bem jurídico.

No crime impossível revela-se inexistente a ofensividade, razão pela qual nem tipicidade se pode reconhecer na tentativa empreendida sem qualquer possibilidade de atingimento do bem jurídico tutelado.

Art. 18. Diz-se o crime:

Crime doloso

I – doloso, quando o agente quis o resultado ou assumiu o risco de produzi-lo;

Crime culposo

II – culposo, quando o agente deu causa ao resultado por imprudência, negligência ou imperícia.

Parágrafo único. Salvo os casos expressos em lei, ninguém pode ser punido por fato previsto como crime, senão quando o pratica dolosamente.

Bibliografia: BRICOLA, Franco. *Dolus in re ipsa.* Milano: Giuffrè, 1960; CEREZO MIR, José. *Derecho penal:* parte general. São Paulo: RT, 2007; FIANDACA, G. e MUSCO, E. *Diritto penale:* parte generale. 2. ed. Bologna: Zanichelli, 1989; FORTI, Gabbrio. *Colpa e evento nel diritto penale.* Milano: Giuffrè, 1990; FERREIRA, Manoel Cavaleiro de. *Direito penal português:* parte geral. Lisboa: Verbo, 1982. v. II; GALLO, Marcelo, Dolo. *Enciclopedia del Diritto.* Varese: Giuffrè, 1964. v. XIII; GRACÍA MARTIN, Luis. *Fundamentos de dogmática penal:* una introducción a la concepción finalista de la responsabilidad penal. Barcelona: Atelier, 2006; JAKOBS, Gunther. *Derecho penal:* parte general. Trad. Joaquim Contreras e José Luis S. Gonzalez de Murillo. 2. ed. Madrid: Marcial Pons, 1997; JESCHECK, Hans-Heinrich e WEIGEND, Thomas. *Tratado de derecho penal:* parte general. Trad. Miguel Olmedo Cardenete. 5. ed. Granada: Editorial Comares, 2002; LUZÓN PEÑA, Diego-Manuel. *Lecciones de derecho penal:* parte general. 2. ed. Valencia: Tirant lo Blanch, 2012; MAIWALD, M. *L'evoluzione del diritto penale tedesco in un confronto com il sistema italiano.* Torino: Giappichelli, 1993; MARQUES, José Frederico. *Curso de direito penal.* São Paulo: Saraiva, 1954. v. 2; POLAINO NAVARRETE, Miguel. *Lecciones de derecho penal:* parte general. Madrid: Tecnos, 2013. t. II; RAMOS TAPIA, Maria Inmaculada. In: ZUGALDÍA ESPINAR, José M. (Org.). *Derecho penal:* parte general. 2. ed. Valencia: Tirant lo Blanch, 2004; ROXIN, Claus. *Derecho penal:* parte general. Trad. Luzón Peña et al. Madrid: Civitas, reimpressão, 2008. t. I: Fundamentos. La estructura de la teoría del delito; TAVARES, Juarez. *Teorias do delito.* São Paulo: RT, 1980; WELZEL, Hans. *Derecho penal alemán.* Trad. Bustos Ramirez e Yañes Pérez. 12. ed. Santiago: Editorial Jurídica de Chile, 1987; WESSELS, J. *Derecho penal:* parte geral. Trad. Juarez Tavares. Porto Alegre: Fabris, 1976.

Considerações gerais sobre o crime doloso

O Direito atua sobre a realidade. Esta apresenta-se com características e estruturas inafastáveis. Diz Gracía Martin que, sendo o Direito um ordenamento que regula a conduta humana, a estrutura fenomênica finalista da ação e a capacidade do agente de se autodeterminar conforme o sentido e o valor possuem força vinculante (2006, p. 376). Citando Zaffaroni, lembra Gracía Martin que o respeito às estruturas reais do mundo constitui uma condição de eficácia do Direito na regulação da vida social.

Destarte, se a ação é final, como já se acentuou no comentário ao art. 13 do CP, e o dolo, nos dizeres da norma do art. 18 em comento, constitui o querer o resultado ou o assumir o risco de o produzir, então o dolo integra a ação e, por consequência, o tipo penal que indica a conduta.

O dolo não consiste apenas no querer o resultado material, mas a ação em si e, eventualmente, o resultado que produza, pois há tipos penais que se esgotam na própria ação (crimes formais e de perigo abstrato) e outros que apenas se consumam com a ocorrência de um resultado consistente na lesão a um bem, ou na criação de um efetivo e concreto perigo a esse bem (crimes materiais e de perigo concreto).

O dolo é um querer. Mas, para querer, é necessário conhecer o que se quer. Assim, o dolo consiste em uma intencionalidade da conduta, com conhecimento de todos os elementos que a compõem, ou seja, todos os seus pressupostos e circunstâncias devem estar presentes na esfera cognoscitiva do agente (BRICOLA, 1960, p. 83).

O dolo integra o tipo, pois compreende todos os elementos da figura penal, tal como exemplifica Cerezo Mir (2007, p. 510), com relação ao crime de furto: o ânimo de lucro próprio do furto só é possível se o agente conhece o caráter alheio da coisa subtraída. Na tentativa, como se viu no comentário ao art. 14 do CP, a intencionalidade voltada a um determinado resultado não alcançado define o tipo de crime que se pretendia realizar. Welzel, repetido por Cerezo Mir, entende que, se na tentativa o dolo é um elemento subjetivo do injusto, o é também, obrigatoriamente, no crime consumado, como consequência lógica: como poderia depender de o disparo acertar ou não a vítima, diz Welzel (1987, p. 90), a inclusão ou não do dolo como elemento do injusto típico[28]?

Considerações nucleares sobre o crime doloso

a) Caraterização do dolo

Age dolosamente o sujeito que decide por uma conduta típica que tem perante os seus olhos (RAMOS TAPIA, 2004, p. 493). O dolo pode ser direto ou eventual, mas sempre se consubstancia como conhecimento e vontade. Cumpre, então, indagar o que se deve conhecer e querer: em suma, o que compreende esse conhecimento?

---

[28] Igualmente é essa a pergunta de Cerezo Mir (2007, p. 513).

O tipo penal retrata, em abstrato, uma ação que inclui elementos de ordem objetiva e normativa, elementos essenciais e acidentais[29], bem como o nexo causal, que liga a ação a um resultado, nos crimes materiais, nos quais um evento destaca-se da ação.

O dolo, portanto, deve compreender todos estes elementos, a começar pelos de caráter descritivo perceptíveis pelos sentidos, por exemplo, a agressão e a integridade física da vítima atingida, que constituem dados integrantes da lesão corporal.

O agente deve conhecer, igualmente, o elemento de caráter normativo, cuja configuração não é objetiva, descritiva, mas valorativa, por exemplo, a natureza de coisa alheia do objeto subtraído, no crime de furto; ou a condição de funcionário público como sujeito ativo, no crime de corrupção passiva (art. 317 do CP). Também no crime de corrupção ativa (art. 330 do CP), o agente deve saber que a pessoa a quem oferece suborno é funcionário público. Dessa maneira, o funcionário que aceita importância para deixar de praticar ato de ofício deve saber de sua condição de funcionário público, e que o ato a ser omitido é próprio de sua função; da mesma forma, o agente que promete dar uma determinada importância a um funcionário público deve conhecer a circunstância de ser funcionário público aquele a quem promete benefício, com o fim de que haja omissão de ato funcional.

O dolo deve compreender o conhecimento do curso causal concreto, como assinala Roxin (2008, p. 487). Questão complexa reside no conhecimento do curso causal, na hipótese de o agente atirar na vítima e, pensando-a morta, procurar ocultar o cadáver, em operação na qual vem efetivamente a matá-la, pois sobrevivera ao tiro sofrido.

Haverá um desvio essencial do curso causal, de forma a que o novo percurso não se considere integrante do dolo quando esta nova direção relevante para a produção do resultado não for previsível, não surgindo, segundo Cerezo Mir (2007, p. 530), "como realização do perigo criado ou incrementado pela ação do sujeito".

Estaria a segunda ação – o ocultamento da vítima, que efetivamente deu causa à morte – incluída no dolo, ou seja, no conhecimento e vontade do agente? O dolo há de ser concomitante com a ação, simultâneo, não estando a segunda ação animada da intenção de matar, mesmo porque já se imaginava a vítima morta. Assim, no caso, teria havido uma tentativa de homicídio em concurso com homicídio culposo, decorrente de conduta negligente: não era previsível que se estava a matar a vítima no momento em que se oculta o corpo, não se apercebendo haver vida onde se pensava só haver cadáver (CEREZO MIR, 2007, p. 530).

---

[29] Polaino Navarrete (2013, p. 101). Exemplo de elementos acidentais que podem não existir e, assim mesmo, o tipo penal se corporifica é a circunstância qualificadora no crime de homicídio, no caso de a morte ter sido causada por asfixia.

Welzel considerava que a ação, por ser final, já trazia o dolo como dado integrante do agir. Por força de se constituir a ação na realidade como final, submetendo-se o direito a uma estrutura lógico-objetiva, o dolo, como intenção voltada a um fim, compõe a ação, mas seria, ao ver do autor, um dolo natural, voltado a um objetivo, a um fim, mas sem conteúdo valorativo: seria um dolo natural ou neutro (WELZEL, 1987, p. 95).

Discordo dessa opinião, pois o querer é sempre um querer significativo, dotado de viés valorativo: a ação na realidade é sempre colorida por uma intenção significativa, ou seja, a ação como estrutura lógico-objetiva se apresenta já no mundo concreto como um agir orientado por uma opção valorativa. Em suma, age-se pautado pela compreensão do caráter negativo ou positivo da ação, em face de determinado valor (LUZÓN PEÑA, 2012, p. 237). Como diz Jescheck (2002, p. 316), o agente, no seu nível de compreensão, vislumbra o valor materializado pelo legislador na norma, em uma valoração paralela na esfera do profano, na expressão consagrada por Mezger.

Destarte, o dolo consiste no querer a ação e, por vezes, a ação e seu resultado, bem como o significado que o caracteriza na realidade social. Minha posição concorda com a de Luzón Peña, segundo quem o dolo é "conhecimento e vontade de realizar todos os elementos objetivos do tipo total de injusto, tanto os de sua parte objetiva, como os da parte negativa do tipo, ou seja, a ausência dos elementos de causas de atipicidade e de causas de justificação" (LUZÓN PEÑA, 2012, p. 239). Dessa forma, as causas de justificação constituem "elementos negativos do tipo".

Se o conhecimento é dado caracterizador do dolo, conhecer e querer o que se conhece, o erro sobre elemento do tipo desfigura o dolo, ponto a ser examinado à frente, nos comentários ao art. 20 do CP.

O conhecer e querer, como forma dolosa de agir, é o mesmo nas formas comissiva, omissiva ou comissiva por omissão.

Se se aprende mais facilmente o dolo na forma comissiva, nem por isso o conhecer e o querer há de ser diferente na conduta omissiva, quando se deixa de agir, sabendo-se que se deve agir, descumprindo-se o dever, por exemplo, de prestação de socorro a uma pessoa ferida. Como já explanei anteriormente, na ação omissiva, há uma manifestação de intenção de não cumprir determinada ação, em confronto com o comando normativo, que impunha a prática de um comportamento positivo (REALE JÚNIOR, 2012, p. 757).

Assim, têm razão Fiandaca e Musco (1990, p. 459) ao entenderem que mesmo aquele que concebe ação como modificação do mundo exterior há de reconhecer que a omissão, com conhecimento de não agir, tem um significado de resolução de manter a situação preexistente. Há, portanto, na omissão dolosa, um coeficiente psíquico de vontade, um querer não fazer, consistindo o dolo em não fazer o que deve ser feito, e que não se faz com conhecimento e vontade, permanecendo-se inerte.

Há um tempo para fazer o que cumpre ser feito, tempo próprio, após o qual é irrelevante tentar realizar aquilo que, no momento específico, deveria se ter efetuado. Dessa forma, o não querer fazer deve estender-se até o momento final, no qual ainda se poderia ter agido e não se agiu. A omissão, nos crimes omissivos próprios, se esgota em si mesma (WESSELS, 1976, p. 158), independentemente de um resultado que decorra do não fazer.

Já nos crimes comissivos por omissão, esta é um meio pelo qual se pratica uma conduta comissiva, e, pois, à omissão segue-se um resultado no mundo exterior, como consequência da omissão da ação devida. O dolo, como conhecer e querer, compreende o dever que se descumpre, bem como o processo causal a que se dá curso, até a ocorrência do resultado pretendido. Assim, nesta forma de conduta, o agente conhece e quer a omissão, o não fazer o devido, do qual se desencadeia o processo causal, como propriedade desse não agir.

Questão importante está na verificação do dolo, pois o dado subjetivo apenas pode ser apreendido por via dos elementos objetivos, na passagem, como diz Gallo (1964, p. 802), do extrínseco conhecido para o intrínseco desconhecido. É com base nos acontecimentos anteriores, concomitantes e mesmo nas atitudes posteriores, que se pode, em vista da experiência comum e da lógica, deduzir o elemento interior, condutor da ação ou omissão praticada. No dolo eventual, os dados de cunho volitivo, como a não confiança de que o resultado não ocorrerá, só se pode deduzir a partir de indícios objetivos, como destaca Roxin (2008, p. 447).

b) Classes do dolo

O dolo pode ser direto ou eventual. Direto, quando há o propósito de prática da conduta típica, com conhecimento de todos os seus elementos. Indaga-se se para a caracterização do dolo direto é preciso que haja certeza da ocorrência do resultado, ou se basta uma elevada probabilidade.

Haveria, nesta última hipótese, dolo eventual ou direto? Não é preciso que o agente possua a certeza, pois, diante de elevada probabilidade, age, decidindo não por consentir diante do conhecimento que possui da probabilidade, mas sim em vista do cometimento da ação e do surgimento do resultado que quer e prevê bem provável. Destarte, haverá dolo direto se o agente sabe, com segurança, que concorrem os elementos do tipo, e tem certeza ou considera extremamente provável que o resultado material previsto na norma se realize, como diz Jescheck (2002, p. 320).

Luzón Peña menciona a existência de um dolo direto de segundo grau, consistente em querer as consequências necessárias da ação praticada (2012, p. 242). Assim ocorre no caso do dono de um barco que o perfura para que afunde e receba o seguro, admitindo que passageiros venham a se afogar.

Creio que se trate apenas de finalidade secundária, mas igualmente compreendida pelo querer do agente, não cabendo construir uma categoria de dolo.

O dolo eventual caracteriza-se quando o agente, diante da possibilidade de ocorrência do resultado, assume o risco de sua realização, não confiando que tal não suceda. Conforma-se com a realização do tipo (JESCHECK, 2002, p. 321).

Na Exposição de Motivos do CP de 1940, da lavra de Nélson Hungria, afirma-se que "assumir o risco é alguma coisa mais que ter consciência de correr o risco: é consentir previamente no resultado, caso venha este, realmente, a ocorrer".

A teoria do consentimento não pode ser afastada pela tão só exigência da existência de uma probabilidade objetivamente verificável, para se caracterizar o dolo eventual. A esta probabilidade ou possibilidade deve-se acrescentar o dado psicológico do assentimento, de se estar conforme com a prática da ação eventualmente produtora do evento. Roxin (2008, p. 446) é preciso ao declarar que os empenhos em suprimir, na caracterização do dolo eventual, o elemento volitivo-emocional estão fadados ao insucesso.

Mas, ao lado do assentimento, entendo que outro dado vem a configurar o dolo eventual, consistente na não confiança de que o resultado não acontecerá.

Esta a circunstância diferenciadora do dolo eventual, em face da culpa consciente. Consoante tenho considerado, na culpa consciente, assoma ao espírito do agente a possibilidade de causação do resultado, mas confia ele que este resultado não sucederá. Limítrofes, na culpa consciente, o agente confia que não se produzirá o resultado possível, enquanto no dolo eventual não se confia que não se produzirá esse resultado (POLAINO NAVARETTE, 2013, p. 107). Na culpa consciente, o agente considera que "tudo andará bem" (MAIWALD, 1993, p. 93), tudo vai dar certo; no dolo eventual, por sua vez, pelo contrário, não se confia que o resultado nefasto não virá a suceder. O critério da confiança facilita a distinção entre dolo eventual e culpa consciente: se o agente não confiava que não sucederia o resultado, e, assim mesmo, agiu, há dolo eventual.

Considerações finais sobre o crime doloso

O aumento vertiginoso das atividades de risco no mundo atual leva a que o incremento do risco considerado permitido aproxime o comportamento doloso do culposo. Chega mesmo Welzel a propor, para a circulação de veículos, uma incriminação antecipada, consistente na condução perigosa: dispensa-se a ocorrência de resultado para se contentar com o surgimento de uma situação que coloque o bem jurídico em perigo, a mostrar a proximidade entre o crime de perigo concreto e o crime culposo (WELZEL, 1987, p. 182).

Na mesma esteira, basta lembrar o art. 56 da Lei Federal n. 9.605/98, Lei dos Crimes Ambientais:

> "Art. 56. Produzir, processar, embalar, importar, exportar, comercializar, fornecer, transportar, armazenar, guardar, ter em depósito ou usar produto ou substância tóxica, perigosa ou nociva à saúde humana ou ao meio

ambiente, em desacordo com as exigências estabelecidas em leis ou nos seus regulamentos:

Pena – reclusão, de um a quatro anos, e multa.

§ 1º Nas mesmas penas incorre quem:

I – abandona os produtos ou substâncias referidos no *caput* ou os utiliza em desacordo com as normas ambientais ou de segurança;

II – manipula, acondiciona, armazena, coleta, transporta, reutiliza, recicla ou dá destinação final a resíduos perigosos de forma diversa da estabelecida em lei ou regulamento.

§ 2º Se o produto ou a substância for nuclear ou radioativa, a pena é aumentada de um sexto a um terço.

§ 3º Se o crime é culposo:

Pena – detenção, de seis meses a um ano, e multa".

Como se pode observar neste tipo penal, de perigo abstrato, a conduta delituosa cinge-se a produzir, manipular, guardar etc. substância tóxica, com desrespeito às normas regulamentares. Não se exige qualquer criação de dano ou de situação perigosa concreta. No inciso I do § 1º é tipificada uma conduta negligente, que consiste em abandonar a substância tóxica, e, no § 2º, prevê-se a forma culposa, com pena reduzida da metade.

Dessa maneira, há perigosa aproximação da conduta dolosa com a culposa, cujo âmbito se expande.

Considerações gerais sobre o crime culposo

Apenas há crime culposo em face da previsão legal da forma culposa, como estabelece nosso CP, no parágrafo único do art. 18, em comento, segundo o qual ninguém será punido por crime não doloso, ou seja, culposo, salvo se expressamente previsto no tipo legal.

O CP prevê, portanto, a forma culposa do homicídio ou da lesão corporal, mas não o dano culposo, art. 163, prevendo-se, todavia, no parágrafo único do art. 49 da Lei n. 9.605/98, Lei dos Crimes Ambientais, a forma culposa de dano, consistente em danificar plantas de ornamentação de logradouros públicos ou em propriedade privada alheia, que, diga-se, é manifesta demasia.

Há, portanto, uma excepcionalidade do crime culposo, pois a regra é ser o crime doloso.

O CP descreve o crime culposo como o comportamento pelo qual se dá causa a um resultado, por imprudência, negligência ou imperícia. Essas formas de agir podem, contudo, se enquadrar no gênero negligência, pois o cerne do crime culposo consiste na falta de cuidado, de diligência, na ausência de cumprimento de um dever de cautela.

Segundo a dicção do inciso II do art. 18 do CP, a culpa consiste no causar um resultado. Dessa forma, o comportamento culposo apenas teria cabimento nos crimes denominados materiais, em que ocorre um dano no mundo exterior, separadamente da ação. O desrespeito a um dever de cuidado ocasiona um resultado, *verbi gratia*, o atropelamento da vítima, ao se atravessar um sinal vermelho, com a consequente morte do atropelado. Todavia, como se exemplificou acima, a lei penal vem estabelecendo a edição de tipos penais culposos, para a consumação dos quais não se exige a ocorrência de resultado material, em confronto com a norma geral do art. 18 do CP. Cite-se como exemplo a previsão do crime culposo de manuseio ou abandono de substância tóxica, independentemente de se causar qualquer resultado nocivo.

Considerações nucleares sobre o crime culposo

O comportamento culposo tem como seu núcleo, assente na doutrina e na jurisprudência, a omissão de necessária diligência no desrespeito ao dever de cuidado objetivo com o que se dá relevo ao desvalor da ação. A partir de meados do século passado, acentua-se o desvalor da ação caracterizada pela ausência do devido cuidado, a falta da diligência necessária à vida de relação (FRAGOSO, 1995, p. 228 e s.). Não poderá, todavia, deixar de haver referência ao resultado, pois, no comportamento culposo, conjuga-se o desrespeito à norma de cuidado com a possibilidade de conhecer o desencadear de um processo causal, que leva ao resultado, não conhecido nem querido, mas viável, de ser reconhecível como possível.

Há, no comportamento culposo, a cognoscibilidade do perigo e a não observância, em vista desse perigo, do cuidado objetivamente exigível, tendo-se como consequência a aparição do resultado típico (JESCHECK, 2002, p. 609). Assim, na linha adotada por Roxin (2008, p. 1000), reprova-se o agente não apenas pelo desrespeito ao dever de cuidado, mas pela outra face, a consequência desse desrespeito, consistente na criação de um perigo não amparado pelo risco permitido e que produziu o resultado.

Assim, se dois carros em alta velocidade correm paralelamente e, ao atravessarem o sinal vermelho, um deles vem a atropelar um transeunte, a ação dos dois motoristas é, em essência, igual, como desrespeito ao dever de cuidado, mas crime de homicídio culposo só ocorre com relação ao motorista do carro que alcançou a vítima. A ação de ambos foi realizada conscientemente com inobservância da diligência devida, mas a sociedade é mais ofendida pela ação da qual resultou a morte de uma pessoa.

Mas o juízo de cognoscibilidade do processo causal que leva ao resultado só pode ser feito em face da situação concreta em que ocorre a ação, a partir da qual será possível avaliar se havia em suas circunstâncias objetivas – e também nas condições pessoais do agente – a possibilidade de reconhecimento do surgimento do resultado, não conhecido e não querido, mas apenas cognoscível.

A potencialidade de conhecimento refere-se não ao evento, mas aos fatores causais, dos quais deriva o evento. Assim, a cognoscibilidade não diz respeito ao evento, mas à situação em que se desenrola a ação, como potencialmente causadora do evento (CEREZO MIR, 2007, p. 385). Cabe levar em conta a normal experiência do que ocorre em determinado número de casos, como processo causal produtor do evento (FORTI, 1990, p. 201 e s.), ou seja, verificando-se o que ordinariamente acontece, "o que é consequência costumeira do tráfego usual da vida"[30].

Em suma, o devido cuidado a ser requerido, a meu ver, deve ser avaliado segundo dois critérios: um objetivo, em vista da situação concreta, e outro particular, em face das condições do agente (JESCHECK, 2002, p. 607).

Certas ações trazem ínsita ao seu desenrolar a potencialidade de dano, mas é admitida a sua realização pela sociedade, reconhecida a sua validade para o tráfego social, constituindo-se um risco permitido, socialmente adequado.

Sucede um balanceamento de bens, como bem indica Jakobs (1997, p. 244), em que se põe o interesse atendido pela ação arriscada acima do interesse de não se produzir o risco próprio daquela ação, que é tolerada, sendo o risco permitido.

Com relação à circulação de veículos[31], prevalece o princípio da confiança, sem o qual seria impossível trafegar, pois cada qual observa o seu cuidado e conta que o outro também o faça (ROXIN, 2008, p. 1004). Assim, se não houvesse esta confiança, ninguém sairia de carro. A ninguém se deve exigir que cuide do cuidado alheio, mas de nada vale morrer atropelado com razão.

No crime culposo decorrente da prática de ação de risco, mas permitida, segundo a teoria da imputação objetiva, o fato só será atribuído ao agente se constituir uma extrapolação do risco permitido, um risco, portanto, desaprovado, diante de uma sociedade caracterizada por inúmeros riscos permitidos.

Argumenta-se que a ação que não atende ao devido cuidado já supõe um aumento do risco (CEREZO MIR, 2007, p. 398), indo, portanto, além do risco permitido, sendo assim o risco desaprovado uma inobservância da diligência necessária.

Entendo, todavia, que, com relação a riscos especiais e a riscos de pequena monta, corriqueiramente sucedidos, a ideia de um critério do risco desaprovado,

---

[30] Marques (1954, p. 212). A cognoscibilidade é, por alguns autores, medida segundo o critério do homem médio, o homem inteligente, no dizer de Cerezo Mir (2007, p. 382), ou o homem razoável e prudente, sendo preferível não se fazer referência a esta categoria tão incerta, e sim àquilo que ordinariamente acontece, segundo a experiência normal, sem, no entanto, ceder, de outro lado, à exigência de uma cognoscibilidade subjetiva, como pretende Jakobs (1997, p. 388).

[31] Há, como lembra Jakobs, a prevalência do princípio da confiança, também, no trabalho em equipe: por exemplo, o cirurgião confia no anestesista e na instrumentadora, podendo cuidar despreocupado da sua específica tarefa (1997, p. 255).

em face do permitido, pode ser um dado auxiliar na tarefa de preenchimento da cláusula aberta do comportamento culposo como infração a um dever de cuidado.

O crime culposo pode ser comissivo, omissivo ou comissivo por omissão. Também na hipótese de omitir-se o dever positivo, pode ocorrer que tal se dê por culpa, por ausência do devido cuidado, por exemplo, se o agente, ao fazer funcionar determinado aparelho, um cortador de grama, deixa de ler atentamente as instruções e, por não as seguir como devia, faz com que uma lâmina se desprenda, vindo a ferir alguém.

Como ensinam Fiandaca e Musco (1990, p. 460), deve, na omissão culposa, haver a cognoscibilidade da situação, o conhecimento do dever positivo, no caso, ler o manual, o poder fazê-lo, e o desprezo ao dever de cuidado, na hipótese, bem montar corretamente a máquina cortadeira, produzindo o resultado.

Há, portanto, na forma omissiva, um substrato de cunho psíquico, o deixar de fazer por descuido, com conhecimento do desprezo à observância do cuidado, quebrando o dever positivo por negligência. Nos crimes comissivos por omissão, igualmente, pode suceder a forma culposa, quando, por negligência, deixa-se de cumprir com a devida diligência, havendo uma omissão do cumprimento do dever, em função da qual vem a ocorrer o resultado nefasto não querido, mas previsível, cognoscível.

Considerações finais sobre o crime culposo

Já se mencionou a culpa consciente como limítrofe do dolo eventual. Efetivamente, se no comportamento culposo não tem o agente conhecimento do resultado, que surge apenas cognoscível, na culpa consciente, o agente conhece a possibilidade de ocorrência do evento, mas crê e confia que, com a ação a ser empreendida, tal não sucederá. Diverge a culpa consciente da culpa *stricto sensu*, por esse significativo dado subjetivo, mas também destoa do dolo eventual, pois, neste, ao saber da possibilidade ou da probabilidade de ocorrência do resultado, o agente admite o seu surgimento, sem confiança de que não sucederá, dando, portanto, seu assentimento ao fato nefasto futuro.

Agravação pelo resultado

Art. 19. Pelo resultado que agrava especialmente a pena, só responde o agente que o houver causado ao menos culposamente.

Bibliografia: BASILE, F. L' alternativa tra responsabilità oggetiva e colpa in attività illecita per l'imputazione dela conseguenza ulteriore non voluta. *Rivista Italiana di Diritto e Procedura Penale*, n. 3, p. 911-968, jul./set. 2011; CEREZO MIR, José. *Derecho penal:* parte general. São Paulo: RT, 2007; FIANDACA, G. e MUSCO, E. *Diritto penale:* parte generale. 2. ed. Bologna: Zanichelli, 1989; FIGUEIREDO FERRAZ, Esther. *Os delitos qualificados pelo resultado.* 1948. Dissertação (Mestrado)

– Faculdade de Direito, Universidade de São Paulo, São Paulo, 1948; FORTI, Gabbio. *Colpa e evento nel diritto penale*. Milano: Giuffrè, 1990; GRACIA MARTIN, Luis. *Fundamentos de dogmática penal:* una introducción a la concepción finalista de la responsabilidad penal. Barcelona: Atelier, 2006; JAKOBS, G. *Derecho penal:* parte general. Trad. Joaquim Contreras e José Luis S. Gonzalez de Murillo. 2. ed. Madrid: Marcial Pons, 1997; JESCHECK, Hans-Heinrich e WEIGEND, Thomas. *Tratado de derecho penal:* parte general. Trad. Miguel Olmedo Cardenete. 5. ed. Granada: Editorial Comares, 2002; MAIWALD, M. *L'evoluzione del diritto penale tedesco in un confronto con il sistema italiano*. Torino: Giappichelli, 1993; MARQUES, José Frederico. *Curso de direito penal*. São Paulo: Saraiva, 1954. v. 2; POLAINO NAVARRETE, Miguel. *Lecciones de derecho penal:* parte general. Madrid: Tecnos, 2013. t. II; RAMOS TAPIA, Maria Inmaculada. In: ESPINAR, José M. Zugaldía (Org.). *Derecho penal:* parte general. 2. ed. Valencia: Tirant lo Blanch, 2004; ROXIN, Claus, *Derecho penal:* parte general. Trad. Luzón Peña et al. Madrid: Civitas, 2008. t. I: Fundamentos. La estructura de la teoría del delito; TAVARES, Juarez. *Teorias do delito*. São Paulo: RT, 1980; WELZEL, Hans. *Derecho penal alemán*. Trad. Bustos Ramirez e Yañes Pérez. 12. ed. Santiago: Editorial Jurídica de Chile, 1987; WESSELS, J. *Derecho penal:* parte geral. Trad. Juarez Tavares. Porto Alegre: Fabris, 1976.

Considerações gerais

Anteriormente ao disposto no art. 19, em comento, prevalecia o reconhecimento da possibilidade de imputação do fato a título de responsabilidade objetiva, respondendo o agente pelas consequências do fato praticado, independentemente de culpa pelo resultado não almejado, mas decorrente da ação empreendida.

O afastamento do princípio *versari in re illicita*, segundo o qual se responde por todas as consequências do próprio ato, mesmo as fortuitas, por força do nexo causal, como destaca Basile (2011, p. 919), obrigatoriamente deveria surgir na reforma da Parte Geral de 1984, em cuja Exposição de Motivos salientava-se, ao consagrar o princípio *nullum crimen sine culpa:* "Retoma o Projeto, no art. 19, o princípio da culpabilidade, nos denominados crimes qualificados pelo resultado, que o Código vigente (1940) submeteu à injustificada reponsabilidade objetiva. A regra se estende a todas as causas de aumento situadas no desdobramento causal".

Considerações nucleares

O resultado não querido, mas que advém como consequência da ação realizada, pode estar na mesma linha do bem jurídico que se deseja atingir. Por exemplo, o agente visa ferir a vítima, causando-lhe uma lesão corporal, mas que se segue de morte. Há um dano à integridade física que se expande e vem a causar não apenas um ferimento, corte profundo na perna, mas a morte, porquanto a vítima é hemofílica e não consegue ter coagulação. Nesta hipótese, está-se diante de um crime preterdoloso, pois o agente não quer nem assume o risco do resultado morte, que se encontra na mesma linha de atingimento da integridade física.

Então, a que título o agente responde pelo resultado não querido, fruto do comportamento-base por ele efetuado?

O agente responderá pelo resultado morte, decorrente do ferimento causado, se ao menos poderia ter representado a possibilidade do evento morte, por lhe ser cognoscível a doença da vítima. Se conhecia a doença e assumiu o risco do evento morte, então, não há de se falar em crime de lesão corporal seguida de morte, mas sim de homicídio. Se, todavia, não lhe era possível conhecer a circunstância de hemofílico da vítima, e o resultado é decorrência fortuita da não condição de estancamento do sangramento, o agente não deve responder pelo resultado morte, pois sequer agiu com culpa em face dele.

Além do crime preterdoloso, há o crime qualificado pelo resultado, consistente em se dar causa, a partir de um delito-**base**, à ocorrência de um resultado em linha diversa, com atingimento de bem jurídico diferente, conforme anota Figueiredo Ferraz (1948, p. 131), resultado que qualifica o delito e tem por evidente consequência o aumento de pena, como se dá no estupro ou no roubo seguidos de morte.

Em ambos os casos, se a vítima vem a falecer por conta de um ataque cardíaco, deve-se reconhecer que, se não deixa de haver um perigo à incolumidade física, a morte, por enfarte, como decorrência da ação de roubar ou estuprar, não é cognoscível como corolário da realidade da maioria dos delitos dessa natureza.

O delito-base pode ser doloso ou culposo, dos quais são exemplos a explosão dolosa ou culposa qualificadas pelo evento morte.

O delito-base apenas predispõe que bem jurídico diverso do primeiramente lesado venha a ser também atingido, que surge uma relação especial entre o delito--base e o resultado não querido, pois "na ação base sempre se encerra um certo perigo com respeito ao resultado", aspecto este também posto por Figueiredo Ferraz (1948, p. 42), que vê no delito-base a criação de uma situação de perigo, como sucede no estupro, do qual pode resultar a morte na prática da violência, trazendo ínsito um risco ao bem jurídico vida.

É certo, todavia, que, por força do disposto no art. 19, em comento, caso este resultado que se anunciava como possível fosse efetivamente reconhecível como tal, no decorrer da ação concreta, praticar-se-ia uma ação culposa (BASILE, 2011, p. 939), pois haveria circunstâncias que permitiriam a previsão do surgimento do resultado não querido, não se apresentando como fruto de situação excepcional.

O resultado, contudo, deve ter sido causado pela ação praticada na realização do delito-base, sendo a ação uma só, da qual deriva, por exemplo, no estupro, a violência à liberdade sexual, e também a lesão grave à integridade física ou a morte da vítima. Se, no entanto, o agente estupra e depois mata a vítima, não ocorre um crime qualificado pelo resultado, mas dois crimes, estupro e homicídio.

A ação do delito-base pode ser culposa, vindo a dar causa à, negligentemente, uma situação de perigo comum, no exemplo do crime do art. 251 do CP, crime de explosão, e dando causa, outrossim, a outro resultado, relacionado com a ação culposa, a morte ou lesão corporal de alguém (art. 251, § 3º, c/c o art. 258, *in fine*, do CP).

Considerações finais

A tentativa do legislador de evitar que se estabeleça a responsabilidade objetiva exige que seja feita, no caso concreto, cuidadosa análise da possibilidade real de o agente conhecer a eventual ocorrência do resultado que está além do seu querer, mas previsível.

A culpa consiste, portanto, na realização da ação sem prever, como era possível fazê-lo, a causação de um resultado mais grave, na linha do bem jurídico atingido primeiramente, ou de outro resultado que lesa interesse diverso, em função do que se agrava a pena. Mas, não deve haver pena mais grave sem culpabilidade mais grave, destaca Basile (2011, p. 961), razão pela qual ao delito-base, doloso ou culposo, deve-se acrescer um comportamento culposo.

Erro sobre elementos do tipo

Art. 20. O erro sobre elemento constitutivo do tipo legal de crime exclui o dolo, mas permite a punição por crime culposo, se previsto em lei.

Descriminantes putativas

§ 1º É isento de pena quem, por erro plenamente justificado pelas circunstâncias, supõe situação de fato que, se existisse, tornaria a ação legítima. Não há isenção de pena quando o erro deriva de culpa e o fato é punível como crime culposo.

Erro determinado por terceiro

§ 2º Responde pelo crime o terceiro que determina o erro.

Erro sobre a pessoa

§ 3º O erro quanto à pessoa contra a qual o crime é praticado não isenta de pena. Não se consideram, neste caso, as condições ou qualidades da vítima, senão as da pessoa contra quem o agente queria praticar o crime.

Bibliografia: CEREZO MIR, José. *Derecho penal:* parte general. São Paulo: RT, 2007; FIANDACA, G. e MUSCO, E. *Diritto penale:* parte generale. 2. ed. Bologna: Zanichelli, 1989; FIORE, Carlo. *Diritto penale:* parte generale. Torino: 2001. v. 1; FORTI, Gabbrio. *Colpa e evento nel diritto penale.* Milano: Giuffrè, 1990; GALLO, Marcelo. Dolo. In: *Enciclopedia del Diritto.* Milano: Giuffrè, 1964. v. XIII; GRACIA MARTIN, Luis. *Fundamentos de dogmática penal:* una introducción a la concepción finalista de la responsabilidad penal. Barcelona: Atelier, 2006; JAKOBS, Gunther.

Derecho penal: parte general. Trad. Joaquim Contreras e José Luis S. Gonzalez de Murillo. 2. ed. Madrid: Marcial Pons, 1997; JESCHECK, Hans-Heinrich; LUZÓN PEÑA, Diego-Manuel. *Lecciones de derecho penal:* parte general. 2. ed. Valencia: Tirant lo Blanch, 2012; MAIWALD, M. *L'evoluzione del diritto penale tedesco in un confronto con il sistema italiano.* Torino: Giappichelli, 1993; MARQUES, José Frederico. *Curso de direito penal.* São Paulo: Saraiva, 1954. v. 2; POLAINO NAVARRETE, Miguel. *Lecciones de derecho penal:* parte general. Madrid: Tecnos, 2013. t. II; RAMOS TAPIA, Maria Inmaculada. In: ZUGALDÍA ESPINAR, José M. (Org.). *Derecho penal:* parte general. 2. ed. Valencia: Tirant lo Blanch, 2004; ROXIN, Claus. *Derecho penal:* parte general. Trad. Luzón Peña et al. Madrid: Civitas, 2008. t. I: Fundamentos. La estructura de la teoría del delito; TAVARES, Juarez. *Teorias do delito.* São Paulo: RT, 1980; WEIGEND, Thomas. *Tratado de derecho penal:* parte general. Trad. Miguel Olmedo Cardenete. 5. ed. Granada: Editorial Comares, 2002; WELZEL, Hans. *Derecho penal alemán.* Trad. Bustos Ramirez e Yañes Pérez. 12. ed. Santiago: Editorial Jurídica de Chile, 1987; WESSELS, J. *Derecho penal:* parte geral. Trad. Juarez Tavares. Porto Alegre: Fabris, 1976.

Considerações gerais

Se o dolo consiste no conhecimento dos elementos do tipo, a errada representação de um deles faz com que a vontade dirija-se à realização de um fato não proibido, um fato não típico. Assim, o dolo como conhecer e querer a conduta típica não se concretiza se tiver ocorrido um erro. O erro e o dolo condicionam-se e vice-versa, como diz Fiore (2001, p. 275), pois o errôneo conhecimento impede que haja uma vontade voltada à prática do delito, inexistindo, portanto, o dolo.

Mas algumas questões se impõem: quando o erro recai sobre um dado essencial, um elemento constitutivo do tipo legal de crime, e quando o erro é invencível, não evitável. Ademais, se evitável, cabe saber se se configura ou não a forma culposa, como explicita a parte final do art. 20 do CP.

Considerações nucleares

O dolo pressupõe, como já assinalado, o conhecimento de todos os elementos essenciais do tipo legal, ou seja, os positivos e negativos do tipo, em sua integralidade, compreensiva das referências a dados objetivos, bem como os normativos, não apreensíveis sensorialmente, mas intelectualmente, e ainda mais o saber da "ausência dos pressupostos das causas de justificação" (LUZÓN PEÑA, 2012, p. 260), ou seja, o conhecimento da inocorrência dos aspectos que tornariam justificada a conduta.

Erro essencial

O erro é essencial quando o que se conhece efetivamente contrasta com os elementos constantes da conduta típica proibida no tipo legal de crime, ficando clara a impossibilidade de se considerar a existência de dolo. O agente não se apercebe da conduta típica que está a realizar, faltando o dado psicológico do dolo, por vício no conhecimento.

Esse erro pode dizer respeito à natureza do objeto sobre o qual recai a conduta, sendo exemplo atirar em uma figura no campo que representava ser um espantalho quando, na verdade, era um homem. A vontade estava dirigida a acertar um espantalho, mas se atinge uma pessoa. Não há dolo de homicídio, não se configura, destarte, o crime.

O erro pode se dar em face de dado normativo, coisa alheia, no crime de furto, conforme o exemplo do engano ao pegar uma caneta do vizinho de mesa, com a certeza de que se está a guardar a própria. Na mesma situação encontra-se aquele que pensa lhe ter sido atribuída, por sentença firme, a propriedade de um veículo, de que tinha posse, e o vende, quando, na verdade, a decisão ainda dependia de recurso. A venda do carro não constitui apropriação indébita, pois não se pretendeu alienar coisa alheia, como se própria fosse, na medida em que erradamente se representou que, no caso, o carro já era de sua propriedade.

Assim, a falsa representação da decisão judicial como firme é, diz Fiore (2001, p. 280), idêntica a uma falsa representação de dado da realidade. Como já afirmei em *Instituições* (2012, p. 228), *o erro pode atingir* a própria qualificação da coisa que era alheia, por já se ter operado a tradição, com desconhecimento do agente, ou ainda era alheia, porquanto não ocorrido o trânsito em julgado da sentença outorgante da propriedade.

O erro pode referir-se a uma interpretação equivocada do significado do elemento normativo, constante do tipo legal (LUZÓN PEÑA, 2012, p. 264). O agente realiza uma valoração paralela, no âmbito do profano, acerca do conteúdo do elemento normativo, por exemplo, justa causa, no crime de violação de correspondência. Pode se enganar sobre o que constitui justa causa, pensando a secretária que é de sua função abrir toda e qualquer correspondência, agindo, ao abrir uma carta pessoal, com a falsa impressão de que está a cumprir o seu dever funcional e não descumprindo o dever de preservação da vida privada.

Igualmente, o erro pode se dar em face do instrumento utilizado, de que é exemplo o fato de o agente tomar um revólver que pensa estar, com certeza, descarregado, e, por graça, puxar o gatilho contra o amigo, matando-o, pois alguém municiara a arma sem o seu conhecimento.

O erro pode incidir também sobre o dispositivo legal que complementa a norma penal em branco, podendo-se lembrar a portaria da Anvisa que discrimina quais são as substâncias consideradas estupefacientes. Jescheck (2002, p. 331) bem observa que a norma complementar é integrante do tipo, pois a norma proibitiva resultaria incompreensível sem o dado concretizador da conduta, razão pela qual à norma complementar aplicam-se as "regras gerais do erro". Assim, o erro sobre um dado objetivo do dispositivo legal complementar constitui um erro de tipo.

Um erro sobre a exclusão de determinada substância da lista da Anvisa, largamente difundida, mas a se operar no futuro próximo, pode levar ao erro de pensar já estar o produto fora da lista dos estupefacientes, situação que se constitui, então, em erro de tipo.

O erro essencial pode também dizer respeito ao curso causal, que, como se viu, integra o dolo, pois, como diz Jescheck (2002, p. 334), o agente deve visualizar o caminho causal em seus dados essenciais, uma vez que constituem igualmente um elemento do tipo. Trata-se o erro, referente ao curso causal, da ocorrência, no trajeto ao resultado, de um desvio, que conduz a resultado diverso, ou ao resultado pretendido, mas graças à interferência de fato externo, relativamente independente.

A questão coloca-se em meio à imputação objetiva e à perspectiva subjetiva, podendo ser resolvida por uma ou outra vertente.

Em matéria de erro, o recurso a exemplos é obrigatório: o agente fere a vítima com facadas, mas esta morre no hospital em razão de infecção das feridas; a vítima é jogada de uma ponte, para morrer afogada no rio, mas, antes de chegar à água, bate a cabeça em uma pilastra e morre de traumatismo craniano; a vítima, ferida a bala na perna, é conduzida ao hospital e morre em acidente da ambulância; a vítima, atingida, é pensada morta, mas sobrevive, e morre ao se ocultar o presumido cadáver.

Primeiramente, se ocorreu a intervenção de causa relativamente independente, como se viu no comentário ao art. 13 do CP, o resultado final não é imputável ao agente. Resolve-se a questão no campo da imputação. No exemplo da morte por infecção das feridas, se houve descuido do hospital, há apenas tentativa de homicídio, e o resultado morte vem a se dar por conta de causa relativamente independente, consistente na incúria do tratamento[32].

Apenas no último caso, do ocultamento do corpo da vítima, houve um erro, ao se pensar que morrera, quando estava viva, mas o erro não é sobre o curso causal, e sim sobre a natureza do objeto material do ocultamento. Todavia, pode-se imaginar exemplo de erro no curso causal, na hipótese lembrada de acionar revólver que se entendia sem munição. Outra possibilidade está no fornecimento de sonífero em quantidade que se queria apenas para adormecer profundamente a vítima, para a furtar, mas que a levou à morte.

Erro não essencial e o § 3º do art. 20

O erro, como acima destaquei, deve recair sobre dado essencial. Pode, todavia, incidir sobre elemento acidental, *verbi gratia*, na hipótese de pensar o agente que o objeto subtraído era de Paulo e não de José, como de fato era. Outro exemplo de erro sobre o objeto, de que é espécie o erro sobre pessoa, está em atirar para

---

[32] Em sentido contrário, Ramos Tapia (2004, p. 525) adverte que, conforme a imputação objetiva, se é possível ver o resultado como concreção do perigo criado com a ação dolosa, responde o agente por homicídio.

matar Antônio, que se vê ao longe, e depois verificar-se ser Marcelo, com roupas parecidas com as da pretendida vítima. Nesta hipótese, adotam-se, na aplicação da pena, as condições e qualidades da vítima que, originalmente, se pretendia atingir, por exemplo, a circunstância agravante de ser a vítima pessoa velha.

Erro invencível, vencível e crime culposo

O erro deve ser relevante, por ser relativo a dado essencial, mas, também, por ser invencível, ou seja, não passível de se evitado, não perceptível, segundo as condições objetivas e pessoais do agente. A medida há de ser a razoabilidade do erro, em face de uma pessoa ponderada, mas observados aspectos extraordinários, por vezes existentes. Se era a realidade fática apreensível ao homem comum, segundo a atenção normal, tendo o agente, nas circunstâncias, possibilidade de ser atento, não estando sujeito a qualquer fator extraordinário que impedisse tal cuidado, o erro ocorrido na prática delitiva era vencível, irrelevante, pois passível de ser evitado.

Na hipótese de erro vencível, a conduta resta punível apenas a título de culpa, se a forma culposa deste determinado tipo de crime for prevista normativamente, devendo ser constatado, ademais, conforme pondera Fiore (2001, p. 277), que na raiz do erro se ache a violação de uma regra de diligência. Como assinala Hungria (1958, p. 78), o erro exclui o dolo, mas não excluirá a culpa, "se se apresenta como uma anormalidade em face da experiência comum". Se a hipótese culposa não está prevista, por exemplo, no furto, o fato praticado com erro vencível resta impune.

Se o agente atuou com "temerário desprezo pela verdade", incidindo em erro, em razão de uma cegueira ante os fatos, agindo com extraordinário desinteresse frente à realidade, poder-se-ia admitir haver dolo eventual, como tem reconhecido a jurisprudência espanhola (TAPIA, 2004, p. 516).

Esta solução, todavia, é inadmissível, pois, se houve falta de cuidado na apreensão da realidade e na avaliação da situação, a norma do art. 20 apenas permite a responsabilidade a título de culpa, desde que, logicamente, a forma culposa seja normativamente estabelecida. Se não o for, o fato perdura impunível, mesmo sendo vencível o erro, porquanto inaceitável a punição por dolo, mesmo que seja eventual.

Erro determinado por terceiro (§ 2º do art. 20)

Estatui o § 2º do art. 20 que se o erro foi determinado por terceiro, responde este pelo crime. O causar o erro no agente deve ter sido intencional, como no exemplo de alguém que incita o agente a atirar em uma moita, na qual sabe que sempre adormece um seu desafeto. Trata-se de autoria mediata e imediata, atuando o agente como *longa manus*, sendo apenas um instrumento do crime, na verdade, perpetrado pelo instigador, por meio do instigado. Deve-se, quando alguém se vale de outrem para a prática do delito, punir a este e não àquele que, em geral, age delituosamente sem o saber. Deve-se castigar ao autor real e não ao seu instrumento (MUÑOZ CONDE e GARCÍA ARÁN, 2010, p. 435), o homem por detrás, que induz ao engano e comete o crime, não por sua própria mão, mas se valendo da mão de terceiro (POLAINO NAVARRETE, 2013, p. 244), que atua em estado de erro.

Discriminantes putativas

De acordo com o § 2º do art. 20 do CP, haverá erro de tipo se, de forma plenamente justificada, o agente supõe situação de fato que, se existisse, tornaria a ação legítima.

Há duas posições na doutrina acerca do erro quanto às circunstâncias que se reconhece enganadamente existentes, mas que, se existissem, efetivamente tornariam a conduta lícita. Assim, a errônea compreensão de um dos elementos da situação real, representada equivocadamente como situação de legítima defesa, pode, segundo uma das conceituações da doutrina (teoria extrema da culpabilidade), constituir um erro sobre a legitimidade da ação, não se tendo consciência da sua ilicitude; para outra (teoria limitada da culpabilidade), contudo, o erro sobre circunstância de fato, que, se existisse, faria a ação ser legítima, é um erro de tipo, pois o tipo é global (LUZÓN PEÑA, 2012, p. 260), açambarcador dos elementos positivos e negativos, e o dolo deve compreender a todos, sendo o dado negativo, referente ao conhecimento da ausência de situação, que torna a conduta lícita.

Se o agente reconhece a presença de um dado negativo da ilicitude e o faz por erro invencível, ocorre, segundo a teoria limitada da culpabilidade, um erro de tipo. Como acentuei, por adotar a teoria dos elementos negativos do tipo, e vendo, na antijuridicidade, apenas a tipicidade negativa, o outro lado da moeda, em uma compreensão global do tipo, é evidente que, integrando o tipo a causa de exclusão, um erro sobre um dos elementos de uma causa de exclusão constitui, a meu ver, um erro de tipo, que exclui o dolo.

Todavia, o erro deve ser invencível, ou seja, não passível de ser evitado. Se evitável, o agente responderá por culpa, se o tipo penal prever a forma culposa, conforme edita a parte final do parágrafo em comento.

Assim, se o agente pensar, erradamente, que a vítima saca de uma arma e, então, atira antes, matando-a, cabe ver se o erro era invencível, caso em que se exclui o dolo, não respondendo o autor dos disparos por crime culposo; no entanto, se o erro era vencível, perceptível o engano, com o cuidado normal e atento, nas circunstâncias dadas, o agente, pela falta de diligência, deverá responder por homicídio culposo.

Erro sobre a ilicitude do fato

Art. 21. O desconhecimento da lei é inescusável. O erro sobre a ilicitude do fato, se inevitável, isenta de pena; se evitável, poderá diminuí-la de um sexto a um terço.

Parágrafo único. Considera-se evitável o erro se o agente atua ou se omite sem a consciência da ilicitude do fato, quando lhe era possível, nas circunstâncias, ter ou atingir essa consciência.

Bibliografia: CEREZO MIR, José. *Derecho penal:* parte general. São Paulo: RT, 2007; FIANDACA, G. e MUSCO, E. *Diritto penale:* parte generale. 2. ed. Bologna: Zanichelli, 1989; FIORE, Carlo. *Diritto penale:* parte generale. Torino, 2008. v. 1; FORTI, Gabbrio. *Colpa e evento nel diritto penale.* Milano: Giuffrè, 1990; GRACIA MARTIN, Luis. *Fundamentos de dogmática penal: una introducción a la concepción finalista de la responsabilidad penal.* Barcelona: Atelier, 2006; JAKOBS, Gunther. *Derecho penal:* parte general. Trad. Joaquim Contreras e José Luis S. Gonzalez de Murillo. 2. ed. Madrid: Marcial Pons, 1997; JESCHECK, Hans-Heinrich e WEIGEND, Thomas. *Tratado de derecho penal:* parte general. Trad. Miguel Olmedo Cardenete. 5. ed. Granada: Editorial Comares, 2002; LEITE, Alaor. *Dúvida e erro sobre proibição no direito penal:* atuação nos limites entre o permitido e o proibido. São Paulo: Atlas, 2013; MAIWALD, M. *L'evoluzione del diritto penale tedesco in un confronto con il sistema italiano.* Torino: Giappichelli, 1993; MARQUES, José Frederico. *Curso de direito penal.* São Paulo: Saraiva, 1954. v. 2; MUNHOZ Neto, Alcides. *A ignorância da antijuridicidade em matéria penal.* Rio de Janeiro: Forense, 1978; MUÑOZ CONDE, Francisco e GARCIA ARÁN, Mercedes. *Derecho penal:* parte general. 8. ed. Valencia: Tirant lo Blanch, 2010; POLAINO NAVARRETE, Miguel. *Lecciones de derecho penal:* parte general. Madrid: Tecnos, 2013. t. II; RAMOS TAPIA, Maria Inmaculada. In: ZUGALDÍA ESPINAR, José M. (Org.). *Derecho penal:* parte general. 2. ed. Valencia: Tirant lo Blanch, 2004; ROXIN, Claus. *Derecho penal:* parte general. Trad. Luzón Peña et al. Madrid: Civitas, 2008. t. I: Fundamentos. La estructura de la teoría del delito; TAVARES, Juarez. *Teorias do delito.* São Paulo: RT, 1980; TOLEDO, Francisco de Assis. *Princípios básicos de direito penal.* 4. ed. São Paulo: Saraiva, 1988; WELZEL, Hans. *Derecho penal alemán.* Trad. Bustos Ramirez e Yañes Pérez. 12. ed. Santiago: Editorial Jurídica de Chile, 1987; WESSELS, J. *Derecho penal:* parte geral. Trad. Juarez Tavares. Porto Alegre: Fabris, 1976.

Considerações gerais

Prevaleceu até recentemente o princípio *error iuris nocet*, segundo o qual seria irrelevante o denominado erro de direito. O âmbito de aplicação do referido princípio, contudo, passou a ser reduzido ao se admitir a importância do erro incidente sobre direito extrapenal, especialmente se a lei penal faz referência a disposições regulamentares. Injustificável, no entanto, que se reconheça relevo ao erro de direito extrapenal e não ao erro referente à norma penal (CEREZO MIR, 2007, p. 970 e s.), pois não é por ser a norma de natureza penal que se há de excluir a ocorrência de erro sobre a proibição da conduta.

Conhecimento e erro são as duas faces da mesma moeda. O erro constitui uma representação não correspondente à realidade, uma representação falsa de dado concreto ou normativo. Assim, o erro pode incidir sobre um elemento de fato, confundindo-se um homem com um espantalho, contra o qual se atira, conforme tratado no comento ao artigo anterior.

O erro, todavia, pode incidir também sobre a permissividade de uma determinada conduta, desconhecendo o sujeito a proibição jurídica que lhe era possível apreender. O agente atua sem representar a ilicitude de seu comportamento: incide em erro quem ignora a proibição existente, dela duvida ou atua com a certeza da licitude de sua ação, como adiante se examinará (LEITE, 2013, p. 190) O juízo sobre a ilicitude de uma conduta também pode ser objeto de erro, de uma falsa representação. A consciência do injusto, portanto, tem o seu reverso no erro de proibição, que constitui uma das razões pelas quais não se reprova a conduta *prima facie* criminosa, com a consequente exclusão da culpabilidade, entendida como juízo de censura.

Censura-se a conduta, pois, diante do conhecimento do injusto, o sujeito deixa de se motivar pelo comando emitido pela norma, decidindo e atuando contrariamente a ela, malgrado tenha a consciência da proibição que recai sobre seu comportamento.

Considerações nucleares

Se a norma penal visa a impedir a realização de determinadas condutas, é porque há um processo de comunicação, por via do qual os destinatários da norma tomam consciência do proibido, sendo possível a internalização da ordem emanada da lei, sem o que não se poderia falar em conhecimento do injusto (MUÑOZ CONDE; GARCIA ARÁN, 2010, p. 182)[33]. Para ter capacidade de se comportar em conformidade com a norma, há de ser possível o acesso ao conteúdo dessa norma (LUZÓN PEÑA, 2012, p. 496 e s.), tendo-se por pressuposto capacidade de decisão e de atuação, ou seja, liberdade nas circunstâncias, liberdade situada.

De outra parte, também sob a perspectiva de reafirmação pela lei penal do valor afrontado pela conduta, como em vista da reeducação do agente, tem-se por pressuposto o conhecimento do conteúdo da obrigação, pois não se justificaria a punição, senão em vista de fato que expressa reconhecido contraste com os valores sociais consagrados na lei (FIORE, 2008, p. 411). Mas o essencial é não derivar a exigência da possibilidade de conhecimento do injusto, do atendimento à finalidade atribuída à pena. Ao se atender pelo elemento do conhecimento do injusto aos fins da pena se está, tão só, a confirmar o relevo desse dado componente da estrutura do delito.

O potencial conhecimento do injusto coloca-se, portanto, como dado integrante da estrutura do delito, sendo não configurada a figura delituosa, em todos os seus elementos, se tiver havido erro quanto à proibição jurídica da conduta, à sua contrariedade ao permitido.

---

[33] Roxin (2008, p. 467) denomina acessibilidade à norma a possibilidade de o agente conhecer a norma e de se pautar por esse conhecimento, formando parte da culpabilidade, consistente não só em poder conhecer a norma, questão de relevo quanto ao aspecto ora em exame, mas também em ser o agente dotado da capacidade de livremente se autodeterminar.

Este conhecimento da ilicitude de uma conduta, ou seja, do seu caráter de proibida, é dado que se situa no dolo, para os adeptos de uma concepção psicológica de culpabilidade. Para os finalistas situa-se na culpabilidade, entendida esta como puro juízo de valor, pois o dolo integra a ação, e o potencial conhecimento do injusto consistiria em uma das razões pelas quais se reprova o agente.

Além do mais, há de se distinguir a exigência de uma consciência atual da ilicitude da exigência da possibilidade de o agente de ter esse conhecimento. Tal questão se põe na esfera do juízo de evitabilidade do erro, que já se reconhece ocorrido, realizando-se um juízo normativo – não de realidade –, sendo a possibilidade de conhecimento o reconhecimento da evitabilidade do erro; não o reconhecimento da necessidade da sua exclusão[34].

Da combinação desses dois critérios brotam as teorias do dolo e da culpabilidade com referência ao erro sobre a ilicitude:

a) Teoria do dolo

Para a teoria do dolo, este é uma das formas da culpabilidade, ao lado da culpa, e a consciência da ilicitude é um dos elementos do dolo. Ausente a consciência da ilicitude, desaparece o dolo.

Duas linhas de desenvolvimento apresenta a teoria do dolo: a primeira exige a consciência atual da ilicitude, do desvalor da ação em face do direito, com conhecimento da realização antijurídica do tipo, denominada teoria extrema. Para a teoria limitada do dolo, mesmo que o agente não tenha consciência da ilicitude, decorrente de sua cegueira jurídica ou inimizade para com o direito, igualmente se deve entender a ação como dolosa: acresce-se ao dolo, como diz Assis Toledo (2008, p. 30), "uma particular culpa na condução da vida". Dessa forma, nem sempre é, para a teoria limitada, necessário ter a consciência atual da ilicitude, pois há hipóteses em que, malgrado tal consciência inexista, em razão de "cegueira jurídica", assim mesmo se configura o dolo.

Se o erro é inevitável, segundo a teoria abordada, o dolo está excluído. Se evitável, o agente responde por culpa, se houver previsão da forma culposa para o delito, o que deixa no campo da impunidade larga esfera de condutas, pois sabidamente são raras as previsões das hipóteses culposas. Desse modo, objetava-se à teoria do dolo deixar impune a prática de delitos, por erro evitável, se a forma culposa não estivesse prevista. Para enfrentar essa questão, surge a teoria que se denominou "teoria modificada do dolo", segundo a qual, na hipótese de erro evitável, deve-se aplicar a pena atenuada, que teria sido adotada pelo nosso Código, ao

---

[34] Com razão, Leite (2013, p. 35 e s.) insiste na diferenciação entre erro e evitabilidade. Primeiramente, deve-se reconhecer se havia erro, ou não; depois, segundo o Autor, perquirir se esse erro era evitável.

escusar o erro inevitável e prever a pena atenuada, nas situações em que ocorre o erro evitável.

b) Teoria da culpabilidade

Com a teoria finalista, a questão passa a ter outro enfoque, pois o dolo vem a integrar a ação e o tipo, sendo a culpabilidade um juízo normativo de censura, e a consciência da ilicitude uma das razões pelas quais se reprova. Esta posição veio da denominada "teoria da culpabilidade", pois a consciência da ilicitude diz respeito à culpabilidade, não ao dolo.

A consciência da ilicitude é inevitável se ao agente não era **possível** formar o juízo de que a ação era proibida. Contudo, se tinha a possibilidade de conhecer a injustiça de sua ação e omitiu as providências a seu dispor, para se inteirar acerca da proibição, a sua conduta deve ser censurada e punida, com pena diminuída, de um sexto a um terço, conforme edita o art. 21 do CP, *in fine*.

Diz Welzel (1987, p. 187) que uma ação é reprovável, porque o agente conhecia ou podia conhecer a sua antijuridicidade, sendo o homem responsável pela juridicidade de suas decisões: deve agir para evitar que o "conteúdo de suas resoluções não esteja conforme com o ordenamento jurídico". Se houver a mera possibilidade de conhecer a discordância da ação em face do ordenamento, é esta reprovável.

Dessa forma, o erro de proibição refere-se ao não conhecimento da desconformidade da ação em face ao ordenamento, bastando, para que não tenha relevo o erro, a possibilidade de conhecimento desse contraste, em juízo de evitabilidade do erro, posterior ao reconhecimento de ter o agente agido sob influência de um erro.

A teoria da culpabilidade, todavia, apresenta duas vertentes, que se moldam conforme venham a ser entendidas as descriminantes putativas, por exemplo, a legítima defesa putativa, como erro de tipo ou erro de proibição.

b.1) Teoria extrema da culpabilidade

Para a teoria extrema da culpabilidade, adotada por Welzel e, entre nós, por Munhoz Neto (1978, p. 115) na legítima defesa putativa, a errônea compreensão de um dos elementos da situação, representada equivocadamente como situação de defesa, constitui um erro sobre a legitimidade da ação, não se tendo consciência da ilicitude da ação. É um erro sobre uma circunstância que, se existisse, tornaria a ação legítima. Se esse erro for inevitável, a ação não é reprovável; se evitável, a pena deve ser atenuada.

b.2) Teoria limitada da culpabilidade

A teoria limitada da culpabilidade considera, ao contrário, que o erro sobre circunstância de fato, que, se existisse, tornaria a ação ser legítima é um erro de tipo. Assim, representar falsamente que o desafeto saca de uma arma, o que autorizaria a atuação do agente em legítima defesa, constitui um erro de tipo, não um erro de proibição sobre a legitimidade da ação. É um erro sobre um fato e exclui o dolo, apresentando a mesma contextura do erro de tipo e, portanto, levando à mesma consequência.

Se o erro inevitável recai sobre circunstância de fato que, se existisse, tornaria a ação legítima, há isenção de pena, por erro de tipo; se o erro é evitável, o fato será punível como culposo, se está admitida essa forma para o tipo de crime.

Adotando a teoria dos elementos negativos do tipo, e vendo na antijuridicidade apenas a tipicidade negativa (o outro lado da moeda), em uma compreensão global do tipo, como assinalei no comentário ao art. 20 do CP, o erro sobre um dos elementos de uma causa de exclusão constitui, a meu ver, um erro de tipo, que exclui o dolo.

Mas a teoria da culpabilidade limitada estabelece uma distinção entre o erro sobre circunstância de fato, que faria a ação ser legítima, se efetivamente existisse, e o erro sobre a existência e os limites da causa de justificação, quando, então, configura-se um erro de proibição.

c) Descriminante fática e erro de permissão

Nas descriminantes fáticas, legítima defesa putativa, há um erro sobre uma circunstância de fato da situação. No **erro de permissão**, há um equívoco acerca da existência ou dos limites da justificativa, há um erro sobre a qualificação da situação, e, segundo a teoria limitada, trata-se de um erro de proibição e não de tipo.

Se o agente equivoca-se, entendendo estar a ação coberta por uma causa de justificação não existente, há um erro sobre a legitimidade, que não decorre de uma apreciação falha da realidade, mas sim de um erro no reconhecimento da ação como justificada.

O erro pode ser, também, acerca dos limites de causa de justificação existente. Pode-se imaginar a hipótese de estagiário de direito de faculdade de "fim de semana", que se equivoque quanto à extensão do dispositivo do art. 142, inciso I, do CP, e, em petição urgente, venha a atribuir à parte contrária a prática de um crime, consciente de que está a exercer um direito, quando, na hipótese, apenas a injúria e a difamação não são puníveis.

Se o erro de permissão for inevitável, exclui-se a culpabilidade e a ação não é punível. Se o erro era evitável, pune-se com pena atenuada.

Opõe-se à teoria limitada o fato de que o erro vencível de tipo permissivo, erro sobre circunstância de fato da situação, restaria impune se não prevista a forma culposa do delito. Esse é exatamente o tratamento concedido ao erro de tipo, e cumpre indagar: caberia aplicá-lo ao erro de proibição? Creio, contrariamente ao que expusera anteriormente, que se deve estender ao erro de proibição, prevendo-se, como o faz o art. 21, *in fine*, do CP, uma punição atenuada ao erro evitável, tal como propõe a teoria estremada.

d) Posição do Código

Dúvida surge acerca da posição adotada em nosso Código, por força da Reforma de 1984. A Exposição de Motivos deixa claro que se adotou a teoria limitada, pois o dispositivo da descriminante putativa constitui um parágrafo do art. 20 do CP, relativo ao erro de tipo. Se o erro é vencível ou evitável, art. 20, § 1º, não cabe isenção de pena, mas enquadramento como crime culposo, caso admitida esta forma, com relação ao tipo. Se o erro de proibição, sobre a ilicitude do fato, for inevitável, há isenção de pena, conforme preceitua o art. 21; mas, se evitável, a pena poderá ser diminuída, de um sexto a um terço (parte final do art. 21 do CP). Assim, a meu ver, efetivamente, o CP abraça a teoria limitada, tratando diferentemente o erro de tipo permissivo e o erro de permissão.

De outra parte, o art. 21, parágrafo único, do CP estabelece ser o erro evitável quando era possível ao agente obter, nas circunstâncias concretas, a consciência da ilicitude.

Considerações finais

Leite (2013, p. 132) reclama, com razão, não se ter ainda, efetivamente, aplicado a eximente do Erro de Proibição. E examina com profundidade se o Estado de Dúvida é ou não compatível com o Erro, pois, ao se estabelecer que a dúvida é incompatível com o erro, termina-se por, na prática, instituir o princípio *error iuris nocet*. Há de se concordar com Leite, ao entender que a dúvida é um caso de erro de proibição, pois não se exige que haja convicção de não ser proibido, nem de que é lícita a conduta, sendo relevante a situação de incerteza sobre a ilicitude, para não se exigir que o agente desista da conduta.

O problema que surge é o de avaliar se o agente poderia ou não, por via de informação, sair do Estado de Dúvida, resultando dessa avaliação concluir se era o erro evitável ou inevitável, e, na hipótese de o ser evitável, em que medida, para dosagem da redução da pena, dentro dos limites entre um sexto e um terço.

Pode-se, contudo, entender que já houve reconhecimento do Erro de Proibição, na hipótese de ter ocorrido orientação das autoridades administrativas, ou da jurisprudência, acerca da legitimidade da ação, quando o agente a realiza coberto pela boa-fé de não ser proibida pelo direito.

Munhoz Neto (1978, p. 97) lembra, como exemplo, que, se houver esclarecimentos dos funcionários da administração acerca do alcance da lei e pelo fato de ter o agente sido antes absolvido, configura-se erro inevitável de proibição.

Assim, quando o agente é induzido pela autoridade ou por decisão judicial para a prática de uma ação, surge, no espírito do agente, a justa expectativa de não ser a ação proibida.

O constante recurso do legislador a figuras de perigo abstrato, consistentes no desrespeito a normas regulamentares, conduz, evidentemente, à maior incidência do erro de permissão. Exemplo flagrante está em toda a Lei de Crimes contra o Meio Ambiente, podendo ser lembrado o art. 56 da Lei Federal n. 9.605/98, segundo o qual constitui crime ter em depósito substância tóxica em desacordo com as exigências estabelecidas em leis ou regulamentos.

Coação irresistível e obediência hierárquica

Art. 22. Se o fato é cometido sob coação irresistível ou em estrita obediência a ordem, não manifestamente ilegal, de superior hierárquico, só é punível o autor da coação ou da ordem.

Bibliografia: ANDREUCCI, Ricardo. *Coação irresistível por violência*. São Paulo: Bushatsky, 1973; BETTIOL, Giuseppe e MANTOVANI, Luciano Pettoello. *Diritto penale:* parte generale. 12. ed. Padova: Cedam, 1986; CAMARGO, J. A. *Direito penal brasileiro*. São Paulo, 1881; CAMPOS PIRES, A. *Coação irresistível*. 2. ed. Belo Horizonte, 1973; CEREZO MIR, José. *Derecho penal:* parte general. São Paulo: RT, 2007; DELITALA. Adempimento di un dovere. *Enciclopedia del Diritto*, v. I, 1976, p. 571; FIANDACA, G. e MUSCO, E. *Diritto penale:* parte generale. 2. ed. Bologna: Zanichelli, 1989; FIGUEIREDO DIAS, J. *Questões fundamentais revisitadas*. São Paulo: RT, 1999; FORTI, Gabbrio. *Colpa e evento nel diritto penale*. Milano: Giuffrè, 1990; GARCIA, Basileu. *Instituições de direito penal*. 7. ed. São Paulo: Saraiva, 2008. v. 1; GRACIA MARTÍN, Luis. *Fundamentos de dogmática penal:* una introducción a la concepción finalista de la responsabilidad penal. Barcelona: Atelier, 2006; HUNGRIA, Nélson. *Comentários ao Código Penal:* arts. 10 a 27. Rio de Janeiro: Forense, 1958; JAKOBS, Gunther. *Derecho penal*: parte general. Trad. Joaquim Contreras e José Luis S. Gonzalez de Murillo. 2. ed. Madrid: Marcial Pons, 1997; JESCHECK, Hans-Heinrich e WEIGEND, Thomas. *Tratado de derecho penal:* parte general. Trad. Miguel Olmedo Cardenete. 5. ed. Granada: Editorial Comares, 2002; MUÑOZ CONDE, Francisco; GARCIA, Mercedes Arán. *Derecho penal*: parte general. 8. ed. Valencia: Tirant lo Blanch, 2010; PAGLIARO, Antonio. *Principi di diritto penale*: parte generale. Milano: Giuffrè, 1972, p. 185; MAIWALD, M. *L'evoluzione del diritto penale tedesco in un confronto con il sistema italiano*. Torino: Giappichelli, 1993; MARQUES, José Frederico. *Curso de direito penal*. São Paulo: Saraiva, 1954. v. 2; PETROCELLLI, Biagio. *La colpevolezza*. 3. ed. rev. Padova: Cedam, 1962; POLAINO NAVARRETE, Miguel. *Lecciones de derecho penal:* parte general. Madrid: Tecnos, 2013. t. II; RAMOS TAPIA, Maria Inmaculada. In: ZULGADÍA ESPINAR, José M. (Org.). *Derecho penal:* parte general. 2. ed. Valencia: Tirant lo Blanch, 2004; RIVACOBA Y RIVACOBA, Manuel de. *La obediencia jerárquica en el derecho penal*. Prólogo de Francisco Blasco e Fernández de Moreda. Valparaíso: Universidad de Chile, 1969; ROXIN, Claus. *Derecho penal:* parte general. Trad. Luzón Peña et al. Madrid: Civitas, 2008. t. I: Fundamentos. La estructura de la teoría del delito; TAVARES, Juarez. *Teorias do delito*. São Paulo: RT, 1980; WELZEL, Hans. *Derecho penal alemán*. Trad. Bustos Ramirez e Yañes Pérez. 12. ed. Santiago: Editorial Jurídica de Chile, 1987; WESSELS, J. *Derecho penal:* parte geral. Trad. Juarez Tavares. Porto Alegre: Fabris, 1976.

Considerações gerais

A culpabilidade[35] consiste na reprovação jurídico-penal e social do comportamento que traduz, também, como diz Luzón Peña (2012, p. 501), geralmente, uma conotação de caráter ético. Reprova-se juridicamente o agente em face de uma conduta, por se ter agido com vontade ilícita, como afirma Bettiol (1986, p. 321), uma vez que o processo motivacional não era conturbado por circunstâncias anormais. O cerne da culpabilidade, dita normativa, estaria na exigibilidade de outra conduta, ou seja, na possibilidade de se ter atuado de outro modo.

Hoje, verifica-se, contudo, a verdadeira impossibilidade de constatar esse "poder agir de outra maneira", abstendo-se da prática delituosa, mas nem por isso se deixa de poder realizar, consideradas as circunstâncias do fato, independentemente da régua da possibilidade de atuar de outra maneira, um juízo de censura, uma reprovação pela não adesão à ordem jurídica na situação dada. Na linha de Bettiol, reprovável não é a vontade de um fato ilícito, mas a vontade em si mesma ilícita.

A culpabilidade, sob o ângulo normativo, nasceu não para reprovar, mas para não reprovar. Essa não reprovação decorre de um juízo de ser a opção contrária ao direito, apesar de ilícita, desculpável.

Roxin pretende ver dois momentos: primeiramente, o da culpabilidade decorrente da acessibilidade à norma, que engloba poder conhecer o mandamento legal e poder se autodeterminar; depois, o da responsabilidade, quando o Estado renuncia à punição, tendo em vista a situação excepcional, em função da qual se torna desnecessária a pena, seja como prevenção geral, seja como prevenção especial[36]. Assim, faz derivar da necessidade de prevenção um dos elementos constitutivos do delito, o que já foi objeto de minha contestação (REALE JÚNIOR, 2012, p. 123 e s.)[37], pois não se pode defluir do atendimento às finalidades da pena a composição do delito, o reconhecimento dos elementos que o integram.

---

[35] A culpabilidade deixou de consistir em um conceito genérico, de caráter psicológico, englobante do dolo e da culpa, para ganhar aspecto de reprovação, a partir da constatação da não reprovação, na hipótese de a conduta ter ocorrido dentro de circunstâncias anormais, que de forma anormal motivaram o agente. Sobre um escorço histórico da evolução da culpabilidade normativa, v. Cerezo Mir, 2007, p. 849 e s.

[36] A função político-criminal da culpabilidade está em impedir que abusos sejam praticados, na imposição da pena, por motivos de prevenção geral ou especial. Conclui, assim, Roxin (2008, p. 813) que a culpabilidade constitui *um limite da pena, e não o seu fundamento*, e uma sanção *jurídico-penal limitada pela culpabilidade se chama pena*. Desse modo, ao ver de Roxin, pode deixar-se de aplicar a pena, não em razão da ausência da culpabilidade, como elemento do crime, mas em virtude da desnecessidade em face da finalidade preventiva da pena.

[37] No mesmo sentido, Luzón Peña (2012, p. 509), segundo o qual "a necessidade ou desnecessidade da prevenção especial não pode explicar a presença ou ausência de culpabilidade", sendo que a não necessidade da pena, em face da prevenção geral, simplesmente confirmará ou reforçará a exculpação fundada na falta de normal motivação. Veja-se também Figueiredo Dias (1999, p. 129 e s.).

A função imperativa da norma deixa de existir quando a ação se dá em circunstâncias excepcionais, que tornam impossível a formação de um querer imune de defeitos, razão pela qual a conduta deixa de ser reprovável, apesar de ilícita.

Considerações nucleares

a) Coação irresistível

A fonte do desenvolvimento da culpabilidade normativa realizou-se, portanto, por via do seu não reconhecimento, ou seja, na exculpação diante de situação anormal, em caso de coação, quando, depois da guerra, com alto desemprego, os empregados viam-se atemorizados para bem cumprir todos os comandos dos patrões para não serem despedidos. Assim, o conhecido fato da absolvição do cocheiro, que atrelou cavalos sabidamente ariscos por mando do seu empregador, vindo a causar um acidente.

A inexigibilidade, ponderava-se, não se restringe aos casos de coação, mas seu conteúdo deflui dos imperativos éticos do momento e do ambiente no qual se encontra o agente (PETROCELLI, 1962, p. 109), pretendendo que viesse a se constituir uma causa geral, supralegal, da exclusão de culpabilidade. Todavia, considero que deva haver, primeiramente, a constatação da existência de uma situação anormal, para depois se avaliar se nesta situação, tendo em vista as condições pessoais do agente, sua opção, contrária ao direito, era ou não para ser considerada válida e, portanto, não reprovável.

Esse juízo da positividade ou negatividade da opção contra o Direito é de se realizar em dois momentos, pois, do contrário, gera-se profunda insegurança. Só cabe esse juízo se presentes determinados requisitos próprios de uma situação extraordinária de necessidade.

Assim, primeiramente, a valoração a ser feita é da situação, como uma situação de necessidade ou de coação, caracterizada pela presença de determinados requisitos objetivos, e, posteriormente, a avaliação da opção realizada, em função de um valor que, naquela situação, assume relevância, perante o valor do Direito como dever ser.

O Direito impõe valores e se impõe como valor, porém, diante de determinadas situações, pode admitir como positiva uma opção em conflito com ele, considerando-a, excepcionalmente, válida.

Destarte, não é reprovável a ação, caso se tenha realizado em uma situação valorada normativamente como de necessidade, cujos requisitos estão fixados em lei ou pela jurisprudência. Dada a situação, cumpre examinar se a opção contra, e não a favor de um direito, é uma opção válida. Inexistindo os requisitos de uma situação de necessidade, não há falar em exame da reprovabilidade, pois só se passa ao segundo momento, que é o da determinação da validade da opção contra o Direito, no interior de uma situação tipicamente adequada como de necessidade.

Realiza-se uma imputação jurídica-social e moral, caso inocorra uma situação anormal típica, ou mesmo dentro desta situação era, no caso concreto, indesculpável a opção contrária ao direito.

Não é necessário arrimar-se no "poder agir diverso", raramente verificável e verificado, para não reprovar uma conduta contra o Direito, na circunstância de necessidade, pois cabe ao juiz, sem esta referência, ponderar se a ação é ou não censurável, ao se efetuar dentro de uma situação excepcional, fruto de relevante motivação anormal.

Diz o art. 22 do CP: "Se o fato é cometido sob coação irresistível... só é punível o autor da coação". O enunciado limita-se, na verdade, à locução "sob coação irresistível", sem fixar, com contornos precisos, o que seja "coação" e o que vem a ser "irresistível".

Parcamente se descreve a situação de coação, mas não deixa, todavia, de ter uma estrutura, isto é, um perfil do elementar invariável, pois se exige que o fato seja cometido *sob*, ou seja, *debaixo de*, o que pode interpretar-se como atualidade da coação, imediatidade.

A locução *coação irresistível*, por sua vez, vem a exigir que haja um ato de compelir, de constranger à prática ou não de algum ato, de forma irresistível, o que significa ser impossível de não aceder à imposição. Age-se, destarte, contra a sua vontade, em opção forçada em favor do que se é obrigado a fazer, e que não se faria, não fosse a ameaça de mal real e sério, prometido em caso de omissão do exigido.

Há um mínimo de tipicidade no instituto, mas fluido, pois não se descrevem os requisitos necessários para se configurar o ato de constranger, como coação irresistível, cabendo, então, examinar o instituto na legislação, na doutrina e na jurisprudência para colher quais são os seus contornos.

O Código Criminal do Império estabelecia no art. 10, 3º, que "não se julgarão criminosos: os que cometerem crimes violentos por força ou por medo irresistíveis". O CP de 1890, no art. 27, § 5º, estatuía que não são criminosos: "os que forem impelidos a cometer o crime por violência física ou ameaças acompanhadas de perigo atual".

Em sua primeira versão, o Projeto Alcântara Machado, no art. 14, II, estabelecia não ser passível de pena quem houvesse praticado a ação ou omissão, coagido por violência física irresistível ou ameaças, acompanhadas de perigo atual. No texto definitivo, excluiu-se a parte referente à coação moral, por se entender, a exemplo do CP da Itália, que tanto lhe serviu de modelo, que a hipótese "poderia entrar sem grande esforço no estado de necessidade".

A Comissão Revisora entendeu adotar, em homenagem à tradição do Direito pátrio, a fórmula do então art. 18. No Anteprojeto de Nélson Hungria e no CP de 1969 mantém-se a dirimente, com a *única* indicação "sob coação irresistível".

Na verdade, o legislador brasileiro refere-se, claramente, às duas formas (*vis corporalis* e *vis compulsiva*), nos Códigos do Império e da Primeira República: "força ou medo irresistíveis", "por violência física ou ameaças acompanhadas de perigo atual". O requisito do "perigo atual" consta do Código Republicano, mas, na verdade, pouco se afasta do caráter vago da fórmula do Código de 1940.

Joaquim Augusto de Camargo (1881, p. 295), o mais acurado penalista paulista do século XIX, considerava que, no constrangimento, o agente fica entre dois males imediatos, "de modo que não pode evitar um ou outro": ou prefere o mal da prática do delito, ou o mal ameaçado, desde que não seja justo, mas "certo, grave, inevitável, irresistível, inesperado, atual, iminente, indeclinável ou absoluto e vital para o ameaçado".

Os autores mais antigos referiam-se ao medo irresistível, irresistibilidade, estado de verdadeiro temor, intimidação por ameaça séria, tal como dispõe o atual CP da Espanha, que edita, no art. 20.6, estar isento de responsabilidade criminal quem age impulsionado por medo insuperável, ou seja, com temor de sofrer um mal que constrange sua liberdade de atuação responsável.

O medo deve ser aquilatado como insuperável, segundo dizem Ricardo Andreucci (1973, p. 48)[38] e Polaino Navarette (2013, p. 175), segundo as condições pessoais e o contexto social em que se dá o fato, sendo insuperável quando há incapacidade de dominar subjetivamente o temor infundido.

A ameaça que coage a ponto de retirar a capacidade de livremente decidir e atuar deve prever um mal futuro grave, e será irresistível se vier acompanhada de perigo sério e atual, *extraordinariamente difícil de suportar*. São estas as considerações de Nélson Hungria (1958, p. 259). Assim, deve causar a ameaça, como diz Campos Pires (1973, p. 71), um estado supressor da livre manifestação de vontade, devendo a irresistibilidade ser aferida na perspectiva peculiar a cada espécie de coação, levando-se em conta as circunstâncias em que ocorreu.

A experiência legislativa, a doutrina lembradas, de ontem e de hoje, realçam alguns dados da situação: perigo atual ou iminente, mal grave (morte, tortura, mutilação), ameaça de mal certo, ou seja, ameaça de mal gravíssimo e certo, de execução imediata.

Faz-se necessário preencher o tipo aberto da coação irresistível do art. 22 do CP, e nada obsta a construção de um modelo, visando a dotar de conteúdo uma fórmula vaga e imprecisa.

Exclui-se a culpabilidade, pois a vontade em favor da prática do delito vem viciada por um estado opressor, consistente em preferir a prática delituosa, em vez

---

[38] Afasta o recurso ao critério do homem médio, adotando critério da situação pessoal, que reconhece levar ao casuísmo, que, por isso mesmo, atende aos reclamos de superação de conceitos irreais.

de sofrer o mal grave, certo e sério. A seriedade e a certeza de surgir o mal prometido explicam e indicam a preferência em favor da prática do delito, escolha feita em circunstâncias anormais, altamente limitativas da liberdade pessoal.

A situação de necessidade, própria do Estado de Necessidade, é bem diversa do quadro da coação, pois nesta há um elemento constitutivo que inexiste naquela: o coator ou autor da ameaça. Doutra parte, a ameaça é sempre de mal futuro, não presente, por mais contígua no tempo que seja a execução do mal proposto. A ofensa, se é futura, é de ser, todavia, iminente, jamais distante no tempo, caso em que perderia seu efeito intimidativo.

A gravidade da ofensa refere-se não só à grandeza do bem jurídico, do direito ameaçado, mas também à extensão, dimensão do dano a esse bem jurídico, que pode afetar a própria pessoa ou alguém a que é ligada por laços de afeição.

Destarte, constrói-se o tipo da dirimente com a seguinte estrutura: não é punível o fato cometido sob ameaça de sofrer ofensa certa, iminente e grave a direito seu, ou de alguém com que seja ligado por laços de afeição, sendo a ação praticada nessas circunstâncias não reprovável.

Pelo crime realizado não responde o coagido, pois desculpável sua conduta, forçada em situação de anormalidade, mas o causador da prática delituosa, sim, responde, como autor mediato, por ser a fonte determinante da conduta delituosa, por

b) Obediência hierárquica

O art. 22 em comento estatui, em sua parte final, não ser punível o ato praticado em estrita obediência a ordem, não manifestamente ilegal, de superior hierárquico, respondendo pelo fato apenas o autor da ordem.

Mas o CP inclui dentre as causas de exclusão do crime o estrito cumprimento de dever legal (art. 23, III), por ter o agente atuado obedecendo a ditame decorrente de norma jurídica. Prevê o Código que haverá isenção de pena no caso de agir-se em obediência a superior hierárquico, com relação a ordem não manifestamente ilegal.

O CP italiano, todavia, reúne, como excludentes de ilicitude, o cumprimento de dever legal, decorrente de norma jurídica, e o cumprimento de ordem emanada de superior hierárquico. Estatui o art. 51 da lei italiana: "o cumprimento de um dever imposto por uma norma jurídica ou de uma ordem legítima de autoridade pública exclui a punibilidade".

No direito espanhol, o CP anterior também previa que estava isento de responsabilidade penal quem atuasse em razão de obediência indevida. Todavia, no novo Código, suprimiu-se este dispositivo, por se entender que conflitava com a justificativa do cumprimento de um dever, razão pela qual seria supérfluo (POLAINO NAVARRETE, 2013, p. 156).

Esta é a crítica feita por Basileu Garcia (2008, p. 408) à eximente da obediência hierárquica, mesmo porque não se configura, tal como na coação irresistível, uma situação anormal ou de necessidade, e, segundo manifestei acima, não havendo situação de necessidade, a opção em favor da ação delituosa não é de ser examinada como reprovável ou não.

O agente, ademais, não resta, como reconhece Basileu Garcia, no impasse criado por uma situação de necessidade, entre obedecer à ordem ou cumprir o ditame legal, uma vez que o comando não é manifestamente ilegal.

Na hipótese de obediência a ordem não manifestamente ilegal, pode-se entender ocorrer um erro de proibição, pois haveria um juízo equivocado sobre a licitude do ato, o que corresponde, aliás, à posição adotada pelo CP de Portugal, segundo o qual, art. 37, há uma obediência indevida desculpante, sem culpabilidade, se o funcionário cumpre ordem, sem conhecer que ela conduz à prática de um crime, não sendo isso evidente no quadro das circunstâncias por ele representadas, ou seja, não é manifestamente ilegal.

O certo, como ponto de partida para exame da questão, é o seguinte: a ordem manifestamente ilegal não cabe ser cumprida[39], sendo manifestamente ilegal: se quem a emite não tem competência para tanto; se não é atribuição do receptor da ordem realizar a ação determinada; se a ordem, quando exigida formalidade essencial, dela não se reveste; e, por fim, se a ação ordenada constitui claramente crime.

Se o agente não tem condições de desrespeitar esse comando ilegal, por medo de sanções administrativas graves, é de se analisar a configuração de uma situação de necessidade por coação, e, nas circunstâncias, se a ação não é reprovável e sim válida, excluindo-se a culpabilidade.

Todavia, se a ordem não é manifestamente ilegal, por força da hierarquia funcional, que subordina o funcionário ao seu superior, que ordena a prática da ação, deve esta ser realizada, mesmo porque há "uma presunção de legitimidade da ordem" (DELITALA, 1976, p. 571).

Mas se pode instalar a dúvida no espírito do subordinado, o que, conforme Alaor Leite (2012, p. 143 e s.), constitui um erro de proibição, pois a dúvida é compatível com o erro, restando apenas saber se era vencível ou invencível, ou seja, se o agente funcionário podia, nas circunstâncias, questionar e pesquisar sobre a legalidade da ordem recebida.

A rubrica lateral *obediência hierárquica* indica se colocar a questão exclusivamente no âmbito das estruturas hierarquizadas de Direito Público, pois o tipo não se refere à subordinação existente nas relações privadas entre patrão e empregado.

---

[39] A ordem será manifestamente ilegal – é de ser contestada. O temor pode caracterizar uma situação de coação, mas não obediência hierárquica.

Se o agente cumpre a ordem não por ajuizá-la erroneamente lícita, mas em razão de derivar de um comando do superior hierárquico, devendo, então, ser cumprida, pois não se apresenta como manifestamente ilegal, não se configura, a meu ver, uma hipótese de situação de anormalidade e de exclusão da culpabilidade. Há o cumprimento de um dever legal.

Se pairar alguma dúvida no espírito do receptor do comando, diante de uma ordem possivelmente ilegal, e, assim mesmo, age, atua em estado de erro de proibição, cumprindo que se examine se o erro, nas circunstâncias, era vencível ou invencível.

Se se entender que o inferior hierárquico, mesmo em caso de dúvida, podendo questionar, tem o dever de obediência, a ação fica destituída de ilicitude, como cumprimento de dever legal, pois não é possível impor-se o dever de obediência ao superior hierárquico quando a ordem não for manifestamente ilegal, e, doutra parte, reputar a prática da obediência, com a realização da ação ordenada, um crime. Se subordinado tem o dever de cumprir uma determinação e obedecer a ordem[40], que não se revela manifestamente ilegal, não se lhe permitindo questionar e se informar sobre a legalidade da ordem, configura-se a excludente do cumprimento de dever legal.

Considerações finais

Em suma, se a ordem não for manifestamente ilegal e não se revelar qualquer dúvida quanto à sua ilegalidade, então, o agente atua coberto pela excludente do cumprimento do dever legal.

Se, todavia, atua animado de dúvida sobre a legalidade, pode se configurar um erro de proibição, caso se reconheça ser o erro invencível na situação dada.

Resta saber se a pessoa sobre a qual recai a ação do subordinado, no cumprimento de ordem, possivelmente ilegal, pode reagir em legítima defesa. A resposta é sim. Para quem a ação é dirigida, trata-se de uma agressão injusta.

O subordinado está colocado entre o superior hierárquico, que ordenou a prática da ação, e a vítima da ação. Atua como um *longa manus*, é um executor de uma ordem, que, se for ilegal ou possivelmente ilegal, mas não manifestamente, responsabiliza tão só o autor da ordem. Atua o subordinado como autor imediato do superior hierárquico, que é o autor mediato.

A ação não deixa, portanto, em sua outra face, de ser antijurídica, vista pela vertente do autor da ordem, o que legitima a ação de defesa de quem sofre a ação do subordinado.

---

[40] Rivacoba y Rivacoba (1969, p. 163) – segundo o qual, na linha da jurisprudência, a ordem não deve ser uma manifestação de interesse particular do superior, e sim incluir-se em suas atribuições funcionais, e essa ordem deve-se incluir nos deveres do receptor do comando.

Exclusão de ilicitude

Art. 23. Não há crime quando o agente pratica o fato:

I – em estado de necessidade;

II – em legítima defesa;

III – em estrito cumprimento de dever legal ou no exercício regular de direito.

Excesso punível

Parágrafo único. O agente, em qualquer das hipóteses deste artigo, responderá pelo excesso doloso ou culposo.

Bibliografia: BOBBIO, Norberto. *Teoría dell'ordinamento giuridico*. Torino: Giappichelli, 1960; CEREZO MIR, José. *Derecho penal:* parte general. São Paulo: RT, 2007; DELITALA, G. Adempimento di un dovere. In: *Enciclopedia del Diritto*, v. I, 1958; FIANDACA, G. e MUSCO, E. *Diritto penale;* parte generale. 2. ed. Bologna: Zanichelli, 1989; FORTI, Gabbrio. *Colpa e evento nel diritto penale*. Milano: Giuffrè, 1990; FROSINI, V. Esercizio del diritto. *Novissimo digesto italiano*. Torino, 1960. v. VI; GRACIA MARTIN, Luis. *Fundamentos de dogmática penal:* una introducción a la concepción finalista de la responsabilidad penal. Barcelona: Atelier, 2006; JAKOBS, Gunther. *Derecho penal*; parte general. Trad. Joaquim Contreras e José Luis S. Gonzalez de Murillo. 2. ed. Madrid: Marcial Pons, 1997; JESCHECK, Hans-Heinrich e WEIGEND, Thomas. *Tratado de derecho penal:* parte general. Trad. Miguel Olmedo Cardenete. 5. ed. Granada: Editorial Comares, 2002; MAIWALD, M. *L'evoluzione del diritto penale tedesco in un confronto con il sistema italiano*. Torino: Giappichelli, 1993; MARQUES, José Frederico. *Curso de direito penal*. São Paulo: Saraiva, 1954. v. 2; MUÑOZ CONDE, Francisco e GARCIA, Mercedes Arán. *Derecho penal*: parte general. 8. ed. Valencia: Tirant lo Blanch, 2010; PAGLIARO, Antonio. *Principi di diritto penale*: parte generale. Milano: Giuffrè, 1972, p. 185; POLAINO NAVARRETE, Miguel. *Lecciones de derecho penal:* parte general. Madrid: Tecnos, 2013. t. II; RAMOS TAPIA, Maria Inmaculada. In: ZUGALDÍA ESPINAR, José (Org.). *Derecho penal:* parte general. 2. ed. Valencia: Tirant lo Blanch, 2004; REALE JÚNIOR, Miguel. *Instituições de direito penal:* parte geral. 4. ed. Rio de Janeiro: Forense, 2012; ROXIN, Claus. *Derecho penal:* parte general. Trad. Luzón Peña et al. Madrid: Civitas, 2008. t. I: Fundamentos. La estructura de la teoría del delito; TAVARES, Juarez. *Teoria do delito*. São Paulo: RT, 1980; WELZEL, Hans. *Derecho penal alemán*. Trad. Bustos Ramirez e Yañes Pérez. 12. ed. Santiago: Editorial Jurídica de Chile, 1987; WESSELS, J. *Derecho penal:* parte geral. Trad. Juarez Tavares. Porto Alegre: Fabris, 1976.

Considerações gerais

Tipicidade – antijuridicidade – exclusão

Por primeiro, cabe analisar a expressão inicial do artigo: "não há crime". Depois, comentar as excludentes do estrito cumprimento do dever legal e do exercício regular de direito, pois as justificativas do estado de necessidade e da legítima defesa virão a ser examinadas nos comentários aos arts. 24 e 25 do CP, que tratam delas especificamente.

Majoritariamente, a doutrina considera que o crime constitui uma ação correspondente a um tipo penal, antijurídica e culpável. Essa decomposição da estrutura do crime facilita a explicação, a qual há de se iniciar com o esclarecimento do que seja tipicidade e sua relação com a antijuridicidade.

O legislador escolhe uma conduta, que descreve por seus dados elementares invariáveis, construindo um modelo de comportamento, ao qual impõe uma sanção. Há dois momentos na construção do tipo penal: o de descrição da conduta e o da fixação de uma pena.

O legislador, ao criar uma norma incriminadora, não está tão somente a descrever, mas também a avaliar a conduta que descreve como lesiva de um valor importante à convivência social, tanto que, à sua prática, prevê a possibilidade de imposição de uma pena.

O direito, portanto, é valorativo e imperativo, pois revela valores fundamentais a serem preservados e os impõe, ao exigir o respeito a eles, sob ameaça de sofrimento de uma pena.

Assim, ao se construir uma descrição típica, um modelo de conduta, está-se indicando um valor ou bem a ser tutelado pelo direito, razão pela qual o tipo é descritivo e valorativo. A norma incriminadora, ao descrever uma conduta, não se limita a indicar dados objetivos, mas apresenta, também, aspectos subjetivos da conduta, e, algumas vezes, recorre a dados não objetivos, mas normativos, ou seja, a conceitos jurídicos ou morais.

No crime de receptação, por exemplo, descreve-se a conduta de comprar objeto produto de crime, por hipótese, fruto de um furto, porém, adiciona-se que a conduta há de se realizar com o agente conhecendo que se trata de produto de crime. Assim, faz-se menção a aspecto subjetivo, da mesma forma que no crime de furto faz-se referência a elemento normativo: subtrair coisa alheia móvel, conceito este de cunho jurídico.

A conduta típica, portanto, deve ser correspondente ao que se descreve como comportamento, seja sob o aspecto objetivo, seja subjetivo ou normativo, e também ao seu significado, ao sentido valorativo que a anima, ou seja, o desprezo ao valor que se visa a tutelar com a incriminação.

A tipicidade não é, portanto, mera forma, mera adequação formal de uma conduta ao constante da norma incriminadora, mas "expressão legal da antijuridicidade" (CAVALEIRO FERREIRA, 1992, p. 64). A tipicidade, mais do que indica, revela, no seu todo, a antijuridicidade, pois é o tipo um construído total, compreendendo o objeto valorado e a valoração. Afinal, o legislador estabelece a norma e a sanção à sua violação, devendo a adequação ao tipo mostrar uma conduta tipicamente antijurídica.

Se o tipo expressa uma proibição e, logo, tem caráter valorativo, à verificação da adequação típica, à tipicidade, pertence também o conteúdo valorativo próprio da natureza do tipo, que não está presente como desprezo ao bem jurídico vida, por exemplo, no homicídio praticado em legítima defesa. A antijuricidade é a qualidade do ato de corresponder ao modelo previsto como crime, com efetiva e intencional ofensa ao valor[41] que se visa tutelar com a incriminação.

Adoto a concepção minoritária dos elementos negativos do tipo, pois o dolo não é apenas querer, mas querer com uma intenção axiologicamente significativa, no sentido de diminuir um valor, o que inocorre quando se age em situação de exclusão do crime, como na legítima defesa.

Mais que íntima relação entre tipicidade e antijuridicidade, anuncia-se a sua identidade. Dessa forma, as normas incriminadoras e permissivas constituem um todo, com sinais valorativos contrários, pois ocasionar a morte de alguém em legítima defesa é defender a vida, mesmo que por meio do sacrifício de uma vida, cuja eliminação era imperiosa para que a própria vida ou de terceiro fosse salva.

Realça-se, portanto, a posição subjetiva, o chamado ilícito pessoal, que vislumbra dois aspectos: o desvalor do resultado e o desvalor da ação, fundado no modo e na forma de sua realização.

O desvalor do resultado[42] é um dos elementos reveladores do injusto, que se configura quando, em regra, ao desvalor do resultado se acrescenta o desvalor da ação. O desvalor da ação revela-se segundo a modalidade particular do comportamento, a forma ou a circunstância de sua realização, indicativas da intenção de se violar o valor tutelado, seja nos crimes dolosos, seja nos culposos, cujo sentido negativo está no desrespeito ao devido cuidado.

O objeto do juízo de tipicidade, que revela a antijuridicidade, é o comportamento singular, referido a um determinado autor, ou seja, o comportamento enquanto realizado de um modo próprio, destinado a um fim específico pelo seu autor. Valendo-se do exemplo dado acima, a receptação só se configura se a compra de objeto produto de crime for realizada com o conhecimento de que ele é decorrente de furto[43]. Por conseguinte, a lesão a um bem jurídico não deve ser analisada independentemente da forma como ela se deu.

---

[41] No crime culposo, o valor tutelado e afrontado consiste no cumprimento do devido cuidado, da diligência exigível nas circunstâncias.

[42] O resultado, nos crimes materiais, nos quais há um evento que se destaca da ação, à qual se liga por um nexo causal, é facilmente identificado. Nos crimes formais ou de perigo abstrato, o resultado é a própria conduta. A importância do desvalor do resultado, segundo nosso Direito, está na redução da pena na tentativa, na impunibilidade do crime impossível etc.

[43] Gallo (1964, p. 49), o qual considera, por exemplo, que nos crimes contra o patrimônio os tipos diferem entre si por terem sido realizados mediante fraude, com violência, com detenção da coisa.

Mesmo os delitos culposos não se caracterizam típicos pelo resultado, mas pela lesão a um valor, consistente no desrespeito à diligência necessária, ao se realizar uma ação lícita, sem o cuidado objetivamente considerado indispensável à não ocorrência de evento previsível.

As normas penais incriminadoras protegem os bens jurídicos não de lesões, mas de ações que os lesem, realizadas de um modo específico e segundo um determinado sentido, o que só pode ser captado, por vezes, graças à modalidade da ação, reveladora da posição axiológico-negativa. A tipicidade, como dado total, global, apresenta uma **face positiva**, consistente na identidade da ação com a conduta descrita na norma incriminadora, e uma **face negativa**, relativa à ausência de causas de justificação, pois, se presente uma causa justificativa, não há o desvalor da ação: o ânimo de quem atua em legítima defesa não é de desprezo ao bem jurídico vida, mas de defesa desse bem contra ataque injusto.

A antijuridicidade, de acordo com a teoria dos elementos negativos do tipo, fica mais precisa do que ao se conceituá-la como a ausência daquilo que, se existisse, a faria deixar de existir. Essa a conclusão a que leva a teoria tripartite, segundo a qual a tipicidade é um indício de antijuridicidade e esta consiste na falta de causa de justificação. A adequação típica é sempre, a meu ver, o reconhecimento de uma ação tipicamente antijurídica, com duas vertentes, positiva e negativa.

Considerações nucleares

Busca-se determinar um fundamento comum a todas as causas de exclusão de antijuridicidade, que estaria na colisão de interesses, na utilização de meios adequados para fim lícito, isto é, um meio justo para um fim justo, ou na ponderação de bens.

Pode-se, todavia, verificar uma ponderação de bens no estado de necessidade, mas não no estrito cumprimento do dever legal, e, menos ainda, no exercício regular de um direito, tendo razão Muñoz Conde e García Arán (2010) ao considerarem não serem reconduzíveis a um único princípio informador todas as causas de exclusão da ilicitude, questão sem relevo prático, devendo ser levados em conta os fundamentos próprios de cada uma das causas de justificação.

Outra questão refere-se a se os tipos permissivos são integrados por especial elemento subjetivo de justificação, ou seja, de intenção de se defender, nos limites da legítima defesa, para ser esta reconhecida. Ora, o elemento subjetivo decorre dos dados objetivos, por via dos quais se vislumbra a intencionalidade do agente, e a subjetividade, como intenção voltada para um fim, brota dos dados extrínsecos conhecidos.

Diante de um quadro de legítima defesa, com a presença de todos os requisitos legalmente exigidos para a configuração do tipo permissivo, não se pode deixar de reconhecer o ânimo de se defender por parte do agente. Há uma intenção de defesa, que deflui dos dados objetivos conhecidos, sem maior análise dos motivos últimos do agente, mesmo porque a aferição destes constitui uma prova diabólica e de difícil efetividade.

Cumprimento de dever legal

O art. 23, III, do CP limita-se a dizer que não há crime se o fato é praticado no estrito cumprimento do dever legal.

A exemplo do CP da Itália, o CP da Espanha dispõe, no art. 20, 7, que está isento de responsabilidade penal quem "obre en cumplimiento de un deber o en el ejercicio legítimo de un derecho, oficio o cargo". Da mesma forma, o CP de Portugal estatui, no art. 31, 2, não ser ilícito o "facto praticado no cumprimento de um dever imposto por lei ou por ordem legítima da autoridade", unindo-se como, causa de exclusão, o cumprimento de dever legal e a obediência hierárquica.

O nosso Código, todavia, distingue o cumprimento de dever legal, decorrente de determinação normativa, da obediência hierárquica, consistente no cumprimento de ordem emanada de superior, o que, como se observou nos comentários ao artigo anterior, constitui um equívoco, pois ambas as situações devem igualmente ser consideradas causas de exclusão da ilicitude.

Muñoz Conde e García Arán (2010, p. 311) entendem quase supérfluo estatuir que não constitui crime o ato realizado no cumprimento de um dever legal, pois, mesmo sem esse dispositivo permissivo, não se poderia considerar crime a realização do que a lei determina ser feito. Na esteira de Delitala (1958, p. 567), já manifestei em *Instituições* (2013, p. 170) ser de intuição evidente que efetivar o comando da lei é lícito e não pode vir a ser ilícito. Afinal, não é possível, logicamente, que um ordenamento, por um lado, determine a realização de um dever, e, depois, sancione o cumprimento desse dever. Tome-se como exemplo a testemunha, que tem o dever legal de dizer a verdade, como explicita o art. 203 do CPP, mesmo porque, se não o fizer, estará cometendo o crime de falso testemunho. Assim, a testemunha não comete o crime de calúnia, se relata de forma verdadeira o crime a que assistiu, indicando o réu como seu autor.

Se a imposição de prisão preventiva pelo juiz está destituída de fundamento, ou se a interceptação telefônica, judicialmente imposta, teve origem em denúncia anônima, nem por isso o cumprimento dos deveres de prender, realizado pelo oficial de justiça, ou de efetivar a interceptação, atribuído à polícia, constitui crime, pois perduram lícitas essas condutas, uma vez que ocorridas sob a égide do estrito cumprimento da lei, de forma a ser eventual afronta crime de prevaricação, pois o dever não apenas é outorgado, mas obrigatório[44].

O cumprimento do dever deve ser estrito, sem se ultrapassar os limites absolutamente necessários para que se confira efetividade ao comando legal, sob pena de incidência do crime de abuso de autoridade, previsto na Lei Federal n. 4.898/65.

---

[44] LUZÓN PEÑA, 2012, p. 475.

O monopólio do uso da força pelas autoridades estatais encontra limites, pois o uso legítimo da violência, mormente pela polícia, deve ser adequado, proporcional, imprescindível para o cumprimento do dever decorrente do imperativo legal.

Os excessos no cumprimento do dever legal, que venham a ofender a integridade física ou moral, bem como a liberdade, podem constituir crime. Destarte, a violência necessária é a exigível nas circunstâncias, como a suficiente para que a autoridade, em especial a policial, alcance a consecução de sua obrigação de manter a ordem ou de dar efetividade a um comando judicial.

Se há uma manifestação pública, uma passeata, não há cumprimento do dever legal em se lançar na população que desfila, pacificamente, bombas lacrimogêneas. Se se inicia uma depredação de prédio público, contudo, a proteção do patrimônio estatal justifica que se impeça, pela força, a prática do crime de dano.

Assim, justifica-se que em busca e apreensão domiciliar, judicialmente determinada, a autoridade policial arrombe a porta, ou que empregue força contra coisas existentes, nos termos do art. 245, §§ 1º e 2º, do CPP, se houver desobediência, ou o morador recalcitrar em dar acesso a armários fechados, por exemplo.

Na tarefa policial de revista pessoal, pode-se verificar se o revistado porta arma, da mesma forma como pode se exigir que o passageiro de avião passe por controle de metais. Mas, é importante ressaltar: a atuação do agente público, no cumprimento do dever legal, deve manter-se nos limites do explicitado na lei, do necessário, do adequado e do proporcional[45], sem excessos, dolosos ou culposos.

Mas, se respeitados os limites estritos do uso da força, por exemplo, pela autoridade policial, a ação é destituída de antijuridicidade[46], mesmo porque realizada com o ânimo de atender ao comando da lei, cumprir um dever imposto por ela, e não para restringir o bem jurídico de quem deve ser submetido à lei.

Exercício regular de um direito

Pode haver antinomia no Ordenamento, pois, de um lado, autoriza-se a prática de determinada ação, enquanto na esfera de outra disciplina a conduta é considerada ilícita. Uma ação não pode ser lícita e ilícita ao mesmo tempo, porquanto as normas que compõem o Ordenamento devem ter uma relação com o todo e

---

[45] O art. 4º, *a*, da Lei Federal n. 4.898/65 estabelece que constitui abuso de autoridade ordenar ou executar medida privativa de liberdade sem as formalidades legais ou com abuso de poder, sendo que a Súmula 11 do STF dispõe que o uso de algemas é lícito em casos de resistência e de fundado receio de fuga ou de perigo à própria integridade física do preso.

[46] Frederico Marques (1954, p. 144) expõe que "todo o preceito de caráter geral emanado do poder público pode dar causa a um dever legal que exclua a antijuridicidade de um fato típico".

também uma relação de coerência entre si. E, assim, Bobbio (1960, p. 68) pondera que, se há normas incompatíveis, uma ou as duas devem ser eliminadas, devendo prevalecer, como diz Pagliaro (1972, p. 185), a regra especial.

Mas a excludente do exercício regular de um direito compatibiliza as normas incompatíveis, pois, como assevera Frosini (1960, p. 823), é a justificante uma espécie de válvula de segurança do sistema de normas do Ordenamento, pois desfaz, de modo direto, os eventuais conflitos internos entre o conteúdo de um direito e o de outros formalmente reconhecidos Dessa forma, a excludente do exercício regular de direito consente a eliminação automática de um confronto possível entre normas do Ordenamento ou entre uma norma legal e outra consuetudinária, como o *jus corrigendi*.

Exemplo de antinomia está no direito de liberdade, que pode ser coartado por qualquer do povo, se houver flagrante delito. Em caso de policial presenciar a prática do delito, deve prender o autor do crime, mas, se qualquer pessoa do povo assistir à ocorrência, tem o direito de realizar a prisão daquele flagrado na comissão de um crime (art. 302 do CPP). Excetua-se o direito de liberdade diante da norma especial do CPP, que autoriza a qualquer pessoa limitar a liberdade de quem estiver cometendo um crime.

Igualmente, se há a consagração de um direito à honra, punindo-se a difamação consistente em atribuir a alguém a realização de fato ofensivo à sua imagem ou à sua reputação, todavia, o direito de crítica jornalística retira a ilicitude de tal comportamento, especialmente a crítica artística, literária ou política, além da imputação vertida em juízo, autorizadas pelo art. 142 do CP.

Questão atual está na autorização do médico de constranger o paciente a realizar intervenção cirúrgica sem que o tenha consentido. Isso porque o art. 146, § 3º, do CP considera não constituir crime de constrangimento ilegal a determinação de realização de cirurgia, feita por médico, em situação de perigo de vida de paciente. Todavia, entendo ter este parágrafo sido revogado pelo art. 15 do CC de 2002, segundo o qual "ninguém pode ser constrangido a submeter-se, com risco de vida, a tratamento médico ou a intervenção cirúrgica", com notável modificação da relação médico-paciente, na qual a opinião e decisão deste último passa a ter maior relevo.

Outro caso de exercício de um direito está nas determinações dentro do lar, impostas pelos pais aos filhos menores.

Com efeito, o novo CC autoriza o detentor do "poder familiar" a exigir dos filhos menores que lhe sejam prestados obediência, respeito e os serviços próprios de sua idade e condição (art. 1.634, VII). Não há, portanto, constrangimento ilegal em exigir que a criança de dez anos arrume diariamente sua cama. O *jus corrigendi*, todavia, sofreu mudança significativa, não mais se admitindo o tratamento ofensivo à integridade física, mesmo vias de fato ou pequenas lesões, como beliscões aplicados pelos pais aos filhos menores.

Há o direito de correção, mas limitado a ser apenas de caráter pedagógico e moderado. Assim, é lícito exigir que o filho fique no quarto sem assistir televisão ou manusear iPad, em razão de notas baixas, impondo a ele que estude para a prova do dia seguinte. Em meados de 2014 foi editada a denominada Lei da Palmada, que introduziu o art. 18-A no Estatuto da Criança e do Adolescente, proibindo o castigo físico de caráter punitivo, que cause sofrimento físico ou lesão. Entende-se, contudo, que a palmada que tem mais efeito simbólico, de correção, não foi proibida, mas sim aquela que tem o caráter de agressão.

Outro exemplo importante do exercício de um direito está na realização de risco permitido, que, conforme Jescheck (2002, p. 430), constitui uma causa autônoma de justificação, por meio da qual são aceitas, permitidas, ações arriscadas, possivelmente lesivas de um bem jurídico, em busca de uma utilidade socialmente válida, recebendo o autor a autorização para efetuar uma ação arriscadamente, mas não para lesar o bem jurídico.

A lesão esportiva, que alguns autores incluem como exercício regular de direito, a meu ver, constitui evento decorrente de ação socialmente adequada, pois não há uma autorização normativa para lesionar o jogador do time adversário, mas o reconhecimento social da indiferença penal da conduta em questão, que, ao contrário, é vista como própria da prática esportiva, pois sua punição inviabilizaria o jogo.

Excesso doloso ou culposo

Ao agir dentro de uma situação de exclusão de ilicitude, o agente pode exceder-se, indo além dos limites traçados na configuração do tipo permissivo. Este excesso pode se dar de forma dolosa, desconsiderando-se a excludente, ou de modo culposo, por erro vencível na utilização dos meios disponíveis, ao efetivar a ação justificada.

Por exemplo, o homicídio admite a forma culposa, e em caso de excesso culposo, o agente responderá por homicídio culposo, mas pode ocorrer que o tipo penal, como o do crime de dano, não tenha o modo culposo. Neste caso, o excesso culposo resta impunível.

Cabe examinar, em vista de cada causa excludente, a caracterização do excesso, que por ora cumpre analisar em face da excludente do estrito cumprimento do dever legal, deixando-se para os artigos seguintes o comento do excesso na legítima defesa e no estado de necessidade.

O excesso consiste na atuação imoderada no contexto de uma situação de exclusão da ilicitude, imoderação que pode ser intencional, excesso doloso, ou fruto da falta do devido cuidado na avaliação do necessário e suficiente para realizar o ato.

Assim, em situação de cumprimento de dever legal, pode o agente transbordar os limites do uso da força necessária à consecução do dever, por exemplo, arrombando a porta de imóvel que o proprietário estava pronto a abrir, ou utilizando, em prisão do indiciado, algemas, em hipótese de ausência de perigo, com avaliação precipitada e errônea, fruto de receio infundado.

Considerações finais

O excesso será culposo se, nas circunstâncias, há uma descuidada avaliação, que conduz a uma atitude desproporcional ao necessário; será doloso o excesso se a imoderação não decorrer de equivocada avaliação, mas de intenção direta de extrapolar o preciso para consecução do dever imposto.

Estado de necessidade

Art. 24. Considera-se em estado de necessidade quem pratica o fato para salvar de perigo atual, que não provocou por sua vontade, nem podia de outro modo evitar, direito próprio ou alheio, cujo sacrifício, nas circunstâncias, não era razoável exigir-se.

§ 1º Não pode alegar estado de necessidade quem tinha o dever legal de enfrentar o perigo.

§ 2º Embora seja razoável exigir-se o sacrifício do direito ameaçado, a pena poderá ser reduzida de um a dois terços.

Bibliografia: BELLAVISTA, G. Il problema della colpevolezza. *Annali del seminario giuridico della Università di Palermo*, n. 19, p. 82, 1944; CEREZO MIR, José. *Derecho penal:* parte general. São Paulo: RT, 2007; CONTIERI, Enrico. *O estado de necessidade*. Trad. Fernando Miranda. São Paulo: Saraiva, 1942; COSTA JR., Paulo José. *Nexo causal*. São Paulo, 1964; FIANDACA, G. e MUSCO, E. *Diritto penale:* parte generale. 2. ed. Bologna: Zanichelli, 1989; FORTI, Gabbrio. *Colpa e evento nel diritto penale*. Milano: Giuffrè, 1990; GRACIA MARTÍN, Luis. *Fundamentos de dogmática penal:* una introducción a la concepción finalista de la responsabilidad penal. Barcelona: Atelier, 2006; HUNGRIA, Nélson. *Comentários ao Código Penal*. Rio de Janeiro: Forense, 1958. v. 2; JAKOBS, Gunther. *Derecho penal:* parte general. Trad. Joaquim Contreras e José Luis S. Gonzalez de Murillo. 2. ed. Madrid: Marcial Pons, 1997; JESCHECK, Hans-Heinrich e WEIGEND, Thomas. *Tratado de derecho penal:* parte general. Trad. Miguel Olmedo Cardenete. 5. ed. Granada: Editorial Comares, 2002; MAIWALD, M. *L'evoluzione del diritto penale tedesco in un confronto con il sistema italiano*. Torino: Giappichelli, 1993; MARQUES, José Frederico. *Curso de direito penal*. São Paulo: Saraiva, 1954. v. 2; MOLARI, A. *Profili dello stato di necessità*. Padova: Cedam, 1964; PETROCELLI, B. *La pericolosità criminale e la sua posizione giuridica*. Padova, 1940; POLAINO NAVARRETE, Miguel. *Lecciones de derecho penal:* parte general. Madrid: Tecnos, 2013. t. II; RAMOS TAPIA, Maria Inmaculada. In: ZUGALDÍA ESPINAR, José M. (Org.). *Derecho penal:* parte general. 2. ed. Valencia: Tirant lo Blanch, 2004; REALE JÚNIOR, Miguel. *Instituições de direito penal:* parte geral. 3. ed. Rio de Janeiro: Forense, 2009; ROCCO, A. *L'oggetto del reato*. Torino, 1913; ROXIN, Claus. *Derecho penal:* parte general. Trad. Luzón Peña et al. Madrid: Civitas, reimpressão, 2008. t. I: Fundamentos. La estructura de la teoría del delito; TAVARES, Juarez. *Teorias do delito*. São Paulo: RT, 1980; WELZEL, Hans. *Derecho penal alemán*. Trad. Bustos Ramirez e Yañes Pérez. 12. ed. Santiago: Editorial Jurídica de Chile, 1987; WESSELS, J. *Derecho penal:* parte geral. Trad. Juarez Tavares. Porto Alegre: Fabris, 1976.

Considerações gerais

O Estado de Necessidade, no CP de 1940, é excludente de antijuridicidade, mas fundado na não exigibilidade, conforme entendia Hungria (1958, p. 442), para quem o "não poder" redundava no "não dever". O Código Penal Militar de 1969 e o Código Penal Comum de 1969, revogado, editados na mesma data, entraram em vigência e disciplinavam o estado de necessidade, segundo a teoria diferenciadora[47].

Pela teoria diferenciadora, há duas figuras de estado de necessidade, uma que exclui a antijuridicidade, fundada no balanceamento de bens, e outra excludente da culpabilidade, fundada na não exigibilidade de outra conduta. É, sem dúvida, a melhor técnica, pois resolve, como se verá, questões relativas ao ato necessitado praticado em favor de terceiro, bem como ao dever de arrostar o perigo.

Mas, tendo em vista a pequena incidência de problemas práticos relacionados com o Estado de Necessidade, resolveu-se não incluir a modificação do tratamento dado à matéria pelo CP de 1940, na Reforma de 1984. Assim, cumpre examinar os elementos componentes da figura do Estado de Necessidade, que a nosso ver constitui um modelo de situação dentro da qual é razoável não se exigir do agente outra conduta que não a delituosa para evitar o dano.

Considerações nucleares

a) Perigo atual

Jescheck (2002, p. 379) define o Estado de Necessidade como uma situação de perigo atual para legítimo interesse que só pode evitar-se mediante lesão a outra pessoa.

---

[47] O Código Penal Militar estabelece, primeiramente, o Estado de Necessidade excludente da culpabilidade: "Art. 39. Não é igualmente culpado quem, para proteger direito próprio ou de pessoa a quem está ligado por estreitas relações de parentesco ou afeição, contra perigo certo e atual, que não provocou, nem podia de outro modo evitar, sacrifica direito alheio, ainda quando superior ao direito protegido, desde que não lhe era razoavelmente exigível conduta diversa". Depois, estipula o Estado de Necessidade excludente da ilicitude, no art. 43: "Considera-se em estado de necessidade quem pratica o fato para preservar direito seu ou alheio, de perigo certo e atual, que não provocou, nem podia de outro modo evitar, desde que o mal causado, por sua natureza e importância, é consideravelmente inferior ao mal evitado, e o agente não era legalmente obrigado a arrostar o perigo".

Com efeito, está descrita uma situação de necessidade, na qual desponta, por primeiro, a ocorrência de um perigo atual, sendo que o caminho único de poder se livrar desse perigo exige ferir interesse de terceiro inocente.

O perigo consiste em uma ameaça concreta de dano. Assim, o que se busca evitar não é o perigo, já atual, existente, mas a consequência do perigo, ou seja, o dano. A norma do art. 24 do CP refere que o perigo seja atual, porém não exige seja certo, como o faz o Código Penal Militar. Sendo atingido terceiro, com o fim de se poder livrar da situação de necessidade, creio que se deveria exigir a certeza do perigo.

O perigo consiste, portanto, em uma possibilidade de dano, a ser avaliada objetivamente, e percebida também pelo agente, sem que seja mero fruto de um temor descolado da realidade concreta. Devem, então, ser vistas as duas facetas do perigo, a objetiva e a subjetiva[48], pois inferido a partir da experiência, do conhecimento de um campo determinado de fenômenos, portanto, perceptível e percebido.

Não basta o temor, a sensação de ser possível suceder um dano. O perigo deve ter substrato nos acontecimentos e, com base na experiência, verificar-se a possibilidade de surgimento de um dano. E dano consiste na diminuição de um bem, no sacrifício e na restrição de um interesse.

O perigo vem a ser, portanto, a ocorrência de uma situação na qual se verifica a possibilidade concreta de diminuição ou eliminação de um bem legítimo, o que gera um temor fundado no real. Destarte, o perigo revela-se um complexo objetivo-subjetivo, em que surge uma situação idônea, apta a, conforme as relações de causalidade indicadas pela experiência, provocar um dano.

O exame do perigo deve ser realizado *ex ante*, por prognose póstuma, refazendo-se a situação concreta em que se encontrava o agente, e não *ex post*, pois a realidade diversa, constatada posteriormente, e desconhecida no momento do comportamento, é "ignorável, necessária e fatalmente" (ROCCO, 1913, p. 302; COSTA JR., 1940, p. 71).

É requisito que o perigo seja atual, isto é, presente e subsistente, não se admitindo que a possibilidade de dano seja futura, nem mesmo iminente, que está prestes a acontecer, mas ainda não aconteceu, nem referida ao passado, ou seja, cuja potencialidade de causar dano haja desaparecido.

b) Não provocação do perigo

A figura permissiva refere que o perigo que ameaça o direito do agente não tenha sido por ele provocado. O art. 24 do CP usa a expressão: "que não provocou por sua vontade".

---

[48] Ver Rocco (1913, p. 288), Petrocelli (1940, p. 4 e s.) e Costa Jr. (1964, p. 68 e s.).

A não provocação do perigo por sua própria vontade traz uma série de questões, pois, em virtude de se agredir direito de terceiro inocente, fecha-se a permissão de interferência no âmbito deste, caso se tenha causado o perigo do qual se pretenda livrar.

Quem causa o perigo, voluntariamente, teria, então, de arcar com as consequências, não se lhe autorizando a escapar da situação de necessidade, exatamente por haver, intencionalmente, gerado o perigo do qual pretende escapar[49]. Não é justo voluntariamente ocasionar uma ameaça de dano e evitá-lo atingindo outrem, também colocado em perigo pelo agente.

Mas desse requisito da "não provocação do perigo" surgem dúvidas. Mesmo que o Código não adote como fundamento do Estado de Necessidade a ponderação de bens, a maior valia do bem salvo, em detrimento de bem de menor valor, autoriza o causador do perigo a valer-se da exclusão do Estado de Necessidade?

Se o agente, que deu causa ao perigo, evita a perda de sua vida por meio da apropriação de uma lancha, na qual foge de incêndio que provocara, pode invocar o Estado de Necessidade, pois atuou para salvar bem de maior valor?

Deveria ser irrelevante, em alguns casos, o requisito de que o perigo tenha sido causado pelo agente, já que somente interessa que o bem superior seja salvo em prejuízo de um menor. O mais importante é como o agente sai da situação de necessidade, não como nela entra.

Não se justifica que o bem, por ter sido posto voluntariamente em perigo, seja depreciado, a ponto de valer mais a posse de um bem do que uma vida[50].

Entendo, na busca de Justiça concreta, que se reconheça, excepcionalmente, a excludente, no caso de se salvar bem consideravelmente superior ao prejudicado, mesmo se tendo criado o perigo voluntariamente. Afinal, em geral, não se coloca em risco um bem valioso, por exemplo, a vida, para, em situação legítima de Estado de Necessidade, vir a lesar o patrimônio de terceiro. A experiência revela que interessa à sociedade que seja salvo bem de maior valor, mesmo que o perigo tenha sido causado voluntariamente pelo agente.

---

[49] A voluntariedade exclui o perigo causado por culpa, negligentemente, pois a expressão "por sua vontade" refere-se à intencionalidade.

[50] Pode-se supor a seguinte situação: dois amigos, Antônio e Caio, estão em uma pequena barca, que vem ao fundo por ter Antônio, enraivecido, virado a embarcação. A vida de Antônio vale menos do que a de Caio por ter ele causado o perigo? Pode Caio tomar a única tábua existente, visto sua vida valer mais do que a de Antônio, gerador do perigo? E Antônio, por ter dado causa ao perigo, pode ou não pegar a única boia, em prejuízo de Caio, terceiro inocente?

c) Inevitabilidade

Outro requisito do tipo permissivo é o da inevitabilidade do meio utilizado, ou seja, no dizer do legislador, o perigo que "nem podia de outro modo evitar".

Dessa maneira, a inevitabilidade é um dos cernes da figura permissiva do Estado de Necessidade, pois, se houver outra via que não a lesão a terceiro inocente, não deve esta ser eleita. Se existir outra forma de evitar o mal, não basta a ocorrência de uma situação de perigo para justificar a ação delituosa empreendida para se salvar.

Se houver via não prejudicial a terceiro, é lógico que a esta se deva recorrer, deixando de haver, portanto, comportamento necessitado.

A inevitabilidade refere-se ao meio, não ao poder de sofrer o sacrifício, pelo que a expressão "nem podia de outro modo evitar" não se refere ao poder do agente de evitar o comportamento, sofrendo o dano, pois essa questão constitui um juízo de valor[51]. A expressão tem um sentido exclusivamente objetivo: a exigência de ser o único meio ou o meio menos prejudicial[52] para evitar o dano.

Seria preferível usar a expressão "evitar o dano", pois o perigo já existe, não cabendo, portanto, ao agente evitá-lo, mas sim a sua consequência.

d) Não exigibilidade

Outro elemento do tipo permissivo está na circunstância de não ser razoável exigir-se o sacrifício do bem pelo agente. O estado de necessidade, no nosso Código, é excludente da antijuridicidade ou da tipicidade, mas não fundado no balanceamento de bens, na comparação entre os bens em jogo, podendo o bem sacrificado ser mais valioso do que o salvo. O fundamento da figura, pelo art. 24 do CP, está em não ser, nas circunstâncias, razoavelmente exigível o sacrifício do bem ameaçado.

Pode-se estabelecer uma relação entre o valor dos bens em jogo e a razoabilidade de exigência do sacrifício. A abstenção do comportamento necessitado seria de se requerer se o dano a se causar for desproporcionalmente superior ao bem a ser protegido. Se o bem a salvar, todavia, é superior ao bem prejudicado, não é razoável exigir-se o sacrifício do bem de maior valia. Esta seria uma diretriz a indicar o juízo de razoabilidade, ou de não se sofrer o dano, em face da grandeza do direito posto em perigo pela ação necessitada.

---

[51] O requisito de inevitabilidade não se refere ao poder do agente de omitir a ação, sofrendo um sacrifício, o que deve ser objeto do juízo de culpabilidade, mas, ao contrário, possui um significado objetivo.

[52] Nesse sentido é o entendimento da doutrina brasileira, assim como da italiana, em cujo Código há idêntico requisito. Contieri (1942, p. 90) assevera que: "A inevitabilidade do perigo por forma que não seja a prática do fato necessitado deve existir objetivamente. O juízo sobre sua existência deve basear-se nas circunstâncias de fato".

Assim, a inexigibilidade encontra seu limite na existência de certa proporcionalidade entre os dois bens, o protegido e o sacrificado. Pode o primeiro, até mesmo, ser inferior ao segundo, devendo, porém, manter com ele certa proporção, de acordo com o preceituado pelo § 2º do art. 24 do CP: se era "razoável exigir-se o sacrifício do direito ameaçado", a mostrar que a razoabilidade refere-se ao sofrimento do sacrifício. JESCHECK (2002, p. 381) dá como exemplo a defesa de bem pessoal, como a integridade física, perante bem material: matar um cachorro feroz que avança, derrubar árvores para impedir o avanço de um incêndio.

A necessidade de proporcionalidade não constitui, contudo, a *ratio*, o princípio governativo do estado de necessidade, fundado na não exigibilidade, como acima destacado, pois é um critério de avaliação da culpabilidade. O art. 24 em comento não faz referência qualquer à ponderação de bens, podendo, por exemplo, englobar a conhecida hipótese da tábua de salvação em naufrágio no qual se atinge a vida de terceiro para salvar a própria vida.

Dessa maneira, um juízo de não reprovação, por se entender válida a opção contra o direito, nas circunstâncias dadas, veio a ser considerado, por nossa lei penal, fundamento de causa de justificação, o que, se não tem trazido dificuldades práticas, não deixa, contudo, de ser incongruente com o consagrado na doutrina.

O fundamento da não exigibilidade como causa excludente da antijuridicidade, solução imposta por Hungria, é igualmente, como se verá, incongruente com a hipótese de estado de necessidade em favor de terceiro, e, no caso do § 1º do art. 24 do CP, com o dever do agente de arrostar o perigo.

e) Estado de necessidade em favor de terceiro

Segundo o art. 24 do CP, em comento, pode-se agir em Estado de Necessidade para salvar bem próprio ou de terceiro, o que pode ser reconhecido independentemente de qualquer ponderação de bens.

Dessa maneira, pessoa estranha pode interferir em conflito de interesses entre outras duas, e resolvê-lo, a favor de A ou de B, como árbitro absoluto.

A ação de terceiro, estranho ao conflito e aos conflitantes, na hipótese de disputa por uma boia, em caso de afogamento, será lícita, se razoável não se exigir outra conduta. Mas, sem qualquer referência subjetiva, laço afetivo ou amizade com um dos confrontantes, o que justifica a escolha de C em favor de A e não de B?

A morte de B, causada por C, para salvar A, se o homicida não tem relação alguma com A, não pode ser desculpável com base na não exigibilidade (ou não exigibilidade?). Não deixa de ser reprovável a sua ação[53], pois C é terceiro estra-

---

[53] Este é o exemplo dado por Molari (1964, p. 101).

nho, ao qual não anima qualquer motivo relevante, que o impulsione a optar pela salvação de A e pela morte de B.

É justa a interferência do terceiro em socorro do necessitado, quando acode à salvação de um bem maior, em detrimento de outro inferior. Em função do interesse social, devem considerar-se legítimos os comportamentos realizados por *terceiros* quando causam um mal para evitar outro superior.

O comportamento do alguém em socorro do necessitado deve ser, portanto, justificado se houver ligação afetiva que torne inexigível a sua abstenção no conflito de *terceiros*.

A opção realizada pelo *terceiro*, estranho à situação de necessidade, não só é válida, tornando legítimo o seu comportamento, quando surge em benefício de bem superior ao lesado, mas também quando a ação foi ditada por afetividades que tornam aceitável, não censurável, esta escolha.

f) O dever de arrostar o perigo

Pode ser exigível que se arroste o perigo ou há um dever legal de o afrontar, por parte de determinadas pessoas?

Como bem observa Bellavista (1944, p. 82), não é por vestir farda de bombeiro que alguém se transforma em herói. Um bombeiro, como expus em *Instituições* (2009, p. 168), por exemplo, tem o dever legal de expor sua vida, durante um incêndio, enquanto no exercício de suas funções. Não tem, entretanto, dever legal de sofrer lesões corporais em um tumulto à saída de um estádio prestes a desabar, no qual se encontrava como mero espectador. Não há, nem poderia haver, tendo-se em vista a mesma pessoa, dois critérios de exigibilidade.

Se em ambos os casos viesse a lesar outrem para salvar-se, como exigir da mesma pessoa condições diversas de enfrentar o perigo? Seria inadmissível reprovar-se a sua opção no primeiro caso, e desculpá-lo, considerando-a válida, no segundo.

O fundamento de se requerer que o agente, bombeiro, arroste o perigo está no dever legal, voluntariamente assumido, de enfrentar os perigos próprios de um incêndio, sendo-lhe retirada a causa de exclusão, malgrado não se possa dizer que é exigível conduta diversa, pois a natureza humana é a mesma, com farda ou sem farda de bombeiro.

O comportamento daquele que tem a obrigação de arrostar o perigo deve sofrer um juízo de valor, tendo em vista não o desvalor da obrigação desrespeitada, mas sim a opção tomada, a motivação do agir, considerando-se as circunstâncias concretas da situação e as pessoais do agente, sem levar em conta, entretanto, o seu dever ou não de arrostar o perigo, mas sim a não reprovação, a compreensão do comportamento como não censurável.

g) A minorante do art. 24, § 2º, do Código Penal

O art. 24, § 2º, do CP estatui minorante facultativa, pela qual pode o juiz atenuar a pena, tendo em vista as condições pessoais do agente, mesmo que exigível o sacrifício.

No interior de uma situação de necessidade, conforme acima descrito, se era exigível do agente a omissão do comportamento lesivo, tendo em vista as suas condições pessoais, em face do provável sofrimento, pode o juiz atenuar a pena.

Assim, malgrado ser exigível a omissão do ato delituoso e a submissão ao sofrimento do sacrifício, pode esse comportamento antijurídico ser compreendido como merecedor de uma sanção atenuada, como um juízo de reprovação de menor grau.

Considerações finais

A adoção da "não exigibilidade" como fundamento do Estado de Necessidade justificante termina por confundir, evidentemente, e de forma incongruente, aspectos próprios da culpabilidade, como juízo de reprovação, com dados específicos de exclusão da antijuridicidade.

Esta dificuldade, todavia, que requer o esforço de combinar a ponderação de bens com juízo de censura da conduta, não implica a impossibilidade de aplicação do instituto.

Sem dúvida, seria melhor ter adotado a teoria diferenciadora, mas as parcas hipóteses surgidas na prática têm sido resolvidas sem maiores dúvidas.

Por fim, cabe ver ser possível o agente se exceder ao agir em uma situação de necessidade, atuando meios de forma imoderada para afastar o perigo atual que ameaça causar dano. Esse recurso a meios desnecessários para o enfrentamento ao perigo pode ser fruto de errônea avaliação da medida proporcional e certa, caracterizando-se um excesso culposo. O fato será punido como culposo, se admitida essa forma no tipo penal.

De outra parte, contudo, o excesso pode ser intencionalmente desejado, hipótese em que deixa de se configurar a excludente.

Legítima defesa

Art. 25. Entende-se em legítima defesa quem, usando moderadamente dos meios necessários, repele injusta agressão, atual ou iminente, a direito seu ou de outrem.

Parágrafo único. Observados os requisitos previstos no *caput* deste artigo, considera-se também em legítima defesa o agente de segurança pública que repele agressão ou risco de agressão a vítima mantida refém durante a prática de crimes.

Bibliografia: CEREZO MIR, José. *Derecho penal;* parte general. São Paulo: RT, 2007; FIANDACA, G. e MUSCO, E. *Diritto penale:* parte generale. 2. ed. Bologna: Zanichelli, 1989; FORTI, Gabbrio. *Colpa e evento nel diritto penale.* Milano: Giuffrè, 1990; FRAGOSO, Heleno. *Lições de direito penal:* nova parte geral. 9. ed. Rio de Janeiro: Forense, 1995; GARCIA, Basileu. *Instituições de direito penal.* 7. ed. São Paulo: Saraiva, 2008; GRACIA MARTÍN, Luis. *Fundamentos de dogmática penal:* una introducción a la concepción finalista de la responsabilidad penal. Barcelona: Atelier, 2006; GROSSO, Carlo Federico. Legittima difesa. In: *Enciclopedia del Diritto,* v. XXIV, 1974; JAKOBS, Gunther. *Derecho penal:* parte general. Trad. Joaquim Contreras e José Luis S. Gonzalez de Murillo. 2. ed. Madrid: Marcial Pons, 1997; JESCHECK, Hans-Heinrich e WEIGEND, Thomas. *Tratado de derecho penal:* parte general. Trad. Miguel Olmedo Cardenete. 5. ed. Granada: Editorial Comares, 2002; MAIWALD, M. *L'evoluzione del diritto penale tedesco in un confronto con il sistema italiano.* Torino: Giappichelli, 1993; MARQUES, José Frederico. *Curso de direito penal.* São Paulo: Saraiva, 1954. v. 2; PETROCELLI, B. *L'antigiuridicità.* 4. ed. Padova: 1966; POLAINO NAVARRETE, Miguel. *Lecciones de derecho penal:* parte general. Madrid: Tecnos, 2013. t. II; RAMOS TAPIA, Maria Inmaculada. In: ZUGALDÍA ESPINAR, José M. (Org.). *Derecho penal:* parte general. 2. ed. Valencia: Tirant lo Blanch, 2004; REALE JÚNIOR, Miguel. *Teoria do delito.* São Paulo: RT, 1998; ROXIN, Claus. *Derecho penal:* parte general. Trad. Luzón Peña et al. t. I: Fundamentos. La estructura de la teoría del delito. Madrid: Civitas, 2008; TAVARES, Juarez. *Teorias do delito.* São Paulo: RT, 1980; WELZEL, Hans. *Derecho penal alemán.* Trad. Bustos Ramirez e Yañes Pérez. 12. ed. Santiago: Editorial Jurídica de Chile, 1987; WESSELS, J. *Derecho penal:* parte geral. Trad. Juarez Tavares. Porto Alegre: Fabris, 1976.

Considerações gerais

Há uma situação de legítima defesa se presentes, na realidade, os seguintes dados: agressão injusta, atual ou iminente, a direito do agente ou de outrem, repelida com o uso moderado dos meios necessários.

A legítima defesa apresenta dois vieses, um objetivo e outro subjetivo: a licitude de uma ação cometida em legítima defesa decorrerá da presença objetiva dos requisitos indispensáveis exigidos pelo legislador, para que se conclua, sob o aspecto subjetivo, que o agente não atuou com menosprezo ao valor ínsito ao bem jurídico atingido, mas em proteção a outro valor igualmente tutelado.

A ação de defesa diante de um ataque é natural do homem, *non scripta sede nata lex*[54], e legitima-se em razão da impossibilidade de ocorrer a intervenção tempestiva do Estado, na proteção de interesses dignos de tutela, que não devem ser lesados.

A legítima defesa, assim, não deixa de ser uma sanção imposta ao agressor, para que entre o bem do agredido e o do agressor prevaleça o bem daquele. Assim, a vida do agressor vale menos do que a vida do agredido, por ter aquele se posto em desabrigo em face do ordenamento, ao iniciar a agressão.

---

[54] Por essa razão, entendo possível a legítima defesa do inimputável, pois, além de ser uma repulsa natural, a presença dos elementos objetivos faz presumir a intenção de defesa.

Mas, ao se reagir à agressão deve haver comedimento, consistente na proporção requerida entre a agressão e a forma de repulsa, que não pode ser desmedida ou desnecessária, como adiante se examinará.

Considerações nucleares

O primeiro elemento da situação de legítima defesa consiste na existência de uma agressão a um direito, a ser reconhecida como injusta. Agressão vem a ser uma ação ofensiva que atinja o bem jurídico do agredido. Nas primeiras legislações, a legítima defesa surgia ligada ao crime de homicídio (REALE JÚNIOR, 2012, p. 219 e s.), mas, com o processo de codificação, a legítima defesa passou a constar da Parte Geral, aplicável o instituto, portanto, não apenas ao crime de homicídio, em defesa da vida, mas em proteção a outros bens jurídicos, em repulsa a ofensas injustas.

Todos os bens jurídicos podem ser objeto de legítima defesa, conforme acima mencionado, desde valores da pessoa, como a honra, cuja ofensa pode ser respondida pela retorsão ou pelas vias de fato, até a privacidade ou o patrimônio. No entanto, é de não se aceitar a legítima defesa de interesses da comunidade, como o sistema tributário, que não se enquadra na expressão *direito de terceiros*.

O primeiro dado a ser detectado na situação de legítima defesa é, portanto, a agressão, sendo possível, apesar de rara, que ela decorra de um ato omissivo, lesivo a bem jurídico, como nos exemplos dados por Cerezo Mir (2007, p. 420 e nota 17): o prisioneiro, ao deixar de ser solto propositadamente pelo carcereiro, já cumprida a pena, o obriga a lhe dar liberdade; ou o anfitrião, que expulsa de sua casa o convidado que se recusa a sair. Em geral, todavia, a agressão se apresenta como um ataque cometido por conduta comissiva.

O que significa dever ser injusta a agressão a um direito? Primeiramente, a agressão injusta não significa que seja ilícita[55], antijurídica. Assim, uma agressão pode ser injusta, mas não antijurídica, visto que a injustiça da agressão, como assinala Petrocelli (1966, p. 65)[56], deve ser entendida segundo a perspectiva do agredido e não a do agressor, sendo, portanto, a agressão do inimputável uma agressão injusta, malgrado não seja penalmente antijurídica.

A agressão é injusta quando, não só na perspectiva do agredido, mas também sob o ângulo do reconhecimento social, o ataque praticado consiste na imposição

---

[55] Em sentido contrário, Heleno Fragoso (1995, p. 192), que, no entanto, após afirmar que agressão injusta é a praticada antijuridicamente, admite a legítima defesa ao ato do inimputável e qualifica de injusta a agressão que não se está obrigado a suportar.

[56] Para Basileu Garcia (2008, p. 307), "a agressão deve ser entendida em conformidade com o razoável ponto de vista do sujeito ativo".

indevida de prejuízo a um direito tido como merecedor de proteção. A agressão a um direito pode, pois, até mesmo, ser lícita, mas injusta — objetivamente e subjetivamente —, segundo a perspectiva do agredido, como na hipótese de se reagir, de forma violenta, a uma prisão, decorrente de norma iníqua, assim reconhecida na sociedade.

É o que pode suceder em face do cumprimento de dever legal, que dá efetividade a uma ordem normativa injusta, a uma lei iníqua, assim socialmente reconhecida.

Cabe ponderar ser a referência aos dois termos, "agressão injusta a um direito", necessária, na medida em que pode ocorrer, por exemplo, a violação de direito, como sucede na condução coercitiva ou na prisão, sem haver injustiça. O mesmo se diga na hipótese de pretendida legítima defesa a uma legítima defesa. O que cumpre notar é ter o legislador recorrido ao qualificativo injusto, em vez de antijurídico, pois este não engloba todas as agressões dignas de repulsa.

A agressão, de outra parte, deve ser real e não suposta, pois o perigo de lesão, decorrente da agressão iminente ou atual, não se baliza pelo temor do pretenso agredido, mas sim pelo perigo objetivamente constatável.

A provocação, feita por quem depois é agredido, faz esta agressão justa ou injusta? A agressão será justa se quem se defende da agressão não lhe deu causa intencionalmente, por meio da provocação. Aplica-se o princípio de que ninguém pode se valer da própria torpeza, pois é marcadamente desleal provocar a agressão, para se valer da excludente da legítima defesa, não podendo o Direito ser utilizado como instrumento para legitimar uma agressão planejada. É este o sentido da expressão *repele agressão*, porquanto quem repele não deu início a um litígio, por via de uma provocação. Cumpre, contudo, saber o grau da provocação, pois um chiste não justifica uma ofensa física, e, se o "provocador" da brincadeira é desmedidamente agredido, justa é a repulsa e injusta, logicamente, a agressão.

Assim, também a agressão será injusta caso, durante uma discussão em face de eventual injúria, como é normal em debate acalorado, surja uma agressão física não intencionalmente provocada pelo autor da ofensa verbal.

A agressão deve, também, ser atual ou iminente. Atual, se *in fieri*, ou seja, iniciada e transcorrendo, sendo atual enquanto não cessar, enquanto não for debelada. Iminente é o que está para suceder, em vias de ocorrer, devendo o perigo imediato ao bem jurídico ser impedido de se concretizar.

Indaga-se se deve haver proporcionalidade entre os bens em jogo na situação de legítima defesa. Pode-se dizer em legítima defesa o proprietário de casa em cujo jardim há uma jabuticabeira visitada por crianças, que abate uma delas com tiro, sob escusa de defender a propriedade privada?

Creio que, malgrado o tipo permissivo da legítima defesa não se refira a uma proporcionalidade entre os bens em jogo, ou seja, entre o bem objeto da agressão e o bem afetado pela repulsa, certa proporção deve-se exigir à configuração da legítima defesa.

A ação defensiva não pode atingir de forma significativamente desproporcional um bem do agressor, pois a proporcionalidade, exigível na resposta penal dada pelo Estado no exercício do poder-dever de punir, também deve presidir a ação do particular que atua em sua própria defesa, levando-se em conta as circunstâncias do fato.

A defesa do patrimônio pode ser legítima, mas é desproporcional a repulsa que atinge a vida do agressor, se este não estiver sob risco em sua integridade física. O furto de uma bicicleta encostada na rua não legitima que o seu dono atire no ladrão, matando-o.

Assim, o que não pode haver é manifesta desproporcionalidade, sendo que atingir a vida de quem lesiona com seguidos socos pode ser proporcional para fazer cessar a agressão, mas atingir com tiros a criança que entra no pomar não o é.

Exige-se, também, que na repulsa à agressão se utilizem os meios necessários. Quando são os meios necessários? O meio necessário deve ser avaliado em face das características do agressor e do agredido, pois não é preciso que um homem forte desfira um soco no rosto de uma moça que lhe dê um beliscão no braço.

Não é necessário, de igual modo, ao pai ou ao professor reagir com violência física às agressões da criança, devendo-se respeitar suas condições particulares e agir com a ponderação de mais velho e de responsável pelo pequeno agressor.

Mas não basta que os meios utilizados sejam necessários. Requer-se também, na configuração de uma situação de legítima defesa, que esses meios necessários sejam atuados com moderação. O uso dos meios necessários será moderado quando é o suficiente para fazer cessar a agressão. Uma vez finda a agressão, deve cessar a reação. Porém, o uso moderado é difícil de medir no calor dos fatos, sob o impacto da agressão e no curso de se repelir a repulsa a continuidade da agressão ou o seu iminente início.

Só quando o uso revela-se exagerado, desmedido em face do perigo decorrente da agressão, é que se pode dizer ser imoderado, pois o medo e a tensão nervosa, em uma situação de legítima defesa, tornam difícil a medida da moderação na utilização dos meios disponíveis para responder à agressão. Por isso, Frederico Marques (1956, p. 126) lembra acórdão do Supremo Tribunal Federal no qual se assevera dever o conceito de moderação ser personalíssimo e subjetivo, examinando-se, no caso concreto, qual a extensão da repulsa suficiente para conter a agressão.

Quando este uso é imoderado, surge a hipótese de o excesso ser culposo ou doloso. O excesso culposo ocorre se a imoderação não foi intencional, mas fruto da ausência do devido controle do *quantum* de reação a fazer cessar a agressão. Se não pode haver legítima defesa de ação praticada em legítima defesa, no entanto, entende Frederico Marques (1956, p. 128) que pode ocorrer legítima defesa contra o ato praticado em excesso culposo.

A recente Lei n. 13.964/2019, denominada de Lei Anticrime, pretendeu inovar ao acrescer parágrafo único ao art. 25 acima comentado, mas, na verdade, não houve qualquer acréscimo significativo, pois a hipótese prevista no parágrafo já se encontra plenamente compreendida na descrição típica da legítima defesa.

O parágrafo inicia dizendo: "Observados os requisitos previstos no *caput* deste artigo, considera-se também em legítima defesa". Ora, se no *caput* vêm descritos os elementos caracterizadores da figura do tipo permissivo da legítima defesa e se estes requisitos estão presentes, se tem, por obviedade, configurada uma situação de legítima defesa. E ponto, nada mais é preciso: a legítima defesa está caracterizada.

A hipótese prevista pretende criar uma forma específica de legítima defesa, restrita ao agente de segurança pública: "considera-se também em legítima defesa o agente de segurança pública que repele agressão ou risco de agressão a vítima mantida refém durante a prática de crimes".

Trata-se da possibilidade de ação em legítima defesa de terceiro, que está sendo agredido ou em vias de ser agredido ao ser mantido refém, logicamente "durante a prática de crimes".

Tal dispositivo não autoriza o agente de segurança pública a efetuar reação violenta se no instante, malgrado esteja terceiro na situação de refém, não haja agressão atual ou iminente à sua integridade física, pois pode haver condições de uma negociação para libertação da vítima, sem se correr riscos de ser atingido o próprio refém.

Não se justifica, de outra parte, que essa hipótese de legítima defesa, aliás, já compreendida na descrição do *caput* do artigo, tenha exclusivamente como sujeito ativo agente de segurança pública. Essa limitação é incompreensível, pois qualquer pessoa pode agir em defesa de direito de terceiro que se encontre diante de perigo atual ou iminente, pois edita a figura central da legítima defesa ocorrer a justificativa quando se "repele injusta agressão, atual ou iminente, a direito seu ou de outrem".

Assim, despiciendo o acréscimo feito pela Lei Anticrime, com a contraditória dicção do parágrafo, de vez que nada justifica limitar a legítima defesa de terceiro a "agente de segurança pública". Já no *caput* do art. 25, a reação em favor de terceiro para defesa de direito seu (dele) contra agressão injusta, atual ou iminente está prevista, incluída, portanto, como causa excludente de antijuridicidade aplicável a qualquer pessoa.

A pessoa refém deve e pode ser socorrida por qualquer pessoa, pois já vítima de agressão injusta, sendo incompreensível que o novel legislador tenha limitado o âmbito da justificativa da legítima defesa de terceiro a agente de segurança, o que se impõe seja desprezado pelo intérprete.

Considerações finais

Já se fez referência ao aspecto subjetivo da legítima defesa. Este dado relativo ao fim do agir pode ser deduzido da presença de todos os elementos objetivos caracterizadores da situação de defesa. Assim, da ocorrência de todos os elementos da figura permissiva pode-se concluir sobre a subjetividade do agente[57], no sentido de ser movido pela intenção de se defender, constituindo-se, a meu ver, uma presunção relativa. Só efetiva prova em contrário, demonstrativa de que o agente, malgrado a existência de elementos objetivos próprios de uma situação de legítima defesa, atuou para agredir – não para se defender –, pode excluir a legítima defesa.

TÍTULO III
DA IMPUTABILIDADE PENAL

Inimputáveis
Art. 26. É isento de pena o agente que, por doença mental ou desenvolvimento mental incompleto ou retardado, era, ao tempo da ação ou da omissão, inteiramente incapaz de entender o caráter ilícito do fato ou de determinar-se de acordo com esse entendimento.

Redução de pena
Parágrafo único. A pena pode ser reduzida de um a dois terços, se o agente, em virtude de perturbação de saúde mental ou por desenvolvimento mental incompleto ou retardado não era inteiramente capaz de entender o caráter ilícito do fato ou de determinar-se de acordo com esse entendimento.

Bibliografia: ADEODATO, João Maurício Leitão. *A filosofia do direito de Nicolai Hartmann*. Dissertação de Mestrado apresentada na Faculdade de Direito da Universidade de São Paulo, 1981; AGOSTINHO DE HIPONA, Santo. *Confesiones*. Madrid: Akal, 1986; AGOSTINHO DE HIPONA, Santo. *Livre-arbítrio*. São Paulo: Paulus, 1995; ARENDT, Hannah. *The life of the mind II – Willing*. San Diego: Harcourt Publishing, 1981; BUCHEN, Lizzie. Illuminating the brain. *Nature*, v. 456, 6 maio 2010; CHAUI, Marilena. Spinoza: da impotência à potência ou da imagem do livre-arbítrio à ideia da liberdade. In: MARTINS, André (Org.). *O mais potente dos afetos*: Spinoza e Nietzsche. São Paulo: Martins Fontes, 2009; CUELLO CONTRERAS, Joaquín. Neofinalismo y normativismo: condenados a entenderse. *Revista de Derecho Penal y Criminología de UNED*, n. 16, 2005; DAMÁSIO, António. *O erro de Descartes*: emoção, razão e cérebro humano. São Paulo: Cia. das Letras, 2006;

---

[57] Cerezo Mir (2007, p. 441) considera que o agredido deve agir com o ânimo ou a vontade de defender direito próprio ou alheio, opinião esta unânime na doutrina espanhola, sendo, todavia, esse ânimo de defesa compatível com outras motivações.

DEMETRIO CRESPO, Eduardo. Identidad y responsabilidad penal. *AFDUAM*, Madrid, 17, 2013; DENNETT, Daniel. *Consciousness explained*. London: Penguin Books, 1998; FERRI, Enrico, *La teoria dell'imputabilità e la negazione del libero arbitrio*. Firenze: Tipografia di G. Barbèra, 1978; FRANKFURT, Harry G. Freedom of the will and the concept of a person. *The Journal of Philosophy*, v. 68, n. 1, 1971; HARTMANN, Nicolai. *Ethics II:* moral values. London: George Allwen & Unwid Ltd., 1963; HARTMANN, Nicolai. *Ethics III:* moral freedom. London: George Allwen & Unwid Ltd., 1962; HASSEMER, Winfried. Neurociencias y culpabilidad en derecho penal. *Indret*: *Revista para el Análisis del Derecho*, 2/2011, Barcelona, 2011; HAYNES, John Dylan, SOON, Chun Siong, BRASS, Marcel e HEINZE, Hans Jochen. Unconscious determinants of free decision in the human brain. *Nature Neuroscience*, v. 11, n. 5, maio 2008; JÄGER, Christian. *Willensfreiheit, Kausalität und Determination: Stirbt das moderne Schuldstrafrecht durch die moderne Gehirnforschung?* In: Goltdammer's Archiv für Strafrecht, 01-2013; JAKOBS, Günther. *Indivíduo e pessoa:* imputação jurídico-penal e os resultados da neurociência. Trad. Eduardo Saad-Diniz. In: POLAINO-ORTS, Miguel; SAAD-DINIZ, Eduardo (Org.). *Teoria da pena, bem jurídico penal e imputação*. São Paulo: Liberars, 2012; JIMÉNEZ DE ASÚA, Luís. *Tratado de derecho penal*. Buenos Aires: Losada, 1992; KANT, Immanuel. *Kritik der praktischen Vernunft, Stuttgart:* Reclam, 1961; LIBET, Benjamin, GLEASON, Curtis, WRIGHT, Elwood e PEARL, Dennis. Time of conscious intention to act in relation to onset of cerebral activity (readiness-potential): the unconscious initiation of a voluntary act. In: *Brain* (1983), n. 106; LIMA TORRADO, Jesús. El problema del libre albedrío en el pensamiento de Dorado Montero. *Rev. Doctrina Penal*, ano 1, n. 1 a 4, Buenos Aires, 1978; LUZÓN PEÑA, Diego Manuel. Libertad, culpabilidad y neurociencias. *InDret* 3/2012; LYRA, Roberto. *Novas escolas penaes*. Dissertação apresentada à Congregação da Faculdade de Direito do Rio de Janeiro para Cátedra de Direito Penal, 1936; MANNA, Adelmo, *L'imputabilità nel pensiero di Francesco Carrara*. L'indice penale, v. 8, n. 2, maio/ago. 2005; MERKEL, Reinhard. Novedosas intervenciones del cerebro: mejora de la condición humana mental y límites del derecho penal. *Revista de Derecho Penal*, n. 1, 2011; MERKEL, Reinhard. *Willensfreiheit und rechtliche Schuld:* eine strafrechtphilosophische Untersuchung. Baden-Baden: Nomos Verlag, 2008; NIETZSCHE, Friedrich. *Zur Genealogie der Moral*, Leipzig: Alfred Kröner Verlag, 1930; REALE JÚNIOR, Miguel. *Instituições de direito penal*: parte geral. Rio de Janeiro: Forense, 2009; RODRÍGUEZ, Víctor Gabriel. *Livre-arbítrio e direito penal*. São Paulo: Marcial Pons, 2018; RODRÍGUEZ, Víctor Gabriel. Correccionalismo y no-repetición el papel de las neurociências en un derecho penal sin dolor. In: *Derecho Penal y Comportamiento humano*: avances desde la neurociencia y la inteligencia artificial. Valencia: Tirant lo Blanch, 2022; ROTH, Gerhard. The evolution and ontogeny of consciousness. In: *Neural Correlates of Consciousness*. MIT Press, 2000; ROTTERDAM, Erasmo de. *Discusión sobre el Libre Albedrío*. Prólogo de Ezequiel Rivas. Buenos Aires: El Cuenco de Plata, 2012; ROXIN, Claus. *Strafrecht: Algemeiner Teil*, Band I, 4. Auflage, Munique: C.H. Beck Verlag, 2006; SCHÜNEMANN, Bernd. Libertad de voluntad y culpabilidad. In: *Temas actuales y permanentes del derecho penal después del milenio*. Madrid: Tecnos, 2002; SCHÜNEMANN, Bernd. Nuevas tendencias en el concepto jurídico-penal de culpabilidad. In: *Temas actuales y permanentes del derecho penal después del milenio*. Madrid: Tecnos, 2004; TOLEDO, Francisco de Assis. *Princípios básicos de direito penal*. São Paulo: Saraiva, 2007; WALTER, Henrik. *Neurophilosophy of free will*: from libertarian illusions to a concept of natural autonomy. Massachusetts: MIT Press, 2009; WELZEL, Hans. *Das neue Bild des Strafrechtsystems*. Göttingen: Otto Schwartz, 1951; WELZEL, Hans. *Derecho penal alemán*. Trad. J. Bustos Ramírez y S. Yáñez Pérez. Santiago de Chile, 2002; WELZEL, Hans. Reflexiones sobre el libre albedrío. *Anuario de Derecho Penal y Ciencias Penales*, n. 2, v. 26, 1973; ZUGALDÍA ESPINAR, José Miguel. *El principio de culpabilidad en las reformas penales* – homenaje al prof. Rodríguez Mourullo. Navarra: Aranzadi, 2005.

Considerações gerais

Para que exista reprovação penal, é necessário que o agente tenha, no momento da conduta reprovável, a presumível capacidade de agir de modo diverso. Essa capacidade de liberdade está, desde escritos fundamentais como os de Santo Tomás (Summa, Q. 23, a. 8), vinculada ao normal funcionamento da mente.

O Código se preocupa em definir o estado de imputabilidade por uma dupla capacidade: *conhecer* o caráter ilícito do fato e *determinar-se* de acordo com essa consciência da ilicitude. Se ao indivíduo faltar tal capacidade de compreender que sua ação ou omissão representa um injusto diante da norma, ou, mesmo em compreendendo que o represente, não conseguindo controlar seus próprios impulsos em relação a esse valor formulado, deverá ser isento de pena. Na expressão do Código, isso significa que falta culpabilidade[58], pela inexistência de um de seus pressupostos.

Mesmo dentro da teoria do crime, o papel da imputabilidade tem uma evolução bastante marcada. Jiménez de Asúa, sempre influenciado pelos conceitos psicanalíticos, irá ao final definir a imputabilidade como "presupuesto psicológico de la culpabilidad, la capacidad para conocer y valorar el deber de respetar la norma y determinarse espontaneamente" (JIMÉNEZ DE ASÚA, 1992, v. V, p. 86). O autor lembra ainda que o conceito passou da "capacidade de pena" em Feuerbach, à capacidade de ação em Binding ou à capacidade jurídica de dever em Merkel e Kohlrausch. O neoclassicismo de Mezger colocou a imputabilidade como *capacidade de culpabilidade*: parte integrante desta, portanto, e não apenas seu pressuposto, como já definiu Assis Toledo (2007, p. 314). Esse posicionamento, cristalizado em Mezger com seus sólidos argumentos, atendia mais diretamente à argumentação de Reinhart Frank. O autor, em sua obra-base para o conceito da culpabilidade

---

[58] Sem adotarmos a concepção de que a culpabilidade se afasta da teoria do delito para ser um exclusivo pressuposto da pena, há que se concordar com Dotti, quando o autor nota que o Código Penal usa a expressão "isenção de pena" quando normatiza elementos notoriamente pertencentes à culpabilidade, a exemplo da imputabilidade ou do erro de proibição (DOTTI, 2001, p. 336-337).

normativa, que foi publicada no ano de 1907, defendeu que a imputabilidade como mero pressuposto da culpabilidade, e não como sua integrante, carecia por completo de sentido.

Hans Welzel entenderá que a imputabilidade é a capacidade de culpabilidade (*Zurechnungfähigkeit*), e concederá especial atenção à capacidade de *motivar-se* de acordo com a norma (WELZEL, 2002, p. 170). Daí seu cuidado em delimitar o conteúdo da liberdade humana perante a norma, sob um ponto de vista fortemente influenciado pela Ontologia, então bastante aceita, de autores como Hartmann (*vide*, adiante, as Considerações Finais). A imputabilidade consistirá na capacidade de ser culpável, em razão da possibilidade de motivar-se diante da norma (motivação conforme a sentido), sob a livre escolha de ofender ou não, primeiramente, o ordenamento jurídico. Assim os seguidores mais ortodoxos do finalismo também a definiram.

As alterações do ponto de vista do pós-finalismo, ainda que neguem essas premissas ontológicas e atribuam novas feições à culpabilidade como um todo, não diferem em essência no que concerne à imputabilidade. Claus Roxin chega a afirmar que, na prática, capacidade de compreensão do injusto e capacidade de agir conforme tal compreensão muito se assemelham, e também a compreenderá como capacidade de culpabilidade. Esta é constituída de dados normativos mesclados a um primeiro dado empírico, e este residirá especialmente nessa prova que se pode realizar sobre a capacidade de discernimento.

Já o funcionalismo de Jakobs, a partir de um amálgama entre, em um primeiro momento, a teoria dos sistemas de Luhmann e, depois, o conceito de pessoa em Hegel, encontrará no inimputável um "objeto passivo dos processos funcionais". Então, conquanto direcionando seu corpo teórico cada vez menos aos processos naturais ou psíquicos para focá-los nas expectativas fixadas a partir do assumir de papéis e obrigações, declara também um mínimo empírico que significa a imputabilidade. Visto a partir do funcionalismo de Jakobs, podemos afirmar que a capacidade comunicativa do indivíduo poderia partir, antes de seu reconhecimento como pessoa, de seu estado de indivíduo psiquicamente capaz de compreender a sociedade. Em outras palavras, não haverá, para o conceito específico da imputabilidade, uma divergência doutrinária tão extrema quanto há acerca das transformações no conceito da culpabilidade como um todo, pós-finalista. Por isso cabe dizer que existe um patamar empírico que deve conceder um primeiro mínimo da condição de pessoa (JAKOBS, 2012, p. 82).

Já no Brasil, Reale Júnior avança nas premissas finalistas e recrudesce a exigência valorativa do dolo, para assim alterar o que era consenso em termos estruturais sobre imputabilidade. Esta se aloca, para o autor, fora da culpabilidade, que seria pressuposto da própria *ação*. Afinal, o inimputável não pratica ação, porque "só *age* aquele que tem a capacidade de entender o significado de seu ato no mundo dos valores" (REALE JÚNIOR, 2009, p. 208).

Seja como capacidade de pena, de culpabilidade ou da própria ação, esse estado de normalidade intelectiva é pressuposto da responsabilização criminal, ainda nos menos subjetivizantes critérios de imputação que possa hoje a doutrina desenvolver. Prova maior desse caráter de nodal da condição de normalidade para a reprovação é a lei preferir enunciar apenas a exceção – o caso de ausência das condições de normalidade – que a regra: o homem livre em sua intelecção e em seu agir.

Na prática, a lei declarará a inimputabilidade quando o agente, no momento da ação ou omissão, (a) era menor de 18 anos; (b) padecia de desenvolvimento incompleto ou retardado ou de doença mental; ou (c) estava em estado de embriaguez total involuntária.

Considerações nucleares

Critério biopsicológico

Dizer que a imputabilidade está sujeita ao critério biopsicológico significa que existe um crivo bifurcado para sua aferição: *tanto* o critério biológico *quanto* o psicológico são utilizados para conseguir alcançar o diagnóstico da inimputabilidade ou da semi-imputabilidade. Primeiro, há que se aceitar a existência de um estado físico especial (o desenvolvimento incompleto e a doença mental, a embriaguez) e então conjugá-la com seus efeitos psíquicos de incapacidade cognitiva ou de liberdade de ação conforme o querer. Exceção será feita à menoridade penal, em que o critério biológico da simples constatação da idade do indivíduo obriga a presumir sua incapacidade para responder penalmente por seus atos; porém, para essa presunção pesam relevantes critérios políticos, que oportunamente se comentarão (*vide* comentário ao art. 27).

Diferentemente de o que ocorre com o enunciado homólogo no Código Alemão, o legislador nacional entendeu por não enunciar adjetivos como a perturbação psicológica "grave" ou "profunda", que levantam a crítica de Roxin – na conformidade com a legislação alemã – para um critério normativo-psicológico de interpretação da imputabilidade, tendo em vista que "grave" e "profunda" seriam critérios normativos. Ainda assim, a observação de Roxin não é irrelevante para nosso contexto nacional: a aferição da doença encontra sim um viés de normatividade, pois mesmo o médico ou o psicólogo examinam o investigado ou réu a partir de uma ótica guiada pela norma: a capacidade de intelecção deve ser a capacidade de alcançar a norma e de se determinar a partir dela. Trata-se, como diz Hassemer, a imputabilidade de um ponto de congruência entre medicina e norma (HASSEMER, 2011, p. 132), sobre o qual haverá que se tecerem alguns comentários em maior detalhe.

Diante da aferição biopsicológica da inimputabilidade, o juiz terá de renunciar à aplicação de pena para impor a medida de segurança, quando estará a reconhecer que o Estado entende que o condenado não tem capacidade de ser culpável, portanto a pena lhe é injusta. Somente o dever de tentar realizar a proteção do indivíduo, por seu tratamento, ou da própria sociedade, por seu alijamento em caso de extrema periculosidade, é que devem reger os fundamentos do juiz.

Caso bastante comum é o da dependência do álcool ou de drogas mais pesadas como, usualmente, o *crack*, já transformado em epidemia, que a eleva a uma questão de saúde pública. Não o uso da droga, mas a situação de *dependência*, obriga a legislação a reconhecer que o viciado, quando em abstinência, sobrepõe a consecução da droga aos valores, praticando para tanto qualquer ato, mesmo que seja ilícito, pois se encontra incapacitado, portanto, de atender ao chamado da lei. Por isso, a Lei Antidrogas prevê mandato semelhante ao do Código Penal, ao afirmar que, caso a perícia médica indique que qualquer delito foi de autoria de indivíduo em situação de dependência, caso fortuito ou força maior no uso de drogas, o juiz deve reconhecer a inimputabilidade e encaminhá-lo a tratamento (arts. 45 a 47 da Lei n. 11.343/2006).

Semi-imputabilidade

Se a doença mental ou o desenvolvimento mental incompleto geram uma parcial perturbação na capacidade de intelecção ou autodeterminação, o juiz aplicará uma pena diminuída. Trata-se de um mero *poder*, no teor do § 1º do art. 26; porém, será quase impossível justificar a manutenção de uma reprovação integral diante da capacidade mental parcial do imputado. Porque, ao reconhecer a possibilidade de diminuição de pena nesses casos denominados de semi-imputabilidade, a Lei Penal demonstra que a reprovação varia de acordo com esse nível de consciência da realidade.

Considerações finais

Imputabilidade e livre-arbítrio

Como visto, a imputabilidade é, para a maioria dos doutrinadores, uma capacidade de culpabilidade. Reprova-se o indivíduo porque ele é capaz de reconhecer o caráter ilícito do fato e de se autodeterminar de acordo com esse reconhecimento. Entretanto, de algum modo também há que se considerar que a capacidade humana de se reconhecer a realidade tal como ela é e, pior, de se autodeterminar ou de se *determinar livremente* também é mera suposição. Não apenas a liberdade de querer é uma das mais controversas questões de toda a filosofia, como também tem sido colocada em xeque, nas últimas décadas, por solventes pesquisas neurocientíficas.

Na Filosofia, apenas para exemplificar a controvérsia, a Escolástica de Santo Agostinho e de Tomás de Aquino defenderam o livre-arbítrio, ainda que com ressalvas diante da ideia de presciência e graça de Deus. Mas a reforma de Lutero, no século XVI, tinha como ponto teológico mais relevante não a negação da autoridade do Papa, como se costuma divulgar, mas a liberdade humana diante do querer de Deus. Apoiado nas epístolas paulinas, Martinho Lutero defendeu a seu tempo que o homem era como um animal que anda sob o comando único de Deus, portanto na condição de um *arbítrio escravo*. Esses seus escritos redundaram em um importante debate com Erasmo de Rotterdam, que defendia a liberdade de querer humano e questionava: se acreditarmos que somente Deus rege nossas vontades, qual malvado se esforçará em corrigir sua vida? (ROTTERDAM, 2012, p. 34-37).

Mesmo quando a teologia deixou de ser aglutinador do pensamento filosófico, a liberdade de querer seguiu sendo uma de suas principais aporias. Schopenhauer diferenciou entre liberdade para se fazer o que se quer e a liberdade para se querer o que se quer, esta que não existiria, enquanto Spinoza ridicularizou Leibniz e suas tentativas de conciliar presciência de Deus e liberdade de ação. Depois de Darwin, entretanto, as teses deterministas ganharam força, porque os filósofos passaram a ter mais elementos para acreditar que o mundo segue uma lei natural que não encontra no indivíduo uma causa independente. Nietzsche foi então incisivo ao propor um "Super Homem" que interpretaria essa superioridade natural do indivíduo, enquanto Nicolai Hartmann tentou aprimorar a ideia kantiana da racionalidade como elemento a vencer a cadeia de leis naturais[59] (*Naturkette*), e assim criou um sistema de uma individualidade dividia em vários estratos[60], que se sobrepõem e alcançam a independência das decisões humanas diante das leis da natureza. A concepção ontológica de Hartmann de que liberdade moral, liberdade natural e vontade estão estratificadas foi muito influente em Welzel.

No Direito Penal, desde o confronto entre as Escolas, a liberdade humana sempre foi elemento-clave. Em resumo, Carrara, iniciando o que depois se chamaria de Escola Clássica, diz que a distinção entre livre arbítrio e determinismo não é importante, mas dedica longa questão à controvérsia[61]. A Escola Positiva desde Lombroso nega o livre-arbítrio humano, mas será Ferri quem dedicará uma importante monografia ao tema (FERRI, 1878), em que defende que a falta de liberdade de querer não prejudica o Direito Penal, que se enviesará, consequentemente, pela linha da pena como defesa social.

---

[59] "O ser racional pode dizer justamente de toda ação realizada contra a lei que ele poderia não a haver cometido, ainda quando esta ação, como fenômeno "als Erscheinung, in dem Vergangenen hinreichen bestimmt, und so fern unausbleiblich notwendig ist, mit Recht sagen, daß er sie hätte unterlassen können" (KANT, 1961, p. 148).

[60] "The total structure is thereby changed, in so far as there are no longer only two but three types of determination, which here lie *in strata*, one above the other, in one and the same ethical actuality, in actual will, in every actual deed of a person" (HARTMANN, 1962, p. 208).

[61] Sobre a divergência entre o enunciado por Carrara e o real conteúdo que se depreende de suas conclusões, *vide* nosso *Livre-arbítrio e direito penal* (RODRÍGUEZ, 2018).

No século seguinte, o neoclássico Mezger redigirá um opúsculo sobre o tema e Engisch e Welzel debaterão o livre-arbítrio em um diálogo que se prolongará por vários textos, em que o criador do finalismo manterá a necessidade da liberdade humana como fundamento de seu postulado ontológico: só o homem livre pode dirigir sua vontade a um fim determinado. Por isso, em seu manual, Welzel defenderá, ainda que sem a referência exata, a teoria dos estratos de Hartmann como forma de conciliar as regras da natureza determinantes do corpo humano com uma liberdade inerente à mente. E o mesmo debate segue candente entre os pós-finalistas, dentre os quais se destaca a posicionamento abertamente determinista de Jakobs, a defesa candente do livre-arbítrio redigida por Schünemann e a conciliação de Roxin, que aponta que o livre-arbítrio tem de ser uma suposição, uma regra do jogo (*Spielregel*) imprescindível à relação de responsabilidade (ROXIN, 2006, p. 868).

O problema se faz mais agudo atualmente porque as neurociências estão no caminho de demonstrar que, no cérebro, a decisão humana se processa de modo absolutamente físico-químico, ou seja, sem espaço para um momento de decisão livre. É o caso dos experimentos do médico Benjamin Libet e seus sucessores. Via o encefalograma, na década de 1980 o médico californiano comprovou – ou, ao menos, propôs a comprovação – que o cérebro humano entra em atividade, para exercer um movimento, *centésimos* de segundos antes de que o indivíduo se dê conta de sua própria tomada de decisão. Isso significa que o processo consciente de escolha é posterior a uma decisão inconsciente já tomada; portanto, a consciência de decisão é ilusória. Um dos primeiros estudos de Libet publicados nesse sentido, em 1983, concluiu, após a análise de dados de dois grupos de três pessoas cada, que "a iniciativa cerebral de um ato livre e espontâneo pode começar inconscientemente, antes de qualquer consciência de que a decisão já se iniciou no cérebro"[62]. Embora o médico venha a negar, anos depois, que seu estudo era de conclusão absolutamente determinista, sua experiência criou muitos discípulos que, hoje, com técnicas mais modernas, repetem-na para concluir de modo bastante semelhante.

Para os elementos da reprovação, a problemática das neurociências e do livre-arbítrio tem ou terá efeitos práticos principalmente no que se refere à imputabilidade. É bastante possível que, em um futuro breve, se aceite como critério *biológico* a inimputabilidade, por exemplo, de muitos dos criminosos sexuais de hoje, quando se demonstre que seu comportamento tem como causa a pura conformação neu-

---

[62] "It is concluded that cerebral initiation of a spontaneous, freely voluntary act can begin unconsciously, that is, before there is any (at least recallable) subjective awareness that a 'decision' to act has already been initiated cerebrally. This introduces certain constraints on the potentiality for conscious initiation and control of voluntary acts" (LIBET; GLEASON; WRIGHT; PEARL; 1983, p. 623).

ronal desviada. Ou então se confessará, como na *actio libera in causa*, que o conteúdo moral da pena em nada importa, servindo a sanção simplesmente como um meio de reprovar comportamentos com vista à segurança cidadã. De um modo ou de outro, as neurociências farão, em um futuro breve, que o debate sobre a liberdade de querer volte a ter força na dogmática penal.

Menores de dezoito anos

Art. 27. Os menores de 18 (dezoito) anos são penalmente inimputáveis, ficando sujeitos às normas estabelecidas na legislação especial.

Bibliografia: ALONSO ÁLAMO, Mercedes. Polisemia del término retribución y pena re-tributivo-preventiva. In: *Libro Homenaje a Agustín Jorge Barreiro*. Madrid: UAM Ediciones, 2019; BARRETO, Tobias. Fundamento do direito de punir. In: *Estudos de Direito* (publicação póstuma). Rio de Janeiro: Laemmert & C., 1892; BARRETO, Tobias. *Menores e loucos*. Edição do Estado do Sergipe, 1926. v. 5 (Obras completas); BUSTOS RAMÍREZ, Juan. Perspectivas del derecho penal del niño. In: *Nueva Doctrina Penal*. Buenos Aires, 1997; CHAN MORA, Gustavo, ¿Desdibujar sujetos o derribar los dogmas? el desafio de construir un derecho penal juvenil substantivo. *Ciencias Penales: Revista de la Asociación de Ciencias Penales de Costa Rica*, n. 19, v. 13, p. 106-125, 2001; COSTA, Ana Paula Motta. *As garantias processuais e o direito penal juvenil:* como limite na aplicação da medida socioeducativa de internação. Porto Alegre: Livraria do Advogado, 2005; CUELLO CALÓN, Eugenio. *Criminalidad infantil y juvenil*. Barcelona: Bosch Editores, 1934; GARCÍA MÉNDEZ, Emilio. Adolescentes y responsabilidad penal: un debate latinoamericano. *Revista Brasileira de Ciências Criminais*, n. 48, v. 12, p. 229-245, 2004; GÓMEZ TOMILLO, Manuel. *Derecho administrativo sancionador*. Madrid: Thomson Aranzadi, 2010; JAKOBS, Günther. Indivíduo e pessoa: imputação jurídico-penal e os resultados da neurociência. Trad. Eduardo Saad-Diniz. In: POLAINO-ORTS, Miguel; SAAD--DINIZ, Eduardo (Org.). *Teoria da pena, bem jurídico penal e imputação*. São Paulo: Liberars, 2012; JUNQUEIRA, Ivan de Carvalho. *Ato infracional e direitos humanos:* a internação do adolescente em conflito com a lei. Campinas: Servanda, 2014; MARTÍN CRUZ, Andrés, *Los fundamentos de la capacidade de culpabilidade penal por razón de edad*. Granada: Comares, 2005; MAURACH, Reinhardt. *Derecho penal:* parte general – teoría general. Barcelona: Ariel, 1962; SÁNCHEZ GARCÍA DE PAZ, Isabel. *Minoría de edad penal y derecho penal juvenil*. Granada: Comares, 1998a; SÁNCHEZ GARCÍA DE PAZ, Isabel. Minoría de edad y derecho penal juvenil: aspectos político-criminales. In: *Eguzkilore: Cuadernos del Instituto Vasco de Criminología*, n. 12, San Sebastián, 1998b; SANTANA, Selma Pereira de. A reparação, como terceira via, e o direito penal do jovem adulto. *Revista Brasileira de Ciências Criminais*, n. 70, v. 16, p. 291-320, 2008; SARAIVA, João Batista Costa. *Adolescente em conflito com a lei:* da indiferença à proteção integral; uma abordagem sobre a responsabilidade penal juvenil. 3. ed. Porto Alegre: Livraria do Advogado, 2009; SHECAIRA, Sérgio Salomão. Criminal responsability of minors in national and international legal orders: Brazil, *Revue Internationale de Droit Pénal*, 1/2, v. 75, p. 201-212, 2004; SHECAIRA,

Sérgio Salomão. *Sistema de garantias e o direito penal juvenil*. São Paulo: RT, 2008; SPOSATO, Karyna. A constitucionalização do direito da criança no Brasil como barreira à redução da idade penal: visões de um neoconstitucionalismo aplicado. *Revista Brasileira de Ciências Criminais*, n. 80, v. 17, p. 80-118, 2009; SPOSATO, Karyna. *O direito penal juvenil*. São Paulo: RT, 2006.

Considerações gerais

O Código Penal entendeu por declarar a inimputabilidade penal do indivíduo menor de 18 anos, remetendo-o, na redação de 1984, ao tratamento da Legislação Especial. Essa ordem legislativa atende a uma medida de *política criminal* e, portanto, é nesses termos que merece ser tratada. Afinal, a capacidade do indivíduo de compreender (elemento intelectual) e de se automotivar (elemento volitivo) é aqui muito menos determinante que a vontade do legislador de estabelecer um limite etário antes do qual não deve haver qualquer castigo, senão apenas intentos de educação para a recuperação.

Considerações nucleares

A Constituição Federal de 1988 reforçou essa condição ao prescrever a inimputabilidade do menor em seu art. 227, em capítulo que cuida especificamente da proteção de grupos sociais mais vulneráveis. Essa previsão constitucional dá azo à relevante questão de saber se a proteção da inimputabilidade do menor de 18 anos é ou não uma cláusula pétrea constitucional, hipótese que implicaria reconhecer que qualquer tentativa de redução desse *status* de maioridade significaria uma medida legislativa "tendente a abolir" direitos ou garantias individuais, na locução do art. 60, § 4º, IV, da Carta.

Se a nós parece que a redução da maioridade penal é possível em termos constitucionais, porque sua mudança para, por exemplo, 16 anos não significaria ação que visasse *abolir* uma garantia, em termos político-criminais o conteúdo material do art. 27 do Código Penal é mais do que acertado, e os argumentos são vários, conquanto pouco compreendidos em uma sociedade de cultura punitiva. Apresentar esses argumentos todos seria aqui um indevido desvio à discussão política, mas se devem destacar ao menos três pontos nucleares: primeiro, que o adolescente *de fato* tem menor capacidade de compreensão e volição, de que dão conta tanto estudos neurológicos quanto psicológicos (*vide*, sobre o tema, MARTÍN CRUZ, 2004, p. 157 e s.); segundo que, ainda que o adolescente seja capaz de compreender seus atos, ele é mais vulnerável à influência de seu meio social, e portanto este pode, como um conjunto, absorver a responsabilidade por seus delitos, deixando--se de considerar o jovem como um núcleo independente de uma cadeia causal que resulta em um ato tido como injusto; e terceiro, o delito do menor é uma motivação contínua à sociedade para que reveja sua estrutura e se questione sobre o que nela está a permitir ou a incentivar a afronta daquele cuja personalidade ainda está em formação. E, por conta desse inequívoco estado de formação, também qualquer tipo de castigo ou segregação prolongada se torna um risco extremo para a construção da personalidade, de modo que, mesmo sob o ponto de vista de segurança cidadã, a punição do adolescente deixa de ser recomendável.

Um contexto social mais estruturado poderia permitir solução análoga à alemã, em que o adolescente entre 14 e 18 anos é sujeito a um exame de imputabilidade, considerando-se até o potencial de que o nível de acessibilidade da proibição normativa varie entre uma e outra espécie de crime, por exemplo entre uma omissão de socorro e um homicídio propriamente dito. Um exame apurado no adolescente poderia concluir, como observa Jakobs (2012, p. 81), que há maturidade para compreender o primeiro mandado normativo e não o segundo.

No Brasil, entretanto – porque aqui se nos faz lícito adentrar ao realismo neste momento em que se tangencia a política criminal –, ainda devem prevalecer os argumentos que pugnam pela inimputabilidade do adolescente, pois um sistema médico-psicológico de aferição desse limite de cognoscibilidade e determinação seria mais uma despesa financeira a um Estado que, no campo da execução da pena, beira a falência. A própria estrutura das Varas da Infância e da Juventude ou, pior, dos órgãos responsáveis pelo cumprimento das medidas socioeducativas do ECA já pode recomendar que não se exija de momento estabelecer uma organicidade mais complexa.

Mas não é apenas no campo operativo que o trato com o adolescente deixa a desejar. A própria teoria sobre a recuperação do adolescente infrator, naquilo que se pode chamar de dogmática do Direito Penal Juvenil, é bastante incipiente. A obra de Tobias Barreto, ainda que lúcida (BARRETO, 1926), tem considerações ensaísticas bastante genéricas. Já em 1934, na Espanha, Cuello Calón escreveu obra de referência sobre o tema, a abordar a *criminalidade infantil e juvenil* (CUELLO CALÓN, 1934). No mesmo país, Sánchez García de Paz publicaria *Minoría de edad penal y derecho penal juvenil* (SÁNCHEZ GARCÍA DE PAZ, 1998). Nos anos 1950, o *Tratado* de Maurach, professor de Munique, trazia um capítulo dedicado à pena para menores, em que afirmava que ela "puede ser concebida como pena especial en la que la educación preventiva priva sobre la función expiatoria" (MAURACH, 1962, p. 604)[63].

A legislação especial constrói então um sistema que entende o ato infracional como aquele que, cometido pelo menor de idade, é descrito na lei como crime ou contravenção penal (art. 103 da Lei n. 8.069/90, o ECA). E assim se o sujeita às referidas medidas socioeducativas, taxativamente elencadas no art. 112, das quais a mais grave é o regime de internação (inciso IV do art. 112 do ECA) que, segundo a própria lei, "constitui medida privativa da liberdade, sujeita aos princípios de

---

[63] Utilizo aqui a edição espanhola, de 1962, em que o aludido capítulo aparece no segundo volume, a partir da p. 589.

brevidade, excepcionalidade e respeito à condição peculiar de pessoa em desenvolvimento" (art. 121).

Entre nós, Shecaira enfrentou, em tese, a construção de um sistema doutrinário para a apresentação do Direito Penal Juvenil (SHECAIRA, 2008, p. 9)[64]. Na publicação da obra, queixou-se de como a Academia jurídica em geral, mas principalmente as ciências criminais, acabam por excluir o problema da criminalidade do menor. Mas, diante da *realidade* de que haja um sistema com viés repressivo ao inimputável, é muito mais proveitoso estudá-lo a fundo, a fim de transpor-lhe as garantias penais, que tentar fazer crer que o que existe para o adolescente inimputável, no Brasil e no mundo, é só um sistema administrativo, com controle judiciário, de punição-*educação para casos extremos*[65]. Se assim se encarar a situação, corre-se o risco de o menor ser submetido a um sistema sancionador menos garantista que o próprio Direito penal, o que seria uma contradição enorme, mas não incomum quando se trata de direito sancionador, como há tempos bem alerta Gómez Tomillo (GÓMEZ TOMILLO, 2010). Daí a licença que tiro para transcrever o alerta de Salomão Shecaira: "Se desejarem chamar de responsabilização especial, responsabilização estatutária, ou responsabilização infracional, como fazem vários autores, em vez de Direito Penal Juvenil, isso é o menos importante. O principal é que se assegure, quando da imputação de ato infracional ao adolescente, que se lhe dê o direito de um juízo de tipicidade (pois se o fato é atípico, não há ato infracional); de um juízo de ilicitude (pois, se o fato é amparado pelo direito, não há crime, nos termos do art. 23 do CP); de um juízo de averiguação sobre os elementos da culpabilidade" (SHECAIRA, 2008, p. 157).

O alerta serve, *grosso modo*, para que não se diminuam os direitos do menor para aquém daqueles direitos consagrados àquele que dispõe de capacidade de culpabilidade.

Considerações finais

Quando a lei penal determina que o menor de 18 anos é inimputável, consegue por via normativa que faleça qualquer fundamento moral para que se o repreenda, por ser inculpável. As medidas tomadas àquele que pratica o ato infracional têm de ser de cunho educativo e de sua própria proteção, mesmo que represente seu afastamento do convívio social, o que em alguns momentos pode ser-lhe útil para sua própria segurança e formação. Mas jamais se pode entender a medida socioeducativa do ECA como uma pena ainda mais branda que a aplicada aos

---

[64] Karyna Sposato publicou, em 2006, *O direito penal juvenil*. São Paulo: RT, 2006.

[65] No mesmo sentido, de modo mais condensado, afirma Bustos Ramírez que se deve compreender a responsabilidade do menor e distinguir o que é *proteção* do adolescente e sua responsabilidade penal, mas ainda assim encontrar outros meios: mínimos e garantistas (BUSTOS RAMÍREZ, 1997, p. 68-69).

maiores de 18 anos. Afinal, a pena ainda tem, em nossa sociedade, um forte viés de castigo (como denota o próprio art. 59 do CP), que a condição de inimputável, real ou ficta, não deveria suportar.

Se a lei penal vier a diminuir o patamar da menoridade, será uma decisão política com cujas consequências haverá de arcar-se, dentre elas o colapso do sistema penal brasileiro. A ideia, porém, de fazer com que menores de idade respondam penalmente pelo cometimento de apenas alguns crimes mais graves, tal qual se propõe em projeto de lei ora em trâmite, ofende a lógica do sistema: não se pode presumir um jovem capaz de cognoscibilidade e volição somente diante de alguns mandatos do Código Penal.

Emoção e paixão

Art. 28. Não excluem a imputabilidade penal:

I – a emoção ou a paixão;

Embriaguez

II – a embriaguez, voluntária ou culposa, pelo álcool ou substância de efeitos análogos.

§ 1º É isento de pena o agente que, por embriaguez completa, proveniente de caso fortuito ou força maior, era, ao tempo da ação ou da omissão, inteiramente incapaz de entender o caráter ilícito do fato ou de determinar-se de acordo com esse entendimento.

§ 2º A pena pode ser reduzida de um a dois terços, se o agente, por embriaguez, proveniente de caso fortuito ou força maior, não possuía, ao tempo da ação ou da omissão, a plena capacidade de entender o caráter ilícito do fato ou de determinar-se de acordo com esse entendimento.

Bibliografia: ÁLCÁCER GUIRAO, Rafael. *Actio libera in causa dolosa e imprudente*: la estructura temporal de la responsabilidad penal, 2005; ALONSO ÁLAMO, Mercedes. La acción libera in causa. *Anuario de Derecho Penal y Ciencias Penales*, n. 1, v. 42, 1989; BUSATO, Paulo César. Valoração crítica da *actio libera in causa* a partir de um conceito significativo de ação. *Revista Justiça e Sistema Criminal*: modernas tendências do sistema criminal, n. 4, v. 3, 149-17, 2011; BAPTISTA, Nilo. *Concurso de agentes:* uma investigação sobre os problemas da autoria e participação no direito brasileiro. Rio de Janeiro: Lumen Juris, 2004; DEMETRIO CRESPO, Eduardo. *Compatibilismo humanista*: una excepción a las exigencias de la culpabilidad por el hecho. In: NIETO MARTÍN, Adán. Homenaje al Dr. Marino Barbero Santos *in memorian* I. 993-1012; DÍAZ PITA, M. Del Mar. Actio libera in causa: culpabilidad y estado de derecho, 2002; FRAGOSO, Heleno Cláudio. *Conduta punível*. São Paulo: José Bushatsky, 1961; HIRSCH, Hans Joachim. El desarrollo de la dogmática penal después de Welzel. Trad. M. Bacigalupo. *RBCCrim*, 43, abr./jul. 2003; HUNGRIA, Nélson. *Comentários ao Código Penal*. Rio de Janeiro: Forense, 1955 a 1958;

HRUSCHKA, Joachim. *La imputación ordinaria y extraordinaria en Pufendorf:* sobre la historia y el significado de la diferencia entre actio libera in se y actio libera in su causa in: imputación y derecho penal: estudios sobre la teoría de la imputación, Revista de Derecho Penal y Criminología, Uned-Madrid, 2ª Época, n. 12, (2003), p. 213-252; HRUSCHKA, Joachim. Actio libera in causae y autoría mediata. In: *Imputación y derecho penal:* estudios sobre la teoría de la imputación, p. 157-168; HUNGRIA, Nélson. *Comentários ao Código Penal.* Rio de Janeiro: Forense, 1955 a 1958; NORONHA, E. Magalhães. *Direito penal:* parte geral. São Paulo: Saraiva, 2001. v. 4; ROXIN, Claus. Observaciones sobre el actio libera in causa. *Anuario de Derecho Penal y Ciencias Penales,* n. 1, v. 41, 1988; SCHÜNEMANN, Bernd. Culpabilidad: el estado de la cuestión. In: *Sobre el Estado de la teoría del delito.* Madrid: Civitas, 2000.

Considerações gerais

O legislador entendeu por bem excluir a emoção e a paixão das possíveis causas de inimputabilidade, o que indicia que, faticamente, esses estados podem levar o indivíduo à incapacidade de autocontrole. Assim, ainda que o estado psíquico do indivíduo, transtornado pela paixão ou por emoção violenta, venha a incapacitar sua normal compreensão ou sua capacidade volitiva, a lei o presumirá capaz de culpabilidade. Essa medida é, claramente, uma questão de política criminal a evitar que qualquer alteração de estado psíquico (e então não necessariamente biológico) venha a ser invocada para retirar a responsabilidade do ato. Se a casuística, a prática, parece não deixar dúvidas de que um estado de emoção violenta pode levar o indivíduo à perda parcial de seu controle, a legislação não pode admitir que ela resulte, por si só, em uma exculpação pela inimputabilidade.

À hipótese de embriaguez, entretanto, a lei prefere dar distinta interpretação, porque haverá casos, ainda que bastante excepcionais, em que ela poderá obrigar ao reconhecimento da inimputabilidade do agente.

Considerações nucleares

Embriaguez

É bastante conhecida a quadripartição que faz Nélson Hungria (1955 a 1958, p. 381) para o ato de embriaguez, aos olhos da norma:

1) O agente embriaga-se voluntariamente, com o fim preconcebido de cometer o crime.

2) O agente embriaga-se voluntariamente, sem o fim de cometer o crime, mas prevendo que em tal estado poderia vir a cometê-lo e assumindo o risco de tal resultado.

3) Embriaga-se voluntária ou imprudentemente, sem prever, mas devendo prever; ou prevendo, mas esperando que não ocorresse a eventualidade de cometer o delito.

4) Embriaga-se por caso fortuito ou força maior, ou seja, sem intenção de embriagar-se.

Como aponta Hungria, apenas no último caso se pode reconhecer a inimputabilidade. A hipótese n. 1, em que o agente se embriaga voluntariamente com a finalidade de cometer o delito, implica obrigatoriamente em circunstância agravante prevista no art. 61, II, l, do Código Penal. O caso 2, em que o agente se embriaga voluntariamente podendo prever que sua alteração de estado provoque o delito, pode significar, no que concerne somente à circunstância da embriaguez, um irrelevante penal.

Mas o caso 3 tem feições mais complexas e, na verdade, na casuística é algo bastante mais comum: o agente que se embriaga voluntariamente e, embriagado, comete o delito. Trata-se da hipótese de *actio libera in causa*, que agora se comenta.

Actio libera in causa

Trata-se da teoria construída para justificar o que é, na verdade, um problema político: o de que seria impossível ao direito penal *reconhecer* a inimputabilidade daquele que somente durante a embriaguez completa (portanto sem autodeterminação) tem a volição do ato contrário ao direito. Originariamente, as ações *liberae in causa* representam a *culpa* que existiria no agente que, incumbido de uma tarefa, embriaga-se sabedor de que, bêbado, não cumprirá a contento sua incumbência. Então, o momento da ação frustrada ou malfeita se transfere para *o momento em que a vontade do agente era livre*, ou seja, o momento em que ele *decidiu* embriagar-se, podendo *prever* as consequências dessa embriaguez (NORONHA, 2001, p. 186). A ação havida no momento da embriaguez era condenada, porém *livre na sua causa*.

Desvirtua, entretanto, a teoria da *actio libera in causa* quando se preconiza que o agente que se embriaga culposamente (por exemplo, quando triste, bebe além da conta) e, ao chegar a um estado total de inconsciência, comete um delito era livre ao escolher embriagar-se, portanto deve responder ao delito como se o tivesse cometido com total cognição da ilicitude do ato. Teóricos já tradicionais no País, como Magalhães Noronha ou Heleno Fragoso[66], dirão tratar-se de uma consagração da responsabilidade objetiva, porque o fato é que o agente não poderia antever todas as circunstâncias que passariam a ocorrer após seu estado de embriaguez. Pode haver provocação, confusão, interpretação equivocada dos fatos, dentre muitos outros, pelo qual o agente, sob a ótica de um Direito Penal da Culpa, não poderia ser responsabilizado. Porém, quando o Código Penal adrede apresenta como única hipótese de isenção de pena a embriaguez ocorrida por caso fortuito

---

[66] Nas palavras deste, "Essa deplorável solução foi adotada pela lei vigente em nome de mais eficaz repressão à criminalidade" (FRAGOSO, 1985, p. 210).

ou força maior, obriga o intérprete a adotar uma dessas duas opiniões: a de que a embriaguez voluntária induz a *actio libera in causa*, ou que, por questões de política criminal[67], não houve alternativa senão deixar de reconhecer que se trata de um caso de inimputabilidade, ou, no mínimo, de responsabilização apenas a título de culpa.

Ainda assim haveria que se buscar a razão pela qual o legislador consegue apoiar-se na *actio libera in causa* sem destruir por completo a culpabilidade. Algumas hipóteses são levantadas, a exemplo da mera antecipação temporal do injusto, ou da razoabilidade da exigência de uma responsabilidade prévia (*Vorverschulden*), que, de mais a mais, já existe, em relação à culpabilidade, na figura do erro de proibição, quando se exige do agente que tenha conhecimento prévio da norma proibitiva[68]. O problema dessa concepção, cremos, está na violação do *Simultanitätprinzip*, pelo qual todos os elementos pessoais do delito devem ocorrer simultaneamente, pelo qual pinçar momentos de assunção de responsabilidade seria um risco talvez até ao conceito mesmo de ação. Tanto é assim que a norma geral do Código para a inimputabilidade é a incidência das anomalias biopsíquicas "no momento da ação" (art. 26 do CP). Daí a solução mais simples, como criticamente expõe Mercedes Alonso, seria a de entender a ação "no como la realización del tipo de delito, sino el acontecimiento total, comprensivo en su caso de la *actio precaedens*" (ALONSO ÁLAMO, 1989, p. 47). Por isso, uma das soluções mais aceitas pela doutrina é a do traslado do tema da responsabilidade para o *concurso de pessoas* (*vide* comentários ao art. 29 do CP). Para penalistas como Hirsch (2003, p. 173-191) ou Schünemann (2000, p. 125), o autor da ação *liberae in causae* é alguém que se utilizou de um inimputável para cometer a ação criminosa, com a diferença de que, em lugar de aliciar um terceiro, o inimputável é o próprio agente aliciador (HIRSCH, 2003, p. 173-191). Afirma-se, portanto, que o agente embriagado pode ser *instrumento*[69] dele próprio.

---

[67] O Código Penal de *El Salvador*, que é conhecido por trazer muitas definições que, na técnica legislativa, no mais das vezes se consagra à doutrina, opta por excluir a responsabilidade penal apenas quando (se comprove que) o agente tenha previsto o cometimento do delito. Assim aparece, na lei salvadorenha, sob a rubrica da "acción libre en su causa" do art. 28-A, acrescido no ano de 1999: "Art. 28-A. No podrá ser excluido de responsabilidad penal aquél que haya buscado colocarse en estado de intoxicación plena por el consumo de bebidas alcohólicas, drogas u otras sustancias que produzcan efectos análogos, con el propósito de cometer un delito o cuando se hubiese previsto la comisión del mismo".

[68] E também existe, em relação à extensão do dolo, quando se obriga o agente a ter conhecimento de um fato, equiparando sua ignorância ao dolo específico, como ocorre em alguns tipos penais, a exemplo do perigo de contágio venéreo: art. 130 "Expor alguém, por meio de relações sexuais ou qualquer ato libidinoso, a contágio de moléstia venérea, de que sabe *ou deve saber* estar contaminado".

[69] Quem atua em inexigibilidade de conduta diversa – por exemplo, sob coação irresistível – é mero *instrumento* de alguém culpável (autor mediato), como reconhece a doutrina (BATISTA, 2004, p. 136).

A recusa em flexibilizar qualquer princípio da culpabilidade para o caso de embriaguez imprudente conduziria a, no máximo, a existência de um tipo de perigo de embriaguez, sequer agravado pelo resultado, visto que nem mesmo este pode ser apenas objetivamente imputado[70]. Mas esse estado das coisas se confrontaria com a realidade (entenda-se realidade política e de regulação social), que não pode admitir a impunidade do ébrio, como não pode admitir que, sem mais, se puna aquele que desconhece a lei penal. Trata-se, portanto, creio, da razoável exigência de uma *responsabilidade prévia*. Em outras palavras, o critério mais evidente para interpretar a *a.l.i.c.* seria apontar que ela de fato indica a violação do princípio da culpabilidade; porém, como a política criminal e a norma obrigam a uma explicação diversa dessa, mais realista nos parece dizer que o indivíduo responde por uma falha de organização em si mesmo, já que era, dentre os entes causais, o que melhor poderia prever-se como fonte de perigo à estabilidade social, como pessoa que em instante futuro não poderá alcançar a proibição da norma ou conter seu comportamento para conseguir acatá-la.

Mas devo acrescentar: se o juiz entender – e aqui grosseiramente me apoio em Roxin – que por questões de política criminal é possível que a pena atinja sua finalidade considerando-se somente a *modalidade culposa* (desde que tipicamente prevista) em determinado delito, nada deverá impedi-lo de aplicar, nem mesmo o rigor dos limites impostos à exculpante no art. 28 do Código Penal. Compreenderá que, se a razão da recusa da lei em reconhecer a inimputabilidade nesse caso é a política criminal, a mesma política criminal em uma situação específica pode conduzi-lo ao reconhecimento da isenção de culpabilidade pela inexigibilidade de conduta diversa. Para isso, claro, haverá de construir-se uma *intensa* fundamentação: a total influência da embriaguez, a raridade e não vulgaridade do ato, a imprevisibilidade dos fatos, além, até, das considerações acerca da função da pena no caso concreto.

Embriaguez por caso fortuito ou força maior

As locuções "caso fortuito" e "força maior" são conhecidas daqueles que operam o direito. Embriaga-se, então, por caso fortuito aquele que ignora que o está sendo, e por "força maior" quem conhece a realização da embriaguez mas não a pode evitar, a exemplo daquele que é coagido a tomar drogas[71].

O crescimento da variedade das drogas que agem no cérebro e o fácil acesso a elas em hospitais, drogarias ou mesmo no comércio ilegal devem fazer com que

---

[70] Art. 19 do CP: "Pelo resultado que agrava especialmente a pena, só responde o agente que o houver causado ao menos culposamente".

[71] Coincide a definição de Magalhães Noronha, embora com outro exemplo, que vale recortar: "Dá-se força maior quando, embora ciente de que se está embriagando, a pessoa não o pode evitar, tal qual acontece em camadas inferiores, com o mau costume de obrigar-se outrem a beber, frequentemente sob ameaça de arma em punho" (NORONHA, 2001, p. 183).

o jurista assuma um leque mais amplo de hipóteses prováveis, especialmente do caso fortuito. As drogas chamadas dissociativas, que induzem ao rápido entorpecimento, como as anestesias, circulam na sociedade e podem ser utilizadas por engano totalmente escusável do indivíduo, levando-o à inconsciência. Mesmo que se reconheça que seu efeito não seria o de tornar a pessoa violenta, o entorpecimento anestésico pode facilitar as mais diversas infrações penais. A ação mais potente das drogas faz com que caso fortuito e força maior não sejam já hipóteses tão raras na prática, quanto eram caso se tomasse por parâmetro apenas a embriaguez alcóolica. Também a discussão sobre os efeitos colaterais, não desejados e muitas vezes desconhecidos, de remédios psicotrópicos, hoje ministrados a uma considerável parcela da população, não pode ser ignorada quando se trata de novas modalidades de *actio libera in causa*.

Considerações finais

A rejeição da inimputabilidade pelo delito provocado por emoção e paixão, ou por embriaguez não proveniente de caso fortuito ou força maior, são medida de política criminal, que visa à não despenalização de crimes graves que podem ser cometidos pelo embriagado ou pelo apaixonado. Sua lógica dentro do sistema de imputabilidade é frágil, tanto assim que em delitos como desacato e resistência (*vide* comentários ao art. 329), ou nos crimes contra a honra, não há alternativa senão identificar o ébrio como não culpável. Como tampouco o Direito comparado vislumbra solução muito diversa, institutos como a *actio libera in causa*, mesmo com suas controvérsias, seguirão sendo mecanismos de emenda para evitar a impunidade.

TÍTULO IV
DO CONCURSO DE PESSOAS

Art. 29. Quem, de qualquer modo, concorre para o crime incide nas penas a este cominadas, na medida de sua culpabilidade.

§ 1º Se a participação for de menor importância, a pena pode ser diminuída de um sexto a um terço.

§ 2º Se algum dos concorrentes quis participar de crime menos grave, ser-lhe-á aplicada a pena deste; essa pena será aumentada até metade, na hipótese de ter sido previsível o resultado mais grave.

Bibliografia: ANTOLISEI, Francesco. *Manuale di Diritto Penale*: parte generale. 40. ed. Milano: Giuffreè, 1997; ARENDT, Hannah. *Eichmann em Jerusalém*: um relato sobre a banalidade do mal. São Paulo: Companhia das Letras, 1999; BATISTA, Nilo. *Concurso de agentes*. 2. ed. Rio de Janeiro: Lumen Juris, 2004; BATISTA, Nilo. *Introdução crítica ao Direito Penal brasileiro*. 10. ed. Rio de Janeiro: Revan, 2005; BITENCOURT, Cezar Roberto. *Tratado de Direito Penal*. 26. ed. São Paulo: Saraiva, 2020. v. 1; BRUNO, Aníbal. *Direito Penal*: parte geral. Rio de Janeiro: Forense,

1967. t. 2; CARVALHO, Salo. *Penas e medidas de segurança no Direito Penal brasileiro.* 3. ed. São Paulo: Saraiva, 2020; CARVALHO, Salo. *A política criminal de drogas no Brasil:* estudo criminológico e dogmático da Lei 11.343/06. 8. ed. São Paulo: Saraiva, 2016; CARVALHO, Salo e WUNDERLICH, Alexandre. Criminalidade econômica e denúncia genérica: uma prática inquisitiva. In: BONATO, Gilson (Org.). *Garantias constitucionais e processo penal.* Rio de Janeiro: Lumen Juris, 2002; COSTA JR., Heitor. *Teoria dos delitos culposos.* Rio de Janeiro: Lumen Juris, 1988; DEFENSORIA PÚBLICA DO ESTADO DO RIO DE JANEIRO – DPERJ. *Pesquisa sobre as sentenças judiciais por tráfico de drogas na cidade e região metropolitana do Rio de Janeiro.* Rio de Janeiro: DPERJ, 2018; ESTELLITA, Heloisa. *Criminalidade de empresa, quadrilha e organização criminosa.* Porto Alegre: Livraria do Advogado, 2009; ESTELLITA, Heloisa. Dos crimes contra a paz pública. In: REALE JR., Miguel (Coord.). *Código penal comentado.* São Paulo: Saraiva, 2017; FERRAZ, Esther de Figueiredo. *A Co-delinquência no Direito Penal brasileiro.* São Paulo: Bushatsky, 1976; FRAGOSO, Heleno. *Lições de Direito Penal:* parte geral. 16. ed. Rio de Janeiro: Forense, 2003; GOMES, Luiz Flávio. Acusações genéricas, responsabilidade penal objetiva e culpabilidade nos crimes contra a ordem tributária. *Revista Brasileira de Ciências Criminais,* v. 3, n. 11, 1995; GRECO, Luís. *Cumplicidade através de ações neutras.* Rio de Janeiro: Renovar, 2004; GRECO, Luís e LEITE, Alaor. O que é e o que não é a teoria do domínio do fato: sobre a distinção entre autor e partícipe no Direito Penal. In: GRECO, Luís et al. *Autoria como domínio do fato:* estudos introdutórios sobre o concurso de pessoas no Direito Penal brasileiro. São Paulo: Marcial Pons, 2014; GRECO, Luís e ASSIS, Augusto. O que significa a Teoria do Domínio do Fato para a Criminalidade da Empresa. In: GRECO, Luís et al. *Autoria como domínio do fato:* estudos introdutórios sobre o concurso de pessoas no Direito Penal brasileiro. São Paulo: Marcial Pons, 2014; GRECO, Luís e LEITE, Alaor. Claus Roxin, 80 anos. *Revista Liberdades,* n. 7, 2011; HUNGRIA, Nelson. *Comentários ao Código Penal.* 5. ed. Rio de Janeiro: Forense, 1978. v. 1. t. 2; LEITE, Alaor. Domínio do fato, domínio da organização e responsabilidade penal por fatos de terceiros: os conceitos de autor e partícipe na AP 470 do Supremo Tribunal Federal. In: GRECO, Luís et al. *Autoria como domínio do fato:* estudos introdutórios sobre o concurso de pessoas no Direito Penal brasileiro. São Paulo: Marcial Pons, 2014; LYRA, Roberto. *Expressão mais simples do Direito Penal.* Rio de Janeiro: Konfino, 1953; LOBATO, José Danilo Tavares. *Teoria geral da participação criminal e ações neutras:* uma questão única de imputação objetiva. Curitiba: Juruá, 2009; LUISI, Luiz. *O tipo penal, a teoria finalista e a nova legislação penal.* Porto Alegre: Fabris, 1987; MACHADO, Hugo de Brito. A denúncia genérica nos crimes contra a ordem tributária. *Revista Dialética de Direito Tributário,* n. 12, 1998; MENEZES, Bruno Seligman e PAULI, Cristiane Penning. A denúncia genérica nos delitos societários como óbice à concretização de um processo penal democrático. *Redes – Revista Eletrônica Direito e Sociedade,* v. 1, n. 1, 2013; MESTIERI, João. *Manual de Direito Penal:* parte geral. Rio de Janeiro: Forense, 1999. v. 1; MUÑOZ CONDE, Francisco. Problemas de autoría y participación en el derecho penal económico, o ¿cómo imputar a título de autores a las personas que sin realizar acciones ejecutivas, deciden la realización de un delito en el ámbito de la delincuencia económica? *Revista Penal,* n. 9, 2002; PIERANGELI, José Henrique. O concurso de pessoas e o novo Código Penal. In: *Es-*

critos jurídico-penais. São Paulo: Revista dos Tribunais, 1992; RASSI, João Daniel. *Imputação das ações neutras e o dever de solidariedade no Direito Penal*. São Paulo: LiberArs, 2014; REALE JR., Miguel. *Instituições de Direito Penal*: parte geral. Rio de Janeiro: Forense, 2002. v. 1; REALE JR., Miguel. Do crime. In: *Código Penal Comentado*. São Paulo: Saraiva, 2017; ROXIN, Claus. *Autoría y dominio del hecho en Derecho Penal*. Madrid: Marcial Pons, 2000; ROXIN, Claus. *Derecho Penal*: parte general – especiales formas de aparición del delito. Navarra: Civitas, 2014. t. 2; ROXIN, Claus. El dominio de organización como forma independiente de autoría mediata. *Revista Penal*, n. 18, 2006; ROXIN, Claus. Dirección de la organización como autoría mediata. *Anuario de Derecho Penal y Ciencias Penales*, v. LXII, 2009; ROXIN, Claus. Sobre la autoría y participación en el Derecho Penal. In: BAUMANN, Jürgen et al. *Problemas actuales de las ciencias penales y la filosofía del derecho en homenaje al profesor Luis Jiménez de Asúa*. Buenos Aires: Pannedille, 1970; SANTOS, Juarez Cirino. *Direito Penal*: parte geral. 7. ed. Florianópolis: Empório do Direito, 2017; SANTOS, Juarez Cirino. *A moderna teoria do fato punível*. Rio de Janeiro: Freitas Bastos, 2000; WESSELS, Johannes. *Direito Penal*: parte geral (aspectos fundamentais). Porto Alegre: Fabris, 1976; WELZEL, Hans. *Derecho Penal aleman*: parte general. 4. ed. Santiago: Editorial Jurídica de Chile, 1993; ZAFFARONI, Eugenio Raúl e BATISTA, Nilo et al. *Direito Penal brasileiro*. Rio de Janeiro: Revan, 2017. v. 2. t. 2; ZAFFARONI, Eugenio Raúl e PIERANGELI, José Henrique. *Manual de Direito Penal brasileiro*: parte geral. 13. ed. São Paulo: Revista dos Tribunais, 2019.

Considerações gerais

a) Colocação do problema

Como derivação lógica do princípio da legalidade, os tipos penais desempenham uma função básica de garantia das pessoas contra o arbítrio estatal. Diferentemente dos modelos autoritários, que se caracterizam pela debilidade ou ausência de limites à intervenção punitiva, nos Estados Constitucionais de Direito o sistema jurídico-penal se justifica de forma negativa, isto é, por meio da determinação de regras e de parâmetros mínimos para verificação do crime e imposição da pena. Dessa forma, quanto mais fragilizado o sistema normativo, menos racional e garantista a aplicação do direito.

O esforço da dogmática penal para a definição de critérios de imputação no concurso de pessoas decorre fundamentalmente da amplitude que os conceitos de autor e de causa adquiriram nas experiências normativas e teóricas do século passado. As primeiras formulações sobre a matéria recebem censura exatamente pela elasticidade dos critérios (limites), o que levou a admitir como autores sujeitos com participação residual ou ínfima no empreendimento criminal.

Para que se possa dimensionar o problema é importante que se tenha presente que *autor* é a figura central, o protagonista do injusto; a posição secundária dos *partícipes* é regulada por *normas extensivas*. São os tipos penais extensivos que permitem, p. ex., que autores de condutas atípicas sejam vinculados à violação do bem jurídico ou que autores de condutas típicas acessórias sejam responsabilizados criminalmente pelo resultado final, pelo conjunto integral da obra, e não por um crime específico e autônomo. As normas extensivas (ou integrativas) ampliam os horizontes da tipicidade penal, nivelam condutas, "(...) colorindo de tipicidade a ação por si só atípica" ou "fazendo com que se atribua a ação típica a quem praticou apenas uma conduta acessória" (REALE JR., 2002, p. 322).

A questão que envolve a participação, portanto, é a de como definir requisitos consistentes que permitam atribuir o resultado a quem não realizou, direta e pessoalmente, a conduta incriminada no verbo núcleo do tipo. É um problema similar ao que envolve os crimes tentados (art. 14, II, do Código Penal): como responsabilizar o autor por uma conduta que não produziu o resultado típico? Ambos os casos (participação e tentativa) são solucionados pelas regras de extensão da tipicidade.

Mas a tendência das regras de extensão, exatamente pela sua natureza ampliativa, é a de estabelecer critérios porosos de responsabilidade penal, em sentido oposto à exigência de taxatividade derivada do princípio da legalidade, conforme anteriormente trabalhado na análise do art. 1º do Código Penal. A expressão "de qualquer modo", presente no *caput* do art. 29, é por si só elucidativa da vagueza (ou dubiedade) denotativa para a significação dos elementos de imputação, o que fragiliza o sistema de garantias pelo fato de não fornecer "um nível aceitável de certeza típica" (BATISTA, 2005, p. 82).

É evidente, portanto, frente à forma de regulação do concurso de agentes pelo Código Penal brasileiro, a importância de uma construção dogmática que esclareça e diferencie as modalidades de autoria e de cumplicidade para a fixação de limites precisos de imputação.

b) Concursos eventual e necessário de agentes

As regras do concurso de pessoas procuram distinguir o nível de responsabilidade penal individual nas ações delitivas praticadas por duas ou mais pessoas. O art. 29, *caput*, do Código Penal, após criar uma cláusula geral ampla que permite atribuir o *delito* a todos os concorrentes, indica, ao final, que as *penas* devem ser adequadas (individualizadas) conforme o grau de participação de cada um dos sujeitos.

Em princípio, apenas os *crimes unissubjetivos* (ou "crimes de concurso facultativo"), regra no ordenamento jurídico-penal, admitem o concurso de agentes. São unissubjetivos os crimes que podem ser realizados por um único sujeito ativo, mas que admitem a divisão de tarefas, a cooperação ou o auxílio, moral e material, de terceiros (concurso de pessoas). Nos casos excepcionais de *crimes plurissubjetivos*, a intervenção de mais de um agente é circunstância constitutiva da tipicidade penal e, por isso, tais figuras normativas também são chamadas de *crimes de concurso necessário*, p. ex., os crimes de associação criminosa (art. 288 do Código Penal) ou, em sua forma especial, a constituição de milícia privada (art. 288-A do Código Penal) e a associação para o tráfico (art. 35 da Lei n. 11.343/2006).

Embora seja majoritário o posicionamento de que as normas relativas ao concurso de agentes não seriam aplicáveis aos crimes plurissubjetivos, Antolisei considera essa conclusão carente de base sólida. Segundo o autor, o concurso eventual é admissível inclusive nessa espécie de delito, pois é possível o auxílio de "pessoas diversas dos sujeitos essenciais" (diversas dos concorrentes necessários) e "sempre que o delito se complete em todos os seus elementos" (ANTOLISEI, 1997, p. 587)[72]. No Brasil, Esther de Figueiredo Ferraz compartilha a tese de Antolisei, indicando como critério de verificação a distinção entre o que seriam atos consumativos e atos diversos. Assim, se o ato consumativo dos crimes plurissubjetivos depende do concurso necessário de agentes, os demais (instigação, determinação, auxílio e outros) "podem constituir-se em modalidades de cooperação criminosa não-necessária e sim eventual" (FERRAZ, 1976, p. 134). O exemplo trazido por Antolisei e reproduzido por Ferraz é elucidativo: se alguém ajudar quatro ou mais pessoas a se associar para o fim de cometer crimes, cedendo o local para reuniões eventuais, é partícipe eventual do delito, pois fornece suporte sem integrar a associação.

c) Concurso de agentes e causalidade no Direito Penal brasileiro

Sob a rubrica da "coautoria", em sua formulação originária em 1940, o art. 25 do Código Penal não continha a parte final ("na medida de sua culpabilidade"), inserida na Reforma em 1984. A previsão de uma sanção conforme a culpabilidade dos agentes objetivou não apenas individualizar e modular a aflitividade da resposta penal, mas de alguma forma identificar e delimitar o papel desempenhado por cada um dos sujeitos no crime.

No século XIX, os Códigos Penais do Império (1830) e da República (1890) diferenciavam os concorrentes em autores e cúmplices (arts. 4º, 5º e 6º do Código Criminal do Império do Brazil; e arts. 17 a 21 do Código Penal dos Estados Unidos do Brazil, Decreto n. 847/1890). O Código republicano sofisticou os conceitos do primeiro estatuto penal do país, considerando autores (a) "os que diretamente resolverem e executarem o crime" (art. 18, § 1º); (b) "os que tendo resolvido a execução do crime, provocarem e determinarem outros a executá-lo por meio de dádivas, promessas, mandato, ameaças, constrangimento, abuso ou influência de superioridade hierárquica" (art. 18, § 2º); (c) "os que, antes e durante a execução, prestarem auxílio, sem o qual o crime não seria cometido" (art. 18, § 3º); e (d) "os que diretamente executarem o crime por outrem resolvido" (art. 18, § 4º). Incluía, ainda, na condição de autor, a pessoa que desse origem ou provocasse outrem a cometer crime (art. 19). A cumplicidade envolvia (a) quem fornecesse instruções ou prestasse auxílio na execução do delito (art. 21, § 1º); (b) quem prometesse, antes ou durante a execução, apoio para fuga, ocultação de instrumentos ou vestígios do crime (art. 21, § 2º); (c) quem recebesse, ocultasse ou comprasse, conscientemente, objetos obtidos com o delito (art. 21, 3º); e (d) quem

---

[72] As traduções dos textos em língua estrangeira foram realizadas livremente pelo autor.

desse asilo ou emprestasse sua casa "para reunião de assassinos e roubadores, conhecendo-os como tais e o fim para que se reúnem" (art. 21, § 4º).

O Código Penal de 1940 adotou metodologia diversa da oitocentista: abdicou da delimitação conceitual e da divisão dos concorrentes entre autores e cúmplices. É conhecida a justificativa empregada pelo Min. Francisco Campos, na Exposição de Motivos do Código, de que não faria mais sentido a diferenciação entre "participação principal" e "participação acessória" e "auxílio necessário" e "auxílio secundário" em decorrência da adoção, para definição da relação de causalidade, da teoria da equivalência (art. 11, *caput*; atual art. 13, *caput*). Assim, "quem emprega qualquer atividade para a realização do evento criminoso é considerado responsável pela totalidade dele, no pressuposto de que também as outras forças concorrentes entraram no âmbito de sua consciência e vontade" (Exposição de Motivos, Decreto-lei n. 2.848/40, n. 22). Se o crime é uno e se todos os antecedentes causais possuem peso similar na concreção do resultado, "tudo quanto for praticado para o evento se produzisse é causa indivisível dele" (*idem*). Mesmo que distintas, as condutas essenciais ou secundárias que convergem para um determinado delito integram o processo causal. Assim, todas seriam fatores indissociáveis e condições de possibilidade do delito, razão pela qual os agentes respondem de forma solidária pelo resultado final.

Nilo Batista (2004) demonstra que, sob a inspiração da legislação italiana de 1930 (Código Rocco), o Código de 1940 positivou as normas mais simplificadoras da matéria na história do pensamento jurídico-penal brasileiro. A coluna de sustentação teórica que justificou essa simplificação foi estabelecida pela confluência entre a teoria da equivalência, na regulação da causalidade, e a teoria monista (ou unitária), no concurso de agentes. O efeito foi o da adoção de um modelo extensivo no qual praticamente todos os sujeitos envolvidos no fato delituoso são nivelados como autores. Na lição de Roberto Lyra, "todos quantos concorreram, de qualquer modo, para o resultado, são autores (...) Concorrer é ser co-autor. Solidariedade no crime = solidariedade na pena. Unidos no crime, não se separam na pena, a não ser na aplicação desta (adaptação judiciária) e não na cominação (adaptação legal)" (LYRA, 1953, p. 109-110).

É central na análise do tema perceber que os critérios de imputação, em suas dimensões objetiva e subjetiva, impactam diretamente a disciplina do concurso de pessoas, pois concorrer para a prática de um crime, embora não seja sinônimo perfeito de concausar (BATISTA, 2004, p. 44), significa "(...) influir no sentido da verificação do resultado, importa em contribuir – ao lado de outras condutas – para que o evento danoso ou perigoso se produza" (FERRAZ, 1976, p. 48)[73]. No Código de 1940, a amplitude do modelo da equivalência, com a redução da impu-

---

[73] Sobre os problemas do estabelecimento de uma relação de necessidade entre os arts. 13 e 29 do Código Penal, sobretudo nos crimes em que não há resultado exterior concreto (crimes de atividade, crimes de perigo) e nos crimes omissivos, conferir Batista (2004, p. 42-55).

tação à causalidade, era potencializada pela regra parificadora do concurso de agentes, estabelecendo um sistema de responsabilização penal com limites porosos e controles frágeis.

Embora tenha mantido a "coluna de sustentação" da regulação do concurso de agentes, a Reforma de 1984 inseriu, na parte final do *caput* do art. 29, uma expressa referência à *culpabilidade*. A diretriz da "medida da culpabilidade", embora projetada à aplicação da pena, acaba por exigir uma prévia individualização das condutas, ou seja, a identificação do grau de adesão de cada concorrente ao projeto delitivo. Apesar de tímido, é, inequivocamente, um avanço na preservação das garantias individuais, pois agrega um importante elemento na regulação da matéria.

A Reforma preservou, pois, em grande medida a perspectiva *monista* (ou *unitária*): o resultado do direcionamento da conduta de distintos agentes constitui um único crime. Soluções distintas são propostas pela *teoria pluralista*, que identifica um crime próprio e autônomo em cada conduta pessoal; e pela *teoria dualista*, que cinde a imputação em um delito praticado pelos autores e outro pelos partícipes. Conforme Nilo Batista, a Reforma parece ter encontrado um ponto de equilíbrio ou uma síntese dialética entre monismo e pluralismo ao determinar que seja imputado um único delito a todos os concorrentes, mas que a punibilidade seja ajustada às distintas culpabilidades: "monismo no injusto, pluralismo na reprovabilidade" (BATISTA, 2004, p. 39).

Reforça a ideia de pluralismo na punibilidade a previsão da causa especial de redução nos casos de "participação de menor importância" (art. 29, § 1º), considerada anteriormente como circunstância atenuante (art. 48, III, do Código Penal de 1940); e as hipóteses de agravamento pela promoção, organização ou direção da atividade dos demais agentes (art. 62, I); coação ou indução à execução material (art. 62, II); instigação ou determinação de pessoa sujeita à autoridade ou não punível por condição ou qualidade pessoal (art. 62, III); e execução ou participação em crime mediante pagamento ou recompensa (art. 62, IV).

Outrossim, a unicidade do injusto é rompida nos casos em que o concorrente queira participar de delito de menor gravidade. No modelo anterior (art. 48, parágrafo único, do Código de 1940), a previsão era a da aplicação de um redutor sobre a pena no delito mais grave. Nesses casos, a imputação era exclusivamente pelo resultado produzido, o que caracterizava evidente responsabilidade penal objetiva. Com a Reforma, atribui-se ao concorrente o crime menos grave do qual queira participar, mas com acréscimo de pena se previsível o resultado mais grave (art. 29, § 2º, do Código Penal).

Considerações nucleares

d) Pressupostos do concurso de agentes

Os pressupostos gerais do concurso de pessoas são de ordem objetiva e subjetiva. Do ponto de vista *objetivo*, a exigência mínima é a participação efetiva de alguém, em forma de suporte material ou intelectual, na atividade delituosa de outrem. Trata-se de uma cooperação que tenha algum significado concreto no conjunto global da obra, ainda que se trate de uma contribuição de menor importância (art. 29, § 1º, do Código Penal). Significa dizer que para a configuração da concorrência, desde a dimensão objetiva, é necessária a verificação da pluralidade de pessoas e do vínculo das ações na ocorrência do resultado.

Mas se a conduta de distintos agentes é o elemento objetivo necessário, não se configura como suficiente. Ao pressuposto objetivo se integra o de ordem subjetiva: o acordo de vontades, a vontade livre e consciente de agir em conjunto para realizar a figura típica. Miguel Reale Jr. enfatiza que as normas da parte geral do Código são igualmente dotadas de tipicidade, razão pela qual "(...) o concurso de pessoas tipifica-se graças ao dado psicológico que une os participantes com vistas à prática da ação delituosa em comum. Se o dolo integra a ação, a intenção de atuar em conjunto é elemento integrante e definidor do concurso de pessoas, pois é a convergência de vontades na realização do ilícito penal que marca a ocorrência do concurso" (REALE JR., 2002, p. 315).

No que diz respeito à cumplicidade, o acordo de vontades prévio (*pactum sceleris*) não é um requisito indispensável. Conforme Aníbal Bruno, "o acordo poderá existir, e será a forma mais perfeita e íntima de participação, mas sem ele pode também haver concurso. O elemento subjetivo que se reclama é só a consciência e a vontade de cada partícipe de cooperar na ação coletiva" (BRUNO, 1967, p. 262).

e) Autoria e participação (critérios de distinção)

A diretriz do art. 29, *caput*, do Código, que equipara no injusto todos os concorrentes e distingue sua responsabilidade na dosimetria da pena, além de ser problemática em razão da sua amplitude, é falha em termos dogmáticos. Nesse cenário normativo, é fundamental para a preservação mínima das garantias o estabelecimento de critérios distintivos taxativos entre autoria e participação. Trata-se de uma necessidade não apenas normativa e/ou dogmática, mas igualmente de ordem empírica, tendo em vista que a conceituação das diferentes formas de conduta delitiva precisa respeitar minimamente a experiência concreta, os dados da realidade.

Segundo Zaffaroni e Batista (2017, p. 425), apenas uma concepção idealista admitiria a tese de que é possível, pela via legal (ou doutrinária), desvincular-se da experiência humana e negar qualquer diferença entre autor e partícipe. Nesses termos, os autores sustentam que as categorias jurídico-penais não podem transgredir os limites do real – o que não implica sustentar que o ôntico determina o significado dos conceitos. Embora seja possível ao legislador estabelecer critérios diferenciados para desvalorar condutas distintas e restringir ou ampliar o conceito de autor, não lhe é permitido alterar o objeto da (des)valoração e reduzir o conceito de autor "(...) a uma categoria sem qualquer semelhança com os dados da realidade"[74].

Na doutrina penal, foram desenvolvidos distintos esquemas de conceituação de autoria e diferenciação das espécies de concorrência: (a) teoria subjetiva; (b) teoria objetivo-formal; (c) teoria objetivo-material; (d) teoria objetivo-final; e (e) teoria do domínio do fato. Embora parte da doutrina nacional vincule os dois últimos modelos (teoria objetivo-final e teoria do domínio do fato), especialmente por Welzel ter referido anteriormente o termo *domínio final do fato*, parece mais adequado, em razão dos marcos teóricos (finalismo e pós-finalismo), marcar sua independência.

A proposição de um modelo de imputação fundado na equivalência das causas faz que a diferença entre autor e partícipe se estabeleça na esfera psicológica (*teoria subjetiva*). Se do ponto de vista objetivo todo elemento antecedente impacta da mesma forma o resultado, não havendo diferenciação na qualidade ou na intensidade da contribuição, concepção que justifica o conceito extensivo de autor, a especificação da posição dos concorrentes decorreria basicamente da sua postura anímica em relação a sua atuação em conjunto. Ensina Hungria (1978, p. 402) que: "para as teorias subjetivas (de que foi precursor Von Buri), que sustentam a equivalência dos antecedentes (não distinguindo entre *causa* e *condição*), e, consequentemente, repelem qualquer diferenciação objetiva entre co-autoria e cumplicidade, o discrime tem que ser encontrado na direção da vontade dos partícipes". Assim, é a forma como o sujeito adere psicologicamente ao conjunto da obra que o vincula como autor ou partícipe: autor é a pessoa que quer o fato típico como próprio ou no seu próprio interesse ou *incondicionalmente* (*animus auctoris*), isto é, "sem subordinação ao interesse de outrem"; partícipe é aquele que deseja contribuir com fato típico alheio, no interesse de outrem ou *condicionalmente* (*animus socii*), "isto é, posto que o autor o quer", destaca Hungria.

As oposições doutrinárias aos efeitos ampliativos da responsabilidade penal, decorrentes da teoria da equivalência, atingem as suas derivações subjetivistas e, por consequência, fomentam modelos teóricos com ênfase nos critérios objetivos.

Desde a perspectiva *objetivo-formal*, autor é quem realiza a conduta incriminada, quem executa o verbo núcleo do tipo penal. Estabelece, pois, uma primeira distinção em relação aos cúmplices, que realizam fundamentalmente ações extratípicas de caráter preparatório ou de apoio. Não por outra razão, se inexistisse a norma de extensão, a conduta do partícipe restaria impune, visto não se enquadrar na moldura restritiva do tipo penal incriminador.

---

[74] Na sequência, Zaffaroni e Batista (2017, p. 426) demonstram os efeitos dessa concepção idealista: "a teoria do autor único jamais conseguiu alterar o conceito de autor, mas conseguiu sim aplicar ao(s) partícipes(s) a pena do autor, o que é diferente, chegando-se a um extremo de irracionalidade quando se tencione tomar por autor do delito de autoabortamento o farmacêutico que vendeu a droga com efeitos abortivos à mulher grávida".

A virtude desse modelo, segundo Pierangeli, é a de que não haveria zonas cinzentas entre autoria e participação, pois as especificações são claras. No entanto, a proposição não deixaria de ser insatisfatória, visto prescindir por completo dos elementos subjetivos. Ademais, a teoria falharia em relação ao organizador do projeto criminoso e nas hipóteses de autoria mediata, visto que "o chefe da organização mafiosa que ordena aos seus asseclas que eliminem o 'capo' de um grupo rival" (PIERANGELI, 1992, p. 49), o "'coronel' que determina a seus jagunços a eliminação do desafeto" (BATISTA, 2004, p. 64) ou, ainda, aquele que se utiliza de um inimputável ou terceiro de boa-fé para realizar um crime, "como a enfermeira que, cumprindo a ordem do médico, ministra o remédio mortífero" (FRAGOSO, 2003, p. 315), não realizam pessoalmente nenhum ato executório, sequer parcialmente realizam a conduta tipificada. Nessas situações, o tipo extensivo permitiria incluir esses sujeitos apenas na condição de partícipe e não de autor ou coautor do delito.

O critério de diferenciação proposto pela teoria *objetivo-material* é o da relevância causal das condutas dos concorrentes. Assim, conforme o grau de importância, qualitativa ou quantitativa, da conduta é que seriam definidas as posições de autor e partícipe. Nessa perspectiva, seria necessário distinguir e hierarquizar os mais diversos fatores que contribuíram com o resultado, p. ex., estabelecer o que seria uma causa necessária ou inevitável e uma causa meramente aproveitável ou, ainda, definir o que seria compreendido como causalidade física ou psíquica (ZAFFARONI; BATISTA, 2017, p. 432). Embora o modelo tenha sido virtuoso para questionar a absolutização da causalidade pela teoria da equivalência, Nilo Batista (2004, p. 66) é preciso ao demonstrar que a fixação de um parâmetro conforme o impacto causal das condutas resta ainda insuficiente, porque "nem sempre a causalidade está no eixo da co-delinquência", como nos crimes de mera conduta. Ademais, a teoria objetivo-material esbarraria na dificuldade de apontar, com um grau mínimo de objetividade, as circunstâncias definidoras da relevância. Em realidade, apenas agrega à causalidade um elemento valorativo, delegando ao julgador a definição do que é relevante em cada caso, situação que, ao invés de reduzir os horizontes interpretativos e fortalecer as garantias, aumentaria o grau de discricionariedade e de voluntarismo judiciais, o que, inevitavelmente, favoreceria o decisionismo.

Decorrência do finalismo, a teoria *objetivo-final* apresenta uma "síntese de critérios objetivos e subjetivos", configurando, segundo Wessels (1976, p. 120), "o melhor e mais convincente caminho" para delimitar, com base no tipo legal, as posições de autor e partícipe. A perspectiva da identificação da autoria no sujeito que detém o domínio final foi introduzida por Welzel no final da década de 1930.

Para Welzel, o giro metodológico proposto pelo finalismo, ao dar ênfase à teleologia da conduta e marcar a pessoalidade no conceito de injusto (para as condutas dolosas), coloca a teoria do autor no centro do fato antijurídico. Nesse cenário, o domínio final é a característica geral da atividade delitiva que torna o autor "senhor do fato", aquele que age de forma finalista em razão de uma decisão (elemento volitivo): "a conformação do fato mediante a vontade de realização que dirige de maneira planejada é o que transforma o autor no senhor do fato" (WELZEL, 1993, p. 120). Ao critério do *domínio final sobre o fato*, a teoria finalista agregaria, para compor o conceito de autor, outras características pessoais e subjetivas do injusto (especial fim de agir; condição particular do sujeito ativo, p. ex.).

Identifica-se, portanto, como autor, aquela pessoa que domina finalmente o acontecimento típico "no sentido de ter em suas mãos o curso causal" (ZAFFARONI; BATISTA, 2017, p. 433), ou seja, aquele sujeito que decide o "se" e o "como" da realização do fato. Assim, o decisivo para a *autoria* é, (a) conforme a importância da contribuição objetiva e (b) com base na colaboração volitiva, se o sujeito ativo "(...) domina ou co-domina o Se e o Como da realização do tipo, de forma que o *resultado* apareça *como obra (também) de sua vontade dirigida finalisticamente ou co-formadora do fato*" (WESSELS, 1976, p. 120).

A ideia de domínio está vinculada à *possibilidade* concreta de o agente dar sequência e consumar ou interromper a dinâmica do delito. Sem essa capacidade real de ser "o senhor do fato" (dominabilidade), sequer se indaga a existência real do domínio. A *dominabilidade* (possibilidade de ter o domínio) é, portanto, segundo Zaffaroni e Batista (2017, p. 433), "(...) o pressuposto objetivo do domínio: um analfabeto digital jamais poderá ser autor de um crime informático doloso".

Em termos metodológicos, o controle sobre o "se" (a existência) do fato típico é verificável com maior nitidez em suas dimensões negativas, ou seja, relacionadas à condição que o autor tem de intervir e fazer cessar a(s) conduta(s) que se orienta(m) à violação do bem jurídico. Controlar o "se" do crime significa decidir sobre sua realização, sobretudo podendo cessar as condutas já iniciadas. Não por outra razão, apenas o autor pode desistir voluntariamente (art. 15, primeira parte, do Código Penal), posição que não atinge o cúmplice que, exatamente por sua atuação acessória, não tem qualquer disponibilidade sobre o resultado final. A deliberação sobre o "como" diz respeito ao planejamento racional da conduta, à definição da estratégia e das formas de materialização no resultado, compreendendo a captação dos recursos, a escolha dos meios, a determinação do tempo e do local e a coordenação da execução (*modus operandi*).

No plano subjetivo, Nilo Batista (2014, p. 71) enfatiza que a posição de domínio se expressa por meio da consciência e da vontade do sujeito: "não pode haver domínio do fato sem dolo, compreendido como conhecer e querer os elementos objetivos que compõem o tipo legal".

A proposição de Roxin, exposta em sua tese de 1963, consagra o modelo do *domínio do fato* a partir da ideia-força de ser o autor a "figura central do acontecer em forma de ação" (ROXIN, 2000, p. 44). O domínio do fato passa a ser o critério decisivo para *caracterizar* a autoria e a *distinguir* das formas de cumplicidade, em oposição aos conceitos extensivos e às demais técnicas dogmáticas de nivelamento – que, em realidade, são fórmulas de ampliação da tipicidade penal. A teoria do domínio do fato é um modelo classificatório de autoria, e não fundamentador da responsabilidade penal, como será possível perceber na sequência.

f) Espécies de autoria

A teoria do domínio do fato pretende fundamentalmente diferenciar as espécies de concorrência, de forma a restringir o conceito de autor. Mas dadas as diferenças de natureza entre os tipos de injusto, o domínio do fato irá caracterizar a autoria nos crimes comissivos dolosos[75], sendo aplicados critérios específicos para solucionar problemas de pluralidade de autores nos crimes culposos, nos delitos de violação de dever (crimes próprios e crimes omissivos impróprios) e nos delitos de mão própria. Inexiste, portanto, uma pretensão de universalidade no critério proposto. Em razão da Reforma Penal de 1984, Pierangeli, na linha de argumentação apresentada por Manoel Pedro Pimentel e Alberto Silva Franco, entende que a legislação penal brasileira "inclinou-se, decisivamente, pela teoria do domínio do fato" (1992, p. 53).

Se a *autoria* está vinculada ao protagonismo na *realização da figura incriminadora*, *o autor* interpreta o personagem *central do acontecer típico*, conforme apontado por Roxin (2000, p. 44 e s.; 2014, p. 68 e s.). Ademais, na construção de Roxin, as espécies de manifestação estão necessariamente vinculadas à forma de domínio: (a) a *autoria direta ou imediata*: *domínio da ação*; (b) *autoria coletiva ou coautoria*: *domínio funcional* do fato; e (c) *autoria mediata*: *domínio da vontade*. Assim, a *teoria do domínio do fato* é o gênero teórico do qual se extraem tipologias autônomas conforme a dimensão do domínio desempenhada pelo autor.

f.1) Autoria direta (ou imediata)

A autoria direta é a forma que melhor retrata a posição do sujeito ativo na realização de um delito, pois se expressa pela execução pessoal da conduta típica. Sintetiza a ideia de um indivíduo que realiza o *iter criminis* sem intermediação de terceiros e com pleno controle do nexo causal (*domínio da ação*). A ideia de autoria direta se confunde com a própria descrição da conduta incriminada no tipo penal.

f.2) Coautoria (ou autoria coletiva)

Coautoria é autoria e sua particularidade, nas palavras de Welzel (1993, p. 129), "consiste em que o domínio unitário do fato é comum a várias pessoas. Coautor é quem, de posse das qualidades pessoais de autor, é portador da decisão comum a respeito do fato e em virtude dele toma parte na execução de um delito". A coautoria ou autoria coletiva é a definição e a realização compartilhada de um projeto no qual todos colaboram livre e conscientemente para o delito.

---

[75] Nas *Lições*, Fragoso evidencia essa dupla perspectiva: caracterização da ação dolosa e parâmetro de diferenciação: "nos crimes dolosos, a doutrina moderna tem caracterizado como autor quem tem o domínio final do fato, no sentido de decidir quanto à sua realização e consumação, distinguindo-se do partícipe, que apenas cooperaria, incitando ou auxiliando" (FRAGOSO, 2003, p. 313).

O princípio reitor da coautoria é o da divisão do trabalho – "sem a qual o tipo seria irrealizável" (ROXIN, 1970, p. 65). Coautoria é uma atuação regida pela distribuição de tarefas plúrimas que se complementam reciprocamente. Dessa forma, tomar parte na execução implica uma conduta necessária e indispensável no empreendimento delitivo. Ao atuar coletivamente, sem vínculo de subordinação hierárquica, todos os concorrentes possuem o domínio funcional do fato, o que significa dizer que cada um, apesar de envolvidos em uma obra coletiva, pode interromper a execução, isto é, deliberar sobre o "se" do crime. O domínio funcional, que faz que cada sujeito se torne responsável pelo conjunto integral da obra, se estabelece quando os concorrentes, a partir de uma decisão comum, contribuem efetivamente para a prática do fato, realizando "um ato relevante na fase de execução (e não na fase preparatória) de um delito" (GRECO; LEITE, 2011, p. 20).

Os pressupostos da coautoria são de natureza objetiva e subjetiva. O requisito subjetivo é o acordo de vontades, a resolução comum multilateral, expressa ou tácita; os requisitos objetivos são a pluralidade de autores, a execução conjunta e a contribuição significativa para o delito.

Mas se é fundamental para configurar a coautoria que o contributo individual se produza na fase de execução, o *acordo* pode acontecer a qualquer momento, antes, durante e até mesmo depois de parte do crime ter ocorrido, sendo essa a hipótese de adesão posterior denominada *coautoria sucessiva*. Explicam Zaffaroni e Batista que o limite máximo da coautoria é o do exaurimento do delito, não a sua consumação, o que torna um problema a responsabilização do aderente sucessivo pelos fatos já executados. O princípio da culpabilidade, que impede a responsabilização criminal por ato de terceiro, indica, portanto, que "o coautor sucessivo responderá exclusivamente por aquilo que ocorra após a sua adesão ao fato típico, jamais pelo que se passou antes" (ZAFFARONI; BATISTA, 2017, p. 445). Notadamente porque o eventual conhecimento da conduta alheia precedente não bastaria, por si só, para fundamentar a posição de coautor.

A ausência de acordo instaura a *autoria colateral* (ou paralela), instituto com maior aplicabilidade no caso de pluralidade de pessoas nos delitos culposos. São casos em que há execução concomitante de fato típico, mas sem que um dos autores tenha ciência da atuação do outro. Caso houvesse ciência e acordo de vontades, haveria coautoria. Na doutrina são comuns os exemplos em que duas pessoas, cada uma ignorando a conduta alheia, disparam contra terceiro ou ministram-lhe dose de veneno. A resolução dos casos segue os parâmetros da autoria direta, da imputação objetiva (fundamentalmente da causalidade) e da autoria incerta[76].

---

[76] "Se a vítima morreu em consequência dos disparos efetuados por ambos, respondem os dois por homicídio consumado. Se a vítima morreu em consequência dos disparos de Tício, só este responderá por homicídio consumado, tendo Caio praticado tentativa de homicídio. Se houver dúvida intransponível sobre a autoria, a única resolução possível é a

O Código Penal, ao definir as agravantes no concurso de pessoas estabelece, no art. 62, I, especial aumento de pena àquele que "promove ou organiza a cooperação no crime ou dirige a atividade dos demais agentes". Welzel refere que o planejamento do delito é um *plus* na realização típica em concurso, o que "vale sobretudo para o 'chefe do bando'; quem projeta o fato, distribui os executores do fato e dirige suas obras" (1993, p. 133). Batista (2004), Pierangeli (1992) e Zaffaroni e Batista (2017) compreendem que a qualidade de líder na empresa criminosa, de chefia e de poder sobre os demais introduz o domínio, pois "uma palavra sua altera a configuração do fato, outra palavra poderia impedir sua ocorrência" (ZAFFARONI; BATISTA, 2017, p. 447). Nesse contexto, a agravante do art. 62, I, do Código Penal também caracterizaria a posição de coautor do indivíduo que *organiza* (determina, planeja, ordena e reúne os demais) ou que *dirige* (administra, lidera e comanda os concorrentes) as demais condutas. Menos evidente o papel de quem *promove*, visto que impulsionar ou provocar aproxima-se, e em muitos casos confunde-se, com a modalidade da *instigação* (estímulo, persuasão, incentivo), que marca uma das formas de participação[77].

f.3) Autoria mediata

A *autoria mediata* se caracteriza pela realização de uma conduta típica por terceiro, ou seja, quando uma pessoa é transformada em meio ou instrumento para a concretização do fato. Nessa hipótese, o autor mediato detém o *domínio da vontade* do instrumento, pessoa que executa materialmente o crime. Nas palavras de Roxin (1970, p. 62), verifica-se a autoria mediata quando "alguém realiza um tipo penal sem o executar pessoalmente, mas através de outra pessoa que lhe serve a estes fins, que não pode lhe opor resistência à vontade dominante do fato e, portanto, é designada como ferramenta em suas mãos". Na imagem de Wessels (1976, p. 122), quem "serve-se de 'mãos alheias' para o cometimento de um 'fato próprio'".

O modelo objetivo-formal não possuía elementos para classificar o detentor da vontade como autor em razão de o sujeito não agir diretamente, mas de se utilizar de outrem. Nesse quadro teórico, autor seria apenas o sujeito imediato, mesmo que reduzido a mero instrumento do "homem de trás" que efetivamente direciona a sua conduta – "homem da frente". No esquema objetivo-formal, o "homem de trás" é um partícipe que age na *instigação* do executor. Para além da questão

---

de responderem ambos os autores dos disparos por tentativa de homicídio, excluída a responsabilidade pelo resultado morte, de autoria incerta." (FRAGOSO, 2003, p. 315)

[77] Sobre a classificação do *mandante* como coautor ou partícipe (instigador), independentemente da adoção da teoria do domínio do fato, conferir Greco e Leite (2014, p. 37-38). Sobre o impacto das agravantes na determinação da pena no concurso de agentes, conferir Carvalho (2020, p. 458-460).

classificatória, o problema é que em ordenamentos jurídicos que diferenciam formalmente autoria e participação, atribuindo-lhes sanções autônomas, nas hipóteses de autoria mediata a pena atribuída àquele que domina a vontade acaba sendo menor do que aquela aplicável ao instrumento dominado, pois a participação é sempre residual e acessória. Uma das virtudes da teoria do domínio do fato, portanto, foi a de corrigir essa distorção.

O Código Penal brasileiro prevê quatro hipóteses de autoria mediata: (a) erro determinado por terceiro (art. 20, § 2º); (b) coação irresistível (art. 22); (c) obediência hierárquica (art. 22); e (d) determinação de "não-punível em virtude de condição ou qualidade pessoal" (art. 62, III).

Segundo Juarez Cirino dos Santos (2017, p. 351; 2000, p. 282-284), a concepção tradicional, "que classifica a autoria mediata conforme o estágio do crime afetado pelo domínio do autor sobre o instrumento", indicaria as seguintes hipóteses de condutas praticadas pelo "homem da frente" e os seus respectivos executores: (a) ação em erro de tipo – "médico utiliza a enfermeira para aplicar injeção mortal no paciente"; (b) ação justificada – "indução de doente mental a agredir o instrumento, que mata o doente em legítima defesa (objetivo do autor mediato)"; (c) ação injusta de inimputável – "doente mental é utilizado para produzir incêndio"; (d) ação exculpável por obediência hierárquica ou coação irresistível – "instrumento atua sem liberdade: sob ameaça de morte o autor mediato obriga o instrumento a matar alguém, ou de arma em punho obriga o instrumento a atropelar pedestre"; (e) ação em erro de proibição inevitável – "policial comete crime em cumprimento de ordem superior hierárquica, sem possibilidade de conhecimento da ilegalidade da ordem"; e (f) ação sem intenção especial exigida pelo tipo legal por erro provocado – "autor mediato se apropria de objeto alheio entregue, erroneamente, pelo instrumento".

Roxin (2000), a partir da natureza do domínio, reorganiza a tipologia das formas de *autoria mediata*: (*primeira*) domínio da vontade por *coação*; (*segunda*) domínio da vontade por determinação em *erro*; e (*terceiro*) domínio da vontade por meio de *aparatos organizados de poder*. Cirino dos Santos (2017) entende preferível a proposição, porque, além de organizar todas as hipóteses apontadas em três categorias, redimensiona o conceito de obediência devida e, ao inseri-lo no contexto dos aparelhos organizados de poder, permite melhor compreensão da responsabilidade de agentes de Estado.

Na primeira hipótese (coação), Roxin (1970, p. 63) a especifica com as situações de uso de força física ou psíquica para constranger alguém a fazer ou deixar de fazer algo: "quero coagir outrem, mediante ameaça de um perigo atual para o corpo ou para a vida, à realização de um fato punível; este se converte em executor ainda que desconectada a sua vontade daquela do autor imediato. Aqui encontramos um caso de 'domínio da vontade mediante coação', que deve ser punida como autoria". Na lei penal brasileira, a coação irresistível exclui a culpabilidade do coagido (art. 22 do Código Penal)[78]; se resistível, aplica-se atenuante de pena ao instrumento (art. 65, III, *c*, do Código Penal). Em ambas as hipóteses, porém (coação irresistível ou resistível), o autor da coação é punido com pena agravada (art. 62, II, do Código Penal).

Na indução de terceiro de boa-fé em erro, o instrumento "(...) não 'vê' os fatos e, portanto, não pode opor resistência àquele que maliciosamente opera por trás" (ROXIN, 1970, p. 62). Exclui-se (inevitabilidade) ou se reduz (evitabilidade) a responsabilidade penal do executor em razão das falhas cognitivas provocadas pelo autor mediato. Greco e Leite (2014, p. 26) lembram que Roxin desenvolve uma teoria escalonada dos erros que fundamentam a autoria mediata, desde o erro de tipo ao erro de proibição evitável; além disso, trabalha com algumas situações de erro que não excluem ou diminuem o dolo ou a culpabilidade do executor, como no *erro in persona* – "A diz a B: 'pode atirar, é C', mas, como sabia A, se trata de D" –; e no erro sobre a quantidade do injusto – "A diz a B: 'destrua esse quadro, é uma mera cópia de um Rubens', apesar de saber que se trata de um original".

Uma das contribuições mais relevantes de Roxin na matéria é, porém, a construção do modelo do *domínio da organização em aparatos organizados de poder,* uma forma autônoma e *sui generis* de autoria mediata. A tese desenvolvida por Roxin (2009, p. 51) é a de que "em uma organização delitiva, os que estão por trás e que ordenam a prática de delitos, pressupondo um poder autônomo de ordenar, poderiam ser igualmente responsabilizados como autores mediatos ainda quando os executores diretos possam ser punidos como autores plenamente responsáveis".

Dentre as questões dogmáticas relevantes que envolvem a extensão do poder do autor mediato nos aparatos de poder está o domínio da vontade de um instrumento imputável que realiza os comandos de forma consciente e voluntária. Ao introduzir o debate sobre o domínio da vontade nas estruturas organizadas de poder, Roxin (2000, p. 270) questiona estarem esgotadas as formas de autoria mediata na coação e na indução em erro do executor. Isso porque haveria casos em que o "homem de trás" tem ao seu dispor uma máquina, uma estrutura organizada, a partir da qual "pode cometer seus crimes sem ter que delegar sua realização à decisão autônoma do executor".

A discussão parte dos processos de Nuremberg contra dirigentes nazistas, dos julgamentos de Eichmann e Staschynski e, posteriormente, das imputações reali-

---

[78] "Exclui-se a culpabilidade, pois a vontade em favor da prática do delito vem viciada por um estado opressor, consistente em preferir a prática delituosa, em vez de sofrer o mal grave, certo e sério. A seriedade e a certeza de surgir o mal prometido explicam e indicam a preferência em favor da prática do delito, escolha feita em circunstâncias anormais, altamente limitativas da liberdade pessoal." (REALE JR., 2017, p. 96)

zadas contra os atiradores do Muro de Berlim. Roxin (2000, p. 270) refere que, nos termos postos pela teoria penal, se alguém indagasse se as autoridades competentes para o extermínio dos judeus ou se o serviço secreto estrangeiro, em cujas ordens o agente Staschynski havia se eximido de responsabilidade, seriam autores mediatos dos assassinatos ocorridos sob seu comando, a resposta é a de que não haveria domínio da vontade por coação ou erro. Não seria possível, portanto, com base na dogmática tradicional do concurso de agentes, admitir um autor plenamente responsável ser instrumento de outrem, pois o domínio superior do fato estaria fundado na utilização de um terceiro que atua sem autonomia de vontade. A propósito, são respostas dessa natureza que possivelmente levaram Hannah Arendt a afirmar a "inadequação dos conceitos jurídicos" para enfrentar situações extremas como aquelas expostas no julgamento de Eichmann em Jerusalém[79].

Roxin aponta três incorreções na construção teórica anterior relacionadas aos crimes praticados em aparatos de poder: (a) o *instrumento* que executa a ordem não é apenas a pessoa que pratica o crime pessoalmente, mas o próprio aparato de poder, pois "uma organização desta natureza exibe uma vida independente da identidade variável dos seus membros. Funciona 'automaticamente', sem que importe a pessoa individual do executor" (ROXIN, 2000, p. 272); (b) o *ordenador* e o *executor* dominam o fato de forma distinta e não excludente: o "homem de trás" possui o domínio da organização – "a possibilidade de exercer influência que lhe assegura, através do aparato de poder do qual dispõe, a produção do resultado sem que tenha que executar de própria mão o fato" (ROXIN, 2009, p. 58); e o "homem da frente" detém o domínio da ação – "o domínio que deriva da execução de determinado ato" (*idem*); e (c) o *autor mediato*, em razão da sua posição hierárquica, possui maior garantia da execução do crime exatamente em decorrência das características do aparato de poder. Assim, o domínio nas organizações, diferente dos casos de coação e erro, não se deduziria de algum déficit do instrumento, mas da posição de cada autor (mediato e imediato) em relação à integralidade dos fatos.

Os aparatos de poder correspondem a uma estrutura racional de ordem burocrática, máquinas nas quais cada indivíduo cumpre funções próprias em forma de engrenagem. Em decorrência dessa racionalização das tarefas, compõem estruturas independentes, organismos inclusive maiores que a mera soma das suas partes singulares. O aparato mesmo possui autonomia, apesar, e para além, dos indivíduos que o integram. Em um modelo tipicamente gerencial, regido pela hierarquização e impessoalidade, o detentor do comando prescinde

---

[79] "Esse é só um exemplo entre muitos para demonstrar a inadequação do sistema legal dominante e dos conceitos jurídicos em uso para lidar com os fatos de massacres administrativos organizados pelo aparelho de Estado." (ARENDT, 1999, p. 317)

de um executor específico. Trata-se de um esquema fordista, de uma "linha de montagem"[80] regida por uma cadeia de atos objetivos e operacionalmente demarcados. Assim, a ordem será inequivocamente cumprida dada a *fungibilidade dos executores diretos*, isto é, a natureza anônima e a possibilidade de mudança do "homem da frente" – "o executor, apesar de não ser destituído do seu domínio da ação, é, ao mesmo tempo, uma engrenagem – substituível a qualquer momento – na estrutura do poder e esta dupla perspectiva conduz o sujeito de trás, juntamente com o autor imediato, ao centro do acontecimento" (ROXIN, 2000, p. 273).

Nesse cenário, seria inviável falar em coautoria, notadamente porque o seu pressuposto é a resolução conjunta do fato (acordo de vontades), situação estranha ao funcionamento dos aparatos de poder. A ordem é determinada verticalmente, sem reciprocidade ou deliberação conjunta. Não há execução conjunta ou divisão de tarefas, pois, em muitos casos, o autor mediato e o autor imediato sequer se conhecem. Por outro lado, seria igualmente equivocado classificar o "homem de trás" na categoria da instigação, haja vista a posição central que ocupa na deliberação sobre o "se" e o "como" do delito. O instigador se situa fora desse âmbito de decisão, sua participação é sempre lateral, acessória.

Para identificar um aparato de poder organizado, Roxin (2006) enumera quatro condições: (a) o poder de mando deve ser baseado na superioridade hierárquica e na autoridade máxima do autor mediato; (b) a organização deve ser desvinculada da ordem jurídica, ou seja, o aparato, em sua constituição e finalidades, é ilegal; (c) os autores imediatos são plúrimos e fungíveis, em alguns casos "executores sem fisionomia", nas palavras de Nilo Batista (2004, p. 139); e (d) o executor é disponível e cumpre a ordem não por interesse pessoal, mas pela sua adesão e fidelidade à organização. Os critérios de identificação são úteis para diferenciar os aparatos de poder de outras associações voluntárias e ocasionais de agentes e, sobretudo, para definir critérios de imputação da responsabilidade penal de pessoas que mesmo sem realizar ações executivas controlam o "se" e o "como" do delito,

---

[80] No relato de Hannah Arendt sobre o julgamento de Eichmann, há uma precisa descrição da forma automatizada do degredo dos judeus antes da ordem de *solução final*. Narra Arendt (1999, p. 58) que quando Eichmann entendeu como o processo funcionava, "ele imaginou 'uma linha de montagem', na qual o primeiro documento era posto no começo, depois iam sendo inseridos outros papéis, e no final o passaporte teria de sair como produto final (...). Quando estava tudo pronto e a linha de montagem estava fazendo seu trabalho rápida e eficientemente, Eichmann 'convidou' os funcionários judeus de Berlim para inspecioná-la. Eles ficaram horrorizados: 'Isto é uma fábrica automática, como um moinho de farinha ligado a uma padaria. Numa ponta você põe um judeu que ainda tem alguma propriedade, uma fábrica, uma loja, uma conta no banco, depois ele atravessa o edifício de balcão em balcão, de sala em sala, e sai na outra ponta sem dinheiro, sem direitos, apenas com um passaporte onde se lê: 'Você deve deixar o país dentro de quinze dias. Senão, irá para um campo de concentração'".

desde os coletivos criminais integrados por funcionários do Estado aos delitos empresariais[81].

g) Formas de participação

Se o *autor* é a figura central na realização da conduta típica, o *partícipe* desempenha papel coadjuvante, com uma atuação marginal ou secundária. Trata-se de concorrente que provoca o fato do autor por *incitação* ou contribui mediante *auxílio material* (cooperação/cumplicidade). Diferente do autor, que domina o acontecimento típico, controlando o "se" e o "como" do delito, o partícipe não tem qualquer poder de deliberação sobre a efetivação ou a interrupção da ação típica (princípios da acessoriedade e da não dominabilidade).

Como antecipado, a participação normalmente agrega uma conduta atípica (irrelevante) a um fato típico, adquirindo relevância penal em decorrência da norma de extensão. Todavia, seja por cumplicidade ou incitação, "a participação constitui contribuição causal (embora não indispensável) ao delito" (FRAGOSO, 2003, p. 317). Assim, não há participação sem uma certa eficiência no resultado, sendo atípicas as participações inócuas.

Embora a tentativa de participação seja atípica, exatamente pela sua ineficácia, a participação na tentativa do ator principal é típica. Em seu *iter*, "a participação começa com a tentativa do autor e se consuma com a consumação do fato principal: quando falte o resultado desvalorado do fato principal, tampouco a participação dispôs de eficiência favorecedora real e deve seguir o destino do fato principal ao qual aderiu e no qual se realizou" (ZAFFARONI; BATISTA, 2017, p. 471).

Do ponto de vista subjetivo, Nilo Batista (2004, p. 157) afirma que "a participação consiste em livre e dolosa colaboração no delito doloso de outrem". O dolo, como conhecimento e vontade de colaborar em delito alheio, seria o requisito essencial para configurar a posição do partícipe (dolo de instigador e dolo de cúmplice), visto não ser admissível participação culposa em crime doloso. Eventual hipótese seria resolvida pela autoria colateral[82]. De igual forma, Reale Jr. (2002, p. 321) destaca que não se tipifica o concurso de agentes se um dos concorrentes

---

[81] Sobre a (in)aplicabilidade das regras do domínio da organização aos crimes praticados por empresas, conferir, exemplificativamente, Roxin (2006), Muñoz Conde (2002), Greco e Assis (2014).

[82] "Ex.: Tício, afirmando que sua arma está descarregada, entrega-a a Caio, para que dê um *susto* em Mévio, alvejando-o simuladamente. A arma estava carregada e Mévio vem a falecer, resultado pretendido por Tício. Neste caso, Tício é autor (mediato) de homicídio doloso e Caio é autor de homicídio culposo, pois não obrou com o cuidado que a situação impunha, ou seja, o exame da arma. Não há concurso de agentes sem homogeneidade de participação subjetiva (princípio da convergência): a vontade de todos os que concorrem deve ser dirigida no sentido de realizar o mesmo tipo." (FRAGOSO, 2003, p. 317)

atua com negligência ou imprudência em ação dolosa de outrem, ainda que na mesma relação causal, visto ser fundamental a vontade comum, a finalidade de ambos de agir em conjunto para a consecução do delito. No entanto a questão ganha outros contornos no debate sobre a possibilidade de concurso de pessoas nos crimes culposos, tema posteriormente abordado.

g.1) Instigação

"Instigar é determinar dolosamente um fato doloso (através da influência espiritual)", consigna Welzel (1993, p. 139). A instigação é uma atividade dirigida a motivar determinada pessoa, que terá, em momento posterior, a plenitude do domínio do fato, a resolução do cometimento de um certo delito, pois não existe instigação genérica em relação a pessoas ou fatos. Motivar implica originar (determinar) ou reforçar (instigação em sentido estrito) uma decisão delitiva. Os meios para a instigação podem ser os mais diversos, desde que idôneos à formação da vontade no autor (mandato, persuasão, conselho, instrução, informação, comando, ameaça etc.). Trata-se de conduta comissiva, pois incabível a instigação por omissão.

Em relação ao elemento subjetivo, Zaffaroni e Batista (2017, p. 489) consideram que o dolo do instigador é "cognitivamente mais abrangente do que o do coautor ou do autor mediato, porque o instigador geralmente deixa a critério do autor direto os pormenores da execução".

g.2) Cumplicidade

"A cumplicidade consiste em prestar ajuda dolosa em um fato doloso" (WELZEL, 1993, p. 142). Trata-se de prestação de auxílio de natureza moral (psíquica) ou material (física) objetivando contribuir ou facilitar a prática de um delito. Diferente da instigação, a cumplicidade realiza-se de forma comissiva ou omissiva – na última hipótese (cumplicidade por omissão) somente nos casos em que o omitente não esteja na posição de garante (dever jurídico de agir), pois, do contrário, seu *status* migraria da posição de partícipe para a de autor.

Fragoso (2003, p. 319), na linha de Hungria (1978, p. 413), defende que a contribuição do cúmplice deve ter relação causal com o resultado, pois, caso contrário, inexistiria a participação[83]. Zaffaroni e Batista (2017, p. 494), embora se oponham à tese, sustentando ser desnecessário o vínculo de causalidade, pois bastaria que a conduta do cúmplice facilitasse ou agilizasse a execução do crime para configurar o vínculo, destacam a necessidade de que a colaboração não seja banal, visto ser imprópria a atribuição de responsabilidade penal nas *ações neutras*. Condutas habituais e autorizadas no desempenho cotidiano de atividade profissional podem ser aproveitadas na execução de um delito sem que isso tipifique o concurso

---

[83] "(...) é o caso do sujeito que empresta a chave falsa ao ladrão e este, depois de tentar, sem êxito, utilizá-la, penetra pela janela." (FRAGOSO, 2003, p. 319)

de agentes – "cabe exigir do partícipe uma colaboração que não seja banal (...). Uma atividade corriqueira, independente da sua regularidade administrativa, pode ser aproveitada pelo autor na realização do injusto, porém não configura cumplicidade por sua irrelevância contributiva".

Imputar responsabilidade nos casos de ações neutras implicaria, segundo Reale Jr. (2002), um regresso ilimitado na corrente causal. Na atualidade, o tema ganha especial importância sobretudo nos delitos empresariais nos quais as condutas efetivamente lesivas aos bens jurídicos requerem séries de atos (anteriores, concomitantes ou posteriores) regulares e que servem como suporte ao ilícito – pense-se, p. ex., em atos cotidianos de secretariado, de assessoria jurídica e contábil, de planejamento tributário, de coordenação cartorária etc.[84]

h) Crimes culposos, delitos de dever e crimes de mão própria

Heitor Costa Júnior (1988, p. 111) questionava, em seu estudo sobre a negligência, a aplicabilidade do princípio do domínio do fato para delitos que não fossem os dolosos. A particularidade desse modelo para os "crimes de domínio" indica a necessidade de critérios próprios para o concurso de agentes nos crimes culposos, nos delitos de dever, nos crimes de mão própria. No entanto sublinham Greco e Leite (2014) que, apesar de a tese do domínio do fato não ser universal, permanece válida e geral, em todos os crimes, a ideia de ser o autor a figura central do acontecer típico.

A perspectiva do domínio do fato é estranha aos *crimes culposos*, visto que se o autor dispusesse de controle real sobre a situação, fosse efetivamente o "senhor do acontecimento fático", o resultado previsto (ou previsível) e não desejado teria sido evitado. O fundamento da negligência é a violação de um dever objetivo de cuidado em um contexto de risco não autorizado. Ademais, diferente do domínio, que pode ser compartilhado (domínio funcional na coautoria), "a violação do dever objetivo de cuidado é algo infracionável e absolutamente aderido ao sujeito" (ZAFFARONI; BATISTA, 2017, p. 460). Assim, falta "espaço lógico" (BATISTA, 2004, p. 81) para justificar a coautoria e a participação nos crimes culposos, porque qualquer contribuição causal negligente para o resultado implica autoria. Quando o passageiro determina ao motorista imprimir alta velocidade no veículo em local impróprio causando morte por atropelamento, ambos (motorista e passageiro) serão responsabilizados como autores pelo homicídio culposo (COSTA JR., 1988, p. 113); quando os operários erguem e arremessam, conjuntamente, pesada viga de um edifício em construção sem se certificar da ausência de transeuntes causando a morte de alguém, ambos são autores diretos do homicídio culposo (BATISTA, 2004, p. 83). Nos casos, houve individualmente a violação do dever de cuidado.

---

[84] Sobre o tema, conferir especialmente Greco (2004), Lobato (2009) e Rassi (2014).

A resolução que parece ser a mais adequada nas situações que envolvem pluralidade de pessoas nos delitos culposos é a da equiparação de todos aqueles que violaram o cuidado devido como autores, não havendo necessidade de se falar em participação ou coautoria culposa. No entanto não são irrelevantes os posicionamentos que admitem a hipótese de coautoria (p. ex., FRAGOSO, 2003, p. 313) e de participação (p. ex., REALE JR., 2002, p. 323-325) nas formas culposas.

Os *delitos de dever* são aqueles cuja violação de uma especial obrigação jurídica caracteriza a tipicidade da conduta, como nos crimes próprios (p. ex., os crimes funcionais, decorrentes da regra do art. 327 do Código Penal, que define quem é considerado funcionário público para fins penais) e nos omissivos impróprios (em razão da especial posição de garantidor estabelecida no art. 13, § 2º, do Código Penal). Note-se que nos crimes culposos o cuidado em contextos de risco também deriva de uma obrigação, motivo pelo qual Nilo Batista (2004, p. 81) entende possível aproximar ambas as categorias (crimes culposos e delitos de dever) e, em consequência, compartilhar as mesmas soluções quanto à autoria e à participação.

Se o dever (como o cuidado) não pode ser compartilhado, não há de se falar em coautoria, mas de autoria direta (colateral). Os casos de omissão são exemplares: os nadadores que contemplam imóveis o afogamento de uma criança não se omitem em conjunto; os motoristas que não prestam auxílio ao acidentado não são coautores; em ambos os casos são autores diretos da omissão (ZAFFARONI; BATISTA, 2017, p. 462). Assim, "caso o tipo penal descreva a ação proibida e indique uma qualidade pessoal do autor, como ocorre nos delitos de dever, autor é apenas quem preenche esses dois requisitos" (GRECO; LEITE, 2014, p. 33). Ausente a qualidade especial determinada pela lei, restaria no máximo a possibilidade de participação (hipótese igualmente discutida).

Os *delitos de mão própria* são figuras criminais que dependem, para a sua configuração típica, de a conduta ser realizada pessoalmente, motivo pelo qual incabíveis as modalidades da coautoria e da autoria mediata. Os exemplos mais evidentes dessa espécie de crimes são a bigamia (art. 335 do Código Penal) e o falso testemunho (art. 342 do Código Penal). Já a participação por instigação ou cumplicidade é plenamente possível.

Circunstâncias incomunicáveis

Art. 30. Não se comunicam as circunstâncias e as condições de caráter pessoal, salvo quando elementares do crime.

Considerações nucleares

As elementares típicas são as circunstâncias essenciais do crime, os componentes constitutivos sem os quais a tipicidade não se sustenta. Do ponto de vista negativo, a ausência de uma circunstância elementar torna a conduta atípica ou impõe um novo enquadramento, pois desqualifica o juízo de tipicidade. Conforme refere Luisi, são elementos constitutivos comuns e necessários a todos os tipos penais o sujeito ativo primário, a conduta externa e o bem jurídico. Todavia, uma série de outros dados circunstanciais dão complexidade à estrutura típica: "aos elementos necessários se acrescem, em grande número de tipos, outros elementos que, integrando a estrutura desses tipos, são dela constitutivos" (LUISI, 1987, p. 52). Em relação ao sujeito ativo, certos tipos exigem características determinadas, p. ex., a condição de médico no delito de falsidade de atestado (art. 302 do Código Penal) e a de funcionário público no crime de corrupção passiva (art. 317). De igual forma em relação ao sujeito passivo, como a condição de gestante no delito de aborto provocado por terceiro (art. 125). Em outras situações, a extensão do dano ao bem jurídico provoca desdobramentos típicos, p. ex., no crime de lesão corporal grave (art. 129, § 2º).

São elementares descritivas as circunstâncias objetivas de tempo (quando), local (onde) e forma de agir (como), p. ex., "durante ou logo após o parto" (tempo) no infanticídio (art. 123); "restaurante, hotel ou meio de transporte" (local) em uma das formas de estelionato (art. 176); e "asfixia" (modo) no homicídio qualificado (art. 121, § 2º). Ademais, conforme trabalhado nos comentários ao art. 1º do Código Penal, existem elementares normativas do tipo que implicam "juízos valorativos impróprios" porque, segundo Luisi (1987, p. 58), são elementos previamente dispostos na cultura ou no próprio ordenamento jurídico, como os termos técnicos "cheque" (art. 171, VI), "funcionário público" (art. 312), "estrangeiro" (art. 338), "advogado" (art. 355); e as expressões culturais "torpe", "fútil", "insidioso", "dissimulado", todas igualmente qualificadoras do homicídio (art. 121, § 2º).

As circunstâncias do delito (elementares e acidentais) são de natureza objetiva e subjetiva: objetiva, relacionadas ao fato; subjetivas, relacionadas ao autor. As elementares, além do seu caráter constitutivo, possuem função classificatória, pois organizam os tipos penais em classes, espécies e gêneros. Além disso, possuem aplicabilidade própria (a) na definição do crime e (b) na aplicação da pena, haja vista a dupla perspectiva do concurso de agentes: monista no injusto, pluralista na pena, como destacado nos comentários ao art. 29 do Código Penal.

Em relação à pena (b), um dos principais efeitos limitativos é o imposto pelo princípio da proibição da dupla incriminação (*ne bis in idem*), ou seja, o da vedação da reapreciação das elementares típicas no momento da dosimetria da pena após o juiz ter reconhecido a existência do crime na sentença condenatória. Se valorada para determinação da quantidade de sanção (individualização da pena), o elemento constitutivo do delito produziria novo efeito sancionatório (*bis in idem*). É decorrência do disposto no art. 61, *caput*, do Código Penal: "são circunstâncias que sempre agravam a pena, quando não constituem ou qualificam o crime". Veja-se uma hipótese simples relacionada aos crimes de furto e roubo: o art. 155, *caput*, estabelece para o furto simples pena de reclusão de 1 (um) a 4 (quatro) anos e multa – "subtrair, para si ou para outrem, coisa alheia móvel"; e o art. 157, *caput*, prevê para o crime de roubo pena de reclusão de 4 (quatro) a 10 (dez anos) e multa – "subtrair coisa móvel alheia, para si ou para outrem, mediante grave ameaça ou violência à pessoa, ou depois de havê-la, por qualquer meio, reduzido à impossibilidade de resistência". Ambos os delitos ofendem o mesmo bem jurídico (patrimônio privado) e produzem o mesmo resultado (redução do conjunto de bens disponíveis à vítima), mas as penas são significativamente distintas em razão de uma elementar típica de modo (grave ameaça, violência, redução da capacidade de resistência). É o *modus faciendi* que reclassifica o furto para roubo e estabelece um novo patamar sancionatório. Não por outra razão é possível afirmar que o crime de roubo nada mais é do que um furto qualificado pela violência, grave ameaça ou redução da capacidade da vítima. Assim, em caso de condenação pelo crime de roubo, é vedado ao juiz aumentar a pena, de qualquer forma e em qualquer quantidade, pelo fato de a conduta ter sido praticada com violência, grave ameaça ou redução da capacidade de resistência. Do contrário, a mesma circunstância produziria um duplo efeito (dupla incriminação), visto que é exatamente em decorrência desse modo de agir que o legislador redefiniu a conduta do furto para a do roubo e, em consequência, agravou as penas mínima e máxima.

Quanto à punibilidade e sua exclusão, as circunstâncias subjetivas igualmente não se comunicam, como nos casos de crimes patrimoniais praticados por cônjuge, ascendente ou descendente, conforme os dispositivos da parte especial do Código Penal. Em caso de furto praticado em concurso pelo cônjuge e por terceiro, a condição pessoal se aplica apenas ao primeiro (art. 181, I), que será isento de pena, sendo incomunicável "ao estranho que participa do crime' (art. 183, II).

A metodologia para verificação das elementares típicas é a da *eliminação hipotética*: o intérprete deve excluir do quadro geral das circunstâncias que integram o delito aquelas dúbias. Após a exclusão, três efeitos são possíveis: (a) atipicidade da conduta – p. ex., a exclusão da circunstância "alheia" no crime de dano (art. 163 do Código Penal); (b) reclassificação da conduta – p. ex., a exclusão da circunstância "violência" no crime de roubo faz migrar a conduta para o crime de furto; ou (c) manutenção da tipicidade – p. ex., a exclusão da circunstância *motivo fútil* no crime de maus tratos (art. 136 do Código Penal). Nos dois primeiros casos, ou seja, quando ocorre a exclusão ou a modificação no juízo de tipicidade, a circunstância hipoteticamente excluída é elementar do tipo. No terceiro caso, quando não há alteração no juízo de tipicidade, a circunstância é acessória (ou acidental) e será avaliada pelo juiz na determinação da pena (CARVALHO, 2020, p. 322-327).

Em relação ao injusto (a), nos termos do art. 30, primeira parte, a regra geral é a de que apenas as circunstâncias objetivas, por serem exógenas e relacionadas ao contexto fático e ao dano provocado, são comunicáveis, isto é, compartilhadas entre os concorrentes. Assim, se um dos coautores da subtração patrimonial alheia utilizar arma de fogo como meio para violência ou intimidação da vítima, a causa de aumento de pena prevista no § 2º do art. 157 será aplicada para todos, mesmo que uma das pessoas envolvidas não tenha portado o instrumento. O princípio da unicidade do injusto não permitiria a fragmentação e o estabelecimento de distintos juízos de tipicidade para cada autor.

As circunstâncias subjetivas são, em geral e dada a sua natureza, incomunicáveis, visto seu caráter personalíssimo. Na definição da pena, a diretriz fica bastante evidente: se um dos coautores é menor de 21 (vinte e um), na data do fato, ou maior de 70 (setenta) anos, na data da sentença, a atenuante do art. 65, I, do Código Penal não se aplica ao corréu; se um dos concorrentes é reincidente e o outro primário, a agravante do art. 61, I, do Código Penal não é compartilhável (comunicável).

No entanto, a segunda parte do art. 30 estabelece uma hipótese excepcional: para definição do *tipo de injusto*, assim como as objetivas, as circunstâncias subjetivas (de caráter pessoal) são sempre comunicáveis quando constitutivas (elementares). Assim, exemplifica Reale Jr. (2002, p. 325), a qualificação do sujeito ativo próprio, no caso dos crimes funcionais: "no peculato, por ser elementar do tipo penal, elemento normativo constitutivo, comunica-se ao coautor ou cúmplice. Todos os coautores e cúmplices responderão por crime de peculato, mesmo que não possuam a condição de funcionário público".

Casos de impunibilidade
Art. 31. O ajuste, a determinação ou instigação e o auxílio, salvo disposição expressa em contrário, não são puníveis, se o crime não chega, pelo menos, a ser tentado.

Considerações nucleares

Em razão do princípio da acessoriedade, a participação só possui relevância típica a partir do momento em que o autor inicia a execução do delito. Trata-se de um dos *requisitos da participação*: se o dolo de contribuir constitui o aspecto subjetivo, o ingresso do autor na fase executiva do injusto é o seu aspecto objetivo ou externo.

Como destacado anteriormente, é típica a participação na tentativa e a sua consumação ocorre com a realização do crime. Sem o início da execução, todos os atos possuem natureza preparatória, sendo, portanto, impuníveis. Nas hipóteses exemplificativas de Zaffaroni e Pierangeli (2019, p. 613), quem paga alguém para matar não age tipicamente se quem recebeu a quantia não realiza qualquer ato executivo de homicídio; quem empresta a gazua para terceiro praticar um furto não comete crime se o sujeito se desvia do destino e não comete qualquer ação objetivando a subtração.

Assim como a conduta principal, as condutas acessórias de cogitação e preparação são impuníveis em razão de não apresentar risco concreto ao bem jurídico. O que não exclui a possibilidade da criminalização, autônoma e independente, de atos preparatórios. Nesses casos, a participação é em um fato que, embora tenha uma natureza preparatória, foi erigido à categoria de crime principal.

Considerações finais

João Mestieri, há bastante tempo, chama a atenção para distorções relacionadas ao cotidiano da aplicação das normas de extensão do concurso de agentes no direito penal brasileiro. O eixo central da sua crítica é baseado na assertiva de que coautoria e cumplicidade jamais podem ser presumidas. Significa dizer que é uma obrigação do titular da ação penal demonstrar empiricamente os vínculos de cada concorrente com o fato típico; vínculos que devem ser traduzidos em "atos sensíveis" e elos subjetivos aferíveis. Como exemplo de imputação de responsabilidade penal carente de elementos concretos que evidenciem os requisitos mínimos do concurso de pessoas, Mestieri (1999, p. 204) refere situações em que são acusados, de forma genérica, todos os diretores de uma empresa, "(...) sem que se indicie, seriamente, a vinculação ao fato típico", e conclui que, nesses casos, "há abuso do poder de denunciar".

A crítica de Mestieri é pertinente e diagnostica uma espécie de uso perverso das regras do concurso de agentes pelos atores do sistema de justiça penal pátrio. Em realidade, a violação dos critérios normativos e dogmáticos de imputação acaba sendo mais aguda conforme o grau de vulnerabilidade das pessoas criminalizadas. Se nos crimes empresariais é perceptível o abuso apontado por Mestieri, relacionado ao problema histórico da admissibilidade judicial de denúncias genéricas, indicado também em vários outros estudos (p. ex., GOMES, 1995; MACHADO, 1998; CARVALHO; WUNDERLICH, 2002; MENEZES; PAULI, 2013, dentre inúmeros outros); nos crimes patrimoniais, sobretudo furto e roubo, e no direito penal das drogas, a ampliação muitas vezes inconsequente da responsabilidade penal produz efeitos irremediáveis.

Dentre as inúmeras questões que emergem da análise dogmática e da forma de aplicação do concurso de agentes no direito penal brasileiro (análise criminológica), duas variáveis parecem sintetizar a instrumentalização da regra de extensão: (a) a subversão das categorias legais e dos critérios doutrinários para justificar a condenação de pessoas em razão da ocupação de cargos ou posições; e (b) a distorção dos parâmetros de diferenciação entre os delitos de concurso eventual (crimes unissubjetivos) e os crimes de concurso necessário (crimes plurissubjetivos).

A primeira hipótese adquiriu ampla visibilidade no julgamento da Ação Penal 470 pelo Supremo Tribunal Federal. Alaor Leite (2014) aponta com precisão o modo como o Tribunal utilizou o termo domínio do fato para justificar a punição de pessoas que simplesmente ocupavam cargos de comando, sem identificar concretamente uma ação ou omissão que as vinculasse aos delitos. Ao qualificar como um *método de inversão*, Leite demonstra que as categorias teóricas foram manipuladas para alargar a responsabilidade penal aos sujeitos detentores de posições hierárquicas de destaque[85]. A prática não é distinta daquela denunciada por Mestieri. Trata-se de um uso ardiloso da doutrina para flexibilizar a legalidade com exclusivo fim repressivo, transformando um modelo teórico naquilo que não é. Na AP n. 470 (STF), a teoria do domínio do fato, fundada em critérios de diferenciação restritivos, foi aplicada como regra ou argumento extensivo (GRECO; LEITE, 2014, p. 39). Isso porque estar em um posto hierárquico superior não transforma imediatamente ninguém em autor sem que "resulte demonstrado que quem detém posição de comando determina a prática da ação (...), sob pena de caracterizar autêntica responsabilidade objetiva" (BITENCOURT, 2020, p. 1239).

A segunda questão é a da dupla incriminação (*bis in idem*), relacionada à expansão da imputação para ações neutras e/ou a sobrecriminalização de ações de cumplicidade, inclusive de participações de menor importância, pela atribuição do delito efetivamente praticado em concurso material com delitos plurissubjetivos de associação. Dois exemplos podem ser elucidativos: (a) um secretário que desempenha sua atividade regular em uma empresa auxilia ou executa movimentações financeiras e, posteriormente, é acusado, conjuntamente com o seu superior hierárquico (diretor), de crime societário (crime contra o sistema financeiro ou crime tributário) em concurso material (art. 69 do Código Penal) com associação criminosa (art. 288 do Código Penal); e (b) um jovem morador de periferia, que atua como "olheiro" do tráfico, é denunciado como incurso no art. 33, *caput* (tráfico de drogas), em concurso com o art. 35, *caput* (associação para o tráfico), da Lei n. 11.343/2006. Os casos são hipotéticos, mas não episódicos nos Tribunais nacionais.

Um dos eixos centrais do problema é o da discussão sobre concurso de pessoas nos crimes plurissubjetivos. Em um primeiro momento, essa possibilidade, defendida por Antolisei (1997) e, no Brasil, por Ferraz (1976), pode sugerir uma ampliação injustificada da responsabilidade penal de forma a atingir condutas fronteiriças àquelas denominadas como neutras. No entanto, um olhar mais atento à jurisprudência nacional aponta o oposto: é usual, ao invés da atribuição de uma responsabilidade lateral pela contribuição com o crime de associação, a imputação do tipo associativo em concurso com o do delito unissubjetivo realizado pelo coletivo.

---

[85] Nas palavras do autor: "inventou-se um conteúdo para a ideia de domínio do fato — o de fundamentar a responsabilidade de um sujeito que ocupa posição de destaque em uma hierarquia — e, num segundo momento, deduziram-se as conclusões mais concretas do conceito forjado de domínio do fato: *como* a teoria do domínio do fato determinaria que sujeitos em posição de comando possuem o domínio do fato dos fatos puníveis que ocorrem abaixo deles, *então* os sujeitos que gozavam dessas posições e que constavam como acusados na AP 470 seriam autores dos fatos puníveis. Contra esse tipo de equívoco interpretativo devemos lutar incansavelmente" (LEITE, 2014, p. 163).

No caso exemplificativo do secretário, algumas variáveis devem ser identificadas para fins de tipificação: (a) *conduta neutra*: se a ordem de movimentação financeira é regular e se o executor a realiza com intuito de cumprir sua tarefa laboral, sem conhecimento e sem adesão ao crime societário, sua conduta é atípica; e (b) *concurso no crime societário* (unissubjetivo): se o funcionário, ciente da movimentação ilícita, realiza voluntariamente um ato de colaboração ou de execução, é partícipe ou coautor no delito societário.

Outrossim, nos crimes empresariais, há uma diferença que merece ser destacada entre a criminalidade de empresa e a empresa ilícita. Na primeira modalidade (criminalidade de empresa), são realizadas condutas ilícitas no contexto da atividade e frequentemente no interesse da empresa; na segunda (empresa ilícita), é constituída uma empresa, com característica de organização criminosa, com a finalidade do cometimento de delitos. Embora sejam situações radicalmente distintas, observa Estellita (2009, p. 26) que "(...) se tem visto com desconcertante frequência a identificação automática da criminalidade de empresa com a empresa ilícita, com a imputação automática do crime de quadrilha ou bando [atualmente associação criminosa, art. 288 do Código Penal] sempre que se denunciem mais de três responsáveis (sócios, diretores, gerentes, administradores etc.) por crime praticado na atuação empresarial (*criminalidade de empresa*)".

Não significa dizer que não seja possível verificar, nos crimes empresariais, casos de associação criminosa. Todavia, essa hipótese implicaria a demonstração idônea dos seus elementos configuradores, sob pena de conversão do concurso de agentes em crimes unissubjetivos em delitos de associação (plurissubjetivos). A associação criminosa, regulada no art. 288 do Código Penal com a redação dada pela Lei n. 12.850/2014, é um crime de concurso necessário que pressupõe a *pluralidade dos sujeitos ativos* e a *estabilidade* dos vínculos com a finalidade da prática de crimes (dolosos) indeterminados – "para o fim específico de cometer crimes". A constituição e a permanência do coletivo têm um propósito específico: a prática de delitos. Trata-se de fenômeno distinto tanto da criminalidade de empresa, pois a constituição da sociedade é para fins lícitos, quanto do concurso eventual, cujo objetivo é a prática episódica de determinado(s) crime(s). Assim, para configuração do tipo do art. 288 do Código Penal, "não se poderá prescindir da existência de comportamentos concretos indicativos da associação, como, por exemplo, que o contato entre os membros perdure no tempo, a elaboração do plano criminoso e até mesmo atos preparatórios de execução desse plano" (ESTELLITA, 2017, p. 849).

Nesse cenário, a partir da posição de Antolisei e Ferraz, no caso hipotético, haveria (c) *concurso eventual* no *crime de concurso necessário* se efetivamente estivesse configurada uma associação criminosa (estável e fundada para a realização de ilícitos indeterminados) diversa da sociedade empresarial, e o funcionário da empresa, sujeito não essencial à configuração do crime plurissubjetivo, ciente dessa existência, agisse com intuito de cooperar eventualmente. Fundamental sublinhar, porém, que essa hipótese (associação criminosa) não constitui a realidade dos crimes societários, pois os ilícitos praticados nas empresas são em geral eventuais e determinados, e quando realizados por mais de uma pessoa, com vínculos contingentes.

No direito penal das drogas (exemplo do jovem "olheiro"), igualmente se percebe uma confusão generalizada entre o concurso de pessoas no crime (unissubjetivo) de tráfico de entorpecentes (art. 33 da Lei n. 11.343/2006) e o tipo penal autônomo de associação para o tráfico (art. 35). Nesses casos, o erro parece inclusive ser mais grosseiro, visto que a forma de criminalização onicompreensiva, imposta pela política global de guerra às drogas, procura ampliar a punibilidade para todo o ciclo, do cultivo e da produção ao consumo e às distintas modalidades de concurso de pessoas: associação para o tráfico (art. 35), custeio (art. 36) e colaboração (art. 37) (CARVALHO, 2016, p. 303).

No Rio de Janeiro (capital e região metropolitana), p. ex., investigação rigorosa do ponto de vista metodológico, desenvolvida pelo Centro de Estudos e Pesquisas de Acesso à Justiça da Defensoria Pública (2018), analisou 2.591 sentenças proferidas entre agosto de 2014 e janeiro de 2016, que envolviam 3.745 acusados de infringir a Lei n. 11.343/2006. Desse universo, 42,70% (1.595 processos) das denúncias imputavam os tipos penais dos arts. 33 e 35 em concurso, o que resultou em 772 condenações (48,4% ou 29,7% do total das denúncias). O estudo aponta sobretudo a fragilidade dos argumentos que justificam a condenação pelo art. 35, como a presunção de que vender drogas em determinado local (favela) constitui associação ao tráfico, pois a atividade dependeria necessariamente da autorização da organização que controla a região (DPERJ, 2018, p. 56). Presunção que é utilizada para superar os *standards* mínimos de prova nessa espécie autônoma de crime e que são similares aos requisitos do art. 288 do Código Penal, ou seja, número de pessoas, estabilidade e permanência (requisitos objetivos) e finalidade de praticar reiteradamente os crimes dos arts. 33, *caput* e § 1º, e 34 da Lei de Drogas (requisitos subjetivos).

Assim, como visto em relação aos crimes empresariais, reuniões eventuais de pessoas para vender drogas ou colaborações pontuais no comércio varejista configuram formas de coautoria e de participação no delito do art. 33 da Lei n. 11.343/2006. Ademais, não apenas é possível a cumplicidade no crime plurissubjetivo do art. 35, como também a própria Lei de Drogas tipificou essa modalidade de concurso de forma autônoma no art. 37, caracterizando os casos em que a colaboração como informante ("olheiro", "fogueteiro", p. ex.) é episódica, sem vínculos de estabilidade e permanência com a associação. Situação que torna igualmente abusiva a imputação de associação ao tráfico (art. 35) e, mais ainda, as condenações pelo art. 35 em concurso com o art. 33 da Lei n. 11.343/2006.

TÍTULO V
DAS PENAS

Bibliografia: HASSEMER, Winfried. Punir no Estado de direito. In: *Direito penal como crítica da pena*. São Paulo: Marcial Pons, 2012; JAKOBS, Gunther. *Strafrecht Allgemeiner Teil*. 2. Auflage. Berlin: De Gruyter. 1993; PRADO, Luiz Regis. *Curso de* *direito penal brasileiro*. 14. ed. São Paulo: RT, 2015; REALE JÚNIOR, Miguel. *Instituições de direito penal*. 4. ed. Rio de Janeiro: Forense. 2013; ROXIN, Claus. *Strafrecht. Allgemeiner Teil*. 3. Auflage. CH. Beck. 2003.

Capítulo I
Das espécies de pena

Art. 32. As penas são:

I – privativas de liberdade;

II – restritivas de direitos;

III – de multa.

Considerações gerais

A reforma penal da Parte Geral de 1984 explicitou a necessidade de se desmitificar a pena de prisão como a solução preponderante para os problemas sociais enfrentados pelo País. Ironicamente, já em 1984, o legislador, na Exposição de Motivos da nova Parte Geral, manifestou-se pela redução das hipóteses de encarceramento, com o fito de impedir a ação progressiva criminógena das prisões.

> "Uma política criminal orientada no sentido de proteger a sociedade terá de restringir a pena privativa de liberdade aos casos de reconhecida necessidade como meio eficaz de impedir a ação criminógena cada vez maior do cárcere. Esta, filosofia importa obviamente na busca de sanções outras para delinquentes sem periculosidade ou crimes menos graves. Não se trata de combater ou condenar a pena privativa da liberdade como resposta penal básica ao delito. Tal como no Brasil, a pena de prisão se encontra no âmago dos sistemas penais de todo o mundo. O que por ora se discute é a sua limitação aos casos de reconhecida necessidade" (Exposição de Motivos. Das Penas. Item 26).

Mais de 30 anos depois, a luta ainda está aí para garantir que a legislação penal não seja a principal forma de prevenir delitos, senão toda a sociedade civil trabalhe para expandir os controles sociais mais eficazes para tal finalidade.

> "A maioria das pessoas não delinque. Além de caber perguntar por qual razão alguns praticam crimes, cumpre analisar por que a grande parte das pessoas não vem a delinquir. O controle social exerce-se, primeiramente, por via da família, da escola, da igreja, do sindicato, atuantes na tarefa de socializar o indivíduo, levando-o a adotar os valores socialmente reconhecidos e os respeitar, independentemente da ação ameaçadora e repressiva do Direito Penal, que constitui uma espécie de controle social, mas de caráter formal e residual, pois só atua diante do fracasso dos instrumentos informais de controle" (REALE JÚNIOR, 2013, p. 3).

O direito penal não deve ser utilizado, pois, como o principal meio de pacificação social. E nesse sentido a finalidade da pena no contexto do sistema penal exerce fundamental relevância quando da análise das principais características do sistema de penas. A possibilidade de outros tipos de resposta estatal e as diferentes formas de pacificação dos conflitos – como o desenvolvimento e o crescimento da justiça restaurativa – demonstram a necessidade de se pensar e alterar paradigmas na esfera da ciência penal e das funções da pena.

Historicamente se produziu infindável discussão a respeito da finalidade da pena e da finalidade do sistema penal. Dois conceitos basicamente se contrapõem: de um lado a necessidade de repressão dos delitos ocorridos, com a ideia principal de retribuição do mal causado pelo agente à paz social **(teorias clássicas)**; por outro lado, a prevenção – tanto geral quanto específica – a denotar os apelos também à não ocorrência de futuros delitos **(teorias relativas)**. Retribuição *versus* prevenção é o binômio a equilibrar quando se trata de finalidade da pena.

A trabalhar este equilíbrio, definem diferentes autores ser a pena "a imposição de um castigo a quem merece, pois é a única maneira de se fazer valer o valor cuja positividade reconhece" (REALE JÚNIOR, 2013, p. 56). Ainda, em um dos seus últimos textos sobre o tema, Winfried Hassemer:

> "Permanece a pena naturalmente o mal que ela é; ela não passa a ser uma forma de cura ou mesmo um presente. Ela se faz mais compreensível e também justificável também como a mensagem de que nós todos não aceitamos a ruptura de uma norma pelo delito, que nós reafirmamos a norma violada, na medida em que respondemos à violação do direito de forma pública – e negativa. Visto dessa forma, a pena estatal poderia hoje recuperar um antigo sentido: ser a negação do direito, mas não apenas no papel ou no âmbito acadêmico, mas sim no discurso público sobre as normas, que nos são indeclináveis, e sobre as reais possibilidades de que elas sejam mantidas" (HASSEMER, 2012, p. 344).

As teorias normativistas também construíram elementos essenciais à discussão atual sobre a teoria da pena. Claus Roxin alcançou grande projeção com sua teoria de prevenção unificadora da pena, na qual congrega elementos preventivos e de ressocialização, os quais são essenciais para garantia dos princípios constitucionais do direito penal.

O professor de Munique descreve em seu tratado sobre direito penal que abdica de qualquer elemento de retribuição como finalidade da pena, e mantém a prevenção geral e a prevenção especial como subsídios imprescindíveis à análise da finalidade no caso concreto. Assim, cada fase da pena tem, portanto, um significado preponderante. Na cominação na pena privilegia-se a prevenção geral positiva, enquanto na execução da pena a finalidade de prevenção especial/ressocialização (ROXIN, 2006, p. 57).

Para Gunther Jakobs, a contraposição da violação da norma pela pena não significa algo em si, mas só tem significado se orientada a garantir a vida em sociedade. A pena tem a tarefa de proteger os pressupostos da vida em sociedade, e, assim, tem sua função preventiva acentuada (JAKOBS, 1993, p. 13).

A doutrina e legislação brasileira não passaram imunes a toda a discussão da finalidade da pena. É plenamente dedutível do sistema jurídico penal brasileiro a finalidade da pena que o sistema busca implantar: desde a prevenção geral positiva, com a cominação das penas aos diversos crimes previstos, passando pela retribuição e proporcionalidade das penas no momento de sua aplicação (*vide* comentários ao art. 59 do presente Código), até a ressocialização prevista na nossa Lei, é correto afirmar que o nosso sistema penal abraça a teoria unificadora das penas.

Em cada momento concreto de aplicação do direito penal a pena prepondera como elemento de prevenção geral positiva, de retribuição ou de prevenção especial negativa.

Considerações nucleares

Após estas considerações iniciais sobre sua finalidade, cabe-nos descrever a respeito dos tipos de penas previstas em nosso Código.

São três as possibilidades de aplicação e execução de penas no País: pena privativa de liberdade, pena restritiva de direito e multa.

A pena privativa de liberdade representa a principal pena imposta pelo sistema penal brasileiro. A pena de prisão foi paulatinamente se transformando no símbolo do direito penal. Enquanto alguns países preocupam-se em substituir a pena privativa de liberdade por outra medida menos invasiva e mais eficaz ao restabelecimento da paz pública, outros têm enorme população carcerária, apostando na segregação social como medida de repressão penal. Em alteração recente da legislação penal, desconsiderando as tendências atuais de redução da pena de prisão em regime fechado, o legislativo brasileiro alterou a pena máxima possível de cumprimento de 30 para 40 anos de prisão, conforme abaixo se verá (Lei Anticrime – Lei n. 13.964/2019).

No Brasil, a pena de prisão é a regra, e foi dividida em penas de reclusão e de detenção, a serem cumpridas em estabelecimentos prisionais por regimes fechados, semiabertos ou abertos, a depender do *quantum* da pena aplicada.

As penas restritivas de direito surgem como alternativa à falência da pena privativa de liberdade, e foram pensadas e discutidas no país a partir da década de 70 (Moção de Friburgo – 1971 e duas Moções de Goiânia – 1973 e 1981). Nos referidos textos, a ideia principal era de penas alternativas à prisão como independentes das demais. No entanto, a consolidação do pensamento na Parte Geral de 1984 determinou que as penas privativas de liberdade fossem substitutivas às penas de prisão, e não independentes da aplicação destas. Tal circunstância desfavorece em muito a aplicação desse tipo de penalidade.

Em 1998, conforme veremos abaixo, nos comentários ao art. 44 do presente Código, alterações importantes reforçaram a aplicação das penas restritivas, ampliando as possibilidades de substituição das mesas, e tornando-as cada vez mais utilizadas.

Já a pena de multa, apesar de ser a principal pena aplicada em países como a Alemanha, não tem grande aplicação no Brasil. Mesmo tendo em seu histórico a promessa de ser a grande substituta das penas curtas de prisão, a profecia não se concretizou em nossa legislação pátria. Com o advento da Lei n. 9.099/96 e o nascimento dos Juizados Criminais Especiais, muitos crimes que poderiam ter suas penas aplicadas como penas de multa, passaram a ser definidos como crimes de menor potencial ofensivo, sem a instauração de processos e aplicação de penas ao final. Há uma abreviação dos procedimentos e aplicação prévia de condições ao arquivamento do procedimento, sem que chegue à pena de multa a ser aplicada.

Considerações finais

A partir do advento da Lei n. 9.099/96 o sistema de penas instituído pelo Código penal brasileiro restou desfigurado. A previsão da transação penal (art. 76 da Lei n. 9.099/96) e da suspensão processual (art. 89 da Lei n. 9.099/96) eliminou quase que por completo os procedimentos em que era possível a aplicação de pena de multa.

Além disto, a Lei n. 9.714/98, ao prever a substituição das penas restritivas de direito para penas aplicadas até 4 anos, alterou sobremaneira a aplicação da pena restritiva de liberdade, no que se refere aos regimes aberto e semiaberto, previstos para penas mais curtas.

E, ao final de 2019, a Lei n. 13.964 alterou ainda mais as perspectivas de aplicação da pena de prisão, navegando contra a tendência internacional de redução das penas de prisão e maior utilização de penas alternativas.

O que se percebe, pois, hoje, pela análise da legislação brasileira e de suas alterações ao longo dos últimos 20 anos, é que não se tem uma linha coerente de cominação, aplicação e execução das penas. Busca-se maior efetividade da resposta penal, mas os caminhos que se trilha para chegar ao objetivo são absolutamente esquizofrênicos e despregados de preocupação sistêmica. Assim, continua-se a aplicar a pena privativa de liberdade indistintamente e de forma prioritária, sem que os inúmeros caminhos alternativos – e talvez mais eficazes à sociedade e ao próprio acusado – tenham ganhado força.

Seção I
Das penas privativas de liberdade

Reclusão e detenção

Art. 33. A pena de reclusão deve ser cumprida em regime fechado, semiaberto ou aberto. A de detenção, em regime semiaberto, ou aberto, salvo necessidade de transferência a regime fechado.

§ 1º Considera-se:

a) regime fechado a execução da pena em estabelecimento de segurança máxima ou média;

b) regime semiaberto a execução da pena em colônia agrícola, industrial ou estabelecimento similar;

c) regime aberto a execução da pena em casa de albergado ou estabelecimento adequado.

§ 2º As penas privativas de liberdade deverão ser executadas em forma progressiva, segundo o mérito do condenado, observados os seguintes critérios e ressalvadas as hipóteses de transferência a regime mais rigoroso:

a) o condenado a pena superior a 8 (oito) anos deverá começar a cumpri-la em regime fechado;

b) o condenado não reincidente, cuja pena seja superior a 4 (quatro) anos e não exceda a 8 (oito), poderá, desde o princípio, cumpri-la em regime semiaberto;

c) o condenado não reincidente, cuja pena seja igual ou inferior a 4 (quatro) anos, poderá, desde o início, cumpri-la em regime aberto.

§ 3º A determinação do regime inicial de cumprimento da pena far-se-á com observância dos critérios previstos no art. 59 deste Código.

§ 4º O condenado por crime contra a administração pública terá a progressão de regime do cumprimento da pena condicionada à reparação do dano que causou, ou à devolução do produto do ilícito praticado, com os acréscimos legais.

Considerações gerais

O art. 33 define as principais regras para a aplicação da pena privativa de liberdade. Desde a distinção entre as penas de reclusão e de detenção, passando pelos regimes de aplicação e a progressividade do sistema, o artigo dialoga constantemente com a Lei de Execuções Penais e outras medidas atinentes à aplicação da pena em nosso sistema.

No que se refere à distinção entre reclusão e detenção, quando do advento da nova Parte Geral do Código Penal, em 1984, era coerente com alterações legislativas que timidamente intentavam diminuir a aplicação da pena privativa de liberdade e instituir gradações a essa penalização. A cominação de pena de detenção, seja na esfera político-criminal, seja na aplicação da medida, instituíam à pena de detenção menor grau de reprovabilidade tanto do legislador quando do juiz. Ser condenado à pena de detenção era, pois, vantagem em relação à pena de reclusão.

Aberto, semiaberto e fechado são os regimes instituídos à execução da pena privativa de liberdade. A escolha legislativa por regimes menos gravosos que o fechado deu-se justamente a priorizar a transição entre a pena de prisão e outros tipos de penalidades que pudessem priorizar a ressocialização do sujeito ativo do crimes, bem como sua reinserção na sociedade, diminuindo o risco de reincidência ou volta ao mundo da criminalidade.

O artigo ainda trata de questões extremamente relevantes como a progressividade da pena de prisão. Tal instituto, mesmo previsto constitucionalmente pelo princípio da individualização das penas privativas de liberdade, foi muito maltratado pela legislação de crimes hediondos na década de 1990 e ainda é tema de inúmeras discussões e decisões nos tribunais superiores do País.

Sempre que as discussões sobre a criminalidade e o aumento dos crimes graves na sociedade vêm à tona, a tendência é buscar maior efetividade na extensão dos prazos de prisão em regime fechado, assim como a exclusão de possibilidades de progressão da pena, a simbolizar a imagem de sociedade forte contra a criminalidade. No entanto, o sistema penal no formato em que está instituído no País não autoriza que a pena privativa de liberdade seja a resposta a todos os problemas sociais. Da forma como está colocada e amplamente divulgada, o controle social pela pena é medida subsidiária e deve atuar apenas após todas as outras formas de controle social.

Não se pode ainda deixar de mencionar as alterações trazidas pela Lei n. 13.964/2019, na linha de ampliar o tempo de cumprimento de pena em regime fechado, previstas no art. 112 da Lei de Execuções Penais. A partir dessas alterações, tem-se a possibilidade de progressão conforme a seguir:

"I – 16% (dezesseis por cento) da pena, se o apenado for primário e o crime tiver sido cometido sem violência à pessoa ou grave ameaça;

II – 20% (vinte por cento) da pena, se o apenado for reincidente em crime cometido sem violência à pessoa ou grave ameaça;

III – 25% (vinte e cinco por cento) da pena, se o apenado for primário e o crime tiver sido cometido com violência à pessoa ou grave ameaça;

IV – 30% (trinta por cento) da pena, se o apenado for reincidente em crime cometido com violência à pessoa ou grave ameaça;

V – 40% (quarenta por cento) da pena, se o apenado for condenado pela prática de crime hediondo ou equiparado, se for primário;

VI – 50% (cinquenta por cento) da pena, se o apenado for:

a) condenado pela prática de crime hediondo ou equiparado, com resultado morte, se for primário, vedado o livramento condicional;

b) condenado por exercer o comando, individual ou coletivo, de organização criminosa estruturada para a prática de crime hediondo ou equiparado; ou

c) condenado pela prática do crime de constituição de milícia privada;

VII - 60% (sessenta por cento) da pena, se o apenado for reincidente na prática de crime hediondo ou equiparado;

VIII - 70% (setenta por cento) da pena, se o apenado for reincidente em crime hediondo ou equiparado com resultado morte, vedado o livramento condicional.

§ 1º Em todos os casos, o apenado só terá direito à progressão de regime se ostentar boa conduta carcerária, comprovada pelo diretor do estabelecimento, respeitadas as normas que vedam a progressão."

Ainda, a relevância do § 4º, com as operações da Polícia Federal recentes calcadas em persecuções de crimes contra a administração pública, é evidente. E sua convivência com outros institutos propostos recentemente pela legislação – leniência em crimes de corrupção (Lei n. 12.846/2013), ações de improbidade administrativa e ações de indenização por dano ao erário – ainda será objeto de inúmeras discussões pela doutrina e jurisprudência, para que se chegue à interpretação não violadora do princípio do *bis in idem* da punição pelo Estado.

Considerações nucleares

a) Diferença entre detenção e reclusão

Em verdade, a distinção entre penas privativas de liberdade na modalidade detenção e reclusão indica essencialmente o grau de reprovabilidade do legislador em relação à conduta criminalizada por lei. Enquanto as penas de reclusão geralmente são mais longas, e cumpridas inicialmente em regime fechado, em sua maioria, as penas de detenção tendem a ser mais curtas, e com possibilidades ampliadas de serem cumpridas em estabelecimentos de regime semiaberto ou aberto. Não existe diferença conceitual – de essência, pois – entre as modalidades de prisão por detenção ou por reclusão.

b) Tipos de regime da pena privativa de liberdade

Quanto ao regime de cumprimento das penas de prisão, o Código Penal institui três possibilidades: 1. Regime fechado; 2. Regime semiaberto; 3. Regime aberto.

O regime fechado será cumprido em estabelecimentos prisionais de alto grau de segurança, reconhecidos pela Lei de Execução Penal como as penitenciárias. Nesses estabelecimentos, os condenados deverão ter celas individuais – por determinação legal – com lavatório, aparelho sanitário e dormitório (art. 88 da LEP). Como dever do preso, o Estado impõe a disciplina e a ordem, com respeito no trato dos demais condenados e funcionários (art. 39 da LEP).

O trabalho é obrigação do preso, mas se coloca como um direito a partir da sistemática criada pela legislação (art. 31 da LEP). Isto porque, com os dias trabalhados, há possibilidade de remição da pena, equivalendo três dias de trabalho a um dia de pena remida. O estudo também tem o mesmo benefício: a cada 12 horas de estudo, um dia de pena será eliminado (art. 126 da LEP).

No regime fechado, o condenado não pode sair do estabelecimento prisional, com exceção das permissões de saída previstas no art. 120 da Lei de Execuções Penais (Lei n. 7.210/84). Nestes casos, por falecimento ou doença grave de familiares ou necessidade de tratamento médico do condenado, serão concedidas saídas mediante escolta.

O cumprimento de pena nos estabelecimentos previstos para o regime fechado infelizmente impõe realidade do País bem diferente do propulsionado pela legislação. O Estado não tem estrutura para manter a população carcerária em condições minimamente dignas de sobrevivência. O que se vê é o absoluto descaso com a dignidade humana dos condenados, que são amontoados em locais absolutamente insalubres, sem que lhes seja oferecido o mínimo – alimentação, saúde e um local para dormir.

O regime semiaberto consiste na possibilidade de execução da pena em colônias agrícolas, industriais ou em estabelecimentos similares. Isso significa dizer que a pena será cumprida em regime mais brando, onde o condenado poderá trabalhar durante o dia em estabelecimentos ou na própria colônia do presídio em que está localizado, e à noite voltará à cela para descanso noturno. Pela Lei de Execução Penal, em seu art. 92, o compartimento de alojamento pode ser coletivo, observando o mínimo de salubridade e condições dignas ao ser humano já atrás consideradas.

O regime semiaberto busca, de forma cristalina, a reintegração do sujeito condenado à sociedade da qual ele faz parte. A previsão legal deste regime diz respeito essencialmente à volta do indivíduo aos vínculos sociais de que ele possa de alguma forma participar, ou mesmo a construção de vínculos àqueles condenados que não tinham o mínimo de estruturação social antes do cárcere.

O regime aberto previsto na parte geral do Código de 1984 prevê a execução da pena em casa do albergado ou em estabelecimento compatível, ou seja, a pena não será cumprida em estabelecimentos prisionais, apartados, senão no seio da sociedade, com a idealização de estabelecimentos que pudessem acolher os condenados à noite, e durante o dia estes indivíduos trabalhariam e teriam as atividades normais da vida nas cidades.

No entanto, a estrutura necessária ao cumprimento da pena em regime aberto, conforme prevista no Código Penal, não foi desenvolvida pelo Executivo dos Estados e das cidades. São pouquíssimas casas de albergados no País, e, em regra, o regime aberto é cumprido em casa, o que significa dizer que o condenado em regime aberto cumpre a pena em casa, dando ao Estado satisfação de suas atividades e de sua residência em visitas periódicas ao local em que lhe é previamente determinado pelo juiz. Esse regime definitivamente não seguiu o rumo que o legislador de 1984 intentou lhe conceder.

c) Progressividade das penas

O art. 33, § 2º, estabelece que as penas devem ser executadas de forma progressiva, *segundo o mérito do condenado*. A definição de progressividade das penas é medida adequada a obedecer regra constitucional de individualização da execução das penas. Cada condenado, mesmo que a ele imputada a mesma conduta que outros e aplicada a mesma quantidade de pena, terá a sua execução individualizada a ele, seu comportamento e sua estrutura de vínculos sociais durante a execução.

Nas palavras do Prof. Miguel Reale Júnior, "o sistema progressivo é uma tentativa de reorganizar o "eu" mortificado pelo encarceramento, por via da paulatina atribuição de responsabilidades, para deixar de ser ao autômato cumpridor de ordens do mundo prisional, aprendendo aos poucos a voltar a viver com capacidade de iniciativa" (REALE JÚNIOR, 2013, p. 355).

Realmente o sistema progressivo de penas dá ao indivíduo condenado a esperança e o estímulo para se comportar de acordo com as ordens impostas a fim de ter a pena adequada às suas circunstâncias pessoais. Se por um lado ajuda o indivíduo a sair mais rápido do regime fechado ou colocar-se novamente em contato com o mundo exterior, por outro lado colabora para que a pena cumpra sua necessária função ressocializadora. A volta progressiva ao seio da sociedade é pertinente a se reconstruir os vínculos sociais.

A progressão para regime menos gravoso tem dois elementos essenciais: objetivo – lapso temporal – e subjetivo – mérito do condenado. O prazo para estabelecimento da progressão é de cumprimento de 1/6 da pena, sendo que, nos casos de crimes hediondos, devem ser cumpridos 2/5 da pena e 3/5, se houver reincidência (Lei n. 8.072/90, art. 2º, § 2º).

No que tange ao elemento subjetivo, o mérito do condenado importa e deve ser analisado para a transferência de regime. Pela Lei de Execução Penal, em seu art. 55, o comportamento do indivíduo deve ser analisado a partir de seu comprometimento com o trabalho e com a disciplina. Assim, pois, critérios objetivos que concretizam a análise do mérito.

Pelo art. 112 da Lei de Execuções Penais, alterado pela Lei n. 13.964/2019, o réu reincidente em crime hediondo deverá cumprir 70% da pena em regime fechado, e só terá possibilidade de progredir se ostentar bom comportamento e não tiver em seu prontuário faltas graves impeditivas do benefício.

Importante refletir que a previsão de progressão de regime para cumprimento da pena privativa de liberdade está em absoluta consonância com o previsto no art. 5º, inciso XLVI, o qual institui constitucionalmente o direito à individualização da pena. É, pois, direito fundamental do cidadão brasileiro ter sua pena individualizada à sua pessoa, seja no momento da cominação, aplicação ou execução da pena. A progressão de regime cumpre, pois, o papel de individualização da execução da pena.

Assim sendo, a progressão de regime assume caráter de direito constitucional, e como tal deve ser tratado e interpretado. Em momentos de comoção pública e da reiteração de crimes de alta gravidade, sempre vem à tona a ideia de que a progressão de regime está diretamente vinculada à impunidade, e que seria mais prudente deixar o condenado preso em regime fechado pelo tempo integral da pena.

No entanto, esses argumentos fatalistas ignoram o fato de que o direito penal não está planejado a resolver os problemas sociais inerentes à ausência de elementos mínimos de sobrevivência como saúde, educação e alimentação. Assim, o aumento da criminalidade e a gravidade dos delitos praticados estão diretamente ligados aos vínculos sociais e educacionais que o sujeito é capaz de estabelecer durante a existência, e que cabe ao Estado prover instrumentos a esse estabelecimento. Não adianta endurecer as penas sem aumentar a eficácia dos controles sociais prévios ao direito penal.

A Lei dos Crimes Hediondos (Lei n. 8.072/90) é uma prova disso. Em relação à progressão de regime, instituiu o aumento do cumprimento da pena em regime fechado: a partir de 2/5 para condenados primários e 3/5 da pena para condenados reincidentes. Aumentou, pois, consideravelmente em relação ao 1/6 previsto inicialmente para os crimes comuns. No entanto, após mais de 25 anos da instituição da referida Lei, os índices de criminalidade não diminuíram. As taxas de reincidência em crimes graves também não. O que nos leva a crer que o recrudescimento da legislação penal não é diretamente proporcional à diminuição da criminalidade e da gravidade dos delitos praticados.

A progressão de regime instala-se no sistema brasileiro, enfim, como instrumento a humanizar o cumprimento das penas aplicadas, individualizando-as no caso concreto.

d) Critérios para a fixação do regime inicial

Ao fixar o regime de cumprimento inicial das penas, o magistrado deve estar atento a critérios descritos na legislação brasileira, critérios estes objetivos como o tempo de cumprimento de pena, além dos descritos no art. 59 do Código Penal.

O art. 33, § 2º, *a*, *b* e *c*, define o critério temporal:

– para regime inicial fechado, condenados a pena superior a 8 anos;

– para regime inicial semiaberto, condenados a pena entre 4 e 8 anos, não reincidentes;

– para regime inicial aberto, condenados a pena inferior a 4 anos, não reincidentes.

O lapso temporal da pena deve ser somado aos elementos descritos no art. 59 analisados à frente, para que possa ser fixado o regime inicial. Assim, as circunstâncias do crime, a culpabilidade do agente, seus antecedentes, bem como os motivos para a prática do delito, poderão influir nesta fixação. Alguns cuidados são necessários, no que se refere ao agravamento do regime inicial, pois o art. 59

também será utilizado para a fixação da pena-base, e o juiz não deverá balizar duas circunstâncias desfavoráveis ao réu, condenando a pena acima da pena-base, e ainda agravando o regime.

Nesse sentido, a Súmula 718 do STF já consolidou posicionamento no sentido de que "a opinião do julgador sobre a gravidade em abstrato do crime não constitui motivação idônea para a imposição de regime mais severo do que o permitido segundo a pena aplicada". A determinar regime mais gravoso do que o previsto em lei pelo lapso temporal para determinadas condutas, o julgador deve motivar segundo o art. 59 do Código Penal, evidenciando a idoneidade de sua motivação e a não consideração, por duas vezes ou mais, das circunstâncias desfavoráveis ao condenado.

Nas considerações do art. 59, inciso III, abaixo aduzidas, há outros detalhamentos sobre o tema.

e) Progressividade condicionada à reparação do dano, em crimes contra a administração pública

A progressividade condicionada à reparação do dano foi introduzida pela Lei n. 10.763/2003, a fim de propulsionar a devolução dos valores lesionados da administração pública. Neste caso, não bastariam os elementos acima descritos – objetivos e subjetivos –, para os crimes contra a administração pública, para que progrida o regime aplicado inicialmente. Necessário, pois, que haja a reparação do dano ou devolução aos cofres públicos dos valores apropriados.

Tal exigência é positiva no sentido que se coaduna com o art. 91 do próprio Código Penal, quando estabelece como efeitos da condenação criminal, a perda em favor da União ou de terceiros dos bens e produtos oriundos do crime, e a obrigação certa de indenizar o dano causado.

No entanto, a previsão de obrigatoriedade da reparação, condicionando a progressão de regime, pode entrar em conflito com os princípios constitucionais de proteção do indivíduo perante a força do Estado. Caso haja um condenado que não tem mais o dinheiro apropriado, ou que pagou propina a funcionário público mas não tem dinheiro para arcar com o dano criado, não pode ele agravar sua punição em tempo superior em regime mais gravoso por impossibilidade de pagamento.

Isto seria o mesmo que punir por dívida o indivíduo, o que está absolutamente proibido em nossa legislação. Conforme o Pacto de San José da Costa Rica, introduzido em nosso ordenamento pelo Decreto n. 678 de 1992, a prisão por dívida está proibida, com exceção da prisão por alimentos.

Deixar, pois, de progredir o regime do condenado por não ter devolvido o dinheiro ao erário público é equivalente à prisão por dívida, e tem viés absolutamente inconstitucional.

Considerações finais

O art. 33 é, pois, de extrema importância para a análise do sistema de penas no Brasil, instituindo regras e critérios para a aplicação e execução das penas privativas de liberdade. Desde o estabelecimento dos regimes de cumprimento até a progressão condicionada nos crimes contra a administração pública, o artigo transita por diversos elementos relevantes à execução da pena de prisão.

Sempre importante reiterar que a pena privativa de liberdade deve ser o último instrumento a ser lançado pelo Estado na solução do conflito social. Controles prévios pela escola, família, clubes e outras associação vinculativas são muito mais eficazes no controle à criminalidade e à reincidência criminal do que as regras do próprio Código Penal.

Regras do regime fechado

Art. 34. O condenado será submetido, no início do cumprimento da pena, a exame criminológico de classificação para individualização da execução.

§ 1º O condenado fica sujeito a trabalho no período diurno e a isolamento durante o repouso noturno.

§ 2º O trabalho será em comum dentro do estabelecimento, na conformidade das aptidões ou ocupações anteriores do condenado, desde que compatíveis com a execução da pena.

§ 3º O trabalho externo é admissível, no regime fechado, em serviços ou obras públicas.

Considerações gerais

Conforme já descrito acima, o regime fechado é o regime mais gravoso para cumprimento da pena privativa de liberdade. Será determinado certamente se a pena aplicada for superior a oito anos de reclusão. Pode ainda ser aplicado em casos em que o magistrado decida, com fundamentação idônea, a necessidade do regime fechado mesmo para penas de lapso temporal reduzido.

Geralmente, na entrada do sistema penitenciário, o condenado fica recluso por quarenta dias, para fazer exames – físico e criminológico – a fim de individualização da pena. Após este período, lhe será destinada cela para reclusão noturna, e deve ser-lhe oferecido trabalho durante o dia.

Neste tipo de regime, o contato com o mundo exterior é muito limitado. Apenas serão autorizadas visitas periódicas de familiares inscritos e matriculados no sistema penitenciário, bem como o trabalho deve ser realizado internamente, como regra. Advogados podem visitar a qualquer hora, desde que respeitem a rotina dos estabelecimentos.

A ideia desse tipo de reprimenda é justamente a separação do indivíduo da comunidade de que faz parte por tempo suficiente para que os danos sociais do crime praticado sejam minimizados e que seja reforçada a proteção prevista pela norma penal.

Legislação mais recente (Lei n. 10.792/2003) alterou a Lei de Execuções Penais para incluir no regime fechado e nos estabelecimentos de máxima segurança a necessidade de detector de metais e equipamentos de segurança que evitem a entrada de aparelhos celulares nos presídios. A *ratio* dessas medidas é justamente a necessidade de o preso não ter contato com o mundo exterior, além das possibilidades limitadas por lei, para que a pena seja cumprida como determinada pelo legislador, atingindo sua finalidade.

Considerações nucleares

a) Exame criminológico inicial

A entrada no sistema penitenciário exige o mapeamento das circunstâncias do preso, com todas as suas características psicológicas, para que se possa individualizar a pena conforme as regras do art. 5º da Constituição Federal. Não se confunde o exame inicial com o exame criminológico de progressão do regime: enquanto no primeiro o que se busca é mapear as características essenciais do indivíduo e seus principais pontos psicológicos e sociais, no segundo a ideia é perceber se o indivíduo tem condições de retornar ao seio da sociedade, por meio da progressão do regime de cumprimento de pena.

Este exame inicial está detalhado na Lei de Execuções Penais, em seu art. 8º, o qual determina que deve ser submetido o executado em regime fechado a exame criminológico "para obtenção dos elementos necessários a uma adequada classificação e com vistas à individualização da execução". Realiza-se, pois, para que a pena possa ser cumprida de modo mais adequado a cada indivíduo.

Importante consignar que o exame criminológico inicial não deve funcionar como precedente discriminatório ao preso. Deve ser elemento utilizado pela administração pública para melhor indicar o formato da execução a ser realizada, e nunca para diminuir ou mitigar a dignidade humana do cidadão.

b) Trabalho do preso

O art. 34, § 1º, regulamenta elemento constitucional que diz respeito ao dever do preso de trabalhar, quando ingresso no sistema penitenciário brasileiro. O executado deve trabalhar em algo que possa aproveitar sua habilidade anterior, adequando-se o trabalho a suas características pessoais. No regime fechado, o trabalho será realizado no interior do presídio, com exceção de casos de trabalho externo em obras ou serviços públicos. Permite-se, pois, a utilização dos encarcerados em regime fechado no trabalho e execução de obras públicas, claro que sempre remunerado e adequado às necessidades do indivíduo. Nessas obras públicas, há limitação de utilização de 10% de mão de obra de presos no total de empregados da obra (art. 36, § 1º, da LEP).

O art. 39 do Código Penal reforça que o trabalho do preso é remunerado, e assim devem ser seguidas as regras também descritas nos arts. 28 a 37 da Lei de Execuções Penais (Lei n. 7.210/84), que também trata desse tema.

A jornada de trabalho do preso deve obedecer às regras do trabalhador comum (de 6 a 8 horas diárias), com descanso nos domingos e feriados. Dentro dos presídios, para formação e especialização dos presos, poderão ser utilizadas fundações e instituições determinadas para formação e desenvolvimento do trabalho dos detentos (arts. 33 e 34 da LEP).

O dever de trabalhar do preso significa mais que uma obrigação. Além de manter a dignidade da pessoa humana dentro de ambientes fechados e sem contato com o mundo exterior, os dias trabalhados podem ser remidos da pena total do indivíduo, o que significa que o trabalho realizado diminuirá os dias de pena a ser executada em regime fechado.

A remição da pena está regulamentada pela Lei de Execuções Penais, em seus arts. 126 em diante, e determina que, a cada três dias trabalhados, um dia de pena será remido, ou seja, diminuirá do cômputo geral de pena a ser executada. O estudo também é elemento para remição de pena, e cada 12 horas de estudo, em estabelecimentos de ensino médio, fundamental, profissionalizante ou superior, também diminuirá um dia de pena no final.

No caso de conclusão do ensino fundamental, ensino médio ou superior, o preso ainda terá direito a mais 1/3 de remição, como estímulo do seu desenvolvimento intelectual e formação no período em que estiver preso (art. 126, § 5º, da LEP).

Geralmente a contagem de remição acontece a cada um, ou a cada ciclo do preso no regime fechado. Não necessita de provocação do executado, devendo a vara de execuções responsável pela execução daquele preso exigir a contagem dos prazos e fazer a homologação da remição pelo juízo competente.

c) RDD (regime disciplinar diferenciado)

O regime disciplinar diferenciado foi criado para diferenciar presos dentro do próprio regime de cumprimento fechado. Ele foi inicialmente aplicado pelo Estado de São Paulo, por regulamentação em 2001, com a finalidade de coibir o crime organizado dentro dos presídios, dando ordens para outros de fora dos estabelecimentos prisionais.

A Lei n. 10.792/2003 institui a possibilidade do regime diferenciado, alterando dispositivos da Lei de Execução Penal, em seu art. 52, para definir o que pode ser classificado como tal. Assim, se houver prática de falta grave prevista como crime doloso, e tal comportamento ocasionar a subversão da ordem ou da disciplina interna, o preso poderá ser submetido ao regime disciplinar diferenciado.

Tal artigo foi alterado pela Lei n. 13.964/2019, que redefiniu as regras para o RDD, quais sejam: isolamento em cela individual por duração máxima de até 2 (dois) anos; visitas semanais reduzidas a duas pessoas, por duas horas, sem qualquer contato físico; saída da cela apenas por duas horas para banho de sol, diariamente; e fiscalização do conteúdo da correspondência. O preso fica isolado dos outros e reduz sobremaneira seu contato com qualquer atividade ou questão do mundo exterior. A aplicação da pena de inclusão no regime disciplinar diferenciado será feita a partir de decisão judicial fundamentada. A autoridade administrativa não tem competência para impingir tal penalidade (art. 54 da LEP).

O regime foi muito criticado desde sua criação, pois o prazo é bem longo, e agora ainda mais alongado com a nova Lei. Retira do preso muitos aspectos essenciais à sobrevivência com dignidade humana, e não há razão clara para tal recrudescimento. Ora, as regras de não ingressar com celulares em presídios e o cumprimento das regras de disciplina interna passam muito, também, pela estrutura que o próprio presídio é capaz de prover, com o auxílio do Estado.

Notório que o preso continua tendo seus direitos dentro das penitenciárias, direitos estes previstos no art. 41 da Lei de Execução Penal, e que protegem sua dignidade humana. Entre esses direitos: direito ao chamamento nominal, entrevista pessoal e reservada com o advogado, visita do cônjuge ou companheira, assistência jurídica e educacional, remuneração ao trabalho realizado, entre outros. Direitos estes que muitas vezes são negligenciados.

A impressão é que o indivíduo acaba sempre sofrendo na carne a diminuição de seus direitos a fim de que o Estado possa minimizar sua eficiência no controle e fiscalização de situações em prol da convivência comum.

Considerações finais

O regime fechado segue sendo o "carro-chefe" do direito penal. As penas aplicadas em regime fechado são vistas como as únicas que efetivamente solucionam e respondem ao conflito social. No entanto, a separação do indivíduo do seio social, em muitos momentos, pode ter efeito contrário ao que se pretende como prevenção de novos delitos e evitação de reincidência.

Por ser um regime muito severo de restrição aos direitos fundamentais do ser humano, deve ser utilizado apenas nos casos mais graves (penas acima de 8 anos) e com decisões fundamentadas dos juízes para a aplicação do regime gravoso.

Importante frisar, por fim, que o cumprimento de pena em regime fechado, com a crise do sistema carcerário que o Brasil enfrenta atualmente, tem sido uma verdadeira tortura aos executados, amontoados em celas e sem qualquer condição mínima de sobrevivência. Assim, mesmo dentro dos presídios, os indivíduos devem ser tratados racionalmente pelo Estado como seres humanos, e seus direitos devem ser respeitados.

Regras do regime semiaberto

Art. 35. Aplica-se a norma do art. 34 deste Código, *caput*, ao condenado que inicie o cumprimento da pena em regime semiaberto.

§ 1º O condenado fica sujeito a trabalho em comum durante o período diurno, em colônia agrícola, industrial ou estabelecimento similar.

§ 2º O trabalho externo é admissível, bem como a frequência a cursos supletivos profissionalizantes, de instrução de segundo grau ou superior.

Considerações nucleares

O art. 35 descreve as regras para o cumprimento de pena em regime semiaberto. Juntamente com a Lei de Execuções Penais, em seus arts. 91 e 92 e 110 e seguintes, o Código Penal institui regime focado em respeitar a individualidade dos cidadãos, oferecendo-lhes, quando presos, trabalho durante o dia e recolhimento à cela no período noturno.

A diferença com o regime fechado acima já amplamente estudado é justamente o maior contato com o mundo exterior que é proposto a partir do regime semiaberto. Neste o preso já tem direito a saídas temporárias sem monitoramento, e pode trabalhar em estabelecimentos externos, desde que cadastrados para tanto. As saídas temporárias sem vigilância direta, seja para visitar a família, seja para frequentar curso profissionalizante, seja para participar de atividades sociais no entorno, devem seguir as regras impostas ao condenado, sob pena de cumprimento de outras punições por ausência de disciplina (art. 122 da LEP).

Essas autorizações de saída serão concedidas pelo juiz, com o aval do Ministério Público e da administração penitenciária. Podem ser concedidas por até 7 dias, podendo ser renovadas por até 4 vezes durante o ano. O art. 124 da LEP descreve as condições a que o sujeito pode ser submetido, no caso das saídas temporárias, a garantir o seu retorno e o bom cumprimento da pena. Pela Lei n. 12.258/2010 ficou instituída também a possibilidade de monitoramento eletrônico do preso, em caso de saídas temporárias, caso o juiz entenda necessário e fundamente sua decisão com base nos princípios mínimos do sistema penal no Brasil.

Para os ingressos no regime semiaberto também será facultada a realização de exame criminológico inicial, com a finalidade de mapear as características e prioridades do ingresso. A individualização da pena aqui também é essencial para que o reeducando possa ser cada vez mais reinserido à sociedade de que faz parte.

Os estabelecimentos para cumprimento das penas em regime semiaberto são as colônias agrícolas, industriais ou similares, onde o preso poderá trabalhar mais livremente, ficará o dia todo fora da cela e só será recolhido no período noturno. Além disso, o preso será submetido a outras regras mais brandas dentro dos estabelecimentos, quando comparadas às regras do regime fechado.

Pode ser também aceito o trabalho externo, em estabelecimentos privados, desde que a instituição que ofereça o trabalho esteja adequada às regras da administração pública e consiga produzir os relatórios necessários à análise da administração pública quanto ao cumprimento da pena.

No caso do regime semiaberto, as mesmas obrigações do regime fechado se impõem ao preso no que se refere à disciplina, conduta, comportamento, trabalho, respeito aos outros reeducandos e aos funcionários do presídio. Caso haja descumprimento de regras, ou a prática de fato definido como crime doloso, o juiz poderá determinar o retorno ao regime de cumprimento mais gravoso (art. 118 da LEP).

As celas individuais, no caso das colônias agrícolas e industriais, podem ser transformadas em dependências coletivas, desde que atendam aos limites de capacidade máxima, e também aos objetivos de individualização da pena (art. 92 da LEP).

O legislador, ao propor a progressão de regime e a imposição de regimes diferentes do regime exclusivamente fechado, buscou minimizar e humanizar o recolhimento ao cárcere, minimizando também o isolamento absoluto por longos períodos de tempo, o que pode ser muito prejudicial ao desenvolvimento do indivíduo como ser social e como cidadão.

Regras do regime aberto

Art. 36. O regime aberto baseia-se na autodisciplina e senso de responsabilidade do condenado.

§ 1º O condenado deverá, fora do estabelecimento e sem vigilância, trabalhar, frequentar curso ou exercer outra atividade autorizada, permanecendo recolhido durante o período noturno e nos dias de folga.

§ 2º O condenado será transferido do regime aberto, se praticar fato definido como crime doloso, se frustrar os fins da execução ou se, podendo, não pagar a multa cumulativamente aplicada.

Considerações nucleares

O regime aberto está previsto na legislação brasileira para o cumprimento de penas até 4 anos de prisão. Portanto, coexiste com outras normas penais que instituem, por exemplo, como abaixo descrito nas considerações do art. 44 deste Código, a substituição das penas de prisão por penas restritivas de direitos para réus primários e de bons antecedentes. Assim sendo, o regime aberto perdeu muito de seu espaço no sistema de aplicação de penas no Brasil, a partir da Lei n. 9.714/98.

Além disso, o regime pressupunha a construção de Casas do Albergado, a acolher os executados durante o período noturno. Pela previsão legal, o condenado deveria trabalhar durante o dia na cidade, onde lhe coubesse trabalho, e à noite dormiria em estabelecimentos próprios. Essas casas não foram construídas pela administração penitenciária.

Como explicado pelo Prof. Miguel Reale Júnior, o instituto teve seu nascimento a partir da "prisão-albergue" já aplicada pela magistratura nacional a partir da década de 1970. Prisão esta que buscava "evitar o malefício do cárcere rigorosamente previsto aos réus primários, em crimes praticados sem violência, punidos com reclusão a penas de média duração, rompendo-se mais de 70 anos de estagnação (...)" (REALE JÚNIOR, 2013, p. 346).

No entanto, o instituto não vingou. Seja em razão da não construção de prisões albergues para o cumprimento de pena, seja em razão de modificações legislativas que vieram a instituir no sistema de aplicação de penas sanções alternativas para penas de médio prazo, o que minou de vez a força do regime aberto.

Ainda hoje pode ter relevância o regime aberto, descrito na LEP em seu art. 117, para recolhimento do beneficiário do regime aberto em residência, quando se tratar de condenado maior de 70 anos, acometido de doença grave, ou ainda quando for mulher condenada gestante, ou condenada com filho menor ou deficiente físico ou mental. Nestes casos, seguindo as regras do art. 115 da mesma Lei, o juiz poderá estabelecer condições especiais para a concessão do regime aberto, que será cumprido no domicílio.

Regime especial

Art. 37. As mulheres cumprem pena em estabelecimento próprio, observando-se os deveres e direitos inerentes à sua condição pessoal, bem como, no que couber, o disposto neste Capítulo.

Considerações nucleares

As mulheres devem cumprir pena em estabelecimentos separados dos homens. A separação visa proteger tanto homens e mulheres em sua privacidade, e buscar a melhor convivência diária entre eles.

A lei de Execuções Penais, em seu art. 82, estabelece que a mulher e os maiores de 60 anos terão o cumprimento de pena adequado às suas circunstâncias pessoais. Estes estabelecimentos deverão ser dotados de seção especial para gestantes e parturientes e de creche para abrigar crianças maiores de 6 meses e menores de 7 anos (art. 89).

Além da Lei de Execuções Penais, o regime especial para mulheres e idosos está regulamentado pela Lei n. 9.460/97.

Direitos do preso

Art. 38. O preso conserva todos os direitos não atingidos pela perda da liberdade, impondo-se a todas as autoridades o respeito à sua integridade física e moral.

Considerações nucleares

O preso, quando recolhido ao sistema penitenciário, não tem sua condição de cidadão diminuída. A ele estão garantidos todos os direitos previstos em lei, excluindo-se aqueles que foram determinados por sentença condenatória.

Isso significa que a legislação reconheceu que o preso não é um pária social, e nem alguém que fica fora da sociedade. Ele deve ser respeitado em sua dignidade humana, e tratado como cidadão brasileiro.

O art. 3º da LEP prescreve que "ao condenado e ao internado serão assegurados todos os direitos não atingidos por sentença ou lei". De modo que está proibida a discriminação social ou racial aos presos dentro dos estabelecimentos prisionais, e eles devem, lá, ser tratados com humanidade.

Eventuais abusos aos direitos dos presos e aos direitos humanos das pessoas encarceradas devem ser punidos seguindo as regras da legislação de abuso de autoridade, ou, até, do previsto no Código Penal brasileiro.

Trabalho do preso

Art. 39. O trabalho do preso será sempre remunerado, sendo-lhe garantidos os benefícios da Previdência Social.

Considerações nucleares

Acima já amplamente discutido, o trabalho do preso é um dever e um direito. E não é um trabalho escravo. Deve, pois, ser remunerado pelo Estado, com os benefícios de qualquer trabalhador comum perante a Previdência Social, para que no futuro possa colher os frutos deste trabalho.

O trabalho dos presos não está sujeito às regras da CLT (art. 28 da LEP). Regras do sistema penitenciário serão determinadas para este trabalho, sempre seguindo as 8 horas diárias no máximo, com respeito ao descanso no domingo e feriados.

Aplica-se a este trabalho as regras da remição analisadas nos comentários do art. 33 deste Código. Para cada três dias trabalhados ou 12 horas de estudos realizadas, um dia de comutação da pena será direito do condenado. Por isso que, além de um dever, o trabalho é um direito do preso, e a todos deve ser garantido.

Legislação especial

Art. 40. A legislação especial regulará a matéria prevista nos arts. 38 e 39 deste Código, bem como especificará os deveres e direitos do preso, os critérios para revogação e transferência dos regimes e estabelecerá as infrações disciplinares e correspondentes sanções.

Considerações nucleares

Toda a regulamentação para cumprimento dos regimes prisionais e o formato de execução das penas estão descritos essencialmente na Lei de Execução Penal

(Lei n. 7.210/84). Além destas, a legislação da previdência social (Decreto n. 3.048/99, arts. 116 a 119) também trata das questões atinentes ao direito do preso de ter sua remuneração atrelada aos benefícios da previdência social.

Da mesma forma, a LEP institui que as violações a regras instituídos no sistema penitenciário serão classificadas em faltas graves, médias e leves, e como tais terão suas respectivas sanções (arts. 49 e s. da LEP).

Comete falta grave, por exemplo, o condenado que provocar acidente de trabalho ou incitar movimento para subverter a ordem ou a disciplina. Em ambos os casos poderá sofrer sanções dentro da penitenciária, que pode chegar à aplicação do regime disciplinar diferenciado.

Todas essas regras estão definidas pela Lei de Execução Penal.

Superveniência de doença mental

Art. 41. O condenado a quem sobrevém doença mental deve ser recolhido a hospital de custódia e tratamento psiquiátrico ou, à falta, a outro estabelecimento adequado.

Considerações nucleares

Os estabelecimentos prisionais não estão preparados para atender pessoas com problemas mentais. Por essa razão, e para atender aos princípios da dignidade humana, o legislador instituiu que, caso sobrevenha doença mental, o preso deve ser submetido a tratamento humanizado, em estabelecimento especial para tal tema.

Os hospitais de custódia e tratamento especializado estão previstos nos arts. 99 em diante da LEP, e definem que serão destinados aos inimputáveis e semi-imputáveis e que todos os internados devem se submeter a exames psiquiátricos periódicos.

Detração

Art. 42. Computam-se, na pena privativa de liberdade e na medida de segurança, o tempo de prisão provisória, no Brasil ou no estrangeiro, o de prisão administrativa e o de internação em qualquer dos estabelecimentos referidos no artigo anterior.

Considerações nucleares

Este artigo busca equacionar o tempo passado no cárcere cumprindo decisão de prisão provisória ou, nos termos atuais, prisão cautelar. O termo "prisão" deve ser entendido como prisão processual, ou seja, antes de condenação transitada em julgado, e em sentido amplo.

Assim, não se pode tirar do condenado o direito de ver seu tempo contado desde o momento em que ingressou no cárcere, e não apenas a partir da condenação. Assim, todo o tempo passado em prisão cautelar ou provisória será comutado de futura pena a ser aplicada.

Restam algumas questões, como: será que o tempo passado no cárcere por outro fato em que se foi absolvido pode contar para comutar a pena de outra condenação? Tende-se a entender que não. Só se pode comutar pena com dias passados no cárcere relacionados àquele fato em específico.

No entanto, caso haja um conjunto de investigações sobre fatos múltiplos, e o sujeito fique preso preventivamente, e ao final seja condenado por apenas alguns desses fatos, há continuidade na prisão, e a comutação da pena é medida legal que se impõe. Importante que se tenha uma conexão entre os fatos que o levaram à prisão e os fatos que foram objeto de condenação. Só assim será possível comutar a pena provisória nestes casos.

Seção II
Das penas restritivas de direitos

Penas restritivas de direitos

Art. 43. As penas restritivas de direitos são:

I – prestação pecuniária;

II – perda de bens e valores;

III – (*Vetado*)

IV – prestação de serviço à comunidade ou a entidades públicas;

V – interdição temporária de direitos;

VI – limitação de fim de semana.

Considerações gerais

O sistema de penas construído em 1984 com a nova Parte Geral do Código Penal tinha muito pouco espaço para as penas alternativas à pena de prisão, mas introduziu a possibilidade de substituição de pena de prisão para restritiva de direito, caso a pena não ultrapassasse um ano de prisão (art. 54 do Código Penal). Era um sistema mais voltado à aplicação e execução da pena de prisão e na progressividade deste sistema para melhor alcançar as finalidades da sanção penal, mas já previu timidamente a hipótese de alternatividade.

Na Parte Geral de 1984, o regime aberto, como formato de execução da pena em aplicações inferiores a 4 anos, era a aposta para o encarceramento irrestrito e desnecessário, limitando-se a substituição da pena privativa de liberdade por restritiva de direito apenas nas hipóteses do art. 54.

A Lei n. 9.714/98 reestruturou o sistema de penas alternativas, e desestruturou o sistema de penas como tinha sido pensado em 1984. As mudanças foram pontuais e pouco sistemáticas. Nas palavras do Prof. Miguel Reale Júnior, "a ampliação é positiva, mas não pelos motivos de interesse da Administração, buscando reduzir a população carcerária. Doutra parte, o sistema permaneceu esquizofrênico, com a convivência entre a ampliação das penas restritivas para penas inferiores ou iguais a quatro anos e a permanência do *sursi*, para as penas até dois anos e mais o regime aberto, prisão-albergue, também para penas até quatro anos" (REALE JÚNIOR, 2013, p. 374).

Em vez de repensar os sistemas de penas como um todo, a lei ampliou as hipóteses de penas restritivas de direitos, mas não alterou todo o resto. Isso significou um total esvaziamento do regime aberto, uma vez que as penas de prisão em regime aberto ocorrem com até quatro anos de pena aplicada. No entanto, agora, para casos em que haja aplicação de pena nesse espectro temporal, esta poderá ser substituída por pena restritiva, se subsumida às hipóteses legais. Mais uma vez, o legislador atropelou os interesses do sistema penal, e agiu de forma pontual desestruturante.

As alterações pontuais que moldaram o sistema de penas ao formato atual não pararam por aí. No mesmo sentido, a Lei n. 9.099/95, legislação anterior à de penas alternativas, mas também acachapante à coerência do sistema. A lei de crimes de menor potencial ofensivo, como é chamada, estabeleceu regras e critérios processuais para a persecução de crimes com penas de curta duração.

Assim sendo, a transação penal (art. 76) e a suspensão processual (art. 89) da referida lei estabelecem, respectivamente, a possibilidade de aplicação de penalidade antecipada, para crimes em que a pena máxima não ultrapasse 1 ano, e a possibilidade de suspensão do processo por prazo determinado, com posterior extinção de punibilidade, caso a pena mínima não seja superior a 2 anos. Ambos os institutos interferiram diretamente na aplicação do *sursis* da pena, bem como na aplicação do sistema de substituição de penas anterior a 1998.

A Lei está, pois, alterada, e já se passaram quase 20 anos dessas alterações. O que se viu durante esse período foi a pouca efetiva aplicação desse tipo de penalidade, com pouca infraestrutura do Estado para esse tipo de execução de pena. Nos últimos anos é que os entes competentes passaram a dar maior atenção ao problema e estruturar formas de execução das penas alternativas.

Para o magistrado, instituir esse tipo de pena é muito trabalhoso porque não é simplesmente colocar no cárcere. É preciso diversificar a atuação e fiscalizar todo o trabalho realizado. Por isso, a pena de prisão ainda continua muito forte em nosso imaginário penal.

Em resumo, após as mudanças legislativas, o sistema restou assim configurado:

Penas máximas inferiores a 1 ano	Penas mínimas superiores a 1 ano e inferiores a 2 anos	Penas superiores a 2 anos e inferiores a 4 anos	Penas acima de 4 anos
Transação penal (art. 76 da Lei n. 9.099/96)	Suspensão condicional do processo (art. 89 da Lei n. 9.099/96)	Substituição da pena privativa de liberdade por penas restritivas de direitos (Lei n. 9.714/98 – art. 44 do Código Penal)	Nestes casos entrará na aplicação dos regimes de cumprimento de penas acima descritos (semiaberto e fechado – a depender do *quantum* da pena)

Importante consignar que tanto os benefícios da Lei n. 9.099/95 como as substituições previstas pela Lei n. 9.714/98 estão condicionadas ao preenchimento dos requisitos legais para tanto, os quais veremos abaixo. Réus primários e de bons antecedentes e crimes sem violência são as principais exigências para tal aplicação.

A Lei n. 13.964/2019 alterou o art. 28 do Código de Processo Penal e acabou por introduzir no sistema o acordo de não persecução penal, o qual, mesmo sendo instituto de processo penal, gerará efeitos para o cumprimento das penas como um todo. Isso porque o acordo poderá ser realizado para todos os crimes em que há pena mínima cominada de até 4 anos.

Considerações nucleares

a) Prestação pecuniária

A prestação pecuniária é a primeira das hipóteses descritas no art. 43 para substituição da pena de prisão. A pena alternativa consiste no pagamento de valor em espécie, na quantidade determinada pela sentença judicial, para a vítima do delito, ou outra entidade social ali definido. Pelo previsto no art. 45 do Código Penal, a prestação pecuniária não será inferior a um salario mínimo e nem superior a trezentos e sessenta salários mínimos.

A proporcionalidade da aplicação desta penalidade deve ser fundamentada pelo magistrado, quando de sua substituição. Há autores que entendem ser a possibilidade de substituição inconstitucional, em razão da indeterminação da pena (PRADO, 2015, p. 488). A nosso ver, a inconstitucionalidade não resta configurada, uma vez que o espectro de trabalho do juiz está bem delimitado, e sua decisão deve ser fundamentada. Caso isso não aconteça, será motivo de recurso às instâncias superiores, mas não inconstitucionalidade da norma, pelo espectro amplo de aplicação da pena.

Consigna-se ainda que a substituição da pena de prisão dá-se para que o condenado pague a prestação pecuniária e, assim, a pena esteja cumprida. Caso isso não aconteça, há possibilidade de retorno, sim, à pena de prisão original descrita na sentença. Difere, pois, da situação da aplicação da pena de multa, que se torna dívida inscrita e assim deve ser cobrada, sem o retorno à pena de prisão.

No caso de substituição, seja por qualquer das penas restritivas de direito, caso o condenado não a cumpra, a ele será novamente imposta a pena de prisão. E tal pena deverá ser cumprida.

Além disso, os valores pagos a título de sanção penal poderão, também, ser descontados de uma eventual indenização civil proposta pela vítima do delito. Caso haja concordância das partes, a prestação pecuniária poderá ser substituída por outro tipo de prestação.

b) Perda de bens e valores

A perda de bens e valores deve ser tratada com muito cuidado pelo magistrado. Isto porque, a extrapolar os limites constitucionais, a perda pode significar verdadeiro confisco de bens, o que é vetado pelo sistema constitucional brasileiro.

Dessa forma, o artigo deve ser interpretado em consonância com a Constituição brasileira, e significa a substituição da pena de prisão pelo perdimento dos bens oriundos da atividade ilícita. Bens estes que não terão valor indeterminado, mas a quantia deve estar valorada pelo que for maior: o prejuízo causado ou o provento do ilícito (provento este que pode estar ligado a terceiros também).

A interpretação ainda deve ser coerente com o descrito no art. 91 do próprio Código Penal, pelo qual qualquer provento do ilícito deve ser perdido em favor da União. Tem-se, pois, de compatibilizar este artigo com a substituição preconizada aqui no art. 43.

Portanto, a perda de bens e direitos significa a substituição da pena de prisão pela perda dos bens e direitos originados do ilícito, em favor do Fundo Penitenciário Nacional. Essa perda só poderá se já tiver sido reparado o dano das vítimas do delito, em razão dos efeitos automáticos da condenação descritos no art. 91 do Código Penal.

c) Prestação de serviços à comunidade ou a entidades públicas

A se cotejar a finalidade da pena e as origens da sanção penal, a pena de prestação de serviços à comunidade talvez seja a principal alternativa para a pena de prisão. Seja porque não faz parecer impune o delito, seja porque reverte em benefícios sociais – principalmente em uma sociedade tão carente de serviços básicos como a brasileira –, seja porque o condenado não terá qualquer possibilidade de fazer isto por outros, mas fará pessoalmente. Preenchidos, pois, os requisitos da prevenção geral positiva, prevenção geral negativa e prevenção especial.

Pelo art. 46, cabe a substituição se prevista pena superior a 6 meses de privação de liberdade. O condenado deverá trabalhar gratuitamente em atividade que lhe for determinada pelo magistrado, seguindo suas aptidões pessoais e adequadas à sua dignidade humana. Tais atividades poderão se dar em entidades assistenciais, hospitais, escolas, albergues, parques públicos, entre outras.

Cada dia de condenação será transformado em uma hora de trabalho à comunidade, obedecendo sempre à adequação ao direito que o condenado tem de manter o seu trabalho, e de não ser ali prejudicado. Ademais, se a pena a ser cumprida for superior a 1 ano, o condenado poderá cumprir pena alternativa de menor tempo, cabendo ao magistrado fixar e fundamentar a diminuição.

Na prática, o magistrado solicita seja o condenado encaminhado à entidade adequada ao seu perfil, e as horas devem ser lá cumpridas. Ao final do cumprimento, a entidade encaminhará ao juízo da execução relatório com a quantidade de horas cumpridas, e a forma como o condenado as cumpriu. A qualquer momento o magistrado da execução poderá adequar o cumprimento as condições pessoais do condenado (art. 148 da Lei de Execuções Penais)

Após tal relatório, se satisfeitas as condições apostas em sentença, o magistrado extinguirá a punibilidade.

d) Interdição temporária de direitos

As penas de interdição temporária de direitos previstas no Código Penal brasileiro são: proibição de exercer cargo ou profissão ou mandato eletivo; suspensão de autorização ou habilitação para dirigir, proibição de frequentar determinados lugares; proibição de participar de avaliações ou exames públicos.

A pena de proibição de exercer cargos ou funções públicas leva em consideração o conceito de cargo público como "o lugar instituído na organização do serviço público, com denominação própria, atribuições e responsabilidades específicas e estipêndio correspondente" (PRADO, 2015, p. 492). Por função pública entende-se "a atribuição ou o conjunto de atribuições que a administração confere a cada categoria profissional ou comete individualmente a determinados servidores para a execução de serviços eventuais" (PRADO, 2015, p. 492). Mandato eletivo, por sua vez, é o cargo envolvendo os Poderes Executivo e Legislativo durante tempo previamente fixado.

Este artigo também tem intersecção com o art. 92, II, do Código Penal, que prevê a possibilidade de perda do cargo ou mandato caso haja condenação a pena privativa de liberdade por tempo igual ou superior a um ano, nos crimes praticados com abuso de poder ou violação de dever para com a administração pública. Nos casos em que a pena for superior a 4 anos, esta não poderá ser substituída, e o efeito da condenação será determinado pelo art. 92.

A Lei de Execuções Penais determina, nestes casos, em seu art. 154, que em 24 horas a autoridade deverá baixar o ato e aplicar a penalidade imposta, contados a partir do recebimento do ofício judicial.

A substituição da pena privativa de liberdade pelas aqui previstas deve ter elo próximo à natureza dos crimes praticados, para assim melhor indicar as funções da sanção penal. Portanto, em crimes que envolvem o cargo ou a função que exerce determinado condenado, esse tipo de substituição será mais recomendado.

O art. 56 do Código Penal determina que as penas sejam aplicadas para todo crime cometido no exercício de profissão, atividade, ofício, cargo ou função, desde que haja violação dos deveres a elas inerentes. É, portanto, uma substituição funcional, para os casos em que a reprovabilidade da conduta realizada estiver diretamente vinculada aos deveres da profissão, cargo ou função que se pretendia exercer.

O inciso II do art. 47, ao tratar da interdição temporária de direitos, institui a proibição de exercício da profissão, atividade ou ofício que dependam de habilitação especial. Na mesma linha do já descrito acima, a aplicação desta penalidade deve estar intimamente voltada à análise do delito praticado e as consequências do mesmo à sociedade.

Para o Prof. Miguel Reale Júnior, "as duas penas acima mencionadas têm um sentido de reprovação e reafirmação dos valores ofendidos, pois atingem exatamente o exercício do cargo, da função, da profissão ou do ofício, cujos deveres que lhes são próprios foram desrespeitados, tornando o condenado temporariamente inabilitado para este exercício, por força de condenação criminal" (REALE JÚNIOR, 2013, p. 387).

Quanto à suspensão de dirigir veículo, o inciso III do art. 47 do Código de Trânsito (Lei n. 9.503/97) estabeleceu a cumulação das penas de prisão e de perda da habilitação para dirigir. Nestes casos, então, as penas não poderão ser substituídas por esta pena restritiva. Há quem entenda, na doutrina brasileira, que este artigo estaria derrogado tacitamente (PRADO, 2015, p. 494). No entanto, não há essa derrogação, pois a substituição pode se dar também em outros delitos, desde que o magistrado entenda adequado e suficiente para a reprimenda do ato ilícito ocorrido.

e) Limitação de final de semana

A pena de limitação de final de semana consiste em permanecer o condenado aos sábados e domingos por cinco horas em casas de albergados ou outro estabelecimento adequado. Não se confunde, pois, com a proibição de frequentar determinados lugares nos finais de semana.

Casa de albergado seria um prédio, situado em centro urbano, separado de outros estabelecimentos prisionais, com estrutura para palestras, cursos e outras atividades, bem como acomodação para os condenados (arts. 94 e 95 da LEP).

A inexistência desses estabelecimentos estruturados pelo Estado compromete sobremaneira o cumprimento desta limitação, que já foi muito bem vista em países europeus para substituir penas de curta duração. O condenado tem todas as suas atividades normais, não se distancia de seus vínculos sociais, mas, nos finais de semana, cumpre horas de cursos e palestras, ficando por 5 horas nesses estabelecimentos. No Brasil esse tipo de pena restritiva de direito é bem pouco utilizado.

Art. 44. As penas restritivas de direitos são autônomas e substituem as privativas de liberdade, quando:

I – aplicada pena privativa de liberdade não superior a 4 (quatro) anos e o crime não for cometido com violência ou grave ameaça à pessoa ou, qualquer que seja a pena aplicada, se o crime for culposo;

II – o réu não for reincidente em crime doloso;

III – a culpabilidade, os antecedentes, a conduta social e a personalidade do condenado, bem como os motivos e as circunstâncias indicarem que essa substituição seja suficiente.

§ 1º (*Vetado*)

§ 2º Na condenação igual ou inferior a 1 (um) ano, a substituição pode ser feita por multa ou por uma pena restritiva de direitos; se superior a 1 (um) ano, a pena privativa de liberdade pode ser substituída por uma pena restritiva de direitos e multa ou por duas restritivas de direitos.

§ 3º Se o condenado for reincidente, o juiz poderá aplicar a substituição, desde que, em face de condenação anterior, a medida seja socialmente recomendável e a reincidência não se tenha operado em virtude da prática do mesmo crime.

§ 4º A pena restritiva de direitos converte-se em privativa de liberdade quando ocorrer o descumprimento injustificado da restrição imposta. No cálculo da pena privativa de liberdade a executar será deduzido o tempo cumprido da pena restritiva de direitos, respeitado o saldo mínimo de 30 (trinta) dias de detenção ou reclusão.

§ 5º Sobrevindo condenação a pena privativa de liberdade, por outro crime, o juiz da execução penal decidirá sobre a conversão, podendo deixar de aplicá-la se for possível ao condenado cumprir a pena substitutiva anterior.

Considerações gerais

A ampliação das hipóteses de substituição das penas privativas de liberdade por pena restritiva de direitos é, sem sombra de dúvida, avanço na legislação brasileira no sentido de diminuir o uso da pena de prisão no sistema penal, e atingir maior eficácia da resposta estatal.

As críticas às modificações da lei foram justamente em razão da desconsideração sistêmica das penas, conforme definidas no Código Penal de 1984. Muitos dos instrumentos ligados à progressão de regime, *sursis* (suspensão de pena) foram praticamente inutilizados a partir da ampliação das hipóteses de penas restritivas de direitos e dos benefícios da Lei n. 9.099/95 para crimes de menor potencial ofensivo.

O art. 44, modificado pela Lei n. 9.714/98, estabelece as condições em que a substituição deve se dar, bem como os cálculos em que o magistrado deve se basear para realizar a substituição das penas.

Nas palavras do Prof. Salo de Carvalho, as penas alternativas vão de encontro ao previsto constitucionalmente. "Nesse cenário, é possível verificar claramente dois comandos constitucionais em relação às penas, às medidas socioeducativas e às medidas de segurança. O primeiro relacionado à privação de liberdade como *ultima ratio* (princípio da excepcionalidade ou da intervenção mínima). A Constituição, ao estabelecer as formas de sanção, apresenta a privação de liberdade como uma dentre as penas aplicáveis, isto é, a pena de prisão compõe um sistema integrado por formas alternativas de punição juntamente com a prestação social, a suspensão ou interdição de direitos, a multa e a perda de bens. Mas, para além da previsão das formas alternativas de penas, o preceito constitucional é aberto ('dentre outras'), possibilitando que o legislador ordinário crie novas formas de resposta penal ao delito" (CARVALHO, 2015, p. 149).

Por mais que se tenha, a partir do estabelecimento e ampliação das hipóteses de penas alternativas à prisão, outras questões relativas à sua aplicabilidade e execução, o importante é que o tema sobre a pena de prisão como exceção à regra da liberdade, e sobre a existência de outros instrumentos para que se chegue à finalidade alcançada pela pena em casos de penas de menor duração, emerge na doutrina e na jurisprudência nacionais.

Considerações nucleares

a) Requisitos objetivos para a substituição das penas

O requisito temporal é o marco definitivo para que haja a substituição das penas. Apenas sanções iguais ou inferiores a 4 anos de privação de liberdade é que poderão ser transformadas em restrição de direitos.

Este marco coincide com as penas que podem ser aplicadas em regime aberto, ou seja, significam condutas tipificadas já com pouco risco de encarceramento em regime fechado. Assim sendo, é uma falácia dizer que as penas alternativas abririam as portas da prisão. O que sucede, apenas, é que algumas pessoas condenadas a penas inferiores, e que estariam em regime fechado por alguma patologia do sistema, poderiam ser soltas e cumprir penas alternativas à prisão.

Além disso, o crime deve ser cometido sem violência ou grave ameaça à pessoa. Não se pode substituir, por exemplo, pena de roubo aplicada no mínimo legal – 4 anos – por pena restritiva de direito, por ser elemento típico do crime a grave ameaça ou violência. A proibição de substituição considera, pois, que os crimes com violência exigiriam resposta mais grave do Estado, devendo ser a pena privativa de liberdade a medida adequada e necessária a esses tipos de delitos.

Se o crime for culposo, qualquer deles, com pena aplicada igual ou inferior a 4 anos, autorizada está, também, a substituição. Pelo grau de repercussão e reprovabilidade social da conduta, a substituição está autorizada.

b) Requisitos subjetivos necessários à substituição das penas.

Análise de circunstâncias pessoais do condenando também deve ser feita a fim de verificar a possibilidade de aplicação de penas restritivas de direitos. Trata-

-se da perspectiva subjetiva, quando se olha o sujeito para avaliar a adequação e necessidade da substituição.

Assim, o réu reincidente em crime doloso, por lei, não poderá ter sua pena substituída. Entende o legislador que a reprovabilidade da conduta de réu reincidente em crime doloso não faz jus à substituição, pois já provou não respeitar os bens eleitos pela sociedade como dignos de proteção, o que faz necessário, para obedecer os princípios da prevenção especial negativa, que o sujeito cumpra pena privativa de liberdade.

A referida regra é flexibilizada – com previsão no § 3º deste art. 44 – quando o magistrado entender que, mesmo com condenação anterior, a substituição seja a medida mais adequada e socialmente recomendável para o caso em concreto. A decisão deve fundar-se nas características pessoais do acusado e sua relação com os crimes praticados anteriormente. Nesse sentido, a reincidência não pode ser específica, ou seja, reincidência nos mesmos crimes dolosos.

A forma como o artigo trata da questão da reincidência é pouco coerente. De um lado proíbe a aplicação do instituto, e, por outro, deixa ao juiz a decisão, levando-se em conta o conceito de reincidência específica. Ora, a *ratio* da substituição das penas é focada na melhor adequação da reprimenda ao caso concreto, sem que seja necessária e adequada a pena de prisão. Não nos parece que faça diferença, para este juízo valorativo, ser a reincidência específica ou genérica.

Ainda no que se referem aos elementos subjetivos, o inciso III utiliza os critérios definidos no art. 59 para fixação da pena-base a fim de balizar o magistrado quando da análise dos critérios subjetivos para a substituição da pena privativa de liberdade.

Culpabilidade, antecedentes, conduta social e personalidade do condenado, bem como os motivos e as circunstâncias do fato, são conjunturas que devem ser balizadas pelo juízo a fim de definir sobre a aplicação ou não de sanção alternativa à prisão. Evidente que a decisão do magistrado deve ser fundamentada a tal fim. Proibir o benefício da substituição com base em elementos puramente subjetivos pode levar à sensação de se estar diante de resquícios do direito penal do autor.

Nesse sentido, a jurisprudência nacional vem se firmando a declarar ser a substituição, se preenchido o requisito temporal, e sem reincidência – seja genérica ou específica –, um direito subjetivo do acusado, devendo ser-lhe oferecida a possibilidade de pena alternativa.

c) Conversão em pena privativa de liberdade

Os §§ 4º e 5º tratam das hipóteses de conversão da pena alternativa em pena privativa de liberdade novamente. Em ambos os parágrafos resta clara a natureza de substituição precária da pena, ou seja, a condenação é a pena privativa liberdade, mas o condenado terá uma oportunidade de não cumprir a pena na prisão; preenchidos os requisitos objetivos e subjetivos, poderá tê-la substituída.

No § 4º prevê-se a possibilidade de conversão caso não sejam cumpridas as condições impostas à execução da pena. Caso o condenado não cumpra o que lhe foi determinado por sentença condenatória, poderá ter a pena de prisão restabelecida. Neste caso, deve a pena restritiva de direito já executada contar para o cômputo final do restante da pena a ser cumprida em privativa de liberdade. Será computado o saldo e o que restar será cumprido em regime determinado pelo juízo. Pela lei, o mínimo de saldo que deverá ser executado é de 30 dias.

Não há qualquer ofensa constitucional nesta conversão quando se tem em mente que natureza da pena é privativa de liberdade, substituída precariamente por outra restritiva de direito, com a condição de que os requisitos impostos sejam acatados e executados pelo condenado. Caso assim não seja, retorna-se à pena de prisão.

Outra hipótese de conversão – § 5º – será o caso de existência de sentença condenatória exarada no curso da execução da pena restritiva de direito. O magistrado da execução deve decidir se o condenado poderá cumprir a pena restritiva de direito e, sem atrapalhar, cumpra a condenação que lhe foi imposta *a posteriori*. Caso seja possível, o magistrado poderá deixar de aplicar a conversão.

Conversão das penas restritivas de direitos

Art. 45. Na aplicação da substituição prevista no artigo anterior, proceder-se-á na forma deste e dos arts. 46, 47 e 48.

§ 1º A prestação pecuniária consiste no pagamento em dinheiro à vítima, a seus dependentes ou a entidade pública ou privada com destinação social, de importância fixada pelo juiz, não inferior a 1 (um) salário mínimo nem superior a 360 (trezentos e sessenta) salários mínimos. O valor pago será deduzido do montante de eventual condenação em ação de reparação civil, se coincidentes os beneficiários.

§ 2º No caso do parágrafo anterior, se houver aceitação do beneficiário, a prestação pecuniária pode consistir em prestação de outra natureza.

§ 3º A perda de bens e valores pertencentes aos condenados dar-se-á, ressalvada a legislação especial, em favor do Fundo Penitenciário Nacional, e seu valor terá como teto – o que for maior – o montante do prejuízo causado ou do provento obtido pelo agente ou por terceiro, em consequência da prática do crime.

§ 4º (*Vetado*)

Considerações nucleares

O artigo trata do balizamento para a substituição das penas restritivas de direito consistentes em prestação pecuniária ou ainda em perda de bens e direitos.

Ambas as situações, com os respectivos incisos, foram comentadas quando da análise do art. 43, acima descrito, o qual trata das hipóteses efetivas de cada uma das possibilidades de pena para a substituição.

Assim sendo, remetemo-nos àqueles comentários, descritos no texto referente ao art. 43.

Prestação de serviços à comunidade ou a entidades públicas

Art. 46. A prestação de serviços à comunidade ou a entidades públicas é aplicável às condenações superiores a 6 (seis) meses de privação da liberdade.

§ 1º A prestação de serviços à comunidade ou a entidades públicas consiste na atribuição de tarefas gratuitas ao condenado.

§ 2º A prestação de serviço à comunidade dar-se-á em entidades assistenciais, hospitais, escolas, orfanatos e outros estabelecimentos congêneres, em programas comunitários ou estatais.

§ 3º As tarefas a que se refere o § 1º serão atribuídas conforme as aptidões do condenado, devendo ser cumpridas à razão de 1 (uma) hora de tarefa por dia de condenação, fixadas de modo a não prejudicar a jornada normal de trabalho.

§ 4º Se a pena substituída for superior a 1 (um) ano, é facultado ao condenado cumprir a pena substitutiva em menor tempo (art. 55), nunca inferior à metade da pena privativa de liberdade fixada.

Considerações nucleares

A se cotejar a finalidade da pena e as origens da sanção penal, a pena de prestação de serviços à comunidade talvez seja a principal alternativa para a pena de prisão. Seja porque não faz parecer impune o delito, seja porque reverte em benefícios sociais – principalmente em uma sociedade tão carente de serviços básicos como a brasileira –, seja porque o condenado não terá qualquer possibilidade de fazer isto por outros, mas fará pessoalmente. Preenchidos, pois, os requisitos da prevenção geral positiva, prevenção geral negativa e prevenção especial.

Pelo art. 46, cabe a substituição se prevista pena superior a 6 meses de privação de liberdade. O condenado deverá trabalhar gratuitamente em atividade que lhe for determinada pelo magistrado, seguindo suas aptidões pessoais e adequadas à sua dignidade humana. Tais atividades poderão se dar em entidades assistenciais, hospitais, escolas, albergues, parques públicos, entre outras.

Cada dia de condenação será transformado em uma hora de trabalho à comunidade, obedecendo sempre à adequação ao direito que o condenado tem de manter o seu trabalho, e de não ser ali prejudicado. Ademais, se a pena a ser cumprida for superior a 1 ano, o condenado poderá cumprir pena alternativa de menor tempo, cabendo ao magistrado fixar e fundamentar a diminuição.

Na prática, o magistrado solicita seja o condenado encaminhado à entidade adequada ao seu perfil, e as horas devem ser lá cumpridas. Ao final do cumprimento, a entidade encaminhará ao juízo da execução relatório com a quantidade de horas cumpridas, e a forma como o condenado as cumpriu. A qualquer momento o magistrado da execução poderá adequar o cumprimento as condições pessoais do condenado (art. 148 da Lei de Execuções Penais)

Após tal relatório, se satisfeitas as condições apostas em sentença, o magistrado extinguirá a punibilidade.

Interdição temporária de direitos

Art. 47. As penas de interdição temporária de direitos são:

I – proibição do exercício de cargo, função ou atividade pública, bem como de mandato eletivo;

II – proibição do exercício de profissão, atividade ou ofício que dependam de habilitação especial, de licença ou autorização do poder público;

III – suspensão de autorização ou de habilitação para dirigir veículo;

IV – proibição de frequentar determinados lugares;

V – proibição de inscrever-se em concurso, avaliação ou exame públicos.

Considerações nucleares

As penas de interdição temporária de direitos previstas no Código Penal brasileiro, neste art. 47, são: proibição de exercer cargo ou profissão ou mandato eletivo; suspensão de autorização ou habilitação para dirigir, proibição de frequentar determinados lugares; proibição de participar de avaliações ou exames públicos.

A pena de proibição de exercer cargos ou funções públicas leva em consideração o conceito de cargo público como "o lugar instituído na organização do serviço público, com denominação própria, atribuições e responsabilidades específicas e estipêndio correspondente" (PRADO, 2015, p. 492). Por função pública entende-se "a atribuição ou o conjunto de atribuições que a administração confere a cada categoria profissional ou comete individualmente a determinados servidores para a execução de serviços eventuais" (PRADO, 2015, p. 492). Mandato eletivo, por sua vez, é o cargo envolvendo os Poderes Executivo e Legislativo durante tempo previamente fixado.

Este artigo também tem intersecção com o art. 92, II, do Código Penal, que prevê a possibilidade de perda do cargo ou mandato, caso haja condenação a pena privativa de liberdade por tempo igual ou superior a um ano, nos crimes praticados com abuso de poder ou violação de dever para com a administração pública. Nos casos em que a pena for superior a 4 anos, esta não poderá ser substituída, e o efeito da condenação será determinado pelo art. 92.

A Lei de Execuções Penais determina, nestes casos, em seu art. 154, que em 24 horas a autoridade deverá baixar o ato e aplicar a penalidade imposta, contados a partir do recebimento do ofício judicial.

A substituição da pena privativa de liberdade pelas aqui previstas deve ter elo próximo à natureza dos crimes praticados, para assim melhor indicar as funções da sanção penal. Portanto, em crimes que envolvem o cargo ou a função que exercia determinado condenado, este tipo de substituição será mais recomendado.

O art. 56 do Código Penal determina que as penas sejam aplicadas para todo crime cometido no exercício de profissão, atividade, ofício, cargo ou função, desde que haja violação dos deveres a elas inerente. É, portanto, uma substituição funcional, para os casos em que a reprovabilidade da conduta realizada estiver diretamente vinculada aos deveres da profissão, cargo ou função que se pretendia exercer.

O inciso II do art. 47, ao tratar da interdição temporária de direitos, institui a proibição de exercício da profissão, atividade ou ofício que dependam de habilitação especial. Na mesma linha do já descrito acima, a aplicação dessa penalidade deve estar intimamente voltada à análise do delito praticado e às consequências deste à sociedade.

Para o Prof. Miguel Reale Júnior, "as duas penas acima mencionadas têm um sentido de reprovação e reafirmação dos valores ofendidos, pois atingem exatamente o exercício do cargo, da função, da profissão ou do ofício, cujos deveres que lhes são próprios foram desrespeitados, tornando o condenado temporariamente inabilitado para este exercício, por força de condenação criminal" (REALE, 2013, p. 387).

Quanto à suspensão de dirigir veículo, o inciso III do art. 47 do Código de Trânsito (Lei n. 9.503/97) estabeleceu a cumulação das penas de prisão e de perda da habilitação para dirigir. Nestes casos, então, as penas não poderão ser substituídas por esta pena restritiva. Há quem entenda, na doutrina brasileira, que este artigo estaria derrogado tacitamente (PRADO, 2015, p. 494). No entanto, não há essa derrogação, pois a substituição pode se dar também em outros delitos, desde que o magistrado entenda adequado e suficiente para a reprimenda do ato ilícito ocorrido.

Limitação de fim de semana

Art. 48. A limitação de fim de semana consiste na obrigação de permanecer, aos sábados e domingos, por 5 (cinco) horas diárias, em casa de albergado ou outro estabelecimento adequado.

Parágrafo único. Durante a permanência poderão ser ministrados ao condenado cursos e palestras ou atribuídas atividades educativas.

Considerações nucleares

O tema já foi tratado nas considerações referentes ao art. 43 acima, razão pela qual remetemos à leitura daqueles comentários, que já estabelecem o todo sobre a matéria.

Seção III
Da pena de multa

Multa

Art. 49. A pena de multa consiste no pagamento ao fundo penitenciário da quantia fixada na sentença e calculada em dias-multa. Será, no mínimo, de 10 (dez) e, no máximo, de 360 (trezentos e sessenta) dias-multa.

§ 1º O valor do dia-multa será fixado pelo juiz não podendo ser inferior a um trigésimo do maior salário mínimo mensal vigente ao tempo do fato, nem superior a 5 (cinco) vezes esse salário.

§ 2º O valor da multa será atualizado, quando da execução, pelos índices de correção monetária.

Considerações gerais

A pena de multa, ao longo do século XX, foi se transformando em atraente alternativa às penas de prisão de curta duração, ou seja, já se tinha pena curta em razão da reduzida reprovabilidade do agente. Assim, sendo, a sua transformação em pena de multa poderia ser mais adequada e já suficiente à função que o direito penal se pretendia.

No entanto, não é isto que se vê atualmente no Brasil!

Mais e mais a prisão continua sendo a sanção penal mais aplicada pelos magistrados. Em outros países, como a Alemanha, a multa já é a sanção penal mais aplicável, entregando ao condenado a possibilidade de cumprir sua pena sem se desvincular de todos os seus traços sociais inerentes.

Ora, em uma sociedade como a brasileira, na qual é absolutamente claro que o Estado não provê os instrumentos necessários mínimos à sobrevivência dos cidadãos, e na qual muitos desses cidadãos não têm absolutamente nada a perder em sua convivência coletiva, a imposição de pena de multa teria pouca eficácia para o sistema penal.

A uma porque muitas pessoas não teriam condições de arcar com a multa, o que faria com que só os mais abastados pudessem compor tal sanção penal, o que leva a críticas ferrenhas à pena de multa como elemento desagregador e não igualitário. A duas porque a pena de multa nem sempre cumpre os requisitos elementares funcionais da pena, quais sejam, a prevenção especial negativa. Muitas vezes quem paga a multa não é o próprio condenado, senão uma seguradora ou outro devedor solidário qualquer, que não tem qualquer vínculo com o ilícito praticado.

Considerações nucleares

O pagamento da multa deverá ser feito a um fundo centralizado, o Fundo Penitenciário, e o valor será fixado na sentença, podendo ser cumulativo ou autônomo em relação à pena de prisão, a depender da cominação da Parte Especial.

Há crimes que preveem a cominação da pena de multa em conjunto com a pena de prisão ou tipos penais que cominam apenas multa. O padrão para cálculo da multa será contado em dias-multa. O valor do dia multa será fixado pelo juiz, e poderá ficar entre 1/30 e 5 salários mínimos, a depender da valoração de pena do magistrado, o qual deve levar em conta a situação econômica do condenado, para que este não retire do sustento de sua família para pagar a multa, mas que também não lhe seja tão leve a ponto de nem incomodar.

A Lei de Execução Penal, em seu art. 164 e s., define os procedimentos para a execução das penas de multa, devendo a multa ser paga em um prazo de 10 dias, sob pena de execução pecuniária pelo órgão competente, procedendo-se à penhora de bens até o limite da dívida a ser garantida.

Existem divergências doutrinárias e jurisprudenciais no que se refere à execução da pena de multa. Há corrente que entende que a multa é sanção penal, e como tal deve ser executada pelo juízo da execução penal. No entanto, há forte corrente no sentido de que as alterações trazidas no art. 51 do Código Penal deixam evidente que a natureza da multa não é mais de sanção penal, razão pela qual o órgão executor deve ser o juízo da Fazenda Pública.

Considerações finais

Em um país como o Brasil, onde a grande maioria dos crimes praticados é contra o patrimônio, e onde a criminalidade está muito vinculada aos problemas sociais e de sobrevivência que a sociedade ainda enfrenta, a pena de multa é mais um fator de desigualdade social, a promover a estabilidade do *status quo* eterno: aos mais pobres, e impossibilitados do pagamento, o cárcere é a solução, enquanto a classe mais abastada consegue fazer pagamento de multas altas, e, assim, evitar o ingresso no cárcere.

Pagamento da multa
Art. 50. A multa deve ser paga dentro de 10 (dez) dias depois de transitada em julgado a sentença. A requerimento do condenado e conforme as circunstâncias, o juiz pode permitir que o pagamento se realize em parcelas mensais.

§ 1º A cobrança da multa pode efetuar-se mediante desconto no vencimento ou salário do condenado quando:

a) aplicada isoladamente;

b) aplicada cumulativamente com pena restritiva de direitos;

c) concedida a suspensão condicional da pena.

§ 2º O desconto não deve incidir sobre os recursos indispensáveis ao sustento do condenado e de sua família.

Considerações nucleares

O artigo define o tempo em que a multa deve ser paga, qual seja, prazo de 10 dias depois de transitada em julgado a sentença. Neste prazo, a requerimento do condenado e analisando as circunstâncias do caso concreto, o juízo pode dividir o valor a ser pago em parcelas mensais.

A cobrança da multa penal poder se dar por desconto em folha, no momento de pagamento de salário do condenando, nas seguintes hipóteses: se a multa for aplicada isoladamente, se for aplicada cumulativamente com outras espécies de multa alternativa à prisão, se houver a suspensão condicional da pena. O legislador atentou ainda para o fato de que os descontos em folha – § 2º – não devem colocar em risco o sustento da família do condenado e seu próprio sustento.

Conversão da multa e revogação

Art. 51. Transitada em julgado a sentença condenatória, a multa será executada perante o juiz da execução penal e será considerada dívida de valor, aplicáveis as normas relativas à dívida ativa da Fazenda Pública, inclusive no que concerne às causas interruptivas e suspensivas da prescrição.

Modo de conversão

§ 1º (Revogado).

Revogação da conversão

§ 2º (Revogado).

Considerações nucleares

A aplicação da pena de multa e a condenação transitada em julgado para este tipo de reprimenda exclui, pois, a possibilidade de que o condenado venha a ser preso por esse mesmo crime, caso não execute a pena que lhe foi imposta através do pagamento. As alterações trazidas pela Lei n. 9.268/96 proíbem, pois, a conversão da multa em pena privativa de liberdade.

A doutrina e jurisprudência nacionais são claras – e já uníssonas – no sentido de que dívida de valor não pode levar nenhum cidadão à cadeia. A excluir a obrigação de alimentos, a partir da introdução pátria do Pacto de San José da Costa

Rica[86], não cabe a prisão por dívida. Se há dívida consolidada, deve esta ser executada por vias legais, e ao Direito Penal não cabe qualquer papel de cobrança de dívidas eventualmente expostas ao devedor.

Há autores que entendem que a legislação andou mal ao não prever qualquer transformação da pena de multa. Entendem, nesse sentido, que a pena de multa, caso não quitada pelo condenado, poderia ser transformada em pena restritiva de direito, a fim de aumentar a executabilidade e eficácia da reprimenda. Não foi essa opção que prevaleceu (PRADO, 2015, p. 514).

Mas e em relação à multa penal? Pelo artigo ora comentado, não se autoriza mais qualquer retorno dessa multa à pena de prisão, e, a partir das alterações trazidas pela Legislação denominada Anticrime (Lei n. 13.964/2019), a multa será executada pelo próprio juízo de execução penal. Aplacaram-se dúvidas constantes no sentido de competência do juízo de execução da pena de multa, firmando-se a ideia de que a multa é uma sanção penal, e como tal deve ser tratada no ordenamento.

Há que se ter em mente que a pena de multa, neste caso, é autônoma em relação à pena privativa de liberdade, e uma vez consolidada, e transitada em julgado, não há mais que se falar em substituição ou aplicação da pena de prisão. A pena de multa deve ser executada como uma pena, mas autônoma e independente da reclusão ou detenção, com todas as regras que lhe são inerentes.

Suspensão da execução da multa

Art. 52. É suspensa a execução da pena de multa, se sobrevém ao condenado doença mental.

Considerações nucleares

Quase como uma anistia em razão de impossibilidade física de prover o seu sustento, de sua família e arcar com a multa imposta, a legislação brasileira impõe a suspensão da cobrança da multa, caso reste comprovada doença mental ao condenado.

A descrição legal importa na assunção do princípio da humanidade na legislação brasileira, com a *ratio* de que, se o sujeito não consegue mais trabalhar e prover meios financeiros, possivelmente também não poderá arcar com a multa que lhe foi imposta.

CAPÍTULO II
Da cominação das penas

Penas privativas de liberdade

Art. 53. As penas privativas de liberdade têm seus limites estabelecidos na sanção correspondente a cada tipo legal de crime.

---

[86] O Brasil é signatário do Pacto de San José desde 1992, tendo sido este introduzido na legislação pátria pelo Decreto n. 678/92.

Considerações nucleares

O legislador brasileiro optou, no sistema de penas, pela cominação de penas relativamente determinadas já no tipo legal de cada crime, ou seja, em cada crime específico há um intervalo de pena cominado, o qual deve ser respeitado pelo magistrado no momento da aplicação da reprimenda.

Por esse sistema, o trabalho do legislador é complementado pelo trabalho do Judiciário, que fixa a pena no caso concreto, mas dentro do limite estabelecido por lei. Quem decide, pois, o grau de reprovabilidade da conduta, e os elementos de política criminal para reprimenda de tal conduta, é o Legislativo. O Judiciário aplica no caso concreto o conceito derivado de lei, com os intervalos a ele inerentes.

O contrário do sistema instituído no Brasil seria a determinação genérica, sem prazos máximos e mínimos de pena instituídos por lei. O legislador transfere, pois, ao juiz a responsabilidade de decidir pelo grau de reprovabilidade da conduta sem qualquer limite necessário. Nos EUA, por exemplo, há um limite máximo de penas cominadas, mas não há limite mínimo, ou seja, o legislativo transfere ao Judiciário o poder de aplicar a mínima pena necessária ao caso concreto.

Definir intervalo de pena é sistematicamente adequado no Brasil, a conferir equilíbrio entre os Poderes Legislativo e Judiciário na fixação da reprimenda e na fixação dos princípios de política criminal que devem nortear a aplicação da norma penal.

Penas restritivas de direitos

Art. 54. As penas restritivas de direitos são aplicáveis, independentemente de cominação na parte especial, em substituição à pena privativa de liberdade, fixada em quantidade inferior a 1 (um) ano, ou nos crimes culposos.

Considerações nucleares

O art. 54 tem redação dada pelo legislador de 1984, no que se refere à substituição da pena privativa de liberdade por restritiva de direitos. Entendemos que o artigo está derrogado tacitamente, uma vez que o art. 44 definiu os novos padrões para substituição das penas e ampliou as hipóteses, aumentando o lapso temporal para penas fixadas em prazo igual ou inferior a 4 anos.

Art. 55. As penas restritivas de direitos referidas nos incisos III, IV, V e VI do art. 43 terão a mesma duração da pena privativa de liberdade substituída, ressalvado o disposto no § 4º do art. 46.

Considerações nucleares

O artigo acima trata do formato para substituição da pena privativa de liberdade por prestação de serviço à comunidade, interdição temporária de direitos e limitação de final de semana. Todos os três tipos de pena, quando ingressarem para substituir a pena privativa de liberdade, serão aplicadas com o mesmo tempo da pena de prisão aplicada.

Portanto, se foram três anos de reclusão, serão três anos de prestação de serviços à comunidade, ou ainda três anos de limitação de final de semana, pelo mesmo tempo da prisão. O critério temporal foi eleito pelo legislador como um critério de aferição da proporcionalidade da pena substituída, em razão da determinação inicial da pena imposta.

> Art. 56. As penas de interdição, previstas nos incisos I e II do art. 47 deste Código, aplicam-se para todo o crime cometido no exercício de profissão, atividade, ofício, cargo ou função, sempre que houver violação dos deveres que lhes são inerentes.

Considerações nucleares

As penas de interdição temporária de direitos previstas no Código Penal brasileiro são: proibição de exercer cargo ou profissão ou mandato eletivo; suspensão de autorização ou habilitação para dirigir, proibição de frequentar determinados lugares; proibição de participar de avaliações ou exames públicos.

A pena de proibição de exercer cargos ou funções públicas leva em consideração o conceito de cargo público como "o lugar instituído na organização do serviço público, com denominação própria, atribuições e responsabilidades específicas e estipêndio correspondente" (PRADO, 2015, p. 492). Por função pública entende-se "a atribuição ou o conjunto de atribuições que a administração confere a cada categoria profissional ou comete individualmente a determinados servidores para a execução de serviços eventuais" (PRADO, 2015, p. 492). Mandato eletivo, por sua vez, é o cargo envolvendo os Poderes Executivo e Legislativo durante tempo previamente fixado.

Este artigo também tem intersecção com o art. 92, II, do Código Penal, que prevê a possibilidade de perda do cargo ou mandato caso haja condenação a pena privativa de liberdade por tempo igual ou superior a um ano, nos crimes praticados com abuso de poder ou violação de dever para com a administração pública. Nos casos em que a pena for superior a 4 anos, esta não poderá ser substituída, e o efeito da condenação será determinado pelo art. 92.

A Lei de Execuções Penais determina, nestes casos, em seu art. 154, que em 24 horas a autoridade deverá baixar o ato e aplicar a penalidade imposta, contadas a partir do recebimento do ofício judicial.

A substituição da pena privativa de liberdade pelas aqui previstas deve ter elo próximo à natureza dos crimes praticados, para assim melhor indicar as funções da sanção penal. Portanto, em crimes que envolvem o cargo ou a função que exercia determinado condenado, esse tipo de substituição será mais recomendado.

Este artigo determina que as penas sejam aplicadas para todo crime cometido no exercício de profissão, atividade, ofício, cargo ou função, desde que haja violação dos deveres a elas inerente. É, portanto, uma substituição funcional, para os casos em que a reprovabilidade da conduta realizada estiver diretamente vinculada aos deveres da profissão, cargo ou função que se pretendia exercer.

O inciso II do art. 47, ao tratar da interdição temporária de direitos, institui a proibição de exercício da profissão, atividade ou ofício que dependam de habilitação especial. Na mesma linha do já descrito acima, a aplicação desta penalidade deve estar intimamente voltada à análise do delito praticado e às consequências deste à sociedade.

Art. 57. A pena de interdição, prevista no inciso III do art. 47 deste Código, aplica-se aos crimes culposos de trânsito.

Considerações nucleares

Pelo artigo acima, seria aplicável aos crimes de trânsito a substituição para penas restritivas de direito, no caso do art. 47, inciso III, a suspensão de habilitação ou autorização para dirigir. No entanto, o Código de Trânsito, Lei n. 9.503/98, definiu em seu art. 292 que "a suspensão ou proibição de se obter a permissão para dirigir veículo automotor pode ser imposta isolada ou cumulativamente com outras penalidades", o que dificulta a possibilidade de substituição da pena, uma vez que a natureza da suspensão será de pena acessória, e não alternativa.

Pela cominação dos crimes do Código de Trânsito, a perda do direito de dirigir, ou sua suspensão, já estão previstas como penas cumulativas, por exemplo, no homicídio culposo praticado no trânsito (art. 302) e na lesão corporal culposa (art. 303). Nestes casos não cabe, pois a substituição da pena privativa de liberdade por suspensão da habilitação, que será pena cumulada.

Entendemos, pois, que o artigo foi derrogado tacitamente após o surgimento do novo Código de Trânsito, o qual tratou exaustivamente dos delitos de trânsito, cominação e aplicação de sanções.

Pena de multa

Art. 58. A multa, prevista em cada tipo legal de crime, tem os limites fixados no art. 49 e seus parágrafos deste Código.

Parágrafo único. A multa prevista no parágrafo único do art. 44 e no § 2º do art. 60 deste Código aplica-se independentemente de cominação na parte especial.

Considerações nucleares

Conforme já acima bem delineado, nos comentários aos arts. 49 a 51, a multa aplicada em razão de cominação em cada tipo legal deve ser regida pelos critérios descritos neste Código. A proporcionalidade – em seus elementos de adequação, necessidade e proporção – também rege a aplicação da pena de multa, e como tal deve ser inerente ao seu tratamento. Os valores devem sempre se basear no previsto no art. 49.

Já o disposto no parágrafo único, evidente que a substituição da pena privativa de liberdade por pena de multa será aplicada e cobrada, independentemente de cominação em artigos da Parte Especial. Isto porque, como possibilidade de substituição da pena privativa de liberdade, não há que se falar em cominação nos artigos da Parte Especial, os quais cominam a pena privativa de liberdade em quantidade e forma que autorizem sua substituição.

Isso significa dizer que no tipo penal descrito na Parte Geral pode não haver cominação de pena de multa, mas, se esta é prevista e cabível como substitutivo, poderá ser aplicada no caso concreto, utilizando-se o disposto no art. 44.

Capítulo III
Da aplicação da pena

Bibliografia: ARANHA, Adalberto José de Camargo. *Dos crimes eleitorais*: sua natureza e classificação. *Cadernos de Direito Constitucional e Eleitoral*, n. 18, maio/jul. 1992, p. 14-20; AZEVEDO, David Teixeira de. *Dosimetria da pena*: causas de aumento e diminuição. São Paulo: Malheiros, 2002; BECCARIA, Cesare. *Dos delitos e das penas*. Trad. Paulo M. Oliveira. Rio de Janeiro: Nova Fronteira, 2011; BESIO HERNÁNDEZ, Martín. *Los criterios legales y judiciales de individualización de la pena*. Valencia: Tirant lo Blanch, 2011; BETTIOL, Giuseppe. *Direito penal*. Trad. Paulo José da Costa Jr. e Alberto Silva Franco. São Paulo: RT, 1971. v. II; BITENCOURT, Cezar Roberto. *Código Penal comentado*. São Paulo: Saraiva, 2009; BITENCOURT, Cezar Roberto. *Penas alternativas*. São Paulo: Saraiva, 2013; BITENCOURT, Cezar Roberto. *Tratado de direito penal*. São Paulo: Saraiva, 2012. v. 1; BORRILLO, Daniel. *Homofobia*: história e crítica de um preconceito. Belo Horizonte: Autêntica, 2010; BRUNO, Aníbal. *Direito penal*: parte geral. Rio de Janeiro: Forense, 2009. t. III; CARRARA, Francesco. *Programa del curso de derecho criminal*: dictado en la real Universidad de Pisa. Trad. Sebastián Soler. Buenos Aires: Depalma, 1946. v. IV; CARVALHO, Amilton Bueno de e CARVALHO, Salo de. *Aplicação da pena e garantismo penal*. Rio de Janeiro: Lumen Juris, 2008; CARVALHO, Salo de. *Penas e medidas de segurança no direito penal brasileiro*. São Paulo: Saraiva, 2013; FERREIRA, Gilberto. *Aplicação da pena*. Rio de Janeiro: Forense, 2004; FOUCAULT, Michel. *Vigiar e punir*: história da violência nas prisões. Petrópolis: Vozes, 2008; FRAGOSO, Heleno Cláudio. *Lições de direito penal*: parte geral. Rio de Janeiro: Forense, 2003; GARCIA, Basileu. *Instituições de direito penal*. São Paulo: Saraiva, 2008. v. I, t. II; GOMES, Mariângela Gama de Magalhães. *O princípio da proporcionalidade no direito penal*. São Paulo:

RT, 2003; GÓMEZ MARTÍN, Víctor. *El derecho penal del autor*: desde la visión criminológica tradicional hasta las actuales propuestas de derecho penal de varias velocidades. Valencia: Tirant lo Blanch, 2007; GRECO, Rogério. *Curso de direito penal*: parte geral. Niterói: Impetus, 2009; HUNGRIA, Nélson. *Comentários ao Código Penal*. Rio de Janeiro: Forense, 1955. v. I, t. II, e V; LYRA, Roberto. *Comentários ao Código Penal*. Rio de Janeiro: Forense, 1955. v. II; MACHADO, Agapito. As atenuantes podem fazer descer a pena abaixo do mínimo legal. *Revista dos Tribunais*, n. 647, São Paulo, p. 388-389, 1989; MARQUES, José Frederico. *Tratado de direito penal*. Campinas: Millenium, 2002. v. III; MILITELLO, Vicenzo. *Prevenzione generale e commisurazione della pena*. Milano: Giuffrè, 1982; MUÑOZ CONDE, Francisco e GARCÍA ARÁN, Mercedes. *Derecho penal*: parte general. Valencia: Tirant lo Blanch, 2010; NORONHA, E. Magalhães. *Direito penal*. São Paulo: Saraiva, 1995. v. 1; PIMENTEL, Manoel Pedro. *Do crime continuado*. São Paulo: RT, 1968; PRADO, Luiz Regis. *Comentários ao Código Penal*. São Paulo: RT, 2012; PRADO, Luiz Regis. *Curso de direito penal brasileiro*. São Paulo: RT, 2012. v. 1; RADBRUCH, Gustav. Sobre el sistema de la teoría del delito. Trad. J. L. Dalbora. *Revista Electrónica de Ciencia Penal y Criminología* (2010). Disponível em: http://www.criminet.ugr.es/recpc/; REALE JÚNIOR, Miguel. *Instituições de direito penal*: parte geral. 3. ed. Rio de Janeiro: Forense, 2009; REALE JÚNIOR, Miguel (Coord.). *Jurisprudência em debate*. Rio de Janeiro: GZ, 2012. v. 1; ROIG, Rodrigo Duque Estrada. *Aplicação da pena*: limites, princípios e novos parâmetros. São Paulo: Saraiva, 2013; ROIG, Rodrigo Duque Estrada. *Execução penal*: teoria crítica. São Paulo: Saraiva, 2014; ROXIN, Claus. *Política criminal e sistema jurídico-penal*. Trad. Luis Greco. Rio de Janeiro: Renovar, 2002; ROXIN, Claus. Prevención y determinación de la pena. In: *Doctrina penal*: teoría y práctica en las ciencias penales, Buenos Aires, v. 3, 9/12, p. 239-263, 1980; SALVADOR NETTO, Alamiro Velludo. *Finalidades da pena*: conceito material de delito e sistema penal integral. São Paulo: Quartier Latin, 2009; SANTOS, Juarez Cirino dos. *Direito penal*: parte geral. Florianópolis: Conceito, 2010; SCHÜNEMANN, Bernd. A posição da vítima no sistema da justiça penal: um modelo em três colunas. In: SCHÜNEMANN, Bernd. *Estudos de direito penal, direito processual penal e filosofia do direito*. São Paulo: Marcial Pons, 2013. p. 112-126; SHECAIRA, Sérgio Salomão. Circunstâncias do crime. *Revista Brasileira de Ciências Criminais*, n. 23, p. 67-80, jun./set. 1998; SHECAIRA, Sérgio Salomão. *Criminologia*. São Paulo: RT, 2004; SHECAIRA, Sérgio Salomão. *Estudos de direito penal*. Rio de Janeiro: Forense, 2010. v. II; SILVA SÁNCHEZ, Jesús-María. La teoría de la determinación de la pena como sistema (dogmático): un primer esbozo. *Revista In Dret*, n. 2, abr. 2007; SILVA SÁNCHEZ, Jesús-María. La "víctimo-dogmática" en el derecho estranjero. In: BERISTAÍN IPIÑA, Antonio (Dir.). *Victimología*. San Sebástian: Servicio Editorial de la Universidad del País Vasco, 1990; SOUZA, Luciano Anderson de. *Direito penal econômico*: fundamentos, limites e alternativas. São Paulo: Quartier Latin, 2012; SOUZA, Luciano Anderson de. *Direito Penal*: parte geral. São Paulo: Thomson Reuters, 2022. v. 1; SOUZA, Luciano Anderson de. *Expansão do direito penal e globalização*. São Paulo: Quartier Latin, 2007; STOCO, Tatiana de Oliveira. *Personalidade do agente na fixação da pena*. São Paulo: RT, 2014; TOLEDO, Francisco de Assis. *Princípios básicos de direito penal*. São Paulo: Saraiva, 1994; WELZEL, Hans. *Derecho penal alemán*. Trad. Juan Bustos Ramírez y Sergio

Yáñez Pérez. Santiago: Editorial Jurídica de Chile, 1976; WOLTER, Jürgen. Derechos humanos y proteción de bienes jurídicos en un sistema europeo del derecho penal. Trad. Francisco Baldó Lavilla. In: SCHÜNEMANN, Bernd e DIAS, Jorge de Figueiredo (Coord.). *Fundamentos de un sistema europeo del derecho penal*: libro homenage a Claus Roxin. Barcelona: Bosch, 1995; ZAFFARONI, Eugenio Raúl. *Em busca das penas perdidas*. Trad. Vania Pedrosa e Amir Conceição. Rio de Janeiro: Revan, 1991; ZAFFARONI, Eugenio Raúl e PIERANGELI, José Henrique. *Manual de direito penal brasileiro*. São Paulo: RT, 2008. v. 1: Parte geral.

Considerações gerais

Um dos problemas mais sensíveis do Antigo Regime, confrontados pela Ilustração, era o arbítrio judicial na cominação de penas, fomentador de verdadeira tirania. Havia **indeterminação na cominação sancionatória**, que simplesmente ficava ao alvitre dos julgadores, sendo que, nunca é demais lembrar, não havia separação de Poderes. Beccaria (2009, p. 28) expressamente referiu-se a isto, alertando que apenas a lei poderia estabelecer a pena, não sendo o juiz legislador.

Por força do ideário iluminista, o qual procurou erigir uma sistemática de freios ao despotismo estatal, subsequentemente à indeterminação punitiva, seguiu-se o **sistema da pena fixa**, então entendido como uma garantia contra arbitrariedades. O juiz seria tão somente a "boca da lei", conforme a notória máxima de Montesquieu. Esse modelo foi consagrado no Código Penal francês de 1791, o qual, nesse aspecto, influenciou nosso Código Criminal do Império, de 1830.

Se, por um lado, o sistema aberto dava ensejo ao puro arbítrio judicial, o modelo taxativo, por sua vez, na realidade, consagrava injustiças, ao ceifar a possibilidade de correta individualização da pena, ou seja, sua justa particularização concreta. As infinitas *nuances* dos casos concretos ensejam a imperiosidade de um ajustamento a ser feito pelo julgador, com vistas à menor ou à maior gravidade de cada hipótese.

Ademais, sob influxo da escola positivista, com sua significativa preocupação com a personalidade do delinquente, o sistema da pena fixa mostrava-se disfuncional (veja-se, por exemplo, o ideário da medida de segurança). Por essas razões, emergiu o **sistema da determinação legal relativa**, pelo qual a lei fornece balizas, isto é, limites mínimo e máximo, mediante os quais o juiz pode dosar a pena. Essa sistemática foi consagrada no Código napoleônico (1810), e, assim, influenciou as legislações de outros países. No Brasil, o modelo se notabilizou a partir do Código Penal Republicano (1890).

Esse mecanismo de determinação relativa, por meio da qual, reitere-se, o legislador fornece balizas segundo as quais o magistrado efetua, mediante determinados critérios, a **dosimetria** da pena do condenado no caso concreto, é o que consagra a chamada **individualização da pena**. Na aplicação da pena, o juiz, no conhecido dizer de Militello (1982, p. 95), concretiza o programa legislativo.

Desse modo, a individualização perpassa por três momentos: inicia-se na esfera legislativa (princípio da legalidade), concretiza-se na esfera judicial (dosimetria propriamente dita e estabelecimento de regime inicial executório) e culmina na fase executória, quando do cumprimento da pena (art. 5º da Lei de Execução Penal). Todos esses momentos estão envoltos em questionamentos dogmáticos e político-criminais, além de profundos problemas práticos em nosso dificultoso país, trazendo significativa sensibilidade ao tema. O forte apego ao positivismo, o "endeusamento" do subjetivismo do julgador – o qual deve seguir a jurisprudência dominante em nome da "segurança jurídica" – e o desprezo às funções da pena e aos parâmetros constitucionais penais são os maiores desafios postos em nossa complexa realidade.

Fixação da pena

Art. 59. O juiz, atendendo à culpabilidade, aos antecedentes, à conduta social, à personalidade do agente, aos motivos, às circunstâncias e consequências do crime, bem como ao comportamento da vítima, estabelecerá, conforme seja necessário e suficiente para reprovação e prevenção do crime:

I – as penas aplicáveis dentre as cominadas;

II – a quantidade de pena aplicável, dentro dos limites previstos;

III – o regime inicial de cumprimento da pena privativa de liberdade;

IV – a substituição da pena privativa da liberdade aplicada, por outra espécie de pena, se cabível.

Considerações gerais

Em um Estado Democrático de Direito, que tem a liberdade humana como regra, o apogeu da repressão criminal dá-se com a aplicação e o cumprimento de pena, que envolve, de modo bastante entrelaçado, os três Poderes da República, iniciando-se pelo Poder Legislativo, consoante os ditames constitucionais. Um sistema punitivo racional, escorado num ordenamento desse jaez, ou seja, em que a dignidade da pessoa humana (art. 1º, III, da Carta) é o postulado inspirador de todos os direitos fundamentais, enseja a necessidade de fixação de parâmetros claros, seguros e proporcionais por parte do legislador. Consoante Roig (2013, p. 22), isso dá azo a uma sistemática voltada à mínima intervenção do poder punitivo. É exatamente por isso que o Direito Penal nada mais é do que o Direito Constitucional aplicado, segundo Wolter (1995, p. 40).

Assim é que, para além dos limites punitivos, há o estabelecimento de uma verdadeira construção garantista de cominação de penas, que, no caso brasileiro, inicia com a previsão do art. 5º, inciso XLVI, da Constituição Federal de 1988 ("a lei regulará a individualização da pena (...)"). Isso significa, preliminarmente, que há uma determinação expressa dirigida ao legislador ordinário no sentido de que regule e consagre na legislação repressivo-criminal a individualização da pena, que vai desde o estabelecimento de um marco penal genérico (pena abstrata), passa pelas regras fixadoras do marco penal concreto (aplicação da pena pelo juiz) e culmina na regulação do sistema executório. Por conseguinte, geram-se três espécies de individualização da pena: a legislativa, a judicial e a executória, todas vinculadas aos princípios maiores que informam a dogmática penal, notadamente, na hipótese, culpabilidade, proporcionalidade e humanidade, dentre outros. Denota-se daí a necessidade político-criminal de minimização da afetação do indivíduo vítima da seletividade punitiva.

A **individualização legislativa**, então, é a fase correspondente ao legislador e consiste no estabelecimento do marco penal genérico – com limites mínimo e máximo de sanção, reitere-se – que corresponde a cada delito (MUÑOZ CONDE, 2010, p. 532). Nesse sentido, o legislador, respeitando a proporcionalidade que deve existir entre a conduta ilícita e a resposta correspondente, outorga certa discricionariedade ao julgador para fins de que concretize a resposta mais adequada que o caso em análise demande.

O tema avulta em importância nos dias que correm, tendo em vista o movimento expansionista penal das últimas décadas, tanto em termos horizontais como verticais (SOUZA, 2007, p. 154). De característica comum, há a má técnica legislativa, o abuso das fórmulas de perigo abstrato, de normas penais em branco e de tipos abertos, a gerar a antecipação da tutela penal, envolta em questionamentos, incertezas e descrédito da legislação pretensamente repressora. Ademais, e no que é específico para o tema em foco, ou seja, a expansão vertical, há recrudescimento sancionatório para os delitos já existentes e, comumente, o estabelecimento de amplas desproporcionalidades sancionatórias nas novéis construções, a comprometer a escorreita individualização da pena. Sobre isso, chama a atenção na doutrina nacional Gomes (2003, p. 167), que destaca a verificação de "grande aleatoriedade com que são formulados os preceitos secundários das normas incriminadoras".

Dessarte, a fixação de um marco penal genérico prévio, por parte do legislador, que seja proporcional e adequado às ulteriores etapas individualizadoras da pena é um dos pilares do erigimento de um Direito Penal democrático, o que, infelizmente, tem sido reiteradamente ignorado em nosso ordenamento, sob o influxo de um expansionismo repressivo simbólico.

O subsequente momento individualizador da pena é aquele levado a efeito pelo julgador, qual seja, a chamada **individualização judicial**, ou **dosimetria da pena**. O art. 68 do Código Penal se refere à sua disciplina. Se a origem do instituto remonta ao interesse social em rechaçar o arbítrio judicial, o tema ostenta renovada importância nos dias atuais em nosso país, uma vez que, como nota com propriedade Reale Júnior (2009, p. 405), "A reforma penal de 1984 tornou mais amplo o poder discricionário do juiz, acentuando, a cada passo, a tarefa de individualização da sanção penal, repetindo, em diversos momentos, os critérios de que deve lançar mão o magistrado na escolha da justa medida".

Nesse sentido, desde a Ilustração procura-se cercear em maior ou menor medida a atuação do magistrado neste particular aspecto com vistas a evitar seu arbítrio. A partir do estabelecimento de uma sistemática de determinação legal relativa (a mais adequada), não obstante, a lei fornece balizas a escorar a discricionariedade judicial.

Em nosso ordenamento, para além das regras específicas do sistema trifásico estabelecido pela Parte Geral de 1984, a regra maior essencial é a de **fundamentação** do cálculo da pena. Como nota Shecaira (2010, p. 14-17), citando Couture, a precisa motivação do *quantum* de pena cominada é um elemento de garantia do condenado, sendo da própria essência do sistema democrático.

De fato, é a fundamentação das etapas de dosimetria penal que permitirá aferir se o julgador cumpriu a legislação e efetivamente procedeu à justa individualização penal, concretizando o marco sancionatório oferecido pelo legislador. Cuida-se do regrame mais importante com vistas a dificultar a utilização ideológica do sistema penal pelo juiz, no sentido descrito por Foucault (2008, p. 63 e s.).

A motivação das decisões judiciais permite, a um só tempo, o conhecimento das razões de decidir, possibilitando sua impugnação por meio de recurso, bem como o controle da atividade jurisdicional. O tema é bastante sensibilizado em matéria de individualização de pena, pois, como chama a atenção Besio Hernández (2011, p. 588), em geral se constata a utilização de fórmulas estereotipadas, vazias, fixando-se a pena no mínimo legal, com o escopo de evitar a necessidade de explicar argumentativamente a decisão. O autor, observando que isso compromete os direitos fundamentais do condenado, culpa a falta de desenvolvimento dogmático da questão, a qual, a seu ver, está intrinsecamente atrelada a finalidades preventivo-especiais e ao princípio da proporcionalidade.

No Brasil, a Reforma de 1984, superando a antiga discussão doutrinária de Lyra e Hungria, adotou a compreensão deste último ao fixar o **sistema trifásico** de dosimetria da pena. Primeiramente, o aplicador da lei penal atenta para as denominadas **circunstâncias judiciais** (art. 59). Depois, sobre a pena-base estabelecida, considera as circunstâncias atenuantes (arts. 65 e 66) e agravantes (arts. 61 e 62), chamadas **circunstâncias legais**, encontrando a pena provisória. Por fim, sobre esta, chega-se à pena definitiva considerando-se as **causas de diminuição ou de aumento de pena** previstas na Parte Geral ou Especial do Código Penal.

O desrespeito ao sistema trifásico de imposição de pena gera nulidade na sentença, conforme já decidiu o Supremo Tribunal Federal (HC 72.951/SP, rel. Ministro Maurício Corrêa). Isso significa não apenas que vedado está o desrespeito da ordem de cálculo imposta pela lei ou seu manejo, como a falta de devida fundamentação. Por conta da redação legal e interpretações muitas vezes de cunho ideológico repressivo de nossos Tribunais, não obstante, desde a fixação da pena-base até o efetivo cumprimento de pena, há consideráveis problemas dogmáticos, como os referidos a seguir.

Considerações nucleares

Os elementos constantes no art. 59 do Código Penal são chamados de circunstâncias judiciais, tendo em vista que a lei não os define e deixa a cargo do julgador a função de identificá-los no bojo dos autos e mensurá-los concretamente (BITENCOURT, 2012, p. 753). O artigo se refere à culpabilidade, aos antecedentes, à conduta social, à personalidade do agente, aos motivos, às circunstâncias e consequências do crime, bem como ao comportamento da vítima.

Referem-se, pois ao fato, ao agente ou à vítima (SANTOS, 2010, p. 516). Essas circunstâncias norteiam a individualização judicial da pena, com vistas à fixação da pena-base. Devem ser fundamentadas, em face do art. 93, inciso IX, da Constituição de 1988. Com propriedade, Shecaira (1998, p. 80) nota que a sentença não é um "ato de fé".

Dogmaticamente, já nos anos de 1930, Radbruch (2010) observara que a dosimetria da pena há de se fundar firmemente no conceito de crime, pois "o grau de merecimento de pena se medirá em diversas escalas, segundo a medida de graduação dos distintos elementos do delito", a denotar uma "tipicidade mais ou menos intensificada", no dizer de Beling. Essa visão, no geral ignorada pelos julgados, é que permitiria uma conformação do sistema penal integral, aliando-se o conceito material de delito às finalidades da pena, conforme Salvador Netto (2009, p. 296). Muitas vezes, ocorre na prática o mero apego formal aos elementos-conceitos do art. 59 do Código Penal, chamados com profunda crítica por Nilo Batista (2013, p. 11) de "cesta de detritos e sobras do positivismo". De fato, cuida-se, no geral, de fórmulas bastante problemáticas. Senão vejamos.

A **culpabilidade**, consoante Reale Júnior (2009, p. 406), é o critério básico e principal na fixação da pena. Ela é, no geral, entendida pela doutrina em termos de culpabilidade normativa, isto é, importando tanto o exame de reprovabilidade do ato como o de seu autor. Cuida-se de um elemento de determinação ou medição de pena[87], mensurado a partir da censurabilidade pessoal da conduta injusta. Assim, não é a culpabilidade enquanto elemento do crime, mas a esse conceito se liga, pois se atrela à sua medição para aferir quão reprovável foi a conduta criminosa. Imputabilidade, consciência potencial da ilicitude e exigibilidade de conduta diversa por certo têm de estar presentes mas, neste momento de fixação da pena, o julgador verifica os detalhes concretos de tais pressupostos, isto é, considerações como

---

[87] O citado trabalho de Besio Hernández, e. g., ao adotar posicionamento normativista, possui concepção diversa, entendendo que a culpabilidade, num sistema democrático de viés preventivo, somente pode se referir à concepção simultânea de pressuposto e limite da pena. A seu ver, a ideia de *medição* consagra um modelo retribucionista (BESIO HERNÁNDEZ, 2009, p. 247 e s.). Em nossa doutrina, em trabalhos recentes, *vide* CARVALHO, 2013, p. 168 e s.; STOCO, 2014, p. 127 e s.

grande maturidade do agente, consciência efetiva da ilicitude e possibilidades efetivas de ações diversas no momento do crime, tudo para fins de fixação do *quantum* de pena acima do mínimo.

Na prática, lamentavelmente, observa-se que os julgados não lidam de maneira satisfatória com o conceito de culpabilidade do art. 59, atrelando-o, por conta da legislação anterior, a um velho ideário de "intensidade de dolo" (MARQUES, 2009, p. 291, sob a égide da Parte Geral de 1940, e. g., afirmava que "examina o juiz, em primeiro lugar, a gravidade do crime praticado, ponderando sobre os elementos de conexão da culpabilidade (intensidade do dolo ou grau da culpa)") ou de pautas calcadas em concepções aproximadas à culpabilidade pela condução de vida, de Mezger.

Os **antecedentes** referidos no art. 59 em análise são, de acordo com a compreensão prevalente, os fatos anteriores da vida do agente, tanto positivos quanto negativos, o que influenciará na aproximação ou na distância da pena-base do mínimo legal.

Até os anos de 1990, divergiam fortemente a doutrina e a jurisprudência pátrias acerca do que seriam maus antecedentes. Lyra (1955, p. 211) entendia que revelariam antecedentes processos com reconhecimento de extinção da punibilidade, inquéritos arquivados, condenações ainda não definitivas e processos em andamento. Ao longo dos anos, nesta esteira, a jurisprudência vinha claudicando acerca da magnitude da questão, o que gerava forte insegurança jurídica. Muitos, como, v. g., Noronha (1995, p. 244), entendiam simplesmente que quaisquer precedentes policiais ou judiciais, independentemente de seus respectivos deslindes, denotariam maus antecedentes.

Atualmente, a questão, ao menos nas Cortes superiores, parece estar assentada após a edição da Súmula 444 do Superior Tribunal de Justiça ("É vedada a utilização de inquéritos policiais e ações penais em curso para agravar a pena-base"). No mesmo sentido vem decidindo o Supremo Tribunal Federal (ex.: RExtr. 535.477). Assim é que, sob a égide de um Estado Democrático de Direito, que consagra o princípio da presunção de inocência (art. 5º, LVII, da CF), assiste razão a Amilton Bueno de Carvalho e Salo de Carvalho (2008, p. 48-53) quando notam que somente podem ser consideradas maus antecedentes decisões condenatórias irrecorríveis, quando não consubstanciadoras de reincidência. Ademais, muito embora não seja esse o entendimento da jurisprudência e doutrina majoritárias, forçoso o reconhecimento, conforme os autores, de aplicação analógica do prazo de cinco anos de reincidência (art. 64 do CP) para os maus antecedentes, os quais não podem ser eternos.

A **conduta social** do agente se refere ao seu modo de agir no meio coletivo em que vive, como na vizinhança, na escola, na família ou no trabalho. Identificam-se como fatores negativos o desregramento, o desajuste ou a imoralidade na condução da vida social. Seriam situações como uma vida permeada de bebedeiras, escândalos, orgias etc. Em sentido oposto, uma vida repleta de ações beneméritas, educativas ou religiosas em prol do próximo revelaria uma conduta social positiva.

A **personalidade do agente**, por sua vez, é considerada a síntese das qualidades morais e sociais do indivíduo, "um todo complexo, porção herdada e porção adquirida, com jogo de todas as forças que determinam ou influenciam o comportamento humano", conforme a sempre lembrada lição de Aníbal Bruno (2009, p. 97). Ou seja, é a boa ou a má índole do agente, seu caráter, capaz de revelar menor ou maior propensão para a prática delitiva.

Muito embora doutrina e jurisprudência pátrias, em sua maioria, não questionem a respeito, a personalidade e a conduta social do agente, enquanto circunstâncias judiciais para fixação de pena, denotam resquício de Direito Penal de autor, incompatível com um Estado Democrático de Direito (nesse sentido, por exemplo, os trabalhos de Carvalho, Roig e Stoco). A boa ou má índole do acusado, ou seu comportamento no meio onde vive, uma vez que não criminoso, são elucubrações morais e atécnicas que não podem validamente ser consideradas em seu prejuízo. São cláusulas por demais porosas e que não dizem respeito ao fato delitivo em julgamento, merecendo, portanto, melhor reflexão dogmática. O forte subjetivismo aqui presente dá lastro ao arbítrio estatal.

Estas últimas circunstâncias, note-se, diferem dos **motivos** determinantes, **circunstâncias** e **consequências** do crime, estes sim fatores relacionados à maior ou menor reprovação do fato delitivo em análise por parte do aplicador da lei penal. Motivos do crime são as razões que levaram o agente a delinquir. A moralidade ou a imoralidade dos motivos, por exemplo, são fatores capazes de demonstrar menor ou maior censurabilidade da ação.

As circunstâncias do crime, quando não constituírem elementares, qualificarem ou privilegiarem a infração, ou, ainda, quando não estiverem elencadas como agravantes e atenuantes (arts. 61, 62, 65 e 66 do Código), são levadas em consideração pelo julgador no momento referido pelo art. 59.

Já as consequências do crime são os efeitos da prática do delito para além do resultado natural do crime. Exemplos como a comoção social provocada pelo delito, ou o desamparo de órfãos com o homicídio, são examinados sob o referido aspecto.

O **comportamento da vítima** é o último elemento-conceito referido pelo art. 59. Ele pode aumentar ou diminuir a reprovabilidade pessoal do injusto penal, pois muitas vezes a vítima contribui decisivamente para a prática do ilícito. Nesse influxo, a presente circunstância é considerada enquanto *fator criminógeno* para fins de atenuação de pena. Ou seja, o comportamento da vítima, embora não justifique a prática delitiva, por vezes diminui a censurabilidade da conduta criminosa, pois, e. g., pode ter provocado ou estimulado esta prática.

A Exposição de Motivos da Parte Geral, item n. 50, em momento de rara infelicidade, no dizer de Bitencourt (2013, p. 52), fornece como exemplo o "pouco recato da vítima nos crimes contra os costumes". Poder-se-ia exemplificar melhor com a ganância da vítima, ou mesmo dolo bilateral, nos crimes de estelionato.

Como nota Shecaira (2004, p. 50), "a vítima, nos últimos dois séculos, foi totalmente menosprezada pelo direito penal", sendo sua revalorização algo recente, objeto de preocupações da chamada vitimodogmática, que foca a responsabilidade da vítima em relação ao crime. O tema tem sido bastante estudado nas doutrinas alemã e espanhola, por exemplo, quer para fins de consideração na fixação da pena (como o faz Hassemer), ou com enfoque na isenção de responsabilidade do agente (e. g., Schünemann). Na Espanha, destacam-se, dentre outros, Cancio Meliá e Silva Sánchez.

Este último autor revela, ademais, que a jurisprudência alemã sempre debateu, por exemplo, casos em que a imprudência da vítima, omitindo-se na adoção de medidas de autoproteção, como uso do cinto de segurança, ensejaria sua corresponsabilidade pelo evento, tendo o espectro analítico nos anos de 1980 se ampliado para os crimes dolosos. No Brasil, os estudos ainda são poucos, crescendo por conta dos maiores aprofundamentos da dogmática penal estrangeira e da criminologia, assim como em decorrência da Reforma Penal de 1984.

Circunstâncias judiciais e fins da pena

Uma problemática fundamental não enfrentada a contento pela jurisprudência brasileira diz respeito ao fato de o art. 59 do Código Penal determinar, na fixação da pena-base, o atendimento aos postulados da retribuição e prevenção do crime, enquanto o art. 1º da Lei de Execução Penal sinaliza pelo ideário da prevenção especial positiva. No geral, os julgados simplesmente ignoram essas determinações legais ou simplesmente as utilizam de modo lacunoso.

Note-se que nos ordenamentos espanhol e italiano, por exemplo, as finalidades da pena são referidas nas próprias Constituições, a demonstrar a importância do tema. No ordenamento alemão, ainda, a lei penal estabelece que, na aplicação da pena, devem ser consideradas as consequências esperadas desta para a vida futura do agente em sociedade, observando então Roxin (2002, p. 31) que a culpabilidade há de ser balizada pela teoria dos fins da pena. Não por outro motivo, Silva Sánchez (2007, p. 7) afirma que na fixação da pena, além de elementos relativos ao fato, hão de ser considerados princípios político-criminais. É isso que evita o arbítrio, consoante o Professor de Barcelona. Além disso, é essa consideração que traz o sentido legitimador da aplicação da pena.

No caso brasileiro, o sincretismo legal ocasiona dificuldades ao sério aplicador da lei penal. As teorias mistas ou unificadoras tentam agrupar em um conceito único os fins da pena. Merkel foi, no começo do século XX, o iniciador desta teoria eclética na Alemanha, desde então sendo o posicionamento mais referido, como nota Bitencourt (2012, p. 153). Retribuição, prevenção geral e prevenção especial seriam distintos aspectos de um mesmo e complexo fenômeno que é a pena. Todavia, como observa com propriedade Roxin, também citado pelo mestre gaúcho

(2012, p. 155), a simples justaposição de concepções distintas não é lógica e transforma a pena em meio de reação para qualquer emprego (no mesmo sentido, ZAFFARONI, 2008, p. 109, na Argentina, e, no Brasil, ROIG, 2013, p. 41 e s.). O autor alemão, assim, propõe uma teoria unificadora dialética, com foco preventivo.

Muito embora este não seja o exato tema da presente análise, e em que pese todas as divergências em torno do temário, de notar que a justaposição de concepções contrapostas feita pelo legislador de 1984 não é racional e vai de encontro ao ideário garantista da Constituição de 1988. Por esses motivos, e no intuito de que na aplicação de pena o juiz realize a política criminal vinculada pela dogmática, sem voluntarismos, no dizer de Salvador Netto (2009, p. 302), são os princípios preventivos, com viés positivo, os mais consentâneos com a sistemática Democrática de Direito ora em vigor. Somente essa compreensão pode permitir uma aplicação de sanção voltada à minimização dos efeitos deformadores e infamantes da pena criminal. Isso permitiria até, por exemplo, na prática, a fixação da pena-base abaixo do mínimo legal ou mesmo a não aplicação de pena quando os fins preventivos se mostrarem desnecessários. De qualquer forma, reitere-se, o tema há de ser mais bem refletido em nosso país, em termos doutrinários e, principalmente, judiciais.

A individualização inicial executória

Na condenação à pena privativa de liberdade, além da fixação de sua quantidade, o julgador deverá estabelecer o regime inicial de cumprimento da pena privativa de liberdade (aberto, semiaberto ou fechado), o que, apesar de pouco destacado pela doutrina, efetivamente consiste numa individualização de pena de cunho executório, componente da atividade jurisdicional cominatória de sanção. Sobre esse aspecto, são inúmeros os desafios postos pelo cotidiano forense brasileiro. São por demais comuns casos em que aos condenados é imposto regime mais severo que a situação concreta demandaria.

Tal postura, por largos anos, comumente vinha lastreada em simples argumentos apegados à suposta gravidade do delito, a tal ponto de ter sido editada a Súmula 718 do Supremo Tribunal Federal, segundo a qual "A opinião do julgador sobre a gravidade em abstrato do crime não constitui motivação idônea para imposição de regime mais severo do que o permitido segundo a pena aplicada".

Esta irreparável súmula, não obstante, veio acompanhada da Súmula 719, reveladora de uma atécnica e infeliz redação, qual seja, "A imposição de regime de cumprimento de pena mais severo do que a pena aplicada permitir exige motivação idônea". Como bem nota Bitencourt (2013, p. 271), a imposição de regime de cumprimento mais severo que a pena aplicada permitir é ilegal, não havendo qualquer fundamentação capaz de justificá-lo.

Para além de toda a seletividade estrutural do sistema penal, brilhantemente descrita por Zaffaroni (dentre outros trabalhos, especificamente em *Em busca das penas perdidas*, passim), a irracionalidade desta violência estatal seletiva parece demonstrar seu ponto formal culminante neste momento de fixação do regime prisional. Aqui a renúncia à legalidade, caracterizadora de um arbitrário exercício de poder, comumente se revela por meio da fixação de regime mediante critérios ideológicos punitivistas, os quais, ademais, ignoram as desumanas condições carcerárias.

Considerações finais

Nossa realidade força a uma necessária e profunda reflexão sobre o tema individualização da pena, principalmente por parte dos operadores do Direito. A legislação brasileira, no geral, em que pesem problemas pontuais, apresenta uma racional e avançada sistemática de aplicação do mais grave meio sancionatório estatal, não sendo sempre, infelizmente, acompanhada de decisões judiciais satisfatórias.

Critérios especiais da pena de multa

Art. 60. Na fixação da pena de multa o juiz deve atender, principalmente, à situação econômica do réu.

§ 1º A multa pode ser aumentada até o triplo, se o juiz considerar que, em virtude da situação econômica do réu, é ineficaz, embora aplicada no máximo.

Multa substitutiva

§ 2º A pena privativa de liberdade aplicada, não superior a 6 (seis) meses, pode ser substituída pela de multa, observados os critérios dos incisos II e III do art. 44 deste Código.

Considerações gerais

A pena de multa possui origem bastante antiga e um papel significativo no abandono da vingança privada, no período que vai da Antiguidade à Idade Média. Atualmente, com a verdadeira crise por que passa a resposta prisional, a multa criminal reassume destacada importância dogmática e concreta.

No caso brasileiro, multa é a sanção penal de cunho patrimonial consistente no pagamento em dinheiro feito ao Estado, especificamente ao Fundo Penitenciário Nacional. Importante frisar, assim, que, tecnicamente, a multa criminal, tal qual consagrado pelo pensamento clássico de Carrara, afasta-se de qualquer ideário de reparação de dano à vítima. Em outras palavras, multa, em termos penais, sempre será em favor do poder público.

A multa pode ser **originária** ou **substitutiva**. **Originária** é aquela descrita no preceito secundário do tipo penal incriminador (e. g., a sanção do art. 155, *caput*, do Código Penal, isto é, furto simples, que é de "reclusão, de um a quatro anos, e multa"). Deve-se atentar para o fato de que a multa originária pode ser prevista de maneira isolada (caso exclusivo de algumas contravenções penais, como anúncio de meio abortivo – art. 20 da Lei das Contravenções Penais); de forma cumulativa com a sanção prisional (como no citado exemplo de furto simples) ou, por fim, de modo alternativo à sanção privativa de liberdade (v. g., art. 147 do Código, crime de ameaça).

Já a multa **substitutiva**, também denominada vicariante, cuida-se da multa aplicada em substituição à prisão. Sua disciplina encontra-se na Parte Geral do Código Penal (fundamentalmente, arts. 49 a 52). Referida substituição é possível quando se trate de crime cuja pena não seja superior a um ano e que tenha sido perpetrado sem violência ou grave ameaça à pessoa, nas hipóteses em que o agente não seja reincidente em crime doloso e as circunstâncias judiciais (art. 44, III) lhes sejam favoráveis. Note-se que o § 2º do art. 60 traz outra hipótese de multa substitutiva (analisada abaixo). Importante frisar, ainda, que a Lei n. 11.340/2006 (Lei Maria da Penha), em seu art. 17, proíbe a substituição em comento.

O art. 60, em seu *caput* e § 1º, aplica-se tanto à multa originária como à substitutiva. Já o § 2º, como apontado, traz uma das hipóteses de multa substitutiva, sendo a outra aquela prevista no § 2º do art. 44 do *Codex*.

Considerações nucleares

O art. 60 traz importante regrame referente à individualização da pena de multa, razão pela qual se encontra no *topos* de aplicação de pena e não na disciplina geral da multa (Seção III do Capítulo I do Título V da Parte Geral do Código Penal).

Muito embora, sem sombra de dúvida, o regramento da multa previsto no art. 49, ao restabelecer o sistema genuinamente brasileiro dos dias-multa em nosso ordenamento, já consagra, por si só, uma sistemática adequada enquanto resposta penal individual, o artigo em comento complementa sua racionalidade. Sobre tudo isso, algumas palavras são necessárias.

Como sabido, o sistema clássico de previsão de pena de multa é aquele que prevê uma multa tarifada (de valor fixo) ou que simplesmente estabelece balizas ao juiz, com valores mínimo e máximo, alcançável a multa em uma única operação. Tais sistemas tradicionais são obviamente injustos, uma vez que privilegiam quem possui boas condições econômicas e, muitas vezes, massacra o despossuído, servindo na prática como pena de confisco, vedada por nosso ordenamento. Não por outra razão, autores como Filangieri, Von Liszt e Baumann, em momentos e locais diversos, preocuparam-se com a equidade da pena de multa.

Por esse motivo, forçoso concluir que o sistema dos dias-multa, ao fixar a multa a partir de um número de unidades artificiais, variável consoante as condições econômicas do condenado, revela-se adequado. Assim, a multa penal é aplicada em três operações, duas necessárias e uma excepcional.

Em primeiro lugar, o juiz estabelece o número de dias-multa, entre um mínimo de 10 e um máximo de 360, cf. o art. 49 do Código Penal. Nesta operação, o critério de fixação é aquele mesmo do sistema trifásico de aplicação de pena. A segunda operação é a de estabelecimento do valor de cada dia-multa, conforme a situação econômica do réu (a variação é dada pelo § 1º do art. 49, isto é, de um trigésimo do maior salário mínimo mensal vigente ao tempo do fato até 5 vezes esse salário).

A terceira, última e excepcional, fase de aplicação da pena de multa é justamente a prevista no art. 60, § 1º. Se, em razão da peculiar boa condição econômica do condenado, a multa, mesmo aplicada no máximo nas operações anteriores, revelar-se ineficaz, ela poderá ser até triplicada. Assim é que, na prática, a multa penal pode chegar até a 5.400 salários mínimos, ou seja, algo em torno de 5 milhões de reais em valores de 2017. À guisa de comparação, de se notar que no ordenamento alemão, que também adota o sistema dos dias-multa (§ 40 do *StGB*), esse valor chega a quase 11 milhões de euros.

Multa substitutiva

O § 2º do art. 60 em comento prevê apenas uma das hipóteses de multa substitutiva. Isso porque a outra é disciplinada no art. 44 do mesmo diploma. A redação do art. 44, trazida pela Lei n. 9.714/98, assim, não revogou o art. 60, § 2º, do Código Penal, como aparentemente poderia parecer. E por uma razão muito simples: este último dispositivo referido, ao fixar um prazo menor de pena privativa de liberdade passível de substituição (seis meses), exigiu menos requisitos que o art. 44, que fala de período não superior a um ano para a substituição por multa.

Desse modo, a multa substitutiva pode se dar em duas situações. Em primeiro lugar, quando se trate de crime cuja pena não seja superior a um ano, que tenha sido praticado sem violência ou grave ameaça à pessoa, e que o agente não seja reincidente em crime doloso, possuindo, ainda, circunstâncias judiciais favoráveis. Outra possibilidade de multa substitutiva, não obstante, revela-se quando a pena privativa de liberdade fixada pelo aplicador da lei penal não seja superior a seis meses, desde que o condenado não seja reincidente em crime doloso e as circunstâncias judiciais lhe sejam favoráveis. Neste último caso, não impede a substituição o fato de o crime ter sido praticado com violência ou grave ameaça à pessoa.

Considerações finais

A disciplina da multa criminal, que pode alcançar, em um país em desenvolvimento como o Brasil, valores extremamente significativos e, desta feita, efetivos, como visto, enseja uma discussão premente em nossa construção dogmática acerca da legitimidade do Direito Penal e sua possível reformulação ante o Direito Administrativo Sancionador. Cuida-se de debate importantíssimo e inadiável, que há de ganhar novos espaços para além da academia.

Se a resposta concreta será em certas situações de multa, sanção típica do Direito Administrativo, não se vislumbra por que, racionalmente, se deva movimentar toda a dificultosa e custosa máquina da repressão penal. Urge, assim, um repensar dos limites horizontais do Direito Penal, com forçosa descriminalização de condutas e transferência de tutela à seara administrativa (a respeito, cf. SOUZA, 2012, p. 125 e s.).

Circunstâncias agravantes

Art. 61. São circunstâncias que sempre agravam a pena, quando não constituem ou qualificam o crime:

I – a reincidência;

II – ter o agente cometido o crime:

a) por motivo fútil ou torpe;

b) para facilitar ou assegurar a execução, a ocultação, a impunidade ou vantagem de outro crime;

c) à traição, de emboscada, ou mediante dissimulação, ou outro recurso que dificultou ou tornou impossível a defesa do ofendido;

d) com emprego de veneno, fogo, explosivo, tortura ou outro meio insidioso ou cruel, ou de que podia resultar perigo comum;

e) contra ascendente, descendente, irmão ou cônjuge;

f) com abuso de autoridade ou prevalecendo-se de relações domésticas, de coabitação ou de hospitalidade, ou com violência contra a mulher na forma da lei específica;

g) com abuso de poder ou violação de dever inerente a cargo, ofício, ministério ou profissão;

h) contra criança, maior de 60 (sessenta) anos, enfermo ou mulher grávida;

i) quando o ofendido estava sob a imediata proteção da autoridade;

j) em ocasião de incêndio, naufrágio, inundação ou qualquer calamidade pública, ou de desgraça particular do ofendido;

l) em estado de embriaguez preordenada.

Considerações gerais

As circunstâncias legais, agravantes e atenuantes, conforme Reale Júnior, "revestem-se de tipicidade e constituem modelos de modalidade das condutas, construídos em função de valores" (2009, p. 415). Elas podem dizer respeito a aspectos objetivos ou subjetivos. As agravantes estão descritas nos arts. 61 e 62 do Código Penal, enquanto as atenuantes, nos arts. 65 e 66 do mesmo diploma.

A lei não estabelece o montante de aumento ou de redução, o que gera insegurança jurídica. Na prática, assentou-se a compreensão de que o aumento ou diminuição deve se dar no patamar de um sexto, a menos que as circunstâncias indiquem a necessidade de utilização de outro índice.

Ainda, em que pese a inexistência de regrame específico, pacificou-se o entendimento judicial de que, com o reconhecimento de agravantes genéricas, a pena não pode ultrapassar o máximo previsto em abstrato para o crime, assim como, segundo o ideário dominante, no caso das atenuantes, não pode ficar abaixo do mínimo. Sobre este último aspecto, inclusive, foi editada a Súmula 231 do Superior Tribunal de Justiça: "a incidência de circunstância atenuante não pode conduzir à redução da pena abaixo do mínimo". Há ainda, projeto de lei nesse sentido em trâmite no Congresso Nacional.

Neste aspecto, posição minoritária, mas que se denota mais adequada, é aquela que entende ser possível a atenuação da pena abaixo do mínimo cominado. Segundo Cirino dos Santos (2010, p. 553-554), não existe proibição legal para tanto, sendo que essa vedação vilipendiaria o princípio da igualdade (e. g., corréu menor de 21 anos seria prejudicado). Por fim, observa o Professor do Paraná, com propriedade, que essa vedação representa analogia *in malam partem*. No mesmo sentido, Shecaira (1998, p. 79) nota que a vedação era interpretação possível na legislação anterior, sendo incabível após a Reforma de 1984.

No concurso de agravantes e atenuantes, devem prevalecer as circunstâncias preponderantes. São prevalecentes as de caráter subjetivo (motivos, personalidade e reincidência, consoante o art. 67). Uma vez mais, isso enseja a indagação quanto ao distanciamento de um Direito Penal do fato em prol de uma sistemática de Direito Penal do autor (ROIG, 2013, p. 28).

Considerações nucleares

O art. 61 do Código Penal traz as circunstâncias legais agravantes, as quais, como referido, possuem cunho subjetivo ou objetivo. Muitas das hipóteses elencadas foram previstas como qualificadoras do crime de homicídio (§ 2º do art. 121), de modo que nestas situações não poderão ser consideradas novamente como agravantes.

A primeira das circunstâncias agravantes previstas pelo Código é a **reincidência**, que é definida, de modo incompleto, pelo art. 63, e disciplinada pelo art. 64, ambos do mesmo diploma (*vide* artigos abaixo, com análise mais detida acerca do tema). Reincidência consiste na prática de um crime após condenação definitiva por crime anterior, no Brasil ou no exterior. Ou, ainda, na prática de contravenção penal, após condenação definitiva por crime anterior, no Brasil ou no exterior, ou por contravenção penal anterior, no Brasil. Os dois aspectos da delimitação de reincidência decorrem da conjugação dos arts. 63 do Código Penal e 7º da Lei das Contravenções Penais.

A subsequente circunstância agravante ocorre quando o agente cometeu o crime por **motivo fútil ou torpe**. **Fútil** é o motivo desarrazoado, desproporcional, como agredir motorista porque buzinou no trânsito ou torcedor do time adversário porque zombou de gol efetuado. Importante frisar, a esse respeito, que doutrina e jurisprudência majoritárias entendem que o ciúme não é motivo fútil. Ademais, também prevalece a acertada compreensão de que a ausência de constatação de motivos não leva à conclusão de ser o motivo fútil.

Motivo **torpe**, por sua vez, é aquele abjeto, vil, imoral, indigno, como a agressão de testemunha que prestou depoimento contrário aos interesses do agente. Também se pode exemplificar, ainda, com a agressão a alguém por conta de sua raça ou sua sexualidade, o que merece algumas especiais palavras. Infelizmente, são comuns as notícias, v. g., de casais homoafetivos agredidos na via pública por conta da intolerância ignorante de alguns, em verdadeiros crimes de ódio *(hate crimes)* por LGBTfobia.

Nestas hipóteses, a solução jurídica atual é o reconhecimento, no caso de lesões corporais, deste crime com a agravante em foco (e, em caso de morte, de homicídio qualificado por motivo torpe, à exceção do feminicídio, em razão da alteração trazida pela Lei n. 13.104/2015 para o art. 121 do CP). Ocorre que a dificultosa trilha de cerceamento desse tipo de intolerância, tal qual o racismo ou o antissemitismo (BORRILLO, 2010, p. 114), revela a necessidade de tutela penal específica, com tipos ou subtipos penais, qualificadoras, agravantes ou causas de aumento de pena específicos, a depender dos fatos delitivos perpetrados e suas circunstâncias, por razões de prevenção geral positiva.

Delito perpetrado **para facilitar ou assegurar a execução, a ocultação, a impunidade ou a vantagem de outro crime**, a seu turno, significa que o crime se encontra em conexão com outro. É o que ocorre na hipótese em que o agente agride o segurança para fins de sequestrar o empresário. Há que se observar que, nestes casos, não é necessário que o crime-fim chegue a ser praticado para reconhecimento da presente circunstância agravante. Se o for, deve ser aplicado o concurso de crimes (formal ou material, a depender do caso concreto).

À traição, de emboscada, ou mediante dissimulação, ou outro recurso que dificultou ou tornou impossível a defesa do ofendido são as subsequentes circunstâncias agravantes, consubstanciadoras de rol não fechado de modos de prática delitiva com maior ofensividade. São situações similares que impossibilitam maior reação da vítima. Traição é o ataque súbito e sorrateiro, que atinge a vítima desprevenida (HUNGRIA, 1955, p. 166). Emboscada é a tocaia, ou seja, a espera dissimulada da vítima, que vem a ser surpreendida pelo agente. Dissimulação é a ocultação da intencionalidade delitiva, como se dá com a utilização de disfarces.

A seguir, a lei se refere a **emprego de veneno, fogo, explosivo, tortura ou outro meio insidioso ou cruel, ou de que podia resultar perigo comum**. Tal qual a anterior previsão, cuida-se de rol não taxativo de situações com maior ofensividade da ação delitiva. Entende-se por veneno a substância química ou biológica capaz de causar a lesão quando introduzida no organismo. Diverge a doutrina na hipótese de a substância normalmente não ser capaz de causar a morte de alguém, a não ser, excepcionalmente, em determinadas pessoas. É o caso do açúcar para o diabético. Segundo Hungria (1955, p. 162), seguido pela doutrina dominante, em tais hipóteses, tratar-se-ia de veneno.

Cuida-se de uma discussão pertinente, principalmente por conta da qualificadora correspondente do homicídio. No presente caso, não pode haver *animus necandi*.

Fogo e tortura são meios cruéis de prática delitiva, que trazem desnecessário sofrimento à vítima, além de riscos a terceiros, no primeiro caso, tal qual se dá também com a utilização de explosivos.

A hipótese de crime praticado **contra ascendente, descendente, irmão ou cônjuge** revela maior reprovabilidade da conduta, que atinge familiares do agente. Mister se faz a prova do parentesco para fins de sua consideração. Não importa se o parentesco decorre de adoção. De outro lado, como a lei penal se refere a "cônjuge", não é possível considerar a agravante se o crime é perpetrado contra companheiro ou companheira, evidente omissão do legislador, a qual, todavia, não pode ser suprida pelo julgador, uma vez que encetaria analogia *in malam partem*.

O art. 61, inciso II, *f*, do Código Penal prevê a circunstância agravante de ter o agente cometido o crime **com abuso de autoridade ou prevalecendo-se de relações domésticas, de coabitação ou de hospitalidade, ou com violência contra a mulher na forma da lei específica**. Cuida-se de situações em que há abuso de autoridade no âmbito privado. A parte final foi trazida pela Lei n. 11.340/2006, sendo verdadeiramente supérflua, pois a hipótese já se subsume nos demais casos previstos na alínea em referência.

Se a agravante anterior se refere a relações privadas no âmbito doméstico, a previsão de crime praticado **com abuso de poder ou violação de dever inerente a cargo, ofício, ministério ou profissão** volta-se às relações de trabalho, públicas ou privadas, bem como religiosas. A maior censurabilidade da ação decorre da maior sujeição da vítima nestes casos. Deve-se atentar para o fato que, no âmbito público, a agravante só incidirá se o caso não constituir crime de abuso de autoridade ou crime funcional.

Crime praticado **contra criança, maior de 60 (sessenta) anos, enfermo ou mulher grávida** recebe maior reprovação em razão da maior fragilidade do sujeito passivo, que revela menor possibilidade de se defender. Para incidência da agravante, por certo, o agente deverá ter ciência da circunstância, pois não existe responsabilidade objetiva em Direito Penal. Criança é a pessoa com até 12 anos incompletos, conforme o art. 2º, *caput*, da Lei n. 8.069/90. "Maior de 60 anos" é a nova expressão dada pelo legislador, que substituiu, em 2003, a plurívoca e infeliz expressão "velho", fonte de controvérsias. Enfermo é a pessoa doente, a ponto de comprometer sua capacidade de resistência (pois essa é a razão de ser da agravante). Por fim, com relação à mulher grávida, deve-se atentar para o início da gravidez, ocorrente com a *nidação*, isto é, com a implantação do óvulo fecundado no útero materno.

A circunstância de prática da conduta delitiva **quando o ofendido estava sob a imediata proteção da autoridade** revela menosprezo do agente para com a autoridade constituída, merecendo, desta feita, maior reprovação da ação. Por exemplo, ocorre no caso da vítima de roubo que agride o roubador logo após sua prisão em flagrante pela polícia. A presente circunstância não pode ser aplicada como agravante do delito de arrebatamento de preso (art. 353 do CP), pois constitui elementar deste.

Em ocasião de incêndio, naufrágio, inundação ou qualquer calamidade pública, ou de desgraça particular do ofendido são circunstâncias que revelam maior insensibilidade e oportunismo do agente, que se aproveita de tragédias públicas ou privadas (como acidente pessoal ou luto da vítima) para a prática de crime.

Por fim, a prática criminosa **em estado de embriaguez preordenada** se consubstancia em uma das hipóteses de *actio libera in causa*. Neste caso, o agente voluntariamente se embriaga para fins de tomar coragem para a perpetração do ilícito penal. Conforme Magalhães Noronha (1995, p. 254), "o agente vai buscar no álcool a coragem que lhe falta para o delito". A embriaguez pode ser dar não apenas por álcool, mas também por substâncias de efeitos análogos, como drogas, lícitas ou não. Pouco importa o grau de embriaguez. A presente previsão se coaduna com o estabelecido no art. 28, inciso II, do Código. Por óbvio, mister se faz provar no caso concreto tanto o estado de embriaguez como o seu específico propósito delitivo.

Considerações finais

As circunstâncias agravantes estão taxativamente elencadas nos arts. 61 e 62 do Código Penal, sendo seu reconhecimento possível na segunda fase do sistema trifásico de aplicação de pena. Como regra restritiva de direitos que é, sua interpretação se dá de forma estrita, consoante os precisos termos elencados pelo legislador, o que revela tipicidade também nesta seara.

À exceção da reincidência, referidas circunstâncias somente podem ser aplicadas em caso de crimes dolosos, pois apenas nestes faz sentido uma maior reprovação pessoal da conduta.

Por fim, forçoso observar que, apesar da avançada disciplina, no geral, quanto à aplicação sancionatória, falhou o legislador de 1984 ao não fixar o exato *quantum* de aumento de pena que é possível na ocorrência de uma ou mais circunstâncias aqui previstas, o que há de ser repensado em uma eventual reforma legislativa.

Agravantes no caso de concurso de pessoas

Art. 62. A pena será ainda agravada em relação ao agente que:

I – promove, ou organiza a cooperação no crime ou dirige a atividade dos demais agentes;

II – coage ou induz outrem à execução material do crime;

III – instiga ou determina a cometer o crime alguém sujeito à sua autoridade ou não punível em virtude de condição ou qualidade pessoal;

IV – executa o crime, ou nele participa, mediante paga ou promessa de recompensa.

Considerações gerais

O presente dispositivo cuida do agravamento sancionatório em caso de concurso de agentes, ou de pessoas. São situações em que a conduta do agente é mais significativa na codelinquência. Evidentemente, a incidência do art. 62 não afasta a possível aplicação de circunstâncias agravantes elencadas no artigo antecedente. Forçoso notar, ademais, que as hipóteses descritas, tais como do artigo antecedente, são *numerus clausus*.

Considerações nucleares

A pena será agravada em relação ao agente que **promove, ou organiza a cooperação no crime ou dirige a atividade dos demais agentes**. Cuida-se da maior punição ao autor intelectual do crime ou do líder dos delinquentes.

Também se reconhece maior censurabilidade àquele que **coage ou induz outrem à execução material do crime**. Refere-se à hipótese, em primeiro lugar, daquele que obriga outrem à prática do delito, seja a coação resistível ou não (caso a coação seja irresistível, o coator é considerado autor mediato do delito, respondendo sozinho por ele com pena agravada pela presente circunstância). O induzimento, por sua vez, significa a criação de propósito criminoso inexistente em outrem.

A terceira agravante do dispositivo em foco ocorre quando o agente **instiga ou determina a cometer o crime alguém sujeito à sua autoridade ou não punível em virtude de condição ou qualidade pessoal**. São situações em que o agente estimula ou ordena que alguém sujeito à sua autoridade (pública ou privada) cometa o delito, ou, ainda, que tal se dê em relação a inimputáveis, como menores (hipótese de autoria mediata).

Por fim, reconhece-se uma agravante quando o agente **executa o crime, ou dele participa, mediante paga ou promessa de recompensa**. Em tais casos, por óbvio, necessariamente há concurso de pessoas, sendo o crime reconhecido como mercenário para aquele que age pelo motivo descrito. Cuida-se de uma espécie destacada de motivo torpe, prevista como qualificadora para o crime de homicídio, razão pela qual não poderá ser novamente reconhecida neste específico caso. Tal qual ocorre no caso do art. 121, § 2º, inciso I, do Código Penal, pode-se questionar se a "promessa de recompensa" deve ou não possuir sentido patrimonial. Embora haja controvérsia, entende-se que a prestação deve possuir valor econômico, não entrando, por exemplo, o favor sexual, que é motivo *torpe*.

Considerações finais

O art. 62 nada faz além de consagrar, na Parte Geral do Código Penal brasileiro, uma vez mais, a culpabilidade, em toda a sua extensão. Em caso de concurso de pessoas, cada um responde na medida de sua culpabilidade, seja autor, coautor ou partícipe da empreitada criminosa. As circunstâncias descritas pelo legislador justificam um grau de censurabilidade diferenciado para cada agente. Este é o sentido que norteia toda a sistemática de aplicação de pena.

Reincidência

Art. 63. Verifica-se a reincidência quando o agente comete novo crime, depois de transitar em julgado a sentença que, no País ou no estrangeiro, o tenha condenado por crime anterior.

Art. 64. Para efeito de reincidência:

I – não prevalece a condenação anterior, se entre a data do cumprimento ou extinção da pena e a infração posterior tiver decorrido período de tempo superior a 5 (cinco) anos, computado o período de prova da suspensão ou do livramento condicional, se não ocorrer revogação;

II – não se consideram os crimes militares próprios e políticos.

Considerações gerais

A reincidência é uma circunstância agravante, prevista no art. 61, inciso I, do Código Penal. Desse modo, é considerada na segunda fase da fixação de pena, dentro do sistema trifásico adotado pela Parte Geral insculpida em 1984. Os arts. 63 e 64 do Código disciplinam esta verdadeiramente polêmica agravante, herança do positivismo criminológico (GÓMEZ MARTÍN, 2007, p. 81), que se preocupava enormemente com a periculosidade do delinquente.

Reincidir significa, genericamente, incidir novamente em algo. Em termos jurídico-penais, a reincidência constitui a prática de um crime após condenação transitada em julgado por crime anterior, no Brasil ou no exterior. Ou, ainda, a prática de contravenção penal, após condenação transitada em julgado por crime anterior, no Brasil ou no exterior, ou por contravenção anterior, no Brasil. Tudo conforme a dicção legislativa nacional (arts. 63 do Código Penal e 7º da Lei das Contravenções Penais).

Perceba-se que, primeiramente, a definição trazida pelo art. 63 do Código é incompleta, já que ignora a previsão da lei contravencional. Além disso, por má técnica legislativa, se o agente praticar crime após ter sido condenado por contravenção penal, mesmo no Brasil, não será considerado reincidente, o que é um absurdo, já que, se praticar algo menos grave, isto é, contravenção, o será.

Considerações nucleares

A dogmática penal sempre revelou controvérsia quanto aos fundamentos da reincidência. A concepção mais difundida em nosso país, de cunho positivista, era aquela sintetizada por Roberto Lyra, para quem "a reincidência (de *recidere*, recair) não se subordina aos critérios da responsabilidade, e sim aos da periculosidade" (1955, p. 317).

Após a maior adesão às teses finalistas, com a Reforma de 1984, passou-se a, não obstante, disseminar a compreensão de que a justificativa para o agravamento pela reincidência estaria na *culpabilidade* do agente, uma vez que sinalizadora de maior reprovação pessoal.

Para além de agravar a pena, a reincidência, ademais, traz inúmeros outros consectários prejudiciais ao acusado, como no que pertine à substituição de penas, possibilidade de suspensão condicional do processo, de alcance da prescrição etc. Desse modo, há forte recrudescimento penal com seu reconhecimento.

A majoritária doutrina e jurisprudência nacionais admitem a plena validade do instituto da reincidência, apenas rechaçando a possibilidade de sua dupla valoração, o que foi sumulado pelo Superior Tribunal de Justiça (Súmula 241: "A reincidência penal não pode ser considerada como circunstância agravante e, simultaneamente, como circunstância judicial").

Apesar disso, há tempos, aqui e alhures, parcela minoritária da doutrina advoga pelo rechaço do instituto da reincidência, por violação ao princípio do *ne bis in idem*. Entende-se que o indivíduo vê-se novamente condenado por fato anterior. Ademais, as alegações de maior periculosidade ou censurabilidade seriam falácias infirmadas pela constatação de condenações por crimes culposos ou dolosos sem maior gravidade. Por tal sorte de argumentação é que, por exemplo, o Código Penal colombiano de 1980 não possui o instituto da reincidência.

Em outro extremo do positivismo, vale notar, já se chegou a apresentar a reincidência como atenuante, pois a habitualidade delitiva denotaria menor capacidade de liberdade de vontade do agente, comprometendo-se sua culpabilidade moral. Também já se defendeu a sua transmutação em circunstância atenuante por conta do fato revelar a falha do Estado no cumprimento das finalidades executórias, o que não poderia ser atribuído ao indivíduo novamente condenado.

O Supremo Tribunal Federal, no entanto, no ano de 2013, por unanimidade, reconheceu a constitucionalidade do instituto da reincidência, nos autos do Recurso Extraordinário n. 453.000, tendo-se atribuído ao caso a repercussão geral. Os argumentos do relator dos autos, Ministro Marco Aurélio, centraram-se na maior censurabilidade que recairia sobre o agente na prática de novo ilícito.

Apesar da decisão do Excelso Pretório brasileiro, a reincidência, segundo pensamos, efetivamente se distancia de um Direito Penal do fato, aproximando-se de pautas de um Direito Penal de autor e do ideário da periculosidade, conforme brilhantemente asseverado por Zaffaroni em seus estudos e, particularmente, enquanto magistrado nos autos do processo n. 6.457/2009, da Suprema Corte da Argentina. Assim, culmina por violar a proibição do *ne bis in idem*, não sendo compatível com um Direito Penal de garantias (ZAFFARONI e PIERANGELI, 2008, p. 719).

De qualquer forma, conforme estabelece o Código Penal pátrio, procurando mitigar os efeitos estigmatizantes do instituto, que não podem ser eternos, se a nova infração for praticada após 5 anos do cumprimento ou extinção da pena anteriormente aplicada, não haverá reincidência. Neste lapso, computa-se o período de prova da suspensão ou do livramento condicional, se não ocorrer revogação.

Outro regrame que tem por escopo temperar o reconhecimento da reincidência é o que veda a consideração de **crimes militares próprios** e **crimes políticos**. Crime militar próprio é a infração penal prevista exclusivamente no Código Penal Militar, sem correspondente na legislação penal comum. O exemplo sempre lembrado é o da deserção (art. 187 do CPM). Dessa maneira, se o agente definitivamente condenado por este delito praticar um furto no ano seguinte, não será considerado reincidente.

Crimes políticos, por sua vez, são aqueles perpetrados com objetivos políticos, isto é, contra a organização política do Estado, como sequestro de autoridades para fins de pressionar o governo a adotar alguma medida. Crimes políticos não se confundem com crimes eleitorais, que são infrações penais voltadas à lesão ou ao risco de lesão do processo eleitoral, conforme acertada compreensão de Aranha (1992, p. 17).

Considerações finais

Consoante entendimento majoritário, a reincidência, para ser reconhecida, há de ser devidamente comprovada por meio de certidão judicial, não sendo possível qualquer outro meio de prova. Apesar disso, em lamentável julgado isolado, recentemente, o Supremo Tribunal Federal adotou posicionamento diverso (cf. HC 103.969/MS, rel. Ministro Ricardo Lewandowski, j. 21-9-2010).

De qualquer forma, segundo o aduzido acima, entendemos ser questionável o reconhecimento da constitucionalidade do instituto da reincidência, que ainda exige melhor reflexão por parte do Poder Judiciário brasileiro.

Circunstâncias atenuantes

Art. 65. São circunstâncias que sempre atenuam a pena:

I – ser o agente menor de 21 (vinte e um), na data do fato, ou maior de 70 (setenta) anos, na data da sentença;

II – o desconhecimento da lei;

III – ter o agente:

a) cometido o crime por motivo de relevante valor social ou moral;

b) procurado, por sua espontânea vontade e com eficiência, logo após o crime, evitar-lhe ou minorar-lhe as consequências, ou ter, antes do julgamento, reparado o dano;

c) cometido o crime sob coação a que podia resistir, ou em cumprimento de ordem de autoridade superior, ou sob a influência de violenta emoção, provocada por ato injusto da vítima;

d) confessado espontaneamente, perante a autoridade, a autoria do crime;

e) cometido o crime sob a influência de multidão em tumulto, se não o provocou.

Art. 66. A pena poderá ser ainda atenuada em razão de circunstância relevante, anterior ou posterior ao crime, embora não prevista expressamente em lei.

Considerações gerais

As circunstâncias atenuantes, assim como as agravantes, são consideradas na segunda fase do sistema trifásico de aplicação de pena, após o estabelecimento da pena-base pelo magistrado sentenciante.

Nossa legislação não fixa o exato *quantum* de redução a ser aplicado diante de uma ou mais circunstâncias atenuantes, fator que dá lastro ao arbítrio estatal. Concretamente, no entanto, pacificou-se o entendimento jurisprudencial de que a redução deve ser de um sexto, salvo se as particularidades do caso sinalizarem a premência de outro percentual (o que, reitere-se, representa, no fundo, lamentável insegurança jurídica).

Ademais, forçoso observar que, apesar da falta de regra nesse sentido, também se sedimentou a compreensão judicial de que, com o reconhecimento de atenuantes genéricas, a pena não pode ficar abaixo do mínimo. Neste diapasão, foi editada a Súmula 231 do Superior Tribunal de Justiça, com o seguinte teor: "a incidência de circunstância atenuante não pode conduzir à redução da pena abaixo do mínimo". Referida compreensão sumular encontra-se, ainda, agasalhada em projeto de lei nesse sentido em trâmite no Poder Legislativo nacional, como já referido.

Conforme nos manifestamos quando da análise das circunstâncias agravantes (arts. 61 e 62), não se coaduna com essa compreensão. Aliás, diante do fato de que os magistrados em geral fixam a pena-base no mínimo legal, esse posicionamento torna, na prática, inaplicável qualquer circunstância atenuante (disparate que representa verdadeiro estímulo a que o agente não confesse o crime ou não repare o dano causado).

Nesse influxo, assiste razão ao posicionamento minoritário (e. g., MACHADO, 1989, p. 388-389), quando advoga pela possibilidade de atenuação da pena abaixo do mínimo cominado no tipo incriminador. Isso porque a lei não proíbe a referida redução, representando o entendimento sumulado nada mais que analogia *in malam partem*, conforme assevera com propriedade Cirino dos Santos (2010, p. 553-554). O autor, ademais, nota que essa vedação vilipendiaria o princípio constitucional da igualdade (v. g., corréu com idade entre 18 e 21 anos seria prejudicado).

Ademais, tanto a postura interpretativa das atenuantes é particularmente diversa relativamente às agravantes que sua tipicidade é temperada pelo art. 66 do Código, que estabelece uma cláusula aberta permissiva do reconhecimento de atenuantes inominadas. Ou seja, regra penal restritiva de direitos é econômica, enquanto regra penal permissiva é pródiga. Tal cuida-se de um axioma penal, verdadeiro mantra do penalista, que jamais pode ser olvidado.

Considerações nucleares

O Código Penal insculpe sete circunstâncias atenuantes. A primeira atenuante, prevista no art. 65, inciso I, consiste em **ser o agente menor de 21 anos na data do fato, ou maior de 70 na data da sentença**. Em razão da imaturidade do jovem entre 18 e 21 anos, reconhece-se a atenuação de sua pena. Ademais, por razões humanitárias, o mesmo se aplica aos idosos.

Consoante o teor da Súmula 74 do Superior Tribunal de Justiça, "para efeitos penais, o reconhecimento da menoridade do réu requer prova por documento hábil". Certidão de nascimento, Cédula de Identidade e Carteira Nacional de Habilitação são exemplos de documentos hábeis que atendem o comando sumular.

Também atenua a pena imposta ao agente o **desconhecimento da lei**. Agasalhando antigo brocardo que, no fundo, empresta segurança ao ordenamento jurídico, o art. 21 do Código Penal estabelece ser a ignorância da lei inescusável, ou seja, o desconhecimento quanto à legislação não isenta o agente de pena. Essa é a regra geral, temperada tanto pelo próprio art. 21 citado quanto pelo art. 65, II, em foco. Do cotejo das regras referidas, verifica-se que o erro quanto à ilicitude do fato (erro de proibição), se inevitável, isenta de pena; já se evitável, enseja diminuição de pena (circunstância atenuante).

De notar que neste último caso, muito embora, como dito, o art. 65 não estabeleça um *quantum* de diminuição, o art. 21 o faz, no montante de um sexto a um terço. Diante do verdadeiro cipoal legislativo erigido ao longo das últimas décadas no Brasil, fruto de um expansionismo penal sem precedentes, renova-se em atualidade e importância a presente atenuante, notadamente em crimes econômicos e ambientais.

Relativamente às contravenções penais, por sua vez, a lei especial fixa que a ignorância ou a errada compreensão da lei, se escusáveis, permitem o perdão judicial. Já se inescusáveis, ensejam a atenuação em comento.

Atenua ainda a pena do agente se cometido o crime por motivo de relevante valor social ou moral. Segundo Noronha (1995, p. 258), citando Maggiore, as expressões confundem-se. De toda forma, entende-se majoritariamente que **motivo de relevante valor social** é aquele imaginado para situações em que a prática delitiva beneficia à sociedade. Assim como o relevante valor moral, trata-se de motivo aferido segundo a consciência ético-social geral. Já **relevante valor moral** diz respeito a sentimentos pessoais do criminoso, aprovados pela moralidade coletiva.

A subsequente circunstância atenuante ocorre quando o agente tenha **procurado, por sua espontânea vontade e com eficiência, logo após o crime, evitar-lhe ou minorar-lhe as consequências, ou tenha, antes do julgamento, reparado o dano**. A previsão em destaque, muito embora se aproxime dos institutos do arrependimento eficaz e do arrependimento posterior, com estes não se confunde. Na atenuante em questão o crime se consumou, razão pela qual não se pode falar em arrependimento eficaz (art. 15 do CP). Também se diferencia do arrependimento posterior, tendo em vista que este, conforme o art. 16 do Código, somente pode se dar até o recebimento da denúncia ou queixa. Assim, se a reparação ocorre após este último momento processual, e até o julgamento do processo, dar-se-á a atenuante do art. 65, inciso III, *b*.

O art. 65, inciso III, *c*, fixa como atenuante ter o agente **cometido o crime sob coação a que podia resistir, ou em cumprimento de ordem de autoridade superior, ou sob a influência de violenta emoção, provocada por ato injusto da vítima**. A coação resistível revela grau de censurabilidade atenuada do agente, o qual praticou a infração penal moralmente forçado, mas que, com algum esforço, poderia tê-la evitado. Por essa razão, é punido, mas com pena menor, ao contrário da coação irresistível, que afasta a culpabilidade.

Em sentido similar, aquele que pratica o delito obedecendo a ordem ilegal é apenado de modo atenuado. Caso a ordem superior não seja manifestamente ilegal, não reponde por infração alguma, consoante estabelece o art. 22 do *Codex*.

Por fim, a influência de violenta emoção, provocada por ato injusto da vítima, também atenua a pena a ser imposta. Não se trata aqui de agressão perpetrada por parte da vítima, o que caracterizaria legítima defesa, e sim um ato injusto, ou seja, uma provocação não criminosa. Esta última deve ensejar no agente um abalo emocional que o leva a praticar o crime. Não é preciso o "domínio" pleno da violenta emoção, como se exige no caso do homicídio privilegiado (art. 121, § 1º), apenas sua influência. Como na atenuante ora analisada a lei silencia, tampouco se exige o requisito temporal "logo em seguida". Nesse sentido, basta a prova de que o indivíduo agiu sob a influência de violenta emoção por conta de ato injusto da vítima para o reconhecimento da atenuante, pouco importando se isso se deu tempos após.

A **confissão espontânea**, perante a autoridade, da autoria do crime representa importante circunstância atenuante. A legislação anterior a 1984 apenas a admitia quando se cuidasse de crime de autoria ignorada ou atribuída a outrem, o que limitava bastante sua ocorrência na prática. Atualmente, não existem mais referidas ressalvas, podendo a confissão dar-se tanto perante a autoridade policial quanto judicial. A espontaneidade exigida pela lei é interpretada majoritariamente como sinônimo de voluntariedade, ou seja, basta que a confissão seja dada livremente pelo agente.

Por fim, a última circunstância atenuante expressamente elencada pela lei consiste em ter o agente **cometido o crime sob a influência de multidão em tumulto, se não o provocou**. Sua razão de ser encontra-se no menor controle da vontade do agente diante de significativas excitações públicas, ensejadoras de fortes descontroles coletivos.

Considerações finais

Contrariamente às circunstâncias agravantes, as atenuantes não possuem rol taxativo. Em primeiro lugar, pelo simples fato de que se trata de norma permissiva, podendo sem sombra de dúvida haver interpretação ampliativa. Em segundo, por conta da redação expressa do art. 66, que traz uma cláusula aberta.

As atenuantes, reitere-se, hão de ser consideradas na segunda fase do sistema trifásico de aplicação de pena. Infelizmente, prevalece amplamente a equivocada e antidemocrática compreensão de que não poderiam reduzir a pena abaixo do mínimo legal.

Concurso de circunstâncias agravantes e atenuantes

Art. 67. No concurso de agravantes e atenuantes, a pena deve aproximar-se do limite indicado pelas circunstâncias preponderantes, entendendo-se como tais as que resultam dos motivos determinantes do crime, da personalidade do agente e da reincidência.

Considerações gerais

Um fato delitivo único pode revelar, simultaneamente, circunstâncias agravantes e atenuantes, o que poderia deixar atônito o intérprete quanto à correta disciplina a ser aplicada. O presente dispositivo tem, então, por escopo solucionar a problemática decorrente dessa situação, estabelecendo qual deve ser a providência a ser adotada pelo aplicador da lei penal.

Considerações nucleares

Um fato típico, antijurídico e culpável, isto é, uma infração penal, pode revelar, ao mesmo tempo, circunstâncias agravantes e atenuantes, as quais, por sua vez, podem deter natureza objetiva ou subjetiva. Nestes casos, o art. 67 do Código Penal fixa que a pena deve se aproximar dos limites preponderantes, estabelecendo como tais os subjetivos, ou seja, os relacionados aos motivos determinantes do crime, à personalidade do agente e à reincidência.

Motivos determinantes são as razões internas que levaram o agente a praticar a infração penal, como o motivo fútil ou torpe, o relevante valor social ou moral etc. A personalidade do agente refere-se a seus caracteres, dados pessoais, como a idade, que constitui atenuante se o agente é menor de 21 anos na data do fato, ou maior de 70 na data da sentença. Por fim, a reincidência (conforme os termos dos arts. 63 do Código Penal e 7º da Lei das Contravenções Penais) há de ser neste momento sopesada negativamente, conforme o entendimento prevalente de que revelaria maior censurabilidade ao agente.

Doutrina e jurisprudência pacíficas consideram a menoridade do agente (ou seja, idade entre 18 anos completos e 21 anos incompletos) circunstância preponderante relativamente a qualquer outra.

Considerações finais

O concurso de circunstância preponderante com outra que não detenha a mesma condição enseja a prevalência daquela na segunda fase do sistema trifásico de aplicação de pena. Caso haja concurso de circunstâncias agravantes e atenuantes de mesmo nível, não haverá qualquer aumento ou diminuição, conforme observa Greco (2009, p. 588).

> **Cálculo da pena**
> **Art. 68.** A pena-base será fixada atendendo-se ao critério do art. 59 deste Código; em seguida serão consideradas as circunstâncias atenuantes e agravantes; por último, as causas de diminuição e de aumento.
>
> **Parágrafo único.** No concurso de causas de aumento ou de diminuição previstas na parte especial, pode o juiz limitar-se a um só aumento ou a uma só diminuição, prevalecendo, todavia, a causa que mais aumente ou diminua.

Considerações gerais

O presente dispositivo consagrou, a partir de 1984, com a nova Parte Geral do Código Penal, o chamado sistema trifásico de aplicação de pena. Dessa maneira, solucionou-se a antiga discussão doutrinária de Lyra e Hungria, em face da legislação anterior. Ao fixar o sistema trifásico de dosimetria da pena, o legislador consagrou o posicionamento de Hungria, findando com quaisquer dúvidas, já que Lyra defendia que a fixação da pena deveria ocorrer em duas operações.

Considerações nucleares

Pela sistemática adotada, inicialmente, o julgador, ao condenar, estabelece a pena-base com escora nas chamadas **circunstâncias judiciais** (art. 59). A seguir, numa segunda operação, sobre o montante anteriormente estabelecido, considera as circunstâncias atenuantes (arts. 65 e 66) e agravantes (arts. 61 e 62), chamadas **circunstâncias legais**, fixando então a pena provisória. Num terceiro e derradeiro momento, sobre a pena provisória, chega-se à pena definitiva, considerando-se as **causas de diminuição ou de aumento de pena** previstas tanto na Parte Geral como na Especial do Código Penal.

A ordem de cálculo sequencial estabelecida deve ser estritamente respeitada, bem como devidamente fundamentada (cada etapa). Há nulidade da sentença que não respeite essa sistemática (Supremo Tribunal Federal, HC 72.951/SP, rel. Ministro Maurício Corrêa).

As causas especiais de aumento ou diminuição de pena estão previstas na Parte Geral e na Parte Especial do *Codex*, sendo que sua consideração representa a terceira fase de aplicação de pena. São hipóteses como da tentativa (art. 14, II) ou arrependimento posterior (art. 16), na Parte Geral, ou do homicídio (art. 121, § 1º) ou furto privilegiados (art. 155, § 2º), na Parte Especial.

Considerações finais

O art. 68 consagra na Reforma Penal de 1984 o sistema trifásico de aplicação de pena, objeto de histórica divergência doutrinária diante da legislação anterior. No fundo, o objetivo é a construção de uma sistemática racional e realista de individualização de pena. No dizer de Frederico Marques (2002, p. 272), o ideário subjacente é não apenas o de estabelecer uma aplicação flexível de regras e preceitos, mas ainda "(...) traçar as normas fundamentais sobre as individualizações ulteriores que norteiem as tarefas que se hão de realizar no sentido da adaptação, a mais completa possível, da sanção penal ao autor do fato delituoso".

Concurso material

Art. 69. Quando o agente, mediante mais de uma ação ou omissão, pratica dois ou mais crimes, idênticos ou não, aplicam-se cumulativamente as penas privativas de liberdade em que haja incorrido. No caso de aplicação cumulativa de penas de reclusão e de detenção, executa-se primeiro aquela.

§ 1º Na hipótese deste artigo, quando ao agente tiver sido aplicada pena privativa de liberdade, não suspensa, por um dos crimes, para os demais será incabível a substituição de que trata o art. 44 deste Código.

§ 2º Quando forem aplicadas penas restritivas de direitos, o condenado cumprirá simultaneamente as que forem compatíveis entre si e sucessivamente as demais.

Considerações gerais

O fato criminoso pode ser obra de diversos indivíduos, hipótese em que ocorre o chamado concurso de pessoas, ou concurso de agentes. Em sentido oposto, uma única pessoa pode, mediante um ou mais comportamentos, praticar diversas infrações penais, caso em que se dá o concurso de crimes.

Neste último caso, ainda que se esteja diante de uma única ação (vilipendiadora de mais de um tipo penal), a justa sanção não pode ser a mesma daquela atribuída a quem infringe um único dispositivo da lei penal, pois se estaria tratando igualmente situações desiguais. Por outro lado, a situação concreta pode revelar que um simples somatório de penas seria algo injusto comparativamente àquelas situações em que o agente pudesse ter agido de uma única vez. A esse respeito, pense-se no conhecido exemplo do empregado que furta dia a dia uma peça do faqueiro em face da hipótese daquele que furta o jogo completo de uma só vez. Seria impensável punir muito mais gravemente o primeiro caso em detrimento do segundo, afinal de contas, o desígnio criminoso é o mesmo e o prejuízo experimentado pela vítima é idêntico.

Por essas razões, o tema do concurso de crimes nada mais é do que uma disciplina jurídica de aplicação de penas em caso de ocorrência de pluralidade de infrações penais perpetradas por um mesmo agente, o que levou Bettiol a afirmar que o concurso de crimes constitui uma ponte de passagem entre a doutrina do crime e a da pena. Nesse sentido, a dogmática penal erigiu os institutos do concurso material, do concurso formal e do crime continuado. Muito embora o temário não seja novo, sua importância se renova nos dias atuais, fundamentalmente diante de seu controvertido manejo pela jurisprudência, mormente nos casos de crimes patrimoniais, habitualidade delitiva ou, em termos genéricos, organização criminosa, nos quais há efetiva postura judicial de recrudescimento repressivo, muitas vezes se vilipendiando a melhor compreensão do assunto em foco.

Considerações nucleares

A doutrina reconhece os seguintes sistemas voltados à disciplina do concurso de crimes: a) *do cúmulo material ou aritmético*, segundo o qual simplesmente se somam as penas dos crimes; b) *do cúmulo jurídico*, em que a pena aplicada deve ser superior às cominadas a cada crime sem, todavia, chegar-se à soma delas; c) *da absorção*, por meio da qual a pena do crime mais grave absorveria a dos demais e d) *da exasperação*, que prevê a aplicação da pena mais grave, aumentada em determinada quantidade. O ordenamento brasileiro adota os critérios do cúmulo material (concurso material e concurso formal imperfeito) e da exasperação (crime continuado e concurso formal próprio).

No **concurso material**, ou real, disciplinado no art. 69 do Código Penal, há pluralidade de condutas e de crimes, somando-se as penas cominadas a cada qual. Cuida-se da modalidade mais gravosa de concurso de crimes, prevista no

Direito romano e, posteriormente, no germânico e canônico. Em razão da severidade dessa singela disciplina se desenvolveram os institutos do concurso formal e do crime continuado, que, desse modo, representam seu temperamento. Diante da situação concreta, o aplicador da lei deverá observar se há concurso formal ou crime continuado e, tal não ocorrendo, aplica residualmente o regrame do concurso material.

O § 1º do presente artigo estabelece que, no concurso material, se for aplicada pena de prisão a que não se comine suspensão condicional da pena *(sursis)*, as demais sanções impostas não poderão ser substituídas por pena restritiva de direitos.

Por fim, consoante o § 2º, quando, no concurso material, forem fixadas penas restritivas de direitos, o condenado deverá cumprir ao mesmo tempo as que forem compatíveis entre si (e. g., limitação de fim de semana e suspensão da permissão ou habilitação para dirigir veículo automotor) e sucessivamente as demais.

Considerações finais

O legislador brasileiro trata do tema do concurso de crimes dentro da sistemática das penas, contrariamente ao que ocorre, por exemplo, na Itália, em que se insere dentro do contexto do fato delitivo. Tendo em vista a insuficiência de um critério naturalístico a fim de fundamentar a unidade ou pluralidade de infrações penais (Reale Júnior), assim como pela sua disciplina voltada mais diretamente à imposição das consequências jurídicas do delito, efetivamente parece adequado o encaminhamento dado no ordenamento nacional.

Concurso formal

Art. 70. Quando o agente, mediante uma só ação ou omissão, pratica dois ou mais crimes, idênticos ou não, aplica-se-lhe a mais grave das penas cabíveis ou, se iguais, somente uma delas, mas aumentada, em qualquer caso, de um sexto até metade. As penas aplicam-se, entretanto, cumulativamente, se a ação ou omissão é dolosa e os crimes concorrentes resultam de desígnios autônomos, consoante o disposto no artigo anterior.

Parágrafo único. Não poderá a pena exceder a que seria cabível pela regra do art. 69 deste Código.

Considerações gerais

A infração penal pode ser perpetrada por diversos agentes, hipótese em que ocorre o denominado concurso de pessoas, ou de agentes. Em sentido oposto, um único indivíduo pode, por meio de um ou mais comportamentos, praticar diversos delitos, caso em que se dá o concurso de crimes.

Neste último, ainda que se esteja diante de uma única conduta (vilipendiadora de mais de um tipo penal), a justa resposta punitiva não pode ser igual àquela atribuída a quem infringe um único dispositivo da lei penal, pois se estaria tratando igualmente situações desiguais. Por outro lado, a situação concreta pode revelar que a mera soma de penas poderia ser injusta em relação àquelas situações em que o agente pudesse ter agido de uma única vez. A esse respeito, insta rememorar o exemplo do funcionário que furta a cada dia uma peça do jogo de faqueiro, em comparação daquele que subtrai todo o conjunto de uma só vez. Não seria razoável punir muito mais gravemente o primeiro caso em detrimento do último, uma vez que o desígnio criminoso é similar e o prejuízo sofrido, idêntico.

Neste influxo, o tema do concurso delitivo significa a disciplina jurídica de aplicação de penas quando ocorrente a pluralidade de infrações penais perpetradas por um mesmo sujeito. Por esse motivo, Bettiol asseverava que o concurso de infrações penais constitui uma ponte de passagem entre a doutrina do crime e a da pena. Diante disso, a dogmática penal construiu os institutos do concurso material, do concurso formal e do crime continuado. Apesar de sua origem não ser recente, atualmente, há controvertido manejo de tais institutos por parte da jurisprudência, mormente nos casos de crimes patrimoniais, habitualidade delitiva ou, em crimes associativos, caso da organização criminosa, nos quais há efetiva postura judicial repressora.

Considerações nucleares

Há quatro sistemas voltados à disciplina do concurso de crimes: a) *do cúmulo material ou aritmético*, segundo o qual simplesmente se somam as penas dos crimes; b) *do cúmulo jurídico*, em que a pena aplicada deve ser superior às cominadas a cada crime, sem, contudo, chegar-se à soma delas; c) *da absorção*, por meio da qual a pena do crime mais grave absorveria a dos demais e d) *da exasperação*, que fixa a aplicação da pena mais grave, aumentada em determinada quantidade. O Brasil adota os critérios do cúmulo material (concurso material e concurso formal imperfeito) e da exasperação (crime continuado e concurso formal próprio).

O art. 70, ora em análise, traz o instituto do **concurso formal**. Há concurso formal, ou ideal, quando o agente, mediante uma só conduta, pratica dois ou mais crimes. O concurso formal é **próprio** nas hipóteses em que o agente deseja apenas um resultado danoso, caso em que se adotou o sistema da exasperação, intermediário entre os critérios da absorção e do cúmulo material. Se houver desígnios autônomos, dá-se o concurso formal **impróprio**, aplicando-se a sistemática do cúmulo material. Exemplo deste último caso ocorre na hipótese de o sujeito estuprar para fins de satisfazer sua lascívia bem como para transmitir doença venérea, cumulando-se as penas dos arts. 213 e 130 do Código Penal (PRADO, 2012, p. 591).

Por razões de equidade, o parágrafo único do art. 70 estabelece que, no caso do concurso formal, não pode a pena exceder a que seria cabível pela regra do concurso material (art. 69).

Considerações finais

O Código Penal pátrio cuida do concurso de infrações penais, caso do concurso formal, dentro da disciplina das penas, contrariamente ao que se dá, e. g., no ordenamento italiano, cujo *topos* é do fato delitivo. Em razão da carência de um critério naturalístico a fim de fundamentar a unidade ou pluralidade de infrações penais (Reale Júnior), bem como pelo seu regramento voltado mais diretamente à cominação da sanção penal, de fato revela-se mais coerente a solução brasileira.

Crime continuado

Art. 71. Quando o agente, mediante mais de uma ação ou omissão, pratica dois ou mais crimes da mesma espécie e, pelas condições de tempo, lugar, maneira de execução e outras semelhantes, devem os subsequentes ser havidos como continuação do primeiro, aplica-se-lhe a pena de um só dos crimes, se idênticas, ou a mais grave, se diversas, aumentada, em qualquer caso, de um sexto a dois terços.

Parágrafo único. Nos crimes dolosos, contra vítimas diferentes, cometidos com violência ou grave ameaça à pessoa, poderá o juiz, considerando a culpabilidade, os antecedentes, a conduta social e a personalidade do agente, bem como os motivos e as circunstâncias, aumentar a pena de um só dos crimes, se idênticas, ou a mais grave, se diversas, até o triplo, observadas as regras do parágrafo único do art. 70 e do art. 75 deste Código.

Considerações gerais

O fato delitivo pode decorrer da ação de diversos agentes, caso em que ocorre o denominado concurso de pessoas. Mas também um indivíduo isolado, por meio de um ou mais comportamentos, pode dar azo a inúmeros crimes, hipótese chamada de concurso de crimes.

Em havendo a concorrência de infrações penais, ainda que se esteja diante de uma única conduta vilipendiadora de mais de um tipo delitivo, a adequada punição não pode ser similar à estabelecida a quem infringe apenas um dispositivo penal. Isto porque, assim, estar-se-ia violando o princípio da igualdade.

Todavia, o caso concreto pode denotar que um simples somatório punitivo seria algo injusto comparativamente àquelas situações em que o agente pudesse ter agido de uma única vez. É o caso do funcionário que subtrai diuturnamente uma peça do faqueiro em comparação do que furta o conjunto em uma só oportunidade. Injusta será a punição mais gravosa no primeiro caso, pois, afinal de contas, o desígnio é o mesmo e o prejuízo experimentado pelo sujeito passivo também.

Assim, o tema do concurso de crimes nada mais é do que o regrame de aplicação de penas em caso de ocorrência de pluralidade de infrações penais perpetradas por um mesmo agente. Bettiol (1971, p. 291-292) destacava, diante disso, que o concurso de crimes revela o íntimo contato entre a teoria do crime e a teoria da pena. Por esse motivo, a Teoria Geral do Delito erigiu os institutos do concurso material, do concurso formal e do crime continuado. Há renovada importância sobre o assunto no cotidiano brasileiro atual, uma vez que há controvertido manejo jurisprudencial a respeito. Principalmente, em matéria de crimes patrimoniais, habitualidade delitiva ou, em termos genéricos, organização criminosa, nos quais há efetiva postura judicial de recrudescimento repressivo, comumente vilipendiando-se a melhor compreensão do temário.

Considerações nucleares

Existem quatro sistemas quanto ao concurso de crimes: a) *do cúmulo material ou aritmético*, pelo qual simplesmente se somam as penas dos crimes; b) *do cúmulo jurídico*, em que a sanção aplicada deve ser superior às cominadas a cada crime, sem, contudo, alcançar sua soma; c) *da absorção*, pelo qual a pena do crime mais grave absorveria a dos demais e d) *da exasperação*, que estabelece a aplicação da pena mais grave, aumentada em determinada quantidade. O Brasil adota os critérios do cúmulo material (concurso material e concurso formal imperfeito) e da exasperação (crime continuado e concurso formal próprio).

O tema mais complexo e talvez de mais interessante construção doutrinária acerca do concurso de crimes, a denotar a influência de concepções político-criminais sobre a dogmática penal, cuida-se do instituto do **crime continuado**, fixado no art. 71 do atual Código Penal. Sua origem costuma ser associada aos glosadores e pós-glosadores, tendo sua sistematização se assentado no século XVI pelas mãos dos práticos italianos, destacadamente Farinácio e Júlio Claro. A ideia subjacente à benéfica construção era a de afastar a pena de morte insculpida para aquele que praticasse o terceiro furto. Dessa maneira, escorava-se no *favor rei*, com intuito humanista. As primeiras legislações a preverem o crime continuado foram as italianas de meados do século XIX. No Brasil, houve previsão primeira, ainda que rudimentar, no Código Penal Republicano (1890), sendo o assunto mais bem disciplinado por via de decreto em 1923.

Dá-se o crime continuado quando o agente, mediante, mais de uma ação ou omissão, pratica dois ou mais crimes da mesma espécie, devendo os subsequentes, pelas condições de tempo, lugar, maneira de execução e outras semelhantes, ser havidos como continuação do primeiro. Efetivamente, são diversos crimes que a lei considera um só. Isso se dá por razões político-criminais, como referido. A construção do instituto, assim, visa amenizar a severidade da solução intuitiva sistemática, de simples somatório de penas.

Três teorias procuram justificar a natureza da construção da continuidade delitiva, quais sejam, a realista, a da ficção jurídica e a mista. Pela teoria realista, o fundamento estaria no fato de efetivamente existir um crime único, o que seria demonstrado pela unidade de intenção, manifestada numa unidade de lesão. Para a teoria da ficção, de Carrara (1946, p. 78), adotada pelo Código Penal brasileiro, trata-se de criação legal, pois, se o crime de fato fosse único, inexistiria razão para qualquer exasperação de pena. Por fim, para a teoria mista, ou da unidade jurídica, não haveria nem algo puramente real ou ficcional, e sim um terceiro gênero, entendido como crime de concurso, figura própria entendida como realidade jurídica.

Apesar de o legislador brasileiro ter adotado critérios objetivos, os requisitos do crime continuado são foco de acirrados debates doutrinários e de grande controvérsia jurisprudencial, por conta da dimensão do que seriam "crimes da mesma espécie", assim como os precisos elementos do nexo de continuidade delitiva (condições de tempo, lugar, maneira de execução e outras semelhantes). Como nota Reale Júnior (2013, p. 437-439), os Tribunais, por vezes, com o intuito de limitar o benefício do crime continuado, passaram a criar exigências quanto a estas condições, como se nota, e. g., também na realidade alemã, em que a jurisprudência exige, ademais, um elemento subjetivo, isto é, o dolo sobre o plano do conjunto, medida a qual, como se refere com precisão o Professor Titular da Universidade de São Paulo, culmina por beneficiar a premeditação em detrimento do delinquente ocasional.

No caso brasileiro, primeiramente, há alguma divergência na compreensão do que seriam crimes da mesma espécie. Para um entendimento minoritário seriam as infrações previstas no mesmo dispositivo penal. Todavia, a doutrina majoritária assevera, com razão, que crimes da mesma espécie são os, na expressão de Welzel (1976, p. 312), "aparentados entre si", que lesam o mesmo bem jurídico.

Por outro lado, há ainda divergência quanto à hipótese de lesão a bens jurídicos personalíssimos. Fragoso, por exemplo, entende não ser possível o reconhecimento da continuidade no caso, pois um bem personalíssimo de alguém não revelaria liame de continuação com o de outrem, havendo, ademais, ações por motivações diversas. Sobre isso, inclusive, antes da Reforma Penal de 1984, editou-se a **Súmula 605 do Supremo Tribunal Federal** (STF), que propugnava não se admitir a continuidade delitiva nos crimes contra a vida. Apesar dessa compreensão, assiste razão a Reale Júnior (2013, p. 439) quando afirma que a lei adota critérios puramente objetivos, não interferindo o caráter personalíssimo dos bens no reconhecimento do benefício legal. Além disso, reitere-se, a lei não exige unidade de desígnios. Logo, nada obsta que haja continuidade delitiva contra bens personalíssimos de mesma vítima ou diversas, como observa Bitencourt (2012, p. 778). No último caso, isto é, contra vítimas distintas, atendidos os demais pressupostos legais, poderá incidir a regra mais gravosa do art. 71, parágrafo único, do Código Penal, de elevação até o triplo ("crime continuado específico").

Com relação aos elementos do nexo de continuidade delitiva também há divergência. Sobre as condições de *tempo*, "conexão temporal adequada" na linguagem da doutrina alemã, embora não haja marcos precisos, entende-se que mister se faz a presença de certa periodicidade nas ações sucessivas. Em que pese seja por demais restritiva a fixação do marco em horas ou poucos dias, como o fazem alguns julgados, tampouco parece adequada a compreensão no extremo oposto de que isso se possa dar até com mais de um ano de intervalo entre os fatos. Acerca das condições de *lugar*, não se faz preciso que os fatos sejam sempre no mesmo lugar, mas que a diversidade de lugares, quando ocorrente, seja compatível com a noção de continuidade. Quanto à maneira de execução, por sua vez, o entendimento prevalente é o de que há de se constatar o mesmo *modus operandi* na prática infracional. Por fim, a cláusula aberta de outras condições semelhantes outorga discricionariedade ao julgador na identificação de elementos que possam caracterizar a ideia de continuidade delitiva, como mesma situação ou oportunidade (Bitencourt, 2012, p. 777).

Ao se analisar todos estes elementos, há que se observar, entretanto, que a lei adotou propositadamente fórmulas flexíveis com vistas a permitir maiores balizas de Justiça ao aplicador da lei penal, sendo plenamente admissível uma interpretação ampliativa em norma não restritiva, inspirada no *favor rei*. Em outras palavras, é o critério de equidade que funda o instituto, consoante notam Hungria (1955, v. I, t. II, p. 51) e Pimentel (1968, p. 119). Aliás, é exatamente esta necessária postura interpretativa que funda a regra do concurso material benéfico (arts. 70, parágrafo único, e 71, parágrafo único, do CP), em que, na hipótese de a exasperação decorrente das regras do concurso formal perfeito e crime continuado excederem a que resultaria do somatório de penas, aplica-se a regra do concurso material.

Considerações finais

O Código Penal brasileiro cuida do concurso de crimes dentro da sistemática das penas, contrariamente ao que ocorre, por exemplo, na Itália, em que o tema se insere dentro do contexto do fato delitivo. Tendo em vista a insuficiência de um critério naturalístico a fim de fundamentar a unidade ou pluralidade de infrações penais, bem como pelo seu regramento voltado mais diretamente à imposição das consequências jurídicas do delito, efetivamente parece adequado o encaminhamento dado no ordenamento pátrio.

Em que pese não haja ineditismo na questão, avulta sua importância hodiernamente, principalmente em razão de sua insegura aplicação judicial, no mais das vezes com vistas a um simples recrudescimento punitivo, como se observa tradicionalmente, dentre outras hipóteses, em casos de crimes patrimoniais e também se notou, emblematicamente, para aquilo que parte da doutrina denomina "criminalidade dos poderosos", no destacado caso da Ação Penal n. 470 do STF.

Ademais, o tema revela toda a sua riqueza principalmente diante do instituto da continuidade delitiva, construção doutrinária humanista que se espraiou nas legislações de tradição europeia continental, denotando a força das concepções político-criminais sobre a dogmática penal, constatação a qual, aliás, tempera a concepção equivocada que normalmente se faz da célebre frase de Von Liszt, "o Direito Penal é a barreira intransponível da política criminal", que, na verdade, significa tão somente, no dizer de Roxin (2006, p. 67), ser o principal foco de estudo da dogmática a legislação penal. A ideia-força de equidade, sua real inspiração, balizada pelos fins da pena, há de influir na aplicação da lei ao caso concreto, rechaçando-se qualquer postura interpretativa restritiva num campo voltado à racionalidade humanista. Infelizmente, verifica-se cotidianamente que a jurisprudência brasileira tem-se afastado dessas balizas fundamentais.

Multas no concurso de crimes

Art. 72. No concurso de crimes, as penas de multa são aplicadas distinta e integralmente.

Considerações gerais

O presente artigo estabelece o tratamento legal pertinente às penas de multa no caso de concurso de infrações penais, uma vez que nos artigos respectivos ao assunto anteriormente no *Codex* não há menção às consequências da concorrência delitiva em relação à sanção pecuniária, sendo que o concurso de crimes pressupõe o concurso de penas.

Considerações nucleares

O concurso de crimes abrange o concurso material (art. 69), o concurso formal (art. 70) – que pode ser próprio ou impróprio – e o crime continuado (art. 71). Em citados dispositivos, o legislador não tratou da pena de multa, disciplinando, fundamentalmente, os consectários relativos às penas privativas de liberdade.

No caso do concurso material e do concurso formal impróprio (no qual há desígnios autônomos), a disciplina estabelecida anteriormente no Código Penal, em citados artigos, sinaliza, logicamente, pela soma das sanções impostas. Mas o mesmo não se passa com o concurso formal próprio e o crime continuado, em que, intuitivamente, diante do estabelecido respectivamente para a sanção prisional, pareceria mais coerente ao legislador determinar a aplicação de uma só multa, com índices de aumento. Em vez disso, todavia, o legislador preferiu simplesmente equiparar todas as situações determinando no art. 72 que, em qualquer caso de concurso de infrações penais, as penas de multa deverão ser somadas. Quebrou-se, assim, a lógica do anteriormente estabelecido.

Muito embora doutrina e jurisprudência não se questionem a respeito, a nosso juízo, violou-se com isso o princípio da proporcionalidade. Se o legislador entendeu por tratar mais favoravelmente as situações de concurso formal próprio e, no geral, de crime continuado, desvalorando-as como casos de menor gravidade, não haveria por que não o fazer em matéria de aplicação de multa, mormente num país de forte desigualdade social e com a possibilidade de incidência de multas penais de significativo valor.

Considerações finais

Por razões político-criminais, o legislador brasileiro houve por bem estabelecer o simples somatório de penas de multa em qualquer caso de concurso de crimes. Isso colide com a lógica estabelecida para esta última sistemática e ignora a relevância do valor da multa penal num país de grandes desigualdades econômicas.

Erro na execução

Art. 73. Quando, por acidente ou erro no uso dos meios de execução, o agente, ao invés de atingir a pessoa que pretendia ofender, atinge pessoa diversa, responde como se tivesse praticado o crime contra aquela, atendendo-se ao disposto no § 3º do art. 20 deste Código. No caso de ser também atingida a pessoa que o agente pretendia ofender, aplica-se a regra do art. 70 deste Código.

Considerações gerais

O presente dispositivo traz a hipótese do erro na execução, também conhecido como *aberratio ictus*. O instituto em foco não se confunde com o erro sobre a pessoa, tratado no art. 20, § 3º, do Código Penal.

Considerações nucleares

No **erro na execução** não ocorre uma equivocada representação da realidade. O agente visa atingir a pessoa corretamente identificada, mas há uma falha ou acidente, na execução, isto é, no *iter criminis*, que faz com que se atinja pessoa diversa. Por essa razão o instituto é também denominado **erro no golpe** ou **desvio na execução**.

Já no **erro sobre pessoa** há uma equivocada representação da realidade, uma vez que o agente confunde a pessoa visada com outra. Este engano pode decorrer de diversas razões, como a semelhança física entre a vítima pretendida e a vítima efetiva, a falta e luminosidade no momento da ação, a ausência de maiores dados da vítima etc.

De qualquer forma, a solução jurídica essencial é idêntica no erro na execução e no erro sobre a pessoa: o agente responderá como se tivesse atingido a pessoa visada. Por isso, nestes casos consideram-se as qualidades e condições da pessoa visada e não da atingida. Tal se afigura de relevo, pois, por exemplo, se o golpe é dirigido contra o genitor, mas efetivamente, por um desvio acidental, atinge-se pessoa diversa, como um estranho que passava na via pública, o agente responde pelo fato com a agravante genérica do parentesco trazida pelo art. 61, II, *e*, do Código.

O erro na execução pode ter resultado único ou duplo. Ocorre o **resultado único** (ou unidade simples) quando se atinge apenas a pessoa não visada, caso em que, como visto, o agente responderá como se tivesse atingido a pessoa que visava, ignorando-se, assim, as qualidades e condições da pessoa efetivamente atingida (e. g., se queria matar o estuprador da filha, erra a pontaria e atinge uma mulher grávida, vai responder por homicídio privilegiado, consoante a dicção do art. 121, § 1º, sem incidência da agravante do art. 61, II, *h, in fine*).

O erro na execução com **resultado duplo** (ou unidade complexa), por sua vez, dá-se no caso de se atingir tanto a pessoa visada quanto um terceiro. Neste caso, consoante previsão expressa trazida ao final do art. 73, aplica-se a regra do concurso formal próprio.

Considerações finais

No erro na execução não se constata qualquer visão equivocada da realidade, razão pela qual o presente dispositivo não se confunde com "erro sobre pessoa". Há tão somente uma aberração no ataque, um desvio no golpe, que leva o agente a atingir pessoa diversa da visada. Disciplinando tal situação, a lei estabelece que o agente responde como se tivesse atingido a pessoa que desejava.

Resultado diverso do pretendido

Art. 74. Fora dos casos do artigo anterior, quando, por acidente ou erro na execução do crime, sobrevém resultado diverso do pretendido, o agente responde por culpa, se o fato é previsto como crime culposo; se ocorre também o resultado pretendido, aplica-se a regra do art. 70 deste Código.

Considerações gerais

O art. 74 do Código Penal complementa a disciplina do artigo precedente, insculpindo a hipótese do *aberratio delicti* (ou *aberratio criminis*), isto é, o resultado diverso do pretendido. O instituto também é denominado desvio do crime.

Considerações nucleares

No **resultado diverso do pretendido**, por acidente ou erro no emprego dos meios de execução, o agente atinge bem jurídico diverso do intencionado. No *aberratio ictus* (erro na execução), contrariamente, atinge-se *pessoa* diversa da pretendida. Dessa maneira, a distinção entre os dois institutos está na natureza do objeto material do delito (no *aberratio delicti* é diversa, enquanto no *aberratio ictus* é a mesma, qual seja, o ser humano).

Exemplo doutrinário clássico de resultado diverso do pretendido é aquele do indivíduo que lança uma pedra para quebrar a vitrine de uma loja, mas acaba atingindo um transeunte que passava pela rua. Consoante a regra em estudo, responderá apenas pelo resultado efetivamente ocorrido, na modalidade culposa, desde que haja previsão dessa para o tipo em questão. No citado exemplo, o agente responde por lesões corporais culposas. Mas, caso quisesse atingir alguém e, por inabilidade no lançamento da pedra, vem tão somente a quebrar a vitrine, o fato é atípico, uma vez que não existe crime de dano culposo.

A parte final do art. 74 vem resolver a situação quando efetivamente se atinge os dois bens jurídicos, o visado e outro não visado. No tradicional exemplo referido, o agente quer quebrar a vitrine, o que faz, mas culmina por atingir culposamente também a balconista da loja. Neste caso, aplica-se a regra do concurso formal próprio (responde pelo dano e lesões corporais culposas, no caso apontado). Trata-se da hipótese chamada de *aberratio delicti* com **duplo resultado**.

Considerações finais

Aberratio delicti consiste no atingimento de bem jurídico diverso do pretendido, por acidente ou inabilidade do agente. O art. 74 disciplina, assim, referida situação.

Limite das penas

Art. 75. O tempo de cumprimento das penas privativas de liberdade não pode ser superior a 40 (quarenta) anos.

§ 1º Quando o agente for condenado a penas privativas de liberdade cuja soma seja superior a 40 (quarenta) anos, devem elas ser unificadas para atender ao limite máximo deste artigo.

§ 2º Sobrevindo condenação por fato posterior ao início do cumprimento da pena, far-se-á nova unificação, desprezando-se, para esse fim, o período de pena já cumprido.

Considerações gerais

O art. 75 do Código Penal limita o tempo máximo de cumprimento de pena privativa de liberdade em 40 anos, conforme alteração dada pela Lei Anticrime (Lei n. 13.964/2019). Isso significa que alguém pode ser condenado a pena superior a esse lapso temporal, ou seja, a pena aplicada pode superar esse limite. Todavia, cumprirá efetivamente, no máximo, 40 anos. Isso pois, consoante a regra do § 1º, no caso de condenação superior a esse intervalo de tempo, haverá unificação de penas, com vistas a sua limitação.

Essa regra limitativa do tempo de prisão, no fundo, deflui da vedação constitucional de penas de caráter perpétuo (art. 5º, XLVII, *b*, da Carta), bem como do ideário de ressocialização do preso insculpido pela Lei de Execução Penal (Lei n. 7.210/84). Tal é sinalizado pelo item n. 61 da Exposição de Motivos da Lei n. 7.209/84.

No caso de condenação por contravenção penal, o art. 10 da Lei das Contravenções Penais estabelece que a duração da pena de prisão simples não pode, em qualquer hipótese, ser superior a 5 anos.

Considerações nucleares

A limitação para cumprimento de pena de prisão cuida-se de medida humanitária e consagradora do ideal ressocializador. Todavia, de notar que, sobrevindo nova condenação por fato posterior ao início de cumprimento de pena, realiza-se nova unificação, desprezando-se o período de pena já cumprido.

Considerações finais

O prazo máximo de cumprimento das penas de prisão no Brasil é de 40 anos, o que não significa nem que alguém não possa ser condenado a período superior (já que a limitação é ao "cumprimento", não à "cominação") nem que não cumpra efetivamente mais de quatro décadas de cárcere.

Concurso de infrações

Art. 76. No concurso de infrações, executar-se-á primeiramente a pena mais grave.

Considerações gerais

O art. 76 do Código Penal refere-se ao concurso de penas decorrente da concorrência delitiva. Como referido abaixo, entende-se que o legislador não adotou a melhor técnica jurídico-penal na presente construção, o que gera consectários diversos do pretendido por doutrina e jurisprudência.

Considerações nucleares

No presente dispositivo, o legislador referiu-se mais propriamente ao concurso de penas decorrente da concorrência de infrações penais. Assim, havendo a incidência simultânea de tipos de penas diversas (e. g., reclusão e detenção) em face do concurso de crimes, o condenado deverá cumprir primeiro a mais grave.

No caso de cumulação de sanções privativas de liberdade, complementa a regra em foco a previsão trazida pelo art. 681 do Código de Processo Penal. Nesse sentido, executa-se primeiro a pena de reclusão, depois a de detenção e, por fim, a de prisão simples (prevista na Lei de Contravenções Penais).

Prevalece a compreensão de que seria pressuposto lógico do artigo em análise a incompatibilidade fática de cumprimento simultâneo de penas (v. g., PRADO, 2012, p. 308). Por essa compreensão, por exemplo, a multa haveria de ser cumprida ao mesmo tempo que a pena prisional, e a limitação de fim de semana conjuntamente com a suspensão de autorização ou de habilitação para dirigir veículo automotor.

Embora faticamente isso fosse possível, e até recomendável, não é o que se deflui da regra estabelecida no art. 76 do Código Penal. O legislador culminou por insculpir outra coisa, sendo que regra restritiva se interpreta restritivamente. Ademais, no art. 69, *caput*, *in fine*, o legislador foi preciso ao estabelecer que, em havendo concurso material, "No caso de aplicação cumulativa de penas de reclusão e de detenção, executa-se primeiro aquela", bem como no § 2º do mesmo artigo ao fixar que "Quando forem aplicadas penas restritivas de direitos, o condenado cumprirá simultaneamente as que forem compatíveis entre si e sucessivamente as demais".

Deveria, então, o dispositivo em análise ter mencionado expressamente o concurso de penas privativas de liberdade e restritivas de direito não incompatíveis entre si. Da maneira genérica formulada, não há espaço para interpretações analógicas repressivas. Assim, apesar de posicionamento isolado, a nosso juízo, cada pena deverá ser executada de uma vez, a menos que o condenado revele interesse diverso.

Considerações finais

A excessiva simplicidade na construção do presente dispositivo enseja profundas dúvidas de interpretação. Dessa maneira, é preciso maior reflexão por parte do Poder Judiciário com vistas à segurança jurídica.

Capítulo IV
Da suspensão condicional da pena

Requisitos da suspensão da pena

Art. 77. A execução da pena privativa de liberdade, não superior a 2 (dois) anos, poderá ser suspensa, por 2 (dois) a 4 (quatro) anos, desde que:

I – o condenado não seja reincidente em crime doloso;

II – a culpabilidade, os antecedentes, a conduta social e personalidade do agente, bem como os motivos e as circunstâncias autorizem a concessão do benefício;

III – não seja indicada ou cabível a substituição prevista no art. 44 deste Código.

§ 1º A condenação anterior a pena de multa não impede a concessão do benefício.

§ 2º A execução da pena privativa de liberdade, não superior a 4 (quatro) anos, poderá ser suspensa, por 4 (quatro) a 6 (seis) anos, desde que o condenado seja maior de 70 (setenta) anos de idade, ou razões de saúde justifiquem a suspensão.

Art. 78. Durante o prazo da suspensão, o condenado ficará sujeito à observação e ao cumprimento das condições estabelecidas pelo juiz.

§ 1º No primeiro ano do prazo, deverá o condenado prestar serviços à comunidade (art. 46) ou submeter-se à limitação de fim de semana (art. 48).

§ 2º Se o condenado houver reparado o dano, salvo impossibilidade de fazê-lo, e se as circunstâncias do art. 59 deste Código lhe forem inteiramente favoráveis, o juiz poderá substituir a exigência do parágrafo anterior pelas seguintes condições, aplicadas cumulativamente:

a) proibição de frequentar determinados lugares;

b) proibição de ausentar-se da comarca onde reside, sem autorização do juiz;

c) comparecimento pessoal e obrigatório a juízo, mensalmente, para informar e justificar suas atividades.

Art. 79. A sentença poderá especificar outras condições a que fica subordinada a suspensão, desde que adequadas ao fato e à situação pessoal do condenado.

Art. 80. A suspensão não se estende às penas restritivas de direitos nem à multa.

Considerações gerais

O presente capítulo disciplina a suspensão condicional da pena, também denominada *sursis*. Prevalece a compreensão de que se cuida de um direito público subjetivo do condenado à pena privativa de liberdade quando preenchidos os requisitos exigidos por lei. Há incongruências no regramento estabelecido, em razão da falta de técnica da Lei n. 9.714/98, a qual se olvidou de adequar inteiramente esse capítulo com a nova sistemática por ela trazida às consequências jurídicas do delito.

Considerações nucleares

A suspensão condicional da pena significa a paralisação da execução da pena prisional aplicada, preenchidos os requisitos legais e desde que cumpridas pelo condenado determinadas condições durante certo período de tempo, denominado período de prova. Ao final desse lapso, se o condenado não tiver dado causa à revogação da medida, será declarada a extinção de sua pena.

O *sursis* pressupõe, dessa forma, a condenação do imputado, fator que distancia o instituto do *probation* anglo-saxão, no qual não há uma condenação, visando-se, mediante o cumprimento de condições, extinguir a ação penal em curso. No caso da suspensão condicional da pena, de origem francesa (*surseoir*), do final do século XIX, há o escopo de evitar o cumprimento da pena de prisão efetivamente imposta ao sujeito.

Há quatro espécies de *sursis*: simples, especial, etário e humanitário. O **sursis simples** é o previsto no art. 77, *caput*. Cuida-se de modalidade residual, mais gravosa. Será o *sursis* simples quando não cabível as modalidades etária ou especial.

O *sursis* simples possui **requisitos** objetivos e subjetivos. Os **objetivos** são: a) que a condenação total não ultrapasse 2 anos (art. 77, *caput*), e b) que não seja indicada ou cabível a substituição por pena restritiva de direitos ou multa (art. 77, III). Já os **subjetivos** são: a) que o condenado não seja reincidente em crime doloso (art. 77, I), com a ressalva de que a condenação anterior a pena de multa não impede a concessão do benefício (art. 77, § 1º), e b) que a culpabilidade, os antecedentes, a conduta social e a personalidade do agente, bem como os motivos e as circunstâncias do crime, autorizem a concessão do benefício (art. 77, II). Quanto a este último requisito subjetivo, indubitavelmente, há forte subjetivismo por parte do julgador, o que não pode reverberar em arbitrariedades. Conclusões desfavoráveis devem necessariamente basear-se em dados concretos efetivamente comprovados. Assim, não há que se falar em "personalidade voltada para o crime" ou "personalidade violenta" apenas com lastro na suposta gravidade do fato julgado. Não é possível a extração de tais conclusões dessa maneira. Isso deve ser escorado em prova pericial, não se consubstanciando em fórmula genérica repressora.

As **condições** do *sursis* simples são legais e judiciais. As condições **legais** são obrigatórias e estão previstas no art. 78, § 1º: durante o primeiro ano do período de prova, o condenado deverá prestar serviços à comunidade ou submeter-se a limitação de fim de semana. De notar que, no fundo, referida condição desnatura o instituto, efetivamente representando cumprimento de pena em substituição à privativa de liberdade, conforme observa Bitencourt (2009, p. 217). As condições **judiciais**, por sua vez, são aquelas mencionadas no art. 79, desde que adequadas ao fato e à situação pessoal do condenado. Sua fixação não é obrigatória e seu limite está na dignidade da pessoa humana e demais princípios constitucionais. Obrigações de frequência a cursos religiosos, de doação de sangue, de frequência a tratamentos por alcoolismo ou toxicomania, a nosso juízo, nada mais se consubstanciam do que indevidas intromissões na autonomia de pessoas com capacidade de autodeterminação.

O *sursis* **especial** é aquele disciplinado pelo art. 78, § 2º. Dá-se quando, além, por certo, de preenchidos os requisitos objetivos e subjetivos apontados *supra*, o condenado houver reparado o dano, salvo impossibilidade de fazê-lo, bem como as condições do art. 59 lhe forem completamente favoráveis. Neste caso, são apenas três as **condições** impostas: a) proibição de frequentar determinados lugares (como bares); b) proibição de ausentar-se da comarca onde reside sem autorização do juiz e c) comparecimento pessoal e obrigatório em juízo, mensalmente, a fim de informar e justificar suas atividades.

Já o *sursis* **etário** aplica-se quando o condenado tiver idade superior a 70 anos na data da sentença e a condenação não ultrapassar 4 anos, preenchidos os demais requisitos objetivos e subjetivos apontados. As condições impostas são as mesmas previstas para o *sursis* simples, com a possibilidade de aplicação do especial. O período de prova é de 4 a 6 anos.

Por fim, o *sursis* **humanitário**, disciplinado no mesmo dispositivo e da mesma maneira que a hipótese precedente, é o aplicável por razões de saúde do condenado. Casos de doenças graves ou invalidez apontam pela necessidade da medida, com muito maior parcimônia na fixação das condições, abstraindo-se das de difícil ou impossível cumprimento. Assim é que, e. g., um indivíduo em situação de câncer avançado ou terminal não será obrigado a comparecer em juízo para informar e justificar atividades. Aliás, *de lege ferenda*, tal deveria consubstanciar-se, isto sim, em causa de extinção da pena, que não possui qualquer sentido para essa pessoa desgraçadamente condenada pela vida.

Há que se observar, finalmente, que caso haja **condenação simultânea a pena privativa de liberdade e restritiva de direitos e/ou multa**, a suspensão condicional da pena não se estende a estas últimas, conforme o art. 80. O *sursis* é só da pena privativa de liberdade aplicada, como visto.

Considerações finais

O momento processual de aplicação do *sursis* é o da sentença condenatória. A revelia do condenado não impossibilita a sua aplicação, pois não existe vedação legal a respeito. Já o cumprimento das condições do instituto é de alçada do juízo das execuções criminais, o qual poderá revogá-lo ou prorrogar o período de prova, consoante o regramento do art. 81 do Código Penal.

Revogação obrigatória

Art. 81. A suspensão será revogada se, no curso do prazo, o beneficiário:

I – é condenado, em sentença irrecorrível, por crime doloso;

II – frustra, embora solvente, a execução de pena de multa ou não efetua, sem motivo justificado, a reparação do dano;

III – descumpre a condição do § 1º do art. 78 deste Código.

Revogação facultativa

§ 1º A suspensão poderá ser revogada se o condenado descumpre qualquer outra condição imposta ou é irrecorrivelmente condenado, por crime culposo ou por contravenção, a pena privativa de liberdade ou restritiva de direitos.

Prorrogação do período de prova

§ 2º Se o beneficiário está sendo processado por outro crime ou contravenção, considera-se prorrogado o prazo da suspensão até o julgamento definitivo.

§ 3º Quando facultativa a revogação, o juiz pode, ao invés de decretá-la, prorrogar o período de prova até o máximo, se este não foi o fixado.

Considerações gerais

O presente dispositivo harmoniza-se com os anteriores, referindo-se à hipótese de revogação obrigatória ou facultativa da suspensão condicional da pena, bem como à possibilidade de prorrogação de seu período de prova.

Considerações nucleares

Segundo Noronha (1995, p. 273-274), "é a suspensão condicional da pena medida jurisdicional que determina o sobrestamento da pena, preenchidos que sejam certos pressupostos legais e mediante determinadas condições impostas pelo juiz". Caso não se cumpram as condições estabelecidas, pode haver a revogação obrigatória ou facultativa do *sursis*. Ainda, pode ocorrer a prorrogação do período de prova.

As **causas de revogação obrigatória** do *sursis* são de quatro espécies: a) superveniência de condenação irrecorrível pela prática de crime doloso; b) frustração da execução da pena de multa, embora solvente; c) não reparação do dano provocado pela infração penal, sem motivo justificado e d) não comparecimento, injustificado, do condenado à audiência admonitória.

Já as **causas de revogação facultativa** são as seguintes: a) superveniência de condenação irrecorrível, por crime culposo ou contravenção penal, a pena privativa de liberdade ou restritiva de direitos e b) descumprimento injustificado de qualquer das condições judiciais fixadas no *sursis* simples ou especial. Presente uma hipótese de revogação facultativa, o juiz poderá, em vez de decretá-la, prorrogar o período de prova até o máximo, se este não foi o fixado na sentença (§ 3º do art. 81).

Prorrogação obrigatória do período de prova

Se o condenado, durante o período de prova, vier a ser processado por outra infração penal, considerar-se-á prorrogado o prazo até o trânsito em julgado da nova acusação (art. 81, § 2º).

Considerações finais

Tendo em vista que a suspensão da pena é condicional, claramente pode vir a ser revogada em determinadas hipóteses que a lei divide em obrigatórias e facultativas. Ademais, pode haver a prorrogação do lapso probatório.

Cumprimento das condições

Art. 82. Expirado o prazo sem que tenha havido revogação, considera-se extinta a pena privativa de liberdade.

Considerações gerais

O disposto no art. 82 do Código Penal expressa decorrência lógica da finalização do período de prova do *sursis* sem que tenha ocorrido sua revogação. Por suposto, somente poderia haver o reconhecimento da extinção da punibilidade, o que o legislador quis deixar expresso no artigo em questão.

Considerações nucleares

Extinção da punibilidade significa o desaparecimento da pretensão punitiva ou do direito subjetivo do Estado à punição, quando do advento de determinadas situações (FRAGOSO, 2003, p. 507). A presente regra significa que, alcançado o prazo do período de prova sem que tenha havido a revogação da suspensão condicional da pena, considera-se extinta a sanção prisional. Isso independe de declaração judicial.

Previsão similar encontra-se no art. 708 do Código de Processo Penal: "Expirado o prazo de suspensão ou a prorrogação, sem que tenha ocorrido motivo de revogação, a pena privativa de liberdade será declarada extinta".

Considerações finais

Findo o período probatório sem que tenha havido revogação do *sursis*, extingue-se a pena privativa de liberdade imposta. Ainda que se descubra posteriormente que o sujeito não merecia o benefício, nada mais poderá ser feito, conforme já decidiu o Supremo Tribunal Federal (BITENCOURT, 2009, p. 227).

Capítulo V
Do livramento condicional

Requisitos do livramento condicional

Art. 83. O juiz poderá conceder livramento condicional ao condenado a pena privativa de liberdade igual ou superior a 2 (dois) anos, desde que:

Bibliografia: BITENCOURT, Cezar Roberto. *Tratado de direito penal*: parte geral. 19. ed. São Paulo: Saraiva, 2013; COSTA, Álvaro Mayrink da. *Código Penal Comentado*: parte geral: parte especial. Rio de Janeiro: LMJ Mundo Jurídico, 2013; MIRABETE, Julio Fabbrini. *Código Penal*: interpretado. 2. ed. São Paulo: Atlas, 2001; PRADO, Luiz Regis. *Comentários ao Código Penal*. 6. ed. São Paulo: RT, 2011; PRADO, Luiz Regis. *Curso de direito penal brasileiro*: parte geral. 11. ed. São Paulo: RT, 2011a. v. 1.

O Código Penal brasileiro, a partir deste Capítulo V, passa a disciplinar o instituto do livramento condicional. Tendo em vista a íntima proximidade desta figura jurídica com o regime da execução penal no Brasil, também a LEP apresenta diversas disposições a seu respeito, inseridas entre os arts. 131 e 146 da Lei n. 7.210/84. Para a compreensão integral da matéria, portanto, necessária se faz a integração entre ambos os diplomas legislativos, Código Penal e LEP, haja vista que as normas estabelecidas nitidamente se complementam.

O livramento condicional pode ser definido como a última etapa do sistema progressivo de execução da pena privativa de liberdade. Neste aspecto, em termos gerais, a progressividade da pena na sistemática executória brasileira ocorre no transcurso do regime fechado, regime semiaberto, regime aberto e, finalmente, livramento condicional. A propósito, essa modalidade final aparece já nas primeiras elaborações a respeito do sistema progressivo, imaginando-se uma etapa derradeira na qual o condenado alcançaria a liberdade de maneira antecipada, ou seja, antes do cumprimento integral da pena, mas ao mesmo tempo condicional, ficando a depender da obediência a uma série de requisitos por um período determinado (*período de prova*). Se a dinâmica do regime progressivo consiste exatamente numa reconquista responsável e gradativa da liberdade pelo executado, normal parece ser que, ao final, goze um período de liberdade condicional, espécie simultânea de direito subjetivo e de possibilidade estatal concreta de aferir a aptidão do condenado para o pleno convívio em sociedade.

Por se tratar de um direito subjetivo, ao lado de diversos outros previstos no âmbito da execução penal, terá direito o condenado ao livramento condicional uma vez observados a existência, no caso concreto, dos requisitos objetivos e subjetivos impostos pela legislação. Não é por outra razão que o art. 131 da LEP estabelece que o livramento será concedido, como poder-dever, pelo juiz da execução penal, ouvidos o Ministério Público e o Conselho Penitenciário, se presentes os requisitos enumerados ao longo do art. 83 do Código Penal.

O primeiro e mais geral dos requisitos é exatamente o previsto no *caput* do art. 83, isto é, a condenação a pena privativa de liberdade por período igual ou superior a dois anos. Na hipótese de condenações a penas inferiores a este prazo, incabível o livramento, pois a codificação penal foi elaborada de tal forma a contemplar com outro benefício, ou seja, a suspensão condicional da pena (*sursis*), estes condenados sujeitos a punições de baixa duração. Importante lembrar que em 1984, com a promulgação da nova Parte Geral do Código Penal, estabeleceu-se, naquela época, o denominado *sursis* como principal instituto destinado a evitar encarceramentos por condenações temporalmente curtas (arts. 77 a 82 do CP).

> I – cumprida mais de um terço da pena se o condenado não for reincidente em crime doloso e tiver bons antecedentes;

O inciso I do art. 83 apresenta uma exigência de caráter temporal, permitindo a concessão do livramento condicional naquelas hipóteses em que o condenado, não reincidente e de bons antecedentes, já cumpriu um terço da pena. Nota-se que o cumprimento de um terço nas condições declinadas no dispositivo já autoriza a obtenção do livramento, independentemente do regime prisional no qual o condenado se encontre. Esta é uma questão importante. Embora a progressividade, em regra, imponha a proibição da progressão dita "em saltos", isto é, para passar, por exemplo, ao regime aberto é preciso estar no regime semiaberto, no caso do livramento tal exigência não se verifica. É plenamente possível que o condenado ainda em regime semiaberto obtenha, sem atingir o regime aberto, a possibilidade do livramento. Em outras palavras, "apesar de ter sido adotada na lei o sistema progressivo na execução das penas, não se exige que o condenado tenha obtido anteriormente a progressão e muito menos que se encontre em regime aberto" (MIRABETE, 2001, p. 531).

O conceito de reincidência tem conteúdo técnico, expressamente previsto nos arts. 63 e 64 do Código Penal. Em suma, verificar-se-á a reincidência quando o agente cometer novo crime, depois de transitar em julgado a sentença que, no País ou no estrangeiro, o tenha condenado por crime anterior. Já o conceito de maus antecedentes apresenta maior dimensão normativa extralegal e, por isso mesmo, dando margens muito mais amplas para divergências de compreensão. No cerne de um modelo de Estado Democrático de Direito, cujo princípio da presunção de inocência apresenta-se como elemento fulcral, não parece ser possível tachar de *maus* antecedentes quaisquer procedimentos que não sejam ação penais com decisões condenatórias transitadas em julgado. Todos os demais tipos de antecedentes, tais como inquéritos policiais, registros de ocorrências, ações penais prescritas ou em andamento etc., não poderão ser considerados *maus*, sob pena de ocasionarem algum tipo de ônus, direito ou indireto, aos envolvidos sem a existência de uma decisão definitiva, única suficiente e capaz de permanentemente afastar a presunção de inocência que paira sobre todo sujeito de direito. Vale destacar, no entanto, que as condenações muito antigas, cumpridas ou extintas há extenso lapso temporal, não devem ser consideradas maus antecedentes. O Superior Tribunal de Justiça possui julgados aplicando, nesse aspecto, a teoria do direito ao esquecimento, salientando também que a ausência de limitações temporais na análise dos antecedentes entra em conflito com a vedação das penas de caráter perpétuo (STJ, AgRg no REsp 1.875.382/MG, 6ª Turma, rel. Min. Laurita Vaz, j. 20-10-2020, *DJe* 29-10-2020).

II – cumprida mais da metade se o condenado for reincidente em crime doloso;

O inciso II do art. 83 apresenta dispositivo que se aplica para situações diversas daquela prevista no anterior. Se para o condenado não reincidente em delito doloso e com bons antecedentes se admite o livramento após o cumprimento de um terço da pena, já para o caso dos reincidentes a obtenção do benefício é dificultada, motivo pelo qual o legislador passa a exigir o cumprimento de metade da pena imposta.

Nota-se que a causa da exceção, ou seja, a razão jurídica que conduz à exigência do aumento do tempo de pena cumprido é, expressamente, ser o condenado *reincidente em crime doloso*. Por isso mesmo, e respeitada a literalidade deste inciso II, o reincidente em crime culposo, por exemplo, submete-se à norma do inciso I. Há, entretanto, aqui um lapso legislativo no que diz respeito ao sujeito que porventura não seja reincidente em crime doloso, porém que reúna maus antecedentes. Ocorre, neste caso, um vácuo legal. Isso porque o inciso I exige que o condenado possua bons antecedentes para que possa obter o livramento condicional após um terço de pena cumprida. Ao mesmo tempo, a regra mais severa do inciso II destina-se apenas aos reincidentes. Qual seria, então, a solução dessa controvérsia? Diante da falha legislativa, outra solução inexiste que não aquela que apregoa a aplicação do prazo mais curto (inciso I) para os condenados não reincidentes em delito doloso, ainda que com maus antecedentes. Na realidade, tal solução conduz à percepção da inutilidade da referência ao elemento normativo *maus antecedentes* no inciso I do art. 83. Porém, tratando-se o inciso II de uma regra de exceção e mais severa se comparada à anterior, não é possível estender sua aplicação para além daquela hipótese textual, legal e taxativamente prevista (*condenado reincidente em crime doloso*).

  III – comprovado:
   a) bom comportamento durante a execução da pena;
   b) não cometimento de falta grave nos últimos 12 (doze) meses;
   c) bom desempenho no trabalho que lhe foi atribuído; e
   d) aptidão para prover a própria subsistência mediante trabalho honesto;

O inciso III do art. 83 ganhou nova redação com a Lei n. 13.964/2019, conhecida como Pacote Anticrime. Preferiu o legislador, ao invés de aglutinar as condições no próprio inciso, desdobrar o dispositivo em quatro alíneas sucessivas, sendo que algumas são inovadoras e outras mantiveram as ideais centrais do texto anterior. As exigências aqui postas são de caráter pessoal e subjetivo, sublinhando a conduta, os atributos e as características do condenado. O juiz da execução criminal, nesse sentido, deverá analisar para conceder o livramento condicional se o condenado (a) apresentou bom comportamento durante a execução da pena; (b) não cometeu falta grave nos últimos 12 (doze) meses; (c) alcançou bom desempenho no trabalho que lhe foi atribuído ao longo do cumprimento da pena privativa de liberdade; e (d) está apto a prover sua própria subsistência mediante trabalho honesto.

Salienta-se, de plano, que tais condições não são de fácil aferição, existindo, tanto na doutrina quanto na jurisprudência, entendimentos bastante divergentes. Na primeira alínea, o legislador alterou a expressão pouco unívoca de *comportamento satisfatório*, prevista na redação originária, e optou pela linguagem mais comum de *bom comportamento*. Trata-se, portanto, tal requisito da necessidade de o apenado apresentar uma conduta regular no estabelecimento prisional, submetendo-se às naturais obrigações advindas do cotidiano carcerário.

A alínea *b*, ao seu turno, foi a grande inovação da recente alteração legislativa, já que as consequências do cometimento de falta grave para a sistemática do livramento condicional sempre foi um ponto de polêmicas. O Superior Tribunal de Justiça já havia editado, em 2010, a Súmula 441, entendendo que a ocorrência de falta grave imputável ao condenado não interrompe o prazo para a obtenção de livramento condicional. A inovação legal reafirmou o conteúdo sumulado, haja vista que estabeleceu que a falta grave no livramento, ao contrário da lógica de progressão do regime, não tem como efeito a interrupção do curso temporal. Seu efeito consiste simplesmente em impedir o livramento nos doze meses subsequentes à sua ocorrência, fluindo normalmente o prazo nesse período. Ou seja, do ponto de vista prático, ao julgar o pedido de livramento condicional, o magistrado deverá analisar, para além de toda a globalidade dos requisitos existentes, se o postulante cometeu alguma falta grave nos últimos doze meses. Em caso positivo, o pedido somente poderá ser novamente submetido à apreciação após o decurso desses doze meses contados a partir da prática infracional.

A terceira alínea deste inciso III diz respeito ao bom desempenho no trabalho. Aqui, duas ressalvas precisam ser feitas. Em primeiro lugar, é sabido que boa parte das unidades prisionais brasileiras não apresenta condições de oferecimento de trabalho para os condenados. Sendo assim, caso não exista a possibilidade de o condenado trabalhar, tal requisito normativo deve ser totalmente desconsiderado. Afinal, não pode ser o condenado punido pela falta de estrutura do próprio Estado responsável pela imposição da sanção criminal. Mais do que isso, o conceito de trabalho interno aqui deve ser visto em sentido amplo, aproximando-se da ideia de atividades. Esse é o motivo, inclusive, da busca de programas alternativos e laterais ao trabalho no âmago do sistema prisional, por exemplo, frequência a cursos educacionais e profissionalizantes (remição pelo estudo) ou, até mesmo, a remição pela leitura. Em segundo lugar, e havendo possibilidade concreta do desempenho de alguma atividade, a própria obtenção da remição pelo trabalho ou estudo já é um demonstrativo cabal da sua suficiência. A comprovação do requisito, nestes casos, é facilmente realizável com o demonstrativo dos dias remidos pelo condenado.

O último dos requisitos talvez seja o mais polêmico na sua verificação concreta, pois, em última instância, trata de uma espécie de juízo de aptidão. Nesse sentido, e de acordo com Busato, a *capacidade laborativa há de estar apenas potencialmente demonstrada* (2013, p. 962). Com isso, para a obtenção do livramento condicional não se pode exigir que o condenado já tenha um emprego certo em liberdade, afinal, tal exigência seria um verdadeiro despautério na realidade brasileira, uma vez serem plenamente conhecidas as inúmeras dificuldades encontradas pelo egresso no marcado de trabalho brasileiro. O que se deve analisar, portanto, é apenas a sua capacidade para algum tipo de trabalho, de qualquer natureza, desde que lícito. Ter a aptidão para algum trabalho honesto, como prefere a literalidade da norma, não pode implicar a imposição de já se ter um emprego, antes mesmo do aperfeiçoamento do livramento condicional.

IV – tenha reparado, salvo efetiva impossibilidade de fazê-lo, o dano causado pela infração;

O inciso IV do art. 83 traz como requisito geral a necessidade de o condenado, para obter o livramento condicional, ressarcir o dano causado com a prática do crime. Aplausos merece o legislador sempre que promove, mesmo na órbita penal, normas de fomento à reparação patrimonial dos prejuízos derivados do delito. Isso ocorre, principalmente, em delitos patrimoniais, sempre os maiores responsáveis pelos índices de condenação, bem como pela inclusão de pessoas no sistema prisional brasileiro. Destaca-se, apenas, que o perfil dos condenados no Brasil, principalmente se analisados sob dados socioeconômicos, aponta para dificuldades de reparação de danos em geral, uma vez se tratar de pessoas de baixíssimos rendimentos, precária escolaridade e, em consequência, dificuldades de inserção no mercado de trabalho.

Por isso mesmo, essa exigência deve ser feita sempre com muita cautela, valendo, como demonstrativo da impossibilidade de ressarcimento do dano, declaração unilateral do próprio condenado, sem prejuízo de futura e eventual conferência quanto à autenticidade do alegado. Se assim não for, corre-se sério risco de impedir o livramento condicional a grande parte dos condenados brasileiros, que não reúnem mínimas condições de ressarcir o dano sem, em muitos casos, comprometer a sobrevivência própria ou da família.

V – cumpridos mais de dois terços da pena, nos casos de condenação por crime hediondo, prática de tortura, tráfico ilícito de entorpecentes e drogas afins, tráfico de pessoas e terrorismo, se o apenado não for reincidente específico em crimes dessa natureza. (*Inciso com redação dada pela Lei Federal n. 13.344, de 2016*)

O inciso V do art. 83 apresenta uma modalidade de livramento condicional *excepcional*, destinado especificamente para os presos condenados por crimes hediondo, prática de tortura, tráfico ilícito de entorpecentes e drogas afins, tráfico de pessoas e terrorismo. Alude-se, assim, ao quanto disposto no art. 5º, inciso XLIII, da Constituição Federal e na Lei n. 8.072, de 25 de julho de 1990. Importante verificar que, não obstante algumas vedações relacionadas ao tratamento penal conferido aos crimes hediondos e assemelhados, tal como a proibição constitucional de graça e anistia, em momento algum se proibiu a possibilidade de livramento condicional para os condenados nesses tipos penais incriminadores de maior gravidade.

Por esse motivo, o legislador optou neste inciso V pelo estabelecimento de duas regras distintas. Se o condenado não for reincidente em crime hediondo, o prazo que deverá cumprir de sua condenação para fazer jus ao livramento será de dois terços da pena. Percebe-se o maior rigor aqui estabelecido se comprado aos prazos para os condenados por crimes comuns (um terço) ou para os reincidentes em crimes comuns (metade). Encontra-se, portanto, neste inciso o mais elevado prazo de cumprimento de pena para a possibilidade de obtenção do livramento condicional previsto na legislação brasileira.

Outra regra extraída deste inciso V está na vedação ao livramento condicional para os condenados reincidentes específicos em crimes hediondos e assemelhados. Cuida-se, assim, de uma opção legislativa de vetar o livramento em tais circunstâncias. Em que pese a possibilidade jurídica dessa opção, não parece ser ela a mais acertada. O livramento condicional é inegavelmente a última etapa do sistema progressivo de fixação da pena e, como tal, integra este modelo de gradual retorno ao convívio social. Ao mesmo tempo, a jurisprudência brasileira, e depois a legislação, reconheceram a possibilidade de progressão, ainda que em períodos mais elásticos, para os condenados em crimes hediondos. Ou seja, de acordo com o art. 112, V, VI e VII, da LEP, os primários progredirão com o cumprimento de 40% da pena (se houver resultado morte, esse percentual aumenta para 50%) e os reincidentes específicos após 60% (se houver resultado morte, 70%), conforme redação dada pela Lei n. 13.964/2019. Nesta mesma lógica, mais coerente com a sistemática jurídica da progressão nos crimes hediondos seria a fixação de um prazo, ainda que maior, para o livramento condicional também na hipótese de reincidência, de tal sorte que, nesta situação, a dinâmica progressiva não ficasse manietada, impedindo os reincidentes em crimes hediondos de alcançar o estágio derradeiro da execução.

O *Pacote Anticrime* (Lei n. 13.964/2019) acrescentou situações de vedação ao livramento condicional. Além dessa mencionada e prevista no art. 83, V, do CP, o art. 112 da LEP estabelece outras duas. As hipóteses são aquelas do apenado, primário (art. 112, VI, *a*, da LEP) ou reincidente (art. 112, VIII, da LEP), que for condenado pela prática de crime hediondo ou equiparado, com resultado morte.

Parágrafo único. Para o condenado por crime doloso, cometido com violência ou grave ameaça à pessoa, a concessão do livramento ficará também subordinada à constatação de condições pessoais que façam presumir que o liberado não voltará a delinquir.

Por fim, o parágrafo único do art. 83 apresenta um requisito adicional para aqueles condenados a crimes cometidos mediante violência ou grave ameaça à pessoa. Cuida-se, como dito, de um requisito adicional, consistente em juízo de prognóstico destinado à constatação de condições pessoais que façam presumir que o liberado não voltará a delinquir. Por exemplo, no caso de um condenado por roubo, para além do cumprimento de um terço da pena e observância dos demais requisitos, o parágrafo único impõe este adicional. O mesmo ocorre com um homicídio qualificado, cuja hediondez elevará o tempo de pena a ser necessariamente cumprido (dois terços), e imporá essa constatação de presunção.

Esta previsão do Código Penal constitui um modelo de norma penal que deve, ao máximo, ser evitada. Impossível não concordar com Roig ao afirmar que esta subordinação da concessão do livramento condicional à constatação de condições que façam presumir que o sujeito não voltará a delinquir "significa não apenas inverter o ônus da prova em desfavor do próprio preso, como também vincular a fruição de um direito a fundamentos morais e ao mero exercício de futurologia, sem os devidos alicerces empíricos e maculando o contraditório e o devido processo legal" (ROIG, 2014, p. 399).

Outro argumento pode ser ainda lançado para justificar o afastamento deste parágrafo único do art. 83 do ordenamento jurídico brasileiro. De fato, a Lei de Execução Penal foi alterada, em seu art. 112, pela Lei n. 10.792/2003. Este artigo trata do procedimento a ser adotado para a análise e concessão da progressão do regime, e a mencionada alteração apontou que o magistrado deveria avaliar, para tanto, apenas os requisitos de tempo e de bom comportamento carcerário. Com isso, a lei de 2003 revogou as disposições que exigiam o parecer da Comissão Técnica de Classificação e o exame criminológico (antigo parágrafo único do art. 112). Ao mesmo tempo, foi inserido o § 2º no art. 112, apontando que o procedimento atinente à progressão de regime será identicamente adotado na concessão de livramento condicional, indulto e comutação de penas, respeitados os prazos previstos nas normas vigentes, disposição que foi mantida pelo *Pacote Anticrime*, com redação semelhante. Quer isto dizer que também não mais seria cabível, no cerne do livramento condicional, exames de prognósticos ou criminológicos (perícias) de índole psicológica e subjetiva. A valer tal ponto de vista, adicionado ao fato do livramento condicional ser materialmente a última etapa do sistema progressivo de execução, tacitamente revogada estaria a norma do parágrafo único do art. 83 do Código Penal.

O *Pacote Anticrime* (Lei n. 13.964/2019) alterou a chamada Lei das Organizações Criminosas (Lei n. 12.850/2013), gerando impactos sobre o instituto do livramento condicional. O § 9º do art. 2º da Lei n. 12.850/2013 agora prevê que os condenados por práticas delitivas realizadas em contextos organizacionais não poderão obter o livramento condicional se houver elementos probatórios que indiquem a manutenção do vínculo associativo. Com isso, a demonstração da permanência do pertencimento do apenado ao grupo criminoso impedirá o livramento nessas hipóteses.

Soma de penas
Art. 84. As penas que correspondem a infrações diversas devem somar-se para efeito do livramento.

O art. 84 do Código Penal apresenta uma regra para o cômputo da pena e verificação da viabilidade do livramento condicional. Atesta, em suma, que para tal fim as penas correspondentes às diversas infrações devem ser somadas. Prado anota que esta soma de penas, até o advento da Lei n. 6.416, era uma faculdade do magistrado, tornando-se obrigatória em face da mencionada legislação, *posteriormente mantida pela Reforma de 1984* (PRADO, 2011, p. 302). O mesmo é destacado por Bitencourt, ao lembrar que a "soma de penas para fins de livramento condicional, que era uma faculdade concedida pelo art. 60, parágrafo único, do Código Penal de 1940, com a redação da Lei n. 6.416, foi transformada em dever" (BITENCOURT, 2013, p. 821).

Esta norma que determina a soma das penas dialoga, na realidade, com aquela prevista no art. 66, inciso II, alínea *a*, da Lei de Execução Penal, a qual atribui ao juiz da execução a decisão sobre a soma ou unificação de penas. De fato, o que quer dizer o art. 84 é que, para a verificação da possibilidade de livramento condicional, deve-se analisar a totalidade das penas impostas ao sujeito em razão de diversas condenações. "Somar" aqui, portanto, deve ser sinônimo de unificação, já que os prazos mínimos de cumprimento para a obtenção do livramento, a depender da hipótese concreta, deverão incidir sobre a globalidade de penas, cujo produto poderá derivar de cálculos advindos do cúmulo material, cúmulo formal ou crime continuado.

Especificações das condições

Art. 85. A sentença especificará as condições a que fica subordinado o livramento.

Como já foi dito anteriormente, a concessão do livramento condicional impõe ao sujeito um *período de prova*. Ao longo deste período, e da mesma forma que na suspensão condicional da pena ou, ainda, da suspensão condicional do processo, o condenado deverá observar algumas condições. Uma vez superado este período sem o descumprimento destas exigências impostas, tanto as de natureza obrigatória quanto aquelas outras de cunho facultativo, extinguir-se-á a punibilidade.

A Lei de Execução Penal é o diploma responsável por enumerar as condições obrigatórias, quais sejam, aquelas em que o magistrado, ao conceder o livramento, necessariamente deverá submeter e alertar o liberado. De acordo com o art. 132, § 1º, serão sempre impostas ao liberado a obrigação de obter ocupação lícita, dentro de prazo razoável se for apto para o trabalho; de comunicar periodicamente ao Juiz sua ocupação; e, finalmente, de não mudar do território da comarca do Juízo da execução, sem prévia autorização deste. As condições facultativas, isto é, aquelas que o juízo poderá eleger a depender do caso concreto, estão, por sua vez, no § 2º deste mesmo art. 132. São elas: não mudar de residência sem comunicação ao Juiz e à autoridade incumbida da observação cautelar e de proteção; recolher-se à habitação em hora fixada; não frequentar determinados lugares. Importa notar que a redação deste § 2º aponta para o seu caráter exemplificativo, razão pela qual poderá o magistrado, diante de alguma peculiaridade da casuística, impor alguma outra condição não prevista expressamente em lei, desde que, obviamente, observada e satisfeita a finalidade primordial do livramento que é a reinserção do indivíduo na comunidade livre.

Por fim, e valendo-se do art. 144 da Lei de Execução Penal, verifica-se que estas condições podem ser alteradas. De acordo com o dispositivo legal, o Juiz, de ofício, a requerimento do Ministério Público, da Defensoria Pública ou mediante representação do Conselho Penitenciário, e ouvido o liberado, poderá modificar as condições especificadas na sentença, devendo o respectivo ato decisório ser lido ao liberado por uma das autoridades ou funcionários indicados no inciso I do *caput* do art. 137 da Lei de Execução Penal, observado o disposto nos incisos II e III e §§ 1º e 2º do mesmo artigo. Em outras palavras, a modificação das condições do livramento condicional impõe, em face de determinação legal, uma espécie de renovação da cerimônia de concessão do direito, a que alude o mencionado art. 137. Trata-se, de fato, de formalidade importante e destinada a garantir ao liberado a absoluta ciência das novas condições e exigências que precisa observar.

Revogação do livramento

Art. 86. Revoga-se o livramento, se o liberado vem a ser condenado a pena privativa de liberdade, em sentença irrecorrível:

I – por crime cometido durante a vigência do benefício;

II – por crime anterior, observado o disposto no art. 84 deste Código.

O art. 86, cuja rubrica apresenta-se como *revogação do livramento*, na realidade trata das hipóteses da denominada revogação obrigatória. Em ambas as situações contidas nos incisos, exige-se que o liberado seja condenado a pena privativa de liberdade, sempre com a observância do trânsito em julgado, ou seja, a irrecorribilidade desta mesma decisão condenatória. O inciso I aponta para a revogação do livramento condicional em decorrência da condenação definitiva por crime cometido na vigência do benefício. Esta hipótese é bastante lógica e coerente. Afinal, é sabido que durante a vigência do benefício o liberado está submetido ao *período de prova*, sujeitando-se, portanto, a uma série de condições que permitam observar sua capacidade de conviver em liberdade. Evidentemente, uma dessas condições é não voltar a delinquir. Caso o faça e seja por este crime definitivamente condenado, não mais assiste razão para a manutenção do livramento.

Já no caso do inciso II, a razão para a revogação é distinta, já que se trata de uma incompatibilidade temporal entre o novo tempo de pena a cumprir e aquele outro tempo de pena já cumprido que autorizaria o livramento. Explica-se: neste inciso II, a nova condenação não advém de crime cometido durante o período de prova, mas sim anteriormente. Com isso, não se pode dizer que o liberado violou as condições do livramento, haja vista não ter cometido crime algum após a liberação. Entretanto, existe a possibilidade do advento de uma nova condenação ocasionar um processo de unificação de penas que atinja um montante inapto à concessão do benefício. Neste caso, aliás, e de acordo com a regra do art. 141 da Lei de Execução Penal, "será computado como tempo de cumprimento de pena o período de prova, sendo ainda possível, para a concessão do novo livramento, a soma do tempo das duas penas" (PRADO, 2011a, p. 761).

Um exemplo pode melhor esclarecer. Imagine-se um sujeito condenado a pena de três anos por crime de furto. Após o cumprimento de um terço (um ano), ele adquire o direito ao livramento condicional, vindo a ser condenado por novo delito, embora não reincidente, após seis meses submetido ao período de prova. Neste caso, portanto, haveria um ano e seis meses de pena cumprida, restando outro ano e seis meses para cumprir. Caso a nova condenação seja maior do que um ano e seis meses, haverá a revogação do livramento, pois o tempo de pena cumprida não alcançará um terço do valor agora obtido com nova soma ou unificação. Do contrário, caso a nova pena seja, por exemplo, de um ano, atingindo-se o montante global de quatro anos, poderá o liberado, a depender dos outros critérios, continuar em livramento, pois o tempo de pena já cumprido ultrapassa o terço exigido pelo inciso I do art. 83. Isto é, um ano e seis meses de pena cumprida representa mais de um terço do total da soma (4 anos).

Revogação facultativa

Art. 87. O juiz poderá, também, revogar o livramento, se o liberado deixar de cumprir qualquer das obrigações constantes da sentença, ou for irrecorrivelmente condenado, por crime ou contravenção, a pena que não seja privativa de liberdade.

O art. 87, ao seu turno, traz as hipóteses de revogação facultativa do livramento condicional, contrapondo-se aos casos de revogação obrigatória previstos no art. 86. A primeira hipótese diz respeito ao descumprimento de qualquer das condições impostas ao liberado durante o período de prova. Tais condições são tanto aquelas obrigatórias quanto facultativas, todas elas previstas no art. 132 da Lei de Execução Penal, na conformidade do art. 85 do Código Penal.

Outra possibilidade de revogação está no advento de sentença penal condenatória irrecorrível a pena não privativa de liberdade, seja em razão de crime ou contravenção. Neste ponto, a análise do dispositivo deve ser feita à luz do quanto já exposto no art. 86 do Código Penal, a fim de evitar uma antinomia no sistema e a geração de injustiças no caso concreto. A se tratar de contravenção penal, entende-se que o ilícito criminal deve ter sido praticado no decorrer do período de prova, hipótese em que o juiz, analisando as circunstâncias do caso concreto, poderá, autorizado pela lei, revogar o benefício. Caso a contravenção seja anterior à liberação condicional, entende-se inaplicável a revogação, uma vez que, do contrário, dar-se-ia um tratamento mais gravoso se comparado àquele já previsto, como hipótese de revogação obrigatória, no art. 86.

O mesmo ocorre com a condenação irrecorrível à pena não privativa de liberdade em decorrência de crime. Se o crime gerou uma nova condenação à pena, por exemplo, de multa, bem como foi cometido durante o período de prova, terá o juiz a faculdade de – uma vez observadas as circunstâncias – revogar o livramento. Caso o crime seja anterior, a revogação do livramento em face deste art. 87 gera o risco de ocasionar uma situação mais gravosa do que aquela prevista no artigo anterior. Com isso, uma harmônica leitura destes dispositivos impõe a possibilidade de revogação apenas nos casos de crimes e contravenções cometidos no transcorrer do período de provas. Caso sejam anteriores, não haverá nenhum óbice ao condenado cumprir a pena restritiva de direitos ou de multa após a extinção da pena privativa de liberdade na qual se encontra em livramento condicional.

Efeitos da revogação
Art. 88. Revogado o livramento, não poderá ser novamente concedido, e, salvo quando a revogação resulta de condenação por outro crime anterior àquele benefício, não se desconta na pena o tempo em que esteve solto o condenado.

O art. 88 apresenta duas disposições normativas diversas. A primeira delas anuncia que a revogação do livramento condicional impede a concessão de novo benefício. Uma leitura correta desta norma, entretanto, impõe ressaltar que a renovação do livramento tornar-se-á juridicamente impossível em face da pena fixada para o mesmo delito. Isso não impede que possa ser concedido o livramento no bojo de condenação outra, desde que cumpridos, neste novo caso, os requisitos elencados no art. 83 do Código Penal. Do contrário, não faria sentido algum, por exemplo, o prazo diverso estabelecido para o livramento condicional do sujeito reincidente.

Outra norma trazida por este art. 88 diz respeito ao cômputo do período de prova como pena cumprida. Caso a nova condenação advenha de delito cometido durante o período de prova, o tempo em que o sujeito permaneceu em livramento será perdido, devendo cumpri-lo novamente preso. Já no caso de revogação em decorrência de crime anteriormente cometido, como possibilita o inciso II do art. 86, o tempo decorrido ao longo do período de prova será contabilizado como pena cumprida, gerando todos os seus efeitos no âmbito da execução.

Vale aqui salientar que o advento de prisão cautelar durante o cumprimento do período de prova não gera a revogação imediata. Trata-se, nesta hipótese, de caso de suspensão do livramento, devendo o magistrado posteriormente avaliar a incompatibilidade entre esta nova infração e a continuidade, ou não, do livramento condicional suspenso. Sobre isso, muito bem lembrada por Costa a decisão do Supremo Tribunal Federal sobre a matéria, ou seja, "a superveniência de segunda condenação, ainda não transitada em julgado, a determinação de efetivação da prisão do liberado condicional lastreada em ordem de prisão cautelar, não caracteriza a ocorrência de revogação do livramento condicional" (STF, HC 109.618/RJ, 1ª Turma, rel. Ministro Dias Toffoli, j. 12-6-2012; COSTA, 2013, p. 242).

Extinção

Art. 89. O juiz não poderá declarar extinta a pena, enquanto não passar em julgado a sentença em processo a que responde o liberado, por crime cometido na vigência do livramento.

A disposição contida no art. 89 apresenta uma íntima conexão com o quanto disposto no art. 86, especificamente em seu inciso I. Foi dito que o advento de nova condenação à pena privativa de liberdade por delito cometido na vigência do livramento condicional acarreta a revogação obrigatória. Tal previsão faz absoluto sentido na medida em que o liberado que retorna a delinquir durante o período de prova descumpre, por evidência, os mínimos requisitos para usufruir do benefício.

Com isso, a regra do art. 89 mostra-se como uma espécie de norma assecuratória, ou seja, caso o período de prova se encerre antes da decisão final a respeito do novo e suposto crime cometido ao longo do livramento condicional, a declaração de extinção de punibilidade deverá permanecer sobrestada. Na hipótese de ser absolvido, declarar-se-á extinta a punibilidade em razão do cumprimento da pena do crime anterior. Caso condenado, o livramento, cuja análise está sobrestada, será revogado, devendo o liberado perder o tempo em que se submeteu ao período de prova. Em consequência, deverá ser recolhido à prisão para cumprir a soma da nova condenação com o tempo a que estava sujeito ao período probatório do livramento revogado.

Art. 90. Se até o seu término o livramento não é revogado, considera-se extinta a pena privativa de liberdade.

Por fim, o art. 90 do Código Penal afirma que se considera extinta a pena privativa de liberdade se, até o seu término, o livramento não é revogado. Trata-se, portanto, de uma norma bastante óbvia, principalmente a se considerar o livramento como a etapa final do sistema progressivo de cumprimento de pena privativa de liberdade. Merece aqui destacar que a jurisprudência brasileira é pacífica no sentido de que o encerramento do prazo atinente ao período de prova acarreta a extinção da pena, exceto naquelas hipóteses em que o livramento já tenha sido expressamente revogado ou suspenso, além da situação ressalvada pelo art. 89 do Código Penal. Afinal, impossível admitir a revogação ou suspensão do livramento após o seu integral cumprimento.

Capítulo VI
Dos efeitos da condenação

Considerações gerais

A partir da reforma da Parte Geral do Código Penal em 1984, os arts. 91 e 92 passaram a disciplinar os denominados *efeitos da condenação*. Com isso, o sistema penal brasileiro afastou-se da nomenclatura utilizada na redação originária dos arts. 67 e s. do Código Penal de 1940, a qual apresentava diversos desses efeitos sob a alcunha de *penas acessórias*. De acordo com a maior parte da doutrina nacional, estes *efeitos da condenação* não seriam, propriamente, penas criminais. Ao contrário, eles estariam ao lado das penas e poderiam ser incluídos no bojo de um conceito bastante genérico de consequências do delito. Teriam natureza extrapenal, consubstanciando-se na restrição de alguns direitos, os quais, salvo exceção, somente após a reabilitação serão retomados pelo condenado.

Embora se afirme esta natureza extrapenal dos efeitos da condenação, tal assertiva apenas pode ser compreendida com algumas observações. Pode-se até mesmo concordar que tais efeitos não são pena em sentido estrito, haja vista não se inserirem entre as sanções privativas de liberdade, restritivas de direitos (substitutivas) e de multa. Ocorre que são inegavelmente efeitos derivados da condenação pelo delito, ou seja, somente são impostos em razão do reconhecimento judicial da prática específica de um determinado crime. Com isso, os efeitos da condenação realmente pertencem ao grupo das consequências jurídicas do delito e, como tais, devem observar todos os caracteres do sistema criminal, a exemplo de princípios como a legalidade e a anterioridade.

A legislação distingue os efeitos genéricos e específicos da condenação. De acordo com o parágrafo único do art. 92, os efeitos específicos não são automáticos, devendo ser motivadamente declarados na sentença. Nesse ponto, importante ressaltar que todos os efeitos, sejam eles genéricos ou específicos, devem estar expressamente declarados na sentença, sob pena de não poderem ser efetivados no caso concreto. A diferença reside apenas no fato de bastar aos efeitos genéricos a simples declaração no dispositivo da decisão, enquanto na hipótese de efeitos específicos deverá existir a declaração motivada.

Efeitos genéricos e específicos
Art. 91. São efeitos da condenação:

I – tornar certa a obrigação de indenizar o dano causado pelo crime;

O primeiro dos efeitos genéricos da condenação, de natureza claramente patrimonial e reparatória, é a obrigação de indenizar o dano causado pelo crime (reparação *ex delicto*). Esta norma jurídico-penal, a propósito, dialoga diretamente com aquela outra, de cunho jurídico-privado, estatuída no art. 186 do Código Civil, ao atestar que: aquele que, por ação ou omissão voluntária, negligência ou imprudência, violar direito e causar dano a outrem, ainda que exclusivamente moral, comete ato ilícito. O crime, enquanto injusto que é, cuida-se não apenas de um ilícito penal, mas a geração de prejuízo a terceiros insere-o igualmente no âmbito de ilícitos privados. Assim, esta disposição normativa se apresenta como um elemento de enlace e economia dos segmentos diversos do ordenamento jurídico, já fazendo nascer a obrigação de ressarcimento patrimonial diretamente do reconhecimento da prática criminosa.

Vale ressaltar, ademais, que foi com este mesmo propósito que a Lei n. 11.719/2008 modificou a redação do inciso IV do art. 387 do Código de Processo Penal, o qual passou a estabelecer que o juiz, ao proferir a sentença condenatória, fixará valor mínimo para reparação dos danos causados pela infração, considerando os prejuízos sofridos pelo ofendido. Com isso, fica ainda mais facilitada a execução da sentença no juízo cível, pois já virá com um valor mínimo exigível. A propósito, esta preocupação acerca dos efeitos civis da sentença penal não é de hoje, como demonstram claramente as regras previstas entre os arts. 63 e 68 do Código de Processo Penal, ao tratar da *ação civil*.

A determinação de reparação de danos em sentença, com o valor correspondente, só pode ocorrer mediante pedido expresso do titular da ação penal na denúncia ou queixa, com a indicação das provas que demonstram o prejuízo. Em outras palavras, o valor de eventual reparação demanda instrução específica, a permitir o contraditório e a ampla defesa do acusado também quanto a esta obrigação. O réu pode afirmar que o dano causado não existiu ou se deu em montante distinto do que o pleiteado, razão pela qual é imprescindível a produção de provas (STJ, AgRg no AREsp 1361693/GO, rel. Min. Reynaldo Soares Da Fonseca, 5ª Turma, j. 2-4-2019, *DJe* 23-4-2019).

Com respeito à reparação de dano moral, o Superior Tribunal de Justiça firmou a tese de que, "nos casos de violência contra a mulher praticados no âmbito doméstico e familiar, é possível a fixação de valor mínimo indenizatório a título de dano moral, desde que haja pedido expresso da acusação ou da parte ofendida, ainda que não especificada a quantia, e independentemente de instrução probatória" (Tema 983). Trata-se de exceção à regra de que a obrigação de indenizar exige instrução específica, pois, no caso, entende a jurisprudência que o dano moral decorrente de violência doméstica e familiar contra a mulher é *in re ipsa*, bastando o pedido expresso.

Vale frisar que é controversa a possibilidade de reparação de danos morais difusos ou coletivos em virtude de infração penal (STF, Ag. Reg. na Petição 7.069/DF, 1ª Turma, j. 12-3-2019, *DJe* 9-5-2019). A existência de tais danos não pode, em qualquer caso, ser presumida. Ainda que venha a ser admitida, a indenização demanda, além de pedido expresso na denúncia, contraditório prévio e incursão probatória que permita afirmar que o acusado dolosamente causou prejuízo à coletividade.

II – a perda em favor da União, ressalvado o direito do lesado ou de terceiro de boa-fé:

a) dos instrumentos do crime, desde que consistam em coisas cujo fabrico, alienação, uso, porte ou detenção constitua fato ilícito;

b) do produto do crime ou de qualquer bem ou valor que constitua proveito auferido pelo agente com a prática do fato criminoso.

O segundo efeito genérico da condenação aparece na perda de coisas em favor da União, sempre com a ressalva, expressamente prevista em lei, do direito do lesado ou de terceiro de boa-fé. Em suma, o condenado poderá perder apenas as coisas que lhe são próprias, não podendo esta modalidade de perda, aproximada à noção de confisco, recair sobre propriedades alheias.

A alínea *a* assegura a perda em favor da União dos instrumentos do crime *(instrumenta sceleris)*. Evidentemente que aqui não faria sentido algum a perda de qualquer objeto utilizado como mecanismo para a prática delitiva, daí o acerto da previsão normativa de que este efeito genérico somente recairá sobre coisas cujo fabrico, alienação, uso, porte ou detenção constitua fato ilícito. Trata-se, portanto, da arma de uso restrito empregada no roubo; dos maquinários destinados a falsificar moeda no delito de moeda falsa; do documento falso utilizado na prática do estelionato etc. A perda destes bens justifica-se, assim, por duas razões. Em primeiro lugar, a retirada dos instrumentos ilícitos da esfera jurídica do condenado impede a manutenção de uma situação contrária ao ordenamento, uma vez que, do contrário, poder-se-ia perpetuar um delito de posse. Em segundo lugar, impede-se a prática de novo delito, seja pelo condenado ou por qualquer outro, valendo-se dos mesmos instrumentos.

A alínea *b*, ao seu turno, impõe a perda em favor da União de qualquer bem ou valor que constitua proveito auferido pelo agente com a prática do fato criminoso. Nesta modalidade, a ressalva acerca do direito de terceiro é ainda mais relevante. Isso porque, a se pensar em delitos de subtração patrimonial em detrimento de vítimas individualizáveis, evidentemente que o proveito do crime não poderá ser transferido à União, mas sim devolvido à vítima ou a quem de direito. O conceito de qualquer bem ou valor que constitua proveito é bastante amplo, ou seja, abarca tanto o proveito direto do crime quanto aquele outro indireto. Será proveito do crime o bem imóvel objeto de peculato *(proveito direto)*, quanto porventura um bem imóvel adquirido com a utilização dos valores desviados *(proveito indireto)*. Para a operacionalização concreta destas regras jurídico-penais, o Código de Processo Penal apresenta as denominadas *medidas assecuratórias* em seus arts. 125 a 144.

§ 1º Poderá ser decretada a perda de bens ou valores equivalentes ao produto ou proveito do crime quando estes não forem encontrados ou quando se localizarem no exterior.

§ 2º Na hipótese do § 1º, as medidas assecuratórias previstas na legislação processual poderão abranger bens ou valores equivalentes do investigado ou acusado para posterior decretação de perda.

Os §§ 1º e 2º deste art. 91 do Código Penal não existiam na redação originária do diploma, sendo posteriormente inseridos pela Lei n. 12.694/2012. Para entender a finalidade da introdução destas novas regras, convém perceber a própria matéria de que cuida a legislação que as insere. Trata-se da legislação que dispõe, principalmente, sobre o processo e julgamento em primeiro grau de jurisdição de delitos praticados por organização criminosa. De acordo com o texto, em dadas excepcionais circunstâncias, o magistrado de primeiro grau poderá instalar um colegiado decisório, indicando os motivos e as circunstâncias que acarretam risco à sua integridade física em decisão fundamentada, da qual será dado conhecimento ao órgão correcional.

Esta legislação, portanto, dirige-se claramente a grupos criminosos organizados e estruturados, a tal ponto de colocar em risco a própria integridade de membros do Poder Judiciário. Foi exatamente neste âmbito em que aparecem os mencionados parágrafos, ambos com a finalidade de assegurar maior efetividade das medidas assecuratórias e reparatórias. O § 1º, portanto, autoriza que, uma vez não encontrados os produtos ou proveitos do crime, ou ainda se estiverem localizados no exterior, poderá o magistrado decretar a perda de valores equivalentes, ainda que não sejam estes, especificamente, o produto do crime. Por exemplo, se comprovada uma fraude no valor de quinhentos mil reais, porém não encontrado o montante ou localizado no exterior, poderá o juiz garantir o perdimento em favor da União de outros bens do condenado que sejam avaliados na equivalência de quinhentos mil reais. Com essa medida, garante-se o perdimento de um montante equivalente naquelas hipóteses nas quais não se encontra o produto do crime ou, ainda, sua localização no exterior traria inúmeros entraves de ordem jurídico-internacional (tratados, acordos de cooperação etc.).

O § 2º complementa, sob a faceta processual, a operacionalização da regra do § 1º. Isso porque, se autorizada a perda de valores equivalentes ao produto do crime não localizado ou remetido ao exterior, é bastante lógico que igualmente a legislação permita que as medidas assecuratórias, previstas entre os arts. 125 e 144 do Código de Processo Penal, possam recair sobre tais bens. Uma vez não localizado o proveito do crime, ou concluído estar no exterior, poderá o juiz garantir o montante equivalente por meio do sequestro de bens do imputado.

Art. 91-A. Na hipótese de condenação por infrações às quais a lei comine pena máxima superior a 6 (seis) anos de reclusão, poderá ser decretada a perda, como produto ou proveito do crime, dos bens correspondentes à diferença entre o valor do patrimônio do condenado e aquele que seja compatível com o seu rendimento lícito.

O *Pacote Anticrime* (Lei n. 13.964/2019), seguindo tendência marcante da persecução penal nos últimos anos, resolveu destinar maiores atenções aos denominados efeitos da condenação, destacadamente aqueles que implicam o perdimento, por parte do apenado, das vantagens econômicas auferidas com a prática criminosa.

A disposição contida nesse novo art. 91-A do CP não é das mais felizes, motivo pelo qual essa possibilidade de confisco/perdimento já vem sendo objeto de críticas desde o início da tramitação do projeto. Não há dúvidas de que será sempre bem-vinda qualquer norma penal de cunho patrimonial que vislumbre facilitar a devolução dos proveitos delitivos e a reparação de danos econômicos suportados pelas vítimas. No caso específico, entretanto, o legislador operou uma autêntica inversão do ônus da prova, atribuindo ao acusado a necessidade de comprovação da origem dos bens. A norma penal simplesmente etiqueta como produto do crime toda a "diferença" entre o valor do patrimônio do condenado e seus rendimentos lícitos, taxando todo o resto de ilícito.

Questões importantes vão aparecer aqui, devendo ser dirimidas pela jurisprudência ao longo dos julgamentos. Dois aspectos merecem ser, desde já, suscitados. O primeiro diz respeito à extensão do conceito de rendimento lícito. Não parece ser possível uma interpretação que restrinja esse conceito somente aos recursos advindos de trabalhos formais, com carteira assinada e plena incidência de todos os encargos trabalhistas, tributários e previdenciários. Rendimento lícito deve ser compreendido como aquele não criminoso, mesmo que oriundo de atividades informais, episódicas ou, ainda, consideradas como imorais.

Além disso, o processo penal não pode se converter em um mecanismo de confiscos patrimoniais, razão pela qual o limite da perda será sempre estabelecido com base no proveito obtido com o delito, não podendo jamais superá-lo. Ilustrativamente, se o proveito do crime foi de dez mil reais, esse será o valor máximo a ser atingido pela sentença condenatória, ainda que, porventura, o réu apresente um injustificado patrimônio cujo montante em muito supera o numerário alcançado com a infração penal.

Essa "presunção" de ilicitude apenas ocorrerá nos crimes cuja pena máxima de privação de liberdade supere os seis anos de reclusão. O critério utilizado pelo legislador foi a gravidade do crime, visto sob a perspectiva do tipo penal em abstrato. Talvez outra solução mais adequada fosse o valor alcançado com o ilícito, independentemente da pena cominada. Afinal, um delito patrimonial sem violência ou grave ameaça, como furtos e estelionatos, ou mesmo contravenções de jogos de azar, podem em certas circunstâncias levar a vantagens econômicas muito maiores do que delitos violentos. Afinal, como a finalidade da lei é facilitar a recuperação dos ativos, o resultado concreto da conduta ilícita poderia ser um critério mais consentâneo com o ideal almejado do que a gravidade abstrata do delito.

§ 1º Para efeito da perda prevista no *caput* deste artigo, entende-se por patrimônio do condenado todos os bens:

I – de sua titularidade, ou em relação aos quais ele tenha o domínio e o benefício direto ou indireto, na data da infração penal ou recebidos posteriormente; e

II – transferidos a terceiros a título gratuito ou mediante contraprestação irrisória, a partir do início da atividade criminal.

O § 1º do art. 91-A enumera os bens que compõem o patrimônio do condenado e estão, ao seu turno, suscetíveis à decretação da perda. A lei evidentemente não restringe a perda patrimonial àqueles bens que estão formalmente inseridos nos direitos patrimoniais do apenado, podendo atingir bens já transferidos a terceiros, o que, na prática, certamente acarretará medidas judiciais como a oposição dos denominados embargos de terceiros.

Assim, poderão ser objeto da perda os bens da própria titularidade do apenado, ou em relação aos quais ele tenha o domínio e o benefício direto ou indireto. A lei ressalva que essa relação patrimonial deve ser contemporânea ou posterior à prática do crime, o que permite a perda de bens que não estarão em relação direta com a infração, mas somente cobertos com a "presunção" de ilicitude. Também poderá ser decretado o perdimento dos bens transferidos a terceiros a título gratuito ou mediante contraprestação irrisória, a partir do início da atividade criminal.

§ 2º O condenado poderá demonstrar a inexistência da incompatibilidade ou a procedência lícita do patrimônio.

Esse dispositivo é o responsável por garantir ao acusado o direito de reagir à imputação formulada, podendo "desconstruir" a "presunção" de ilicitude sobre os seus bens. A defesa, nesse sentido, deverá se preocupar não apenas em buscar a demonstração da inocência do réu, mas igualmente em se debruçar sobre essa dimensão patrimonial objeto da lide, algo a que a tradição prática do processo penal brasileiro raramente dedica maiores preocupações.

§ 3º A perda prevista neste artigo deverá ser requerida expressamente pelo Ministério Público, por ocasião do oferecimento da denúncia, com indicação da diferença apurada.

A previsão contida no § 3º do art. 91-A é essencial para a correta formação de um processo acusatório, ou seja, competirá ao Ministério Público formular, expressamente, o pedido de perdimento na denúncia e, principalmente, estabelecer o valor que é produto da diferença apurada. Afinal, é importante ter em mente que o perdimento pressupõe uma autêntica "imputação", tendo em vista que o contraditório do processo penal também deverá recair sobre essa suposta ilicitude presumida em face da comparação do patrimônio existente e dos denominados "rendimentos lícitos" do réu.

§ 4º Na sentença condenatória, o juiz deve declarar o valor da diferença apurada e especificar os bens cuja perda for decretada.

Esse dispositivo é consequência direta do anterior. Na medida em que o objeto da lide não será somente a pretensão condenatória propriamente dita, mas igualmente a perda de bens, o magistrado deverá decidir na sentença sobre essa questão. Para tanto deverá, como afirma o texto legal, declarar o valor da diferença apurada e especificar os bens que serão dados como perdidos, sempre no limite máximo do proveito obtido pelo réu individualmente no cometimento do crime. Esse § 4º omite um aspecto essencial. Isto é, não basta ao juiz apontar os valores e os bens, é preciso que igualmente motive e justifique a sua decisão, levando em consideração os argumentos das partes e demonstrando racionalmente por que reputará como ilícito aquele cabedal patrimonial que será objeto da perda.

§ 5º Os instrumentos utilizados para a prática de crimes por organizações criminosas e milícias deverão ser declarados perdidos em favor da União ou do Estado, dependendo da Justiça onde tramita a ação penal, ainda que não ponham em perigo a segurança das pessoas, a moral ou a ordem pública, nem ofereçam sério risco de ser utilizados para o cometimento de novos crimes.

O último dispositivo do art. 91-A não trata propriamente da perda do produto ou do proveito do crime, mas diz respeito à perda dos instrumentos do delito, determinação, aliás, já muito bem pontuada no art. 91, II, *a*, do Código Penal. Existem aqui, contudo, três pontos peculiares se comparados à mencionada previsão geral.

Em primeiro lugar, na redação do art. 91, a perda dos instrumentos do crime apenas ocorrerá quando esses objetos consistam em coisas cujo fabrico, alienação, uso, porte ou detenção constitua fato ilícito. Como dito, trata-se da arma de uso restrito, da máquina destinada à produção de moeda falsa etc. A nova previsão não faz essa restrição, dizendo que os bens entendidos como instrumentos do delito serão perdidos ainda que não ponham em perigo a segurança das pessoas, a moral ou a ordem pública, nem ofereçam sério risco de ser utilizados para o cometimento de novos crimes. Nesse caso, portanto, o perdimento não tem uma finalidade específica de encerrar uma situação de ilicitude. Ao contrário, ele aparece como um ônus ou sanção de cunho econômico a ser suportada pelo condenado. Mostra-se um castigo adicional.

O segundo ponto está na aplicação desse perdimento somente para os casos de bens utilizados em crimes cujas práticas delitivas ocorrem por meio de organizações criminosas ou milícias. Esse requisito, contudo, não basta. A justificativa da inserção dessa norma como parágrafo do *caput* do art. 91-A impõe que a perda dos bens nesses termos se dê apenas nas hipóteses de práticas de delitos cuja pena privativa de liberdade máxima cominada seja superior a seis anos.

Por fim, o texto legal estabelece, ainda, diversos destinatários dos bens perdidos, devendo ser a União ou os Estados, a depender da competência para a tramitação da ação penal, se na justiça federal ou estadual. A disposição geral e literal do art. 91, II, do CP prevê a perda exclusivamente em favor da União.

Art. 92. São também efeitos da condenação:

I – a perda de cargo, função pública ou mandato eletivo:

a) quando aplicada pena privativa de liberdade por tempo igual ou superior a 1 (um) ano, nos crimes praticados com abuso de poder ou violação de dever para com a Administração Pública;

b) quando for aplicada pena privativa de liberdade por tempo superior a 4 (quatro) anos nos demais casos.

O art. 92 apresenta os efeitos específicos da condenação, cuja primeira possibilidade é a perda de cargo, função pública ou mandato eletivo. De acordo com o parágrafo único deste mesmo artigo, estes efeitos não são automáticos, devendo ser especificamente declarados e motivados na sentença. O inciso I determina a perda de cargo, função pública ou mandato eletivo em duas hipóteses distintas. Na primeira alínea, este efeito ocorrerá se o sujeito for condenado a tempo superior a um ano de pena privativa de liberdade, desde que em crime praticado com abuso de poder ou violação de dever para com a Administração Pública. Veja que a lei exige condição dúplice: mínimo de um ano e abuso de poder ou violação de dever imposto pela Administração Pública. Não se cuida, portanto, necessariamente de crime contra a Administração Pública, bastando, e sempre com a imprescindível análise do caso concreto, que exista esta dimensão funcional.

Já a alínea *b* aplica-se a qualquer delito, pois o critério para a perda do cargo deriva exclusivamente do tempo de pena aplicável, isto é, pena privativa de liberdade superior a quatro anos. Nesta espécie, mais do que a problemática da violação do dever em face da Administração Pública, reside a questão da impossibilidade de um sujeito, condenado a tanto tempo, permanecer cumprindo suas obrigações como funcionário público. Outras normas penais trazem disposições próximas a estas do Código, como é exemplo o art. 7º da Lei de Lavagem de Dinheiro (Lei n. 9.613/98). Lembre-se, porém, que estas situações não se confundem com as inelegibilidades decorrentes da prática de crimes, as quais estão previstas na Lei Complementar n. 64/90.

Segundo entende a jurisprudência, a perda do cargo público somente pode atingir aquele ocupado à época do crime, e não qualquer outro que o acusado venha a deter posteriormente (STJ, HC 482.458/SP, rel. Min. Sebastião Reis Júnior, 6ª Turma, j. 22-10-2019, *DJe* 5-11-2019). Com efeito, não pode a condenação atingir o cargo ou função inexistente quando cometido o delito, podendo apenas ser instaurado processo administrativo contra o servidor, caso não haja compatibilidade com o exercício de suas funções.

> **II – a incapacidade para o exercício do poder familiar, da tutela ou da curatela nos crimes dolosos sujeitos à pena de reclusão cometidos contra outrem igualmente titular do mesmo poder familiar, contra filho, filha ou outro descendente ou contra tutelado ou curatelado;**

O inciso II aponta para um efeito específico que denota a incompatibilidade de exercício do poder familiar, tutela ou curatela por autor de crime doloso. Evidentemente que para se vislumbrar esta incompatibilidade é imprescindível que, para além de doloso e sujeito à pena de reclusão, o delito tenha sido praticado em desfavor de filho, filha, outros descendentes, tutelado ou curatelado sobre quem se exerce, respectivamente, o poder familiar, a tutela ou a curatela. A redação desse inciso foi alterada pela Lei n. 13.715/2018, passando a determinar a perda do poder familiar também quando o delito é cometido contra outrem que é titular do mesmo poder (cônjuge com filhos em comum, por exemplo).

No caso de condenação pela prática do crime contra filho, filha, outros descendentes, tutelado ou curatelado, esse efeito de cessação do vínculo apenas ocorrerá, exemplificando, em face do filho que foi vítima do delito, não se estendendo imediata e necessariamente aos demais.

> **III – a inabilitação para dirigir veículo, quando utilizado como meio para a prática de crime doloso.**

Por fim, a última hipótese de efeito específico da condenação é a inabilitação para dirigir veículo, quando da sua utilização como meio para a prática de crime doloso. Esta modalidade não se confunde com a pena restritiva de direitos, e de caráter principal, prevista em diversos tipos incriminadores do Código de Trânsito Brasileiro (Lei n. 9.503/97), consistente na cassação ou suspensão da permissão ou habilitação para dirigir veículo automotor.

Nesta espécie do Código Penal, não houve necessariamente qualquer infração às normas de trânsito, sejam elas penais ou administrativas. O que houve foi um mau uso do veículo, a ponto de recomendar o impedimento de dirigir e, em consequência, impossibilitar que possa novamente utilizar o meio de transporte como facilitador de práticas delitivas. Esta inabilitação para dirigir cessa com a reabilitação criminal.

Parágrafo único. Os efeitos de que trata este artigo não são automáticos, devendo ser motivadamente declarados na sentença.

A legislação distingue os efeitos genéricos e específicos da condenação. De acordo com o parágrafo único do art. 92, os efeitos específicos não são automáticos, devendo ser motivadamente declarados na sentença. Nesse ponto, importante ressaltar que todos os efeitos, sejam eles genéricos ou específicos, devem estar expressamente declarados na sentença, sob pena de não poderem ser efetivados no caso concreto. A diferença reside apenas no fato de bastar aos efeitos genéricos (art. 91) a simples declaração no dispositivo da decisão, enquanto na hipótese de efeitos específicos deverá existir a declaração motivada (art. 92).

Capítulo VII
Da reabilitação

Reabilitação

Art. 93. A reabilitação alcança quaisquer penas aplicadas em sentença definitiva, assegurando ao condenado o sigilo dos registros sobre o seu processo e condenação.

Parágrafo único. A reabilitação poderá, também, atingir os efeitos da condenação, previstos no art. 92 deste Código, vedada reintegração na situação anterior, nos casos dos incisos I e II do mesmo artigo.

Bibliografia: BUSATO, Paulo César. *Direito penal:* parte geral. São Paulo: Atlas, 2013; PRADO, Luiz Regis. *Curso de direito penal.* São Paulo: RT, 2011; ROIG, Rodrigo Duque Estrada. *Execução penal:* teoria crítica. São Paulo: Saraiva, 2014.

Considerações gerais

O Capítulo VII do Título V (*Das penas*) da Parte Geral do Código Penal apresenta as disposições legais atinentes ao instituto da reabilitação. De acordo com Roig, pode-se definir a reabilitação como sendo o "reconhecimento judicial de que o condenado, após o cumprimento de requisitos legalmente impostos, pode voltar a exercer determinados direitos até então obstados pela condenação criminal" (2014, p. 243). De fato, a leitura atenta da previsão do art. 93 atesta que a reabilitação, a ser sempre reconhecida pelo juiz do processo de conhecimento, alcança, em primeiro lugar, quaisquer das penas impostas na sentença definitiva. Cuida-se, assim, de uma cessão completa de qualquer consequência penal sancionatória derivada da decisão judicial. Em segundo lugar, igualmente assegura ao condenado o sigilo dos registros de seu processo e de sua condenação criminal.

Considerações nucleares

O parágrafo único, com a finalidade de melhor esclarecer as consequências concretas da reabilitação, aponta que esta também atingirá os denominados efeitos da condenação. Ressalva apenas, por razões lógicas, que, nas hipóteses dos incisos I e II, mesmo que reabilitado, o condenado não será reintegrado à situação anterior.

Isso ocorre porque o art. 92 prevê como efeito da condenação, dadas determinadas circunstâncias do montante punitivo, a perda de cargo, função pública ou mandato eletivo (inciso I) e a incapacidade para o exercício do poder familiar, tutela ou curatela, nos crimes dolosos, sujeitos à pena de reclusão, cometidos contra outrem igualmente titular do mesmo poder familiar, contra filho, filha ou outro descendente ou contra tutelado ou curatelado. Evidentemente que, nestas hipóteses, o reconhecimento da reabilitação não poderia implicar o retorno, por exemplo, ao cargo público perdido em decorrência da condenação ou, ainda, a retomada do poder familiar em face de filho contra quem foi cometido um delito doloso.

Na realidade, o reconhecimento da reabilitação do condenado deve funcionar como uma espécie de "direito ao esquecimento", ou seja, buscando afastar o estigma que conecta o cidadão com uma condenação pretérita e que tantos e inequívocos prejuízos são capazes de causar em sua vida privada, carreira profissional e reconhecimento público. Correta, neste ponto, é a análise de Busato, ao anotar que a regulamentação da reabilitação traz em suas entrelinhas a percepção dos "efeitos sociais devastadores da sentença penal condenatória e a pretensão estatal de controle da vida dos condenados para muito além da mera imposição da pena" (2013, p. 1001). Outra vez com Roig, o autor carioca igualmente percebe esta íntima conexão entre a reabilitação e o tal "direito ao esquecimento". Esta perspectiva, ou seja, o direito de não ser lembrado contra a sua vontade em relação a fatos de natureza criminal, "é perfeitamente aplicável em nosso ordenamento, com fulcro no fundamento constitucional da dignidade da pessoa humana (art. 1º, III, da CF) e na inviolabilidade da intimidade, vida privada, honra e imagem (art. 5º, X, da CF)" (2014, p. 424).

A reabilitação, neste ponto, apresenta-se como uma importante e verdadeira ferramenta político-criminal, orientada a fazer cessar, definitivamente, todas as consequências diretas ou indiretas da condenação na vida do sujeito. Trata-se de uma medida apta a restaurar integralmente a imagem do sujeito perante a comunidade, diminuindo um pouco o caráter disfuncional inerente ao sistema criminal, isto é, buscando mitigar a rotulação e a estigmatização social do egresso[88]. Com isso, intenta a reabilitação sempre auxiliar na difícil – e contraditória – tarefa de ressocialização comumente atribuída à pena e à sua missão.

Reabilitação e art. 202 da Lei de Execução Penal

Para além das normas jurídicas acerca da reabilitação previstas no Código Penal, também a Lei de Execução Penal brasileira apresenta um dispositivo de correlata matéria. O art. 202 deste diploma afirma que: "cumprida ou extinta a pena, não constarão da folha corrida, atestados ou certidões fornecidas por autoridade policial ou por auxiliares da Justiça, qualquer notícia ou referência à condenação, salvo para instruir processo pela prática de nova infração penal ou outros casos expressos em lei".

A redação deste art. 202 da LEP em cotejo com a norma do art. 93 do Código Penal coloca em dúvida a utilidade prática do próprio instituto da reabilitação. Afinal, se a LEP já garante ao condenado o sigilo automático dos registros após cumprida ou extinta a pena, de que serviria a reabilitação, a qual, inclusive, só é reconhecida judicialmente após dois anos do cumprimento de diversos requisitos? Roig, por exemplo, aponta expressamente, e em face do art. 202 da LEP, a desnecessidade da reabilitação para assegurar o sigilo dos registros sobre o processo e a condenação. Para o autor, "atualmente o único e raro efeito prático da reabilitação é o de garantir o retorno da habilitação para dirigir veículo, quando este é utilizado como meio para a prática de crime doloso" (2014, p. 424).

Considerações finais

Prado também aponta para a importância do art. 202 da LEP em face das disposições da codificação penal. Na LEP, "o sigilo é garantido de modo automático e imediato após o cumprimento ou extinção da pena, independentemente do decurso de qualquer lapso temporal posterior ou de requisição por parte do condenado". O autor sustenta, ainda, e com base no art. 95 do Código Penal, que outro fator diferencia essas normas. No caso do art. 202 da LEP, o sigilo é definitivo, o que não ocorre no instituto da reabilitação, que pode ser revogado.

---

[88] Prado descreve a trajetória histórica do instituto da reabilitação. Aponta o autor, como precedente longínquo, a romana *restitutio in integrum,* forma de clemência soberana e de restauração de direitos morais e patrimoniais do condenado, tanto no tempo da República quanto do Império. Mais recentemente, o instituto da reabilitação (*lettres de réhabilitation*) foi sistematizado na França, por meio do Código de 1791. No Brasil, sua adoção primeira deu-se com o Código da República de 1890 (2011, p. 691-692).

Em perspectiva um pouco diversa, Busato não enxerga aqui uma simples sobreposição entre as normas do Código Penal e as da LEP, até porque, dada a edição contemporânea entre os dois diplomas legais, não faria sentido o legislador ter tratado de forma dúplice de uma mesma realidade (2013, p. 1007). Na realidade, e ao que parece, a norma da LEP tem um condão estritamente burocrático-procedimental, impondo ao Estado, e nos limites do art. 748 do Código de Processo Penal, que garanta ao condenado o sigilo acerca de seu processo e condenação, evitando-se a publicidade de informações e dados que tendam apenas a reforçar rótulos e etiquetas socialmente desfavoráveis. Trata-se, portanto, de uma tentativa do sistema criminal de minimizar a estigmatização que necessariamente produz.

Já a reabilitação apresenta uma dimensão mais ampla, inclusive em termos político-criminais e simbólicos. Além de cessar todos os efeitos da condenação que porventura remanesçam, mostra um formal reconhecimento do Estado de que determinada pessoa, "a despeito de ter sido reprovada e condenada, encontra-se livre e tem pleno exercício de seus direitos em condições iguais a todos os demais cidadãos" (BUSATO, 2013, p. 1007). Cuidar-se-ia, assim, de uma espécie de retorno simbólico ao estágio jurídico anterior à prática do crime.

> **Art. 94.** A reabilitação poderá ser requerida, decorridos 2 (dois) anos do dia em que for extinta, de qualquer modo, a pena ou terminar sua execução, computando-se o período de prova da suspensão e o do livramento condicional, se não sobrevier revogação, desde que o condenado:
>
> I – tenha tido domicílio no País no prazo acima referido;
>
> II – tenha dado, durante esse tempo, demonstração efetiva e constante de bom comportamento público e privado;
>
> III – tenha ressarcido o dano causado pelo crime ou demonstre a absoluta impossibilidade de o fazer, até o dia do pedido, ou exiba documento que comprove a renúncia da vítima ou novação da dívida.
>
> **Parágrafo único.** Negada a reabilitação, poderá ser requerida, a qualquer tempo, desde que o pedido seja instruído com novos elementos comprobatórios dos requisitos necessários.

Considerações gerais

O *caput* do art. 94 destina-se a apresentar o primeiro dos requisitos a serem observados para que o condenado possa requerer e o magistrado, em consequência, conceder a reabilitação. Cuida-se de uma exigência temporal, definida pelo legislador, em regra, como o decurso do prazo de 2 (dois) anos do dia em que for extinta a pena ou terminar a execução. Tratando-se de prazo de natureza penal, ou seja, de direito material, sua contagem deverá seguir a regra estatuída no art. 10 do Código Penal.

Considerações nucleares

Em consonância com a natureza político-criminal da reabilitação, a qual vislumbra apagar as máculas e rótulos inerentes à sentença penal condenatória, acertada a decisão legislativa de contabilizar, no prazo exigido de 2 (dois) anos, o lapso no qual o sujeito ficou submetido ao período de prova derivado da suspensão condicional da pena (*sursis*) ou do livramento condicional. Isso porque, se devidamente submetido ao período de prova, e com a obediência por parte do condenado de todas as condições ali impostas, tal circunstância já denota sua plena assunção da sanção penal e, em consequência disso, a possibilidade de ter resguardado o sigilo de seus registros, bem como o término de todo e qualquer efeito da condenação.

Antes de avançar para a análise dos demais requisitos, cumpre verificar qual seria, no plano normativo nacional, o alcance possível da expressão consistente no "sigilo dos registros sobre seu processo e condenação". Para a plena compreensão desta questão, atualmente, no Brasil, importa salientar que o Código de Processo Penal, o qual entrou em vigor em 1º de janeiro de 1942, dispõe sobre a reabilitação entre os seus arts. 743 e 750. Algumas das normas ali contidas, as quais se mostraram incompatíveis com os diplomas legais de 1984, foram tacitamente revogadas. Outras, contudo, permanecem em vigor.

Menção expressa deve ser feita ao art. 748 do Código de Processo Penal, o qual atesta que a condenação ou as condenações anteriores não serão mencionadas na folha de antecedentes do reabilitado, nem em certidão extraída dos livros do juízo, salvo quando requisitadas por juiz criminal. Este dispositivo acabou por propiciar a interpretação, já consolidada por praticamente todos os tribunais do País, de que o sigilo referido nos dispositivos legais não alcança as consultas restritas a serem feitas por agentes públicos. Ou seja, existem registros criminais sigilosos, acessados apenas pelo Poder Público, que jamais são apagados. Em suma, ao Poder Judiciário, por exemplo, sempre estarão disponíveis estas informações.

Neste aspecto, a eficácia da consequência normativa derivada da reabilitação é diminuída, pois garante o sigilo dos processos e das condenações somente às certidões e bases de dados que podem ser acessadas pelo público em geral. Em termos bastante práticos, poder-se-ia dizer da existência de dois tipos diversos de "arquivos": aquele de acesso público, no qual se garante o sigilo, e outro de acesso reservado a, por exemplo, membros do Poder Judiciário, no qual as informações sempre constarão.

Passa-se, então, à análise dos requisitos constantes nos incisos da norma.

O requisito apresentado pelo inciso I do art. 94 diz respeito ao fato de o egresso ter tido domicílio no País no prazo de dois anos após o término do cumprimento da pena. A justificativa para tal exigência é a maior possibilidade de fiscalização, vigilância e controle do Estado em face daqueles que residem no território nacional, podendo, ao menos em tese, melhor auferir seu comportamento após a execução da sanção penal.

Ocorre, entretanto, que razão assiste a Busato ao afirmar ser esta exigência absurda. De fato, ao impor que o sujeito não resida fora do Brasil no período mencionado, o legislador está, por via transversa, criado uma limitação ao seu direito de ir e vir. Tal severidade de restrição mais se assemelha a uma desvirtuada espécie de pena acessória ou restritiva de direitos do que propriamente a um simples requisito de aferição de comportamentos genericamente tidos como positivos. Não se pode olvidar que, no período posterior à execução da pena, o cidadão já se submeteu às restrições penais fixadas na sentença condenatória, não podendo o Estado criar uma condição que o limite de estar onde bem entender. Em suma, já cumpriu o título executivo judicial. Como salienta o autor paranaense, "exigir essa permanência é seguir tolhendo, em certa medida, a liberdade do egresso, quando ele já cumpriu a pena. Com isso, trata-se, no fundo, de uma nova pena, agora restritiva e não privativa de liberdade" (2013, p. 1009).

O requisito estabelecido no inciso II, por sua vez, consiste na exigência de que o egresso demonstre efetivo e constante bom comportamento público e privado durante o período estabelecido no *caput* do art. 94. Inegavelmente que este tipo de comprovação não é das mais simples, o que tornaria mais correta a legislação se houvesse a presunção do bom comportamento. Assim, apenas nos casos em que fosse documentalmente comprovado o mau comportamento se poderia eventualmente negar a reabilitação.

O Código de Processo Penal, diploma datado ainda da primeira metade do século XX, aponta em seu art. 744 quais são os documentos que devem instruir o pedido de reabilitação. Percebe-se que muitos dos documentos ali arrolados fazem referência a esta noção comportamental, servindo, em alguma medida, para comprovar a conduta do egresso após o cumprimento de sua pena. Diz o dispositivo que o requerimento será instruído com: (I) certidões comprobatórias de não ter o requerente respondido, nem estar respondendo a processo penal, em qualquer das comarcas em que houver residido durante o prazo a que se refere o artigo anterior; (II) atestados de autoridades policiais ou outros documentos que comprovem ter residido nas comarcas indicadas e mantido, efetivamente, bom comportamento; (III) atestados de bom comportamento fornecidos por pessoas a cujo serviço tenha estado; (IV) quaisquer outros documentos que sirvam como prova de sua regeneração; (V) prova de haver ressarcido o dano causado pelo crime ou persistir a impossibilidade de fazê-lo.

Estas previsões do Código de Processo Penal, entretanto, atualmente não demonstram muito sentido, já que não mais compete à autoridade policial conferir documentos que atestem o bom comportamento das pessoas em geral. Conforme já salientado, a correta interpretação deste inciso II do art. 94 do Código Penal impõe a inversão do ônus de qualificação da conduta. Na falta de informações, conclui-se pelo bom comportamento, competindo aos órgãos estatais, se for o caso, comprovar o mau comportamento apto a obstacularizar a reabilitação.

Como último requisito, apresenta a legislação a necessidade de o egresso ressarcir o dano causado com a prática do crime, ou apresentar documento que ateste uma renúncia da vítima ou sua novação, ou, por fim, comprovar a impossibilidade de fazê-lo. De forma coerente a esta exigência de direito material, aparece a norma prevista no inciso V do art. 744 do Código de Processo Penal. Entre os documentos que devem instruir o pedido de reabilitação está a prova de haver o réu ressarcido o dano causado pelo crime, a menos que persista a impossibilidade de fazê-lo.

Aplausos merece o legislador sempre que promove, mesmo na órbita penal, normas de fomento à reparação patrimonial dos prejuízos derivados do delito. Isso ocorre, principalmente, em delitos patrimoniais, que são os maiores responsáveis pelos índices de condenação, bem como pela inclusão de pessoas no sistema prisional brasileiro. Destaca-se, apenas, que o perfil dos egressos no Brasil, principalmente se analisado sob dados socioeconômicos, aponta para dificuldades de reparação de danos em geral, uma vez que se trata de pessoas de baixíssimos rendimentos, precária escolaridade e, em consequência, com dificuldade de inserção no mercado de trabalho.

Por isso mesmo, esta exigência deve ser feita sempre com muita cautela, valendo, como demonstrativo da impossibilidade de ressarcimento do dano, declaração unilateral do próprio egresso, sem prejuízo de futura e eventual conferência quanto à autenticidade do alegado. Se assim não for, corre-se sério risco de impedir o acesso à reabilitação de grande parte dos egressos brasileiros, que não reúnem mínimas condições de ressarcir o dano sem, em muitos casos, comprometer a sobrevivência própria ou da sua família.

Considerações finais

O parágrafo único do art. 94 do Código Penal inovou parcialmente nesta matéria. Antes desta previsão normativa, a questão era tratada pelo art. 749 do Código de Processo Penal, tacitamente revogado pela lei posterior, que assim dizia: "indeferida a reabilitação, o condenado não poderá renovar o pedido senão após o decurso de dois anos, salvo se o indeferimento tiver resultado de falta ou insuficiência de documentos". Até então, portanto, a possibilidade imediata de renovação do pedido ficava a depender da razão do indeferimento. Se baseado na falta de documentos, a nova postulação poderia ser imediata. Se por outra razão, novo pedido poderia ser formulado apenas após o transcurso de dois anos.

Na atual disciplina, o novo pedido poderá sempre ser feito, independentemente das razões do indeferimento anterior. A única exigência para seu conhecimento é a instrução com novos documentos que comprovem a observância dos requisitos exigidos em lei. De acordo com o art. 743 do Código de Processo Penal, tal pedido deve ser formulado perante o juiz do processo de conhecimento, ou seja, aquele que proferiu a condenação, e não, como pode parecer à primeira vista, perante o juiz das execuções penais.

Art. 95. A reabilitação será revogada, de ofício ou a requerimento do Ministério Público, se o reabilitado for condenado, como reincidente, por decisão definitiva, a pena que não seja de multa.

Considerações gerais

A norma estabelecida no art. 95 cuida de criticável revogação da reabilitação em razão de reincidência motivada por condenação definitiva à pena privativa de liberdade.

Considerações nucleares

Resolveu o legislador excluir a possibilidade de revogação da reabilitação para as hipóteses em que esta condenação ulterior impõe somente pena de multa, considerando, para tanto, o menor grau de ofensividade das incriminações que costumeiramente conduzem a esta modalidade de apenamento. Dúvidas permanecem, contudo, no caso de condenações a penas restritivas de direitos.

Para alguns, haveria a revogação da reincidência nestes casos, uma vez que as penas restritivas são sempre substitutivas das privativas de liberdade, isto é, na realidade, a condenação, ainda que concretamente imposta na forma de restrição de direitos, será fixada em um montante de pena privativa de liberdade. Outros, porém e com maior razão, defendem que não se deveria considerar a revogação da reabilitação nestes casos. Isso porque os critérios que admitem a possibilidade de substituição da pena privativa de liberdade por restritiva de direitos, tais como o *quantum* de pena e a inexistência de violência ou grave ameaça na prática delitiva, denotam, assim como na situação de imposição de pena de multa, uma menor ofensividade da conduta criminosa realizada. Cuida-se, portanto, de interpretação menos legalista e mais motivada por considerações de índole político-criminal.

De todo modo, e independentemente da posição a ser adotada, vale aqui mencionar que, há tempos, a doutrina jurídica é, ao menos em parte, contrária às razões que poderiam justificar a própria noção de revogação da reabilitação. Muitos são os argumentos lançados, valendo aqui mencionar aquele que sustenta ser tal possibilidade uma iníqua espécie de *bis in idem*. De acordo com Roig, crítico da possibilidade de revogação da reabilitação, a nova condenação, "para além de submeter o apenado à sanção penal a ela correspondente, também projetaria seus efeitos para a primeira condenação, provocando inafastável *bis in idem*"[89].

---

[89] O autor utiliza-se ainda de outro critério em desfavor da aceitação da possibilidade de revogação da reabilitação. Trata-se da necessária noção de segurança jurídica. Em suas próprias palavras, "a decisão concessiva da reabilitação tem força de definitiva e merece ser protegida pelo manto da coisa julgada, não podendo a lei (Código Penal) prejudicá-la (art. 5º, XXXVI, da CF)" (ROIG, 2014, p. 423).

Considerações finais

Além disso, esta possibilidade de revogação da reabilitação recebe as críticas já direcionadas ao próprio instituto da reincidência. Afinal, o fenômeno do cidadão que, após condenado, volta a delinquir pode ser analisado como produto da própria incapacidade e deficiência do Estado em colocar em movimento um plano coerente e razoável de execução penal que lhe permita, na prática, atingir a denominada "reintegração social". A reincidência, sob este aspecto, poderia significar mais um fracasso das próprias instâncias formais de controle, e menos um problema de caráter do sujeito que traz consigo, tantas vezes, uma história de vida que poucas oportunidades lhe outorga além de práticas delitivas. Seja como for, pode-se dizer que a revogação da reabilitação apresenta consectários práticos muito limitados, implicando mais um desvalor simbólico, a reforçar, infelizmente, o estigma produzido pelo sistema criminal.

TÍTULO VI
DAS MEDIDAS DE SEGURANÇA

Bibliografia: ARBEX, Daniela. *Holocausto brasileiro:* genocídio: 60 mil mortos no maior hospício do Brasil. São Paulo: Geração Editorial, 2013; BUSATO, Paulo César. *Direito penal:* parte geral. São Paulo: Atlas, 2013; PRADO, Luiz Regis. *Comentários ao Código Penal.* 6. ed. São Paulo: RT, 2011; ROIG, Rodrigo Duque Estrada. *Execução penal:* teoria critica. São Paulo: Saraiva, 2014; URRUELA MORA, Asier. *Las medidas de seguridad y reinserción social en la actualidad*: especial consideración de las consecuencias jurídico-penales aplicables a sujetos afectos de anomalía o alteración psíquica. Granada: Editorial Comares, 2009.

Considerações gerais

A sistemática jurídico-penal das medidas de segurança, ao menos no âmbito da família jurídica romano-germânica, remonta principalmente à segunda metade do século XIX, momento em que as ciências criminais vivenciaram, em praticamente toda a Europa, o apogeu da influência do Positivismo, erigido sob a base científica e metodológica do empirismo. Isso quer dizer que o conhecimento humano apenas poderia ser alcançado com lastro na observação e na experiência, fator que culminou, no campo do Direito, em significativo grau de afastamento de dimensões metafísicas, até então fundamentais nas construções dos sistemas jurídicos de matizes universalistas, racionais e abstratos.

Especificamente nas ciências criminais, é possível dizer que houve assinalável grau de "contaminação" do pensamento jurídico pelas ciências experimentais, destacadamente a Medicina. Mais importante do que a elaboração de refinadas estruturas dogmáticas lógicas e coerentemente sistematizadas, o foco central passou a ser a observação concreta dos comportamentos criminosos e de seus autores, buscando-se encontrar padrões lineares e repetitivos, por meio dos quais finalmente se poderia tentar dimanar as razões últimas do delito. Nesse sentido, pode-se dizer que o ideário do empirismo aproveitou para aprofundar no jurista desilusões com construções ideais que pouco funcionavam na suposta resolução do problema cotidiano da criminalidade dos centros urbanos, então em forte expansão. Era preciso, portanto, compreender o fenômeno criminal tal qual ele se apresentava, exatamente para, a partir daí, elaborar formas efetivas de intervenção na realidade.

Se é verdade que a razão preventiva inerente à sistemática das medidas de segurança é anterior a este pensamento de dois séculos atrás, o fato é que a primeira construção propriamente legislativa das medidas de segurança deveu-se a Carl Stooss, o qual estabeleceu, no anteprojeto de Código Penal suíço de 1893, um sistema binário de consequências jurídicas do delito: de um lado as penas, de outro as medidas de segurança. As primeiras destinam-se a dar uma *resposta à culpabilidade do sujeito*, enquanto as segundas *estão baseadas na manifestação de periculosidade* (URRUELA MORA, 2009, p. 1).

O fato é que as medidas de segurança sempre se pautaram, ao menos no plano discursivo, por critérios de correção e tratamento do sujeito, segurança pública e, mais recentemente, reinserção social. Essas perspectivas plurais estão imbricadas no âmago do conceito, sendo certo que o delineamento legislativo da disciplina jurídica das medidas variará exatamente no menor ou maior apego que se tenha em face de alguma dessas finalidades. Uma noção mais vinculada à segurança e ao tratamento tenderá a permitir períodos maiores e regimes mais segregacionistas ou hospitalares de internação. Ao contrário, a prevalência da perspectiva de reinserção optará com maior relevo por soluções ambulatoriais, a sustentar, por exemplo, a atual política antimanicomial brasileira, a dar destaque ao modelo assistencial em saúde mental (Lei Federal n. 10.216, de 6 de abril de 2001), muito mais afastado de compreensões morais e coadunado com os ditames constitucionais[90]. Em suma, de um lado os hospícios, de outro os estabelecimentos de assistência à saúde.

Sobre esta dicotomia é possível realizar um aprofundamento. As concepções que sempre enxergaram na medida de segurança um instrumento de segurança

---

[90] Na doutrina espanhola, esta perspectiva de ressocialização, para além de constitucionalmente prevista para as medidas de segurança, apresenta-se como um interessante contraponto a práticas invasivas muitas vezes legitimadas sob o discurso da correção (por exemplo, a lobotomia). Nestes termos: "La reinserción social, sobre todo cuando la misma se predica en el marco de sociedades democráticas garantes de los derechos individuales, supone de por sí no solo un fin programático en relación con las medidas de seguridad, sino además un límite claro a toda actuación sobre el sujeto, que en ningún caso podrá ir más allá de lo estrictamente necesario para su resocialización y que deberá llevarse a cabo con escrupuloso respeto de las normas de actuación vigentes en un estado democrático" (URRUELA MORA, 2009, p. 3).

social, de natureza *defensivista*, sempre tenderam a sublimar diversas garantias do sistema penal no tocante à sua aplicação. E isso parece, inclusive, natural. Se o fator primeiro a iluminar a medida de segurança é a convicção acerca da impossibilidade de convivência social do inimputável ou semi-imputável, as garantias intrínsecas ao Direito Penal da culpabilidade acabam sendo progressivamente sublimadas. O "Direito das Medidas de Segurança" afasta-se do âmago do Direito Penal, ficando numa espécie de limbo a meio caminho entre o sistema criminal e as meras ordenanças administrativas. Noções como periculosidade, inimputabilidade, temibilidade, transtorno mental e outras parecem sorrateiramente expurgar do marco punitivo as medidas de segurança e, com isso, administrativizá-las no sentido de perda de garantias e direitos. Por isso é, mais do que nunca, necessário reafirmar o caráter de consequência penal destas medidas, pois somente desse modo se agregam a elas toda a dimensão de garantias criminais.

Esta constante tensão entre medidas de segurança e o sistema criminal, consubstanciado numa força centrífuga que parece sempre querer extraí-las do âmago do Direito Penal, já aparece, ainda de forma pouco refletida, na Escola Positiva italiana, a qual, sob a égide do conceito lombrosiano de *criminoso nato*, buscava uma reação baseada na negação do livre-arbítrio e, simultaneamente, na defesa social pautada quase que na antecipação punitiva de um futuro delito e em critérios fenotípicos ou, mais adiante com Ferri e Garofalo, em aspectos sociais.

Posteriormente, já no início do século XX, a denominada corrente da *Nova Defesa Social* (Marc Ancel e Adolphe Prins) contribui significativamente para a adoção de uma finalidade comum entre as penas e medidas de segurança, ambas voltadas para a *reinserção do condenado na vida social*. Esta finalidade comum em muito justificou a existência de possibilidades de aplicação mista entre penas e medidas de segurança, as quais, embora fossem teoricamente postas em plano diverso, configurariam "um sistema unitário em sua essência, ainda que não necessariamente unificadas em sua exteriorização" (URRUELA MORA, 2009, p. 9). Ao que parece, esta perspectiva se mostra presente em soluções criminais como aquela do sistema do duplo binário existente no Brasil até 1984, pelo qual o sujeito poderia ser submetido à pena *(por razões de justiça)* e posteriormente à medida de segurança *(por razões de prevenção)*.

Seja como for, estas concepções defensivistas propiciaram uma primeira grande linha de fundamentação para as medidas de segurança, nitidamente de caráter instrumental e pautadas na necessidade de proteção ou defesa do corpo social. Por outro lado, buscou-se uma vertente mais dotada de cunho ético-social, a qual pode ser expressada na construção de Welzel, para quem a aplicação da medida de segurança voltava-se à garantia da liberdade interior do sujeito. Haveria, neste pensamento, sempre a imprescindibilidade humana de "contar com liberdade interior para poder participar da vida social, podendo-se limitar a liberdade exterior na medida em que ocorre uma restrição daquela outra" (URRUELA MORA, 2009, p. 10).

No plano destes comentários, opta-se pela mencionada inserção das medidas de segurança no âmbito das sanções ou respostas propriamente penais aos injustos típicos. Ainda que a medida de segurança possa ser colocada num plano normativo um pouco diverso das penas, já que se voltam menos à reprovação do sujeito e mais à tentativa estatal de contenção de uma fonte de perigo concreto-factual (o sujeito inimputável), não é razoável, na vigência do Estado Democrático de Direito, retirar da aplicação da medida de segurança as necessárias observações que competem ao Direito Penal como um todo. É preciso ser crítico com sua duração supostamente indeterminada, com a inobservância da aplicação de institutos atrelados à extinção da punibilidade, bem como à relativização do devido processo legal em sua aplicação. Se a Reforma Penal de 1984, ao substituir o sistema do duplo binário pelo vicariante, importou em avanço, também é verdade que muitos de seus dispositivos precisam atualmente ser lidos sob a ótica dos valores contemporâneos do sistema criminal e, mais ainda, dos marcos legais atinentes à política antimanicomial.

Espécies de medidas de segurança

Art. 96. As medidas de segurança são:

I – internação em hospital de custódia e tratamento psiquiátrico ou, à falta, em outro estabelecimento adequado;

II – sujeição a tratamento ambulatorial.

Parágrafo único. Extinta a punibilidade, não se impõe medida de segurança nem subsiste a que tenha sido imposta.

Considerações gerais

Em termos gerais, pode-se definir as medidas de segurança como consequências jurídicas do delito, de natureza penal, fundamentadas na periculosidade do sujeito expressada um uma infração normativa e destinadas à realização de fins preventivo-especiais, destacadamente a reinserção social[91]. Com esta definição, exclui-se, desde logo, qualquer possibilidade de aplicação de medidas de segurança lastreadas exclusivamente na suposta periculosidade, retirando-se do sistema hipóteses de intervenções penais pré-delitivas. Exige-se, portanto, sempre o cometimento de um injusto, requisito positivo primeiro para a aplicação da medida. Mais ainda, o grau de relevância (gravidade) do injusto típico será reflexo indiciário do nível de periculosidade, elemento a justificar o tratamento diferenciado realizado pelo legislador brasileiro entre delitos apenados com reclusão e detenção, e medidas de internação e tratamento ambulatorial, respectivamente.

---

[91] Definição bastante próxima: Urruela Mora (2009, p. 4).

Vale notar que o sistema adotado no Brasil, a partir da Reforma da Parte Geral do Código Penal em 1984, pauta-se pela dimensão vicariante, ou seja, penas e medidas de segurança não podem ser aplicadas simultaneamente, nem sequer executadas, em relação ao mesmo fato ilícito, sucessivamente. O juiz, portanto, deverá definir se aplicará pena (ao sujeito imputável) ou medida de segurança (se considerado inimputável o agente). Na hipótese de semi-imputabilidade, também deverá decidir o magistrado se mais recomendável a aplicação da medida de segurança ou de pena, sendo neste último caso considerada a redução de pena prevista no parágrafo único do art. 26 do CP.

Uma vez verificados os requisitos determinantes para a imposição de medida de segurança, quais sejam: (i) prática de fato punível; (ii) periculosidade do autor; (iii) periculosidade pós-delitiva e (iv) ausência de imputabilidade plena[92], proferirá o magistrado sentença de absolvição imprópria. A sentença de absolvição imprópria, nesse sentido, pressupõe a inexistência de culpabilidade em razão da falta de imputabilidade, mas nela deve reconhecer todos os elementos inerentes às anteriores etapas de valoração do crime, isto é, a tipicidade e a antijuridicidade. Para que seja imposta a medida de segurança é necessário que o agente tenha cometido uma conduta descrita como crime e, do mesmo modo, não ter agido amparado por quaisquer das causas de justificação. Nesse ponto, se o inimputável agiu, por exemplo, em legítima defesa, deve ser ele absolvido, do mesmo modo que seria um sujeito em plenas condições psíquicas.

Art. 96, inciso I – medida de segurança detentiva

O inciso I deste art. 96 do CP, ao estabelecer a medida de segurança de caráter detentivo, deve ser interpretado em consonância com o estipulado no art. 99 da Lei de Execução Penal (Lei Federal n. 7.210/84). Cuida-se de figura alcunhada de detentiva porque impõe ao inimputável ou semi-imputável um regime total de internação, o qual, de acordo com a norma, deverá ser cumprido em hospital de custódia e tratamento psiquiátrico ou, à falta, em outro estabelecimento adequado. Ainda prevê o parágrafo único deste art. 99 da LEP, ao remeter ao art. 88 do mesmo diploma, que o local de cumprimento da medida deverá ser dotado de cela individual, contendo dormitório, aparelho sanitário e lavatório. Exige-se igualmente a salubridade do ambiente e área mínima de seis metros quadrados.

Desnecessário dizer que esta é a modalidade mais invasiva de cumprimento de medida de segurança, haja vista sua natureza de custódia plena, conforme designa a própria Lei de Execução Penal ao denominar hospital de custódia e tratamento psiquiátrico como o local adequado para sua execução. Nesse sentido, embora este hospital possa ser destinado também para o tratamento ambulatorial, a

---

[92] Esses critérios estão em Prado (2011, p. 324-325).

ser cumprido, inclusive, em ala separada, no caso da internação verifica-se um regime mais severo de segregação, sendo obrigatório o exame psiquiátrico e os demais exames tidos como necessários (art. 100 da Lei de Execução Penal).

Art. 96, inciso II – medida de segurança restritiva

A medida de segurança restritiva, aqui denominada tratamento ambulatorial, decorreu de inovação da Reforma da Parte Geral de 1984. Trata-se de modalidade menos invasiva e severa à liberdade do inimputável, permitindo-se, contudo, a qualquer tempo, sua transferência ao regime de internação por razões de necessidade de providências curativas. Neste caso, conforme o próprio nome insinua, não há a necessidade da internação, pois, de acordo com a Exposição de Motivos do Código Penal, a sujeição do agente ao tratamento pode consistir no "comparecimento ao hospital nos dias em que lhe forem determinados pelo médico, a fim de ser submetido à modalidade terapêutica".

Na realidade, a instituição desta medida de segurança restritiva simboliza uma tendência já existente na metade da década de 1980 do século passado e que seria gradativamente acentuada ao longo dos anos seguintes, qual seja, a "desinstitucionalização" da execução. Embora na época esta ideia tenha se restringido à submissão a tratamento ambulatorial daqueles inimputáveis que praticaram fato previsto como crime punível com detenção, atualmente, e de acordo com o próprio *estado da arte* da Medicina, verifica-se que medidas de internação são contraproducentes, isto é, mais dificultam que facilitam a recuperação do internado.

Por essa mesma razão, muitos sustentam que a sistemática das medidas de segurança trazida pelo Código Penal e pela Lei de Execução Penal estariam tácita e integralmente revogadas, devendo-se, nestes casos, aplicar-se a Lei Federal n. 10.216/2001, a qual dispõe sobre a proteção e os direitos das pessoas portadoras de transtornos mentais e redireciona o modelo em assistência mental, promovendo a reforma psiquiátrica voltada à implementação de políticas antimanicomiais. Não é em outra linha a Resolução n. 113/2010 do Conselho Nacional de Justiça (CNJ), ao indicar ao juiz competente para a execução da medida de segurança *buscar, sempre que possível, implementar as políticas antimanicomiais* prevista na citada Lei Federal n. 10.216/2001 (ROIG, 2014, p. 452). Do mesmo modo são as Resoluções n. 5/2004 e 4/2010 do Conselho Nacional de Política Criminal e Penitenciária do Ministério da Justiça (CNPCP/MJ). Trata-se, portanto, a internação de *ultima ratio*.

Art. 96, parágrafo único – extinção de punibilidade

Ao admitir o parágrafo único do art. 96 que, extinta a punibilidade, não se impõe medida de segurança nem subsiste a que tenha sido imposta, a legislação brasileira claramente compactua com a inserção destas medidas no âmbito global das sanções penais, reforçando o discurso doutrinário de que as mesmas garantias inerentes à pena também devem ser aqui observadas. Com isso, aquelas hipóteses de extinção de punibilidade previstas no art. 107 do CP aplicam-se integralmente, não havendo razão, por exemplo, nos argumentos que observam empecilhos para o reconhecimento, por exemplo, do indulto de medidas de segurança.

O tema mais polêmico, contudo, diz respeito à prescrição e, mais ainda, ao seu prazo. Isso porque, nas hipóteses de cometimentos de fatos considerados delitivos por inimputáveis, a sentença final do processo é de natureza absolutória, de tal sorte que inexiste fixação de pena e, com isso, torna-se inviável o cálculo do período com base na punição *in concreto*. Assim sendo, a pergunta que remanesce guarda relação com a pena que deverá ser considerada para o cálculo prescricional, surgindo, neste campo, três vertentes essenciais: (i) a pena deverá ser sempre a máxima de 40 (quarenta) anos prevista no ordenamento brasileiro (art. 75 do Código Penal, com redação dada pelo "Pacote Anticrime"); (ii) deverá ser considerada a pena máxima do tipo de delito a que corresponde a conduta do inimputável; (iii) a pena deverá ser a mínima prevista no tipo de delito a que corresponde a conduta do inimputável.

A jurisprudência brasileira, inclusive mediante decisão das 5ª e 6ª Turmas do Superior Tribunal de Justiça, encaminhou-se pela hipótese intermediária, ou seja, deverá ser considerada para o cálculo a pena máxima do delito específico a que corresponde o fato praticado pelo inimputável, à luz da regra constante do art. 109 do CP. Nos dizeres de Busato (2013, p. 867), e reafirmando a postura judiciária assumida, "o entendimento mais consentâneo com um direito penal democrático é de que a prescrição da pretensão executória realizar-se-á segundo o máximo da pena privativa de liberdade".

Apresenta-se aqui, entretanto, posicionamento diverso. Evidentemente que não faz sentido falar em pena máxima de 40 (quarenta) anos para fins de cálculo, uma vez que tal posição equipararia condutas de gravidade nitidamente diversa e, portanto, conferiria tratamento igual para situações desiguais. Do mesmo modo, não parece adequado nortear-se pela pena máxima, pois até mesmo os imputáveis dificilmente alcançam punições concretas nestes patamares. Na medida em que o inimputável não goza de culpabilidade alguma, seu comportamento é, em tese, inapto a qualquer juízo de reprovação, devendo assim prevalecer, ao menos por equiparação simbólica, a pena mínima. Em suma, o cálculo da prescrição deverá ser feito tendo como baliza sempre a menor pena conferida à *fattispecie* delitiva correspondente à conduta atribuída ao inimputável.

Imposição da medida de segurança para inimputável

Art. 97. Se o agente for inimputável, o juiz determinará sua internação (art. 26). Se, todavia, o fato previsto como crime for punível com detenção, poderá o juiz submetê-lo a tratamento ambulatorial.

O *caput* do art. 97 do CP aponta, no cerne da mencionada "desinstitucionalização" limitada, que deve ser aplicado o regime de internação (*medida de seguran-*

ça detentiva) se o fato praticado for punido com reclusão, facultando a possibilidade de submissão do sujeito a regime de tratamento ambulatorial (*medida de segurança restritiva*) na hipótese de o fato cometido ser previsto como crime punível com detenção. Entretanto, tal determinação não faz mais sentido após o advento da Lei Antimanicomial (Lei Federal n. 10.261/2001), a qual prevê a necessidade de ser tratada a pessoa em ambiente terapêutico pelos meios menos invasivos possíveis, além de, preferencialmente, em serviços comunitários de saúde mental. Em suma, "tais normas demonstram que o tratamento ao indivíduo submetido à medida de segurança deve ser realizado em ambiente sem feições prisionais e com a menor invasividade possível" (ROIG, 2014, p. 448).

De fato, e haja vista o caráter técnico-médico-científico das medidas de segurança, não se deve obstaculizar a aplicação do tratamento ambulatorial mesmo para aqueles casos em que o tipo penal realizado pelo inimputável tenha apenamento com reclusão. De acordo com Roig (2014, p. 448), em que pese previsão legal a respeito, "a distinção entre o tipo de medida a ser imposta não pode decorrer da gravidade abstrata do injusto penal, mas da própria necessidade (e forma indicada) de assistência ao portador de sofrimento psíquico, de forma individualizada (princípio da individualização da medida de segurança)". Essa relação imposta pela lei entre pena de reclusão e medida de segurança detentiva é duplamente disfuncional, tanto em seu caráter teórico quanto prático. Na perspectiva teórica cria uma espécie de baliza retributiva, como se a gravidade do crime importasse na natureza da medida, algo que apenas faz sentido para as penas fundamentadas na culpabilidade e, portanto, livre-arbítrio do sujeito imputável. No plano prático conduz ao desvirtuamento pelo Direito da ciência médica, pois é esta última a mais autorizada a afirmar diante do caso concreto qual o melhor tratamento indicado. Dada a natureza da medida de segurança, sempre será melhor a casuística pautada no *estado da arte* médica em detrimento do abstracionismo legislativo.

Prazo

§ 1º A internação, ou tratamento ambulatorial, será por tempo indeterminado, perdurando enquanto não for averiguada, mediante perícia médica, a cessação de periculosidade. O prazo mínimo deverá ser de 1 (um) a 3 (três) anos.

A previsão estatuída no § 1º, do art. 97 diz respeito ao prazo indeterminado das medidas de segurança, sendo, por essa exata razão, certamente um dos pontos mais polêmicos no tocante a essa consequência penal. O legislador brasileiro, imbuído do ideário preventivo e terapêutico dessas medidas, estabeleceu que a internação ou o tratamento ambulatorial apenas podem ser interrompidos mediante a comprovação, por meio de perícia médica, de denominada cessação da periculosidade. Esse regramento é bastante lógico se inserido em determinada concepção a respeito das medidas de segurança. Afinal, se a infração perpetrada pelo inimputável derivou causalmente da periculosidade que apresentava, apenas a cessação desta última poderia autorizar o retorno do sujeito ao convívio em liberdade. Do contrário, permanecendo o indivíduo como foco de perigo, nada obstaria que um novo ato típico fosse praticado.

Ainda sob essa dinâmica, previu igualmente o legislador brasileiro que o prazo mínimo de internação ou de tratamento deve ser fixado entre um e três anos. Em outras palavras, entendeu-se que existe um tempo mínimo, a ser determinado pelo magistrado e expresso na guia de internamento nos termos do art. 173, inciso III, da Lei de Execução Penal, para que o sujeito possa ver cessada a sua periculosidade. Parte-se de uma espécie de presunção absoluta de que, em intervalo mínimo inferior a um ano, ninguém será capaz de recuperar o completo juízo, retirando-se da situação de inimputabilidade determinante do cometimento do injusto penal.

O problema maior deste dispositivo reside exatamente na admissão do caráter de indeterminação temporal da medida de segurança. A pergunta que se apresenta, portanto, é se haveria legitimidade ao Estado para impor a determinado sujeito, não obstante a inimputabilidade, uma restrição de liberdade perpétua. Entende-se que a resposta aqui é negativa, de tal sorte que o prazo de duração da medida de segurança não deve ultrapassar jamais o tempo de pena máximo previsto para a *fattispecie* abstrata a que corresponde a conduta atribuída ao inimputável.

Mesmo que a justificativa da medida de segurança não tenha, ao menos teoricamente, uma relação com a gravidade do delito, haja vista estar pautada sob a perspectiva da periculosidade, nada justifica um ilimitado cerceamento de direitos de quem quer que seja. Mais ainda, o legislador, no próprio *caput* deste art. 97, igualmente considerou que a gravidade do delito é sim um fator indicativo do grau de periculosidade, pois, do contrário, não faria sentido algum a possibilidade de atribuir o regime de internação e tratamento ambulatorial para ocorrências puníveis, respectivamente, com reclusão e detenção. Desse modo, a perícia que constata a cessação da periculosidade deve ter o condão de colocar o sujeito em liberdade de modo antecipado, porém, uma vez esgotado o tempo correspondente à pena máxima do delito, a medida de segurança deverá ser extinta independentemente de qualquer constatação técnica, médica ou pericial.

Perícia médica

§ 2º A perícia médica realizar-se-á ao termo do prazo mínimo fixado e deverá ser repetida de ano em ano, ou a qualquer tempo, se o determinar o juiz da execução.

O § 2º deste art. 97 resolveu disciplinar a periodicidade de realização do exame de cessação de periculosidade, atestando que a perícia médica realizar-se-á ao termo do prazo mínimo fixado e deverá ser repetida de ano em ano, ou a qualquer tempo, se o determinar o juiz da execução. O prazo mínimo fixado, conforme previsão do *caput* deste artigo, será de um a três anos, conforme decisão judicial.

O que importa aqui notar, para além da previsão e rotina anual de exames, é a facultatividade estabelecida pelo legislador da realização de novas análises a qualquer tempo. Essa normatização é fundamental, pois permite ao juiz, de ofício ou mediante provocação de quem quer que seja, determinar a prática de exames médicos uma vez evidenciados alguns aspectos que apontem para a possível cessação de periculosidade e restabelecimento psíquico do inimputável. Mais ainda, esta prática pericial a qualquer tempo tem o condão de evitar a continuidade de medidas de segurança desnecessárias, já que, ao se imaginar um sujeito recuperado poucos meses após o último exame, ficaria ele tempo significativo inocuamente submetido à medida se tivesse de aguardar a anualidade da perícia vindoura.

Desinternação ou liberação condicional

§ 3º A desinternação, ou a liberação, será sempre condicional devendo ser restabelecida a situação anterior se o agente, antes do decurso de 1 (um) ano, pratica fato indicativo de persistência de sua periculosidade.

O § 3º do art. 97 atesta que a desinternação, ou a liberação, será sempre condicional, devendo ser restabelecida a situação anterior se o agente, antes do decurso de 1 ano, pratica fato indicativo de persistência de sua periculosidade. Essa afirmativa quer assentar que o inimputável, uma vez desinternado ou liberado do tratamento ambulatorial, ficará sempre submetido a uma espécie de *período de prova*, no qual permanecerá supervisionado a ponto de se avaliarem eventuais práticas comportamentais que indiquem a necessidade de restabelecimento da medida de segurança.

Essa norma é passível de muitas críticas, dentre as quais a vagueza absoluta do termo "prática de fato indicativo", o que acaba por gerar insegurança jurídica e ampliar demasiadamente a discricionariedade daquele que avalia o sujeito. De todo modo, esse aspecto condicional da liberação ou desinternação apenas valerá se a cessação da medida de segurança ocorrer antes do decurso do tempo correspondente ao máximo de pena previsto para a *fattispecie* abstrata a que alude a conduta atribuída ao inimputável. Isto é, se a medida de segurança foi encerrada por ter alcançado esse prazo máximo, não poderá ela ser, ela mesma, restabelecida por qualquer razão. Em caso oposto, e uma vez restabelecida a medida, ela apenas poderá perdurar até que, somada ao tempo anterior de internação ou tratamento ambulatorial, atinja-se o tempo expresso como pena máxima do tipo penal incriminador.

§ 4º Em qualquer fase do tratamento ambulatorial, poderá o juiz determinar a internação do agente, se essa providência for necessária para fins curativos.

Por fim, o § 4º deste art. 97 prevê uma espécie de *regressão de regime de medida de segurança*, apregoando que, em qualquer fase do tratamento ambulatorial, poderá o juiz determinar a internação do agente, se essa providência for necessária para fins curativos. Vale aqui mencionar que essa decisão judicial deve ser sempre amparada por conhecimentos técnicos, por meio de exames e perícias. Mais ainda, essa medida deve ser sempre tomada com muita cautela, principalmente após o advento da Lei Antimanicomial (Lei Federal n. 10.261/2001), a qual prevê a necessidade de ser tratada a pessoa em ambiente terapêutico pelos meios menos invasivos possíveis, além de, preferencialmente, em serviços comunitários de saúde mental. Com isso, o ordenamento brasileiro definitivamente reconheceu a internação como a *ultima ratio* no cerne jurídico das medidas de segurança.

Substituição da pena por medida de segurança para o semi-imputável

Art. 98. Na hipótese do parágrafo único do art. 26 deste Código e necessitando o condenado de especial tratamento curativo, a pena privativa de liberdade pode ser substituída pela internação, ou tratamento ambulatorial, pelo prazo mínimo de 1 (um) a 3 (três) anos, nos termos do artigo anterior e respectivos §§ 1º a 4º.

O art. 98 do CP, ao tratar da substituição da pena por medida de segurança para o semi-imputável, remete necessariamente o intérprete para a norma contida no parágrafo único do art. 26 desse mesmo diploma. Esta última, ao seu turno, cuida da imputabilidade penal, especificamente estabelecendo, como regra geral, uma causa de diminuição de pena na hipótese de o agente, em virtude de perturbação da saúde mental ou desenvolvimento mental incompleto ou retardado, não ser inteiramente capaz de entender o caráter ilícito do fato ou determinar-se de acordo com esse entendimento.

Na realidade, essa previsão legislativa aplica-se para aquelas situações a meio caminho, ou intermédias, entre a imputabilidade plena e a inimputabilidade. Isso porque sempre pairará a dúvida se ao semi-imputável dever-se-á aplicar pena ou medida de segurança. A legislação, portanto, optou pelas duas possibilidades, a depender, contudo, da especificidade do caso concreto. A leitura conjunta e harmônica dos arts. 26 e 98 aponta que a regra geral para a semi-imputabilidade deve ser a aplicação de pena, calculada mediante a utilização da causa de diminuição de 1 a 2/3 ali prevista. Todavia, situação excepcional permitirá a conversão da pena em medida de segurança, e esse é exatamente o conteúdo do art. 98.

A excepcionalidade da submissão do semi-imputável à medida de segurança reside, na conformidade da dicção legal, na necessidade de especial tratamento curativo por parte do condenado, substituindo-se a privação de liberdade pelo regime de internação ou tratamento ambulatorial, a depender do grau da enfermidade psíquica. Realizada a conversão, atesta a lei que sua duração mínima será de 1 a 3 anos, aplicando-se posteriormente todas as diretrizes já presentes nos parágrafos do art. 97 do CP.

O grande dilema dessa disposição sedia-se nas consequências da conversão para a pena privativa de liberdade originária. Mais ainda, debate-se a possibilidade de reconversão, a imaginar o exemplo do sujeito condenado a muitos anos de pena privativa de liberdade convertida, mas que, por razão qualquer, alcança rapidamente os requisitos para a desinternação. Em suma, duas perguntas são formuladas: (i) o semi-imputável poderá submeter-se a medida de segurança convertida por tempo maior do que aquele imposto para o cumprimento de pena privativa de liberdade? (ii) no caso de a medida de segurança tornar-se desnecessária em tempo menor do que aquele fixado para o cumprimento de pena privativa de liberdade, deverá novamente o internado ser submetido, pelo tempo remanescente, à sanção penal originária?

As duas indagações devem ter resposta negativa, sempre a prevalecer interpretação da norma penal mais benéfica ao réu. Isso quer dizer que se filia aqui ao posicionamento que entende ser o tempo máximo de internação aquele fixado na sentença penal condenatória, perdendo-se também nessa hipótese qualquer possibilidade de submissão à medida de segurança por tempo indeterminado. Uma vez expirado o limite temporal equivalente ao fixado como pena, de imediato deverá ocorrer a desinternação ou a respectiva liberação do tratamento ambulatorial.

Do mesmo modo, uma vez feita a conversão da pena em medida de segurança nos termos deste art. 97, não mais poderá ser percorrido o caminho inverso, ou seja, o retorno à aplicação de pena ao condenado. Uma vez cessada a periculosidade, ainda que em tempo menor, se comparado com a sanção originalmente fixada, necessária a desinternação ou liberação do tratamento ambulatorial. Nota-se que essa ocorrência é diferente daquela prevista no art. 41 do CP (*superveniência de doença mental*) e 183 da Lei de Execução Penal. Aqui, o transtorno psíquico revela-se durante o cumprimento da pena, sem qualquer relação causal com a prática do fato delitivo que redundou na condenação. Apenas nesses casos, por se tratar tão somente de uma modificação da forma de execução da custódia (hospitalar e não mais prisional), uma vez superado o problema médico, o condenado voltará ao estabelecimento penal comum, considerando a detração do período ao qual se submeteu à medida diversa (art. 42 do CP).

Direitos do internado

Art. 99. O internado será recolhido a estabelecimento dotado de características hospitalares e será submetido a tratamento.

O art. 99 do CP, derradeiro na disciplina das medidas de segurança, faz questão de ressaltar aspecto bastante importante e aqui identificado por meio da nomenclatura de *direitos do internado*. Na realidade, em sua essência, o dispositivo tem o condão de reiterar a natureza diversa das medidas de segurança se comparada com a das penas, evitando-se que a aplicação concreta e enviesada dessas medidas acabe por torná-las mecanismos indiretos de punição, perdendo o ideal terapêutico que deve norteá-las.

Ao afirmar que o internado será recolhido a estabelecimento dotado de características hospitalares e será submetido a tratamento, reafirma a dicção legal, por meio da referência à estrutura de cumprimento das medidas, o seu caráter de tratamento. Impede, com isso, que a efetivação das medidas de segurança se dê, de forma precária e improvisada, em enfermarias de unidades prisionais, alas penitenciárias desprovidas dos atributos físicos, pessoais e técnicos imprescindíveis, ou mesmo em qualquer outro lugar destinado, única e exclusivamente, a simplesmente segregar os inimputáveis, sem conferir-lhes a assistência devida[93].

TÍTULO VII
DA AÇÃO PENAL

Bibliografia: BADARÓ, Gustavo Henrique Righy Ivahy. *Processo penal*. 9. ed. São Paulo: RT, 2021; BEVILAQUA, Clóvis. *Código Civil comentado*. 11. ed. Rio de Janeiro: Livraria Francisco Alves, 1956. v. 1; BITENCOURT, Cezar Roberto. *Tratado de direito penal*: parte geral I. 27. ed. rev., ampl. e atual. São Paulo: Saraiva, 2021; CARNELUTTI, Francesco. *Lecciones sobre el proceso penal*. Buenos Aires: Jurídicas Europa-América, 1950; GRINOVER, Ada Pellegrini. As condições da ação penal. *Revista Brasileira de Ciências Criminais*, São Paulo, n. 69, out./dez. 2007; GRINOVER, Ada Pellegrini, GOMES FILHO, Antonio Magalhães e FERNANDES, Antonio Scarance. *As nulidades no processo penal*. 12. ed. rev., atual. São Paulo: RT, 2011; LIEBMAN, Enrico Tullio. *Manual de direito processual civil*. 3. ed. Rio de Janeiro: Malheiros, 2005. v. 1; LOPES JR., Aury. *Direito processual penal*. 19. ed. São Paulo: Saraiva, 2022; MARQUES, José Frederico. *Elementos de direito processual penal*. FERRARI, Eduardo Reale e DEZEN, Guilherme Madeira (Atualiz.). Campinas: Millennium, 2009; MOURA, Maria Thereza Rocha Assis. *Justa causa na ação penal*. São Paulo: RT, 2001; NORONHA, E. Magalhães. *Direito penal*. São Paulo: Saraiva, 1977. v. I; PACELLI, Eugênio. *Curso de processo penal*. 25. ed. São Paulo: Atlas, 2021; TORNAGHI, Hélio Bastos. *Instituições de processo penal*. 2. ed. São Paulo: Saraiva, 1977; TOURINHO FILHO, Fernando da Costa. *Manual de processo penal*. 17. ed. rev. e atual. São Paulo: Saraiva, 2017; TUCCI, Rogério Lauria. "*Habeas corpus*", *ação e processo penal*. São Paulo: Saraiva, 1978.

Considerações preliminares

Na atual sistemática do ordenamento jurídico brasileiro, parte das disposições relativas à ação penal está disciplinada no Código Penal, mas outra grande

---

[93] Sobre a triste realidade da aplicação concreta das medidas de segurança no Brasil, vale a leitura de específica obra a respeito do paradigmático hospício localizado no Município de Barbacena, no Estado de Minas Gerais, denominado Colônia (ARBEX, 2013).

parte também é tratada no Código de Processo Penal. Na ausência de uma uniformização da matéria, que hoje é tratada em dois Códigos que não se conversam, mostra-se difícil ater-se somente às disposições do Código Penal para tratar da ação penal.

O leitor verificará, portanto, que os comentários aos arts. 100 a 106 do CP não dispensam a necessária análise, de forma complementar, dos artigos do Código de Processo Penal atinentes à matéria em comento (arts. 24 a 61 do CPP).

Outra questão preliminar a ser destacada diz respeito à metodologia empregada. Em vez de se adotar, para cada artigo comentado, os tópicos "considerações gerais", "considerações nucleares" e "considerações finais", optou-se por estabelecer uma análise global do instituto, que é comum ao capítulo. Assim, tomando-se por base o tema ação penal, que se entrelaça entre os artigos do capítulo, os tópicos "considerações gerais" e "considerações finais" são um só para todo o texto, e as "considerações nucleares" estão tratadas separadamente em cada artigo, de acordo com a especificidade da matéria versada.

Considerações gerais
a) Direito de ação

Ação penal pode ser entendida como "a atuação correspondente ao direito à jurisdição – público, subjetivo, abstrato, autônomo – que se exercita perante os órgãos da Justiça Criminal" (TUCCI, 1978, p. 62). Cuida-se do direito de agir exercido perante juízes e tribunais da Justiça Criminal (MARQUES, 2009, p. 263).

Uma vez finda a Justiça privada, os particulares devem se dirigir ao Estado para cobrar a aplicação de sanção contra aquele que violou o Direito, pois ao Estado é atribuída a competência exclusiva de administrar a justiça, sendo instituídos órgãos jurisdicionais para esse fim. Dessa realidade resulta o *jus persequendi* ou *jus persecutionis*, descrito por NORONHA (1977, p. 365) como o direito subjetivo, outorgado ao Estado, de promover *in abstracto* a persecução do autor do crime. Consequentemente, aos cidadãos que se veem prejudicados assiste o direito subjetivo de levar o litígio ao conhecimento do Estado, exigindo dele a aplicação da norma vigente.

O direito de ação está previsto na Constituição Federal de 1988, em seu art. 5º, inciso XXXV, segundo o qual "a lei não excluirá da apreciação do Poder Judiciário lesão ou ameaça a direito". Na lição de BADARÓ (2021, p. 96), o direito de ação apregoado na Constituição Federal assegura o direito de ingresso em juízo, assim como o direito à efetiva e adequada tutela jurisdicional. Corresponde o direito de ação, portanto, na esfera penal, ao ato inicial de demandar judicialmente a punição do autor do fato criminoso, acrescido do exercício de direitos, poderes e faculdades ao longo do processo, para que se obtenha um provimento de mérito e, dessa forma, adequada tutela jurisdicional.

As teorias que fundamentam o direito de ação costumam ser divididas pela doutrina em três grandes grupos. Para um *primeiro grupo*, o das *teorias imanentistas*, não há autonomia do direito de ação em relação ao direito material reclamado em Juízo. A ação seria "parte constitutiva do direito subjetivo, pois é o próprio direito em atitude defensiva" (BEVILAQUA, 1956, p. 255). Para um *segundo grupo*, o das *teorias concretas* do direito de ação, não existe confusão entre o direito de ação e o direito subjetivo debatido no processo, porém o direito de ação somente existe se o caso posto em juízo preencher os requisitos do direito material. Na ótica dessa segunda corrente, o direito de ação é o direito a uma sentença favorável, porquanto as condições da ação são aquelas mesmas necessárias à obtenção do pronunciamento judicial. Por fim, para o *terceiro grupo*, o das *teorias abstratas*, o direito de ação não se correlaciona com o direito material debatido em juízo, nem a ele se subordina. O direito de ação independe da existência do direito material arguido, de sorte que o direito de ação persiste mesmo diante de uma sentença de improcedência (contrária ao direito do autor), injusta (concede direito a quem realmente não o tem) ou de uma sentença meramente terminativa (BADARÓ, 2021, p. 96-98).

No âmbito das teorias abstratas do direito de ação, destacam-se os ensinamentos de Liebman (2005, p. 148-162), para quem o direito de ação é um direito público subjetivo, conexo a uma pretensão material. Para o jurista, o direito de ação é o direito à obtenção de uma sentença meritória, seja ela favorável, seja desfavorável. O direito de ação conecta-se com o direito material discutido no processo, por meio das chamadas condições da ação: possibilidade jurídica do pedido, legitimidade de partes e interesse de agir.

b) Condições da ação penal

A doutrina convencionou classificar as condições da ação em: *possibilidade jurídica do pedido, interesse de agir* e *legitimidade de partes*.

O Código de Processo Penal não faz menção expressa à possibilidade jurídica, nem ao interesse de agir, como condições da ação penal. De acordo com o art. 395 do CPP, "a denúncia ou queixa será rejeitada quando: I – for manifestamente inepta; II – faltar pressuposto processual ou condição para o exercício da ação penal; III – faltar justa causa para o exercício da ação penal". Mesmo assim, a classificação das condições da ação penal (*possibilidade jurídica, interesse de agir* e *legitimidade de partes*) foi desenvolvida pela doutrina e por ela é sustentada, fruto da transposição de conceitos da doutrina processual civil, sopesados pelas peculiaridades ou especificidades do processo penal.

Grinover (2007, p. 181) explica que a função jurisdicional não deve ser invocada quando se verifica, de início, "que a pessoa que solicita a atividade estatal não é aquela que vai ser beneficiada e a pessoa, em face de quem o provimento é pedido, não pode sujeitar-se a este; ou que o provimento pedido não é necessário, útil ou adequado para a fruição do bem da vida pretendido, ou, ainda, quando o pedido formulado é negado pelo ordenamento". Nesses casos, portanto, "o princípio de economia processual atua no sentido de cortar cerce a pretensão processual, extinguindo-se o processo pela carência da ação".

Fala-se, então, que a possibilidade jurídica está relacionada à admissibilidade, em abstrato, do provimento do pedido, segundo as normas vigentes no ordenamento jurídico (MOURA, 2001, p. 181). O conceito da possibilidade jurídica é extraído dos estudos de Liebman (2005, p. 148-162), que, mais tarde, suprimiu tal categoria para integrá-la ao interesse de agir.

No âmbito do Direito Processual Civil, transmutou-se a ideia inicialmente concebida de que só haveria possibilidade jurídica se o pedido fosse admitido pelo direito material. Tal categoria passou a ser conceituada em seu *sentido negativo*: careceria de possibilidade jurídica a causa de pedir proscrita pelo ordenamento (GRINOVER, 2007, p. 186). Dessa forma, diz-se haver possibilidade jurídica quando, em relação à causa de pedir, não existir vedação ao exercício do direito à jurisdição.

Já no âmbito do Direito Processual Penal, a possibilidade jurídica é vista pela doutrina em seu *sentido positivo*: em decorrência do princípio da legalidade, segundo o qual não há crime sem lei anterior que o defina (art. 5º, XXXIX, da CF), o pleito acusatório deve ser admissível em abstrato no ordenamento jurídico, e a imputação deve sempre conter uma conduta que, à evidência, corresponda a um tipo penal (MOURA, 2001, p. 182). Leciona Marques (2009, p. 272) que não se pode admitir a aplicação da lei penal sem que a conduta descrita na exordial acusatória subsuma-se a algum tipo penal, caso contrário haverá a *impossibilidade jurídica do pedido*. Sustenta-se na doutrina haver a impossibilidade jurídica do pedido, ademais, quando já estiver extinta a punibilidade. Por fim, também será juridicamente impossível o pedido quando se pedir a condenação do acusado a uma pena não admitida no sistema normativo (a título de exemplo, seria juridicamente impossível o pedido de condenação do acusado à pena de açoite ou ao trabalho forçado).

Há quem defenda que as chamadas *condições de procedibilidade* da ação penal deveriam integrar as condições da ação, especificamente a possibilidade jurídica do pedido[94]. Entretanto, alinhamo-nos à parcela da doutrina que faz a clara distinção

---

[94] São condições de procedibilidade: (i) a representação do ofendido, na ação penal pública condicionada (CP, art. 100, § 1º, c/c o art. 24 do CPP); (ii) a requisição do Ministro da Justiça, nos casos do art. 100 do CP e 24 do CPP; (iii) a entrada do agente brasileiro em território nacional, nos crimes cometidos no estrangeiro (CP, art. 7º, § 2º); (iv) a sentença de anulação do casamento, no crime do art. 236 do CP (art. 236, parágrafo único); (v) o exame pericial homologado pelo Juiz, nos crimes contra a propriedade imaterial (CPP, art. 529, *caput*); (vi) a autorização do Poder Legislativo para processar o Presidente da República, o Vice-Presidente e os Governadores, nos crimes comuns e nos de responsabilidade.

entre as condições da ação e os seus pressupostos processuais. De fato, as condições da ação imprimem os requisitos necessários para se exigir o provimento jurisdicional no caso concreto. Já os pressupostos processuais dizem respeito à relação processual em si, ou seja, relacionam-se com o processo e não guardam relação com o exercício da ação penal (GRINOVER, 2007, p. 181). Dessa forma, o Juiz analisará primeiramente a regularidade do processo, ou seja, se estão presentes os pressupostos da relação processual. Estando regular o processo, verificar-se-á a existência das condições da ação. Somente depois o Juiz decidirá o mérito, para julgar procedente ou improcedente a pretensão. A falta de pressupostos processuais torna nula a relação processual, enquanto, ausentes as condições da ação, carecerá o autor do direito de ação (MARQUES, 2009, p. 271).

Por sua parte, outros autores inserem o conceito de justa causa[95] nas condições da ação penal, especificamente na vertente da possibilidade jurídica (GRINOVER, GOMES FILHO e FERNANDES, 2011, p. 60-62).

Pode-se dizer que a possibilidade jurídica no processo penal visa a impedir persecuções infundadas, irresponsáveis e orquestradas sem a devida fundamentação, a evitar, em suma, que o exercício do *ius puniendi* estatal se converta em mero exercício arbitrário dos órgãos persecutórios.

Quanto ao interesse de agir, a doutrina processualista civil, assentada nos estudos de Liebman (2005, p. 148-162), costuma associá-lo ao binômio "necessidade" e "adequação". O interesse processual está diretamente ligado à necessidade de se socorrer às vias judiciais para obter a satisfação do direito material, o chamado *interesse-necessidade*. Por outro vértice, para que se verifique o *interesse-adequação*, o provimento jurisdicional requerido deve ser adequado para a satisfação da pretensão de direito material (GRINOVER, 2007, p. 184-185).

A transposição do conceito de interesse de agir ao processo penal é acompanhada de inúmeras discussões doutrinárias.

Para parte da doutrina, o interesse de agir estaria implícito em toda acusação, em virtude do princípio do *nulla poena sine iudicio*. Sempre haveria, portanto, implicitamente, o *interesse-necessidade* relativamente ao exercício da ação penal de natureza condenatória (em contraposição às ações penais não condenatórias, por exemplo, a revisão criminal), porque o Estado, titular do *ius puniendi*, subordina-se à ordem jurídica, que, por sua vez, estabelece a inadmissibilidade de aplicação de pena sem a existência do processo regular, julgado pelo Poder Judiciário (MOURA, 2001, p. 182). Mesmo nos processos de competência dos Juizados Especiais Criminais, Lei Federal n. 9.099/95, a aceitação de transação penal pelo acusado só pode ser feita no

---

[95] Justa causa é a causa *secundum ius*, ou seja, é a causa lícita, legitimada pela ordem jurídica (v. comentários ao item *c* deste capítulo).

âmbito de procedimento judicial; igual situação é a do perdão do ofendido nos crimes de ação penal de iniciativa privada.

Outra parte da doutrina defende que o interesse decorrente do *nulla poena sine iudicio* diz respeito tão somente ao *interesse-necessidade*, porque o Estado, embora titular do *ius puniendi*, não o pode exercer de maneira arbitrária. Por isso, careceria à acusação demonstrar, também, o *interesse-adequação* de sua pretensão acusatória. Marques (2009, p. 273-274), referindo-se ao *interesse-adequação*, ensina: "para que haja interesse de agir, é necessário que o autor formule uma pretensão adequada, ou seja, um pedido idôneo a provocar a atuação jurisdicional... onde não há interesse não existe ação; *pas d'intérêt, pas d'action*. O interesse de agir é a relação entre a situação antijurídica denunciada e a tutela jurisdicional requerida. Disso resulta que somente há interesse quando se pede uma providência jurisdicional adequada à situação concreta a ser decidida...".

Para uma terceira corrente de pensamento, sustentada principalmente por Grinover, Fernandes e Gomes Filho (2011, p. 66), fala-se em *interesse-utilidade*. Além da necessidade e da adequação, exige-se que o provimento jurisdicional pretendido se revele útil à obtenção do bem da vida pelo autor. O conceito de *interesse-utilidade* compreende, portanto, a ideia de *efetividade* do provimento jurisdicional perseguido (PACELLI, 2021, p. 102). Nessa linha de pensamento, carecerá de utilidade a ação penal que se mostre inútil mesmo antes de ser recebida a denúncia, quando se vislumbra, por exemplo, que, mesmo se houvesse sentença condenatória, a passagem do tempo necessária ao término da marcha processual atingiria os fatos com a prescrição da pretensão punitiva estatal[96].

Por fim, com base nos ensinamentos de Marques (2009, p. 270), ainda se firmou na doutrina o entendimento segundo o qual existirá interesse de agir na ação penal de natureza condenatória, quando houver *fumus boni iuris* ou justa causa: "O legítimo interesse é a causa do pedido (...). Ausente o interesse de agir, falta justa causa para a propositura da ação penal. Deve, pois, o juiz rejeitar a denúncia com base no que diz o art. 43, n. III, do Código de Processo Penal, que determina tal rejeição quando faltar condição exigida pela lei para o exercício da ação penal[97]. Ora, a acusação não deixa de ser ameaça de coação; e como esta se considera ilegal quando sem justa causa [Código de Processo Penal, art. 648, n. I],

---

[96] Em sentido contrário, pela inadmissibilidade da chamada prescrição em perspectiva, o Superior Tribunal de Justiça editou a Súmula 438, com o seguinte teor: "*É inadmissível a extinção da punibilidade pela prescrição da pretensão punitiva com fundamento em pena hipotética, independentemente da existência ou sorte do processo penal*".

[97] O art. 43 do CPP foi revogado pela Lei n. 11.719/2008. Semelhante disposição pode ser encontrada no art. 395, II, do CPP (introduzido pela Lei n. 11.719/2008), que diz: "A denúncia ou queixa será rejeitada quando (...) II – faltar pressuposto processual ou condição para o exercício da ação penal".

evidente é que o legítimo interesse, como justa causa da ação penal, constitui uma condição legal para a propositura desta" (MARQUES, 2009, p. 274).

O entendimento segundo o qual o interesse de agir integraria o *fumus boni iuris*, ou justa causa, é criticado pela doutrina. Considerar o interesse de agir como *fumus boni iuris* é consentir que o juiz avalie, prematuramente, quando do recebimento da denúncia, a possibilidade de existência do direito alegado pelo autor. No processo penal, o interesse de agir não se confunde com a análise da existência (ou aparência) do direito subjetivo suscitado, porque tal aferição só pode ser feita pelo juiz no exame do mérito da causa, depois de assegurados os direitos ao contraditório e à ampla defesa.

Por último, necessário avaliar a legitimidade de partes como condição da ação penal, que indica a pertinência da ação em relação àquele que a propõe (legitimidade ativa), e àquele em face de quem é proposta (legitimidade passiva). A legitimação será ordinária quando a ação for exercida pelo próprio titular do interesse afirmado na pretensão, e será extraordinária quando a lei conferir o direito de ação a terceiro, que não o titular da pretensão de direito material, fenômeno este chamado de *substituição processual* (GRINOVER, 2007, p. 183).

Diz-se que, na ação penal, apenas o Estado-Administração é parte legítima para figurar como sujeito ativo (*legitimatio ad causam*). Isto porque o Estado, como único titular do *ius puniendi,* é a quem cabe exigir do autor do crime a submissão à pena prevista em lei. É o Ministério Público, órgão a quem a Constituição Federal confere competência institucional exclusiva para o exercício da ação penal, quem, ordinariamente, figurará no polo ativo. Portanto, via de regra, na ação penal de iniciativa pública, a legitimidade ativa será sempre exercida pelo Ministério Público, independentemente da vontade da vítima, salvo no caso de ação penal privada subsidiária, que será tratada nos comentários ao art. 100 do CP.

Não obstante, o art. 100, *caput* do CP prevê, de forma extraordinária, a legitimidade ativa do ofendido, nas hipóteses versadas em lei (a ação penal será pública, "salvo quando a lei expressamente a declara privativa do ofendido"). Referida outorga extraordinária de poderes ocorre em substituição processual. Outros exemplos de substituição processual na ação penal são dados pela doutrina, como no caso em que a lei especifica agentes especiais para propor a ação penal em decorrência do fato ou do agente vitimado, por exemplo, nos crimes contra o Presidente da República.

Já a legitimidade passiva no processo penal de natureza condenatória é exercida pela pessoa contra quem existirem elementos suficientes a justificar o pedido ajuizado. Se for oferecida denúncia contra quem não tem legitimidade passiva, e a denúncia vier a ser recebida, caberá o trancamento da ação penal pela via do *habeas corpus*, ante a ausência de justa causa.

Por fim, quando o menor de 18 anos é vítima, falta-lhe capacidade (legitimidade *ad processum*) para figurar no polo ativo da ação penal. O direito de queixa dos menores de 18 anos é exercido nos moldes do art. 33 do CPP. A queixa deverá ser rejeitada, portanto, se for ajuizada sem a observância das formalidades prescritas no art. 33 do referido *Codex*, com fundamento no art. 395, II, segunda parte, do CPP. Tal vício processual, porém, poderá ser sanado no limite do prazo decadencial (art. 568 do CPP).

A classificação das condições da ação penal em *possibilidade jurídica do pedido*, *interesse de agir* e *legitimidade de partes* não é empregada de forma unânime na doutrina. Há quem negue a utilidade da transposição, para o campo penal, do conceito de condições da ação, extraído do processo civil. Moura (2001, p. 216-217) conclui, a partir "da análise das denominadas condições da ação, ser de todo desaconselhável e impróprio, tecnicamente, transferir o entendimento existente no Direito Processual Civil para o Direito Processual Penal. Tais como definidas as condições naquele ramo do Direito, não se ajustam ao processo penal (...). No que diz respeito à possibilidade jurídica, entendemos que a acusação somente poderá ser recebida quando respeitado o cânone constitucional da legalidade, na medida em que ao ordenamento jurídico importa que a ação penal seja intentada apenas quando for possível imputar ao acusado conduta que se amolde a tipo... O mesmo se diga do interesse de agir, que decorre da necessidade de intervenção do Poder Judiciário para a interposição da sanção penal e da adequação do provimento pleiteado. Tais requisitos são ínsitos à acusação, não só em virtude da legalidade, como também da regra da obrigatoriedade da ação penal... Finalmente, a legitimação para a causa importa... contudo, sua inserção como condição da ação se faz até mesmo desnecessária, na medida em que o legislador, expressamente, inquina de nulidade absoluta o processo, quando ocorrer ilegitimidade *ad causam* (art. 564, II, CPP)".

c) Justa causa para ação penal

Justa causa é a causa *secundum ius*, ou seja, é a causa lícita, legitimada pela ordem jurídica (MARQUES, 2009, p. 263). Como sublinha Moura (2001, p. 173 e 176), entender o conceito de justa causa implica responder a seguinte indagação: "há, segundo a ordem jurídica vigente, causa legítima para a coação processual?".

Assim, para analisar a existência de justa para o exercício da ação penal, deve-se investigar se a coação à liberdade jurídica do acusado é legítima, porque, em caso contrário, não poderá ser recebida a denúncia ou a queixa. Essa é a interpretação do inciso III do art. 395 do CPP, segundo o qual: "a denúncia ou queixa será rejeitada quando (...) faltar justa causa para o exercício da ação penal". Tem-se firmado que a justa causa deve ser analisada sob pontos de vista formal e material: o primeiro se relaciona com a descrição do fato definido como crime, com a existência dos elementos do tipo penal, enquanto o segundo está relacionado à existência de elementos indiciários de autoria e materialidade. Assim, na lição de BADARÓ (2021): "A noção de justa causa evoluiu, então, de um conceito abstrato para uma ideia concreta, exigindo a existência de elementos de convicção que demonstrem a viabilidade da ação penal. A justa causa passa a significar a existência de um suporte probatório mínimo, tendo por objeto a existência material de um crime e a autoria delitiva".

Por derradeiro, cumpre registrar que não existe consenso doutrinário sobre o enquadramento jurídico da justa causa. Há quem defenda que o conceito de justa causa confunde-se com as próprias condições da ação, especificamente com o interesse de agir ou a possibilidade jurídica do pedido. Por outro lado, uma parcela significativa da doutrina – com quem nos alinhamos – defende ser a justa causa uma condição autônoma para o exercício da ação penal.

Feito este necessário preâmbulo introdutório sobre as questões teórico-doutrinárias relacionadas ao conceito de ação penal, o próximo passo será analisar as especificidades da matéria disciplinadas nos arts. 100 a 106 do CP.

Ação pública e de iniciativa privada

Art. 100. A ação penal é pública, salvo quando a lei expressamente a declara privativa do ofendido.

§ 1º A ação pública é promovida pelo Ministério Público, dependendo, quando a lei o exige, de representação do ofendido ou de requisição do Ministro da Justiça.

§ 2º A ação de iniciativa privada é promovida mediante queixa do ofendido ou de quem tenha qualidade para representá-lo.

§ 3º A ação de iniciativa privada pode intentar-se nos crimes de ação pública, se o Ministério Público não oferece denúncia no prazo legal.

§ 4º No caso de morte do ofendido ou de ter sido declarado ausente por decisão judicial, o direito de oferecer queixa ou de prosseguir na ação passa ao cônjuge, ascendente, descendente ou irmão.

Considerações nucleares
a) Espécies de ação penal

No que se refere à legitimidade ativa, basicamente são duas as espécies de ação penal: ação penal de iniciativa pública e ação penal de iniciativa privada, ambas tratadas no art. 100 do CP.

A ação penal de iniciativa pública subdivide-se em: condicionada e incondicionada. Já a ação penal de iniciativa privada subdivide-se em: exclusivamente privada e privada subsidiária da pública.

Na sistemática jurídica brasileira, a legitimidade ativa para o exercício da ação penal é definida na lei penal, geralmente no próprio tipo penal ou, algumas vezes, no "Capítulo" ou "Título" no qual estão delineadas as descrições típicas. Assim, verificada a disciplina no Código Penal ou na legislação penal extravagante, se nenhuma referência houver quanto à legitimidade ativa para a ação penal, reputar-se-á o tipo penal como de ação penal de iniciativa pública incondicionada.

Alguns dispositivos legais estabelecem que a ação penal relativa a determinadas modalidades típicas, apesar de apenas poder ser deflagrada por iniciativa pública, "somente se procede mediante representação", ou que "somente se procede mediante requisição do Ministro da Justiça", hipóteses a apontar para a ação penal de iniciativa pública condicionada (art. 100, § 1º, do CP).

Por outro lado, será de iniciativa exclusivamente privada a ação penal se o tipo dispuser expressamente que "somente se procede mediante queixa".

Por fim, a ação penal pública poderá ter a iniciativa subsidiariamente privada (ação penal de iniciativa privada subsidiária da pública, art. 100, § 3º, do CP), se a denúncia não for oferecida pelo Ministério Público no prazo legal.

Alguns autores, com os quais concordamos, rechaçam o uso da expressão "pública" ou "privada" para fazer menção à ação penal, porque toda ação penal é pública, e o que as difere é a qualidade do titular do direito de promovê-la: Ministério Público ("pública") ou particular ofendido ("privada"). Por isso, se a diferença repousa na legitimação ativa da ação penal, e não em sua natureza – que, como vimos, será sempre pública –, prefere-se a expressão "ação penal *de iniciativa* pública ou privada" a, simplesmente, "ação penal pública ou privada".

b) Ação penal de iniciativa pública

A ação penal de iniciativa pública é aquela de atribuição exclusiva do Ministério Público. A Constituição Federal, no art. 129, I, garantiu ao Ministério Público o *dominus littis* no processo penal, que se inicia com o oferecimento da denúncia ao Juízo competente ("São funções institucionais do Ministério Público: I – promover, privativamente, a ação penal pública, na forma da lei").

Como visto anteriormente, será de iniciativa pública a ação penal que versar sobre a prática de tipo penal cuja redação não dispuser, de forma expressa, que a ação penal somente se procede mediante queixa (ação penal de iniciativa exclusivamente privada) ou que somente se procede mediante representação do ofendido ou requisição do Ministro da Justiça (ação penal de iniciativa pública condicionada). Também será de iniciativa pública a ação penal relativa a qualquer crime que tenha sido praticado em detrimento do patrimônio ou interesse da União, do Estado e do Município (art. 24, § 2º, do CPP).

A doutrina reconhece a incidência de princípios que regem a ação penal de iniciativa pública.

Pelo princípio da oficialidade ou da investidura, somente os membros investidos do Ministério Público Estadual e Federal, de acordo com a sua atribuição, é que podem exercer a ação penal, por meio da denúncia.

Pelo princípio da obrigatoriedade ou legalidade, o representante do Ministério Público tem o dever-poder de oferecer a denúncia, sempre que houver as condições da ação penal, e não poderá arquivar o inquérito policial, mas, ao invés, deverá postular seu arquivamento ao Juízo competente.

Apesar de não estar consagrado expressamente no ordenamento jurídico, o princípio da obrigatoriedade decorre da interpretação dos arts. 24 (de caráter cogente), 42 ("O Ministério Público não poderá desistir da ação penal") e 576 ("O Ministério Público não poderá desistir de recurso que haja interposto"), todos do CPP. Portanto, a rigor, o dever de agir do Ministério Público não lhe deixa margem à discricionariedade: está obrigado a oferecer denúncia, se estiverem presentes as condições da ação penal. Caso contrário, poderá devolver o inquérito policial ao delegado e aos seus agentes, para a realização de diligências complementares, quando necessárias à formação de sua *opinio delicti* (art. 16 do CPP). Também poderá o *Parquet* ordenar, fundamentadamente, o arquivamento do inquérito policial, quando não houver justa causa para a ação penal. Ordenado o arquivamento do inquérito policial, o Ministério Público comunicará à vítima, ao investigado e à autoridade policial e encaminhará os autos à sua instância de revisão, para os fins de homologação (art. 28 do CPP, com a redação conferida pela Lei n. 13.964/2019)[98].

Por consequência direta de seu dever de agir, de acordo com o princípio da indisponibilidade, o Ministério Público não apenas está obrigado a oferecer denúncia, mas também, uma vez iniciada a ação penal, dela não poderá desistir (art. 42 do CPP), tampouco poderá desistir de recurso que tenha interposto (art. 576 do CPP).

Em oposição ao princípio da obrigatoriedade, a maioria dos países do *common law* e alguns países de tradição continental adotam o princípio da oportunidade, de acordo com o qual o Ministério Público tem a faculdade (e não a obrigação) de propor a ação penal, com base em critérios que levem em consideração a utilidade pública da ação penal no caso concreto (MARQUES, 2009, p. 289). Com o advento da Lei Federal n. 9.099/95 (Lei dos Juizados Especiais Cíveis e Criminais),

---

[98] A Lei n. 13.964, de 24 de dezembro de 2019, trouxe inúmeras reformas ao Código de Processo Penal. Dentre outras medidas, introduziu a figura do juiz de garantias e alterou o art. 28 para excluir o juiz da decisão de arquivamento do inquérito policial, consolidando o modelo acusatório na tramitação da fase investigatória. Entretanto, parte da eficácia da Lei n. 13.964/2019 – incluindo para a nova redação ao art. 28 do CPP – foi suspensa em medida cautelar concedida pelo Ministro Luiz Fux, do Supremo Tribunal Federal, em 22 de janeiro de 2020, nas Ações Diretas de Inconstitucionalidade n. 6.298, 6.299, 6.300 e 6.305. Até que o Supremo Tribunal Federal não decida a matéria, permanece em vigor a redação do art. 28 do CPP anterior à reforma de 2019: "Se o órgão do Ministério Público, ao invés de apresentar a denúncia, requerer o arquivamento do inquérito policial ou de quaisquer peças de informações, o juiz, no caso de considerar improcedentes as razões invocadas, fará remessa do inquérito ou peças de informações ao procurador geral, e este oferecerá a denúncia, designará outro órgão do Ministério Público para oferecê-la, ou insistirá no pedido de arquivamento, ao qual só então estará o juiz obrigado a atender".

boa parte da doutrina entendeu que o legislador pátrio relativizou o princípio da obrigatoriedade em relação aos delitos de menor potencial ofensivo (aqueles cuja pena máxima não ultrapasse 2 anos)[99], ao dar ao Ministério Público a discricionariedade de propor transação penal ao suposto autor dos fatos, em lugar de oferecer denúncia, desde que preenchidas as condições do art. 76 da referida lei. A mesma lei também previu a possiblidade de oferecer a suspensão condicional do processo aos acusados de delitos cuja pena mínima for igual ou inferior a 1 (um) ano (art. 89). Reformas legislativas subsequentes ampliaram as hipóteses de flexibilização do princípio da obrigatoriedade. A Lei n. 12.850/2013 (depois alterada pela Lei n. 13.964/2019) implementou e disciplinou o instituto da colaboração premiada (arts. 3º a 7º), com a possibilidade de o Ministério Público deixar de oferecer denúncia, se o acordo disser respeito a infração de cuja existência não tenha prévio conhecimento e se colaborador não for o líder de organização criminosa e for o primeiro a prestar efetiva colaboração. Cumpre mencionar, também, a Lei n. 13.964/2019, que trouxe novas regras ao instituto da colaboração premiada e introduziu o acordo de não persecução penal em relação aos crimes cuja pena mínima seja inferior a 4 (quatro) anos (art. 28-A do Código de Processo Penal).

Pelo princípio da indivisibilidade, a ação penal é indivisível, de forma que a acusação deverá abranger a todos aqueles que tenham concorrido para a prática criminosa. Diferentemente do que acontece na ação penal de iniciativa privada (art. 48 do CPP), não há previsão legal expressa da incidência da indivisibilidade na ação penal de iniciativa pública. Parte da doutrina e a jurisprudência dos Tribunais Superiores sustentam que o princípio da indivisibilidade incide apenas sobre a ação penal de iniciativa privada, embora alguns autores sustentem, em sentido contrário, que o princípio da indivisibilidade se aplica também à ação penal de iniciativa pública, em decorrência do princípio da obrigatoriedade ou legalidade (TOURINHO FILHO, 2017, p. 171-173).

A ação penal de iniciativa pública se divide em: *incondicionada* e *condicionada*:

b.1) Ação penal de iniciativa pública incondicionada

Os crimes da Parte Especial do Código Penal e da legislação extravagante são, por regra, de ação penal de iniciativa pública incondicionada. Neste caso, o Ministério Público (estadual ou federal) poderá propor ação penal, independentemente de autorização ou manifestação de vontade de quem quer que seja. Também nas mesmas circunstâncias, a autoridade policial, ao tomar conhecimento da ocorrência de crime de ação de iniciativa pública incondicionada, deverá, de ofício, instaurar inquérito policial, para apuração dos fatos (art. 5º, I, do CPP).

---

[99] "Art. 61. Consideram-se infrações penais de menor potencial ofensivo, para os efeitos desta Lei, as contravenções penais e os crimes a que a lei comine pena máxima não superior a 2 (dois) anos, cumulada ou não com multa" (*Redação dada pela Lei n. 11.313, de 2006*).

b.2) Ação penal de iniciativa pública condicionada

Trata-se de ação penal de iniciativa pública, mas condicionada à *representação* do ofendido ou de seu representante legal (quando menor de 18 anos) ou, no caso de morte, de seu cônjuge, ascendente, descendente ou irmão (art. 24, § 1º, do CPP); ou à *requisição* do Ministro da Justiça, nos crimes praticados contra o Presidente da República (art. 145, parágrafo único, do CP) e nos crimes praticados por estrangeiros contra brasileiros fora do Brasil (art. 7º, § 3º, do CP).

A representação do ofendido e a requisição do Ministro da Justiça, entende a parcela majoritária da doutrina, são condições de procedibilidade da ação penal. A inexistência da representação do ofendido e da requisição do Ministro da Justiça (ou o seu oferecimento após o transcurso do prazo decadencial) impede o recebimento da denúncia pelo Juiz. Semelhantemente, a autoridade policial também não poderá determinar a instauração de inquérito policial, nos crimes de ação penal de iniciativa pública condicionada, sem o consentimento do ofendido (ou de representante legal) ou do Ministro da Justiça.

Na ação penal de iniciativa pública condicionada, a *dominus littis* permanece a cargo do Ministério Público, porém o Estado concede ao ofendido a possibilidade de fazer juízo próprio de oportunidade e conveniência, no sentido de ver promovida a ação penal. Conforme esclarece Bitencourt (2021, p. 867-869), na ação penal de iniciativa pública condicionada, "há uma relação complexa de interesses, do ofendido e do Estado. De um lado, o direito legítimo do ofendido de manter o crime ignorado; de outro lado, o interesse público do Estado em puni-lo: assim, não se move sem a representação do ofendido, mas, iniciada a ação pública pela denúncia, prossegue até decisão final sob comando do Ministério Público".

Com semelhante envergadura, nos crimes praticados por estrangeiro contra brasileiros fora do Brasil e nos crimes atentatórios à honra do Presidente da República, pretendeu o legislador pátrio submeter a análise da conveniência e da oportunidade da ação penal ao juízo político do Ministro da Justiça. Cuida-se de ato administrativo discricionário e irrevogável, com o qual o Ministro da Justiça, fundado em motivos de ordem política, viabiliza a promoção da ação penal pelo Ministério Público (MARQUES, 2009, p. 296).

Por fim, a representação do ofendido e a requisição do Ministro da Justiça não vinculam o representante do Ministério Público, que poderá ordenar o arquivamento do inquérito policial[100] ou requerer a absolvição do acusado, se convencido de que não há justa causa para a ação penal ou para a condenação. A representação do ofendido e a requisição do Ministro da Justiça tampouco vinculam o Juiz,

---

[100] Se for mantida a nova redação conferida ao art. 28 do CPP pela Lei n. 13.964/2019 (*vide* nota de rodapé n. 98).

que poderá rejeitar a denúncia, absolver sumariamente o acusado ou, ainda, condená-lo, mesmo tendo o Ministério Público postulado a absolvição.

c) Ação penal de iniciativa privada

Vimos que o Ministério Público não tem o monopólio do exercício da ação penal. Em alguns crimes, o dever de agir Ministerial, no sentido de promover a ação penal, fica condicionado à representação do ofendido ou à requisição do Ministro da Justiça. Para os crimes suscetíveis de persecução penal por ação penal de iniciativa privada, o próprio direito de promover a *persecutio criminis* é transferido para o ofendido.

Na ação penal de iniciativa privada, portanto, o direito de promovê-la em juízo fica a cargo, exclusivamente, do ofendido ou de quem tenha o poder para representá-lo.

O ato inicial da ação de iniciativa privada é o oferecimento da *queixa*, instrumento processual no qual a acusação se exterioriza e se formaliza (NORONHA, 1977, p. 379), como também ocorre na denúncia. Queixa e denúncia, a propósito, diferenciam-se pelo sujeito que as subscreve: o particular ofendido e o Ministério Público, respectivamente. Se o ofendido for menor de 18 anos[101], a queixa deverá ser proposta por seu representante legal, ou, na ausência de representante, poderá o Juiz nomear um curador especial. Situação semelhante ocorrerá quando o ofendido for maior de 18 anos e for mentalmente enfermo: se este não tiver representante legal ou se houver entre eles conflito de interesses, um curador especial designado pelo juiz poderá exercer a queixa. As pessoas jurídicas, quais sejam, as fundações, associações e sociedades legalmente constituídas, podem igualmente oferecer queixa, devendo ser representadas por quem os respectivos contratos ou estatutos sociais designarem ou, no silêncio desses documentos, pelos seus diretores ou sócios-gerentes (art. 37 do CPP).

A ação penal de iniciativa privada é tida como uma *substituição processual*: o Estado transfere ao particular ofendido o direito de agir e de acusar, para que promova a ação penal, deduzindo em juízo a pretensão punitiva nascida do fato delituoso. O Estado permanece como titular do *ius puniendi*, e transfere ao particular apenas o direito de acusação, o *jus persequendi* (MARQUES, 2009, p. 303). Contrariamente, há quem defenda que, no processo penal, o ofendido possui pretensão acusatória que lhe é própria, que não se confunde com o *ius puniendi* estatal, portanto seria impróprio falar em substituição processual na ação penal de iniciativa privada.

---

[101] O art. 34 do CPP estabelece legitimidade concorrente para exercer o direito de queixa entre a vítima maior de 18 anos e menor de 21 anos e seu representante legal. Contudo, após o advento do Código Civil de 2002, tal legitimidade concorrente não tem mais efeito, porquanto uma pessoa se torna absolutamente capaz de exercer os atos da vida civil aos 18 anos.

São duas as espécies de ação penal de iniciativa privada: *exclusivamente privada* e *privada subsidiária da pública*. Em quaisquer das hipóteses de ação penal de iniciativa privada, caberá ao Ministério Público intervir em todos os atos do processo, a título de *custos legis*, e, assim, velará pelo fiel cumprimento da lei, evitará que sejam praticados vícios processuais e opinará sobre o mérito da causa.

c.1) Ação penal de iniciativa exclusivamente privada

A ação penal de iniciativa exclusivamente privada é aquela processada mediante queixa, como apregoa o § 2º do art. 100 do CP, em relação aos tipos penais que a lei declara expressamente como de ação penal privativa do ofendido. Tem legitimidade para propor queixa o ofendido ou seu representante legal.

Admite-se a iniciativa privada nas ações penais que versem sobre a prática de comportamentos típicos atentatórios a bens jurídicos que digam mais respeito ao particular do que ao interesse público. Ademais, a sujeição da vítima ao processo-crime muitas vezes pode causar prejuízo de monta maior, se comparado ao possível prejuízo causado ao interesse público pela impunidade do ofensor. Fala-se, portanto, que a ação penal de iniciativa exclusivamente privada traz uma subordinação do interesse público ao interesse privado.

A ação penal de iniciativa exclusivamente privada é regida pelo princípio da oportunidade ou conveniência (opondo-se ao princípio da legalidade ou obrigatoriedade), pelo princípio da disponibilidade (o ofendido poderá desistir da queixa proposta, dispondo da ação penal instaurada. Também é permitido ao ofendido desistir do recurso interposto) e pelo princípio da indivisibilidade, segundo o qual a queixa deve abranger todos aqueles contra os quais existam elementos de autoria delitiva, evitando-se a eleição abusiva de quem figurará no polo passivo, consoante o art. 48 do CPP.

Também é indivisível a renúncia ao exercício do direito de queixa, que, se feita em favor de um dos autores do crime, a todos os demais se estenderá, por determinação expressa do art. 49 do CPP. Porém, o perdão concedido por um dos ofendidos não prejudica o direito dos demais, como previsto no art. 106, II, do CP. Por semelhante motivo, entende-se na doutrina que a renúncia ao direito de queixa feita por um dos ofendidos não afasta o direito de queixa dos demais.

c.2) Ação penal de iniciativa privada subsidiária da pública

A ação penal de iniciativa privada subsidiária da pública é aquela descrita no § 3º do art. 100 do CP: "A ação de iniciativa privada pode intentar-se nos crimes de ação pública, se o Ministério Público não oferece denúncia no prazo legal". Também tem lastro constitucional, estando prevista no art. 5º, LIX: "será admitida ação privada nos crimes de ação pública, se esta não for intentada no prazo legal".

A regra geral estabelecida no Código de Processo Penal é a de que, encerrada a investigação policial, tem o Ministério Público o prazo de 5 dias, se o réu estiver preso, ou de 15 dias, se o réu estiver solto, para oferecer denúncia. Se não estiverem presentes as condições necessárias à propositura de ação penal, pode, ainda, o Ministério Público, no mesmo prazo, ordenar o arquivamento do inquérito policial ou requisitar diligências complementares (art. 46 do CPP). Outras medidas também poderão se mostrar necessárias, por exemplo, a declinação de competência.

Passado esse prazo sem que haja manifestação do Ministério Público, o ofendido – ou quem tenha qualidade para representá-lo – poderá exercer o direito de propor ação penal por meio de queixa, subsidiariamente, portanto, à denúncia que, de maneira ordinária, ensejaria o início do processo-crime. Por outro lado, se o Ministério Público, em vez de oferecer denúncia, fizer requerimento outro, afastada estará a legitimidade do ofendido na propositura de queixa, pois somente a inércia ministerial o autoriza a assumir subsidiariamente a iniciativa originalmente pública.

Importante atentar para a existência de *prazos especiais* para a propositura da denúncia, previstos na legislação processual penal extravagante. A título de exemplificação: *crimes eleitorais* (10 dias, estando o acusado preso ou solto, art. 357 do Código Eleitoral); *crimes contra a economia popular* (2 dias, estando o acusado preso ou solto, art. 10, § 2º, da Lei Federal n. 1.521/51); *crimes falimentares* (5 dias, para acusado preso, e 15 dias, para acusado solto, conforme prevê o art. 187, § 1º, da Lei Federal n. 11.101/2005); *crimes de tóxicos* (10 dias, estando o acusado preso ou solto, art. 54 da Lei Federal n. 11.343/2006). Nos *crimes de abuso de autoridade*, a ação penal de iniciativa privada subsidiária poderá ser proposta no prazo de 6 (seis) meses, contados da data em que se esgotar o prazo para o oferecimento de denúncia (art. 3º, § 2º, da Lei Federal n. 13.869/2019).

Por fim, não se pode ignorar que, nos crimes definidos como de pequeno potencial ofensivo, aqueles cuja pena máxima não ultrapassa 2 anos, não poderá ser oferecida denúncia contra o acusado sem que antes lhe seja oferecida proposta de transação penal (evidentemente, se o acusado atender aos requisitos legais para receber tal benefício, arts. 69 a 76 da Lei Federal n. 9.099/95).

A ação penal de iniciativa privada subsidiária da pública, apesar de iniciada pelo ofendido, não perde sua natureza pública. Consequentemente, não poderá o querelante dela desistir, renunciar, tampouco ofertar perdão. Também não incidem nessa hipótese os efeitos da peremção (art. 60 do CPP). Ademais, pode o Ministério Público oferecer denúncia substitutiva, intervir em todos os atos do processo, fornecer elementos de prova, interpor recurso e, a qualquer momento, se houver negligência do querelante, retomar o prosseguimento da ação penal (art. 29 do CPP).

c.3) A sucessão do direito de queixa

Se o ofendido morrer ou for juridicamente declarado ausente, se a ação penal ainda não foi promovida, poderá promovê-la: cônjuge, ascendente, descendente ou irmão. Se, por outro lado, a ação penal já tiver sido proposta pelo ofendido, qualquer dessas pessoas poderá dar-lhe prosseguimento. É a regra estabelecida no § 4º do art. 100 do CP. Entende-se que as pessoas enumeradas no referido dispositivo legal são titulares alternativos, ou seja, qualquer uma delas poderá suceder o ofendido.

De se destacar que tal regra não se aplica a crime de ação penal de iniciativa privada personalíssima, por exemplo, o delito tipificado no art. 236 do CP (crime de induzimento a erro essencial e ocultação de impedimento). Nessa hipótese, somente o cônjuge enganado poderá exercer o direito de queixa, e, em caso de morte ou ausência dele, as pessoas elencadas no § 4º do art. 100 do CP não poderão exercer o direito de queixa; caso a ação penal já tenha sido iniciada, extingue-se a punibilidade.

A ação penal no crime complexo

Art. 101. Quando a lei considera como elemento ou circunstâncias do tipo legal fatos que, por si mesmos, constituem crimes, cabe ação pública em relação àquele, desde que, em relação a qualquer destes, se deva proceder por iniciativa do Ministério Público.

O crime complexo é todo aquele cujo tipo congrega a fusão de dois ou mais elementos de outros tipos. O crime complexo requer, portanto, como circunstâncias ou elementos do tipo, a integração de fatos que, isoladamente, constituem tipos penais autônomos. Como exemplos de crimes complexos, podemos citar o roubo, da fusão de furto e ameaça (art. 157 do CP), e o latrocínio, da fusão de roubo e homicídio (art. 157, § 3º, do CP).

O legislador estabeleceu que a ação penal no crime complexo é de iniciativa pública, se um dos elementos integrantes do tipo em questão, isoladamente, corresponder ao tipo de um delito de ação penal (de iniciativa) pública. Dessa forma, se determinado crime complexo for composto da fusão de um elemento típico de delito de ação penal de iniciativa privada com um elemento típico de delito de ação penal de iniciativa pública, este prevalecerá sobre aquele, de maneira que o crime complexo será processado mediante denúncia oferecida pelo Ministério Público. O mesmo raciocínio se aplica ao crime complexo que integra circunstância ou elemento relativo ao tipo de um crime de iniciativa pública incondicionada e outro tipo de um crime de iniciativa pública condicionada à representação: o crime complexo será processado por ação penal de iniciativa pública incondicionada.

A contrario sensu, se todas as elementares do crime complexo disserem respeito a tipos relativos a crimes que se processam mediante queixa, não poderá o Ministério Público oferecer denúncia. Semelhantemente, será de iniciativa pública condicionada à representação do ofendido a persecução penal dos crimes complexos que integrem apenas tipos de crimes de ação penal de iniciativa pública condicionada.

Não obstante a intenção do legislador tenha sido antecipar a solução de eventual dúvida que pairasse sobre os crimes complexos, a costumeira crítica da doutrina é a de que o art. 101 do CP seria desnecessário. Isso porque a sistemática adotada no art. 100 seria suficiente para dirimir eventuais questionamentos. Independentemente dos elementos que compõem o tipo, bastaria a análise objetiva do delito complexo para concluir se o processamento demanda participação do particular ofendido, seja para propor a ação penal (mediante queixa, art. 100, *caput* e § 2º, do CP), seja para oferecer representação (art. 100, *caput* e § 1º, do CP). Na ausência de qualquer previsão legal, de acordo com o *caput* do art. 100, o crime será processado por iniciativa incondicionada do Ministério Público.

Irretratabilidade da representação

Art. 102. A representação será irretratável depois de oferecida a denúncia.

Vimos que determinados delitos são processados mediante ação penal de iniciativa pública, mas condicionada à prévia representação do ofendido. Da mesma forma como o ofendido decide pela representação, idêntico poder discricionário terá o ofendido para se retratar. Retratação, nesse caso, significa arrepender-se, voltar atrás na representação, retirar a autorização concedida ao Estado, que lhe garantia o dever-poder de propor a ação penal.

O legislador fixou, porém, um prazo para a retratação da representação: ela deve ser feita até o oferecimento da denúncia. Nada obsta a que o juízo de conveniência e oportunidade da vítima, quanto ao desejo de representar, venha a se alterar ao longo do tempo. Porém, se assim o decidir, deve fazê-lo até a data de oferecimento da denúncia – e não a do recebimento da exordial acusatória, caso contrário a representação se tornará irretratável. Assim, uma vez formada a *opinio delicti* pelo órgão ministerial e dado conhecimento da acusação ao Juízo competente, independentemente de manifestação judicial, encerra-se o poder discricionário da vítima, cujo arrependimento com relação à representação não mais gerará consequência jurídica.

Entende-se que a retratação da representação *não pode ser parcial*, deve recair sobre todos os fatos objeto da ação penal e deve alcançar todos os envolvidos. Trata-se da aplicação do princípio da indivisibilidade da ação penal.

Igualmente abordado na doutrina, debate-se se poderia haver *retratação da retratação*, ou seja, se o ofendido poderia retratar-se da representação oferecida e, posteriormente, ao se arrepender da retratação, requerer a reabertura da investigação contra os mesmos envolvidos, para que eles, enfim, respondam à ação penal.

O posicionamento dominante defende a possibilidade de haver retratação da retratação, mediante nova representação, desde que não tenha se passado o prazo decadencial de 6 (seis) meses entre a data do fato ou o dia em que se soube quem é o seu autor, e a nova representação (art. 103 do CP). Em sentido contrário, sustenta-se não ser possível a retratação da retratação, porque a retratação teria a mesma natureza jurídica da renúncia, geradora, portanto, de extinção da punibilidade. Para essa segunda corrente doutrinária, ao se retratar, o ofendido renunciaria definitivamente ao direito de representação, e não haveria possibilidade de haver nova representação pelo mesmo fato e contra os mesmos envolvidos (MARQUES, 2009, p. 314).

Também se discute se seria possível a retratação nos crimes contra a honra de servidor público (art. 145, parágrafo único, do CP).

Pela impossibilidade, defende-se que, em tais situações, estaria envolvido o interesse da própria Administração Pública na apuração do fato, já que teria sido praticado em razão do exercício da atividade pública. Em sentido contrário, defende-se a possibilidade, porquanto o interesse da Administração Pública nesses casos é meramente indireto, verificado, por exemplo, pelo fato de o legislador não ter vedado expressamente a renúncia, nem de ter erigido os crimes contra a honra do servidor público dentre aqueles de ação penal de iniciativa pública incondicionada. De semelhante monta, aduz-se que a supremacia do interesse privado sobre o público, nos delitos dessa natureza, restou consagrada no posicionamento do Supremo Tribunal Federal, que editou a Súmula 714[102].

No que se refere aos crimes para cuja ação penal se requer representação do Ministro da Justiça, entende-se, semelhantemente, ser possível haver retratação. Isso porque tais crimes também são submetidos a critérios de conveniência e oportunidade da vítima, no caso, à discricionariedade do interesse público. Portanto, desde que ainda não tenha sido oferecida denúncia, assim como o particular ofendido pode perfeitamente retratar-se da representação, por motivo ainda maior poderia o Ministro das Justiça, movido pelo interesse público, oferecer a retratação.

Por fim, merece ser apontada a distinção quanto aos crimes de violência doméstica, previstos na chamada Lei Maria da Penha (Lei Federal n. 11.340/2006). A lei prevê a possibilidade de haver a retratação ("renúncia") da representação de tais delitos, desde que oferecida na presença do juiz e em audiência designada para tal fim (art. 16). Claramente, a intenção do legislador foi conferir um controle judicial sobre a retratação, no intuito de assegurar a livre manifestação de vontade da ofendida e afastar qualquer interferência, manipulação ou coação do ofensor. Contudo, ao julgar a ADI n. 4.424, o Supremo Tribunal Federal assentou que o crime de lesão corporal praticado contra a mulher no ambiente doméstico é de iniciativa pública incondicionada, pouco importando a extensão da lesão.

Decadência do direito de queixa ou de representação

Art. 103. Salvo disposição expressa em contrário, o ofendido decai do direito de queixa ou de representação se não o exerce dentro do prazo de 6 (seis) meses, contado do dia em que veio a saber quem é o autor do crime, ou, no caso do § 3º do art. 100 deste Código, do dia em que se esgota o prazo para oferecimento da denúncia.

---

[102] "É concorrente a legitimidade do ofendido, mediante queixa, e do Ministério Público, condicionada à representação do ofendido, para a ação penal por crime contra a honra de servidor público em razão do exercício de suas funções."

O direito de oferecer representação ou queixa deve ser exercido em determinado espaço de tempo. O prazo fixado no art. 103 do CP é de 6 (seis) meses, contado a partir da data em que o ofendido, seu representante ou sucessor souber quem é o autor do crime. Tal previsão está em perfeita sintonia com o art. 38 do CPP ("Salvo disposição em contrário, o ofendido, ou seu representante legal, decairá no direito de queixa ou de representação, se não o exercer dentro do prazo de seis meses, contado do dia em que vier a saber quem é o autor do crime, ou, no caso do art. 29, do dia em que se esgotar o prazo para o oferecimento da denúncia").

Cuida-se de prazo *decadencial*. Uma vez conhecido o autor do crime, tem início o prazo de 6 meses para o ofendido oferecer representação ou queixa, sob pena de perecimento do direito de agir.

Na ausência do ofendido, por morte ou declaração judicial de ausência, o direito de oferecer representação ou queixa é transmitido ao cônjuge, ascendente, descendente ou irmão (art. 31 do CPP). Neste caso, inicia-se o prazo decadencial de 6 meses a partir da data em que o representante legal ou sucessor do ofendido tomar conhecimento de quem seria o autor do fato. A doutrina defende que os sucessores no direito de queixa ou representação são alternativos, ou seja, qualquer um deles poderá suceder o ofendido. Consequentemente, o prazo decadencial é uno e vincula todos os possíveis sucessores. Portanto, se um dos sucessores do ofendido, após tomar conhecimento de quem seria o autor do crime, queda-se inerte e não exercita o direito de representação ou queixa, ao longo de seis meses, outro sucessor não poderá mais revigorar o direito já atingido pela decadência. *A contrario sensu*, outro possível sucessor poderá suprir a omissão daquele que primeiro tomou conhecimento da autoria e vir a exercer o direito de representação ou queixa, desde que o faça antes de ultrapassado o prazo decadencial.

Apesar de estarem previstos no Código Penal e no Código de Processo Penal, prevalece o entendimento de que os dispositivos legais que disciplinam a decadência dispõem de normas de *natureza material*. Portanto, a contagem do prazo de 6 meses deve ser feita nos termos do art. 10 do CP: considera-se o primeiro dia do prazo e exclui-se o último.

O prazo decadencial não se submete a causas suspensivas ou interruptivas, como se verifica com o prazo prescricional. Por outro lado, também não se admite prorrogação: expirando em dia não útil, não ocorrerá a prorrogação do prazo para o próximo dia útil, como ocorreria com os prazos de natureza processual (art. 38 do CPP).

Renúncia expressa ou tácita do direito de queixa

Art. 104. O direito de queixa não pode ser exercido quando renunciado expressa ou tacitamente.

Parágrafo único. Importa renúncia tácita ao direito de queixa a prática de ato incompatível com a vontade de exercê-lo; não a implica, todavia, o fato de receber o ofendido a indenização do dano causado pelo crime.

A renúncia é a desistência do direito à propositura de queixa, por meio da manifestação de vontade do ofendido.

A renúncia diferencia-se do perdão, na medida em que este se volta à própria acusação deduzida em juízo por meio de queixa, enquanto aquela tem por objeto o *jus querelandi*, ou seja, é ato unilateral que precede a propositura da queixa (MARQUES, 2009, p. 307). Como se verá nos comentários aos arts. 105 e 106, o perdão é ato bilateral, pois deve ser aceito pelo querelado, e realizado posteriormente ao início da ação penal.

A renúncia é cabível apenas nas ações penais de iniciativa exclusivamente privada e gera a extinção da punibilidade (art. 107, V, do CP). Nas ações penais de iniciativa privada subsidiária da pública, a renúncia gera a renúncia do direito de o ofendido oferecer queixa, após a inércia do Ministério Público, mas não causa a extinção da punibilidade.

O legislador estabeleceu que a renúncia ao direito de queixa pode ser manifestada de maneira *expressa* ou *tácita*.

Será expressa a renúncia, quando for feita por meio de declaração formal e expressa, assinada pelo ofendido, por seu representante legal ou procurador com poderes especiais (art. 50 do CPP). Será tácita a renúncia, quando o ofendido praticar atos incompatíveis com a vontade de oferecer queixa, ou seja, apesar de não ser verbalizada nem documentada pelo ofendido, seus atos, intuitivamente, demonstram sua *inequívoca*, *livre* e *consciente* intenção de renunciar ao direito de propor queixa, nos termos do parágrafo único do art. 104 do CP. A renúncia tácita admite todos os meios de prova (art. 57 do CPP).

Por imposição excepcional do legislador, não se poderá reputar como renúncia tácita o fato de o ofendido aceitar a indenização do dano causado pelo crime, como se prevê no parágrafo único do art. 104 do CP.

Por fim, a renúncia é indivisível: a renúncia oferecida, expressa ou tacitamente, em favor de um dos envolvidos aproveitará aos demais (art. 49 do CPP). Porém, havendo mais de um ofendido, a renúncia oferecida por um deles não prejudicará o direito dos demais de propor a queixa.

Perdão do ofendido

Art. 105. O perdão do ofendido, nos crimes em que somente se procede mediante queixa, obsta ao prosseguimento da ação.

O perdão pode ser entendido como ato de clemência, indulgência ou remissão, realizado pelo querelante em favor do querelado.

Conforme será tratado com mais profundidade nos comentários ao art. 106, o perdão é um ato *bilateral*, pois depende da aceitação do querelado. A redação do *caput* do art. 105 diz que o perdão do ofendido "obsta ao prosseguimento da ação". A bem da verdade, o aceite do perdão pelo querelado acarreta a extinção da punibilidade, em consonância com o art. 107, V, do CP.

Quanto ao momento para o oferecimento do perdão, o legislador faz referência ao termo "ação". Denota-se, portanto, que o perdão pode ser oferecido pelo querelante (e aceito pelo querelado), após o oferecimento da queixa, e até o trânsito em julgado da sentença condenatória (art. 106, § 2º, do CP). Afinal, se o ofendido vier a perdoar o autor dos fatos delituosos antes do exercício ao direito de queixa, basta não ajuizar a queixa dentro do prazo decadencial de 6 meses (renúncia tácita), o que acarretará a extinção da punibilidade (art. 107, IV, do CP).

Por derradeiro, somente na ação de iniciativa exclusivamente privada é que se admite o perdão, por expressa previsão legal ("nos crimes em que somente se procede mediante queixa").

Nem precisaria dizê-lo o legislador. Como visto anteriormente, na ação penal de iniciativa pública condicionada, o ofendido pode oferecer representação – e desta se retratar –, até o oferecimento da denúncia. Uma vez formada a *opinio delicti* pelo *Parquet* e dado conhecimento da acusação ao Juízo competente, independentemente de manifestação judicial, encerra-se o poder discricionário de a vítima arrepender-se da representação. Por idêntica razão, se a vítima não pode se arrepender da representação depois de oferecida a denúncia, também não pode oferecer perdão ao acusado no curso da ação penal. Na ação penal de iniciativa pública incondicionada, o oferecimento da denúncia independe de qualquer manifestação de vontade do ofendido, que também não tem ingerência sobre o curso da ação iniciada. Logo, o perdão só se mostra mesmo compatível com a ação penal de iniciativa exclusivamente privada.

Art. 106. O perdão, no processo ou fora dele, expresso ou tácito:

I – se concedido a qualquer dos querelados, a todos aproveita;

II – se concedido por um dos ofendidos, não prejudica o direito dos outros;

III – se o querelado o recusa, não produz efeito.

§ 1º Perdão tácito é o que resulta da prática de ato incompatível com a vontade de prosseguir na ação.

§ 2º Não é admissível o perdão depois que passa em julgado a sentença condenatória.

Vimos que o perdão é o ato de clemência, indulgência ou remissão do querelante em favor do querelado. Semelhantemente à renúncia ao direito de queixa, o perdão pode ser exercido, pelo querelante, de forma *tácita* ou *expressa*.

Será *expresso* o perdão, quando contiver declaração formal e expressa, assinada pelo ofendido, por seu representante legal ou procurador com poderes especiais.

Por outro lado, será *tácito* o perdão quando o ofendido praticar atos incompatíveis com a vontade de prosseguir com a ação (art. 106, § 1º, do CP). Nessa hipótese, apesar de não ter sido o perdão verbalizado nem documentado, as atitudes do ofendido demonstram, por indução, seu *inequívoco, livre* e *consciente* desinteresse pelo prosseguimento da ação penal. O perdão tácito admite todos os meios de prova (art. 57 do CPP).

Diferentemente da renúncia, que é ato unilateral, o perdão é um ato *bilateral*, na medida em que somente produzirá efeitos se for efetivamente aceito pelo querelado (art. 106, III, do CP).

O perdão costuma ser proposto pelo querelante nos autos da ação penal. Neste caso, o querelado deve ser intimado a se manifestar, no prazo de 3 dias, sobre eventual aceitação da proposta de perdão (art. 58 do CPP). Por orientação doutrinária, o silêncio do querelado pode ser entendido como *aceitação tácita* do perdão. Por outro lado, se a proposta do perdão for extra-autos, por exemplo, em decorrência de acordo extrajudicial, o aceite do querelado deve ser devidamente documentado, por meio de termo por ele assinado ou assinado por procurador com poderes especiais (art. 59 do CPP).

A recusa do querelado faz com que a proposta de perdão não produza efeitos, como dissemos. Mas, diante da recusa do perdão pelo querelado, nada obsta ao querelante deixar de dar andamento na ação penal, por mais de 30 dias, e provocar a incidência da *perempção*, com a consequente extinção da punibilidade (art. 107, IV, do CP), o mesmo efeito do perdão. Importante mencionar que a perempção é a perda do direito de queixa pelo desinteresse, pela desídia ou negligência do querelante, quando pratica uma das hipóteses previstas no art. 60 do CPP.

Não obstante, se a recusa do perdão não obriga o querelante ao prosseguimento do feito, por que o legislador decidiu inserir o perdão entre as disposições do Código Penal? A doutrina defende que a decisão do legislador se assenta sobre uma proposição de ordem moral, para conforto pessoal do querelante e querelado, porque o aceite do perdão não gera efeitos de assunção de culpa nem de responsabilidade civil.

Estabelece o art. 52 do CPP que o querelante maior de 18 e menor de 21 anos poderá, ele mesmo ou por seu representante legal, propor o perdão do querelado, mas o conflito de interesses do menor com seu representante inviabiliza o perdão proposto. No entanto, autores defendem que a disposição do art. 52 do CPP caiu em desuso com a reforma em 2002 do CC, quando se estabeleceu a maioridade civil – e, por consequência, a penal – aos 18 anos de idade. Portanto, tal como o maior de 18 anos tem legitimidade ativa para ajuizar ele mesmo a queixa, também poderá conceder perdão.

Se ambos, querelante e querelado, forem incapazes, a concessão e a aceitação do perdão deverão ser feitas por curador nomeado pelo Juiz, por interpretação do art. 53 do CPP.

Por fim, da mesma forma como ocorre com a renúncia, o perdão concedido em favor de um querelado aproveita aos demais (art. 106, I, do CP) e o perdão concedido por um dos querelantes não prejudica o direito dos demais a prosseguir com a ação penal (art. 106, II, do CP).

Considerações finais

O tema da ação penal é de suma importância ao estudo do processo penal, na medida em que representa a materialização do exercício do *ius puniendi* estatal.

Vimos que a matéria relativa à ação penal está prevista tanto no Código Penal quanto no Código de Processo Penal. Tais Códigos, porém, não se conversam. Há pontos que são tratados por ambos, CP e CPP, e há pontos tratados somente no CP ou no CPP. A opção de legislar sobre ação penal em ambos os Códigos tem origem histórica.

Diante de um modelo republicano que garantia a competência exclusiva dos Estados-membros para legislar sobre direito processual penal, o legislador firmou preceitos uniformes no Código Penal, relativos à persecução penal. É a razão pela qual o instituto da ação penal foi inserido no Código Penal de 1890.

Posteriormente, a Constituição Federal de 1934 retirou a competência dos Estados para legislar sobre Direito Processual e previu a criação de comissão para elaborar projetos para o Código Penal e o Código de Processo Penal (art. 11 das Disposições Transitórias). Contudo, a matéria relativa à ação penal continuou disciplinada pelo Código Penal de 1940 (Decreto-lei n. 2.848, de 7 de dezembro de 1940), situação que permanece até os dias atuais.

A nosso ver, a atual sistemática merece a devida revisão legislativa. Ação penal é instituto de direito processual e não de direito material, por isso deveria ser disciplinada unicamente pelo Código de Processo Penal. Como salienta Marques (2009, p. 262-263), diante do modelo federativo em que se assenta hoje a República brasileira, não se justifica mais a regulamentação da ação penal fora dos quadros do Direito Processual Penal.

Infelizmente, no anteprojeto de Reforma do Código Penal (PLS n. 236/2012), optou-se por manter, em seu Título VI, a quase totalidade dos artigos relativos à ação penal previstos no Código Penal vigente. Posteriormente, a Lei n. 13.964/2019 fez inúmeras reformas nos Códigos Penal e de Processo Penal, contudo nenhuma implementação foi feita especificamente em relação aos títulos referentes à ação penal. Perderam-se, pois, raros e importantes momentos de se reajustar o instituto da ação penal, transportando sua regulamentação ao Código de Processo Penal, o que é essencial para a necessária sistematização da matéria.

TÍTULO VIII
DA EXTINÇÃO DA PUNIBILIDADE

Bibliografia: AGUIAR, Leonardo Augusto de Almeida. *Perdão judicial*. Belo Horizonte: Del Rey, 2004; AZEVEDO, David Teixeira de. *Tipicidade e consequência* *jurídica do crime*. Tese apresentada à Faculdade de Direito da Universidade de São Paulo para obtenção do título de livre-docente em direito penal (inédita), 2013; BARRIENTOS-PARRA, Jorge. O direito penal internacional e os crimes contra a humanidade cometidos pelo Estado ou por indivíduos com a conivência estatal. *Revista de Informação Legislativa*, Brasília, ano 48, n. 192, out./dez. 2011; BATTAGLINI, Giulio. *Direito penal:* parte geral. Trad. Paulo José da Costa Júnior. São Paulo: Saraiva, 1973. v. 1; BETTIOL, Giuseppe. *Direito penal*. Trad. Paulo José da Costa Júnior e Alberto Silva Franco. São Paulo: RT, 1976. v. III; BITENCOURT, Cezar Roberto. *Tratado de direito penal:* parte geral 1. 19. ed. São Paulo: Saraiva, 2013. v. 1; BOBBIO, Norberto. *Dicionário de política*. Brasília: Editora Universidade de Brasília, 2008; CANOTILHO, J. J. Gomes. *Direito constitucional e teoria da Constituição*. 6. ed. Coimbra: Almedina, 1993; COSTA JÚNIOR, Paulo José da. *Curso de direito penal*. 12. ed. São Paulo: Saraiva, 2010; DIMOULIS, Dimitri; MARTINS, Leonardo. *Teoria geral dos direitos fundamentais*. São Paulo: Atlas, 2014; DOTTI, René Ariel. *Curso de direito penal*: parte geral. Rio de Janeiro: Forense, 2001; FERRARI, Eduardo Reale. *Prescrição da ação penal. Suas causas suspensivas e interruptivas*. São Paulo: Saraiva, 1998; FOUCAULT, Michel. *Vigiar e punir*. Trad. Raquel Ramalhete. Rio de Janeiro: Vozes, 1987; FRAGOSO, Heleno Cláudio. *Lições de direito penal*: parte geral. 3. ed. São Paulo: Bushatsky, 1978; GOMES, Luiz Flávio; BIANCHINI, Alice. Justa causa no processo penal: conceito e natureza jurídica. *Revista dos Tribunais*, v. 91, n. 805, nov. 2002, p. 472-478; HERNÁNDES, Moisés Moreno. Ontologismo o normativismo como base de la dogmática penal y de la política criminal. In: *Modernas tendencias en la ciencia del derecho penal y en la criminología*. Madrid: Universidad Nacional de Educación a Distancia, 2001; JARDIM, Afrânio Silva. *Direito processual penal*. 11. ed. Rio de Janeiro: Forense, 2007; MARTINS, Roberto Ribeiro. *Liberdade para os brasileiros:* anistia hoje e ontem. Rio de Janeiro: Civilização Brasileira, 1978; MIR PUIG, Santiago. *Derecho penal:* parte general. Barcelona: Promociones Publicaciones Universitarias, 1985; MIRABETE, Júlio Fabbrini. *Manual de direito penal:* parte geral. 26. ed. São Paulo: Atlas, 2010; MOURA, Maria Thereza Rocha de Assis. *Justa causa para ação penal*. São Paulo: RT, 2001; NUCCI, Guilherme de Souza. *Código de Processo Penal comentado*. 8. ed. São Paulo: RT, 2006; OLIVEIRA, Eliézer Rizzo de. *De Geisel a Collor:* forças armadas, transição e democracia. Campinas: Papirus, 1994; OLIVEIRA, Eliézer Rizzo de. *Ditadura militar, esquerdas e sociedade*. Rio de Janeiro: Jorge Zahar, 2000; PEREIRA, Valter Pires; MARVILLA, Miguel. *Ditaduras não são eternas:* memórias da resistência ao golpe de 64, no Espírito Santo. Flor e Cultura Editora, 2005; PEREZ, Carlos Martinez. *Las condiciones objetivas de punibilidad*. Madrid: Edersa, 1989; PIERANGELI, José Henrique. *Códigos Penais do Brasil*. São Paulo: RT, 2004; PIOVESAN, Flávia. Direito internacional dos direitos humanos e lei de anistia: o caso brasileiro. *Revista da Faculdade de Direito da FMP*, Porto Alegre: FMP, n. 4, 2009; PRADO, Luiz Regis, CARVALHO, Érika Mendes de; CARVALHO, Gisele Mendes de. *Curso de direito penal brasileiro:* parte geral. 14. ed. rev., atual. e ampl. São Paulo: RT, 2015; QUEIROZ, Paulo. *Direito penal:* parte geral. São Paulo: Saraiva, 2005; REALE JÚNIOR, Miguel. *Instituições de direito penal*: parte geral. 4. ed. rev. e atual. Rio de Janeiro: Forense, 2012; REIS FILHO, Daniel Aarão. *Ditadura militar, esquerdas e sociedade*. Rio de Janeiro: Jorge Zahar, 2000; ROXIN, Claus. *Derecho penal:* parte general. Madrid: Civitas, 1997. t. III;

SCHELER, Max. *Nuevo ensayo de fundamentación de un personalismo ético*. Trad. Hilario Rodríguez Sanz. Buenos Aires: Revista de Occidente, 1948. t. I; SCHÜNEMANN, Bernd. La relación entre ontologismo y normativismo en la dogmática jurídico-penal. In: *Modernas tendencias en la ciencia del derecho penal y en la criminología*. Madrid: Universidad Nacional de Educación a Distancia, 2001; SILVEIRA, Renato de Mello Jorge. *Crimes sexuais:* bases críticas para a reforma do direito penal sexual. São Paulo: Quartier Latin, 2008; SOUZA, Luciano Anderson de. *Direito penal*: parte geral. 2. ed. São Paulo: Thomson Reuters, 2021. v. 1; STRATENWERTH, Günther. *Disvalor de acción y disvalor de resultado en el concepto de ilícito*. Buenos Aires: Hammurabi, 1990; TEITEL, Rui. *Transitional justice*. New York: Oxford University Press, 2000; TRISTÃO, Adalto Dias. *Sentença criminal*. 4. ed. Belo Horizonte: Del Rey, 1999; TUCCI, Rogério Lauria. *Jurisdição, ação e processo penal. Subsídios para a teoria geral do direito processual penal*. Belém: Cejusp, 1984; ZAFFARONI, Eugenio Raúl e PIERANGELI, José Henrique. *Manual de direito penal brasileiro:* parte geral. 3. ed. rev. e atual. São Paulo: RT, 2001; ZIELINSKI. *Disvalor de acción y disvalor de resultado en el concepto de ilícito*. Buenos Aires: Hammurabi, 1990.

Considerações gerais

O direito de punir do Estado é um direito de coerção indireta, i.e., deve ser intermediado pelo processo, entendido como instrumento técnico, público, ético e político do exercício da jurisdição, cuja característica essencial é de ser materialmente justa. Isto é, obediente não apenas às formas e ritos processuais, mas capaz de realizar e garantir todos os direitos da pessoa humana.

O exercício do *jus puniendi* estatal conhece limitação de ordem temporal (p. ex., prescrição), limitação quanto ao objeto (p. ex., retratação), limitação de natureza processual (p. ex., decadência e perempção) e limitação de natureza ética (p. ex., *abolitio criminis*), ligada à justiça da decisão, entendida em seu sentido mais extenso e amplo. A extinção da punibilidade constitui modo de limitação do exercício do j*us puniendi* e do *jus punitionis* estatal[103]. O fundamento da extinção da punibilidade é plúrimo e multifacetado (ROXIN, 1997, p. 972), não podendo – a princípio – ser encontrado um denominador comum. Seria extremamente difícil definir-lhe a na-

---

[103] Como se verá no desenvolvimento do texto, este é o particular pensamento de David Teixeira de Azevedo, um dos autores deste Capítulo. Trata-se de causa de extinção do próprio delito, mesmo na hipótese de decisão transitada em julgado em que haveria a perda do *jus punitionis*, isto é, do direito de executar a pena. Aqui o fenômeno está decididamente situado na teoria do delito, já por razões dogmáticas já por razões de política punitiva característica de um direito penal de cariz democrático. Assim, antes de cuidar-se de impossibilidade meramente de aplicação da sanção penal em virtude do decurso de prazo, a questão fixa-se na extinção da própria factualidade típica ou de desaparecimento da ilicitude penal ou esmaecimento da culpabilidade individual ou outra circunstância que leve à desconstituição do delito.

tureza. Não consistiria em fenômeno de natureza exclusivamente material, com fundamento de natureza dogmática ou político geral e político-criminal, porquanto apenas em algumas hipóteses se conecta com aspectos dogmáticos como a ausência de tipicidade, ou a exclusão da ilicitude ou não configuração da culpabilidade; ou com aspectos de política punitiva como a *abolitio criminis*, o indulto, a graça e a anistia. Nem apresentaria exclusivo fundamento lógico (p. ex., a morte do agente) ou de natureza processual, como a decadência, a perempção, a representação penal etc.

Quanto, p. ex., à pena de morte, perdido o centro de imputação penal da pessoa humana[104], impedida restaria a punição do delito[105] por faltar o objeto sobre que recair a punição; a anistia, a graça e o indulto significariam a influência das decisões de cunho e de natureza política no âmbito do magistério punitivo penal; a retroatividade de lei que já não considera o fato criminoso implicaria a definitiva reformulação ético-jurídica, a mudança dos valores essenciais de convívio, a apontar a desnecessidade do magistério punitivo.

Já a prescrição, a decadência e a perempção apresentariam um mosaico paralelo de fundamentos políticos, éticos, jurídicos, dogmáticos e processuais. A inércia do Estado, a nova formatação da personalidade do agente, a desnecessidade de pacificação social, a pura omissão do exercício de direito, a desídia processual no imprimir um movimento célere ao processo para a realização da jurisdição útil e pronta na resolução do conflito, a renúncia do direito de queixa ou o perdão aceito envolveriam, de seu lado, a extinção da punibilidade, nos crimes de ação penal pública de iniciativa privada, pela escolha político-punitiva de conferir ao particular, vítima de determinadas infrações criminais, a opção do desencadeamento, ou prosseguimento, do exercício do *jus puniendi*, e tudo isso fundamentaria a extinção da punibilidade, a resultar na perda do poder-dever, pelo Estado, de punir ou de aplicar a pena.

Extinção da punibilidade

Art. 107. Extingue-se a punibilidade:

I – pela morte do agente;

II – pela anistia, graça ou indulto;

III – pela retroatividade de lei que não mais considera o fato como criminoso;

IV – pela prescrição, decadência ou perempção;

V – pela renúncia do direito de queixa ou pelo perdão aceito, nos crimes de ação privada;

---

[104] Dentro do conhecido conceito romano segundo o qual *mors omnia solvit*.
[105] Exceto, evidente, para coautores e partícipes.

VI – pela retratação do agente, nos casos em que a lei a admite;
VII – (Revogado pela Lei n. 11.106, de 2005)
VIII – (Revogado pela Lei n. 11.106, de 2005)
IX – pelo perdão judicial, nos casos previstos em lei.

Considerações nucleares

As questões levantadas pela extinção da punibilidade, por isso, não consentiriam a solução sob um único prisma e nem resolução mediante uma perspectiva única, mas demandariam a análise a partir dos vários fundamentos que a justificam. Portanto, não se poderia univocamente afirmar ser a extinção da punibilidade tema ligado exclusivamente à teoria das consequências jurídicas do crime[106], ou à teoria do delito, mas se conectaria a fundamentos político-criminais e teria ligações com os pressupostos e condições processuais.

Parece possível, contudo, segundo meu particular entendimento[107], o enfrentamento do tema sob uma perspectiva unificadora, centrada na definição do delito como ente jurídico, cuja característica essencial seria precisamente a punibilidade segundo específica resposta estatal, a situar o tema nos limites da teoria do delito[108]. Assim, p. ex., se a *abolitio criminis* e o ressarcimento do dano no pecu-

---

[106] Seja de que modo for, a doutrina dominante entende constituir punibilidade mera consequência jurídica e não "nota essencial do crime". Por todos, ver na doutrina nacional Paulo Queiroz (2005, p. 393).

[107] Note-se que, também nesse particular, se trata, novamente, do pensamento do autor David Teixeira de Azevedo.

[108] Battaglini bem distingue entre a punibilidade em abstrato e a punição em concreto. Aquela a compor a teoria do delito como a "possibilidade de se aplicar a pena", e esta a teoria das consequências jurídicas, que diz respeito à pena concretamente aplicada. Lembra Battaglini a Exposição de Motivos do Código Penal Italiano, segundo a qual "A extinção do delito ocorre quando vem a cessar a possibilidade de realizar a pretensão punitiva do Estado; pelo contrário, a pena extingue-se quando cessa o poder de executá-la, já reconhecido ao Estado por sentença condenatória irrevogável" (1973, v. 1, p. 341). Ensina Battaglini: "De vez que o delito é um fato punível, a punibilidade não pode nascer depois de ter surgido o delito, e colocar-se entre a infração e a pena. As causas impeditivas da punibilidade fazem com que o delito não surja; as causas extintivas da punibilidade acarretam a extinção do delito; no caso de condição de punibilidade, não existe o delito enquanto esta não se realizar". (1973, p. 344). Veja-se este trecho precioso: "Do ponto de vista da lógica abstrata, a punibilidade não pode ser considerada senão como elemento do delito. Ao se decompor o delito em suas partes (que constitui exatamente o problema da divisão, que se relaciona com o da definição), não se pode deixar de considerar separadamente tudo aquilo que, sendo abrangido pelo definido, é, contudo, separável. A definição pode também conter conceitos que não constituam elementos em sentido estrito. Mas é elemento todo e qualquer componente essencial, não podendo ser esquecido aquilo que, no nosso caso, marca exatamente a diferença específica vale dizer, o mais importante" (1973, p. 342). Sobre a refutação ao

lato culposo (art. 312, § 3º, do CP) e o pagamento do imposto devido no delito de natureza tributária (art. 9º da Lei n. 10.684/2003) podem desfazer, por motivos diversos, a própria entidade típica, do mesmo modo pode ser compreendida, p. ex., a decadência (art. 103 do CP), definida como a perda do direito de ação, a refletir inteiramente sobre o direito material. Analisado o fenômeno jurídico, a ausência da capacidade de a vítima estar em juízo, a exercer o direito de ação, por via indireta ou reflexa, exclui a possibilidade de punição do agente, razão pela qual o fenômeno – como será visto adiante – do próprio desaparecimento do delito. Trata-se da retomada da ideia de identidade, que é caso de se sustentar entre o direito material e sua projeção processual por meio do direito de ação.

Portanto, a dificuldade metodológica de inscrição da "extinção da punibilidade" no conceito de crime decorre de o instituto encontrar-se estruturado complexamente em um conjunto de normas jurídicas heterogêneas. Contudo, como se disse, é possível alcançar um sentido de unidade e ser de algum modo resolvida a aporia se perspectivada a punibilidade como integrante do próprio conceito jurídico de crime[109]. Com efeito, reside a identidade do Direito penal na específica resposta sancionatória. Enquanto nos demais ramos do direito a sanção é comumente de natureza patrimonial ou resulta numa resposta patrimonial como consequência o dever de indenizar o dano ou que atinge outras esferas do direito, no âmbito do direito punitivo a resposta tange, mediata ou imediatamente, a liberda-

---

pensamento de Battaglini, na doutrina italiana, ver Giuseppe Bettiol (1976, v. III, p. 65 e s.). Roxin caminha parcialmente na mesma direção de Battaglini. Pretende ele resolver a questão da punibilidade, dando-lhe caráter material, afirmando haver condições que se imiscuem com o tipo, a ilicitude ou com a responsabilidade penal. Sustenta – depois de excluídos referidos elementos porque ligados às categorias anteriores – um quarto estrato ou categoria do delito. Segundo Roxin (1997, p. 972 e s.), finalidades extrapenais conectadas às necessidades de todo conjunto da sociedade, lembrando o desenvolvimento de Bloy a respeito dessa nova categoria, o concurso de diversas prioridades traz a necessidade de um equilíbrio, "que se concreta em impedimento da punição – alheios ao sistema desde a perspectiva do Direito penal – na medida em que devam ceder as finalidades perseguidas pela Justiça penal" (1997, p. 979).

[109] No sentido do texto, Paulo José da Costa Júnior, retomando e secundando Battaglini, atrás citado, observa, com percuciência: "a punibilidade não deve ser confundida com a pena. A punibilidade encerra um conceito de simples possibilidade: a possibilidade de se aplicar a pena. A punibilidade é sempre um conceito abstrato. A distinção entre punibilidade em abstrato e punibilidade em concreto (efetiva), portanto, não pode ser acolhida. Aquilo que se pretende denominar punibilidade em concreto outra coisa não é senão a pena exequível em relação ao indivíduo punido e não punível. Sendo a pena coisa diversa da punibilidade, o delito é um fato punível e não um fato punido. De vez que o delito é um fato punível, a punibilidade não pode nascer depois de ter surgido o delito, e colocar-se entre a infração e a pena" (COSTA JÚNIOR, 2010, p. 202). Por todos, em sentido contrário, o entendimento de Júlio Fabbrini Mirabete (2010, p. 367 e s.).

de do agente[110]. A resposta jurídico-penal-estatal, portanto, atinge direito fundamental, que compõe a personalidade do agente, justamente o direito de autodeterminação conforme os próprios motivos. O *genus-differentia definition* do direito penal, portanto, encontra-se na resposta sancionatória[111].

O delito, por isso, constitui um fato típico, antijurídico, culpável e punível, entendida a punibilidade como a suscetibilidade do fato a uma específica resposta estatal, consistente numa reprimenda que alcança o direito fundamental de liberdade. O pressuposto, portanto, de uma conduta típica, antijurídica e culpável e o preenchimento de todos os pressupostos de punibilidade, das condições objetivas de punibilidade e das escusas absolutórias[112] faz nascer o delito em sua compreensão jurídico-penal.

Ao integrar essencialmente a própria entidade do delito, com identificação entre delito-pena, a extinção da punibilidade tem efeitos dogmáticos e político-criminais semelhantes à exclusão da tipicidade ou da antijuridicidade ou da própria culpabilidade. Isto é, extinta a punibilidade, a entidade delitiva desfaz-se por completo, de modo a não se poder falar em infração criminal. E esse sentido de unidade essencial entre crime e pena, entre o fato e a consequência jurídica é reflexo ou resultado, como dito acima, da própria identidade da norma jurídico-penal em que o preceito sancionatório está essencialmente ligado ao incriminador, numa unidade normativa e ética de sentido, como procurei demonstrar em trabalho específico[113], além de expressar os valores essenciais de um direito penal de cariz democrático.

---

[110] Por essa razão, a não conversibilidade da pena de multa em privativa de liberdade fere o centro mesmo do direito punitivo. A conversibilidade da privativa de liberdade em privativa de liberdade nunca significou "prisão por dívida", mas a consequência penológica pelo descumprimento do modo de observância da pena aplicada, substituída, tal como sucede no não atendimento das regras do regime aberto (art. 36, § 2º, do CP), ou das condições das penas restritivas de direitos (art. 44, § 4º, do CP), ou das condições do *sursis* (art. 81, III e § 1º, do CP) ou do livramento condicional (arts. 86 e 87 do CP), não havendo nenhuma marca de inconstitucionalidade.

[111] Insiste-se, estendendo a nota anterior, em que a alteração produzida pela Lei n. 9.268, de 1º.4.1996, que alterou a Parte Geral do CP para estabelecer a "inconversibilidade" da pena de multa em privativa de liberdade, atingiu o centro científico e metodológico do direito penal. A conversão da multa não paga em dívida de valor retirou o miolo a essência do direito punitivo para igualá-lo e equipará-lo a outros meios de coerção jurídica.

[112] Zielinski sustenta haver delito apenas com a categoria da tipicidade e da antijuridicidade. O injusto seria tão apenas o injusto pessoal, que, agregada a culpa individual, seria suficiente para a concretização do fenômeno delituoso. O resultado consistiria em mero azar. Ver Zielinski (1990, p. 144 e s.).

[113] AZEVEDO, David Teixeira de. *Tipicidade e consequência jurídica do crime*. Tese apresentada à banca examinadora da Faculdade de Direito da Universidade de São Paulo para obtenção do título de livre-docente em Direito Penal, 2013 (inédito).

Se se pode verificar um fundamento único, insista-se, ele se encontraria de conseguinte na própria natureza da norma do direito punitivo, desde a homogênese jurídica.

A norma jurídica em geral e jurídico-penal em particular apropria-se da natureza e a normatiza com liberdade, sem contudo distanciar-se da natureza das coisas, da matéria de regulação. Sem perda da autonomia para criar a realidade jurídica[114], ou melhor, moldar a realidade fenomênica segundo uma perspectiva jurídica, encontra-se o legislador – tanto quanto o intérprete – vinculado à realidade a regular.

Na gestação da norma, a consideração primeira é a da necessidade e do merecimento da tutela penal para proteção do bem. A partir daí se instaura o processo de normatização da realidade, a colher no que de invariável e constante há na conduta paradigmática lesiva ao bem objeto de proteção, instaurando-se o processo mental de generalização e abstração por meio do qual se constrói o modelo penal. Definida a moldura típica, em que já presente o valor cuja positividade se quer assegurar, reveste-se *ipso juris* da ilicitude penal, e, considerado o comportamento reprovável de um agente capaz de culpa penal, atribui-se a consequência jurídico-penal, em nosso estágio civilizatório o direito fundamental de liberdade.

A punibilidade nessa ordem de ideias, repita-se, integra a própria norma jurídica, a constituir relevante elemento nesse mosaico normativo tanto quanto integra o fato em sua concretude, como fato punível. A punibilidade, entendida como a suscetibilidade de a conduta receber uma consequência jurídico-penal, integra o próprio fenômeno jurídico-penal; é o ponto culminante dessa normatização da realidade. É a própria norma jurídico-penal que a um só tempo pressupõe e atribui a consequência (sanção penal), a fazer com que esta participe da essência do fenômeno. Portanto, o momento maior da normatização do direito, em particular do Direito Penal, realiza-se justamente na atribuição de uma consequência jurídica. Entendendo esse fenômeno em sua unidade, pode-se concluir – repita-se – integrar a punibilidade o conceito jurídico-penal de crime e que a extinção da punibilidade significa, *ipso juris*, a extinção do próprio crime.

Não apenas a *abolitio criminis* é responsável pelo desfazimento da entidade delitiva, por disposição normativa, como também as demais hipóteses de extinção da punibilidade. Não invalida a asserção o fato de em algumas hipóteses de extinção de punibilidade (indulto e graça, p. ex.) – o que decididamente sob o aspecto político-democrático é desaconselhável – o legislador entender de fazer remanescer as consequências de uma sentença penal condenatória. Isto é, considerar o título penal executório e a perda da primariedade como efeitos da condenação, ambos como um fato jurídico permanente quando a própria entidade típica se

---

[114] Hernándes (2001, p. 579-617); e também na mesma obra o artigo de Bernd Schünemann (*La relación entre ontologismo y normativismo en la dogmática jurídico-penal*, p. 644-663).

desfez. A bem ver, o legislador é livre para, desfeito o fenômeno jurídico crime, extrair do fato jurídico consequências no plano normativo em vários âmbitos, sem que isso tenha contas a prestar à existência do próprio delito. Trata-se de um comando normativo processual decorrente de um processo penal de natureza condenatória que detém força e efeito de coisa julgada e, por isso, projeta-se em outros âmbitos jurídicos materiais e processuais, não obstante desfeito o ilícito típico.

Por isso, há diferença entre a extinção da punibilidade e a pretensão surgida do título executório, cujos efeitos perduram. Se este projeta efeitos em outros âmbitos processuais e materiais, fá-lo independentemente da existência do crime, realidade jurídica construída normativamente mas desconstituída pela extinção da punibilidade.

No sentido do que até agora exposto, as denominadas condições objetivas de punibilidade[115] integram o modelo típico global, de modo escrito ou não escrito, na medida exata em que o acontecimento exterior de que depende a configuração delituosa está descrito no modelo totalizador do tipo, sem integrar contudo o modelo estrito da conduta proibida. Assim, no delito falimentar, a decretação da quebra encontra-se já no modelo global do tipo, mas não integra o modelo da conduta proibida; esta em nenhum momento liga a quebra ao comportamento direto do agente para aquele preciso modelo de proibição. A não configuração de uma condição objetiva de punibilidade, por conseguinte, antes de dizer respeito propriamente à punição do agente, à aplicação de uma reação estatal penal, vincula-se juridicamente à própria factualidade típica, de acordo com a construção normativa da realidade empreendida pelo legislador.

Morte do agente

A morte do agente nem sempre constituiu causa de extinção da punibilidade. A expressão do direito de punir durante séculos voltou-se contra o corpo do condenado. Os suplícios, o espostejamento, a pena de morte com punição sobre o corpo constituem exemplos da extensão da punição penal para além da própria vida. As Ordenações Filipinas, p. ex., por meio do terrível Livro V, dentre os quatro tipos ou espécies de morte (cruel, atroz, simples e civil), a morte cruel era aplicada mediante suplícios e a morte atroz previa a queima do cadáver[116].

---

[115] Sobre as condições objetivas de punibilidade e a distinção entre as condições próprias e impróprias, ver o trabalho de Carlos Martinez Perez (1989, especialmente p. 107 a 117). Sobre as condições objetivas de punibilidade integrarem o conceito de crime, ver Heleno Cláudio Fragoso (1978, p. 242 e s.). Para o autor: "não existe crime antes que a condição objetiva de punibilidade se verifique. Antes da condição, portanto, não há crime condicional ou condicionado, nem crime de punição condicionada, mas fato irrelevante para o Direito Penal". Essa mesma linhagem de raciocínio vale autorizadamente para as causas de exclusão da punibilidade em geral.

[116] José Henrique Pierangeli (2004). "Como esclarece Silva Pereira, as penas corporais erão de ordinario a queima dos cadaveres depois de estrangulados, se os culpados não eram pertina-

O corpo foi utilizado no direito punitivo, muito especialmente no século XVII e XIX, como manifestação do poder por meio de cerimônias e ritos supliciais, numa demonstração de dominação que, subsequentemente, mercê do pensamento dos reformadores, transforma-se em uma tecnologia de conhecimento e poder e de sutil domínio da alma por meio da pena de prisão, suave, eficaz todavia (FOUCAULT, 1987, passim).

A morte extingue a punibilidade, não remanescendo nenhuma consequência relativa à sentença penal de natureza condenatória, senão o dever de indenizar descendente do título executório penal, o qual pode ser exercido contra os herdeiros do condenado, na exata medida do patrimônio transmitido (art. 5º, XLV, da CF).

A morte deve ser comprovada por intermédio de certidão de óbito a ser apresentada junto à Vara de Execuções Penais, que declarará extinta a punibilidade (art. 66 da LEP). Tratando-se de decisão meramente declaratória de extinção da punibilidade, não tendo força constitutiva/desconstitutiva de direito, a utilização de documento falso para provar a morte de um condenado vivo não tem o condão de efetivamente extingui-la. Contudo, não há no âmbito processual penal a revisão criminal *pro societate*[117], razão pela qual, uma vez transitada em julgado a declaração de extinção de punibilidade, tal decisão ganha a força e efeito de coisa julgada, não podendo nenhum juiz ou tribunal decidir de maneira diversa (NUCCI, 2006, p. 183). É o

---

zes por quanto, neste caso, erão queimados vivos" (Silva Pereira. Rep. das Ords., Tomo I, nota (b), p. 728). Em outro trecho que cuida da pena relativamente aos crimes de lesa-majestade: "E se o culpado nos ditos casos fallecer, antes de ser preso, accusado, ou infamado pela dita maldade, ainda depois de sua morte (5) se pôde inquirir contra elle, para que, achando-se verdadeiramente culpado, seja sua memoria danada (1), e seus bens confiscados para a Corôa do Reino. E sendo sem culpa, fique sua fama e memoria conservada em todo seu lado e seus bens a seus herdeiros" (Título VI, M.-Iiv. 5t. 3§ 10, das Ordenações Filipinas). Eis o trecho da sentença que condenou Tiradentes, Rio de Janeiro, 18 de abril de 1792: "Portanto condenam ao Réu Joaquim José da Silva Xavier por alcunha o Tiradentes Alferes que foi da tropa paga da Capitania de Minas a que com baraço e pregão seja conduzido pelas ruas publicas ao lugar da forca e nella morra morte natural para sempre, e que depois de morto lhe seja cortada a cabeça e levada a Villa Rica aonde em lugar mais publico della será pregada, em um poste alto até que o tempo a consuma, e o seu corpo será dividido em quatro quartos, e pregados em postes pelo caminho de Minas no sitio da Varginha e das Sebolas aonde o Réu teve as suas infames práticas e os mais nos sitios (*sic*) de maiores povoações até que o tempo também os consuma; declaram o Réu infame, e seus filhos e netos tendo-os, e os seus bens applicam para o Fisco e Câmara Real, e a casa em que vivia em Villa Rica será arrasada e salgada, para que nunca mais no chão se edifique e não sendo própria será avaliada e paga a seu dono pelos bens confiscados e no mesmo chão se levantará um padrão pelo qual se conserve em memória a infamia deste abominavel Réu" (TRISTÃO, 1999, p. XX).

[117] E o fenômeno da relativização da coisa julgada não encontra ambiente no âmbito processual penal, pelo que absoluto o respeito ao preceito constitucional do ato jurídico perfeito, da coisa julgada e, como referido, do direito adquirido (art. 5º, XXXVI, da CF).

que Tucci chama de "máxima preclusão", isto é, não pode ser rescindida senão *favor rei* (TUCCI, 1984, p. 127). É certo, porém, responder o condenado e os que empregaram o documento falso pelo delito de falsidade e, eventualmente, pelo crime de uso de documento falso[118] (arts. 297, 301 e 304 do CP).

Prescrição, decadência e perempção

Ao Estado pertencem o *jus puniendi* e o *jus punitionis*, isto é, detém o Estado o poder-dever de punir e o poder-dever de aplicar a pena criminal ao condenado depois de transitada em julgado a sentença penal condenatória.

Tanto o *jus puniendi* quanto o *jus punitionis* são exercidos pelo Estado por meio do processo. Não é, assim, desregrada a atuação estatal, mas obedece ao devido processo legal, no caso o devido processo penal, com todas as garantias próprias de um Estado democrático e social de direito, expressas na Constituição, particularmente em seu art. 5º, que cuida dos "direitos e garantias fundamentais". Assim, ao *jus puniendi* e ao *jus punitionis* corresponde o *jus persecutionis in judicio*.

O poder-dever de punir estatal justifica-se, por um lado, na assunção pelo Estado da exclusividade da jurisdição penal: somente ao Estado cabe dizer o direito ao caso concreto e fazer cumprir as suas decisões. A composição do conflito de interesses, qualificado ou não por uma pretensão resistida e não satisfeita[119], é prerrogativa Estatal por meio do processo, entendido como instrumento técnico, público e político – mas sobretudo ético – do exercício da jurisdição, cujo objetivo é a pacificação social com justiça pela composição justa do conflito. Aqui, segundo esse entendimento, todos os instrumentos e garantias processuais e toda a atuação estatal visa à correta administração da justiça estadual.

O exercício desse poder-dever de punir e de fazer cumprir a reprimenda, contudo, deve conter-se dentro de determinados prazos, sob pena de sanção jurídica (prescrição), comumente definida pela doutrina como a perda do poder-dever de punir e fazer cumprir a pena em razão do decurso do tempo.

A prescrição distingue-se da decadência porque atinge o próprio direito, e, por via reflexa, o direito de ação correspondente. Trata-se, portanto, de instituto de direito material. Já a decadência alcança o direito de ação, ou seja, o direito

---

[118] Em sentido contrário, decisões relativamente recentes do Supremo Tribunal Federal (HC 104.998, rel. Ministro Dias Toffoli, *DJe*-85, 6-5-2011, *Ement.* v. 2517-0, p. 83), a entender não prevalecer a coisa julgada. Essa decisão vem na linha progressiva dos Tribunais superiores de relativização da coisa julgada, mesmo na coisa julgada penal.

[119] Na visão da teoria unitária do processo, a lide – na concepção carneluttiana – é comum tanto ao processo civil quanto ao penal, enquanto para os que veem diferenças substantivas entre processo penal e processo civil não há lide no processo penal porquanto não há propriamente pretensão resistida e não satisfeita, mas uma intenção punitiva. Neste último sentido, ver Tucci (2002, p. 13).

subjetivo, público, abstrato – que se não confunde com o direito material correspondente, de reclamar do Estado o exercício da jurisdição penal[120]. Somente por via reflexa é alcançado o direito material, extinguindo-o a posição subjetiva de exigência de submissão da vontade alheia à própria.

O fundamento da prescrição pode ser encontrado de modo expresso, *a contrario sensu*, ou implicitamente no próprio texto constitucional. De maneira expressa é disposta a imprescritibilidade de alguns crimes e infrações de natureza administrativa e tributária[121]. De modo implícito, pode-se colher o princípio da prescritibilidade no art. 5º, inciso LXXVIII, da Constituição Federal, que garante a todos, no âmbito judicial e administrativo, a razoável duração do processo e os meios que garantam a celeridade de sua tramitação.

É interessante notar que, em sede da Extradição n. 1.362, o Plenário do Supremo Tribunal Federal decidiu que "apenas a lei interna pode dispor sobre a prescritibilidade ou imprescritibilidade da pretensão estatal de punir", afastando a pretensão do Estado requerente no sentido de se reconhecer a imprescritibilidade dos delitos imputados ao extraditando, que teriam sido qualificados como de lesa-humanidade à luz da Convenção sobre a Imprescritibilidade dos Crimes de Guerra e dos Crimes contra a Humanidade, não ratificada pelo Brasil[122].

Várias teorias procuram explicar ou justificar o instituto da prescrição, podendo ser divididas em teorias de natureza processual, teorias de natureza dogmático-penal e teorias de cunho político-criminal (FERRARI, 1998, passim).

A teoria de natureza processual sustenta a imprestabilidade do processo, sua inutilidade na persecução de fatos ocorridos há muito tempo. Sucederia, segundo

---

[120] A bem ver, essa a concepção do direito autônomo de ação é inconciliável com o pensamento aqui desenvolvido de a extinção da punibilidade relacionar-se com a essência do fenômeno delituoso, compondo a estrutura mesma do delito. É possível, no entanto, reconhecer a relevância para o processo do instituto da decadência penal, aqui categorizada como uma condição de procedibilidade, e também sua função essencial nos domínios do direito material, de constituir um dos elementos definidores do delito. De tal sorte, por exemplo, que as causas de extinção da ilicitude representam nos domínios do processo penal a justa causa da ação penal.

[121] Art. 5º, XLII, da CF: a prática do racismo constitui crime inafiançável e imprescritível, sujeito à pena de reclusão, nos termos da lei; art. 5º, XLIV: constitui crime inafiançável e imprescritível a ação de grupos armados, civis ou militares, contra a ordem constitucional e o Estado Democrático; art. 37, § 5º: A lei estabelecerá os prazos de prescrição para ilícitos praticados por qualquer agente, servidor ou não, que causem prejuízos ao erário, ressalvadas as respectivas ações de ressarcimento; art. 146: cabe à lei complementar estabelecer normas gerais em matéria de legislação tributária especialmente: no inciso II, letra *b*, a "obrigação, lançamento, crédito, prescrição e decadência tributários" (consagrando o instituto da prescrição).

[122] Ext 1.362, Tribunal Pleno, rel. Edson Fachin, rel. p/ Acórdão Teori Zavascki, j. 9-11-2016, *DJe-200* 5-9-2017. Republicação *DJe-175* 27-8-2018.

essa teoria, a dispersão das provas, daí ser denominada "teoria da dispersão das provas"; o tempo daria conta de desaparecer ou esmaecer as provas, levando a uma degeneração ou perda de qualidade instrutória e de reconstrução histórica dos fatos que tornam impossível um julgamento de mérito. Restaria ao processo o *non liquet*, ou, então, o risco inadmissível de decisões condenatórias absolutamente injustas. Haveria, de outro lado, desperdício de recursos materiais e humanos pelo Estado.

A teoria de fundamento dogmático baseia-se na violação da culpabilidade individual pela aplicação de eventual pena depois de transcorrido muito tempo entre o fato e a punição. A culpa é o juízo de reprovabilidade que recai sobre o agente, que, podendo agir de acordo com a expectativa normativa com uma correta motivação, decide violar a lei, praticando a ação delituosa. O juízo de culpabilidade é complexo, tomando de um lado o agente e de outro o fato por ele praticado. Agente e fato são a um só tempo fundidos e dissociados na aferição da culpa. O fato explica-se pelo agente e este é compreendido pelo fato delituoso. O universo fático revela o agente e o agente explica-se no fato delituoso.

O homem, contudo, não é um ser imutável, congelado historicamente. A personalidade humana é plástica, mutável, acrescenta e elimina valores ao longo da existência individual. O juízo de reprovação, portanto, ao considerar o fato e o agente em sua singularidade e sua solidariedade social, há de ser feito dentro de um contexto histórico do delito. Quando mais distanciado temporalmente do agente o magistério punitivo, a pena progressivamente deixa de colher propriamente o autor daquele fato delituoso, mas outro homem, com uma nova mundivisão, com novos valores encarnados e outros desencarnados da personalidade. Nessas condições, a pena não respeita o princípio da culpa pessoal, porquanto não colhe o homem histórico em sua plúrima realidade: física, psíquica, emocional, psicológica. O instituto da prescrição, nessa ordem de pensamento, preveniria a aplicação de uma pena violadora da culpa individual.

Sob a ótica político-criminal, o instituto da prescrição explica-se pela finalidade da sanção penal. Se a finalidade do direito punitivo é suscitar respeito e internalização dos valores encapsulados nos modelos normativos, a fim de evitar a prática de infração penal; se seu objetivo é participar na reestruturação do homem e de sua escala de valores, de molde a incorporar os comportamentos esperados ou comandados pela norma jurídica, a pena distanciada temporalmente do fato delituoso violaria essas finalidades assinadas ao direito penal.

A punição distanciada do fato delituoso não suscita o respeito mas desperta o desprestígio ao ordenamento jurídico e não promove o acatamento, mas suscita o sentimento de injustiça quanto à atuação do Poder Judiciário. Em segundo lugar, a pena não cumpre sua finalidade preventivo-especial de ressocialização para um agente que, após transcorrido o lapso temporal suficiente para a prescrição, não praticou qualquer infração criminal, achando-se plenamente ajustado às exigências sociais de convivência e adaptado às normas e valores imperantes na sociedade. A visão da culpabilidade como juízo de reprovabilidade, dentro de um marco de culpa, com adição ou não – é indiferente – do critério da necessidade da pena sob a perspectiva preventivo-especial de ressocialização, a única que legitimaria a intervenção estatal, está comprometida com o homem e sua personalidade como manifestada no fato delituoso. Assim, já não havendo ocasião e nem necessidade da pena sob a ótica da culpabilidade, deve o Estado perder o seu poder-dever de punir e de fazer cumprir a reprimenda.

A prescrição pode recair sobre a pretensão punitiva estatal, isto é, incidir sobre o *jus puniendi*, compreendido como o poder-dever estatal de punir, na modalidade direta, retroativa ou intercorrente.

Direta, para a qual se tem em vista a pena máxima abstratamente cominada ao crime (art. 109 do CP). Assim, considerada a pena máxima abstratamente cominada ao crime e os prazos prescricionais assinalados no art. 109 do CP: (i) se o lapso temporal entre a consumação do fato e o recebimento da denúncia ou queixa atingir tal prazo; ou, ainda, (ii) se entre o recebimento da denúncia ou queixa e a publicação da sentença penal condenatória completar-se tal prazo; ou (iii) se igualmente se completar tal prazo entre o recebimento da denúncia e a publicação do acórdão condenatório (supondo absolutória a sentença de 1º grau), é caso de extinção da punibilidade. Deve ser paralisada a investigação criminal ou interrompido o curso da ação penal com a decretação da extinção da punibilidade.

Intercorrente, para a qual se tem em conta a pena concretizada na decisão penal condenatória de 1º ou 2º graus (art. 110, c/c o art. 109 do CP). Assim, considerada a pena efetivamente aplicada (com relação à qual não haja recurso da acusação para seu aumento), se entre a publicação da primeira decisão penal condenatória (sentença ou acórdão) e o definitivo trânsito em julgado houver sido ultrapassado o prazo previsto no art. 109 do CP, é caso de extinção da punibilidade pela prescrição da pretensão punitiva estatal.

Retroativa, para a qual, igualmente, se tem em vista a pena concretizada na decisão penal condenatória de 1º ou 2º graus (art. 110, § 1º, c/c o art. 111 do CP). Desse modo, considerada a pena concretizada definitivamente na decisão penal condenatória, (i) se – numa visão retrospectiva – entre o recebimento da denúncia ou queixa e a publicação da decisão condenatória de 1º grau, ou (ii) se entre o recebimento da denúncia ou queixa e a publicação da decisão condenatória de 2º grau (se absolutória a decisão de 1º grau) houver se completado o prazo previsto no art. 109 do CP, deve ser extinta a punibilidade pela prescrição da pretensão punitiva estatal.

A prescrição da pretensão punitiva estatal na modalidade direta – cuja base é, como visto acima, a pena máxima abstratamente cominada ao crime, cujo prazo deve ser calculado à luz do disposto no art. 109 do CP – tem como marco inicial a data da consumação do crime, quando presentes todos os elementos da definição legal de crime, inclusive na forma típica tentada (art. 112 e II do CP).

A lei excepciona o crime permanente (art. 111, III, do CP). Neste, não obstante todos os elementos da definição legal no momento em que completos os requisitos do tipo penal, tem-se a cessação da permanência como instante de início de contagem do prazo prescricional. Igualmente, no delito de bigamia e nos de falsificação ou alteração de assentamento do registro civil, a prescrição conta-se a partir da data em que o fato se tornou conhecido pela autoridade pública (art. 111, IV, do CP). Outro tratamento resultante de opção político-criminal é o oferecido aos delitos contra a dignidade sexual de crianças e adolescentes. Aqui o prazo prescricional inicia-se da data em que a vítima completa dezoito anos, exceto se já houver proposto a ação penal (art. 111, V, do CP).

O lapso prescricional interrompe-se – começando a fluir novo prazo – a partir da decisão de recebimento da acusação penal, iniciando novo curso, que terá como base de cálculo ou a pena máxima abstratamente cominada ao crime (direta) ou a pena definitivamente aplicada em decisão transitada em julgado (intercorrente ou retroativa).

Os arts. 395 e s. do CPP preveem duas decisões de recebimento da acusação penal: a primeira, mediante juízo superficial, em que se verifica a aptidão da inicial para um provimento de mérito, e são analisados os pressupostos processuais e as condições da ação penal, como também verificada a justa causa para ação penal de conhecimento de natureza condenatória. Aqui é agitada matéria eminentemente de natureza processual (MOURA, 2001; GOMES, BIANCHINI, 2002, p. 472-478; JARDIM, 2007, p. 54), perspectivada a justa causa precisamente sob esse ângulo, circunscrita neste momento à análise da existência do suporte probatório mínimo para lastrear a imputação. Não é o momento de consideração de questões ligadas à tipicidade, às causas de exclusão da ilicitude ou à extinção da punibilidade. A segunda decisão de recebimento da denúncia enfrentará essas questões substantivas e materiais, podendo ser caso de um provimento jurisdicional de absolvição sumária.

A interrupção da prescrição ocorrerá com o primeiro recebimento da acusação penal. Se entre a consumação do fato e o recebimento da denúncia o lapso temporal for superior àquele prescricional previsto pelo art. 109 do CP, considerando a pena máxima cominada para o crime, deverá o magistrado decretar a extinção da punibilidade (art. 109, *in fine*, do CP). Adiante-se para afirmar que também deverá fazê-lo se, entre a data do recebimento da denúncia e a publicação da sentença penal ou acórdão condenatório, ainda que sujeitos a recurso, completar-se tal prazo. Trata-se da prescrição da pretensão punitiva na modalidade direta, como acima observado.

Nos casos dos processos submetidos ao tribunal do júri, cujo rito é próprio (art. 406 e s. do CPP), além da decisão de recebimento da denúncia, a sentença de pronúncia e a decisão confirmatória da pronúncia também interrompem o prazo prescricional (art. 117, II e III, do CP).

É de considerar, ainda mais uma vez, a prescrição da pretensão punitiva intercorrente e retroativa. A prescrição da pretensão punitiva também pode ter como referência a pena concretizada na sentença (art. 110 do CP), considerada a pena aplicada a pena justa, a única, em tese, que deveria ter sido cominada para o fato delituoso praticado por aquele agente, naquela circunstancialidade concreta da ação. Essa pena servirá de base para o cálculo da prescrição da pretensão punitiva intercorrente (isto é, entre a publicação da primeira decisão condenatória e seu definitivo trânsito em julgado), e da prescrição da pretensão punitiva na modalidade retroativa (isto é, entre a data de recebimento da denúncia e a publicação da sentença condenatória ou, se absolutória, entre a data do recebimento da denúncia e o acórdão condenatório), e sofrerá aumento de 1/3 se reincidente o condenado.

Mais particularmente, merece análise a modalidade da prescrição retroativa. Isto é, se entre o recebimento da denúncia ou da queixa e a publicação da primeira decisão penal condenatória definitiva (sentença ou acórdão) houver transcorrido lapso de tempo superior ao previsto no art. 109, considerada a pena concretizada na decisão condenatória – de primeiro ou segundo graus –, completa-se o prazo prescricional retroativo; ou seja, a pena aplicada na sentença ou a futura reprimenda fixada pelo tribunal terá servido de referência e base de cálculo do prazo prescricional relativo ao tempo transcorrido entre o recebimento da denúncia e a sentença condenatória de primeiro grau, ou, se absolutória, entre o recebimento da denúncia e o acórdão condenatório.

A prescrição, de outro lado, poderá ser da pretensão executória, isto é, incidir sobre o direito estatal de fazer cumprir a reprimenda imposta na decisão penal condenatória transitada em julgado. Com estrita observância a um direito penal da culpabilidade, a pretensão executória estatal nasce apenas com o trânsito em julgado da decisão condenatória penal, caso não configurada a prescrição da pretensão punitiva na modalidade retroativa. A partir do trânsito em julgado da decisão condenatória (para o MP e cumulativamente, note-se, cumulativamente para a defesa) até o início do cumprimento da reprimenda desenvolve-se o prazo para prescrição da pretensão executória, interrompido apenas com o início ou continuação do cumprimento da pena (art. 117, V, do CP).

O definitivo trânsito em julgado da decisão penal condenatória para acusação e defesa, com a constituição do título executivo judicial, de natureza penal, é que faz nascer a pretensão executória estatal. Por isso, não pode o Estado fazer cumprir, sob pena de violar o princípio constitucional da presunção de inocência ou da não culpabilidade (art. 5º, LVII, da CF), a reprimenda penal a respeito da qual há prazo recursal em curso ou recurso já interposto[123].

Não é demais enfatizar que o trânsito em julgado exclusivamente para o MP (art. 110, § 1º, do CP) não muda a natureza do prazo prescricional: prazo de prescrição da pretensão punitiva e não de prescrição da pretensão executória, pois

---

[123] Ver STJ, REsp 1.335.110/DF, 5ª Turma, rel. Walter de Almeida Guilherme, 24-10-2014.

ainda não nascido o título executório no mundo jurídico. Havendo recurso da defesa em trâmite, impede-se a constituição da coisa julgada. O equivocado entendimento contrário conduz à flagrante admissão do nascimento da pretensão estatal no cumprimento de uma reprimenda penal ainda pendente de decisão jurisdicional; uma pretensão punitiva ainda em dedução e com relação da qual ainda pende juízo de mérito ligado à existência do fato delituoso, da autoria, da existência de causas de exclusão da ilicitude etc.

Aliás, o art. 110, § 1º, do CP não define a natureza da prescrição quando há o trânsito em julgado tão só para a acusação. Simplesmente dispõe que "a prescrição, depois de sentença condenatória com trânsito em julgado para a acusação ou depois de improvido seu recurso, regula-se pela pena aplicada, não podendo, em nenhuma hipótese, ter por termo inicial data anterior à da denúncia ou queixa".

E essa prescrição inclusive pode constituir prescrição da pretensão punitiva na modalidade retroativa (a ser absurdo pensar em prescrição da pretensão executória retroativa) ou prescrição da pretensão punitiva na modalidade intercorrente ou superveniente. O certo, porém, é não poder constituir o prazo subsequente ao trânsito em julgado para a acusação justamente o prazo da prescrição da pretensão executória do Estado, quando ele, jurídico-constitucionalmente, não pode exercer o direito de aplicar a pena. Seria uma monstruosidade jurídica punir com a prescrição do titular de um direito (fazer cumprir a pena) quando este não podia exercê-lo, o que frustra a própria *ratio* do instituto da prescrição.

É de se notar que a questão está, atualmente, em discussão no Supremo Tribunal Federal, em sede do Agravo em Recurso Extraordinário 848.107, que teve sua repercussão geral reconhecida (Tema 788). A decisão a ser eventualmente tomada em sede do referido procedimento será decisiva na pacificação da matéria.

A prescrição da pretensão punitiva é de ser contada desde as várias possibilidades de seu termo inicial (recebimento da denúncia ou queixa; publicação da sentença ou acórdão condenatório etc.) até o trânsito em julgado definitivo da decisão penal condenatória. Em outras palavras, enquanto não constituído o título executório penal, trata-se de prescrição da pretensão punitiva estatal.

Note-se, de outro lado, que o trânsito em julgado (para acusação, defesa ou ambos) não constitui causa de interrupção da prescrição, a teor do art. 117 do CP. A partir do trânsito em julgado definitivo, para ambas as partes, inicia-se o lapso relativo à prescrição da pretensão executória, porquanto nascido o título executório e tornado possível ao Estado exercer o *jus punitionis*. Se as coisas se passam dessa maneira, e se passam, é de indagar qual a natureza dos prazos que irão se somar (entre a última causa interruptiva e o trânsito em julgado definitivo e entre este e a prisão do condenado).

Numa interpretação conforme à Constituição, tal prazo somente pode ser contado como prazo da prescrição da pretensão punitiva. Se parcela do prazo prescricional apresentar a natureza de prazo relativo à prescrição da pretensão punitiva (da última causa interruptiva até o trânsito definitivo em julgado), o prazo remanescente (da última causa interruptiva até o início do cumprimento da pena) será igualmente relativo à prescrição da pretensão punitiva, com todos os efeitos generosos dessa contagem de prazo, designadamente a manutenção da primariedade e não valência do título executório para fins extrapenais.

O prazo a ser considerado para prescrição da pretensão executória é igualmente o previsto no art. 109 do CP, e tem como referência a pena concretizada na decisão penal condenatória transitada em julgado para a acusação e para a defesa, ou, no caso de fuga ou descumprimento do livramento condicional, o prazo relativo ao saldo remanescente da reprimenda (art. 113 do CP).

A reincidência interrompe o prazo da prescrição da pretensão executória: condenado o agente por decisão transitada em julgado, cometida nova infração (excluídos crimes militares próprios e os de natureza política) dentro do período de cinco anos depurador da reincidência (art. 64 do CP), os prazos da pretensão executória penal relativamente ao crime anterior são interrompidos pela prática da infração subsequente (art. 117, VI, do CP).

Durante o cumprimento da pena evidentemente não corre o prazo prescricional, pois está o Estado a exercer seu *jus punitionis*. A fuga do condenado precipita o transcurso do prazo da prescrição da pretensão executória, anteriormente interrompido (art. 117, V, do CP), tendo o novo lapso como referência de cálculo o saldo da pena a cumprir.

A prescrição é contada para todos os autores e partícipes do crime, com exceção, por óbvio, das causas interruptivas da reincidência e do início ou continuidade do cumprimento da pena, relativos a cada um dos condenados, ou das causas interruptivas referidas às infrações penais conexas, objeto do mesmo processo (art. 117, § 1º, do CP).

As penas mais leves prescrevem com as mais graves (art. 118 do CP), isto é, a pena de multa prescreve com a pena privativa de liberdade, enquanto as penas restritivas de direito prescrevem no tempo das penas privativas de liberdade substituídas (art. 109, parágrafo único, do CP).

A decadência, como atrás dito, atinge o direito de ação, equivale dizer, o direito público, subjetivo, abstrato de deduzir pelo legitimado (MP ou ofendido, nas ações penais de iniciativa privada) a pretensão ou intenção punitiva perante a Jurisdição Penal. Diferentemente do âmbito civil, a decadência penal atinge o direito de ação e não o material, tendo, porém, sobre esse reflexo dogmático a importar na exclusão do próprio delito.

O direito de queixa e de representação pode ser exercido independentemente pelo ofendido ou por seu representante legal (Súmula 594 do STF), razão pela qual o prazo inicia-se para o menor de idade a partir do dia em que completar a maioridade, ou seja, dezoito anos. Trata-se de prazo fatal e improrrogável, a contar-se o dia do início (art. 10 do CP), em virtude do que, se o prazo completar-se em feriado ou final de semana, o direito de ação deve ser exercido até o dia útil imediatamente anterior.

No crime habitual, o prazo prescricional corre a partir da consumação do delito, quando a conduta de relevância penal se integra em virtude da somatória e fusão dos atos típicos em número e consistência capazes de lesionar o bem jurídico objeto de proteção. Já no crime permanente, o prazo inicia-se a partir da data da cessação da permanência e, no crime continuado, a partir da consumação de cada infração delituosa.

Decai-se, assim, do direito de queixa na ação penal de iniciativa privada se não exercido dentro do prazo de seis meses. No caso de delitos contra a honra o prazo é contado do conhecimento da autoria do fato, enquanto nos delitos contra a propriedade industrial a partir da homologação do laudo técnico que constatar a materialidade da infração criminal, isto independentemente da intimação do interessado em eventual medida cautelar prévia de constituição do *corpus criminis*.

O art. 100, § 3º, do CP dispõe que a ação penal de iniciativa privada poderá ser ajuizada, nos crimes de ação pública, se o Ministério Público não oferecer denúncia no prazo legal. Seguindo o direito constitucional de ação (art. 5º, LIX, da CF), o art. 29 do CPP atribui a legitimidade ativa a qualquer cidadão para início da demanda penal (queixa subsidiária) nos crimes de ação pública, dentro do prazo de seis meses, sob pena de decadência (art. 103 do CP). Caberá ao Ministério Público aditar a queixa, repudiá-la e oferecer denúncia substitutiva, como também intervir em todos os termos do processo, fornecer elementos de prova, interpor recurso e, a todo tempo, no caso de negligência do querelante, retomar a ação como parte principal.

O prazo legal para ajuizamento da inicial da ação penal pública – cujo transcurso *in albis* instaura o direito ao exercício da ação penal de iniciativa privada subsidiária da pública – será, a teor do art. 46 do CPP, de cinco dias, estando o investigado-indiciado preso, ou de quinze dias, se solto, contando tais prazos da data em que o órgão do MP receber os autos do inquérito policial, exceto se houver devolução dos autos do procedimento investigatório à autoridade policial.

Igual prazo vale para a investigação desenvolvida pelo próprio MP, por meio dos inconstitucionais Procedimentos Investigatórios Criminais (PICs), inventados ao arrepio da CF. Deve-se contá-lo a partir da conclusão dos denominados PICs, ou de sua paralisação injustificada. Esse prazo também há de ser contado a partir da data em que o MP receber autos de procedimento de natureza administrativa ou tiver em mãos qualquer outro caderno probatório a partir do qual haja perfeita possibilidade de oferecimento da acusação penal. Portanto, se é certo não depender o MP de formal inquérito policial para deduzir a acusação, também é certo não ficar sob seu arbítrio, *sine die*, o início da demanda penal.

Parece evidente não ser possível na ação penal de iniciativa privada subsidiária da pública a concessão do perdão do querelante previsto no art. 105 do CP, desde que não se cuida verdadeiramente de apresentação de queixa-crime, mas sim de acusação penal, na forma de substitutivo processual, de uma ação penal genuinamente pública, cuja incoação – por preceito e princípio constitucional – é atribuída ao particular em caso de inércia do titular.

Em virtude da característica de algumas infrações criminais, umas a atingir especiais direitos do ofendido e cuja persecução penal possa, para este, criar maior embaraço e dano jurídico, outras tocarem bens jurídicos situados em na zona limítrofe da incondicional tutela estatal e sua disponibilidade pelo titular, defere-se ao particular a opção de disparar providências de natureza criminal, com a movimentação do aparato do Estado para a persecução penal, por intermédio do exercício do direito de representação (art. 102 do CP). Fixa-se, nesse sentido, uma prévia condição de procedibilidade para a ação penal, qual seja, a representação criminal, a ser apresentada no prazo de seis meses, sem a qual não pode o titular da demanda penal deduzi-la em juízo e, mesmo antes, desencadear a autoridade policial a investigação criminal.

Já a perempção constitui causa de extinção da punibilidade genuinamente processual. Considera o legislador um fenômeno processual para normativamente equipará-lo a uma causa de extinção da própria infração criminal. O processo – como repetidas vezes assinalado – é instrumento técnico, público, ético e político do exercício da jurisdição penal, entendida como o exercício do poder estatal na administração de uma justiça justa e sobretudo célere na direção de um provimento de mérito.

Os interesses vertidos no processo são sobretudo interesses públicos, porquanto por meio desse instrumento realiza-se a efetiva proteção de bens jurídicos essenciais à convivência humana em sociedade. Nele são expostos os mais sensíveis direitos da pessoa humana submetida ao domínio estatal. O direito de liberdade, como direito fundamental, é tolhido durante o processo e definitivamente alcançado ao final dele. As garantias essenciais à preservação dos direitos fundamentais, como a presunção de inocência, a humanidade, a pessoalidade e a individualização da pena, o direito à ampla defesa e ao contraditório, tudo isso se realiza dentro do processo e por meio do processo. Há, no entanto, alguns bens jurídicos que, embora essenciais, o Estado entende de compartilhar a tutela com o interessado. Isto é, se esses bens jurídicos fundamentais põem-se como de especial relevância para a própria existência do corpo social, por outro lado sua tutela forçada significa, muitas vezes, uma lesão maior aos próprios interesses individuais e sociais, em franco prejuízo à finalidade processual de pacificação com justiça e mesmo material de prevenção especial de ressocialização, esta porventura desnecessária em face de eventual resolução espontânea do conflito. Daí os mecanismos, p. ex., da iniciativa da ação penal pública por meio de representação, ou mesmo do condicionamento da persecução penal à queixa da parte ofendida.

Na mesma lógica encontra-se a perempção. O direito material deve ser realizado necessariamente por meio do processo ágil, célere. Se a parte ofendida com quem o Estado divide o interesse na persecução penal omite-se, isto é, não cumpre no tempo e modo devidos o ônus processual de litigar, essa omissão incide sobre o próprio direito material: extingue-se a própria entidade delituosa. Ora, se a relevância jurídico-penal de alguns bens jurídicos e dos valores neles encarnados é compartilhada entre Estado e seu titular, e este se desinteressa da persecução penal, não demonstra interesse efetivo na tutela, já não se justifica a intervenção do primeiro, até porque não explicaria *ex ante*, para a concreta tutela, a construção do modelo de proibição. Isso não exclui, por óbvio, que bens jurídicos da mesma natureza e similitude continuem a necessitar da tutela penal, desde que conciliados o interesse estatal e o interesse do particular, titular do bem jurídico.

A perempção é disciplinada no art. 60 do Código de Processo Penal, de acordo com o qual a perda do direito de prosseguir na ação penal privada decorre do não cumprimento de específicos ônus processuais, por exemplo, o comparecimento ao interrogatório ou às audiências em geral, especialmente à audiência de conciliação. Existe, porém, a possibilidade de comparecimento de procurador com poderes especiais de natureza *ad negotia*. Isto é, não bastam os poderes conferidos em geral para estar em juízo, mas necessários os poderes para representar o querelante no âmbito da vida civil.

A perempção apenas ocorre nos processos iniciados mediante queixa da parte ofendida, isto é, nas ações penais públicas, de iniciativa privada. Configura-se, como dito acima, quando o querelante deixa de promover o andamento do processo durante 30 dias seguidos, devendo haver intimação pessoal (não basta a de seu representante legal) para promover a sequência do processo.

Também ocorre a perempção quando, falecido querelante ou sobrevindo-lhe a incapacidade, os legitimados não comparecem em juízo para continuidade do processo, legitimados cuja intimação também é obrigatória. Estabelece o art. 31 do Código de Processo Penal que, morto ou ausente o ofendido, o direito de oferecer queixa ou prosseguir na ação passa ao cônjuge, ao ascendente, ao descendente ou ao irmão. Se, também, abandonada a causa, aos colegitimados confere-se o direito de continuar a demanda. Assim, a pena processual com efeitos materiais incide inteiramente sobre querelante e também sobre os demais legitimados imediatamente, se intimados, não intervierem no processo.

A perempção também se completa quando o querelante não comparece, sem motivo justificado, a qualquer ato processual a que deva estar presente ou deixe de formular o pedido de condenação nas alegações finais. O querelante tem o ônus de litigar, razão pela qual é inafastável o comparecimento a todos os atos do processo. O motivo da ausência deve ser imperioso, superior, invencível. Existe um vínculo jurídico a ligar o titular da demanda penal de iniciativa privada e o Estado-juiz. Trata-se, no entanto, de ausência a ato essencial para o processo, entendido como aquele sem o qual não pode haver a solução do litígio. Ato processual essencial é, p. ex., a conciliação[124], o pedido final de condenação criminal e aquele designado para produção da prova de acusação, com destaque para oitiva da própria vítima. Outro ato essencial é a constituição de prova técnica, de cujo êxito dependa a presença da vítima-querelante.

Ainda de acordo com art. 60, ocorre a perempção se a pessoa jurídica querelante extinguir-se sem deixar sucessor. A sucessão aqui é a sucessão legal e não a sucessão presumida.

Anistia, graça e indulto

O instituto da anistia remonta à democracia Ateniense. Criado por Solon no ano de 594 a.C., teve por objetivo oferecer perdão e reintegrar o contingente de cidadãos atenienses vítimas de perseguição pelos tiranos então governantes e atenuou a lei de Dracon (PEREIRA e MARVILLA, 2005, p. 101 e s.). Posteriormente, com a deposição dos tiranos pela Guerra do Peloponeso e a instauração da democracia, foi ela aplicada em 403 a.C. em Atenas (TEITEL, 2000, p. 50 e s.). O mesmo sentido de conciliação e pacificação e reintegração social e jurídica de perseguidos definiu a lei romana.

A historiografia brasileira[125] relata a concessão da anistia desde o século XVII, com o tratamento oferecido aos revoltosos nativos e portugueses que se puseram ao lado dos holandeses em 1654, em Pernambuco, "às pessoas envolvidas na Revolta de Beckman (1684), no Maranhão", aos participantes da guerra dos Emboabas em 1709 e na revolta de Vila Rica, em 1720, em Minas Gerais. No Primeiro Reinado e no Período Regencial concederam-se anistias aos envolvidos em crimes políticos praticados em 1834 a 1836. Dom Pedro II concedeu anistia aos envolvidos em crimes políticos na Cabanagem, na revolução Farroupilha, na Sabinada e na Balaiada. Na denominada "Questão Religiosa", que envolveu padres e bispos do Pará e de Pernambuco, houve a concessão pelo Imperador da anistia. Também na primeira república foram anistiados por Prudente de Morais (1895) os oficiais militares da Marinha e do Exército que lutaram no contexto da proclamação da República, como também os participantes da revolta da Vacina, em 1910, e da Chibata, como também, em 1918, foram anistiados os integrantes do movimento messiânico do Contestado e os participantes da greve geral de 1917, em São Paulo. Getúlio Vargas, em 1930, concedeu anistia aos civis e militares envolvidos nos movimento revolucionários do Brasil, sendo que ao tempo da Constituição de 1934 concedeu-

---

[124] Ainda que a jurisprudência maciçamente interprete essa ausência como mero desinteresse na conciliação, não havendo sido instaurada a instância com o recebimento da queixa. Ver, por todas, a decisão do STJ, REsp 605.871/SP – 2003/0193020-0, 2004.

[125] Segue o texto a exposição apresentada na obra *Ditaduras não são eternas*: memórias da resistência ao golpe de 64, no Espírito Santo. Flor e Cultura Editora, 2005. Ver, ainda: MARTINS, 1978.

-se anistia aos que direta ou indiretamente se envolveram nos conflitos revolucionários da revolução Constitucional de 1932. Igualmente, Getúlio Vargas anistiou os autores de crimes políticos e conexos, em abril de 1945, notadamente a insurreição comunista de que resultou a prisão de Luiz Carlos Prestes, anistiado. Sob a Constituição de 1946, houve concessão de anistia em 1956, em 1961, em benefício, este último, dos que "participaram, direta ou indiretamente dos fatos ocorridos no território nacional, desde 16 de julho de l934 (...) e que constituem crimes políticos definidos em lei", com o manifesto objetivo do decreto de alcançar os "participantes da campanha "O petróleo é nosso", bem como os insurretos de Jacareacanga e Aragarças" (PEREIRA E MARVILLA, 2005).

Ao final do regime militar de 1964, ao tempo do General Figueiredo, foi aprovada pelo Congresso Nacional a Lei da Anistia, Lei n. 6.683, de 23 de agosto de 1979, cujo art. 1º dispôs: É concedida anistia a todos quantos, no período compreendido entre 2 de setembro de 1961 e 15 de agosto de 1979, cometeram crimes políticos ou conexos com estes, crimes eleitorais, aos que tiveram seus direitos políticos suspensos e aos servidores da Administração Direta e Indireta, de fundações vinculadas ao poder público, aos Servidores dos Poderes Legislativo e Judiciário, aos Militares e aos dirigentes e representantes sindicais, punidos com fundamento em Atos Institucionais e Complementares.

Não é, contudo, essa específica legislação responsável pela viragem histórica brasileira[126]. Não é nela, por suposto concedida unilateralmente por um governo

---

[126] A Comissão que examinou o anteprojeto remetido pelo Governo foi o senador Teotônio Vilela, que percorreu nacionalmente o Brasil buscando escutar o povo brasileiro sobre a nova proposta legislativa e se ela, apesar de não atender inteiramente as reinvindicações dos movimentos de anistia, constituía uma legislação suficiente para a pacificação nacional. Como é colhido no site da Fundação Perseu Abramo, "O grande brasileiro Teotônio Vilela, chamado de Guerreiro da Paz, senador e presidente da Comissão que examinou o projeto de lei, empreendeu uma caminhada por todo o país para ouvir a voz dos encarcerados políticos, dos familiares de presos políticos mortos e desaparecidos, dos profissionais afastados de suas atividades por cassações, demissões e aposentadorias, de sindicalistas e representantes dos setores organizados da sociedade, o que amplificou ainda mais os objetivos dos movimentos de anistia e deu publicidade aos atrozes crimes cometidos pela ditadura militar" (http://novo.fpabramo.org.br/content/campanha-da-anistia). É verdade que a proposta do Comitê Brasileiro de Anistia propugnava em sua Carta de Princípios: "Neste momento da conjuntura nacional, em que amplos setores da sociedade brasileira lutam de várias formas por direitos políticos, o CBA/SP afirma que é indispensável e urgente a Anistia Ampla e Irrestrita a todos os Presos e Perseguidos Políticos, como uma imposição da consciência nacional e como uma face imprescindível das liberdades democráticas. O CBA/SP proclama que essa Anistia deverá ser conquistada, pois não será concedida sem luta, e se compromete a travar essa luta até conseguir plena e totalmente os seus objetivos. O CBA/SP também afirma que as formas incompletas, insatisfatórias, imperfeitas e parciais de Anistia não atendem nem ao seu ideário de luta e nem configuram as liberdades democráticas. E o CBA/SP igualmente entende que a Anistia pela qual luta não estende-se aos algozes de suas vítimas. A Anistia pela qual o CBA/SP se compromete a lutar, a partir de agora e até a consecução final de seus objetivos, é a Anistia Ampla e Irrestrita a todos os Presos e Perseguidos Políticos".

militar (aliás, foi decretada pelo Congresso Nacional), mas sim na convocação e nos trabalhos e nas conclusões da Assembleia Nacional Constituinte de 1988[127], resultado de amplo consenso nacional, produto da reunião do povo brasileiro[128], que houve a resolução derradeira das atrocidades praticadas ao tempo do regime militar, pelos militares ou militantes. No momento histórico especial de ampla conciliação nacional experimentada nos afazeres da constituinte de 1988[129], nos domínios da conciliação possível dos plúrimos interesses nacionais e na composição ou recomposição ideológica do Estado brasileiro, buscou-se uma estabilização política[130]; i.e., perse-

---

[127] Note-se que não apenas a Lei n. 6.683/79 cuidou da anistia, mas o estofo ideológico-político da abertura política impulsionou a edição da Emenda Constitucional n. 26, de 1985, que convocou Assembleia Nacional Constituinte, fez constar expressamente, por meio dos arts. 4º e s., a concessão de anistia geral, isto é, "a todos os servidores públicos civis da Administração direta e indireta e militares, punidos por atos de exceção, institucionais ou complementares", acrescendo o § 1º ser concedida igualmente a anistia aos autores de crimes políticos ou conexos, e aos dirigentes e representantes de organizações sindicais e estudantis, bem como aos servidores civis ou empregados que hajam sido demitidos ou dispensados por motivação exclusivamente política, com base em outros diplomas legais, dispondo o § 2º, de modo amplo, que "a anistia abrange os que foram punidos ou processados pelos atos imputáveis previstos no *caput* deste artigo, praticados no período compreendido entre 2 de setembro de 1961 e 15 de agosto de 1979".

[128] Como anota Canotilho, "O poder constituinte significa, assim, poder constituinte do povo. Como já atrás foi referido, o povo, nas democracias actuais, concebe-se como uma 'grandeza pluralística', ou seja, como uma pluralidade de forças culturais, sociais e políticas tais como partidos, grupos, igrejas, associações, personalidades, decisivamente influenciadoras da formação de 'opiniões', 'vontades', 'correntes' ou 'sensibilidades' políticas nos momentos preconstituintes e nos procedimentos constituintes" (CANOTILHO, 1993, p. 75).

[129] Ainda que parte dos historiadores queira, na visão de esquerda, sustentar uma abordagem sempre ameaçadora e constrangedora das forças militares durante os trabalhos da constituinte, numa espécie de teoria da conspiração, p. ex., Eliézer Rizzo de Oliveira (*De Geisel a Collor*: forças armadas, transição e democracia. Campinas: Papirus, 1994), o que definitivamente não pode e não pôde ser consistentemente provado. Aliás, os trabalhos da constituinte correram com plena liberdade. Em nenhum instante das Atas das Reuniões há menção a pressão de natureza militar e, muito menos, nas votações se acha notícia de interferência de qualquer natureza. Aliás, se pressão houve, como se conhece como fato histórico manifesto, é precisamente a das forças sociais e dos grupos de pressão livremente se manifestando em plenário, às vezes ruidosa e ofensivamente.

[130] Não se pode perder de vista o grande lastro social para o movimento militar revolucionário, que depois se perdeu de algum modo no arbítrio. Há que se precatar de algumas reconfigurações ou deslocamentos de sentido, como assinala Daniel Aarão Reis Filho, que demonizam as forças de direita e, de outra, glamurizam as de esquerda: "Um primeiro deslocamento de sentido, promovido pelos partidários da Anistia, apresentou as esquerdas revolucionárias como parte integrante da resistência democrática, uma espécie de braço armado dessa resistência. Apagou-se, assim, a perspectiva ofensiva, revolucionária, que havia moldado aquelas esquerdas. E o fato que elas não eram de modo nenhum apaixonadas pela democracia, francamente desprezada em seus textos. Os partidários da ditadura

guiu-se, a nosso ver exitosamente, um sistema político-democrático caracterizado por uma cultura cívica estabelecida sobre um mínimo de consenso, decorrente de um "conjunto de atitudes e tendências dos membros de uma comunidade nacional em relação ao sistema político de que fazem parte" (BOBBIO, 1998).

Se de um lado o constituinte de 1988 entendeu de grafar alguns delitos como imprescritíveis, insuscetíveis de graça e indulto e, mais agudamente, de anistia (art. 5º, XLIII, da CF), de outro, conferiu ao Congresso Nacional, como instância legitimada da representação popular, a atribuição de conceder a anistia (art. 59 da CF)[131].

---

responderam à altura, retomando o discurso da polícia política e reconstruindo as ações armadas praticadas como uma autêntica guerra revolucionária, na qual as próprias esquerdas revolucionárias, em certo momento, acreditaram com base nessa tese ('se houve uma guerra, os dois lados devem ser considerados'), foi possível introduzir, na Lei da Anistia, dispositivos que garantiram a estranha figura da anistia recíproca, em que os torturadores foram anistiados com os torturados. Finalmente, teria lugar uma terceira reconstrução: a sociedade se reconfigurou como tendo se oposto, sempre, e maciçamente, à ditadura, transformada em corpo estranho. Redesenhou-se o quadro das relações da sociedade com a ditadura, que apareceu como permanentemente hostilizada por aquela e apagou-se da memória o amplo movimento de massas que, através das Marchas da Família com Deus e pela Liberdade, legitimou socialmente a instauração da ditadura. E, assim, mesmo que muito pouca gente o soubesse, reatualizou-se no Brasil contemporâneo a figura de Ernest Renan, o grande pensador francês de fins do século XIX, que dizia, com agudo senso prático e sem nenhum cinismo, que, frequentemente, para a boa coesão e harmonia sociais, mais vale construir o esquecimento do que exercitar a memória" (REIS FILHO, 2000, p. 70-71).

[131] Note-se, e é muito relevante, que em nenhum instante no texto constitucional – e muito menos nas Disposições Transitórias – houve previsão e/ou restrição à concessão de anistia a agentes privados ou políticos que, num contexto de luta pelo poder, pratiquem infrações criminais. Restrição há, e permanece, apenas para os delitos relacionados, à luz da Convenção Interamericana de Direitos e do próprio Estatuto de Roma, à prática de crimes de guerra e crimes contra a humanidade. Evidentemente que eventual perda de vida, atentados violentos e o uso da força, proporcional ou desproporcional, são conaturais ao duro embate motivado ideológico e politicamente visando à manutenção ou tomada de poder. Nas Atas da Comissão da Soberania e dos Direitos e Garantias do Homem e da Mulher, presidida pelo Deputado Mário Assad e tendo como vice-presidente o Deputado Aécio Neves, na terceira sessão, em 01.06.1987, referida no texto, manifestou-se o Deputado Paulo Cunha (líder sindical, presidente de sindicato, fundador da CUT e integrante do PT): "Sugerimos a anistia ampla, com ressarcimento de direitos e vantagens – uma maneira de pacificar a família brasileira (Ata das Comissões, p. 26). Na reunião de 1º de junho 1987, da Comissão da Soberania e dos Direitos e Garantias do Homem e da Mulher, o Deputado constituinte João Paulo Pires de Vasconcelos assim se manifestou: – Sra. Presidente, um assunto que foi abordado e sobre o qual o nobre Senador está desinformado é a anistia. Parece que S. Exa. desconhece – aqui não se quer particularizar nada – que os anistiados do passado, aqueles que foram punidos sem que sequer houvessem praticado crimes, tiveram a cobertura de anistia que, inclusive, foram mal formuladas, deixando margem a interpretações errôneas. O que se busca neste texto não vai de encontro às intenções do Constituinte João Menezes, que afirmou querer anistia ampla, geral e irrestrita. Estão aqui os militares cassados, alguns desde 1935, outros da década de 50, do tempo da campanha 'O petróleo é nosso', ou por motivação política posterior a isso, ou por

Esse extenso consenso nacional não desautorizou a anterior lei da anistia – e poderia muito bem tê-lo feito. A interação e congruência de todas as forças políticas, muito significativamente, fez com que se incluísse no art. 8º do Título X do Ato das Dis-

---

atos de exceção, de violência, cometidos pelo Poder Executivo e pelos dirigentes das Forças Armadas. O que pretende este anteprojeto é cobrir tudo, a Nação, fazer o que já deveria ter sido feito há muito tempo". Agora o Constituinte Farabulini Jr., na Ata da 12ª Reunião, em 09.06.1987, p. 102 do Relatório: "Até porque há brilhante página – também da lavra do ilustre Relator desta Comissão e que passará para a História – a respeito da anistia ampla, geral e irrestrita para os crimes de natureza política eventualmente ocorridos a partir de 1964 a esta parte. O Deputado Lysâneas Maciel, lá em sua Subcomissão, no recôndito do seu trabalho, propiciou essas páginas brilhantes que ficarão na História do nosso País". Agora o diálogo entre o Deputado José Paulo Bisol e o Deputado Farabulini Jr., nessa mesma 12ª Reunião, em que fica muito claro que a anistia ampla, geral e irrestrita não foi conformada para o revanchismo, mas como especial e importante momento de pacificação nacional: "O Sr. Relator (José Paulo Bisol): – 'Só fiz esta observação para elogiar sua pessoa. O Sr. Constituinte Farabulini Junior: – Compreendo. Mas V. Exa. verificou que enalteci seu trabalho em relação à tortura e também quando V. Exa. escreveu, com brilhantismo, a peça que redundou na anistia ampla, geral e irrestrita, que é o clamor de tantos brasileiros. Também verifiquei que, apesar de V. Exa. se ter referido, com tanta profundidade, à parte relacionada com a tortura, que, na verdade, é um ponto negro na história desta Nação e do mundo no entanto, V. Exa. não pretendeu a revanche. No seu relatório, inclusive, eliminou a prisão perpétua para esses criminosos que nada dizem – eu concordo com V. Exa. Muito mais grave é a tortura'. O Deputado constituinte José Paulo Bisol inclusive lembrou a composição jurídica do texto constitucional com a Lei n. 6.683/79, que deveria ser harmonizada com o novo texto constitucional: "Quero esclarecer aos nobres Constituintes, que, por engano – creio que explicável, porque o trabalho era intensíssimo – ficou como rejeitada uma emenda que havia sido aceita. Depois de distribuídos cerca de cinquenta volumes, fizemos a retificação, para fazer justiça ao que se havia decidido. De tal forma que uma emenda que diz respeito à anistia, no Capítulo II do título IV, segundo a qual 'todos que tiveram direitos políticos suspensos pelos atos institucionais, no exercício de mandatos eletivos, contarão, para efeito de pensão junto aos institutos de pensões das Casas Legislativas a que pertenciam ou junto aos institutos de pensões dos Estados onde exerciam mandatos executivos, o período compreendido entre a data da suspensão dos direitos políticos e a cassação do mandato e a data de 28 de agosto de 1979 – dia em que a Lei n. 6.683 extinguiu os efeitos da inelegibilidade provocada pelos atos institucionais'. Este texto, que não constou dos primeiros volumes, mas que consta dos restantes, está integrado no anteprojeto. É o art. 51, § 2º". Já agora na 13ª Sessão, a palavra do Deputado Farabulini Jr. foi aplaudida pelos presentes quando, reconhecendo a vigência da lei anterior da anistia, Lei n. 6.683/79, quis o aprimoramento e o preenchimento de lacunas pelo texto constitucional, nas Disposições Transitórias: "E o Anteprojeto que trata da anistia de forma minuciosa, que supre as deficiências, as omissões, as lacunas da legislação em vigor e que restabelece, em relação aos mais fracos, do ponto de vista do poder político – aos marinheiros, aos trabalhadores das empresas privadas – direito igual à anistia já concedida a outras categorias e segmentos sociais (Palmas). Prova de que se pensou na anistia anteriores relativamente aos militares, estabelecida também pela Lei n. 6.683/79, mas foi rejeitada é a não aceitação da redação do art. 44, pela Comissão, com a seguinte manifestação: 'Ora, estamos vivendo uma época de violência. Imaginem que tenhamos aqui, para esta Constituição, de usar aquela velha tática, 'olho por olho, dente por dente', onde é que vamos parar? Vemos aqui, no art. 44, que 'são suscetíveis de apreciação judicial quaisquer atos praticados pelo comando revolucionário de 31 de março de 1964'".

posições Constitucionais Transitórias a concessão da anistia aos que, no período de 18 de setembro de 1946 até a data da promulgação da Constituição, foram atingidos, em decorrência de motivação exclusivamente política, por atos de exceção, institucionais ou complementares, aos que foram abrangidos pelo Decreto Legislativo n. 18, de 15 de dezembro de 1961, e aos atingidos pelo Decreto-lei n. 864, de 12 de setembro de 1969, asseguradas as promoções, na inatividade, ao cargo, emprego, posto ou graduação a que teriam direito se estivessem em serviço ativo, obedecidos os prazos de permanência em atividade previstos nas leis e regulamentos vigentes, respeitadas as características e peculiaridades das carreiras dos servidores públicos civis e militares e observados os respectivos regimes jurídicos. Estabeleceu expressamente o § 5º que a anistia concedida aplica-se aos servidores públicos civis e aos empregados em todos os níveis de governo ou em suas fundações, empresas públicas ou empresas mistas sob controle estatal, exceto nos Ministérios militares, que tenham sido punidos ou demitidos por atividades profissionais interrompidas em virtude de decisão de seus trabalhadores, bem como em decorrência do Decreto-lei n. 1.632, de 4 de agosto de 1978, ou por motivos exclusivamente políticos, assegurada a readmissão dos que foram atingidos a partir de 1979, observado o disposto no § 1º."

Examinado superficialmente o texto constitucional, não há declaração expressa de anistia quanto a crimes contra civis ou militares praticados pelos próprios agentes estatais ou pelos contestadores de esquerda, o que autorizadamente poderia induzir a concluir ter ocorrido a expressa recepção em favor de perseguidores e perseguidos da lei de anistia anterior quanto aos crimes e que, portanto, a anistia constitucional abrangeu apenas os efeitos civis, administrativos e trabalhistas relativos aos atos de perseguição política[132]. Outra conclusão é de que o texto constitucional, incorporando ao sistema jurídico a lei de anistia, disciplinou seus efeitos para todos os beneficiados, a devotar ao esquecimento os bárbaros crimes consumados pela direita ou pela esquerda revolucionária.

A interpretação extensiva da anistia, porém, está a significar para perseguidos e perseguidores o esquecimento: tanto aos que praticaram delitos sob a inspiração da perseguição repressora quanto aos que os consumaram sob a ótica dos perseguidos, mas ambos por motivação político-ideológica. A verdade é que, tanto para

---

[132] Nesse sentido, a manifestação do Deputado constituinte Farabulini Jr. bem evidencia o sentido original da anistia original: "Com relação ao trabalho aqui desenvolvido, quero destacar o problema da anistia. A anistia, na minha opinião, foi o ponto alto das reivindicações desta Comissão Temática, porque estava sendo reclamada pela população brasileira há muito tempo, pois era sentida nos lares. Quantos brasileiros aguardavam por este momento! Esta Constituinte devolve àqueles que foram torturados, àqueles que foram punidos, àqueles que foram cassados, a peça maior que é a auréola de dignidade que os envolve por inteiro. É preciso que eles saibam que há no momento no País quem lhes possa dar a resposta que foi dada agora. Todos esperamos que a Comissão de Sistematização mantenha, por inteiro, o texto brilhantemente redigido pelo ilustre Relator, da lavra originária de Lysâneas Maciel" (Palmas) (13ª Reunião).

primeiros quanto para os últimos, vale incondicionalmente a Lei n. 6.683, de 23 de agosto de 1979. A exceção para os últimos de alguns delitos foi corrigida pelo texto constitucional, pelo que a aludida lei foi recepcionada pela Constituição[133]. Por essa razão, para os militantes de esquerda a anistia não se referiria simplesmente o retorno ao *status* jurídico *quo ante* aos atos de exceção, institucionais ou complementares. Não permaneceria a responsabilidade penal pelos delitos de terrorismo, sequestro, atentado pessoal e assalto, portanto, crimes contra o patrimônio, crimes contra a população civil, crimes mesmo contra a humanidade, consumados tanto em território urbano quanto rural.

Assim, a Constituição Federal de 1988 previu expressamente a anistia como instrumento político voltado à ampla pacificação das forças políticas e sociais no País[134] depois da queda do regime militar (1980) e da redemocratização plena do País (1988), com o regime civil consolidando-se ainda mais no poder. Não hesitou o constituinte em recepcionar a Lei da Anistia de 1979 (em favor de perseguidores e perseguidos) e disciplinar juridicamente a matéria sob esse espírito[135], dando-lhe maior abrangência.

Unido o contexto social e político de 1979 com aquele de 1988, muito longe de ser o fenômeno definido como uma autoanistia[136] constituiu genuína manifestação do

---

[133] Nesse sentido, ver decisão do STF na Arguição de Descumprimento de Preceito Fundamental n. 153, Distrito Federal, de relatoria do Ministro Eros Grau. Autor: Conselho Federal da Ordem dos Advogados do Brasil – OAB. É bem verdade que a referida lei quis excluir da anistia, por intermédio do § 2º, todos os autores de esquerda ou do regime "condenados pela prática de crimes de terrorismo, assalto, sequestro e atentado pessoal". Essa limitação, porém, a tempo, foi completamente corrigida nove anos depois, por meio da Constituição democrática de 1988 e, mesmo antes, com a Emenda Constitucional n. 26, convocatória da Assembleia Nacional constituinte.

[134] A ser concedida por lei votada pelo Congresso Nacional (arts. 21, XVII, e 48, VIII, da CF).

[135] Por essa razão é absolutamente equivocado invocar a Convenção Americana sobre Direitos Humanos ou recente decisão da Corte Interamericana de Direitos Humanos, de 24 de novembro de 2010, conforme a qual, no caso "Julia Gomes Lund e outros", no caso da "Guerrilha do Araguaia", os crimes contra a humanidade praticados pelos agentes estatais na ditadura militar de 1964 a 1985 devem ser investigados, e seus agentes processados e punidos. Parece evidente: a adesão à Convenção Americana de Direitos do Homem e eventual decisão de Corte Internacional, ainda que o Brasil seja signatário e a esta última se submeta, não pode sobrepor-se à decisão soberana, em contexto de conciliação nacional, de um povo reunido em assembleia constituinte plenamente legitimada e democrática; não pode sobrepor-se à sua própria disciplina constitucional e nem pode intervir em tema já objeto de decisão judicial brasileira e de deliberação específica na escritura do texto fundamental de 1988.

[136] Tratou-se de lei aprovada pelo Congresso Nacional, com extensa e profunda discussão nacional e intensas manifestações ao tempo da aprovação do projeto, inclusive em plenário. Cuidou-se de legislação que alcançou perseguidores estatais e perseguidos do regime, tratando-se de anistia ampla, restringindo-se, contudo, sua abrangência relativamente a alguns crimes (terrorismo, sequestro, atentado pessoal e assalto) mais caracteristicamente praticados pelos grupos de esquerda. Essa disfuncionalidade, contudo, foi corrigida, como já visto, pelo

consenso social a favor dos dirigentes políticos do período histórico conhecido como ditadura militar, mas também dos envolvidos em graves infrações penais na luta contra o regime, infrações inclusive contra população civil. Esse tipo de infração foi "privilégio" de ambos os lados. E esse reconhecimento da relevância da pacificação nacional, partido dos representantes epilogais da ditadura, recebeu a chancela das forças hegemônicas do período histórico subsequentemente consolidadas no poder[137].

Por essa razão, não se pode olhar a anistia com o foco fechado e apenas analisá-la sob o contexto da Lei n. 6.683/79 (PIOVESAN, 2009), mas sim se deve conjugar historicamente – e foram apenas nove anos entre a edição da Lei n. 6.683/79 e a celebração de um pacto constitucional – esse diploma com a evolução histórica, jurídica e política subsequente. O fato de as esquerdas assumirem o comando em vários governos da América Latina, num particular e saudável momento político da região, não autoriza o modismo persecutório – sempre ao sabor do "politicamente correto" e da demonização do adversário – do revisionismo, em que se privilegiam os então perseguidos políticos, os quais, no rigor da definição

---

art. 8º das Disposições Transitórias da Constituição de 1988. A questão, portanto, não é a de participação do Brasil de organismos internacionais, nem de adesão a tratados e acordos internacionais e sua recepção pelo ordenamento jurídico-constitucional do País, e muito menos do acatamento de decisões de Tribunais internacionais, interamericanos ou de maior abrangência, mas sim e muito relevantemente do respeito incondicional de todos esses organismos e a adequação de todos esses tratados à livre determinação dos países na deliberação de seus destinos quando há resolução produto de consenso nacional – havida em reunião do posso em assembleia constituinte – e de documento constitucional que condensou todas as aspirações legítimas do povo brasileiro e de sua plural e multifacetada força política, inclusive e principalmente as de esquerda. Não se pode desrespeitar a soberania nacional quando ela se põe como resultado – antes que de forças hegemônicas – de um amplo acordo e consenso social de pacificação. Aliás, há sim hierarquia entre o texto constitucional e os documentos internacionais assinados pelo Brasil e as instituições a que vinculado. Como advertem Dimitri Dimoulis e Leonardo Martins, não há possibilidade de "reconhecer, no Brasil, a validade de normas de um tratado internacional que contraírem normas constitucionais, pouco importando se estamos diante de normas constitucionais anteriores ou posteriores ao tratado introduzidas mediante emenda constitucional". E prosseguem: "haverá antinomia toda vez que um tratado estabelecer medidas protetoras de um direito humano que afetem (restrinjam ou suspendam) direitos fundamentais garantidos na Constituição". Conclui: "Assim sendo, o tratado internacional de direitos humanos ratificado com esse procedimento passa a integrar aquilo que foi designado como bloco de constitucionalidade. Mesmo nessa hipótese o tratado permanece em posição de inferioridade em relação ao texto da Constituição, já que deve respeitar as limitações materiais do poder de reforma constitucional (as denominadas 'cláusulas pétreas') estabelecidas no art. 60, § 4º, da CF" (DIMOULIS e MARTINS, 2014, p. 34 e s.).

137 A situação brasileira, por isso, é absolutamente diferente da ocorrida no Chile ou no Peru, não valendo os argumentos lançados por Jorge Barrientos-Parra em O direito penal internacional e os crimes contra a humanidade cometidos pelo Estado ou por indivíduos com a conivência estatal (*Revista de Informação Legislativa*, Brasília, ano 48, n. 192, out./dez. 2011, p. 31 e s.).

internacional, também praticaram crimes contra a humanidade, como sói acontecer em movimentos revoltosos contra a ordem constituída (assassinato, extermínio ou ato desumano contra população civil), como também a perseguição por motivos políticos. Uma tal motivação política contra a ordem estabelecida e contra a ideologia dominante é que caracterizou o movimento armado de esquerda, o qual, na definição trazida pelo Estatuto de Roma, praticou o ataque contra população civil de acordo com "a política de uma organização de praticar esses atos ou tendo em vista a prossecução dessa política" (art. 7º, 2, letra "a", do Estatuto de Roma)[138].

Anistia, própria ou imprópria[139], em sua mais legítima vocação deve ser ampla, geral, e irrestrita[140]. Isto é, deve ser completo e definitivo o esquecimento de todos os crimes praticados em determinado período histórico, a alcançar todos os agentes dos ilícitos penais e abranger as consequências jurídicas em todos os planos do direito. A anistia, causa de extinção de punibilidade, apresenta a visível face jurídica de desconstituição do próprio ilícito penal: não remanesce condenação e não permanecem os efeitos dela. O revisionismo histórico do ato de anistiar – a não ser na restrita hipótese de ser deslegitimado o ato anistiador[141] – fere frontalmente os fundamentos e a finalidade da anistia. No caso brasileiro, como já adiantado acima, vê-se a inadmissível revisita dos motivos e finalidades inspiradoras da anistia, num claro viés de favorecimento de grupos episodicamente no poder, mas tudo sob o rótulo generoso dos direitos humanos; estes, porém, não valem nem são prestigiados quando tocam as atrocidades e as agruras e violações dos direitos das vítimas dos movimentos violentos de reivindicação social, com atos extremos de terrorismo de esquerda.

---

[138] Veja-se, ainda, a simetria estabelecida pela assembleia nacional constituinte de intolerância a qualquer manifestação de lutar armada contra o regime democrático, estabelecendo no inciso XLIV do art. 5º da CF a imprescritibilidade e a inafiançabilidade dos crimes praticados por grupos armados, civis ou militares, contra a ordem constitucional e o Estado Democrático.

[139] Denominada própria se concedida depois do trânsito em julgado da decisão penal condenatória e imprópria se antes desse evento processual-material.

[140] Aquela trazida pela Lei n. 6.683/79 foi geral, porque alcançou todos os agentes dos delitos de natureza política ou conexos, praticados no período da ditadura. Foi, no entanto, restrita apenas no que concerne a alguns crimes previstos no § 2º, da aludida lei como o sequestro, o terrorismo, assalto e atentado pessoal. Deixou de fora, o que foi corrigido pela Constituição de 1988, alguns dos necessários e justos efeitos administrativos, trabalhistas e civis; e foi incondicionada e, por isso, irrecusável.

[141] O que definitivamente não é o caso brasileiro, porquanto a Lei n. 6.683/79 foi aprovada pelo Congresso Nacional, recepcionada, depois de amplo e específico debate na Assembleia Nacional Constituinte, na Constituição de 1988 e declarada plenamente constitucional e integrada ao ordenamento jurídico brasileiro sem qualquer mancham de legitimidade pelo Supremo Tribunal Federal, não podendo organismos estrangeiros intervir na manifestação democrática e na decisão soberana, não do poder, mas do povo reunido em assembleia constitucional.

Trata-se, portanto, de ato de natureza política, aplicado em situações de anormalidade decorrentes de lutas contra os governos, com o objetivo de perdoar e restabelecer a paz e a concórdia entre os cidadãos.

A graça e o indulto constituem favor soberano, a denominada *clementia principis*, concedido pelo chefe do Poder Executivo[142] (art. 84, XII, da CF) em momentos históricos nacionais, em datas especiais em que se concilia o generoso espírito social com a atuação do magistério punitivo do Estado, razão pela qual não há um déficit punitivo, uma perda de qualidade da ação estatal de persecução de delitos e nem uma diminuição em sua eficiência e nem perda de foco na proteção de bens jurídicos essenciais ao convívio comunitário. Há, essencialmente por razão de política-punitiva, uma decisão de desconstituição da entidade delitiva ou de restrição ou diminuição do âmbito da pena aplicada.

Podem manifestar-se na forma de perdão integral relativamente ao crime, desconstituindo-o, ou apenas o perdão parcial, com a redução ou comutação da pena. A distinção entre ambos está em que, enquanto a graça é individual[143], o perdão é coletivo. Desde que haja delegação pelo Presidente da República, ambos poderão ser concedidos[144] pelos Ministros de Estado, pelo Procurador-Geral da República ou pelo Advogado-Geral da União, uma vez observados os limites traçados nas respectivas delegações (art. 84, parágrafo único, da CF). O indulto poderá ser concedido antes ou depois do trânsito em julgado da decisão penal condenatória, sendo praxe estabelecer – se antes do trânsito em julgado – alguns requisitos legais, como não haver recurso da acusação, ou, se existente, não envolver a alteração da quantidade ou qualidade da pena. No caso de concessão antes do trânsito em julgado da decisão penal condenatória, a natureza será de extinção da pretensão punitiva do Estado, modalidade de extinção da própria infração criminal. Assim, extinta a punibilidade sem o trânsito em julgado da decisão penal condenatória, nenhum efeito gera para o beneficiado a experiência judicial do processo, desconstituída igualmente a infração criminal.

O decreto que concede a graça ou o indulto poderá estabelecer condições objetivas e subjetivas para a concessão do benefício. A titularidade para o pedido

---

[142] Santiago Mir Puig compreende que propriamente a graça, em razão da separação de poderes, deveria ser outorgada pelo Legislativo, quem deve "decidir cuándo procede y cuándo no la intervención del Derecho penal, y se reserva al Poder Judicial la aplicación de las normas em que ello se concreta" (MIR PUIG, 1985, p. 696).

[143] A LEP denominou indulto individual a graça, a ser requerida pelo condenado, pelo MP, pelo Conselho Penitenciário ou pela autoridade administrativa, entendida como o chefe do Poder Executivo, que concederá mediante decreto (art. 188 da LEP).

[144] Não há razão, desde que o conceito de indulto abrange o de graça, havendo uma espécie de fungibilidade entre ambos, fazendo a Constituição, no art. 84, XII, apenas referência à atribuição do Presidente da República para concessão de indulto, o que envolve necessariamente a graça. Esta, por sua vez, apenas é referida no art. 5º, XLIII, da CF.

de graça é atribuída não apenas ao condenado, mas também a todos os cidadãos – atuam na forma de substituto processual –, ao Conselho Penitenciário ou ao MP, em pedido encaminhado ao Ministério da Justiça depois de instruído pelo aludido Conselho[145]. Tal não será o caso, evidentemente, se a presidência da República concedê-lo espontaneamente. A declaração de extinção da punibilidade, a redução da pena ou sua comutação (esta última a depender da aceitação do condenado), porém, será ato jurisdicional, revestindo-se da força e efeito da coisa julgada. Não obstante a situação jurídico-material se tenha constituído ou desconstituído com a concessão da graça ou do indulto, o efeito processual ocorrerá apenas depois de sua declaração[146].

As decisões de concessão de indulto e de graça serão sempre precedidas de manifestação do MP e da defesa (arts. 112, § 2º, 187 e s. da LEP).

Da decisão que negar a declaração da extinção da punibilidade caberá agravo de execução (arts. 194 a 197 da LEP), sem prejuízo, caso cumpra o condenado pena privativa de liberdade, de ajuizamento de ordem de *habeas corpus*, dado o agudo constrangimento ilegal. A bem de ver, estando já a situação jurídica do condenado – muito particularmente no caso de anistia e de graça – já constituída, pela extinção da punibilidade, tratando-se a decisão judicial do juiz de execução de mera declaração de extinção da pretensão executória estatal, o remédio heroico parece a via mais adequada para pôr cobro à manifesta ilegalidade.

Por disposição constitucional, os delitos de tráfico ilícito de entorpecentes e drogas afins, o terrorismo e os hediondos não podem ser alcançados pela graça ou pelo indulto (art. 5º, XLIII, da CF)[147].

Nas hipóteses de indulto e graça, não obstante desconstituída a própria infração criminal, o título executório judicial permanece como fato jurídico, permanecendo todos os seus efeitos. Isto é, permanecem os efeitos civis da sentença e o condenado, beneficiado, terá perdido sua primariedade[148]. Poderá o Poder Judiciário

---

[145] O Conselho Penitenciário sempre emitirá parecer sobre o indulto e a comutação da pena, exceto na hipótese de indulto com fundamento no estado de saúde do preso (art. 70 da LEP).

[146] Ver arts. 734 a 742 do CPP.

[147] Apesar de o texto constitucional não referir o indulto, a compreensão deste como graça individual, o que lhe não desvirtua a natureza, está a impedir a aplicação do instituto.

[148] O fenômeno jurídico da perda da primariedade, ainda que extinta a punibilidade, não se justifica nem dogmática nem político-criminalmente. Dogmaticamente porque, não havendo infração criminal, nenhum efeito jurídico pode decorrer de um fato irrelevante para o direito punitivo. Político-criminalmente porque o *leit motiv* do ato soberano de perdão e indulgência não se compagina com reserva punitiva e com marca de demérito sobre o cidadão alcançado pelo benefício soberano. Poder-se-ia argumentar, a nosso juízo inconsistentemente, que a condenação criminal cuja punibilidade foi extinta pela anistia ou pelo indulto constituiria – apesar de desfeita a infração criminal – uma situação jurídica relevante para o direito punitivo como o é, p. ex., em alguns delitos a situação pessoal

não acatar a lei ou o decreto que conceder a anistia, a graça ou o indulto, isto é, poderá recusar-se a declarar a extinção da punibilidade.

O recurso extremo, depois de esgotadas as instâncias recursais, inclusive a do Supremo Tribunal Federal, será à Corte Interamericana de Justiça, por intermédio da Comissão Interamericana de Direitos Humanos, porquanto o art. 8º da Convenção Interamericana dos Direitos Humanos prevê a garantia judicial de estar perante um tribunal competente, independente e imparcial, fundamentada a reclamação em que foram esgotados os meios e modos recursais da jurisdição interna além de ausência de proteção por meio do devido processo legal (art. 44 da aludida Convenção Interamericana de Direitos Humanos), a caracterizar-se injustificável violação dos direitos fundamentais.

Abolitio criminis

A sociedade organiza-se à volta de bens em que encarnados valores essenciais ao convívio social. A cultura humana é o produto acabado da conjugação e da interação da ação do homem sobre a natureza segundo finalidades valiosas. O consenso social obtido pela conciliação de interesses, objetivos, desejos, e valores das mais variadas naturezas (éticos, morais, religiosos, estéticos e materiais[149]) constrói a sociedade à roda de bens fundamentais revestidos de proteção jurídica, transformando-se em bens jurídicos. Estes, quando alcançados pela proteção do direito penal, transformam-se em bens jurídico penais, verdadeiros suportes dos valores de convivência social consensualizados como essenciais.

A sociedade, contudo, não se encontra congelada histórica e culturalmente. Assim como o homem é um ser *in fieri*, a sociedade constitui organismo de grande mutabilidade, que se modifica e inflexiona a cada sucesso histórico importante ou a cada ciclo histórico, a renovar-se, reatualizar-se, reconstruir-se permanentemente pela incorporação de novos valores, releitura de outros e a decadência, por fim, de uns tantos outros.

Assim, a norma penal, em cujo miolo há sempre um bem objeto de proteção, sofre o influxo do tempo e se sujeita à mutação – porventura hoje célere – da autocompreensão da sociedade, da releitura e revisão dos valores, da avaliação da relevância e imprescindibilidade de determinados bens jurídicos. Estes, de essenciais, tornam-se contingenciais para a vida em sociedade.

Nessa ordem de ideias, no curso da história há o definitivo revestimento de tutela jurídica de bens compreendidos como de essencial relevância para a vida

---

 de ser cônjuge, ascendente, descendente, superior hierárquico etc. Ora, uma situação jurídica não pode ser criada por intermédio de uma intervenção penal que, ao fim e ao cabo, resultou em afirmação pelo Estado de não constituir o fato infração criminal.

[149] Valores que se encontram hierarquizados, de acordo com a ética material axiológica de Max Scheler (1948. t. I, passim).

social, mas, também, o desvestimento de outros porque compreendidos, *hic et nunc*, de relativa importância para a vida comunitária. É caso, nesta última hipótese, da *abolitio criminis*, consequência da nova reconfiguração social dos bens jurídicos e uma nova reformulação de seu juízo de relevância. Há uma reformatação social relativamente aos valores imantados na norma jurídico-penal.

De acordo com o art. 2º do CP, ninguém pode ser punido por fato que lei posterior deixa de considerar crime, cessando em virtude dela a execução e os efeitos penais da sentença condenatória. Já antes, a CF dispõe no art. 5º, inciso XXXIX, não haver crime sem lei anterior que o defina, nem pena sem prévia cominação legal. De ambos os dispositivos se pode concluir que somente a lei pode tipificar uma conduta como criminosa, e a lei posterior que a não considere como crime retroage para desfazer o fato de seu caráter delituoso. É a lei, é somente ela, que pode tipificar uma conduta como delituosa e desvesti-la dessa característica.

A *abolitio criminis* desfaz o fato de seu caráter delituoso. Isto é, o fato antes definido como típico, antijurídico, culpável e punível torna-se um indiferente penal. A *ratio* da incriminação penal perdeu o completo sentido em virtude da mudança dos valores ético-jurídicos imperantes, razão pela qual suficiente será a proteção por outros ramos do ordenamento jurídico ou, até mesmo, sua não tutela.

A *abolitio criminis* pode ocorrer por expressa disposição legal que torne o fato um indiferente penal ou pode, de outro modo, ser colhida da nova lei que regula por inteiro a matéria, ainda que não realize a revogação expressa. Sucedeu a *abolitio*, p. ex., com a modificação operada pela Lei n. 11.106, de 28 de março de 2005, que expressamente, no art. 5º, revogou, entre outros, o art. 240 do CP, que incriminava o adultério.

Perdão do ofendido

O perdão do ofendido constitui medida de natureza político-criminal direcionada à resolução consensual do conflito, diferentemente das raízes históricas do perdão judicial, que radica no direito de graça (AGUIAR, 2004, p. 47, especialmente p. 59).

Pressupõe o perdão do ofendido e sua aceitação pelo ofensor de pacificação social pela interação e consenso entre autor e vítima, razão pela qual é bilateral; isto é, envolve a manifestação inequívoca de vontade do autor e da vítima da ofensa. Por isso, ainda que possa ser concedido e aceito por procuração, nesta devem constar poderes especiais para esse fim.

O perdão pode ser judicial ou extrajudicial, concedido e aceito antes ou durante o processo, contudo sempre até o provimento de mérito. Essa limitação funda-se precisamente em que a composição do conflito de interesses pelo Poder Judiciário retira da disponibilidade das partes envolvidas a solução do litígio. No perdão expresso deve a vontade ser inequivocamente manifestada, entendendo por isso a declaração escrita, a petição assinada em conjunto pelas partes, entrevista em meios de comunicação social e mesmo as mídias sociais. Já o perdão tácito é interpretado – todavia, o trabalho de interpretação deve levar a conclusão certa e indubitável – das circunstâncias todas e sucessos depois da prática da infração criminal, pelo comportamento conciliatório do autor e da vítima do delito, p. ex., receberem-se mutuamente declarações simpáticas e de apreciação pessoal externadas pelos envolvidos, a remessa de presentes e a indicação e referência pessoal como de idoneidade.

Como o perdão significa o consenso em virtude do qual há pacificação e, desse modo, uma retomada da dignidade do bem jurídico tutela (a honra), ela não admite suscetibilidades ou seu direcionamento para determinados ofensores quando o delito é de natureza coletiva. É incompatível com o perdão o sentimento de vingança dirigida a determinados infratores. Por isso o perdão tem o caráter coletivo, aproveitando a todos os ofensores, querelados ou investigados, exceto se há recusa de um deles, a demonstrar permanecer aceso o litígio a ser composto pelo Poder Judiciário (art. 51 do CPP). Dispõe o art. 52 do CPP que ao menor de 21 e maior de 18 anos, indiferentemente, o perdão poderá ser concedido por si ou pelo representante legal, desde que seja ato unânime, podendo o magistrado, em caso de colisão de interesses entre o primeiro e o segundo, de enfermidade mental ou de ausência de representante, nomear curador para o fim de conceder o perdão ou aceitá-lo.

No caso de concessão de perdão extrajudicial e de sua aceitação, deverão ambos ser expressos, por meio de declaração do ofensor ou do ofendido ou de seu representante legal ou de procurador com poderes especiais (arts. 59 e 56, c/c o art. 50 do CPP). A renúncia expressa constará de declaração assinada pelo ofendido, por seu representante legal ou procurador com poderes especiais.

Concedido perdão nos autos da queixa-crime, deverá ser o querelado intimado para manifestação no prazo de três dias de aceitação ou recusa, entendendo-se o silêncio como aceitação e composição do conflito.

A extinção da punibilidade será decretada pelo magistrado, extinguindo-se, como já visto até agora, a própria entidade delituosa, razão pela qual não remanesce nenhum efeito do processo, devendo existir a completa baixa nos distribuidores criminais, para todo e qualquer fim.

Perdão judicial

O perdão judicial é mais uma causa de extinção da punibilidade, prevista no art. 107, IX, do CP. Dessa forma, não pode gerar qualquer efeito secundário ou próprio de sentença condenatória (DOTTI, 2001, p. 691; BITENCOURT, 2013, v. 1, p. 881). A matéria é tão clara que deu ensejo a uma das primeiras súmulas do Superior Tribunal de Justiça, a de n. 18: "A sentença concessiva do perdão judicial é declaratória da extinção da punibilidade, não subsistindo qualquer efeito condenatório".

O perdão judicial é instituto consagrado pela Parte Geral (art. 107, IX) e Especial do Código Penal de 1940 e também por meio de legislação esparsa. Assim, no primeiro caso, é previsto o perdão judicial para os delitos capitulados nos arts. 121, § 4º, 140, § 1º, 168-A, 176, 180, 242, 249, 337-A do CP, e, no segundo, p. ex., na Lei n. 9.807/99 (Programas Especiais de Proteção a Vítimas e a Testemunhas Ameaçadas).

A natureza jurídica da sentença de perdão judicial, nesse sentido, de acordo com o mandamento da súmula do STJ, não é condenatória nem absolutória; é, sim, declaratória da extinção de punibilidade (REALE JÚNIOR, 2012, p. 514). Não por outro motivo senão esse, declara-se no art. 120 do CP, como será visto adiante em detalhe, que a sentença de concessão do perdão judicial não dá causa à reincidência. Outro não poderia ser o entendimento de maior aceitação doutrinária, pois, se condenatória, haveria aplicação da pena – o que não há – e, se absolutória, no mérito, seriam avaliadas causas de exclusão do crime ou exclusão da pena – que não se faz.

Na Lei n. 9.807, de 1999, justamente, determinam-se algumas das condições para a concessão do perdão judicial pelo juiz: é preciso que o réu seja primário, antes de tudo, e que tenha colaborado efetivamente com a investigação e o processo (art. 13, *caput*, da Lei n. 9.807/99). Objetivamente, o legislador especificou, inclusive, os termos resultantes da colaboração do réu para a extinção de punibilidade por perdão judicial. Conforme se acha expresso nos incisos do referido dispositivo, é preciso que os demais coautores ou partícipes do crime sejam identificados (inciso I); que a vítima se encontre com sua integridade física perfeitamente preservada (inciso II) ou que, nos casos fáticos em que tal condição se encaixe, o produto do crime seja recuperado, ao menos parcialmente (inciso III)[150].

Quanto ao parágrafo único do artigo examinado, cuida-se do caráter subjetivo da avaliação e, por isso, impõe-se que a análise ganhe contornos político-criminais. Insta colocar que, aqui, sobretudo, urge a essência dessa medida extintiva de punibilidade – a medida de proporcionalidade na operação do poder sancionador do Estado; o reconhecimento de que é dispensável uma reprimenda desproporcional.

Na avaliação para concessão do perdão judicial se deve considerar a personalidade do pretenso beneficiado, bem como as circunstâncias e características específicas do fato criminoso – inclusive a repercussão social. É de se ter, portanto, que a hipótese de não aplicação da pena é concebida no manejo de convicções do magistrado que transcendem o universo da letra crua da lei, ponderando-se as consequências do encarceramento diante das realidades do sistema prisional brasileiro.

---

[150] Note-se, trata-se de quesitos alternativos, todos esses. Basta satisfeito um deles para que haja a possibilidade de concessão dessa forma de extinção da punibilidade. A Lei n. 12.850/2013 (Lei de Organização Criminosa), nos limites de especificidade temática que lhe é inerente, completa o rol de condições objetivas. Ver em: Prado, Carvalho e Carvalho (2015, p. 594).

Retratação

"Retratar-se" é desdizer-se, ou seja, a retração é o ato de retirar aquilo que foi dito. É um ato unilateral do agente, não depende da aceitação da vítima; além disso, não são relevantes os motivos que levam o agente a isso; a única questão imprescindível para a sua caracterização é que seja absolutamente voluntária. Por ser também uma atitude pessoal, em caso de concurso de agentes, os efeitos da retratação feita por um deles não se aplicam aos demais (PRADO, CARVALHO e CARVALHO, 2015, p. 595).

Trata-se de uma espécie de arrependimento eficaz da prática delitiva. Entretanto, para que essa demonstração de contrição resulte em extinção de possibilidade, é preciso que se dê antes da sentença de primeiro grau no processo; do contrário (retração extemporânea), terá apenas efeito atenuante (art. 65, III, *b*, do CP; (PRADO, CARVALHO e CARVALHO, 2015, p. 595). O condão da possibilidade de extinção de punibilidade, a partir dessa causa, é a expressão do interesse do Estado pela obtenção da verdade real. Portanto, a medida extintiva de punibilidade tem, senão outro, o caráter premial (REALE JÚNIOR, 2012, p. 514).

Por decorrência lógica de sua natureza constitutiva, a retração pode se dar apenas em crimes encerrados em condutas de manifestação de pensamento (REALE JÚNIOR, 2012, p. 514). Nesse sentido, tal atitude do agente é possível nos crimes de calúnia, de difamação (arts. 138 e 139 do CP) e de falso testemunho ou falsa perícia (art. 342, § 3º, do CP)[151].

O disposto no Código Penal ganha contornos outros ao se considerar o que diz a Lei n. 5.250/67 (Lei de imprensa). Determina-se que, além de voluntária, a retração do querelado deve ser espontânea, irrestrita e cabal (art. 26 da lei). Ou seja, deve ficar claro, pelo ato, a certeza por essa opção.

---

[151] O art. 143 do CP, que versa sobre a aplicação da retratação nos crimes contra a honra, é ponto crucial nessa discussão. Pela redação desse dispositivo, é possível entender que estaria tal causa de extinção de punibilidade restrita aos crimes contra a honra; além disso, também seria uma conclusão direta natural que se exclui a injúria (art. 140 do CP) desses limites de aplicação. Porém, ambas as limitações são falácias – a primeira, a bem da verdade, já desconstruída pela doutrina. A forma como foi escrito o art. 143 do CP justifica-se tão somente por questões topográficas; estando no capítulo que trata dos crimes contra a honra, cuida apenas das condutas ali apresentadas. Quanto o posicionamento da injúria nos limites de aplicabilidade da retratação, a problemática passa por um conflito de normas penais. A Lei de Imprensa inclui a injúria entre os crimes em que cabe a retratação (art. 16, *caput*, *in fine*, da Lei n. 5.250/67). Portanto, a lei especial é mais abrangente que a geral. Parte da doutrina e da jurisprudência fazem prevalecer o disposto no art. 143 do CP, alegando que palavras e atos de injúria não podem ser retirados e que, pelo fato de não haver imputação de um fato à vítima nesse crime, não há como o agente se retratar. Entretanto, não há como se alinhar a tal entendimento; o conceito essencial de retração se distorce diante das limitações traçadas. Nesse sentido, entende-se ser a injúria outra das formas de manifestação de pensamento incriminadas com as quais a retratação é compatível. Ver Dotti (2001).

Renúncia ao direito de queixa ou representação

Renunciar ao direito de queixa ou de representação é, no limite, renunciar ao próprio direito de ação em âmbito penal, porque a renúncia é a abdicação, por parte do ofendido (ou seu representante), de agir para que o Estado possa iniciar uma persecução penal. Dessa maneira, conclui-se que seja cabível nas ações penais privadas, mas não somente nelas; também pode haver renúncia em ações privadas subsidiárias – o que não impede o Ministério Público de denunciar.

Assim como a retratação é um ato unilateral do agente, a renúncia é um ato unilateral da vítima. Pode ser expressa ou tácita, importando apenas que, uma vez levada a cabo, impossibilita o exercício do direito de queixa em relação ao determinado crime (art. 104 do CP). Dá-se expressamente quando feita por meio de declaração assinada, por dever ser clara e inequívoca (art. 50 do CPP). Tacitamente, de acordo com o parágrafo único do artigo citado, quando for praticado, pela vítima, algum ato incompatível com a propositura de ação penal. Nesse caso, qualquer meio de prova é admitido para sua constatação (art. 57 do CPP).

Em geral, demonstrações de amizade ou de um relacionamento harmônico e íntimo com o autor do crime indicam tais atos. A manutenção da civilidade em ambientes sociais e profissionais, porém, não poderia estar incluída aí. Miguel Reale Júnior bem ilustra tudo o que foi posto, afirmando que, no caso de um encontro casual, cumprimentar, por educação, não constitui renúncia tácita; já comparecer à festa de aniversário do futuro querelado, sim (REALE JÚNIOR, 2012).

Obviamente, como já se demonstrou, a renúncia é um ato que antecede o ajuizamento da ação penal. Tal condição temporal é uma das únicas diferenças entre esse instituto e o perdão do ofendido (previsto na primeira parte do mesmo inciso) – no mais, é de ver que são muito semelhantes. Veja-se que, assim como no caso do perdão, os efeitos da renúncia se estendem a todos os coautores do delito (art. 49 do CPP); é a prevalência do princípio da indivisibilidade da ação penal (REALE JÚNIOR, 2012).

Enfim, é de rigor que se trate das excepcionalidades. A princípio, quando há dupla titularidade da ação penal, a renúncia de um dos titulares não exclui o direito de queixa do outro (art. 50 do CPP). Ocorre que tal dispositivo trata da situação em que o ofendido é menor de idade, com dezoito anos completos, mas, desde a edição do Código Civil de 2002, que estabeleceu o término da menoridade aos dezoito anos completos (art. 5º, *caput*), o entrave de titularidade que se visava a solucionar pela norma processual penal foi desfeito. Por sua vez, a situação de multiplicidade de vítimas é uma realidade fática, pois é evidente que uma mesma conduta criminosa possa ofender mais de um indivíduo. Tem-se, portanto, que a renúncia de um dos ofendidos não obsta o direito de queixa dos demais.

Casamento da vítima com o agente e casamento da vítima com terceiro

Os incisos VII e VIII do art. 107 foram revogados pela Lei n. 11.106/2005, por meio da qual se deu início ao processo – ainda corrente – de reestruturação no tratamento jurídico-penal da questão sexual no Brasil[152]. De fato, considerar, para crimes contra os costumes (terminologia antiga), que o casamento da vítima possa dar causa à extinção da punibilidade é sinal bastante claro do moralismo que era marcante na década de 1940.

Dizia o inciso VII que estaria extinta a punibilidade se a vítima se casasse com o agente, nos casos das antigas formas típicas dos crimes contra a liberdade sexual, da sedução e corrupção de menores e do rapto. Da mesma forma, nos casos em que fossem esses crimes praticados com violência, conforme o inciso VIII, verificar-se-ia a extinção da punibilidade se a vítima se casasse com terceiro, desde que ela não requeresse a continuação da persecução penal até sessenta dias depois da celebração matrimonial.

Como se vê, as situações condicionais previstas nesses dispositivos giram em torno da violação da imagem de retidão moral e "honestidade" da mulher. Ademais, transparece o caráter social ultrapassado da instituição do casamento; o ato matrimonial era, nesse sentido, considerado um atestado de que os prejuízos à imagem da vítima causados pelo crime tivessem sido superados. No limite, resta o triste retrato da inversão de valores e da distorção na delimitação do bem jurídico a ser tutelado pelo direito penal sexual.

Considerações finais

A extinção da punibilidade traz, em si, a validação de importantes ditames do direito penal democrático. Em concreto, o reflexo de tal forma de limitação do poder-dever estatal de punir é, propriamente, o desenvolvimento de um sistema sancionador mais racional, mais justo e, por isso, mais efetivo.

Monopólio do Estado, o *jus puniendi* restringe-se pela lógica, pelo decorrer do tempo, ou pelo objeto do crime praticado, mas também pode estar condicionado à dinâmica procedimental da Justiça, ou, ainda, à própria ética que influencia todo o direito. As justificativas da extinção da punibilidade são, dessa forma, múltiplas e diversas, não sendo possível unir-lhes pela natureza.

O que lhes confere identidade, portanto, é o objetivo político-criminal comum. As normas que disciplinam a extinção de punibilidade fazem parte do compromisso do Estado com a valorização das garantias modernas de aplicação da lei penal; ou seja, manifestam a circunscrição institucional do sistema penal pela sua gravidade, sendo compreendido como uma força necessária – e não escolhida – de controle da sociedade.

---

[152] Note-se que a Lei n. 12.015/2009 foi a responsável pelas maiores mudanças ocorridas até então no universo penal sexual, pois modificou completamente o Título VI da Parte Especial do Código Penal, que dispõe sobre as condutas típicas relacionadas à questão sexual (SILVEIRA, 2008, p. 38 e s.).

Art. 108. A extinção da punibilidade de crime que é pressuposto, elemento constitutivo ou circunstância agravante de outro não se estende a este. Nos crimes conexos, a extinção da punibilidade de um deles não impede, quanto aos outros, a agravação da pena resultante da conexão.

Considerações nucleares

Uma conduta tipificada pode pressupor outra, assim como pode constituir parte de outra, ou conferir característica que a torne mais grave. Além disso, também pode haver relação entre os crimes (conexão). Por exemplo: assim como o crime de dano (art. 163) é agravante, o de ameaça (art. 147 do CP) é elemento constitutivo do roubo (art. 157 do CP) e este, por sua vez, é crime pressuposto da receptação (art. 180 do CP; REALE JÚNIOR, 2012, p. 526).

O art. 108 cuida do alcance das causas extintivas da punibilidade justamente a partir das interdependências que podem ser estabelecidas entre os diversos tipos penais. Destarte, o dispositivo em comento estabelece o âmbito de aplicação das causas de extinção da punibilidade.

A operação de efeitos é individual, para cada delito. Então, a extinção de punibilidade do crime que é pressuposto, constitutivo ou agravante de outro não se estende a este (REALE JÚNIOR, 2012, p. 526). Da mesma forma, nos crimes conexos, estabelece-se a incomunicabilidade; o reconhecimento da agravação de pena decorrente da conexão, nos casos em que ocorre, não é impedido pela extinção da punibilidade do crime que configura a agravante.

Prescrição antes de transitar em julgado a sentença

Art. 109. A prescrição, antes de transitar em julgado a sentença final, salvo o disposto no § 1º do art. 110 deste Código, regula-se pelo máximo da pena privativa de liberdade cominada ao crime, verificando-se:

I – em 20 (vinte) anos, se o máximo da pena é superior a 12 (doze);

II – em 16 (dezesseis) anos, se o máximo da pena é superior a 8 (oito) anos e não excede a 12 (doze);

III – em 12 (doze) anos, se o máximo da pena é superior a 4 (quatro) anos e não excede a 8 (oito);

IV – em 8 (oito) anos, se o máximo da pena é superior a 2 (dois) anos e não excede a 4 (quatro);

V – em 4 (quatro) anos, se o máximo da pena é igual a 1 (um) ano ou, sendo superior, não excede a 2 (dois);

VI – em 3 (três) anos, se o máximo da pena é inferior a 1 (um) ano.

Prescrição das penas restritivas de direito

Parágrafo único. Aplicam-se às penas restritivas de direito os mesmos prazos previstos para as privativas de liberdade.

Como já posto, a prescrição corresponde à limitação do *jus puniendi* do Estado diante do tempo transcorrido. A perda do poder-dever de punir estatal é dada pelo seu não exercício durante determinado lapso temporal previamente determinado. Essa é a regra, porém, não se trata de regra absoluta; Nos casos em que o ordenamento prevê expressamente a imprescritibilidade, as determinações contidas neste e nos próximos artigos não se aplicam. É o caso do racismo, por exemplo (art. 5º, XLII, da CF).

O presente artigo trata da prescrição da pretensão punitiva do Estado (prescrição da ação penal), que se dá antes de transitar em julgado a sentença condenatória final.

Aquela cujo cálculo se baseia na pena máxima cominada abstratamente é a prescrição da pretensão punitiva direta (ou "em abstrato"); Reconhece-se antes da publicação da sentença condenatória de 1º grau. A pena é aplicada, pelo Juiz, ao agente, por meio da sentença condenatória. Antes disso, a sanção cominada pelo ordenamento não foi individualizada, não houve ponderação do caso concreto. Portanto, antes da determinação do magistrado, pela sentença, a conduta do agente é genericamente considerada, tendo por base a pena máxima cominada ao delito.

Os seis incisos do art. 109 dispõem, em ordem decrescente, as correspondências entre os intervalos de tempo necessários para configurar a prescrição da ação penal e os diferentes níveis de pena máxima previstas no Código. Veja-se: conforme o inciso III, é necessário o lapso de doze anos de inércia do Estado para serem considerados prescritos crimes que tenham pena máxima definida entre quatro anos e um dia e oito anos.

Independentemente da teoria de que se valha para justificar o instituto da prescrição, o que fica é a necessária busca pelo atendimento às finalidades da pena. É muito claro o critério de gravidade usado pelo legislador para definir os limites prescricionais de cada tipo penal. A relação entre o intervalo prescricional e as penas demonstra, nesse sentido, que, na medida em que a ofensa do delito implica o nível de repercussão deste no meio social, condiciona a possibilidade de o Estado agir para reprimi-lo em intervalos diferenciados de tempo.

A exacerbação da pena cominada diante da gravidade abstrata do delito deve ser considerada para a determinação do prazo prescricional em abstrato. A qualificadora é elemento do próprio enquadramento típico da conduta ao penal, então não depende da aplicação individualizada da pena e, portanto, deve ser levada em conta quando do cálculo da pena máxima para fins de prescrição.

O mesmo ocorre com as causas de aumento e diminuição de pena, que devem ser levadas em conta para o fim de cálculo do prazo prescricional.

Por seu turno, não podem ser levadas em conta as circunstâncias agravantes e atenuantes do crime para efeitos de prescrição abstrata, pois decorrem da dosimetria feita pelo juiz na sentença.

Enfim, no que se refere à aplicabilidade da prescrição da pretensão punitiva, determina-se, no parágrafo único deste artigo, que as regras apresentadas não se restringem às penas privativas de liberdade, mas valem também para as penas restritivas de direito.

Prescrição depois de transitar em julgado sentença final condenatória

Art. 110. A prescrição depois de transitar em julgado a sentença condenatória regula-se pela pena aplicada e verifica-se nos prazos fixados no artigo anterior, os quais se aumentam de um terço, se o condenado é reincidente.

§ 1º A prescrição, depois da sentença condenatória com trânsito em julgado para a acusação ou depois de improvido seu recurso, regula-se pela pena aplicada, não podendo, em nenhuma hipótese, ter por termo inicial data anterior à da denúncia ou queixa.

§ 2º (*Revogado pela Lei n. 12.234, de 2010*)

Trata-se, no artigo ora examinado, da prescrição da pretensão executória do Estado (prescrição da condenação) – no *caput* – e das duas outras espécies de prescrição da pretensão punitiva, a intercorrente e a retroativa – nos §§ 1º e 2º, respectivamente.

São, todas elas, formas de prescrição que se regulam, de acordo com o que estabelece o *caput*, pela **pena aplicada**, ou seja, pelo estabelecimento concreto da sanção pelo Estado-Juiz. O art. 110 reconhece os mesmos parâmetros temporais de pena estabelecidos pelo dispositivo anterior, endereçando a ele, expressamente, as referências para o cálculo do lapso prescricional.

Para que se possa iniciar o exame das *nuances* de cada uma delas, é muito importante ponderar certas questões processuais.

Após a publicação da sentença condenatória de primeiro grau, é aberto o prazo de recurso para o Ministério Público, cujo termo *in albis* configura o trânsito em julgado da sentença para a acusação. A partir desse ponto, a pena aplicada não pode sofrer reconsiderações que impliquem seu aumento. A partir de então é essa pena, adequada ao indivíduo e ao caso concreto, que deve reger o lapso temporal necessário à prescrição.

Já foi colocado que a prescrição da pretensão executória do Estado é o desaparecimento do direito de executar a sanção imposta ao agente (PRADO, CARVALHO e CARVALHO, 2015). É reconhecida, portanto, sobre a executividade da punição, por isso se dá a partir da sentença condenatória irrecorrível.

Muito embora diante da prescrição da condenação não sejam executadas as penas, nem as medidas de segurança (art. 96, parágrafo único, do CP), os efeitos condenatórios secundários e os efeitos civis subsistem (art. 67, II, do CPP).

Pois bem, de volta aos comentários sobre a limitação temporal da pretensão punitiva, cuida-se, no § 1º do art. 110, da prescrição da pretensão punitiva intercorrente. O cálculo do lapso temporal para a configuração dessa prescrição é também lastreado pela pena cominada *in concreto*. Nesse sentido, o reconhecimento dessa prescrição se dá, necessariamente, a partir da publicação da sentença condenatória de 1º grau.

Pode ocorrer, então, a **prescrição intercorrente** da pretensão punitiva, entre a publicação e o início do cumprimento da pena, considerando-se a pena concretamente aplicada. Havendo recurso provido do Ministério Público, ao ser elevada a pena, o lapso prescricional, também para esse fim, deve ser calculado a partir do novo *quantum* punitivo[153].

A **prescrição retroativa** da pretensão punitiva é a outra espécie, prevista no presente dispositivo legal, que se regula pela pena cominada concretamente. Estava prevista no § 2º do art. 110, que foi revogado pelo Lei n. 12.234/2010. Além de revogar a regulamentação do instituto, a referida lei alterou a redação do § 1º do artigo em exame, proibindo, expressamente, a aplicação da prescrição retroativa, no que se refere ao período entre a consumação do delito e o recebimento da denúncia.

Esse tema, assaz controverso na doutrina, impõe a divergência da jurisprudência. A questão concentra-se em torno da natureza dos marcos de contagem do prazo prescricional, que são analisados à frente. De acordo com Miguel Reale Júnior, consagrou-se, com a revogação, a morosidade da fase de investigação criminal, o que representa claro desserviço ao princípio de razoabilidade, que conduz o instituto da prescrição. Embora se argumente, em desfavor da prescrição retroativa, que a análise da inércia do Estado antes da publicação da sentença não pode se basear na pena aplicada por meio dela, é de se ter que o lapso prescricional deva, sempre, regular-se pela pena mais justa ligada ao agente (REALE JÚNIOR, 2012, p. 523) – individualmente considerado – e ao caso concreto e suas circunstâncias. É a pena efetivamente aplicada – e não a cominada em abstrato – a mais adequada à Justiça.

Termo inicial da prescrição antes de transitar em julgado a sentença final

Art. 111. A prescrição, antes de transitar em julgado a sentença final, começa a correr:

---

[153] Se a pena não for aumentada em tempo suficiente para mudar o patamar referencial do art. 109 a ser usado, a sentença de 2º grau, em termos práticos, não implica diferenças para o cálculo da prescrição (PRADO, CARVALHO e CARVALHO, 2015, p. 604).

I – do dia em que o crime se consumou;

II – no caso de tentativa, do dia em que cessou a atividade criminosa;

III – nos crimes permanentes, do dia em que cessou a permanência;

IV – nos de bigamia e nos de falsificação ou alteração de assentamento do registro civil, da data em que o fato se tornou conhecido;

V – nos crimes contra a dignidade sexual ou que envolvam violência contra a criança e o adolescente, previstos neste Código ou em legislação especial, da data em que a vítima completar 18 (dezoito) anos, salvo se a esse tempo já houver sido proposta a ação penal.

Neste artigo são determinados os marcos iniciais para o cálculo do lapso temporal da prescrição da pretensão punitiva do Estado.

Neste ponto, iniciada a apresentação dos termos da prescrição, é importante esclarecer como se procede, efetivamente, o cálculo do lapso prescricional. Segue-se a determinação do art. 10 do Código Penal; a contagem é em dias, pelo calendário convencional, sendo incluído o dia do marco inicial.

Os incisos do art. 111 apresentam, cada qual, um fato que marca o dia inicial para a contagem da prescrição, de acordo com a espécie criminosa. No caso dos crimes instantâneos, a contagem do lapso prescricional é iniciada no dia em que se deu a consumação do delito (inciso I). Já a contagem lapso prescricional dos crimes tentados e dos crimes permanentes inicia-se no dia em que a atividade criminosa cessou (incisos II e III). Baseia-se o nosso sistema na teoria do resultado, a despeito de o sistema penal pátrio ser orientado, em momento outro, pela teoria da ação, expressa no art. 4º do Código Penal.

São trazidos, então, nos incisos IV e V, os casos específicos de determinados tipos, considerando as peculiaridades a eles inerentes. Para a bigamia e a falsificação ou alteração de assentamento do registro, determina-se, como marco inicial da prescrição, o dia em que tais fatos se tornaram conhecidos socialmente. Por sua vez, não havendo queixa nem denúncia anterior a esse tempo, a prescrição dos crimes contra a dignidade sexual, ou que envolvam violência contra a criança e o adolescente, inicia-se no dia em que a vítima completa dezoito anos, salvo se a esse tempo já houver sido proposta a ação penal (conforme alterações da Lei n. 14.344/2022).

Termo inicial da prescrição após a sentença condenatória irrecorrível

Art. 112. No caso do art. 110 deste Código, a prescrição começa a correr:

I – do dia em que transita em julgado a sentença condenatória, para a acusação, ou a que revoga a suspensão condicional da pena ou o livramento condicional;

II – do dia em que se interrompe a execução, salvo quando o tempo da interrupção deva computar-se na pena.

Nesse artigo, cuida-se dos termos iniciais da prescrição da pretensão executória do Estado – aquela que se reconhece a partir do trânsito em julgado da sentença condenatória.

Na verdade, o inciso I do presente artigo traz em si uma inconsistência. Ao determinar como marco inicial da prescrição da condenação o dia do trânsito em julgado para a acusação, trata-se da situação excepcional em que a prescrição da pretensão punitiva intercorrente é interrompida por esse fato. Naturalmente, a pretensão executória somente estará suscetível à prescrição a partir do momento em que a sentença condenatória transitar em julgado também para o réu. Recorda-se, conforme já apontado, que a questão está, atualmente, em discussão no Supremo Tribunal Federal, em sede do Agravo em Recurso Extraordinário 848.107, que teve sua repercussão geral reconhecida (Tema 788).

Além desse marco, ainda existem outros dois: o dia da revogação da suspensão condicional da pena e o do livramento condicional – ambos atos inerentes à execução penal.

No inciso II há outro possível ponto de início para a prescrição da pretensão executória: o dia em que a execução da pena é interrompida. Mas quando, por determinação legal, o tempo de interrupção dever ser computado na pena, o prazo prescricional não se inicia.

Prescrição no caso de evasão do condenado ou de revogação do livramento condicional

Art. 113. No caso de evadir-se o condenado ou de revogar-se o livramento condicional, a prescrição é regulada pelo tempo que resta da pena.

Tendo o condenado se evadido ou tendo sido o seu livramento condicional revogado, o prazo prescritivo do crime cometido é regulado pelo restante do tempo de pena que ainda resta para ser cumprido. É a manifestação do princípio da prescrição, segundo o qual se toma como parâmetro, sempre, a pena mais justa possível.

Prescrição da multa

Art. 114. A prescrição da pena de multa ocorrerá:

I – em 2 (dois) anos, quando a multa for a única cominada ou aplicada;

II – no mesmo prazo estabelecido para prescrição da pena privativa de liberdade, quando a multa for alternativa ou cumulativamente cominada ou cumulativamente aplicada.

Nos casos em que a multa é a única pena cominada ao delito, ou naqueles em que, ainda que o tipo preveja outra sanção, o juiz tenha aplicado ao agente apenas a multa, a prescrição se dá em dois anos. Isso se refere tanto à pretensão punitiva quanto à pretensão executória do Estado.

Entretanto, quando a multa é pena alternativa, ou quando ela é imposta cumulativamente a alguma das outras formas de sanção penal, os lapsos prescricionais dos crimes seguem as referências presentes no art. 109. Isso se reafirma adiante, pelo disposto no art. 118 do Código Penal, como será visto.

Não estão expressas no estatuto repressivo pátrio as causas interruptivas e suspensivas do decurso de prazo prescricional da multa. A disciplina dessa questão é encontrada de forma esparsa na legislação.

Ainda em tempo, note-se que, pelo fato de a Lei n. 9.268/96, que alterou a questão em comento, instaurar um regramento menos favorável ao condenado, esta não retroage e, assim, não se aplica às situações de crimes perpetrados antes de entrar em vigor.

Redução dos prazos de prescrição

Art. 115. São reduzidos de metade os prazos de prescrição quando o criminoso era, ao tempo do crime, menor de 21 (vinte e um) anos, ou, na data da sentença, maior de 70 (setenta) anos.

Há duas hipóteses em que, diante das condições especiais do agente, materializadas em limites etários, os prazos de prescrição são reduzidos pela metade. Primeira: o agente ser menor de vinte e um anos quando da consumação do delito. Segunda: o agente ser maior de setenta anos quando da publicação da sentença condenatória.

É de questionar, por ora, o limite definido para redução da prescrição com relação aos menores de vinte e um anos. Apesar da equiparação do limite da menoridade em dezoito anos, foi mantido o limite superior nessa norma a respeito de prescrição. Ademais, a emancipação do menor não altera a prescrição; mesmo emancipado, o menor de dezoito anos continua sob o privilégio do prazo prescricional reduzido, por opção político-criminal.

O outro ponto polêmico a ser levantado é o da duplicidade de limite etário dos idosos. Com a edição da Lei n. 10.741/2003 (Estatuto do Idoso), sustenta-se que o mencionado patamar teria sido reduzido para sessenta anos, marco legal de início da condição jurídica de idoso. É minoritária, no entanto, a corrente doutrinária de defensores da aplicação da lei especial, na medida em que consagrada a noção de autonomia da política criminal para determinação dos seus marcos etários.

Causas impeditivas da prescrição

Art. 116. Antes de passar em julgado a sentença final, a prescrição não corre:

I – enquanto não resolvida, em outro processo, questão de que dependa o reconhecimento da existência do crime;

II – enquanto o agente cumpre pena no exterior;

III – na pendência de embargos de declaração ou de recursos aos Tribunais Superiores, quando inadmissíveis; e

IV – enquanto não cumprido ou não rescindido o acordo de não persecução penal.

Parágrafo único. Depois de passada em julgado a sentença condenatória, a prescrição não corre durante o tempo em que o condenado está preso por outro motivo.

O prazo prescricional, seja relativo à pretensão punitiva ou à executória, é suscetível de suspensões. Tratadas neste artigo, as causas suspensivas do decurso do prazo prescricional são marcos que paralisam a contagem, considerando-se, na continuação, o lapso temporal anterior. Ou seja, no caso de suspensão, o tempo transcorrido antes da causa suspensiva é sempre contabilizado para efeitos de reconhecimento da prescrição.

O texto legal traz os fatos que podem causar a suspensão da prescrição sob a nomeação de causas interruptivas da prescrição. Listam-se, nos incisos, quatro: (i) a existência de questão a ser resolvida em outro processo que seja relacionada ao crime; (ii) o cumprimento de pena fora do País; (iii) a pendência de embargos de declaração ou de recursos aos Tribunais Superiores, desde que inadmissíveis; ou (iv) enquanto não cumprido ou não rescindido o acordo de não persecução da pena.

Ocorre que, havendo uma questão prejudicial, a ação penal fica suspensa até que a controvérsia seja resolvida (arts. 92 a 94 do CPP). Da mesma forma, quando o agente cumpre pena no estrangeiro, não deve decorrer o prazo de prescrição do crime relativo à pena em execução. É somente quando o condenado cumpre pena no Brasil por outro crime que pode haver decurso desse prazo.

Com a edição da Lei n. 13.964/2019, que pretendeu dificultar a ocorrência da prescrição, o prazo prescricional também se considerará suspenso durante o lapso de tempo no qual restaram pendentes embargos de declaração ou recursos aos Tribunais Superiores se, e somente se, ao final estes não forem admitidos.

No mesmo sentido, enquanto pendente acordo de não persecução penal, restará suspenso o prazo prescricional, que retomará seu curso em caso de rescisão.

É de se notar, em relação às mudanças trazidas pelos mencionados dispositivos legais, que as novéis causas de suspensão do prazo prescricional somente poderão alcançar os crimes cometidos após o início de sua vigência, por se tratar de lei que, à evidência, importa em tratamento penal mais severo.

Outro caso de suspensão da prescrição previsto no Código Penal está expresso no parágrafo único do presente artigo. A partir do momento em que a sentença transitou em julgado para as partes, a prescrição fica suspensa durante o tempo em que o condenado estiver preso por qualquer outro motivo (i. e., prisão em flagrante, preventiva e temporária).

Existem outras determinações de suspensão da prescrição, presentes no Código de Processo Penal e na legislação extravagante, que estão relacionadas, comumente, à suspensão do próprio processo. São exemplos os arts. 366 e 368 do CPP, bem como o art. 89, § 6º, da Lei n. 9.099/95.

Causas interruptivas da prescrição

Art. 117. O curso da prescrição interrompe-se:

I – pelo recebimento da denúncia ou da queixa;

II – pela pronúncia;

III – pela decisão confirmatória da pronúncia;

IV – pela publicação da sentença ou acórdão condenatórios recorríveis;

V – pelo início ou continuação do cumprimento da pena;

VI – pela reincidência.

§ 1º Excetuados os casos dos incisos V e VI deste artigo, a interrupção da prescrição produz efeitos relativamente a todos os autores do crime. Nos crimes conexos, que sejam objeto do mesmo processo, estende-se aos demais a interrupção relativa a qualquer deles.

§ 2º Interrompida a prescrição, salvo a hipótese do inciso V deste artigo, todo o prazo começa a correr, novamente, do dia da interrupção.

De mesma forma que está à mercê da suspensão, a prescrição também se limita por causas interruptivas. Na interrupção, a contagem do prazo prescricional recomeça desde o início, no mesmo dia em que foi interrompida (art. 117, § 2º); Desconsidera-se o lapso de tempo transcorrido antes da verificação de alguma das causas.

Os primeiros quatro incisos do artigo cuidam do marco de interrupção da prescrição da ação penal. E os incisos V e VI referem-se à prescrição da condenação.

Segundo o inciso I, a prescrição é interrompida pelo recebimento da denúncia ou da queixa. Veja-se: o oferecimento da denúncia ou da queixa pela acusação não possui significado nenhum para efeitos prescricionais.

Já nos casos dos crimes de competência do tribunal do júri, a publicação da sentença de pronúncia é um marco interruptivo da prescrição. É através dessa decisão que o juiz manifesta seu convencimento a respeito da materialidade do fato e da suficiência dos indícios de autoria ou de participação do acusado em determinado delito (art. 413 do CPP). Igualmente, a publicação do acórdão que confirma a sentença de pronúncia também é uma causa interruptiva da prescrição.

Enfim, também são causas de interrupção da prescrição da pretensão punitiva do Estado a sentença de 1º grau ou o acórdão condenatório recorrível. Se o Tribunal reformula a sentença prolatada em primeira instância, o acórdão então proferido constituirá nova marca interruptiva da prescrição. Porém, diante do recurso da acusação, se mantida a decisão *a quo* pelo Tribunal, o acórdão não ensejará interrupção do curso do prazo prescricional. Ainda, na hipótese de a sentença de 1º grau ser reformada no sentido de absolver o réu, também não há outra interrupção da prescrição.

O inciso V, por sua vez, tratando da prescrição da condenação, representa exceção entre as causas listadas neste artigo. Na verdade, é uma causa de suspensão, porque, diante da verificação do início ou da continuação do cumprimento da pena, a prescrição passa a ser calculada a partir do tempo da pena que resta para ser cumprido. Ou seja, o prazo prescricional não foi reiniciado, mas sim alterado.

A reincidência, prevista como a última causa interruptiva, no inciso VI, impede o decurso do prazo prescricional executório a partir do dia em que transita em julgado a sentença condenatória pela prática do delito mais recente.

São comunicáveis entre os autores do crime somente as causas interruptivas relacionadas à prescrição da pretensão punitiva do Estado. Conforme a ressalva que inicia o § 1º, aquelas causas de interrupção que interferem na prescrição da pretensão executória não produzem seus efeitos em relação a todos os agentes, restringindo-se pela pessoalidade.

Quanto à interrupção da prescrição nos crimes conexos (segunda parte do § 1º), estendem-se os efeitos dela entre os delitos que sejam analisados em um mesmo processo.

Art. 118. As penas mais leves prescrevem com as mais graves.

Não faria sentido que o Estado pudesse levar a cabo uma penalização mais gravosa sem poder fazer o mesmo em relação a penas menos graves. Nesse sentido, o ordenamento jurídico-penal expressa claramente que as penas mais leves (multas e penas restritivas de direito) condicionam-se, em termos de prescrição, pelas penas mais gravosas.

É preciso dizer, portanto, que o critério de gravidade condicionante ora empregado diz respeito às penas relativas a um só crime. As hipóteses de concurso material e de conexão, por óbvio, não estão nos limites normativos deste dispositivo.

Art. 119. No caso de concurso de crimes, a extinção da punibilidade incidirá sobre a pena de cada um, isoladamente.

Decorre do entendimento do artigo anterior o que se faz deste. O texto legal é muito claro ao determinar que, nos casos de concurso de crimes – seja formal ou material –, a prescrição, em todas as suas *nuances*, opera separadamente.

Perdão judicial
Art. 120. A sentença que conceder perdão judicial não será considerada para efeitos de reincidência.

Muito foi colocado a respeito da sentença do perdão judicial quando da análise do art. 107, em que se têm determinadas as causas de extinção da punibilidade. Posto, portanto, que seja uma sentença declaratória da decisão, por parte do juiz, de extinguir a punibilidade do agente, não pode gerar efeitos para a consideração da reincidência.

Se se reconheceu que a punibilidade foi extinta, não há condenação que imponha ao agente do crime a qualidade de reincidente, pois a pretensão de punição do Estado foi entendida como inválida para o caso, logo, a reprovabilidade social incutida na decisão de condenar do juiz recairia sobre o agente injustamente.

PARTE ESPECIAL

TÍTULO I
DOS CRIMES CONTRA A PESSOA

Capítulo I
Dos crimes contra a vida

Homicídio simples
Art. 121. Matar alguém:
Pena – reclusão, de 6 (seis) a 20 (vinte) anos.

Caso de diminuição de pena
§ 1º Se o agente comete o crime impelido por motivo de relevante valor social ou moral, ou sob o domínio de violenta emoção, logo em seguida a

injusta provocação da vítima, ou juiz pode reduzir a pena de um sexto a um terço.

Homicídio qualificado

§ 2º Se o homicídio é cometido:

I – mediante paga ou promessa de recompensa, ou por outro motivo torpe;

II – por motivo fútil;

III – com emprego de veneno, fogo, explosivo, asfixia, tortura ou outro meio insidioso ou cruel, ou de que possa resultar perigo comum;

IV – à traição, de emboscada, ou mediante dissimulação ou outro recurso que dificulte ou torne impossível a defesa do ofendido;

V – para assegurar a execução, a ocultação, a impunidade ou vantagem de outro crime:

Pena – reclusão, de 12 (doze) a 30 (trinta) anos.

Feminicídio

VI – contra a mulher por razões da condição de sexo feminino:

VII – contra autoridade ou agente descrito nos arts. 142 e 144 da Constituição Federal, integrantes do sistema prisional e da Força Nacional de Segurança Pública, no exercício da função ou em decorrência dela, ou contra seu cônjuge, companheiro ou parente consanguíneo até terceiro grau, em razão dessa condição:

VIII – com emprego de arma de fogo de uso restrito ou proibido;

Homicídio contra menor de 14 (quatorze) anos

IX – contra menor de 14 (quatorze) anos:

Pena – reclusão, de 12 (doze) a 30 (trinta) anos.

§ 2º-A. Considera-se que há razões de condição de sexo feminino quando o crime envolve:

I – violência doméstica e familiar;

II – menosprezo ou discriminação à condição de mulher.

§ 2º-B. A pena do homicídio contra menor de 14 (quatorze) anos é aumentada de:

I – 1/3 (um terço) até a metade se a vítima é pessoa com deficiência ou com doença que implique o aumento de sua vulnerabilidade;

II – 2/3 (dois terços) se o autor é ascendente, padrasto ou madrasta, tio, irmão, cônjuge, companheiro, tutor, curador, preceptor ou empregador da vítima ou por qualquer outro título tiver autoridade sobre ela.

Homicídio culposo

§ 3º Se o homicídio é culposo:

Pena – detenção, de 1 (um) a 3 (três) anos.

Aumento de pena

§ 4º No homicídio culposo, a pena é aumentada de 1/3 (um terço), se o crime resulta de inobservância de regra técnica de profissão, arte ou ofício, ou se o agente deixa de prestar imediato socorro à vítima, não procura diminuir as consequências do seu ato, ou foge para evitar prisão em flagrante. Sendo doloso o homicídio, a pena é aumentada de 1/3 (um terço) se o crime é praticado contra pessoa menor de 14 (quatorze) ou maior de 60 (sessenta) anos.

§ 5º Na hipótese de homicídio culposo, o juiz poderá deixar de aplicar a pena, se as consequências da infração atingirem o próprio agente de forma tão grave que a sanção penal se torne desnecessária.

§ 6º A pena é aumentada de 1/3 (um terço) até a metade se o crime for praticado por milícia privada, sob o pretexto de prestação de serviço de segurança, ou por grupo de extermínio.

§ 7º A pena do feminicídio é aumentada de 1/3 (um terço) até a metade se o crime for praticado:

I – durante a gestação ou nos 3 (três) meses posteriores ao parto;

II – contra pessoa maior de 60 (sessenta) anos, com deficiência ou com doenças degenerativas que acarretem condição limitante ou de vulnerabilidade física ou mental;

III – na presença física ou virtual de descendente ou de ascendente da vítima;

IV – em descumprimento das medidas protetivas de urgência previstas nos incisos I, II e III do *caput* do art. 22 da Lei n. 11.340, de 7 de agosto de 2006.

Bibliografia: AROCENA, Gustavo A. e CESANO, José D. *El delito de feminicidio. Aspectos político-criminales y análisis dogmático-jurídico*. Buenos Aires: BdeF, 2013; ATENCIO, Graciela. Lo que no se nombra no existe. In: ATENCIO, Graciela (Ed.). *Feminicidio*. Madrid: Catarata, 2015; BITENCOURT, Cezar Roberto. *Tratado de direito penal*. São Paulo: Saraiva, 2006. v. 2; BUSATO, Paulo César. *Direito penal:* parte especial. São Paulo: Atlas, 2014. v. 1; COBO DEL ROSAL, Manuel (Dir.). *Comentarios al Código Penal*. Madrid: Edersa, 1999. v. V; COSTA JÚNIOR, Paulo José da. *Comentários ao Código Penal*. São Paulo: Saraiva, 1986. v. 2; ELUF, Luiza Nagib. *A paixão no banco dos réus*. São Paulo: Saraiva, 2002; FRANCO, Alberto Silva e STOCO, Rui (Coord.). *Código Penal e sua interpretação*. São Paulo: RT, 2007;

HUNGRIA, Nélson. *Comentários ao Código Penal*. Rio de Janeiro: Forense, 1955. v. V; MESSUTI, Ana. La dimensión jurídica internacional del feminicidio. In: ATENCIO, Graciela (Ed.). *Feminicidio*. Madrid: Catarata, 2015; MUÑOZ CONDE, Francisco. *Derecho penal*: parte especial. Valencia: Tirant lo Blanch, 2010; PRADO, Luiz Regis. *Tratado de direito penal brasileiro*. São Paulo: RT, 2014; REALE JÚNIOR, Miguel; PASCHOAL, Janaina Conceição (Coord.). *Direito penal*: jurisprudência em debate – crimes contra a pessoa. São Paulo: GZ, 2011; SILVA SÁNCHEZ, Jesús-María (Dir.). *Lecciones de derecho penal*: especial. Barcelona: Atelier, 2011; SOUZA, Luciano Anderson de. *Direito penal*: parte especial. São Paulo: RT, 2019. v. 2; TASAYCO, Gilberto Félix. *Derecho penal*: delitos de homicidio. Aspectos penales, procesales y de política criminal. Lima: Griley, 2011; VIVES ANTÓN, Tomás Santiago, BOIX REIX, Juan, ORS BERENGUER, Enrique, CARBONELL MATEU Juan Carlos e GONZÁLEZ CUSSAC, Jose Luis. *Derecho penal*: parte especial. Valencia: Tirant lo Blanch, 1999.

Considerações gerais

O CP inicia sua Parte Especial tratando do Título "Dos crimes contra a pessoa". Assim, trata a pessoa humana, à sua inteireza, como o bem jurídico mais importante do firmamento penal, cabendo-lhe o papel introdutório dos demais crimes. Como se verá na sequência, nem todos os dispositivos hão de ser vistos com a mesma dignidade penal, mas todos dizem respeito, conceitualmente, ao que de mais importante é levado em conta sob a visão penal. São seis os capítulos que compõem o título, a saber: dos crimes contra a vida; das lesões corporais; da periclitação da vida e da saúde; da rixa; dos crimes contra a honra; e dos crimes contra a liberdade individual. Muito embora alguns desses capítulos acabem por mencionar crimes aparentemente laterais, no mais das vezes eles denotarão extrema importância na análise de outras tantas previsões penais que se sucederão.

Como pode se ver, dentro deste Título, a vida é eleita como o bem jurídico de maior relevo. Nele se verão dispositivos, como menciona Hungria (1955, p. 21 e s.), que hão de versar sobre a incolumidade do ser humano até mesmo antes de seu nascimento. Muito embora existam outros tipos penais no CP que digam respeito ao resultado morte, como nos casos dos chamados crimes qualificados pelo resultado, tais crimes não têm um foco estrito em relação à vida, mas a têm como um efeito colateral que simplesmente agrava a punição. Fundamentalmente, o capítulo dos crimes contra a vida conta com quatro tipos penais: homicídio; instigação, induzimento ou auxílio ao suicídio; infanticídio; aborto.

O crime de homicídio, crime contra a vida por excelência, abre, verdadeiramente, a Parte Especial do CP brasileiro. Quanto a ele já se disse muito. Já se ponderou ser ele o crime mais emblemático do repertório de crimes no Brasil. Isso se deve a algumas razões, quer histórico-culturais, quer constitucionais.

Hungria (1955, p. 15), a seu tempo, já dizia ser a pessoa humana, "sob o ponto de vista material e formal, um dos mais relevantes objetos da tutela penal".

Essa afirmação é basicamente repetida na grande maioria dos manuais e comentários feitos posteriormente. Na realidade, o CP brasileiro, seguindo uma lógica de tipificação à luz da importância do bem jurídico, principia sua Parte Especial com o que vai considerar como o mais importante dos crimes. Algumas colocações, no entanto, de caráter meramente didático, devem, desde logo, ser postas.

O primeiro ponto visa saber sobre os marcos iniciais do que se pode ter por vida. Em outras palavras, deve-se procurar desvendar quando ela se inicia e quando ela termina. Em relação ao primeiro marco, tem-se como verdade que se está a tratar da ideia de vida independente, portanto extrauterina. Para casos relativos a situações intrauterinas, o tipo penal incriminador vai ser outro, o aborto. A vida, assim, como o termo de proteção do homicídio, se inicia com o nascimento com vida. Destaca uma proteção verdadeiramente constitucional, sendo, inclusive, assegurada e reconhecida a instituição do júri, com a organização que lhe der a lei, assegurados a plenitude de defesa; o sigilo das votações; a soberania dos veredictos e a competência para o julgamento dos crimes dolosos contra a vida (art. 5º, XXXVIII, da CF). Mas o que se pode dizer em relação ao marco terminativo da vida? Quando se tem a morte?

Essa é uma questão que tem incomodado o homem ao longo dos séculos. Diversos conceitos já buscaram responder a essa questão, como a consciência plena, os batimentos do coração, a respiração. Hoje, entretanto, o socorro que se utiliza é legal, ancorado em disposição normativa. Considerando-se que a Lei de Transplantes (Lei Federal n. 9.434, de 4-2-1997) dispõe, em seu art. 3º, que "a retirada *post mortem* de tecidos, órgãos ou partes do corpo humano destinados a transplante ou tratamento deverá ser precedida de diagnóstico de morte encefálica, constatada e registrada por dois médicos não participantes das equipes de remoção e transplante, mediante a utilização de critérios clínicos e tecnológicos definidos por resolução do Conselho Federal de Medicina", entende-se que a morte humana, em termos legais, verifica-se com a morte encefálica.

A segunda questão de importância conceitual, e que pode levar a uma aparente contradição com o texto constitucional mencionado, diz respeito ao fato de que, no caso brasileiro, a tutela da vida não se dá, unicamente, através da previsão do Código Penal. Na realidade, o sistema penal brasileiro acaba por abarcar, também, além do subsistema previsto pelo CP, também um subsistema a ser visto no CP Militar, que traz exatamente a mesma previsão, em seu art. 205. Essa situação poderia levar a conflitos de competência em relação a homicídios praticados por militar (federal ou estadual, como os membros das Polícias Militares e Corpos de Bombeiros Militares) contra civil.

Esse estado de coisas, na verdade, só foi mitigado com a Lei Federal n. 9.299, de 8-8-1996, a qual estabeleceu que, em se tratando de crimes dolosos contra a vida e cometidos contra civil, serão da competência da Justiça comum.

Hoje, após a Lei Federal n. 12.432, de 29-6-2011, que alterou o art. 9º do CP Militar, que trata da competência da Justiça Militar, tem-se que o crime doloso contra a vida quando cometido contra civil será da competência da Justiça comum, salvo quando praticados no contexto de ação militar realizada na forma do art. 303 da Lei Federal n. 7.565, de 19-12-1986.

Assim, somente os crimes entre militares, ou em tempo de guerra, seriam da competência militar. Note-se, contudo, que não existe contradição com a previsão constitucional do júri, uma vez que a previsão da Justiça Militar trata de uma exceção prevista na própria Constituição.

Considerações nucleares

A questão que suscita mais controvérsia diz respeito à variedade de previsões mencionadas quanto ao homicídio. Note-se que se está a tutelar a vida humana extrauterina. Esta é tida como o bem jurídico mais importante. Pois bem, deve-se entender como se dá essa proteção.

Em termos bastantes simples, o CP estabelece situações diversas sobre o que denomina homicídio simples, homicídio com causa de diminuição de pena e homicídio qualificado. A partir dessa divisão, poder-se-á trabalhar com as demais previsões.

Homicídio simples

Por vezes se afirma que seria incorreta a terminologia "homicídio simples", pois nenhum crime que venha a ofender o mais importante dos bens jurídicos poderia ser qualificado como simples. Erro básico. Diz-se simples o homicídio para distingui-lo das previsões diferenciais de diminuição de pena e de homicídios qualificados. Apenas isso.

E, deve-se recordar, como se está a trabalhar com um crime que há de ser julgado pelo júri, vale dizer, por juízes leigos, torna-se extremamente mais didático explicar as situações do homicídio simples do que as daquele sujeito às causas de diminuição de pena, daquele qualificado. Aqui, por ora, resta a colocação de que deve ser entendido como homicídio simples aquele no qual não se fazem presentes nem causas de diminuição, nem qualificadoras.

De toda forma, partindo-se da premissa que o homicídio trata do bem jurídico "vida humana extrauterina", é de ver que não existem grandes discussões acerca dos chamados sujeitos ativo e passivo. A singeleza da construção típica – "matar alguém" – acaba por verificar que qualquer pessoa pode ser sujeito ativo e que qualquer pessoa pode ser sujeito passivo.

O elemento subjetivo do crime de homicídio simples, bem como das previsões dos §§ 1º e 2º, é o dolo, devendo este ser entendido à luz do art. 18, I, do CP, segundo o qual se considera crime de dolo quando o agente quis o resultado ou assumiu o risco de produzi-lo. Existe, pois, a possibilidade de ocorrência tanto do dolo direto como do dolo eventual.

Ainda aqui, é de ver totalmente possível a ocorrência da tentativa de homicídio, conforme se verifica do art. 14, inciso II, do CP. Lá, tem-se que "diz-se o crime tentado quando, iniciada a execução, não se consuma por circunstâncias alheias à vontade do agente".

Caso de diminuição de pena

O art. 121, § 1º, do CP estabelece que, "se o agente comete o crime impelido por motivo de relevante valor social ou moral, ou sob o domínio de violenta emoção, logo em seguida a injusta provocação da vítima, o juiz pode reduzir a pena de um sexto a um terço". É o que, comumente, no júri, se denomina homicídio privilegiado. Não se trata, contudo, de um privilégio *stricto sensu*, pois não se tem uma nova moldura penal, mas de uma causa de diminuição de pena a ser aplicada percentualmente sob a situação incidental de pena prevista textualmente.

Na verdade, essas situações de diminuição, que compõem um tipo misto alternativo (no qual se verificam várias hipóteses distintas, no caso, de diminuição), já se mostravam presentes em termos de previsão de atenuantes genéricas, encontradas no art. 65 do CP. Lá se viu, por exemplo, que são circunstâncias que sempre atenuam a pena ter o agente cometido o crime por relevante valor social ou moral (art. 65, III, *a*, do CP), ou sob influência de violenta emoção, provocado por ato injusto da vítima (art. 65, III, *c*, *in fine*, do CP). O que se constata, aqui, é a determinação pontual do grau de redução da pena sob tais circunstâncias, ou seja, de um sexto a um terço.

Três são as situações previstas como de possibilidade de diminuição de pena: ter o agente cometido o crime impelido por motivo de relevante valor social ou moral, ou sob o domínio de violenta emoção. As duas primeiras situações, ambas notadamente de ordem subjetiva, quase que se confundem, e, assim, como prefere Busato (2014, p. 26), justifica-se aglutinar as duas hipóteses.

Poder-se-ia, no entanto, da mesma forma que faz a Exposição de Motivos do CP, tentar distingui-las sob uma visão ampla e coletiva ou estrita e individual. Dessa forma, ter-se-ia que aquele que comete o crime impelido por relevante valor social o faria em função do aspecto coletivo, a interesses coletivos, por preocupações sociais nobres em si mesmas (HUNGRIA, 1955, p. 124 e s.), como seria o tantas vezes mencionado caso de quem mata o traidor da pátria. Sua conduta é reprovável, mas existe uma diminuição da sanção tendo em vista a comoção social. De similar modo, ao se mencionar a ideia de relevante valor moral, deve-se lastrear a ideia em uma moralidade média, que justifique o abrandamento da reprimenda ao homicida.

A própria Exposição de Motivos do CP recorda que quem pratica um homicídio piedoso, também conhecido como eutanásia, motivado por relevante valor moral, também deve ter sua pena abrandada.

Eutanásia

O homicídio eutanásico é um tema passível muitas vezes de discordância na doutrina. Existem previsões legais que dispõem de variações conforme seja sua ocorrência. A noção da "boa morte" é vista em leque amplo, devendo-se entender e distinguir a eutanásia propriamente dita da distanásia e da ortotanásia.

Tais definições são imprescindíveis para a compreensão da questão. A distanásia representa o prolongamento da vida através de meios artificiais, mormente de um doente incurável. A ortotanásia, por sua vez, diz respeito à morte natural, sem interferência da ciência ou dos médicos. Sob tais preceitos, pode-se entender que a eutanásia pode se dar por dois diferentes meios: a eutanásia ativa e a eutanásia passiva.

A eutanásia ativa pode se verificar em uma conduta ativa de um agente que, procurando minimizar o sofrimento de um paciente que sofre em demasia, apressa sua morte. Esse caso é recriminado pela legislação brasileira como sendo homicídio, podendo ser enquadrado, conforme seja o caso, nas previsões das causas de diminuição de pena.

Situação diversa é a do paciente que tem a vida prolongada artificialmente, em distanásia. Nesse caso, pode-se imaginar a situação do médico que simplesmente se omite e não continua o tratamento. Atuando em ortotanásia, ele, a princípio, poderia ser tido como incorrente no art. 121, § 1º, do CP. Sobre esse ponto, é de notar que o Código de Ética Médica prevê, em seu art. 1º, inciso XXII, que, "nas situações clínicas irreversíveis e terminais, o médico evitará a realização de procedimentos diagnósticos e terapêuticos desnecessários e propiciará aos pacientes sob sua atenção todos os cuidados paliativos apropriados". Isso, contudo, não significa uma autorização à prática de eutanásia.

O mesmo Código de Ética Médica, em seu art. 41, aduz que é vedado ao médico "abreviar a vida do paciente, ainda que a pedido deste ou de seu representante legal". E, em seu parágrafo único, que "nos casos de doença incurável e terminal deve o médico oferecer todos os cuidados paliativos disponíveis sem empreender ações diagnósticas ou terapêuticas inúteis ou obstinadas, levando sempre em consideração a vontade expressa do paciente ou, na sua impossibilidade, a de seu representante legal". Evidentemente, o que se procura é autorizar a distanásia, não se fazendo menção, pois, à ortotanásia e muito menos à eutanásia.

A questão não é simples, mas se deve ter em conta que a Resolução do Conselho Federal de Medicina n. 1.805/2006 chegou a pontuar, em seu art. 1º, que "é permitido ao médico limitar ou suspender procedimentos e tratamentos que prolonguem a vida do doente em fase terminal, de enfermidade grave e incurável, respeitada a vontade da pessoa ou de seu representante legal". Em 2007, a pedido do Ministério Público Federal, essa Resolução teve sua vigência liminarmente suspensa, justamente por entender a Justiça que se estava a disciplinar sobre ortotanásia. Em 2010, contudo, o magistrado julgou improcedente a intervenção ministerial e considerou que a Resolução não agredia o ordenamento jurídico. Em outras palavras, não entendeu haver ilicitude na conduta passiva do médico. De qualquer forma, o novo Código de Ética Médica contornou o problema, não fazendo explicitamente menção à questão da ortotanásia.

Violenta emoção

A situação verdadeiramente controversa neste âmbito diz respeito, contudo, à terceira previsão, relativa ao agente que comete o crime sob domínio de violenta emoção, logo após injusta provocação da vítima. Nesses casos, entende-se uma perturbação momentânea nos sentidos, o que poderia gerar um abrandamento da responsabilidade penal do indivíduo, a exemplo do que se verifica no art. 29, § 2º, do CP. Note-se, entretanto, que a redução aqui estabelecida é menor, e se limita à ponderação de um sexto a um terço.

Em primeiro lugar, que se perceba que deve haver a comunhão de três elementos para que se possa imaginar a incidência desta causa de diminuição: a presença de uma emoção; violenta e logo após injusta provocação da vítima. Na falta de qualquer desses elementos, descarta-se o benefício.

Existe ampla discussão, aqui, se caberia a imputação dos crimes passionais. Os chamados crimes movidos pelo amor já tiveram os mais diversos tratamentos, passando, inclusive, pelas conhecidas alegações em sede do júri, quanto à legítima defesa da honra. Tais alegações, comuns até meados dos anos 1970, tinham uma particular razão de aceitação.

Em primeiro lugar, a grande maioria dos homicídios tinha como sujeito ativo o homem e passivo a mulher, reflexo da sociedade tipicamente patriarcal e machista de então. E, em segundo lugar, pela própria estruturação social de então, e com o lugar limitado que era dado às mulheres, verificava-se que a grande maioria dos Conselhos de Sentença era composta somente por jurados homens. Isso seria, também, uma explicação para as absolvições tidas naqueles anos. Nota-se, contudo, que, dogmaticamente, tal tese não guardava qualquer sentido, pois o instituto da legítima defesa não se adequaria a tais casos. Hoje, essa tese caiu em significativo desuso.

Verdadeiramente, a ideia da causa de diminuição de pena em razão de domínio de violenta emoção, logo após injusta provocação da vítima, limita-se temporalmente à injusta provocação que venha a causar uma cegueira temporária no agente.

Importante mencionar que, apesar de a dicção legal apontar que "o juiz pode diminuir a pena", não se trata de faculdade discricionária do magistrado. O entendimento é de que se trata, sim, de um direito subjetivo do réu ver diminuída sua pena desde que presentes os fatores destacados no parágrafo. Assim, se houver a constatação judicial de que o crime se deu ou por relevante valor social ou moral, ou sob o domínio de violenta emoção, logo após injusta provocação da vítima, deve-se ter obrigatoriamente concedido o direito de diminuição de pena.

Homicídio qualificado

O art. 121, § 2º, do CP prevê as situações relativas ao que se denomina homicídio qualificado. O Código, assim, entende que, conforme sejam verificadas determinadas circunstâncias, o homicídio deve ser tratado com mais gravidade, impondo-se penas mais severas do que as previstas para sua forma simples, que variam entre 6 e 20 anos de reclusão. Trata-se, em verdade, de questões de ordem subjetiva, objetiva ou vinculadas à realização do crime que determinam outra margem legal, outra moldura de enquadramento, prevendo, assim, um mínimo e um máximo de penas distintos. Para esses crimes, entendidos como qualificados, têm-se, portanto, penas de 12 a 30 anos de reclusão.

Tenha-se presente, aqui, que a redação original do CP previa certa paridade das qualificadoras do homicídio com as previsões de causas genéricas de aumento de pena, previstas no art. 61 do mesmo estatuto. Assim, verifica-se algo muitas vezes esquecido pelo legislador em reformas penais posteriores, qual seja, certa lógica estrutural conceitual no Código como um todo.

As duas qualificadoras iniciais dizem respeito a questões de ordem subjetiva, ou seja, razões que inspiram o crime. Dessa forma, é de ver que a primeira das qualificadoras diz respeito ao crime que é cometido mediante paga ou promessa de recompensa ou por outro motivo torpe. A torpeza, dessa forma, mostra-se quase que autoexplicável, sendo referida como motivo abjeto ou reprovável. Trata-se do motivo que "mais vivamente ofende a moralidade média ou o sentimento ético--social comum" (HUNGRIA, 1955, p. 161). O recebimento de paga para retirar a vida do próximo denota, assim, uma vileza e imoralidade que evidenciam que o criminoso deve ser mais severamente punido pela sua conduta.

Em seguida, faz-se menção ao motivo fútil, ou seja, motivo desproporcional, inadequado. A Exposição de Motivos do CP menciona a ideia de fútil como aquele que, "pela sua mínima importância, não é causa suficiente para o crime".

Na sequência, dispõe-se sobre qualificadoras vinculadas a uma ordem objetiva, ou seja, às formas de execução do crime. Nesse sentido, observa-se o inciso III, ao mencionar que qualifica o crime quando este se dá "com emprego de veneno, fogo, explosivo, asfixia, tortura ou outro meio insidioso ou cruel, ou de que possa resultar perigo comum". Como se pode perceber, não se está mais a falar de razões subjetivas que levaram ou moveram o sujeito ao crime, mas de meios executórios para ele. Tais situações, pelo grau de sofrimento ou perigo comum que possam resultar, autorizam punição mais severa. Um detalhe, no entanto, deve ser colocado para que não se imagine que toda tortura com resultado morte implique homicídio qualificado.

O Brasil é um país que passou por muitos regimes de força ao longo de sua história. Neles, frequentemente, eram praticadas torturas contra indivíduos sob a tutela desse mesmo Estado. Com o objetivo de fazer sanar essa situação, após o período da redemocratização, foi promulgada a Lei Federal n. 9.455, de 7-4-1997, a qual dispôs sobre os crimes de tortura. Em seu art. 1º, II, § 3º, verifica-se como crime submeter alguém, sob sua guarda, poder ou autoridade, com emprego de violência ou grave ameaça, a intenso sofrimento físico ou mental, como forma de aplicar castigo pessoal ou medida de caráter preventivo. No § 3º desse dispositivo, tem-se, no entanto, que, "se resulta lesão corporal de natureza grave ou gravíssima, a pena é de reclusão de quatro a dez anos; se resulta morte, a reclusão é de oito a dezesseis anos". Trata-se do caso de tortura seguida de morte, em que o dolo antecedente é o de simples tortura, sendo a morte um fator subsequente culposo. Deve-se, portanto, avaliar o caso concreto para evitar o conflito aparente de normas.

Outras situações de ordem objetiva são tratadas no inciso IV, ao destacar o crime cometido à traição, de emboscada ou mediante dissimulação ou outro recurso que dificulte ou torne impossível a defesa do ofendido. Aqui não se cuida da insídia em si do ato criminoso, mas da dificuldade posta à vítima para se defender.

Finalmente, o Código prevê, em seu inciso V, a qualificadora que se aplica à hipótese em que o homicídio se dá para assegurar a execução, a ocultação, a impunidade ou vantagem de outro crime.

Fora dessa ordem lógica, foi aprovada a Lei Federal n. 13.104 de 9-3-2015, nova modalidade qualificadora, o chamado feminicídio. Segundo o art. 121, § 2º, VI, tem-se que é qualificado o homicídio praticado contra a mulher por razões da condição de sexo feminino. A explicação dada pela lei para tal inclusão, dada no art. 121, § 2º-A, é, no mínimo, curiosa. Afirma-se, assim: "considera-se que há razões de condição de sexo feminino quando o crime envolve: violência doméstica e familiar" ou "menosprezo ou discriminação à condição de mulher". Inúmeras razões motivaram a inovação legislativa, em especial a percepção de uma crescente violência em razão de gênero. Entretanto, e em que pese certa racionalidade desse grau de proteção, a nova disposição legislativa acaba por determinar, na prática, certa confusão entre um aspecto objetivo (quando o crime envolve violência doméstica e familiar) e um subjetivo (pois a qualificadora deveria se justificar em razão do menosprezo ou discriminação à condição de mulher). Com isso, o que se pode constatar é que um crime de homicídio praticado contra mulher, ainda quando não se dê em função de violência doméstica ou em menosprezo à sua condição, acabe por ser considerado, sim, qualificado, como se a mulher, *per se*, já fosse dotada de maior proteção. Cumpre mencionar que o Superior Tribunal de Justiça entende ser o feminicídio uma qualificadora de natureza objetiva (STJ, HC 430.222/MG, rel. Min. Jorge Mussi, 5ª Turma, j. 15-3-2018, *DJe* 22-3-2018).

Essa, por certo, não era a intenção do legislador, que tencionava, unicamente, fazer simbolicamente uma declaração contrária à violência de gênero. Tratou-se, assim, de uma tentativa de um Direito Penal emancipador, que pode ser criticado ao menos em relação à sua técnica. O mais recomendável é que sempre se atenha às considerações objetiva ou subjetiva, nos estritos limites da previsão legal, intentando-se, com isso, evitar uma quebra indevida do princípio de igualdade entre homens e mulheres.

De toda forma, ainda que justificada por motivos nobres, o que se tem hoje é uma aberração legislativa, que parece não necessariamente só se preocupar com a figura da vítima. Exemplo claro disso é o que se observa na previsão do art. 121, § 7º, III, do CP, ao afirmar que a pena do feminicídio será aumentada de 1/3 até a metade se o crime for praticado na presença de descendente ou ascendente da vítima. O que se parece proteger, aqui, é a sensibilidade de terceiros, os quais, ainda que parentes da vítima, não são objeto da agressão. Entretanto, por serem ligados à vítima, justifica-se um aumento da sanção.

Do ponto de vista da tutela de bem jurídico, isso não faz nenhum sentido, denotando, mais e mais, um criticável simbolismo dessa nova previsão.

Posteriormente, ainda, foi aprovada a Lei Federal n. 13.142 de 6-7-2015, a qual inseriu outro dispositivo referente à qualificadora do homicídio. Assim, passou-se a ter como inciso VII do art. 121, § 2º, o crime de homicídio "contra autoridade ou agente descrito nos arts. 142 e 144 da Constituição Federal, integrantes do sistema prisional e da Força Nacional de Segurança Pública, no exercício da função ou em decorrência dela, ou contra seu cônjuge, companheiro ou parente consanguíneo até terceiro grau, em razão dessa condição".

Como se sabe, a Constituição Federal, em seu art. 142, estabelece a previsão sobre as Forças Armadas ("as Forças Armadas, constituídas pela Marinha, pelo Exército e pela Aeronáutica, são instituições nacionais permanentes e regulares, organizadas com base na hierarquia e na disciplina, sob a autoridade suprema do Presidente da República, e destinam-se à defesa da Pátria, à garantia dos poderes constitucionais e, por iniciativa de qualquer destes, da lei e da ordem"), enquanto o art. 144 dispõe sobre a Segurança Pública.

A segurança pública, dever do Estado, direito e responsabilidade de todos, é exercida para a preservação da ordem pública e da incolumidade das pessoas e do patrimônio, através dos seguintes órgãos: I – polícia federal; II – polícia rodoviária federal; III – polícia ferroviária federal; IV – polícias civis; V – polícias militares e corpos de bombeiros militares.

Trata-se, portanto, de uma qualificadora objetiva, a qual se justifica em razão da qualidade da vítima, ou seja, por fazer parte do aparato de segurança do Estado.

Deve-se ter bastante cautela com essa qualificadora, pois ela pode induzir a erros e acusações indevidas. Tanto as autoridades mencionadas como seus respectivos cônjuges, companheiros ou parentes consanguíneos até o terceiro grau somente são merecedores de especial proteção caso o homicídio se dê subjetivamente em função do cargo exercido. Não se trata de uma proteção pessoal, mas da função exercida.

Mostra-se bastante discutível a opção do legislador, principalmente porque não fez incluir, por exemplo, nesse rol as Guardas Civis Municipais, as quais, muito embora não façam parte da segurança pública, muitas vezes acabam por desempenhar papel secundário a esta. De todo modo, em termos de respeito à legalidade, deve-se entender que pode existir certo déficit de eficácia nesse sentido, já que não se pode imaginar uma punição para além do que o próprio tipo penal prevê.

Derradeiramente, a Lei n. 13.964/2019 incluiu sob a égide do art. 121, § 2º, qualificadora envolvendo o emprego de arma de fogo de uso restrito ou proibido. Para a devida compreensão de tais conceitos, deve-se voltar ao Regulamento de Produtos Controlados, aprovado pelo Decreto n. 10.030, de 30 de setembro de 2019, alterado pelo Decreto n. 10.627, de 12 de fevereiro de 2021.

Ainda, a Lei n. 14.334/2022, conhecida como "Lei Henry Borel", acrescentou o inciso IX ao § 2º do art. 121, passando a prever a pena de reclusão, de doze a trinta anos, aos homicídios praticados contra vítimas menores de quatorze anos.

Homicídio culposo

O art. 121, § 3º, do CP prevê o homicídio culposo, dando seguimento, assim, à previsão do art. 18 do mesmo Estatuto. Como se viu, segundo sua previsão, tem-se crime doloso quando o agente quis o resultado ou assumiu o risco de produzi-lo; e culposo quando o agente deu causa ao resultado por negligência, imprudência ou imperícia. Especificamente, o parágrafo único daquele dispositivo menciona que, "salvo nos casos expressos em lei, ninguém pode ser punido por fato previsto como crime, senão quando o pratica dolosamente". Pois bem, essa é uma previsão legal de caso culposo.

Importante salientar que, historicamente, boa parte dos casos envolvendo homicídios culposos se dava em relação a acidentes de trânsito. O aumento considerável desse tipo de infração, que já era visto desde meados do século passado, fez com que o legislador brasileiro aprovasse, nos fins dos anos 1990, uma lei específica sobre o tema. Foi nesse contexto que se deu a aprovação da Lei Federal n. 9.503, de 23-9-1997, a qual dispôs sobre o Código de Trânsito Brasileiro. Após diversas modificações pontuais, tem-se que, em seu art. 302, está previsto que:

> "Art. 302. Praticar homicídio culposo na direção de veículo automotor:
> Pena – detenção, de 2 (dois) a 4 (quatro anos, e suspensão ou proibição de se obter a permissão ou a habilitação para dirigir veículo automotor.
>
> § 1º No homicídio culposo cometido na direção de veículo automotor, a pena é aumentada de 1/3 à metade, se o agente:
>
> I – não possuir Permissão para Dirigir ou Carteira de habilitação;
>
> II – praticá-lo em faixa de pedestre ou na calçada;
>
> III – deixar de prestar socorro, quando possível fazê-lo sem risco pessoal, à vítima do acidente;
>
> IV – no exercício de sua profissão ou atividade, estiver conduzindo veículo de transporte de passageiros.
>
> § 2º Se o agente conduz veículo automotor com capacidade psicomotora alterada em razão da influência de álcool ou de outra substância psicoativa que determine dependência ou participa, em via, de corrida, disputa ou competição automobilística ou ainda na exibição ou demonstração de pe-

rícia em manobra de veículo automotor, não autorizada pela autoridade competente:

Pena – reclusão, de 2 (dois) a 4 (quatro) anos, e suspensão ou proibição de se obter a permissão ou a habilitação para dirigir veículo automotor".

Em que pese o fato de as reformas desse artigo, ao longo dos anos, terem aperfeiçoado o contexto normativo, ainda é de ver algumas situações que pervertem o conteúdo do texto. Em especial, a pena-base do art. 121, § 3º, do CP é de um a três anos, enquanto a do art. 302 do Código de Trânsito Brasileiro é de dois a quatro anos. Em termos de condutas-base, existe um claro descompasso entre o grau de proteção à vida, ainda mais em se tratando de questões culposas.

Aumento de pena

A olhos leigos, o teor do art. 121, § 4º, do CP pode parecer, no mínimo, estranho. Embora ele pareça se referir a um aumento de pena para casos específicos de homicídio culposo (até porque a disposição se verifica após a menção ao homicídio culposo), também se faz menção a casos outros de aumento de pena para hipóteses de homicídio doloso. Na verdade, isso se explica pelo fato de que ele foi objeto de uma série de reformas ao longo dos anos, pervertendo sua disposição original.

A redação originária do CP somente mencionava situações que geravam aumento de pena. Posteriormente, foram feitas mudanças legislativas que incorporaram muitas reformas, como as da Lei Federal n. 8.069/90 (Estatuto da Criança e do Adolescente); Lei Federal n. 10.741/2003 (Estatuto do Idoso); Lei Federal n. 12.720/2012 e Lei Federal n. 13.104/2015.

Inicialmente, é de verificar o aumento de 1/3 de pena no caso de homicídio culposo se existem questões pontuais, as quais merecem, segundo o legislador, mais severidade no tratamento. Assim, tem-se aumento se o crime resulta de inobservância de regra técnica de profissão, arte ou ofício ou se o agente deixa de prestar imediato socorro à vítima, não procura diminuir as consequências do seu ato ou foge para evitar prisão em flagrante.

Na sequência, mas dizendo respeito ao crime de homicídio doloso, tem-se a previsão de aumento de pena de 1/3 (um terço) se o crime é praticado contra pessoa menor de 14 (catorze) ou maior de 60 (sessenta) anos, vale dizer, contra pessoa que, presumivelmente, tem maiores dificuldades para exercer a autodefesa.

Razões de segurança pública após mortes violentas procedidas por grupos armados paramilitares acabaram por gerar a previsão da Lei Federal n. 12.720/2012, que fez inserir o art. 121, § 6º, no CP, asseverando que a pena é aumentada de 1/3 até a metade se o crime for praticado por milícia privada, sob o pretexto de prestação de serviço de segurança ou por grupo de extermínio.

Por fim, mais recentemente, e com posteriores alterações postas pela Lei Federal n. 13.771/2018, modificou-se a previsão do feminicídio, pontuando-se a menção a que a pena desse crime é aumentada de 1/3 (um terço) até a metade se o crime for praticado durante a gestação ou nos 3 (três) meses posteriores ao parto; contra pessoa menor de 14 (catorze) anos, maior de 60 (sessenta) anos ou com deficiência ou portadora de doenças degenerativas que acarretem condição limitante ou de vulnerabilidade física ou mental; na presença física ou virtual de descendente ou de ascendente da vítima; em descumprimento das medidas protetivas de urgência previstas nos incisos I, II e III, do *caput* do art. 22 da Lei n. 11.340, de 7 de agosto de 2006. A Lei n. 14.334/2022, conhecida como "Lei Henry Borel", removeu a referida previsão de aumento de pena do feminicídio no que tange aos crimes praticados contra pessoas menores de 14 anos ante a inclusão, pela mesma lei, da qualificadora do inciso IX do § 2º, bem como do § 2º-B, o qual prevê, sobre a qualificadora mencionada, o aumento de pena de 1/3 até a metade se a vítima é pessoa com deficiência ou com doença que implique o aumento de sua vulnerabilidade, e o aumento de 2/3 se o autor é ascendente, padrasto ou madrasta, tio, irmão, cônjuge, companheiro, tutor, curador, preceptor ou empregador da vítima ou por qualquer outro título tiver autoridade sobre ela. As duas primeiras situações eventualmente podem se justificar, quer por um efeito colateral que pode haver no produto gestacional ou na criança de até três meses de vida, quer por uma questão de hipossuficiência de vítima maior de 60 anos ou portadora genérica de deficiência. No entanto, como já se disse, não faz sentido jurídico-penal determinar aumento de pena em virtude de o crime ter sido cometido diante de terceira pessoa, não envolvida no ato em si. Essa situação é absolutamente carente de legitimidade. O mesmo pode ser dito em função de simples descumprimento das medidas protetivas de urgência que obrigam o agressor em casos de violência doméstica (Lei Federal n. 11.340/2006), vale dizer, no caso de descumprimento de suspensão de posse ou restrição de porte de armas de fogo (art. 22, I); afastamento do lar, domicílio ou local de convivência com a ofendida (art. 22, II); ou proibição de determinadas condutas, como a aproximação com a ofendida, seus familiares ou testemunhas, contato com a ofendida, seus familiares ou testemunhas, frequentação de determinados locais restritos para a proteção da integridade física e psicológica da ofendida (art. 22, III, *a*, *b* e *c*).

Perdão judicial

No art. 121, § 5º, do CP, tem-se a previsão do chamado perdão judicial. Segundo o mandamento legal, "na hipótese de homicídio culposo, o juiz poderá deixar de aplicar a pena, se as consequências da infração atingirem o próprio agente de forma tão grave que a sanção penal se torne desnecessária".

Observe-se, aqui, que, ao se tratar de um homicídio culposo, que se deu em razão de negligência, imprudência ou imperícia, o juiz pode deixar de aplicar a pena se verificar o exacerbado sofrimento do próprio agente, como seria verificável nos casos de pai ou avô que acabam sendo culposamente responsabilizados pela morte de seus respectivos filhos ou netos.

Interessante verificar que, apesar de o texto legal mencionar que "o juiz pode", não se entende como uma faculdade do juiz, mas como um poder-dever, uma obrigação de sua parte, considerando que se trata, sim, de um direito subjetivo do réu de ver diminuída sua pena, desde que preenchidos os requisitos objetivos.

Questões correlatas

Pelo fato de o homicídio dizer respeito ao bem jurídico tido como mais importante, bem como por fazer parte de um universo particular de tratamento, qual seja, o de crimes julgados no tribunal do júri, em que o embate entre acusação e defesa leva, não raro, a debates de riquíssima profundidade intelectual, têm-se inúmeras construções que poderiam ser vistas em termos correlatos.

Não obstante, aqui se circunscreverá a questão unicamente a alguns temas dogmáticos.

Homicídio como crime hediondo

Uma das primeiras e mais importantes questões a serem vistas sobre o homicídio é a sua adequação como crime hediondo. Após a redemocratização do País, diversos temas penais estavam sendo discutidos com fervor. Na própria elaboração da Constituição Federal de 1988, foram previstas diversas disposições nesse sentido. Uma delas, a prevista em seu art. 5º, XLIII, dizia que "a lei considerará crimes inafiançáveis e insuscetíveis de graça ou anistia a prática de tortura, o tráfico ilícito de entorpecentes e drogas afins, o terrorismo e os definidos como crimes hediondos, por eles respondendo os mandantes, os executores e os que, podendo evitá-los, se omitirem". Essa noção, no entanto, somente foi aperfeiçoada anos mais tarde, com a ocorrência de alguns crimes de extorsão mediante sequestro de algumas figuras de destaque da sociedade.

Tais fatos geraram o apressamento de aprovação da Lei Federal n. 8.072, de 25-7-1990, a chamada Lei dos Crimes hediondos, a qual estipulou um rol taxativo do que seriam tais crimes, agora hediondos. Neles, contudo, não se previa o crime de homicídio.

Em verdadeira contradição à previsão de que o homicídio diria respeito ao bem jurídico mais importante do CP, não se entendeu que um crime de homicídio pudesse ser tido como hediondo. Somente após a morte violenta de uma atriz televisiva, em 1992, é que se procurou reformar esse estado de coisas.

Assim, através da Lei Federal n. 8.930, de 6-9-1994, o homicídio passou a ser considerado, quando praticado em atividade típica de grupo de extermínio, ainda que cometido por um só agente, e quando praticado na forma qualificada, crime hediondo. O homicídio simples, de forma geral, ou o homicídio culposo, não são hediondos.

Homicídio duplamente qualificado e as causas de aumento

É bastante comum, no âmbito do Tribunal do Júri, afirmar a presença de um crime duplamente qualificado. Dogmaticamente, no entanto, isso se mostra equivocado, pois, a partir da primeira situação, objetiva ou subjetiva, que expressa uma qualificadora, o crime passa da órbita do homicídio comum à orbita do homicídio qualificado.

Em outras palavras, a consideração do crime passa da moldura compreendida entre 6 (seis) a 20 (vinte) anos, para a moldura de 12 (doze) a 30 (trinta) anos de reclusão. Assim, é de ver que somente um dos elementos, objetivos ou subjetivos, basta para a consideração do homicídio qualificado.

Entretanto, por óbvio que a realidade pode verificar a presença de diversos elementos, como seria um crime praticado por motivo fútil e com emprego de meio cruel. A consideração prática dessa realidade há de se ver na utilização das exatas previsões do art. 61 do CP.

Assim, muito embora se possa considerar que o homicídio se dê por múltiplas qualificadoras, tem-se que a primeira há de ser utilizada para a consideração do crime qualificado – pena de 12 (doze) a 30 (trinta) anos de reclusão –, enquanto as demais figuram como agravantes genéricas ou no âmbito da pena-base, majorando, assim, a sanção dentro da moldura penal imposta (STJ, AgRg no HC 669.081/PE, rel. Min. Ribeiro Dantas, 5ª Turma, j. 17-8-2021, *DJe* 23-8-2021).

Homicídio qualificado-privilegiado

Tomando-se em conta tais considerações, é de ver, ainda, a possibilidade da existência de um homicídio qualificado e privilegiado ao mesmo tempo. Essa consideração ganha ainda mais importância ao se imaginar que o homicídio qualificado é considerado, pela Lei Federal n. 8.072/90, como crime hediondo. Surge, pois, a dúvida se o caso em particular de um homicídio qualificado-privilegiado haveria de ser considerado crime hediondo ou não.

Note-se, em primeiro lugar, que as considerações acerca do art. 121, § 1º, do CP se referem a circunstâncias subjetivas do crime. Dizem respeito, pois, ao crime de morte que se dá em razão de alguns motivos, quais sejam, relevante valor social ou moral ou sob o domínio de violenta emoção, logo após injusta provocação da vítima. Como todas essas circunstâncias dizem respeito a questões de ordem subjetiva, entende-se que somente se poderia utilizá-las em função de uma qualificadora de ordem objetiva. Isso é certo, pois não se pode imaginar que existam duas razões moventes do agente criminoso discordantes. O crime, portanto, jamais poderia ser cometido por relevante valor social e fútil, tampouco sob domínio de violenta emoção e mediante paga. As situações são, pois, excludentes.

Poderia, no entanto, haver compatibilidade entre as causas de diminuição de pena subjetivas e as qualificadoras objetivas. Ora, é perfeitamente possível que um homicídio se dê movido por relevante valor social e com meio que dificulte a defesa da vítima; ou, ainda, sob o domínio de violenta emoção e por meio cruel. Quando houver, assim, situações subjetivas, de um lado, e objetivas, de outro, a compatibilidade é possível (STJ, AgRg no REsp 950.404/RS, rel. Min. Antonio Saldanha Palheiro, 6ª Turma, j. 12-3-2019, *DJe* 21-3-2019). Nesse caso, verificar-se-ia a aplicação da pena qualificada (de 12 a 30 anos de reclusão), diminuída de um sexto a um terço (BUSATO, 2014, p. 41 e s.; FRANCO e STOCO, 2007, p. 630).

No art. 67 do CP, como se viu, estabelece-se a regra de que, "no concurso de agravantes e atenuantes, a pena deve aproximar-se do limite indicado pelas circunstâncias preponderantes, entendendo-se como tais as que resultam dos motivos determinantes do crime, da personalidade do agente e da reincidência". Com essa regra em vista, balizou-se o entendimento jurisprudencial de que, como as circunstâncias determinantes do crime seriam as circunstâncias de ordem subjetiva (que realmente movem o agente), estas deveriam, genericamente, preponderar sobre as qualificadoras, em especial no que diz respeito à aplicação da Lei Federal n. 8.072/90. Assim, passou-se a considerar que um crime qualificado privilegiado não é, para todos os fins, hediondo.

Crimes de trânsito e a avaliação do dolo

Como se viu, em termos tradicionais, os crimes de trânsito na maioria das vezes eram considerados culposos, o que implica dizer que, após a consagração do Código de Trânsito Brasileiro, a questão dizia respeito não ao art. 121, § 3º, do CP, mas sim do art. 302 da lei especial. Mais recentemente, contudo, verifica-se uma tendência bastante significativa da jurisprudência em entender que, em casos de direção sob efeitos de álcool ou substância análoga, bem como em casos de direção em velocidades incompatíveis com o local ou, mesmo, em disputas de velocidade (os chamados *rachas* ou *pegas*), a situação implicaria a incidência do conceito de dolo eventual e, portanto, diria respeito a caso de homicídio doloso, tratado pela lei penal propriamente dita (REALE JÚNIOR; PASCHOAL, 2011, p. 4 e s.).

Esse entendimento sofre uma resistência de setores da dogmática, mas é significativa a tendência a uma reorientação da percepção do dolo. Em casos-limites, deve-se, pois, avaliar a compreensão do dolo, quer em termos volitivos ou cognitivos, para se poder esclarecer a questão. Isso se deve ao fato de que pode haver um caso pontual em que, mesmo dirigindo em alta velocidade, não se verifica de modo algum a assunção de risco quanto a possíveis eventos futuros. Há sempre de se avaliar o caso concreto, ponderando-se, assim, a possibilidade ou não de presença de conduta dolosa ou culposa.

Tanto isso parece ser verdade que a Lei Federal n. 12.971, de 9-5-2014, fez incluir o citado § 2º no art. 302 do Código de Trânsito Brasileiro, estipulando que, "se o agente conduz veículo automotor com capacidade psicomotora alterada em razão da influência de álcool ou de outra substância psicoativa que determine dependência ou participa, em via, de corrida, disputa ou competição automobilística ou ainda na exibição ou demonstração de perícia em manobra de veículo automotor, não autorizada pela autoridade competente", as penas serão as relativas ao homicídio culposo, de 2 (dois) a 4 (quatro) anos de reclusão.

Considerações finais

Em muitos crimes, mas especialmente no caso do homicídio, verifica-se certa variação na jurisprudência nacional quanto a muitos pontos. Isso se deve a várias questões, mas talvez uma explicação possa ser encontrada no fato de que se constata uma preferência para que a avaliação de conflitos se dê, em última análise, pelo órgão constitucionalmente indicado, vale dizer, pelo Tribunal do Júri. Essa saída, apesar de balizada pelo texto maior, pode levar a uma insegurança sobre o tema, pois o jurado leigo, não tendo de justificar sua posição, acaba variando sobremaneira seus votos. Conforme seja o caso, conforme seja a figura do réu e conforme se coloquem acusação e defesa, diferentes podem ser as decisões.

Induzimento, instigação e auxílio a suicídio ou a automutilação

Art. 122. Induzir ou instigar alguém a suicidar-se ou a praticar automutilação ou prestar-lhe auxílio material para que o faça:

Pena – reclusão, de 6 (seis) meses a 2 (dois) anos.

§ 1º Se da automutilação ou da tentativa de suicídio resulta lesão corporal de natureza grave ou gravíssima, nos termos dos §§ 1º e 2º do art. 129 deste Código:

Pena – reclusão, de 1 (um) a 3 (três) anos.

§ 2º Se o suicídio se consuma ou se da automutilação resulta morte:

Pena – reclusão, de 2 (dois) a 6 (seis) anos.

§ 3º A pena é duplicada:

I – se o crime é praticado por motivo egoístico, torpe ou fútil;

II – se a vítima é menor ou tem diminuída, por qualquer causa, a capacidade de resistência.

§ 4º A pena é aumentada até o dobro se a conduta é realizada por meio da rede de computadores, de rede social ou transmitida em tempo real.

§ 5º Aumenta-se a pena em metade se o agente é líder ou coordenador de grupo ou de rede virtual.

§ 6º Se o crime de que trata o § 1º deste artigo resulta em lesão corporal de natureza gravíssima e é cometido contra menor de 14 (quatorze) anos ou contra quem, por enfermidade ou deficiência mental, não tem o necessário discernimento para a prática do ato, ou que, por qualquer outra causa, não pode oferecer resistência, responde o agente pelo crime descrito no § 2º do art. 129 deste Código.

§ 7º Se o crime de que trata o § 2º deste artigo é cometido contra menor de 14 (quatorze) anos ou contra quem não tem o necessário discernimento para a prática do ato, ou que, por qualquer outra causa, não pode oferecer resistência, responde o agente pelo crime de homicídio, nos termos do art. 121 deste Código.

Bibliografia: BITENCOURT, Cezar Roberto. *Tratado de direito penal.* São Paulo: Saraiva, 2006. v. 2; BUSATO, Paulo César. *Direito penal:* parte especial. São Paulo: Atlas, 2014. v. 1; COBO DEL ROSAL, Manuel (Dir.). *Comentários al Código Penal.* Madrid: Edersa, 1999. v. V; HUNGRIA, Nélson. *Comentários ao Código Penal.* Rio de

Janeiro: Forense, 1955. v. V; MUÑOZ CONDE, Francisco. *Derecho penal:* parte especial. Valencia: Tirant lo Blanch, 2010; PRADO, Luiz Regis. *Tratado de direito penal brasileiro.* São Paulo: RT, 2014; SILVA SÁNCHEZ, Jesús-María (Dir.). *Leciones de derecho penal:* parte especial. Barcelona: Atelier, 2011; SOUZA, Luciano Anderson de. *Direito penal*: parte especial. São Paulo: RT, 2019. v. 2; TASAYCO, Gilberto Félix. *Derecho penal:* delitos de homicidio. Aspectos penales, procesales y de política criminal. Lima: Griley, 2011; VIVES ANTÓN, Tomás Santiago, BOIX REIX, Juan, ORS BERENGUER, Enrique, CARBONELL MATEU Juan Carlos e GONZÁLEZ CUSSAC, Jose Luis. *Derecho penal:* parte especial. Valencia: Tirant lo Blanch, 1999.

Considerações gerais

Outra modalidade dos crimes contra a vida, na qual esta se mostra o bem jurídico fundamental, é a situação da indução, instigação ou auxílio a suicídio. Este, enquanto ato de se tirar voluntariamente a própria vida, não é uma conduta proibida pelo ordenamento jurídico, ou, ao menos, não deve ser uma conduta penalmente típica (SILVA SÁNCHEZ, 2011, p. 42). O tipo penal elencado no art. 122 do CP, de fato, não diz respeito à conduta de se suicidar, pois isso levaria a uma contradição em termos, já que o agente, para não ser penalmente punido, deveria, de fato, levar a cabo seu ato, ou seja, realizar um efetivo suicídio (HUNGRIA, 1955, p. 224; BUSATO, 2014, p. 61 e s.), restando a punição unicamente aos suicidas fracassados.

No Brasil, de forma um pouco diferente de outros países, o que se recrimina são algumas condutas acessórias que vêm a, de alguma forma, colaborar com o intento suicida de outrem. Essas condutas são induzir, instigar ou auxiliar. A partir da Lei Federal n. 13.968/2019, o tipo em questão foi bastante alterado, sendo em muito ampliada a extensão do leque punitivo, bem como a previsão também para o induzimento, a instigação ou o auxílio para a automutilação.

Considerações nucleares

Na redação original do tipo, poderia se dizer que três eram as questões orbitantes básicas ao crime do art. 122 do CP: o fato de realmente a morte se consumar ou se ao menos ocorrer um resultado vertido em lesão corporal de natureza grave; sobre o mote egoístico do crime; e sobre a situação do agente suicida ter qualquer sorte de limitação cognitiva. Com a Lei Federal n. 13.968/2019, esse quadro foi ampliado. Além da proteção essencial à vida, também tutela-se assessoriamente a integridade física do ofendido.

Havendo influência externa, quer subjetiva, criando a ideia suicida ou de automutilação ou fomentando ideia já existente, quer objetiva, ao auxiliar materialmente o ato agressor, a pena é de 6 (seis) meses a 2 (dois) anos.

Portanto, antes do advento da referida lei, o crime era material, tendo o seu aperfeiçoamento condicionado à superveniência do resultado lesão corporal grave ou morte. Com a alteração legislativa, o crime passa a ser formal, haja vista que se consuma com o mero induzir, instigar ou prestar auxílio.

Com interessante alteração de redação, o que se exige agora para aumento de pena previsto no § 1º diz respeito ao fato da automutilação ou da tentativa de suicídio, e há de se verificar a ocorrência, ao menos, de um resultado que equivalha a uma lesão corporal de natureza grave, ou gravíssima, consoante as previsões do art. 129, §§ 1º e 2º, do CP. Nesse caso, não se considera a ocorrência de tentativa, mas de crime do art. 122, em uma forma diferenciada, com penas de 1 (um) a 3 (três) anos. Caso exista o induzimento, a instigação ou o auxílio, e este venha a resultar na morte pelo suicídio, a pena é de 2 (dois) a 6 (seis) anos de reclusão.

Por outro lado, existem situações que implicam o dobro da pena, especificamente quando se nota uma motivação egoística, reprovável e fútil por parte do sujeito ativo (§ 3º, I); quando a vítima é menor ou tem diminuída, por qualquer causa, a sua capacidade de resistência (§ 3º, II).

A pena também é aplicada em dobro se a conduta é praticada por meio da rede mundial de computadores, de rede social ou transmitida em tempo real (§ 4º). Também é aumentada a pena da metade se o agente é líder ou coordenador de grupo ou rede virtual. Essa foi uma interessante nova menção da Lei Federal n. 13.968/2019, muito em decorrência de casos vários de suicídios, normalmente de jovens, que praticaram um jogo suicida pelas redes virtuais nos idos de 2017.

Por fim, a Lei Federal n. 13.968/2019 previu uma especial causa de aumento de pena em seu novo § 6º, ao art. 122, que dispõe que, no caso de automutilação ou de tentativa de suicídio que resulte lesão corporal grave ou gravíssima em vítima menor de 14 (quatorze) anos, ou contra quem, por enfermidade ou deficiência mental, não tem o necessário discernimento para a prática do ato, ou que, por qualquer outra causa, não pode oferecer resistência, o agente responde pela prática do art. 129, § 2º, deste Código, ou seja, pela prática de lesão corporal gravíssima. Existe, por certo, um exagero nessa situação, com evidente quebra da proporcionalidade, uma vez que a idade ou a condição cognitiva não podem significar um resultado danoso mais efetivo. De modo similar, o § 7º, do mesmo artigo, prevê que se o crime do § 2º do art. 122, vale dizer, se o suicídio se consuma ou se da automutilação resulta morte, e a vítima é menor de 14 (quatorze) anos ou contra quem não tem o necessário discernimento para a prática do ato, ou que, por qualquer outra causa, não pode oferecer resistência, o agente responde pelo crime de homicídio, nos termos do art. 121 deste Código.

Infanticídio

Art. 123. Matar, sob a influência do estado puerperal, o próprio filho, durante o parto ou logo após:

Pena – detenção, de 2 (dois) a 6 (seis) anos.

Bibliografia: BALESTRA, Andres Augusto. *Infanticídio. Impropriedade de uma figura autônoma.* Dissertação de Mestrado apresentada à Faculdade de Direito da Universidade de São Paulo, 1978; BITENCOURT, Cezar Roberto. *Tratado de direito penal*. São Paulo: Saraiva, 2006. v. 2; BUSATO, Paulo César. *Direito penal:* parte especial. São Paulo: Atlas, 2014. v. 1; COSTA JÚNIOR, Paulo José da. *Comentários ao Código Penal*. São Paulo: Saraiva, 1986. v. 2; HUNGRIA, Nélson. *Comentários ao Código Penal*. Rio de Janeiro: Forense, 1955. v. V; PRADO, Luiz Regis. *Tratado de direito penal brasileiro*. São Paulo: RT, 2014; REALE JÚNIOR, Miguel e PASCHOAL, Janaina Conceição (Coord.). *Direito penal:* jurisprudência em debate – crimes contra a pessoa. São Paulo: GZ, 2011; SILVA, Evandro Lins e. *A defesa tem a palavra*. Rio de Janeiro: Aide, 1991; SOUZA, Luciano Anderson de. *Direito penal*: parte especial. São Paulo: RT, 2019. v. 2.

Considerações gerais

Ainda dentro do capítulo dos crimes contra a vida, tem-se o crime de infanticídio. O infanticídio é, em sua essência, um delito de homicídio privilegiado propriamente dito. Tem-se um mesmo núcleo verbal – "matar" –, com variações específicas, quer quanto a uma afetação de ordem biopsicológica – "sob influência do estado puerperal" –, quer em relação ao sujeito passivo – "o próprio filho". Entende-se, dessa forma, que o Código destaca o crime de infanticídio, um crime de homicídio privilegiado, com delito autônomo.

A explicação para a presença do tipo penal em destaque na realidade brasileira dá-se em função da influência do *Codigo Rocco* – Código Penal italiano, de 1930 – na formatação penal nacional (REALE JÚNIOR; PASCHOAL, 2011, p. 59 e s.). Há, contudo, uma pequena distinção. O diploma italiano fazia originalmente menção ao infanticídio para ocultar desonra própria, ou seja, o caso da mulher que mata seu próprio filho para ocultar o fato de que seria mãe solteira, bem ao estilo de uma sociedade patriarcal e machista que impunha, então, um esperado comportamento sexual à mulher.

A legislação brasileira, no entanto, não aceitou essa previsão, modificando-a em função da afetação biopsicológica que pode surgir na mulher durante o puerpério. Verifica-se, portanto, que se trata de um crime de homicídio particular, e, assim, o bem jurídico tutelado continua sendo a vida. A distinção se dá em relação aos sujeitos do crime. Ambos são tipicamente predefinidos. O sujeito ativo somente poderá ser a mãe em estado puerperal, e o sujeito passivo somente poderá ser o filho nascente, durante o parto ou logo após.

Considerações nucleares

A questão nuclear diz respeito à tutela da vida humana nascente ou recém-nascida, por ato homicida da própria mãe, afetada pelo estado puerperal. Dessa forma, tem-se o que Costa Júnior (1986, p. 29 e s.) recorda como sendo a questão atinente à conduta da mãe que dá fim à vida do próprio filho durante o parto ou logo após este.

Dessa forma, é necessária, preliminarmente, a situação tópica de sujeito ativo mãe e de sujeito passivo filho nascente ou recém-nascido. A partir daí, verifica-se a necessária incidência de uma afetação derivada do estado puerperal, que pode, mas nem sempre determina a alteração do psiquismo da mulher (HUNGRIA, 1955, p. 241). Dessa forma, para o enquadramento típico pretendido, é necessário posterior exame médico legal.

É de ver que, como se percebe do poema sobre a infanticida Maria Farrar, de Brecht[154], que a mulher como sujeito ativo do infanticídio muitas vezes é miserável e frágil, sendo facilitada sua conduta homicida pelo desamparo do Estado, como, aliás, já sustentou, em seu tempo, Evandro Lins e Silva, um dos maiores tribunos que o Brasil já teve (SILVA, 1991, p. 47 e s.). Por essa razão se explica a necessidade de avaliação do caso pelo júri popular, e se entende o diferencial no tratamento penal, ao contrário do que uma técnica ou dogmática fria poderia sustentar.

Questões correlatas

A fundamental questão a ser considerada no crime de infanticídio diz respeito à possibilidade, ou não, de coautoria. Genericamente, entende-se o crime de infanticídio como um crime especial, já que existe uma designação particular de seu sujeito ativo. Somente a mãe, sob influência do estado puerperal, poderia, as-

---

[154] "Maria Farrar, nascida em abril,/sem sinais particulares,/menor de idade, órfã, raquítica,/ao que parece matou um menino/da maneira que se segue,/sentindo-se sem culpa./Afirma que grávida de dois meses/no porão da casa de uma dona/tentou abortar com duas injeções/dolorosas, diz ela,/mas sem resultado./E bebeu pimenta em pó/com álcool, mas o efeito/foi apenas de purgante./Mas vós, por favor, não deveis/vos indignar./Toda criatura precisa da ajuda dos outros./Seu ventre inchara, agora a olhos vistos/e ela própria, criança, ainda crescia./E lhe veio a tal tonteira no meio do ofício das matinas/e suou também de angústia aos pés do altar./Mas conservou em segredo o estado em que se achava/até que as dores do parto lhe chegaram./Então, tinha acontecido também a ela,/assim feiosa, cair em tentação./Mas vós, por favor, não vos indigneis./Toda criatura precisa da ajuda dos outros./Naquele dia, disse, logo pela manhã,/ao lavar as escadas sentiu uma pontada/como se fossem alfinetadas na barriga./Mas ainda consegue ocultar sua moléstia/e o dia inteirinho, estendendo paninhos,/buscava solução./Depois lhe vem à mente que tem que dar à luz/e logo sente um aperto no coração./Chegou em casa tarde./Mas vós, por favor, não vos indigneis./Toda criatura precisa da ajuda dos outros./Chamaram-na enquanto ainda dormia./Tinha caído neve e havia que varrê-la,/às onze terminou. Um dia bem comprido./Somente à noite pôde parir em paz./E deu à luz, pelo que disse, a um filho/mas ela não era como as outras mães./Mas vós, por favor, não vos indigneis./Toda criatura precisa da ajuda dos outros./Com as últimas forças, ela disse, prosseguindo,/dado que no seu quarto o frio era mortal,/se arrastou até a privada, e ali,/quando não mais se lembra,/pariu como pôde quase ao amanhecer./Narra que a esta altura estava transtornadíssima,/e meio endurecida e que o garoto, o segurava a custo/pois que nevava dentro da latrina./Entre o quarto e a privada/o menino prorrompeu em pratos/e isso a perturbou de tal maneira, ela disse,/que se pôs a socá-lo/às cegas, tanto, sem cessar,/até o fim da noite./E de manhã o escondeu então no lavatório./Mas vós, por favor, não deveis vos indignar,/toda criatura precisa da ajuda dos outros./Maria Farrar, nascida em abril,/morta no cárcere de Moissen,/menina-mãe condenada,/quer mostrar a todos o quanto somos frágeis./Vós que paris em leito confortável/e chamais bendito vosso ventre inchado,/não deveis execrar os fracos e desamparados./Por obséquio, pois, não vos indigneis./Toda criatura precisa da ajuda dos outros."

sim, responder pelo crime de homicídio privilegiado de infanticídio. Eventual colaboração, porventura, de seu marido ou de terceiro qualquer acabaria, em tese, incidindo na figura de homicídio.

Essa resposta, que se mostraria mais lógica, apresenta-se, no entanto, falha. Convém recordar que o CP brasileiro adota uma concepção unitária de autor, mitigada, conforme o seu art. 29: "quem, de qualquer modo, concorre para o crime incide nas penas a este cominadas, na medida de sua culpabilidade. § 1º Se a participação for de menor importância, a pena pode ser diminuída de um sexto a um terço. § 2º Se algum dos concorrentes quis participar de crime menos grave, ser-lhe-á aplicada a pena deste; essa pena será aumentada até a metade, na hipótese de ter sido previsível o resultado mais grave". Muito bem, essa definição é completada, ao seu modo, pelo art. 30 do mesmo estatuto, que prevê que: "não se comunicam as circunstâncias e as condições de caráter pessoal, salvo quando elementares do crime". Por óbvio, a ideia de influência do estado puerperal é de caráter pessoal, só que ela também se mostra como elementar do crime. Se não for presente essa circunstância, o que se tem, na verdade, é um crime de homicídio. Logo, em que pese esse ser um exercício de ficção jurídica, deve-se entender pela possibilidade de coautoria no caso de infanticídio (BUSATO, 2014, p. 82 e s.).

Considerações finais

Existem muitas dúvidas sobre a necessidade ou eficácia da presente previsão. Na realidade, se fosse ela uma simples figura mencionada no parágrafo do crime de homicídio, nenhum dos problemas hoje verificado seria constatável. Na realidade, em muitos países, como Espanha ou Itália, que previam a situação *honoris causa*, o crime simplesmente foi suprimido da legislação.

Aborto provocado pela gestante ou com seu consentimento

Art. 124. Provocar aborto em si mesma ou consentir que outrem lho provoque:

Pena – detenção, de 1 (um) a 3 (três) anos.

Aborto provocado por terceiro

Art. 125. Provocar aborto, sem o consentimento da gestante:

Pena – reclusão, de 3 (três) a 10 (dez) anos.

Art. 126. Provocar aborto com o consentimento da gestante:

Pena – reclusão, de 1 (um) a 4 (quatro) anos.

Parágrafo único. Aplica-se a pena do artigo anterior, se a gestante não é maior de 14 (catorze) anos, ou é alienada ou débil mental, ou se o consentimento é obtido mediante fraude, grave ameaça ou violência.

Forma qualificada

Art. 127. As penas cominadas nos dois artigos anteriores são aumentadas de um terço, se, em consequência do aborto ou dos meios empregados para provocá-lo, a gestante sofre lesão corporal de natureza grave; e são duplicadas, se, por qualquer dessas causas, lhe sobrevém a morte.

Art. 128. Não se pune o aborto praticado por médico:

Aborto necessário

I – se não há outro meio de salvar a vida da gestante;

Aborto no caso de gravidez resultante de estupro

II – se a gravidez resulta de estupro e o aborto é precedido de consentimento da gestante ou, quando incapaz, de seu representante legal.

Bibliografia: BARROSO, Luís Roberto. *O novo direito constitucional brasileiro. Contribuições para a construção teórica e prática da jurisdição constitucional no Brasil*. Belo Horizonte: Fórum, 2013; BITENCOURT, Cezar Roberto. *Tratado de direito penal*. São Paulo: Saraiva, 2006. v. 2*;* BUSATO, Paulo César. *Direito penal:* parte especial. São Paulo: Atlas, 2014. v. 1; COBO DEL ROSAL, Manuel (Dir.). *Comentarios al Código Penal*. Madrid: Edersa, 1999. v. V; HUNGRIA, Nélson. *Comentários ao Código Penal*. Rio de Janeiro: Forense, 1955. v. V; MUÑOZ CONDE, Francisco. *Derecho penal:* parte especial. Valencia: Tirant lo Blanch, 2010; PRADO, Luiz Regis. *Tratado de direito penal brasileiro*. São Paulo: RT, 2014. SILVA SÁNCHEZ, Jesús-María (Dir.). *Lecciones de derecho penal:* parte especial. Barcelona: Atelier, 2011; SOUZA, Luciano Anderson de. *Direito penal*: parte especial. São Paulo: RT, 2019. v. 2; VIVES ANTÓN, Tomás Santiago, BOIX REIX, Juan, ORS BERENGUER, Enrique, CARBONELL MATEU Juan Carlos e GONZÁLEZ CUSSAC, Jose Luis. *Derecho penal:* parte especial. Valencia: Tirant lo Blanch, 1999.

Considerações gerais

O crime de aborto, inserido entre os crimes contra a vida, suscita muitas dúvidas, quer por se verificar que algumas modalidades de aborto são permitidas e outras proibidas, quer por excepcionalizar algumas regras gerais de Direito Penal, quer, ainda, por ir além da seara estritamente penal. De fato, alguns crimes, ao cuidar de assuntos particularmente delicados, acabam gerando a maior sorte de discussões. Isso ainda se vê mais agudizado quando se percebe a influência conflitante de interesses religiosos, morais, sociais, feministas ou mesmo de saúde pública. Nesse sentido, dividem-se fortemente as opiniões sobre o crime de aborto. Enquanto feministas defendem o que chamam de direito ao próprio corpo, várias entidades religiosas entendem que o direito ao próprio corpo não implica cercear o direito à vida de um ser que ainda nem mesmo nasceu. Derradeiramente, é de se ver que existem enormes implicações de saúde pública, uma vez que, no Brasil, há clínicas clandestinas, as quais mais se aproximam de matadouros do que de clínicas propriamente ditas. Aqui, de se verificar pontuações notadamente jurídicas.

Se o crime de homicídio tutela a vida extrauterina, tem-se que o crime de aborto tutela a vida intrauterina. Isso, no entanto, pode soar um tanto vago, sendo necessário especificar, novamente, os marcos fronteiriços dos quais se está a tratar.

Sem dúvida, o momento terminativo de incidência do tipo penal em questão se dá com o nascimento com vida do recém-nascido. Há, pois, de se determinar os momentos do desenvolvimento intrauterino, pois somente assim é que se pode tentar, de alguma forma, delimitar o momento em que potencialmente se inicia a tutela. Isso é importante, pois, se não se estabelecerem prazos científicos para o início da vida, poder-se-ia considerar, por exemplo, a utilização de meios contraceptivos, como preservativos masculinos ou femininos, como quase meios abortivos e, por óbvio, não é esse o caso.

Em termos médicos, costuma-se dizer que três são os momentos de vida intrauterina, os quais, genericamente, podem ser vistos: momento ovular, do 14º dia aos 3 meses; embrionário, dos 3 aos 5 meses; fetal, dos 5 meses em diante. Qualquer interrupção, em qualquer momento, implica aborto, mas se deve ter em conta que é somente a partir da nidação, dada com a fixação do óvulo no útero materno, que se pode falar em gravidez propriamente dita.

Considerações nucleares

O bem jurídico do aborto é a vida intrauterina. Nesse sentido, ter-se-ia, como regra geral, que não se tutela a vontade da mãe, que poderia desejar o aborto, mas a vida em desenvolvimento. Pode-se, eventualmente, também tutelar a vontade da mãe, quando o aborto se dá contra sua expressa manifestação. Entretanto, tem-se como objeto preponderante a vida em desenvolvimento.

Autoaborto ou aborto consentido

O chamado autoaborto, ou o aborto consentido, é a figura presente no art. 124 do CP, que afirma ser crime o fato de "provocar aborto em si mesma ou consentir que outrem lho provoque". Tem-se, aqui, claramente recriminada a conduta agressiva contra a vida intrauterina praticada pela mãe ou praticada por terceiro, mas com o consentimento desta.

Na verdade, a figura detém contornos de crime especial, uma vez que somente a mãe pode se mostrar como agente do tipo em comento. Ela tanto pode praticar ativamente a prática abortiva (através das mais diversas condutas, quer físicas, químicas, elétricas etc.) como, simplesmente, permitir que um estranho abortador venha a provocá-lo. Note-se, contudo, que esse terceiro sujeito responderá por crime autônomo, não se confundindo com a figura descrita no art. 124. Daí, aliás, a razão de dizer que esse é um exemplo de quebra da teoria monista da ação, assumida pelo Código Penal brasileiro. Como se viu, o art. 13 do CP assume, em caráter geral, a ideia da teoria monista. O presente caso, no entanto, é uma exceção a essa regra, uma vez que a mãe que consentiu no aborto responde por um crime e o agente abortador, por outro.

Observe-se que, se a gestante não consente com a prática abortiva à qual é submetida, ela não responde a crime nenhum, pois, na verdade, foi, sim, submetida a uma violência que tolheu sua capacidade de decisão.

Terceiro que pratica o aborto consentido

Duas são as possibilidades de recriminação do agente que pratica o aborto na gestante. Elas variam conforme esse aborto tenha se originado de consentimento ou não da gestante. O primeiro caso – de aborto praticado por terceiro com consentimento da gestante – é previsto no art. 126 do CP, que estipula ser crime "provocar aborto com o consentimento da gestante".

Tem-se aqui, na verdade, uma violência unicamente dirigida à vida intrauterina. Mesmo assim, a reprovação a esse terceiro, que pode ser médico ou não, dá-se de forma distinta da verificada à gestante.

Terceiro que pratica o aborto não consentido

Já na situação de não haver o prévio consentimento da gestante, o que se verifica é uma violência bifronte, tanto à vida intrauterina como à pessoa da gestante, que tem sua integridade física e vontade vilipendiadas.

Formas qualificadas

Derradeiramente, o art. 127 do CP prevê que "as penas cominadas nos dois artigos anteriores são aumentadas de um terço, se, em consequência do aborto ou dos meios empregados para provocá-lo, a gestante sofre lesão corporal de natureza grave; e são duplicadas, se, por qualquer dessas causas, lhe sobrevém a morte". Trata-se que situações de evidente preterdolo, em que o agente externalizou o dolo no antecedente aborto e resultou em culpa o consequente, que pode se mostrar na lesão corporal de natureza grave ou, mesmo, a morte.

Aborto legal

Um dos pontos de maior controvérsia da chamada criminalização do aborto encontra-se nas exceções à sua punibilidade. O art. 128 do CP estipula, assim, o chamado aborto legal. A aparente contradição verificada fica ainda mais evidente quando se imagina que existe menor valorização da vida intrauterina em determinados casos. Se existem exceções a essa regra, dizem os favoráveis à descriminalização do aborto, seria de dizer que a tutela mencionada é relativizada, e, portanto, a real defesa da manutenção ao crime de aborto seria, também, de cunho moral. Esse discurso, no entanto, mostra-se, em parte, falacioso.

As situações do aborto legal se verificam, quando praticadas por médico, em duas variantes, a saber: se não há outro meio para salvar a vida da gestante, ou se a gravidez resulta de estupro e o aborto é precedido de consentimento da gestante ou, quando incapaz, de seu representante legal. O primeiro, também chamado de aborto terapêutico, nada mais é do que uma situação de estado de necessidade, em que se mostra fundamental a comprovação de perigo concreto para a gestante. O segundo, no entanto, mostra-se mais problemático. Trata-se do chamado aborto decorrente de violência sexual prévia. Nele se entende possível o abortamento por se mostrar a gravidez uma possível perpetuação da violência original. Daí sua legitimidade.

Questões correlatas

a) A questão da autorização judicial prévia para a prática abortiva

Muito se discutiu, desde a publicação do Código Penal, se deveria haver uma autorização prévia para a prática do aborto legal. Os médicos, principalmente no caso da gravidez resultante de estupro, muitas vezes a requeriam. Note-se, contudo, que o texto legal não menciona nenhuma necessidade de autorização. Apenas informa que "não se pune o aborto praticado por médico" em determinadas condições. Essa questão somente passou a ser resolvida a partir dos anos 1990, quando se passou a entender que a simples comunicação policial do estupro já seria suficiente para a intervenção médica. Hoje, até mesmo esta se mostra dispensável. Note-se que, em caso de fraude, o médico não será responsabilizado penalmente pela intervenção, pois foi levado a erro. A gestante, por outro lado, responderá por ter consentido na prática.

b) A má-formação congênita e a anencefalia – ADPF 54

A questão de maior destaque em relação ao crime de aborto hoje se refere à decisão do Supremo Tribunal Federal na Ação de Descumprimento de Preceito Fundamental n. 54 (ADPF 54). Como o art. 128 do CP apenas enumera duas situações de aborto legal, verificava-se um sério problema, qual seja, o da possibilidade, ou não, de uma prática abortiva quando se verificasse situação que inviabilizasse a vida extrauterina do produto gestacional. O caso emblemático levado aos Tribunais nacionais foi o de feto com má-formação congênita, ou anencefalia.

Na anencefalia, tem-se o não fechamento da calota craniana, tornando inviável a sobrevida autônoma do produto gestacional. Com isso em vista, algumas decisões jurisprudenciais acabaram por entender pela possibilidade de extensão da prática do aborto legal. Contudo, isso só se verificou em termos mais amplos após a decisão, em sede do Supremo Tribunal Federal, da ADPF 54, pela qual se decidiu que, em primeiro lugar, não se poderia considerar esse produto gestacional como vida, pois, à luz do art. 3º da Lei Federal n. 9.434/97, a morte seria caracterizada pela morte encefálica; não tendo cérebro, não seria de se falar em vida. Além disso, considerou-se que seria uma violação à dignidade da pessoa humana da gestante a obrigação de levar uma gestação sabidamente frustrada até seu fim. Outra questão bastante interessante diz respeito à eventual obrigatoriedade, no exercício da medicina, de proceder ao aborto legal. Imagine-se, assim, um médico que professe determinada fé que se mostre contrária ao aborto. Procurado por uma paciente que sofreu estupro, e munida, esta, de boletim de ocorrência que comprovaria a comunicação do crime, ele simplesmente se recusa a praticar o abortamento. Teria ele alguma responsabilidade? A resposta parece ser negativa. Trata-se do exercício de uma objeção de consciência, nada mais.

c) Tendência à descriminalização

No julgamento do *Habeas Corpus* 124.306/RJ, a 1ª Turma do Supremo Tribunal Federal, de forma unânime, explicitou posicionamento no sentido de que o aborto até o terceiro mês de gestação seria conduta atípica. Deve-se destacar, no entanto, que tal posicionamento apenas foi externalizado em acórdão relativo à prisão preventiva dos acusados, não tendo sido reconhecida a inconstitucionalidade dos arts. 124 e 126 do Código Penal em nenhum momento. Contudo, tal paradigma não deixa de ser uma sinalização de mudança da jurisprudência da Suprema Corte.

Considerações finais

A questão relativa ao aborto é das mais complexas, justamente por se mostrar multidisciplinar. A dúvida acerca de seu tratamento é, também, a dúvida sobre qual fator deve preponderar na avaliação. Existe uma significativa pressão do movimento feminista em relação à descriminalização da conduta. Por outro lado, enorme é a resistência de grupos religiosos que nem sequer aceitam imaginar a pleiteada reforma. É bastante difícil projetar um vaticínio sobre o que poderá ocorrer em um momento próximo futuro.

Capítulo II
Das lesões corporais

Lesão corporal
Art. 129. Ofender a integridade corporal ou a saúde de outrem:
Pena – detenção, de 3 (três) meses a 1 (um) ano.

Lesão corporal de natureza grave
§ 1º Se resulta:

I – incapacidade para as ocupações habituais, por mais de 30 (trinta) dias;

II – perigo de vida;

III – debilidade permanente de membro, sentido ou função;

IV – aceleração de parto:

Pena – reclusão, de 1 (um) a 5 (cinco) anos.

§ 2º Se resulta:

I – incapacidade permanente para o trabalho;

II – enfermidade incurável;

III – perda ou inutilização do membro, sentido ou função;

IV – deformidade permanente;

V – aborto:

Pena – reclusão, de 2 (dois) a 8 (oito) anos.

Lesão corporal seguida de morte

§ 3º Se resulta morte e as circunstâncias evidenciam que o agente não quis o resultado, nem assumiu o risco de produzi-lo:

Pena – reclusão, de 4 (quatro) a 12 (doze) anos.

Diminuição de pena

§ 4º Se o agente comete o crime impelido por motivo de relevante valor social ou moral ou sob o domínio de violenta emoção, logo em seguida a injusta provocação da vítima, o juiz pode reduzir a pena de um sexto a um terço.

Substituição da pena

§ 5º O juiz, não sendo graves as lesões, pode ainda substituir a pena de detenção pela de multa:

I – se ocorre qualquer das hipóteses do parágrafo anterior;

II – se as lesões são recíprocas.

Lesão corporal culposa

§ 6º Se a lesão é culposa:

Pena – detenção, de dois 2 (dois) meses a 1 (um) ano.

Aumento de pena

§ 7º Aumenta-se a pena de 1/3 (um terço) se ocorrer qualquer das hipóteses dos §§ 4º e 6º do art. 121 deste Código.

§ 8º Aplica-se à lesão culposa o disposto no § 5º do art. 121.

Violência doméstica

§ 9º Se a lesão for praticada contra ascendente, descendente, irmão, cônjuge ou companheiro, ou com quem conviva ou tenha convivido, ou, ainda, prevalecendo-se o agente das relações domésticas, de coabitação ou de hospitalidade:

Pena – detenção, de 3 (três) meses a 3 (três) anos.

§ 10. Nos casos previstos nos §§ 1º a 3º deste artigo, se as circunstâncias são as indicadas no § 9º deste artigo, aumenta-se a pena em 1/3 (um terço).

§ 11. Na hipótese do § 9º deste artigo, a pena será aumentada de um terço se o crime for cometido contra pessoa portadora de deficiência.

§ 12. Se a lesão for praticada contra autoridade ou agente descrito nos arts. 142 e 144 da Constituição Federal, integrantes do sistema prisional e da Força Nacional de Segurança Pública, no exercício da função ou em decorrência dela, ou contra seu cônjuge, companheiro ou parente consanguíneo até terceiro grau, em razão dessa condição, a pena é aumentada de um a dois terços.

§ 13. Se a lesão for praticada contra a mulher, por razões da condição do sexo feminino, nos termos do § 2º-A do art. 121 deste Código:

Pena – reclusão, de 1 (um) a 4 (quatro anos).

Bibliografia: BITENCOURT, Cezar Roberto. *Tratado de direito penal*. São Paulo: Saraiva, 2006. v. 2; COBO DEL ROSAL, Manuel (Dir.). *Comentarios al Código Penal*. Madrid: Edersa, 1999. v. V; HUNGRIA, Nélson. *Comentários ao Código Penal*. Rio de Janeiro: Forense, 1955. v. V; MUÑOZ CONDE, Francisco. *Derecho penal:* parte especial. Valencia: Tirant lo Blanch, 2010; PRADO, Luiz Regis. *Tratado de direito penal brasileiro*. São Paulo: RT, 2014; SILVA SÁNCHEZ, Jesús-María (Dir.). *Lecciones de derecho penal:* parte especial. Barcelona: Atelier, 2011; SOUZA, Luciano Anderson de. *Direito penal:* parte especial. São Paulo: RT, 2019. v. 2; VIVES ANTÓN, Tomás Santiago, BOIX REIX, Juan, ORS BERENGUER, Enrique, CARBONELL MATEU Juan Carlos e GONZÁLEZ CUSSAC, Jose Luis. *Derecho penal:* parte especial. Valencia: Tirant lo Blanch, 1999.

Considerações gerais

O art. 129 do CP inicia o segundo capitulo do Título relativos aos crimes contra as pessoas. Não mais se fala de crimes contra a vida, mas das lesões corporais. O crime de lesão corporal, muito genericamente, diz respeito, como lembra Hungria (1955, p. 313), a qualquer dano ocasionado por alguém à integridade física de outrem, sem *animus necandi*. A integridade humana, física ou mental, é dotada de proteção penal, sendo de considerar, pois, que esse é o bem jurídico protegido pela norma.

Os sujeitos ativo e passivo do crime poderão ser qualquer pessoa.

Considerações nucleares

A lesão corporal se constitui, genericamente, de uma agressão composta por um *animus laedendi*, ou seja, uma vontade de agredir a outrem. Da mesma forma que se verificou na análise do crime de homicídio, encontram-se inúmeras previsões em relação ao crime de lesão corporal, sendo necessário, e mais recomendável, fazer uma análise pontual sobre suas muitas variáveis.

Lesão corporal leve

A lesão corporal leve se verifica em relação ao *caput* do art. 129 do CP. Ele dispõe ser crime "ofender a integridade corporal ou a saúde de outrem" com penas que variam de detenção, de três meses a um ano. Deve-se recordar que, em face do princípio da insignificância, nem todas as agressões acabam por compor o espectro de proteção penal do art. 129 do Código Penal. Trata-se de crime doloso simples, que ofenda a saúde física ou mental de outrem, não se aperfeiçoando nenhuma das hipóteses vistas nos parágrafos subsequentes, que vão tratar de lesões qualificadas pelo resultado.

Lesão corporal grave

O art. 129 do CP menciona como lesão corporal de natureza grave os seus respectivos §§ 1º e 2º. Trata-se, no entanto, de questões evidentemente diversas, sendo as penas elencadas no § 2º, inclusive, de maior gravidade. Por essa razão, costuma-se, para efeitos didáticos, nomear o § 2º como relativo à lesão corporal gravíssima. Quanto às considerações do crime de lesão corporal de natureza grave, é de ver que, por razões de ordem objetiva, justifica-se um incremento da sanção, passando-se a uma moldura penal em patamar superior, de reclusão, de um a cinco anos. A primeira das situações elencadas (art. 129, § 1º, I) diz respeito à incapacidade para as ocupações habituais, por mais de trinta dias. Trata-se de um conceito funcional que se vê abalado pela agressão imposta. Existe uma limitação funcional temporal que a lei entende ser, assim, mais gravosa em termos de resposta penal. Diz-se temporal porque o prazo determinado para a incapacitação deve ser superior a trinta dias. Logo, isso deve, necessariamente, ser conferido por perícia técnica médico-legal.

A segunda das qualificadoras da lesão corporal (art. 129, § 1º, II) diz respeito à lesão que produz perigo contra a vida, vale dizer, probabilidade concreta de resultado letal. A agressão a algumas partes do corpo humano, por exemplo, representa um sintomático maior risco à vida humana, e é isso que dá respaldo à tutela.

A terceira das qualificadoras da lesão grave (art. 129, § 1º, III) diz respeito à debilidade permanente de membro, sentido ou função. Aqui, cabem algumas distinções. Em primeiro lugar, que se tenha que o termo "debilidade" diz respeito a uma simples redução da capacidade funcional, e não perda ou inutilização de sua capacidade operacional. Tampouco "permanente" significa perpétua, mas apenas duradoura. Por membro se deve entender as extremidades do corpo humano, sendo dois superiores e dois inferiores. Já por sentido, têm-se as faculdades pelas quais se percebe o mundo exterior, como a visão, audição, tato, olfato etc. Função diz respeito à atuação específica de algum órgão, como digestiva, respiratória, circulatória, secretora, reprodutora, sensitiva e locomotora. Especificamente em relação aos membros, considerando seu grau de complexidade, verifica-se que eles funcionam pela ação combinada de seus componentes. Da mesma forma, alguns órgãos são duplos ou geminados, o que implica dizer da presença de dois olhos que desempenham a visão, dois aparelhos auditivos que desempenham a audição etc. Nesses casos, ainda que se dê a perda de um dos órgãos, seu conjunto somente se vê debilitado, e não completamente afetado. Seria, assim, de considerar que a ablação de um olho, por mais terrível que possa ser, deve ser considerada em órbita distinta da perda completa da visão.

A última das qualificadoras previstas no art. 129, § 1º, diz respeito à lesão corporal grave que resulte em aceleração de parto. Não se trata de abortamento, mas, unicamente, de expulsão precoce do produto gestacional, que, devido à maturidade preexistente, pode continuar a manter sua vida fora do útero materno.

Lesão corporal gravíssima

As lesões corporais de natureza gravíssima são verificadas em função do resultado objetivo percebido, e impõem novo patamar de tratamento penal, vale dizer, com penas de reclusão de 2 (dois) a 8 (oito) anos. Importante notar que a adjetivação "gravíssima" é meramente doutrinária, uma vez que o Código Penal apenas menciona a ideia de lesão grave. Entretanto, tendo em vista que a gravidade mencionada no § 2º é mais acentuada que a do § 1º, com penas ainda mais significativas, a doutrina costumeiramente menciona a questão em termos de lesão gravíssima.

A primeira de suas previsões (art. 129, § 2º, I) diz respeito à lesão que resulta incapacidade permanente para o trabalho. Diferentemente da previsão da lesão corporal de natureza grave relativa à incapacidade para as ocupações habituais por mais de trinta dias, aqui não se estabelece prazo predefinido. Existe uma suposição de impossibilidade de aferição de tal cálculo, dizendo respeito, especificamente, à incapacidade permanente para o trabalho, e não meras ocupações habituais.

A segunda previsão de lesão gravíssima menciona a ocorrência de enfermidade incurável (art. 129, § 2º, II). Interessante verificar que, após amplos debates na doutrina, o Superior Tribunal de Justiça denota entendimento de que a transmissão consciente da síndrome de imunodeficiência adquirida (AIDS) deve ser entendida como lesão corporal gravíssima, enquadrável no conceito de doença incurável (STJ, HC 160.982/DF, 5ª Turma, rel. Ministro Laurita Vaz, j. 17-5-2012). Embora não seja decisão pacificada na jurisprudência, trata-se de bom indicativo de que há de se superar, em tais casos, as previsões um tanto arcaicas, fundadas em crimes de perigo, e sem necessariamente a percepção de resultados naturalísticos, vistos nos arts. 130 e 131, ambos do CP.

A terceira das colocações acerca da lesão gravíssima é verificada em relação à perda ou inutilização de membro, sentido ou função. Não se trata, mais, de mera incapacidade, mas de completa perda de sua utilidade. Também é prevista como situação de lesão corporal gravíssima a deformidade permanente. Por deformidade se deve entender um aspecto objetivo-subjetivo, dizendo respeito a uma afetação visual em qualquer parte que venha a prejudicar a vítima em termos íntimos ou externos.

A última das previsões relativas ao crime de lesão corporal gravíssima diz respeito à que resulta em aborto. Como o que se verifica no presente dispositivo, em si, já é visto como crime, deve-se entender que este é um crime preterintencional, no qual existe um dolo antecedente de produzir a lesão e uma culpa consequente na prática do aborto. Caso o aborto tenha sido desejado (ou previsto) pelo agressor, poderá ocorrer o concurso de dois crimes – lesão corporal e aborto.

Note-se, por fim, que a Lei Federal n. 13.142, de 6-7-2015, fez inserir um inciso I-A no art. 1º da Lei Federal n. 8.072/90, a mencionada Lei dos Crimes Hediondos. Com isso, passou-se a considerar como crime hediondo "a lesão corporal dolosa de natureza gravíssima (art. 129, § 2º) e lesão corporal seguida de morte (art. 129, § 3º), quando praticadas contra autoridade ou agente descrito nos arts. 142 e 144 da Constituição Federal, integrantes do sistema prisional e da Força Nacional de Segurança Pública, no exercício da função ou em decorrência dela, ou contra seu cônjuge, companheiro ou parente consanguíneo até terceiro grau, em razão dessa condição".

Lesão corporal seguida de morte

A previsão do art. 129, § 3º, do CP costuma ser utilizada como exemplo maior de crime preterintencional. A previsão típica afirma que, se da lesão resulta morte e as circunstâncias evidenciam que o agente não quis o resultado, nem assumiu o risco de produzi-lo, tem-se o que se chama de lesão corporal seguida de morte ou de homicídio preterintencional, na redação do antigo Código Penal de 1890.

Verifica-se, assim, um dolo no antecedente (lesão) e uma culpa no consequente (morte). É o crime qualificado pelo resultado na sua essência.

Interessante constatar que, em termos de resultado naturalístico, tem-se uma paridade significativa com o crime de homicídio. Em ambos se verifica o resultado morte de alguém. A grande distinção se dá em termos de como distinguir a incidência do crime de homicídio da incidência do crime de lesão corporal seguida de morte.

É claro que isso se percebe no que se tem pela presença de um *animus necandi* ou de um *animus laedendi*. Deve-se, pois, analisar o elemento subjetivo do sujeito ativo. Existem, no entanto, situações fronteiriças, que, muitas vezes, geram uma enorme sorte de dúvidas.

Apesar de isso implicar maior análise do art. 18 do CP, muitas vezes o Judiciário nacional acaba por sustentar que a resposta deve ser dada pelo tribunal do júri, o órgão jurisdicional competente constitucionalmente para avaliar os crimes dolosos contra a vida (art. 5º, XXXVIII, da Constituição Federal). Deve-se criticar essa tendência, que em muito desmerece a dogmática e a análise do próprio elemento subjetivo.

Reitere-se que a Lei Federal n. 13.142, de 6-7-2015, fez inserir um inciso I-A no art. 1º da já referida Lei Federal n. 8.072/90. Com isso, passou-se a considerar como crime hediondo "a lesão corporal dolosa de natureza gravíssima (art. 129, § 2º) e lesão corporal seguida de morte (art. 129, § 3º), quando praticadas contra autoridade ou agente descrito nos arts. 142 e 144 da Constituição Federal, integrantes do sistema prisional e da Força Nacional de Segurança Pública, no exercício da função ou em decorrência dela, ou contra seu cônjuge, companheiro ou parente consanguíneo até terceiro grau, em razão dessa condição".

Causas de diminuição da pena

Em demonstração de estreita proximidade tópica do art. 129 do CP com o art. 121 do mesmo estatuto, verifica-se que a previsão relativa às causas de diminuição de penas (art. 129, § 4º, "se o agente comete o crime impelido por motivo de relevante valor social ou moral ou sob o domínio de violenta emoção, logo em seguida a injusta provocação da vítima, o juiz pode reduzir a pena de um sexto a um terço") mostra-se exatamente igual à previsão vista no art. 121, § 1º, do CP. Assim, aplicam-se, aqui, as mesmas regras já expostas.

Substituição da pena

§ 5º O juiz, não sendo graves as lesões, pode ainda substituir a pena de detenção pela de multa:

I – se ocorre qualquer das hipóteses do parágrafo anterior;

II – se as lesões são recíprocas.

O § 5º apresenta a possibilidade alternativa, conforme seja o caso, de haver substituição de pena de detenção pela de multa quando se fizer presente qualquer das hipóteses do parágrafo anterior, vale dizer, de a lesão ter sido impelida por motivo de relevante valor social ou moral, ou sob o domínio de violenta emoção, logo em seguida a injusta provocação da vítima; ou, ainda, se as lesões forem recíprocas.

Lesão corporal culposa

§ 6º Se a lesão é culposa:
Pena – detenção, de 2 (dois) meses a 1 (um) ano.

A lesão corporal culposa, resultante de imprudência, negligência ou imperícia, é punida de forma mais branda que a lesão culposa, dando, assim a distinção exigida pelo art. 18 do CP. Existe, a exemplo do que se viu no crime de homicídio, expressa previsão legal do crime culposo. Importante verificar, no caso concreto, que, da mesma forma que no crime contra a vida, deve-se ter em conta que os crimes de lesão corporal culposa ocorridos em face da condução de veículo automotor são tratados em legislação própria, vale dizer, no Código de Trânsito Brasileiro, Lei n. 9.503/97, com as alterações da Lei n. 12.971/2014.

"Art. 303. Praticar lesão corporal culposa na direção de veículo automotor:

Penas – detenção, de 6 (seis) meses a 2 (dois) anos e suspensão ou proibição de se obter a permissão ou a habilitação para dirigir veículo automotor.

Parágrafo único. Aumenta-se a pena de 1/3 (um terço) à metade, se ocorrer qualquer das hipóteses do § 1º do art. 302."

Causas de aumento de pena

Aumento de pena

§ 7º Aumenta-se a pena de 1/3 (um terço) se ocorrer qualquer das hipóteses dos §§ 4º e 6º do art. 121 deste Código.

O § 7º do art. 129 do CP é resultante da alteração advinda da Lei Federal n. 12.720/2012. Por ela, estabelece-se um paralelismo entre causas de aumento do homicídio culposo e doloso, com as situações de lesão corporal culposa e dolosa, consoante as previsões do art. 121, §§ 4º e 6º, do CP.

Assim, tem-se a possibilidade de aumento de pena de 1/3, se a lesão culposa se der em razão de inobservância de regra técnica de profissão, arte ou ofício, se o agente deixa de prestar imediato socorro à vítima, não procura diminuir as consequências do seu ato, ou foge para evitar a prisão em flagrante. No caso de lesão dolosa, por igual, dá-se aumento de pena se o crime é praticado contra pessoa menor de 14 ou maior de 60 anos.

Da mesma forma, incide o aumento de pena de 1/3 quando a lesão corporal for resultante de crime praticado por milícia privada, sob o pretexto de prestação de serviço de segurança, ou por grupo de extermínio.

Perdão judicial

§ 8º Aplica-se à lesão culposa o disposto no § 5º do art. 121.

Faz-se, aqui, expressa referência à causa de extinção de punibilidade pelo perdão judicial, se as consequências da infração atingirem o próprio agente de forma tão grave que a sanção penal se torne desnecessária. Aplica-se, aqui, a mesma razão vista no art. 121, § 5º, do CP.

Violência doméstica

§ 9º Se a lesão for praticada contra ascendente, descendente, irmão, cônjuge ou companheiro, ou com quem conviva ou tenha convivido, ou, ainda, prevalecendo-se o agente das relações domésticas, de coabitação ou de hospitalidade:

Pena – detenção, de 3 (três) meses a 3 (três) anos.

Com o vertiginoso ganho de papel pela mulher na sociedade brasileira visto nos fins dos anos 1990 e inícios dos anos 2000, percebeu-se de forma bastante clara um aumento de previsões penais em termos de asseguramento da figura feminina, normalmente oprimida pela sociedade machista.

Foi sob esse prisma que se notaram diversas legislações pontuais, como a Lei Federal n. 10.886, de 17-6-2004, a qual criou o tipo penal específico de violência doméstica, visto no art. 129, § 9º, do CP.

Esse dispositivo, contudo, teve sua incidência limitada pela nova qualificadora disposta no § 13, inserida em 2021, no que tange à violência contra a mulher praticada por razões de condição do sexo feminino.

Dessa forma, tem-se que, se a lesão for praticada contra ascendente, descendente, irmão, cônjuge ou companheiro, ou com quem conviva ou tenha convivido, ou, ainda, prevalecendo-se o agente das relações domésticas, de coabitação ou de hospitalidade, vale dizer, se se tratar do que o CP entende por violência doméstica, a pena será de detenção, de 3 (três) meses a 3 (três) anos.

Mais do que isso, tem-se como efeito complementar que, se a lesão se der em função de violência doméstica, e for considerada grave, gravíssima ou seguida de morte, aumenta-se a pena em 1/3 (um terço), conforme o art. 129, § 10, do CP. De igual modo, ainda está prevista uma situação agravante para a pena de violência doméstica quando se tratar de vítima portadora de deficiência, caso em que a pena será aumentada de um terço.

Destaca-se que o Superior Tribunal de Justiça, recentemente, no âmbito do REsp 1.977.124, estabeleceu que a Lei Maria da Penha se aplica aos casos de violência doméstica ou familiar contra mulheres transexuais.

Causas de aumento

§ 10. Nos casos previstos nos §§ 1º a 3º deste artigo, se as circunstâncias são as indicadas no § 9º deste artigo, aumenta-se a pena em 1/3 (um terço).

§ 11. Na hipótese do § 9º deste artigo, a pena será aumentada de um terço se o crime for cometido contra pessoa portadora de deficiência.

Os §§ 10 e 11 do art. 129 do CP estipulam causas de aumento de pena inseridos por leis posteriores, notadamente pelas Lei Federal n. 10.886/2004 e pela Lei Federal n. 11.340/2006. Assim, no § 10, tem-se a situação de aumento de pena de 1/3, para situações de lesão corporal de natureza grave, gravíssima ou seguida de morte em casos de violência doméstica. Já o § 11 prevê a situação de aumento de 1/3 da pena para casos de violência doméstica em que a vítima seja portadora de deficiência.

Lesões contra autoridade

§ 12. Se a lesão for praticada contra autoridade ou agente descrito nos arts. 142 e 144 da Constituição Federal, integrantes do sistema prisional e da Força Nacional de Segurança Pública, no exercício da função ou em decorrência dela, ou contra seu cônjuge, companheiro ou parente consanguíneo até terceiro grau, em razão dessa condição, a pena é aumentada de um a dois terços.

A Lei Federal n. 13.142/2015 prevê a criação de situação de aumento de pena de um a dois terços se a vítima é membro das Forças Armadas, ou seja, do Exército, Marinha ou Aeronáutica, ou, ainda, pelos órgãos responsáveis pela segurança pública, vale dizer, polícia federal; polícia rodoviária federal, polícia ferroviária federal, policias civis e policias militares e corpos de bombeiros militares. Deve-se tomar bastante cautela com essa causa de aumento, capaz de induzir a erros e acusações indevidas. Tanto as autoridades mencionadas como seus respectivos cônjuges, companheiros ou parentes consanguíneos até o terceiro grau somente são merecedores de especial proteção caso a lesão se dê subjetivamente em função do cargo exercido. Não se trata de uma proteção pessoal, mas da função.

Violência contra mulher por razões da condição do sexo feminino

§ 13. Se a lesão for praticada contra a mulher, por razões da condição do sexo feminino, nos termos do § 2º-A do art. 121 deste Código:
Pena – reclusão, de 1 (um) a 4 (quatro anos).

Em 2021, a Lei n. 14.188 incluiu o § 13 ao art. 129. Trata-se de nova qualificadora em relação ao crime de lesão corporal leve, não dizendo respeito à lesão corporal grave ou gravíssima. Como também ocorre na figura do feminicídio, a expressão "condição do sexo feminino" é explanada pelo art. 121, § 2º-A. Assim sendo, esta figura se materializa quando o crime envolver violência doméstica e familiar ou for praticado por menosprezo ou discriminação à condição de mulher.

Percebe-se que tal dispositivo avoca para si parte das condutas antes abrangidas pelo § 9º, especialmente àquelas que dizem respeito à violência doméstica e familiar.

Capítulo III
Da periclitação da vida e da saúde

Perigo de contágio venéreo

Art. 130. Expor alguém, por meio de relações sexuais ou qualquer ato libidinoso, a contágio de moléstia venérea, de que sabe ou deve saber que está contaminado:

Pena – detenção, de 3 (três) meses a 1 (um) ano, ou multa.

§ 1º Se é intenção do agente transmitir a moléstia:

Pena – reclusão, de 1 (um) a 4 (quatro) anos, e multa.

§ 2º Somente se procede mediante representação.

Bibliografia: BITENCOURT, Cezar Roberto. *Tratado de direito penal*. São Paulo: Saraiva, 2006. v. 2; COSTA JÚNIOR, Paulo José da. *Comentários ao Código Penal*. São Paulo: Saraiva, 1986; HUNGRIA, Nélson. *Comentários ao Código Penal*. Rio de Janeiro: Forense, 1955. v. V; JIMÉNEZ DE ASÚA, Luis. *O delito do contágio venéreo*. Trad. J. Catoira e A. Blay. São Paulo: Brasil, 1933; PRADO, Luiz Regis. *Tratado de direito penal brasileiro*. São Paulo: RT, 2014; SILVA, Ângelo Roberto Ilha da. *Dos crimes de perigo abstrato em face da Constituição*. São Paulo: RT, 2003; SILVA FRANCO, Alberto e STOCCO, Rui (Coord.). *Código Penal e sua interpretação*. Doutrina e jurisprudência. São Paulo: RT, 2007; SOUZA, Luciano Anderson de. *Direito penal*: parte especial. São Paulo: RT, 2019. v. 2.

Considerações gerais

O capítulo 3 do Título dos crimes contra a pessoa recebe o nome de "Da periclitação da vida e da saúde". Apesar de a regra geral do CP dizer respeito a crimes de dano, em que são verificados resultados naturalísticos, ele também prevê, ainda que lateralmente, figuras de perigo. Nelas, pode-se ter construções relativas a perigos concretos – em que o perigo é ínsito ao tipo – ou de perigo abstrato – em que o perigo é simplesmente hipotético. Tendo-se isso em mente, deve-se perceber que existem algumas condutas que têm a capacidade de gerar perigo à vida humana, ainda que não necessariamente efetivem um dano concreto. Um bom exemplo dessa política criminal é a disposição do art. 130 do CP.

Na verdade, esse dispositivo é um retrato de seu tempo, quando se pregava a "defesa e consecução do ideal de uma humanidade ilesa e sadia" (HUNGRIA, 1955, p. 377 e s.), em especial no que diz respeito a doenças venéreas. Na primeira metade do século XX, ainda com os ecos do século XIX, tinha-se uma real preocupação com as doenças sexualmente transmissíveis, as quais podiam gerar traumas profundas nas pessoas.

Os avanços da Medicina abrandaram esse estado de coisas, mas ainda é de ver que muitas doenças têm um potencial lesivo enorme, o que justificaria a presença da incriminação a título de perigo. Note-se que a Exposição de Motivos do CP assevera que "não se faz enumeração taxativa das moléstias venéreas (segundo a lição científica, são elas a sífilis, a blenorragia, a ulcus mole e o linfogranuloma inguinal), pois isso é mais próprio do regulamento sanitário".

Considerações nucleares

Trata-se de tutela da vida e da saúde das pessoas mediante situações de perigo. O tipo penal do art. 130 não requer nenhuma característica especial do agente ou da vítima. Fala-se, assim, sobre o perigo de contágio de moléstia venérea, hoje entendida como doença sexualmente transmissível, dado mediante contato sexual de qualquer espécie. Havendo um contato sexual que tenha a possibilidade de contaminação da eventual doença, haverá o crime.

O parágrafo único do artigo em questão prevê uma qualificadora específica caso que verifique a intenção do agente de transmitir a doença, determinando-se, para tanto, penas de 1 (um) a 4 (quatro) anos, e multa.

Autores como Bártoli e Panzeri sustentam, nesse particular: "requisita-se a existência do resultado danoso. O agente; consciente e sabedor de que está contaminado por moléstia venérea, pratica relações sexuais ou atos libidinosos para satisfazer a sua lascívia, com vontade dirigida à contaminação da vítima. É, portanto, necessário que ocorra a transmissão da doença, ao contrário do *caput*, que requisita somente a exposição a perigo" (FRANCO; STOCO, 2007, p. 696).

Essa, contudo, não parece ser a melhor leitura do tipo em questão. Tenha-se em mente que a grande distinção se verifica em relação ao elemento subjetivo do agente. Em termos genéricos, requer-se tão somente a noção de dolo de perigo. Já no § 1º, tem-se, sim, a presença de dolo de dano, o que implicaria, quase, uma tentativa de lesão corporal grave. Contudo, isso se perfaria em relação a um tipo próprio, ainda de perigo.

A ação penal mostra-se pública condicionada à representação do ofendido, uma vez que existe um inegável interesse pessoal a ser avaliado no caso concreto. A vítima, assim, pode entender não ser de seu interesse que o caso venha a público, e, assim, simplesmente não ofertá-la.

Questões correlatas

Alguns tipos penais levam a leituras equivocadas, principalmente de um público leigo. O art. 130 é um bom exemplo disso. Note-se que se a sífilis era um dos grandes dramas do século XIX, afigurando-se, para muitos, como verdadeiro *mal du siècle*; o quarto final do século XX teve como grande preocupação a síndrome de imunodeficiência adquirida (AIDS), fato que, ainda hoje, se mantém.

Ao se fazer a leitura profana de que um tipo penal prevê punições para quem exponha outrem, por meio de relações sexuais ou qualquer ato libidinoso, a contágio de moléstia venérea, de que sabe ou deve saber que está contaminado, pode-se ter a imediata ideia do possível enquadramento da AIDS. Tenha-se em conta, no entanto, que o tipo penal faz referência a "moléstia venérea", não especificando, exatamente, de que moléstia se está a falar. Pois bem, a pergunta que se deve fazer é se a AIDS poderia, de alguma forma, ser vista como moléstia venérea. Ao se entender a moléstia venérea como doença venérea em sentido estrito, a resposta deve ser negativa.

A AIDS não se justapõe no conceito de doença venérea, pois ela não é uma doença transmissível unicamente pela via sexual, mas *também* pela via sexual. Essa definição se compõe de norma penal em branco, que, no entanto, era encontrada no Decreto n. 16.300, de 31-12-1923, o qual, no entanto, foi revogado pelo Decreto de 5-9-1991.

Hoje, trata-se de conceito emprestado da Medicina, e que, dessa forma, exclui derradeiramente a possibilidade de utilização do art. 130 para responsabilização pela exposição a perigo de contágio de AIDS.

De início, constata-se que o núcleo do tipo é "praticar", ou seja, executar/perpetrar atos que tenham como objetivo propagar alguma moléstia grave. Dessa forma, percebe-se que se tem um delito de ação livre, na medida em o legislador não especificou nenhuma forma de "praticar", podendo, então, ser cometido por qualquer modo. Importante também salientar que o elemento subjetivo é o dolo, a ação consciente e desejada de contaminar a vítima. Faz-se presente também o elemento subjetivo específico do tipo, "no fim de transmitir a outrem moléstia grave"; o agente deve possuir a intenção de promover o dano. O título em questão não possibilita a punição na forma culposa. Caso a vítima venha a falecer em decorrência da moléstia contraída de forma culposa, resta configurado o homicídio culposo e não a transmissão de moléstia grave contagiosa.

Considerações finais

Cabe neste tópico analisar um dos assuntos mais discutidos na modernidade, a transmissão do vírus da AIDS, de forma dolosa. Dessa maneira, em um caso paradigmático, o *Habeas Corpus* n. 98.712 (STF, HC 98.712/SP, rel. Marco Aurélio, julgado em 16-4-2009, *DJe*-078 28-4-2009, publicação 29-4-2009), o Supremo Tribunal Federal afastou qualquer entendimento no sentido de que a conduta em questão deveria ser tipificada pelo homicídio, na medida em que a AIDS é uma moléstia incurável, mas não leva a vítima a óbito.

Apesar do referido consenso, não se chegou naquele momento a uma pacificação quanto à conduta em questão. Ainda no presente HC, de um lado, o relator Marco Aurélio entendia que a tipificação correta seria a do art. 131 do CP, lembrando que essa moléstia não é considerada venérea; sendo assim, não se pode falar no art. 130 do mesmo Código incriminador.

Já o Ministro Ayres Britto proferiu um voto sugerindo o crime de lesão corporal gravíssima devido à contração de uma enfermidade incurável, conforme o art. 129, § 2º, inciso II, do mesmo Código. Nesse sentido, devido à falta de consenso, os autos foram remetidos para o STJ para novo julgamento.

Em nova decisão, o Superior Tribunal de Justiça, por unanimidade, entendeu que a conduta em questão se enquadra como lesão corporal gravíssima, o que faz absoluto sentido, uma vez que, percebido o contágio, não mais seria de falar em crime de perigo, mas sim em crime consumado.

Perigo de contágio de moléstia grave
Art. 131. Praticar, com o fim de transmitir a outrem moléstia grave de que está contaminado, ato capaz de produzir o contágio:

Pena – reclusão, de 1 (um) a 4 (quatro) anos, e multa.

Bibliografia: COSTA JÚNIOR, Paulo José da. *Comentários ao Código Penal*. São Paulo: Saraiva, 1986; HUNGRIA, Nélson. *Comentários ao Código Penal*. Rio de Janeiro: Forense, 1955. v. V; PRADO, Luiz Regis. *Tratado de direito penal brasileiro*. São Paulo: RT, 2014; SILVA, Ângelo Roberto Ilha da. *Dos crimes de perigo abstrato em face da Constituição*. São Paulo: RT, 2003; SILVA FRANCO, Alberto e STOCO, Rui (Coord.). *Código Penal e sua interpretação*. Doutrina e jurisprudência. São Paulo: RT, 2007; SOUZA, Luciano Anderson de. *Direito penal*: parte especial. São Paulo: RT, 2019. v. 2.

Considerações nucleares

O bem jurídico aqui, de igual forma, é a saúde da pessoa humana. Trata-se de crime de perigo que se verifica presente diante de ato capaz de produzir o contagio de doença ou moléstia grave de que o agente está contaminado.

Questões correlatas

Como se viu, o art. 130 do CP não se presta para o ideal tratamento de questões relativas à AIDS. Imediatamente se poderia imaginar que o art. 131 se prestaria para tanto. Quanto a isso, duas considerações. De fato, o art. 131 menciona como fato típico a prática, com o fim de transmitir a outrem moléstia grave de que está contaminado, de ato capaz de produzir o contágio. Trata-se, como já exposto, de crime de perigo. Apesar de não se fazer alusão, como se vê no art. 132, à exclusão típica, se este não constitui crime mais grave, parece claro que a limitação de sua abrangência guarda fronteira com a contaminação. Havendo esta, não mais se está a falar de crime de periclitação à vida ou à incolumidade pública, mas sim, verdadeiramente, de agressão, a qual pode se consubstanciar em lesão corporal gravíssima, na modalidade de moléstia incurável.

Conforme disposto na Exposição de Motivos da Parte Especial, esse delito se mostra como um crime eminentemente subsidiário, na medida em que só é aplicado quando não há enquadramento específico em outro artigo. Nesse sentido, somente se utiliza a figura do art. 132 quando outra, mais grave, deixa de se concretizar.

Dessa forma, não existe a possibilidade de punir o agente que expõe alguém a perigo de vida quando, de fato, ocorreu tentativa de homicídio. Obviamente, nos casos que não resultaram em lesões à vítima, ocorreu o perigo, mas se optou por deixar de lado o crime de perigo, na medida em que ele é um "tipo de reserva", cedendo espaço a figuras penais mais graves.

Trata-se também de um crime de perigo concreto, pois o agente deve praticar uma conduta que comprovadamente levou perigo ao bem jurídico resguardado pelo artigo. O delito em questão busca tutelar a vida e a saúde de outrem. O objeto material aqui protegido é a pessoa sobre a qual recai a conduta perpetrada pelo agente.

Seguindo as características comuns dos crimes de perigo percebe-se que, para restar configurado o artigo em questão, não pode ser observado o dolo de causar o dano na conduta do agente, pois, caso contrário, a infração penal seria desclassificada. Nesse sentido, o agente não pode perpetrar uma ação com a intenção de um resultado danoso, mas apenas criar uma situação de perigo sem a vontade e a consciência de um futuro resultado lesivo.

Cabe pontuar que o presente artigo dispõe sobre um crime de perigo direto/individual, ou seja, exige-se que a conduta seja direcionada a determinada pessoa; sendo assim, uma vítima certa e visada pelo réu. Conforme leciona Prado, em casos nos quais a ação do agente não seja direcionada a uma vítima determinada e, com isso, leve perigo direto e iminente a um contingente indefinido, responde ele por crimes de perigo comum – arts. 250 a 259 do CP. Resta observar que, se a conduta não restar configurada em nenhum dos dispositivos de perigo comum, admite-se a aplicação supletiva do art. 132 (PRADO, 2000, p. 132).

Um exemplo clássico, como bem explicita Greco, é o caso do atirador de facas que as arremessa na direção de uma pessoa presa a um painel. O agente sabe que a sua ação é perigosa e pode resultar em lesões, no entanto não possui o dolo de dano, na medida em que o sujeito não quer acertar a vítima.

Perigo para a vida ou saúde de outrem

Art. 132. Expor a vida ou a saúde de outrem a perigo direto e iminente:

Pena – detenção, de 3 (três) meses a 1 (um) ano, se o fato não constitui crime mais grave.

Parágrafo único. A pena é aumentada de 1/6 (um sexto) a 1/3 (um terço) se a exposição da vida ou da saúde de outrem a perigo decorre do transporte de pessoas para a prestação de serviços em estabelecimentos de qualquer natureza, em desacordo com as normas legais.

Bibliografia: BITENCOURT, Cezar Roberto. *Tratado de direito penal.* São Paulo: Saraiva, 2006. v. 2; COSTA JÚNIOR, Paulo José da. *Comentários ao Código Penal.* São

Paulo: Saraiva, 1986; FRANCO, Alberto Silva; STOCO, Rui (Coord.). *Código Penal e sua interpretação*. Doutrina e jurisprudência. São Paulo: RT, 2007; HUNGRIA, Nélson. *Comentários ao Código Penal*. Rio de Janeiro: Forense, 1955. v. V; PRADO, Luiz Regis. *Tratado de direito penal brasileiro*. São Paulo: RT, 2014; REALE JÚNIOR, Miguel e PASCHOAL, Janaina Conceição (Coord.). *Direito penal:* jurisprudência em debate – crimes contra a pessoa. São Paulo: GZ, 2011; SILVA, Ângelo Roberto Ilha da. *Dos crimes de perigo abstrato em face da Constituição*. São Paulo: RT, 2003; SOUZA, Luciano Anderson de. *Direito penal*: parte especial. São Paulo: RT, 2019. v. 2.

Considerações gerais

O art. 132 do CP prevê situação de perigo para a vida ou a saúde de outrem. Assim, tem-se como bem tutelado a incolumidade pessoal, uma vez mais vista, em termos genéricos, pelas lentes do perigo. Não mais se fala sobre situações atinentes a moléstias venéreas ou a doenças graves, como se viu nos artigos precedentes, mas sim sobre qualquer situação de perigo direto e iminente à vida ou à saúde.

Importante salientar, como já fez Reale Júnior (2011, p. 121 e s.), que aqui se verifica o melhor exemplo de desacerto da novel legislação extravagante produzida no Brasil. Na matéria que será examinada a seguir se pode verificar, igualmente, o desacerto da presente situação com relação às previsões do art. 15 da Lei Federal n. 10.826/2003. Existe, entre eles, uma evidente desproporcionalidade sancionatória, apesar de ambas tratarem, genericamente, de tipos de perigo abstrato.

Considerações nucleares

O tipo do art. 132 do CP mostra-se nitidamente mais amplo do que seus predecessores. Aqui, verifica-se como típica qualquer ação capaz de expor concretamente a perigo direto ou iminente. Dessa forma, constata-se como típica a conduta de expor a vida ou a saúde de outrem a perigo direto ou iminente, desde que o fato não constitua crime mais grave.

Certa perturbação na existência do tipo em questão foi inserida pela Lei Federal n. 9.777/98, quando fez inserir a previsão de punição mais severa em relação ao transporte de trabalhadores, mesmo clandestinos, em desacordo com as normas legais. Trata-se de norma penal em branco, mas que visa, fundamentalmente, prevenir situação de perigos a trabalhadores nessas condições.

O núcleo do tipo é "expor", ou seja, provocar, dar causa, submeter a vida ou a saúde de outrem a perigo direto e iminente. Percebe-se que o legislador buscou especificar o perigo, necessitando ser ele "direto e iminente"; direto na medida em que se comete a ação em face de determinada vítima e iminente por ser caracterizado urgente. Para se perfazer o tipo, necessita-se, portanto, que seja observada a existência dessas duas características de forma conjunta. Os sujeitos do delito podem ser qualquer pessoa capaz de imputação penal. Cabe ressaltar, como bem preleciona Hungria (1955, p. 409), que o fato deixa de ser entendido como crime na medida em que o sujeito passivo tem o dever de enfrentar a situação que lhe foi causada, como no caso dos bombeiros, policiais etc. Da mesma forma, inexiste crime quando o perigo se mostra inerente às atividades da profissão, como toureiros, pilotos automobilísticos etc. Logo, é preciso que o crime se mostre como uma anormalidade, como uma ação que seja desaprovada pela moral jurídica e prática.

O elemento subjetivo do crime reside no dolo de perigo; o agente possui a consciência do perigo que está causando com a sua ação ou omissão; sabe que, com essa prática, expõe a vida ou a saúde de determinada pessoa a risco, mas nada faz para mudar sua atitude. Vale ressaltar que o dolo de perigo se distingue do dolo de dano, na medida em que o sujeito não almeja causar qualquer prejuízo. Dessa forma, caso o agente queira com a sua atitude pôr fim à vida ou lesionar a saúde de alguém, incorre ele no homicídio, ou na sua forma tentada, bem como em lesão corporal, ou na sua tentativa. O delito em questão não admite a modalidade culposa.

Deve-se notar ainda que não cabe nesse tipo a previsão do *preterdolo*. Se a ação acabar por gerar um dano à vida ou saúde da vítima, será o agente responsabilizado ou por homicídio culposo ou por lesão corporal culposa. O delito se consuma quando observado que efetivamente a ação do sujeito gerou algum perigo à vida ou saúde da vítima. No que diz respeito à tentativa, percebe-se a sua admissibilidade na medida em que se faz possível o fracionamento do *iter criminis*. Dessa forma, caso o agente tenha iniciado um ato e, por algum motivo, este foi interrompido, não resultando na exposição dos bens jurídicos tutelados a uma situação de perigo, resta configurado o *conatus*.

Cumpre alertar que, para punir o delito em sua forma tentada, deve restar comprovado o dolo de perigo.

Observa-se que o presente delito apresenta uma causa de aumento de pena, inserida por meio da Lei Federal n. 9.777, de 29-12-1998. O aumento gravoso da pena ocorre em casos nas quais os proprietários de veículos promovem o transporte de trabalhadores sem a garantia da devida segurança, já prevista em leis específicas.

Ante o exposto, percebe-se que o perigo para a vida ou saúde de outrem é classificado doutrinariamente como crime comum, não necessita de uma qualidade especial do sujeito ativo; de perigo concreto, deve ser comprovado que a ação do agente criou o perigo para a vítima; doloso; de forma livre, o sujeito pode escolher qualquer meio para perpetrar o crime; comissivo ou omissivo; subsidiário; instantâneo; unissubjetivo; plurissubsistente e admite a forma tentada.

Considerações finais

Levando em conta o caráter subsidiário, vale ressaltar a necessidade de cuidado que decorre da ação de disparar arma de fogo em via pública. O art. 15 da Lei Federal n. 10.826/2003 tipifica essa conduta, *verbis*:

"Disparo de arma de fogo

Art. 15. Disparar arma de fogo ou acionar munição em lugar habitado ou em suas adjacências, em via pública ou em direção a ela, desde que essa conduta não tenha como finalidade a prática de outro crime:

Pena – reclusão, de 2 (dois) a 4 (quatro) anos, e multa.

Parágrafo único. O crime previsto neste artigo é inafiançável".

Dessa forma, se o disparo ocorrer em local habitado ou em via pública, sem a intenção de crime diverso, aplica-se o artigo acima exposto por respeito à subsidiariedade do crime tipificado no art. 132 do CP.

Contudo, nos casos em que o agente realiza o disparo em local inabitável e longe de vias públicas, tem-se uma conduta atípica, como o caso de caçadores. Vale lembrar que, se o agente agiu com o dolo de causar algum dono, responde ele por tentativa de homicídio ou lesão corporal.

Por fim, de observar que, em casos nos quais a ação traz perigo à vida ou saúde de outrem, mas acabou gerando como fim a lesão corporal culposa, cabe enquadrar a conduta no crime do art. 132 do CP.

Mais uma vez se observa o preceito de caráter secundário, *se o fato não constitui crime mais grave*, na medida em que a lesão corporal culposa possui uma pena mais branda. Nesse sentido, Bitencourt (2009, p. 247) aduz que, caso a ação de perigo resulte em lesão corporal, o autor não responderá pela modalidade culposa; na medida em que a sua sanção penal é inferior, deve restar comprovado o dolo de perigo.

Abandono de incapaz

Art. 133. Abandonar pessoa que está sob seu cuidado, guarda, vigilância ou autoridade, e, por qualquer motivo, incapaz de defender-se dos riscos resultantes do abandono:

Pena – detenção, de 6 (seis) meses a 3 (três) anos.

§ 1º Se do abandono resulta lesão corporal de natureza grave:

Pena – reclusão, de 1 (um) a 5 (cinco) anos.

§ 2º Se resulta a morte:

Pena – reclusão, de 4 (quatro) a 12 (doze) anos.

Aumento de pena

§ 3º As penas cominadas neste artigo aumentam-se de um terço:

I – se o abandono ocorre em lugar ermo;

II – se o agente é ascendente ou descendente, cônjuge, irmão, tutor ou curador da vítima.

III – se a vítima é maior de 60 (sessenta) anos.

Bibliografia: BITENCOURT, Cezar Roberto. *Tratado de direito penal.* São Paulo: Saraiva, 2006. v. 2; HUNGRIA, Nélson. *Comentários ao Código Penal.* Rio de Janeiro: Forense, 1955. v. V; PRADO, Luiz Regis. *Tratado de direito penal brasileiro.* São Paulo: RT, 2014; SOUZA, Luciano Anderson de. *Direito penal*: parte especial. São Paulo: RT, 2019. v. 2.

Considerações gerais

Ainda em termos de crimes de periclitação da vida e da saúde, tem-se o chamado crime de abandono de incapaz. Ele procura tutelar hipossuficientes, que necessitam do apoio e amparo de quem quer que se mostre responsável, para a própria proteção.

Faz-se necessário, portanto, a consagração de uma incapacidade de autossuficiência, como é o caso da criança ou adolescente, daquele com restrição cognitiva, do inválido ou do idoso. Existe, contudo, uma exceção, que é vista em razão de conceito específico previsto no art. 134 do CP. Assim, ao se tratar de recém-nascido, abandonado para ocultar desonra própria, o crime será outro.

Considerações nucleares

O art. 133 do CP é expresso ao mencionar que cuida o tipo da conduta de "abandonar pessoa que está sob seu cuidado, guarda, vigilância ou autoridade, e, por qualquer motivo, incapaz de defender-se dos riscos resultantes do abandono". Para tanto, impõe-se pena de detenção, de 6 (seis) meses a 3 (três) anos.

Trata-se de crime de perigo que visa tutelar a vida e a integridade física da pessoa abandonada. Com isso, o tipo penal procura, por meio da punição da violação de um especial dever de cuidado, zelar pela segurança do sujeito passivo. É necessário, também, constatar a superveniência de um perigo à vida ou à saúde da pessoa abandonada, além da verificação de que esta é incapaz de defender-se do mesmo.

Os §§ 1º e 2º, por sua vez, mencionam crimes qualificados pelo resultado, ou seja, escapam da órbita do perigo para assumir, verdadeiramente, a condição de crimes de resultado. O § 1º menciona, assim, que, "se do abandono resulta lesão corporal de natureza grave", a pena é de reclusão, de um a cinco anos. Entretanto, consoante o § 2º, se resulta a morte, a pena é de reclusão, de quatro a doze anos.

A conduta, tal como hoje tipificada, surgiu com o Direito Canônico e, como passou a tutelar não só a fragilidade dos menores, mas também a de qualquer um que não pudesse se proteger sem o auxílio de terceiros, ampliou muito seu campo de aplicação, comparado com as modalidades pretéritas. Mais tarde, graças à influência da Igreja, as legislações modernas ao redor do mundo absorveram a figura delitiva. O Código bávaro, de 1813, e o toscano, de 1853, são exemplos apontados pelo douto penalista.

Já no ordenamento pátrio, restou ao legislador de 1940 a incorporação do crime de abandono de incapaz em nosso sistema repressivo; sendo uma novidade no Direito Penal do Brasil, que não tutela apenas a incapacidade inerente à idade, mas a de toda pessoa que não pode se defender dos riscos provocados pelo abandono.

Considerações nucleares

Assim como o seguinte, o art. 133 descreve crime de perigo genérico. Estruturalmente, encontra-se no *caput* a descrição da conduta que determina a exposição da vítima ao perigo; nos dois primeiros parágrafos, as espécies qualificadas com base na ocorrência consequente de evento danoso e, no último, as causas de aumento da pena determinada.

Pelo abandono de incapaz, visa-se a tutela penal do mesmo bem jurídico dos demais tipos constantes neste Capítulo: a vida e a saúde da pessoa humana, mas, em especial, daqueles indivíduos que não podem – seja pela razão que for – defender-se dos riscos a que o abandono os expõe (PRADO, 2014, p. 161). Em verdade, a figura delitiva em comento se apresenta como forma particular de exposição a perigo, que está vinculada à condição do agente em relação à vítima e àquelas especiais da própria vítima, bem como ao modo de realização da conduta (PRADO, 2000, p. 159).

Destarte, por se tratar de crime próprio, na análise dos sujeitos, é de se dedicar especial atenção àquilo de características especiais que eles devam possuir para que haja a legítima adequação típica.

A ação típica descrita pelo art. 133 é abandonar, que seja: deixar ao léu, desamparar, desassistir o incapaz. Como bem aponta Prado (2014, p. 162), dá-se o abandono, normalmente, pelo afastamento físico entre o agente e a vítima. São duas as formas possíveis: quando a vítima é retirada do ambiente de proteção do agente ou quando é o agente quem vai além dos limites dentro dos quais é possível que ele desempenhe a proteção que deve. Não há uma duração mínima determinada; basta que seja tempo suficiente para que a vítima fique suscetível a uma situação de perigo concreto.

O dever de proteção necessário do agente para com a vítima é posto, pelo legislador penal, sob quatro formas. O cuidado é conforme à assistência eventual de que necessita um dado indivíduo em circunstâncias pontualmente especiais, enquanto a guarda é a assistência duradoura, que se funda na inaptidão característica da vítima de se cuidar; a vigilância, por sua vez, é a ajuda cautelar de alguém que zela pela integridade alheia, e a autoridade é, simplesmente, o poder de um indivíduo sobre o outro. Por exemplo, cuidado tem uma enfermeira com o paciente em um hospital; guarda é o que exercem os pais sobre os filhos menores; vigilância se dá entre o salva-vidas e os banhistas de um parque aquático, e de autoridade é a relação entre o diretor e os alunos de uma escola, ou entre um carcereiro e os presos.

Independentemente da maneira como se manifesta, o dever resulta da própria situação fática, de contrato – ou convenção – ou da lei (HUNGRIA, 1955, p. 418).

Inclusive situações ilícitas dão causa a esse dever de proteção, como o próprio Hungria bem expõe; tal é o dever do sequestrador com a vítima, por exemplo.

Para a consumação, todavia, é nítido que não se faz suficiente que se dê o efetivo afastamento entre a vítima e o agente – mesmo observado que ela seja de fato incapaz de se proteger sozinha e que este tenha dever de cuidado para com ela. O delito em análise se consuma apenas (e necessariamente) diante dos riscos resultantes do abandono.

O perigo delineado diante da vítima pode ser somente momentâneo, mas há que ser superada a mera presunção de risco. O delito é de perigo concreto, portanto (RHC 150.707/PE, 5ª Turma, rel. Min. João Otávio de Noronha, rel. p/ Acórdão Min. Joel Ilan Paciornik, j. 15-2-2022, *DJe* 14-3-2022). Por isso, como demonstra Prado (2014, p. 162), não há delito quando alguém, tendo abandonado um incapaz, procura afastar deste, adequadamente, os perigos resultantes da incolumidade.

Vale ressaltar que, se os riscos causados pelo abandono se protraem no tempo, isso não significa que perdura também a consumação: não se trata de crime permanente (PRADO, 2014, p. 165).

Além disso, também não há crime quando o incapaz se subtrai dos cuidados que lhe dispensam, mesmo se o responsável por ele não insistir no contrário, porque não há descumprimento do dever especial de cuidado – a tipicidade é comprometida.

Quanto ao § 3º, nele se determinam três causas de aumento, quando há majoração de um terço sobre a pena cominada. As duas primeiras hipóteses são originárias da época de edição do Código: quando o abandono acontece em local ermo (inciso I) e quando o agente é familiar – ascendente, descendente, cônjuge ou irmão – ou responsável legal – tutor ou curador (inciso II). Já a terceira hipótese foi incluída pelo Estatuto do Idoso (Lei Federal n. 10.741/2003); é quando a vítima tiver idade superior a sessenta anos.

Considerações finais

Tal como se apresenta, o delito do art. 133 demanda análise minuciosa de cada um de seus elementos constitutivos.

Assim, não há como se abster dos apontamentos a respeito do entendimento sobre a forma comissiva imprópria do crime. Por óbvio a omissão será imprópria, uma vez que dela advém resultado naturalístico típico.

Tendo-se no perigo concreto elemento do tipo, a postura omissiva do agente, nesta hipótese, é manifestação da ordem implícita de impedir o perigo (PRADO, 2014, p. 163).

Exposição ou abandono de recém-nascido

Art. 134. Expor ou abandonar recém-nascido, para ocultar desonra própria:

Pena – detenção, de 6 (seis) meses a 2 (dois) anos.

§ 1º Se do fato resulta lesão corporal de natureza grave:

Pena – detenção, de 1 (um) a 3 (três) anos.

§ 2º Se resulta a morte:

Pena – detenção, de 2 (dois) a 6 (seis) anos.

Bibliografia: BITENCOURT, Cezar Roberto. *Tratado de direito penal*. São Paulo: Saraiva, 2006. v. 2; NORONHA, E. Magalhães. *Direito penal*. São Paulo: Saraiva, 1998. v. 2; PRADO, Luiz Regis. *Tratado de direito penal brasileiro*. São Paulo: RT, 2014; SOUZA, Luciano Anderson de. *Direito penal*: parte especial. São Paulo: RT, 2019. v. 2.

Considerações gerais

Trata o presente tipo penal de situação particular de abandono de incapaz, com situações particulares em relação ao sujeito ativo, que necessariamente deve ser a mãe, visando esconder desonra própria, e ao sujeito passivo, necessariamente o recém-nascido.

Questão nuclear

O tipo do art. 134 menciona ser crime expor ou abandonar recém-nascido, para ocultar desonra própria, tendo por pena detenção, de seis meses a dois anos. Tutela-se, a princípio, a segurança em potencial do recém-nascido contra a exposição ou abandono, aqui vistos como situações equivalentes. O crime é de simples perigo. Situação diversa é a verificada nos §§ 1º e 2º, em que existe um resultado material desaprovado. No § 1º, verifica-se o crime se do fato resulta lesão corporal de natureza grave, impondo-se penas de detenção, de um a três anos. Já no § 2º, tem-se que, se resulta a morte, a pena é de detenção, de dois a seis anos. Como se observa do tipo penal em comento, o foco é baseado na desonra própria da mãe. Indaga-se se essa situação, presente que era na primeira metade do século XX, ainda se mantém atualmente.

A resposta tende a ser negativa, ao menos em boa parte dos grandes centros do País. A se pretender que o Código Penal, como parece ser a intenção dos movimentos feministas, deve se expressar como instrumento político de reafirmação da posição de igualdade, parece equivocada a presente manutenção típica, sendo certo que, em futuras reformas, tende ela a ser revogada.

Considerações nucleares

A figura de exposição ou abandono de recém-nascido visa tutelar a segurança do indivíduo neonato, incapaz de se proteger ou de preservar-se dos riscos externos (NORONHA, 1998, p. 96). Ou seja, nas palavras de Prado (2014,

p. 171), o bem jurídico continua a ser a saúde e a vida humana, especificamente dos recém-nascidos.

O sujeito passivo, por lógica, somente pode ser um recém-nascido. Porém, a simplicidade conceitual que salta aos olhos em um primeiro momento deve ser afastada.

O Código Penal, a despeito de sua inspiração no Código Rocco, não determina que a conduta deva ocorrer logo após o nascimento (NORONHA, 1998, p. 96), tampouco impõe qualquer outro limite objetivo para definir, no caso concreto, a característica específica do sujeito passivo dada expressamente.

Deve-se, segundo Noronha (1998, p. 96-97), servir-se da própria significação do vocábulo para completar a lei; o sujeito passivo é, então, aquele que nasceu há poucos dias. Porém, nota-se que a imprecisão não é sanada por esse caminho. Não faz falta a definição em si do que seja "recém-nascido", mas sim de como essa noção deve ser examinada na situação fática. Prado (2014, p. 106 e s.) bem ensina que, a despeito das outras soluções propostas, deve-se optar pela que é mais flexível: é recém-nascido aquele que está nos primeiros dias depois do parto, tempo em que ainda se possa ocultar sobre o seu nascimento através da exposição ou do abandono.

O sujeito ativo é, por sua vez, alvo de maior discordância entre os autores. Pesa, para a qualificação especial exigida, a questão de haver na ação do indivíduo defesa da "honra própria" (NORONHA, 1998, p. 96).

Nesse sentido, a doutrina se divide em absoluto; de um lado os que entendem ser a mãe adúltera o único sujeito ativo possível nesse delito e, de outro, aqueles que entendem que o sujeito ativo pode ser tanto a mãe quando o pai.

O art. 134 possui dois núcleos expressos; as ações típicas do crime são expor e abandonar. Porém, em verdade, a primeira consta apenas pela inspiração francesa ainda presente neste dispositivo do Código, porque o abandono, nos mesmos termos do que foi posto nos comentários ao art. 133, abrange a exposição perigosa (NORONHA, 1998, p. 97).

Nesse sentido, a proteção da honra constitui elemento constitutivo do delito, devendo ser entendida, como coloca Prado (2014, p. 174), pelo aspecto sexual, subjetivamente.

Por fim, os parágrafos previstos no dispositivo ensejam as mesmas colocações classificatórias dos presentes no art. 133 – trata-se de duas formas qualificadas do delito. Havendo o dano efetivo diante do perigo causado pelo abandono, deve ser alterada a pena definida pelo *caput* em detenção, de seis meses a dois anos. No caso de lesão corporal grave (§ 1º), o intervalo deve ser entre um e três anos. Para as condutas que ensejarem a morte da vítima (§ 2º), a margem de base da pena deve ser de dois a seis anos.

Considerações finais

Pode-se considerar o presente artigo como reflexo claro das imposições históricas que permeiam a realidade legislativa brasileira em matéria penal. É temática muito cara à dogmática que se avalie as implicações jurídicas da aplicação das normas a partir da consideração do cenário social, econômico e político em que estas foram criadas. A distância de mais de meio século entre a edição do Código Penal pátrio e os dias atuais demonstra, nessa toada, as discrepâncias geradas a partir do anacronismo entre valores sociais de tempos diversos.

O crime previsto no art. 134 carrega em si parâmetros valorativos marcados pela estrutura social da primeira metade do século XX.

A tutela da situação de um indivíduo – sobretudo uma mulher – expor a perigo ou abandonar o próprio filho recém-nascido a título de defesa da honra não tem hoje em dia, sob nenhum aspecto, o mesmo significado. É tanto como se vê que, com os avanços da luta pela emancipação feminina e pelo fim do patriarcado, a maternidade de uma mulher solteira, simplesmente, não é mais motivo de desonra objetivamente. Além disso, o próprio entendimento sobre as relações afetivas e matrimoniais se modificou – o crime de adultério foi tardiamente revogado no Brasil, em 2005, pela Lei Federal n. 11.106; desde 1973 já não era havia mais tal conduta tipificada na lei portuguesa.

Omissão de socorro

Art. 135. Deixar de prestar assistência, quando possível fazê-lo sem risco pessoal, à criança abandonada ou extraviada, ou à pessoa inválida ou ferida, ao desamparo ou em grave e iminente perigo; ou não pedir, nesses casos, o socorro da autoridade pública:

Pena – detenção, de 1 (um) a 6 (seis) meses, ou multa.

Parágrafo único. A pena é aumentada de metade, se da omissão resulta lesão corporal de natureza grave, e triplicada, se resulta a morte.

Bibliografia: BITENCOURT, Cezar Roberto. *Tratado de direito penal*. São Paulo: Saraiva, 2006. v. 2; PRADO, Luiz Regis. *Tratado de direito penal brasileiro*. São Paulo: RT, 2014; SOUZA, Luciano Anderson de. *Direito penal*: parte especial. São Paulo: RT, 2019. v. 2.

Considerações gerais

O crime de omissão de socorro está previsto no art. 135 do CP, ainda dentro dos chamados crimes de perigo. Cuida-se de evitar uma modalidade de periclitação da vida e da saúde de outrem, garantindo-se um mínimo de solidariedade. Tutela-se a vida humana e a integridade física e mental de certas pessoas.

Questão nuclear

O art. 135 do CP entende como omissão de socorro o fato de deixar de prestar assistência, quando possível fazê-lo sem risco pessoal, à criança abandonada ou extraviada, ou à pessoa inválida ou ferida, ao desamparo ou em grave e iminente perigo; ou não pedir, nesses casos, o socorro da autoridade pública, impondo-se, como pena, detenção, de um a seis meses, ou multa.

Verifica-se que existem limitações para o sujeito passivo. Deve ele ser criança abandonada ou extraviada, pessoa inválida ou ferida, ou ao desamparo ou em grave e iminente perigo. O sujeito ativo pode ser qualquer pessoa.

Não se espera de ninguém, aprioristicamente, um papel de herói. Caso exista evidente risco pessoal na prestação do socorro, a obrigação se converte em solicitar auxílio de autoridade. Essa a situação de garante, bem expressa no art. 13, § 2º, do CP.

Questões correlatas

A situação dos crimes decorrentes do trânsito, como já se viu, foram responsáveis por muitas alterações penais, normalmente restringindo a aplicação codificada.

Isso também se verificou em relação à omissão de socorro. Diversas absolvições decorrentes da alegação que a prestação do socorro não poderia se dar, pois haveria ocorrido morte instantânea da vítima, acabaram por gerar a previsão específica de omissão de ocorro decorrente de acidente de trânsito. Assim, resultou aprovado o art. 304 do Código de Trânsito Brasileiro (Lei Federal n. 9.504/97):

> "Art. 304. Deixar o condutor do veículo, na ocasião do acidente, de prestar imediato socorro à vítima, ou, não podendo fazê-lo diretamente, por justa causa, deixar de solicitar auxílio da autoridade pública:
>
> Pena – detenção, de 6 (seis) meses a 1 (um) ano, ou multa, se o fato não constituir elemento de crime mais grave.
>
> Parágrafo único. Incide nas penas previstas neste artigo o condutor do veículo, ainda que a sua omissão seja suprida por terceiros ou que se trate de vítima com morte instantânea ou com ferimentos leves".

Note-se que, além de impor sanções bem mais significativas, de reclusão de seis meses a um ano, a previsão do parágrafo único mostra-se como verdadeira contradição ao que se pode esperar da figura de um crime omissivo. Este somente tem sentido e pode ser equiparado a um crime comissivo, se houver a possibilidade de evitação do resultado material apregoado.

No caso, o que se obriga é uma conduta que de modo algum pode resultar a evitação da morte. Seria como exigir uma ideia de salvamento de um cadáver, o que se mostra, desde o primado de técnica legislativa, absolutamente equivocado.

Condicionamento de atendimento médico-hospitalar emergencial

Art. 135-A. Exigir cheque-caução, nota promissória ou qualquer garantia, bem como o preenchimento prévio de formulários administrativos, como condição para o atendimento médico-hospitalar emergencial:

Pena – detenção, de 3 (três) meses a 1 (um) ano, e multa.

Parágrafo único. A pena é aumentada até o dobro se da negativa de atendimento resulta lesão corporal de natureza grave, e até o triplo se resulta a morte.

Bibliografia: PRADO, Luiz Regis. *Tratado de direito penal brasileiro*. São Paulo: RT, 2014; SOUZA, Luciano Anderson de. *Direito penal*: parte especial. São Paulo: RT, 2019. v. 2.

Considerações gerais

O presente delito foi incluído no CP com a edição da Lei Federal n. 12.653/2012 e visava a coibir uma prática comum em estabelecimentos hospitalares consistente na exigência de apresentação de garantia para o atendimento médico, mesmo que em casos de urgência ou emergência. Certamente, isso gerava, muitas vezes, a piora do quadro de saúde do paciente ou até mesmo a sua morte. É de notar, pelo seu conteúdo e pela sua localização no Código, que o crime em questão é modalidade específica do crime de omissão de socorro (art. 135).

Essa preocupação estabelecida pelo presente tipo penal não é recente, estando expressamente prevista em outros diplomas legais de outros ramos do Direito. De maneira geral, o Código de Defesa do Consumidor já dispunha a respeito, vedando "ao fornecedor de produtos ou serviços, dentre outras práticas abusivas: I – condicionar o fornecimento de produto ou de serviço ao fornecimento de outro produto ou serviço, bem como, sem justa causa, a limites quantitativos; V – exigir do consumidor vantagem manifestamente excessiva".

A Portaria n. 44, de 24-7-2003, por sua vez, proíbe expressamente, no seu art. 1º, "em qualquer situação, a exigência, por parte dos prestadores de serviços contratados, credenciados, cooperados ou referenciados das Operadoras de Planos de Assistência à Saúde e Seguradoras Especializadas em Saúde, de caução, depósito de qualquer natureza, nota promissória ou quaisquer outros títulos de crédito, no ato ou anteriormente à prestação do serviço".

A Lei Federal n. 14.471/2011 do Estado de São Paulo tem conteúdo similar. Ela proíbe "a exigência de caução de qualquer natureza para internação de doentes em hospitais ou clínicas da rede privada no Estado, nas hipóteses de emergência ou urgência". Estabelece, ainda, sanções como a devolução do valor depositado, em dobro, ao depositante, bem como multa de mil a dez mil Unidades Fiscais do Estado de São Paulo.

Ressalte-se que todos os dispositivos mencionados não possuem natureza penal. Dessa forma, o legislador entendeu ser necessário tipificar um novo delito que englobasse especificamente a situação em pauta, demonstrando sua reprovabilidade no ordenamento jurídico-penal brasileiro.

Considerações nucleares

Por meio da leitura do crime em questão, percebe-se que a sua tutela recai sobre os bens jurídicos vida e saúde. Além disso, a Exposição de Motivos da Lei também traz a dignidade humana como objeto de proteção. Em suma, o tipo objetivo desse delito prevê que o agente exija apresentação de alguma garantia – ou algo que se traduza em um reconhecimento de dívida que poderá tornar-se futuramente uma ação de cobrança ou mesmo ação de execução – ou o preenchimento de algum formulário para que se realize o atendimento emergencial no paciente.

O verbo "exigir" tem o mesmo sentido do verbo "impor", de tornar necessário. O cheque-caução e a nota promissória assumem papel meramente exemplificativo, não sendo admitido que o estabelecimento hospitalar exija qualquer tipo de garantia. A título de esclarecimento, cheque-caução é uma ordem de pagamento à vista, a qual obtém função de garantia do adimplemento de uma obrigação. Já a nota promissória é a promessa de pagamento, na qual seu subscritor se compromete a pagar seu débito ao tomador ou à sua ordem (PRADO, 2014, p. 744). O seu conceito legal está estabelecido no art. 75[155] da Lei Uniforme de Genebra (Decreto n. 57.663/66). A exigência pode ser feita tanto ao paciente quanto a alguém por ele responsável, como seus parentes ou amigos. É importante destacar que o tipo penal apenas se configurará se a exigência for realizada como condição para o atendimento médico. Depois disso, não há nenhum impedimento penal para que se exijam garantias ou a firmação de contratos a fim da cobrança futura dos serviços prestados.

Não se busca o inadimplemento de obrigações com essa tipificação, mas apenas que a vida ou saúde de pessoas não sejam preteridas por questões financeiras do estabelecimento.

O mesmo se aplica para o preenchimento de formulário. Não sendo exigido como condição para o atendimento emergencial, deve, inclusive, ser realizado como forma de obtenção dos dados essenciais do paciente e de padronização e

---

[155] Art. 75. A nota promissória contém: 1 – Denominação "Nota Promissória" inserta no próprio texto do título e expressa na língua empregada para a redação desse título; 2 – A promessa pura e simples de pagar uma quantia determinada; 3 – A época do pagamento; 4 – A indicação do lugar em que se deve efetuar o pagamento; 5 – O nome da pessoa a quem ou a ordem de quem deve ser paga; 6 – A indicação da data em que e do lugar onde a nota promissória é passada; 7 – A assinatura de quem passa a nota promissória (subscritor).

otimização do atendimento. Uma discussão em torno do delito sob análise é a questão do tipo de atendimento.

A Resolução n. 1.451/95[156] do Conselho Federal de Medicina define o conceito de atendimento emergencial e urgente. Todavia, o tipo penal apenas faz menção ao emergencial; assim, em respeito ao princípio da legalidade, restaria excluído do tipo em questão o atendimento de urgência, o qual possui definição diversa da emergencial. Note-se que se trata de uma norma penal em branco. Prado (2014, p. 582) diverge desse posicionamento, sustentando que a interpretação de "emergencial" deve ser realizada em conjunto com o parágrafo único do próprio artigo, ou seja, atendimento emergencial seria aquele em que há risco de lesão grave ou morte.

Trata-se de crime próprio, dado que pode ser cometido apenas por pessoa que responda pelos interesses do estabelecimento hospitalar.

Especificamente, o sujeito ativo desse crime é aquele quem determina que o atendimento médico apenas será realizado mediante apresentação de alguma garantia ou preenchimento de formulários.

Questiona-se, no caso de ordem dada pelo diretor do estabelecimento, se o funcionário responsável pela admissão de pacientes seria responsabilizado. As causas de aumento são crimes preterdolosos. Nesse caso, não desejava o agente o resultado morte ou lesão. Se assim o fizesse, teria cometido os crimes de homicídio e de lesão corporal. O legislador previu um aumento de pena para esses casos por haver na conduta não apenas desvalor da ação, como na modalidade do *caput*, mas por haver também desvalor do resultado.

Considerações finais

Como já exposto, o presente crime foi editado para evitar que estabelecimentos hospitalares continuassem adotando a postura exposta diante de uma situação emergencial. É de notar que o conteúdo desse delito já estava abarcado de forma menos específica pelos crimes de omissão de socorro (art. 135), extorsão indireta (art. 160) e omissão do agente, quando ocupava papel de garante, podendo responder por crime omissivo impróprio (art. 13, § 2º).

Esse tipo penal, independentemente de suas intenções, reflete um processo que vem se acentuando no Brasil, que é a necessidade de recorrer ao Direito Penal para resolver problemas cotidianos de forma meramente populista e simbólica, sem resolver a questão na prática em grande maioria das vezes.

---

[156] Art. 1º, § 1º Define-se por URGÊNCIA a ocorrência imprevista de agravo à saúde com ou sem risco potencial de vida, cujo portador necessita de assistência médica imediata. § 2º Define-se por EMERGÊNCIA a constatação médica de condições de agravo à saúde que impliquem em risco iminente de vida ou sofrimento intenso, exigindo, portanto, tratamento médico imediato.

Maus-tratos

Art. 136. Expor a perigo a vida ou a saúde de pessoa sob sua autoridade, guarda ou vigilância, para fim de educação, ensino, tratamento ou custódia, quer privando-a de alimentação ou cuidados indispensáveis, quer sujeitando-a a trabalho excessivo ou inadequado, quer abusando de meios de correção ou disciplina:

Pena – detenção, de 2 (dois) meses a 1 (um) ano, ou multa.

§ 1º Se do fato resulta lesão corporal de natureza grave:

Pena – reclusão, de 1 (um) a 4 (quatro) anos.

§ 2º Se resulta a morte:

Pena – reclusão, de 4 (quatro) a 12 (doze) anos.

§ 3º Aumenta-se a pena de um terço, se o crime é praticado contra pessoa menor de 14 (catorze) anos.

Bibliografia: BITENCOURT, Cezar Roberto. *Tratado de direito penal*. São Paulo: Saraiva, 2006. v. 2; HUNGRIA, Nélson. *Comentários ao Código Penal*. Rio de Janeiro: Forense, 1955. v. V; NORONHA, e. Magalhães. *Direito penal*. São Paulo: Saraiva, 1998. v. 2; PRADO, Luiz Regis. *Tratado de direito penal brasileiro*. São Paulo: RT, 2014; SOUZA, Luciano Anderson de. *Direito penal*: parte especial. São Paulo: RT, 2019. v. 2.

Considerações gerais

As primeiras codificações penais do século XIX puniam apenas o castigo imoderado quando resultava lesão corporal ou morte. Nesse sentido, o CP de 1830 declarava justificável a conduta "quando o mal consistir no castigo moderado que os pais derem a seus filhos, os senhores a seus escravos, e os mestres a seus discípulos, ou desse castigo resultar, uma vez que a qualidade dele não seja contrária às leis em vigor".

Diferente fez o CP de 1890, o qual não tipificou a conduta de maus-tratos e tampouco incluiu a mencionada causa de justificação. Isso se deu com a promulgação do Código de Menores, em 1927, onde os maus-tratos contra menores de 18 anos foi tipificado, nos arts. 137 a 141. Previa ainda uma qualificadora caso a vítima sofresse lesão corporal grave ou tivesse seu desenvolvimento intelectual comprometido em decorrência das agressões, caso o agressor pudesse prever o resultado. Posteriormente, o delito foi incorporado pelas normas da Consolidação das Leis Penais (art. 292, n. VI a X) (HUNGRIA, 1955, p. 437).

O Código de 1940 trouxe, assim, a redação atual do crime de maus-tratos, expandindo seu conteúdo para além da questão infantil, traçando uma série de situações que serão analisadas a seu tempo.

Como já mencionado, as mudanças culturais refletem também as mudanças culturais da sociedade no tocante à questão dos maus-tratos. Antigamente, era padrão nas escolas de educação infantil os alunos serem submetidos a punições como palmatória, vara de marmelo ou bambu, por condutas inadequadas. Atualmente, veda-se qualquer método que se valha de castigo físico.

Considerações nucleares

O crime em questão tem como bem jurídico tutelado a incolumidade[157] da pessoa, ou seja, a sua saúde e a vida. É um crime próprio, uma vez que o sujeito ativo só pode ser a pessoa que tem a guarda ou vigilância, autoridade ou pessoa que sobre a vítima tem o dever ou obrigação de ministrar educação ou ensino, tratamento ou custódia.

O sujeito passivo, por sua vez, é a pessoa subordinada dentro das hipóteses acima expostas que sofre maus-tratos.

Importante frisar que essa situação não está presente apenas nas relações familiares, mas nas escolas, nas instituições militares, em hospitais ou casas de repouso.

Para a melhor compreensão da questão, divide-se o tipo penal em três partes. A primeira relacionada à exposição de perigo, a segunda contra quem o crime pode ser cometido e a terceira aos meios previstos para seu cometimento.

O crime exige para a sua configuração que haja exposição de perigo da vida ou saúde de outrem. Trata-se, pois, de crime de perigo concreto, necessitando para sua configuração a real exposição de perigo em cada caso.

Não são todas as pessoas que podem ser vítimas desse delito. O tipo penal prevê um rol taxativo de relações que podem abarcá-lo.

Nota-se que essas relações sempre demonstram uma situação de subordinação entre o agente e a vítima, nas quais está pressuposta a violação de dever especial que os liga (HUNGRIA, 1955, p. 438). São elas: a autoridade, a guarda ou vigilância, a educação, o ensino, o tratamento ou a custódia. Elas podem ser entre particulares e entre um particular e um representante do Poder Público, por exemplo, um carcereiro ou uma professora de escola municipal. Caso não haja a descrita subordinação, o crime será o previsto no art. 132, exposição de perigo para vida ou saúde de outrem. Hungria (1955, p. 438-439) traz a melhor definição dessas situações. Nas suas palavras, "Educação compreende toda atividade docente destinada a aperfeiçoar, sob o aspecto moral, intelectual, técnico ou profissional, a capacidade individual. Ensino é tomado em sentido menos amplo que o de educação: é a ministração de conhecimentos que devem formar o fundo comum da cultura. Tratamento abrange não só o emprego de meios e cuidados no sentido de cura de moléstias, como o fato continuado de prover a subsistência de uma pessoa.

---

[157] Incolumidade: segurança, isenção de perigo.

Finalmente, custódia deve ser entendida em sentido estrito: refere-se à detenção de uma pessoa para fim autorizado em lei".

Trata-se de crime de forma vinculada, ou seja, o crime só pode ser cometido pelas formas expressamente previstas, de forma taxativa, no dispositivo legal, quais sejam: a) privar a vítima de alimentação ou cuidados indispensáveis; b) sujeitar a vítima a trabalho excessivo ou inadequado; c) abusar de meios de correção ou disciplina.

A primeira modalidade possui duas espécies a privação de alimentos e a privação de cuidados indispensáveis. Ambas são condutas omissivas. A primeira é permanente, por exigir a prática reiterada para sua configuração. Isso porque a supressão de uma das refeições diárias não ameaça a saúde ou a vida da vítima. No entendimento de Hungria (1955, p. 439), não é necessária a privação total da alimentação, bastando que a privação parcial ameace a saúde da vítima. No tocante aos cuidados indispensáveis, pode ser ou não permanente. Um pai que não fornece remédio essencial para a saúde do filho uma única vez já comete o crime em tela.

A segunda modalidade consiste na sujeição a trabalho excessivo ou inadequado. Excessivo é aquele que produz fadiga anormal e inadequado é aquele que não é condizente com a condição da vítima. Frise-se que a legislação trabalhista tolera trabalhos com certos graus de periculosidade e insalubridade, contudo não nas relações de subordinação tratadas neste artigo e muito menos quando se trata de menores de 18 anos.

Finalmente, a última modalidade consiste no abuso dos meios de correção ou disciplina.

O Direito Penal não impede o *jus corrigendi*; entretanto, caso haja exposição a perigo da vida ou da saúde da vítima, o agente incorrerá neste crime. Destaca-se que um terceiro não pode exercer esse direito a não ser que seja expressamente autorizado. Exemplifica-se: uma pessoa não pode corrigir o filho de outro a não ser que com o consentimento expresso dos seus responsáveis (PRADO, 2015, p. 585).

O crime se consuma com a criação de perigo. Não é necessária que efetiva morte ou lesão do agente se concretize. A tentativa é admitida, com exceção dos casos de omissão (NORONHA, 1998, p. 107). A respeito do elemento subjetivo, é configurado com o dolo de realizar uma das três modalidades descritas no tipo objetivo, maltratando a vítima, com o *animus corrigendi* ou *disciplinandi*. Não exige intenção lesiva, apenas a consciência de que o agente está pondo em risco a saúde física ou psicológica da vítima. Admite-se dolo eventual e não há previsão culposa. Se há dolo sobre o resultado desde o começo da ação, os crimes cometidos são lesão corporal e homicídio em concurso com o crime de maus-tratos.

A jurisprudência possui casos de excludentes da ilicitude por estado de necessidade. Dá-se o exemplo da mãe que possui filho esquizofrênico e, ante a ausência de recursos para deixá-lo com profissional adequado, precisa amarrá-lo a móvel quando sai para trabalhar com a intenção de protegê-lo. A adequação social do castigo também deve ser levada em consideração, retirando a ilicitude da conduta. Deve-se examinar se o castigo é reconhecido como moderado, tolerável e necessário no contexto social. Pratica a modalidade qualificada do crime se resulta em morte ou em lesão corporal grave, sem que o agente deseje. É um crime preterdoloso. Caso resulte em tentativa de suicídio ou em lesões corporais leves, não agravam o crime.

As agravantes genéricas do art. 61, II, *e* (relação de parentesco), *f* (abuso de autoridade), *g* (com abuso de poder ou violação de dever inerente a cargo, ofício, ministério ou profissão) e *h* (criança), não se aplicam, por já estarem englobadas pelo art. 136. Há uma causa de aumento prevista no § 3º, para o caso de a vítima ser menor de 14 anos, por considerá-la o legislador mais vulnerável e, portanto, a conduta mais reprovável.

O ordenamento jurídico brasileiro prevê alguns outros crimes que se assemelham muito ao crime em estudo. O Estatuto da Criança e do Adolescente criminaliza a conduta de "submeter criança ou adolescente sob sua autoridade, guarda ou vigilância a vexame ou a constrangimento". O Estatuto do Idoso criminaliza conduta muito semelhante ao crime de maus-tratos, com as mesmas penas, inclusive[158]. Outros crimes, entretanto, não podem ser confundidos com o delito sob análise.

O crime de tortura, previsto na Lei Federal n. 9.455/97, diferencia-se pela intenção do agente de submeter, desnecessariamente e intencionalmente, a vítima a intenso sofrimento físico e mental. Não se identifica o *animus corrigendi* (STJ, REsp 610.395/SC, 5ª Turma, rel. Min. Gilson Dipp, j. 25-5-2004, *DJ* 2-8-2004).

Não se pode também confundir também os maus-tratos de um pai contra a filha com os crimes previstos na Lei Maria da Penha (Lei Federal n. 11.340/2006), pelo motivo que a hipossuficiência da vítima não decorre do seu gênero.

Considerações finais

A Lei da Palmada (Lei Federal n. 13.010/2014) modificou o Estatuto da Criança e do Adolescente, estabelecendo que crianças e adolescentes têm o direito de serem educados e cuidados sem o uso de castigo físico ou tratamento

---

[158] "Art. 99. Expor a perigo a integridade e a saúde, física ou psíquica, do idoso, submetendo-o a condições desumanas ou degradantes ou privando-o de alimentos e cuidados indispensáveis, quando obrigado a fazê-lo, ou sujeitando-o a trabalho excessivo ou inadequado: Pena – detenção de 2 (dois) meses a 1 (um) ano e multa. § 1º Se do fato resulta lesão corporal de natureza grave: Pena – reclusão de 1 (um) a 4 (quatro) anos. § 2º Se resulta a morte: Pena – reclusão de 4 (quatro) a 12 (doze) anos."

cruel ou degradante e traz suas definições[159]. Para coibir essa prática, traz sanções específicas[160].

Essa Lei não altera o crime previsto no art. 136 do CP. Ainda é necessária para que haja crime a exposição da saúde ou da vida a perigo. Entretanto, é um indicativo claro da mudança dos costumes e do que é considerado socialmente aceitável para educar ou corrigir pessoas, o que pode refletir, futuramente, nesse tipo penal.

CAPÍTULO IV
Da rixa

Rixa

Art. 137. Participar de rixa, salvo para separar os contendores:
Pena – detenção, de 15 (quinze) dias a 2 (dois) meses, ou multa.

Parágrafo único. Se ocorre morte ou lesão corporal de natureza grave, aplica-se, pelo fato da participação na rixa, a pena de detenção, de 6 (seis) meses a 2 (dois) anos.

Bibliografia: BÁRTOLI, Márcio e PANZERI, André. Rixa. In: FRANCO, Alberto Silva e STOCO, Rui (Coord.). *Código Penal e sua interpretação*. São Paulo:

---

[159] "Art. 18-A. A criança e o adolescente têm o direito de ser educados e cuidados sem o uso de castigo físico ou de tratamento cruel ou degradante, como formas de correção, disciplina, educação ou qualquer outro pretexto, pelos pais, pelos integrantes da família ampliada, pelos responsáveis, pelos agentes públicos executores de medidas socioeducativas ou por qualquer pessoa encarregada de cuidar deles, tratá-los, educá-los ou protegê-los. Parágrafo único. Para os fins desta Lei, considera-se: I – castigo físico: ação de natureza disciplinar ou punitiva aplicada com o uso da força física sobre a criança ou o adolescente que resulte em: *a)* sofrimento físico; ou *b)* lesão; II – tratamento cruel ou degradante: conduta ou forma cruel de tratamento em relação à criança ou ao adolescente que: *a)* humilhe; ou *b)* ameace gravemente; ou *c)* ridicularize."

[160] "Art. 18-B. Os pais, os integrantes da família ampliada, os responsáveis, os agentes públicos executores de medidas socioeducativas ou qualquer pessoa encarregada de cuidar de crianças e de adolescentes, tratá-los, educá-los ou protegê-los que utilizarem castigo físico ou tratamento cruel ou degradante como formas de correção, disciplina, educação ou qualquer outro pretexto estarão sujeitos, sem prejuízo de outras sanções cabíveis, às seguintes medidas, que serão aplicadas de acordo com a gravidade do caso: I – encaminhamento a programa oficial ou comunitário de proteção à família; II – encaminhamento a tratamento psicológico ou psiquiátrico; III – encaminhamento a cursos ou programas de orientação; IV – obrigação de encaminhar a criança a tratamento especializado; V – advertência. Parágrafo único. As medidas previstas neste artigo serão aplicadas pelo Conselho Tutelar, sem prejuízo de outras providências legais."

RT, 2007; BITENCOURT, Cezar Roberto. *Tratado de direito penal*. São Paulo: Saraiva, 2006. v. 2; BUSATO, Paulo César. *Direito penal:* parte especial 1. São Paulo: Atlas, 2014; HUNGRIA, Nélson. *Comentários ao Código Penal*. Rio de Janeiro: Forense, 1958. v. VI; MORAES, Flávio Queiroz de. *Delito de rixa*. São Paulo: Saraiva, 1946; NORONHA, E. Magalhães. *Direito penal*. São Paulo: Saraiva, 1986. v. 2; SOUZA, Luciano Anderson de. *Direito penal*: parte especial. São Paulo: RT, 2019. v. 2.

Considerações gerais

O crime de rixa é relativamente moderno, sendo visto, no Código Penal brasileiro, como um delito *sui generis*. Ele se mostra como cautela a evitar desordem ou outros crimes propriamente ditos. Apesar da possibilidade genérica de muitas conceituações (MORAES, 1946, p. 19 e s.), tem-se que rixa, na dição de Hungria, "é a briga entre mais de duas pessoas, acompanhada de vias de fato ou violências recíprocas, pouco importando que se forme *ex improviso* ou *ex proposito*" (1958, p. 14).

Para Magalhães Noronha, ela se perfaz como a "luta, briga ou contenda entre três ou mais pessoas. Não é a mera discussão ou troca de palavras ou injúrias, mas o tumulto com permuta de golpes e pancadas: socos, empurrões, tapas, pontapés etc. Em regra, surge de improviso, nada impedindo, entretanto, que seja preordenada: um encontro, um duelo entre dois grupos em certo lugar e determinada hora não deixa de ser rixa" (1986, p. 103).

Considerações nucleares

Existe um considerável debate sobre o bem jurídico tutelado na rixa. Como ela se encontra mencionada e inserida no capítulo dos crimes relacionados à periclitação da vida e da saúde, normalmente se entende que a vida e a integridade física e mental se mostrariam como objeto de tutela. Subsidiariamente, no entanto, é de ver que também se protege a ordem e a paz pública, sempre mediante, portanto, crime de perigo.

De toda forma, é de ver, por um lado, que vias de fato, que autonomamente se veem como contravenção penal, são absorvidas, em face do princípio da subsidiariedade, pelo tipo do art. 137. Por outro, resta claro que o ingresso na rixa para separar os que dela participam se mostra como um elemento negativo de imputação. Isso, claro, desde que não se verifique nenhum excesso em tal atuação.

Se por um lado somente se admite a imputação subjetiva mediante dolo, por outro lado se constata uma significativa dúvida acerca da eventual ocorrência de excludentes de ilicitude, como a legítima defesa. De um lado, sustenta-se a impossibilidade de sua ocorrência, e, de outro, a permissividade. Forçoso, no entanto, em face das múltiplas possibilidades de incidência, concordar com Bitencourt (2006, p. 342) e Busato (2014, p. 201 e s.), segundo os quais, desde que evidente a participação sem *animus rixandi*, pode-se invocar a excludente. Sendo crime de concurso necessário, portanto, é de distinguir eventualmente as diversas modalidades de condutas contrapostas, sob o risco de criminalização de todos os participantes.

O parágrafo único do artigo menciona figuras qualificadas. Assim, tem-se que, na ocorrência de morte ou lesão corporal de natureza grave, aplica-se, pelo fato da participação na rixa, pena de detenção, de 6 (seis) meses a 2 (dois) anos. Tais ocorrências – morte ou lesão corporal de natureza grave – devem se dar durante a rixa ou em consequência dela, tornando explícita uma relação de causalidade, recaindo seus efeitos sobre todos os participantes da rixa.

Imagine-se dois grupos esportivos – ou de torcidas de grupos esportivos – rivais que se desafiam para uma briga. Ao dela participarem, estariam incorrendo em rixa, e, havendo lesões corporais de natureza grave ou morte, todos eles responderiam pela figura qualificada. Inclusive, diga-se, os que sofrem as lesões ou os que se retirem no meio da contenda.

Nesse particular, convém recordar que a Lei Federal n. 10.671, de 15-5-2003, conhecida como Estatuto do Torcedor, ao depois modificada pela Lei Federal n. 12.299, de 27-6-2010, também prevê similar crime, o qual deve ser visto de forma distinta com o objetivo de evitar eventual *bis in idem*. Segundo a mencionada norma, tem-se que:

> "Art. 41-B. Promover tumulto, praticar ou incitar a violência, ou invadir local restrito aos competidores em eventos esportivos:
> Pena – reclusão de 1 (um) a 2 (dois) anos e multa.
>
> § 1º Incorrerá nas mesmas penas o torcedor que:
>
> I – promover tumulto, praticar ou incitar a violência num raio de 5.000 (cinco mil) metros ao redor do local de realização do evento esportivo, ou durante o trajeto de ida e volta do local da realização do evento;
>
> II – portar, deter ou transportar, no interior do estádio, em suas imediações ou no seu trajeto, em dia de realização de evento esportivo, quaisquer instrumentos que possam servir para a prática de violência.
>
> § 2º Na sentença penal condenatória, o juiz deverá converter a pena de reclusão em pena impeditiva de comparecimento às proximidades do estádio, bem como a qualquer local em que se realize evento esportivo, pelo prazo de 3 (três) meses a 3 (três) anos, de acordo com a gravidade da conduta, na hipótese de o agente ser primário, ter bons antecedentes e não ter sido punido anteriormente pela prática de condutas previstas neste artigo.
>
> § 3º A pena impeditiva de comparecimento às proximidades do estádio, bem como a qualquer local em que se realize evento esportivo, converter-se-á em privativa de liberdade quando ocorrer o descumprimento injustificado da restrição imposta".

Dessa forma, pelo princípio da especialidade, aqueles que promoverem tumulto, praticarem ou incitarem a violência ou invadirem local restrito aos competidores em eventos esportivos poderão ser responsabilizados de acordo com o Estatuto do Torcedor. No entanto, quem participar de rixa, mesmo entre torcidas organizadas, fora de locais restritos a eventos esportivos, poderão ser responsabilizados pelo art. 137 do CP.

Uma interessante questão, no entanto, diz respeito à eventual identificação, dentre os participantes da rixa, daquele que causou a morte ou as lesões corporais de natureza grave. Nesse caso, resta clara a existência de um concurso de crimes, uma vez que os objetos jurídicos tutelados – periclitação da vida, ordem e paz pública – da rixa são diferentes dos reconhecidos no homicídio – vida – e nas lesões corporais – integridade física. O concurso, aqui, é formal.

Considerações finais

Alguns outros pontos também se mostram em discussão na doutrina. A tentativa é um deles. Embora diversos autores neguem a possibilidade de ocorrência da tentativa, desde os clássicos Hungria (1958, p. 28) e Magalhães Noronha (1986, p. 106), tem-se que tais certezas parecem equivocadas. Sempre é de admitir que grupos rivais possam, até mesmo hoje, por redes sociais, convocar seus membros para uma contenda, sendo, antes do início desta, impedidos pela polícia. Em tal caso, nítida será situação de tentativa. Para Noronha, "mais fácil ainda a admissibilidade perante nossa lei quando refletimos que a lesão física leve não qualifica a rixa (à parte a imputação de quem a causou), nem constitui condição de maior punibilidade, ao contrário do que se dá com a grave e a morte" (1986, p. 106).

Por fim, as penas do *caput* são alternativas, detenção ou multa. Na figura qualificada, somente reclusão, sendo, em ambos os casos, a ação pública incondicionada, de todo modo considerada a infração de menor potencial ofensivo.

Capítulo V
Dos crimes contra a honra

Bibliografia: BACIGALUPO, Enrique. *Delitos contra el honor.* Buenos Aires: Hammurabi, 2006; BATISTA, Nilo. *Punidos e mal pagos*: violência, justiça, segurança pública e direitos humanos no Brasil de hoje. Rio de Janeiro: Revan, 1990; BITENCOURT, Cezar Roberto. *Tratado de direito penal.* São Paulo: Saraiva, 2012. v. 2; CARRARA, Francesco. *Programa del curso de derecho criminal*: dictado en la Real Universidad de Pisa. Trad. Sebastian Soler. Buenos Aires: Depalma, 1946. v. III; CASTIÑERA PALOU, M. Teresa. Delitos contra el honor. In: SILVA SÁNCHEZ, Jesús-María (Dir.). *Lecciones de derecho penal*: parte especial. Barcelona: Atelier, 2011. p. 161-176; COSTA JÚNIOR, Paulo José da. *O direito de estar só*: a tutela penal do direito à intimidade. São Paulo: Siciliano, 2004; FARIA, Bento de. *Código Penal* *brasileiro comentado*: parte especial. Rio de Janeiro: Record, 1959. v. IV; FRAGOSO, Heleno Cláudio. *Lições de direito penal*: parte especial (arts. 121 a 212). Rio de Janeiro: Forense, 1988. v. I; GÓMEZ DE LA TORRE, Ignacio Berdugo. *Honor y libertad de expresión*. Madrid: Tecnos, 1987; GÓMEZ DE LA TORRE, Ignacio Berdugo. Revisión del contenido del bién jurídico honor. In: *Temas de derecho penal*. Lima: Cultural Cuzco, 1993; HUNGRIA, Nélson. *Comentários ao Código Penal*. Rio de Janeiro: Forense, 1955. v. VI; LAURENZO COPELLO, Patricia. *Los delitos contra el honor*. Valencia: Tirant lo Blanch, 2002; MIRABETE, Julio Fabbrini. *Manual de direito penal*: parte especial. São Paulo: Atlas, 2003. v. II; NORONHA, E. Magalhães. *Direito penal*. São Paulo: Saraiva, 1998. v. 2; PRADO, Luiz Regis. *Curso de direito penal brasileiro*. São Paulo: RT, 2012. v. 2; REALE JÚNIOR, Miguel (Coord.). *Direito penal*: jurisprudência em debate – crimes contra a pessoa. Rio de Janeiro: GZ, 2011; RODRIGUES YAGÜE, Cristina. El tratamiento de la homosexualidad en la legislación española. *Revista Penal*, v. 31, jan. 2013, p. 221-246; SOUZA, Luciano Anderson de. *Direito Penal*: parte especial – arts. 121 a 154-A do CP. São Paulo: Thomson Reuters, 2022. v. 2; SOUZA, Luciano Anderson de. *Expansão do direito penal e globalização*. São Paulo: Quartier Latin, 2007; SOUZA, Luciano Anderson de e FERREIRA, Regina Cirino Alves. Discurso midiático penal e exasperação repressiva. *Revista Brasileira de Ciências Criminais*, v. 94, p. 363-382, jan./fev. 2012; WELZEL, Hans. *Derecho penal alemán*. Trad. Juan Bustos Ramírez y Sergio Yánez Pérez. Santiago: Editorial Jurídica de Chile, 1976; ZACZYK, Rainer. La lesión al honor de la persona como lesión punible. *Revista Brasileira de Ciências Criminais*, v. 77, p. 128-140, mar./abr. 2009.

Considerações gerais

Embora tutelada pelo Direito há tempos, não é tarefa fácil à dogmática penal a conceituação de honra ou a construção de sua precisa legitimação jurídica. Não obstante, nos dias atuais o tema ganha grande importância prática diante dos contornos típicos da sociedade da informação, ou do risco, o que enseja melhor reflexão a respeito.

Em estudo específico sobre o tema, Zaczyk (2009, p. 128-140), entendendo bem jurídico como "elementos essenciais da liberdade", que abarcariam não apenas a vida, o corpo e a propriedade, mas também instituições sociais e estatais, conclui que o instituto denotaria seu traço diferencial na ação recíproca das pessoas, daí por que se revelam como "relações de reconhecimento", disciplinadas pelo Estado. Por conseguinte, a honra, mais que uma simples sensação interna, significativa, consiste em parte da condição de "pessoa" reconhecida pelo Direito, e, assim, componente de sua liberdade, ou autodeterminação.

Em sentido similar, Gómes de la Torre (1987, p. 57) afirma com precisão que a honra é composta pelas relações de reconhecimento entre os diversos integrantes da comunidade, que emanam da dignidade e do livre desenvolvimento da personalidade. São, desse modo, segundo o Professor de Salamanca, pressupostos da participação do indivíduo no sistema social.

Desse modo, a honra consiste em um valor digno de tutela pelo Direito Penal, consubstanciando-se não apenas num elemento íntimo, mas também propiciador da interação com os demais indivíduos, conforme Zaczyk (2009, p. 135).

A honra, quer em seu aspecto **objetivo**, que é a reputação que o sujeito detém num contexto social, quer em seu aspecto **subjetivo**, que é o sentimento da própria dignidade ou decoro, tem por fundamento resguardar a inserção igualitária do indivíduo na interação social num contexto democrático. A afetação do bem jurídico honra, então, em qualquer de seus dois aspectos – a boa reputação exterior ou a autoestima, respectivamente, conforme as expressões típicas da jurisprudência alemã –, abala a capacidade de participação igualitária do indivíduo no relacionamento social com os demais, razão pela qual recebe a tutela penal.

Calúnia

Art. 138. Caluniar alguém, imputando-lhe falsamente fato definido como crime:

Pena – detenção, de 6 (seis) meses a 2 (dois) anos, e multa.

§ 1º Na mesma pena incorre quem, sabendo falsa a imputação, a propala ou divulga.

§ 2º É punível a calúnia contra os mortos.

Exceção da verdade

§ 3º Admite-se a prova da verdade, salvo:

I – se, constituindo o fato imputado crime de ação privada, o ofendido não foi condenado por sentença irrecorrível;

II – se o fato é imputado a qualquer das pessoas indicadas no n. I do art. 141;

III – se do crime imputado, embora de ação pública, o ofendido foi absolvido por sentença irrecorrível.

Considerações gerais

A legislação brasileira sobre crimes contra a honra surge com o Código Criminal do Império (1830), o qual, sob influência francesa, tipificava a calúnia e a injúria. No mesmo sentido dispunha o Código Penal Republicano (1890). A Lei de Imprensa, de 1934, no geral, manteve a sistemática já exposta.

O Código Penal de 1940 insculpiu as três figuras típicas mantidas até hoje: calúnia (art. 138), difamação (art. 139) e injúria (art. 140). A calúnia e a difamação protegem a honra objetiva, enquanto a injúria tutela a honra subjetiva. O art. 138 não sofreu qualquer alteração desde a promulgação do Código em vigor.

Deve-se atentar para a natureza subsidiária, ou residual, dos delitos contra a honra. Em conformidade com o princípio da especialidade, dependendo da situação concreta, podem os fatos subsumir-se aos tipos assemelhados previstos no Código Eleitoral (Lei n. 4.737/65), no Código Penal Militar (Decreto-lei n. 1.001/69). As previsões constantes da Lei de Imprensa (Lei n. 5.250/67) tornaram-se inaplicáveis após o julgamento da ADPF 130/DF, em 2009, pelo Supremo Tribunal Federal.

Considerações nucleares

O delito de **calúnia** consiste na falsa imputação a alguém de fato definido como crime. Em outras palavras, atribui-se inveridicamente a uma pessoa crime por ela não perpetrado, o que vulnera a **honra objetiva** do ofendido, ou seja, sua reputação ou sua imagem no corpo social. A falsidade pode referir-se tanto ao próprio fato como à sua autoria. Quanto a este último aspecto, isso significa que o crime imputado pode ter materialmente ocorrido, mas o caluniado não foi o seu autor.

A calúnia há de se referir a fato criminoso e determinado, ainda que a descrição não seja pormenorizada (exemplo: agente alega que o sujeito passivo furtou a carteira de alguém numa festa recente). Visto que igualmente vilipendiadora do bem jurídico em questão, a lei considera também criminosa a conduta daquele que, tendo ciência da falsidade da imputação, a propala ou a divulga, isto é, a espalha de qualquer modo (art. 138, § 1º, do CP).

O delito de calúnia – como, aliás, é a regra de todos os crimes contra a honra – não admite a **forma tentada** (*conatus*). A calúnia verbal não permite tentativa, pois, nesse caso, o crime se perfaz em um único ato, conforme asseverava Hungria (1955, p. 63). A exceção ocorre quando o meio de execução é plurissubsistente, como na modalidade escrita (o tradicional exemplo da carta extraviada), ou por meio de uma gravação. A **consumação** ocorre no momento em que a imputação falsa chega ao conhecimento de terceiros.

Os crimes contra a honra são todos **simples** (ou seja, tutelam um único bem jurídico) e de **ação livre** (isto é, podem ser perpetrados por qualquer meio).

A calúnia é, ainda, crime comum, podendo ser perpetrado por qualquer pessoa, pois o tipo do art. 138 não exige qualquer qualidade especial do **sujeito ativo**.

Qualquer pessoa pode figurar na condição de **sujeito passivo** dos crimes contra a honra. Há, todavia, quanto a isso, particularidades interessantes. No caso da calúnia, o Código Penal admite que possa o delito referir-se aos **mortos** (art. 138, § 2º), o que não os torna sujeitos passivos, como nota Bitencourt (2012, p. 322). No caso da difamação e da injúria, ante a falta de previsão legal, há dissenso na doutrina, prevalecendo o entendimento pela sua impossibilidade.

Com relação aos **desonrados**, ou seja, pessoas que já não detêm boa fama social, entende-se pacificamente que podem ser vítimas dos delitos contra a honra. Com relação aos **menores** e aos **loucos**, prevalece a compreensão de que podem ser vitimados por calúnia e difamação, pois possuem honra objetiva. Podem, ainda, ser sujeitos passivos de injúria, desde que tenham capacidade de entender o significado da ofensa.

Ademais, discute-se se a **pessoa jurídica** pode ser sujeito passivo de crimes contra a honra. Com escora nos pensamentos de Hungria (1955, p. 41) e Fragoso (1988, p. 218), durante largos anos se entendeu que não, pois honra seria um valor social e moral da personalidade humana. No entanto, isso vem sendo temperado com o passar dos anos, admitindo-se a hipótese com relação à difamação.

Quanto à calúnia, doutrina e jurisprudência majoritárias sempre entenderam que não seria possível referida subjetividade passiva, pela razão exposta, bem como porque pessoas jurídicas não poderiam cometer crimes. Todavia, em face da adoção da responsabilidade penal da pessoa jurídica, ao menos para os crimes ambientais (Lei n. 9.605/98), não parece que a problemática esteja pacificada, pois nesta hipótese, por exemplo, poder-se-ia atribuir um fato delitivo ambiental ao ente moral, aperfeiçoando-se, assim, a descrição típica do art. 138 do Código Penal. O assunto, entretanto, ainda é dotado de polêmica, principalmente doutrinária.

O **tipo subjetivo** nos crimes contra a honra é integrado pelo dolo, acrescido de tendência intensificada *(animus calumniandi, diffamandi* e *injuriandi)*. Como diria Welzel (1976, p. 113), tais tendências intensificadas são aquelas que trazem um colorido diferente de sentido aos tipos, um adicional conteúdo ético-social para a ação. Muito embora seja este o posicionamento dominante, é de se notar que, e. g., na Espanha, atualmente, isso vem sendo questionado por parcela da jurisprudência e da doutrina, que não vislumbram a necessidade de um suposto *animus infamandi* para a configuração do presente delito (BACIGALUPO, 2006, p. 70-72). Segundo essa compreensão, bastaria a simples imputação falsa a alguém de fato criminoso conhecendo-se essa falsidade, ou seja, em desprezo absoluto pela verdade, ou ainda sem a adoção de mínimas precauções para averiguar se referida imputação é verdadeira ou falsa (CASTIÑERA PALOU, 2011, p. 165).

Note-se que doutrina e jurisprudência entendem que se admite o dolo direto ou eventual.

Exceção da verdade *(exceptio veritatis)*, prevista no § 3º do art. 138, é a possibilidade de o sujeito ativo da calúnia demonstrar que o fato afirmado por ele é verdadeiro, afastando o reconhecimento do crime. Jamais é admitida na injúria, pois nesta não há atribuição de fato. Na calúnia é, em regra, admissível, e na difamação não, diferenciação feita em razão da qualidade do fato atribuído. Nestes dois últimos tipos, há exceções (calúnia, art. 138, § 3º, e difamação, art. 139, parágrafo único), todas atinentes ao interesse público envolvido.

Dessa forma, na calúnia, não se admite a exceção da verdade em três hipóteses. Em primeiro lugar, o querelado (sujeito ativo da calúnia) não pode ofertar a *exceptio veritatis*, isto é, não pode pretender comprovar a veracidade do que revelou, se o fato imputado for crime de ação privada e não houver condenação definitiva sobre o assunto. Isso em respeito ao interesse da vítima do crime de ação penal privada, que pode por qualquer razão não querer processar seu ofensor (se não houvesse a presente previsão, seria obrigada a expor sua intimidade em juízo por via reversa). Tampouco é possível exceção da verdade se a calúnia envolver o Presidente da República ou chefe de governo estrangeiro, em nome do interesse público envolvido. Por fim, em respeito à coisa julgada, não se cogita de exceção da verdade se o crime imputado foi julgado em definitivo pelo Poder Judiciário, havendo absolvição do ofendido.

A vedação da admissibilidade da exceção da verdade nos casos previstos pelo § 3º do art. 138 pode levar à iniquidade de condenação de alguém por calúnia pela imputação a outrem de fato delitivo verdadeiro. Muito embora, no geral, doutrina e jurisprudência não se questionem a respeito, parece-nos que isso viola os princípios maiores da ampla defesa e da verdade real no processo penal. Neste sentido, urge maior reflexão acerca do tema.

Considerações finais

Apesar de revelar disciplina antiga, os crimes contra a honra, como a calúnia, ainda denotam enormes desafios dogmáticos, a começar pela precisa identificação do bem jurídico tutelado. Outros desafios a esse se somam, como a necessidade de pacificação do entendimento quanto às pessoas jurídicas poderem figurar ou não na condição de sujeitos passivos, a impossibilidade de oferecimento de exceção da verdade em certos casos, dentre outras questões do cotidiano forense.

Difamação

Art. 139. Difamar alguém, imputando-lhe fato ofensivo à sua reputação:

Pena – detenção, de 3 (três) meses a 1 (um) ano, e multa.

Exceção da verdade

Parágrafo único. A exceção da verdade somente se admite se o ofendido é funcionário público e a ofensa é relativa ao exercício de suas funções.

Considerações gerais

A difamação não foi prevista autonomamente quando surgiu a primeira legislação brasileira sobre crimes contra a honra, com o Código Criminal do Império (1830). Este, sob influência do ordenamento francês do início do século XIX, tipificou apenas a calúnia e a injúria; todavia, aquilo que hoje entendemos como difamação era, em realidade, uma das modalidades de injúria (art. 236 do *Codex* imperial). O Código Penal Republicano (1890) foi no mesmo sentido, assim como, no geral, a Lei de Imprensa, de 1934.

O Código Penal de 1940 insculpiu as três figuras típicas mantidas até hoje: calúnia (art. 138), difamação (art. 139) e injúria (art. 140). A calúnia e a difamação protegem a honra objetiva, enquanto a injúria tutela a honra subjetiva, como já referido. Desde 1941, o presente artigo, assim como o antecedente, não sofreu qualquer alteração.

Insta observar que os crimes contra a honra possuem natureza subsidiária, ou residual. De acordo com o princípio da especialidade, dependendo da situação concreta, podem os fatos subsumir-se aos tipos assemelhados previstos no Código Eleitoral (Lei n. 4.737/65), no Código Penal Militar (Decreto-lei n. 1.001/69). As previsões constantes da Lei de Imprensa (Lei n. 5.250/67) tornaram-se inaplicáveis após o julgamento da ADPF 130/DF, em 2009, pelo Supremo Tribunal Federal, como analisado.

Considerações nucleares

A **difamação** consiste na imputação a alguém de fato ofensivo à sua reputação, isto é, ao seu conceito social. Difamar significa "causar má fama", razão pela qual o objeto jurídico em questão é a **honra objetiva**, ou seja, a reputação ou a imagem da pessoa perante a sociedade. O fato atribuído deve ser determinado e pode ou não ser verdadeiro, como quando o agente alega a terceiros que viu alguém ingressando na casa de prostituição, o que pode até ter ocorrido. Por óbvio, os preconceitos sociais são considerados para fins de reconhecimento do delito, no fundo, perpetrado pelo agente com maledicência.

Como a calúnia significa atribuição de fato criminoso a alguém, se o agente imputa a outrem fato contravencional, cuidar-se-á de difamação, e não de calúnia.

Como os demais crimes contra a honra, em regra, a difamação não admite a **tentativa** (*conatus*), exceção feita quando o meio de execução é plurissubsistente, como na modalidade escrita (o conhecido exemplo da carta extraviada), ou por meio de uma gravação. Assim como a calúnia, que também tutela a honra objetiva das pessoas, a difamação se **consuma** quando a imputação ofensiva chega ao conhecimento de terceiros.

A difamação, igualmente à calúnia e à injúria, é uma infração penal **simples** (ou seja, tutela um único bem jurídico) e de **ação livre** (isto é, pode ser praticada por qualquer meio).

Do mesmo modo que as demais infrações penais vilipendiadoras da honra, a difamação é um crime **comum**, ou seja, qualquer pessoa pode ser seu **sujeito ativo**.

O **sujeito passivo** é, também, qualquer pessoa. Quanto à possibilidade de difamação contra os mortos, em razão da ausência de previsão legal, há divergência doutrinária, prevalecendo a compreensão pela sua impossibilidade, posicionamento acertado, uma vez que não se admite analogia *in malam partem* em Direito

Penal. O regrame do art. 138, § 2º, do Código Penal não foi repetido no caso da difamação.

Com relação aos **desonrados**, isto é, pessoas que já não detêm bom conceito social, entende-se pacificamente que podem ser vítima dos delitos contra a honra, como a difamação. Com relação aos **menores** e aos **loucos**, prevalece a compreensão de que podem ser vitimados por calúnia e difamação, pois possuem honra objetiva. Podem, ainda, ser sujeitos passivos de injúrias, desde que compreendam o significado da ofensa.

Doutrina e jurisprudência divergem, ademais, quanto à possibilidade de a **pessoa jurídica** ser vítima de difamação, em virtude da carência de valor social e moral, típicos da personalidade humana. O tradicional entendimento de Hungria, que vem sendo lentamente abandonado pela doutrina, parece exercer ainda influência no âmbito do Superior Tribunal de Justiça. Quanto ao Excelso Pretório, ao revés, ao longo dos anos, vem-se admitindo a hipótese em questão.

O **tipo subjetivo** na difamação é integrado pelo dolo, acrescido de tendência intensificada (*animus diffamandi*), apesar de posicionamentos dissonantes na literatura estrangeira, parcialmente inclinadas pela negativa de elemento subjetivo especial do tipo (BACIGALUPO, 2006, p. 70-72; CASTIÑERA PALOU, 2011, p. 173). O *animus jocandi*, o *animus narrandi* ou o erro quanto à falsidade do fato ou à sua autoria afastam o delito, uma vez que o erro de tipo exclui o dolo. Admite-se o dolo direto ou eventual.

Exceção da verdade (*exceptio veritatis*) é a possibilidade de o sujeito ativo demonstrar que o fato afirmado é verdadeiro, afastando o reconhecimento do crime. Na difamação, a exceção da verdade é, em regra, inadmissível, o que é natural, já que não se exige a falsidade do fato imputado. Em nome do interesse público em torno dos cargos públicos, admite-se a exceção da verdade na difamação se o ofendido for servidor público e a ofensa for relativa ao exercício de suas funções (art. 139, parágrafo único). Nesta hipótese, o querelado (sujeito ativo da difamação) poderia provar em juízo que o por ele dito é verdadeiro, rechaçando uma condenação. Isso ocorre pois, nesses casos, o Estado possui interesse em verificar a atuação de seus servidores.

Há divergência de posicionamentos com relação àquele que não mais se encontra investido na função pública, ou seja, se o difamado deixou, por qualquer razão, o cargo que ocupava. Fragoso (1988, p. 228-229) e Noronha (1998, p. 127), e. g., entendiam que, se o agente deixou a função pública, não mais seria possível a admissão da exceção da verdade, pois o parágrafo único do art. 139 afirma a hipótese "se o ofendido **é** funcionário público". Já Bento de Faria (1959, p. 180), acertadamente, asseverava pouco importar se o sujeito passivo deixou a função pública, pois a razão de ser da regra é a relação com o exercício da função pública.

Considerações finais

A difamação, assim como a calúnia, tutela a honra objetiva, ou seja, o conceito social da pessoa. Diferentemente desta, todavia, não se exige falsidade do fato imputado, o que remonta a um ideário antigo, do Direito Canônico medieval, de que não se disseminem fatos negativos acerca dos semelhantes. Sem dúvida e rodeios, o tipo em questão sinaliza a que cada um cuide de sua própria vida, evitando-se um contexto social degradado por maledicências e fofocas. Apesar de algumas divergências pontuais, o delito em análise ostenta menos dificuldades interpretativas relativamente à calúnia por parte da doutrina e da jurisprudência.

Injúria

Art. 140. Injuriar alguém, ofendendo-lhe a dignidade ou o decoro:

Pena – detenção, de 1 (um) a 6 (seis) meses, ou multa.

§ 1º O juiz pode deixar de aplicar a pena:

I – quando o ofendido, de forma reprovável, provocou diretamente a injúria;

II – no caso de retorsão imediata, que consista em outra injúria.

§ 2º Se a injúria consiste em violência ou vias de fato, que, por sua natureza ou pelo meio empregado, se considerem aviltantes:

Pena – detenção, de 3 (três) meses a 1 (um) ano, e multa, além da pena correspondente à violência.

§ 3º Se a injúria consiste na utilização de elementos referentes a religião ou à condição de pessoa idosa ou com deficiência:

Pena – reclusão, de 1 (um) a 3 (três) anos, e multa.

Considerações gerais

A primeira previsão brasileira sobre crimes contra a honra deu-se com o Código Criminal do Império (1830), o qual, sob influxo da legislação francesa, que trouxe autonomia ao temário, incriminou a calúnia e a injúria. Esta última de modo amplo, abarcando-se, no art. 236, aquilo que hoje entendemos como difamação. No mesmo sentido, o Código Penal Republicano (1890). A Lei de Imprensa de 1934, em linhas gerais, manteve idêntica sistemática.

O Código Penal de 1940 insculpiu as três figuras criminosas, mantidas até o momento: calúnia (art. 138), difamação (art. 139) e injúria (art. 140). A calúnia e a difamação protegem a honra objetiva, enquanto a injúria tutela a honra subjetiva, como já exposto. O art. 140 sofreu modificações em 1997, 2003 e 2023. Em 1997, criou-se o § 3º, que trouxe a comumente chamada "injúria racial", então atinente à utilização de elementos referentes a raça, cor, etnia, religião ou origem. O citado parágrafo foi ampliado pelo Estatuto do Idoso (Lei n. 10.741/2003), que incluiu a condição de pessoa idosa ou portadora de deficiência.

Finalmente, a Lei n. 14.532/2023 transferiu a *injúria racial* para a Lei de Racismo, limitando o alcance do § 3º do art. 140, que agora abarca apenas a injúria consistente na utilização de elementos referentes a religião ou à condição de pessoa idosa ou com deficiência.

Observe-se que há natureza subsidiária, ou residual, nos delitos contra a honra. Consoante o princípio da especialidade, dependendo da hipótese concreta, podem os fatos subsumir-se às figuras assemelhadas insculpidas no Código Eleitoral (Lei n. 4.737/65), no Código Penal Militar (Decreto-lei n. 1.001/69). As infrações contra a honra constantes da Lei de Imprensa (Lei n. 5.250/67) foram afastadas do ordenamento pátrio com o julgamento da ADPF 130/DF, em 2009, pelo Supremo Tribunal Federal.

Considerações nucleares

Injúria é a ofensa à dignidade (isto é, moralidade) ou ao decoro de alguém (ou seja, aspectos físicos e intelectuais). O art. 208 do Código Penal espanhol, e. g., em compreensão perfeitamente aplicável na interpretação do tipo brasileiro, define a injúria como a ação ou expressão que lesiona a dignidade de outra pessoa, menosprezando sua fama ou atentando contra sua autoestima.

Consiste então a injúria na atribuição genérica de qualidades negativas ou de fatos vagos e indeterminados a alguém, prescindindo-se de falsidade. Exemplos: dizer que alguém é "ladrão", "burro", "impotente" ou que sai com pessoas prostituídas. Quanto a insinuações de cunho sexual, aliás, por certo não se pode olvidar do direito que cada um possui de exercer sua sexualidade de modo livre e despido de preconceitos. Porém, são justamente estes últimos que vão denotar o atingimento da honra do ofendido, não podendo ser, assim, o fato desconsiderado pelo Direito. Em outras palavras, insinuações ou assertivas relacionadas, v. g., à sexualidade de alguém – independentemente de sua veracidade – não deveriam, mas são comumente efetivadas em nossa preconceituosa sociedade com o propósito de ofender, sendo tais situações agasalhadas pelo Direito Penal.

Entende-se que o delito de injúria atinge a **honra subjetiva** da pessoa ofendida, isto é, sua autoestima ou avaliação de si próprio.

A injúria não admite o reconhecimento da forma **tentada** (*conatus*) quando unissubsistente, como na ofensa verbal dita em presença do ofendido. Já quando a conduta é plurissubsistente, em tese é perfeitamente possível a tentativa, como quando a ofensa é efetivada na modalidade escrita ou por meio de gravação, ou quando dita a terceiros na ausência da vítima, e, nestas hipóteses, os fatos não chegam, por qualquer razão, ao conhecimento desta última. Como a injúria tutela a honra subjetiva, o delito se **consuma** quando a ofensa chega ao conhecimento do sujeito passivo. Desta maneira, há que se notar que a injúria pode ser perpetrada tanto na presença como na ausência da vítima; porém, neste último caso, somente se aperfeiçoará quando ela tiver ciência do afirmado.

Do mesmo modo que as demais figuras referidas, é um crime **simples** (tutela uma único bem jurídico), **comum** (qualquer pessoa pode ser seu **sujeito ativo**) e de **ação livre** (pode ser praticado por qualquer meio, como verbal e escrito). Aliás, quanto a este último aspecto, bastante comum a injúria ser perpetrada por meios dubitativos ou por intermédio de ironias, fatores que não desnaturam a infração penal.

Qualquer pessoa pode ser **sujeito passivo** de injúria. Ante a falta de previsão legal (feita apenas no art. 138, § 2º, para a calúnia), prevalece a compreensão de que não é possível a injúria contra os mortos, o que de fato seria absurdo. Tampouco se admite poder ser a pessoa jurídica vítima de injúria, por ausência de sentimento moral. Tais posicionamentos são pacíficos.

Relativamente aos **desonrados**, ou seja, indivíduos que já não detêm boa fama perante a sociedade, compreende-se que podem ser vítimas dos delitos contra a honra. Com relação aos **menores** e aos **loucos**, prevalece a compreensão de que podem ser vitimados por calúnia e difamação, pois possuem honra objetiva. Com relação à injúria, podem ser sujeitos passivos, desde que tenham a capacidade de entender o significado da ofensa.

O **tipo subjetivo** é integrado pelo dolo, acrescido de tendência intensificada (*animus injuriandi*), embora comecem a despontar, no estrangeiro, posicionamentos minoritários que negam a necessidade de um elemento subjetivo especial do tipo (cf. BACIGALUPO, 2006, p. 70-72, e CASTIÑERA PALOU, 2011, p. 173), o que parece, segundo pensamos, claramente sem sentido no caso da injúria. Não há injúria se o agente atua imbuído de *animus jocandi*. Admite-se o dolo direto ou eventual.

A exceção da verdade (*exceptio veritatis*), ou seja, a possibilidade de o sujeito ativo demonstrar que o fato afirmado é verdadeiro, afastando o reconhecimento do crime, é inadmissível na injúria, pois nela não há atribuição de fato.

Perdão judicial

O § 1º do art. 140 prevê duas possibilidades de aplicação do instituto do perdão judicial, que ostenta a natureza jurídica de causa de extinção da punibilidade (art. 107, IX, do CP). Muito embora o legislador tenha se utilizado da palavra "pode" no dispositivo em destaque, cuida-se de um direito público subjetivo do acusado, que não pode ficar à mercê de puro arbítrio judicial, como nota com propriedade Bitencourt (2012, p. 356). Preenchidos os requisitos legais, o imputado faz jus ao reconhecimento desta causa extintiva de punição, não assistindo razão ao pensamento doutrinário tradicional quanto ao tema.

Assim, o juiz deixará de aplicar a pena quando o ofendido, de forma reprovável, provocou diretamente a injúria, ou no caso de retorsão imediata que consista em outra injúria. Na primeira hipótese, a finalidade da regra é a de afastar a punição àquele que ofende outra pessoa por conta de provocação feita diretamente por ela. Neste caso, há apenas um crime de injúria, perpetrado por quem foi provocado, e, por essa razão, apesar de ter havido infração penal, a pena não é aplicada.

A segunda hipótese, embora assemelhada com a anterior, com ela não se confunde, pois há uma injúria em resposta incontinenti a outra, ou seja, ocorre um revide. Nesta situação, o juiz deixará de aplicar a pena tão somente àquele que retorquiu a ofensa que acabou de sofrer. O sentido da norma é idêntico ao do inciso anterior. Se há perdão àquele que injuriou porque foi direta e reprovavelmente provocado, com muito mais razão haveria para aquele que acabou de ser injuriado e respondeu do mesmo modo. Não há nenhum motivo lógico para conceder o perdão a ambos, como pensam alguns, pois isso significaria premiar indevidamente aquele que, de forma criminosa, culminou por deflagrar o crime de sua vítima. Dessa maneira, não existe compensação de injúrias em nossa legislação penal.

Qualificadoras

Há duas qualificadoras quanto à injúria. O art. 140, § 2º, do Código Penal prevê a injúria real, que é a perpetrada mediante violência ou vias de fato que, por sua natureza ou pelo meio empregado, se considerem aviltantes, enquanto o art. 140, § 3º, prevê a injúria discriminatória.

A **injúria real** é a injúria efetuada mediante agressão física. Na injúria real praticada por meio de violência o agente agride fisicamente a vítima com o intuito de humilhá-la. Neste caso, há o propósito de ofender tanto a integridade física como a moral da vítima, razão pela qual se somam as penas, conforme o preceito secundário do art. 140, § 2º (detenção, de três meses a um ano, além da pena correspondente à violência).

A injúria real também pode se dar por meio de vias de fato, que consiste em uma contravenção penal (art. 21 da Lei das Contravenções Penais). Esta é a agressão praticada sem a intenção de lesionar (tapas, empurrões, puxões de cabelo etc.). O propósito do agente aqui é exclusivamente o de ofender de forma aviltante, seja pela natureza da conduta, seja pelo meio empregado, como nos exemplos de rasgar as vestes de alguém, tosar-lhe o cabelo, cuspir-lhe no rosto, atirar-lhe fezes etc. Nestes casos, por conta da dicção legislativa do preceito secundário, a contravenção será sempre absorvida pela injúria real, consoante notava Fragoso (1988, p. 232).

Quanto à injúria discriminatória, ressalte-se que o tipo em questão sofreu limitação no ano de 2023, por meio da Lei n. 14.532, a qual transferiu a injúria em razão de raça, cor, etnia ou procedência nacional para a Lei de Racismo (art. 2º-A da Lei n. 7.716/89). Isso ocorreu porque em 2021 o STF entendeu que injúria racial seria espécie de racismo e, assim, imprescritível (HC 154.248/DF). A decisão do STF não resolvia a questão da ação penal pertinente nem acerca da inafiançabilidade ou não da figura. A nova lei, assim, deslinda tais dificuldades, uma vez que a injúria em razão de raça, cor, etnia ou procedência nacional passa a sofrer o mesmo tratamento jurídico que a figura do racismo.

Por conseguinte, o art. 140, § 3º, atualmente apenas se refere à injúria que se utilize de elementos relativos a religião ou à condição de pessoa idosa ou com deficiência. O legislador foi contraditório ao manter a prática em face de religião no

Código, uma vez que este elemento faz parte do crime de racismo (art. 20 da Lei n. 7.716/89). Por outro lado, mais uma vez perdeu a oportunidade de inserir a injúria relacionada à condição LGBTQIA+.

Considerações finais

O termo "injúria" possuía sentido significativamente amplo na Roma antiga, abarcando inclusive lesões físicas aos indivíduos. Hodiernamente, após a solidificação da autonomia trazida ao tema pelo Código napoleônico, refere-se ao atingimento da honra subjetiva das pessoas, ou seja, sua autoestima ou avaliação de si próprio.

Conforme frisado quando da análise do bem jurídico dos crimes contra a honra, no geral, e ressaltado de forma destacada pela análise da injúria discriminatória, por exemplo, longe de configurar a tutela penal de melindres pessoais, ou algo de somenos importância, o interesse em jogo no caso diz respeito à participação igualitária de indivíduos e grupos na interação social. Dessa maneira, em uma sociedade marcada por desigualdades e preconceitos como a nossa, o temário ganha renovada relevância nos dias atuais.

Disposições comuns

Art. 141. As penas cominadas neste Capítulo aumentam-se de um terço, se qualquer dos crimes é cometido:

I – contra o Presidente da República, ou contra chefe de governo estrangeiro;

II – contra funcionário público, em razão de suas funções, ou contra os Presidentes do Senado Federal, da Câmara dos Deputados ou do Supremo Tribunal Federal;

III – na presença de várias pessoas, ou por meio que facilite a divulgação da calúnia, da difamação ou da injúria;

IV – contra criança, adolescente, pessoa maior de 60 (sessenta) anos ou pessoa com deficiência, exceto na hipótese prevista no § 3º do art. 140 deste Código.

§ 1º Se o crime é cometido mediante paga ou promessa de recompensa, aplica-se a pena em dobro.

§ 2º Se o crime é cometido ou divulgado em quaisquer modalidades das redes sociais da rede mundial de computadores, aplica-se em triplo a pena.

Considerações gerais

O art. 141 do Código Penal – tanto no *caput* quanto nos parágrafos – traz **causas de aumento de pena**. Dessa maneira, as circunstâncias mais gravosas previstas devem ser sopesadas pelo aplicador da lei penal na terceira fase do sistema trifásico de aplicação de pena. Depois de referida consideração, ter-se-á a pena definitiva cominada ao agente.

A redação do artigo em análise foi alterada em 2003, pelo Estatuto do Idoso (Lei n. 10.741), para inclusão do inciso IV, que trouxe à época o aumento de pena de um terço se a calúnia e a difamação forem perpetradas contra pessoa maior de 60 anos ou portadora de deficiência. A exclusão da injúria nessas situações decorre da existência de qualificadora específica referente à injúria discriminatória na parte final do § 3º do art. 140.

A derrubada de veto presidencial à Lei Anticrime por parte do Congresso Nacional em abril de 2021 trouxe a causa de aumento de pena do § 2º ao dispositivo, transformando seu anterior parágrafo único em § 1º.

Ainda, a Lei n. 14.197/2021 – que revogou a Lei de Segurança Nacional e inculpiu no Código Penal os crimes contra o Estado Democrático de Direito – alterou a redação do inciso II, que passou a fixar majoração se o delito contra a honra for contra funcionário público, em razão de suas funções, ou contra os Presidentes do Senado Federal, da Câmara dos Deputados ou do Supremo Tribunal Federal.

Por fim, a Lei n. 14.344/2022 (Lei Henry Borel) alterou novamente o inciso IV para inserir majoração quando o crime contra a honra for praticado contra criança ou adolescente. Além disso, a expressão final "exceto no caso de injúria" foi substituída por "exceto na hipótese prevista no § 3º do art. 140 deste Código", limitando-se a exceção à injúria discriminatória. Com isso, admite-se a causa de aumento de um terço também na injúria quando a vítima tiver menos de 18 anos, pois não existe injúria discriminatória em razão desta condição.

Considerações nucleares

As penas de todos os crimes contra a honra aumentam-se de um terço se o delito é cometido contra o presidente da República ou contra chefe de governo estrangeiro; contra funcionário público, em razão de suas funções, ou contra os Presidentes do Senado Federal, da Câmara dos Deputados ou do Supremo Tribunal Federal; na presença de várias pessoas, ou por meio que facilite a divulgação; contra pessoa maior de 60 anos ou com deficiência, exceto nos casos de injúria (pois, nessa hipótese, há qualificadora). Se o crime é cometido ou divulgado em quaisquer modalidades das redes sociais da rede mundial de computadores, aplica-se em triplo a pena.

A majoração em decorrência da condição de a vítima ser o **presidente da República** ou algum **chefe de governo estrangeiro** decorre do significado político de tais cargos. Cuida-se de medida político-criminal voltada à honorabilidade do cargo. De igual modo, há majoração se o crime for contra os **Presidentes do Senado Federal, da Câmara dos Deputados ou do Supremo Tribunal Federal**, conforme alteração dada pela Lei n. 14.197/2021.

Também com viés público, ou seja, tendo em vista a importância e a respeitabilidade do cargo, é que há a mesma causa de aumento se o ofendido for **funcio-**

nário público e, por via de consequência, esta ofensa tenha se dado em razão de suas funções. Observe-se que a ofensa em razão da condição de funcionário público ostenta caráter subjetivo, ou seja, diz respeito ao motivo da ofensa. Assim, não basta a simples condição objetiva de ser a vítima servidor; deve ela ter sido vilipendiada em sua honra por isso. Para a caracterização do crime contra a honra com esta causa de aumento, a ofensa deve se dar sem a presença do funcionário público, pois, nesse caso, o crime passa a ser de desacato (art. 331 do CP).

A majoração em razão de ter sido o crime perpetrado na **presença de várias pessoas, ou por meio que facilite a divulgação**, decorre da maior ofensividade da ação. Em razão do afastamento da Lei de Imprensa de nosso ordenamento, ganha importância a presente causa de aumento de pena, que deverá ser reconhecida sempre que o delito contra a honra for praticado pelos meios de comunicação de massa. Da mesma forma, incide a presente causa se a ofensa é efetuada numa festa, na frente dos convidados; numa sala de aula com diversos alunos; utilizando-se de um megafone na via pública diante de transeuntes; mediante a distribuição de folhetos etc.

Como visto, a Lei n. 14.344/2022 inseriu a majoração de um terço quando qualquer dos crimes contra a honra for praticado **contra criança ou adolescente**, isto é, pessoa com menos de 18 anos. Quanto à injúria, basta que tenha o menor capacidade de compreensão da ofensa.

A causa de aumento prevista para injúria ou difamação praticadas **contra pessoa maior de 60 anos ou com deficiência** não parece ter a mesma justificativa que a injúria discriminatória pelas mesmas razões. Isso porque uma coisa é ofender alguém porque essa pessoa é idosa ou deficiente, algo lamentável e, a nosso juízo, revelador de maior censurabilidade da conduta. Todavia, a presente causa de aumento é objetiva, ou seja, apenas porque o ofendido é deficiente ou idoso – e, nunca é demais frisar, o agente deve conhecer esta circunstância – entendeu-se ser o fato mais grave. Não há sentido nisso. A calúnia e a difamação não seriam consideradas mais graves apenas por ser a vítima negra, por exemplo, se a ofensa contra a honra nada tivesse a ver com isso. Da mesma forma, só haveria razão na majoração se a calúnia ou a difamação comprovadamente ocorressem em razão da condição de idosa ou deficiente da vítima. Não foi o que estabeleceu o legislador com a redação do inciso IV, que, assim, viola os princípios da ofensividade e da proporcionalidade penais.

Ainda, a pena aplica-se em dobro se o crime contra a honra é mercenário, isto é, se o ofensor age **mediante paga ou promessa de recompensa**. Aquele que pagou ou prometeu a vantagem patrimonial para que a ofensa fosse levada a efeito é partícipe do crime contra a honra, sem a presente causa de aumento, pois não agiu por motivos econômicos (em sentido oposto, e. g., BITENCOURT, 2012, p. 376).

Em face da maior ofensividade da ação, se o crime é cometido ou divulgado em quaisquer modalidades das **redes sociais da rede mundial de computadores**, aplica-se em triplo a pena.

Considerações finais

Afora a injúria, os crimes contra a honra não possuem formas qualificadas. Desse modo, em determinados casos, quando presentes circunstâncias mais gravosas, o legislador fez a opção político-criminal de censurá-los com maior rigor por meio de causas de aumento de pena, no patamar de um terço ou do dobro, o que, na prática, eleva sensivelmente a pena imposta.

Exclusão do crime
Art. 142. Não constituem injúria ou difamação punível:

I – a ofensa irrogada em juízo, na discussão da causa, pela parte ou por seu procurador;

II – a opinião desfavorável da crítica literária, artística ou científica, salvo quando inequívoca a intenção de injuriar ou difamar;

III – o conceito desfavorável emitido por funcionário público, em apreciação ou informação que preste no cumprimento de dever do ofício.

Parágrafo único. Nos casos dos ns. I e III, responde pela injúria ou pela difamação quem lhe dá publicidade.

Considerações gerais

Há dissenso doutrinário com relação à **natureza jurídica** da presente previsão legislativa. Para Hungria (1955, p. 110), não seria uma causa de exclusão da ilicitude, mas sim da punibilidade, insculpida por razões político-criminais. Ou seja, o crime subsistiria; porém, excepcionalmente, não seria apenado. Fragoso (1988, p. 237), todavia, em ponderada análise, lecionava que são causas de exclusão do crime, ou pela ausência do elemento subjetivo especial do tipo *animus infamandi*, ou porque se exclui a antijuridicidade da conduta, que passa a ser permitida pelo Direito.

Frise-se que a restrição disciplinada no presente artigo não se aplica ao delito de calúnia e sim apenas ao de difamação e ao de injúria.

Considerações nucleares

A primeira causa de exclusão prevista é a chamada **imunidade judiciária**, a qual beneficia especificamente a parte e seu procurador, não abarcando, assim, por exemplo, o magistrado, o serventuário da justiça, a testemunha etc. Escora-se na liberdade de discussão da causa, que pode redundar em declarações – orais ou escritas – impetuosas ou impensadas que venham a ser ofensivas quanto ao objeto do processo. A expressão "na discussão da causa" significa que a imunidade não é absoluta, ou seja, não se cuida de "carta branca" para ofensas pessoais prolatadas pelas partes e seus procuradores, devendo, sim, ter nexo com o objeto da demanda.

Noronha (1998, p. 138), na esteira do asseverado por Fragoso (1988, p. 238), entendia que a ofensa dirigida ao servidor público – como o juiz – nas condições descritas no inciso I do artigo em foco não estaria abarcada pela imunidade em questão. Todavia, a lei não faz essa distinção, representando referida interpretação analogia *in malam partem*, vedada em Direito Penal.

A segunda imunidade descrita no art. 142 cuida-se da **opinião desfavorável da crítica literária, artística ou científica**, salvo quando inequívoca a intenção de injuriar ou difamar. Regrame assegurador da liberdade de expressão, as opiniões desfavoráveis quanto a um trabalho literário, artístico ou científico só encontram limites na incontroversa intenção de ofender, algo não tão simples de aferir na prática. De todo modo, na dúvida, impõe-se a solução mais favorável ao suposto ofensor.

Também não configura crime contra a honra a **opinião desfavorável emitida por servidor público**, em apreciação ou informação que preste no cumprimento de sua função (inciso III do art. 142). Se, por um lado, a regra corretamente ampara o servidor quanto à sua liberdade de apreciação das hipóteses que lhe são afetas, por outro, não significa autorização ampla para vilipêndio da honra alheia. Assim, aqui também existem limites, que devem ser aferidos no caso concreto. O conceito desfavorável emitido deve se restringir aos estreitos limites do apreciado, isto é, deve ter conexão quanto ao objeto da apreciação funcional.

Tanto há limites na ofensa irrogada em juízo, na discussão da causa, pela parte ou por seu procurador, e na opinião desfavorável emitida por funcionário público, em apreciação ou informação que preste no cumprimento de dever do ofício, que, de modo coerente, em havendo injúria ou difamação, também **responde pelo crime quem lhe dá publicidade**, conforme a previsão do parágrafo único do art. 142. De notar, entretanto, que não foi razoável a exclusão do inciso II por parte do legislador no citado parágrafo único. Alguém pode perfeitamente dar publicidade a uma crítica artística, científica ou literária inequivocamente ofensiva, o que amplifica o vilipêndio ao bem jurídico tutelado. Mas, por falta de previsão legal, restará impune.

Considerações finais

O art. 142 do Código Penal fixa causas de exclusão dos crimes de difamação e de injúria. A divergência doutrinária quanto à sua natureza jurídica, ainda persistente no Brasil, parece decorrer de açodada análise feita por Hungria (1955, p. 116) quanto ao tema. De toda forma, mais que teóricos, a disciplina em questão parece trazer muitos desafios práticos, na análise concreta de situações pontuais, em razão das paixões que envolvem os litígios forenses, as opiniões literárias, artísticas e científicas ou as apreciações feitas por servidores públicos em seus misteres. Em situações dúbias, no entanto, há que se reconhecer a excludente.

Retratação

Art. 143. O querelado que, antes da sentença, se retrata cabalmente da calúnia ou da difamação, fica isento de pena.

Parágrafo único. Nos casos em que o querelado tenha praticado a calúnia ou a difamação utilizando-se de meios de comunicação, a retratação dar-se-á, se assim desejar o ofendido, pelos mesmos meios em que se praticou a ofensa.

Considerações gerais

Atendendo ao regrame estabelecido no art. 107, VI, do Código Penal, o presente dispositivo traz uma causa expressa de **extinção da punibilidade** aplicável apenas aos crimes de calúnia e de difamação. A limitação a estes decorre do interesse envolvido, de cunho social, qual seja, a honra objetiva.

Considerações nucleares

A **retratação** é uma causa de extinção da punibilidade, consistente no ato de desdizer-se, negando-se cabalmente o fato delitivo ou desonroso imputado. Ela é admissível apenas nos crimes de calúnia e difamação porque estes atingem o conceito social do ofendido, que pode ser resgatado pela retratação. Esta deve ser cabal, irrestrita e feita antes da sentença, isentando de pena. Se feita posteriormente, cuida-se de atenuante genérica (art. 65, III, *b*, do CP). Não há fórmula sacramental, mas se entende que deve constar por escrito no processo. Pode ser feita pelo querelado ou por seu procurador com poderes constituídos.

Pelo próprio teor da redação do art. 143, deve-se notar que a retratação feita por coautor não se comunica aos demais, visto que é de caráter pessoal. Aliás, ao revés, na prática, poderá a retratação de um coautor ser sopesada como elemento de convicção do julgador para a condenação do comparsa que não se retratou.

Doutrina e jurisprudência dominantes entendem ser incabível a presente causa de extinção da punibilidade em hipóteses de ação penal pública condicionada (caso, e. g., da calúnia ou da difamação feita a funcionário público em razão de suas funções). Isso porque o legislador utilizou-se da palavra "querelado" no dispositivo.

Retratação, reitere-se, é o ato de desdizer-se, de retirar o que foi dito, e não de simplesmente negar que tenha sido praticado crime contra a honra. É uma espécie de arrependimento eficaz, consoante Hungria (1955, p. 120). Cuida-se de ato unilateral – independe de aceitação por parte do ofendido – que tem por escopo buscar e resguardar a verdade – interesse superior da Justiça (PRADO, 2011, p. 302).

Considerações finais

A retratação é causa de extinção da punibilidade do agente que praticou calúnia ou difamação e, posteriormente, retirou o que foi dito, desdizendo-se. Sua limitada utilização na prática, apesar do que o presente dispositivo poderia sinalizar, decorre do fato de que o instituto somente possui efeitos penais. Assim, não só não obsta a ação civil reparatória correspondente, como certamente serve de elemento de prova para uma condenação nessa seara. O agente escapa de uma condenação penal; porém, não tem a possibilidade, por exemplo, de negar a autoria do fato.

Em 2015, foi acrescido ao art. 143 um parágrafo único, estabelecendo que, nas hipóteses de calúnia ou difamação perpetradas por meios de comunicação, a retratação deverá ocorrer, caso assim deseje a vítima, pelos mesmos meios em que se praticou a ofensa. Referida previsão estabelece medida de proporcionalidade na retratação. Andou bem o legislador. A falta de menção à injúria se deve à impossibilidade de retratação para referido tipo penal.

Art. 144. Se, de referências, alusões ou frases, se infere calúnia, difamação ou injúria, quem se julga ofendido pode pedir explicações em juízo. Aquele que se recusa a dá-las ou, a critério do juiz, não as dá satisfatórias, responde pela ofensa.

Considerações gerais

O **pedido de explicações criminais** é possível diante da dubiedade da ofensa à honra alheia, forma covarde de atingimento do bem jurídico tutelado, consoante Fragoso (1988, p. 242). Diante de assertivas com duplo sentido ou insinuações, ou mesmo de intencionalidade controversa, conforme se analisará *infra*, o possível ofendido pode interpelar em juízo o possível ofensor.

Considerações nucleares

O art. 144 do Código Penal estabelece uma regra processual diretamente relacionada com o assunto tratado no presente capítulo. Por vezes, frases dúbias são lançadas, verbalmente ou por escrito, com intuito criminoso ou não.

Assim, se de referências, alusões ou frases, se infere, ou seja, se pode deduzir, calúnia, difamação ou injúria, quem se julga ofendido pode pedir explicações em juízo. Cuida-se da previsão do pedido de explicações criminais, que tem a possibilidade simultânea de salvaguardar a honra possivelmente atingida e de evitar um processo criminal para o autor das assertivas dúbias.

Sem dúvida, o pedido de explicações criminais consiste em uma medida preparatória e facultativa ao oferecimento de queixa-crime ou mesmo de representação em caso de ação penal pública condicionada. É uma medida de prudência a todos os envolvidos, a qual, lamentavelmente, tem sido interpretada de modo, a nosso ver, formalista e equivocado por doutrina e jurisprudência ao longo dos anos.

Isso porque é comum a compreensão que sustenta a inviabilidade do pedido de explicações quando as frases são supostamente inequívocas. Ora, mesmo a frase inequívoca pode ser dita sem o *animus infamandi*, o que poderia ser esclarecido na resposta ao pedido de explicações criminais. Assim, por exemplo, o suposto ofensor teria a oportunidade de explicar e de eventualmente demonstrar que agiu com *animus jocandi*, não tendo intuito de vilipendiar a honra de ninguém e, ao mesmo tempo, claramente desculpar-se. Com isso, evitar-se-iam processos desnecessários e movidos apenas por rancores num Judiciário enormemente assoberbado.

Aliás, não se pode deixar de observar que a maior tolerância e flexibilidade com relação à aceitação de pedidos de explicações criminais possibilitaria aos ofensores de fato o oferecimento de retratações, também se evitando futuros processos. O formalismo ou simples desejo de rechaço de labor imediato por parte de alguns apenas gera mais conflituosidade futura.

De qualquer modo, frise-se que o pedido de explicações criminais não é obrigatório, sendo apenas uma chance de evitar batalhas processuais subsequentes. Não compete ao magistrado a formulação de qualquer juízo quanto à resposta dada, de interesse exclusivo do peticionário.

Por fim, pode-se notar que a frase final do artigo em análise é absolutamente infeliz e pode gerar equívocos. O legislador estabeleceu que quem se recusa a fornecer explicações ou, a critério do juiz, não as dá satisfatoriamente responde pela ofensa. O silêncio legislativo teria sido melhor. A frase não significa que a ausência de resposta ou a resposta mal dada levam *ipso facto* à responsabilização pelo crime contra a honra, como poderia parecer. Estabelece-se, tão somente, que a omissão do requerido, ou seu esclarecimento malfeito, possibilitam o oferecimento de uma acusação. E o juiz referido no artigo não é o que oficia no pedido de explicações, mas sim o competente para processamento da queixa-crime ou denúncia, que avalia se o requerido esclareceu a situação, evitando o recebimento da acusação.

Considerações finais

O dispositivo em destaque não possui uma construção jurídica das mais felizes e, por via de consequência, vem recebendo da doutrina e jurisprudência interpretações bastante formalistas, que restringem sua aplicabilidade. Isso porque a dubiedade da ofensa pode não envolver apenas o conteúdo ofensivo ou o seu destinatário, mas também a intenção do agente, não se podendo olvidar que os crimes contra a honra possuem elemento subjetivo especial do tipo.

Ademais, político-criminalmente, pulula às escâncaras o interesse social e dos envolvidos em evitar processos desnecessários, por meio do oferecimento de retratações ou esclarecimentos devidos por parte do possível ofensor. Por fim, de notar que, como não se cuida de norma restritiva, a interpretação mais abrangente não apenas não é vedada, mas, isto sim, recomendada.

Art. 145. Nos crimes previstos neste Capítulo somente se procede mediante queixa, salvo quando, no caso do art. 140, § 2º, da violência resulta lesão corporal.

Parágrafo único. Procede-se mediante requisição do Ministro da Justiça, no caso do inciso I do *caput* do art. 141 deste Código, e mediante representação do ofendido, no caso do inciso II do mesmo artigo, bem como no caso do § 3º do art. 140 deste Código.

Considerações gerais

O presente dispositivo ostenta cunho processual, disciplinando as formas de provocação da persecução penal nos crimes contra a honra. O estabelecido harmoniza-se com o regrame geral previsto nos arts. 100 a 106 do Código Penal, que fixa os modos de invocar a prestação jurisdicional na seara criminal. Dessa maneira, classifica-se a ação penal em pública (incondicionada ou condicionada) ou privada (exclusivamente ou subsidiária). No primeiro caso, em regra, o Estado é que promove a ação penal, por meio da atuação do Ministério Público. Na segunda hipótese, o particular, excepcionalmente, assume essa tarefa.

O legislador levou em consideração, no art. 145, o interesse da vítima em face do delito, pois, no caso em análise, no geral, o fato ilícito interessa muito mais à sua pessoa que à sociedade. Ademais, de ver que o bem jurídico em jogo é disponível.

Considerações nucleares

Contrariamente à sistemática comum, a regra geral é a de que, nos crimes contra a honra, a ação penal seja de exclusiva iniciativa privada. Por conseguinte, deverá haver o oferecimento da queixa-crime, dentro do prazo legal, na maior parte das situações.

As hipóteses diferenciadas restam apontadas no *caput* e parágrafo único do art. 145. A primeira exceção ocorre quando, na injúria real (art. 140, § 2º), resulta lesão corporal grave ou gravíssima, caso em que a ação penal será pública incondicionada. Muito embora o dispositivo refira-se simplesmente a "lesão corporal", de notar que se da injúria real resultar lesão corporal leve, não poderá ser a ação penal pública incondicionada, pois o art. 88 da Lei n. 9.099/95, fixou a necessidade de representação para lesões corporais leves (art. 129, *caput*), devendo haver aqui uma interpretação sistemática.

A próxima exceção ocorre em crimes contra a honra praticados contra o Presidente da República ou contra chefe de governo estrangeiro. Pelo interesse público envolvido, não se esperaria que tais mandatários necessitassem aduzir uma queixa-crime. Por essa razão, nestes casos, a ação é pública condicionada à requisição do Ministro da Justiça.

Ainda, em nome do interesse público envolvido, é pública condicionada à representação do ofendido a ação penal por crimes contra a honra perpetrados contra o servidor público em razão de suas funções. Findando com antiga divergência jurisprudencial, a Súmula 714 do Supremo Tribunal Federal estabelece que: "É concorrente a legitimidade do ofendido, mediante queixa, e do Ministério Público, condicionada à representação do ofendido, para a ação penal por crime contra a honra de servidor público em razão do exercício de suas funções".

Por fim, em hipótese acrescida por modificação legislativa trazida pela Lei n. 12.033/2009, também é pública condicionada à representação do ofendido a ação penal por crime de injúria discriminatória, comumente chamada de injúria "racial" (art. 140, § 3º). A gravidade dessa conduta preconceituosa, verdadeiro crime de ódio, interessa também ao Poder público, que deve assegurar o pluralismo e a igualdade dos cidadãos num Estado Democrático de Direito.

Considerações finais

Excepcionando a regra geral do Código Penal, segundo a qual a ação penal é, a princípio, sempre pública incondicionada, os crimes contra a honra, no presente dispositivo disciplinados em termos processuais penais, em geral são de exclusiva iniciativa privada. Ou seja, em regra, são ajuizados mediante queixa-crime. As exceções a isso decorrem da gravidade dos fatos ou da natureza do interesse envolvido.

Capítulo VI
Dos crimes contra a liberdade individual

Seção I
Dos crimes contra a liberdade pessoal

Constrangimento ilegal

Art. 146. Constranger alguém, mediante violência ou grave ameaça, ou depois de lhe haver reduzido, por qualquer outro meio, a capacidade de resistência, a não fazer o que a lei permite, ou a fazer o que ela não manda:
Pena – detenção, de 3 (três) meses a 1 (um) ano, ou multa.

Aumento de pena

§ 1º As penas aplicam-se cumulativamente e em dobro, quando, para a execução do crime, se reúnem mais de três pessoas, ou há emprego de armas.

§ 2º Além das penas cominadas, aplicam-se as correspondentes à violência.

§ 3º Não se compreendem na disposição deste artigo:

I – a intervenção médica ou cirúrgica, sem o consentimento do paciente ou de seu representante legal, se justificada por iminente perigo de vida;

II – a coação exercida para impedir suicídio.

Bibliografia: BITENCOURT, Cezar Roberto. *Tratado de direito penal:* parte especial 2, crimes contra a pessoa. 13. ed. São Paulo: Saraiva, 2013; GALVÃO, Fernando. *Direito penal*: crimes contra a pessoa. São Paulo: Saraiva, 2013; GARCIA, Basileu. *Instituições de direito penal*. São Paulo: Max Limonad, 1951. v. 2; HUNGRIA, Nélson. *Comentários ao Código Penal*. 4. ed. Rio de Janeiro: Forense, 1958. v. VI; PIERANGELI, José Henrique. *Manual de direito penal*. 2. ed. São Paulo: RT, 2007. v. 2: Parte especial, arts. 121 a 361; PRADO, Luiz Regis. *Curso de direito penal brasileiro*. 7. ed. São Paulo: RT, 2008. v. 2: Parte especial, arts. 121 a 249; SEGRELLES DE ARENAZA, Íñigo. *Compendio de derecho penal español*. In: COBO DEL ROSAL, Manoel (Dir.). Madrid: Marcial Pons, 2000; REALE JÚNIOR, Miguel. Dos crimes contra a liberdade individual. In: REALE JÚNIOR, Miguel e PASCHOAL, Janaina Conceição (Coord.). *Direito penal:* jurisprudência em debate – crimes contra a pessoa. Rio de Janeiro: GZ, 2011. v. 1; REALE JÚNIOR, Miguel. *Direito penal aplicado*. São Paulo: RT, 1990.

Considerações gerais

O Capítulo VI, intitulado *Dos crimes contra a liberdade individual*, compreende, sob sua rubrica, os crimes contra a liberdade pessoal, contra a inviolabilidade do domicílio, contra a inviolabilidade de correspondência e contra a inviolabilidade dos segredos.

Esse amplo espectro, com diversos bens jurídicos compreendidos neste capítulo, na verdade, visa à tutela de parte dos direitos da personalidade, que se ampliaram, mas que perduram ainda reduzidos no CP de 1940. A proteção da intimidade e da vida privada não está contemplada, bem como não está prevista como crime, neste capítulo, a violação de conversas por gravações ambientais, a interceptação de ligações telefônicas (a não ser na forma de transmissão do seu conteúdo) e das comunicações por meios eletrônicos.

A interceptação telefônica, de informática ou telemática veio a ser criminalizada pela Lei Federal n. 9.296/96, cujo art. 10 prevê, para essa conduta, a pena de dois a quatro anos de reclusão, e multa.

Mas, importa realçar, ao lado da liberdade pessoal, por via dos crimes de constrangimento ilegal, ameaça e redução a condição análoga à de escravo, tutelam-se direitos da personalidade, ao se proteger a vida privada, com referência à reserva do domicílio, da correspondência, das comunicações, do sigilo do conteúdo de documento particular, bem como das informações sigilosas de que se sabe a respeito de terceiro, por força de ministério, ofício ou profissão.

A tutela da liberdade pessoal realiza-se por meio da criminalização do constrangimento ilegal, da ameaça, do sequestro e cárcere privado, da redução a condição análoga à de escravo.

Considerações nucleares

a) Análise do tipo

A liberdade pessoal é claramente atingida ao se impor alguém, por meio de violência ou grave ameaça, a fazer algo que a lei não manda, ou a deixar de fazer o que a lei manda. A violência ou a grave ameaça são formas de redução da capacidade de resistir ao constrangimento imposto, sendo que o crime pode se aperfeiçoar também por qualquer outro modo de reduzir essa capacidade, além da violência e da grave ameaça.

Consagra a Constituição, no art. 5º, inciso II, que ninguém é obrigado a fazer ou deixar de fazer algo, a não ser por determinação legal. Trata-se da liberdade de agir, de autonomamente decidir o que fazer, a ser limitada apenas pela lei. É suprimida essa liberdade se a ação ou omissão vierem a ocorrer não como decorrência de uma escolha independente de forças externas que atuam sobre o corpo ou a psiquê, mas como fruto da imposição da prática da ação ou da omissão da ação devida, por via da violência física ou da ameaça de mal grave.

Suprime-se, dessa forma, a vontade de alguém, que vem a agir ou a omitir a ação necessária segundo a vontade de quem o constrange. Anula-se, pela violência ou pela ameaça, a vontade do constrangido, sendo fonte do seu querer o imposto e pretendido pelo coator, cuja vontade realiza-se por meio do coacto. Daí o verbo caracterizador da conduta típica ser **constranger**.

Porém, mais do que ilegal, a imposição a outrem de conduta comissiva ou omissiva há de ser **ilegítima**. Será legítima a exigência, se passível de ser satisfeita, em caso de resistência do obrigado a fazer ou deixar de fazer, por meio da Justiça; ilegítima, se não for passível de reconhecimento pelo Judiciário. Mas o direito à satisfação de uma obrigação legítima, devida, não pode vir a ocorrer por meio de imposição consumada pela violência física ou psíquica. Neste caso, no qual é legítima a pretensão, mas ilegítima a forma de sua efetivação, configura-se o crime de exercício arbitrário das próprias razões, previsto no art. 345 do CP.

Todavia, se o crime de constrangimento visa a que se obrigue a fazer algo não imposto pela lei, ou a deixar de fazer algo permitido pela lei, então, não haverá crime, se se impede alguém de praticar um crime, ou de continuar a praticá-lo, pois se está a constranger alguém a não fazer o que a lei proíbe ser feito.

Todavia, apesar de imoral a conduta que se vise a impedir, por meio de violência ou grave ameaça, essa imposição não é legítima, pois fundada em valores não recepcionados pela lei como obrigatórios, como sucede com a prostituição, moralmente passível de reprovação, mas não legalmente proibida.

Cabe, também, registrar ser possível impor moderadamente o respeito a comportamentos socialmente adequados, por exemplo: vestimenta apropriada para uma igreja, para presenciar festa solene de posse acadêmica ou para estar em sala de aula. Igualmente, pode-se exigir a retirada de restaurante daquele que come com as mãos, cospe no prato, causando repulsa aos demais convivas. Assim, o que se exige não decorre de lei, mas de preceitos de etiqueta reconhecidos como próprios do ambiente (GALVÃO, 2013, p. 326), justificando-se que a pessoa infratora do preceito de etiqueta seja levada a sair do local.

Há de se constatar que todo o processo educacional constitui-se de constrangimentos, desde a exigência de escovar os dentes de manhã, ou de largar o iPad para dormir, quando houver aula cedo no dia seguinte. São constrangimentos que decorrem do poder familiar, reconhecido pela lei civil, art. 1.634 do CC, cabendo aos filhos obediência e respeito, enquadrando-se essas exigências dentro do dever- -poder de educar dos pais.

A violência física consiste na imposição, pela força, da prática de um determinado ato, como, por exemplo, na hipótese de o agente usar a força corporal, para que a vítima lhe passe a chave do automóvel que segura nas mãos. Haverá grave ameaça se o agente promete mal certo e atual à vítima, ou à pessoa à qual se liga por laços de afeto, condicionando a não ocorrência do dano à prática ou à omissão de determinada ação.

A violência física pode recair sobre a própria vítima, ao se lhe impor um movimento corporal, sobre terceiro, ou sobre coisa, de modo a impedir a realização de determinada ação, ou para a obrigar a execução de determinada ação, por exemplo, ao se torcer o braço de um filho com vistas a que assine uma declaração, ou dar um tiro nos faróis de um carro à noite, obrigando os seus condutores a não seguirem viagem.

A consumação do delito ocorre quando a vítima pratica a ação imposta, ou, no tempo devido, deixa de praticar a ação necessária. Haveria tentativa ou crime consumado, se a ação realizada não se perfaz por inteiro? Creio que na hipótese há consumação do crime, que depende de o coacto dar início à ação imposta, mas não depende de se integralizar a ação a que foi constrangido.

Todavia, haverá tentativa se, feita a ameaça ou iniciada a *vis corporalis*, a ação desejada pelo coator não se realizar por livrar-se a vítima da violência aplicada, ou resistir à promessa do mal prometido, deixando de se efetivar a vontade do coator.

b) As qualificadoras

Prevê o § 1º do art. 146 do CP que a pena é aumentada em dobro e cumulativamente, se o constrangimento realiza-se com a presença de mais de três pessoas, tendo em vista que o número elevado de quatro ou mais pessoas amedronta e torna frágil a capacidade de resistência da vítima. A liberdade de decidir torna-se inviabilizada de forma mais contundente diante de um constrangimento imposto por número considerável de coatores.

É uma forma qualificada de concurso de pessoas, que mantêm vínculo em face da imposição que fazem à vítima, dispensada a ocorrência de ajuste prévio ao momento do constrangimento (PRADO, 2008, p. 237).

Outra forma agravada de cometimento do crime está no uso de arma, sendo a razão do aumento de pena a mesma incidente no concurso de pessoas, ou seja, a maior intimidação da vítima e, por conseguinte, a maior incapacidade de resistir ao constrangimento imposto.

c) A violência

O crime de constrangimento ilegal é subsidiário, pois vem a compor figuras penais complexas, constituídas do constrangimento, unido à lesão a outro bem jurídico, formando um todo, tal como sucede no crime de roubo ou de estupro.

Todavia, se há violação da integridade física, decorrente da violência, que não se une à lesão a outro bem jurídico, para formar um tipo penal complexo, cabe responsabilizar o agente pela violência praticada de forma autônoma. Assim, se há ferimentos decorrentes da violência corporal, por via da qual se forçou a vítima a realizar determinado ato, pela lesão corporal responderá o coator, em cúmulo com o crime de constrangimento ilegal.

d) Exclusão da tipicidade
d.1) Ato suicida

Estatui o § 3º do art. 146 do CP que não se compreendem na realização do artigo a intervenção médica ou cirúrgica, sem o consentimento do paciente ou de seu representante legal, se justificada por iminente perigo de vida, bem como a coação exercida para impedir suicídio.

Primeiramente, cabe examinar a segunda hipótese acima: como se acentuou acima, não constitui constrangimento ilegal impedir que alguém cometa um crime ou que dê continuidade ao que vinha praticando. No entanto, o parágrafo considera atípico, não se compreendendo na figura penal o impedimento da ação suicida.

Não se estará inviabilizando a realização de um delito, mas de ato livre e lícito, que, todavia, vem a pôr fim a uma vida, razão pela qual, em proteção de um bem valioso, considera-se como não constrangimento obstaculizar a consumação do suicídio. Estende-se, portanto, ao impedimento do suicídio, a característica de um ato ilícito, cuja prática é legítimo paralisar.

Assim, não há tipificação do constrangimento, mediante a prática de violência corporal, visando a impedir o ato suicida.

d.2) Cirurgia contra a vontade do paciente

Este dispositivo foi introduzido no CP por Hungria, em vista de sugestão do médico Leonídio Ribeiro, para quem a sabedoria do médico o autorizava a interferir, mesmo contra a vontade do paciente, cuja opinião era irrelevante. Essa relação médico-paciente alterou-se significativamente, para se estabelecer, especialmente nos códigos de ética médica, a obrigação de respeitar a autonomia do doente, cuja posição é de ser consultada e contemplada, com os temperos que tornam limitado esse relevo dado à vontade do paciente.

Exclui o art. 146, § 3º, o caráter delituoso da ação do médico de forçar, contra a vontade do paciente, a submissão deste à medida cirúrgica ou médica, na hipótese de iminente risco de morte[161].

O médico veio a ter o dever de informar o doente sobre o diagnóstico e os tratamentos cabíveis, bem como o de ouvir o paciente sobre os caminhos propostos. O direito de ser informado tem por consequência o de consentir ou não no tratamento, o que mais adiante será mais bem examinado.

Na relação médico-paciente, grande avanço foi dado em 2010, com o advento do novo Código de Ética Médica. Para determinar o sentido de um conjunto normativo, cabe realizar uma interpretação integral, sistemática, teleológica e sociológica, pois não é a letra da lei que importa, mas o espírito da lei, através da própria lei: *"Au delà du code – mais par le code"*, na expressão de Gèny. Ao intérprete cabe alcançar a razão substancial e prática do escopo que determinou a edição da norma, a qual deve iluminar a sua aplicação.

O Código de Ética inicia-se com *Considerandos*, que indicam a razão de legislar. Em um dos *Considerandos,* diz-se estar na "busca de melhor relacionamento com o paciente e na garantia de maior autonomia à sua vontade". Dentre os princípios, como normas prospectivas, de caráter finalístico, estabelece-se que o médico "aceitará as escolhas de seus pacientes relativas aos procedimentos diagnósticos e terapêuticos por eles expressos". Faz-se, porém, um adendo: "desde que adequadas ao caso e cientificamente reconhecidas".

Na parte dispositiva, veda-se ao médico "deixar de garantir ao paciente o direito de decidir livremente sobre sua pessoa ou seu bem-estar" (art. 24), bem como "desrespeitar o direito do paciente de decidir livremente sobre a execução de práticas diagnósticas ou terapêuticas" (art. 31). Fazem-se exceções, contudo, pois é dever do médico exercer sua autoridade para limitar o direito de decidir do paciente, mormente "em caso de iminente risco de morte".

Dessa maneira, amplia-se o dever de informar do médico, bem como se garante que o paciente seja ouvido sobre as práticas diagnósticas e terapêuticas, mas sempre com uma limitação: "desde que não haja iminente perigo de morte". O Código estabelece um conflito de valores, que apenas se pode resolver no caso concreto,

---

[161] O art. 156 do Código Penal de Portugal, ao contrário, estatui responder pela prática de crime o médico que, mesmo tomando as medidas corretas, conforme a ciência médica, vir a impô-las, sem o consentimento do paciente, a não ser que seja impossível colher esse assentimento ou houver urgência na providência, para evitar risco de morte.

levando em alta conta o valor fim constante dos *Considerandos* e dos princípios, qual seja, o de garantir o direito do paciente de decidir sobre sua pessoa.

Só no caso concreto, com prudência e bom senso, cabe dar maior ou menor peso à autodeterminação do paciente, em face da beneficência indicada pelo médico. Por exemplo: uma decisão filha da ignorância e do temor exagerado, em contrariedade ao indicado pela ciência médica, não pode ser aceita pelo médico. O mesmo não sucede em casos nos quais uma operação de alto risco pode aumentar a probabilidade de dano, com dolorosa convalescença, malgrado haja possibilidade de eventual benefício. Nessa hipótese, a decisão deve ser do paciente, dando-se prevalência à autodeterminação.

O Código de Ética Médica, contudo, por vezes, tergiversa ao garantir o direito do paciente de ser ouvido, porquanto o restringe às hipóteses em que não haja risco de vida; impõe ao médico aceitar a opinião do paciente, **desde que adequada ao caso**, situação na qual se exige, para relevo da opinião do doente, que este acerte, como se técnico fosse, o diagnóstico e o tratamento. Essa situação é praticamente impossível e inviabiliza a importância que se pretendeu dar à voz do doente e à sua autonomia.

Resta, contudo, a exigência de ser o paciente plenamente informado da sua situação clínica, dando o seu consentimento em caso de risco de vida, como dispõe o novo CC, em seu art. 15.

Com efeito, é obrigatório que **se atente para o disposto no art. 15 do novo CC**, que faz prevalecer a vontade do paciente, em caso de risco de vida, mas não estende essa preponderância a hipóteses nas quais não exista tal perigo. O art. 15 do CC de 2002 dispõe ser um dos direitos da personalidade "não poder ser constrangido a submeter-se, com risco de vida, a tratamento médico ou intervenção cirúrgica".

É exatamente o inverso do constante do CP, pois neste, havendo risco de vida, prevalece a decisão técnica do médico; pelo CC, prepondera, havendo risco de morte ou de vida, a opinião do paciente.

Como se trata especificamente da mesma matéria e há absoluta incompatibilidade entre as normas, malgrado seja em dispositivos legais diversos, CP e CC, entendo que o § 3º, inciso I, do art. 146 do CP foi revogado pelo art. 15 do CC, pois, de acordo com o constante do art. 2º, § 1º, da Lei de Introdução ao Código Civil, "a lei posterior revoga a anterior quando expressamente o declare, quando seja com ela incompatível ou quando regule inteiramente a matéria de que tratava a lei anterior", sendo a norma penal de 1940 e a civil de 2002.

Ameaça

Art. 147. Ameaçar alguém, por palavra, escrito ou gesto, ou qualquer outro meio simbólico, de causar-lhe mal injusto e grave:

Pena – detenção, de 1 (um) a 6 (seis) meses, ou multa.

Parágrafo único. Somente se procede mediante representação.

Perseguição

Art. 147-A. Perseguir alguém, reiteradamente e por qualquer meio, ameaçando-lhe a integridade física ou psicológica, restringindo-lhe a capacidade de locomoção ou, de qualquer forma, invadindo ou perturbando sua esfera de liberdade ou privacidade.

Pena – reclusão, de 6 (seis) meses a 2 (dois) anos, e multa.

§ 1º A pena é aumentada de metade se o crime é cometido:

I – contra criança, adolescente ou idoso;

II – contra mulher por razões da condição de sexo feminino, nos termos do § 2º-A do art. 121 deste Código;

III – mediante concurso de 2 (duas) ou mais pessoas ou com o emprego de arma.

§ 2º As penas deste artigo são aplicáveis sem prejuízo das correspondentes à violência.

§ 3º Somente se procede mediante representação.

Violência psicológica contra a mulher

Art. 147-B. Causar dano emocional à mulher que a prejudique e perturbe seu pleno desenvolvimento ou que vise a degradar ou a controlar suas ações, comportamentos, crenças e decisões, mediante ameaça, constrangimento, humilhação, manipulação, isolamento, chantagem, ridicularização, limitação do direito de ir e vir ou qualquer outro meio que cause prejuízo à sua saúde psicológica e autodeterminação:

Pena – reclusão, de 6 (seis) meses a 2 (dois) anos, e multa, se a conduta não constitui crime mais grave.

Bibliografia: BITENCOURT, Cezar Roberto. *Tratado de direito penal:* parte especial 2 – crimes contra a pessoa. 13. ed. São Paulo: Saraiva, 2013; GARCIA, Basileu. *Instituições de direito penal.* São Paulo: Max Limonad, 1951. v. 2; HUNGRIA, Nélson. *Comentários ao Código Penal.* 4. ed. Rio de Janeiro: Forense, 1958. v. VI; PIERANGELI, José Henrique. *Manual de direito penal.* 2. ed. São Paulo: RT, 2007. v. 2: Parte especial, arts. 121 a 361; PRADO, Luiz Regis. *Curso de direito penal brasileiro.* 10. ed. São Paulo: RT, 2011. v. 2: Parte especial – arts. 121 a 249; SEGRELLES DE ARENAZA, Íñigo. *Compendio de derecho penal español.* In: COBO DEL ROSAL, Manoel (Dir.). Madrid: Marcial Pons, 2000; PRADO, Luiz Regis. *Curso de direito penal brasileiro.* 10. ed. São Paulo: RT, 2011. v. 2: Parte especial – arts. 212 a 249; REALE JÚNIOR, Miguel e PASCHOAL, Janaina Conceição (Coord.). *Direito penal:* jurisprudência em debate – crimes contra a pessoa. Rio de Janeiro: GZ, 2011. v. 1; REALE JÚNIOR, Miguel. *Direito penal aplicado.* São Paulo: RT, 1990.

Bibliografia específica: BARROS, Francisco Dirceu de. Estudo doutrinário do *stalking* (crime de perseguição persistente, novo artigo 147-A do Código Penal). *GEN Jurídico*, 5-4-2021; BERBOVIC, Luciana. *Stalking*. São Paulo: Almedina, 2016; COSTA, Adriano Sousa, FONTES, Eduardo e HOFFMANN, Henrique. *Stalking*: o crime de perseguição ameaçadora. *Conjur*, 6-4-2021; DE BEM, Leonardo Schimitt e MARTINELLI, João Paulo. Perseguição: o novo delito do art. 147-A do Código Penal. *Revista de Estudos Criminais*, n. 81, São Paulo, Tirant lo Blanch, 2021; OLIVEIRA, Lúcia Helen e SCHPREJER, Isabel de Oliveira. A criminalização do *stalking*. *Conjur*, 27-4-2021; PRADO, Luiz Regis. Novel delito de perseguição ("stalking"). *GEN Jurídico*, 13-4-2021; SCARENCE, Valéria. Novo crime de *stalking*: perseguição anterior, lesão à saúde e risco de morte. *Conjur*, 13-4-2021.

Ameaça

Considerações gerais

A ameaça constitui, muitas vezes, crime meio da prática de outros crimes, sendo por isso subsidiário, podendo-se lembrar o acima comentado crime de constrangimento ilegal, o roubo e a extorsão. Mas, ao contrário do crime de constrangimento, a ameaça encerra-se em si mesma, pois a sua tipificação não depende de vir a ser realizada ou omitida qualquer ação. A ameaça consuma-se com a promessa de um mal injusto e grave que atinge a psiquê da vítima.

O crime de ameaça, portanto, para se apresentar como crime autônomo, deve consistir na atemorização da vítima por via da promessa de um mal que o tipo exige seja injusto e grave, qualidades que cumpre, então, examinar.

Considerações nucleares

O que se pretende proteger por via da incriminação da ameaça é o direito à tranquilidade, a viver sem ser atemorizado com prenúncios do sofrimento de males que conturbam. Em suma, há um direito à paz de espírito, de forma a constituir crime a grave perturbação oriunda da promessa de infligir ao destinatário da mensagem ou de pessoa à qual se liga por laços de afeto um malefício, dando causa à sensação de insegurança, criando medo.

Dessa forma, para a caracterização do crime de ameaça, é preciso que haja ofensa contundente à tranquilidade, convulsionando a psiquê da vítima. Para tanto, o tipo penal exige que o prenúncio seja o de um mal injusto e grave.

Essas características do crime de ameaça são objeto de muitas controvérsias na doutrina e na jurisprudência[162]. Quais as decorrências dessa qualificação: mal injusto

---

[162] Sobre o debate jurisprudencial acerca da configuração ou não da ameaça feita em estado de ira, ou em meio a acalorada discussão, bem como se há ameaça estando o agente em

e grave? A injustiça da ameaça de infligir ao outro um mal decorrerá de não ser legítima, ou seja, admitida, seja pela lei, seja por ser socialmente adequada. A ameaça do proprietário de chamar a polícia caso um indesejável oponha-se a sair de sua casa, ou a promessa de reagir a faca em própria defesa em caso de agressão. A ameaça também é socialmente aceita quando se insere no processo cotidiano de educar, ao se prenunciar a expulsão do aluno relapso caso chegue novamente atrasado.

Além de ser injusta, a promessa de um mal futuro deve ser grave. A gravidade da ameaça, da qual deriva a potencialidade ofensiva para retirar a tranquilidade e impor o medo, sofre diversas dúvidas. Entende-se, por um lado, que o caráter atemorizador deve ser inferido a partir de uma sensibilidade média. Já em sentido contrário, opta-se por verificar a potencialidade ofensiva para qualificar a ameaça como grave em vista das condições pessoais da vítima, de sua especial fragilidade, mesmo porque vítima da ameaça pode ser qualquer pessoa, adulto, criança, idoso, doente. O que importa é verificar se de fato se intimidou a vítima, sem que tal decorra de exagerado temor.

Mas a avaliação dessa gravidade encontra questões de maior dificuldade, por exemplo: saber se é grave a ameaça proferida em estado de ira, quando os ânimos estão à flor da pele, e uma promessa de mal futuro brota em voz alta em meio a um descontrole emocional, hipótese na qual a seriedade e a idoneidade inexistem, não passando o prenúncio do malefício de mera bravata momentânea, pouco crível. Seria ameaça, então, somente a promessa de mal proferida com espírito calmo, friamente, fleumaticamente?

Como já ponderei anteriormente (REALE JÚNIOR, 2011, p. 199), para o exame da ofensividade da ameaça, de ter ou não peso para tirar da vítima a sensação de segurança, deve-se levar em conta as condições do ambiente em que foi proferida e as características pessoais da vítima. No entanto, deve estar sujeita ao crivo de uma perspectiva objetiva, para não se deixar levar por extremas suscetibilidades do pretenso ofendido.

Assim, a ira ou o descontrole emocional podem descaracterizar o crime de ameaça, mas cabe o exame caso a caso. Por outro lado, não é de aceitar que o crime só se perfaz se o agente está de ânimo frio. A ameaça, conforme o ambiente e outras circunstâncias referentes à natureza do ameaçador e do ameaçado, bem como à conduta imediatamente posterior de cada um deles, pode permitir que bem se avaliem a idoneidade e a seriedade da promessa do mal para se reputá-lo grave.

De outra parte, discute-se se a ameaça deve ser de um mal a se realizar no futuro, pois a que se convole em dano imediato deixa de ser ameaça para ser uma realidade presente. Mas o mal futuro prometido não pode também se referir a um

---

estado de embriaguez, veja-se a discussão constante em nosso trabalho: *Direito penal:* jurisprudência em debate, cit., p. 199 e s.

mal distante no tempo, como o prenúncio de que dentro de dez anos o sujeito irá agredir a vítima.

Outra questão está no reconhecimento da ameaça proferida em estado de embriaguez, pois, em várias decisões judiciais, admite-se que em palavra de bêbado não se pode fiar, já que, desfeita a bebedeira, o ânimo violento normalmente desaparece. Para alguns julgados, a embriaguez não retira da ameaça o seu tom intimidador, amedrontador. Já manifestei anteriormente a opinião de que, em geral, esse tipo de ameaça não se reveste da potencialidade amedrontadora, o que não exclui a possibilidade de que possa ocorrer de acordo com o contexto no qual o agente bêbado profere a promessa de mal futuro.

Evidentemente a ameaça deve dizer respeito a um mal possível de se efetivar. Prometer que fará um meteorito cair sobre a casa da vítima é promessa incapaz de gerar temor.

A ameaça pode ser realizada por meio da palavra, seja oralmente, seja por escrito, bem como por via de um gesto significativo ou por qualquer outro meio que simbolize a ocorrência de um prejuízo futuro.

O dolo deve compreender todos os elementos do tipo, isto é, ao agente cumpre saber que o mal futuro prometido contra a vítima é grave e injusto, não sendo possível que tenha erradamente considerado não haver injustiça do malefício que prenuncia. Todavia, pode-se admitir a forma do dolo eventual, na hipótese de haver dúvida acerca da injustiça do mal prometido e, assim mesmo, o agente prolata a ameaça, assumindo o risco de causar o amedrontamento indevido da vítima.

A ameaça proferida com *animus jocandi*, sem a intenção primordial de causar temor, mas visando a realizar uma brincadeira para se divertir, é socialmente admitida, desde que se observe o limite de não a deixar perdurar no medo, desfazendo-se o jogo lúdico.

Pode-se configurar excepcionalmente uma tentativa do crime, caso o meio adotado para a prolação da ameaça, por exemplo, um escrito ou uma gravação, não chegue à vítima, que não terá conhecimento do mal injusto e grave prometido por razões alheias à vontade do agente.

Considerações finais

A doutrina pode fixar parâmetros para uma correta interpretação dos termos do tipo penal, especialmente os elementos normativos, tais como **injusto** ou **grave**, constantes do art. 147 em comento. E a chave interpretativa dessas qualidades de que se deve revestir o mal prometido está referida ao bem jurídico tutelado, ou seja, a tranquilidade, a sensação de segurança. Assim, exige-se que o mal prenunciado seja sério, idôneo, de modo a atingir a tranquilidade do sujeito passivo, causando temor.

Encontrada a chave interpretativa, resta aplicá-la aos casos concretos, pois apenas no exame de cada qual se poderá saber se, por exemplo, a ameaça proferida em discussão de futebol ou por embriagado teve a efetiva potencialidade, dado o seu contexto, para ferir o bem jurídico protegido.

Perseguição

Considerações iniciais

O novel art. 147-A, introduzido no Código Penal pela Lei n. 14.132/2021, torna delito a perseguição reiterada praticada por qualquer meio por via de três modalidades de conduta: ameaçando a vítima em sua integridade física ou psicológica; restringindo sua capacidade de locomoção; ou, por fim, invadindo ou perturbando a esfera de liberdade ou privacidade da vítima. Essa nova incriminação decorre principalmente do surgimento da internet e da utilização das redes sociais, que se transformaram em meio de assédio e de causação de constrangimento limitativo da liberdade individual, seja na esfera física, seja na psíquica. Se houver, além dos danos previstos no tipo, a provocação de danos à saúde, o agente responde por violência, crime de lesão corporal, além do crime de perseguição.

Considerações nucleares

Como destaca-se, o *stalking*, designação do direito norte-americano que significa caçada, perseguição, vem a ser um assédio persecutório, a se realizar por diversas formas, como Instagram, Twitter, WhattsApp, *e-mail*, não sendo, todavia, recente a incriminação como se vê nos Códigos Penais da Espanha e da Itália, por exemplo.

Na Espanha, em 2015, introduziu-se o art. 172 no Código Penal[163], que estabelece de forma muito mais precisa as condutas a serem consideradas como perseguição, pois não as faz depender da causação de um resultado, cuja prova será sempre um obstáculo, sendo muitas vezes difícil demonstrar a existência de um nexo de causalidade entre a conduta e o dano.

Assim, o novo tipo penal gira em torno da conduta de perseguir reiteradamente alguém dando causa a três resultados possíveis, mas que são independentes,

---

[163] Art. 172: "1. Será castigado con la pena de prisión de tres meses a dos años o multa de seis a veinticuatro meses el que acose a una persona llevando a cabo de forma insistente y reiterada, y sin estar legítimamente autorizado, alguna de las conductas siguientes y, de este modo, altere gravemente el desarrollo de su vida cotidiana: a) La vigile, la persiga o busque su cercanía física; b) Establezca o intente establecer contacto con ella a través de cualquier medio de comunicación, o por medio de terceras personas; c) Mediante el uso indebido de sus datos personales, adquiera productos o mercancías, o contrate servicios, o haga que terceras personas se pongan en contacto con ella; d) Atente contra su libertad o contra su patrimonio, o contra la libertad o patrimonio de otra persona próxima a ella. Si se trata de una persona especialmente vulnerable por razón de su edad, enfermedad o situación, se impondrá la pena de prisión de seis meses a dos años".

apesar de poderem produzir os três danos concomitantemente. Mas, basta um destes resultados para a configuração do crime.

A primeira forma prevista consiste em reiteradamente perseguir alguém tendo como consequência a limitação por via da ameaça da liberdade física ou psicológica da vítima. A perseguição, causadora dessa situação de perigo à liberdade física ou psicológica, pode ser exercida por qualquer meio.

O disjuntivo "ou" na última parte do artigo revela que o crime se perfaz não pela conjugação dos resultados indicados no tipo, mas, sim, pela ocorrência de um deles. Assim, o segundo resultado configurador do delito está em se perseguir alguém restringindo a capacidade de locomoção, por exemplo, infundindo medo de a abordar se sair de casa à noite.

A terceira modalidade de prática do delito está em ocorrer em fase da perseguição uma invasão ou perturbação da esfera de liberdade ou privacidade da vítima.

A perseguição reiterada pode se dar no trabalho, na escola ou nas relações amorosas. Perseguir significa ir atrás de alguém interferindo em sua vida cotidiana de forma a molestar gravemente sua existência a ponto de prejudicar sua locomoção, de interferir na sua plena liberdade de estar no mundo, não lhe dando no plano da integridade física ou psicológica a tranquilidade de agir ou tomar decisões sem medo de represálias, bem como sem receio de ver invadida sua privacidade.

Como se ensina, o relevante é se ter gerado, graças à reiteração, medo, angústia, com justificado receio de ver limitada sua liberdade física ou psíquica. A ameaça reiterada, nas formas descritas no art. 147-A, não vem a consistir no crime de ameaça na forma de conduta continuada, mas, sim, a prática do delito em exame, descrito no art. 147-A, do qual a habitualidade é elemento do tipo.

O novo tipo penal apresenta também circunstâncias agravantes, relativas à natureza da vítima, criança ou mulher, esta nas condições descritas no crime de feminicídio (§ 2º-A do art. 121). A agravante também tem cabimento se a perseguição é realizada por duas ou mais pessoas.

Prevê-se que o agente além da figura da perseguição, responde por eventual violência cometida. A violência psicológica, todavia, vem prevista na figura nova também introduzida pelo art. 147-B, a seguir examinado. Se da perseguição, que constitua um constrangimento, gera-se doença de caráter psíquico, com o surgimento de distúrbios mentais, ocorre concurso material com o crime previsto no artigo seguinte.

Considerações finais

Sem dúvida, o tipo penal é mal construído, mas se pode inferir tratar-se de crime cujo aperfeiçoamento exige a prática da conduta pelo menos por três vezes. Ou seja: exige-se uma reiteração com causação de resultado. Em vista da presença do termo "reiteradamente", tecnicamente deve-se catalogar como crime habitual.

Será este delito de incidência crescente em vista da perseguição que se efetua hoje por meio das redes sociais, sendo, por isso, importante, malgrado mal definida, a criação da perseguição reiterada como crime por lesar gravemente a liberdade individual, nos planos físico e psíquico.

Violência psicológica contra a mulher

Considerações iniciais

A Lei Maria da Penha de 2006 já trazia a previsão da violência psicológica à mulher como uma das formas da violência doméstica, autorizando a adoção de medidas protetivas.

Assim estipula o art. 7º da referida lei: "São formas de violência doméstica e familiar contra a mulher, entre outras: (...) a violência psicológica, entendida como qualquer conduta que lhe cause dano emocional e diminuição da autoestima ou que lhe prejudique e perturbe o pleno desenvolvimento ou que vise degradar ou controlar suas ações, comportamentos, crenças e decisões, mediante ameaça, constrangimento, humilhação, manipulação, isolamento, vigilância constante, perseguição contumaz, insulto, chantagem, violação de sua intimidade, ridicularização, exploração e limitação do direito de ir e vir ou qualquer outro meio que lhe cause prejuízo à saúde psicológica e à autodeterminação (...)".

Como se vê, transportou-se em grande medida a descrição contida na Lei Maria da Penha para o art. 147-B, com todas as dificuldades de uma redação confusa, que conduz a entrelaçamento entre conduta e resultados, aliás múltiplos e pouco precisos.

Considerações nucleares

A primeira e difícil tarefa do intérprete está em conseguir definir quais são as condutas descritas no tipo. De início, verifica-se ser conduta delituosa "causar dano emocional à mulher". Mas não qualquer dano emocional, e sim aquele que prejudique e perturbe seu pleno desenvolvimento.

Outra conduta descrita consiste em "causar dano emocional à mulher", "que vise a degradar ou a controlar suas ações, comportamentos, crenças e decisões, mediante ameaça, constrangimento, humilhação, manipulação, isolamento chantagem, ridicularização, limitação do direito de ir e vir (...)".

Na primeira conduta, estabelece-se para configuração típica o surgimento de um dano emocional à mulher, termo vago e indefinido, além do que esse dano emocional requerido deve ter capacidade para prejudicar e também perturbar o pleno desenvolvimento da vítima, em uma exigência de acúmulo de situações.

Colecionam-se termos vagos de difícil identificação na realidade psíquica, pois ao dano emocional, que não se sabe o que venha a ser, cabe ligar-se um prejuízo ou perturbação do pleno desenvolvimento.

Trata-se, evidentemente, de um crime de resultado, pois é exigível uma consequência consistente em dano emocional perturbador e prejudicial ao pleno desenvolvimento da vítima.

Mas curiosamente a esse crime material, configurável se houver um resultado, ao lado descreve-se também um crime de perigo, pois o "causar dano emocional à mulher" vem a ser conduta delituosa que consiste em "degradar ou controlar suas ações, comportamentos, crenças e decisões".

Porém, esse crime é de resultado e de perigo, pois causa-se dano, mas com um fim especial, de poder vir a degradar ou controlar a vítima em várias situações, todavia, "mediante ameaça, constrangimento, humilhação, manipulação, isolamento, chantagem, ridicularização, limitação do direito de ir e vir".

Em suma, torna-se difícil saber qual é a conduta descrita. Tentando decifrar esse emaranhado, pode-se concluir que a conduta consiste em, por meio de ameaça, constrangimento, causar um dano emocional visando a controlar as ações, os comportamentos, as crenças e as decisões da mulher.

Mas além das formas de conduta descritas, ou seja, por meio de ameaça, constrangimento, o legislador admite qualquer outro meio, desde que "cause prejuízo à sua saúde psicológica e autodeterminação".

Está, assim, completa a confusão criada por um legislador que foi a esmo juntando frases sem qualquer objetividade, resultando em um texto sem começo, meio e fim.

Qual a conduta que se incrimina é um desafio tentar definir.

Considerações finais

A aplicação deste mais que confuso tipo penal, sem técnica de descrição objetiva da conduta típica, reproduziu sem qualquer pudor um relato do sofrimento da mulher, ampliando a configuração de situações como se desse modo se iria abranger um leque amplo de condutas lesivas à mulher no relacionamento amoroso. A consequência da falta absoluta de técnica legislativa penal só pode ser o contrário do pretendido, pois dificilmente se comprovarão as circunstâncias exigidas por essa desavisada norma incriminadora. O legislador, compreensivelmente, quis o mais, mas colherá o menos.

Sequestro e cárcere privado

Art. 148. Privar alguém de sua liberdade, mediante sequestro ou cárcere privado:

Pena – reclusão, de 1 (um) a 3 (três) anos.

§ 1º A pena é de reclusão, de 2 (dois) a 5 (cinco) anos:

I – se a vítima é ascendente, descendente, cônjuge ou companheiro do agente ou maior de 60 (sessenta) anos;

II – se o crime é praticado mediante internação da vítima em casa de saúde ou hospital;

III – se a privação da liberdade dura mais de 15 (quinze) dias;

IV – se o crime é praticado contra menor de 18 (dezoito) anos;

V – se o crime é praticado com fins libidinosos.

§ 2º Se resulta à vítima, em razão de maus-tratos ou da natureza da detenção, grave sofrimento físico ou moral:

Pena – reclusão, de 2 (dois) a 8 (oito) anos.

Bibliografia: BITENCOURT, Cezar Roberto. *Tratado de direito penal:* parte especial 2 – crimes contra a pessoa. 13. ed. São Paulo: Saraiva, 2013; FLORIAN, Eugenio. *Trattato di diritto penale. Delitti contro la libertà individuale.* 4. ed. Milano: Dottor Francesco Vallardi, 1936; GARCIA, Basileu. *Instituições de direito penal.* São Paulo: Max Limonad, 1951, v. 2; GALVÃO, Fernando. *Direito penal:* crimes contra a pessoa. São Paulo: Saraiva, 2013; HUNGRIA, Nélson. *Comentários ao Código Penal.* Rio de Janeiro: Forense, 1958. v. VI; PIERANGELI, José Henrique. *Manual de direito penal.* 2. ed. São Paulo: RT, 2007. v. 2: Parte especial, arts. 121 a 361; PRADO, Luiz Regis. *Curso de direito penal brasileiro.* 10. ed. São Paulo: RT, 2011. v. 2: Parte especial, arts. 121 a 249; REALE JÚNIOR, Miguel. Dos crimes contra a liberdade individual. In: REALE JÚNIOR, Miguel e PASCHOAL, Janaina Conceição (Coord.). *Direito penal:* jurisprudência em debate – crimes contra a pessoa. Rio de Janeiro: GZ, 2011. v. 1; REALE JÚNIOR, Miguel. *Direito penal aplicado.* São Paulo: RT, 1990; SEGRELLES DE ARENAZA, Íñigo. *Compendio de derecho penal español.* In: COBO DEL ROSAL, Manoel (Dir.). Madrid: Marcial Pons, 2000.

Considerações gerais

Enquadra-se dentro do bem jurídico liberdade individual a liberdade psíquica, ou seja, a possibilidade de fazer ou deixar de fazer livremente algo, bem como o direito à tranquilidade e à paz interior, que também afeta "a capacidade de formação e manifestação da vontade" (REGIS PRADO, 2011, p. 321), valores protegidos respectivamente pelas figuras penais do constrangimento ilegal e da ameaça.

Insere-se, também, no campo do bem jurídico da liberdade individual a liberdade de ir e vir, a liberdade de se movimentar, a liberdade ambulatória, tutelada por via da incriminação do sequestro e do cárcere privado.

A figura em comento explicita o bem jurídico protegido, ao estatuir que a conduta delituosa consiste em "privar alguém de sua liberdade" (SEGRELLES DE ARENAZA, 2000, p. 122), resultado esse que poderá ser alcançado por duas formas de comportamento: sequestro ou cárcere privado, como adiante se analisará.

O Estatuto da Criança e do Adolescente, Lei Federal n. 8.069/90, estabelece como crime, sujeito à pena de detenção de 6 (seis) meses a 2 (dois) anos, o ato de privar, a criança ou adolescente, de sua liberdade, sem haver flagrante ou ordem de autoridade judiciária. Tal pena é de menor gravidade do que aquela prevista para a regra geral do art. 148 do CP, sancionada com pena de reclusão de 2 (dois) a 5 (cinco) anos, por força do disposto no § 1º, inciso IV, que prevê qualificado o delito praticado contra menor de 18 (dezoito) anos, o que se revela incongruente.

O crime de sequestro pode vir a ser meio para a prática do crime contra o patrimônio, extorsão mediante sequestro, art. 159 do CP, e, por outro lado, pode qualificar o crime de roubo, como explicita a recente incriminação constante do art. 157, § 2º, V, do CP.

Considerações nucleares

a) O tipo penal simples

As formas de privação da liberdade descritas no art. 148 do Código Penal são a do sequestro e a do cárcere privado.

Recorre, portanto, o legislador a um elemento normativo, pois sequestro é um termo equívoco, podendo significar sequestro de pessoa ou de coisa. E, nos dicionários, define-se sequestro como o ato ou efeito de sequestrar, sendo que sequestrar vem explicado como situação em que é privada a liberdade de alguém: encerrar ou enclausurar alguém ilegalmente.

Assim, a ação ou a omissão há de consistir em privar alguém da liberdade, mediante a sua detenção, impedindo-se sua mobilidade, em um recinto do qual não lhe é possível sair. Será sequestro se o ambiente no qual está encerrada a pessoa não é estreito, hipótese em que se caracterizaria o cárcere privado, pois uma pessoa pode estar sequestrada em uma ilha ou em uma casa, desde que lhe seja impossível sair sem prejuízo de monta ou sem riscos pessoais (REGIS PRADO, 2011, p. 322), como enfrentando tubarões no mar ou cachorros fila no jardim.

Como se vê, o cárcere privado constitui uma espécie de sequestro, ou seja, uma limitação da liberdade de ir e vir, mas em local fechado, como um quarto, uma sala ou o porão de uma casa; o sequestro, de seu turno, pode se dar em "limites menos estreitos" (PIERANGELI, 2007, p. 153). O sequestro também vem a ser a remoção forçada da vítima do local onde se encontra, com seu envio para outro lugar, no qual poderá ficar em cárcere privado, o que não vem a constituir na prática de dois crimes, mas de duas ações, as quais configuram um mesmo e único crime, cuja pena pode ser aumentada, em face dessas atitudes que se somam, como adverte Pierangeli (2007, p. 153).

A execução do crime pode se dar por via da violência física ou psicológica, e mesmo mediante o uso de substância entorpecente, dopando-se a vítima, para que permaneça encerrada sem opor resistência. Lembra Hungria (1958, p. 192) que o modo de execução pode ser inclusive a supressão de roupas de alguém, que se vê, então, impossibilitado de sair à rua ou de um rio no qual se banhava.

O que importa é reconhecer o sequestro como impossibilidade de locomoção do local em que se encontra encerrada ou contida a vítima, em razão de riscos efetivos decorrentes da tentativa de exercício da liberdade. Não haverá sequestro se o perigo impeditivo da mobilidade for, por exemplo, a existência de cerca de meio metro de altura a ser ultrapassado. Em tal situação, a restrição à movimentação para fora do imóvel decorre da inação da própria vítima e não das circunstâncias.

O crime pode ser realizado por meio de ação ou omissão. O deixar de abrir a porta do quarto, pela manhã, a alguém que pedira, para sua segurança, ficar trancada durante a noite pode vir a configurar o crime, na forma de cárcere privado.

Como se vê, não haverá delito, na hipótese de limitação da liberdade consentida. Tem razão Segrelles de Arenaza (2000, p. 124) ao considerar que o consentimento não constitui causa de exclusão de ilicitude, mas causa de atipicidade, pois a privação de liberdade, dado que integra o tipo penal, traz em si a vontade contrária da vítima. Não há, portanto, tipicidade na conduta de privar a liberdade de alguém, com sua anuência.

Cabe saber, igualmente, qual o tempo de restrição à liberdade é de se exigir para a configuração do delito. Não haverá cárcere privado na reclusão de alguém, por poucos minutos, no interior de um quarto. O tempo há de ser "minimamente significativo" (2007, p. 123), o que só se reconhecerá diante das circunstâncias do caso concreto.

Por outro lado, a ação pode ser socialmente adequada, por exemplo, na hipótese de o pai encerrar o filho em casa, para, diante da pouca idade, não ir à noite para uma balada ou para a Marcha da Maconha.

O crime, por constranger de forma contínua a liberdade, tem consumação que se protrai no tempo e apenas cessa quando terminar a constrição, perdurando a prática delituosa *in fieri*, durante todo o tempo da clausura. Trata-se, portanto, de um delito permanente, com estado de flagrância presente enquanto durar a compressão sobre o bem jurídico liberdade. A consumação ocorre ao se efetivar a privação da liberdade por tempo minimamente significativo, e perdura, estendendo-se enquanto houver a limitação da liberdade.

A vítima pode ser qualquer pessoa, mesmo aquela que, por incapacidade, não tiver consciência da privação a que está submetida.

b) Os tipos penais qualificados

A pena é aumentada significativamente, em circunstâncias descritas nas figuras constantes do § 1º do art. 148 do CP, ou seja, em face da condição da vítima: ascendente, descendente, cônjuge ou companheiro do agente, ou maior de 60 (sessenta) anos, ou menor 18 (dezoito) anos. Justifica-se o aumento de pena, em vista da fragilidade da vítima ou de sua proximidade com o autor do fato, pois, dessa forma, é mais facilmente suscetível a ter limitada sua mobilidade, além de se infringir o valor da confiança, que deve reger as relações familiares.

A qualificação também se estabelece em vista da forma como a ação é praticada: mediante internação em hospital ou casa de saúde, bem como se a privação se prolonga no tempo, exasperando o sofrimento da vítima, privada da liberdade por 15 (quinze) ou mais dias.

A finalidade também é causa para a qualificação do crime, quando a limitação da liberdade visa a fim libidinoso, mostrando a presença de objetivo digno de maior repulsa.

A qualificação tem sua pena máxima aumentada no § 2º do art. 148 do CP, em vista de a vítima ter tido grave sofrimento físico ou moral, decorrente da natureza da privação ou de maus-tratos.

Considerações finais

Se a privação da liberdade, mediante sequestro ou cárcere privado, for infligida por agente público, no exercício de suas funções, o crime vem a ser o de violência arbitrária, tipificado no art. 322 do CP, ou o de abuso de autoridade, previsto nos arts. 3º e 4º da Lei Federal n. 4.898/65, cujas penas, todavia, são mais brandas, o que constitui uma incongruência.

Redução a condição análoga à de escravo

Art. 149. Reduzir alguém a condição análoga à de escravo, quer submetendo-o a trabalhos forçados ou à jornada exaustiva, quer sujeitando-o a condições degradantes de trabalho, quer restringindo, por qualquer meio, sua locomoção em razão de dívida contraída com o empregador ou preposto:

Pena – reclusão, de dois a oito anos, e multa, além da pena correspondente à violência.

§ 1º Nas mesmas penas incorre quem:

I – cerceia o uso de qualquer meio de transporte por parte do trabalhador, com o fim de retê-lo no local de trabalho;

II – mantém vigilância ostensiva no local de trabalho ou se apodera de documentos ou objetos pessoais do trabalhador, com o fim de retê-lo no local de trabalho.

§ 2º A pena é aumentada de metade, se o crime é cometido:

I – contra criança ou adolescente;

II – por motivo de preconceito de raça, cor, etnia, religião ou origem.

Bibliografia: BITENCOURT, Cezar Roberto. *Tratado de direito penal:* parte especial 2 – crimes contra a pessoa. 13. ed. São Paulo: Saraiva, 2013; FLORIAN, Eugenio. *Trattato di diritto penale. Delitti contro la libertà individuale*, 4. ed. Milano: Dottor

Francesco Vallardi, 1936; GARCIA, Basileu. *Instituições de direito penal*. São Paulo: Max Limonad, 1951. v. 2; GALVÃO, Fernando. *Direito penal:* crimes contra a pessoa. São Paulo: Saraiva, 2013; HUNGRIA, Nélson. *Comentários ao Código Penal*. 4. ed. Rio de Janeiro: Forense, 1958. v. VI; PIERANGELI, José Henrique. *Manual de direito penal*. 2. ed. São Paulo: RT, 2007. v. 2: Parte especial, arts. 121 a 361; PRADO, Luiz Regis. *Curso de direito penal brasileiro*. 10. ed. São Paulo: RT, 2011. v. 2: Parte especial, arts. 121 a 249; REALE JÚNIOR, Miguel. Dos crimes contra a liberdade individual. In: REALE JÚNIOR, Miguel e PASCHOAL, Janaina Conceição (Coord.). *Direito penal:* jurisprudência em debate – crimes contra a pessoa. Rio de Janeiro: GZ, 2011. v. 1; REALE JÚNIOR, Miguel. *Direito penal aplicado*. São Paulo: RT, 1990; SEGRELLES DE ARENAZA, Íñigo. *Compendio de derecho penal español*. In: COBO DEL ROSAL, Manoel (Dir.). Madrid: Marcial Pons, 2000.

Considerações gerais

Poder-se-ia imaginar que a submissão de pessoas a trabalho semelhante ao prestado sob o regime da escravatura fosse coisa do passado, mas não é o que sucede em nível internacional.

Se não há escravatura como regime jurídico de propriedade do empregador que recai sobre o trabalhador, destituído de direitos como pessoa, no entanto, há trabalhadores no campo e na cidade sujeitos a situações em que restam submetidos ao emprego sem possibilidades de se desvencilhar da relação de trabalho, ou submetidos a circunstâncias que comprometem sua saúde física ou mental.

Assim, em 1930, a Organização Internacional do Trabalho (OIT) editou a Convenção n. 29, ratificada pelo Brasil apenas em 1957, pela qual todos os países membros se obrigam a suprimir o trabalho forçado ou obrigatório, sob todas as suas formas, no mais curto prazo possível, sendo considerado trabalho forçado ou obrigatório aquele exigido de um indivíduo, sob ameaça de qualquer penalidade, e para o qual ele não se ofereceu de espontânea vontade.

Em 1957, a OIT editou nova Convenção, a de n. 105, ratificada pelo Brasil em 1965, na qual, novamente, os países se comprometiam a erradicar o trabalho forçado ou obrigatório, sem recorrer, por exemplo, ao trabalho como medida de coerção, ou de educação política contra pessoas que tenham ou exprimam certas opiniões políticas ou ideológicas, como punição por participação em greves, ou como medida de discriminação racial, social, nacional ou religiosa.

A Declaração Universal dos Direitos Humanos da ONU assevera que ninguém será mantido em escravidão ou servidão. Igualmente, o Pacto de São José da Costa Rica, Convenção Americana de Direitos Humanos, no art. 6º, incisos I e II, consagra que ninguém será submetido à escravidão ou à servidão, proibidos também o tráfico de escravos e de mulheres. A preocupação dos organismos internacionais com a questão justifica-se, pois em não poucos países a escravidão ou a servidão constituem fato constatável.

O trabalho similar à escravatura pela quase total sujeição do trabalhador ao empregador, ficando o primeiro submetido a jornadas exaustivas, a condições insalubres ou a outras condições sub-humanas, como falta de alimentação, é realidade gritante em nosso país, seja nas fazendas dos Estados do norte, seja nas grandes cidades, com a exploração de imigrantes, primeiramente coreanos e depois latino-americanos, como os bolivianos.

Em 1995, o governo do Presidente Fernando Henrique Cardoso, para combater o trabalho escravo, criou o Grupo Executivo de Repressão ao Trabalho Forçado (Gertraf) e o Grupo Especial de Fiscalização Móvel (GEFM), que, desde sua criação, libertou mais de 45 mil pessoas submetidas a condições análogas à escravatura, nas cidades e no campo. O Gertraf foi substituído em 2003 pela Comissão Nacional para a Erradicação do Trabalho Escravo (Conatrae)[164].

Em 2003, editou-se a Lei n. 10.803, que deu nova redação ao art. 149, acrescentando novos parágrafos.

Considerações nucleares

O valor que se tutela por meio deste tipo penal é o da liberdade em face de uma situação de fato que retira da pessoa a possibilidade de escolha do emprego ou a submete a aceitar condições degradantes, que prejudicam a sua saúde física ou mental. A sujeição do trabalhador a uma situação de dependência total e de aceitação de condições sub-humanas de trabalho são as características das condutas delituosas previstas no novo art. 149 do CP.

O consentimento do trabalhador em se submeter às condições de um trabalho degradante não exclui o crime ou torna a conduta atípica, pois a admissão da sujeição é já fruto da ausência de liberdade para a escolha de outro trabalho, do que se vale o agente para impor uma situação de domínio e de exploração do empregado.

O *caput* do art. 149 considera ser situação análoga à de escravo a sujeição de alguém a trabalhos forçados ou à jornada exaustiva, a condições degradantes ou à restrição de sua locomoção, em razão de dívida contraída com o empregador ou preposto.

Trabalho forçado já era definido pela Convenção n. 29 da OIT de 1930 como aquele exigido de um indivíduo sob ameaça de qualquer penalidade, sendo especialmente proibido, pela Convenção n. 105, de 1957, que um trabalho seja impos-

---

[164] Há um esforço conjunto, com a participação do Ministério Público do Trabalho, da Polícia Federal, do Ministério do Meio Ambiente, do Desenvolvimento Social e, logicamente, do Ministério do Trabalho, junto à Comissão Nacional para a Erradicação do Trabalho Escravo, com o fim de libertar e reabilitar os trabalhadores submetidos ao trabalho análogo ao de escravo.

to como medida de educação política contra pessoas que tenham ou exprimam certas opiniões políticas ou ideológicas, como punição por participação em greves, ou como medida de discriminação racial, social, nacional ou religiosa.

Trabalho degradante é aquele em que inexistem medidas garantidoras de proteção da saúde, da higiene e da segurança, e, conforme o local, falta de condições de moradia e de alimentação, bastando, para que se reconheça ser degradante o trabalho, a ausência de qualquer um desses requisitos próprios para uma vida digna.

A jornada exaustiva verifica-se pelo desrespeito às normas trabalhistas, deixando de ser concedidas pausas, intervalos no trabalho e limites de horas essenciais para a preservação da integridade física ou psíquica do empregado. As condições do local de trabalho, tal como iluminação insuficiente, agravam o cansaço e podem prejudicar a vista e a atenção, levando a acidentes.

Outra forma de trabalho análogo à escravidão está na servidão por dívidas, cobrando-se de forma extorsiva o fornecimento de alimentos, o transporte e a moradia, atrelando o trabalhador ao emprego por via de débitos impagáveis, descontados mês a mês, com redução significativa do salário recebido em espécie.

O § 1º do art. 149 do CP prevê como delito a limitação da mobilidade do trabalhador, cerceando sua saída do local de trabalho, ao se restringir o transporte, ou por meio da retenção de documentos ou objetos pessoais, deixando-o absolutamente dependente da empresa.

O crime é permanente, ou seja, a consumação se protrai no tempo, e só cessa o estado de flagrância quando cessar a submissão do empregado à situação que se reputa análoga à de escravo.

No § 2º do art. 149 estatui-se uma causa de aumento de pena, em vista de situação particular da vítima, ou seja, aumenta-se a pena de metade se o crime é cometido contra criança ou adolescente, ou por motivo de preconceito de raça, de cor, de etnia ou origem.

Considerações finais

Sob o influxo dos documentos internacionais, modificou-se a norma penal, art. 149, com linguagem extremamente aberta, pois a locução *condições degradantes de trabalho*, por exemplo, é passível do mais largo preenchimento por parte do intérprete. Seria preferível que se discriminassem condições degradantes, sem deixar seu conteúdo ao alvitre do julgador. Assim, é preciso prudência na compreensão de tipo penal tão aberto.

Tráfico de pessoas

Art. 149-A. Agenciar, aliciar, recrutar, transportar, transferir, comprar, alojar ou acolher pessoa, mediante grave ameaça, violência, coação, fraude ou abuso, com a finalidade de:

I – remover-lhe órgãos, tecidos ou partes do corpo;

II – submetê-la a trabalho em condições análogas à de escravo;

III – submetê-la a qualquer tipo de servidão;

IV – adoção ilegal; ou

V – exploração sexual.

Pena – reclusão, de 4 (quatro) a 8 (oito) anos, e multa.

§ 1º A pena é aumentada de um terço até a metade se:

I – o crime for cometido por funcionário público no exercício de suas funções ou a pretexto de exercê-las;

II – o crime for cometido contra criança, adolescente ou pessoa idosa ou com deficiência;

III – o agente se prevalecer de relações de parentesco, domésticas, de coabitação, de hospitalidade, de dependência econômica, de autoridade ou de superioridade hierárquica inerente ao exercício de emprego, cargo ou função; ou

IV – a vítima do tráfico de pessoas for retirada do território nacional.

§ 2º A pena é reduzida de um a dois terços se o agente for primário e não integrar organização criminosa.

Bibliografia: CASTILHO, Ela Wiecko V. de. Tráfico de pessoas: da Convenção de Genebra ao Protocolo de Palermo. Disponível em: http://pfdc.pgr.mpf.mp.br/atuacao-e-conteudos-de-apoio/publicacoes/trafico-de-pessoas/artigo.

Considerações gerais

Por força da Lei n. 13.344, de 6 de outubro de 2016, foi introduzido no Código Penal o art. 149-A, cuja rubrica é Tráfico de Pessoas. A matéria já era objeto de diversos tratados internacionais. O Tráfico de Pessoas vem a ser objeto de documento internacional no combate empreendido pela Inglaterra contra o tráfico negreiro. A proibição do tráfico de escravos atingia diretamente o Brasil, e pelo Tratado de Abderdeen o nosso país se comprometia, em 1826, a não admitir a entrada de qualquer negro para escravidão no prazo de cinco anos.

Ao combate ao tráfico negreiro adicionou-se a luta contra o tráfico de mulheres e crianças, muito especialmente o denominado tráfico de escravas brancas.

Nesse sentido, foram editados diversos documentos internacionais. Em 1904 firmou-se em Paris o Acordo para a Repressão do Tráfico de Mulheres Brancas; em 1910, em Paris, a Convenção Internacional para a Repressão do Tráfico de Mulheres Brancas; a Convenção Internacional para a Repressão do Tráfico de Mulheres e Crianças (Genebra, 1921); a Convenção Internacional para a Repressão do Tráfico de Mulheres Maiores (Genebra, 1933); o Protocolo de Emenda à

Convenção Internacional para a Repressão do Tráfico de Mulheres e Crianças e à Convenção Internacional para a Repressão do Tráfico de Mulheres Maiores (1947) e, por último, a Convenção e Protocolo Final para a Repressão do Tráfico de Pessoas e do Lenocínio (Lake Success, 1949).

Criaram-se programas internacionais pela ONU para prevenção de venda de crianças e prostituição infantil nos anos 90 do século passado, visando a fortalecer a supressão de formas de assédio e exploração sexual, culminando com a assinatura de um Protocolo Adicional à Convenção de Palermo relativa à Criminalidade Organizada.

Com efeito, nesse Protocolo Adicional à Convenção das Nações Unidas contra a Criminalidade Organizada Transnacional, fixaram-se conceitos e políticas essenciais referentes à Prevenção, à Repressão e à Punição do Tráfico de Pessoas, em especial de Mulheres e Crianças.

A preocupação com o tráfico de pessoas decorre da contínua exploração de populações de regiões pobres, objeto de abusos de toda ordem, sujeitas, por suas condições ínfimas de vida, a se submeter à prostituição, ao trabalho forçado, à remoção de órgãos, mas que gera lucros ilícitos de bilhões de dólares aos exploradores.

Assim, no Protocolo define-se como tráfico de seres humanos o recrutamento, o transporte, a transferência, o alojamento ou o acolhimento de pessoas, recorrendo à ameaça, ao uso da força ou a outras formas de coação, rapto, fraude, ao engano, ao abuso de autoridade ou de situação de vulnerabilidade ou à entrega ou aceitação de pagamentos ou benefícios para obter o consentimento de uma pessoa que tenha autoridade sobre outra, para fins de exploração. A exploração incluirá, no mínimo, a exploração por *prostituição* de outrem ou outras formas de *exploração sexual, trabalho forçado* ou serviços, *escravidão* ou práticas análogas à escravidão, servidão ou remoção de órgãos.

O Protocolo não se limita à repressão, mas se preocupa com a assistência às vítimas, muitas vezes vistas como criminosas, razão pela qual determina deverem os Estados-membros garantir serviços de apoio e mecanismos de denúncia, fato importante em face da exploração hoje existente do turismo sexual envolvendo meninas.

Em vista do compromisso assumido no Protocolo anexo à Convenção de Palermo veio, então, a ser editada a Lei que adicionou o artigo em comento

Considerações nucleares

Trata-se de uma figura de ação múltipla, com a previsão legal de diversas condutas: agenciar, aliciar, recrutar, transportar, transferir, comprar, alojar ou acolher, que podem ser praticadas todas pelo mesmo agente. Haverá um crime só se as ações de aliciar e transportar, por exemplo, recaírem sobre a mesma pessoa, ou seja, sobre o mesmo objeto material. Todavia, aliciar Maria e transportar Paula são duas condutas diversas, em concurso material.

A ação deve recair sobre qualquer pessoa, mas se realizar mediante grave ameaça, violência, coação, fraude ou abuso, ou seja, um meio anormal, consistente em violência física ou moral, ou por via de engano. O legislador usa um termo extremamente aberto, cujo teor resta inseguro, ao mencionar *abuso*. *Abuso de quê?*

Mas não basta que a conduta se realize por meio de coação física ou moral. É necessário que o comportamento junto à pessoa vise a um dos seguintes fins: I – remover-lhe órgãos, tecidos ou partes do corpo; II – submetê-la a trabalho em condições análogas à de escravo; III – submetê-la a qualquer tipo de servidão; IV – adoção ilegal; V – exploração sexual.

A finalidade para aperfeiçoar o delito não precisa se efetivar, pois se trata de elemento subjetivo do tipo, que ilumina a ação, lhe dá um colorido, mas cuja consecução não é necessária para consumar o crime. A realização da conduta com esse fim já é o suficiente para o aperfeiçoamento do tipo penal. Basta ter transportado a vítima mediante fraude para o fim de exploração sexual para estar consumado o delito. Pouco importa que tal exploração tenha ocorrido ou não.

Importante ressaltar que se pune gravemente (pena mínima de 4 anos de reclusão) o ato preparatório de aliciar alguém para submissão a trabalho em condições análogas à de escravo, neste art. 149-A, enquanto no art. 149, acima comentado, que consiste em efetivamente reduzir alguém a condição análoga à de escravo, a pena é inferior (pena mínima de 2 anos de reclusão).

Cria-se a situação esdrúxula de ser o ato preparatório punido mais gravemente que o crime consumado. Teria o art. 149-A revogado o art. 149? Creio que não. E, por analogia, deve-se aplicar, no caso de ato preparatório, a pena mais branda do crime consumado, sem dúvida.

No § 1º são previstas as causas de aumento de pena em vista das condições particulares do agente ou da vítima, sendo de se aumentar a pena quando esta é criança, adolescente, pessoa idosa ou com deficiência ou quando vem a ser retirada do território nacional.

A pena é aumentada se houver relação de autoridade entre o agente e a vítima, hipótese em que a ameaça e a fraude que integram o tipo realizam-se com maior facilidade. Com efeito, a coação e o engano são mais factíveis se o agente vier a se prevalecer de relações de parentesco, domésticas, de coabitação, de hospitalidade, de dependência econômica, de autoridade ou de superioridade hierárquica inerente ao exercício de emprego, cargo ou função. Por essas razões se justifica o aumento da sanção penal.

No § 2º prevê-se uma causa de diminuição de pena, que foge da sistemática do Código, pois se refere a réu primário. Diz a norma do parágrafo que a pena será reduzida se o agente for primário e não integrar organização criminosa. Só se pode justificar a referência a não integrar organização criminosa como decorrência do Protocolo adicional à Convenção de Palermo, relativo ao combate à Criminalidade Organizada.

A redução é elevada, de um a dois terços, e exagerada, sem dúvida.

Considerações finais

A incriminação com base em documentos internacionais levou à criação de figuras de perigo, que se consumam independentemente de ocorrer, por exemplo, o fim especial de ocorrer a retirada dos órgãos, a exploração sexual ou a submissão a trabalho análogo à escravidão.

Importante ressaltar não se visualizar a revogação do artigo anterior, mas sim que, na hipótese de ato preparatório visando à submissão a trabalho análogo à escravidão, aplica-se a pena do art. 149 e não a do art. 149-A.

Seção II
Dos crimes contra a inviolabilidade do domicílio

Violação de domicílio

Art. 150. Entrar ou permanecer, clandestina ou astuciosamente, ou contra a vontade expressa ou tácita de quem de direito, em casa alheia ou em suas dependências:

Pena – detenção, de 1 (um) a 3 (três) meses, ou multa.

§ 1º Se o crime é cometido durante a noite, ou em lugar ermo, ou com o emprego de violência ou de arma, ou por duas ou mais pessoas:

Pena – detenção, de 6 (seis) meses a 2 (dois) anos, além da pena correspondente à violência.

§ 2º (*Revogado pela Lei n. 13.869, de 2019.*)

§ 3º Não constitui crime a entrada ou permanência em casa alheia ou em suas dependências:

I – durante o dia, com observância das formalidades legais, para efetuar prisão ou outra diligência;

II – a qualquer hora do dia ou da noite, quando algum crime está sendo ali praticado ou na iminência de o ser.

§ 4º A expressão "casa" compreende:

I – qualquer compartimento habitado;

II – aposento ocupado de habitação coletiva;

III – compartimento não aberto ao público, onde alguém exerce profissão ou atividade.

§ 5º Não se compreendem na expressão "casa":

I – hospedaria, estalagem ou qualquer outra habitação coletiva, enquanto aberta, salvo a restrição do n. II do parágrafo anterior;

II – taverna, casa de jogo e outras do mesmo gênero.

Bibliografia: BITENCOURT, Cezar Roberto. *Tratado de direito penal:* parte especial 2 – crimes contra a pessoa. 13. ed. São Paulo: Saraiva, 2013; GALVÃO, Fernando. *Direito penal:* crimes contra a pessoa. São Paulo: Saraiva, 2013; GARCIA, Basileu. *Instituições de direito penal.* São Paulo: Max Limonad, 1951. v. 2; GONZAGA, João Bernardino. *Violação de segredo profissional.* São Paulo: Max Limonad, 1975; HUNGRIA, Nélson. *Comentários ao Código Penal.* 4. ed. Rio de Janeiro: Forense, 1958. v. VI; PIERANGELI, José Henrique. *Manual de direito penal.* 2. ed. São Paulo: RT, 2007. v. 2: Parte especial, arts. 121 a 361; PRADO, Luiz Regis. *Curso de direito penal brasileiro.* 10. ed. São Paulo: RT, 2011. v. 2: Parte especial, arts. 121 a 249; SEGRELLES DE ARENAZA, Íñigo. *Compendio de derecho penal español.* In: COBO DEL ROSAL, Manoel (Dir.). Madrid: Marcial Pons, 2000; PRADO, Luiz Regis. *Curso de direito penal brasileiro.* 10. ed. São Paulo: RT, 2011. v. 2: Parte especial, arts. 212 a 249; REALE JÚNIOR, Miguel. Dos crimes contra a liberdade individual. In: REALE JÚNIOR, Miguel e PASCHOAL, Janaina Conceição (Coord.). *Direito penal:* jurisprudência em debate – crimes contra a pessoa. Rio de Janeiro: GZ, 2011. v. 1.

Considerações gerais

A tutela da casa como local no qual a pessoa encontra segurança, paz, liberdade de agir e de ser, sem o olhar de terceiros, vem consagrada na Constituição e na legislação penal. A Constituição de 1988 estatuiu, no inciso XI do art. 5º, o seguinte: "a casa é asilo inviolável do indivíduo, ninguém nela podendo penetrar sem consentimento do morador, salvo em caso de flagrante delito ou desastre, ou para prestar socorro, ou, durante o dia, por determinação judicial".

Como se constata, qualifica-se a casa como asilo inviolável, a ser penetrado apenas com o consentimento do morador, razão pela qual a anuência da entrada desfaz, obviamente, qualquer caráter ilícito da conduta de adentrar a residência.

Consagra a Constituição, de um lado, a inviolabilidade da casa, vedando, inclusive, qualquer intrusão no período noturno, reconhecido como próprio ao total recolhimento; admitem-se exceções, todavia, a essa inviolabilidade, durante o dia, exceções estas que não se confrontam com o disposto no art. 150 do CP em comento.

Considerações nucleares

A rubrica menciona **violação de domicílio**, mas tanto a Constituição como a norma do art. 150 do CP referem-se à **casa**, o que evidentemente indica que não se trata, conforme os arts. 70 a 72 do CC, do lugar onde se estabelece residência com ânimo definitivo ou do lugar onde se exerce a profissão[165].

---

[165] Estabelece o Código Civil: "Art. 70. O domicílio da pessoa natural é o lugar onde ela estabelece a sua residência com ânimo definitivo. Art. 71. Se, porém, a pessoa natural tiver diversas residências, onde, alternadamente, viva, considerar-se-á domicílio seu qualquer delas. Art. 72. É também domicílio da pessoa natural, quanto às relações concernentes à profissão, o lugar onde esta é exercida. Parágrafo único. Se a pessoa exercitar profissão em lugares diversos, cada um deles constituirá domicílio para as relações que lhe corresponderem".

O objeto da tutela, portanto, não é o domicílio, no conceito normativo dado pelo CC, mas o recanto no qual a pessoa se recolhe e onde reina a sua privacidade, ou seja, como diz a Constituição, o seu asilo, que pode ser, como especifica o § 4º do art. 150 do CP: "I – qualquer compartimento habitado, II – aposento ocupado de habitação coletiva, III – compartimento não aberto ao público, onde alguém exerce profissão ou atividade".

Fica demonstrado o caráter constitutivo do Direito Penal, uma vez que impõe um conceito de casa como local onde a pessoa se recolhe na sua privacidade[166], pois assemelha à casa qualquer aposento de habitação coletiva, por exemplo, um quarto de hotel. Prevalece a ideia de abrigo, de proteção, ou seja, de asilo, como veio a se referir a Constituição. E a norma faz referência à casa ou às suas dependências, o que vem a ser, por exemplo, a edícula, que pertence à casa, apesar de não estar ligada fisicamente ao corpo principal.

No § 4º do art. 150 do CP, especifica-se o que não integra o conceito de casa, ou seja, (i) hospedaria, estalagem ou qualquer habitação coletiva aberta, que não seja aposento ocupado; e (ii) taverna, casa de jogo ou outras do mesmo gênero. São casas no aspecto físico, como construção, mas abertas para um número plural de pessoas, sem o sentido de local de resguardo de alguém, de abrigo de determinada pessoa ou de determinadas pessoas, o que vem corroborar o significado de casa acima estudado.

Dado elementar da figura está no dissentimento, ou seja, na entrada ou permanência na casa contra a vontade, expressa ou tácita, do morador. Essa entrada pode ser contrária à vontade tácita, em vista das circunstâncias, ou seja, quando feita de forma clandestina ou astuciosa, portanto às escondidas e, por assim ser, contrária tacitamente à vontade do morador.

Morador não vem a ser o proprietário ou o dono da casa, podendo ser, por exemplo, um servidor que lá trabalha ou um guarda que dissente da entrada de um estranho. O art. 150 menciona que a entrada ou permanência se dê contra a vontade de quem de direito, ou seja, utiliza uma expressão aberta, elemento normativo, devendo "quem de direito" ser interpretado como aquele ao qual se reconhece o direito de dissentir da entrada ou permanência de alguém na casa.

Pode-se, portanto, entender que seja o morador o legitimado para se opor, ou para concordar com a entrada de uma pessoa, como se deflui do exemplo de um empregado ocupante de um quarto na residência do patrão. Essa dependência constitui o local de privacidade do empregado, pois, mesmo sendo dependência da casa, é lugar reservado, um asilo inviolável do empregado, sendo lá sua morada, o que impossibilita o dono da casa de adentrar esse aposento sem autorização do **morador**.

---

[166] Fernando Galvão (2013, p. 387) refere-se a "lugar em que a vítima preserva a sua vida íntima".

Pode ocorrer um confronto entre moradores, como no caso do pai que proíbe amigo da filha de entrar em casa, ou mulher que se expressa contra a permanência de alguém que é autorizado a permanecer pelo marido. A solução está em prevalecer a vontade daquele que se opõe à entrada ou permanência, pois a vontade de um dos moradores não pode perturbar a tranquilidade e a segurança de outro, independentemente da condição. Assim, a entrada autorizada por um dos moradores não tipifica o crime, porém a permanência, após a dissenção, sim, pois se deve dar prevalência à vontade de quem não quer ser perturbado com a presença indesejada.

Exemplo foi anteriormente tratado (REALE JÚNIOR, 2011, p. 221): empregada que, sendo moradora, autoriza a entrada do namorado, mas à revelia do patrão, que desconhecia a autorização dada. Na hipótese, como se frisou, a autorização, para ser válida, não precisa ser unânime de todos os moradores. O agente, ao "receber a autorização de um dos moradores, atua sem ânimo de entrar contra a vontade", pois o faz com consentimento. Do contrário, haveria coautoria entre o morador que consentiu e o agente. A permanência, todavia, contra a expressa vontade de um dos moradores, contrariedade manifestada ao se verificar a presença indesejada, vem a configurar o delito.

Como se vê, o delito pode ocorrer de forma diversa, em dois momentos: entrada ou permanência. O agente que entra contra a vontade expressa, ou sorrateiramente, e permanece depois de exigida a sua saída não pratica dois crimes, mas um único delito, tipo em cascata, de ação múltipla (BITENCOURT, 2013, p. 460). Isoladamente, na forma de permanência, o crime só se dá se a entrada tiver ocorrido de modo consentido, licitamente. Se a entrada foi ilícita, essa conduta engloba a forma da permanência.

No § 3º do art. 150 do CP em comento, completa-se o tipo penal, ao se especificar não constituir crime a entrada ou permanência, inciso I, durante o dia, com observância das formalidades legais para efetuar prisão ou outra diligência, *verbi gratia*, busca e apreensão; ou, inciso II, a qualquer hora do dia, se algum crime estiver sendo praticado o na iminência de o ser.

No inciso XI do art. 5º da Constituição, ao contrário das constituições anteriores, exige-se autorização judicial para, durante o dia, penetrar na casa, na hipótese acima dada de busca e apreensão, mas se autoriza a qualquer tempo, em caso de flagrante delito, de desastre ou para prestar socorro.

Assim, a formalidade legal para entrada em uma casa, com vistas a efetuar prisão ou busca e apreensão, consiste na autorização judicial, devendo a diligência ser cumprida durante o dia.

Se o crime estiver sendo praticado (inciso II), havendo, como diz a Constituição, flagrante delito, o acesso à casa está legitimado legalmente. Se estiver na iminência de ser praticado o crime, a autorização para adentrar, por força do disposto na Constituição, só se justifica se for para prestar socorro.

As hipóteses previstas no referido § 3º são exceções que tornam atípica a conduta. Aventa-se, também, a possibilidade de ser justificada a entrada em casa alheia ao se empreender fuga, valendo-se, no exercício desse direito, do meio necessário (REALE JÚNIOR, 2011, p. 217). Como se ponderou, na análise crítica a esse posicionamento jurisprudencial, o direito de fuga não legitima a prática de outros crimes. Excetua-se a hipótese de ser ilegal a prisão quando o agente adentra a casa de outrem para escapar de limitação injusta, agindo, então, em estado de necessidade.

As formas qualificadas

No § 2º do art. 150 do CP, preveem-se formas qualificadas, com apenação superior, constituindo circunstâncias qualificadoras: a invasão ocorrer (i) no período noturno, quando em geral se está descansando e se gera maior temor; (ii) em lugar ermo, onde o isolamento torna difícil qualquer ajuda, havendo, logicamente, sensação de insegurança maior; (iii) com emprego de violência ou de arma, justificando-se a maior reprimenda, em face do amedrontamento causado pela forma da conduta, compreendendo tanto a violência às coisas como às pessoas (BITENCOURT, 2013, p. 462); (iv) por duas ou mais pessoas, quando a vulnerabilidade é acrescida pela maior capacidade ofensiva, diante do número de coautores.

Há a previsão, também, de uma causa de aumento, tendo em vista o abuso de autoridade na prática da invasão. Especificam-se as seguintes circunstâncias: se a invasão é perpetrada por funcionário público, (i) fora dos casos legais; (ii) com inobservância das formalidades estabelecidas em lei; ou (iii) com abuso de autoridade. Todas essas hipóteses estão compreendidas no tipo previsto em **lei posterior**, a Lei de Abuso de Autoridade (Lei Federal n. 4.898/65), pois a majorante refere-se sempre ao funcionário público no exercício das suas funções e não, tão somente, a uma qualidade do sujeito ativo de ser funcionário público. Dessa forma, foi este parágrafo revogado pelo art. 3º, *b*, da Lei Federal n. 4.898/65, que prevê como abuso de autoridade qualquer atentado à inviolabilidade de domicílio.

A recente Lei n. 13.869/2019, em seu art. 22, revogou o disposto pela Lei n. 4.898/65, disciplinando a invasão de domicílio caracterizada por abuso no exercício das funções.

Assim, dispõe o art. 22 supramencionado:

> "Art. 22. Invadir ou adentrar, clandestina ou astuciosamente, ou à revelia da vontade do ocupante, imóvel alheio ou suas dependências, ou nele permanecer nas mesmas condições, sem determinação judicial ou fora das condições estabelecidas em lei:
>
> Pena – detenção, de 1 (um) a 4 (quatro) anos, e multa.
>
> § 1º Incorre na mesma pena, na forma prevista no *caput* deste artigo, quem:

I – coage alguém, mediante violência ou grave ameaça, a franquear-lhe o acesso a imóvel ou suas dependências;

II – (*Vetado*);

III – cumpre mandado de busca e apreensão domiciliar após as 21h (vinte e uma horas) ou antes das 5h (cinco horas).

§ 2º Não haverá crime se o ingresso for para prestar socorro, ou quando houver fundados indícios que indiquem a necessidade do ingresso em razão de situação de flagrante delito ou de desastre".

A lei de abuso de autoridade bem especifica, no seu art. 1º, que compreende os fatos cometidos por agente público, servidor ou não, que, no exercício de suas funções ou a pretexto de exercê-las, abuse do poder que lhe tenha sido atribuído.

É exatamente o previsto neste art. 22 que tem por sujeito ativo próprio o agente público que invade imóvel alheio sem determinação legal ou indo além das determinações específicas constantes da lei.

De outra parte, nos parágrafos, estatuem-se as formas qualificadas relativas à conduta principal atuando com violência ou grave ameaça, ou cumprindo medida de busca e apreensão fora do horário permitido.

O certo, contudo, é que o disposto originalmente no § 2º do art. 150 do CP, revogado pela Lei n. 4.898/65, tem agora sua matéria regulada pelo disposto no art. 22 da Lei n. 13.869/2019.

Considerações finais

O crime de violação de domicílio muitas vezes constitui um crime-meio para um crime-fim. É o que se verifica facilmente no crime de furto. Só haverá crime de violação de domicílio se ele for um fim em si, e não um meio para a prática de outro delito. Assim, haverá tentativa de furto, quando o agente, pretendendo subtrair objetos de uma casa, adentrar suas dependências, mas, antes de se apossar das coisas, vier a ser detido. Não haverá crime de violação de domicílio consumado, mas crime de furto tentado. As circunstâncias do fato indicam a intencionalidade do agente e, portanto, a configuração típica.

Seção III
Dos crimes contra a inviolabilidade de correspondência

Violação de correspondência

Art. 151. Devassar indevidamente o conteúdo de correspondência fechada, dirigida a outrem:

Pena – detenção, de 1 (um) a 6 (seis) meses, ou multa.

Sonegação ou destruição de correspondência

§ 1º Na mesma pena incorre:

I – quem se apossa indevidamente de correspondência alheia, embora não fechada e, no todo ou em parte, a sonega ou destrói;

Violação de comunicação telegráfica, radioelétrica ou telefônica

II – quem indevidamente divulga, transmite a outrem ou utiliza abusivamente comunicação telegráfica ou radioelétrica dirigida a terceiro, ou conversação telefônica entre outras pessoas;

III – quem impede a comunicação ou a conversação referidas no número anterior;

IV – quem instala ou utiliza estação ou aparelho radioelétrico, sem observância de disposição legal.

§ 2º As penas aumentam-se de metade, se há dano para outrem.

§ 3º Se o agente comete o crime, com abuso de função em serviço postal, telegráfico, radioelétrico ou telefônico:

Pena – detenção, de 1 (um) a 3 (três) anos.

§ 4º Somente se procede mediante representação, salvo nos casos do § 1º, IV, e do § 3º.

Bibliografia: BITENCOURT, Cezar Roberto. *Tratado de direito penal:* parte especial 2, crimes contra a pessoa. 13. ed. São Paulo: Saraiva, 2013; GARCIA, Basileu. *Instituições de direito penal.* São Paulo: Max Limonad, 1951. v. 2; GALVÃO, Fernando. *Direito penal:* crimes contra a pessoa. São Paulo: Saraiva, 2013; HUNGRIA, Nélson. *Comentários ao Código Penal.* Rio de Janeiro: Forense, 1958. v. VI; PIERANGELI, José Henrique. *Manual de direito penal.* 2. ed. São Paulo: RT, 2007. v. 2: Parte especial, arts. 121 a 361; PRADO, Luiz Regis. *Curso de direito penal brasileiro.* 10. ed. São Paulo: RT, 2011. v. 2: Parte especial, arts. 121 a 249; SEGRELLES DE ARENAZA, Íñigo. *Compendio de derecho penal español.* In: COBO DEL ROSAL, Manoel (Dir.). Madrid: Marcial Pons, 2000; REALE JÚNIOR, Miguel. Dos crimes contra a inviolabilidade dos segredos. In: REALE JÚNIOR, Miguel e PASCHOAL, Janaina Conceição (Coord.). *Direito penal:* jurisprudência em debate – crimes contra a pessoa. Rio de Janeiro: GZ, 2011. v. 1; REALE JÚNIOR, Miguel. *Direito penal aplicado.* São Paulo: RT, 1990.

Considerações gerais

Esta Seção veio a sofrer alterações, decorrentes do disposto na Lei Geral de Telecomunicações, Lei Federal n. 4.117 de 1962, na Lei Federal n. 6.538, de 1978, e na Lei Federal n. 9.296 de 1996, que regulou o disposto no art. 5º, inciso XII, da Constituição Federal de 1988.

Assim, foi alterado o teor do § 1º do inciso I do art. 151, bem como houve parcial revogação do inciso II, pois a interceptação de comunicação telefônica veio a ser tratada pela Lei Federal n. 9.296/96, em consonância com o constante da Constituição Federal, punindo-se a violação de conversa telefônica no art. 10 da lei. Além do mais, foi revogado o inciso IV deste § 1º do art. 151, substituído pelo art. 70 da Lei Geral de Telecomunicações.

A figura inicial, referente à violação de correspondência, enquadra-se, igualmente, na tutela da privacidade, composta evidentemente pela reserva das manifestações de pensamento havidas entre remetente e destinatário da missiva.

A Constituição Federal, no art. 5º, inciso XII, estatui: "é inviolável o sigilo da correspondência e das comunicações telegráficas, de dados e das comunicações telefônicas, salvo, no último caso, por ordem judicial, nas hipóteses e na forma que a lei estabelecer para fins de investigação criminal ou instrução processual penal".

Destarte, é absoluta a inviolabilidade da correspondência e das comunicações telegráficas, cabendo, na forma estabelecida na Lei Federal n. 9.296/96, a interceptação das comunicações de dados e telefônicas, por ordem judicial, presentes os requisitos exigidos pelo mencionado diploma normativo.

Considerações nucleares

Por via de correspondência estabelece-se a relação, criando-se comunicação com as pessoas, seja dando notícias, seja manifestando pensamentos. A personalidade desenvolve-se por meio desse contato, que se requer seja livre de interferências e de intromissões. A liberdade de se comunicar reservadamente com outrem faz parte da liberdade de pleno desenvolvimento da própria personalidade. Daí a importância de tutelar o resguardo da correspondência.

A correspondência a ser protegida é a fechada, portanto, determinada como de interesse apenas do remetente e do destinatário, ambos vítimas de violação que venha a desvendar o conteúdo da mensagem contida na correspondência enviada.

O remetente, todavia, pode manter-se anônimo, e, nesse caso, o crime se perfaz tendo por vítima apenas o destinatário. Este, todavia, precisa ser identificado, não podendo ser uma pessoa fictícia ou um número indeterminado de pessoas.

A correspondência pode vir por meio de escrita, carta, em envelope fechado ou em fita gravada, mas posta em recipiente lacrado.

A conduta consiste em devassar o conteúdo, tomando conhecimento dele, independentemente de se romper o envelope ou quebrar o lacre do pacote, desde que haja a descoberta indevida do teor da mensagem. O crime consuma-se no momento em que se dá o conhecimento do teor da correspondência. A norma penal recorre à expressão *indevidamente*, exigindo do intérprete uma avaliação acerca da legitimidade do desvelamento do conteúdo da correspondência.

A abertura e o conhecimento do teor da mensagem são legítimos, portanto devidos, quando evidentemente autorizados pelo destinatário, *verbi gratia*, na hipótese da secretária, cuja função normalmente outorgada é essa mesmo de ler e selecionar as cartas recebidas.

No processo de proteção da formação dos filhos menores também se justifica o controle do conteúdo de missivas recebidas pelas crianças, excepcionalmente quando se verifica que pode estar ocorrendo tentativa de controlar influências nefastas. Como bem observa Galvão (2013, p. 413), há de se cultivar o respeito à individualidade junto à criança, sendo importante que tal tarefa comece pelo respeito a ela mesma, razão pela qual não se justifica penetrar na sua privacidade, a não ser excepcionalmente, no cumprimento urgente do dever de educar e formar.

Não se pode dizer, todavia, como muitos admitem[167], que o cônjuge possa ter livre acesso à correspondência recebida pelo outro, em quebra indevida da singularidade, da individualidade de cada qual, de forma alguma desfeita pelo estado de casado.

Seria devida a devassa de carta fechada, por parte do marido ciumento, desconfiado de uma infidelidade da esposa, a ser descoberta na missiva que vem a abrir? O mesmo em face de alguém que suspeita da troca de mensagens entre pessoas que estariam a arquitetar o seu assassinato? Creio que não se justifique que, de antemão, o agente encontre em suas desconfianças a legitimação para a violação da correspondência. Se a carta não trazia qualquer indicação acerca das suspeitas da pretensa vítima de uma traição ou de uma trama para matá-la, a violação era indevida. Igualmente se o teor dizia respeito aos temores do violador da correspondência, constituindo a carta devassada prova obtida por meio ilícito, pois o teor da correspondência por si não justifica que seja violada[168].

A abertura de correspondência, todavia, pela direção de presídio é legítima (PRADO, 2011, p. 365), em vista da manutenção da ordem e da segurança, sempre em risco nos estabelecimentos fechados, havendo um interesse geral, que se sobrepõe ao interesse do particular, do preso, em ter a privacidade respeitada em sua comunicação com o exterior. A devassa, neste caso, não é indevida.

Formas correlatas

No § 1º, contemplam-se condutas correlatas à descrita no *caput,* que violam a comunicação, seja pelo apossamento de correspondência, seja pelo impedimento

---

[167] Hungria (1958, p. 242) considera haver um consentimento tácito entre cônjuges, no sentido da autorização de ambos de ser aberta sua correspondência, mas considero, todavia, inaceitável tal presunção.

[168] Pierangeli (2007, p. 173), que bem pondera ser o sigilo epistolar um direito renunciável, a ser violado apenas se houver consentimento expresso ou tácito.

do trânsito da mensagem, por via telegráfica ou radioelétrica. Previa-se também a interferência na comunicação telefônica, que veio a ser regulada por lei especial, Lei Federal n. 9.296/96.

Estatui-se, então, incorrer na mesma pena prevista no *caput:* "I – quem se apossa indevidamente de correspondência alheia, embora não fechada, para sonegá-la ou destruí-la, no todo ou em parte; II – quem indevidamente divulga, transmite a outrem ou utiliza abusivamente comunicação telegráfica ou radioelétrica dirigida a terceiro, ou conversação telefônica entre outras pessoas; III – quem impede a comunicação ou a conversação referidas no número anterior".

Na hipótese descrita no inciso I, a conduta é a de se apossar, pouco importando que a correspondência esteja aberta ou fechada, sendo relevante o elemento subjetivo que colore a finalidade do apossamento, que deve visar a destruir ou a sonegar a correspondência, buscando evitar, assim, que a comunicação se realize. A ação consiste em se apossar, em apoderar-se da correspondência, por que forma seja, com o fim de sonegá-la ou destruí-la, não importando que se alcance tal fim, pois relevante é, repita-se, a intencionalidade específica de realizar a apreensão da correspondência com tal objetivo.

No inciso II, a conduta consiste em violar comunicação telegráfica ou radioelétrica, por via de sua divulgação, transmissão ou utilização abusivas. A norma se vale da expressão *abusivamente* com razão, pois é próprio do serviço telegráfico fazer a transmissão da comunicação, sendo crime apenas se houver transmissão abusiva, ou seja, desnecessária ou imprópria.

No inciso III, configura-se como crime o ato de impedir a comunicação, por via telegráfica ou radioelétrica, cortando a possibilidade de se realizar o envio de mensagem por esses meios, não recorrendo o legislador, como anota Bitencourt (2013, p. 483), ao elemento normativo indevidamente ou abusivamente, pois se trata de ato impeditivo da utilização ou do funcionamento de um serviço.

Causa de aumento

No § 2º, prevê-se uma causa de aumento de metade, se, em decorrência da conduta delituosa de violação de correspondência, houver ocorrido dano, que pode ser material ou moral, a ser devidamente comprovado.

Forma qualificada

No § 3º, estatui-se uma forma qualificada do crime de violação de correspondência, consistente em ter sido a ação realizada por funcionário de empresa dos correios, por via de abuso de função no serviço postal, telegráfico ou radioelétrico. Assim, a pena passa a ser de um a três anos de detenção se, no exercício da função, o funcionário age contrariamente ao dever de respeito à inviolabilidade da correspondência, em abuso de suas funções.

Considerações finais

O caráter absoluto da inviolabilidade da correspondência, mesmo porque não sujeita à limitação imposta pela Constituição Federal à comunicação de dados ou telefônica, encontra, todavia, uma brecha, criada pelo legislador penal, ao estabelecer que a violação de correspondência é crime apenas quando a ação tiver sido praticada indevidamente, ou seja, dependente de um dado normativo, a ser construído pela doutrina e pela jurisprudência, mas, principalmente, a ser avaliado em face do caso concreto.

Correspondência comercial

Art. 152. Abusar da condição de sócio ou empregado de estabelecimento comercial ou industrial para, no todo ou em parte, desviar, sonegar, subtrair ou suprimir correspondência, ou revelar a estranho seu conteúdo:

Pena – detenção, de 3 (três) meses a 2 (dois) anos.

Parágrafo único. Somente se procede mediante representação.

Bibliografia: BITENCOURT, Cezar Roberto. *Tratado de direito penal:* parte especial 2 – crimes contra a pessoa. 13. ed. São Paulo: Saraiva, 2013; FLORIAN, Eugenio. *Trattato di diritto penale. Delitti contro la libertà individuale.* 4. ed. Milano: Dottor Francesco Vallardi, 1936; GARCIA, Basileu. *Instituições de direito penal.* São Paulo: Max Limonad, 1951. v. 2; GALVÃO, Fernando. *Direito penal:* crimes contra a pessoa. São Paulo: Saraiva, 2013; HUNGRIA, Nélson. *Comentários ao Código Penal.* 4. ed. Rio de Janeiro: Forense, 1958. v. VI; PIERANGELI, José Henrique. *Manual de direito penal.* 2. ed. São Paulo: RT, 2007. v. 2: Parte especial, arts. 121 a 361; PRADO, Luiz Regis. *Curso de direito penal brasileiro.* 10. ed. São Paulo: RT, 2011. v. 2: Parte especial, arts. 121 a 249; REALE JÚNIOR, Miguel. Dos crimes contra a liberdade individual. In: REALE JÚNIOR, Miguel e PASCHOAL, Janaina Conceição (Coord.). *Direito penal:* jurisprudência em debate – crimes contra a pessoa. Rio de Janeiro: GZ, 2011. v. 1; REALE JÚNIOR, Miguel. *Direito penal aplicado.* São Paulo: RT, 1990; SEGRELLES DE ARENAZA, Íñigo. *Compendio de derecho penal español.* COBO DEL ROSAL, Manoel (Dir.). Madrid: Marcial Pons, 2000.

Considerações gerais

Trata-se de uma forma específica de violação da correspondência, relativa à mensagem remetida ou enviada por estabelecimento comercial ou industrial, tendo por agente exclusivamente aquele que ostenta a condição de sócio ou empregado, condição da qual faz uso abusivo, ao cometer a conduta de desviar, sonegar, subtrair ou suprimir correspondência. A rubrica lateral que constitui elemento integrante do tipo, dado relevante na interpretação da norma, refere-se à correspondência comercial, assim caracterizada não apenas por ser enviada ou remetida por uma empresa, mas por seu conteúdo. Uma carta de felicitação a uma autoridade por seu aniversário não pode ser objeto material do crime de violação de correspondência comercial. Isso porque o conteúdo deve ser pertinente à atividade do estabelecimento, caso contrário não há violação de correspondência comercial.

Em outra linha de conduta, prevê-se também o fato de revelar o conteúdo da correspondência, que, igualmente, deve ser relativa à atividade comercial da empresa.

Considerações nucleares

A correspondência não precisa estar fechada para se configurar a violação. Sujeito ativo próprio vem a ser o sócio ou empregado que se valem dessa condição para, abusivamente, ter acesso à correspondência e a desviar, sonegar, subtrair suprimir ou revelar seu conteúdo a estranho.

Essa indicação de sujeito ativo próprio é insuficiente, pois, proibida a analogia *in malam partem*, a norma incriminadora não alcança seja o membro do Conselho de Administração, que pode não ostentar a situação de sócio ou de acionista, e nem mesmo o diretor, caso o Estatuto não exija que seja sócio, acionista. O mesmo ocorre com relação a mandatário com poderes de representação da sociedade anônima, por exemplo.

A conduta vem a ser a de abusar da condição de sócio ou empregado, para, por exemplo, desviar ou subtrair a correspondência comercial, tendo-se por momento consumativo o do desvio ou o da subtração da correspondência. A figura penal é de ação múltipla, pois, se o agente primeiramente desvia e depois suprime a correspondência, ocorrerá um único crime, apesar de realizadas duas ações previstas na norma penal.

Já na forma de revelação de conteúdo a terceiro, há um concurso de normas, pois a pena prevista para a violação de correspondência comercial é de 3 (três) meses a 2 (dois) anos de detenção, enquanto a pena para o crime previsto no art. 154 do CP, de violação de segredo profissional, fato mais grave para a empresa, é de 3 (três) meses a 1 (um) ano de detenção. Assim, para fato de menor gravidade, qual seja, a mera revelação de correspondência, sem que o seu conteúdo seja sigiloso, a pena é menor do que aquela prevista para a hipótese de o conteúdo revelado, obtido em razão da função, ser sigiloso.

Nesse contexto, deve prevalecer, pelo critério da especialidade, e por se cominar pena mais leve, a figura do art. 154, e não a última parte do art. 151, ambos do CP, na hipótese de sócio ou empregado revelar conteúdo de correspondência comercial.

Considerações finais

Não se prevê, quanto à violação correspondência comercial, figura qualificada decorrente da ocorrência de dano, como sucede na violação de correspondência comum. Nem se argumente que se dá por implícito o dano, em razão do qual se majora a pena, pois esta merece ser mais grave em vista do desrespeito ao dever de lealdade, ao se realizar a conduta com abuso da condição de sócio ou empregado.

Seção IV
Dos crimes contra a inviolabilidade dos segredos

Divulgação de segredo

Art. 153. Divulgar alguém, sem justa causa, conteúdo de documento particular ou de correspondência confidencial, de que é destinatário ou detentor, e cuja divulgação possa produzir dano a outrem:

Pena – detenção, de 1 (um) a 6 (seis) meses, ou multa.

§ 1º Somente se procede mediante representação.

§ 1º-A. Divulgar, sem justa causa, informações sigilosas ou reservadas, assim definidas em lei, contidas ou não nos sistemas de informações ou banco de dados da Administração Pública:

Pena – detenção, de 1 (um) a 4 (quatro) anos, e multa.

§ 2º Quando resultar prejuízo para a Administração Pública, a ação penal será incondicionada.

Bibliografia: BITENCOURT, Cezar Roberto. *Tratado de direito penal:* parte especial 2 – crimes contra a pessoa. 11. ed. São Paulo: Saraiva, 2011; GARCIA, Basileu. *Instituições de direito penal.* São Paulo: Max Limonad, 1951. v. 2; GALVÃO, Fernando. *Direito penal:* crimes contra a pessoa. São Paulo: Saraiva, 2013; FLORIAN, Eugenio. *Trattato di diritto penale. Delitti contro la libertà individuale.* 4. ed. Milano: Dottor Francesco Vallardi, 1936; GONZAGA, João Bernardino. *Violação de segredo profissional.* São Paulo: Max Limonad, 1975; PETRONE, Marino. *Segreti. Novissimo Digesto Italiano,* 1969, v. XVI; PIERANGELI, José Henrique. *Manual de direito penal.* 2. ed. São Paulo: RT, 2007. v. 2: Parte especial, arts. 121 a 361; SEGRELLES DE ARENAZA, Íñigo. *Compendio de derecho penal español.* In: COBO DEL ROSAL, Manoel. Madrid: Marcial Pons, 2000; PRADO, Luiz Regis. *Curso de direito penal brasileiro.* 10. ed. São Paulo: RT, 2011. v. 2: Parte especial, arts. 212 a 249; REALE JÚNIOR, Miguel. Dos crimes contra a inviolabilidade dos segredos. In: REALE JÚNIOR, Miguel e PASCHOAL, Janaina Conceição (Coord.). *Direito penal:* jurisprudência em debate – crimes contra a pessoa. Rio de Janeiro: GZ, 2011. v. 1; REALE JÚNIOR, Miguel. *Direito penal aplicado.* São Paulo: RT, 1990.

Considerações gerais

Completa-se a proteção à liberdade individual com a tutela da sigilosidade de documento ou correspondência revestida de confidencialidade, pois a reserva de certos escritos integra a privacidade (PIERANGELI, 2007, p. 185), cuja proteção veio a ser consagrada no inciso X do art. 5º da Constituição, que considera invioláveis a intimidade e a vida privada.

Se uma pessoa faz revelações por escrito ou em fita gravada, admitida como correspondência, e pretende que seja mantido segredo a respeito, em face de terceiros, o destinatário dessa mensagem é conhecedor de fato a ser deixado oculto, pois, caso contrário, lesa-se a segurança pessoal, ao se expor fatos reservados, sabidos em confiança, à sociedade. Protege-se, no tipo penal, a confidência transmitida de forma materializada em algum suporte e não a meramente via oral[169], ou seja, em documento ou correspondência, que pode consistir em gravação registrada em fita remetida a alguém.

Considerações nucleares

Segredo, conforme já disse anteriormente, constitui a situação na qual se conhece algo de terceiro, que tem razoável interesse de o teor do revelado permanecer desconhecido de outrem, havendo, como consequência, um dever de guardar em reserva o sabido em confiança (REALE JÚNIOR, 1990, p. 144). O resguardo do sabido em âmbito restrito é garantido pelo direito, que sanciona a indiscrição da revelação do sigilo a um número indeterminado de pessoas. O cunho sigiloso pode decorrer da vontade juridicamente relevante manifestada pelo autor do documento ou do remetente da mensagem, ou mesmo por força de lei, a exigir que o conteúdo do documento não seja transmitido a outrem (GONZAGA, 1975, p. 956 e PETRONE, 1969, p. 956).

A questão central é saber o que deve ser reconhecido como matéria sigilosa, pois o remetente pode qualificar como secreto o teor de documento absolutamente inócuo, singelo mesmo, irrelevante.

De uma parte, deve haver manifestação, expressa ou tácita, no sentido de que o teor do documento ou carta tem caráter confidencial. De outra, esse teor cumpre ser relevante, pois a lei penal não pode proteger o que por capricho se intitula secreto. Como bem diz Regis Prado (2011, p. 370), a vontade da vítima, por si só, não basta para conferir caráter sigiloso ao teor do documento.

Assim, além da expressa vontade de ser segredo, a sua revelação deve ter potencialidade para causar dano a outrem, seja ao autor do documento, seja ao seu remetente, seja a terceiro. A potencialidade de causar dano constitui um parâmetro para avaliar a seriedade do caráter secreto atribuído ao teor do documento ou da correspondência. Mas deve ser considerável o dano possível de ser causado, pois uma pequena história cômica a respeito de alguém, que se classifica como secreta, revelada em documento enviado a terceiro, pode causar dano de relevo ínfimo, não passível de proteção penal. Poder-se-ia recorrer ao caráter insignificante do dano para destipificar a conduta. Assim, o segredo cumpre seja objetivamente relevante.

---

[169] Pierangeli (2007, p. 185) observa que o sigilo tutelado é apenas o escrito, contudo o tipo penal refere-se à correspondência, que, como se viu, pode consistir em fita gravada enviada involucrada, constituindo correspondência fechada.

A conduta típica está em divulgar, ou seja, em tornar de conhecimento de número indeterminado de pessoas, não bastando a revelação a um indivíduo, ou a um grupo pequeno de indivíduos. E mais: essa divulgação há de ser feita sem justa causa. Haverá justa causa se a divulgação ocorre para atender um interesse público, por exemplo, em face da Comissão da Verdade, visando ao esclarecimento da história sobre fatos da repressão política da ditadura. Haverá justa causa, evidentemente, no caso de consentimento.

Destarte, para a configuração típica, exige-se a divulgação, sem justa causa, a um número indeterminado de pessoas, do teor de documento ou de correspondência, revestidos de confidencialidade, devidamente manifestada pelo autor ou remetente, dizendo respeito à matéria relevante, que possa causar dano a outrem.

Forma qualificada

Introduziu-se o § 1º-A no artigo, em Capítulo referente à tutela da liberdade individual, mas que diz respeito, primacialmente, à proteção de informações reservadas ou sigilosas registradas junto à Administração Pública, e assim definidas em lei, cuja revelação pode, aliás, ser de interesse da pessoa sobre a qual a informação versa, pois, se dano há à Administração Pública, a ação penal será pública incondicionada, ou seja, independe da vontade da "vítima".

Portanto, a figura penal visa antes proteger a sigilosidade das informações constantes de bancos de dados da Administração Pública, tanto que, para aperfeiçoamento do tipo, não se requer a potencialidade de dano a alguém. Prevê-se, contudo, como acima acentuado, a ocorrência de dano à Administração Pública no § 1º-B, hipótese na qual a ação penal é pública incondicionada.

Considerações finais

O crime de divulgação de segredo exige que, em razão da revelação da matéria confidencial a um número indeterminado de pessoas, possa ocorrer dano a alguém, ou mesmo a uma pessoa jurídica, pois o fato revelado pode dizer respeito à vida de uma entidade que deveria ser mantido reservado, ou a determinada pessoa, mas causar prejuízo a uma entidade ou empresa, conforme distinção observada por Bitencourt (2011, p. 482-483), entre sujeito passivo e prejudicado.

É, a meu ver, por outro lado, injustificável a exigência de que a informação do sigilo seja feita a um número indeterminado de pessoas, pois, se há dano e o sigilo foi revelado a um grupo determinado de pessoas, tal seria suficiente para a configuração do delito, em face de se ter atingido a segurança pessoal e o resguardo pretendido, mas afrontado pelo infiel portador do segredo. Tal como no crime de violação de segredo profissional, deveria bastar a revelação do dado sigiloso e não se exigir a sua divulgação, que é mais ampla.

A tutela da privacidade é limitada pela legislação penal e, por seu relevo, nos dias atuais, de voyeurismo acentuado, profissional mesmo, é necessária uma importante atualização da lei penal.

Violação do segredo profissional

Art. 154. Revelar alguém, sem justa causa, segredo, de que tem ciência em razão de função, ministério, ofício ou profissão, e cuja revelação possa produzir dano a outrem:

Pena – detenção, de 3 (três) meses a 1 (um) ano, ou multa.

Parágrafo único. Somente se procede mediante representação.

Bibliografia: ALMEIDA JÚNIOR, Antônio. O segredo médico e a informação à polícia e à justiça. *RT*, n. 301, São Paulo, p. 41; BARNI, Mauro. Documento ingiusto e giusta causa di revelazione del secreto medico. *Rivista Italiana di Diritto e Procedura Penale*, 1962, p. 660; BITENCOURT, Cezar Roberto. *Tratado de direito penal:* parte especial 2, crimes contra a pessoa. 13. ed. São Paulo: Saraiva, 2013; FLORIAN, Eugênio. *Trattato di diritto penale:* delitti contra il sentimenti religioso e delitti contro la libertà individuale. 4. ed. Milano: Dottor Francesco Vallardi, 1936; GARCIA, Basileu. *Instituições de direito penal*. São Paulo: Max Limonad, 1951. v. 2; GONZAGA, João Bernardino. *Violação de segredo profissional*. São Paulo: Max Limonad, 1975; PETRONE, Marino. Segreti. In: *Novissimo Digesto Italiano*, v. XVI; PIERANGELI, José Henrique. *Manual de direito penal:* parte especial, arts. 121 a 361. 2. ed. São Paulo: RT, 2007. v. 2; PRADO, Luiz Regis. *Curso de direito penal brasileiro:* parte especial, arts. 121 a 249. 10. ed. São Paulo: RT, 2011. v. 2; SEGRELLES DE ARENAZA, Íñigo. *Compendio de derecho penal español*. Dirigido por COBO DEL ROSAL, Manoel. Madrid, Marcial Pons, 2000; REALE JÚNIOR, Miguel. Dos crimes contra a inviolabilidade dos segredos. In: REALE JÚNIOR, Miguel (Coord.). *Direito penal:* jurisprudência em debate – crimes contra a pessoa. Rio de Janeiro: GZ, 2011. v. 1; REALE JÚNIOR, Miguel. *Direito penal aplicado*. São Paulo: Revista dos Tribunais, 1990; YANZI, Carlos V. Gallino. *La antijuridicidad y el secreto profissional*. Buenos Aires, 1972.

Considerações gerais

O conceito de segredo foi já mencionado no comentário ao artigo anterior. Especializa-se, no art. 154, o segredo de que é portador alguém em vista do exercício de função, ministério, ofício ou profissão, cuja importância é relevante, a ponto de se considerar matéria de caráter público, tanto que sequer ordem judicial tem o poder de impor a quebra do dever de resguardo da informação obtida nessas circunstâncias. A legislação processual e civil, ao lado da penal, protege a inviolabilidade do segredo profissional.

Considerações nucleares

Há, como já ressaltei, uma interdependência entre confiança e segredo (REALE JÚNIOR, 1990, p. 146), pois se confia um segredo a quem se confia, no caso, em vista da função que o destinatário do segredo exerce, e cuja atividade profissional é pautada por essa relação de confiança.

O segredo profissional é exigência fundamental da vida social, constituindo condição essencial para o exercício de determinadas atividades, havendo um interesse social na sua proteção, pois, do contrário, seria impossível o desenvolvimento da profissão de psicólogo, psicanalista, advogado, médico ou o mister de padre. Assim, a segurança da inviolabilidade do segredo é fundamental para a vida comum.

O interesse público do sigilo profissional decorre da circunstância de ser ele a base do exercício de profissões essenciais, garantindo-se, por seu intermédio, a paz social. Para demonstrar a sua relevância, basta imaginar o que ocorreria na sociedade se não existisse o dever de mantença do sigilo por parte do psicólogo, do médico ou do advogado, que deveriam ter à frente do cliente um aviso: "Tudo que disser pode ser usado contra você".

Assim, esse dever de guardar em segredo o que se soube por força do exercício de função ou profissão impõe-se em face do dever de dizer a verdade em juízo, porquanto a legislação processual estabelece (CPC, art. 406; novo CPC, art. 448, II; CPP, art. 207) estarem as pessoas proibidas de depor sobre o sabido em razão da função, ministério, ofício ou profissão. Igualmente, os Códigos de Ética das profissões dessa maneira determinam[170].

De igual maneira, ficam submetidos a segredo os auxiliares dos profissionais portadores de segredos obtidos no exercício de sua profissão, *verbi gratia*, a secretária do médico que cataloga e organiza as fichas dos pacientes, ou o estagiário de escritório de advocacia que tem acesso à descrição dos fatos, feita pelo cliente[171].

No caso do médico, Almeida Júnior (p. 41) esclarece não bastar uma ordem de autoridade para se revelar segredo, pois só haverá justa causa, por exemplo, para se contar um dado clínico se a informação for necessária para a defesa de interesse próprio, ou para atender a interesse relevante, de caráter público ou social.

Assim, segundo Gonzaga (1975, p. 186), o médico, mesmo autorizado pelo cliente a falar, conserva frequentemente o direito de manter silêncio.

A revelação da confidência ou do dado obtido no exercício de um mister só pode ocorrer se houver justa causa, elemento normativo, de conteúdo variável, podendo-se estar diante de determinação legal taxativa, como ocorre na comunicação obrigatória pelo médico de doença infectocontagiosa, como a varíola, ou em circunstâncias a serem ponderadamente aquilatadas, nas quais se avalia haver um interesse mais relevante do que o da manutenção da devida reserva.

---

[170] Art. 7º, XIX, do Estatuto da OAB; arts. 73 a 77 do Código de Ética Médica; art. 3º, XIX, do Código de Ética do Contabilista etc.

[171] Prado (2011, p. 392), podendo-se considerar que tomaram conhecimento no exercício do seu ofício.

Seria o caso, como sugere Garcia (1951, p. 299), de evitar um mal maior, por via da revelação de um segredo, pois, diante dos interesses em jogo, considera-se válido, para salvaguardar bem de maior valia, não manter a confidencialidade de fato sabido por força da profissão.

O segredo a ser mantido reservado pode pertencer a pessoa física ou jurídica, pois, se a pessoa jurídica transmite informes sigilosos seus a um confidente necessário, por exemplo, um advogado ou contador, em relacionamento profissional, o segredo pertencente à pessoa jurídica não pode ser revelado a terceiro.

O verbo do tipo é revelar e não divulgar, em vista do que se perfaz o delito com a transmissão do segredo a uma pessoa. Não é necessário, como no tipo da Divulgação de Sigilo, do artigo anterior, que haja informação a um número indeterminado de pessoas.

Mas, tal como no crime de Divulgação de Sigilo, é essencial que o teor do revelado seja relevante. Como medida da relevância do informe transmitido, exige o tipo penal que a revelação tenha potencialidade para causar dano, sendo desnecessário que o cause: é suficiente a criação de uma situação de perigo.

O dano patrimonial ou moral é de ser objetivamente avaliado, não dependendo da mera suscetibilidade da pretensa vítima.

Considerações finais

Há, como ressalta Florian (1936, p. 456), uma somatória de interesses: de um lado, o interesse do titular do segredo, de outro, um interesse público e geral, que impõe a confidentes necessários não traírem o segredo, como dever próprio do exercício de sua profissão ou ofício.

Lesado com a revelação de um segredo profissional não é apenas o titular do segredo, mas a sociedade inteira, atingida a paz social, a tranquilidade decorrente da certeza da mantença da reserva do que obrigatoriamente se revelou a confidente necessário. Malgrado esse relevo, a ação penal é pública condicionada, combinando-se os dois interesses, mas sendo de pequena monta a sanção penal imposta, em face da importância dos valores tutelados.

Invasão de dispositivo informático

Art. 154-A. Invadir dispositivo informático de uso alheio, conectado ou não à rede de computadores, com o fim de obter, adulterar ou destruir dados ou informações sem autorização expressa ou tácita do usuário do dispositivo ou de instalar vulnerabilidades para obter vantagem ilícita:

Pena – reclusão, de 1 (um) a 4 (quatro) anos, e multa.

§ 1º Na mesma pena incorre quem produz, oferece, distribui, vende ou difunde dispositivo ou programa de computador com o intuito de permitir a prática da conduta definida no *caput*.

§ 2º Aumenta-se a pena de 1/3 (um terço) a 2/3 (dois terços) se da invasão resulta prejuízo econômico.

§ 3º Se da invasão resultar a obtenção de conteúdo de comunicações eletrônicas privadas, segredos comerciais ou industriais, informações sigilosas, assim definidas em lei, ou o controle remoto não autorizado do dispositivo invadido:

Pena – reclusão, de 2 (dois) a 5 (cinco) anos, e multa.

§ 4º Na hipótese do § 3º, aumenta-se a pena de um a dois terços se houver divulgação, comercialização ou transmissão a terceiro, a qualquer título, dos dados ou informações obtidos.

§ 5º Aumenta-se a pena de um terço à metade se o crime for praticado contra:

I – Presidente da República, governadores e prefeitos;

II – Presidente do Supremo Tribunal Federal;

III – Presidente da Câmara dos Deputados, do Senado Federal, de Assembleia Legislativa de Estado, da Câmara Legislativa do Distrito Federal ou de Câmara Municipal; ou

IV – dirigente máximo da administração direta e indireta federal, estadual, municipal ou do Distrito Federal.

Ação penal

Art. 154-B. Nos crimes definidos no art. 154-A, somente se procede mediante representação, salvo se o crime é cometido contra a administração pública direta ou indireta de qualquer dos Poderes da União, Estados, Distrito Federal ou Municípios ou contra empresas concessionárias de serviços públicos.

Considerações gerais

A Lei Federal n. 12.737/2012 tramitou durante uma década no Congresso Nacional, o que não impediu que surgisse com recurso exagerado a elementos normativos e com imprecisões técnicas palpáveis. Um desses termos acabou por ser retirado do *caput* do artigo, que fazia referência a que a ação ocorresse mediante violação indevida de mecanismo de segurança. Era, sem dúvida uma redundância, pois, se há uma invasão, é porque violou-se de forma indevida mecanismo de segurança.

Era sem dúvida imprescindível uma norma específica relativa aos novos meios de manifestação de pensamento, que passou a ser registrado e a transitar por via de computador.

A matéria comporta diversos ângulos que a novel norma do art. 154-A tenta açambarcar, ainda que de maneira confusa, a começar por redundantemente mencionar que o comportamento se realiza ao se **invadir, mediante violação indevida, dispositivo informático alheio**.

Considerações nucleares

A ação consiste em invadir, o que corresponde a violar indevidamente, tendo por objeto material um dispositivo informático alheio, como se pudesse ser o próprio. Essa tautologia mostra que os anos de tramitação não bastaram para escoimar defeitos evidentes, pois beira o absurdo dizer: invadir mediante violação indevida sem autorização!

Mas a ação prevista não se limita a violar o dispositivo informático, pois não constitui comportamento típico bisbilhotar o computador com acesso livre ou deixado com acesso aberto. A conduta exige que a violação indevida ocorra mediante invasão, ou seja, por via da superação de mecanismo de segurança, por exemplo, a senha de abertura do computador, obtida por qualquer meio indevido. A ação consiste, portanto, em transpor por meio de invasão mecanismo de segurança de computador, telefone celular, *tablet*, obtido e acionado indevidamente por que forma for, assemelhando-se o dispositivo informático a uma **correspondência fechada, bloqueada pela chave de segurança**.

O tipo penal deve ser direcionado ao fim de obter, adulterar ou destruir dados ou informações, ou visar a instalar vulnerabilidades para obter vantagem ilícita, podendo ser vítima tanto a pessoa física como a jurídica.

Desnecessariamente, o legislador incluiu no tipo penal que a conduta não há de ser, expressa ou tacitamente, autorizada pelo titular do dispositivo, o que vem a ser mais uma redundância, pois, se é violação indevida, evidentemente não poderia realizar-se com a autorização do titular.

Assim, a conduta violadora do dispositivo, por via da superação de mecanismo de segurança, deve ter por objetivo obter informações, destruir ou adulterar dados, bem como instalar fragilidades que permitam a obtenção de vantagem indevida, ou seja, algum proveito econômico.

Ato preparatório

No § 1º, prevê-se o relevo penal de ato preparatório, como o de oferecer, distribuir, vender ou difundir dispositivo ou programa de computador, com o intuito de permitir a prática da conduta de invasão de dispositivo, prevista no *caput*.

Trata-se de figura penal de ação múltipla, que apresenta defeitos graves, pois as condutas de vender, difundir ou oferecer devem ocorrer com o intuito de permitir a invasão, o que se apresenta como ação distante da conduta de invadir, pois a venda, a oferta ou a distribuição de programa de computador cabem ser feitas para permitir a invasão a ser realizada por terceiro.

Causa de aumento e qualificadora

A pena é aumentada se há causação de um prejuízo econômico.

Cria-se, também, uma figura qualificada, na hipótese de o conteúdo obtido, destruído ou adulterado dizer respeito a comunicações eletrônicas privadas, segredos comerciais ou industriais, informações sigilosas, assim definidas em lei. Em que consiste comunicação eletrônica privada? Apenas questões íntimas? A conversa por WhatsApp entre mãe e filha, pela manhã, apesar de pessoal, sem qualquer relevo sigiloso, não vem a ser comunicação eletrônica privada?

Outra hipótese de qualificação do tipo penal está na criação de um controle remoto não autorizado do dispositivo invadido, em nova tautologia, por ser de evidência a necessidade de ausência de autorização.

O legislador, não contente, com a qualificadora prevista no § 3º, faz incidir nesta figura uma causa de aumento, consistente em um a dois terços da pena, se houver divulgação, comercialização ou transmissão a terceiro, a qualquer título, dos dados ou das informações obtidas. Assim, se a informação obtida disser respeito à comunicação privada e for esta objeto de divulgação, a pena é exacerbada, passando a ser de oito a quarenta meses de reclusão.

A conduta é desproporcionalmente apenada, pois iguala a divulgação à transmissão a terceiro, a qualquer título, ou seja, gratuitamente, por mera indiscrição, e ao mesmo tempo prevê essa pena aumentada, igualmente, para a comercialização do informe. Dessa forma, o legislador não tem medida e legisla ao sabor dos fatos, para atender a reclamos, como o ocorrido com a celebridade Carolina Dieckmann, que dá nome à lei.

Há mais uma causa de aumento: se o crime for praticado contra o Presidente da República, o Presidente do Supremo Tribunal Federal, o Presidente do Senado ou da Câmara dos Deputados, o Presidente da Assembleia Legislativa ou de Câmara dos Deputados, bem como o presidente de entidade estatal da administração direta ou indireta federal, estadual ou municipal; mas deixando de incluir os membros do Congresso Nacional e os Ministros dos Tribunais Superiores.

Considerações finais

O que se ressalta nesta novel norma do art. 154-A é, de um lado, a sua necessidade para a previsão da violação da privacidade, hoje, depositada em dispositivos informáticos, mas, por outro lado, a indigência do legislador, que cria tipos penais sem qualquer cuidado com a técnica legislativa e, o pior, com manifesta afronta ao princípio da proporcionalidade.

TÍTULO II
DOS CRIMES CONTRA O PATRIMÔNIO

Bibliografia: BAJO FERNÁNDEZ, Miguel, PÉREZ MANZANO, Mercedes e SUÁREZ GONZÁLEZ, Carlos. *Manual de derecho penal:* parte especial: delitos patrimoniales y económicos. 2. ed. Madrid: Editorial Centro de Estudios Ramon Areces,

1993; BITENCOURT, Cezar Roberto. *Tratado de direito penal*: parte geral. 19. ed. São Paulo: Saraiva, 2013; BUSATO, Paulo César. *Direito penal*: parte especial 1. São Paulo: Atlas, 2014; CÁCERES, Luis. *Delitos contra el patrimonio*: aspectos penales y criminológicos: especial referencia a Badajoz. Madrid: Vision Net, 2006; CARMONA, Angelo. *Tutela penale del patrimonio individuale e coletivo*. Bologna: Il Mulino, 1996; COELHO, Fábio Ulhoa. *Curso de direito comercial*: direito da empresa: empresa e estabelecimento: títulos de crédito. 16. ed. São Paulo: Saraiva, 2012; COSTA, Álvaro Mayrink da. *Código Penal comentado*: parte geral; parte especial. Rio de Janeiro: LMJ Mundo Jurídico, 2013; DOMÍNGUES, Ana Cristina. *El delito de daños*: consideraciones jurídico-políticas y dogmáticas. Burgos: Servicio de Publicaciones, Universidad de Burgos, 1999; DONNA, Edgardo Alberto. *Delitos contra la propiedad*. 2. ed. Santa Fe: Rubinzal-Culzoni Editores, 2008; ESTELLITA, Heloisa e TUMBIOLO, Mariana. Criptomoedas e lavagem de dinheiro: por que regular? *Revista do Advogado*, n. 156, ano XLII, São Paulo, nov. 2022; FIANDACA, Giovanni e MUSCO, Enzo. *Diritto penale*: parte speciale: il delitti contro il patrimonio. 4. ed. Bologna: Zanichelli, 2008. v. II. t. 2; GARCÍA ARÁN, Mercedes. *El delito de hurto*. Valencia: Tirant lo Blanch, 1998; GOMES JUNIOR, João Florêncio de Salles. *O crime de extorsão no direito penal brasileiro*. São Paulo: Quartier Latin, 2012; GOMES JUNIOR, João Florêncio de Salles. *O crime de apropriação indébita no direito penal brasileiro*. Tese de doutoramento apresentada na Faculdade de Direito da Universidade de São Paulo, 2013; HUNGRIA, Nélson. *Comentários ao Código Penal*. 2. ed. Rio de Janeiro: Forense, 1958. v. II; HUNGRIA, Nélson e FRAGOSO, Heleno Cláudio. *Comentários ao Código Penal*. 4. ed. Rio de Janeiro: Forense, 1980. v. VII; LÓPEZ HERNANDEZ, Gerardo. Sobre la tutela penal del patrimonio. *Anuario de Derecho Penal y Ciencias Penales*, Madrid, t. XVIII, fascículo III, set./dez. 1965; MANTOVANI, Ferrando. *Diritto penale:* parte speciale II: delitti contro il patrimonio. 4. ed. Padova: Cedam, 2012; MOCCIA, Sergio. *Tutela penale del patrimonio e principi costituzionali*. Padova: Cedam, 1988; PRADO, Luiz Regis. *Curso de direito penal brasileiro*: parte especial. 2. ed. São Paulo: RT, 2002. v. 2; PRADO. Luiz Regis, CARVALHO, Érika Mendes de e CARVALHO, Gisele Mendes de. *Curso de direito penal brasileiro*. 13. ed. São Paulo: RT, 2014; REALE JÚNIOR, Miguel (Coord.). *Direito penal*: jurisprudência em debate – crimes contra o patrimônio, crimes contra direito do autor, crimes contra o sentimento religioso, crimes contra a organização do trabalho. Rio de Janeiro: GZ Editora, 2012. v. 2; SALVADOR NETTO, Alamiro. *Direito penal e propriedade privada*: a racionalidade do sistema penal na tutela do patrimônio. São Paulo: Atlas, 2014; SALVADOR NETTO, Alamiro Velludo (Coord.). *Comentários à Lei das Contravenções Penais*. São Paulo: Quartier Latin, 2006a; SALVADOR NETTO, Alamiro Velludo. *Finalidades da pena*: conceito material de delito e sistema penal integral. São Paulo: Quartier Latin, 2009; SALVADOR NETTO, Alamiro Velludo. *Tipicidade penal e sociedade de risco*. São Paulo: Quartier Latin, 2006b; SILVEIRA, Renato de Mello Jorge. Aspectos penais da criptoeconomia. *Revista do Advogado*, n. 156, ano XLII, São Paulo, nov. 2022; VENOSA, Sílvio de Salvo. *Direito civil*: direitos reais. 4. ed. São Paulo: Atlas, 2004. v. 5.

Considerações gerais

A exata compreensão do conceito e extensão dos denominados crimes contra o patrimônio demanda, inicialmente, uma análise de cunho legislativo, a partir da qual poderão ser realizados alguns aprofundamentos. Em termos tópicos, o CP brasileiro de 1940 utilizou a rubrica "Dos crimes contra o patrimônio" para identificar o bem jurídico comum ofendido nas hipóteses de ocorrência dos tipos penais incriminadores inseridos entre os arts. 155 e 183 (Título II da Parte Especial do Código Penal). Em todas essas hipóteses, portanto, o patrimônio apresenta-se como o elemento principal a ser defendido pelo ordenamento jurídico, sendo certo que alguns delitos podem atacá-lo exclusivamente, como é o caso do furto (crime patrimonial por excelência), e outros podem proteger, juntamente com o patrimônio, outros valores, exemplo da extorsão (patrimônio e liberdade)[172] e do latrocínio (patrimônio e vida).

Esta perspectiva legislativa, entretanto, se por um lado permite uma percepção primeira dos crimes eleitos pelo legislador como patrimoniais, por outro não é capaz, por si só, de conduzir a uma definição acerca do que o Direito Penal identifica como patrimônio. Afinal, seria possível um delito positivado fora do Título II da Parte Especial ser também compreendido como uma infração patrimonial em termos jurídico-penais? Para responder a essa indagação será necessário, ainda que de forma sucinta, uma abordagem da trajetória histórica dessa nomenclatura.

Um aspecto aqui muito relevante consiste no fato do Código Penal brasileiro de 1940, ao utilizar a rubrica "crimes contra o patrimônio", ser responsável pela ruptura da tradição legislativa nacional, pois o Código Criminal da República de 1890, assim como o seu antecessor Código Criminal do Império do Brasil de 1830, utilizavam a expressão *crimes contra a propriedade*. Essa ruptura decorreu do entendimento doutrinário da época no tocante à insuficiência da utilização do termo *propriedade*, haja vista que algumas das modalidades criminosas existentes afetavam bens jurídicos diversos do estrito conceito de domínio. Em suma, os delitos patrimoniais são capazes de atentar, por exemplo, contra a posse ou a mera detenção, categoriais factuais que apresentam dificuldades nos estudos do Direito Privado de serem identificadas com a noção de propriedade ou domínio, ou mesmo com outras categorias de direitos reais.

No Brasil, portanto, a substituição da ideia de propriedade pela noção de patrimônio teve o condão de preterir a inexatidão, dando lugar a um rigor conceitual para a perfeita aglutinação dessas modalidades delitivas. Hungria (1958, p. 7), talvez o mais importante penalista brasileiro do século XX, em tom elogioso, aprovou a iniciativa de alteração: "Esta rubrica é, sem dúvida, mais adequada, pois os crimes de que se trata não têm por objeto jurídico apenas a propriedade, que, disciplinada pelo Direito civil, significa, estritamente, o domínio pleno ou ilimitado sobre as coisas (direitos reais); mas, também, todo e qualquer interesse de valor econômico (avaliável em dinheiro). Para designar o complexo de bens e in-

---

[172] A respeito da extorsão: Gomes Junior (2012, p. 31 e s.).

teresses de valor econômico, em relação de pertinência com uma pessoa, o termo próprio é patrimônio".

Essa mesma modificação foi promovida em outros códigos internacionais. Cita-se como exemplo a legislação espanhola. O CP ibérico de 1995 adotou igualmente a fórmula *crimes contra o patrimônio*, substituindo os *crimes contra a propriedade,* que apareciam no texto legislativo de 1848. O mesmo se viu na Itália, com a adoção do Código Rocco, de 1930, em lugar do Código Zanardelli, de 1889 (GARCÍA ARÁN, 1998, p. 15-16)[173]. Países outros que permanecem apegados à rubrica antiquada, como é o caso da França e da Argentina, têm as suas respectivas legislações constantemente como alvo de críticas por parte de acadêmicos e intelectuais[174].

Nos dias de hoje, a noção de criminalidade patrimonial aparece basicamente três vezes em nossas tipificações, isto é, no Título II da Parte Especial do CP, no Capítulo II da Parte Especial do Decreto-lei n. 3.688/41 (Lei das Contravenções Penais) e no Título V do Livro I da Parte Especial do CP Militar (arts. 240 a 267). Esta trajetória histórica, que sedimentou as disposições atuais, mostra com clareza a finalidade do discurso jurídico-penal em optar por um conceito exato de patrimônio, com um sentido rigorosamente técnico, que não pode ser confundido com os significados vulgares tantas vezes empregados ao vocábulo.

Com isso, percebe-se um acoplamento do Direito Penal com o Direito Civil, de tal sorte a utilizar a expressão "patrimônio" como forma de conglobar as espécies criminosas na afetação dessa universalidade de direitos avaliáveis em pecúnia. O patrimônio, o qual tem a propriedade como elemento principal, porém não único, define-se como o conjunto de direitos reais e obrigacionais, passivos e ativos, pertencentes a uma mesma pessoa (VENOSA, 2004, p. 183-184). Por isso mesmo, os crimes contra o patrimônio apresentam-se como o arsenal utilizado pelo Estado para a tutela de relações interindividuais. Em outras palavras, seu espaço é o da tutela do patrimônio como bem jurídico individual[175].

Essa realidade jurídica de enxergar os crimes patrimoniais como afetações a bens jurídicos individuais é o fator fundamental a excluir do conceito de infrações patrimoniais delitos outros, como, por exemplo, os crimes contra a ordem tributária, falimentares, consumeristas ou econômicos. Nestes últimos, não se tutela o

---

[173] Igualmente: Cáceres (2006, p. 19-20). Já no CP italiano, a modificação foi realizada quando da edição do Código Rocco, uma vez que o Código Zanardelli (1889) utilizava a rubrica "propriedade". Nesse sentido: López Hernandez (1965, p. 514). Trajetória ampla da legislação patrimonial italiana: Carmona (1996, p. 15 e s.).

[174] *Vide* as críticas, por exemplo, de Donna (2008, p. 13).

[175] Isso não significa que o Estado, em específicas circunstâncias, também não possa ter o seu patrimônio afetado por essas modalidades delitivas. Nesse sentido: Salvador Netto (2014, p. 18).

patrimônio, mas dimensões supraindividuais que são, em consequência, muito diversas da tutela patrimonial ainda fortemente arraigada na noção de propriedade privada individual (SALVADOR NETTO, 2014, p. 21)[176].

No âmbito do Direito Penal, repete-se uma vez mais, os crimes contra o patrimônio definem-se como afetações patrimoniais diretas, com vítimas individualizáveis já no momento da realização do ilícito, no cerne de relações essencialmente privadas (SALVADOR NETTO, 2014, p. 23). Exatamente por essa razão, a doutrina brasileira e internacional consagrou ao longo dos tempos uma concepção jurídico-econômica de patrimônio. Tal vertente entende que o patrimônio deve reunir dois atributos. De um lado, trata-se de um direito subjetivo reconhecido pelo ordenamento, ou seja, a soma de direitos e obrigações patrimoniais de um sujeito (PRADO, 2002, p. 341). Por outro lado, e simultaneamente, deve possuir expressividade econômica, definindo-se como "conjunto de bens econômicos de uma pessoa ou conjunto de valores econômicos que correspondem a uma pessoa" (DOMINGUES, 1999, p. 75).

Essa dupla faceta, e daí a chamada teoria mista do patrimônio em Direito Penal, define-o como "um complexo de direitos que representam ou expressam algum valor econômico" (MOCCIA, 1988, p. 415). Em resumo, o conceito de patrimônio, como bem jurídico, exige a existência de um bem com valor econômico de troca. Ao mesmo tempo, a atribuição desse mesmo bem ao titular não pode ser meramente de fato, mas sim reconhecida pelo Direito. Não por outra razão, conforme será analisado adiante, o furto é o crime patrimonial por excelência.

Dito isso, conclui-se que a criminalidade patrimonial em nada se assemelha àquela outra destinada à tutela de relações supraindividuais, bens jurídicos difusos ou relações de sujeição e dependência do indivíduo para com o Estado. Delitos tributários, societários e financeiros passam muito ao largo da definição técnico-jurídica de criminalidade patrimonial. Os crimes patrimoniais são, em realidade, marcos penais de tutela e reforço de obediências das regras do Direito Privado, fundamentalmente àquelas atinentes aos direitos reais e das obrigações.

Finaliza-se, destarte, com a definição jurídico-econômica do patrimônio em matéria penal, sendo os delitos dessa natureza basicamente aqueles inseridos no Título II da Parte Especial do CP (arts. 155 a 183), no Capítulo II da Parte Especial do Decreto-lei n. 3.688/41 (Lei das Contravenções Penais) e no Título V do Livro I da Parte Especial do CP Militar (arts. 240 a 267).

---

[176] No mesmo sentido a doutrina estrangeira: Bajo Fernández; Pérez Manzano; Suárez González (1993, p. 35).

Capítulo I
Do furto

Furto

Art. 155. Subtrair, para si ou para outrem, coisa alheia móvel:
Pena – reclusão, de 1 (um) a 4 (quatro) anos, e multa.

Considerações gerais

O furto é, inegavelmente, o crime patrimonial por excelência, fator este que o transforma em categoria central para a compreensão de todos os demais delitos dessa mesma natureza. Em que pesem divergências da doutrina jurídico-penal a respeito da sua objetividade jurídica, é possível afirmar que a tutela penal aqui recai sobre a propriedade. Isso não quer dizer, contudo, que também o possuidor ou o mero detentor não possam ser vítimas indiretas do delito[177]. Ressalta-se, porém, que a essência da proteção penal está sediada no *domínio*, uma vez que a tutela penal da posse ou da detenção funciona como mecanismo instrumental para a devida garantia do proprietário em poder, com tranquilidade, usar, gozar, fruir e dispor de seus próprios bens.

Assim sendo, observa-se que o delito de furto constitui sempre uma agressão patrimonial por parte de um não proprietário dirigido a um proprietário, pessoas física ou jurídica, ainda que a *res* subtraída seja diretamente retirada das mãos de indivíduos interpostos nesta relação, ou seja, daqueles que a possuem ou detêm. Evidentemente, por se tratar de delito comum, pode ser cometido por qualquer pessoa, haja vista o dever jurídico estabelecido indistintamente a todos os sujeitos e consistente na não violação da esfera patrimonial alheia. Ao mesmo tempo, o sujeito passivo direto do delito será sempre o proprietário, podendo existir, em alguns casos e conforme afirmado, também sujeitos passivos indiretos, pois a elasticidade da propriedade permite que, no momento da subtração, a coisa esteja à disposição de possuidores ou meros detentores.

Considerações nucleares

Tipicidade do furto

A conduta típica do delito de furto consiste na subtração, ou seja, na retirada, na tomada da coisa do poder da vítima, sendo transferida para as mãos do autor. Tradicionalmente, essa conduta é realizada por meio da clandestinidade, às ocultas. Contudo, nada impede que a figura típica seja aperfeiçoada sem esse elemento

---

[177] Afirmando que a objetividade jurídica do furto consistiria na tutela da propriedade, posse e detenção (PRADO; CARVALHO; CARVALHO, 2014, p. 872).

insidioso, bastante para tanto imaginar o exemplo do sujeito que resolve, em praça pública e em plena luz do dia, arrebatar a bolsa da vítima que passa e, após, desaparecer em disparada no meio da multidão. Neste aspecto, aliás, vale lembrar que a conduta permanece tipificada como furto nas hipóteses em que a violência é direcionada à própria coisa e não à pessoa (furto por arrebatamento). Aqui, a legislação brasileira distanciou-se de algumas de suas congêneres internacionais, como a espanhola, as quais consideram crime de roubo a utilização de violência tanto em relação à pessoa quanto à coisa subtraída.

Um problema bastante destacado em relação ao crime em comento diz respeito ao conceito de *coisa alheia móvel*. Para esclarecer esse ponto importante é preciso entender como *coisa* todo e qualquer objeto que possua dimensão física e espacial. Já foi dito que o conceito penal de coisa tende à factualidade, compreendendo-se como tal qualquer "entidade do mundo exterior ao homem, com delimitação especial e existência corpórea" (SALVADOR NETTO, 2014, p. 97 e s.)[178]. Com isso, estarão excluídas do delito de furto coisas desprovidas de tais atributos, tais como o mar, o céu e o oceano (desprovidos de delimitação espacial), bem como as ideias e os direitos (desprovidos de existência corpórea). Igualmente, também não serão objeto material do crime de furto coisas que possuem proteção própria, tais como cadáveres ou partes do corpo humano (*vide* arts. 211 e 212 do CP) ou, ainda, animais silvestres (*vide* arts. 29 a 37 da Lei Federal n. 9.605/98).

O conceito de *alheio*, ao seu turno, implica a denominada *alteridade* da coisa, ou seja, para que ocorra o furto é necessário que o objeto de apoderamento pertença à esfera jurídica patrimonial de outrem. Em suma, ninguém comete furto ao subtrair coisa integral ou parcialmente própria, ainda que o bem, naquelas circunstâncias, esteja sob a posse ou detenção de terceiro. Caso o objeto pertença apenas em parte ao subtraidor, a conduta poderá ser eventualmente subsumida ao tipo estatuído no art. 156 do CP (furto de coisa comum). A depender da hipótese, poderá ocorrer o delito previsto no art. 346 do CP, modalidade especial, ao menos para parte da doutrina, de exercício arbitrário das próprias razões. É preciso dizer que também estão excluídas da incriminação patrimonial as coisas que não pertencem a ninguém (*res nullius*) e aquelas outras que foram abandonas pelo proprietário com o ânimo de desapossamento definitivo (*res derelictae*). No caso de se tratar de coisa perdida, poderá ocorrer o delito de apropriação indébita de coisa achada (art. 169, II, do CP).

Por fim, a problemática recai sobre o conceito de *móvel*. Duas interpretações são aqui possíveis. A primeira delas, derivada de uma concepção *civilística* ou *pancivilística*, afirma que será móvel para o Direito Penal tudo que assim for definido pelo Direito Privado. Outra possibilidade, inclusive mais acertada, atesta que o conceito de *mobilidade* para o Direito Penal não deve ser alcançado em termos me-

---

[178] No mesmo sentido, a doutrina estrangeira: Fiandaca; Musco (2008, p. 27 e s.).

ramente normativos ou por meio de simples definições jurídicas. Ao contrário, deve-se aqui buscar uma perspectiva factual: móvel, em resumo, é tudo aquilo que possa ser transportado de um lugar para o outro. Com perdão da redundância, móvel é aquilo que se pode mover. Com isso, poderão ser objeto de furto os bens semoventes, como os animais, ou mesmo as embarcações, objetos, estes últimos, que no Direito Civil apresentam natureza jurídica de imóvel.

Tratando-se o delito de furto de um crime essencialmente doloso, o qual não compreende sua realização por meio do elemento subjetivo culpa, uma intrincada dissidência doutrinária reside em seu momento consumativo. Não há dúvidas, pois, de que podem existir furtos consumados e tentados, pois, não obstante o início da execução de subtração, o resultado pode não ocorrer por circunstâncias alheias à vontade do agente. O grande problema, contudo, consiste em definir o momento da consumação, ou seja, em que instante poder-se-á dizer que o autor logrou, de fato, o seu integral intento de subtração. Para além de posicionamentos outros, duas vertentes parecem aqui se antepor. A primeira delas, de cunho mais antecipatório da consumação, advoga a ideia de que bastaria o autor deter, por instantes, a coisa entre as suas mãos. Tal concepção, a qual se aproxima de uma teoria da *contrectatio*, torna indiferente a capacidade autônoma de disposição por parte do furtador, aparecendo no sistema criminal brasileiro em conhecidíssimo acórdão capitaneado pelo voto vencedor do Ministro Moreira Alves, do Supremo Tribunal Federal, em julgamento de 1987 (Recurso Extraordinário Criminal n. 102.490-9/SP).

A postura contrária, e muito mais acertada, retoma o pensamento de Hungria e Fragoso (1980, p. 25-26), os quais postulam a noção de uma necessária posse mansa e pacífica para a consumação da infração penal, assemelhando-se à concepção da teoria da *amotio*. Para esta, o delito de subtração consuma-se no momento em que a coisa passa para o poder do agente, cessando, consequentemente, o poder da vítima. Este posicionamento é mais correto em razão da própria natureza desse delito. Na medida em que os crimes patrimoniais de apoderamento dirigem-se ao patrimônio, o aperfeiçoamento da conduta passa a ocorrer não pelo simples ato de subtrair em sentido ontológico ou gramatical, mas numa espécie de subtração normativa, o que significa a assunção legítima de poderes factuais inerentes ao direito de propriedade. O subtrair, como sinônimo de apossamento, implica obter normativamente a posse, ou seja, ter a potencialidade do exercício de direitos inerentes ao domínio. Portanto, o furtador consuma o furto quando se converte no ilícito possuidor, ou seja, naquele que tem aparência de proprietário. Isso, definitivamente, não ocorre com o indivíduo que desesperadamente corre pelas ruas com o relógio subtraído nas mãos, com a polícia em seu encalço e a gritar "pega ladrão!": Haveria, portanto, um contrassenso lógico em entender tal situação como furto consumado (SALVADOR NETTO, 2014, p. 133)[179].

---

[179] Também no mesmo sentido: "É aceitável, em meio do dissídio doutrinário, a exigência da posse tranquila da res furtiva, invertendo-se o poder de disposição sobre a coisa que antes

Pena do furto

A pena prevista para o crime de furto é de reclusão, com o mínimo de um e máximo de quatro anos, além da multa. Nesta modalidade simples, e uma vez preenchidos os demais requisitos do art. 89 da Lei Federal n. 9.099/95, é cabível o oferecimento da proposta de suspensão condicional do processo.

§ 1º A pena aumenta-se de um terço, se o crime é praticado durante o repouso noturno.

Repouso noturno

A primeira causa de aumento do crime de furto aparece já em seu § 1º, em decorrência da circunstância temporal de sua ocorrência. Em outras palavras, a prática da subtração durante o denominado repouso noturno implicará o aumento de um terço em relação à sanção imposta no *caput*. Trata-se, portanto, de causa a incidir na terceira fase de fixação da reprimenda penal. A doutrina nacional costuma justificar tal maior reprovabilidade do comportamento em decorrência da maior facilitação ou possibilidade de êxito da empreitada criminosa, haja vista o *desvigiamento da res* (PRADO, 2010, p. 346).

De fato, não há dúvidas de que a prática furtiva durante o repouso noturno realmente pode ser capaz de aumentar as chances de sucesso do delito, seja por razões de menor possibilidade de resistência da vítima, reduzido número de pessoas que podem flagrar a ocorrência e acionar as instituições policiais ou, mesmo, o menor contingente de indivíduos nos aparatos repressivos ao longo da madrugada. O problema, entretanto, reside em se definir, a partir desta premissa, como pode ser correta e materialmente entendida a ideia de repouso noturno, eis que se pode imaginar a incidência da majorante pela simples subtração em horário costumeiramente destinado ao descanso ou, ademais, somar-se a isso a exigência de que aqueles indivíduos ou vítimas, os quais exerceriam em outras condições a resistência ou vigilância, estejam, de fato, dormindo.

O período de repouso noturno, em primeiro lugar e por razões de legalidade, apenas pode ser compreendido durante a noite. Além disso, deve ser considerado o local em que a subtração ocorre, portanto é preciso verificar qual o período, naquela localidade, que as pessoas, no geral, costumam destinar ao descanso. Há aqui um elemento absoluto (noite) e outro relativo (período costumeiramente dispensado ao sono). Não há falar de repouso noturno, por exemplo, em período vespertino, ainda que naquela comunidade de espanhóis no Brasil as pessoas tenham o hábito de realização da sesta. Do mesmo modo, não é possível aplicar a

---

estava sob o domínio da vítima; caso contrário, tem-se apenas a tentativa (conatus)" (PRADO, 2010, p. 345).

majorante para um furto ocorrido às 21 horas em São Paulo, uma vez que, mesmo a se tratar de período noturno, os cidadãos costumam estar acordados nesse horário nas grandes cidades.

Tal análise, porém, ainda não se faz suficiente. Se a majorante de fato implica o maior desvalor decorrente da facilitação, é correto dizer que essa mesma facilidade tem de estar presente no caso concreto. Dito de outro modo, ela deve ser real, e não simplesmente presumida. Não faz sentido incidir a causa de aumento naquela hipótese do sujeito que subtrai um objeto de uma residência ao longo da madrugada, na qual, porém, ocorre uma festa com dezenas de convivas. Isso não quer dizer que a vítima tenha de estar no sono mais profundo ou jamais acordar durante o *iter criminis*. O que se quer afirmar é que deve existir uma circunstância de repouso, de recolhimento, com as pessoas encerradas em seus aposentos ou mesmo em condições típicas desse momento. Do contrário, não há que se falar no aumento punitivo, pois, repita-se, o maior desvalor ora presente deriva essencialmente da facilitação, e não simplesmente do horário no qual ocorre a conduta delituosa.

> § 2º Se o criminoso é primário, e é de pequeno valor a coisa furtada, o juiz pode substituir a pena de reclusão pela de detenção, diminuí-la de um a dois terços, ou aplicar somente a pena de multa.

Furto privilegiado e causa de diminuição de pena

Cuida este § 2º de uma circunstância de duplo efeito. Na ocorrência de diminuição de pena de um a dois terços, trata-se de uma autêntica *causa de diminuição* a incidir na terceira fase do procedimento trifásico de fixação da pena. Já na hipótese de substituição da pena de reclusão pela de detenção ou, ainda, aplicação somente de pena de multa, estar-se-á diante de um furto privilegiado. De acordo com o parágrafo, a exigência para uma ou outra será a mesma, ou seja, ser o criminoso primário e de pequeno valor a coisa furtada, competindo ao juiz, no caso concreto, decidir acerca de qual será o benefício concedido, se causa de diminuição ou privilégio.

O primeiro requisito, em termos estritamente legais, não apresenta maiores dificuldades, pois o conceito de primariedade pode ser extraído das disposições contidas nos arts. 63 e 64 do CP e no art. 7º da Lei das Contravenções Penais[180]. Em termos gerais, será considerado primário aquele não reincidente, isto é, aquele que não possuir condenações criminais transitadas em julgado na data do furto ou, além disso, aquele que tiver cumprido ou extinta a sua pena em intervalo mínimo anterior de cinco anos.

---

[180] Em defesa do afastamento da aplicação do art. 7º da Lei das Contravenções Penais, o qual estaria tacitamente revogado (SALVADOR NETTO, 2006, p. 65-68).

O nó górdio deste dispositivo, contudo, reside no segundo requisito, ao estabelecer o elemento normativo *pequeno valor*. Cumpre aqui, inicialmente, destacar que o *pequeno valor* não se confunde com o princípio da insignificância, instrumento de interpretação material do crime e capaz de excluir o delito de furto nas situações em que a coisa subtraída possua valor irrisório. Em suma, repita-se, pequeno valor e insignificância são coisas claramente distintas em suas causas e efeitos. Nesse sentido, o *pequeno valor* não é insignificante, porém, e exatamente em razão de uma diminuta monta, merece tratamento penal diverso, mais brando, de modo, inclusive, a garantir a proporcionalidade entre a gravidade do crime e a pena a ser fixada ao infrator.

Não é possível, ao menos no âmbito deste trabalho, fazer um levantamento amplo da jurisprudência a respeito, principalmente em razão do número de instâncias decisórias no Brasil e da casuística existente. É possível, contudo, perceber que existem basicamente dois critérios utilizados, ora conjunta, ora separadamente, para aferir o que se deve entender por *pequeno valor*. Um primeiro modelo costuma identificar a pequenez econômica do bem tomando por base a subjetividade dos envolvidos, principalmente analisando a situação patrimonial da vítima e o grau de afetação aos seus bens proporcionado pelo furto. A ser assim, o réu poderá ser beneficiado pela minorante do pequeno valor a depender da capacidade patrimonial do ofendido. O furto de duzentos reais, nestes termos, poderá ser de pequeno valor se vitimado um homem de muitas posses, enquanto não se valerá o furtador do benefício se o patrimônio atacado pertencer a um trabalhador que receba um mísero salário mínimo mensal.

O critério oposto a este é demarcado pela sua índole objetiva, ou seja, a ideia de pequeno valor deve apresentar uma estimativa-limite em pecúnia, independentemente da capacidade econômico-financeira do ofendido. Embora a primeira solução possa parecer à primeira vista mais justa e adequada ao caso concreto, não é ela a mais acertada, uma vez que flerta perigosamente com a insegurança jurídica, trasladando completamente a determinação legislativa para a discricionariedade judicial. Corre o risco, por exemplo, de se considerar pequeno valor algo que não é, simplesmente porque praticado em detrimento de uma pessoa de posses. Ao mesmo tempo, periclita uma punição desproporcional ao sujeito que, de fato, furtou algo de pequeno valor, porém que não será beneficiado pela causa de diminuição pela simples razão de ser a vítima despossuída. Na realidade, trata-se aqui de uma minorante penal derivada da menor agressividade objetiva da conduta, não devendo o aplicador realizar distinções onde a lei não as faz. Por este motivo, não parecem desarrazoadas algumas decisões que demarcam o pequeno valor como o valor do salário mínimo vigente à época dos fatos[181]. Em que pesem as críticas que

---

[181] O STJ possui tese no sentido de que, "para a caracterização do furto privilegiado, além da primariedade do réu, o valor do bem subtraído não deve exceder à importância corres-

possam ser feitas, é sabido que o salário mínimo no Brasil infelizmente sempre foi sinônimo de algo de pequeno valor, fazendo justíssimos os embates políticos promovidos em prol do aumento de seu poder de compra. Com isso, privilegia-se a objetividade e a segurança jurídica, ideais mais consentâneos com a devida e correta aplicação da fórmula contida neste § 2º do art. 155 do CP.

Furto de bens sem valor econômico e insignificância

Questão diversa do pequeno valor, mas a merecer comentários, é a problemática da insignificância. Para a breve explicação desta matéria é necessário antes um esclarecimento. Existe divergência na doutrina se coisas desprovidas de valor podem ou não ser objetos materiais do crime de furto. Não obstante posicionamentos em contrário, tal indagação deve ser respondida negativamente, eis que o furto, como delito patrimonial que é, circunscreve-se à dimensão de proteção econômica da vítima. Toda a razão parece ter García Arán (1998, p. 30 e s.) ao afirmar que, por mais que coisas possam possuir valores sentimentais ou afetivos, não são aptas a consubstanciar o crime de furto. Destaca ainda a Professora espanhola que possível até seria que o legislador incriminasse estas condutas sob outra rubrica, porém inseri-las no âmbito dos delitos patrimoniais conduziria a verdadeiro desarranjo do conteúdo próprio do bem jurídico aglutinador dessas espécies. Não há, portanto, como se desapegar criteriosamente de um conceito jurídico-econômico de patrimônio.

No caso de aplicação da insignificância, obviamente, não se está diante de uma coisa completamente desprovida de valor econômico, porém de algo possuidor de um valor irrisório, mísero, bastante diminuto[182]. Poder-se-ia dizer, portanto, que a noção patrimonial de insignificância reside na faixa intermédia entre a inexistência de valor e o pequeno valor, o qual está previsto no § 2º deste art. 155 do CP. O que se convencionou denominar princípio da insignificância, inicialmente demarcado por Roxin no contexto alemão do início dos anos 1970, cuida-se de uma ferramenta ou instrumento material de interpretação, excluindo a incidência típica de determinadas situações nas quais a resposta penal é sempre desproporcional.

É possível encontrar decisões muito divergentes a respeito, principalmente a tratar de subtrações ocorridas em armazéns, lojas, supermercados e demais estabelecimentos comerciais. Não parecem absurdas, entretanto, aquelas soluções judiciárias que costumam apontar como insignificantes furtos que não atingem, por exemplo, sequer dez por cento do salário mínimo, pois quaisquer das penas criminais, nestas hipóteses, são bastante mais severas que a gravidade da infração perpetrada.

---

pondente ao salário mínimo vigente à época dos fatos" (AgRg no REsp 1.525.563/MG, rel. Min. Maria Thereza de Assis Moura, j. 17-9-2015, *DJe* 7-10-2015).

[182] O STJ entende que "a lesão jurídica resultante do crime de furto não pode ser considerada insignificante quando o valor dos bens subtraídos perfaz mais de 10% do salário mínimo vigente à época dos fatos" (AgRg no HC 658.952/SC, 5ª Turma, rel. Min. João Otávio de Noronha, j. 15-2-2022, *DJe* 21-2-2022).

Mais um detalhe é bastante relevante. Ao contrário da ideia do pequeno valor, o qual convive com o requisito subjetivo de primariedade, essa exigência não se coloca no âmbito da insignificância. Não obstante algumas decisões que atestam o contrário, o princípio da insignificância aparece dogmaticamente como um fator de redução da abrangência do tipo objetivo, o que quer dizer que atributos do sujeito ativo do delito são totalmente indiferentes. Havendo a insignificância, portanto, esta deve ser reconhecida, demarcando a atipicidade do furto, independentemente de qualquer característica adjudicada ao autor do fato.

§ 3º Equipara-se à coisa móvel a energia elétrica ou qualquer outra que tenha valor econômico.

A norma insculpida neste parágrafo reflete um determinado contexto histórico, no qual a subtração enérgica passou a ser considerada um problema de relevância criminal. Tendo em vista os limites do conceito de *coisa*, o qual não permitiria, por si só, englobar essa modalidade, foi criada uma norma de extensão do objeto material do delito de furto, mostrando uma tendência, então diagnosticada, de *extensão do conceito de coisa*. Neste ponto, a propósito, o legislador brasileiro de 1940 seguiu os passos do diploma italiano[183], certamente o mais influente na codificação nacional de meados do século passado.

A finalidade da disposição é equiparar à coisa móvel a energia elétrica ou qualquer outra que tenha valor econômico, permitindo-se, assim, que também em face destas últimas seja possível a incriminação por furto. Importa destacar que, na época da edição do CP brasileiro, o CC de 1916 não fazia qualquer alusão nesse sentido, sendo certo que o diploma civil de 2002 passou a incluir expressamente as energias com valor econômico no rol dos bem móveis para efeitos legais (art. 83, I, do CC). Neste aspecto, poder-se-ia até dizer que uma interpretação do crime de furto à luz do conceito de bens móveis, tais quais estabelecidos pelo Direito privado, poderia, até mesmo, tornar desnecessária tal previsão. O fato é, contudo, que a subtração de qualquer modalidade de energia, desde que possuidora de valor econômico, constitui, no Brasil, modalidade de furto.

Problema que vale menção, que já foi objeto de decisões judiciais a respeito, é a ocorrência ou não de furto nas hipóteses de subtração de sinais de televisão a cabo. Sobre esse ponto, o Supremo Tribunal Federal, em voto da lavra do Ministro Joaquim Barbosa, decidiu pela impossibilidade da incriminação e consequente atipicidade da conduta (HC 97.261). A linha correta argumentativa trilhou no sentido de distinguir sinal de televisão e energia. No caso desta última, existe uma característica de finitude, ou seja, a energia é consumível, restando menos para a utilização

---

[183] No Direito italiano, a questão da criminalização do furto de energia aparece já na jurisprudência atinente ao Código Zanardelli, de 1889. Posteriormente, é legislativamente incorporada no Código Rocco, de 1930 (MANTOVANI, 2012, p. 25).

pelos demais. Já o sinal de televisão a cabo não é consumível, daí a impossibilidade de sua equiparação e, assim sendo, a inocorrência de delito patrimonial de subtração nesta última espécie. Evitou-se, portanto, a consagração de analogia *in malam partem*, algo de todo incompatível com o princípio basilar da legalidade penal.

Furto qualificado

§ 4º A pena é de reclusão de 2 (dois) a 8 (oito) anos, e multa, se o crime é cometido:

O CP apresenta quatro modalidades de furto qualificado. As qualificadoras, ao contrário das causas de aumento, alteram o próprio ponto de partida do procedimento de fixação da pena, ou seja, modificam, no caso, os limites máximo e mínimo da incriminação. Com isso, a pena-base do furto qualificado será determinada, à luz das circunstâncias judiciais contidas no art. 59 do CP, entre o mínimo de dois e o máximo de oito anos de reclusão, além da multa. Se comparados com os parâmetros do furto simples, percebe-se a opção do legislador por dobrar a quantidade de pena dos marcos sancionatórios nestas espécies. Vale frisar que, segundo a Súmula 511 do Superior Tribunal de Justiça, "é possível o reconhecimento do privilégio previsto no § 2º do art. 155 do CP nos casos de crime de furto qualificado, se estiverem presentes a primariedade do agente, o pequeno valor da coisa e a qualificadora for de ordem objetiva".

I – com destruição ou rompimento de obstáculo à subtração da coisa;

A primeira modalidade de furto qualificado deriva da circunstância objetiva[184] de ser a subtração realizada mediante destruição ou rompimento de obstáculo. Cuida-se, assim, do maior juízo de reprovação decorrente do meio empregado pelo furtador, da forma com a qual procede para a obtenção da finalidade criminosa (*modus operandi*). Vale atentar que é possível compreender essa modalidade como um furto com violência, sempre com o cuidado de salientar que esta última deve ser direcionada ao obstáculo que se opõe entre o sujeito e a *res* furtiva. No caso brasileiro, a violência apenas poderá transformar o furto em roubo se direcionada contra a pessoa. Neste caso, como voltada ao obstáculo, a imputação de furto é mantida, porém na modalidade mais grave (qualificado).

As expressões *destruição* e *rompimento* não apresentam maiores dificuldades compreensivas, afinal são duas modalidades possíveis de superação do obstáculo. Destruir o obstáculo, portanto, implica pô-lo abaixo, demoli-lo, desfazê-lo, exemplo do indivíduo que, para acessar o conteúdo de um cômodo, dinamita a porta que separa a área externa da interna. Romper, por sua vez, consiste em ultrapassar

---

[184] Apontando corretamente se tratar de uma qualificadora objetiva (BUSATO, 2014, p. 415).

o obstáculo, vencê-lo, sem destruição total. Trata-se do sujeito que arromba a maçaneta da porta sem, contudo, colocá-la abaixo. Na realidade, existe uma relação próxima entre as duas modalidades, devendo ambas significar o vencimento do obstáculo mediante violência a ele desferida, seja a violência que conduz à destruição, seja aquela outra que é suficiente para simplesmente romper a resistência imposta pela barreira.

Importa frisar, atentamente, que o obstáculo não pode ser parte do próprio objeto, devendo, portanto, ser algo externo e destinado a algum grau de proteção. Exemplos básicos de obstáculo são muros, portões, gavetas com chave, fechaduras, cadeados etc. Pode-se mesmo dizer, nesse sentido, que o cofre é o obstáculo por excelência. Nesta dinâmica, não haverá a qualificadora se um sujeito quebra o vidro da janela de um automóvel para subtraí-lo, pois a violência foi desferida, nesta hipótese, contra o próprio objeto da subtração, não havendo tecnicamente um obstáculo em termos jurídico-penais. De outro modo, segundo tese firmada pela jurisprudência do Superior Tribunal de Justiça, "o rompimento ou destruição do vidro do automóvel com a finalidade de subtrair objetos localizados em seu interior qualifica o furto" (HC 273.228/SP, 5ª Turma, rel. Newton Trisotto (Desembargador Convocado do TJ/SC), j. 23-6-2015, *DJe* 3-8-2015).

II – com abuso de confiança, ou mediante fraude, escalada ou destreza;

A qualificadora descrita no inciso II também aponta quatro formas não violentas de cometimento do crime de furto. São, portanto, modalidades objetivas que denotam igualmente um maior grau de reprovação do comportamento: abuso de confiança, fraude, escalada e destreza.

O abuso de confiança consiste na relação de proximidade, coleguismo e familiaridade que existe entre vítima e autor do delito. A propósito, para a ocorrência da qualificadora é preciso demonstrar que foi exatamente essa relação específica de confiança que permitiu ao subtrator maior facilidade de acesso ao bem objeto da subtração. Trata-se, assim, de um mecanismo subjetivo de facilitação, já que o agente se aproveitou dessa especial relação com a vítima para alcançar a coisa. Busato (2014, p. 415) bem destaca que o exemplo costumeiramente ofertado pela doutrina é aquele da empregada doméstica, a qual, valendo-se da confiança depositada pela contratante, tem permitido seu diferenciado acesso a bens da residência, o que seria impossível para qualquer outra pessoa externa ao convívio doméstico. Cumpre destacar, entretanto, que é preciso analisar sempre o caso concreto, já que a relação de confiança, seja por vínculos de trabalho ou de amizade, deve sempre ser capaz de oferecer um diferenciado acesso ao específico objeto da subtração. Dito de outro modo, o motorista, o qual possui vínculo laboral, mas não tem liberdade de acesso aos quartos da residência, não cometerá um furto qualificado pelo *abuso de confiança* se subtrair as joias de seu empregador, que ficam guardadas no armário do closet da residência.

A segunda hipótese descrita na lei consiste na fraude, sinônimo de artifício, ardil, da burla da vítima destinada a facilitar a conduta do subtrator. A fraude no delito de furto tem uma dimensão diferenciada da noção geral de fraude própria do estelionato. Neste último, a fraude destina-se a colocar a vítima em erro no tocante ao empobrecimento patrimonial que sofre, levando-a a permitir ou entregar ao estelionatário algum tipo de vantagem. No furto a fraude direciona-se a desviar a atenção da vítima acerca do objeto a ser subtraído. Trata-se, assim, de um mecanismo apto a diminuir a vigilância regular que todas as pessoas possuem em face de seus próprios pertences. Exemplo do sujeito que solicita uma informação à vítima e, aproveitando-se da sua presteza e descuido, subtrai a pasta que esta carregava ou momentaneamente a colocou no chão. Ou aquela situação de dois indivíduos que adentram uma loja e, enquanto um desvia a atenção do vendedor questionando-o sobre produtos, o outro aproveita para apoderar-se de uma série de itens colocados à disposição dos consumidores.

A escalada, em termos jurídico-penais, define-se pelo "uso de vias não destinadas ao acesso normal de pessoas ao local onde é perpetrado o furto" (BUSATO, 2014, p. 417). Embora a primeira impressão do termo possa referir-se a subidas em muros ou cercas, não são estes os únicos exemplos possíveis dessa modalidade qualificada. Haverá a qualificadora naquela situação de um sujeito que constrói um túnel subterrâneo para acessar determinado compartimento de um banco. Neste aspecto, a escalada identifica-se com a utilização de meios capazes de suplantar os obstáculos utilizados pela vítima exatamente com a finalidade de dificultar ou impedir o acesso aos objetos. Ao contrário do inciso I, § 4º, do art. 155, não se faz uso aqui da violência, mas de meios outros advindos da esperteza, de atributos físicos empregados para vencer as precauções (PRADO, 2010, p. 350) tomadas pela vítima.

Por fim, outra forma de execução do delito de furto que o qualifica é a destreza, entendida como a agilidade, a habilidade manual, a sagacidade. O exemplo mais corriqueiro dessas ocorrências refere-se ao punguista ou batedor de carteira, o qual, mediante a sua habilidade manual, consegue sorrateiramente inserir as mãos nos bolsos da vítima e dali subtrair pertences, como a carteira ou aparelhos de telefonia móvel. Conta a lenda acerca de um cidadão que, no lotado centro de São Paulo, aproveitava-se dos homens que colocavam suas carteiras em bolsos de calças de linho. Astutamente, e com o uso de uma navalha afiada, conseguia cortar o fundo dos bolsos, de tal sorte que o objeto naturalmente escorregava para as suas mãos, sem sequer ser percebido pela vítima que descontraidamente caminhava.

III – com emprego de chave falsa;

O legislador brasileiro igualmente incluiu entre as qualificadoras objetivas do furto o emprego de chave falsa. Questionável a necessidade expressa desta modalidade, uma vez que sua prática, no mais das vezes, poderia encontrar amparo nas outras qualificadoras já examinadas. Seja como for, o conceito de chave falsa diz respeito a qualquer objeto que possa ser utilizado para a abertura de dispositivos de fechamento, desde que, obviamente, não seja verdadeiro. Desse modo, exclui-se desta específica qualificadora aquela situação do sujeito que premeditadamente faz, de modo não autorizado, uma cópia da chave da residência da vítima para, posteriormente, lá adentrar.

Trata-se aqui de buscar a maior reprovação do emprego da denominada gazua, instrumento de ferro hábil para a abertura de fechaduras. Aliás, tal preocupação é bastante incisiva no sistema criminal, valendo a lembrança das contravenções penais previstas nos arts. 24 e 25 do Decreto-lei n. 3.688/41, as quais tipificam as infrações de fabrico e venda de gazua ou instrumentos empregados usualmente na prática de furtos e, ainda, a posse não justificada desses mesmos instrumentos[185].

IV – mediante concurso de duas ou mais pessoas.

A última qualificadora prevista neste § 4º do art. 155 diz respeito ao concurso de pessoas. Isto é, será qualificado o furto sempre que praticado por mais de uma pessoa, fator que, na ótica legislativa, implica maiores facilidades, divisão de tarefas, somas de esforços e, portanto, merecedor de mais severo juízo de reprovação. O objeto da qualificadora é, portanto, o chamado concurso eventual de pessoas.

Na hipótese da prática de furto por sujeito imputável em concurso de agentes com outro inimputável, a doutrina inclina-se pela manutenção da qualificadora, utilizando como argumento, no mais das vezes, a noção mais geral da acessoriedade limitada da participação. O concurso com menores de 18 anos, inclusive, para além da qualificadora, poderá implicar a prática de outro crime, qual seja, o previsto no art. 244-B do Estatuto da Criança e do Adolescente (*corrupção de menores*).

§ 4º-A. A pena é de reclusão de 4 (quatro) a 10 (dez) anos e multa, se houver emprego de explosivo ou de artefato análogo que cause perigo comum.

Esse parágrafo foi inserido por meio da Lei n. 13.654/2018, responsável por estabelecer uma nova modalidade de furto qualificado. O traço marcante dessa figura é a existência de perigo comum, ou seja, trata-se da conduta de subtração em face da qual é somado um outro fator, dessa vez consistente no perigo concreto de dano à incolumidade pública.

---

[185] Críticas à constitucionalidade dessas contravenções penais (SALVADOR NETTO, 2006, p. 17 e s.).

Esse perigo deve ser ocasionado pelo emprego de explosivo ou de artefato análogo, a exemplo da dinamite e da granada. A lei que originou essa previsão tinha como finalidade essencial criar um tratamento mais repressivo para as subtrações dos chamados "caixas eletrônicos", os quais são comumente alvos de explosivos que permitam a subtração das cédulas de dinheiro existentes em seu interior.

Atualmente, o *Pacote Anticrime* (Lei n. 13.964/2019) alterou a Lei dos Crimes Hediondos para ali também incluir essa modalidade de furto. O art. 1º, IX, da Lei n. 8.072/90 agora prevê como hediondo o furto qualificado pelo emprego de explosivo ou artefato análogo que causa perigo comum (art. 155, § 4º-A, do CP). Dada a natureza hedionda da figura típica, fica ainda mais ressaltada a necessidade de sua leitura de modo taxativo, não bastando para a incriminação a utilização de qualquer explosivo, mas sim daquele que, no caso concreto, realmente foi capaz de, mediante seu acionamento, gerar uma efetiva situação de perigo.

§ 4º-B. A pena é de reclusão, de 4 (quatro) a 8 (oito) anos, e multa, se o furto mediante fraude é cometido por meio de dispositivo eletrônico ou informático, conectado ou não à rede de computadores, com ou sem a violação de mecanismo de segurança ou a utilização de programa malicioso, ou por qualquer outro meio fraudulento análogo.

Este § 4º-B foi inserido no tipo penal de furto pela Lei n. 14.155/2021, editada com o propósito de aumentar o rigor punitivo nos crimes de violação de dispositivo informático, furto e estelionato cometidos de forma eletrônica ou pela internet, partindo-se da percepção do aumento da frequência e sofisticação desses delitos no ambiente virtual. Dentre as alterações, o legislador estabeleceu uma figura qualificada de furto mediante fraude, isso porque impôs novos patamares de pena mínima e máxima com relação ao § 4º, II, do CP.

Assim, a reprimenda será de reclusão de quatro a oito anos e multa se o furto mediante fraude, caracterizado fundamentalmente pela subtração da coisa alheia móvel com desvio de atenção da vítima, é cometido pelo uso de dispositivo eletrônico ou informático. Não é preciso que o equipamento esteja conectado à rede de computadores, tampouco que o agente viole mecanismo de segurança ou utilize programa malicioso. Basta que a conduta seja praticada por meio de dispositivo eletrônico ou informático e de maneira fraudulenta.

Já foi aqui comentado que a dimensão de fraude no furto é distinta daquela própria do estelionato, em que a burla se destina a levar a vítima ao erro, permitindo que o autor do delito obtenha alguma vantagem que implique o seu empobrecimento patrimonial. A figura descrita no § 4º-B se identifica essencialmente com os casos de clonagem de cartões, obtenção de senhas de contas bancárias e outras condutas análogas realizadas por meio de dispositivos eletrônicos ou informáticos.

Nota-se, entretanto, a desproporcionalidade do estabelecimento da pena no mínimo de quatro anos de reclusão, maior, por exemplo, que as penas mínimas de crimes de sequestro e cárcere privado (art. 148) e redução a condição análoga à de escravo (art. 149). Pretendeu-se, com a nova lei, de alguma forma aumentar a segurança digital dos dados dos cidadãos e das transações realizadas pelo meio eletrônico, contudo, a quantidade da reprimenda é desmedida com relação às de outros delitos que tutelam bens jurídicos de relevo, tais como a liberdade individual.

§ 4º-C. A pena prevista no § 4º-B deste artigo, considerada a relevância do resultado gravoso:

I – aumenta-se de 1/3 (um terço) a 2/3 (dois terços), se o crime é praticado mediante a utilização de servidor mantido fora do território nacional;

O § 4º-C do art. 155, inserido pelo mesmo diploma legal do parágrafo anterior, prevê causas de aumento de pena para a hipótese qualificada do furto mediante fraude cometido por meio de dispositivo eletrônico ou informático. O inciso I impõe o incremento de um terço a dois terços se o crime ocorre pela utilização de servidor mantido fora do território nacional. Vez que se trata de delito normalmente praticado pela rede de computadores, o legislador considerou mais gravosa a conduta quando o agente opera servidor mantido fora do território nacional para executar o furto, provavelmente considerando a maior dificuldade de identificação de todos os sujeitos envolvidos e de obtenção das provas do fato típico, que pode demandar a cooperação de autoridades de outro país.

A propósito, em dezembro de 2021 foi promulgado pelo Presidente do Senado Federal o Decreto Legislativo n. 37, que aprova o texto da Convenção sobre o Crime Cibernético, celebrada em Budapeste, na Hungria, em 23 de novembro de 2001. Com a adesão do Brasil, busca-se facilitar a cooperação para o compartilhamento de provas eletrônicas sob jurisdição estrangeira.

II – aumenta-se de 1/3 (um terço) ao dobro, se o crime é praticado contra idoso ou vulnerável.

A segunda causa de aumento prevista neste § 4º-C diz respeito ao cometimento do crime contra vítima idosa ou vulnerável. De acordo com o art. 1º do denominado Estatuto do Idoso (Lei n. 10.741/2003), será considerada idosa a pessoa que possuir idade igual ou superior a 60 (sessenta) anos.

De modo distinto, não há definição legal das situações específicas que configuram a vulnerabilidade da vítima, que normalmente inclui menores de idade, idosos e pessoas com deficiência. É possível até mesmo que a condição de vulnerável se apresente em caráter transitório, como na hipótese de indivíduos em convalescença.

Parte o legislador do diagnóstico de hipossuficiência de tais sujeitos, elemento facilitador do furto mediante fraude e, por isso mesmo, a justificar a maior necessidade de reprovação do agente que se vale dessa condição da vítima. A lei, no caso do idoso, preferiu a generalização, sem preocupar-se com as peculiaridades do caso concreto a demandar uma avaliação mais aprofundada acerca da existência, de fato, de tal condição de maior vulnerabilidade. Nada impede, contudo, que o julgador possa ponderar, concretamente, se realmente o furtador se utilizou dessa condição específica da vítima para facilitar a perpetração do crime, e somente a partir disso aplicar, ou não, o aumento de pena estabelecido, consistente na fração de um terço ao dobro.

A quantidade do aumento efetivamente aplicado deve ser determinada pela "relevância do resultado gravoso", mais um aspecto que deve ser justificado pelo julgador por meio de fundamentação idônea.

> § 5º A pena é de reclusão de 3 (três) a 8 (oito) anos, se a subtração for de veículo automotor que venha a ser transportado para outro Estado ou para o exterior.

A Lei Federal n. 9.426, de 24 de dezembro de 1996, promoveu uma série de alterações na disciplina dos delitos patrimoniais. Entre elas, inseriu esta modalidade de furto qualificado, aumentando a pena mínima para três anos e, curiosamente, excluindo a pena de multa, se comparada com as outras qualificadoras estatuídas no § 4º do art. 155. Seja como for, a principal motivação do legislador foi recrudescer a punição para aquelas hipóteses em que, após a subtração do veículo, este seja transportado para outro Estado da Federação ou para o exterior. A justificativa para tanto foi exatamente a dificuldade de comunicação e integração entre as polícias e demais órgãos de persecução criminal, haja vista serem as polícias civis e militares órgãos das administrações públicas estaduais. Nesse sentido, a travessia da fronteira de um Estado para outro, ou ainda para o exterior, poderá implicar maior dificuldade de apuração do delito, identificação dos responsáveis e, principalmente, recuperação do bem. A qualificadora estaria, portanto, amparada nessa maior potencialidade de prejuízo para as vítimas, as quais dificilmente teriam o seu veículo localizado.

Em que pesem estas justificativas, o dispositivo legal apresenta dois problemas, um de ordem prática e outro de ordem dogmática. A simples ideia de transposição de fronteiras pode conduzir a situação injustas. Basta imaginar um sujeito que subtrai um automóvel em São Paulo e o conduz até Presidente Prudente, e outro que, ao subtrair o veículo na cidade de Águas da Prata, no Estado de São Paulo, resolve chegar a Poços de Caldas, em Minas Gerais. Na primeira situação, embora o subtrator tenha se distanciado mais de 550 quilômetros do local de origem do furto, não haverá a incidência da qualificadora. No segundo exemplo, um trecho de aproximadamente 35 quilômetros, pelo simples fato de atravessar a fronteira interestadual, permitirá a qualificação do delito de furto.

Um segundo problema de ordem dogmática diz respeito à utilização do termo "que venha a ser transportado". Pergunta-se: quem deve transportar? O próprio furtador ou qualquer outra pessoa? Mais ainda: é necessário que o subtrator, ao entregar a *res* para um terceiro, tenha o conhecimento de que este veículo deixará o Estado no qual o furto se consumou? A melhor solução para essas indagações parte da premissa de que o dolo, enquanto conhecimento e vontade, deve compreender não apenas a subtração do veículo, mas igualmente a circunstância que motiva a existência da qualificadora. Do contrário, estar-se-ia diante de responsabilidade penal objetiva, algo absolutamente incompatível com o princípio da culpabilidade. Assim sendo, não parece ser obstáculo para a qualificadora que o transporte do veículo seja feito, de fato, por pessoa diversa, porém é preciso demarcar o imprescindível e efetivo conhecimento do furtador de que aquele automóvel, após a subtração, será transportado para outro Estado ou para o exterior.

§ 6º A pena é de reclusão de 2 (dois) a 5 (cinco) anos se a subtração for de semovente domesticável de produção, ainda que abatido ou dividido em partes no local da subtração.

A Lei n. 13.330, de 2 de agosto de 2016, inseriu mais um dispositivo atinente ao delito de furto, criando modalidade qualificada em razão de se tratar de subtração de semovente domesticável de produção, ainda que abatido ou dividido em partes. Retoma-se, assim, figura que os romanos denominavam *abigeato*. Importante salientar que o dispositivo não se destina a proteger todo e qualquer animal semovente, a exemplo dos cachorros e gatos domésticos. A norma direciona-se aos chamados semoventes domesticáveis de produção, ou seja, àqueles animais utilizados na pecuária, como os bois, os porcos, as ovelhas, as cabras, os búfalos etc.

Percebe-se, com isso, que a proteção penal recai principalmente na atividade econômica da produção de alimentos, daí a se compreender a razão pela qual a norma faz, inclusive, a ressalva acerca da existência do crime nos casos em que o semovente já esteja abatido ou dividido em partes no local da subtração. Desnecessário dizer que a vítima, nessas espécies, não são os animais subtraídos, mas sim os seus legítimos proprietários e responsáveis por explorar economicamente essa modalidade de atividade.

§ 7º A pena é de reclusão de 4 (quatro) a 10 (dez) anos e multa, se a subtração for de substâncias explosivas ou de acessórios que, conjunta ou isoladamente, possibilitem sua fabricação, montagem ou emprego.

Esse parágrafo foi inserido por meio da Lei n. 13.654/2018, responsável por estabelecer uma nova modalidade de furto qualificado. O traço marcante dessa figura consiste nos específicos objetos da subtração, a qual deverá recair sobre substâncias explosivas ou de acessórios que, conjunta ou isoladamente, possibilitem sua fabricação. A maior severidade da sanção cominada está vinculada ao potencial dano e perigo comum ocasionado com a possível e futura utilização desses instrumentos.

A lei que originou essa previsão tinha como finalidade essencial criar um tratamento mais repressivo para as subtrações dos chamados "caixas eletrônicos", os quais são comumente alvos de explosivos que permitem a subtração das cédulas de dinheiro existentes em seu interior.

Furto de coisa comum

Art. 156. Subtrair o condômino, coerdeiro ou sócio, para si ou para outrem, a quem legitimamente a detém, a coisa comum:

Pena – detenção, de 6 (seis) meses a 2 (dois) anos, ou multa.

§ 1º Somente se procede mediante representação.

§ 2º Não é punível a subtração de coisa comum fungível, cujo valor não excede a quota a que tem direito o agente.

Considerações gerais

O furto de coisa comum insere-se nos delitos patrimoniais, protegendo especialmente a propriedade, na sua modalidade copropriedade. É sabido que o Direito Privado permite que mais de um sujeito, pessoas físicas ou jurídicas, tenham o domínio sobre a mesma coisa. Para tanto, podem ser condôminos (coproprietários), coerdeiros ou sócios. A finalidade da incriminação, portanto, reside na proteção do mútuo respeito às parcelas dos respectivos domínios, buscando evitar que um dos coproprietários avance sobre a quota ideal pertencente a outro.

Por essa exata razão, os sujeitos ativos e passivos do delito de furto de coisa comum são diversos daqueles estabelecidos no artigo antecedente. Isso porque o sujeito ativo, nesta espécie, será sempre o coproprietário, coerdeiro ou sócio (delito próprio) que subtraia a coisa comum que não está sob sua detenção. Ao mesmo tempo, a vítima será a pessoa física ou jurídica que, para além de deter a coisa no momento da subtração, é proprietária de quota-parte ideal daquele mesmo bem. Basta imaginar um morador proprietário de um apartamento em condomínio que resolve, em determinado dia, subtrair um quadro da recepção do edifício.

Tipicidade do furto de coisa comum

A conduta típica do delito de furto consiste na subtração dolosa (consciente e voluntária), ou seja, na retirada, na tomada da coisa do poder da vítima, sendo transferida para as mãos do autor. Tradicionalmente essa conduta é realizada por meio da clandestinidade, às ocultas. Contudo, nada impede que a figura típica seja aperfeiçoada sem esse elemento insidioso, bastando para tanto imaginar o exemplo do sujeito que resolve, diante de toda a família, subtrair um automóvel de que é coproprietário com sua irmã e está em posse desta última.

Coisa alheia móvel será qualquer objeto que possua dimensão física e espacial. Já foi dito que o conceito penal de coisa tende à factualidade, compreendo-a como tal qualquer "entidade do mundo exterior ao homem, com delimitação especial e existência corpórea" (SALVADOR NETTO, 2014, p. 97 e s.)[186]. Com isso, estarão excluídas do delito de furto coisas desprovidas de tais atributos, tais como o mar, o céu e o oceano (desprovidos de delimitação espacial), bem como as ideias e os direitos (desprovidos de existência corpórea). Igualmente, também não serão objeto material do crime de furto coisas que possuem proteção própria, tais como cadáveres ou partes do corpo humano (*vide* arts. 211 e 212 do CP) ou, ainda, animais silvestres (*vide* arts. 29 a 37 da Lei Federal n. 9.605/98).

Porém, ao contrário do crime de furto, a coisa aqui não é alheia, mas é parcialmente própria. Além disso, para a ocorrência do delito, exige-se que o objeto material do crime não esteja na posse ou detenção do subtrator, pois neste caso não haveria como subtrair algo sobre o qual já se exerce, a justo título, esta faculdade inerente ao domínio. A essência do delito, assim, reside no reforço penal à obediência às regras civis de respeito e convivência jurídica nas hipóteses de propriedades simultaneamente exercidas pela multiplicidade de sujeitos.

A propósito, é exatamente o fato de no furto de coisa comum a *res* objeto material do crime estar desprovida da absoluta *alteridade*, já que é em parte pertencente ao subtraidor, que parece justificar um tratamento penal essencialmente mais brando em termos punitivos e processuais. Isso porque não se está aqui diante, propriamente, de uma agressão ao patrimônio de outrem, completamente estranho à esfera de domínio do subtrator. O que realmente acontece é uma espécie de abuso unilateral de direito, como se o coproprietário não se conformasse em ser titular de apenas uma parte do objeto e, por isso mesmo, resolvesse se adjudicar concretamente à condição de pleno e ilimitado *senhorio*.

Em termos processuais, o legislador optou, de acordo com a regra do § 1º em estabelecer o processamento do furto de coisa comum mediante ação penal pública condicionada à representação. Trata-se, assim, de condição objetiva de procedibilidade consistente na manifestação de vontade da vítima em, realmente, ver processado o coproprietário.

Do mesmo modo, inteligente a previsão legislativa estabelecida no § 2º do art. 156 do CP ao conferir tratamento diferenciado naquelas situações em que o objeto da subtração é coisa fungível. Nestes casos, se a subtração se reserva apenas à quota-parte ideal do coproprietário, não está a falar de furto, já que pensar o

---

[186] No mesmo sentido a doutrina estrangeira (FIANDACA; MUSCO, 2008, p. 27 e s.).

contrário seria imaginar uma subtração de coisa integralmente própria. Basta imaginar um valor de R$ 500,00 que está em posse de um dos sócios, mas que pertence igualmente a outro. Se este último se restringe a subtrair tão somente R$ 250,00 não haverá furto, haja vista que está, de fato, apenas se apoderando de algo que, juridicamente, já lhe é próprio.

Pena do furto de coisa comum

A pena prevista para o crime de furto de coisa comum é de detenção, com o mínimo de seis meses e o máximo de dois anos. Desse modo, está sujeito à disciplina da Lei dos Juizados Especiais Criminais, Lei Federal n. 9.099/95, tanto no tocante à obediência do procedimento sumaríssimo quanto do eventual oferecimento de proposta de suspensão condicional do processo.

Capítulo II
Do roubo e da extorsão

Roubo

Art. 157. Subtrair coisa móvel alheia, para si ou para outrem, mediante grave ameaça ou violência a pessoa, ou depois de havê-la, por qualquer meio, reduzido à impossibilidade de resistência:

Pena – reclusão, de 4 (quatro) a 10 (dez) anos, e multa.

Considerações gerais

O delito de roubo, o qual inaugura o Capítulo II do Título II da Parte Especial do CP, apresenta uma similitude bastante significativa com o furto. Em ambos os casos, cuida-se de crimes de *apoderamento*, realizados mediante subtração da coisa alheia móvel. O caráter distintivo do roubo reside no seu modo de execução, uma vez que o autor, para a realização da subtração, utiliza-se de violência ou grave ameaça à pessoa, ofertando, por isso mesmo, maior gravidade a essa conduta. Costumeiramente, identifica-se o roubo como um delito complexo ou pluriofensivo, já que a incriminação busca proteger dois bens jurídicos, isto é, o patrimônio, por um lado, e a liberdade individual e a integridade física, de outro.

Observa-se que o delito de roubo, assim como o furto, constitui sempre uma agressão patrimonial por parte de um *não proprietário* dirigido a um *proprietário*, pessoas física ou jurídica, ainda que a *res* subtraída seja diretamente retirada das mãos de indivíduos interpostos nessa relação, ou seja, daqueles que a possuem ou detêm. Evidentemente que, por se tratar de delito comum, pode ser cometido por qualquer pessoa, haja vista o dever jurídico estabelecido indistintamente a todos os sujeitos e consistente na não violação da esfera patrimonial alheia. Ao mesmo tempo, o sujeito passivo direto do delito será sempre o proprietário, podendo existir, em alguns casos e conforme afirmado, também sujeitos passivos indiretos, pois a elasticidade da propriedade permite que, no momento da subtração, a coisa esteja à disposição de possuidores ou meros detentores.

Vale ressaltar que a vítima da violência ou da ameaça no roubo não necessariamente se identifica com a vítima patrimonial. Assim, o sujeito passivo patrimonial será sempre o proprietário, porém o delito poderá vitimar igualmente outra pessoa, uma vez que a ameaça ou violência pode recair sobre o mero possuidor ou detentor ou, ainda, sobre alguém que, por exemplo, tente proteger o objeto da subtração.

Tipicidade do roubo próprio

A conduta típica do delito de roubo, estabelecida no *caput* do art. 157 do CP, consiste na subtração, ou seja, na retirada, na tomada da coisa do poder da vítima, sendo transferida para as mãos do autor. Para a ocorrência do roubo, todavia, é necessário que essa subtração seja realizada de modo específico, isto é, mediante violência, grave ameaça ou qualquer outro meio capaz de reduzir a vítima à impossibilidade de resistência. O legislador utilizou duas fórmulas específicas e uma generalização, almejando, com isso, abarcar um maior número de ocorrências factuais.

A noção de grave ameaça, em termos jurídico-penais, consiste na violência moral, isto é, na promessa de causar à vítima um mal injusto e grave, intimidando-a e aterrorizando-a. A violência, ao seu turno, consiste no emprego da força contra o corpo da vítima, antes (roubo próprio) ou depois da subtração (roubo impróprio), bastando para caracterizá-la a lesão leve ou vias de fato. No caso de lesão leve ou vias de fato, estas serão absorvidas pelo crime de roubo, uma vez que consistem em circunstâncias elementares à sua caracterização. No entanto, na hipótese em que da violência resultar, por exemplo, a morte da vítima ou lesão corporal de natureza grave, incidirá a qualificadora prevista no § 3º deste dispositivo. Como afirmado, o legislador utilizou-se, ainda, de uma terceira modalidade generalizante, qual seja, o emprego de qualquer meio como modo de reduzir ou impossibilitar a resistência da vítima. Exemplos dessa espécie são a utilização de soníferos, narcóticos, anestésicos etc. (PRADO, 2010, p. 363). Nota-se, contudo, que, se a vítima já se apresentar em situação que impeça a resistência (por exemplo, em total embriaguez), valendo-se o subtrator apenas desse contexto, haverá furto.

O crime de roubo, como no furto, utiliza-se do conceito de *coisa alheia móvel*. Como já referido nos comentários ao crime de furto, é preciso entender como *coisa* todo e qualquer objeto que possua dimensão física e espacial, estando excluído de sua abrangência, portanto, tudo que não ostente tais características. Já foi dito que o conceito penal de coisa tende à factualidade, compreendendo-a como tal qualquer "entidade do mundo exterior ao homem, com delimitação especial e existência corpórea". Com isso, estarão excluídas do delito de roubo coisas desprovidas de tais atributos, tais como o mar, o céu e o oceano (desprovidos de delimitação espacial), bem como as ideias e os direitos (desprovidos de existência corpórea). Igualmente, também não serão objeto material do crime de roubo coisas que possuem proteção própria, tais como cadáveres ou partes do corpo humano (*vide* arts. 211 e 212 do CP) ou, ainda, animais silvestres (*vide* arts. 29 a 37 da Lei n. 9.605/98).

O conceito de *alheio*, ao seu turno, implica a já mencionada *alteridade* da coisa, ou seja, para que ocorra o roubo é necessário que o objeto de apoderamento pertença à esfera jurídica patrimonial de outrem. Em suma, ninguém juridicamente comete roubo ao subtrair coisa integralmente própria, ainda que o bem, naquelas circunstâncias, esteja sob a posse ou detenção de terceiro. Nesses casos, a depender das circunstâncias, poderá o agente cometer delitos contra a liberdade individual, como constrangimento ilegal ou ameaça (arts. 146 e 147 do CP), ou, ainda, o delito contra a administração da justiça de exercício arbitrário das próprias razões (art. 345 do CP).

Por fim, a problemática recai sobre o conceito de *móvel*. Duas interpretações são aqui possíveis. A primeira delas, derivada de uma concepção *civilística* ou *pancivilística*, afirma que será móvel para o Direito Penal tudo que assim for definido pelo Direito Privado. Outra possibilidade, inclusive mais acertada, atesta que o conceito de *mobilidade* para o Direito Penal não deve ser alcançado em termos meramente normativos ou por meio de simples definições jurídicas. Ao contrário, deve-se aqui buscar uma perspectiva factual: móvel, em resumo, é tudo aquilo que possa ser transportado de um lugar para outro. Com perdão da redundância, móvel é aquilo que se pode mover. Com isso, poderão ser objeto de roubo os bens semoventes, como os animais, ou mesmo as embarcações, objetos, estes últimos, que no Direito Civil apresentam natureza jurídica de imóvel.

Tratando-se o delito de roubo de um crime essencialmente doloso, o qual não compreende sua realização por meio do elemento subjetivo culpa, uma intrincada dissidência doutrinária reside em seu momento consumativo. Não há dúvidas, pois, que podem existir roubos próprios consumados e tentados, pois, não obstante o início da execução de subtração, o resultado pode não ocorrer por circunstâncias alheias à vontade do agente. O grande problema, contudo, consiste em definir o momento da consumação, ou seja, em que instante se poderá dizer que o autor logrou, de fato, o seu integral intento de *subtração*. Para além de posicionamentos outros, duas vertentes parecem aqui se antepor. A primeira delas, de cunho mais antecipatório da consumação, advoga a ideia de que bastaria o autor deter, por instantes, a coisa entre as suas mãos. Tal concepção, a qual se aproxima de uma teoria da *contrectatio*, torna indiferente a capacidade autônoma de disposição por parte do roubador, aparecendo no sistema criminal brasileiro em conhecidíssimo acórdão capitaneado pelo voto vencedor do Ministro Moreira Alves, do Supremo Tribunal Federal, em julgamento de 1987 (Recurso Extraordinário Criminal n. 102.490-9 SP).

A postura contrária, e muito mais acertada, retoma o pensamento de Hungria e Fragoso (1980, p. 25-26), os quais postulam a noção de uma necessária posse *mansa e pacífica* para a consumação da infração penal, assemelhando-se à concepção da teoria da *amotio*. Para esta, o delito de subtração consuma-se no momento em que a coisa passa para o poder do agente, cessando, consequentemente, o poder da vítima. Esse posicionamento é mais correto em razão da própria natureza do delito. Na medida em que os crimes patrimoniais de apoderamento dirigem-se ao patrimônio, o aperfeiçoamento da conduta passa a ocorrer não pelo simples ato de subtrair em sentido ontológico ou gramatical, mas sim numa espécie de subtração normativa, o que significa a assunção legítima de poderes factuais inerentes ao direito de propriedade. O subtrair, como sinônimo de apossamento, implica obter normativamente a posse, ou seja, ter a potencialidade do exercício de direitos inerentes ao domínio. Portanto, o roubo estará consumado quando o agente se converter no ilícito possuidor, ou seja, naquele que tem aparência de proprietário. Isso definitivamente não ocorre com o indivíduo que desesperadamente corre pelas ruas com o relógio subtraído nas mãos, com a polícia em seu encalço e a gritar "pega ladrão!". Haveria, portanto, um contrassenso lógico em entender tal situação como roubo consumado (SALVADOR NETTO, 2014, p. 133; PRADO, 2010, p. 345).

Pena do roubo

A pena prevista para o crime de roubo é de reclusão, com o mínimo de quatro e máximo de dez anos, além da multa. A sanção mais elevada afasta a possibilidade de suspensão condicional do processo e transação penal.

> § 1º Na mesma pena incorre quem, logo depois de subtraída a coisa, emprega violência contra pessoa ou grave ameaça, a fim de assegurar a impunidade do crime ou a detenção da coisa para si ou para terceiro.

Tipicidade do roubo impróprio

O legislador valeu-se deste § 1º para estabelecer uma modalidade assemelhada ao roubo, a qual ficou conhecida como *roubo impróprio*. Difere do *caput* na medida em que a violência ou a grave ameaça são agora empregadas para assegurar a detenção da coisa ou garantir a impunidade do crime. Quer isso dizer que, ao contrário do roubo próprio, a violência em sentido amplo não é aqui utilizada contra a vítima para permitir o acesso à *res*, mas após o apossamento, ou seja, posteriormente ao fato de a coisa já estar nas mãos do roubador. Possível imaginar o exemplo do sujeito que, após subtrair da vítima dentro de um estabelecimento, utiliza-se de violência contra o vigia para garantir o definitivo apoderamento do bem ou, ainda, a sua impunidade.

Essa construção dogmática do roubo impróprio, dada sua peculiaridade, é geradora de algumas polêmicas. Na realidade, o roubo impróprio situa-se em fronteira tênue, inserindo como uma espécie de intermediário entre a figura do furto e aquela outra do roubo próprio. Há, aqui, uma dimensão de progressão criminosa. Assim, apresenta um caráter bifronte, que se altera no desenvolvimento da atividade delituosa. Se o furto é, no mais das vezes, caracterizado pela clandestinidade e o roubo, pela violência em sentido amplo, o roubo impróprio aparece inicialmente como furto, sendo a violência posteriormente empregada um demonstrativo do fracasso da suficiência da não utilização inicial dessa mesma violência. Na medida em que o autor não consegue, por exemplo, o sucesso da subtração às escondidas, resolve valer-se, uma vez já iniciada a execução, de expediente violento.

Sendo assim, o problema central aqui passa a residir no próprio momento consumativo do crime de subtração, entendido como roubo impróprio. A extensão do que se denominará consumação será o fator determinante da avaliação da possibilidade ou não da tentativa de roubo impróprio. Se o sucesso da subtração for visto sob a ótica exclusivamente naturalista, entendido como a mera possessão factual, ainda que momentânea, da coisa, os crimes de furto e roubo terão uma consumação antecipada ao momento em que o subtrator tem o objeto material do crime em suas mãos, e, por via de consequência, excluirão a possibilidade de tentativa de roubo impróprio. Ao contrário, se o apoderamento, para além de uma perspectiva ontológica, exigir uma dimensão normativa (posse mansa e pacífica), mais difícil será a consumação do furto e do roubo e, de igual modo, não haverá maiores empecilhos para o reconhecimento da modalidade tentada no § 1º do art. 157 do CP[187].

Explica-se: ao se admitir que a consumação decorra da simples inversão de mãos a segurar a coisa móvel, imagina-se que, nos casos de roubo impróprio, a utilização posterior da violência sempre se dará diante de um furto já consumado. Isso porque o tipo penal exige que o emprego da violência, com o desiderato de garantir a impunidade ou o sucesso da empreitada delitiva, seja sempre logo depois de subtraída a coisa. Nessa linha, o pressuposto do roubo impróprio é um crime de furto consumado, tendo em vista que a lesão patrimonial já estaria, por assim dizer, aperfeiçoada. A violência, portanto, não teria jamais o condão de afetar o binômio crime consumado/crime tentado, porém tão somente o binômio furto/roubo impróprio.

Entretanto, esse não parece ser o melhor entendimento, pois a consumação nos crimes patrimoniais não pode ser identificada com o simples traslado de mãos da *res*. O crime de apoderamento somente poderá ver-se consumado com a ideia de uma posse mansa e pacífica do subtrator. Essa alteração de perspectiva igualmente modifica a análise da possibilidade de roubo impróprio tentado, ofertando agora uma resposta positiva à sua ocorrência jurídica. Isso porque a utilização da violência, na hipótese de roubo impróprio, deverá ocorrer em casos inicialmente

---

[187] Maiores detalhes, inclusive com destaque da divergência jurisprudencial (REALE JÚNIOR, 2012, p. 18 e s.).

tidos como furto, em que já houve o simples apoderamento, porém não necessariamente a consumação.

Pensando no exemplo do punguista, percebe-se que a violência poderá ser utilizada para assegurar a detenção da coisa, o que apenas ressalta a noção de que não há posse mansa e pacífica, ou seja, o originário furto ainda não se consumou. Caso essa mesma violência garanta realmente a detenção, aí sim haverá um roubo impróprio consumado. Imaginando que a violência não seja suficiente para garantir a subtração da coisa alheia móvel, estar-se-á diante de um roubo impróprio tentado. Aqui, a violência, mesmo tardia, é ato de execução frustrada, com insucesso, aperfeiçoando todos os requisitos do *conatus*.

§ 2º A pena aumenta-se de 1/3 (um terço) até metade:
I – (*Revogado pela Lei n. 13.654, de 2018.*)

O CP apresenta atualmente seis modalidades de roubo com causas de aumento, por vezes equivocadamente denominado roubo qualificado. O inciso I desse § 2º foi revogado pela Lei n. 13.654/2018, buscando dar um novo tratamento ao problema do roubo com emprego de armas. As causas de aumento, ao contrário das qualificadoras, não alteram o ponto de partida do procedimento de fixação da pena, ou seja, não modificam os limites máximo e mínimo da incriminação. Com isso, a pena-base do roubo será determinada, à luz das circunstâncias judiciais contidas no art. 59 do CP, entre o mínimo e o máximo estabelecidos no próprio *caput*. Essas causas de aumento, ao seu turno, incidirão na terceira etapa do procedimento trifásico, oportunidade em que a sanção será aumentada de um terço até a metade.

II – se há o concurso de duas ou mais pessoas;

A causa de aumento prevista neste inciso II do art. 157 diz respeito ao concurso de pessoas. Isto é, será aumentada a pena do roubo sempre que praticado por mais de uma pessoa, fator que, como já referido nos comentários ao crime de furto, na ótica legislativa, implica maiores facilidades, divisão de tarefas, somas de esforços e, portanto, merecedor de mais severo juízo de reprovação. O objeto da majorante é, portanto, o chamado concurso eventual de pessoas.

Na hipótese da prática de roubo por sujeito imputável em concurso de agentes com outro inimputável, a doutrina inclina-se pela manutenção da causa de aumento, utilizando como argumento, no mais das vezes, a noção mais geral da acessoriedade limitada da participação. O concurso com menores de 18 anos, inclusive, para além da majorante, poderá implicar a prática de outro crime, qual seja, o previsto no art. 244-B do Estatuto da Criança e do Adolescente (corrupção de menores).

III – se a vítima está em serviço de transporte de valores e o agente conhece tal circunstância;

A finalidade por detrás da causa de aumento prevista neste inciso III do § 2º não está sediada exatamente na proteção do proprietário, mas daquelas pessoas que têm como ofício o transporte de valores. Aliás, a própria doutrina exclui a causa de aumento naqueles casos em que é o proprietário da coisa quem está realizado o transporte (PRADO, 2010, p. 366). O exemplo mais costumeiramente ofertado dessa modalidade são os roubos a carros-fortes, empregados para o transporte de papel-moeda. A legislação, contudo, faz referência a quaisquer valores, incluindo pedras preciosas, joias, títulos de crédito etc.

Cuidadoso foi o legislador ao ressaltar a necessidade, para a ocorrência da majorante, de que o roubador conheça tal circunstância, o que denota que o âmbito de proteção da norma está direcionado principalmente para aqueles casos em que o fato de os valores estarem em trânsito, e não guardados em instituições financeiras, cofres ou repartições, implica maior facilidade para a subtração, colocando em risco, pois, a integridade física dos transportadores, além do bom andamento da atividade econômica de transporte. Isso quer dizer que a causa de aumento apenas incidirá com a demonstração efetiva de que os roubadores, ao perpetrarem o crime, possuíam prévia ciência de que estariam diante de transporte de valores.

IV – se a subtração for de veículo automotor que venha a ser transportado para outro Estado ou para o exterior;

Como já se afirmou, a Lei Federal n. 9.426, de 24 de dezembro de 1996, promoveu uma série de alterações na disciplina dos delitos patrimoniais. Entre elas, inseriu essa modalidade de roubo majorado. A principal motivação do legislador foi recrudescer a punição para aquelas hipóteses em que, após a subtração do veículo, este seja transportado para outro Estado da Federação ou para o exterior. A justificativa para tanto foi exatamente a dificuldade de comunicação e integração entre as polícias e demais órgãos de persecução criminal, haja vista serem as polícias civis e militares órgãos das administrações públicas estaduais. Nesse sentido, a travessia da fronteira de um Estado para outro, ou ainda para o exterior, poderá implicar maior dificuldade de apuração do delito, identificação dos responsáveis e, principalmente, recuperação do bem. A causa de aumento estaria, portanto, amparada nessa maior potencialidade de prejuízo para as vítimas, as quais dificilmente teriam o seu veículo localizado.

Em que pesem essas justificativas, o dispositivo legal apresenta dois problemas, um de ordem prática e outro de ordem dogmática. A simples ideia de transposição de fronteiras pode conduzir a situação injusta. Basta imaginar um sujeito que subtrai um automóvel em São Paulo e o conduz até Presidente Prudente, e outro que, ao subtrair o veículo na cidade de Águas da Prata, no Estado de São Paulo, resolve chegar a Poços de Caldas, Minas Gerais. Na primeira situação, embora o subtrator tenha se distanciado mais de 550 quilômetros do local de origem do roubo, não haverá a incidência da majorante. No segundo exemplo, um trecho de aproximadamente 35 quilômetros, pelo simples fato de atravessar a fronteira interestadual, permitirá a maior punição ao delito.

Um segundo problema de ordem dogmática diz respeito à utilização do termo "que venha a ser transportado". Pergunta-se: quem deve transportar? O próprio roubador ou qualquer outra pessoa? Mais ainda: é necessário que o subtrator, ao entregar a *res* para um terceiro, tenha o conhecimento de que esse veículo deixará o Estado no qual o furto se consumou? A melhor solução para essas indagações parte da premissa de que o dolo, enquanto conhecimento e vontade, deve compreender não apenas a subtração violenta do veículo, mas igualmente a circunstância que motiva a existência da causa de aumento de pena. Do contrário, estar-se-ia diante de responsabilidade penal objetiva, algo absolutamente incompatível com o princípio da culpabilidade. Assim sendo, não parece ser obstáculo para a incidência da majorante que o transporte do veículo seja feito, de fato, por pessoa diversa, porém é preciso demarcar o imprescindível e efetivo conhecimento do roubador de que aquele automóvel, após a subtração, será transportado para outro Estado ou para o exterior.

V – se o agente mantém a vítima em seu poder, restringindo sua liberdade.

A Lei Federal n. 9.426, de 24 de dezembro de 1996, inseriu esta modalidade de roubo majorado. Para a exata compreensão dessa figura de restrição de liberdade como causa de aumento do crime de roubo, é necessário lançar os olhos para outros delitos, com os quais existe a problemática do concurso aparente de normas. Isso porque a restrição de liberdade aparece igualmente nos crimes de: extorsão mediante sequestro (art. 159 do CP); extorsão mediante restrição de liberdade da vítima (art. 158, § 3º, do CP); e sequestro e cárcere privado (art. 146 do CP). Em todos eles, o traço característico comum consiste em ser a vítima sujeitada, por algum lapso temporal minimamente considerável e juridicamente relevante, à restrição de liberdade.

A primeira distinção que pode ser feita, especificamente no tocante aos elementos típicos subjetivos especiais, é a natureza genérica do sequestro ou cárcere privado. Ao ser tal figura inserida entre os crimes contra a liberdade individual, não há ali qualquer menção a aspectos anímicos que difiram da simples atitude de restringir a liberdade da vítima, sendo, portanto, indiferente ao aperfeiçoamento típico qualquer desiderato principal do agressor. Nas outras modalidades, todas elas patrimoniais, sempre haverá um elemento subjetivo especial a colorir o dolo, ou seja, a intenção de subtrair coisa alheia móvel (roubo) ou, ainda, a obtenção de vantagem econômica indevida (extorsão e extorsão mediante sequestro). A distinção dessas modalidades patrimoniais, por isso mesmo, não reside propriamente na finalidade almejada, porém nos diversificados *modus operandi* do roubador e dos extorsionários.

A nota relevante que distingue o uso da restrição da liberdade da vítima no roubo e na extorsão deve ser encontrada na dinâmica do delito. No caso do crime de roubo, a privação de liberdade da vítima deve ser vista como subjugação total do ofendido ao ofensor, de tal sorte que permita maior facilidade na subtração da coisa alheia móvel. A diminuição do espaço de movimento da vítima, assim, tem o condão de permitir a subtração, evitando imposições de resistências. Cuida-se, assim, do típico caso dos assaltantes que, enquanto subtraem os bens de uma residência, colocam a família prisioneira em um dos cômodos da casa. Pode-se igualmente pensar na situação do ladrão que, para subtrair o automóvel da vítima, mantém a pessoa cativa no porta-malas por algum tempo, desviando a atenção de eventuais perseguidores, dilatando o tempo de comunicação da ocorrência criminal, liberando-a, logo em seguida, em local ermo e distante. Em todos esses casos é importante perceber que a restrição de liberdade não é um fim em si mesmo, nem sequer está condicionada à obtenção da subtração. Busca-se apenas facilitar o delito, sendo a restrição de liberdade um modo substitutivo à constante vigilância ou imposição direta de ameaça ou violência.

Já no caso da extorsão, em qualquer de suas modalidades, a restrição de liberdade serve como mecanismo de constrangimento, ou seja, o extorsionário condiciona o término da situação de privação a alguma conduta (ativa ou omissiva) da vítima ou terceiro. É exatamente essa especificidade da reação da vítima ou de terceiros que demarcará a fronteira entre a extorsão e a extorsão mediante sequestro. Nesta última, a liberdade deve ser compensada com a obtenção da vantagem, obtida como condição ou preço do resgate. Mais ainda, costuma aqui ser encontrada uma pluralidade de vitimados, haja vista que o pagamento do resgate, quase sempre, deverá ser providenciado por indivíduo diverso daquele sequestrado, comumente um familiar ou outra pessoa próxima. Assim, oferece-se a outrem a liberdade da vítima, sempre mediante uma condição ou pagamento que signifiquem uma vantagem de cunho patrimonial.

Se na extorsão mediante sequestro a restrição da liberdade é a forma exclusiva de constrangimento, na extorsão simples ela é apenas uma das formas, a justificar, inclusive, sua previsão na modalidade qualificada. Aqui a liberdade é condicionada a que a própria vítima faça, tolere que se faça ou deixe de fazer alguma coisa. Pode não se tratar necessariamente da direta entrega da vantagem patrimonial, mas, por exemplo, de fornecer alguma informação que permita ao extorsionário atingir o seu objetivo. Trata-se da hipótese da vítima colocada em porta-malas de automóvel que, ao chegar ao caixa eletrônico de alguma instituição financeira, tem sua liberdade condicionada não diretamente à entrega do dinheiro, porém ao oferecimento de todas as senhas de cartões que permitirão aos ofensores sacar os valores[188].

Por fim, cumpre perceber que essa conflituosidade normativa, em muito, é resultado de alterações legislativas que pretenderam dar respostas mais severas ao vulgarmente conhecido *sequestro-relâmpago*, fenômeno que se notabilizou nas grandes cidades brasileiras ao longo da década de 1990 e que, pelas razões explicitadas, não se adequavam perfeitamente ao crime de extorsão mediante sequestro, até então o único a expressamente prever a restrição de liberdade da vítima. Essa causa de aumento no roubo, fruto de legislação de 1996, tinha como escopo conferir a essa ocorrência a natureza de roubo majorado. Em 2009, complicando ainda mais o conflito aparente de normas, foi acrescentada disposição próxima no crime de extorsão. De todo modo, e com base na explicação formulada, a prática do *sequestro-relâmpago* está mais próxima de extorsão do que de roubo majorado.

Atualmente, o Pacote Anticrime (Lei n. 13.964/2019) alterou a Lei dos Crimes Hediondos para ali também incluir essa modalidade de roubo. O art. 1º, II, *a*, da Lei n. 8.072/90 agora prevê como hediondo o roubo circunstanciado pela restrição de liberdade da vítima (art. 157, § 2º, V, do CP).

VI – se a subtração for de substâncias explosivas ou de acessórios que, conjunta ou isoladamente, possibilitem sua fabricação, montagem ou emprego;

Esse inciso foi inserido por meio da Lei n. 13.654/2018, responsável por estabelecer uma dinâmica mais repressiva aos crimes patrimoniais de subtração que recaiam sobre específicos objetos, quais sejam substâncias explosivas ou acessórios que, conjunta ou isoladamente, possibilitem sua fabricação. A maior severidade da sanção cominada está vinculada ao potencial dano e perigo comum ocasionado com a possível e futura utilização desses instrumentos.

A lei que originou essa previsão tinha como finalidade essencial criar um tratamento mais repressivo para as subtrações dos chamados "caixas eletrônicos", os quais são comumente alvos de explosivos que permitem a subtração das cédulas de dinheiro existentes em seu interior.

VII – se a violência ou grave ameaça é exercida com emprego de arma branca.

Essa causa de aumento aplicável ao crime de roubo deriva do emprego de arma, conceito normativo que sempre ocasionou significativas divergências de

---

[188] Maiores detalhes, inclusive com destaque da divergência jurisprudencial (REALE JÚNIOR, 2012, p. 44-48).

interpretação. Inicialmente, insta destacar que o conceito de arma em Direito Penal, se tradicionalmente foi visto de forma ampla, as sucessivas alterações legais modificaram essa compreensão, sendo agora distinto o tratamento conferido para as armas de fogo, por um lado, e para as armas brancas, de outro.

Esse inciso, ao expressamente referir-se as armas brancas, exclui, por razões bastante óbvias, as armas de fogo. Ocorre que mesmo no âmbito do conceito de arma branca alguma dúvida permanece. Isso ocorre porque o conceito de arma pode ser visto como identificado com aqueles instrumentos técnicos destinados ao ataque e defesa, bem como com qualquer outro instrumento que, embora não possua essencialmente tais funções, pode ser utilizado de modo agressivo, tais como facas de cozinha, tesouras ou outros objetos aptos a contundir ou cortar. Trata-se aqui da velha distinção entre armas próprias e impróprias. As primeiras são entendidas como instrumentos confeccionados, desde o início, para a agressão ou defesa, a exemplo da espada, do soco inglês ou de uma adaga. As armas impróprias, ao seu turno, não são idealmente armas, pois sua destinação original é cortar uma folha de papel ou permitir que um quadro seja pendurado. Entretanto, inegavelmente uma tesoura ou um martelo podem servir como objeto circunstancial de ataque ou defesa.

Ao se referir a armas brancas, duas interpretações são, portanto, possíveis. A primeira é entendê-las em sentido específico, ou seja, somente como armas brancas próprias. Nesse caso, uma tesoura, um martelo ou um taco de beisebol, se empregados como armas, não teriam o condão de majorar o roubo, mas apenas de preencher o conteúdo da ameaça ou violência constante no *caput*. Outra hipótese é compreender arma branca em sentido residual, isto é, como todas as armas que não sejam de fogo, independentemente se próprias ou impróprias. Criar-se-ia, assim, um conceito por exclusão. À luz da noção de taxatividade legal, e tendo em vista a utilização do legislador da expressão "arma branca", a primeira leitura, mais restritiva, parece ser a adequada. Se quisesse atingir um conceitual residual, poderia o legislador ter utilizado simplesmente o conceito puro de "arma", como fazia, aliás, a norma anterior. Se assim fosse, o texto atual do art. 157, § 2º-A, I, do CP excluiria automaticamente e por especificidade as armas de fogo, permitindo, em consequência, a interpretação mais ampla do elemento normativo.

Para que a majorante seja aplicada, é necessário que o autor empregue, direta ou indiretamente, a arma branca para intimidar ou lesionar a vítima. Assim, ainda que o roubador não esteja empunhando a espada no momento do assalto, é necessário que algum emprego do objeto seja feito, como a ameaça de fazer o uso.

§ 2º-A. A pena aumenta-se de 2/3 (dois terços):

I – se a violência ou ameaça é exercida com emprego de arma de fogo;

A causa de aumento de pena relativa ao emprego de arma de fogo no crime de roubo implica atualmente maior acréscimo punitivo se comparado ao emprego de armas brancas na subtração. Para que a majorante seja aplicada, é necessário que o autor empregue, direta ou indiretamente, a arma para intimidar ou lesionar a vítima. Assim, ainda que o roubador não esteja empunhando o revólver no momento do assalto, é necessário que alguma utilização seja feita, como o simples levantar da camisa a tal ponto que a vítima possa observar estar o agressor armado.

Um dos maiores dilemas em relação ao roubo com emprego de arma de fogo diz respeito a situações em que o objeto amedrontador utilizado pelo agente não esteja apto a vulnerar a integridade física do ofendido. São exemplos arma de brinquedo, sem munição ou portadora de alguma avaria que a torna inapta à realização de disparos. A questão principal aqui reside na dualidade de entendimentos proporcionados pelas correntes subjetivas e objetivas. Para o primeiro viés, o que realmente importa para a ocorrência da causa de aumento é a capacidade intimidatória do instrumento, ou seja, sua simples eficácia para diminuir as possibilidades de resistência da vítima e, em consequência, facilitar a consumação do roubo. Já uma perspectiva objetiva considera primordialmente como fator decisivo a capacidade de vulneração, ou seja, sua potencialidade de colocar em risco a integridade física ou a vida da vítima.

Este último entendimento é, de fato, o único compatível com a própria essência da majorante no crime de roubo, principalmente a considerar que a existência de algum nível de intimidação já consta como elemento essencial do crime, dada a ínsita exigência da grave ameaça para o aperfeiçoamento do delito de roubo, ao invés de furto. Ao se tratar de arma de fogo, não há como considerar a causa de aumento se esta não apresenta sua única funcionalidade possível, ou seja, realizar disparos. É evidente que a arma de fogo descarregada, ou mesmo o simulacro de arma, por si só, atemorizam a vítima, porém isso nada mais é que a exigência do *caput*, sem a qual, como dito, estar-se-ia diante de delito de furto. O próprio cancelamento da antiga Súmula 174 pelo Superior Tribunal de Justiça abriu o definitivo espaço para esse entendimento, ou seja, a afirmação da causa de aumento nos casos de roubo com arma de brinquedo levaria à configuração de um *bis in idem*, além de ferir os princípios de proporcionalidade e legalidade. O mesmo raciocínio pode ser aplicado à arma incapaz de realizar disparos, já que é apenas capaz de amedrontar, mas jamais de vulnerar.

Mais ainda, e na busca de coerência com a vertente objetiva, o correto parece, igualmente, afirmar que mesmo a arma simplesmente desmuniciada, na qual o indivíduo não porta simultaneamente os projéteis compatíveis, não é condição suficiente para a ocorrência da causa de aumento, isto é, funciona somente como instrumento deflagrador da grave ameaça contida no *caput*.

Atualmente, o *Pacote Anticrime* (Lei n. 13.964/2019) alterou a Lei dos Crimes Hediondos para ali também incluir essa modalidade de roubo. O art. 1º, II, *b*, da Lei n. 8.072/90 agora prevê como hediondo o roubo circunstanciado pelo emprego de arma de fogo (art. 157, § 2º-A, II, do CP).

II – se há destruição ou rompimento de obstáculo mediante o emprego de explosivo ou de artefato análogo que cause perigo comum.

Esse inciso foi inserido por meio da Lei n. 13.654/2018, responsável por estabelecer uma nova modalidade de roubo majorado. O traço marcante dessa figura é a existência de perigo comum, ou seja, trata-se da conduta de subtração em face da qual é somado outro fator além da violência ou ameaça contra a pessoa, dessa vez consistente no perigo concreto de dano à incolumidade pública.

Esse perigo deve ser ocasionado pelo emprego de explosivo ou de artefato análogo, a exemplo da dinamite e da granada. A lei que originou essa previsão tinha como finalidade essencial criar um tratamento mais repressivo para as subtrações dos chamados "caixas eletrônicos", os quais são comumente alvos de explosivos que permitem a subtração das cédulas de dinheiro existentes em seu interior.

§ 2º-B. Se a violência ou grave ameaça é exercida com emprego de arma de fogo de uso restrito ou proibido, aplica-se em dobro a pena prevista no *caput* deste artigo.

Outra causa de aumento consiste no emprego de arma de fogo, porém aqui especificamente aquelas de uso restrito ou proibido. Atualmente, o *Pacote Anticrime* (Lei n. 13.964/2019) alterou a Lei dos Crimes Hediondos para ali também incluir essa modalidade de roubo. O art. 1º, II, *b*, da Lei n. 8.072/90 agora prevê como hediondo o roubo circunstanciado pelo emprego de arma de fogo de uso restrito ou proibido (art. 157, § 2º-B, do CP).

§ 3º Se da violência resulta:
I – lesão corporal grave, a pena é de reclusão de 7 (sete) a 18 (dezoito) anos, e multa;
II – morte, a pena é de reclusão de 20 (vinte) a 30 (trinta) anos, e multa.

O § 3º do art. 157 apresenta duas qualificadoras para o crime de roubo. A primeira das hipóteses aponta a ocorrência de lesão corporal de natureza grave derivada da violência (inciso I), enquanto a segunda, também conhecida como *latrocínio*, tipifica, com pena de vinte a trinta anos e multa, o resultado morte da vítima (inciso II). Em ambos os casos, cuida-se de delitos preterdolosos ou preterintencionais, nos quais a conduta antecedente é dolosa (emprego da violência) e o resultado consequente pode ser atribuído a título de culpa ou dolo (lesão corporal grave ou morte). A exigência de verificação ao menos da culpa no resultado lesivo advém expressamente do art. 19 do Código Penal, norma garantidora do respeito à responsabilidade criminal subjetiva.

É possível, em termos mais aprofundados, distinguir crimes preterdolosos e crimes agravados pelo resultado. De acordo com Bitencourt (2013, p. 387), seguindo os ensinamentos da doutrina italiana, a distinção residiria no fato de que nos crimes agravados pelo resultado, ao contrário do delito preterdoloso, "o resultado ulterior, mais grave, derivado involuntariamente da conduta criminosa, lesa um bem jurídico que, por sua natureza, não contém o bem jurídico precedentemente lesado". Seria o caso do delito de aborto seguido de morte. Já no preterdoloso haveria, aí sim, uma nítida progressão criminosa, exemplo da lesão corporal seguida de morte, já que é impossível matar sem lesionar, como meio, a integridade física de alguém. No caso do latrocínio, poder-se-ia identificá-lo como preterdoloso ou agravado pelo resultado, sempre a depender da premissa da qual se parta a respeito do bem jurídico do roubo. Imaginando que o roubo afeta primordialmente o patrimônio, afirma-se tratar de um crime agravado pelo resultado, já que o ataque à vida não engloba a dimensão patrimonial. Ao contrário, imaginando o roubo como um crime pluriofensivo, pode-se dizer que se está diante de um crime preterdoloso, pois a morte conglobaria a violência ínsita à figura do *caput*.

Ocorre, contudo, que a relevância prática desse debate não é das maiores, principalmente a considerar que o resultado morte ou lesão corporal grave no crime de roubo qualificado pode decorrer tanto de culpa quanto de dolo. Isto é, em termos de tipo qualificado, não há diferença na subsunção de comportamentos nos quais o roubador dolosamente subtrai a coisa e mata a vítima, daquele outro em que o roubador dolosamente subtrai a *res* e, culposamente, gera a morte do ofendido. Haverá, tanto em um caso como em outro, latrocínio consumado. Em resumo, é possível dizer que essas qualificadoras do § 3º serão aplicadas no roubo, próprio ou impróprio, sempre que, dolosa ou culposamente, da violência da subtração decorrer a lesão corporal grave ou a morte da vítima (latrocínio).

Dilema fundamental do delito de latrocínio paira sobre a possibilidade de reconhecimento de sua modalidade tentada. Isso porque, imaginando uma ocorrência de resultado plural (subtração da coisa e morte da vítima), apenas um, ou nenhum deles se verifique. Se não há dúvidas de que a morte e a subtração consumadas acarretam a consumação do latrocínio, ou ambos tentados conduzem à figura tentada, o mesmo já não é possível dizer nas hipóteses em que a morte se consuma e a subtração não ou, do contrário, a subtração é consumada, porém a morte, embora desejada, não ocorre. Parte desse problema foi resolvido com o advento da Súmula 610 do Supremo Tribunal Federal, a qual preceitua que: "Há crime de latrocínio quando o homicídio se consuma, ainda que não realize o agente a subtração dos bens da vítima". Ao que parece, preferiu a jurisprudência, com a finalidade de permitir uma resposta penal mais severa, entender por consumado o latrocínio ainda que desprovido, na espécie, da obtenção da vantagem patrimonial. Seria o latrocínio, assim, mais um crime contra a vida do que contra o patrimônio. Esse entendimento é hoje consolidado, ainda que, em matéria de coerência e pressuposto, esteja em desconformidade com a Súmula 603 do mesmo

Supremo Tribunal Federal, a qual preferiu outorgar ao latrocínio maior dimensão de crime patrimonial ao retirar a competência do Tribunal do Júri para o seu julgamento: "A competência para o processo e julgamento do latrocínio é do juiz singular e não do Tribunal do Júri".

Por fim, algumas soluções são oferecidas para os casos em que a subtração é consumada e a morte, embora objetivada pelo roubador, não ocorre. A maioria da jurisprudência aponta, nesta situação, a ocorrência de latrocínio tentado, havendo, entretanto, posicionamentos no sentido do reconhecimento do concurso de delitos, qual seja, roubo consumado e homicídio tentado ou, ainda, furto consumado e homicídio tentado. Esta última proposta parece mais adequada, já que evita o *bis in idem* de valorar duplamente, no roubo e no homicídio, a mesma violência.

Não é preciso dizer que essa polêmica acerca da consumação e tentativa de latrocínio apenas terá lugar naqueles casos em que o resultado morte também é objetivado pelo roubador (resultado morte doloso). Naquelas circunstâncias em que o resultado morte depender de culpa, jamais se falará de tentativa de latrocínio ou de roubo qualificado, afinal não existe sentido algum em postular qualquer ocorrência do *conatus* nas imputações subjetivas a título culposo.

Atualmente, o *Pacote Anticrime* (Lei n. 13.964/2019) alterou a Lei dos Crimes Hediondos para ali também reiterar a inclusão dessas modalidades de roubos qualificados. O art. 1º, II, *c*, da Lei n. 8.072/90 prevê como hediondo o roubo qualificado pelo resultado lesão corporal grave ou morte (art. 157, § 3º, do CP).

Extorsão

Art. 158. Constranger alguém, mediante violência ou grave ameaça, e com o intuito de obter para si ou para outrem indevida vantagem econômica, a fazer, tolerar que se faça ou deixar de fazer alguma coisa:

Pena – reclusão, de 4 (quatro) a 10 (dez) anos, e multa.

Considerações gerais

A extorsão é outra modalidade de delito patrimonial que envolve violência ou ameaça. Sua similitude com o crime de roubo, por muitas vezes, importa em algumas dificuldades teóricas em diferenciar com exatidão um de outro. De início, vale dizer que se trata de um delito complexo, já que a incriminação busca proteger dois bens jurídicos, isto é, o patrimônio, por um lado, e a liberdade individual e a integridade física, de outro.

Fator peculiar da extorsão está na forma de sua configuração. Pode-se dizer que, analiticamente, o delito subdivide-se em três momentos sucessivos: (i) em primeiro lugar, o extorsionário constrange, mediante violência ou grave ameaça, a vítima a fazer, tolerar que se faça ou deixar de fazer alguma coisa; (ii) em segundo lugar, a vítima constrangida cede à vontade do extorsionário, fazendo, tolerando que se faça ou deixando de fazer alguma coisa; (iii) por fim, o extorsionário, em razão dessa ação ou omissão da vítima constrangida, obtém a vantagem econômica ilícita (GOMES JUNIOR, 2012, p. 31 e s.). Entende-se, a propósito, esta última como qualquer interesse ou direito patrimonial com expressividade econômica.

Trata-se de delito comum, o qual pode ser cometido por qualquer pessoa, haja vista o dever jurídico estabelecido indistintamente a todos os sujeitos e consistente na não violação da esfera patrimonial alheia. Ao mesmo tempo, o sujeito passivo direto do delito será sempre o titular do direito patrimonial lesado, podendo existir, em alguns casos, uma pluralidade de ofendidos, já que a vítima do constrangimento pode ser pessoa diversa da vítima patrimonial.

Tipicidade da extorsão

Não é tranquila na jurisprudência e na doutrina uma exata e precisa distinção entre os delitos de roubo e extorsão. Muitos são os critérios desenvolvidos na tentativa de esclarecer a exata tipicidade do delito de extorsão e, por via de consequência, clarear as fronteiras entre uma modalidade e outra. Na medida em que a figura do art. 158 exige três momentos distintos: (i) constrangimento imposto pelo extorsionário; (ii) ação ou omissão da vítima e (iii) obtenção da indevida vantagem econômica, um primeiro critério distintivo verificado é a existência de um mal iminente e proveito imediato no roubo, em diferenciação ao necessário lapso temporal existente entre o constrangimento, como promessa de um futuro mal, e a ação ou omissão da vítima, típicos da extorsão. O roubo, assim, teria um imediatismo, enquanto a extorsão demandaria certo interregno temporal que medeia o constrangimento e a posterior reação e anuência da vítima.

Outro critério encontrado consiste em afirmar que na extorsão a conduta da vítima (comissiva ou omissiva) é imprescindível para a obtenção da vantagem econômica indevida, enquanto no roubo o agressor pode, ao subjugar quase que por completo a vítima, subtrair ele mesmo a própria coisa alheia móvel. Assim, o roubador, em caso de recusa da vítima em entregar-lhe a bolsa, pode simplesmente arrancá-la de suas mãos. O extorsionário, por sua vez, terá sua intenção frustrada se a vítima não revelar a senha do cartão de saque, já que não haverá outro meio de obter acesso ao numerário desejado. Uma terceira proposta distintiva sustenta, ainda, que a solução estaria sediada na dicotomia entre entrega *(traditio)* e subtração *(contrectatio)*. No caso do roubo, a vítima sucumbe à atividade do ladrão, sendo subtraída. Na extorsão, a vítima, de forma constrangida e buscando evitar o mal prometido, entrega, voluntariamente, a coisa ao extorsionário[189]. Neste ponto, e a se seguir tal tese, o roubo seria um delito de ação de apoderamento unilateral, enquanto a extorsão apresentar-se-ia como um delito de relação mediada pela violência.

---

[189] Maiores detalhes, inclusive com destaque da divergência jurisprudencial (REALE JÚNIOR, 2012, p. 41-42).

Em que pesem todas essas distinções, é necessário certo cuidado para distinguir entre um delito e outro e, mais ainda, encontrar o correto conceito de tipicidade da extorsão. É de destacar, já de plano, que o roubo e a extorsão apresentam diferenciada incidência, sendo a amplitude da extorsão significativamente maior. Quer isso dizer que o crime de roubo, ao objetivar a proteção da coisa alheia móvel, define-se como um crime contra a propriedade (ou contra o patrimônio em sentido amplo). A extorsão, ao contrário, protege o patrimônio como um todo, sem restrição, impedindo, portanto, qualquer vantagem econômica indevida (crime contra o patrimônio ou crime contra o patrimônio em sentido estrito)[190]. Assim, enquanto o roubo apenas se circunscreve à subtração de coisas alheias móveis, a extorsão pode recair sobre demais valores patrimoniais, imaginando, por exemplo, um sujeito que constrange outro com a finalidade de que rasgue a cártula da nota promissória que o faz devedor de certa quantia.

Dito isso, a essência da diferença entre o roubo a extorsão parece residir na combinação entre a intensidade de sujeição da vítima ao poder do agressor e, ao mesmo tempo, na imprescindibilidade do comportamento da vítima. No roubo, há uma tendência à total subjugação da vítima e à prescindibilidade de seu comportamento. Na extorsão, ao contrário, há uma subjugação, em termos somente jurídicos, menos intensa da vítima, acrescida da imprescindibilidade de seu comportamento. Dito isso, não parece correto o critério sediado exclusivamente na noção de entrega ou apoderamento.

Afinal, ninguém nega a natureza de roubo para a hipótese da vítima que entrega a carteira para o assaltante que lhe aponta a arma. Do mesmo modo, não deixará de ser extorsão o comportamento daquele que exige da vítima a informação de onde está localizada a pedra preciosa para posteriormente, e por conta própria, dela se apoderar. Isso quer significar que a extorsão exige um comportamento da vítima sem o qual o crime não poderá se consumar e, ao mesmo tempo, esse comportamento deve ser derivado do constrangimento, ou seja, fruto da falta de liberdade do vitimado, de uma vontade viciada pela prática violenta ou ameaçadora do extorsionário.

Essa característica complexa da extorsão, aliás, modalidade de constrangimento ilegal com finalidade patrimonial, conduz a outro problema bastante debatido, qual seja, as divergências a respeito de sua natureza material ou formal, além dos impactos dessa distinção para a questão da possibilidade de tentativa. Na doutrina brasileira, assim como na maior parte dos entendimentos jurisprudenciais, tem-se entendido, muitas vezes erroneamente, pela reafirmação da natureza formal da extorsão. Para compreender a extensão desse problema é preciso lembrar que nos delitos materiais

---

[190] Detalhes dessa distinção entre crimes contra a propriedade (ou crimes contra o patrimônio em sentido amplo) e crimes contra o patrimônio (ou crimes contra o patrimônio em sentido estrito) na doutrina jurídico-penal (SALVADOR NETTO, 2014, p. 83 e s.).

o legislador descreve, para além da conduta humana, a ocorrência do resultado. Nos delitos formais, ao seu turno, o legislador antecipa a tutela penal, tornando o resultado desnecessário para a imputação da modalidade consumada.

Por isso mesmo, pode-se afirmar que os delitos formais se aproximam, em boa parte, de infrações de deveres, já que a ocorrência ou não do dano, enquanto resultado destacado da conduta e objetivado pelo autor, não é muito importante na perspectiva da realização integral do tipo. Se no caso dos delitos materiais existe certo balanço entre o desvalor da ação e o do resultado, o que é refletido na causa de diminuição inerente à tentativa, o mesmo não se pode dizer dos crimes formais, nos quais o desvalor migra quase que totalmente para a seara da ação. Essa constatação dogmática mostra-se turbulenta na concretude do delito de extorsão, na medida em que impõe ao intérprete a tarefa de identificar quais os dados da realidade que são necessários para a consumação do crime. Em outras palavras, se o legislador não elevou o resultado à condição consumativa, imperioso é saber em que grau isso foi feito, sob pena de se estabelecer uma interpretação capaz de esvaziar a extorsão de toda a sua ínsita ofensividade patrimonial.

Dito isso, uma primeira hipótese de entendimento seria aquela que advoga a consumação da extorsão com o simples constrangimento da vítima, independentemente da sua reação comportamental, desprezando, por isso mesmo, qualquer obtenção de vantagem econômica. Em que pesem as críticas, essa parece ser a posição firmada pela jurisprudência brasileira, conforme se depreende da Súmula 96 do Superior Tribunal de Justiça: "O crime de extorsão consuma-se independentemente da obtenção da vantagem econômica". Outra solução possível consiste no entendimento de se dar a consumação no momento em que a vítima realiza a conduta desejada pelo extorsionário, não sendo necessária, todavia, a obtenção da vantagem[191]. Por fim, uma última solução, a qual parece mais acertada, aponta o aperfeiçoamento do delito no momento em que a vantagem econômica indevida é, de fato, obtida[192].

Essas divergências de entendimento, por óbvio, trazem importantes consequências concretas. Imagine-se o exemplo do extorsionário que, mediante violência ou grave ameaça, exige que a vítima oferte sua senha bancária para que, utilizando-a, possa sacar certa quantia em dinheiro em caixa eletrônico. A depender da concepção acerca da consumação, poderá ser ele definido no momento em que o extorsionário exige a senha eletrônica; no instante em que a vítima, constrangida, entrega-lhe a sequência numérica; ou, finalmente, com o efetivo saque do dinheiro e consequente obtenção da vantagem econômica indevida.

---

[191] Defendendo esse posicionamento (GOMES JUNIOR, 2012, p. 43 e s.).
[192] Maiores justificativas desse posicionamento (REALE JÚNIOR, 2012, p. 35-39).

§ 1º Se o crime é cometido por duas ou mais pessoas, ou com emprego de arma, aumenta-se a pena de um terço até metade.

Por esta causa de aumento, será inicialmente majorada a pena da extorsão sempre que praticada por mais de uma pessoa, fator que, conforme já se apontou, segundo a ótica legislativa, implicaria maiores facilidades, divisão de tarefas, somas de esforços e, portanto, merecedor de mais severo juízo de reprovação. O objeto da majorante é, portanto, o chamado concurso eventual de pessoas.

Na hipótese da prática de extorsão por sujeito imputável em concurso de agentes com outro inimputável, a doutrina inclina-se pela manutenção da causa de aumento, utilizando como argumento, no mais das vezes, a noção mais geral da acessoriedade limitada da participação. Como já referido, o concurso com menores de 18 anos, inclusive, para além da majorante, poderá implicar a prática de outro crime, qual seja, o previsto no art. 244-B do Estatuto da Criança e do Adolescente (corrupção de menores).

A segunda parte do dispositivo traz a causa de aumento aplicável ao crime de extorsão realizado mediante o emprego de arma, conceito normativo que sempre ocasionou significativas divergências de interpretação. As mesmas observações feitas para o crime de roubo valem igualmente aqui. Em primeiro lugar, insta destacar que o conceito de arma em Direito Penal tradicionalmente é visto de forma ampla, compreendendo desde aqueles instrumentos técnicos destinados ao ataque e defesa, bem como qualquer outro instrumento que, embora não possua essencialmente tais funções, pode ser utilizado de modo agressivo, tais como facas de cozinha, tesouras ou outros objetos aptos a contundir ou cortar. Da mesma forma que no crime de roubo, para que a majorante seja aplicada é necessário que o autor empregue, direta ou indiretamente, a arma para intimidar ou lesionar a vítima. Assim, ainda que o extorsionário não esteja empunhando o revólver no momento do constrangimento, é necessário que alguma utilização seja feita, como o simples levantar da camisa a tal ponto que a vítima possa observar estar o agressor armado.

Um dos maiores dilemas da questão diz respeito a situações em que o objeto amedrontador utilizado pelo extorsionário não esteja apto a vulnerar a integridade física do ofendido. São exemplos a arma de brinquedo, sem munição ou portadora de alguma avaria que a torna inapta à realização de disparos. A controvérsia principal aqui reside na dualidade de entendimentos proporcionados pelas correntes subjetivas e objetivas. Para o primeiro viés, o que realmente importa para a ocorrência da causa de aumento é a capacidade intimidatória do instrumento, ou seja, sua simples eficácia para diminuir as possibilidades de resistência da vítima e, em consequência, facilitar o constrangimento da vítima pelo extorsionário. Já uma perspectiva objetiva considera primordialmente como fator decisivo a capacidade de vulneração do objeto, ou seja, sua potencialidade de colocar em risco a integridade física ou a vida do ofendido.

Este último entendimento é, de fato, o único compatível com a própria essência da majorante no crime de extorsão, principalmente a se considerar que o temor, a intimidação, já constam como elementos essenciais do crime, eis a ínsita exigência da existência de grave ameaça para a consubstanciação do delito de extorsão. Ao se tratar de arma de fogo, não há como considerar a causa de aumento se esta não apresenta sua única funcionalidade possível, ou seja, realizar disparos. É evidente que a arma de fogo descarregada, ou mesmo o simulacro de arma, por si só, atemorizam a vítima, porém isso nada mais é que a exigência do *caput*. O próprio cancelamento da antiga Súmula 174 pelo Superior Tribunal de Justiça abriu o definitivo espaço para esse entendimento, ou seja, que a afirmação da causa de aumento nos delitos de extorsão, assim como no roubo, com arma de brinquedo levaria a configuração de um *bis in idem*, além de ferir os princípios de proporcionalidade e legalidade. O mesmo raciocínio pode ser aplicado à arma incapaz de realizar disparos, já que é apenas capaz de amedrontar, mas jamais de vulnerar.

Mais ainda, e na busca de coerência com a vertente objetiva, o correto parece igualmente afirmar que mesmo a arma simplesmente desmuniciada, na qual o indivíduo não porta simultaneamente os projéteis compatíveis, não é condição suficiente para a ocorrência da causa de aumento, mas, uma vez mais, funciona somente como instrumentos destinado ao exercício da grave ameaça.

§ 2º Aplica-se à extorsão praticada mediante violência o disposto no § 3º do artigo anterior.

O § 2º do art. 158 faz referência expressa e repete o tratamento jurídico já anteriormente conferido ao crime de roubo (§ 3º do art. 157). Em suma, apresenta duas qualificadoras também para o crime de extorsão. A primeira das hipóteses aponta a ocorrência de lesão corporal de natureza grave derivada da violência, enquanto a segunda tipifica, com pena de vinte a trinta anos e multa, o resultado de morte da vítima. Em ambos as casos, cuida-se de delitos preterdolosos ou preterintencionais, nos quais a conduta antecedente é dolosa (emprego da violência) e o resultado consequente pode ser atribuído a título de culpa (lesão corporal grave ou morte). A exigência de verificação ao menos da culpa no resultado lesivo advém expressamente do art. 19 do CP, norma garantidora do respeito à responsabilidade criminal subjetiva.

É possível, em termos mais aprofundados, distinguir crimes preterdolosos e crimes agravados pelo resultado. De acordo com Bitencourt (2013, p. 387), seguindo os ensinamentos da doutrina italiana, a distinção residiria no fato de que nos crimes agravados pelo resultado, ao contrário do delito preterdoloso, "o resultado ulterior, mais grave, derivado involuntariamente da conduta criminosa, lesa um bem jurídico que, por sua natureza, não contém o bem jurídico precedentemente lesado". Seria o caso do delito de aborto seguido de morte.

Já no preterdoloso haveria, aí sim, nítida progressão criminosa, exemplo da lesão corporal seguida morte, pois é impossível matar sem lesionar, como meio, a integridade física de alguém. No caso da extorsão seguida de morte, poder-se-ia identificá-la como preterdolosa ou agravada pelo resultado, sempre a depender da premissa da qual se parta a respeito do exato bem jurídico da extorsão. Imaginando que esse delito afeta primordialmente o patrimônio, afirma-se tratar de um crime agravado pelo resultado, já que o ataque à vida não engloba a dimensão patrimonial. Ao contrário, imaginando a extorsão como um crime pluriofensivo, pode-se dizer que se está diante de um crime preterdoloso, uma vez que a morte conglobaria a violência ínsita à figura do *caput*.

Ocorre, contudo, que a relevância prática desse debate não é das maiores, principalmente a se considerar que o resultado, morte ou lesão corporal grave, no crime de extorsão qualificada pode decorrer tanto de culpa quanto de dolo. Isto é, em termos de tipo qualificado, não há diferença na subsunção de constrangimentos nos quais o extorsionário dolosamente subjuga e mata a vítima daquele outro em que dolosamente a constrange e, culposamente, gera a morte do ofendido. Haverá, tanto em um caso como em outro, extorsão qualificada consumada. Apenas nas hipóteses de desígnios notadamente diversos poderá haver o concurso de crime de extorsão e homicídio.

> § 3º Se o crime é cometido mediante a restrição da liberdade da vítima, e essa condição é necessária para a obtenção da vantagem econômica, a pena é de reclusão, de 6 (seis) a 12 (doze) anos, além da multa; se resulta lesão corporal grave ou morte, aplicam-se as penas previstas no art. 159, §§ 2º e 3º, respectivamente.

A Lei Federal n. 11.923, de 17 de abril de 2009, inseriu este § 3º no delito de extorsão. Trata-se, na realidade, da modalidade de extorsão com restrição de liberdade, punida com pena de seis a doze anos de reclusão, além da multa. Acrescenta que se dessa espécie derivar lesão corporal de natureza grave ou morte, as penas serão as mesmas cominadas para a extorsão mediante sequestro com os mesmos resultados. Para a exata compreensão dessa figura de restrição de liberdade como qualificadora do crime de extorsão, é necessário lançar os olhos para outros delitos, com os quais existe a problemática do concurso aparente de normas. Isso porque a restrição de liberdade aparece igualmente nos crimes de: extorsão mediante sequestro (art. 159 do CP); roubo qualificado (art. 157, § 2º, V, do CP); e sequestro e cárcere privado (art. 146 do CP). Em todos eles, o traço característico comum consiste em ser a vítima sujeitada, por algum lapso temporal minimamente considerável e juridicamente relevante, à restrição de liberdade.

A primeira distinção que pode ser feita, especificamente no tocante aos elementos típicos subjetivos especiais, é a natureza genérica do sequestro ou cárcere privado. Ao ser tal figura inserida entre os crimes contra a liberdade individual, não há ali qualquer menção a aspectos anímicos que difiram da simples atitude de restringir a liberdade da vítima, sendo, portanto, indiferente ao aperfeiçoamento típico qualquer desiderato principal do agressor. Nas outras modalidades, todas elas patrimoniais, sempre haverá um elemento subjetivo especial a colorir o dolo, ou seja, a intenção de subtrair coisa alheia móvel (roubo) ou, ainda, a obtenção de vantagem econômica indevida (extorsão e extorsão mediante sequestro). A distinção dessas modalidades patrimoniais, por isso mesmo, não reside propriamente na finalidade almejada, porém nos diversificados *modus operandi* do roubador e dos extorsionários.

A nota relevante que distingue o uso da restrição da liberdade da vítima no roubo e na extorsão deve ser encontrada na dinâmica do delito. No caso do crime de roubo, a privação de liberdade da vítima deve ser vista como subjugação total do ofendido ao ofensor, de tal sorte que permita maior facilidade na subtração da coisa alheia móvel. A diminuição do espaço de movimento da vítima, assim, tem o condão de permitir a subtração, evitando imposições de resistências. Cuida-se, assim, do típico caso dos assaltantes que, enquanto subtraem os bens de uma residência, colocam a família prisioneira em um dos cômodos da casa. Pode-se igualmente pensar na situação do ladrão que, para subtrair o automóvel da vítima, mantém a pessoa cativa no porta-malas por algum tempo, desviando a atenção de eventuais perseguidores, dilatando o tempo de comunicação da ocorrência criminal, liberando-a logo em seguida em local ermo e distante. Em todos esses casos é importante perceber que a restrição de liberdade não é um fim em si mesmo, nem sequer está condicionada à obtenção da subtração. Busca-se apenas facilitar o delito, sendo a restrição de liberdade um modo substitutivo à constante vigilância ou imposição direta de ameaça ou violência.

Já no caso da extorsão, em qualquer de suas modalidades, a restrição de liberdade serve como mecanismo de constrangimento, ou seja, o extorsionário condiciona o término da situação de privação a alguma conduta (ativa ou omissiva) da vítima ou terceiro. Por isso mesmo que a própria figura do § 3º do art. 158 faz questão de destacar que essa condição (restrição de liberdade) "é necessária para a obtenção da vantagem econômica". É exatamente essa especificidade da reação da vítima ou de terceiros que demarcará a fronteira entre a extorsão e a extorsão mediante sequestro. Nesta última, a liberdade deve ser compensada com a obtenção da vantagem, obtida como condição ou preço do resgate. Mais ainda, costuma-se aqui ser encontrada uma pluralidade de vitimados, haja vista que o pagamento do resgate, quase sempre, deverá ser providenciado por indivíduo diverso daquele sequestrado, comumente um familiar ou outra pessoa próxima. Assim, oferece-se a outrem a liberdade da vítima, sempre mediante uma condição ou pagamento que signifiquem uma vantagem de cunho patrimonial.

Se na extorsão mediante sequestro a restrição da liberdade é a forma exclusiva de constrangimento, na extorsão simples ela é apenas uma das formas, a justificar, inclusive, sua previsão na modalidade qualificada. Aqui a liberdade é condicionada a que a própria vítima faça, tolere que se faça ou deixe de fazer alguma coisa. Pode não se tratar necessariamente da direta entrega da vantagem patrimonial, mas, por exemplo, de fornecer alguma informação que permita ao extorsionário atingir o seu objetivo. Trata-se da hipótese da vítima colocada em porta-malas de automóvel que, ao chegar ao caixa eletrônico de alguma instituição financeira, tem sua liberdade condicionada não diretamente à entrega do dinheiro, porém ao oferecimento de todas as senhas de cartões que permitirão aos ofensores sacar os valores[193].

Atualmente, o *Pacote Anticrime* (Lei n. 13.964/2019) alterou a Lei dos Crimes Hediondos para ali também permitir a inclusão de modalidades de extorsão. O art. 1º, III, da Lei n. 8.072/90 prevê como hedionda a extorsão qualificada pela restrição de liberdade da vítima, ocorrência de lesão corporal ou morte (art. 157, § 3º, do CP).

Extorsão mediante sequestro

Art. 159. Sequestrar pessoa com o fim de obter, para si ou para outrem, qualquer vantagem, como condição ou preço do resgate:

Pena – reclusão, de 8 (oito) a 15 (quinze) anos.

Considerações gerais

O delito de extorsão mediante sequestro pode ser entendido como modalidade específica do delito genérico de extorsão. Cuida-se, assim, de um peculiar modo de extorquir, o qual, pela sua própria gravidade, mereceu do legislador especial atenção, a ponto de tipificá-lo separadamente. O delito aqui analisado é igualmente pluriofensivo, pois atinge o patrimônio, previsto na vantagem ofertada como condição ou preço do resgate, e, ao mesmo tempo, a liberdade pessoal da vítima, a qual se vê privada de sua liberdade de locomoção, restrita exatamente como mecanismo destinado a assegurar ao extorsionário-sequestrador o pagamento do preço. Essa vantagem a que faz alusão o tipo penal apresenta um duplo entendimento na doutrina, ora vista como vantagem de qualquer natureza, ora especificamente como vantagem econômica, postura esta última que, dada a própria tópica do artigo, parece ser bem mais acertada (SALVADOR NETTO, 2014, p. 118 e s.).

O crime de extorsão mediante sequestro, alçado à condição de delito hediondo em todas as suas modalidades (art. 1º, IV, da Lei Federal n. 8.072/90), é de natureza comum, ou seja, pode ser praticado por qualquer pessoa, inexistindo

---

[193] Maiores detalhes, inclusive com destaque da divergência jurisprudencial (REALE JÚNIOR, 2012, p. 44-48).

restrições no tocante à autoria. Do mesmo modo, as potenciais vítimas não reúnem quaisquer atributos especiais. No mais das vezes, existirá uma pluralidade de vítimas, reunindo tanto aquela que terá sua liberdade cerceada como forma de exigência para o pagamento do resgate quanto aquelas outras que sofreram a extorsão na forma de exigência para a realização do respectivo pagamento.

Tipicidade da extorsão mediante sequestro

A conduta típica do delito de extorsão mediante sequestro consiste basicamente na privação de liberdade de uma pessoa, condicionando a manutenção ou cessação de tal circunstância à obtenção, por parte do extorsionário-sequestrador, de alguma vantagem econômica. Trata-se, assim, de algo assemelhado à exigência de um preço pela liberdade da vítima, fator que denota a própria gravidade e repulsa social promovida por essa figura ilícita. Costumeiramente, a vítima permanece por algum período – dias, meses ou anos – confinada em cativeiro, ao mesmo tempo em que a família ou amigos são extorquidos, sempre com a promessa, por parte dos sequestradores, de soltura do ofendido quando do pagamento do valor desejado.

Essa conformação da extorsão mediante sequestro, enquanto crime sempre doloso que é, permite atribuir a tal figura a característica de delito permanente, haja vista que, conforme já dito, essa restrição de liberdade se protrai no tempo, perdurando por período sempre considerável. Genericamente, é possível dizer que o delito apresenta as seguintes etapas: (i) sequestro do ofendido; (ii) exigência do resgate como elemento central da extorsão; (iii) ação ou omissão do extorquido; (iv) pagamento da vantagem econômica; e, por fim, (v) soltura da vítima. Dadas essas etapas, parece correto dizer, ainda que aqui também existam divergências, que o crime de extorsão mediante sequestro se consuma no momento em que é exigido o pagamento do preço como condição para a liberação do sequestrado. É exatamente esse momento da extorsão o ponto principal da conduta típica e, por esse exato motivo, o fator determinante da consumação da extorsão mediante sequestro. Caso não exista esse constrangimento, e simplesmente ocorra a privação de liberdade, estar-se-á diante de um crime contra a liberdade individual, e não patrimonial. Do mesmo modo, caso haja a interrupção da execução por circunstâncias alheias à vontade dos ofensores, como é exemplo a descoberta do cativeiro após a restrição de liberdade, porém antes da exigência do preço, a tipificação correta será a de extorsão mediante sequestro em sua modalidade tentada.

As penas previstas no *caput* para essa modalidade simples são de oito a quinze anos de reclusão, incidindo, além disso, as hipóteses de majoração de pena e de maior severidade na execução prevista na Lei dos Crimes Hediondos.

> § 1º Se o sequestro dura mais de 24 (vinte e quatro) horas, se o sequestrado é menor de 18 (dezoito) ou maior de 60 (sessenta) anos, ou se o crime é cometido por bando ou quadrilha.
>
> Pena – reclusão, de 12 (doze) a 20 (vinte) anos.

As disposições previstas no § 1º do art. 159 trazem três qualificadoras diversas para o delito de extorsão mediante sequestro, as quais se ligam, cada uma delas, a aspectos relacionados à duração da restrição de liberdade, idade do ofendido sequestrado e, por fim, a existência de quadrilha ou bando, atualmente denominada associação criminosa, nos termos do art. 288 do CP.

Cada uma dessas qualificadoras possui uma específica justificativa. No caso da duração de mais de vinte e quatro horas do sequestro, o maior juízo de reprovação recai sobre o sofrimento especialmente impingido à vítima. No tocante à dimensão etária, entende-se tratar de pessoas com menor possibilidade de resistência, facilitando, portanto, a perpetração do objetivo criminoso. Na hipótese de associação criminosa, pune-se com maior rigor a organização, a pluralidade de pessoas, a divisão de tarefas. Nota-se, entretanto, que, uma vez admitida a qualificadora em decorrência da associação criminosa, dificultosa parece ser a simultânea imputação do delito do art. 288, já que se corre o risco de consagrar verdadeiro *bis in idem*.

Vale ressaltar, especificamente no aspecto etário, que é necessário que os extorsionários-sequestradores tenham conhecimento, ou menos tenham tido a possibilidade de conhecer a menoridade ou a idade avançada da vítima. Não se pode interpretar essa circunstância de maneira exclusivamente objetiva. Do contrário, estar-se-ia violando o princípio da responsabilidade penal subjetiva. Na medida em que a figura da extorsão mediante sequestro é dolosa, esse elemento subjetivo deve estar referido, enquanto conhecimento e vontade, não apenas às típicas elementares, mas igualmente às circunstâncias porventura existentes e que justificam mais severo tratamento punitivo. Seja como for, ocorrendo alguma dessas hipóteses descritas no § 1º, a extorsão mediante sequestro qualificada terá pena mínima de doze e máxima de vinte anos de reclusão.

§ 2º Se do fato resulta lesão corporal de natureza grave:

Pena – reclusão, de 16 (dezesseis) a 24 (vinte e quatro) anos.

§ 3º Se resulta a morte:

Pena – reclusão, de 24 (vinte e quatro) a 30 (trinta) anos.

Os §§ 2º e 3º do art. 159 trazem duas qualificadores para o delito de extorsão mediante sequestro, cominando o primeiro as penas de reclusão de dezesseis a vinte e quatro anos nos casos em que o sequestro conduz à lesão corporal grave na vítima, e o segundo estabelece penas de vinte e quatro a trinta anos de reclusão, na hipótese do advento da morte.

Ressalta-se que as penas previstas no § 3º fazem com que tal figura seja a mais severamente punida de todo o ordenamento jurídico brasileiro. Tal fato não é, por si só, problemático, já que se refere a um juízo político-criminal de merecimento de pena feito pelo legislador e aplicado na espécie em abstrato. O problema, entretanto, aparece quando se combina esse dispositivo com aquele outro constante do art. 9º da Lei dos Crimes Hediondos, o qual prevê o acréscimo da metade das penas em algumas hipóteses. Desse modo, surge a possibilidade de casos, como a extorsão mediante sequestro de menor de 14 anos com resultado morte, em que a pena cominada alcance o patamar mínimo de trinta e seis e máximo de quarenta e cinco anos de reclusão. Dado o limite máximo de cumprimento de pena de quarenta anos no Brasil, conforme o art. 75 do Código Penal, existiria aqui uma espécie de pena fixa, na qual a condenação atingiria impreterivelmente esse limite máximo. Viola-se, destarte, uma noção basal de proporcionalidade e, principalmente, de individualização das penas, questão apta a fulminar de inconstitucionalidade a combinação desse dispositivo com aquele outro citado e constante na Lei Federal n. 8.072/90.

> § 4º Se o crime é cometido em concurso, o concorrente que o denunciar à autoridade, facilitando a libertação do sequestrado, terá sua pena reduzida de um a dois terços.

A introdução deste § 4º por meio da Lei Federal n. 9.296, de 24 de julho de 1996, teve como finalidade ampliar, no âmbito do delito de extorsão mediante sequestro, as hipóteses de delação premiada, originalmente previstas no art. 8º da Lei dos Crimes Hediondos (Lei Federal n. 8.072/90). No caso de concurso de pessoas, a legislação premia, com uma causa de diminuição de pena, aquele que denunciar à autoridade um sequestro em andamento de tal sorte a permitir a facilitação ou a libertação do sequestrado. É necessário, portanto, para a obtenção do benefício da minorante, que exista nexo de causalidade entre a denúncia do sequestro e a efetiva facilitação ou libertação da vítima. Mostra-se, assim, uma opção bastante pragmática do legislador, incentivando a delação, de tal sorte a promover a libertação do ofendido e, em contrapartida, diminuir o grau de reprovação e de apenamento do delator/colaborador.

Extorsão indireta

Art. 160. Exigir ou receber, como garantia de dívida, abusando da situação de alguém, documento que pode dar causa a procedimento criminal contra a vítima ou contra terceiro:

Pena – reclusão, de 1 (um) a 3 (três) anos, e multa.

Tipicidade da extorsão indireta

Cuida o tipo penal de modalidade específica de extorsão, denominada extorsão indireta. Sua finalidade precípua reside na manutenção da "normalidade das relações entre credores e devedores" (BUSATO, 2014, p. 479). Trata-se, assim, de uma exigência ou recebimento por parte do credor e, como garantia de dívida, de algum documento que possa ensejar procedimento, investigativo ou judicial, criminal contra o devedor ou terceiro. Na realidade, o credor, aproveitando-se da fragilidade e necessidade financeira do devedor, obtém um documento apto a constrangê-lo a adimplir o débito na data do vencimento.

Extrai-se da própria Exposição de Motivos do CP de 1940 que tal figura objetivava incriminar uma prática comum e relacionada ao delito de usura. O agiota exigia, como condição para a celebração do mútuo, que o devedor lhe entregasse algum documento com o qual poderia instaurar procedimento criminal em seu desfavor. Com isso, reforçava a garantia do recebimento da dívida, uma vez que poderia constantemente ameaçar o mutuário ao adimplemento do débito, sob o argumento de que daria conhecimento às autoridades do referido documento, e, com isso, seria instaurado algum procedimento criminal em seu desfavor.

Nesse sentido, vários bens jurídicos podem ser vistos como afetados, desde o próprio patrimônio do devedor, a lisura nas relações creditícias e, até mesmo, a economia popular. A figura incriminadora descreve dois verbos distintos, exigir e receber, cuidando-se, portanto, de um tipo doloso, misto alternativo e de natureza formal. Para sua ocorrência é necessário que exista, em primeiro lugar, uma relação entre devedor e credor, na qual o primeiro contrai uma dívida com o segundo. Além disso, há outra circunstância essencial, concernente na mera exigência ou efetivo recebimento por parte do credor, como garantia, de um documento que possa incriminar o próprio devedor ou terceiro. Com isso, verifica-se que o delito pode apresentar um terceiro vitimado, isso porque o documento não precisa ser emitido ou entregue pelo próprio devedor, nem sequer ser ele o personagem contra o qual será instaurado o procedimento criminal.

O documento entregue, a seu turno, pode ser verdadeiro ou falso, já que o solicitante pode exigir que o devedor, por exemplo, falsifique uma assinatura de terceiro em nota promissória ou qualquer outro título de crédito. Questão controversa é a exigência da entrega ao credor de cheques sem suficiente provisão de fundos pelo devedor. Uma primeira postura argumenta pela ocorrência do delito, pois o cheque, ainda que considerado garantia de dívida nesses casos, permitirá a instauração de inquérito policial, sendo a sua possível atipicidade material apenas posteriormente avaliada. Outra posição anota que nessas situações, e em face de entendimento consolidado, há apenas garantia de dívida, e a notória atipicidade da conduta não possui o condão de permitir a tal documento consubstanciar o crime de extorsão indireta. De fato, esta posição última parece mais acertada, pois o delito de cheque sem fundos apenas decorre da utilização da cártula como ordem de pagamento à vista, o que não é o caso. Além disso, na medida em que o extorsionário detentor dos cheques não os apresenta para compensação, permite ao devedor, a qualquer momento, a cobertura da conta corrente respectiva, fazendo com que o controle da extorsão saia da ordem de domínio do credor.

Seja como for, é fundamental que exista uma relação assimétrica entre as partes, já que essa exigência ou recebimento do documento incriminador se torna criminosa na exata medida em que o devedor está em situação de vulnerabilidade, de dependência, consistente na configuração de uma situação que permite o abuso por parte do credor, sabedor exatamente desse desespero do devedor. A propósito, é exatamente essa situação de dependência do oblato ou aceitante que torna absolutamente irrelevante o seu consentimento para o aperfeiçoamento do delito.

No caso da ocorrência subjacente da usura, a doutrina se divide a respeito da possibilidade de concurso entre o crime de extorsão indireta e da figura prevista no art. 4º da Lei Federal n. 1.521, de 26 de dezembro de 1951. Ao que parece, tudo está a depender do momento em que tal exigência for realizada. Caso seja concomitante à prática da infração de usura, haverá absorção desta pela extorsão indireta. Caso seja realizada *a posteriori*, existirá um concurso de delitos.

Pena da extorsão indireta

A pena prevista para o crime de extorsão indireta é de reclusão, com o mínimo de um e máximo de três anos, além da multa. Nessa modalidade, e uma vez preenchidos os demais requisitos do art. 89 da Lei Federal n. 9.099/95, é cabível o oferecimento da proposta de suspensão condicional do processo.

Capítulo III
Da usurpação

Alteração de limites

Art. 161. Suprimir ou deslocar tapume, marco, ou qualquer outro sinal indicativo de linha divisória, para apropriar-se, no todo ou em parte, de coisa imóvel alheia:

Pena – detenção, de 1 (um) a 6 (seis) meses, e multa.

Tipicidade da alteração de limites

O tipo penal incriminador de alteração de limites, previsto no *caput* do art. 161, apresenta-se como um delito bastante peculiar de apropriação. Essa peculiaridade reside, em primeiro lugar, na proteção da propriedade imóvel, impondo a todos os cidadãos o dever de abstenção (obrigação passiva universal) e de respeito a essa modalidade patrimonial. Em segundo lugar, esse delito conforma-se como um crime de perigo, pois a efetiva apropriação da coisa não é um elemento necessário para a consumação. Para tanto, basta a supressão ou deslocamento do tapume, marco ou linha divisória, desde que com o ânimo de apropriar-se (elemento subjetivo especial). Neste ponto, verifica-se a ampla possibilidade de ocorrência de tentativa, já que o sujeito pode iniciar a execução, mas, por circunstâncias alheias à sua vontade, não conseguir suprimir ou remover o tapume.

A simples leitura do texto legal remete o intérprete a casos de propriedades imobiliárias fronteiriças. Imagine-se, por exemplo, dois terrenos contíguos separados por uma cerca de arame farpado. Ao longo da noite, um dos proprietários resolve deslocar a divisa de tal sorte a invadir o terreno do vizinho e, em consequência disso, aumentar o tamanho do seu com a finalidade de incorporar aquela área. Trata-se a hipótese do clássico delito de alteração de limites, no qual o proprietário do imóvel acrescido é o autor do crime e, em contrapartida, o proprietário do outro, a vítima. Evidentemente que pode existir uma pluralidade de vitimados, haja vista a ocorrência de copropriedade ou, ainda, a existência de possuidores. De todo modo, a defesa central do Direito Penal parece aqui igualmente residir na propriedade, sendo a tutela da posse ou da detenção um consectário dessa mesma proteção.

Vale salientar, entretanto, que o delito em exame é de natureza comum, no sentido de não exigir nenhum qualificativo para a realização de sua autoria. Em outras palavras, qualquer pessoa pode cometê-lo. Frisar esse aspecto é relevante porque se pode ter a falsa ideia de que apenas proprietários de imóveis contíguos pudessem vitimar um ao outro. Todavia, nada impede que pessoa remova ou altere sinal divisório de terreno com o fito de dele se apropriar, independentemente de ser proprietário ou possuidor de outro imóvel lindeiro.

Para descrever a noção de linha divisória, usou o CP de uma sistemática de exemplificação e posterior generalização. Ou seja, exemplificou com as expressões *tapume* ou *marco*, para logo em seguida afirmar "qualquer outro sinal indicativo de linha divisória". É possível, portanto, pensar numa infinita variedade de linhas divisórias, como grades, muros, cercas, arames, estacas, valas, fossos etc.

Pena da alteração de limites

A pena cominada para o delito de alteração de limites é de um a seis meses de detenção, além da multa. Tendo em vista o montante da reprimenda fixada, trata-se de infração de menor potencial ofensivo, sujeita a julgamento pelo Juizado Especial Criminal, na conformidade de toda a disciplina estabelecida pela Lei Federal n. 9.099, de 26 de setembro de 1995.

§ 1º Na mesma pena incorre quem:

Usurpação de águas

I – desvia ou represa, em proveito próprio ou de outrem, águas alheias;

Tipicidade da usurpação de águas

O art. 161, em seu § 1º, apresenta duas outras modalidades de usurpação. No caso do inciso I, o tipo penal descreve o delito de usurpação de águas, demarcando ser criminosa a conduta de desviar ou represar, em proveito próprio ou de outrem, águas alheias. Na realidade, trata este dispositivo também da proteção da propriedade, pois o curso de água que transpassa um terreno é parte a ele pertencente, sendo relevante não somente em termos funcionais às pessoas que ali residam ou trabalhem, mas igualmente sob o aspecto econômico, já que um imóvel, principalmente rural, dotado de abundância aquífera alcança maior produtividade e atinge altos valores de mercado.

Um exemplo claro dessa hipótese delitiva pode ser encontrado na conduta de um proprietário de imóvel contíguo que desvia o curso d´água no interior de seu terreno com a finalidade de melhor servir à integridade de seu bem e, em consequência disso, altera o ponto de saída do álveo de tal sorte a não mais alcançar o outro imóvel fronteiriço. O mesmo pode ser dito se, em vez de impedir que a corrente de água atingisse o imóvel vizinho em razão do desvio de seu curso, o autor resolvesse represar integralmente a água em seu imóvel para a construção de uma enorme lagoa e, em decorrência disso, igualmente impedisse o acesso à água por parte de todos os terrenos limítrofes.

Os verbos utilizados pelo legislador nessa espécie foram *desviar* e *represar*, os quais, ao se referirem à aguas, perfazem condutas relativamente concretas do ponto de vista prático, fator que permite afirmar pela plena possibilidade de ocorrência do delito tentado. O legislador, entretanto, foi omisso no tocante à magnitude desse desvio ou represamento da água, não mencionando a necessidade de ser total ou parcial. Ao que parece, a melhor solução aqui é a intermediária, a ser julgada no caso concreto. Isso porque não parece existir o crime se o desvio ou represamento não apresentar um impacto significativo do volume de água destinado a alcançar o prédio vizinho. A legislação não proíbe, aliás, desvios e represamentos no interior de um imóvel. O problema, nesse sentido, apenas ganha contornos jurídico-penais se tal conduta ocasiona, realmente, um relevante prejuízo nos demais terrenos receptores daquele álveo.

Por fim, cumpre mencionar que tanto o desvio quanto o represamento, para serem considerados criminosos, demandam um elemento subjetivo especial, consistente na intenção de obtenção de proveito próprio ou alheio. Esse proveito deve ser interpretado, em que pesem outras opiniões, principalmente em sua dimensão patrimonial. Nesse aspecto, astuta a ressalva de Prado (2010, p. 393) ao afirmar que, caso a conduta não reúna esse atributo, o que poderá existir é o delito de dano, haja vista a não realização de uma efetiva conduta usurpatória.

Pena da usurpação de águas

A pena cominada para o delito de usurpação de águas, conforme o § 1º do art. 161, é a mesma do crime de alteração de limites, ou seja, um a seis meses de detenção, além da multa. Como já observado, trata-se de pena sujeita a julgamento pelo Juizado Especial Criminal, na conformidade de toda a disciplina estabelecida pela Lei Federal n. 9.099, de 26 de setembro de 1995.

Esbulho possessório

II – invade, com violência a pessoa ou grave ameaça, ou mediante concurso de mais de duas pessoas, terreno ou edifício alheio, para o fim de esbulho possessório.

Tipicidade do esbulho possessório

Dentre os denominados delitos de usurpação, parecem inexistir dúvidas acerca de ser o esbulho possessório o mais relevante deles, principalmente em razão da centralidade da proteção da relação entre propriedade/posse que lhe é subjacente, além das discussões políticas que aqui podem aparecer. Embora possa ser possível verificar aqui uma lateral proteção à pessoa, haja vista ser o crime praticado com violência ou grave ameaça, o ponto fundamental da tutela jurídica reside na proteção possessória como atributo do direito de propriedade. Ou seja, protege-se a faculdade inerente à propriedade consistente na eleição, exclusiva do titular do domínio, acerca de quem pode, e em que condições, possuir aquilo que é seu. Nesse sentido, é desnecessário dizer que o crime é comum, já que pode ser cometido por qualquer pessoa. Ao mesmo tempo, a vítima será sempre o proprietário do imóvel, podendo-se atingir eventualmente possuidores e outras pessoas agredidas, no ato de invasão, em sua integridade física, saúde ou liberdade.

O esbulho possessório, ao contrário da mera turbação da posse, consiste no desapossamento do então possuidor em favor daquele que pratica o esbulho. No caso do delito em questão, o qual se refere apenas à propriedade imobiliária, esse esbulho pode ser total ou parcial, isto é, pode atingir apenas uma parcela do terreno ou, ainda, pode significar o desalojamento da integralidade do bem imóvel[194]. O problema em termos estritamente penais, entretanto, consiste no momento consumativo dessa infração. A lei, na realidade, parece satisfazer-se com o ato de invasão, sem a necessidade do efetivo esbulho. Isso porque o legislador optou pela caracterização da ação de invadir apenas com "o fim de esbulho", tornando despicienda, portanto, a concretude do esbulho. Tratar-se-ia assim de uma hipótese próxima de um crime formal. Se o sujeito invadiu com fim diverso do esbulho, por exemplo, para turbar a posse, não há crime. Porém, se invadiu com o fim de esbulhar, o crime estará consumado, ainda que o esbulho não ocorra, ou se restrinja a episódica turbação.

De acordo com a literalidade do artigo, para que exista o crime, contudo, não basta a simples invasão com o fim de esbulho em si mesma; é preciso mais. O dispositivo exige uma forma específica de invadir, qual seja, mediante violência ou

---

[194] Prado (2011, p. 478) bem destaca a existência de legislação específica no tocante à invasão ou ocupação de imóvel adquirido pelo Sistema Financeiro de Habitação. De fato, o art. 9º da Lei n. 5.741, de 1º de dezembro de 1971, tem a seguinte redação: "Art. 9º Constitui crime de ação pública, punido com a pena de detenção de 6 (seis) meses a 2 (dois) anos e multa de cinco a vinte salários mínimos, invadir alguém, ou ocupar, com o fim de esbulho possessório, terreno ou unidade residencial, construída ou em construção, objeto de financiamento do Sistema Financeiro da Habitação. § 1º Se o agente usa de violência, incorre também nas penas a esta cominada. § 2º É isento da pena de esbulho o agente que, espontaneamente, desocupa o imóvel antes de qualquer medida coativa. 3º O salário a que se refere este artigo é o maior mensal vigente no País, à época do fato".

grave ameaça, ou mediante concurso de mais de duas pessoas. Nesse sentido, a invasão de um edifício, público ou privado, praticado por apenas um indivíduo e por meio de clandestinidade não apresenta, em termos estritamente jurídico-penais, qualquer repercussão.

A polêmica reside no número de participantes necessários na invasão, uma vez que a leitura do dispositivo permite a conclusão de que o autor deve estar acompanhado, em concurso, de mais de duas pessoas, ou seja, no mínimo três. Sendo assim, o tipo incriminador exigiria quatro intervenientes, o autor do crime e ao menos outros três que o acompanham (coautores ou partícipes)[195]. Essa solução não parece, entretanto, ser a mais acertada. Em que pesem relevantes e autorizadas opiniões em contrário, invadir mediante concurso de mais de duas pessoas deve significar invadir em três ou mais, contabilizando-se, para efeitos do concurso, todos os que atuaram na prática do delito. Isto é, haverá o crime na hipótese de concurso de três agentes.

Pena do esbulho possessório

A pena cominada para o delito de esbulho possessório, conforme o § 1º do art. 161, é a mesma do crime de alteração de limites, ou seja, um a seis meses de detenção, além da multa e, portanto, sujeita a julgamento pelo Juizado Especial Criminal, na conformidade de toda a disciplina estabelecida pela Lei Federal n. 9.099, de 26 de setembro de 1995.

§ 2º Se o agente usa de violência, incorre também na pena a esta cominada.

O § 2º do art. 161 expressa claramente o desejo do legislador de cumular, em concurso, as penas dos delitos de usurpação (alteração de limites, usurpação de águas e esbulho possessório) e de lesões corporais, porventura derivadas dessas práticas. Assim, por exemplo, se a prática de usurpação de águas importa em lesões corporais, será seu autor punido por ambas as infrações. Uma questão bastante importante, especificamente ao delito de esbulho possessório, decorre da possibilidade de concurso de crimes. Não há dúvidas de que haverá o concurso de crimes se da prática do esbulho advier lesão corporal de natureza grave (art. 129, § 1º, do CP), gravíssima (art. 129, § 2º, do CP) ou seguida de morte (art. 129, § 3º, do CP).

---

[195] Afirma Prado (2011, p. 477), nesse sentido: "A presença de mais de duas pessoas é elemento controvertido na doutrina, em face de sua redação, que gera dúvidas acerca da interpretação do dispositivo. Assim, uma corrente entende ser preciso três pessoas além do autor, e outra acredita ser suficiente o número de três. Apoia-se a primeira corrente, pois a lei não diz (como no furto e no roubo) 'se o crime é cometido mediante concurso' ou 'se há concurso', mas, sim, 'invadir... mediante concurso'. Alguém invade mediante concurso de duas ou mais pessoas, de modo que os autores ou partícipes são, no mínimo, quatro".

A dúvida aparece, entretanto, na possibilidade de concurso de delitos de esbulho e lesões leves (art. 129, *caput*, do CP) e esbulho e vias de fato (art. 21 da Lei das Contravenções Penais). A doutrina brasileira diverge a esse respeito. A maioria dos autores afirma que na hipótese de ocorrência de vias de fato haveria a absorção dessa infração contravencional, enquanto o advento de lesão, ainda que leve, implicaria pluralidade de delitos. Particularmente, não parece ser essa a melhor solução. Na medida em que a própria existência e tipicidade do delito de esbulho dependem da ocorrência, em algum grau, de violência, o entendimento mais adequado é aquele segundo o qual os resultados mínimos dessa violência (lesões corporais leves ou vias de fato) são absorvidos pela figura reitora do esbulho, já que, do contrário, não há como fugir de um verdadeiro *bis in idem*. Nesse aspecto, pelo fato do esbulho ser o único delito que possui a violência prevista no próprio tipo, seu tratamento, logicamente, deverá ser diverso.

O concurso de delitos apenas fará sentido no esbulho, portanto, se o resultado produzido na vítima não é uma consequência natural do emprego da violência. Caso não existisse a dependência da violência para configurar o esbulho, não haveria dúvidas de que se estaria sempre diante de concurso. Todavia, ao ser a violência, ao contrário dos demais, um elemento essencial do esbulho, isso acaba por necessariamente conduzir à absorção dos resultados comuns da prática violenta, quais sejam, lesões corporais leves ou aquelas consequências mínimas proporcionadas pelas vias de fato. O concurso apenas ocorrerá, nesse sentido, quando o resultado da agressão ultrapassar o limite da lesão leve, ou seja, for grave, gravíssima ou seguida de morte.

> § 3º Se a propriedade é particular, e não há emprego de violência, somente se procede mediante queixa.

O § 3º deste art. 161 trata de hipótese na qual os delitos de usurpação deixam de ser processados mediante ação penal pública e passam a sê-lo por ação penal privada. Com isso, escapa, em obediência ao art. 100, *caput*, do CP, da regra geral da titularidade do Ministério Público para o oferecimento da denúncia. Competirá, portanto, à vítima oferecer a queixa-crime em desfavor do esbulhador. A exceção demanda dois requisitos. O primeiro deles diz respeito à inexistência de violência contra a pessoa no ato invasivo da propriedade imobiliária alheia no esbulho, desvio de águas ou alteração de limites. Existente a violência em sentido estrito, aplica-se a regra geral, ou seja, adota-se a ação penal pública incondicionada.

Além disso, é necessário que a propriedade invadida, o terreno ou edifício alheio, o limite alterado ou as águas usurpadas sejam pertencentes a particular, excluindo-se, por obviedade, os bens públicos. Uma vez existindo o domínio do Estado sobre tais bens, natural é que a titularidade da ação penal seja de um órgão público responsável pela tutela de seus interesses, isto é, o Ministério Público.

Supressão ou alteração de marca em animais

Art. 162. Suprimir ou alterar, indevidamente, em gado ou rebanho alheio, marca ou sinal indicativo de propriedade:
Pena – detenção, de 6 (seis) meses a 3 (três) anos, e multa.

O delito previsto no art. 162 do CP cuida de verdadeiro crime de perigo cujo objeto material são os denominados semoventes (gado ou rebanho). A incriminação não diz respeito à subtração de tais animais, pois a prática configura, a princípio, crime de furto. A tutela jurídica recai sobre a devida manutenção e respeito às marcas ou sinais indicativos de propriedade sobrepostos ao gado ou rebanho. Necessária, portanto, para a ocorrência do delito, a prévia existência de marca ou sinal no animal, a ser suprimida ou alterada pelo autor. Se a supressão da marca da grei ocorrer após a subtração, o delito aqui descrito será absorvido pelo furto. Mostra-se, assim, uma clara antecipação de tutela pelo legislador, o qual resolveu criminalizar, por si só, a supressão ou alteração, as quais podem levar a algum tipo de confusão em relação ao titular da propriedade dos mencionados animais.

Existe, no Brasil, legislação específica em relação, por exemplo, à marcação a fogo no gado bovino. A Lei Federal n. 4.714, de 29 de junho de 1965, determina em seu art. 1º que: "o gado bovino só poderá ser marcado a ferro candente na cara, no pescoço e nas regiões situadas abaixo da linha imaginária, ligando as articulações fêmuro-rótulo-tibial e húmero-rádio-cubital, de sorte a preservar de defeitos a parte do couro de maior utilidade, denominada grupon".

O tipo penal é sempre doloso, consistente na consciência e vontade de realizar a supressão ou alteração. Tratando-se de crime formal, admitida está a hipótese de tentativa.

Pena da supressão ou alteração de marca em animais

A pena cominada para o delito supressão ou alteração de marca em animais é de seis meses a três anos de detenção, além da multa. Portanto, e se preenchidos os demais requisitos do art. 89 da Lei Federal n. 9.099/95, é cabível o oferecimento da proposta de suspensão condicional do processo.

Capítulo IV
Do dano

Dano

Art. 163. Destruir, inutilizar ou deteriorar coisa alheia:
Pena – detenção, de 1 (um) a 6 (seis) meses, ou multa.

Considerações gerais

O crime de dano apresenta-se como um delito patrimonial, com especial proteção da propriedade. Com isso, a tutela penal exige que todos se abstenham de destruir, inutilizar ou deteriorar coisa alheias, sejam elas móveis ou imóveis. Neste aspecto, aliás, o dano aponta pela primeira vez a proteção penal também de valores imobiliários, pois no furto e no roubo a referência ao conceito de coisa se restringe àquelas de natureza móvel. Trata-se, assim, de garantia da integridade do patrimônio do proprietário, o qual poderá, eventualmente, estar também nas mãos de possuidor ou de mero detentor no momento da prática do delito. A conduta mostra-se como uma agressão unilateral perpetrada por parte de um não proprietário em face de um bem alheio, seja ele de pessoas física ou jurídica.

Por se tratar de delito comum, pode ser o dano cometido por qualquer pessoa, haja vista a existência de dever jurídico estabelecido indistintamente a todos os sujeitos e consistente na não afetação da esfera patrimonial alheia. Ao mesmo tempo, o sujeito passivo do delito será sempre o proprietário, podendo existir, em alguns casos, e conforme afirmado, também sujeitos passivos indiretos, já que a elasticidade da propriedade permite que, no momento da destruição ou deterioração, a coisa esteja à disposição de possuidores ou detentores.

Tipicidade do dano

A conduta típica do delito de dano foi descrita pelo legislador por meio da utilização de três verbos distintos: destruir, inutilizar ou deteriorar. Essas condutas, como pode ser percebido, apresentam certo grau de progressão na afetação da coisa alheia, bastando, contudo, para o cometimento do crime consumado a prática de apenas uma dessas modalidades (tipo misto alternativo). A destruição é a forma mais grave de agressão patrimonial, uma vez que afeta a coisa com maior rigor. Destruir, nesse sentido, é sinônimo de demolir, de desfazer, aniquilar, arrasar o bem móvel ou imóvel. Inutilizar, ao seu turno, impõe na perda de capacidade funcional de um objeto, fazendo referência, portanto, à sua utilidade. A *res*, nessa perspectiva, torna-se imprestável, ainda que não completamente destruída. Por fim, deteriorar apresenta-se como o ato de estragar, de danificar, de tornar pior. Em termos patrimoniais implica a perda, ainda que não completamente, de valor econômico.

Outro ponto importante em relação ao crime em comento diz respeito ao conceito de coisa alheia. Para esclarecer esse aspecto é preciso entender como coisa todo e qualquer objeto que possua dimensão física e espacial. Já foi dito que o conceito penal de coisa tende à factualidade, compreendendo-a como tal qualquer "entidade do mundo exterior ao homem, com delimitação especial e existência corpórea"[196].

---

[196] Salvador Netto (2014, p. 97 e s.). No mesmo sentido a doutrina estrangeira (FIANDACA; MUSCO, 2008, p. 27 e s.).

Com isso, estarão excluídas do delito de dano coisas desprovidas de tais atributos, tais como o mar, o céu e o oceano (desprovidos de delimitação espacial), bem como as ideias e os direitos (desprovidos de existência corpórea). Igualmente, também não serão objeto material do crime de dano coisas que possuem proteção própria, tais como cadáveres ou partes do corpo humano (*vide* arts. 211 e 212 do CP) ou, ainda, animais silvestres (*vide* arts. 29 a 37 da Lei n. 9.605/98).

O conceito de *alheio*, ao seu turno, implica a denominada *alteridade* da coisa, ou seja, para que ocorra o dano é necessário que o objeto de apoderamento pertença à esfera jurídica patrimonial de outrem. Em suma, ninguém comete dano ao destruir coisa integralmente própria, ainda que o bem, naquelas circunstâncias, esteja sob a posse ou detenção de terceiro. É preciso dizer que também estão excluídas da incriminação patrimonial as coisas que não pertencem a ninguém (*res nullius*) e aquelas outras que foram abandonadas pelo proprietário com o ânimo de desapossamento definitivo (*res derelictae*).

Vale ressaltar que o crime de dano protege tanto o patrimônio móvel quanto o imóvel. Isso quer dizer que, assim como um automóvel ou um aparelho de telefonia móvel poderão ser objeto de destruição ou inutilização, a afetação também poderá recair sobre uma residência ou parte dela.

O crime somente poderá ser cometido na modalidade dolosa, ou seja, o dano culposo apenas poderá ensejar ação civil de reparação, cuidando-se de um indiferente penal. Nesse sentido, deve-se extrair da conduta do autor a existência do ânimo de destruir, inutilizar ou deteriorar a coisa alheia, observando-se sempre a presença dos elementos consciência e vontade como caracterizadores do dolo.

Ao se tratar de um delito material, com resultado naturalístico exigido pelo tipo penal do art. 163, a consumação apenas ocorrerá com a efetivação da destruição, inutilização ou deterioração da coisa, fatores a demandar, no mais das vezes, a realização de perícia apta a constatar alguma dessas possíveis ocorrências. A tentativa, por essa exata razão, é plenamente possível, bastando para tanto imaginar o início da execução sem o advento do resultado danoso por circunstâncias alheias à vontade do agressor. Poderá, entretanto, ser considerado consumado especificamente o delito de dano se o agente atinge parcela de sua finalidade, como, por exemplo, na hipótese do sujeito que almeja destruir completamente a coisa, mas, ao final, logra apenas a sua inutilização.

Pena do dano

A pena prevista para o crime de dano é de detenção, com o mínimo de um e máximo de seis meses, ou multa. Desse modo, está sujeito à disciplina da Lei dos Juizados Especiais Criminais, Lei Federal n. 9.099/95, tanto no tocante à obediência do procedimento sumaríssimo quanto do eventual oferecimento de proposta de suspensão condicional do processo.

Dano qualificado

Parágrafo único. Se o crime é cometido:

O parágrafo único do art. 163 traz a enumeração de quatro hipóteses de dano qualificado. Nestes casos, serão alteradas as margens máxima e mínima das quais parte o magistrado para a fixação da pena concreta. Ocorrendo alguma dessas circunstâncias qualificadoras, as penas de delito de dano passam a prever o mínimo de seis meses e o máximo de três anos, além da previsão cumulativa de multa e da pena correspondente à violência.

I – com violência à pessoa ou grave ameaça;

A primeira qualificadora do dano diz respeito à prática do crime com violência à pessoa ou grave ameaça. A noção de grave ameaça, em termos jurídico-penais, consiste na violência moral, isto é, na promessa de causar à vítima um mal injusto e grave, intimidando-a e aterrorizando-a. A violência, ao seu turno, consiste no emprego da força contra o corpo da vítima. No caso do dano, sem fugir da sistemática dos delitos patrimoniais anteriores, o dispositivo penal destaca ser a violência necessariamente exercida contra a pessoa, já que o ato de violência contra a coisa, destinada a destruí-la, inutilizá-la ou deteriorá-la, é ínsita ao próprio tipo, perfazendo, portanto, condição necessária para o aperfeiçoamento de todas as figuras elementares do *caput*.

Uma questão bastante importante em relação à qualificadora decorre da possibilidade de concurso de crimes entre dano qualificado e lesão corporal. Isso porque o legislador, ao cominar a pena para essas espécies, fez questão de destacar, para além da privação de liberdade e da multa, a "pena correspondente à violência". Nesse sentido, não há dúvidas de que haverá o concurso de crimes se da prática do dano qualificado advier lesão corporal de natureza grave (art. 129, § 1º, do CP), gravíssima (art. 129, § 2º, do CP) ou seguida de morte (art. 129, § 3º, do CP).

A dúvida aparece, entretanto, na possibilidade de concurso de delitos entre dano qualificado e lesões leves (art. 129, *caput*, do CP) e dano qualificado e vias de fato (art. 21 da Lei das Contravenções Penais). A doutrina brasileira diverge a esse respeito. A maioria dos autores afirma que, na hipótese de ocorrência de vias de fato, haveria a absorção dessa infração contravencional pelo dano qualificado, enquanto o advento de lesão, ainda que leve, implicaria pluralidade de delitos. Particularmente, não parece ser esta a melhor solução. Na medida em que a qualificadora atribui um maior grau de reprovação ao dano se exercido mediante violência contra à pessoa, o entendimento mais adequado é aquele que entende que os resultados mínimos dessa violência (lesões corporais leves ou vias de fato) são absorvidos pela circunstância qualificadora, já que, do contrário, não há como fugir de um verdadeiro *bis in idem*.

O concurso de delitos apenas fará sentido, portanto, se o resultado produzido na vítima não é uma consequência natural do emprego da violência. Caso não existisse essa qualificadora, não haveria dúvidas de que o dano sempre estaria em concurso com qualquer modalidade de violência. Todavia, ao qualificar o crime, esse dispositivo do inciso I, parágrafo único, do art. 163 acaba por necessariamente absorver os resultados comuns da prática violenta, quais sejam, lesões corporais leves ou aquelas consequências mínimas proporcionadas pelas vias de fato. O concurso apenas ocorrerá, nesse sentido, quando o resultado da agressão ultrapassar o limite da lesão leve, ou seja, for grave, gravíssima ou seguida de morte.

II – com emprego de substância inflamável ou explosiva, se o fato não constitui crime mais grave;

A segunda qualificadora do dano refere-se ao modo de execução do delito. Trata-se, assim, da utilização de substância inflamável ou explosiva. A qualificadora, neste caso, tem como justificativa a maior facilidade para a prática do crime, bem como do potencial de risco que promove para as pessoas e o patrimônio. Nesse último aspecto, a propósito, o legislador resolveu fazer a seguinte ressalva: "se o fato não constitui crime mais grave". Com isso, faz referência, por exemplo, aos crimes de incêndio e explosão, previstos respectivamente nos arts. 250 e 251 do Código Penal e responsáveis pela tutela da incolumidade pública (dos crimes de perigo comum).

Observa-se, contudo, que, se o emprego da substância inflamável ocasionar, além do dano da coisa objetivamente desejada, um incêndio ou uma explosão significativa, não incidirá a qualificadora específica do dano, dada a vedação no sistema criminal do *bis in idem*. Nessas circunstâncias, a correta tipificação será o concurso de crimes, imaginando-se o dano simples e incêndio ou, ainda, dano simples e explosão.

III – contra o patrimônio da União, Estado, do Distrito Federal, de Município ou de autarquia, fundação pública, empresa pública, sociedade de economia mista ou empresa concessionária de serviços públicos;

A qualificadora prevista neste inciso III destina-se a conferir maior proteção para os bens públicos ou que tenham interesse público. Destaca-se que essa é uma previsão não muito comum entre os crimes patrimoniais, já que, no mais das vezes, ao se falar em tutela penal do patrimônio tradicionalmente a referência se dirige aos bens particulares, aqueles que são, em regra, propriedades privadas. O dispositivo em comento abrange uma ampla gama de bens públicos, sejam eles da administração direta ou indireta da União, Estados e Municípios ou pertencentes a empresas concessionárias de serviços públicos ou sociedades de economia mista.

Embora o legislador não tenha feito referência expressa, haverá igualmente a prática de dano qualificado no caso de ataque a coisas pertencentes a pessoas jurídicas de direito público ou privado, como as fundações públicas, empresa pública, empresas concessionárias de serviços públicos ou sociedades de economia mista.

Vale notar que as empresas públicas e as sociedades de economia mista são pessoas jurídicas de direito privado, instituídas por meio de lei. As empresas concessionárias de serviços públicos são, em geral, privadas, porém, preferiu a legislação conferir maior proteção em razão da atividade que exercem e da relevância pública que possuem.

IV – por motivo egoístico ou com prejuízo considerável para a vítima:

A última qualificadora do crime de dano certamente é aquela que apresenta maiores dificuldades interpretativas de delimitação exata de seu conteúdo. Isso porque o legislador resolveu utilizar dois conceitos essencialmente normativos, quais sejam, "motivo egoístico" e "prejuízo considerável para a vítima". Em primeiro lugar, motivo egoístico deve ser entendido como aquele atributo fomentador do crime que denota, sob a perspectiva subjetiva do agressor, maior grau de reprovação. Contudo, não pode ser confundido, sob pena de ampla elasticidade, como simples inveja, mesquinhez, amor exclusivo ou individualismo. É preciso mais. Jurídico-penalmente é possível entender motivo egoístico como a razão que conduz o agente ao delito em face da obtenção concreta de alguma vantagem, seja ela econômica ou moral. Prado (2010, p. 406) traz o exemplo do piloto de automobilismo que resolve danificar o carro do outro competidor para assegurar a sua vitória ou "manter a sua reputação esportiva". Possível, igualmente, pensar o exemplo de um proprietário de uma obra rara de um escultor, a qual no mundo apenas existam dois similares. Assim, o proprietário de uma delas resolve destruir a outra, com o que valoriza economicamente a sua e, mais ainda, passa a apresentar-se como o único possuidor de tamanha raridade.

A segunda figura da qualificadora diz respeito ao fato de o dano trazer prejuízo considerável à vítima. Nesta hipótese há certo dilema em definir o que seja considerável, já que se digladiam duas perspectivas, isto é, uma de natureza objetiva e outra de natureza subjetiva. Ao que parece, o legislador ofertou maior peso à segunda, pois se trata de um prejuízo considerável para a vítima. Assim, o julgador deverá levar em conta uma série de circunstâncias, principalmente aquelas que atinam à condição econômica da vítima. Entretanto, deve existir também uma análise, ainda que mais residual, de cunho objetivo. Em suma, mesmo considerando as condições da vítima, deve o magistrado avaliar o aspecto considerável em termos objetivo-gerais, sob pena da criação de injustiças no caso concreto.

Pena – detenção, de 6 (seis) meses a 3 (três) anos, e multa, além da pena correspondente à violência.

A pena prevista para o crime de dano qualificado é de detenção, com o mínimo de seis e máximo de três anos, além da cumulatividade da multa e da imposição de pena correspondente à violência. Observa-se que nesta modalidade, caso preenchidos os demais requisitos do art. 89 da Lei Federal n. 9.099/95, é cabível o oferecimento da proposta de suspensão condicional do processo.

Introdução ou abandono de animais em propriedade alheia

Art. 164. Introduzir ou deixar animais em propriedade alheia, sem consentimento de quem de direito, desde que do fato resulte prejuízo:

Pena – detenção, de 15 (quinze) dias a 6 (seis meses), ou multa.

O crime patrimonial de introdução ou abandono de animais em propriedade alheia remonta à legislação italiana, mais especificamente ao Código Rocco, de 1930, que muito influenciou o legislador nacional nesta matéria. O objetivo de tal incriminação apresentava uma dimensão rural, com o fito principal de vedar o "pastoreio ilegítimo e a pastagem abusiva: visa a tutelar mediatamente o patrimônio agrícola" (COSTA, 2013, p. 521).

No caso brasileiro, e principalmente a se considerar o texto legal estabelecido pelo art. 164 do Código Penal, pode-se dizer que a tutela jurídica não se resume exclusivamente à propriedade agrícola, ainda que, de modo inegável, estejam nela os maiores índices de ocorrência deste delito. Isso porque é possível imaginar a introdução de animais que causem danos de alguma relevância em terrenos urbanos, edificados ou não. Poucas dificuldades também aqui inexistem na identificação dos sujeitos ativos e passivos da incriminação, dado tratar-se de crime comum, no qual o ofensor poderá ser qualquer pessoa e o ofendido sempre o proprietário da *res* danificada em decorrência da ação de quaisquer animais aptos a fazê-la. Vítima, portanto, será sempre aquela que suporta o prejuízo de natureza patrimonial.

Ao contrário do sustentado por alguns autores, não é possível, neste caso, imaginar a prática do crime mediante a introdução ou abandono de apenas um animal. Trata-se de uma conclusão extraída gramaticalmente do tipo penal incriminador. O respeito ao princípio da legalidade exige a presença de *animais*, no plural, de tal sorte que apenas um deles, independentemente da espécie, não aperfeiçoa a exigência contida na norma de conduta.

O ponto mais interessante desta figura típica reside na sua construção dogmática relativa ao resultado. Explica-se: de acordo com a redação típica, a consumação do crime exige duas circunstâncias. A primeira delas consiste na introdução dolosa das bestas em propriedade alheia, inexistindo possibilidade de cometimento desse mesmo crime na modalidade culposa. A segunda exigência do dispositivo consiste na ocorrência do resultado "prejuízo". Isto é, não basta introduzir os animais; é necessário que, para além disso, eles igualmente produzam o dano que prejudique os interesses patrimoniais do proprietário do imóvel. A questão central, portanto, reside na natureza jurídica desse "resultado" de prejuízo, isto é, tratar-se-ia de resultado típico em sentido estrito ou, por outro lado, em simples condição objetiva de punibilidade. A resposta a ser dada influenciará sobremaneira nas consequências dogmáticas daí extraídas.

Caso se entenda que o prejuízo a ser causado pelos animais é um resultado abarcado pelo tipo em sentido estrito, é exigível que o dano a ser causado pelos animais esteja abarcado pelo dolo do agente. Isto é, será preciso que o agressor, ao introduzi-los, tenha, desde o início, a consciência e vontade de ocasionar o prejuízo ao proprietário do terreno. Nesta hipótese, caso efetivem o dano, haverá o crime consumado. Já na situação da introdução dos animais que, por motivos alheios à vontade do agente, não causem o prejuízo, o crime deverá ser considerado na modalidade tentada. De todo modo, não haverá delito algum se o ofensor, ao introduzi-los, não estiver agindo de modo subjetivamente doloso também em relação ao resultado. Cuidar-se-ia, assim, de uma leitura do tipo na forma de um elemento subjetivo especial, ou seja, a subjetividade dolosa abarcaria a intenção de causar o dano (resultado objetivo material) por um meio específico: a introdução de mais de um animal na propriedade alheia.

Outra possibilidade interpretativa, mais aceita na doutrina brasileira, é entender o resultado prejuízo como condição objetiva de punibilidade e, como tal, indiferente à perspectiva subjetiva do dolo. Em outras palavras, o dolo abrangeria apenas a conduta de introduzir ou abandonar os animais, enquanto o resultado seria imputado a título exclusivamente objetivo. Esta, aliás, é a fórmula clássica das denominadas condições objetivas de punibilidade, as quais dispensam a congruência entre a tipicidade objetiva e a subjetiva. Nessa perspectiva, o crime já estaria aperfeiçoado com a simples introdução dolosa dos animais em propriedade alheia. Contudo, isso não bastaria para a punição, já que a satisfação da condição para punir apenas surgiria com o advento do prejuízo porventura causado objetivamente pelas feras. Nesse raciocínio, a espécie tentada punível do delito ficaria impossibilitada, já que apenas tentativa de introdução dos animais, obviamente, e por si só, não ocasionaria o prejuízo, tornando inviável a observância da condição objetiva de punibilidade.

Parece correto afirmar que esta segunda posição, à luz da lógica da codificação, é mais acertada. Isso porque as penas deste crime, se comparadas àquelas mais graves do artigo antecedente, apontam que o desvalor central desta figura reside na simples introdução ou abandono de animais e não na ocorrência do prejuízo. Afinal, se o autor vislumbrava danificar, e os animais funcionaram como mero instrumento para tanto, a punição deverá ser aquela do dano simples, estando lá tipificada a conduta. Do mesmo modo, poder-se-á pensar em furto se a introdução dos animais objetivava sua alimentação em pastagens do terreno alheio. Em resumo, o crime aqui consuma-se com a introdução ou abandono doloso dos animais, contudo permanecendo sua possibilidade de punição condicionada à ocorrência do prejuízo (condição objetiva de punibilidade).

Pena da introdução ou abandono de animais em propriedade alheia

A pena prevista para o crime de introdução ou abandono de animais em propriedade alheia é de detenção, com o mínimo de quinze dias e máximo de seis meses, ou multa. Desse modo, está sujeito à disciplina da Lei dos Juizados Especiais Criminais, Lei Federal n. 9.099/95, tanto no tocante à obediência do procedimento sumaríssimo quanto do eventual oferecimento de proposta de suspensão condicional do processo.

Dano em coisa de valor artístico, arqueológico ou histórico

Art. 165. Destruir, inutilizar ou deteriorar coisa tombada pela autoridade competente em virtude de valor artístico, arqueológico ou histórico:

Pena – detenção, de 6 (seis) meses a 2 (dois) anos, e multa.

O delito previsto no art. 165 do CP foi tacitamente revogado pelo advento da Lei de Crimes Ambientais (Lei Federal n. 9.605/98), a qual, em seu art. 62, cominou pena de reclusão, de um a três anos, e multa para aquele que destruir, inutilizar ou deteriorar bem especialmente protegido por lei, ato administrativo ou decisão judicial; além de arquivo, registro, museu, biblioteca, pinacoteca, instalação científica ou similar, protegido por lei, ato administrativo ou decisão judicial. Nesse sentido, pode-se dizer que legislação ambiental previu como crime todas as hipóteses anteriormente subsumíveis a este dispositivo da codificação penal.

No caso da Lei Ambiental, previu-se a incriminação no cerne da proteção jurídico-penal ao ordenamento urbano e ao patrimônio cultural, objetos que foram sendo gradativamente considerados ao longo da história como de interesse público. Tratar-se-ia, assim, de uma espécie de meio ambiente artificial que, por ser fruto do gênio e do invento humano, é passível de tutela dada sua relevância social. Seja como for, vale dizer que o CP de 1940, obviamente de modo bem mais restrito, já anteviu essa dimensão, inspirando-se em congêneres europeus, como aqueles derivados das tradições jurídicas francesa e italiana. Para além da proteção da propriedade, referida ao bem portador de um valor estritamente econômico, verifica-se aqui uma magnitude supraindividual, consistente no resguardo da memória histórica, do valor artístico e da importância arqueológica.

Não por outra razão, aliás, o crime pode ser praticado, inclusive, pelo proprietário, desde que, por razões de legalidade, o bem atacado tenha sido objeto de ato administrativo de tombamento. Por isso mesmo, e como já dito, a redação da Lei Federal n. 9.605/98 absorveu todas as possibilidades de incriminação antes postas sob a tutela deste art. 165. Percebe-se, ainda, um reforço punitivo desta lei posterior, recrudescendo o montante e a natureza da pena privativa de liberdade.

Alteração de local especialmente protegido

Art. 166. Alterar, sem licença da autoridade competente, o aspecto de local especialmente protegido por lei:

Pena – detenção, de 1 (um) mês a 1 (um) ano, ou multa.

O delito previsto no art. 166 do CP também foi tacitamente revogado pelo advento da Lei de Crimes Ambientais (Lei Federal n. 9.605/98), a qual, em seu art. 63, cominou pena de reclusão, de um a três anos, e multa para aquele que alterar o aspecto ou estrutura de edificação ou local especialmente protegido por lei, ato administrativo ou decisão judicial, em razão de seu valor paisagístico, ecológico, turístico, artístico, histórico, cultural, religioso, arqueológico, etnográfico ou monumental, sem autorização da autoridade competente ou em desacordo com a concedida. A legislação ambiental previu como crime todas as hipóteses anteriormente subsumíveis a este dispositivo da codificação penal.

No caso da Lei Ambiental previu-se a incriminação no cerne da proteção jurídico-penal ao ordenamento urbano e ao patrimônio cultural, objetos que foram sendo gradativamente considerados ao longo da histórica como de interesse público. Tratar-se-ia assim de uma espécie de meio ambiente artificial que, por ser fruto do gênio e do invento humano, é passível de tutela dada sua relevância social. Nos dizeres de Prado (2011, p. 504), "tutela-se o ambiente, em especial a integridade do patrimônio público nacional, sempre se protegendo coisas imóveis cuja beleza advém da própria natureza ou foi produzida pela ação do homem".

Seja como for, vale dizer que o CP de 1940, obviamente de modo bem mais restrito, já anteviu essa dimensão, inspirando-se em congêneres europeus, como a aqueles derivados das tradições jurídicas francesa e italiana. Mais uma vez com Prado (2011, p. 504), anota-se que "a origem do tipo em comento está na Constituição de 1937, art. 134". Dispositivo atual é o expresso no art. 216, inciso V, da Constituição de 1988. Por isso mesmo, e como já dito, a redação da Lei Federal n. 9.605/98 absorveu todas as possibilidades de incriminação antes postas sob a tutela deste art. 166. Da mesma forma, nota-se reforço punitivo desta lei posterior, recrudescendo de modo significativo o montante e a natureza da pena privativa de liberdade.

Ação penal

Art. 167. Nos casos do art. 163, do n. IV do seu parágrafo e do art. 164, somente se procede mediante queixa.

O art. 167 traz hipóteses de exceção em relação à natureza da ação penal no crime de dano. Não obstante as ações penais tenham como regra aquela de natureza pública incondicionada, em três modalidades o crime de dano ficará sujeito à ação penal de natureza privada, portanto se fará necessário o ajuizamento de queixa-crime pelo ofendido no prazo decadencial. São elas: dano simples (*caput* do art. 163); dano qualificado por motivo egoístico ou considerável prejuízo à vítima (art. 163, parágrafo único, IV); e introdução ou abandono de animais em propriedade alheia (art. 164).

Capítulo V
Da apropriação indébita

Apropriação indébita
Art. 168. Apropriar-se de coisa alheia móvel, de que tem a posse ou a detenção:
Pena – reclusão, de 1 (um) a 4 (quatro) anos, e multa.

Considerações gerais

O delito de apropriação indébita tutela uma faceta específica do patrimônio, qual seja, protege o proprietário contra a apropriação de seus bens por parte de possuidores ou detentores. Para a exata compreensão dessa modalidade delitiva é preciso ter em conta a característica da elasticidade da propriedade ou domínio. Isso quer dizer que o proprietário, ao reunir em si todos os poderes inerentes ao domínio, pode conceder alguns ou parcelas desses mesmos poderes a outras pessoas. Por exemplo, no caso do empréstimo, o proprietário não deixa de sê-lo, mas permite que outro sujeito, com a sua anuência, exerça igualmente poderes sobre a coisa, como a faculdade de uso e fruição. Passado determinado tempo, pelas mais diversas razões, esses poderes retornam ao proprietário, o qual volta a congregar em si, e com exclusividade, todos os poderes inerentes ao direito de propriedade. Dito isso, o ordenamento jurídico impõe ao possuidor e ao detentor duas obrigações essenciais. A primeira é utilizar esses poderes concedidos pelo proprietário somente nos termos acordados, ou seja, não é possível que um sujeito que use e frua da coisa alheia possa, unilateralmente, decidir aliená-la. A segunda é, exatamente quando do termo final, cessar o exercício desses poderes e, com isso, devolver a coisa para o proprietário. Por essa razão o delito de apropriação indébita, principalmente na legislação estrangeira, é visto como uma espécie de infidelidade patrimonial, pois o possuidor abusa da confiança do proprietário ao exercer poderes que não lhe foram conferidos, por exemplo o direito de dispor da coisa, ou, ainda, não devolvendo a *res* ao legítimo senhorio quando cessada sua permissão.

Dito isso, pode-se dizer que no delito de apropriação indébita a vítima será sempre o proprietário da *res*, da coisa alheia móvel, enquanto o ofensor será o possuidor ou detentor (posse precária), os quais não restituem o objeto material do crime ao proprietário ou exercem sobre ele um poder de disposição que lhes está conferido. Nesse sentido, em resumo, pode-se dizer que a apropriação indébita tem sua essência nessa inversão de titulação que é feita pelo possuidor ou detentor. Isto é, deixam de atuar como titulares de algumas faculdades da propriedade e passam a agir como se proprietários fossem.

Tipicidade da apropriação indébita

A conduta típica do delito de apropriação indébita consiste na apropriação, ou na dinâmica de fazer sua, objetiva e subjetivamente, a coisa alheia. Por isso mesmo, trata-se de um delito de apoderamento decorrente de uma concessão anterior feita pelo proprietário (infidelidade patrimonial). Tal atividade decorre ou do ânimo de assenhoreamento seguido de negativa de devolução (apropriação negativa de devolução) ou com o exercício de faculdade exclusiva do proprietário (apropriação propriamente dita).

Um problema bastante destacado em relação ao crime em comento diz respeito ao conceito de *coisa alheia móvel*. Para esclarecer esse ponto importante é preciso entender como coisa todo e qualquer objeto que possua dimensão física e espacial. Já foi dito que o conceito penal de coisa tende a factualidade, compreendo-a como tal qualquer "entidade do mundo exterior ao homem, com delimitação especial e existência corpórea" (SALVADOR NETTO, 2014, p. 97 e s.)[197]. Com isso, estarão excluídas do delito de apropriação indébita coisas desprovidas de tais atributos, tais como o mar, o céu e o oceano (desprovidos de delimitação espacial), bem como as ideias e os direitos (desprovidos de existência corpórea). Igualmente, também não serão objeto material do crime de apropriação coisas que possuem proteção própria, tais como cadáveres ou partes do corpo humano (*vide* arts. 211 e 212 do CP) ou, ainda, animais silvestres (*vide* arts. 29 a 37 da Lei n. 9.605/98).

O conceito de *alheio*, ao seu turno, implica a denominada *alteridade* da coisa, ou seja, para que ocorra o delito é necessário que o objeto de apoderamento pertença à esfera jurídica patrimonial de outrem. A depender da hipótese, poderá ocorrer o delito previsto no art. 346 do Código Penal, modalidade especial, ao menos para parte da doutrina, de exercício arbitrário das próprias razões. É preciso dizer que também estão excluídas da incriminação patrimonial as coisas que não pertencem a ninguém (*res nullius*) e aquelas outras que foram abandonadas pelo proprietário com o ânimo de desapossamento definitivo (*res derelictae*). No caso de se tratar de coisa perdida, poderá ocorrer o delito de *apropriação indébita de coisa achada* (art. 169, II, do CP).

Por fim, a problemática recai sobre o conceito de *móvel*. Duas interpretações são aqui possíveis. A primeira delas, derivada de uma concepção *civilística* ou *panci-*

---

[197] No mesmo sentido a doutrina estrangeira (FIANDACA; MUSCO, 2008, p. 27 e s.).

vilística, afirma que será móvel para o Direito Penal tudo que assim for definido pelo Direito Privado. Outra possibilidade, inclusive mais acertada, atesta que o conceito de *mobilidade* para o Direito Penal não deve ser alcançado em termos meramente normativos ou por meio de simples definições jurídicas. Ao contrário, deve-se aqui buscar uma perspectiva factual: móvel, em resumo, é tudo aquilo que possa ser transportado de um lugar para o outro. Com perdão da redundância, móvel é aquilo que se pode mover. Com isso, poderão ser objeto de apropriação indébita os bens semoventes, como os animais, ou mesmo as embarcações, objetos, estes últimos, que no Direito Civil apresentam natureza jurídica de imóvel. Vale aqui destacar que não há impedimento para a apropriação indébita de coisas fungíveis, tais como o dinheiro. A única ressalva para as coisas dessa natureza é que a transferência da *res* não pode ser objeto de contrato de mútuo, pois tal modalidade contratual transfere o domínio ao mutuário, o que lhe impede a prática delitiva, já que passa a ser titular do direito de propriedade.

O crime de apropriação indébita, em termos subjetivos, será sempre doloso, não existindo qualquer previsão de prática culposa. Porém, é preciso dizer que o ânimo de apropriação da coisa alheia deve-se dar após a transferência da posse ou do domínio. Caso no ato de transferência já exista a vontade de não devolução poderá ocorrer, a depender da hipótese, o crime de estelionato (art. 171 do CP).

Questão muito polêmica diz respeito à consumação da apropriação indébita. Alguns sustentam que sua consumação ocorreria no momento em que o possuidor simplesmente inverte o seu *animus* em relação ao objeto, deixando de detê-lo com *animus* de possuidor e passando a incorporar um *animus* de dono (*animus rem sibi habendi*). Tal postura, contudo, traz alguns problemas, como a impossibilidade de comprovação desse instante anímico e, mais ainda, fazendo depender a consumação do delito patrimonial a uma espécie de estado de espírito do possuidor ou detentor. Fator que parece mais adequado para a consumação da apropriação indébita, para além de uma simples inversão de ânimo ou intenção, é a efetiva prática de conduta que demonstre o exercício factual de direitos incompatíveis com a posse ou a detenção (GOMES JUNIOR, 2013, p. 115). Isso ocorre, por exemplo, com a negativa concreta de devolução ou, ainda, com a prática de algum ato incompatível com o título de possuidor ou detentor, por exemplo, anunciando publicamente a venda da *res*. Seja como for, a tentativa é, principalmente na primeira hipótese, de dificílima visualização.

Pena da apropriação indébita

A pena prevista para o crime de apropriação indébita é de reclusão, com o mínimo de um e máximo de quatro anos, além da multa. Nessa modalidade simples, uma vez preenchidos os demais requisitos do art. 89 da Lei Federal n. 9.099/95, é cabível o oferecimento da proposta de suspensão condicional do processo.

Aumento de pena

§ 1º A pena é aumentada de um terço, quando o agente recebeu a coisa:

O CP apresenta três modalidades de apropriação indébita com causas de aumento. Como se sabe, as causas de aumento, ao contrário das qualificadoras, não alteram o ponto de partida do procedimento de fixação da pena, ou seja, não modificam os limites máximo e mínimo da incriminação, incidindo na terceira etapa do procedimento trifásico, oportunidade em que a sanção será aumentada de um terço. Dessa forma, a pena base da apropriação será determinada, à luz das circunstâncias judiciais contidas no art. 59 do Código Penal, entre o mínimo e o máximo estabelecidos no próprio *caput*.

I – em depósito necessário;

A primeira causa de aumento traz a figura jurídica do depósito necessário. Tal modalidade vem disciplinada principalmente pelo art. 647 do CC, o qual afirma ser o depósito necessário aquele que se faz em desempenho de obrigação legal ou o que se efetua por ocasião de alguma calamidade pública, com o incêndio, a inundação, o naufrágio ou o saque. O art. 649 do CC, por sua vez, diz que se equipara ao depósito necessário aquele referente à bagagem dos viajantes ou hóspedes nas hospedarias onde estiverem. Trata-se, assim, de expressas previsões legais, nas quais o maior apenamento está justificado em razão da situação de excepcionalidade, o maior dever de cumprimento das normas jurídicas por parte dos depositários e a maior fragilidade de defesa dos proprietários a respeito de seus próprios bens.

II – na qualidade de tutor, curador, síndico, liquidatário, inventariante, testamenteiro ou depositário judicial;

A segunda causa de aumento faz alusão a sete figuras jurídicas: tutor, curador, síndico, liquidatário, inventariante, testamenteiro e depositário judicial. Em todos esses casos exige-se maior rigor no cumprimento das normas jurídicas, ganhando a apropriação indébita uma reprovação mais severa.

III – em razão de ofício, emprego ou profissão.

Por fim, o CP reprova com maior vigor aqueles que pratiquem a apropriação indébita de bens que possuem ou detêm em razão de ofício, emprego ou profissão. Ofício define-se como uma ocupação exercida em razão de algum grau de habilidade, exemplo do mecânico, do marceneiro, do eletricista etc. Emprego pressupõe as características essenciais da relação de trabalho, tais como onerosidade, subordinação, pessoalidade e não eventualidade. Profissão é o exercício de uma atividade predominantemente intelectual e sem vínculo de emprego, exemplo do médico e do advogado.

Apropriação indébita previdenciária

Art. 168-A. Deixar de repassar à previdência social as contribuições recolhidas dos contribuintes, no prazo e forma legal ou convencional:

Pena – reclusão, de 2 (dois) a 5 (cinco) anos, e multa.

§ 1º Nas mesmas penas incorre quem deixar de:

I – recolher, no prazo legal, contribuição ou outra importância destinada à previdência social que tenha sido descontada de pagamento efetuado a segurados, a terceiros ou arrecadada do público;

II – recolher contribuições devidas à previdência social que tenham integrado despesas contábeis ou custos relativos à venda de produtos ou à prestação de serviços;

III – pagar benefício devido a segurado, quando as respectivas cotas ou valores já tiverem sido reembolsados à empresa pela previdência social.

§ 2º É extinta a punibilidade se o agente, espontaneamente, declara, confessa e efetua o pagamento das contribuições, importâncias ou valores e presta as informações devidas à previdência social, na forma definida em lei ou regulamento, antes do início da ação fiscal.

§ 3º É facultado ao juiz deixar de aplicar a pena ou aplicar somente a de multa se o agente for primário e de bons antecedentes, desde que:

I – tenha promovido, após o início da ação fiscal e antes de oferecida a denúncia, o pagamento da contribuição social previdenciária, inclusive acessórios; ou

II – o valor das contribuições devidas, inclusive acessórios, seja igual ou inferior àquele estabelecido pela previdência social, administrativamente, como sendo o mínimo para o ajuizamento de suas execuções fiscais.

§ 4º A faculdade prevista no § 3º deste artigo não se aplica aos casos de parcelamento de contribuições cujo valor, inclusive dos acessórios, seja superior àquele estabelecido, administrativamente, como sendo o mínimo para o ajuizamento de suas execuções fiscais.

Considerações gerais

Para melhor compreensão da relação entre infrações previdenciárias e Direito Penal, não há como escapar, ainda que para isso sejam necessárias algumas linhas, da análise da sistemática brasileira dos genericamente denominados crimes previdenciários. Atualmente, tais infrações estão inseridas basicamente no Código Penal, pois a Lei Federal n. 9.983, de 14 de julho de 2000, tipificou o delito de apropriação indébita previdenciária (art. 168-A do CP) e sonegação de contribuição previdenciária (art. 337-A do CP). No primeiro caso, a tipificação foi alocada no cerne dos crimes contra o patrimônio, enquanto na segunda modalidade optou o legislador por estabelecê-lo dentre os crimes praticados por particular contra a administração em geral.

De início, um sério problema apontado pela doutrina reside na eventual falta de acerto tópico do legislador no tocante a essas tipificações previdenciárias. Isso porque tais figuras pertenceriam, ou estariam muito mais próximas, ao ramo dos crimes contra a ordem tributária, sendo certo que a sua inclusão em lei extravagante, no caso a Lei Federal n. 8.137/90, poderia permitir melhor visualização de um subsistema normativo penal atinente a essa matéria. Na medida em que as leis extravagantes consolidam-se em torno de setores específicos de tutela penal, ficaria muito mais fácil para o intérprete perceber que as normas peculiares e aplicáveis aos crimes tributários apresentariam igual incidência em face também dos delitos previdenciários. Não há dúvidas, nesse diapasão, de que diplomas especiais como a Lei de Drogas, dos crimes ambientais, consumeristas ou falimentares, dentre outros, apresentam regras próprias derivadas de juízos político-criminais realizados sobre esses específicos bens jurídicos.

De todo modo, a tópica dos crimes previdenciários, especialmente aquele de apropriação indébita, apresenta um indeciso trajeto histórico na legislação brasileira. Originalmente, o art. 5º do Decreto-lei n. 65/37 determinava que seriam cominadas as penas do delito de apropriação indébita, então previsto no art. 331, n. 2, da Consolidação das Leis Penais (1932), para o empregador que retivesse as contribuições recolhidas de seus empregados após a época própria. Percebe-se aqui já um exemplo histórico da identificação entre a apropriação indébita comum e aquela previdenciária, ainda que essa proximidade importasse somente na aplicação das mesmas penas cominadas à primeira também para a segunda. Posteriormente, vivenciou-se, em termos legislativos, um período de separação entre essas figuras, uma vez que os crimes previdenciários ganharam tipificações por meio de diplomas extravagantes, principalmente pela Lei Federal n. 3.807/60 e pelo Decreto n. 77.077/76, os quais, ainda que com alterações ao longo do tempo, mantiveram aquilo que se poderia chamar de um subsistema penal previdenciário.

Um terceiro momento, bastante confuso, deu-se com o advento das Leis Federais n. 8.137/90 e n. 8.212/91, ambas tipificando delitos previdenciários. A Lei de 1990 trouxe propriamente, ainda que sem essa denominação, o crime de apropriação indébita previdenciária, inserindo-o em seu art. 2º, inciso II. A conduta descrita de "deixar de recolher, no prazo legal, valor de tributo ou de contribuição social, descontado ou cobrado, na qualidade de sujeito passivo de obrigação e que deveria recolher aos cofres públicos" aponta, aliás, para o desprezo dado pelo legislador à dimensão de fraude que deveria se ver exigida nos crimes dessa natureza.

Dada essa confusão legislativa, finalmente no ano 2000 foram introduzidos no CP os já mencionados arts. 168-A e 337-A, revogando-se expressamente os tipos penais do art. 95 da Lei Federal n. 8.212/91 e tacitamente o art. 2º, inciso II, da Lei Federal n. 8.137/90, especificamente na parte que diz respeito às contribuições sociais. Essa trajetória aponta, portanto, para todo um trilhar legislativo que começa e termina na aproximação, punitiva ou tópica, entre os delitos de apropriação indébita (art. 168 do CP) e apropriação indébita previdenciária (art. 168-A do CP). Contudo, parece inegável que melhor seria outra postura do legislador, já que a identificação dos crimes previdenciários é muito mais próxima daqueles contra a ordem tributária do que dos delitos patrimoniais. Tal afirmativa decorre não apenas do melhor delineamento do bem jurídico intitulado "ordem tributária", bem como da própria dimensão factual dos delitos, pois em nada se referem à apropriação de coisas que possuem ou detêm em prejuízo ao legítimo proprietário. Não se cuida de uma violação aos direitos inerentes ao domínio e à elasticidade da propriedade. Dizem respeito, na verdade, à desobediência normativa de adimplir obrigações com os cofres públicos por meio de contribuições sociais.

Tipicidade da apropriação indébita previdenciária

A admissão do delito previdenciário como modalidade de apropriação passa por uma dimensão jurídica, e não factual, da ideia de "apropriar-se". O raciocínio utilizado pressupõe uma espécie de apropriação contábil, na qual o desconto do valor atinente à contribuição da folha de pagamento do empregado, uma vez transcorrido o prazo de recolhimento aos cofres públicos, consiste na apropriação jurídica daquele montante que deveria ser repassado ao Estado. Num exemplo singelo, faz-se uma analogia com a hipótese de um sujeito que entrega a outro uma quantia para que este efetue o pagamento de uma guia qualquer. Cria-se, assim, uma similitude entre a entrega real e o desconto contábil como forma de justificar a incriminação. O problema é que nem sempre existe, de fato, o valor descontado no caixa da empresa, fato que gerou uma série de debates doutrinários e jurisprudenciais acerca da possibilidade de aplicação de causa de exclusão da culpabilidade, por inexigibilidade de conduta diversa, para indivíduos vinculados a pessoas jurídicas insolventes ou em sérias dificuldades financeiras. Afinal, não seria possível apropriar-se de algo inexistente.

Independentemente dessas questões, o que importa aqui com mais intensidade é a noção extremada de delito formal que afeta os crimes previdenciários, sublimando a necessidade de ocorrência de fraude e, por isso mesmo, consolidando um Direito Penal que funciona como simples instrumento de arrecadação. O art. 168-A apresenta um delito omissivo próprio, consistente na abstenção do repasse à previdência social das contribuições recolhidas dos contribuintes. Na medida em que se criminaliza um inadimplemento, o problema parece centralizar-se na justificação de legitimidade dessa figura, já que deve existir um algo mais, sob pena de confirmar a suspeita de criminalização de mera situação de dívida. A ser assim, confundir-se-ia o injusto criminal com a infração administrativa, fato que conduz ao risco de transformação do Direito Penal em mero instrumento pragmático de reforço da obrigação previdenciária e, em consequência, de constrangimento ao pagamento. Se na apropriação indébita patrimonial o injusto tem sua essência no respeito ao patrimônio alheio que foi ofertado ao sujeito em confiança e na modalidade de posse ou detenção, no caso da apropriação indébita previdenciária inexiste qualquer vínculo de confiança, já que se trata de obrigação imposta pela lei, além de jamais terem pertencido aqueles valores a outrem, haja vista tratar-se de uma imposição estatal de recolhimento.

Para a legitimidade dessa incriminação, portanto, não existe outra maneira senão a tentativa de justificá-la sob a base de uma obrigação axiologicamente diferenciada, regida por valores diversos – como a noção de um direito social – que lhe outorgariam um colorido diferenciado. Para trilhar esse caminho deve-se, porém, tomar sempre o cuidado de não esgotar toda a suposta legitimidade penal em um conteúdo simplesmente moral.

Melhor explicando: é possível a utilização de dois argumentos sobrepostos. O primeiro deles diz respeito à natureza da destinação da obrigação. Ou seja, se não é legítima a utilização do Direito Penal para reforçar o adimplemento de obrigações em geral, de outro lado, haveria legitimidade se tal obrigação importasse no devido funcionamento de atividades sociais relevantíssimas do Estado, como é o caso do custeio e da estabilidade orçamentária da Seguridade Social[198]. Soma-se a isso uma relação diferenciada e paralela aqui existente, qual seja, a relação de trabalho entre o responsável pelo recolhimento (empregador) e o contribuinte (empregado). Nesta lógica, o não recolhimento da contribuição descontada geraria dois abalos simultâneos: um relativo aos cofres da previdência; outro caracterizado pela violação da lisura na relação laboral, pois o valor descontado, embora juridicamente esteja na esfera de domínio do empregador, pertence ao empregado, o qual deixa de recebê-lo como trabalho em face do ônus das imposições legais. Há, assim, um abalo à Justiça, uma vez que o fruto do trabalho do empregado deixa de ganhar o seu correto direcionamento, culminando no apoderamento pelo patrão de algo que, ao mesmo tempo, "é" e "não é" dele.

---

[198] Em sentido próximo: "Assim, ao tipificar as condutas descritas no artigo 168-A, o legislador busca tutelar não apenas o patrimônio da Previdência Social, mas também protege de forma reflexa as prestações públicas no âmbito social. Tendo em vista os mandamentos constitucionais supramencionados, verifica-se que a Constituição, no que tange ao sistema penal, não cumpre apenas um papel limitativo do *jus puniendi* estatal, visto que, num Estado de Direito democrático e social, desempenha a função de elencar o rol de bem jurídicos considerados dignos de proteção. Daí por que se afigura necessária a intervenção penal para tutelar o patrimônio da Previdência Social e seu correto funcionamento" (PRADO, 2011, p. 524).

Essa linha de pensar, concorde-se ou não com ela, torna ainda mais nítida a pouca semelhança entre os crimes previdenciários e aqueles patrimoniais e, ao contrário, aponta para sua perfeita similitude com os seus congêneres tributários. Isso se mostra ainda mais verdadeiro quando se percebe os impactos jurídico-normativos relativos ao pagamento ou parcelamento dos valores devidos ou, ainda, a dependência entre a persecução penal e o término da fase administrativa-fiscal.

Fase administrativa, pagamento e extinção de punibilidade

No âmbito específico dos crimes previdenciários, por muito tempo, a lei foi silente no que se refere à dependência existente entre a persecução penal e as decisões finais, na esfera administrativa, relativas aos créditos correspondentes. O Código Penal apenas previa, no § 2º do art. 168-A, hipótese de extinção de punibilidade, a qual ficava sempre condicionada à declaração, confissão e pagamento espontâneo das contribuições devidas à Previdência Social. A norma datada do ano 2000 exigia, ainda, que tais providencias fossem tomadas antes do início da ação fiscal, sempre com o fito de motivar os contribuintes a cumprir com suas obrigações e regularidade contábeis. O Código Penal estabeleceu também hipótese de perdão judicial no § 3º. Trata-se, assim, de normas penais de natureza premial (extinção de punibilidade). Destaca-se que naquele momento tais disposições vieram a conferir tratamento mais gravoso aos delitos previdenciários, se comparados com os crimes tributários, pois afastaram a incidência do art. 34 da Lei Federal n. 9.249/95, o qual admitia a extinção da punibilidade pela promoção do pagamento antes do recebimento da denúncia.

Com o advento dos sucessivos planos de parcelamento promovidos pela União com finalidade arrecadatória, essa sistemática dos crimes previdenciários começou a ser alterada, ganhando um tratamento cada vez mais comum àquele dado aos delitos tributários e, em consequência, alargando as hipóteses de normas premiais. Merece destaque a Lei Federal n. 10.684/2003, a qual permitiu, em seu art. 5º e no tocante ao Instituto Nacional do Seguro Social (INSS), que os débitos oriundos de contribuições patronais, com vencimento até 28 de fevereiro de 2003, poderiam ser objeto de acordo para pagamento parcelado em até cento e oitenta prestações mensais, observadas as condições fixadas e datas para o requerimento. Para tanto, o art. 9º estabeleceu que o parcelamento conduziria à suspensão da pretensão punitiva, com a subsequente extinção da punibilidade após o pagamento integral da dívida. Definitivamente o legislador optou por uma solução pragmática idêntica para os crimes tributários e previdenciários, condizente com a lógica exclusiva da arrecadação.

Atualmente está em vigor a redação do art. 83 da Lei Federal n. 9.430/96, modificada pelas Leis Federais n. 12.350/2010 e 12.382/2011. Mais uma vez, idêntico será o tratamento conferido aos crimes tributários e previdenciários no que concerne à dependência da persecução penal a decisões administrativas e ao pagamento e parcelamento como fatores de extinção de punibilidade. A novel legislação estabelece que a representação fiscal para fins penais relativa aos crimes contra a ordem tributária previstos nos arts. 1º e 2º da Lei Federal n. 8.137/90, e aos crimes contra a Previdência Social, previstos nos arts. 168-A e 337-A do CP, será encaminhada ao Ministério Público depois de proferida a decisão final, na esfera administrativa, sobre a exigência fiscal do crédito tributário correspondente. Quer parecer que o legislador, com esse dispositivo legal, definitivamente estabeleceu uma lógica de dependência entre a persecução penal dos crimes previdenciários e a decisão final da administração a respeito da exigibilidade do crédito. Cuida-se, assim, de fator impeditivo de qualquer medida penal, seja de caráter judicial (ação penal) ou investigativo (inquérito). Ainda que se possa debater academicamente se a natureza jurídica do encerramento da fase administrativa é sinônimo de configuração de um elemento essencial do tipo penal, simples condição objetiva de punibilidade, ou fator de justa causa como condição da ação penal, o ponto central é que sem ela inexiste persecução. Nesse sentido, aliás, superou-se o óbice a essa tese promovido pela afirmação acerca da falta de previsão expressa dos crimes previdenciários na Súmula Vinculante n. 24, editada pelo Supremo Tribunal Federal em 2 de dezembro de 2009. Afinal, a redação da lei, posterior à Súmula, é mais abrangente e, portanto, torna-a, inclusive, despicienda.

Igualmente, não mais remanescem dúvidas sobre a extinção da punibilidade dos crimes previdenciários pelo pagamento das contribuições, em que pese a inoportuna inserção do § 4º no art. 168-A do CP por meio da Lei n. 13.606/2018. O parcelamento, ao seu turno, tem o condão de suspender a pretensão punitiva. Mais uma vez, manteve-se como marco para a efetivação do pagamento ou requerimento do parcelamento o início da ação penal, ou seja, o recebimento da denúncia (§§ 2º a 6º do art. 83 da Lei Federal n. 9.430/96)[199]. Dito isso, percebe-se que os §§ 2º e 3º deste art. 168-A do Código Penal foram tacitamente revogados.

---

[199] "Art. 83. A representação fiscal para fins penais relativa aos crimes contra a ordem tributária previstos nos arts. 1º e 2º da Lei n. 8.137, de 27 de dezembro de 1990, e aos crimes contra a Previdência Social, previstos nos arts. 168-A e 337-A do Decreto-lei n. 2.848, de 7 de dezembro de 1940 (Código Penal), será encaminhada ao Ministério Público depois de proferida a decisão final, na esfera administrativa, sobre a exigência fiscal do crédito tributário correspondente. § 1º Na hipótese de concessão de parcelamento do crédito tributário, a representação fiscal para fins penais somente será encaminhada ao Ministério Público após a exclusão da pessoa física ou jurídica do parcelamento. § 2º É suspensa a pretensão punitiva do Estado referente aos crimes previstos no *caput*, durante o período em que a pessoa física ou a pessoa jurídica relacionada com o agente dos aludidos crimes estiver incluída no parcelamento, desde que o pedido de parcelamento tenha sido formalizado antes do recebimento da denúncia criminal. § 3º A prescrição criminal não corre durante o período de suspensão da pretensão punitiva. § 4º Extingue-se a punibilidade dos crimes referidos no *caput* quando a pessoa física ou a pessoa jurídica relacionada com o agente efetuar o pagamento integral dos débitos oriundos de tributos, inclusive acessórios, que tiverem sido objeto de concessão de parcelamento. § 5º O disposto nos §§ 1º a 4º não se aplica nas hipóteses de vedação legal de parcelamento. § 6º As disposições contidas no *caput* do art. 34 da Lei n. 9.249, de 26 de dezembro de 1995, aplicam-se aos processos administrativos e aos inquéritos e processos em curso, desde que não recebida a denúncia pelo juiz".

Pena da apropriação indébita previdenciária

A pena prevista para o crime de apropriação indébita previdenciária é de reclusão, com o mínimo de dois e máximo de cinco anos, além da multa.

Apropriação de coisa havida por erro, caso fortuito ou força da natureza

Art. 169. Apropriar-se alguém de coisa alheia vinda ao seu poder por erro, caso fortuito ou força da natureza:

Pena – detenção, de 1 (um) mês a 1 (um) ano, ou multa.

O *caput* do art. 169 do CP apresenta uma modalidade especial de apropriação indébita, intitulada de apropriação havida por erro, caso fortuito ou força da natureza. Primeira observação importante a respeito desse delito é que, ao contrário do delito de apropriação indébita, a coisa não chegou às mãos do possuidor em decorrência de um ato de vontade do proprietário. Na figura do art. 168, o sujeito ativo da apropriação é possuidor ou detentor da *res* em razão da anuência do proprietário com tal condição. Aqui, a coisa chega ao sujeito ativo do delito por razões outras, ou seja, por erro, caso fortuito ou força da natureza. O dever de restituição nasce, assim, não da relação de confiança entre o possuidor e o proprietário, mas do fato concreto de o objeto vir parar nas mãos do proprietário por motivos diversos.

Além disso, importa anotar que o sujeito ativo desse delito, especialmente na hipótese de erro, não pode, de modo algum, ter contribuído com este já com a intenção prévia de apropriação. Caso isso ocorra, o delito a se configurar será aquele de estelionato. Em outras palavras, o apropriador não participa do erro. Exemplos disso são aquele do sujeito que recebe do entregador objeto que não era a ele destinado; ou tem creditado em sua conta valor a maior do que o devido; ou, ainda, recebe objeto mais valioso se comparado com aquele a que fazia jus. Em todas essas hipóteses surge o dever de devolução da coisa alheia.

A coisa pode ainda chegar ao sujeito ativo do delito em razão de caso fortuito ou força da natureza. Embora mais incomuns, tais conceitos apontam para ocorrências que independem da vontade humana, como o aparecimento de um animal em propriedade diversa de seu titular ou, ainda, de enchentes ou terremotos que deslocam os objetos e os conduzem, sem qualquer participação humana, para a esfera de poder de outro sujeito que não o titular do domínio.

Existe aqui, assim como no art. 168, problemas no tocante ao momento consumativo da apropriação. Em tese, a consumação do delito ocorre no momento em que o sujeito inverte o ânimo de sua posse, agindo como se proprietário fosse da coisa. Do ponto de vista prático, pode-se dizer que o delito estará aperfeiçoado no momento em que a conduta do apropriador mostrar-se incompatível com a intenção concreta de devolução. Por exemplo, o sujeito utiliza o dinheiro depositado equivocamente em sua conta, ou resolve fazer uso regular do bem a ele equivocadamente entregue. Nesse aspecto, o crime será admissível apenas na espécie dolosa, sendo teoricamente possível, embora difícil, a ocorrência da tentativa.

Pena da apropriação de coisa havida por erro, caso fortuito ou força da natureza

A pena prevista para o crime em comento é de detenção, com o mínimo de um mês e máximo de um ano, ou multa. Desse modo, está sujeito à disciplina da Lei dos Juizados Especiais Criminais, Lei Federal n. 9.099/95, tanto no tocante à obediência do procedimento sumaríssimo quanto do eventual oferecimento de proposta de suspensão condicional do processo.

Parágrafo único. Na mesma pena incorre:

Apropriação de tesouro

I – quem acha tesouro em prédio alheio e se apropria, no todo ou em parte, da quota a que tem direito o proprietário do prédio;

Para a compreensão exata do delito de apropriação de tesouro é importante o conhecimento das normas de Direito Civil a respeito dessa matéria, aqui, uma vez mais, o Direito Penal aparece como estratégia jurídica de reforço da disciplina privatista. As previsões atinentes ao tema estão estabelecidas nos arts. 1.264 a 1.266 do CC. A regra geral é que o tesouro pertencerá tanto ao descobridor quanto ao proprietário do terreno em que foi localizado, cabendo a cada um a metade do achado. No caso de a descoberta ser realizada pelo proprietário do terreno, ou por meio de pesquisa que ele mesmo ordenou, obviamente a ele pertencerá a integralidade do encontrado.

O crime em comento busca proteger exatamente a quota-parte ideal a que faz jus o proprietário do terreno. Para sua ocorrência, portanto, deve estar pressuposto que o tesouro foi encontrado por pessoa diversa do titular do domínio, hipótese em que deverá conceder a este último a metade de tudo aquilo que for achado. Imagina-se um locatário de um terreno que, ao dele fazer uso, encontra depósito de coisas preciosas, oculto e de cujo dono não haja memória. A partir disso, surge o dever jurídico-civil de entregar ao locador (proprietário) a metade do tesouro. Caso não o faça, para além da responsabilização civil, também incorrerá nesta prática criminosa prevista no art. 169, inciso I, do CP.

Apropriação de coisa achada

II – quem acha coisa alheia perdida e dela se apropria, total ou parcialmente, deixando de restituí-la ao dono ou legítimo possuidor ou de entregá-la à autoridade competente, dentro no prazo de 15 (quinze) dias.

Por fim, a última modalidade de apropriação consiste naquela de coisa perdida. Ao contrário do que muitas vezes vulgarmente se diz, a apropriação de coisa achada não se trata de crime de furto, mas dessa específica figura típica. Exemplo bastante singelo dessa ocorrência pode ser verificado na situação do sujeito que, caminhando pelas ruas, encontra uma carteira repleta de dinheiro. De acordo com a legislação, ele terá o prazo máximo de quinze dias para a devolução, sob pena de incorrer nesse tipo incriminador.

Art. 170. Nos crimes previstos neste Capítulo, aplica-se o disposto no art. 155, § 2º.

Afirma-se nas diversas modalidades de apropriação indébita, com remissão ao art. 155, § 2º, que o juiz poderá substituir a pena de reclusão pela de detenção, diminuí-la de um a dois terços ou aplicar somente a pena de multa, naquelas hipóteses em que o autor da apropriação for primário e de pequeno valor a coisa apropriada. Assim como no furto, o nó górdio desse dispositivo reside no segundo requisito, ao estabelecer o elemento normativo pequeno valor. Também aqui cumpre destacar que o pequeno valor não se confunde com o princípio da insignificância, instrumento de interpretação material do crime e capaz de excluir o delito de apropriação indébita nas situações em que o prejuízo causado possuir valor irrisório. Em suma, repita-se, pequeno valor e insignificância são coisas claramente distintas em suas causas e efeitos. Desse modo, o pequeno valor não é insignificante, porém, e exatamente em razão de uma diminuta monta, merece um tratamento penal diverso, mais brando, de modo, inclusive, a garantir a proporcionalidade entre a gravidade do crime e a pena a ser fixada ao infrator.

Não é possível, ao menos no âmbito deste trabalho, fazer um levantamento amplo da jurisprudência a respeito, principalmente em razão do número de instâncias decisórias no Brasil e da casuística existente. Não parecem desarrazoadas, entretanto, algumas decisões que demarcam o pequeno valor como o valor do salário mínimo vigente à época dos fatos. Em que pesem as críticas que possam ser feitas, é sabido que o salário mínimo no Brasil infelizmente sempre foi sinônimo de algo de pequeno valor, fazendo justíssimos os embates políticos promovidos em prol do aumento de seu poder de compra. Com isso, privilegia-se a objetividade e a segurança jurídica, ideais mais consentâneos com a devida e correta aplicação da fórmula contida neste art. 170, o qual faz referência às diversas modalidades do delito de apropriação indébita.

Capítulo VI
Do estelionato e outras fraudes

Estelionato

Art. 171. Obter, para si ou para outrem, vantagem ilícita, em prejuízo alheio, induzindo ou mantendo alguém em erro, mediante artifício, ardil, ou qualquer outro meio fraudulento:

Pena – reclusão, de 1 (um) a 5 (cinco) anos, e multa.

Considerações gerais

O crime de estelionato ocupa inegavelmente uma posição de destaque no âmbito dos delitos patrimoniais. Pode-se dizer que, ao lado do furto, ostenta claro protagonismo, pois traz consigo, em suma, a ideia de obtenção de alguma vantagem econômica mediante a conduta de ludibriar a vítima. Por isso mesmo, se o furto é costumeiramente identificado com a noção de subtração, no caso do estelionato a sua essência reside na noção de fraude. Essa conduta fraudulenta ínsita ao delito em comento exige, desde logo, duas ponderações.

Em primeiro lugar, o legislador historicamente sempre encontrou dificuldades para tipificar as práticas fraudulentas em todas as suas possibilidades concretas. Dito de outro modo, a criatividade dos estelionatários é sempre mais fértil que a capacidade legislativa de antever todas as hipóteses possíveis de fraude e, em consequência, estabelecer um tipo penal específico para cada uma delas. Não é por outra razão que a trajetória evolutiva do crime de estelionato sempre trilhou um caminho que partiu da casuística em direção à generalização. A análise de codificações mais remotas faz notar que, anteriormente, preferiam os legisladores tipificar diversas condutas concretas fruto das inúmeras modalidades de fraudes, elencando todas elas, uma após outra. Resquício desse modo de proceder ainda pode ser visualizado no CP brasileiro, destacadamente nas figuras assemelhadas trazidas pelo § 2º deste art. 171. Gradativamente, o desafio da dogmática passou a ser a tentativa de construção de um tipo incriminador genérico, capaz de abarcar todas as hipóteses possíveis por meio de seus elementos essenciais. Essas formulações denominadas sintéticas remetem ao século XIX, especialmente às codificações alemã (1871), italiana (1889) e, mais remotamente, francesa (1810). Não é por acaso que o estelionato sempre foi o crime que mais debates e polêmicas causou na dogmática dos crimes patrimoniais.

Um segundo aspecto de elevada importância diz respeito à própria dinâmica do crime de estelionato. Ao contrário dos delitos de subtração, nos quais a vítima suporta uma agressão unilateral por parte do autor, o estelionato pode ser bem definido como um crime de relação. Isto quer dizer que a conduta do autor apenas terá sucesso no tocante à obtenção da vantagem econômica indevida se houver, por parte da vítima, uma conduta ativa, consistente na prática de um ato de disposição patrimonial. Existe aqui, portanto, uma relação entre autor e vítima, na qual o primeiro se utiliza da fraude para viciar a vontade da vítima e esta última, em razão do erro que lhe acomete, entrega a coisa ou os valores ao estelionatário. Trata-se, assim, de um crime que redunda no benefício de um em decorrência do prejuízo de outro, fator que, por si só, gera inúmeros problemas, especialmente relacionados aos limites entre fraudes propriamente ditas, por um lado, e simples relações negociais desfavoráveis, por outro.

Embora a fraude constitua um elemento essencial do crime de estelionato, convém alertar que existem outros delitos que também podem apresentá-la, como é exemplo o furto mediante fraude. A grande distinção entre uma figura e outra reside no diferenciado comportamento da vítima, que está maculado pelo aspecto fraudulento. No caso do furto, a fraude destina-se a produzir na vítima um nível de desatenção sobre a *res* que funcione como facilitador da subtração. Já no estelionato, conforme frisado, a fraude conduz a vítima a ato voluntário, embora viciado, de disposição patrimonial, o qual imagina benéfico, quando, na realidade, a conduzirá ao empobrecimento.

Dito isso, vale atestar que o crime de estelionato apresenta como bem jurídico o patrimônio em sentido amplo, ou seja, o cabedal patrimonial em sua integralidade. Em que pese a existência de divergências doutrinárias, algo inescapável nesta matéria, pode-se afirmar que o estelionato importará sempre no empobrecimento da vítima, fruto da já mencionada disposição patrimonial realizada e motivada pela fraude responsável pelo erro. É certo também que a fraude pode, em vez de criar o erro na vítima, apenas mantê-la, questão que, de acordo com a própria exposição de motivos do CP de 1940, torna o silêncio, "quando malicioso ou intencional acerca do preexistente erro da vítima, constitutivo de meio fraudulento caracterizador do estelionato".

Busca-se, com a incriminação, a tutela da lisura nas relações comerciais e na vida econômica como um todo, estabelecendo-se normativamente a expectativa de que as pessoas se comportem dentro de padrões mínimos de honestidade na prática de negócios. Por isso mesmo, desnecessário frisar que se trata de crime comum, no qual inexistem qualificativos especiais para que os sujeitos possam figurar seja na condição de autores, seja na condição de vítimas. Basta que sejam pessoas determinadas e capazes de discernimento. Afinal, a prática do delito de estelionato poderá estar presente nos mais corriqueiros e ordinários atos do cotidiano.

Tipicidade do estelionato

Para uma compreensão esquemática do delito de estelionato, sua exata configuração típica pode ser dividida em três momentos. O primeiro deles consiste no emprego doloso de fraude por parte do estelionatário em detrimento da vítima com o fito de induzi-la ou mantê-la em erro e, em consequência disso, alcançar a vantagem econômica indevida. O segundo passo reside no efetivo ato de disposição patrimonial da vítima em favor do autor, imbuída pelo erro que a acometeu. Por fim, aperfeiçoa-se o delito com a obtenção, por parte do fraudador, da desejada vantagem indevida. Essa peculiar configuração delitiva conduz naturalmente à afirmativa de que a prática de estelionato demandará sempre o elemento subjetivo doloso, inexistindo sua ocorrência na modalidade culposa.

Nessa dinâmica consequencial existente entre fraude, erro, disposição patrimonial e obtenção de vantagem, o primeiro elemento a ser analisado é a fraude, expressada pelo legislador como "artifício, ardil ou qualquer outro meio fraudulento". Nota-se que o texto legal, mais uma vez, preferiu se utilizar do expediente da enumeração exemplificativa (artifício e ardil) seguido da generalização (qualquer outro meio fraudulento). Em termos semânticos, artifício ou ardil são praticamente sinonímias, consistindo na artimanha, no subterfúgio, no truque. Apontam sempre para algo enganoso, para a astúcia e o fingimento. Implicam aquilo que é artificial e fingido. A doutrina, por vezes, busca diferenças para essas palavras, algo que carece de maiores consequências práticas, principalmente em face da generalização posteriormente empregada pelo tipo incriminador. Prado (2010, p. 460), por exemplo, define o artifício como "toda astuta alteração da realidade, quer simulando o agente o que não existe, quer dissimulando a realidade, como, por exemplo, quando oculta seu estado de insolvência". Já o ardil, ao seu turno, poderia ser entendido como "a aplicação de meios enganosos, revestido de uma forma intelectual". Atuaria, assim, sobre "a inteligência ou intelecto da vítima"[200], questão que aponta, inclusive, a capacidade persuasiva do autor, característica costumeiramente identificada com o perfil sempre sedutor e cativante do estelionatário.

Um ponto sempre delicado a respeito do crime de estelionato coloca-se nos exatos conceitos que podem ser atribuídos aos elementos normativos vantagem e prejuízo. Além disso, dado o aspecto simétrico entre ambos a relembrar Antoine Lavoisier, uma vez que a vantagem de um sujeito importará no prejuízo alheio, a estipulação de um conceito importará obviamente na lapidação do outro em termos coerentes. A pergunta que se formula, portanto, é se tanto o prejuízo quanto a vantagem devem ter dimensão econômica ou, do contrário, se se estaria a falar em qualquer tipo de benefício. Na medida em que o crime de estelionato não prevê expressamente a natureza econômica da vantagem, alguns autores já chegaram a dizer que o prejuízo deve ser econômico, enquanto a vantagem, não. Essa resposta não parece de todo certa, partindo de uma compreensão equivocada, ou ao menos problemática, da própria essência dos delitos patrimoniais.

Evidente que, naqueles casos em que a prática do estelionato recair sobre a disposição patrimonial de um bem, seja ele móvel ou imóvel, a perspectiva econômica do prejuízo e da vantagem salta aos olhos. Exemplo disso é aquele do cidadão que, ao apresentar-se ao banco, abre uma conta corrente e toma um empréstimo jamais honrado em nome falso. Neste caso, vislumbra-se tranquilamente o enriquecimento do autor e o empobrecimento da vítima. Ocorre que o estelionato pode recair sobre prestações de serviços, sem envolver uma disposição patrimonial em termos estritamente financeiros. Basta pensar na situação do sujeito que, em face de estar em erro decorrente da fraude, executa em benefício do

---

[200] O próprio autor reconhece, mais adiante, a desnecessidade prática da diferenciação: "O artifício diferencia-se do ardil por se revestir de um aparato material, enquanto o ardil se direciona sobre o psiquismo do iludido, numa ação primordialmente intelectual. Contudo, a mencionada discussão doutrinária torna-se inócua diante da fórmula abrangente da norma, que alcança qualquer conduta fraudulenta" (PRADO, 2010, p. 558-560).

estelionatário um serviço que, desde o início, jamais seria honrado. Em termos materiais, o que houve aqui foi a fruição fraudulenta da força de trabalho, por parte de um, e a frustração da contraprestação por parte de outro. Inegável, porém, que essas modalidades também importam em prejuízos e vantagens patrimoniais, ainda que na modalidade de expectativas, de pretensões não realizadas. Do mesmo modo, a vantagem é econômica, pois, ainda que representada por um serviço, apresenta um preço, um valor de disponibilidade que foi obtido sem qualquer desembolso por parte do fraudador. Inserido entre os delitos patrimoniais, não haveria sentido imaginar um estelionato cuja vantagem não fosse econômica, devendo esta consistir, portanto, sempre na obtenção de bens patrimoniais ou serviços assim estipuláveis.

Outros dois problemas costumam causar muitos debates no âmbito do estelionato. O primeiro deles repousa sobre aquelas situações em que o sujeito, ao dispor de seu patrimônio, recebe uma contraprestação de igual valor, porém diversa daquela que deseja. Aqui não há um empobrecimento, mas tão somente a não consecução de um fim objetivo e individualmente considerado. Imagine-se o caso do sujeito que celebra a compra de uma geladeira, sendo que o vendedor, por jamais tê-la em estoque, entrega-lhe um televisor de igual valor. Mesmo não havendo um empobrecimento, já há tempos a denominada teoria objetivo-individual, bastante influenciada pelos conceitos pessoais e funcionais de patrimônio, justifica essa incriminação, pois a disposição patrimonial teve o seu desiderato malogrado, fraudando-se o direito à livre e consciente disposição patrimonial. Dúvidas, porém, ainda remanescem.

A segunda questão polêmica diz respeito ao denominado estelionato do mendigo, consistente naquela prática do sujeito que simula um estado de mendicância ou enfermidade para, ao elevar o sentimento de piedade do doador, receber uma quantia desejada. A teoria alemã, desde o final do século XIX, intenta buscar justificativas dogmáticas para incriminar essa hipótese, valendo-se de teses como a frustração de um fim imaterial, qual seja, o desejo de empregar valores com o fito de ajudar pessoas realmente necessitadas. Contudo, essas soluções padecem por não enfrentarem o problema central do injusto no estelionato. A essência do crime reside no empobrecimento inconsciente, ou seja, no ato de disposição com o qual se espera, economicamente, uma contrapartida equivalente de cunho econômico. Nesses casos, denominados prestações unilaterais, não há erro por parte da vítima no tocante a não receber nada materialmente em troca. Ela sabe que está empobrecendo, independentemente de se tratar de um verdadeiro ou falso mendigo. Nesse sentido, parece difícil a verificação de tipicidade própria do estelionato nessas figuras[201].

---

[201] Ampla abordagem sobre esses casos problemáticos (SALVADOR NETTO, 2014, p. 68-76).

Não existem dúvidas de que o estelionato pode ser verificado em sua modalidade tentada. Para tanto, imagina-se o exemplo do sujeito que inicia os atos de execução tendentes a induzir ou manter a vítima em erro, mas que, por razões alheias à sua vontade, não logra a obtenção da vantagem patrimonial. Essa tentativa pode ser perfeita, quando realizados todos os atos de execução, ou imperfeita, na medida em que os atos executórios são interrompidos igualmente por motivos alheios.

Pena do estelionato

A pena prevista para o crime de estelionato é de reclusão, com o mínimo de um e máximo de cinco anos, além da multa. Nesta modalidade do *caput*, e uma vez preenchidos os demais requisitos do art. 89 da Lei Federal n. 9.099/95, é cabível o oferecimento da proposta de suspensão condicional do processo.

> § 1º Se o criminoso é primário, e é de pequeno valor o prejuízo, o juiz pode aplicar a pena conforme o disposto no art. 155, § 2º.

Afirma-se no delito de estelionato, com remissão ao art. 155, § 2º, que o juiz poderá substituir a pena de reclusão pela de detenção, diminuí-la de um a dois terços, ou aplicar somente a pena de multa, naquelas hipóteses em que o autor do estelionato for primário e de pequeno valor o prejuízo causado à vítima do delito. Assim como no furto, o nó górdio deste dispositivo reside no segundo requisito, ao estabelecer o elemento normativo *pequeno valor*. Cumpre aqui inicialmente destacar que o *pequeno valor* não se confunde com o princípio da insignificância, instrumento de interpretação material do crime e capaz de excluir o delito de estelionato nas situações em que o prejuízo causado possuir valor irrisório. Em suma, repita-se, pequeno valor e insignificância são coisas claramente distintas em suas causas e efeitos. Nesse sentido, o *pequeno valor* não é insignificante, porém, e exatamente em razão de uma diminuta monta, merece um tratamento penal diverso, mais brando, de modo, inclusive, a garantir a proporcionalidade entre a gravidade do crime e a pena a ser fixada ao infrator.

Não é possível, ao menos no âmbito deste trabalho, fazer um levantamento amplo da jurisprudência a respeito, principalmente em razão do número de instâncias decisórias no Brasil e da casuística existente. Não parecem desarrazoadas, entretanto, algumas decisões que demarcam o pequeno valor como o valor do salário mínimo vigente à época dos fatos. Em que pesem as críticas que possam ser feitas, é sabido que o salário mínimo no Brasil infelizmente sempre foi sinônimo de algo de pequeno valor, fazendo justíssimos os embates políticos promovidos em prol do aumento de seu poder de compra. Com isso, privilegia-se a objetividade e a segurança jurídica, ideais mais consentâneos com a devida e correta aplicação da fórmula contida neste § 1º do art. 171 do Código Penal.

§ 2º Nas mesmas penas incorre quem:

Para além da previsão genérica do estelionato estabelecida no *caput*, o legislador tipificou, no próprio bojo do art. 171, seis modalidades entendidas como assemelhadas. Caso essas figuras não possuíssem previsão própria, certamente tais condutas recairiam na modalidade geral. Entretanto, e dada a relevância dessas espécies de fraudes, bem como o resquício de legislações pretéritas que demarcavam uma a uma as possibilidades de engodo, preferiu-se mantê-las na codificação de 1940.

Disposição de coisa alheia como própria

I – vende, permuta, dá em pagamento, em locação ou em garantia coisa alheia como própria;

A primeira espécie fraudulenta especificamente tipificada pelo legislador estabelece a criminalização daquele que vende, permuta, dá em pagamento, em locação ou em garantia coisa alheia como própria. Na realidade, a essência do injusto aqui sediado está na indevida adjudicação por parte do fraudador de direitos ou faculdades que são inerentes ao proprietário. Dúvidas inexistem no sentido de que apenas o titular do domínio da coisa possui a capacidade jurídica de aliená-la, locá-la, dá-la em garantia. Em suma, trata-se de prerrogativas jurídicas que apenas podem ser desfrutadas pelo proprietário, de tal sorte que o criminoso, nestes casos, realiza uma conduta factual que juridicamente somente é conferida ao senhorio.

O crime em comento, por óbvio, é doloso, além de admitir a possibilidade de ocorrência da tentativa. Além disso, não exige qualquer qualidade especial do autor (crime comum). Em que pesem opiniões em contrário, importante verificar que não haverá a prática do crime de disposição de coisa alheia como própria se a *res* chegou às mãos do autor de maneira já criminosa. Por exemplo, caso o sujeito tenha furtado o objeto e depois vendido, esta prática subsequente deverá ser tratada como *post-factum* impunível, sendo responsabilizado apenas pelo crime de subtração. Do mesmo modo, se já tiver adquirido o bem de terceiro sabendo de sua procedência ilícita, remanescerá tão somente a figura da receptação, considerando-se impunível a conduta de revenda do produto do crime.

Alienação ou oneração fraudulenta de coisa própria

II – vende, permuta, dá em pagamento ou em garantia coisa própria inalienável, gravada de ônus ou litigiosa, ou imóvel que prometeu vender a terceiro, mediante pagamento em prestações, silenciando sobre qualquer dessas circunstâncias;

A segunda modalidade prevista traz a situação do sujeito que aliena ou onera coisa própria. Neste caso, a essência do injusto não reside na violação do direito de propriedade de outrem, pois a coisa é do próprio alienante, mas sim nas relações jurídicas que limitaram o direito de propriedade do titular, haja vista a coisa ser inalienável, gravada de ônus, litigiosa ou prometida a terceiro. Na medida em que o proprietário se desfaz da coisa nessas condições, a despeito do gravame imposto, viola direito de outrem e, mais ainda, rompe com as obrigações jurídicas de se portar como titular de uma propriedade limitada, a qual não possui mais o domínio pleno.

Para a ocorrência do delito, entretanto, é necessário mais, ou seja, não basta que o proprietário se desfaça de um bem sobre o qual recai alguma das condições previstas no tipo. É preciso que o adquirente desconheça essa situação. Tal exigência tem uma razão muito simples. Caso o adquirente esteja ciente do ônus, não haverá prejuízo patrimonial algum a ser verificado, pois este será sabedor, desde o início, da possibilidade de ser reclamado o bem por terceiro.

Defraudação de penhor

III – defrauda, mediante alienação não consentida pelo credor ou por outro modo, a garantia pignoratícia, quando tem a posse do objeto empenhado;

O delito de defraudação de penhor consiste em reforço jurídico penal dessa modalidade de direito real de garantia (penhor). Cuida-se, portanto, da hipótese do sujeito que, na condição de devedor, permanece com a posse da coisa e, não obstante a existência do gravame real sobre ela, resolve aliená-la sem a anuência do credor. O sujeito ativo, portanto, será o proprietário do objeto empenhado, enquanto a vítima será o titular do direito real de garantia.

Bitencourt (2013, p. 286) lança aqui o exemplo da alienação da lavoura de soja, "constituída em garantia por meio de cédula rural pignoratícia, sem o consentimento do credor", conduta que aperfeiçoa essa modalidade assemelhada ao estelionato.

Fraude na entrega de coisa

IV – defrauda substância, qualidade ou quantidade de coisa que deve entregar a alguém;

O delito de fraude na entrega da coisa tem como finalidade a proteção das relações negociais em que o devedor, em decorrência de obrigação legal, judicial ou contratual, deve transferir coisa determinada ao credor. Importa frisar que o crime não decorre simplesmente da incompatibilidade acerca da qualidade ou quantidade do objeto que deveria ser entregue, mas sim na existência dolosa de fraude, consistente na efetiva prática de defraudação. Defraudar é sinônimo de iludir, de enganar, sendo no caso concreto a conduta de ardilosamente realizar algum tipo de burla no sentido de fazer uma coisa se passar, aparentemente, por outra.

Fraude para recebimento de indenização ou valor de seguro

V – destrói, total ou parcialmente, ou oculta coisa própria, ou lesa o próprio corpo ou a saúde, ou agrava as consequências da lesão ou doença, com o intuito de haver indenização ou valor de seguro;

A modalidade criminosa estabelecida pelo inciso V é uma das hipóteses mais costumeiramente vistas de delitos assemelhados ao estelionato. Imagina-se, aqui, a conduta daquele sujeito que destrói ou oculta o seu próprio patrimônio, ou lesa o corpo ou a saúde, com a finalidade de receber a indenização decorrente do seguro. Para que tal prática delitiva possa ser perpetrada, é inicialmente preciso verificar se o objeto da ação do fraudador estava segurado, ou seja, havia um contrato de seguro que lhe garantiria a indenização no caso de ocorrência do sinistro. A partir disso, a análise passa a ser a existência de fraude sobre o advento do sinistro, ou seja, este não ocorreu em razão de fato de terceiro, caso fortuito ou força maior, mas sim da própria prática do segurado, sempre com o fito de forjar a intempérie e receber, em consequência, o valor estabelecido na apólice.

Exemplo dessa situação é aquela do sujeito que, não desejando mais o seu automóvel, ou em dificuldade de conseguir vendê-lo regularmente no mercado de veículos usados, resolve simular uma falsa subtração (furto ou roubo), comunicando a seguradora dessa mentirosa ocorrência e, consequentemente, exigindo da empresa o pagamento do valor do seguro decorrente de delitos patrimoniais. Trata-se, evidentemente, de crime doloso, o qual se consuma com as condutas previstas no tipo, desde que sempre subjetivamente motivadas a fraudulentamente obter vantagem da seguradora.

Fraude no pagamento por meio de cheque

VI – emite cheque, sem suficiente provisão de fundos em poder do sacado, ou lhe frustra o pagamento.

Dentre todos os delitos assemelhados ao estelionato, esta hipótese do inciso IV é certamente a mais comum. É verdade que atualmente a sua ocorrência tem se visto gradativamente diminuída, mas isso é reflexo natural da perda de importância progressiva do cheque, enquanto título de crédito, para as relações comerciais do cotidiano. De todo modo, parece inegável que, não obstante o cheque não tenha mais o protagonismo de outrora, substituído que foi pelo denominado *plastic money*, sua utilização ainda possui relevância, sendo de grande valia alguns comentários.

A compreensão da figura típica, em si mesma, não apresenta maiores dificuldades, pois o delito configurar-se-ia, em tese, com a simples emissão de cheque e sua consequente circulação, sem a devida provisão de fundos perante a instituição financeira sacada. Em outras palavras, o aperfeiçoamento típico decorreria da situação em que o titular da conta, a que diz respeito o talonário, emite um cheque sem valor suficiente em sua conta, de tal sorte que o título não poderá ser compensado pelo banco e, portanto, o portador verá frustrada a sua expectativa de receber o numerário expresso na cártula. Do mesmo modo, poderá ocorrer o crime se o não pagamento decorrer de outra situação diversa da falta de provisão de fundos, por exemplo, uma ordem de sustação do título, fraudulentamente intencionada a impedir o seu adimplemento.

Ocorre que a jurisprudência, exatamente em razão do grande número de desavenças comerciais que acabam por recair nessa figura delitiva, estabeleceu ao longo dos anos uma série de critérios limitadores da ocorrência desse delito. Menciona-se, em primeiro lugar, a Súmula 246 do Supremo Tribunal Federal, que reafirmou a necessária existência de fraude para essa ocorrência típica: "Comprovado não ter havido fraude, não se configura o crime de emissão de cheques sem fundo". Em segundo lugar, com a finalidade de prestigiar a solução patrimonial de problemas negociais, foi estabelecida a Súmula 554 pelo mesmo STF: "O pagamento de cheque emitido sem provisão de fundos, após o recebimento da denúncia, não obsta o prosseguimento da ação penal". Com isso, o pagamento do valor expressado até o início da ação penal tem o condão de extinguir a punibilidade do delito. No tocante à competência para apurar este delito, duas outras súmulas merecem menção. A Súmula 521 do STF ("O foro competente para o processo e julgamento dos crimes de estelionato, sob a modalidade da emissão dolosa de cheques sem provisão de fundos, é o do local onde seu deu a recusa do pagamento pelo sacado") e a Súmula 244 do STJ ("Compete ao foro do local da recusa processar e julgar o crime de estelionato mediante cheque sem provisão de fundos").

A Lei n. 14.155/2021 inseriu o § 4º ao art. 70 do Código de Processo Penal, positivando a regra de que os crimes de estelionato, quando praticados mediante depósito, emissão de cheques sem suficiente provisão de fundos em poder do sacado ou com o pagamento frustrado ou mediante transferência de valores, terão sua competência definida pelo local do domicílio da vítima, e, em caso de pluralidade de vítimas, pela prevenção. O legislador optou, portanto, por simplificar a fixação de competência em tais casos.

Além disso, a jurisprudência também entendeu que, nos casos de cheques emitidos como garantia de dívidas (comumente denominados cheques pré-datados), inexistirá o crime em comento, pois o título não funcionaria aqui como ordem de pagamento à vista, mas sim como mera garantia de dívida. Em suma, trata-se o delito de emissão de cheques sem provisão de fundos de crime doloso, o qual se consuma, em que pesem opiniões em contrário, no momento em que o pagamento é recusado pela instituição financeira sacada.

Fraude eletrônica

§ 2º-A. A pena é de reclusão, de 4 (quatro) a 8 (oito) anos, e multa, se a fraude é cometida com a utilização de informações fornecidas pela vítima ou por terceiro induzido a erro por meio de redes sociais, contatos telefônicos ou envio de correio eletrônico fraudulento, ou por qualquer outro meio fraudulento análogo.

Para além dos acréscimos promovidos no tipo penal de furto, a Lei n. 14.155/2021 também estabeleceu uma figura qualificada para o estelionato, descrita como "fraude eletrônica". Assim, comina-se a pena de quatro a oito anos de reclusão e multa aos casos em que a fraude é cometida com a utilização de informações fornecidas pela vítima ou por terceiro induzidos a erro por meio de redes sociais, contatos telefônicos ou envio de correio eletrônico fraudulento, bem como por fraudes análogas.

Rememora-se que, no estelionato, a vítima é induzida ou mantida em erro de modo a efetuar uma disposição patrimonial em favor do autor do delito, após o que este obtém a vantagem indevida almejada, aperfeiçoando-se o crime. Há, portanto, um ato voluntário da vítima que implica a diminuição de seu patrimônio, ainda que atue imbuída pelo erro.

A hipótese prevista neste § 2º-A diz respeito especificamente ao modo de execução do delito, que com grande frequência ocorre pela rede mundial de computadores e por contatos telefônicos. É o caso, por exemplo, do já conhecido golpe do sujeito que, fazendo-se passar por familiar ou amigo, entra em contato com a vítima por rede social e solicita empréstimo para o pagamento de uma conta, afirmando o valor será restituído assim que regularizado o acesso a suas contas bancárias. Se a transferência é realizada, aperfeiçoa-se o delito pela obtenção da vantagem indevida. Esta figura qualificada também se aplica aos casos de cobranças falsas por telefone, redes sociais ou correios eletrônicos fraudulentos.

Assim como no § 4º-B do art. 155 do CP, pretendeu aqui o legislador conferir maior segurança no uso da internet e de aparelhos telefônicos para o regular desenvolvimento de relações pessoais e comerciais, algo que já foi plenamente incorporado ao cotidiano dos cidadãos. Contudo, novamente deve ser apontada a desproporcionalidade da pena mínima de quatro anos em relação à figura do *caput* do art. 171 e de outros delitos da Parte Especial, de sorte a impedir qualquer medida despenalizadora prevista na legislação penal e processual (suspensão condicional do processo, transação penal e mesmo o acordo de não persecução penal são afastados pela quantidade de pena prevista pela qualificadora).

§ 2º-B. A pena prevista no § 2º-A deste artigo, considerada a relevância do resultado gravoso, aumenta-se de 1/3 (um terço) a 2/3 (dois terços), se o crime é praticado mediante a utilização de servidor mantido fora do território nacional.

O parágrafo em comento prevê uma causa de aumento específica para a figura da fraude eletrônica, descrita no § 2º-A. A pena sofrerá um incremento de um terço a dois terços se o crime for praticado pela utilização de servidor mantido fora do território nacional. Vez que se trata de delito normalmente praticado pela rede de computadores, o legislador considerou mais gravosa a conduta quando o agente opera servidor mantido fora do território nacional para executar o estelionato, provavelmente considerando a maior dificuldade de identificação de todos os sujeitos envolvidos e de obtenção das provas do fato típico, que pode demandar a cooperação de autoridades de outro país.

A propósito, em dezembro de 2021 foi promulgado pelo Presidente do Senado Federal o Decreto Legislativo n. 37, que aprova o texto da Convenção sobre o Crime Cibernético, celebrada em Budapeste, na Hungria, em 23 de novembro de 2001. Com a adesão do Brasil, busca-se facilitar a cooperação para o compartilhamento de provas eletrônicas sob jurisdição estrangeira.

§ 3º A pena aumenta-se de um terço, se o crime é cometido em detrimento de entidade de direito público ou de instituto de economia popular, assistência social ou beneficência.

Finalmente, este § 3º prevê hipótese de causa de aumento de pena para o delito de estelionato quando perpetrado em detrimento de entidade de direito público ou instituto de economia popular, assistência social ou beneficência. Trata-se de instituições que, dada a relevância de suas atividades, aumentam o desvalor da fraude perpetrada. Por falta de previsão legal, ao contrário de outros dispositivos do CP, não se aplica a causa de aumento, em razão do princípio da legalidade, a sociedades de economia mista ou concessionárias de serviço público, as quais estão submetidas ao regime de direito privado.

Estelionato contra idoso ou vulnerável

§ 4º A pena aumenta-se de 1/3 (um terço) ao dobro, se o crime é cometido contra idoso ou vulnerável, considerada a relevância do resultado gravoso.

A Lei n. 13.228, de 28 de dezembro de 2015, inseriu causa de aumento de pena no delito de estelionato, afirmando que a sanção seria aplicada em dobro se o crime fosse cometido contra pessoa idosa. De acordo com o art. 1º do denominado Estatuto do Idoso (Lei n. 10.741/2003), será considerada idosa a pessoa que possuir idade igual ou superior a 60 (sessenta) anos.

Posteriormente, a Lei n. 14.155/2021, responsável por tornar mais graves os crimes de violação de dispositivo informático, furto e estelionato cometidos de forma eletrônica ou pela internet, acrescentou a figura da vítima "vulnerável" à causa de aumento e a fixou no montante de 1/3 (um terço) ao dobro em ambos os casos (idoso ou vulnerável). Não há definição legal das situações específicas que configuram a vulnerabilidade da vítima, que normalmente inclui menores de idade, idosos e pessoas com deficiência. É possível até mesmo que a condição de vulnerável se apresente em caráter transitório, como na hipótese de indivíduos em convalescença.

Parte o legislador do diagnóstico de hipossuficiência de tais sujeitos, elemento facilitador da fraude e, por isso mesmo, a justificar a maior necessidade de reprovação do estelionatário que se vale dessa condição da vítima. A lei, no caso do idoso, preferiu a generalização, sem preocupar-se com as peculiaridades do caso concreto a demandar uma avaliação mais aprofundada acerca da existência, de fato, de tal condição de maior vulnerabilidade. Nada impede, contudo, que o julgador possa ponderar, concretamente, se realmente o fraudador utilizou-se dessa condição específica da vítima para facilitar a perpetração do crime, e somente a partir disso aplicar, ou não, o aumento de pena estabelecido.

A fração de aumento de pena, que vai de 1/3 (um terço) ao dobro, deve ser determinada pela "relevância" do resultado gravoso (prejuízo causado à vítima), mais um aspecto que deve ser justificado pelo julgador por meio de fundamentação idônea.

§ 5º Somente se procede mediante representação, salvo se a vítima for:
I – a Administração Pública, direta ou indireta;
II – criança ou adolescente;
III – pessoa com deficiência mental; ou
IV – maior de 70 (setenta) anos de idade ou incapaz.

O *Pacote Anticrime*, atendendo a antigo pleito da comunidade acadêmica, resolveu alterar a natureza da ação penal que apura o delito de estelionato. Passa agora a legislação a exigir a representação do ofendido, caracterizando aqui a denominada ação penal pública condicionada. Trata-se de um importante avanço, haja vista que a inexistência de violência ou grave ameaça nessa espécie faz com que o único bem jurídico afetado seja o patrimônio, cujo traço principal é a sua disponibilidade. Portanto, para que o Estado possa promover a persecução penal, nada mais natural que a vítima expressamente manifeste a sua vontade.

Em quatro situações, dadas as peculiaridades das vítimas, sua vulnerabilidade ou interesse público, a ação permanecerá pública incondicionada. São os casos de estelionato praticado em desfavor da Administração Pública, direta ou indireta; criança ou adolescente; pessoas com deficiência mental; ou maior de 70 anos de idade ou incapaz. Tendo em vista a primeira figura do inciso IV, ou seja, o maior de 70 anos de idade, fica afastada exclusivamente no estelionato, e para fins específicos da natureza da ação penal, a incidência da norma contida no art. 183, III, do CP.

Fraude com a utilização de ativos virtuais, valores mobiliários ou ativos financeiros

Art. 171-A. Organizar, gerir, ofertar ou distribuir carteiras ou intermediar operações que envolvam ativos virtuais, valores mobiliários ou quaisquer ativos financeiros com o fim de obter vantagem ilícita, em prejuízo alheio, induzindo ou mantendo alguém em erro, mediante artifício, ardil ou qualquer outro meio fraudulento.

Pena – reclusão, de 4 (quatro) a 8 (oito) anos, e multa.

Considerações gerais

O art. 171-A do CP foi inserido pela Lei n. 14.478, de 21 de dezembro de 2022, cuja finalidade foi suprir importante lacuna legislativa no que se refere às denominadas criptomoedas e criptoativos. De acordo com o próprio texto legal, sua destinação é estabelecer diretrizes a serem observadas na prestação de serviços de ativos virtuais e na regulamentação das prestadoras de serviços de ativos virtuais. Com base nisso, igualmente resolveu alterar a legislação penal para prever o crime de fraude com a utilização de ativos virtuais, valores mobiliários ou ativos financeiros. Também alterou a Lei n. 7.492, de 16 de junho de 1986, que define crimes contra o sistema financeiro nacional, e a Lei n. 9.613, de 3 de março de 1998, que dispõe sobre lavagem de dinheiro, para incluir as prestadoras de serviços de ativos virtuais no rol de suas disposições.

Silveira (2022, p. 53), antes mesmo da entrada em vigor da legislação brasileira que agora pretende outorgar melhores contornos normativos aos criptoativos, já destacava uma progressiva inquietação penal com ataques a bens jurídicos que pudessem advir dessa seara. Essa alavancagem da atenção penal para com o tema, pode, nas próprias palavras do autor, ser explicada pelas distintas gerações daquilo que denominou de "diagrama de preocupação penal". Especificamente, três seriam os sucessivos momentos a caracterizar essa trajetória.

O primeiro consiste numa preocupação de tutela patrimonial à luz das novas experiências protagonizadas, principalmente, pelas criptomoedas. Essas ofensas patrimoniais podem ser traduzidas, em termos típicos, por diversas espécies delitivas, a exemplo de "ataques *hackers*, apropriações indébitas, estelionatos vários, além, não raro, de acusações de exercício de atuação em pirâmides financeiras" (SILVEIRA, 2022, p. 154).

O segundo momento desse diagrama diz respeito, a seu turno, àquela que é a mais comum mensagem criminal em face dos criptoativos, qual seja a adoção de uma política criminal que tem como finalidade impedir, por meio das novas tecnologias, o incremento do trilema penal econômico. Em outras palavras, cuida-se da busca de estratégias de contenção aos delitos de evasão de divisas, sonegação fiscal e lavagem de dinheiro.

Já o terceiro degrau possui como pressuposto a percepção de que os criptoativos são, definitivamente, elementos integrantes da ordem econômica e, por isso mesmo, devem ser vistos e regulados como ativos financeiros, integrando, ainda que de modo eventualmente um pouco diferenciado, o conjunto do próprio sistema financeiro. É por isso mesmo, e mais uma vez com Silveira (2022, p. 155), que, "para além de uma nova onda de preocupações regulatórias, também são vistos desenhos de novos tipos penais, como, por exemplo, crimes de gestão temerária e fraudulenta de corretora de criptoativos".

No caso brasileiro, esse diagrama tripartite ajuda a compreender a própria inteireza da Lei n. 14.478/2022, eis que a legislação apresenta pontos diversos que tocam em cada um dos problemas aqui apresentados. Demonstrativo maior disso reflete-se nas alterações promovidas na própria regulação nacional da lavagem de dinheiro, fazendo-se questão de inserir as corretoras de criptoativos como mais um daqueles agentes que possuem deveres de coleta e armazenamento de dados de clientes e operações, bem como de obrigações de comunicação de atividades suspeitas ou incomuns aos órgãos governamentais competentes[202]. Não há dúvida, mais uma vez, da grande preocupação pública em evitar que esses ativos financeiros virtuais se transformem, ou sejam utilizados, como ferramentas oportunas e eficientes para a prática de delitos econômicos.

Do tipo incriminador e da pena cominada

Em termos especificamente penais, o ponto de maior destaque da Lei n. 14.478/2022 foi inegavelmente a definição de uma nova modalidade de estelionato, delito patrimonial, aliás, que nos últimos anos tem sofrido uma notória inflação de suas específicas subespécies. O CP ganhou um tipo incriminador inserido no art. 171-A, cujo *nomen iuris* é *fraude com a utilização de ativos virtuais, valores mobiliários ou ativos financeiros*.

A comparação do novo dispositivo com a clássica fórmula do estelionato prevista no art. 171 do CP sinaliza, ao menos em preliminar lançar de olhos, para muitas proximidades. Isso porque praticamente todos os elementos existentes na figura original estão aqui replicados. Ou seja, as noções de obtenção de vantagem, de prejuízo, de erro e de meio fraudulento são, todas elas, elementares de ambas as modalidades. Com isso, não haveria equívoco algum na afirmativa de que, realmente, o art. 171-A é uma figura que se diferencia de sua congênere pelo aspecto da especialidade, cuja relevância fez com que o legislador optasse, em sua práxis política, por criar um tipo penal autônomo.

Essa especialização, a propósito, não se restringe somente aos criptoativos ou criptomoedas, já que o Poder Legislativo foi além, determinando também aqui a inclusão de valores mobiliários e demais ativos financeiros, autênticos elementos normativo-jurídicos do tipo incriminador (SALVADOR NETTO, 2006b, p. 38).

---

[202] Sobre a relação entre criptomoedas e lavagem de dinheiro, *vide*: ESTELLITA e TUMBIOLO, 2022, p. 158 e s.

Assim, houve um alargamento do âmbito de incidência incriminador, já que a organização, a distribuição, a oferta ou a intermediação de quaisquer desses ativos será conduta suficiente a chamar a norma especializada. Ao mesmo tempo, e na medida em que a criminalização avança para os casos gerais de ativos financeiros, suscita-se a possibilidade, em algumas ocasiões, de conflito aparente de normas com as disposições contidas na Lei n. 7.492/86, a exemplo, dentre outros, do crime de gestão fraudulenta de instituição financeira.

O tema, entretanto, que provavelmente causará maior polêmica nesse delito reside exatamente naquilo que ele se diferencia de seu precursor. A tradicional configuração do estelionato, como fórmula histórica e genérica de fraude patrimonial, supõe a obtenção de alguma vantagem econômica por parte de seu autor, componente sem o qual a figura não estará consumada, podendo, ao máximo e se reunidas as demais condições para tanto, ser punida na modalidade tentada. Essa vantagem econômica apresenta, no mais das vezes, o seu sinalagma sob a perspectiva da vítima, consistente na dimensão do prejuízo. Não é à toa que o verbo central do art. 171 do CP é "obter", denotando, portanto, esse juízo de captação ilícita da patrimonialidade alheia.

Já a redação do art. 171-A foi para outro caminho. Embora a noção de obtenção permaneça, ela abandona a posição central e assume apenas o papel de meta a ser alcançada mediante outros comportamentos. Ou seja, será autor desse delito aquele que intermediar operações com ativos virtuais, induzindo alguém em erro, com o fim de obter vantagem indevida. Em outras palavras, a obtenção deixa de ser um elemento objetivo do tipo e praticamente transmuta-se em elemento subjetivo especial. Em termos dogmáticos, essa opção, consciente ou inconsciente do legislador, instaura um drama sobre a natureza material ou formal dessa subespécie de estelionato. Isto é, se para a sua consumação bastará, *e.g.*, a gestão de ativos com o fim de obter vantagem ou, do contrário, se será preciso, além da gestão, a efetiva obtenção dessa mesma vantagem

Se a leitura isolada do novo tipo tende a apontar para uma estranhíssima modalidade formal de estelionato, talvez uma reflexão mais aguda possa insinuar um caminho um pouco diverso. Em primeiro lugar, porque toda longeva elaboração intelectual do crime de estelionato, a qual remonta a meados do século XIX, sempre tratou essa figura como um delito material, em face, inclusive, da própria característica de disponibilidade e individualidade do patrimônio. Seguir no caminho contrário implica acentuar, ainda mais, a super tutela patrimonial, algo contracorrente nos tempos contemporâneos (SALVADOR NETTO, 2014, p. 181 e s.).

Em segundo lugar, há um problema de equidade nas consequências. Não há dúvidas de que a criação de um tipo autônomo de estelionato traz consigo uma valoração legislativa de relevância. Por isso mesmo, faz sentido que as penas aqui cominadas sejam maiores do que aquelas postuladas pelo *caput*, afinal, se iguais fossem, careceria de razão ou logicidade o próprio aparecimento do tipo especializado. Contudo, ressalta-se que as penas cominadas no art. 171-A são excessivamente mais severas se cotejadas com a modalidade clássica. Com isso, o entendimento de ser o estelionato especial uma figura de crime formal traz resultados ainda mais problemáticos, pois importará em excesso de penalização, principalmente a se pensar que o estelionatário não se vale de violência ou grave ameaça, que o dano patrimonial causado é sempre passível de reparação e, ademais, que o próprio legislador brasileiro recentemente decidiu pela natureza condicionada da ação para essa *fattispecie*.

A pena, de quatro a oito anos de reclusão e multa, impede as soluções consensuais de conflitos penais, haja vista que a pena mínima ultrapassa o montante limite estabelecido para a eventual celebração de acordo de não persecução penal (art. 28-A do CPP). Nota-se que, se comparadas ao *caput*, a pena mínima aqui cominada é quatro vezes maior, enquanto a pena máxima atinge patamar ligeiramente menor do que aquele que seria o dobro da prevista no art. 171 do CP.

Duplicata simulada

Art. 172. Emitir fatura, duplicata ou nota de venda que não corresponda à mercadoria vendida, em quantidade ou qualidade, ou ao serviço prestado.

Pena – detenção, de 2 (dois) a 4 (quatro) anos, e multa.

Parágrafo único. Nas mesmas penas incorrerá aquele que falsificar ou adulterar a escrituração do Livro de Registro de Duplicatas.

O delito de duplicata simulada, o qual já foi diversas vezes alterado na legislação nacional, destina-se a proteger esta modalidade de título de crédito representativo de compra e venda mercantil de mercadorias ou prestações de serviços, tendo como lastro exatamente esse negócio jurídico que lhe é subjacente. De acordo com o Direito Comercial, a duplicata é um título de crédito criado pelo direito brasileiro, atualmente regulado pela Lei Federal n. 5.474/68 e pelo Decreto-lei n. 436/69, possuindo funções de "exclusiva natureza comercial, relacionadas à constituição, circulação e cobrança de créditos nascidos de operações mercantis ou de contratos de prestação de serviços" (COELHO, 2012, p. 520). Trata-se, assim, do título possível de ser emitido pelo credor (vendedor) em desfavor do devedor (comprador). Diferencia-se, por exemplo, da nota promissória ou do cheque, os quais são títulos emitidos pelo próprio comprador.

Idealmente, as duplicatas permitem a circulação do crédito derivado do negócio comercial que lhe deu causa. Imaginando uma compra a prazo de determinada mercadoria, na qual o devedor se responsabiliza pelo pagamento no período de trinta dias, a emissão da duplicata permitirá ao vendedor colocá-la no mercado, permitindo ao seu portador, quem quer que seja e na data aprazada, receber o montante devido do comprador.

O aparecimento do sistema criminal nessa dinâmica comercial ocorre exatamente em decorrência da ilegal possibilidade de dolosas emissões de faturas, duplicatas ou notas de venda que não correspondam à mercadoria vendida ou ao serviço prestado ou, mais ainda, estejam em desconformidade com o negócio jurídico que embasou essa mesma emissão. Imagine-se um comerciante que, diante de dificuldades financeiras, resolva emitir uma duplicata em desfavor de um suposto devedor, tendo como falso lastro uma relação comercial jamais existente (duplicata fria). Após colocar essa duplicata no mercado, e chegado o dia do vencimento, o portador do título irá tentar receber o montante ali descrito do devedor, momento em que tomará ciência de que tal crédito, de fato, não corresponde a qualquer transação comercial anterior. Outra hipótese é a emissão da duplicata com valores maiores do que o devido, sempre na tentativa criminosa do vendedor/emissor de fazer circular no mercado um título que lhe propiciará ganhos incompatíveis com os negócios jurídicos que verdadeiramente celebrou.

Aponta-se aqui um lapso do legislador na tipificação dessa incriminação. O tipo penal faz referência apenas aos títulos que não correspondem à mercadoria vendida em quantidade ou qualidade, ou ao serviço prestado. Entretanto, boa parte da doutrina afirma que também incidirão no tipo aquelas hipóteses em que a dissonância entre o título e o negócio não é apenas quantitativa ou qualitativa, mas principalmente existencial, ou seja, naqueles casos em que a duplicata não está amparada por relação jurídica alguma[203]. Poderá incorrer neste crime não apenas o emissor da duplicata, mas igualmente outros intervenientes que, para a ela conferir maior credibilidade, resolvam, por exemplo, aceitá-la (aceite) ou avalizá-la (aval) com o conhecimento do caráter fraudulento do documento.

Além disso, o delito de duplicata simulada é apontado pela doutrina como de natureza formal. Isto é, para a sua consumação basta a emissão do título, sendo a obtenção da vantagem patrimonial indevida, finalidade última do emissor, mero exaurimento. Esse entendimento, embora possa estar mais coadunado com uma interpretação gramatical do tipo incriminador, apresenta problemas, pois acaba por criar um crime de perigo patrimonial. Isto é, ao admitir que o delito se aperfeiçoa por completo com a simples emissão do título, independentemente da obtenção da vantagem e do prejuízo alheio, a tutela penal acaba por recair menos na defesa da incolumidade patrimonial e mais na garantia difusa das expectativas sociais a respeito do caráter fidedigno das duplicatas que circulam no mercado. Cria-se, portanto, uma antecipação de tutela destinada a conferir confiança nos títulos em circulação, fator que, para além de praticamente esvaziar a possibilidade de tentativa nesse delito, deve ser visto com reservas, principalmente à luz das exigências de ofensividade que devem circundar as incriminações de natureza patrimonial.

---

[203] Em trabalho anterior, já refutei detalhadamente esse entendimento, haja vista a impossibilidade de se dar ao tipo penal interpretação mais elástica em face das hipóteses expressamente nele contempladas (REALE JÚNIOR, 2012, p. 72-76).

Falsidade no livro de registro de duplicatas

O crime de falsificação ou adulteração da escrituração do Livro de Registros de Duplicatas é uma notória norma jurídico-penal de reforço das exigências jurídico-mercantis. O art. 19 da Lei Federal n. 5.474/68 obriga o vendedor a ter e a escriturar o Livro de Registro de Duplicatas. Em seu § 1º anota que nesse mesmo registro, o qual poderá ser feito, inclusive, por sistema mecanizado, serão escrituradas, cronologicamente, todas as duplicatas emitidas, com o número de ordem, data e valor das faturas originárias e data de sua expedição; nome e domicílio do comprador; anotações das reformas; prorrogações e outras circunstâncias necessárias.

Trata-se, assim, de um delito doloso que consiste em modalidade de falso, conforme bem aponta Prado (2010, p. 487). Ainda conforme o autor, no caso de concurso de delitos entre esta previsão do parágrafo único e o *caput* do art. 172, deverá permanecer apenas a imputação por duplicata simulada, sendo a adulteração do registro um *antefato* ou *pós-fato impunível* (PRADO, 2010, p. 488).

Pena da duplicata simulada

A pena prevista para o crime de duplicata simulada é de reclusão, com o mínimo de dois e o máximo de quatro anos, além da multa. Embora não seja possível a suspensão condicional do processo, admite-se a celebração de acordo de não persecução penal, figura inserida no art. 28-A do Código de Processo Penal pelo *Pacote Anticrime* e cabível quando o investigado confessa a prática de infração penal sem violência ou grave ameaça e com pena mínima inferior a 4 (quatro) anos.

Abuso de incapazes

Art. 173. Abusar, em proveito próprio ou alheio, de necessidade, paixão ou inexperiência de menor, ou da alienação ou debilidade mental de outrem, induzindo qualquer deles à prática de ato suscetível de produzir efeito jurídico, em prejuízo próprio ou de terceiro:

Pena – reclusão, de 2 (dois) a 6 (seis) anos, e multa.

O crime de abuso de incapazes implica mais uma modalidade específica de fraude prevista no capítulo destinado às fraudes no CP. É possível dizer que tal espécie delitiva tem como finalidade suprimir uma lacuna deixada pela figura genérica do estelionato, estendendo a proteção jurídico-penal também para aquelas pessoas definidas expressamente como incapazes, ou seja, os menores, alienados ou débeis mentais. A dita lacuna existente no delito de estelionato decorre da necessidade de a vítima, no caso do *caput* do art. 171, realizar um ato de disposição patrimonial motivada pelo erro. Com isso, toda a doutrina corretamente exige que a vítima no crime de estelionato deve reunir alguma capacidade de discernimento, haja vista que apenas desse modo poderá ela estar esporadicamente em erro e, em consequência disso, ter a sua percepção da realidade maculada pelo estelionatário.

No caso de pessoas desprovidas dessa capacidade *ab initio* não haveria possibilidade do delito, já que a fraude do estelionato pressupõe exatamente uma burla nessa possibilidade de discernir livremente.

Por esse motivo, o legislador, de modo inteligente, estabeleceu outro delito para aquelas pessoas que não estão circunstancialmente em erro, mas são levadas a realizar práticas prejudiciais exatamente em decorrência de sua incapacidade nata, por meio da qual o fraudador se aproveita. Se no estelionato a essência do delito reside em levar a erro o sujeito capaz, neste específico crime em comento cuida-se de, tão somente, se aproveitar da incapacidade prévia da vítima.

O tipo penal faz, portanto, uma delimitação em torno de seus sujeitos passivos. Os termos "alienados" e "débeis mentais" referem-se àqueles que genericamente estão, ao menos em termos parciais, privados de sua razão, incapazes de discernir, portadores de retardamento mental congênito ou eventualmente adquirido em decorrência de moléstias ou traumas. De certo modo, é possível fazer aqui uma analogia com o próprio art. 26 do CP, o qual, ao definir os inimputáveis, compreendeu-os como aqueles que, por doença mental ou desenvolvimento mental incompleto ou retardado, não são completamente capazes de entendimento ou determinação de seus próprios atos. São pessoas hipossuficientes e, por esse mesmo motivo, sua tutela penal impõe a existência de uma tipificação própria e diversa da generalidade do delito de estelionato.

A lei faz referência igualmente ao menor, isto é, ao sujeito que ainda não completou dezoito anos de idade. No caso da menoridade, entretanto, não basta para a ocorrência do crime a simples constatação da faixa etária; é preciso mais. O legislador, no caso do menor, entendeu que a fraude apenas estará presente se o negócio jurídico celebrado, para além do prejuízo causado, for celebrado mediante abuso de sua inexperiência, necessidade ou paixão. Em suma, não basta ser menor; é necessário constatar um contexto que confira ao jovem um grau maior de vulnerabilidade, de pré-disposição ao ato que acarretará o prejuízo patrimonial. Trata-se, todas elas, de circunstâncias que suscitarão ainda maior fragilidade, propensão a ceder aos desejos de outro, diminuição de resistências e tendência a acreditar nas palavras do fraudador. Nessa hipótese, não há como fugir da análise casuística das ocorrências.

A leitura do tipo penal aponta para a existência de um crime formal, o qual se consuma pelo ato de abusar do menor, do alienado ou do débil mental. A crítica aqui pode recair no fato de o legislador mais uma vez optar por trabalhar, no âmbito dos delitos patrimoniais, com crimes formais, dispensando, a princípio, a efetiva concretização do prejuízo para o aperfeiçoamento do tipo. De todo modo, é necessário que o autor do crime conheça essa circunstância de vulnerabilidade da vítima, uma vez que os crimes dolosos, como é o caso, exigem o conhecimento de todos os elementos do tipo objetivo (princípio da congruência). Além disso, para a ocorrência desse crime é também necessário que o ato a ser praticado tenha o condão de causar prejuízo de natureza patrimonial, daí a inserção dessa modalidade típica entre os crimes contra o patrimônio. A tentativa é plenamente possível.

Pena do abuso de incapazes

A pena prevista para o crime de abuso de incapazes é de reclusão, com o mínimo de dois e máximo de seis anos, além da multa.

Induzimento à especulação

Art. 174. Abusar, em proveito próprio ou alheio, da inexperiência ou da simplicidade ou inferioridade mental de outrem, induzindo-o à prática de jogo ou aposta, ou à especulação com títulos ou mercadorias, sabendo ou devendo saber que a operação é ruinosa:

Pena – reclusão, de 1 (um) a 3 (três) anos, e multa.

O delito previsto no art. 174, assim como o estatuído no artigo antecedente, cuida de modalidade de abuso, com o qual se busca proteger pessoas em estado de maior vulnerabilidade. Ao contrário do anterior, o critério de delimitação do sujeito passivo não reside aqui na menoridade ou na debilidade mental, mas em fatores um pouco mais complexos e de difícil verificação prática. Utiliza o legislador as expressões inexperiência, simplicidade ou debilidade mental. Ao que parece, busca o legislador proteger aquelas situações em que há uma assimetria cognitiva bastante acentuada entre autor e vítima. Bitencourt (2013, p. 307), com bastante acuidade, deixa clara a dificuldade de visualização dessa ocorrência, chegando a dizer que "essa terminologia fica sujeita a longas discussões sobre o que pode ser considerado inferioridade mental, que acabará, inevitavelmente, com a definição autoritária de um laudo psiquiátrico".

O abuso nessa figura típica deve recair sobre uma operação ruinosa, ou seja, economicamente prejudicial à vítima. Mais ainda, o ofendido deve ser induzido à prática específica de dois tipos de atividade: jogos ou apostas; especulação de títulos ou mercadorias. Qualquer outra atividade econômica não está prevista na tipificação, inexistindo, portanto, delito à luz do princípio da legalidade.

A leitura do tipo penal aponta para a existência de um crime formal, o qual se consuma pelo ato de abusar da inexperiência, simplicidade ou inferioridade mental da vítima. A crítica aqui pode recair no fato de o legislador mais uma vez optar por trabalhar, no âmbito dos delitos patrimoniais, com crimes formais, dispensando, a princípio, a efetiva concretização do prejuízo para o aperfeiçoamento do tipo. De todo modo, é necessário que o autor do crime conheça essa circunstância de vulnerabilidade da vítima, uma vez que os crimes dolosos, como é o caso, exigem o conhecimento de todos os elementos do tipo objetivo (princípio da congruência). Além disso, para a ocorrência desse crime é também necessário o conhecimento, por parte daquele que abusa, do provável caráter ruinoso da operação, já que não haverá delito se a prática, vista sob a perspectiva *ex* ante, for capaz de aleatoriamente trazer vantagens. Existindo uma aleatoriedade ampla no tocante ao sucesso ou insucesso da empreitada da aposta ou da especulação, não haverá delito. A tentativa é plenamente possível.

Pena do induzimento à especulação

A pena prevista para o crime de abuso de incapazes é de reclusão, com o mínimo de um e máximo de três anos, além da multa.

Fraude no comércio

Art. 175. Enganar, no exercício de atividade comercial, o adquirente ou consumidor:

I – vendendo, como verdadeira ou perfeita, mercadoria falsificada ou deteriorada;

II – entregando uma mercadoria por outra:

Pena – detenção, de 6 (seis) meses a 2 (dois) anos, ou multa.

O delito de fraude no comércio destina-se a garantir a lisura e honestidade nas relações comerciais, de tal sorte que o conteúdo do quanto pactuado entre as partes seja devidamente observado pelos contratantes. Dúvidas várias remanescem a respeito da vigência deste dispositivo do CP, pois leis posteriores, destacadamente do Código de Defesa do Consumidor (Lei Federal n. 8.078/90) e a Lei Federal n. 8.137/90, versaram igualmente sobre a matéria e tipificaram delitos.

Seja como for, o *caput* do art. 175 estabelece, por meio dos incisos seguintes, duas práticas delitivas a serem possivelmente perpetradas no exercício de atividade comercial, consistentes na prática de engodo em detrimento do adquirente ou consumidor. A primeira delas (inciso I) trata da promessa falsa de venda de mercadoria verdadeira ou perfeita, quando na realidade o objeto da comercialização será de outra mercadoria de natureza diversa, apontada pelo legislador como falsificada ou deteriorada. Na segunda hipótese (inciso II), tipifica o legislador a prática de entregar uma mercadoria por outra, ou seja, vender o produto "A" e ao final entregar o produto "B". Em ambas as situações, o que realmente está criminalizado é a conduta dolosa do comerciante de negociar determinado produto e posteriormente ofertar outro ao consumidor, denotando, desde o início, a existência de fraude já ao tempo da celebração do negócio. Na medida em que tipo penal lança mão do verbo "enganar", dúvidas inexistem a respeito do caráter doloso desse delito e, mais do que isso, da necessidade de existência de fraude, de ardil, de tentativa de burlar o interesse do adquirente, sabidamente desinteressado na mercadoria efetivamente entregue pelo sujeito no exercício de sua atividade comercial. Não se deve confundir aqui, portanto, a noção exata de fraude com meras desavenças e desentendimentos comerciais entre as partes que façam alusão ao objeto do contrato de compra e venda.

Pena da fraude no comércio

A pena prevista para o crime de fraude no comércio é de detenção, com o mínimo de seis meses e máximo de dois anos, ou multa.

§ 1º Alterar em obra que lhe é encomendada a qualidade ou o peso de metal ou substituir, no mesmo caso, pedra verdadeira por falsa ou por outra de menor valor; vender pedra falsa por verdadeira; vender, como precioso, metal de outra qualidade:

Pena – reclusão, de 1 (um) a 5 (cinco) anos, e multa.

§ 2º É aplicável o disposto no art. 155, § 2º.

O § 1º deste art. 175 apresenta uma figura qualificada de fraude no comércio, com pena de reclusão de um a cinco anos, além da multa, para aquele que (i) altera a qualidade ou o peso de metal em obra que lhe é encomendada; (ii) substitui pedra verdadeira por falsa ou por outra de menor valor; (iii) vende pedra falsa como verdadeira e; (iv) vende, como precioso, metal de outra qualidade.

A razão da existência dessa qualificadora deriva da correspondência desse tipo penal com a comercialização de pedras e metais preciosos, elementos que são de conhecimento especializado e, portanto, tornam o consumidor mais vulnerável ao engodo em razão da assimetria de informações a respeito desses elementos que possui o leigo, se comparado ao comerciante profissional. Ademais, destaca-se o valor elevado que costumeiramente reúne esse tipo de transação econômica.

Já no caso do § 2º, afirma-se, com remissão ao art. 155, § 2º, que o juiz poderá substituir a pena de reclusão pela de detenção, diminuí-la de um a dois terços, ou aplicar somente a pena de multa, naquelas hipóteses em que o autor da fraude no comércio for primário e de pequeno valor a *res* objeto do delito. Assim como no furto, o nó górdio desse dispositivo reside no segundo requisito, ao estabelecer o elemento normativo *pequeno valor*. Cumpre aqui inicialmente destacar que o *pequeno valor* não se confunde com o princípio da insignificância, instrumento de interpretação material do crime e capaz de excluir o delito de fraude no comércio nas situações em que o valor da transação possuir caráter irrisório. Em suma, repita-se, pequeno valor e insignificância são coisas claramente distintas em suas causas e efeitos. Nesse sentido, o *pequeno valor* não é insignificante, porém, e exatamente em razão de uma diminuta monta, merece um tratamento penal diverso, mais brando, de modo, inclusive, a garantir a proporcionalidade entre a gravidade do crime e a pena a ser fixada ao infrator.

Não é possível, ao menos no âmbito deste trabalho, fazer um levantamento amplo da jurisprudência a respeito, principalmente em razão do número de instâncias decisórias no Brasil e da casuística existente. Não parecem desarrazoadas, entretanto, algumas decisões que demarcam o pequeno valor como o valor do salário mínimo vigente à época dos fatos. Em que pesem as críticas que possam ser feitas, é sabido que o salário mínimo no Brasil infelizmente sempre foi sinônimo de algo de pequeno valor, fazendo justíssimos os embates políticos promovidos em prol do aumento de seu poder de compra. Com isso, privilegia-se a objetividade e a segurança jurídica, ideais mais consentâneos com a devida e correta aplicação da fórmula contida neste § 2º do art. 175 do CP.

Outras fraudes

Art. 176. Tomar refeição em restaurante, alojar-se em hotel ou utilizar-se de meio de transporte sem dispor de recursos para efetuar o pagamento:

Pena – detenção, de 15 (quinze) dias a 2 (dois) meses, ou multa.

Parágrafo único. Somente se procede mediante representação, e o juiz pode, conforme as circunstâncias, deixar de aplicar a pena.

O art. 176 do CP apresenta uma figura genericamente intitulada "outras fraudes". Na realidade, trata de hipótese bastante específica, consistente na tomada de refeição em restaurante, estadia em hotel ou utilização de meio de transportes sem recursos para efetuar o pagamento. Dois aspectos parecem aqui ter conduzido o legislador a optar pela fórmula de incriminação autônoma dessas modalidades. Um primeiro aspecto diz respeito à especial situação de vulnerabilidade ao inadimplemento a que ficam submetidos proprietários de restaurantes, hospedarias e meios de transporte. Ao contrário de outras atividades, nas quais o pagamento é anterior ou praticamente simultâneo à transferência da coisa ou utilização do serviço, como é o caso do lojista, nessas situações o cliente costumeiramente usufrui primeiro da refeição, hospedagem ou transporte e apenas ao final realiza a contraprestação. Com isso, há inegavelmente um risco maior de inadimplência, na medida em que, ao se aperceber da impossibilidade do cliente de honrar o débito, o serviço já foi prestado. Por esse modo, poder-se-ia compreender uma tutela penal específica para esses segmentos de negócios.

Porém, se é verdade que a mencionada maior vulnerabilidade deveria conduzir a pena mais grave que aquela do estelionato do *caput*, convive aqui outro aspecto talvez ainda mais essencial, qual seja, o caráter relevante da alimentação, dormitório ou locomoção. Ao estabelecer expressamente a restrição de sua ocorrência para os casos em que o sujeito não dispõe de recursos para arcar com o pagamento, o tipo busca uma aproximação com o ideal do justo, atribuindo penas significativamente menos severas para aqueles que, movidos por algum grau de necessidade, utilizam-se desses serviços elementares, ainda que sem condições de devidamente pagá-los. A depender do caso, e conforme preceitua o parágrafo único, o juiz poderá até mesmo deixar de aplicar a pena, configurando o denominado perdão judicial. Tudo dependerá, por óbvio, das circunstâncias concretas, como o montante do prejuízo, o grau de necessidade do autor, bem como sua condição financeira.

O elemento consistente na fraude, o qual não aparece previsto expressamente no tipo, é de algum modo pressuposto. Uma vez que o silêncio a respeito da impossibilidade financeira daria o tom do engodo no momento em que o sujeito, a despeito disso, normalmente toma a refeição, hospeda-se no local ou adentra o meio de transporte. Evidente que essa falta de recurso não pode ser equiparada à impossibilidade momentânea de efetuar o pagamento, como naquelas situações em que o sujeito esqueceu a carteira em sua residência ou enfrentou algum problema na validação de seu cartão de crédito. O delito, na medida em que admite apenas a espécie dolosa, deve consistir na intenção deliberada de realizar as condutas previstas, sabedor de sua impossibilidade financeira de arcar com a conta a ser apresentada.

No âmbito dos cursos de Direito, especialmente na Faculdade de Direito do Largo São Francisco, este dispositivo do CP costuma ser recorrentemente suscitado nos meses de agosto de cada ano. Isso porque, na semana do 11 de agosto, data de aniversário dos cursos jurídicos no Brasil, ocorre o denominado "Pendura" ou "Pindura". Tal prática remonta ao século XIX, tratando-se de uma cordialidade feita pelos proprietários de restaurantes do centro de São Paulo que, por ocasião da data festiva, ofereciam refeições gratuitas aos estudantes, permitindo-os pendurar a conta. Realizava-se um ato de gentileza e cordialidade, demonstrativo da gratidão da clientela fiel ao longo de todo o ano letivo. Com o passar dos tempos, o "Pendura" foi perdendo essa conotação original, transformando-se gradativamente numa brincadeira na qual os estudantes, sem qualquer conhecimento do titular do estabelecimento, tomavam refeição e se negavam a pagar, simulando uma doação e entregando ao restaurante um ofício de agradecimento do Centro Acadêmico "XI de Agosto". Formas várias de pendura foram se consolidando, destacadamente aquelas denominadas tradicional, diplomática e selvagem.

Em que pese a tradição, algumas vezes tal brincadeira acabou se tornando problemas policiais e judiciários. Importa destacar que a jurisprudência não costuma entender o *Pendura* como conduta a ser especificamente inserida no âmbito do art. 176, pois difícil imaginar que o estudante, para além da eventual circunstância do momento, não tenha condições de realizar o pagamento. O que ocorre, na realidade, é a atipicidade material em face da inexistência de fraude em sentido jurídico-penal, haja vista que, como já mencionara o Tribunal de Justiça do Estado de São Paulo em julgado paradigmático, a situação decorre de *animus jocandi* da juventude estudantil.

Não obstante as ações penais tenham como regra aquela de natureza pública incondicionada, este delito, de acordo com seu parágrafo único, ficará sujeito à ação penal condicionada à representação, portanto se fará necessária a manifestação de vontade do ofendido no prazo decadencial.

Pena das outras fraudes

A pena prevista para o crime de outras fraudes é de detenção, com o mínimo de quinze dias e máximo de dois meses, ou multa. Desse modo, está sujeito à disciplina da Lei dos Juizados Especiais Criminais (Lei Federal n. 9.099/95), tanto no tocante à obediência do procedimento sumaríssimo quanto do eventual oferecimento de proposta de suspensão condicional do processo.

Fraudes e abusos na fundação ou administração de sociedade por ações

Art. 177. Promover a fundação de sociedade por ações, fazendo, em prospecto ou em comunicação ao público ou à assembleia, afirmação falsa sobre a constituição da sociedade, ou ocultando fraudulentamente fato a ela relativo:

Pena – reclusão, de 1 (um) a 4 (quatro) anos, e multa, se o fato não constitui crime contra a economia popular.

O delito previsto no *caput* do art. 177, bem como aqueles outros previstos nos parágrafos e incisos subsequentes, são todos atinentes à dinâmica de fundação e administração de sociedade por ações, buscando o legislador estabelecer uma série numerosa de condutas criminosas, sempre com a finalidade de tutelar o regular funcionamento dessa modalidade de sociedade empresária. A tutela criminal mais incisiva das sociedades por ações deriva, em boa medida, da própria configuração jurídico-econômica dessas entidades, pois nelas, em grau visto em nenhuma outra, existe um possível distanciamento entre a propriedade do capital, representado pelas ações da empresa, por um lado, e o poder de administração ou gerência, representado no mais das vezes pelos cargos de diretoria, de outro.

Com isso, quem administra o capital não é necessariamente o proprietário deste, o que impõe, por si só, regras jurídicas mais efetivas e que sejam capazes de garantir não apenas a lisura, mas igualmente a devida transparência da administração e dos dados da vida econômico-financeira da empresa. As sociedades de capital aberto, ademais, ainda são capazes de captar valores no mercado mobiliário, representados, por exemplo, por títulos de sua emissão. A correta decisão do investidor, portanto, deve estar sempre pautada em elementos confiáveis, informações fidedignas, as quais, de fato, espelhem a situação e a saúde geral da pessoa jurídica. Não por outra razão, grande parte dos delitos aqui tipificados é de crimes próprios, os quais exigem a condição de administrador (diretor, gerente etc.) para perpetrá-los. São essas exatas pessoas aquelas a quem compete a regular fundação, administração e divulgação de dados a respeito do que administram, velando sempre pelo capital dos investidores da empresa.

Esse primeiro delito estabelece exatamente a possibilidade de duas fraudes já no ato de constituição da sociedade por ações (sociedade anônima ou comandita por ações), consistentes na afirmação falsa de aspecto relevante em prospecto, comunicação ao público ou à assembleia; ou na ocultação fraudulenta de fato relativo a sociedade que está sendo constituída (delito omissivo próprio).

Pena das fraudes e abusos na fundação ou administração de sociedade por ações

A pena prevista para o crime do art. 177 do CP é de reclusão, com o mínimo de um e máximo de quatro anos, além da multa. Nessa modalidade, uma vez preenchidos os demais requisitos do art. 89 da Lei Federal n. 9.099/95, é possível o oferecimento da proposta de suspensão condicional do processo.

§ 1º Incorrem na mesma pena, se o fato não constitui crime contra a economia popular:

I – o diretor, o gerente ou o fiscal de sociedade por ações, que, em prospecto, relatório, parecer, balanço ou comunicação ao público ou à assembleia, faz afirmação falsa sobre as condições econômicas da sociedade, ou oculta fraudulentamente, no todo ou em parte, fato a elas relativo;

II – o diretor, o gerente ou o fiscal que promove, por qualquer artifício, falsa cotação das ações ou de outros títulos da sociedade;

III – o diretor ou o gerente que toma empréstimo à sociedade ou usa, em proveito próprio ou de terceiro, dos bens ou haveres sociais, sem prévia autorização da assembleia geral;

IV – o diretor ou o gerente que compra ou vende, por conta da sociedade, ações por ela emitidas, salvo quando a lei o permite;

V – o diretor ou o gerente que, como garantia de crédito social, aceita em penhor ou em caução ações da própria sociedade;

VI – o diretor ou o gerente que, na falta de balanço, em desacordo com este, ou mediante balanço falso, distribui lucros ou dividendos fictícios;

VII – o diretor, o gerente ou o fiscal que, por interposta pessoa, ou conluiado com acionista, consegue a aprovação de conta ou parecer;

VIII – o liquidante, nos casos dos ns. I, II, III, IV, V e VII;

IX – o representante da sociedade anônima estrangeira, autorizada a funcionar no País, que pratica os atos mencionados nos ns. I e II, ou dá falsa informação ao Governo.

O § 1º do art. 177 estabelece uma série de nove delitos punidos com as mesmas penas do *caput*, os quais dizem respeito aos mais diversos atos de administração das sociedades por ações, compreendendo, inclusive, atos possíveis de ocorrência durante a liquidação da pessoa jurídica. Conforme já foi dito anteriormente, todas essas modalidades tutelam menos a conduta dos proprietários do capital e muito mais a dos administradores da pessoa jurídica. Não por outra razão, todas as hipóteses cuidam de delitos próprios, a serem cometidos, dependendo da específica figura, por diretores, gerentes, fiscais, liquidantes, representantes de sociedade anônima estrangeira, isto é, sempre sujeitos que, em razão do cargo que ocupam, apresentam poder de deliberação, nas mais diversas áreas, sobre os destinos da administração empresarial. Em todos os casos, direta ou indiretamente, tutela-se sempre a lealdade dos gestores em face do capital dos acionistas.

§ 2º Incorre na pena de detenção, de 6 (seis) meses a 2 (dois) anos, e multa, o acionista que, a fim de obter vantagem para si ou para outrem, negocia o voto nas deliberações de assembleia geral.

Por fim, o § 2º traz a única hipótese delitiva deste artigo que permite a imputação direta de responsabilidade criminal ao acionista, ou seja, ao proprietário do capital. Cuida-se, entretanto, de modalidade privilegiada, com penas menores que as previstas no *caput*, e consiste na negociação, mediante vantagens, de voto na assembleia geral. Ao que parece, cuida de norma penal de extremado cunho moralista, ao entender que, por ser a assembleia geral o espaço de manifestação da vontade de todos os acionistas, não seria possível que interesses outros motivassem as escolhas de seus participantes.

O curioso disso é que os votos de acionistas em sociedades capitalistas já são, por definição, sempre motivados pela maximização de lucros, sendo difícil pensar, salvo algumas exceções pontuais, que o sujeito votaria em prejuízo à empresa, na medida em que isso implicará também prejuízo, em cascata, aos seus próprios dividendos. Seria, então, uma espécie de autolesão coletiva. Talvez fosse este um caso em que, ao menos nas sociedades sem participação de capital do Estado, a tutela penal deveria recuar e deixar a resolução de eventuais conflitos para as instâncias próprias do Direito privado.

Emissão irregular de conhecimento de depósito ou "warrant"

Art. 178. Emitir conhecimento de depósito ou *warrant*, em desacordo com disposição legal:

Pena – reclusão, de 1 (um) a 4 (quatro) anos, e multa.

O crime previsto no art. 178 do CP tem como finalidade garantir a devida regularidade na emissão de duas modalidades de títulos de crédito, o conhecimento de depósito e o *warrant*. No âmbito do Direito Comercial, tais espécies estão inseridas nos denominados títulos de crédito impróprios, na categoria dos títulos armazeneiros. Cuida-se aqui de norma penal com ampla acessoriedade normativa da legislação atinente a esta matéria creditícia, especificamente do Decreto n. 1.102, de 21 de novembro de 1903, o qual dispõe sobre as regras para o estabelecimento de empresas de armazéns gerais. Neste diploma, verifica-se toda a disciplina a respeito destes estabelecimentos, bem como as normas atinentes à emissão de tais títulos.

Tanto o conhecimento de depósito quanto o *warrant* derivam de um contrato de depósito, celebrado entre o depositante, original proprietário da mercadoria, e o depositário, armazém geral. Ao efetuar a entrega da mercadoria, o depositário emite um recibo, documento que garante ao depositante a retirada de seus bens no momento conveniente. Nos dizeres de Coelho (2012, p. 540), "a pedido de depositante, contudo, o armazém geral pode substituir o recibo por títulos de sua emissão exclusiva: o *warrant* e o conhecimento de depósito. São os títulos armazeneiros representativos tanto das mercadorias depositadas num armazém geral como das obrigações assumidas por este em razão do contrato de depósito".

Estes títulos são criados conjuntamente, e assim podem circular, ou em separado. Na realidade, o conhecimento de depósito expressa a propriedade da mercadoria, a qual poderá ser retirada pelo seu portador. O *warrant*, ao seu turno, representa o direito real sobre a coisa alheia, o penhor, demonstrativo do ônus real que recai sobre os bens. Assim, caso o proprietário das mercadorias queira tomar um empréstimo, poderá transferir para o credor o *warrant*, de tal sorte que o objeto do depósito servirá como garantia real da dívida. Nesse sentido, e uma vez circulando os títulos separadamente, o portador do conhecimento de depósito estará sempre ciente de que a mercadoria representada pelo título está gravada, haja vista pertencer a outrem, o portador do *warrant*, a garantia pignoratícia. Por isso mesmo, "o armazém geral depositário, se emitiu esses títulos representativos, só poderá entregar as mercadorias, em princípio, ao legítimo portador dos dois documentos, o *warrant* e o conhecimento de depósito" (COELHO, 2012, p. 541).

Assim, a norma penal em comento tem como finalidade garantir a devida emissão desses títulos, de tal sorte a garantir sua circulação e credibilidade no mercado de valores mobiliários. A fraude, sempre dolosa, poderá ocorrer nos casos em que os títulos não correspondam à exatidão dos contratos de depósito ou não os tenham como lastro, por empresa não legalmente constituída como armazém geral etc. Trata-se de um delito formal, o qual se consuma com a emissão, e que funciona, de fato, como uma norma penal de reforço às regras creditícias adstritas a essa temática.

Pena da emissão irregular de conhecimento de depósito ou *warrant*

A pena prevista para o crime de emissão irregular de conhecimento de depósito ou *warrant* é de reclusão, com o mínimo de um e máximo de quatro anos, além da multa. Nesta modalidade simples, uma vez preenchidos os demais requisitos do art. 89 da Lei Federal n. 9.099/95, também é cabível o oferecimento da proposta de suspensão condicional do processo.

Fraude à execução

Art. 179. Fraudar execução, alienando, desviando, destruindo ou danificando bens, ou simulando dívidas:

Pena – detenção, de 6 (seis) meses a 2 (dois) anos, ou multa.

Parágrafo único. Somente se procede mediante queixa.

O crime de fraude à execução conduz a importante aproximação entre a disciplina dos crimes patrimoniais e o Direito processual civil, principalmente na temática das execuções. Por isso mesmo, para além do patrimônio, é possível também vislumbrar aqui um grau de tutela penal da Administração da Justiça, consistente na possibilidade de constrição de bens por parte do Poder Judiciário com a finalidade de saldar as dívidas do devedor. Ao mesmo tempo, poderá o devedor incidir na prática desse crime, a depender das manobras que utilizar para evitar que seus próprios bens sejam utilizados no adimplemento de suas obrigações.

O CPC define as hipóteses de fraude à execução em seu art. 792 e seus cinco incisos: a alienação ou a oneração de bem é considerada fraude à execução: quando sobre o bem pender ação fundada em direito real ou com pretensão reipersecutória, desde que a pendência do processo tenha sido averbada no respectivo registro público, se houver; quando tiver sido averbada, no registro do bem, a pendência do processo de execução, na forma do art. 828; quando tiver sido averbado, no registro do bem, hipoteca judiciária ou outro ato de constrição judicial originário do processo onde foi arguida a fraude; quando, ao tempo da alienação ou da oneração, tramitava contra o devedor ação capaz de reduzi-lo à insolvência; nos demais casos expressos em lei. Evidentemente que a definição civil não pode ser transposta de imediato para o sistema penal, devendo sofrer algumas lapidações exatamente em decorrência dos interesses político-criminais aqui existentes.

No caso concreto, para a ocorrência do crime é pressuposto que exista ação de execução ajuizada em desfavor do devedor, seja em razão de títulos executivos judiciais ou extrajudiciais. Ao mesmo tempo, é necessário que o sujeito ativo do crime tenha o conhecimento dessa execução, a natureza dolosa do delito impõe que apenas possa ser fraudado aquilo sobre o que se conhece. Basicamente, e para que exista relevância típica, as condutas de alienar, desviar, destruir, danificar bens e simular dívidas deverão ter o condão de tornar o sujeito devedor insolvente, de tal sorte que seu expediente seja, de fato, capaz de frustrar a efetividade das decisões jurisdicionais que o condenaram a pagar. Nos casos de desvio de bens sobre os quais recai direitos reais, necessária é a análise do caso concreto, uma vez que, não obstante a prática do desvio, poderá a obrigação ser adimplida com outra parcela do pagamento do devedor.

O parágrafo único, de modo bastante acertado, estabeleceu para essa modalidade de fraude o processamento mediante ação penal privada, daí a necessidade de oferecimento de queixa, dentro do prazo legal, a ser realizado pela vítima. Cuidando de direitos essencialmente patrimoniais e decorrentes de relações privadas, natural que seja a vítima a responsável pela propositura da demanda, competindo, exclusivamente a ela, a decisão de acionar ou não o sistema criminal nessas hipóteses.

Pena da fraude à execução

A pena prevista para o crime de fraude à execução é de detenção, com o mínimo de seis meses e máximo de dois anos, ou multa. Desse modo, está sujeito à disciplina da Lei dos Juizados Especiais Criminais (Lei Federal n. 9.099/95), devendo processar-se pelo procedimento sumaríssimo, sendo possível, ainda, eventual oferecimento de proposta de suspensão condicional do processo.

Capítulo VII
Da receptação

Receptação

Art. 180. Adquirir, receber, transportar, conduzir ou ocultar, em proveito próprio ou alheio, coisa que sabe ser produto de crime, ou influir para que terceiro, de boa-fé, a adquira, receba ou oculte:

Pena – reclusão, de 1 (um) a 4 (quatro) anos, e multa.

Considerações gerais

O crime de receptação, inserido entre os delitos patrimoniais, possui uma trajetória histórico-dogmática bastante interessante. Isso porque sua essência consiste originalmente na prática de adquirir, receber ou ocultar coisa que o receptador sabe ser produto de crime, uma vez que os verbos transportar e conduzir foram inseridos apenas em 1996 no art. 180 do CP. Ou seja, a ilicitude da conduta deriva, em boa medida, do ilícito anteriormente perpetrado, estabelecendo-se uma espécie de antijuridicidade em cascata. Por essa razão, alguns autores chegam até mesmo a afirmar que o bem jurídico da receptação, seja a propriedade ou o patrimônio, apresenta-se como um bem jurídico por empréstimo, expressão que muito bem denota essa característica de perpetuidade da ilegalidade própria dessa espécie delitiva.

Existe na doutrina jurídica e nas justificativas políticas da incriminação da prática de receptação um certo senso comum. Consiste na ideia generalizada de que o receptador, em última instância, é sempre um elemento de fomento da prática de delitos patrimoniais, principalmente aqueles que se configuram por meio do apoderamento ou apropriação de coisas alheias. Tal pensamento parte da premissa de que, se não houvesse o receptador, muitos dos delitos patrimoniais antecedentes perderiam sua própria razão de existir, pois de nada serviria, por exemplo, furtar um automóvel que posteriormente não encontrasse interessados a por ele pagar no comércio clandestino e ilegal de veículos. Assim, sempre se vislumbrou na criminalização dessa modalidade, a qual data ainda dos diplomas europeus do século XIX, um mecanismo indireto de coibição da delinquência patrimonial como um todo.

Neste contexto, contudo, o delito de receptação nasce de uma constatação dogmática curiosa, qual seja, o concurso de pessoas destinado a alcançar todos aqueles que participam de uma modalidade criminosa jamais conseguiria alcançar o receptador. Dito de outro modo, não seria possível, por meio da disciplina do concurso de agentes, punir o adquirente de um bem furtador como coautor ou partícipe do furto. A razão dessa impossibilidade decorre da inexistência da hipótese de participação posterior em delito alheio. Explica-se: a sistemática do concurso de pessoas exige que a unidade de desígnios entre os intervenientes seja anterior ou concomitante à prática do delito, mas nunca após a sua consumação. No caso, como o receptador adquire o bem após a consumação da subtração, sua conduta seria, a princípio, impunível. Com isso, a única forma de, de fato, coibir tal conduta seria puni-la autonomamente, opção assumida pelo legislador brasileiro. Nota-se que essa mesma lógica foi utilizada na incriminação do favorecimento real (art. 349 do CP) e, mais contemporaneamente, da lavagem de dinheiro (Lei Federal n. 9.613, de 3 de março de 1998, alterada pela Lei Federal n. 12.683/2012).

Na modalidade do *caput* do art. 180 do CP não há qualquer especificação em relação aos possíveis autores do delito de receptação, demonstrando, pois, sua natureza de crime comum. Já na modalidade qualificada, estabeleceu-se uma figura mais gravosa, quando praticada no exercício de atividade comercial ou industrial. Justifica-se maior severidade nestes casos em razão do potencial mais incisivo de fomento dessas atividades na ocorrência dos delitos antecedentes, bem como pelos deveres especiais cabíveis às pessoas que ocupam tal posicionamento da vida econômica. A vítima no crime de receptação costuma ser apontada como a mesma pessoa vitimada no delito patrimonial anterior, já que a receptação, ao perpetuar o ilícito, afastaria a coisa ainda mais de seu legítimo proprietário e, em consequência disso, dificultaria, ao menos em termos teóricos, a recuperação da *res*. Não parece incorreto, entretanto, apontar uma dimensão supraindividual neste crime, imaginando-se também a afetação que promove da administração da justiça ou mesmo da dimensão pública maculada pelos crimes patrimoniais.

Tipicidade da receptação

Para a ocorrência do delito de receptação verifica-se, em primeiro lugar, uma condição necessária, embora por si só não suficiente. Trata-se da ocorrência pretérita de um delito patrimonial, o qual, inclusive, será o ponto central e gerador da ilicitude, que, posteriormente, repercutirá na antijuridicidade da receptação. Isto é, jamais ocorrerá o delito de receptação se inexistente algum delito patrimonial anterior, conforme redação expressa do tipo incriminador em relação ao seu objeto material: "produto de crime". Uma questão assaz polêmica costuma ser aqui levantada: esta coisa a que se refere o dispositivo incriminador deve ter sido anteriormente objeto de quais modalidades de crimes? Somente delitos patrimoniais ou quaisquer outros ainda de natureza diversa? A melhor resposta para essa indagação parece estar sediada a meio caminho das respostas que comumente oferece a doutrina. Melhor dizendo, seria um tanto formalista a admissão da tese de que apenas os delitos previstos no Capítulo II do CP pudessem ensejar a prática posterior de receptação. Do mesmo modo, suscita o exagero imaginar, do contrário, que todo e qualquer crime permitisse a configuração desse elemento normativo do tipo penal. Assim sendo, correto é afirmar que todos os delitos patrimoniais podem admitir a prática posterior de receptação, porém não apenas eles. Também será possível a receptação se derivada de delitos patrimoniais assemelhados, ou seja, aqueles que, inobstante não previstos sob essa rubrica, são essencialmente patrimoniais. Exemplo disso é o peculato, o qual nada mais é que uma apropriação indébita cometida pelo funcionário público (art. 312 do CP). O fato de o Código alçar tal figura à condição de delito especial e inseri-la no âmago dos crimes contra a Administração Pública não implica, portanto, a impossibilidade de existência de uma receptação daí derivada.

Outro aspecto essencial para a ocorrência da receptação é o elemento subjetivo doloso especial. Não basta que o agente adquira, receba, transporte, conduza ou oculte um bem proveniente de delitos. É preciso mais do que isso. Para o aperfeiçoamento típico e respectiva incriminação do sujeito é fundamental que o agente tenha conhecimento dessa procedência ilícita. Ou seja, se faz importante que o adquirente tenha a ciência de se tratar de uma coisa advinda de delito. Não é por outra razão que a ocorrência do denominado erro de tipo é sempre tão debatida no cerne de processos que imputam práticas de receptação. Vale mencionar, inclusive, que esse delito anterior pode ser até mesmo outra receptação, culminando na admissão da receptação da receptação ou receptação em cadeia, como modalidade criminosa.

A configuração da receptação da coisa móvel, já que imóveis estão excluídos da tipificação por não apresentarem mobilidade física, demanda ao menos uma das condutas descritas no tipo (tipo misto alternativo). Em todas elas: adquirir, receber, transportar, conduzir ou ocultar, a consumação do crime pressupõe que a coisa seja levada às mãos ou ao domínio do receptor. Deve existir a chamada *traditio*. Não ocorrerá receptação consumada nas hipóteses em que o autor apenas realize tratativas orientadas à aquisição da coisa perante o autor do crime antecedente. Em suma, a receptação cuida-se de um delito material, cujo resultado naturalístico se dá exatamente pelo trasladar da posse, passando das mãos do responsável pelo crime antecedente e chegando à esfera de domínio do adquirente, recebedor, transportador, condutor ou ocultador. Neste último caso, a propósito, deve-se distinguir a receptação do já mencionado favorecimento real. Neste, e conforme o art. 349 do CP, a ocultação destina-se a salvaguardar o bem em favor do próprio autor do delito antecedente. Na ocultação específica da receptação, exige-se que o bem seja escondido em favor do próprio receptador ou de terceiro interessado, mas jamais do executor da conduta delitiva prévia.

A atenta observação e leitura do *caput* do art. 180 do CP conduz à percepção de que o legislador, ao lado da prática da receptação própria, igualmente criminalizou aquela tradicionalmente identificada como imprópria, pois estabeleceu como crime a conduta "influir para que terceiro, de boa-fé, a adquira, receba ou oculte". Há aqui, curiosamente, uma aparente falha do legislador, já que, ao incluir os verbos transportar e conduzir por meio da alteração legislativa de 1996, deixou de fazer o mesmo na modalidade de receptação imprópria. Seja como for, aqui duas são as exigências principais para a ocorrência do delito, para além da óbvia constatação da procedência ilícita da *res*. Em primeiro lugar, o terceiro adquirente deve estar de boa-fé, ou seja, desconhecer a natureza antijurídica da coisa e a prática da infração penal antecedente. Isso porque, ao se imaginar o contrário, não se estaria diante de receptação imprópria, mas sim de receptação própria, na qual tanto o indutor quanto o efetivo adquirente atuariam em unidade de propósitos e, destarte, em concurso de pessoas. Em segundo lugar, basta para a consumação dessa espécie imprópria a conduta de influir, sendo desnecessária para o aperfeiçoamento delitivo a efetiva aquisição, recebimento ou ocultação da coisa. Por esse motivo, a doutrina costuma dizer que a receptação imprópria, ao contrário da versão própria, consistiria em delito formal (ou de mera conduta), haja vista ser o resultado destacável do comportamento indiferente à consumação. Assim, se na receptação própria, contida na primeira parte do *caput*, a tentativa é plenamente possível, na figura imprópria mostra-se mais difícil visualizar a sua ocorrência.

Pena da receptação

A pena prevista para o crime de receptação é de reclusão, com o mínimo de um e máximo de quatro anos, além da multa. Nesta modalidade simples, uma vez preenchidos os demais requisitos do art. 89 da Lei Federal n. 9.099/95, é cabível o oferecimento da proposta de suspensão condicional do processo.

Receptação qualificada

§ 1º Adquirir, receber, transportar, conduzir, ocultar, ter em depósito, desmontar, montar, remontar, vender, expor à venda, ou de qualquer forma utilizar, em proveito próprio ou alheio, no exercício de atividade comercial ou industrial, coisa que deve saber ser produto de crime:
Pena – reclusão, de 3 (três) a 8 (oito) anos, e multa.

O CP apresenta neste § 1º modalidade de receptação qualificada. A qualificadora, por alterar o ponto de partida do procedimento de fixação da pena, modificando os limites máximo e mínimo da incriminação, faz com que a pena-base da receptação qualificada seja determinada, à luz das circunstâncias judiciais contidas no art. 59 do Código Penal, entre o mínimo de três e o máximo de oito anos de reclusão, além da multa. Se comparados com os parâmetros da figura simples, percebe-se a opção do legislador em praticamente dobrar a quantidade de pena dos marcos sancionatórios nesta espécie.

A receptação qualificada apresenta basicamente três aspectos distintivos se comparada com a receptação própria estatuída no *caput*. Em primeiro lugar, estabelece um tipo penal especial, no qual circunscreve a possibilidade da prática criminosa a um círculo reduzido de autores. Em segundo lugar, arrola um maior número de verbos típicos, ofertando, portanto, maior abrangência de criminalização. Por fim, modifica a descrição do elemento subjetivo do tipo, valendo-se da dúbia e equívoca expressão linguística "que deve saber ser produto de crime", objeto de seveníssimas divergências na doutrina.

No tocante ao estabelecimento de um delito especial (ou delito próprio), resolveu aqui o legislador determinar que a qualificadora se aplica àquelas que praticarem a infração penal no exercício de atividade comercial ou industrial. Cuida-se, assim, daquela prática delitiva perpetrada no desenrolar de atividade econômica, na qual se vale do delito para fomentar a lucratividade ou desempenho do próprio negócio. Serve o exemplo do vendedor que inclui em sua prateleira, ao lado de objetos regulares, produtos advindos de ilícitos penais. Prado (2014, p. 995) bem define essas atividades, ao afirmar que devem estar revestidas de "continuidade ou habitualidade, já que não se concebe o exercício de tais atividades num ato isolado"[204]. Como já foi

---

[204] E continua o autor afirmando que: "Caso a conduta não seja perpetrada no exercício de uma dessas atividades, poderá encontrar tipicidade no artigo 180, *caput*, num dos atos ali descritos".

dito, a prática de receptação no âmbito dessas atividades econômicas teria, em tese, um maior fator propulsor da criminalidade patrimonial originária, permitindo maior complexidade e organização à cadeia de ilicitudes e, por isso mesmo, merecendo maior rigor no tratamento punitivo.

Esta figura qualificada igualmente acresceu um maior número de verbos típicos se comparada ao *caput*. Para além das modalidades adquirir, receber, transportar, conduzir e ocultar, previu as condutas de ter em depósito, desmontar, montar, remontar, vender, expor à venda, ou de qualquer forma utilizar. Buscou o legislador com essas fórmulas imaginar todas as utilizações possíveis de coisas ilícitas no âmago de atividades comerciais e industriais, arrolando, para tanto, uma série de verbos variados. Importa, entretanto, frisar que a prática de um ou mais verbos no mesmo contexto implicará a prática de apenas um delito, eis a natureza de tipo misto alternativo. Assim, praticará apenas uma receptação o sujeito que, em sua atividade econômica, adquirir, por exemplo, um veículo, transportá-lo até sua oficina, desmontar suas peças e, finalmente, expô-las à venda.

Finalmente, a espécie qualificada também demarcou como elemento subjetivo para a ocorrência do crime que o autor do delito "deve saber" que se trata de produto do crime. Assim, distanciou-se do *caput*, o qual se utiliza da expressão "que sabe". O grande problema dessa opção legislativa é tentar estabelecer o que, de fato, significa esse "deve saber". Dito de outro modo, o sujeito apenas deve saber e realmente não sabe ou sabe porque deve saber? É preciso de pronto esclarecer que essa expressão não pode ser identificada como uma espécie culposa, ou seja, o "deve saber" não pode implicar a indiferença a respeito do conhecimento concreto do autor. Não se cuida, portanto, de uma construção subjetiva destinada a criar uma regra de dever a respeito do conhecimento, pois, se assim fosse, o crime estaria aperfeiçoado com a simples violação desse mesmo dever de conhecimento. Importa lembrar que uma figura assim lapidada seria assemelhada à culpa, e a construção de crimes culposos, por imposição do princípio da legalidade e do parágrafo único do art. 18 do CP, impõe a previsão expressa dessa modalidade subjetiva excepcional. Com isso, chega-se a uma conclusão parcial: trata-se de dolo.

Entretanto, também não parece razoável afirmar que se cuidaria de dolo eventual, pois para tanto tal construção seria, para dizer o mínimo, desnecessária. Afinal, dolo eventual, antes de ser eventual, é dolo, e, por isso mesmo, todo dolo é, por essência, direto ou eventual. Crimes dolosos seriam, a princípio e por definição, comissivos em todas as espécies de dolo, sendo o contexto factual o responsável por definir uma imputação subjetiva a título de dolo direto de primeiro grau, dolo direto de segundo grau ou dolo eventual. Absurda, portanto, a afirmação de que se trataria de espécie praticável apenas por dolo eventual, uma vez que isso criaria uma aberração dogmática e, mais ainda, conduziria a inversões de valores, haja vista que o crime doloso direto seria uma figura simples (*caput*), enquanto aquele doloso eventual, e por essência menos grave, conduziria à configuração da qualificadora. Dito isso, razão parece estar com Reale Júnior, membro da comissão responsável pela elaboração legislativa do texto, e para quem o "deve saber" apenas pode ser interpretado como um reforço de conhecimento atual por parte do acusado. O verbo utilizado não foi conjugado no formato de "deveria", mas sim no "deve", o que mostra que, ao contrário do que se tem afirmado, a conduta apenas será qualificada se o sujeito realmente souber da procedência ilícita da *res*. Em termos de justiça essa é, sem dúvida, a melhor solução, pois exclui a possibilidade de imputação subjetiva por dolo eventual na modalidade qualificada, tornando-a sempre mais grave do que a previsão do *caput*.

§ 2º Equipara-se à atividade comercial, para efeito do parágrafo anterior, qualquer forma de comércio irregular ou clandestino, inclusive o exercício em residência.

Esta previsão legislativa do § 2º apresenta uma norma de interpretação extensiva específica do elemento normativo *atividade comercial* previsto na receptação qualificada. Desejou aqui o legislador que a qualificadora abarcasse todas as formas de atividade comercial, encampando inclusive aquelas que são exercidas à margem da legalidade. Sendo assim, incidirá a qualificadora também naqueles casos em que essa atividade não está amparada pelas normas do Direito privado. Por exemplo, exercida por meio de pessoas jurídicas de fachada ou inexistentes, sem regularização, sem local declarado ou mesmo destinada apenas à prática de mercancias ilícitas.

§ 3º Adquirir ou receber coisa que, por sua natureza ou pela desproporção entre o valor e o preço, ou pela condição de quem a oferece, deve presumir-se obtida por meio criminoso:
Pena – detenção, de (um) mês a 1 (um) ano, ou multa, ou ambas as penas.

A doutrina costuma identificar como receptação culposa esta modalidade prevista no § 3º do art. 180 do CP. Ainda que não exista uma previsão expressa de culpa neste dispositivo, é possível dizer que há uma incriminação menos severa nos casos em que o sujeito adquire ou recebe determinada coisa sem o cuidado e zelo devidos. A violação do cuidado reside aqui na falta de percepção atenta das circunstâncias que envolveram a *traditio*, e, por isso mesmo, a ordem jurídica prefere imputar ao autor dessa receptação uma figura menos severamente punida. Sem adentrar o intrincado problema dogmático de se tratar, em termos técnico-jurídicos, de um verdadeiro crime culposo, dois destaques aqui são importantes.

Primeiramente, apenas dois verbos típicos foram elencados: adquirir e receber, excluindo-se todas as demais figuras existentes nos dispositivos precedentes. Em segundo, o legislador expressamente estabeleceu as circunstâncias sobre as quais deve recair a atenção e o juízo do autor, sendo essas mesmas circunstâncias, portanto, as responsáveis pelo sopesamento intelectual a respeito da procedência suspeita da coisa. De um lado, a desproporção entre o valor e o preço; de outro, a condição de quem a oferece. Exemplificando, estaria em tese sujeito a essa incriminação aquele indivíduo que adquire um objeto que está sendo oferecido por valor nitidamente inferior àquele que se costuma praticar no mercado; ou, ainda, recebe um objeto de indivíduo que normalmente não poderia estar em condição de oferecê-lo. Sabe-se, v. g., que relógios de famosas marcas suíças tradicionalmente são ofertados apenas em joalherias autorizadas. Assim, se o indivíduo adquire um exemplar em loja de antiguidades ou de penhor não parece existir motivos para desconfiança. Se, ao contrário, adquire em barracas de praça ou camelôs, justificável seria, ao menos aos olhos do legislador brasileiro, a desconfiança.

Não há dúvidas de que essa formulação legislativa abre margens a muitas interpretações e casuísmos legais. Além do mais, a expressão "condição de quem a oferece" deve ser interpretada com cuidado. Não se cuida aqui de condição no sentido de aparência de um sujeito, se mal ou bem-vestido, rico ou pobre, sujo ou bem-apessoado. Ainda que esta possa ter sido a verdadeira intenção do legislador de 1940, momento em que se vivia no Brasil o rescaldo do positivismo antropológico italiano, a noção de condição deve ser pautada pela impossibilidade concreta daquele indivíduo, naquele local e sem justificativas, estar ofertando algo de significativo valor. Do contrário, conduzir-se-ia, por exemplo, à possibilidade de que uma pessoa humilde, que recebeu algo valioso em razão de seu legítimo e honesto trabalho, jamais encontrasse um comprador, sempre receoso de incorrer nesta hipótese de receptação.

§ 4º A receptação é punível, ainda que desconhecido ou isento de pena o autor do crime de que proveio a coisa.

A disposição prevista no § 4º do art. 180 do CP tem o condão de estabelecer para o crime de receptação as consequências da teoria da acessoriedade limitada. Essa construção está sediada originalmente na temática do concurso de pessoas, destinando-se a dizer que haverá possibilidade de imputação de participação a um agente desde que a infração penal cometida pelo autor seja típica e antijurídica, ainda que não culpável. Por exemplo, se um indivíduo fornece a arma para que outro possa executar a vítima, a imputação da cumplicidade dependerá do fato de ser a conduta do autor típica e antijurídica. Se menor o autor, e por isso mesmo não culpável, a atribuição de responsabilidade a título de participação permanece.

Ao contrário, se a morte foi realizada em legítima defesa, e, portanto, presente uma causa de justificação ou de exclusão da ilicitude, não se poderá tipificar como participação a conduta daquele que ofereceu a arma.

Transportada essa problemática para o crime patrimonial em comento, a norma estabelece que será punível o receptador ainda que isento de pena o autor do delito antecedente. Isso quer dizer, em outras palavras, que a incidência de normas que exclui a imputabilidade ou culpabilidade do autor do delito antecedente não é suficiente para desnaturar a mácula ilícita que recai sobre a *res*, permitindo, destarte, a prática da receptação por parte do ulterior adquirente. Em sendo assim, caso um sujeito, conhecedor da conduta antecedente, venha a adquirir, receber ou ocultar um objeto que foi produto de subtração realizada por menor de 18 anos ou inimputável em razão de doença mental (art. 26 do CP), permanece inalterada a plena possibilidade de incorrer no delito de receptação. Por essa razão, pode-se afirmar que o crime de receptação possui sempre uma acessoriedade em relação ao delito antecedente, contudo essa mesma acessoriedade/dependência é sempre limitada, exigindo que a conduta pretérita seja apenas típica e antijurídica, dispensando o elemento da culpabilidade.

Decorrência dessa mesma observação é a desnecessidade expressamente estatuída pelo legislador acerca da identificação do autor do crime antecedente, daquele do qual proveio a coisa. Para que exista a imputação de receptação, o que se tem como exigência é a demonstração probatória da existência de um fato antecedente de natureza típica e antijurídica. Todavia, do mesmo modo que é despicienda a presença do elemento culpabilidade, também o é a plena identificação do responsável, da exata pessoa física que realizou a conduta criminosa antecedente. Por óbvio, a responsabilização criminal por receptação não depende de condenações ou processos criminais movidos contra o autor dessa conduta anterior. Basta, em suma, a comprovação de que a coisa proveio de um crime, ainda que este último não tenha sido esclarecido no que se refere à sua autoria.

> § 5º Na hipótese do § 3º, se o criminoso é primário, pode o juiz, tendo em consideração as circunstâncias, deixar de aplicar a pena. Na receptação dolosa aplica-se o disposto no § 2º do art. 155.

Esta disposição do CP apresenta, em realidade, duas previsões distintas. A primeira delas diz respeito ao denominado perdão judicial para específicos casos de receptação culposa. A segunda traz uma causa de diminuição de pena, já prevista em outras incriminações, e derivada de aspectos subjetivos do autor e objetivos da conduta. No caso da receptação culposa, o perdão judicial coloca-se como verdadeiro fato de desnecessidade concreta de pena, isto é, dado o caráter muito pouco relevante do comportamento, prefere o legislador entendê-lo como não passível de punição. Assim, ainda que o autor não tenha tido a devida observância dos cuidados que lhe competiam no tráfego comercial, adquirindo, por exemplo, determinado objeto por valor menor do que aquele costumeiramente oferecido, poderá o juiz, observadas as circunstâncias, isentá-lo de qualquer reprimenda. Não há no texto legal maiores especificações acerca de quais seriam tais circunstâncias, porém é plenamente possível intuí-las da prática. Os costumes comerciais, as condições sociais e econômicas do autor, seus conhecimentos, bem como a pouca relevância da transação efetuada podem servir como importantíssimos paradigmas de restrição da utilização da pena criminal. Cuidar-se-á assim, de causa de extinção da punibilidade, nos termos do art. 120 do CP e da Súmula 18 do Superior Tribunal de Justiça.

Já no caso da receptação dolosa, afirma-se, com remissão ao art. 155, § 2º, que o juiz poderá substituir a pena de reclusão pela de detenção, diminuí-la de um a dois terços ou aplicar somente a pena de multa, naquelas hipóteses em que o autor da receptação for primário e de pequeno valor a *res* objeto do delito. Assim como no furto, o nó górdio deste dispositivo reside no segundo requisito, ao estabelecer o elemento normativo *pequeno valor*. Cumpre aqui inicialmente destacar que o *pequeno valor* não se confunde com o princípio da insignificância, instrumento de interpretação material do crime e capaz de excluir o delito de furto nas situações em que a coisa subtraída possui valor irrisório. Em suma, repita-se, pequeno valor e insignificância são coisas claramente distintas em suas causas e efeitos. Nesse sentido, o *pequeno valor* não é insignificante, porém, e exatamente em razão de uma diminuta monta, merece um tratamento penal diverso, mais brando, de modo, inclusive, a garantir a proporcionalidade entre a gravidade do crime e a pena a ser fixada ao infrator.

Não é possível, ao menos no âmbito deste trabalho, fazer um levantamento amplo da jurisprudência a respeito, principalmente em razão do número de instâncias decisórias no Brasil e da casuística existente. Não parecem desarrazoadas, entretanto, algumas decisões que demarcam o pequeno valor como o valor do salário mínimo vigente à época dos fatos. Em que pesem as críticas que possam ser feitas, é sabido que o salário mínimo no Brasil infelizmente sempre foi sinônimo de algo de pequeno valor, fazendo justíssimos os embates políticos promovidos em prol do aumento de seu poder de compra. Com isso, privilegia-se a objetividade e a segurança jurídica, ideais mais consentâneos com a devida e correta aplicação da fórmula contida neste § 5º do art. 180 do CP.

§ 6º Tratando-se de bens e instalações do patrimônio da União, de Estado, do Distrito Federal, de Município ou de autarquia, fundação pública, empresa pública, sociedade de economia mista ou empresa concessionária de serviços públicos, aplica-se em dobro a pena prevista no *caput* deste artigo.

Por fim, o último parágrafo do art. 180 do CP oferece uma causa de aumento de pena aplicável às sanções originariamente cominadas no *caput*. A previsão denota o maior grau de reprovação naquelas hipóteses em que o objeto material do delito de receptação possui, em sentido amplo, caráter público, afetando, para além de interesses privados, essa dimensão coletiva. Mais uma vez aqui o legislador não se restringiu à proteção mais incisiva de entes públicos, equiparando a estes últimos também pessoas jurídicas de Direito privado. Trata-se de empresas públicas, empresas concessionárias de serviços públicos e sociedades de economia mista. No caso das empresas concessionárias de serviços públicos, a opção legislativa está, ao menos em tese, justificada pela relevância dos serviços prestados e atividades exercidas, já que as concessionárias, não obstante privadas, prestam serviços públicos. As demais, ou seja, as empresas públicas e as sociedades de economia mista, aqui estão em razão da participação do Estado na composição do capital e no cotidiano da administração. Isto é, a afetação do patrimônio dessas entidades culminaria por atingir, logicamente, também os interesses públicos.

Receptação de animal

Art. 180-A. Adquirir, receber, transportar, conduzir, ocultar, ter em depósito ou vender, com a finalidade de produção ou de comercialização, semovente domesticável de produção, ainda que abatido ou dividido em partes, que deve saber ser produto de crime:
Pena – reclusão, de 2 (dois) a 5 (cinco) anos, e multa.

A Lei n. 13.330, de 2 de agosto de 2016, para além de inserir mais um dispositivo atinente ao delito de furto, criando modalidade qualificada em razão de se tratar de subtração de semovente domesticável de produção, ainda que abatido ou dividido em partes, igualmente estabeleceu figura própria de receptação. No caso do furto, retomou-se, assim, figura que os romanos denominavam *abigeato*. Importante salientar que o dispositivo não se destina a proteger todo e qualquer animal semovente, a exemplo dos cachorros e gatos domésticos. A norma direciona-se aos chamados semoventes domesticáveis de produção, ou seja, àqueles animais utilizados na pecuária, como os bois, os porcos, as ovelhas, as cabras, os búfalos etc.

Percebe-se, com isso, que a proteção penal recai principalmente na atividade econômica da produção de alimentos, daí se compreender a razão pela qual a norma faz, inclusive, a ressalva acerca da existência do crime nos casos em que o semovente já esteja abatido ou dividido em partes no local da subtração. Desnecessário dizer que a vítima, nessas espécies, não são os animais subtraídos, mas sim os seus legítimos proprietários e responsáveis por explorar economicamente essa modalidade de atividade.

A previsão de uma figura específica de receptação para semoventes domesticáveis de produção apresenta um nítido componente repressivo, voltado a simbolicamente estabelecer maior gravidade dessas ocorrências. Na medida em que a receptação se apresenta como um consectário do delito patrimonial anterior, não há dúvidas de que este art. 180-A tem o condão de complementar, no percurso do ilícito, aquilo previsto no art. 155, § 6º, do Código Penal.

Assim como na receptação qualificada, o uso da expressão "que deve saber ser produto de crime", quanto ao elemento subjetivo, não se refere ao dolo eventual. Deve o sujeito realmente saber da procedência ilícita do semovente, situação que configura um delito mais gravemente punido do que a receptação de coisa nos termos do *caput* do art. 180. A quantidade de pena prevista não permite a suspensão condicional do processo ou a transação penal, tão somente o acordo de não persecução penal (art. 28-A do CPP).

Capítulo VIII
Disposições gerais

Art. 181. É isento de pena quem comete qualquer dos crimes previstos neste título, em prejuízo:

As disposições gerais dos crimes contra o patrimônio são iniciadas com o estabelecimento de condições (negativas) objetivas de punibilidade ou, como prefere parte da doutrina, as denominadas escusas absolutórias. Implicam, em realidade, imunidades absolutas para específicos autores que se encontrem em alguma das hipóteses previstas nos dois incisos subsequentes, apresentando, portanto, natureza pessoal que conduz ao juízo político-criminal de desnecessidade de pena. Em outro trabalho acadêmico já foi dito que existem os chamados juízos legislados de (des)necessidade de pena, nos quais cabe ao operador analisar o caso concreto e perceber a existência de uma hipótese de subsunção. Essas decisões político-criminais são tomadas, nessas modalidades, já no nível abstrato e diretamente pelo legislador. Eis aí a natureza dessas escusas: valorações legislativas que conduzem a juízos de desnecessidade de pena para tais circunstâncias específicas. Por essa mesma razão, "as causas de extinção de punibilidade, cada uma ao seu modo, também podem ser concebidas, para fins de aplicabilidade dogmática, como demonstrativas da falta de necessidade de pena" (SALVADOR NETTO, 2009, p. 168-172).

Isso quer dizer que o legislador valorou que em tais situações a pena apresentar-se-ia de modo disfuncional, trazendo consigo mais prejuízos que soluções. De modo específico, determinados crimes patrimoniais, ao serem cometidos no cerne familiar, não devem resultar na punição dos seus respectivos autores, já que a pena concreta serviria muito mais para desestabilizar o ambiente doméstico do que propriamente cumprir as suas anunciadas missões. Mesmo do ponto de vista da vítima, basta imaginar a problemática de punir um filho em razão da subtração de pertences de sua própria mãe. Muito provavelmente, a vítima seria a primeira a sentir e reverberar a iniquidade da medida punitiva. Vale ressaltar, entretanto, e uma vez mais, a natureza pessoal das escusas absolutórias, de tal sorte que, na ocasião de um furto perpetrado em concurso de pessoas, será beneficiado apenas aquele agente que reunir a exigida condição de parentesco com o ofendido.

I – do cônjuge, na constância da sociedade conjugal;

A primeira das hipóteses prevista refere-se ao cometimento de crime patrimonial por um cônjuge em detrimento do outro. A justificativa política para essa escusa absolutória reside claramente na preponderância valorativa dada pelo legislador à manutenção do vínculo matrimonial, à estabilidade da relação familiar, ao menos para as ocorrências sem violência ou grave ameaça à pessoa. A polêmica maior aqui reside na possibilidade, ou não, de equiparar ao conceito de sociedade conjugal a união estável, prevista constitucionalmente no art. 226, § 3º ("Para efeito da proteção do Estado, é reconhecida a união estável entre o homem e a mulher como entidade familiar, devendo a lei facilitar sua conversão em casamento").

Tendo em vista a relevância constitucional da união estável, além de sua proximidade valorativa com o casamento, não parece haver dúvida de que o sistema penal deve permitir a equiparação entre os dois institutos com a finalidade de estender a incidência da escusa absolutória. Ademais, ao ser a união estável uma situação de fato, a adoção da escusa não deve depender de qualquer formalidade[205], bastando a comprovação no processo criminal da existência concreta de uma situação nesses moldes. Isso porque, se o fundamento da escusa é fundamentalmente garantir a harmonia do casal, não faz sentido excluir, por formalismos, a aplicação da norma benéfica. Cuida-se, portanto, de claro caso de analogia em benefício do réu: onde há a mesma razão, deve existir o mesmo Direito.

O mesmo deve ser tido para os casos de uniões homoafetivas, assim reconhecidas pelo Supremo Tribunal Federal em julgamento do ano de 2011 (ADPF 4.277 e ADPF 132). Vale lembrar que, para a ocorrência da imunidade absoluta, o fator determinante é o tempo do crime, ou seja, este deve ser sido cometido na constância do casamento ou da união estável. Ainda que posteriormente o casal venha a se separar, não haverá obstáculo para o reconhecimento da causa de extinção da punibilidade se o delito foi praticado na vigência da sociedade conjugal.

---

[205] Em sentido contrário: "Cumpre salientar que, na união estável, a eventual extensão da imunidade aos companheiros só é admissível quando aquela é legalmente formalizada (v. g., contrato de convivência devidamente registrado; judicialmente, através de ação declaratória de sua existência)" (PRADO, 2015, p. 100).

II – de ascendente ou descendente, seja o parentesco legítimo ou ilegítimo, seja civil ou natural.

O inciso II, ao seu turno, concede a imunidade absoluta nos casos de cometimento de delitos patrimoniais em desfavor dos ascendentes e descendentes. No caso de ascendentes, consideram-se os pais, avós, bisavós etc. Já os descendentes são os filhos, netos e bisnetos. Importa ressaltar, contudo, a norma de exceção contida no inciso III do art. 183, a qual vedou a admissão da escusa absolutória quando a vítima do delito for pessoa com idade igual ou superior a sessenta anos. Já a distinção de tratamento entre parentesco legítimo e ilegítimo ou civil e natural não mais faz sentido, à luz do art. 227, § 6º, da Constituição Federal ("Os filhos, havidos ou não da relação de casamento, ou por adoção, terão os mesmos direitos e qualificações, proibidas quaisquer designações discriminatórias relativas à filiação").

Art. 182. Somente se procede mediante representação, se o crime previsto neste título é cometido em prejuízo:

O art. 182 do CP é tradicionalmente identificado pela denominação de imunidades relativas. Entretanto, o conteúdo desta norma, na realidade, em nada interfere na punibilidade do delito, funcionando como regra fundamentalmente de Direito processual e destinada a modificar, nessas hipóteses, a natureza da ação penal. Melhor explicando, uma vez verificada uma das situações descritas nos três incisos subsequentes, a ação penal, quando pública incondicionada, passará a ser pública condicionada, ou seja, dependerá da representação da vítima (condição objetiva de procedibilidade). Assim sendo, para que o Ministério Público possa oferecer a denúncia e iniciar a ação penal contra o acusado, imprescindível será a manifestação de vontade da vítima, nos termos dos arts. 100, § 1º, do CP e 24 e s. do CPP.

I – do cônjuge desquitado ou judicialmente separado;

Afirma o CP que o cônjuge, na constância da sociedade conjugal, será beneficiado pela escusa absolutória nos crimes patrimoniais cometidos em detrimento do outro (art. 181, I). Na espécie em comento, todavia, cuida-se do cônjuge separado judicialmente ou divorciado, hipótese nas quais, em vez da extinção de punibilidade, a regra aplicável será a do art. 182, isto é, a ação penal nesses casos dependerá da representação do outro cônjuge vitimado (separado judicial ou divorciado). Nota-se que a figura jurídica do desquite, a que alude a redação de 1940, não mais remanesce na atual sistemática jurídico-civil do Direito de Família. Dado o juízo político-criminal a justificar esse dispositivo penal, não há maiores empecilhos em termos interpretativos de aqui igualmente se incluir o casal que se encontra em estado de separação de corpos.

A problemática maior deste inciso parece recair sobre a união estável. Já foi dito que a união estável, para fins da escusa absolutória do art. 181 do CP, deve ser equiparada ao casamento, independentemente da formalização de sua ocorrência. Por se tratar de situação de fato, assim parece ser a melhor forma de encarar tal fenômeno. Todavia, nessa dinâmica do inciso I do art. 182 não parece incoerente afirmar, juntamente com Prado (2015, p. 1004), que a alteração da natureza da ação penal apenas ocorrerá, nas hipóteses de união estável, se tal for formalmente dissolvida. Isso porque, se já não é tarefa das mais fáceis debater no processo penal a existência concreta da união estável em si mesma, mais difícil ainda será esclarecer o término simplesmente factual de uma relação, em si mesma, de fato. Mais ainda, o legislador utilizou-se de uma estrutura bastante formal, com a qual se entende que separação é separação reconhecida judicialmente (desquitado ou judicialmente separado). Por isso mesmo, para que seja exigida do companheiro vitimado a realização da representação, necessário é que o término da união estável tenha se dado formalmente.

II – de irmão, legítimo ou ilegítimo;

A segunda hipótese de imunidade relativa consiste na prática de delito patrimonial em desfavor de irmão. Não há mais sentido, após o advento da CF de 1988 e do CC de 1916, na distinção entre irmãos legítimos e ilegítimos, havidos na constância ou fora do casamento. O irmão poderá ser germano (bilateral) ou unilateral, ou seja, de pai e mãe, ou de pai ou mãe. Do mesmo modo será irmão aquele adotado pelos pais, ou apenas pelo pai ou mãe.

III – de tio ou sobrinho, com quem o agente coabita.

Por fim, a última hipótese de imunidade relativa exige dois requisitos. O primeiro deles diz respeito ao grau de parentesco, impondo a lei a qualidade de tio ou sobrinho da vítima. Os tios são os irmãos do pai e da mãe. Sobrinhos são os filhos dos irmãos (parentes em linha colateral). Porém não basta, neste específico inciso, a relação de parentesco. É preciso mais: exige a lei que exista coabitação entre o ofensor e a vítima. Coabitar implica viver em comum, compartilhar o mesmo espaço de convivência. Evidente que não serão consideradas coabitação aquelas visitas esporádicas, as quais perduram por alguns dias ou o final de semana. É preciso que exista uma dimensão de lar, de moradia compartilhada, de endereço comum.

Art. 183. Não se aplica o disposto nos dois artigos anteriores:

Em decorrência de razões político-criminais, o legislador resolveu estabelecer neste art. 183 três hipóteses que afastam a incidência dos dois artigos anteriores. As situações aqui elencadas apontam motivos que tornam a persecução e reprimenda penais mais relevantes do que a opção do Estado por, muitas vezes, não se imiscuir em relações domésticas e familiares. Dizem respeito à natureza do crime e seu modo de execução, à pessoa estranha às relações da família, bem como à ocorrência de delito contra pessoa idosa, e, portanto, mais vulnerável a agressões de natureza patrimonial (hipossuficiência).

I – se o crime é de roubo ou de extorsão, ou, em geral, quando haja emprego de grave ameaça ou violência à pessoa;

O CP utiliza-se, aqui, de típica norma de efeito extensivo, com a qual prefere primeiro exemplificar dois crimes nos quais não se aplicam as regras da imunidade, roubo e extorsão, para posteriormente estabelecer uma generalização consistente no "emprego de grave ameaça ou violência à pessoa". Assim, por exemplo, não poderá se utilizar das imunidades o filho que resolver extorquir mediante sequestro o pai ou, ainda, aquele outro que praticar dano qualificado nos termos do art. 163, parágrafo único, inciso I.

II – ao estranho que participa do crime;

A segunda hipótese pressupõe o cometimento de delito patrimonial em concurso de pessoas, no qual um dos agentes reúne alguma das condições estatuídas nos incisos dos arts. 181 e 182, e o outro não. Dada a natureza pessoal das imunidades, apenas aquele que reunir a condição de parentesco se valerá da imunidade, permanecendo o outro passível de punição e processamento por meio de ação penal pública incondicionada.

Vale aqui, embora não seja o caso específico deste inciso, mencionar que a imunidade apenas valerá ao sujeito se a integralidade do patrimônio afetado pertencer ao familiar que perfaz as condições previstas nos dois artigos anteriores. Imagine-se, portanto, o caso do sujeito que subtrai determinado bem em copropriedade, cujos condôminos são o pai e outro estranho. Neste caso, poderá ser processado e punido em razão da quota-parte ideal de terceiro, já que a vitimização supera o âmbito da relação de parentesco.

III – se o crime é praticado contra pessoa com idade igual ou superior a 60 (sessenta) anos.

Finalmente, esta disposição não constava da redação originária do CP em 1940, sendo posteriormente inserida em razão do advento do Estatuto do Idoso (Lei Federal n. 10.741, de 1º de outubro de 2003). A lógica inserida por detrás desse diploma especial consistiu na outorga de maior proteção penal às pessoas com idade maior ou igual a 60 anos. Para o legislador, demanda-se aqui tutela mais incisiva para os indivíduos, em tese, hipossuficientes, dotados de maior vulnerabilidade.

TÍTULO III
DOS CRIMES CONTRA A PROPRIEDADE IMATERIAL

Capítulo I
Dos crimes contra a propriedade intelectual

Violação de direito autoral

Art. 184. Violar direitos de autor e os que lhe são conexos:

Pena – detenção, de 3 (três) meses a 1 (um) ano, ou multa.

§ 1º Se a violação consistir em reprodução total ou parcial, com intuito de lucro direto ou indireto, por qualquer meio ou processo, de obra intelectual, interpretação, execução ou fonograma, sem autorização expressa do autor, do artista intérprete ou executante, do produtor, conforme o caso, ou de quem os represente.

Pena – reclusão, de 2 (dois) a 4 (quatro) anos, e multa.

§ 2º Na mesma pena do § 1º incorre quem, com o intuito de lucro direto ou indireto, distribui, vende, expõe à venda, aluga, introduz no País, adquire, oculta, tem em depósito, original ou cópia de obra intelectual ou fonograma reproduzido com violação do direito de autor, do direito de artista intérprete ou executante ou do direito do produtor de fonograma, ou, ainda, aluga original ou cópia de obra intelectual ou fonograma, sem a expressa autorização dos titulares dos direitos ou de quem os represente.

§ 3º Se a violação consistir no oferecimento ao público, mediante cabo, fibra ótica, satélite, ondas ou qualquer outro sistema que permita ao usuário realizar a seleção da obra ou produção para recebê-la em um tempo e lugar previamente determinados por quem formula a demanda, com intuito de lucro, direto ou indireto, sem autorização expressa, conforme o caso, do autor, do artista intérprete ou executante, do produtor de fonograma, ou de quem os represente:

Pena – reclusão, de 2 (dois) a 4 (quatro) anos, e multa.

§ 4º O disposto nos §§ 1º, 2º e 3º não se aplica quando se tratar de exceção ou limitação ao direito de autor ou os que lhe são conexos, em conformidade com o previsto na Lei n. 9.610, de 19 de fevereiro de 1998, nem a cópia de obra intelectual ou fonograma, em um só exemplar, para uso privado do copista, sem intuito de lucro direto ou indireto.

Bibliografia: BATISTA, Nilo. *Introdução crítica ao direito penal brasileiro*. 3. ed. Rio de Janeiro: Revan, 1996; BITENCOURT, Cezar Roberto. *Tratado de direito penal*.

14. ed. São Paulo: Saraiva, 2020. v. III; COELHO, Yuri Carneiro. *Curso de direito penal didático.* 2. ed. São Paulo: Atlas, 2015; D'AVILA, Fabio Roberto. *Ofensividade e crimes omissivos próprios*: contributo à compreensão do crime como ofensa ao bem jurídico. Coimbra: Coimbra Editora, 2006; DELMANTO, Celso et al. *Código Penal comentado.* 10. ed. São Paulo: Saraiva, 2022; DOTTI, René Ariel. *Curso de direito penal:* parte geral. 2. ed. Rio de Janeiro: Forense, 2004; GUINARTE CABADA, Gumersindo. Delitos contra la propiedad industrial. In: GONZALEZ CUSSAC, José (Coord.). *Comentarios a la reforma del Código Penal de 2015.* Valencia: Tirant lo Blanch, 2015; LATORRE, Virgilio. *Protección penal del derecho de autor.* 2. ed. Valencia: Tirant lo Blanch, 2014; MAÑAS, Carlos Vico. *O princípio da insignificância como excludente da tipicidade no direito penal.* São Paulo: Saraiva, 1994; MIR PUIG, Santiago. *Derecho penal:* parte general. 7. ed. Buenos Aires: B de F, 2005; MUÑOZ CONDE, Francisco. *Derecho penal:* parte especial. 19. ed. Valencia: Tirant lo Blanch, 2013; OPICE BLUM, Renato; VAINZOF, Rony. *Software:* Lei 9.609/98. In: GOMES, Luiz Flávio; CUNHA, Rogério Sanches (Coords.). *Legislação criminal especial.* 2. ed. São Paulo: RT, 2010. v. VI; PIERANGELI, José Henrique. *Manual de direito penal brasileiro:* parte especial. São Paulo: RT, 2005; PRADO, Luiz Régis. *Comentários ao Código Penal.* 10. ed. São Paulo: RT, 2015; PRADO, Luiz Régis. *Curso de direito penal brasileiro.* 7. ed. São Paulo: RT, 2008; REALE JÚNIOR, Miguel. *Parte geral do Código Penal:* nova interpretação. São Paulo: RT, 1988; RIBEIRO DE FARIA, Maria Paula Bonifácio. *A adequação social da conduta no direito penal ou o valor dos sentidos sociais na interpretação da lei penal.* Porto: Publicações Universidade Católica, 2005; ROXIN, Claus. *Derecho penal:* parte general. Madrid: Civitas/Thomson Reuters, 2008. t. I; GARCÍA VITOR, Enrique Ulises. *La insignificância en el derecho penal. Los delitos de bagatela. Dogmática, política criminal y regulación procesal del principio.* Buenos Aires: Hammurabi, 2000; WUNDERLICH, Alexandre. Crimes contra a propriedade imaterial. In: REALE JÚNIOR, Miguel (Coord.). *Direito penal:* jurisprudência em debate. Rio de Janeiro: GZ, 2012. v. II; ZAFFARONI, Eugenio Raúl; ALAGIA, Alejandro; SLOKAR, Alejandro. *Manual de derecho penal:* parte general. 2. ed. Buenos Aires: Ediar, 2007; ZAFFARONI, Eugenio Raúl; PIERANGELI, José Henrique. *Manual de direito penal brasileiro:* parte especial. 7. ed. São Paulo: RT, 2007.

Considerações gerais

O tema "direitos patrimoniais de autor" exige a discussão sobre a necessidade ou não de intervenção penal. É inegável que as últimas legislações, mormente após a Constituição Federal de 1988, foram produzidas num ambiente marcado pelo fenômeno da *hipercriminalização*. Ressaltamos em trabalhos anteriores que o legislador infraconstitucional vem insistindo em propor soluções penais inadequadas – muitas vezes sem técnica e outras tantas de forma atabalhoada –, criminalizando uma série de condutas sem dignidade penal. É visível o inchaço do direito penal brasileiro.

Sobre a necessidade do tipo penal, em que pese a adoção de uma postura minimalista, é importante, também, compreendermos a realidade fática, social e jurídica do problema da violação da propriedade intelectual e da ineficiência dos outros ramos do ordenamento positivo para o controle efetivo das violações desses direitos. Além disso, o art. 5º, inciso XXVII, da Constituição Federal assegura aos autores o direito exclusivo de utilização, publicação ou reprodução de suas obras, transmissível aos herdeiros. Seguindo a ordem constitucional, diversas leis (Leis Federais n. 9.609/98, 9.610/98 e 10.695/2003) foram criadas para atender desde a Convenção de Estocolmo (Organização Mundial da Propriedade Intelectual, 1967) até o Acordo *TRIP's – Trade Related Aspects of Intellectual Property Rights* (PIERANGELI, 2005, p. 639).

A tutela penal dos direitos patrimoniais de autor é tratada no art. 184 do CP, dispositivo que foi redefinido pela Lei Federal n. 10.695/2003. O texto revogou o art. 185, que versava sobre a usurpação de nome ou pseudônimo alheio. A publicação da Lei Federal n. 9.610/98 havia atualizado e consolidado a legislação sobre direitos autorais. De igual modo, a Lei Federal n. 9.609/98, conhecida como Lei de *Softwares*, disciplinou o regime de proteção à propriedade intelectual de programa de computador e sua comercialização.

A intervenção penal, mesmo numa visão minimalista, ainda se justifica nos países em que as agências de controle e os órgãos governamentais não conseguem prevenir e reprimir a prática ilícita. Aliás, só é legítima a criminalização de uma conduta, com o recurso à pena, quando os outros meios estatais forem insuficientes – um Direito Penal de estrita necessidade. Nesse quadro, pensamos que é aceitável a *fictio juris* como forma de tutela do bem jurídico autônomo e imaterial somente nos casos em que a conduta é *profissional* e com intuito de *lucro*, com real prejuízo ao autor ou a terceiros.

Para Bitencourt (2020, p. 387-390), o bem jurídico protegido é o direito autoral, que, em realidade, constitui um complexo de direitos – morais ou patrimoniais –, nascidos com a criação da obra. Por sua vez, a *finalidade comercial* amplia consideravelmente o desvalor da ação e do resultado da conduta violadora do direito autoral. A finalidade mercantil torna a conduta abjeta e merecedora de maior reprovação social. Coelho (2015, p. 708) também salienta a relevância da matéria e as suas múltiplas formas de caracterização, que vão desde o plágio até a ação de xerocopiar obras sem autorização e com intuito de fraudar o direito do autor.

Além do interesse moral da propriedade intelectual, a conduta estampada no art. 184 protege simultaneamente a ordem patrimonial e, sob outro prisma, a ordem socioeconômica. Muñoz Conde (2013, p. 456) entende que a propriedade intelectual está integrada por direitos de caráter pessoal e patrimonial, asseverando que existe uma *concepção dualista*, em que se atribui à propriedade intelectual faculdades de tipo pessoal e patrimonial. Sem negar valor ao primeiro aspecto, o autor sublinha a predominância do aspecto patrimonial no âmbito penal.

De outra parte, Latorre (2014, p. 109-110) salienta a importância da tutela do núcleo criacional, pois "la obra intelectual es el resultado de un proceso, llamado núcleo creacional, que liga indisolublemente al autor con su obra, de tal manera que ésta le corresponderá en tanto en cuanto el proceso creativo le pertenezca. Si esto es así, la verdadera protección radica en el núcleo creacional del que se derivan derechos de explotación y derechos morales, pero siempre entrelazados, es decir, que en los derechos de explotación debe haber un reflejo de los derechos Morales, y en éstos, de los de explotación"; no mesmo sentido, Prado (2015, p. 773). Aliás, a tutela penal do autor recebeu especial destaque na Reforma Penal espanhola, em 2015, inclusive com agravamento de penas (GUINARTE CABADA, 2015, p. 894).

Por todas essas razões, violar direitos autorais representa ofender direitos morais, patrimoniais e/ou socioeconômicos. Em nosso pensar, alguns vetores devem ser levados em consideração na tutela penal da propriedade imaterial: (a) a relevância do bem jurídico, que recebeu tratamento constitucional e infraconstitucional, que, em razão da adoção da concepção dualista, tem aspectos intelectuais e patrimoniais; (b) a existência de sujeitos passivos (autor e terceiros, sujeitos diretos e indiretos, o último representado por uma vitimização difusa); e (c) a conduta que assume relevância penal, quando é nítida a ineficiência de outros ramos do ordenamento jurídico no tratamento do problema da falsificação da criação intelectual humana e de sua comercialização com ânimo de lucro e em prejuízo de terceiros (WUNDERLICH, 2012, p. 95-96).

Considerações nucleares

a) Inconstitucionalidade do art. 184: texto marcado pela vagueza?

Existe posição minoritária no sentido de que a tutela penal dos direitos patrimoniais de autor fere o princípio constitucional da taxatividade e afronta a vedação à prisão por dívida. Para essa doutrina, o direito penal não deve funcionar como instrumento de monopólios privados, sendo que a inconstitucionalidade do tipo legal de crime é solução da interpretação conforme a Constituição Federal.

Não restam dúvidas de que o sistema rígido de garantias constitucionais está escorado no princípio da legalidade, viga-mestra que tem como um de seus corolários a taxatividade (*nullum crimen, nulla poena sine lege certa*). O princípio da taxatividade é uma regra metalegal de formação da linguagem penal, que ordena o uso de prescrições determinadas pelo legislador. É evidente que os crimes devem ser determinados pela lei taxativamente e não vaga, com precisão terminológica, o que vem, portanto, a rechaçar qualquer possibilidade de serem encobertos por juízos de valor. A criação de incriminações indeterminadas transcende a violação do princípio da legalidade, para ofender diversos direitos humanos fundamentais (BATISTA, 1996, p. 80; REALE JÚNIOR, 1988, p. 9 e s.). É elementar que a redação deve ser de fácil compreensão para o senso comum, sendo vedado o recurso às normas genéricas e aos termos vazios.

Todavia, no presente caso, não existe uma dúvida razoável sobre o conteúdo material do tipo, no que tange à violação do direito de autor, capaz de declaração de eiva por inconstitucionalidade[174]. O texto legislativo observa a descrição, ainda que tímida, do bem jurídico, e o tipo penal do art. 184, *caput* e parágrafos, do CP – com as alterações mais recentes das Leis Federais n. 9.609/98, 9.610/98 e 10.695/2003 – não é obscuro, suplantando com facilidade argumentos (até ideológicos) como a coerção ao pagamento de dívidas civis e, ainda, que a criminalização favorece monopólios privados. Em nossa opinião, o tipo, sem vacuidade, subsume-se adequadamente à exigência de taxatividade da norma incriminadora. Aliás, o significado de violação de direito autoral é mais claro no § 2º do art. 184, que define o *intuito de lucro* (WUNDERLICH, 2012, p. 95-96).

b) Propriedade intelectual e insignificância penal

O princípio da insignificância é uma causa supralegal de exclusão do tipo. Excluem o tipo as ações insignificantes e socialmente toleradas de modo geral (ROXIN, 2008, p. 296; VICO MAÑAS, 1994, p. 53; GARCÍA VITOR, 2000, p. 45). Tornam-se, então, atípicas todas as condutas que não coloquem em risco ou não atentem significativamente contra o bem jurídico protegido, principalmente nos denominados delitos bagatelares impróprios, que representam situações fáticas não puníveis por inofensividade ou pela irrelevância do fato[175].

De maneira geral, os Tribunais resistiam à aplicação do princípio, fundamentalmente em razão da falta de previsão legal e de definição de perímetros para sua operacionalização. A situação jurisprudencial melhorou com o *leading case* julgado pelo STF no ano de 2004, HC 84.412, de relatoria do Ministro Celso de Mello. Se, por um lado, a insignificância acabou consagrada como causa supralegal de exclusão da tipicidade, por outro, o acórdão paradigma criou quatro vetores de aplicação que são marcados pela subjetividade: (a) mínima ofensividade da conduta do agente, (b) nenhuma periculosidade social da ação, (c) reduzidíssimo grau de reprovabilidade do comportamento e (d) inexpressividade da lesão jurídica provocada.

---

[174] Importante sublinhar a crítica de Zaffaroni, Alagia e Slokar (2007, p. 108): "Pero hay otros casos en que un cambio civilizatorio (como una innovación tecnológica), puede conferir a un tipo penal un ámbito de prohibición inusitado respecto del imaginado por la agencia política que criminalizó la conducta. Tal es lo que sucede con el subjuntivo reproduzca en el art. 72 de la Ley 11.723 de propiedad intelectual. En 1933 sólo se podía reproducir con los mismos medios con que se podía producir, o sea, mediante una edición clandestina de la obra con tipografía de plomo; hoy la reproducción es corriente debido a la introducción de la técnica fotográfica. El ámbito de personas que todos los días copian página de libros o artículos de esta forma es enorme e imposible de criminalizar. El texto conforme a su interpretación literal llevaría hoy a consecuencias absurdas en cuando a la magnitud de poder punitivo habilitado".

[175] Sobre o princípio da ofensividade em Direito Penal, ver o "excurso sobre a projeção principal do modelo de crime como ofensa a bens jurídicos e as dificuldades enfrentadas na sua afirmação como elemento (eficaz) de garantia" (D´AVILA, 2006, p. 39 e s.).

Pensamos que é possível a aplicação do princípio da insignificância na propriedade imaterial, mesmo que o bem jurídico seja elevado à garantia constitucional (art. 5º, XXVII, da CF). A aplicação, na prática, dependerá do diálogo entre o caso-fático e os vetores sugeridos pela jurisprudência. A resolução do problema tem sido norteada pelo STJ, em sua atividade de uniformizador da jurisprudência nacional. Em acórdão de repercussão, a Ministra Maria Thereza de Assis Moura coloca em realce as elementares que o princípio reclama para sua aplicação (STJ, 6ª Turma, HC 183.127/SP, j. 15-2-2011): reconhece a posição do STF, no sentido de que o princípio deve ser analisado em conexão com os postulados da fragmentariedade e da intervenção mínima; estabelece a consequência lógica da aplicação em concreto, afastando a tipicidade penal, examinada na perspectiva de seu caráter material, e decide aderindo aos quatro vetores criados pelo STF. E, diante do caso concreto – uma apreensão de 217 CDs e 244 DVDs falsificados, expostos à comercialização com finalidade lucrativa –, optou o STJ por não fazer incidir o princípio da bagatela.

Em que pese reconhecermos a existência pacífica do princípio em doutrina, sabemos que o seu emprego reclama certa cautela nos julgados, sobretudo quando a situação fática indica que o agente atuou como profissional no mercado, em larga escala, e com intuito de lucro, em prejuízo de terceiros. Do contrário, podem ser consideradas somente as características do sujeito ativo (*direito penal do autor*), aderindo-se à interpretação meramente subjetiva do postulado, em razão da vulnerabilidade do agente, quando, na verdade, poderia, mantida a tipicidade, recorrer-se ao princípio da coculpabilidade (art. 66 do CP) (WUNDERLICH, 2012, p. 113-114).

c) Propriedade intelectual e adequação social

O princípio da adequação social funciona como uma causa de exclusão da tipicidade. O bem jurídico tutelado, com o passar do tempo, perde a sua dignidade penal, e a conduta do agente passa a não ter mais significado negativo. É certo que "condutas socialmente toleradas ou aceitáveis não podem constituir ilícito". É o magistério de Ribeiro de Faria (2005, p. 1127-1128), que, na esteira de Welzel, definiu: "deixam-se excluir do conceito de ilícito as condutas que se movem dentro dos quadros de valoração social historicamente desenvolvidos de uma comunidade".

Especificamente sobre o crime contra a propriedade imaterial, há posição minoritária no sentido de que o comércio clandestino não ameaça a convivência harmônica da sociedade, pois o Julgador deve estar atento à realidade social e ciente de que existe certa tolerância a partir da banalização ou aceitação da conduta, mormente quando praticada por vulneráveis. De fato, o comércio de obras piratas é muito comum nos grandes centros populares. Entretanto, não é possível concordar com a aplicação do princípio da adequação social. O que existe não é uma aceitação social da conduta, mas a violação, por uma parcela da sociedade, do direito que é assegurado constitucionalmente, muito em razão da inoperância das agências de controle. Se existem milhares de ambulantes atuando no comércio ilegal, isso não gera, por si só, a presunção de aceitabilidade da conduta. Igual raciocínio permitiria entender que a conduta foi descriminalizada *de fato*, o que não é acertado, pois seria operar judicialmente a renúncia formal ao sistema. Além disso, atualmente existem diversas campanhas publicitárias informando que a conduta deve ser repelida, divulgando os direitos do autor e explicando que pirataria é crime (WUNDERLICH, 2012, p. 120-121). Nesse particular, cumpre registar que a Espanha reformou o CP em 2015 e criminalizou taxativamente a conduta de ambulante ou ocasional, no art. 274, "3" (GUINARTE CABADA, 2015, p. 894).

Em nosso entender, a venda informal existente no País decorre mais da ausência do Estado do que da aceitação da conduta, mais por incompetência dos órgãos públicos do que por reconhecimento de uma conduta adequada pelo imaginário social, mesmo que se saiba que uma parcela dos cidadãos, por razões econômicas, adquire produtos ilegalmente. Com efeito, a existência de verdadeiro comércio de produtos "piratas", obras de qualidade e preços inferiores, muitas vezes comprados por pessoas em dificuldades financeiras, não produz uma aceitação geral da prática criminosa.

d) Aplicação da Lei Federal n. 9.609/98 em detrimento do art. 184, § 2º, do CP

A controvérsia reside no seguinte ponto: pode o Poder Legislativo, em caso de condutas idênticas que protegem o mesmo bem jurídico, definir respostas penais diferentes? A polêmica está na comparação entre os tipos previstos no art. 184, *caput* e parágrafos, do CP e no art. 12, *caput* e parágrafos, da Lei Federal n. 9.609/98 (Lei de *Softwares*), ambos em vigência e com penas díspares. Para uma parte da doutrina, há equívoco do legislador ao não observar os princípios da isonomia e da proporcionalidade, devendo o julgador aplicar a norma penal mais benéfica.

Pensamos que o Juiz pode operar a reclassificação de juízo de tipicidade. A atividade jurisdicional deve repelir eventual incidência de norma incriminadora inconstitucional. Todavia, em nosso entendimento, o raciocínio apresentado contém equívoco na premissa básica que fundamenta a aplicação da pena de um tipo (art. 12 da Lei Federal n. 9.609/98) ao outro (art. 184, § 2º, do CP)[176]. A partir do estudo da legislação que integra o regime da propriedade imaterial, demonstra-se que os artigos debatidos ofendem órbitas jurídicas distintas, possuindo o crime de violação de direito autoral uma abrangência mais ampla, enquanto o crime de

---

[176] Indica o art. 184, *caput*, do CP: Violar direitos de autor e os que lhe são conexos. Pena – detenção, de 3 (três) meses a 1 (um) ano ou multa. Dita o art. 12, *caput*, da Lei Federal n. 9.609/98: Violar direitos de autor de programa de computador. Pena – detenção, de 6 (seis) meses a 2 (dois) anos ou multa.

violação de direitos do autor de programa de computador versa exclusivamente sobre essas reproduções de programas de computadores (OPICE BLUM; VAINZOF, 2010, p. 1029).

No que tange ao exame do *caput* dos dois dispositivos postos em confronto, vê-se que o art. 184 do CP prevê pena mais branda do que o art. 12 da Lei Federal n. 9.609/98, apesar da idêntica natureza de infração de menor potencial ofensivo, podendo o Juiz aplicar, em ambos os tipos, exclusivamente a pena de multa. O processo de hermenêutica que instiga a divergência omite tal questão e concentra o debate na aplicação das formas qualificadas do art. 12 da lei especial, em detrimento das modalidades qualificadas do art. 184[177].

Então, o raciocínio minoritário que conclui pela inconstitucionalidade parte da falsa premissa de que os tipos tratam o mesmo bem jurídico e pretendem legislar por vias transversas, quando, ao contrário, os tipos causam lesividades diferentes. Em realidade, não existe a alegada inconstitucionalidade advinda da majoração trazida pela Lei Federal n. 10.695/2003, que deu novos contornos aos preceitos secundários dos §§ 1º e 2º do art. 184 do CP. A postura correta é aquela que entende possível a fixação de pena maior a uma espécie de delito, mesmo diante de outras penas previstas para tipos penais que protegem bens jurídicos semelhantes, mas não idênticos, sem que isso ofenda os princípios constitucionais. De concluir,

---

[177] Explicita o § 1º do art. 184: Se a violação consistir em reprodução total ou parcial, com intuito de lucro direto ou indireto, por qualquer meio ou processo, de obra intelectual, interpretação, execução ou fonograma, sem autorização expressa do autor, do artista intérprete ou executante, do produtor, conforme o caso, ou de quem os represente. Pena – reclusão, de 2 (dois) a 4 (quatro) anos, e multa. Já o § 2º fixa: Na mesma pena do § 1º incorre quem, com o intuito de lucro direto ou indireto, distribui, vende, expõe à venda, aluga, introduz no País, adquire, oculta, tem em depósito, original ou cópia de obra intelectual ou fonograma reproduzido com violação do direito de autor, do direito de artista intérprete ou executante ou do direito do produtor de fonograma, ou, ainda, aluga original ou cópia de obra intelectual ou fonograma, sem a expressa autorização dos titulares dos direitos ou de quem os represente. O § 3º determina: Se a violação consistir no oferecimento ao público, mediante cabo, fibra ótica, satélite, ondas ou qualquer outro sistema que permita ao usuário realizar a seleção da obra ou produção para recebê-la em um tempo e lugar previamente determinados por quem formula a demanda, com intuito de lucro, direto ou indireto, sem autorização expressa, conforme o caso, do autor, do artista intérprete ou executante, do produtor de fonograma, ou de quem os represente. Pena – reclusão, de 2 (dois) a 4 (quatro) anos, e multa. Por sua vez, o § 1º do art. 12 da Lei Federal n. 9.609/98 dispõe: Se a violação consistir na reprodução, por qualquer meio, de programa de computador, no todo ou em parte, para fins de comércio, sem autorização expressa do autor ou de quem o represente. Pena – reclusão, de 1 (um) a 4 (quatro) anos e multa. O § 2º, de igual maneira, impõe: Na mesma pena do parágrafo anterior incorre quem vende, expõe à venda, introduz no País, adquire, oculta ou tem em depósito, para fins de comércio, original ou cópia de programa de computador, produzido com violação de direito autoral.

portanto, que, se fosse interesse do legislador igualar as penas previstas no CP e na legislação extravagante, assim o teria feito. Não o fez justamente porque entendeu serem condutas dessemelhantes (WUNDERLICH, 2012, p. 124).

e) Dolo específico nas formas qualificadas do art. 184 do CP

As formas qualificadas do art. 184 exigem *dolo específico*, pois acrescem um especial *fim de agir* (elemento subjetivo do injusto), o intuito de lucro direto ou indireto (*animus lucrandi*). Significa que o elemento subjetivo abraça uma consciência livre do sujeito ativo em desejar reproduzir ilegalmente, com fito de lucro, por qualquer meio ou processo, a obra intelectual, sendo elementar esse motivo-finalidade especial (DELMANTO, 2022, p. 792; BITENCOURT, 2020, p. 390; PRADO, 2008, p. 542; WUNDERLICH, 2012, p. 130). Por suposto, estão excluídas as condutas que tenham a finalidade de uso pessoal.

A prova do dolo sempre depende de dados objetivos extraídos do conjunto fático. Aqui, dois vetores são fundamentais para o exame do dolo específico: o *local* de apreensão das mídias e, desde esse ponto, o *fim* de comércio. Indiscutivelmente, características como a exposição de grande quantidade de obras à venda em estabelecimento comercial podem sugerir a violação de direito autoral com intuito de lucro. Todavia, sem a prova da efetiva comercialização, com intuito de lucro, não há como reconhecer a violação de direito autoral na forma qualificada. Em conclusão, pode-se dizer que, nessa questão nuclear, a quantidade de produtos não conduz, por si só, à prova de *dolo específico*, pois a quantidade, isoladamente, não gera presunção de finalidade lucrativa.

Considerações finais

O debate sobre a tutela penal da propriedade intelectual é permeado de questões sociológicas e político-ideológicas. Nesse contexto, sustentamos a necessidade de intervenção penal, fundamentalmente ante o fracasso dos demais ramos do Direito e das agências reguladoras no tratamento da violação do direito do autor, que possui natureza constitucional. A questão fundamental é identificar (a) os agentes que, com habitualidade e profissionalismo, atuam no mercado, com intuito de lucro e com efetivo prejuízo ao autor ou a terceiros, atingindo simultaneamente o interesse moral do autor, a ordem patrimonial e, também, a ordem socioeconômica. E, assim, diferenciá-los dos (b) agentes vulneráveis e não assistidos pelo Estado que, por razões sociais e econômicas, atuam à margem das regras jurídicas, mas em estado de necessidade justificante e/ou exculpante, ou, ainda, que devem ter em seu favor o reconhecimento do princípio da *coculpabilidade*.

Como esclarecem Zaffaroni e Pierangeli (2007, p. 525), "Todo sujeito age numa circunstância determinada e com um âmbito de autodeterminação também determinado. Em sua própria personalidade há uma contribuição para esse âmbito de autodeterminação, posto que a sociedade – por melhor organizada que seja –

nunca tem a possibilidade de brindar a todos homens com as mesmas oportunidades. Em consequência, há sujeitos que têm menor âmbito de autodeterminação, condicionado desta maneira por causas sociais ao sujeito e sobrecarregá-lo com elas no momento da reprovação de culpabilidade. Costuma-se dizer que há, aqui, uma 'coculpabilidade' com a qual a própria sociedade deve arcar". O recurso ao princípio da coculpabilidade é constante na jurisprudência pátria. Zaffaroni e Pierangeli (2007, p. 525) acreditam "que a coculpabilidade é herdeira do pensamento de Marat e, hoje, faz parte da ordem jurídica de todo Estado Social de Direito, que reconhece direitos econômicos e sociais, e, portanto, tem cabimento no CP mediante a disposição genérica do art. 66".

Dotti (2004, p. 429) ensina "que pode ser acolhida a tese da coculpabilidade do Estado quando, deixando de cumprir os deveres essenciais de assistência aos necessitados, renuncia ao dever de punição". Na mesma linha, é a advertência de Mir Puig (2005, p. 537) ao afirmar que "es cierto que también existe una importante parte da la delincuencia normal que obedece a factores de desigualdad social y no por eso deja de castigarse. Se trata, sin embargo, de una desigualdad que no llega a afectar tan profundamente las leyes psíquicas de la motivación, que ésta pueda considerarse por completo anormal y pierda su sentido la apelación racional que supone la prohibición penal. Lo cual no ha de obstar, en cambio, a que deban tomarse en consideración circunstancias de desigualdad social como éstas para atenuar la pena en la medida normal. Por este camino, el principio de culpabilidad puede ofrecer una vía para una mayor realización de la exigencia de igualdad material y efectiva que impone el Estado democrático".

A culpabilidade é uma espécie de *termômetro da pena*: quanto mais reprovação, maior a resposta penal. Em nossa opinião, a coculpabilidade aparece como uma causa compensatória que não exclui o crime e não isenta o agente de pena, mas justifica uma diminuição da sanção, em razão das circunstâncias que contribuíram para a prática delitiva, em casos de violação do direito do autor. Enquanto ainda não conseguimos viver sem a incidência do Direito Penal, esse é o caminho a trilhar no estudo da tutela do direito do autor: o recurso à coculpabilidade como fonte para melhor julgar as opções do agente, no momento de sua conduta, reconhecendo, de certa forma, as múltiplas razões que fazem crescer o comércio informal de obras intelectuais, culturais e artísticas no Brasil.

Usurpação de nome ou pseudônimo alheio

Art. 185. (*Revogado pela Lei Federal n. 10.695, de 2003*)

Art. 186. Procede-se mediante:

I – queixa, nos crimes previstos no *caput* do art. 184;

II – ação penal pública incondicionada, nos crimes previstos nos §§ 1º e 2º do art. 184;

III – ação penal pública incondicionada, nos crimes cometidos em desfavor de entidades de direito público, autarquia, empresa pública, sociedade de economia mista ou fundação instituída pelo Poder Público;

IV – ação penal pública condicionada à representação, nos crimes previstos no § 3º do art. 184.

Bibliografia: BITENCOURT, Cezar Roberto. *Tratado de direito penal.* 14. ed. São Paulo: Saraiva, 2020. v. III; DELMANTO, Celso et al. *Código Penal comentado.* 10. ed. São Paulo: Saraiva, 2022; OPICE BLUM, Renato; VAINZOF, Rony. *Software:* Lei n. 9.609/98. In: GOMES, Luiz Flávio; CUNHA, Rogério Sanches (Coord.). *Legislação criminal especial.* 2. ed. São Paulo: RT, 2010. v. VI; PIERANGELI, José Henrique. *Manual de direito penal brasileiro:* parte especial. São Paulo: RT, 2005; PRADO, Luiz Régis. *Comentários ao Código Penal.* 10. ed. São Paulo: RT, 2015; PRADO, Luiz Régis. *Curso de direito penal brasileiro.* 7. ed. São Paulo: RT, 2008; WUNDERLICH, Alexandre. Crimes contra a propriedade imaterial. In: REALE JÚNIOR, Miguel (Coord.). *Direito penal:* jurisprudência em debate. Rio de Janeiro: GZ, 2012. v. II.

Considerações gerais

O direito material tem três desdobramentos diferentes no que tange à ação penal. A violação de direito de autor prevista no *caput* do art. 184 do CP se procede mediante queixa-crime, em *ação penal privada*, enquanto nas formas qualificadas, previstas nos §§ 1º (reproduzir sem autorização expressa do autor) e 2º (distribuir, vender, expor à venda, alugar, introduzir no País, adquirir, ocultar, ter em depósito...), hipóteses de violação com finalidade lucrativa direta ou indireta, a *ação penal é pública incondicionada*. No caso do § 3º, quando a violação consiste no oferecimento ao público, pelas modalidades previstas no tipo e com intuito de lucro, também em razão do interesse social, o legislador explicitou que a ação penal será *pública*, todavia, *condicionada à representação do ofendido*.

Considerações nucleares

a) Natureza da ação penal

Estamos diante de uma tutela penal que pode ser exercida no plano instrumental por meio de *ação penal privada* (art. 184, *caput*) e *ação penal pública incondicionada* (art. 184, §§ 1º e 2º, e art. 186, III) ou *condicionada* (art. 184, § 3º), dependendo da hipótese legal. Em nossa opinião, o mais adequado seria limitar o recurso à ação penal pública condicionada à representação da vítima, afastando a iniciativa privada e focalizando a atuação no legítimo órgão de persecução estatal. Em casos de violação de direito de autor – interesses moral e patrimonial –, o Estado só poderia agir mediante manifestação de vontade da parte ofendida. Todavia, a legislação impõe três ações penais diversas para as figuras típicas nela previstas.

b) Diligência preliminar: busca e apreensão e prova material

Como o crime de violação de direito do autor está a exigir prova da *materialidade*, a lei obriga que a exordial acusatória da ação penal pública ou privada seja instruída com o laudo pericial dos objetos que constituam o corpo de delito. O exame técnico, ainda que preliminar, tem a finalidade de comprovar a existência de violação aos direitos autorais[178].

O processo e o julgamento dos crimes contra a propriedade imaterial têm previsão no art. 524 e s. do CPP. O legislador impôs providências prévias, relativas à prova material e ao oferecimento da queixa-crime. O art. 525 estabelece que, se o crime houver deixado vestígio, a acusação não será recebida se não for instruída com o exame pericial dos objetos que constituam o corpo de delito. O art. 526 prevê que, sem a prova de direito à ação, não será recebida a queixa-crime, nem ordenada qualquer diligência preliminarmente requerida pelo ofendido.

A diligência preliminar é imprescindível e, nos termos do art. 527 do CPP, deve ser realizada por dois peritos nomeados pelo Juiz, que verificarão a existência de fundamento para a apreensão, quer esta se realize, quer não: o laudo pericial será apresentado dentro de 3 (três) dias após o encerramento da diligência. Terminadas as diligências, os autos serão conclusos ao Juiz para homologação do laudo pericial, conforme impõe o art. 528 do CPP. O art. 530-A disciplina que o disposto nos arts. 524 a 530 é aplicável aos crimes em que se proceda mediante queixa-crime. Nos crimes em que caiba ação penal pública incondicionada ou condicionada, observar-se-ão as normas constantes dos arts. 530-B, 530-C, 530-D, 530-E, 530-F, 530-G e 530-H do CPP para as infrações previstas nos §§ 1º, 2º e 3º do art. 184 do CP, restando à Autoridade Policial proceder à apreensão da materialidade comprobatória da prática ilícita para futura realização de perícia, nos termos da lei, sendo possível também a adoção da medida prevista na regra geral do art. 240, § 1º, do diploma processual.

Considerações finais

No exame do art. 184 do CP defendemos que ainda é necessária a intervenção penal na tutela dos direitos do autor. Isso não significa que no campo proces-

---

[178] Ressalta-se, também, que os crimes previstos na Lei de *Softwares* – violar direitos de autor de programa de computador – só são procedidos mediante queixa-crime, salvo: (a) quando praticados em prejuízo de entidade de direito público, autarquia, empresa pública, sociedade de economia mista ou fundação instituída pelo poder público; ou (b) quando, em decorrência de ato delituoso, resultar sonegação fiscal, perda de arrecadação tributária ou prática de quaisquer dos crimes contra a ordem tributária ou contra as relações de consumo (ação penal privada – art. 12, § 3º, I e II, da Lei Federal n. 9.609/98). No art. 13 da Lei de *Softwares* há exigência de diligências preliminares de busca e apreensão, nos casos de violação de direito de autor de programa de computador, que serão precedidas de vistoria, podendo o juiz ordenar a apreensão das cópias produzidas ou comercializadas com violação de direito de autor, suas versões e derivações, em poder do infrator ou de quem as esteja expondo, mantendo em depósito, reproduzindo ou comercializando.

sual o ofendido não possa optar por não oferecer a queixa-crime ou por não apresentar representação nos casos de ação penal pública condicionada. Em alguns casos pode ser mais conveniente a tomada de ação judicial de natureza cível – a cessação da atividade ilícita, a busca de perdas e danos materiais, bem como danos morais decorrentes dos prejuízos da infração.

Existe uma dualidade regulatória nas legislações gerais e especiais, tanto é que, como exemplo, citamos a própria Lei Federal n. 9.609/98 (Lei de *Softwares*), em seu art. 14, que expressa que, independentemente da ação penal, o prejudicado poderá intentar ação para proibir ao infrator a prática do ato incriminado, com cominação de pena pecuniária para o caso de transgressão do preceito, havendo previsão, inclusive, de medida liminar proibitiva.

Cumpre lembrar, por fim, que os institutos despenalizadores da transação penal e da suspensão condicional do processo, trazidos pela Lei Federal n. 9.099/95, só terão cabimento na hipótese prevista no *caput* do art. 184 do CP, cuja pena é de detenção, de 3 (três) meses a 1 (um) ano, ou multa.

Capítulo II
Dos crimes contra o privilégio de invenção

Arts. 187 a 191. (*Revogados pela Lei Federal n. 9.279, de 1996*)

Capítulo III
Dos crimes contra as marcas de indústria e comércio

Arts. 192 a 195. (*Revogados pela Lei Federal n. 9.279, de 1996*)

Capítulo IV
Dos crimes de concorrência desleal

Art. 196. (*Revogado pela Lei Federal n. 9.279, de 1996*)

TÍTULO IV
DOS CRIMES CONTRA A ORGANIZAÇÃO DO TRABALHO

Bibliografia: BITENCOURT, Cezar Roberto. *Tratado de direito penal:* parte especial: 5. ed. rev. e atual. São Paulo: Saraiva, 2009. v. 3; CUNHA, Fernando Whitaker. Direito penal do trabalho. *Revista de Direito Penal,* Rio de Janeiro: Forense, n. 34, p. 93-101, 1982; FELICIANO, Guilherme Guimarães. Refundando o direito penal do trabalho: primeiras aproximações. *Revista da Faculdade de Direito da Universidade de São Paulo,* São Paulo: Universidade de São Paulo, v. 104, p. 339-375, 2009; FRAGOSO, Heleno Cláudio. *Lições de direito penal:* parte especial. 8. ed. rev. e atual. Rio de Janeiro: Forense, 1986. v. I: arts. 121 a 212 do CP; FRAGOSO, Christiano. *Repressão penal da greve:* uma experiência antidemocrática. São Paulo: IBCCrim, 2009; GOMES JUNIOR, João Florêncio de Salles. *O crime de extorsão no direito penal brasileiro.* São Paulo: Quartier Latin, 2012; GRECO, Rogério. *Curso de direito penal:* parte especial. Niterói: Impetus, 2006. v. III; HUNGRIA, Nélson. *Comentários ao Código Penal.* 3. ed. rev. e atual. Rio de Janeiro: Revista Forense, 1956. v. VIII: arts. 197 a 249; NORONHA, E. Magalhães. *Direito penal:* dos crimes contra a propriedade intelectual a crimes contra a segurança dos meios de comunicação e transporte e outros serviços. São Paulo: Saraiva, 1988-1995. v. 3; NUCCI, Guilherme de Souza. *Código Penal comentado.* 15. ed. rev., atual. e ampl. Rio de Janeiro: Forense, 2015; PASCHOAL, Janaina Conceição. Crimes contra a organização do trabalho. In: REALE JÚNIOR, Miguel (Org.). *Direito penal:* jurisprudência em debate – crimes contra o patrimônio, crimes contra o direito do autor, crimes contra o sentimento religioso, crimes contra a organização do trabalho. Rio de Janeiro: GZ Editora, 2012. v. 2, p. 147-230; PRADO, Luiz Régis. *Curso de direito penal brasileiro.* São Paulo: RT, 2001. v. 3: parte especial: arts. 184 a 288; SOUZA, Luciano Anderson de. *Direito penal*: parte especial – arts. 155 a 234-B do CP. 2. ed. São Paulo: Thomson Reuters, 2021. v. 3.

Considerações gerais

O Código de 1890 inaugura, no Brasil, o tratamento penal da questão trabalhista. Inspirado no Código italiano de 1889 (Código Zanardelli), a legislação penal republicana, em seus arts. 204 a 206, trata, fundamentalmente, dos crimes contra a liberdade de trabalho, sob uma perspectiva, de um lado, de defesa da liberdade individual e, de outro, de repressão da greve.

Com o Código de 1940, mantidas as ideias de proteção à liberdade individual, de um lado, e repressão da greve, de outro, pretendeu-se delinear um novo interesse a ser tutelado, de natureza híbrida, a unir o corporativismo de inspiração fascista com o tradicional estatismo populista, bem ao feitio do regime autoritário – mal disfarçado de providencial paternalismo – que então se apresentava.

A Exposição de Motivos do Código Penal, nesse particular, não esconde suas raízes ideológicas ao declarar que "o projeto consagra um título especial aos "crimes contra a organização do trabalho", que o Código atual, sob o rótulo de "crimes contra a liberdade do trabalho", classifica entre os "crimes contra o livre gozo e exercício dos direitos individuais" (isto é, contra a liberdade individual). Esse critério de classificação, enjeitado pelo projeto, afeiçoa-se a um postulado da economia liberal, atualmente desacreditado, que Zanardelli, ao tempo da elaboração do Código Penal italiano de 1889, assim fixava: "A lei deve deixar que cada um proveja aos próprios interesses pelo modo que melhor lhe pareça, e não pode intervir senão quando a livre ação de uns seja lesiva do direito de outros. Não pode ela vedar aos operários a combinada abstenção de trabalho para atender a um objetivo econômico, e não pode impedir a um industrial que feche, quando lhe aprouver, a sua fábrica ou oficina.

O trabalho é uma mercadoria, da qual, como de qualquer outra, se pode dispor à vontade, quando se faça uso do próprio direito sem prejudicar o direito de outrem. A tutela exclusivista da liberdade individual abstraía, assim, ou deixava em plano secundário o interesse da coletividade, o bem geral. A greve, o *lockout*, todos os meios incruentos e pacíficos na luta entre o proletariado e o capitalismo eram permitidos e constituíam mesmo o exercício de líquidos direitos individuais. O que cumpria assegurar, antes de tudo, na esfera econômica era o livre jogo das iniciativas individuais. Ora, semelhante programa, que uma longa experiência demonstrou errôneo e desastroso, já não é mais viável em face da Constituição de 1937. Proclamou esta a legitimidade da intervenção do Estado no domínio econômico, "para suprir as deficiências da iniciativa individual e coordenar os fatores da produção, de maneira a evitar ou resolver os seus conflitos e introduzir no jogo das competições individuais o pensamento do interesse da Nação". Para dirimir as contendas entre o trabalho e o capital, foi instituída a justiça do trabalho, tornando-se incompatível com a nova ordem política o exercício arbitrário das próprias razões por parte de empregados e empregadores".

Pretende a lei, claramente, portanto, tutelar um novo interesse, por ela criado, reflexo de uma nova ordem e de um Estado Novo, de natureza intensamente intervencionista. Tal se dá, no entanto, com a criminalização de condutas a afetarem bens jurídicos particulares, ora na perspectiva de defesa do indivíduo e de sua liberdade individual (concretamente considerados), ora visando à proteção (mais fluida) do que se convencionou chamar de organização do trabalho.

Competência

Com tais considerações, não causa surpresa que as questões relacionadas à competência para o julgamento dos crimes contra a organização do trabalho estejam resolvidas de forma insuficiente em nosso país.

Embora a Constituição Federal, em seu art. 109, inciso VI, seja peremptória em atribuir à Justiça Federal a competência para julgar os crimes contra a organização do trabalho, é bastante comum, como bem destaca Janaina Paschoal, que diversos julgados exijam, para declarar a mencionada competência da Justiça Federal, "condições não previstas na Carta Magna" (PASCHOAL, 2012, p. 169).

Mesmo após o importante julgamento do Recurso Extraordinário n. 398.041, no qual o Supremo Tribunal Federal fixou a competência da Justiça Federal para o julgamento dos delitos de redução a condição análoga à de escravo, por considerá-lo crime contra a organização do trabalho (ainda que colocado entre os crimes contra a liberdade individual), verifica-se a persistência do entendimento segundo o qual, mesmo entre os crimes contra a organização do trabalho propriamente ditos, há que se distinguir aqueles que lesionam determinados trabalhadores (cujos julgamentos seriam de competência da Justiça Estadual) daqueles que ofendem "o sistema de órgãos e instituições destinadas a preservar a coletividade trabalhista" (cujos julgamentos seriam de competência da Justiça Federal) (STJ, RHC 15.702, rel. Ministro Paulo Medina).

Dá-se sobrevida, na verdade, à ideia contida na Súmula 115 do antigo Tribunal Federal de Recursos, segundo a qual "compete à Justiça Federal processar e julgar os crimes contra a organização do trabalho, quando tenham por objeto a organização geral do trabalho ou direitos dos trabalhadores considerados coletivamente". Ocorre que tal entendimento, além de extemporâneo à Constituição Federal e contrário ao seu texto expresso, traz graves consequências no que se refere à insegurança jurídica.

Como bem destaca, novamente, Janaina Paschoal, não se estabelece, em nossa jurisprudência, qualquer critério objetivo do que seria a mencionada "lesão a uma coletividade de trabalhadores, aos órgãos de proteção do trabalho como um todo, ao sistema da Justiça do Trabalho". Com isso, o ponto essencial de fixação da competência da Justiça Federal resta indeterminado, com graves consequências para a segurança jurídica e a própria Justiça.

Daí por que, diante da já consolidada insegurança e da dificuldade intrínseca de definição do critério criado por um Estado sindical-autoritário, seria de grande importância a revisitação do tema pelo nosso Supremo Tribunal Federal para reafirmar – é o que se propõe – o mandamento constitucional, determinando que todos os crimes contra a organização do trabalho estejam afetos à Justiça Federal, sem prejuízo da importante discussão sobre a atipicidade das condutas que, em certos tipos penais, não venham a vulnerar aquele bem jurídico coletivo, estrutural ou mesmo espiritualizado de que trataria a organização do trabalho.

Apreciação crítica

É de notar nesse momento, porém, que os debates fundamentais à espécie não se limitam às importantes questões processuais penais de competência e tampouco à manifestação de nossa Jurisprudência. No campo doutrinário do Direito Penal se vislumbram as mais importantes reflexões sobre o sentido de tais incriminações.

Deve-se reconhecer, sem hesitações, a necessidade de intervenção do direito penal no âmbito das relações de trabalho, quando se trata de "inibir as agressões mais contundentes à dignidade do trabalhador" (FELICIANO, 2009, p. 343), tais como a redução a condição análoga à de escravo (aliás, elencada entre os crimes contra a liberdade individual).

Nota-se, no entanto, acentuada tendência doutrinária ao questionamento da necessidade e conveniência de fazê-lo em um título próprio, a gerar um específico direito penal do trabalho (ainda que "refundado"), aparentemente mais suscetível à indevida interferência ideológica, especialmente se vinculado à ideia de proteção da "organização do trabalho" ou seus sucedâneos, em detrimento da proteção da liberdade individual.

De outro lado, e sob ótica diversa, Christiano Fragoso, em premiada obra, questiona os próprios fundamentos da criminalização das condutas previstas entre os crimes contra a organização do trabalho. Com especial ênfase no questionamento da repressão penal da greve, o ilustre autor bem demonstra sua sensibilidade jurídica ao propor a supressão do referido título e da especial criminalização de condutas que poderiam ser mais bem tratadas com os instrumentos clássicos de direito penal (FRAGOSO, 2009).

Em complemento ao pensamento desse autor, Janaina Paschoal bem pondera, com acuidade, que não se justifica a manutenção, no Código Penal, dos crimes contra a organização do trabalho, não somente pela impropriedade de criminalizar as manifestações dos trabalhadores, mas também pelo "recente fenômeno da criminalização da não observância das leis trabalhistas" (PASCHOAL, 2012, p. 159), em tudo revelador da perniciosa tendência a fazer da infração administrativa ilícito penal.

É, enfim, sobre esse pano de fundo que se passa a comentar os artigos a seguir, buscando bem compreender, com equilíbrio, as novas visões, sem prejuízo daquilo de perene que há nos clássicos do nosso direito penal.

Atentado contra a liberdade de trabalho

Art. 197. Constranger alguém, mediante violência ou grave ameaça:

I – a exercer ou não exercer arte, ofício, profissão ou indústria, ou a trabalhar ou não trabalhar durante certo período ou em determinados dias:

Pena – detenção, de 1 (um) mês a 1 (um) ano, e multa, além da pena correspondente à violência;

II – a abrir ou fechar o seu estabelecimento de trabalho, ou a participar de parede ou paralisação de atividade econômica:

Pena – detenção, de 3 (três) meses a 1 (um) ano, e multa, além da pena correspondente à violência.

Considerações gerais

Previsto pela primeira vez no Brasil, no art. 204 do Código Penal de 1890, como a ação de "constranger ou impedir alguém de exercer a sua indústria, commercio ou officio; de abrir ou fechar os seus estabelecimentos e officinas de trabalho ou negocio; de trabalhar ou deixar de trabalhar em certos e determinados dias" à qual se impunha pena de "prisão cellular por um a três mezes", foi o mencionado tipo penal reproduzido, em sua essência, até os dias de hoje.

Com a edição do Código de 1940, o que se fez, fundamentalmente, foi incluir no mesmo dispositivo legal a repressão penal da coação à participação no que hoje denominamos "greve" – galicismo que à época ainda não havia se imposto em nossa linguagem, que denominava "parede" o mencionado fenômeno de cessação coletiva do trabalho por parte dos trabalhadores (cf. CHRISTIANO FRAGOSO, 2009, p. 389).

Com isso, ao que parece, pretendeu o legislador abarcar, ainda que de forma parcialmente limitada aos meios executivos da violência ou grave ameaça, não só o art. 205 do Código Penal de 1890, referente à ação de "seduzir, ou aliciar, operários e trabalhadores para deixarem os estabelecimentos em que forem empregados, sob promessa de recompensa, ou ameaça de algum mal", como fazer renascer o próprio art. 206, em bom tempo revogado, e que dispunha ser crime "causar ou provocar cessação ou suspensão de trabalho, para impor aos operários ou patrões aumento ou diminuição de serviço ou salario".

Para tanto, entendeu-se por bem desdobrar o tipo penal originário em dois incisos, com penas diferentes, acrescentando ao último inciso, ao lado da realocada coação para a abertura ou fechamento de estabelecimento, uma nova e última hipótese, justamente a de constrangimento para a participação em "parede ou paralisação de atividade econômica".

É de notar, no entanto, que para Heleno Fragoso a parte final do inciso II, referente ao mencionado constrangimento para participação em parede ou paralisação de atividade econômica, ao menos no que se refere à greve (ou parede), estaria revogada pela Lei n. 4.330/64, que punia, em seu art. 29, inciso VII, quem praticasse "coação para impedir ou exercer greve" (1986, p. 556). Como esta restou revogada, por sua vez, pela Lei n. 7.783/89 e inexistindo efeito repristinatório automático no direito brasileiro, não se poderia chegar a outra conclusão que não a da descriminalização da espécie (FELICIANO, 2009, p. 353-354).

Ocorre que o mencionado dispositivo legal, contido no art. 29 da Lei n. 4.330/64, refere-se expressamente à circunstância de que os crimes ali presentes estavam estabelecidos "além dos previstos" no Título IV do Código Penal, o que bem demonstra, por si só, e além da inexistência de outra causa necessária ao reconhecimento da mencionada revogação, a coexistência dos tipos penais em questão e a consequente inviabilidade da tese pela revogação parcial do tipo penal previsto no art. 197 do Código Penal.

Considerações nucleares

O **atentado contra a liberdade de trabalho** volta-se, fundamentalmente, contra a liberdade de trabalho, bem entendida como "a faculdade de livre escolha da atividade laborativa e o livre exercício da própria atividade produtiva" (CHRISTIANO FRAGOSO, 2009, p. 381). Trata-se de afronta específica à liberdade individual, naquilo em que esta se relaciona com o exercício laboral. É **tipo especial**, que difere do constrangimento ilegal (art. 146) justamente pela especial natureza da ação ou omissão da vítima, pretendida pelo agente com sua coação e em todo relacionada à violação da **liberdade de trabalho**, como **bem jurídico** protegido pelo tipo penal.

A **ação típica** fundamental é o **constrangimento**, mediante **violência** ou **grave ameaça** – que se afiguram, portanto, como os **meios de execução** do delito. É de notar que o legislador exclui do tipo penal do atentado contra a liberdade de trabalho a cláusula genérica presente no constrangimento ilegal referente ao emprego de "qualquer outro meio" que possa levar à redução da capacidade de resistência da vítima. Por tal razão, pode-se questionar a tradicional classificação doutrinária segundo a qual se trataria de delito de forma livre, pois este, com isso, melhor parece configurar **delito de forma vinculada**.

A **violência**, na lição clássica de Hungria, baseada no direito alemão, "é o emprego de força material para vencer uma resistência. É todo meio físico aplicado sobre a pessoa de alguém para cercear-lhe a faculdade de agir segundo a própria vontade" (1956, p. 30). Ainda na visão consagrada desse autor, a **ameaça** "é a violência moral, a intimidação, a manifestação (por palavras, escrito, gestos, meios simbólicos) do propósito de causar a alguém, direta ou indiretamente, no momento atual ou em um futuro próximo, um mal relevante" (1956, p. 31). Não se considera necessário que a violência seja irresistível, bastando que seja apta à coação. Quanto à ameaça, a lei exige que seja grave, ou seja, capaz de inspirar medo na vítima. Para tanto há que se observar não somente a gravidade objetiva do mal com o qual é ameaçada a vítima, mas também as particularidades desta. Nesse sentido, já se decidiu, em nossos tribunais, que a ameaça de rescisão contratual não configura o delito em apreço, na medida em que se trata de direito do empregador, ao qual corresponde, tão somente, o dever de indenizar o empregado através do pagamento de seus haveres trabalhistas (*RJTACrim*, 25/60).

Constranger significa obrigar alguém a uma ação ou omissão. Como já destacado em obra de natureza monográfica sobre o delito de extorsão, "a estrutura típica concreta do ato de constranger foi bem captada pelo legislador e pressupõe a existência de um resultado naturalístico destacado da ação: constranger é sempre, e necessariamente, constranger alguém, mediante violência ou grave ameaça, a fazer, tolerar que se faça ou deixar de fazer alguma coisa. Conclui-se, sem nenhuma dificuldade, que a própria realidade impõe ao ato de constranger uma estrutura concreta de **crime material**, da qual não se pode afastar o legislador e o intérprete" (GOMES JUNIOR, 2012, p. 37). É possível, portanto, a **tentativa**, que ocorrerá sempre que, exercida a violência ou a grave ameaça aptas à obtenção do resultado típico, este não se verificar por circunstância alheia à vontade do agente.

O **resultado** do delito é, à evidência, a ação constrangida da vítima. No caso específico do atentado contra a liberdade de trabalho, tal resultado pode ser: 1) o exercício ou a abstenção do exercício de arte, ofício, profissão ou indústria (I, primeira parte); 2) o trabalho ou a abstenção do trabalho durante certo período ou em determinados dias (I, *in fine*); 3) a abertura ou o fechamento do seu estabelecimento de trabalho (II, primeira parte) ou 4) a participação em parede ou paralisação de atividade econômica (II, *in fine*).

Como bem se destaca Christiano Fragoso, é interessante perceber que "as três primeiras modalidades incriminam sempre o constrangimento a ambas as condutas opostas, o que não acontece com a última modalidade, na qual não se incrimina o constrangimento para que não se participe da parede ou da paralisação da atividade econômica". Para o autor, "tal circunstância partia, certamente, do fato de que, à época da edição do Código Penal a Constituição considerava a greve e o *lockout* recursos antissociais" (2009, p. 381).

Esta última modalidade delitiva, aliás, merece maior esforço interpretativo em relação às demais, autoevidentes. Trata-se, fundamentalmente, e como já dito, da incriminação do constrangimento à participação em parede ou paralisação de atividade econômica.

"Parede" é a greve. Como bem observa Noronha, "compõe-se, a greve, em regra, de dois elementos: da intenção do grevista em ver satisfeita uma pretensão e da cessação do trabalho para esse fim". No mais, ainda segundo esse autor, "concebe-se que sejam livres a propaganda greve e o aliciamento simples, mas o emprego da força física ou da ameaça não pode ser tolerado pela lei penal" (NORONHA, 1995, p. 51).

É de notar que, para que se configure constrangimento, as ameaças devem ser direcionadas a vítima determinada; uma denúncia baseada na ameaça de um grupo de grevistas a um grupo se refratários, sem identificação, não deve prosperar (CHRISTIANO FRAGOSO, 2009, p. 392).

O **elemento subjetivo** do tipo penal, por sua vez, é sempre o **dolo**, consistente na consciência e vontade de constranger, mediante violência ou grave ameaça, a liberdade de trabalho da vítima, nas hipóteses descritas no texto legal. Tradicionalmente, considera-se irrelevante o fim último pretendido pelo agente, não importando, nas palavras de Hungria, que "este obedeça a motivo de ordem econômica ou outro qualquer, como, por exemplo, uma vingança pessoal". Tal posição, no entanto, poderia ser questionada ao se ter em conta, por exemplo, o crime de extorsão, que certamente se configuraria, pelo critério da consunção, no caso de haver um fim último de obtenção de indevida vantagem econômica.

Trata-se, ainda, de crime comum, visto que não se exige do **sujeito ativo** qualquer qualidade especial. O **sujeito passivo**, em regra, é qualquer pessoa, exigindo-se, no entanto, a qualidade de proprietário do estabelecimento de trabalho para o perfazimento da primeira modalidade prevista no inciso II.

Discute-se se a **pessoa jurídica** pode ser sujeito passivo do delito. Doutrina das mais tradicionais sustenta tal possibilidade, especialmente ao tratar da hipótese de fechamento de estabelecimento de trabalho, prevista no inciso II, destacando que a utilização do pronome indefinido "alguém" também abrange a pessoa jurídica, que se veria vulnerada pela ação típica, embora se reconheça que "a ação do sujeito ativo há de recair, obviamente, nas pessoas físicas que a dirigem" (NORONHA, 1995, p. 49). Mais recentemente, no entanto, parece prevalecer o entendimento segundo o qual a pessoa jurídica não pode ser sujeito passivo deste crime, fundamentalmente porque o delito se voltaria exclusivamente ao cerceamento da liberdade da pessoa humana. Nesse exato sentido e especificamente em relação à hipótese de fechamento de estabelecimento de trabalho, destaca Nucci que "a coação deve voltar-se contra alguém que possa abrir ou fechar o seu estabelecimento. Ora, somente o ser humano pode ser vítima da violência ou da grave ameaça, abrindo ou fechando o que lhe pertence (2015, p. 1042). Assim, no caso de um trabalhador que se vê obrigado a fechar o estabelecimento no qual trabalha estar-se-ia diante da hipótese prevista no inciso I. Tratando-se do proprietário do estabelecimento a sofrer a coação, segundo tal entendimento, estar-se-ia diante da hipótese prevista no inciso II. Tal entendimento, como se verá nas considerações finais, ao impor desigualdade de pena sem motivo razoável, deve trazer uma reflexão que poderá alterar o tradicional entendimento aqui exposto.

Revela-se, com isso, imensa dificuldade em justificar por que motivo, ao menos para a doutrina tradicional, se daria pena maior para a ação de constranger o proprietário do estabelecimento a fechar suas portas em relação à ação de obrigar o seu funcionário a fazê-lo.

A solução de tal problema parece passar, necessariamente, pela aceitação da tese segundo a qual a pessoa jurídica pode ser vítima do delito de atentado contra a liberdade de trabalho. Com isso a distinção legislativa entre os incisos legais passa a fazer sentido. Inicialmente se estabelecem os crimes que se restringem a vulnerar a própria liberdade de trabalho, como espécie da liberdade individual da pessoa humana. No inciso II, com pena ligeiramente maior, têm-se as condutas que, para além de vulnerar o mencionado bem jurídico, podem gerar consequências adicionais, reputadas mais graves pelo legislador.

Como bem destacado por Luciano Anderson de Souza, dentro de cada um dos incisos do art. 197 se verifica uma construção de tipo misto alternativo, ao passo que, comparando-se um inciso ao outro, percebe-se uma estrutura de tipo misto cumulativo. Assim, verificar-se-ia crime único na hipótese de serem praticadas as condutas reunidas em um dos incisos, e concurso de crimes caso fossem perpetradas condutas previstas em incisos distintos (SOUZA, 2021, p. 375).

Considerações finais

O que se tem, em resumo, é que, apesar de consolidado em nosso sistema penal, o delito de atentado contra a liberdade de trabalho enfrenta forte oposição doutrinária, que propõe até mesmo a sua abolição.

Mantido em vigor, o mencionado tipo penal pode se dirigir à punição de ações criminosas, certamente jamais pensadas pelo legislador, mas tristemente corriqueiras nos dias que correm, referentes ao recebimento de ordens pelos comerciantes e seus empregados para que não abram seus estabelecimentos ou exerçam seus trabalhos, em determinados dias ou circunstâncias, sob pena de receber sérias represálias do crime organizado. Serve, também, o tipo penal em questão, fundamentalmente, à incriminação das condutas violentas relacionadas à greve, que vêm a ferir a liberdade de trabalho dos cidadãos.

Tais circunstâncias, no entanto, não parecem suficientes a justificar a manutenção do artigo. A conveniência de eliminar determinada ideologia autoritária, que guiou a redação de nosso Código Penal na espécie, bem justifica o rearranjo proposto pela mais moderna doutrina. Os efeitos colaterais de tais dispositivos, a indicar a existência de uma organização do trabalho nos moldes fascistas, recomendam a revogação, em conjunto com os demais, do presente tipo penal. Esta, se verificada, levaria o tratamento das questões aqui tratadas ao campo do tipo penal básico do constrangimento ilegal, sem que houvesse, portanto, impunidade relacionada às agressões à liberdade individual que de fato se revelassem importantes. Poder-se-ia cogitar, ainda, e sempre no campo do crime contra a liberdade individual, o estabelecimento de causas de aumento de pena para os casos em que a vulneração da liberdade individual, concretamente considerada, tenha resultado em paralisação, relevante, da atividade econômica.

Atentado contra a liberdade de contrato de trabalho e boicotagem violenta

Art. 198. Constranger alguém, mediante violência ou grave ameaça, a celebrar contrato de trabalho, ou a não fornecer a outrem ou não adquirir de outrem matéria-prima ou produto industrial ou agrícola:

Pena – detenção, de 1 (um) mês a 1 (um) ano, e multa, além da pena correspondente à violência.

Considerações gerais

A rubrica do art. 198 traz, em si, mais de uma conduta. Com isso, cabe, inclusive em linhas introdutórias, cuidar de cada parte do dispositivo em separado – opção que, sem dúvida, possibilita uma análise dogmática mais adequada.

A tutela penal, claramente, não se restringe aos contratos do âmbito trabalhista. Também é atentatório à liberdade de contratação, genericamente considerada, o impedimento violento das trocas mercantis entre determinado agente econômico (lojista, produtor agrícola, industrial, fornecedor etc.) e os demais, para impor-lhe, nas palavras de Manzini, citado por Noronha (1988-1995, p. 54), o "ostracismo econômico". Trata-se da boicotagem; alcunha forjada em 1880 por inspiração no sobrenome de um capitão inglês, James Boycott, lembrado por sua severidade no trato com seus rendeiros[179]. Como relata Prado, Boycott era gerente

---

[179] Chamavam-se aqueles que arrendavam terras à época; ou seja: os que, em troca de desfrutar do potencial da propriedade, periodicamente, pagavam determinada quantia da renda obti-

das propriedades de *Lord* Ene, na Irlanda, e, por conta de sua postura muito intransigente, todos os locais acordaram em não realizar mais nenhum tipo de negócio com ele – reação organizada que se chamou de "boycottage" (2001, p. 76).

Considerações nucleares

Por um primeiro olhar sobre o art. 198, é muito possível que se conclua, assim como faz Bitencourt, estar-se diante de tipo pluriofensivo, por meio do qual tenha sido posta proteção sobre mais de um bem jurídico (2009, p. 367). Porém, não resiste tal tese a olhar mais atento para as linhas do dispositivo.

Se a doutrina é uníssona em definir que a primeira parte do artigo tem como bem jurídico tutelado a liberdade de trabalho, há grande entrave doutrinário na avaliação de qual bem jurídico se protegeria através da segunda modalidade delitiva, de boicotagem violenta. Bitencourt, apoiando-se, também, em Prado, afirma que a segunda parte do dispositivo legal visaria a proteger a "normalidade das relações de trabalho".

A verdade é que, no caso, a existência de mais de uma modalidade criminosa não implica, necessariamente, a tutela de mais de um valor social. O único **bem jurídico** protegido pelo tipo de **atentado contra a liberdade de contrato de trabalho e boicotagem violenta** é a **liberdade de trabalho**. Isso porque "é evidente que a boicotagem violenta, afora a ofensa à liberdade individual [de contratação], afeta consideravelmente a atividade econômica ou laborativa do indivíduo" (FRAGOSO, 1986, p. 560). Ou seja: atinge-se a própria liberdade de trabalho, pois tanto o boicotado quanto os que foram forçados a boicotá-lo são impedidos de desempenhar suas atividades laborais.

Assim como no artigo anterior, a **ação típica** fundamental é o **constrangimento**, mediante **violência** ou **grave ameaça** – que se afiguram, portanto, como os **meios de execução** do delito. É de notar que o legislador exclui do tipo penal, aqui também, a cláusula genérica presente no constrangimento ilegal referente ao emprego de "qualquer outro meio" que possa levar à redução da capacidade de resistência da vítima. Por tal razão, pode-se questionar a tradicional classificação doutrinária segundo a qual se trataria de delito de forma livre, pois este, com isso, parece melhor configurar **delito de forma vinculada**.

Como já dito, a **violência**, na lição clássica de Hungria, baseada no direito alemão, "é o emprego de força material para vencer uma resistência. É todo meio físico aplicado sobre a pessoa de alguém para cercear-lhe a faculdade de agir segundo a própria vontade" (1956, p. 30). Ainda na visão consagrada desse autor, a

---

da ao proprietário das terras – em moeda corrente ou com alguma porcentagem da própria produção. Contemporaneamente, o termo com que melhor se estabelece sinonímia é "arrendatário", ainda que, no domínio popular, sejam tomados até mesmo por "inquilinos".

ameaça "é a violência moral, a intimidação, a manifestação (por palavras, escrito, gestos, meios simbólicos) do propósito de causar a alguém, direta ou indiretamente, no momento atual ou em um futuro próximo, um mal relevante" (1956, p. 31). Não se considera necessário que a violência seja irresistível, bastando que seja apta à coação. Quanto à ameaça, a lei exige que seja grave, ou seja, capaz de inspirar medo na vítima. Para tanto há que se observar não somente a gravidade objetiva do mal com o qual é ameaçada a vítima, mas, também, as particularidades desta.

Cumpre destacar, novamente, que **constranger** significa obrigar alguém a uma ação ou omissão. Como já destacado em obra de natureza monográfica, sobre o delito de extorsão, "a estrutura típica concreta do ato de constranger foi bem captada pelo legislador e pressupõe a existência de um resultado naturalístico destacado da ação: constranger é sempre, e necessariamente, constranger alguém, mediante violência ou grave ameaça, a fazer, tolerar que se faça ou deixar de fazer alguma coisa. Conclui-se, sem nenhuma dificuldade, que a própria realidade impõe ao ato de constranger uma estrutura concreta de **crime material**, da qual não se pode afastar o legislador e o intérprete" (GOMES JUNIOR, 2012, p. 37). É possível, portanto, a **tentativa**, que ocorrerá sempre que, exercida a violência ou a grave ameaça aptas à obtenção do resultado típico, este não se verificar por circunstância alheia à vontade do agente.

No atentado à liberdade de contrato de trabalho, a celebração do contrato em razão da intimidação é o resultado, inclusive em sede de renovação. A consumação se dá no ato da assinatura – se for contrato escrito – ou com a concordância da vítima – quando for verbal (GRECO, 2006, p. 436). O resultado da boicotagem violenta, por seu turno, é o efetivo isolamento econômico. E o momento consumativo se dá quando ocorre a abstenção forçada do boicotado – ou em relação a ele, o que bem confirma o afirmado sobre ser a liberdade de trabalho o bem jurídico protegido. Nesse caso, pode haver crime permanente, porque, como preveem Noronha e Prado, os atos de abstenção podem ser tantos seguidos no tempo, protraindo-se no tempo.

Assim como ocorre com o artigo anterior, trata-se de **tipo especial**, porque os específicos fim e conduta de impedir a realização de contrato de trabalho ou de boicotar violentamente a contratação mercantil é que devem motivar a **ação típica** de **constranger**. Do contrário, haverá crime de constrangimento ilegal (art. 146). Como se vê, são os meios executivos também os mesmos previstos pelo art. 197, por isso cabem as considerações já expostas àquela oportunidade de análise.

Um problema importante diz respeito à possibilidade de os contratos coletivos serem suscetíveis ao constrangimento de que trata o tipo em comento (PRADO, 2001, p. 78). Assim como Hungria, Noronha acredita ser possível intimidar uma associação, um sindicato ou qualquer outra entidade coletiva a firmar um contrato de trabalho coletivamente (1988-1995, p. 53). Quanto à boicotagem violenta, especificamente, se faz imperioso firmar que a lei enumera taxativamente o que pode ser objeto da boicotagem – matérias-primas ou produtos industriais e/ou agrícolas (NORONHA, 1988-1995, p. 54).

O **elemento subjetivo** é, necessariamente, o **dolo**. Mas, conforme a doutrina pacificamente assenta, deve haver o especial fim de agir para forçar a vítima a celebrar contrato de trabalho ou para boicotá-la.

É um **crime comum**. Independentemente da forma delitiva considerada, o **sujeito ativo** pode ser qualquer pessoa física capaz de celebrar contratos (NORONHA, 1988-1995, p. 53). O **sujeito passivo**, por sua vez, também pode ser qualquer pessoa. Mas, no caso boicotagem violenta, há considerações importantes para se apresentar. Em primeiro, apesar de a doutrina mais antiga[180] afirmar o contrário, tem-se consolidado que, além do boicotado, os agentes que são forçados a boicotar também são sujeitos passivos do delito[181]. Em segundo, frisa-se a discussão sobre a possibilidade de pessoas jurídicas figurarem como sujeito passivo da boicotagem violenta. Segundo Prado, em razão do bem jurídico a que se visa tutelar, não há como sustentar que uma pessoa jurídica seja sujeito passivo desse crime (2001, p. 77). Há que se destacar, no entanto, tal como referido no artigo anterior, a possibilidade e conveniência de considerar a pessoa jurídica, sempre ao lado da pessoa física, como vítima secundária do delito em apreço, sempre que houver resultado concreto a afetar sua atividade econômica.

Por fim, importante destacar que, por se tratar de **tipo misto cumulativo**, tem-se por certo que a prática de constrangimentos para ambas as possibilidades previstas no dispositivo enseja a responsabilização do agente por cada um, em concurso (PRADO, 2001, p. 80). No mais, praticada violência contra pessoa, deve se responsabilizar o agente também pelos danos que causou à integridade da vítima (BITENCOURT, 2009, p. 370).

Atentado contra a liberdade de associação

Art. 199. Constranger alguém, mediante violência ou grave ameaça, a participar ou deixar de participar de determinado sindicato ou associação profissional:

Pena – detenção, de 1 (um) mês a 1 (um) ano, e multa, além da pena correspondente à violência.

---

[180] São citados por Noronha, como expoentes dessa corrente doutrinária superada, Bento de Faria e Jorge Severiano (1988-1995, p. 55).

[181] Hungria é voz destoante; afirma que os sujeitos passivos são somente os agentes econômicos que são forçados a proceder à boicotagem (cf. HUNGRIA, 1956, p. 42; NORONHA, 1988-1995).

Considerações gerais

A proteção penal à liberdade de associação foi inaugurada no Brasil pelo legislador de 1940. Foi trazido, assim, ao sistema penal o ponto que já encontrava algum tratamento pelo ordenamento pátrio desde a Constituição de 1934, na qual se encontrava garantido o direito de associação (BITENCOURT, 2009, p. 372).

Considerações nucleares

O **atentado contra a liberdade de associação** é o tipo penal que protege, como bem jurídico, a **liberdade de associação** (ou liberdade sindical). Tal garantia está prevista expressamente na Constituição Federal, tanto no art. 5º, inciso XVII, como no art. 8º, inciso V.

Assim como nos artigos anteriores, a **ação típica** fundamental é o **constrangimento**, mediante **violência** ou **grave ameaça** – que se afiguram, portanto, como os **meios de execução** do delito. É de notar que o legislador exclui do tipo penal, aqui também, a cláusula genérica presente no constrangimento ilegal referente ao emprego de "qualquer outro meio" que possa levar à redução da capacidade de resistência da vítima. Por tal razão, pode-se questionar a tradicional classificação doutrinária segundo a qual se trataria de delito de forma livre, pois este, com isso, melhor parece configurar **delito de forma vinculada**.

Como já dito, a **violência**, na lição clássica de Hungria, baseada no direito alemão, "é o emprego de força material para vencer uma resistência. É todo meio físico aplicado sobre a pessoa de alguém para cercear-lhe a faculdade de agir segundo a própria vontade" (1956, p. 30). Ainda na visão consagrada desse autor, a **ameaça** "é a violência moral, a intimidação, a manifestação (por palavras, escrito, gestos, meios simbólicos) do propósito de causar a alguém, direta ou indiretamente, no momento atual ou em um futuro próximo, um mal relevante" (1956, p. 31). Não se considera necessário que a violência seja irresistível, bastando que seja apta à coação. Quanto à ameaça, a lei exige que seja grave, ou seja, capaz de inspirar medo na vítima. Para tanto há que se observar não somente a gravidade objetiva do mal com o qual é ameaçada a vítima, mas, também, as particularidades desta.

Aqui também a **ação típica** é um **constrangimento** especial. Pune-se a conduta de constranger alguém, mediante violência ou grave ameaça, a participar ou deixar de participar de **determinado sindicato ou associação profissional**.

Dessa forma, como bem aponta Fragoso, caso o constrangimento seja para evitar ou forçar a participação sindical genérica de um indivíduo, trata-se tão somente de constrangimento ilegal (art. 146). A título de esclarecimento terminológico, **sindicato** é uma espécie de **associação profissional** (NORONHA, 1988-1995, p. 57). Como bem esclarece Nucci, esta é definida pelo art. 511 da CLT como "o agrupamento de empregadores, empregados, trabalhadores, intelectuais, técnicos ou manuais, exercendo a mesma profissão ou profissões similares ou conexas, para fins de estudo, defesa e coordenação de seus interesses profissionais..." e aquele é a associação reconhecida pela lei (2015, p. 1046).

Cumpre destacar, novamente, que **constranger** significa obrigar alguém a uma ação ou omissão. Como já destacado em obra de natureza monográfica sobre o delito de extorsão, "a estrutura típica concreta do ato de constranger foi bem captada pelo legislador e pressupõe a existência de um resultado naturalístico destacado da ação: constranger é sempre, e necessariamente, constranger alguém, mediante violência ou grave ameaça, a fazer, tolerar que se faça ou deixar de fazer alguma coisa. Conclui-se, sem nenhuma dificuldade, que a própria realidade impõe ao ato de constranger uma estrutura concreta de **crime material**, da qual não se pode afastar o legislador e o intérprete" (GOMES JUNIOR, 2012, p. 37). Nesse sentido, a **consumação** se dá no momento em que, pelos meios previstos, se dá a efetiva participação da vítima em uma associação profissional ou o impedimento disso (PRADO, 2001, p. 86). É possível, portanto, a **tentativa**, que ocorrerá sempre que, exercida a violência ou a grave ameaça aptas à obtenção do resultado típico, este não se verificar por circunstância alheia à vontade do agente.

O **elemento subjetivo** do tipo penal é o **dolo**, consistente na consciência no feito constrangedor, motivado pela vontade de determinar a decisão da vítima de participar ou não de um sindicato ou associação profissional.

O **sujeito ativo** pode ser qualquer pessoa, inclusive membro de uma associação profissional, conforme destaca Bitencourt (2009, p. 373). Já o **sujeito passivo** deve ser quem possa associar-se a entidades de classe profissional (GRECO, 2006, p. 441).

No que tange a esse delito, Luciano Anderson de Souza destaca que a conduta incriminada poderia se subsumir ao tipo penal previsto no art. 33 da Lei n. 13.869/2019, a qual dispõe sobre os crimes de abuso de autoridade, caso o sujeito ativo fosse funcionário público e estivesse presente um dos elementos subjetivos especiais previstos no art. 1º, § 1º, da referida lei, condições sem as quais subsistiria o crime do art. 199 do Código Penal (SOUZA, 2021, p. 393).

Considerações finais

Muito embora seja garantia constitucional, como já foi posto, a liberdade sindical no Brasil não é irrestrita.

Conforme colocou Fragoso à sua época, a liberdade de associação seria ilusória (1986, p. 560), pois é tal a intervenção do Estado, através do Ministério do Trabalho, na conformação e no funcionamento das entidades sindicais no Brasil, que urge o questionamento sobre a efetivação dessa liberdade de associação, que se mostra tão cara à sociedade, diante das garantias atribuídas a ela pelo ordenamento. Nesse sentido, há que se salientar o caráter intervencionista presente em nosso Estado até os dias correntes, que são reminiscência marcante na forma de organizar as ingerências do Estado na conformação social brasileira.

Em matéria penal, de mais a mais, resta claro voltar-se à preservação do sentido individual mais puro a se revelar por essa garantia, donde se conclui que a tutela penal sobre a liberdade de escolha de participação em associações profissionais se apresenta como afirmação, pela notável representatividade da classe trabalhadora, dos valores democráticos da sociedade.

Paralisação de trabalho, seguida de violência ou perturbação da ordem

Art. 200. Participar de suspensão ou abandono coletivo de trabalho, praticando violência contra pessoa ou contra coisa:

Pena – detenção, de 1 (um) mês a 1 (um) ano, e multa, além da pena correspondente à violência.

Parágrafo único. Para que se considere coletivo o abandono de trabalho é indispensável o concurso de, pelo menos, três empregados.

Considerações gerais

A paralisação do trabalho é um movimento coletivo que pode partir tanto dos patrões – o que, como se viu, mesmo dogmaticamente, se designa *lockout* – como dos empregados – a greve. Essa paralisação de trabalhadores, em especial, tem origem incerta; enquanto parte dos estudiosos postula que se trata de prática vista desde a Antiguidade, outros tantos a tomam como um fenômeno da sociedade surgido no século XVIII (na esteira da Revolução Industrial) (PRADO, 2001, p. 89).

O princípio da liberdade de trabalho, como fruto dos paradigmas trazidos pela Revolução Francesa, à época de seu surgimento não era entendido como é nos dias atuais. Na própria França, a eliminação das corporações de ofício, a coibição das coalisões e, por meio da Lei Chapelier (1791), a interdição das associações profissionais marcaram o processo de fixação dessa perspectiva liberal sobre a questão trabalhista. Conforme aponta Prado, no Código Penal francês de 1810, as tais coalizões trabalhistas eram alvo de severa reprimenda. Do mesmo modo, o ordenamento inglês da época também punia as paralisações dos empregados, tendo, em 1871, reconhecido o direito de greve[182].

---

[182] Importante dar o mesmo destaque que é dado por Prado, em sua obra, para a conformação socialmente desigual das criminalizações de época, usadas como exemplo da diferença entre as concepções sobre a liberdade de trabalho que surgem pela História. Como indica o ilustre autor, o ordenamento francês buscava punir qualquer paralisação que partia dos trabalhadores (no contexto, especificamente, dos operários); mas, tendo um peso para duas medidas, apenas as paralisações patronais que eram consideradas abusivas é que se faziam alvo de repressão penal (PRADO, 2001, p. 90-91).

Veja-se, então, o caso do Brasil, que se conduziu pela mesma direção dos exemplos europeus, marcando, em 1890, o atraso pela opção repressiva assumida perante o cenário internacional já mudado. O Código Penal Republicano, de início, criminalizava irrestritamente o exercício da greve; além de retrógrado, isso era, como bem pontua Bitencourt, incoerente com as motivações ideológicas que motivaram a proclamação da República (2009, p. 377). O diploma penal pátrio vigente, porém, proíbe apenas a paralisação violenta e aquela na qual se interrompe um serviço de interesse coletivo. Esta última, tendo tipificação própria (art. 201), será objeto de análise em separado.

O art. 200 concentra-se na criminalização, portanto, de determinados resultados reprováveis da paralisação do trabalho (FRAGOSO, 2009, p. 378-379). Como bem esclarece Fragoso, volta-se para o aspecto final da paralisação, que é essencialmente o seu êxito e o que, por sua vez, se condiciona diretamente à ampla participação de pessoas (1986, p. 561). Trata-se de punir, fundamentalmente, a própria violência – a pessoas e a coisas –, que, comumente, se usa como método de assegurar que o movimento, durante seu curso, não perca força.

Considerações nucleares

O **bem jurídico** protegido pela norma que tipifica a **paralisação de trabalho, seguida de violência ou perturbação da ordem**, é, para a maioria da doutrina, a liberdade de trabalho (compreendida em sentido amplo). Entretanto, é tal entendimento um equívoco, por não se considerar a clara especificidade do dispositivo, que objetiva garantir a segurança e a estabilidade das relações de trabalho, tanto para os empregados quanto para os empregadores, justamente para que uns e outros possam exercer em plenitude suas atividades laborais. Nesse sentido, sustenta-se, tal qual Bitencourt e Greco, que o artigo ora analisado protegeria, como um desdobramento da liberdade de trabalho, a **regularidade e moralidade das relações trabalhistas** (BITENCOURT, 2009, p. 377).

A **ação típica** prescrita no artigo é **participar**, ou seja, juntar-se com pares seus tendo objetivo comum e agir ativamente na execução do movimento de paralisação do trabalho. Porém, ao contrário do que coloca Bitencourt (2009, p. 378), para a incriminação não basta que se participe da greve em si, sem produzir qualquer agressão física ou dano material e nem assumir esse risco (FRAGOSO, 1986, p. 561). Não é suficiente, portanto, que haja um "vínculo psicológico" entre os grevistas, nos termos utilizados. Isso seria a incriminação da própria greve, ou a incriminação das intenções dos grevistas. É, pois, **elemento essencial do tipo** a **prática de violência**, empregada para que seja efetiva a pressão do movimento, para evitar as intervenções apaziguadoras, ou por qualquer outra motivação que não seja a de forçar a adesão de participantes – o que adentra esfera normativa alheia. É dizer, como bem elucidado por Greco, que, a princípio, é absolutamente legítima a participação de qualquer indivíduo em uma greve, tornando-se essa criminosa somente quando se praticam atos violentos ou se concorre para isso (GRECO, 2006, p. 444).

Outro aspecto a ser bem esmiuçado é a vaga amplitude de significação de "paralisação de trabalho", cujo impasse doutrinário se concentra no abarcamento ou não do *lockout* no âmbito de proteção desse tipo. O entendimento mais antigo, de comentadores como Bento de Faria e Cesarino Júnior, é restritivo, incluindo nos limites típicos apenas a greve, a de empregados; já Nélson Hungria e Heleno Cláudio Fragoso, em seu turno, entendem que o *lockout* – a "greve patronal" – também seja abarcado pela expressão que inicia a rubrica (NORONHA, 1988-1995, p. 59). Dadas as redações dos outros artigos que compõem este Título, não se pode permitir outra visão, senão esta última.

Quanto ao parágrafo único do art. 200, objetivamente não a há nada a ser posto além do que traz expresso o próprio texto legal – e tendo por isso o bastante. O legislador determinou expressamente o limite mínimo para que se dê a tutela penal específica a partir do art. 200. **É preciso que concorram, ao menos, três indivíduos** para que um movimento de paralisação do trabalho seja considerado coletivo e, dessa forma, a violência dele consequente seja reprimida por meio do dispositivo em comento.

Embora se possa entender que a redação do tipo penal leve renomados autores a afirmar que a **consumação** do delito se dá no momento da efetiva prática de violência durante a paralisação (BITENCOURT, 2009, p. 380), parece mais apropriado exigir-se, como **resultado**, no plano fático, a consequência da violência, isto é, o dano causado à pessoa ou à coisa, sob pena de se aceitar a criminalização da paralisação em si. Trata-se, portanto, de **crime material**. A **tentativa** é possível, pois a produção do resultado naturalístico sempre pode ser impedida por fatores alheios às intenções do agente.

Não há como aceitar a modalidade culposa para o crime de paralisação do trabalho, seguida de violência ou perturbação da ordem, visto que a violência direcionada de que trata o tipo deve ser, sempre, consciente e voluntária. O **dolo** é, portanto, o único **elemento subjetivo** desse tipo (GRECO, 2006, p. 446), não sendo exigido que seja especial (BITENCOURT, 2009, p. 380).

Cumpre empreender, por fim, o exame dos sujeitos do crime. Bitencourt defende que há duplicidade de sujeitos passivos no delito em comento, sendo a vítima da violência praticada pelo agente do crime previsto pelo art. 200 um dos sujeitos passivos do tipo penal (2009, p. 378). Entretanto, tal entendimento não se sustenta, porque, ao passo que a responsabilização pelo ato violento se estabelece por concurso formal impróprio, a vítima de tal ato é sujeito passivo somente daquele crime contra sua integridade física e/ou contra seu patrimônio. Correto é que, de imediato, o único sujeito passivo do crime previsto pelo art. 200 é a vítima da paralisação violenta (o empregador para quem se destina a pressão feita por meio de greve, ou, no caso de um *lockout*, cada um dos empregados contra quem ele é promovido); mediatamente, o sujeito passivo é a coletividade[183]. Tendo isso em vista, **pessoas jurídicas** não poderiam, pela doutrina tradicional, figurar como sujeito passivo do delito em exame, valendo relembrar, no entanto, a posição colocada nos presentes comentários, segundo a qual nada impede a colocação da pessoa jurídica na condição de vítima, secundária, dos presentes delitos. Por sua vez, o **sujeito ativo** pode ser qualquer participante de greve ou o realizador de *lockout* que age violentamente (PRADO, 2001, p. 94).

Enfim, a pena cominada pelo legislador é de detenção, entre um mês e um ano, mais multa. Além disso, em cumulação material, o agente também deve cumprir a pena correspondente à violência praticada.

Considerações finais

A manutenção da harmonia nas relações de trabalho é valor de inquestionável importância para o um Estado formado por valores democráticos.

Todavia, garantir, através de dispositivos penais, a estabilidade e a moralidade na interface jurídica que se estabelece entre empregador e empregados enquanto valor coletivo abstrato, no contexto filosófico atual das ciências criminais, é indicação clara da reprovável persistência de marcas conjunturais da época de edição do Código Penal vigente.

Ao que se vê, a tipificação que representa o art. 200 é ofensa ao princípio da intervenção mínima do Direito Penal, bem como vai contra o caráter subsidiário do ramo mais gravoso do ordenamento jurídico. Isso porque traz em si a inspiração corporativista que influenciou o tratamento das questões trabalhistas também em nível penal.

Por isso, constata-se que é ilegítima a manutenção de normas repressivas que, especificamente no âmbito do universo do trabalho, criminalizam condutas que já o são por tipos genéricos. Melhor andaríamos, mais uma vez, é certo, com o tratamento da questão através dos tipos penais clássicos de lesão corporal, constrangimento ilegal e dano, entre outros.

Paralisação de trabalho de interesse coletivo

Art. 201. Participar de suspensão ou abandono coletivo de trabalho, provocando a interrupção de obra pública ou serviço de interesse coletivo:

Pena – detenção, de 6 (seis) meses a 2 (dois) anos, e multa.

---

[183] Greco, em posição destoante e solitária entre os doutrinadores, afirma que a coletividade é, de qualquer das perspectivas, o único sujeito passivo do crime analisado (2006, p. 446).

Considerações gerais

No caso do art. 200, como já dito, cuida-se da tipificação das greves e *lockouts* que se dão com emprego de violência. O presente artigo, em seu turno, não se condiciona pelo mesmo fator, e sim pela espécie de serviço que é interrompido por causa da paralisação (HUNGRIA, 1956, p. 46).

O art. 201 mostra-se como outra reminiscência dos valores retrógrados que marcaram a época da edição do Código Penal vigente. Sob a égide da Constituição de 1937, que declarava, em seu art. 139, que a greve e o *lockout* eram "recursos antissociais", o legislador penal tipificou, por meio do dispositivo em análise, qualquer paralisação do trabalho que implicasse interrupção em obras públicas ou em serviços de interesse social.

Mas, sobretudo com a promulgação da Constituição Federal e da Lei n. 7.783/89 (Lei de Greve), reduziu-se a amplitude típica desse dispositivo penal, mesmo sem que este tenha sofrido alterações em sua redação (NUCCI, 2015, p. 1048).

Considerações nucleares

Apesar de haver lógica no entendimento que postula que o bem jurídico protegido pela **paralisação de trabalho de interesse público** é o mesmo que aquele tutelado pelo art. 200, como defendem Bitencourt e Greco, dispensando-se maior atenção ao texto do art. 201, é de notar que tal visão pode estar equivocada.

Em verdade, apesar do posicionamento sistemático do dispositivo no Código Penal, a definição do bem jurídico a que se destina a tutela penal não pode se limitar a esse critério externo à norma.

Conforme coloca Hungria, a que Nucci segue nesse particular, o **bem jurídico** que se visa a tutelar pela tipificação do art. 201 é a **continuidade dos serviços de primeira necessidade do povo** (1956, p. 46). Ou seja, nos termos de Prado, trata-se da proteção de um "interesse da coletividade" (2001, p. 102).

A **ação típica** é a **participação em paralisação de trabalho**, assim como no artigo anteriormente comentado. Porém, no presente artigo, é essencial que a greve ou o *lockout* de que se participa implique, concretamente, a interrupção em algum serviço e interesse público. Ou seja, é imprescindível que na paralisação estejam envolvidos participantes em número suficiente para que se dê a interrupção de que trata o texto legal (BITENCOURT, p. 383). Ademais, a partir da conformação atual do ordenamento jurídico pátrio, são incriminadas somente as condutas abusivas, ou seja, que extrapolam o direito de greve. Portanto, a aplicação do presente artigo se acha diretamente condicionada pelo que está previsto na Lei n. 7.783/89, a qual define o que sejam as atividades essenciais à população (no art. 10), bem como aos limites, inclusive temporais, a partir dos quais se considera abuso do direito de paralisação (GRECO, 2006, p. 450).

O **resultado** naturalístico exigido para que o tipo em exame se configure é a efetiva interrupção de obra pública ou de serviços de interesse da sociedade; por isso é **crime material**. Nesse sentido, a **consumação** do delito se verifica quando, justamente, acha-se interrompido o curso de uma obra pública ou suspenso o oferecimento de determinado serviço essencial à população por causa de uma greve ou de um *lockout* (PRADO, 2001, p. 104). Por sua vez, a **tentativa** é admitida, porque a conduta do agente pode não alcançar o momento consumativo em virtude de circunstâncias alheias à vontade dele.

O **elemento subjetivo** do tipo somente pode ser o **dolo**, consistente na vontade consciente do agente de interromper, através de abandono ou suspensão do trabalho, um serviço de primeira necessidade da população (BITENCOURT, 2009, p. 383).

De acordo com o que Greco coloca, o **sujeito passivo** é a coletividade, pois se trata da proteção de interesse tutelado diretamente a partir de seu aspecto coletivo (2006, p. 451). Quanto ao **sujeito ativo**, este, necessariamente, deve ser um trabalhador – no caso de greve – ou um empregador – no caso de *lockout* – que tenha sob sua responsabilidade profissional uma obra pública ou prestação de um serviço de interesse coletivo (BITENCOURT, 2009, p. 382).

Considerações finais

Importante apontar que parte significativa da dogmática penal entende que o presente artigo esteja tacitamente revogado. Isso se justifica porque se entende que, apesar de não ter havido uma revogação expressa desse dispositivo pelas Leis posteriores a ele que versaram sobre o direito de paralisação, elas o tenham tornado inaplicável.

Bitencourt, por exemplo, atesta que, desde a Lei n. 4.330, de 1964, quando foi regulado o direito de greve pela primeira vez no Brasil, o art. 201 já teria sido revogado (2009, p. 381). Parece mais adequado afirmar, no entanto, que o que se tem é uma regulamentação estreita da disposição penal presente no art. 201, pois, tal qual bem aponta Nucci, o § 2º do art. 9º da Constituição Federal determina que os abusos do direito de greve estão sujeitos às penalidades legais.

Invasão de estabelecimento industrial, comercial ou agrícola. Sabotagem

Art. 202. Invadir ou ocupar estabelecimento industrial, comercial ou agrícola, com o intuito de impedir ou embaraçar o curso normal do trabalho, ou com o mesmo fim danificar o estabelecimento ou as coisas nele existentes ou delas dispor:

Pena – reclusão, de 1 (um) a 3 (três) anos, e multa.

Considerações gerais

Como bem destaca Prado, "num retrospecto dos diplomas penais brasileiros anteriores a 1940, verifica-se que nenhum deles disciplinava a sabotagem. A razão dessa lacuna reside no fato de que o delito em apreço está intimamente ligado à evolução industrial e tecnológica ocorrida e como no período de vigência das Ordenações do Reino e do Código de 1830 predominava o trabalho escravo e não havia indústria e comércio – pelo menos não no contexto como hoje se apresentam – a serem invadidos ou ocupados por grevistas ou concorrentes, não existia necessidade de previsão dessa espécie de delito" (PRADO, 2001, p. 107).

Vocábulo de origem francesa, sabotagem é uma expressão utilizada no sentido de estragar/danificar deliberadamente material alheio, muito ampla, pois comporta inúmeros atos em sua realização. No contexto do artigo são visíveis, ao lado da invasão de estabelecimento, três hipóteses típicas de sabotagem, relacionadas ao ato de danificar o estabelecimento, as coisas nele existentes ou delas dispor.

Considerações nucleares

O tipo penal de **invasão de estabelecimento comercial, industrial ou agrícola e sabotagem** visa punir condutas que inviabilizem o devido andamento do trabalho nesses estabelecimentos.

Percebe-se a existência de duas hipóteses fundamentais para a caracterização do delito.

Na primeira hipótese, mais abrangente, a **ação típica** se configura com invasão ou ocupação de estabelecimento comercial ou agrícola com o intuito de impedir ou embaraçar o curso normal do trabalho. Invasão é a entrada arbitrária e hostil em determinado local, enquanto a ocupação é a tomada da posse com a exclusão do legítimo proprietário ou possuidor. Na segunda hipótese, a **ação típica** consiste em danificar aquele estabelecimento ou as coisas nele existentes ou delas dispor, com o mesmo fim de impedir ou embaraçar o curso normal do trabalho, o que se entendeu por sabotagem. Em ambos os casos, o legislador não especificou qual *modus operandi* deve ser perpetrado para alcançar o objetivo – configurando-se, na espécie, crime de forma livre.

Em tal panorama, pode-se afirmar, como de resto já afirmado, que o legislador pretendeu resguardar, como **bens jurídicos protegidos**, a **liberdade e a organização do trabalho**, aqui entendida sob o aspecto do desenvolvimento rotineiro e regular do trabalho. Dessa forma, ter-se-ia, claramente, a tutela de interesse coletivo, a justificar a criminalização da conduta.

No entanto, percebe-se que um **terceiro bem jurídico** se encontra tutelado pelo tipo em questão, qual seja, o patrimônio do proprietário, vítima da ação danosa do agente, ao menos quando se trata da sabotagem prevista na segunda parte do tipo penal.

Nesse sentido, explica Bitencourt que "os bens jurídicos protegidos são, ao mesmo tempo, a liberdade e a organização do trabalho. O patrimônio do proprietário também se inclui na proteção jurídica desse tipo penal. Trata-se, na verdade, de um crime pluriofensivo, pois viola bens jurídicos individuais que se vinculam ao funcionamento normal de estabelecimento de trabalho e a sua integridade" (BITENCOURT, 2009, p. 385).

Ambas as modalidades delitivas anteriormente apresentadas são consideradas **crimes formais**. Nesse sentido, independentemente de conseguir impedir ou embaraçar o curso normal do trabalho, há que se considerar **consumado** o delito, na primeira hipótese quando da invasão ou ocupação do estabelecimento (crime permanente) e, na segunda hipótese, quando da efetiva ocorrência do dano ao estabelecimento ou as coisas nele existentes ou mesmo quando de sua efetiva disposição.

Assim, como preleciona também Bitencourt "a **tentativa** é admissível" – ainda que como exceção – "em ambos os crimes, visto que a fase executória de qualquer deles admite fracionamento" (BITENCOURT, 2009, p. 387), e somente nesses casos.

O **elemento subjetivo** do tipo é o dolo, a vontade livre e consciente de impedir o curso normal do trabalho ou danificar o estabelecimento ou seus objetos. Inexistente o dolo próprio à espécie, pode subsistir crime patrimonial, ou mesmo invasão de domicílio, se for o caso.

O **sujeito passivo**, necessariamente, é o proprietário do estabelecimento e a coletividade. Já o **sujeito ativo**, pode ele ser qualquer pessoa e não obrigatoriamente apenas os empregados. Nesse sentido, destaca Noronha: "exclui-se naturalmente o patrão. A regra é a pluralidade de agentes. Dificilmente serão os crimes aqui previstos cometidos por única pessoa, todavia não se trata de delitos de concurso necessário" (1988-1995, p. 61).

Frustração de direito assegurado por lei trabalhista

Art. 203. Frustrar, mediante fraude ou violência, direito assegurado pela legislação do trabalho:

Pena – detenção de 1 (um) ano a 2 (dois) anos, e multa, além da pena correspondente à violência.

§ 1º Na mesma pena incorre quem:

I – obriga ou coage alguém a usar mercadorias de determinado estabelecimento, para impossibilitar o desligamento do serviço em virtude de dívida;

II – impede alguém de se desligar de serviços de qualquer natureza, mediante coação ou por meio da retenção de seus documentos pessoais ou contratuais.

§ 2º A pena é aumentada de 1/6 (um sexto) a 1/3 (um terço) se a vítima é menor de 18 (dezoito) anos, idosa, gestante, indígena ou portadora de deficiência física ou mental.

Considerações gerais

Garantida no campo penal, em vez primeira, pelo presente artigo, os direitos trabalhistas de um cidadão mostram-se, entretanto, excessiva e desnecessária protegidos pela norma penal, nos termos de Fragoso; porque os direitos que se visa a proteger já o são pelo nosso ordenamento em legislação específica (1986, p. 566).

Estruturalmente, trata-se de norma penal em branco, porque o conteúdo é incompleto *per se*, restando, para a identificação do delito, a verificação, na legislação trabalhista, de qual norma específica foi violada (FRAGOSO, 1986, p. 566; NORONHA, 1988-1995, p. 63).

Considerações nucleares

A rubrica da **frustração de direito assegurado por lei trabalhista** visa a proteger, como **bem jurídico**, a **organização do trabalho**, materializada em toda a legislação que disciplina a matéria (NUCCI, 2015, p. 1051).

A **ação típica** consiste em frustrar, mediante fraude ou violência, direito assegurado pela legislação do trabalho. Conforme ensina Greco, "frustrar" um direito é impedir que ele seja efetivado, privar o titular de exercê-lo (2006, p. 458). Como foi posto em sede preliminar, a conduta concentra-se, no desrespeito à legislação trabalhista, devendo haver norma que garanta o direito de que foi privado o trabalhador. Os meios executivos da frustração, expressos no texto legal, são a violência e a fraude, o que configura **crime de forma vinculada**. Pela cautela com o vernáculo, impõe-se o destaque de que se fala apenas em violência física, pois, na ausência de estar expressa, é excluída dos limites típicos a violência moral (NORONHA, 1988-1995, p. 63). Nesse sentido, a ameaça não se encaixa como uma possibilidade idônea para executar o delito (FRAGOSO, 1986, p. 567).

Ao fim e ao cabo, como bem coloca Bitencourt, o objeto jurídico do artigo em comento abrangeria todo e qualquer direito dos trabalhadores protegido pelo feixe trabalhista do ordenamento brasileiro (2009, p. 389), o que já nos indica, salvo melhor juízo, sua inconveniência e, também, a necessidade de prudência em sua aplicação, sob pena de expansão sem limites do direito penal aplicável às relações de trabalho.

Deve-se destacar, com veemência, no entanto, que a conduta típica há de se apresentar de forma a causar verdadeira e significativa lesão a número indeterminado de trabalhadores, em conjunto com a lesão à organização do trabalho, para que não se utilize, indevida e inconstitucionalmente, o presente dispositivo legal como mera norma de reforço de determinado dispositivo legal trabalhista, relacionado a interesse individual, suficientemente protegido pela legislação trabalhista. Em outras palavras, não há que se admitir a aplicação do presente tipo penal ao mero descumprimento pontual e restrito de determinada norma trabalhista, sob pena de grave desvirtuamento do caráter subsidiário do Direito Penal no Estado Democrático de Direito.

Dá-se a **consumação** do crime, nesta modalidade, quando há o efetivo impedimento de que o titular do direito trabalhista o exerça plenamente. Portanto, trata-se de **delito material**, já que o resultado naturalístico, qual seja, a situação de frustração da lei trabalhista, é exigido para marcar o momento consumativo.

Além do *caput*, no qual se estabelece a forma fundamental do delito, o tipo penal é composto por dois parágrafos.

No § 1º, amplia-se, ainda mais, a margem de criminalização, especificando duas outras condutas a serem consideradas, também, violação de direito trabalhista para fins penais. O legislador, em verdade, criou dois novos tipos legais, independentes em termos de objetividade do que vem disposto do *caput*. A redação é fruto da Lei n. 9.777/98, que alterou esse artigo e outros mais do Código Penal.

No inciso I, cuida-se da **ação típica** de "obrigar" ou "coagir" o trabalhador a consumir produtos de um dado estabelecimento para que, pela dívida, ele não possa se desligar do serviço (PRADO, 2001, p. 113). Normalmente, o empregador é o dono ou é responsável financeiro pelo estabelecimento em que o empregado compra mantimentos, produtos de higiene, coisas do cotidiano, ou faz suas refeições. Por esse cenário, não raro que a coação se dê quase que de maneira tácita; o tal local de fornecimento, normalmente, é o que oferece as únicas condições de pagamento possível ao empregado (exemplo: vende fiado), ou é a única opção próxima do local de trabalho. Confronta-se aqui com uma condição arquitetada pelo empregador em vista de preservar mão de obra com baixo custo e de controlar seus empregados.

A **consumação** se dá com o consumo, por parte do trabalhador, dos produtos fornecidos pelo estabelecimento fatídico. Ou seja, consuma-se este delito no momento em que o trabalhador, de fato, usa as mercadorias que foi obrigado ou coagido a usar. Trata-se, portanto, de um **crime material** e cujo **resultado** exigido para se configurar é, justamente, o uso forçado dos produtos. Enfim, a **tentativa** é possível, pela chance de o crime não se consumar por razões alheias à vontade do agente.

Quanto ao inciso II, apresenta-se tipificada a manutenção forçada de alguém em seu posto de trabalho. A **ação típica** é "impedir" que um indivíduo se desligue de seus serviços, sejam eles quais forem. Porém, delimitaram-se duas formas de se promover tal impedimento: por coação ou por retenção ilegal dos documentos da vítima – podem ser documentos pessoais ou relativos ao contrato de trabalho. Assim, a conduta de impossibilitar o desligamento deve ser, necessariamente, consequência de o agente coagir a vítima ou reter os seus documentos.

O crime tipificado pelo art. 203, § 1º, inciso II, tem a **consumação** marcada pelo momento em que há a coação ou em que os documentos são retidos, ambos com o objetivo certo de manter o trabalhador ligado ao seu posto de serviço. Por isso, o **resultado** naturalístico é exigido para que o crime se configure – **crime material**. E a tentativa, de forma tal que seja possível o fracionamento do *iter criminis*, é permitida.

Há que se destacar, por oportuno e absolutamente importante, que tais ações típicas podem se dar no contexto de verdadeira redução a condição análoga à de escravo, hipótese na qual, evidentemente, deve-se buscar a sanção penal prevista naquele tipo penal de fundamental importância.

No segundo parágrafo, é trazida uma causa de aumento da pena, baseada na condição da vítima que lhe limita a potencialidade de defesa ou que lhe torna digna de especial cuidado. E que se dê, seguindo, a análise de cada uma dessas estruturas.

O **tipo subjetivo** dos crimes em análise, de maneira geral, é o **dolo**. Não havendo, então, a modalidade culposa para as condutas previstas no art. 203 (GRECO, 2006, p. 460). O dolo consiste na vontade consciente de violar direito garantido pela legislação trabalhista, mas também na vontade e na consciência de impossibilitar que alguém se desligue de seu serviço, seja (1) forçando esse alguém a usar mercadorias de um dado estabelecimento, para contrair uma dívida, (2) coagindo-o diretamente, ou (3) retendo os documentos pessoais ou contratuais desse alguém. Porém, considerando-se a estrutura da redação do inciso I do § 1º, o objetivo de impossibilitar o desligamento do serviço em virtude da dívida é tomado como **elemento subjetivo especial** exigido para a configuração do tipo (PRADO, 2001, p. 117).

O **sujeito ativo** do tipo previsto pelo art. 203 é aquele que impede a realização de um direito trabalhista (NORONHA, 1988-1995, p. 63). De acordo com Bitencourt, pode ser qualquer indivíduo, mesmo que seja estranho à relação trabalhista, bastando que ele se relacione com a vítima em virtude do emprego (2009, p. 389). Normalmente, como bem aponta Noronha, será o empregador, mas nada impede que o empregado aja para frustrar um direito do trabalho (1988-1995, p. 63). Por sua vez, o **sujeito passivo** é aquele que tem frustrado o seu direito trabalhista. Da mesma forma que é o caso do sujeito ativo, pode ser qualquer cidadão; pode ser o empregado, mas também o empregador (GRECO, 2006, p. 459).

Apesar de parte da doutrina alegar que o Estado também seria sujeito passivo do crime em questão, não é possível defender tal tese. Bitencourt o considera sujeito passivo mediato (2009, p. 389); nem mesmo essa visão pode ser sustentada. A frustração de direito trabalhista, embora represente a tutela da organização do trabalho como um todo, não o faz direcionando proteção à legislação que o Estado produz, mas sim ao titular do direito que se institui através da legislação.

Enfim, cuidando-se já da questão da pena, passa-se ao exame do § 2º. A norma de aumento de pena se relaciona inteiramente à questão do sujeito passivo. A princípio, comina-se, conforme estabelecido pela Lei n. 9.777/98, detenção de um a dois anos e multa, além do que couber como pena pela violência. Pelo legislador foi eleita a qualidade especial da vítima como critério para majorar a sanção ao agente.

Deve-se se aumentar de um sexto o tempo de detenção do agente quando a vítima for menor de idade, idosa, gestante, indígena ou portadora de deficiência física ou mental. Ou seja, neste ponto do dispositivo também há incompletude da norma, pela vagueza de alguns conceitos trazidos; os problemas concentram-se na questão da vítima idosa e do indígena. Quanto ao menor de idade, a lei é clara, traz expresso que se trata do menor de dezoito anos, e, quanto ao deficiente físico e mental, o critério é concreto e não carece de qualquer limite estabelecido juridicamente. Porém, não há limite etário mínimo definido em sede penal para se considerar alguém um idoso, restando à doutrina e aos julgadores estabelecerem um parâmetro. Já no que tange ao indígena, para efeitos de aumento da pena, este deve se tratar do índio que está isolado ou "em vias de integração", conforme consta do art. 4º do Estatuto do Índio (Lei n. 6.001/73). Porque, como prevê o próprio Estatuto, se for um índio integrado à sociedade moderna, reconhece-se sua autonomia e autodeterminação, destituído de qualquer proteção especial.

Considerações finais

Com a redação nova, dada por lei em 1998, a mudança da amplitude típica do art. 203 implica considerar por outra ótica sua utilidade do ponto de vista penal. A crítica, por esse aspecto, de que se traz, por ele, impertinente e excessiva a ingerência da repressão estatal, portanto, deve se concentrar no que prevê o *caput*.

Visto que o § 1º trouxe a tipificação de condutas que se voltam à liberdade individual de trabalho da vítima, não há que se falar na tutela da própria legislação ou na proteção abstrata dos direitos baseada na previsão deles em lei.

Como se comentou, analisando a fundo o texto legal, se tem, no que prevê o § 1º desse artigo, a criminalização de condutas independentes da ação descrita no *caput*, que, por elas próprias apenas, têm razão de estar elencadas no Código Penal de forma autônoma.

Frustração de lei sobre a nacionalização do trabalho

Art. 204. Frustrar, mediante fraude ou violência, obrigação legal relativa à nacionalização do trabalho:

Pena – detenção, de 1 (um) mês a 1 (um) ano, e multa, além da pena correspondente à violência.

Considerações gerais

O princípio da nacionalização do trabalho, que veda a contratação de mais estrangeiros do que brasileiros para os postos de emprego no País, foi pronunciado pela Constituição Federal de 1937, a "Polaca", em seu art. 146, de inauguração da ideia no ordenamento jurídico do Brasil. Essa mesma política nacionalista, que já se manifestava ao redor do mundo a esses tempos, se manteve presente, a partir de então, em todas as Constituições brasileiras – exceto na de 1988. A Constituição Cidadã, por sua vez, estabeleceu, em seu art. 5º, inciso XIII, que todos os brasileiros e estrangeiros residentes no País são iguais perante a lei e livres para exercer qualquer atividade profissional (BITENCOURT, 2009, p. 392).

Ocorre que não se está mais sob uma política de trabalho nacionalista, orientada constitucionalmente. Entretanto, nas leis trabalhistas e no Código Penal vigente, a orientação do princípio de nacionalização do trabalho ainda se faz fortemente presente. Que se veja, nos idos da década de 1950, tempos em que há muito pouco haviam sido editado o diploma repressivo, conforme defende Hungria, a nacionalização do trabalho era um interesse cuja relevância impedia que ficasse à margem da proteção penal (1956, p. 49). A Consolidação das Leis Trabalhistas, da mesma época, certamente, também foi gestada pela mesma orientação principiológica – expressa, especificamente, nos seus arts. 352 a 371 (NORONHA, 1988-1995, p. 65).

Considerações nucleares

A **frustração de lei sobre a nacionalização do trabalho** visa proteger o interesse do Estado brasileiro em garantir, em seu território, aos seus cidadãos, a reserva do mercado de trabalho. Ou seja, o **bem jurídico** protegido pela norma do dispositivo em análise não é outro senão o **interesse na nacionalização do trabalho** – enquanto objetivo político do Estado previsto em lei.

Consideradas as semelhanças entre este e o artigo comentado há pouco (art. 203), é de rigor que, para ser clara e objetiva a análise, se dispense atenção maior ao que de específico há no dispositivo que se examina por agora. A **ação típica** é também **"frustrar"**, mas, aqui, **uma lei que manifesta a nacionalização do trabalho**. É dizer: a conduta incriminada é a obstrução do exercício pleno de um mandamento legal que vise a proteger o interesse do Estado de privilegiar os seus cidadãos no alcance dos postos de emprego disponíveis em território pátrio. Nota-se, ainda, ser essencial o emprego de fraude ou de violência para que o crime seja configurado (HUNGRIA, 1956, p. 50), da mesma forma que no art. 203.

A **consumação** também é ponto de semelhança entre os dispositivos: dá-se no momento do efetivo descumprimento da lei que disponha sobre a nacionalização do trabalho (BITENCOURT, 2009, p. 394). O **resultado** naturalístico que é exigido para configuração do delito (crime material) é a frustração do mandamento, de forma concreta. E, quanto à **tentativa**, é de se ter que seja uma possibilidade aceita.

Consistente na vontade consciente de frustrar a obrigação legal relativa à nacionalização do trabalho, o **dolo** é o **elemento subjetivo do tipo** que configura o presente delito (PRADO, 2001, p. 123). Não há, dessa maneira, conduta a ser penalmente reprovada quando a ação fraudulenta ou violenta não for intencional nesse sentido.

Adentrando a discussão dos sujeitos do crime previsto no art. 204 é que se enfrenta a diferença mais notável entre essa disposição e a anterior. Trata-se da questão pontual da subjetividade passiva.

Tem-se que o **sujeito ativo** do crime é aquele que frustra a obrigação legal relativa à nacionalização do trabalho; em regra, como coloca Fragoso, é o empregador (1986, p. 568). No entanto, o próprio empregado, assim como um terceiro com conhecimento da causa, pode praticar a ação reprovável (NORONHA, 1988-1995, p. 65). Nesse particular, portanto, ainda está mantido o cenário de semelhanças entre os artigos que se mantiveram relacionados ao longo da presente discussão.

Quanto ao **sujeito passivo** do crime, por sua vez, há que se expor firmemente a radical divergência de cenários. Nesse momento, não se empreende a contradição ampla da doutrina, como se fez em sede dos comentários sobre o art. 203. É hora de seguir o entendimento da maioria, que aqui é, de fato, o mais correto. Percebe-se que a ofensa se dirige diretamente ao interesse social e coletivo, que é refletido no Estado (BITENCOURT, 2009, p. 393). Mas, mediatamente – e somente assim –, também é sujeito passivo aquele indivíduo que, individualmente, sofre os prejuízos do descumprimento da lei (NORONHA, 1988-1995, p. 65). Aqui, veja-se, trata-se da proteção não de determinado direito que está positivado no ordenamento, mas de um princípio geral que norteia a política trabalhista do País – ainda que, nos dias correntes, sem amparo constitucional, de forma anacrônica.

Antes que a pecha da incoerência venha a ser posta para desqualificar o que se apresentou nas linhas passadas, é feita a ressalva. No caso do art. 203, pelo exame teleológico da norma, notou-se que ela se dirige antes (e principalmente, ainda que a exigir cuidado na interpretação) ao indivíduo a quem se destina a legislação do trabalho; mas, no caso deste art. 204, pelo que se expôs, a lei penal, claramente, visa a tutelar a eficácia última do que motivou a legislação trabalhista, do próprio princípio.

Enfim, a sanção ao agente do crime tipificado pelo dispositivo analisado é, além de multa, a detenção por um período entre um mês e um ano. Além disso, a exemplo do que está previsto nos artigos deste título do Código Penal, em que se prevê a violência como núcleo da ação ou como meio executivo para a configuração do delito, determina-se, a partir da cumulação material das penas, a consideração do prejuízo causado pelo ato violento.

Considerações finais

O presente artigo apresenta-se, no atual contexto jurídico, como a materialização anacrônica da defesa do princípio nacionalista, fortemente presente na época de edição do Código Penal que vige. Não há como desconsiderar a distância entre a realidade social e política que era vivida na década de 1940 e a que se vive no presente. As reminiscências das *nuances* conjunturais passadas devem, desse modo, aquietar-se na História.

É muito de se lastimar que o arcabouço legislativo infraconstitucional não tenha acompanhado a evolução da Carta Magna, impondo inconsistência entre normas que disciplinam uma esfera tão significativa da vida social quanto a do trabalho. Ter um diploma repressivo baseado em uma visão ultrapassada e desconexa a respeito da política trabalhista do Estado impõe, portanto, reconhecer uma falha do sistema penal brasileiro também no aspecto de tutela dispensada à esfera das relações de trabalho. Em termos abstratos, é a situação em que o País dispõe do aparato oficial de controle mais intenso e específico para proteger valores tais que, por essência, a nação já firmou não lhe caberem mais como norteadores. Daí por que se pode cogitar a própria inconstitucionalidade da norma em questão, ou, ao menos, interpretá-la com prudência, no sentido de verificar, no caso concreto, a efetiva lesão, real e significativa, do bem jurídico protegido.

Exercício de atividade com infração de decisão administrativa

Art. 205. Exercer atividade, de que está impedido por decisão administrativa:
Pena – detenção, de 3 (três) meses a 2 (dois) anos, ou multa.

Considerações gerais

Inserido no rol dos delitos contra a organização do trabalho, o presente artigo não menciona a violência ou a fraude em sua redação (PRADO, 2001, p. 126). Segundo a Exposição de Motivos do Código Penal (n. 67), o presente crime atinge imediatamente o interesse público e afeta a ordem econômica.

É sobre a garantia do cumprimento das decisões administrativas que recai a proteção da norma analisada; no limite, se tem a proteção penal da autoridade da Administração Pública – da eficácia de suas decisões –, enquanto interesse social.

Considerações nucleares

O **exercício de atividade com infração de decisão administrativa** é o tipo por meio do qual se protege, como **bem jurídico**, a **execução das decisões administrativas**, ou seja, a própria autoridade do Estado ou, mais precisamente, o interesse do Estado de que as decisões oriundas da Administração sejam cumpridas (BITENCOURT, 2009, p. 396). É frisar, como bem faz Fragoso, que as decisões de que trata o dispositivo podem tanto pertencer à esfera do direito administrativo quanto ter natureza trabalhista (1986, p. 569). Ademais, o conteúdo dessas medidas deve estar relacionado, necessariamente, ao trabalho (NORONHA, 1988-1995, p. 68).

Como bem explica Fragoso, a conduta consiste em violar uma decisão imposta a si, de exercer atividade que lhe foi vedada (1986, p. 569). Nesse sentido, a **ação típica** é um ato positivo em detrimento de uma proibição. "Exercer" indica a prática de atos que são relacionados a uma atividade, portanto requer que seja algo habitual, reiterado, repetido, constante (BITENCOURT, 2009, p. 397).

É muito importante destacar, então, que o art. 205 trata somente de infração a decisões administrativas, ainda que, também, de natureza administrativa-trabalhista. A desobediência a decisões judiciais é conduta tipificada em outros dois artigos do Código Penal, o 330 (desobediência) e o 359 (desobediência a decisão judicial sobre perda ou suspensão de direito).

Por tratar-se de **crime habitual**, exige-se a realização de mais de uma conduta para caracterização do "exercício de atividade" próprio ao delito que, de outro lado, tem sua **consumação** protraída no tempo, com a prática reiterada da atividade que o agente está impedido de exercer (GRECO, 2006, p. 472). Posto isso, é de considerar que dados atos isolados de infração não têm relevância penal (BITENCOURT, 2009, p. 398).

O **resultado** naturalístico não é exigido, visto que não é necessário que o mundo natural sofra qualquer alteração decorrente da conduta; esta mesma, por si, já completa o crime **(crime de mera conduta)**. Por tal razão, a **tentativa** não é possível.

Representa o **dolo** o **elemento subjetivo** do delito em questão. É a vontade do agente de exercer a atividade que lhe foi vedada, com a consciência de que, pelo exercício, está a infringir uma decisão administrativa de proibição (PRADO, 2001, p. 128). Assim, sendo um pressuposto do crime a decisão administrativa de proibição, o desconhecimento de sua existência, bem como a suspensão de seus efeitos por interposição de recurso, excluem o dolo (FRAGOSO, 1986, p. 569; GRECO, 2006, p. 472).

Enfim, é **sujeito ativo** do crime previsto pelo art. 205 qualquer indivíduo que esteja impedido de realizar dada atividade por decisão administrativa. Nesse sentido, como coloca Bitencourt, é uma espécie peculiar de crime próprio, porque, apesar de não estar expressa na lei uma exigência de condição especial, é necessário que se trate de alguém sujeito à proibição (2009, p. 396). Ou seja, para figurar como sujeito ativo desse crime, é necessário que a pessoa exerça a profissão a qual está impedida, então, por decisão administrativa (PRADO, 2001, p. 127). Quanto ao **sujeito passivo**, em seu turno, entende-se ser o Estado, pois é nele que se materializa a Administração Pública, titular do interesse de garantir a eficácia de suas ordens.

Aliciamento para o fim de emigração

Art. 206. Recrutar trabalhadores, mediante fraude, com o fim de levá-los para território estrangeiro.

Pena – detenção, de 1 (um) a 3 (três) anos e multa.

Considerações gerais

O tipo penal ora analisado foi previsto pela primeira vez no Código Penal de 1940, sob a rubrica "aliciamento para o fim de emigração", e estipulava uma pena de detenção de 1 a 3 anos e multa. A conduta consistia basicamente em aliciar pessoas para trabalharem no exterior.

Com o advento da Lei n. 8.683, de 1993, a sua redação original sofreu algumas modificações, tais quais a substituição do verbo "aliciar" por "recrutar" e a exigência de fraude como elemento objetivo do tipo penal (PRADO, 2000, p. 131).

Assim, observa-se que a mera reunião de pessoas para trabalhar em território estrangeiro não configuraria crime, sendo necessário que haja a ludibriação do trabalhador, o que será demonstrado mais detalhadamente adiante. Ademais, deve-se ponderar que o Brasil é signatário do Protocolo Adicional à Convenção das Nações Unidas contra o Crime Organizado Transnacional, relativo ao combate ao tráfico de migrantes, cuja entrada em vigor no País se deu em 15 de março de 2004, após a publicação do Decreto n. 5.016.

Considerações nucleares

Conforme o entendimento da doutrina mais recente, o **bem jurídico** tutelado pelo crime de aliciamento para fim de emigração é a necessidade do Estado brasileiro de manter a mão de obra no território nacional, garantindo, dessa forma, o desenvolvimento de seus interesses socioeconômicos (BITENCOURT, 2009, p. 399).

Todavia, há um **interesse adjacente**, de fundamental importância, que pode ser extraído da descrição típica: a tutela das liberdades individuais, em especial da liberdade de trabalho, frequentemente presente nos tipos penais ora em comento. Isso resta comprovado ante a necessidade, para a configuração do tipo legal, da fraude em detrimento do trabalhador.

A **ação típica** consiste em "recrutar trabalhadores, mediante fraude, com o fim de levá-los para território estrangeiro".

A norma penal evita que um sujeito seja enganado, aceitando uma situação de trabalho que na realidade é diferente daquilo que lhe foi oferecido. Isso porque se verifica na prática que a vítima se depara com situações de trabalho muito aquém do estipulado, não encontrando meios de retorno ao seu país de origem e, desse modo, sendo submetida muitas vezes a condições precárias de trabalho ou até mesmo análogas às de escravo.

Assim, a conduta, para se adequar ao disposto no tipo penal, não pode se esgotar, como dito anteriormente, no mero recrutamento de pessoas para trabalharem em outros países. Isso pode configurar ilícito em outros ramos do Direito, mas não na seara penal (BITENCOURT, 2009, p. 400). Para que haja adequação típica, deve haver o recrutamento com vício de vontade da vítima, por meio de fraude que faça com que ela, enganada, concorde com a proposta oferecida, a qual, na realidade, não possui os elementos esperados. Vale pontuar que o grau de habilidade ou qualificação técnica dos trabalhadores, bem como se o indivíduo possui carteira de trabalho, são irrelevantes para a configuração do delito[184] (FRAGOSO, 1986, p. 570).

---

[184] TRF-3, HC 7.285/SP 2003.03.00.007285-0, 2ª Turma, rel. Juiz Convocado Carlos Loverra, julgado em 16-9-2003.

Outra questão que merece destaque é a quantidade de pessoas exigidas pelo tipo penal.

Em uma primeira análise, já é possível observar que não se configura o delito em questão quando apenas uma pessoa é recrutada para trabalhar em território estrangeiro, dado que a palavra "trabalhadores" está presente.

O debate fundamental diz respeito à necessidade de haver duas ou três pessoas. Autores como Jorge Severiano e Guilherme de Souza Nucci entendem serem necessárias apenas duas pessoas, ao passo que autores como Heleno Fragoso, Magalhães Noronha e Mirabete sustentam que são necessárias três pessoas, com base no argumento que traz a ideia de que, quando a Lei se contenta com aquela quantidade – dois –, o diz expressamente, como, por exemplo, disposto nos arts. 150, § 1º e 155, § 4º, do Código Penal.

Vale destacar, ainda, que promover ou facilitar a saída de mulher para exercer prostituição no estrangeiro não tipifica o crime em tela, mas o delito estabelecido no art. 231 do Código Penal, em obediência ao princípio da especialidade.

O **tipo subjetivo** do crime de aliciação para fim de emigração é o dolo, ou seja, é a vontade consciente de recrutar trabalhadores para uma finalidade específica, qual seja, realizar a emigração e em outro país exercer atividades laborais (FRAGOSO, 1986, p. 570). Cumpre salientar que o dolo deve estar presente também no meio fraudulento empregado, não podendo se tratar de mal-entendido ou falta de comunicação entre aliciador e trabalhador. O delito em questão não admite a modalidade culposa.

O **sujeito ativo** pode ser qualquer pessoa, portanto se trata de um crime comum. Já o **sujeito passivo**, por sua vez, pode ser dividido em dois: o mediato, que é o Estado, e o imediato, que é o trabalhador recrutado.

Trata-se de **crime formal**, portanto a sua **consumação** se verifica com o recrutamento dos trabalhadores com a finalidade de serem levados ao estrangeiro, independentemente da real emigração, exaurimento do crime. Não é necessário também que se comprove qualquer tipo de vantagem por parte do aliciador. A **tentativa** é admissível, ainda que excepcionalmente, por se tratar de crime plurissubsistente (FRAGOSO, 1986, p. 570; GRECO, 2006, p. 477).

Por fim, é importante suscitar um último ponto pouco abordado pela doutrina, mas presente na jurisprudência, que é a incidência do **princípio da consunção**.

Em relação ao estelionato, por exemplo, tradicionalmente não se admite a absorção de um crime pelo outro, mesmo que decorrente da mesma fraude, sob o argumento de haver bens jurídicos diferentes tutelados pelas normas penais em questão, o patrimônio e a organização do trabalho.

O mesmo se verifica quanto ao crime de redução a condição análoga à de escravo, previsto no art. 149 do Código Penal. O entendimento da jurisprudência está consolidado no sentido de não admitir a absorção do crime de aliciamento de trabalho com fim de emigração pelo crime do art. 149[185].

Com a introdução do art. 149-A ao Código Penal pela Lei n. 13.344/2016, temos que, caso a hipótese envolva o recrutamento não apenas mediante fraude, mas também por meio de grave ameaça, violência, coação ou abuso, com a finalidade de submeter a vítima a trabalho em condições análogas à de escravo, ou a qualquer tipo de servidão, deve prevalecer o tipo penal do art. 149-A, o qual melhor protege os bens jurídicos contra os quais atentam as referidas condutas, de maneira consentânea com as suas respectivas gravidades.

Já o art. 232-A do Código Penal se refere à ilegalidade nos procedimentos de emigração, e não especificamente, a nosso sentir, à violação da liberdade de trabalho, razão pela qual é possível vislumbrar concurso material caso o autor, após efetuar o recrutamento, também promova, se a vítima for brasileira, a sua entrada ilegal em país estrangeiro ou, caso seja ela estrangeira, a sua saída do território nacional para ingresso em país estrangeiro, em desacordo com a legislação.

Destaque-se que, apesar de o delito previsto no art. 232-A se localizar no título dos crimes contra a dignidade sexual, o dispositivo também passou a ser aplicado, nas hipóteses que não envolvem atentados ao referido bem jurídico, como verdadeiro crime contra a Administração Pública.

Considerações finais

O aliciamento para fim de emigração reflete uma série de problemas socioeconômicos presentes na realidade brasileira.

Muitas pessoas, visando a alcançar uma qualidade de vida digna, buscam oportunidades em outros países, acreditando que, dessa forma, encontrarão melhores oportunidades.

Valendo-se dessa situação, há pessoas que arregimentam esses indivíduos, apresentando ofertas de trabalho que aparentemente parecem ser muito convenientes, contudo, na realidade, não são condizentes com o que será encontrado.

O Direito Penal atua sobre esse problema buscando preservar dois bens jurídicos que lhe são muito caros. O primeiro está vinculado a uma preocupação global com o Estado brasileiro, dado que é importante evitar a fuga da sua população e mão de obra. O segundo objetiva tutelar a liberdade individual de cada sujeito de direitos, evitando que sejam ludibriados e conduzidos a situações desfavoráveis fora do País, muitas vezes graves e irreversíveis.

---

[185] TRF-1, ACR 3795 MG 95.01.03795-9, rel. Juiz Fernando Gonçalves, julgado em 4-9-1995, 3ª Turma, publicação 29-9-1995.

Aliciamento de trabalhadores de um local para outro do território nacional

Art. 207. Aliciar trabalhadores, com o fim de levá-los de uma para outra localidade do território nacional:

Pena – detenção de 1 (um) a 3 (três) anos, e multa.

§ 1º Incorre na mesma pena quem recrutar trabalhadores fora da localidade de execução do trabalho, dentro do território nacional, mediante fraude ou cobrança de qualquer quantia do trabalhador, ou, ainda, não assegurar condições do seu retorno ao local de origem.

§ 2º A pena é aumentada de 1/6 (um sexto) a 1/3 (um terço) se a vítima é menor de 18 (dezoito) anos, idosa, gestante, indígena ou portadora de deficiência física ou mental.

Considerações gerais

A figura penal em questão foi prevista pela primeira vez no Código Penal de 1940, sendo ignorada pelos Códigos de 1830 e 1890. Este último criminalizava apenas a conduta de aliciar trabalhadores, sob ameaça ou promessa de recompensa, a deixar o emprego que ocupava (BITENCOURT, 2009, p. 442).

A Lei n. 9.777/98 aumentou a sua pena, de detenção de dois meses a um ano e multa, para um a três anos – equiparando-o ao crime visto anteriormente, bem como acrescentou os §§ 1º e 2º.

Quando da sua tipificação, o legislador pretendia conter o êxodo das populações de zonas mais desfavorecidas do País para polos de desenvolvimento com melhores condições de trabalho. Isso se justificaria pela possível acentuação das dificuldades econômico-sociais das zonas de emigração e a introdução de novos problemas nas zonas de imigração, gerando um colapso no seu desenvolvimento, que esse êxodo poderia causar (FRAGOSO, 1986, p. 570; HUNGRIA, 1956, p. 52).

Importante pontuar que o crime ora analisado possui semelhanças com o anteriormente estudado, portanto algumas remissões lhe serão feitas.

Considerações nucleares

Começa-se a análise do delito em apreço com a delimitação do **bem jurídico** que se pretende tutelar.

Como já se começou a expor anteriormente, a norma penal visa a evitar que haja um êxodo de trabalhadores entre regiões do País, da menos favorecida para aquelas com maior concentração de recursos e oportunidades profissionais, de modo a trazer um intenso desequilíbrio econômico-social entre as regiões.

Explica-se. Nos termos de Noronha "a lei tem em vista a regularidade, a normalidade do trabalho no país, evitando que regiões mais favorecidas corram o risco de *chômage* [desemprego – francês], enquanto outros, que não oferecem as mesmas vantagens, se despovoem e lutem coma falta de braços" (1988-1995, p. 70).

Em outras palavras, o bem jurídico tutelado é o interesse do Estado brasileiro em evitar que alguma região fique despovoada, em detrimento de outra, evitando, assim, concentrações urbanas e desajustes socioeconômicos (BITENCOURT, 2009, p. 402).

A **ação típica consiste** em aliciar, atrair, reunir, trabalhadores para trabalharem em outra localidade do território nacional. Ou seja, o simples fato de aliciar, mesmo que com promessas reais de melhora de vida, por exemplo, já se configuraria como crime. Note-se que o legislador exclui da previsão do *caput* um meio executivo específico, diferentemente do que ocorre no delito previsto no art. 206, que exige o meio fraudulento.

Importante frisar que não se punem os trabalhadores que se deslocam independentemente, mas o aliciador que desencadeia ou organiza esse processo.

A mesma discussão sobre a questão da quantidade de pessoas exigidas pelo dispositivo legal vista no delito de aliciamento para fim de emigração, art. 206, também está presente neste crime. O que resta inquestionável é que a presença de apenas um trabalhador não se enquadra nessa moldura penal (GRECO, p. 480).

A questão da localidade é um ponto ainda não pacificado entre a doutrina e a jurisprudência. Majoritariamente, a localidade é suficiente se for consideravelmente afastada e se for constatado prejuízo real para a região onde o aliciamento ocorre (BITENCOURT, 2009, p. 443).

O **elemento subjetivo** é o dolo, a vontade consciente de aliciar trabalhadores com a finalidade específica de deslocá-los para outra localidade do território nacional. Não admite modalidade culposa.

O **sujeito ativo** pode ser qualquer pessoa, portanto se trata de um crime comum. Já o **sujeito passivo** se divide em dois, segundo a doutrina tradicional: o mediato, o Estado, e o imediato, qualquer pessoa na condição de trabalhador.

Todavia, questiona-se se existe realmente um sujeito passivo imediato na descrição do *caput*, haja vista que não se verifica qualquer prejuízo concreto ao trabalhador, o qual apenas exerce livremente sua liberdade individual.

O crime se **consuma** no momento em que o agente convence os trabalhadores a transferir-se para outra localidade do território nacional, não sendo necessária a transferência física. A mudança de localidade é mero exaurimento do crime. Conclui-se que se trata, portanto, de crime formal. Admite **tentativa** por ser um crime plurissubsistente (BITENCOURT, 2009, p. 402; GRECO, 2006, p. 140).

A respeito do **princípio da consunção**, a jurisprudência entende que o crime de redução a condição análoga à de escravo (art. 149) não absorve o crime em voga[186]. Nesse sentido, há também precedente do Tribunal Regional Federal da 1ª Região em sede do qual houve condenação por ambas as incriminações, revelando tratar-se de duas figuras autônomas[187].

Há a previsão de dois parágrafos no crime sob estudo.

O primeiro estabelece que incorre na mesma pena quem recruta trabalhadores para outra localidade do País mediante fraude ou cobrança de qualquer quantia do trabalhador ou não assegura condições do seu retorno ao local de origem. Nesse caso, existe grande semelhança com o delito visto no art. 206.

Acrescenta-se ao tipo objetivo a necessidade de meio fraudulento ou das duas outras hipóteses mencionadas. Ademais, o verbo principal adotado é o "recrutar" e não aliciar. Na modalidade "não assegurar condições do seu (trabalhador) retorno ao local de origem", nota-se que a conduta é omissiva. Por fim, nesse caso, os trabalhadores de fato ocupam um papel de sujeito passivo por terem sua liberdade de trabalho violadas pelo meio fraudulento (NUCCI, 2015, p. 1060).

O segundo, por sua vez, dispõe sobre uma causa de aumento que aumenta a pena de um sexto a um terço se a vítima for menor de 18 anos, idosa, gestante, indígena ou portadora de deficiência física ou mental. Extrai-se deste parágrafo que o legislador fez com que recaísse maior reprovabilidade sobre agentes que cometessem esse crime contra pessoas mais vulneráveis.

Considerações finais

Nos dias de hoje, diversos autores, como Cezar Roberto Bitencourt, criticam a criminalização dessa conduta, vendo-a como injustificada e superada, ante as visíveis transformações geográficas ocorridas no Brasil e a sua radical mudança de contexto econômico-social.

Ao mesmo tempo que soam razoáveis os argumentos trazidos, deve-se ponderar sobre um problema presente no cotidiano nacional, a questão dos boias-frias. Eles, ante o desemprego, admiram e respeitam os aliciadores por lhes oferecerem oportunidades, sendo, muitas vezes, submetidos a condições de trabalho indignas, e, no final das temporadas sazonais, encontram-se sem emprego e sem condições de sobrevivência, o que, no entender de alguns, pode ser uma das causas do incremento da violência em algumas regiões (CUNHA, 1982, p. 96).

Cabe a reflexão se seria papel do Direito Penal corrigir esse e outros problemas sociais decorrentes dos fluxos migratórios internos ou se apenas políticas pú-

---

[186] TRF-3, ACR 2.654/SP 2002.61.09.002654-6, 2ª Turma, rel. Desembargador Federal Nelton dos Santos, julgado em 12-5-2009.

[187] TRF-1, ACR 0007417-90.2011.4.01.3803, 3ª Turma, rel. Des. Fed. Monica Sifuentes, publicado em 13-11-2018.

blicas de qualidade seriam suficientes para resolvê-los. Cabe ainda discutir se é razoável – constitucionalmente razoável – criminalizar o mero aliciamento ou se, nesses casos, há de se punir eventual crime que se configure diretamente em relação às condições de trabalho – tal como a redução a condição análoga à de escravo, o que melhor delimitaria o caráter subsidiário do Direito Penal.

TÍTULO V
DOS CRIMES CONTRA O SENTIMENTO RELIGIOSO E CONTRA O RESPEITO AOS MORTOS

Bibliografia: BITENCOURT, Cezar Roberto. *Tratado de direito penal:* parte especial. 5. ed. rev. e atual. São Paulo: Saraiva, 2009. v. 3; DELMANTO, Celso et al. *Código Penal comentado.* 7. ed. rev. atual. e ampl. Rio de Janeiro: Renovar, 2008; FRAGOSO, Heleno Cláudio. *Lições de direito penal:* parte especial. 8. ed. rev. e atual. Rio de Janeiro: Forense, 1986. v. I: arts. 121 a 212 do CP; GRECO, Rogério. *Curso de direito penal*: parte especial. Niterói: Impetus, 2006. v. III; HUNGRIA, Nélson. *Comentários ao Código Penal.* 3. ed. rev. e atual. Rio de Janeiro: Revista Forense, 1956. v. VIII: arts. 197 a 249; MAZILLI, Hugo Nigro. O crime de violação de sepultura. *Revista Magister de Direito Penal e Direito Processual Penal*, p. 19-46, ano V, n. 27, dez.2008/jan. 2009; NORONHA, E. Magalhães. *Direito penal:* dos crimes contra a propriedade intelectual a crimes contra a segurança dos meios de comunicação e transporte e outros serviços. São Paulo: Saraiva, 1988-1995. v. 3; NUCCI, Guilherme de Souza. *Código Penal comentado.* 15. ed. rev., atual. e ampl. Rio de Janeiro: Forense, 2015; PRADO, Luiz Régis. *Curso de direito penal brasileiro.* São Paulo: RT, 2001. v. 3: parte especial: arts. 184 a 288.

Considerações gerais

Na Antiguidade, Estado e religião eram intimamente ligados: o dever religioso era o dever político também, e, portanto, a ofensa à religião era uma ofensa ao Estado (cf. MOMMSEN, apud HUNGRIA, 1956, p. 59).

Em termos luso-brasileiros, a tutela penal da religião se encontra posta desde as Ordenações Filipinas, e, à semelhança dos outros diplomas penais da época, puniam-se firmemente as condutas contra a religião do Estado. Era chamativa a variedade, segundo Fragoso, das figuras delitivas previstas, o que, segundo este, beirava a beatice (1986, p. 576).

No Brasil, antes do advento da República, na qual se reconheceu a liberdade de consciência e de culto, o Código Imperial (1830), para proteger a religião do Império, incriminava, entre outras condutas, a de "celebrar em casa, ou edifício, que tenha forma de templo, ou publicamente em qualquer lugar, o culto de outra religião, que não seja a do Estado" (art. 276). Com a laicidade do Estado, os chamados crimes *laesae religionis* desapareceram dos ordenamentos, aqui e afora, e o legislador penal redesenhou os aspectos da proteção do Estado à questão religiosa. Dessa forma, a tutela penal passou a se fazer garantidora da liberdade religiosa individual; garantia essa proclamada neste país antes mesmo da primeira Constituição da República, pelo Código de 1890 (HUNGRIA, 1956, p. 59 e s.).

De outro lado, um valor estreitamente ligado com as mais antigas religiões é o do respeito aos mortos (BITENCOURT, 2009, p. 406), que, tal qual a própria religiosidade, como um importante traço cultural e social, superou os tempos e acompanhou as civilizações até os dias atuais. Nas palavras de Fragoso, "sempre foi o cadáver considerado coisa sagrada inquietante, perigosa", apresentando-se, em quase todos os povos, como objeto de culto (1986, p. 581). Os romanos, por exemplo, desde a Antiguidade, cultuavam seus mortos, em uma demonstração de preocupação e respeito (BITENCOURT, 2009, p. 413). Fragoso postula que, no direito pretoriano, a violação de túmulos aparecia nos delitos privados, depois sendo punida por ação pública (1986, p. 581).

A legislação penal pátria, porém, tardou em dispor a respeito do tema. O Código de 1830 não trazia nenhuma linha sobre crimes violadores do respeito aos mortos, e o Código Republicano, por sua vez, os tipificava como meras contravenções (HUNGRIA, 1956, p. 78) – sepultamento irregular (art. 364); violação de cadáver e de sepulturas (art. 365); danificação de sepulturas e mausoléus (art. 366).

Nas linhas que seguem, encontra-se análise individual e sistemática dos tipos que se apresentam listados no Título "Dos crimes contra o sentimento religioso e contra o respeito aos mortos", privilegiando a doutrina e a jurisprudência nacionais, em todo adaptadas aos usos e costumes brasileiros.

Capítulo I
Dos crimes contra o sentimento religioso

Ultraje a culto e impedimento ou perturbação de ato a ele relativo

Art. 208. Escarnecer de alguém publicamente, por motivo de crença ou função religiosa; impedir ou perturbar cerimônia ou prática de culto religioso; vilipendiar publicamente ato ou objeto de culto religioso:

Pena – detenção, de 1 (um) mês a 1 (um) ano, ou multa.

Parágrafo único. Se há emprego de violência, a pena é aumentada de um terço, sem prejuízo da correspondente à violência.

Considerações gerais

De forma mais próxima à atual, segundo Fragoso (1986, p. 576), ou seja, sob a égide da laicidade do Estado e da supremacia das liberdades individuais, a proteção penal ao sentimento religioso surge no sistema jurídico brasileiro em 1890, pelas três modalidades de crime presentes no Código Penal Republicano. Encontravam-se entre aqueles arts. 185 e 187 os tipos incriminadores que visavam a tutelar, à época, o "livre exercício dos cultos"[188].

No Código Penal vigente, o art. 208 é resultado de uma espécie de aglutinação dos referidos artigos do diploma antecessor. Com olhar comparativo sobre os dois textos legais mencionados, desconsiderando-se as alterações ortográficas e estilísticas entre eles, indicadoras dos mais de sessenta anos que os separam e dispensáveis para essa análise dogmática, *grosso modo*, nota-se que o legislador de 1940 reuniu os antigos artigos em uma única capitulação, mais abrangente. O conteúdo normativo expresso do delito não foi, ao que se vê, substancialmente alterado de um Código para o outro. Pelo menos do ponto de vista dos limites punitivos, a tipificação atual permanece igual, a originária. Porém, como se analisa em detalhes adiante, ao bem jurídico tutelado se importou mudança significativa com a promulgação do Código Penal do século XX. Além disso, nenhuma outra alteração sofreu a redação do tipo vigente hoje.

Considerações nucleares

O **ultraje a culto e o impedimento ou a perturbação de ato a ele relativo** é a conduta atentatória ao sentimento religioso, seja qual for a religião confessada, como bem aponta Bitencourt (2009, p. 407). Trata-se da proteção do interesse coletivo de garantir a liberdade de consciência e de crença, conforme assegura a Constituição Federal (NUCCI, 2015, p. 1061), possibilitando o livre exercício de culto a qualquer religião e protegendo os locais destinados às suas atividades.

Entretanto, pondo ênfase no que já foi dito, nem sempre foi esse o papel da tutela penal da questão religiosa. Em princípio, a criminalização dessas condutas contra a religiosidade se punha para exercer uma proteção sobre o respeito à religião majoritária e oficial do Estado. O Direito Penal, portanto, a essa época, protegia a religião em si (FRAGOSO, 1986, p. 577). A partir de 1890, o bem jurídico passou a ser a liberdade religiosa, e, em 1940, foram dados a ele os atuais contornos: essa liberdade individual foi a plano secundário (BITENCOURT, 2009, p. 407), dando-se protagonismo ao aspecto do sentimento religioso, que se relaciona diretamente à coletividade. Dispostas como estavam as previsões incriminadoras no Código Penal Republicano, no Título que tratava "Dos crimes contra o livre gozo e exercício dos direitos individuaes", visava-se a assegurar, unicamente, a liberdade individual de culto e de crença. Mas, em 1940, ao dar seção autônoma e independente no Código para o art. 208, o legislador penal escolheu, como coloca Bitencourt, da própria garantia individual, o interesse ético-social representado pelo **sentimento religioso** como **bem jurídico** protegido (2009, p. 407).

---

[188] Rubrica do Capítulo III do Título IV do Código de 1890.

Por se tratar de tipo penal polinuclear, ou seja, por se conterem nele três ações típicas, cada qual bastante para que se observe o delito, o art. 208 deve ser analisado, quanto aos seus elementos objetivos, em partes.

A primeira modalidade delitiva é inspirada no art. 261 do Código suíço (HUNGRIA, 1956, p. 70), e a **ação típica** por ela descrita é **escarnecer** (zombar, ridicularizar) de alguém, **publicamente**, por causa de sua crença ou função religiosa. Ou seja, trata-se da investida discriminatória, por meio da propagação pública de impropérios e chacotas, contra alguém, especificamente, pela religião que a vítima professa ou pela posição de autoridade que ela ocupa em determinado ministério religioso. É, pois, **tipo especial** para essa modalidade, porque a ausência da motivação específica para a conduta reprovada faz ser identificado, de acordo com Hungria, crime contra a honra. Conforme aponta Fragoso, "é indispensável que se trate de escarnecimento *público*" (1986, p. 578), e para isso deve ser o delito praticado diante de muitas pessoas ou de forma que, a muitas, alcance o conteúdo ofensivo à vítima, independentemente do meio empregado (cartazes, declarações na imprensa, publicações na internet etc.). Além disso, não há penalização, nesse tipo penal, para a ofensa à própria religião (diretamente), porque é o vilipêndio da pessoa que configura o delito (NORONHA, 1988-1995, p. 74).

Impedir ou **perturbar** cultos, cerimoniais ou atividades religiosas em geral é a **ação típica** da segunda modalidade de crime prevista no art. 208. Segundo Hungria, "*Impedir* é evitar que comece ou que prossiga o ato; *perturbar* é desmoralizá-lo, tumultuá-lo, quebrar-lhe a regularidade". O autor acertadamente afirma que para a prática do crime qualquer meio é válido, inclusive os indiretos (1956, p. 71); isso porque, como esclarece Noronha, a lei não os especificou, bastando que sejam eficazes para provocar o impedimento ou a turbação que se objetiva (1988-1995, p. 76). Inverter a posição de uma imagem dentro da igreja, para distrair a atenção dos fiéis durante a homilia, ou acompanhar um cortejo fantasiado, para dispersar os seguidores, seriam, segundo a mais tradicional doutrina, hipóteses da ocorrência da modalidade em comento. Nesse sentido, resta evidente que o local onde a cerimônia ou culto se realiza é irrelevante – não há nenhuma necessidade de que seja um local especificamente destinado a esse fim, ou considerado sagrado pelos crentes (como os templos). Ressalva constante entre os doutrinadores é a de que a proteção da lei não é irrestrita, limitando-se às religiões que não atentem contra "a moral e os bons costumes" (BITENCOURT, 2009, p. 409), mencionando-se como exemplo a magia negra e a macumba (FRAGOSO, 1986, p. 578). Tal menção, no entanto, nos parece não encontrar guarida na amplitude constitucional da liberdade religiosa e tampouco no pluralismo consagrado em nossa sociedade.

Quanto à terceira modalidade, esta descreve a **ação típica** de **vilipendiar publicamente** atos ou objetos de culto religioso. "Vilipendiar é mais que ofender; mais que ultrajar; mais que injuriar ou difamar" (FRAGOSO, 1986, p. 579).

Ou seja, o que se incrimina pela norma em análise é o desrespeito, levado a cabo, aos símbolos materiais de culto e aos rituais religiosos. Noronha, com maestria, coloca que o vilipêndio é o tratamento com desprezo ou desdém, por meio das palavras (ditas ou escritas) ou dos gestos (1988-1995, p. 78). Mas, para que os objetos de culto recebam essa proteção especial, não basta que sejam alvo de veneração por si próprios; é preciso que estejam consagrados, que sejam inerentes ao culto e se entendam como manifestação externa dele (HUNGRIA, 1956, p. 74). Para exemplificar, Hungria coloca que artigos religiosos expostos à venda em uma loja não são tutelados pelo dispositivo em questão. Além disso, vale dizer que joias onde se acham reproduzidas imagens de santos ou crucifixos, por mais que sejam consideradas por alguém um amuleto, também não recebem a proteção penal desse tipo. Da mesma forma que na primeira modalidade, a doutrina é uníssona em estabelecer que o caráter público do ato é *conditio sine qua non* do delito.

A **consumação** da modalidade de escárnio público, a primeira, se dá, pontualmente, com o efetivo ato de deboche (HUNGRIA, 1956, p. 71); ou seja, quando o agente externaliza a zombaria a respeito de alguém. Na segunda modalidade, de impedimento ou perturbação aos eventos litúrgicos e aos cerimoniais religiosos, tem-se como momento consumativo a alteração efetiva ou a interrupção do curso habitual desses atos. Noronha admite, nesta última modalidade analisada, especificamente para o impedimento, que haja hipóteses concretas de a consumação protrair-se no tempo – sendo, nesses casos, crime permanente (1988-1995, p. 77). Sobre a terceira modalidade, de vilipêndio público aos objetos e atos religiosos, a consumação se observa no instante da efetivação do ato de desprezo em público. Pondera Hungria, sabiamente, que, quando se trata de escárnio verbal, não é concebível tentativa. Portanto, na terceira modalidade do crime, também dependerá do meio pelo qual o desrespeito é externalizado para que se avalie a possibilidade da forma tentada – é igualmente impossível haver tentativa de vilipêndio quando o meio executivo for o verbal.

A exigência de **resultado** naturalístico acompanha também as particularidades de cada modalidade. Ao contrário do que coloca Nucci, já se afirmou que a análise do art. 208 deve ser feita considerando a pluralidade de núcleos que ele apresenta, e não somente a partir do bem jurídico que este dispositivo, como um todo, tutela; tampouco há de se entender que a punição recai sobre o que as condutas tipificadas representam contra o sentimento religioso e não pela efetiva ofensa que provocam (2015, p. 1063). A primeira modalidade é **crime formal**, porque, como já se expôs, a consumação se dá com a própria exteriorização da zombaria, do insulto. De outro lado, de acordo com o que Noronha ensina, a segunda modalidade descreve **crime material**, cujo resultado exigido é o impedimento ou a perturbação verificados de fato. Por fim, na terceira modalidade, costuma-se tratar como **crime formal** os casos em que o vilipêndio se dá verbalmente e quando este é por meio de atos contra os objetos sacros; aí se fala em **crime material** (1988-1995, p. 77 e s.), com o resultado expresso, por exemplo, por danos causados às peças. Quanto a esse ponto nos parece caber alguma reflexão sobre a natureza material apontada. Sendo o gesto ou ato físico intrinsecamente ofensivos, não há que se exigir evento naturalístico à consumação do delito.

O **dolo** é o elemento subjetivo do tipo. Conforme coloca Bitencourt, seguindo Noronha, na primeira e na terceira figuras delitivas, é necessário o **dolo específico** – sem o qual se afasta a tipicidade (2009, p. 410; 1988-1995, p. 75 e s.). No caso do escárnio público, o elemento subjetivo especial consiste na consciência da publicidade do ato para zombar da vítima por causa de sua crença ou função religiosa (HUNGRIA, 1956, p. 70). De par a par, o dolo especial no vilipêndio público é constituído pela intenção de ultrajar. E, no que tange à figura do impedimento ou turbação, sendo pacífica a jurisprudência sobre a questão (RT 419/293), pune-se simplesmente pelo dolo genérico, bastando o **dolo eventual** para a configuração do crime (NORONHA, 1988-1995, p. 77). **Comissivo** em todas as figuras típicas, poderá dar-se o delito pela omissão dolosa do agente somente quando este ocupar a devida posição de garantidor.

Quantos aos sujeitos, a doutrina não se mostra pacífica. No que se refere ao sujeito passivo, novamente as *nuances* entre as rubricas internas do dispositivo ensejam posições doutrinárias diversas. O sujeito ativo é, sem dúvida, qualquer pessoa, inclusive ministros de culto (FRAGOSO, 1986, p. 577), sendo um **crime comum**. Em caso de se ignorar as implicações da multiplicidade de núcleos do art. 208, é classificado o delito como crime vago, porque o sujeito passivo seria indeterminado; de imediato, a coletividade, e, mediatamente, a pessoa que sofre de fato a ofensa cometida. Entretanto, assim como faz Bitencourt, o certo é que a determinação do sujeito passivo depende da modalidade delitiva praticada; porém, agora contrapondo esse ilustre jurista, tal posição não implica, como afirma, que ora o sujeito passivo seja somente um indivíduo, ora seja somente a coletividade (2009, p. 408). Deve-se entender, pois, que o sujeito passivo precípuo é sempre a coletividade (FRAGOSO, 1986, p. 577), mas, de acordo com a figura lesiva, o sujeito passivo, secundariamente, é a pessoa que sofrer diretamente a ofensa. Em se tratando da figura de escárnio público, é preciso que o sujeito passivo seja, inclusive, pessoa determinada[189] (HUNGRIA, 1956, p. 70). Ou seja, como bem coloca Noronha, a ofensa direta à religião, com manifestações injuriosas a divindades, por exemplo, é penalmente irrelevante (1988-1995, p. 74). Além disso, no caso de as vítimas serem as autoridades eclesiásticas, independe se a ofensa se dá durante atividade inerente a essa posição ou não, bastando que se dê por causa dela. Em tempo, conforme destaca Hungria, é preciso que os sujeitos passivos (secundários) da segunda modalidade prevista no art. 208 sejam crentes, entendendo-se tanto como os que assistem às cerimônias quanto como os que as celebram (1956, p. 75).

---

[189] Na jurisprudência: *RJDTACr* 23/374.

Finalmente, debruça-se sobre o parágrafo único do art. 208, em que consta imposição de **causa de aumento** para quando, na prática das condutas previstas no *caput*, se emprega a violência. Mas, além de prever o aumento de um terço na pena, também se determina a cumulação de penas para a hipótese ali prevista. O debate, neste ponto, concentra-se na configuração ou não do concurso de crimes. Enquanto o pensamento majoritário atesta que haja concurso material (cf. PRADO, 2001, p. 450), Bitencourt é firme em colocar que a cumulação de penas não é nada mais que reflexo do sistema de cúmulo material de penas – não implicando necessariamente (e no caso) concurso material (2009, p. 411). Nesse sentido, dever-se-ia considerar haver, aqui, concurso formal.

Considerações finais

A conquista democrática representada pela proteção constitucional da liberdade de culto demonstra a relevância que tal garantia individual tem para a sociedade. Dessa forma, a tutela penal sobre os locais de culto e sobre os símbolos religiosos configura-se como uma materialização do valor coletivo de livre pensamento e expressão.

Ao garantir, por meio de seu art. 5º, inciso VI, que é "inviolável a liberdade de consciência e de crença, sendo assegurado o livre exercício dos cultos religiosos e garantida, na forma da lei, a proteção aos locais de culto e a suas liturgias", a Constituição Federal de 1988 instituiu o mandamento de que qualquer ação discriminatória em razão da profissão de fé de alguém deve ser reprimida. Pois não há como haver democracia, dada a pluralidade de opiniões que convivem em um país fundado na miscigenação de povos, se não houver harmonia – ou, ao menos, absoluta tolerância – entre aqueles que orientam suas vidas por diferentes crenças.

Capítulo II
Dos crimes contra o respeito aos mortos

Impedimento ou perturbação de cerimônia funerária

Art. 209. Impedir ou perturbar enterro ou cerimônia funerária:

Pena – detenção, de 1 (um) mês a 1 (um) ano, ou multa.

Parágrafo único. Se há emprego de violência, a pena é aumentada de um terço, sem prejuízo da correspondente à violência.

Considerações gerais

O crime previsto no art. 209 do Código Penal de 1940 é inédito no ordenamento brasileiro. Ainda que o sentimento de respeito aos mortos seja antigo, e objeto de rígida vigilância social, os ritos fúnebres, até então, não eram protegidos por meio de norma expressa.

Considerações nucleares

O crime de **impedimento ou perturbação de cerimônia funerária** visa a proteger o sentimento de veneração que se tem pelos falecidos, nos termos empregados por Bitencourt, sendo o **sentimento de respeito aos mortos** o **bem jurídico** ora tutelado (2009, p. 413). Coíbem-se, portanto, condutas que afrontem a memória do morto (GRECO, 2006, p. 495), enquanto valor caro à sociedade.

Consiste a **ação típica** em **impedir** ou **perturbar** um enterro ou cerimônia fúnebre, cabendo, nos detalhes, como atesta Fragoso, a mesma análise empreendida para o art. 208. Ou seja, aqui também o local onde ocorre o ritual não importa para a configuração do crime – que seja uma capela mortuária, uma igreja ou um velório público. Quanto aos termos empregados pelo legislador para descrever a conduta incriminada, dispensa-se mais atenção. **Enterro** deve ser entendido como o translado do corpo, tanto do cerimonial até o lugar onde será enterrado, havendo ou não cortejo pelo trajeto, como na ocasião de transporte entre uma sepultura e outra (NORONHA, 1988-1995, p. 81). Já **cerimônia funerária** se trata do ato em homenagem ao morto, excluído aquele de caráter religioso – que já é protegido pelo art. 208 especialmente. Cuida-se, como afirma, com destreza, Noronha, portanto, dos atos seculares (como a cremação e a romaria civil) (1988-1995, p. 81).

Assim como visto quanto à segunda modalidade do art. 208, dada a similitude da conduta descrita pelo legislador, o **momento consumativo**, é quando se dá o impedimento ou a efetiva turbação dos ritos fúnebres (HUNGRIA, 1956, p. 80) – configurando um **crime material**. Exige-se, portanto, para que se configure o delito do art. 209, o **resultado** naturalístico, qual seja a verificação de que o curso natural do evento funerário é interrompido antes do previsto, forçosamente, ou alterado. A **tentativa** é possível.

O tipo subjetivo deste crime é o **dolo**, sendo que, para configurar-se o delito, é necessário que o agente tenha intenção e consciência de perturbar um cerimonial funerário, especificamente para violar o sentimento de respeito ao morto[190] (BITENCOURT, 2009, p. 415). No caso, a única possibilidade de o delito se configurar por omissão é quando o agente for garantidor – por exemplo, a hipótese de um agente funerário mal-intencionado.

A **coletividade**, e somente esta, é o **sujeito passivo** deste crime, incluindo a família do morto, como coloca Greco, todos os outros que pelo defunto nutriam sentimento afetuoso, mas também os demais membros do corpo social. É, pois, **crime vago** quanto ao sujeito passivo (2006, p. 495). E, quanto ao sujeito ativo, é **crime comum**, pois essa posição pode ser ocupada por qualquer pessoa penalmente imputável. Por preciosismo, mas muito providencialmente, Bitencourt res-

---

[190] Nesse sentido, *RT* 410/313.

salta não ser possível que o próprio *de cujus* figure como sujeito passivo do delito previsto pelo art. 209; é porque cadáver não é sujeito de direitos, sua natureza é de *res* (2009, p. 414).

Quanto ao parágrafo único presente no dispositivo, lançam-se aqui considerações, mais uma vez, semelhantes às feitas em sede dos comentários do art. 208. Deve-se considerar a ocorrência de concurso formal quando a violência é o meio executivo. A pena, que é de detenção de um mês a um ano, ou multa, também deve ter aumento de um terço. Para além disso, ressalta-se o fato de que os atos violentos contra o morto não são objeto da tutela penal por meio do que dispõe este artigo, mas sim o art. 211.

Considerações finais

Embora ateste a lei que os direitos cessam com a morte, não se trata, por óbvio, neste artigo do Código Penal, da proteção dos direitos do cadáver. Enquanto coisa, o morto não dispõe de direitos, mas à sociedade é cara a memória e a honra dos seus mortos.

A tradição de culto e respeito aos mortos acompanhou as civilizações, em todos os tempos. Portanto, é imperioso que o valor do sentimento religioso se faça reconhecido pela tutela penal. Porque não se trata da defesa do sentimento individual dos familiares ou dos conhecidos de cada morto, mas da afirmação do direito à memória póstuma especialmente cara à sociedade.

Violação de sepultura

Art. 210. Violar ou profanar sepultura ou urna funerária:

Pena – reclusão, de 1 (um) a 3 (três) anos, e multa.

Considerações gerais

No direito romano antigo, esta tipificação era a *violatio sepulchri* (HUNGRIA, 1956, p. 80). Ela foi, então, recepcionada pelo direito canônico, sistema jurídico no qual os túmulos eram considerados sagrados e aqueles que os profanassem eram punidos com a excomunhão e com outras sanções seculares, de acordo com Paulo José da Costa Jr. (in BITENCOURT, 2009, p. 413 e 418).

O ordenamento brasileiro criminalizou, de fato, as condutas de violação a sepulcros e urnas funerárias somente em 1940, por meio do Código Penal atual.

Considerações nucleares

A **violação de sepultura** é o tipo que tutela, da mesma forma como todos os demais constantes no Capítulo II do Título V, o **sentimento de respeito aos mortos**, e não a paz dos mortos, como pondera Hungria, sempre de maneira providencial. Tampouco, como pensava Carrara (em seu *Programma del corso di diritto* *criminale*, § 3.185), a proteção destina-se à saúde pública (NORONHA, 1988-1995, p. 83). Frise-se, uma vez mais: é do direito dos vivos, de ter respeitado o seu sentimento para com os mortos, que se cuida.

Muito embora a simplicidade da redação do artigo enseje que se considere simples a avaliação dos elementos objetivos, são muitas as *nuances* doutrinárias, sobretudo na análise do *iter criminis* e da especialidade do delito com relação ao furto (art. 155).

Assim como Fragoso, tem-se que **violar** é abrir, alterar, causando desvio na destinação ideal da sepultura ou urna, e **profanar** é ultrajar, demonstrar desprezo com palavras ou atos (1986, p. 583). Por **sepultura** deve-se entender, no sentido mais abrangente, não só a cova, mas tudo aquilo que a ela se relaciona – desde as construções sobre ela até os objetos que a ornamentam, incluindo a lápide e as inscrições; além disso, a mesma proteção destina-se para a vala comum e para o mausoléu (HUNGRIA, 1956, p. 80). Porém, está excluído da tutela penal, nesse caso, o cenotáfio (memorial), ao contrário do que sustenta Bento de Faria (in NORONHA, 1988-1995, p. 84). Isso, porque se entende que é imprescindível que a urna, ou sepultura, contenha ao menos os restos mortais de alguém. Como bem pontua Nucci: sepulcro vazio é causa de crime impossível, por absoluta impropriedade do objeto (2015, p. 1066).

Nos casos em que há violação da sepultura para furtar objetos desta ou aqueles enterrados com o morto, entende-se que se configura apenas o crime deste art. 210, porque, conforme explica Greco, tudo o que fora ali deixado já não pertence a mais ninguém – faltando, portanto, elementos para a subsunção da conduta ao tipo penal de furto. No mesmo sentido, não se concretizando a subtração dos objetos, pela lição de Nucci, ainda assim o agente que violou a sepultura, com tal finalidade furtiva, deve ser responsabilizado pela violação, por ser este **tipo especial**. Além disso, quando o furto se direcionar ao cadáver, ou parte dele – como dentes de ouro (no exemplo de Bitencourt) –, o critério de especialidade também será a baliza, sendo absorvido o delito do art. 210 pelo do art. 211 (NUCCI, 2015, p. 1066). O único autor a analisar a relação entre o furto e a violação de sepultura como hipótese de concurso material é Hungria. É de se discordar, no entanto, do ilustre autor, porque, como se colocou, o tipo em comento é especial em relação ao furto, e falta à conduta elemento essencial à configuração do art. 155 do Código Penal.

Quanto à consumação, diz-se que basta, por exemplo, que os restos mortais fiquem expostos ao tempo para que se dê a consumação da violação (HUNGRIA, 1956, p. 81). Por seu turno, o momento consumativo da profanação é genérico, sendo tal no qual se efetiva o ato profanador. Para Noronha, portanto, na hipótese de violação, o **resultado** exigido para configurar o delito é que a sepultura ou urna perca seu fim essencial de proteger os restos mortais; mas, para se ter a profanação, não é preciso que isso seja observado. Por ser um tipo misto alternativo, basta que o agente pratique uma das ações para que o delito se consume, e, assim, se praticadas as duas condutas, ele deve ser responsabilizado apenas uma vez – sendo vedado o concurso (GRECO, 2006, p. 499).

É claro só haver o crime através do **dolo**. Porém, há discordância quanto a este ser ou não específico, como bem explora Noronha (1988-1995, p. 85). A posição majoritária – e acertada – é a de que se exige o especial fim nesse delito para qualquer uma das figuras descritas, ao contrário do que postulam Fragoso e Nucci. Os verbos que compõem o tipo deixam claro que há de se ter vontade especial de ir contra o respeito aos mortos para que se incorra no delito em exame, seja pela violação ou profanação. O motivo, porém, é indiferente, como coloca Hungria, que chega a afirmar, com exagero, a existência do crime no caso do pai que, movido pelo desespero, devassa o túmulo do filho para revê-lo.

Considerações finais

Enfim, trata-se de **crime comum**, pois o sujeito ativo pode ser qualquer indivíduo. Quanto ao sujeito passivo, este é, única e diretamente, a coletividade – ao contrário do que afirmam Bitencourt e Noronha. Isso, pois o raciocínio, por coerência lógica, deve ser o mesmo aplicado à análise do art. 209.

Destruição, subtração ou ocultação de cadáver

Art. 211. Destruir, subtrair ou ocultar cadáver ou parte dele:

Pena – reclusão, de 1 (um) a 3 (três) anos, e multa.

Considerações gerais

O tipo penal do art. 211 surgiu no ordenamento brasileiro com o Código de 1940. Este dispositivo demanda cautela em sua avaliação e se relaciona com a legislação extravagante de maneira intensa.

A retirada de partes do corpo humano para fins de transplante passou a ser objeto de regulamentação jurídica a partir de 1968, com a Lei n. 5.479. Esse diploma legal foi revogado pelo Lei n. 8.489/92 e este, por sua vez, pela Lei n. 9.434, de 1997. A última, das tantas atualizações, ocorreu com as alterações trazidas à Lei de Transplantes pela Lei n. 10.211/2001. Assim, as atividades médicas para a realização de transplantes e outros fins terapêuticos são orientadas de acordo com essa lei, prevendo-se, entre outras ordens, que elas sejam autorizadas por parente maior de idade e que, após a retirada em cadáver, este seja dignamente recomposto. As violações às determinações ali constantes estão sujeitas a sanções previstas no próprio diploma (arts. 14 a 20), derrogando-se o Código Penal (BITENCOURT, 2009, p. 422). Interessante, ainda, notar que, na hipótese de se acreditar ser, em vida, o morto doador de órgãos, quando, em verdade, não o era, enseja erro de proibição (NUCCI, 2015, p. 1067).

Considerações nucleares

A **destruição, subtração ou ocultação de cadáver** é mais um dos tipos incriminadores que tutelam o **sentimento de respeito aos mortos** como **bem jurídico**.

As três **ações típicas** descritas no art. 211 são **destruir**, **subtrair** e **ocultar**. A primeira, de acordo com Hungria, é tornar o cadáver insubsistente como é, como quando é atirado em uma fornalha (o caso da cremação não é aqui considerado; trata-se de espécie de sepultamento regular). A segunda, bem diz o autor, é o ato de tirá-lo de sua esfera de proteção jurídica, da custódia legítima de seus detentores (os familiares, durante o velório, ou o vigia do cemitério, após o enterro). E a terceira ação é a de fazer o cadáver desaparecer, sem destruí-lo. Esta última, particularmente, pressupõe que o corpo ainda não esteja em seu local de destino, que ainda não tenha se dado seu sepultamento (1956, p. 83).

O **cadáver**, na visão clássica de Von Liszt (in HUNGRIA, 1956, p. 82), "é o corpo humano inanimado, enquanto a conexão de suas partes não cessou de todo" ou, em Binding (in GRECO, 2006, p. 745), "os restos exânimes de um homem que tenha vivido". Nesse sentido, surge o impasse – esmiuçado com clareza por Greco – a respeito do natimorto. Uma primeira corrente, que, hoje, se filia a Binding, postula que o natimorto e o feto não são cadáveres, pois não são dotados de vida extrauterina. Hungria afirma que só ao feto que não atingiu a maturidade para sua "expulsão" é que se pode negar ser cadáver, visão que se aproxima do entendimento de que somente os fetos com mais de seis meses de gestação, ou natimortos, é que podem ser tidos como cadáver. A posição da maioria, porém, é a de que o feto e natimorto inspiram da mesma maneira o sentimento de respeito póstumo (FRAGOSO, 1986, p. 585), bastando que o corpo conserve a aparência ou forma humana, nas palavras de Noronha. Quanto às cinzas do cadáver, ao contrário de como é na Itália, ao esqueleto, ou aos detritos putrefatos, estes não são considerados parte dele (1986, p. 87).

O crime perfaz-se com a efetiva prática de alguma das ações típicas previstas. Ou seja, é tipo misto alternativo, sendo bastante a prática de uma das condutas previstas para que o delito se configure (GRECO, 2006, p. 504). É **crime material** em todas as modalidades e admite tentativa, conforme entende a jurisprudência[191]. No caso da primeira figura delitiva, a destruição, não necessariamente total, é o resultado exigido para a consumação, como bem pondera Bitencourt (2009, p. 425). Além disso, como pontua Nucci, a destruição de várias partes de um mesmo cadáver importa em um só crime, porém a destruição seguida de vários cadáveres resulta em tantas imputações quantos forem os cadáveres destruídos. Na subtração, basta que o corpo seja retirado da esfera de vigilância legal para que o

---

[191] Note-se o caso *RT* 522/324.

crime esteja consumado. Assim, na ocultação o próprio desaparecimento do cadáver é marca do momento consumativo (NORONHA, 1988-1995, p. 88).

O elemento subjetivo é o **dolo**. Este, genericamente considerado, se perfaz na vontade consciente de abranger, ao menos, um dos atos descritos pelo tipo (BITENCOURT, 2009, p. 425). De acordo com Nucci, tem-se que a autodefesa não pode ser invocada para justificar o cometimento desse crime, de forma que, por exemplo, o homicida não pode ocultar o cadáver sob a alegação de estar utilizando-se do seu direito de defesa (NUCCI, 2015, p. 1068). Nesse caso, pelo contrário, o homicida deve ser responsabilizado também pela prática do art. 211, em concurso material.

Sobre os sujeitos desse delito, a doutrina desponta em controvérsias. Bitencourt, em sua vez, afasta-se do aspecto coletivo do bem jurídico tutelado e funda sua análise diretamente na conduta. Em posição minoritária, o autor coloca, individualmente, a família do morto e seus conhecidos como sujeitos passivos precípuos, restando à coletividade o plano secundário (2009, p. 423). Porém, em coro, a maioria, pelas colocações de Nucci, entende que a coletividade é sujeito passivo precípuo, sendo, cada um dos familiares e conhecidos do morto sujeitos passivos secundários (2015, p. 1067). Isso porque, concretamente, o resultado da conduta criminosa atinge diretamente o morto. Já quanto ao sujeito ativo, este pode ser qualquer indivíduo, tratando-se de **crime comum**.

Considerações finais

Pelo fato de o cadáver ser coisa fora do comércio, em essência, não pode ele ser objeto de furto (art. 155). Dessa forma, quando se trata de furto de partes que o compõem, a especialidade do tipo em comento faz prevalecer a sua imputação. Diferente é o caso dos cadáveres entregues a instituições para fins científicos ou que são tomados como peças arqueológicas; nesses casos, sim, a subtração do corpo configura furto. Tais restos mortais passam a ter valor nessas condições. Assim, cabe ressaltar, a própria violação de sepultura, nesses casos, é absorvida pelo crime patrimonial quando este se observa (BITENCOURT, 2009, p. 420).

Vilipêndio a cadáver

Art. 212. Vilipendiar cadáver ou suas cinzas:

Pena – detenção, de 1 (um) a 3 (três) anos, e multa.

Considerações gerais

O crime de vilipêndio a cadáver também não estava presente no Código do Império. Como já foi posto, no diploma penal de 1890 havia apenas a previsão de uma conduta semelhante como contravenção penal.

Considerações nucleares

O **bem jurídico** protegido pelo crime previsto sob a capitulação de **vilipêndio a cadáver** é, mais uma vez, o **sentimento de respeito aos mortos**. O último tipo disposto no Código Penal vigente, na seção destinada à proteção da veneração à memória dos mortos, se apresenta muito objetivamente.

A **ação típica** de **vilipendiar** um cadáver pode se observar através dos mais diversos atos, sob as formas mais inusitadas. Para os efeitos do presente artigo, conforme demonstra a doutrina, as cinzas do defunto também são suscetíveis a serem objeto do crime. É imprescindível que a prática se dê junto ao corpo ou às cinzas do morto (HUNGRIA, 1956, p. 84). As partes do cadáver, em si, conforme ensina Noronha, embora não constem expressamente como objeto da proteção penal desse artigo, assim o são desde que se mostrem como constitutivas do corpo, e não isoladamente. Desde o proferimento de vocábulos ultrajantes e a articulação de gestos ofensivos ao corpo até o arremesso de dejetos contra ele e a prática de obscenidades, tudo isso configura o delito (1988-1995, p. 89). Os atos de necrofilia, como bem coloca Nucci, são, pois, forma de vilipêndio a cadáver. Porém, na hipótese de alguém vilipendiar pessoa morta supondo-a viva, o erro isenta o agente da pena (Hungria); ou quando o ato sexual se inicia com a pessoa viva, vindo ela a morrer durante o sexo, não há enquadramento possível no art. 212 (Noronha). Hipótese de concurso formal, de acordo com Hungria, acompanhado por Fragoso e Noronha, se configura quando o vilipêndio importa calúnia (art. 138) contra o morto.

Quando se trata de vilipêndio verbal, é **crime formal**, portanto o resultado de efetivação da ofensa não é imprescindível para o tipo, bastando que ela seja praticada. Outro é o caso quando o vilipêndio se dá por atos que podem configurar, quando o ato em si não for ultrajante, **crime material**, sendo admissível então a tentativa (NORONHA, 1988-1995, p. 90).

Entende-se que, sem **dolo**, não há o crime. Mas, aqui também há entraves na doutrina a respeito da especialidade do elemento subjetivo. Por correto se toma que, assim como postula a corrente de maioria, há dolo especial, este representado pela intenção especial de ultrajar ou desprezar o corpo do morto (NORONHA, 1988-1995, p. 90).

Considerações finais

Por último, os sujeitos do delito. Assim como se colocou sobre o artigo anterior, é **sujeito ativo** qualquer pessoa penalmente imputável, não havendo condição particular a ser satisfeita – **crime comum**. E o **sujeito passivo** é, também conforme o raciocínio aplicado ao art. 211, precipuamente a coletividade e, em segundo plano, individualmente, os familiares e conhecidos do defunto – ao contrário, relembra-se da posição de Bitencourt (2009, p. 427).

TÍTULO VI
DOS CRIMES CONTRA A DIGNIDADE SEXUAL

Capítulo I
Dos crimes contra a liberdade sexual

Estupro

Art. 213. Constranger alguém, mediante violência ou grave ameaça, a ter conjunção carnal ou a praticar ou permitir que com ele se pratique outro ato libidinoso:

Pena – reclusão, de 6 (seis) a 10 (dez) anos.

§ 1º Se da conduta resulta lesão corporal de natureza grave ou se a vítima é menor de 18 (dezoito) ou maior de 14 (catorze) anos:

Pena – reclusão, de 8 (oito) a 12 (doze) anos.

§ 2º Se da conduta resulta morte:

Pena – reclusão, de 12 (doze) a 30 (trinta) anos.

Bibliografia: ALVES, Sénio Manuel dos Reis. *Crimes sexuais*. Notas e comentários aos artigos 163º a 179º do Código Penal. Coimbra: Almedina, 1995; BITENCOURT, Cezar Roberto. *Tratado de direito penal*. São Paulo: Saraiva, 2013. v. 4; COBO DEL ROSAL, Manuel (Dir.). *Comentarios al Código Penal*. Madrid: Edersa, 1999. v. V; ESTEFAM, André. *Crimes sexuais*. São Paulo: Saraiva, 2009. FRANCO, Alberto Silva; SILVA, Tadeu Antonio Dix. Dos crimes contra os costumes. In: FRANCO, Alberto Silva; STOCO, Rui (Coord.). *Código Penal e sua interpretação*. Doutrina e jurisprudência. São Paulo: RT, 2007; GRECO, Alessandra Orcesi Pedro; RASSI, João Daniel. *Crimes contra a dignidade sexual*. São Paulo: Atlas, 2010; HUNGRIA, Nélson; LACERDA, Romão Côrtes de. *Comentários ao Código Penal*. Rio de Janeiro: Forense, 1954. v. 8; MARCÃO, Renato; GENTIL, Plínio. *Crimes contra a dignidade sexual*. São Paulo: Saraiva, 2011; MUÑOZ CONDE, Francisco. *Derecho penal:* parte especial. Valencia: Tirant lo Blanch, 2010; NATSCHERADETZ, Karl Prelhaz. *O direito penal sexual:* conteúdo e limites. Coimbra: Almedina, 1985; NORONHA, E. Magalhães. *Direito penal*. São Paulo: Saraiva, 1986. v. 3; NUCCI, Guilherme de Souza. *Crimes contra a dignidade sexual*. São Paulo: RT, 2010; PASCHOAL, Nohara. *O estupro*: uma perspectiva vitimológica. Rio de Janeiro: Lumen Juris, 2014; PRADO, Luiz Regis. *Tratado de direito penal brasileiro*. São Paulo: RT, 2014. v. 5; REALE JÚNIOR, Miguel (Coord.). *Direito penal:* jurisprudência em debate. São Paulo: GZ, 2012. v. 3. SILVA, Tadeu Antônio Dix. *Crimes sexuais*. Reflexões sobre a nova Lei 11.106/2005. Leme: Mizuno, 2006; SILVA SÁNCHEZ, Jesús-María (Dir.). *Leciones de derecho penal*. Parte especial. Barcelona: Atelier, 2011; SILVEIRA, Renato de Mello Jorge. *Crimes sexuais*. Bases críticas para a reforma do direito penal sexual. São Paulo: Quartier Latin, 2008; SOUZA, Luciano Anderson de.

Direito penal: parte especial. São Paulo: RT, 2019. v. 3; VIVES ANTON, Tomás Santiago; BOIX REIX, Juan; ORS BERENGUER, Enrique; CARBONELL MATEU Juan Carlos; GONZÁLEZ CUSSAC, Jose Luis. *Derecho penal:* parte especial. Valencia: Tirant lo Blanch, 1999.

Considerações gerais

O chamado Direito Penal sexual é, dos grandes grupos que compõem a Parte Especial do Código Penal, o que, no Brasil, recentemente passou por maiores e mais significativas transformações. Sua nova diagramação, na verdade, ainda se encontra em formação, e, por isso, alguns detalhes da realidade normativa anterior devem ser colocados, para que se possa, a partir da lei reformada, construir um novo patamar jurídico-penal.

O Código Penal, em sua redação original, dispunha sobre o capítulo dos crimes contra os costumes. Focava-se, assim, nos chamados bons costumes como objeto de tutela penal. Isso gerava, à época, dois significativos problemas. O primeiro dizia respeito ao fato de que, ainda que artificialmente, se podia imaginar um contexto de unicidade moral na sociedade brasileira. Com o passar dos anos, e em especial da chamada revolução sexual a partir dos anos 1960, essa noção significativamente perdeu sua razão de ser. Tal constatação sociológica era ainda reforçada pelo fato de que a construção penal espelhava, sim, uma sociedade machista e patriarcal, na qual o papel da mulher era significativamente distinto do papel masculino.

Sob um ponto de vista da criminologia feminista, isso refletia, por outro lado, uma significativa opressão à figura da mulher, o que se poderia verificar, por exemplo, em certas situações de tratamento penal diferenciado que então se tinha por consagrado, como proteções limitadas à mulher honesta, à mulher virgem ou à mulher não corrompida. Em suma, a vinculação do bem jurídico a um aspecto tão vago e sujeito a interpretações subjetivas, como se verifica no bem jurídico "bons costumes", parecia legitimar esse estado de coisas.

Seguindo uma série de reformas legislativas mundo afora, o legislador brasileiro começou, ainda no início dos anos 2000, a tratar de reformas pontuais do Direito Penal sexual. Isso é marcante com a Lei n. 11.106, de 28 de março de 2005, e cominou, derradeiramente, na Lei n. 12.015, de 7 de agosto de 2009, a qual deu nova dimensão ao problema, renomeando o capítulo para o que hoje se verifica como "crimes contra a dignidade sexual".

Note-se, entretanto, que essa não foi a melhor escolha, uma vez que, ao mencionar a proteção a uma noção de dignidade, tem-se um espectro de tutela por demais subjetivo. Embora a questão seja um pouco mais definida do que antes se verificava com os "bons costumes", também aqui a vagueza conceitual pode levar a incidentes de imputação erráticos, como pode se verificar nas ocorrências dos chamados estupros de vulnerável ou, mesmo, nos crimes relativos à prostituição.

Melhor opção seria a de sustentar uma proteção quanto a crimes contra a autodeterminação sexual ou a liberdade sexual. Como essa não foi a opção explícita do legislador, deve-se entender as considerações relativas à dignidade sexual vinculadas à ideia da liberdade de consentimento da vítima.

Considerações nucleares

De todo modo, é de verificar que a nova redação legal estipula, em primeiro lugar, um novo posicionamento em relação ao bem jurídico nesses crimes. Passou-se, a partir de então, a entender que o bem jurídico não mais seria vinculado a aspectos morais, mas, sim, à dignidade sexual do indivíduo. Em termos pontuais, isso leva a inúmeros problemas de interpretação de alguns tipos. De todo modo, propiciou-se, também, um reordenamento de vários dos crimes anteriormente previstos. Destes, o caso mais emblemático se deu com o novo art. 213 do Código Penal, o chamado crime de estupro.

Na realidade anterior havia, distintamente, dois tipos a lidar com os crimes sexuais por meio de violência contra a liberdade sexual do indivíduo: o estupro e o atentado violento ao pudor. O primeiro dizia respeito ao fato de constranger mulher, mediante violência ou grave ameaça, à conjunção carnal. O segundo, em termos mais amplos, dizia respeito ao fato de constranger alguém, mediante violência ou grave ameaça, a praticar ou permitir que com ele se pratique ato libidinoso diverso da conjunção carnal. Hoje, em termos de crimes sexuais praticados mediante violência ou grave ameaça, tem-se apenas o crime de estupro, o qual pode dar-se mediante violência física ou grave ameaça (PRADO, 2014, p. 475).

Duas observações são necessárias. Com a distinção em dois tipos penais diversos, tinha-se bem posta a noção de que estupro se referia, necessariamente, a uma agressão sexual, por meio de cópula forçada, entre homem e mulher. O atentado violento ao pudor, por outro lado, podia dizer respeito a um simples beijo lascivo tomado à força ou a contatos sexuais invasivos diversos da conjunção carnal. O problema, de todo modo, era colocado em órbitas distintas.

A partir de 2009, no entanto, percebe-se uma absorção do tipo penal do atentado violento ao pudor pelo crime de estupro, que passou a englobar também essa figura, agora no parágrafo único do art. 213 do Código Penal. Dois problemas se afiguram com essa realidade. O primeiro diz respeito à carga semântica que agora se verifica em toda e qualquer agressão sexual, mesmo não invasiva. Hoje, tudo é, potencialmente, enquadrável como estupro, o que, de um ponto de vista criminológico, gera incontáveis problemas.

Outra situação bastante diferente é aquela em que se constata concurso entre agressões de cópula e agressões de outro tipo, invasivas ou não. Em uma realidade anterior, isso se resolvia pelo entendimento de que se tratava de concurso material, ou seja, somando-se as penas. Hoje, todavia, entendendo-se que se está a falar de um mesmo tipo penal misto alternativo, não mais.

A redação atual do art. 213 suscita algumas ponderações de ordem lógica, já presentes na realidade anterior, quando se trabalhava a questão em tipos distintos, de estupro e de atentado violento ao pudor. Seria, portanto, de indagar algumas modalidades de imputação em relação à condição da vítima e, também, em termos de condutas agressivas não invasivas.

A primeira das questões a serem analisada diz respeito à vítima. Haveria possibilidade de distinção de tratamento conforme seja a condição da vítima? Durante muito tempo, por um entendimento derivado do necessário débito conjugal, sustentou-se ser impossível o estupro por parte do marido em relação à sua esposa. Esse entendimento, no entanto, não tem razão de ser. A figura da mulher, independentemente do casamento, é detentora de todos os direitos, e, portanto, tem plena capacidade de autodeterminação. Pode consentir e dissentir. Dessa forma, pode perfeitamente responder por estupro o marido que força sua esposa a conjunção carnal ou a ato libidinoso diverso deste.

Da mesma forma, pode ser vítima de estupro qualquer pessoa, independentemente de sua condição, desde que violada sua capacidade de consentimento. Portanto, mesmo a eventual prostituta, ou qualquer vítima que tenha vida considerada desregrada, pode, sempre, se ver como vítima de estupro.

Alguma sorte de contenção e ponderação, no entanto, deve ser tida nessa consideração típica. O art. 213, ao fundir os antigos arts. 213 e 214, acabou por se configurar como um tipo penal extremamente aberto. Menciona como sendo criminosa a conduta de constrangimento de praticar ou permitir que com a vítima se pratique qualquer ato libidinoso diverso da conjunção carnal. Em outras palavras, isso poderia abarcar de um simples beijo, abraço ou apertar partes púbicas (todas condutas não invasivas) até condutas como a prática de sexo oral ou anal, para não dizer da introdução de objetos. Por certo, condutas invasivas perfazem o tipo penal em apreço. Entretanto, as chamadas condutas não invasivas devem ser tratadas com certa cautela, com o escopo de evitar um tratamento absolutamente desproporcional.

Esse é, por exemplo, o caso do beijo, que, por si só, no mais das vezes não parece guardar dignidade penal suficiente para ser visto, hoje, como um estupro, com penas de reclusão, de 6 a 10 anos. Em muitos casos, mesmo, se justificava, antes do advento da Lei n. 13.718/2019, a desclassificação para a contravenção de importunação ofensiva ao pudor, vista no art. 61 da Lei de Contravenções Penais[192]. Hoje tal contravenção se encontra revogada.

Também resulta necessário verificar que existem formas qualificadas do crime de estupro, assim tratadas nos respectivos §§ 1º e 2º. Dessa forma, tem-se como

---

[192] "Art. 61. Importunar alguém, em lugar público ou acessível ao público, de modo ofensivo ao pudor. Pena – multa, de duzentos mil réis a dois contos de réis."

crime passível de penas de 8 a 12 anos, se da violência resultar lesão corporal de natureza grave (art. 129, §§ 1º e 2º, do CP). Da mesma forma, e para além de uma situação qualificadora em razão do resultado material preterdoloso, o mesmo parágrafo incluiu como situação mais gravosa a verificação de a vítima ser adolescente, entre 14 e 18 anos. Sobre a consideração do marco etário assumido pelo Direito Penal sexual, conferir os comentários ao art. 117-A do Código Penal.

Por outro lado, o § 2º do mesmo art. 213 prevê penas de reclusão, de 12 a 30 anos, se da conduta resultar morte. Têm-se, aqui, as mesmas penas verificadas para o homicídio qualificado (art. 121, § 2º, do CP).

Outra situação bastante conflituosa diz respeito ao fato de a figura do art. 213, hoje, englobar o que antes se via como as figuras dos arts. 213 e 214. Em outras palavras, tem-se, agora, sob um mesmo desenho penal, situação anteriormente vista em dois tipos diversos. É de se ver que a prática subsequente, em relação a uma mesma vítima, de conjunção carnal e de outros atos libidinosos, sempre gerou enorme conflito na jurisprudência. A posição majoritária, no entanto, era a de que essa situação permitia o concurso de crimes, pois, apesar de se tratar de um mesmo objeto de tutela, tinham-se, sim, dois crimes distintos. Com a alteração do tipo, e sua nova redação, o problema ganha uma nova dimensão.

Autores como Vicente Greco Filho[193] ou Marcão e Gentil (MARCÃO; GENTIL, 2011, p. 137) apontam no sentido de existirem vários entendimentos sobre a questão, desde o fato de que o art. 213 descreve um tipo penal misto alternativo – sendo que, mesmo na ocorrência de mais de uma conduta, ter-se-ia

---

[193] Para Greco Filho, "a interpretação de que a partir da Lei n. 12.015/2009 haveria um único crime é absurda, viola o espírito da lei e viola o princípio da juridicidade. Dissemos em outra oportunidade que, quanto aos crimes de ação múltipla, segundo a doutrina alemã, primeiro estudou a matéria, os dispositivos que hipotisam mais de uma conduta são chamados de *Mischgesetze* (leis misturadas ou mistas), aos quais correspondem os *Mischtatbestande* (tipos misturados ou mistos). Delogu e Santoro, para denominá-los, usam a expressão 'normas penais conjuntas', que a nosso ver exprime melhor a ideia da reunião, num mesmo artigo, de mais de uma conduta que determina a incidência penal. Os tipos, mistos ou conjuntos, de acordo com o ensinamento de Binding, Wetheimer, Mezger etc., podem ser de duas espécies: alternativos, quando a violação de uma ou várias condutas previstas importa sempre no cometimento de um único delito; cumulativos, quando há, na verdade, a previsão de mais de um delito distinto, de modo que cada violação determina a aplicação de uma pena, dando causa a um concurso de crime (material, formal, crime continuado). Delogu (Le norme penali congiunte, in Annali, 1996, p. 521) nega a existência de tipos conjuntos alternativos, porque admiti-los equivaleria a aceitar que algumas violações devam ficar impunidas, ou seja, que para o legislador é indiferente que um interesse penalmente tutelado seja lesado uma ou mais vezes. Haveria, outrossim, desprezo ao princípio segundo o qual a cada violação deve corresponder uma sanção. Delogu parte do princípio, portanto, de que a conjugação de normas é unicamente fruto de considerações de técnica legislativa, devendo ser consideradas como normas autônomas" (GRECO FILHO, apud GRECO; RASSI, 2010, p. 144).

uma única figura criminosa, não se aceitando, pois, o concurso –, até o entendimento de que seria de considerar, sim, um tipo penal misto cumulativo – ou seja, um tipo penal no qual ou haverá de ser considerado um crime continuado, vendo-se a continuidade entre infrações contra bens jurídicos personalíssimos, ou haverá um concurso material de delitos, considerando-se a impossibilidade da continuidade.

A ponderação relativa ao fato de que se estaria a falar de tipos penais que por vezes se mostram como alternativos e às vezes como cumulativos é, no caso, incorreta, pois a afetação do bem jurídico em questão se dá alternativa, e não conjuntamente. Caso o legislador quisesse, sim, proteção cumulativa, não teria procedido à fusão dos tipos penais.

Considerações finais

O crime de estupro, quer em sua forma simples, quer em suas formas qualificadas, é considerado crime hediondo, conforme a Lei n. 8.072/90. A redação original da Lei dos Crimes Hediondos foi alterada pela Lei n. 12.015/2009, a qual resolveu muitas das anteriores dúvidas que antes se verificavam. Assim, hoje, tem-se claramente como crime hediondo tanto o estupro do *caput* do art. 213 como também aquele estupro do qual resulta lesão corporal de natureza grave ou morte, ou, ainda, que tenha como vítima maior de 14 e menor de 18 anos.

Sob esse aspecto, muito interessante é a verificação de que a reforma empreendida em 2009 apenas alterou o Código Penal, e não o Código Penal Militar. Este, em seus arts. 232 e 233, ainda prevê as distintas figuras do estupro e do atentado violento ao pudor. Mais do que isso, prevê tais figuras com penas distintas, qual se tinha na legislação comum antes da Lei n. 8.072/90. Existe, pois, uma suposta dúvida sobre como lidar com isso, em especial porque as figuras da lei castrense não se mostram como hediondas.

Aqui, nitidamente, percebe-se que o legislador não andou bem. Ele simplesmente parece ter-se esquecido da previsão em paralelo da lei militar. Entretanto, por respeito ao princípio da legalidade, simplesmente não se pode imaginar nem a consideração do estupro ou atentado violento ao pudor praticado por militar como hediondo, nem, muito menos, pretender aplicar as penas advindas da unificação dos tipos da lei comum, vale dizer, de 6 a 10 anos, para o crime de atentado violento ao pudor castrense.

Atentado violento ao pudor

Art. 214. (*Revogado pela Lei Federal n. 12.015, de 2009*)

Violação sexual mediante fraude

Art. 215. Ter conjunção carnal ou praticar outro ato libidinoso com alguém, mediante fraude ou outro meio que impeça ou dificulte a livre manifestação de vontade da vítima:

Pena – reclusão, de 2 (dois) a 6 (seis) anos.

Parágrafo único. Se o crime é cometido com o fim de obter vantagem econômica, aplica-se também multa.

Bibliografia: ALVES, Sénio Manuel dos Reis. *Crimes sexuais.* Notas e comentários aos artigos 163º a 179º do Código Penal. Coimbra: Almedina, 1995; BITENCOURT, Cezar Roberto. *Tratado de direito penal.* São Paulo: Saraiva, 2013. v. 4; COBO DEL ROSAL, Manuel (Dir.). *Comentarios al Código Penal.* Madrid: Edersa, 1999. v. V; ESTEFAM, André. *Crimes sexuais.* São Paulo: Saraiva, 2009; GRECO, Alessandra Orcesi Pedro; RASSI, João Daniel. *Crimes contra a dignidade sexual.* São Paulo: Atlas, 2010; HUNGRIA, Nélson; LACERDA, Romão Côrtes de. *Comentários ao Código Penal.* Rio de Janeiro: Forense, 1954. v. 8; MARCÃO, Renato; GENTIL, Plínio. *Crimes contra a dignidade sexual.* São Paulo: Saraiva, 2011; MUÑOZ CONDE, Francisco. *Derecho penal:* parte especial. Valencia: Tirant lo Blanch, 2010; NATSCHERADETZ, Karl Prelhaz. *O direito penal sexual:* conteúdo e limites. Coimbra: Almedina, 1985; NORONHA, E. Magalhães. *Direito penal.* São Paulo: Saraiva, 1986. v. 3; NUCCI, Guilherme de Souza. *Crimes contra a dignidade sexual.* São Paulo: RT, 2010; PASCHOAL, Nohara. *O estupro:* uma perspectiva vitimológica. Rio de Janeiro: Lumen Juris, 2014; PRADO, Luiz Regis. *Tratado de direito penal brasileiro.* São Paulo: RT, 2014. v. 5; REALE JÚNIOR, Miguel (Coord.). *Direito penal:* jurisprudência em debate. São Paulo: GZ, 2012. v. 3; SILVA, Tadeu Antônio Dix. *Crimes sexuais.* Reflexões sobre a nova Lei 11.106/2005. Leme: Mizuno, 2006; SILVA SÁNCHEZ, Jesús-María (Dir.). *Leciones de derecho penal:* parte especial. Barcelona: Atelier, 2011; SILVEIRA, Renato de Mello Jorge. *Crimes sexuais.* Bases críticas para a reforma do direito penal sexual. São Paulo: Quartier Latin, 2008; SOUZA, Luciano Anderson de. *Direito penal:* parte especial. São Paulo: RT, 2019. v. 3; VIVES ANTON, Tomás Santiago; BOIX REIX, Juan; ORS BERENGUER, Enrique; CARBONELL MATEU Juan Carlos; GONZÁLEZ CUSSAC, Jose Luis. *Derecho penal:* parte especial. Valencia: Tirant lo Blanch, 1999.

Considerações gerais

O Código Penal, em seu art. 215, após a reforma dada pela Lei n. 12.015/2009, seguiu a disposição já encontrada em sua redação original. Lá se via claramente, entre os crimes contra a liberdade sexual, a distinção entre os crimes perpetrados com violência e grave ameaça (estupro e atentado violento ao pudor) e os crimes cometidos mediante fraude (posse sexual mediante fraude e atentado violento ao pudor mediante fraude).

A nova diagramação tratou de um único crime mediante violência ou grave ameaça – o novo tipo de estupro – e, por outro lado, também de um único crime sexual dado mediante fraude – o novo tipo de violação sexual mediante fraude. Quer dizer, da mesma forma que a nova redação do tipo de estupro cuidou de unificar os crimes sexuais dados mediante violência, a nova redação do tipo penal do art. 215 tratou de unificar os antigos arts. 215 e 216.

A principal inovação aqui verificada, em realidade, deu-se já com a Lei n. 11.106/2005, a qual retirou do cenário penal sexual brasileiro as previsões quanto à vinculação acerca da honestidade da mulher. Assim, os tipos penais que mencionavam, sempre, uma fraude sexual dada em relação a uma mulher honesta deixaram de fazê-lo. Ao depois, a Lei n. 12.015/2009 simplesmente unificou os tipos penais em uma única conduta sobre a violação sexual mediante fraude.

Considerações nucleares

Trata-se de tipo penal contra a liberdade sexual de qualquer pessoa (sem gênero definido), por meio ou de conjunção carnal ou de prática de qualquer ato libidinoso, mediante fraude ou qualquer meio que impeça ou dificulte a livre manifestação da vontade da vítima, quase que em uma espécie de estelionato sexual.

A grande discussão encontrada versa sobre a possibilidade, ou não, de se ter uma violação sexual unicamente em decorrência de fraude. A redação anterior à Lei n. 11.106/2005 previa que a posse sexual mediante fraude seria limitada à figura da mulher honesta. Dessa forma, estaria excluída a figura da prostituta que pretendesse se dizer, ao depois, iludida por um eventual seu cliente. Observe-se, entretanto, que essa dúvida fica bastante mitigada com a nova redação do tipo penal em apreço.

A questão orbita sobre a liberdade sexual da vítima. Apesar de se mencionar a noção de fraude, sempre dolosa, é fundamental perceber que se está a falar de um meio que impeça a livre manifestação da vontade da vítima. Em outras palavras, está a se sustentar como criminosa uma situação, que também pode se dar mediante fraude, mas que implique violação da vontade, a qual não ocorre mediante violência ou grave ameaça.

Muito embora seja questionável a manutenção dessa figura penal, até mesmo porque ela não diz respeito a um ataque sexual mediante violência, mas, sim, motivado por simples engano, é de se ver que a incriminação ainda se encontra presente. Isso até mesmo reflete certo grau de moralismo que reveste os crimes sexuais como um todo.

Nesse sentido, essa figura, que poderia ser vista como uma espécie de estelionato sexual, deve ser vista sob algumas lentes específicas. Deve-se avaliar o grau de compreensão da vítima em concreto, para saber, de fato, o que ocorreu. Daí a importância da avaliação de a fraude poder recair sobre a identidade do agente ou a legitimidade do ato[194]. Por outro lado, situação bastante peculiar é a da avaliação do

---

[194] Nesse sentido é o magistério de Bitencourt, segundo o qual "a fraude, nesta infração penal, não se confunde com as *blanda verba*, os *allectamenta*, as *dolosa promissiones* da sedução, mas exige mais do que isso, vale dizer, o engano do ofendido (homem ou mulher) sobre a identidade pessoal do agente ou sobre a legitimidade da conjunção carnal a que se presta. Já afirmávamos ante a redação anterior, que a relação sexual obtida com a promessa de

engano que venha a se dar em razão de alteração de consciência causado pelo ofensor. Se o grau de tolhimento de consciência for total, colocando-se a vítima em estado de inconsciência, ou seja, colocando-a em estado em que, por qualquer outra causa, não possa oferecer resistência, o crime será o de estupro de vulnerável (art. 217-A).

Entretanto, caso a consciência tenha sido também iludida, ainda que em parte, mesmo que por substância inebriante, como bebida alcóolica ou outra de efeitos análogos, causando um estado de semiconsciência que tenha gerado uma falsa compreensão da realidade, ter-se-á, sim, uma violação sexual mediante fraude.

A confusão evidente entre o estupro de vulnerável e a figura do art. 215 do Código Penal deve ser solucionada com lastro na manutenção de alguma espécie de consciência (NUCCI, 2010, p. 29; MARCÃO, GENTIL, 2011, p. 154).

Considerações finais

Note-se que o parágrafo único define que, se o crime for cometido com o fim de obter vantagem econômica, aplica-se também multa. De todo modo, resta fundamental verificar-se tanto a ocorrência de situação dolosa como da própria necessidade de prova da infração. Como esta pode se dar com a conjunção carnal ou com a prática de qualquer outro ato libidinoso, a prova pode, no caso concreto, se mostrar bastante difícil, cabendo aos operadores do Direito bem dosar a aplicação da norma em espécie.

Importunação sexual

Art. 215-A. Praticar contra alguém e sem a sua anuência ato libidinoso com o objetivo de satisfazer a própria lascívia ou a de terceiro:

Pena – reclusão, de 1 (um) a 5 (cinco) anos, se o ato não constitui crime mais grave.

Bibliografia: PRADO, Luiz Regis. *Tratado de direito penal brasileiro*. São Paulo: Forense, 2019. v. 2; SOUZA, Luciano Anderson de. *Direito penal*: parte especial. São Paulo: RT, 2019. v. 3.

Considerações gerais

Tradicionalmente, os crimes contra a liberdade sexual versavam sobre agressões praticadas mediante violência, grave ameaça ou fraude. Ao depois, sobreveio

---

casamento ou como prova de virgindade não tipifica este crime. A doutrina refere como exemplos possíveis do crime o fato de o agente *simular celebração de casamento*, a substituição de uma pessoa por outra, hipóteses de casamento por procuração etc." (BITENCOURT, 2013, p. 71).

a questão do assédio sexual. Em 2017, contudo, deu-se uma significativa controvérsia jurídica quando um homem ejaculou em uma mulher em um coletivo na cidade de São Paulo. A discussão à época versava sobre a possibilidade, ou não, da tipificação do crime de estupro. A falta da elementar violência ou grave ameaça, no entanto, acabou por afastar aquela imputação, não sem um grande protesto da opinião pública.

Originalmente, a situação conduzia ao entendimento de mera contravenção penal de importunação ofensiva ao pudor, o que gerou inúmeras críticas e Projetos de Lei para específica criminalização.

As dúvidas sobre qual a devida tipificação, assim, propiciaram a formatação do tipo do art. 215-A, trazido pela Lei Federal n. 13.718/2018, que instituiu o crime de importunação sexual, atentatória que é a conduta incriminada à liberdade sexual de alguém.

Considerações nucleares

Como se disse, os crimes contra a liberdade sexual podem, hoje, se dar mediante violência ou grave ameaça, fraude, ou, em termos genéricos, consoante, entre outros, o art. 215-A deste Código. Trata-se, no dizer de alguns, de uma situação que poderia conduzir ao pensamento de um estupro (não invasivo) privilegiado, no qual houvesse ideal reprovação sem alcançar, no entanto, o patamar de gravidade posto no tipo do art. 213.

Por outro lado, a mesma Lei n. 13.718/2018 revogou o art. 61 da Lei de Contravenções Penais, o qual mencionava a contravenção de importunação ofensiva ao pudor. Semelhante artigo, como se viu, sempre fora uma válvula de escape sancionatória alternativa para questões não invasivas. Agora, não mais, podendo ser vista, contudo, a incidência do princípio de continuidade normativa-típica, já que, embora revogada, a contravenção vê-se descrita no novel art. 215-A do CP.

Trata-se de simples prática de ato libidinoso sem a anuência da vítima, com objetivo de satisfação de própria lascívia ou de terceiro. Aproxima-se, assim, de um crime de escândalo público.

Cumpre destacar que a jurisprudência dos Tribunais Superiores é pacífica ao afastar o delito em questão quando a vítima é menor de 14 anos, incorrendo o autor nesses casos no crime de estupro de vulnerável (art. 217-A). Por todos: STJ, AgRg no REsp 1.845.797/SP, rel. Min. Sebastião Reis Júnior, 6ª Turma, j. 23-6-2020, *DJe* 1º-7-2020.

Considerações finais

Muito embora o tipo penal se aproxime do que se poderia chamar de crime contra a honra, com específico cunho sexual, o legislador entendeu por bem uma categorização autônoma, destacando a figura dentro dos chamados crimes contra a dignidade sexual. A escolha não é das mais felizes, mas, considerando toda a celeuma criada mediante casos concretos, aparentemente a escolha não é das mais criticáveis.

O mero exercício de prática de ato libidinoso não implica violência ou tolhimento da capacidade de defesa da liberdade sexual, e, justamente por isso, equivocada seria uma pretensa atribuição de crime equiparado ao estupro. Isso não se verificaria nem mesmo desde um ponto de vista de proporcionalidade. Dessa forma, não havendo contato que acarrete constrangimento físico no sentido de limitação da capacidade de repulsa do ato, o que importaria em crime mais grave, estará aperfeiçoada a situação de crime de importunação sexual.

Atentado ao pudor mediante fraude

Art. 216. (*Revogado pela Lei Federal n. 12.015, de 2009*)

Assédio sexual

Art. 216-A. Constranger alguém com o intuito de obter vantagem ou favorecimento sexual, prevalecendo-se o agente da sua condição de superior hierárquico ou ascendência inerentes ao exercício de emprego, cargo ou função.

Pena – detenção, de 1 (um) a 2 (dois) anos.

Parágrafo único. (*Vetado*)

§ 2º A pena é aumentada em até um terço se a vítima é menor de 18 (dezoito) anos.

Bibliografia: BITENCOURT, Cezar Roberto. *Tratado de direito penal*. São Paulo: Saraiva, 2013, v. 4; ESTEFAM, André. *Crimes sexuais*. São Paulo: Saraiva, 2009; FRANCO, Alberto Silva; SILVA, Tadeu Antonio Dix. Dos crimes contra os costumes. In: FRANCO, Alberto Silva; STOCO, Rui (Coord.). *Código Penal e sua interpretação*. Doutrina e jurisprudência. São Paulo: RT, 2007; GIRÃO, Rubia Mara Oliveira Castro. *Crime de assédio sexual*. Estudos da Lei n. 10.224, de 15 de maio de 2001. São Paulo: Atlas, 2004; GRECO, Alessandra Orcesi Pedro; RASSI, João Daniel. *Crimes contra a dignidade sexual*. São Paulo: Atlas, 2010; LORENTE ACOSTA, Miguel; LORENTE ACOSTA, José Antonio. *Agresión a la mujer: maltrato, violación y acoso*. Granada: Comares, 1999; MARCÃO, Renato; GENTIL, Plínio. *Crimes contra a dignidade sexual*. São Paulo: Saraiva, 2011; MARZAGÃO JÚNIOR, Laerte I. *Assédio sexual e seu tratamento no direito penal*. São Paulo: Quartier Latin, 2006; NORONHA, E. Magalhães. *Direito penal*. São Paulo: Saraiva, 1986. v. 3; NUCCI, Guilherme de Souza. São Paulo: RT, 2010; PRADO, Luiz Regis. *Tratado de direito penal brasileiro*. São Paulo: RT, 2014. v. 5; RIVAS VALLEJO, Pilar; GARCÍA VALVERDE, Maria Dolores (Dir.). *Tratamiento integral del acoso*. Navarra: Aranzadi, 2015; SILVA, Tadeu Antônio Dix. *Crimes sexuais*. Reflexões sobre a nova Lei 11.106/2005. Leme: Mizuno, 2006; SILVEIRA, Renato de Mello Jorge. *Crimes* *sexuais*. Bases críticas para a reforma do direito penal sexual. São Paulo: Quartier Latin, 2008; SOUZA, Luciano Anderson de. *Direito penal*: parte especial. São Paulo: RT, 2019. v. 3.

Considerações gerais

O tipo penal de assédio sexual foi inserido no ordenamento jurídico brasileiro pela Lei n. 10.224/2001, a qual passou a prever a nova figura do art. 216-A. A construção típica, no entanto, é bastante questionável, pois utiliza o verbo nuclear "constranger" sem mencionar o objeto. O simples constrangimento não pode ser visto como crime contra a liberdade sexual, pois, nesse caso, ter-se-ia como crime um simples envergonhar alheio, e não o ato de coação explícita. Existe, pois, um evidente atentado ao princípio da taxatividade[195].

Considerações nucleares

A figura penal do assédio sexual, apesar de não mencionar que tipo de constrangimento está a analisar, menciona que o sujeito ativo deva ser uma pessoa que ocupe uma posição superior ou, ainda, que tenha ascendência na relação de trabalho sobre a vítima. Percebe-se, pois, que somente pode haver assédio, que sempre deve ser visto como doloso, quando há uma relação trabalhista preexistente.

A questão do objeto de tutela da presente norma é complexa. Apesar de, hoje, se encontrar inserida em um esquadro de tutela dos crimes contra a dignidade sexual, não se esgota aí. Outros bens jurídicos, como a honra pessoal e o respeito às relações de trabalho, também podem estar presentes.

---

[195] Alguns autores parecem se conformar com a redação posta, como é o caso de Marcão e Gentil, para os quais "núcleo do tipo é o verbo constranger. Seu complemento é alguém, não havendo aqui, ao contrário do que se dá em outros tipos legais, um objeto indireto do verbo constranger, representando a ação. Quer dizer que o termo constranger é aqui usado com um sentido mais amplo do que, por exemplo, no crime de estupro. Constranger, para o delito de assédio sexual, significa causar embaraço, desconforto, incomodar. Trata-se, portanto, de um incômodo provocado pelo desejo de obter vantagens ou favorecimento sexual de alguém" (MARCÃO; GENTIL, 2011, p. 173). Melhor colocação faz Dix Silva ao recordar, com base em outra doutrina, a confusão posta: "Damásio, exprimindo-se de modo franco, afirmou que, 'no plano da tipicidade, o tipo do art. 216-A é extremamente confuso': 'depois de estudar o Direito Penal durante dezenas de anos, estou com enormes dificuldades de distinguir, diante do novo tipo, o assédio sexual de outras figuras (...) Se fosse juiz, confesso, sob o aspecto da tipicidade, não teria tranquilidade em condenar nenhum réu por assédio sexual nos termos do referido artigo de lei. Que o legislador faça outra lei. Mas essa daí é insuportável'. O desabafo do experimentado penalista tem razão de ser: a moldura penal do assédio sexual apresenta inúmeras dificuldades que conduzem a uma complexidade tipológica suficientemente intrincada. A iniciar pelo núcleo do tipo, a ação de constranger" (SILVA, 2006, p. 148 e s.).

É bastante interessante constatar que o constrangimento com intuito de obter vantagem ou favorecimento sexual diz respeito a quem tenha uma condição de superior hierárquico ou ascendência inerente ao exercício do emprego, cargo ou função. Pode subsistir a dúvida se outras formas de subordinação estariam aqui comportadas, como seria o caso de relações domésticas ou de relação entre aluno e professor. Esse pensamento parece absolutamente equivocado, até mesmo porque o parágrafo único do art. 216-A previa, exatamente, tal sorte de consideração: incorre na mesma pena quem cometer o crime prevalecendo-se de relações domésticas, de coabitação ou de hospitalidade ou com abuso ou violação de dever inerente a ofício ou ministério.

Ocorre que esse parágrafo único foi vetado, sob a alegação de que, "no tocante ao parágrafo único projetado para o art. 216-A, cumpre observar que a norma que dele consta, ao sancionar com a mesma pena do *caput* o crime de assédio sexual cometido nas situações que descreve, implica inegável quebra do sistema punitivo adotado pelo Código Penal, e indevido benefício que se institui em favor do agente ativo daquele delito. É que o art. 226 do Código Penal institui, de forma expressa, causas especiais de aumento de pena, aplicáveis genericamente a todos os crimes dessa ordem, entre as quais constam as situações descritas nos incisos do parágrafo único projetado para o art. 216-A. Assim, no caso de o parágrafo único projetado vir a integrar o ordenamento jurídico, o assédio sexual praticado nas situações nele previstas não poderia receber o aumento de pena do art. 226, hipótese que evidentemente contraria o interesse público, em face da maior gravidade daquele delito, quando praticado por agente que se prevalece de relações domésticas, de coabitação ou de hospitalidade". Assim, sob essa lógica, entendeu que a relação docente, que poderia ser vista como dever inerente ao cargo, simplesmente se mostraria como causa de aumento, e não estaria, necessariamente, inserida no tipo em questão.

Assim, melhor entendimento tem Bitencourt, para quem a relação docente-discente não implica superioridade ou ascendência inerentes ao exercício de emprego, cargo ou função (BITENCOURT, 2013, p. 41). Desse modo, e apesar da resistência de certa doutrina, há de se imaginar o assédio sexual como figura criminosa unicamente em relações de emprego[196]. De todo modo, é de se destacar a

---

[196] Nesse mesmo sentido, Regis Prado, ao mencionar que "é oportuno observar que o Projeto de lei n. 14/2001, que deu origem ao art. 216-A, continha um parágrafo único com a seguinte redação: 'Incorre na mesma pena quem cometer o crime: I – prevalecendo-se de relações domésticas, de coabitação ou de hospitalidade; II – com abuso ou violação de dever inerente a ofício ou ministério.' Contudo, por entender que a redação do mencionado dispositivo implicava quebra do sistema punitivo adotado pelo Código Penal, obstando a aplicação do disposto no art. 226, que prevê causas especiais de aumento de pena justamente para algumas hipóteses ali inseridas, o presidente da República houve por bem

jurisprudência, em especial do Superior Tribunal de Justiça: STJ, REsp 1.759.135/SP, rel. Min. Sebastião Reis Júnior, rel. p/ Acórdão Min. Rogerio Schietti Cruz, 6ª Turma, j. 13-8-2019, *DJe* 1º-10-2019.

Considerações finais

O legislador deixa bem claro, apesar de toda a deficiência do tipo penal do art. 216-A, que a pena é aumentada em até um terço se a vítima é menor de 18 (dezoito) anos. Com isso, busca-se fomentar maior proteção a um assédio que poderia ser visto em relação a pessoas menores de 18 anos de idade.

CAPÍTULO I-A
DA EXPOSIÇÃO DA INTIMIDADE SEXUAL

Registro não autorizado da intimidade sexual

Art. 216-B. Produzir, fotografar, filmar ou registrar, por qualquer meio, conteúdo com cena de nudez ou ato sexual ou libidinoso de caráter íntimo e privado sem autorização dos participantes:

Pena – detenção, de 6 (seis) meses a 1 (um) ano, e multa.

Parágrafo único. Na mesma pena incorre quem realiza montagem em fotografia, vídeo, áudio ou qualquer outro registro com o fim de incluir pessoa em cena de nudez ou ato sexual ou libidinoso de caráter íntimo.

Bibliografia: PRADO, Luiz Regis. *Tratado de direito penal brasileiro.* São Paulo: Forense, 2019. v. 2; SOUZA, Luciano Anderson de. *Direito penal*: parte especial. São Paulo: RT, 2019. v. 3.

Considerações gerais

O crime de registro não autorizado da intimidade sexual foi inserido na normativa penal pela Lei n. 13.772/2018, consubstanciando um novo capítulo, ainda que de um único artigo, sobre a exposição da intimidade. De todo modo, buscou-se a tutela da intimidade do indivíduo.

---

vetá-lo. Todavia, o aludido veto terminou por macular o projeto de lei original, restringindo praticamente o assédio sexual laboral, já que extirpou as hipóteses do assédio doméstico, bem como aquele oriundo de coabitação, hospitalidade ou proveniente de abuso decorrente do exercício de ofício ou ministério. Desse modo, com o veto presidencial, tornou-se *atípica* a conduta de um religioso (v. g., padre, pastor) que, aproveitando-se do exercício de seu ministério, assedia sexualmente uma fiel, visto que a conduta não foi praticada prevalecendo-se o agente de superioridade hierárquica ou de ascendência sobre a vítima, em razão do exercício de cargo, função ou emprego" (PRADO, 2014, p. 493).

Considerações nucleares

O tipo em tela busca reprimir o ato de produção, de fotografar, filmar ou registrar, por qualquer meio, conteúdo com cena de nudez, ato sexual ou libidinoso de caráter íntimo e privado sem autorização dos participantes. Tipo penal misto e alternativo, ou de conteúdo variado, nele se percebem vários núcleos verbais distintos, sendo necessário, unicamente, a presença de um deles para perfazer o crime.

A conduta trata de situações de composição, criação ou produção, bem como de se filmar ou registrar cena de nudez ou ato sexual ou libidinoso de caráter íntimo ou privado sem a devida autorização dos participantes. Qualquer registro íntimo, portanto, de cena de nudez ou de caráter íntimo, sem a permissão, acaba por incorrer no tipo em questão. No entanto, parece certo que tal tipo exige a violação da intimidade, tendo-a como pressuposto. Não existindo o condão de intimidade, imperfeito seria o tipo.

Também a menção expressa da necessidade de se dar "sem a autorização dos participantes" reforça essa tese, asseverando que o consentimento dos envolvidos pode afastar a incidência típica.

Note-se, contudo, que, ao mencionar o termo "ato libidinoso ou de caráter íntimo", tem-se situação bastante abrangente, podendo gerar controvérsias várias. O escopo penal, no entanto, deve dizer respeito a questão íntima e particular diversa daquela que comumente poderia se dar em público, sob pena de se verificar indevida ampliação do tipo penal em questão.

Considerações finais

O parágrafo único ainda prevê que incorre na mesma pena que realiza montagem em fotografia, vídeo, áudio ou qualquer outro registro com o fim de incluir pessoa em cena de nudez ou ato sexual ou libidinoso de caráter íntimo. Protege-se, portanto, tanto as situações reais como fraudulentas, desde que dolosamente realizadas a agredir a intimidade sexual.

Capítulo II
Dos crimes sexuais contra vulnerável

Sedução

Art. 217. (*Revogado pela Lei Federal n. 11.106, de 2005*)

Estupro de vulnerável

Art. 217-A. Ter conjunção carnal ou praticar outro ato libidinoso com menor de 14 (catorze) anos:

Pena – reclusão, de 8 (oito) a 15 (quinze) anos.

§ 1º Incorre na mesma pena quem pratica as ações descritas no *caput* com alguém que, por enfermidade ou deficiência mental, não tem o necessário discernimento para a prática do ato, ou que, por qualquer outra causa, não pode oferecer resistência.

§ 2º (*Vetado*)

§ 3º Se da conduta resulta lesão corporal de natureza grave:

Pena – reclusão, de 10 (dez) a 20 (vinte) anos.

§ 4º Se da conduta resulta morte:

Pena – reclusão, de 12 (doze) a 30 (trinta) anos.

§ 5º As penas previstas no *caput* e nos §§ 1º, 3º e 4º deste artigo aplicam-se independentemente do consentimento da vítima ou do fato de ela ter mantido relações sexuais anteriormente ao crime.

Bibliografia: BITENCOURT, Cezar Roberto. *Tratado de direito penal*. São Paulo: Saraiva, 2013. v. 4; COBO DEL ROSAL, Manuel (Dir.). *Comentarios al Código Penal*. Madrid: Edersa, 1999. v. V; D'ELIA, Fábio Suardi. *Tutela penal da dignidade sexual e vulnerabilidade*. São Paulo: Letras Jurídicas, 2014; ESTEFAM, André. *Crimes sexuais*. São Paulo: Saraiva, 2009; GOMES, Luiz Flávio. *Presunção de violência nos crimes sexuais*. São Paulo: RT, 2001; GRECO, Alessandra Orcesi Pedro; RASSI, João Daniel. *Crimes contra a dignidade sexual*. São Paulo: Atlas, 2010; HOYANO, Laura; KEENAN. *Child abuse*: law and policy across boundaries. Oxford: Oxford University Press, 2007; MARCÃO, Renato; GENTIL, Plínio. *Crimes contra a dignidade sexual*. São Paulo: Saraiva, 2011; MUÑOZ CONDE, Francisco. *Derecho penal*: parte especial. Valencia: Tirant lo Blanch, 2010; NATSCHERADETZ, Karl Prelhaz. *O direito penal sexual:* conteúdo e limites. Coimbra: Almedina, 1985; NUCCI, Guilherme de Souza. *Crimes contra a dignidade sexual*. São Paulo: RT, 2010; PRADO, Luiz Regis. *Tratado de direito penal brasileiro*. São Paulo: RT, 2014. v. 5; REALE JÚNIOR, Miguel (Coord.). *Direito penal:* jurisprudência em debate. São Paulo: GZ, 2012. v. 3; SILVA SÁNCHEZ, Jesús-María (Dir.). *Leciones de derecho penal*: parte especial. Barcelona: Atelier, 2011; SILVEIRA, Renato de Mello Jorge. *Crimes sexuais*. Bases críticas para a reforma do direito penal sexual. São Paulo: Quartier Latin, 2008; SOUZA, Luciano Anderson de. *Direito penal*: parte especial. São Paulo: RT, 2019. v. 3; VIVES ANTON, Tomás Santiago; BOIX REIX, Juan; ORS BERENGUER, Enrique; CARBONELL MATEU Juan Carlos; GONZÁLEZ CUSSAC, Jose Luis. *Derecho penal*: parte especial. Valencia: Tirant lo Blanch, 1999.

Considerações gerais

Até 2009, verificava-se a existência de uma logicidade bem posta do sistema penal brasileiro, ao menos no que diz respeito ao campo sexual. Podia-se criticar a forma como se evidenciavam os tipos penais, mas eles guardavam uma lógica entre si. Existiam inúmeros problemas, como a questão do bem jurídico nos crimes sexuais, mas se tinha um todo harmonioso, o que se viu, de algum modo, prejudicado após a reforma daquele ano.

Uma das questões que geraram maiores reflexos penais foi a revogação do que se entendia por disposição geral sobre violência presumida e a consequente criação de um tipo penal particular sobre isso. Na realidade anterior, tinha-se por previsão do art. 224 do Código Penal o fato de presumir-se a violência quando a vítima não fosse maior de 14 anos; a vítima fosse alienada ou débil mental e o agente soubesse dessa circunstância; ou quando a vítima não pudesse, por qualquer outra razão, oferecer resistência.

Existia muita dificuldade de aceitação de que essa presunção pudesse ter tanta repercussão penal, em especial quando existiam dúvidas acerca da idade da vítima. Falava-se, então, em termos de presunção de violência em termos absolutos ou relativos. Procurando dar uma resposta para esse estado de coisas, simplesmente se revogou o dispositivo, de um lado esquecendo-se que ele era utilizado, direta ou indiretamente, em outros cenários penais, como é o caso do art. 9º da Lei n. 8.072/90; e se preferiu, assim, criar um tipo especial de estupro, agora batizado como estupro de vulnerável.

O que se nota no presente dispositivo é, na verdade, uma concretização de problemas antes vistos em abstrato. Pior do que isso, a nova diagramação nada serviu aos objetivos imaginados. Em primeiro lugar, os defensores da nova definição legal entendiam que, com ela, haveria de se superar as discussões em termos de violência presumida relativa. Ledo engano. Na realidade, deve-se ter em conta que, apesar da previsão do Estatuto da Criança e do Adolescente (ECA – Lei n. 8.069, de 13-7-1990), em seu art. 1º, de que haveria proteção integral à criança e ao adolescente, isso não se dá em termos do exercício da autodeterminação sexual.

Segundo o ECA, seria de se considerar criança a pessoa com menos de doze anos, e adolescente, aquela entre doze e dezoito anos. Muito bem, observe-se que esses marcos não são os mesmos previstos pela lei penal. Tanto antes como depois da reforma de 2009, tem-se como marco penal a idade de catorze anos. E mais: entende-se que, acima de catorze anos, existe certa liberdade para contatos sexuais. Aparentemente, portanto, ao não haver uma proibição em relação a contato sexual com toda criança e adolescente, já não se pode dizer que exista essa proteção integral, ao menos em termos sexuais.

O que se verifica, genericamente, são construções jurisprudenciais que acabam por limitar a proibição absoluta – o que antes se veria como presunção absoluta de violência – às crianças, ou seja, aos menores de doze anos. Entre doze e catorze anos, haveria de se buscar situações fáticas que avaliem a necessária responsabilidade, ou não, do agente (presunção relativa). Essa posição intermediária parece, hoje, se firmar na doutrina como sendo a melhor resposta.

Considerações nucleares

O art. 217-A do Código Penal estipula um crime qualificado de estupro, tendo-se em vista as condições particulares do sujeito passivo, aqui chamadas de vulnerabilidade. Dessa forma, entendendo-o como hipossuficiente, quer por questão etária (menos de catorze anos), quer por questão de restrição cognitiva (enfermidade ou doença mental), ou, ainda, quer por, em razão de qualquer outro motivo, não poder oferecer resistência, vislumbra-se uma moldura penal mais agravada.

O último dispositivo mostra-se de forma absolutamente aberta. Qualquer situação em que se possa entender presente – a critério do juiz – uma restrição na capacidade de resistência por parte da vítima, é passível de aqui se enquadrar. Seriam, por exemplo, casos em que se verifiquem situações de dopagem ou embriaguez por parte da vítima, em que esta se encontre desacordada ou em estado comatoso, ou, ainda, em que esta, por temor reverencial, simplesmente não tenha condições de revidar a investida sexual alheia.

Os §§ 3º e 4º estabelecem crimes qualificados pelo resultado, destacando desvalores do resultado lesão corporal de natureza gravíssima ou morte.

O § 5º, por sua vez, incluído pela Lei Federal n. 13.718/2018, pretende esclarecer duas dúvidas que se consagraram com o passar dos anos na jurisprudência. A primeira, no sentido de se afirmar pela aplicação das penas mesmo em termos de situação de consentimento da vítima, quase que em revitalização do debate sobre presunção absoluta ou relativa de violência. O termo legal é claro no sentido de afirmar que a presunção, no caso, é absoluta. Já a segunda, também em função de afirmar pela aplicação das penas mesmo no caso de anterior situação de manutenção de relações sexuais por parte da vítima, chama à luz a noção de que, mesmo se deflorada ou conhecedora pretérita de relações sexuais, a vítima não perde tal *status*. Em outras palavras, a proteção se dá de forma integral à pessoa vulnerável, inimportando seu passado.

Considerações finais

Um motivo de bastante debate em relação ao chamado estupro de vulnerável diz respeito à evidente confusão em que a legislação nacional incorre quanto aos chamados marcos etários penais. Enquanto o Código Penal, por nítida herança de um movimento tutelar, ainda guarda, mesmo após a reforma de 2009, o marco dos 14 anos, o Estatuto da Criança e do Adolescente (Lei n. 8.069/90) estabelece como marco fronteiriço entre a condição de criança e de adolescente os 12 anos de idade. Isso gera a seguinte dúvida: se adolescente é aquele acima de 12 anos, como se deveria entender aquele sujeito entre 12 e 14 anos? Seria ele vulnerável ou não?

Questão derivada de semelhante dúvida diz respeito à vítima que se encontra em situação prostitucional. Como seria de se considerar o fato de a vítima ser maior de 12 e menor de 14 anos e se encontrar em estado de prostituição? Não havendo o conhecimento pleno de que se tratava de menor de 18 anos, poder-se-ia sustentar que a presunção não se faria presente. Duas respostas são possíveis. A primeira diria que a vulnerabilidade é presumida, a exemplo do que fazia o antigo art. 224 do Código Penal, de modo absoluto. Assim, toda e qualquer pessoa abaixo de 14 anos que venha a ser submetida a qualquer contato libidinoso seria vítima de estupro de vulnerável. Esse entendimento, no entanto, parece muito radical, pois, dada a extensão de possibilidades interpretativas, seria de imaginar, como se viu, que até mesmo impúberes enamorados entre 12 e 14 anos poderiam, em tese, ser vítimas de estupros bilaterais.

Melhor resposta, como se viu, é a de ponderar em termos relativos para as supostas vítimas entre 12 e 14 anos. Dever-se-ia, pois, ter em mente que, abaixo de 12 anos, ou seja, para crianças propriamente ditas, a vulnerabilidade é sempre absoluta. Entre 12 e 14 anos, a vulnerabilidade é relativa, ou seja, comporta interpretações restritivas. Assim, é de ver que, em relação à suposta vítima em estado de prostituição, poder-se-ia utilizar das mesmas considerações anteriormente vistas em relação à presunção de violência da antiga redação do art. 224 do Código Penal.

Também aqui deve ser visto o problema relativo aos crimes militares. Os arts. 232 e 233 do Código Penal Militar seguem, como se viu, vigentes, e também a ideia de presunção de violência, vista no seu art. 236. Muito embora isso possa constituir uma aberração jurídica, tem-se que os crimes especiais, nesse caso, acabam por conceder benefícios injustificados aos acusados militares de crimes sexuais, não se aplicando a eles as previsões dadas pela reforma de 2009[197].

Corrupção de menores

Art. 218. Induzir alguém menor de 14 (catorze) anos a satisfazer a lascívia de outrem:

Pena – reclusão, de 2 (dois) a 5 (cinco) anos.

Parágrafo único. (*Vetado*)

Bibliografia: BITENCOURT, Cezar Roberto. *Tratado de direito penal*. São Paulo: Saraiva, 2013. v. 4; ESTEFAM, André. *Crimes sexuais*. São Paulo: Saraiva, 2009; GRECO, Alessandra Orcesi Pedro; RASSI, João Daniel. *Crimes contra a dignidade sexual*. São Paulo: Atlas, 2010; NUCCI, Guilherme de Souza. *Crimes contra a digni-*

---

[197] Note-se, contudo, que existe entendimento relativamente crítico a esse ponto: "resta, ainda, o problema gerado pela redação dos arts. 232 e 233 do Código Penal Militar, que seguem vigentes e definem os crimes de estupro e atentado violento ao pudor, com penas diferenciadas entre si e nitidamente inferiores às do Código Penal, tampouco sendo considerados hediondos. A presunção de violência está prevista no art. 236, para as hipóteses similares às do art. 217-A, ora em exame. Há um visível descompasso com a disciplina legal do assunto dada pela legislação comum, que merece urgente reparo pelos legisladores. A lei penal militar é claramente mais branda quanto às penas, só não o sendo no que se refere à possibilidade efetiva do concurso material entre os crimes de estupro e atentado violento ao pudor. A aplicabilidade do CPM apenas poderia ser questionada caso, dado um elevado número de infrações, a pena do decorrente do concurso ficasse maior do que aquela do art. 217-A do CP, hipótese em que, adotado o princípio da proporcionalidade, deverão as penas ser aplicadas de acordo com esta última norma, ainda que se trate de infração penal militar" (MARCÃO; GENTIL, 2011, p. 203).

dade sexual. São Paulo: RT, 2010; NUCCI, Guilherme de Souza. *Prostituição, lenocínio e tráfico de pessoas*. Aspectos constitucionais e penais. São Paulo: Forense, 2015; MARCÃO, Renato; GENTIL, Plínio. *Crimes contra a dignidade sexual*. São Paulo: Saraiva, 2011; PRADO, Luiz Regis. *Tratado de direito penal brasileiro*. São Paulo: RT, 2014. v. 5; REALE JÚNIOR, Miguel (Coord.). *Direito penal*: jurisprudência em debate. São Paulo: GZ, 2012. v. 3; SILVA, Tadeu Antônio Dix. *Crimes sexuais*. Reflexões sobre a nova Lei 11.106/2005. São Paulo: Mizuno, 2006; SILVEIRA, Renato de Mello Jorge. *Crimes sexuais*. Bases críticas para a reforma do direito penal sexual. São Paulo: Quartier Latin, 2008; SOUZA, Luciano Anderson de. *Direito penal*: parte especial. São Paulo: RT, 2019. v. 3.

Considerações gerais

Tem-se, aqui, uma variação do crime de lenocínio. Como menciona Bitencourt, "lenocínio é a atividade de prestar assistência à libidinagem de outrem, ou dela tirar proveito. O lenocínio, em sentido lato, pode abranger não apenas a atividade criminosa dos mediadores como também daqueles que se aproveitam, de um modo geral, da prostituição ou degradação moral. No lenocínio, por certo, estão compreendidos o tráfico de mulheres (recrutamento e transporte de mulheres destinadas à prostituição), o proxenetismo (mediação para servir a lascívia de outrem, favorecimento à prostituição, manutenção de casa de prostituição) e o rufianismo (aproveitamento parasitário do ganho das prostitutas). O lenocínio caracteriza-se, comparando-se com os demais crimes sexuais, por não servir à própria concupiscência do agente, pois objetiva satisfazer a lascívia de outrem, isto é, de terceiro" (BITENCOURT, 2013, p. 114). Nesse sentido, pode-se afirmar que o art. 218 cuida de uma modalidade de lenocínio em relação a menores de 14 anos.

Trata-se de um novo tipo penal criado pela Lei n. 12.015/2009. Esse crime é, no entanto, criticado por boa parte da doutrina, pois quebraria a noção da teoria monista, impossibilitando a punição do partícipe no crime do art. 217-A, vale dizer, no crime de estupro de vulnerável, pois ele estipula uma figura própria para alguns casos de indução.

A razão de ser do presente tipo, no entanto, lastreia-se no fato de a consideração sobre a indução ser menos deletéria do que a da prática do ato em si. Houve, a bem da verdade, uma reformulação típica, pois, antes da reforma de 2009, o art. 218 dizia respeito à chamada corrupção de menores. Tinha-se, então, como típico o fato de "corromper ou facilitar a corrupção de pessoa maior de 14 e menor de 18 anos, com ela praticando ato de libidinagem ou induzindo-a a praticá-lo ou presenciá-lo". Esse tipo penal, que foi trasmudado, em parte, para o art. 218-A do Código Penal, tinha escopo próprio. Aqui, no entanto, limita-se a proteção ao menor de 14 anos que venha a ser induzido à satisfação da lascívia alheia. Não se trata de uma proteção total ao vulnerável, pois apenas se menciona o menor de 14 anos, e não outras figuras vistas no art. 217-A do Código Penal.

Considerações nucleares

O tipo penal do art. 218 do Código Penal visa à tutela da dignidade sexual do menor de 14 anos que venha a ser induzido à satisfação da lascívia de outrem. Tutela-se, assim, a dignidade sexual deste. Não se pretende uma tutela da moral, como ainda se verifica no art. 227 do Código Penal. A questão, aqui, é limitada ao menor de 14 anos.

Considerações finais

Note-se que existe, ainda, o pensamento de que uma pessoa menor de 14 anos, já pretensamente corrompida, não poderia ser vítima do crime em questão. Isso se explica, em especial, pela antiga redação do art. 218, vale dizer, do crime de corrupção de menores. Sob esse entendimento, não haveria a razão de tutela anticorrupcional de jovem que já se encontrasse corrompido. Percebe-se, contudo, que o atual tipo penal não requer a figura da corrupção, limitando-se à questão de induzir alguém menor de 14 anos a satisfazer a lascívia de outrem. Não existe, pois, a necessidade de avaliação moral ou subjetiva da vítima, mas apenas do ato de indução. A jurisprudência, no entanto, por vezes ainda se utiliza frequentemente das referências ao tipo primevo para a análise da presente questão, muito embora se perceba uma tendência significativa no sentido de dizer que experiência sexual anterior não afasta a ocorrência do crime.

Satisfação de lascívia mediante presença de criança ou adolescente

Art. 218-A. Praticar, na presença de alguém menor de 14 (catorze) anos, ou induzi-lo a presenciar, conjunção carnal ou outro ato libidinoso, a fim de satisfazer lascívia própria ou de outrem:

Pena – reclusão, de 2 (dois) a 4 (quatro) anos.

Bibliografia: BITENCOURT, Cezar Roberto. *Tratado de direito penal*. São Paulo: Saraiva, 2013. v. 4; ESTEFAM, André. *Crimes sexuais*. São Paulo: Saraiva, 2009; PRADO, Luiz Regis. *Tratado de direito penal brasileiro*. São Paulo: RT, 2014. v. 5; REALE JÚNIOR, Miguel (Coord.). *Direito penal*: jurisprudência em debate. São Paulo: GZ, 2012. v. 3; SILVEIRA, Renato de Mello Jorge. *Crimes sexuais*. Bases críticas para a reforma do direito penal sexual. São Paulo: Quartier Latin, 2008; SOUZA, Luciano Anderson de. *Direito penal*: parte especial. São Paulo: RT, 2019. v. 3.

Considerações gerais

Aqui se verifica, claramente, a herança do antigo crime de corrupção de menores (art. 218)[198], transposto a uma nova realidade. Limita-se o escopo de prote-

---

[198] Mencionava o antigo art. 218 do Código Penal: "Corromper ou facilitar a corrupção de pessoa maior de 14 e menor de 18 anos, com ela praticando ato de libidinagem, ou induzindo-a a praticá-lo ou presenciá-lo: Pena – reclusão, de um a quatro anos".

ção e tutela aos menores de 14 anos, aos quais se garante a proibição de presenciar a prática ou de ser induzido a presenciar conjunção carnal ou outro ato libidinoso, a fim de satisfazer lascívia própria ou de outrem.

Não se tem, assim, a proibição de ato direto contra o jovem menor de 14 anos, mas sim a proibição de que este venha a presenciar conjunção carnal ou outro ato libidinoso. A tutela, assim, diz respeito à sua vulnerabilidade em relação à formação de suas faculdades sexuais.

Considerações nucleares

Como fica claro, o tipo penal em questão diz respeito a praticar na presença de menor de 14 anos – ou induzi-lo a presenciar – conjunção ou qualquer outro ato libidinoso. Em primeiro lugar, frise-se que não se confunde o presente tipo, como pode parecer, com o art. 217-A do Código Penal. Lá, existe o estupro de vulnerável (em sentido lato); aqui, apenas a prática, na presença de alguém menor de 14 anos, ou a indução a presenciar, conjunção carnal ou outro ato libidinoso, com o fim de satisfazer lascívia própria ou alheia.

Existe, pois, uma evidente situação próxima a uma presunção relativa à potencialidade do ato libidinoso. Poder-se-ia, assim, aprioristicamente, a teor do observado quanto à antiga redação do art. 218, dizer que a prática, na presença de alguém menor de 14 anos, ou a indução a presenciar, conjunção carnal ou outro ato libidinoso, a fim de satisfazer lascívia própria ou de outrem, teria a capacidade de prejudicar a formação das faculdades sexuais do menor de 14 anos. Entretanto, deve-se indagar o que ocorreria caso essa formação já estivesse prejudicada ou completa. Ter-se-ia, então, crime? O objeto jurídico estaria em risco? A resposta, em ambos os casos, invariavelmente poderia ser negativa. Entretanto, deve-se recordar que a orientação atual é no sentido de afirmar que a experiência sexual anterior não elide o crime.

Considerações finais

Da mesma forma que o entendimento do antigo art. 218 do Código Penal previa a impossibilidade de se corromper aquele que já se encontrava corrompido, ou seja, de se ter pela inocorrência do crime de corrupção de menor quando este já se mostrasse corrompido, também se deve entender, aqui, pela inexistência do crime se o menor já houver tido contato sexual outro.

Favorecimento da prostituição ou de outra forma de exploração sexual de criança ou adolescente ou de vulnerável

Art. 218-B. Submeter, induzir ou atrair à prostituição ou outra forma de exploração sexual alguém menor de 18 (dezoito) anos ou que, por enfermidade ou deficiência mental, não tem o necessário discernimento para a prática do ato, facilitá-la, impedir ou dificultar que a abandone:

Pena – reclusão, de 4 (quatro) a 10 (dez) anos.

§ 1º Se o crime é praticado com o fim de obter vantagem econômica, aplica-se também multa.

§ 2º Incorre nas mesmas penas:

I – quem pratica conjunção carnal ou outro ato libidinoso com alguém menor de 18 (dezoito) e maior de 14 (catorze) anos na situação descrita no *caput* deste artigo;

II – o proprietário, o gerente ou o responsável pelo local em que se verifiquem as práticas referidas no *caput* deste artigo.

§ 3º Na hipótese do inciso II do § 2º, constitui efeito obrigatório da condenação a cassação da licença de localização e de funcionamento do estabelecimento.

Bibliografia: BITENCOURT, Cezar Roberto. *Tratado de direito penal.* São Paulo: Saraiva, 2013. v. 4; CADOPPI, Alberto (Dir.). *Commentari delle norme contro la violenza sessuale e della legge contro la pedofilia.* Padova: Cedam, 1999; ESTEFAM, André. *Crimes sexuais.* São Paulo: Saraiva, 2009; MARCÃO, Renato; GENTIL, Plínio. *Crimes contra a dignidade sexual.* São Paulo: Saraiva, 2011; NUCCI, Guilherme de Souza. *Crimes contra a dignidade sexual.* São Paulo: RT, 2010; PRADO, Luiz Regis. *Tratado de direito penal brasileiro.* São Paulo: RT, 2014. v. 5; REALE JÚNIOR, Miguel (Coord.). *Direito penal:* jurisprudência em debate. São Paulo: GZ, 2012. v. 3; SILVEIRA, Renato de Mello Jorge. *Crimes sexuais.* Bases críticas para a reforma do direito penal sexual. São Paulo: Quartier Latin, 2008; SOUZA, Luciano Anderson de. *Direito penal*: parte especial. São Paulo: RT, 2019. v. 3.

Considerações gerais

O tipo penal do art. 218-B do Código Penal foi introduzido pela reforma advinda da Lei n. 12.015/2009. Na verdade, em que pesem os esforços e as preocupações dos parlamentares reformistas, aqui acaba por se verificar uma redação, além de simbólica, absolutamente equivocada.

Do mesmo modo que o art. 218-A, o presente artigo, ao prever a criminalização do favorecimento da prostituição ou de outra forma de exploração sexual de vulnerável, acaba por, novamente, cindir a ideia unitária de ação, criando um tipo penal apartado para quem impeça ou dificulte o abandono, facilite, submeta, induza ou atraia à prostituição, ou a outra forma de exploração sexual, alguém menor de 18 anos, ou que, por enfermidade ou deficiência mental, não tenha o necessário discernimento para a prática do ato. Trata-se, pois, de uma situação curiosa, pois existe uma evidente quebra de proporcionalidade entre a punição de quem atraia ou mantém vulnerável em situação prostitucional e aquele que eventualmente venha a desfrutar desse serviço. O primeiro responde por penas mais brandas, enquanto o segundo, por penas mais severas.

Justamente por tal razão, menciona-se que o bem jurídico protegido seria, genericamente, a dignidade sexual de pessoa definida como vulnerável (BITEN-COURT, 2013, p. 130). Apesar de se mencionar, também, a tutela sobre a liberdade sexual do vulnerável em sentido lato (PRADO, 2014, p. 518).

Considerações nucleares

A anterior previsão do crime do art. 218, como se viu, dizia respeito, unicamente, à corrupção de menores. O advento da Lei n. 12.015/2009 modificou essa realidade, cingindo a questão, agora, ao art. 218-B, que trata do favorecimento da prostituição ou outra forma de exploração sexual de vulnerável.

A noção de vulnerabilidade, como se viu, substituiu a consideração pretérita da presunção de violência, vista, originalmente, no art. 224 do Código Penal. Por vulnerabilidade, entende-se os adolescentes menores de 14 anos, os enfermos e deficientes que não detêm discernimento em relação ao ato sexual.

Diferentemente da previsão do chamado estupro de vulnerável, o que se verifica no presente artigo é a criminalização do favorecimento da prostituição ou de outra forma de exploração sexual de vulnerável. Naquele, verifica-se a noção de contato sexual, aqui, a submissão, o induzimento, a atração à prostituição ou à exploração sexual, ou, ainda, o impedimento ou a criação de dificuldades a seu abandono. A questão acerca da legitimidade do presente artigo diz respeito, sim, à necessidade de sua estrutura e da previsão das sanções respectivas. Para essa análise, que resulta complexa, deve-se, em primeiro lugar, ponderar sobre o que venha a ser prostituição ou exploração sexual.

Note-se que a prostituição, em si, não é proibida, mas se pune, por vezes, as condutas orbitantes a esta. Muito embora não exista uma definição penal do que venha a ser prostituição, genericamente ela pode ser entendida como comércio sexual mediante paga. O problema da inovação legislativa dá-se na expressão "outra forma de exploração sexual". Muito embora exista o entendimento de que prostituição seja uma forma de exploração, assim não parece ser, pois pode haver uma situação de prostituição em que não se configure exploração[199].

O real problema é que o tipo penal menciona "prostituição ou outra forma de exploração sexual", como que dando a entender que a prostituição é, sempre, uma forma de exploração sexual. A colocação das expressões de forma subsequente poderia obrigar a uma interpretação por parte do magistrado, a qual deve se dar, sempre, sem a ingerência de aspectos moralistas. No presente tipo, no entanto, ao se mencionar uma necessária forma de vulnerabilidade por parte da vítima, entende-se a aproximação dos conceitos de prostituição e de exploração. O mesmo deve

---

[199] Em sentido contrário (NUCCI, 2010, p. 130 e s.).

ser evitado em outros tipos, que envolvem maiores que livremente podem dispor de sua dignidade sexual.

O tipo penal em espécie diz respeito ao menor de 18 (*caput*), ou a pessoa enferma ou deficiente mental, sem capacidade de consentir. A proteção se dá, portanto, em relação ao lenocínio do vulnerável. A doutrina divide-se no sentido de entender que a submissão de vulnerável à prostituição ou à exploração sexual poderia ser considerada ato de estupro de vulnerável na modalidade de partícipe (NUCCI, 2010, p. 55), ou que a distinção entre as condutas é ampla, e quem é induzido não é aquela que pratica o ato com o vulnerável, mas sim o próprio menor (MARCÃO; GENTIL, 2011, p. 237)[200].

Convém recordar, no entanto, que já que, o escopo maior do artigo em questão é a preservação do vulnerável, poder-se-ia suscitar a seguinte dúvida: o vulnerável já em estado prostitucional pode ser vítima do citado crime? A questão é pertinente, principalmente ao se recordar a origem do tipo quanto ao problema da corrupção de menores.

Ao se imaginar que a tutela diz respeito à preservação da constituição das faculdades sexuais dos menores de 18 anos, poder-se-ia, como visto, sustentar que, se as faculdades já foram alteradas, ou se já se encontram elas constituídas, não seria de se falar em crime. O equívoco desse entendimento é duplo. Em primeiro lugar, ele implicaria a afirmação de que, não sendo presente a possibilidade de aplicação do art. 218-B, poder-se-ia, sim, aplicar o art. 217-A, pois a figura seria potencialmente enquadrável no estupro de vulnerável por participação. Outro equívoco é que se estaria a imaginar a questão apenas e tão só pela ótica do vulnerável etário, e não daquele que, por enfermidade ou deficiência mental, não tem o discernimento para a prática do ato[201].

Considerações finais

Interessante verificar que o tipo do art. 218-B do Código Penal se mostra como uma figura específica e agravada da vista no art. 228 do Código Penal, vale

---

[200] A afirmação de Marcão e Gentil é no sentido de que "não é possível concordar com a opinião de Guilherme de Souza Nucci, para quem o menor de catorze anos, quando vítima da conduta descrita no tipo, será vítima de estupro de vulnerável, delito do qual o sujeito ativo será partícipe. É que a pessoa induzida não é aquela que praticará o ato libidinoso com o menor, mas sim, o próprio menor, que, a exemplo do que foi dito acerca do crime descrito no art. 218, concorre parcialmente para o fato com a sua própria deliberação. Por isso a conduta é menos grave do que a do crime de estupro, incorrendo, se a finalidade for a prostituição da vítima, na figura do art. 218-B" (MARCÃO; GENTIL, 2011, p. 237 e s.).

[201] Verifique-se que o tipo em comento não faz referência explícita à vítima que, por qualquer outra causa, não pode oferecer resistência, ou seja, a terceira causa de vulnerabilidade mencionada nos arts. 215 e 217.

dizer, do crime de favorecimento da prostituição ou de outra forma de exploração sexual. Embora exista a possibilidade de concurso de crimes até mesmo com outras figuras do firmamento penal sexual, deve-se tomar cuidado para não incorrer em eventual *bis in idem*.

Divulgação de cena de estupro ou de cena de estupro de vulnerável, de cena de sexo ou de pornografia

Art. 218-C. Oferecer, trocar, disponibilizar, transmitir, vender ou expor à venda, distribuir, publicar ou divulgar, por qualquer meio – inclusive por meio de comunicação de massa ou sistema de informática ou telemática –, fotografia, vídeo ou outro registro audiovisual que contenha cena de estupro ou de estupro de vulnerável ou que faça apologia ou induza a sua prática, ou, sem o consentimento da vítima, cena de sexo, nudez ou pornografia:

Pena – reclusão, de 1 (um) a 5 (cinco) anos, se o fato não constitui crime mais grave.

Aumento de pena

§ 1º A pena é aumentada de 1/3 (um terço) a 2/3 (dois terços) se o crime é praticado por agente que mantém ou tenha mantido relação íntima de afeto com a vítima ou com o fim de vingança ou humilhação.

Exclusão de ilicitude

§ 2º Não há crime quando o agente pratica as condutas descritas no *caput* deste artigo em publicação de natureza jornalística, científica, cultural ou acadêmica com a adoção de recurso que impossibilite a identificação da vítima, ressalvada sua prévia autorização, caso seja maior de 18 (dezoito) anos.

Bibliografia: PRADO, Luiz Regis. *Tratado de direito penal brasileiro*. São Paulo: Forense, 2019. v. 2; SOUZA, Luciano Anderson de. *Direito penal*: parte especial. São Paulo: RT, 2019. v. 3.

Considerações iniciais

O tipo em espécie, visto no art. 218-C, trata da divulgação de cena de estupro ou de cena de estupro de vulnerável, trazidas à realidade normativa pela Lei n. 13.718/2018.

Um dos cenários que recentemente têm gerado maior debate no campo penal sexual diz respeito a questões na órbita virtual. Um primeiro ensaio dessa preocupação já fora visto na Lei Federal n. 11.829/2008, que introduziu diversas alterações na Lei Federal n. 8.069/1990, o conhecido Estatuto da Criança e do Adolescente. No entanto, o ganho de importância dos meios virtuais acabou por trazer à realidade novas preocupações, como a chamada pornografia de vingança (*revenge porn*), tão debatida em termos norte-americanos.

O tipo penal do art. 218-C, não menciona unicamente essa conduta, englobando uma série de situações outras, algumas também conhecidas, como os chamados *snuff movies*, que seriam filmes que mostram, sem efeitos especiais, mortes, torturas ou estupros reais. A nova tipologia pretende, assim, dar novo diapasão à tutela sexual dos vulneráveis.

Considerações nucleares

Trata-se de tipo penal de ação múltipla, em que são presentes vários verbos nucleares do tipo, que pode se perfazer com a presença de um único destes. Na realidade, ele se divide em modalidades distintas. Inicialmente, tem-se a ideia de oferta, troca, disponibilização, transmissão a venda ou exposição à venda, distribuição, publicação ou divulgação, por qualquer meio, de fotografia, vídeo ou outro registro audiovisual que contenha cena de estupro, de estupro de vulnerável ou que faça a apologia ou induza a sua prática, ou, sem o consentimento da vítima, cena de sexo, nudez ou pornografia.

Crime misto ou alternativo, ou de conteúdo variado, qualquer das incidências de seus núcleos verbais implica a ocorrência criminosa. O objeto de tutela, segundo alguns, mostra-se como a autodeterminação sexual do indivíduo, vilipendiada na exposição de sua intimidade. Embora seja certo que a exposição íntima da vítima deva ser evitada, é justamente a privacidade que mais se aproxima do objeto de tutela. Assim, em que pesem as faculdades sexuais sejam atacadas quando do constrangimento imposto à autodeterminação, a exposição deste acaba se mostrando como delito autônomo.

O § 1º cuida da mencionada pornografia de vingança. Existem problemas de técnica legislativa no § 1º, pois aqui não está a se falar de ato preliminarmente violento, mas, sim, de ato previamente consensual, ao depois, e por motivo de vingança ou humilhação, levada a público. Em tais casos, a pena é aumentada de 1/3 (um terço) a 2/3 (dois terços).

Por outro lado, é de ver que o § 2º estabelece a exclusão de ilicitude, mencionando que não há crime quando o agente pratica as condutas descritas no *caput*, em publicação de natureza jornalística, científica, cultural ou acadêmica, com a adoção de recurso que impossibilite a identificação da vítima, salvo a prévia autorização, caso seja maior de 18 (dezoito) anos.

CAPÍTULO III
Do rapto
Rapto violento ou mediante fraude
Art. 219. (*Revogado pela Lei Federal n. 11.106, de 2005*)

Rapto consensual

Art. 220. (*Revogado pela Lei Federal n. 11.106, de 2005*)

Diminuição de pena

Art. 221. (*Revogado pela Lei Federal n. 11.106, de 2005*)

Concurso de rapto e outro crime

Art. 222. (*Revogado pela Lei Federal n. 11.106, de 2005*)

Capítulo IV
Disposições gerais

Formas qualificadas

Art. 223. (*Revogado pela Lei Federal n. 12.015, de 2009*)

Presunção de violência

Art. 224. (*Revogado pela Lei Federal n. 12.015, de 2009*)

Ação penal

Art. 225. Nos crimes definidos nos Capítulos I e II deste Título, procede-se mediante ação penal pública incondicionada.

Parágrafo único. (*Revogado pela Lei n. 13.718, de 2018.*)

Bibliografia: BITENCOURT, Cezar Roberto. *Tratado de direito penal*. São Paulo: Saraiva, 2013. v. 4; ESTEFAM, André. *Crimes sexuais*. São Paulo: Saraiva, 2009; MARCÃO, Renato; GENTIL, Plínio. *Crimes contra a dignidade sexual*. São Paulo: Saraiva, 2011; NUCCI, Guilherme de Souza. *Crimes contra a dignidade sexual*. São Paulo: RT, 2010; PRADO, Luiz Regis. *Tratado de direito penal brasileiro*. São Paulo: RT, 2014. v. 5; SIQUEIRA, Geraldo Batista de; SIQUEIRA FILHO, Geraldo Batista de. *Ação penal nos crimes contra os costumes*. Belo Horizonte: Del Rey, 1996; SILVEIRA, Renato de Mello Jorge. *Crimes sexuais*. Bases críticas para a reforma do direito penal sexual. São Paulo: Quartier Latin, 2008; SOUZA, Luciano Anderson de. *Direito penal*: parte especial. São Paulo: RT, 2019. v. 3.

Considerações gerais

O art. 225 do Código Penal diz respeito à ação penal nos crimes contra a dignidade sexual. Note-se, aqui, que, tradicionalmente, no Brasil, tais crimes eram de ação privada, sendo isso modificado, inicialmente, pela Lei n. 12.015/2009, tornando-a pública condicionada à representação. Em 2018, houve nova modificação. De acordo com a redação do atual art. 225, modificado pela Lei Federal n. 13.718/2018, a ação penal passa a ser pública incondicionada, assumindo, assim, a lógica regente do art. 100 do Código Penal. Não remanesce, portanto, distinção específica em relação à ação penal nos crimes contra a dignidade sexual. Pode, no entanto, ser destacada alguma sorte de problemas de ultratividade da lei anterior, consoante seja o momento do crime.

Aumento de pena

Art. 226. A pena é aumentada:

I – de quarta parte, se o crime é cometido com o concurso de 2 (duas) ou mais pessoas;

II – de metade, se o agente é ascendente, padrasto ou madrasta, tio, irmão, cônjuge, companheiro, tutor, curador, preceptor ou empregador da vítima ou por qualquer outro título tiver autoridade sobre ela;

III – *(Revogado pela Lei Federal n. 11.106, de 2005)*

IV – de 1/3 (um terço) a 2/3 (dois terços), se o crime é praticado:

Estupro coletivo

a) mediante concurso de 2 (dois) ou mais agentes;

Estupro corretivo

b) para controlar o comportamento social ou sexual da vítima.

Bibliografia: BITENCOURT, Cezar Roberto. *Tratado de direito penal.* São Paulo: Saraiva, 2013. v. 4; ESTEFAM, André. *Crimes sexuais.* São Paulo: Saraiva, 2009; NUCCI, Guilherme de Souza. *Crimes contra a dignidade sexual.* São Paulo: RT, 2010; PRADO, Luiz Regis. *Tratado de direito penal brasileiro.* São Paulo: RT, 2014. v. 5; SILVEIRA, Renato de Mello Jorge. *Crimes sexuais.* Bases críticas para a reforma do direito penal sexual. São Paulo: Quartier Latin, 2008; PRADO, Luiz Regis. *Tratado de direito penal brasileiro.* São Paulo: Forense, 2019. v. 2; SOUZA, Luciano Anderson de. *Direito penal*: parte especial. São Paulo: RT, 2019. v. 3.

Considerações gerais

O art. 226 do Código Penal trata de questões específicas dos crimes contra a dignidade sexual que venham a se dar em decorrência da quantidade de agentes agressores ou, ainda, de condições especiais da relação entre agressor e vítima.

É de se ver que a Lei n. 13.718/2018 fez inserir previsões específicas de causa de aumento outras, como as relativas à presença de estupro coletivo e estupro corretivo.

Considerações nucleares

Cuida-se, aqui, de causas especiais de aumento de pena, relativas às qualidades de agente e vítima, e, após 2018, em relação às modalidades de estupro.

Considerações finais

A primeira causa, que determina o aumento da quarta parte da pena, diz respeito ao concurso de duas ou mais pessoas, ou seja, a presença de pluralidade de agentes ofensores, que, por si só, já dificultaria a possibilidade de resistência da vítima. A segunda causa, que impõe um aumento da metade, diz respeito a um esperado maior dever de proteção que os agentes ofensores deveriam ter em relação à vítima.

A partir da Lei n. 13.718/2018, também se estabeleceu aumento de 1/3 (um terço) a 2/3 (dois terços) quando se der estupro coletivo, ou seja, praticado mediante concurso de 2 (dois) ou mais agentes. Também é causa de aumento dessa ordem se ocorrer estupro corretivo, ou seja, com o escopo de controlar o comportamento social ou sexual da vítima.

A noção incremento penal pelo estupro coletivo, com o concurso de duas ou mais pessoas, justifica-se pela menor capacidade de resistência da vítima. A partir dos anos 2000, houve um aumento dessa modalidade de crime, o que gerou a necessidade de manifestação de maior sanção por parte do legislador. O mesmo de se dizer do chamado estupro corretivo. Contudo, a ideia deste, vale dizer, para controlar o comportamento sexual social ou sexual da vítima, é de difícil prova, não podendo ser vista, unicamente, como alegação subjetiva. Para seu implemento, deve haver pontual motivação de correção por parte do agressor, sob pena de banalização da previsão da figura do art. 213. Na realidade, tanto a figura do estupro coletivo como a figura do estupro corretivo necessitam de especificações próprias. Deve-se ter em conta que nem toda a presença de mais de dois agentes configura o estupro coletivo, mas, sim, a conduta em que mais de dois agentes venham a praticar condutas agressivas ativas. Do mesmo modo, nem todo estupro pode se configurar como estupro corretivo, mas unicamente aquele em que a motivação tenha se dado em função de anterior comportamento social e sexual da vítima, com fins de seu controle. Caso isso não se dê, vale dizer, não seja presente tal finalidade, o crime se mostra nos contornos do art. 213, sem a incidência das majorantes em tela.

Capítulo V
Do lenocínio e do tráfico de pessoa para fim de prostituição ou outra forma de exploração sexual

Mediação para servir a lascívia de outrem

Art. 227. Induzir alguém a satisfazer a lascívia de outrem:

Pena – reclusão, de 1 (um) a 3 (três) anos.

§ 1º Se a vítima é maior de 14 (catorze) e menor de 18 (dezoito) anos, ou se o agente é seu ascendente, descendente, cônjuge ou companheiro, irmão, tutor ou curador ou pessoa a quem esteja confiada para fins de educação, de tratamento ou de guarda:

Pena – reclusão, de 2 (dois) a 5 (cinco) anos.

§ 2º Se o crime é cometido com emprego de violência, grave ameaça ou fraude:

Pena – reclusão, de 2 (dois) a 8 (oito) anos, além da pena correspondente à violência.

§ 3º Se o crime é cometido com o fim de lucro, aplica-se também multa.

Bibliografia: ASKOLA, Heli. *Legal responses to trafficking in women for sexual exploitation in the european union.* Oxford: Hart, 2007; BITENCOURT, Cezar Roberto. *Tratado de direito penal.* São Paulo: Saraiva, 2013. v. 4; ESTEFAM, André. *Crimes sexuais.* São Paulo: Saraiva, 2009; FERRAZ, Esther de Figueiredo. *Prostituição e criminalidade feminina.* São Paulo: s. ed., 1976; GARRIDO GUZMAN, Luis. *La prostitución:* estudio jurídico y criminológico. Madrid: Edersa, 1992; GRECO, Alessandra Orcesi Pedro; RASSI, João Daniel. *Crimes contra a dignidade sexual.* São Paulo: Atlas, 2010; HUNGRIA, Nélson; LACERDA, Romão Côrtes de. *Comentários ao Código Penal.* Rio de Janeiro: Forense, 1954. v. 8; MAQUEDA ABREU, María Luisa. *Prostitución, feminismos y derecho penal.* Granada: Comares, 2009; MARCÃO, Renato; GENTIL, Plínio. *Crimes contra a dignidade sexual.* São Paulo: Saraiva, 2011; NORONHA, E. Magalhães. *Direito penal.* São Paulo: Saraiva, 1986. v. 3; NUCCI, Guilherme de Souza. *Crimes contra a dignidade sexual.* São Paulo: RT, 2010; PRADO, Luiz Regis. *Tratado de direito penal brasileiro.* São Paulo: RT, 2014. v. 5; REY MARTÍNEZ, Fernando; MATA MARTÍN, Ricardo; SERRANO ARGÜELLO, Noemí. *Prostitución y derecho.* Navarra: Aranzadi, 2004; SERRA CRISTÓBAL, Rosario (Coord.). *Prostitución y trata.* Marco jurídico y régimen de derechos. Valencia: Tirant lo Blanch, 2007; SILVEIRA, Renato de Mello Jorge. *Crimes sexuais.* Bases críticas para a reforma do direito penal sexual. São Paulo: Quartier Latin, 2008; SOUZA, Luciano Anderson de. *Direito penal*: parte especial. São Paulo: RT, 2019. v. 3; SOUZA, Rafaela Assis de. *Prostituição juvenil feminina.* A escolha, as experiências e as ambiguidades do "fazer programas". Curitiba: Juruá, 2009; VILLACAMPA ESTIARTE, Carolina (Coord.). *Prostitución:* ¿hacia la regulación? Valencia: Tirant lo Blanch, 2012.

Considerações gerais

O art. 227 do Código Penal disciplina a matéria sexual do ponto de vista, ainda que indiretamente, ligado à prostituição entre adultos. Diz a norma em comento tratar da mediação para servir a lascívia de outrem. Inaugura ela, após a reforma de 2009, o Título nomeado "Do lenocínio e do tráfico de pessoas".

Tal previsão busca tutelar, ainda que indiretamente, a dimensão da dignidade sexual, já que ninguém deve ser submetido ao vexatório ato de satisfação da lascívia alheia. No entanto, é de se ver que o tipo ainda guarda uma pecha de moralismo, já que, inegavelmente, tem-se uma proteção da moral que não aceita, aprioristicamente, situações outras de relacionamento sexual.

Considerações nucleares

O tipo penal tutela a dignidade daquele que vem a ser intermediário no contato sexual, também visto, muitas vezes, como proxeneta ou alcoviteiro. Embora seja ainda reconhecido que o comércio sexual se mostra como pouco aceito na sociedade brasileira, deve-se ter em conta a possibilidade multifária de ocorrência desse comércio.

A norma incriminadora somente faz sentido ao se imaginar uma conduta una, sem variações, na qual o comércio sexual se mostre como contrário à vontade da pessoa prostituída. Muito antes de se falar em exploração sexual, a sociedade, machista por excelência, imagina que, sempre e obrigatoriamente, a prostituição se mostrava contrária aos interesses e vontades da pessoa prostituída. Ocorre que em uma sociedade plural, isso nem sempre se mostra como verdade. Pode, sim, se ver presente situação em que a prostituição se verifique de forma livre e espontânea, até mesmo eventual, e, nesses casos, não faz sentido algum a pretensa punição do proxeneta.

Considerações finais

O tipo penal informa, em seu § 1º, que se a vítima é maior de 14 e menor de 18 anos, ou se o agente é seu ascendente, descendente, cônjuge ou companheiro, irmão, tutor ou curador ou pessoa a quem esteja confiada para fins de educação, de tratamento ou de guarda, o crime é qualificado, com pena de 2 a 5 anos. Aqui, muito embora não se trate de situação de vulnerabilidade, o legislador imaginou hipótese peculiar, na qual a suposta vítima teria menores condições de resistência à indução de satisfazer a lascívia de outrem.

Já o § 2º assevera que se o crime é cometido com emprego de violência, grave ameaça ou fraude, a situação se mostra qualificada, com pena de reclusão de 2 a 8 anos, além da correspondente à violência. Note-se que, nesses casos, não há sequer que se ponderar sobre a espontaneidade da prostituição, pois existe um vício de vontade preliminar, dado pela violência exercida na indução.

Entretanto, o mesmo não se pode dizer do § 3º, que prevê que, se o crime é cometido com o fim de lucro, aplica-se também a multa. Observe-se que dificilmente se pode imaginar uma situação de um proxeneta que assim atue sem fim de lucro. Nesse caso, faz-se bastante frequente a punição também pecuniária.

Favorecimento da prostituição ou outra forma de exploração sexual

Art. 228. Induzir ou atrair alguém à prostituição ou outra forma de exploração sexual, facilitá-la, impedir ou dificultar que alguém a abandone:

Pena – reclusão, de 2 (dois) a 5 (cinco) anos, e multa.

§ 1º Se o agente é ascendente, padrasto, madrasta, irmão, enteado, cônjuge, companheiro, tutor ou curador, preceptor ou empregador da vítima, ou se assumiu, por lei ou outra forma, obrigação de cuidado, proteção ou vigilância:

Pena – reclusão, de 3 (três) a 8 (oito) anos.

§ 2º Se o crime, é cometido com emprego de violência, grave ameaça ou fraude:

Pena – reclusão, de 4 (quatro) a 10 (dez) anos, além da pena correspondente à violência.

§ 3º Se o crime é cometido com o fim de lucro, aplica-se também multa.

Bibliografia: BITENCOURT, Cezar Roberto. *Tratado de direito penal*. São Paulo: Saraiva, 2013. v. 4; ESTEFAM, André. *Crimes sexuais*. São Paulo: Saraiva, 2009; HUNGRIA, Nélson; LACERDA, Romão Côrtes de. *Comentários ao Código Penal*. Rio de Janeiro: Forense, 1954. v. 8; MARCÃO, Renato; GENTIL, Plínio. *Crimes contra a dignidade sexual*. São Paulo: Saraiva, 2011; NORONHA, E. Magalhães. *Direito penal*. São Paulo: Saraiva, 1986. v. 3; NUCCI, Guilherme de Souza. *Crimes contra a dignidade sexual*. São Paulo: RT, 2010; PRADO, Luiz Regis. *Tratado de direito penal brasileiro*. São Paulo: RT, 2014. v. 5; REALE JÚNIOR, Miguel (Coord.). *Direito penal*: jurisprudência em debate. São Paulo: GZ, 2012. v. 3; SILVEIRA, Renato de Mello Jorge. *Crimes sexuais*. Bases críticas para a reforma do direito penal sexual. São Paulo: Quartier Latin, 2008; SOUZA, Luciano Anderson de. *Direito penal*: parte especial. São Paulo: RT, 2019. v. 3.

Considerações gerais

O art. 228 do Código Penal, também alterado pela Lei n. 12.015/2009, traz a menção à prostituição. O artigo anterior já abordava a questão do sexo vinculado a dinheiro e da exploração sexual de vulnerável, mas isso resta, aqui, bem mais claro. É mencionada, à nitidez, a situação de prostituição alheia.

Muito embora a prostituição já tenha passado pelos mais diversos tratamentos ao longo da História, é de se ver que, no Brasil, ao menos ao longo do século XX, ela nunca foi vista como crime em si. Crime pode-se dar em termos de exploração da prostituição, e apenas isso. Mesmo assim, a maior dificuldade consiste em definir exatamente o que vem a ser prostituição.

A maioria das respostas intuitivas sobre o tema acaba pecando ou por considerar que ela seria vista como prestações sexuais ou libidinosas mediante paga – o que poderia gerar a atribuição de atores e atrizes como incidentes em prostituição – ou, mais comezinhamente, quem sofre exploração sexual. Esta última colocação, em si, não ajuda na definição. Na verdade, acaba por atrapalhá-la.

Deve-se ter em mente que a dificuldade maior em relação à prostituição dá-se, em primeiro lugar, por normalmente quanto a ela ser feita uma leitura moralista, a qual prejulga situação de exploração. No entanto, essa pode não existir, uma vez que o fenômeno da prostituição é multifário, e nele pode se encontrar, entre outras, desde uma prostituição de exploração propriamente dita (na qual a limitação da autodeterminação sexual da pessoa prostituída é viciada por tolhimento de sua liberdade pessoal); uma prostituição de subsistência (na qual a limitação da autodeterminação sexual da pessoa prostituída é viciada por necessidades econômicas de sobrevivência); uma prostituição corriqueira (na qual pode ou não dar-se a limitação da autodeterminação sexual); uma prostituição de luxo (na qual pode ou não dar-se a limitação da autodeterminação sexual); uma prostituição eventual (na qual pode ou não dar-se a limitação da autodeterminação sexual).

O cuidado a se tomar, aqui, diz respeito a não se realizar, de modo simplista, uma leitura com foco em bons costumes, os quais, repita-se, não mais são o bem jurídico determinante nesses crimes. A leitura do art. 228 do Código Penal induz a esse erro, ao mencionar prostituição como uma forma de exploração sexual. Ocorre que não é toda prostituição que assim se porta. A análise do juiz deve sopesar o caso concreto para, somente então, identificar se existe ou não a identificação da prostituição como exploração sexual.

Leituras mais positivistas poderiam dizer que, com isso, está a se pretender uma leitura para além da norma legal, o que não é verdade. A leitura teleológica que deve ser empreendida é mais do que necessária, visando-se, com ela, à ideal ponderação do magistrado. Tenha-se, pois, em mente que a prostituição não representa necessariamente uma agressão à dignidade sexual alheia por duas razões. Em primeiro lugar, porque não se tem, invariavelmente, uma definição ideal quanto à prostituição. Em segundo lugar, porque podem existir situações em que a prostituição se confunde com a exploração sexual, entretanto existem, também, situações em que isso não ocorre. Tanto isso é verdade que em termos mundiais, e também em termos nacionais, já se discute sobre os direitos a serem garantidos às prostitutas, formatando-se o que se pode chamar de Direito Prostitucional. Sob essa ótica, deve-se ter em mente que nem sempre a alegação do fenômeno ou a presença de vítima prostituta implica crime, sendo necessário avaliar todo um conjunto probatório.

Considerações nucleares

O crime do art. 228 do Código Penal diz respeito a uma figura bastante vinculada à do art. 227. Enquanto este é visto como lenocínio, aquele pode ser visto como lenocínio acessório. Faz-se evidente menção à prostituição ou outra forma de exploração sexual.

A reforma de 2009 ampliou o tipo penal, mencionando, hoje, ser crime o fato de induzir ou atrair alguém à prostituição ou a outra forma de exploração sexual, facilitá-la e impedir ou dificultar seu abandono. A grande distinção vista com o art. 227 diz, pois, respeito à menção explícita dos termos prostituição ou outra forma de exploração sexual.

Como se viu, não se devem confundir os termos. Pode até haver uma modalidade de prostituição que se pareça com exploração sexual, mas não necessariamente todas as formas existentes dizem respeito ao mesmo fenômeno.

De todo modo, tem-se que, necessariamente, havendo a exploração sexual (mais restrita questão a ser levada em conta), aquele que induz ou atrai alguém a ela, ou facilita, impede ou dificulta o seu abandono, incorre em pena de reclusão de 2 a 5 anos, e multa.

Considerações finais

Conforme o § 1º, caso exista relação de ascendência, se o agente for padrasto, madrasta, irmão, enteado, cônjuge, companheiro, tutor ou curador, preceptor ou empregador da vítima, ou se assumiu por lei ou outra forma, obrigação de cuidado, proteção ou vigilância, tem-se crime qualificado, com penas de reclusão de 3 a 8 anos.

Diz o § 2º que, se o crime é cometido com emprego de violência, grave ameaça ou fraude, a pena é de reclusão, de 4 a 10 anos, além da correspondente à violência, sendo similar à sanção cominada para o crime de estupro (art. 213).

O § 3º assevera que, se o crime é cometido com o fim de lucro, aplica-se também a multa. Note-se que dificilmente se pode imaginar uma situação de um proxeneta que assim atue sem fim de lucro. Nesse caso, faz-se bastante frequente a punição também pecuniária.

Casa de prostituição

Art. 229. Manter, por conta própria ou de terceiro, estabelecimento em que ocorra exploração sexual, haja, ou não, intuito de lucro ou mediação direta do proprietário ou gerente:

Pena – reclusão, de 2 (dois) a 5 (cinco) anos, e multa.

Bibliografia: BITENCOURT, Cezar Roberto. *Tratado de direito penal*. São Paulo: Saraiva, 2013. v. 4; ESTEFAM, André. *Crimes sexuais*. São Paulo: Saraiva, 2009; GRECO, Alessandra Orcesi Pedro; RASSI, João Daniel. *Crimes contra a dignidade sexual*. São Paulo: Atlas, 2010; GRECO, Luís. Casa de prostituição (art. 228 do CP) e direito penal liberal: reflexões por ocasião do recente julgado do STF (HC 104.467).

Revista Brasileira de Ciências Criminais, n. 92, 2011; HUNGRIA, Nélson; LACERDA, Romão Côrtes de. *Comentários ao Código Penal*. Rio de Janeiro: Forense, 1954. v. 8; NORONHA, E. Magalhães. *Direito penal*. São Paulo: Saraiva, 1986. v. 3; NUCCI, Guilherme de Souza. *Crimes contra a dignidade sexual*. São Paulo: RT, 2010; NUCCI, Guilherme de Souza. *Prostituição, lenocínio e tráfico de pessoas*. Rio de Janeiro: Forense, 2015; PRADO, Luiz Regis. *Tratado de direito penal brasileiro*. São Paulo: RT, 2014. v. 5; REALE JÚNIOR, Miguel (Coord.). *Direito penal:* jurisprudência em debate. São Paulo: GZ, 2012. v. 3; SILVEIRA, Renato de Mello Jorge. *Crimes sexuais.* Bases críticas para a reforma do direito penal sexual. São Paulo: Quartier Latin, 2008; SOCIETÀ DES NATIONS. *Comité de la traite des femmes et des enfants*. L'abolition des mansons de tolérance. Geneve, 1934; SOUZA, Luciano Anderson de. *Direito penal*: parte especial. São Paulo: RT, 2019. v. 3.

Considerações gerais

O tipo penal do art. 229 do Código Penal mostra-se, hoje, como uma das situações mais aberrantes da norma codificada. Na realidade, ele teve sua redação alterada pela Lei n. 12.015/2009, sem, entretanto, uma devida alteração em seu *nomen juris* ou em seu real conceito.

Na revogada redação, tinha-se como crime o fato de "manter, por conta própria ou de terceiro, casa de prostituição ou lugar destinado a encontros para fim libidinoso, haja ou não intuito de lucro ou mediação direta do proprietário ou gerente". O que se verificou foi a alteração da elementar do tipo, substituindo-se "casa de prostituição, ou lugar destinado a encontros para fim libidinoso", por "estabelecimento onde ocorra exploração sexual". Obviamente, houve esquecimento do legislador quanto ao cerne do tipo. Mas não é esse o principal problema.

Se, com a reforma, de um lado, resolveu-se o problema aparente de criminalizações de motéis, casa de *swing* ou mesmo casas noturnas – onde, eventualmente, pudesse haver encontros para fim libidinoso –, gerou-se um problema muito maior, qual seja, o de definir, agora, o que venha a ser "exploração sexual".

Como se viu anteriormente, o grande problema do tratamento penal da prostituição se resume, *grosso modo*, na própria definição do que venha a ser considerado como prostituição. Ela se mostra de forma variada, cabendo desde uma prostituição exploratória ou de subsistência até uma prostituição de luxo. Cabe saber aqui o que reprimir, tomando todas as cautelas para não se pretender criar um tratamento diferenciado entre locais conforme a categoria de clientes que os frequentam. A distinção há de se dar vinculada à situação das potenciais vítimas, apenas isso.

Considerações nucleares

O crime do art. 229 do Código Penal diz respeito a manter, por conta própria ou de terceiro, estabelecimento em que ocorra exploração sexual, haja, ou não, intuito de lucro ou mediação direta do proprietário ou gerente, estipulando, para tanto, penas severas de dois a cinco anos, e multa.

Normalmente, afirma-se que o bem jurídico é a dignidade sexual da pessoa prostituída, que não se deve deixar ser explorada. Aqui, há a primeira falha de interpretação, uma vez que se imagina uma única modalidade de prostituição, a qual se deveria confundir com a exploração. Nem sempre assim o é.

A prostituição pode se dar de diferentes formas; ela pode ser de subsistência ou de exploração (na qual a pessoa prostituída, até mesmo por fragilidade, não se encontra naquela posição livremente), eventual, de luxo ou esporádica. Tirando a primeira incidência, resta claro que as demais não poderiam se confundir com o fenômeno de exploração. Assim, deve-se ter em mente que, ao equiparar prostituição e exploração sexual, o legislador apenas pretendeu fazer referência à prostituição de exploração.

O sujeito ativo, por outro lado, é quem mantém a casa, podendo haver coautoria com o proprietário ou gerente, enquanto o sujeito passivo é necessariamente a pessoa prostituída. Todas essas elementares, no entanto, dependem da configuração do que quer que se tenha por prostituição e exploração sexual.

Existem, todavia, imensas dúvidas sobre como, de fato, se deve aperfeiçoar o crime. Em um outro momento, o tipo penal da casa de prostituição tinha por objeto a defesa da moral, inserindo-se nos crimes contra os bons costumes. Hoje, no entanto, isso se dá de forma diversa. A proteção, desde a Lei n. 12.015/2009, nitidamente se dá em face da dignidade sexual.

Poder-se-ia, aqui, indagar o que vem a ser essa dignidade, e se ela pode ser lida em função dos bons costumes, em abstrato. Aparentemente, a resposta deveria ser negativa. Fundamental é, sim, observar a dignidade diante da possibilidade de autodeterminação sexual de um indivíduo. Como não existe uma definição una de prostituição, somente se poderá imaginar como crime quando esta se dê em violação à liberdade de autodeterminação do indivíduo prostituído, não mais.

Com isso não se legitima a prostituição, apenas se diz que a noção de exploração somente se perfaz quando se verifica uma agressão a essa liberdade, o que impõe ao intérprete uma responsabilidade bastante grande em relação à interpretação do caso em concreto.

Considerações finais

Interessante observar que existe forte jurisprudência no sentido de afirmar que estabelecimentos hoteleiros, mesmo os de alta rotatividade, uma vez regulamentados e licenciados, não constituem casa de prostituição (GRECO; RASSI, 2010, p. 160). Da mesma forma, afirma-se que, não raro, existe uma tolerância social a tais estabelecimentos, sendo de ponderar se não poderia haver o afastamento típico pela adequação social.

Rufianismo

Art. 230. Tirar proveito da prostituição alheia, participando diretamente de seus lucros ou fazendo-se sustentar, no todo ou em parte, por quem a exerça:

Pena – reclusão, de 1 (um) a 4 (quatro) anos, e multa.

§ 1º Se a vítima é menor de 18 (dezoito) e maior de 14 (catorze) anos ou se o crime é cometido por ascendente, padrasto, madrasta, irmão, enteado, cônjuge, companheiro, tutor ou curador, preceptor ou empregador da vítima, ou por quem assumiu, por lei ou outra forma, obrigação de cuidado, proteção ou vigilância:

Pena – reclusão, de 3 (três) a 6 (seis) anos, e multa.

§ 2º Se o crime é cometido mediante violência, grave ameaça, fraude ou outro meio que impeça ou dificulte a livre manifestação da vontade da vítima:

Pena – reclusão, de 2 (dois) a 8 (oito) anos, sem prejuízo da pena correspondente à violência.

Bibliografia: BITENCOURT, Cezar Roberto. *Tratado de direito penal*. São Paulo: Saraiva, 2013. v. 4; ESTEFAM, André. *Crimes sexuais*. São Paulo: Saraiva, 2009; HUNGRIA, Nélson; LACERDA, Romão Côrtes de. *Comentários ao Código Penal*. Rio de Janeiro: Forense, 1954. v. 8; NORONHA, E. Magalhães. *Direito penal*. São Paulo: Saraiva, 1986. v. 3; PRADO, Luiz Regis. *Tratado de direito penal brasileiro*. São Paulo: RT, 2014. v. 5; REALE JÚNIOR, Miguel (Coord.). *Direito penal:* jurisprudência em debate. São Paulo: GZ, 2012. v. 3; SILVEIRA, Renato de Mello Jorge. *Crimes sexuais*. Bases críticas para a reforma do direito penal sexual. São Paulo: Quartier Latin, 2008; SOUZA, Luciano Anderson de. *Direito penal*: parte especial. São Paulo: RT, 2019. v. 3.

Considerações gerais

O crime do art. 230 do Código Penal consiste em mais uma forma de tratamento penal periférico do fenômeno da prostituição. Mesmo submetido à reforma pela Lei n. 12.015/2009, sua redação ainda peca por diversas imperfeições.

Na verdade, tem-se, aqui, um evidente exemplo de tipo penal que merece a interpretação teleológica do juiz, visto que, se assim não for, haveria de se pretender punir – ainda que a título de ato infracional – o filho da prostituta que se faz sustentar pelo trabalho de sua mãe. Obviamente, não é esse o propósito da lei, mas a leitura cega da norma positivada poderia levar a esses equívocos.

Considerações nucleares

O tipo penal do rufianismo dispõe de uma conduta central, localizada no art. 230, *caput*, do Código Penal, e de duas outras situações respectivamente apostas nos subsequentes parágrafos.

Previsão central

O *caput* do artigo entende como crime tirar proveito da prostituição alheia, participando diretamente de seus lucros ou se fazendo sustentar, no todo ou em parte, por quem a exerça, estipulando, para tanto, penas de reclusão, de um a quatro anos, e multa.

Considerações finais

Crime qualificado em razão da condição dos sujeitos

Além das previsões centrais, tem-se que é crime qualificado o fato de tirar proveito da prostituição alheia se a vítima for menor de 18 (dezoito) e maior de 14 (catorze) anos ou se o crime for cometido por ascendente, padrasto, madrasta, irmão, enteado, cônjuge, companheiro, tutor ou curador, preceptor ou empregador da vítima, ou por quem assumiu, por lei ou outra forma, obrigação de cuidado, proteção ou vigilância. Nesses casos, a pena é de reclusão, de 3 (três) a 6 (seis) anos, e multa.

Crime qualificado em razão do tolhimento da vontade

Conforme o art. 230, § 2º, do Código Penal, também é considerado crime qualificado o fato de se tirar proveito da prostituição alheia, ou de qualquer forma de exploração sexual, se é cometido mediante violência, grave ameaça, fraude ou outro meio que impeça ou dificulte a livre manifestação da vontade da vítima, havendo, para tanto, a previsão de pena de reclusão, de 2 (dois) a 8 (oito) anos, sem prejuízo da sanção correspondente à violência.

Tráfico internacional de pessoa para fim de exploração sexual

Art. 231. *(Revogado pela Lei Federal n. 13.344, de 2016)*

Tráfico interno de pessoa para fim de exploração sexual

Art. 231-A. *(Revogado pela Lei Federal n. 13.344, de 2016)*

Art. 232. *(Revogado pela Lei Federal n. 12.015, de 2009)*

Promoção de migração ilegal

Art. 232-A. Promover, por qualquer meio, com o fim de obter vantagem econômica, a entrada ilegal de estrangeiro em território nacional ou de brasileiro em país estrangeiro:

Pena – reclusão, de 2 (dois) a 5 (cinco) anos, e multa.

§ 1º Na mesma pena incorre quem promover, por qualquer meio, com o fim de obter vantagem econômica, a saída de estrangeiro do território nacional para ingressar ilegalmente em país estrangeiro.

§ 2º A pena é aumentada de 1/6 (um sexto) a 1/3 (um terço) se:

I – o crime é cometido com violência; ou

II – a vítima é submetida a condição desumana ou degradante.

§ 3º A pena prevista para o crime será aplicada sem prejuízo das correspondentes às infrações conexas.

Bibliografia: PRADO, Luiz Regis. *Tratado de direito penal brasileiro*. São Paulo: Forense, 2019. v. 2; SOUZA, Luciano Anderson de. *Direito penal*: parte especial. São Paulo: RT, 2019. v. 3.

Considerações gerais

O crime de promoção de migração ilegal foi inserido no Código Penal a partir da Lei n. 13.445/2017, a chamada Lei de Migração. Trata-se de uma mudança equivocada em termos de técnica legislativa, pois acaba por ser alocada próxima ao que originalmente se tinha por tráfico internacional de pessoas e, ao depois, por tráfico internacional de pessoas para fim de exploração sexual. O fato de antes se mostrar previsto crime de promoção de entrada ou saída de pessoa no território nacional foi o aparente motivo para a posposição do novel delito neste quadrante. Ocorre que isso se dava em razão do fato de que, antes, o vínculo era o exercício prostitucional. Agora não mais.

Considerações nucleares

O crime em comento é pluriofensivo, visando tanto ao interesse do Estado em regular a entrada e a saída do território nacional de estrangeiros e brasileiros como à liberdade e à integridade do próprio migrante. Ele se desdobra em condutas distintas, objetivando a contenção de migração ilegal. Esta a elementar a ser tida em conta, pois se não fora ilegal a entrada ou a saída do território nacional, a conduta não deveria se mostrar reprovada.

Tanto assim o é que o § 1º menciona que incorre na mesma pena quem promover, por qualquer meio, com o mesmo fim de vantagem econômica, a saída de estrangeiro do território nacional para ingressar ilegalmente em país estrangeiro.

As causas de aumento de pena previstas no § 2º, de 1/6 (um sexto) a 1/3 (um terço), se fundamentam caso tenha se verificado a ocorrência de violência ou se a vítima seja submetida a condição desumana ou degradante.

Já o § 3º estabelece que a pena será aplicada sem prejuízo das correspondentes às infrações conexas.

Capítulo VI
Do ultraje público ao pudor

Ato obsceno

Art. 233. Praticar ato obsceno em lugar público, ou aberto ou exposto ao público:

Pena – detenção, de 3 (três) meses a 1 (um) ano, ou multa.

Bibliografia: BITENCOURT, Cezar Roberto. *Tratado de direito penal*. São Paulo: Saraiva, 2013. v. 4; ESTEFAM, André. *Crimes sexuais*. São Paulo: Saraiva, 2009; GRECO, Alessandra Orcesi Pedro; RASSI, João Daniel. *Crimes contra a dignidade sexual*. São Paulo: Atlas, 2010; MARCÃO, Renato; GENTIL, Plínio. *Crimes contra a dignidade sexual*. São Paulo: Saraiva, 2011; PRADO, Luiz Regis. *Tratado de direito penal brasileiro*. São Paulo: RT, 2014. v. 5; SILVEIRA, Renato de Mello Jorge. *Crimes sexuais*. Bases críticas para a reforma do direito penal sexual. São Paulo: Quartier Latin, 2008; SOUZA, Luciano Anderson de. *Direito penal*: parte especial. São Paulo: RT, 2019. v. 3.

Considerações gerais

O crime do art. 233 do Código Penal, conhecido como ato obsceno, trata-se de uma infração policial na sua essência. Ao pretender uma proteção acerca da moralidade pública, ou mesmo do pudor público, verifica-se uma real dificuldade de legitimidade do tipo penal em questão, uma vez que tais elementos, de caráter absolutamente subjetivo, mostram-se por demais variáveis.

Considerações nucleares

A ação incriminada diz respeito à prática de ato que ofenda ao pudor público, ou seja, ao sentimento comum vigente no seio social (BITENCOURT, 2013, p. 205). A ideia de obscenidade tem, aqui, estrita ligação com a consideração de sexualidade, não se confundido com outras considerações, como a verbal, que poderia implicar crime contra a honra.

É necessário que o ato se dê em local público. Casos clássicos seriam, assim, a apresentação pública de pessoas oferecendo serviços de prostituição feminina, masculina ou de travestis, desde que em estado de nudez. Também a masturbação ou o ato de urinar em local público podem configurar o crime.

Considerações finais

Interessante notar, contudo, que algumas práticas que, a olhos moralistas, são consideradas criminosas podem também se mostrar atípicas dado o entorno em que ocorram. Seria, pois, o caso de aplicação do princípio da adequação social a casos específicos. Não se trata de entender uma despenalização de determinadas condutas, mas, apenas, de entender que determinados atos não se mostram como crime dada a modificação pontual da consideração social do que quer que se entenda como reprovável. Um caso emblemático dessa situação seria a prática de *topless* em determinadas praias, ou, mesmo, a aceitação da prática de nudismo em praias naturalistas.

Escrito ou objeto obsceno

Art. 234. Fazer, importar, exportar, adquirir ou ter sob sua guarda, para fim de comércio, de distribuição ou de exposição pública, escrito, desenho, pintura, estampa ou qualquer objeto obsceno:

Pena – detenção, de 6 (seis) meses a 2 (dois) anos, ou multa.

Parágrafo único. Incorre na mesma pena quem:

I – vende, distribui ou expõe à venda ou ao público qualquer dos objetos referidos neste artigo;

II – realiza, em lugar público ou acessível ao público, representação teatral, ou exibição cinematográfica de caráter obsceno, ou qualquer outro espetáculo, que tenha o mesmo caráter;

III – realiza, em lugar público ou acessível ao público, ou pelo rádio, audição ou recitação de caráter obsceno.

Bibliografia: BITENCOURT, Cezar Roberto. *Tratado de direito penal*. São Paulo: Saraiva, 2013. v. 4; ESTEFAM, André. *Crimes sexuais*. São Paulo: Saraiva, 2009; GRECO, Alessandra Orcesi Pedro; RASSI, João Daniel. *Crimes contra a dignidade sexual*. São Paulo: Atlas, 2010; MARCÃO, Renato; GENTIL, Plínio. *Crimes contra a dignidade sexual*. São Paulo: Saraiva, 2011; NUCCI, Guilherme de Souza. *Crimes contra a dignidade sexual*. São Paulo: RT, 2010; PRADO, Luiz Regis. *Tratado de direito penal brasileiro*. São Paulo: RT, 2014. v. 5; SILVEIRA, Renato de Mello Jorge. *Crimes sexuais*. Bases críticas para a reforma do direito penal sexual. São Paulo: Quartier Latin, 2008; SOUZA, Luciano Anderson de. *Direito penal*: parte especial. São Paulo: RT, 2019. v. 3.

Considerações gerais

Trata-se de um crime que exprime a realidade do momento de sua construção, vale dizer, os anos 1940. Muitos autores, como Bitencourt, sustentam a desnecessidade de sua manutenção no horizonte legislativo atual[202]. Pretensamente tutelando a moralidade pública ou, mesmo, o pudor público, em especial no que se refere ao aspecto sexual, o tipo penal se mostra em dissintonia com a suposta tutela da dignidade sexual. Esta não necessariamente se vê ofendida com escritos ou objetos obscenos, até mesmo porque fica bastante difícil, em uma sociedade plural como a atual, determinar-se o que quer que venha a ser obsceno.

---

[202] Afirma Bitencourt que, "a nosso juízo, essa superada infração penal devia, de há muito, ter sido extirpada do direito positivo brasileiro, especialmente a partir da vigência da Constituição Federal de 1988, que tenta eliminar toda a forma de censura às atividades artísticas e culturais" (2013, p. 207).

Considerações nucleares

Pretende-se a defesa de um Direito Penal que estabeleça proibições em relação ao que se entende por obsceno. Ocorre que esse conceito se mostra muito abstrato, não cabendo, a olhos penais atuais, semelhante sorte de tutela. Justamente por essa razão, chega-se a mencionar a não aplicação do tipo em função da adequação social.

Considerações finais

De todo modo, ainda existem autores a sustentar a validade de manutenção típica. É o caso de Regis Prado, o qual defende a criminalização, ainda que a título de conteúdo múltiplo, do que se poderia entender por escrito ou objeto obsceno (PRADO, 2014, p. 573 e s.). Tenha-se claro, no entanto, que se deve cuidar para não efetivar a confusão entre a presente norma e a norma especial, contida no Estatuto da Criança e do Adolescente (Lei n. 8.069/90):

> "Art. 240. Produzir, reproduzir, dirigir, fotografar, filmar ou registrar, por qualquer meio, cena de sexo explícito ou pornográfica, envolvendo criança ou adolescente:
>
> Pena – reclusão, de 4 (quatro) a 8 (oito) anos, e multa.
>
> § 1º Incorre nas mesmas penas quem agencia, facilita, recruta, coage, ou de qualquer modo intermedeia a participação de criança ou adolescente nas cenas referidas no *caput* deste artigo, ou ainda quem com esses contracena.
>
> § 2º Aumenta-se a pena de 1/3 (um terço) se o agente comete o crime:
>
> I – no exercício de cargo ou função pública ou a pretexto de exercê-la;
>
> II – prevalecendo-se de relações domésticas, de coabitação ou de hospitalidade; ou
>
> III – prevalecendo-se de relações de parentesco consanguíneo ou afim até o terceiro grau, ou por adoção, de tutor, curador, preceptor, empregador da vítima ou de quem, a qualquer outro título, tenha autoridade sobre ela, ou com seu consentimento.
>
> Art. 241. Vender ou expor à venda fotografia, vídeo ou outro registro que contenha cena de sexo explícito ou pornográfica envolvendo criança ou adolescente:
>
> Pena – reclusão, de 4 (quatro) a 8 (oito) anos, e multa.
>
> Art. 241-A. Oferecer, trocar, disponibilizar, transmitir, distribuir, publicar ou divulgar por qualquer meio, inclusive por meio de sistema de informática ou telemático, fotografia, vídeo ou outro registro que contenha cena de sexo explícito ou pornográfica envolvendo criança ou adolescente:

Pena – reclusão, de 3 (três) a 6 (seis) anos, e multa.

§ 1º Nas mesmas penas incorre quem:

I – assegura os meios ou serviços para o armazenamento das fotografias, cenas ou imagens de que trata o *caput* deste artigo;

II – assegura, por qualquer meio, o acesso por rede de computadores às fotografias, cenas ou imagens de que trata o *caput* deste artigo.

§ 2º As condutas tipificadas nos incisos I e II do § 1º deste artigo são puníveis quando o responsável legal pela prestação do serviço, oficialmente notificado, deixa de desabilitar o acesso ao conteúdo ilícito de que trata o *caput* deste artigo.

Art. 241-B. Adquirir, possuir ou armazenar, por qualquer meio, fotografia, vídeo ou outra forma de registro que contenha cena de sexo explícito ou pornográfica envolvendo criança ou adolescente:

Pena – reclusão, de 1 (um) a 4 (quatro) anos, e multa.

§ 1º A pena é diminuída de 1 (um) a 2/3 (dois terços) se de pequena quantidade o material a que se refere o *caput* deste artigo.

§ 2º Não há crime se a posse ou o armazenamento tem a finalidade de comunicar às autoridades competentes a ocorrência das condutas descritas nos arts. 240, 241, 241-A e 241-C desta Lei, quando a comunicação for feita por:

I – agente público no exercício de suas funções;

II – membro de entidade, legalmente constituída, que inclua, entre suas finalidades institucionais, o recebimento, o processamento e o encaminhamento de notícia dos crimes referidos neste parágrafo;

III – representante legal e funcionários responsáveis de provedor de acesso ou serviço prestado por meio de rede de computadores, até o recebimento do material relativo à notícia feita à autoridade policial, ao Ministério Público ou ao Poder Judiciário.

§ 3º As pessoas referidas no § 2º deste artigo deverão manter sob sigilo o material ilícito referido."

Capítulo VII
Disposições gerais

Aumento de pena

Art. 234-A. Nos crimes previstos neste Título a pena é aumentada:

I – (*Vetado*)

II – (*Vetado*)

III – de metade a 2/3 (dois terços), se do crime resulta gravidez;

IV – de 1/3 (um terço) a 2/3 (dois terços), se o agente transmite à vítima doença sexualmente transmissível de que sabe ou deveria saber ser portador, ou se a vítima é idosa ou pessoa com deficiência.

Bibliografia: BITENCOURT, Cezar Roberto. *Tratado de direito penal*. São Paulo: Saraiva, 2013. v. 4; ESTEFAM, André. *Crimes sexuais*. São Paulo: Saraiva, 2009; GRECO, Alessandra Orcesi Pedro; RASSI, João Daniel. *Crimes contra a dignidade sexual*. São Paulo: Atlas, 2010; MARCÃO, Renato; GENTIL, Plínio. *Crimes contra a dignidade sexual*. São Paulo: Saraiva, 2011; PRADO, Luiz Regis. *Tratado de direito penal brasileiro*. São Paulo: RT, 2014. v. 5; PRADO, Luiz Regis. *Tratado de direito penal brasileiro*. São Paulo: Forense, 2019. v. 2; SILVEIRA, Renato de Mello Jorge. *Crimes sexuais*. Bases críticas para a reforma do direito penal sexual. São Paulo: Quartier Latin, 2008; SOUZA, Luciano Anderson de. *Direito penal*: parte especial. São Paulo: RT, 2019. v. 3.

Considerações gerais

Trata-se de circunstâncias especiais de aumento de pena e que estabelecem o segredo de justiça ao trâmite processual.

Convém distinguir a situação elencada no art. 234-A, inciso IV, acerca do aumento de pena da metade, se do crime resulta gravidez, ou de um sexto até a metade, se o agente transmite à vítima doença sexualmente transmissível de que sabe ou deveria saber ser portador. Observe-se, aqui, a similaridade às previsões do art. 130 e 131, ambos do Código Penal. Lá, tem-se disposição penal relativa a crimes de perigo de contágio venéreo. Note-se que, muito embora não exista uma justaposição completa entre as noções de doença venérea e doença sexualmente transmissível, pode-se fazer eventual paralelo. Aqui, tem-se situação de efetivo dano, resultante da efetiva transmissão de doença sexualmente transmissível.

Considerações nucleares

O contato sexual não desejado já é algo bastante grave. Se, além dele, também se verificar a existência de um contágio de doença sexualmente transmissível, a pena deve ser aumentada na proporção estipulada pelo legislador.

Anteriormente, a possibilidade do resultado gravidez até justificava a distinção de sanções entre os tipos originais relativos aos crimes de estupro (art. 213) e atentado violento ao pudor (art. 214). Hoje, mesmo com a unificação dos tipos na atual figura do estupro, ainda é de se ver a preocupação da lei penal em relação à gravidez resultante do crime sexual. Por um lado, não se pune o aborto nesses casos (art. 128, I), e, por outro, se estabelece causa de aumento de pena quando de sua ocorrência.

Considerações finais

De toda a forma, com o advento da Lei Federal n. 13.718/2018, estipulou-se uma causa de aumento de pena da metade até 2/3 (dois terços) se do crime resulta gravidez. Nesse mesmo passo, estabeleceu causa de aumento de pena de 1/3 (um terço) a 2/3 (dois terços) se o agente transmite à vítima doença sexualmente transmissível de que sabe ou deveria saber ser portador, ou se a vítima é idosa ou pessoa com deficiência. Em outras palavras, tem-se presentes as noções de dolo direto ou de dolo eventual em relação à conduta de assunção do risco de transmissão de doença.

> **Art. 234-B.** Os processos em que se apuram crimes definidos neste Título correrão em segredo de justiça.

Considerações gerais

Ainda no interesse da vítima, a legislação também prevê que o processo deve, sempre, correr em segredo de justiça, evitando-se, assim, uma exposição indevida do sujeito passivo.

Considerações nucleares

O sujeito passivo, além do trauma sofrido, não pode, de modo algum, se ver novamente vitimado mediante uma divulgação de todo o processo penal.

Considerações finais

A possibilidade é legitimada pela própria Constituição Federal, em seu art. 5º, LX, o qual permite uma restrição à publicidade dos atos processuais quando em defesa da intimidade e do interesse social.

> **Art. 234-C.** (*Vetado*)

TÍTULO VII
DOS CRIMES CONTRA A FAMÍLIA

Introdução

O Código Penal brasileiro a partir do art. 235, estendendo-se até o art. 249, trata de condutas que atentam contra os interesses da família. Esse bem da vida encontra-se consagrado no texto constitucional no seu art. 226, e é uma das bases mais tradicionais de sustentação do Estado. *In verbis:* "A família, base da sociedade, tem especial proteção do Estado". Sendo assim, restou obrigado o Estado a conferir proteção especial às famílias, fundado, para tanto, no princípio da dignidade humana e no fato de ela constituir a principal célula do organismo social.

Leciona Rosenvald em sua obra *Curso de direito civil* (2013, p. 47): "a proteção ao núcleo familiar tem como ponto de partida e de chegada a tutela da própria pessoa humana, sendo descabida (e inconstitucional!) toda e qualquer forma de violação da dignidade do homem, sob o pretexto de garantir proteção à família. Superam-se, em caráter definitivo, os lastimáveis argumentos históricos de que a tutela da lei se justifica pelo interesse da família, como se houvesse uma proteção para o núcleo familiar em si mesmo. O espaço da família, na ordem jurídica, se justifica como um núcleo privilegiado para o desenvolvimento da pessoa humana".

No campo civil, o Direito de Família cuida das relações de cunho pessoal e patrimonial entre pessoas ligadas pelo casamento, pela união estável e pelo parentesco, somando-se ainda os institutos assistenciais da curatela e da tutela.

Ainda, o termo "família" pode ser compreendido em diversos âmbitos e cenários políticos e culturais, dentre os quais, num sentido amplo, seria o grupo de pessoas ligadas por vínculos de descendência ou de uma mesma origem sanguínea, abrangendo, também, pessoas ligadas a esses descendentes pelo instituto do casamento e da afinidade. Em sentido estrito, a família é o grupo ou comunidade composto por cônjuges, companheiros e pelos filhos destes.

No âmbito do Direito Penal, buscou o legislador proteger a organização da família, e a partir disso enumerou as condutas suscetíveis de alcançar e lesionar o instituto do casamento, as fontes probatórias do estado de filiação, a garantia da subsistência e o amparo material e moral de seus membros.

Capítulo I
Dos crimes contra o casamento

Bigamia

Art. 235. Contrair alguém, sendo casado, novo casamento:

Pena – reclusão de 2 (dois) a 6 (seis) anos.

§ 1º Aquele que, não sendo casado, contrai casamento com pessoa casada, conhecendo essa circunstância, é punido com reclusão ou detenção, de 1 (um) a 3 (três) anos.

§ 2º Anulado por qualquer motivo o primeiro casamento, ou o outro por motivo que não a bigamia, considera-se inexistente o crime.

Bibliografia: ALVARADO, Yesid Reyes. *Imputación objetiva*. Santa Fé de Bogotá: Temis, 1996; CHAVES DE FARIA, Cristiano e ROSENVALD, Nelson. *Curso de direito civil 6*. 5. ed. Salvador: JusPodivm, 2013; CNJ. Conselho Nacional de Justiça.

Resolução 175. Disponível em: http://www.cnj.jus.br/images/imprensa/resolução_n_175.pdf. Acesso em: 28 abr. 2015; DELMANTO, Celso et al. *Código Penal comentado*. 5. ed. Rio de Janeiro: Renovar, 2000; DIAS, Maria Berenice. *Manual de direito das famílias*. 4. ed. São Paulo: RT, 2007; ESTEFAM, André. *Direito penal 3*: parte especial. São Paulo: Saraiva, 2011; GAMA, Guilherme Calmon Nogueira. *A família no direito penal*. Rio de Janeiro-São Paulo: Renovar, 2000; GRECO, Rogério. *Curso de direito penal*: parte especial. 11. ed. Niterói: Impetus, 2014. v. III; HUNGRIA, Nélson. *Comentários ao Código Penal*. 4. ed. Rio de Janeiro: Forense, 1959. v. VIII; MACHADO, Fábio Guedes de Paula, MOURA, Bruno de Oliveira e MIRANDA, Wesley. A (re)normatização do direito penal frente aos direitos difusos. *Revista Brasileira de Ciências Criminais*, São Paulo: RT, n. 70, jan./fev. 2008; MACHADO, Fábio Guedes de Paula. *Culpabilidade no direito penal*. São Paulo: Quartier Latin, 2009; MACHADO, Fábio Guedes de Paula. A tentativa no dolo eventual. *Direito penal na pós-modernidade. Escritos em homenagem a Antonio Luis Chaves Camargo*. São Paulo: Quartier Latin, 2015; NORONHA, E. Magalhães. *Direito penal*. 22. ed. atualizada por Adalberto José Q. T. de Camargo Aranha. São Paulo: Saraiva, 1995. v. 3; NUCCI, Guilherme de Souza. *Código Penal comentado*. 12. ed. São Paulo: RT, 2012; NUCCI, Guilherme de Souza. *Código Penal comentado*. 14. ed. Rio de Janeiro: Forense, 2014; PORCIÚNCULA, José Carlos. *Lo objetivo y lo subjetivo en el tipo penal. Hacia la "exteriorización de lo interno"*. Barcelona: Atelier, 2014; PRADO, Luiz Régis. *Curso de direito penal brasileiro*. 11. ed. São Paulo: RT, 2011. v. 1; PRADO, Luiz Regis. *Curso de direito penal brasileiro:* 11. ed. São Paulo: RT, 2013. v. 2; PUPPE, Ingeborg. Der Vorstellunginhalt des dolus eventuais. *Zeitschrift für die gesamte Strafrechtwissenschaft*, n. 103, 1991; RAGUES I VALLES, Ramon. *El dolo y su prueba en el proceso penal*. Barcelona: Bosch, 1999; RUEDA MARTÍN, María Ángeles. *La teoría de la imputación objetiva del resultado en el delito doloso de acción*: una investigación, a la vez, sobre los límites ontológicos de las valoraciones jurídico-penales en el ámbito de lo injusto. Barcelona: J. M. Bosch Editor, 2001.

Considerações gerais

Ontologicamente, a tutela da família está intimamente relacionada com a conservação da formação jurídica do casamento, importando a não violação dos interesses das pessoas nele compreendidas.

Tradicionalmente, o casamento cuida da união legal entre um homem e uma mulher, unidos pela afetividade, com o propósito essencial de constituir família. Por outro lado, amadurecido o pluralismo humano no Brasil e no mundo, a família permanece como unidade social ou núcleo básico de uma sociedade, agora somado pela possibilidade de reconhecimento jurídico a partir da união homoafetiva. Sobre esse aspecto, a Lei n. 11.340/2006, conhecida como Lei Maria da Penha, que trata da violência doméstica e familiar praticada contra a mulher, inovou o tema no seu art. 5º, II e parágrafo único: "Art. 5º Para os efeitos desta Lei, configura violência doméstica e familiar contra a mulher qualquer ação ou omissão baseada no gênero que lhe cause morte, lesão, sofrimento físico, sexual ou psicológico e dano moral ou patrimonial: II – no âmbito da família, compreendida como a comunidade formada por indivíduos que são ou se consideram aparentados, unidos por laços naturais, por afinidade ou por vontade expressa (...). Parágrafo único. As relações pessoais enunciadas neste artigo independem de orientação sexual".

A par disso, e considerando-se os tempos atuais de liberdade plena de orientação sexual, o pretendido casamento entre pessoas do mesmo sexo tornou-se anseio de grande parte da sociedade. Antecipando-se aos reclamos, alguns países já inscreveram no ordenamento jurídico a nova hipótese; não obstante, outros países, ainda conservadores e ainda apegados aos valores tradicionais da família e do casamento, negam a ocorrência do fato social e a sua respectiva proteção jurídica, o que leva pessoas a pactuarem em contrato à margem do instituto do casamento as cláusulas em busca da realização pessoal e da mútua assistência. Tem-se aqui o novo modelo de família instituído agora pelo *intuitu familiae*, que tem o afeto como elemento volitivo principal de sua formação.

Não obstante o fato de a união estável ganhar proteção constitucional e infraconstitucional na seara patrimonial, alimentícia e de direito sucessório, no campo jurídico-penal o citado instituto não ganhou qualquer proteção, de sorte que os dispositivos havidos no Código Penal são reservados exclusivamente à tutela do instituto jurídico do casamento, não sendo possível estendê-lo às uniões estáveis em virtude da proibição do emprego da analogia *in malam parte*, o que quer dizer que as normas penais incriminadoras e voltadas à tutela do casamento são taxativas e não permitem a realização de qualquer processo hermenêutico que possa alcançar a união estável. Segue então a união estável sem qualquer proteção penal, não obstante no âmbito do Direito Civil ela tenha o mesmo alcance do casamento em termos de direitos civis. Melhor seria que, em obediência à proporcionalidade e à simetria sobre bens e interesses objetos de tutela, o legislador infraconstitucional enfrentasse o problema, até mesmo porque não são poucos os casos que são levados à solução jurisdicional e que tratam de pluralidade simultânea de uniões de fato.

O instituto do casamento está regulado no Código Civil de 2002, dos arts. 1.511 ao 1.582, o que quer dizer que a técnica legislativa empregada no Código Penal para tipificar comportamentos ofensivos ao casamento nos arts. 235 a 239 importa que, obrigatoriamente, o intérprete seja remetido à legislação civil para a compreensão de sentido em busca da perfeita aplicação do Direito. O Código Penal, ao não tratar a detalhes as figuras próprias do casamento, o que faz corretamente, refere-se a outra legislação na definição de elementares normativas do tipo, constituindo norma penal em branco.

A bigamia é tipificada no art. 235 do Código Penal pátrio, encabeçando o título referente aos crimes contra a família e, ainda, o capítulo relativo aos crimes contra o casamento.

Por sua vez, Berenice Dias entende que o casamento "tanto significa o ato de celebração do matrimônio como a relação jurídica que dele se origina: a relação matrimonial" (2007, p. 139). Diversos são os efeitos da celebração do casamento: a criação de vínculo conjugal e vínculo de parentesco por afinidade, além da aquisição da condição de casado aos nubentes e a submissão ao regime de bens escolhido por eles.

A natureza jurídica do casamento gera dualidades. Há questionamento se se trata de instituto de direito público ou privado. Há quem considere, inclusive, o casamento como um contrato *sui generis*. A discussão se revela infrutífera, tendo em vista que a intervenção estatal no âmbito individual se faz apenas em razão da observância das formalidades (o casamento é o ato mais solene do direito brasileiro); entretanto, o que deve prevalecer, em tese, é o elemento volitivo dos noivos.

Existem oito espécies de casamento: civil, religioso com efeitos civis, por procuração, nuncupativo ou *in extremis*, putativo, homossexual, consular e de estrangeiros. Por razões metodológicas, as espécies serão apenas citadas, sem aprofundamento, uma vez que o corte científico que se propõe é a análise do tipo penal denominado bigamia. Envolvendo o casamento, importa fazer breve análise do instituto.

Ressalte-se que as regras relativas ao casamento estão dispostas na Constituição Federal, no Código Civil, na Lei de Registros Públicos, na Lei de Introdução às Normas do Direito Brasileiro, na Lei do Divórcio e no Decreto-lei n. 3.200/41.

O art. 1.521 do Código Civil demonstra quais são as causas impeditivas do casamento. Adiante, a matéria disciplinada são as causas suspensivas, no art. 1.523 do mesmo diploma legal.

Com reflexo direto no Direito Penal e, notadamente, no delito de bigamia, o Código Civil regulamenta as hipóteses de casamento nulo e anulável.

O art. 1.548 apregoa que é nulo o casamento contraído por enfermo mental sem o necessário discernimento para os atos da vida civil ou por infringência de impedimento.

Ainda, em seu art. 1.550, o Código Civil regulamenta que é anulável o casamento de quem não completou a idade mínima para se casar; do menor em idade núbil, quando não autorizado por seu representante legal; por vício da vontade, nos termos dos arts. 1.556 a 1.558 da Lei Civil; do incapaz que consentir ou manifestar, de modo inequívoco, o consentimento; realizado pelo mandatário, sem que ele ou o outro contraente soubesse da revogação do mandato, e não sobrevindo coabitação entre os nubentes; por incompetência da autoridade celebrante.

Todas as causas acima referenciadas são hábeis a sobrestar o feito criminal referente à bigamia e, ainda, a excluir a tipicidade, conforme se verá mais adiante.

Considerando-se que a promulgação da parte especial do diploma penal se deu na década de 1940, é possível aduzir que à época o único meio legal de constituir uma família apta a manter saudável a sociedade era o casamento. Assim, restou excluída a união estável da proteção penal como um resquício do repúdio do legislador de disciplinar condutas alheias ao envolvimento dos laços sagrados do matrimônio (DIAS, 2007, p. 155).

Outra questão polêmica cinge-se na aceitação do matrimônio civil entre pessoas de mesmo sexo. Para fins de configurar o delito de bigamia, até 2013, se houvesse a união com outra pessoa do mesmo sexo, ainda que durável e com aparência de casamento, o sujeito ativo não seria imputado. Isso porque a união entre pessoas com o mesmo sexo não poderia configurar casamento e, portanto, não se amoldaria à tipicidade do art. 235.

Entretanto, a Resolução n. 175, aprovada no âmbito do Conselho Nacional de Justiça, prescreve a vedação às autoridades competentes a recusa de habilitação, celebração de casamento civil ou de conversão de união estável em casamento entre pessoas do mesmo sexo[203].

Luiz Regis Prado, por exemplo, antes da realização da 169ª Sessão Ordinária, que ocorreu em 14 de maio de 2013, para análise e aprovação do texto da referida Resolução, considerava que não seria possível a bigamia se juridicamente inexiste o matrimônio entre pessoas do mesmo sexo (2013, p. 929).

Nesse diapasão é importante mencionar que o casamento religioso, anterior ou posterior ao matrimônio civil, não tem o condão de configurar a bigamia. Contudo, se o casamento religioso é celebrado com efeitos civis nos termos dispostos constitucionalmente (art. 226, § 2º), perfaz o impedimento à celebração de novo casamento.

Ainda, nesse sentido, a separação judicial do agente não extingue o vínculo contraído pelo casamento e, assim, não é meio apto à exclusão da tipicidade.

Por fim, no âmbito das noções preliminares e generalidades referentes ao casamento, resta demonstrar que o casamento celebrado no exterior tem o condão de configurar a bigamia em solo pátrio. Isso porque o feito deve ser trazido à homologação no órgão competente no Brasil para que produza seus efeitos legais regularmente. Assim, pode-se dizer que aquele que se casa no estrangeiro e, detendo estado civil de casado, em solo brasileiro contrai novo matrimônio, incorre nas penas cominadas ao delito de bigamia.

Considerações nucleares

Por bigamia entende-se a contração de casamento por pessoa regular e validamente casada conforme preceitos contidos no Código Civil pátrio em seu art. 1.511 e s.

---

[203] CNJ. Conselho Nacional de Justiça. *Resolução 175*. Disponível em: http://www.cnj.jus.br/images/imprensa/resolução_n_175.pdf. Acesso em: 28 abr. 2015.

Importante ressaltar, contudo, que o Código Penal dispensou proteção à família por meio da criminalização de conduta danosa ao casamento, apenas. Como dito anteriormente, a união estável é instituição familiar para efeito de proteção estatal, de acordo com o disposto na Constituição Federal.

Daí é possível depreender que para configuração do delito em comento é imprescindível que o sujeito já casado celebre com outrem novo casamento, sendo insuficiente, para fins de imputação, celebração de união estável.

Antigamente, a bigamia era havida como crime contra os costumes, havendo, inclusive, a exigência de conjunção carnal para configuração do delito. Modernamente, o cenário é distinto. O bem jurídico que se busca proteger com a incriminação da conduta tipificada no art. 235 é a ordem jurídica matrimonial (PRADO, 2013, p. 928), notadamente o casamento enquanto instituição familiar estável.

Considera-se sujeito ativo do delito somente a pessoa casada que novamente se casa conhecendo de sua condição impeditiva. De outro lado, como a finalidade precípua da incriminação da conduta de bigamia é a preservação da base social saudável, o sujeito passivo primário é o Estado, maior interessado na manutenção da entidade monogâmica familiar para a preservação e o desenvolvimento social. Corroborando tal entendimento, Nucci aduz que tanto se nota o interesse estatal na esfera privada nesse caso, que, ainda que o primeiro cônjuge concorde com o segundo casamento, o impedimento prevalece e aquele que, sendo casado, contrai novo matrimônio é apenado nos termos do dispositivo em comento (2012, p. 1026). Ademais, pode-se incluir no polo passivo do delito o cônjuge do primeiro casamento celebrado e, ainda, o cônjuge que celebra o segundo casamento com o agente estando de boa fé, ou seja, desconhecendo o impedimento.

Conforme mencionado anteriormente, é condição fundamental para a configuração do delito de bigamia que o primeiro casamento seja existente e esteja em vigência. Não se pode falar em casamento válido porque a validade subsiste na hipótese de casamento nulo até que sobrevenha a declaração de nulidade e, em caso de casamento anulável, até sua anulação. O primeiro matrimônio, caso seja objeto de discussão judicial na esfera cível, constitui questão prejudicial, detendo o condão de sobrestar o feito criminal até que reste solucionada definitivamente a lide no foro competente, nos termos do art. 92 do Código de Processo Penal.

No âmbito da elementar do tipo, há que se mencionar a exigência imposta pelo legislador consistente em um "novo casamento" para que seja vislumbrado o delito. A contração de união estável, importa reiterar, não é suficiente para tornar o agente imputável por bigamia. A validade do segundo matrimônio é elemento essencial e, ainda, a anulação de qualquer dos dois casamentos é causa apta a fazer desaparecer o crime. A anulação é efeito civil decorrente do injusto penal praticado.

Vencidas as etapas iniciais de investigação do tipo, importa agora analisar o elemento subjetivo a ele atrelado. Em razão da expressão "conhecendo essa circunstância" empregada na elaboração do texto presente no § 1º do art. 235 do Código Penal, é forçoso reconhecer que apenas o dolo satisfaz a prática do delito, consistente no conhecimento e vontade de contrair novo casamento na vigência do anterior.

No que se refere ao *caput* do dispositivo, o tipo subjetivo exige o dolo, na versão clássica, ontológica e subjetiva, ou seja, a vontade livre e consciente do sujeito de contrair novo casamento, havendo ciência do estado civil casado. Nesse caso, é suficiente inclusive a dúvida da permanência do vínculo conjugal anterior, perfazendo-se, assim, o dolo eventual. Noutras palavras, há possibilidade de imputação de bigamia a título de dolo eventual, quando ausente a certeza acerca das elementares do tipo penal, porém presente o conhecimento sobre a probabilidade.

Acerca do dolo, a postura adotada por quase a totalidade da doutrina brasileira tem na teoria volitiva o maior fundamento do dolo, o que implica afirmar que predominante é o elemento volitivo, e secundário é o elemento cognitivo. Nessa concepção, o querer é o conteúdo da vontade, e uma vez ciente o sujeito sobre a realidade, a causalidade é dirigida pelo dolo (MACHADO, 2009, p. 71-75).

Entretanto, essa não será a postura metodológica adotada ao longo dos comentários a serem confeccionados para os crimes contra a família. Seguindo a orientação funcionalista, o dolo a ser elaborado terá nítida vertente normativista, privilegiando-se o objetivo e afastando-se qualquer contribuição subjetiva, em especial no que tange à vontade.

Feita a indicação pela preferência da orientação funcional, algumas posições funcionalistas serão trazidas a título de exemplo. Tais posições são distintas entre si, mas é comum a todos elas a não incidência da vontade como elemento constitutivo e dominante na estrutura do dolo.

Na linha definida por Puppe, o dolo consiste no conhecimento de um risco qualificado pelo sujeito, no sentido em que uma pessoa racional, ao realizá-lo, tem a certeza de que o resultado lesivo deve produzir-se, ou ao menos pode produzir-se (1991, p. 31). Nessa estrutura, não é o autor quem é competente para decidir sobre a relevância jurídica da realização do perigo por ele conhecido, mas sim o Direito. Trata-se de um juízo de imputação a partir do Direito e pelo Direito, não mais a partir das categorias internas do sujeito. Por isso Porciúncula afirma que Puppe abandona a tripartição entre dolo direto de primeiro grau, dolo direto de segundo grau e dolo eventual. Passa a existir apenas a forma geral de dolo (2014, p. 305).

A estrutura não é isenta de crítica, permanecendo a questão acerca do conhecimento ou não do risco pelo sujeito, o que remete ao juízo ou pensamento do sujeito no momento da realização da conduta. Com essa consideração, Ragues I Valles adverte que a estrutura teórica construída por Puppe não é objetiva totalmente, pois exige que o sujeito conte com certos conhecimentos sobre o risco criado (1999, p. 186).

Sob outra consideração também funcionalista, dolo é o conhecimento do risco não permitido de que se produza um resultado típico. Aqui "o dolo é apenas uma forma de conhecimento do risco ou perigo criado com a própria conduta, e, em razão disso, o resultado lesão não é mais do que mero prognóstico *ex ante*, isto é, uma simples probabilidade no momento em que o agente realiza a sua conduta. Ou seja, é o momento em que o sujeito elabora o juízo de probabilidade de que se produza o resultado lesivo do bem jurídico (MACHADO, 2015, p. 176-177).

Ainda no campo do objetivo, Porciúncula parte de uma concepção cognitiva do dolo na qual esse é conhecimento por parte do autor do significado típico de sua ação (2014, p. 308). Para o autor, não é necessário que perguntemos se o agente quis ou não quis, isso porque, quando alguém realiza uma ação com consciência de seu significado típico, podemos dizer que essa pessoa quer, com a sua ação, expressar o significado típico. Por assim dizer, o querer se encontra absolutamente dependente do conhecer (2014, p. 308-309).

Desde essas considerações dogmáticas pautadas sobre o normativismo, o dolo no crime de bigamia reside na assertiva de que o sujeito conhece o significado típico da conduta que realiza voluntariamente, ou seja, sabe que é casado e mesmo assim realiza novo casamento, sem dissolver o vínculo anterior.

No âmbito da autoria, interessante é que o legislador penal dá àquele que seria coautor tratamento brando, conforme se vislumbra no § 1º do art. 235 do Código Penal. Nesta hipótese, o sujeito ativo, sabendo da qualidade de casado do outro contraente, mesmo assim celebra casamento.

O favor legal é evidente ao contraente que celebra o casamento pela primeira vez, e isso se dá em manifesto exercício de política criminal.

Objeto material do delito é o casamento. De outro lado, é possível afirmar, forte na lição de Nucci (2012, p. 1026), que o objeto jurídico é a necessidade que vislumbra o Estado de preservar a família como sustentação de um corpo social saudável por meio de um casamento monogâmico, alçado pelo legislador à posição de formato estável de unidade familiar.

O momento consumativo do delito se dá com a celebração do segundo casamento, conforme prevê o art. 1.514 do Código Civil. Admite-se a tentativa, tendo em vista a possibilidade de fracionamento do delito em diversos atos, gerando a característica de plurissubsistência, conforme se demonstrará quando da classificação.

Pertinente a questão: a execução do crime de bigamia se inicia com a publicação dos proclamas e preparação de documentos para a cerimônia de celebração ou com o pronunciamento solene dos nubentes perante a autoridade que celebrará o matrimônio? Prado sustenta tese afirmando que preparação de documentos e publicação dos proclamas constituem atos meramente preparatórios, podendo consistir, entretanto, em falsidade documental.

Feita a análise do tipo, é de salutar importância trazer à baila sua classificação, conforme se demonstrará a seguir.

O delito é considerado de mão própria. Isso se deve ao fato de se exigir, para sua formatação, que o sujeito ativo detenha qualidade específica e qualificada, nesse caso, o casamento vigente, ou seja, já celebrado com outrem.

Ademais, é possível classificá-lo como material, uma vez que exige resultado naturalístico, redundante, basicamente, na violação e efetiva afronta aos laços matrimoniais.

Exige-se ainda a forma vinculada, ou seja, o próprio tipo carrega consigo a forma que deve caracterizar a conduta do agente para consumação do delito. Nesse caso, a forma vinculada é a celebração do segundo casamento de acordo com todas as formalidades impostas legalmente.

Acerca da realização do tipo penal, em regra, trata-se de delito comissivo, uma vez que o verbo núcleo do tipo é "contrair", gerando a ideia de uma ação positiva que se manifesta pela vontade de casar, o que indica o atuar. Parte da doutrina entende possível a imputação do crime a título omissivo impróprio, cuja regulamentação se dá no art. 13, § 2º, do Código Penal (NUCCI, 2014, p. 1110).

Por fim, classifica-se o crime de bigamia como instantâneo, embora parte da doutrina nacional o considere "crime instantâneo com efeitos permanentes"[204]. Isso se deve ao fato de que seu momento consumativo é a celebração do casamento, e a ofensa ao bem jurídico protegido parece se protrair no tempo, ou seja, enquanto subsistir o segundo casamento como situação ilícita. A pretensão não merece prosperar, visto que a lesão ao bem jurídico organização familiar se dá no momento de celebração do segundo casamento, encerrando-se ali, sem prolongamentos, embora não seja esta a impressão do menos acurado.

Por ser plurissubsistente, o delito admite a forma tentada, embora, na prática, sua observância seja rara. Ressalte-se ainda tratar-se de delito plurissubjetivo, ou seja, cometido por mais de uma pessoa, o que não significa que ambas deverão, necessariamente, ser punidas, conforme se analisará adiante.

A habilitação de que trata o Código Civil não é considerada, para efeitos penais, ato executório da bigamia. O início de execução do delito se dá no momento da celebração.

A ação penal para aplicação das penas cominadas no *caput* e no § 1º é pública incondicionada, sendo imperiosa a prova no processo acerca da vigência do primeiro matrimônio.

---

[204] Após efetuar amplo e exaustivo levantamento dogmático acerca dos crimes instantâneos e permanentes, concluiu-se pela inexistência da classificação "crimes instantâneos de efeitos permanentes" (MACHADO; OLIVEIRA MOURA; MIRANDA, 2008, p. 149-157).

Em teoria, o erro de proibição, que recai sobre a ilicitude do fato, só é aceitável nos casos em que o sujeito ativo demonstra efetiva ignorância da lesividade de sua ação. Em outras palavras, é admissível que haja erro de proibição apenas quando o agente consegue demonstrar, de maneira robusta e sem tergiversações, que a ilicitude da própria conduta fugia de seu entendimento no momento da prática do ato, pois acreditava ser nulo seu primeiro casamento, por exemplo. Entretanto, a se considerar as regras e máximas de experiência, tomando por base o conhecimento profano ou aquele disseminado entre os membros da sociedade, tarefa difícil será a de reconhecer a causa de exculpação.

Por força de Lei, quaisquer dos casamentos declarados nulos (na hipótese de dois), considera-se inexistente o delito em destaque. Considerando-se que a declaração de nulidade do matrimônio goza de efeito *ex tunc*, o que quer dizer que a retroação alcança o casamento, e por conta disso faz desaparecer a tipicidade imputada. A existência de um primeiro casamento vigente é pressuposto para a configuração da bigamia. Sendo ele declarado nulo, não poderá produzir seus efeitos normais, tampouco para fins criminais, conforme disposição contida no § 2º do art. 235.

Embora a bigamia constitua crime instantâneo, o prazo prescricional não é contado a partir da data da celebração do segundo casamento, e sim a partir do momento que se tornar público e conhecido o fato ilícito. Nesse caso, a regulamentação prescricional se dá nos termos do art. 111, inciso IV, do Código Penal pátrio.

Ademais, vale mencionar que, caso o agente se case mais de duas vezes, poderá dar ensejo ao concurso de crimes na modalidade continuado, situação disciplinada nos termos do art. 71 do Código Penal. Magalhães Noronha sustenta posição diversa, manifestando-se favoravelmente à aplicação de concurso material de crimes caso o sujeito contraia novo matrimônio após se casar duas vezes (1995, p. 298). Nesse caso, a situação se regularia segundo os ditames do art. 69 do Código Penal.

O concurso de pessoas no delito de bigamia também é realidade factível. Exemplo disso é aquele que instiga a pessoa casada a contrair novo matrimônio, sabendo-o impedido. Celso Delmanto aduz que o partícipe, embora seja alocado em tal posição, é apenado nos termos do art. 235, § 1º, gozando da mesma redução de pena conferida àquele que chega a se casar com pessoa já comprometida (2000, p. 449). Esclareça-se que não há concurso de pessoas entre os nubentes do segundo casamento, uma vez que, sendo o crime dotado de característica bilateral (também denominado na doutrina como de encontro ou convergência), exige essencialmente que duas pessoas ajam (comissão) para a sua configuração. Em outras palavras, o crime de bigamia só pode ser perpetrado por duas pessoas, necessariamente, mesmo que uma delas esteja de boa-fé.

Conforme já aduzido, há figura privilegiada no § 1º do dispositivo em análise. Segundo a teoria monista, regra na legislação penal pátria, há configuração de um crime, apenas, para coautores e partícipes, pois "quem concorre para o crime incide nas penas a ele cominadas". Exceção a isso, dentre outros casos, é o presente, no qual o legislador optou por aplicar penalidade mais amena a pessoa que, solteira, viúva ou divorciada e conhecedora do estado civil de seu futuro cônjuge, com ele celebra novas núpcias. Pode-se dizer que ela concorreu para a prática do delito, mas é punida com pena reduzida à metade em relação ao sujeito ativo referido no *caput* do art. 235. É a chamada exceção pluralística à teoria monista, porque, mesmo que agindo em um mesmo sentido, os cônjuges do segundo casamento praticam crimes diferentes e recebem penas também distintas.

Há discussão doutrinária no sentido da aplicação do critério da consunção ou da teoria do concurso de crimes no que toca ao delito de falsidade ideológica, tipificado no art. 299 do Código Penal.

Para se casar, o sujeito precisa se declarar solteiro, viúvo ou divorciado, conforme exigência do Código Civil. Tal declaração é feita por meio de documento público, na forma disciplinada no mesmo diploma legal.

Nesse caso, se a pessoa casada, para encobrir seu verdadeiro estado civil, lança em documento público informação falsa, incorre no delito de falsidade ideológica.

Surge o questionamento: ocorre então o concurso material de delitos ou o crime de bigamia absorveria a falsidade enquanto ato preparatório? Parte da doutrina entende que se trata de concurso material, contudo outro é o posicionamento dominante, ou seja, o de que há a absorção da falsidade pela bigamia, uma vez que não pode existir este sem a precedente falsidade. Assim, no processo de habilitação para o segundo casamento, o agente deverá lançar informação falsa em documento público. Entretanto, é importante fazer uma observação. O critério da consunção pode desencadear uma incongruência, qual seja, a aplicação das penas. A bigamia tentada, absorvendo a falsidade ideológica, é apenada mais brandamente do que o próprio delito de falso. Entretanto, se não configurado o começo da execução da bigamia, a falsidade consumada deverá ser penalizada como delito autônomo.

Considerações finais

É possível extrair do delito de bigamia as seguintes conclusões: o bem jurídico tutelado é a organização familiar, notadamente o casamento enquanto entidade mantenedora da ordem jurídica matrimonial. O sujeito ativo do delito é aquele que, sendo casado, contrai novo casamento. É considerado ainda sujeito ativo da figura típica havida no § 1º do art. 225 do Código Penal aquele que, sendo solteiro, viúvo ou divorciado, celebra novo matrimônio com pessoa que sabe ser casada. O sujeito passivo é o Estado e, secundariamente, o cônjuge do primeiro casamento e o contraente do segundo, se estiver de boa-fé.

A imputação da tipicidade objetiva se dá no "contrair", exposto no tipo penal. Constitui elemento essencial do delito a existência regular de casamento anterior. Ocorrendo a anulação do casamento anterior ou posterior por qualquer outro motivo que não a bigamia, inexiste o delito, conforme disposição do art. 235, § 2º.

O tipo subjetivo é o dolo, inexistindo a prática do delito em sua forma culposa por questão de lógica-jurídica, em razão, inclusive, do verbo núcleo do tipo exigir uma conduta positiva, que pressupõe ação dirigida pelo conhecimento.

A consumação do delito ocorre com a celebração do novo matrimônio nos moldes do art. 1.514 do Código Civil. Por se tratar de delito plurissubsistente, com possibilidade de fracionamento em diversos atos executórios, é admissível a tentativa, quando for iniciada a celebração do casamento e ocorrer o impedimento.

Tipo penal privilegiado é atribuível ao contraente que, não sendo casado, celebra matrimônio com indivíduo que sabe deter estado civil impeditivo.

A ação penal para apuração da responsabilidade penal do indivíduo é pública incondicionada, nos termos do art. 100, § 1º, do Código Penal.

Induzimento a erro essencial e ocultação de impedimento

Art. 236. Contrair casamento, induzindo em erro essencial o outro contraente, ou ocultando-lhe impedimento que não seja casamento anterior.

Pena – detenção, de 6 (seis) meses a 2 (dois) anos.

Parágrafo único. A ação penal depende de queixa do contraente enganado e não pode se intentada senão depois de transitar em julgado a sentença que, por motivo de erro ou impedimento, anule o casamento.

Bibliografia: ALVARADO, Yesid Reyes. *Imputación objetiva*. Santa Fé de Bogotá: Temis, 1996; CHAVES DE FARIA, Cristiano e ROSENVALD, Nélson. *Curso de direito civil 6*. 5. ed. Salvador: JusPodivm, 2013; CNJ. Conselho Nacional de Justiça. *Resolução 175*. Disponível em: http://www.cnj.jus.br/images/imprensa/resolução_n_175.pdf. Acesso em: 28 abr. 2015; DELMANTO, Celso et al. *Código Penal comentado*. 5. ed. Rio de Janeiro: Renovar, 2000; DIAS, Maria Berenice. *Manual de direito das famílias*. 4. ed. São Paulo: RT, 2007; ESTEFAM, André. *Direito penal 3:* parte especial. São Paulo: Saraiva, 2011; GAMA, Guilherme Calmon Nogueira. *A família no direito penal*. Rio de Janeiro-São Paulo: Renovar, 2000; GRECO, Rogério. *Curso de direito penal:* parte especial. 11. ed. Niterói: Impetus, 2014. v. III; HUNGRIA, Nélson. *Comentários ao Código Penal*. 4. ed. Rio de Janeiro: Forense, 1959. v. VIII; NORONHA, E. Magalhães. *Direito penal*. 22. ed. atualizado por Adalberto José Q. T. de Camargo Aranha. São Paulo: Saraiva, 1995. v. 3; NUCCI, Guilherme de Souza. *Código Penal comentado*. 12. ed. São Paulo: RT, 2012; PORCIÚNCULA, José Carlos. *Lo objetivo y lo subjetivo en el tipo penal. Hacia la "exteriorización de lo interno"*. Barcelona: Atelier, 2014; PUPPE, Ingeborg. Der Vorstellunginhalt des dolus eventuais. *Zeitschrift für die gesamte Strafrechtswissenschaft*, n. 103, 1991; PRADO, Luiz Regis. *Curso de direito penal brasileiro*. 11. ed. São Paulo: RT, 2011. v. 1; PRADO, Luiz Regis. *Curso de direito penal brasileiro*. 11. ed. São Paulo: RT, 2013. v. 2; RUEDA

MARTÍN, María Ángeles. *La teoría de la imputación objetiva del resultado en el delito doloso de acción:* una investigación, a la vez, sobre los límites ontológicos de las valoraciones jurídico-penales en el ámbito de lo injusto. Barcelona: J. M. Bosch Editor, 2001; SCHÜNEMANN, Bernd. *Unternehmenskriminalität und Strafrecht.* Köln: Heymann, 1979.

Considerações gerais

O Código Penal brasileiro dedicou o Título VII, para tratar dos crimes contra a família tipificados nos arts. 235 ao 249. O capítulo I cuida dos crimes contra o casamento, destacando-se agora o art. 236 do Código Penal, "Induzimento a erro essencial e ocultação de impedimento".

A tutela da família está intimamente relacionada com a conservação da formação jurídica do casamento, importando a não violação das expectativas depositadas sobre cada um dos contraentes, aqui no que diz respeito às identidades e às qualidades das pessoas, que, se existente, torna o casamento anulável (arts. 1.556 e 1.557 do Código Civil). Com o afã de evitar que o indivíduo seja enganado, ao casar-se de boa-fé nas situações elencadas no art. 1.550 do Código Civil, será permitida a anulação do casamento e, em algumas situações, conforme expõe o art. 1.548, poderá ser permitida até mesmo sua nulidade.

O art. 1.521 do Código Civil traz de forma clara todas as hipóteses de pessoas que apresentam impedimentos para celebrar o casamento, ficando este sujeito à nulidade, caso venha a ocorrer. Já o art. 1.557 do Código Civil expõe as hipóteses de configuração de erro essencial sobre a pessoa do outro cônjuge.

Neste sentido seguiu também o Código Penal brasileiro. Sendo assim, conforme o art. 236 do Código Penal, configurar-se-á infração penal nos casos em que existir ocultação de qualquer impedimento expresso no art. 1.521 do CC, além do induzimento a erro essencial, conforme situações expressas no art. 1.557 do CC.

Considerações nucleares

São elementos que compõem a figura típica do crime: a conduta de contrair o casamento induzindo o outro contraente em erro essencial, ou ocultando-lhe impedimento que não seja casamento anterior.

A figura jurídica do casamento é marcada pelo caráter solene e é cercada de rigorismos formais. Somente depois do cumprimento de todas as formalidades trazidas pelos arts. 1.533 a 1.542 do Código Civil (assim como os artigos seguintes para habilitação do casamento), acrescidas da manifestação de vontade das partes de aquiescência no momento da celebração do matrimônio, é que este se verifica, e, por assim dizer, será válido, existente e eficaz.

André Estefam aduz que o art. 236 do Código Penal tutela os direitos do cônjuge enganado ao exigir como elementar o ato de induzi-lo em erro essencial ou dele ocultar o impedimento (que não seja casamento anterior) (2011, p. 39).

O tipo penal em apreço apresenta duas condutas distintas e autônomas: na primeira, o contraente induz outro em erro essencial para contrair casamento; na segunda, o contraente oculta do outro impedimento diverso de casamento anterior. Em ambas as modalidades, é necessário remeter o intérprete aos dispositivos da legislação civil para a compreensão do que seja erro essencial referente ao casamento e de quais são os impedimentos diversos de casamento anterior em vigência. Trata-se de norma penal em branco, pois, sem a disposição legal civil, o tipo penal em apreço não será eficaz[205].

Esse tipo penal também é composto por sucessivas elementares normativas do tipo, a se compreender pelo sentido emprestado aos vocábulos "casamento", "erro essencial" e "impedimento".

No que tange ao induzimento a erro essencial, o agente seduz, instiga, persuade a vítima (um dos nubentes) a erro essencial. Nélson Hungria (1959, p. 380) entende que o induzimento é o que se alcança mediante emprego de fraude. As hipóteses de erro essencial constam no art. 1.557 do Código Civil, e, em suma, se referem a erro sobre as qualidades da pessoa. Isto é, erro sobre a identidade do contraente, sua honra objetiva, dados de sua vida pregressa que tornem impossível a vivência em comum, ou ainda sobre sua saúde mental comprometida[206].

Na segunda parte, "ocultar impedimento que não seja casamento anterior", temos o verbo ocultar que se assemelha a esconder, encobrir, dissimular. Para a maioria da doutrina, a ocultação deve ser acompanhada de alguma atitude positiva, ou seja, é indispensável que o delito se realize por meio do exercício de uma atividade finalística conscientemente dirigida ao fim proposto de ocultação do impedimento. Portanto, a conduta é comissiva. Entretanto, vê-se também a possibilidade de imputação ao sujeito a título comissivo por omissão, na hipótese em que ele, o contraente, em determinado momento e ciente da existência do erro essencial ou de outro impedimento que não seja o casamento, investido, pois, na posição de garante, mantém-se inerte e convicto em não revelá-lo e, assim agindo, permite que seja celebrado o matrimônio. No caso, o sujeito ativo tem o domínio

---

[205] Trata a espécie de norma penal em branco *lato sensu* ou homogênea, aquela cujo preceito primário é incompleto e seu complemento se encontra em outra norma jurídica, da mesma hierarquia.

[206] "Art. 1.557. Considera-se erro essencial sobre a pessoa do outro cônjuge: I – o que diz respeito à sua identidade, sua honra e boa fama, sendo esse erro tal que o seu conhecimento ulterior torne insuportável a vida em comum ao cônjuge enganado; II – a ignorância de crime, anterior ao casamento, que, por sua natureza, torne insuportável a vida conjugal; III – a ignorância, anterior ao casamento, de defeito físico irremediável, ou de moléstia grave e transmissível, pelo contágio ou herança, capaz de pôr em risco a saúde do outro cônjuge ou de sua descendência; IV – a ignorância, anterior ao casamento, de doença mental grave que, por sua natureza, torne insuportável a vida em comum ao cônjuge enganado."

material sobre os elementos e procedimentos. A conclusão é a de que o dever de garante com base no domínio pessoal sobre a ciência do erro essencial, ou sobre o impedimento diverso de casamento, poderá ser invocado como argumento para a imputação do resultado lesivo (SCHÜNEMANN, 1979, p. 95).

Quanto à segunda parte do tipo penal, referente à ocultação sobre impedimentos outros que não o casamento anterior, a exemplo do que dito anteriormente, é caso de remeter ao art. 1.521 do Código Civil, para que o tipo penal sofra complementação a fim de reunir eficácia plena. Trata-se, pois, de norma penal em branco.

O Código Civil, em seu art. 1.521 (excluindo o inciso VI, que, por sua vez, configura crime de bigamia), lista, taxativamente, os impedimentos matrimoniais[207] que, em suma, se referem a vínculo sanguíneo ou de parentesco legal, e, em caso de homicídio ou tentativa, do autor deste com o cônjuge sobrevivente.

Ocultar aqui refere-se à não declaração ou à negativa de publicidade à existência de impedimento matrimonial, o que equivale a dizer que a conduta típica se perfaz pelo omitir de quem devia e podia evitar a celebração de casamento viciado. Presente o dever de impedir o resultado por parte do contraente, lhe é atribuída a condição de garante e a visibilidade do tipo penal como comissivo por omissão.

Quanto ao resultado, consuma-se o delito com a efetiva realização do casamento (momento em que os contraentes manifestam, perante o juiz, a sua vontade de estabelecer vínculo conjugal, e o juiz de paz os declara casados, conforme o art. 1.514 do CC).

Se, em teoria, a modalidade tentada deste tipo penal se fizesse possível, ela desaparece à medida em que o parágrafo único do art. 236 do Código Penal a impede, porque a persecução penal desse tipo exige o trânsito em julgado da sentença civil que, por motivo de erro ou de impedimento, anule o casamento. Em linguagem processual penal, a sentença civil que anule o casamento a partir do reconhecimento de erro ou presença de impedimento torna-se condição de procedibilidade para o exercício da ação penal privada personalíssima, que é a eleita pela legislação penal. Isto é, a condição de procedibilidade deve ser verificada *ex ante* à propositura da queixa, o que insere como condição da ação o interesse de agir. A falta da citada sentença civil deve conduzir à rejeição da queixa pelo juiz.

Não se desconhece que há segmento doutrinário que sustenta que para essa regulamentação se trata de condição objetiva de punibilidade, o que se refuta. Isso

---

[207] "Art. 1.521. Não podem casar: I – os ascendentes com os descendentes, seja o parentesco natural ou civil; II – os afins em linha reta; III – o adotante com quem foi cônjuge do adotado e o adotado com quem o foi do adotante; IV – os irmãos, unilaterais ou bilaterais, e demais colaterais, até o terceiro grau inclusive; V – o adotado com o filho do adotante; VI – as pessoas casadas; VII – o cônjuge sobrevivente com o condenado por homicídio ou tentativa de homicídio contra o seu consorte."

porque a opção aqui adotada entende que a condição objetiva de punibilidade exige ausência de menção no tipo penal sobre determinada elementar ou condição; não obstante, a referida condição é implicitamente inerente ao tipo penal, e assim o é em obediência à questão de lógica jurídica.

Por exigir a presença do cônjuge enganado à frente da titularidade da ação penal privada, esse direito não se estende aos seus sucessores em caso de sua ausência ou óbito.

Atento à questão lógica-jurídica, o legislador não previu a modalidade culposa para as condutas dispostas nesse tipo penal.

O agente deve conhecer, *ex ante*, a presença do erro essencial, e a partir de então manter o outro contraente em desconhecimento, para então contrair casamento. Percebe-se com clarividência "que o conhecimento exigido no dolo não é uma entidade psicologicamente real situada no âmbito interno do autor, senão um componente de um sentido exteriorizado" (PORCIÚNCULA, 2014, p. 310).

Sobre a segunda parte do tipo penal, a ocultação sobre o impedimento é propositada, ou seja, possuindo o contraente conhecimento sobre o impedimento capaz de obstar por completo o casamento e, mesmo assim, diante dessa condição, mantendo-se com o forte propósito de contrair o casamento, é imperiosa para a configuração do tipo penal que o outro contraente desconheça o obstáculo.

A absoluta ausência de conhecimento dos contraentes sobre quaisquer das elementares do tipo penal leva ao reconhecimento do erro de tipo (art. 20 do CP).

Ou, ainda, o dolo consiste no conhecimento de um risco qualificado pelo sujeito, no sentido de que uma pessoa racional o realizaria sob a certeza de que o resultado lesivo deve produzir-se ou, ao menos, pode produzir-se (PUPPE, 1991, p. 31).

Sujeito ativo é o contraente do casamento, o que significa que se exige uma condição especial, ou seja, o crime exige qualidade especial do sujeito ativo, pois somente o cônjuge em situação de impedimento matrimonial ou ensejador de erro essencial pode cometê-lo. Trata-se, portanto, de crime próprio.

Ambos os autores concluem que o sujeito passivo imediato é o cônjuge enganado e, mediatamente, o Estado, que por meio de suas normas busca manter a regularidade do casamento e a organização social e familiar.

Apenas reiterando o que já foi tido anteriormente, a consumação ocorre com a efetiva realização do casamento nos moldes do art. 1.514 do CC. Sendo assim, não será punível a tentativa no delito do art. 236 do Código Penal, visto que faltará a condição de procedibilidade exigida no parágrafo único do dispositivo.

O comportamento será comissivo por meio da conduta de contrair matrimônio, uma vez que se exige o atuar consistente na aceitação na celebração do casamento. No entanto, poderá ser também omissivo quando praticado na hipótese de alguém, gozando do *status* de garantidor, permitir, dolosamente, que o sujeito passivo contraia casamento efetivo, tendo conhecimento sobre a existência de causas que importem em erro essencial, ou que sejam elencadas como impedimentos.

Perfeitamente possível é o concurso de pessoas para o tipo penal, destacando-se que os arts. 1.517 e 1.520 do Código Civil autorizam que pessoas desprovidas da maioridade civil celebrem casamento, desde que autorizados por seus pais ou representante legal, podendo estes, a partir do domínio funcional do fato, interferir eficazmente para a realização ou não do casamento, o que lhes atribui, assim, responsabilidade penal.

A ação penal é privada personalíssima, e somente se procede mediante queixa a ser intentada pelo cônjuge ofendido, conforme determina o parágrafo único do art. 236 do Código Penal. Significa dizer que compete exclusivamente ao contraente enganado o exercício da ação penal a ser proposta apenas após estabelecida a coisa julgada civil que anulou o casamento em reconhecimento de um erro ou impedimento.

Considerações finais

Diante todo o exposto, conclui-se que o delito tipificado no art. 236 do Código Penal visa proteger a regularidade na realização dos casamentos. O objeto material neste caso é o casamento.

O delito em questão é considerado doloso, ou seja, cometido em pleno conhecimento da indução em erro essencial ou na ocultação de impedimento diverso de casamento anterior.

Crime próprio porque exige a qualidade especial do sujeito ativo consistente em ser o próprio contraente do casamento, cumulando-se à indução em erro essencial ou a incidência, sobre ele, dos impedimentos matrimoniais ou das causas provocadoras de erro essencial.

O delito é de mera conduta ou de simples atividade, pois não exige nenhum resultado naturalístico. Embora plurissubsistente, visto que o *iter criminis* pode ser fracionado, não é cabida a imputação do delito a título de tentativa porque o parágrafo único exige que esteja estabelecida a coisa julgada civil que reconheceu o erro essencial ou o impedimento, e com isso anulou o casamento.

A conduta deverá ser comissiva, implicando ação, e, excepcionalmente, comissiva por omissão, no caso de alguém gozando do *status* de garantidor permitir dolosamente que o matrimônio seja realizado.

Conhecimento prévio de impedimento
Art. 237. Contrair casamento, conhecendo a existência de impedimento que lhe cause a nulidade absoluta:

Pena – detenção, de 3 (três) meses a 1 (um) ano.

Bibliografia: ALVARADO, Yesid Reyes. *Imputación objetiva*. Santa Fé de Bogotá: Temis, 1996; CHAVES DE FARIA, Cristiano e ROSENVALD, Nelson. *Curso de direito civil 6*. 5. ed. Salvador: JusPodivm, 2013; CNJ. Conselho Nacional de Justiça. *Resolução 175*. Disponível em: http://www.cnj.jus.br/images/imprensa/resolução_n_175.pdf. Acesso em: 28 abr. 2015; DELMANTO, Celso et al. *Código Penal comentado*. 5. ed. Rio de Janeiro: Renovar, 2000; DIAS, Maria Berenice. *Manual de direito das famílias*. 4. ed. São Paulo: RT, 2007; ESTEFAM, André. *Direito penal 3:* parte especial. São Paulo: Saraiva, 2011; GAMA, Guilherme Calmon Nogueira. *A família no direito penal*. Rio de Janeiro-São Paulo: Renovar, 2000; GRECO, Rogério. *Curso de direito penal:* parte especial. 11. ed. Niterói: Impetus, 2014; HUNGRIA, Nélson. *Comentários ao Código Penal*. 4. ed. Rio de Janeiro: Forense, 1959. v. VIII; LACERDA, Romão Cortes de. *Comentários ao Código Penal*. 4. ed. Rio de Janeiro: Forense, 1959; NORONHA, E. Magalhães. *Direito penal*. 22. ed. atualizado por Adalberto José Q. T. de Camargo Aranha. São Paulo: Saraiva, 1995. v. 3; NUCCI, Guilherme de Souza. *Código Penal comentado*. 12. ed. São Paulo: RT, 2012; PRADO, Luiz Regis. *Curso de direito penal brasileiro*. 11. ed. São Paulo: RT, 2011. v. 1; PRADO, Luiz Regis. *Curso de direito penal brasileiro*. 11. ed. São Paulo: RT, 2013. v. 2; RUEDA MARTÍN, María Ángeles. *La teoría de la imputación objetiva del resultado en el delito doloso de acción:* una investigación, a la vez, sobre los límites ontológicos de las valoraciones jurídico--penales en el ámbito de lo injusto. Barcelona: J. M. Bosch Editor, 2001.

Considerações gerais

Preliminarmente, cumpre mencionar que o dispositivo em comento é uma inovação inserida no Código Penal vigente, porquanto inexistente na legislação penal anterior a 1940.

Os impedimentos matrimoniais, disciplinados no art. 1.521 do Código Civil[208], constituem entraves oriundos de um viés moral, biológico, socioafetivo e jurídico-penal, sendo ligados à validação do casamento.

Gozando de natureza de norma cogente e de direito público, os impedimentos matrimoniais geram nulidade absoluta, por força também do que dispõe o art. 1.548 da Lei Civil.

Impedimento matrimonial é toda condição, de cunho positivo ou negativo, de fato ou de direito, de natureza física ou jurídica, disciplinada legalmente de forma expressa, que, de modo duradouro ou passageiro, veda a contração de novo matrimônio ou determinado casamento. Em síntese, é a falta de preenchimento dos requisitos exigidos por lei para o casamento.

---

[208] No dispositivo acima mencionado, o Código Civil pátrio assim dispõe: "Não podem casar: I – os ascendentes com os descendentes, seja o parentesco natural ou civil; II – os afins em linha reta; III – o adotante com quem foi cônjuge o adotado e o adotado com quem o foi do adotante; IV – os irmãos, unilaterais ou bilaterais, e demais colaterais, até o terceiro grau inclusive; V – o adotado com o filho do adotante; VI – as pessoas casadas; VII – o cônjuge sobrevivente com o condenado por homicídio ou tentativa de homicídio contra o seu consorte".

No âmbito do parentesco aduzido como causa impeditiva, pode-se dizer que ele pode ser consanguíneo, ou seja, há criação de laços provenientes de sangue, ligado ao aspecto biológico; civil, relacionado ao parentesco com os parentes do cônjuge; por afinidade, relativo ao laço advindo do casamento e da união estável; e oriundo da socioafetividade. A doutrina mais moderna reconhece que a socioafetividade pode gerar efeitos de impedimento, ainda que não esteja disciplinada legalmente. Isso porque, quando reconhecida, reflete em possibilidade de pensionamento, sucessão etc.

Qualquer pessoa capaz, até a fase de celebração, pode informar causas impeditivas por meio de nota de oposição de impedimento matrimonial, sendo que a ação de anulação do casamento pode ser intentada a qualquer momento. Para os filhos, o casamento nulo gera efeitos como se válido fosse. A oposição de impedimento gera como efeitos a impossibilidade de consecução do certificado de habilitação.

Os impedimentos são classificados em: a) por consanguinidade (incisos I a IV); b) por afinidade (inciso II, c/c o art. 1.595 do Código Civil); c) impedimento de adoção (incisos I, III e V); d) impedimento de vínculo (inciso VI); e) impedimento de crime (inciso VII).

Por força do disposto no art. 1.530, parágrafo único, do Código Civil, o oponente de má-fé poderá ser responsabilizado criminal e/ou civilmente e ainda será obrigado a reparar os danos morais ou patrimoniais causados com sua ação dolosa ou culposa aos nubentes.

Ressalte-se que, tratando-se de sujeito ativo casado que contrai novo casamento sem dissolver o anterior, haverá imputação do tipo objetivo no art. 235 do Código Penal. No mesmo tipo penal, porém na forma privilegiada, incide o agente solteiro que contrai matrimônio ciente de que o outro contraente é casado.

Considerações nucleares

São elementos que compõem a figura típica do crime: a) a conduta de contrair o casamento; b) o conhecimento acerca da existência de impedimento que lhe cause nulidade absoluta.

Neste delito torna-se punível o fato de contrair casamento nos moldes exigidos pela lei estando presente impedimento que cause nulidade absoluta do matrimônio, conforme traz a segunda parte do tipo penal.

Sendo assim, ao contrário do que dispôs o art. 236 do CP, aqui há *ciência* do impedimento matrimonial, não se tratando de fraude e ocultação de impedimento em relação a outra pessoa.

Quanto a essa diferença, Noronha traduz: "O elemento material consiste em o indivíduo casar, conhecendo a existência do impedimento. Ao contrário do dispositivo anterior, aqui não se exige comportamento ativo do agente, a fraude veiculada pelo emprego de um ou mais meios; basta não declarar. Em um primeiro plano, cabe entender a forma em que se dará a conduta de contrair a causa dirimente absoluta, suficiente, pois, a simples omissão" (1995, p. 274).

As hipóteses que geram nulidade absoluta do casamento estão expressas nos arts. 1.521, incisos I a VII, c/c o art. 1.548, inciso II, do Código Civil, conforme mencionado em sede de considerações gerais.

Não existe previsão para modalidade de natureza culposa.

O que se pune neste tipo penal é o dolo do sujeito que, conhecendo a existência do fator impeditivo legal de celebração do casamento, ainda assim o realiza. Note-se que o sujeito tem o conhecimento do significado típico de sua ação, não havendo de se perquirir se o sujeito quis ou não quis a produção do resultado (PORCIÚNCULA, 2014, p. 112), tal como faz o finalismo welzeniano, que aqui é rechaçado. Por assim dizer, o querer se encontra absolutamente dependente do conhecer.

Havendo erro quanto à existência de impedimento, ocorrerá o erro de tipo, que exclui o dolo, e, consequentemente, não há que se falar em crime (art. 20 do CP).

A priori, poder-se-ia dizer que o sujeito ativo deste delito é qualquer pessoa disposta a celebrar casamento conhecendo a existência de impedimento legal. Porém, crê-se que, restringindo-se o âmbito de alcance da norma penal, somente poderá ser imputado pelo delito em análise aquele que ingressa na realização das tratativas específicas do casamento, tendo ciência sobre a existência de impedimento legal, o que conduziria a uma particular condição do sujeito, e por isso aproxima-se-lhe a condição específica de autor. Logo, somente o cônjuge poderá figurar como sujeito do delito, o que lhe afirma a classificação de ser crime próprio.

Por se tratar de bem juridicamente protegido, a família, conforme preconiza a Constituição Federal em seu art. 226, faz do Estado o sujeito passivo, visto que este busca manter a proteção da família como a regularidade do casamento e o atendimento às normas de ordem cogente. Mediatamente, o cônjuge que contraiu casamento desconhecendo a existência do impedimento também é sujeito passivo.

A consumação do delito do art. 237 do Código Penal ocorre com a efetiva realização do casamento nos moldes do art. 1.514 do Código Civil, ou seja, no momento em que o homem e a mulher manifestam, perante o juiz, a sua vontade de estabelecer vínculo conjugal, e este os declara casados.

Assim, somente após cumpridos todos os atos solenes do casamento expressos no Código Civil, e com a devida manifestação pelos contraentes e a declaração formal daquele que preside o ato, poderemos falar em consumação.

A tentativa é permitida quando, dado início à celebração do casamento eivado de impedimento, aquele não se finaliza por circunstancias alheias à vontade do contraente ciente deste. Ou seja, quando interrompida a cerimônia por questões alheias à vontade do agente.

Nos mesmos moldes do art. 236 do Código Penal é que se pode falar da existência do crime de forma comissiva e omissiva. Vejamos.

A conduta de contrair casamento pressupõe um comportamento comissivo por parte do agente, isto em ambos os arts. 236 e 237 do Código Penal.

Entretanto, se levarmos em consideração que o impedimento não seja conhecido por parte de um dos nubentes, pois foi ocultado pelo sujeito ativo, tem-se em tese o crime (art. 236 do Código Penal), dada a presença de uma ação tendente a manter a vítima-contraente em estado de ignorância; no entanto, no art. 237, deve haver obrigatoriamente a omissão do impedimento, tornado assim ato puramente omissivo, isto é, bastando o silêncio.

A omissão, por fim, é praticada por alguém gozando do *status* de garantidor, pois sabe do impedimento que trará nulidade absoluta ao casamento e, mesmo assim, permite que ele seja levado a feito.

O art. 237 do CP prevê uma pena de detenção de 3 (três) meses a 1 (um) ano.

A ação penal é de iniciativa pública incondicionada e terá procedimento comum sumaríssimo. Ocorre aqui que, apesar do delito ser punido de forma mais branda que o do artigo anterior (art. 236 do CP), se processa por iniciativa do Ministério Público, sem que seja necessária a autorização do ofendido.

Em relação à pena máxima cominada em abstrato, será de competência do Juizado Especial Criminal julgar o delito, como preceituam os arts. 60 e 61 da Lei n. 9.099/95. E ainda será permitida a proposta de suspensão condicional do processo, nos termos do art. 89 da Lei n. 9.099/95.

Considerações finais

A partir de toda a argumentação articulada anteriormente, é possível extrair do delito tipificado no art. 237 do Código Penal pátrio, que recebe o *nomen juris* "conhecimento prévio de impedimento", as seguintes conclusões: a tipificação tem por escopo proteger o bem jurídico família e, sobretudo, sua regular formação, o que se repete nos demais crimes contra a família disciplinados no Código Penal.

Sujeito ativo do delito é todo aquele que contrai casamento consciente da existência de impedimento capaz de eivar de nulidade todo o ato solene do matrimônio. Se ambos os cônjuges forem sabedores do óbice legal, haverá concurso de pessoas. Ao mais, é possível aduzir que, no delito em espeque, o sujeito passivo é o Estado e, secundariamente, o contraente desconhecedor do impedimento. Crime próprio porque exige a qualidade especial do sujeito ativo consistente em enquadrar-se nos impedimentos matrimoniais.

O delito é doloso e se consuma no momento da celebração do casamento. O dolo está presente a partir do conhecimento havido pelo contraente de que está impedido de casar por determinação legal, tendo consciência do significado típico e, mesmo assim, buscando celebrar o casamento.

Por se tratar de delito plurissubsistente, é admissível a tentativa, sendo esta punível, pois permite ser interrompido o casamento por circunstâncias alheias à vontade do agente, não exigindo a declaração do casamento.

O tipo objetivo é contrair casamento conhecendo a existência de impedimento que lhe cause nulidade absoluta. Nesse caso, a anulabilidade não é bastante, amoldando-se apenas às hipóteses previstas no art. 1.521, incisos I a VII, do Código Civil. Em caso de impedimento consistente na existência de casamento anterior, a hipótese será regulamentada no art. 235 do Diploma Penal, pois se trata de bigamia.

O crime é material porque exige a produção do resultado, e é plurissubsistente, visto que o *iter criminis* pode ser fracionado, o que leva a tentativa a ser admitida. É de efeito instantâneo, em face de a consumação ocorrer instantaneamente, ou seja, no exato momento em que se dá a celebração do ato, pouco importando se os efeitos estarão prolongados no tempo ou apenas enquanto houver a ocultação do impedimento.

A conduta deverá ser comissiva, implicando ação de contrair casamento, e excepcionalmente comissivo por omissão, no caso de alguém, gozando do *status* de garantidor, permitir dolosamente que o matrimônio seja realizado.

A pena cominada é de três meses a um ano, com cumprimento em detenção. Assim, por se tratar de pena inferior a dois anos, sendo de menor potencial ofensivo o delito, o processamento e os atos decisórios se darão no âmbito do Juizado Especial, sendo cabível a suspensão condicional do processo, nos termos do art. 89 da Lei dos Juizados Especiais (Lei n. 9.099/95). A conduta do agente será apurada em ação penal pública incondicionada.

Simulação de autoridade para celebração de casamento

Art. 238. Atribuir-se falsamente autoridade para celebração de casamento:
Pena – detenção, de 1 (um) a 3 (três) anos, se o fato não constitui crime mais grave.

Considerações gerais

O bem jurídico protegido continua a ser a família na sua vertente de ordem jurídica matrimonial.

O tipo penal descrito no art. 238 do Código Penal tem por objetivo prevenir que pessoas desprovidas de autoridade para celebrar casamento o realizem. Trata-se de conduta contrária à ordem matrimonial agora realizada por terceira pessoa. Consultando-se os artigos antecedentes e de proteção à ordem matrimonial, arts. 235, 236 e 237 do Código Penal, o que se constata é a presença do contraente na prática do verbo núcleo do tipo.

Busca, portanto, a Lei penal vedar que terceira pessoa, agora sem investidura ou poderes legais para celebrar o casamento, intente comportamento hábil a realizá-lo. Competente para a realização do casamento é o oficial do Cartório de Registro Civil da Pessoas Naturais, conforme indicado no art. 1.535 do Código

Civil. Se realizado, esse casamento será anulável, podendo ser tal ato objeto de ação a ser intentada no prazo de até 2 (dois) anos.

Por outro lado, é interessante que a legislação civil considera válido o casamento celebrado por pessoa incompetente para aquele ato ou celebração, conforme o art. 1.554 do Código Civil, porém detentora de autoridade para tal.

Considerações nucleares

O verbo núcleo do tipo na sua forma reflexiva é "atribuir-se", acompanhado do advérbio "falsamente", que significa reconhecer a si mesmo, ou dar a si mesmo, autoridade ou investidura para a realização do casamento, não obstante e em realidade não tenha o sujeito poderes para tanto. Trata-se, originariamente, de autoatribuição de poder ou autoridade por pessoa que não a possua para a realização do casamento. Essa atribuição poderá ser espontânea, na hipótese de partir do próprio sujeito o reconhecimento falso de reunir autoridade para celebrar casamento, como também não espontânea, pois poderá partir de terceiro a indicação de que o sujeito possua poderes para a celebração. Este será partícipe do crime se titular de conhecimento sobre a realidade, isto é, se ciente que o terceiro não reúne autorização legal para celebrar o casamento. Possível, destarte, o erro de tipo se este não tem conhecimento da realidade, ou seja, que aquele não tem de fato e de direito poderes para celebrar o ato.

Qualquer pessoa poderá figurar como autor do delito, permitindo-se a incidência de concurso de agentes.

Conhecedor da ausência de investidura ou legitimidade legal para celebrar o casamento pelo sujeito, determina-se que apenas a conduta dolosa é a prevista para este tipo penal. Aqui, o terceiro que se autoatribui ou aceita autoridade que não possui para celebrar o casamento atua com dolo.

A atribuição falsa de autoridade para celebrar casamento normalmente se verifica por meio de atuação do sujeito a partir da realização de comportamentos comissivos. Porém, nada impede que o sujeito assuma a prática das elementares do tipo a partir do omitir, na hipótese em que terceiro lhe atribui a autoridade e ele a assume e dá início à realização do casamento, configurando a hipótese de comissão por omissão, em obediência ao art. 13, § 2º, do Código Penal.

O delito é formal, bastando atribuir-se falsamente a autoridade para celebração do casamento para a consumação. Não se exige, portanto, que o casamento seja concluído ou finalizado. Por essa razão, possível é atribuir-se ao sujeito a modalidade tentada se ele tem interrompida a atribuição falsa de autoridade, o que implica o reconhecimento de que esta conduta poderá ser fracionada.

O delito é instantâneo e subsidiário, o que quer dizer que, se outra figura penal mais grave ocorrer, ele estará absorvido. Aplica-se a assertiva no caso de funcionário público que usurpa da função, art. 328, parágrafo único, do Código Penal.

A persecução do delito se dá por meio de iniciativa pública incondicionada.

Considerações finais

O delito previsto no art. 238 do Código Penal é a primeira figura penal que se afasta de eventuais comportamentos ilícitos realizados pelos contraentes na busca da consecução do casamento para alcançar terceiro que se intitula capaz perante a lei para realizá-lo, não obstante não tenha legitimidade e poderes específicos para tanto.

Pune-se, portanto, o agente que se atribui ou admite autoridade falsamente para a realização do casamento, não se exigindo que este se conclua.

O conhecimento do sujeito de que não detém autoridade para realizar o casamento caracteriza o dolo.

Simulação de casamento

Art. 239. Simular casamento mediante engano de outra pessoa:

Pena – detenção, de 1 (um) a 3 (três) anos, se o fato não constitui elemento de crime mais grave.

Considerações gerais

Última figura eleita pelo legislador para proteger a instituição do casamento, consiste na vedação de comportamento realizado por um dos nubentes, que leva o outro a crer que ocorre o seu casamento.

Ordinariamente, um dos contraentes fantasia, ilude, mediante artifício de má-fé, engodo ou ardil, outro a crer que está casando. Exige-se que haja lesão à boa-fé do contraente. Há uma encenação de que se realiza o casamento.

Pode acontecer, também, de que ambos os nubentes sejam levados a engano, abrangendo ainda terceiros de boa-fé que assistam ao casamento ou dele participem como testemunhas.

Considerações nucleares

Autor do delito será aquele que realiza a cerimônia falsa sabendo dessa qualidade, e que leva a engano um ou os dois nubentes.

Qualquer pessoa conhecedora da realização da cerimônia falsa poderá figurar como coautora ou partícipe, a distinguir-se essas figuras a partir do domínio funcional do fato. Isto é, se a pessoa tem o controle subjetivo e objetivo-material do ato, tendo-o como seu, será autor. Ou, se sua contribuição leva em consideração que o fato é de outrem, será o partícipe.

O dolo, conduta unicamente prevista para o tipo penal, se perfaz a partir do instante em que o sujeito conhece ou sabe que não se realiza o verdadeiro casamento, e que terceiro, que é ao menos um dos nubentes, é levado a engano, realizando a partir de então qualquer conduta pertinente à simulação.

O delito estará consumado com a realização do casamento irreal ou da falsa cerimônia, permitindo-se a imputação na modalidade tentada se, por razões alheias à vontade do sujeito, a cerimônia é interrompida.

Considerações finais

Elementar fundamental deste tipo penal é o engano de terceiro, que tem a sua boa-fé atingida. Tal pessoa é levada a crer que se realiza um casamento com todos os atributos, formalidades e responsabilidades que a Lei exige. Por isso é necessário à consumação do delito que a cerimônia se realize. O que quer dizer que, se esta for interrompida por motivos alheios à vontade do sujeito, que poderá ser, inclusive, um dos nubentes, possível será a imputação jurídico-penal a título de tentativa.

O delito é doloso e atribuível àquele que, ciente sobre o falso de casamento, realiza qualquer ato relevante à simulação e que conduzirá terceiro a engano.

Este delito também é subsidiário, pois, se outra figura penal mais grave ocorrer, ele estará absorvido por constituir seu elemento, o que pode ocorrer se se tratar do delito de posse sexual mediante fraude (art. 215 do CP), na situação em que o sujeito simula o casamento com o afã de realizar práticas sexuais, ou estelionato (art. 171 do CP).

Adultério

Art. 240. (*Revogado pela Lei Federal n. 11.106, de 2005*)

O art. 240 do Código Penal tratava do crime de adultério, e foi revogado pela Lei n. 11.106/2005. Ele possuía a seguinte redação: "Art. 240. Cometer adultério: Pena – detenção, de quinze dias a seis meses. § 1º Incorre na mesma pena o corréu. § 2º A ação penal somente pode ser intentada pelo cônjuge ofendido, e dentro de 1 (um) mês após o conhecimento do fato. § 3º A ação penal não pode ser intentada: I – pelo cônjuge desquitado; II – pelo cônjuge que consentiu no adultério ou o perdoou, expressa ou tacitamente. § 4º O juiz pode deixar de aplicar a pena: I – se havia cessado a vida em comum dos cônjuges; II – se o querelante havia praticado qualquer dos atos previstos no art. 317 do Código Civil (*Vide* Lei n. 3.071, de 1916)".

O adultério era o ilícito havido na constância do casamento, revelado pela prática sexual realizada por um dos cônjuges com terceira pessoa. Era o estabelecimento da traição na relação matrimonial entre cônjuges que haviam prometido cumprir o dever de fidelidade.

Sobre o Direito passado, fosse no âmbito civil (art. 1.566) ou penal, a traição trazia sérias consequências ao cônjuge ferido. Permitia-se a propositura de ação civil buscando a separação judicial e atribuindo-se a culpa ao cônjuge adúltero, somando-se pedido de condenação em danos morais etc.

Nesse aspecto, corria-se o risco de o cônjuge traído não obter a procedência do pedido de separação por quebra do dever de fidelidade, e com isso ver mantido o casamento.

Em obediência aos novos padrões de comportamento social, a revogação do delito de adultério foi uma importante etapa que se viu completada com a Emenda Constitucional n. 66, que alterou a redação do § 6º do art. 226 da Constituição Federal, retirando do texto a referência à separação judicial e aos requisitos temporais para a obtenção do divórcio. Noutras palavras, perde sentido a pretensa discussão acerca da culpa do cônjuge pela quebra do dever conjugal de fidelidade. Está assim decretada a facilidade máxima para a dissolução do vínculo conjugal.

No âmbito penal, o legislador pátrio se aproveitou de minúscula reforma para revogar o art. 240 do Código Penal.

E assim o fez em manuseio dos princípios de Direito Penal aplicáveis ao Estado Democrático de Direito, em especial aos princípios da fragmentariedade, subsidiariedade e proteção exclusiva de bens jurídicos, que juntos constituem o princípio político criminal da *ultima ratio*.

No que toca à figura do adultério, entendeu-se que a quebra do dever conjugal pela infidelidade matrimonial não era objeto de proteção a ser perseguido pela tutela penal, cabendo a atuação de outro ramo do Direito, no caso, o Direito Civil.

Opinam que por detrás da norma penal incriminadora não havia qualquer bem jurídico à mercê de proteção pelo Direito Penal. Havia, outrossim, a moral a fundamentar a vigência do tipo penal inserido no art. 240 do Código Penal. Separou-se, em 2005, verdadeiramente o significado de bem ou interesse de proteção daquilo que consistiria o bem jurídico-penal.

Impulsionado pela concepção liberal que se estabelece na sociedade contemporânea, figuras antes relevantes para os padrões e costumes sociais da tradicional família, e levadas à legislação penal que, a propósito, embora vigentes, não mais possuíam eficácia, mereceram a atenção do legislador pátrio, que não titubeou em sacramentar a *abolitio criminis*, comunicando o Estado que não havia mais interesse em punir e prevenir condutas de infidelidade conjugal.

Capítulo II
Dos crimes contra o estado de filiação

Registro de nascimento inexistente
Art. 241. Promover no registro civil a inscrição de nascimento inexistente:
Pena – reclusão, de 2 (dois) a 6 (seis) anos.

Bibliografia: BITENCOURT, Cezar Roberto. *Tratado de direito penal*: parte especial. 5. ed. São Paulo: Saraiva, 2011. v. 4; CUNHA, Rogério Sanches. *Direito penal*: parte especial. 2. ed. São Paulo: RT, 2009. v. 3; DELMANTO, Celso et al. *Código Penal comentado*. 5. ed. Rio de Janeiro: Renovar, 2000; ESTEFAM, André. *Direito penal*. São Paulo: Saraiva, 2011. v. 3; GRECO, Rogério. *Curso de direito penal*: parte especial. 7. ed. rev. e atual. Rio de Janeiro: Impetus, 2010. v. 3; HUNGRIA, Nélson. *Comentários ao Código Penal*. 4. ed. Rio de Janeiro: Forense, 1959. v. 8; JESUS, Damásio E. de. *Direito penal*: parte especial. 15. ed. São Paulo: Saraiva, 2002. v. 3; MIRABETE, Julio Fabbrini. *Manual de direito penal*. 27. ed. São Paulo: Atlas, 2013. v. 3; NUCCI, Guilherme de Souza. *Código Penal comentado*. 12. ed. São Paulo: RT, 2012; PRADO, Luís Regis. *Curso de direito penal brasileiro*. 10. ed. São Paulo: RT, 2011.

Considerações gerais

Esgotada a descrição de condutas aptas a violação do bem jurídico família no que tange à ordenação e proteção do casamento, segue o legislador pátrio agora para apontar condutas relevantes contra o estado de filiação.

De início, cabe mencionar que o Código Penal brasileiro, no Título VII, trata dos Crimes contra a Família, sendo que o Capítulo II, mais especificamente, refere-se aos crimes contra o estado de filiação. Merece destaque, no entanto, o art. 241 do Código Penal, que trata do registro de nascimento inexistente.

Em breve digressão histórica, acresce que em Roma a *Lex Cornelia de falsis* (81 a.C.) considerava crime de falsidade a suposição de estado ou o parto suposto. Também foi essa a orientação dada pela legislação medieval.

Na França, o Código Penal de 1810, ao se ocupar do crime o registro de nascimento inexistente, considerou-o delito contra o estado civil do menor. O Código sardo acompanhava tal entendimento, enquanto o Código toscano preferiu considerá-lo uma modalidade de falsidade.

No Brasil, o tema somente foi abordado pelo Código Penal republicano de 1890, que optou por inseri-lo junto aos crimes contra a segurança do estado civil.

O Código Penal vigente, inspirado pelo Código Penal italiano (art. 566), alocou o delito de registro de nascimento inexistente entre os crimes contra a família, mais especificamente nos crimes contra o estado de filiação.

Hungria leciona que a Exposição de Motivos adverte que o delito do art. 241, qual seja, o de promover no registro civil a inscrição de nascimento inexistente, já era previsto no Código Penal anterior, em seu art. 286, segunda parte (fazer no registro civil a declaração de nascimento "de criança que jamais existira, para criar ou extinguir direito em prejuízo de terceiro"). Segundo ele, o dispositivo atualmente é muito similar à mesma figura delitiva do Código italiano – art. 566, primeira parte, que diz: "Aquêle que faz figurar nos registros do estado civil um nascimento inexistente e punido etc.". Para o doutrinador, a retirada da cláusula existente na redação anterior foi acertada – "para criar ou extinguir direito em prejuízo de terceiro". Isso porque o tipo penal intrinsecamente já traduz uma falsidade em desfavor do estado de família, sendo já presumido o prejuízo (1959, p. 388).

Segundo Diniz, estado de filiação é a ligação entre pais e filhos ou o vínculo de parentesco em linha reta de primeiro grau entre um indivíduo e seus descendentes ou, ainda, a relação socioafetiva existente entre pais e filhos adotivos ou advindos de inseminação artificial ou fertilização *in vitro*. Isso quer dizer que o estado de filiação abarca não só a filiação natural, mas também a filiação civil (2011, p. 264).

Ademais, vale ressaltar que juridicamente não há diferenciação alguma entre os filhos advindos de vínculo sanguíneo e aqueles advindos de vínculo civil, visto que nossa Carta Maior determinou, em seu art. 227, § 6º, que "os filhos, havidos ou não da relação do casamento, ou por adoção, terão os mesmos direitos e qualificações, proibidas quaisquer designações discriminatórias relativas à filiação". A isonomia entre filhos naturais e civis também consta no Estatuto da Criança e do Adolescente (Lei n. 8.069/90), bem como na Lei n. 8.560/92 (que trata da investigação de paternidade), e no Código Civil, em seu art. 1.596: "Os filhos, havidos ou não da relação de casamento, ou por adoção, terão os mesmos direitos e qualificações, proibidas quaisquer designações discriminatórias relativas à filiação" (ESTEFAM, 2011, p. 264).

Percebe-se, com isso, que o valor que visa proteger o Capítulo II é por demais relevante, sendo plenamente justificável a tutela penal.

Considerações nucleares

São elementos que compõem a figura típica do crime: a ação de promover, no registro civil, a inscrição de nascimento que não ocorreu, posto ser inexistente.

O verbo-núcleo do tipo deve ser interpretado no sentido de tomar providências, diligenciar, requerer, no registro civil, a inscrição de nascimento que não ocorreu ou de nascimento de natimorto (GRECO, 2010, p. 660).

Segundo Regis Prado, o delito em apreço estará configurado não só quando há o registro de um nascimento que não ocorreu, mas também no caso em que se registra nascimento de natimorto. Por conseguinte, aperfeiçoa-se o delito quando se afirma ter nascido filho de mulher que não deu à luz – quer por não se encontrar grávida, quer por ainda não ter ocorrido o parto – ou quando se declara vivo o natimorto (2012, p. 936).

Para Delmanto, "*Promover* tem o sentido de dar causa, requerer, provocar. A conduta deve visar à *inscrição* (registro) de *nascimento inexistente*, isto é, de nascimento que não existiu ou nascimento de natimorto" (2000, p. 454).

Segundo Noronha, o verbo-núcleo do tipo é promover, ou seja, diligenciar, propor, requerer (linguagem forense) e originar, provocar, causar etc. (linguagem comum), na espécie, o registro de nascimento que não se deu. Tal ocorre quando se diz nascido filho de mulher que não deu à luz, quer por não se achar grávida, quer porque não houve ainda a *délivrance*; ou quando se declara natimorto como tendo nascido vivo. Em ambos os casos não houve nascimento (apud GRECO, 2010, p. 660).

Ademais, no que diz respeito ao natimorto, determina o art. 53 da Lei n. 6.015/73: "Art. 53. No caso de ter a criança nascido morta ou no de ter morrido na ocasião do parto, será, não obstante, feito o assento com os elementos que couberem e com remissão ao do óbito. § 1º No caso de ter a criança nascido morta, será o registro feito no livro 'C Auxiliar', com os elementos que couberem. § 2º No caso de a criança morrer na ocasião do parto, tendo, entretanto, respirado, serão feitos os dois assentos, o de nascimento e o de óbito, com os elementos cabíveis e com remissões recíprocas".

Estefam aduz que o delito é de forma vinculada, posto ser imprescindível para sua consecução o emprego da falsidade, seja ela material ou ideológica, que se verifica com o ato de dar ao oficial do Cartório de Registro Civil informação equivocada. Todavia, como se verá adiante, o crime de falso será absorvido pelo crime do art. 214 do Código Penal, pois nele se exaure sua potencialidade lesiva (2011, p. 267).

Ao analisar o tipo penal, o autor sustenta que a essência da infração reside na promoção do nascimento inexistente, ou seja, no ato de declarar falsamente que se deu vida extrauterina a alguém. Pouco importa se a conduta foi ou não precedida de gravidez, se esta foi ou não interrompida, ou ainda se se trata de feto natimorto que se declara ter nascido com vida. O fundamental é que se efetue o registro de um ser fictício ou natimorto declarado vivo (2011, p. 267).

Por fim, frisa Estefam que, tendo por base o *modus operandi* do delito, qual seja, a falsidade, é preciso que o meio de que lançou mão o agente possua idoneidade, pois, em caso de meio absolutamente ineficaz para enganar o serventuário do registro civil, não há que se falar em crime algum, com fulcro no art. 17 do Código Penal. Neste caso, ocorre o que a doutrina e a legislação denominam crime impossível (2011, p. 267).

No que tange ao bem jurídico protegido, pode-se dizer que o delito de registro de nascimento inexistente tem o intuito de proteger o estado de filiação[209], o que se depreende do fato de estar alocado no Código Penal, no Capítulo II, referente aos crimes contra o estado de filiação, do Título VII, que trata dos crimes contra a família. Com a imputação do delito ao sujeito, protege-se também a regular constituição familiar.

---

[209] Acompanham esse entendimento: DELMANTO, 2000, p. 454; GRECO, 2010, p. 661; PRADO, v. 2, 2013, p. 935; JESUS, v. 3. 2002, p. 225; CUNHA, v. 3, 2009, p. 269; NUCCI, 2012, p. 878; MIRABETE, 2013. v. 3, p. 19.

Com isso, o texto legal visa proteger não somente o estado de filiação, mas vai além, alcançando também o vínculo jurídico e socioafetivo entre pais e filhos, independentemente da origem dessa relação.

Lacerda, de outro lado, afirmava que o crime em análise não trata de uma lesão ao estado de filiação, mas sim ao *status familiae*, pois não se prejudica o estado de filiação supondo-se um nascimento inexistente, um recém-nascido que nunca existiu. Prejudica-se efetiva ou potencialmente a família ou os seus membros a que se atribuiu, falsamente, a origem desse rebento inexistente (1959, p. 387).

Segundo Maggiore, o *status familiae* constitui o complexo de direitos pertencentes ao indivíduo desde o seu nascimento e compõe o direito de filiação. O *status familiae* revela que a pessoa advém de uma descendência, assim como o *status civitatis* demonstra que o cidadão é de determinada nacionalidade. Esse direito (*status familiae*) é a demonstração do lugar que o indivíduo ocupa na família e na sociedade e do qual surgem efeitos jurídicos (2011, p. 219).

Quanto ao objeto material do delito, a conduta recai sobre o registro que é levado ao Cartório de Registro Civil, pois é ali que será registrado um nascimento que não ocorreu. Consequentemente, a fé pública depositada nos documentos oficiais é abalada, pois, com a prática do crime, é tornado público um ato que, na verdade, é inexistente (PRADO, 2009, p. 269).

Não há previsão para a modalidade culposa, de modo que o delito em apreço somente pode ser praticado mediante dolo.

Para a configuração do delito, exige-se do sujeito a consciência da inexistência do nascimento levado a registro, pouco importando a motivação de que se serviu para a prática delitiva.

Por outro lado, atua em erro de tipo, por exemplo, o sujeito que leva a registro a inscrição de um feto natimorto, pensando que, com sua mera retirada do útero materno, após período gestacional transcorrido normalmente, estar-se-ia diante de um nascimento comum. Diante dessa situação, portanto, está configurado o erro de tipo, do qual se afasta o dolo e, por conseguinte, a infração penal, posto não haver previsão expressa de punição da conduta na modalidade culposa.

Em teoria, por se tratar de um crime comum, qualquer pessoa pode atuar como sujeito ativo, inclusive o oficial de registro civil. Entretanto, é de se discutir se o delito de registro de nascimento inexistente não pressupõe qualidade ou condição especial para sua consecução[210].

Prado ilustra ao dizer que: "É bem possível que o agente seja pessoa estranha à família aqueles indicados como pais da criança inexistente ou, ainda, oficial do

---

[210] Acompanham esse entendimento: DELMANTO, 2000, p. 454; GRECO, 2010, p. 661; PRADO, 2013, p. 936; JESUS, 2002, v. 3, p. 225; CUNHA, 2009, v. 3, p. 269; NUCCI, 2012, p. 878.

Registro Civil. O médico que forneça o atestado de nascimento inexistente e as testemunhas do suposto nascimento podem figurar como partícipes do delito em estudo. De outro lado, são coautores do delito o pai e mãe fictícios que promovem a falsa inscrição no Registro Civil (2013, p. 936).

Figura como sujeito passivo desse delito o Estado, pois a fé pública de seus documentos, os quais possuem presunção de veracidade, é debilitada em face da conduta do agente. Acrescente-se que também poderá ser considerada sujeito passivo do delito qualquer pessoa que porventura vier a sofrer algum prejuízo com o uso do registro de nascimento inexistente[211].

Sujeito passivo são os pais a quem o nascimento inexistente foi atribuído e os demais membros de sua família e, quando não autores do delito, as pessoas a quem se atribui a paternidade ou maternidade fictícias, ou os demais prejudicados pelo crime. Lesa-se, ainda, o Estado, já que o delito constitui evidente ofensa à fé pública no que toca aos documentos relativos ao estado de filiação (ESTEFAM, 2011, p. 268).

Trata-se de crime formal que se consuma no momento em que é realizada a inscrição do nascimento inexistente no Cartório de Registro Civil, não sendo necessário que se comprove o efetivo prejuízo de alguém[212].

A tentativa é admitida, pois, em que pese se tratar de um crime formal, é possível fragmentar o *iter criminis* (ESTEFAM, 2011, p. 268). Neste caso, para Noronha, "se o agente faz a declaração, mas esta não é inscrita, seja porque o oficial desconfia, seja pela intervenção de terceiro, não se passou da execução, ficando o delito em grau de tentativa" (2010, p. 661).

O verbo-núcleo do tipo "promover" traz a ideia de uma conduta comissiva, de modo que o agente deve realizar uma conduta positiva, um *facere*, com o fim de registrar o nascimento inexistente (GRECO, 2010, p. 662).

Todavia, é possível a ocorrência do delito por omissão imprópria. Cometerá também o crime o sujeito que possui *status* de garantidor (art. 13 do CP) e que, mesmo tendo ciência da falsidade das declarações que serão levadas a registro, se omite e não age com o fim de impedir a inscrição falsa do nascimento inexistente (GRECO, 2010, p. 662).

Em determinados casos, para obter a inscrição do nascimento inexistente no Cartório de Registro Civil, pode ser que, primeiramente, o agente tenha cometi-

---

[211] Acompanham esse entendimento: DELMANTO, 2000, p. 454; GRECO, 2010, p. 661; PRADO, v. 2, 2013, p. 936; JESUS, v. 3, 2002, p. 225; CUNHA, 2009, v. 3, p. 269; NUCCI, 2012, p. 878; BITENCOURT, 2004, v. 4, p. 219-220.

[212] Acompanham esse entendimento: DELMANTO, 2000, p. 454; GRECO, 2010, p. 661; PRADO, 2013, v. 2, p. 936; JESUS, 2002, v. 3, p. 225; CUNHA, 2009, v. 3, p. 269; NUCCI, 2012, p. 878; ESTEFAM, 2011, v. 3, p. 268; BITENCOURT, 2004, v. 4, p. 220.

do um delito de falsidade ideológica. Greco exemplifica ao mencionar o caso daquele que forja os dados constantes de um documento utilizado pela maternidade onde supostamente teria nascido a criança, onde são consignados os nomes dos pais, dos avós, o sexo, o horário do nascimento etc., individualizando, pois, corretamente, aquela pessoa que, em tese, acabara de nascer. Contudo, embora possa ter havido a inscrição de nascimento inexistente com fundamento em documento falso ideologicamente, este último delito fica absorvido por aquele, vale dizer, o crime-meio (falsidade ideológica) é absorvido pelo delito-fim (registro de nascimento inexistente) (GRECO, 2010, p. 659-660). É o que a doutrina chama de princípio da consunção ou absorção.

Delmanto também acompanha esse entendimento, sustentando que os delitos de falsidade e de uso de documento falso são absorvidos pelo delito de registro de nascimento inexistente. Estefam, por sua vez, leciona que boa parte das condutas tipificadas, ademais, envolve atos materiais de inequívoca falsidade ideológica. Em que pese essa inegável natureza, e, com ela, a lesão à fé pública (confiança na veracidade e legitimidade que os documentos devem acarretar), preferiu o legislador inseri-los no seio dos crimes contra a família, pois é contra ela que se projetam as consequências das infrações correspectivas (2000, p. 264-265).

O art. 241 do CP prevê em seu preceito secundário uma pena de reclusão de 2 (dois) a 6 (seis) anos para o agente que proceder à inscrição de nascimento inexistente no Cartório de Registro Civil.

Considerações finais

A ação penal é de iniciativa pública incondicionada e terá procedimento comum ordinário.

A saber, prescrição é causa de extinção da punibilidade e que se configura com o decurso do tempo somado à inércia do Estado em exercer o seu direito de punir.

Segundo Estefam, tal prazo pode decorrer antes ou depois do trânsito em julgado da ação penal, desencadeando o que a doutrina denomina, respectivamente, como prescrição da pretensão punitiva e prescrição da pretensão executória (2011, p. 268-269).

Outrossim, o direito de punir do Estado inicia-se com a consumação do delito, conforme o art. 111, inciso I, do Código Penal. Não obstante isso, há exceções à regra. No delito de bigamia ou de falsificação/alteração de assentamento de registro civil, o prazo prescricional inicia-se somente a partir do momento em que o fato se torna conhecido. Afinal, o delito é cometido às escondidas, de forma que nem as vítimas dele têm consciência de sua ocorrência, fazendo-o somente quando o fato se torna público.

Esclarece o art. 111, inciso IV, do Código Penal: "A prescrição, antes de transitar em julgado a sentença final, começa a correr: (...) IV – nos de bigamia e nos de falsificação ou alteração de assentamento do registro civil, da data em que o fato se tornou conhecido".

E não poderia ser diferente, pois, se o prazo começasse a fluir a partir do dia da consumação do delito, não seria possível a punição desse crime em razão do decurso do tempo entre o dia da sua ocorrência e o de sua descoberta.

Diante disso, o prazo prescricional desse delito é exceção à regra de que a contagem se inicia no dia em que o crime se consumou. Como determina o dispositivo supracitado, somente será iniciada a contagem da prescrição a partir do momento em que o fato se torna conhecido.

Com isso, indaga-se se o fato deve se tornar conhecido de qualquer pessoa ou de uma autoridade pública (delegado de polícia, representante do Ministério Público, juiz de direito). Apesar de se tratar de questão controversa, domina o entendimento de que a contagem do prazo prescricional deve ser iniciada no instante em que a autoridade pública toma conhecimento do delito.

Ao tratar do tema, Estefam sustenta que o crime em apreço, ao tratar de uma violação ao direito de filiação de alguém, pode ensejar, no curso da ação, uma análise quanto ao estado civil da vítima. Trata-se, pois, de uma questão prejudicial, na qual se busca esclarecer qual o verdadeiro estado familiar do ofendido (2011, p. 265-266).

Diante disso, a legislação processual penal determina que, caso o magistrado verifique a verossimilhança da alegação relativa ao estado de filiação e conclua que a sua solução influenciará o desfecho da lide, deverá suspender o curso da ação penal, pois o juiz criminal não poderá decidir sobre a matéria.

A suspensão do processo criminal é cogente, pois impõe o art. 92 do Código Penal: "Art. 92. Se a decisão sobre a existência da infração depender da solução de controvérsia, que o juiz repute séria e fundada, sobre o estado civil das pessoas, o curso da ação penal ficará suspenso até que no juízo cível seja a controvérsia dirimida por sentença passada em julgado, sem prejuízo, entretanto, da inquirição das testemunhas e de outras provas de natureza urgente".

Desta feita, caso haja incerteza idônea sobre o estado civil de pessoa, será suspenso o curso da ação penal até que a dúvida seja sanada na esfera cível, pois se trata de questão prejudicial. Nesse ínterim, também será suspenso o prazo da prescrição da pretensão punitiva, conforme o art. 116, inciso I.

Vale ressaltar, por fim, a Súmula 415[213] do STJ, que determina que a suspensão da prescrição não poderá ir além do tempo superior da prescrição da pretensão punitiva em abstrato, que nada mais é que aquela resultante do cotejo entre a pena máxima aplicada com a "tabela" trazida pelo art. 109 do Código Penal.

---

[213] A Súmula 415 do STJ diz que: "O período de suspensão do prazo prescricional é regulado pelo máximo da pena cominada".

Parto suposto. Supressão ou alteração do direito inerente ao estado civil de recém-nascido

Art. 242. Dar parto alheio como próprio; registrar como seu o filho de outrem; ocultar recém-nascido ou substituí-lo, suprimindo ou alterando direito inerente ao estado civil:

Pena – reclusão, de 2 (dois) a 6 (seis) anos.

Parágrafo único. Se o crime é praticado por motivo de reconhecida nobreza:
Pena – detenção, de 1 (um) a 2 (dois) anos, podendo o juiz deixar de aplicar a pena.

Bibliografia: CUNHA, Rogério Sanches. *Manual de direito penal:* parte especial (arts. 121 ao 361). 5. ed. Salvador: JusPodivm, 2013; FARIA, Bento de. *Código Penal brasileiro.* Rio de Janeiro: Livraria Jacintho Editora, 1943. v. 5. GRECO, Rogério. *Código Penal comentado.* Niterói: Impetus, 2008; NORONHA, Edgard Magalhães. *Direito penal.* 24. ed. São Paulo: Saraiva, 1999. v. III; PRADO, Luiz Regis. *Curso de direito penal brasileiro.* 10. ed. São Paulo: RT, 2011. v. 2: parte especial, arts. 121 a 249.

Considerações gerais

O Capítulo II do Título que trata dos crimes contra a família no Código Penal brasileiro traz os delitos contra o Estado de filiação, dentre os quais se preveem condutas atentatórias ao recém-nascido, à família, à fé nos registros públicos e, portanto, ao Estado.

O art. 242 se inicia com a previsão da modalidade criminosa do parto suposto, seguindo-se pelo registro de filho alheio como próprio, conduta que foi introduzida pela Lei n. 6.898, de 1981, e ficou conhecida popularmente como "adoção à brasileira", não constando da redação original do Código. Mais além, seguem-se as condutas da ocultação e substituição de recém-nascido.

O bem jurídico primariamente protegido é a segurança e a certeza do estado de filiação do recém-nascido, a fim de contraestimular e reprovar as condutas dirigidas a prejudicar o vínculo da criança com a sua família, e o conhecimento futuro de sua identidade e estado civis.

Ainda, se a conduta lesiona a fé pública relativa ao registro civil, o tipo penal busca também tutelar o aspecto de confiança nas estruturas e funcionalidades do Estado, entre as quais se inclui o registro e a publicidade das identidades pessoais.

O resultado normativo se dá com a lesão ao estado de filiação, independentemente da existência de qualquer resultado naturalístico no delito. Apenas na modalidade de registro como seu de filho de outrem o resultado se dá com o efetivo registro.

Considerações nucleares

Em regra, com exceção da modalidade "dar parto alheio como próprio", em que só pode ser sujeito ativo do crime aquela capaz de realizar parto (uma mulher, portanto), no presente caso, qualquer pessoa pode ser o sujeito ativo, independentemente do sexo. Na primeira hipótese, o crime é próprio, e nas demais se consubstanciam crimes comuns.

Com relação aos sujeitos passivos, abre-se discussão mais específica. Os sujeitos passivos imediatos são o Estado, lesado no interesse pela formação regular da família e pela fraude no registro (2ª modalidade) e estado civil, a criança, que tem diminuídos seus direitos da personalidade, e aqueles que tiveram seus direitos alterados em face do delito, como os outros filhos, o cônjuge e terceiros, como nos casos daqueles que tiveram o filho substituído.

Veem-se no *caput* do art. 242 do Código Penal quatro modalidades típicas alternativas, sendo o delito de ação múltipla, ou de conteúdo variado. A pluralidade de comportamentos típicos forma, assim, um tipo misto cumulativo, em que a comissão de mais de um dos verbos núcleos do tipo enseja a incriminação mediante o concurso material de delitos (art. 69 do CP).

São condutas tipificadas pelo art. 242: i) parto suposto; ii) registro de filho alheio como próprio; iii) supressão de direito inerente ao estado civil de recém-nascido; e iv) alteração de direito inerente ao estado civil de recém-nascido.

Para além das modalidades do *caput*, o Código Penal trouxe a possibilidade da comissão na forma privilegiada para as primeiras duas condutas (parto suposto e registro de filho alheio como próprio), que coexistem alternativamente com a possibilidade do perdão judicial, ambos os casos pautados na reconhecida nobreza que tenha eventualmente levado ao cometimento das condutas previstas no *caput*.

Na modalidade do "parto suposto", a mulher (e apenas ela, por se tratar de crime próprio) atribui a si a maternidade de filho alheio, sem que para tanto gere registro falso, o que por sua vez incorre na segunda conduta típica, a ser vista adiante. Exige-se situação em que a agente simule a gravidez e o parto e se apresente socialmente com a criança como sendo, por suposto, sua mãe. Ainda, pode ocorrer nos casos em que a falsa mãe substitui o natimorto por filho de outrem (PRADO, 2011, p. 939).

Interessante ressaltar, remetendo-se a Faria, que "A simulação, por si só, seja de prenhez, seja da parturição, não constitui crime; pode ser um fato de caráter todo particular com que nada tem a ver a justiça pública..." (1943, p. 216), justamente por não afetar direitos de terceiros ou sequer o valor da confiança no registro público ou no estado e qualidade civil do nascente.

Aqui a tipicidade objetiva se perfaz mediante a criação de situação duradoura que demonstre a introdução da criança na família, é dizer, que altere o seu *status familiae* (NORONHA, 1999, p. 284), como resultado normativo. A simples afirmação de que certa criança é seu filho não aperfeiçoa o crime, sendo necessária sua apresentação como tal diante do meio social.

A consumação se dá assim que criada a situação que de fato provoque a alteração do *status familiae* da criança, admitindo-se tentativa à medida que a conduta típica da falsa mãe não privar o direito do neonato, mesmo que pautada na criação de um risco efetivamente não permitido pelo ordenamento.

A segunda modalidade típica se assemelha à primeira, diferenciando-se pelo fato de que aqui se faz constar no registro público do nascimento da criança a filiação falsa. Tal conduta se popularizou no Brasil como maneira de burlar o procedimento regular exigido para a adoção, por tal motivo chamado de "adoção à brasileira" (CUNHA, 2013, p. 566).

É comum o registro de filho alheio como próprio, principalmente entre parentes ou amigos, a fim de prestar ajuda a quem não tem condições de criar e cuidar de seu filho, surgindo, a partir daí, a modalidade derivada do parágrafo único do art. 242 do Código Penal, que visa privilegiar a nobreza de tais atos permitindo a redução dos limites de pena e, em certos casos, a critério do Juiz, a própria não aplicação de sanção, a título de perdão judicial (GRECO, 2008, p. 997). Nos casos de incidência do parágrafo único do art. 242 do Código Penal, no entanto, condiciona-se o privilégio ou o perdão a um elemento subjetivo do injusto, o "motivo de reconhecida nobreza".

Mais além, o crime de falsidade ideológica, constante do art. 299 do Código Penal, é absorvido pelo delito presente, segundo o critério da consunção, não havendo dupla persecução penal ou mesmo confusão na subsunção de uma ou outra regra, por haver conflito de normas meramente aparente.

Observa-se, quanto à tipicidade objetiva, que o bem jurídico é lesado com a aposição da informação falsa em registro público, que lesa o estado de filiação do recém-nascido e a fé pública, havendo resultado naturalístico e normativo coincidentes. A tentativa estará presente sempre que houver condutas voltadas à prática do delito, mas que, a partir da própria definição do crime tentado, não alcançarem o resultado típico por motivos alheios à vontade do autor.

Ocorrerá a tentativa, assim, quando não atingido o momento consumativo do delito, que por sua vez é o efetivo registro das informações falsas em cartório.

O crime também pode ser cometido por conduta de supressão de direito inerente ao estado civil do recém-nascido, nesse caso por sonegação da própria existência do neonato. Para tanto, não é necessária a ocultação material propriamente dita: basta que haja a não apresentação da criança por meio do registro.

Note-se que da mera desídia na submissão do neonato a registro não se perfaz crime, já que é necessário um especial fim de agir por parte do autor, consistente na finalidade específica de privar direito do recém-nascido, como a finalidade de que não figure como herdeiro.

Há o resultado normativo e, por conseguinte, a consumação do crime apenas se houver a privação de direito afeto ao estado civil da criança. Não resultando, pois, a privação ou supressão de direito por meio da ocultação, há que se falar apenas em tentativa (GRECO, 2010, p. 242).

Importa dizer que nessa alternativa de conduta, por haver apenas um neonato envolvido, somente há crime se nascer vivo, já que não se atribuem direitos, e, portanto não podem ser estes suprimidos, ao natimorto.

Da mesma forma que na conduta anterior, pode o crime ser cometido com a supressão de direito inerente ao estado civil do recém-nascido; entretanto, aqui mediante a substituição do recém-nascido, com a sua troca por outra criança e a consequente supressão dos direitos ligados ao estado de filiação.

Ao permanecer sob os cuidados (ou descuidos) de família que não a sua, com outra criança se passando por si, o neonato tem maculados os direitos afetos à filiação e à identidade. Aqui é relevante ressaltar que se pratica o crime com a troca de criança viva ou natimorta, importando apenas a inserção da criança (uma delas apenas, no caso do natimorto) em outra família, de modo que receba nome e direitos que não são os seus, com isso havendo alteração de seu estado civil.

Não é necessária a formalização do delito por meio do registro, já que a substituição do neonato pode se dar antes ou depois de registradas as crianças, aperfeiçoando-se o delito mediante uma situação formal ou material que provoque a modificação de direito relacionado ao estado civil do recém-nascido, sendo daí decorrente um especial fim de agir exigido para o aperfeiçoamento do delito (PRADO, 2011, p. 941).

Consuma-se o ilícito, da mesma forma que na modalidade descrita no tópico acima, apenas se houver a privação de direito afeto ao estado civil da criança. Se da substituição não resultar a privação ou supressão do direito, não há a objetivação de crime consumado, mas apenas tentativa (GRECO, 2010, p. 999).

O tipo subjetivo em todas as figuras do crime é constituído pelo dolo. Nas duas últimas modalidades, quais sejam, a ocultação ou substituição de recém-nascido, exige-se a comissão mediante um especial fim de agir, consistente no propósito direcionado a suprimir ou alterar direito do neonato inerente ao seu estado civil (PRADO, 2011, p. 942).

Não há, para nenhuma das condutas típicas, a previsão da modalidade culposa.

O erro de tipo poderá incidir em todas as condutas previstas no art. 242 do Código, excluindo a tipicidade e, portanto, o delito em todas elas, como no caso de alteração do estado civil de recém-nascido em que as crianças são trocadas na maternidade, entretanto por acidente.

Importante incidência seria a do erro de proibição, que surge nos casos em que se registra criança abandonada como próprio filho entendendo estar agindo de forma lícita.

O parágrafo único do art. 242 do Código Penal prevê uma causa de diminuição de pena que, em verdade, por alterar mínimo e máximo de pena, perfaz tipo privilegiado.

Havendo o agente praticado a conduta por motivo de reconhecida nobreza, generosidade, altruísmo, incide-lhe pena de detenção de 1 (um) a 2 (dois) anos, em detrimento da pena cominada no *caput*, que oscila entre 2 (dois) e 6 (seis) anos de reclusão.

Ainda, o que aqui se coloca como privilégio é diminuição de pena que age sobre a culpabilidade: sendo a culpabilidade do agente menor, por ter agido com nobreza, deve o Juiz em contrapartida reduzir a pena (PRADO, 2011, p. 942-943).

Em tese, o privilégio se aplica a todas as modalidades de conduta previstas no *caput* e, a depender do julgamento do magistrado no caso concreto, pode até se deixar de aplicar a pena, concedendo-se o perdão judicial pautado na mesma condição de ter o crime sido cometido por motivação reconhecidamente nobre.

O benefício, respeitada a margem de discricionariedade do Juiz para escolher a melhor alternativa político-criminal entre privilégio e perdão, é direito subjetivo do agente, devendo ser aplicado se presentes os requisitos (CUNHA, 2013, p. 567).

Considerações finais

Para os delitos previstos no *caput,* a pena é de 2 (dois) a 6 (seis) anos de reclusão. Se o delito for cometido por motivo de reconhecida nobreza, a pena é diminuída, passando a ser determinada entre 1 (um) e 2 (dois) anos de detenção, sendo mais brando, assim, o próprio regime de início de cumprimento de pena.

Sendo privilegiado, o delito permite aqui a aplicação da substituição por pena restritiva de direitos, bem como o julgamento no Juizado Especial Criminal, sob o rito consagrado pela Lei n. 9.099/95, sendo aplicáveis os benefícios da suspensão condicional do processo (pena mínima até um ano) e da transação penal (pena máxima até dois anos).

A ação penal será sempre, independentemente de ser o delito praticado sob a descrição do *caput* ou do parágrafo único, pública e incondicionada.

O prazo prescricional na modalidade de registro de filho alheio como próprio começa a correr da data em que o fato se tornar conhecido, aplicando-se o disposto no art. 111, inciso IV, do Código Penal. Nos demais casos, aplica-se a regra geral do art. 111, inciso I, do Código.

Sonegação de estado de filiação

Art. 243. Deixar em asilo de expostos ou outra instituição de assistência filho próprio ou alheio, ocultando-lhe a filiação ou atribuindo-lhe outra, com o fim de prejudicar direito inerente ao estado civil:

Pena – reclusão, de 1 (um) a 5 (cinco) anos, e multa.

Bibliografia: CUNHA, Rogério Sanches. *Manual de direito penal:* parte especial (arts. 121 ao 361). 5. ed. Salvador: JusPodivm, 2013; FARIA, Bento de. *Código Penal* *brasileiro*. Rio de Janeiro: Livraria Jacintho Editora, 1943. v. 5; GRECO, Rogério. *Código Penal comentado*. Niterói: Impetus, 2008; HUNGRIA, Nélson. *Comentários ao Código Penal*. Rio de Janeiro: Forense, 1956. v. VIII; NORONHA, Edgard Magalhães. *Direito penal*. 24. ed. São Paulo: Saraiva, 1999. v. III; PRADO, Luiz Regis. *Curso de direito penal brasileiro*. 10. ed. São Paulo: RT, 2011. v. 2: parte especial, arts. 121 a 249.

Considerações gerais

Ainda aqui se permanece tutelando a organização da família e o estado de filiação sob tipo penal que carrega semelhança com as condutas do art. 242, já que aqui o agente se utiliza do intuito de prejudicar direito afeto ao estado de filiação da criança, que lá está presente, todavia mediante a exposição à instituição de assistência.

O delito de sonegação do estado de filiação estava previsto no Código Penal de 1890 entre os crimes contra a segurança do estado civil. Agora, sob a redação do Código de 1940, ampliaram-se os contornos da conduta e se colocou a figura entre os delitos contra a família, no capítulo que trata dos crimes contra a filiação (PRADO, 2011, p. 945).

O abandono de que trata o tipo penal pode se dar pelos pais ou mesmo por quem não possui qualquer vínculo com a criança, desde que a deixe em instituição destinada ao abrigo de crianças abandonadas ou similar (GRECO, 2008, p. 1002).

Ainda, a caracterização do delito se vincula à não informação à instituição em que é abandonada a criança da sua real filiação, seja por meio de ocultação da verdade ou de atribuição de filiação falsa. Para Hungria, elemento do crime é o conhecer do agente da filiação da criança que expõe, e ocultá-la, isto é, no caso, deixar de a declarar, ou declará-la falsamente. Assim, se alguém, ocultando o estado civil de uma criança, a depõe em uma casa particular, e o dono da casa, a seu turno, a deixa no asilo, não se configura o crime a cargo do último (HUNGRIA, 1956, p. 398).

Deixada a criança, por sua vez, em local que não os descritos na redação do artigo, ou similares, configura-se crime outro, qual seja, o abando de incapaz, previsto no art. 133 do Código Penal, ou mesmo a exposição ou o abandono de recém-nascido, tipificado no art. 134 do mesmo diploma legal.

Considerações nucleares

Aqui é tutelada a família e sua organização, com ênfase na sua posição no ordenamento jurídico. Para além da família, tutela-se a segurança quanto ao estado de filiação que é violado ou prejudicado por meio da conduta.

Mais uma vez se dá o resultado normativo com lesão ao estado de filiação, seja por meio de sua ocultação ou da atribuição de outro, uma vez ser este o bem jurídico notadamente protegido.

Qualquer pessoa pode ser sujeito praticante do crime de sonegação do estado de filiação, uma vez que a descrição do tipo não exige qualquer condição ou especialidade do sujeito ativo que justifique não poder ser o crime praticado por indivíduo qualquer.

Apesar da distinção que se faz entre "deixar em asilos expostos ou outra instituição de assistência filho **próprio ou alheio**" (g. n.), tal peculiaridade não restringe a autoria, apenas afirmando o fato de que o sujeito ativo pode ser qualquer um, mesmo que não tenha qualquer vínculo de parentesco com a vítima (PRADO, 2011, p. 945).

Sujeitos passivos, a sua vez, são a própria criança que tem seu estado de filiação alterado ou sonegado, e o Estado, ainda que não tenha sido registrado o menor (CUNHA, 2013, p. 568).

A conduta típica consiste em deixar filho próprio ou alheio em asilo de expostos ou outra instituição de assistência, ocultando sua filiação ou lhe atribuindo filiação diversa com o intuito de lesar direito inerente ao estado civil, independentemente de estar a criança registrada ou não (PRADO, 2011, p. 946).

O simples abandono nos lugares apontados no art. 243 do Código Penal enseja a prática do crime quando acompanhado da criança foram deixadas declarações ou documentos que indiquem com segurança a sua verdadeira filiação (FARIA, 1996, p. 222).

Pode o delito ser comissivo ou omissivo, à medida que se refere o tipo a uma ação, qual seja, a de deixar ou abandonar, e ao mesmo tempo vincula essa ação a um não impedimento do resultado, por omissão, em virtude da presença de um dever de agir (PRADO, 2011, p. 946). É hipótese de delito omissivo impróprio, ou praticado por comissão por omissão, uma vez que o sujeito não evita o resultado de alteração do estado de filiação, podendo e devendo fazê-lo, enquanto tem um dever especial de assistência (uma posição de garantidor).

Quanto à consumação, o crime se perfaz com o abandono do menor, com a consequente ocultação de sua filiação ou a equivalente atribuição falsa (CUNHA, 2013, p. 569).

A tentativa é plenamente possível, em decorrência da possibilidade de fracionamento da conduta e, em adição, ocorre quando há o abandono da criança, entretanto sem a alteração ou a sonegação efetiva de seu estado de filiação, por circunstâncias diversas.

O tipo subjetivo aqui se perfaz com o dolo, a partir do conhecimento realizado pelo sujeito de deixar a vítima em asilo de expostos, instituição de assistência ou similar, a fim de ocultar-lhe a filiação ou de lhe atribuir filiação diversa da verdadeira.

Na concepção ontológica de Direito Penal, há além do dolo inerente à conduta, a necessidade de se configurar um especial fim de agir ou elemento subjetivo especial do delito, qual seja, o fim específico de ofender o estado de filiação da criança ou direito relacionado (NORONHA, 2015, p. 289). Já na concepção finalista, há apenas o dolo.

Considerações finais

A pena cominada pela lei ao crime de sonegação de estado de filiação é de reclusão de 1 (um) a 5 (cinco) anos, cumulada com multa, conforme a redação do art. 243.

Por ser a pena mínima aplicável de até um ano, incide a suspensão condicional do processo, procedimento previsto em benefício do réu na Lei n. 9.099/95, que rege o processo e procedimento dos Juizados Especiais Criminais.

Capítulo III
Dos crimes contra a assistência familiar

Abandono material
Art. 244. Deixar, sem justa causa, de prover a subsistência do cônjuge, ou de filho menor de 18 (dezoito) anos ou inapto para o trabalho, ou de ascendente inválido ou maior de 60 (sessenta) anos, não lhes proporcionando os recursos necessários ou faltando ao pagamento de pensão alimentícia judicialmente acordada, fixada ou majorada; deixar, sem justa causa, de socorrer descendente ou ascendente, gravemente enfermo:
Pena – detenção, de 1 (um) a 4 (quatro) anos, e multa, de uma a dez vezes o maior salário mínimo vigente no País.
Parágrafo único. Nas mesmas penas incide quem, sendo solvente, frustra ou ilide, de qualquer modo, inclusive por abandono injustificado de emprego ou função, o pagamento de pensão alimentícia judicialmente acordada, fixada ou majorada.

Bibliografia: BITENCOURT, C. R. *Tratado de direito penal:* parte especial. São Paulo: Saraiva, 2004; JESUS, Damásio E. de. *Imputação objetiva*. 3. ed. São Paulo: Saraiva, 2000; FABBRINI, R. N. e MIRABETE, J. F. *Manual de direito penal*. 25. ed. São Paulo: Atlas, 2011; FERRAJOLI, Luigi. *Derecho e razón*. Madrid: Trotta, 1995; FRAGOSO, H. C. *Lições de direito penal*. 3. ed. Rio de Janeiro: Forense, 1998; GONZAGA, J. B. Do crime de abandono de família, *RT*, 374, 1966; JAKOBS, Günther. *Derecho penal:* parte general. Madrid: Marcial Pons, 1997; MAGGIORE, Giuseppe. *Derecho penal*. Bogotá: Temis, 1954; NUCCI, Guilherme de Souza. *Código Penal comentado*. 11. ed. rev. atual. e ampl. São Paulo: RT, 2012; PAGLIUCA, José Carlos G. *Imputação objetiva:* a autocolocação sob perigo e o princípio da confiança. Disponível em: http://jus.com.br/artigos/4931/imputacao-objetiva#ixzz2d8SowDuN; PENTEADO, Jaques Camargo. *A família e a justiça penal*. São Paulo: RT, 1998; PIERANGELI, José Henrique e

ZAFFARONI, Eugenio Raúl. *Da tentativa*. São Paulo: RT, 1988; PRADO, Luiz Regis. *Bem jurídico-penal e Constituição*. 6. ed. São Paulo: RT, 2013; RAMÍREZ, Juan Bustos. *Manual de derecho penal*. Barcelona: Ariel, 1989; REALE JÚNIOR, Miguel. *Direito penal:* jurisprudência em debate – crimes contra a dignidade sexual, crimes contra a família, crimes contra incolumidade pública, crimes contra a paz pública, crimes contra a fé pública. São Paulo: GZ Editora, 2011. v. 3; SANTOS, Juarez Cirino dos. *Direito penal:* parte geral. 2. ed. Curitiba: Lumen Juris, 2007; ROXIN, Claus. *Problemas fundamentais de direito penal*. Lisboa: Vega, 1986; TAVARES, Juarez. *As controvérsias em torno dos crimes omissivos*. Rio de Janeiro: Instituto Latino-Americano de Cooperação Penal, 1996; ZAFFARONI, Eugenio Raúl, BATISTA, Nilo, SLOKAR, Alejandro e ALAGIA, Alejandro. *Direito penal brasileiro*. Rio de Janeiro: Revan, 2010. v. 2. Teoria do delito: Introdução histórica e metodológica, ação e tipicidade.

Considerações gerais

Sabe-se que os princípios da fragmentariedade, subsidiariedade e da proteção exclusiva de bens jurídicos, juntos, trazem a ideia de intervenção mínima do Direito Penal, de modo a formar a *ultima ratio*. Dessa maneira, o Direito Penal não cuida de todas as relações e situações, sendo destinado apenas a fragmentos, ou seja, às relações mais relevantes em um aspecto axiológico. Só haverá o ingresso do Direito Penal na solução de um conflito quando os demais ramos do Direito não se mostrarem aptos a tutelar devidamente os bens relevantes na vida do indivíduo e da própria sociedade. Assim, somente deverá atuar nas situações de extrema importância para a vida, uma vez que o Direito Penal é sério e extremo, sendo que, quando usado de forma contrária, pode levar ao totalitarismo.

Neste compasso, a legislação penal, neste capítulo recepcionada pelo art. 226 da Constituição Federal, e pelos arts. 1.583, 1.581, 1.630, dentre outros, do Código Civil, estabelece o campo de obrigações entre pessoas vinculadas por parentesco sanguíneo ou legal, buscando garantir condições mínimas de subsistência.

Seguindo tal raciocínio, surgem as indagações acerca da real necessidade de tipificação jurídico-penal do delito de abandono material. Questiona-se se o Direito Penal, enquanto *ultima ratio*, seria o meio necessário para tutelar as relações familiares, uma vez que o Direito Civil já atua na proteção da família. Trata-se, pois, de questão delicada, pois o Direito Penal, no intuito de salvaguardar as relações fraternais, poderia, ao contrário, lesioná-las, dada a sua extremidade.

Assim, qual a razão de ser da intervenção do Direito Penal no âmbito das relações familiares, que, por si sós, são dotadas de fragilidade? O diploma penal, tendo em vista a vital importância da obrigação de prover o sustento e o abrigo decorrente da relação de parentesco prevista no âmbito civil, alçou o seu descumprimento ao grau de delito. E a justificativa está, justamente, na importância do instituto familiar para o cenário jurídico, social, econômico, político e religioso.

Ao longo da história, o crime de abandono familiar buscou a proteção da solidariedade existente entre os familiares e, supostamente, da união entre os membros do núcleo familiar, ainda que dissolvido (REALE JÚNIOR, 2011, p. 94).

No crime de abandono material há um dever de assistência recíproca, o qual se consubstancia em imperativo previsto no art. 229 da Constituição Federal: "Os pais têm o dever de assistir, criar e educar os filhos menores, e os filhos maiores têm o dever de ajudar e amparar os pais na velhice, carência e enfermidade".

Tutela-se, assim, o organismo familiar, buscando assegurar a subsistência e o amparo de seus membros. O Direito Penal torna-se, pois, imprescindível para assegurar as condições de vida, o desenvolvimento e a paz social, tendo em vista o postulado maior da liberdade e da dignidade da pessoa humana (PRADO, 2013, p. 72).

O diploma penal visa tutelar a família, no sentido de ver cumprida a regra do Código Civil que determina a necessidade de assistência material recíproca entre os parentes.

Trata-se a família de um bem jurídico penalmente relevante, recebendo o devido amparo constitucional por ser indispensável ao desenvolvimento da sociedade. O legislador buscou proteger os membros do organismo familiar, criando sanções punitivas para atos atentatórios à entidade familiar.

A Constituição Federal, em seu art. 226, dispõe que: "A família, base da sociedade, tem especial proteção do Estado". O Estado protege as relações familiares por entender que se trata de uma entidade fundamental ao desenvolvimento do convívio social, da preservação de valores, da cultura e da segurança jurídica.

Penteado afirma que o Direito Penal deve buscar na Constituição os bens que lhe cabe proteger aplicando suas sanções, já que no diploma constitucional estão os valores criadores dos bens jurídicos. O penalista deve por eles orientar-se, cabendo aos operadores de direito, em função da relevância social desses bens, tê-los obrigatoriamente presentes, inclusive a eles se limitando, no processo de formação da tipologia criminal, pois, como ponto de vista do Estado brasileiro, a dignidade da pessoa humana está diretamente relacionada ao dever jurídico de dar proteção à família (PENTEADO, 1998, p. 32).

Considerações nucleares

O crime de abandono material somente pode ser imputado àquele que tem o dever legal de prover a subsistência do sujeito passivo. Podem ser sujeitos ativos o cônjuge que deixa de prover à subsistência do outro; o pai ou a mãe que deixa de prover à subsistência de filho menor de 18 anos ou inapto para o trabalho; o descendente (filho, neto, bisneto), que deixa de proporcionar recursos necessários a ascendente inválido ou valetudinário; ou qualquer pessoa que deixa de socorrer ascendente ou descendente gravemente enfermo (FRAGOSO, 1998, p. 127).

Conforme lição de Bitencourt, a adoção do concurso eventual de pessoas, mesmo que o participante não reúna a condição especial exigida pela descrição típica, é plenamente possível (2004, p. 147).

No polo passivo do delito podem constar o cônjuge, o filho menor de dezoito anos ou inapto para o trabalho, o ascendente inválido ou maior de sessenta anos de idade, o ascendente ou o descendente gravemente enfermo.

Mirabete afirma que irá responder pelo crime previsto no art. 244 do Código Penal o marido que deixa de prover o sustento dos filhos do casal, ainda quando a mulher seja saudável e capaz de trabalhar (2011, p. 29). Assim, ambos os cônjuges são responsáveis pela mútua assistência e pelos encargos da família, na proporção de seus bens e dos rendimentos do trabalho, independentemente do regime patrimonial, sendo também recíproco o dever de prestar alimentos.

Ainda, os descendentes (netos, bisnetos) só serão sujeitos passivos se o agente estiver obrigado ao pagamento de pensão alimentícia ou se estiverem gravemente enfermos, isso porque a lei não os inclui na primeira figura típica do art. 244 do Código Penal brasileiro (FABBRINI; MIRABETE, 2011, p. 30).

A justa causa é o elemento normativo do tipo. Assim, para que se configure o delito de abandono material, torna-se imprescindível a demonstração de ausência de justa causa.

Sem justa causa significa uma conduta não amparada pelo diploma legal. Havendo estado de necessidade, é natural que possa o pai deixar de alimentar o filho, pois não teria cabimento punir aquele que não tem condições de sustentar a si mesmo (NUCCI, 2012, p. 1139).

Só se aperfeiçoará o delito quando verificado o agir doloso por parte do agente. É necessária a existência de prova concreta da ausência de condições financeiras para prover o sustento da prole. Inexistindo comprovação do dolo específico de abandono, consistente na vontade consciente de deixar de prover a subsistência da prole, não há que se falar no delito em comento (GRECO, 2010, p. 733).

A justa causa no tipo penal seria, pois, o elemento capaz de definir a necessidade ou não de tutela penal da conduta. Trata-se de conceito muito difícil de ser aferido com objetividade, pois a justa causa para não prover a subsistência de um familiar enfermo, ou de um filho menor de 18 anos, depende da individualidade de cada ser humano (REALE JÚNIOR, 2011, p. 94).

Faz-se necessário estabelecer um equilíbrio entre a situação financeira daquele que deve arcar com os custos e o valor da obrigação de alimentos. Assim, verificado o desequilíbrio entre estes valores, a princípio, poderia caracterizar-se a justa causa para o não pagamento (REALE JÚNIOR, 2011, p. 95).

Quanto ao ônus da prova da justa causa, o atual entendimento jurisprudencial é que deve a acusação comprovar a inexistência de justa causa. Isso devido ao fato de que, para que a acusação mova a máquina estatal, é preciso ter no mínimo uma conduta típica em seu poder. Assim, em não existindo provas da justa causa, ou em não havendo indícios da existência dela, não há conduta típica a dar ensejo ao procedimento penal (REALE JÚNIOR, 2011, p. 96).

No crime de abandono material, a presença da justificativa não exclui a ilicitude do fato, mas sua tipicidade, uma vez que a expressão justa causa, apesar de indicar a antijuridicidade da conduta, caracteriza-se como elemento do tipo penal (GRECO, 2010, p. 733).

A relevância social da conduta proibida geralmente advém da produção do resultado naturalístico indesejado. Porém, nem sempre isso acontece. É possível que a conduta seja considerada socialmente relevante mesmo não estando materialmente vinculada a modificações do mundo exterior. Cabe dizer que a conduta não se confunde com a modificação que possa produzir na realidade. O resultado não faz parte da conduta, mas, sendo produzido por ela, poderá integrar a descrição típica quando o legislador reconhecer sua relevância jurídico-penal.

Desse modo, somente em atenção ao sentido jurídico do resultado, pode-se dizer que não há crime sem ele, pois a legitimidade da repressão penal reside precisamente na violação da proteção aos valores socialmente relevantes. Contudo, é possível que para a caracterização de determinadas figuras delitivas não seja necessária a produção de qualquer resultado naturalístico. Nem sempre o tipo prevê a realização de um evento naturalístico, como ocorre nos crimes omissivos puros e de mera conduta. Sendo ainda possível que o tipo preveja resultado naturalístico, mas que sua produção não seja necessária à consumação do delito, como o que acontece nos crimes formais.

A relevância jurídica que autoriza a imputação objetiva deve ser apurada no sentido protetivo de cada tipo incriminador, ou seja, quando a conduta finalisticamente orienta-se para afrontar a finalidade protetiva da norma. No que diz respeito especificamente à omissão, somente se poderá considerá-la relevante quando objetivamente existir ação de salvamento e o omitente tiver a possibilidade de atuar para evitar o resultado, pois não se pode responsabilizar o agente quando não houver chances de evitar o resultado lesivo. Assim, poderá surgir um fato relevante que impeça o agente de cumprir a obrigação alimentar determinada pelo juiz, como ser demitido do emprego ou, no caso de ser autônomo ou profissional liberal, estar impossibilitado de trabalhar por doença, ou ainda o sujeito que, mesmo trabalhando, esteja passando por sérias dificuldades econômicas que o impeçam de honrar com seu compromisso. Enfim, uma justa causa no sentido legal.

Quanto ao problema da imputação objetiva, importa perceber que a distinção entre a causação típica de um resultado e a mera produção de circunstâncias concomitantes irrelevantes não se verifica no plano naturalístico do processo causal, mas na materialização da vontade protetiva da norma jurídica. Dessa maneira, a imputação objetiva de determinado resultado lesivo somente será legítima quando se fundamentar em contribuição que importe em aumento do perigo já existente para a produção do resultado ou na substituição das circunstâncias de risco existentes por outras.

Se o agente mantém seu atuar nos limites do risco socialmente tolerado, não se legitima a imputação objetiva do resultado. Vale observar que os limites do risco permitido, que delimitam a possibilidade de legítima responsabilização criminal, não resultam da constatação dos dados empíricos, mas da definição normativa.

A imputação objetiva no delito omissivo depende da violação ao dever concreto de agir para impedir o resultado. Isso significa que o omitente tem o dever legal de proteger o bem jurídico do perigo existente, e não apenas da possibilidade de aumento do perigo existente. Em outras palavras, o dever de agir impõe que o omitente atue para afastar o perigo que se dirige ao bem jurídico ou, não sendo possível afastá-lo, para impedir que o perigo aumente.

Os problemas especiais da causalidade omissiva não parecem adquirir maior importância nos crimes omissivos próprios, pois nesses não se exige qualquer modificação no mundo natural. Salvo nas hipóteses de qualificação pelo resultado, os crimes omissivos próprios não são materiais e, portanto, não há previsão típica de resultado naturalístico. O fundamento da responsabilização reside na desatenção ao dever concreto de agir, que se dirige à generalidade dos membros da sociedade. O dever de agir, mesmo na omissão própria, decorre de circunstâncias materiais de perigo ao bem jurídico.

No entanto, vale tecer algumas observações sobre a tentativa nos crimes omissivos próprios. Em tais delitos, o núcleo do tipo é composto por um verbo que descreve uma inatividade. Na consideração simplista de que ou o indivíduo age para impedir o resultado ou se omite, a maioria dos doutrinadores nacionais não admite a tentativa de crime omissivo próprio. Ou ocorre a omissão e o delito se consuma, ou esta não ocorre e não há crime.

Assim, a relevância jurídica que confere legitimidade à imputação objetiva exige a análise das circunstâncias da situação de perigo. É perfeitamente possível que diante da existência concreta do dever de agir (que surge com a situação real de perigo) o comportamento finalisticamente orientado para não atender ao comando normativo não produza, de imediato, o aumento do perigo, em circunstância que o omitente possa postergar sua intervenção no tempo. Em outras palavras, é possível que, diante da possibilidade real de atuação e durante o decurso da inatividade relevante, o perigo não aumente.

A respeito, é comum encontrar na doutrina a consideração de que os atos de tentativa existem desde que o agente, com o dolo de omitir o auxílio, realize uma ação diferente, enquanto o delito está consumado quando o transcurso do tempo aumenta o perigo e diminui as possibilidades de auxiliar. Tal colocação merece apenas um reparo: o crime, que teve iniciada sua execução quando da decisão de não atender ao dever concreto de agir, também se consuma quando o agente deixa passar sua última oportunidade de intervenção defensiva. Nessa hipótese, a impossibilidade concreta de atendimento ao comando normativo se verifica por ato de consciência e vontade do omitente.

Nos delitos omissivos, a relação juridicamente relevante somente se estabelece em face da violação do dever juridicamente exigível de agir para evitar o resultado; cabe ao destinatário desse dever não somente impedir que o perigo aumente, mas também afastar o perigo de lesão ao bem jurídico, quando lhe for possível.

Dessa maneira, no delito de abandono material, para a configuração do crime é necessário que o réu tenha conhecimento das necessidades por que passam as pessoas a quem deva prover a subsistência e, ainda assim, sem justa causa que justifique sua atitude, pratique um risco juridicamente desaprovado ou incremente um risco já existente. Sendo necessária a verificação da permanência do gesto, ou seja, que o risco seja incrementado pelo ato constante de não prestar subsistência ao necessitado.

O delito decorrente do abandono material desdobra-se em três modalidades típicas.

A primeira figura delitiva significa não prover a subsistência básica, alimentação, vestuário, medicação e abrigo. Vejamos: "Deixar, sem justa causa, de prover a subsistência do cônjuge, ou de filho menor de 18 (dezoito) anos ou inapto para o trabalho, ou de ascendente inválido ou maior de 60 (sessenta) anos, não lhe proporcionando os recursos necessários".

Deixar de promover a subsistência consiste na conduta do agente de não atender, abastecer, munir ou prover, total ou parcialmente, os meios necessários à subsistência da vítima. Significa não fornecer os elementos necessários à promoção de uma vida e saúde de forma dignas.

Não proporcionar os recursos necessários significa deixar de fornecer auxílio, não sendo considerados os bens supérfluos e dispensáveis. Quando falamos em recursos necessários à subsistência, faz-se relevante a realização de uma interpretação diferente da desenvolvida na seara do direito privado, ou seja, os bens indispensáveis à subsistência digna são diferentes dos alimentos devidos no civil, uma vez que nestes últimos também estão compreendidas despesas de caráter não simplesmente alimentar, como os cuidados médicos, diversão, bem como verbas para instrução e educação (MIRABETE, 2004, p. 68).

Cônjuge é considerado aquela pessoa casada, não sendo a companheira ou concubina sujeitos passivos do delito de abandono material. Não há tal possibilidade, uma vez que, apesar da proteção à união estável, não há equiparação ao casamento.

Quanto ao menor de 18 anos, existe uma presunção de que não possui capacidade para se cuidar, ou seja, ele é presumidamente incapaz de prover os recursos indispensáveis à sua subsistência. No entanto, há de se considerar as particularidades de cada caso concreto, pois, em alguns, o filho ganha mais do que os pais, razão pela qual não poderá ser sujeito passivo do delito (NUCCI, 2012, p. 1022).

O filho inapto ao trabalho pode ter qualquer idade e a inaptidão não precisa decorrer, necessariamente, de doença física ou mental. Exemplo disso é o filho vítima de um grave acidente, e que por estar em recuperação tornou-se inapto ao trabalho (NUCCI, 2012, p. 1022).

Quanto ao ascendente, é aquele ancestral, que pode ser o pai (mãe), o avô (avó), o bisavô (bisavó) e assim sucessivamente. E, no que se refere à invalidade, é a pessoa que está debilitada e incapaz de se sustentar. Já o idoso é a pessoa maior de 60 (sessenta) anos (NUCCI, 2012, p. 1022).

Nessa primeira modalidade delitiva do crime de abandono material, a enumeração é *numerus clausus*, não admitindo a inclusão, por exemplo, de primos, irmãos ou outros parentes colaterais.

Não é necessária para caracterização do dever de amparo que consta na primeira conduta, prevista no art. 244, a existência de sentença judicial no âmbito civil, já que a obrigação deriva da própria lei penal. Não se condiciona o crime à decisão ou mesmo à instauração de prévia ação de alimentos. Também, não há que se falar em conduta criminosa se a justificativa apresentada pelo agente veio a ser acolhida pelo Juízo Cível (FABBRINI; MIRABETE, 2011, p. 30).

Dessa maneira, mesmo que "não tenha sido pronunciada uma sentença reguladora da situação patrimonial de alimentos, existe o dever de prestação de recursos, desde que seja possível prestá-los e deles tenha necessidade o sujeito passivo" (GONZAGA, 1966, p. 22).

É possível que várias pessoas concorram na obrigação de promover a subsistência. Dessa maneira, todas figurarão como autores colaterais do delito, sendo que a assistência provida por uma pessoa, se suficiente, exime as demais. Assim, a título de exemplo, se dois filhos se recusam a dar subsistência ao ascendente inválido, responderão os dois pelo delito de abandono material; porém, o adequado auxílio prestado por qualquer deles aproveita aos outros coobrigados (PRADO, 2014, p. 714).

Assim, para a configuração do delito é necessário que a vítima fique, realmente, ao desamparo, uma vez que, se a assistência for prestada por outro familiar ou amigo, não há preenchimento do tipo penal (NUCCI, 2012, p. 1022).

Cabe salientar que a prática de duas ou mais condutas constitui concurso material de crimes. Pode ser citado, como exemplo, a mãe que abandona o filho doente em casa. Assim, as diferentes modalidades típicas de abandono constituem crimes distintos, como autônomos, ou ainda cumulativos, dando origem ao acúmulo de penas. Trata-se de tipo misto cumulativo e alternativo, sendo que a prática de mais de uma conduta implica a punição por mais de um delito, em concurso material.

As duas primeiras condutas são alternativas, implicando um só delito. Já a terceira conduta é autônoma, se praticada juntamente com uma das anteriores, provocando dupla punição (NUCCI, 2012, p. 1022). O agente que, por exemplo, praticar mais de uma conduta típica responde por duas infrações penais, em concurso material, ou, mesmo praticando dois comportamentos típicos, responde por uma única infração penal (GRECO, 2010, p. 733).

A segunda modalidade do delito consiste em faltar ao pagamento de pensão alimentícia quando judicialmente fixada e devida. Faltar ao pagamento é deixar de remunerar, deixar de socorrer, abandonar defesa ou proteção.

Configura-se o delito de abandono material em seu segundo desdobramento delitivo quando o agente não efetua o pagamento de alimentos que foram judicialmente fixados, inclusive no que diz respeito a eventuais reajustes.

Verifica-se uma incriminação indireta, pois a infração é decorrente do não pagamento de alimentos estipulados pelo juiz civil.

Há uma presunção de que, se foi fixada a pensão alimentícia, é porque a pessoa dela necessita, de modo que, não havendo o pagamento, há falta de provisão à subsistência.

Quando o artigo fala em pensão alimentícia judicialmente acordada ou majorada, se refere a renda mensal que pode ser fixada por acordo (homologado pelo juiz) ou então ser decorrência de sentença condenatória que a estabeleceu ou majorou. Assim, cessando o direito à pensão, porque o juiz assim determinou, não há mais possibilidade de se concretizar o tipo penal (NUCCI, 2012, p. 1022).

O sujeito somente será responsabilizado criminalmente se, mesmo podendo, vier a faltar com o pagamento da pensão alimentícia. Assim, poderá surgir um fato relevante que impeça o agente de cumprir a obrigação alimentar determinada pelo juiz, como ser demitido do emprego, ou, no caso de ser autônomo ou profissional liberal, estar impossibilitado de trabalhar por estar doente, ou ainda no caso do sujeito que, mesmo trabalhando, esteja passando por sérias dificuldades econômicas que o impeçam de honrar seu compromisso. Enfim, uma justa causa no sentido legal (GRECO, 2010, p. 733).

Assim, existe direito recíproco de prestação de alimentos entre pais e filhos, sendo extensivo a todos os ascendentes, recaindo a obrigação aos mais próximos em graus, uns em falta dos outros. E, quanto ao cônjuge, a obrigação legal de prestar alimentos surge com a dissolução da sociedade conjugal (PRADO, 2011, p. 712).

A terceira modalidade da conduta delituosa no tipo em comento configura-se quando se deixa de socorrer, sem justa causa, descendente ou ascendente gravemente enfermo. Deixar de socorrer é largar, abandonar, e, quanto a grave enfermidade, pode ser física ou mental.

A norma exige o dever de solidariedade no caso de enfermidade grave. Assim, para configurar a terceira figura típica, é imprescindível que o descendente (filho, neto, bisneto etc.) ou ascendente (pai, avô, bisavô etc.) esteja com algum tipo de doença séria, não mais podendo prover seu sustento ou mesmo sua sobrevivência (NUCCI, 2012, p. 1023).

Nesse caso, o fator determinante para a assistência, que importa em dever de solidariedade, é grave enfermidade, seja ela física ou psíquica. O agente, portanto, deverá prestar toda a assistência necessária ao socorro de descendente ou ascendente, seja adquirindo medicamentos, arcando com despesas médico-hospitalares e transporte necessário ao tratamento de saúde ou, mesmo, adquirindo os alimentos indispensáveis à manutenção da vida daquele que se encontra gravemente enfermo (PRADO, 2011, p. 713).

No parágrafo único do art. 244 do Código Penal encontra-se a forma equiparada do delito de abandono material, sendo que incorre nessa forma típica, considerada abandono pecuniário, o devedor que vise fraudar o pagamento da pensão. Vejamos: "Nas mesmas penas incide quem, sendo solvente, frustra ou ilide, de qualquer modo, inclusive por abandono injustificado de emprego ou função, o pagamento de pensão alimentícia judicialmente acordada, fixada ou majorada".

Frustrar significa enganar, iludir e elidir corresponde a suprimir, eliminar de qualquer modo o pagamento da obrigação alimentar. Assim, quem dessa forma age incorre nesse dispositivo penal.

O legislador procurou prevenir a conduta fraudulenta do devedor de pensão de alimentos que, mesmo solvente, frustra o pagamento de pensão alimentícia judicialmente acordada. Trata-se do sujeito que, em algumas situações, prefere perder o emprego, no qual tem descontada a pensão em folha, para evitar seu desconto.

Trata-se, pois, de crime próprio, uma vez que demanda sujeito ativo qualificado ou especial; formal, já que o delito não exige um resultado naturalístico, consistente no efetivo prejuízo para a vítima; de forma livre, pois pode ser cometido por qualquer meio escolhido pelo agente; omissivo, uma vez que os verbos consistem em abstenções; permanente, já que o resultado se prolonga no tempo, pois o bem jurídico continua a ser lesionado; unissubjetivo, pois pode ser praticado por um único agente; unissubsistente, já que o delito pode ser praticado por um único ato; e não se admite a tentativa.

Parcela considerável dos doutrinadores insiste no reconhecimento da continuidade delitiva no crime de abandono material, em razão de considerar, por exemplo, o abandono pela ótica do pagamento de cada pensão alimentícia. Porém, deve-se considerar o estado de abandono em si.

Haverá a consumação do delito em tela com a prática da conduta omissiva, sendo necessário que, com tal conduta, tenha-se efetivamente colocado em risco o bem jurídico tutelado, qual seja, a assistência familiar. Trata-se de crime cuja consumação se prostrai no tempo, em razão do bem jurídico protegido que continua a ser lesionado, sendo, assim, considerado crime permanente, o que impossibilita o reconhecimento da continuidade delitiva.

A razão de o considerarmos crime permanente é que o bem jurídico protegido pelo direito penal é a solidariedade existente entre os familiares e a sua obrigação de se auxiliarem mutuamente. Assim, evidente que se trata de bem jurídico único, e que, portanto, não se divide entre as parcelas do pagamento de alimentos.

Dessa maneira, não é cada parcela inadimplente capaz de lesionar o bem jurídico protegido; porém, com a primeira parcela não paga, os efeitos desse inadimplemento se protraem no tempo, justificando a caracterização do crime permanente (REALE JÚNIOR, 2011, p. 99).

Assim, por se tratar de crime permanente, somente terá início a prescrição quando cessar a permanência, conforme o art. 111, inciso III, do Código Penal.

O delito de abandono material somente é punível a título de dolo. Para a configuração do delito, torna-se imprescindível que haja por parte do agente o conhecimento do dever de prestar a devida assistência alimentar descrita no tipo penal. Dessa maneira, verifica-se o conhecimento e, seguida a ele, a vontade consciente do sujeito de deixar de prover à subsistência, ou de faltar ao pagamento de pensão, ou, ainda, de omitir socorro, nas diversas hipóteses previstas pela lei.

Assim, em situações em que é devidamente justificada a impossibilidade do agente de prestar o auxílio necessário à subsistência da pessoa ou de prestar o devido socorro ao gravemente enfermo, não há que se falar em tipificação do delito em comento, já que não há previsão do crime na modalidade culposa.

A consumação do delito de abandono material, na primeira modalidade delitiva prevista no *caput* do art. 244, se dá com a recusa do agente em proporcionar os recursos necessários à subsistência da vítima.

É necessário que se verifique a permanência do gesto, sendo que não há crime no ato transitório em que há ocasional omissão por parte do devedor. Para a configuração do delito é ainda necessário que o réu tenha conhecimento das necessidades por que passam as pessoas a quem deva prover a subsistência (FABBRINI; MIRABETE, 2011, p. 28).

Quanto à segunda modalidade delitiva, a consumação ocorre na data em que o agente não paga a pensão estipulada pelo juiz. Fixada a pensão em divórcio amigável, apesar de provisória, ela se torna desde logo cobrável e de satisfação obrigatória para o alimentante, não sendo preciso aguardar o pronunciamento da Justiça de segundo grau para que seja devida. O crime em comento se consuma imediatamente, tão logo permaneça o alimentante na inércia contrária aos interesses do necessitado (FABBRINI; MIRABETE, 2011, p. 28).

Nas figuras típicas consistentes em deixar, sem justa causa, de prover à subsistência do cônjuge ou de filho menor de 18 (dezoito) anos ou inapto para o trabalho, ou de ascendente inválido ou maior de 60 (sessenta) anos, ou deixar de socorrer descendente ou ascendente gravemente enfermo, estamos diante de um crime de perigo concreto, cuja demonstração deverá ser levada a efeito nos autos para que se possa reconhecer a tipicidade do comportamento praticado pelo sujeito (GRECO, 2010, p. 733).

Porém, será considerado formal quando o sujeito, agindo sem justa causa e de forma dolosa deixar de efetuar pagamento relativo à pensão alimentícia fixada judicialmente, consumando o delito no dia imediatamente posterior ao determinado para o cumprimento da obrigação (FABBRINI; MIRABETE, 2011, p. 28).

Uma vez consumado o abandono material, não excluem a responsabilidade penal o fato de o responsável retornar ao atendimento de suas obrigações, a tardia satisfação dos débitos ou a reconciliação e coabitação dos sujeitos do delito (FABBRINI; MIRABETE, 2011, p. 34).

De modo geral, consuma-se o delito de abandono material com a recusa do agente em proporcionar os recursos necessários à vítima, ou quando deixa de prestar socorro ao gravemente ferido (BITENCOURT, 2004, p. 147).

No que diz respeito às modalidades delitivas do crime de abandono material previstas no *caput* do art. 244, a doutrina é unânime em não admitir o delito na sua forma tentada. Isso por se tratar de delito omisso próprio ou puro, em que se tem como inadmissível a tentativa.

A controvérsia existente refere-se à possibilidade ou não do cometimento do delito em sua forma equiparada, prevista no parágrafo único do art. 244.

Não pode ser estendida a interpretação realizada no *caput* do artigo, pois na forma equiparada do delito é perfeitamente possível o reconhecimento do crime em modalidade tentada. O delito não decorre tão somente de uma omissão do sujeito ativo, mas se admite que se dê por um *facere*, como no caso do pai alimentante que, em conluio com seu empregador, simula uma demissão para evitar o desconto na folha de pagamento, sendo assim surpreendido, às vésperas do vencimento da prestação, por fiscal do trabalho que verifica sua presença na empresa.

Considerações finais

A obrigação de prover à subsistência do necessitado decorre da relação de parentesco prevista no âmbito civil e encontra efeito na seara criminal na hipótese de comprovação do descumprimento da referida obrigação. O diploma penal, tendo em vista a vital importância dessa obrigação, elevou o seu descumprimento ao grau de delito.

Conforme apontado, condutas diversas da parte do obrigado podem ensejar a ocorrência do delito, nos termos fixados na norma.

O comando normativo demonstra a gravidade da conduta injustificada ou dolosa daquele que tem o dever de prestar o provimento à subsistência de outrem, notadamente no âmbito do núcleo familiar. Razão evidente de sua inserção no rol dos crimes contra a assistência familiar.

Notória foi a preocupação do legislador em prever sanção adequada a quem, sem justificativa juridicamente admissível, deixa à própria sorte aquele de quem deveria prover o sustento.

Atualmente, quando se constata uma diversidade nas relações de convivência decorrentes de parentesco, as obrigações familiares e seus deveres inerentes têm sido deixados em segundo plano, alcançando-se a ocorrência de uma grande quantidade de condutas que, se não ensejam a ocorrência do delito, ferem de algum modo a dignidade da pessoa humana, porquanto se tem relativizado a vida, os valores de ordem moral, religiosa e, via de consequência, jurídica.

O preceito em comento objetiva justamente garantir que se cumpra a obrigação de prover a subsistência de outrem ante o vínculo decorrente do parentesco ou na forma legal instituída.

Entrega de filho menor a pessoa inidônea

Art. 245. Entregar filho menor de 18 (dezoito) anos a pessoa em cuja companhia saiba ou deva saber que o menor fica moral ou materialmente em perigo:

Pena – detenção, de 1 (um) a 2 (dois) anos.

§ 1º A pena é de 1 (um) a 4 (quatro) anos de reclusão, se o agente pratica delito para obter lucro, ou se o menor é enviado para o exterior.

§ 2º Incorre, também, na pena do parágrafo anterior quem, embora excluído o perigo moral ou material, auxilia a efetivação de ato destinado ao envio de menor para o exterior, com o fito de obter lucro.

Considerações gerais

Seguindo a linha esboçada no art. 244 do Código Penal, a proteção da família e o asseguramento do bem-estar de seus membros permanece como o objeto de tutela neste tipo penal.

Este tipo penal trata de salvaguardar o interesse de menores de 18 anos que, mais suscetíveis ao erro em virtude da formação ainda incompleta de seu caráter e personalidade, tendem mais facilmente ao erro e ao cometimento do delito. A figura penal revela que o pai e a mãe, juntos ou separados, cometem o delito em apreço se vierem a entregar filho menor à pessoa moral ou materialmente incapaz.

Considerações nucleares

O tipo penal exige a posição de garantia pertencente aos pais que, tendo conhecimento acerca dos desvios morais e/ou graves dificuldades econômicas de terceira pessoa inidônea, acaba por lhe confiar a guarda do próprio filho. Com isso, o pai ou a mãe permite, senão potencializa, que o próprio filho seja posto em situação de perigo.

Pessoa inidônea é aquela possuidora de hábitos e costumes reprováveis, tais como jogadores, prostitutas, viciados, criminosos etc., ou que sequer reúna condição de prover a própria subsistência. Significa dizer que a situação de perigo será presumida quando o menor for entregue a pessoa inidônea para conviver.

A figura delitiva não exige que os pais estejam no pleno exercício do poder familiar, tampouco se podendo falar que se trataria de condição objetiva de punibilidade.

Na estrutura ontológica de Direito Penal, o "sabia" e o "devia saber" habitualmente representam dolo direto e dolo indireto ou eventual. Distante da metodologia finalista, e partindo da concepção normativa de dolo própria do pensamento funcionalista, não faz sentido diferenciar dolo direto de dolo eventual, tampouco se reconhece no dolo a presença e a predominância do elemento volitivo. Dolo é conhecimento do sujeito do risco não permitido de que se produza um resultado típico, e, em razão disso, o resultado lesão não é mais do que mero prognóstico *ex ante*, ou seja, será uma probabilidade maior ou menor de realização no momento em que o agente realiza a sua conduta.

Ainda no campo do objetivo, Porciúncula parte de uma concepção cognitiva do dolo, na qual este é conhecimento por parte do autor do significado típico de sua ação (2014, p. 308-309). Para o autor, não é necessário que perguntemos se o agente quis ou não quis, porque quando alguém realiza uma ação com consciência de seu significado típico, podemos dizer que essa pessoa quer, com a sua ação, expressar o significado típico. Por assim dizer, o querer se encontra absolutamente dependente do conhecer.

Neste tipo penal, o conhecimento detido pelo garante, pai ou mãe, autoriza a supor que, convivendo o filho com pessoa inidônea, este se encontrará em perigo material ou moral.

A entrega do filho indica a prática de uma atuação ou de um agir por parte do pai ou da mãe; porém, nada obsta que estes, na condição de garantes que são, omitam-se no dever de impedir a entrega do filho a pessoa inidônea, conforme permissivo previsto no art. 13, § 2º, do Código Penal.

Por assim dizer, o verbo "entregar" indica tratar-se de crime instantâneo, não se exigindo que, efetivamente, o filho sofra danos materiais ou morais para se ver consumado o delito, sendo este formal.

Considerações finais

Questão que chama a atenção é a disposta nos arts. 238 e 239 do Estatuto da Criança e do Adolescente, que possuem a seguinte redação: "Art. 238. Prometer ou efetivar a entrega de filho ou pupilo a terceiro, mediante paga ou recompensa: Pena – reclusão de um a quatro anos, e multa. Parágrafo único. Incide nas mesmas penas quem oferece ou efetiva a paga ou recompensa; Art. 239. Promover ou auxiliar a efetivação de ato destinado ao envio de criança ou adolescente para o exterior com inobservância das formalidades legais ou com o fito de obter lucro: Pena – reclusão de quatro a seis anos, e multa. Parágrafo único. Se há emprego de violência, grave ameaça ou fraude: Pena – reclusão, de 6 (seis) a 8 (oito) anos, além da pena correspondente à violência".

A interpretação que se faz é que os tipos penais coexistem, pois, enquanto o art. 245 do Código Penal trata da entrega de menor pelos pais a pessoa inidônea, presumindo-se o estado de perigo em que este se encontrará no tocante a sua formação física e moral, os tipos penais lançados no Estatuto da Criança e do Adolescente, Lei n. 8.069/90, não apresentam a situação de perigo material ou moral do filho, mas, em contrapartida, trata de ganho econômico experimentado pelo pai, pela mãe, ou por ambos, na entrega do menor. Nada refere o tipo penal lançado no ECA à situação de perigo, enquanto nada refere o delito do Código Penal à situação de lucro econômico advinda da entrega do filho. Por essa razão, entende-se que os tipos penais citados não são conflitantes entre si. De comum mesmo é a posição de garantia havida pela exigência da presença do pai ou da mãe, juntos ou separados, e o objeto do delito, que é o filho menor de idade.

Abandono intelectual

Art. 246. Deixar, sem justa causa, de prover à instrução primária de filho em idade escolar.

Pena – detenção de 15 (quinze) dias a 1 (um) mês, ou multa.

Bibliografia: BECCARIA, Cesare. *Dos delitos e das penas.* São Paulo. 2012; BUSATO, Paulo César. *Direito penal:* parte geral. São Paulo: Atlas, 2013; CABRAL, Ricardo Leite. O elemento volitivo do dolo: uma contribuição da filosofia da linguagem de Wittgenstein e da teoria da ação significativa. In: BUSATO, Paulo César (Coord.), *Dolo em direito penal:* modernas tendências. São Paulo: Atlas, 2014; GRECO, Rogério. *Código Penal comentado.* Niterói: Impetus, 2013; HART, Herbert. *O conceito de direito.* Lisboa: Fundação Catalouse, 2007; JAKOBS, Günther. *A imputação objetiva no direito penal.* São Paulo: RT, 2007; RAMIREZ, Juan Bustos. *Manual de derecho penal español:* parte general. Barcelona: Ariel, 1984; SARLET, Ingo Wolfgang. *A eficácia dos direitos fundamentais.* Porto Alegre: Livraria do Advogado, 2001; VÁZQUEZ, Carlos. Consecuencias jurídico-penales del absentismo escolar. *Revista de la Asociación de Inspectores de Educación de España,* n. 18, p. 1-24, maio 2013.

Considerações gerais

O delito do art. 246 do CP possui o *nomen iuris* de "Abandono Intelectual", importando uma interpretação já superficial do próprio tipo para consignarmos a escolha do legislador por esse nome. Greco define a utilização do núcleo "deixar" com o sentido de "não se levar a efeito, não atuar, no sentido de fazer com que se permita o acesso do filho ao estudo considerado fundamental" (2013, p. 787).

É, de fato, uma norma penal em branco heterogênea, visto que a interpretação do que se dispõe acerca de "ensino fundamental" é fundamentada pela Lei n. 9.394/96, modificada pela Lei n. 11.114/2003. Atualmente, essa obrigação para os pais ocorre a partir dos seis anos de idade de seus filhos.

O universo pedagógico internacional tem questionado contundentemente a importância do instituto escola para a formação intelectual e moral do indivíduo, e diversos países já adotam medidas de educação familiar como uma forma de prover essa subsistência intelectual para auxiliar no desenvolvimento do indivíduo em formação. Dessas premissas, analisaremos, portanto, o tipo.

A incriminação típica tem o desiderato de proteger o direito fundamental ao ensino básico da criança, previsão expressa na Constituição de 1988, ao atentarmos para seus arts. 210 e 211, § 1º. O direito à educação primária é um tipo de norma de aplicação imediata, como já se posicionou o próprio Supremo Tribunal Federal, em decisão do Ministro Relator Celso de Mello, sobre a eficácia plena dos direitos fundamentais, conforme lição de José Afonso da Silva. Sarlet define os direitos sociais de natureza positiva como prestacionais pela administração pública, o que constitui uma face de disposição ampla para a população, objetivando a igualdade (2005, p. 86-87).

Ao levarmos em consideração essa perspectiva do bem jurídico, entendemos a noção do legislador de ter em mente a importância da educação para a construção de uma sociedade livre, justa e igualitária, conforme os objetivos e princípios constitucionais de nossa República.

Welzel defendia que o injusto é a tipificação de uma conduta considerada inaceitável. Assim, o finalismo abordou um critério de adequação social para a finalidade que "é guia da ação e consiste justamente na capacidade de compreensão a respeito do possível ou provável resultado" (BUSATO, 2013, p. 289).

Conforme Bustos Ramirez, no espectro das relações entre Direitos fundamentais e sociedade civil, os bens jurídicos "têm uma função muito mais ampla e complexa, pois implicam em relações sociais concretas dos indivíduos a respeito de todos os possíveis sujeitos ou objetos" (BUSATO; HUABAYA, 2003, p. 56).

Considerações nucleares

Sujeito ativo do delito é o pai ou a mãe, ou ambos, que deliberam, injustificadamente, pela não provisão primária de filho em idade escolar. Pune-se a omissão ou desídia dos pais em negar instrução primária a filho, por suposto incapaz, em desrespeito aos dispositivos presentes nos arts. 227 e 229 da Constituição Federal, art. 1.634, inciso I, do Código Civil e art. 55 da Lei n. 8.069/90.

Elementar do tipo é que os pais deixem de prover à instrução primária do filho incapaz sem justa causa, ou seja, por causa estranha e que não seja proveniente de caso fortuito ou força maior. Aqui é a causa injustificada pelos critérios de homem médio. O que quer dizer que é imperioso para a configuração desse tipo penal que os pais estejam capacitados física e mentalmente, pois a ausência de um destes traduz-se como justa causa.

No Brasil continental, não se desconhece a incúria do poder público em deixar de ofertar escolas em número suficiente e razoável para fazer frente às necessidades da população, o que implica afirmar que a ausência de vaga surge como um dos principais motivos para o abandono intelectual, notadamente no setor social menos privilegiado moral, intelectual e financeiro.

Questão que merece investigação é a de precisar se seria a escola o único centro de efetivação de educação ou se a educação familiar poderia ser tomada como uma espécie de "causa justificante" do delito. Debate-se acerca da temática pelo avanço, principalmente no continente europeu, da educação escolar familiar, sob orientação dos pais ou tutores caseiros, os quais fazem o papel institucional da escola.

Acerca da educação e da prevenção de delitos a ela relacionados, Vásquez argumenta: "Junto a la familia y el grupo de iguales, la escuela aparece como un factor determinante en la correcta educación y socialización de los jóvenes, operando como un inhibidor de la delincuencia, ya que el éxito académico y buenas actitudes hacia la escuela reducen la delincuencia. Sin embargo, la literatura criminológica, a tenor de los numerosos estudios longitudinales realizados, señala como factores de riesgo asociados con un posterior comportamiento problemático, antisocial o delincuencial de los jóvenes, el fracaso escolar o un temprano abandono de los estudios".

No ambiente funcional, as pessoas em suas relações sociais possuem papéis determinantes em seus diários contatos anônimos, e o limite e dever de ingerência de cada papel é o que seleciona os chamados "riscos permitidos". Os riscos constituem costumes e "numerosas hipóteses de riscos permitidos geram-se simplesmente por aceitação histórica" (JAKOBS, 2007, p. 37). Assim, o aspecto antijurídico da conduta em análise do tipo do art. 246 do CP reside praquele que detém o dever de prover à educação básica nos moldes previstos legislativamente. Fica então a pergunta: "A opção da família de fornecer educação fora dos moldes da escola configura o delito?".

A causa preponderante é a desídia na formação intelectual do indivíduo, independentemente de qualquer forma escolhida, pois essa sim deve ser responsabilizada criminalmente, visto que há bases argumentativas sólidas para relacionar algumas tipificações delituosas futuras com a ausência de uma formação educacional de bom padrão.

O *animus* da conduta reside na preponderante expressão "deixar sem justa causa", expressão que denomina o dolo específico desse crime, sem admissão de modalidade culposa. O agente em questão deve ser responsável por uma negligência descabida de motivo plausível, caracterizando então o delito.

Em tese das novas tendências sobre o dolo, reputa-se analisar como visualizar o elemento subjetivo na conduta. Uma ação ou omissão deve ser entendida e significada em seu contexto, sendo que a relação de intenção com a conduta é interna. Wittgenstein diz sobre o querer que, "se é o agir, então o é no sentido usual da palavra". Diante disso, os três critérios que melhor identificam a conduta dolosa nesse sentido seriam o contexto, as explicações e a confissão (CABRAL, 2014,

p. 145). Portanto, o elemento volitivo está externalizado na situação, compreendendo então o entendimento dos Tribunais de que a ausência do agir sem justa causa é o limite do dolo. Por meio da imagem de terceiros perante o comportamento fático do agente do delito, é possível estabelecer a imputação dolosa. Ou seja, é por meio do caráter de desimportância com a educação de seu filho de forma reiterada e habitual que se forma o caráter doloso da conduta.

A conduta apresenta uma bilateralidade própria em ambos os sujeitos: deve ser próprio no sentido de autor da conduta, por ser possível apenas os genitores, e próprio no sentido da vítima, por ser apenas os filhos em idade escolar.

Consuma-se com o fim do prazo de matrícula para o ingresso dos infantes na escola, se os pais deixam de fazer o ato sem justa causa.

Diversamente de outro segmento doutrinário que classifica esse tipo penal como sendo de omissão própria, no qual a tentativa é descabida, entende-se que o diferencial entre a omissão própria e imprópria é que o fundamento material da primeira consiste no atendimento ao dever de solidariedade, ao passo que, na segunda, que é a hipótese deste tipo penal, o dever de prover à instrução primária de filho em idade escolar advém de um mandado constitucional e, por assim dizer, qualificado. Tal norma determina que têm os pais de prover a base da formação intelectual de seus filhos, visando com isso garantir-lhes uma vida melhor, com maiores oportunidades e desenvolvimento intelectual apropriado, notadamente diante das dificuldades atuais, quando se está a exigir de cada um maiores aperfeiçoamentos e formações culturais.

Considerações finais

A não provisão do ensino básico ao filho menor e em idade escolar atribui aos pais, garantes que são, a prática de delito permanente, que se estenderá até que a situação de ilicitude seja interrompida.

O verbo "deixar" indica a prática de omissão, e, a se considerar que não é qualquer agente que pode deixar, sem justa causa, de prover à instrução primária de filho, mas essencialmente o pai ou a mãe, estes têm a obrigação de evitar o resultado, que, na espécie, será normativo, e consistirá na não instrução primária educacional do filho.

Acerca da instrução, o entendimento que ora se realiza, a se considerar que não são poucos os casos de pais que optam por destinar aos filhos a educação particular mediante a contratação de professores específicos, é de entender que pais que optem por este modelo nada convencional não realizam as elementares do tipo penal do art. 246 do Código Penal, até mesmo porque não deixaram de prover à instrução primária, mas optaram por concretizá-la a partir de outra metodologia de ensino.

Art. 247. Permitir alguém que menor de 18 (dezoito) anos, sujeito a seu poder ou confinado à sua guarda ou vigilância:

I – frequente casa de jogo ou mal-afamada, ou conviva com pessoa viciosa ou de má vida;

II – frequente espetáculo capaz de pervertê-lo ou de ofender-lhe o pudor, ou participe de representação de igual natureza;

III – resida ou trabalhe em casa de prostituição;

IV – mendigue ou sirva a mendigo para excitar a comiseração pública.

Pena – detenção, de 1 (um) a 3 (três) meses, ou multa.

Bibliografia: BECCARIA, Cesare. *Dos delitos e das penas*. São Paulo, 2012; BUSATO, Paulo César. *Direito penal:* parte geral. São Paulo: Atlas, 2013; CABRAL, Ricardo Leite. O elemento volitivo do dolo: uma contribuição da filosofia da linguagem de Wittgenstein e da teoria da ação significativa. In: BUSATO, Paulo César (Coord.). *Dolo em direito penal:* modernas tendências. São Paulo: Atlas, 2014; GRECO, Rogério. *Código Penal comentado*. Niterói: Impetus, 2013; HART, Hebert. *O conceito de direito*. Lisboa: Fundação Catalouse, 2007; JAKOBS, Günther. *A imputação objetiva no direito penal*. São Paulo: RT, 2007; BUSTOS RAMIREZ, Juan. *Manual de derecho penal español* – parte general. Barcelona: Ariel, 1984; SARLET, Ingo Wolfgang. *A eficácia dos direitos fundamentais*. Porto Alegre: Livraria do Advogado, 2001; VÁZQUEZ, Carlos. Consecuencias jurídico-penales del absentismo escolar. *Revista de la Asociación de Inspectores de Educación de España*, n. 18, p. 1-24, maio de 2013.

Considerações gerais

Sem consignação expressa de um nome, a doutrina emprega para o crime do art. 247 do Código Penal a expressão de "abandono moral". E o faz de maneira correta, conforme seguirá em análise.

Assevera Greco que "o núcleo permitir nos dá a ideia de omissão dolosa no sentido de não impedir que o menor pratique qualquer dos comportamentos catalogados pelo tipo penal em estudo" (2013, p. 789). É uma figura que busca salvaguardar o bom crescimento do indivíduo em desenvolvimento na sociedade, por isso fixada a idade de até os 18 anos, que para o ordenamento jurídico define quando o indivíduo atinge formação intelectual completa com plenas capacidades civis.

Em virtude da metodologia ora utilizada, mostra-se coerente colocar um questionamento sobre cada categoria dos incisos da modalidade típica, pois o que pode ser imoral num tempo torna-se socialmente aceitável noutro. Lembremos sempre que, no interstício temporal da década de 1940 até os meados do ano de 2016, o conceito de socialmente aceitável tornou-se contundentemente mais flexível que no século anterior, tempo da promulgação de nosso Código. Sendo assim, os elementos objetivos e normativos do tipo devem ser interpretados sob uma nova ótica e com enfoque nas novas acepções de moralidade de determinada sociedade.

Considerações nucleares

Por meio do conceito de risco permitido, notamos que a importância de sua análise reside no teor de ser um exato contexto de interação. A questão do risco permitido converge com aquilo que a sociedade coloca como "comportamento costumeiramente aceitável", o que se transmuda diante das mudanças sociais. Leciona Jakobs que "como regra geral o socialmente adequado precede ao Direito; sua legitimação se obtém do fato de que constitui uma parte da configuração social que deve ser preservada" (2007, p. 39). Assim, a forma de permissão não se legitima exclusivamente com referência ao Direito, mas sim de maneira histórica, pela sua inerente evolução.

As brevidades conceituais servirão de base para a concreção da análise normativa do conteúdo moral elencado na escritura do tipo. "Permitir" exige apenas um comportamento de anuência, de possibilidade de ingresso nas searas abarcadas pelo tipo. Assim, a alusão ao termo permite uma dupla interpretação, tanto de comportamentos comissivos (seja na facilitação de ingresso materialmente) como também em comportamentos omissivos (seja na inércia de impedir o ingresso ou no desprezo da entrada de menores de 18 anos naqueles recintos). Como pontua Greco, o comportamento do verbo núcleo do tipo "dá margem a uma dupla interpretação, seja no sentido de afirmar pela prática de uma conduta positiva por parte do agente, seja ele se omitindo dolosamente, quando deveria agir para evitar" (2013, p. 790).

A terminologia empregada no inciso I de "pessoa viciosa ou de má-fé" deveria ter uma conceituação objetiva, de uma amplitude maior sobre o que seria ato vicioso ou de má-fé sobre alguém. Assim como "espetáculo capaz de pervertê-lo ou ofender-lhe o pudor" são conceitos de intuitos objetivos, mas que no cotidiano acabam sendo transportados para a seara subjetiva. De maneira empírica, emprega-se o determinado exemplo: um pai que, levando seu filho de 15 anos para conhecer o mundo, decide fazer uma parada no espetáculo parisiense de *Moulin Rouge*. Por mais estranho que *a priori* o exemplo possa parecer, a questão suscitada é a de que o pai, genitor e detentor das escolhas de qualidade da formação moral de seu filho, tolera a presença de certos atos e espetáculos como sendo dignos para seu filho, e, numa análise macro, aquele seria o exemplo de muitos outros pais da atualidade. Até mesmo os programas de televisão e os objetos de *marketing* que possuem certo apelo sexual e uma conotação mais objetiva em certos aspectos que, há vinte ou trinta anos atrás, na análise mais ríspida do tipo, seriam considerados amoldados na definição normativa do crime. Em nossa visão, isso tudo estaria afastado de tipicidade por não violar o risco permitido criado.

Na explicação da função da pretensão de ofensividade, Busato argumenta que "o tipo de ação que se trata seja ofensivo o suficiente para determinar a necessidade de emprego do aparato punitivo" (2013, p. 348). Sendo assim, unindo-se ao conceito dos riscos permitidos supracitados, o delito em questão conduz a análise de seus elementos normativos para uma concepção sociológica de moral e a introdução do que ao presente momento a sociedade aceita com "permissão e tolerância". Esse é o limite que o operador do Direito deve se atentar no dia a dia para aplicar essa norma.

Trabalhando em cima dos elementos do risco não permitido com o conhecimento, Frisch caracteriza o dolo pela ação ou omissão típica acrescentada do conhecimento sobre o risco não permitido. Assim, o dolo do tipo analisado é o de permitir por meio de uma ação comissiva ou omissiva os comportamentos descritos nos incisos da norma que vão além daquilo que se enquadra como permissão ou tolerância. Põe-se primariamente um dolo direto e com a específica função de permissão no sentido genérico do termo.

A maioria dos estudiosos do Direito Penal ainda se recusa a extirpar por completo o elemento volitivo do dolo, pois "compreender o dolo sem seu elemento volitivo é retirar o principal critério para se fazer uma distinção entre condutas dolosas e culposas" (CABRAL, 2014, p. 145). Dessa forma, a questão da vontade aqui se amolda aos quesitos de identificação preconizados por Hassemer, a dizer: o perigo (fase externa), representação do perigo (fase interna) e decisão a favor da realização do perigo conhecido (fase interna). Dessa forma, no momento em que o agente exterioriza sua conduta de permissão, está automaticamente concretizando a fase de representação e a decisão em favor da realização, completando sua conduta dolosa. A fase externa, a do perigo concreto, inicia-se a partir do momento em que se presume a aproximação daquele menor no intuito de integrar-se na situação perigosa.

Por outro lado, já na concepção funcionalista, na qual a vontade não mais integra o conceito de dolo, o sujeito, conhecendo o caráter da sua conduta e as circunstâncias, sabe que pessoa menor de idade, com personalidade ainda em formação, é mais suscetível a erros e más influências, que proporcionarão danos à sua formação, devendo estar distante de âmbitos desvalorados, ambientes capazes de pervertê-lo e, por assim dizer, causar máculas e traumas de difícil reparação. Noutras palavras, o responsável legal pelo menor tem consciência do perigo que a sua permissibilidade causa à pessoa vulnerável. Traduz-se o *dolus ex re* como aquele que pode ser deduzido de modo seguro a partir da classe de ação em questão e de circunstâncias externas.

Em realidade, ante as enormes dificuldades tradicionalmente reconhecidas pela dogmática no campo da comprovação do dolo, isto é, pelas dificuldades havidas na realização da prova do subjetivo, tal como sustenta Hruschka, o dolo não se constata, não se prova, apenas se imputa. Significa dizer que o dolo é produto de um juízo de imputação (1985, p. 201).

Expressamente, não há modalidade culposa para o tipo, e o dolo eventual não se mostra coerente com sua análise, visto que não há o que Schimidhäuser assimila como "possibilidade concreta de que a lesão ao bem jurídico se realize".

Ou ela se realiza dolosamente e o crime se consuma, ou ela não se realiza e o fato é atípico.

Pode-se pensar em modalidade de erro de tipo na categoria erro sobre a pessoa, permitindo que o agente não consiga identificar a real idade da vítima, seja até mesmo pela utilização por parte dela de documentação falsa para o ingresso nesses locais. Vale o raciocínio aqui das permissões escusáveis e inescusáveis. Há aqui uma incidência de erro sobre os elementos normativos do tipo, visto que o agente não tem consciência de estar realizando uma conduta típica por erro sobre a pessoa. Conforme argumenta Busato, esse dever de informação depende das "condições pessoais do agente, sua historicidade, sua condição social, o local em que o fato ocorre e até mesmo a espécie de delito" (2013, p. 648).

O sujeito ativo será sempre aquele em quem o poder de cuidado do menor está conferido, desde genitores e tutores até cuidadoras ocasionais. O sujeito passivo da conduta será sempre o menor de 18 anos sob aquela vigilância.

Quando a conduta necessitar de habitualidade para realização, esse fator deve estar presente para configurar a consumação. Nas demais hipóteses em que o termo "frequência" é substituído por "participação", basta a realização da conduta uma única vez para o delito se ver consumado.

A tentativa, exceto nas condutas habituais, é possível, a depender de cada caso concreto.

Considerações finais

O verbo "permitir" possibilita a imputação a título comissivo quando se referir a uma atuação do sujeito que é, por ora, o responsável pelo menor, uma vez que se encontra com poder para tanto ou possua a guarda ou vigilância. Todavia, tal verbo também permite a atribuição a título de omissão, ocasião em que se verifica uma tolerância do garante, uma abstenção de comportamento a impedir que o menor frequente ambientes insalubres à sua formação moral.

Os incisos exemplificados pelo art. 247 do Código Penal inserem-se como verdadeiros elementos normativos do tipo, de natureza extrapenal, e sua incidência não se perfaz pela moral e bons costumes que intimamente qualquer pessoa pode ter, mas sim deve ser configurada a partir dos valores sociais comumente aceitos pela sociedade, necessitando-se recorrer a juízos abstratos e falhos para afirmar os incisos I e II.

Outrossim, as hipóteses dos incisos III e IV do art. 247 do Código Penal referem-se ao repúdio às facilidades que uma vida marginal e de ganho fácil, ou nem sempre tão fácil assim, como se vislumbra do exercício da prostituição ou da mendicância, traz ao sujeito, em especial àquele que está em formação e que terá afastados de si os valores éticos pertinentes a determinada sociedade.

Capítulo IV
Dos crimes contra o pátrio poder, tutela ou curatela

Induzimento a fuga, entrega arbitrária ou sonegação de incapazes

Art. 248. Induzir menor de dezoito anos, ou interdito, a fugir do lugar em que se acha por determinação de quem sobre ele exerce autoridade, em virtude de lei ou de ordem judicial; confiar a outrem sem ordem do pai, do tutor ou do curador algum menor de 18 (dezoito) anos ou interdito, ou deixar, sem justa causa, de entregá-lo a quem legitimamente o reclame:

Pena – detenção, de 1 (um) mês a 1 (um) ano, ou multa.

Bibliografia: ESTEFAM, André. *Direito penal*. São Paulo: Saraiva, 2011. v. 3; FREIRE, Marta. *Poder familiar*. 261 p. Dissertação de Mestrado. Pontifícia Universidade Católica de São Paulo, 2007; PRADO, Luiz Regis. *Curso de direito penal brasileiro*, 13. ed. rev. atual. e ampl. São Paulo: RT, 2014; NUCCI, Guilherme de Souza. *Código Penal comentado*. 11. ed. rev., atual. e ampl. São Paulo: RT, 2012; GRECO, Rogério. *Código Penal* comentado. 5. ed. Niterói: Impetus, 2011; DELMANTO, Celso, *Código Penal comentado* et al. 6. ed. atual. e ampl. Rio de Janeiro: Renovar, 2002; DINIZ, Maria Helena. *Curso de direito civil brasileiro*. São Paulo: Saraiva, 2007. v. 5: direito de família; JAKOBS, Gunther. *A imputação objetiva no direito penal*. São Paulo: RT, 2007.

Considerações gerais

O Título VII, dedicado aos crimes contra a família, compreende quatro capítulos, sendo: I – crimes contra o casamento; II – crimes contra o estado de filiação; III – crimes contra a assistência à família e, por fim, o que será aqui comentado: IV – crimes contra o pátrio poder, tutela ou curatela.

A proteção à família dada por esse título se completa com a Constituição de 1988, que trata, no *caput* do art. 226, da família de maneira privilegiada: "Art. 226. A família, base da sociedade, tem especial proteção do Estado. (...)". Referida norma demonstra uma constante preocupação do legislador com o instituto familiar.

Nesse sentido, o referido art. 248 do Código Penal buscar proteger o poder familiar, a tutela e a curatela. O primeiro como direito – função decorrente da relação entre pais e filhos; o segundo como instituto que visa substituir o poder familiar; e o terceiro como encargo público conferido a alguém que irá proteger e administrar interesses e bens de pessoas enfermas ou deficientes mentais.

Estefam destaca: "A expressão 'pátrio poder' não é mais utilizada pela legislação civil. Com efeito, desde a promulgação da Carta de 1988, que equiparou homens e mulheres em direitos e obrigações (arts. 5º, *caput*, e 226, § 5º)..." (2011, p. 308).

O pátrio poder era exercido pelo marido, que era hierarquicamente superior à mulher na titularidade de direitos, de acordo com o Código Civil de 1916. Registre-se, inclusive, que, até a vigência do Estatuto da Mulher Casada, esta era considerada relatividade incapaz pelo referido Código.

A Constituição Federal de 1988 trouxe uma visão moderna das relações familiares, pois, consagrando o direito entre as pessoas, igualou-as também no âmbito familiar, consagrando a igualdade entre homens e mulheres, entre filhos do casamento e de fora do casamento, dentre outros (DINIZ, 2007, p. 17).

Merece destaque o conceito desenvolvido pela Constituição Cidadã de criança como sujeito de direito, que deve ser objeto de assistência e proteção (FREIRE, 2007, p. 31).

Com todas essas mudanças, o Código Civil de 2002 trouxe a expressão "poder familiar" em substituição ao antigo pátrio poder. A intenção da alteração não foi a criação de uma figura nova, e sim adaptar a locução à nova realidade social (FREIRE, 2007, p. 50). Nesse contexto, o poder passa a ser exercido pelos pais igualmente.

Feitas as devidas considerações acerca da importância da família e da mudança da expressão "pátrio poder", passa-se agora às considerações nucleares do art. 248 do Código Penal.

Considerações nucleares

Para início de análise do tipo, faz-se necessário destrinchar as figuras típicas prevista no art. 248, *caput*, sendo elas: induzir menor de 18 anos, ou interdito, a fugir do lugar em que se acha por determinação de quem sobre ele exerce autoridade, em virtude de lei ou de ordem judicial (induzimento à fuga); confiar a outrem, sem ordem dos pais, do tutor ou do curador alguém menor de 18 (dezoito) anos ou interdito (entrega arbitrária); deixar, sem justa causa, de entregar menor de 18 anos ou interdito a quem legitimamente o reclame (sonegação de incapazes).

Sobre a primeira figura, induzimento à fuga, sabe-se que induzir é persuadir, dar a ideia, incutir na mente uma ideia nova. Ou seja, o agente atua sobre a vontade do menor ou interdito, e, caso essa ideia já existisse anteriormente, não se caracteriza o delito. Como também não se caracteriza o crime na hipótese de o terceiro apenas acompanhar o incapaz ao local de destino posterior à fuga (PRADO, 2014, p. 1124.).

É importante destacar que a figura, em tese, não se confunde com a subtração de incapazes, prevista no art. 249 do Código Penal. Tal tipo consiste em retirar o incapaz do local em que reside (ESTEFAM, 2011, p. 312).

Já a segunda figura se refere à entrega arbitrária, que tem como conduta o ato de confiar, como sinônimo de entregar, o menor ou o interdito a outra pessoa sem ordem (expressas ou tácitas) do pai ou tutor. Entende-se que devem ser abrangidas por essa normal penal entregas que realmente trouxerem algum perigo ao indivíduo submetido ao poder familiar, tutela ou curatela.

Por fim, analisa-se a sonegação de incapazes, que consiste no ato de não entregar, ou reter sem justa causa, o menor ou o interdito a quem legitimamente o reclame.

Neste caso, pressupõe-se que o omitente estava em poder do incapaz licitamente; caso contrário, sua conduta se ajustaria à descrita no art. 249, já comentado, e que trata da subtração de incapaz, sendo inclusive delito mais grave que o do art. 248 (ESTEFAM, 2011, p. 313).

Como já mencionado, o referido artigo apresenta três figuras típicas, constituindo assim um tipo misto cumulativo e alternativo. Logo, a realização de mais de uma figura compromete a unidade delitiva, levando ao concurso material de delitos (art. 69 do CP).

De grande importância é a análise dos elementos normativos no texto do referido artigo ("sem justa causa", "legitimamente"), que nesse caso se referem também à ilicitude. Nesse sentido, como exemplo, verifica-se a justa causa em situações em que o incapaz esteja adoentado e que não seja recomendada a sua retirada do local em que se encontra (PRADO, 2014, p. 1125).

Greco esclarece que a ordem do pai, do tutor ou do curador também são elementos normativos do tipo que, quando presentes, tornam o fato atípico (2011, p. 738).

Neste âmbito, torna-se relevante analisar a questão sob a ótica da teoria da imputação objetiva, que admite a responsabilidade pelo resultado caso a criação do risco juridicamente desaprovado tenha colocado em perigo o bem jurídico protegido.

Nos três tipos previstos, quais sejam, induzimento a fuga, entrega arbitrária e sonegação de incapazes, como os indivíduos em questão são menores ou interditos, a extrapolação da órbita de proteção de seu ambiente familiar traria um risco juridicamente desaprovado.

O quadro da teoria da imputação objetiva pondera sobre os preponderantes encargos sociais no cumprimento dos papéis sociais. Assim, descreve Jakobs que as garantias normativas do Direito asseguram certas condutas, padrões sociais que devem ser cumpridos para que haja uma orientação da sociedade com base neles. Dessa forma, o legislador pátrio tomou o cuidado de acentuar a importância familiar na tipificação dessa conduta, visto que o tipo em questão é uma sanção negativa para o descumprimento de um preceito mandamental. A quebra do risco permitido, daquilo que o autor denomina risco inerente à configuração social, deve ser tolerada a partir do momento que o comportamento de terceiros não esteja com intenções maliciosas de corromper a mente dos menores. Atenta-se também ao detalhe da conduta "induzir", que aqui abre uma exceção para a teoria da acessoriedade limitada na conformação dos agentes do delito, afastando-se de uma conduta usualmente imputada ao partícipe para uma conduta de autor (2007, p. 273).

O tipo subjetivo só se configura na forma dolosa havendo consciência e vontade de induzir, confiar ou entregar. Não existe a forma culposa, justamente porque se faz necessário esse *animus* do agente na conduta.

Quanto à primeira figura típica prevista, ou seja, induzimento à fuga, observa-se uma divergência doutrinária, já que a parte majoritária, dentre outros Edgard Magalhães Noronha, Celso Delmanto e Luiz Regis Prado, classifica o crime como material, ou seja, que só se consuma com o resultado, exigindo portanto a fuga para haver a consumação. No entanto, autores como Guilherme de Sousa Nucci e André Estefam consideram que o mero induzimento já caracteriza o crime. Nesse sentido, Nucci defende que se trata de um crime de perigo, pois há a retirada do incapaz da esfera de quem legalmente o protege; desse modo, se o incapaz foi surpreendido no momento da fuga, mas se este chegou a ser realmente induzido, configurado está o delito para quem o convenceu (2012, p. 1029).

Como se trata de crime contra o poder familiar, tutela ou curatela, a proteção dada por quem exerce essas figuras já estaria em perigo com o induzimento à fuga (NUCCI, 2012, p. 1028).

Nesse sentido, pode-se pensar que realmente se trata de um crime de perigo, no qual o legislador tipifica um comportamento anterior à lesão ao bem jurídico, visando à proteção deste, que, no caso, em tese, seria a proteção da família.

Em relação às outras duas figuras, não há polêmica. No caso da entrega arbitrária, a consumação se dá com a entrega pelo agente da vítima a terceiro sem autorização e, na sonegação de incapazes, com a conduta negativa, ou seja, com a negação da entrega.

Admite-se a tentativa no induzimento à fuga e na entrega arbitrária; porém, não se admite na sonegação.

Subtração de incapazes

Art. 249. Subtrair menor de 18 (dezoito) anos ou interdito ao poder de quem o tem sob sua guarda em virtude de lei ou de ordem judicial:

Pena – detenção, de 2 (dois) meses a 2 (dois) anos, se o fato não constitui elemento de outro crime.

§ 1º O fato de ser o agente pai ou tutor do menor ou curador do interdito não o exime de pena, se destituído ou temporariamente privado do pátrio poder, tutela, curatela ou guarda.

§ 2º No caso de restituição do menor ou do interdito, se este não sofreu maus-tratos ou privações, o juiz pode deixar de aplicar pena.

Bibliografia: ESTEFAM, André. *Direito penal*. São Paulo: Saraiva, 2011. v. 3; PRADO, Luiz Regis. *Curso de direito penal brasileiro*. 13. ed. rev. atual. e ampl. São Paulo: RT, 2014; NUCCI, Guilherme de Souza. *Código Penal comentado*. 11. ed. rev., atual. e ampl. São Paulo: RT, 2012; GRECO, Rogério. *Código Penal* comentado. 5. ed. Niterói: Impetus, 2011; DELMANTO, Celso. *Código Penal comentado*. 6. ed. atual. e ampl. Rio de Janeiro: Renovar, 2002.

Considerações gerais

O art. 249 do Código Penal está inserido no Título VII, que trata dos crimes contra a família, mais especificamente no capítulo dos crimes contra o pátrio poder, a tutela e a curatela. Nesse artigo, pode-se perceber, assim como no art. 248, já discutido neste trabalho, a preocupação do legislador com a família, em consonância com o art. 226 da Constituição Federal, e a especial proteção aos menores e aos interditos.

Considerações nucleares

O comportamento nuclear do tipo é subtrair, que significa: tirar ou retirar, no caso, o menor ou interdito do poder de quem tem sua guarda em razão de lei ou ordem judicial.

Registre-se que, caso o menor seja retirado de quem apenas o cria sem ter a guarda legal ou determinação judicial, a conduta não estará abrangida pelo art. 249 do Código Penal (ESTEFAM, 2011, p. 319).

É válido lembrar também que a concordância do menor ou interdito não interfere na configuração delitiva. Porém, Estefam acredita que, no caso de adolescentes próximos à fase adulta (18 anos), faz-se necessária uma verificação se os pais concretamente exercem influência e poder sobre este. No caso de negativa, o autor defende que a conduta deixe de ser infração penal (2011, p. 320).

Prado destaca que o Código Penal italiano faz a distinção entre a subtração consensual do menor com catorze anos completos (art. 573) e a subtração não consensual (art. 574, § 2º) (2014, p. 1127).

Caso o menor ou interdito fuja do lugar em que se encontra em razão de lei ou ordem judicial por seus próprios meios e, posteriormente, vá ao encontro de terceiro, este não será submetido à regra do art. 249, podendo ser submetido às regras do art. 248, caso tenha induzido o menor ou interdito a fazer isso.

Não há previsão de modalidade culposa, somente dolosa, sendo necessária a vontade consciente do agente de retirar o menor da guarda do seu responsável, pois essa retirada é aquela que é feita tendo o conhecimento de que se faz de forma contrária à lei e de quem tem o poder judicial sob o menor.

Esse crime pode ser praticado por qualquer pessoa, inclusive pelos pais, quando estiverem destituídos do poder familiar, ou pelo tutor ou curador quando destituídos de seus encargos.

Já o sujeito passivo é a pessoa que detém a guarda e, secundariamente, pode-se considerar também o menor ou o interdito.

O delito é consumado quando é efetivada a retirada do menor ou interdito da esfera de disponibilidade de seus responsáveis. A forma tentada é admitida.

É importante ressaltar que o agente só é punido pela prática desse crime caso não se configure conjuntamente outro crime mais grave, pois se trata de um delito subsidiário. Se a subtração figura como elementar de outro delito – sequestro (art. 148 do CP), extorsão mediante sequestro (art. 159 do CP) –, não há concurso formal de delitos. Noutro dizer: caso a subtração entre na composição de outro tipo penal – como elemento objetivo do tipo ou como circunstância agravante, qualificadora ou causa de aumento de pena –, afasta-se a aplicação concomitante do dispositivo subsidiário (art. 249 do CP).

Outro ponto relevante é a possibilidade prevista no § 2º do referido artigo de não aplicação da pena caso haja a restituição do menor ou interdito, se este não sofreu maus-tratos ou privações. Estefam acredita fundamentar-se o artigo em medida de política criminal (2011, p. 323).

Existe uma discussão doutrinária acerca da natureza jurídica da sentença que concede o benefício; porém a posição que prevalece é a da Súmula 18 do STJ, segundo a qual: "A sentença concessiva do perdão judicial é declaratória da extinção da punibilidade, não subsistindo qualquer efeito condenatório".

Considerações finais

Ao analisar o art. 237 do Estatuto da Criança e do Adolescente, em um primeiro momento, este parece estar em confronto com o art. 249 do Código Penal. Vejamos o que diz o artigo do Estatuto da Criança e do Adolescente: "Subtrair criança ou adolescente ao poder de quem o tem sob sua guarda em virtude de lei ou ordem judicial, com o fim de colocação em lar substituto: Pena – reclusão de dois a seis anos, e multa".

Diante da aparente contradição do ordenamento, Nucci apresenta três critérios de resolução: O primeiro deles seria a subsidiariedade, já que estabelece o art. 249 que será este aplicado caso não constitua elemento de outro crime. O segundo seria a especificidade, já que o art. 237 prevê a finalidade específica, por parte do agente, de subtrair a criança ou o adolescente com a finalidade de colocar em lar substituto. Por fim, seria a sucessividade, já que o art. 237 é mais recente (2012, p. 1031).

TÍTULO VIII
DOS CRIMES CONTRA A INCOLUMIDADE PÚBLICA

CAPÍTULO I
Dos crimes de perigo comum

Incêndio

Art. 250. Causar incêndio, expondo a perigo a vida, a integridade física ou o patrimônio de outrem:

Pena – reclusão, de 3 (três) a 6 (seis) anos, e multa.

Aumento de pena

§ 1º As penas aumentam-se de um terço:

I – se o crime é cometido com intuito de obter vantagem pecuniária em proveito próprio ou alheio;

II – se o incêndio é:

a) em casa habitada ou destinada a habitação;

b) em edifício público ou destinado a uso público ou a obra de assistência social ou de cultura;

c) em embarcação, aeronave, comboio ou veículo de transporte coletivo;

d) em estação ferroviária ou aeródromo;

e) em estaleiro, fábrica ou oficina;

f) em depósito de explosivo, combustível ou inflamável;

g) em poço petrolífero ou galeria de mineração;

h) em lavoura, pastagem, mata ou floresta.

Incêndio culposo

§ 2º Se culposo o incêndio, é pena de detenção, de 6 (seis) meses a 2 (dois) anos.

Bibliografia: BECHARA, Ana Elisa. Dos crimes contra a incolumidade pública. In: REALE JÚNIOR, Miguel (Coord.). *Direito penal:* jurisprudência em debate. São Paulo: Saraiva, 2016; BITENCOURT, Cezar Roberto. *Tratado de direito penal*: parte especial: dos crimes contra a dignidade sexual até dos crimes contra a fé pública. 15. ed. rev. e atual. São Paulo: Saraiva, 2021. v. 4. *E-book*; COSTA JÚNIOR, Paulo José da. *Curso de direito penal:* parte especial. 2. ed. São Paulo: Saraiva, 1992. v. 3; DELMANTO, Celso et al. *Código Penal comentado:* acompanhado de comentários, jurisprudência, súmulas em matéria penal e legislação complementar. 10. ed. rev., atual. e ampl. São Paulo: Saraiva, 2022; FRAGOSO, Heleno Cláudio. *Lições de direito penal:* parte especial. 5. ed. Rio de Janeiro: Forense, 1986; GONZÁLEZ DE MURILLO, José Luis Serrano. Los delitos de incendio en el nuevo Código Penal. In: *Actualidad Penal*, Madrid, v. 2, 16/48, p. 829-843, semanal. 1996; GRECO, Luís. "Princípio da ofensividade" e crimes de perigo abstrato – uma introdução ao debate sobre o bem jurídico e as estruturas do delito. *Revista Brasileira de Ciências Criminais*, São Paulo, v. 12, fasc. 49, p. 89-147, jul./ago. 2004; HUNGRIA, Nélson. *Comentários ao Código Penal:* Decreto-lei n. 2.848, de 7 de dezembro de 1940 – arts. 250 a 361. 2. ed. Rio de Janeiro: Forense, 1959. v. IX; NORONHA, E. Magalhães. *Direito penal.* 10. ed. v. 3. São Paulo: Saraiva, 1977; PIERANGELI, José Henrique. *Manual de direito penal brasileiro.* São Paulo: RT, 2007. v. 2: parte especial: arts. 121 a 361;

PRADO, Luiz Regis; CARVALHO, Érika Mendes de; CARVALHO, Gisele Mendes de. *Curso de direito penal brasileiro*. 13. ed. rev. atual. e ampl. São Paulo: RT, 2014; PRADO, Luiz Regis. *Direito penal do ambiente*: meio ambiente, patrimônio cultural, ordenação do território, biossegurança. São Paulo: RT, 2005; REALE JÚNIOR, Miguel. Grau de culpa: incêndio do Edifício Joelma [Parecer]. *Ciência Penal,* Rio de Janeiro, v. 3, n. 2, p. 115-130, 1976; RODRIGUES, Marta Felino. Crimes ambientais e de incêndio na revisão do Código Penal. *Revista Portuguesa de Ciência Criminal,* Coimbra, v. 18, n. 1, p. 47-80, jan./mar. 2008; RODRÍGUEZ SOL, Luis. Los incendios forestales y los incendios fraudulentos en biens propios. In*: Delitos y cuestiones penales en el ámbito empresarial*. Madrid: Expansión/Garrigues & Andersen, 1999. 8 v., p. 513-548.

Considerações gerais

Não apenas no crime de incêndio, mas em praticamente todos os crimes dispostos no Título VIII do Código Penal (Crimes contra a incolumidade pública), a doutrina[214] costuma apontar como o respectivo bem jurídico a incolumidade pública, conceituada como "a segurança de todos os membros da sociedade, que têm sua vida, integridade pessoal e patrimonial sujeitas à acentuada probabilidade de lesão" (PRADO, 2006, p. 1130) ou como o "estado de preservação ou segurança em face de possíveis eventos lesivos" (HUNGRIA, 1959, p. 7-8).

Esses crimes apresentam como característica a criação de um perigo comum, uma vez que, se o agente visa atingir bem jurídico de titular determinado e individual, sem criação de um perigo comum, há a configuração de outros delitos, tais como o crime do art. 132 (perigo para a vida ou saúde de outrem) ou o crime do art. 163, parágrafo único, inciso II (dano qualificado pelo emprego de substância inflamável ou explosiva), ambos do CP.

É preciso refletir, entretanto, se essa percepção é a mais correta (apesar, repita-se, de ser praticamente unânime). Os bens jurídicos que devem ser colocados em perigo, nos crimes estudados, são a vida, a integridade física ou o patrimônio de outrem. Esses bens são tipicamente individuais, já que a lesão ou a colocação em perigo do bem jurídico de um titular não implica, necessariamente, que outros titulares também terão seus bens lesionados ou colocados em perigo. Tais bens não apresentam, pois, a característica de indivisibilidade, fundamental para a configuração de bens jurídicos coletivos ou difusos. Como explica Greco (2004, p. 114), "a soma de vários bens jurídicos individuais não é suficiente, porém, para constituir um bem jurídico coletivo, porque este é caracterizado pela elementar da não distributividade, isto é, ele é indivisível entre diversas pessoas".

---

[214] São muitos os autores que defendem essa linha. Apenas a título exemplificativo, *vide* Bitencourt (2021, p. 160).

O traço fundamental dos tipos penais deste capítulo consiste em submeterem um conjunto de bens jurídicos individuais, cujos titulares são indeterminados, a perigo. Porém, diferentemente da compreensão da doutrina brasileira, não compreendo que essa estrutura típica (de perigo), voltada a um conjunto de bens jurídicos, e não a um bem jurídico individualizado, seja suficiente para alterar a própria concepção de bem jurídico, tornando-o difuso (ou coletivo).

A própria ideia de colocação em perigo do bem jurídico incolumidade pública aporta pouco em termos dogmáticos, tanto é que os autores, apesar de a adotarem, sempre se valem das concepções de bens individuais (vida, integridade física e propriedade) para esclarecer como se configura o perigo à incolumidade.

Se a incolumidade pública pudesse, de fato, ser considerada bem jurídico de tais crimes, seriam eles crimes de lesão e não de perigo, diferentemente da classificação doutrinária que lhes é em geral atribuída.

A ideia de que se tutelam bens jurídicos individuais, embora em número indeterminado, auxilia, portanto, a compreender e aplicar corretamente o princípio da ofensividade nestes crimes. Bechara (2016, p. 521-522) ressalta que "não parece coerente com um modelo político-social democrático renunciar aos limites fundamentais do Direito Penal, que impõem a necessidade da ofensividade do comportamento incriminado em relação ao bem jurídico tutelado". Nessa linha, examinar a colocação em perigo de bens jurídicos individuais, ainda que em número e pertencentes a pessoas indeterminadas, é operação que oferece muito menos dificuldades do que a análise da afetação de bens jurídicos coletivos ou difusos, descritos a partir de termos genéricos, como é o caso da incolumidade pública.

Por consequência da concepção de bem jurídico aqui adotada, o sujeito passivo passa a ser compreendido como as pessoas indeterminadas que tiveram seus bens individuais colocados em perigo.

Coerentemente com sua posição, a doutrina brasileira aponta como sujeito passivo a coletividade, e, em alguns casos, o Estado, que seriam titulares da incolumidade pública.

Uma última observação importante cabe ser feita a título introdutório: alguns crimes deste capítulo, assim como os do Título XII, do CP, que traz os Crimes contra o Estado Democrático de Direito, podem apresentar condutas semelhantes àquelas previstas na Lei de Terrorismo (Lei n. 13.260/2016). Para definir qual previsão legal deve ser aplicado a uma situação concreta, deverá o intérprete utilizar as regras de solução de conflitos de normas. Deve-se lembrar que, evidentemente, nem os crimes deste capítulo nem os do Título XII podem ser considerados terrorismo para fins de aplicação dos dispositivos previstos na Lei dos Crimes Hediondos (Lei Federal n. 8.078/90), já que não são, propriamente, crimes desta natureza.

Considerações nucleares

O crime de incêndio exige, para sua configuração, a causação de fogo relevante, isto é, de certa monta, e perigoso, que venha a colocar em situação de risco a vida, a integridade física ou o patrimônio de um número indeterminado de pessoas. A doutrina admite também a prática de crime de incêndio por omissão, desde que o sujeito ativo ocupe a posição de garante.

O crime é de perigo concreto, portanto, exige a verificação de que a conduta do agente, no caso examinado, efetivamente causou perigo de dano aos bens jurídicos citados, como lecionava Hungria (1959, p. 24): "a exigência do perigo efetivo ou concreto (que deve ser *comum*, como acentua a epígrafe da subclasse a que pertence o crime em exame) é expressa no art. 250".

A análise do perigo deve ser feita *ex ante*, por meio de análise das condições nas quais o agente atuou, bem como dos conhecimentos que ele tinha no momento da ação.

Portanto, se a conduta consistiu na colocação de fogo em coisa do próprio agente, sem trazer perigo à vida, à integridade física ou à propriedade alheias, não há tipicidade. Se houve colocação de fogo em coisa alheia, porém, de forma controlada, e sem criação de perigo comum, pode-se configurar crime de dano qualificado, mas não de incêndio. Igualmente, se o agente quis colocar a vida ou a saúde de uma pessoa específica em perigo, sem criação de perigo comum, caracterizar-se-á o crime do art. 132 do CP, mas não o crime de incêndio.

Quanto ao elemento subjetivo, o crime pode ser praticado na modalidade dolosa ou na culposa (*vide* abaixo). No primeiro caso, o agente deve, além de conhecer os elementos do tipo penal objetivo, querer a causação de incêndio, bem como a criação do perigo. Do contrário, não se caracteriza o crime doloso. Se, para além disso, o agente atuou por inconformismo político, aplica-se o art. 20 da Lei de Segurança Nacional (Lei Federal n. 7.170/83)[215]; se tinha o intuito de obter vantagem pecuniária, veja as causas de aumento, comentadas abaixo.

A consumação do crime de incêndio somente ocorre com a criação do risco à vida, à integridade física ou à propriedade alheias. Assim, admite-se a tentativa, já que é possível o fracionamento da conduta e, por consequência, sua interrupção por razões alheias à vontade do agente. Sobre as dificuldades práticas advindas da tentativa no crime de incêndio, *vide* Bechara (2016, p. 524 e s.).

---

[215] "Art. 20. Devastar, saquear, extorquir, roubar, sequestrar, manter em cárcere privado, incendiar, depredar, provocar explosão, praticar atentado pessoal ou atos de terrorismo, por inconformismo político ou para obtenção de fundos destinados à manutenção de organizações políticas clandestinas ou subversivas. Pena – reclusão, de 3 a 10 anos. Parágrafo único. Se do fato resulta lesão corporal grave, a pena aumenta-se até o dobro; se resulta morte, aumenta-se até o triplo".

Caso da prática do crime em comento resulte morte ou lesão corporal de natureza grave, poderão ser aplicáveis as figuras descritas no art. 258 do CP (*vide* as observações respectivas).

O § 1º do art. 250 do CP traz as causas de aumento de pena, hipóteses nas quais a pena do crime doloso será aumentada de um terço. As causas de aumento não se aplicam ao incêndio culposo.

Quanto ao inciso I, relativo ao cometimento do crime com o intuito de obter vantagem pecuniária, cuida-se de figura que exige apenas a intenção de obtenção da vantagem – se o agente efetivamente obtém a vantagem, trata-se de mero exaurimento. Deve-se ter atenção para diferenciar esta causa de aumento da figura descrita no art. 171, § 1º, inciso V, do Código Penal (fraude para recebimento de indenização ou valor de seguro). O crime de incêndio exige sempre a criação do perigo comum, razão pela qual a colocação de fogo em coisa própria, sem criação de perigo comum, para obtenção de indenização de seguro, deve ser considerada apenas o crime de fraude mencionado. Têm razão Delmanto et al. (2022, p. 915), ao afirmarem que o concurso formal entre incêndio e fraude contra seguro apenas pode se configurar quando o fogo causado para destruir coisa própria, com intuito de receber indenização de seguro, também gerar perigo comum, acrescentando-se que, para isso, o agente também deve ter a intenção de criar o referido perigo comum.

O inciso II, *a*, refere-se à casa habitada ou destinada à habitação. Não é necessário que os habitantes estejam na casa no momento do crime; basta ser habitada ou ter tal destinação. Todavia, é suficiente a habitação eventual ou raríssima para a configuração da causa de aumento. Outrossim, o agente deve ter conhecimento da habitação ou destinação da casa para habitação.

As demais alíneas do inciso II não trazem grandes dificuldades de compreensão, devendo-se apenas frisar que a aplicação da causa de aumento dependerá sempre de o agente ter conhecimento sobre seus elementos.

É importante apenas observar, quanto à alínea *h*, que a Lei dos Crimes Ambientais (Lei Federal n. 9.605/98) prevê crime de incêndio em mata ou floresta (art. 41[216]). Portanto, não havendo perigo comum, a conduta de colocar fogo relevante em mata ou floresta enquadra-se no crime ambiental. Se houver o perigo comum, todavia, o crime de incêndio com pena aumentada absorve o crime ambiental.

Por fim, o Código Penal traz figura culposa do crime de incêndio, que também exigirá o resultado de perigo concreto, aplicando-se aqui a estrutura dos crimes culposos (verificação de lesão a dever objetivo de cuidado – verificação de

---

[216] "Art. 41. Provocar incêndio em mata ou floresta: Pena – reclusão, de dois a quatro anos, e multa. Parágrafo único. Se o crime é culposo, a pena é de detenção de seis meses a um ano, e multa".

nexo de causalidade entre a conduta e o resultado – aplicação dos critérios de imputação objetiva). As causas de aumento não se aplicam à modalidade culposa.

Considerações finais

O crime de incêndio traz, como visto, diversas questões relativas ao concurso de normas. Para aprofundamento sobre esse ponto, bem como sobre a compreensão jurisprudencial acerca do concurso entre incêndio e explosão, entre incêndio e homicídio ou lesão culposos, e entre dano e incêndio, *vide* Bechara (2016, p. 530 e s.).

Explosão

Art. 251. Expor a perigo a vida, a integridade física ou o patrimônio de outrem, mediante explosão, arremesso ou simples colocação de engenho de dinamite ou de substância de efeitos análogos:

Pena – reclusão, de 3 (três) a 6 (seis) anos, e multa.

§ 1º Se a substância utilizada não é dinamite ou explosivo de efeitos análogos:

Pena – reclusão, de 1 (um) a 4 (quatro) anos, e multa.

Aumento de pena

§ 2º As penas aumentam-se de um terço, se ocorre qualquer das hipóteses previstas no § 1º, I, do artigo anterior, ou é visada ou atingida qualquer das coisas enumeradas no n. II do mesmo parágrafo.

Modalidade culposa

§ 3º No caso de culpa, se a explosão é de dinamite ou substância de efeitos análogos, a pena é de detenção, de 6 (seis) meses a 2 (dois) anos; nos demais casos, é de detenção, de 3 (três) meses a 1 (um) ano.

Bibliografia: BECHARA, Ana Elisa. Dos crimes contra a incolumidade pública. In: REALE JÚNIOR, Miguel (Coord.). *Direito penal:* jurisprudência em debate. São Paulo: Saraiva, 2016; BITENCOURT, Cezar Roberto. *Tratado de direito penal*: parte especial: dos crimes contra a dignidade sexual até dos crimes contra a fé pública. 15. ed. rev. e atual. São Paulo: Saraiva, 2021. v. 4. *E-book*; COSTA JÚNIOR, Paulo José da. *Curso de direito penal:* parte especial. 2. ed. São Paulo: Saraiva, 1992. v. 3; DELMANTO, Celso et al. *Código Penal comentado:* acompanhado de comentários, jurisprudência, súmulas em matéria penal e legislação complementar. 10. ed. rev., atual. e ampl. São Paulo: Saraiva, 2022; FRAGOSO, Heleno Cláudio. *Lições de direito penal:* parte especial. 5. ed. Rio de Janeiro: Forense, 1986; GNIGLER, Miguel; AZEVEDO, Felipe Martins de. O emprego de artefatos explosivos, seus malefícios e a necessidade de modificação da norma penal. *Direito e Democracia: Revista* *do Centro de Ciências Jurídicas – Universidade Luterana do Brasil*, Canoas, v. 2, n. 2, p. 275-279, 2001; GRECO, Luís. "Princípio da ofensividade" e crimes de perigo abstrato – uma introdução ao debate sobre o bem jurídico e as estruturas do delito. *Revista Brasileira de Ciências Criminais*, São Paulo, v. 12, fasc. 49, p. 89-147, jul./ago. 2004; HUNGRIA, Nélson. *Comentários ao Código Penal:* Decreto-lei n. 2.848, de 7 de dezembro de 1940 – arts. 250 a 361. 2. ed. Rio de Janeiro: Forense, 1959. v. IX; NORONHA, E. Magalhães. *Direito penal*. 10. ed. São Paulo: Saraiva, 1977. v. 3; NORONHA, E. Magalhães. Explosão. In: *Enciclopédia Saraiva de Direito*. São Paulo: Saraiva, 1977. v. 35; PIERANGELI, José Henrique. *Manual de direito penal brasileiro*. São Paulo: RT, 2007. v. 2: parte especial: arts. 121 a 361; PRADO, Luiz Regis; CARVALHO, Érika Mendes de; CARVALHO, Gisele Mendes de. *Curso de direito penal brasileiro*, 13. ed. rev. atual. e ampl. São Paulo: RT, 2014.

Considerações gerais

A doutrina afirma que o bem jurídico tutelado pelo delito de explosão é a incolumidade pública. Pelas razões já expostas no item "Considerações gerais" do crime de incêndio, entendo que os bens jurídicos subjacentes ao presente crime são a vida, a integridade física e a propriedade, em uma estrutura de perigo dirigido a bens jurídicos de titulares indeterminados. Além de não alterar a essência do bem jurídico apenas por conta da estrutura ofensiva, descrevendo de modo mais correto o fenômeno jurídico, essa compreensão auxilia de forma mais efetiva na interpretação e aplicação do tipo penal.

Como consequência dessa particular concepção aqui adotada, o sujeito passivo passa a ser compreendido como o conjunto de pessoas indeterminadas que tiveram seu(s) bem(ns) jurídico(s) colocados em perigo – diferentemente do que afirma a doutrina brasileira, para a qual o sujeito passivo é a coletividade ou o Estado. No que se refere ao sujeito ativo, o crime pode ser praticado por qualquer pessoa, tratando-se de crime comum.

Considerações nucleares

O crime de explosão configura-se quando o agente expõe a perigo concreto a vida, a integridade física ou o patrimônio de pessoas indeterminadas, por meio das seguintes condutas: (i) explosão – "ato ou efeito de rebentar, com violência, estrondo e deslocamento de ar" (PRADO; CARVALHO; CARVALHO, 2014, p. 1138); (ii) arremesso – "lançamento à distância, manual ou mecânico" (ibidem); ou (iii) colocação – pôr em certo local – de engenho de dinamite (nitroglicerina misturada a material inerte absorvente) ou de substância de efeitos análogos (tais como o TNT, tricloreto de nitrogênio, nitrocelulose etc.).

Importante observar que se trata de um crime de perigo concreto, razão pela qual é necessária a exposição concreta e efetiva a perigo dos bens jurídicos vida, integridade física ou propriedade, para que o crime se consuma. Tais bens precisam, assim, ter corrido um risco não absolutamente improvável de lesão, verificado sob perspectiva *ex ante*.

O dano a tais bens jurídicos, por outro lado, é irrelevante para a consumação do delito. Se eventualmente ocorrer, poderá se configurar a modalidade típica qualificada, no caso de lesão corporal ou de morte – sobre esse ponto, *vide* as observações ao art. 258 do CP.

O tipo subjetivo do *caput* exige a presença de dolo, que deve abranger o conhecimento e a vontade de causar perigo à vida, à integridade física ou ao patrimônio de pessoas indeterminadas, por meio das já descritas condutas. Se o dolo for voltado a lesar tais bens jurídicos, pertencentes a pessoas determinadas, está-se diante de crime de homicídio qualificado, de lesão corporal dolosa ou de dano. Todavia, caso haja também o perigo comum, aplicar-se-á o concurso formal, devendo o intérprete atentar para não cometer *bis in idem*.

Se a substância utilizada não for dinamite ou substância de efeitos análogos, mas qualquer outra com menor potencial explosivo, caracteriza-se a figura privilegiada do § 1º do art. 251 do CP. Nessa linha, costuma-se citar como exemplo a pólvora. Tal substância, por apresentar menor poder de detonação, gera um perigo de menor intensidade, justificando-se a imposição de pena mais branda.

O § 2º traz as causas de aumento de pena, por meio de remissão às causas de aumento previstas para o crime de incêndio. Sobre esse ponto, *vide* as observações feitas nas "Considerações nucleares" do crime de incêndio.

No § 3º, há a previsão de duas modalidades culposas, sendo que ambas se aplicam somente para a conduta de causar explosão. A primeira refere-se ao uso de dinamite ou substância de efeitos análogos; a segunda, de outras substâncias explosivas. A segunda hipótese tem maior aplicação prática, já que se aplica às condutas culposas relacionadas a fogos de artifício, cujo componente explosivo é a pólvora. Em todas as hipóteses culposas, o resultado de perigo deve ter sido provocado por inobservância do dever de cuidado objetivo no manuseio com substâncias explosivas, sendo necessário verificar também o nexo de causalidade e os critérios de imputação objetiva.

O crime de explosão diferencia-se do crime de perigo para a vida ou saúde de outrem (art. 132 do CP), em razão da sua particular forma de execução e da exigência de criação de perigo comum, não apenas individual. Além disso, o crime de explosão abrange também a exposição a perigo de patrimônio alheio, o que não ocorre no caso do art. 132 do CP.

São várias as possibilidades de concurso de normas envolvendo o crime de explosão. Assim, caso haja intenção ou ofensa à segurança nacional, pode ser aplicável o art. 20 da Lei de Segurança Nacional[217] (Lei Federal n. 7.170/83). Se não

---

[217] "Art. 20. Devastar, saquear, extorquir, roubar, sequestrar, manter em cárcere privado, incendiar, depredar, provocar explosão, praticar atentado pessoal ou atos de terrorismo, por inconformismo político ou para obtenção de fundos destinados à manutenção de or-

houver perigo comum, mas apenas dano à coisa alheia, pode-se aplicar a figura de dano qualificado (art. 163, parágrafo único, II, do CP). Se a explosão for praticada como meio para a pesca, configura-se o crime do art. 35 da Lei dos Crimes Ambientais[218] (Lei Federal n. 9.605/98). No caso de uso de mina terrestre antipessoal, *vide* o art. 2º da Lei Federal n. 10.300/2001[219]. O emprego de artefato explosivo sem autorização ou em desacordo com a obtida pode configurar o crime do art. 16, parágrafo único, inciso III, da Lei Federal n. 10.628/2003[220] (Lei de Arma de Fogo). Por fim, sobre o concurso entre incêndio e explosão e a discussão jurisprudencial sobre o tema, confira Bechara (2016, p. 530 e s.).

Uso de gás tóxico ou asfixiante

Art. 252. Expor a perigo a vida, a integridade física ou o patrimônio de outrem, usando de gás tóxico ou asfixiante:

Pena – reclusão, de 1 (um) a 4 (quatro) anos, e multa.

Modalidade culposa

Parágrafo único. Se o crime é culposo:

Pena – detenção, de 3 (três) meses a 1 (um) ano.

Bibliografia: BITENCOURT, Cezar Roberto. *Tratado de direito penal*: parte especial: dos crimes contra a dignidade sexual até dos crimes contra a fé pública. 15. ed. rev. e atual. São Paulo: Saraiva, 2021. v. 4. *E-book*; COSTA JÚNIOR, Paulo José da. *Curso de direito penal*: parte especial. 2. ed. São Paulo: Saraiva, 1992. v. 3; DELMANTO,

---

ganizações políticas clandestinas ou subversivas. Pena – reclusão, de 3 a 10 anos. Parágrafo único. Se do fato resulta lesão corporal grave, a pena aumenta-se até o dobro; se resulta morte, aumenta-se até o triplo".

[218] "Art. 35. Pescar mediante a utilização de: I – explosivos ou substâncias que, em contato com a água, produzam efeito semelhante; II – substâncias tóxicas, ou outro meio proibido pela autoridade competente: Pena – reclusão de um ano a cinco anos".

[219] "Art. 2º É crime o emprego, o desenvolvimento, a fabricação, a comercialização, a importação, a exportação, a aquisição, a estocagem, a retenção ou a transferência, direta ou indiretamente, de minas terrestres antipessoal no território nacional: Pena – reclusão, de 4 (quatro) a 6 (seis) anos e multa".

[220] "**Posse ou porte ilegal de arma de fogo de uso restrito** – Art. 16. Possuir, deter, portar, adquirir, fornecer, receber, ter em depósito, transportar, ceder, ainda que gratuitamente, emprestar, remeter, empregar, manter sob sua guarda ou ocultar arma de fogo, acessório ou munição de uso proibido ou restrito, sem autorização e em desacordo com determinação legal ou regulamentar: Pena – reclusão, de 3 (três) a 6 (seis) anos, e multa. Parágrafo único. Nas mesmas penas incorre quem: (...) III – possuir, deter, fabricar ou empregar artefato explosivo ou incendiário, sem autorização ou em desacordo com determinação legal ou regulamentar".

Celso et al. *Código Penal comentado:* acompanhado de comentários, jurisprudência, súmulas em matéria penal e legislação complementar. 10. ed. rev., atual. e ampl. São Paulo: Saraiva, 2022; FRAGOSO, Heleno Cláudio. *Lições de direito penal:* parte especial. 5. ed. Rio de Janeiro: Forense, 1986; GRECO, Luís. "Princípio da ofensividade" e crimes de perigo abstrato – uma introdução ao debate sobre o bem jurídico e as estruturas do delito. *Revista Brasileira de Ciências Criminais*, São Paulo, v. 12, fasc. 49, p. 89-147, jul./ago. 2004; HUNGRIA, Nélson. *Comentários ao Código Penal:* Decreto-lei n. 2.848, de 7 de dezembro de 1940 – arts. 250 a 361. 2. ed. Rio de Janeiro: Forense, 1959. v. IX; NORONHA, E. Magalhães. *Direito penal.* 10. ed. São Paulo: Saraiva, 1977. v. 3; PIERANGELI, José Henrique. *Manual de direito penal brasileiro.* São Paulo: RT, 2007. v. 2: parte especial: arts. 121 a 361; PRADO, Luiz Regis. *Curso de direito penal brasileiro.* 4. ed. rev. e ampl. São Paulo: RT, 2006. v. 3: parte especial, arts. 184 a 288; PRADO, Luiz Regis. *Direito penal do ambiente:* meio ambiente, patrimônio cultural, ordenação do território, biossegurança. São Paulo: RT, 2005.

Considerações gerais

Conforme será examinado nas "Considerações nucleares", o art. 252 do CP foi tacitamente revogado pelo art. 56 da Lei Federal n. 9.605/98 (Lei dos Crimes Ambientais), permanecendo em vigor somente no que se refere à exposição de patrimônio alheio a perigo.

De todo modo, vale examinar as características desse tipo penal, até para verificar de que modo teria ocorrido a mencionada revogação tácita.

Quanto ao bem jurídico tutelado, novamente se trata, segundo a doutrina brasileira, da incolumidade pública. Pelas razões já expostas no item "Considerações gerais" do crime de incêndio, entendo que os bens jurídicos subjacentes ao presente crime são a vida, a integridade física e a propriedade, em uma estrutura de perigo dirigido a bens jurídicos de titulares indeterminados. Além de não alterar a essência do bem jurídico apenas por conta da estrutura ofensiva, descrevendo de modo mais correto o fenômeno jurídico, essa compreensão auxilia de forma mais efetiva na interpretação e aplicação do tipo penal.

Como consequência dessa particular concepção aqui adotada, o sujeito passivo passa a ser compreendido como o conjunto de pessoas indeterminadas que tiveram seu(s) bem(ns) jurídico(s) colocados em perigo – diferentemente do que afirma a doutrina brasileira, para a qual o sujeito passivo é a coletividade ou o Estado. No que se refere ao sujeito ativo, o crime pode ser praticado por qualquer pessoa, tratando-se de crime comum.

Considerações nucleares

O tipo penal relativo ao art. 252 do CP referia-se à conduta de expor a perigo a vida, a integridade física ou a propriedade de pessoas indeterminadas, por meio do uso de gás tóxico ou asfixiante. Tratava-se, uma vez mais, de um crime de perigo concreto, que apenas se aperfeiçoava quando verificada a colocação em efetivo perigo dos bens jurídicos mencionados. A lesão a tais bens jurídicos, por sua vez, era irrelevante para a configuração típica, ganhando outra tipificação apenas se ocorresse morte ou lesão corporal dolosa de natureza grave, hipóteses nas quais poderia restar configurada a figura qualificada (*vide* art. 258 do CP).

Sobre os conceitos de gás, gás tóxico e gás asfixiante, Delmanto et al. (2022, p. 922) assim os definem: "*Gás* pode ser definido como sendo 'o estado da matéria que tem a característica de se expandir espontaneamente, ocupando a totalidade do recipiente que a contém' (*Dicionário Houaiss*, Rio de Janeiro, 2001, verbete "Gás"); deve tratar-se, portanto, de substância em forma fluida, não sólida nem líquida. *Gás tóxico* é aquele que produz efeitos nocivos ao organismo ou que contém veneno; já o *gás asfixiante* é o que causa sufocação ou que impede a pessoa de respirar livremente".

Evidentemente, em ambas as hipóteses – gás tóxico ou gás asfixiante – deveria haver suficiente idoneidade para a colocação dos bens jurídicos em perigo – tanto que o emprego de gás lacrimogêneo é tido como atípico (BITENCOURT, 2021, p. 164).

O crime do *caput* apenas se praticava dolosamente, com o chamado "dolo de perigo". Já o parágrafo único trazia a modalidade culposa, caracterizada em hipóteses nas quais o agente infringia dever objetivo de cuidado no manuseio ou armazenamento dos gases mencionados.

Esses dados já são suficientes para a análise sobre a revogação tácita deste artigo pela figura prevista no art. 56 da Lei Federal n. 9.605/98, que dispõe:

"Art. 56. Produzir, processar, embalar, importar, exportar, comercializar, fornecer, transportar, armazenar, guardar, ter em depósito ou usar produto ou substância tóxica, perigosa ou nociva à saúde humana ou ao meio ambiente, em desacordo com as exigências estabelecidas em leis ou nos seus regulamentos:

Pena – reclusão, de 1 (um) a 4 (quatro) anos, e multa.

§ 1º Nas mesmas penas incorre quem:

I – abandona os produtos ou substâncias referidos no *caput* ou os utiliza em desacordo com as normas ambientais ou de segurança;

II – manipula, acondiciona, armazena, coleta, transporta, reutiliza, recicla ou dá destinação final a resíduos perigosos de forma diversa da estabelecida em lei ou regulamento.

§ 2º Se o produto ou a substância for nuclear ou radioativa, a pena é aumentada de um sexto a um terço.

§ 3º Se o crime é culposo:

Pena – detenção, de 6 (seis) meses a 1 (um) ano, e multa".

Verifica-se que o crime ambiental acima abrange todas as condutas anteriormente previstas pelo art. 252 do CP. Ao se referir a "produto ou substância tóxica, perigosa ou nociva à saúde humana", abrange os gases tóxicos e asfixiantes. Além disso, não exige a colocação concreta em perigo do bem jurídico saúde humana; exige apenas que a substância ou produto, em si, sejam perigosos ou nocivos, o que não quer dizer que, na situação concreta, efetivamente tenham colocado a saúde de outrem em perigo[221]. De todo modo, esse dado típico deve ser devidamente tratado no momento da aplicação da norma ao caso concreto, para que se respeite o princípio da ofensividade.

Portanto, sendo norma mais ampla a regular a matéria, deve prevalecer sobre a anterior (DELMANTO et al., 2022, p. 922).

Há quem entenda que o art. 252 apenas não foi revogado no que se refere à colocação em perigo de patrimônio alheio, já que essa situação específica não estaria abrangida pelo tipo da Lei dos Crimes Ambientais (DELMANTO et al., 2022, p. 922; PRADO, 2006, p. 419). Entretanto, pode-se dizer que a colocação em perigo de patrimônio, por meio de gás tóxico ou asfixiante, ocorre, quase que tão somente, com relação a animais. E os animais foram, sim, abrangidos pelo art. 56 da Lei Federal n. 9.605/98, que se refere a "meio ambiente". Portanto, apenas hipóteses raríssimas poderiam ser abrangidas pelo art. 252 do CP atualmente, não se justificando a interpretação no sentido de que continuaria parcialmente em vigor.

Na mesma linha, verifica-se que o crime mencionado da Lei dos Crimes Ambientais também traz figura culposa, igualmente mais abrangente do que aquela prevista no parágrafo único do art. 252 do CP. Inclusive, o legislador ambiental cometeu, também aqui, mais um de seus exageros criminalizadores.

Portanto, pode-se concluir que também a modalidade culposa do crime em comento foi revogada.

Considerações finais

Nos termos examinados acima, entende-se que esse tipo penal foi integralmente revogado pelo art. 56 da Lei Federal n. 9.605/98.

Fabrico, fornecimento, aquisição, posse ou transporte de explosivos ou gás tóxico, ou asfixiante

Art. 253. Fabricar, fornecer, adquirir, possuir ou transportar, sem licença da autoridade, substância ou engenho explosivo, gás tóxico ou asfixiante, ou material destinado à sua fabricação:

Pena – detenção, de 6 (seis) meses a 2 (dois) anos, e multa.

---

[221] Em sentido contrário, *vide* Delmanto et al. (2022, p. 922), que entendem haver exigência de perigo comum no tipo do art. 56 da Lei Federal n. 9.605/98.

Bibliografia: BECHARA, Ana Elisa. Dos crimes contra a incolumidade pública. In: REALE JÚNIOR, Miguel (Coord.). *Direito penal:* jurisprudência em debate. São Paulo: Saraiva, 2016; BITENCOURT, Cezar Roberto. *Tratado de direito penal*: parte especial: dos crimes contra a dignidade sexual até dos crimes contra a fé pública. 15. ed. rev. e atual. São Paulo: Saraiva, 2021. v. 4. *E-book*; COSTA JÚNIOR, Paulo José da. *Curso de direito penal: parte especial.* 2. ed. São Paulo: Saraiva, 1992. v. 3; DELMANTO, Celso et al. *Código Penal comentado:* acompanhado de comentários, jurisprudência, súmulas em matéria penal e legislação complementar. 10. ed. rev., atual. e ampl. São Paulo: Saraiva, 2022; FRAGOSO, Heleno Cláudio. *Lições de direito penal*: parte especial. 5. ed. Rio de Janeiro: Forense, 1986; GRECO, Luís. "Princípio da ofensividade" e crimes de perigo abstrato – uma introdução ao debate sobre o bem jurídico e as estruturas do delito. *Revista Brasileira de Ciências Criminais*, São Paulo, v. 12, fasc. 49, p. 89-147, jul./ago. 2004; HUNGRIA, Nélson. *Comentários ao Código Penal:* Decreto-lei n. 2.848, de 7 de dezembro de 1940 – arts. 250 a 361. 2. ed. Rio de Janeiro: Forense, 1959. v. IX; JUNQUEIRA, Gustavo Octaviano Diniz; FULLER, Paulo Henrique Aranda. *Legislação penal especial.* 6. ed. São Paulo: Saraiva, 2009. v. 1; NORONHA, E. Magalhães. *Direito penal.* 10. ed. São Paulo: Saraiva, 1977. v. 3; PIERANGELI, José Henrique. *Manual de direito penal brasileiro.* São Paulo: RT, 2007. v. 2: parte especial: arts. 121 a 361; PRADO, Luiz Regis; CARVALHO, Érika Mendes de; CARVALHO, Gisele Mendes de. *Curso de direito penal brasileiro.* 13. ed. rev. atual. e ampl. São Paulo: RT, 2014; PRADO, Luiz Regis. *Direito penal do ambiente:* meio ambiente, patrimônio cultural, ordenação do território, biossegurança. São Paulo: RT, 2005.

Considerações gerais

Novamente, está-se diante de um tipo penal que foi tacitamente revogado. Conforme será examinado adiante, no que tange à substância ou a engenho explosivo, está em vigor a norma prevista no art. 16, parágrafo único, incisos III, V e VI da Lei Federal n. 10.826/2003[222], e, no que tange a gás tóxico ou asfixiante, bem como a material destinado à sua fabricação, a norma do art. 56 da Lei Federal n. 9.605/98[223].

---

[222] "**Posse ou porte ilegal de arma de fogo de uso restrito** – Art. 16. Possuir, deter, portar, adquirir, fornecer, receber, ter em depósito, transportar, ceder, ainda que gratuitamente, emprestar, remeter, empregar, manter sob sua guarda ou ocultar arma de fogo, acessório ou munição de uso proibido ou restrito, sem autorização e em desacordo com determinação legal ou regulamentar: Pena – reclusão, de 3 (três) a 6 (seis) anos, e multa. Parágrafo único. Nas mesmas penas incorre quem: (...) III – possuir, deter, fabricar ou empregar artefato explosivo ou incendiário, sem autorização ou em desacordo com determinação legal ou regulamentar; (...) V – vender, entregar ou fornecer, ainda que gratuitamente, arma de fogo, acessório, munição ou explosivo a criança ou adolescente; e VI – produzir, recarregar ou reciclar, sem autorização legal, ou adulterar, de qualquer forma, munição ou explosivo".

[223] "Art. 56. Produzir, processar, embalar, importar, exportar, comercializar, fornecer, transportar, armazenar, guardar, ter em depósito ou usar produto ou substância tóxica, perigosa ou nociva à saúde humana ou ao meio ambiente, em desacordo com as exigências estabelecidas em leis ou nos seus regulamentos: Pena – reclusão, de um a quatro anos, e multa.

Apesar disso, é relevante examinar alguns aspectos desse tipo penal, para compreender qual era seu âmbito de abrangência e por quais razões se considera, aqui, tenha sido ele tacitamente revogado. Além disso, parte da doutrina não concorda com a derrogação total, o que também justifica seu estudo.

Quanto ao bem jurídico tutelado, novamente trata-se, segundo a doutrina brasileira, da incolumidade pública. Pelas razões já expostas no item "Considerações gerais" do crime de incêndio, entendo que os bens jurídicos subjacentes ao presente crime são a vida, a integridade física e a propriedade, em uma estrutura de perigo dirigido a bens jurídicos de titulares indeterminados. Além de não alterar a essência do bem jurídico apenas por conta da estrutura ofensiva, descrevendo de modo mais correto o fenômeno jurídico, essa compreensão auxilia de forma mais efetiva na interpretação e aplicação do tipo penal.

Como consequência dessa particular concepção aqui adotada, o sujeito passivo passa a ser compreendido como o conjunto de pessoas indeterminadas que tiveram seu(s) bem(ns) jurídico(s) colocados em perigo – diferentemente do que afirma a doutrina brasileira, para a qual o sujeito passivo é a coletividade ou o Estado. No que se refere ao sujeito ativo, o crime pode ser praticado por qualquer pessoa, tratando-se de crime comum.

Considerações nucleares

Conforme lecionam Prado, Carvalho e Carvalho (2014, p. 1142), o tipo incriminava, alternativamente, as condutas de: "*fabricar* (elaborar, criar, produzir, pela transformação ou combinação de matérias), *fornecer* (entregar a outrem, a título gratuito ou oneroso), *adquirir* (obter, gratuita ou onerosamente), *possuir* (ter sob guarda ou à disposição) ou *transportar* (conduzir ou remover de um local para outro), sem licença da autoridade, substância ou engenho explosivo, gás tóxico ou asfixiante, ou material destinado à sua fabricação".

Substância ou engenho explosivo são aqueles que podem gerar grande barulho e deslocamento expressivo de ar ao arrebentarem. Já os gases tóxicos são os que causam envenenamento, e os asfixiantes, sufocação.

No que se refere aos gases tóxicos ou asfixiantes, cabe observar que o art. 56 da Lei Federal n. 9.605/98[224] revogou parcialmente este art. 253. Sobre o tema, *vide* as observações feitas quanto ao art. 252 do CP.

---

§ 1º Nas mesmas penas incorre quem: I – abandona os produtos ou substâncias referidos no *caput* ou os utiliza em desacordo com as normas ambientais ou de segurança; II – manipula, acondiciona, armazena, coleta, transporta, reutiliza, recicla ou dá destinação final a resíduos perigosos de forma diversa da estabelecida em lei ou regulamento. § 2º Se o produto ou a substância for nuclear ou radioativa, a pena é aumentada de um sexto a um terço. § 3º Se o crime é culposo: Pena – detenção, de seis meses a um ano, e multa".

[224] "Art. 56. Produzir, processar, embalar, importar, exportar, comercializar, fornecer, transportar, armazenar, guardar, ter em depósito ou usar produto ou substância tóxica, perigosa

Quanto aos materiais destinados à fabricação dos citados produtos ou substâncias, somente pode ser objeto da conduta aqueles materiais sujeitos à licença da autoridade competente e que, além disso, possam, ao ser utilizados, gerar perigo, ao menos potencial, à vida, integridade física, saúde ou patrimônio de pessoas indeterminadas. Conforme será visto adiante, ainda que o presente crime se constitua como de perigo abstrato, a conduta precisa apresentar ao menos idoneidade para gerar perigo, para que possa ser considerada típica.

Todas as condutas mencionadas apenas se configuram se praticadas sem a licença da autoridade. Trata-se de elemento normativo do tipo, que remete o aplicador às normas administrativas sobre o controle de substâncias perigosas.

Diferentemente do que ocorre nos crimes anteriormente previstos no Capítulo I do Título VIII do CP, o legislador não incluiu na figura em comento a exigência de exposição a perigo da vida, da integridade física ou do patrimônio de outrem. Por conta disso, o presente crime é de perigo abstrato, ou seja, presume-se que todas as condutas mencionadas, quando praticadas sem licença da autoridade, são perigosas.

Essa presunção não pode, entretanto, ser tida como absoluta, sob pena de se violar o princípio da ofensividade, dado fundamental para o exame da antijuridicidade material. Além disso, poderia transformar em crime a mera desobediência administrativa, desprovida de conteúdo desvalorativo. Nossa doutrina também tem adotado essa percepção. Nesse sentido, Bitencourt (2021, p. 165) afirma que "explosivo deteriorado, insuscetível de alcançar sua destinação normal (...), não caracteriza o crime do art. 253 do CP, porque ausente o perigo à incolumidade pública, tipificando-se modalidade de crime impossível".

Na mesma linha, Delmanto et al. (2022, p. 924) aduzem que "a mera subsunção do fato ao tipo penal – *antijuridicidade formal* – não basta à caracterização do injusto penal, devendo-se sempre indagar acerca da *antijuridicidade material*, a qual exige *efetiva* lesão ou ameaça *concreta* de lesão ao bem juridicamente protegido. Assim, se a perícia técnica constatar que a substância ou o engenho explosivo não tinha, dada a sua parca potência, capacidade de efetivamente ameaçar a incolumidade pública, não haverá o crime".

Ao analisar a jurisprudência sobre a matéria, Bechara leciona: "sua aplicação concreta não pode prescindir da análise, por meio da imputação objetiva, do risco e do perigo efetivo de lesão ao bem jurídico tutelado" (2016, p. 536).

---

ou nociva à saúde humana ou ao meio ambiente, em desacordo com as exigências estabelecidas em leis ou nos seus regulamentos: Pena – reclusão, de um a quatro anos, e multa. § 1º Nas mesmas penas incorre quem: I – abandona os produtos ou substâncias referidos no *caput* ou os utiliza em desacordo com as normas ambientais ou de segurança; II – manipula, acondiciona, armazena, coleta, transporta, reutiliza, recicla ou dá destinação final a resíduos perigosos de forma diversa da estabelecida em lei ou regulamento. § 2º Se o produto ou a substância for nuclear ou radioativa, a pena é aumentada de um sexto a um terço. § 3º Se o crime é culposo: Pena – detenção, de seis meses a um ano, e multa".

O crime apenas se configura se praticado com dolo, que deverá abranger, além dos demais elementos do tipo, também o conhecimento e vontade de realizar a conduta sem licença da autoridade. Assim, o desconhecimento sobre este ponto caracteriza erro de tipo.

Entendo ter havido a revogação tácita do art. 253 do CP, após o advento de novas normas sobre explosivos e sobre crimes ambientais.

A Lei Federal n. 10.826/2003 (Estatuto do Desarmamento) previu como crime as seguintes condutas:

> "Art. 16. Possuir, deter, portar, adquirir, fornecer, receber, ter em depósito, transportar, ceder, ainda que gratuitamente, emprestar, remeter, empregar, manter sob sua guarda ou ocultar arma de fogo, acessório ou munição de uso proibido ou restrito, sem autorização e em desacordo com determinação legal ou regulamentar:
>
> Pena – reclusão, de 3 (três) a 6 (seis) anos, e multa.
>
> Parágrafo único. Nas mesmas penas incorre quem:
>
> (...)
>
> III – possuir, deter, fabricar ou empregar artefato explosivo ou incendiário, sem autorização ou em desacordo com determinação legal ou regulamentar;
>
> (...)
>
> V – vender, entregar ou fornecer, ainda que gratuitamente, arma de fogo, acessório, munição ou explosivo a criança ou adolescente; e
>
> VI – produzir, recarregar ou reciclar, sem autorização legal, ou adulterar, de qualquer forma, munição ou explosivo".

Ora, tais condutas acabam por abranger todas aquelas previstas pelo art. 253 do CP, no que se refere a explosivos.

Prado, Carvalho e Carvalho (2014, p. 1143) compreendem que as condutas de fornecer, adquirir e transportar ainda estariam em vigor. Entretanto, é difícil imaginar hipóteses nas quais essas condutas sejam praticadas por quem não possui ou detém a coisa (ou venha a possuir ou detê-la). Assim, entendo que todas as condutas foram revogadas com relação à substância ou a engenho explosivo.

Já no que tange às condutas relacionadas a gás tóxico ou asfixiante, verifica-se que foram derrogadas pelo art. 56 da Lei Federal n. 9.605/98, que dispõe:

> "Art. 56. Produzir, processar, embalar, importar, exportar, comercializar, fornecer, transportar, armazenar, guardar, ter em depósito ou usar produto ou substância tóxica, perigosa ou nociva à saúde humana ou ao meio ambiente, em desacordo com as exigências estabelecidas em leis ou nos seus regulamentos:
>
> Pena – reclusão, de 1 (um) a 4 (quatro) anos, e multa.

§ 1º Nas mesmas penas incorre quem:

I – abandona os produtos ou substâncias referidos no *caput* ou os utiliza em desacordo com as normas ambientais ou de segurança;

II – manipula, acondiciona, armazena, coleta, transporta, reutiliza, recicla ou dá destinação final a resíduos perigosos de forma diversa da estabelecida em lei ou regulamento.

§ 2º Se o produto ou a substância for nuclear ou radioativa, a pena é aumentada de um sexto a um terço.

§ 3º Se o crime é culposo:
Pena – detenção, de 6 (seis) meses a 1 (um) ano, e multa".

A norma ambiental, mais abrangente do que aquela prevista no CP, refere-se a "substância tóxica, perigosa ou nociva à saúde humana ou ao meio ambiente", abarcando não só os gases tóxicos e os asfixiantes, como também os materiais destinados à sua fabricação, ou a de explosivos, que sejam controlados por autoridades administrativas e revelem potencial para causar perigo à vida, à integridade física, à saúde ou ao patrimônio das pessoas (ou, se se preferir, à chamada incolumidade pública).

Em decorrência de tal interpretação, entendo, pois, que todo o art. 253 do CP foi revogado. Deve-se observar, entretanto, que essa não é a opinião consolidada na doutrina brasileira, podendo-se citar, por exemplo, que Prado, Carvalho e Carvalho (2014, p. 1143) entendem não ter havido essa revogação no que se refere a gases tóxicos.

Considerações finais

Pelos fundamentos acima expostos, entende-se que este tipo penal foi revogado tacitamente, embora a doutrina brasileira não seja unânime nesse sentido.

Inundação

Art. 254. Causar inundação, expondo a perigo a vida, a integridade física ou o patrimônio de outrem:
Pena – reclusão, de 3 (três) a 6 (seis) anos, e multa, no caso de dolo, ou detenção, de 6 (seis) meses a 2 (dois) anos, no caso de culpa.

Bibliografia: BITENCOURT, Cezar Roberto. *Tratado de direito penal*: parte especial: dos crimes contra a dignidade sexual até dos crimes contra a fé pública. 15. ed. rev. e atual. São Paulo: Saraiva, 2021. v. 4. *E-book*; COSTA JÚNIOR, Paulo José da. *Curso de direito penal:* parte especial. 2. ed. São Paulo: Saraiva, 1992. v. 3; DELMANTO, Celso et al. *Código Penal comentado:* acompanhado de comentários, jurisprudência, súmulas em matéria penal e legislação complementar. 10. ed. rev., atual. e ampl. São Paulo: Saraiva, 2022; FRAGOSO, Heleno Cláudio. *Lições de direito penal:* parte especial. 5. ed. Rio de Janeiro: Forense, 1986; GRECO, Luís. "Princípio da ofensividade" e crimes de perigo abstrato – uma introdução ao debate sobre o bem jurídico e as estruturas do delito. *Revista Brasileira de Ciências Criminais*, São Paulo, v. 12, fasc. 49, p. 89-147, jul./ago. 2004; HUNGRIA, Nélson. *Comentários ao Código Penal:* Decreto-lei n. 2.848, de 7 de dezembro de 1940 – arts. 250 a 361. 2. ed. Rio de Janeiro: Forense, 1959. v. IX; NORONHA, E. Magalhães. *Direito penal*. 10. ed. São Paulo: Saraiva, 1977. v. 3; PIERANGELI, José Henrique. *Manual de direito penal brasileiro*. São Paulo: RT, 2007. v. 2: parte especial: arts. 121 a 361; PRADO, Luiz Regis; CARVALHO, Érika Mendes de; CARVALHO, Gisele Mendes de. *Curso de direito penal brasileiro*. 13. ed. rev. atual. e ampl. São Paulo: RT, 2014.

Considerações gerais

Quanto ao bem jurídico tutelado, conforme anteriormente examinado, trata-se, segundo a doutrina brasileira, da incolumidade pública. Pelas razões já expostas no item "Considerações gerais" do crime de incêndio, entendo que os bens jurídicos subjacentes ao presente crime são a vida, a integridade física e a propriedade, em uma estrutura de perigo dirigido a bens jurídicos de titulares indeterminados. Além de não alterar a essência do bem jurídico apenas por conta da estrutura ofensiva, descrevendo de modo mais correto o fenômeno jurídico, essa compreensão auxilia de forma mais efetiva na interpretação e aplicação do tipo penal.

Como consequência dessa particular concepção aqui adotada, o sujeito passivo passa a ser compreendido como o conjunto de pessoas indeterminadas que tiveram seu(s) bem(ns) jurídico(s) colocados em perigo – diferentemente do que afirma a doutrina brasileira, para a qual o sujeito passivo é a coletividade ou o Estado. No que se refere ao sujeito ativo, o crime pode ser praticado por qualquer pessoa, tratando-se de crime comum.

Considerações nucleares

A figura típica em comento exige, para sua consumação, a conjugação da conduta de causar inundação com a criação de um perigo concreto para a vida, a integridade física ou o patrimônio de outrem. Portanto, o agente deve ter motivado ou produzido "alagamento provocado pela saída de água de seus limites" (BITENCOURT, 2021, p. 164), devendo se tratar de alagamento de certa monta, já que ele deverá colocar em perigo concreto a vida, a integridade física ou o patrimônio de um número indeterminado de pessoas.

O perigo precisa ser efetivamente verificado no caso concreto, o que demanda analisar se os bens jurídicos citados entraram em uma esfera de vulneração, na qual sua lesão não pareceria improvável.

A consumação ocorre com o advento do perigo concreto, sendo que um dano efetivo não é relevante para a configuração do crime, mas poderá caracterizar a figura qualificada, prevista no art. 258 do CP.

Quanto ao elemento subjetivo, o preceito secundário do tipo deixa claro haver previsão das modalidades dolosa e culposa. No primeiro caso, deve configurar-se o chamado dolo de perigo, voltado ao conhecimento e vontade de causar inundação, bem como de causar perigo aos bens jurídicos. Já no caso da culpa, a inundação e o perigo são causados por inobservância de dever de cuidado objetivo, devendo-se também aplicar os critérios de imputação objetiva.

A distinção entre essa modalidade culposa e o crime do art. 255, também do CP, é particularmente difícil de ser feita, já que a remoção, destruição ou inutilização de obstáculo natural ou de obra destinada a impedir inundação pode ser compreendida como violação de cuidado objetivo. Deve-se lembrar que, no caso do art. 255, o agente deve apresentar a vontade de causar perigo aos bens jurídicos, embora não queira, nem assuma o risco de causar inundação.

Já a distinção entre a figura dolosa do art. 254 e a do art. 255 do CP deve ser feita a partir do elemento subjetivo. No presente tipo, o agente quer causar a inundação (ou assume o risco de fazê-lo), ao passo que, no caso do art. 255, ele não quer que haja alagamento, tampouco assume esse risco.

Prado, Carvalho e Carvalho (2014, p. 1146) afirmam que se a inundação é a finalidade da conduta do agente, ou se é aceita como possível ou provável, com assunção do risco, mas, não vem a se verificar concretamente, haverá inundação tentada (art. 254, em concurso com o art. 14, II, do CP), e não o delito previsto no art. 255.

Noronha (1977, p. 378) destaca a possibilidade de o crime do art. 254 ser cometido na modalidade comissiva por omissão, desde que, evidentemente, o sujeito ativo seja garante, como no exemplo do funcionário encarregado de vistoria em barragem que deixa de reparar uma brecha nela existente, embora pudesse fazê-lo, do que resulta a inundação. Deve-se acrescentar que, neste caso, o funcionário deve ter ao menos assumido como possível a inundação e assumido o risco do resultado.

Caso o agente pretenda ofender a segurança nacional, aplica-se o art. 20 da Lei de Segurança Nacional[225] (Lei Federal n. 7.170/83). Se o comportamento for praticado em floresta de preservação permanente, pode ser aplicável o art. 38 da Lei dos Crimes Ambientais[226] (Lei Federal n. 9.605/98).

---

[225] "Art. 20. Devastar, saquear, extorquir, roubar, sequestrar, manter em cárcere privado, incendiar, depredar, provocar explosão, praticar atentado pessoal ou atos de terrorismo, por inconformismo político ou para obtenção de fundos destinados à manutenção de organizações políticas clandestinas ou subversivas. Pena – reclusão, de 3 a 10 anos. Parágrafo único. Se do fato resulta lesão corporal grave, a pena aumenta-se até o dobro; se resulta morte, aumenta-se até o triplo".

[226] "Art. 38. Destruir ou danificar floresta considerada de preservação permanente, mesmo que em formação, ou utilizá-la com infringência das normas de proteção: Pena – detenção, de um a três anos, ou multa, ou ambas as penas cumulativamente. Parágrafo único. Se o crime for culposo, a pena será reduzida à metade".

Perigo de inundação

Art. 255. Remover, destruir ou inutilizar, em prédio próprio ou alheio, expondo a perigo a vida, a integridade física ou o patrimônio de outrem, obstáculo natural ou obra destinada a impedir inundação:

Pena – reclusão, de 1 (um) a 3 (três) anos, e multa.

Bibliografia: BITENCOURT, Cezar Roberto. *Tratado de direito penal*: parte especial: dos crimes contra a dignidade sexual até dos crimes contra a fé pública. 15. ed. rev. e atual. São Paulo: Saraiva, 2021. v. 4. *E-book*; COSTA JÚNIOR, Paulo José da. *Curso de direito penal:* parte especial. 2. ed. São Paulo: Saraiva, 1992. v. 3; DELMANTO, Celso et al. *Código Penal comentado:* acompanhado de comentários, jurisprudência, súmulas em matéria penal e legislação complementar. 10. ed. rev., atual. e ampl. São Paulo: Saraiva, 2022; FRAGOSO, Heleno Cláudio. *Lições de direito penal:* parte especial. 5. ed. Rio de Janeiro: Forense, 1986; GRECO, Luís. "Princípio da ofensividade" e crimes de perigo abstrato – uma introdução ao debate sobre o bem jurídico e as estruturas do delito. *Revista Brasileira de Ciências Criminais*, São Paulo, v. 12, fasc. 49, p. 89-147, jul./ago. 2004; HUNGRIA, Nélson. *Comentários ao Código Penal*: Decreto-lei n. 2.848, de 7 de dezembro de 1940 – arts. 250 a 361. 2. ed. Rio de Janeiro: Forense, 1959. v. IX; NORONHA, E. Magalhães. *Direito penal*. 10. ed. São Paulo: Saraiva, 1977. v. 3; PIERANGELI, José Henrique. *Manual de direito penal brasileiro*. v. 2: parte especial: arts. 121 a 361. São Paulo: RT, 2007; PRADO, Luiz Regis; CARVALHO, Érika Mendes de; CARVALHO, Gisele Mendes de. *Curso de direito penal brasileiro*. 13. ed. rev. atual. e ampl. São Paulo: RT, 2014.

Considerações gerais

Sobre o bem jurídico normalmente apontado pela doutrina para esse crime, *vide* "Considerações gerais" do crime de incêndio, assim como suas consequências para a concepção sobre o sujeito passivo.

Considerações nucleares

Este crime se configura a partir da conjugação da conduta de remoção, destruição ou inutilização, em prédio próprio ou alheio, de obstáculo natural ou obra destinada a impedir inundação, com a criação de um perigo concreto à vida, à integridade física ou ao patrimônio de pessoas indeterminadas.

Delmanto et al. (2022, p. 927) observam que o legislador não incluiu a instalação de obstáculo hábil para causar inundação.

Cuida-se, uma vez mais, de crime de perigo concreto, que exige a constatação efetiva de que os bens jurídicos vida, integridade física ou patrimônio de pessoas indeterminadas foram colocados em uma situação na qual o advento de dano não poderia ser tido como improvável. Desse modo, o crime apenas se consuma com o advento do perigo.

Este crime somente é punido se praticado dolosamente, destacando-se que o agente deve querer tanto praticar a ação quanto também criar o perigo mencionado. O sujeito ativo, entretanto, não quer a ocorrência da inundação.

A grande dificuldade, sem dúvida, consiste em diferenciar este tipo do crime descrito no artigo anterior. Nesse sentido, *vide* observações feitas no item "Considerações nucleares" do art. 254 do CP

A doutrina tem discutido sobre a superveniência de inundação não querida pelo agente, porém, prevista ou previsível, prevalecendo o entendimento de que, nesse caso, há concurso formal de delitos (perigo de inundação e inundação culposa). Nesse sentido, *vide* Prado, Carvalho e Carvalho (2014, p. 1148), com outras indicações bibliográficas na mesma linha.

Desabamento ou desmoronamento

Art. 256. Causar desabamento ou desmoronamento, expondo a perigo a vida, a integridade física ou o patrimônio de outrem:

Pena – reclusão, de 1 (um) a 4 (quatro) anos, e multa.

Modalidade culposa

Parágrafo único. Se o crime é culposo:

Pena – detenção, de 6 (seis) meses a 1 (um) ano.

Bibliografia: BECHARA, Ana Elisa. Dos crimes contra a incolumidade pública. In: REALE JÚNIOR, Miguel (Coord.). *Direito penal:* jurisprudência em debate. São Paulo: Saraiva, 2016; BITENCOURT, Cezar Roberto. *Tratado de direito penal*: parte especial: dos crimes contra a dignidade sexual até dos crimes contra a fé pública. 15. ed. rev. e atual. São Paulo: Saraiva, 2021. v. 4. *E-book*; COSTA JÚNIOR, Paulo José da. *Curso de direito penal:* parte especial. 2. ed. São Paulo: Saraiva, 1992. v. 3; COULON, Flavio Koff. Desmoronamento: concepção jurídica e geotécnica. *Fascículos de Ciências Penais,* Porto Alegre, v. 3, n. 3, p. 39-43, jul./set. 1990; DELMANTO, Celso et al. *Código Penal comentado:* acompanhado de comentários, jurisprudência, súmulas em matéria penal e legislação complementar. 10. ed. rev., atual. e ampl. São Paulo: Saraiva, 2022; FRAGOSO, Heleno Cláudio. *Lições de direito penal*: parte especial. 5. ed. Rio de Janeiro: Forense, 1986; GRECO, Luís. "Princípio da ofensividade" e crimes de perigo abstrato – uma introdução ao debate sobre o bem jurídico e as estruturas do delito. *Revista Brasileira de Ciências Criminais*, São Paulo, v. 12, fasc. 49, p. 89-147, jul./ago. 2004; HUNGRIA, Nélson. *Comentários ao Código Penal:* Decreto-lei n. 2.848, de 7 de dezembro de 1940 – arts. 250 a 361. 2. ed. Rio de Janeiro: Forense, 1959. v. IX; NORONHA, E. Magalhães. *Direito penal*. 10. ed. São Paulo: Saraiva, 1977. v. 3; PIERANGELI, José Henrique. *Manual de direito penal brasileiro*. São Paulo: RT, 2007. v. 2: parte especial, arts. 121 a 361; PRADO, Luiz Regis; CARVALHO, Érika Mendes de; CARVALHO, Gisele Mendes de. *Curso de direito penal brasileiro.* 13. ed. rev. atual. e ampl. São Paulo: RT, 2014.

Considerações gerais

Quanto ao bem jurídico tutelado, conforme anteriormente examinado, trata-se, segundo a doutrina brasileira, da incolumidade pública. Pelas razões já expostas no item "Considerações gerais" do crime de incêndio, entendo que os bens jurídicos subjacentes ao presente crime são a vida, a integridade física e a propriedade, em uma estrutura de perigo dirigido a bens jurídicos de titulares indeterminados. Além de não alterar a essência do bem jurídico apenas por conta da estrutura ofensiva, descrevendo de modo mais correto o fenômeno jurídico, essa compreensão auxilia de forma mais efetiva na interpretação e aplicação do tipo penal.

Como consequência dessa particular concepção aqui adotada, o sujeito passivo passa a ser compreendido como o conjunto de pessoas indeterminadas que tiveram seu(s) bem(ns) jurídico(s) colocados em perigo – diferentemente do que afirma a doutrina brasileira, para a qual o sujeito passivo é a coletividade ou o Estado. No que se refere ao sujeito ativo, o crime pode ser praticado por qualquer pessoa, inclusive pelo proprietário ou possuidor do prédio onde ocorra o desabamento, tratando-se de crime comum.

Considerações nucleares

A figura típica deste artigo exige a conjugação da conduta de causar desabamento ou desmoronamento com a criação de um perigo para a vida, a integridade física ou o patrimônio de pessoas indeterminadas.

Desabamento refere-se à queda, total ou parcial, de uma construção. Já o desmoronamento consiste na queda de solo, rocha, terra ou areia. Para que se configurem como típicos, o desabamento ou o desmoronamento precisam criar um perigo comum para a vida, a integridade física ou o patrimônio de um número indeterminado de pessoas. Se não houver perigo comum (ex.: desabamento de uma parede não estrutural em reforma de um prédio, na qual trabalha apenas uma pessoa), e houver o resultado lesivo (morte, lesão corporal), tratar-se-á, caso se constate culpa, de homicídio culposo ou lesão corporal culposa. Se o meio escolhido para a prática do crime for a utilização de explosivos, aplica-se a figura do art. 251 do CP (HUNGRIA, 1959, p. 52).

Por se tratar de crime de perigo concreto, é necessária a verificação da colocação dos bens jurídicos mencionados em uma situação na qual sua lesão não seja tida como improvável. Esse dado também é fundamental para a consumação do delito, que apenas se verifica com a ocorrência do perigo concreto.

A conduta pode ser praticada por omissão, desde que o sujeito ativo tenha o dever jurídico de evitar o resultado (FRAGOSO, 1986, p. 172), como, por exemplo, se um engenheiro civil responsável por um edifício não solucionar problemas estruturais, necessários para impedir o desabamento da edificação (podendo fazê-lo), caso o desabamento ocorra e coloque em perigo um número indeterminado de pessoas.

Quanto ao elemento subjetivo, na modalidade dolosa, o agente deve agir com o chamado dolo de perigo, com conhecimento e vontade de causar o perigo comum. Já na modalidade culposa, deve-se comprovar a inobservância de dever de cuidado objetivo que tenha sido causa do desabamento ou desmoronamento, com aumento ou criação de risco não permitido.

Caso resulte, do desabamento ou desmoronamento, morte ou lesão corporal, pode ser aplicável uma das figuras qualificadas, previstas no art. 258 do CP.

Subtração, ocultação ou inutilização de material de salvamento

Art. 257. Subtrair, ocultar ou inutilizar, por ocasião de incêndio, inundação, naufrágio, ou outro desastre ou calamidade, aparelho, material ou qualquer meio destinado a serviço de combate ao perigo, de socorro ou salvamento; ou impedir ou dificultar serviço de tal natureza:

Pena – reclusão, de 2 (dois) a 5 (cinco) anos, e multa.

Bibliografia: BITENCOURT, Cezar Roberto. *Tratado de direito penal*: parte especial: dos crimes contra a dignidade sexual até dos crimes contra a fé pública. 15. ed. rev. e atual. São Paulo: Saraiva, 2021. v. 4. *E-book*; COSTA JÚNIOR, Paulo José da. *Curso de direito penal:* parte especial. 2. ed. São Paulo: Saraiva, 1992. v. 3; DELMANTO, Celso et al. *Código Penal comentado:* acompanhado de comentários, jurisprudência, súmulas em matéria penal e legislação complementar. 10. ed. rev., atual. e ampl. São Paulo: Saraiva, 2022; FRAGOSO, Heleno Cláudio. *Lições de direito penal*: parte especial. 5. ed. Rio de Janeiro: Forense, 1986; GRECO, Luís. "Princípio da ofensividade" e crimes de perigo abstrato – uma introdução ao debate sobre o bem jurídico e as estruturas do delito. *Revista Brasileira de Ciências Criminais*, São Paulo, v. 12, fasc. 49, p. 89-147, jul./ago. 2004; HUNGRIA, Nélson. *Comentários ao Código Penal:* Decreto-lei n. 2.848, de 7 de dezembro de 1940 – arts. 250 a 361. 2. ed. Rio de Janeiro: Forense, 1959. v. IX; NORONHA, E. Magalhães. *Direito penal.* 10. ed. São Paulo: Saraiva, 1977. v. 3; PIERANGELI, José Henrique. *Manual de direito penal brasileiro.* São Paulo: RT, 2007. v. 2: Parte especial: arts. 121 a 361; PRADO, Luiz Regis. *Curso de direito penal brasileiro.* 4. ed. rev. e ampl. São Paulo: RT, 2006. v. 3: Parte especial, arts. 184 a 288.

Considerações gerais

Quanto ao bem jurídico tutelado, conforme anteriormente examinado, trata-se, segundo a doutrina brasileira, da incolumidade pública. Pelas razões já expostas no item "Considerações gerais" do crime de incêndio, entendo que os bens jurídicos subjacentes ao presente crime são a vida, a integridade física e a propriedade, em uma estrutura de perigo dirigido a bens jurídicos de titulares indeterminados. Além de não alterar a essência do bem jurídico apenas por conta da estrutura ofensiva, descrevendo de modo mais correto o fenômeno jurídico, essa compreensão auxilia de forma mais efetiva na interpretação e aplicação do tipo penal.

Como consequência desta particular concepção aqui adotada, o sujeito passivo passa a ser compreendido como o conjunto de pessoas indeterminadas que tiveram seu(s) bem(ns) jurídico(s) colocados em perigo – diferentemente do que afirma a doutrina brasileira, para a qual o sujeito passivo é a coletividade ou o Estado. No que se refere ao sujeito ativo, o crime pode ser praticado por qualquer pessoa, tratando-se de crime comum. Costa Júnior (1992, p. 822) observa que normalmente o sujeito ativo é aquele que tem de prestar o socorro, nos termos do art. 135 do CP. Todavia, deve-se observar que também quem não se enquadra nesta hipótese (seja porque o socorro já está sendo prestado por terceiros, seja porque causou o acidente e, assim, o fundamento de seu dever de socorrer não é o art. 135) pode praticar o crime do art. 257.

Considerações nucleares

As condutas previstas no tipo penal apenas são típicas se praticadas em situação de incêndio (fogo de proporção relevante), inundação (alagamento de proporção relevante), naufrágio ou outro desastre ou calamidade. Ausentes essas hipóteses, podem-se configurar crimes contra o patrimônio, tais como o furto, o dano ou o peculato.

A primeira parte do tipo refere-se às condutas de subtração, ocultação ou inutilização, que devem referir-se a aparelho, material ou meio inequivocamente destinado a salvamento, socorro ou combate ao perigo[227]. Fragoso (1986, p. 174), entretanto, acredita que material circunstancialmente útil também pode ser objeto das condutas.

A segunda parte do tipo traz as condutas de impedir (impossibilitar) ou dificultar (tornar mais difícil, embora não se impossibilite) serviço de combate ao perigo, de socorro ou de salvamento.

A redação do tipo não exige a verificação de perigo concreto: trata-se de crime de perigo abstrato. Entretanto, é necessário verificar, ao menos, a idoneidade da conduta para gerar perigo aos bens jurídicos vida, integridade física ou patrimônio de pessoas indeterminadas, sob pena de violação do princípio da ofensividade e da antijuridicidade material. Em sentido semelhante, Delmanto et al. (2012, p. 772) defendem ser necessário haver perigo comum concreto.

O dano efetivo aos bens jurídicos (morte, lesão corporal, dano patrimonial) não é relevante para a consumação deste crime – que ocorre com a prática da conduta idônea à causação de perigo naquele contexto concreto. Entretanto, o advento de morte ou de lesão corporal pode configurar a figura qualificada, descrita no art. 258 do CP – *vide* observações respectivas.

---

[227] No mesmo sentido, *vide* Delmanto et al. (2022, p. 929).

Só há previsão de prática dolosa desta conduta, devendo o agente conhecer e querer a causação de perigo comum, além dos demais elementos do tipo penal, especialmente a situação de calamidade ou desastre.

Formas qualificadas de crime de perigo comum

Art. 258. Se do crime doloso de perigo comum resulta lesão corporal de natureza grave, a pena privativa de liberdade é aumentada de metade; se resulta morte, é aplicada em dobro. No caso de culpa, se do fato resulta lesão corporal, a pena aumenta-se de metade; se resulta morte, aplica-se a pena cominada ao homicídio culposo, aumentada de um terço.

Bibliografia: BECHARA, Ana Elisa. Dos crimes contra a incolumidade pública. In: REALE JÚNIOR, Miguel (Coord.). *Direito penal:* jurisprudência em debate. São Paulo: Saraiva, 2016; BITENCOURT, Cezar Roberto. *Tratado de direito penal*: parte especial: dos crimes contra a dignidade sexual até dos crimes contra a fé pública. 15. ed. rev. e atual. São Paulo: Saraiva, 2021. v. 4. *E-book*; COSTA JÚNIOR, Paulo José da. *Curso de direito penal:* parte especial. 2. ed. São Paulo: Saraiva, 1992. v. 3; DELMANTO, Celso et al. *Código Penal comentado:* acompanhado de comentários, jurisprudência, súmulas em matéria penal e legislação complementar. 10. ed. rev., atual. e ampl. São Paulo: Saraiva, 2022; FRAGOSO, Heleno Cláudio. *Lições de direito penal:* parte especial. 5. ed. Rio de Janeiro: Forense, 1986; HUNGRIA, Nélson. *Comentários ao Código Penal:* Decreto-lei n. 2.848, de 7 de dezembro de 1940 – arts. 250 a 361. 2. ed. Rio de Janeiro: Forense, 1959. v. IX; NORONHA, E. Magalhães. *Direito penal*. 10. ed. São Paulo: Saraiva, 1977. v. 3; PIERANGELI, José Henrique. *Manual de direito penal brasileiro*: parte especial, arts. 121 a 361. São Paulo: RT, 2007. v. 2; PRADO, Luiz Regis. *Curso de direito penal brasileiro*: parte especial, arts. 184 a 288. 4. ed. rev. e ampl. São Paulo: RT, 2006. v. 3.

Considerações nucleares

O art. 258 se aplica às figuras descritas nos arts. 250 a 257 do CP, bem como às dos arts. 260 a 262, do mesmo diploma normativo, por força do dispositivo trazido pelo art. 263.

Tecnicamente, apesar da rubrica legislativa, este artigo traz causas especiais de aumento de pena, e não formas qualificadas de crime, já que não houve estabelecimento de novas margens de pena cominada.

O art. 258 prevê quatro hipóteses de aumento de pena: *1)* crime de perigo comum doloso + resultado lesão corporal de natureza grave culposa (a pena privativa de liberdade será aumentada da metade); *2)* crime de perigo comum doloso + morte culposa (a pena privativa de liberdade será aplicada em dobro); *3)* crime de perigo comum culposo + lesão corporal culposa (a pena será aumentada de metade); *4)* crime de perigo comum culposo + morte culposa (a pena aplicada será a do homicídio culposo, com aumento de um terço).

Deve-se observar que a figura n. 1 acima apenas se caracteriza se houver lesão corporal de natureza grave (art. 129, §§ 1º e 2º, do CP). Sendo a lesão de natureza leve, poderá haver concurso formal entre o crime de perigo comum simples e o crime de lesão corporal culposa (nesse sentido, Bitencourt (2021, p. 170)). Já a figura n. 3 é aplicável independentemente do grau da lesão corporal. Na realidade, tratando-se de resultado culposo, e não tendo a lesão corporal culposa qualquer gradação, deveria o legislador ter consignado o mesmo tratamento para ambos os casos.

É importante destacar que o segundo resultado da conduta (lesão corporal ou morte) deve ter sido causado com culpa, para que seja possível a aplicação deste artigo. Se tiver havido dolo, o agente responderá por homicídio ou lesão corporal dolosos, em concurso formal com o crime de perigo comum.

A imputação do resultado mais grave por culpa (nos termos estabelecidos no art. 19 do CP) exige a verificação da relação de causalidade, dos critérios de imputação objetiva (que abarcam a ideia de previsibilidade objetiva do resultado) e da violação a dever de cuidado. Na ausência desses requisitos, a causa de aumento não se aplica, permanecendo somente a imputação do crime de perigo comum. Nesse sentido, a doutrina brasileira tem entendido que a vítima precisa estar presente no momento da prática da conduta (de perigo) incriminada, sob pena de interrupção da relação causal[228]. Delmanto et al. (2022, p. 932) fornecem bons exemplos dessas hipóteses: "É o caso do bombeiro ou do particular que, ao entrar no incêndio vem a se ferir ou mesmo a morrer em virtude de sua imprudência; nessa circunstância, não se permite a incidência da causa de aumento de pena deste art. 258, pois houve a quebra da relação de causalidade inicial, o que inviabiliza a responsabilização criminal do autor pelo resultado não desejado. O mesmo sucede se uma pessoa consegue sair ilesa do incêndio e, ao voltar para o local por qualquer motivo (buscar um animal de estimação), sofre lesão corporal ou morte. Não se pode imputar esse resultado ao autor do incêndio".

Caso haja morte ou lesão de várias pessoas, o crime será único, sem aplicação de concurso formal. Igualmente, havendo lesão corporal (no caso do crime de perigo doloso, de natureza grave) em algumas vítimas e morte de outras, aplica-se somente a pena prevista para a hipótese de resultado morte.

Difusão de doença ou praga

Art. 259. Difundir doença ou praga que possa causar dano a floresta, plantação ou animais de utilidade econômica:
Pena – reclusão, de 2 (dois) a 5 (cinco) anos, e multa.

---

[228] Nesse sentido, vide Hungria (1959, p. 30).

Modalidade culposa

Parágrafo único. No caso de culpa, a pena é de detenção, de 1 (um) a 6 (seis) meses, ou multa.

Bibliografia: BITENCOURT, Cezar Roberto. *Tratado de direito penal*: parte especial: dos crimes contra a dignidade sexual até dos crimes contra a fé pública. 15. ed. rev. e atual. São Paulo: Saraiva, 2021. v. 4. *E-book*; COSTA JÚNIOR, Paulo José da. *Curso de direito penal:* parte especial. 2. ed. São Paulo: Saraiva, 1992. v. 3; DELMANTO, Celso et al. *Código Penal comentado:* acompanhado de comentários, jurisprudência, súmulas em matéria penal e legislação complementar. 10. ed. rev., atual. e ampl. São Paulo: Saraiva, 2022; GRECO, Luís. "Princípio da ofensividade" e crimes de perigo abstrato – uma introdução ao debate sobre o bem jurídico e as estruturas do delito. *Revista Brasileira de Ciências Criminais*, São Paulo, v. 12, fasc. 49, p. 89-147, jul./ago. 2004; FRAGOSO, Heleno Cláudio. *Lições de direito penal:* parte especial. 5. ed. Rio de Janeiro: Forense, 1986; HUNGRIA, Nélson. *Comentários ao Código Penal:* Decreto-lei n. 2.848, de 7 de dezembro de 1940 – arts. 250 a 361. 2. ed. Rio de Janeiro: Forense, 1959. v. IX; NORONHA, E. Magalhães. *Direito penal*. 10. ed. São Paulo: Saraiva, 1977. v. 3; PIERANGELI, José Henrique. *Manual de direito penal brasileiro*: parte especial, arts. 121 a 361. São Paulo: RT, 2007. v. 2; PRADO, Luiz Regis. *Curso de direito penal brasileiro*: parte especial, arts. 184 a 288. 4. ed. rev. e ampl. São Paulo: RT, 2006. v. 3; PRADO, Luiz Regis. *Direito penal do ambiente:* meio ambiente, patrimônio cultural, ordenação do território, biossegurança. São Paulo: RT, 2005.

Considerações gerais

A doutrina aponta o bem jurídico deste tipo penal também como a incolumidade pública. Entretanto, entendo que o bem jurídico é o meio ambiente, em sua acepção específica de bem imprescindível para o desenvolvimento humano, especialmente no que se refere à sua utilidade econômica.

De todo modo, conforme será examinado adiante, o art. 61 da Lei Federal n. 9.605/98 revogou tacitamente este tipo penal.

Considerações nucleares

A doutrina brasileira entende que este tipo penal foi revogado pelo art. 61 da Lei Federal n. 9.605/98 (BITENCOURT, 2021, p. 171; DELMANTO et al., 2022, p. 932), que dispõe:

> "Art. 61. Disseminar doença ou praga ou espécies que possam causa dano à agricultura, à pecuária, à fauna, à flora ou aos ecossistemas:
>
> Pena – reclusão, de 1 (um) a 4 (quatro) anos, e multa".

Verifica-se, efetivamente, que a nova figura é mais ampla e abrange integralmente a anterior, dando nova regulação à matéria. Em virtude disso, em razão de falta de previsão pela Lei dos Crimes Ambientais, a punição por culpa deixou de existir, conforme também entendem Delmanto et al. (2022, p. 932).

Capítulo II
Dos crimes contra a segurança dos meios de comunicação e transporte e outros serviços públicos

Perigo de desastre ferroviário

Art. 260. Impedir ou perturbar serviço de estrada de ferro:

I – destruindo, danificando ou desarranjando, total ou parcialmente, linha férrea, material rodante ou de tração, obra de arte ou instalação;

II – colocando obstáculo na linha;

III – transmitindo falso aviso acerca do movimento dos veículos ou interrompendo ou embaraçando o funcionamento de telégrafo, telefone ou radiotelegrafia;

IV – praticando outro ato de que possa resultar desastre:

Pena – reclusão, de 2 (dois) a 5 (cinco) anos, e multa.

Desastre ferroviário

§ 1º Se do fato resulta desastre:

Pena – reclusão, de 4 (quatro) a 12 (doze) anos, e multa.

§ 2º No caso de culpa, ocorrendo desastre:

Pena – detenção, de 6 (seis) meses a 2 (dois) anos.

§ 3º Para os efeitos deste artigo, entende-se por estrada de ferro qualquer via de comunicação em que circulem veículos de tração mecânica, em trilhos ou por meio de cabo aéreo.

Bibliografia: BITENCOURT, Cezar Roberto. *Tratado de direito penal*: parte especial: dos crimes contra a dignidade sexual até dos crimes contra a fé pública. 15. ed. rev. e atual. São Paulo: Saraiva, 2021. v. 4. *E-book*; CINTRA JÚNIOR, Dyrceu de Aguiar Dias. Perigo de desastre ferroviário. Decisões de primeira instância. *Revista Brasileira de Ciências Criminais*, São Paulo, 1993. v. 4; COSTA JÚNIOR, Paulo José da. *Curso de direito penal:* parte especial. 2. ed. São Paulo: Saraiva, 1992. v. 3; DELMANTO, Celso et al. *Código Penal comentado:* acompanhado de comentários, jurisprudência, súmulas em matéria penal e legislação complementar. 10. ed. rev., atual. e ampl. São Paulo: Saraiva, 2022; FRAGOSO, Heleno Cláudio. *Lições de direito penal:* parte especial. 5. ed. Rio de Janeiro: Forense, 1986; GRECO, Luís. "Princípio da ofensividade" e crimes de perigo abstrato – uma introdução ao debate sobre o bem jurídico e as estruturas do delito. *Revista Brasileira de Ciências Criminais*, São Paulo, v.

12, fasc. 49, p. 89-147, jul./ago. 2004; HUNGRIA, Nélson. *Comentários ao Código Penal:* Decreto-lei n. 2.848, de 7 de dezembro de 1940 – arts. 250 a 361. 2. ed. Rio de Janeiro: Forense, 1959. v. IX; NORONHA, E. Magalhães. *Direito penal.* 10. ed. São Paulo: Saraiva, 1977. v. 3; PIERANGELI, José Henrique. *Manual de direito penal brasileiro*: parte especial, arts. 121 a 361. São Paulo: RT, 2007. v. 2; PRADO, Luiz Regis. *Curso de direito penal brasileiro*: parte especial, arts. 184 a 288. 4. ed. rev. e ampl. São Paulo: RT, 2006. v. 3.

Considerações gerais

A doutrina costuma apontar, como bem jurídico relativo a este crime, a incolumidade pública. Entretanto, em decorrência das observações feitas no item "Considerações Gerais" do crime de incêndio (art. 250 do CP), entendo que este é um falso bem jurídico coletivo.

Assim, o bem jurídico relativo ao crime de perigo de desastre ferroviário também deve ser compreendido como a vida, a integridade física ou a propriedade de um número indeterminado de pessoas. Esses bens jurídicos são ofendidos por meio de uma estrutura de perigo, voltado a um número indeterminado de titulares.

Por consequência, os sujeitos passivos devem ser tidos como as pessoas cujos bens jurídicos foram colocados em perigo ou lesados. Importante observar que a doutrina brasileira, coerente com sua compreensão de bem jurídico, aponta a coletividade como sujeito passivo deste crime.

No que se refere ao sujeito ativo, a diferença de concepções em nada o altera. Trata-se de crime comum, que pode ser praticado por qualquer pessoa, inclusive pelos funcionários (ou proprietários, em caso de concessão) da empresa que presta serviços ferroviários.

Considerações nucleares

O crime descrito no art. 260 do CP exige a conjugação da conduta de impedir (obstar, interromper) ou perturbar (atrapalhar) serviço de estrada de ferro com um dos quatro comportamentos descritos em seus incisos.

Em razão da redação do último inciso ("praticando outro ato de que possa resultar desastre"), bem como da própria rubrica legislativa (perigo de desastre ferroviário), todas as condutas devem resultar na criação de um perigo concreto de ocorrência de desastre ferroviário (neste sentido, *vide*, exemplificativamente: BITENCOURT, 2021, p. 172; DELMANTO, 2022, p. 933; NORONHA, 1977, p. 395).

Nesta linha, desastre ferroviário deve ser compreendido como o acontecimento de certa monta que coloca em perigo concreto ou lesiona a integridade física, a vida ou o patrimônio de um grande número de vítimas.

Serviço ferroviário, por força da definição do § 3º, é "qualquer via de comunicação em que circulem veículos de tração mecânica, em trilhos ou por meio de cabo aéreo", ou seja, abrange trens, metrôs, bondes, teleféricos e funiculares.

O elemento subjetivo, no *caput*, é o dolo, que deve abranger também o perigo de desastre ferroviário. O delito se consuma com o advento do perigo concreto de desastre ferroviário.

No que se refere à conduta conhecida como "surfe ferroviário", em que o agente viaja sobre o teto da composição, não é considerada, pela jurisprudência majoritária, como prática deste crime. Entende-se que há perigo direto e iminente apenas para o próprio agente, mas não para os demais passageiros (DELMANTO, 2022, p. 934).

Caso ocorra desastre, o crime passa a ser qualificado, com a pena prevista no § 1º, do art. 260 do CP. Neste caso, deve haver dolo do agente no que se refere a causar o perigo, mas culpa com relação à causação do desastre. Portanto, é preciso verificar o nexo de causalidade entre atuação do sujeito e o resultado, aplicar os critérios de imputação objetiva e verificar se houve decisão no sentido de descumprir um dever objetivo de cuidado. Caso o agente tenha querido o desastre, aplica-se o crime de homicídio doloso e/ou de lesão corporal dolosa.

No caso de ocorrência de morte ou lesão corporal, *vide* anotações aos arts. 263 e 258.

A modalidade culposa vem prevista no § 2º, e somente se aplica se houver efetiva ocorrência de desastre. Neste caso, o agente atua somente com culpa, tanto no que se refere à criação do perigo, quanto à concretização do dano.

Bitencourt (2021, p. 172), ao analisar esse tipo penal, em sua modalidade dolosa, afirma que um maquinista que decide dirigir a composição em velocidade superior à regulamentada, dando causa a descarrilamento e ferimento de passageiros, pratica o crime de lesão corporal culposa. Se o resultado, entretanto, for de grande monta, podendo-se configurar como desastre, aplicar-se-á a modalidade culposa do art. 260, em razão de sua especificidade.

Atentado contra a segurança de transporte marítimo, fluvial ou aéreo

Art. 261. Expor a perigo embarcação ou aeronave, própria ou alheia, ou praticar qualquer ato tendente a impedir ou dificultar navegação marítima, fluvial ou aérea:

Pena – reclusão, de 2 (dois) a 5 (cinco) anos.

Sinistro em transporte marítimo, fluvial ou aéreo

§ 1º Se do fato resulta naufrágio, submersão ou encalhe de embarcação ou a queda ou destruição de aeronave:

Pena – reclusão, de 4 (quatro) a 12 (doze) anos.

Prática do crime com o fim de lucro

§ 2º Aplica-se, também, a pena de multa, se o agente pratica o crime com intuito de obter vantagem econômica, para si ou para outrem.

Modalidade culposa

§ 3º No caso de culpa, se ocorre o sinistro:

Pena – detenção, de 6 (seis) meses a 2 (dois) anos.

Bibliografia: BITENCOURT, Cezar Roberto. *Tratado de direito penal*: parte especial: dos crimes contra a dignidade sexual até dos crimes contra a fé pública. 15. ed. rev. e atual. São Paulo: Saraiva, 2021. v. 4. *E-book*; COSTA JÚNIOR, Paulo José da. *Curso de direito penal:* parte especial. 2. ed. São Paulo: Saraiva, 1992. v. 3; DELMANTO, Celso et al. *Código Penal comentado:* acompanhado de comentários, jurisprudência, súmulas em matéria penal e legislação complementar. 10. ed. rev., atual. e ampl. São Paulo: Saraiva, 2022; FRAGOSO, Heleno Cláudio. *Lições de direito penal:* parte especial. 5. ed. Rio de Janeiro: Forense, 1986; GRECO, Luís. "Princípio da ofensividade" e crimes de perigo abstrato – uma introdução ao debate sobre o bem jurídico e as estruturas do delito. *Revista Brasileira de Ciências Criminais*, São Paulo, v. 12, fasc. 49, p. 89-147, jul./ago. 2004; HUNGRIA, Nélson. *Comentários ao Código Penal:* Decreto-lei n. 2.848, de 7 de dezembro de 1940 – arts. 250 a 361. 2. ed. Rio de Janeiro: Forense, 1959. v. IX; NORONHA, E. Magalhães. *Direito penal*. 10. ed. São Paulo: Saraiva, 1977. v. 3; PIERANGELI, José Henrique. *Manual de direito penal brasileiro*: parte especial, arts. 121 a 361. São Paulo: RT, 2007. v. 2; PRADO, Luiz Regis, CARVALHO, Érika Mendes de e CARVALHO, Gisele Mendes de. *Curso de direito penal brasileiro*. 13. ed. rev. atual. e ampl. São Paulo: RT, 2014; RAMPIONI, Roberto. La repressione dei dellite contro la sicurezza della navigazione aerea – legge 10 maggio 1976 n. 342. *Rivista Italiana di Diritto e Procedura Penale*, Milano, v. 25, p. 1465-1493, 1982; SOTO LAMADRID, Miguel Angel. La seguridad en la aviación civil en el derecho internacional penal. *Anuario de Derecho Penal y Ciencias Penales*, Madrid, v. 33, n. 3, p. 663-687, set./dez. 1980.

Considerações gerais

A doutrina costuma apontar, como bem jurídico relativo a este crime, a incolumidade pública. Entretanto, em decorrência das observações feitas no item "Considerações gerais" do crime de incêndio (art. 250 do CP), entendo que este é um falso bem jurídico coletivo.

Assim, o bem jurídico relativo ao crime de atentado contra a segurança de transporte marítimo, fluvial ou aéreo também deve ser compreendido como a vida, a integridade física ou a propriedade de um número indeterminado de pessoas. Esses bens jurídicos são ofendidos por meio de uma estrutura de perigo, voltado a um número indeterminado de titulares. Esses crimes também tutelam, indiretamente, o meio ambiente, já que muitos acidentes com grandes embarcações ou aeronaves também geram impactos ambientais relevantes.

Por consequência, os sujeitos passivos devem ser tidos como as pessoas cujos bens jurídicos foram colocados em perigo ou lesados. Importante observar que a doutrina brasileira, coerente com sua compreensão de bem jurídico, aponta a coletividade como sujeito passivo deste crime.

No que se refere ao sujeito ativo, a diferença de concepções em nada o altera. Trata-se de crime comum, que pode ser praticado por qualquer pessoa.

Considerações nucleares

Este crime pode ser praticado por meio de duas condutas: expor a perigo embarcação ou aeronave, própria ou alheia, ou praticar qualquer ato tendente a impedir ou dificultar navegação marítima, fluvial ou aérea.

Embarcação pode ser qualquer tipo de veículo de transporte marinho ou fluvial, englobando navios, barcos, balsas etc. Aeronaves são os veículos utilizados para transporte aéreo, tais como o avião, o helicóptero, o dirigível etc.

Em razão de o tipo não ter expressamente se referido ao transporte lacustre, atentados contra este meio de transporte poderão ser tipificados no art. 262 do CP.

A doutrina tem apontado ser este tipo um crime de perigo concreto (BITENCOURT, 2021, p. 177; PRADO; CARVALHO; CARVALHO, 2014, p. 1155. Contrariamente: NORONHA, 1977, p. 403), com relação à incolumidade pública. Nesta linha, deve-se verificar a ocorrência, em decorrência da conduta, de real perigo de naufrágio, submersão ou encalhe da embarcação, ou de queda ou destruição da aeronave.

Hungria (1959, p. 81-82) fornece exemplos bastante elucidativos de tais hipóteses: "provocar o abalroamento ou colisão de embarcações ou aeronaves, ou o investimento de umas ou outras contra resistências passivas, fazer brecha em embarcação, ensejando a invasão das águas; destruir ou remover aparelhos ou peças indispensáveis à orientação ou à segurança da embarcação ou aeronave; apagar, inutilizar ou deslocar sinais guiadores; remover boias ou faróis; colocar falsos faróis, ou transmitir falsos avisos; tornar impraticável algum ancoradouro ou campo de pouso etc.". Na jurisprudência, verifica-se, por exemplo, a conduta de apontar feixe de *laser* em direção a helicóptero da Polícia Militar[229]. Repita-se que, em todos esses casos, deve-se verificar um concreto perigo de naufrágio, submersão ou encalhe da embarcação, ou de queda ou destruição da aeronave.

O delito se consuma com a ocorrência do perigo.

O crime do *caput* se configura com dolo, que deve abranger também o conhecimento e a vontade de criar situação de perigo. Se o intuito do agente é o de

---

[229] TJSP, Apelação Criminal 0033769-82.2013.8.26.0506, rel. Alcides Malossi Junior, 9ª Câmara de Direito Criminal, j. 6-5-2020, *DJ* 6-5-2020.

matar ou ofender a integridade física ou saúde de pessoa(s) determinada(s), aplicam-se os dispositivos dos arts. 121 e 129 do CP, em suas modalidades dolosas.

Caso o agente pretenda destruir embarcação ou aeronave própria, não causando qualquer perigo comum, não há prática de crime – a não ser que tal conduta seja meio para prática de fraude a seguro.

Na hipótese de o agente, ao praticar o crime deste art. 261, pretender obter vantagem econômica, por força do disposto no § 2º, também estará sujeito à multa. Vantagem econômica refere-se não somente à pecuniária, mas a qualquer contraprestação que tenha expressão econômica, ou seja, valor de troca. O agente não precisa ter obtido a vantagem almejada para que o dispositivo se aplique, pois basta que esta tenha sido a motivação de sua conduta.

Há figura qualificada caso ocorra dano à embarcação ou aeronave, por meio de naufrágio, submersão ou encalhe (embarcação), ou de queda ou destruição (aeronave). Conforme lecionam Delmanto et al. (2022, p. 935), se "do fato (condutas dolosas previstas no *caput* do artigo) *resulta naufrágio* (perda de embarcação), *submersão* (afundamento de embarcação) ou *encalhe de embarcação* (impedimento à flutuação) ou a *queda* (precipitação ao solo) ou *destruição de aeronave* (despedaçamento), a pena será de reclusão, de quatro a doze anos (figura qualificada)".

O resultado danoso, nesta figura qualificada, somente pode ser imputado ao autor se este houver atuado com culpa. Portanto, é necessário verificar, para além do nexo de causalidade, os critérios de imputação objetiva e se o agente descumpriu dever de cuidado objetivo.

Aplicam-se, também aqui, as causas de aumento descritas no art. 258 do CP, em caso de resultado morte ou lesão corporal, por força do art. 263 – *vide* observações feitas àquele artigo.

O § 3º traz a previsão de modalidade culposa, que apenas é aplicável se ocorreu sinistro (naufrágio, submersão, encalhe, queda ou destruição). Nesta hipótese, é necessário verificar a presença de nexo de causalidade entre a conduta do agente e o sinistro, bem como os critérios de imputação objetiva e a lesão a dever de cuidado objetivo. A figura culposa não pode ser aplicada em conjunto com o disposto nos §§ 1º e 2º.

Considerações finais

Com relação ao concurso de normas, *vide* as anotações feitas sobre o crime de incêndio, especialmente o § 1º, inciso II, *c*; e sobre o crime de explosão (§ 2º). A prática de acrobacias ou voos baixos, em desacordo com a legislação, pode caracterizar a contravenção descrita no art. 35 do Decreto-lei n. 3.688/41[230] (Lei das

---

[230] "Art. 35. Entregar-se na prática da aviação, a acrobacias ou a voos baixos, fora da zona em que a lei o permite, ou fazer descer a aeronave fora dos lugares destinados a esse fim:

Contravenções Penais). Veja, também, a Lei Federal n. 9.614/98, denominada de Lei do Abate, de duvidosa constitucionalidade, que prevê a destruição de aeronaves suspeitas de prática de tráfico de drogas que não sigam os procedimentos de intercepção executados pela Força Aérea Brasileira.

Atentado contra a segurança de outro meio de transporte

Art. 262. Expor a perigo outro meio de transporte público, impedir-lhe ou dificultar-lhe o funcionamento:

Pena – detenção, de 1 (um) a 2 (dois) anos.

§ 1º Se do fato resulta desastre, a pena é de reclusão, de 2 (dois) a 5 (cinco) anos.

§ 2º No caso de culpa, se ocorre desastre:

Pena – detenção, de 3 (três) meses a 1 (um) ano.

Bibliografia: BITENCOURT, Cezar Roberto. *Tratado de direito penal*: parte especial: dos crimes contra a dignidade sexual até dos crimes contra a fé pública. 15. ed. rev. e atual. São Paulo: Saraiva, 2021. v. 4. *E-book*; COSTA JÚNIOR, Paulo José da. *Curso de direito penal:* parte especial. 2. ed. São Paulo: Saraiva, 1992. v. 3; DELMANTO, Celso et al. *Código Penal comentado:* acompanhado de comentários, jurisprudência, súmulas em matéria penal e legislação complementar. 10. ed. rev., atual. e ampl. São Paulo: Saraiva, 2022; FRAGOSO, Heleno Cláudio. *Lições de direito penal*: parte especial. 5. ed. Rio de Janeiro: Forense, 1986; GRECO, Luís. "Princípio da ofensividade" e crimes de perigo abstrato – uma introdução ao debate sobre o bem jurídico e as estruturas do delito. *Revista Brasileira de Ciências Criminais*, São Paulo, v. 12, fasc. 49, p. 89-147, jul./ago. 2004; HUNGRIA, Nélson. *Comentários ao Código Penal*: Decreto-lei n. 2.848, de 7 de dezembro de 1940 – arts. 250 a 361. 2. ed. Rio de Janeiro: Forense, 1959. v. IX; NORONHA, E. Magalhães. *Direito penal*. 10. ed. São Paulo: Saraiva, 1977. v. 3; PIERANGELI, José Henrique. *Manual de direito penal brasileiro*: parte especial, arts. 121 a 361. São Paulo: RT, 2007. v. 2; PRADO, Luiz Regis; CARVALHO, Érika Mendes de; CARVALHO, Gisele Mendes de. *Curso de direito penal brasileiro*, 13. ed. rev. atual. e ampl. São Paulo: RT, 2014.

Considerações gerais

A doutrina costuma apontar, como bem jurídico relativo a este crime, a incolumidade pública. Entretanto, em decorrência das observações feitas no item "Considerações gerais" do crime de incêndio (art. 250 do CP), entendo que este é um falso bem jurídico coletivo.

Pena – prisão simples, de quinze dias a três meses, ou multa, de quinhentos mil réis a cinco contos de réis".

Assim, o bem jurídico relativo ao crime de atentado contra a segurança de outro meio de transporte também deve ser compreendido como a vida, a integridade física ou a propriedade de um número indeterminado de pessoas. Esses bens jurídicos são ofendidos por meio de uma estrutura de perigo, voltado a um número indeterminado de titulares.

Por consequência, os sujeitos passivos devem ser tidos como as pessoas cujos bens jurídicos foram colocados em perigo ou lesados. Importante observar que a doutrina brasileira, coerente com sua compreensão de bem jurídico, aponta a coletividade como sujeito passivo deste crime.

No que se refere ao sujeito ativo, a diferença de concepções em nada o altera. Trata-se de crime comum, que pode ser praticado por qualquer pessoa.

Considerações nucleares

As condutas proibidas pelo *caput* são as mesmas previstas pelo art. 261 do CP, porém, referem-se a outros meios de transporte – ou seja, aqueles que não foram previstos nem pelo art. 260, nem pelo art. 261. Abrangem-se, portanto, atentados contra a segurança de ônibus, lotações, embarcações lacustres, dentre outros.

Apenas veículos que realizam transporte público podem ser objeto desta conduta. Tem-se entendido que mesmo nos casos de concessão do serviço público, é possível aplicar esse tipo penal (PRADO; CARVALHO; CARVALHO, 2014, p. 1160; BITENCOURT, 2021, p. 178). Entretanto, o veículo deve estar efetivamente em situação de prestação de serviço público.

A doutrina exige a colocação em perigo concreto do meio de transporte público, para a configuração do crime. A consumação do crime depende, pois, do advento do perigo.

Nesta linha, o dolo deve abranger também a situação de perigo comum.

Caso o meio utilizado para a prática do crime seja o fogo ou uso de explosivos, os crimes de incêndio ou de explosão ficam absorvidos por este.

Há previsão de forma qualificada, caso resulte desastre – acidente de certa magnitude, com lesão ou colocação em perigo da vida ou integridade física de um conjunto de pessoas.

O dispositivo do art. 258 do CP aplica-se a este crime, caso resulte morte ou lesão corporal, por força do art. 263 do mesmo diploma normativo. *Vide* observações feitas àquele delito.

O § 2º prevê figura culposa, que somente se configura na ocorrência de desastre. Neste caso, deve-se verificar o nexo de causalidade entre a conduta do agente e o resultado (desastre), bem como os critérios de imputação objetiva e a violação a norma de cuidado objetivo.

Já se decidiu, na jurisprudência, que o proprietário de táxi que adapta botijão de gás de cozinha em seu veículo, sem autorização, e havendo pequenos vazamentos, comete este crime (DELMANTO et al., 2022, p. 938). Por outro lado, decidiu-se pela não configuração do delito, em caso no qual grevistas impediram ou dificultaram a saída de ônibus de transporte público da garagem da concessionária (DELMANTO, 2022, p. 938).

Forma qualificada

Art. 263. Se de qualquer dos crimes previstos nos arts. 260 a 262, no caso de desastre ou sinistro, resulta lesão corporal ou morte, aplica-se o disposto no art. 258.

Vide as "Considerações nucleares" ao art. 258 do CP.

Importante mencionar que o Superior Tribunal de Justiça, ao examinar condutas relacionadas ao acidente aéreo do Voo 1907 da Gol, entendeu ser possível aplicar a causa de aumento prevista no art. 258 do CP, juntamente com a do art. 121, § 4º, também do CP, em virtude de inobservância de regra técnica de profissão ou ofício. Além disso, em virtude do número alto de vítimas (154), entendeu ser correta a exasperação da pena-base, no vetor consequências do delito (REsp 1609502/MT, rel. Min. Ribeiro Dantas, 5ª Turma, j. 2-6-2020, *DJ* 15-6-2020).

Arremesso de projétil

Art. 264. Arremessar projétil contra veículo, em movimento, destinado ao transporte público por terra, por água ou pelo ar:
Pena – detenção, de 1 (um) a 6 (seis) meses.
Parágrafo único. Se do fato resulta lesão corporal, a pena é de detenção, de 6 (seis) meses a 2 (dois) anos; se resulta morte, a pena é a do art. 121, § 3º, aumentada de um terço.

Bibliografia: BITENCOURT, Cezar Roberto. *Tratado de direito penal:* parte especial: dos crimes contra a dignidade sexual até dos crimes contra a fé pública. 15. ed. rev. e atual. São Paulo: Saraiva, 2021. v. 4. *E-book*; COSTA JÚNIOR, Paulo José da. *Curso de direito penal:* parte especial. 2. ed. São Paulo: Saraiva, 1992. v. 3; DELMANTO, Celso et al. *Código Penal comentado:* acompanhado de comentários, jurisprudência, súmulas em matéria penal e legislação complementar. 10. ed. rev., atual. e ampl. São Paulo: Saraiva, 2022; FRAGOSO, Heleno Cláudio. *Lições de direito penal:* parte especial. 5. ed. Rio de Janeiro: Forense, 1986; GRECO, Luís. "Princípio da ofensividade" e crimes de perigo abstrato – uma introdução ao debate sobre o bem jurídico e as estruturas do delito. *Revista Brasileira de Ciências Criminais*, São Paulo, v. 12, fasc. 49, p. 89-147, jul./ago. 2004; HUNGRIA, Nélson. *Comentários ao Código Penal:* Decreto-lei n. 2.848, de 7 de dezembro de 1940 – arts. 250 a 361. 2. ed. Rio de Janeiro: Forense, 1959. v. IX; NORONHA, E. Magalhães. *Direito penal.* 10. ed. São Paulo: Saraiva, 1977. v. 3; PIERANGELI, José Henrique. *Manual de direito penal* *brasileiro*: parte especial, arts. 121 a 361. São Paulo: RT, 2007. v. 2; PRADO, Luiz Regis. *Curso de direito penal brasileiro*: parte especial, arts. 184 a 288. 4. ed. rev. e ampl. São Paulo: RT, 2006. v. 3.

Considerações gerais

A doutrina costuma apontar, como bem jurídico relativo a este crime, a incolumidade pública. Entretanto, em decorrência das observações feitas no item "Considerações gerais" do crime de incêndio (art. 250 do CP), entendo que este é um falso bem jurídico coletivo.

Assim, o bem jurídico relativo ao presente crime deve ser compreendido como a vida, a integridade física ou a propriedade de um número indeterminado de pessoas. Esses bens jurídicos são ofendidos por meio de uma estrutura de perigo, voltado a um número indeterminado de titulares.

Por consequência, os sujeitos passivos devem ser tidos como as pessoas cujos bens jurídicos foram colocados em perigo ou lesados. Importante observar que a doutrina brasileira, coerente com sua compreensão de bem jurídico, aponta a coletividade como sujeito passivo deste crime.

No que se refere ao sujeito ativo, a diferença de concepções em nada o altera. Trata-se de crime comum, que pode ser praticado por qualquer pessoa.

Considerações nucleares

Bitencourt (2021, p. 179) observa que a conduta proibida pelo tipo penal é a de "arremessar (atirar, lançar com força) projétil – qualquer coisa ou objeto sólido e pesado que se lança no espaço". O arremesso pode ser feito manualmente, por meio de um instrumento ou de artefato (como, por exemplo, um estilingue). Além disso, o veículo deve ser destinado a transporte público – se for a transporte particular, podem se configurar os crimes de dano, de lesão corporal ou homicídio, a depender do resultado desejado ou causado pelo agente. O veículo deve, ainda, estar em movimento. O projétil precisa apresentar idoneidade para causar dano relevante, que não se caracteriza quando o possível dano for apenas patrimonial.

Trata-se de crime de perigo abstrato, que deve, entretanto, ter sua configuração afastada quando, no caso concreto, não havia probabilidade de ocorrência de dano. O possível dano deve apresentar relevância, ou seja, magnitude para causar lesão corporal ou morte de um número indeterminado de pessoas.

O crime do *caput* ocorre se praticado com dolo, que deve abranger, além dos demais elementos do tipo, o conhecimento e a vontade de criar perigo comum.

A consumação ocorre com o arremesso, não cabendo tentativa.

No parágrafo único, o legislador previu duas figuras qualificadas. A primeira refere-se à ocorrência do resultado lesão corporal, elevando as margens penais para 6 (seis) meses a 2 (dois) anos. A segunda configura-se se resultar morte, aplicando-se a pena do art. 121, § 3º, aumentada de um terço. Em ambos os casos, o agente deve ter atuado com culpa quanto ao resultado, ou seja, é preciso examinar nexo de causalidade, critérios de imputação objetiva e violação a dever objetivo de cuidado.

Atentado contra a segurança de serviço de utilidade pública

Art. 265. Atentar contra a segurança ou o funcionamento de serviço de água, luz, força ou calor, ou qualquer outro de utilidade pública:

Pena – reclusão, de 1 (um) a 5 (cinco) anos, e multa.

Parágrafo único. Aumentar-se-á a pena de 1/3 (um terço) até a metade, se o dano ocorrer em virtude de subtração de material essencial ao funcionamento dos serviços.

Bibliografia: BITENCOURT, Cezar Roberto. *Tratado de direito penal:* parte especial: dos crimes contra a dignidade sexual até dos crimes contra a fé pública. 15. ed. rev. e atual. São Paulo: Saraiva, 2021. v. 4. *E-book*; COSTA JÚNIOR, Paulo José da. *Curso de direito penal:* parte especial. 2. ed. São Paulo: Saraiva, 1992. v. 3; DELMANTO, Celso et al. *Código Penal comentado:* acompanhado de comentários, jurisprudência, súmulas em matéria penal e legislação complementar. 10. ed. rev., atual. e ampl. São Paulo: Saraiva, 2022; FRAGOSO, Heleno Cláudio. *Lições de direito penal:* parte especial. 5. ed. Rio de Janeiro: Forense, 1986; GRECO, Luís. "Princípio da ofensividade" e crimes de perigo abstrato – uma introdução ao debate sobre o bem jurídico e as estruturas do delito. *Revista Brasileira de Ciências Criminais,* São Paulo, v. 12, fasc. 49, p. 89-147, jul./ago. 2004; HUNGRIA, Nélson. *Comentários ao Código Penal:* Decreto-lei n. 2.848, de 7 de dezembro de 1940 – arts. 250 a 361. 2. ed. Rio de Janeiro: Forense, 1959. v. IX; NORONHA, E. Magalhães. *Direito penal.* 10. ed. São Paulo: Saraiva, 1977. v. 3; PIERANGELI, José Henrique. *Manual de direito penal brasileiro*: parte especial, arts. 121 a 361. São Paulo: RT, 2007. v. 2; PRADO, Luiz Regis. *Curso de direito penal brasileiro*: parte especial, arts. 184 a 288. 4. ed. rev. e ampl. São Paulo: RT, 2006. v. 3.

Considerações gerais

A doutrina aponta como bem jurídico deste crime a incolumidade pública. Sobre este ponto, remeto às observações feitas no art. 250 do CP.

Especificamente com relação a este artigo, tutela-se a função, materializada como um valor para as pessoas, do serviço público. Apenas o serviço público essencial para o desenvolvimento humano pode ser considerado passível de tutela por este crime. Aqueles que se referem a meras comodidades não podem. Assim, o serviço de coleta de lixo, em razão até da possibilidade de alastramento de doenças na sua ausência, pode ser considerado objeto desta conduta. Já o serviço de televisão a cabo não poderia receber a mesma proteção. Esta conclusão também decorre da magnitude de pena prevista por este crime (examinada à luz do princípio da proporcionalidade) e do título em que se insere, que faz referência à incolumidade pública, conceito que remete a um perigo à segurança de um número indeterminado de pessoas (embora não o compreenda como passível de ser considerado bem jurídico).

Seguindo esta linha, o sujeito passivo deste crime é a coletividade, ao passo que o sujeito passivo pode ser qualquer pessoa – inclusive fornecedores ou funcionários da empresa de prestação de serviço público.

Considerações nucleares

O artigo traz duas condutas: atentar contra a segurança de serviço de utilidade pública (tornando-o inseguro) ou atentar contra o funcionamento de serviço de utilidade pública (colocando em perigo seu funcionamento contínuo).

Os serviços de utilidade pública, expressamente citados, são os de água, luz, força ou calor, sendo que o legislador valeu-se da expressão "ou qualquer outro de utilidade pública". Quanto a este ponto, têm razão Delmanto et al. (2022, p. 940), quando afirmam: "A expressão final dá amplitude demasiada ao dispositivo, podendo abranger, praticamente, todos os serviços análogos (gás, limpeza pública etc.). Não obstante, é evidente que nem todo atentado a serviço de utilidade pública caracterizará o crime deste art. 265, devendo o intérprete, neste ponto, fazer uso dos princípios da proporcionalidade e da ofensividade dos tipos penais". Por outro lado, é irrelevante, para a configuração do tipo, se o serviço foi concedido a empresas privadas ou se é exercido diretamente pelo Estado. O que importa é o tipo de serviço e em que medida um atentado contra sua segurança pode colocar em perigo um número indeterminado de pessoas, no que se refere à sua saúde ou integridade física.

Só há previsão dolosa deste crime, portanto, deverá o agente, sempre, ter conhecimento e vontade de atentar contra serviço de utilidade pública, bem como da criação de situação de perigo. O crime somente se consuma com a colocação em perigo do serviço de utilidade pública, embora não seja necessária sua paralisação ou perturbação efetiva.

O parágrafo único prevê causa de aumento, se houver dano decorrente de subtração de material essencial ao funcionamento do serviço. É importante observar que, também nesta hipótese, apesar de ter havido subtração de material, o crime deste artigo somente se caracteriza se o agente tinha a intenção de causar perigo ao serviço público em questão. Nesse sentido, nossa jurisprudência já decidiu que o furto de cabos de telefonia, com intuito de obter vantagem patrimonial, ainda que cause perturbação do serviço, não configura este crime, mas sim o de furto, porque a intenção do agente não era a de atentar contra o serviço (decisão do Tribunal Federal de Recursos, citada por DELMANTO, 2022, p. 941).

Interrupção ou perturbação de serviço telegráfico, telefônico, informático, telemático ou de informação de utilidade pública

Art. 266. Interromper ou perturbar serviço telegráfico, radiotelegráfico ou telefônico, impedir ou dificultar-lhe o restabelecimento:

Pena – detenção, de 1 (um) a 3 (três) anos, e multa.

§ 1º Incorre na mesma pena quem interrompe serviço telemático ou de informação de utilidade pública, ou impede ou dificulta-lhe o restabelecimento.

§ 2º Aplicam-se as penas em dobro se o crime é cometido por ocasião de calamidade pública.

Bibliografia: BITENCOURT, Cezar Roberto. *Tratado de direito penal:* parte especial: dos crimes contra a dignidade sexual até dos crimes contra a fé pública. 15. ed. rev. e atual. São Paulo: Saraiva, 2021. v. 4. *E-book*; COSTA JÚNIOR, Paulo José da. *Curso de direito penal:* parte especial. 2. ed. São Paulo: Saraiva, 1992. v. 3; DELMANTO, Celso et al. *Código Penal comentado:* acompanhado de comentários, jurisprudência, súmulas em matéria penal e legislação complementar. 10. ed. rev., atual. e ampl. São Paulo: Saraiva, 2022; FRAGOSO, Heleno Cláudio. *Lições de direito penal:* parte especial. 5. ed. Rio de Janeiro: Forense, 1986; HUNGRIA, Nélson. *Comentários ao Código Penal:* Decreto-lei n. 2.848, de 7 de dezembro de 1940 – arts. 250 a 361. 2. ed. Rio de Janeiro: Forense, 1959. v. IX; NORONHA, E. Magalhães. *Direito penal.* 10. ed. São Paulo: Saraiva, 1977. v. 3; PIERANGELI, José Henrique. *Manual de direito penal brasileiro*: parte especial, arts. 121 a 361. São Paulo: RT, 2007. v. 2; PRADO, Luiz Regis. *Curso de direito penal brasileiro*: parte especial, arts. 184 a 288. 4. ed. rev. e ampl. São Paulo: RT, 2006. v. 3.

Considerações gerais

A doutrina aponta como bem jurídico deste tipo penal a regularidade ou o funcionamento dos serviços telegráfico, telefônico, informático, telemático ou de informação de utilidade pública (a título de exemplo, *vide*: BITENCOURT, 2021, p. 181; DELMANTO et al., 2022, p. 763). Esse bem jurídico apresenta característica de função, devendo, portanto, ser analisado com rigor se efetivamente pode levar ao uso do Direito Penal. Especialmente ataques menos relevantes, como a mera perturbação, sem impacto generalizado e grave, não parecem justificar a intervenção penal. Como nosso legislador descreveu condutas amplas, ao intérprete cabe delimitá-las em sua aplicação, para que o tipo se volte apenas para condutas que efetivamente apresentem gravidade para atingir uma coletividade de pessoas, de modo relevante. Todavia, essa discussão não costuma ser feita pela doutrina brasileira, que aceita a legitimidade do tipo penal em referência, em todas as suas condutas.

É importante observar, ainda, que a Lei Federal n. 12.737/2012 incluiu os serviços telemático e de informação de utilidade pública, ampliando ainda mais o espaço de criminalização deste tipo.

Considerações nucleares

As condutas incriminadas referem-se a interromper ou perturbar os serviços abaixo descritos, bem como a impedir ou dificultar seu restabelecimento. Conforme já destacado nas considerações gerais, essas condutas precisam apresentar gravidade e generalidade, já que o próprio legislador as classificou como crimes contra a incolumidade pública. Nessa linha, Bitencourt (2021, p. 181) observa que "não se trata de interromper ou perturbar o funcionamento de um aparelho (telegráfico ou telefônico), ou dificultar ou impedir determinada comunicação (art. 151, § 1º, II, do CP), mas sim da interrupção ou perturbação do serviço telegráfico ou telefônico como um todo (...)"[231]. Acrescente-se que a interrupção ou perturbação não pode ser irrelevante ou de pequena monta, devendo apresentar gravidade.

Importante, ainda, notar que a interceptação não autorizada da comunicação telefônica, informática ou telemática, entre duas pessoas não caracteriza esse crime, mas sim o descrito no art. 10 da Lei Federal n. 9.296/96[232].

Os serviços que podem ser objeto da conduta são o telegráfico (transmissor de sinais por meio de fios), o radiotelegráfico (transmissor de sinais por meio de ondas de rádio), o telefônico (transmissor de sons a distância), o telemático (transmissor de dados por meio digital) ou de informação de utilidade pública (oficial ou oficialmente reconhecido como tal). Os dois últimos serviços foram introduzidos pela Lei Federal n. 12.737/2012 (conhecida como Lei Carolina Dieckmann). A doutrina destaca que não se admite interpretação analógica para abranger os serviços postal ou radiotelefônico.

O crime – que pode ser cometido por qualquer pessoa, inclusive por agentes dos concessionários ou empresas públicas que executem os serviços respectivos – somente se comete dolosamente.

Há, ainda, previsão de causa de aumento quando, o crime for praticado por ocasião de calamidade pública ("mal grave e extenso, que atinge número considerável e indeterminado de pessoas e bens" – PRADO, 2006, p. 484), em razão da provável magnitude maior das consequências da conduta. Evidentemente, o agente precisa conhecer essa situação. Note-se que a calamidade pública é anterior à conduta, não se aplicando a causa de aumento se o crime der causa à situação de calamidade pública.

---

[231] No mesmo sentido, Delmanto et al. (2022, p. 942).

[232] "Art. 10. Constitui crime realizar interceptação de comunicações telefônicas, de informática ou telemática, promover escuta ambiental ou quebrar segredo da Justiça, sem autorização judicial ou com objetivos não autorizados em lei: Pena – reclusão, de 2 (dois) a 4 (quatro) anos, e multa. Parágrafo único. Incorre na mesma pena a autoridade judicial que determina a execução de conduta prevista no *caput* deste artigo com objetivo não autorizado em lei."

Se o crime for praticado com o fim de abolir o Estado de Direito, inutilizando ou destruindo os meios de comunicação, aplica-se o art. 359-R do Código Penal[233]. Se se tratar de desenvolvimento clandestino de atividades de telecomunicação, incide o art. 183 da Lei Federal n. 9.472/97[234].

Capítulo III
Dos crimes contra a saúde pública

Epidemia

Art. 267. Causar epidemia, mediante a propagação de germes patogênicos:

Pena – reclusão, de 10 (dez) a 15 (quinze) anos.

§ 1º Se do fato resulta morte, a pena é aplicada em dobro.

§ 2º No caso de culpa, a pena é de detenção, de 1 (um) a 2 (dois) anos, ou, se resulta morte, de 2 (dois) a 4 (quatro) anos.

Bibliografia: AMENDOLA, Gianfranco. Legge penale ed inquinamento delle acque. *Archivio Penale,* Roma, v. 27, 1/12, p. 243-277, jan./dez. 1971; BELLO FILHO, Ney. Da poluição e outros crimes ambientais. In: DINO NETO, Nicolao, BELLO FILHO, Ney e DINO, Flavio. *Crimes e infrações administrativas ambientais.* 3. ed. rev. e atual. Belo Horizonte: Del Rey, 2011; BITENCOURT, Cezar Roberto. *Tratado de direito penal*: parte especial: dos crimes contra a dignidade sexual até dos crimes contra a fé pública. 15. ed. rev. e atual. São Paulo: Saraiva, 2021. v. 4. *E-book*; COSTA JÚNIOR, Paulo José da. *Curso de direito penal:* parte especial. 2. ed. São Paulo: Saraiva, 1992. v. 3; DELMANTO, Celso et al. *Código Penal comentado:* acompanhado de comentários, jurisprudência, súmulas em matéria penal e legislação complementar. 10. ed. rev., atual. e ampl. São Paulo: Saraiva, 2022. v. 3; FRAGOSO, Heleno Cláudio. *Lições de direito penal.* 3. ed. São Paulo: Bushatsky, 1977. v. 3; GRECO, Luís. "Princípio da ofensividade" e crimes de perigo abstrato – uma introdução ao debate sobre o bem jurídico e as estruturas do delito. *Revista Brasileira de Ciências Criminais*, São Paulo, v. 12, fasc. 49, p. 89-147, jul./ago. 2004; HUNGRIA, Nélson. *Comentários ao Código Penal*: Decreto-lei n. 2.848, de 7 de dezembro de 1940 – arts. 250 a 361. 2. ed. Rio de Janeiro: Forense, 1959. v. IX; NORONHA, E. Magalhães. *Direito penal.* 10. ed. São Paulo: Saraiva, 1977. v. 3; PIERANGELI, José Henrique.

---

[233] "Sabotagem. Art. 359-R. Destruir ou inutilizar meios de comunicação ao público, estabelecimentos, instalações ou serviços destinados à defesa nacional, com o fim de abolir o Estado Democrático de Direito: Pena – reclusão, de 2 (dois) a 8 (oito) anos.".

[234] "Art. 183. Desenvolver clandestinamente atividades de telecomunicação: Pena – detenção de dois a quatro anos, aumentada da metade se houver dano a terceiro, e multa de R$ 10.000,00 (dez mil reais). Parágrafo único. Incorre na mesma pena quem, direta ou indiretamente, concorrer para o crime".

Manual de direito penal brasileiro: parte especial, arts. 121 a 361. São Paulo: RT, 2007. v. 2; PRADO, Luiz Regis; CARVALHO, Érika Mendes de; CARVALHO, Gisele Mendes de. *Curso de direito penal brasileiro*. 13. ed. rev. atual. e ampl. São Paulo: RT, 2014. PRADO, Alessandra R. Mascarenhas. Degradação prévia ao lançamento de substâncias no meio ambiente: caracterização de crime impossível? In: CARVALHO, Érika Mendes de e PRADO, Alessandra Mascarenhas (Org.). *Repensando a proteção do meio ambiente*: 20 anos da Lei 9.605/98. Belo Horizonte: D'Plácido, 2018; TAVARES, Juarez. *Teoria do injusto penal*. 4. ed. São Paulo: Tirant, 2019.

Considerações gerais

A doutrina brasileira costuma considerar o bem jurídico referente a este crime como a saúde pública, seguindo a nomenclatura conferida pelo legislador ao capítulo correspondente. Nessa linha, a saúde pública é tida como um bem jurídico supraindividual ou coletivo, fazendo-se referência à previsão do art. 196 da Constituição Federal, que a reconhece como um direito de todos e um dever do Estado (BITENCOURT, 2021, p. 183).

Entretanto, não se concorda, aqui, com esse posicionamento, porque muitos dos crimes descritos neste capítulo – entre eles o crime de epidemia – não se voltam à tutela de políticas públicas que visam a garantir o direito à saúde pública, senão claramente se referem a condutas que colocam em perigo ou lesionam a saúde individual de um número indeterminado de pessoas.

Por isso, e seguindo o mesmo raciocínio já exposto nas considerações gerais do crime de incêndio (art. 250), a saúde pública não se apresenta, em tal acepção, como um bem indivisível, característica fundamental dos bens jurídicos coletivos (GRECO, 2004, p. 114). Assim, compreendo que este tipo penal tem como referente material a própria saúde individual, embora sob a perspectiva de colocação em perigo por uma conduta que deve ter potencialidade para atingir um número indeterminado de pessoas.

Como consequência do entendimento aqui adotado, o sujeito passivo deste crime não será a coletividade de modo geral, mas sim o grupo de pessoas cuja saúde foi colocada em perigo em razão da epidemia causada. Quanto ao sujeito ativo, contudo, tanto sob a perspectiva majoritária quanto sob a aqui descrita, qualquer pessoa pode praticar o crime, inclusive aquele que estiver contagiado pela doença.

Importante, também, chamar a atenção do leitor para o aumento exagerado da pena deste crime, decorrente de alteração pela Lei n. 9.677/98. Sobre esse ponto, *vide* as considerações finais a seguir, bem como as anotações referentes ao art. 273.

Considerações nucleares

A conduta incriminada apresenta, como primeiro elemento, "causar epidemia".

No que se refere ao verbo "causar", a maioria da doutrina defende que apenas quem deu origem à epidemia estaria abarcado pelo tipo penal. Tal interpretação está, entretanto, dissociada da própria compreensão de causalidade no direito penal. Causar epidemia significa, aqui, contribuir de forma relevante para o resultado verificado *in concreto*, como é amplamente corrente em direito penal. Nessa linha, cita-se a lição de Juarez Tavares, que afirma que a antecipação, o agravamento ou a modificação de acontecimentos também são formas de causalidade, exemplificando com o médico que, diante de paciente em estado terminal, lhe antecipa a morte, ou de um carro já bastante abalroado, cujos vidros são quebrados por um agente, agravando o estado de dano do veículo. Em ambos os casos, os agentes responderiam, respectivamente, por homicídio e por dano (TAVARES, 2019, p. 512).

A reforçar e deixar ainda mais clara tal compreensão, nossa legislação traz outros tipos penais que apresentam núcleo verbal semelhante ao do crime de epidemia[235], podendo-se destacar o crime de poluição (art. 54 da Lei n. 9.605/98).

A doutrina vem reiteradamente interpretando tal dispositivo a partir do entendimento de que o agravamento da situação de poluição, ou o aumento da degradação de uma situação prévia, configuram o crime da mesma forma (BELLO FILHO, 2011, p. 301; PRADO, 2018, p. 383[236]), pois agravar o resultado também é causar. Os tribunais também têm aceitado esse entendimento[237].

Epidemia consiste na ocorrência excessiva de uma determinada doença, acometendo um número significativo de pessoas, em determinado local, em comparação com o número esperado para aquela doença.

A doença deve acometer seres humanos – caso se trate de patologias que acometam animais ou a flora, deve-se analisar a eventual aplicação do art. 61 da Lei n. 9.605/98 – e a epidemia precisa efetivamente se configurar na prática, não bastando o perigo de sua ocorrência.

O segundo elemento típico da conduta refere-se ao meio a ser empregado na causação da epidemia, qual seja, "mediante a propagação de germes patogênicos". Bitencourt defende que germes patogênicos são os seres unicelulares que produzem moléstias infecciosas (2021, p. 184). Ocorre que, nas ciências biológicas, ger-

---

[235] Além do crime de poluição, entre outros: art. 256 do CP: "Causar desabamento ou desmoronamento, expondo a perigo a vida, a integridade física ou o patrimônio de outrem"; art. 33 da Lei n. 9.605/98: "Provocar, pela emissão de efluentes ou carreamento de materiais, o perecimento de espécimes da fauna aquática existentes em rios, lagos, açudes, lagoas, baías ou águas jurisdicionais brasileiras"; e art. 61 da Lei n. 9.605/98: "Disseminar doença ou praga ou espécies que possam causar dano à agricultura, à pecuária, à fauna, à flora ou aos ecossistemas".

[236] Com outras indicações bibliográficas na mesma linha.

[237] STF, HC 90023-2 SP, rel. Min. Menezes Direito j. 6-11-2007. *Vide*, na mesma linha, no TJRS, AP 70072491590, Des. Julio Cesar Finger, j. 16-5-2019; AP 70029495421, rel. Des. Constantino Lisboa de Azevedo, j. 26-11-2009.

me é tido como expressão de nomenclatura já ultrapassada, que remonta aos estudos de Pasteur, sendo que, atualmente, seria mais correto referir-se a microrganismo. Na linguagem leiga, os dicionários costumam definir germe como "micróbio" – assim, germe deve ser compreendido como vocábulo que abrange fungos, bacilos, bactérias, protozoários ou vírus.

Essa conduta vinculada – causada, necessariamente, pela propagação de germes patogênicos – deve estar ligada ao resultado epidemia por um nexo de causalidade, devendo-se examinar também os critérios de imputação objetiva.

No que se refere ao aspecto subjetivo, há previsão de modalidade dolosa e culposa (sobre esta, *vide* observações adiante). A conduta do *caput*, dolosa, exige do agente não apenas o conhecimento e a vontade quanto aos elementos do tipo penal, o que significa, nesse caso, abranger tanto o meio (propagação de germes patogênicos) quanto o resultado (epidemia), assim como o nexo de causalidade entre ambos. O dolo eventual pode se caracterizar quando o agente, apresentando o aspecto cognitivo perfeito, é indiferente ao resultado.

O § 1º traz uma causa de aumento de pena quando da conduta decorrer o resultado morte. Ressalta-se que esse segundo resultado também deve se ligar à conduta por um nexo de causalidade e pelos critérios de imputação objetiva, além de pela culpa do agente. Observe-se que a pena da conduta simples (10 a 15 anos), sendo manifestamente desproporcional (*vide* considerações finais), torna-se ainda mais absurda quando aplicada em dobro, nos termos deste § 1º. Importante notar, ainda, que a figura do § 1º é considerada crime hediondo, nos termos da Lei n. 8.072/90.

Há, também, previsão de modalidades culposas, tanto da figura simples quanto da que resulta em morte. Nessas hipóteses, é absolutamente fundamental, para além da verificação de um dever objetivo de cuidado violado, examinar os parâmetros de imputação objetiva ou a previsibilidade objetiva do resultado, já que, neste campo, é possível que haja desconhecimento científico sobre determinados cursos causais, o que exclui a configuração típica.

Considerações finais

A Lei n. 8.072/90 alterou a pena da figura do *caput* para reclusão, de dez a quinze anos (originalmente, a previsão era de cinco a quinze anos de reclusão). Por consequência, a pena da figura prevista no § 1º passou a ser de vinte a trinta anos de reclusão. Trata-se de alteração que diminuiu muito a possibilidade de adequar a pena ao tipo de conduta praticada e, especialmente, à gravidade da epidemia causada. Por tal razão, e para que não haja violação ao princípio da proporcionalidade, o intérprete deverá ser ainda mais rigoroso ao examinar o elemento típico epidemia, evitando que a propagação de doenças de menor impacto na saúde seja considerada como objeto deste tipo penal.

Infração de medida sanitária preventiva

Art. 268. Infringir determinação do poder público, destinada a impedir introdução ou propagação de doença contagiosa:

Pena – detenção, de 1 (um) mês a 1 (um) ano, e multa.

Parágrafo único. A pena é aumentada de um terço, se o agente é funcionário da saúde pública ou exerce a profissão de médico, farmacêutico, dentista ou enfermeiro.

Bibliografia: BITENCOURT, Cezar Roberto. *Tratado de direito penal:* parte especial: dos crimes contra a dignidade sexual até dos crimes contra a fé pública. 15. ed. rev. e atual. São Paulo: Saraiva, 2021. v. 4. *E-book*; COSTA JÚNIOR, Paulo José da. *Curso de direito penal:* parte especial. 2. ed. São Paulo: Saraiva, 1992. v. 3; DELMANTO, Celso et al. *Código Penal comentado:* acompanhado de comentários, jurisprudência, súmulas em matéria penal e legislação complementar. 10. ed. rev., atual. e ampl. São Paulo: Saraiva, 2022; FRAGOSO, Heleno Cláudio. *Lições de direito penal:* parte especial. 5. ed. Rio de Janeiro: Forense, 1986; GRECO, Luís. "Princípio da ofensividade" e crimes de perigo abstrato – uma introdução ao debate sobre o bem jurídico e as estruturas do delito. *Revista Brasileira de Ciências Criminais*, São Paulo, v. 12, fasc. 49, p. 89-147, jul./ago. 2004; HUNGRIA, Nélson. *Comentários ao Código Penal:* Decreto-lei n. 2.848, de 7 de dezembro de 1940 – arts. 250 a 361. 2. ed. Rio de Janeiro: Forense, 1959. v. IX; NORONHA, E. Magalhães. *Direito penal.* 10. ed. São Paulo: Saraiva, 1977. v. 3; PIERANGELI, José Henrique. *Manual de direito penal brasileiro*: parte especial, arts. 121 a 361. São Paulo: RT, 2007. v. 2; PRADO, Luiz Regis. *Curso de direito penal brasileiro*: parte especial, arts. 184 a 288. 4. ed. rev. e ampl. São Paulo: RT, 2006. v. 3.

Considerações gerais

Também quanto a esse crime, a doutrina brasileira costuma apontar como bem jurídico a incolumidade pública ou a saúde pública. Entretanto, não se concorda com essa posição, conforme já explanado nas considerações gerais ao art. 267. Entende-se que o bem jurídico aqui subjacente é a saúde individual, colocada em perigo, abstratamente considerado, de modo coletivo.

Considerações nucleares

O presente tipo penal caracteriza-se como norma penal em branco, uma vez que exige a infringência de determinação do poder público para a configuração do crime. Tal determinação pode estar prevista em outra lei, como também em atos normativos de hierarquia inferior, tais como portarias, decretos ou resoluções. É fundamental que se aponte, na denúncia, especificamente qual teria sido a determinação do poder público infringida, já que esse dado integra, pois, a própria tipicidade.

A determinação deve ser destinada a impedir a introdução ou propagação de doença contagiosa. Doença contagiosa é aquela que se propaga por contato, direto ou indireto (por meio de objetos, por exemplo). Assim, normas sanitárias genéricas – como a regra de que utensílios empregados na manipulação de alimentos devem ser de material não poroso e não possuir rugosidades – não se incluem como complemento deste tipo penal. Tampouco o fazem aquelas normas que pretendem prevenir doenças que atinjam animais ou plantas, ou que prejudiquem o meio ambiente de forma geral, já que se trata de crime voltado à tutela da saúde humana. Sobre essa questão, *vide* os arts. 61 e 69 da Lei n. 9.605/98.

Algumas das determinações que complementam o presente tipo penal podem ser encontradas nas normas de vigilância sanitária federais, previstas na Lei n. 9.782/99 (e suas modificações), bem como na Lei n. 6.360/76 (igualmente modificada), assim como em outras normas que regulamentam a atuação da ANVISA – Agência Nacional de Vigilância Sanitária.

No que se refere à pandemia de coronavírus, o Supremo Tribunal Federal reconheceu competência à União, aos Estados, ao Distrito Federal e aos Municípios para regular a matéria. Assim, deve-se examinar a Lei n. 13.979, de 6 de fevereiro de 2020, bem como as portarias que a regulamentaram, além da legislação local específica.

Deve-se ressaltar, aqui, que em se tratando de atos previstos para o enfrentamento de uma situação excepcional, configuram-se como legislação excepcional e, mesmo que tais atos venham a ser, no futuro, revogados ou ter sua vigência encerrada, não haverá retroatividade da situação penal mais benéfica, por força do art. 3º do Código Penal.

Caso, diferentemente, não se trate de normas destinadas a lidar com uma situação excepcional, o tratamento jurídico da revogação será distinto. Fragoso ensinava que essa revogação daria ensejo também à exclusão da ilicitude do fato, a não ser que se tratasse de lei excepcional ou temporária, já que essas disposições que complementam normas penais em branco integram a tipicidade mesma da conduta, ou seja, fazem parte tanto do conteúdo de fato quanto de sua valoração jurídica (1986, p. 202)[238]. Portanto, apenas nas hipóteses de complementos criados como temporários ou excepcionais poderá haver aplicação do tipo mesmo após sua revogação ou a cessação de sua vigência. Nos demais casos, a revogação do complemento leva, também, à *abolitio criminis* das condutas respectivas.

Por se tratar de crime de perigo abstrato, em cuja estrutura típica o legislador não previu a existência de um perigo concreto a ser comprovado em todos os casos, deve-se exigir, ao menos, a aptidão da conduta para produzir o perigo ao bem jurídico, conforme também defende Bitencourt (2021, p. 189). Do contrário, acei-

---

[238] Hungria defendia posicionamento oposto (1959, p. 103-104).

tar-se-ia a mera desobediência administrativa como prática de crime, independentemente de seus reflexos para o bem jurídico, o que não pode ser admitido em direito penal. Deve-se observar que há autores que defendem ser necessária a comprovação de perigo concreto (DELMANTO et al., 2022, p. 947).

No que tange ao elemento subjetivo, o agente deve atuar com dolo, já que o legislador não previu modalidade culposa. Deve conhecer, portanto, a determinação do poder público, decidindo pela sua infração. Caso desconheça a norma complementar, pode-se estar diante de caso impunível por tratar-se de erro ou de mera culpa.

O legislador previu, ainda, causa de aumento aplicável às hipóteses em que o agente é funcionário da saúde pública ou exerce a profissão de médico, farmacêutico, dentista ou enfermeiro. Importante lembrar que essas pessoas podem, com relação a algumas determinações públicas e em dadas situações, ocupar também a posição de garante, podendo cometer o crime por omissão.

Quanto à casuística, há precedentes na jurisprudência afastando a aplicação deste tipo no caso de agente que alimenta criação de porcos com lixo coletado em cidade próxima à sua propriedade, sob a fundamentação de que não houve violação de norma sanitária específica destinada a impedir a introdução ou a propagação de doença contagiosa determinada (TACRIM RJ, Apelação n. 819.935/8, rel. Rubens Gonçalves, 6ª Câmara, j. 9-2-1994). Contrariamente, já se decidiu que o açougueiro que abate animais em sítio e transporta a carne em uma caminhonete coberta com lona, destinando-a à comercialização, comete o presente crime (TACRIM RJ, Apelação n. 1.028.369/9, rel. Lourenço Filho, 9ª Câmara, j. 5-2-1997). Conforme destacado acima, sem indicação específica da norma complementar violada e sua destinação a evitar introdução ou propagação de doença contagiosa, não se pode aplicar o tipo em exame. Mais recentemente, esse artigo vem sendo utilizado para coibir infrações às normas de combate à dengue (por exemplo, *vide*: TJPR, Apelação 20090013958-1, rel. Leo Henrique Furtado Araújo, Turma Recursal Única, j. 14-5-2010).

Atualmente, ganhou bastante destaque com as discussões relacionadas à pandemia de coronavírus, tendo havido aplicação em diversos locais. Contudo, por se tratar de infração de menor potencial ofensivo, que geralmente resolve-se por meio de aplicação de transação penal, a jurisprudência sobre o tema remanesce rara.

Considerações finais

Havendo morte ou lesão corporal de natureza grave como resultado da conduta, *vide* anotações aos arts. 258 e 285.

Omissão de notificação de doença

Art. 269. Deixar o médico de denunciar à autoridade pública doença cuja notificação é compulsória:

Pena – detenção, de 6 (seis) meses a 2 (dois) anos, e multa.

Bibliografia: CASTRO, Airton Pinheiro de. Sigilo médico: por que e quando? *Revista da Escola Paulista da Magistratura*, São Paulo, v. 11, n. 1, p. 77-90, jul./dez. 2011; BITENCOURT, Cezar Roberto. *Tratado de direito penal*: parte especial: dos crimes contra a dignidade sexual até dos crimes contra a fé pública. 15. ed. rev. e atual. São Paulo: Saraiva, 2021. v. 4. *E-book*; COLTRO, Antonio Carlos Mathias. O sigilo profissional e a requisição judicial do prontuário médico. In: ZIMERMAN, David (Org.). *Aspectos psicológicos na prática jurídica*. 3. ed. Campinas: Millennium, 2010; COSTA JÚNIOR, Paulo José da. *Curso de direito penal:* parte especial. 2. ed. São Paulo: Saraiva, 1992. v. 3; DELMANTO, Celso et al. *Código Penal comentado:* acompanhado de comentários, jurisprudência, súmulas em matéria penal e legislação complementar. 10. ed. rev., atual. e ampl. São Paulo: Saraiva, 2022; FRAGOSO, Heleno Cláudio. *Lições de direito penal:* parte especial. 5. ed. Rio de Janeiro: Forense, 1986; GRECO, Luís. "Princípio da ofensividade" e crimes de perigo abstrato – uma introdução ao debate sobre o bem jurídico e as estruturas do delito. *Revista Brasileira de Ciências Criminais*, São Paulo, v. 12, fasc. 49, p. 89-147, jul./ago. 2004; HUNGRIA, Nélson. *Comentários ao Código Penal:* Decreto-lei n. 2.848, de 7 de dezembro de 1940 – arts. 250 a 361. 2. ed. Rio de Janeiro: Forense, 1959. v. IX; LEAL, João José. Exercício da medicina e responsabilidade criminal. *Revista do Curso de Direito da Universidade Federal de Uberlândia*, Uberlândia, v. 23, 1/2, p. 93-113, dez. 1994; LEYSER DE AQUINO, Kleber. Sigilo médico diante das requisições criminais. *Boletim IBCCRIM,* São Paulo, n. 63, p. 7-8, fev. 1998; NORONHA, E. Magalhães. *Direito penal*. 10. ed. São Paulo: Saraiva, 1977. v. 3; PIERANGELI, José Henrique. *Manual de direito penal brasileiro*: parte especial, arts. 121 a 361. São Paulo: RT, 2007. v. 2; OLIVEIRA, Jorge Alcibíades Perrone de. Pareceres e resoluções: sigilo ou segredo médico – a ética e o direito. *Bioética,* Brasília, v. 9, n. 2, p. 141-148, 2001; PRADO, Luiz Regis, CARVALHO, Érika Mendes de e CARVALHO, Gisele Mendes de. *Curso de direito penal brasileiro*. 13. ed. rev. atual. e ampl. São Paulo: RT, 2014.

Considerações gerais

Tradicionalmente, aponta-se como bem jurídico subjacente ao presente tipo penal a incolumidade pública. Entretanto, pelas razões já anteriormente expostas (*vide* considerações gerais do art. 267), entende-se que a incolumidade consiste em falso bem jurídico coletivo, devendo-se trabalhar com os bens jurídicos individuais (saúde, integridade física e vida) em uma estrutura de colocação de perigo ou lesão coletivas. Contudo, especificamente com relação a esse tipo penal, a identificação de tais bens jurídicos e o estabelecimento de uma relação de ofensividade com a conduta descrita em seu preceito primário não é possível. O legislador criminalizou conduta de mera desobediência administrativa, que não traz como um de seus elementos relação que a aproxime de ofender o bem jurídico – seja pela via do perigo, seja pela da lesão.

É evidente que, em certas hipóteses, a omissão de notificação pode levar à não adoção de medidas preventivas contra o contágio de dadas doenças, mas o Código é bastante genérico e refere-se a qualquer doença, mesmo aquelas que não sejam contagiosas. Além disso, é possível imaginar condutas omissivas que se encaixem no presente tipo penal, mas não gerem qualquer repercussão à saúde de pessoas, podendo impactar, por exemplo, apenas estatísticas de dada doença.

Assim, o legislador deveria ter deixado o âmbito de sancionamento dessa conduta para a esfera administrativa ou, caso insistisse no uso do direito penal, deveria ter incluído ao menos o perigo à saúde de um número indeterminado de pessoas como elemento típico.

Considerações nucleares

O tipo penal aqui examinado configura um crime próprio (ou delito especial), porque só pode ser praticado por médico – admitindo-se, entretanto, que não médicos possam praticá-lo em concurso de agentes com médicos.

Trata-se de um crime omissivo puro, já que o legislador incriminou conduta de deixar de notificar doença. Assim, o sujeito ativo precisa ter capacidade de agir; do contrário, haverá atipicidade. O crime é formal, independendo de resultado naturalístico para sua configuração, e, por se tratar de crime omissivo puro, não cabe tentativa. A consumação ocorre com o fim do prazo para a notificação (a depender da norma que complementa o tipo, conforme será esclarecido abaixo) ou com a prática de ato incompatível com a notificação.

Importante, ainda, observar que este tipo penal consiste em norma penal em branco, ou seja, depende de complementação de outras normas para sua configuração típica completa. Nessa linha, depende de norma que estabeleça quais doenças são de notificação obrigatória, qual o prazo para que a notificação seja realizada, bem como quem é a autoridade pública destinatária da informação.

Atualmente, em âmbito federal, a Portaria n. 1.271, de 6 de junho de 2014, do Gabinete do Ministro, do Ministério da Saúde, define a Lista Nacional de Notificação Compulsória de doenças, agravos e eventos de saúde pública. Importante observar que somente as doenças se enquadram no tipo penal, já que o crime não se refere a agravo ou eventos de saúde pública. Doença, nos termos da Portaria mencionada, é a "enfermidade ou estado clínico, independente de origem ou fonte, que represente ou possa representar um dano significativo para os seres humanos" (art. 2º, III). O anexo da mencionada portaria traz as seguintes doenças como de notificação obrigatória: botulismo, cólera, dengue, febre amarela, dentre outras.

Mas há ainda outras normas que estabelecem doenças de notificação compulsória, como o art. 169 da Consolidação das Leis do Trabalho, referente à obrigatoriedade de notificação de "doenças profissionais e das produzidas em virtude de condições especiais de trabalho, comprovadas ou objeto de suspeita, de conformidade com as instruções expedidas pelo Ministério do Trabalho".

Note-se que a Lei n. 9.263/96 obrigou o médico a notificar a realização de esterilizações cirúrgicas e criou tipo penal específico para essa hipótese (que não se enquadraria no tipo penal aqui examinado por não se tratar de doença) em seu art. 16.

Há, também, dispositivo que prevê sanção administrativa para os estabelecimentos de saúde que deixarem de notificar o diagnóstico de morte encefálica às centrais de notificação, captação e distribuição de órgãos (Lei n. 9.434/97 – Lei de Transplantes – art. 22, § 1º).

As normas que complementam o presente artigo estabelecem, além do rol de doenças passíveis de notificação obrigatória, o órgão competente destinatário da informação. Em geral, cuida-se de órgão do Ministério da Saúde, das Secretarias de Saúde dos Estados, Distrito Federal ou Municípios.

Uma importante questão trazida por este tipo consiste na possibilidade de quebrar sigilo médico em tais casos. O sigilo médico configura um dos princípios éticos mais relevantes na medicina e, por isso, é acolhido pelo direito. O médico não pode revelar informações sobre a condição de seu paciente sem justa causa ou dever legal. Por isso, não pode depor como testemunha, salvo se expressamente autorizado por seu paciente.

A notificação a que se refere o presente crime configura um dever legal e, por isso, autoriza o médico a quebrar o sigilo independentemente de consentimento do paciente, nos limites de tal notificação. Portanto, o médico que realiza a notificação compulsória de doença atua licitamente e não incorre no crime do art. 154 do Código Penal (violação de segredo profissional), já que sua conduta é atípica. A violação de segredo se configura quando realizada sem justa causa, o que não ocorre nesta hipótese.

No que se refere ao elemento subjetivo, o crime do art. 269 apenas pode ser cometido dolosamente. Portanto, se o médico não fizer a notificação porque não sabia que aquela doença era de notificação obrigatória – por exemplo, em decorrência de mudança recente na norma complementar, que incluiu nova doença na lista –, não se configura o crime. Ainda que o médico não tenha observado o dever de informação sobre as regras de sua profissão, essa hipótese não é abrangida pelo tipo penal, porque se trataria de conduta culposa.

Considerações finais

Com relação aos resultados morte ou lesão corporal de natureza grave, *vide* anotações aos arts. 258 e 285.

Envenenamento de água potável ou de substância alimentícia ou medicinal

Art. 270. Envenenar água potável, de uso comum ou particular, ou substância alimentícia ou medicinal destinada a consumo:

Pena – reclusão, de 10 (dez) a 15 (quinze) anos.

§ 1º Está sujeito à mesma pena quem entrega a consumo ou tem em depósito, para o fim de ser distribuída, a água ou a substância envenenada.

Modalidade culposa

§ 2º Se o crime é culposo:

Pena – detenção, de 6 (seis) meses a 2 (dois) anos.

Bibliografia: ÁLVARES, Silvio Carlos. Das águas: o envenenamento de água potável e a lei dos crimes hediondos – Lei 8.072/90. In: ARAUJO, Luiz Alberto David. *Tutela da águas e algumas implicações nos direitos fundamentais.* Bauru: EDITE, 2002. p. 85-96; AMENDOLA, Gianfranco. Legge penale ed inquinamento delle acque. *Archivio Penale,* Roma, v. 27, 1/12, p. 243-277, jan./dez. 1971; BITENCOURT, Cezar Roberto. *Tratado de direito penal*: parte especial: dos crimes contra a dignidade sexual até dos crimes contra a fé pública. 15. ed. rev. e atual. São Paulo: Saraiva, 2021. v. 4. *E-book*; COSTA JÚNIOR, Paulo José da. *Curso de direito penal:* parte especial. 2. ed. São Paulo: Saraiva, 1992. v. 3; DELMANTO, Celso et al. *Código Penal comentado:* acompanhado de comentários, jurisprudência, súmulas em matéria penal e legislação complementar. 10. ed. rev., atual. e ampl. São Paulo: Saraiva, 2022; FRAGOSO, Heleno Cláudio. *Lições de direito penal:* parte especial. 5. ed. Rio de Janeiro: Forense, 1986; GRECO, Luís. "Princípio da ofensividade" e crimes de perigo abstrato – uma introdução ao debate sobre o bem jurídico e as estruturas do delito. *Revista Brasileira de Ciências Criminais,* São Paulo, v. 12, fasc. 49, p. 89-147, jul./ago. 2004; HUNGRIA, Nélson. *Comentários ao Código Penal:* Decreto-lei n. 2.848, de 7 de dezembro de 1940 – arts. 250 a 361. 2. ed. Rio de Janeiro: Forense, 1959. v. IX; NORONHA, E. Magalhães. *Direito penal.* 10. ed. São Paulo: Saraiva, 1977. v. 3; PIERANGELI, José Henrique. *Manual de direito penal brasileiro*: parte especial, arts. 121 a 361. São Paulo: RT, 2007. v. 2; PRADO, Luiz Regis. *Curso de direito penal brasileiro*: parte especial, arts. 184 a 188. 4. ed. rev. e ampl. São Paulo: RT, 2006. v. 3.

Considerações gerais

O bem jurídico relativo ao presente tipo penal é a saúde individual e a vida humanas. A doutrina, contudo, aponta a incolumidade ou a saúde públicas como bem jurídico. Sobre o assunto, *vide* as considerações gerais ao art. 267. A saúde e a vida são ofendidas, pela conduta descrita no tipo, por meio da colocação em perigo de diversos bens jurídicos pertencentes a um número indeterminado de pessoas, o que não altera, todavia, a natureza dos bens envolvidos.

Considerações nucleares

A conduta incriminada refere-se a envenenar água potável, substância alimentícia ou medicinal. Veneno é substância que causa morte ou dano sério à saúde humana. A água potável deve destinar-se a consumo humano. Se for destinada apenas a limpeza ou ao uso de animais ou plantas, não se configura o delito. A água objeto da conduta não precisa ser pura, basta ostentar as propriedades suficientes para que seja considerada potável. Da mesma forma, a substância alimentícia ou medicinal deve ser destinada a consumo humano. A água potável pode ser oriunda de processo de tratamento, não sendo, pois, necessário que seja naturalmente potável.

O objeto da conduta (água, substância alimentícia ou medicinal) deve destinar-se ao consumo de um número indeterminado de pessoas, já que se trata de um crime de perigo comum. No caso da água potável, pode ser aquela advinda do sistema público de abastecimento, mas também a particular, que abastece um grupo de pessoas (poço artesiano usado por um vilarejo, por exemplo). Entretanto, caso a conduta volte-se à água potável destinada ao consumo de uma pessoa ou de pessoas determinadas, aplicar-se-á o crime de homicídio, o de lesão corporal ou o crime de perigo previsto no art. 132 do CP. Essa observação vale também para as condutas previstas no § 1º.

A conduta precisa ser idônea a colocar em perigo a saúde ou vida de um número indeterminado de pessoas. Ainda que se trate de crime de perigo abstrato, ao menos a idoneidade da conduta deve ser verificada para a caracterização do crime. Portanto, a mera guarda de água potável ou substância alimentícia ou medicinal envenenada, se não estiver destinada à disposição para consumo de um número indeterminado de pessoas, não consuma o delito do § 1º.

No que tange ao elemento subjetivo, ao lado das modalidades dolosas (*caput* e § 1º) – nas quais devem estar presentes os elementos cognitivos e volitivos –, há previsão da conduta culposa no § 2º.

Há uma importante discussão sobre a revogação tácita das condutas relativas à água potável do *caput* e do § 2º pelo art. 54 da Lei n. 9.605/98 (Lei dos Crimes Ambientais), bem como a revogação das condutas do § 1º pelo art. 56 da mesma lei. Embora, num primeiro momento, possa parecer que o tipo penal aqui comentado refira-se a um bem jurídico diferente, apresentando especialidade em face das condutas previstas na Lei dos Crimes Ambientais, na realidade as condutas dos arts. 54 e 56 da Lei n. 9.605/98 tutelam não apenas o meio ambiente, como também a saúde humana. Com efeito, o art. 54 traz como elemento o risco à saúde humana, e o art. 56, o fato de a substância tóxica ser perigosa ou nociva à saúde humana. Portanto, verifica-se que realmente houve essa revogação tácita do *caput* e da figura culposa no que se refere à água potável, bem como de todo o § 1º do presente artigo.

Considerações finais

A pena prevista no presente tipo penal (após modificação operada pela Lei n. 8.072/90) é extremamente alta, especialmente para um crime de perigo abstrato, podendo ser apontada violação da proporcionalidade. Quanto ao resultado morte ou lesão corporal de natureza grave, *vide* anotações aos arts. 258 e 285. Também quanto a essas figuras há desproporcionalidade na pena.

Corrupção ou poluição de água potável

Art. 271. Corromper ou poluir água potável, de uso comum ou particular, tornando-a imprópria para consumo ou nociva à saúde:

Pena – reclusão, de 2 (dois) a 5 (cinco) anos.

Modalidade culposa

Parágrafo único. Se o crime é culposo:

Pena – detenção, de 2 (dois) meses a 1 (um) ano.

Bibliografia: ÁLVARES, Silvio Carlos. Das águas: o envenenamento de água potável e a lei dos crimes hediondos – Lei 8.072/90. In: ARAUJO, Luiz Alberto David. *Tutela da águas e algumas implicações nos direitos fundamentais*. Bauru: EDITE, 2002. p. 85-96; AMENDOLA, Gianfranco. Legge penale ed inquinamento delle acque. *Archivio Penale,* Roma, v. 27, 1/12, p. 243-277, jan./dez. 1971; BITENCOURT, Cezar Roberto. *Tratado de direito penal*: parte especial: dos crimes contra a dignidade sexual até dos crimes contra a fé pública. 15. ed. rev. e atual. São Paulo: Saraiva, 2021. v. 4. *E-book*; COSTA JÚNIOR, Paulo José da. *Curso de direito penal:* parte especial. 2. ed. São Paulo: Saraiva, 1992. v. 3; DELMANTO, Celso et al. *Código Penal comentado*: acompanhado de comentários, jurisprudência, súmulas em matéria penal e legislação complementar. 10. ed. rev., atual. e ampl. São Paulo: Saraiva, 2022; FRAGOSO, Heleno Cláudio. *Lições de direito penal*: parte especial. 5. ed. Rio de Janeiro: Forense, 1986; GRECO, Luís. "Princípio da ofensividade" e crimes de perigo abstrato – uma introdução ao debate sobre o bem jurídico e as estruturas do delito. *Revista Brasileira de Ciências Criminais*, São Paulo, v. 12, fasc. 49, p. 89-147, jul./ago. 2004; HUNGRIA, Nélson. *Comentários ao Código Penal*: Decreto-lei n. 2.848, de 7 de dezembro de 1940 – arts. 250 a 361. 2. ed. Rio de Janeiro: Forense, 1959. v. IX; NORONHA, E. Magalhães. *Direito penal*. 10. ed. São Paulo: Saraiva, 1977. v. 3; PIERANGELI, José Henrique. *Manual de direito penal brasileiro*: parte especial, arts. 121 a 361. São Paulo: RT, 2007. v. 2; PRADO, Luiz Regis. *Curso de direito penal brasileiro*: parte especial, arts. 184 a 188. 4. ed. rev. e ampl. São Paulo: RT, 2006. v. 3.

Considerações gerais

A doutrina indica a incolumidade e a saúde públicas como bens jurídicos tutelados pelo tipo penal do art. 271 do CP. Entretanto, por compreender que tais bens jurídicos configuram falsos bens jurídicos coletivos, aponta-se, aqui, a saúde individual e a vida como os bens jurídicos relativos a este crime. Sobre o tema, *vide* as considerações gerais ao art. 267.

Considerações nucleares

O crime refere-se às condutas de corromper (sujar, conspurcar) ou poluir (contaminar, degradar, alterar negativamente) água potável, tornando-a imprópria para consumo humano ou nociva à saúde humana. Assim, não se configura a conduta se a água já estava, anteriormente, contaminada e imprópria para consumo.

Sobre as características da água potável, *vide* observações feitas ao art. 270.

Tem-se apontado a revogação tácita deste tipo penal pelo crime de poluição previsto no art. 54 da Lei n. 9.605/98 (por exemplo, *vide* PRADO, 2006, p. 517). Efetivamente, o crime de poluição ali previsto refere-se a uma concepção do bem jurídico ambiental que exige, como uma das possíveis formas de configuração típica, que a poluição coloque em risco a saúde humana. Nesse sentido, a água é vista como elemento ambiental essencial à tutela da saúde e da vida humanas. Por isso, pode-se afirmar que o crime de poluição previsto na Lei dos Crimes Ambientais engloba a conduta descrita no art. 271 do CP, inclusive no que se refere à concepção de bem jurídico, que inclui a saúde humana. Assim, é correta a conclusão no sentido de que este artigo foi tacitamente derrogado pela Lei dos Crimes Ambientais.

Interessante observar que a qualificadora prevista no art. 54, § 2º, inciso III, da Lei n. 9.605/98 ("se o crime causar poluição hídrica que torne necessária a interrupção do abastecimento público de água de uma comunidade") reforça a conclusão acima.

Também a figura culposa foi revogada, em virtude do § 1º do mencionado art. 54.

Considerações finais

Quanto ao resultado morte ou lesão corporal de natureza grave, *vide* o art. 58, incisos II e III, da Lei n. 9.605/98.

Falsificação, corrupção, adulteração ou alteração de substância ou produtos alimentícios

Art. 272. Corromper, adulterar, falsificar ou alterar substância ou produto alimentício destinado a consumo, tornando-o nociva à saúde ou reduzindo-lhe o valor nutritivo:

Pena – reclusão, de 4 (quatro) a 8 (oito) anos, e multa.

§ 1º-A. Incorre nas penas deste artigo quem fabrica, vende, expõe à venda, importa, tem em depósito para vender ou, de qualquer forma, distribui ou entrega a consumo a substância alimentícia ou o produto falsificado, corrompido ou adulterado.

§ 1º Está sujeito às mesmas penas quem pratica as ações previstas neste artigo em relação a bebidas, com ou sem teor alcoólico.

Modalidade culposa

§ 2º Se o crime é culposo:

Pena – detenção, de 1 (um) a 2 (dois) anos, e multa.

Bibliografia: BITENCOURT, Cezar Roberto. *Tratado de direito penal*: parte especial: dos crimes contra a dignidade sexual até dos crimes contra a fé pública. 15. ed. rev. e atual. São Paulo: Saraiva, 2021. v. 4. *E-book*; COSTA JÚNIOR, Paulo José da. *Curso de direito penal*: parte especial. 2. ed. São Paulo: Saraiva, 1992. v. 3; DELMANTO, Celso et al. *Código Penal comentado*: acompanhado de comentários, jurisprudência, súmulas em matéria penal e legislação complementar. 10. ed. rev., atual. e ampl. São Paulo: Saraiva, 2022; DÍAZ-MAROTO Y VILLAREJO, Julio. Los llamados fraudes alimentarios y el Código Penal. *La Ley Penal: Revista de Derecho Penal, Procesal y Penitenciario*, Madrid, v. 7, n. 69, p. 51-76, mar. 2010; FRAGOSO, Heleno Cláudio. *Lições de direito penal*: parte especial. 5. ed. Rio de Janeiro: Forense, 1986; GRECO, Luís. "Princípio da ofensividade" e crimes de perigo abstrato – uma introdução ao debate sobre o bem jurídico e as estruturas do delito. *Revista Brasileira de Ciências Criminais*, São Paulo, v. 12, fasc. 49, p. 89-147, jul./ago. 2004; GIMENES, Eron Veríssimo. Crimes contra a saúde pública e falsificação, adulteração e outras irregularidades em medicamentos e substâncias alimentícias. *Revista do Instituto de Pesquisas e Estudos*, Bauru, n. 26, p. 219-236, ago./nov. 1999; HUNGRIA, Nélson. *Comentários ao Código Penal*: Decreto-lei n. 2.848, de 7 de dezembro de 1940 – arts. 250 a 361. 2. ed. Rio de Janeiro: Forense, 1959. v. IX; NORONHA, E. Magalhães. *Direito penal*. 10. ed. São Paulo: Saraiva, 1977. v. 3; PIERANGELI, José Henrique. *Manual de direito penal brasileiro*: parte especial, arts. 121 a 361. São Paulo: RT, 2007. v. 2; PRADO, Luiz Regis, CARVALHO, Érika Mendes de e CARVALHO, Gisele Mendes de. *Curso de direito penal brasileiro*. 13. ed. rev. atual. e ampl. São Paulo: RT, 2014; PRADO, Luiz Regis e TASSE, Adel El (Coord.), ESQUIVEL, Carla Liliane Waldow. *Crimes contra a saúde pública:* fraude alimentar. Curitiba: Juruá, 2009; PRADO, Robervani Pierin do. O conteúdo do bem jurídico nos crimes contra a saúde pública, especialmente em matéria de fraude alimentar. In: PRADO, Luiz Regis. *Direito penal contemporâneo:* estudos em homenagem ao professor José Cerezo Mir. São Paulo: RT, 2007; SILVEIRA, Renato de Mello Jorge e REALE JÚNIOR, Miguel. Dos crimes contra a saúde pública. In: REALE JÚNIOR, Miguel (Coord.). *Direito penal:* jurisprudência em debate. São Paulo: Saraiva, 2016.

Considerações gerais

O bem jurídico subjacente a este tipo penal, conforme apontado pela doutrina, é a incolumidade pública ou a saúde pública. Pelas razões já esclarecidas nas "Considerações gerais" ao crime do art. 267, entende-se que a saúde individual e a vida são os bens jurídicos relativos ao tipo, considerando-se a relevância dos alimentos na funcionalidade desses bens jurídicos. As condutas devem afetar tais bens jurídicos individuais de um grupo de pessoas indeterminadas.

Importante destacar que as condutas que apresentam como resultado a redução de valor nutritivo de substância ou produtos alimentícios não deveriam ser criminalizadas, já que a relação de afetação do bem jurídico saúde é por demais fluida, não atendendo aos ditames do princípio da ofensividade. Assim, por exemplo, se uma marca de suco de laranja é colocada no mercado, intencionalmente, com menor valor nutritivo (com menos vitamina C, por hipótese), não se deveria alçar essa conduta ao campo do ilícito penal. Não foi, entretanto, essa a escolha do legislador, razão pela qual o intérprete deve estar atento para a aplicação do tipo em consonância com os princípios penais. No mesmo sentido, Delmanto et al. (2022, p. 955).

Considerações nucleares

O crime pode ser praticado por meio de quatro verbos: corromper (estragar), adulterar (contrafazer), falsificar (dar aparência distinta da verdadeira) ou alterar (modificar). Na última forma, apenas a alteração negativa pode ser considerada típica, já que na alteração para melhor está ausente a tipicidade material. Conforme destacam Prado, Carvalho e Carvalho, a degeneração da substância ou do produto alimentício por causas naturais (calor, umidade) não configuram a prática dolosa, podendo subsistir modalidade culposa se tiver havido violação a dever de cuidado objetivo (2014, p. 1172).

Esses verbos devem referir-se a substância ou produto alimentício destinado a consumo humano, inclusive bebidas, alcoólicas ou não – por força do § 1º. Por isso, a falsificação de ração animal, por exemplo, não está englobada por esta figura delituosa. Bitencourt afirma que, se a ração se destina a alimentar animal que será abatido para consumo humano, caracteriza-se o delito (2021, p. 201). Contudo, não se concorda com essa afirmação, já que o crime não se refere a substância ou produto indiretamente destinado a consumo humano, razão pela qual a interpretação conferida por aquele autor alarga o tipo para âmbitos que suas expressões semânticas não autorizam. Esse mesmo autor discute, também, se os chamados alimentos funcionais (alimentos que previnem ou curam doenças) devem ser considerados como alimentos, abarcados, assim, por este tipo penal, ou como medicamentos, abrangidos, então, pelo art. 273. O autor conclui, corretamente, no sentido de que devem ser tidos como alimentos, já que essa seria a interpretação penal mais benéfica (2021, p. 201). Para além desse argumento, acrescenta-se que considerar alimentos funcionais como medicamentos, para fins de aplicação do art. 273, seria interpretar analogicamente o termo medicamentos.

Essas condutas devem sempre apresentar como resultado a nocividade à saúde ou a redução de valor nutricional, em relação a um número indeterminado de pessoas. Já se observou que a redução de valor nutricional, sem nocividade à saúde, não deveria ser tida como suficiente para justificar a tutela penal (REALE JÚNIOR; SILVEIRA, 2016, p. 550)[239]. Além disso, a pena acaba por tornar-se des-

---

[239] É, também, o que vem exigindo a jurisprudência. Cf.: "Falsificação, corrupção, adulteração ou alteração de substância ou produtos alimentícios – Laudos periciais que atestam a

proporcional, já que se aplica o mesmo *quantum* para a nocividade à saúde e para a mera redução de valor nutricional.

O § 1º-A traz formas equiparadas. Note-se que o agente que pratica o parágrafo deve ser distinto daquele que praticou o *caput*, já que, se for o mesmo sujeito, haverá mero *post factum* não punível. Deve-se observar, também, que o parágrafo se refere a produto falsificado, corrompido ou adulterado, mas não ao meramente alterado.

Quanto ao tipo subjetivo, as condutas do *caput* e do § 1º-A são praticadas dolosamente; além disso, para o verbo "ter em depósito" deve estar presente o elemento subjetivo especial consistente na destinação para venda.

No § 1º, há previsão de modalidade culposa, relativa apenas às condutas do *caput*. O resultado nocividade à saúde ou redução do valor nutricional deve decorrer de inobservância de dever de cuidado objetivo.

Caso se trate de alteração de produto medicinal, *vide* art. 273 do Código Penal. Se houver alteração negativa do produto alimentício, porém sem nocividade à saúde de um número indeterminado de pessoas ou redução do valor nutricional, podem-se configurar os crimes previstos no art. 66 da Lei n. 8.078/90, ou no art. 7º, inciso IX, da Lei n. 8.137/90.

Considerações finais

Quanto ao resultado morte ou lesão corporal de natureza grave, *vide* anotações aos arts. 258 e 285. Verifica-se, aqui, violação à regra da proporcionalidade, já que a figura culposa de que resulta lesão corporal leve tem pena mínima mais severa do que quando há resultado morte.

Falsificação, corrupção, adulteração ou alteração de produto destinado a fins terapêuticos ou medicinais

Art. 273. Falsificar, corromper, adulterar ou alterar produto destinado a fins terapêuticos ou medicinais:

Pena – reclusão, de 10 (dez) a 15 (quinze) anos, e multa.

§ 1º Nas mesmas penas incorre quem importa, vende, expõe à venda, tem em depósito para vender ou, de qualquer forma, distribui ou entrega a consumo o produto falsificado, corrompido, adulterado ou alterado.

falsificação dos petrechos e do líquido contido nas garrafas apreendidas, mas não a sua nocividade ou a sua redução nutritiva – Materialidade não comprovada – Recurso provido para absolver o réu, com fundamento no art. 386, inciso III, do Código de Processo Penal" (TJSP, Apelação Criminal 1500086-92.2018.8.26.0412, rel. André Carvalho e Silva de Almeida, 2ª Câmara de Direito Criminal, j. 8-1-2022, *DJ* 8-1-2022).

§ 1º-A. Incluem-se entre os produtos a que se refere este artigo os medicamentos, as matérias-primas, os insumos farmacêuticos, os cosméticos, os saneantes e os de uso em diagnóstico.

§ 1º-B. Está sujeito às penas deste artigo quem pratica as ações previstas no § 1º em relação a produtos em qualquer das seguintes condições:

I – sem registro, quando exigível, no órgão de vigilância sanitária competente;

II – em desacordo com a fórmula constante do registro previsto no inciso anterior;

III – sem as características de identidade e qualidade admitidas para a sua comercialização;

IV – com redução de seu valor terapêutico ou de sua atividade;

V – de procedência ignorada;

VI – adquiridos de estabelecimento sem licença da autoridade sanitária competente.

Modalidade culposa

§ 2º Se o crime é culposo:

Pena – detenção, de 1 (um) a 3 (três) anos, e multa.

Bibliografia: BITENCOURT, Cezar Roberto. *Tratado de direito penal*: parte especial: dos crimes contra a dignidade sexual até dos crimes contra a fé pública. 15. ed. rev. e atual. São Paulo: Saraiva, 2021. v. 4. *E-book*; COSTA JÚNIOR, Paulo José da. *Curso de direito penal*: parte especial. 2. ed. São Paulo: Saraiva, 1992. v. 3; DELMANTO, Celso et al. *Código Penal comentado:* acompanhado de comentários, jurisprudência, súmulas em matéria penal e legislação complementar. 10. ed. rev., atual. e ampl. São Paulo: Saraiva, 2022; FRAGOSO, Heleno Cláudio. *Lições de direito penal:* parte especial. 5. ed. Rio de Janeiro: Forense, 1986; FRANCO, Alberto Silva; LIRA, Rafael; FELIX, Yuri. *Crimes hediondos*. 7. ed. rev., atual. e ampl. São Paulo: RT, 2011; GRECO, Luís. "Princípio da ofensividade" e crimes de perigo abstrato – uma introdução ao debate sobre o bem jurídico e as estruturas do delito. *Revista Brasileira de Ciências Criminais*, São Paulo, v. 12, fasc. 49, p. 89-147, jul./ago. 2004; GIMENES, Eron Veríssimo. Crimes contra a saúde pública e falsificação, adulteração e outras irregularidades em medicamentos e substâncias alimentícias. *Revista do Instituto de Pesquisas e Estudos*, Bauru, n. 26, p. 219-236, ago./nov. 1999; HUNGRIA, Nélson. *Comentários ao Código Penal:* Decreto-lei n. 2.848, de 7 de dezembro de 1940 – arts. 250 a 361. 2. ed. Rio de Janeiro: Forense, 1959. v. IX; MONTEIRO, Antônio Lopes. *Crimes hediondos*. 7. ed. São Paulo: Saraiva, 2000; NASCIMENTO, Elisa Gattás Fernandes do. Contrafação de medicamentos: uma análise sob a ótica da saúde pública. *Ciências Penais: Revista da Associação Brasileira de Professores de Ciências Penais*, São Paulo, v. 8, n. 15, p. 105-132, jul./dez. 2011; NORONHA, E. Magalhães. *Direito penal.* 10. ed. São Paulo: Saraiva, 1977. v. 3; PIERANGELI, José Henrique. *Manual de direito penal brasileiro*: parte especial, arts. 121 a 361. São Paulo: RT, 2007. v. 2; PASCHOAL, Janaina Conceição. A falsificação de remédios, a combinação de normas e a importação de medicamento para uso próprio. *Boletim IBCCRIM*, São Paulo, v. 20, n. 234, p. 6-7, maio 2012; PRADO, Luiz Regis; CARVALHO, Érika Mendes de; CARVALHO, Gisele Mendes de. *Curso de direito penal brasileiro*. 13. ed. rev. atual. e ampl. São Paulo: RT, 2014; REALE JÚNIOR, Miguel. A inconstitucionalidade da lei dos remédios. *RT*/Fasc. Pen., São Paulo, a. 88, v. 763, p. 415, maio 1999; SILVEIRA, Renato de Mello Jorge; REALE JÚNIOR, Miguel. Dos crimes contra a saúde pública. In: REALE JÚNIOR, Miguel (Coord.). *Direito penal:* jurisprudência em debate. São Paulo: Saraiva, 2016.

Considerações gerais

As figuras típicas trazidas pelo art. 273 e seus parágrafos consistem em um dos mais claros exemplos do uso simbólico do direito penal, sem qualquer preocupação com a observância dos princípios constitucionais penais, violando-se, de uma só vez, a *ultima ratio*, a ofensividade, a lesividade, a proporcionalidade etc. Isso decorre das alterações feitas pela Lei n. 9.677/98, que ampliou imensamente as condutas incriminadas, além de ter fixado penas altíssimas e completamente desproporcionais.

Para compreender o contexto em que tal alteração legislativa se deu, a descrição de Monteiro é exata: "Trata-se do escândalo da falsificação dos medicamentos que, de forma bombástica, veio a público pela mídia escrita e falada. Nesse ano [1998], o governo descobriu 138 medicamentos falsos nas prateleiras das farmácias. Era assunto diário nos noticiários, pondo em xeque a credibilidade dos laboratórios e a eficácia de seus remédios. Da pílula de farinha Microvlar até a falsificação do antibiótico Amoxil, passando pelo remédio para o câncer de próstata, o Androcur, veio à tona o que todos já conheciam, mas que se mantinha, por conveniência ou ineficácia das autoridades ou por ambos os motivos: a ação de quadrilhas bem organizadas e inescrupulosas que se aproveitavam da precária fiscalização para enriquecer, pondo em risco a saúde e a vida da população. Assim é que depois de noticiado que mulheres haviam engravidado tomando a pílula falsa e que alguns idosos haviam morrido depois de medicados com Androcur sem princípio ativo, a sociedade civil exigia das autoridades uma tomada de posição enérgica" (2000, p. 70-71).

Decidiu-se, assim, resolver simbolicamente a questão, que dependeria de estruturação de fiscalização rigorosa para que fosse efetivamente combatida. Mais uma vez, na linha do que tantas vezes ocorreu na década de 1990, alargou-se o âmbito de incriminação de condutas, inclusive para searas que poderiam ser objeto apenas do direito administrativo, além de se aumentar imensamente as penas, taxando-se, ainda, as condutas de hediondas. À luz dos princípios constitucionais e penais, impossível justificar as alterações efetuadas.

É verdade que o bem jurídico relativo a esse tipo penal é bastante relevante, já que se protege a saúde de um número indeterminado de pessoas. A doutrina, em geral, refere-se a esse bem jurídico como a saúde pública. Não se concorda com esse posicionamento, porque não há o surgimento de um novo bem jurídico, de cariz coletivo ou difuso, em decorrência do somatório de várias saúdes individuais. A saúde claramente não passa pelo teste da indivisibilidade dos bens coletivos ou difusos, razão pela qual se deve considerá-la como bem individual[240]. Sobre esse ponto, *vide* as "Considerações gerais" ao art. 267.

Ocorre que muitas das condutas trazidas pelo art. 273 não têm qualquer capacidade de colocar em perigo a saúde de um número indeterminado de pessoas. Há condutas que se referem à mera alteração de cosméticos; outras, à venda de medicamentos adquiridos de estabelecimento sem licença, independentemente de qualquer alteração ocorrida com o medicamento. O legislador abusou da figura do crime de perigo abstrato, sem, entretanto, observar uma regra fundamental no que se refere a tais estruturas: as condutas incriminadas precisam revelar idoneidade para colocar em perigo ou violar o bem jurídico, o que não acontece em muitos casos que serão abaixo examinados.

Bitencourt observa que "a efetiva lesão da saúde pública supõe uma autêntica catástrofe social, de elevado custo para o Estado, de modo que a efetividade de sua proteção diante de condutas criminosas está diretamente vinculada à proibição de comportamentos perigosos, isto é, potencialmente lesivos à saúde de um número indeterminado de pessoas" (2021, p. 183). Contudo, o legislador não se preocupou em examinar a efetiva perigosidade das condutas que incriminou, ocupado que estava em dar uma resposta rápida e contundente (embora vazia) à população alarmada.

No que se refere às penas cominadas, a figura anterior previa sanção de 2 a 6 anos de reclusão (com os verbos corromper, adulterar ou falsificar), que foi majorada para 10 a 15 anos de reclusão. A desproporcionalidade se revela não apenas com relação à reprovabilidade de muitas condutas (como a já mencionada alteração de um cosmético, como um batom), mas também em comparação a crimes mais graves, como o homicídio doloso simples ou o tráfico de drogas, que têm penas muito menores. Sobre esse ponto, *vide* comentário à decisão do STF quanto ao § 1º-B adiante.

Ademais, as figuras dolosas do art. 273 foram erigidas a crimes hediondos, fazendo com que, em nosso ordenamento positivo, a conduta de expor à venda um

---

[240] Contrariamente a esses argumentos, *vide* as lições de Bitencourt, que aduz: "No entanto, consideramos mais adequado à previsão constitucional brasileira reconhecer a inegável dimensão coletiva do bem jurídico saúde pública, concebendo como algo mais que a simples soma de 'saúdes individuais', mas, concretamente, como 'um conjunto de condições positivas e negativas que possibilitam o bem-estar das pessoas'" (2021, p. 183).

detergente com fórmula em desacordo com a registrada tenha pena de 10 a 15 anos e seja considerado hediondo. Consoante lecionam Franco, Lira e Felix, "o legislador penal ainda encontrou espaço para avançar no campo do delírio, fazendo coro aos meios de comunicação social sempre ansiosos na produção de uma fantasiosa legislação penal idônea, simbolicamente, a minimizar a insegurança coletiva: pendurou a etiqueta de hediondo [neste tipo penal]" (2011, p. 547).

Considerações nucleares

As condutas previstas no *caput* são as de falsificar, corromper, adulterar ou alterar produto destinado a fins terapêuticos ou medicinais.

Falsificar significa alterar a coisa para pior, buscando manter a aparência de legítima. Adulterar também significa contrafazer, em geral por meio da inserção de substâncias indevidas. Já corromper refere-se a deturpar a própria essência da coisa. Alterar significa simplesmente modificar a coisa, seja para melhor, seja para pior. Daí já se verifica uma grave impropriedade da norma: a conduta de alterar, quando se tratar de mudança positiva ou inócua em termos terapêuticos ou medicinais, não deve dar ensejo à configuração do crime, até por não ter idoneidade para colocar em perigo ou lesionar o bem jurídico saúde.

Os objetos a que se referem tais verbos são produtos destinados a fins terapêuticos ou medicinais, isto é, substâncias voltadas para o tratamento, cura ou prevenção de doenças. Não se enquadram neste conceito os alimentos, inclusive os alimentos funcionais (sobre o tema, *vide* "Considerações nucleares" ao art. 272), tampouco produtos terapêuticos ou medicinais voltados a animais, já que o objeto de proteção é a saúde humana.

Reale Júnior traz importante crítica sobre a redação oriunda da Lei n. 9.677/98, que suprimiu "elementos constitutivos que eram essenciais à configuração do delito como de perigo comum à saúde: *a destinação a consumo* e o dado fundamental de a substância *tornar-se nociva à saúde*. A ofensa ao bem jurídico relevante, a saúde pública, ficou por demais distante da conduta incriminada. A conduta tipificada desmaterializou-se de qualquer resultado que colocasse em risco a saúde pública. Nem perigo, nem dano" (1999, p. 423).

Para compatibilizar a norma com o princípio da ofensividade, alguns doutrinadores propõem que se verifique a idoneidade da conduta para colocar em perigo a saúde de um número indeterminado de pessoas (BITENCOURT, 2021, p. 206) ou a própria colocação em perigo, por meio da comprovação da nocividade à saúde ou da redução do valor terapêutico (DELMANTO et al., 2022, p. 958).

Aqui se entende que essas interpretações não são suficientes para que o crime guarde relação suficiente com o bem jurídico e proporcionalidade com sua pena. De fato, para uma conduta com pena tão alta, não apenas deve haver nocividade à saúde ou redução de valor terapêutico, como também esses efeitos devem ser graves, podendo acarretar consequências sérias à saúde, ou mesmo a morte, de um número indeterminado de pessoas. Do contrário, a conduta de corromper um lote de analgésico para dor de cabeça, tornando-o inócuo, caracterizaria o delito, sem apresentar suficiente carga de desvalor para justificar a pena cominada.

Essa figura é punida, no *caput*, se praticada dolosamente. Há previsão de modalidade culposa no § 2º deste mesmo artigo, conforme será comentado abaixo.

O § 1º traz condutas equiparadas, quais sejam: importar, vender, expor à venda, ter em depósito para vender, distribuir ou, de qualquer forma, entregar a consumo o produto falsificado, corrompido, adulterado ou alterado.

Vê-se que o tipo passa a abranger uma série de outros comportamentos, todos relacionados à difusão do produto falsificado, corrompido, adulterado ou alterado a terceiros, salvo a conduta de importar, que pode ser praticada para uso próprio. Neste caso, contudo, deve-se considerar não configurado o delito, já que a importação para uso próprio não possui idoneidade para colocar em perigo a saúde de um número indeterminado de pessoas[241]. Note-se que, no caso da locução "ter em depósito", exige-se a presença da intenção de vender.

Todos esses verbos referem-se aos produtos terapêuticos ou medicinais citados no *caput*, quando falsificados, corrompidos, adulterados ou alterados. As correspondentes observações feitas ao *caput* aplicam-se também aqui, respectivamente. Deve-se observar que o sujeito que praticar conduta(s) do *caput* e outra(s) do parágrafo cometerá um só crime, já que as condutas do § 1º configuram-se como *post factum* não punível.

Também quanto ao § 1º, deve-se exigir nocividade à saúde ou redução de valor terapêutico do produto, além de que tais efeitos sejam graves, podendo acarretar consequências sérias à saúde, ou mesmo a morte, de um número indeterminado de pessoas.

O § 1º traz apenas condutas dolosas (e, quanto a "ter em depósito", deve estar presente também o elemento especial "para vender"), não havendo previsão de modalidade culposa para essas condutas.

O § 1º-A, de modo completamente irrazoável, incluiu como objeto do tipo "os medicamentos, as matérias-primas, os insumos farmacêuticos, os cosméticos, os saneantes e os de uso em diagnóstico". Quanto a medicamentos[242], difícil distingui-los dos produtos destinados a fins medicinais, já previstos no *caput*. No que se refere a matérias-primas e insumos, há uma antecipação ainda maior da tutela penal, não se justificando a pena prevista para tamanho distanciamento da lesão ao bem jurídico. Quanto aos produtos de uso em diagnóstico, também só poderiam

---

[241] Sobre o tema, *vide* Paschoal (2012, p. 6-7).

[242] A Lei n. 5.991/73, em seu art. 4º, inciso II, os conceitua como: produto farmacêutico, tecnicamente obtido ou elaborado, com finalidade profilática, curativa, paliativa ou para fins de diagnóstico.

ser incluídos caso pudessem causar danos graves à saúde de um número indeterminado de pessoas.

Já com relação a cosméticos (produtos de beleza) e saneantes (produtos de limpeza), não há como sustentar sua inclusão típica. A possibilidade de ocorrência de ofensa grave à saúde em razão de tais produtos não poderia ser equiparada à de medicamentos ou produtos terapêuticos. Trata-se de grave violação dos princípios da proporcionalidade e ofensividade, o que acarreta inconstitucionalidade desta previsão.

Nesse sentido, fundamentais são as lições de Franco, Lira e Felix: "Igualar cosméticos e saneantes a produtos destinados a fins terapêuticos ou medicinais é, sem margem de dúvida, equiparar produtos de importância desigual, é dar tratamento idêntico a coisas inteiramente diversas." (2011, p. 544) (...) "A falsificação de um cosmético, como de um batom, ou de produto destinado à higienização doméstica, ou ainda a exposição à venda de produto adquirido de estabelecimento sem licença de autoridade sanitária competente são ações que não chegam a ofender, de modo significativo, o bem jurídico que se buscou proteger (a saúde pública). Além disso, para as ações exemplificadas são cominadas penas reclusivas chocantes (entre dez e quinze anos), o que evidencia a total carência de proporção entre a gravidade das condutas empreendidas e as consequências punitivas delas decorrentes" (2011, p. 546).

O conceito de produtos cosméticos é aquele estabelecido pelo art. 3º, inciso V, da Lei n. 6.360/76: produtos para uso externo, destinados à proteção ou ao embelezamento das diferentes partes do corpo, tais como pós faciais, talcos, cremes de beleza, creme para as mãos e similares, máscaras faciais, loções de beleza, soluções leitosas, cremosas e adstringentes, loções para as mãos, bases de maquilagem e óleos cosméticos, ruges, "blushes", batons, lápis labiais, preparados antissolares, bronzeadores e simulatórios, rímeis, sombras, delineadores, tinturas capilares, agentes clareadores de cabelos, preparados para ondular e para alisar cabelos, fixadores de cabelos, laquês, brilhantinas e similares, loções capilares, depilatórios e epilatórios, preparados para unhas e outros.

Já os produtos saneantes vêm definidos no art. 3º, inciso VII, da mesma lei, como substâncias ou preparações destinadas à higienização, desinfecção ou desinfestação domiciliar, em ambientes coletivos e/ou públicos, em lugares de uso comum e no tratamento da água, compreendendo os inseticidas, raticidas, desinfetantes e detergentes.

As condutas relativas aos objetos incluídos pelo § 1º-A também só se configuram quando praticadas dolosamente, não havendo previsão de modalidade culposa. Todavia, repise-se, devem ser consideradas inconstitucionais.

O § 1º-B não teve melhor sorte no que se refere aos absurdos exageros legislativos. Aqui, houve criminalização de condutas que não apresentam a devida relação de ofensividade com o bem jurídico e que mereceriam ficar adstritas ao campo do direito administrativo sancionador – âmbito no qual já são sancionadas, com exceção da conduta descrita no inciso IV. Praticamente todas as condutas dependem seja de complementação normativa oriunda do campo administrativo (norma penal em branco)[243], seja de atos ou decisões dos órgãos administrativos. Embora tais fenômenos ocorram com bastante frequência, especialmente no campo do direito penal econômico, devem ser examinados com cuidado, para que não se utilize o direito penal para sancionar meras desobediências administrativas. Ocorre que tal cuidado faltou ao legislador, que criminalizou, com penas altíssimas, condutas que não vão além de irregularidades administrativas, violando-se os princípios da subsidiariedade e da intervenção mínima (BITENCOURT, 2021, p. 207).

Pois bem. De acordo com o § 1º-B, é crime a prática de qualquer das condutas descritas no § 1º quanto a produtos: I – sem registro, quando exigível, no órgão de vigilância sanitária competente; II – em desacordo com a fórmula constante do registro previsto no inciso anterior; III – sem as características de identidade e qualidade admitidas para a sua comercialização; IV – com redução de seu valor terapêutico ou de sua atividade; V – de procedência ignorada; VI – adquiridos de estabelecimento sem licença da autoridade sanitária competente.

Os produtos aqui referidos são aqueles já descritos no *caput* e no § 1º-A, embora o legislador não tenha sido expresso, sendo essa a compreensão que decorre de interpretação sistemática do tipo.

Quanto aos incisos acima transcritos, basta citar, como exemplo, a conduta de adquirir um produto de um estabelecimento sem licença para se notar a ausência de qualquer relação com o bem jurídico saúde. Boa parte de nossa doutrina, buscando compatibilizar os dispositivos do § 1º-B com os princípios fundamentais do direito penal, afirma que, embora as figuras legais sejam de perigo abstrato, deve-se exigir ao menos o perigo concreto ou a lesão para sua aplicação (BITENCOURT, 2021, p. 208). Todavia, entende-se, aqui, que sequer essa solução pode ser aceita, especialmente em razão da imensa pena cominada. Esse parágrafo sofre de inconstitucionalidade flagrante, não sendo possível qualquer interpretação "salvacionista".

Relevante, ainda, mencionar que há doutrinadores que compreendem dever ser fulminado de inconstitucionalidade somente o preceito secundário (BITENCOURT, 2021, p. 210). Discorda-se, aqui, dessa linha, por se entender que, uma vez afastado o preceito secundário, o preceito primário deve seguir o mesmo destino.

Importante destacar que o Supremo Tribunal Federal declarou a inconstitucionalidade do preceito secundário do § 1º-B do artigo aqui comentado, repristi-

---

[243] Mais aprofundadamente sobre esse ponto, *vide*: Silveira; Reale Júnior (2016, p. 154).

nando, todavia, a pena anterior, de 1 a 3 anos de reclusão. O tribunal reconheceu exatamente a violação da proporcionalidade especificamente da conduta de importação de medicamento sem registro sanitário244.

Por fim, o § 2º traz a previsão de modalidade culposa, que abrange somente as condutas previstas no *caput*, já que, na ausência de previsão expressa, o parágrafo refere-se somente ao *caput*, não aos demais parágrafos do artigo. A conduta de falsificar, por envolver, em geral, a prática de fraude, não pode ser praticada culposamente. Porém, quanto às demais condutas (adulterar, alterar, corromper), caso

---

[244] "Direito constitucional e penal. Recurso extraordinário. Importação de medicamentos sem registro sanitário (CP, art. 273, 273, § 1º-B, I, do Código Penal). Inconstitucionalidade da pena abstratamente prevista. 1. O art. 273, § 1º-B, do CP, incluído após o 'escândalo das pílulas de farinha', prevê pena de dez a quinze anos de reclusão para quem importar medicamento sem registro no órgão de vigilância sanitária competente. 2. Como decorrência da vedação de penas cruéis e dos princípios da dignidade humana, da igualdade, da individualização da pena e da proporcionalidade, a severidade da sanção deve ser proporcional à gravidade do delito. 3. O estabelecimento dos marcos penais adequados a cada delito é tarefa que envolve complexas análises técnicas e político-criminais que, como regra, competem ao Poder Legislativo. Porém, em casos de gritante desproporcionalidade, e somente nestes casos, justifica-se a intervenção do Poder Judiciário, para garantir uma sistematicidade mínima do direito penal, de modo que não existam (i) penas exageradamente graves para infrações menos relevantes, quando comparadas com outras claramente mais reprováveis, ou (ii) a previsão da aplicação da mesma pena para infrações com graus de lesividade evidentemente diversos. 4. A desproporcionalidade da pena prevista para o delito do art. 273, § 1º-B, do CP, salta aos olhos. A norma pune o comércio de medicamentos sem registro administrativo do mesmo modo que a falsificação desses remédios (CP, art. 273, *caput*), e mais severamente do que o tráfico de drogas (Lei n. 11.343/2006, art. 33), o estupro de vulnerável (CP, art. 217-A), a extorsão mediante sequestro (CP, art. 159) e a tortura seguida de morte (Lei n. 9.455/1997, art. 1º, § 3º). 5. Mesmo a punição do delito previsto no art. 273, § 1º-B, do CP com as penas cominadas para o tráfico de drogas, conforme propugnado por alguns Tribunais e juízes, mostra-se inadequada, porque a equiparação mantém, embora em menor intensidade, a desproporcionalidade. 6. Para a punição da conduta do art. 273, § 1º-B, do CP, sequer seria necessária, a meu ver, a aplicação analógica de qualquer norma, já que, com o reconhecimento da sua inconstitucionalidade, haveria incidência imediata do tipo penal do contrabando às situações por ele abrangidas. 7. A maioria do Plenário, contudo, entendeu que, como decorrência automática da declaração de inconstitucionalidade do preceito secundário do art. 273, § 1º-B, I, deve incidir o efeito repristinatório sobre o preceito secundário do art. 273, *caput*, na redação original do Código Penal, que previa pena de 1 a 3 anos de reclusão. 8. Recurso do Ministério Público Federal desprovido. Recurso de Paulo Roberto Pereira parcialmente provido. Tese de julgamento: É inconstitucional a aplicação do preceito secundário do art. 273 do Código Penal à hipótese prevista no seu § 1º-B, I, que versa sobre a importação de medicamento sem registro no órgão de vigilância sanitária. Para esta situação específica, fica repristinado o preceito secundário do art. 273, na sua redação originária." (RE 979962, rel. Roberto Barroso, Tribunal Pleno, j. 24-3-2021, *DJ* 14-6-2021)

sejam praticadas em decorrência de inobservância de dever de cuidado objetivo, podem caracterizar a figura culposa. Os critérios de imputação objetiva devem ser verificados também.

Ainda que não seja esse o objetivo desta obra, é relevante traçar ao menos um panorama sobre a jurisprudência que se formou tendo por base o presente artigo[245]. Diante de figuras tão claramente inconstitucionais, nossa jurisprudência não reagiu de modo contundente a corrigir os malfeitos legislativos. Deve-se ressaltar as diversas decisões reconhecendo a inconstitucionalidade do preceito secundário da norma, conforme será comentado adiante, e, especialmente, a já mencionada declaração de inconstitucionalidade quanto à pena da conduta de importação de medicamento sem registro, pelo Supremo Tribunal Federal, em sede de controle concentrado e de constitucionalidade. Contudo, o mesmo tribunal, nas decisões pontuais, reconheceu uma suposta liberdade do Poder Legislativo para apenar severamente certos crimes, não podendo o Poder Judiciário interferir em tais decisões, sob pena de violar o princípio da separação dos poderes[246].

Ora, é evidente que o Poder Legislativo detém certo grau de discricionariedade para decidir quais condutas incriminar e para fixar a pena que será cominada a cada qual. Entretanto, quando há violação evidente de princípios fundamentais básicos, o Poder Judiciário precisa atuar para corrigir, até porque um dos corolários da separação dos poderes é o controle mútuo entre eles (*checks and balances*).

Essa postura reforça a timidez com que nosso Supremo Tribunal Federal exerce o controle de constitucionalidade das leis penais.

Ante a ausência de um posicionamento definitivo em sede de controle concentrado de constitucionalidade, os tribunais brasileiros vêm adotando diferentes posturas. Há decisões que afirmam a constitucionalidade das figuras, em geral seguindo a linha argumentativa de que o Poder Legislativo pode fixar as condutas criminosas e as penas correspondentes como bem entender[247]. Já as decisões que

---

[245] Para um exame pormenorizado, *vide*: Silveira; Reale Júnior, 2016, p. 551 e s.

[246] *Vide*, com menção a outros precedentes: ARE 829491 AgR, rel. Ministro Gilmar Mendes, 2ª Turma, j. em 14-10-2014, Processo Eletrônico *DJe*-216, 3-11-2014, publicação 4-11-2014; RE 662.090 AgR, rel. Ministra Cármen Lúcia, 2ª Turma, julgado em 22-4-2014, Acórdão Eletrônico *DJe*-084, 5-5-2014, publicação 6-5-2014; RE 844.152 AgR, rel. Ministro Gilmar Mendes, 2ª Turma, j. em 2-12-2014, Processo Eletrônico *DJe*-249, 17-12-2014, publicação 18-12-2014.

[247] Nesse sentido, por exemplo: DIREITO PENAL. ARTIGO 273, § 1º-B, DO CÓDIGO PENAL. PENA PRIVATIVA DE LIBERDADE COMINADA EM ABSTRATO (PRECEITO SECUNDÁRIO DA NORMA). INCIDENTE DE ARGUIÇÃO DE INCONSTITUCIONALIDADE. OFENSA À PROPORCIONALIDADE E À RA-

reconhecem a inconstitucionalidade referem-se, em sua maioria, somente ao preceito secundário[248]. Dentre elas, a maior parte afasta a pena atualmente inscrita no

---

ZOABILIDADE. INEXISTÊNCIA. ARGUIÇÃO DE INCONSTITUCIONALIDADE REJEITADA. – Incidente de Arguição de Inconstitucionalidade criminal suscitado pela Quinta Turma deste Tribunal em sede de apelação criminal (proc. n. 0000793-60.2009.4.03.6124/SP), versando sobre a desarmonia do preceito secundário do art. 273, § 1º-B, do Código Penal com a Constituição Federal, por ausência de proporcionalidade e razoabilidade. – Inexistente o aventado vício de inconstitucionalidade da pena fixada em abstrato pela norma secundária do art. 273, § 1º-B, do Estatuto Repressivo, pois o seu rigor decorre da própria natureza do bem jurídico tutelado, qual seja, a saúde pública, e da elevada potencialidade lesiva da conduta tipificada, devidamente sopesadas pelo legislador. – Inadmissível a aplicação analógica de penas previstas para outros delitos, preconizada em razão das pretensas desproporcionalidade e ausência de razoabilidade, eis que atentatória aos princípios da separação dos poderes e da reserva legal, não cabendo ao julgador, no exercício da sua função jurisdicional, realizar o prévio juízo de proporcionalidade entre a pena abstratamente imposta no preceito secundário da norma com o bem jurídico valorado pelo legislador e alçado à condição de elemento do tipo penal, por se tratar de função típica do Poder Legislativo e opção política, não sujeita, portanto, ao controle judicial. Precedente do Tribunal Regional Federal da 2ª Região sobre a mesma questão (ARGINC n. 47, Processo 201051014901540, rel. Des. Federal Guilherme Couto de Castro, Plenário, j. 22-8-2011, E-DJF2R 8-9-2011).
– O próprio Supremo Tribunal Federal, em mais de uma oportunidade, já reconheceu a impossibilidade de o Poder Judiciário, na ausência de lacuna da lei, se arrogar função legiferante e criar por via oblíqua, ao argumento da inadequação da sanção penal estabelecida pelo Legislativo, uma terceira norma, invadindo a esfera de atribuições do Poder competente (v. g., HC 109.676/RJ, rel. Ministro Luiz Fux, 1ª Turma, *DJe* 14-8-2013; RE. 443.388/SP, rel. Ministra Ellen Gracie, 2ª Turma, *DJe* 11-9-2009). Precedentes, na mesma linha, do E. STJ.
– *Habeas corpus* a ser concedido de ofício que não se conhece, por se tratar de medida de competência da Turma julgadora da apelação criminal que deu origem ao incidente, eis que cabe àquele Órgão fracionário conhecer das questões de fato relativas ao caso concreto. – Arguição de Inconstitucionalidade rejeitada. *Habeas Corpus ex officio* não conhecido (TRF, 3ª Região, ARGINC 0000793-60.2009.4.03.6124, rel. Desembargador Federal Márcio Moraes, Órgão Especial, julgado em 14-8-2013, e-*DJF3* Judicial 1, 23-8-2013).

[248] Contrariamente, e a mero título de exemplo, cf. decisões que declararam a inconstitucionalidade de todo o preceito: VENDA DE COSMÉTICOS SEM REGISTRO. (...) Ainda, a norma penal incriminadora (art. 273, § 1º-B, I, CP) é flagrantemente inconstitucional, dada a afronta ao princípio da proporcionalidade, por aplicar penas altíssimas, superiores às incidentes no crime de homicídio doloso, por fato sem maior gravosidade, qual seja a venda de cosmético sem registro, erigida mera infração administrativa em crime hediondo. (...) (TJRS, Apelação Crime 70010363745, 8ª Câmara Criminal, rel. Luís Carlos Ávila de Carvalho Leite, julgado em 19-10-2005). Veja, ainda: TJMG, Arg Inconstitucionalidade 1.0480.06.084500-9/002, rel. Des. Almeida Melo, Órgão Especial, julgado em 10-10-2012, publicação da súmula em 31-10-2012. Tribunal Regional Federal da 3ª Região, Apelação 0000715-39.2008.403.6112.

Código, em razão de violação ao princípio da proporcionalidade, para aplicar aquela insculpida na Lei de Drogas (Lei n. 11.343/2006), art. 33, § 4º[249]. A argumentação para essa aplicação reside no fato de que o tráfico também é crime contra a saúde pública, hediondo e de perigo abstrato e, assim, se aproximaria, em termos de reprovabilidade, das condutas descritas no art. 273[250]. Verificam-se, ainda, decisões que, após reconhecer a inconstitucionalidade, aplicam a lei anterior à reforma operada pela Lei n. 9.677, ou seja, a original redação do Código Penal. O fundamento, aqui, é o de que, uma vez declarada inconstitucional, perde a norma seus efeitos, retornando-se à situação jurídica anterior à sua existência, ou seja, à redação do Código antes da alteração[251]. Podem-se encontrar, ainda, decisões que aplicam a pena do descaminho e, por fim, que aplicam a pena do art. 7º da Lei n. 8.137/90.

Interessante destacar que o Superior Tribunal de Justiça declarou a inconstitucionalidade do preceito secundário, em Arguição de Inconstitucionalidade, re-

---

[249] Foi o caso, por exemplo, da seguinte decisão: TJSP, Incidente de Inconstitucionalidade de Lei n. 173.140-0/7-00, Órgão Especial, rel. Desembargador Walter de Almeida Guilherme, julgado em 27 de maio de 2009, suscitante Segunda Câmara de Direito Criminal. Ressalte-se apenas a peculiaridade de que foi reconhecida a *constitucionalidade* da norma, mas com outra pena, e não a *inconstitucionalidade* do preceito secundário e consequente alteração das margens penais.

[250] Nesse sentido, por exemplo, as seguintes decisões do Superior Tribunal de Justiça: REsp 915.442/SC, rel. Ministra Maria Thereza de Assis Moura, 6ª Turma, julgado em 14-12-2010, *DJe* 1º-2-2011; HC 259.627/PR, rel. Ministro Sebastião Reis Júnior, 6ª Turma, julgado em 19-5-2015, *DJe* 29-5-2015; HC 260.847/PR, rel. Ministro Sebastião Reis Júnior, 6ª Turma, julgado em 19-5-2015, *DJe* 29-5-2015.

[251] Nesse sentido foi a decisão tomada pelo Tribunal de Justiça de Minas Gerais em sede de Incidente de Inconstitucionalidade: Incidente de Inconstitucionalidade. Lei Federal n. 9.677/98 ("Lei dos Remédios"). Alteração dos arts. 272 e 273 do Código Penal. Violação do princípio da individualização da pena. A Constituição consagra a garantia da individualização da pena com a finalidade de obrigar a aplicação da isonomia no Direito Penal. A individualização é concernente à atividade legislativa para evitar que atos criminosos bem distantes em poder ofensivo recebam penalidades iguais. Em caso de declaração de inconstitucionalidade, 'incidenter tantum', aplica-se a legislação revogada, tendo-se em consideração que a lei inconstitucional não produz efeitos jurídicos. Incidente de inconstitucionalidade acolhido para declarar inconstitucionais os arts. 272 e 273 do Código Penal, na redação dada pela Lei Federal n. 9.677, de 1998. (TJMG, Arg Inconstitucionalidade 1.0480.06.084500-9/002, rel. Desembargador Almeida Melo, Órgão Especial, julgado em 10-10-2012, publicação da súmula em 31-10-2012). No mesmo sentido, *vide*: TJMG, Apelação Criminal 1.0024.13.239947-8/001, rel. Desembargador Furtado de Mendonça, 6ª Câmara Criminal, julgado em 28-10-2014, publicação da súmula em 7-11-2014.

conhecendo a aplicação da pena prevista ao tráfico de drogas[252], inclusive com a possibilidade de aplicação da regra do art. 33, § 4º[253].

Há, ainda, decisões que reconhecem a inconstitucionalidade sem redução do texto, buscando conferir interpretação que harmonize o preceito aos princípios penais. Nesse sentido, o Tribunal Regional Federal da 4ª Região já afirmou que o art. 273 só pode ser aplicado quando se estiver diante de grandes quantidades de medicamentos[254].

---

[252] ARGUIÇÃO DE INCONSTITUCIONALIDADE. PRECEITO SECUNDÁRIO DO ART. 273, § 1º-B, V, DO CP. CRIME DE TER EM DEPÓSITO, PARA VENDA, PRODUTO DESTINADO A FINS TERAPÊUTICOS OU MEDICINAIS DE PROCEDÊNCIA IGNORADA. OFENSA AO PRINCÍPIO DA PROPORCIONALIDADE. 1. A intervenção estatal por meio do Direito Penal deve ser sempre guiada pelo princípio da proporcionalidade, incumbindo também ao legislador o dever de observar esse princípio como proibição de excesso e como proibição de proteção insuficiente. 2. É viável a fiscalização judicial da constitucionalidade dessa atividade legislativa, examinando, como diz o Ministro Gilmar Mendes, se o legislador considerou suficientemente os fatos e prognoses e se utilizou de sua margem de ação de forma adequada para a proteção suficiente dos bens jurídicos fundamentais. 3. Em atenção ao princípio constitucional da proporcionalidade e razoabilidade das leis restritivas de direitos (CF, art. 5º, LIV), é imprescindível a atuação do Judiciário para corrigir o exagero e ajustar a pena cominada à conduta inscrita no art. 273, § 1º-B, do Código Penal. 4. O crime de ter em depósito, para venda, produto destinado a fins terapêuticos ou medicinais de procedência ignorada é de perigo abstrato e independe da prova da ocorrência de efetivo risco para quem quer que seja. E a indispensabilidade do dano concreto à saúde do pretenso usuário do produto evidencia ainda mais a falta de harmonia entre o delito e a pena abstratamente cominada (de 10 a 15 anos de reclusão) se comparado, por exemplo, com o crime de tráfico ilícito de drogas – notoriamente mais grave e cujo bem jurídico também é a saúde pública. 5. A ausência de relevância penal da conduta, a desproporção da pena em ponderação com o dano ou perigo de dano à saúde pública decorrente da ação e a inexistência de consequência calamitosa do agir convergem para que se conclua pela falta de razoabilidade da pena prevista na lei. A restrição da liberdade individual não pode ser excessiva, mas compatível e proporcional à ofensa causada pelo comportamento humano criminoso. 6. Arguição acolhida para declarar inconstitucional o preceito secundário da norma (AI no HC 239.363/PR, rel. Ministro Sebastião Reis Júnior, Corte Especial, julgado em 26-2-2015, *DJe* 10-4-2015).

[253] AgRg no AREsp 1726469/DF, rel. Sebastião Reis Júnior, 6ª Turma, j. 2-3-2021, *DJ* 9-3-2021; AgRg no AgRg no AREsp 1610153/PE, rel. Min. Jorge Mussi, 5ª Turma, j. 5-5-2020, *DJ* 29-6-2020.

[254] INCIDENTE DE ARGUIÇÃO DE INCONSTITUCIONALIDADE. DIREITO PENAL. IMPORTAÇÃO ILÍCITA DE MEDICAMENTOS. ART. 273 DO CÓDIGO PENAL (COM A REDAÇÃO DA LEI 9.677/98). BEM JURÍDICO PROTEGIDO: SAÚDE PÚBLICA. PRECEITO SECUNDÁRIO QUE ESTABELECE PENA PRIVATIVA DE LIBERDADE DE 10 A 15 ANOS DE RECLUSÃO. RAZOABILIDADE, PROPORCIONALIDADE E INDIVIDUALIZAÇÃO DA PENA. INCONSTITUCIONALIDE SEM REDUÇÃO DE TEXTO. APLICAÇÃO INTEGRAL RESTRITA À HIPÓTESE DE GRANDE QUANTIDADE DE MEDICAMETOS. NA HIPÓTE-

SE DE MÉDIA QUANTIDADE E POTENCIAL LESIVO, APLICAÇÃO DO PRECEITO SECUNDÁRIO DA LEI DE TRÁFICO DE ENTORPECENTES. ART. 33 DA LEI 11.343/2006. NA HIPÓTESE DE PEQUENA QUANTIDADE E POTENCIAL LESIVO, DESCLASSIFICAÇÃO PARA CONTRABANDO. ART. 334-A DO CÓDIGO PENAL (ACRESCIDO PELA LEI 13.008/2014). NA HIPÓTESE DE CONTRABANDO PARA USO PRÓPRIO DE DIMINUTA QUANTIDADE E ÍNFIMO POTENCIAL LESIVO, APLICAÇÃO DO PRINCÍPIO DA INSIGNIFICÂNCIA. SUJEIÇÃO ÀS SANÇÕES ADMINISTRATIVAS. SUBSIDIARIEDADE DO DIREITO PENAL. 1. A pena privativa de liberdade constitui resposta às condutas de alta reprovabilidade e significativo potencial lesivo à vida em sociedade. Trata-se de instrumento para a preservação do direito das pessoas de viverem em paz, sem verem ofendidos os bens jurídicos caros a todos e a cada um. 2. Ainda assim, a pena privativa de liberdade só se justifica na medida da sua necessidade e da sua proporcionalidade à infração cometida. Cumpre seus objetivos dissuasivo e repressivo quando adequada ao caso. 3. Quando a pena cominada e aplicada é exagerada, não se sustenta constitucionalmente, passando a representar, na medida da extensão do seu excesso, violação, por parte do Estado, à liberdade do indivíduo que, embora tenha praticado infração à legislação penal, não se vê desprovido de dignidade e de direitos. O ser humano não pode ser reduzido à infração por ele cometida nem ser apenado além do que se faça necessário à repressão do ilícito praticado. A legitimidade da punição depende da sua razoabilidade, proporcionalidade e individualização. 4. O crime de "falsificação, corrupção, adulteração ou alteração de produto destinado a fins terapêuticos ou medicinais", tipificado pelo art. 273 do Código Penal, com a redação da Lei 9.677/98, que abrange também a importação de produtos sem registro, de procedência ignorada e adquiridos de estabelecimento sem licença da autoridade sanitária competente, protege o bem jurídico "saúde pública". 5. O preceito secundário do art. 273 do Código Penal comina pena de reclusão de 10 a 15 anos e multa, sendo que a sua aplicação depende da verificação da efetiva violação ao bem jurídico tutelado e da adequação dessa reprimenda à gravidade da infração cometida, sob pena de violação a princípios constitucionais. 6. É válida a aplicação do art. 273 do Código Penal, na sua íntegra, à importação ilícita de grande quantidade de medicamentos, forte no seu elevado potencial lesivo à saúde pública e à alta reprovabilidade da conduta. 7. Tratando-se de importação ilícita de medicamentos em média quantidade, a aplicação do preceito secundário do art. 273 do Código Penal acaba por violar a Constituição, porquanto a pena mínima fixada em abstrato apresenta-se, para a hipótese, demasiadamente gravosa e desproporcional. Como meio de expurgar o excesso, aplica-se o preceito secundário do art. 33, *caput*, da Lei 11.343/2006 (Lei de Tóxicos), que estabelece pena de reclusão de 5 a 15 anos e multa, com as respectivas causas de aumento e de diminuição de pena, inclusive a redução de 1/6 a 2/3 se preenchidos seus requisitos, o que confere maior amplitude à individualização da pena. 8. Tratando-se de importação ilícita de pequena quantidade de medicamentos, ausente potencial violação ao bem jurídico tutelado pelo art. 273 do Código Penal, desclassifica-se a conduta para contrabando, crime contra a administração pública que tutela o controle das importações relativamente às mercadorias proibidas, dependentes de registro, análise ou autorização, anteriormente disciplinado pelo art. 334 do Código Penal, com pena de reclusão de 1 a 4 anos, e, atualmente, pelo art. 334-A do Código Penal, acrescido pela Lei 13.008/2014, com pena de reclusão de 2 a 5 anos. 9. Tratando-se, ademais, de contrabando de medicamento para uso próprio, de diminuta quantidade e ínfimo potencial lesivo, a conduta é insignificante para o Direito Penal,

A grande profusão de decisões, em tão distintos sentidos, gera imensa insegurança jurídica, de per si negativa no direito penal, mas ainda mais grave quando se considera tratar-se de crime com pena altíssima e considerado hediondo. Um posicionamento definitivo em sede de controle concentrado de constitucionalidade seria extremamente relevante nesta matéria, reconhecendo-se os graves equívocos cometidos na redação deste artigo.

Considerações finais

Quanto ao resultado morte ou lesão corporal de natureza grave, *vide* anotações aos arts. 258 e 285. Há, também aqui, falta de proporcionalidade, uma vez que a figura culposa de que resulta lesão corporal leve tem pena mínima mais severa do que quando há o resultado morte decorrente de conduta também culposa.

Emprego de processo proibido ou de substância não permitida

Art. 274. Empregar, no fabrico de produto destinado a consumo, revestimento, gaseificação artificial, matéria corante, substância aromática, antisséptica, conservadora ou qualquer outra não expressamente permitida pela legislação sanitária:

Pena – reclusão, de 1 (um) a 5 (cinco) anos, e multa.

Bibliografia: BITENCOURT, Cezar Roberto. *Tratado de direito penal:* parte especial: dos crimes contra a dignidade sexual até dos crimes contra a fé pública. 15. ed. rev. e atual. São Paulo: Saraiva, 2021. v. 4. *E-book*; COSTA JÚNIOR, Paulo José da. *Curso de direito penal:* parte especial. 2. ed. São Paulo: Saraiva, 1992. v. 3; DELMANTO, Celso et al. *Código Penal comentado:* acompanhado de comentários, jurisprudência, súmulas em matéria penal e legislação complementar. 10. ed. rev., atual. e ampl. São Paulo: Saraiva, 2022; FRAGOSO, Heleno Cláudio. *Lições de direito penal:* parte especial. 5. ed. Rio de Janeiro: Forense, 1986; GRECO, Luís. "Princípio da ofensividade" e crimes de perigo abstrato – uma introdução ao debate sobre o bem jurídico e as estruturas do delito. *Revista Brasileira de Ciências Criminais*, São Paulo, v. 12, fasc. 49, p. 89-147, jul./ago. 2004; HUNGRIA, Nélson. *Comentários ao Código Penal:* Decreto-lei n. 2.848, de 7 de dezembro de 1940 – arts. 250 a 361. 2. ed. Rio de Janeiro: Forense, 1959. v. IX; NORONHA, E. Magalhães. *Direito penal*. 10. ed. São Paulo: Saraiva, 1977. v. 3; PIERANGELI, José Henrique. *Manual de direito penal brasileiro:* parte especial, arts. 121 a 361. São Paulo: RT, 2007. v. 2; PRADO, Luiz

---

submetendo-se, exclusivamente, às penalidades administrativas aplicadas na esfera própria. O Direito Penal tem caráter subsidiário, sendo reservado aos casos de maior gravidade e reprovabilidade, para os quais as sanções de outra natureza se verifiquem insuficientes (TRF4, ARGINC 5001968-40.2014.404.0000, Corte Especial, rel. p/ Acórdão Leandro Paulsen, juntado aos autos em 11-2-2015).

Regis. *Curso de direito penal brasileiro:* parte especial, arts. 184 a 188. 4. ed. rev. e ampl. São Paulo: RT, 2006. v. 3.

Considerações gerais

Trata-se de mais um tipo penal cujo bem jurídico, segundo a doutrina brasileira, são a incolumidade e a saúde públicas. Também aqui, pelas razões já anteriormente expostas ("Considerações gerais" ao art. 267), entende-se que o bem jurídico deve ser a saúde individual e a vida. Note-se que a conduta prevista no tipo, contudo, apresenta relação bastante distante com a afetação da saúde de pessoas indeterminadas. Muitos dos comportamentos que se enquadram formalmente na norma podem não apresentar qualquer idoneidade para ofender a saúde, razão pela qual devem ser considerados materialmente atípicos.

Considerações nucleares

A conduta proibida consiste na utilização de revestimento (proteção externa que integra o produto) ou matérias não permitidas pela legislação sanitária na fabricação de produto destinado a consumo.

Quanto ao objeto da conduta, há quem entenda que qualquer produto destinado a consumo público pode configurar o elemento típico (exemplificativamente, DELMANTO et al., 2022, p. 963). Todavia, parece ter razão Bitencourt ao defender que apenas o produto alimentício ou o medicinal caracteriza este tipo (2021, p. 215-216). Essa conclusão decorre da interpretação sistemática deste artigo com a figura prevista no art. 278 do Código Penal, que incrimina a conduta de "fabricar, vender, expor à venda, ter em depósito para vender ou, de qualquer forma, entregar a consumo coisa ou substância nociva à saúde, *ainda que não destinada à alimentação ou a fim medicinal*". Percebe-se a má técnica empregada pelo nosso legislador, mas o intérprete deve conjugar os dois dispositivos para permitir uma aplicação coerente das normas. Assim, e especialmente em razão de a figura do art. 278 ter pena menos grave, deve-se limitar o presente artigo às condutas especificamente ali descritas e que recaiam sobre produtos alimentícios ou medicinais, deixando os demais para a esfera de aplicação do art. 278. Ademais, as condutas devem ser idôneas para afetar a saúde de um número indeterminado de pessoas. Como exemplo, pode-se mencionar o uso de bromato de potássio na fabricação de pão, que é proibido em razão de o produto ser considerado carcinogênico.

Cuida-se de mais uma norma penal em branco, cuja significação típica depende da legislação sanitária correspondente. É passível de críticas o fato de o legislador ter se referido a matérias não expressamente permitidas, em vez de àquelas proibidas. A locução empregada afasta ainda mais a redação típica da afetação ao bem jurídico. Basta imaginar, por exemplo, o emprego de certa matéria nova, que ainda não tenha sido permitido pelas autoridades brasileiras, mas cujo uso já é cientificamente estudado e tido como seguro à saúde. Ora, seguindo-se a lógica do legislador brasileiro, sob um ponto de vista puramente formal, esse emprego poderia configurar o crime aqui analisado. Mais uma vez, o intérprete deve proceder a uma análise substancial do crime, para afastar sua aplicação a condutas que não tenham idoneidade[255] para afetar a saúde de um número indeterminado de pessoas. Do contrário, passa-se a incriminar a mera desobediência administrativa, dissociada da afetação ao bem jurídico-penal.

Há previsão somente de modalidade dolosa da conduta, devendo o sujeito ativo apresentar, pois, consciência de que o produto em questão se destinava ao consumo e de que não era permitido. Não há modalidade culposa.

A conduta aqui incriminada fica absorvida por aquelas previstas nos arts. 272 ou 273, quando também se caracterizarem. Caso haja entrega do produto a consumo, *vide* anotações ao art. 276.

Considerações finais

Quanto ao resultado morte ou lesão corporal de natureza grave, *vide* anotações aos arts. 258 e 285.

Invólucro ou recipiente com falsa indicação

Art. 275. Inculcar, em invólucro ou recipiente de produtos alimentícios, terapêuticos ou medicinais, a existência de substância que não se encontra em seu conteúdo ou que nele existe em quantidade menor que a mencionada:

Pena – reclusão, de 1 (um) a 5 (cinco) anos, e multa.

Bibliografia: BITENCOURT, Cezar Roberto. *Tratado de direito penal:* parte especial: dos crimes contra a dignidade sexual até dos crimes contra a fé pública. 15. ed. rev. e atual. São Paulo: Saraiva, 2021. v. 4. *E-book*; COSTA JÚNIOR, Paulo José da. *Crimes contra o consumidor.* São Paulo: Jurídica Brasileira, 1999; COSTA JÚNIOR, Paulo José da. *Curso de direito penal:* parte especial. 2. ed. São Paulo: Saraiva, 1992. v. 3; DELMANTO, Celso et al. *Código Penal comentado:* acompanhado de comentários, jurisprudência, súmulas em matéria penal e legislação complementar. 10. ed. rev., atual. e ampl. São Paulo: Saraiva, 2022; FRAGOSO, Heleno Cláudio. *Lições de direito penal:* parte especial. 5. ed. Rio de Janeiro: Forense, 1986; GRECO, Luís. "Princípio da ofensividade" e crimes de perigo abstrato – uma introdução ao debate sobre o bem jurídico e as estruturas do delito. *Revista Brasileira de Ciências Criminais*,

---

[255] Demandando mais proximidade à ofensa ao bem jurídico, Delmanto et al. exigem a colocação em perigo da saúde de um número indeterminado de pessoas para a consumação do delito (2022, p. 964).

São Paulo, v. 12, fasc. 49, p. 89-147, jul./ago. 2004; HUNGRIA, Nélson. *Comentários ao Código Penal:* Decreto-lei n. 2.848, de 7 de dezembro de 1940 – arts. 250 a 361. 2. ed. Rio de Janeiro: Forense, 1959. v. IX; NORONHA, E. Magalhães. *Direito penal.* 10. ed. São Paulo: Saraiva, 1977. v. 3; PIERANGELI, José Henrique. *Manual de direito penal brasileiro:* parte especial, arts. 121 a 361. São Paulo: RT, 2007. v. 2; PRADO, Luiz Regis. *Curso de direito penal brasileiro*: parte especial, arts. 184 a 188. 4. ed. rev. e ampl. São Paulo: RT, 2006. v. 3; TORON, Alberto Zacharias. Aspectos penais da proteção ao consumidor. *Revista Brasileira de Ciências Criminais,* São Paulo, v. 3, n. 11, p. 80-90, jul./set. 1995; YOKAICHIYA, Cristina Emy. Breves reflexões sobre os crimes previstos no Código de Defesa do Consumidor: Lei n. 8.078, de 11 de setembro de 1990. *Revista da Faculdade de Direito da Universidade de São Paulo*, São Paulo, v. 104, p. 591-614, jan./dez. 2009.

Considerações gerais

Também aqui se está diante de um crime cujo bem jurídico tradicionalmente apontado pela doutrina é a incolumidade pública e/ou a saúde pública. Novamente, observa-se que esse bem jurídico consiste em falso bem jurídico coletivo, pelas razões já expostas anteriormente (*vide* "Considerações gerais" ao art. 267). Assim, entende-se que o verdadeiro bem jurídico relativo a esse tipo é a saúde individual, afetada coletivamente, isto é: a saúde de pessoas indeterminadas é colocada em perigo ou lesionada. Essa percepção é relevante, inclusive, para delimitar-se materialmente o âmbito de aplicação do tipo penal, já que o legislador previu conduta bastante ampla, que pode englobar, formalmente, inclusive comportamentos que não têm qualquer idoneidade para ofender o bem jurídico, o que deve ser corrigido pelo intérprete.

Considerações nucleares

A conduta incriminada, inculcar, significa inscrever, indicar ou mencionar algo. *In casu*, o objeto da conduta pode ser somente a informação relativa a substância que não se encontra no produto ou que se encontra em quantidade menor. Assim, falsidades sobre outras informações não se enquadram no presente tipo, podendo eventualmente configurar as previsões do art. 66 da Lei n. 8.078/90 ou do art. 7º, inciso VII, da Lei n. 8.137/90. Do mesmo modo, a informação de que uma dada substância existe em menor quantidade do que a real (como, por exemplo, gordura trans ou sódio) não configuram o presente tipo.

Além disso, a informação deve referir-se a produto alimentício, terapêutico ou medicinal, sempre destinado a uso humano (produtos destinados a animais, por exemplo, não se enquadram aqui, em razão do bem jurídico tutelado), e ter sido inserida em seu invólucro ou recipiente, ou seja, em sua embalagem. Desse modo, informações falsas sobre a presença de substância ou sua quantidade feitas em cartazes, folhetos ou outras peças publicitárias não configuram este tipo, podendo caracterizar os já citados artigos das Leis n. 8.078/90 e 8.137/90.

O legislador não exigiu qualquer resultado material, tampouco a colocação em perigo do bem jurídico. Entretanto, para que se respeite o princípio da ofensividade, ao menos a idoneidade da conduta para lesionar a saúde de um número indeterminado de pessoas deve ser verificada. Delmanto et al. vão além, exigindo a presença de perigo concreto de dano à saúde humana para a caracterização do tipo (2022, p. 965-966).

O legislador previu apenas modalidade dolosa, que deve abarcar o conhecimento dos elementos típicos, além da vontade de praticar a conduta. Não há previsão de forma culposa.

Quanto ao concurso com as normas previstas no art. 66 da Lei n. 8.078/90 e no art. 7º, inciso II, da Lei n. 8.137/90, a doutrina tem entendido que este art. 275, do Código Penal se aplica, com fundamento no princípio da especialidade, em razão de ser mais específico, quando presentes seus elementos. Contudo, em virtude da compreensão de bem jurídico aqui adotada, que se estende aos crimes contra o consumidor – o bem jurídico tutelado, em tais crimes, é a saúde e/ou a vida ou o patrimônio do consumidor, afetados de modo coletivo – entende-se que o presente artigo foi revogado por aquelas novas figuras. Destaque-se que esse entendimento é isolado, razão pela qual se mantém a menção ao posicionamento prevalente na doutrina.

Caso haja entrega a consumo do produto nas condições descritas neste artigo, *vide* anotações ao art. 276.

Considerações finais

Quanto ao resultado morte ou lesão corporal de natureza grave, *vide* anotações aos arts. 258 e 285.

Produto ou substância nas condições dos dois artigos anteriores

Art. 276. Vender, expor à venda, ter em depósito para vender ou, de qualquer forma, entregar a consumo produto nas condições dos arts. 274 e 275.

Pena – reclusão, de 1 (um) a 5 (cinco) anos, e multa.

Bibliografia: BITENCOURT, Cezar Roberto. *Tratado de direito penal:* parte especial: dos crimes contra a dignidade sexual até dos crimes contra a fé pública. 15. ed. rev. e atual. São Paulo: Saraiva, 2021. v. 4. *E-book*; COSTA JÚNIOR, Paulo José da. *Crimes contra o consumidor.* São Paulo: Jurídica Brasileira, 1999; COSTA JÚNIOR, Paulo José da. *Curso de direito penal:* parte especial. 2. ed. São Paulo: Saraiva, 1992. v. 3; DELMANTO, Celso et al. *Código Penal comentado:* acompanhado de comentários, jurisprudência, súmulas em matéria penal e legislação complementar. 10. ed. rev., atual. e ampl. São Paulo: Saraiva, 2022; FRAGOSO, Heleno Cláudio. *Lições de* *direito penal:* parte especial. 5. ed. Rio de Janeiro: Forense, 1986; GRECO, Luís. "Princípio da ofensividade" e crimes de perigo abstrato – uma introdução ao debate sobre o bem jurídico e as estruturas do delito. *Revista Brasileira de Ciências Criminais,* São Paulo, v. 12, fasc. 49, p. 89-147, jul./ago. 2004; HUNGRIA, Nélson. *Comentários ao Código Penal:* Decreto-lei n. 2.848, de 7 de dezembro de 1940 – arts. 250 a 361. 2. ed. Rio de Janeiro: Forense, 1959. v. IX; NORONHA, E. Magalhães. *Direito penal.* 10. ed. São Paulo: Saraiva, 1977. v. 3; PIERANGELI, José Henrique. *Manual de direito penal brasileiro*: parte especial, arts. 121 a 361. São Paulo: RT, 2007. v. 2; PRADO, Luiz Regis. *Curso de direito penal brasileiro*: parte especial, arts. 184 a 188. 4. ed. rev. e ampl. São Paulo: RT, 2006. v. 3; TORON, Alberto Zacharias. Aspectos penais da proteção ao consumidor. *Revista Brasileira de Ciências Criminais,* São Paulo, v. 3, n. 11, p. 80-90, jul./set. 1995; YOKAICHIYA, Cristina Emy. Breves reflexões sobre os crimes previstos no Código de Defesa do Consumidor: Lei n. 8.078, de 11 de setembro de 1990. *Revista da Faculdade de Direito da Universidade de São Paulo,* São Paulo, v. 104, p. 591-614, jan./dez. 2009.

Considerações gerais

A doutrina afirma que o bem jurídico tutelado pelo tipo penal em questão é a incolumidade pública ou a saúde pública. Aqui se adota a concepção de que o bem jurídico é a saúde individual, ofendida coletivamente. *Vide,* sobre o tema, as considerações gerais ao art. 267. Há, ainda, tutela patrimonial, já que o adquirente ou possível adquirente do produto sofre fraude, mas se trata de tutela mediata e menos relevante que a conferida à saúde.

Considerações nucleares

O crime deste artigo refere-se a condutas de vender, expor à venda, ter em depósito para vender ou entregar a consumo produto nas condições dos arts. 274 ou 275. Assim, não apenas o produto destinado à venda, mas também aquele que é entregue a título de doação, para degustação, como brinde etc., pode configurar o crime. Não é necessário reiterar a conduta, bastando uma só prática para se incorrer nas penas deste crime. Sobre as características do produto, *vide* as anotações feitas aos arts. 274 e 275.

Quanto ao tipo subjetivo, verifica-se que as condutas devem ser cometidas dolosamente, com conhecimento, pelo sujeito, das características do produto objeto do delito e vontade de praticar a conduta. Quanto às modalidades "expor" e "ter em depósito", exige-se também o elemento especial de destinação ao consumo, isto é, o agente deve querer destinar aquele produto para consumo. Não existe previsão culposa.

Deve-se verificar a idoneidade da conduta para colocar em perigo o bem jurídico saúde individual de um número indeterminado de pessoas. Trata-se de verificação relevante a ser feita pelo intérprete, já que o legislador redigiu a norma de maneira bastante ampla, englobando condutas que possivelmente não tenham qualquer capacidade de colocar em perigo a saúde de quem quer que seja. Delmanto et al. chegam a exigir a verificação de um perigo concreto, para o respeito ao princípio da ofensividade (2022, p. 967).

Importante notar que o sujeito ativo dos arts. 274 ou 275 não pratica esse crime, por se tratar de *post factum* não punível.

Entende a doutrina que este artigo apresentaria objeto e bem jurídico distintos daqueles relativos ao art. 7º, inciso IX, da Lei n. 8.137/90. Contudo, em razão da concepção de bem jurídico aqui adotada, entende-se haver coincidência quanto ao bem jurídico, razão pela qual se pode afirmar que o artigo mencionado da Lei n. 8.137/90 teria revogado este artigo.

Considerações finais

Quanto ao resultado morte ou lesão corporal de natureza grave, *vide* anotações aos arts. 258 e 285.

Substância destinada à falsificação

Art. 277. Vender, expor à venda, ter em depósito ou ceder substância destinada à falsificação de produtos alimentícios, terapêuticos ou medicinais:

Pena – reclusão, de 1 (um) a 5 (cinco) anos, e multa.

Bibliografia: BITENCOURT, Cezar Roberto. *Tratado de direito penal:* parte especial: dos crimes contra a dignidade sexual até dos crimes contra a fé pública. 15. ed. rev. e atual. São Paulo: Saraiva, 2021. v. 4. *E-book*; COSTA JÚNIOR, Paulo José da. *Curso de direito penal:* parte especial. 2. ed. São Paulo: Saraiva, 1992. v. 3; DELMANTO, Celso et al. *Código Penal comentado:* acompanhado de comentários, jurisprudência, súmulas em matéria penal e legislação complementar. 10. ed. rev., atual. e ampl. São Paulo: Saraiva, 2022; FRAGOSO, Heleno Cláudio. *Lições de direito penal:* parte especial. 5. ed. Rio de Janeiro: Forense, 1986; GRECO, Luís. "Princípio da ofensividade" e crimes de perigo abstrato – uma introdução ao debate sobre o bem jurídico e as estruturas do delito. *Revista Brasileira de Ciências Criminais*, São Paulo, v. 12, fasc. 49, p. 89-147, jul./ago. 2004; HUNGRIA, Nélson. *Comentários ao Código Penal:* Decreto-lei n. 2.848, de 7 de dezembro de 1940 – arts. 250 a 361. 2. ed. Rio de Janeiro: Forense, 1959. v. IX; NORONHA, E. Magalhães. *Direito penal*. 10. ed. São Paulo: Saraiva, 1977. v. 3; PIERANGELI, José Henrique. *Manual de direito penal brasileiro:* parte especial, arts. 121 a 361. São Paulo: RT, 2007. v. 2; PRADO, Luiz Regis. *Curso de direito penal brasileiro*: parte especial, arts. 184 a 188. 4. ed. rev. e ampl. São Paulo: RT, 2006. v. 3.

Considerações gerais

A doutrina aponta a incolumidade e a saúde públicas como bens jurídicos correspondentes a este delito. Contudo, aqui se adota a concepção de que o bem jurídico correspondente é a saúde individual, ofendida coletivamente. Vê-se que a conduta incriminada nesse artigo se distancia demais da ofensa ao bem jurídico. O comportamento proibido consubstancia-se em exagerada antecipação da tutela penal e, por isso, deveria ter sido considerado mero ato preparatório impune (no mesmo sentido, *vide* BITENCOURT, 2021, p. 222).

Assim, o intérprete deverá estar atento para verificar se as condutas concretas apresentam idoneidade para colocar em perigo ou lesionar a saúde de um grupo indeterminado de pessoas.

Considerações nucleares

As condutas proibidas consistem em vender, expor à venda, ter em depósito ou ceder *substância*, o que não abrange, logicamente, máquinas, ferramentas ou utensílios que possam ser utilizados para a falsificação.

A grande discussão doutrinária refere-se à destinação da substância ser ou não específica para a falsificação. Delmanto et al. defendem que a substância deve ser inequívoca e especificamente destinada à falsificação (2022, p. 968), ao passo que Bitencourt, por exemplo, entende que "não é necessário que a 'substância' sirva unicamente para falsificar os produtos mencionados, podendo ser utilizadas para este fim *substâncias* que são comercializadas licitamente, como é o caso, por exemplo, do uso de farinha de trigo na falsificação de medicamentos" (2021, p. 222). Esse autor sugere que se averigue, caso a caso, a finalidade falsificadora, para distinguir a conduta lícita da ilícita. A concepção de que a substância deve ser especificamente destinada à falsificação é mais acertada, tendo em vista a amplitude do tipo penal e a possibilidade de, d'outro modo, se englobarem condutas neutras ou socialmente adequadas ao se adotar opinião diversa.

Quanto ao elemento subjetivo, o legislador previu tão somente a modalidade dolosa. O sujeito ativo precisa conhecer e querer a destinação da substância para falsificação, em qualquer dos verbos empregados.

Considerações finais

Teoricamente, havendo resultado morte ou lesão corporal de natureza grave, aplicam-se os arts. 258 e 285. Na prática, porém, difícil será a aplicação de tais figuras, já que a conduta do artigo é bastante distante até mesmo da colocação em perigo da saúde individual.

Outras substâncias nocivas à saúde pública

Art. 278. Fabricar, vender, expor à venda, ter em depósito para vender ou, de qualquer forma, entregar a consumo coisa ou substância nociva à saúde, ainda que não destinada à alimentação ou a fim medicinal:

Pena – detenção, de 1 (um) a 3 (três) anos, e multa.

Modalidade culposa
Parágrafo único. Se o crime é culposo:
Pena – detenção, de 2 (dois) meses a 1 (um) ano.

Bibliografia: BITENCOURT, Cezar Roberto. *Tratado de direito penal:* parte especial: dos crimes contra a dignidade sexual até dos crimes contra a fé pública. 15. ed. rev. e atual. São Paulo: Saraiva, 2021. v. 4. *E-book*; COSTA JÚNIOR, Paulo José da. *Crimes contra o consumidor*. São Paulo: Jurídica Brasileira, 1999; COSTA JÚNIOR, Paulo José da. *Curso de direito penal:* parte especial. 2. ed. São Paulo: Saraiva, 1992. v. 3; DELMANTO, Celso et al. *Código Penal comentado:* acompanhado de comentários, jurisprudência, súmulas em matéria penal e legislação complementar. 10. ed. rev., atual. e ampl. São Paulo: Saraiva, 2022; FRAGOSO, Heleno Cláudio. *Lições de direito penal:* parte especial. 5. ed. Rio de Janeiro: Forense, 1986; GRECO, Luís. "Princípio da ofensividade" e crimes de perigo abstrato – uma introdução ao debate sobre o bem jurídico e as estruturas do delito. *Revista Brasileira de Ciências Criminais*, São Paulo, v. 12, fasc. 49, p. 89-147, jul./ago. 2004; HUNGRIA, Nélson. *Comentários ao Código Penal:* Decreto-lei n. 2.848, de 7 de dezembro de 1940 – arts. 250 a 361. 2. ed. Rio de Janeiro: Forense, 1959. v. IX; MELLO, Sébastian Borges de Albuquerque. A tutela penal das relações de consumo e o art. 278 do Código Penal. *Ciências Penais:* Revista da Associação Brasileira de Professores de Ciências Penais, São Paulo, v. 2, n. 2, p. 130-142, jan./jun. 2005; NORONHA, E. Magalhães. *Direito penal*. 10. ed. São Paulo: Saraiva, 1977. v. 3; PIERANGELI, José Henrique. *Manual de direito penal brasileiro:* parte especial, arts. 121 a 361. São Paulo: RT, 2007. v. 2; PRADO, Luiz Regis. *Curso de direito penal brasileiro*: parte especial, arts. 184 a 188. 4. ed. rev. e ampl. São Paulo: RT, 2006. v. 3; TORON, Alberto Zacharias. Aspectos penais da proteção ao consumidor. *Revista Brasileira de Ciências Criminais*, São Paulo, v. 3, n. 11, p. 80-90, jul./set. 1995; YOKAICHIYA, Cristina Emy. Breves reflexões sobre os crimes previstos no Código de Defesa do Consumidor: Lei n. 8.078, de 11 de setembro de 1990. *Revista da Faculdade de Direito da Universidade de São Paulo*, São Paulo, v. 104, p. 591-614, jan./dez. 2009.

Considerações gerais

A figura do art. 278 do Código Penal, segundo a doutrina, apresenta como bem jurídico a incolumidade pública e a saúde pública. Contudo, entende-se, aqui, que o verdadeiro bem jurídico subjacente é a saúde individual, que deve ser ofendida (lesionada ou colocada em perigo) de forma coletiva, isto é, pessoas indeterminadas têm sua saúde ofendida. Para a justificativa deste posicionamento, *vide* as considerações gerais ao art. 267.

Considerações nucleares

Está-se diante de mais um tipo penal bastante amplo, cuja redação, formalmente, pode abranger uma série de condutas não suficientemente reprováveis para merecer a chancela penal. Por isso, mais uma vez, é importante a interpretação teleológica do dispositivo, verificando sempre, no caso concreto, a nocividade à saúde da coisa ou substância, que deve apresentar um grau relevante para a configuração do tipo. Além disso, as coisas ou substâncias nocivas à saúde, porém permitidas ou socialmente adequadas (cigarros, bebidas alcoólicas, gordura trans, dentre outros), evidentemente não caracterizam o tipo penal.

Quanto à conduta incriminada, é importante notar que as locuções fabricar, vender, expor à venda, ter em depósito para vender ou, de qualquer forma, entregar a consumo referem-se a coisas ou substâncias *nocivas* à saúde, ou seja, não se trata de contrafação ou falsificação, mas simplesmente de possibilidade de causar dano à saúde. O objeto pode ser, assim, original e conter as informações adequadas ao consumidor; porém, se for nocivo à saúde, caracterizará o tipo objetivo. Vê-se, ainda, que não há limitação para espécies de coisas ou substâncias abrangidas pelo tipo penal, tendo o legislador deixado claro que não se trata somente daquelas destinadas a fim alimentício ou medicinal.

A doutrina brasileira é clara no sentido de exigir que a nocividade decorra do uso normal do produto. O mau uso que gere nocividade, tal como uso de óleo bronzeador para se proteger do sol ou a conduta de cheirar esmalte de unha, não caracteriza o delito. Da mesma forma, a nocividade permitida ou socialmente adequada, conforme destacado acima, não leva à configuração do crime.

Embora se exija a nocividade da conduta para a configuração típica, não é necessário o resultado de ofensa à saúde de pessoas determinadas, por se tratar de crime de perigo abstrato. É preciso que a nocividade da coisa ou substância coloque em risco a saúde de um número indeterminado de pessoas, não se caracterizando o crime se apenas uma pessoa ou pessoas determinadas tiverem suas saúdes expostas.

Quanto ao tipo subjetivo, a figura do *caput* somente se comete dolosamente, devendo o agente ter conhecimento da nocividade da coisa ou substância e desejar realizar o comportamento proibido. Nas modalidades de "expor" e "ter em depósito", exige-se também o elemento especial de fim de venda. No parágrafo único, há previsão de modalidade culposa, para cuja configuração se deve verificar a violação de um dever objetivo de cuidado, além dos demais requisitos de imputação objetiva.

O tipo penal aqui examinado tem aplicação subsidiária aos arts. 274 e 275 do Código Penal. Conforme se advogou no exame destes artigos, os comportamentos ali proibidos devem apresentar idoneidade para colocar em perigo a saúde de um número indeterminado de pessoas, o que pode ser traduzido por nocividade. Portanto, há um espaço de sobreposição de âmbitos de aplicação, que se resolve com base no princípio da especialidade. Os arts. 274 e 275 exigem modos específicos de configuração do crime que, quando presentes, afastarão a incidência deste art. 278, prevalecendo apenas o arts. 274 ou o 275.

O art. 56 da Lei n. 9.605/98 revogou boa parte deste art. 278, podendo-se defender, como aqui se faz, a revogação total. Isto porque a previsão daquele artigo

("Produzir, processar, embalar, importar, exportar, comercializar, fornecer, transportar, armazenar, guardar, ter em depósito ou usar produto ou substância tóxica, perigosa ou nociva à saúde humana ou ao meio ambiente, em desacordo com as exigências estabelecidas em leis ou nos seus regulamentos") engloba os verbos aqui previstos e, igualmente, seus objetos materiais (coisa pode ser compreendida como produto). Além disso, a concepção de meio ambiente adotada pela Lei n. 9.605/98, em alguns de seus tipos penais, revela fundamentação antropocêntrica, como é o caso deste art. 56, que menciona nocividade ao meio ambiente ou à saúde humana. Por conta disso, há também coincidência quanto ao bem jurídico tutelado. À primeira vista, pode parecer que o crime da Lei Ambiental se volta somente às substâncias ou produtos regulados, já que exige, para a configuração típica, que o comportamento tenha sido praticado "em desacordo com as exigências estabelecidas em leis ou nos seus regulamentos". Todavia, conforme destacado acima, a conduta do Código Penal só se configura se a nocividade não for permitida ou considerada socialmente adequada. Portanto, a substância ou coisa deverá ser proibida ou ter seu uso regulamentado para que possa nele se enquadrar. Diante disso, vê-se que o art. 56 cobriu todo o âmbito de aplicação deste art. 278 – inclusive a forma culposa – razão pela qual se aponta a revogação total desta figura.

Se a substância em questão for considerada droga, nos termos da Portaria 344/98 da ANVISA, aplica-se a Lei n. 11.343/2006. Sobre omissões na informação acerca da nocividade de produtos, *vide* arts. 63 e 64 da Lei n. 8.078/90.

Considerações finais

Quanto ao resultado morte ou lesão corporal de natureza grave, *vide* anotações aos arts. 258 e 285.

Substância avariada

Art. 279. (*Revogado pela Lei Federal n. 8.137, de 1990*)

Medicamento em desacordo com receita médica

Art. 280. Fornecer substância medicinal em desacordo com receita médica:
Pena – detenção, de 1 (um) a 3 (três) anos, ou multa.

Modalidade culposa

Parágrafo único. Se o crime é culposo:
Pena – detenção, de 2 (dois) meses a 1 (um) ano.

Bibliografia: BITENCOURT, Cezar Roberto. *Tratado de direito penal:* parte especial: dos crimes contra a dignidade sexual até dos crimes contra a fé pública. 15. ed.

rev. e atual. São Paulo: Saraiva, 2021. v. 4. *E-book*; COSTA JÚNIOR, Paulo José da. *Curso de direito penal:* parte especial. 2. ed. São Paulo: Saraiva, 1992. v. 3; DELMANTO, Celso et al. *Código Penal comentado:* acompanhado de comentários, jurisprudência, súmulas em matéria penal e legislação complementar. 10. ed. rev., atual. e ampl. São Paulo: Saraiva, 2022; FRAGOSO, Heleno Cláudio. *Lições de direito penal:* parte especial. 5. ed. Rio de Janeiro: Forense, 1986; GRECO, Luís. "Princípio da ofensividade" e crimes de perigo abstrato – uma introdução ao debate sobre o bem jurídico e as estruturas do delito. *Revista Brasileira de Ciências Criminais*, São Paulo, v. 12, fasc. 49, p. 89-147, jul./ago. 2004; HUNGRIA, Nélson. *Comentários ao Código Penal:* Decreto-lei n. 2.848, de 7 de dezembro de 1940 – arts. 250 a 361. 2. ed. Rio de Janeiro: Forense, 1959. v. IX; NORONHA, E. Magalhães. *Direito penal*. 10. ed. São Paulo: Saraiva, 1977. v. 3; PIERANGELI, José Henrique. *Manual de direito penal brasileiro:* parte especial, arts. 121 a 361. São Paulo: RT, 2007. v. 2; PRADO, Luiz Regis. *Curso de direito penal brasileiro:* parte especial, arts. 184 a 188. 4. ed. rev. e ampl. São Paulo: RT, 2006. v. 3.

Considerações gerais

O bem jurídico correspondente a esta figura, conforme apontado pela doutrina, é a incolumidade ou a saúde pública. Todavia, verifica-se que o comportamento incriminado não se destina a ofender um grupo indeterminado de pessoas, mas sim, especificamente, aquele sujeito que vai adquirir a substância medicinal em desacordo com a receita médica. Portanto, é mais correto afirmar que o bem jurídico é a saúde individual de pessoa determinada.

Considerações nucleares

A lei brasileira exige de todas as farmácias a responsabilidade e a assistência técnica de farmacêutico habilitado, além da presença de farmacêutico em todo seu horário de funcionamento (*vide* arts. 5º e 6º, I, da Lei n. 13.021/2014). A dispensação de medicamentos, consistente no fornecimento de medicamento e orientação ao paciente, é considerada ato privativo desse profissional. Apesar disso, nosso Código Penal não determinou que o crime de medicamento em desacordo com receita médica possa ser cometido apenas por farmacêutico. Trata-se de crime comum, que pode ser praticado por qualquer pessoa, inclusive, pois, por quem não é farmacêutico, embora sequer esteja autorizado a dispensar medicamento.

Mais uma vez se está diante de uma conduta muito amplamente estabelecida pelo legislador, que pode abranger comportamentos completamente distantes da ofensa ao bem jurídico. Por isso, uma interpretação restritiva é fundamental para a aplicação correta deste tipo. Ademais, a legislação sobre medicamentos mudou bastante desde o advento desta figura, sendo necessário adaptar-se à nova realidade regulatória.

O verbo fornecer – entregar ao paciente, seja a título oneroso ou gratuito – não engloba o mero oferecimento, que é apenas ato preparatório atípico, como observa Bitencourt (2021, p. 230).

Quanto às substâncias medicinais que podem ser objeto deste tipo, deve-se observar que a regulamentação relativa aos medicamentos genéricos e similares introduziu a intercambialidade entre tais produtos.

Nestes termos, a Lei n. 9.787/99 estabeleceu os seguintes conceitos: "Medicamento Similar – aquele que contém o mesmo ou os mesmos princípios ativos, apresenta a mesma concentração, forma farmacêutica, via de administração, posologia e indicação terapêutica, preventiva ou diagnóstica, do medicamento de referência registrado no órgão federal responsável pela vigilância sanitária, podendo diferir somente em características relativas ao tamanho e forma do produto, prazo de validade, embalagem, rotulagem, excipientes e veículos, devendo sempre ser identificado por nome comercial ou marca. Medicamento Genérico – medicamento similar a um produto de referência ou inovador, que se pretende ser com este intercambiável, geralmente produzido após a expiração ou renúncia da proteção patentária ou de outros direitos de exclusividade, comprovada a sua eficácia, segurança e qualidade, e designado pela DCB [Denominação Comum Brasileira] ou, na sua ausência, pela DCI [Denominação Comum Internacional]".

Vê-se, assim, que o fornecimento de um medicamento genérico ou similar àquele receitado não trará qualquer tipo de prejuízo ao tratamento do paciente. Por isso, ainda que a receita se refira a determinada marca de produto, caso o farmacêutico forneça um genérico ou similar, não incorrerá no presente tipo.

Os medicamentos que podem ser vendidos, licitamente, sem receita, denominados de medicamentos isentos de prescrição, não devem ser tidos como objeto deste tipo penal, já que são produtos colocados à disposição do consumidor, podendo até mesmo ser dispostos em prateleiras de livre acesso, além de poderem ser objeto de propaganda, nos termos da regulamentação. Trata-se de produtos que atendem à concepção de automedicação responsável, reconhecida pela Organização Mundial da Saúde. Portanto, ainda que o consumidor traga uma receita para um desses medicamentos, caso o farmacêutico lhe forneça outro, distinto, não incorrerá neste crime, pois quanto a esses medicamentos prevalece a decisão do consumidor, que poderá aceitar medicamento distinto.

Da mesma forma, medicamentos fitoterápicos isentos de prescrição (*vide* Anexo I da RDC n. 10/2010 da ANVISA) não podem ser objeto deste crime.

Portanto, pode-se concluir que este tipo apenas se aplica para os medicamentos cuja venda depende de prescrição médica.

No que se refere ao elemento "em *desacordo* com receita médica", há quem defenda que até mesmo a substituição do medicamento receitado por outro melhor caracterizaria o crime, já que qualquer alteração na espécie, quantidade ou qualidade estaria em desacordo com a receita. A fundamentação para essa concepção seria a de que a razão da punição é a arbitrariedade do farmacêutico, não o risco ao doente (PRADO, 2006, p. 567). Contudo, essa percepção desconsidera por completo a ofensividade ao bem jurídico, baseando-se em mera verificação formal da desconformidade. Por isso, têm razão Delmanto et al. quando defendem que a substituição do medicamento para outro melhor não caracteriza o crime (2022, p. 972).

A receita médica configura documento escrito, em papel timbrado, contendo nome do paciente, bem como nome, CRM e assinatura do médico. No caso de medicamentos que contenham substâncias sujeitas a controle especial, a receita deverá seguir as determinações da Portaria SVS/MS n. 344/98 e suas atualizações. Portanto, se o agente fornecer medicamento em desacordo com mero *e-mail* do médico, impresso e apresentado pelo paciente, não caracterizará o crime. Da mesma forma, a desconformidade com receitas de cirurgiães dentistas ou de veterinários não caracterizará o crime.

Quanto ao elemento subjetivo, há previsão para punição tanto a título doloso (*caput*) quanto culposo (parágrafo único).

Por fim, em sede de política criminal, é necessário observar que essa conduta não deveria ter sido incriminada – ou, ao menos, não nestes termos. Em primeiro lugar, a idoneidade da conduta típica para lesionar a saúde é, em muitos casos, questionável. Além disso, excetuando-se os casos de fraude, em regra o próprio paciente concorda com a substituição do medicamento feita pelo sujeito ativo, o que leva esse crime para o pantanoso âmbito dos crimes suspeitos de paternalismo. Tratando-se a saúde de bem jurídico disponível, vê-se que o uso do direito penal nessa seara deveria ter sido evitado. Por fim, a conduta poderia ser sancionada no âmbito regulatório com eficiência, já que se trata de atividade intensamente regulada e que depende de autorização do poder público para funcionar. Assim, a possibilidade de se sancionar essa conduta com multa, suspensão da atividade ou outras sanções administrativas já seria suficiente para reprová-la e buscar a prevenção de novos comportamentos.

Considerações finais

Quanto ao resultado morte ou lesão corporal de natureza grave, *vide* anotações aos arts. 258 e 285.

Art. 281. (*Revogado pela Lei Federal n. 6.368, de 1976*)

Exercício ilegal da medicina, arte dentária ou farmacêutica

Art. 282. Exercer, ainda que a título gratuito, a profissão de médico, dentista ou farmacêutico, sem autorização legal ou excedendo-lhe os limites:
Pena – detenção, de seis meses a dois anos.

Parágrafo único. Se o crime é praticado com o fim de lucro, aplica-se também multa.

Bibliografia: BOIX REIG, Javier; ORTS BERENGUER, Enrique. Sobre algunos aspectos del delito de intrusismo. *Estudios Penales y Criminológicos,* Santiago de Compostela, n. 21, p. 7-38, 1998; BITENCOURT, Cezar Roberto. *Tratado de direito penal*: parte especial: dos crimes contra a dignidade sexual até dos crimes contra a fé pública. 15. ed. rev. e atual. São Paulo: Saraiva, 2021. v. 4. *E-book*; CHOCLÁN MONTALVO, José Antonio. Intrusismo con ánimo de lucro y estafa. *Actualidad Penal,* Madrid, v. 1, 1/26, p. 297-310, semanal. 1996; COSTA JÚNIOR, Paulo José da. *Curso de direito penal:* parte especial. 2. ed. São Paulo: Saraiva, 1992. v. 3; DELMANTO, Celso et al. *Código Penal comentado:* acompanhado de comentários, jurisprudência, súmulas em matéria penal e legislação complementar. 10. ed. rev., atual. e ampl. São Paulo: Saraiva, 2022; ESCOBAR MARULANDA, Jan Gonzalo. El delito de intrusismo y el principio de exclusiva protección de biens jurídicos. *Anuario de Derecho Penal y Ciencias Penales,* Madrid, v. 47, n. 1, p. 65-110, jan./abr. 1994; FRAGOSO, Heleno Cláudio. *Lições de direito penal:* parte especial. 5. ed. Rio de Janeiro: Forense, 1986; GARCÍA, Felipe Pablo Ricardo. Ejercicio legal, ilegal e irregular de la profesión médica, v. 1. In: GARCÍA, Felipe Pablo Ricardo (Coord.). *Tratado de medicina legal con complementación jurídica:* aspectos ético biomédicos. Buenos Aires: Proa Editores, 2009. p. 143-189; GRECO, Luís. "Princípio da ofensividade" e crimes de perigo abstrato – uma introdução ao debate sobre o bem jurídico e as estruturas do delito. *Revista Brasileira de Ciências Criminais*, São Paulo, v. 12, fasc. 49, p. 89-147, jul./ago. 2004; HUNGRIA, Nélson. *Comentários ao Código Penal:* Decreto-lei n. 2.848, de 7 de dezembro de 1940 – arts. 250 a 361. 2. ed. Rio de Janeiro: Forense, 1959. v. IX; LEAL, João José. Exercício da medicina e responsabilidade criminal. *Bioética,* Brasília, v. 2, n. 2, p. 151-162, 1994; LUZÓN PEÑA, Diego-Manuel. Problemas del intrusismo en el derecho penal. *Anuario de Derecho Penal y Ciencias Penales,* Madrid, v. 38, n. 3, p. 669-701, set./dez. 1985; MANZANARES SAMANIEGO, José Luis. El delito de intrusismo. *Actualidad Penal,* Madrid, v. 1, 1/26, p. 317-335, semanal. 1995; NORONHA, E. Magalhães. *Direito penal.* 10. ed. São Paulo: Saraiva, 1977. v. 3; PIERANGELI, José Henrique. *Manual de direito penal brasileiro:* parte especial, arts. 121 a 361. São Paulo: RT, 2007. v. 2; PRADO, Luiz Regis; CARVALHO, Érika Mendes de; CARVALHO, Gisele Mendes de. *Curso de direito penal brasileiro*, 13. ed. rev. atual. e ampl. São Paulo: RT, 2014; SILVEIRA, Renato de Mello Jorge; REALE JÚNIOR, Miguel. Dos crimes contra a saúde pública. In: REALE JÚNIOR, Miguel (Coord.). *Direito penal:* jurisprudência em debate. São Paulo: Saraiva, 2016.

Considerações gerais

A doutrina tradicionalmente aponta o bem jurídico desse crime como a incolumidade pública ou a saúde pública. Bitencourt observa tratar-se de antecipação da tutela individual da saúde (2021, p. 231). De fato, ao se examinar a conduta incriminada, verifica-se que há uma criminalização de comportamento que pode colocar em perigo a saúde, bem essencialmente individual. Sobre esse ponto, *vide* as observações traçadas nas considerações gerais ao art. 267. Ainda que se trate de delito habitual – e que pode, portanto, ser praticado contra diversas pessoas –, o que se busca tutelar é a saúde individual de cada uma delas.

Deve-se criticar a estrutura escolhida pelo nosso legislador, que criou figura de perigo abstrato, permitindo a incriminação de comportamentos meramente violadores de normas administrativas – como a falta de inscrição em conselho profissional por parte de médico, dentista ou farmacêutico que tenha diploma reconhecido. O perigo concreto à saúde, mesmo que de um só paciente, deveria ser elemento do tipo penal. De todo modo, deve-se verificar, como em qualquer crime de perigo abstrato, ao menos a idoneidade da conduta para colocar a saúde de alguém em perigo.

Considerações nucleares

O art. 282 incrimina dois comportamentos distintos, ambos relativos às profissões de médico, farmacêutico ou dentista: o primeiro é relativo ao exercício sem autorização legal, e o segundo, ao exercício excedendo os limites da autorização.

Vê-se, pois, que, quanto à primeira conduta, qualquer pessoa pode praticá-la, tratando-se de crime comum. Já a segunda conduta consiste em crime próprio ou delito especial, somente podendo ser praticada por médico, farmacêutico ou dentista.

A primeira conduta exige que o sujeito ativo atue como se fosse médico, dentista ou farmacêutico legalmente autorizado a desenvolver atividade. Assim, desenvolve procedimentos técnicos típicos da profissão correspondente, embora não seja habilitado para tanto. Essa, aliás, é a principal distinção entre esse tipo penal e o do curandeirismo, em que o sujeito ativo é ignorante e simplório, desconhece os procedimentos técnicos e se vale de meios grosseiros. Deve-se verificar a idoneidade da conduta para causar ao menos perigo à saúde de pessoas indeterminadas, razão pela qual a mera falta de registro, tendo o sujeito diploma reconhecido, deve ser considerada atípica (SILVEIRA; REALE JÚNIOR, 2016, p. 569).

Já o segundo comportamento incriminado exige que o médico, farmacêutico ou dentista atue excedendo os limites de sua profissão. Assim, se um dentista realizar uma cirurgia abdominal no paciente, incorre nesse tipo penal.

As duas modalidades se apresentam como normas penais em branco. Dependem, assim, da regulamentação relativa à autorização e aos limites para o exercício de cada profissão, que geralmente exige não apenas o registro do diploma no Ministério da Educação, como também a inscrição em conselho profissional. Se essa legislação permitir a prática de alguns atos por estudante ou estagiário, essa atuação nos limites legais não configurará, obviamente, prática criminosa.

Mas não é qualquer infringência a regras profissionais que caracteriza esse delito, devendo tratar-se de regras que se refiram diretamente aos requisitos para exercer a profissão. Assim, se o médico, dentista ou farmacêutico está inadimplente com seu respectivo conselho profissional, não há que se falar em caracterização do tipo penal. Da mesma forma, os limites profissionais a serem considerados na segunda conduta incriminada são aqueles materiais, não se aplicando, por exemplo, a ausência de inscrição secundária (nos termos do art. 18, § 2º, da Lei n.

3.268/57) prevista para o médico que passa a exercer, de modo permanente, atividade em Estado distinto daquele em que está inscrito.

A atuação de parteiras ou doulas, que não se apresentem como médicas, não configura o delito, já que a assistência ao parto normal é considerada ato médico compartilhado (e não exclusivo ou privativo).

No que se refere à conduta de médico que se diz especialista em determinada área sem o ser, não configura o delito (na segunda parte do tipo), porque em nosso país a especialização é meramente facultativa, sendo que o médico cujo diploma esteja registrado e que esteja inscrito em seu conselho pode praticar qualquer ato médico, estando evidentemente sujeito a responsabilidade civil, profissional e criminal. Assim, essa conduta deve ser sancionada apenas no âmbito profissional[256].

As duas condutas previstas no tipo exigem habitualidade, ou seja, reiteração. Isso decorre do uso do verbo "exercer" (bem como do *nomen juris* deste tipo, que se refere a "exercício"), que alude a uma atividade que se repete no tempo. Portanto, a prática de ato(s) isolado(s) não configurará o delito. Por outro lado, a prática de uma série de atos exclusivos de médico, de dentista ou de farmacêutico, mesmo que com relação a um só paciente, configurará a conduta.

A redação típica deixa claro que mesmo o exercício gratuito é incriminado. Se houver intuito de obter lucro, aplica-se a figura qualificada, punindo-se o agente também com multa.

O crime se caracteriza apenas dolosamente, não havendo modalidade culposa. O sujeito deve conhecer e querer a prática da conduta, sendo que o erro quanto a normas profissionais que complementam o tipo penal excluirá o dolo e, por via de consequência, a aplicação deste artigo. Conforme já apontado, se houver também a intenção de obter lucro (elemento especial do tipo subjetivo), aplica-se a figura qualificada do parágrafo único.

Por se tratar de crime habitual, a consumação ocorre com a reiteração de condutas, não sendo possível a tentativa. A mera prática eventual de uma das condutas previstas não configura o delito. Importante observar que Delmanto et al. exigem, para a configuração do crime, que se coloque em perigo o bem jurídico concretamente (2022, p. 975).

Admite-se que, em casos de urgência ou em regiões sem profissionais habilitados, o exercício da medicina, arte farmacêutica ou dentária por quem não é habilitado seja justificado pelo estado de necessidade, não configurando crime (SILVEIRA; REALE JÚNIOR, 2016, p. 571).

Quanto ao conflito aparente de normas, se se tratar de outras profissões que não a medicina, arte farmacêutica ou dentária, aplica-se a contravenção penal prevista no art. 47 da Lei das Contravenções Penais. Quanto à distinção com o crime de curan-

---

[256] Contrariamente, *vide* Bitencourt (2021, p. 231-232).

deirismo, em geral aponta-se a rudeza do agente, que caracterizaria o curandeiro, mas não quem exerce ilegalmente as profissões aqui examinadas – que seria, diferentemente, pessoa que tem conhecimentos técnicos e consegue enganar o paciente, embora atue sem autorização. Caso o profissional tenha tido sua autorização suspensa ou cassada judicialmente, o tipo penal a ser aplicado é aquele do art. 359, do Código Penal.

Importante, por fim, repisar que se trata de figura muito ampla, que permite aplicações distantes de qualquer colocação em perigo do bem jurídico. Por isso, o cuidado na interpretação é fundamental, devendo-se buscar restringir o alcance do tipo quando se tratar de mera desobediência formal sem outras consequências, como, por exemplo, o caso de médico formado pela Universidade de Coimbra, que exerceu a medicina no Brasil sem registro no conselho respectivo (TACRIM RJ, Apelação 887.993/0, rel. Ciro Campos, j. 14-3-1995). Além de haver norma que reconhece o diploma (Decreto n. 62.646/68), trata-se de universidade de grande renome e qualidade, podendo-se dizer ausente qualquer aptidão da conduta em colocar em perigo a saúde de pacientes. Além disso, o fato de o agente ser estrangeiro aumenta a probabilidade de ocorrência de erro quanto às normas regulamentares da profissão, a justificar possível afastamento do dolo.

Considerações finais

Quanto ao resultado morte ou lesão corporal de natureza grave, *vide* anotações aos arts. 258 e 285.

Charlatanismo

Art. 283. Inculcar ou anunciar cura por meio secreto ou infalível:

Pena – detenção, de 3 (três) meses a 1 (um) ano, e multa.

Bibliografia: BITENCOURT, Cezar Roberto. *Tratado de direito penal:* parte especial: dos crimes contra a dignidade sexual até dos crimes contra a fé pública. 15. ed. rev. e atual. São Paulo: Saraiva, 2021. v. 4. *E-book*; COSTA JÚNIOR, Paulo José da. *Curso de direito penal:* parte especial. 2. ed. São Paulo: Saraiva, 1992. v. 3; DELMANTO, Celso et al. *Código Penal comentado:* acompanhado de comentários, jurisprudência, súmulas em matéria penal e legislação complementar. 10. ed. rev., atual. e ampl. São Paulo: Saraiva, 2022; FRAGOSO, Heleno Cláudio. *Lições de direito penal:* parte especial. 5. ed. Rio de Janeiro: Forense, 1986; GRECO, Luís. "Princípio da ofensividade" e crimes de perigo abstrato – uma introdução ao debate sobre o bem jurídico e as estruturas do delito. *Revista Brasileira de Ciências Criminais*, São Paulo, v. 12, fasc. 49, p. 89-147, jul./ago. 2004; HUNGRIA, Nélson. *Comentários ao Código Penal:* Decreto-lei n. 2.848, de 7 de dezembro de 1940 – arts. 250 a 361. 2. ed. Rio de Janeiro: Forense, 1959. v. IX; NORONHA, E. Magalhães. *Direito penal*. 10. ed. São Paulo: Saraiva, 1977. v. 3; PIERANGELI, José Henrique. *Manual de direito penal brasileiro*: parte especial, arts. 121 a 361. São Paulo: RT, 2007. v. 2; PRADO, Luiz Regis; CARVALHO, Érika Mendes de; CARVALHO, Gisele Mendes de. *Curso de* *direito penal brasileiro*. 13. ed. rev. atual. e ampl. São Paulo: RT, 2014; SCHRITZ-MEYER, Ana Lúcia Pastore. Direito e antropologia: uma história de encontros e desencontros: julgamentos de curandeirismo e charlatanismo (Brasil – 1900/90). *Revista Brasileira de Ciências Criminais*, São Paulo, v. 5, n. 18, p. 135-145, abr./jun. 1997; SCHRITZMEYER, Ana Lúcia Pastore. *Sortilégio de saberes*: curandeiros e juízes nos tribunais brasileiros: 1900-1990. São Paulo: IBCCRIM – Instituto Brasileiro de Ciências Criminais, 2004. v. 29.

Considerações gerais

Trata-se de crime cujo bem jurídico tradicionalmente apontado pela doutrina é a incolumidade pública, em sua vertente de saúde pública. Contudo, aqui se entende que o bem jurídico-penal correspondente é a saúde individual, colocada abstratamente em perigo de forma coletiva, isto é, a saúde individual, de pessoas indeterminadas, colocada em perigo.

Em termos de política criminal, esse crime deveria ser riscado de nossa legislação. Em primeiro lugar, porque representa uma antecipação exagerada da tutela penal, já que a conduta incriminada está muito distante da efetiva colocação em perigo da saúde de um número indeterminado de pessoas. Em segundo lugar, essa figura acarreta sérios problemas para a liberdade religiosa, especialmente em sua vertente de liberdade de culto, assim como as liberdades de crença e consciência. Praticamente todas as religiões propagam a cura para doenças por meio de atuações espirituais – que apresentam, portanto, um aspecto oculto ou místico, o que pode ser descrito como meio secreto.

E, por fim, esse crime desrespeita a autonomia que cada pessoa tem de decidir como tratar suas próprias doenças. A saúde e a integridade física devem ser consideradas bens disponíveis, podendo o paciente decidir como lidar com os males que lhe acometem. Essa filosofia, aliás, informa centralmente a Bioética, que se funda na autonomia do paciente, desde que devidamente informado. Optar por curas espirituais ou ocultas deve ser um direito de quem padece de doença. Assim, somente casos que envolvam fraudes graves e colocação efetiva da saúde individual em perigo concreto deveriam ser considerados como passíveis de intervenção penal, diferentemente da escolha feita pelo legislador no presente tipo penal.

Considerações nucleares

Qualquer pessoa pode praticar esse delito, inclusive médicos ou outros profissionais com conhecimento técnico. O comportamento proibido consiste em inculcar (indicar ou apregoar) ou anunciar (fazer público) a cura de uma doença por meio secreto ou infalível. O legislador mencionou cura, portanto anunciar meios infalíveis ou secretos de alívio de sintomas, mas não de cura da doença, não se enquadram no tipo. A doença deve ser humana, não abrangendo doenças que acometam, por exemplo, animais de estimação.

Cuida-se de crime de forma vinculada, que só pode ser praticado por meio da indicação ou anúncio de meio secreto (oculto) ou infalível (de garantida eficiência). Assim, anúncios de meios altamente eficazes ou comprovadamente eficazes não caracterizam este crime.

Apesar do *nomen juris* escolhido pelo legislador dar a entender que se trataria de conduta reiterada (charlatanismo), não se exige a habitualidade da conduta, bastando uma só prática para a consumação. Entretanto, tanto a doutrina quanto a jurisprudência brasileiras (e. g. DELMANTO et al., 2022, p. 977; Superior Tribunal de Justiça, HC 1498-3/RJ, rel. Ministro Vicente Cernicchiaro, 6ª Turma, j. 18-12-1992) têm exigido ao menos o perigo de dano à saúde para a configuração do crime, por meio, por exemplo, da probabilidade de abandono do tratamento médico devido. Embora não seja necessário o convencimento de uma pessoa específica para a configuração do delito, é fundamental a idoneidade da conduta para convencer, já que, se ausente, haverá crime impossível.

No âmbito subjetivo, apenas se caracteriza o crime se praticado com dolo, que exigirá a consciência da ineficácia do método apresentado como secreto ou infalível. O agente deve atuar com má-fé, sabendo que falseia a realidade. Esse seria, também, o mais importante traço a distinguir esse crime do exercício ilegal da medicina, arte dentária ou farmacêutica.

Não se exige qualquer intuito de lucro e o legislador não previu figura qualificada diante de tal intenção, como fizera quanto ao art. 282. Deve-se, todavia, recordar que, caso haja o intuito de lucro, a obtenção de vantagem indevida e o prejuízo da vítima, pode se caracterizar o estelionato descrito no art. 171 do CP, absorvendo a conduta ora analisada.

Quanto ao concurso aparente de normas, costuma-se apontar que a principal forma de diferenciar essa figura do art. 283 daquelas dos arts. 282 e 284 reside na crença do sujeito ativo na cura da doença. Aqui, o agente não apenas não acredita que o meio irá trazer a cura como também sabe sobre sua ineficiência, e o propala apesar disso. Nos outros tipos citados, o sujeito ativo acredita que conseguirá curar o doente.

O intérprete deste tipo deve ser particularmente cuidadoso para não violar a liberdade religiosa, bem como as de crença e de consciência. A aplicação dessa figura deve ceder sempre que puder interferir em tais liberdades, sobretudo em casos sem colocação em perigo concreto da saúde de diversas pessoas. Nesse sentido, o Superior Tribunal de Justiça já afirmou que essa figura deve ser interpretada como crime de perigo concreto, e deve respeitar, por conseguinte, a liberdade religiosa (HC 1498-3/RJ, rel. Ministro Vicente Cernicchiaro, 6ª Turma, j. 18-12-1992).

Considerações finais

Quanto ao resultado morte ou lesão corporal de natureza grave, *vide* anotações aos arts. 258 e 285.

Curandeirismo

Art. 284. Exercer o curandeirismo:

I – prescrevendo, ministrando ou aplicando, habitualmente, qualquer substância;

II – usando gestos, palavras ou qualquer outro meio;

III – fazendo diagnósticos:

Pena – detenção, de 6 (seis) meses a 2 (dois) anos.

Parágrafo único. Se o crime é praticado mediante remuneração, o agente fica também sujeito à multa.

Bibliografia: BITENCOURT, Cezar Roberto. *Tratado de direito penal*: parte especial: dos crimes contra a dignidade sexual até dos crimes contra a fé pública. 15. ed. rev. e atual. São Paulo: Saraiva, 2021. v. 4. *E-book*; COSTA JÚNIOR, Paulo José da. *Curso de direito penal:* parte especial. 2. ed. São Paulo: Saraiva, 1992. v. 3; DELMANTO, Celso et al. *Código Penal comentado:* acompanhado de comentários, jurisprudência, súmulas em matéria penal e legislação complementar. 10. ed. rev., atual. e ampl. São Paulo: Saraiva, 2022; FRAGOSO, Heleno Cláudio. *Lições de direito penal:* parte especial. 5. ed. Rio de Janeiro: Forense, 1986; GRECO, Luís. "Princípio da ofensividade" e crimes de perigo abstrato – uma introdução ao debate sobre o bem jurídico e as estruturas do delito. *Revista Brasileira de Ciências Criminais*, São Paulo, v. 12, fasc. 49, p. 89-147, jul./ago. 2004; HUNGRIA, Nélson. *Comentários ao Código Penal:* Decreto-lei n. 2.848, de 7 de dezembro de 1940 – arts. 250 a 361. 2. ed. Rio de Janeiro: Forense, 1959. v. IX; LUZÓN PEÑA, Diego-Manuel. Problemas del intrusismo en el derecho penal. *Anuario de derecho penal y ciencias penales,* Madrid, v. 38, n. 3, p. 669-701, set./dez. 1985; MORAES FILHO, Antonio Evaristo de; LAVIGNE, Arthur; RIBEIRO, Paulo Freitas. Crime de curandeirismo e liberdade de culto (trabalho forense). *Revista Brasileira de Ciências Criminais,* São Paulo, v. 1, n. 2, p. 255-277, abr./jun. 1993; NORONHA, E. Magalhães. *Direito penal*. 10. ed. São Paulo: Saraiva, 1977. v. 3; PIERANGELI, José Henrique. *Manual de direito penal brasileiro*: parte especial, arts. 121 a 361. São Paulo: RT, 2007. v. 2; PRADO, Luiz Regis; CARVALHO, Érika Mendes de; CARVALHO, Gisele Mendes de. *Curso de direito penal brasileiro.* 13. ed. rev. atual. e ampl. São Paulo: RT, 2014; SILVEIRA, Renato de Mello Jorge; REALE JÚNIOR, Miguel. Dos crimes contra a saúde pública. REALE JÚNIOR, Miguel (Coord.). *Direito penal:* jurisprudência em debate. São Paulo: Saraiva, 2016; SCHRITZMEYER, Ana Lúcia Pastore. Direito e antropologia: uma história de encontros e desencontros: julgamentos de curandeirismo e charlatanismo (Brasil – 1900/90). *Revista Brasileira de Ciências Criminais,* São Paulo, v. 5, n. 18, p. 135-145, abr./jun. 1997; SCHRITZMEYER, Ana Lúcia Pastore. *Sortilégio de saberes:* curandeiros e juízes nos tribunais brasileiros: 1900-1990. São Paulo: IBCCRIM – Instituto Brasileiro de Ciências Criminais, 2004. v. 29.

Considerações gerais

Também quanto a esse tipo penal, a doutrina costuma apontar como bens jurídicos a incolumidade pública e a saúde pública. Reiteramos, nesse ponto, as críticas já feitas no item "Considerações gerais" do crime de epidemia (art. 267).

Sob o ponto de vista político-criminal, trata-se de figura que deveria ser descriminalizada. Assim como observado quanto ao crime de charlatanismo, há excessiva antecipação da tutela penal, incriminando-se figura distante da efetiva lesão à saúde individual de pessoas indeterminadas. Além disso, há imensas áreas de colidência com as liberdades religiosa, de crença e de consciência. Especialmente num país com tantos conhecimentos tradicionais, utilizados largamente por grupos da população há muitos anos, essa incriminação se mostra ainda mais indevida. E, por fim, há um claro desrespeito à autonomia e à vontade do doente, que deveria ter observada sua liberdade de escolha quanto ao tratamento que será adotado. A saúde e a integridade física são bens tidos hoje, majoritariamente, como disponíveis, razão pela qual a autonomia é um dos pilares da Bioética. À exceção de casos específicos, só o paciente pode decidir como será tratado – o que deve englobar, também, o direito a não ser tratado pelos métodos convencionais e a escolha por métodos outros, mesmo aqueles não comprovados. Por fim, a reiterada interpretação no sentido de que o sujeito ativo do curandeirismo é pessoa ignorante e rude traz um ranço de direito penal do autor, sendo mais um motivo para se advogar pela descriminalização desta conduta.

Considerações nucleares

A doutrina aponta que o sujeito ativo do crime de curandeirismo deve ser alguém sem conhecimentos científicos, ignorante e rude[257]. Assim, médicos não poderiam praticar esse crime, salvo na condição de partícipe. O agente, em geral, não atuaria com má-fé no que se refere a buscar a cura do doente (BITENCOURT, 2021, p. 236); mas se valeria da crendice popular.

O comportamento proibido refere-se a exercer o curandeirismo, por meio de determinadas formas estabelecidas pelo tipo. O emprego do verbo "exercer" deixa clara a exigência de habitualidade para a configuração do delito, em todas as suas formas (e não, como pode parecer à primeira vista, apenas na hipótese do inciso I, que menciona expressamente a habitualidade). Curandeirismo seria o uso de métodos para a cura de doenças sem conhecimentos técnicos ou respaldo científico tradicional.

Trata-se de crime de forma vinculada, que apenas se configura se praticado pelos meios descritos no tipo, quais sejam: I – prescrevendo, ministrando ou apli-

---

[257] Também nossa jurisprudência exige tais características do sujeito ativo. Como exemplo, vide Supremo Tribunal Federal, HC 85.718, rel. Ministro Cezar Peluso, 2ª Turma, DJE 5-12-2008.

cando, habitualmente, qualquer substância; II – usando gestos, palavras ou qualquer outro meio; III – fazendo diagnósticos.

Não é necessária a lesão, nem a colocação em perigo concreto da saúde de um número indeterminado de pessoas, já que esta figura é de perigo abstrato. Deve-se exigir a idoneidade da conduta concreta para a colocação em perigo ou lesão. Há quem defenda dever-se verificar o perigo concreto para a aplicação desta norma (DELMANTO et al., 2022, p. 978).

Consoante já afirmado, trata-se de crime habitual, que somente se consuma com a prática reiterada de condutas. Não cabe, pois, tentativa, sendo que a prática eventual de uma ou mais condutas não caracteriza o crime.

Quanto ao elemento subjetivo, exige-se o dolo, que deve abranger não apenas a prática reiterada da(s) conduta(s) descrita(s) nos incisos, como também o conhecimento e vontade de exercer o curandeirismo, buscando-se a cura de doenças por meios não reconhecidos cientificamente. Não há previsão de modalidade culposa. A vontade de praticar a conduta no âmbito do exercício de prática religiosa ou de usar conhecimentos tradicionais ou culturalmente aceitos não configura o elemento subjetivo deste crime.

É fácil perceber que o âmbito de incidência desse tipo penal coincide, em larga margem, com o de exercício de liberdades de culto, crença ou de religião, além daquele relativo ao uso tradicional ou indígena de métodos de cura. Assim, ministrar ervas naturais para determinadas doenças poderia configurar, formalmente, o tipo, tal como o uso de chás de carqueja, de boldo, dentre outros, tão tradicionais para o tratamento de problemas digestivos. Da mesma forma, o uso de "passes"[258], rezas, novenas e afins, caso tenham finalidade curativa, também poderia configurar o crime. Desses poucos exemplos, nota-se que delimitar o âmbito da prática criminosa daquilo que é expressão da liberdade religiosa, de crença ou consciência, ou utilização de costumes ou conhecimentos tradicionais é extremamente difícil. Até por isso, como observa Bitencourt, "não foram poucos os casos de perseguição à liberdade de culto e de religião sob a alegação de que estava sendo praticado o crime de curandeirismo" (2021, p. 236).

Diante disso, as propostas doutrinárias no sentido de que nos limites da liberdade religiosa não se configura o crime (como quando a conduta se destinar a apaziguar o sofrimento da alma, consoante leciona Bitencourt – 2021, p. 237) ou de que o elemento subjetivo só se caracteriza quando forem extrapolados os limites da liberdade religiosa não são satisfatórias para garantir uma aplicação do tipo sem graves fricções com as liberdades já mencionadas. Além disso, distinguir o que é destinado a acalmar a alma e o que se volta a curar o corpo consiste em critério por

---

[258] Sobre o tema, *vide* Silveira; Reale Júnior (2016, p. 578 e s.).

demais tênue[259], especialmente se diante de práticas religiosas ou espirituais holísticas. D'outro lado, a figura do curandeirismo distancia-se muito da efetiva ofensa ao bem jurídico que pretende proteger, apresentando, assim, desvalor de resultado muito baixo e não se justificando diante das colidências que apresenta com importantes liberdades fundamentais.

Infelizmente, nossa jurisprudência nem sempre procede a um balanceamento da aplicação do tipo com as liberdades envolvidas[260], o que apenas reforça a necessidade de descriminalização desta conduta, apesar de haver decisões que se preocupam com essa questão[261].

Se a prática for realizada mediante remuneração, aplica-se também a pena de multa, prevista no parágrafo único. Se a conduta se voltar a vítima determinada, que tenha sido iludida por fraude, sofrendo prejuízo e gerando ao agente vantagem indevida, configura-se o estelionato.

Para distinguir este tipo penal daqueles previstos nos arts. 282 e 283, a doutrina aponta as características do sujeito ativo. No exercício ilegal da medicina, arte dentária e farmacêutica, o sujeito não detém autorização para agir, mas possui conhecimentos técnicos. No charlatanismo, o agente sabe que está diante de meio ineficaz para a cura da doença. Já no curandeirismo, o agente deve ser pessoa ignorante e inculta. Com relação a esse último ponto, repise-se que se trata de ranço de direito penal do autor. É bastante questionável, inclusive, a presença do elemento subjetivo exigido pelo tipo em tais casos, porque se o sujeito ativo é rude, provavelmente acredita na cura da doença pelo meio que pratica.

---

[259] De modo semelhante, Silveira e Reale Júnior aduzem que "o perigo à saúde consistente em se adiar por via da ação do curandeiro a ida ao médico, sendo a prática de curandeirismo um obstáculo ao atendimento por especialista, só tem sentido se o consulente apresenta uma doença que exige a interferência de médico ou dentista. A pretensa doença pode ser de caráter psicossomático, uma simples dor de cabeça, ou um resfriado, em relação aos quais não se apresenta qualquer perigo ao consulente. Outra forma de perigo consiste na substância prescrita que pode trazer em si um risco" (2016, p. 575).

[260] *Vide*, por exemplo, a seguinte decisão, que afirma bastar, para a configuração do delito, a prática de ministrar substância sem base científica. *Curandeirismo – Alegação de mediunidade por acusado que se propõe a tratar doenças alheias – Isenção de pena ou afastamento da culpa – Impossibilidade.* A simples invocação de mediunidade não tem, nem poderia ter, o condão de isentar a ré de pena ou espionar a sua culpa em relação a prática do delito conhecido por curandeirismo, pois a objetividade jurídica desse tipo penal é a saúde pública. À configuração desse delito basta que o infrator ministre qualquer substância cujo objetivo seja, sem base científica alguma, curar doenças alheias. É o curandeiro, no dizer de Hungria, um indivíduo inculto, ou sem qualquer habilitação profissional que se mete a curar com o mais grosseiro empirismo. Recurso defensório a que se dá parcial provimento (TACRIM-SP, Ap. 1311793-2, 11ª Câmara, rel. Fernandes de Oliveira, julgado em 10-6-2002).

[261] HC 1.498-3/RJ, rel. Ministro Vicente Cernicchiaro, 6ª Turma, julgado 18-12-1992.

Considerações finais

Quanto ao resultado morte ou lesão corporal de natureza grave, *vide* anotações aos arts. 258 e 285.

Forma qualificada

Art. 285. Aplica-se o disposto no art. 258 aos crimes previstos neste Capítulo, salvo quanto ao definido no art. 267.

Vide as observações já traçadas sobre o art. 258, bem como as menções, nas "Considerações finais" dos arts. 272 e 273, à falta de proporção das penas para as figuras culposas.

TÍTULO IX
DOS CRIMES CONTRA A PAZ PÚBLICA

Incitação ao crime

Art. 286. Incitar, publicamente, a prática de crime:
Pena – detenção, de 3 (três) a 6 (seis) meses, ou multa.

Parágrafo único. Incorre na mesma pena quem incita, publicamente, animosidade entre as Forças Armadas, ou delas contra os poderes constitucionais, as instituições civis ou a sociedade.

Bibliografia: BITENCOURT, Cezar Roberto. *Tratado de direito penal.* 12. ed. rev. e atual. São Paulo: Saraiva, 2018. v. 4; CAMARGO, Beatriz Côrrea. Arts. 29 a 31. In: ANDERSON, Luciano de Souza (Coord.). *Código penal comentado.* São Paulo: Thomson Reuters, 2020; CANCIO MELIÁ, Manuel. El injusto de los delitos de organización: peligro y significado. In: CANCIO MELIÁ, Manuel e SILVA SÁNCHEZ, Jesús-María. *Delitos de organización.* Montevideo: B. de F., 2008; CAVALIERI, Antonio. Tipicità ed offesa nei reati associative. In: PALAIANO, Vicenzo (a cura di). *Nuove strategie per la lotta al crimine organizzato transnazionale.* Torino: Giapichelli, 2003; ESTELLITA, Heloisa e GRECO, Luís. Empresa, quadrilha (art. 288 do CP) e organização criminosa. Uma análise sob a luz do bem jurídico tutelado. *Revista Brasileira de Ciências Criminais*, São Paulo, v. 19, n. 91, p. 393-409, jul./ago. 2011; FRAGOSO, Heleno Cláudio. *Lições de direito penal*: parte especial. 6. ed. Rio de Janeiro: Forense, 1988. v. II; GRECO, Luís. Existem critérios para a postulação de bens jurídicos coletivos? In: MACHADO, Marta Rodriguez de Assis e PÜSCHEL, Flavia Portella (Org.). *Responsabilidade e pena no Estado democrático de direito:* desafios teóricos, políticas públicas e o desenvolvimento da democracia. São Paulo: FGV Direito SP, 2016. p. 433-456; HUNGRIA, Nélson. *Comentários ao Código Penal*: Decreto-lei n. 2.848, de 7 de dezembro de 1940 – arts. 250 a 361. Rio de Janeiro: Forense, 1958; JAKOBS, Günther. Criminalización en el estadio previo a la lesión de un bien jurídico. Trad. Enrique Peñarada Ramos. In: JAKOBS, Günther.

Estudios de Derecho Penal. Madri: UAM Ediciones, 1997. p. 293-324; NUCCI, Guilherme de Souza. *Curso de direito penal*: parte especial – arts. 213 a 361 do Código Penal. 3. ed. Rio de Janeiro: Forense, 2019. v. 3; NUCCI, Guilherme de Souza. *Manual de direito penal*. 10. ed. rev., atual. e ampl. Rio de Janeiro: Forense/GEN, 2014; PRADO, Luiz Regis. *Tratado de direito penal brasileiro*: parte especial (arts. 250 a 361). 3 ed. rev., atual. e ampl. Rio de Janeiro: Forense, 2019. v. 3; PRADO, Luiz Regis. *Curso de direito penal brasileiro*. 13. ed. rev., atual. e ampl. São Paulo: RT, 2014; REALE JÚNIOR, Miguel (Coord.). *Direito penal*: jurisprudência em debate. São Paulo: GZ, 2012. v. 3; WUNDERLICH, Alexandre. *Crime político, segurança nacional e terrorismo*. São Paulo: Tirant lo Blanch, 2020.

Considerações gerais

A figura inaugura o Título IX – Dos crimes contra a paz pública. Como a primeira autora disse em outra sede com Greco, a paz pública não pode ser entendida como bem jurídico coletivo capaz de justificar incriminações, pois sua afetação sempre depende da ofensa a outro bem jurídico, geralmente de natureza individual (ESTELLITA; GRECO, 2011, p. 399-400)[262]. Trata-se, portanto, de falso bem jurídico coletivo, pois sua afetação não tem conteúdo de desvalor adicional, não passando pelo denominado *teste da não* especificidade[263]. Utilizá-lo como razão para fundamentar incriminações pode mascarar o fato de que se trata de antecipação da tutela penal, obscurecendo, assim, a avaliação da necessária proporcionalidade da pena.

Dessa forma, os crimes definidos neste título justificam-se em função de tutela antecipada dos bens jurídicos que poderão vir a ser lesionados pelos crimes objeto da incitação, da apologia etc. (arts. 286 a 288-A). Reconhecendo-os como crimes de perigo abstrato, consegue-se fornecer parâmetros para eventual crítica quanto à desproporcionalidade das sanções cominadas[264].

---

[262] Cf., especialmente, p. 398-403; cf. notas 15 e 16, para farta bibliografia acerca dos diversos entendimentos sobre o bem jurídico protegido pelas incriminações ligadas às associações criminosas. A par da bibliografia já indicada, merece leitura o artigo de Cavalieri (2003).

[263] Greco enuncia esse teste da seguinte forma: "não é permitido postular um bem jurídico como objeto de proteção de uma determinada norma penal se a afetação desse bem necessariamente pressupõe a simultânea afetação de um bem individual" (2016, p. 446). Para mais detalhes sobre esse e os demais testes para detectar falsos bens jurídicos coletivos, cf. Greco (2016, p. 440-446).

[264] Entendendo que esse tipo penal tutela a paz pública como bem jurídico coletivo, cf. Prado (2019, p. 245); Nucci (2019, p. 532) e Bitencourt (2018, p. 427). Bitencourt chama a atenção para as diferentes orientações sobre o bem jurídico tutelado por esse tipo penal. Alguns diplomas legais apresentam orientação objetiva, destacando que a proteção é da "ordem pública" enquanto um estado de cumprimento das normas jurídicas, e outros, como o Código Penal brasileiro, apresentam orientação subjetiva, destacando que a proteção é da "paz pública" enquanto sensação psicológica dos cidadãos de que as normas

Considerações nucleares

Incitar é estimular, impelir, encorajar, provocar[265]. A incitação tem por objeto a prática de crime e não de mera contravenção penal ou de algum fato imoral, mas não proibido pelo Direito Penal (PRADO, 2019, p. 246). A limitação do objeto da conduta somente aos crimes é salutar, pois, tratando-se de tipo penal de perigo abstrato, que representa antecipação da tutela penal, ao menos se restringe às infrações penais mais graves. A gravidade do crime para o qual o agente incita não compõe a descrição típica, mas deverá se refletir na pena, já que, na linha de consideração quanto ao bem jurídico protegido, a incitação a um crime contra a vida deverá ser apenada mais severamente do que a incitação à prática de um crime de furto, por exemplo. O crime objeto da incitação tem de ser *determinado*, em contraposição ao mero encorajamento à prática genérica de crimes, sendo este um dos elementos que auxilia na necessária distinção entre a manifestação pública contra determinadas figuras penais (v., adiante, comentários ao art. 287), que é legítima, e a configuração desse crime.

A incitação de fato criminoso determinado precisa ser feita de forma *pública*. O requisito da publicidade demanda que a incitação seja acessível e percebida por um número indeterminado de pessoas[266], ainda que dirigida a certa pessoa (PRADO, 2019, p. 246). Qualquer meio que torne a mensagem pública é apto a veicular a incitação, o que pode se dar em uma reunião aberta, em uma veiculação na mídia, em sítios eletrônicos, postagens em redes sociais ou mensagens em grupos em aplicativos de mensageria eletrônica.

A publicidade, ademais, permite diferenciar essa figura da mera prática da instigação como forma de participação em um crime, cuja punibilidade depende do início da tentativa pelo autor (art. 31 do CP)[267]. A publicidade da incitação marca a autonomia da figura. A incitação de uma só pessoa configurará mera participação por instigação e somente tornará o agente punível nessa qualidade se o crime objeto da instigação for ao menos tentado.

---

jurídicas estão sendo cumpridas (2018, p. 424-425). Tanto a orientação objetiva quanto a subjetiva padecem dos mesmos problemas apontados anteriormente. Para uma crítica das duas orientações, cf. Cancio Meliá (2008, p. 59).

[265] Análise crítica sobre o significado do verbo nuclear do tipo pode ser encontrada em Reale Júnior (2012, v. 3, p. 181-183).

[266] A discussão sobre esse pressuposto está contemplada em Reale Júnior (2012, v. 3, p. 184-186). No julgamento do Inq. 3.811/DF, a Primeira Turma do STF entendeu que a conduta de um deputado de estimular 14 pessoas, durante reunião em um restaurante, a cometer crimes eleitorais não configuraria o crime de incitação pela ausência de publicidade (STF, Inq. 3.811/DF, 1ª Turma, rel. Min. Marco Aurélio, j. 24-11-2015).

[267] Conforme explica Camargo, a marca do injusto do partícipe é sua acessoriedade em relação ao injusto do autor (2020, p. 157), entre nós objeto de expressa exigência no art. 31 do CP. No mesmo sentido, cf. Bitencourt (2018, p. 428).

A conduta proibida é a de estimular, publicamente, a prática de crime determinado. Não basta mera menção à pratica de crime, pois é necessário que a mensagem, ainda que gestual, tenha o claro sentido de incutir a ideia de realizar a conduta criminosa determinada em seus destinatários[268]. Aqui a chave para apartar essa prática criminosa do lícito exercício da liberdade de expressão.

O crime é doloso. Portanto, o autor da incitação deve ter conhecimento de que está estimulando terceiros à prática de fatos criminosos determinados. Se, por exemplo, o indivíduo incitar alguém a praticar crime determinado sem saber que sua fala está sendo transmitida publicamente ou então desconhece que sua fala foi gravada ou filmada e, posteriormente, terceiro torna-a pública sem que o autor tenha conhecimento, estaremos diante de conduta atípica por ausência de dolo em razão de erro de tipo (art. 20 do CP)[269].

O crime se consuma no momento em que a mensagem de estímulo para a prática do fato criminoso determinado se torna pública, isto é, se torna perceptível para um número indeterminado de pessoas. Com relação à admissibilidade da tentativa, existe divergência. Há quem se posicione pela inadmissibilidade, sob argumentação de ilegitimidade de tutela penal tão antecipada (BITENCOURT, 2018, p. 432-433). E há quem a admita, sob argumento naturalístico de possibilidade de fracionamento da conduta (PRADO, 2019, p. 247; NUCCI, 2019, p. 533). Como dito, a efetiva prática do crime objeto da incitação é irrelevante para a consumação desse crime. Porém, caso uma conduta criminosa determinada que foi objeto da incitação chegue, ao menos, à fase da tentativa, o autor do crime de incitação poderá ser responsabilizado também pela participação no crime efetivamente tentado (arts. 29 e 31 do CP), desde que presentes os pressupostos de responsabilidade para a imputação a título de participação. Nesse caso, haverá concurso formal (art. 70 do CP) entre o crime de incitação e a participação no crime tentado objeto da incitação.

Tendo em vista a regra da especialidade, a incitação de certos crimes afasta a incidência desse tipo penal. É o que sucede, por exemplo, na incitação à prática de genocídio, criminalizada pelo art. 3º da Lei n. 2.889/56, e na incitação à pratica da discriminação ou preconceito de raça, cor, etnia, religião ou procedência nacional, criminalizada pelo art. 20 da Lei n. 7.716/89, com pena de um a três anos e multa.

---

[268] Camargo, ao tratar do conceito de instigação no concurso de agentes, afasta a teoria causal, segundo a qual seria considerado instigador todo indivíduo que causa a resolução criminosa no autor (2020, p. 169-170). A autora define a responsabilidade por instigação como uma razão normativa do autor do crime, de modo que o instigador será aquele que se responsabiliza por um dos motivos que o autor do crime tem para agir (2020, p. 172).

[269] Também destacando a necessidade de o dolo do agente abranger a publicidade das declarações, cf. Bitencourt (2018, p. 430-431).

Há figuras que se assemelham ao crime de incitação, mas com ele não se confundem, como sucede com o crime de instigação ao uso indevido de drogas (art. 33, § 2º, da Lei n. 11.343/2006), o crime de instigação ao suicídio (art. 122 do CP), o crime de favorecimento da prostituição (art. 228 do CP) e o crime de corrupção ativa (art. 333 do CP). Essas figuras típicas criminalizam de forma autônoma condutas de participação, pois exigem que a instigação ou o auxílio se dê a determinada pessoa e não exigem sua publicidade. Com relação às três primeiras figuras, o objeto da instigação é a prática de condutas que não são crimes.

O tipo penal do parágrafo único do art. 286[270] foi incluído pela Lei n. 14.197/2021, que revogou a Lei n. 7.170/83 (Lei de Segurança Nacional) e acrescentou ao Código Penal o Título XII – Dos crimes contra o Estado Democrático de Direito (cf. os comentários aos dispositivos desse novo título adiante). Tem sua origem no art. 23, III, da Lei n. 7.170/83, mas com significativa redução da resposta penal: de reclusão de um a quatro anos para detenção de três a seis meses.

A redação e a alocação do dispositivo como parágrafo do art. 286 oferecem dificuldades. Na medida em que se trata de um tipo penal incluído pela lei que instituiu os crimes que tutelam o Estado Democrático de Direito, alocados no Código Penal (art. 359-I e s.; cf. comentários adiante), apesar da infeliz alocação, deve-se identificar como bem jurídico tutelado o funcionamento das instituições democráticas, mais especificamente a dimensão institucional do Estado Democrático de Direito[271]. A estrutura desse tipo penal, ou seja, a forma escolhida pelo legislador para proteger o bem jurídico, é de perigo abstrato, pois não se exige a

---

[270] Essa figura típica, no entanto, não é nova no ordenamento jurídico brasileiro. Com pequenas modificações redacionais, tem previsão ao menos desde 1938, por meio do art. 3º, n. 15, do Decreto-lei n. 431/38: "São ainda crimes da mesma natureza: (...) 15) provocar animosidade entre classes armadas, ou contra elas, ou delas contra as instituições civis (...) Pena – 2 a 5 anos de prisão". O último diploma que a manteve em nosso ordenamento – antes de sua introdução no CP – foi a Lei n. 7.170/83, que dispunha, em seu art. 23, III: "Incitar (...) à animosidade entre as Forças Armadas ou entre estas e as classes sociais ou as instituições civis (...) Pena – reclusão, de 1 a 4 anos". Sobre a evolução histórica, cf. Wunderlich (2020, p. 85 e s.).

[271] Leite e Teixeira distinguem três níveis de proteção na tutela penal do Estado Democrático de Direito: o nível individual, que se relaciona com a honra dos indivíduos que representam o Estado; o nível grupal, que se relaciona com os agrupamentos humanos mais vulneráveis; e o nível institucional, que, de acordo com os autores, diz respeito ao "funcionamento de instituições fundamentais ao Estado de Direito (...), de modo que elas desempenhem integralmente o seu mister constitucional" (LEITE; TEIXEIRA, 2021, p. 7). Os autores destacam, ao comentarem o § 90b do Código Penal Alemão (StGB), que a existência do Estado e o funcionamento de suas instituições são bens jurídicos coletivos legítimos, que não se confundem com a mera autoridade Estatal e obediência às ordens, mas que ainda carecem de maior delimitação (LEITE; TEIXEIRA, 2021, p. 36).

efetiva ofensa ao funcionamento das instituições democráticas, mas se antecipa a tutela penal para um momento anterior, de mera incitação à prática de condutas não harmoniosas entre partes determinadas que tenha, ao menos *ex ante*, potencial de atingir esse funcionamento.

O objeto da incitação é a "animosidade" e não a prática de um crime ou contravenção penal, muito embora a conduta proibida (instigar publicamente) seja semelhante à do *caput*. Mas, diferentemente dela, aqui a incitação tem destinatários específicos: os membros das Forças Armadas, definidas no art. 142 e s. da CF.

A incitação tem como objeto a "animosidade". Em uma interpretação literal, animosidade é a disposição ou a determinação diante de obstáculos, perigos; audácia, coragem, ousadia; má vontade; aversão, rancor; ardor em meio a debate[272]. É um com conteúdo semântico amplo que tem o sentido de rivalidade ou desgosto entre duas partes[273]. Ele tem de ser entendido à luz do objeto de tutela dessa figura, como já foi feito em duas ocasiões pelo Supremo Tribunal Federal. Na Pet n. 9.797/STF, o investigado proferiu declarações que, possivelmente, ofenderiam a honra das Forças Armadas, tendo a Corte entendido que essa conduta não configurava o crime. Na Pet n. 9.456/STF, o acusado proferiu declarações em que incentivou uma invasão do STF e também declarações em que incentivou ministros do STF a prenderem um membro das Forças Armadas e, aqui, o STF reconheceu, *prima facie*, a configuração do delito.

A conduta proibida, portanto, é a de estimular membros da Marinha, do Exército ou da Aeronáutica a atitudes hostis entre si ou face aos poderes constitucionais, às instituições civis e à sociedade.

Em princípio, a conduta se assemelha ao que se denomina, no contexto dos crimes contra o Estado Democrático de Direito, de "ataques discursivos"[274], aqueles em que a conduta criminalizada é abstratamente perigosa ao bem jurídico coletivo sem pressupor formas clássicas de ataque (violência, ameaça e coação), mas sim em razão do conteúdo de declarações, que tensiona com a liberdade de expres-

---

[272] *Dicionário Houaiss online*, verbete "animosidade". Disponível em: https://houaiss.uol.com.br/corporativo/apps/uol_www/v6-0/html/index.php#4.

[273] O PL n. 954/2021, apensado ao PL n. 2.462/91, que deu origem à Lei n. 14.197/2021, propunha, entre outras mudanças, a inclusão de parágrafos no art. 23 da Lei de Segurança Nacional, que funcionavam como normas interpretativas, com definições como a de (i) "incitar" como "ato de chamamento, direcionado e de potencial realização, ao ataque das instituições"; e a de (ii) "animosidade" como "conflito que crie impasse nítido e de material risco à estabilidade e à harmonia". Em que pese as definições não auxiliarem muito, trata-se de técnica legislativa prudente, principalmente em um âmbito com problemas de taxatividade dos tipos penais (nesse sentido, LEITE; TEIXEIRA, 2021, p. 36).

[274] Leite e Teixeira definem os ataques discursivos como "manifestações de ideias desacompanhadas das modalidades clássicas de agressão a bens jurídicos como a violência e sua incitação, a ameaça, a coação" (2021, p. 9).

são (LEITE; TEIXEIRA, 2021, p. 9). Isso porque, apesar de ser uma incitação, não se dirige ao estímulo de práticas violentas ou ameaçadoras, mas de práticas desarmoniosas entre instituições, que tenham potencial para colocar em perigo o funcionamento desses componentes do Estado Democrático de Direito[275].

Apologia de crime ou criminoso
Art. 287. Fazer, publicamente, apologia de fato criminoso ou de autor de crime:

Pena – detenção, de 3 (três) a 6 (seis) meses, ou multa.

Bibliografia: BARRETO, Sebastião Silva. Apologia do crime e dos criminosos. *Justitia*, v. 59, 185/188, São Paulo, p. 23-27, jan./dez. 1999; BITENCOURT, Cezar Roberto. *Tratado de direito penal*. 12. ed. rev. e atual. São Paulo: Saraiva, 2018. v. 4; ESTELLITA, Heloisa e GRECO, Luís. Empresa, quadrilha (art. 288 do CP) e organização criminosa. Uma análise sob a luz do bem jurídico tutelado. *Revista Brasileira de Ciências Criminais*, v. 19, n. 91, São Paulo, p. 393-409, jul./ago. 2011; FRAGOSO, Heleno Cláudio. *Lições de direito penal*: parte especial. 6. ed. Rio de Janeiro: Forense, 1988. v. II; HUNGRIA, Nélson. *Comentários ao Código Penal*: Decreto-lei n. 2.848, de 7 de dezembro de 1940 – arts. 250 a 361. Rio de Janeiro: Forense, 1958; MANZANARES SAMANIEGO, José Luis. La apología delictiva. *Actualidad Penal*, v. 2, 26/48, Madrid, p. 755-764, 1997; NUCCI, Guilherme de Souza. *Curso de direito penal*: parte especial – arts. 213 a 361 do Código Penal. 3. ed. Rio de Janeiro: Forense, 2019. v. 3; PRADO, Luiz Regis. *Tratado de direito penal brasileiro*: parte especial (arts. 250 a 361). 3. ed. rev., atual. e ampl. Rio de Janeiro: Forense, 2019. v. 3; REALE JÚNIOR, Miguel (Coord.). *Direito penal:* jurisprudência em debate. São Paulo: GZ, 2012. v. 3; SÁNCHEZ-OSTIZ GUTIÉRREZ, Pablo. La tipificación de conductas de apología del delito y el derecho penal del enemigo. In: CANCIO MELIÁ, Manuel e GÓMEZ-JARA DÍEZ, Carlos. *Derecho penal del enemigo:* el discurso penal de la exclusión. Madrid: Edisofer, 2006. v. 2.

Considerações gerais

O tipo penal de apologia ao crime, tal qual o de incitação, não tutela um bem jurídico coletivo, mas os bens jurídicos ameaçados pelas condutas criminosas exal-

---

[275] Ao comentarem o tipo penal do § 90b do Código Penal Alemão (StGB), um típico crime de ataque discursivo, que proíbe a conduta de depreciar de forma hostil/ultrajar os Poderes Constitucionais, Leite e Teixeira chamam a atenção para o fato de que aqui "não se trata meramente de vilipendiar símbolos ou imagens estatais, ou de ofender a honra de agentes públicos como forma de proteger mediatamente a instituição, mas de evitar perigos reais à existência do Estado e ao funcionamento das instituições, decorrentes de manifestações depreciativas massivas, conspícuas e hostis feitas em público" (LEITE; TEIXEIRA, 2021, p. 34).

tadas pelo autor da apologia, tratando-se, assim, de estrutura típica de perigo abstrato. Ocorre que, diferentemente da incitação, na apologia o fato criminoso já aconteceu ou o autor exaltado já o praticou, razão pela qual se trata de maior grau de antecipação da tutela penal, pois a influência para o cometimento de novo fato criminoso ou de repetição da conduta do autor exaltado é mediata, dependente exclusivamente do destinatário da mensagem e de sua interpretação sobre a declaração do agente. A legitimidade do tipo é questionável em face da liberdade de expressão (BITENCOURT, 2018, p. 439).

Considerações nucleares

A conduta incriminada é a de fazer apologia, ou seja, elogiar ou enaltecer um determinado fato criminoso já praticado ou seu autor.

Tal qual exigido para a configuração da incitação ao crime, a apologia deve ser pública, nessa qualidade residindo seu caráter perigoso e mesmo seu potencial lesivo. Se, como já observado com razão, trata-se aqui de uma forma de incentivo indireto ou implícito à conduta delituosa enaltecida (NUCCI, 2019, p. 535; BITENCOURT, 2018, p. 436)[276], é forçoso concluir que sua periculosidade é ainda menor que a da figura anterior, de incitação. Esse menor grau de lesividade deveria ter-se refletido na pena, o que não foi feito, já que as penas dos arts. 286 e 287 são idênticas (detenção de três a seis meses ou multa).

Aqui também se trata de enaltecer um fato determinado ou um autor de um fato igualmente determinado que já aconteceu, fato este que deve necessariamente ser criminoso, e não, portanto, a mera prática de contravenção penal. Não é suficiente a exaltação da prática genérica de alguma figura delitiva do ordenamento jurídico.

Muito embora os dicionários apontem como significado de apologia também o ato de defender, esse sentido deve ser analisado com cuidado, pena de torná-lo incompatível com a liberdade de manifestação do pensamento em um Estado Democrático, com o direito de defesa e com a presunção de inocência[277]. Assim, manifestações em favor do autor de um crime não podem ser vistas como configuradoras dessa modalidade típica[278], nem mesmo explicações sobre suas causas, ou mesmo

---

[276] V. considerações críticas sobre a aplicação do dispositivo em Reale Júnior (2012, v. 3, p. 194-197).

[277] Nesse sentido, cf. Bitencourt (2018, p. 438).

[278] Prado menciona, por exemplo, situação em que se elogia o autor de um crime por ser um bom pai ou um bom trabalhador (2019, p. 250), situação em que não se tipifica o crime em comento. Conforme destaca Bitencourt: "Na verdade, a apologia limita-se a elogio ao criminoso por ter praticado a ação criminosa, por sua habilidade, competência ou motivação na execução do crime, não abrangendo, evidentemente, nenhuma apreciação favo-

críticas à sua eventual condenação pela Justiça. Apenas manifestações públicas que veiculem um elogio a uma prática criminosa determinada ou o elogio à prática criminosa que se extraia do elogio ao autor dessa prática, evidenciando um incentivo indireto à prática criminosa, é que poderão atrair a incidência dessa figura.

Discute-se, na doutrina, se deve haver pronunciamento judicial definitivo sobre o caráter criminoso do fato. Uns entendem que somente se configurará o crime quando o elogio se referir a um autor condenado definitivamente pela prática de um crime, dado o disposto no art. 5º, LVII, da CF (BITENCOURT, 2018, p. 441; NUCCI, 2019, p. 535). Outros entendem desnecessário tal pressuposto (PRADO, 2019, p. 250). A razão parece estar com a primeira corrente. A clareza do dispositivo constitucional, superveniente à introdução desse tipo penal em nosso ordenamento, limitou o seu alcance, e interpretação em outro sentido conduziria à sua não recepção (v. *infra*).

A figura também é dolosa, o que exige que o autor esteja ciente da publicidade de sua manifestação (PRADO, 2019, p. 250), sob pena de praticar conduta atípica por erro de tipo (art. 20 do CP).

A consumação ocorre no momento em que as manifestações de exaltação do fato criminoso ou do autor se tornam públicas.

Considerações finais

Todas as figuras típicas do Título ora analisado carregam forte risco de incompatibilidade com garantias e direitos fundamentais previstos na Constituição Federal e merecem, pois, interpretação restritiva e, se o caso, conforme ao texto constitucional, pena de não recepção pela nova ordem constitucional. É justamente o que foi discutido pelo Supremo Tribunal Federal em importante precendente (ADPF 187), no qual a Corte decidiu que o tipo ora analisado deve ser interpretado "de forma a excluir qualquer exegese que possa ensejar a criminalização da defesa da legalização das drogas, ou de qualquer substância entorpecente específica, inclusive através de manifestações e eventos públicos"[279].

Associação criminosa

Art. 288. Associarem-se 3 (três) ou mais pessoas, para o fim específico de cometer crimes:

---

rável relativa a outros atributos – verdadeiros ou falsos – da sua personalidade ou de seu caráter" (2018, p. 438).

[279] STF, ADPF 187, rel. Min. Celso de Mello, Tribunal Pleno, *DJe* 29-5-2014. Discussão sobre decisões no âmbito de tribunais de justiça estaduais pode ser encontrada em Reale Júnior (2012, v. 3, p. 186-194). Concordando com essa interpretação, Nucci (2019, p. 537).

Pena – reclusão, de 1 (um) a 3 (três) anos.

Parágrafo único. A pena aumenta-se até a metade se a associação é armada ou se houver a participação de criança ou adolescente.

Bibliografia: BATISTA, Nilo. *Concurso de agentes*: uma investigação sobre os problemas da autoria e da participação no direito penal brasileiro. 4. ed. Rio de Janeiro: Lumen Juris, 2008; BITENCOURT, Cezar Roberto. *Tratado de direito penal*. 12. ed. rev. e atual. São Paulo: Saraiva, 2018. v. 4; CANCIO MELIÁ, Manuel. El injusto de los delitos de organización: peligro y significado. In: CANCIO MELIÁ, Manuel e SILVA SÁNCHEZ, Jesús-María. *Delitos de organización*. Montevideo: B. de F., 2008; CASTANHEIRA, Beatriz Rizzo. Organizações criminosas no direito penal brasileiro: o estado de prevenção e o princípio da legalidade estrita. *Revista Brasileira de Ciências Criminais*, n. 24, p. 99-124, out./dez. 1998; ESTELLITA, Heloisa. *Criminalidade de empresa, quadrilha e organização criminosa*. Porto Alegre: Livraria do Advogado, 2008; ESTELLITA, Heloisa e GRECO, Luís. Empresa, quadrilha (art. 288 do CP) e organização criminosa. Uma análise sob a luz do bem jurídico tutelado. *Revista Brasileira de Ciências Criminais*, v. 19, n. 91, São Paulo, p. 393-409, jul./ago. 2011; ESTELLITA, Heloisa e GRECO, Luís. Nova definição de organização criminosa é progresso. *Conjur*, 14 de setembro de 2014. Disponível em: http://www.conjur.com.br/2013-set-14/definicao-organizacao-criminosa-progresso-legislacao; FIGUEIREDO DIAS, Jorge de. A criminalidade organizada: do fenômeno ao conceito jurídico-penal. *Revista Brasileira de Ciências Criminais*, n. 71, São Paulo, p. 11-30, mar./abr. 2008; FRAGOSO, Heleno Cláudio. *Lições de direito penal*: parte especial. 6. ed. Rio de Janeiro: Forense, 1988. v. II; FRANCO, Alberto Silva e STOCO, Rui (Coord.). *Leis penais e sua interpretação jurisprudencial*. 7. ed. rev., atual. e ampl. São Paulo: RT, 2001; GOMES, Luiz Flávio e CERVINI, Raúl. *Crime organizado*: enfoque criminológico, jurídico (Lei 9.034/95) e político-criminal. São Paulo: RT, 1995; GRECO, Luís. *Um panorama da imputação objetiva*. 4. ed. rev. e atual. São Paulo: Revista dos Tribunais, 2014; GRECO, Luís. Tem futuro a teoria do bem jurídico? Reflexões a partir da decisão do Tribunal Constitucional Alemão a respeito do crime de incesto. *Revista Brasileira de Ciências Criminais*, n. 82, São Paulo, jan./fev., 2010; GRECO, Luís. "Princípio da ofensividade" e crimes de perigo abstrato – Uma introdução ao debate sobre o bem jurídico e as estruturas do delito. *Revista Brasileira de Ciências Criminais*, n. 49, p. 89-147, 2004; GRECO, Luís. *Cumplicidade através de ações neutras*: a imputação objetiva na participação. São Paulo: Renovar, 2004; GRINOVER, Ada Pellegrini. O crime organizado no sistema italiano. *Revista Brasileira de Ciências Criminais*, n. 12, São Paulo, p. 76-86, out./dez. 1995; HEFENDEHL, Roland. ¿La criminalidad organizada como fundamento de un Derecho Penal de enemigo o de autor? *Derecho penal y Criminología*, v. 25, n. 75, 2004, p. 57-70; HUNGRIA, Nélson. *Comentários ao Código Penal*: Decreto-lei n. 2.848, de 7 de dezembro de 1940 – arts. 250 a 361. Rio de Janeiro: Forense, 1958; JAKOBS, Günther. Criminalización en el estadio previo a la lesión de un bien jurídico. Trad. Enrique Peñarada Ramos. In: JAKOBS, Günther. *Estudios de Derecho Penal*. Madri: UAM Ediciones, 1997. p. 293-324; MONTENEGRO, Lucas. Os delitos de organização no Direito brasileiro: Projeto de Lei anticrime não contribui para maior clareza e solidez da nossa legislação. *JOTA*. Coluna Penal em Foco, 2019; NUCCI, Guilherme de Souza. *Curso de direito penal*: parte especial – arts. 213 a 361 do Código Penal. 3. ed. Rio de Janeiro: Forense, 2019. v. 3; NUCCI, Guilherme de Souza. *Manual de direito penal*. 10. ed. rev., atual. e ampl. Rio de Janeiro: Forense/GEN, 2014; PITOMBO, Antônio Sérgio Altieri de Moraes. *Organização criminosa*: nova perspectiva do tipo legal. São Paulo: RT, 2009; PRADO, Luiz Regis. *Tratado de direito penal brasileiro*: parte especial (arts. 250 a 361). 3. ed. rev., atual. e ampl. Rio de Janeiro: Forense, 2019. v. 3; PRADO, Luiz Regis. *Curso de direito penal brasileiro*. 4. ed. São Paulo: RT, 2006. v. 3; PRADO, Luiz Regis. *Curso de direito penal brasileiro*. 13. ed. rev., atual. e ampl. São Paulo: RT, 2014; REALE JÚNIOR, Miguel. Cartel e quadrilha ou bando: *bis in idem*. *Ciências Penais – Revista da Associação Brasileira de Professores de Ciências Penais*, v. 5, ano 3, São Paulo, jul./dez. 2006; REALE JÚNIOR, Miguel (Coord.). *Direito penal*: jurisprudência em debate. São Paulo: GZ, 2012. v. 3; ROXIN, Claus. Problemas de autoría y participación en la criminalidad organizada. *Revista penal*, n. 2, p. 61-66, 1998; ROXIN, Claus e GRECO, Luís. Strafrecht – Allgemeiner Teil, Band I. 5. ed. München: C. H. Beck, 2020; SALES, Sheila Jorge Selim de. *Dos tipos plurissubjetivos*. Belo Horizonte: Del Rey, 1997; SANTOS, Juarez Cirino dos. Crime organizado. *Revista Brasileira de Ciências Criminais*, n. 42, São Paulo, p. 214-224, jan./mar. 2003; SILVA SÁNCHEZ, Jesús-María. La "intervención a través de organización", ¿Una forma moderna de participación em el delito? In: CANCIO MELIÁ, Manuel e SILVA SÁNCHEZ, Jesús-María. *Delitos de organización*. Montevideo: B. de F., 2008; SILVEIRA, Renato de Mello Jorge. Do atual desvirtuamento da imputação do crime de quadrilha ou bando na realidade brasileira. *Revista do Instituto dos Advogados de São Paulo*, n. 21, São Paulo, p. 216-225, jan./jun. 2008; TORON, Alberto Zacharias. Prefácio. In: GOMES, Luiz Flávio e CERVINI, Raúl. *Crime organizado*: enfoque criminológico, jurídico (Lei n. 9.034/95) e político-criminal. São Paulo: RT, 1995.

Considerações gerais

O tipo penal foi inserido na legislação brasileira com o CP de 1940, sob a rubrica "quadrilha ou bando", e foi alterado em 2014, pela Lei n. 12.850/2013, que disciplinou a organização criminosa e introduziu alterações nesse dispositivo, inclusive modificando sua rubrica para "associação criminosa". A alteração teve por escopo manter harmonia entre essa figura típica e o conceito de organização criminosa.

O tipo penal da associação criminosa inaugura a disciplina dos chamados delitos associativos no ordenamento jurídico brasileiro, razão pela qual é importante firmar o fundamento para a criminalização dessas condutas.

Existem, simplificadamente, dois entendimentos sobre o fundamento da criminalização das condutas associativas. O primeiro, majoritário, entende que a constituição do conjunto de pessoas para cometer crimes compõe um estado de coisas contrário ao Direito que ofende bens jurídicos coletivos como a paz pública e/ou a segurança (PRADO, 2019, p. 253; NUCCI, 2019, p. 544; BITENCOURT,

2018, p. 453)[280]. O segundo entende que a constituição desse conjunto de pessoas é favorecedora da prática de delitos concretos e, portanto, ameaça os bens jurídicos ofendidos por esses crimes. Assim, a criminalização dessa conduta representaria antecipação da tutela penal para a proteção dos bens jurídicos específicos dos delitos-fim, sendo crime de perigo abstrato (ESTELLITA; GRECO, 2011, p. 400; SILVA SÁNCHEZ, 2008, p. 99-100; HENDEFEL, 2004, p. 66).

A primeira vertente é criticada porque os bens jurídicos paz pública e segurança são falsos bens jurídicos coletivos, que mascaram a verdadeira antecipação da tutela penal e mascaram a desproporcionalidade da pena cominada[281]. A segunda vertente é criticada pelo fato de que, ao estar baseada no perigo a bens jurídicos protegidos pelos delitos-fim, é capaz de produzir incontrolável antecipação da tutela penal, a ponto de permitir que se alcance o campo das meras intenções, que também podem ser perigosas. Dessa forma, considera os indivíduos não como pessoas, mas como meras fontes de perigo a serem controladas (JAKOBS, 1997, p. 298-299; CANCIO MELIÁ, 2008, p. 41 e 54-55).

A crítica à segunda vertente não parece proceder, pois exige do conceito de bem jurídico algo que ele não pode entregar. O conceito de bem jurídico é um conceito de orientação consequencialista[282] que, por essência, sempre exigirá a maior e mais ampla tutela com o objetivo de atingir maior eficácia protetiva. Sendo assim, a limitação dessa antecipação não decorrerá do conceito de bem jurídico, mas sim de regras externas, de cunho deontológico, como o âmbito de autonomia do indivíduo[283], que determinam até onde o fim consequencialista pode ir. A questão, portanto, está em definir esse âmbito de autonomia.

Além dessas objeções, é possível criticar ambas as vertentes com relação ao modelo de responsabilização dos membros. Isso porque, ao considerarem a dimensão coletiva da associação como lesiva aos bens jurídicos coletivos (primeira vertente) ou perigosa aos bens jurídicos dos delitos-fim (segunda vertente), permitem que os membros da associação sejam responsabilizados em função de um modelo de transferência[284]: considera-se que o coletivo da associação, como estado de coisas injusto, ofende o bem jurídico coletivo escolhido ou gera perigo aos bens jurí-

---

[280] Cancio Meliá defende a posição de que essas associações ofenderiam o monopólio estatal de uso da força (2008, p. 76-77).

[281] Cancio Meliá menciona ainda uma segunda crítica, no sentido de que esses bens jurídicos, quando entendidos como percepções fáticas da população de segurança, estão baseados em sentimentos coletivos, o que poderia deixar o Direito Penal à mercê de arbitrariedades (2008, p. 59).

[282] Sobre isso, cf. Greco (2010, p. 168-169).

[283] Sobre o âmbito de autonomia do indivíduo, cf. Greco (2010, p. 170-172) e, próximo, Jakobs (1997, p. 296-297).

[284] Sobre esse modelo de responsabilização, cf. Silva Sánchez (2008, p. 101-102).

dicos dos delitos-fim, e, então, atribui-se responsabilidade penal por essa ofensa ou perigo a todo membro da associação em virtude da mera adesão[285]. Dessa forma, a responsabilização penal de cada indivíduo se daria, não por suas condutas concretas dentro da associação, mas pela simples assunção da condição de membro (SILVA SÁNCHEZ, 2008, p. 104)[286]. Há que se considerar, porém, que tampouco a eleição de falsos bens jurídicos coletivos impediria a incidência do modelo de responsabilidade por transferência.

Fundamental é firmar-se na exigência de uma conduta que manifeste o favorecimento para o cometimento dos delitos-fim da associação e, pois, risco aos bens jurídicos por eles tutelados (SILVA SÁNCHEZ, 2008, p. 99-100).

Nosso entendimento é o de que o fundamento para a criminalização das condutas associativas é a tutela antecipada dos bens jurídicos ameaçados pelos delitos-fim do plano criminoso da associação. Isso não significa que o tipo penal perde sua autonomia[287], pois é possível que dois ou mais tipos penais tutelem o mesmo bem jurídico com estruturas do delito diversas[288], isto é, um com estrutura de lesão e outro com estrutura de perigo. Ademais, isso não significa que o delito associativo sempre será absorvido pelo delito-fim, pois o perigo abstrato gerado pelo crime associativo dirige-se a todos os bens jurídicos da mesma classe e não ao bem jurídico concreto afetado pelo delito-fim (ESTELLITA; GRECO, 2011, p. 401).

Considerações nucleares

As associações criminosas devem ter quatro elementos característicos: *pessoal*, *organizacional*, *temporal* e *volitivo* (MONTENEGRO, 2019, p. 6-7). O elemento pessoal da associação criminosa é a união de, no mínimo, três pessoas. O elemento organizacional, ainda que de pouca complexidade e rigidez, caracteriza-se pela presença de certa estabilidade de sua constituição e em suas regras, de modo a transcender os indivíduos que o compõem. Essa união deve apresentar, ainda,

---

[285] Silva Sánchez aponta que esse modelo permite a transferência de responsabilidade a cada um dos membros pelo simples "ser", "existir" da associação, configurando uma imputação individual por um fato coletivo (2008, p. 103).

[286] Repare que essa forma de responsabilização por transferência aproxima-se da responsabilização penal própria de um Direito Penal do autor, pois o membro é responsabilizado pela mera condição de integrante de uma associação e não por suas condutas concretas em relação ao que se pretende proteger (próximo, SILVA SÁNCHEZ, 2008, p. 104).

[287] Em sentido diverso, Prado afirma que o crime de associação criminosa tutela o bem jurídico autônomo "paz pública" e que "esse bem jurídico não se confunde com o tutelado na posterior conduta delitiva praticada", o que confere "substantividade própria e inconfundível" ao crime associativo (2019, p. 253).

[288] Sobre o conceito de estrutura típica, cf. Greco (2004, p. 117-119), com ulteriores referências.

como elemento temporal, *permanência*, não podendo ser esporádica. Não é necessária, por outro lado, a formalização ou mesmo alguma hierarquia entre os membros da associação, características estas reservadas às organizações criminosas (NUCCI, 2019, p. 539), tal qual definidas na Lei n. 12.850/2013: ou seja, a associação de quatro ou mais pessoas, que se dê de forma estruturada e por meio de divisão de tarefas, cuja finalidade seja a de obter vantagem de qualquer natureza mediante a prática de infrações penais cujas penas máximas superem o patamar de quatro anos ou que tenham caráter transnacional (art. 1º, § 1º).

É discutível se, para o atendimento do elemento pessoal de no mínimo três pessoas, podem ser incluídos os inimputáveis. Há os que entendam fundamental a imputabilidade de todos os integrantes, pois somente pessoas capazes de delinquir, em associação, serão capazes de gerar efetivo perigo para os bens jurídicos objeto do plano criminoso (BITENCOURT, 2018, p. 460-461). Outros, porém, admitem a contagem, nesse número, de agentes inimputáveis (NUCCI, 2019, p. 540).

Por fim, o elemento volitivo da associação exige que ela seja constituída "para o fim *específico* de cometer crimes". A associação para a prática de *contravenções* é, portanto, atípica. Esse fim também não contempla crimes culposos (PRADO, 2019, p. 255), pois uma das características destes é não serem praticados como objetivo do autor. A associação deve ter por objetivo a prática de mais de um crime e esses crimes devem ser *indeterminados*, ou seja, não podem estar definidos no momento em que se realiza a união de pessoas como se fossem seu termo final. Por exemplo, não configurará associação criminosa a união de três indivíduos para praticar dois roubos em residências anteriormente delimitadas. Por outro lado, estará configurada a associação criminosa na união de três indivíduos que, juntos, iniciam práticas concretas para preparar o cometimento de roubos em residências indeterminadas, sem saber ao certo quando essa união acabará[289].

O adjetivo "específico" foi inserido na descrição típica em 2014 e sobre ele a primeira autora escreveu, com Greco: "É obscuro o significado do termo. Segundo o *Dicionário Aurélio*, específico é um atributo 'exclusivo de uma coisa ou espécie'. Antes da alteração, o fim da associação poderia ser *também* a prática de crimes, agora, porém, a associação de três pessoas para a prática de crimes somente configurará a associação criminosa do art. 288 desde que se dê para o fim específico da prática de crimes. O que parece claro, contudo, é que o universo de condutas abarcado pela nova disposição é menor que o anterior. Um exemplo ajuda a demonstrar o que se afirma. Se, até o advento da lei, uma associação de quatro pessoas para fins de execução autorizada de grafites em áreas urbanas, que *também* realizasse, casualmente, grafites em propriedades alheias sem autorização, poderia

---

[289] A necessidade de que os delitos-fim da associação sejam indeterminados já foi reconhecida pelo STF na AP 470 EI-décimos terceiros, Tribunal Pleno, rel. Min. Luiz Fux, rel. Min. p/ Acórdão Roberto Barroso, j. 27-2-2014.

ser considerada uma quadrilha ou bando, com a nova redação, porém, ausente a finalidade criminosa específica da associação, não há mais que falar no delito do art. 288 do CP" (ESTELLITA; GRECO, 2014).

A inserção, porém, torna ainda mais clara a exigência, de longa data exigida pela doutrina, de que exista um plano criminoso, ainda que não tenha de ser formal, muito menos escrito. Deixa evidente, também, a impossibilidade de se utilizar a união lícita de pessoas, dentro da qual crimes são cometidos, como base para responsabilizá-las também pelo crime associativo (BITENCOURT, 2018, p. 462). Por exemplo, não se pode considerar a união de três indivíduos como sócios de empresa lícita, dentro da qual foram cometidos crimes contra a ordem tributária, como a prática do crime de associação criminosa, pois esse delito exige que a união se dê com estrutura que, de antemão, seja própria para o cometimento de crimes indeterminados, o que não é o caso de empresas lícitas (ESTELLITA, GRECO, 2011, p. 403-405)[290].

Estes elementos – a pluralidade de integrantes (elemento pessoal), a estabilidade da associação (elemento organizacional), a permanência (elemento temporal) e o fim especial de praticar crimes indeterminados (elemento volitivo) – são centrais para se afirmar que a associação, enquanto ente coletivo, é passível de gerar perigo para os bens jurídicos objeto do plano criminoso comum[291].

A mera aceitação de convite para participar da associação ou a mera condição de membro não configura a prática criminosa. A conduta proibida deve favorecer a realização dos objetivos criminais da associação (ROXIN; GRECO, 2020, § 9, nm. 66e), o que exige que, se tivesse sido iniciada a execução de um dos crimes objetivados pela associação, pudesse ser punível como participação nessa tentativa (SILVA SÁNCHEZ, 2008, p. 105 e 108-109).

Trata-se de interpretação teleológica redutiva do conteúdo da proibição desse tipo penal e que impede que se atribua responsabilidade a todo e qualquer membro da organização pelo simples fato de ser membro, o que representaria a transferên-

---

[290] Próximo, Bitencourt (2018, p. 462). Essa preocupação foi manifestada nos debates dos décimos terceiros embargos infringentes na AP 470 do STF, quando, por exemplo, a Min. Rosa Weber afirmou: "Há diferença marcante entre pessoas que se associam para cometer crimes e pessoas que se associam com finalidade outra, mas que, no âmbito dessa associação, cometem crimes. No primeiro caso, é crime de quadrilha. No segundo, há crimes praticados em concurso de agentes" (AP 470 EI-décimos terceiros, Tribunal Pleno, rel. Min. Luiz Fux, rel. p/ Acórdão Roberto Barroso, j. 27-2-2014, p. 83 do acórdão).

[291] No mesmo sentido, todavia considerando a redação anterior do dispositivo, cf. Reale Júnior (2012, v. 3, p. 205). Essas características é que configuram o que Silva Sánchez denomina de dimensão institucional da associação ou organização, que as torna maiores e independentes da soma dos esforços de suas partes e as diferenciam de agrupamentos esporádicos para cometer crimes (2008, p. 95).

cia de um injusto coletivo para todos os indivíduos indistintamente[292]. Essa interpretação pode dar maior concreção à conduta proibida, pois, na medida em que deve ser uma conduta favorecedora de crimes-fim, mesmo que abstrata e antecipada, é possível aplicar a dogmática da participação por cumplicidade. Dessa forma, nem toda conduta causalmente favorecedora dos crimes-fim praticada no âmbito da associação será considerada proibida, mas somente aquela que represente um risco aos bens jurídicos tutelados pelos crimes-fim, que seja juridicamente desaprovada[293] e que não integre o núcleo de autonomia do indivíduo[294]. Ademais, o dolo do autor do crime associativo deve ter estrutura análoga ao chamado "duplo dolo" do partícipe, sendo necessário que tenha conhecimento, não da conduta do autor do crime-fim, que ainda está indeterminada, mas sim da estrutura da associação e de sua finalidade específica.

Trata-se de crime doloso, razão pela qual é necessário que o indivíduo pratique a conduta com conhecimento das características da associação. Há exigência de que também seja atendido o elemento subjetivo especial, o fim específico de praticar crimes que move a associação.

A consumação se dá no momento da realização da conduta favorecedora da prática dos delitos-fim no âmbito da associação, pois somente em tal momento se poderá afirmar o surgimento do perigo abstrato. Disso decorre não só que não é necessário que algum dos crimes inseridos no projeto tenha, de fato, sido cometido, como também que a desistência de levar a cabo o projeto criminoso, embora possa até atenuar a pena, não tem efeitos quanto à consumação. Não parece ser admissível a punição da tentativa, pois, em última instância, isso representaria a punibilidade da tentativa de participação, uma antecipação desproporcional da tutela penal. No mesmo sentido, Bitencourt (2018, p. 464).

Discutível é a responsabilização penal do membro da associação pelos eventuais delitos concretos praticados por outros membros da associação. Isto é, situação em que o indivíduo praticou, no âmbito da associação, condutas favorecedoras do cometimento de seus delitos-fim, mas, no momento da execução de um destes delitos-fim, não deu qualquer contribuição.

Os autores que fundamentam a tipificação dos crimes associativos no injusto autônomo contra a paz pública e que, portanto, atribuem responsabilidade aos

---

[292] Silva Sánchez chama a atenção para o fato de que esse modelo de transferência impede que se diferencie a responsabilidade de um membro diretivo da associação do mero integrante, uma vez que o segundo não domina a periculosidade da organização (2008, p. 103).

[293] Sobre a aplicação da imputação objetiva, especificamente os critérios de desvalor da conduta, à figura da participação por cumplicidade, cf. Greco (2004, p. 113-123 e 134-143).

[294] A respeito do núcleo de liberdade do cidadão como regra deontológica e sua localização dogmática na teoria do delito, cf. Greco (2014, p. 53-57).

membros pelo mero pertencimento a essa associação entendem que o membro não pode ser responsabilizado pelo crime posterior com o qual não contribuiu, mas somente pelo crime de pertencimento, em respeito à necessidade de se praticar uma ação ou omissão para ser responsabilizado (PRADO, 2019, p. 257; BITENCOURT, 2018, p. 465-466). Quando se fundamenta a punibilidade, porém, na prática de uma conduta de favorecimento dos delitos-fim no âmbito da associação, é possível responsabilizar o agente também pela prática do delito-fim (SILVA SÁNCHEZ, 2008, p. 108). Isto porque a associação criminosa, devido às suas características, é capaz de atualizar e concretizar aquela conduta de favorecimento no momento da execução do delito-fim. Daí a possibilidade de responsabilização pela prática do crime-fim a título de participação por cumplicidade (SILVA SÁNCHEZ, 2008, p. 110-111)[295], em concurso formal[296].

A causa de aumento prevista no parágrafo único, primeira parte, já se encontrava contemplada desde as origens do tipo penal e reflete a maior ameaça ínsita ao uso de meios que possam causar lesões corporais ou morte. A novidade fica por conta da inserção da "participação de criança ou adolescente", comumente utilizados por associações criminosas em virtude de sua inimputabilidade. Isso não implica dizer que a participação de crianças ou adolescentes na associação possa ser relevante para atender ao número mínimo de participantes exigido pela figura típica. É a maturidade dos membros associados para a prática de crimes, associada às demais elementares típicas, que confere à sua associação o potencial de risco aos bens jurídicos objeto de seu plano.

Constituição de milícia privada

Art. 288-A. Constituir, organizar, integrar, manter ou custear organização paramilitar, milícia particular, grupo ou esquadrão com a finalidade de praticar qualquer dos crimes previstos neste Código:

Pena – reclusão, de 4 (quatro) a 8 (oito) anos.

Bibliografia: BITENCOURT, Cezar Roberto. *Tratado de direito penal*. 12. ed. rev. e atual. São Paulo: Saraiva, 2018. v. 4; MONTENEGRO, Lucas. Os delitos de organização no Direito brasileiro: Projeto de Lei anticrime não contribui para maior

---

[295] Importante ressaltar que essa situação difere daquela em que o membro da associação ordena que outro membro pratique um crime. Nessa hipótese há uma conduta concreta e atual do membro – a ordem proferida – e a pergunta que se coloca é se ele será um autor ou um partícipe do crime praticado pelo indivíduo que recebeu a ordem. Essa discussão envolve a problemática da autoria mediata por aparatos organizados de poder, que aqui não pode ser examinada. Sobre ela, cf., por todos, Roxin (1998, p. 64 e s.).

[296] Em sentido diverso, Reale Júnior (2012, v. 3, p. 215-216).

clareza e solidez da nossa legislação. *JOTA*. Coluna Penal em Foco, 2019; NUCCI, Guilherme de Souza. *Curso de direito penal*: parte especial – arts. 213 a 361 do Código Penal. 3. ed. Rio de Janeiro: Forense, 2019. v. 3; PRADO, Luiz Regis. *Tratado de direito penal brasileiro*: parte especial (arts. 250 a 361). 3. ed. rev., atual. e ampl. Rio de Janeiro: Forense, 2019. v. 3.

Considerações gerais

Trata-se de figura penal inserida no CP pela Lei n. 12.720, de 27 de setembro de 2012, mesmo diploma que incluiu, ainda, causas de aumento de pena tanto no art. 121 como no art. 129 do CP, quando o crime for praticado por milícia privada.

As considerações sobre o escopo da tutela penal feitas nos comentários aos arts. 286 e 288 aplicam-se a esse dispositivo.

Em um interregno de menos de um ano, o legislador fez duas intervenções legislativas na disciplina penal do agrupamento de pessoas para a prática de infrações penais: em 2012, criou o atual dispositivo e, no ano seguinte, alterou a redação do art. 288 do CP, incluindo, na mesma oportunidade, a incriminação da organização criminosa na legislação extravagante.

Com isso, criou um quadro complicado para os crimes associativos[297] e conduz a perplexidades, uma vez que, atualmente, temos a seguinte situação: (i) a associação de mais de três pessoas para a prática de quaisquer crimes incriminada pelo art. 288 do CP, com pena de reclusão de um a três anos; (ii) a formação de milícia privada, esquadrão, grupo ou organização paramilitar para a prática de crimes previstos no Código Penal, com pena de reclusão de quatro a oito anos; e, finalmente, (iii) condutas inseridas em contexto de organização criminosa, assim considerada aquela que, dentre outros elementos[298], tenha por finalidade a prática de crimes ou contravenções com pena máxima superior a quatro anos ou de caráter transnacional, sujeita à pena de reclusão de três a oito anos e multa[299].

---

[297] Para uma exposição ampla de todas figuras associativas no ordenamento jurídico brasileiro, cf. Montenegro (2019, p. 2).

[298] Art. 1º, § 1º, da Lei n. 12.850/2013: "Considera-se organização criminosa a associação de 4 (quatro) ou mais pessoas estruturalmente ordenada e caracterizada pela divisão de tarefas, ainda que informalmente, com objetivo de obter, direta ou indiretamente, vantagem de qualquer natureza, mediante a prática de infrações penais cujas penas máximas sejam superiores a 4 (quatro) anos, ou que sejam de caráter transnacional".

[299] Art. 2º, *caput*, da Lei n. 12.850/2013: "Promover, constituir, financiar ou integrar, pessoalmente ou por interposta pessoa, organização criminosa: Pena – reclusão, de 3 (três) a 8 (oito) anos, e multa, sem prejuízo das penas correspondentes às demais infrações penais praticadas".

Considerações nucleares

Enquanto o art. 288 do CP pune o ato de "associação", o dispositivo sob exame pune as condutas de constituir, no sentido de criar, organizar, integrar, manter ou custear "organização paramilitar", "milícia particular", "grupo ou esquadrão". Ou seja, alcança também agentes que não são membros do grupo, mas que lhe prestem auxílio no sentido de manutenção ou financiamento.

Ao contrário do que sucede com o art. 288, o crime descrito no dispositivo sob análise não descreve o objeto do crime com os elementos pessoal, organizacional e temporal, mas, ao contrário, se assenta sobre os conceitos de "organização paramilitar", "milícia particular", "grupo ou esquadrão", os quais já pressupõem pluralidade de agentes com comunidade de interesse, elemento este indicado na parte final do dispositivo com a expressão "com a finalidade de praticar qualquer dos crimes previstos neste Código". Importante destacar que o elemento *volitivo* dessas formas associativas é mais restrito, pois se limita ao fim de práticas de crimes dispostos no Código Penal, não abrangendo crimes dispostos em quaisquer outras leis penais (PRADO, 2019, p. 264; NUCCI, 2019, p. 549). Apesar de não existir delimitação expressa do elemento pessoal pelo número mínimo de participantes, diante da pena cominada e da relação com o art. 288 do CP, uma interpretação sistemática pode levar a uma exigência de que essas quatro formas associativas sejam compostas por, no mínimo, três indivíduos (próximo, BITENCOURT, 2018, p. 471-472)[300].

Dada a proximidade entre esse tipo penal e os do art. 288 do CP e do art. 2º da Lei n. 12.850/2013, mas considerada a disparidade entre as sanções previstas, a distinção entre as três figuras dependerá – para além do objeto da finalidade de cada modalidade de agrupamento – particularmente do conteúdo semântico das formas associativas "organização paramilitar", "milícia particular", "grupo ou esquadrão". Não por outra razão a crítica no sentido de que o tipo penal é amplo e impreciso, carecendo de definição em lei, desses que são seus elementos essenciais (PRADO, 2019, p. 263)[301].

Para a definição de organização paramilitar é inevitável recorrer aos atributos de uma organização criminosa, nos moldes do art. 1º, § 1º, da Lei n. 12.850/2013 (PRADO, 2019, p. 263), com características militares. Ou seja, será uma organização armada, sujeita a rígida hierarquia, com missões precisas. O mesmo se diz acerca da milícia particular (BITENCOURT, 2018, p. 473; PRADO, 2019, p. 263-264).

---

[300] Admitindo que essas formas associativas sejam compostas por duas pessoas, já que não há indicação no tipo penal, Nucci (2019, p. 549).

[301] Montenegro também demonstra como andou mal o legislador ao perguntar: "Há alguma diferença relevante, por exemplo, entre organização paramilitar, milícia particular, grupo ou esquadrão (art. 288-A CP)?" (2019, p. 3). Também destaca a afronta ao princípio da legalidade, Bitencourt (2018, p. 473).

As ideias de grupo ou esquadrão que tenham a finalidade da prática de crimes remetem o intérprete diretamente à figura do art. 288, dado que pressupõem justamente uma pluralidade de pessoas unidas em torno de um plano comum da prática de crimes. A disparidade de penas cominadas às duas figuras, porém, imporá o desenvolvimento de critérios que permitam diferenciá-las, sendo exigido patamar superior de periculosidade para o grupo ou o esquadrão deste art. 288-A. Uma possibilidade poderá ser a de entender que os grupos ou os esquadrões alcançados por esse dispositivo devam ter as mesmas qualidades das organizações paramilitares ou milícias particulares, ou seja, organização hierarquizada, armada, orientada à prática de crimes previstos no CP, com o que se justificaria a superioridade da resposta penal tanto em comparação com a do crime descrito no art. 288 do CP como do art. 2º da Lei n. 12.850/2013.

O crime é doloso, portador de elemento subjetivo especial. Ele se consuma com a prática de condutas de favorecimento dos delitos-fim no âmbito dessas formas associativas ou, respeitando o sentido literal do tipo penal, com atos de criação ou de custeio da associação, sendo desnecessário o cometimento de crimes-fim. A responsabilidade penal por tentativa não é admissível.

TÍTULO X
DOS CRIMES CONTRA A FÉ PÚBLICA

Bibliografia: AMARAL, Sylvio. *Falsidade documental.* 2. ed. São Paulo: RT, 1978; BITENCOURT, Cezar Roberto. *Tratado de direito penal.* 6. ed. rev. e ampl. São Paulo: Saraiva, 2012. v. 4: parte especial: dos crimes contra a dignidade sexual até dos crimes contra a fé pública; COSTA JR., Paulo José da. *Curso de direito penal.* 9. ed. rev. e atual. São Paulo: Saraiva, 2008; COSTA JR., Paulo José da. *Código Penal comentado.* 9. ed. São Paulo: DPJ, 2007; DELMANTO, Celso et al. *Código Penal comentado.* 6. ed. atual. e ampl. Rio de Janeiro: Renovar, 2002; DRUMMOND, J. de Magalhães. *Comentários ao Código Penal.* Rio de Janeiro: Revista Forense, 1944. v. IX: arts. 250 a 361; FARIA, Bento. *Código Penal brasileiro comentado.* Rio de Janeiro: Record, 1961. v. 7; FRANCO, Alberto Silva e STOCO, Rui (Coord.). *Código Penal e sua interpretação:* doutrina e jurisprudência. 8. ed. rev., atual. e ampl. São Paulo: RT, 2007; GOMES, Mariângela Gama de Magalhães. Crimes contra a fé pública. In: REALE JÚNIOR, Miguel (Coord.). *Direito penal:* jurisprudência em debate. Rio de Janeiro: GZ Editora, 2012. v. 3, p. 221-274; HUNGRIA, Nélson. *Comentários ao Código Penal,* arts. 250 a 361. Rio de Janeiro: Forense, 1959. v. IX; JAKOBS, Günther. *Falsedad documental:* revisión de un delito de engaño. Trad. Jacobo López Barja de Quiroga y Luis Carlos Rey Sanfiz, Madrid/Barcelona/Buenos Aires: Marcial Pons, 2011; JAVATO MARTÍN, Antonio María. La falsificación de las tarjetas de crédito y débito: análisis del artículo 399 bis del Código Penal. *La Ley Penal: Revista de Derecho Penal, Procesal y Penitenciario,* n. 101, v. 10, 2013, p. 36-50; LAGHI, Licia. Falso innocuo in verbale d'esame: spunti per una riflessione generale sul principio di offensività. *L'indice Penale,* n. 1, v. 2, 1999, p. 273-307; MONIZ, Helena.

O crime de falsificação de documentos: da falsificação intelectual e da falsidade em documento, Coimbra: Coimbra Editora, 1999; NORONHA, E. Magalhães. *Direito penal.* 3. ed. São Paulo: Saraiva, 1968; NUCCI, Guilherme de Souza. *Manual de direito penal.* 10. ed. rev., atual. e ampl. Rio de Janeiro: Forense, 2014; PORTO, Luiz Guilherme Moreira. *Tipicidade nos crimes de falsidade documental em face do bem jurídico tutelado.* Dissertação de Mestrado apresentada à Faculdade de Direito da Universidade de São Paulo. São Paulo, 2002; PRADO, Luiz Regis. *Tratado de direito penal brasileiro:* parte especial: v. 6, arts. 250 a 311-A. São Paulo: RT, 2014; REALE JÚNIOR, Miguel. Uso de documento falso [Parecer]. *Ciência Penal,* v. 2, n. 4, 1975, p. 129-142; TORON, Alberto Zacharias e GOMES, Luiz Flávio. O art. 311 do Código Penal e os burladores do rodízio. *Boletim do IBCCRIM,* n. 74, p. 2, 1999.

Considerações gerais

A noção de fé pública guarda forte vínculo com a realidade na medida em que confere segurança e confiança às relações jurídicas presentes na sociedade (JAKOBS, 2011, p. 37). Embora não seja um conceito palpável, está, portanto, inserido na realidade da vida social. Isso se dá porque a fé pública sempre recai sobre um objeto material ou nele se corporifica, que pode ser moeda, títulos, papéis, documentos, marca ou sinal, nome e qualidade (NORONHA, 1968, p. 198).

De maneira geral, pode-se dizer que o conteúdo do crime de falso está no interesse de toda a coletividade em relação à integridade dos documentos que circulam no tráfico jurídico. Quanto ao sentido e alcance do bem jurídico, não deve ser feita confusão entre a fé pública e os outros interesses eventualmente também protegidos pelo tipo incriminador, já que, no Título X do Código Penal brasileiro, a fé pública não é o único bem jurídico protegido. Como regra, "não se falsifica para falsificar, mas para obter um resultado, que vai além da falsificação" (COSTA JR., 2008, p. 731).

Assim, considerando que os crimes classificados como ofensivos à fé pública são ofensivos também a outros bens jurídicos, o que se percebe é que, apenas para fins classificatórios, houve uma opção legislativa pela prevalência daquele bem jurídico e da aglutinação dos comportamentos enumerados a partir desse critério (NORONHA, 1968, p. 138).

No caso da falsidade documental, por exemplo, além de ofender ou colocar em perigo o precípuo interesse social relativo à crença de todos na genuinidade e eficácia dos documentos legalmente destinados à constatação de direitos e obrigações, a conduta também é dirigida contra o patrimônio privado, a firmeza das relações jurídicas, a inteireza dos meios de prova (HUNGRIA, 1959, p. 189-190).

Nesse sentido, a fé pública pode ser tida como a *ratio legis* das normas previstas no homônimo título do Código Penal, no qual o interesse coletivo efetivamente tutelado é a segurança do tráfico jurídico; em outras palavras, a fé pública pressupõe a existência de um tráfico jurídico seguro. Ainda, a segurança do tráfico jurídico adquire maior relevância quando se considera a rapidez e a complexidade das relações jurídicas na sociedade atual, que requerem alicerces certos e firmes como pressupostos para seu desenvolvimento (PORTO, 2002, p. 54-56).

Da necessidade de ofensa ao bem jurídico protegido

Assim como se dá com todas as infrações penais, no caso dos crimes contra a fé pública é imprescindível que, no plano concreto, a conduta tenha efetivamente, pelo menos, exposto a perigo o bem jurídico tutelado pela norma, conforme estabelece a descrição típica. Dessa forma, por exemplo, quando se tratar da falsificação de moeda, imprescindível que a moeda falsa tenha aptidão para se fazer passar pela verdadeira, levando a erro as pessoas que com ela tiverem contato; no caso da falsificação de documentos, igualmente, é essencial que os papéis falsos tenham a potencialidade de iludir quem os detiver, supondo tratar-se dos autênticos. Ainda, se o falso disser respeito a instrumentos ou materiais utilizados na falsificação de dinheiro ou documento, por exemplo, é necessário que tais coisas tenham o efetivo potencial de produzir falsificações críveis, idôneas a enganar os indivíduos.

Isso impõe a constatação de que a imitação do verdadeiro é requisito indispensável do falso, uma vez que ele objetiva enganar. Não é suficiente a mudança do verdadeiro (*immutatio veri*), sendo necessária também a imitação da verdade (*imitatio veritatis*). Significa dizer, com outras palavras, que se exige a idoneidade do meio enganador, sem o qual não há que se falar em falsificação (NORONHA, 1968, p. 140-141).

A partir desse pressuposto, se a falsidade for grosseira, reconhecível a olho nu, restando claro e evidente que o objeto não é verdadeiro, não há que se falar em ofensa à fé pública, pois não há possibilidade de alguém ser levado a erro por ele. Trata-se, portanto, de hipótese de crime impossível, no qual a falsidade é inócua, supérflua. O meio, aqui, é inidôneo a enganar alguém.

Como aponta Amaral, a punição do falso exige a possibilidade de dano como consequência da falsificação, ainda que dela não decorra, necessariamente, nenhum prejuízo. Segundo o autor, "se a deturpação realizada pelo falsário é de natureza tal que pode ser facilmente percebida, seu procedimento não atinge as culminâncias do ilícito penal. O falso punível é só aquele que ilude os sentidos ou a inteligência, ou que tem qualidades de semelhança com o original capazes de produzir tal resultado, tomado por padrão o senso crítico do homem mediano" (AMARAL, 1978, p. 77-80). É no mesmo sentido a lição de Paulo José da Costa Jr., quando afirma que "não se aperfeiçoa o delito sem a potencialidade de prejuízo. Vale dizer, a falsidade grosseira, inidônea a conduzir alguém ao engano, pela imprestabilidade absoluta do meio, impede a realização do crime, que passa a ser impossível (art. 17). A falsidade será tida, então, como inócua, ou supérflua" (COSTA JR., 2007, p. 911).

Cabe à jurisprudência, na análise dos casos concretos, definir quando se está diante de uma falsificação inócua ou quando o falso é apto a lesionar a fé pública.

Não se trata de tarefa simples, já que inevitável escapar de uma avaliação subjetiva, mesmo quando norteada por critérios objetivos acerca da potencialidade lesiva da falsificação (GOMES, 2012, p. 238 e s.).

Deve ser observado, ainda, que exigir potencialidade lesiva não significa exigir que a falsificação enseje prejuízo efetivo a terceiros; é suficiente que o falso tenha aptidão para enganar, o que ocorre somente quando verificada a *imitatio veris*.

Em todos os crimes contra a fé pública, portanto, a coletividade, representada pelo Estado, figura como sujeito passivo das infrações. Não se impede que, além de toda a sociedade que se vê potencialmente enganada pela falsificação dos diversos papéis, coisas e informações descritos como objeto material nas infrações previstas entre os arts. 289 e 311-A do CP, haja, em cada caso e modalidade específica de delito, outros sujeitos passivos cujos bens jurídicos também foram lesionados pelo comportamento criminoso, o que será objeto de análise no exame de cada tipo incriminador.

Por fim, resta dizer que, tendo em vista a natureza do bem jurídico tutelado e de seu titular, compreende-se que todas as infrações contidas no Título X do CP sejam de ação penal pública incondicionada.

Capítulo I
Da moeda falsa

Moeda falsa
Art. 289. Falsificar, fabricando-a ou alterando-a, moeda metálica ou papel-moeda de curso legal no país ou no estrangeiro:
Pena – reclusão, de 3 (três) a 12 (doze) anos, e multa.

§ 1º Nas mesmas penas incorre quem, por conta própria ou alheia, importa ou exporta, adquire, vende, troca, cede, empresta, guarda ou introduz na circulação moeda falsa.

§ 2º Quem, tendo recebido de boa-fé, como verdadeira, moeda falsa ou alterada, a restitui à circulação, depois de conhecer a falsidade, é punido com detenção, de 6 (seis) meses a 2 (dois) anos, e multa.

§ 3º É punido com reclusão, de 3 (três) a 15 (quinze) anos, e multa, o funcionário público ou diretor, gerente, ou fiscal de banco de emissão que fabrica, emite ou autoriza a fabricação ou emissão:

I – de moeda com título ou peso inferior ao determinado em lei;

II – de papel-moeda em quantidade superior à autorizada.

§ 4º Nas mesmas penas incorre quem desvia e faz circular moeda, cuja circulação não estava ainda autorizada.

Considerações gerais

A fé pública é aqui protegida por meio da proibição do falso numerário. Além de representar uma lesão ou ameaça de lesão à confiança pública na legitimidade do dinheiro, sem a qual não seria possível o jogo dos negócios e transações ao patrimônio individual, também atinge a segurança do intercâmbio financeiro ou o monopólio monetário do Estado (HUNGRIA, 1959, p. 189-190).

A conduta incriminada no *caput* consiste em falsificar, o que significa imitar, reproduzir ou modificar algo, de modo fraudulento e com o objetivo de fazê-lo passar por autêntico, levando a vítima ao engano por imaginar que se trata de algo verdadeiro, legítimo.

Considerações nucleares

Duas são as formas de a falsificação se dar, conforme se afere do tipo penal: por meio da fabricação ou da alteração da moeda metálica ou papel-moeda de curso legal no País ou no estrangeiro. Na primeira hipótese, tem-se a contrafação, em que referidos objetos são inteiramente produzidos com a aparência de verdadeiros, tal como se daria quando, por exemplo, alguém utilizasse papel semelhante ao utilizado para a confecção de cédulas de dinheiro pela Casa da Moeda, o recortasse no tamanho das cédulas e nele imprimisse estampa igual à verdadeira. No segundo caso, moeda metálica ou papel-moeda verdadeiros são adulterados de modo a tirar-lhes a substância ou modificar, fraudulentamente, seu valor. Quanto a esta última hipótese, as modificações impressas nas moedas ou cédulas devem visar a aumentar o valor do numerário; considera-se, a esse respeito, que o crime de moeda falsa não é um fim em si mesmo, mas meio para a obtenção de lucro ilícito, mediante fraude.

Outra observação importante, também atrelada à própria essência do bem jurídico tutelado pela norma, refere-se à exigência de que o dinheiro falsificado esteja em circulação, seja dentro do território brasileiro, seja no estrangeiro. No caso de dinheiro que já não ostente mais valor jurídico e monetário, não há que se falar em moeda.

O § 1º do art. 289, a seu turno, elenca nove condutas necessariamente subsequentes à falsificação da moeda, que a esta são equiparadas pela pena cominada. Dessa forma, deve ser apenado com a mesma sanção da falsificação quem, por conta própria ou alheia, importa, exporta, adquire, vende, troca, cede, empresta, guarda ou introduz na circulação moeda falsa.

Verifica-se, aqui, um tipo penal de ação múltipla alternativa ou de conteúdo variado, de modo que o agente que praticar mais de uma das condutas elencadas, desde que no mesmo contexto, pratica apenas uma infração.

Ainda no tocante à prática de mais de uma conduta, cabe salientar que, se a mesma pessoa praticar a conduta descrita no *caput* e um ou mais comportamentos expressos no § 1º, haverá apenas um crime, que é aquele descrito no *caput*, sendo o outro ou os outros tidos como exaurimento do primeiro.

Observa-se, também, que as oito primeiras condutas descritas pressupõem o conhecimento da falsidade por parte de quem recebe a moeda, o que não ocorre com a última conduta – introduzir em circulação –, quando a falsidade do dinheiro deve ser desconhecida, de modo que a moeda é vista como verdadeira.

A conduta descrita no § 2º, a seu turno, diferencia-se daquelas elencadas no § 1º na medida em que o autor, depois de ter recebido dinheiro falso de boa-fé, acreditando ser verdadeiro, vem a constatar referida falsidade e, então, o devolve à circulação (restitui a moeda ao meio circulante).

O tipo descrito nesse parágrafo é privilegiado porque, segundo Luiz Regis Prado, o que leva o agente a praticar a conduta não é a vontade de lesar a fé pública, nem de locupletar-se, mas a vontade de evitar um prejuízo pecuniário, transferindo-o a terceira pessoa. Além disso, constata-se que o agente, com seu comportamento, não inicia a circulação da moeda falsa, mas apenas lhe dá continuidade, o que lhe confere uma reprovação menor (PRADO, 2014, p. 280).

Já no § 3º do art. 289, há duas figuras típicas mais gravemente reprovadas pelo legislador, por isso denominadas doutrinariamente como qualificadas. No primeiro caso (inciso I), o autor fabrica, emite ou autoriza a fabricação ou emissão de moeda com título ou peso inferior ao determinado em lei, o que pode significar sua desvalorização. Já no segundo caso (inciso II), não se trata propriamente da conduta de falsificar, tal como se dá nos tipos antecedentes, mas de produzir moeda em estabelecimento oficial de fabricação e emissão em quantidade superior à autorizada. Trata-se de moeda produzida de forma não legítima, e tal ilegitimidade está em desacordo com a determinação legal no que diz respeito ao *quantum* autorizado, o que torna tal produção discrepante em relação à vontade estatal. Em ambos os casos descritos no § 3º, a iniciativa da conduta deve ter sido do funcionário público ou diretor, gerente, ou fiscal de banco de emissão, o que justifica o alto grau de reprovação do delito.

Por fim, o § 4º do art. 289 incrimina o comportamento que consiste em desviar e fazer circular moeda que ainda não tinha sua circulação autorizada. Como se apreende da leitura do tipo, dois momentos distintos compõem o tipo incriminador: em primeiro lugar, o agente retira o dinheiro do local onde estava aguardando ser posto em circulação para, em seguida, ser antecipadamente introduzido na circulação.

Nesta última hipótese, não se está diante de dinheiro falsificado ou produzido em quantidade superior àquela autorizada; a moeda foi legitimamente fabricada, constituindo dinheiro válido com aptidão para circular. O que torna a conduta ilegítima é a antecipação de sua circulação, quando ainda não fora autorizada.

Ainda quanto ao descrito no § 4º, cabe observar que a respectiva pena é a mesma prevista para os comportamentos descrito no *caput* do art. 289; é ao *caput* que o parágrafo está subordinado, e não ao parágrafo imediatamente antecedente ou qualquer outro dos parágrafos anteriores.

Com exceção da hipótese descrita no § 3º, em que o sujeito ativo é necessariamente o funcionário público ou diretor, gerente ou fiscal de banco de emissão – e o crime é, portanto, próprio –, o art. 289 do CP pode ter como sujeito ativo qualquer pessoa.

Além do Estado – sujeito passivo preponderante em todos os crimes contra a fé pública –, eventualmente pode haver uma pessoa física ou jurídica diretamente lesada, do ponto de vista econômico, pela conduta delituosa.

Nos termos do parágrafo único do art. 14 do CP, não sendo prevista a modalidade culposa, todas as hipóteses típicas somente se caracterizam se houver dolo – direto ou eventual – por parte do agente. Deve haver a intencionalidade do agente voltada para as condutas descritas, com a consciência de todos os elementos do tipo penal.

Considerações finais

Para a consumação do crime descrito no *caput*, não é necessária a efetiva circulação da moeda, sendo suficiente a falsificação (crime de perigo concreto). Basta, portanto, que a moeda atinja o grau de fabricação ou alteração que a torne apta a enganar a coletividade; caso o agente seja impedido de concluir tal processo, estará caracterizada a tentativa.

No caso dos comportamentos descritos nos parágrafos do art. 289, a consumação ocorre quando é realizado qualquer um deles. São crimes instantâneos, com exceção da conduta que consiste em guardar moeda falsa –, hipótese em que o crime é permanente.

É comum o autor praticar uma ou mais condutas típicas relacionadas, de uma só vez, a várias moedas ou cédulas. Nesse caso, devido ao fato de as falsificações (ou importações, exportações, vendas, trocas, inserções na circulação, produções etc.) se darem no mesmo contexto e a partir de uma única intenção criminosa, não há que se falar em pluralidade de crimes. A pluralidade de infrações, que poderá ensejar o reconhecimento de concurso de crimes, somente é possível quando o agente atuar em contextos diferentes.

O principal argumento a esse respeito é no sentido de que, sendo a fé pública a confiança que a coletividade deposita na segurança das relações jurídicas, é indiferente o valor da moeda falsificada, pois o que se tutela não é o valor econômico do dinheiro, mas a lesão à confiança que as pessoas têm na autenticidade da moeda em circulação.

Crimes assimilados ao de moeda falsa

Art. 290. Formar cédula, nota ou bilhete representativo de moeda com fragmentos de cédulas, notas ou bilhetes verdadeiros; suprimir, em nota, cédula ou bilhete recolhidos, para o fim de restituí-los à circulação, sinal indicativo de sua inutilização; restituir à circulação cédula, nota ou bilhete em tais condições, ou já recolhidos para o fim de inutilização:

Pena – reclusão, de 2 (dois) a 8 (oito) anos, e multa.

Parágrafo único. O máximo da reclusão é elevado a 12 (doze) anos e o da multa a Cr$ 40.000 (quarenta mil cruzeiros), se o crime é cometido por funcionário que trabalha na repartição onde o dinheiro se achava recolhido, ou nela tem fácil ingresso, em razão do cargo.

Considerações gerais

No *caput* do art. 290 do CP constam três modalidades delitivas distintas, reunidas no mesmo dispositivo por significar, segundo o legislador, o mesmo desvalor jurídico-penal. Todas têm como objeto material a cédula, o bilhete ou a nota representativa de moeda, que são emitidos por órgão governamental e devem obrigatoriamente ser aceitos nas relações comerciais. Dada a redação típica, fica excluída do alvo dos comportamentos ilícitos, desde logo, a moeda metálica.

Considerações nucleares

O primeiro comportamento incriminado consiste em formar cédula, nota ou bilhete representativo de moeda com fragmentos de cédulas, notas ou bilhetes verdadeiros. Trata-se da conduta de constituição de *nova* cédula (e não mera reconstituição da cédula), por composição ou adjunção, ou seja, não é modificado o conteúdo da moeda verdadeira, mas são aproveitados os fragmentos originais não alterados para a formação de outra moeda. Não se trata, portanto, de alterar ou transformar a moeda, mas de produzir uma nova necessariamente a partir de fragmentos de outra ou outras.

A segunda hipótese típica consiste em suprimir, nos objetos mencionados, sinal indicativo de sua inutilização, com a finalidade de restituí-los à circulação. Assim, independentemente do meio escolhido, o agente faz desaparecer o sinal indicativo de que o dinheiro fora tirado de circulação. Não é necessária a efetiva devolução do dinheiro à circulação, sendo suficiente que a supressão do sinal tenha sido feita com tal objetivo.

A última modalidade delitiva diz respeito à restituição à circulação dos referidos objetos confeccionados a partir dos fragmentos de outros, dos que tiveram suprimido o sinal de inutilização ou daqueles que, não tendo sido inutilizados, já tinham sido recolhidos para tal fim. Esse comportamento pode ser praticado tanto pela própria pessoa que praticou a conduta anterior como por terceiro que não participou da execução de uma das condutas anteriormente descritas. Deve ser observado que, no primeiro caso, a conduta típica aqui descrita deve ser considerada exaurimento do crime anterior e, portanto, *post factum* impunível, ou a conduta anterior resta absorvida por esta, por ser meio para a sua prática.

Qualquer pessoa pode ser sujeito ativo da infração descrita no *caput*, o que significa dizer que se trata de crime comum. Na hipótese de parágrafo único, no entanto, o sujeito ativo é apenas o funcionário público, que se beneficia das facilidades proporcionadas pelo cargo para praticar o delito. Conforme descrito no parágrafo único, o funcionário público que tem a pena exacerbada deve, necessariamente, trabalhar na repartição onde o dinheiro é recolhido ou deve ter fácil ingresso nela, exclusivamente em razão do cargo. Se não estiverem presentes tais requisitos típicos, não há que se falar na modalidade qualificada da infração.

Além do Estado, eventualmente pode haver pessoas físicas ou jurídicas diretamente lesadas pela conduta delituosa, motivo pelo qual também são consideradas sujeitos passivos do crime.

Em todas as hipóteses descritas o crime é doloso. Quando o crime praticado consiste em suprimir sinal indicativo da inutilização da nota, cédula ou bilhete, necessariamente deve estar presente o elemento subjetivo especial caracterizado pelo intento de restituí-los à circulação.

Deve ser observado, no entanto, que no art. 290 não foi repetida a redação do § 2º do art. 289 do CP. A lei não prevê expressamente o comportamento de quem recebe de boa-fé o dinheiro falsificado de acordo com a descrição típica do *caput* do art. 290 do CP, e posteriormente toma conhecimento do falso e o restitui à circulação. Neste caso, é possível vislumbrar o crime de receptação, favorecimento real, a aplicação do art. 289, § 2º, do CP ou a incidência das mesmas penas de quem já conhecia a falsidade do dinheiro no momento em que o recebeu, não tendo seu juízo de reprovação atenuado (FRANCO e STOCO, 2007, p. 1372; PRADO, 2014, p. 291).

Considerações finais

No caso da primeira figura típica, dá-se a consumação quando é formado novo objeto a partir dos fragmentos de outros, com aptidão para enganar a coletividade; no segundo caso, o crime se consuma com o desaparecimento do sinal indicativo da inutilização do dinheiro; na última hipótese, o crime está consumado quando o agente repõe em circulação o dinheiro objeto da fraude, seja realizando algum pagamento, emprestando ou doando a alguém etc. Em todos os casos, é possível ocorrer a tentativa, uma vez serem decomponíveis as condutas que levam à consumação do delito.

Petrechos para falsificação de moeda

Art. 291. Fabricar, adquirir, fornecer, a título oneroso ou gratuito, possuir ou guardar maquinismo, aparelho, instrumento ou qualquer objeto especialmente destinado à falsificação de moeda:

Pena – reclusão, de 2 (dois) a 6 (seis) anos, e multa.

Considerações gerais

O tipo penal diz respeito à antecipação da punição para condutas que nem sequer chegam a expor a perigo efetivo a fé pública pela falsificação de moeda, mas que podem constituir atos preparatórios desta infração.

São proibidas as condutas de quem fabrica, adquire, fornece, possui ou guarda maquinismo, aparelho, instrumento ou qualquer objeto voltado à falsificação de moeda. Há, aqui, tipo de ação múltipla, sendo que a prática de apenas uma das condutas enumeradas já é suficiente para a caracterização da infração.

Considerações nucleares

Fabricar é produzir, confeccionar a peça com a qual seja possível produzir moeda falsa; adquirir significa receber, a qualquer título; fornecer é entregar a alguém, também a qualquer título; possuir significa ter a posse ou propriedade; guardar é ter consigo, podendo ser na qualidade de depositário ou guardião, por exemplo.

Constituem objeto da infração o maquinismo, aparelho, instrumento ou qualquer objeto especialmente destinado à falsificação de moeda. Incluem-se aqui, por exemplo, as peças de uma máquina ou aparelho, assim como o objeto ou utensílio destinado à falsificação. O maquinismo, aparelho ou instrumento destinado para o fabrico de moeda falsa não precisa, necessariamente, ser apto para todo o processo de sua produção. É suficiente que se preste à realização de parte do processo de falsificação, quando depende da concorrência de outros instrumentos ou objetos para ultimá-la.

A lei faz referência, ainda, a qualquer objeto especialmente destinado à falsificação de moeda, o que autoriza alcançar todos os objetos que, não sendo propriamente maquinismo, aparelho nem instrumento, prestam-se à falsificação de moeda. Tal objeto deve poder ser usado para a falsificação de moeda, embora não precise ter essa como sua única função.

Cabe observar que os objetos da infração não precisam ser falsos, podendo ser verdadeiros, desde que destinados à falsificação de moeda. Isso se daria na hipótese em que maquinismo, aparelho ou instrumento originais são extraviados e utilizados por quem não tem autorização para tanto; neste caso, o fato de ser produzida por pessoa não autorizada torna a moeda substancialmente falsa, ainda que com a aparência de original.

Qualquer pessoa pode ser sujeito ativo da infração, não havendo exigência quanto a qualquer característica especial do agente. Sujeito passivo, por sua vez, é somente o Estado.

Por ser tipo de ação múltipla, a realização de mais de um dos comportamentos descritos no tipo não caracteriza concurso de infrações, mas crime único. Cabe observar, também, que o delito é subsidiário em relação ao descrito no art. 289 do CP: caso sejam iniciados os atos de execução da falsificação, o agente responde pelo crime mais grave, que, na espécie, é a tentativa de falsificação de moeda.

Nos termos do parágrafo único do art. 14 do CP, não sendo prevista a modalidade culposa, todas as hipóteses típicas somente se caracterizam se houver dolo – direto ou eventual – por parte do agente.

Considerações finais

A consumação ocorre quando realizada qualquer das condutas descritas no tipo, ainda que não haja dano ao bem jurídico (crime de perigo abstrato). No caso da fabricação, não basta o início da ação, sendo necessária a sua finalização, desde que com aptidão para a produção de moeda. A conduta de adquirir um dos objetos se consuma quando se dá a obtenção do objeto, que passa ao domínio do agente. O crime de fornecer se consuma quando o agente pratica a tradição, entregando o objeto a outrem. A posse e a guarda têm a consumação iniciada quando o agente detém consigo o objeto destinado à falsificação, protraindo-se no tempo (crime permanente). Com exceção das duas últimas condutas, é possível haver tentativa.

Emissão de título ao portador sem permissão legal

Art. 292. Emitir, sem permissão legal, nota, bilhete, ficha, vale ou título que contenha promessa de pagamento em dinheiro ao portador ou a que falte indicação do nome da pessoa a quem deva ser pago:

Pena – detenção, de 1 (um) a 6 (seis) meses, ou multa.

Parágrafo único. Quem recebe ou utiliza como dinheiro qualquer dos documentos referidos neste artigo incorre na pena de detenção, de 15 (quinze) dias a 3 (três) meses, ou multa.

Considerações gerais

A fé pública é protegida na medida em que representa a confiança na moeda. Por meio da proibição de emissão ilegal de títulos ao portador ou sem identificação do beneficiário, o dinheiro é protegido contra eventual concorrência com outros papéis ou documentos, reforçando-lhe a confiabilidade e sua importância nas relações econômicas. A proteção da fé pública se dá pela prevenção do aparecimento de títulos que possam se transformar em moeda paralela.

O objetivo da incriminação é combater a concorrência dos títulos ilegais com a moeda, e não a proteção do crédito, de modo que é irrelevante se o emitente solveu ou não o compromisso, ou ainda se pretende fazê-lo.

Considerações nucleares

Qualquer pessoa que emitir o título fora dos casos autorizados pode ser sujeito ativo da infração, assim como quem o recebe ou utiliza. Trata-se, portanto, de crime comum.

O sujeito passivo da infração é o Estado, e não quem recebe o título, uma vez que o compromisso que ele representa pode ser honrado pelo emitente; além disso, quem recebe o título responde pela infração descrita no parágrafo único do art. 292 do CP.

Há apenas uma conduta incriminada no *caput* do art. 292 do CP, que consiste em emitir o título descrito sem permissão legal. Não se trata, aqui, da criação do documento, mas da sua inserção em circulação. A pessoa que elabora o título mas não o coloca em circulação não pratica o crime do art. 292 do CP.

Objetos materiais do crime são nota, bilhete, ficha, vale ou título que contenha promessa de pagamento em dinheiro ao portador ou sem a indicação do nome da pessoa a quem deva ser pago. Nota é o documento entregue a alguém quando da compra ou prestação de serviço; bilhete é o escrito que contém a obrigação de pagar ou entregar determinada coisa, em certo tempo; ficha é uma peça, de qualquer material, forma ou cor, que representa dinheiro; vale é um escrito que representa uma dívida; título ao portador tem sua definição fornecida pelo direito comercial é aquele que não revela o nome do beneficiário ou tomador, sendo transmitido pela mera tradição e fazendo com que o subscritor seja obrigado perante qualquer pessoa que o apresente.

Para a caracterização da infração é suficiente a emissão de apenas um título.

Tendo em vista que o objetivo é proteger a moeda, o título deve conter promessa de pagamento em dinheiro, o que significa que é atípica a emissão de vales, notas ou outros títulos representativos de créditos em mercadorias ou serviços. Não é típica a conduta de quem emite, para fins específicos, vales provisórios, empregados normalmente na vida comercial, para circular em ambiente restrito, como ocorre para a comprovação de adiantamento em dinheiro ou pagamento de futuras contraprestações em utilidades (FRAGOSO, apud PRADO, 2014, p. 303). Nestes casos, não há que se falar em ofensa à fé pública.

A criminalização se dá por meio de norma penal em branco, que precisa se socorrer a outras esferas do ordenamento para identificar os títulos permitidos e os proibidos. A ausência de permissão legal é, assim, elemento normativo do tipo; a emissão de cheques ou notas promissórias, por exemplo, não caracteriza a infração penal.

O parágrafo único do art. 292 do CP estabelece a figura privilegiada da infração, em que é punido de modo mais brando quem recebe ou utiliza, como se fosse dinheiro, qualquer dos documentos referidos no *caput*.

Receber é aceitar o título como forma de pagamento, independentemente de quem o entregou ter sido a mesma pessoa que o colocou em circulação. Por ser figura necessariamente subsequente à emissão ilícita do título, o conflito aparente de normas em relação à receptação se resolve pelo princípio da especialidade, prevalecendo o parágrafo único do art. 292 do CP. Utilizar é fazer uso, dando ao título seu emprego natural (realizar pagamento). Nas duas modalidades típicas o agente contribui para a circulação do documento não autorizado.

Assim como ocorre com a conduta descrita no *caput*, é necessário que o recebimento ou sua utilização se deem num contexto de substituição do dinheiro. A conduta aqui é acessória àquela, de modo que não seria lógico que tal exigência não se fizesse presente também neste caso.

Nos termos do parágrafo único do art. 14 do CP, não sendo prevista a modalidade culposa, as hipóteses típicas descritas tanto no *caput* como no parágrafo único do art. 292 do CP somente se caracterizam se houver dolo – direto ou eventual – por parte do agente. Deve haver a intencionalidade do agente voltada para as condutas descritas, com a consciência de todos os elementos (descritivos e normativos) do tipo penal.

Considerações finais

Consumação do crime previsto no *caput* ocorre quando o agente pratica a tradição, entregando a terceiro o título ao portador, isto é, introduzindo na circulação. É crime de mera atividade, que se consuma independentemente da efetiva ocorrência de resultado naturalístico. Nas hipóteses do parágrafo único, a consumação do delito na modalidade "receber" ocorre quando o agente aceita e toma o objeto material para si ou para terceiro, como se dinheiro fosse; quando o crime consiste na utilização dos documentos referidos, a consumação ocorre de forma semelhante à emissão, ou seja, quando há a transferência do título ao portador em substituição à moeda corrente. É possível falar na figura tentativa, especialmente quando a conduta típica consiste em "emitir" ou "utilizar".

Capítulo II
Da falsidade de títulos e outros papéis públicos

Falsificação de papéis públicos

Art. 293. Falsificar, fabricando-os ou alterando-os:

I – selo destinado a controle tributário, papel selado ou qualquer papel de emissão legal destinado à arrecadação de tributos;

II – papel de crédito público que não seja moeda de curso legal;

III – vale postal;

IV – cautela de penhor, caderneta de depósito de caixa econômica ou de outro estabelecimento mantido por entidade de direito público;

V – talão, recibo, guia, alvará ou qualquer outro documento relativo a arrecadação de rendas públicas ou a depósito ou caução por que o poder público seja responsável;

VI – bilhete, passe ou conhecimento de empresa de transporte administrada pela União, por Estado ou por Município:

Pena – reclusão, de 2 (dois) a 8 (oito) anos, e multa.

§ 1º Incorre na mesma pena quem:

I – usa, guarda, possui ou detém qualquer dos papéis falsificados a que se refere este artigo;

II – importa, exporta, adquire, vende, troca, cede, empresta, guarda, fornece ou restitui à circulação selo falsificado destinado a controle tributário;

III – importa, exporta, adquire, vende, expõe à venda, mantém em depósito, guarda, troca, cede, empresta, fornece, porta ou, de qualquer forma, utiliza em proveito próprio ou alheio, no exercício de atividade comercial ou industrial, produto ou mercadoria:

a) em que tenha sido aplicado selo que se destine a controle tributário, falsificado;

b) sem selo oficial, nos casos em que a legislação tributária determina a obrigatoriedade de sua aplicação.

§ 2º Suprimir, em qualquer desses papéis, quando legítimos, com o fim de torná-los novamente utilizáveis, carimbo ou sinal indicativo de sua inutilização:

Pena – reclusão, de 1 (um) a 4 (quatro) anos, e multa.

§ 3º Incorre na mesma pena quem usa, depois de alterado, qualquer dos papéis a que se refere o parágrafo anterior.

§ 4º Quem usa ou restitui à circulação, embora recibo de boa-fé, qualquer dos papéis falsificados ou alterados, a que se referem este artigo e o seu § 2º, depois de conhecer a falsidade ou alteração, incorre na pena de detenção, de 6 (seis) meses a 2 (dois) anos, ou multa.

§ 5º Equipara-se a atividade comercial, para os fins do inciso III do § 1º, qualquer forma de comércio irregular ou clandestino, inclusive o exercido em vias, praças ou outros logradouros públicos e em residências.

Considerações gerais

A presente norma teve sua redação original modificada pela Lei n. 11.035/2004. Foram alterados o inciso I do *caput* e o § 1º, e foi acrescentado o § 5º ao texto do art. 293 do CP. A fé pública aqui tutelada se manifesta pela confiança não só nos símbolos e convenções, mas também nos atos jurídicos que se revestem de determinadas formalidades, independentemente de representarem relações particulares ou entre o particular e o Estado.

Considerações nucleares

A conduta incriminada no *caput* é a mesma do art. 289 do CP – a falsificação por meio da fabricação ou alteração de objeto não verdadeiro. Difere daquela no que diz respeito ao objeto da falsificação, que aqui são todos os papéis ou documentos relacionados nos incisos I a VI do tipo incriminador.

A Lei n. 6.538/78, ao disciplinar os serviços postais, previu o tipo de falsificação de "selo, outra fórmula de franqueamento ou vale-postal" (art. 36, *caput*), de modo que tais objetos, quando falsificados, não ocasionam a incidência do CP, mas da referida lei, de acordo com o princípio da especialidade.

Nos incisos I, IV e V, o legislador valeu-se de cláusula exemplificativa para redigir as figuras típicas. No primeiro caso, é objeto de falsificação o selo destinado a controle tributário, papel selado ou *qualquer* papel de emissão legal destinado à arrecadação de tributo; na segunda hipótese, proíbe-se a falsificação de cautela de penhor, caderneta de depósito de caixa econômica ou de *outro estabelecimento* mantido por entidade de direito público; no último, a falsificação é de talão, recibo, guia, alvará ou *qualquer outro documento* relativo a arrecadação de rendas públicas ou a depósito ou caução por que o poder público seja responsável. Em todas as hipóteses, percebe-se que mais importante do que a forma é o conteúdo do documento cuja autenticidade é protegida pela norma.

No inciso II, consta a proibição de falsificação de papel de crédito público que não seja moeda de curso legal. Estes abarcam, entre outros, os títulos da dívida pública, apólices, letras do Tesouro, independentemente de serem nominativas ou do ente federal emitente. Embora não sejam propriamente moeda, podem ser usados como meio de pagamento.

Os objetos da falsificação tutelados pelo inciso VI do art. 293 são o bilhete, passe ou conhecimento de empresa de transporte administrada pela União, por Estado ou por Município. Os dois primeiros dizem respeito ao transporte de passageiros, enquanto o terceiro é o papel comprobatório da entrega de objetos ou valores para o transporte, que precisa ser apresentado quando da retirada da coisa transportada. Cabe observar que, nos termos do tipo penal, a falsificação de bilhete ou passe de ônibus, trem ou avião emitido por empresa privada não caracteriza o crime.

O § 1º do art. 293 equipara ao *caput* algumas condutas consideradas de igual reprovação pelo legislador. No inciso I, proíbe-se o uso, a guarda e a posse ou detenção de qualquer dos papéis falsificados elencados no *caput*. Já o inciso II pune a conduta de quem importa, exporta, adquire, vende, troca, cede, empresta, guarda, fornece ou restitui à circulação selo falsificado destinado a controle tributário. O inciso III, a seu turno, prevê a punição de quem importa, exporta, adquire, vende, expõe à venda, mantém em depósito, guarda, troca, cede, empresta, fornece, porta ou, de qualquer forma, utiliza em proveito próprio ou alheio, no exercício de atividade comercial ou industrial, produto ou mercadoria em que tenha sido aplicado selo falsificado destinado ao controle tributário ou, ainda, produto ou mercadoria sem selo oficial (quando a legislação tributária determina a obrigatoriedade de sua aplicação).

A fim de evitar dúvida na interpretação do inciso III do § 1º do art. 293, o próprio CP, no § 5º do mesmo dispositivo, equipara à atividade comercial qualquer forma de comércio irregular ou clandestino, inclusive o exercido em vias, praças ou outros logradouros públicos e em residências.

O § 2º, por sua vez, incrimina a supressão de carimbo ou sinal indicativo de inutilização dos documentos elencados no *caput*, desde que a finalidade do agente seja torná-los novamente utilizáveis. Não há referência à forma como se dá a inutilização, de modo que esta pode ser obtida por qualquer meio, desde que leve as pessoas a acreditarem se tratar de sinal legítimo que confere aptidão para que o documento seja utilizável. A supressão, para ser típica, não precisa ser total ou absoluta, desde que o sinal ou carimbo não continue perceptível à vista desarmada de especiais aparelhos usados em perícias adequadas ao caso (DRUMMOND, 1944, p. 218).

Já o § 3º refere-se à utilização dos papéis adulterados referidos no § 2º, ou seja, a conduta é a concretização do propósito manifestado por quem praticou o comportamento descrito no parágrafo anterior. Considera-se, aqui, que são igualmente reprováveis as condutas de quem remove o carimbo ou sinal e de quem utiliza o documento fraudulentamente reutilizado.

Para todas as condutas descritas no art. 293 do CP, qualquer pessoa pode figurar como sujeito ativo do crime, tratando-se, pois, de crime comum. O sujeito passivo é o Estado, embora pessoas físicas ou jurídicas possam ser as prejudicadas com os danos advindos da conduta delituosa.

Embora qualquer pessoa possa ser sujeito ativo do crime descrito no § 3º do art. 293 do CP, deve ser observado que, na hipótese de a pessoa que usar o documento com carimbo ou sinal alterado ser a mesma que praticou a alteração fraudulenta, o agente não responde pelo concurso de crimes; responde por apenas uma das infrações, sendo a outra considerada exaurimento ou crime-meio, a depender do caso concreto – o que é indiferente na prática, tendo em vista a pena cominada ser a mesma para ambos os delitos.

De forma semelhante ao disposto no art. 289, § 2º, o § 4º do art. 293 abarca a conduta de quem usa ou restitui à circulação qualquer um dos papéis elencados no *caput* ou no § 2º do art. 293 do CP, na hipótese em que tenha recebido tais documentos de boa-fé. Assim, ao contrário do que dispõem os §§ 1º e 3º – que pressupõem o conhecimento da fraude pelo agente desde o momento em que recebe os documentos –, a ciência acerca da alteração maliciosa se dá, aqui, após o recebimento de boa-fé, embora a seguir o agente tome conhecimento do falso e atue de forma dolosa.

Além do Estado – sujeito passivo preponderante em todos os crimes contra a fé pública –, eventualmente pode haver uma pessoa física ou jurídica diretamente lesada pela conduta delituosa.

Nos termos do parágrafo único do art. 14 do CP, não sendo prevista a modalidade culposa, todas as hipóteses típicas somente se caracterizam se houver dolo – direto ou eventual – por parte do agente. No caso das condutas descritas no § 1º, III, é necessário que o agente tenha a específica finalidade de atuar em proveito próprio ou alheio; já no comportamento previsto no § 2º, para ser típica a conduta deve ser executada com o fim de tornar os referidos papéis novamente utilizáveis.

Considerações finais

No caso do crime previsto no *caput*, a consumação se dá quando ocorrer a contrafação ou alteração de qualquer dos documentos elencados, ainda que não cause dano efetivo. Para os casos descritos no § 1º, a consumação ocorre com a prática de qualquer uma das condutas ali descritas; a consumação da hipótese descrita no § 2º se dá quando da supressão do carimbo ou sinal de inutilização, independentemente de nova utilização; a consumação do crime cujo comportamento proibido está descrito no § 3º se dá com o efetivo uso do documento; a modalidade delitiva prevista no § 4º tem sua consumação no momento em que os papéis falsificados voltam a circular, hipótese análoga àquela descrita no art. 289, § 2º, do CP.

Petrechos de falsificação

Art. 294. Fabricar, adquirir, fornecer, possuir ou guardar objeto especialmente destinado à falsificação de qualquer dos papéis referidos no artigo anterior:

Pena – reclusão, de 1 (um) a 3 (três) anos, e multa.

Art. 295. Se o agente é funcionário público, e comete o crime prevalecendo-se do cargo, aumenta-se a pena de sexta parte.

Considerações gerais

A norma contida no art. 294 do CP é análoga àquela do art. 291, que cuida dos petrechos para falsificação de moeda. A diferença, aqui, reside essencialmente no objeto da conduta, que agora são voltados à falsificação de qualquer dos papéis relacionados no art. 293 do CP (selo destinado a controle tributário, papel selado ou qualquer papel de emissão legal destinado à arrecadação de tributo; papel de crédito público que não seja moeda de curso legal; vale postal; cautela de penhor, caderneta de depósito de caixa econômica ou de outro estabelecimento mantido por entidade de direito público; talão, recibo, guia, alvará ou qualquer outro documento relativo a arrecadação de rendas públicas ou a depósito ou caução por que o poder público seja responsável; bilhete, passe ou conhecimento de empresa de transporte administrada pela União, por Estado ou por Município).

Na redação típica, o legislador deixou de mencionar a gratuidade ou onerosidade do fornecimento e eliminou a enumeração casuística dos objetos destinados usados para a falsificação, se comparado o tipo do art. 294 ao art. 291 do CP. Há, aqui, referência mais concisa à conduta incriminada, sem que isso acarrete diferença substancial quanto ao conteúdo do ilícito.

É de se verificar que as condutas relacionadas aos objetos destinados à falsificação dos documentos relacionados no art. 293 do CP são consideradas sensivelmente menos graves do que aquelas voltadas aos petrechos para falsificação de moeda; por isso, a pena privativa de liberdade cominada a esta é o dobro da prevista para aquela.

De forma diferente do art. 291 do CP, onde há especificação do objeto da infração ("maquinismo, aparelho, instrumento ou qualquer objeto especialmente destinado à falsificação de moeda"), no art. 294 há referência, apenas, a "objeto especialmente destinado à falsificação de qualquer dos papéis referidos no artigo anterior". Embora tenham sido utilizadas formas diferentes de descrever o objeto do crime, a diferença do conteúdo se encontra, exclusivamente, no objeto da falsificação, uma vez que também no art. 294 do CP o comportamento típico pode recair sobre maquinismo, aparelho, instrumento ou qualquer outro objeto sobre o qual recaia a conduta prevista no art. 291 do CP.

Se o objeto é destinado à falsificação de vale-postal, selo ou qualquer outra fórmula de franqueamento postal, incidirá o tipo descrito no art. 38 da Lei n. 6.538/78, que trata de maneira específica do falso relacionado aos serviços postais, de modo a prevalecer sobre a norma geral do Código Penal.

Considerações finais

Todas as observações feitas quando da análise do art. 291 do CP são aqui cabíveis, com a única ressalva que a solução para o aparente concurso de normas que este tipo pode ter com o descrito no art. 289 do CP apresenta-se, no caso do art. 294, relacionada ao art. 293 do CP.

Há, no art. 295, causa de aumento de pena para quando o sujeito ativo de qualquer dos crimes descritos no Capítulo II, quais sejam, os previstos nos arts. 293 e 294 do CP, for funcionário público, e praticar a infração prevalecendo-se do cargo. Por não haver definição específica de funcionário público, deve ser entendido como tal o conceito expresso no art. 327 do CP.

A razão da exasperação da pena é a maior reprovabilidade do comportamento de quem se vale da função pública que exerce para praticar a infração.

Capítulo III
Da falsidade documental

Falsificação do selo ou sinal público

Art. 296. Falsificar, fabricando-os ou alterando-os:

I – selo público destinado a autenticar atos oficiais da União, de Estado ou de Município;

II – selo ou sinal atribuído por lei a entidade de direito público, ou a autoridade, ou sinal público de tabelião:

Pena – reclusão, de 2 (dois) a 6 (seis) anos, e multa.

§ 1º Incorre nas mesmas penas:

I – quem faz uso do selo ou sinal falsificado;

II – quem utiliza indevidamente o selo ou sinal verdadeiro em prejuízo de outrem ou em proveito próprio ou alheio;

III – quem altera, falsifica ou faz uso indevido de marcas, logotipos, siglas ou quaisquer outros símbolos utilizados ou identificadores de órgãos ou entidades da Administração Pública.

§ 2º Se o agente é funcionário público, e comete o crime prevalecendo-se do cargo, aumenta-se a pena de sexta parte.

Considerações gerais

Assim como ocorre nos crimes descritos nos arts. 289 e 293 do CP, a conduta incriminada no *caput* consiste em falsificar, por meio da fabricação ou alteração, os objetos descritos no art. 296 do CP. Assim, o que diferencia este dispositivo em relação àqueles é o específico objeto da conduta proibida.

Considerações nucleares

Nos termos do inciso I, o objeto da falsificação deve ser o selo (sinete ou peça metálica onde estão representados signos, emblemas ou outros dizeres) destinado a autenticar atos oficiais da União, de Estado ou de Município. Pelo princípio da legalidade, fica excluído, desde logo, o selo destinado à autenticação de atos oficiais do Distrito Federal – que, por sua vez, poderá estar abarcado pelo disposto no inciso II do tipo penal.

Ainda em respeito ao princípio da legalidade, o selo objeto da falsificação deve ser, necessariamente, destinado à autenticação de atos oficiais (segundo previsão legal); não se caracteriza o crime se a falsificação recair sobre selo destinado a autenticar atos não oficiais. Ato legal, por sua vez, diz respeito a documento, incluindo em seu conceito qualquer manifestação do poder público que possa ser nele representada.

Quando a lei faz referência a selo ou sinal, este deve ser entendido como o instrumento utilizado para a gravação ou fixação de determinada imagem no papel ou sobre o lacre; trata-se do sinete, timbre, peça que contém reproduzida em negativo, sobre a superfície metálica ou de borracha, a figura que deve ser impressa. Não se trata, portanto, da própria imagem estampada no documento. Assim, o comportamento proibido consiste em falsificar o objeto impressor, ou seja, o instrumento com o qual se grava o selo público. Apesar de a figura delitiva estar presente em capítulo relativo à falsidade documental, Amaral demonstra ser esta a interpretação mais correta: como a lei pune o uso do selo falsificado como crime autônomo (art. 296, § 1º, I, do CP), caso a norma em comento se referisse à figura impressa, essa hipótese deveria caracterizar o uso de documento falso (art. 304 do CP) (AMARAL, 1978, p. 183-184).

Outros possíveis objetos da falsificação estão descritos no inciso II do art. 296, que diz respeito ao selo ou sinal atribuído por lei a entidade de direito público ou a autoridade, ou ainda sinal público de tabelião.

Os selos ou sinais aqui previstos são aqueles conferidos por lei a entidades públicas (órgãos públicos da Administração direta que têm personalidade jurídica atribuída por lei, além das autarquias e fundações públicas) ou a certas autoridades. Devem os selos ou sinais ser destinados a autenticar documentos emitidos pelas referidas entidades ou respectivas autoridades, pois de outra forma não haveria violação do bem jurídico fé pública.

O sinal público de tabelião é composto por traços, letras ou outras fórmulas apostas nos documentos expedidos ou conferidos pelos tabelionatos para atestar sua autenticidade. Trata-se de designação específica cujo significado, na técnica notarial, significa exclusivamente a rubrica dos referidos serventuários, não compreendendo a de quaisquer outros. O tratamento diferenciado se justifica porque, ao contrário de outros serventuários que se valem de comprovantes documentais daquilo que atestam, o tabelião porta por fé o que comprova *ex proprii sensibus*, descrevendo nos livros de notas o que viu ou ouviu das partes em sua presença – ou seja, a fonte das afirmações expressas nas notas é o conhecimento pessoal do tabelião (AMARAL, 1978, p. 186).

O § 1º do art. 296 equipara três outras condutas aos comportamentos descritos no *caput*, conferindo-lhes a mesma pena deste.

No inciso I, é proibida a conduta de quem usa o selo ou sinal falsificado. O legislador optou por utilizar a fórmula genérica "fazer uso", o que abrange inúmeras condutas concretas que podem ser praticadas por quem possui o selo ou sinal adulterado. São típicos os comportamentos que caracterizariam o uso normal do selo ou sinal público original.

No inciso II encontra-se incriminado o comportamento de quem utiliza indevidamente o selo ou sinal verdadeiro em prejuízo de outrem ou em proveito próprio ou alheio. Como se vê, não se trata aqui de falsificação propriamente dita, mas de conduta considerada igualmente reprovável, e que consiste no abuso na utilização de selo ou sinal autêntico. Tal abuso se caracteriza pelo elemento normativo do tipo, que prevê o uso *indevido* do selo ou sinal.

Como se afere do tipo, é indispensável que do uso decorra prejuízo para terceiros ou vantagem para o usuário ou terceira pessoa. Além disso, o selo ou sinal aposto no documento deve ser verdadeiro, diferentemente das demais hipóteses do art. 296 do CP.

Note-se que, caso o uso indevido consista na utilização de selo ou sinal verdadeiro para falsificar um documento, não haverá concurso de crimes, mas conflito aparente de normas, devendo o falso absorver o uso indevido.

Por fim, no inciso III – figura incriminadora introduzida no Código Penal pela Lei n. 9.983/2000 – encontra-se tipificada a conduta de quem altera, falsifica ou faz uso indevido de marcas, logotipos, siglas ou quaisquer outros símbolos utilizados ou identificadores de órgãos ou entidades da Administração Pública. A referência expressa tanto a órgãos como a entidades faz com que se conclua que na norma penal estão abarcados os sinais da Administração Pública direta ou indireta.

Por marca se entendem todos os sinais distintivos visualmente perceptíveis; logotipo é um símbolo formado pela fusão de letras, que podem ser estilizadas, cuja disposição, formato ou cores identifica determinada entidade; siglas, por sua vez, são conjuntos de letras ou sílabas que compõem um monograma indicativo da coisa identificada, em geral referentes às iniciais dos nomes.

Apesar do casuísmo presente no tipo, o crime abrange todos os símbolos de qualquer órgão ou entidade da Administração Pública. É que, embora haja a especificação inicial acerca dos objetos da conduta proibida, indicando casuisticamente marcas, logotipos e siglas, a descrição típica é finalizada com a fórmula genérica "ou quaisquer outros símbolos", o que lhe amplia o alcance.

Dois são os comportamentos incriminados no inciso III: a falsificação e o uso indevido.

Quanto à falsificação, esta engloba tanto o ato de alterar (previsto expressamente de forma desnecessária) como o de fabricar, como bem se afere da redação dos demais tipos constantes no Capítulo III do Título X do CP – o fato de o verbo "alterar" estar disposto alternativamente ao verbo "falsificar" demonstra que aqui houve falta de técnica legislativa.

O uso indevido, a seu turno, refere-se apenas aos símbolos originais, utilizados de forma desvirtuada, ilícita. Não se encontra punido o uso de símbolo falsificado; em caso de tal prática, esta deverá ser considerada exaurimento da falsificação, quando praticada pelo mesmo agente.

Nos termos do parágrafo único do art. 14 do CP, não sendo prevista a modalidade culposa para o crime do art. 296 do CP, todas as hipóteses típicas somente se caracterizam se houver dolo – direto ou eventual – por parte do agente. Deve haver a intencionalidade do agente voltada para as condutas descritas, com a consciência de todos os elementos do tipo penal.

Considerações finais

A consumação do crime descrito no *caput* do art. 296 do CP se dá nos moldes do que ocorre com as outras infrações que contam com a mesma redação típica, como a falsificação de selo ou sinal públicos. É necessária a efetiva falsificação, ainda que não haja outro resultado. É possível haver a figura tentada, já que a conduta pode ser fracionada e é cabível a interrupção do *iter criminis* depois de iniciada a execução.

O uso descrito no § 1º, inciso I, consuma-se independentemente de qualquer prejuízo que venha a ser causado ou vantagem aferida pelo agente. Já na hipótese do inciso II, para a consumação é necessária a ocorrência dos prejuízos ou vantagens descritos, não sendo suficiente a mera utilização do selo ou do sinal. Em ambos os casos, indispensável o uso efetivo do selo ou sinal para autenticar atos oficiais, não sendo suficiente a mera detenção ou guarda dos objetos falsificados.

O crime pode ser praticado por qualquer pessoa. No entanto, se o uso for feito pelo mesmo indivíduo que falsificou o selo ou sinal público, não é caso de concurso de crimes. Nessa hipótese, a punição se dará por apenas uma das infrações, sendo a outra absorvida ou considerada seu exaurimento, a depender da interpretação que for dada.

O § 2º do art. 296, por fim, traz causa de aumento de pena para quando o agente for funcionário público e praticar a infração valendo-se do cargo, o que significa dizer que é indispensável o liame entre a função pública e o ato praticado para a incidência da majorante.

Além do Estado, eventualmente pode figurar como sujeito passivo da infração pessoa física ou jurídica diretamente lesada pela conduta delituosa.

Falsificação de documento público

Art. 297. Falsificar, no todo ou em parte, documento público, ou alterar documento público verdadeiro:

Pena – reclusão, de 2 (dois) a 6 (seis) anos, e multa.

§ 1º Se o agente é funcionário público, e comete o crime prevalecendo-se do cargo, aumenta-se a pena de sexta parte.

§ 2º Para os efeitos penais, equiparam-se a documento público o emanado de entidade paraestatal, o título ao portador ou transmissível por endosso, as ações de sociedade comercial, os livros mercantis e o testamento particular.

§ 3º Nas mesmas penas incorre quem insere ou faz inserir:

I – na folha de pagamento ou em documento de informações que seja destinado a fazer prova perante a previdência social, pessoa que não possua a qualidade de segurado obrigatório;

II – na Carteira de Trabalho e Previdência Social do empregado ou em documento que deva produzir efeito perante a previdência social, declaração falsa ou diversa da que deveria ter sido escrita;

III – em documento contábil ou em qualquer outro documento relacionado com as obrigações da empresa perante a previdência social, declaração falsa ou diversa da que deveria ter constado.

§ 4º Nas mesmas penas incorre quem omite, nos documentos mencionados no § 3º, nome do segurado e seus dados pessoais, a remuneração, a vigência do contrato de trabalho ou de prestação de serviços.

Considerações gerais

O *caput* do art. 297 diz respeito ao falso que recai sobre a exterioridade do documento, ao que se denomina falsidade material. A ação do agente pode se dar de diferentes maneiras: pode incidir sobre a integralidade física do documento, deturpando suas características originais por emendas ou rasuras que substituem ou acrescentam letras ou números no texto, ou pode significar a criação de documento falso, seja pela imitação de um original legítimo, seja pela imaginação do falsário.

O crime é expressado pelos verbos *falsificar* e *alterar*, dispostos numa relação de alternatividade. Tal aparente relação de alternatividade pode levar o intérprete a erro, uma vez que a alteração nada mais é do que uma das possíveis formas de falsificação. Vê-se, aqui, portanto, o resultado da má redação do tipo incriminador, que poderia ter sido evitado pela utilização, apenas, do verbo *falsificar*, que já abarca a conduta de *alterar*.

Referida ausência de técnica por parte do legislador leva, também, a divergências acerca da diferenciação entre *falsificar em parte* e *alterar*. É que, como decorre da leitura do tipo penal, a falsificação pode ser de todo ou de parte do documento, além de estar prevista, igualmente, a alteração como conduta típica. Há quem sustente, por exemplo, que a falsificação parcial se dá quando ocorrem atos acessórios falsos, como nos casos do registro, endosso, quitação, fiança etc., apostos em documentos verdadeiros; em contraposição, a alteração se restringiria à introdução ou substituição de letras ou palavras modificadoras de aspectos essenciais do documento (HUNGRIA, apud PRADO, 2014, p. 376).

De outro lado, há a interpretação segundo a qual a diferença entre falsificação parcial e alteração está no fato de que a primeira recai necessariamente sobre documento composto por duas ou mais partes individualizáveis, como ocorre na emissão de *warrant* e do documento de depósito, quando apenas uma das partes é falsificada enquanto a outra permanece legítima (AMARAL, 1978, p. 50-52).

Verifica-se, contudo, que referidas tentativas de diferenciação são decorrência da redundância em que incorreu o legislador, uma vez que a interpretação a ser dada ao tipo deve ser no sentido de que alterar é uma das formas da falsificação, o que se afere da leitura de outros tipos que compõem o Título relativo aos crimes contra a fé pública (arts. 289, 293 e 296 do CP). Ademais, não faz sentido restringir a conduta de falsificar parcialmente às hipóteses em que os documentos são, necessariamente, compostos por duas ou mais partes; nestes casos, argumenta-se que as partes individualmente consideradas não possuem o valor do documento, de modo que a falsificação de apenas uma parte implica a falsificação de todo o documento (PRADO, 2014, p. 377).

Considerações nucleares

O objeto material da infração – documento público – é todo documento emitido ou elaborado por funcionário público (de acordo com o conceito amplo conferido pelo art. 327 do CP), no exercício de sua função e com observância das formalidades legais. Confere-se maior reprovação à falsificação de documento público – comparativamente a quando a conduta recai sobre documento particular –, uma vez que a deturpação da verdade contida em documento emitido pelo Estado afeta diretamente o prestígio da administração pública, e consequentemente a fé pública depositada nos documentos oficiais. Segundo Amaral, o crédito depositado pela população nos documentos públicos faz com que seja maior a possibilidade de dano decorrente da sua falsificação (AMARAL, 1978, p. 8).

Quanto aos documentos públicos objeto da falsificação, cabem ainda algumas observações. Pode-se dizer, por exemplo, que os documentos particulares nos quais se apõe sinal público de reconhecimento de firma ou de autenticação não passam, por isso, a ser considerados documentos públicos; o sinal público não confere fé pública ao ato privado, mas apenas à sua existência e autenticidade.

Há que ser lembrado, também, que o documento sobre o qual recai a falsificação deve ser verdadeiro, já que o previamente falso não pode ser objeto do crime. Exceção a isso ocorre quando a primeira falsificação é grosseira e a alteração que nela recai acaba aperfeiçoando-a, conferindo-lhe potencialidade para iludir terceiros.

Ainda, partindo-se do pressuposto de que todo documento público tem relevância jurídica – todos os documentos emitidos pelo Estado representam, necessariamente, a criação, extinção ou modificação de direito –, a conduta é atípica se o falso recai sobre documento cujo conteúdo é ilícito ou absolutamente nulo, uma vez que a sua não validade preexiste à atuação do agente. Nestas hipóteses, os efeitos jurídicos jamais poderiam ser verificados, de modo que a conduta aparentemente típica é impunível por ineficácia absoluta do meio (crime impossível, nos termos do art. 17 do CP).

A lei não faz diferenciação, no tipo, entre documento nacional e estrangeiro, de modo que é possível a caracterização da infração quando a falsidade recai sobre documento produzido em outro país, desde que a lei brasileira lhe confira natureza de documento público e estejam satisfeitos os requisitos para sua eficácia jurídica no Brasil.

Há que se fazer referência, ainda, às fotocópias ou reproduções de documentos públicos, posto não serem documentos até que venham a receber conferência e autenticidade pública.

O § 2º do art. 297 equipara a documentos públicos, para fins penais, o emanado de entidade paraestatal, o título ao portador ou transmissível por endosso, as ações de sociedade comercial, os livros mercantis e o testamento particular. Significa, portanto, que, embora tais documentos não sejam públicos, são a estes equiparados, de modo que a falsificação que sobre eles recai contém o mesmo juízo de reprovação do crime de falsificação de documento público. A maior punição que o falso sobre tais documentos enseja se justifica por causa da relevância que tais documentos privados ostentam nas relações sociais, em especial a função de maior certeza pública.

Os §§ 3º e 4º foram inseridos no Código Penal pela Lei n. 9.983/2000 e caracterizam o crime de falsidade ideológica relacionados a documentos destinados à comprovação de fatos jurídicos exclusivamente em face da Previdência Social.

O § 3º incrimina a ação de inserir ou fazer inserir determinadas informações nos documentos elencados nos incisos I a III. Significa que o agente pode inserir diretamente as informações falsas ou declará-las falsamente levando terceira pessoa a fazer tal inserção, acreditando ser verdadeira.

Em respeito ao princípio da legalidade, para a caracterização do crime é necessário que as informações falsas inseridas sejam exatamente aquelas previstas nos referidos incisos, relacionadas aos respectivos documentos referidos.

Assim, o inciso I trata da inserção na folha de pagamento ou em documento de informações que seja destinado a fazer prova perante a Previdência Social, de pessoa que não possua a qualidade de segurado obrigatório; o inciso II refere-se à inserção, na Carteira de Trabalho e Previdência Social do empregado ou em documento que deva produzir efeito perante a Previdência Social, de declaração falsa ou diversa da que deveria ter sido escrita; o inciso III diz respeito à inserção, em documento contábil ou em qualquer outro documento relacionado com as obrigações da empresa perante a Previdência Social, de declaração falsa ou diversa da que deveria ter constado.

O § 4º pune quem omite, nos documentos mencionados no parágrafo anterior, nome do segurado e seus dados pessoais, a remuneração, a vigência do contrato de trabalho ou de prestação de serviços. Trata-se, como se vê, de comportamento omissivo que se restringe à omissão das informações ali elencadas.

Na hipótese de serem omitidas outras informações que não aquelas previstas neste dispositivo legal, a conduta poderá eventualmente caracterizar a infração do art. 299 do CP, por exemplo.

Nos termos do parágrafo único do art. 14 do CP, não sendo prevista a modalidade culposa, todas as hipóteses típicas descritas no *caput* e nos §§ 3º e 4º do art. 297 do CP somente se caracterizam se houver dolo – direto ou eventual – por parte do agente. Deve haver a intencionalidade do agente voltada para as condutas descritas, com a consciência de todos os elementos do tipo penal.

Considerações finais

No caso da falsidade material descrita no *caput*, a consumação do crime acontece quando finalizada a falsificação ou adulteração do documento com potencial de iludir terceiros, ainda que não ocorra nenhum ato posterior. Por se tratar de crime plurissubsistente, é possível ocorrer a tentativa quando o *iter criminis* for interrompido após iniciada a execução.

Já nas hipóteses de falso ideológico das figuras comissivas (§ 3º), a consumação ocorre com a completa inserção da informação falsa, independentemente de eventual uso posterior que venha a ser feito do documento. O crime omissivo (§ 4º), por sua vez, se consuma quando qualquer uma das informações elencadas na norma é omitida e o agente deveria inseri-la, objetivando produzir efeitos jurídicos junto à Previdência Social. Na modalidade comissiva, a tentativa é admissível.

Qualquer pessoa pode ser sujeito ativo nas infrações descritas no *caput* e nos parágrafos do art. 297 do CP. Na hipótese do crime descrito no *caput*, no entanto, caso seja praticado por funcionário público que se prevalece do cargo, haverá a incidência de causa de aumento de pena prevista no § 1º, qual seja, da sexta parte. Devido à localização topográfica do dispositivo legal, essa circunstância majorante incide apenas em relação à conduta descrita no *caput*, e não àquelas previstas nos §§ 3º e 4º do art. 297 do CP.

Além do Estado, também pode figurar como sujeito passivo pessoa física ou jurídica diretamente atingida pela conduta delituosa.

Falsificação de documento particular

Art. 298. Falsificar, no todo ou em parte, documento particular ou alterar documento particular verdadeiro:
Pena – reclusão, de 1 (um) a 5 (cinco) anos, e multa.

Falsificação de cartão

Parágrafo único. Para fins do disposto no *caput*, equipara-se a documento particular o cartão de crédito ou débito.

Considerações gerais

Embora a redação do *caput* do art. 298 seja diferente do disposto no *caput* do art. 297 do CP, o que se verifica é que os comportamentos incriminados são essencialmente os mesmos. Como visto, uma vez que a falsificação parcial de documento é sinônimo de alteração, o fato de a conduta consistente em *alterar* não estar prevista expressamente no *caput* do art. 298 não implica ser este crime diferente do descrito no artigo anterior. Nas duas figuras incriminadas está abarcado o comportamento de quem altera documento como forma de falsificá-lo.

Considerações nucleares

Dessa forma, pode-se dizer que o comportamento proibido pelo *caput* do art. 298 do CP é o mesmo incriminado pelo *caput* do art. 297, diferenciando-se apenas no tocante ao objeto da infração. Aqui, o objeto da falsificação é o documento particular, considerando-se como tal todos os documentos que não são públicos e, também, os que não se inserem na equiparação efetuada pelo art. 297, § 2º, do CP.

Embora emitidos com a finalidade de regrar as relações privadas – e, portanto, sem as formalidades características dos documentos públicos –, os documentos particulares devem apresentar forma escrita, autoria determinada e conteúdo com relevância jurídica. É possível verificar, ainda, que um documento público que careça de alguma formalidade essencial para sua validade pode, eventualmente, ter valor de documento particular.

A partir dessa consideração inicial quanto à conduta proibida, conclui-se que as observações feitas à falsificação material de documento público (quanto à conduta incriminada, elemento subjetivo e momento consumativo) aplicam-se, igualmente, ao falso material em documento particular.

A Lei n. 12.737/2012 inseriu o parágrafo único no art. 298 do CP, equiparando o cartão de crédito ou de débito a documento particular, podendo ser objeto da conduta criminosa ali descrita. Nessa hipótese também não se exige que do falso decorra prejuízo ao proprietário do cartão falsificado ou aferição de vantagem para o agente falsário, sendo suficiente a falsificação do cartão.

Tanto o cartão de crédito como o de débito são compostos por um material plastificado no qual constam algumas informações aptas a os identificar, tais como o nome do seu titular, seu número de identificação, referência à conta corrente à qual está vinculado, prazo de validade. Além disso, o cartão contém informações em fita magnética ou chip, não diretamente acessíveis e perceptíveis, por estarem codificadas em linguagem informática, sendo apreensíveis apenas por meio de instrumentos apropriados para sua leitura.

Ambos são documentos mercantis emitidos por entidades bancárias ou financeiras. Os cartões de crédito permitem ao seu titular acessar uma linha de crédito com a entidade que o emitiu, podendo ser usado como meio de pagamento ou instrumento para obter um empréstimo. Os cartões de débito diferenciam-se porque não dizem respeito a nenhuma relação de crédito entre a entidade financeira e seu titular; este pode realizar pagamentos ou obter dinheiro em caixas eletrônicos no limite daquilo que tem disponibilizado no banco.

Apesar dos contratos mercantis subjacentes, os cartões de crédito e débito são fisicamente iguais: trata-se de um suporte de plástico com uma tarja magnética e chip de segurança, na qual constam os dados do titular. Possuem a mesma forma e tamanho, de modo que é comum os cartões serem híbridos, ou seja, a partir do mesmo suporte material é possível realizar operações de crédito ou débito.

Deve ser observado que referidos cartões não se confundem com outros fisicamente semelhantes, tais como cartões-presente para serem gastos em determinado estabelecimento comercial, vales-alimentação ou refeição, cartões telefônicos para serem usados em telefones públicos, entre outros. Em observância ao princípio da legalidade, a conduta típica somente é aquela referente à falsificação de cartões de crédito ou débito, e não de qualquer outro cuja aparência seja similar.

A falsificação de cartão de crédito ou débito pode se dar tanto no material plástico no qual constam as informações referidas como na fita magnética. É possível, também, ocorrer a clonagem do cartão, que se dá quando são duplicados os dados contidos no material magnético e com eles é confeccionado outro cartão, que pode ser usado independentemente do original.

A lei não especifica o modo como a falsificação deve se dar, embora sejam mais comuns duas modalidades. A primeira consiste na utilização de um *scanner* acoplado ao leitor magnético que grava os dados do cartão e obtém a senha pela sobreposição de um teclado adicional ao verdadeiro, que se torna praticamente imperceptível, ou por câmeras que filmam quando o código é digitado. Já a segunda ocorre quando o cliente entrega o cartão ao funcionário do estabelecimento comercial e este, além de passar o cartão na máquina apropriada, também o passa num leitor que obtém as informações desejadas.

Conforme a redação do *caput*, a falsificação do cartão pode ser total ou parcial. No primeiro caso, com as informações obtidas, o agente confecciona novo cartão, com as informações pertinentes ao verdadeiro a passa a utilizá-lo nos estabelecimentos comerciais como se fosse original. Na segunda hipótese, os dados obtidos são gravados numa tarja magnética constante num cartão branco (suporte plástico sem qualquer outra informação ao qual apenas é acoplado o material magnético), utilizado para retirar dinheiro de caixas eletrônicos ou realizar falsas transações (JAVATO MARTÍN, 2013, p. 42).

Embora não haja exigência expressa nesse sentido, conclui-se, a partir de uma exigência teleológica, que a falsificação deve ser destinada ao uso do cartão, tal como se dá na falsificação de moeda. Apenas na medida em que a falsificação está dirigida a adquirir relevância jurídica no tráfego mercantil é que se pode afirmar a afetação da fé pública contida naquele documento. Com essas considerações, resta claro tratar-se de crime-meio para a consecução de outros, tal como o estelionato, por exemplo.

Considerações finais

A consumação do crime acontece quando finalizada a falsificação ou a adulteração do documento com potencial de iludir terceiros, ainda que não ocorra nenhum ato posterior. Por se tratar de crime plurissubsistente, é possível ocorrer a tentativa quando o *iter criminis* for interrompido após iniciada a execução.

Com relação à aptidão da falsidade, tal valoração não pode ser feita *a priori*, de maneira abstrata, mas deve relacionar-se com a funcionalidade que se pretende imitar. Assim, por exemplo, um cartão falso em branco, apenas com a informação magnética copiada mas sem a aparência do cartão original, por exemplo, pode ser apto para retirar dinheiro em caixa eletrônico, mas inadequado para induzir a erro o funcionário de um estabelecimento comercial.

Tanto na hipótese descrita no *caput* como naquela expressa no parágrafo único do art. 298 do CP, qualquer pessoa pode figurar como sujeito ativo da infração, não havendo exigência de condição ou qualidade especial do agente. Quanto ao sujeito passivo, além do Estado, também pode ser ofendida pessoa física ou jurídica diretamente atingida pela conduta delituosa.

Falsidade ideológica

Art. 299. Omitir, em documento público ou particular, declaração que dele devia constar, ou nele inserir ou fazer inserir declaração falsa ou diversa da que devia ser escrita, com o fim de prejudicar direito, criar obrigação ou alterar a verdade sobre fato juridicamente relevante:

Pena – reclusão, de 1 (um) a 5 (cinco) anos, e multa, se o documento é público, e reclusão de 1 (um) a 3 (três) anos, e multa, se o documento é particular.

Parágrafo único. Se o agente é funcionário público, e comete o crime prevalecendo-se do cargo, ou se a falsificação ou alteração é de assentamento de registro civil, aumenta-se a pena de sexta parte.

Considerações gerais

A falsidade ideológica versa sobre o conteúdo intelectual do documento, não afetando sua estrutura material por meio de rasura, emenda, acréscimo nem alteração de letra ou número. A mentira é reduzida a termo no documento que, sob o ponto de vista material, é autêntico, ou seja, escrito de fato por quem é indicado como seu autor; o documento antes inexistente é produzido para fraudar a verdade, pois seu conteúdo não condiz com a realidade.

Como ensina Amaral, a comparação entre a autoria nos crimes de falso material e falso ideológico permite identificar a diferença entre ambos. Na falsificação material, quem produz o documento é pessoa diversa daquela a quem no texto é atribuída a autoria; o autor se esconde sob a identidade de outrem, porque este outro, que não é o autor, é quem tem qualidade para produzir, legitimamente, o documento. Na falsificação ideológica, ao contrário, o autor da infração é declarado no documento, pois se trata de pessoa com capacidade para produzi-lo nos devidos termos (AMARAL, 1978, p. 54).

Pode-se concluir, portanto, que o falsário ideológico, ao proclamar sem dissimulação sua identidade, engana a fé pública apenas uma vez. Já o falsário material, que se esconde sob personalidade emprestada, revela maior ousadia em seu comportamento, pois, além de falsear a verdade sobre os fatos expressos no documento, também atribui a terceiro a autoria da falsificação. Isso demonstra o diferente juízo de reprovação atribuído às diferentes infrações, expresso na pena cominada.

Considerações nucleares

Assim, a figura da falsidade ideológica prevista no art. 299 do CP concretiza a lesão à fé pública por meio da inserção de conteúdo falso nos documentos ou omissão de conteúdo verdadeiro, ou seja, pela ausência de veracidade do respectivo teor. De maneira mais específica, os comportamentos incriminados consistem em omitir declaração que deveria constar no documento, inserir ou fazer inserir declaração que não corresponde à verdade. Trata-se, portanto, de crime que pode ser praticado nas formas comissiva e omissiva.

Nos casos das duas primeiras condutas, o próprio sujeito que produz o documento tem conhecimento acerca da informação que nele se omite ou que é inserida em discordância com a realidade; no terceiro núcleo do tipo penal, a pessoa encarregada de elaborar o documento é levada a erro por quem lhe transmite a informação que nele deve constar, de modo que age sem o dolo exigido pela norma. Neste último caso, o autor da infração é quem transmite a informação falsa, e não quem a insere no documento. Nada impede, no entanto, que haja concurso de pessoas quando o encarregado de inserir a informação tem conhecimento da falsidade que lhe é transmitida por terceiro e, mesmo assim, a faz constar no documento.

Para a caracterização do crime, é necessário que a inserção ou omissão de determinada informação tenha relevância jurídica. É o que se apreende da descrição típica, na qual há a exigência de que o autor tenha "o fim de prejudicar direito, criar obrigação ou alterar a verdade sobre fato juridicamente relevante".

A mera inserção de informação errada ou omissão da verdadeira não é suficiente para caracterizar o crime; a mera desconformidade entre a realidade efetiva e a declarada não representam mais do que o primeiro pressuposto para a configuração do ilícito penal; deve haver, no entanto, um elemento a mais sem o qual há um simulacro exterior de crime: a concreta ofensa ao bem jurídico tutelado, sob a forma de ofensa direta e efetiva (lesão) ou indireta e potencial (exposição a perigo) (LAGHI, 1999, p. 276-277).

Tome-se como exemplo a ata de uma reunião, que tem por objetivo documentar a sua ocorrência, com referência aos participantes, aos assuntos discutidos e às decisões tomadas. A declaração falsa acerca de fato irrelevante juridicamente, como seria a informação errada do número da sala onde se deu ou do horário exato em que terminou, ainda que de fato não corresponda à realidade, não tem o potencial de abalar a credibilidade do documento no que diz respeito à finalidade para a qual ele existe; seria diferente se fosse atestada decisão diversa daquela com a qual efetivamente os presentes concordaram. Isso não autoriza a afirmação genérica de que determinado tipo de informação sempre será supérfluo ou irrelevante: pode haver uma situação em que a declaração incorreta da sala onde se deu determinada reunião pode gerar efeitos jurídicos importantes, como quando uma das pessoas que deveriam estar presentes na reunião alega que dela não participou porque a reunião se deu em local diferente de onde havia sido marcada, e sua ausência levou à tomada de decisão diferente daquela que entendia ser a correta. A conclusão à qual se pode chegar é que a análise do caso concreto é sempre essencial para se aferir a relevância da falsidade, já que a informação que num contexto é irrelevante pode não o ser em outro.

Sujeito ativo pode ser qualquer pessoa, não havendo exigência típica quanto a qualquer característica especial do agente. Ocorre, no entanto, que o fato de os documentos públicos serem produzidos por funcionários públicos leva à constatação de que, na falsificação desses documentos, a atuação do funcionário público é indispensável. Pode ocorrer, entretanto, que o funcionário público não tenha conhecimento da falsidade da informação que lhe é transmitida pelo particular, e a insira no documento em tais condições; nessa hipótese, faltará a ele o dolo do crime, e somente será responsabilizado o particular que fez inserir a declaração, conforme explicitado acima. Neste caso, e também quando houver coautoria entre o funcionário público e o particular, este poderá figurar como sujeito ativo da falsidade ideológica em documento público.

Além do Estado – sujeito passivo preponderante em todos os crimes contra a fé pública –, eventualmente pode haver pessoa física ou jurídica diretamente lesada pela conduta delituosa.

De qualquer forma, independentemente de a falsidade ideológica incidir sobre documento público ou particular, sempre que for praticada por funcionário público que se prevalece do cargo, há a incidência da causa de aumento de um sexto da pena, prevista no parágrafo único do art. 299 do CP.

Nos termos do parágrafo único do art. 14 do CP, não sendo prevista a modalidade culposa, as hipóteses típicas somente se caracterizam se houver dolo – direto ou eventual – por parte do agente. Deve haver a intencionalidade do agente voltada para as condutas descritas, com a consciência de todos os elementos do tipo penal. Se a falsidade é feita com *animus jocandi*, por exemplo, não há que se falar na infração, por não haver o elemento subjetivo consistente em influenciar efeitos jurídicos de determinados atos. Há que ser observado que a descrição típica exige, também, o especial fim de agir consistente na finalidade de prejudicar direito, criar obrigação ou alterar a verdade sobre fato juridicamente relevante.

Considerações finais

Na modalidade omissiva, a consumação ocorre quando o responsável por inserir a informação deveria fazê-lo e não o faz. Há que se ressaltar que, enquanto o documento não estiver finalizado e, portanto, ainda possa ser inserida a informação faltante, não há que se falar no crime consumado. Como se dá em todos os crimes omissivos próprios, incabível a tentativa.

Quanto às condutas comissivas, o crime se consuma apenas quando o documento é finalizado, uma vez que até então a informação falsa pode ser corrigida. É possível falar em tentativa apenas quando a conduta típica é fazer inserir, uma vez que a pessoa responsável pela confecção do documento pode perceber a falsidade da declaração e não a inserir no documento; no caso de quem insere diretamente a declaração falsa, não se vislumbra a possibilidade de tentativa porque, enquanto o documento não está pronto, o conteúdo pode ser corrigido (PRADO, 2014, p. 406).

Além de se referir à hipótese do crime praticado por funcionário público que se vale do cargo, o parágrafo único do art. 299 do CP prevê aumento de pena também para o caso em que o objeto da falsificação é o assentamento do registro civil. A norma é, aqui, geral em relação aos tipos dos arts. 241 e 242 do CP, que tratam especificamente do registro de nascimento inexistente, da informação de parto alheio como próprio, do registro de filho alheio como sendo seu, da ocultação ou substituição de recém-nascido, com a supressão ou alteração de direito inerente ao estado civil.

Assim, caso a falsidade da declaração consista numa dessas hipóteses, a conduta deve ser punida como um dos crimes contra o estado de filiação, e não como infração ao art. 299 do CP. Cabe salientar, por fim, que a hipótese típica da causa de aumento de pena diz respeito apenas à falsificação dos livros ou repositórios de inscrições ou averbações, de modo que eventual falsidade constante de atestados ou certidões, por exemplo, faz incidir a norma descrita no *caput* do mesmo artigo.

Falso reconhecimento de firma ou letra

Art. 300. Reconhecer, como verdadeira, no exercício de função pública, firma ou letra que o não seja:

Pena – reclusão, de 1 (um) a 5 (cinco) anos, e multa, se o documento é público; e de 1 (um) a 3 (três) anos, e multa, se o documento é particular.

Considerações gerais

A comprovação da veracidade das assinaturas constantes dos documentos, feita pelo tabelião, confere a estes ampla confiabilidade quanto à sua autenticidade. Nesse contexto, a proteção da fé pública mostra-se de grande importância para a sociedade; não só como mera formalidade a ser atendida, mas como fonte de convicção contra fraude documental.

O crime descrito é o de reconhecer, como verdadeira, firma ou letra falsa, o que significa atestar a referida veracidade, afirmar que a firma ou letra presente em determinado documento é autêntica. Quem tem capacidade para fazer tal atestado é apenas o funcionário público dotado de fé pública.

Considerações nucleares

Quatro são as formas pelas quais é possível ocorrer o reconhecimento da letra ou da firma. O reconhecimento autêntico é aquele em que o subscritor do documento o redige e assina na frente do tabelião, que por sua vez o confirma como legítimo; o reconhecimento semiautêntico ocorre quando o subscritor do documento comparece perante o funcionário público e se declara seu autor, embora o tenha produzido anteriormente, sem a presença do funcionário; o reconhecimento por semelhança é aquele em que o funcionário público confronta a assinatura constante no documento com um modelo previamente depositado no estabelecimento; o reconhecimento indireto ocorre na hipótese em que o reconhecimento, pelo tabelião, se dá a partir do testemunho escrito de duas ou mais pessoas acerca da autenticidade da firma ou da letra da pessoa a quem se atribui a grafia.

Há de ser ressaltado que, independentemente da forma como se der o reconhecimento, a manifestação do tabelião é sempre quanto à autenticidade da firma ou da letra. O cidadão que se dirige ao cartório a fim de realizar o reconhecimento de uma firma quer obter do Estado – por meio de um funcionário público habilitado para tanto – uma certeza acerca da sua veracidade. O crime, portanto, independe da forma pela qual o tabelião concluiu pela sua autenticidade, desde que haja essa manifestação capaz de conferir às pessoas a convicção acerca do reconhecimento.

No delito em análise, a falsidade do reconhecimento recai sobre a firma ou a letra. A primeira consiste na assinatura aposta no documento, em geral impresso a partir de arquivos de computador. A segunda, por sua vez, se caracteriza pelo próprio documento escrito à mão (de próprio punho) pelo seu autor, cuja letra também pode ser objeto de autenticação a fim de demonstrar que foi efetivamente aquela pessoa quem o redigiu.

Trata-se de modalidade específica de falsidade ideológica, praticada no exercício da função pública de autenticação de documentos públicos e privados. Pune-se o falso intelectual, e não o falso material representado por um carimbo falso ou falsa chancela de reconhecimento da firma ou letra. Dessa forma, cabe criticar a opção legislativa pela existência da norma especial, especificamente quando se observa a cominação da mesma sanção prevista para a falsidade ideológica descrita no artigo anterior.

O sujeito ativo da infração é necessariamente o funcionário público, cuja conduta se dá no exercício de sua função pública, consistente em atestar com fé pública a autenticidade da letra ou firma. Assim, como regra, quem pode efetivamente praticar a infração são os tabeliães e os serventuários de ofícios de notas ou judiciais. Trata-se, portanto, de crime próprio.

Praticar a infração no exercício da função abrange não apenas os atos praticados no local de trabalho e durante o expediente normal, mas também as condutas realizadas fora dessas condições, desde que ocorra em razão da investidura da função que lhe confere legitimidade para praticar referido ato.

É possível afirmar, ainda, que o crime é de mão própria, mesmo que possa ser praticado em concurso de agentes quando houver conluio entre o funcionário e outra pessoa qualquer. Na hipótese de a prática do comportamento descrito ser praticado por quem não é funcionário público, ou seja, por quem não tem legitimidade para reconhecer firma ou letra, não se caracteriza o tipo aqui analisado, mas eventualmente a infração dos arts. 296, 297 ou 298 do CP.

Sujeito passivo é o Estado, podendo figurar também nessa condição pessoa diretamente atingida pela conduta delituosa.

Pelas próprias características da infração, em geral ela pressupõe a existência de outro crime, qual seja, a falsificação da letra ou da firma. Nada impede, no entanto, que a infração ao art. 300 do CP esteja desvinculada do mencionado crime precedente, o que seria possível na hipótese em que se reconhece como verdadeira a assinatura de outra pessoa no lugar de quem efetivamente firmou o documento.

Nos termos do parágrafo único do art. 14 do CP, não sendo prevista a modalidade culposa, todas as hipóteses típicas somente se caracterizam se houver dolo – direto ou eventual – por parte do agente. É possível falar em dolo eventual, por exemplo, quando o agente tem dúvida sobre a autenticidade e a reconhece mesmo assim. A intencionalidade do agente deve estar voltada para as condutas descritas, com a consciência de todos os elementos do tipo penal. Nesse sentido, importante ressalva faz Amaral acerca da verossimilhança da letra ou firma. É que, havendo a exigência do dolo para o aperfeiçoamento do crime, deve haver o conhecimento da falsidade por parte do tabelião, independentemente de a letra ou firma serem muito ou pouco distintas das originais (AMARAL, 1978, p. 152). Se o agente atua sob o efeito de erro, não há dolo.

Considerações finais

Caso o reconhecimento falso se dê com o intuito de produzir efeito no processo eleitoral, configura-se o crime descrito no art. 352 do Código Eleitoral;

se for praticado por perito encarregado de realizar exame grafotécnico em documentos, estará caracterizado o crime de falsa perícia (art. 342 do CP).

A consumação ocorre quando o funcionário encarregado do reconhecimento conclui a declaração falsa sobre a autenticidade da firma ou da letra, independentemente da devolução do documento a quem o apresentou ou de qualquer outro efeito posterior. O crime é instantâneo e de mera atividade. A tentativa é de difícil caracterização, como em qualquer hipótese de falsidade ideológica.

Certidão ou atestado ideologicamente falso

Art. 301. Atestar ou certificar falsamente, em razão de função pública, fato ou circunstância que habilite alguém a obter cargo público, isenção de ônus ou de serviço de caráter público, ou qualquer outra vantagem:

Pena – detenção, de 2 (dois) meses a 1 (um) ano.

Falsidade material de atestado ou certidão

§ 1º Falsificar, no todo ou em parte, atestado ou certidão, ou alterar o teor de certidão ou de atestado verdadeiro, para prova de fato ou circunstância que habilite alguém a obter cargo público, isenção de ônus ou de serviço de caráter público, ou qualquer outra vantagem:

Pena – detenção, de 3 (três) meses a 2 (dois) anos.

§ 2º Se o crime é praticado com o fim de lucro, aplica-se, além da pena privativa de liberdade, a de multa.

Considerações gerais

A fé pública é protegida mediante a proteção da autenticidade dos documentos mencionados no *caput* e no § 1º do art. 301 do CP.

O *caput* do art. 301 do CP traz uma espécie de falsidade ideológica, diferenciando-se do tipo descrito no art. 299 do CP apenas pelo objeto especialmente relacionado aqui e pela sanção, sensivelmente mais branda do que aquela prevista para o tipo genérico. O mesmo ocorre com seu § 1º, que, por sua vez, trata de caso específico de falsificação material, também se diferenciando do delito previsto no art. 297 do CP em razão do objeto do crime e da sanção que lhe é cominada.

Em ambos os casos, o objeto dos comportamentos típicos são o atestado ou a certidão de fato ou circunstância que habilite alguém a obter cargo público, isenção de ônus ou de serviço de caráter público, ou qualquer outra vantagem.

Considerações nucleares

De acordo com o descrito no *caput*, são incriminados os comportamentos de atestar ou certificar falsamente. Atestar é afirmar algo a partir de uma constatação direta sobre o fato, ao passo que certificar consiste em afirmar a existência de registro ou documento. A certidão é extraída de dossiê, procedimento ou arquivo ao qual se tem acesso, não tendo por objetivo revelar um fato, mas atestar a veracidade de outro documento, o original; chama-se, por isso, documento derivado. Tanto o atestado como a certidão, por serem emitidos por funcionário público – pessoa que no exercício de sua função tem fé pública –, são considerados verdadeiros até que se prove o contrário.

No caso dos comportamentos proibidos no § 1º, são exatamente os mesmos previstos no art. 297 do CP, com a especificidade dos objetos da falsificação material, que aqui são somente os documentos públicos elencados no tipo penal.

O objeto da certidão ou do atestado deve dizer respeito a fato ou circunstância que guarde pertinência com a quem o documento é destinado, e necessariamente deve ter aptidão para habilitar tal pessoa a obter cargo público, isenção de ônus ou de serviço de caráter público, ou qualquer outra vantagem; eis aqui a idoneidade exigida para o falso.

Ao expressar o conteúdo do ilícito, referindo-se a cargo público e isenção de ônus ou de serviço de caráter público como exemplos de possíveis vantagens a serem visadas com a falsificação, o legislador dá ao intérprete um norte valorativo acerca daquilo que pode ser interpretado como "qualquer outra vantagem". Com isso, permite-se a interpretação analógica sem que sejam abertas as portas para um desmedido alargamento do tipo penal, o que iria contra a garantia da legalidade penal. A cláusula "qualquer outra vantagem", portanto, deve ser interpretada a fim de equiparar tal vantagem àquelas exemplificadas expressamente, ou seja, vantagem da mesma natureza, apta a habilitar alguém a obter benefício de caráter público.

Nos termos do parágrafo único do art. 14 do CP, não sendo prevista a modalidade culposa, tanto as hipóteses descritas no *caput* como as previstas no § 1º somente se caracterizam se houver dolo – direto ou eventual – por parte do agente; exige-se a vontade consciente e livre de atestar ou certificar falsamente as situações descritas no tipo incriminador. Embora seja necessário que o agente tenha conhecimento do potencial que o documento tem para habilitar alguém a obter a referida vantagem ilícita, não é requisito para a caracterização da infração que o agente tenha conhecimento do uso que será feito com o documento falso (PRADO, 2014, p. 420 e 421). Caso, além da finalidade já referida e elementar do crime, o sujeito atue também com o objetivo de obter lucro, incidirá a norma estampada no § 2º do art. 301 do CP e o tipo será qualificado.

Considerações finais

Na hipótese do crime descrito no *caput*, há a consumação quando a certidão ou o atestado é finalizado, independentemente da sua posterior utilização (crime de mera atividade). Difícil vislumbrar a hipótese da tentativa, uma vez que enquanto o documento não for concluído sempre é possível modificar seu conteúdo, seja retirando eventual informação falsa, seja inserindo dado necessário. Já quando a infração praticada for aquela descrita no § 1º, a consumação também se dá com a finalização da produção ou alteração do documento, embora seja mais clara a possibilidade de tentativa, posto se tratar de condutas facilmente fracionáveis.

O sujeito ativo da conduta descrita no *caput* do art. 301 do CP é necessariamente o funcionário público, que a pratica no âmbito de sua competência funcional. No caso do § 1º, qualquer pessoa pode ser sujeito ativo da infração. A natureza da falsificação dos atos descritos no *caput* e no § 1º justifica as diferentes exigências quanto ao sujeito ativo da infração.

Sujeito passivo, por sua vez, além do Estado, pode ser terceira pessoa lesada pela conduta criminosa.

Falsidade de atestado médico
Art. 302. Dar o médico, no exercício da sua profissão, atestado falso:

Pena – detenção, de 1 (um) mês a 1 (um) ano.

Parágrafo único. Se o crime é cometido com o fim de lucro, aplica-se também multa.

Considerações gerais

Embora o verbo utilizado pelo legislador na redação típica seja "dar", o crime consiste em atestar algo falsamente, e não em simplesmente entregar o atestado falso. Há, aqui, espécie de falsidade ideológica, de modo que o médico incorre nas penas do art. 302 do CP quando inserir ou omitir no atestado médico declaração que não corresponde ao aferido a partir de seus conhecimentos técnicos ou científicos.

Considerações nucleares

É indiferente a finalidade para a qual é dado o atestado, desde que a conduta do médico guarde relação com o exercício de sua profissão de médico. Cabe observar que, se o médico, em razão de função pública, atestar falsamente fato ou circunstância que habilite alguém a obter cargo público, isenção de ônus ou de serviço de caráter público, ou qualquer outra vantagem, o crime praticado será aquele descrito no artigo antecedente, por ser norma especial em relação ao art. 302 do CP.

No que diz respeito ao conteúdo da afirmação falsa, este pode estar relacionado tanto a fatos como a percepções subjetivas do médico, desde que a declaração expressa não corresponda à sua convicção.

Nos termos do parágrafo único do art. 14 do CP, não sendo prevista a modalidade culposa, todas as hipóteses típicas somente se caracterizam se houver dolo por parte do agente. Deve haver a intencionalidade do agente voltada para as condutas descritas, com a consciência de todos os elementos do tipo penal. Com isso, exclui-se da incidência do direito penal eventual erro de diagnóstico realizado pelo médico; nesse caso, embora de fato haja uma discrepância entre o que de fato ocorre e o que é declarado, não há intenção de falsear a verdade, essencial para a caracterização da infração.

Não é raro o crime ser praticado com dolo eventual, que se configuraria quando o médico emite atestado sem examinar o paciente (às vezes até mesmo sem vê-lo), a partir de informações recebidas pelo próprio paciente ou por terceiros. Embora não haja intenção direta de falsear a verdade, há assunção do risco de eventual afirmação não ser verdadeira.

Há que ser diferenciada, no entanto, a situação em que o médico age com culpa, como quando, por exemplo, realiza exame superficial no paciente e considera razoável escrever a declaração com base apenas nas informações do suposto doente. Neste caso, a falsidade é consequência da negligência ou imperícia do profissional, que, por desídia ou infundada confiança, considera constatado aquilo que o paciente afirma. Como já foi dito, a modalidade culposa não é punível.

Da leitura do tipo e da própria essência da infração, afere-se que o crime é próprio, cujo sujeito ativo é necessariamente o médico. Não basta, porém, que o sujeito ativo seja portador de diploma de curso superior em medicina e estar legalmente habilitado para exercê-la, sendo igualmente indispensável que a falsificação se dê no exercício da profissão.

Além do Estado – sujeito passivo preponderante em todos os crimes contra a fé pública –, eventualmente pode haver uma vítima, pessoa física ou jurídica, quando o atestado falso for usado para causar prejuízo a alguém ou para a obtenção de vantagem em detrimento de outrem.

Considerações finais

Tendo em vista que o crime consiste em atestar falsamente, a consumação se dá no momento em que o documento fornecido pelo médico é finalizado, contendo a declaração falsa, do mesmo modo como se dá com as demais modalidades de falsificação ideológica – independentemente de qualquer resultado que venha a gerar. A tentativa não é possível, de acordo com o já expressado quando da análise do art. 299 do CP.

O parágrafo único do art. 302 do CP trata de hipótese de crime qualificado, em que se aplica, além da pena privativa de liberdade, a pena de multa para o caso em que a conduta do médico é praticada com a finalidade de lucro, ainda que eventualmente o médico não venha a auferir a vantagem econômica. É suficiente, portanto, a intenção de obter um ganho especial com o comportamento delitivo.

Reprodução ou adulteração de selo ou peça filatélica

Art. 303. Reproduzir ou alterar selo ou peça filatélica que tenha valor para coleção, salvo quando a reprodução ou a alteração está visivelmente anotada na face ou no verso do selo ou peça:

Pena – detenção, de 1 (um) a 3 (três) anos, e multa.

Parágrafo único. Na mesma pena incorre quem, para fins de comércio, faz uso do selo ou peça filatélica.

Considerações gerais

O tipo do art. 303 do CP trata de ação que nada mais é que espécie de falso material, cujas condutas incriminadas consistem em reproduzir e alterar selo ou peça filatélica com valor para coleção. Deve ser observado, aqui, que a utilização do verbo "reproduzir" – diferentemente do que ocorre em outros tipos penais, nos quais se faz referência à conduta de falsificar – possibilita a inclusão da falsificação de determinadas peças filatélicas que são apenas impressas em envelope, tais como os carimbos comemorativos e os obliteradores.

Considerações nucleares

O objeto material da infração é o selo ou qualquer outra peça filatélica, nacional ou estrangeira, desde que tenha valor para coleção. Significa, portanto, que o selo pode ser objeto da falsificação descrita neste tipo incriminador somente após utilizado ou findo seu curso legal, quando passa a ter relevância filatélica. Antes disso, ou seja, quando ainda válido para uso em serviços postais, sua falsificação dará ensejo à incriminação descrita no art. 36 da Lei n. 6.538/78.

Desnecessária a ressalva feita para os casos em que a reprodução ou alteração estiver visivelmente anotada na peça, pois nestes casos é inexistente a idoneidade para levar alguém a erro – além de indicar a ausência de dolo de falsear a autenticidade dos objetos.

As outras peças filatélicas também previstas no tipo são os esboços ou ensaios prévios usados no processo de reprodução dos selos, ou ainda os blocos de selos, carimbos comemorativos, entre outros, desde que tenham, necessariamente, valor para coleção.

Nos termos do parágrafo único do art. 14 do CP, não sendo prevista a modalidade culposa, todas as hipóteses típicas somente se caracterizam se houver dolo – direto ou eventual – por parte do agente. Deve haver a intencionalidade do agente voltada para as condutas descritas, com a consciência de todos os elementos do tipo penal.

Quanto ao sujeito ativo da infração, não é feita qualquer exigência específica, o que significa dizer que qualquer pessoa pode praticá-la. O sujeito passivo, por sua vez, além do Estado, pode ser alguém diretamente prejudicado pela conduta delituosa.

Considerações finais

A consumação ocorre quando finalizada a alteração ou reprodução do objeto típico, ainda que não ocorra nenhum prejuízo ou outra consequência posterior. Trata-se, portanto, de crime formal. Cabe falar em tentativa, uma vez que o crime é plurissubsistente.

O parágrafo único traz a figura do uso do selo ou peça filatélica objeto do crime descrito no *caput* do art. 303 do CP, para fins de comércio. Pode haver alguma dúvida quanto ao objeto da infração aqui descrita, uma vez que não é feita referência expressa ao uso do selo ou peça filatélica *falsificados*; em outras palavras, poderia esse crime ter por objeto selos e peças filatélicas verdadeiras.

Em que pese a norma não fazer referência expressa à exigência de que tais objetos sejam aqueles adulterados, não parece fazer sentido a incriminação do uso de algo que, via de regra, pode ser legitimamente usado e comercializado, o que de fato é universalmente praticado. Além disso, a norma se refere ao uso "para fins de comércio", o que não necessariamente significa apenas a compra e venda, mas também abarca as trocas ou permutas, muito frequentes entre os colecionadores.

Uso de documento falso

Art. 304. Fazer uso de qualquer dos papéis falsificados ou alterados, a que se referem os arts. 297 a 302:
Pena – a cominada à falsificação ou à alteração.

Considerações gerais

Usar documento falso é utilizá-lo, como se autêntico fosse, para qualquer finalidade juridicamente relevante relacionada com o fato ao qual ele se refere.

É indiferente que o documento falso, objeto material da infração, seja público ou particular, nacional ou estrangeiro, fruto de falso material ou ideológico. Deve, no entanto, ter sido objeto de um dos crimes descritos nos arts. 297 a 302 do CP, como exigência da norma penal em branco.

Considerações nucleares

A conduta consistente em usar o documento falso é independente da falsificação em si, que pode ter sido feita pelo próprio usuário ou por terceira pessoa. Quando os dois crimes são praticados pela mesma pessoa, no entanto, a punição se dá em relação a apenas uma das infrações, sendo a outra absorvida como crime-meio ou considerada exaurimento (*post factum* impunível) da anterior, a depender do caso concreto.

O crime é doloso, e o dolo exigido diz respeito exclusivamente ao uso do documento falso. O agente deve ter conhecimento da falsidade do documento, não lhe sendo exigível qualquer finalidade específica. Na hipótese de o agente ter dúvida quanto à falsidade do documento, configura-se o dolo eventual. O dolo somente pode ser excluído do caso concreto quando o agente atua desconhecendo a ilegitimidade do documento. Não pratica a infração a pessoa que se beneficia do uso do documento falso por terceiro, sem estar ciente de que o documento é falso.

Como crime comum que é, qualquer pessoa pode ser sujeito ativo da infração, não sendo necessária característica especial do indivíduo que a pratica. O sujeito passivo é sempre o Estado, podendo figurar nesse polo também a pessoa que sofra, eventualmente, o dano causado pelo uso do documento falso.

Considerações finais

A consumação do crime ocorre quando o documento sai da esfera pessoal do agente e se inicia uma relação qualquer com outra pessoa, de modo a determinar efeitos jurídicos (HUNGRIA, 1959, p. 298). Não se faz necessária uma lesão efetiva à fé pública, sendo a mera criação da situação de perigo, decorrente do emprego do documento falso, suficiente para ensejar a condenação. Não há crime, contudo, quando a pessoa apenas porta o documento falsificado, sem que dele faça uso, ou seja, sem que ele saia da sua esfera pessoal.

O uso aqui referido é aquele que costuma ocorrer nas relações sociais, de forma idônea a servir como meio de prova acerca do conteúdo constante no documento. Assim, por exemplo, a Carteira Nacional de Habilitação destina-se a comprovar, perante a autoridade competente, que o condutor do veículo está legalmente habilitado para tal, de modo que sua utilização normal consiste na sua apresentação à autoridade de trânsito quando solicitada. Dessa forma, caracterizada estará a infração quando, após o pedido da autoridade, o documento falso for apresentado.

Fazer uso implica, necessariamente, um comportamento ativo do agente. Não há crime, por exemplo, quando se dá a apreensão de documento falso numa revista pessoal realizada no cidadão ou em seus pertences. Nessa hipótese, não se está diante de uma conduta da pessoa que optou por apresentar um documento falsificado, mas do fato de determinado documento ter sido encontrado pela autoridade. Quanto a essa forma de descobrir acerca da falsidade de documentos, a jurisprudência tem sido, ao longo do tempo, relativamente tranquila no sentido de não caracterizar a infração penal (GOMES, 2012, v. 3, p. 261 e s.).

O crime descrito no art. 304 do CP não admite a modalidade tentada, uma vez que é unissubsistente. Quando praticado o primeiro ato do uso do documento falso, já está consumado o crime, independentemente de qualquer proveito ou prejuízo que venha a resultar desse fato.

Supressão de documento

Art. 305. Destruir, suprimir ou ocultar, em benefício próprio ou de outrem, ou em prejuízo alheio, documento público ou particular verdadeiro, de que não podia dispor:

Pena – reclusão, de 2 (dois) a 6 (seis) anos, e multa, se o documento é público, e reclusão, de 1 (um) a 5 (cinco) anos, e multa, se o documento é particular.

Considerações gerais

As condutas incriminadas são destruir, suprimir ou ocultar documento, sendo suficiente a prática de apenas uma delas para a caracterização do crime, posto tratar-se de tipo misto alternativo.

Considerações nucleares

Critica-se o legislador por ter utilizado três núcleos que poderiam ser sintetizados em apenas um. É que, para muitos, entende-se que "suprimir" já abrange as condutas de destruir e ocultar, sendo estas, portanto, desnecessárias. Destruir deve ser entendido como extinguir, desfazer ou inutilizar, por exemplo; ocultar, por sua vez, é esconder sem que haja sua destruição, sendo reparável a qualquer tempo mediante a sua apresentação. Ambas as condutas não deixam de ser formas de supressão, definitiva ou temporária, podendo ser resumidas nesse único comportamento típico.

Amaral, contudo, vislumbra uma diferença entre a supressão e a destruição do documento. Para ele, a supressão diz respeito ao documento como prova de fato juridicamente relevante, de modo que a conduta de quem o cobre com tinta e o torna ilegível, por exemplo, caracteriza a infração, ainda que o papel em que constava o documento permaneça existente. Ou seja: a supressão afeta os caracteres gráficos do documento, mas não sua materialidade. Essa característica a diferenciaria, portanto, da destruição, que afeta sua materialidade, e que pode ser exemplificada pelo comportamento de quem dilacera, queima ou ingere o documento. Essas duas condutas típicas trazem consequências definitivas, irremediáveis (1978, p. 201).

O objeto do crime é o documento verdadeiro, público ou particular, embora recaia sobre a supressão de documento público juízo de reprovação maior do que aquele que se dá na supressão de documento particular, expresso pela diferente apenação prevista. Como se vê, ao contrário dos demais crimes contra a fé pública, não há aqui falsificação de documento, mas supressão de documento verdadeiro. Importa observar que o documento deve ser original ou a única cópia autêntica, pois, caso haja outras cópias autênticas ou seja possível obtê-las, não há que se falar em lesão à fé pública.

A exigência típica de que o documento seja indisponível para o agente é desnecessária, uma vez que, se fosse disponível, nada impediria o agente de suprimi-lo como bem quisesse.

Qualquer pessoa pode ser sujeito ativo do crime, independentemente de ter a posse prévia do documento, sendo suficiente o acesso momentâneo a ele. Como sujeito passivo, além do Estado, pode figurar também pessoa prejudicada pela conduta do agente.

Considerações finais

A consumação ocorre com a prática de qualquer das condutas descritas no tipo, independentemente de gerar benefício próprio ou a outrem ou de causar prejuízo alheio. Cabível a figura da tentativa, uma vez que as condutas tipificadas podem ser fracionadas – o que ocorreria, por exemplo, quando o agente, por circunstância alheia à sua vontade, não finaliza a destruição do documento e este satisfaz sua finalidade de comprovar determinada situação jurídica.

O crime é doloso, sendo necessária, além da consciência e vontade de suprimir o documento, a intenção de praticar a conduta em benefício próprio ou de outrem, ou em prejuízo alheio. Trata-se de elemento subjetivo especial do tipo, indispensável para a caracterização da infração.

CAPÍTULO IV
De outras falsidades

Falsificação do sinal empregado no contraste de metal precioso ou na fiscalização alfandegária, ou para outros fins

Art. 306. Falsificar, fabricando-o ou alterando-o, marca ou sinal empregado pelo poder público no contraste de metal precioso ou na fiscalização alfandegária, ou usar marca ou sinal dessa natureza, falsificado por outrem:

Pena – reclusão, de 2 (dois) a 6 (seis) anos, e multa.

Parágrafo único. Se a marca ou sinal falsificado é o que usa a autoridade pública para o fim de fiscalização sanitária, ou para autenticar ou encerrar determinados objetos, ou comprovar o cumprimento de formalidade legal:

Pena – reclusão ou detenção, de 1 (um) a 3 (três) anos, e multa.

Considerações gerais

A fé pública é aqui protegida pela tutela da autenticidade no contraste de metal precioso, no controle alfandegário, na fiscalização sanitária, na autenticação ou cerramento de objetos ou na comprovação de observância de formalidade legal.

Considerações nucleares

As condutas incriminadas são as mesmas já descritas anteriormente, quais sejam, falsificar, fabricar, alterar e usar. O que difere este crime daquele descrito no art. 296 do CP é seu objeto específico, que torna esta norma especial.

A falsificação prevista aqui diz respeito à marca ou ao sinal empregado pelo poder público no contraste de metal precioso ou na fiscalização alfandegária. Marca é o distintivo que desempenha função de selo de garantia ou comprobatório da autenticidade, especifica a entidade, o serviço ou o órgão ao qual está atrelado. O sinal, por sua vez, é a impressão simbólica do poder público voltada a autenticar a legitimidade do metal precioso; embora possa ser considerado sinônimo de marca, tem um conceito mais singelo, caracterizando uma marca menos ostensiva (FARIA, 1961, p. 69; PRADO, 2014, p. 458).

Quando usados no contraste de metal precioso, conferem garantia quanto à sua qualidade, peso ou quilate, sendo em geral executados por punção ou por relevo. Já aqueles usados pelos agentes alfandegários dizem respeito aos carimbos, selos, marcas d'água, entre outras sinalizações que servem para atestar a regularização ou fiscalização de malas, pacotes ou *containers* quando passam pela alfândega.

Na hipótese de o objeto da infração ser a marca ou o sinal usado para a fiscalização sanitária, para autenticar ou encerrar determinados objetos, ou para comprovar o cumprimento de formalidade legal, incide a norma prevista no parágrafo único do art. 306 do CP, que é figura privilegiada em relação ao *caput*; a pena cominada menor indica a menor relevância dada pelo legislador aos referidos objetos.

O objeto falsificado tanto pode ser a própria marca ou o sinal nela constante como o instrumento utilizado para produzir a marca ou o sinal.

Para a caracterização do crime é suficiente a prática de apenas uma das condutas descritas na figura típica. Na hipótese de o agente falsificar e, após, fazer uso do objeto falsificado, haverá situação de *post facto* não punível.

Qualquer pessoa pode ser sujeito ativo da infração. Já quanto ao sujeito passivo, além do Estado, a Administração Pública ou pessoa física ou jurídica podem, eventualmente, ser diretamente prejudicados pela infração: a primeira quando tem seu sinal ou marca fraudado, e os segundos quando são atingidos pela conduta do agente.

Nos termos do parágrafo único do art. 14 do CP, não sendo prevista a modalidade culposa, todas as hipóteses típicas somente se caracterizam se houver dolo – direto ou eventual – por parte do agente. Deve haver a intencionalidade do autor voltada para as condutas descritas, com a consciência de todos os elementos do tipo penal.

Considerações finais

Aplicam-se aqui as mesmas considerações sobre a consumação e a tentativa dos comportamentos incriminados que já foram feitas na análise dos tipos antecedentes.

Falsa identidade

Art. 307. Atribuir-se ou atribuir a terceiro falsa identidade para obter vantagem, em proveito próprio ou alheio, ou para causar dano a outrem:

Pena – detenção, de 3 (três) meses a 1 (um) ano, ou multa, se o fato não constitui elemento de crime mais grave.

Considerações gerais

A proteção da fé pública é dada pela confiança na individuação pessoal quanto à essência ou identidade da pessoa no meio social, por meio da incriminação da falsa atribuição de característica juridicamente relevante a alguém.

Considerações nucleares

Dois são os comportamentos comissivos incriminados pela norma, de modo que a prática de qualquer um deles já é suficiente para a ocorrência da infração: a atribuição a si próprio de falsa identidade ou a atribuição de falsa identidade a terceira pessoa. O comportamento, aqui, consiste em inculcar, irrogar, apontar identidade diferente da verdadeira, a si mesmo ou a terceiro, o que pode ser feito por escrito ou oralmente.

A identidade falsa pode dizer respeito a pessoa que efetivamente exista ou ser fruto da fantasia do autor, o que é indiferente para a ocorrência da infração. Pode abranger não apenas o nome da pessoa, mas também seu documento de identidade, estado civil, filiação, idade, profissão, qualificação profissional e assim por diante. Há situações, no entanto, em que a atribuição de uma ou outra falsa característica da identidade não tem o potencial de identificar erroneamente a pessoa. Como exemplo, se a pessoa já está identificada pelo nome e filiação e atribui a si mesma outra característica falsa, irrelevante para sua individuação, tal como sua idade, não há que se falar na infração. Por outro lado, há hipóteses em que tal informação é essencial para a identificação de alguém, como ocorre diante de homonímia – casos em que está clara a caracterização do delito (NUCCI, 2014, p. 1020-1021).

Não há que se falar no crime descrito no art. 307 do CP quando a atribuição de falsa identidade se dá no âmbito do exercício do direito de defesa em investigação criminal. Segundo o princípio estampado no art. 5º, inciso LXIII, da Constituição Federal, segundo o qual ninguém é obrigado a fazer prova contra si mesmo (*nemo tenetur se detegere*), o indivíduo tem a possibilidade de se calar diante das acusações, assim como de não dizer a verdade. Diante das constatações de que (1) o art. 186 do CPP prescreve o direito do acusado de permanecer calado e de não responder perguntas que lhe forem formuladas, e (2) que o artigo subsequente estabelece que o interrogatório é composto por duas partes – sobre a pessoa do acusado e sobre os fatos –, a conclusão a que se chega é de que as perguntas relativas à pessoa do agente também compõem o interrogatório, de modo que devem ser abarcadas pela garantia do direito ao silêncio (GOMES; REALE JÚNIOR, 2012, p. 267).

Questão mais delicada se dá quando o agente atribui a si próprio falsa identidade perante a autoridade policial. Nesse caso, embora o STJ tenha sumulado o entendimento segundo o qual, mesmo em situação de alegada autodefesa, tal comportamento é típico (Súmula 522), o princípio constitucional deve prevalecer, já que, em qualquer momento – mesmo antes do interrogatório formal –, ninguém é obrigado a fazer prova contra si mesmo no Estado Democrático de Direito.

Caso a atribuição de falsa identidade se dê pela falsificação e uso de documento de identidade, por exemplo, seja com alteração de informações ali contidas, seja pela substituição da fotografia de seu titular, o crime a ser punido é a falsificação de documento, posto ser o crime do art. 307 do CP expressamente subsidiário em relação àquele. Isso resta claro quando se lê que as penas cominadas serão aplicadas ao agente se o fato não constituir elemento de crime mais grave.

Nos termos do parágrafo único do art. 14 do CP, não sendo prevista a modalidade culposa, as duas hipóteses típicas somente se caracterizam se houver dolo por parte do agente. Deve haver a intencionalidade voltada para as condutas descritas, com a consciência de todos os elementos do tipo penal. Acrescente-se a isso o elemento subjetivo especial que consiste na finalidade de obter vantagem em proveito próprio ou alheio, ou ainda de causar dano a terceira pessoa. A vantagem ou o dano não precisam necessariamente ser de ordem econômica, podendo ser de qualquer natureza, como, por exemplo, profissional.

Em comparação a outros delitos presentes na legislação nacional, o elemento subjetivo específico é importante diferenciador da falsa identidade em relação a crimes como o estelionato, a bigamia, a fraude processual e a infração descrita no art. 68, parágrafo único, da Lei das Contravenções Penais. Difere, também, das contravenções descritas nos arts. 45 e 46 do mesmo diploma legal, pois nestes casos a fé pública fica abalada quando alguém finge ser funcionário público ou usa publicamente uniforme ou distintivo de função pública que não exerce, levando terceiros a supor que tal pessoa é, de fato, funcionária pública.

Considerações finais

A consumação ocorre quando o agente atribui a si mesmo ou a terceiro identidade que não corresponde à verdadeira, independentemente da efetiva obtenção da vantagem almejada, que se ocorrer caracterizará o exaurimento da infração. A depender da forma como é praticado (por escrito, por exemplo), o crime admite a modalidade tentada.

Trata-se de crime comum, de modo que qualquer pessoa pode ser sujeito ativo da infração. Já o sujeito passivo, além do Estado, pode ser quem suporta diretamente o dano decorrente da conduta típica.

Art. 308. Usar, como próprio, passaporte, título de eleitor, caderneta de reservista ou qualquer documento de identidade alheia ou ceder a outrem, para que dele se utilize, documento dessa natureza, próprio ou de terceiro:

Pena – detenção, de 4 (quatro) meses a 2 (dois) anos, e multa, se o fato não constitui elemento de crime mais grave.

Considerações gerais

Nesta infração, as condutas proibidas se relacionam com o uso indevido de documento verdadeiro, de modo que a tutela da fé pública corresponde à confiança na pessoa que utiliza o documento.

Considerações nucleares

São dois os comportamentos proibidos pela norma: usar documento alheio como se fosse próprio e ceder a outrem documento próprio ou de terceiro para que dele faça uso (independentemente de ser a título oneroso ou gratuito). Quando ocorrer a cessão do documento, não se faz necessária sua efetiva utilização para a caracterização do crime; nas duas hipóteses, no entanto, o uso do documento (efetivo ou potencial) deve ser para a sua original finalidade, ou seja, para o próprio agente ou terceiro (no caso de cessão) se passar por quem o documento se refere.

O objeto material sobre o qual recai a ação é o documento de identidade, que pode ser qualquer um dos elencados no art. 308 do CP ou qualquer outro que vise a identificar seu portador. No caso de o crime ser praticado pelo uso, o documento deve necessariamente ser alheio, o que não ocorre quando há a sua cessão, pois neste caso o documento pode ser próprio ou pertencente a terceira pessoa. Em qualquer hipótese, no entanto, o documento deve ser verdadeiro; caso seja falso, o seu uso configurará o crime descrito no art. 304 do CP, e sua cessão será mero ato preparatório enquanto não for usado.

Nos termos do parágrafo único do art. 14 do CP, não sendo prevista a modalidade culposa, as duas hipóteses típicas somente se caracterizam se houver dolo por parte do agente. Deve haver a intencionalidade voltada para as condutas descritas, com a consciência de todos os elementos do tipo penal. No caso da cessão, deve haver, ainda, elemento subjetivo especial consistente na finalidade de que o cessionário faça uso do documento como se fosse seu.

Considerações finais

Quanto ao momento da consumação, no caso do uso, este ocorre quando o agente efetivamente emprega o documento para se fazer passar por outrem; no caso da cessão, deve haver a entrega do documento, independentemente de eventual utilização por parte de terceiro. No primeiro caso não há que se falar em tentativa, o que não se verifica no segundo, quando é possível o fracionamento da conduta do agente.

Qualquer pessoa pode ser sujeito ativo do crime, não sendo necessária nenhuma qualificação especial. Sujeito passivo, além do Estado, pode ser, eventualmente, aquele que suporta algum prejuízo em razão da prática da conduta típica.

Fraude de lei sobre estrangeiros

Art. 309. Usar o estrangeiro, para entrar ou permanecer no território nacional, nome que não é o seu:

Pena – detenção, de 1 (um) a 3 (três) anos, e multa.

Parágrafo único. Atribuir a estrangeiro falsa qualidade para promover-lhe a entrada em território nacional:

Pena – reclusão, de 1 (um) a 4 (quatro) anos, e multa.

Considerações gerais

Embora semelhantes, os crimes descritos no *caput* e no parágrafo único do art. 309 do CP apresentam importantes diferenças, que merecem ser analisadas separadamente.

Considerações nucleares

No caso da conduta prevista no *caput*, ao usar nome que não é o seu, o estrangeiro (pessoa não brasileira, nos termos do art. 12 da CF) identifica-se falsamente, o que pode ocorrer quando atribui a si mesmo nome alheio ou quando anuncia nome fictício como se fosse o seu. De qualquer forma, a necessária idoneidade que acompanha todas as figuras relacionadas ao falso faz com que seja imprescindível que o nome falso seja efetivamente útil para evitar qualquer impedimento à entrada ou permanência do estrangeiro no Brasil.

Em respeito ao princípio da legalidade, o crime se perfaz apenas com a utilização de nome diferente do verdadeiro. Caso o estrangeiro se apresente com seu nome verdadeiro mas falseie outras informações pessoais, tais como sua filiação, idade, estado civil, qualificação pessoal ou endereço, por exemplo, não restará caracterizada a infração em comento; poderá, eventualmente, se tratar dos crimes descritos nos arts. 307 e 308 do CP, o que deverá ser analisado caso a caso.

O tipo incriminador não exige o uso de documento falso para que a pessoa se passe por outrem ou por pessoa inexistente; há referência apenas ao uso de nome falso (que pode constar num documento verdadeiro pertencente a terceiro). Assim, caso seja feito uso de documento falso para que o estrangeiro se passe por outra pessoa, o crime praticado será aquele descrito no art. 304, e não no art. 309 do CP (PRADO, 2014, p. 476).

A modalidade típica descrita no parágrafo único do art. 309 do CP foi introduzida pela Lei n. 9.426/96, incriminando o comportamento de terceira pessoa que atribui ao estrangeiro qualidade que não corresponde à verdadeira. Há, portanto, aqui, duas importantes diferenças em relação ao descrito no *caput*. Em primeiro lugar, o crime não é praticado pela própria pessoa a quem se atribui a identificação falsa; além disso, não há a restrição da falsidade exclusivamente ao nome do estrangeiro, podendo recair também sobre outras qualidades pessoais.

É possível concluir, portanto, que o sujeito ativo da conduta descrita no *caput* é necessariamente o estrangeiro, ao passo que, no caso do parágrafo único, qualquer pessoa pode ser o autor da infração. Sujeito passivo, por sua vez, é o Estado.

Nos termos do parágrafo único do art. 14 do CP, não sendo prevista a modalidade culposa, tanto a conduta descrita no *caput* como aquela prevista no parágrafo único somente se caracterizam se houver dolo por parte do agente. Deve haver a intencionalidade dirigida para as condutas descritas, com a consciência de todos os elementos do tipo penal. Na hipótese do *caput* do art. 309 do CP, o autor deve usar nome falso com a finalidade de entrar ou permanecer no território brasileiro, de modo que tal elemento subjetivo específico compõe a figura criminosa. Já para a caracterização do delito previsto no parágrafo único, basta a intenção do agente no sentido de ingressar no território nacional.

Considerações finais

No caso da conduta descrita no *caput*, a consumação se dá quando o nome falso é utilizado pela primeira vez (com a finalidade de entrar ou permanecer, independentemente de haver êxito nesse objetivo), de modo que se torna inviável a figura da forma tentada nessa modalidade delitiva. Já a conduta prevista no parágrafo único do art. 309 do CP, por sua vez, resta consumada com a atribuição oral ou escrita da qualidade falsa, o que faz com que seja possível a existência da modalidade tentada.

> **Art. 310.** Prestar-se a figurar como proprietário ou possuidor de ação, título ou valor pertencente a estrangeiro, nos casos em que a este é vedada por lei a propriedade ou a posse de tais bens:
> Pena – detenção, de 6 (seis) meses a 3 (três) anos, e multa.

Considerações gerais

O crime descrito no art. 310 do CP diz respeito à modalidade de falsidade pessoal que atinge, além da fé pública, também a segurança e a política econômica nacionais, que restringem a propriedade de determinados bens aos estrangeiros.

Ao incriminar quem se presta a figurar como proprietário ou possuidor de coisa que na realidade pertence a estrangeiro, quando este não tem autorização legal para tanto, proíbe-se aquilo que é conhecido como "laranja", "testa de ferro", ou seja, a simulação de que o titular da coisa é pessoa que tem condição para tanto, como é o caso do brasileiro ou do português, em determinados casos.

Considerações nucleares

O objeto material da infração são ações, títulos ou valores que não podem pertencer a estrangeiros, como aquelas relacionadas a companhias concessionárias de exploração de recursos minerais ou hidroelétricos, empresas jornalísticas etc.

O sujeito ativo desse crime é necessariamente brasileiro ou português. Ao primeiro, claramente não há as restrições destinadas aos estrangeiros; ao segundo, há menos restrições, de modo que este pode ser sujeito ativo naqueles casos em que para os demais estrangeiros há vedações não existentes aos portugueses. O sujeito passivo é o Estado.

Nos termos do parágrafo único do art. 14 do CP, não sendo prevista a modalidade culposa, o crime exige o dolo do agente. Deve haver a intencionalidade voltada para o comportamento descrito, com a consciência de todos os elementos do tipo penal.

Considerações finais

A consumação ocorre no momento em que o agente falsamente se faz passar pelo possuidor ou proprietário, independentemente de qualquer resultado posterior. Há a possibilidade de tentativa, tendo em vista se tratar de crime plurissubsistente.

Adulteração de sinal identificador de veículo automotor

Art. 311. Adulterar ou remarcar número de chassi ou qualquer sinal identificador de veículo automotor, de seu componente ou equipamento:

Pena – reclusão, de 3 (três) a 6 (seis) anos, e multa.

§ 1º Se o agente comete o crime no exercício da função pública ou em razão dela, a pena é aumentada de 1/3 (um terço).

§ 2º Incorre nas mesmas penas o funcionário público que contribui para o licenciamento ou registro do veículo remarcado ou adulterado, fornecendo indevidamente material ou informação oficial.

Considerações gerais

A figura incriminadora constante no art. 311 do CP foi ali introduzida pela Lei n. 9.426/96, que também alterou a estrutura típica da receptação, do furto e do roubo. Daí poder constatar que a fé pública é aqui tutelada especialmente em relação à propriedade e ao licenciamento ou registro dos veículos automotores (DELMANTO, 2002, p. 616).

Considerações nucleares

Dois são os comportamentos incriminados no *caput* do art. 311 do CP: adulterar ou remarcar o sinal identificador do veículo. Enquanto o primeiro significa alterar, modificar, deturpar, o segundo tem o sentido de fazer nova marca, substituir os caracteres da marca anterior por novos. A partir desse entendimento, conclui-se que a mera supressão do sinal, sem que seja substituído, não configura a infração descrita, em respeito ao princípio da legalidade penal.

Não há formas predefinidas para a adulteração ou remarcação, podendo ser realizadas por qualquer procedimento que altere ou substitua os números e/ou letras que compõem os referidos sinais.

O objeto material das condutas descritas é número de chassi ou qualquer outro sinal identificador de veículo automotor, o que desde logo exclui sinais identificadores de veículos elétricos, de propulsão humana, de tração animal ou de reboque ou semirreboque. Embora o tipo contenha expressão genérica voltada a tornar possível que a conduta típica recaia sobre outros sinais diferentes do chassi, há que ser observado que o sinal que pode ser objeto do crime é o sinal identificador, ou seja, que tenha a finalidade de identificar o veículo, tal como ocorre também com as placas dianteiras e traseiras dos automóveis.

Tendo em vista a gravidade da sanção cominada, a *ratio legis* e também a Exposição de Motivos da norma que introduziu essa figura típica no ordenamento penal, é possível concluir que o objetivo da incriminação é impedir falsidades sumamente significativas, sendo os destinatários naturais do preceito primário as pessoas que atuem em "desmanches" de veículos, que façam parte do comércio de peças avulsas de automóveis. Assim, deve ser excluída da incidência da norma a conduta de quem se limita a apor fita adesiva nas placas dos automóveis com a finalidade de burlar a fiscalização de trânsito, como ocorre, por exemplo, quanto à proibição de circulação de veículos com placas com determinada numeração em determinado dia da semana (rodízio de veículos). Esse comportamento, aliás, não tem o mesmo caráter definitivo que pode ser verificado na remarcação ou adulteração do chassi ou sinal identificador essencial do veículo (TORÓN e GOMES, 1999, p. 2).

O crime descrito no § 2º do art. 311 do CP, por sua vez, diz respeito à conduta do funcionário público que, prevalecendo-se da sua função, fornece indevidamente material ou informação oficial de forma a contribuir para o licenciamento ou registro do veículo cujos sinais identificadores foram adulterados ou remarcados.

Há, aqui, crime com forma predefinida pelo legislador, de modo que não é qualquer contribuição por parte do funcionário que caracteriza o tipo, mas a contribuição que consiste, necessariamente, no fornecimento indevido de material ou informação oficial necessários para o licenciamento ou registro do veículo automotor.

Tais materiais podem ser papéis específicos destinados ao fabrico de documentos, adesivos, impressos, entre outros; as informações referidas podem ser uma senha ou a numeração de um chassi, por exemplo. De qualquer forma, o material ou a informação fornecidos devem ser úteis para o licenciamento (autorização anual conferida ao veículo para que possa transitar) ou registro do veículo (inscrição do veículo junto ao órgão de trânsito, necessária para que comece a circular ou quando é feita transferência da propriedade ou modificada qualquer característica sua).

Qualquer pessoa pode ser sujeito ativo do crime descrito no *caput* do art. 311 do CP. Caso seja funcionário público e atue no exercício da função ou em razão dela, incidirá a causa de aumento de pena prevista no § 1º, como sinal do maior juízo de reprovação que recai sobre a conduta, por violar também um dever funcional ou simplesmente se aproveitar de facilidade que tem em razão do cargo público. Na hipótese da infração descrita no § 2º do art. 311 do CP, o crime é próprio e somente pode ser praticado por funcionário público que se vale da sua posição para empreender o delito.

O sujeito passivo, por sua vez, é sempre o Estado. Além dele, pode haver, eventualmente, uma vítima diretamente atingida pela conduta do agente, que passa a ser também sujeito passivo da infração.

Nos termos do parágrafo único do art. 14 do CP, não sendo prevista a modalidade culposa, tanto a hipótese descrita no *caput* como aquela do § 2º somente se caracterizam se houver dolo por parte do agente. Deve haver a intencionalidade voltada para as condutas descritas, com a consciência de todos os elementos do tipo penal.

Considerações finais

No caso do crime previsto no *caput*, ocorre a consumação quando se dá a alteração ou a remarcação do sinal identificador do veículo, independentemente de resultados posteriores. Já a figura descrita no § 2º, por sua vez, consuma-se quando há o fornecimento, pelo funcionário, do material ou informação oficial aptos à obtenção do registro ou licenciamento do veículo automotor. Em ambas as hipóteses cabe falar na figura tentada, posto ser possível a interceptação da conduta por circunstâncias alheias à vontade do agente, após iniciada a execução.

Capítulo V
Das fraudes em certames de interesse público

Fraudes em certames de interesse público
Art. 311-A. Utilizar ou divulgar, indevidamente, com o fim de beneficiar a si ou a outrem, ou de comprometer a credibilidade do certame, conteúdo sigiloso de:

I – concurso público;

II – avaliação ou exame públicos;

III – processo seletivo para ingresso no ensino superior; ou

IV – exame ou processo seletivo previstos em lei:

Pena – reclusão, de 1 (um) a 4 (quatro) anos, e multa.

§ 1º Nas mesmas penas incorre quem permite ou facilita, por qualquer meio, o acesso de pessoas não autorizadas às informações mencionadas no *caput*.

§ 2º Se da ação ou omissão resulta dano à administração pública:

Pena – reclusão, de 2 (dois) a 6 (seis) anos, e multa.

§ 3º Aumenta-se a pena de 1/3 (um terço) se o fato é cometido por funcionário público.

Considerações gerais

Apesar de inserido no Título X do Código Penal brasileiro, entre as condutas ofensivas à fé pública, o tipo penal contido no art. 311-A do CP, introduzido pela Lei n. 12.550/2011, contém a descrição de comportamentos que não deixam de ser modalidades específicas de violação de segredo (arts. 153, 154 e 325 do CP).

Considerações nucleares

Dois são os comportamentos proibidos pelo *caput* da norma incriminadora: utilizar ou divulgar conteúdo sigiloso de provas. A primeira conduta significa fazer uso, valer-se, servir-se, ao passo que a segunda é o mesmo que propagar, difundir, tornar público, transmitir. Os dois núcleos do tipo penal se referem ao conteúdo sigiloso de concurso, avaliação ou exame públicos, processo seletivo para ingresso no ensino superior ou outros exames ou processos seletivos previstos em lei.

Concurso público é o meio disponibilizado pela Administração Pública para a investidura em cargo ou emprego público, sendo composto, geralmente, por provas que avaliam a capacidade dos candidatos para o exercício da função. Avaliações ou exames públicos, por sua vez, são procedimentos realizados pela Administração Pública para selecionar ou credenciar pessoas para o exercício de determinadas atividades. Processo seletivo para ingresso no ensino superior compreende o vestibular e, atualmente, também o Exame Nacional do Ensino Médio (ENEM). Exames ou processos seletivos previstos em lei dizem respeito a processos seletivos para a contratação de agentes públicos municipais, exames de habilitação profissional como a OAB, processo seletivo para ingresso em curso de pós-graduação (mestrado e doutorado), entre outros (PRADO, 2014, p. 498-499).

O tipo legal exige que a informação utilizada ou divulgada seja sigilosa, ou seja, não possa ser publicizada. Não precisa, necessariamente, se tratar do conteúdo de questão do certame ou do gabarito não divulgado, mas de qualquer informação que esteja mantida sob segredo, tal como o número de questões da prova, o nome dos examinadores, entre outras.

A utilização ou divulgação devem ser, ainda, indevidas. Em outras palavras, significa que não podem ter sido autorizadas, não pode haver justa causa para os comportamentos descritos. Trata-se de elemento normativo do tipo, necessário para a caracterização da infração.

Nos termos do parágrafo único do art. 14 do CP, não sendo prevista a modalidade culposa, o crime somente se caracteriza se houver o dolo do agente. Deve haver a intencionalidade voltada para as condutas descritas, com a consciência de todos os elementos do tipo penal. No caso do *caput* do art. 311-A, há ainda a exigência de que o agente atue com especial finalidade de se beneficiar ou favorecer terceiro, ou ainda de comprometer a credibilidade do certame.

O § 1º estipula as mesmas penas para quem permite ou facilita, por qualquer meio, o acesso de pessoas não autorizadas às informações mencionadas no *caput*. Nesta hipótese, incrimina-se o comportamento de quem apenas torna acessível a terceiro não autorizado o conteúdo sigiloso do certame. É possível aferir que a incriminação se destina, especificamente, a quem cabe resguardar o sigilo do certame (pessoas – funcionários públicos ou não – envolvidas na organização ou na aplicação do processo seletivo). De forma distinta do *caput*, não há aqui previsão de elemento subjetivo específico, sendo necessário apenas o dolo de permitir ou de facilitar o conhecimento das informações, independentemente do motivo que levou o indivíduo a assim se comportar (PRADO, 2014, p. 500).

Considerações finais

No caso do delito previsto no *caput*, ocorre a consumação com a efetiva utilização ou divulgação do conteúdo sigiloso, independentemente de alguém ter sido beneficiado por isso ou da credibilidade do certame ter sido comprometida. Não se exige que seja atingido um número indeterminado de pessoas, bastando a comunicação a alguém.

Já nas modalidades descritas no § 1º, é indispensável que as pessoas não autorizadas tenham efetivo acesso ao referido conteúdo sigiloso. Em qualquer hipótese, é possível a caracterização da modalidade tentada, desde que a conduta seja fracionável.

Caso a conduta praticada (seja uma das descritas no *caput*, seja uma das hipóteses do § 1º) cause dano à Administração Pública, ocorrerá o crime na forma qualificada, com previsão de pena mais grave em relação às anteriores. A hipótese qualificadora não especifica a modalidade do dano necessário para o aumento da pena (se patrimonial, moral ou ambos).

Qualquer pessoa pode ser sujeito ativo do crime. Se praticado por funcionário público, incide a causa de aumento prevista no § 3º do art. 311-A. Ao contrário de outros dispositivos análogos, não há aqui referência expressa à necessidade de que o funcionário público pratique a infração no exercício da sua função ou valendo-se dela. De acordo com Bitencourt, no entanto, a aplicação da majorante requer que a infração tenha sido praticada com violação dos deveres inerentes ao cargo ou função, pois o que justifica o maior desvalor do comportamento é o desrespeito ao dever de fidelidade que todo funcionário público tem em relação à administração (BITENCOURT, 2012, p. 560).

TÍTULO XI
DOS CRIMES CONTRA A ADMINISTRAÇÃO PÚBLICA

Capítulo I
Dos crimes praticados por funcionário público contra a Administração em geral

Peculato

Art. 312. Apropriar-se o funcionário público de dinheiro, valor ou qualquer outro bem móvel, público ou particular, de que tem a posse em razão do cargo, ou desviá-lo, em proveito próprio ou alheio:

Pena – reclusão, de 2 (dois) a 12 (doze) anos, e multa.

§ 1º Aplica-se a mesma pena, se o funcionário público, embora não tendo a posse do dinheiro, valor ou bem, o subtrai, ou concorre para que seja subtraído, em proveito próprio ou alheio, valendo-se de facilidade que lhe proporciona a qualidade de funcionário.

Peculato culposo

§ 2º Se o funcionário concorre culposamente para o crime de outrem:

Pena – detenção, de 3 (três) meses a 1 (um) ano.

§ 3º No caso do parágrafo anterior, a reparação do dano, se precede à sentença irrecorrível, extingue a punibilidade; se lhe é posterior, reduz de metade a pena imposta.

Bibliografia: BITENCOURT, Cezar Roberto. *Tratado de direito penal.* 14. ed. São Paulo: Saraiva, 2020. v. V; DELMANTO, Celso et al. *Código Penal comentado.* 10. ed. São Paulo: Saraiva, 2022; HUNGRIA, Nélson. *Comentários ao Código Penal.* 2. ed. Rio de Janeiro: Forense, 1959. v. IX; MUÑOZ CONDE, Francisco. *Derecho penal:* parte especial. 19. ed. Valencia: Tirant lo Blanch, 2013; COSTA JÚNIOR, Paulo José da; PAGLIARO, Antônio. *Dos crimes contra a administração pública.* 2. ed. São Paulo: Malheiros, 1999; PIERANGELI, José Henrique. *Manual de direito penal brasileiro:* parte especial. São Paulo: RT, 2005; PRADO, Luiz Regis. *Comentários ao Código Penal.* 10. ed. São Paulo: RT, 2015; PRADO, Luiz Regis. *Curso de direito penal brasileiro.* 7. ed. São Paulo: RT, 2008; RIBEIRO PONTES. *Código Penal comentado.* 11. ed. Rio de Janeiro: Freitas Bastos, 2000; ROXIN, Claus. *Derecho penal:* parte general. Madrid: Civitas/Thomson Reuters, 2008. t. I; SILVA FRANCO, Alberto; STOCO, Rui. *Código Penal e sua interpretação jurisprudencial.* 7. ed. São Paulo: RT, 2000. v. II; SOLER, Sebastian. *Derecho penal argentino.* 4. ed. Buenos Aires: Tea, 1987. v. V; SOUZA, Luciano Anderson. *Crimes contra a Administração Pública.* 3. ed. São Paulo: RT, 2022; WUNDERLICH, Alexandre. Crimes contra a administração pública. In: REALE JÚNIOR, Miguel (Coord.). *Direito penal:* jurisprudência em debate. Rio de Janeiro: GZ, 2012. v. IV; ZAFFARONI, Eugenio Raúl; BATISTA, Nilo; ALAGIA, Alejandro; SLOKAR, Alejandro. *Direito penal brasileiro*: teoria do delito. Rio de Janeiro: Revan, 2010. v. IV.

Considerações gerais

O peculato é previsto nas legislações contemporâneas, porquanto indiscutível a necessidade de intervenção penal na tutela da Administração Pública. Aliás, lembra Bitencourt (2020, p. 38) que "os crimes funcionais não encontram sua proibição só no direito penal, como também no campo do direito administrativo. Todo ilícito penal praticado por funcionário público é igualmente ilícito administrativo. O ilícito administrativo é um *minus* em relação ao ilícito penal, resultando que a única diferença entre ambos é a sua gravidade". Nesse particular, diante da concepção de existência de uma ilicitude jurídica una, nossa opinião reside na necessidade de diminuirmos o recurso ao Direito Penal e, alternativamente, aumentarmos o espectro do direito sancionador.

Simplificadamente, o tipo legal de crime é retratado na hipótese de o funcionário público apropriar-se ou apossar-se de coisa alheia móvel do Estado, ou de particular, que possui em razão de seu cargo. É uma espécie de enriquecimento ilícito do funcionário[302], pela apropriação de bem do Estado – *furto de coisa estatal* (*res publicae*). A figura jurídica do art. 312 do CP estabelece quatro modalidades de peculato: o *caput* disciplina o (a) *peculato-apropriação* e o (b) *peculato-desvio*; os §§ 1º e 2º tipificam o (c) *peculato-furto* e o (d) *peculato-culposo*, respectivamente. A doutrina e a jurisprudência aceitam, ainda, a atipicidade pela figura do (e) *peculato-uso*.

Sobre o conceito de peculato, Hungria (1959, p. 334-336) segue atual: "o fato do funcionário público que, tendo, em razão do cargo, a posse de coisa móvel pertencente à administração pública ou sob a guarda desta (a qualquer título), dela se apropria ou a distrai do seu destino, em proveito próprio ou de outrem (...) o legislador achou de bom aviso eliminar qualquer dúvida sôbre a existência do peculato ainda quando se trate de coisas eminentemente fungíveis ou restituíveis pelo *tantumdem*, e ainda que solvável o agente".

Em todas as hipóteses típicas, o *sujeito ativo* é o funcionário público que pratica a conduta em *razão do cargo que ocupa*, seguindo Delmanto (2022, p. 1071), pois não é suficiente "a mera qualidade de funcionário público". Em regra, o *sujeito passivo* é o próprio Estado e, eventualmente, um terceiro-particular pode vir a ser prejudicado.

---

[302] O conceito jurídico de funcionário público para fins penais está previsto no art. 327 do CP, tratando-se daquele que, embora transitoriamente ou sem remuneração, exerce cargo, emprego ou função pública. Equipara-se a funcionário público quem exerce cargo, emprego ou função em entidade paraestatal, e quem trabalha para empresa prestadora de serviço contratada ou conveniada para a execução de atividade típica da Administração Pública.

O *objeto material* é amplo e abrangente. Ribeiro Pontes (2000, p. 513) ensinou que "o objeto deste crime pode ser dinheiro, documentos, títulos de crédito, efeitos e quaisquer outros bens móveis públicos – federais, estaduais ou municipais – ou particulares, confiados à guarda, depósito, arrecadação ou administração dessas entidades ou pessoas jurídicas". Não por outra razão, Soler (1987, p. 223) sublinhou a existência de uma relação do funcionário com a Administração, um vínculo de confiança que constitui a base do peculato: "que es una ofensa contra la fe pública, identificada con la trufa en el sentido toscano de retención indebida".

O crime é *pluriofensivo*, pois resguarda o interesse de preservação da *res mibilis* ao tempo que também tutela o interesse de que o funcionário público não abuse de sua função, visando benefício pessoal ou de terceiro. É a conclusão de Hungria (1959, p. 345), ao afirmar que "convergem no peculato a violação do dever funcional e o dano patrimonial (...). Poderá dizer-se que é punido o peculato menos porque seja patrimonialmente lesivo do que pela quebra de fidelidade ou pela inexação no desempenho do cargo público; mas é absolutamente indispensável à sua configuração o advento de concreto dano patrimonial".

Na mesma linha, mais recentemente, Prado (2008, p. 441-442) adverte que "aflora não só o interesse em preservar o patrimônio público, mas principalmente a finalidade de resguardar a probidade administrativa, cuja importância, inclusive, foi cristalizada pela Constituição da República de 1988 (art. 37, *caput* e § 4º) (...). Defende-se, ainda, que a tutela penal deve ser enfocada sob dois aspectos, um de caráter genérico e outro de caráter específico. No tocante ao primeiro, objetiva-se velar pelo normal funcionamento da administração, enquanto no segundo há o interesse específico em se proteger os bens móveis de propriedade do erário e o dever do funcionário em velar pelo patrimônio público". Bitencourt (2020, p. 42) sublinha que "o peculato ofende princípios fundamentais do *pacto social democrático*".

Em razão do objeto jurídico, nas múltiplas formas em que o delito de peculato se apresenta, defendemos que existe uma *concepção dualista*: um aspecto moral, que impõe dever funcional de fidelidade e probidade com o Estado, e um aspecto patrimonial, espécie de tutela em favor do patrimônio da Administração Pública. Em nossa visão, esses interesses, moral e patrimonial, se relacionam e convivem no âmago da norma penal.

Considerações nucleares

a) Peculato-apropriação – dolo específico

O *caput* do art. 312 do CP estabelece a hipótese de *peculato-apropriação*, quando o dinheiro/moeda, valor ou qualquer outro bem móvel é apropriado ou apossado pelo funcionário. O elemento subjetivo do tipo é o dolo, o que exigirá uma discussão sobre o conjunto fático-probatório. Afinal, sabe-se que é das condições objetivas que se extrai o elemento subjetivo. No peculato, Soler (1987, p. 224) sustenta que "debemos analizar cada uno de los elementos que contribuyen a la calificación de un hecho como peculado: la calidad de los bienes; la calidad de la persona y la naturaleza de la relación que media entre el sujeto y dichos bienes". São tais circunstâncias que projetam o *animus* do agente, "esas condiciones actúan como presupuestos de la acción que constituirá malversación".

Questão nuclear é estabelecer se o tipo de peculato exige o *dolo genérico* ou *dolo específico*. A jurisprudência é controvertida. Em nosso sentir, exige-se, por parte do agente, um elemento subjetivo, que é a consciência do especial fim de agir, no sentido de apossar-se – definitivamente –, do bem, em benefício próprio ou de terceiro. A expressão *definitivamente*, que aparece na doutrina e em inúmeros julgados, não é utilizada por acaso, e serve para exigir esse *plus*, que ultrapassa os contornos do *dolo genérico* (WUNDERLICH, 2012, p. 24).

O Direito Penal deve atingir as condutas graves que lesem bens jurídicos de relevância social. Assim, diante da resposta do tipo de *peculato-apropriação*, devemos impor condições rigorosas para a configuração do dolo – vontade livre e consciente de causar lesão ao Estado. Apropriação pressupõe uma intenção, que é *definitiva,* de não restituição da coisa, logo, é indispensável o *animus* de tê-la para si. Não se pode optar por um *dolo genérico*, pelo qual o Julgador reproduz burocraticamente o texto da lei. Ao contrário, a falta de comprovação do elemento anímico-volitivo deve conduzir ao juízo absolutório.

b) Peculato-desvio – desvio sem o *animus rem sibi habendi*

O *caput* do art. 312 do CP prevê a hipótese de *peculato-desvio*, quando o funcionário desvia ou altera o destino de dinheiro, valor ou qualquer outro bem móvel. É o caso do funcionário que dá outro curso ao dinheiro estatal, desviando-o de seu destino natural. Nesta espécie, o tipo se configura na modalidade dolosa, ainda que sem o *animus rem sibi habendi*. O dolo é representado pela consciência e livre vontade de dar ao bem do Estado outra finalidade, um especial fim de agir, que é coroado na obtenção do proveito próprio ou alheio. Ou seja, no *peculato--desvio,* é importante que, além do tradicional *dolo genérico* (vontade de empregar a coisa em finalidade diversa), exista também o *dolo específico,* representado na intenção final de proveito próprio ou de outrem.

Questão nuclear aparece quando o funcionário público, sem autorização legal, mas premido por determinadas circunstâncias, mormente pela situação caótica de sua repartição, *desvia* o bem em favor do próprio Estado, optando por uma adequação que pensa ser conveniente, em favor da melhoria da prestação do serviço público. Nestes casos excepcionais, mesmo havendo o *desvio* material, trata-se de ilícito administrativo, sendo o fato atípico em razão da falta de dolo específico e de prejuízo ao Estado.

c) Peculato-furto

A figura jurídica do art. 312, § 1º, do CP, fixa os limites do *peculato-furto*, também conhecido como peculato impróprio. Ocorre uma específica forma de furto, quando o funcionário subtrai dinheiro, valor ou bem, em proveito próprio ou alheio, valendo-se da própria facilidade do cargo. De igual modo, existe *peculato-furto* quando o funcionário facilita ou auxilia o terceiro, funcionário ou particular, concorrendo na empreitada de subtração da coisa.

d) Peculato-culposo

O art. 312, § 2º, do CP disciplina o *peculato-culposo*, espécie diferente das demais, no que tange, obviamente, ao elemento subjetivo. É a hipótese de violação do dever objetivo de cuidado pelo funcionário público, que, agindo em uma das modalidades da culpa (negligência, imperícia ou imprudência), concorre para que um terceiro se aproprie, desvie ou subtraia dinheiro, valor ou bem públicos – *concorre culposamente para o crime de outrem*. No caso do peculato-culposo, por disposição prevista no § 3º, a reparação integral do dano, se precede à sentença irrecorrível, extingue a punibilidade; se lhe é posterior, reduz de metade a pena imposta.

e) Peculato-uso

O *peculato-uso* é atípico. Há casos em que o funcionário público alega que utilizou do dinheiro ou do bem para pagamento de dívida pessoal, mas que tinha a intenção de repô-lo – *ânimo de restituir*. É a situação, também, do motorista da repartição pública que se apropria de uma peça de veículo e, antes de ser flagrado utilizando a coisa, realiza a devolução. Nestas hipóteses, o fundamental é perceber se o agente inverteu a titularidade da posse, passando a comportar-se com *animus domini*.

No exemplo do funcionário que utilizou o dinheiro para pagamento de dívida particular, se o uso do valor não ocorreu por uma circunstância excepcional e se não foi reposto aos cofres estatais, de forma rápida e eficaz, constitui-se o delito de *peculato-apropriação*, não se confirmando a hipótese de atipicidade. Aliás, em regra, o *peculato-uso* pressupõe que a coisa seja *infungível*. A mera intenção de restituir não descaracteriza o crime.

No exemplo do motorista que utiliza uma peça em seu veículo particular, de forma transitória, e que logo é devolvida, resta provada a ausência do *animus rem sibi habendi*, devendo ser afastada a figura típica, pois, além da falta de dolo, não houve qualquer prejuízo à Administração Pública.

Pensamos que o delito se consuma "com a efetividade concreta da apropriação ou desvio da *res mobilis*" (HUNGRIA, 1959, p. 343). Em trabalho anterior sobre o *peculato-uso*, defendemos que, para haver atipicidade, o uso deve ser momentâneo, circunstancial e a *res* usada deve ser restituída nas mesmas condições em que se encontrava antes, na linha do pensamento de grande parte da doutrina, exposta por Silva Franco e Stoco (2000, p. 3825).

A tese do *peculato-uso* não se presta aos servidores que desprezam o *múnus público* que a lei lhes impõe, não sendo aplicada àqueles que abusam do poder e violam dever funcional, descumprem normas de ordem ética e causam danos ao Estado (WUNDERLICH, 2012, p. 8-9).

f) Peculato e insignificância penal

Nossa opinião sobre o princípio da insignificância foi registrada quando do exame dos crimes contra o direito do autor – art. 184 do CP. É, pois, uma causa supralegal de exclusão do tipo. Excluem o tipo as ações insignificantes e socialmente toleradas de um modo geral (ROXIN, 2008, p. 296).

Tornam-se, então, atípicas todas as condutas que não coloquem em risco ou não atentem significativamente contra o bem jurídico protegido. Na esteira de Zaffaroni, Batista, Alagia e Slokar (2010, p. 229), advogamos que o princípio da insignificância tem uma *finalidade de contenção*, um papel dogmático relevante, que permite a exclusão da tipicidade em diversas hipóteses fáticas em concreto.

Os Tribunais tinham maior resistência à aplicação, fundamentalmente em razão da falta de previsão legal e de perímetros bem definidos para sua operacionalização. O *leading case* do STF no ano de 2004, HC 84.412, de relatoria do Ministro Celso de Mello, abordou definitivamente o assunto. Se, por um lado, a insignificância acabou consagrada pelo STF, por outro, o acórdão paradigma criou quatro vetores de aplicação que são marcados de subjetividade: (a) mínima ofensividade da conduta do agente, (b) nenhuma periculosidade social da ação, (c) reduzidíssimo grau de reprovabilidade do comportamento e (d) inexpressividade da lesão jurídica provocada. Seguindo a orientação do STF, uma vez presentes os vetores sugeridos, é aplicável o princípio da insignificância aos crimes contra a Administração Pública, não sendo razoável a vedação da aplicação em razão do bem jurídico – *concepção dualista*, aspecto moral e outro patrimonial.

A vedação da aplicação do princípio da bagatela, quando a conduta do funcionário público não atinge de forma significativa o bem jurídico, não tem sentido de ser. Não é possível a restrição de aplicação do princípio em razão de uma espécie de preservação moral da Administração Pública. Em nosso juízo, a busca da moral administrativa não torna inviável a aplicação da bagatela. A insignificância de determinada conduta deve ser aferida não apenas em relação à dignidade do bem protegido, mas fundamentalmente em relação à intensidade da lesão ou da ameaça de lesão ao próprio bem jurídico. Outras questões relevantes também devem contribuir para a aplicação do princípio, como, por exemplo, (a) a falta de violação de preceitos da Administração Pública e (b) a imposição de sanção ao funcionário por prática de ilícito administrativo.

Considerações finais

Os meios de comunicação em massa constantemente divulgam que ainda há uma má compreensão dos limites do que é "público" e do que é "privado". Muitas vezes, existe sofisticação no cometimento dos crimes contra a Administração Pública e uma espécie de sistematização que visa burlar sistemas de controle e de conformidade. É fato. Entretanto, o que não se pode admitir é que, a partir da criação desse cenário midiático, surjam condenações apressadas ou desprovidas de provas, com o fito de atender certos reclamos sociais. O peculato está inserido no contexto de expansão do Direito Penal, uma vez que é crime próprio de funcionário contra a Administração, e o exame da tipicidade merece especial atenção, sobretudo em casos de repercussão.

A ação penal é pública incondicionada, sendo que os institutos da transação penal e da suspensão condicional do processo, trazidos pela Lei Federal n. 9.099/95, só terão cabimento na hipótese prevista no § 2º do art. 312 do CP (*peculato-culposo*), cuja pena é de detenção, de 3 (três) meses a 1 (um) ano.

Em todas as hipóteses de crimes contra a Administração Pública que serão examinadas poderão incidir as causas de aumento previstas no art. 327, §§ 1º e 2º, do CP, uma vez que são tipos praticados por funcionários públicos definidos legalmente pelos contornos ofertados no art. 327 do mesmo diploma normativo.

Peculato mediante erro de outrem

Art. 313. Apropriar-se de dinheiro ou qualquer utilidade que, no exercício do cargo, recebeu por erro de outrem:

Pena – reclusão, de 1 (um) a 4 (quatro) anos, e multa.

Inserção de dados falsos em sistema de informações

Art. 313-A. Inserir ou facilitar, o funcionário autorizado, a inserção de dados falsos, alterar ou excluir indevidamente dados corretos nos sistemas informatizados ou bancos de dados da Administração Pública com o fim de obter vantagem indevida para si ou para outrem ou para causar dano:

Pena – reclusão, de 2 (dois) a 12 (doze) anos, e multa.

Modificação ou alteração não autorizada de sistema de informações

Art. 313-B. Modificar ou alterar, o funcionário, sistema de informações ou programa de informática sem autorização ou solicitação de autoridade competente:

Pena – detenção, de 3 (três) meses a 2 (dois) anos, e multa.

Parágrafo único. As penas são aumentadas de um terço até a metade se da modificação ou alteração resulta dano para a Administração Pública ou para o administrado.

Bibliografia: BITENCOURT, Cezar Roberto. *Código Penal comentado*. 5. ed. São Paulo: Saraiva, 2009; BITENCOURT, Cezar Roberto. *Tratado de direito penal*. 14. ed. São Paulo: Saraiva, 2020. v. IV; COELHO, Yuri Carneiro. *Curso de direito penal* *didático*. São Paulo: Atlas, 2014; COSTA JÚNIOR, Paulo José da; PAGLIARO, Antonio. *Crimes contra a administração pública*. 2. ed. São Paulo: Malheiros, 1999; DELMANTO, Celso et al. *Código Penal comentado*. 10. ed. São Paulo: Saraiva, 2022; FRAGOSO, Cláudio Heleno. *Lições de direito penal*. 2. ed. São Paulo: José Bushatsky Editor, 1965. v. IV; PRADO, Luiz Regis. *Comentários ao Código Penal*. 10. ed. São Paulo: RT, 2015; PRADO, Luiz Regis. *Curso de direito penal brasileiro*. 13. ed. São Paulo: RT, 2014; PRADO, Luiz Regis. *Tratado de direito penal brasileiro*. São Paulo: RT, 2014. v. VII; SOUZA, Luciano Anderson. *Crimes contra a Administração Pública*. 3. ed. São Paulo: RT, 2022.

Considerações gerais

O peculato mediante erro de outrem ocorre quando o funcionário público se apropria de dinheiro ou qualquer utilidade que, no exercício do cargo, recebeu por *erro* de um terceiro. É uma espécie de *peculato-estelionato*, em que pese não haver igualdade entre as duas figuras típicas. Para a configuração do juízo de tipicidade, é elementar que a entrega do bem tenha sido feita ao agente em virtude do cargo que desempenha, e que o erro se relacione com a sua função pública, como leciona Fragoso (1965, p. 1081).

Atendendo à postura de *reserva de codificação*, pela qual todas as alterações são introduzidas no bojo do Código Penal, duas novas figuras foram agregadas ao tipo penal de origem – a *inserção de dados falsos em sistema de informações* e a *modificação ou alteração não autorizada de sistema de informações* –, pela Lei Federal n. 9.983/2000. Essas figuras vêm tutelar um bem jurídico importante na sociedade complexa em que vivemos, a segurança e a certeza dos sistemas computacionais, dos programas informáticos, das bases ou dos bancos de dados que armazenam milhões de informações pertencentes ao Estado, sobretudo nas agências de controle do governo, como a previdência social, as polícias, os órgãos de fiscalização de tributos etc.

Todas as três figuras jurídicas – (a) *peculato-estelionato*, (b) *inserção de dados falsos em sistema de informações* e (c) *modificação ou alteração não autorizada de sistema de informações* – são crimes *próprios* e *dolosos*. O bem jurídico tutelado em cada figura difere minimamente, sendo que a figura do peculato por erro de outrem tutela o patrimônio público e a moralidade administrativa; a proibição da inserção de dados falsos e da modificação ou alteração não autorizada em sistema de informações protege a segurança, imparcialidade e correção das informações da Administração Pública, sem que isso impeça a tutela da própria probidade administrativa (COELHO, 2014, p. 977-983; PRADO, 2015, p. 1058; BITENCOURT, 2020, p. 47 e s.).

Nas três hipóteses jurídicas, o crime é *próprio* e *instantâneo*, sendo *material* na primeira figura e *formal* nas duas outras. O *sujeito ativo* é sempre o funcionário público ou o funcionário autorizado que pratica a conduta em razão do exercício do cargo. O *sujeito passivo* é o próprio Estado e, eventualmente, um terceiro-particular pode vir a ser prejudicado. Assim como nas demais hipóteses de peculato, vistas no exame do art. 312 do CP, o *objeto jurídico* possui uma *concepção dualista*; um aspecto moral, que impõe dever funcional de probidade com o Estado, e um aspecto patrimonial, espécie de tutela em favor do patrimônio da Administração Pública.

Considerações nucleares

a) Peculato por erro de outrem

A hipótese do art. 313 disciplina uma espécie de apropriação de dinheiro ou qualquer coisa móvel por parte do funcionário público, desde que este tenha recebido a *res* por erro de outrem (seja funcionário ou não). É, em resumo, apossar-se de algo que pertence ao Estado, ou até de particular, de que o funcionário não tinha a posse prévia, e que recebeu por um equívoco de terceiro e no exercício do cargo. O mero recebimento do dinheiro ou da utilidade não é suficiente para que exista tipicidade, sendo necessário que esse recebimento, por erro de outrem, ocorra *no exercício* de *cargo público*, e não *em razão do cargo*, como é o caso do art. 312, bem nos termos da lição de Bitencourt (2020, p. 60).

É irrelevante a motivação do erro enquanto falsa representação da realidade, bem como quem o tenha praticado, uma vez que a tipicidade decorre da ciência do equívoco por parte do funcionário e, a partir disso, da apropriação indevida de dinheiro ou de qualquer outra utilidade. Certo está Bitencourt (2020, p. 66), ao afirmar que é absolutamente irrelevante a causa do erro, seja ignorância, desconhecimento, confusão, desatenção, desde que se tenha originado espontaneamente, sem qualquer intervenção provocativa do sujeito ativo. Para Prado (2015, p. 1056), o erro é pressuposto do delito, mas não pode ser provocado pelo agente, pois, se for, a conduta só encontra tipicidade no art. 171 do CP. Como destaca o autor, é essencial que a entrega e o recebimento da *res* estejam sedimentados no erro de outrem. É o caso, por exemplo, do funcionário que se apropria dos vencimentos que recebeu a mais do que lhe era devido, por *erro* na anotação da quantidade de horas trabalhadas por parte de seu superior hierárquico. Também é o caso quando, por engano, o agente recebe um auxílio-moradia ao qual não faz jus. O *erro* pode ser em relação à essência ou à quantidade do dinheiro ou da *res*, mas sempre será elementar típica.

b) Inserção de dados falsos em sistema de informações

Os sistemas informatizados e as bases ou bancos de dados recebem especial importância na sociedade contemporânea, fundamentalmente diante da necessidade de armazenamento de uma complexa rede de informações, que servem para diversas espécies de controles do Estado, e vão desde os registros criminais, as informações fiscais de cidadãos até *os sistemas de controle de estoques nas empresas púbicas, por exemplo. A* figura jurídica veio preservar sistemas informatizados ou bancos de dados da Administração Pública, seja sistema automatizado ou informacional e computadorizado, seja, ainda, sistemas manuais de armazenamento de dados e/ou informações.

Em realidade, o tipo tutela conjuntos de informações armazenadas, coleções de dados ou de informações úteis e relevantes para o Estado. Assim, o funcionário que inserir, colocar ou facilitar, auxiliar, desimpedir a inserção de dados falsos, ou seja, inidôneos, alterar, modificar ou excluir, deletar, eliminar indevidamente dados corretos e com relevância nos sistemas públicos, pode ser responsabilizado. Sublinhe-se que, na forma de facilitação de inserção de dados, o *funcionário público* não realiza a conduta pessoalmente, pois a inserção é feita por outra pessoa, funcionário público ou não. Pensamos como Prado (2014, p. 91), no sentido de que inserir dado falso consiste em alimentar o banco de dados ou outro sistema informatizado com informação não correspondente com a sua real representação fática, ainda que de que forma parcial. Facilitar a inserção consiste em auxiliar outra pessoa – funcionário ou não – para que alimente o sistema com dado falso ou inidôneo. A facilitação pode ocorrer de inúmeras formas, que vão desde o auxílio material na entrega da chave da porta da repartição até o fornecimento do cartão de identidade funcional, do *token* da conta bancária ou da senha de acesso ao *software*.

Em qualquer circunstância, é fundamental que tenha atuado com a finalidade especial de obter um benefício, uma vantagem indevida para si ou para outrem, ou de causar dano ao Erário ou a terceiro. Para a conformação típica, exige-se *dolo específico* e não se admite a forma culposa. Evidente que, como diz Delmanto (2022, p. 1080), para que haja crime, a modificação ou alteração deve ser juridicamente relevante e ter potencialidade lesiva.

c) Modificação ou alteração não autorizada de sistema de informações

O art. 313-B estabelece a figura penal comissiva praticada pelo funcionário público que modifica ou altera o sistema de informações ou programa de informática, sem autorização ou solicitação de autoridade competente. A modificação ou alteração pode ocorrer em um dado concreto objetivo ou no próprio fluxo do conjunto de informações do sistema ou do programa. Entende-se por sistema de informações ou programa de informática o *software* ou o sistema de programas ou conjunto de dados informatizados de qualquer modelo, pertencentes à Administração Pública. O tipo é doloso e não admite forma culposa, exigindo-se um especial elemento normativo, "sem autorização ou solicitação de autoridade competente". Seguimos Bitencourt (2020, p. 77), no sentido de que "a falta de autorização ou solicitação não representa mera irregularidade administrativa, mas constitui a própria ilicitude da conduta, representando um elemento normativo constitutivo negativo do tipo penal". Logo, "a existência de autorização ou solicitação de autoridade competente não só afasta eventual ilicitude da conduta, como também afasta a própria tipicidade".

Considerações finais

Em todas as hipóteses típicas a ação penal é pública incondicionada, sendo que, dos institutos despenalizadores, a transação penal (art. 76 da Lei Federal n. 9.099/95) só tem cabimento no caso do art. 313-B; enquanto a suspensão condicional do processo (art. 89 da Lei Federal n. 9.099/95) é cabível nos casos dos arts. 313 e 313-B. No caso do crime do art. 313-B, as penas são aumentadas de um terço até a metade se da modificação ou alteração resulta dano para a Administração Pública ou para o administrado.

Extravio, sonegação ou inutilização de livro ou documento

Art. 314. Extraviar livro oficial ou qualquer documento, de que tem a guarda em razão do cargo; sonegá-lo ou inutilizá-lo, total ou parcialmente:

Pena – reclusão, de 1 (um) a 4 (quatro) anos, se o fato não constitui crime mais grave.

Bibliografia: BITENCOURT, Cezar Roberto. *Código Penal comentado*. 5. ed. São Paulo: Saraiva, 2009; BITENCOURT, Cezar Roberto. *Tratado de direito penal*. 14. ed. São Paulo: Saraiva, 2020. v. V; COELHO, Yuri Carneiro. *Curso de direito penal didático*. São Paulo: Atlas, 2014; COSTA JÚNIOR, Paulo José da; PAGLIARO, Antonio. *Crimes contra a administração pública*. 2. ed. São Paulo: Malheiros, 1999; DELMANTO, Celso et al. *Código Penal comentado*. 10. ed. São Paulo: Saraiva, 2022; FRAGOSO, Cláudio Heleno. *Lições de direito penal*. 2. ed. São Paulo: José Bushatsky Editor, 1965. v. IV; PRADO, Luiz Regis. *Comentários ao Código Penal*. 10. ed. São Paulo: RT, 2015; PRADO, Luiz Regis. *Curso de direito penal brasileiro*. 13. ed. São Paulo: RT, 2014; PRADO, Luiz Regis. *Comentários ao Código Penal*: jurisprudência, conexões lógicas com os vários ramos do direito. 10. ed. São Paulo: RT, 2015.

Considerações gerais

As condutas típicas do funcionário público estão representadas em extraviar livro oficial ou qualquer documento, de que tem a guarda em razão do cargo, ou sonegá-lo ou inutilizá-lo, total ou parcialmente. A materialidade consiste em *extraviar*, fazer desaparecer, sonegar, ocultar, ignorar a localização, não o apresentando quando obrigado a fazê-lo. De igual modo, *inutilizar*, tornar inútil ou imprestável, *tornar inidôneo*, total ou parcialmente, livro oficial ou *documento*, de que tem a guarda em razão do cargo, na clássica dicção de Fragoso (1965, p. 1084).

Para Prado (2014, p. 100), o núcleo do tipo é representado pelos verbos *supra*, sendo que *extraviar* expressa a ideia de desviar do destino, de desaparecimento; *sonegar* implica conduta omissiva na apresentação do livro ou documento exigido ou solicitado; enquanto *inutilizar* denota ação de tornar determinada coisa imprestável ao fim destinado (delito de conteúdo variado).

É um crime *próprio, instantâneo* e *material*. O *sujeito ativo* é sempre o funcionário público que tem a guarda do livro oficial ou do documento, em razão do cargo. O *sujeito passivo* é o próprio Estado e, eventualmente, um terceiro-particular pode vir a ser prejudicado. O *objeto jurídico* mantém *concepção dualista*; um aspecto moral, que impõe dever funcional de probidade com o Estado, e um aspecto patrimonial, espécie de tutela em favor do patrimônio da Administração Pública. O objeto material é livro oficial ou o documento de natureza pública ou privada.

Considerações nucleares

a) Livro ou documento devolvido posteriormente

Em nossa opinião, a devolução total ou ainda que parcial do livro ou do documento oficial não condiz com as expressões de definitividade previstas no tipo. A devolução não representa o *extravio, a sonegação ou a inutilização*, e, por isso, é caso de atipicidade. Também não há juízo de tipicidade se existe uma *cópia* do livro ou do documento oficial, que permita o conhecimento de seu conteúdo material.

b) Legislação especial – art. 3º, inciso I, da Lei Federal n. 8.137/90

O tipo do art. 314 do CP não pode ser imputado ao funcionário conjuntamente com o tipo previsto no art. 3º, inciso I, da Lei Federal n. 8.137/90, *verbis*: "Constitui crime funcional contra a ordem tributária (...): I – extraviar livro oficial, processo fiscal ou qualquer documento, de que tenha a guarda em razão da função; sonegá-lo, ou inutilizá-lo, total ou parcialmente, acarretando pagamento indevido ou inexato de tributo ou contribuição social (...)".

A imputação dúplice acarreta visível *bis in idem*, pois a primeira parte dos tipos pode ensejar condutas similares. Contudo, o art. 3º, inciso I, da legislação especial impõe característica particular em sua finalidade objetiva ("acarretando pagamento indevido ou inexato de tributo ou contribuição social"), o que diferencia o juízo de subsunção.

Considerações finais

A ação penal é pública incondicionada, sendo que dos institutos despenalizadores só tem cabimento a *suspensão condicional do processo* (art. 89 da Lei Federal n. 9.099/95). A pena privativa de liberdade poderá ser substituída por restritivas de direitos.

Emprego irregular de verbas ou rendas públicas

Art. 315. Dar às verbas ou rendas públicas aplicação diversa da estabelecida em lei:

Pena – detenção, de 1 (um) a 3 (três) meses, ou multa.

Bibliografia: BITENCOURT, Cezar Roberto. *Tratado de direito penal*. 14. ed. São Paulo: Saraiva, 2020. v. V; COELHO, Yuri Carneiro. *Curso de direito penal didático*. 2. ed. São Paulo: Atlas, 2015; COSTA JÚNIOR, Paulo José da; PAGLIARO, Antonio. *Crimes contra a administração pública*. 2. ed. São Paulo: Malheiros, 1999; DELMANTO, Celso et al. *Código Penal comentado*. 10. ed. São Paulo: Saraiva, 2022; FRAGOSO, Cláudio Heleno. *Lições de direito penal*. 2. ed. São Paulo: José Bushatsky Editor, 1965. v. IV; LÓPEZ GASTÓN, Rodrigo D. *Reacciones penales innecesarias en un modelo de derecho penal mínimo*. Buenos Aires: B. de F., 2015; PRADO, Luiz Regis. *Comentários ao Código Penal*. 10. ed. São Paulo: RT, 2015; PRADO, Luiz Regis. *Curso de direito penal brasileiro*. 13. ed. São Paulo: RT, 2014; PRADO, Luiz Regis. *Comentários ao Código Penal*: jurisprudência, conexões lógicas com os vários ramos do direito. 10. ed. São Paulo: RT, 2015.

Considerações gerais

O tipo legal de crime está representado na conduta do funcionário público de dar às verbas ou rendas públicas aplicação diversa da estabelecida em lei. É, pois, norma penal em branco, que depende do complemento estabelecido "em lei". Exige-se previsão em lei orçamentária. O tipo tutela a regularidade da Administração Pública, o bom funcionamento da atividade estatal e a firme obediência aos princípios administrativos. Em resumo, o correto exercício da atividade pública (art. 37 da CF e art. 4º da Lei Federal n. 8.429/92, na posição de PRADO, 2015, p. 1064).

É um crime *próprio, instantâneo, formal, unissubjetivo* e *plurissubsistente*. O *sujeito ativo* é o funcionário público ordenador da despesa – dinheiro, representado por verbas ou rendas –, que tem o poder de dar outra finalidade daquela prevista na legislação. O *sujeito passivo* é o próprio Estado. O crime se consuma com *dolo* e não é admitida a modalidade *culposa* (BITENCOURT, 2020, p. 94).

Considerações nucleares

a) Ausência de atuação em proveito próprio ou alheio e as dificuldades econômico-financeiras da Administração Pública

O tipo não exige para a sua consumação uma atuação do funcionário público em benefício próprio ou de terceiro, em detrimento da Administração Pública, o que representaria outra figura penal, o *peculato-desvio* (art. 312 do CP). Todavia, é relevante sublinhar, é fato notório que o funcionário público ordenador de despesas invariavelmente enfrenta muitas dificuldades econômico-financeiras na administração dos recursos estatais. Assim, o mero emprego irregular de verbas ou rendas públicas, sem que haja proveito próprio do agente público ou de outrem, não pode ser avaliado genericamente, presumindo-se a existência de tipicidade pelo próprio descumprimento da lei.

Existem casos em que o funcionário, premido pelas dificuldades da Administração, destina às verbas ou rendas públicas finalidade diversa, em razão de circunstâncias muito determinadas, situação que, em seu juízo de valoração, seria mais adequada. Há, evidentemente, um descumprimento da lei orçamentária, mas que, em nossa opinião, ante as circunstâncias fáticas, pode representar uma atuação em excludente da ilicitude ou da culpabilidade, a depender da hipótese. O fato é que o art. 315 do CP não abarca meras irregularidades administrativas.

b) Destinação diversa da "estabelecida em lei"

O crime *exige* aplicação diversa dos dinheiros daquela que previamente foi "estabelecida em lei". Registre-se: orçamento aprovado por lei. Aqui, não é admitida qualquer espécie de interpretação analógica ou extensiva do elemento normativo do tipo. Lei não é decreto e não se confunde com regulamentos, portarias, resoluções ou qualquer outro ato administrativo. De igual modo, o tipo não permite a subsunção de condutas que não versem sobre verbas ou rendas públicas, sendo atípica, por exemplo, a conduta de nomear servidor público contra expressa disposição legal, porque vedada a acumulação remunerada.

c) Dolo específico

Respeitando a posição doutrinária majoritária (por todos, BITENCOURT, 2020, p. 94-95), sustentamos que o tipo penal só se consuma com a presença de *dolo específico*. Entendemos que a admissão de mero dolo genérico, ou seja, a aplicação diversa de verbas e rendas públicas, sem motivação especial, representa mera irregularidade, que interessa somente ao direito administrativo.

Aliás, os parâmetros de pena impostos pelo legislador no próprio tipo bem demonstram que a intervenção penal, quiçá, num modelo de direito penal minimalista, não é necessária (o modelo é proposto por muitos, v. LÓPEZ GASTÓN, 2015, p. 131 e s.). Em nosso sentir, a resposta para a violação da norma pode ser encontrada no direito administrativo sancionador.

Considerações finais

O tipo é considerado uma *infração de menor potencial ofensivo*, pois apenado com detenção, de 1 (um) a 3 (três) meses, *ou* multa, sendo dos Juizados Especiais Criminais a competência para processo e julgamento. A ação penal é pública incondicionada. É permitida a *transação penal* e a *suspensão condicional do processo* (arts. 76 e 89 da Lei Federal n. 9.099/95).

Em determinadas hipóteses poderá incidir a causa de aumento de pena, prevista no art. 327, § 2º, do CP: "A pena será aumentada da terça parte quando os autores dos crimes previstos neste Capítulo forem ocupantes de cargos em comissão ou de função de direção ou assessoramento de órgão da administração direta, sociedade de economia mista, empresa pública ou fundação instituída pelo poder público".

Concussão

Art. 316. Exigir, para si ou para outrem, direta ou indiretamente, ainda que fora da função ou antes de assumi-la, mas em razão dela, vantagem indevida:

Pena – reclusão, de 2 (dois) a 12 (doze) anos, e multa.

Excesso de exação

§ 1º Se o funcionário exige tributo ou contribuição social que sabe ou deveria saber indevido, ou, quando devido, emprega na cobrança meio vexatório ou gravoso, que a lei não autoriza:

Pena – reclusão, de 3 (três) a 8 (oito) anos, e multa.

§ 2º Se o funcionário desvia, em proveito próprio ou de outrem, o que recebeu indevidamente para recolher aos cofres públicos:

Pena – reclusão, de 2 (dois) a 12 (doze) anos, e multa.

Bibliografia: BITENCOURT, Cezar Roberto. *Tratado de direito penal*. 14. ed. São Paulo: Saraiva, 2020. v. V; DELMANTO, Celso et al. *Código Penal comentado*. 10. ed. São Paulo: Saraiva, 2022; HUNGRIA, Nélson. *Comentários ao Código Penal*. 2. ed. Rio de Janeiro: Forense, 1959. v. IX; MUÑOZ CONDE, Francisco. *Derecho penal: parte especial*. 19. ed. Valencia: Tirant lo Blanch, 2013; PRADO, Luiz Regis. *Comentários ao Código Penal:* jurisprudência, conexões lógicas com os vários ramos do direito. 10. ed. São Paulo: RT, 2015; PRADO, Luiz Regis. *Curso de direito penal brasileiro*. 7. ed. São Paulo: RT, 2008; PONTES, Ribeiro. *Código Penal comentado*. 11. ed. Rio de Janeiro: Freitas Bastos, 2000; SILVA FRANCO, Alberto; STOCO, Rui. *Código Penal e sua interpretação jurisprudencial*. 7. ed. São Paulo: RT, 2000. v. II; SOLER, Sebastián. *Derecho penal argentino*. 4. ed. Buenos Aires: Tea, 1987. v. V; SOUZA, Luciano Anderson. *Crimes contra a Administração Pública*. 2. ed. São Paulo: RT, 2019; WUNDERLICH, Alexandre. Crimes contra a administração pública. In: REALE JÚNIOR, Miguel (Coord.). *Direito penal:* jurisprudência em debate. Rio de Janeiro: GZ, 2012. v. IV.

Considerações gerais

O tipo legal de crime é representado pela conduta do funcionário público de *exigir*, para si ou para outrem, direta ou indiretamente, ainda que fora da função ou antes de assumi-la, mas em razão dela, uma vantagem indevida – elementar normativa do tipo. Com acerto, a doutrina e a jurisprudência atestam que o crime se consuma com a realização da *exigência*, independentemente da obtenção da vantagem. É crime de mera conduta, praticado em ato próprio do cargo. Para a configuração da hipótese legal, não serve a mera *solicitação* ou *pedido*, pois a ameaça ou a coação da *exigência* feita pelo funcionário integra o tipo.

Por isso, é certo dizer que o tipo é uma espécie de extorsão praticada por agente estatal. É o que ensinou Hungria (1959, p. 358-361), para o qual a concussão "é uma espécie de extorsão praticada pelo funcionário público (com abuso de autoridade) contra o particular, que cede ou virá a ceder *metus publicae potestatis*". O verbo nuclear *exigir* significa "impor como obrigação ou reclamar imperiosamente". "A exigência pode ser formulada diretamente, a *viso aperto* ou *facie ad faciem*, sob a ameaça explícita ou implícita de represálias (imediatas ou futuras), ou indiretamente, servindo-se o agente de interposta pessoa, ou de velada pressão, ou fazendo supor, com maliciosas ou falsas interpretações, ou capciosas sugestões, a legitimidade da exigência. Não se faz mister a promessa de infligir um mal determinado: basta o temor genérico que a autoridade inspira. (...) O que se faz indispensável é que a exigência se formule em razão da função. Cumpre que o agente proceda, franca ou tacitamente, em função de autoridade, invocando ou insinuando a sua qualidade". Para Bitencourt (2020, p. 99), "é indispensável que a exigência, implícita ou explícita, seja motivada pela função que o agente exerce ou exercerá". E, para Prado (2008, p. 505), "o núcleo do tipo está expresso pelo verbo exigir, que denota a ação de impor como obrigação, reclamar de forma imperiosa, intimar etc. A exigência a que se refere a norma incriminadora deve gravitar em razão da função que o agente exerce".

É pacífico que a entrega da vantagem indevida é mero exaurimento do delito. É um crime *próprio, instantâneo, formal, unissubjetivo* e *plurissubsistente* (BITENCOURT, 2020, p. 110). O *sujeito ativo* é o funcionário público. O *sujeito passivo* é o próprio Estado. O tipo tutela a regularidade da Administração Pública, o bom funcionamento da atividade estatal, a firme obediência aos princípios administrativos, e também protege o interesse patrimonial e a liberdade individual dos cidadãos coagidos. O crime se consuma com *dolo*, atuação livre do funcionário na exigência, para si ou para outrem, de vantagem relacionada ao poder de coação que o cargo público exercido lhe confere. Não é admitida a modalidade *culposa*.

O crime de excesso de exação é uma modalidade especial da concussão, configurando-se quando a *exigência* do funcionário público for relativa a *tributo* ou à *contribuição social* indevida, ou, quando devida, o agente empregar na cobrança meio vexatório ou gravoso não autorizado legalmente. De igual modo, também há crime se o funcionário *desvia*, em proveito próprio ou de outrem, o que recebeu indevidamente para recolher aos cofres públicos.

Considerações nucleares

a) A *exigência* como ideia-força que gravita em torno do tipo

Indiscutivelmente, a ideia central do crime é focalizada na exigência, na ameaça ou coação imposta pelo agente público ao particular. A exigência da vantagem deve ser explícita, mas, eventualmente, pode restar consumada de forma velada, quando o funcionário público usa de meias palavras para o seu desiderato criminoso. Os exemplos são os mais variados, infelizmente. O Delegado de Polícia que diz "me ajuda para eu conseguir te ajudar", o policial rodoviário que exige o "pagamento de multa no ato" para liberar a entrada de veículo estrangeiro no País, ou o agente penitenciário que cobra valores, ameaçando não dar cumprimento a benefício previsto em lei.

b) A perda do cargo exige motivação judicial

Não são automáticos os efeitos extrapenais da condenação (art. 92 do CP[303]). Temos opinião publicada anteriormente, no sentido de que a perda do cargo para os condenados por crime funcional à pena privativa de liberdade superior a um ano não é obrigatória, somente devendo ser aplicada com a devida fundamentação. É sanção de indiscutível severidade para o servidor público, que não representa efeito automático do decisório condenatório. E, em nosso sentir, o Juiz não pode aplicar tal pena *ex officio* (WUNDERLICH, 2012, p. 32-33). A condenação criminal produz efeitos inexoráveis e irreparáveis na pessoa do condenado, devendo o julgador fundamentar, de forma precisa e objetiva, a sentença, esclarecendo todos os seus efeitos. Como preconiza Delmanto (2022, p. 402), "para terem, realmente, os efeitos assinalados, é imprescindível que a sentença os declare expressamente, dando os motivos pelos quais a condenação terá as consequências específicas do art. 92, I a III".

c) Aposentadoria impede a decretação da perda do cargo

Em que pese a existência de posicionamento divergente, pensamos que não é possível a perda da aposentadoria em razão de sentença penal condenatória posterior, pois entendemos que a hipótese não está abrangida pelo disposto no art. 92 do CP. É certo que a condenação criminal somente afeta o *ocupante efetivo de cargo, emprego, função ou mandato eletivo*. Uma vez que o acusado está devidamente aposentado no momento da sentença penal condenatória e, consequentemente, fora do exercício de seu cargo, o ato jurídico é perfeito, acarretando uma situação jurídica definitiva[304]. Se o Estado não agiu no tempo oportuno, em nosso juízo, perfectibilizou-se o *ato jurídico perfeito*.

---

[303] "Art. 92. São também efeitos da condenação: I – a perda de cargo, função pública ou mandato eletivo: *a)* quando aplicada pena privativa de liberdade por tempo igual ou superior a um ano, nos crimes praticados com abuso de poder ou violação de dever para com a Administração Pública; *b)* quando for aplicada pena privativa de liberdade por tempo superior a 4 (quatro) anos nos demais casos. (...) Parágrafo único. Os efeitos de que trata este artigo não são automáticos, devendo ser motivadamente declarados na sentença".

[304] Na esfera administrativa existem disposições específicas, como, por exemplo, no Estatuto dos Servidores Públicos Federais – Lei Federal n. 8.112/90: "Art. 127. São penalidades disciplinares: (...) IV – cassação de aposentadoria e disponibilidade; (...) Art. 134. Será cassada a aposentadoria ou a disponibilidade do inativo que houver praticado, na atividade, falta punível com a demissão".

Considerações finais

Em todas as hipóteses legais a ação penal é pública incondicionada, e não são admitidas a *transação penal* e a *suspensão condicional do processo* (arts. 76 e 89 da Lei Federal n. 9.099/95). Em alguns casos, a ameaça pode configurar o tipo de *abuso de autoridade* (art. 4º, *f*, da Lei Federal n. 4.898/65) e a cobrança de dívida com ameaça, coação ou constrangimento pode consubstanciar *crime contra as relações de consumo* (art. 71 da Lei Federal n. 8.078/90)[305].

A Lei Federal n. 13.964/2019 elevou a pena do tipo legal de concussão, que passou a ter teto máximo de 12 (doze) anos. O aumento da sanção veio no contexto punitivista do denominado Pacote Anticrime, que trouxe inovações no âmbito da legislação penal, processual penal e execução da pena.

Por último, o funcionário público tem aumentada a pena quando for ocupante de cargo em comissão ou de função de direção ou assessoramento de órgão da administração direta, sociedade de economia mista, empresa pública ou fundação instituída pelo poder público, nos termos do art. 327, § 2º, do CP.

Corrupção passiva

Art. 317. Solicitar ou receber, para si ou para outrem, direta ou indiretamente, ainda que fora da função ou antes de assumi-la, mas em razão dela, vantagem indevida, ou aceitar promessa de tal vantagem:

Pena – reclusão, de 2 (dois) a 12 (doze) anos, e multa.

§ 1º A pena é aumentada de um terço, se, em consequência da vantagem ou promessa, o funcionário retarda ou deixa de praticar qualquer ato de ofício ou o pratica infringindo dever funcional.

§ 2º Se o funcionário pratica, deixa de praticar ou retarda ato de ofício, com infração de dever funcional, cedendo a pedido ou influência de outrem:

Pena – detenção, de 3 (três) meses a 1 (um) ano, ou multa.

Bibliografia: ALMEIDA, Fernando Henrique Mendes. *Dos crimes contra a administração pública*. São Paulo: Saraiva, 1955; ARAUJO, Marcelo Azambuja. *Investigações empresariais*. São Paulo: LiberArs, 2019; BALTAZAR JÚNIOR, José Paulo. *Crimes federais*. 9. ed. São Paulo: Saraiva, 2014; BENLLOCH PETIT, Guillermo. Delitos contra la

---

[305] Art. 4º, *f*, da Lei Federal n. 4.898/65: "Constitui também abuso de autoridade: (...) f) cobrar o carcereiro ou agente de autoridade policial carceragem, custas, emolumentos ou qualquer outra despesa, desde que a cobrança não tenha apoio em lei, quer quanto à espécie quer quanto ao seu valor; (...)". Art. 71 da Lei Federal n. 8.078/90: "Utilizar, na cobrança de dívidas, de ameaça, coação, constrangimento físico ou moral, afirmações falsas incorretas ou enganosas ou de qualquer outro procedimento que exponha o consumidor, injustificadamente, a ridículo ou interfira com seu trabalho, descanso ou lazer".

Administración de Justicia. In: SILVA SÁNCHEZ, Jesús-María (Dir.) e RAGUÉS I VALLÈS, Ramon (Coord.). *Lecciones de derecho penal:* parte especial. 3. ed. Barcelona: Atelier Libros Jurídicos, 2011; BITENCOURT, Cezar Roberto. *Código Penal comentado.* 5. ed. São Paulo: Saraiva, 2009; BITENCOURT, Cezar Roberto. *Tratado de direito penal.* 14. ed. São Paulo: Saraiva, 2020. v. V; COELHO, Yuri Carneiro. *Curso de direito penal didático.* 2. ed. São Paulo: Atlas, 2015; COSTA JÚNIOR, Paulo José da; PAGLIARO, Antonio. *Crimes contra a administração pública.* 2. ed. São Paulo: Malheiros, 1999; CUELLO CALÓN, Eugenio. *Derecho penal:* conforme el Código Penal, texto refundido de 1944. Barcelona: Bosch, 1949. t. II; DELMANTO, Celso et al. *Código Penal comentado.* 10. ed. São Paulo: Saraiva, 2022; FRAGOSO, Heleno Cláudio. *Lições de direito penal.* 2. ed. São Paulo: José Bushatsky Editor, 1965. v. IV; GARCÍA CAVERO, Percy. *Criminal compliance.* Lima: Palestra, 2014; GARCÍA CAVERO, Percy. *Derecho penal económico*: parte general. Lima: Ara Editores, 2003; HUNGRIA, Nélson. *Comentários ao Código Penal.* 2. ed. Rio de Janeiro: Forense, 1959. v. IX; MUÑOZ CONDE, Francisco. *Derecho penal*: parte especial. 19. ed. Valencia: Tirant lo Blanch, 2013; NORONHA, Edgard Magalhães. *Direito penal.* 12. ed. São Paulo: Saraiva, 1980. v. IV; PÉREZ CEPEDA, Ana Isabel; BENITO SÁNCHEZ, Carmen Demelsa. La política criminal internacional contra la corrupción. *Revista Brasileira de Ciências Criminais*, São Paulo, mar./abr. 2011; PRADO, Luiz Regis. *Comentários ao Código Penal.* 10. ed. São Paulo: RT, 2015; PRADO, Luiz Regis. *Curso de direito penal brasileiro.* 13. ed. São Paulo: RT, 2014; RIBEIRO PONTES. *Código Penal comentado.* 11. ed. Rio de Janeiro: Freitas Bastos, 2000; SARAIVA, Renata. *Criminal compliance como instrumento de tutela ambiental*: a propósito da responsabilidade penal de empresas. São Paulo: LiberArs, 2018; SIEBER, Ulrich. Programas de compliance en el derecho penal de la empresa. Una nueva concepción para controlar la criminalidad económica. In: ARROYO ZAPATERO, Luis; TIEDEMANN, Klaus; NIETO MARTÍN, Adán (Coord.). *El derecho penal económico en la era del compliance.* Valencia: Tirant lo Blanch, 2013; SOLER, Sebastian. *Derecho penal argentino.* 4. ed. Buenos Aires: Tea, 1987. v. V; URBINA GIMENO, Íñigo Ortiz de. Delitos contra la administración pública. In: SILVA SÁNCHEZ, Jesús-María (Dir.); RAGUÉS I VALLÈS, Ramon (Coord.). *Lecciones de derecho penal:* parte especial. 3. ed. Barcelona: Atelier Libros Jurídicos, 2011; WUNDERLICH, Alexandre. Crimes contra a administração pública. In: REALE JÚNIOR, Miguel (Coord.). *Direito penal:* jurisprudência em debate. Rio de Janeiro: GZ, 2012. v. IV.

Considerações gerais

Corrupção[306] passiva significa a solicitação ou o recebimento, por parte do funcionário público, para si ou para outrem, ainda que indiretamente e fora de sua

---

[306] A *corrupção* não é um problema ético-jurídico local, dependendo de políticas criminais internacionais. Sobre o tema, Pérez Cepeda e Benito Sánchez (2011, p. 61): "En suma, es necesario conseguir un progreso enérgico para hacer frente a la corrupción de Estado y económica a através de la internacionalización de medidas preventivas y represivas desde la armonización legislativa penal de los países, debiendo estar presididas estas últimas, por criterios de subsidiariedad y proporcionalidad frente a cualquier generalización indiscriminada de tipificación de conductas".

função ou antes de assumi-la, mas logicamente que em razão dela, de vantagem indevida ou, ainda, a aceitação de promessa de tal vantagem. Corrupção não se confunde com prevaricação, pois não é uma espécie de *autocorrupção própria*. Segundo Hungria (1959, p. 367), corrupção "é a venalidade em torno da função pública", representada pela "simples solicitação da vantagem indevida, mesmo que não fosse intenção do *intraneus* praticar a ação ou abstenção de que se cogite".

Fragoso (1965, p. 1100) explicou que "constitui corrupção passiva, essencialmente, um tráfico de autoridade, no qual o funcionário vende ou procura vender um ato de ofício. Objeto da tutela jurídica é a administração pública, no sentido amplo em que esta expressão é empregada pela lei penal, visando-se preservar a probidade no exercício da função". É, em apertado resumo, a mercancia da função pública, prescindindo-se de demonstração de um ato específico da função, dentro daquelas possíveis de realização pelo agente.

De modo geral, a doutrina trata o *bem jurídico* tutelado como a própria Administração Pública, especialmente em sua probidade. Para Bitencourt (2009, p. 1022 e 2020, p. 113), o bem protegido é "a Administração Pública, especialmente sua moralidade e probidade administrativa. Protege-se, na verdade, a probidade da função pública, sua respeitabilidade, bem como a integridade de seus funcionários". Segundo Prado (2014, p. 529), "a tutela no tipo penal em exame tem por escopo proteger o interesse atinente ao normal funcionamento, transparência e prestígio da Administração Pública, com especial atenção à obediência ao dever de probidade (...). É interessante frisar que a corrupção representa uma agressão ao próprio funcionamento do Estado de Direito democrático. Atinge tanto o prestígio da Administração Pública ante os administrados como o dever da Administração de servir com objetividade aos interesses gerais, segundo exigência da Constituição Federal, que destaca a probidade e a impessoalidade como dever de todos aqueles que exercem funções públicas, além da eficiência inerente à prestação do serviço público".

Em trabalho anterior, defendemos (2012, p. 36-37) a antiga lição de Ribeiro Pontes (2000, p. 520) sobre a estrutura jurídica do crime, que persiste até os dias de hoje. Reduzindo a questão ao essencial, são os elementos estruturantes da corrupção passiva: (a) a qualidade da pessoa, isto é, que o agente seja funcionário público; (b) o proveito dado ou prometido; (c) a prática ou abstenção de um ato de ofício. A consumação do crime se efetiva com o recebimento da vantagem indevida.

É crime *próprio*, *formal* e *instantâneo*, configurado somente na forma *dolosa*. Não é imprescindível para a subsunção do fato à norma a realização ou a omissão de ato de ofício, bastando a solicitação, recebimento ou aceitação da promessa de vantagem indevida. O *sujeito ativo* detém uma qualidade especial de funcionário público. Evidentemente, o *sujeito passivo* primário é o Estado-Administração, e o delito também pode recair contra um determinado cidadão-particular ofendido.

Considerações nucleares

a) Crime de concurso necessário

Entendemos que a corrupção passiva é crime bilateral ou de concurso necessário, na linha do que defendia Hungria (1959, p. 367). O crime é de concurso necessário, pois é exigido o acordo ou o encontro de vontades, um vínculo subjetivo conhecido como liame psicológico entre os agentes – o corrompido e o corruptor[307]. A corrupção passiva depende da corrupção ativa. O fato é que nas múltiplas formas do crime – *dar, receber, prometer* e *aceitar promessa* –, os tipos penais da corrupção ativa e passiva são interdependentes, ainda que o legislador tenha definido as duas condutas típicas em figuras autônomas (a corrupção do funcionário público é a corrupção passiva – art. 317 – e a conduta do particular é a corrupção ativa – art. 333, ambas do CP).

b) Tipo doloso e vantagem recebida em proveito do próprio ente estatal

O crime se consuma com dolo genérico, que é "representado pela vontade voltada a qualquer das modalidades de ação que configuram a materialidade do crime" (HUNGRIA, 1959, p. 367). "O tipo subjetivo é representado pelo dolo, que é constituído pela vontade consciente de solicitar, receber ou aceitar, direta ou indiretamente, vantagem indevida do sujeito passivo da infração penal" (PAGLIARO; COSTA JÚNIOR, 1999, p. 121).

Este elemento subjetivo especial do tipo é representado pela finalidade da ação, que visa vantagem indevida, para si ou para outrem, como assevera Bitencourt (2015, p. 91), devendo restar sobejamente provado no conjunto fático-probatório.

Se, contudo, o recebimento não representar uma vantagem indevida, para si ou para outrem, mas para o próprio bem comum do Estado, é afastado o dolo. Pensamos que a vantagem que não é recebida em proveito do funcionário público

---

[307] Tanto é verdade que, quando se trata de *vantagem devida*, como na hipótese de *reembolso de despesas indenizáveis*, por exemplo, no caso do Oficial de Justiça que recebe valor a fim de ressarcir despesa atinente ao seu ofício, afasta-se o *dolo*: "nessa hipótese, nem se pode falar em 'vantagem', muito menos em 'vantagem indevida', na medida em que reembolsar despesas realizadas jamais representará vantagem, e sem a presença dessa elementar normativa não se pode falar em corrupção, ativa ou passiva; ademais, o reembolso, além de não configurar vantagem, é devido, mesmo que o procedimento adotado possa, eventualmente, ser equivocado, podendo, no máximo, caracterizar simples irregularidade administrativa, sem qualquer conotação penal" (BITENCOURT, 2009, p. 1026 e 2020, p. 122). Importante jurisprudência sobre o assunto "pagamentos" a Oficiais de Justiça, com fito de reembolso de despesas para deslocamento em cumprimento de mandados de buscas e apreensões, em caso que envolvia mais de duas centenas de ações penais correlatas no Estado do Rio Grande do Sul: TJRS, 2º Grupo Criminal, Embargos Infringentes n. 70014370860, unânime, rel. Desembargador Newton Brasil de Leão, j. 14-7-2006.

ou de outra pessoa física ou de direito privado, mas recebida para ser aplicada, em circunstâncias atípicas e/ou emergenciais, no próprio serviço público e na boa prestação desta atividade estatal, não configura o delito de corrupção passiva, por ausência de elemento subjetivo do tipo, podendo residualmente ser considerada uma infração administrativa.

c) Solicitação ou recebimento por interposta pessoa

Tanto a solicitação da vantagem quanto o seu recebimento podem ser atos praticados por interposta pessoa. Não é necessário um pedido ou um recebimento pessoal, e sim que o funcionário público tenha plena ciência do pleito ou do recebimento. Adotamos a posição de Cuello Calón, que afirmava que "son elementos de este delito: que el funcionario, o la persona que desempeña la función pública, solicite o reciba, por si o persona intermedia, dádiva o presente, o acepte ofrecimientos o promesas. No es menester que se soliciten o acepten por si, personalmente, las dádivas, presentes u ofrecimientos, puede hacerse por persona intermédia, mas en este caso es condición precisa que el funcionario haya conocido y aceptado el pacto, que haya intervenido como parte y aceptado las dádivas u ofrecimientos hechos por conducta de outro. Hay delito tanto cuando el funcionario es solicitado por el corruptor, como cuando es el funcionario quien solicita la dádiva mediante la ejecución del acto delictivo" (1949, p. 190).

d) Ato de ofício em razão da função

Para a caracterização do crime de corrupção passiva é indispensável que o agente público receba vantagem indevida pela prática (ou promessa) de um ato de ofício *específico*. O ato de ofício deve ser detalhado ou particularizado, não podendo ser um ato qualquer, um ato em tese, um ato abstrato ou genérico. Para a configuração do tipo é necessário que o ato de ofício, em torno do qual é praticada a conduta incriminada, seja inerente à função exercida pelo funcionário público.

Não concordamos com o entendimento que, em contraposição, assegura que o ato não precisa ser da competência funcional do agente, bastando que tenha sido praticado em razão da função que ocupa. No ponto, seguimos Hungria (1959, p. 371), na defesa de que o ato "deve ser da competência do *intraneus*, isto é, deve estar compreendido nas suas específicas atribuições funcionais". E, ainda, Soler (1987, p. 210), segundo o qual, "para que exista cohecho, es preciso que éste corresponda a un acto relativo a las funciones: acto de la competencia funcional y territorial, esto es, regularmente posible o debido de parte del funcionario". Ribeiro Pontes (2000, p. 520) ensinou que "o ato para cuja prática ou abstenção o funcionário público recebeu, solicitou ou aceitou vantagem indevida ou promessa de tal vantagem, deve ser de sua competência, deve ser enquadrado em suas atribuições". Em nosso sentir, para subsunção do tipo legal de crime de corrupção passiva, é imprescindível que o ato de corrupção esteja relacionado às atribuições funcionais do cargo ocupado pelo agente público.

e) Vantagem não necessita ser pecuniária

A caracterização do crime prescinde de que a vantagem indevida seja de natureza material, necessitando que esteja relacionada a um ato próprio do ofício do funcionário corrompido. Bitencourt (2020, p. 79-80) está certo ao lecionar que o objeto é a vantagem, que pode ser de cunho patrimonial ou não, desde que ilícita ou indevida, e solicitada, recebida ou aceita, em razão da função pública do agente. "Como a lei preferiu não defini-la como vantagem patrimonial, basta que seja suficiente para corromper o funcionário venal, que pode ser não econômica, e que, nem por isso, deixe de ser vantagem indevida, isto é, ilícita. Enfim, para caracterizar vantagem indevida é necessário que a ação traduza 'comércio' da função, isto é, deve existir mercancia da função pública".

Na mesma trilha, Prado (2014, p. 213) aponta que a vantagem indevida "é todo benefício ou proveito contrário ao Direito, direcionado, no caso, ao agente ou a terceira pessoa, constituindo, portanto, elemento normativo jurídico do tipo de injusto (...) Embora para alguns a vantagem deva ser de natureza patrimonial, acolhe-se aqui o entendimento de que sua acepção deva ser entendida em sentido amplo, já que o funcionário pode se corromper traficando com a função, sem que a retribuição almejada tenha necessariamente valor econômico". É evidente, pois, como atestava Soler (1987, p. 213), que "las pequeñas atenciones al funcionario, que no envuelven acuerdo alguno y que por sus características no van más allá de una urbanidad o cortesía no están comprendidas"[308].

f) *Criminal compliance* e a Lei Anticorrupção

Ainda que de forma colateral ao tema ora tratado, importa referir a tentativa de controle da criminalidade contra a Administração Pública, a partir da imposição de mecanismos de prevenção, fiscalização, controle e imposição de sanções administrativas, trazidos pela Lei Federal n. 12.846/2013. A legislação responsabiliza as empresas que praticam atos lesivos à administração nacional ou estrangeira, nos âmbitos civil e administrativo. Também cumpre destacar a motivação para que as empresas implementem programas de conformidade, que foram tratados no art. 7º, inciso VIII, da Lei Anticorrupção, como causa legal de diminuição de sanção administrativa.

É inegável que o *compliance* surge da necessidade de controlar os *riscos* gerados pelas atividades empresariais. Estar em *compliance* é fazer cumprir as normativas impostas às atividades empresariais, dos setores público e privado. É ter ciência das regras organizacionais de governança, é cumprir rigorosamente os procedimentos internos e adotar determinados padrões de conduta que estão pautados na ética

---

[308] Sobre a nossa posição favorável à aplicação do princípio da insignificância nos crimes contra a Administração Pública, ver comentário ao art. 312 do CP, "*f. Peculato e insignificância penal*".

corporativa. *Compliance* é, em jeito de síntese, o cumprimento de deveres normativos como prevenção de riscos puníveis.

É crescente o número de condutas impostas às empresas, advindas dos chamados programas de cumprimento corporativos, que podem ser entendidos como um reflexo da atual cultura empresarial. Tais programas de integridade de normas e de condutas são impostos às empresas e buscam reduzir riscos e danos, com a consequente minimização das responsabilidades das pessoas físicas e jurídicas.

Por sua vez, *criminal compliance* é o mecanismo de sistema de cumprimento normativo de caráter penal, que congloba um conjunto de medidas que as pessoas jurídicas podem/devem adotar, na identificação de riscos de infração legal (*risk assessment*), delimitando-os, reduzindo-os ou eliminando-os (*risk management*), como ensina García Cavero (2003, p. 228-229 e 2014, p. 30).

Nesse cenário, o *criminal compliance* pode ser tratado como instrumento de prevenção, como sistema de controle de evitação de ilegalidades, sobretudo no campo da corrupção pública. Sieber (2013, p. 96) leciona que o conteúdo do programa está diretamente relacionado à prevenção de criminalidade nas empresas, emparelhando obrigações e a regulação de responsabilidades dos diretores e administradores com determinados valores éticos, o que é muitíssimo salutar.

Considerações finais

O tipo penal impõe ação penal pública incondicionada, não sendo aplicáveis os institutos despenalizadores trazidos pela Lei Federal n. 9.099/95. Exceto na hipótese do § 2º (funcionário pratica, deixa de praticar ou retarda ato de ofício, com infração de dever funcional, cedendo a pedido ou influência de outrem), que é *infração de menor potencial ofensivo*, a ser tratada no âmbito do procedimento sumaríssimo dos Juizados Especiais Criminais.

Há, também, a causa de aumento de pena prevista no art. 327, § 1º, do CP, quando a pena deve ser aumentada de um terço, se, em consequência da vantagem ou promessa, o funcionário retarda ou deixa de praticar qualquer ato de ofício ou o pratica infringindo dever funcional. De igual modo, há o aumento de pena da terça parte, que está previsto no § 2º, quando os autores dos crimes forem ocupantes de cargos em comissão ou de função de direção ou assessoramento de órgão da administração direta, sociedade de economia mista, empresa pública ou fundação instituída pelo poder público.

Facilitação de contrabando ou descaminho

Art. 318. Facilitar, com infração de dever funcional, a prática de contrabando ou descaminho (art. 334):

Pena – reclusão, de 3 (três) a 8 (oito) anos, e multa.

Bibliografia: ALMEIDA, Fernando Henrique Mendes. *Dos crimes contra a administração pública*. São Paulo: Saraiva, 1955; BALTAZAR JUNIOR, José Paulo, *Crimes federais*. 9. ed. São Paulo: Saraiva, 2014; BITENCOURT, Cezar Roberto, *Tratado de direito penal*. 9. ed. São Paulo: Saraiva, 2015. v. IV; COSTA JÚNIOR, Paulo José da; PAGLIARO, Antonio. *Crimes contra a administração pública*. 2. ed. São Paulo: Malheiros, 1999; HUNGRIA, Nélson. *Comentários ao Código Penal*. 2. ed. Rio de Janeiro: Forense, 1959. v. IX; DELMANTO, Celso et al. *Código Penal comentado*. 10. ed. São Paulo: Saraiva, 2022; FRAGOSO, Cláudio Heleno. *Lições de direito penal*. 2. ed. São Paulo: José Bushatsky Editor, 1965. v. IV; GRECO, Rogério. *Código Penal comentado*. Niterói: Impetus, 2008; PRADO, Luiz Regis. *Curso de direito penal brasileiro*. 13. ed. São Paulo: RT, 2014; PRADO, Luiz Regis. *Comentários ao Código Penal:* jurisprudência, conexões lógicas com os vários ramos do direito. 10. ed. São Paulo: RT, 2015.

Considerações gerais

A figura típica é representada pela conduta do funcionário público em *facilitar*, *auxiliar*, *coadjuvar*, com infração de seu dever funcional, a prática dos crimes de contrabando ou descaminho[309] previstos no art. 334 do Código Penal. O tipo busca a tutela das atividades de fiscalização pública nos processos de entrada e saída de mercadorias do País, responsabilizando de forma autônoma o agente público com atribuições aduaneiras e fazendárias.

Na classificação de Bitencourt (2015, p. 129-130) é crime *próprio*, *formal* e *instantâneo*, configurado somente na forma *dolosa, omissiva* ou *comissiva*, consubstanciada na consciência e vontade de facilitar o contrabando ou o descaminho, com o conhecimento efetivo de estar violando o dever funcional (PRADO, 2014, p. 1356). Não é admitida a modalidade culposa. O *sujeito ativo* detém uma qualidade especial de funcionário público com específica função fiscalizadora, pois se exige infringência desse objetivo dever funcional – em razão do cargo ou função que ocupa tem, por determinação legal, o dever de reprimir os crimes tributários de contrabando e descaminho. Em tese, se o funcionário não violar o dever funcional haverá a prática de contrabando ou descaminho e não de crime próprio de funcionário público. Evidentemente, o *sujeito passivo* é o Estado-Administração.

---

[309] Definição de Hungria que é repetida por Fragoso: "*Contrabando* é restritamente, a importação ou exportação de mercadorias cuja entrada no país ou saída dele é absoluta ou relativamente proibida, enquanto *descaminho* é toda fraude empregada para iludir, total ou parcialmente, o pagamento de impostos de importação, exportação ou consumo (cobrável este, na própria aduanam antes do desembaraço das mercadorias)" (1959, p. 372; FRAGOSO, 1965, p. 1109).

Considerações nucleares

a) Crime formal que independe da prática de contrabando ou descaminho

O tipo de facilitação pode ocorrer independentemente do funcionário público ter solicitado ou aceitado a vantagem indevida. Advogamos a hipótese de que o tipo é *formal*, cuja consumação ocorre quando o agente facilita a prática de contrabando ou descaminho, não havendo exigência de que estes dois últimos ilícitos tenham sido levados *ad exeitum*. Todavia, exige-se uma prova mínima da prática tentada destes ilícitos vinculados.

b) Exceção à teoria monista

A facilitação de contrabando ou descaminho é *crime especial* em relação ao crime de corrupção passiva, sendo figura penal autônoma dos próprios tipos de contrabando e descaminho. Costa Júnior e Pagliaro acertadamente indicam o delito como uma exceção à teoria monista (art. 29 do CP) adotada em concorrência plúrima de agentes, uma vez que o funcionário deixa de ser coautor ou partícipe de eventual contrabando ou descaminho, ao facilitar a execução destes crimes (1999, p. 128).

c) Dever funcional

Almeida aduz que o autor do delito só pode ser o funcionário especificamente dotado de competência para assuntos aduaneiros ou fazendários (1955, p. 88). É nossa posição, pois é imprescindível que o *sujeito ativo* detenha uma especial qualidade na função fiscalizadora aduaneira. O tipo resta perfectibilizado quando há transgressão ao específico dever funcional. Se o funcionário público não violar o dever funcional de controle e repressão do contrabando e/ou descaminho, não se configura o crime. Não havendo violação de dever funcional, poderá ser hipótese de coautoria ou participação nos crimes genéricos de descaminho e contrabando.

d) Competência, suspensão da ação penal e extinção da punibilidade

Ante o interesse da União, a competência[310] para processar e julgar o crime é da Justiça Federal, ainda que o funcionário público a ser responsabilizado não seja um agente federal. Em nosso juízo, uma vez definida a atipicidade do fato inicialmente considerado como crime de descaminho, não há que se falar em delito de facilitação.

No ponto, defendemos que o tipo de facilitação sempre será um crime-meio para o delitos-fim de contrabando ou descaminho. O descaminho é um *crime tributário*, portanto, eventual causa de suspensão da ação penal ante o parcelamento dos tributos ou de extinção da punibilidade pelo pagamento, deve ser estendida ao

---

[310] Súmula 151 do STJ: A competência para o processo e julgamento por crime de contrabando ou descaminho define-se pela prevenção do Juízo Federal do lugar da apreensão dos bens.

crime de facilitação que lhe seja conexo. De igual forma, como manifestado nos comentários dos demais tipos contra a Administração Pública, é aceitável a aplicação do *princípio da insignificância* na linha do *leading case* julgado pelo STF no ano de 2004 (HC 84.412, rel. Ministro Celso de Mello), sobretudo quando o postulado da *bagatela* abarcar o delito de descaminho, devendo se estender ao tipo de facilitação.

Considerações finais

O tipo penal impõe ação penal púbica incondicionada, não sendo admitido nenhum dos institutos despenalizadores trazidos pela Lei n. 9.099/95. A pena foi substancialmente elevada a partir da publicação da Lei n. 8.137/90. Pode-se dizer que, desde os tempos bicudos vividos na década de 1990 pós-Constituição Federal, vivemos tempos de incremento do sistema punitivo a partir do fenômeno da expansão penal, cuja sanção imposta ao tipo é bem representativa.

Sobre as figuras qualificas impostas pelo art. 327, §§ 1º e 2º, entendemos que não é aplicável a causa de aumento do § 1º, em consequência da vantagem ou promessa, o funcionário retarda ou deixa de praticar qualquer ato de ofício ou o pratica infringindo dever funcional, pois representa *bis in idem*, uma vez que a infração do dever funcional já integra o tipo. Com fulcro no § 2º, poderá haver aumento de pena quando os autores dos crimes forem ocupantes de cargos em comissão ou de função de direção ou assessoramento de órgão da administração direta, sociedade de economia mista, empresa pública ou fundação instituída pelo poder público.

Prevaricação

Art. 319. Retardar ou deixar de praticar, indevidamente, ato de ofício, ou praticá-lo contra disposição expressa de lei, para satisfazer interesse ou sentimento pessoal:

Pena – detenção, de 3 (três) meses a 1 (um) ano, e multa.

Art. 319-A. Deixar o Diretor de Penitenciária e/ou agente público, de cumprir seu dever de vedar ao preso o acesso a aparelho telefônico, de rádio ou similar, que permita a comunicação com outros presos ou com o ambiente externo:

Pena – detenção, de 3 (três) meses a 1 (um) ano.

Bibliografia: ALMEIDA, Fernando Henrique Mendes. *Dos crimes contra a administração pública*. São Paulo: Saraiva, 1955; BALTAZAR JÚNIOR, José Paulo. *Crimes federais*. 9. ed. São Paulo: Saraiva, 2014; BENLLOCH PETIT, Guillermo. Delitos contra la administración de justicia. In: SILVA SÁNCHEZ, Jesús-María (Dir.); RAGUÉS I VALLÈS, Ramon (Coord.). *Lecciones de derecho penal*: parte especial. 3. ed. Barcelona: Atelier Libros Jurídicos, 2011; BITENCOURT, Cezar Roberto. *Código Penal comentado*. 5. ed. São Paulo: Saraiva, 2009; BITENCOURT, Cezar Roberto. *Tratado de direito penal*. 9. ed. São Paulo: Saraiva, 2015. v. IV; COELHO, Yuri Carneiro. *Curso de direito penal didático*. São Paulo: Atlas, 2014; COSTA JÚNIOR, Paulo José da; PAGLIARO, Antonio. *Crimes contra a administração pública*. 2. ed. São Paulo: Malheiros, 1999; DELMANTO, Celso et al. *Código Penal comentado*. 10. ed. São Paulo: Saraiva, 2022; FRAGOSO, Heleno Cláudio. *Lições de direito penal*. 2. ed. São Paulo: José Bushatsky Editor, 1965. v. IV; HUNGRIA, Nélson. *Comentários ao Código Penal*. 2. ed. Rio de Janeiro: Forense, 1959. v. IX; MUÑOZ CONDE, Francisco. *Derecho penal*: parte especial. 19. ed. Valencia: Tirant lo Blanch, 2013; NORONHA, Edgard Magalhães. *Direito penal*. 12. ed. São Paulo: Saraiva, 1980. v. IV; PRADO, Luiz Regis. *Comentários ao Código Penal*. 10. ed. São Paulo: RT, 2015; PRADO, Luiz Regis. *Curso de direito penal brasileiro*. 13. ed. São Paulo: RT, 2014; RIBEIRO PONTES, *Código Penal comentado*. 11. ed. Rio de Janeiro: Freitas Bastos, 2000; SILVA FRANCO, Alberto; STOCO, Rui. *Código Penal e sua interpretação jurisprudencial*. 6. ed. São Paulo: RT, 1997. v. II; SOLER, Sebastián. *Derecho penal argentino*. 4. ed. Buenos Aires: Tea, 1987. v. V; URBINA GIMENO, Íñigo Ortiz de. Delitos contra la administración pública. In: SILVA SÁNCHEZ, Jesús-María (Dir.); RAGUÉS I VALLÈS, Ramon (Coord.). *Lecciones de derecho penal*: parte especial. 3. ed. Barcelona: Atelier Libros Jurídicos, 2011; WUNDERLICH, Alexandre. Crimes contra a administração pública. In: REALE JÚNIOR, Miguel (Coord.). *Direito penal*: jurisprudência em debate. Rio de Janeiro: GZ, 2012. v. IV.

Considerações gerais

Prevaricatio significa andar tortuosamente, trocar as pernas ou desviar do caminho. Juridicamente, *prevaricar* é agir com infidelidade ao dever de ofício originário na função pública. Para Muñoz Conde (2013, p. 896), é a quebra de deveres profissionais ou da confiança da sociedade no correto funcionamento da Administração Pública em geral; na mesma direção, para Urbina Gimeno (2011, p. 327), é o bom funcionamento da Administração Pública na sua capacidade de prestar serviços. Então, a objetividade jurídica no tipo legal de crime é a imparcialidade e a neutralidade do funcionário público, em relação aos atos praticados junto da Administração.

Fundamentalmente, é "a probidade da função pública, sua respeitabilidade, bem como a integridade de seus funcionários" (COSTA JÚNIOR; PAGLIARO, 1999, p. 133; BITENCOURT, 2015, p. 132; BITENCOURT, 2009, p. 1033; WUNDERLICH, 2012, p. 56 e s.). Segundo Fragoso (1965, p. 1111), "este crime muito se aproxima da corrupção passiva, sendo, como ela, uma ofensa aos interesses da Administração Pública. Se aqui o funcionário não negocia com sua função, da mesma forma a degrada, pois infringe dever de ofício, para atender a interesses subalternos ou por sentimentos pessoais em relação aos fatos a que se refere o ato que deve praticar". Para Soler (1987, p. 189), o delito "tutela pura y simplemente el desenvolvimiento normal y diligente de la administración".

É crime *próprio*, *formal* e *instantâneo*. O *sujeito ativo* detém uma qualidade especial, é o funcionário público que possui competência ou atribuição para a realização do ato de ofício. É o funcionário que retarda o ato obrigatório, administrativo ou judicial, deixando de realizá-lo ou o realizando, mas contra disposição expressa de lei, para satisfazer interesse ou sentimento pessoal.

Ato de ofício "é todo aquele que corresponde à competência legal do funcionário, enquadrando-se nas atribuições da função exercida", na dicção de Fragoso (1965, p. 1112).

Na hipótese típica, o funcionário não solicita nem aceita retribuição de particular, por isso, nas palavras de Costa Júnior e Pagliaro (1999, p. 134), é uma espécie de "autocorrupção própria". Evidentemente, o *sujeito passivo* primário é o Estado-Administração, e o delito também pode eventualmente recair contra determinado cidadão-particular ofendido. Na modalidade omissiva, o crime se consuma com a não realização do ato *opportuno tempore*, não sendo admitida a tentativa. Na modalidade comissiva, o crime se consuma com a efetiva prática do ato ilegal, sendo admissível a tentativa (SILVA FRANCO; STOCO, 1997, p. 3618).

Para Magalhães Noronha (1980, p. 270), "o funcionário age sem que necessária seja a existência de outrem, pois sua conduta se inspira na satisfação de interesse ou sentimento pessoal". Por isso, é unânime na doutrina que o elemento subjetivo do tipo é o dolo específico. Por todos, vale citar Hungria (1959, p. 378), que ensinou que "o elemento moral é o dolo genérico (vontade livremente dirigida a qualquer das condutas mencionadas na lei), e o dolo específico: fim de satisfazer interesse ou sentimento pessoal".

Considerações nucleares

a) Finalidade de satisfazer interesse ou sentimento pessoal

Para que o fato seja típico, é indispensável que o funcionário público que deixa de praticar ato que deveria ser feito *ex officio*, ou que o pratica contra texto legal, atue para satisfazer interesse ou sentimento pessoal. É imperativo que a conduta, comissiva ou omissiva, tenha explícita essa *finalidade*. Se assim não for, pode-se até falar em abuso genérico de função, mas não há prevaricação (ALMEIDA, 1955, p. 95-98).

O crime pode ser praticado por conotação pessoal ou política, amizade, inimizade, piedade, compaixão, vingança, amor, ódio, avareza, antipatia etc. As expressões *satisfazer interesse* ou *sentimento pessoal* são amplas e, por isso, comportam um alargamento no processo de interpretação, pois interesse e sentimento podem revelar aspectos morais, psicológicos, patrimoniais, econômicos etc. Tais expressões são verdadeiras elementares subjetivas do tipo[311].

---

[311] Em que pese o largo espectro das expressões, interessante notar algumas hipóteses de atipicidade reconhecidas por Baltazar Júnior (2014, p. 341): (a) quando existe recusa de fornecimento de dados objeto de sigilo bancário, com apresentação de resposta escrita pelos requeridos, dando conta de ser essa a orientação da autarquia à qual estavam vincu-

A questão é saber o que configura a satisfação de interesse ou sentimento pessoal. O Código Penal não especifica a totalidade das formas de sentimentos afetivos ou emocionais que podem determinar a omissão do funcionário público. Hungria (1959, p. 378) dá grande elasticidade ao tipo, quando afirma que sentimento pessoal é a "afeição, a simpatia, a dedicação, a benevolência, a caridade, o ódio, a parcialidade, o despeito, o desejo de vingança, a paixão política, o prazer da prepotência ou do mandonismo, a subserviência, o receio de molestar os poderosos etc.". Por isso, para o referido professor, o sentimento de *comodismo* pode demonstrar o dolo específico, sendo esta também a nossa posição.

b) Interpretação da lei – *discricionariedade*

Não se trata de hipótese pela qual o "funcionário público detém certa discricionariedade na conveniência ou não de se praticar o ato", pois não seria possível "falar em prevaricação, desde que a conduta do agente não envered para a arbitrariedade", nos dizeres de Prado (2014, p. 557). A jurisprudência majoritária assegura a atipicidade da conduta comissiva do funcionário público praticada contra texto legal, quando a interpretação da legislação não é hábil a configurar o elemento subjetivo do crime de prevaricação. A dúvida sobre eventual interpretação legal recai indiscutivelmente em favor do funcionário público.

c) Sentimento de comodismo e/ou desídia

Prevaricar é retardar ou deixar de praticar, indevidamente, um ato de ofício, ou praticá-lo contra disposição legal, com uma finalidade especial: satisfazer interesse ou sentimento pessoal. Logo, o tipo legal de crime não admite a modalidade culposa, sendo atípicas todas as condutas motivadas por negligência.

Questão interessante que tivemos a oportunidade de investigar em trabalho anterior é a não realização de ato funcional *opportuno tempore* por *comodismo* ou *desídia*, enquanto formas de demonstração da satisfação de interesse ou sentimento pessoal. A jurisprudência reconhece a atipicidade quando o acusado obra com *culpa*. É o caso, por exemplo, do Oficial de Registro Civil que, por preguiça, é negligente e realiza casamentos sem o prévio processo de habilitação. Também é o caso do Delegado de Polícia que deixa de lavrar auto de prisão em flagrante e determina a realização de inquérito para apuração do fato, revelando, com isso, a ausência de dolo e delimitando sua conduta na órbita do poder de discricionariedade. De outro lado, se o Oficial de Justiça emite certidões não condizentes com a verdade, por comodismo ou para satisfazer seus interesses, este deixa intencionalmente de praticar diligências ordena-

lados; (b) quando, na condição de Delegado do Ministério das Comunicações, é dado praticar o ato de vistoria ou perícia somente em emissora em funcionamento legal, e não naquelas consideradas clandestinas, nos termos, inclusive, já decididos na esfera judicial; (c) quando o retardamento da prestação jurisdicional decorre de dificuldades burocráticas e, ainda, (d) quando ocorre a demora no julgamento em juízo congestionado, com carga de trabalho comprovadamente excessiva.

das pelo Poder Judiciário, acarretando juízo de tipicidade. Pensamos que a resolução das hipóteses fáticas passa pelo reconhecimento do elemento subjetivo: "é o dolo, constituído pela vontade consciente de retardar ou omitir, indevidamente, ato de ofício ou praticá-lo contra disposição expressa de lei (...). Necessária a presença do elemento subjetivo especial do tipo, representado pelo especial fim de agir, que, na dicção da descrição típica, é 'para satisfazer interesse ou sentimento pessoal'" (BITENCOURT, 2009, p. 1038; WUNDERLICH, 2012, p. 58-62).

d) Retardar ou deixar de praticar *indevidamente*

Vimos que ato de ofício "é todo aquele que corresponde à competência legal do funcionário" (FRAGOSO, 1965, p. 1112). Por sua vez, um ato indevido é aquele que é desvirtuado em sua essência obrigacional. O funcionário público, tendo apenas uma opção, escolhe, indevidamente, uma outra. É claro que, em se tratando de ato discricionário, podendo o funcionário optar, sem desprezar a lei, não há ato indevido e, por suposto, nem tipicidade. Claro que não é qualquer retardamento ou atraso na burocracia estatal que produz a incidência do tipo. É preciso que o retardamento seja contrário à lei, isto é, que se realize contra sua disposição expressa, ou que atinja os interesses da Administração Pública. É necessário que exista evidente correlação entre o sentimento ou interesse pessoal do funcionário e o retardamento consciente e voluntário (ALMEIDA, 1955, p. 94).

e) Prevaricação penitenciária

A partir da Lei Federal n. 11.466/2007, o art. 319 do CP recebeu, na alínea *a*, um tratamento especial tutelando a Administração Pública Penitenciária, fundamentalmente a comunicação dos presos entre si e com o mundo exterior[312]. A conduta *omissiva própria dolosa* prevê um *sujeito ativo* especial – Diretor de Penitenciária e/ou agente público que tenha o dever de vedar ao preso o acesso a aparelho telefônico, de rádio ou similar, que permita a comunicação com outros presos ou com o ambiente externo.

Com razão, Coelho (2014, p. 999) observa que: "Deixar de cumprir o dever significa omitir-se dolosamente de impedir a entrada do aparelho telefônico, do rádio ou similar, ou seja, telefones celulares, aparelhos de rádio ou similares como tablets, smartphones, notebooks e outros. Poder-se-ia objetar que o tablet ou o notebook não seria um aparelho telefônico nem de rádio, mas, com acesso à internet através de chip com tecnologia apropriada, esses artefatos tecnológicos servem perfeitamente para o estabelecimento de comunicação entre os presos ou com o

---

[312] A Lei Federal n. 11.466/2007 também inseriu o inciso VII no art. 50 da Lei de Execuções Penais, tornando falta grave a conduta do preso que "tiver em sua posse, utilizar ou fornecer aparelho telefônico, de rádio ou similar, que permita a comunicação com outros presos ou com o ambiente externo".

ambiente externo. A comunicação poderá ocorrer tanto através de *e-mail* quanto por intermédio de redes sociais. A interpretação, nesse caso, terá de ser analógica, não podendo, reafirmamos, confundir-se com analogia, pois esta é vedada pelo Direito Penal. A interpretação analógica, nesse caso, é autorizada pela própria norma, através da expressão ou similar. A referência a similar cremos ser referente a instrumentos que permitam efetivamente a comunicação com o mundo externo ao presídio, assim como entre os presos, e os meios que permitam acesso à internet têm essa capacidade, até mais ampliada que o uso dos aparelhos telefônicos".

O delito especial só pode ser praticado por quem possuiu uma condição especialíssima, aquele que tem o dever de vedar ao preso o acesso aos meios de comunicação descritos no tipo. Não é incomum a criação de tipos penais para prevaricações especiais e praticadas por determinados funcionários públicos. Lembre-se, dentre outros, o art. 446 do CP espanhol, que dispõe que pratica crime de *prevaricação judicial* o Juiz ou Magistrado que, intencionalmente, publique sentença ou resolução injusta (MUÑOZ CONDE, 2013, p. 857; BENLLOCH PETIT, 2011, p. 360).

Concordamos com Bitencourt (2015, p. 108), quando assevera que, no novo dispositivo, ao contrário do que ocorre na prevaricação clássica, o sujeito ativo não viola o dever de ofício para satisfazer interesse ou sentimento pessoal, apenas deixa de vedar acesso do prisioneiro aos aparelhos de comunicação, representando uma simples *omissão de dever funcional*.

É evidente que o interlocutor de eventual comunicação com o preso, que não tenha a proibição de contato, não pode ser responsabilizado pelo crime. Assim como o tipo também não abarca o diretor de cadeias públicas, colônias, patronatos ou albergues, instituições que não têm a acepção jurídica de penitenciárias (art. 87 da Lei de Execução Penal – Lei Federal n. 7.210/84: a penitenciária destina-se ao condenado à pena de reclusão, em regime fechado).

Considerações finais

Importa concluir lembrando que a mera falta administrativa ou disciplinar, por si só, não conduz à tipicidade penal. É essencial o dolo, que se mostra na *satisfação de interesse* ou *sentimento pessoal*. Cumpre lembrar que no rol de atos de improbidade administrativa que atentam contra os princípios da administração pública estão as hipóteses de prática de ato visando fim proibido em lei ou regulamento, ou diverso daquele previsto, na regra de competência, e, ainda, a conduta de retardar ou deixar de praticar, indevidamente, ato de ofício (art. 11, I e II, da Lei Federal n. 8.429/92)[313].

---

[313] Nas condutas praticadas no âmbito eleitoral (Lei Federal n. 4.737/65), naquelas perpetradas contra o serviço postal/telegrama (Lei Federal n. 6.538/78) ou contra o funcionamento do Sistema Financeiro Nacional (Lei Federal n. 7.492/86) e, ainda, contra Administração Ambiental (Lei Federal n. 9.605/98), aplica-se a legislação especial.

Prevaricação, seja a prevista no art. 319 ou no art. 319-A do CP, é *infração de menor potencial ofensivo*, sendo de competência dos Juizados Especiais Criminais. A ação penal é pública incondicionada. O procedimento é sumaríssimo, com aplicação dos institutos despenalizadores, trazidos pela Lei Federal n. 9.099/95.

Cumpre lembrar que os tipos têm aumentada a pena, quando cometidos por autores que forem ocupantes de cargos em comissão ou de função de direção ou assessoramento de órgão da administração direta, sociedade de economia mista, empresa pública ou fundação instituída pelo poder público, nos termos do art. 327, § 2º, do CP, sendo o aumento de terça parte. No que tange ao tipo do art. 319-A, esse aumento pode representar excesso punitivo – *bis in idem* – se o autor for Diretor de Penitenciária, elemento integrante do tipo originário.

Condescendência criminosa

Art. 320. Deixar o funcionário, por indulgência, de responsabilizar subordinado que cometeu infração no exercício do cargo ou, quando lhe falte competência, não levar o fato ao conhecimento da autoridade competente:

Pena – detenção, de 15 (quinze) dias a 1 (um) mês, ou multa.

Bibliografia: ALMEIDA, Fernando Henrique Mendes. *Dos crimes contra a administração pública*. São Paulo: Saraiva, 1955; BITENCOURT, Cezar Roberto. *Tratado de direito penal*. 9. ed. São Paulo: Saraiva, 2015. v. IV; COSTA JÚNIOR, Paulo José da; PAGLIARO, Antonio. *Crimes contra a administração pública*. 2. ed. São Paulo: Malheiros, 1999; DELMANTO, Celso et al. *Código Penal comentado*. 10. ed. São Paulo: Saraiva, 2022; FRAGOSO, Heleno Cláudio. *Lições de direito penal*. 2. ed. São Paulo: José Bushatsky Editor, 1965. v. IV; GRECO, Rogério. *Código Penal comentado*. Niterói: Impetus, 2008; MAGALHÃES NORONHA, Edgard. *Direito Penal*. 12. ed. São Paulo: Saraiva, 1980. v. IV; PRADO, Luiz Regis. *Curso de direito penal brasileiro*. 13. ed. São Paulo: RT, 2014; PRADO, Luiz Regis. *Comentários ao Código Penal: jurisprudência, conexões lógicas com os vários ramos do direito*. 10. ed. São Paulo: RT, 2015.

Considerações gerais

O tipo legal de condescendência criminosa é uma modalidade especial de prevaricação praticada por indulgência. O crime mereceu tratamento diferenciado do Poder Legislativo, por considerar na omissão administrativa um menor desvalor da ação que envolve uma relação interpessoal-funcional. Juridicamente, é a conduta do funcionário público de deixar, por indulgência, condescendência, bondade ou brandura, de responsabilizar um subordinado que cometeu infração no exercício do cargo, ou, quando lhe falte competência, não levar o fato ao conhecimento da autoridade competente.

Fragoso (1965, p. 1114) revelou que o Código Penal configurou um crime menos grave do que a prevaricação, atendendo certamente à posição psicológica do agente em relação ao subordinado, bem como ao motivo determinante da conduta delituosa. Para Noronha (1980, p. 271), a condescendência criminosa é a tolerância do funcionário, movido por indulgência, acerca das faltas praticadas pelo inferior, no exercício do cargo, quer não o responsabilizando, quer não o denunciando à autoridade competente. O funcionário público condescendente satisfaz a um sentimento pessoal: o da indulgência ou contemplação, a traduzir sua bondade. É elementar, entretanto, que os interesses da Administração Pública não se podem a ela subordinar.

Na classificação de Bitencourt (2015, p. 150), é crime *omissivo próprio, formal, instantâneo, unissubjetivo* e *unissubsistente,* que só pode ser praticado na modalidade *dolosa especial*, uma vez que motivada por sentimento condescendente. O *sujeito ativo* detém uma qualidade especial de funcionário público, com específica hierarquia superior ao subordinado. O *sujeito passivo* é o Estado-Administração.

Considerações nucleares

a) A omissão como núcleo das modalidades típicas

A adequação típica ocorre em duas modalidades omissivas: (a) *deixar* de responsabilizar funcionário subordinado que praticou uma falta funcional no exercício de seu cargo, quando o funcionário superior, responsável e competente, deixa de aplicar as pertinentes regras de responsabilização; (b) *não levar* o fato ilícito ao conhecimento da Autoridade, quando não for competente para instaurar procedimento disciplinar de responsabilização. Embora não tenha competência para responsabilizar o funcionário faltoso, o superior não leva o fato ao conhecimento de Autoridade competente. Nas duas modalidades, a omissão do agente deve ser motivada por indulgência, como bem ensina Delmanto (2022, p. 1102).

b) Cometimento de falta funcional como pressuposto típico

É pressuposto típico do delito que o funcionário subordinado, no exercício do seu cargo, tenha praticado uma *infração administrativa*, que, por sua vez, também pode ter algum desdobramento na esfera penal. "Exige-se como pressuposto inicial a prática de uma infração pelo subalterno do agente, de natureza administrativa ou criminal (delito funcional) e que a falta esteja relacionada com o exercício do cargo, de forma que a conduta omissiva relacionada com eventuais faltas disciplinares cometidas pelo subalterno fora do cargo não caracteriza o delito próprio" (PRADO, 2014, p. 1365). Para Noronha (1980, p. 273), "conhecida a infração, não há prazo para iniciativa do funcionário: deve agir imediatamente". Greco (2008, p. 1275) lembra que a lei penal não determina qualquer prazo para que seja providenciada a responsabilização do funcionário subordinado, nem para que o funcionário público comunique à Autoridade competente. Contudo, o art. 143 da Lei Federal n. 8.112/90 disciplina o regime jurídico dos servidores públicos da União: "A autoridade que tiver ciência de irregularidade no serviço público é obrigada a promover a sua apuração imediata, mediante sindicância ou processo administrativo disciplinar, assegurada ao acusado ampla defesa".

c) Programas de *compliance* no setor público e desnecessidade do tipo

Os programas de conformidade têm estabelecido uma série de cumprimentos de deveres normativos como prevenção de riscos puníveis dentro de empresas. A partir do crescente número de imposições às empresas advindas da necessidade de programas de *compliance,* entendemos que esses programas também devem ser aplicados às instituições de direito público, como os órgãos da Administração Pública direta e as sociedades de economia mista.

Neste cenário, defendemos que, a partir da implementação de rígidos programas de *compliance* pelos órgãos públicos, eventuais faltas de controle por parte do funcionário que deixa de responsabilizar um subordinado que cometeu uma infração ou, ainda, que não noticia a falta à Autoridade competente podem ficar restritas à esfera administrativa, sendo desnecessária a intervenção penal. Bem aplicados, esses programas de integridade de normas e de condutas impostos às empresas públicas podem atuar na minimização de falhas por parte dos funcionários, o que, em nosso juízo, é suficiente para impedir essas pequenas práticas condescendentes. Fazemos coro ao pensamento de Bitencourt (2015, p. 115), pois é "inevitável chegar à derradeira conclusão: a criminalização desse tipo de conduta é uma demasia, ante a existência de outros mecanismos de controle formalizado, particularmente o Direito Administrativo, que podem ocupar-se melhor desse tipo de relacionamento omissivo na esfera da Administração Pública.

Considerações finais

Importa concluir lembrando que uma mera falta administrativa ou disciplinar, por si só, não conduz à tipicidade penal. É essencial para o juízo de tipicidade a existência do dolo, que, em nossa opinião, é motivado por um específico fim de agir.

É uma *infração de menor potencial ofensivo*, sendo o processo e julgamento de competência dos Juizados Especiais Criminais. A ação penal é pública incondicionada. O procedimento é sumaríssimo, com aplicação dos institutos despenalizadores trazidos pela Lei Federal n. 9.099/95, mas é necessária a notificação do funcionário para apresentação de defesa preliminar (art. 514 do CPP).

Todavia, como registramos, numa perspectiva de direito penal minimalista, é um tipo penal desnecessário, podendo o funcionário ser responsabilizado na esfera administrativa. Pregamos, assim, a descriminalização desta hipótese típica. Exceto, evidentemente, quando a prática acarreta o crime de tortura, aplicando-se, em razão da gravidade da conduta, o art. 1º, § 2º, da Lei Federal n. 9.455/97.

Cumpre lembrar, enquanto vigente a norma penal, que os tipos praticados por funcionário público têm aumentada a pena, quando cometidos por autores que forem ocupantes de cargos em comissão ou de função de direção ou assessoramento de órgão da administração direta, sociedade de economia mista, empresa pública ou fundação instituída pelo poder público, nos termos do art. 327, § 2º, do CP.

Advocacia administrativa

Art. 321. Patrocinar, direta ou indiretamente, interesse privado perante a administração pública, valendo-se da qualidade de funcionário:
Pena – detenção, de 1 (um) a 3 (três) meses, ou multa.

Parágrafo único. Se o interesse é ilegítimo:
Pena – detenção, de 3 (três) meses a 1 (um) ano, além da multa.

Bibliografia: ALMEIDA, Fernando Henrique Mendes. *Dos crimes contra a administração pública*. São Paulo: Saraiva, 1955; BALTAZAR JÚNIOR, José Paulo. *Crimes federais*. 9. ed. São Paulo: Saraiva, 2014; BITENCOURT, Cezar Roberto. *Tratado de direito penal*. 9. ed. São Paulo: Saraiva, 2015. v. IV; COSTA JÚNIOR, Paulo José da; PAGLIARO, Antonio. *Crimes contra a administração pública*. 2. ed. São Paulo: Malheiros, 1999; DELMANTO, Celso et al. *Código Penal comentado*. 10. ed. São Paulo: Saraiva, 2022; FRAGOSO, Heleno Cláudio. *Lições de direito penal*. 2. ed. São Paulo: José Bushatsky Editor, 1965. v. IV; GRECO, Rogério. *Código Penal comentado*. Niterói: Impetus, 2008; HUNGRIA, Nélson. *Comentários ao Código Penal*. 2. ed. Rio de Janeiro: Forense, 1959. v. IX; MAGALHÃES NORONHA, Edgard. *Direito penal*. 12. ed. São Paulo: Saraiva, 1980. v. IV; PRADO, Luiz Regis. *Curso de direito penal brasileiro*. 13. ed. São Paulo: RT, 2014; PRADO, Luiz Regis. *Comentários ao Código Penal:* jurisprudência, conexões lógicas com os vários ramos do direito. 10. ed. São Paulo: RT, 2015; SILVA FRANCO, Alberto; STOCO, Rui. *Código Penal e sua interpretação jurisprudencial*. 7. ed. São Paulo: RT, 2000. v. II.

Considerações gerais

O tipo legal de crime é representado pela conduta do funcionário público que, valendo-se de sua condição, patrocinar, advogar, postular, defender, direta ou indiretamente, interesse privado, perante a Administração Pública. Para Fragoso (1965, p. 1118), "tal patrocínio pode ser formal e explícito (arrazoados, petições etc.) ou dissimulado (acompanhando processos, formulando pedidos aos encarregados de os despacharem, tomando conhecimento de medidas sigilosas etc.). Em ambos os casos é indispensável que o agente pratique a ação aproveitando-se das faculdades que a sua qualidade de funcionário lhe proporciona. A simples condição de funcionário não basta".

Segundo Hungria (1958, p. 3383), a ação pode ser exercida diretamente pelo funcionário ou de forma indireta, por interposta pessoa. "Pune-se o comportamento do funcionário agente que patrocina interesse privado, interesse esse que, embora legítimo (se for ilegítimo, *vide* parágrafo único), pode ser justo ou não. O interesse deve ser de terceira pessoa e não do agente, como faz ver o verbo empregado na definição do delito. O patrocínio deve ser realizado perante a administração pública, valendo-se da qualidade de funcionário". "O agente patrocina junto a qualquer setor da administração (e não apenas na repartição em que está lotado), valendo-se de sua qualidade, ou seja, da facilidade de acesso junto a seus colegas e da camaradagem, consideração ou influência de que goza entre estes" (no mesmo sentido, DELMANTO, 2022, p. 1103).

Cabe notar, como fez Silva Franco (2000, p. 3626), "que por mais incrível que pareça, o crime de patrocínio infiel encontra previsão e tipificação em três institutos distintos, apenas e tão somente em razão da condição pessoal do sujeito ativo (servidor público), ou seja, tendo em vista o cargo que ostenta ou as funções que exerce".

Na classificação de Bitencourt (2015, p. 157), é crime *próprio, formal, instantâneo, unissubjetivo* e *plurissubsistente*, que só pode ser praticado na modalidade *dolosa especial*, pois motivada por advogar interesse privado junto aos órgãos do Estado, restando irrelevante o sucesso do patrocínio. O verbo *patrocinar* pressupõe uma conduta comissiva, entretanto, o tipo também pode ser praticado por omissão imprópria. Convém salientar, como fez Magalhães Noronha (1980, p. 276), que "a advocacia administrativa nem sempre impõe ação dos agentes; pode ser praticada também por omissão: quando, p. ex., se evita que a administração pratique um ato necessário aos seus interesses, daí advindo benefícios aos de outrem". É *crime funcional*, pois o *sujeito ativo* detém uma qualidade especial de funcionário público. O *sujeito passivo* é o Estado-Administração, podendo a conduta recair, eventualmente, sobre direito de terceiro particular.

Considerações nucleares

a) Crime funcional que dispensa a condição de advogado

É *crime próprio*, pois somente o funcionário público pode ser sujeito ativo do delito. Em que pese o *nomen juris* carregar a rubrica *advocacia*, o agente não precisa ser profissional inscrito nos quadros da Ordem dos Advogados do Brasil, mas simplesmente agir como tal junto à Administração Pública, em patrocínio de interesse privado, na linha do que defende Delmanto (2022, p. 1102). Concordamos com a advertência de Bitencourt (2015, p. 154-155), segundo o qual "o *nomen iuris* – advocacia administrativa – talvez não seja o mais adequado, pois, *a priori*, dá uma ideia de que a ação seja privativa de advogado, o que não corresponde à realidade, pois o verbo nuclear utilizado 'patrocinar' deixa claro que seu significado é defender, proteger, postular, que teoricamente pode ser cometido por qualquer pessoa".

Costa Júnior e Pagliaro (1999, p. 152) explicam que não é necessário que o funcionário atue no exercício de suas funções e nem mesmo na razão do cargo, como sucede em outras modalidades de delito contra a Administração Pública. Para os autores, é suficiente que o agente faça valer sua qualidade de funcionário: "É preciso, pois, que o agente abuse de sua condição de pessoa à qual o Estado atribuiu uma função pública".

b) Exercício regular de direito em benefícios previdenciários ou assistenciais

Sobre a atuação do funcionário público no exercício regular de um direito, em razão da licitude da conduta, concordamos com Baltazar Júnior (2014, p. 347), quando afirma que "o art. 117, XI, da Lei n. 8.112/90 proíbe o funcionário público de atuar, como procurador ou intermediário, junto a repartições públicas, salvo quando se tratar de benefícios previdenciários ou assistenciais de parentes até o segundo grau, de cônjuge ou companheiro. Na última hipótese, não haverá crime, pois o servidor estará no exercício regular de um direito".

c) Figura qualificada pelo interesse ilegítimo

Anuímos com Bitencourt (2015, p. 158), entendendo que na regra geral prevista no *caput* do art. 321 do CP é desnecessário que o agente vise vantagem pessoal ou atue por interesse ou sentimento pessoal. Todavia, na forma da figura qualificada, quando o patrocínio é destinado a interesse ilegítimo, evidentemente que "o sujeito deve ter conhecimento da ilegitimidade do interesse que patrocina".

d) Consumação, tentativa e insignificância

Em que pese ser *crime formal*, consumando-se com a realização de qualquer ato que caracterize o patrocínio, defendemos que é necessário que a conduta tenha *potencialidade lesiva* e que tenha, efetivamente, colocado em risco o bem juridicamente protegido, qual seja, a Administração Pública, sob pena de aplicação do princípio da insignificância[314].

Considerações finais

Em nosso entendimento, consoante deixamos expresso na análise de outras modalidades de crime contra a Administração Pública, a mera irregularidade administrativa ou disciplinar, por si só, não conduz obrigatoriamente à tipicidade penal. É essencial para o juízo de tipicidade a existência do dolo, que, como registramos, na espécie, é representado por um especial fim de agir: advogar interesse privado.

---

[314] Sobre a nossa posição favorável à aplicação do princípio da insignificância nos crimes contra a Administração Pública, ver comentário ao art. 312 do Código Penal: "*f. Peculato e insignificância penal*".

O crime previsto no art. 321 do CP é uma *infração de menor potencial ofensivo*, sendo o processo e o julgamento de competência dos Juizados Especiais Criminais. A ação penal é pública incondicionada. O procedimento é sumaríssimo, sendo cabível a aplicação dos institutos despenalizadores trazidos pela Lei Federal n. 9.099/95, mas é necessária a notificação do funcionário público para a apresentação de defesa preliminar (art. 514 do CPP).

Vale sublinhar, na linha da advertência de Prado (2014, p. 1369), que "é admissível o concurso formal entre os delitos definidos no art. 316 (concussão), 317 (corrupção passiva) e 333 (corrupção ativa) do Código Penal (...) Na hipótese de o interesse privado patrocinado se referir a ato de ofício do suspeito ativo, configura-se o delito de corrupção passiva (art. 317) ou prevaricação (art. 319). Caso o agente receba gratificação pelo patrocínio, sem exigir ou reclamar a vantagem, configura-se apenas a advocacia administrativa (art. 321). Ocorre estelionato (art. 171) quando o agente ilude o particular para receber vantagem indevida, fazendo-o crer que irá patrocinar seu interesse, mas queda-se de inerte". Fragoso (1965, p. 1118) também consignava que "patrocinar é advogar perante alguma autoridade, motivo pelo qual o interesse privado não deve corresponder a ato de ofício do próprio agente, em tal hipótese, o crime seria o de prevaricação ou corrupção passiva, conforme o caso".

Além disso, cumpre lembrar que, se a conduta da advocacia administrativa ocorrer (a) perante órgão da Administração Fazendária, aplica-se o tipo previsto no art. 3º, inciso III, da Lei Federal n. 8.137/90; se (b) der causa à instauração de licitação ou à celebração de contrato, cuja invalidação vier a ser decretada pelo Poder Judiciário, impõe-se o disposto no art. 91 da Lei Federal n. 8.666/93.

Por último, os tipos praticados por funcionário público têm aumentada a pena, quando cometidos por autores que forem ocupantes de cargos em comissão ou de função de direção ou assessoramento de órgão da administração direta, sociedade de economia mista, empresa pública ou fundação instituída pelo poder público, nos termos do art. 327, § 2º, do CP.

Violência arbitrária
Art. 322. Praticar violência, no exercício de função ou a pretexto de exercê-la:
Pena – detenção, de 6 (seis) meses a 3 (três) anos, além da pena correspondente à violência.

Bibliografia: ALMEIDA, Fernando Henrique Mendes. *Dos crimes contra a administração pública*. São Paulo: Saraiva, 1955; BALTAZAR JÚNIOR, José Paulo. *Crimes federais*. 9. ed. São Paulo: Saraiva, 2014; BITENCOURT, Cezar Roberto. *Tratado de direito penal*. 9. ed. São Paulo: Saraiva, 2015. v. IV; COSTA JÚNIOR, Paulo José da; PAGLIARO, Antonio. *Crimes contra a administração pública*. 2. ed. São Paulo: Malheiros, 1999; DELMANTO, Celso et al. *Código Penal comentado*. 10. ed. São Paulo: Saraiva, 2022; FRAGOSO, Heleno Cláudio. *Lições de direito penal*. 2. ed. São Paulo: José Bushatsky Editor, 1965. v. IV; GRECO, Rogério. *Código Penal comentado*. Niterói: Impetus, 2008; MAGALHÃES NORONHA, Edgard. *Direito penal*. 12. ed. São Paulo: Saraiva, 1980. v. IV; PRADO, Luiz Regis. *Comentários ao Código Penal*: jurisprudência, conexões lógicas com os vários ramos do direito. 10. ed. São Paulo: RT, 2015.

Considerações gerais

O tipo legal de crime é representado pela conduta do funcionário público que pratica violência no exercício de função ou a pretexto de exercê-la. O verbo nuclear é praticar, exercer, atuar com violência física no exercício da função. Na espécie, só é admitida a violência física[315] (*vis corpolis*), ainda que seja mínima, como as *vias de fato*, por exemplo, resguardadas as hipóteses de aplicação do postulado da insignificância[316] penal.

A doutrina majoritária aponta para a violência típica como aquela de *natureza física*, não sendo admitida a violência moral ou psicológica. Para Fragoso (1965, p. 1120), "a violência que aqui se pune é, sem dúvida, dirigida contra particulares, que a lei visa proteger contra o abuso de poder praticado por aqueles que exercem uma parcela de autoridade. Especialmente atingida é, porém, a própria administração pública, enquanto o abuso praticado representa uma violação do dever que ao funcionário incumbe afetando o poder público em cujo nome ele atua".

A realidade é que a violência é elemento imprescindível para o juízo de tipicidade, sendo também punida de forma autônoma e independente, em concurso de crimes, o que decorre de expressa determinação legal. As penas podem ser aplicadas cumulativamente, ainda que a conduta seja una, em exceção à regra do concurso formal.

No magistério de Delmanto (2022, p. 1105), é pressuposto típico que a violência seja cometida: (a) no exercício da função, quando o funcionário público está

---

[315] "Ação física. O elemento material do delito é a violência física ou *vis corpolis*. A lei pune a prática dessa violência. Exclui-se a *vis compulsiva* ou violência moral, como também a empregada contra a coisa. São insubsistentes os ensinamentos em contrário dos insignes Bento de Faria, Valdemar César da Silveira e Fernando H. Mendes de Almeida. É que a lei emprega a expressão violência, com a qual só designa a física. Já, em 1948, na 1ª edição de *Código Penal Brasileiro comentado* – Crimes contra o patrimônio, 1ª parte, dizíamos: 'Entretanto, um exame deste título mostra que a lei tanto emprega as expressões violência à pessoa e violência apenas para designar a mesma coisa: a vis corporalis. Concluímos assim, que empregando nossa lei as expressões violência à pessoa ou violência simplesmente, quer referir-se a *vis coporalis*, distinta da vis compulsiva" (NORONHA, 1980, p. 279).

[316] Sobre insignificância penal, já manifestamos nossa opinião quando dos comentários ao tipo penal de peculato, no sentido da possibilidade de aplicação do princípio da bagatela na espécie de crimes contra a Administração Pública.

efetivamente desempenhando a sua atividade especifica, ou, ainda, (b) a pretexto de exercê-la, hipótese em que o funcionário faz acreditar que está exercendo sua função. É claro, como anotam Costa Júnior e Pagliaro (1999, p. 159), que se a violência física do funcionário for praticada *fora* do exercício da função ou *sem* o pretexto de exercê-la, o funcionário responde somente pela violência, pois é indispensável essa relação de dependência.

Vê-se, pois, que são elementos que integram o tipo penal: (a) a condição de funcionário público, (b) a violência física, (c) o exercício da função ou a atuação em pretexto dela e (d) a arbitrariedade ou abusividade. O *bem jurídico* tutelado é a manutenção das atividades da Administração Pública dentro da legalidade e sem violências, preservando-se, também, como assevera Noronha (1980, p. 278), a incolumidade corpórea do indivíduo e a sua intangibilidade.

Na classificação de Bitencourt (2015, p. 157), trata-se de *crime próprio, material, instantâneo, unissubjetivo* e *plurissubsistente,* que só pode ser praticado na modalidade *dolosa*. O *dolo é genérico*, ação livre e vontade de praticar ilícita violência arbitrária em razão da atividade funcional ou a pretexto dela, em que pese haver posições que sustentem a necessidade de um dolo específico, que estaria conformado pela intenção de abuso de autoridade por parte do agente público. O *sujeito ativo* é o funcionário público, sendo desnecessário que o funcionário seja agente das polícias. O *sujeito passivo* é o Estado-Administração e, secundariamente, o particular que sofre a violência.

Considerações nucleares

a) Violência física e arbitrária é pressuposto do crime

A violência física e arbitrária é pressuposto da existência do crime. Evidentemente, se o recurso à violência for justo e amparado em determinação legal, não há que se falar em delito. Sabe-se que em muitas oportunidades é lícito ao funcionário público o recurso à violência, no estrito cumprimento do dever legal ou no exercício regular de um direito, configurando ações amparadas por causas legais de exclusão do crime.

b) Não revogação pela Lei de Abuso de Autoridade

Existe divergência doutrinária sobre a revogação do tipo penal pela Lei de Abuso de Autoridade (Lei Federal n. 4.898/65). Na linha dos argumentos de Noronha (1980, p. 282) e Bitencourt (2015, p. 124-125), entendemos que o art. 3º, alínea *i*, da citada lei não revogou o crime de violência arbitrária, que é crime praticado por funcionário público contra a Administração Pública em geral, com a violência praticada no exercício da função ou a pretexto de exercê-la, sem se confundir com tipos específicos de abuso de autoridade. Em posição contrária, Prado (2015, p. 1091) advoga que "o art. 322 do CP foi revogado tacitamente pelo art. 3º, *i*, da Lei n. 4.898/1965".

c) Uso desnecessário de algemas

Em nosso juízo, continua atual o antigo precedente da Corte Suprema no sentido de que a violência arbitrária é caracterizada quando ocorre a *violência física* exercida sobre *pessoa visada*, reproduzido por Baltazar Júnior (2014, p. 348-349), em citação de acórdão do Tribunal Regional Federal da 2ª Região, quando da configuração do tipo pelo uso desnecessário de algemas: "A violência aqui é de ordem física, e não meramente moral (STF, RE n. 58249, Evandro Lins, 17-5-1968), abrangendo desde as meras vias de fato, como empurrão, tapas, socos ou chutes, que não cheguem ao ponto de causar lesões, passando por essas e abrangendo o uso desnecessário de algemas...". O precedente recebeu mais força quando da publicação da 11ª *Súmula* Vinculante pelo STF (2008)[317], que criou critérios objetivos e limitou o *uso de algemas* a casos excepcionais. O excesso no recurso às algemas pode configurar violência arbitrária.

Considerações finais

A ação penal é pública incondicionada, devendo o funcionário ser notificado para a apresentação de defesa preliminar, nos termos do procedimento especial (art. 514 do CPP). É cabível o instituto da suspensão condicional do processo (art. 89 da Lei Federal n. 9.099/95), exceto na hipótese de cominação com o crime de violência, quando a sanção, em tese, supera o mínimo legal para o *sursis* processual (Súmula 243 do STJ).

Como registramos nos comentários anteriores, os tipos praticados por funcionário público têm aumentada a pena, quando cometidos nos termos do art. 327, § 2º, do CP. Poderá, ainda, haver confronto com tipos previstos no art. 350 do CP e nas Leis Federais n. 4.898/65, 9.455/97 e 4.117/62.

Abandono de função

Art. 323. Abandonar cargo público, fora dos casos permitidos em lei:

Pena – detenção, de 15 (quinze) dias a 1 (um) mês, ou multa.

§ 1º Se do fato resulta prejuízo público:

Pena – detenção, de 3 (três) meses a 1 (um) ano, e multa.

§ 2º Se o fato ocorre em lugar compreendido na faixa de fronteira:

Pena – detenção, de 1 (um) a 3 (três) anos, e multa.

---

[317] Súmula Vinculante 11: Só é lícito o uso de algemas em casos de resistência e de fundado receio de fuga ou de perigo à integridade física própria ou alheia, por parte do preso ou de terceiros, justificada a excepcionalidade por escrito, sob pena de responsabilidade disciplinar, civil e penal do agente ou da autoridade e de nulidade da prisão ou do ato processual a que se refere, sem prejuízo da responsabilidade civil do Estado.

Bibliografia: ALMEIDA, Fernando Henrique Mendes. *Dos crimes contra a administração pública*. São Paulo: Saraiva, 1955; BALTAZAR JÚNIOR, José Paulo. *Crimes federais*. 9. ed. São Paulo: Saraiva, 2014; BITENCOURT, Cezar Roberto. *Tratado de direito penal*. 9. ed. São Paulo: Saraiva, 2015. v. IV; COSTA JÚNIOR, Paulo José da; PAGLIARO, Antonio. *Crimes contra a administração pública*. 2. ed. São Paulo: Malheiros, 1999; DELMANTO, Celso et al. *Código Penal comentado*. 10. ed. São Paulo: Saraiva, 2022; FRAGOSO, Heleno Cláudio. *Lições de direito penal*. 2. ed. São Paulo: José Bushatsky Editor, 1965. v. IV; HUNGRIA, Nélson. *Comentários ao Código Penal*. 2. ed. Rio de Janeiro: Forense, 1959. v. IX; NORONHA, Edgard Magalhães. *Direito penal*. 12. ed. São Paulo: Saraiva, 1980. v. IV; PRADO, Luiz Regis. *Comentários ao Código Penal:* jurisprudência, conexões lógicas com os vários ramos do direito. 10. ed. São Paulo: RT, 2015.

Considerações gerais

Lembra Bitencourt (2015, p. 132) que o art. 157 do Código Criminal de 1830 já disciplinava o crime de abandono de função: "largar, ainda que temporariamente, o exercício do emprego sem prévia licença de legítimo superior, ou exceder o tempo de licença concedida, sem motivo urgente e participado". A criminalização persiste até hoje e se apresenta na codificação atual em três modalidades de abandono individual de função. Almeida (1955, p. 135) leciona que a primeira consiste no abandono individual com ânimo de perturbar a continuidade e a regularidade da função pública (*caput*); a segunda adiciona a ocorrência de prejuízo público (§ 1º); e a terceira corresponde ao abandono com prejuízo público, ocorrido em zona fronteiriça (§ 2º, v. Lei Federal n. 6.634/79, que define fronteiras nacionais). Conclui-se que é evidente que "a tutela jurídica se exerce em relação à regularidade dos serviços públicos, que depende da atividade contínua dos funcionários que servem à administração", como assegura Fragoso (1965, p. 1123).

Na opinião de Delmanto (2022, p. 1106), com a qual concordamos integralmente, "embora a rubrica do delito seja 'abandono de função', a conduta que efetivamente se pune é abandonar cargo público". Realmente são coisas diferentes, pois o tipo tutela a deserção do cargo público em sua inteireza. Na doutrina de Hungria (1959, p. 388), é a "acefalia do cargo".

O "abandono importa numa autodemissão realizada pelo funcionário, e demissão, por definição, abrange todas as funções, o seu complexo, a sua totalidade. A ementa 'abandono de função' não corresponde ao conteúdo lógico do artigo" (1980, p. 286). Em jeito de síntese, podemos dizer que o abandono deve ser total. É da essência do tipo o abandono integral, podendo a conduta residualmente ser tratada como um ilícito administrativo-funcional.

Bitencourt (2015, p. 168-169) adverte sobre a denominação "cargo público" e "função pública", que não são sinônimos: "O conceito jurídico-administrativo de cargo e função pública não se confunde, tendo, inclusive, abrangências diferentes. Cargo público – por definição legal – 'é o conjunto de atribuições e responsabilidade previstas na estrutura organizacional que devem ser cometidas a um servidor', acrescentando-se que 'são criados por lei, com denominação própria e vencimento pago pelos cofres públicos, para provimento em caráter efetivo ou em comissão', consoante dispõem o art. 3º e seu parágrafo único da Lei n. 8.112, de 11 de dezembro de 1990, que dispõe sobre o regime jurídico dos servidores públicos civis da União. Função pública, por sua vez, 'corresponde a qualquer atividade realizada pelo Estado com a finalidade de satisfazer as necessidades de natureza pública' (esta citação é do Damásio de Jesus, *Direito penal*, p. 189). Em outros termos, função pública é o conjunto de atribuições inerentes ao serviço público que não precisam corresponder, necessariamente, a um cargo ou emprego. Percebe-se, sem muito esforço, que o conceito de cargo é muito mais restrito que o de função pública, pois, ensinam os administrativistas, pode exercer função pública mesmo quem não tem cargo público (criado por lei, ingressado por concurso etc.) ou emprego (vínculo contratual regido pela CLT)".

Seguindo a classificação do nosso Professor Bitencourt (2015, p. 171), temos um crime *próprio*, de *mão própria*, *formal*, *instantâneo*, *unissubjetivo* e *plurissubsistente*. O bem jurídico é a Administração Pública. O elemento subjetivo é o *dolo genérico*, representado pela intenção de abandono do cargo. O *sujeito ativo* detém uma qualidade especial de funcionário público. O *sujeito passivo* é o Estado-Administração.

Considerações nucleares

a) Abandono de função, ofensividade e bem jurídico

A partir da postura minimalista e do referencial teórico garantista que adotamos, temos que para a configuração do delito é necessária a *efetiva* violação ao bem jurídico tutelado, que, na espécie, é a Administração Pública. Por isso, concordamos com Delmanto (2022, p. 1106), para o qual, "de modo unânime, a doutrina empresta ao delito um sentido menos severo, dando-se ao núcleo abandonar o sentido de deixar ao desamparo (...). Em face do princípio constitucional da ofensividade, para a caracterização do crime, é necessário que o abandono de função (isto é, de cargo público) efetivamente coloque em perigo ou em risco a Administração Pública".

b) Nem todo abandono é típico, ilícito e culpável

É evidente que o abandono de cargo público por parte do funcionário pode ser justificado por diversas excludentes legais e supralegais de ilicitude ou culpabilidade, como, por exemplo, os estados de necessidade justificante e exculpante. Aliás, antes disso, nem todo abandono de cargo público é típico. O abandono momentâneo, por força maior, não pode ser considerado típico, em razão da falta de dolo do agente. Para Magalhães Noronha (1980, p. 285), se o funcionário "não se apresenta em determinado lugar, para exercer, naquele dia, atividade peculiar, mas, indebitamente, permanece na repartição, não há abandono de cargo, que é o que a lei diz. Ficará naturalmente sujeito a sanções disciplinares". No particular, discordamos da posição de Prado (2015, p. 1371), ao sustentar ser possível a existência do tipo de abandono "sem que o funcionário se retire da repartição, desde que ali permaneça abstendo-se de cumprir seu ofício", pois isso implicaria infração administrativa e repreensão do funcionário de hierarquia superior.

c) Intervenção penal e infração administrativa

O abandono de cargo representado pela *ausência intencional ao serviço por mais de trinta dias consecutivos* é uma causa de demissão (art. 132, II, da Lei Federal n. 8.112/90), sendo objeto de processo administrativo disciplinar. Numa postura minimalista de direito penal, entendemos que a matéria poderia ser tratada nos limites dos Regimes Disciplinares dos Servidores Públicos municipais, estaduais e federais. Pensamos que, a depender da categoria, não se justifica a intervenção penal, ficando restrito o interesse e a legitimidade nas hipóteses representadas pelas formas qualificadas (§§ 1º e 2º do art. 323 do CP), ou naquelas demandas obrigatórias do Estado, como as funções essenciais de segurança e saúde.

Considerações finais

Importa concluir, na linha do que fizemos ao comentar outros tipos de mesma essência, que a mera falta administrativa ou disciplinar, por si só, não conduz à tipicidade penal. Trata-se de uma *infração de menor potencial ofensivo*, sendo o processo e o julgamento de competência dos Juizados Especiais Criminais, exceto no caso da forma qualificada prevista no § 2º. A ação penal é pública incondicionada em todas as modalidades. O procedimento é sumaríssimo, com aplicação dos institutos despenalizadores trazidos pela Lei Federal n. 9.099/95, mas, em nosso juízo, é necessária a notificação do funcionário para a apresentação de defesa preliminar (art. 514 do CPP), que também é aplicável ao caso do § 2º do art. 323 do CP, o qual tem procedimento comum.

É visível que o legislador de 1940 entendeu – a nosso sentir, justificadamente – que nas figuras qualificadas do artigo existe maior reprovação social e, por isso, estabeleceu sanções em patamares *qualitativos e quantitativos* diferenciados (§§ 1º e 2º). Todavia, como registramos anteriormente, numa perspectiva de direito penal minimalista, o *caput* do tipo penal é desnecessário, podendo haver a responsabilidade administrativa do funcionário, sendo resguardada a intervenção penal para as formas qualificadas e para os serviços essenciais do Estado.

Por fim, cumpre ressaltar que, enquanto vigente a norma penal, as figuras praticadas por funcionário público têm aumentada a pena, quando cometidas nos termos do art. 327, § 2º, do CP. Ainda, que a *recusa* ou o *abandono do serviço eleitoral*, sem justa causa, é tipificado no art. 344 do Código Eleitoral (Lei Federal n. 4.737/65), e que participar de suspensão ou abandono coletivo de trabalho, provocando a interrupção de obra pública ou de serviço de interesse coletivo, tem tipicidade no art. 201 do CP.

Exercício funcional ilegalmente antecipado ou prolongado

Art. 324. Entrar no exercício de função pública antes de satisfeitas as exigências legais, ou continuar a exercê-la, sem autorização, depois de saber oficialmente que foi exonerado, removido, substituído ou suspenso:

Pena – detenção, de 15 (quinze) dias a 1 (um) mês, ou multa.

Bibliografia: BITENCOURT, Cezar Roberto. *Tratado de direito penal*. 9. ed. São Paulo: Saraiva, 2015. v. IV; COSTA JÚNIOR, Paulo José da; PAGLIARO, Antonio. *Crimes contra a administração pública*. 2. ed. São Paulo: Malheiros, 1999; DELMANTO, Celso et al. *Código Penal comentado*. 10. ed. São Paulo: Saraiva, 2022; FRAGOSO, Heleno Cláudio. *Lições de direito penal*. 2. ed. São Paulo: José Bushatsky Editor, 1965. v. IV; HUNGRIA, Nélson. *Comentários ao Código Penal*. 2. ed. Rio de Janeiro: Forense, 1959. v. IX; PRADO, Luiz Regis. *Comentários ao Código Penal: jurisprudência, conexões lógicas com os vários ramos do direito*. 10. ed. São Paulo: RT, 2015.

Considerações gerais

O tipo é praticado pelo funcionário público quando este ingressar no exercício de função pública antes de satisfeitas as exigências legais ou quando continuar a exercê-la, sem autorização, depois de saber oficialmente que foi exonerado, removido, substituído ou suspenso[318]. É conduta de difícil ocorrência, pois exige uma atuação funcional *prematura* (antes da satisfação de exigências legais) ou *postergada* (atuação prolongada em ilegalidade), uma atividade que o agente público sabe ser irregular.

O crime é *próprio*, de *mão própria, formal, instantâneo, unissubjetivo* e *plurissubsistente*. O bem jurídico é o correto funcionamento da Administração Pública, especificamente, a legitimidade da investidura no cargo e na função. O elemento subjetivo é o *dolo genérico*. O *sujeito ativo* é o funcionário público. O *sujeito passivo* é o Estado-Administração (BITENCOURT, 2015, p. 175).

Considerações nucleares

a) Sem as exigências legais ou sem autorização

O tipo exige a ciência inequívoca da ilegalidade da conduta praticada pelo agente público. As condutas de ingresso no exercício da função "sem as exigências

---

[318] Trata-se de uma norma penal em branco, e cada uma das expressões – exoneração, remoção, substituição ou suspensão – representa um vetor normativo que deve ser conceituado a partir do próprio ordenamento jurídico, fundamentalmente com o significado extraído da Lei Federal n. 8.112/90.

legais" ou de continuidade "sem autorização" não se consumam sem as elementares típicas. Assim, não há crime se o funcionário público está regularmente autorizado a atuar em outro órgão do Estado, ou se tem autorização para continuar na função.

b) Intervenção penal e infração administrativa

Em nosso juízo, o exercício funcional ilegalmente antecipado ou prolongado é um tipo penal desnecessário, uma vez que a conduta pode ser tratada exclusivamente como ilícito administrativo. O crime é fixado com uma sanção simbólica, justamente em razão da falta de dignidade penal.

Considerações finais

Trata-se de uma infração de menor potencial ofensivo, com processo e julgamento de competência dos Juizados Especiais Criminais, com o procedimento sumaríssimo e aplicação dos institutos despenalizadores da Lei Federal n. 9.099/95. A ação penal é pública incondicionada. A figura poderá ter o aumento da pena quando cometida nos termos do art. 327, § 2º, do CP.

Violação de sigilo funcional

Art. 325. Revelar fato de que tem ciência em razão do cargo e que deva permanecer em segredo, ou facilitar-lhe a revelação:

Pena – detenção, de 6 (seis) meses a 2 (dois) anos, ou multa, se o fato não constitui crime mais grave.

§ 1º Nas mesmas penas deste artigo incorre quem:

I – permite ou facilita, mediante atribuição, fornecimento e empréstimo de senha ou qualquer outra forma, o acesso de pessoas não autorizadas a sistemas de informações ou banco de dados da Administração Pública;

II – se utiliza, indevidamente, do acesso restrito.

§ 2º Se da ação ou omissão resulta dano à Administração Pública ou a outrem:

Pena – reclusão, de 2 (dois) a 6 (seis) anos, e multa.

Bibliografia: ALMEIDA, Fernando Henrique Mendes. *Dos crimes contra a administração pública*. São Paulo: Saraiva, 1955; BALTAZAR JÚNIOR, José Paulo. *Crimes federais*. 9. ed. São Paulo: Saraiva, 2014; BITENCOURT, Cezar Roberto. *Tratado de direito penal*. 9. ed. São Paulo: Saraiva, 2015. v. IV; COSTA JÚNIOR, Paulo José da; PAGLIARO, Antonio. *Crimes contra a administração pública*. 2. ed. São Paulo: Malheiros, 1999; DELMANTO, Celso et al. *Código Penal comentado*. 10. ed. São Paulo: Saraiva, 2022; FRAGOSO, Heleno Cláudio. *Lições de direito penal*. 2. ed. São Paulo: José Bushatsky Editor, 1965. v. IV; HUNGRIA, Nélson. *Comentários ao Código Penal*. 2. ed. Rio de Janeiro: Forense, 1959. v. IX; NORONHA, Edgard Magalhães.

Direito penal. 12. ed. São Paulo: Saraiva, 1980. v. IV; PRADO, Luiz Regis. *Comentários ao Código Penal:* jurisprudência, conexões lógicas com os vários ramos do direito. 10. ed. São Paulo: RT, 2015; RIBEIRO PONTES. *Código Penal comentado.* 11. ed. Rio de Janeiro: Freitas Bastos, 2000; WUNDERLICH, Alexandre; ESTELLITA, Heloisa. Sigilo, deveres de informação e advocacia na lei de lavagem de dinheiro. In: PASCHOAL, Janaina Conceição; SILVEIRA, Renato de Mello Jorge (Orgs.). *Livro homenagem a Miguel Reale Júnior.* Rio de Janeiro: GZ, 2014.

Considerações gerais

O tipo é praticado pelo funcionário público quando da revelação de fato de que tem ciência em razão do cargo e que deva permanecer em segredo ou, ainda, quando facilitar a sua revelação. O crime de violação de sigilo funcional impede a revelação de fato objetivo e concreto, que o Estado tem interesse em manter em segredo, o que é cada vez mais difícil na atualidade, quando a regra é a publicização e a divulgação excessiva de dados, pelos meios de comunicação ou pelas redes sociais, sobretudo depois da publicação da Lei de Acesso à Informação (Lei Federal n. 12.527/2011)[319].

Ribeiro Pontes (2000, p. 529) ensinava de forma simples que o fato é "dar conhecimento a outrem, sem autorização legal". Para Costa Júnior e Pagliaro (1999, p. 176), revelar "significa dar a conhecer. Poderá fazer-se a revelação de qualquer maneira, não sendo necessário seja ela transmitida a um número indeterminado de pessoas, pois a norma não se refere à divulgação". O funcionário público tem o dever de atuar com discrição, tratando os temas de sua atividade no limite estrito das suas funções. Por suposto, o segredo revelado deve ter significativa importância e deve extrapolar os limites permitidos, pois a figura não incrimina a simples indiscrição, a "fofoca" ou o "fuxico" funcional. E, mais, nem todos os dados constantes nos sistemas de controle do Estado são *segredo* para fins de tipicidade penal.

O que a norma penal impõe são deveres de *fidelidade* e de *lealdade* do funcionário público ao Estado-Administração. Bitencourt (2015, p. 182), com muita propriedade, leciona que não é qualquer fato ou segredo que merece a proteção penal, sendo necessários dois elementos: um negativo, ausência de notoriedade, e outro positivo, dever funcional de preservá-lo. Não havendo tipicidade, a conduta

---

[319] Também importa ressaltar que a última legislação Antilavagem facilitou o acesso das autoridades policiais e do Ministério Público aos chamados dados cadastrais. O amplo rol de pessoas – "físicas e jurídicas, que tenham, em caráter permanente ou eventual, como atividade principal ou acessória, cumulativamente ou não (...)" – bem demonstra a abrangência da legislação, quando incorporou medidas extrapenais relacionadas às pessoas obrigadas a informar *operações financeiras duvidosas.* Como pontuamos em trabalho assinado com Estellita, é uma *cooperação privada obrigatória,* um *controle privado a serviço do controle estatal* (WUNDERLICH; ESTELLITA, 2014, p. 27).

poderá ser considerada um mero ilícito disciplinar de revelação de segrego funcional (art. 132, IX, da Lei Federal n. 8.112/90).

Nessa ordem de ideias, é possível a configuração típica quando a revelação do fato for a uma só pessoa, para uma pessoa isolada, ou com o ato de facilitação ao efetivo conhecimento do fato, como diziam Hungria (1959, p. 398), Costa Júnior e Pagliaro (1999, p. 177). O tipo ocorre "com a revelação do segredo (1ª parte) ou com sua facilitação (2ª parte); consuma-se no momento em que o sujeito ativo revela a terceiro fato que teve ciência nas circunstâncias definidas no tipo penal, isto é, em razão do cargo e que deve ser mantido em segredo; consuma-se, enfim, com o simples ato de revelar, independentemente da ocorrência efetiva de dano, pois é suficiente que a revelação tenha potencialidade para produzir a lesão, que, se ocorrer, constituirá o exaurimento do crime" (BITENCOURT, 2015, p. 179).

O crime é *próprio, formal,* no desenho do *caput,* e *material,* nas figuras qualificadas, *instantâneo, unissubjetivo* e *plurissubsistente.* O bem jurídico é a Administração Pública, a moralidade e a probidade da função. O elemento subjetivo é o *dolo genérico,* representado pela ciência do segredo e pela vontade de revelação. O *sujeito ativo* detém uma qualidade especial de funcionário público que tenha ciência da informação. O *sujeito passivo* é o Estado-Administração.

Considerações nucleares

a) Lei Federal n. 9.983/2000 e as figuras equiparada e qualificada

A Lei Federal n. 9.983/2000 incluiu duas figuras no art. 325 do CP, uma equiparada (§ 1º) e outra qualificada (§ 2º). É visível a intenção de preservação das informações estatais. A forma equiparada pune o funcionário público que permite, consente ou facilita, auxilia mediante atribuição, fornecimento e empréstimo de senha ou qualquer outra forma, o acesso de pessoas não autorizadas a sistemas de informações ou banco de dados da Administração Pública, ou se utiliza de acesso restrito ilegalmente. Sublinhe-se o recurso à expressão *ou qualquer outra forma,* utilizada pelo legislador para dar amplitude aos contornos do tipo. A forma qualificada ocorre quando uma das condutas – ação ou omissão – causar dano à Administração Pública ou a outrem, ocasionando um aumento substancial de pena.

b) *Animus defendendi*

O *animus defendendi* do agente não se concilia com o dolo exigido no tipo. Entendemos que não pratica o delito o funcionário púbico que divulga segrego ou viola sigilo com *animus defendendi,* ainda que fora dos limites de processos administrativos ou judiciais, mas como subsídio à defesa pessoal. Aliás, Hungria (1959, p. 398) sinalizava que o *animus defendendi* pode excluir o *animus delinquendi.* Assim, não existe violação de sigilo funcional quando o agente público usa a informação segredada em favor de defesa própria ou até de terceiro, podendo incidir as causas de exclusão do crime – atípicas, justificantes ou exculpantes.

c) Dever funcional específico

Sustentamos a posição de Hungria (1959, p. 397), ao acentuar a necessidade de um dever funcional de segredo que não seja genérico, mas objetivo e específico. O tipo "somente se impõe ao funcionário que, *ratione oficii*, não podia deixar de ter ciência do segredo". O pressuposto da conduta típica é o conhecimento do segredo em razão do cargo.

d) Tutela do sigilo e tipos correlatos

Existem tipos penais similares que não são praticados por funcionário público. Se o segredo objeto da violação for de interesse particular, poderá ocorrer a figura típica dos arts. 151 (*violação de correspondência*) e 153 (*divulgação de segredo*) do CP. Uma vez violado um sigilo de proposta em certame licitatório, aplica-se o art. 94 da Lei Federal n. 8.666/93. Se o segredo noticiado afetar o bem jurídico segurança nacional, ainda são aplicáveis os arts. 13, 14 e/ou 21 da Lei Federal n. 7.170/83. Se for caso de profanação de sigilo dos serviços e operações financeiras de que o agente tenha conhecimento em razão de ofício, a subsunção poderá ocorrer nos termos dos arts. 18 e 29 da Lei Federal n. 7.492/86. Se a violação for sobre o conteúdo de interceptações de comunicações telefônicas, havendo a quebra de segredo de Justiça, sem autorização judicial, ou com objetivos não autorizados, é aplicável o crime do art. 10 da Lei Federal n. 9.296/96. Na mesma linha, a transgressão do sigilo bancário prevista no art. 10 da Lei Complementar n. 105/2001, que criminaliza a quebra de sigilo fora das hipóteses legais. Além disso, o art. 326 do Código Penal Militar prevê o delito de revelar fato de que tem ciência em razão do cargo ou função e que deva permanecer em segredo, ou facilitar-lhe a revelação, em prejuízo da administração militar.

Considerações finais

O *caput* do dispositivo e a forma equiparada do § 1º representam *infração de menor potencial ofensivo*, sendo o processo e o julgamento de competência dos Juizados Especiais Criminais, com o procedimento sumaríssimo e aplicação dos institutos despenalizadores da Lei Federal n. 9.099/95. Na forma qualificada, prevista no § 2º, o procedimento é o comum.

A ação penal é pública incondicionada em todas as modalidades. Em nossa opinião, qualquer que seja a figura típica, é necessária a notificação do funcionário para a apresentação de defesa preliminar (art. 514 do CPP). Por fim, cumpre lembrar que as figuras praticadas por funcionário público têm aumentadas a pena, quando cometidas nos termos do art. 327, § 2º, do CP.

Violação do sigilo de proposta de concorrência

Art. 326. Devassar o sigilo de proposta de concorrência pública, ou proporcionar a terceiro o ensejo de devassá-lo:

Pena – detenção, de 3 (três) meses a 1 (um) ano, e multa.

Bibliografia: BITENCOURT, Cezar Roberto, *Direito penal das licitações*. São Paulo: Saraiva, 2012; BITENCOURT, Cezar Roberto, *Tratado de direito penal*. 9. ed. São Paulo: Saraiva, 2015. v. IV; COSTA JÚNIOR, Paulo José da; PAGLIARO, Antonio, *Crimes contra a administração pública*. 2. ed. São Paulo: Malheiros, 1999; DELMANTO, Celso et al. *Código Penal comentado*. 10. ed. São Paulo: Saraiva, 2022; FRAGOSO, Cláudio Heleno, *Lições de direito penal*. 2. ed. São Paulo: José Bushatsky Editor, 1965. v. IV; HUNGRIA, Nélson. *Comentários ao Código Penal*. 2. ed. Rio de Janeiro: Forense, 1959. v. IX; PRADO, Luiz, Regis. *Comentários ao Código Penal:* jurisprudência, conexões lógicas com os vários ramos do direito. 10. ed. São Paulo: RT, 2015.

Considerações gerais

Em nosso juízo o tipo penal foi revogado, pois ficou vazio a partir da publicação de lei especial posterior. O crime se realizava com o funcionário público devassando o sigilo de proposta de concorrência pública ou proporcionando a terceiro o ensejo de devassá-lo. No caso, o verbo "devassar" significava dar publicidade, revelar, propalar a proposta de concorrência pública, modalidade de licitação, que, por lei, deve ser sigilosa para que o certame tenha competitividade.

Considerações nucleares

Revogação pelo art. 94 da Lei n. 8.666/93

A Lei n. 8.666/93 regulamentou o art. 37, inciso XXI, da Constituição Federal e instituiu normas gerais para licitações e contratos da Administração Pública pertinentes a obras, serviços, inclusive de publicidade, compras, alienações e locações no âmbito dos Poderes da União, dos Estados, do Distrito Federal e dos Municípios. O art. 94 da lei revogou *tacitamente* o crime do art. 326 do Código Penal ao tratar do mesmo tema: "Devassar o sigilo de proposta apresentada em procedimento licitatório, ou proporcionar a terceiro o ensejo de devassá-lo: Pena – detenção, de 2 (dois) a 3 (três) anos, e multa". Seguimos a posição defendida por Bitencourt (2012, p. 227; 2015, p. 187); Prado (2015, p. 1099) e Delmanto (2022, p. 1111).

O crime deixou de ser *próprio* para ser *comum, formal, instantâneo, unissubjetivo* e *plurissubsistente*. O bem jurídico é a moralidade e a imparcialidade da Administração Pública, bem como a regra da sigilação das propostas dos concorrentes. O elemento subjetivo é o *dolo genérico*. O *sujeito ativo* é o funcionário público que tenha contato direto com as propostas sigilosas. O *sujeito passivo* é o Estado-Administração e os eventuais particulares prejudicados.

Considerações finais

O delito está previsto na legislação especial. Assim, o art. 94 da Lei n. 8.666/93 impõe procedimento comum em ação penal pública incondicionada.

Ante os patamares de pena fixados, não são aplicados os institutos despenalizadores da Lei n. 9.099/95. Aliás, cumpre registrar o pouco distanciamento entre o mínimo e o máximo da pena prevista no tipo, o que não é usual e prejudica a individualização judicial.

Funcionário público

Art. 327. Considera-se funcionário público, para os efeitos penais, quem, embora transitoriamente ou sem remuneração, exerce cargo, emprego ou função pública.

§ 1º Equipara-se a funcionário público quem exerce cargo, emprego ou função em entidade paraestatal, e quem trabalha para empresa prestadora de serviço contratada ou conveniada para a execução de atividade típica da Administração Pública.

§ 2º A pena será aumentada da terça parte quando os autores dos crimes previstos neste Capítulo forem ocupantes de cargos em comissão ou de função de direção ou assessoramento de órgão da administração direta, sociedade de economia mista, empresa pública ou fundação instituída pelo poder público.

Bibliografia: BITENCOURT, Cezar Roberto. *Direito penal das licitações*. São Paulo: Saraiva, 2012; BITENCOURT, Cezar Roberto. *Tratado de direito penal*. 9. ed. São Paulo: Saraiva, 2015. v. IV; COSTA JÚNIOR, Paulo José da; PAGLIARO, Antonio. *Crimes contra a administração pública*. 2. ed. São Paulo: Malheiros, 1999; DELMANTO, Celso et al. *Código Penal comentado*. 10. ed. São Paulo: Saraiva, 2022; FRAGOSO, Heleno Cláudio. *Lições de direito penal*. 2. ed. São Paulo: José Bushatsky Editor, 1965. v. IV; HUNGRIA, Nélson. *Comentários ao Código Penal*. 2. ed. Rio de Janeiro: Forense, 1959. v. IX; PRADO, Luiz Regis. *Comentários ao Código Penal: jurisprudência, conexões lógicas com os vários ramos do direito*. 10. ed. São Paulo: RT, 2015; RIBEIRO PONTES. *Código Penal comentado*. 11. ed. Rio de Janeiro: Freitas Bastos, 2000; SOUZA, Luciano Anderson. *Crimes contra a Administração Pública*. 2. ed. São Paulo: RT, 2019.

Considerações gerais

O presente artigo tem função essencial nos crimes contra a Administração Pública, ao delimitar o conceito de funcionário público para os efeitos penais. Como se sabe, a expressão "funcionário público" está prevista nos *crimes funcionais*, dentre outros, havendo dependência do conceito jurídico para a definição da tipicidade.

Ribeiro Pontes (2000, p. 530) realçava que o conceito tem "acepção ampla", representando "a pessoa legalmente investida em cargo público". De fato, o Código Penal, como assevera Bitencourt (2015, p. 189), "adotou a noção extensiva e deu maior elasticidade ao conceito de funcionário público. Isto é, não exige, para caracterização deste, o exercício profissional ou permanente da função pública.

Basta o indivíduo exercer, ainda que temporariamente e sem remuneração, cargo, emprego ou função pública".

Considerações nucleares

a) Função pública e múnus público

Adotamos a clássica posição de Hungria (1959, p. 401-402), segundo o qual a "função pública *in genere* abrange todas as órbitas de atividade do Estado: a da *legis executio* (atividade rectória, pela qual o Estado praticamente se realiza), a da *legislatio* (atividade legislatória, ou de normativização da ordem político-social) e a da *juris dictio* (atividade judiciária, ou de apuração e declaração da vontade da lei nos casos concretos)". Na lição do saudoso Ministro, é funcionário público: "tanto o Presidente da República quanto o estafeta da Vila de Confins, tanto o senador ou o deputado federal quanto o vereador do mais humilde Município, tanto o presidente da Suprema Corte quanto o mais bisonho juiz de paz da hinterlândia". "É preciso, porém, não confundir função pública com múnus público. Assim, não são exercentes da função pública os tutôres ou curadores dativos, os inventariantes judiciais, os síndicos falimentares (estes últimos estão sujeitos a lei penal especial) etc.".

b) Funcionário público por equiparação – § 1º

A Lei Federal n. 9.983/2000 deu mais abrangência ao conceito, quando equiparou a funcionário público quem exerce cargo, emprego ou função em entidade paraestatal, e quem trabalha para empresa prestadora de serviço contratada ou conveniada para a execução de atividade típica da Administração Pública. Esta elementar normativa – atividade típica da Administração Pública – não se confunde com atividades da iniciativa privada, representando atividades essencialmente estatais. No ponto, é evidente que a lei não retroage.

c) Causa especial de aumento de pena – § 2º

Conforme tratamos nos comentários aos tipos anteriores, a pena será aumentada da terça parte quando os agentes forem ocupantes de cargos em comissão ou de função de direção ou assessoramento de órgão da administração direta, sociedade de economia mista, empresa pública ou fundação instituída pelo poder público.

Considerações finais

O dispositivo trata da conceituação penal do funcionário público[320]. Em que pese a elasticidade do conceito, não é admitida interpretação extensiva ou analogia *in malam partem*.

---

[320] Súmula 147 do STJ: Compete à Justiça Federal processar e julgar os crimes praticados contra funcionário público federal, quando relacionados com o exercício da função.

Capítulo II
Dos crimes praticados por particular contra a Administração em geral

Bibliografia: ABANTO VÁZQUEZ, Manuel. Sobre o merecimento de pena do tráfico de influência. In: *Direito penal econômico*: estudos em homenagem aos 75 anos do Professor Klaus Tiedemann. São Paulo: Liberars, 2013; ABOSO, Gustavo Eduardo. Los delitos de tráfico pasivo y activo de influencias: aspectos esenciales de su configuración. *Revista de Derecho Penal del Instituto de Ciencias Penales*, n. 1, Buenos Aires, 2004; ABRALDES, Sandro Fabio. Atentado, resistencia y desobediencia a la autoridad. Tres tipos penales parecidos. *Revista de Derecho Penal*, n. 1, Rubinzal--Culzoni, 2004, p. 61-77; ALMEIDA, Fernando Henrique Mendes de. *Dos crimes contra a administração pública*. São Paulo: Saraiva, 1955; ALONSO RIMO, Alberto, La negativa a someterse a las pruebas de detección de alcohol, drogas tóxicas o sustancias similares como modalidad de desobediencia penal: estudio del bien jurídico protegido en el art. 380 CP. *Revista Aranzadi de Derecho y Proceso Penal*, n. 10, 2003, p. 29-98; AQUINO, Guilherme Xavier de. Crimes contra a Administração Pública. *Revista de Julgados e Doutrina do Tribunal de Alçada Criminal do Estado de São Paulo*, n. 31, 1996, p. 13-21; BARROS, Guilherme Freire de Melo, Ausência do autor do fato à audiência e crime de desobediência. *Revista IOB de Direito Penal e Processual Penal*, n. 42, v. 7, 2007, p. 101-107; BECHARA, Ana Elisa Liberatore S. *Da teoría do bem jurídico como critério de legitimidade de direito penal*. Tese de livre-docência apresentada à Faculdade de Direito da USP, 2010; BECHARA, Ana Elisa Liberatore Silva. A política criminal brasileira no controle da corrupção pública. In: *Estudios sobre la corrupción*: una reflexión hispano brasileña. Salamanca: Universidad de Salamanca, 2013; BERDUGO GÓMEZ DE LA TORRE, Ignacio. Corrupción y derecho penal. Condicionantes internacionales y reforma del Código Penal. *Revista Penal*, Madrid, n. 37, 2016, p. 23-45; BERDUGO GÓMEZ DE LA TORRE, Ignacio. *Cuestiones actuales de derecho penal*. Consejo de la Magistratura de Buenos Aires, 2015; BERDUGO GÓMEZ DE LA TORRE, Ignacio; BECHARA, Ana Elisa Liberatore (Coord.). *Estudios sobre la corrupción*: una reflexión hispano brasileña. Salamanca: Universidad de Salamanca, 2013; CALHAU, Lélio Braga. *Desacato*. Belo Horizonte: Mandamentos, 2004; CAMARGO, Antonio Luís Chaves. *Imputação objetiva e direito penal brasileiro*. São Paulo: Cultural Paulista, 2001; CAMARGO, Beatriz Correa de. Instrumentos internacionais no combate à corrupção. Transformações e harmonização do direito penal brasileiro. Considerações sobre os crimes praticados por particular contra a administração pública estrangeira. *Revista Brasileira de Ciências Criminais*, n. 89, v. 19, 2011, p. 95-129; CARTOLANO SCHIAFFINO, Mariano J. El tráfico de influencias en el Código Penal español: una respuesta frente a la corrupción. *Revista de Derecho Penal, Proceso Penal y Criminología*, ano 3, n. 5-6, 2003/2004; CARVALHO, Pedro Armando Egydio de. Algumas linhas sobre o direito à resistência. *Revista Brasileira de Ciências Criminais*, n. 12, v. 3, 1995, p. 155-161; CASARES VILLANUEVA, Maria Luisa. *Atentado, desobediencia y resistencia a la autoridad*. Madrid: Consejo General del Poder Judicial, 1997; CERVELLÓ DONDERIS, Vicenta. Limitaciones al ejercicio de la violencia policial en los supuestos de resistencia pasiva. Re*vista de Derecho Penal y*

Criminología, Espanha, n. 9, 3ª época, 2013, p. 13-52; COSTA, Álvaro Mayrink da. Criminalidade na administração pública: peculato, corrupção, tráfico de influência e exploração de prestígio. *Revista da EMERJ*, n. 52, v. 13, 2010; CUGAT MAURI, Miriam. Tráfico de influencias. In: *Fraude y corrupción en el derecho penal económico europeo*: eurodelitos de corrupción y fraude. Cuenca: Universidad de Castilla-La Mancha, 2006; FANELLI, Andrea. *La truffa*. Milano: Giuffrè, 1998; FAORO, Raymundo. *Os donos do poder*: formação do patronato político brasileiro. São Paulo: Globo, 2001; FÁVERO, Flamínio. Segredo médico e abortamento. *RT*, v. 314, dez. 1961; FRAGOSO, Heleno Cláudio. *Conduta punível*. São Paulo: José Bushatsky, 1961; FREITAS, Marisa Helena D'Arbo Alves de. Configuração de resistência ou desobediência no flagrante delito facultativo e favorecimento pessoal na prisão em domicílio. *Revista de Estudos Jurídicos UNESP*, n. 7, v. 4, 1999; GALDINO SIQUEIRA. *Tratado de direito penal:* parte geral. Rio de Janeiro: José Confino, 1947; GANZENMÜLLER, Carlos. El nuevo delito de negativa a someterse a las pruebas de alcoholemía, considerado como desobediencia grave a la autoridad. *Cuadernos de Política Criminal,* n. 61, 1997, p. 69-91; GARCÍA CONLLEDO, Miguel. *El error sobre elementos normativos del tipo penal*. Madrid: La Ley, 2008; GARCÍA PLANAS, Gabriel. El nuevo delito de tráfico de influencias. *Revista del Poder Judicial*, n. 29, 1993; GIMBERNAT ORDEIG, Enrique. ¿Tiene un futuro la dogmática juridicopenal? In: *Estudios de derecho penal*. Madrid: Tecnos, 1990; GOMES, Ana Cristina e FERNANDES, Fernando Andrade. Acerca da experiência brasileira com o instituto da delação premiada, expectativas político-criminais transmudadas em políticas públicas criminais. *Revista Magister de Direito Penal e Processual Penal*, v. XIII, p. 41-54, 2017; GOMES, Mariângela Magalhães. Lei das Contravenções Penais – parte especial – capítulo IX: das contravenções referentes à administração pública. In: SALVADOR NETTO, Alamiro Velludo (Org.). *Comentários à Lei das Contravenções Penais*. São Paulo: Quartier Latin, 2006; GONZAGA, Julio. A responsabilidade do comprador de fumaça no tráfico de influência. *Boletim IBCCRIM,* n. 211, v. 18, 2010, p. 17-18; GUIMARÃES, Bernardo Strobel. Reflexões acerca do princípio da impessoalidade. In: MARRARA, Thiago (Org.). *Princípios de direito administrativo*. São Paulo: Atlas, 2011; GUZMÁN DÁLBORA, José Luís. Esencia y clases del cohecho político. *Revista Brasileira de Ciências Criminais*, n. 95, v. 20, 2012, p. 117-144; HASSEMER, Winfried. ¿Puede haber delitos que no afecten a un bien jurídico penal? In: *La teoría del bien jurídico*. Barcelona: Marcial Pons, 2007; HEFENDEHL, Roland. El bien jurídico como eje material de la norma penal. In: HEFENDEHL, Roland. *La teoría del bien jurídico*. Barcelona: Marcial Pons, 2007; HEINRICH, Bernd. *Der Amtsträgerbegriff im Strafrecht*. Berlin: Duncker & Humblot GmbH, 2001; HERRERA, Lucio Eduardo. El delito de desacato en la jurisprudencia. *Nuevo Pensamiento Penal*: Revista de Derecho y Ciencias Penales, n. 5/8, v. 4, 1975, p. 373-384; HOLANDA, Sérgio Buarque de. *Raízes do Brasil*. São Paulo: Companhia das Letras, 1995; HRUSCHKA, Joachim. El objeto del juicio de antijuridicidad según el derecho penal actual. In: *Imputación y derecho penal*. Universidad de Navarra/Thomson Aranzadi, 2005; HUNGRIA, Nélson. *Comentários ao Código Penal*. Rio de Janeiro: Forense, 1955 a 1958; ISAACSSON, Gisela Brum. Crimes contra a Administração Pública: um estudo sobre a possibilidade da não propositura da ação penal face ao princípio da insignificância. *Revista Brasileira de Ciências Criminais,* n. 74, v. 16,

2008, p. 299-338; JAKOBS, Günther. *Derecho penal del enemigo*. Madrid: Civitas, 2003; JAKOBS, Günther. El principio de la culpabilidad. In: *Culpabilidad en derecho penal*. Trad. Manuel Cancio Meliá. Bogotá: Universidad Externado de Colombia, 2003; JAKOBS, Günther. Criminalización en el estado previo a la lesión de un bien jurídico. In: JAKOBS, Günther. *Derecho penal:* parte general – fundamentos y teoría de la imputación. Madrid: Marcial Pons, 1995; JAVATO MARTÍN, Antonio María. El requisito de legalidad de la acción del servicio. Un ejemplo de conflicto libertad ciudadana-seguridad estatal. *Revista Penal*, Universidad de Salamanca, n. 18; JAVATO MARTÍN, Antonio María. El concepto de legalidad de la actuación del funcionario sostenido por el tribunal constitucional alemán. Su incidencia en la interpretación del &113-III StGB. *Revista da Faculdade de Direito da UFG,* Goiânia, dez./jan. 2003/2004, ano 10, n. 27-28; JAVATO MARTÍN, Antonio María. *El delito de atentado*: modelos legislativos. Estudio histórico-dogmático y de derecho comparado. Granada: Comares, 2005; JAVATO MARTÍN, Antonio María. El requisito de legalidad de la acción del servicio. Un ejemplo de conflicto libertad ciudadana-seguridad estatal. *Revista Penal*, Universidad de Salamanca, n. 18; JAVATO MARTÍN, Antonio María. El delito de Desobediencia de Funcionario. *Revista General de Derecho Penal*, n. 21, 2014; JELLINEK, Georg. *Teoría general del Estado*. México: Fondo de Cultura Económica, 2002; JELLINEK, Walter. *Verwaltungsrecht*. 3 Auf. Berlin: Springer, 1931; LUCARELLI, Umberto. *La truffa. Aspetti penali, civili, processuali*. Padova: Cedam, 2002; LUZÓN PEÑA, Diego Manuel. *Curso de derecho penal:* parte general. Madrid: Universitas, 1995; MAGRO SERVET, Vicente. Resistencia y desobediencia: diferencias conceptuales y prácticas (arts. 550 y 556 CP). *La Ley Penal*: Revista de Derecho Penal, Procesal y Penitenciario, n. 43, v. 4, 2007, p. 99-106; MAIZA, María Cecilia. Delitos contra la administración pública. *Revista de Derecho Penal*, n. 1, 2004, Rubinzal-Culzoni, p. 303-448; MANZINI, Vincenzo. *Trattato di diritto penale italiano*. Torino: Unione Tipografico Torinese, 1935. v. V; MARTÍNEZ GALINDO, Gemma. El delito de tráfico de influencias en la administración local. *La Ley Penal*: Revista de Derecho Penal, Procesal y Penitenciario, n. 22, v. 2, 2005, p. 36-50; MATA BARRANCO, Norberto de la. El bien jurídico protegido en el delito de cohecho: la necesidad de definir el interés merecedor y necesitado de tutela en cada una de las conductas típicas. *Revista de Derecho Penal y Criminología*, Espanha, n. 17, 2006; MATA BARRANCO, Norberto de la. El delicto de cohecho activo. *Revista Aranzadi de Derecho y Proceso Penal*, n. 12, 2004, p. 29-75; MATA Y MARTÍN, Ricardo M. *Bienes jurídicos intermedios y delitos de peligro*. Granada: Comares, 1997; MELLO, Sebastian de Albuquerque. O sujeito ativo do tráfico de influência e o anteprojeto do novo Código Penal. *Revista Brasileira de Ciências Criminais*, n. 110, v. 22, 2014, p. 125-144; MOCCIA, Sergio. Aporías normativas en materia de control penal de la criminalidad económica. La experiencia italiana. *Crímen y Castigo:* Cuaderno del Departamento de Derecho Penal y Criminología de la Facultad de Derecho de la Universidad de Buenos Aires, ano I, n. I, ago. 2001; MORILLAS CUEVA, Lorenzo. El artículo 20 de la constitución y los delitos de desacatos. *Anuario de Derecho Penal y Ciencias Penales*, n. 2/3, v. 34, 1981, p. 669-690; MUÑOZ CONDE, Francisco. *Derecho penal*: parte especial. 14. ed. Valencia: Tirant lo Blanch, 2002; MUSCO, Enzo. A propósito de la tutela penal de la administración pública. *Revista Penal*, n. 9, 2002, p. 99-105; PASCHOAL, Janaina Conceição. *Criminaliza-*

ção, *Constituição e direito penal mínimo*. São Paulo: RT, 2003; NORONHA, E. Magalhães. *Direito penal:* parte geral. São Paulo: Saraiva, 2004. v. 4; PECO, José. Imperfecciones técnicas en orden a los delitos de atentado y resistencia contra la autoridad. R*evista Jurídica Argentina La Ley*: Derecho Penal: Doctrinas Esenciales, 1936-2010, v. 3, 2011, p. 49-62; NORONHA, E. Magalhães. *Direito penal:* parte geral. São Paulo: Saraiva, 2004. v. 4; NUCCI, Guilherme. *Manual de direito penal*. Rio de Janeiro: Forense, 2014; ORTEGA LORENTE, José Manuel. El secreto profesional médico: garantía del derecho a al intimidad y límite a la investigación penal. *Revista Jueces para la Democracia*, Espanha, 1999, n. 36; PINTO, Madeira. O segredo profissional. *RT,* n. 299, set. 1960; PRADO, Luiz Regis. Los delitos de cohecho y de tráfico de influencias en las transacciones comerciales internacionales conforme al Código Penal brasileño. *Revista de Derecho Penal y Criminología*, Espanha, n. 1, 2009, p. 147-173; QUANDT, Gustavo de Oliveira. Algumas considerações sobre os crimes de corrupção ativa e passiva: a propósito do julgamento do "Mensalão" (APn 470 do STF). *Revista Brasileira de Ciências Criminais*, n. 106, v. 22, 2014; REALE Júnior, Miguel. *Instituições de direito penal:* parte geral. Rio de Janeiro: Forense, 2004. v. I; REALE JÚNIOR, Miguel. *Teoria do delito*. São Paulo: RT, 1998; REALE JÚNIOR, Miguel. O crime de desobediência e os processos investigatórios do Ministério Público. *Boletim do Instituto Manoel Pedro Pimentel*, n. 18, v. 4, 2001, p. 9-12; RODRÍGUEZ, Víctor Gabriel. *Fundamentos de direito penal brasileiro*: lei penal e teoria geral do crime. São Paulo: Atlas, 2010; RODRÍGUEZ, Víctor Gabriel. *Delación Premiada*: Límites Éticos al Estado. Bogotá: Temis, 2019; RODRÍGUEZ, V. G. e DINIZ, E. S. Persecución penal de la corrupción en Brasil: del delito de cohecho hacia la mirada a la corrupción empresarial. *Revista de Estudios Brasileños*, v. 3, p. 147-159, 2016; RODRÍGUEZ GARCÍA, Nicolás. La conformidad de las personas jurídicas en el proceso penal español. *La ley penal – Revista de Derecho Penal, Procesual y Penitenciario*, n. 113, 2015; ROXIN, Claus. *Derecho penal*: parte general. Trad. Luzón Peña, Madrid: Thomson-Civitas, 2008. t. I: fundamentos. La estructura de la teoría del delito; ROXIN, Claus. El legislador no lo puede todo. *InterCriminis*, n. 12, segunda época, Perú: Instituto Nacional de Ciencias Penales, 2004; ROXIN, Claus. Normativismo, política criminal e dados empíricos na dogmática do direito penal. Trad. Luís Greco. In: *Estudos de direito penal*. São Paulo: Renovar, 2006; RUBIO, Mercedes. Atentado y resistencia a la autoridad: problemáticas abordadas en el plenario "Palienko". *Revista de Derecho Penal*, n. 1, 2004, Rubinzal-Culzoni, p. 451-454; SÁNCHEZ GARCÍA DE PAZ, Maria Isabel. *El moderno derecho penal y la anticipación de la tutela penal*. Universidade de Valladolid, 1999; SILVA, Antonio José da Costa e. *Código Penal dos Estados Unidos do Brasil commentado*. Edição fac-similar. Brasília: Editora do Senado Federal, 2004. v. I; SILVA, Evandro Lins e. *De Beccaria a Filippo Grammatica:* uma história da visão global da pena. 1991; SILVEIRA, Renato de Mello Jorge. A ideia sobre a corrupção no Brasil: da seletividade pretérita à expansão de horizontes atual. *RBCCrim*, n. 89, 2011; SILVEIRA, Renato de Mello Jorge e SAAD-DINIZ, Eduardo. *"Compliance"*, direito penal e a Lei Anticorrupção. São Paulo: Saraiva, 2015; TOLEDO Y UBIETO, Emilio Octavio. Derecho penal, poderes públicos y negocios: con especial referencia a los delitos de cohecho. In: CEREZO MIR, José. *El nuevo Código Penal:* presupuestos y fundamentos: libro homenaje al professor doctor Don Ángel Torío López. Granada: Ed. Comares, 1999; TORÍO LÓPEZ, Ángel. Límites político-criminales del delito de comisión por omisión. *ADPCP*, t. 37, fasc. III, set./dez. 1984; TORÍO LÓPEZ, Ángel. Los delitos de peligro hipotético. *ADPCP*, 1981; VÁZQUEZ PORTOMEÑE, Fernando. *Los delitos contra la administración pública*. Santiago de Compostela: Universidad de Santiago de Compostela, 2003; VIZUETA FERNÁNDEZ, Jorge. Algunas consideraciones sobre el delito de cohecho cometido por particular en el Código Penal español. *Revista de Derecho Penal*, Fundación de Cultura Universitaria, n. 15, 2005, p. 185-203; WOHLERS, Wolfgang. Teoría del bien jurídico y estructura del delito. Sobre los criterios de una imputación justa. In: HEFENDEHL, Roland. *La teoría del bien jurídico*. Barcelona: Marcial Pons, 2007; ZÚÑIGA RODRÍGUEZ, Laura. Culpables, Millonarios e impunes: el difícil tratamiento del derecho penal del delito de cuello blanco. In: *Poder y Delito*. Salamanca: Ratio Legis, 2012.

Usurpação de função pública

Art. 328. Usurpar o exercício de função pública:

Pena – detenção, de 3 (três) meses a 2 (dois) anos, e multa.

Parágrafo único. Se do fato o agente aufere vantagem:

Pena – reclusão, de 2 (dois) a 5 (cinco) anos, e multa.

Considerações gerais

Como primeiro crime do particular contra a Administração Pública está a chamada Usurpação. O agente particular que se apodera indevidamente de função pública, com ou sem consentimento de outros funcionários, exercendo os papéis que são reservados àqueles que formam o corpo do Estado. A própria Administração ofende-se com esse comportamento, porque o particular que se proclama na função pública sem a devida autorização legal lesiona, no mínimo, a impessoalidade, a isonomia e a própria legalidade como princípio. Há também o interesse de proteger a validade de cada ato administrativo, pois, ao exercer uma função, o agente pratica atos que posteriormente podem ser invalidados.

Considerações nucleares

Não se trata de dizer que um particular seja pior ou melhor que o agente público no exercício de suas funções. Poderá haver aquele indivíduo particular que, atuando indevidamente como investigador de polícia, com a anuência do Delegado local, tenha maior dedicação à elucidação de delitos que seu próprio homólogo, concursado – conquanto entendamos que esse caso seja excepcional. O problema está em que alguém se coloque como membro da Administração, ofendendo toda a sistemática de admissão e distribuição de cargos, que, conquanto burocrática e cara aos cofres públicos, tem uma função de isonomia e impessoalidade.

Mas há outro interesse colocado em risco pelo delito do art. 328 que se deve pôr em pauta. O particular que indevidamente se coloca na situação peculiar do funcionário público o faz buscando uma vantagem pessoal: prestígio, alguma vingança (para a qual utiliza o Estado como instrumento), a obtenção de dinheiro via corrupção. A maioria da casuística que envolve essa descrição típica terá esse viés egoísta, em lugar de um fim altruísta de ajudar a Administração. Desse modo, o particular se oferece para ajudar o "fiscal" da Receita, passando-se por um funcionário desse órgão, desde que para fiscalizar e multar a empresa de seu inimigo ou, então, para exigir propina a fim de evitar a mesma multa fiscal e, daí, apropriar-se de parte desse dinheiro ilícito. Deixando, entretanto, bem claro que o tipo penal não exige essa finalidade venal ou simplesmente egoísta. O tipo é em parte uma tutela da integridade pública a partir de um perigo de corrupção.

Esse sentido justifica a figura qualificada do parágrafo único: pena a partir de dois anos, no caso de o agente auferir vantagem. Trata-se, cremos, da concretização que o tipo básico sugeria, sem, no entanto, exigir: quem se investe indevidamente na função pública e vise, com isso, a vantagem indevida. Ela pode ser patrimonial ou meramente moral (como no exemplo da vingança); em existindo, caracteriza a qualificadora do parágrafo único do art. 328.

A doutrina em geral (Noronha, p. ex.) faz algumas distinções que vale revisitar. Por exemplo, a de que um funcionário público pode ser sujeito ativo desse delito, mas nesse caso é necessário cautela: o agente deve exercer função totalmente apartada da sua original, caso contrário a figura típica será outra. Por exemplo, a ação de um investigador de polícia que usurpa a função de delegado terá melhor adequação ao quanto descrito no tipo de *abuso de poder*, porque, mais que usurpar a função da autoridade, está a "extrapolar" seu papel atribuído em lei. Também há que se distinguir a figura da usurpação de função pública daquela do estelionato: se a autoatribuição da função é uma farsa para alcançar uma vantagem patrimonial específica, a usurpação é uma fraude-meio para um fim maior, motivo pelo qual deve ser absorvida no tipo do art. 171 ou em alguma de suas figuras parelhas. Há que se lembrar ainda do tipo específico do art. 359 do Código Penal, reservado aos casos em que o autor da usurpação é titular da função, porém está suspenso em virtude de decisão de autoridade.

Para usurpar a função pública é necessário exercer algum ato específico dela. Apenas apresentar-se falsamente como detentor de certa função não pode caracterizar o delito. Quando muito, a contravenção de "fingir-se funcionário público", do art. 45 da LCP (3.688/41).

Considerações finais

A usurpação de função pública foi o modo como o legislador nacional entendeu iniciar os crimes do particular contra a Administração. Fazendo-se passar por ela, mesclando-se indevidamente a ela, atingindo a validade dos seus atos e colocando-a em sério risco de corrupção. Uma figura preliminar, com grande probabilidade de ser apenas subsidiário a outros delitos, mais específicos.

Resistência

Art. 329. Opor-se à execução de ato legal, mediante violência ou ameaça a funcionário competente para executá-lo ou a quem lhe esteja prestando auxílio:

Pena – detenção, de 2 (dois) meses a 2 (dois) anos.

§ 1º Se o ato, em razão da resistência, não se executa:

Pena – reclusão, de 1 (um) a 3 (três) anos.

§ 2º As penas deste artigo são aplicáveis sem prejuízo das correspondentes à violência.

Considerações gerais

O delito de resistência encontra-se entre os crimes do particular contra a Administração que mais comumente aparecem na casuística. Trata-se, em linhas gerais, de uma ofensa à Administração, que aguarda ter suas ordens cumpridas pelos administrados, sem que contra elas exista oposição relevante. Oposição que, na descrição típica, ocorre mediante violência ou ameaça àqueles a quem incumbe executá-las.

Daí já se poder afirmar que o bem jurídico ofendido pela conduta é a própria Administração, e não os indivíduos, geralmente funcionários públicos, que a executam, o que desde logo já solve uma eventual questão de concurso de crimes: haverá um ato único de resistência, ainda que o agente ameace ou empregue violência contra mais de um sujeito.

A leitura do tipo obriga a diferenciá-lo da conduta de desobediência, porque *resistir* implica opor-se mediante ameaça (não necessariamente *grave*) ou violência. Quem, por exemplo, diante da ordem policial de deixar o veículo para ser revistado ou preso se recusa a fazê-lo, simplesmente *desobedece* a uma ordem, mas não *resiste* à revista ou à prisão.

Mais comum será, em nossa cultura, a conduta do cidadão que se opõe à ordem legal da autoridade mediante a demonstração de poder típica do "você sabe com quem está falando?", como também enuncia Magalhães Noronha (2004, p. 205). Nesse recorrente caso há que se entender que existe uma *ação* típica da resistência, uma ameaça velada à autoridade constituída, de que esta possa vir a sofrer represálias (evidentemente ilegais) pelo devido cumprimento de seu dever.

Note-se que a lei define como sujeito passivo do delito o funcionário público *competente* para a execução do ato, o que impõe consequências que adiante podem ser comentadas, a exemplo do erro do agente acerca da condição de não competência do funcionário. Também pode ser sujeito passivo aquele que auxilia o servidor no cumprimento de sua função, mas é imprescindível que seja um auxílio autorizado em lei. Nesse sentido, por exemplo, a ameaça proferida ao particular que ladeia o oficial de justiça para acompanhar, em interesse privado, o cumprimento de uma decisão judicial, não pode, em nossa opinião, ser compreendida como resistência, senão, se for o caso, como o crime comum do art. 147 do Código Penal.

Há uma **figura qualificada** pelo fato de, por conta da resistência, não se vir a executar o ato legal, que vem até a transformar a pena do *caput*, de detenção, em reclusão obrigatoriamente. Esse agravamento específico pelo resultado denota o intuito do legislador em proteger mais a Administração e menos o agente público, o que é ainda confirmado pela regra específica de concurso, do § 2º do art. 329. A obrigatoriedade de *concurso material* com o ato de violência evidencia-nos que o tipo da *resistência* tutela o cumprimento da ordem legal, enquanto a ofensa ao indivíduo-funcionário se deve reservar a tipos específicos de crimes contra a pessoa.

Considerações nucleares

A maioria da doutrina apontará, porque é elemento evidente do tipo, que somente o *ato legal* é passível de resistência. Também se dirá, com razão, que o ato legal não se confunde com a matéria de fundo do ato *justo*, de maneira que uma decisão judicial materialmente injusta pode dar origem a uma ordem legal que deve ser cumprida sem o impedimento, por meio de violência ou ameaça, daquele incumbido de levá-la a cabo.

A questão não é de todo nova, a despeito de ser pouco tratada no Brasil, mas pode ser assim centrada: qual é o conceito de *legalidade* que se deve utilizar na interpretação dos tipos dos arts. 329 ("ato legal") e 330 ("ordem legal") do CPB?

É quase integralmente aplicável a sistematização que faz Javato Martín (2006, p. 56 e s.) acerca das teorias que explicam o conceito de *legalidade* da ordem/ato do funcionário público, cuja desobediência/resistência podem vir a constituir injusto. Identifica o autor, a partir da observação das teorias surgidas a partir do Código Penal Imperial alemão de 1871, quatro ramos teóricos distintos: a) a teoria do dever do cargo ou *conceito penal de conformidade ao direito*; b) a teoria objetivo material; c) a teoria da eficácia; d) a teoria da exequibilidade.

A letra **a)**, a teoria do *dever do cargo* ou do conceito *material* de conformidade ao direito, tem mais ampla aceitação. Trata-se, *grosso modo*, da assertiva de que o cidadão tem o dever de obedecer à ordem desde que a autoridade seja competente e tenha procedido a formalidades essenciais ao declará-la, ainda que sua análise dos fatos termine por ser materialmente equivocada. Em outras palavras, a autoridade deve haver procedido a um exame da realidade conforme a lei, nos limites de seu dever, quer quando proceda por si mesmo ao julgamento dos fatos, quer quando receba uma ordem superior, hipótese em que lhe bastará confiar na legalidade desse comando.

A letra **b)**, a teoria objetivo-material, por sua vez, caminhando no sentido da proteção do cidadão perante o Estado, exige da autoridade um exame completo (portanto do legal do ponto de vista objetivo, não pelo subjetivismo da autoridade) e material (efetivo, real, e não apenas em sua forma) para que se possa considerar legal o ato a que o particular resiste ou a ordem a que se opõe.

A letra **c)**, a teoria da *eficácia*, é aquela que considera legal *tanto* os atos objetivamente lícitos como aqueles que, conquanto padeçam de alguma irregularidade, pode esta ser sanada em momento posterior. Daí seu nome, porque são consideradas *legais*, para os limites do tipo penal, as ações da autoridade que permanecerão eficazes;

A letra **d)**, a teoria da exequibilidade, como explica Javato, é uma versão mais moderada da teoria objetivo-material. Para essa teoria, para que se entenda a ordem como "conforme ao direito" (a *Rechtmäßssigkeit* alemã), é necessária apenas a legalidade da ação executora, e não a do ato que lhe ampara. Fundamenta-se ela na diferença entre ato ou mandado básico e ato de execução.

A legalidade do ato a ser cumprido é, entretanto, um elemento normativo exigido pelo tipo cuja cognição pelo agente se faz, no mais das vezes, bastante complexa. Ainda que se considere que aquele que obedece à ordem deve fixar-se apenas em seus aspectos formais, a possibilidade de *erro* acerca desse elemento deve ser sempre considerada aqui especialmente.

Tome-se o exemplo do motorista profissional que, dirigindo seu caminhão, encontra, em uma rodovia em geral abandonada pelo Poder Público, uma barreira policial. O policial rodoviário sinaliza para que o motorista encoste o caminhão, mas ele acredita tratar-se de um roubo, em que a presença de pessoas fardadas não será mais que um ardil para facilitar a abordagem sem maior resistência. Sem parar o caminhão, segue na via, resistindo à ordem legal, porque seu veículo representa ameaça de atropelamento ao policial que continue na via. Outro exemplo ainda mais comum: policiais civis que abordam um indivíduo na rua, descendo de sua viatura não caracterizada com arma em punho e a poupar qualquer tipo de identificação lícita da condição de policiais para além de mera afirmação oral, proferida no calor da abordagem. O indivíduo objeto da ação policial, imaginando cuidar-se de algo no estilo de uma tentativa de sequestro, repele-a com violência. Em ambos os casos, há que se considerar que alguma resistência decorre de erro do agente, não convicto – por razões perfeitamente escusáveis a exemplo da violência cotidiana no País ou mesmo da má vontade dos agentes públicos em identificar-se –, de estar diante de um *ato legal* que ali se perfaça. À ausência de resistência culposa, o fato deixa de ser típico por faltar dolo acerca de todas as condições que o tipo exige, no caso a legalidade do ato contra o qual se resiste, ou mesmo a condição de funcionário público daqueles que como tal mal se identificam.

É essa uma das mais evidentes consequências práticas do **elemento normativo do tipo**. Quando se depende a intelecção da realidade de um juízo de valor, é de questionar o quanto se pode esperar que o agente reconheça esse elemento *icto occulli*, ou, pior, que esteja acorde com o juízo que o tipo demanda (no caso, concordar com a legalidade do ato). São assim, em nossa opinião, dois elementos muito próximos no caso, que, entretanto, se movem a distintos pontos da teoria do delito: o alargamento do erro de tipo (tipicidade), porque este tem um juízo de valor difícil de alcançar, ou a inexigibilidade de o agente interpretar imediata e corretamente a legalidade do ato (culpabilidade). Embora a alcançar pontos diferentes, ambos devem resultar na inexistência do delito, ausente o dolo ou a culpabilidade.

Considerações finais

Do mesmo modo que se entende que o tipo penal da resistência (como também o da desobediência) traz peculiaridades quanto à possibilidade de erro, por conta da força do elemento normativo, também é singular sua relação com a imputabilidade.

Afinal, a jurisprudência nacional é quase pacífica em determinar que o indivíduo, quando embriagado, não responde por delitos como resistência, desobediência ou desacato. O que parece bastante razoável, tendo em vista seu estado de descontrole, que naturalmente o leva a opor-se à autoridade, isso quando, não raro, é seu estado de embriaguez o próprio motivo pelo qual a autoridade se dirige a ele.

Mas a razoabilidade do raciocínio encontra um óbice na presunção do Direito Penal sobre a imputabilidade do embriagado (*vide* nosso comentário ao art. 28, neste Código). Será possível dizer que existe, no caso específico desses crimes do particular contra a Administração, uma exceção a essa norma? Se existe, qual seria a sua natureza?

A justificativa mais imediata que surge para a consideração especial da embriaguez seria o estado de valentia ou mesmo de destruição dos freios morais do embriagado diante da contrariedade que o agente público lhe opõe. Embriagado ou sob uso de entorpecentes, o indivíduo tende a não se conformar com a oposição do Estado, e possivelmente, mesmo reconhecendo a necessidade de acatar uma ordem que entende legal, não logra se autodeterminar diante dessa cognição, vindo então a resistir, desobedecer ou desacatar. Entretanto, é exatamente essa transformação de personalidade ou de capacidade intelectiva que determina o cometimento de outros delitos sob o mesmo estado de embriaguez, a exemplo da lesão corporal ou do homicídio. Por que, então, crimes como o desacato e a resistência escapariam ao grilhão da *actio libera in causa*?

Uma saída para considerar essa "descriminalização" do ofensor embriagado seria a de observar que a restrição que o Código faz à embriaguez fica adstrita à imputabilidade, como se lê do *caput* do art. 28. Isso pode implicar reconhecer que outros elementos da *culpabilidade*, como a inexigibilidade de conduta diversa, não estariam afetados pela presunção. Se a experiência então demonstra que o embriagado guarda em si uma tendência maior a, dito de modo genérico, *resistir* à ordem, pode-se entender que, naquelas circunstâncias específicas, não era de se exigir do intoxicado que viesse a obedecer à ordem legal ou a respeitar como autoridade o executor dessa mesma ordem que lhe contraria interesses.

Mas cremos que mais exato que solucionar a questão via culpabilidade é transferi-la ao tipo. Não porque falte ao embriagado ou drogado o dolo que, na perspectiva finalista, compõe ontologicamente a ação descrita no tipo, mas porque este não tem a função de proibir a ação ofensiva daquele que se encontre em estado alterado de consciência. Em termos finalistas, pode-se dizer que exista a adequação social da conduta, mas seria aqui mais adequada a não imputação típica, ao escapar a ação ao âmbito de proteção da norma. *Grosso modo*, estes seriam os termos funcionalistas: a ação escapa ao objetivo da norma, que não pretende proteger o Estado de reações de insolventes, e sim significar um desrespeito direto à Administração.

Desobediência

Art. 330. Desobedecer a ordem legal de funcionário público:
Pena – detenção, de 15 (quinze) dias a 6 (seis) meses, e multa.

Considerações gerais

O delito de desobediência traz enunciado objetivo, que gera pouca dúvida sobre seu conteúdo mais genérico. A ordem do funcionário público, desde que *legal*, tem de ser obedecida, de modo que negar-se a fazê-lo implica pena de detenção.

De forma muito próxima à resistência (*vide* comentários ao art. 329), a conduta do art. 330 ofende em primeiro lugar a Administração Pública, sendo apenas objeto mediato o funcionário que eventualmente manifesta a ordem legal ou a notícia ao particular. A conduta, aliás, é em geral omissiva, porque a desobediência aparece como o não fazer aquilo que se aguarda: o cumprimento da ordem legal.

Considerações nucleares

Apesar do enunciado pontual a que já se referiu, a aplicação, na prática, do delito de desobediência é das mais controversas. O elemento normativo do tipo "ordem legal" envolve não apenas a grande possibilidade de interpretação do próprio desobediente acerca da legalidade da ordem – a exemplo de o que já se comentou acerca do delito de resistência –, mas também a hipótese de que exista um lastro de relativização que permita a não obediência cabal à ordem, quando confrontada com princípios maiores que não estejam diretamente considerados na ordem desobedecida.

Ordens incompletas ou equívocas

O contexto de complexidade legislativa, somado à necessidade da observância das garantias do indivíduo faz com que não sejam incomuns casos em que o conteúdo e, principalmente, os limites da ordem concedida não estejam claros o suficiente para permitir seu cumprimento. Para aquele a quem a ordem se dirige, mesmo em se afastando sua vontade subjetiva de não obedecer à ordem que lhe desagrade, é possível que, quando em linguagem equívoca, esse conteúdo ou os limites da ordem assumam sentido bastante diverso. As consequências dessas falhas de comunicação são representativas no momento de interpretar a conduta à luz do tipo da desobediência.

A lei processual dá sempre mostras de que é da constituição de um processo operado mediante linguagem que surjam sempre equívocos. A recorrência de recursos como os embargos de declaração ou, no processo civil especificamente, as grandes diatribes que surgem no momento de liquidação de uma sentença que, *in abstracto*, parecia absolutamente precisa em sua linguagem alertam o magistrado que eventualmente queira fazer incidir o tipo da desobediência à omissão do particular para que talvez o cumprimento resistido da ordem não contenha o dolo mínimo de enfrentar a Administração, mas simplesmente de não alcançar os limites que não aparecem redigidos na ordem. Assim é que, certa vez, um administrador da empresa, em face de ordem judicial de que entregasse as cópias de determinada documentação em seu poder, respondeu que lhe era impossível cumprir o comando, porque não tinha em mãos quaisquer cópias de documentos, senão apenas originais. O oficial de justiça interpretava, entretanto, que a ordem judicial era clara no sentido de que o administrador *providenciasse extração* de cópias, sob pena de que os originais fossem levados a Juízo. O administrador resistira, por não ler no mandado referência a qualquer extração de cópias, apenas a mera entrega. Se houvera de haver um "fornecimento", tal qual interpretava o meirinho, a ordem deveria também esclarecer a quem incumbia custear o procedimento, dentre outros fatores. O desvelar do caso mostrou que, diante de ordens pouco claras, o tipo de desobediência não tem cabida. Mesmo que se entenda que o desobediente opta pela interpretação da norma que lhe é mais amplamente favorável, essa hermenêutica unilateral, desde que não totalmente irrazoável, é direito seu.

Sem adentrar, então, a questão da legalidade da ordem, seus limites, se indefinidos, concedem ainda maior insegurança no momento de aplicação do delito do art. 330. Um mandado judicial de busca em domicílio que defina um endereço como objeto da persecução pode ser suficiente para autorizar a entrada policial em determinada mansão de bairro nobre, mas imprecisa quanto a seus limites em um cortiço de bairro pobre, com várias construções anexas, fundos, espaços divididos para famílias diferentes etc. Nesse sentido, a resistência ou desobediência a ordem de franquear a entrada policial pode ser legítima, sem ter necessariamente de significar um erro de tipo por parte do resistente. Simplesmente é de compreender, por inexigibilidade de conduta diversa, a interpretação que o indivíduo empresta à ordem, no sentido de que ela não atinge seu domicílio, por exemplo. Se um *tipo penal* deve ser suficientemente restrito em sua descrição da conduta, para que o cidadão compreenda o que lhe é proibido, também a ordem obedecida deve conter a precisão devida, concedendo-se ao particular a possibilidade de fazer uma interpretação rápida dela em seu favor, à ausência de uma enunciação precisa.

Essa concessão é a que o juiz que aplica a desobediência deve fazer para afastar a culpabilidade, o que não implica deixar de reforçar, como prevenção positiva, a imprescindibilidade de cumprimento das ordens legais advindas do Estado.

Norma penal e norma administrativa

Vem já de Nélson Hungria (1959, p. 378) a advertência de que, à existência de qualquer sanção administrativa para o desobediente, há de se desconsiderar o crime específico. Os casos excepcionais estarão indicados no próprio Código, a exemplo de o que ocorre nos arts. 219 e 458 do CPP, que expressamente determinam cumular-se a sanção penal com a processual-administrativa. O Código de Processo Civil de 2015, por sua vez, prefere recorrer por vários momentos à repriminada específica do art. 330 do CPB a fim de assegurar seus institutos via coerção penal, a exemplo do art. 403, parágrafo único, e arts. 524, § 3º, e 529, § 1º, este que ilustrativamente recortamos: "§ 1º Ao proferir a decisão, o juiz oficiará à autoridade, à empresa ou ao empregador, determinando, **sob pena de crime de desobediência**, o desconto a partir da primeira remuneração posterior do executado, a contar do protocolo do ofício".

Uma e outra estratégia têm seus motivos e ambas estão, cremos, baseadas na correta compreensão kelseniana de que, em um Estado de Direito, uma norma (e assim a norma individual que a sentença do juiz representa) sem sanção não vincula. A única pena que pode existir para o desobediente é aquela prevista em lei. Mas há que se lembrar que a sanção do direito penal é sempre subsidiária, daí a opção do legislador por prever uma repriminada administrativa denota a renúncia à pena como garantidora daquele cumprimento, salvo, como dito, se houver expressa disposição em contrário. Em um mundo mais complexo, sempre será mais preciso que a própria lei administrativa preveja suas repriminadas, a desafogar o sistema penal e, principalmente, a conceder maior eficácia à própria sanção.

Essa lógica conduz a que se encontre um campo delimitado a que a intervenção penal se faça justificável, inclusive sob o absurdo lógico de se prescrever a punição penal à desobediência menos significativa (a que a lei, talvez por omissão, não prescreva consequência na seara específica), e aplicar somente a sanção administrativa àquelas que assim a lei tenha previsto por serem mais relevantes.

Uma das melhores soluções para o impasse é observar sempre o âmbito de proteção do tipo da desobediência como o menosprezo à Administração Pública, de modo que há que se demonstrar que o agente/omitente deixara de cumprir a ordem por menoscabo a ela própria. Assim, apenas como ilustração, se o dono de um restaurante recebe da Prefeitura uma notificação para adequar a entrada de seu estabelecimento, sob pena de multa diária, pode deixar de cumprir a ordem porque, naqueles dias, é-lhe impossível promover obras no imóvel: tem compromissos marcados com clientes ou é o dia de seu maior movimento; prefere, então, pagar a multa, porém com o compromisso da obediência assim que honrar suas mais urgentes obrigações contratuais. No entanto, se o dono de uma casa noturna, instado a adequar a vedação sonora de seu estabelecimento sob pena de multa, entende melhor saldar a sanção pecuniária e manter-se funcionando porque seu lucro assim é maior, e a vedação sonora lhe sairá mais dispendiosa que a sanção, demonstra que existe um desprezo para com a Administração. Portanto o tipo assume o sentido que se deve interpretar a partir da rubrica do Título: Crimes contra a Administração.

Recusa de quebra do sigilo médico e desobediência

Guilherme Nucci defende, em seu *Manual*, hipótese de desobediência que convém aprofundar. É o caso do médico que, alegando segredo profissional, recusa-se a fornecer ao Poder Judiciário cópias de prontuários de seus pacientes, quando estes não o autorizem. Para o autor, dentre outros argumentos, "para colaborar com o Poder Judiciário, na sua tarefa de apurar lesões ou ameaças a direito, pode o sigilo ser rompido, visto não haver direito absoluto. Se pode o sigilo bancário ser quebrado por ordem do magistrado, por que não poderia o sigilo médico?" (NUCCI, 2014, p. 119). Em outros escritos, entretanto, defendemos posição contrária para a mesma hipótese, que assume relevância porque se amplia a alguns outros casos em que o sigilo profissional é mais sensível diante da intimidade.

Primeiro, há que se tomar em conta que todo profissional chamado a prestar declaração que envolva sigilo profissional tem *obrigação* de calar-se, por força do dispositivo da lei adjetiva nacional, especificamente o art. 207 do CPP. Trata-se de uma proibição legal, e não de mera faculdade[321]. Nesse sentido, cabe ao juiz da instrução penal impedir que, com prejuízo à intimidade de um interessado, possa um profissional médico prestar informações sobre o que está sob sigilo.

Mas a ordem judicial não implica *ipso facto* nem a legalidade da prova nem a inexistência de infração disciplinar por parte do profissional que obedece ao juízo, porque, muitas vezes, em nossa opinião, pode a norma deontológica exigir que o profissional se indisponha ao cumprimento da ordem judicial (ilegal), em defesa de um compromisso maior: aquele que guarda com sua profissão.

Embora tal matéria já não se encontre no âmbito estritamente penal, cabe apenas destacar que não se há de fazer coro com o argumento de que a quebra do sigilo em um processo, por ordem judicial equivocada em virtude de errôneo sopesamento de bens, possa vir a ter seus prejuízos sanados pela mera declaração posterior de nulidade[322]. Os prejuízos da revelação de um segredo que não deveria

---

[321] No mesmo posicionamento, comentando a lei portuguesa, *vide* Madeira Pinto (1960, p. 30).

[322] Em nossa interpretação, é o que sugere Ortega Llorente, ao afirmar que "No cabe confundir con ese supuesto aquél en el que el juez, motivadamente, tras realizar una ponderación correcta de los bienes en conflicto, fuerza el levantamiento del secreto. (...) En ese caso, salvo el caso de actuaciones prevaricadoras por parte del juez – caso en el cual sólo cabría exigirle responsabilidades penales a éste – ni este ni el profesional incurrirían en responsabilidad, aunque, desde luego, la prueba sería nula" (1999, p. 54). Entendemos que

ser quebrado são evidentes, e a reversão, por assim dizer, ao *status quo ante* é impossível. Daí exigir-se, deontologicamente, que um profissional resista, o quanto possível, à quebra de seu sigilo, quando entendê-la ilegal, sob pena de ser disciplinarmente responsável por seu ato, mesmo diante da obediência a ordem judicial cuja ilegalidade já se poderia vislumbrar.

Num regime democrático, uma decisão judicial que determina sua violação tem caráter autoritário e, por isso, não libera o profissional da Medicina da obrigação ética de não concorrer para que a ilegalidade se aperfeiçoe. Por isso, em nosso entendimento, a decisão sancionadora deontológica que condenasse um profissional que obedeceu a ordem judicial para a entrega de prontuários médicos de paciente, sem a autorização deste[323], seria perfeitamente legal, porque indicaria infração ao art. 102 do Código de Ética Médica[324]. Uma decisão nesses termos não teria natureza jurídica diversa daquela que condena médico psiquiatra por haver utilizado seus conhecimentos para auxiliar em métodos de tortura utilizados pelos próprios agentes do Estado durante a ditadura, em nome da segurança nacional, ou – em área diversa – do Tribunal Canônico que condena à excomunhão um sacerdote que, torturado em país durante regime que não admite a religião católica, revela um segredo de confissão[325].

Se o médico está *proibido* de depor em processo penal, por força de lei (art. 207 do CPP), é defeso ao juiz determinar que, ausente o consentimento do paciente, sejam revelados prontuários médicos. A recusa do profissional a prestar essas infor-

---

pode o profissional incorrer em responsabilidade, embora o autor esteja absolutamente correto em considerar que a responsabilidade penal está perfeitamente elidida.

[323] Flamínio Fávero vai mais longe, não dispensando o médico de tal obrigação mesmo quando exista consentimento do paciente: "Na conceituação do segredo, eu vou ainda mais longe, discordando, no particular, do meu ilustre colega superintendente do Hospital das Clínicas. A autorização do paciente não autoriza a quebra do segredo, e isso não só porque desconhece a referida paciente até que limite vai a autorização, mas ainda porque o segredo não pertence só a ele" (FÁVERO, 1961, p. 650).

[324] Para pacificar a controvérsia, a Resolução CFM n. 1.605/2000, cujo art. 4º determina ao médico: "Se na instrução de processo criminal for requisitada, por autoridade judiciária competente, a apresentação do conteúdo do prontuário ou da ficha médica, o médico disponibilizará os documentos ao perito nomeado pelo juiz, para que neles seja realizada perícia restrita aos fatos em questionamento". Dessa forma, o médico não fornece a juízo o prontuário do paciente, mas apenas ao perito médico, que deverá zelar pelo sigilo.

[325] O caráter absoluto do sigilo é muito bem enunciado para o sacerdote católico. O Código de Direito Canônico estabelece que "O sigilo sacramental é inviolável; por isso é *absolutamente ilícito* ao confessor de alguma forma trair o penitente, por palavras ou de qualquer outro modo e *por qualquer que seja a causa*" (Can. 983, § 1º, grifo nosso). O cân. 1388 impõe ao confessor indiscreto a "excomunhão *latae sententiae* reservada à Sé Apostólica", certamente no intuito de que não se ponham em discussão os valores sopesados para a decisão da quebra de tal sigilo.

mações não caracteriza, portanto, o delito de desobediência. Processualmente, a solução é nomear um perito médico e a ele, sim, dar acesso ao conteúdo do prontuário, para que responda a todas as questões formuladas pelo juízo e pelas partes.

Considerações finais

O delito de desobediência tem como fundamento o desrespeito à Administração Pública, e serve como um elemento a mais para tentar garantir a segurança do Estado, pois a obediência à ordem legal significa, no limite, a observância do ordenamento como um todo, a partir daquilo que é mais particular: um comando direcionado ao indivíduo. Mas, exatamente porque significa uma obediência a todo o ordenamento, o tipo penal está sujeito, em lugar de uma aplicação imediata, ao sopesamento das circunstâncias que exige a aplicação de qualquer sanção penal: um exame rigoroso da tipicidade, com o devido conhecimento do agente e de todos os seus pressupostos fáticos e, aqui, também normativos, pela existência da "ordem legal"; a inexistência de causas de justificação, tão plausíveis como o estado de necessidade; ou os elementos da culpabilidade, como a impossibilidade de conduta diversa.

Também é de se notar, como consideração geral a esse delito, que a interpretação do elemento normativo do tipo, como *normativo* que é, sofre mudanças com o passar do tempo. Nossa sociedade está dando mostras de conseguir deixar o passado colonialista, o patrimonialismo que faz com que ricos e poderosos estejam totalmente imunes às leis sancionatórias em geral, como tão bem se descreve no conceito de "capitalismo politicamente orientado", de Faoro (2001, p. 203), na tentativa de sedimentar uma sociedade mais isonômica. Essa isonomia traz consequências de dupla vertente. De um lado, faz com que o indivíduo comum, por primeira vez, passe a contestar materialmente a legalidade de ordens materialmente injustas. De outro lado, quando a lei começa a valer àqueles antes inatingíveis ao castigo do Estado, porque neste ocupam cargos elevados, contestem a legalidade de quem ouse enfrentar sua posição caudilhista. Casos relativamente recentes do Brasil trouxeram essa situação tão inaudita: o Presidente do Senado recusa-se a obedecer à ordem liminar do Supremo Tribunal, lavrada a partir de processo criminal, para que abandone o posto da Presidência. Um então juiz de primeira instância, capitaneando processo de alta repercussão nacional, refuta cumprir ordem de *habeas corpus* assinada por desembargador, sob a alegação de que este não era competente, por estar em Plantão Judiciário.

Quando as ordens judiciais atingem donos do Poder, esses poderes se enfrentam, e é, apesar de indesejada, natural a recusa em obedecê-las, por aqueles que julguem deter um poder maior que o da autoridade da qual provém a ordem.

Parte do enfrentamento de poderes, em que a desobediência ocorre entre funcionários públicos, talvez por erro (na complexa questão de ele recair sobre o elemento normativo do tipo ou sobre a licitude do ato), talvez por convicção de que são inatingíveis, ou talvez por a ordem a cumprir não ter legitimidade, hipótese em que o fato é indiscutivelmente atípico. Há que se lembrar que, diferentemente do que ocorre na Espanha, no Brasil não existe o delito de desobediência específica pelo funcionário público, que preserva principalmente *jerarquia funcionarial* (JAVATO, 2014, p. 7), porque um dos requisitos é o de que o funcionário desobediente esteja obrigatoriamente subordinado àquele que determina o cumprimento da ordem. Caso como esse, no Brasil, estaria mais próximo do delito de prevaricação. Por aqui, porque em tese se trata de delito cometido por *particular* contra a administração, o funcionário público somente poderá cometê-la "se destinatário de ordem judicial e, considerando a inexistência de hierarquia, tem o dever de cumpri-la" (REsp 1173226/RO, rel. Min. Gilson Dipp).

A desobediência entre poderes é problema relativamente novo, do qual não nos podemos queixar se o entendemos como consequência de uma sociedade que começa a vencer as barreiras da desigualdade na aplicação da lei penal. Ademais, abstraindo-se o conceito político que está no seu germe, a recente Lei de Abuso de Autoridade (Lei n. 13.869/2019) é um fator que indicia o novo compromisso que devem ter as autoridades com a legalidade de seus atos, pois um ato de autoridade, mesmo que formalmente perfeito, quando "descabido" (veja-se art. 10 da referida lei), agora pode constituir fato típico pelo próprio agente público. São pequenas conquistas da liberdade cidadã, que importam valorações diferentes ao tipo penal analisado.

Desacato

Art. 331. Desacatar funcionário público no exercício da função ou em razão dela:

Pena – detenção, de 6 (seis) meses a 2 (dois) anos, ou multa.

Considerações gerais

Desacata funcionário público quem o desrespeita, quem o humilha, no exercício da função ou em razão dela. Embora seja claro que o ofensor, quando se dirige ao funcionário público, quer atingir a sua pessoa e não a Administração Pública, há de observar-se que esta se encontra (ou tem de encontrar-se) em alguma medida menoscabada. Somente esse menoscabo dá sentido de Crime de Particular contra a Administração Pública, que é da essência do tipo.

Note-se que o tipo de desacato traz em si um parcial componente de ofensa à honra do indivíduo-funcionário, motivo pelo qual doutrina e jurisprudência serão acordes em fixar que é necessário que este esteja presente ao ato e se sinta subjetivamente ofendido para que se aperfeiçoe o tipo. De contrário, esvai-se a relevância penal do ato, ainda que a Administração se declare ofendida.

Considerações nucleares

O tipo de desacato visa a garantir que o cumprimento da atividade administrativa ocorra sem que o funcionário seja ofendido pelo particular. Mas é da razoabilidade que, como não nos encontramos em um Estado autoritário, a lei não seja utilizada para aumentar a situação de opressão em que o particular se encontra perante a Administração, senão apenas para preservar a respeitabilidade da função pública.

Ao particular é vedado ofender o funcionário público, pelo tipo do art. 331, porque a ofensa resvala em toda a Administração. Lembrando-se que, neste tipo, o sujeito ativo pode também ser funcionário público, não é incomum que uma alta autoridade ofenda uma menor quando esta cumpre sua função, a exemplo do guarda de trânsito que é insultado por um membro do alto escalão do Executivo quando recebe ordem de submeter-se a teste de alcoolemia na condução de veículo. No país de cultura ainda caudilhista em que o coloquial "você sabe com quem está falando?" é uma fala recorrente, o tipo de desacato dá elemento ao funcionário para defender-se legalmente do enfrentamento pessoal levantado pelo particular.

Desacato como instrumento de repressão às liberdades

Especial cuidado é necessário na interpretação do tipo de desacato a fim de que não se torne instrumento ilegítimo de constrição ao indivíduo, em especial no seu direito à liberdade de opinião e de manifestação. Muitas das chamadas repartições públicas brasileiras trazem em suas paredes afixado, perto dos balcões destinados a atendimento ao cidadão, um cartaz que reproduz o tipo penal do art. 331 do CPB, como para alertar ao particular que qualquer protesto seu está sob a égide da punição penal. Uma forma de intimidação ilegítima, já que não apenas reproduz a norma que se presume conhecida de todos (não há na repartição afixado um cartaz lembrando sobre o tipo de corrupção ativa e passiva, concussão ou prevaricação), mas principalmente tenta evitar um protesto mais altercado sobre mau atendimento. O dever de qualquer um de dirigir-se a seus semelhantes com urbanidade e respeito não se *altera* em sua essência diante do funcionário público, apenas se amplia com o interesse em proteger aqueles que lhe prestam serviço.

O desacato tampouco pode ser instrumento generalizado de contenção de protestos, motivo pelo qual há que se observar os momentos em que a possível ofensa não está abarcada pelas grandes liberdades, como a livre opinião e a liberdade de manifestação pública. Seria simples, por exemplo, a um Governador de Estado que faz um discurso em praça pública e escuta protestos, ofensas e gestos de hostilidade da multidão a que se dirige determinar prisões em flagrante por desacato, em um modo transverso de desfazer uma manifestação popular legítima. É nesse sentido que a *Declaração de Princípios sobre a Liberdade de Expressão*, da Comissão Interamericana de Direitos Humanos (outubro de 2000), enuncia em seu Princípio 11 que "Os funcionários públicos estão sujeitos a uma fiscalização mais rigorosa por parte da sociedade. As leis que penalizam a expressão ofensiva dirigida a funcionários públicos, geralmente conhecidas como 'leis de desacato', atentam contra a liberdade de expressão e o direito à informação". Trata-se de um relevante ponto de vista, que inverte a polaridade da noção de respeito ao Estado: o funcionário público, em lugar de ser o detentor do prestígio estatal, é o detentor da responsabilidade de suportar maior vigilância, por parte da sociedade, que suportaria o cidadão comum.

É também nesse fim de evitar que o delito de desacato sirva como elemento repressor para além da finalidade do tipo que se resgatam os princípios mais básicos dos crimes contra a honra: a multidão em tumulto *pode* elidir o delito (não se imaginaria um árbitro de futebol ajuizando queixa-crime contra torcedores que o ofenderam no estádio quando deixou de reconhecer um pênalti, do mesmo modo que um policial da tropa de choque ofendido ao reprimir briga de torcidas não invocaria o tipo do art. 331), a embriaguez do ofensor descaracteriza o dolo específico, a vontade genérica de protestar contra o *status quo* não pode ser entendida como o menoscabo pessoal, dentre outros elementos análogos.

Considerações finais

O tipo de desacato segue os princípios dos demais delitos contra a Administração Pública: é essencial, na ação do imputado, encontrar a vontade de ofender a Administração como um todo, pois o tipo não se presta a massacrar liberdades, calar manifestações pessoais legítimas ou reprimir multidões em tumulto.

Entretanto, não faltarão exemplos daqueles que se colocam, por um mau costume, acima da lei e da Administração, e a esses a ofensa ao funcionário, porque representa diminuição ao próprio Estado, a complementar o elemento subjetivo do tipo, merece a sanção penal.

Tráfico de influência

Art. 332. Solicitar, exigir, cobrar ou obter, para si ou para outrem, vantagem ou promessa de vantagem, a pretexto de influir em ato praticado por funcionário público no exercício da função:

Pena – reclusão, de 2 (dois) a 5 (cinco) anos, e multa.

Parágrafo único. A pena é aumentada da metade, se o agente alega ou insinua que a vantagem é também destinada ao funcionário.

Bibliografia: ABANTO VÁZQUEZ, Manuel. Sobre o merecimento de pena do tráfico de influência. *Direito penal econômico*: estudos em homenagem aos 75 anos do Professor Klaus Tiedemann; ABOSO, Gustavo Eduardo. Los delitos de tráfico pasivo y activo de influencias: aspectos esenciales de su configuración. *Revista de Derecho Penal del Instituto de Ciencias Penales*, n. 1, Buenos Aires, 2004; ALMEIDA,

Fernando Henrique Mendes de. *Dos crimes contra a Administração Pública*. São Paulo: Saraiva, 1955; CARTOLANO SCHIAFFINO, Mariano J. El tráfico de influencias en el Código Penal español: una respuesta frente a la corrupción. *Revista de Derecho Penal, Proceso Penal y Criminología*, ano 3, n. 5-6, 2003/2004; COSTA, Álvaro Mayrink da. Criminalidade na administração pública: peculato, corrupção, tráfico de influência e exploração de prestígio. *Revista da EMERJ*, n. 52, v. 13, 2010; CUGAT MAURI, Miriam. Tráfico de influencias. In: *Fraude y corrupción en el derecho penal económico europeo*: eurodelitos de corrupción y fraude. Cuenca: Univ. Castilla-La Mancha, 2006; GARCÍA PLANAS, Gabriel. El nuevo delito de tráfico de influencias. *Revista del Poder Judicial*, n. 29, 1993; GONZAGA, Julio. A responsabilidade do comprador de fumaça no tráfico de influência. *Boletim IBCCRIM*, n. 211, v. 18, 2010, p. 17-18; GUIMARÃES, Bernardo Strobel. Reflexões acerca do princípio da impessoalidade. In: MARRARA, Thiago (Org.). *Princípios de direito administrativo*. São Paulo: Atlas, 2011; MARTÍNEZ GALINDO, Gemma. El delito de tráfico de influencias en la administración local. *La Ley Penal: Revista de Derecho Penal, Procesal y Penitenciario*, n. 22, v. 2, 2005, p. 36-50; MELLO, Sebastian de Albuquerque. O sujeito ativo do tráfico de influência e o anteprojeto do novo Código Penal. *Revista Brasileira de Ciências Criminais*, n. 110, v. 22, 2014, p. 125-144; PRADO, Luiz Regis. Los delitos de cohecho y de tráfico de influencias en las transacciones comerciales internacionales conforme al Código Penal brasileño. *Revista de Derecho Penal y Criminología*, Espanha, n. 1, 2009, p. 147-173.

Considerações gerais

O delito que anteriormente se denominava "exploração de prestígio" é hoje o chamado tráfico de influência. Ele se caracteriza pela ação daquele que, em busca de vantagem (que não se deve entender como apenas econômica), vende sua capacidade de *influir* no funcionário público, no exercício de sua função.

Característica mais relevante para se compreender o tipo do art. 332 é o fato de ele ser subsidiário em relação à corrupção do funcionário: será utilizado, portanto, quando o funcionário público *desconhece* a venda da influência. Do contrário, está-se a cuidar de uma corrupção na modalidade ativa (pelo particular) e passiva (pelo funcionário), ou outros delitos assemelhados como a prevaricação e a concussão, a depender do caso.

É por isso que a doutrina sempre descreve o tipo do art. 332 como uma figura próxima ao estelionato: nele sempre haverá uma venda injusta, uma venda de prestígio que ocorre "iludindo o comprador, mas desacreditando a administração" (NORONHA, 2004, p. 332). O particular "vende" o funcionário público que desconhece a ocorrência dessa ação; do contrário, como dito, o delito assume uma bilateralidade que descaracteriza o viés fraudulento que o tipo do tráfico de influência, à sua subsidiariedade, exige.

Note-se que existe um tipo específico quando se tratar de tráfico de influência que atinge a administração da Justiça (*vide* comentário ao art. 357).

Considerações nucleares

Tráfico de influência é, em sentido amplo, uma das formas de corrupção. A *soft law* estrangeira recomenda amplamente que exista esse tipo penal, e também por isso os Códigos Penais pelo Ocidente preveem quase todos figuras parelhas à descrita em nosso art. 332. Isso enfraquece muito o argumento de que o tráfico de influências constitua a punição de um *ato preparatório*.

É mais fácil reconhecer que o tráfico de influência é uma das representações da *antecipação de tutela* a que o Direito Penal contemporâneo não pode renunciar: há que se coibir o ato daquele que "vende" a Administração Pública, porque representa um grave perigo de corrupção. Afinal, aquele que recebe vantagem por seu prestígio com a autoridade pública tem grandes chances de vir a buscar esta para que a "mercadoria vendida" se aperfeiçoe no comportamento pretendido da Autoridade, que pode vir a agir mediante prevaricação ou, mesmo, corrupção passiva. Mas esse é momento posterior.

Entendemos então que o delito ofende sim, em um primeiro momento, a Administração e seu bom nome, na medida em que o agente vende uma influência falsa; em um segundo momento, porém, há que se reconhecer que o tipo é uma colocação em risco da probidade administrativa, pois o prestígio vendido pode transformar-se em uma concreta violação do princípio da impessoalidade ou da probidade pela própria autoridade pública. A conformação atual da sociedade vai, então, transformando o tipo do art. 332 em algo mais distante do estelionato, aproximando-o do delito de perigo à corrupção, na medida em que, como bem observa a doutrina[326], os grupos de pressão e compra e venda de favores na Administração conseguem muitas vezes ter mais importância do que ela própria no que se refere ao fomento à venalidade no trato com a coisa pública.

Se tratado como crime de perigo ou de fomento à corrupção, há que se observar, diante de um caso concreto, um duplo viés sobre eventual comportamento de autoridade pública diante do autor do tráfico de influência. O primeiro é o de que se deve abandonar a presunção do Estado autoritário, que em grande medida já reinou em nossa jurisprudência, que indica a presunção quase absoluta de que aquele que vende sua influência é um estelionatário contumaz que tenta manchar o bom nome da Administração. Sem obviamente confrontar com a necessária presunção de inocência, há que se entender que, em um país em

---

[326] Por exemplo, Cugat Mauri: "En la actualidad el fenómeno de la corrupción es algo más que un conjunto de actos individuales y aislados, respecto de los cuales el tráfico de influencias ciertamente no pasaría de ser un acto preparatorio. Más bien o también, la corrupción consiste en un fenómeno gestionado fundamentalmente desde los grupos de presión que compran y venden influencias y que pueden llegar a tener más protagonismo, iniciativa y eventualmente poder que los propios funcionarios" (CUGAT MAURI, 2006, p. 62).

que a corrupção – reconheça-se minimamente – é alastrada, a venda de uma *real* influência na autoridade, inclusive destinando-lhe dinheiro (o que viabiliza a figura agravada do art. 332), é mais que suficientemente plausível. A investigação sobre a autoridade pública mencionada pelo vendedor de prestígio é imprescindível no procedimento que cuide da conduta deste, sob pena de que o tipo do art. 332 venha a ser usado como verdadeira forma de blindagem da autoridade. Não faltam exemplos de escritórios de *lobby*, muitos deles de parentes de autoridades públicas, que se apresentam aos particulares em nome do próprio funcionalismo, a constituir um verdadeiro elo perdido que impede que se alcance a autoridade, sempre sob a eventual alegação de que era o particular quem "vendia a fumaça" de sua influência.

São algumas as diferenças entre estelionato e tráfico de influência. Note-se que, no tipo aqui comentado, é imprescindível que o autor se atribua influência sobre o poder público. Depois, o tráfico de influência não necessita obtenção de vantagem ilícita para consumar-se, o que o afasta cada vez mais de um delito contra o patrimônio. O bem jurídico diverso e a especificidade do engano havido no tráfico de influência tem deixado bem claro, na jurisprudência italiana, a possibilidade de concurso material entre ambos os delitos, mesmo quando cometidos mediante uma ação unificada. Ou seja, na Itália, fica claro que, dadas as condições específicas, pode-se responder pelo delito de "truffa" e de "millantato credito" em concurso (LUCARELLI, 2002, p. 240; FANELLI, 1998, p. 270).

Como contraponto, é também verdade que o prestígio do particular perante a autoridade pública pode ser vendido sem o conhecimento desta, inclusive com resultado ao eventual comprador do produto imaterial e ilícito vendido, porque o funcionário público pode deixar-se inconscientemente influenciar sem atingir o patamar penal da prevaricação[327]: como decisão humana, qualquer ato funcional é sujeito às circunstâncias mínimas da individualidade.

O **discurso** de impenetrabilidade absoluta do subjetivo nas decisões da autoridade administrativa, em nossa opinião, oculta a matização ou identificação dos limites razoáveis dessas (inevitáveis) influências subjetivas, as quais – além de conduzir a interpretações irreais, que já são um mal por si mesmas – impedem a distinção entre a violação da impessoalidade que deve conduzir apenas à anulação do ato administrativo e aquela que assume *status* penal.

---

[327] Assim a ponderação de Guimarães: "Nada obstante seja conveniente didaticamente pensar na atividade administrativa como desempenhada por autômatos, fato é que muitas vezes não há 'vontade da Administração' senão quando mediada por 'vontade humana', de sorte que ambas dificilmente podem ser separadas. A imagem de uma administração alheia à vontade humana é um comodismo metodológico que não resiste aos fatos" (GUIMARÃES, 2011, p, 139).

Lobby, advocacia e tráfico de influências

Em um sistema republicano utópico, a existência do chamado *lobby* é lícita e recomendável. Unidos por interesses comuns, indivíduos ou empresas formam grupos que podem dialogar com os representantes dos Poderes, a exemplo daqueles que detêm mandato legislativo ou executivo. Desse contato não se pode presumir diretamente a corrupção, ou sequer o perigo dela mediante o tráfico de influência. Os lobistas brasileiros preferem em geral manter muito discreta ou até secreta sua atividade, talvez por ausência de aceitação social, talvez porque ela represente de fato atitude ao menos antiética: no País, a atividade do lobista é em geral paga pelos grupos de grande força econômica, enquanto os grupos sociais marginais têm de inventar mecanismos de pressão, a exemplo de protestos de rua, para conseguir algum mínimo espaço na agenda das autoridades. Todo um sistema eleitoral corrompido, que faz com que, salvo exceções, os membros do Legislativo se encontrem sempre em busca de vantagens (muitas vezes, econômicas) que lhes garantam o próximo mandato faz que a atividade do *lobby* seja pervertida, na exigência de contrapartida ao posicionamento do funcionário público em seu órgão colegiado. Contrapartida que, quando não é ilegal, ao menos representa desvio moral, a exemplo do posicionamento que busca apenas a simpatia dos votantes, sem se preocupar com o bem público, que é algo muito diverso. Por isso, pertinente a assertiva do STF, ao responsabilizar o Congresso Nacional por omissão legislativa, pela qual "os atores políticos têm ciência de que são mais facilmente responsabilizados, perante seus eleitores, por suas ações do que pelas respectivas omissões" (ADO 26/DF, voto Min. Ricardo Lewandowski). O *lobby* seria uma forma de os atores políticos sofrerem as pressões para abandonar sua inércia, o que, ressalvadas as distorções, é legítimo e desejável.

Mas a atividade do *advogado* que vende uma capacidade especial de intervir em autoridades administrativas ou judiciárias (neste caso, relativo ao tipo do art. 357 do CPB) tem de ser observada com maior cuidado em relação à tipicidade. Pois esse profissional tem o *múnus público* da persuasão, dentro de uma lógica do *mercado*, privada, portanto. Isso implica reconhecer, de início, que o profissional liberal da advocacia é contratado *conforme* sua capacidade de persuasão. Afora os casos de consultoria pura, seu conhecimento jurídico importa apenas *porque* pode ser colocado pelo contratante em nome de seu próprio interesse, caso contrário este não disporia de seus bens para transferi-los ao profissional a título de honorários. Mas não só. Sua capacidade retórica, sua experiência e sua *credibilidade* são também atributos diferenciadores para a livre escolha pelo particular do profissional. E nesta última, na credibilidade, sem ir mais longe, estão elementos de difícil mensuração, como a *fama*, a *reputação* na instância administrativa ou na Corte, a autoridade de sua fala, a idade, a aparência, dentre outros. Todos esses fatores caminham, é verdade, sobre a linha do tráfico de influência, e não raro surgem na mídia fatos que causam cizânia na opinião pública sob esse aspecto exclusivo.

Como ilustração: a) Um advogado que cobra honorários milionários de um cliente para defendê-lo em um Tribunal que ele, advogado, anteriormente compôs[328], está traficando influência (no caso, do art. 357)? Ou apenas o diferencial do preço de seu trabalho está na alta experiência com processos semelhantes àqueles que em outros tempos julgara? b) Um advogado que consegue audiência com o Presidente da República *porque* serviu a ele, anteriormente, como Ministro, trafica influência ou apenas vende a seu cliente um serviço altamente especializado?

Diante de todos esses elementos, obrigamo-nos a levantar duas frentes distintas para a interpretação de nossa hipótese. Primeiro, no campo fático, é necessário dizer que o advogado *realmente* vende seu poder de influência. Por custo mais reduzido ou mais alto, de modo menos ou mais incisivo, dependendo, dentre outros, da lógica de mercado. Afirmar que ele o faça não significa dizer que cometa uma ação típica, e para firmar essa atipicidade é desnecessário recorrer à adequação social, ou, de modo metodologicamente prévio, porém ainda pouco aceito na doutrina em geral, à conduta neutra na imputação objetiva. Há dois caminhos, ainda nessa primeira frente, que se podem levantar: primeiro, o elemento normativo do tipo que significa o adjetivo da vantagem "indevida". Como é função desse elemento, abre ele um portal para quesitos de ética e moralidade comuns, entre os quais está o exercício da advocacia como profissão indispensável *e* inserta no mercado tutelado constitucionalmente, como derivação do valor do trabalho e da livre-iniciativa (art. 1º, IV, da CF).

O segundo caminho é, simplesmente, a relevância constitucional da atividade da advocacia, que, em hierarquia normativa superior à norma federal punitiva, estabelece o advogado como indispensável à Justiça (art. 133). Nesse sentido, a atividade da advocacia figura como, em termos penais, exercício regular de Direito, que, ao menos para os não adeptos da teoria dos elementos negativos do tipo, atua na antijuridicidade e dispensa, portanto, a carga de sentido ao aludido elemento normativo "vantagem indevida".

Mas há uma segunda frente que pode ser analisada no tipo, ainda que *de lege ferenda*. Acreditamos que, quando se vai esvaindo a noção de autoridade não dialógica da Administração, ou, em outras palavras, quando se assume que ela se abre a diálogos com os particulares sem que isso implique obrigatória corrupção da impessoalidade, falta no tipo, tal como atualmente descrito, algo que dê conta da *natureza compulsória ou ao menos decisiva* da influência do particular sobre o funcio-

---

[328] Veja-se que o Código de Ética e Disciplina da OAB proíbe a divulgação, pelo advogado, de cargos anteriores que ocupara, mas isso, expressamente, porque presumidamente funciona como *captação* de clientela, não porque a cobrança seja indevida. Veja art. 26: "§ 4º O anúncio de advogado não deve mencionar, direta ou indiretamente, qualquer cargo, função pública ou relação de emprego e patrocínio que tenha exercido, passível de captar clientela".

nário público[329]. Bem assim que, no Código uruguaio, o tráfico de influências se define como uma **influência decisiva**[330].

Essa alteração, se houvera, talvez não resolvesse todos os problemas de interpretação, até porque creio que se poderia objetar que *traficar*[331] com influências não decisivas significaria crime impossível. Mas, na leitura da descrição típica estrangeira percebe-se que esse adjetivo ("decisiva") insere no todo um significado de nada desprezível para aferir seu alcance penal: a influência que se vende é aquela que aproxima do limiar da **garantia** da obtenção do resultado *porque* se contratam os serviços do agente[332]. A inserção da locução 'influência decisiva' no tipo nacional afastaria, acreditamos, a conduta do advogado ético, que, por mais reconhecido e persuasivo que seja, nunca poderá garantir que seu poder de influência seja *de todo* determinante para a decisão.

Considerações finais

O tipo do tráfico de influência protege a Administração Pública contra aquele que expõe à venda seu prestígio, anunciando ser este capaz de indevida motiva-

---

[329] Analisando o tipo na Espanha (que, importante que se diga, é diverso do brasileiro), Martínez Galindo nos dá uma eficaz indicação: "Ha de concurrir, también, un acto concluyente, consistente en que se ejerza predominio o fuerza moral sobre el sujeto pasivo, de manera que su resolución o actuación sea debida a la presión ejercida, es decir, se necesita que se ejerzan actos externos de presión psicológica con la voluntad de obtener la resolución" (MARTÍNEZ GALINDO, 2005, p. 39). Também Aboso comenta algo parecido "Se excluyen de su ámbito de aplicación todas aquellas influencias que no se encuentre precedidas de una ilícita concertación, sea de naturaleza económica o no, vale decir, se excluyen las simples influencias, concejos o meras recomendaciones, las que, por otra parte, son una práctica habitual en la administración pública. De esta forma no se intenta reprimir el diálogo o vínculo entre los integrantes de la administración pública, sino tan sólo el ilegítimo interés del autor de hacer valer su influencia ante el funcionario público cuyo origen se sitúa en una espuria ventaja" (ABOSO, 2004, p. 39).

[330] CP do Uruguai: Artículo 158 bis. (Tráfico de influencias) El que, invocando influencias reales o simuladas, solicita, recibe por sí mismo o por otro, para sí o para otro, provecho económico, o acepta su promesa, con el fin de influir **decisivamente** sobre un funcionario público para retardar u omitir un acto de su cargo, o por ejecutar un acto contrario al mismo, será castigado con tres meses de prisión a cuatro años de penitenciaria.

[331] Assim, Cartolano realça o significado, no tipo, do "tráfico": "Mientras que *ejercer influencias* implica valerse del influjo psíquico sobre una persona para determinar su comportamiento (en nuestro caso, el comportamiento del funcionario encargado de dictar una resolución de la que pueden derivarse beneficios económicos), *traficar influencias* equivale a comerciar con las influencias, es decir, perseguir la obtención de un beneficio a cambio de la promesa de poner en práctica las influencias que se poseen" (CARTOLANO SCHIAFFINO, 2003/2004, p. 185).

[332] Não nos escapa que o exame desse "caráter decisivo" da influência é aprioristico, tendo em vista que o resultado natural, a decisão favorável, pode não ocorrer.

ção no funcionário público. Em uma Administração utópica, que trabalhara sob absoluta impessoalidade, a configuração típica da hipótese seria muito segura. Atividades, entretanto, como a advocacia no campo administrativo abrem flanco para a atipicidade ou antijuridicidade de ações parelhas, tendo em vista ser legalmente previsto que esse profissional coloque sua capacidade de persuasão a serviço do interesse particular. A extensão e a qualidade dessa influência que é vendida, sem o conhecimento do funcionário público, serão os fatores decisivos para pode alcançar o preenchimento do elemento típico.

Corrupção ativa

Art. 333. Oferecer ou prometer vantagem indevida a funcionário público, para determiná-lo a praticar, omitir ou retardar ato de ofício:

Pena – reclusão, de 2 (dois) a 12 (doze) anos, e multa.

Parágrafo único. A pena é aumentada de um terço, se, em razão da vantagem ou promessa, o funcionário retarda ou omite ato de ofício, ou o pratica infringindo dever funcional.

Considerações gerais

A Parte Especial do Código Penal de 1940 optou pela sistemática de dividir, em trechos bastante apartados, a corrupção ativa – porque delito cometido pelo particular – da corrupção passiva, esta que tem em regra funcionário público como sujeito ativo, sendo excepcional a participação de um *extraneus*. Trata-se de uma decisão legislativa não criticável, porque os delitos não são necessariamente interdependentes, ou seja, não é imprescindível que haja corrupção ativa para que haja a passiva, e ao revés.

O legislador, ao criminalizar a simples *oferta* de uma vantagem ao funcionário público, sem importar-se necessariamente com a aceitação da dádiva, utiliza uma das tantas técnicas de tipificação que têm resultado na expansão do Direito penal: delitos de perigo, delitos de tentativa, tipificação de atos preparatórios, delitos de efeito meramente simbólico[333], dentre outros. Essa técnica se justifica apenas porque se entende que aguardar a lesão ao bem jurídico (para defini-lo, entretanto, *vide* comentários adiante) a fim de punir o comportamento indesejado é politicamente não recomendável, de modo que se antecipa a punição mesmo quando o

---

[333] Sobre o tema, *vide* a obra de Sánchez García de Paz (1999, p. 41 e s.). Também em nosso *Fundamentos de direito penal brasileiro* abordamos o tema, seguindo a classificação da referida autora, acrescentando porém os *delitos de efeito meramente simbólico*. Acerca deles afirmamos que "esses tipos penais formam um contexto para a aplicação de outros delitos, a tornar mais completa uma rede de desvalores que orientam o hermeneuta" (RODRÍGUEZ, 2010, p. 183).

agente não atinge o resultado desejado, ou quando meramente põe o bem jurídico em uma situação de risco[334].

Por conta dessa antecipação de tutela é que haverá quem sustente, *de lege ferenda*, a ilegitimidade da punição da mera oferta de vantagem do particular ao funcionário público, quando este não a aceita. É o caso de Vizueta, que interpreta a hipótese da tipificação da mera oferta como um ato preparatório criminalizado, que não chega a *colocar em risco*, sequer abstratamente, o bem jurídico protegido[335], que ele entende como sendo restritamente a *honradez* ou a *integridade da condição de funcionário público*. Nesse sentido, a corrupção ativa pode ser interpretada como uma *colocação em risco* de que ocorra um delito mais grave, como o da corrupção passiva. Esta, passiva, é a contrapartida, em termos de exaurimento, do delito da corrupção ativa, mas isso não significa que as duas *só* existam em simbiose.

Se bem é verdade que os nomes dos delitos bem sugerem essa bilateralidade compulsória[336] (ativa e passiva), a exemplo de o que já quis a doutrina clássica italiana, a construção do tipo afasta essa interpretação, que já houve em nossos tribunais. Para os limites deste artigo, basta observar que a principal razão dessa não interdependência é que a conduta descrita revela um crime de mera conduta: ele se consuma com a oferta ou a promessa de vantagem indevida ao funcionário público.

---

[334] Sobre a corrupção como delito de perigo abstrato, *vide* Vázquez Portomeñe (2003, p. 395).

[335] "Supuestos concretos aparte, aunque el particular pretenda que el funcionario realice en el ejercicio de su cargo una acción u omisión constitutiva del delito, – modalidad más grave –, los ataques que sufren los bienes jurídicos protegidos en los diversos delitos que pueden ser contrapartida de una dádiva a través de las conductas reguladas en el art. 423 no son lo suficientemente graves como para que se vean amenazados penalmente" (VIZUETA FERNÁNDEZ, 2003, p. 314).

[336] Tal bilateralidade é também defendida por doutrina internacional clássica, como a de Manzini, então baseada no Código italiano de 1930: "La corruzione, in tutele sue ipotesi tipiche, a parte cioè i casi di tentativo, ha natura di delitto bilaterale, nel senso che ad integrarlo è sempre necessário il concorso di almeno due persone (corroto e corruttore), le quali, ove non dovessero punirsi per distinto titolo di reato (corruzione passiva ed attiva) in base ad espresse disposizioni di legge, dovrebbero considerarsi corree nel medesimo reato" (MANZINI, 1935, p. 165). De modo contrario, em harmonia com o quanto aqui defendemos, *vide* Muñoz Conde: "En atención a la regulación de este delito en nuestro Código penal puede decirse que esta tesis es correcta y que el cohecho pasivo es un delito distinto del cohecho activo, aunque el bien jurídico protegido es el mismo, visto desde una doble perspectiva: el quebrantamiento del deber y la confianza depositada en el funcionario (cohecho pasivo), el respeto que se debe al normal y correcto funcionamiento de los órganos estatales (cohecho activo). No se trata, por tanto, de un delito bilateral, en el sentido de que el delito surge con el perfeccionamiento de un acuerdo de voluntades entre el particular y el funcionario, sino de dos delitos distintos y autónomamente castigados" (MUÑOZ CONDE, 2002, p. 963).

O objetivo da promessa é fazer com que o funcionário *pratique, omita* ou *retarde* ato de ofício (isto é, ato que é de sua competência funcional, como se comentará mais adiante). Nesse sentido, existe um *objetivo* na ação do particular: o de que um ato de ofício seja manipulado pela influência que a oferta ilícita exerce no funcionário público, mesmo que a influência não necessariamente tenha de aperfeiçoar-se. Caso se aperfeiçoe não apenas a influência, mas o resultado pretendido (o ato de ofício supresso, omisso ou atrasado), estamos diante da figura agravada do parágrafo único do art. 333: aumenta-se a pena em um terço, confirmando que o legislador nacional trabalha, para a cominação da pena, com o binômio de desvalor da ação/desvalor do resultado.

A efetividade do combate à corrupção ativa depende de vários fatores, mas é muito difícil que ele se opere enquanto não houver um sistema concreto de responsabilidade penal de pessoa jurídica (RODRÍGUEZ GARCÍA, 2015, p. 6), mantendo-se a fórmula de que o formato empresarial da corrupção somado à alta posição social dos atores privados resulta fatalmente em impunidade (ZÚÑIGA, 2012, p. 43). Medidas como os acordos de leniência e a delação premiada, presentes em várias leis penais novas[337], têm sido efetivas em quebrar o círculo de segredo nascido da vantagem bilateral (GOMES; FERNANDES, 2017, p. 48), mas colocam-nos diante de problemas éticos bastante evidentes, como a seletividade do Estado em premiar apenas aqueles que lhe são úteis, ou o total desequilíbrio da diminuição do *quantum* da delação premiada frente às demais circunstâncias pos-delitivas positivas (RODRÍGUEZ, 2019, p. 176) do Código Penal, como o arrependimento posterior. Frente a qualquer mudança legislativa, é sempre necessário lembrar que o Código Penal, mesmo em sua Parte Especial, comunica um sistema de valores, em que deve haver uma mínima harmonia, pois somente esta concede legitimidade à punição ou a uma medida despenalizadora.

---

[337] Vejam-se, a título de exemplo, as recentes inovações trazidas pela Lei n. 13.964, de dezembro de 2019. Ela determinou a definição da colaboração premiada como "Art. 3º-A. O acordo de colaboração premiada é negócio jurídico processual e meio de obtenção de prova, que pressupõe utilidade e interesse públicos" e impôs várias medidas para sua facilitação. Também, a título de exemplo, a mesma lei determinou alterações na Lei n. 13.608/2018, ampliando a despenalização de agentes denunciantes, os *whistleblowers*, com a seguinte previsão: "Considerado razoável o relato pela unidade de ouvidoria ou correição e procedido o encaminhamento para apuração, ao informante serão asseguradas proteção integral contra retaliações e isenção de responsabilização civil ou penal em relação ao relato, exceto se o informante tiver apresentado, de modo consciente, informações ou provas falsas" (art. 4º-A, parágrafo único, da Lei n. 13.608/2018, com redação dada pela Lei n. 13.964/2019). Os riscos de se dar tanta força a medidas insertas na punibilidade e, nominalmente, afirmar que a colaboração se trata de instituto meramente processual, quando seu efeito principal é a redução de pena, devem ser tomados em conta. Em outra oportunidade, fizemos considerações acerca do tema (RODRÍGUEZ, 2019, p. 21).

Considerações nucleares

Já é bem conhecida a discussão doutrinária acerca do papel do bem jurídico. Welzel, dentre tantos outros, defendia a ideia de que o delito é antes uma ofensa ao ordenamento jurídico como um todo que a um bem específico. Contemporaneamente, Jakobs e seus discípulos demonstram que o delito é a quebra de uma expectativa de comportamento depositada em uma pessoa, o que quase anula o papel do bem jurídico na composição do injusto. Dele dissentem tantos outros, a exemplo de Hassemer e Roxin, que encontram no bem jurídico a razão da punição, ainda que o último jurista já flexibilize sua posição.

No estado atual em que se encontra a doutrina penal, entretanto, investigar o bem jurídico protegido nestes casos mais candentes, como o delito de corrupção ativa, encontra efeitos práticos bastante diretos.

Seguindo a letra do Código, o mais natural é que se entenda como objeto a "Administração Pública"[338] e seu bom funcionamento, com todo o seu conceito, como apresentamos nos comentários aos artigos anteriores. Mas há também uma forte tendência a entender que o delito de corrupção atenta contra o *dever do cargo* (do funcionário corrompido)[339], tido como uma obrigação social maior, ou da pureza e prestígio da administração pública, mas também o próprio funcionamento ou *procedimento administrativo*[340] em sentido lato. Também se pode aventar a moralidade pública como elemento de tutela, mas em nossa opinião – que já se vê que não é consenso – o objeto da proteção do tipo do art. 333 é a *legalidade* do serviço público. Falar em *legalidade* afasta o conceito moralista[341] e traz a interpretação da

---

[338] Nesse sentido, grande parte da doutrina italiana clássica, como Manzini, que aponta, com alguma vagueza, o objeto de tutela como "interesse di preservare l'esercizio delle pubbliche funzioni e dei pubblici servizi dai pericoli e dai danni delle indebite retribuzioni private o del venale tradimento dei pubblici uffici o servizi" (MANZINI, 1935, p. 165).

[339] *Vide*, nesse sentido Heinrich (2001, p. 209 e s.).

[340] É o caso de Vázquez Portomeñe, que entende que apenas se pode encontrar razão para a criminalização quando se entende o bem jurídico tutelado como o procedimento administrativo. Só ele permitiria observar os delitos contra a Administração e bem classificá-los como delitos de lesão ou de mero perigo, diante de tal bem jurídico. Em suas palavras, "cada uno de los perfiles de extralimitación que dibujan los tipos viene a representar um vicio o coeficiente de parcialidad, de ilegalidad, de ineficacia, que justifican las exigencias de tutela jurídico-penal pero a los que debe otorgárseles relevancia hermenéutica sólo en vía inductiva y mediata, es decir, tomando como referencia la 'perversión' que son idóneos para producir en el procedimiento" (VÁZQUEZ PORTOMEÑE, 2003, p. 392).

[341] Embora haja que se fazer notar que a "moralidade" em sentido de administração pública não é exatamente a moralidade social, cuja proteção penal sempre se critica. Nesse sentido, o valor da moralidade pública é um bem jurídico em si mesmo, o que dá por si alguma legitimidade à tutela criminal, como faz notar Bechara: "A esse ponto, é importante observar que a proteção de valores não leva, de forma absoluta à consideração da norma

corrupção – ou de qualquer outro delito contra a Administração – para próximo de um mais concreto elemento de *igualdade* do serviço público. O indivíduo, portanto, que corrompe ou tenta corromper o servidor público ofende mais a igualdade ("valor supremo" do preâmbulo da Constituição Federal) entre os cidadãos e a *impessoalidade* no trato da Administração (art. 37, *caput*, da CF), que propriamente moralidade, que, em nossa humilde visão, conquanto diretriz clara – de força constitucional – da Administração, deve apenas em casos excepcionalíssimos ser tutelada por normas penais. O risco de tentar direcionar a *moralidade* por via penal, ainda que se diferenciando da simples *moral* não ligada necessariamente à Administração Pública, é muito intenso, sob ótica minimamente liberal.

Corrupção ativa e concussão

Com um pouco de progresso social, vai-se esvaindo a presunção, implícita em alguns julgados antigos, principalmente em tempos ditatoriais, de que da autoridade pública se presume incolumidade. A ideia de que o funcionário público é sempre "corrompido", em lugar de "corrupto", desaparece gradativamente das manifestações judiciais, a menos como pressuposição ultrarresistente a indícios em contrário. Nesse sentido é que o julgador que se depare com casos de corrupção ativa tem de estar sensível para a possibilidade de que o chamado corruptor ativo seja uma vítima do crime de concussão. Desse modo, seu comportamento de ofertar vantagem ao funcionário público será consequência de uma exigência (velada, porém contundente) de propina e, se for assim, há alguma possibilidade de que tal oferta de vantagem não tenha a reprovação necessária à culpabilidade, por não ser exigível do agente que se abstenha de ofertar a vantagem para evitar uma represália ilegal por parte do venal agente do Estado. Uma análise realista da situação social permite que se encontrem verdadeiros "ambientes corruptores" no serviço público, em que a reprovabilidade do pretenso particular como corruptor ativo deve ser analisada com muita cautela.

Corrupção e ato de ofício

O legislador optou por definir como objetivo da corrupção ativa o **ato de ofício**. Este que se deve objetar, mediante a oferta da vantagem, que seja omitido, realizado ou atrasado. Dessa locução, o "ato de ofício", derivam duas hipóteses importantes, que ilustramos.

a) A primeira é o caso do pagamento ilegal feito a funcionário público para que cometa ato que **não** é de seu ofício. Por exemplo, o particular que paga o

---

como moralista e, assim, ilegítima. Na verdade, a crítica ao moralismo no direito penal deve direcionar-se às normas que pretendem proteger valores por si mesmos, sem o necessário referencial do bem jurídico" (BECHARA, 2010, p. 327).

investigador de polícia para que vá, com viatura policial, à casa de alguém que não saldou determinado cheque simplesmente para cobrá-lo, em verdadeiro achaque. A cobrança do cheque, a intimidação (mesmo que sob sugestões no estilo "pague o cheque ou abrimos inquérito de estelionato"), não são atos de ofício do funcionário público. Nucci responde à questão com um argumento *a minori ad maius*, ou seja: se é proibido o menos, é proibido o mais, o que então representaria uma necessária interpretação extensiva para a punição do corruptor na hipótese (NUCCI, 2014, p. 1086). A solução é aceitável, entendemos, quando não ocorra o ato visado. Se o particular oferta ao investigador que pratique a ação ilegal, trata-se de corrupção ativa, como antecipação de punição: pune-se o ato preparatório por sua alta ofensa à administração; caso se concretize o ato, o corruptor é, mesmo que extraneus, copartícipe da concussão ou da extorsão, a depender das circunstâncias.

b) A segunda hipótese, mais delicada, é a do particular que oferta ao funcionário público vantagem indevida, quando este a aceita sem qualquer contrapartida. É o caso da empreiteira que, tendo tradicionalmente vários contratos com o poder público para a construção de hospitais, oferta ao recém-empossado ministro da Saúde viagens de turismo, ou um relógio de ouro. Suponha-se que o ministro não tivesse a intenção de favorecer a empresa em qualquer contrato futuro, e que tenha deixado isso bem claro àquele que oferta o presente: estaria caracterizada a corrupção ativa? Em nosso entender, sim. Doar o presente significa usar o poder econômico para aproximar-se do ministro, quebrando certamente a impessoalidade e a expectativa de higidez que existe da empresa pública. De outro lado, a recepção do regalo pelo ministro é infração de seu dever funcional, a tratar-se o conjunto da ação de um ilícito em que meramente o desvirtuamento do dever de ofício pode não estar concretizado, porém o tipo, como já se viu, tampouco o exige.

A questão do ato de ofício ser uma adesão genérica foi enfrentada pelo STF em casos de grande repercussão política, como a AP 470, o mensalão, em que deputados recebiam dinheiro ilicitamente, sem prometer uma contrapartida imediata. Também o que se conheceu como a Operação Lava Jato, ou, no restante da América Latina, no "Caso Odebrecht", o sistema de corrupção ativa não exigia contrapartida imediata dos funcionários corrompidos, senão uma forma de "manter amizade" duradoura e sistêmica com os governantes, via pagamentos contínuos.

Se em algum momento se entender atípica a doação ao funcionário público, será por inexistência absoluta de vantagem futura, a exemplo daquele que, tendo a vida salva por um bombeiro, dias depois o presenteia com uma camisa ou uma gravata. Trata-se da impossibilidade de cobrar futuramente o favor.

Considerações finais

Não se pode reavivar o preconceito naturalista de que a sociedade brasileira é tipicamente corrupta, embora seja obrigatório constatar, com Buarque de Holanda

(1995, p. 146), que a evolução de nosso corpo burocrático é marcada pela finalidade de atender a interesses pessoais. A cultura é permeável e favorece a corrupção, o que pode ser comprovado, seguramente, pela análise do discurso na jurisprudência, que não raro aceita, como corriqueiros e não condenáveis comportamentos que, sem necessitar alcançar um absolutismo kantiano, são eticamente desvalorados.

Paradigmas legislativos como o aumento da pena cominada[342], que ocorreu em 2003, podem ser meramente simbólicos se não acompanhados de novas medidas que representem eficácia. Algumas novidades já realmente sinalizam uma melhora, o que é efeito do chamado *novo combate à* corrupção, que Silveira[343] já fazia notar em 2011, e que agora se aprimoram com novas leis de combate à corrupção e o fomento às medidas de organização das empresas, que, ainda que não venham a responder pessoalmente pelos delitos de corrupção, são alvo de vigilância administrativa mais severa e, ainda, se veem obrigadas a compor-se de forma a permitir a identificação dos atos delituosos de seus dirigentes. Estes que, com condutas individualizadas, podem ser punidos via o tipo do art. 333 do CPB.

Uma série de medidas que visam a diminuir o poder de corrupção das empresas vem sendo tomadas, copiando-se legislação estrangeira. É o caso da Lei n. 12.846/2013, que reforça a necessidade de programas de cumprimento legislativo e acordos de leniência (art. 16). A norma põe em discussão os limites da extinção de punibilidade pelo acordo, no caso de ela poder ou não atingir as pessoas físicas envolvidas nos atos de corrupção. Essas fronteiras da justiça negociada não estão claras nessa chamada lei anticorrupção, ao contrário do que ocorre na lei de defesa da concorrência, em que as pessoas físicas são diretamente beneficiadas pelo programa de leniência antitruste (art. 87 da Lei n. 12.529/2011).

O intento de baixar o nível de corrupção não deve vir com propaganda sobre as reiteradas possibilidades de "passar o Brasil a limpo", senão com medidas eficazes que têm de passar por "la profundización en políticas de transparencia y por reformas en la regulación administrativa, que aborden el funcionamiento interno de la Administración" (BERDUGO GÓMEZ DE LA TORRE, 2015, p. 56). A ideia de mudança de tempos, para a persecução da corrupção no Brasil será uma mescla de alteração da realidade cultural e dos mecanismos de transparência, mais que agravamento puro e simples da lei penal.

Descaminho
Art. 334. Iludir, no todo ou em parte, o pagamento de direito ou imposto devido pela entrada, pela saída ou pelo consumo de mercadoria:
Pena – reclusão, de 1 (um) a 4 (quatro) anos.

---

[342] A Lei n. 10.763/2003 aumentou as penas cominadas nos arts. 317 e 333 do CPB.

[343] *Vide* SILVEIRA, sobre a alteração da visão da corrupção na era Collor (2011, p. 410); sobre alterações no cenário internacional (2011, p. 414-415).

§ 1º Incorre na mesma pena quem:

I – pratica navegação de cabotagem, fora dos casos permitidos em lei;

II – pratica fato assimilado, em lei especial, a descaminho;

III – vende, expõe à venda, mantém em depósito ou, de qualquer forma, utiliza em proveito próprio ou alheio, no exercício de atividade comercial ou industrial, mercadoria de procedência estrangeira que introduziu clandestinamente no País ou importou fraudulentamente ou que sabe ser produto de introdução clandestina no território nacional ou de importação fraudulenta por parte de outrem;

IV – adquire, recebe ou oculta, em proveito próprio ou alheio, no exercício de atividade comercial ou industrial, mercadoria de procedência estrangeira, desacompanhada de documentação legal ou acompanhada de documentos que sabe serem falsos.

§ 2º Equipara-se às atividades comerciais, para os efeitos deste artigo, qualquer forma de comércio irregular ou clandestino de mercadorias estrangeiras, inclusive o exercido em residências.

§ 3º A pena aplica-se em dobro se o crime de descaminho é praticado em transporte aéreo, marítimo ou fluvial.

Bibliografia: CALDAS AULETE, *Dicionário contemporâneo da língua portuguesa*, 2. Lisboa, tipografia da parceria Antonio Maria Pereira, 1925; FERNANDES, Francisco. *Dicionário de sinônimos e antônimos*. 9. ed. Rio de Janeiro, 1955; FRAGOSO, Heleno. *Lições de direito penal*, 4. São Paulo: Bushatsky, 1965; HUNGRIA, Nélson. *Comentários ao Código Penal*. 2. ed. Rio de Janeiro: Forense, 1959. v. IX; MAGALHÃES NORONHA, E. *Direito penal*, 4. 17. ed. São Paulo: Saraiva, 1986; NUVOLONE, Pietro. Problemi di diritto materiale e processuale in tema di contrabando. In: *Trent'anni di dirito e procedura penale*. Padova: Cedam, 1969. v. 2; PRADO, Luiz Regis. *Curso de direito penal brasileiro*. 14. ed. São Paulo: RT, 2015; PRADO, Luiz Regis. *Direito penal econômico*. São Paulo: RT, 2004.

Considerações gerais

Em 2014, pela Lei n. 13.008/2014, o contrabando e o descaminho, que antes eram partes diferentes do mesmo delito, hoje constituem crimes autônomos. Assim, o art. 334 trata do descaminho, ou seja, conduta de *iludir* o pagamento de tributo, pela entrada de mercadorias no País, sem o devido pagamento.

Muito se discute sobre a natureza jurídica deste crime e o bem jurídico por ele protegido. Isto porque, caso se considere um crime tributário, ter-se-ia de aplicar a jurisprudência brasileira atinente a esses crimes, que define o pagamento do tributo antes da denúncia como forma de extinção de punibilidade.

Com a divisão do artigo e o isolamento do crime de descaminho, seu caráter fiscal tornou-se ainda mais forte.

Considerações nucleares

Não é recente este conceito de descaminho como crime fiscal. Nélson Hungria já se referia ao crime de **descaminho** "como contrabando em lesão fiscal", entendendo que se justifica a incriminação, pois é uma sonegação de rendas destinadas aos fins coletivos, uma espoliação ao erário, tratando-se de ofensa "de um incontestável direito subjetivo do Estado, qual o de cobrar impostos" (1959, p. 435).

Diferentemente do contrabando, que atinge outros interesses da Administração Pública, por exemplo, a balança de pagamentos ou o controle sanitário, ao se importar ou exportar mercadoria proibida, **o caráter de crime fiscal do descaminho**, por lesar o erário, é acentuado pela maioria dos autores.

Basta lembrar o ensinamento sempre rigoroso de dois penalistas já falecidos, mas insuperáveis na análise da Parte Especial de nosso Código Penal:

Heleno Fragoso afirmava que, tecnicamente, **descaminho** "constitui uma fraude no pagamento de impostos e taxas cobrados na entrada ou saída de mercadoria" (1965, p. 1171 e s.). Logo em seguida, diz que no crime de descaminho o "objeto da tutela é a salvaguarda dos interesses do erário público".

Sinteticamente, Magalhães Noronha diz que "há descaminho, na entrada de mercadoria não proibida, sem o pagamento dos impostos devidos... descaminho é o contrabando contra o fisco" (1986, p. 326).

As diferenças de bem jurídico primacialmente ofendido nas duas figuras do contrabando e do descaminho são acentuadas, e ficaram mais claras com a separação, em 2014, das figuras típicas penais. A estrutura dos crimes está totalmente distinta e reforça a distinção conceitual entre eles.

O descaminho é descrito no tipo penal como: "**iludir** no todo ou em parte o **pagamento de direito ou imposto devido** pela entrada, pela saída ou pelo consumo de mercadoria". O dado elementar fraude, que constitui o núcleo do crime fiscal, está também presente na figura do **descaminho**, ao se referir a **iludir**, que significa: enganar, lograr, burlar, causar ilusão[344].

E o verbo **iludir**[345] tem por objeto o **pagamento de direito ou imposto devido**, o que indica o caráter de sonegação fiscal do delito de descaminho. Tanto é assim que o antigo Tribunal Federal de Recursos entendeu que não se confi-

---

[344] CALDAS AULETE, 1925; FERNANDES (1955). No direito italiano o descaminho vem previsto na Lei de Finanças, consistindo no fato de subtrair-se ou de tentar subtrair-se ao pagamento de impostos por meio de fraude, conforme, aliás, destaca decisão da Corte de Cassação, citada por Pietro Nuvolone (1969, p. 1030).

[345] Regis Prado (2004, p. 471) considera que o verbo *iludir* denota a ideia de enganar, de burlar, de fraudar no todo ou em parte o pagamento de direito ou imposto devido.

gura o crime de descaminho "se a mercadoria apreendida está isenta do pagamento de imposto de importação"[346].

De igual passo, tal como sucede nos crimes tributários definidos na Lei n. 8.137/90, no crime de **descaminho**, o art. 334 do Código Penal, a ação delituosa consiste em "iludir no todo ou em parte o pagamento de direito ou imposto devido pela entrada, pela saída ou pelo consumo de mercadoria". Assim, só há crime se houver tributo a ser pago, obrigação esta que se buscou burlar.

Magalhães Noronha constata que a consumação do descaminho ocorre com a liberação da mercadoria, quando "a fraude ou o expediente surtiu efeito, **iludiu** as autoridades alfandegárias, entrando o destinatário na posse da coisa sem pagar os tributos ou direitos respectivos" (1986, p. 327), concluindo ser o crime material.

O crime de descaminho é, portanto, crime de dano que tem por pressuposto a existência de um tributo, pois sem tributo exigível não existe descaminho, como, aliás, já se decidiu, no antigo Tribunal Federal de Recursos, em acórdão acima citado, para o qual não há crime "se a mercadoria apreendida está isenta do pagamento de imposto de importação"[347].

A existência de imposto devido no crime de descaminho constitui, destarte, um pressuposto do crime, tal como no crime tributário. Na doutrina brasileira, Heleno Fragoso, em trabalho específico, é lapidar ao dizer que pressuposto do crime constitui um antecedente necessário:

> "Num sentido vulgar e mais amplo, pode afirmar-se que em muitos crimes há pressupostos do fato, enquanto o próprio fato que constitui o delito exige um antecedente necessário. A conduta típica realiza-se de conformidade com a descrição abstrata contida na norma penal, mas somente constituirá determinado crime se ocorrer o pressuposto acaso exigido" (FRAGOSO, 1962, p. 162).

Trata-se de requisito anterior fundamental, que se transforma em elemento básico constitutivo do delito, apesar de estranho à conduta do agente.

Figuras do § 1º. Figuras típicas equivalentes ao descaminho

O inciso I do § 1º classifica como descaminho também a conduta de prática ilegal de navegação de cabotagem. O núcleo da conduta é *praticar,* e o conceito de

---

[346] Tribunal Federal de Recursos, Relator, Min. Adhemar Raymundo, no *Ementário do Tribunal Federal de Recursos*, n. 76, p. 26.

[347] Além do acórdão já antes referido, o Min. José Candido ressaltava, em decisão publicada na *RTFR* n. 102, p. 260, que, "não havendo obrigação tributária a ser atendida pelo traslado de automóvel para país estrangeiro, não se configura a tentativa de crime de descaminho".

navegação de cabotagem é: "a navegação entre portos marítimos de um mesmo país, sem perder a costa de vista. A cabotagem contrapõe-se à navegação de longo curso, ou seja, aquela realizada entre portos de diferentes nações"[348]. Pela Lei n. 9.432/97, em seu art. 2º, inciso IX, navegação de cabotagem é: "aquela realizada entre portos ou pontos do território brasileiro, utilizando a via marítima, ou estas e as vias navegáveis interiores".

Assim, o que se entende por descaminho é a navegação entre portos ou pontos do território brasileiro sem a devida autorização e em desconformidade com as regras instituídas para tal transporte.

Importa ainda reafirmar que essas regras são externas ao direito penal, e devem ser utilizadas para completar o conteúdo da norma, apontando para a característica de norma penal em branco. Nesse sentido, Luiz Regis Prado, "a figura delitiva definida no art. 334, parágrafo 1º, I, é classificada como norma penal em branco, já que a sua descrição está incompleta, dependendo de outra norma, de cunho extrapenal, para o seu colmatamento, que discipline a navegação de cabotagem" (PRADO, 2015, p. 1419).

A conduta típica do inciso III criminaliza a conduta de comerciantes ou outros membros do mercado que colocam à venda, vendem ou ainda mantêm em depósito para venda mercadorias que teriam sido objeto de ingresso "clandestino" no País.

Isso significa dizer que aqueles que recebem essas mercadorias e as colocam em circulação no País também estarão sujeitos às penas da lei no sentido do descaminho.

É um tipo doloso, e o sujeito ativo deve ser um comerciante com habitualidade de vendas. A conduta não é uma conduta isolada.

O último inciso trata de conduta equivalente à receptação de produtos de procedência estrangeira. Deve ser praticada por agentes comerciais ou industriais, que utilizarão os produtos em sua atividade.

O núcleo da conduta é *adquirir*, consumando-se a partir da aquisição da mercadoria ilegal. O elemento subjetivo é o dolo. Não se pune a conduta a título de culpa.

A mercadoria, neste inciso, assim como no anterior, deve estar em desconformidade com as exigências legais de importação, não possuindo documentos que comprovem sua legalidade.

Causa de aumento de pena – aplicação da pena em dobro

O crime de descaminho traz uma causa de aumento de pena especial, caso o crime seja praticado em transporte aéreo, marítimo ou fluvial. A causa de aumen-

---

[348] Disponível em: https://pt.wikipedia.org/wiki/Cabotagem. Acesso em: 22 nov. 2016.

to é objetiva, mas sua aplicação deve ser cercada de muito cuidado, uma vez que não se pode caracterizar como causa de aumento qualquer transporte.

O legislador, ao aumentar a reprovabilidade da conduta, intentou abarcar os delitos praticados em embarcações aéreas ou marítimas ou fluviais clandestinas, que dificultam ou impossibilitam a fiscalização das mercadorias e matérias objeto desse transporte. Nos voos regulares e embarques regulares em outras embarcações, a fiscalização é tão rígida quanto ou até mais rígida nos que se refere às mercadorias, o que não justifica a aplicação da majorante.

Considerações finais

O crime de descaminho, principalmente após as últimas alterações legislativas, está firmado na legislação brasileira como um crime que viola o bem jurídico "higidez do fisco nacional". Por tal razão, está inserido no conjunto dos crimes fiscais. E, como tal, todas as consequências devem-lhe ser aplicadas, tais como a extinção da punibilidade pelo pagamento do tributo.

Doutrina e jurisprudência já entendem, por exemplo, que, para condutas com valor de tributo imposto inferior a R$ 10.000,00 (dez mil reais), valor este que a Receita Federal declara como irrelevante para o fisco, o crime de descaminho não estaria configurado e seria irrelevante para o sistema penal.

Da mesma forma, quando não já tiver sido pago, ou quando não houver tributo a ser pago, não há que se falar em crime de descaminho.

Contrabando

Art. 334-A. Importar ou exportar mercadoria proibida:

Pena – reclusão, de 2 (dois) a 5 (cinco) anos.

§ 1º Incorre na mesma pena quem:

I – pratica fato assimilado, em lei especial, a contrabando;

II – importa ou exporta clandestinamente mercadoria que dependa de registro, análise ou autorização de órgão público competente;

III – reinsere no território nacional mercadoria brasileira destinada à exportação;

IV – vende, expõe à venda, mantém em depósito ou, de qualquer forma, utiliza em proveito próprio ou alheio, no exercício de atividade comercial ou industrial, mercadoria proibida pela lei brasileira;

V – adquire, recebe ou oculta, em proveito próprio ou alheio, no exercício de atividade comercial ou industrial, mercadoria proibida pela lei brasileira.

§ 2º Equipara-se às atividades comerciais, para os efeitos deste artigo, qualquer forma de comércio irregular ou clandestino de mercadorias estrangeiras, inclusive o exercido em residências.

§ 3º A pena aplica-se em dobro se o crime de contrabando é praticado em transporte aéreo, marítimo ou fluvial.

Bibliografia: NUVOLONE, Pietro. Problemi di diritto materiale e processuale in tema di contrabando. In: *Trent'anni di dirito e procedura penale*. Padova: Cedam, 1969. v. 2.

Considerações gerais

O crime de contrabando, no formato que se instalou a partir das alterações legislativas de 2014, reforçou-se como uma figura delitiva de proteção da integridade, saúde e interesse econômico dos produtos nacionais.

Evidente está a diferenciação dos bens jurídicos entre um e outro delito, sendo o contrabando uma conduta proibida por trazer inúmeros prejuízos ao cidadão e à sociedade brasileira.

O contrabando atinge outros interesses da Administração Pública, como, por exemplo, a balança de pagamentos ou o controle sanitário, ao se importar ou exportar mercadoria proibida.

Considerações nucleares

O crime de contrabando consiste em "importar" ou "exportar" **mercadoria proibida**, portanto, ingressar ou sair do País com mercadorias que legalmente não poderiam ser transferidas ao Brasil ou do Brasil para outro país.

Outras normas nacionais devem regular e dizer o que são mercadorias proibidas e o que são mercadorias que estão proibidas momentaneamente. Assim como armas e explosivos, outras mercadorias podem ser proibidas a evitar danos à saúde ou ao mercado brasileiro.

Como se vê em Nuvolone, o crime de contrabando, consistente na entrada de mercadoria proibida, constitui uma infração penal de natureza permanente, pois, enquanto perdurar presente no País a mercadoria, a violação da proibição protrai-se no tempo (1969, p. 1019).

A conduta é dolosa, e qualquer pessoa pode praticar o contrabando.

Condutas equiparadas

A conduta de importar mercadoria de forma clandestina, sem o devido registro ou autorização, é o núcleo do inciso II, equiparado à conduta de contrabando. Se a mercadoria não for proibida, mas depender de autorização, e for importada sem ela, estará caracterizado o contrabando também.

A equiparação da conduta no caso do inciso III está atrelada à reinserção de produtos destinados à exportação que são vendidos no próprio País, burlando legislação nacional. Neste caso, ter-se-á de fazer um estudo, no caso concreto, sobre a norma a ser aplicada. Isto porque a legislação penal tributária também pode entender a conduta como fraude tributária, que seria sobreposta ao crime de contrabando.

O núcleo do inciso IV é "vender" ou "expor à venda" ou "manter em depósito", sempre praticados por comerciantes ou industriais, no exercício de suas atividades, e de forma habitual.

No caso do inciso V, pode-se pensar em uma conduta equiparada à receptação de mercadorias proibidas. Mercadorias, pois, que teriam sido objeto de contrabando e foram adquiridas, vendidas ou ocultadas por terceiras pessoas em proveito próprio, no exercício da atividade empresarial.

Causa de aumento de pena

Tal como no descaminho, o tipo penal de contrabando traz causa de aumento de pena especial, caso o crime seja praticado em transporte aéreo, marítimo ou fluvial. A causa de aumento é objetiva, mas sua aplicação deve ser cercada de muito cuidado, uma vez que não se pode caracterizar como causa de aumento qualquer transporte.

O legislador, ao aumentar a reprovabilidade da conduta, intentou abarcar os delitos praticados em embarcações aéreas ou marítimas ou fluviais clandestinas, que dificultam ou impossibilitam a fiscalização das mercadorias e matérias objeto desse transporte. Nos voos regulares e embarques regulares em outras embarcações, a fiscalização é tão rígida quanto ou até mais rígida nos que se refere às mercadorias, o que não justifica a aplicação da majorante.

Considerações finais

Totalmente dissociados agora, contrabando e descaminho não são mais tratados pela legislação como faces do mesmo crime. Confirmou-se, pois, o que a doutrina nacional já amplamente descrevia: a norma que descreve o contrabando tem proteção específica do mercado de produtos nacionais, bem como proteção à saúde pública do País.

Impedimento, perturbação ou fraude de concorrência

Art. 335. Impedir, perturbar ou fraudar concorrência pública ou venda em hasta pública, promovida pela administração federal, estadual ou municipal, ou por entidade paraestatal; afastar ou procurar afastar concorrente ou licitante, por meio de violência, grave ameaça, fraude ou oferecimento de vantagem:

Pena – detenção, de 6 (seis) meses a 2 (dois) anos, ou multa, além da pena correspondente à violência.

Parágrafo único. Incorre na mesma pena quem se abstém de concorrer ou licitar, em razão da vantagem oferecida.

Considerações nucleares

O artigo trata da proteção da efetiva concorrência nos procedimentos licitatórios públicos. No entanto, em 1993, nova legislação sobre a matéria veio a lume no Brasil, e disciplinou as condutas ilícitas relativas às fraudes em procedimentos licitatórios. A Lei n. 8.666/93, em seus arts. 89 e 90, tipifica condutas específicas de fraude à licitação.

Assim sendo, o artigo em comento não foi revogado explicitamente, mas legislação especial posterior tratou do mesmo tema, e foi a ele sobreposta, de modo que as condutas hoje ocorridas que configurem fraude à licitação ou perturbação de concorrência pública serão tipificadas nos artigos da Lei n. 8.666/93.

Inutilização de edital ou de sinal

Art. 336. Rasgar ou, de qualquer forma, inutilizar ou conspurcar edital afixado por ordem de funcionário público; violar ou inutilizar selo ou sinal empregado, por determinação legal ou por ordem de funcionário público, para identificar ou cerrar qualquer objeto:

Pena – detenção, de 1 (um) mês a 1 (um) ano, ou multa.

Considerações nucleares

Como forma de proteger os editais públicos afixados para dar executabilidade a decisões judiciais ou administrativas, a lei penal instituiu o crime de dano a esses materiais.

Na primeira parte do artigo a conduta cinge-se a "rasgar" ou de outra forma "inutilizar" o documento público de anúncio de decisões do poder público. Já na segunda parte, o artigo traz a ideia de violação ou inutilização de selo ou sinal público empregado em qualquer objeto. Selo/sinal seriam documentos públicos de identificação do Estado que teriam sua integridade violada.

O artigo tem raríssima aplicação prática. Além de sua difícil configuração nos dias atuais, pois não se fixam mais editais em praças públicas, e sim em locais fechados, com maior segurança, os editais também se tornam públicos através da mídia local e da mídia eletrônica. Difícil pensar em rasgar documentos eletrônicos. Dessa forma, o dano é bem mais difícil de se configurar.

Importante ressaltar que o artigo tipifica conduta de dano, não tem absolutamente nenhuma relação com falsidade. É exclusivo de dano a editais **públicos**.

Além disso, é crime de menor potencial ofensivo, em razão da pena aplicada. Pela Lei n. 9.099/95, em crimes com penas cominadas até um ano poderá ser oferecida a transação penal, no qual o imputado faz um acordo com o Ministério Público, e o procedimento termina. Cumpridas as condições, extinta está a punibilidade em relação àquele fato.

Dessa forma, o crime do artigo em comento é de rara aplicação prática, e, se ocorrer, será de menor potencial ofensivo.

Subtração ou inutilização de livro ou documento

Art. 337. Subtrair, ou inutilizar, total ou parcialmente, livro oficial, processo ou documento confiado à custódia de funcionário, em razão de ofício, ou de particular em serviço público:

Pena – reclusão, de 2 (dois) a 5 (cinco) anos, se o fato não constitui crime mais grave.

Considerações nucleares

Inserido no capítulo dos crimes contra a Administração pública praticada por particulares, o artigo trata da proteção de documentos sob custódia do poder público ou de quem o represente. Assim, as condutas de *subtrair, inutilizar* – total ou parcialmente – **livro oficial**, **processo** ou **outro documento** confiado são os núcleos do tipo penal.

A necessidade de proteger os documentos públicos está diretamente vinculada à história dos processos e procedimentos sob a responsabilidade do Estado. A destruição ou inutilização destes pode dar ensejo a inúmeros problemas de reconstituição dos fatos para que se extraiam as consequências necessárias à pacificação social.

Possível autor desse crime pode ser qualquer pessoa que tenha acesso a tais documentos, processos ou livros oficiais e realize o núcleo do tipo.

Não existe a modalidade culposa; o crime só se consuma se houver o elemento subjetivo doloso.

Além disso, a pena aplicada demonstra o grau médio de reprovabilidade da conduta para o legislador.

Sonegação de contribuição previdenciária

Art. 337-A. Suprimir ou reduzir contribuição social previdenciária e qualquer acessório, mediante as seguintes condutas:

I – omitir de folha de pagamento da empresa ou de documento de informações previsto pela legislação previdenciária segurados empregado, empresário, trabalhador avulso ou trabalhador autônomo ou a este equiparado que lhe prestem serviços;

II – deixar de lançar mensalmente nos títulos próprios da contabilidade da empresa as quantias descontadas dos segurados ou as devidas pelo empregador ou pelo tomador de serviços;

III – omitir, total ou parcialmente, receitas ou lucros auferidos, remunerações pagas ou creditadas e demais fatos geradores de contribuições sociais previdenciárias:

Pena – reclusão, de 2 (dois) a 5 (cinco) anos, e multa.

§ 1º É extinta a punibilidade se o agente, espontaneamente, declara e confessa as contribuições, importâncias ou valores e presta as informações devidas à previdência social, na forma definida em lei ou regulamento, antes do início da ação fiscal.

§ 2º É facultado ao juiz deixar de aplicar a pena ou aplicar somente a de multa se o agente for primário e de bons antecedentes, desde que:

I – (Vetado)

II – o valor das contribuições devidas, inclusive acessórios, seja igual ou inferior àquele estabelecido pela previdência social, administrativamente, como sendo o mínimo para o ajuizamento de suas execuções fiscais.

§ 3º Se o empregador não é pessoa jurídica e sua folha de pagamento mensal não ultrapassa R$ 1.510,00 (um mil, quinhentos e dez reais), o juiz poderá reduzir a pena de um terço até a metade ou aplicar apenas a de multa.

§ 4º O valor a que se refere o parágrafo anterior será reajustado nas mesmas datas e nos mesmos índices do reajuste dos benefícios da previdência social.

Bibliografia: ANDRADE FILHO, Edmar Oliveira. *Direito penal tributário:* crimes contra a ordem tributária e contra a previdência social. São Paulo: Atlas, 2007; BITENCOURT, Cezar Roberto. *Tratado de direito penal.* São Paulo: Saraiva, 2016. v. 5; BITENCOURT, Cezar Roberto. *Tratado de direito penal econômico.* São Paulo: Saraiva, 2016. v. 1; BITENCOURT, Cezar Roberto; MONTEIRO, Luciana de Oliveira. *Crimes contra a ordem tributária.* São Paulo: Saraiva, 2014; BUSATO, Paulo César. *Direito penal:* parte especial 3. São Paulo: Atlas, 2016; COGAN, Arthur. *Crimes contra a administração pública.* São Paulo: Juarez de Oliveira, 2003; ESCOBAR JIMÉNEZ, Rafael. Los delitos contra la seguridad social. In: *Delitos y cuestiones penales en el ámbito empresarial.* Madrid: Expansión/Garrigues & Andersen, 1999. 8 v; GALVÃO, Fernando. *Direito penal:* crimes contra a administração pública. Belo Horizonte: D'Plácido, 2015; GOMES, Luiz Flávio; BORSIO, Marcelo Fernando. *Crimes previdenciários.* São Paulo: RT, 2014; LEMES, Alexandre Barbosa. *Tutela penal da previdência social.* Curitiba: Juruá, 2009; MACIEL FILHO, Euro Bento. *Crimes previdenciários*: analise crítica dos delitos clássicos contra a previdência social, à luz da Lei

n. 9.983, de 14-7-2000. São Paulo: Juarez de Oliveira, 2004; MONTEIRO, António Lopes. *Crimes contra a previdência social*. São Paulo: Saraiva, 2003; PAGLIARO, Antonio; COSTA JR., Paulo José da. *Dos crimes contra a administração pública*. São Paulo: Atlas, 2009; PRADO, Luiz Regis. *Curso de direito penal brasileiro*. São Paulo: RT, 2012. v. 3; SALVADOR NETTO, Alamiro Velludo. Direito penal tributário: reforço administrativo ou autêntica tutela criminal? In: SILVEIRA, Renato de Mello Jorge; GOMES, Mariângela Gama de Magalhães (Org.). *Estudos em homenagem a Ivette Senise Ferreira*. São Paulo: LiberArs, 2015; SLOMP, Rosangela. *A inconstitucionalidade do crime de apropriação indébita previdenciária*. Rio de Janeiro: Forense, 2003; SOUZA, Luciano Anderson de. *Direito penal econômico*: fundamentos, limites e alternativas. São Paulo: Quartier Latin, 2012; SOUZA, Luciano Anderson de. *Expansão do direito penal e globalização*. São Paulo: Quartier Latin, 2007.

Considerações gerais

O presente dispositivo foi introduzido no Código Penal por meio da Lei n. 9.983/2000, a qual, dentre outras providências, inseriu os chamados crimes previdenciários no interior daquele diploma. Assim, a apropriação indébita previdenciária foi insculpida no art. 168-A, entre os crimes patrimoniais, e a sonegação de contribuição previdenciária, no art. 337-A, entre os crimes contra a Administração Pública. Cuidou-se de medida atécnica por parte do legislador, verdadeiramente lastimável, uma vez que nem a apropriação indébita previdenciária trata-se integralmente de crime contra o patrimônio (aliás, parte das figuras nem sequer se trata de apropriação indébita) e tampouco a sonegação de contribuição previdenciária consubstancia-se em crime contra a Administração **Pública**.

O delito em comento nada mais é do que um crime tributário, como os núcleos do tipo ("suprimir" ou "reduzir") claramente o demonstram, assim como a disciplina benéfica estabelecida, tanto no Código Penal e legislação tributária extravagante, como nos sucessivos programas de parcelamento de débitos fiscais. Em outras palavras, o regramento jurídico do crime em questão é inequivocamente penal tributário.

Nos últimos anos, insta notar, tem sido enorme a profusão de normas penais tributárias, numa dupla tendência, que converge nos objetivos. De um lado, tem havido a expansão do Direito Penal Tributário, com a criação de novos tipos, como os que dizem repeito aos crimes previdenciários, *topos* no qual se insere o art. 337-A, como referido. Além destes e dos crimes de sonegação fiscal e de descaminho, ou seja, além das normas incriminadoras propriamente ditas, tem-se, ainda, a profusão, ao longo dos últimos anos, de normas despenalizadoras ou simplesmente benéficas. Esse fenômeno poderia, à primeira vista, sinalizar uma contradição, qual seja, ao lado do erigimento de novos tipos, numa postura de alargamento repressivo, tem havido concomitantemente a edição de previsões que afastam essa mesma repressão, total ou parcialmente.

O paradoxo, todavia, é apenas aparente e sinalizador da instrumentalização do Direito Penal Tributário para meros fins arrecadatórios, pois as ditas normas despenalizadoras ou benéficas dizem respeito à extinção da punibilidade ou suspensão da pretensão punitiva para o pagamento ou parcelamento, respectivamente, do débito tributário, ou, ainda, à fixação de outras vantagens limitadoras do *ius puniendi*. Ou seja, a fúria arrecadatória do Estado, tal qual sua ineficiência, não possui limites. As condutas que se sinalizavam gravosas – uma vez que as sanções estabelecidas são significativas –, em realidade, prestam-se a simples mecanismo de coerção aos contribuintes, a despeito dos contornos de um Estado Democrático de Direito.

Considerações nucleares

O delito em foco foi inserido pelo legislador entre os crimes praticados por particular contra a Administração em geral. A identificação do bem jurídico tutelado, não obstante, sinaliza a inadequação dessa construção. Isso porque o interesse em jogo não diz respeito à Administração Pública propriamente dita. De fato, o **bem jurídico** tutelado é supraindividual, consubstanciando-se nas fontes de custeio da previdência social – cujo *déficit* chegará, segundos informes oficiais, a cerca de 200 bilhões de reais em 2017, fruto da balbúrdia administrativa de sucessivos governos nas últimas décadas, fator que certamente esclarece o interesse do Estado na presente previsão penal.

Note-se que, tal como nos crimes tributários, a doutrina divide-se entre teses patrimonialistas, funcionais e mistas quanto ao teor do bem jurídico em foco. A maioria inclina-se pela teoria patrimonial. Não obstante, não se está a proteger propriamente o patrimônio do INSS – o que até poderia caracterizar um crime contra a Administração Pública –, mas sim os meios de subsistência financeira da previdência social (assim, por exemplo, BITENCOURT, 2016, v. 5, p. 296). A lógica essencial desta última é a de que os trabalhadores ativos devem financiar os inativos, pelo que o delito em análise compromete a fonte de custeio do sistema previdenciário.

De qualquer forma, nota-se que não se trata de tutela da Administração, comparável a condutas como usurpação de função pública, tráfico de influência, corrupção ativa etc., delitos previstos no mesmo capítulo do Título XI da Parte Especial do Código Penal. Aliás, há de se citar que o art. 337-A desse estatuto possui previsão de condutas equivalentes às do *caput* e § 1º, incisos I e II, do art. 168-A. Rigorosamente falando, nenhuma dessas condutas deveria estar prevista em referido diploma. A devida sistematização das leis penais recomenda, isto sim, sua disciplina em legislação extravagante, como ocorre com os crimes previstos na Lei n. 8.137/1990 (crimes contra a ordem tributária, econômica e contra as relações de consumo), uma vez que existe um subsistema peculiar e dinâmico, cujo interesse, ademais, não se subsume a nenhum dos catalogados atualmente no *Codex*.

A utilização da coerção penal para fins de assegurar o pagamento de tributos é tão antiga quanto a própria tributação. Mas as preocupações de erigimento de um Direito Penal Tributário são bastante recentes. Pressupõe, dogmaticamente, um já avançado estágio evolutivo da própria teoria do bem jurídico, assim como, politicamente, a disseminação de normas penais tributárias. No Brasil, isso vai se dar apenas nos anos de 1960, após a edição da Lei n. 4.729/65 (sonegação fiscal) e do Código Tributário Nacional (CTN, de 1966).

Nesse aspecto, é importante frisar que o crime tributário, em qualquer caso, como no presente, não pode significar um simples inadimplemento ao Fisco. O Direito Penal é o mais grave meio de controle social de condutas, sendo norteado pela ideia de subsidiariedade (*ultima ratio*). Nesse influxo, não pode representar, formal ou materialmente, simples meio de reforço à arrecadação.

Isso tudo significa que o crime tributário necessita de um *plus* de gravidade para justificar sua existência no ordenamento jurídico. Por conseguinte, a norma penal tributária legítima é aquela que tutela a ordem tributária de ataques fraudulentos, razão pela qual o elemento ***"fraude"*** é sua chave interpretativa (no mesmo sentido, v. g., SALVADOR NETTO, 2015, p. 37 e s.). É por isso que o art. 1º da Lei n. 8.137/1990, e. g., exige a redução ou supressão "mediante as seguintes condutas" (fraudulentas) ou que o art. 2º da mesma lei apenas descreva condutas fraudulentas. No caso do art. 337-A, ora em comento, ocorre a mesma formatação tipológica que com relação ao citado art. 1º da Lei n. 8.137/90.

Nesse sentido, a fraude é a essência da sonegação em questão, tal como ocorre, e. g., no ordenamento espanhol (art. 307 do Código Penal daquele país), devendo estar delineada para encetar a persecução criminal e cabalmente demonstrada para permitir um decreto condenatório. Do contrário, cuida-se de assunto exclusivamente extrapenal.

Quanto ao **tipo objetivo**, há na sonegação de contribuição previdenciária a previsão de um tipo misto alternativo, ou de conteúdo variado, composto por dois núcleos: suprimir ou reduzir. A supressão é a eliminação completa de contribuição social previdenciária ou qualquer acessório, enquanto a redução consiste em sua simples diminuição, isto é, no não pagamento ao INSS da totalidade do devido.

Rigorosamente falando, a presente previsão penal é despicienda, uma vez que se encaixaria perfeitamente ao previsto na citada Lei n. 8.137/90, já que contribuição social previdenciária é, obviamente, espécie de contribuição social (em sentido similar, e. g., MONTEIRO, 2003, p. 53, e GOMES e BORSIO, 2014, p. 92). Inclusive, as penas dos dois delitos são idênticas (2 a 5 anos de reclusão, além de multa). Quis o legislador, no entanto, frisar simbolicamente o interesse em questão, assim como os meios de prática delitiva. Pelo princípio da especialidade, então, prevalece o art. 337-A do Código Penal.

A doutrina, no geral, não costuma enfrentar a contento a questão da **diferenciação entre os crimes de apropriação indébita previdenciária e de**

sonegação de contribuição previdenciária. A diferenciação não está exatamente na identificação do sujeito ativo do delito e tampouco no suposto fato de ser a figura do art. 168-A uma apropriação indébita enquanto a do artigo em comento é uma sonegação fiscal.

Quanto ao **sujeito ativo** do delito, ambos os casos revelam crimes próprios. O art. 168-A insculpe um tipo em que somente pode ser sujeito ativo do delito previsto em seu *caput* o substituto tributário e, nos casos do § 1º, o titular da firma individual, comerciante, industrial ou administrador do negócio. Já no caso do art. 337-A, pode perpetrar o crime o titular da firma individual, comerciante, industrial ou administrador do negócio (no mesmo sentido, cf. BITENCOURT, 2016, v. 5, p. 296). Assim, em ambos os casos o autor do delito pode ser o contribuinte, e não apenas neste último (como a previsão do art. 168-A, § 1º, inciso II, deixa antever ao criminalizar a conduta de quem deixa de recolher contribuições devidas à previdência social que tenham integrado despesas contábeis ou custos relativos à venda de produtos ou à prestação de serviços).

Demais disso, a diferença também não está propriamente em ser a figura do art. 168-A uma apropriação indébita e a do art. 337-A uma sonegação fiscal. Isso porque, na realidade, as figuras dos incisos I e II do § 1º do art. 168-A nada mais representam do que uma sonegação fiscal, somente havendo aproximação à ideia de apropriação indébita nas infrações do *caput* e do inciso III do § 1º do tipo em questão.

A confusão, de fato, ocorre pela lastimável técnica utilizada na construção do tipo de apropriação indébita previdenciária, cujas figuras do *caput* e § 1º, inciso II, seriam desnecessárias em face do crime previsto no art. 168 do Código (pois, no primeiro caso, o responsável pela rede arrecadatória, ou seja, banco, permanece com o valor recebido e que deveria ser repassado ao Caixa Único do Tesouro e, no último, o titular da firma, administrador ou empresário, apropria-se do valor recebido do INSS para entregar ao beneficiário, seu empregado).

Com relação às figuras do § 1º, incisos I e II, em comparação às hipóteses do art. 337-A não há, então, nem distinção quanto à subjetividade (ativa ou passiva), nem quanto à essência delitiva. São todas sonegações fiscais, diferenciadas exclusivamente pelo *modus operandi* previsto pelo legislador. Deveria, assim, *de lege ferenda*, haver tratamento único, numa mesma disciplina jurídica.

De qualquer forma, há que se frisar que todas essas figuras referidas nada mais são do que formas de ataques fraudulentos diferenciados das fontes de custeio do sistema de previdência social (razão pela qual, aliás, todas possuem como **sujeito passivo** o Instituto Nacional do Seguro Social – INSS). Não é à toa, ademais, que apresentam sanções idênticas e disciplina benéfica similar, conforme veremos abaixo.

Analisando o teor do art. 337-A, ainda, observa-se que contribuição social previdenciária é o primeiro elemento normativo de uma norma penal em branco que é complementada pela Lei n. 8.212/91 (que dispõe sobre a organização da Seguridade Social, institui Plano de Custeio e dá outras providências), em consonância com o art. 195 da Constituição de 1988, assim como pelo Decreto n. 3.048/99 (consistente no Regulamento da Previdência Social).

Como sinalizado, as contribuições sociais previdenciárias são tributos que representam fontes de custeio da seguridade social. A expressão "qualquer acessório" prevista no tipo volta-se ao inadimplemento (doloso e fraudulento, frise-se) de penalidade pecuniária, ou seja, multas aplicadas em decorrência do descumprimento de obrigação tributária acessória (como escriturações, prestação de informações etc.), conforme correta afirmação de Bitencourt e Monteiro (2014: p. 107).

As previsões constantes dos **incisos I a III do *caput* do art. 337-A**, forçoso notar, não representam condutas nucleares alternativas, ou seja, não são tipos penais específicos, mas tão somente **modos de execução** das ações vedadas no *caput*. São os especiais modos fraudulentos alternativos estabelecidos pela lei para configuração do crime. Para caracterização de ilícito penal, por conseguinte, necessariamente a sonegação da contribuição previdenciária – total ou parcial, daí por que se cuida, em qualquer caso, de crime de resultado – tem de se dar por um dos meios descritos nos incisos em análise. Estes, ademais, representam normas penais em branco complementadas pela legislação previdenciária, que lhes fornece o devido sentido e alcance.

Em primeiro lugar, conforme o **inciso I**, consiste em sonegação de contribuição previdenciária a conduta de suprimir ou reduzir contribuição social previdenciária e qualquer acessório, mediante a omissão em folha de pagamento da empresa ou de documento de informações previsto pela legislação previdenciária de segurados empregado, empresário, trabalhador avulso ou trabalhador autônomo ou a este equiparado que lhe prestem serviços. Dessa maneira, concretamente, o agente deixa de incluir segurado de folha de pagamento ou de documento de informações exigido pela lei previdenciária e, com tal expediente, suprime ou reduz o devido ao INSS. Assim sendo, essa figura não deixa de ser modalidade especial de falsidade ideológica.

De acordo com o **inciso II**, a seu turno, cuida-se de crime de sonegação de contribuição previdenciária a sua supressão ou redução, bem como de qualquer acessório, mediante o comportamento de deixar de lançar mensalmente nos títulos próprios da contabilidade da empresa as quantias descontadas dos segurados ou as devidas pelo empregador ou pelo tomador de serviços. Trata-se, desse modo, da omissão de lançamento de descontos previdenciários, que venha a ocasionar a supressão ou redução do pagamento devido. Diante da redação formulada, com a utilização da palavra "mensalmente", o intérprete poderia ser levado ao equívoco de intuir que a prática delitiva durante diversos meses caracterizaria crime único. Em realidade, se isso se der, estar-se-á diante de crime continuado.

Por fim, consoante o **inciso III**, perfaz-se o delito em foco com a supressão ou a redução de contribuição previdenciária e qualquer acessório por meio da omissão, total ou parcial, de receitas ou lucros auferidos, remunerações pagas ou creditadas e demais fatos geradores de contribuições sociais previdenciárias. Como as demais modalidades, o crime perfaz-se mediante uma omissão, que leva a um resultado naturalístico de sonegação fiscal. Note-se, então, claramente, que a sonegação de contribuição previdenciária, em qualquer hipótese, consubstancia-se em crime omissivo impróprio.

Quanto ao **elemento subjetivo**, insta notar que se trata de **crime doloso**, não havendo previsão de modalidade culposa (o que seria no caso absolutamente ilegítimo diante da ideia de *ultima ratio*, ínsita ao Direito Penal). Segundo parte da doutrina, haveria necessidade de aferição de elemento subjetivo especial do tipo, consistente no propósito de fraudar a previdência social. Em realidade, parece-nos haver aí certa confusão. O intuito do agente é sonegar o devido ao INSS, o que o faz por meio de específicos modos fraudulentos, que não se confundem com o tipo subjetivo.

Nesse diapasão, de fato, não se cuida de mera inadimplência tributária, como não poderia deixar de ser, em face do princípio da subsidiariedade, citado *supra*. O dolo, ademais, não pode ser presumido, inexistindo responsabilização objetiva em Direito Penal. Por essas razões, o elemento "fraude" é a chave hermenêutica, cuja aferição dá sentido ao crime. Há, desta maneira, maior desvalor da ação inadimplente. Mas isso não enseja, em termos categoriais, a existência de elemento subjetivo especial do tipo. Em outras palavras, a fraude – que necessariamente deve restar comprovada – é o meio empregado para a consecução do delito, mas não o exato escopo que dá sentido à incriminação.

Em síntese, deve-se demonstrar a fraude para configuração do crime em estudo, mas ela em si mesma não significa, dogmaticamente, um elemento subjetivo especial do tipo. Ao revés, trata-se de elemento objetivo.

Com relação à **consumação e tentativa**, observamos que o crime se consuma com a efetiva eliminação ou diminuição do tributo ou acessório – devidamente constituído por meio do lançamento –, findo o prazo estabelecido para pagamento. Tal como em qualquer crime tributário, note-se, a discussão administrativa em curso impede o reconhecimento do delito[349]. É pressuposto da tipicida-

---

[349] Referida compreensão, inicialmente doutrinária e, ao depois, jurisprudencial, foi finalmente acolhida pelo legislador, o qual estabeleceu, por meio da Lei n. 12.350/2010, nova redação ao art. 83 da Lei n. 9.430/96: "A representação fiscal para fins penais relativa aos crimes contra a ordem tributária previstos nos arts. 1º e 2º da Lei n. 8.137, de 27 de dezembro de 1990, e aos crimes contra a Previdência Social, previstos nos arts. 168-A e 337-A do Decreto-Lei n. 2.848, de 7 de dezembro de 1940 (Código Penal), será encami-

de penal tributária a inequívoca prévia tipicidade tributária, questão hoje pacificada. Como se trata de crime de resultado, a tentativa é perfeitamente admissível, embora de difícil aferição prática.

Causas extintivas de punibilidade e demais regramentos benéficos

Apesar de cuidar-se de modalidade de crime tributário, inclusive com construção assimilada a duas das figuras de "apropriação indébita previdenciária", como visto, curiosamente, a lei estabeleceu disciplina distinta quanto à extinção da punibilidade no caso do art. 337-A. Assim, no caso do art. 168-A, prevê-se em seu § 2º que há extinção da punibilidade se o agente, espontaneamente, declara, confessa e efetua o pagamento do devido até o início da ação fiscal (ou seja, com a notificação pessoal do contribuinte acerca do débito, feita pelo Fisco). No caso do art. 337-A, entretanto, basta a espontânea declaração, confissão e prestação de informações antes do início da ação fiscal. Ou seja, não precisa haver pagamento para o reconhecimento da extinção da punibilidade com relação à sonegação de contribuição previdenciária.

Essa peculiar distinção, que poderia afastar a acusação de instrumentalização do Direito Penal para meros fins arrecadatórios (sendo um "lampejo de coerência", cf. PRADO, 2012, p. 732), não passa, em realidade, de uma falácia. Em primeiro lugar, porque, se houver tal conduta do contribuinte antes da ação fiscal, o Estado assegura seu recebimento, ao menos por uma exitosa execução. Demais disso, a possibilidade de ocorrência prática dessa hipótese, diante do pequeno lapso temporal, é ínfima. Normalmente, é com a ação fiscal que se descobre a sonegação, sendo muito raro que o sonegador arrependido procure o Fisco antes desse momento. Por fim, para o crime em comento, de natureza tributária, aplica-se toda a normativa benéfica penal tributária, isto é, reconhecimento da extinção da punibilidade pelo pagamento ocorrido antes do recebimento da denúncia (art. 34 da Lei n. 9.249/95), assim como os sucessivos programas de parcelamento fiscal, independentemente do momento processual (desde o primeiro, estabelecido pela Lei n. 10.684/2003 – PAES).

Por todas essas razões, em suma, a aplicabilidade concreta do § 1º do art. 337-A é praticamente nula.

O § 2º do art. 337-A, por sua vez, traz uma hipótese de **perdão judicial ou aplicação alternativa de pena de multa**. Assim, fixa o dispositivo ser facultado ao aplicador da lei penal deixar de aplicar a pena ou aplicar somente a de multa se o agente for primário e de bons antecedentes, desde que o valor das contribuições devidas, inclusive acessórios, seja igual ou inferior àquele estabe-

nhada ao Ministério Público depois de proferida a decisão final, na esfera administrativa, sobre a exigência fiscal do crédito tributário correspondente".

lecido pela previdência social, administrativamente, como sendo o mínimo para o ajuizamento de suas execuções fiscais. De acordo com o art. 1º, inciso II, da Portaria n. 75/2012 do Ministério da Fazenda, esse valor atualmente é de R$ 20.000,00 (vinte mil reais). Isso porque a Administração Pública perseguir o contribuinte por valor menor do que este é antieconômico, já que quem arca com o processo é o próprio Erário. Assim, doutrina e jurisprudência têm reconhecido na hipótese o princípio da insignificância, o qual afasta a tipicidade material, de modo que dificilmente haverá a *persecutio criminis*, independentemente de qualquer outra condição.

O § 3º do art. 337-A, por fim, estabelece uma **causa de diminuição de pena**. Nesse sentido, caso o empregador não seja pessoa jurídica e sua folha de pagamento mensal não ultrapasse R$ 1.510,00 (um mil, quinhentos e dez reais), o aplicador da lei penal poderá reduzir a pena de um terço até a metade ou aplicar apenas a de multa, pouco importando a questão dos antecedentes do agente. O valor referido é reajustado conforme as regras previdenciárias (prevê o § 4º do artigo em exame). Observe-se que só haverá interesse prático nesse dispositivo se o valor total devido ultrapassar o estabelecido, administrativamente, como sendo o mínimo para o ajuizamento das execuções fiscais.

Considerações finais

O crime de sonegação de contribuição previdenciária, ao lado do crime de apropriação indébita previdenciária, possui controvertida disciplina que procura tutelar as fontes de custeio da seguridade social. Como crime tributário que é, sua previsão no interior do Código Penal, entre os crimes contra a Administração Pública, ocupa *topos* inadequado.

Demais disso, aplica-se ao crime em questão toda a disciplina atinente aos demais crimes tributários, tais como o necessário esgotamento da via administrativa para sua configuração, os sistemas de extinção da punibilidade pelo pagamento do devido antes do recebimento da denúncia ou, ainda, os sucessivos programas de parcelamento instituídos pelo governo para exclusivos fins de arrecadação, instrumentalizando-se a seara penal com vista a tal desiderato.

Capítulo II-A
Dos crimes praticados por particular contra a Administração Pública estrangeira

Bibliografia: BENITO SÁNCHEZ, Demelsa. *El delito de corrupción en las transacciones comerciales internacionales*. Madrid: Iustel, 2012; BERDUGO GÓMEZ DE LA TORRE, Ignacio; FÁBIAN CAPARRÓS, Eduardo A. Corrupción y derecho penal: nuevos perfiles, nuevas respuestas. *Revista Brasileira de Ciências Criminais*, n. 81, nov./dez. 2009, p. 7-35; BITENCOURT, Cezar Roberto. *Tratado de direito penal*: parte especial. São Paulo: Saraiva, 2008. v. 5; HUNGRIA, Nélson. *Comentários ao Código Penal*. Rio de Janeiro: Forense, 1958. v. IX; PÉREZ CEPEDA, Ana Isabel; BENITO SÁNCHEZ, Carmen Demelsa. La política criminal internacional contra la corrupción. *Revista Brasileira de Ciências Criminais* n. 89, mar./abr. 2011, p. 13-61; PRADO, Luiz Regis. *Tratado de direito penal brasileiro*. São Paulo: RT, 2013. v. 7; REALE JÚNIOR, Miguel. *Instituições de direito penal*: parte geral. 3. ed. Rio de Janeiro: Forense, 2013; SHECAIRA, Sérgio Salomão. Corrupção: uma análise criminológica. *In*: GRECO, Luís; MARTINS, Antonio (Org.). *Direito penal como crítica da pena*: estudos em homenagem a Juarez Tavares por seu 70º aniversário em 2 de setembro de 2012. São Paulo: Marcial Pons, 2012. p. 603-615; SHECAIRA, Sérgio Salomão. Responsabilidade penal das pessoas jurídicas. In: OLIVEIRA, William Terra de et al. (Org.). *Direito penal econômico*: estudos em homenagem aos 75 anos do Professor Klaus Tiedemann. São Paulo: LiberArs, 2013. p. 349-357; SILVEIRA, Renato de Mello Jorge. A ideia penal sobre a corrupção no Brasil: da seletividade pretérita à expansão de horizontes atual. In: BERGUGO GÓMEZ DE LA TORRE, Ignácio; BECHARA, Ana Elisa Liberatore S. (Coord.). *Estudios sobre la corrupción*: uma reflexión hispano brasileña. Salamanca: Universdad de Salamanca, 2013. p. 73-91; SOUZA, Luciano Anderson de. Corrupção: novos desafios jurídico-penais em torno de um antigo grave problema. In: PASCHOAL, Janaina Conceição; SILVEIRA, Renato de Mello Jorge (Coord.). *Livro homenagem a Miguel Reale Júnior*. Rio de Janeiro: GZ, 2014. p. 341-360; SOUZA, Luciano Anderson de. Os crimes econômicos na ação penal n. 470, dificuldades e desafios. *RT* n. 933, jul./2013, p. 317-332; SOUZA, Luciano Anderson de; FERREIRA, Regina Cirino Alves. Criminal *compliance* e as novas feições do direito penal econômico. *Revista de Direito Bancário e do Mercado de Capitais* n. 59, jan./mar. 2013, p. 281-300; SOUZA, Luciano Anderson de. *Direito penal econômico*: fundamentos, limites e alternativas. São Paulo: Quartier Latin, 2012; SOUZA, Luciano Anderson de. A essência da ação penal n. 470, o crime de corrupção. *Letrado*, 101/27; SOUZA, Luciano Anderson de. *Expansão do direito penal e globalização*. São Paulo: Quartier Latin, 2007; ZAFFARONI, Eugenio Raúl. La corrupción: su perspectiva latinoamericana. In: OLIVEIRA, Edmundo (Org.). *Criminologia crítica*. Belém: CEJUP, 1990.

Considerações gerais

O presente capítulo foi introduzido no Código Penal brasileiro pela Lei n. 10.467/2002, produto de **pressão estrangeira** e de compromissos firmados em **documentos internacionais** quanto ao tema do cerceamento à corrupção. Desde meados dos anos 1990, diversas conferências e convenções internacionais contra a corrupção têm sido estabelecidas, capitaneadas pelos Estados Unidos da América e pelo Reino Unido. Lamentavelmente, como se estivéssemos num momento de exceção, imbuído de drásticas medidas emergenciais *a latere* do Estado de Direito, é comum a utilização da expressão "combate à corrupção".

Em razão da **globalização econômica**, efetivamente, o objetivo maior desses países, mais do que a desinteressada promoção da ética mundo afora, tem sido o de procurar assegurar a livre concorrência para suas empresas transnacionais. Isso porque, num ambiente de forte corrupção, estas perdem espaço para empresas locais ou internacionais que fomentem seus negócios com autoridades e outras empresas corruptas. E neste último sentido, surge, inclusive, a relevante discussão da criminalização da corrupção privada, hoje tão significativa quanto a pública.

Nesse contexto, em 1997, foi firmada, em Paris, a **Convenção sobre o Combate da Corrupção de Funcionários Públicos Estrangeiros em Transações Comerciais Internacionais**, subscrita pelo Brasil, prevendo-se o compromisso de criminalização do ato de "corrupção de funcionário público estrangeiro".

Referida convenção foi promulgada pelo **Decreto n. 3.678, de 30 de novembro de 2000, o qual ensejou, por sua vez, o projeto legislativo que culminou na citada Lei n. 10.467/2002**. Esta criou dois tipos penais, disciplinados nos arts. 337-B, 337-C e 337-D, e, ainda, alterou a então vigente Lei de Lavagem de Capitais, de 1998, para inclusão dessas novas figuras no rol de crimes antecedentes (o que persistiu até 2012, sendo modificado pelo advento da nova lei de branqueamento).

A introdução dos crimes praticados por particular contra a administração pública estrangeira no Código Penal brasileiro marca uma **mudança de paradigma** relativamente ao cerceamento da corrupção em nosso país. Sempre entendida no geral como relativa à venalidade na função pública nacional, conforme tradicional ideário explicitado, por exemplo, por Hungria (1958, p. 365), a alteração trazida em 2002 representa o reconhecimento da internacionalização do problema da corrupção.

Reitere-se que, num mundo marcado pela globalização econômica, com forte poderio de empresas transnacionais, muitas vezes superior ao de economias marginalizadas (SOUZA, 2014, p. 346), a questão muda de parâmetros, mesmo porque a disciplina não harmônica poderia ensejar a criação de "paraísos penais". Também o incremento de uma criminalidade organizada transnacional sensibiliza a problemática.

Portanto, não é à toa que o tema da corrupção, atualmente, ganha enorme destaque na doutrina penal estrangeira, tanto anglo-saxã quanto europeia continental.

Corrupção ativa em transação comercial internacional

Art. 337-B. Prometer, oferecer ou dar, direta ou indiretamente, vantagem indevida a funcionário público estrangeiro, ou a terceira pessoa, para determiná-lo a praticar, omitir ou retardar ato de ofício relacionado à transação comercial internacional:

Pena – reclusão, de 1 (um) a 8 (oito) anos, e multa.

Parágrafo único. A pena é aumentada de 1/3 (um terço), se, em razão da vantagem ou promessa, o funcionário público estrangeiro retarda ou omite o ato de ofício, ou o pratica infringindo dever funcional.

Considerações gerais

O delito de corrupção ativa em transação comercial internacional, introduzido pela Lei n. 10.467/2002, espelhou-se no delito de corrupção ativa (art. 333 do CP). Isso significa que a construção típica legislativa pretendeu, a princípio, apenas formular o mesmo com relação a uma transação comercial internacional – isto é, acordo comercial entre pessoas físicas ou jurídicas pertencentes a dois ou mais países –, com sutis diferenciações.

Considerações nucleares

Em razão da posição topológica do artigo, dentro do título dos crimes contra a Administração Pública, com relação ao **bem jurídico** tutelado, dúvidas poderiam surgir quanto ao interesse protegido pelo novo tipo penal. Em primeiro lugar, por óbvio, o que está em jogo não se refere ao poder público nacional. De notar, todavia, que tampouco se trata da Administração Pública estrangeira, pois o Brasil não possui legitimidade nem interesse na tutela do normal funcionamento do serviço público de outros países (BITENCOURT, 2008, p. 260).

O que se está a proteger na hipótese, então, é o regular funcionamento das transações comerciais internacionais (PRADO, 2012, p. 744-747), interesse de viés econômico. Na doutrina espanhola, e. g., Benito Sánchez afirma que o bem jurídico tutelado é a ordem socioeconômica (2012, p. 145 e s.). Dessa feita, em termos tópicos, o capítulo em questão não se encontra bem alocado entre os crimes contra a Administração Pública.

O delito em foco cuida-se, ademais, de **crime comum**, uma vez que pode ser perpetrado por qualquer pessoa, não se exigindo qualquer característica especial do sujeito ativo. **Sujeito passivo** é, por sua vez, a "pessoa física ou jurídica lesada pela transação comercial realizada com violação da boa-fé (...)" (BITENCOURT, 2008, p. 260).

Há peculiaridades com relação ao **tipo objetivo**. O crime de corrupção ativa, previsto no art. 333 do *Codex*, cuida-se de tipo formal, cujos núcleos são "oferecer" ou "prometer" uma vantagem indevida a funcionário público. Já o tipo do art. 337-B, a seu turno, pode ser formal ou material, a depender da conduta do agente. Se esta representar um comprometimento espúrio ("prometer") ou uma disponibilização ("oferecer"), cuidar-se-á de crime formal. Todavia, se a ação do agente consistir numa entrega ("dar"), estar-se-á diante de um crime material.

Essa peculiar construção do **tipo misto alternativo** altera, na realidade concreta, o quadro da possibilidade de prisão em flagrante, e. g., na hipótese de entrega do dinheiro adrede prometido. Na situação normal de isso se dar em relação ao um funcionário público qualquer, durante a *traditio* espúria, não há que se falar em flagrante delito, pois se cuida de mero exaurimento de crime anteriormente aperfeiçoado. Em outras palavras, v. g., caso esteja ocorrendo a entrega do dinheiro anteriormente solicitado ou oferecido a um servidor público normal, não é possível cogitar de prisão em flagrante, sendo esta, caso empreendida, absolutamente ilegal.

Já com relação ao funcionário público estrangeiro, ou pessoa a ele ligada, a situação é diversa, em razão do núcleo do tipo "dar", não existente no referido art. 333. Nesse caso, a entrega ilícita renova o fato, possibilitando a flagrância.

O tipo em análise, ademais, traz o elemento normativo **vantagem indevida**. Consoante entendimento majoritário aplicado ao crime de corrupção ativa, cuida-se de qualquer proveito ilícito, não se circunscrevendo a vantagem a algo patrimonial, como se referia Hungria (1958, p. 368-369), que apenas admitia como exceção o favor sexual da prostituta. A redação legal é genérica, e a realidade concreta mostra que a vantagem pode ser até uma distinção honorífica.

Além disso, a fim de procurar assegurar com maior facilidade o reconhecimento do crime, o tipo estabelece poder a promessa, o oferecimento ou a doação ocorrer de **modo indireto**, isto é, que ocorram por terceiro, intermediário. Se por um lado, de fato, a utilização de interposta pessoa torna a aferição do fato delitivo na prática mais dificultosa para as autoridades da repressão penal, por outro, dogmaticamente, a previsão insculpida é absolutamente desnecessária. Isso pois é óbvio que a insinuação indireta, a dissimulação ou a utilização de interposta pessoa para a prática do ilícito não o desnatura, como ocorre com a corrupção ativa, prevista no art. 333.

Ademais, quanto ao **tipo subjetivo**, o delito em análise, que é doloso, exige um elemento subjetivo especial do tipo, qual seja, a intenção de obtenção, omissão ou retardamento de ato de ofício, o que caracteriza o ilícito com a tradicional ideia de mercadejar com a função pública.

A **sanção** cominada, isto é, reclusão, de 1 a 8 anos, e multa, escorava-se na anteriormente estabelecida para o art. 333, que, em realidade, foi recrudescida pela Lei n. 10.763/2003. De qualquer modo, denota-se como de pouca racionalidade a pena fixada, em face da colossal distância entre o mínimo e o máximo de pena prisional estabelecida. Cuida-se de infração penal de menor potencial ofensivo, mas que, a depender da situação concreta, consoante a pena estabelecida (e desconsiderando a causa de aumento do parágrafo único), pode levar o não reincidente a uma prisão em regime semiaberto ou o reincidente a uma prisão em regime fechado, conforme o estabelecido no art. 33 do Código. Essa falta de razoabilidade claramente viola o princípio da proporcionalidade penal.

Por fim, tal qual o fixado para o crime de corrupção ativa, há uma **causa de aumento de pena** de um terço se, em razão da vantagem auferida ou promessa feita, o funcionário público estrangeiro retarda ou omite o ato de ofício, ou o pratica infringindo seu dever funcional.

Considerações finais

Curiosamente, a construção do crime de corrupção ativa em transação comercial internacional foi efetivada espelhando-se no crime de corrupção ativa, sendo que sua previsão marca simbolicamente, isso sim, o distanciamento do tema da corrupção de seus tradicionais contornos. De problema local a questão internacional, e da ideia de proteção da administração pública à de tutela do livre mercado, o tipo do art. 337-B do Código Penal distancia-se, na essência, completamente do que tradicionalmente se entende por corrupção pública. Apenas após a apreensão desse novo viés, poder-se-á interpretar adequadamente o presente artigo.

Tráfico de influência em transação comercial internacional

Art. 337-C. Solicitar, exigir, cobrar ou obter, para si ou para outrem, direta ou indiretamente, vantagem ou promessa de vantagem a pretexto de influir em ato praticado por funcionário público estrangeiro no exercício de suas funções, relacionado a transação comercial internacional:

Pena – reclusão, de 2 (dois) a 5 (cinco) anos, e multa.

Parágrafo único. A pena é aumentada da metade, se o agente alega ou insinua que a vantagem é também destinada a funcionário estrangeiro.

Considerações gerais

Tal qual ocorrente no artigo anterior entre a construção do art. 337-B e o crime do art. 333, o delito de tráfico de influência em transação comercial internacional, introduzido pela Lei n. 10.467/2002, espelhou-se no delito de tráfico de influência (art. 332 do CP). Isso significa que a construção típica legislativa pretendeu, a princípio, apenas formular o mesmo com relação a uma transação comercial internacional, com algumas distinções.

Considerações nucleares

O presente tipo penal surgiu no contexto da implementação das diretivas oriundas da Convenção sobre o Combate à Corrupção de Funcionários Públicos Estrangeiros em Transações Comerciais Internacionais (PARIS, 1997), mas com uma curiosa peculiaridade: referido documento internacional não sugeriu essa incriminação. Assim, ao que tudo indica, a presente construção decorre de iniciativas voluntaristas dos elaboradores do projeto de lei respectivo.

Relativamente ao **bem jurídico** tutelado, não se trata da Administração Pública estrangeira, pois o Brasil não possui legitimidade nem interesse na tutela do normal funcionamento do serviço público de outros países. Protege-se na hipótese, em realidade, o regular funcionamento das transações comerciais internacionais (PRADO, 2012, p. 754-755), interesse de viés econômico. Dessa feita, em termos tópicos, o capítulo em questão não se encontra bem alocado entre os crimes contra a Administração Pública.

Trata-se de **crime comum**, tendo em vista que pode ser praticado por qualquer pessoa, não se exigindo características especiais do sujeito ativo do delito. **Sujeito passivo** é a "pessoa física ou jurídica lesada pela transação comercial realizada com violação da boa-fé (...)" (BITENCOURT, 2008, p. 264).

Quanto ao **tipo objetivo**, cuida-se de um **tipo misto alternativo**, ou de conteúdo variado, com quatro núcleos: "solicitar" (isto é, pedir), "exigir" (ou seja, ordenar), "cobrar" (quer dizer, reclamar) e "obter" (que significa receber). O legislador equiparou todas essas situações, muito embora não sejam equivalentes, pois, e. g., exigir é mais grave que solicitar. Dessa maneira, vulnerado se encontra o princípio da proporcionalidade na construção típica, pois as condutas não são equiparáveis.

Todas estas condutas são praticadas **a pretexto de influir** em ato da alçada de funcionário público estrangeiro no exercício de suas funções. Em face da dicção legal, para perfazimento do tipo, não pode o agente ter de fato qualquer possibilidade de influência sobre o *intraneus*, pois, se o tiver, afasta-se o presente delito. Dessa maneira, a influência prometida há de ser fraudulenta, como o reconhece a doutrina.

Com o escopo de assegurar o mais fácil reconhecimento do crime, o tipo em questão estabeleceu que as condutas podem ocorrer de **modo indireto**, da mesma forma que o delito do artigo anterior. Como afirmado para este último, entendemos desnecessária essa menção, pois a insinuação indireta, a dissimulação ou a utilização de interposta pessoa para a prática do ilícito não desnaturaria o fato típico e antijurídico. Ou seja, não utilizou o legislador da melhor técnica. O crime é, ademais, de **ação livre**.

Quanto ao **tipo subjetivo**, o delito em análise, que é doloso, exige um elemento subjetivo especial do tipo, qual seja, a intenção de obtenção de qualquer vantagem ou promessa de vantagem. Da mesma forma que o entendimento aplicado ao delito de corrupção ativa, cuida-se de qualquer proveito ilícito, não se circunscrevendo a vantagem a algo patrimonial, como se referia à corrupção Hungria (1958, p. 368-369), que apenas admitia como exceção o favor sexual da prostituta. A redação legal é genérica e a realidade concreta mostra que a vantagem pode ser de qualquer natureza.

A **sanção** fixada, isto é, reclusão, de 2 a 5 anos, e multa, é exagerada, uma vez que se leve em conta que o presente tipo não passa de modalidade de estelionato que possui pena menor.

O parágrafo único traz uma causa de aumento de pena, consistente na majoração fixa da metade, se o agente alega ou insinua que a vantagem é também destinada ao funcionário estrangeiro. Trata-se de mais um exagero punitivista, mesmo porque, como asseverado, o presente tipo não deixa de ser modalidade de estelionato, que em geral vitima empresas interessadas em atuar no comércio internacional. Por essa razão, nota-se que não há envolvimento do funcionário estrangeiro a justificar maior desvalor da ação. Ademais, dificilmente a fraude será encetada na prática sem a alegação ou a insinuação referida.

Considerações finais

O legislador brasileiro, uma vez mais, com o presente tipo penal, deu azo ao expansionismo da seara jurídico-criminal que vem caracterizando as últimas décadas. Referida postura, lamentavelmente, mescla demagogia com falta de técnica, erigindo tão somente proibições simbólicas que fazem apenas desacreditar o Direito Penal brasileiro como um todo.

Funcionário público estrangeiro

Art. 337-D. Considera-se funcionário público estrangeiro, para os efeitos penais, quem, ainda que transitoriamente ou sem remuneração, exerce cargo, emprego ou função pública em entidades estatais ou em representações diplomáticas de país estrangeiro.

Parágrafo único. Equipara-se a funcionário público estrangeiro quem exerce cargo, emprego ou função em empresas controladas, diretamente ou indiretamente, pelo Poder Público de país estrangeiro ou em organizações públicas internacionais.

Considerações gerais

A presente construção legislativa, trazida pela Lei n. 10.467/2002, espelha-se no art. 327 do Código Penal, que fixa o conceito de funcionário público para fins penais. Contrariamente ao estabelecido pelo Direito Administrativo, a noção penal é ampliativa, estabelecendo-se no art. 337-D ser funcionário público pessoa que exerça cargo, emprego ou função pública, ainda que transitoriamente e sem remuneração, em entidades estatais ou em representações diplomáticas de país estrangeiro. Entidades estatais são pessoas jurídicas de Direito Público que integram a Administração em qualquer de suas esferas e nos três Poderes. Já representação diplomática refere-se aos integrantes do corpo diplomático de um país (agentes diplomáticos e pessoal de apoio a estes).

Considerações nucleares

O art. 337-D esclarece o elemento normativo "funcionário público estrangeiro" presente nos arts. 337-B e 337-C. A noção geral atrela-se àquele que exerce cargo, emprego ou função pública, ainda que de forma passageira e sem remuneração, em entidades estatais ou em representações diplomáticas de país estrangeiro.

Mas também se considera funcionário público estrangeiro quem exerce cargo, emprego ou função em empresas controladas, direta ou indiretamente, pelo Poder Público de país estrangeiro ou em organizações públicas internacionais. Essa equiparação a funcionário público estrangeiro, trazida pelo parágrafo único do artigo em foco, na prática, abarca funcionários de organizações como a Organização das Nações Unidas (ONU), a Organização Internacional do Trabalho (OIT), a Organização dos Estados Americanos (OEA), a Organização Mundial de Saúde (OMS), o Fundo Monetário Internacional (FMI) etc.

Desse modo, a noção é larga e atrelada muito mais a situações fáticas do que jurídicas. Ou seja, mais importa ao legislador penal o exercício prático de atividades que são ou se assemelhem à Administração Pública do que a compreensão do Direito Administrativo quanto a funcionário públicos.

Considerações finais

O presente dispositivo traz interpretação autêntica de conceito legal, sem a qual não se poderia dimensionar corretamente os artigos precedentes. Não se pode olvidar, reitere-se, que o presente capítulo apresenta *topos* inadequado no Código Penal, pois o bem jurídico tutelado não é e nem poderia ser a Administração Pública, nem estrangeira e muito menos nacional.

Capítulo II-B
Dos crimes em licitações e contratos administrativos

Bibliografia: ASSOCIAÇÃO BRASILEIRA DE NORMAS TÉCNICAS. *NBR 13133*: execução de levantamento topográfico. Rio de Janeiro, 1994, 35p.; BITENCOURT, Cezar Roberto. Controvérsias do crime de dispensa legal de licitação. *Boletim Ibccrim*, ano 19, n. 225, ago./2011; BITENCOURT, Cezar Roberto. *Direito penal das licitações*. 2. ed. São Paulo: Saraiva, 2012; BITENCOURT, Cezar Roberto. *Tratado de Direito Penal:* parte geral. 22. ed. São Paulo: Saraiva, 2016; CARUSO, Tiago. *Responsabilidade penal nas decisões embasadas em pareceres técnicos e jurídicos*. São Paulo: Marcial Pons, 2020; CARVALHO FILHO, José dos Santos. *Manual de Direito Administrativo*. 23. ed. rev., ampl. e atual. Rio de Janeiro: Lumen Juris, 2010; CHOUKR, Fauzi Hassan. *Iniciação ao processo penal*. Florianópolis: Empório do Direito, 2017; COSTA JR., Paulo José da. *Direito Penal das Licitações*. São Paulo: Saraiva, 2009; COSTA, Helena Regina Lobo da. Contratação direta ilegal. In: BREDA, Juliano (Coord.). *Crimes de licitação e contratações públicas*. São Paulo: Revista dos Tribunais, 2021; CUNHA, Rogério Sanches. *Manual de Direito Penal*: parte especial. 13. ed. Salvador: Juspodivm, 2021; DI PIETRO, Maria Sylvia Zanella. *Direito Administrativo*. 33. ed. Rio de Janeiro: Forense, 2020; FELDENS, Luciano. *A Constituição Penal*: a dupla face da proporcionalidade no controle de normas penais. Porto Alegre: Livraria do Advogado, 2006; FELDENS, Luciano. Modificação ou pagamento irregular em contrato administrativo. In: BREDA, Juliano (Coord.). *Crimes de licitação e contratações públicas*. São Paulo: Revista dos Tribunais, 2021; FELDENS, Luciano, Contratação inidônea. In: BREDA, Juliano

(Coord.). *Crimes de licitação e contratações públicas*. São Paulo: Revista dos Tribunais, 2021; FREITAS, André Guilherme Tavares de. Crimes na Lei de Licitações. 3. ed. Niterói: Impetus, 2013; GASPARINI, Diógenes. *Crimes na licitação*. 2. ed. São Paulo: NDJ, 2001; GRECO FILHO, Vicente. *Dos crimes da Lei de Licitação*. 2. ed. São Paulo: Saraiva, 2007; JUSTEN FILHO, Marçal. *Comentários à Lei de Licitações e Contratos Administrativos*. 17. ed. São Paulo: Revista dos Tribunais, 2016; JUSTEN FILHO, Marçal. *Comentários à lei de licitações e contratos administrativos*. 14. ed. São Paulo: Dialética, 2010; LUCCHESI, Guilherme Brenner e NOGARI, Maria Victoria Costa. Crimes em licitações e contratos administrativos. In: VITA, Pedro Henrique Braz de, GUIMARÃES, Bernardo Strobel e BREUS, Tiago Lima (Coord.). *Horizontes e perspectivas da Lei 14.133/2021*. Rio de Janeiro: Lumen Juris, 2022; LUCCHESI, Guilherme Brenner e NOGARI, Maria Victoria Costa. Nova lei de licitações: em meio ao espírito punitivista, uma *abolitio criminis*. *Migalhas,* 13 abr. 2021. Disponível em: https://www.migalhas.com.br/depeso/343497/nova-lei-de-licitacoes-em-meio-ao-espirito-punitivista. Acesso em: 13 jun. 2021; PRADO, Luiz Regis. *Direito Penal Econômico*. 8. ed. Rio de Janeiro: Forense, 2019; REALE JR., Miguel e KAGUEIAMA, Paula Thieme. Inseguranças e incongruência. In: BREDA, Juliano (Coord.). *Crimes de Licitação e Contratações Públicas*. São Paulo: Revista dos Tribunais, 2021; STOCO, Rui. *Leis Penais Especiais Revisitadas*. São Paulo: Revista dos Tribunais, 2017.

Introdução[350]

A incorporação dos crimes licitatórios ao Código Penal

O Capítulo II-B foi incorporado ao Título XI do Código Penal por força do art. 178 da Lei n. 14.133, de 1º de abril de 2021, a nova Lei de Licitações e Contratos Administrativos. Na mesma ocasião, foram revogados os arts. 89 a 108 da Lei n. 8.666/93, que previam, até então, os denominados crimes licitatórios (arts. 89 a 98) e estipulavam disposições de natureza penal (art. 99) e processual (arts. 100 a 108) aplicáveis à espécie.

Lei n. 14.133/2021
Art. 178. O Título XI da Parte Especial do Decreto-Lei n. 2.848, de 7 de dezembro de 1940 (Código Penal), passa a vigorar acrescido do seguinte Capítulo II-B: (...)
Art. 193. Revogam-se: I – os arts. 89 a 108 da Lei n. 8.666, de 21 de junho de 1993, na data de publicação desta Lei;   II – a Lei n. 8.666, de 21 de junho de 1993, a Lei n. 10.520, de 17 de julho de 2002, e os arts. 1º a 47-A da Lei n. 12.462, de 4 de agosto de 2011, após decorridos 2 (dois) anos da publicação oficial desta Lei.

---

[350] De autoria de Luciano Feldens.

Esses foram, a propósito, os dispositivos da Lei n. 8.666/93 expressamente revogados pela Lei n. 14.133/2021 na data de sua publicação. Conforme se recolhe do art. 193, II, transcrito, as demais disposições da Lei n. 8.666/93 seguirão em vigor, e apenas se considerarão revogadas após decorridos 2 (dois) anos da publicação oficial da Lei n. 14.133/21, o que ocorrerá em 1º de abril de 2023.

Disso resulta que os crimes licitatórios estão inteiramente previstos na Parte Especial do Código Penal. Ao todo, são 11 tipos penais (do art. 337-E ao 337-O do CP), eventualmente com mais de uma conduta incriminada em cada qual. Esses novos tipos reproduzem, em linhas gerais, o mesmo conteúdo de injusto previsto na legislação revogada, com algumas variações, conforme se verificará mais adiante, em relação a cada espécie delitiva[351].

De modo geral, houve uma ligeira expansão da zona de criminalização com a inserção do art. 337-O do CP, que previu o delito de "omissão grave de dado ou de informação por projetista", sem correspondência na legislação revogada.

Mais relevante, ainda, foi a alteração das penas, que, no geral, foram estipuladas em patamares qualitativa e quantitativamente mais gravosos do que aqueles previstos na legislação penal revogada.

Por outro lado, a percepção é de que tivemos a abolição de uma conduta então prevista como criminosa no art. 89, parte final, da Lei n. 8.666/93. Nesse sentido, o STJ decidiu que "[o] cotejo do art. 337-E (CP) com o art. 89 da Lei 8.666/93 evidencia uma continuidade normativo-típica, já que o caráter criminoso do fato foi mantido, só que em outro dispositivo penal, com uma exceção apontada pela doutrina no que se refere à conduta 'deixar de observar as formalidades pertinentes à dispensa ou à inexigibilidade" (STJ, AgRg no AREsp 1938488, rel. Min. Olindo Menezes, 6ª Turma, j. 14-10-2021, *DJe* 30-11-2021).

A análise relacionada à aplicação da lei mais favorável (art. 5º da CF e art. 2º do CP) parece não dispensar, todavia, as especificidades do caso concreto, uma vez que não está restrita à comparação abstrata entre dois tipos penais e suas sanções. Mais do que isso, o exame de benignidade requer o cotejo das próprias disposições regulamentares do processo licitatório. São elas que complementam os tipos penais (*v.g.*, entre a Lei n. 8.666/93 e a Lei n. 14.133/2021).

Nesse tom, a jurisprudência do STJ, por exemplo, já contabiliza hipótese indicativa de retroatividade da Lei n. 14.133/2021, a abranger fato praticado sob a égide da Lei n. 8.666/93. A decisão em referência promoveu uma análise comparativa entre o art. 74, III, da Lei n. 14.133/2021 e o art. 25, II, da Lei n. 8.666/93, da qual concluiu ter havido a supressão do requisito da "singularidade" do serviço para a contratação direta de serviço de advocacia, o que trouxe repercussão no âmbito da tipicidade. Pela relevância, vejamos excerto do precedente:

---

[351] Nessa linha: BITENCOURT, 2021, p. 133.

"No entanto, com o advento da Lei n. 14.133/2021, nos termos do art. 74, III, o requisito da singularidade do serviço advocatício deixou de ser previsto em lei, passando a ser exigida a demonstração da notória especialização e a natureza intelectual do trabalho. Essa interpretação, aliás, é reforçada pela inclusão do art. 3º-A do Estatuto da Advocacia pela Lei n. 14.039/2020, segundo o qual 'os serviços profissionais de advogado são, por sua natureza, técnicos e singulares, quando comprovada sua notória especialização, nos termos da lei'. Desse modo, considerando que o serviço de advocacia é por natureza intelectual e singular, uma vez demonstrada a notória especialização e a necessidade do ente público, será possível a contratação direta.

(...)

Nesse contexto, ainda que as ações ajuizadas pelo escritório de advocacia contratado tratassem de temas tributários, não seria razoável exigir dos advogados públicos ou procuradorias de municípios de pequeno porte que tenham competências específicas para atuar em demandas complexas.

Ressalte-se, mais uma vez, que o crime em apreço refere-se a norma penal em branco, cuja completude depende da integração das normas que preveem as hipóteses de dispensa e inexigibilidade de licitações, conforme o princípio da retroatividade da lei penal mais benéfica, insculpido no art. 5º, XL, da Constituição Federal e no art. 2º do CP. Assim, não há dúvida quanto à incidência das alterações promovidas pela Lei n. 14.133/2021 no tocante à supressão do pressuposto de singularidade do serviço de advocacia para contratação direta.

Na espécie, à luz da jurisprudência consolidada sobre a matéria e das modificações promovidas pela Lei n. 14.133/2021 e pelo Estatuto da Advocacia, art. 3º-A, entendo que assiste razão à defesa quanto à atipicidade da conduta imputada ao agravante" (STJ, AgRg no HC 668347, rel. Min. Jesuíno Rissato, red. p/ acórdão Min. João Otávio de Noronha, 5ª Turma, j. 13-12-2021, *DJe* 14-2-2022).

A posição topográfica dos crimes licitatórios no Código Penal

Na divisão do Código Penal, o conjunto de crimes licitatórios foi alocado no Título XI (Dos crimes contra a Administração Pública), compondo, mais precisamente, seu Capítulo II-B (Dos crimes em licitações e contratos administrativos). Esse posicionamento topográfico poderia sugerir alguma sujeição do Capítulo II-B ao Capítulo II, dedicado aos crimes praticados *por particular* contra a Administração. Essa circunstância abriria uma discussão acerca do alcance das disposições do Capítulo II-B, as quais abrangem, em essência, ações atribuíveis em primeira ordem ao agente ou funcionário público.

Todavia, essa divisão topográfica não se estabeleceu por qualquer relação de subordinação do Capítulo II-B ao Capítulo II, mas por razões de técnica legislativa.

A Lei Complementar n. 95/98, que "dispõe sobre a elaboração, a redação, a alteração e a consolidação das leis, conforme determina o parágrafo único do art. 59 da Constituição Federal", veda, na alteração de leis, a renumeração de artigos e de *unidades superiores* ao artigo[352].

O Capítulo II-B, portanto, guarda plena autonomia normativa em relação ao Capítulo II, estando, ambos, diretamente sujeitos ao Título XI do Código Penal, que traz sob sua rubrica o que denomina *crimes contra a Administração Pública*.

Abrangência do tipo penal objetivo e sua vinculação ao marco legal-administrativo e o dolo

Uma crítica de ordem geral dirigida à redação dos crimes licitatórios está relacionada à vagueza dos tipos, à amplitude do objeto material, à identidade, na mesma norma, de comportamentos com distintos graus de gravidade e ao excessivo recurso a elementos normativos do tipo, em circunstâncias a dificultar a previsibilidade da ação incriminada e o correlato processo de adequação típica, em razão da ausência de precisão na determinação da conduta penalmente censurável (REALE JR.; KAGUEIAMA, 2021, p. 53-65).

De fato, as espécies delitivas – a exemplo dos arts. 337-H e 337-M – estão permeadas por elementos normativos cujos sentido e alcance devem ser buscados no marco regulatório-administrativo, em disposições legais ou mesmo sublegais. O mesmo se diga em relação às hipóteses de lei penal em branco, como a que desponta claramente do art. 337-E.

No ponto, é a própria Lei n. 14.133/2021 que estabelece as normas gerais de licitação e contratação para as Administrações Públicas diretas, autárquicas e fundacionais da União, dos Estados, do Distrito Federal e dos Municípios, abrangendo os órgãos dos Poderes Legislativo e Judiciário da União, dos Estados e do Distrito Federal e os órgãos do Poder Legislativo dos Municípios, quando no desempenho de função administrativa, assim como os fundos especiais e as demais entidades controladas direta ou indiretamente pela Administração Pública (art. 1º). Exemplificativamente, a Lei n. 14.133/2021 regula – e, portanto, permite aferir como *irregular* – as modificações ou os pagamentos havidos no curso dos contratos administrativos por ela regidos (art. 337-H do Código Penal), bem como estabelece as condições de (in)idoneidade para licitar e contratar com a Adminis-

---

[352] "Art. 12. A alteração da lei será feita: (...) III – nos demais casos, por meio de substituição, no próprio texto, do dispositivo alterado, ou acréscimo de dispositivo novo, observadas as seguintes regras: (...)
b) é vedada, mesmo quando recomendável, qualquer renumeração de artigos e de unidades superiores ao artigo, referidas no inciso V do art. 10, devendo ser utilizado o mesmo número do artigo ou unidade imediatamente anterior, seguido de letras maiúsculas, em ordem alfabética, tantas quantas forem suficientes para identificar os acréscimos (...)"

tração Pública (art. 337-M do Código Penal), enumerando as hipóteses de dispensa e inexigibilidade de licitação (art. 337-E do Código Penal)[353].

Por expressa disposição do art. 1º, § 1º, da Lei n. 14.133/2021, os tipos penais em referência também se aplicam aos procedimentos licitatórios e contratos regidos pela Lei n. 13.303/2016 (Lei das Estatais), que define o estatuto jurídico da empresa pública, da sociedade de economia mista e de suas subsidiárias, abrangendo toda e qualquer empresa pública e sociedade de economia mista da União, dos Estados, do Distrito Federal e dos Municípios que explore atividade econômica de produção ou comercialização de bens ou de prestação de serviços. Nessa hipótese, será a própria Lei n. 13.303/2016 o parâmetro de complementação normativa.

Dessa constatação não resulta, logicamente, que o delito se caracterize mediante a simples violação da regra administrativa. Mesmo nas hipóteses de explícito *reenvio* à legislação extrapenal, a ilicitude administrativa figurará como elemento necessário, porém insuficiente ao aperfeiçoamento do tipo penal. Afora o que seja a demonstração acerca da incidência dos elementos objetivos do tipo, o crime exige a caracterização do elemento subjetivo (dolo), compreendido como a consciência de praticar a conduta descrita em sua definição legal (tipo penal).

Atente-se, a propósito, que inexiste previsão legal de crime licitatório culposo, de modo que ninguém incidirá no tipo caso tenha praticado a conduta nele descrita mediante imprudência, negligência ou imperícia (art. 18, parágrafo único, II, do CP).

Contratação direta ilegal

Art. 337-E. Admitir, possibilitar ou dar causa à contratação direta fora das hipóteses previstas em lei:

Pena – reclusão, de 4 (quatro) a 8 (oito) anos, e multa.

Correspondência: art. 89 da Lei n. 8.666/93 (revogado):

Art. 89. Dispensar ou inexigir licitação fora das hipóteses previstas em lei, ou deixar de observar as formalidades pertinentes à dispensa ou à inexigibilidade: Pena – detenção, de 3 (três) a 5 (cinco) anos, e multa. **Parágrafo único.** Na mesma pena incorre aquele que, tendo comprovadamente concorrido para a consumação da ilegalidade, beneficiou-se da dispensa ou inexigibilidade ilegal, para celebrar contrato com o Poder Público.	**Art. 337-E.** Admitir, possibilitar ou dar causa à contratação direta fora das hipóteses previstas em lei: Pena – reclusão, de 4 (quatro) a 8 (oito) anos, e multa.

---

[353] Conforme aponta Helena Lobo, embora o rol de hipóteses de dispensa de licitação da Lei n. 14.133/2021 seja taxativo, outras leis também podem trazer permissões para dispensa de licitação, o que igualmente poderá ser utilizado para a complementação do tipo, tais as hipóteses da Lei n. 12.996/2014 (art. 8º) e Lei n. 12.873/2013 (art. 2º) (COSTA, 2021, p. 94).

O art. 89 da Lei n. 8.666/93 veiculava três tipos penais mistos alternativos, de ação múltipla ou de conteúdo variado (aquele em que a prática simultânea/sucessiva de mais de uma conduta configura crime único): (i) "dispensar"; (ii) "inexigir" licitação fora das hipóteses previstas em lei; ou (iii) "deixar de observar as formalidades" a ela pertinentes. A incriminação dessas condutas foi mantida em sua maior parte no art. 337-E do CP.

Houve, porém, a *abolitio criminis* quanto à conduta omissiva própria de "deixar de observar as formalidades pertinentes à dispensa ou a exigibilidade", o que impõe a incidência retroativa do art. 337-E – na parte que descriminalizou a conduta – aos processos judiciais em curso e mesmo àqueles com sentença transitada em julgado, conforme determina o parágrafo único do art. 2º do CP[354].

Para essa modalidade delitiva, não há que se falar em continuidade normativo-típica no caso, pois a incriminação existente na legislação anterior incidia justamente quando se tratasse de uma situação que *autorizaria* a dispensa ou a inexigibilidade de licitação, mas sem que houvesse o *descumprimento* de algum dos preceitos normativos previstos na lei de regência pelo servidor para proceder essa dispensa ou essa inexigibilidade (PRADO, 2019, p. 399). Essa incriminação não encontra correspondência no art. 337-E do CP ou em qualquer outro tipo penal.

Aquele que *deixa de observar* as formalidades relativas ao procedimento de dispensa ou de inexigibilidade de licitação não pratica a conduta de *contratar diretamente fora das hipóteses legais*. Assim, a conduta de "deixar de observar as formalidades pertinentes à dispensa ou à inexigibilidade" não se subsome aos preceitos veiculados no novo art. 337-E – "admitir, possibilitar ou dar causa à contratação direta fora das hipóteses previstas em lei".

A doutrina já se posiciona pela inconstitucionalidade da criminalização[355] ou mesmo pela irrelevância jurídico-penal da conduta em questão[356]. Mesmo no âmbito legislativo, a Comissão de Juristas destinada à elaboração do Anteprojeto de Código Penal no Senado já debatia, em 2012, sobre a necessidade de se estabelecer a desnecessidade de pena em relação à conduta de "deixar de observar as formalidades pertinentes à dispensa ou à inexigibilidade"[357].

---

[354] Nesse sentido, LUCCHESI; NOGARI, 2021.

[355] Sobre a conduta incriminada na segunda parte do art. 89, comenta Bitencourt: "A rigor, temos dificuldade em aceitar a constitucionalidade dessa criminalização, que peca pelo excesso, violando, em outros termos, o princípio da proporcionalidade, considerando-se que mero *error in procedendo*, além de indevidamente criminalizado, é sancionado com pena de três a cinco anos de detenção e multa" (BITENCOURT, 2021, p. 165).

[356] Sobre a conduta incriminada na segunda parte do art. 89, comenta Justen Filho: "Se os pressupostos da contratação direta estavam presentes, mas o agente deixou de atender à formalidade legal, a conduta é penalmente irrelevante" (JUSTEN FILHO, 2016, p. 1399).

[357] O tipo penal elaborado no Anteprojeto do Código Penal foi redigido da seguinte forma: "Art. 316. Deixar de observar as formalidades legais pertinentes à dispensa ou à inexigibili-

Para além dessa observação quanto à *abolitio criminis* parcial, tem-se que a incriminação da contratação direta ilegal encontra guarida no inciso XXI do art. 37 da Constituição Federal: obras, serviços, compras e alienações são contratadas mediante licitação, ressalvados os casos de contratação direta previstos em lei.

Segundo o art. 71 da Lei n. 14.133/2021[358], são duas as espécies de *contratação direta*: a *dispensa* e a *inexigibilidade* de licitação. Assim, o crime previsto no art. 337-E do Código Penal se configura acaso inobservadas as hipóteses em que a licitação é *inexigível* (*i.e.*, quando, por algum motivo, não é viável a competição – JUSTEN FILHO, 2014, p. 528), ou quando há sua *dispensa* (*i.e.*, há possibilidade de competição, mas a lei faculta a contratação direta – *ibidem*).

Quanto ao ponto, o tipo penal descrito no art. 337-E é norma penal em branco, que depende do disposto na Lei de Licitações e Contratos Administrativos (Lei n. 14.133/2021) e na Lei das Estatais (Lei n. 13.303/2016) para complementar a descrição da conduta proibida.

Na Lei n. 14.133/2021, as hipóteses de *dispensa* de licitação passam a ser enumeradas pelo art. 74, ao passo que os casos de *inexigibilidade* estão agora previstos no art. 73. Na Lei das Estatais, as situações de *dispensa* de licitação estão previstas no art. 29, e são casos de *inexigibilidade* aqueles dispostos no art. 30. O rol que estabelece os casos de *inexigibilidade* é exemplificativo, ao passo que as hipóteses de *dispensa* são taxativas (DI PIETRO, 2020, p. 423).

A Lei de Licitações e Contratos Administrativos passou a prever diversas novas hipóteses de *inexigibilidade* de licitação[359], dentre elas o credenciamento (art. 74, IV), espécie de procedimento prévio à contratação quando há pluralidade de interessados em prestar o serviço ou fornecer o bem (DI PIETRO, 2020, p. 442), já amplamente reconhecido pela doutrina e jurisprudência como caso de inexigibilidade.

Em relação às hipóteses de *dispensa* de licitação, a referida lei promoveu algumas mudanças importantes. Dentre elas, a dispensa por baixo valor, que antes era de 33 mil reais para obras e serviços de engenharia e 17 mil reais para compras e outros serviços, passou a ser de 100 mil reais para obras e serviços de engenharia e para serviços de manutenção de veículos automotores (nova hipótese) e 50 mil reais para compras e outros serviços (art. 75, I e II). Além disso, nos casos de emergência e calamidade pública, o prazo máximo do contrato passou de 180 dias de duração para um ano (art. 75, VIII).

---

dade de licitação, quando cabíveis: Pena – prisão, de um a quatro anos. Parágrafo único. Nos casos em que não houve prejuízo concreto à Administração Pública, o juiz poderá, examinando a culpabilidade do agente, deixar de aplicar a pena por ser desnecessária". Disponível em: https://legis.senado.leg.br/sdleg-getter/document. Acesso em: 13 abr. 2021.

[358] "Art. 71. O processo de contratação direta, que compreende os casos de inexigibilidade e de dispensa de licitação (...)".

[359] *V.g.*, exclusividade de fornecedor (art. 74, I), artista consagrado (art. 74, II), serviços técnicos (art. 74, III) e aquisição ou locação de imóvel específico (art. 74, V).

Tais alterações são relevantes para a seara criminal, visto que o art. 337-E é tipo penal integrado por essas normas, o que confere maior complexidade para aferir — a partir de critérios de direito intertemporal e de aplicação da lei penal mais benéfica — a (des)criminalização de determinadas condutas. Nessa linha, a ampliação das hipóteses de dispensa e de inexigibilidade de licitação previstas na Lei n. 14.133/2021 podem significar a *abolitio criminis* de condutas que seriam consideradas delitivas sob a égide da Lei n. 8.666/93.

Por exemplo, a contratação direta nos casos de emergência e calamidade pública com duração de um ano, pela Lei n. 8.666/93, subsome-se à conduta de "dispensar licitação fora das hipóteses previstas em lei", dado que o prazo máximo para a contratação direta na hipótese, pela lei antiga, era de 180 dias. O mesmo não ocorre na vigência da Lei n. 14.133/2021, em que o prazo máximo, nesse caso, passou a ser de um ano. Pode-se dizer, portanto, que as alterações nas hipóteses de contratação direta trazem reflexos penais idôneos de *abolitio criminis* pela ocorrência de retroatividade benéfica.

Prosseguindo, por força do parágrafo único do art. 89 da Lei n. 8.666/93, prevalecia o entendimento de que, para se responsabilizar o particular que concorreu para a prática de ato criminoso, era indispensável que ele fosse beneficiado, celebrando contrato com a administração[360]. O art. 337-E não comporta preceito de mesmo teor, de modo que a responsabilidade do particular incide por força do art. 29 do CP, não mais se exigindo tal demonstração.

As ações nucleares *dispensar* ou *inexigir* a licitação fora dos casos legalmente admitidos enunciadas na redação do art. 89 da Lei n. 8.666/93 tornava o delito *próprio*, de sorte que só poderia ser autor o agente da administração com poderes para autorizar ou dispensar a abertura do certame (STOCO, 2017, p. 211). O preceito "dar causa" torna mais abrangente o sujeito ativo do crime, na medida em que possibilita a responsabilização por coautoria de quem não tem a prerrogativa de dispensar ou declarar inexigível a licitação, mas de algum modo concorre para a prática do crime.

Ao que parece, a intenção do legislador com a nova redação inserida no art. 337-E do CP foi contemplar como *autor* do tipo incriminador — e não mais só como *partícipe* — o agente público que atua como consultor e emite pareceres nos procedimentos licitatórios. Exemplo é o procurador jurídico que emite parecer favorável à contratação direta sem respaldo no rol permissivo dos arts. 73 a 74 da Lei n. 14.133/2021, desde que presente o dolo necessário à configuração do tipo penal[361].

---

[360] "Ainda que alguém tenha concorrido para a consumação da ilegalidade, se não se houver beneficiado celebrando contrato com o poder público, não responderá como partícipe desse crime" (BITENCOURT, 2011). No mesmo sentido, STOCO, 2017, p. 211.

[361] Sobre a responsabilidade penal por emissão de parecer jurídico, ver CARUSO, 2020, p. 237-240.

Frustração do caráter competitivo de licitação

Art. 337-F. Frustrar ou fraudar, com o intuito de obter para si ou para outrem vantagem decorrente da adjudicação do objeto da licitação, o caráter competitivo do processo licitatório:

Pena – reclusão, de 4 (quatro) anos a 8 (oito) anos, e multa.

Correspondência: art. 90 da Lei n. 8.666/93 (revogado):

Art. 90. Frustrar ou fraudar, mediante ajuste, combinação ou qualquer outro expediente, o caráter competitivo do procedimento licitatório, com o intuito de obter, para si ou para outrem, vantagem decorrente da adjudicação do objeto da licitação: Pena – detenção, de 2 (dois) a 4 (quatro) anos, e multa.	**Art. 337-F.** Frustrar ou fraudar, com o intuito de obter para si ou para outrem vantagem decorrente da adjudicação do objeto da licitação, o caráter competitivo do processo licitatório: Pena – reclusão, de 4 (quatro) anos a 8 (oito) anos, e multa.

O revogado art. 90 da Lei n. 8.666/93 enunciava que a fraude (ou frustração) ao caráter competitivo da licitação deveria se dar mediante ajuste, combinação ou qualquer outro expediente. Esse trecho foi suprimido pela Lei n. 14.133/2021 na redação do art. 337-F do CP.

Em primeira análise, poder-se-ia concluir que o tipo penal do art. 90 era crime de *forma vinculada*, e se tornou de *ação livre* com a nova redação do art. 337-F. Contudo, como a antiga redação incluía – além do "ajuste" e da "combinação" – "qualquer outro expediente" como modo de realização do crime, pode-se dizer que o tipo penal já era de *ação livre*. Isso porque a expressão tornava o tipo aberto, de sorte que todas as condutas cometidas com o objetivo de prejudicar o caráter competitivo da licitação já eram abrangidas pelo tipo penal em comento. Em síntese, tanto pela antiga quanto pela nova redação, qualquer expediente é criminalizado como meio e modo de levar a frustração ou fraude do procedimento licitatório.

A relevância jurídico-penal da conduta encontra-se na finalidade de afastar a competitividade intrínseca ao certame público, notadamente a partir do conluio entre os licitantes ou outros agentes públicos e/ou privados. Para a configuração do tipo penal, é preciso que a licitação efetivamente ocorra, contudo não é necessário que se demonstre a ocorrência de obtenção de vantagem indevida pelos licitantes ou então a ocorrência de prejuízo econômico à Administração Pública, tratando-se, portanto, de crime formal (STOCO, 2017, p. 242-244).

Patrocínio de contratação indevida

Art. 337-G. Patrocinar, direta ou indiretamente, interesse privado perante a Administração Pública, dando causa à instauração de licitação ou à celebração de contrato cuja invalidação vier a ser decretada pelo Poder Judiciário:

Pena – reclusão, de 6 (seis) meses a 3 (três) anos, e multa.

Correspondência: art. 91 da Lei n. 8.666/93 (revogado):

Art. 91. Patrocinar, direta ou indiretamente, interesse privado perante a Administração, dando causa à instauração de licitação ou à celebração de contrato, cuja invalidação vier a ser decretada pelo Poder Judiciário: Pena – detenção, de 6 (seis) meses a 2 (dois) anos, e multa.	Art. 337-G. Patrocinar, direta ou indiretamente, interesse privado perante a Administração Pública, dando causa à instauração de licitação ou à celebração de contrato cuja invalidação vier a ser decretada pelo Poder Judiciário: Pena – reclusão, de 6 (seis) meses a 3 (três) anos, e multa

O art. 337-G introduzido no Código Penal pela Lei n. 14.133/2021 reproduziu *ipsis litteris* a redação do art. 91 da Lei n. 8.666/93, tendo havido apenas a alteração quanto à espécie de pena – de detenção para reclusão – e aumento da pena máxima em abstrato.

Aponta-se, nessa figura delitiva, grande semelhança ao crime de advocacia administrativa (art. 321 do CP), previsto como modalidade geral para o patrocínio de interesses privados junto à Administração Pública, em geral, diverso da modalidade especial, em que o patrocínio de interesse privado no âmbito das licitações e contratos administrativos surge para o legislador com maior gravidade. O tipo especial do art. 91 da Lei n. 8.666/93 já era punido com maior gravidade que o crime geral de advocacia administrativa (detenção, de um a três meses; ou detenção, de três meses a um ano, quando ilegítimo o interesse), com pena de reclusão de seis meses a dois anos, passando a contar com pena de reclusão, cujo máximo legal foi elevado a três anos[362]. Tratando-se da violação de dever por servidor público, visando justamente a tutela da isonomia entre os administrados, causa perplexidade o tratamento díspar de gravidade abstrata conferido pelo legislador para condutas idênticas.

Modificação ou pagamento irregular em contrato administrativo[363]

Art. 337-H. Admitir, possibilitar ou dar causa a qualquer modificação ou vantagem, inclusive prorrogação contratual, em favor do contratado, durante a execução dos contratos celebrados com a Administração Pública,

---

[362] Rui Stoco aponta a existência de outra forma de advocacia administrativa, punida com reclusão de um a quatro anos, no âmbito dos crimes contra a ordem tributária (art. 3º, III, da Lei n. 8.137/90) (STOCO, 2017, p. 248).

[363] Com adaptações, o texto segue os comentários que desenvolvemos em Feldens (2021).

sem autorização em lei, no edital da licitação ou nos respectivos instrumentos contratuais, ou, ainda, pagar fatura com preterição da ordem cronológica de sua exigibilidade:

Pena – reclusão, de 4 (quatro) anos a 8 (oito) anos, e multa.

Considerações gerais

O art. 337-H contempla duas figuras típicas substancialmente diversas, assim denominadas na própria rubrica do dispositivo legal:

(i) *modificação irregular em contrato* administrativo (*caput,* primeira parte), tipificando a conduta de admitir, possibilitar ou dar causa a qualquer modificação ou vantagem, inclusive prorrogação contratual, em favor do contratado, durante a execução dos contratos celebrados com a Administração Pública, sem autorização em lei, no edital da licitação ou nos respectivos instrumentos contratuais; e

(ii) *pagamento irregular em contrato administrativo* (*caput,* segunda parte), tipificando a conduta de pagar fatura com preterição da ordem cronológica de sua exigibilidade.

Considerações nucleares

Alterações em relação à legislação anterior (Lei n. 8.666/93): quadro comparativo

As infrações penais descritas neste dispositivo estavam anteriormente previstas no art. 92 da Lei n. 8.666/93, e sofreram alterações de forma e substância. Destacamos, no quadro comparativo a seguir, as modificações de texto havidas:

Lei n. 8.666/93	Art. 337-H do Código Penal
Art. 92. Admitir, possibilitar ou dar causa a qualquer modificação ou vantagem, inclusive prorrogação contratual, em favor do *adjudicatário*, durante a execução dos contratos celebrados com o *Poder Público*, sem autorização em lei, *no ato convocatório da licitação* ou nos respectivos instrumentos contratuais, ou, ainda, pagar fatura com preterição da ordem cronológica de sua exigibilidade, observado o disposto no art. 121 desta Lei: Pena – *detenção*, de *dois a quatro anos*, e multa. **Parágrafo único.** Incide na mesma pena o contratado que, tendo comprovadamente concorrido para a consumação da ilegalidade, obtém vantagem indevida ou se beneficia, injustamente, das modificações ou prorrogações contratuais.	**Art. 337-H.** Admitir, possibilitar ou dar causa a qualquer modificação ou vantagem, inclusive prorrogação contratual, em favor do *contratado*, durante a execução dos contratos celebrados com a *Administração Pública*, sem autorização em lei, *no edital da licitação* ou nos respectivos instrumentos contratuais, ou, ainda, pagar fatura com preterição da ordem cronológica de sua exigibilidade: Pena – *reclusão, de 4 (quatro) anos a 8 (oito) anos,* e multa. Parágrafo único. *Omissis*

Na primeira parte do dispositivo (crime de *modificação irregular em contrato administrativo*), o legislador promoveu três ajustes terminológicos, mantendo, na essência, o conteúdo de proibição existente na legislação anterior.

(i) Substituição do termo "adjudicatário" por "contratado". A adjudicação é o ato formal pelo qual a autoridade competente do órgão ou entidade responsável pela licitação atribui ao licitante detentor da melhor proposta o objeto da licitação. Assim, o adjudicatário é o licitante vencedor que terá assegurado o direito à contratação pública, caso a Administração Pública venha efetivamente a realizá-la (JUSTEN FILHO, 2009, p. 577). A seu turno, a figura do contratado só existe a partir de uma relação jurídica de natureza negocial celebrada com a Administração Pública. Segundo o art. 6º, VII, da Lei n. 14.133/2021, o contratado é a pessoa física ou jurídica, ou consórcio de pessoas jurídicas, signatária de contrato com a Administração. O delito se perfectibiliza no contexto dessa relação contratual, mais precisamente durante a execução do contrato, e não antes disso. Daí o acerto no ajuste terminológico.

(ii) Substituição do termo "Poder Público" por "Administração Pública". A nova terminologia é mais específica. Todos os poderes públicos exercem, em alguma medida, função administrativa, em cujo específico âmbito de ação se poderia desencadear a atividade delituosa prevista no tipo penal. A propósito, a teor do art. 1º da Lei n. 14.133/2021, as normas gerais de licitação e contratação abrangem "os órgãos dos Poderes Legislativo e Judiciário da União, dos Estados e do Distrito Federal e os órgãos do Poder Legislativo dos Municípios, quando no desempenho de função administrativa". Mais especificamente, e ainda nos termos da Lei n. 14.133/2021, define-se por Administração Pública a "administração direta e indireta da União, dos Estados, do Distrito Federal e dos Municípios, inclusive as entidades com personalidade jurídica de direito privado sob controle do poder público e as fundações por ele instituídas ou mantidas" (art. 6º, III).

(iii) Substituição do termo "ato convocatório da licitação" por "edital da licitação". São expressões indicativas da mesma realidade. O edital expressa com fidelidade o instrumento administrativo por meio do qual se dá a convocação do particular à participação no certame licitatório.

De maior relevância foi a supressão do parágrafo único, que incriminava a conduta do contratado que, havendo concorrido para a ilegalidade, tivesse obtido vantagem indevida ou injusto benefício decorrente das modificações ou prorrogações contratuais. A omissão legal desperta forte atenção sobre o que aparenta ser uma intencional lacuna de punibilidade, a qual, todavia, não afasta eventual incidência do art. 29 do Código Penal, conforme veremos a seguir.

Também adiante abordaremos a alteração substancial na sanção penal, que foi quantitativamente duplicada.

Crime de modificação irregular em contrato administrativo

A execução da contratação pública deve seguir rigorosamente os termos do contrato, que terá sido celebrado em aderência à lei e ao edital de licitação. O injusto penal, nessa perspectiva, corresponde à conduta do agente público que, na vigência de contrato administrativo celebrado entre a Administração Pública e o particular, *admite*, *possibilita* ou *dá causa* à *modificação* do contrato ou *vantagem*, em *favor do contratado*, à margem de autorização em *lei*, no *edital* de licitação ou no respectivo *instrumento contratual*.

Sujeito ativo

O crime é próprio, atribuído ao funcionário público capacitado a realizar as ações nucleares incriminadas. Responde primariamente pelo delito, pois, o funcionário público cujo curso de ação, iniciado pela realização do verbo nuclear, perpassa pelas demais elementares típicas. Deve-se observar que na expressão hierárquica da Administração Pública poderemos encontrar estruturas mais ou menos complexas, compreendendo, a depender da composição político-administrativa, diferentes âmbitos pelos quais passam cumulativa, alternativa ou supletivamente a decisão e a execução sobre a contratação pública. Nessa perspectiva, a definição da autoria, coautoria ou mesmo da participação se estabelecerá à vista da demonstração, em concreto, dos elementos indutores da responsabilidade penal (tipicidade objetiva e subjetiva), afastada qualquer hipótese de responsabilidade objetiva, em função do cargo político ou técnico-administrativo ocupado.

Ainda que tenha havido a supressão do parágrafo único, presente no revogado art. 92 da Lei n. 8.666/93, remanesce a regra geral de extensão do art. 29 do Código Penal, mas cuja incidência ao particular (*extraneus*), no caso, está condicionada à responsabilização do funcionário público (*intraneus*), autor da conduta típica. Assentada essa premissa, a responsabilidade penal do agente privado estaria ainda sujeita à demonstração de sua participação moral (instigação ou determinação) ou material para o crime, em tudo observada a disciplina do concurso de agentes.

Tipo objetivo

Verbos nucleares

As condutas típicas de *admitir*, *possibilitar* ou *dar causa* estão em relação de complementariedade de sentido, em caráter de progressividade eventual. Trata-se de tipo penal de ação múltipla ou conteúdo variado, de forma que a prática de quaisquer dos verbos nucleares, ou mais de um deles, em um mesmo contexto fático, enseja uma única incidência delituosa.

Modificação contratual "em favor do contratado", "sem autorização em lei, no edital da licitação ou nos respectivos instrumentos contratuais"

A modificação contratual corresponde à alteração do conteúdo das obrigações das partes (JUSTEN FILHO, 2009, p. 701). E o comportamento incriminado se restringe à alteração contratual promovida *em favor do contratado*. Decomposto analiticamente, o tipo penal também incrimina a atribuição de vantagem ao contratado, sem autorização em lei, no edital da licitação ou nos respectivos contratos administrativos, conduta que, em razão de eventual dissimulação, poderá suportar um juízo de desvalor superior àquele verificado quando o favorecimento ao contratado seja estipulado na – ou decorra precisamente da – alteração contratual.

Como referimos anteriormente, o âmbito de ilicitude penalmente relevante está substancialmente delimitado pela regulamentação administrativa, notadamente pela Lei n. 14.133/2021. É essa a legislação, por exemplo, que regula – e, portanto, permite aferir como *irregular* – as modificações ou os pagamentos havidos no curso dos contratos administrativos, por ela regidos.

Assim, não será toda modificação contratual, da qual resulte vantagem ao contratado, que se terá por irregular. Há hipóteses previstas expressamente em lei que justificam – e, portanto, não proíbem – a alteração do contrato administrativo. Essas modificações, desde que motivadas, podem ocorrer (a) unilateralmente pela Administração; ou (b) por acordo entre as partes (art. 124 da Lei n. 14.133/2021). Porque bastante comum, destaca-se, exemplificativamente, a modificação destinada a restabelecer o equilíbrio econômico-financeiro do contrato, hipótese esta, aliás, de extração constitucional[364].

Essa hipótese de modificação das condições da contratação pública poderá, topicamente, representar um ajuste que favoreça o contratado, sem que daí resulte, entretanto, qualquer irregularidade. A própria lei de regência identifica as situações que abarcariam a necessidade de revisão das obrigações contratuais a partir desse critério norteador: (i) força maior, caso fortuito ou fato do príncipe; ou (ii) fatos imprevisíveis ou previsíveis de consequências incalculáveis, que inviabilizem a execução do contrato tal como pactuado (art. 124, II, *d*, da Lei n. 14.133/2021). Nessas situações, presente a motivação idônea, e afirmada sua base legal, não há qualquer irregularidade – e, portanto, qualquer ilicitude de natureza penal – decorrente da modificação contratual. Conforme explicitado no tipo penal, a incriminação recai sobre a promoção de modificação contratual – ou atribuição de vantagem ao contratado – realizada "sem autorização em lei, no edital da licitação ou nos respectivos instrumentos contratuais". O mesmo se refira em relação à prorrogação do contrato, a dizer com o cumprimento ou a extensão do prazo contratual, hipótese que igualmente deve estar prevista no edital (art. 107 da Lei n. 14.133/2021).

---

[364] CF, art. 37: "XXI – ressalvados os casos especificados na legislação, as obras, serviços, compras e alienações serão contratados mediante processo de licitação pública que assegure igualdade de condições a todos os concorrentes, com cláusulas que estabeleçam obrigações de pagamento, *mantidas as condições efetivas da proposta, nos termos da lei*, o qual somente permitirá as exigências de qualificação técnica e econômica indispensáveis à garantia do cumprimento das obrigações.

A boa Administração Pública deve resguardar (promover e fiscalizar) essa relação de congruência entre os instrumentos em questão (lei, edital e contrato), de modo tal que os contratos devem contemplar as regras do respectivo edital, que se deve realizar à base da legislação de regência. Tanto assim que a Lei n. 14.133/2021 enumera, como princípios relativos à contratação pública, a legalidade e a vinculação ao edital (art. 5º). Sem prejuízo, a partir de uma interpretação restritiva, como postula o princípio da legalidade em matéria penal, a conduta incriminada no tipo apenas se configura se a modificação ou vantagem contratual favorável ao contratado não estiver prevista em quaisquer desses instrumentos, o que se percebe a partir da disjuntiva "ou" estabelecida na descrição da conduta típica ("sem autorização em lei, no edital da licitação ou nos respectivos instrumentos contratuais").

Modificação irregular ou atribuição de vantagem "durante a execução dos contratos"

A incidência no tipo apenas se caracterizará diante de específicos condicionamentos circunstanciais, indicativos de que as modificações em referência – ou atribuição de vantagem ao contratado – ocorram "durante a execução dos contratos". Conforme disposição legal, os prazos de início da etapa de execução devem constar no próprio contrato (art. 92, VII, da Lei n. 14.133/2021), sendo comum a previsão de início imediato de sua execução, a partir da assinatura. Nem sempre a assinatura das partes ocorre simultaneamente. Por essa razão, a Administração, tendo assinado o contrato em momento posterior, costuma emitir uma ordem de início, ou equivalente[365]. Seja como for, para a incidência do tipo, a caracterização dessas elementares indicativas do início da execução do contrato deve estar plenamente demonstrada no caso concreto.

Objetividade jurídica

Os crimes licitatórios estão catalogados como crimes contra a Administração Pública, compondo, mais precisamente, o Título XI do Código Penal, Capítulo II-B (Dos crimes em licitações e contratos administrativos). Eventual contorno às regras legais, editalícias ou contratuais no certame licitatório compromete o imperativo de legalidade e probidade que rege a atuação da Administração Pública (direta e indireta) de quaisquer dos Poderes da União, dos Estados, dos Municípios e do Distrito Federal (art. 37 da CF). Mais especificamente, aqui se tutela a higidez do ambiente de contratação pública (contratos administrativos), manifestada pelas específicas regras que a estruturam.

---

[365] "Art. 92. São necessárias em todo contrato cláusulas que estabeleçam: (...) § 2º De acordo com as peculiaridades de seu objeto e de seu regime de execução, o contrato conterá cláusula que preveja período antecedente à expedição da ordem de serviço para verificação de pendências, liberação de áreas ou adoção de outras providências cabíveis para a regularidade do início de sua execução."

Tipo subjetivo

As figuras típicas são dolosas, inexistindo, em razão da regra da excepcionalidade (art. 18, parágrafo único, do CP), hipótese de criminalização a título de culpa. A negligência no tratamento da administração pública poderá gerar algum outro nível de responsabilidade (civil ou administrativa), sem que alcance, entretanto, o ambiente jurídico-penal.

Consumação

O crime é de resultado. Exige-se, para sua consumação, que se tenha efetivamente promovido a modificação contratual em favor do contratado ou lhe atribuído determinada vantagem, independentemente de modificação contratual, isso, como dispõe o tipo, à margem das hipóteses previstas em lei, no edital ou no próprio contrato. E o momento consumativo se dá, na primeira hipótese, na consolidação da modificação contratual que atribua vantagem ao contratado, e na segunda, no momento em que essa vantagem lhe é efetivamente atribuída.

Crime de pagamento irregular em contrato administrativo

A Lei n. 14.133/2021 estipula que, nos pagamentos relativos aos contratos administrativos, a Administração deverá observar "a ordem cronológica" (art. 141). O cerne da proibição penal reside no pagamento de fatura correspondente a um crédito exigível do contratado perante a Administração com alteração (preterição) da ordem cronológica de pagamentos ("pagar fatura com preterição da ordem cronológica de sua exigibilidade").

Sujeito ativo

Sujeito ativo do crime é o funcionário público em cujas atribuições resida a possibilidade jurídica de determinar o pagamento e de produzir o resultado típico. A exemplo do que apontado em relação à figura típica anterior, na expressão hierárquica da Administração Pública poderemos encontrar mais de uma situação, inclusive a envolver o concurso de agentes entre aquele que detém a decisão de promover a conduta típica e aquele que, com identificação de propósito, a executa, tudo a depender das concretas circunstâncias do caso, e afasta qualquer hipótese de responsabilidade penal objetiva em razão do cargo ou função pública desempenhados.

O sujeito passivo da ação segue sendo, em acepção genérica, a Administração Pública. Para Cezar Bitencourt, também integraria essa condição o prejudicado que tenha sofrido dano patrimonial em decorrência da preterição de seu crédito (BITENCOURT, 2012, p. 235).

Tipo objetivo

Ação típica (verbo nuclear)

O verbo nuclear da ação típica, "pagar", na perspectiva do adimplemento dos contratos, consiste na emissão de autorização – ou ordem – de pagamento, recaindo a responsabilidade diretamente sobre o agente público (administrador e/ou encarregado administrativo) em cuja esfera de atuação se concentre a decisão de realizar o pagamento em desrespeito à – com preterição da – cronologia de exigibilidade do crédito.

Ordem cronológica para cada fonte diferenciada de recursos

A intervenção do direito penal está sujeita, também aqui, à prévia constatação da irregularidade no plano administrativo-legal, na medida em que a incriminação recai, precisamente, sobre a violação das regras que balizam a cronologia de pagamentos pela Administração.

A Lei n. 14.133/2021 fixou a regra geral da *ordem cronológica* dos pagamentos, que devem se dar *para cada fonte diferenciada de recursos* (art. 141). Na ausência de regulamentação da lei a título de norma geral, indicativa dos critérios de sequenciamento cronológico dos créditos exigíveis para a totalidade das unidades administrativas, a compreensão do espectro de ilicitude, e sua verificação no caso concreto, comporta uma prévia incursão sobre as seguintes questões: (a) identificação da unidade administrativa; (b) determinação da específica fonte diferenciada de recursos; (c) verificação das regras aplicáveis de inclusão dos credores na *ordem cronológica*, respeitadas as balizas legais existentes; (d) constatação sobre a *exigibilidade* do crédito e sua colocação entre os demais da mesma "lista"; e (e) hipóteses de quebra da ordem cronológica de pagamentos.

Decerto, assim como não estamos tratando de *uma* Administração Pública, mas de diversas unidades administrativas sujeitas à regulação da matéria, tampouco existe uma lista única – por unidade federativa ou administrativa contratante – que enfileire os créditos exigíveis pelos particulares perante a respectiva unidade da administração. Afora a divisão dos recursos e da própria gestão orçamentária entre os respectivos entes administrativos, a lei estabelece critérios (rubricas) para a classificação dos créditos e o consequente estabelecimento da cronologia de pagamentos.

Daí referir-se o art. 141 da Lei n. 14.133/2021 à ordem cronológica *para cada fonte diferenciada de recursos*. E, dentro de cada fonte, os credores – e créditos – são organizados em listas, de acordo com os grupos de contratação, que observam sistemática de liquidação da despesa, prazos e condições de pagamentos diversas.

A teor da Lei de Responsabilidade Fiscal, por exemplo, a escrituração das contas públicas deve obedecer a identificação e a escrituração individualizada dos recursos vinculados a órgão, fundo ou despesa (art. 50 da LC n. 101/2000). Nessa perspectiva, os recursos se subdividem em vinculados (com vinculação entre a origem e a aplicação de recursos para atendimento de finalidades específicas) e livres (alocação livre entre origem e aplicação dos recursos, para atender outras finalidades de competência do órgão ou da entidade). Assim, os casos dos fornecimentos de bens cujo pagamento é realizado com recursos de fonte orçamentária livre teriam uma lista própria, ao passo que o fornecimento de bens custeados com recursos vinculados seria ordenado em lista apartada. Nessa linha, serviços públicos essenciais (como abastecimento de energia elétrica, água, telefonia etc.) seriam ordenados em listagem diversa da que contempla as obras, por exemplo. Isso com potencial impacto sobre a exigibilidade do crédito e sua cronologia de pagamento.

Quebra legal da cronologia de pagamentos

O art. 141, § 1º, da Lei n. 14.133/2021 estipula que a ordem cronológica poderá ser alterada, mediante o cumprimento dos seguintes requisitos: (a) prévia justificativa da autoridade competente; (b) posterior comunicação ao órgão de controle interno da Administração e ao tribunal de contas competente; e (c) exclusivamente nas situações de: (i) grave perturbação da ordem, situação de emergência ou calamidade pública; (ii) pagamento a microempresa, empresa de pequeno porte, agricultor familiar, produtor rural pessoa física, microempreendedor individual e sociedade cooperativa, desde que demonstrado o risco de descontinuidade do cumprimento do objeto do contrato; (iii) pagamento de serviços necessários ao funcionamento dos sistemas estruturantes, desde que demonstrado o risco de descontinuidade do cumprimento do objeto do contrato; (iv) pagamento de direitos oriundos de contratos em caso de falência, recuperação judicial ou dissolução da empresa contratada; e (v) pagamento de contrato cujo objeto seja imprescindível para assegurar a integridade do patrimônio público ou para manter o funcionamento das atividades finalísticas do órgão ou da entidade, quando demonstrado o risco de descontinuidade da prestação de serviço público de relevância ou o cumprimento da missão institucional. Eventuais alterações, sob as condições legais citadas, devem ser fundamentadas, e a justificativa deverá ser mensalmente disponibilizada em seção específica de acesso à informação no sítio na internet do respectivo órgão ou entidade (art. 141, § 2º). A inobservância imotivada da ordem cronológica ensejará a apuração de responsabilidade do agente responsável (art. 141, § 3º).

O art. 145 igualmente veda o pagamento antecipado de parcelas contratuais vinculadas ao fornecimento de bens, à execução de obras ou à prestação de serviços, hipótese apenas admissível se propiciar "sensível economia de recursos" ou "se representar condição indispensável para a obtenção do bem ou para a prestação de serviço".

O particular que reivindica seu crédito, no propósito de recebê-lo o mais brevemente possível, não comete a infração penal. É de seu interesse buscar a satisfação do crédito junto à Administração Pública, competindo ao órgão ou à entidade observar as regras gerais e específicas do sequenciamento.

Eventual oferecimento de vantagem ao agente público para que seja preferido na ordem cronológica poderá ensejar infração penal específica, mais precisamente o crime de corrupção ativa (art. 333 do CP), não se enquadrando, todavia, como forma de participação da ação do agente público.

Objetividade jurídica

Em seu âmbito de incidência, o tipo penal protege a legalidade e a probidade administrativa (art. 37 da CF), concretamente manifestada pelo respeito à cronologia de pagamentos dos créditos exigíveis perante a Administração Pública. A cronologia também atende a um valor de igualdade no tratamento dos contratados sujeitos às mesmas condições legais.

Tipo subjetivo

O tipo penal é doloso, inexistindo, em razão da regra da excepcionalidade (art. 18, parágrafo único, do CP), hipótese de criminalização a título de culpa. Considerando que a conduta incriminada tem objeto claro – pagar fatura *com preterição* da ordem cronológica de sua exigibilidade – o crime se realiza apenas quando o agente promove o pagamento da fatura consciente de que o faz com preterição da cronologia de exigibilidade do crédito.

Consumação

A consumação do crime se verifica com o efetivo pagamento realizado nas circunstâncias exigidas pelo tipo (com preterição da ordem cronológica de sua exigibilidade). Como apontamos anteriormente, a conduta típica poderá comportar uma série de atos – que vão da decisão à execução do pagamento, observada sua regência administrativa –, que poderão envolver mais de um agente, em coautoria e participação, desde que evidenciada a tipicidade subjetiva da conduta, afastada qualquer hipótese de responsabilidade penal objetiva.

Considerações finais

Pena

Para ambas as figuras típicas, a pena ficou mais grave qualitativa e quantivamente, passando de uma pena de detenção, de 2 (dois) a 4 (quatro) anos, a uma pena de reclusão, de 4 (quatro) a 8 (oito) anos.

Sob o ponto de vista qualitativo, à diferença dos crimes apenados, no máximo, com detenção, a cominação da pena de reclusão permite, na investigação do delito, que sejam efetivadas medidas mais invasivas, a exemplo da interceptação das comunicações telefônicas e telemáticas (art. 2º, III, da Lei n. 9.296/96, *a contrario senso*). Também passa a ser possível, com essa alteração, o cumprimento inicial da pena em regime fechado (art. 33 do CP).

Em termos quantitativos, a pena é elevada, sobretudo a pena mínima cominada. A exemplo de outras figuras típicas igualmente modificadas e transportadas da Lei n. 8.666/93 para o art. 337, o dispositivo traz a mais alta pena fixada no Título XI do Código Penal (Dos crimes contra a Administração Pública). A pena mínima está fixada no dobro ou mesmo no quádruplo da maioria das penas mínimas previstas em tipos penais que resguardam a mesma objetividade jurídica, e não necessariamente detentores do mesmo grau de ofensividade. Essa circunstância despertará atenção acerca da legitimidade constitucional dessa alteração legislativa, pontualmente no que diz respeito à pena mínima cominada.

De fato, situações existem, e não são poucas, em que o legislador introduz uma nova figura penal, ou atribui-lhe uma nova pena, que nitidamente desborda do *standard* de sanções previstas para fatos semelhantes, promovendo, assim, uma manifesta *incoerência endonormativa* no sistema jurídico-penal. Incoerência que até poderia justificar o chamamento a categorias como a (ir)razoabilidade ou (ir)racionalidade, as quais, por caminhos distintos, permitem, com o exame de proporcionalidade, de maior densidade jurídica, aquilatar um excesso de ação estatal (FELDENS, 2006).

Perceba-se, a título de exemplo, que o art. 337-H traz como pena mínima para uma conduta compreensiva de pontual alteração em contrato administrativo, com atribuição de alguma vantagem ao contratado, o patamar de 4 (quatro) anos de reclusão, quando, por exemplo, a pena mínima cominada ao crime de corrupção (ativa ou passiva), que pode estar na base da motivação desse crime, está fixada em 2 (dois) anos, a exemplo da pena cominada aos crimes de peculato e concussão, todos igualmente previstos no Título XI do Código Penal e absorventes de condutas, em tese, tão ou mais gravosas que as previstas no art. 337-H.

Ainda, ao ter elevado seu patamar máximo de pena para limite superior a quatro anos, o crime passa a admitir prisão preventiva (art. 313, I, do CPP).

Em razão de disposições de direito intertemporal em matéria penal, naquilo que a nova lei seja mais grave (por exemplo, em relação à nova pena cominada), será aplicada apenas aos fatos praticados a partir de sua entrada em vigor; naquilo que a nova lei seja reputada mais benéfica, retroage ao tempo da ação, aplicando-se aos fatos praticados sob a égide da lei anterior (art. 5º, XL, da CF). Atenta-se, sem prejuízo, para a Súmula 711 do STF, no que estabelece que "a lei penal mais grave aplica-se ao crime continuado ou ao crime permanente, se a sua vigência é anterior à cessação da continuidade ou da permanência". A incidência da norma consubstanciada no verbete está logicamente subordinada à ocorrência de fato (consumação do delito) praticado na vigência da lei mais grave.

Perturbação de processo licitatório

Art. 337-I. Impedir, perturbar ou fraudar a realização de qualquer ato de processo licitatório:

Pena – detenção, de 6 (seis) meses a 3 (três) anos, e multa.

Correspondência: art. 93 da Lei n. 8.666/93 (revogado):

Art. 93. Impedir, perturbar ou fraudar a realização de qualquer ato de procedimento licitatório:	Art. 337-I. Impedir, perturbar ou fraudar a realização de qualquer ato de processo licitatório:
Pena – detenção, de 6 (seis) meses a 2 (dois) anos, e multa.	Pena – detenção, de 6 (seis) meses a 3 (três) anos, e multa.

O art. 337-I, introduzido no CP pela Lei n. 14.133/2021, reproduziu a redação do art. 93 da Lei n. 8.666/93, apenas modificando o termo "procedimento" para "processo" licitatório.

Prevalecia na doutrina[366] e na jurisprudência[367] o entendimento de que o delito previsto no art. 93 da Lei n. 8.666/93 somente era típico se as condutas de *impedir*, *perturbar* ou *fraudar* fossem praticadas durante o curso do procedimento licitatório, de modo a não abranger a fase preparatória de elaboração do edital e de aprovação da minuta contratual.

Com a nova Lei de Licitações, o posicionamento deve ser revisto, pois o art. 17 estabelece as seguintes etapas componentes do procedimento licitatório: etapa preparatória, etapa de divulgação do edital de licitação, etapa de apresentação de propostas e lances, quando for o caso, etapa de julgamento, etapa de habilitação, etapa recursal e etapa de homologação.

Quanto à fase preparatória do procedimento licitatório, por sua vez, o art. 18 da Lei n. 14.133/2021 inclui expressamente a elaboração do edital de licitação (inciso V) e da minuta de contrato (inciso VI). Portanto, não há mais dúvida de que os atos de *impedir*, *perturbar* ou *fraudar* algum ato do processo durante a aprovação da minuta e/ou do edital pela assessoria jurídica, por exemplo, configuram o crime em questão.

Violação de sigilo em licitação

Art. 337-J. Devassar o sigilo de proposta apresentada em processo licitatório ou proporcionar a terceiro o ensejo de devassá-lo:

Pena – detenção, de 2 (dois) anos a 3 (três) anos, e multa.

---

[366] "Os atos anteriores, a exemplo da aprovação da minuta e do edital pela assessoria jurídica, e os posteriores, a exemplo da publicação do resumo do contrato, não integram o procedimento licitatório propriamente dito. Assim, ainda que alguém possa impedir, perturbar e fraudar a realização desses atos, tais comportamentos não podem configurar o crime previsto na hipótese sob comentário." (GASPARINI, 2001, p. 124)

[367] "O delito tipificado no art. 93 da Lei n. 8.666/93 somente se tipifica se as condutas nele previstas forem praticadas no curso do procedimento licitatório." STJ, HC 348.414/RN, 6ª Turma, rel. Min. Maria Thereza de Assis Moura, j. 7-4-2016.

Correspondência: art. 94 da Lei n. 8.666/93 (revogado):

Art. 94. Devassar o sigilo de proposta apresentada em procedimento licitatório, ou proporcionar a terceiro o ensejo de devassá-lo:	Art. 337-J. Devassar o sigilo de proposta apresentada em processo licitatório ou proporcionar a terceiro o ensejo de devassá-lo:
Pena – detenção, de 2 (dois) a 3 (três) anos, e multa.	Pena – detenção, de 2 (dois) anos a 3 (três) anos, e multa.

O art. 337-J, introduzido no Código Penal pela Lei n. 14.133/2021, reproduziu a redação do art. 93 da Lei n. 8.666/93, alterando apenas o termo "procedimento" para "processo" licitatório.

O tipo penal tutela o sigilo das propostas quando adotado o modelo de disputa *fechado* (art. 56, II, da Lei n. 14.133/2021), em que a quebra do sigilo viola a competitividade e a igualdade no certame (GRECO FILHO, 2007, p. 40). Por isso, a Lei n. 14.133/2021 prevê o diferimento da publicidade do conteúdo das propostas até a respectiva abertura (art. 13, parágrafo único, I). Esse modo de disputa é a regra na Lei n. 8.666/93.

Agora, a Lei n. 14.133/2021, além do modo de disputa *fechado*, possibilita ao agente público adotar o modo de disputa *aberto* (art. 56, I), em que os licitantes apresentam propostas por meio de lances públicos. Quando adotado esse modo de disputa, naturalmente, não há lugar para a configuração do crime previsto no art. 337-J do CP.

Afastamento de licitante

Art. 337-K. Afastar ou tentar afastar licitante por meio de violência, grave ameaça, fraude ou oferecimento de vantagem de qualquer tipo:

Pena – reclusão, de 3 (três) anos a 5 (cinco) anos, e multa, além da pena correspondente à violência.

Parágrafo único. Incorre na mesma pena quem se abstém ou desiste de licitar em razão de vantagem oferecida.

Correspondência: art. 95 da Lei n. 8.666/93 (revogado):

Art. 95. Afastar ou procurar afastar licitante, por meio de violência, grave ameaça, fraude ou oferecimento de vantagem de qualquer tipo:	Art. 337-K. Afastar ou tentar afastar licitante por meio de violência, grave ameaça, fraude ou oferecimento de vantagem de qualquer tipo:
Pena – detenção, de 2 (dois) a 4 (quatro) anos, e multa, além da pena correspondente à violência.	Pena – reclusão, de 3 (três) anos a 5 (cinco) anos, e multa, além da pena correspondente à violência.
Parágrafo único. Incorre na mesma pena quem se abstém ou desiste de licitar, em razão da vantagem oferecida.	**Parágrafo único.** Incorre na mesma pena quem se abstém ou desiste de licitar em razão de vantagem oferecida.

O art. 337-K, introduzido no Código Penal pela Lei n. 14.133/2021, reproduziu a redação do art. 95 da Lei n. 8.666/93, apenas substituindo no *caput* a expressão "procurar" por "tentar" afastar licitante, mais adequado tecnicamente.

A alteração corrobora a natureza de *crime de atentado* do tipo penal em comento, em que a pena da tentativa é a mesma da figura consumada. Vale dizer, a pena é a mesma tanto se o agente logra afastar o licitante quanto se ele emprega os meios necessários, mas não alcança seu intento por circunstâncias alheias à sua vontade (CUNHA, 2021, p. 1045).

Na vigência do art. 95 da Lei n. 8.666/93, existia certa controvérsia se o conceito de *licitante*, para efeitos penais, incluía somente quem se inscreve no certame ou também quem exterioriza a intenção de participar do processo licitatório. A Lei n. 14.133/2021 põe fim à questão ao definir o licitante como "pessoa física ou jurídica, ou consórcio de pessoas jurídicas, que *participa ou manifesta a intenção* de participar de processo licitatório, sendo-lhe equiparável (...) o fornecedor ou o prestador de serviço que, em atendimento à solicitação da Administração, oferece proposta" (art. 6º, IX). Não há mais dúvida, portanto, que as condutas delitivas descritas no art. 337-K se configuram mesmo antes de iniciado o processo licitatório, quando o agente simplesmente manifesta a intenção de participar do certame.

Fraude em licitação ou contrato

Art. 337-L. Fraudar, em prejuízo da Administração Pública, licitação ou contrato dela decorrente, mediante:

I – entrega de mercadoria ou prestação de serviços com qualidade ou em quantidade diversas das previstas no edital ou nos instrumentos contratuais;

II – fornecimento, como verdadeira ou perfeita, de mercadoria falsificada, deteriorada, inservível para consumo ou com prazo de validade vencido;

III – entrega de uma mercadoria por outra;

IV – alteração da substância, qualidade ou quantidade da mercadoria ou do serviço fornecido;

V – qualquer meio fraudulento que torne injustamente mais onerosa para a Administração Pública a proposta ou a execução do contrato.

Pena – reclusão, de 4 (quatro) anos a 8 (oito) anos, e multa.

Correspondência: art. 96 da Lei n. 8.666 (revogado):

Art. 96. Fraudar, em prejuízo da Fazenda Pública, licitação instaurada para aquisição ou venda de bens ou mercadorias, ou contrato dela decorrente: I – elevando arbitrariamente os preços; II – vendendo, como verdadeira ou perfeita, mercadoria falsificada ou deteriorada; III – entregando uma mercadoria por outra; IV – alterando substância, qualidade ou quantidade da mercadoria fornecida; V – tornando, por qualquer modo, injustamente, mais onerosa a proposta ou a execução do contrato: Pena – detenção, de 3 (três) a 6 (seis) anos, e multa.	**Art. 337-L.** Fraudar, em prejuízo da Administração Pública, licitação ou contrato dela decorrente, mediante: I – entrega de mercadoria ou prestação de serviços com qualidade ou em quantidade diversas das previstas no edital ou nos instrumentos contratuais; II – fornecimento, como verdadeira ou perfeita, de mercadoria falsificada, deteriorada, inservível para consumo ou com prazo de validade vencido; III – entrega de uma mercadoria por outra; IV – alteração da substância, qualidade ou quantidade da mercadoria ou do serviço fornecido; V – qualquer meio fraudulento que torne injustamente mais onerosa para a Administração Pública a proposta ou a execução do contrato. Pena – reclusão, de 4 (quatro) anos a 8 (oito) anos, e multa.

O art. 337-L, introduzido no Código Penal pela Lei n. 14.133/2021, apresenta algumas distinções significativas em relação à redação do art. 96 da Lei n. 8.666/93.

O *caput* do art. 96 da Lei n. 8.666/93 restringia o objeto da licitação ou do contrato fraudado à aquisição de bens e serviços. Em decorrência disso, prevalecia na jurisprudência que a conduta de fraudar a contratação de serviços não era criminalizada pelo tipo penal em questão[368]. A redação do *caput* do art. 337-L, por sua vez, deixou de especificar o objeto do certame ou avença formalizada, tipificando a fraude às licitações e aos contratos administrativos de modo geral.

Além disso, o inciso I do art. 337-L prevê a entrega de mercadoria ou prestação de serviços com qualidade ou em quantidade diversas das previstas no edital ou nos instrumentos contratuais como forma de fraude à licitação ou ao contrato

---

[368] "O art. 96 da Lei n. 8.666/1993 apresenta hipóteses estreitas de penalidade, entre as quais não se encontra a fraude na licitação para fins de contratação de serviços." STJ, HC 485.791/SP, 5ª Turma, rel. Min. Reynaldo Soares da Fonseca, j. 7-5-2019. No mesmo sentido, STJ, REsp 1407255/SC, 5ª Turma, rel. Min. Joel Ilan Paciornik, j. 21-8-2018; STJ, REsp 1571527/RS, 6ª Turma, rel. Min. Sebastião Reis Junior, j. 6-10-2016.

administrativo. Vale dizer, a menção expressa à *prestação de serviços* não deixa dúvidas quanto à incriminação da fraude à contratação de serviços pela nova redação do tipo penal.

Ainda sobre o inciso I do art. 337-L, não houve *abolitio criminis* com a supressão da hipótese de "elevação arbitrária dos preços" como meio de fraude à licitação ou ao contrato administrativo. Isso porque a conduta de elevar indevidamente o preço de produto ou serviço em prejuízo da Administração Pública amolda-se à conduta descrita no inciso V do mesmo dispositivo, na medida em que torna injustamente mais onerosa para a Administração Pública a proposta ou a execução do contrato.

Ao inciso II adicionou-se a hipótese de mercadoria inservível para consumo ou com prazo de validade vencido. Interessante é que, segundo o § 6º do art. 18 do Código de Defesa do Consumidor[369], no conceito de *mercadoria inservível para consumo* já se inclui mercadorias *falsificadas*, *deterioradas* e com *prazo de validade vencido*, o que torna a redação do inciso II do art. 337-L redundante nesse aspecto.

À redação do inciso IV foi acrescido como meio de fraude em prejuízo ao ente público a alteração de substância, qualidade ou quantidade de serviço prestado. Na antiga redação, a hipótese se limitava à mercadoria, não incluindo o serviço fornecido. A inserção reforça uma vez mais a incriminação da fraude à contratação de serviços pela nova redação do tipo penal.

Com as alterações promovidas pela Lei n. 14.133/2021, há uma certa sobreposição entre o inciso I e o inciso IV do art. 337-L. O inciso I pune o ato de *entregar mercadoria ou prestação de serviço com qualidade ou em quantidade diversa* da prevista no edital ou nos instrumentos contratuais. O inciso IV pune o ato de *alterar a qualidade ou quantidade da mercadoria ou serviço fornecido*. A diferença entre os dois incisos parece residir no fato de que no inciso I a mercadoria é entregue com qualidade ou quantidade alterada, ao passo que no inciso IV é o próprio contratado o responsável pela alteração.

Por fim, os incisos III e V do art. 337-L introduzidos no Código Penal pela Lei n. 14.13/2021 reproduziram a redação dos incisos III e V do art. 96 da Lei n. 8.666/93. Comenta-se apenas que o inciso V adicionou o termo *fraudulento* ao modo por meio do qual o contratante ou licitante torna injustamente mais onerosa para a Administração Pública a proposta ou a execução do contrato. A adição acaba sendo redundante em relação ao *caput* do art. 337-L, o qual já estabelece – pelo verbo-núcleo do tipo "fraudar" – que os atos elencados nos respectivos incisos devem ser praticados por meio de fraude.

---

[369] "Art. 18. (...). § 6º São impróprios ao uso e consumo: I – os produtos cujos prazos de validade estejam vencidos; II – os produtos deteriorados, alterados, adulterados, avariados, falsificados, corrompidos, fraudados, nocivos à vida ou à saúde, perigosos ou, ainda, aqueles em desacordo com as normas regulamentares de fabricação, distribuição ou apresentação; III – os produtos que, por qualquer motivo, se revelem inadequados ao fim a que se destinam."

Contratação inidônea

Art. 337-M. Admitir à licitação empresa ou profissional declarado inidôneo:

Pena – reclusão, de 1 (um) ano a 3 (três) anos, e multa.

§ 1º Celebrar contrato com empresa ou profissional declarado inidôneo:

Pena – reclusão, de 3 (três) anos a 6 (seis) anos, e multa.

§ 2º Incide na mesma pena do *caput* deste artigo aquele que, declarado inidôneo, venha a participar de licitação e, na mesma pena do § 1º deste artigo, aquele que, declarado inidôneo, venha a contratar com a Administração Pública.

Considerações gerais

Alterações em relação à legislação anterior: quadro comparativo

O tipo penal corresponde à conduta do funcionário público que *admite à licitação* empresa ou profissional declarado *inidôneo* (art. 337-M, *caput*), ou que com ele venha a *celebrar contrato* administrativo (art. 337-M, § 1º). Em paralelo, pune-se de forma autônoma a conduta do particular que, declarado inidôneo, venha a *participar de licitação* (art. 337-M, § 2º, primeira parte) ou que venha a *contratar com a Administração Pública* (art. 337-M, § 2º, segunda parte).

As infrações penais descritas nesse dispositivo estavam anteriormente previstas no art. 97 da Lei n. 8.666/93. Destacam-se, no quadro comparativo a seguir, as modificações de texto promovidas pela nova legislação:

Lei n. 8.666/93	Art. 337-M do Código Penal
Art. 97. Admitir à licitação ou celebrar contrato com empresa ou profissional declarado inidôneo: Pena – detenção, de 6 (seis) meses a 2 (dois) anos, e multa. Parágrafo único. Incide na mesma pena aquele que, declarado inidôneo, venha a licitar ou a contratar com a Administração.	**Art. 337-M.** Admitir à licitação empresa ou profissional declarado inidôneo: Pena – reclusão, de 1 (um) ano a 3 (três) anos, e multa. § 1º Celebrar contrato com empresa ou profissional declarado inidôneo: Pena – reclusão, de 3 (três) anos a 6 (seis) anos, e multa. § 2º Incide na mesma pena do caput deste artigo aquele que, declarado inidôneo, venha a participar de licitação e, na mesma pena do § 1º deste artigo, aquele que, declarado inidôneo, venha a contratar com a Administração Pública.

Considerações nucleares

O art. 337-M preservou o conteúdo de proibição até então previsto no art. 97 da Lei n. 8.666/93, promovendo-lhe, em síntese, alterações de duas ordens:

(i) Sob o aspecto da reprovabilidade das condutas, o art. 97 da Lei n. 8.666/93 punia com igual rigor a conduta do funcionário público que admitisse à licitação e contratasse com empresa ou profissional declarado inidôneo, bem como a do particular que, declarado inidôneo, viesse a licitar ou contratar com a Administração. Essa unidade de tratamento foi rompida pelo novo art. 337-M, que passou a prever regime escalonado de reprovabilidade. Nos termos da nova disposição legal, fica estabelecida a pena de 1 (um) a 3 (três) anos de reclusão, e multa, para a conduta *do funcionário público* que venha a "admitir à licitação" particular declarado inidôneo, bem como para a conduta *do particular* que, declarado inidôneo, venha a "participar da licitação". E a lei passa a punir com mais rigor, com a pena de 3 (três) a 6 (seis) anos de reclusão, e multa, a conduta *do funcionário público* que venha a "celebrar contrato" com empresa ou profissional declarado inidôneo, bem como a *do particular* que, declarado inidôneo, venha a "contratar" com a Administração Pública. Sem prejuízo da discussão acerca da (des)proporcionalidade das penas, entendemos como correta a opção legislativa de cindir as hipóteses de tipicidade contempladas pelo dispositivo, atribuindo-lhes diferentes graus de reprovabilidade. De fato, a efetiva contratação de empresa ou profissional declarado inidôneo (hipótese abarcada no art. 337-M, §§ 1º e 2º, segunda parte) representa a consolidação de um vínculo com a Administração Pública, instaurando relação jurídica com direitos e obrigações de parte a parte, revelando situação de maior desvalor em comparação à conduta de admissão do particular declarado inidôneo no certame licitatório;

(ii) Sob o aspecto terminológico, o verbo "licitar", então previsto no parágrafo único do art. 97 da Lei n. 8.666/93, foi substituído pela locução verbal "participar da licitação", atualmente alocada na primeira parte do § 2º do art. 337-M. Embora de reduzido impacto jurídico-penal, a inovação nos parece adequada, na medida em que a expressão "participar da licitação" revela de forma mais precisa a conduta sobre a qual recai a reprovação, atendendo ao mandado de determinação típica.

Sujeito ativo

O crime é próprio. Na figura do *caput* do art. 337-M, o sujeito ativo do delito é o funcionário público capacitado para admitir à licitação[370] o concorrente e, na

---

[370] Exemplificativamente, e sem prejuízo da necessária demonstração dos pressupostos da imputação penal, a Lei n. 14.133/2021 se refere expressamente aos membros da "comissão de contratação" (cuja definição se encontra no art. 6º, L) e ao "agente de contratação" (cuja definição se encontra no art. 6º, LX).

hipótese típica de seu § 1º, para celebrar o contrato administrativo. Na expressão hierárquica da Administração Pública, podemos encontrar estruturas mais ou menos complexas, compreendendo, a depender da composição político-administrativa, diferentes âmbitos pelos quais passam cumulativa, alternativa ou supletivamente a decisão e a execução sobre a admissão à licitação e, sobretudo, sobre a celebração da contratação pública. Nessa perspectiva, a definição da autoria, da coautoria ou mesmo da participação no crime se estabelecerá à vista da demonstração, em concreto, dos elementos indutores da responsabilidade penal (tipicidade objetiva e subjetiva), afastada qualquer hipótese de responsabilidade objetiva, em função do cargo político ou técnico-administrativo ocupado pelo funcionário público.

Na figura do § 2º do art. 337-M, o sujeito ativo do delito será apenas o *profissional* (pessoa física) declarado inidôneo. Embora o dispositivo também faça alusão à *empresa* declarada inidônea, não poderá ela, a pessoa jurídica, ser sujeito ativo do delito. Nessa hipótese, tampouco as pessoas físicas vinculadas à pessoa jurídica sobre a qual recaia a declaração de inidoneidade poderão ser responsabilizadas[371], situação que, em atenção ao princípio da legalidade estrita (arts. 5º, XXXIX, da CF e 1º do Código Penal), desbordaria dos contornos típicos do art. 337-M, § 2º.

Admite-se, no entanto, na linha do que sustentado logo acima, que funcionários públicos que não disponham da específica competência/atribuição funcional para promover a admissão à licitação e para celebrar o contrato administrativo, ou mesmo que particulares que não tenham sofrido a imposição da sanção de inidoneidade venham a responder pelo crime *na condição de partícipes* (art. 29 do Código Penal), desde que demonstrada, em concreto, a presença dos requisitos da imputação criminal, nisso compreendida a tipicidade objetiva e subjetiva da conduta.

Tipo objetivo

As condutas típicas de *admitir à licitação* (art. 337-M, *caput*) e de *celebrar contrato* com empresa ou profissional declarado inidôneo (art. 337-M, § 1º) correspondem a momentos diversos – e autônomos – do procedimento que envolve a realização da contratação pública. Não obstante, tratando-se de tipo penal misto alternativo ou de conteúdo variado (BITENCOURT, 2012, p. 359), caso o agente venha a admitir à licitação empresa ou profissional declarado inidôneo com quem, no curso do mesmo procedimento licitatório, acabe por efetivamente celebrar o contrato administrativo, responderá por um único crime de contratação inidônea, e não dois.

Idêntico raciocínio se aplica às condutas típicas direcionadas à figura do particular, isto é, *participar de licitação* (art. 337-M, § 2º, primeira parte) e *celebrar contrato* (art. 337-M, § 2º, segunda parte).

---

[371] No mesmo sentido, FREITAS, 2013, p. 144.

a) Admitir à licitação (art. 337-M, *caput*)

A Lei n. 14.133/2021 – assim como a Lei n. 8.666/93 – não especifica o exato momento em que se perfectibiliza a admissão à licitação do concorrente no curso do procedimento licitatório. Sabê-lo, no entanto, revela-se fundamental à adequada compreensão da tipicidade objetiva do delito, bem como à identificação do momento consumativo da infração penal.

Nesse cenário de imprecisão normativa, a doutrina passou a compreender que a admissão à licitação ocorreria por ocasião da fase de *habilitação* do procedimento licitatório[372]. Mesmo porque, conforme Marçal Justen Filho, antes disso, a Administração não teria "condições de verificar se o licitante foi declarado inidôneo" (JUSTEN FILHO, 2010, p. 915).

Sobre o ponto, impõem-se algumas considerações.

Na figura do art. 337-M, *caput*, estamos diante de crime próprio, cujo critério central de determinação da autoria consiste, precisamente, na violação do dever jurídico extrapenal que pesa sobre o agente – no caso, o dever de vedar que empresas ou profissionais declarados inidôneos venham a participar do procedimento licitatório.

Ocorre que, no contexto da Lei n. 8.666/93, embora um dever dessa natureza pudesse ser extraído de uma constelação de princípios aplicáveis à função administrativa (moralidade, eficiência etc.), inexistia uma clara e objetiva vedação direcionada ao funcionário público encarregado de conduzir o certame licitatório no sentido de barrar a participação de empresas ou profissionais declarados inidôneos[373]. Tanto é assim que, em caráter inovador, a Lei n. 14.133/2021, em seu art. 14, III, passou a estabelecer taxativamente que não poderão disputar a licitação, dentre outros, a pessoa física ou jurídica que se encontre, ao tempo da licitação, impossibilitada de participar da licitação em decorrência de sanção que lhe foi imposta:

---

[372] Nesse sentido, FREITAS, 2013, p. 145; BITENCOURT, 2012, p. 349.

[373] A rigor, foi somente com a publicação da Lei n. 12.846/2013 que passou a existir a obrigação *expressa*, imposta "a todas as esferas de governo", no sentido de "informar e manter atualizados, para fins de publicidade, no Cadastro Nacional de Empresas Inidôneas e Suspensas – CEIS, de caráter público, instituído no âmbito do Poder Executivo federal, os dados relativos às sanções por eles aplicadas, nos termos do disposto nos arts. 87 e 88 da Lei n. 8.666, de 21 de junho de 1993". É fundamental repararmos que, mesmo à vista de referida disposição legal, o que existia era apenas o dever de "informar e manter atualizado" o "CEIS", *mas não propriamente o dever imposto a todos os funcionários públicos de consultar referido cadastro no curso dos procedimentos licitatórios.*

"Art. 14. Não poderão disputar licitação ou participar da execução de contrato, direta ou indiretamente:

(...)

III – pessoa física ou jurídica que se encontre, ao tempo da licitação, impossibilitada de participar da licitação em decorrência de sanção que lhe foi imposta".

Esse novo marco normativo acaba por conferir maior legitimidade à incidência da figura típica, que agora efetivamente passa a servir como reforço de tutela a um dever jurídico extrapenal preexistente que deve orientar a conduta do funcionário público no curso do procedimento licitatório.

Assim, retornando à questão relacionada ao que se deve compreender por "admitir à licitação", é importante ter claro que, à luz da Lei n. 8.666/93, a habilitação dos licitantes ocorria logo ao início da fase externa do procedimento licitatório, precedendo as etapas de julgamento e classificação das propostas (art. 43). Essa sistemática, todavia, foi sendo paulatinamente modificada. Por razões de eficiência administrativa, o marco legal das contratações públicas passou a contemplar hipóteses em que a etapa de habilitação, que até então ocorria logo ao início da fase externa do certame, foi realocada para momento posterior à fase competitiva, em ordem a que a Administração se desonerasse de analisar a documentação de habilitação de todos os participantes do certame. Nesse sentido foi a sistemática estabelecida pela Lei do Pregão (Lei n. 10.520/2002, art. 4º), pela Lei do Regime Diferenciado de Contratações Públicas (Lei n. 12.462/2011, art. 12), pela Lei das Empresas Estatais (Lei n. 13.303/2016, art. 51) e, mais recentemente, pela própria Lei n. 14.133/2021, que, em seu art. 17, prevê a etapa de habilitação apenas após a apresentação das propostas e lances e de seu respectivo julgamento[374]. Veja-se:

"Art. 17. O processo de licitação observará as seguintes fases, em sequência:

I – preparatória;

II – de divulgação do edital de licitação;

III – de apresentação de propostas e lances, quando for o caso;

IV – de julgamento;

---

[374] Nos termos do § 3º do art. 17: "Desde que previsto no edital, na fase a que se refere o inciso IV do *caput* deste artigo, o órgão ou entidade licitante poderá, em relação ao licitante provisoriamente vencedor, realizar análise e avaliação da conformidade da proposta, mediante homologação de amostras, exame de conformidade e prova de conceito, entre outros testes de interesse da Administração, de modo a comprovar sua aderência às especificações definidas no termo de referência ou no projeto básico".

V – de habilitação;
VI – recursal;
VII – de homologação".

Diante disso, à vista da modificação da sistemática das fases do procedimento licitatório, tal como recepcionada pela Lei n. 14.133/2021, parece inapropriado limitar a incidência do tipo penal em questão à fase de habilitação do certame, porquanto mesmo antes já se terá procedimento licitatório, com a possível participação de empresa ou profissional declarado inidôneo.

Nesse contexto, e tendo como norte interpretativo o incremento do dever jurídico extrapenal subjacente à figura típica (art. 14, III, da Lei n. 14.133/2021), o sentido a ser atribuído à locução verbal nuclear "admitir à licitação" deve passar pela compreensão acerca da estrutura do procedimento licitatório em concreto, o que acaba por conduzir, em essência, a duas possibilidades: (i) caso se esteja diante de situação em que a etapa de habilitação inaugure a fase externa licitatória (como o estabelece o art. 43, I, da Lei n. 8.666/93), então a conduta de "admitir à licitação" haverá de perfectibilizar-se em modo *comissivo*, correspondendo, precisamente, à habilitação do licitante declarado inidôneo; (ii) caso, todavia, se esteja diante de situação em que a etapa de habilitação se verifique somente após a etapa competitiva, então a conduta de "admitir à licitação" somente se poderia perfectibilizar de modo *omissivo*, correspondendo à inação do funcionário público em possibilitar que o licitante declarado inidôneo venha a atuar na etapa competitiva do certame, desde que rigorosamente observados os demais elementos indutores da responsabilidade penal, notadamente a tipicidade subjetiva da conduta.

b) Empresa ou profissional declarado inidôneo (art. 337-M, *caput*)

A pena de inidoneidade – tal como referida no dispositivo penal – é sanção de natureza administrativa, imposta por força e em virtude de processo sancionador, conduzido pela respectiva autoridade administrativa, com integral observância das garantias aplicáveis à espécie, sobretudo as que despontam do art. 5º, LIV e LV, da Constituição Federal, das leis gerais aplicáveis (*v.g.*, Lei de Introdução às Normas do Direito Brasileiro e Lei n. 9.784/99), bem como das disposições regulamentares específicas que norteiam a atividade sancionadora do órgão ou entidade da Administração Pública envolvida.

Aqui estamos diante de elementar normativa do tipo cujos alcance e sentido devem ser aferidos a partir do marco regulatório extrapenal. Destacam-se, no quadro comparativo a seguir, as modificações de texto promovidas pela nova legislação, precisamente no regime da sanção administrativa de declaração de inidoneidade para licitar ou contratar:

Lei n. 8.666/93	Lei n. 14.133/2021
Art. 87. Pela inexecução total ou parcial do contrato a Administração poderá, garantida a prévia defesa, aplicar ao contratado as seguintes sanções: (...) IV – declaração de inidoneidade para licitar ou contratar com a Administração Pública enquanto perdurarem os motivos determinantes da punição ou até que seja promovida a reabilitação perante a própria autoridade que aplicou a penalidade, que será concedida sempre que o contratado ressarcir a Administração pelos prejuízos resultantes e após decorrido o prazo da sanção aplicada com base no inciso anterior. (...) § 3º A sanção estabelecida no inciso IV deste artigo é de competência exclusiva do Ministro de Estado, do Secretário Estadual ou Municipal, conforme o caso, facultada a defesa do interessado no respectivo processo, no prazo de 10 (dez) dias da abertura de vista, podendo a reabilitação ser requerida após 2 (dois) anos de sua aplicação. (...) **Art. 88.** As sanções previstas nos incisos III e IV do artigo anterior poderão também ser aplicadas às empresas ou aos profissionais que, em razão dos contratos regidos por esta Lei: I – tenham sofrido condenação definitiva por praticarem, por meios dolosos, fraude fiscal no recolhimento de quaisquer tributos; II – tenham praticado atos ilícitos visando a frustrar os objetivos da licitação; III – demonstrem não possuir idoneidade para contratar com a Administração em virtude de atos ilícitos praticados.	**Art. 156.** Serão aplicadas ao responsável pelas infrações administrativas previstas nesta Lei as seguintes sanções: (...) IV – declaração de inidoneidade para licitar ou contratar. (...) § 5º A sanção prevista no inciso IV do *caput* deste artigo será aplicada ao responsável pelas infrações administrativas previstas nos incisos VIII, IX, X, XI e XII do caput do art. 155 desta Lei, bem como pelas infrações administrativas previstas nos incisos II, III, IV, V, VI e VII do *caput* do referido artigo que justifiquem a imposição de penalidade mais grave que a sanção referida no § 4º deste artigo, e impedirá o responsável de licitar ou contratar no âmbito da Administração Pública direta e indireta de todos os entes federativos, pelo prazo mínimo de 3 (três) anos e máximo de 6 (seis) anos. § 6º A sanção estabelecida no inciso IV do *caput* deste artigo será precedida de análise jurídica e observará as seguintes regras: I – quando aplicada por órgão do Poder Executivo, será de competência exclusiva de ministro de Estado, de secretário estadual ou de secretário municipal e, quando aplicada por autarquia ou fundação, será de competência exclusiva da autoridade máxima da entidade; II – quando aplicada por órgãos dos Poderes Legislativo e Judiciário, pelo Ministério Público e pela Defensoria Pública no desempenho da função administrativa, será de competência exclusiva de autoridade de nível hierárquico equivalente às autoridades referidas no inciso I deste parágrafo, na forma de regulamento.

Por força do princípio da legalidade estrita, a declaração de inidoneidade, para efeitos de incidência do tipo penal do art. 337-M, não se confunde com outras sanções que tenham como efeito prático a proibição/impedimento de participar em certame licitatório, a exemplo da *proibição de contratar com o Poder Público* prevista na Lei de Improbidade Administrativa (Lei n. 8.429/92, art. 12) e da sanção *impedimento de licitar e contratar* prevista na Lei n. 14.133/2021 (art. 156, III).

Embora o atual art. 156 da Lei n. 14.133/2021 enumere as autoridades competentes para a aplicação da sanção de inidoneidade (tal como o fazia a Lei n. 8.666/93 em seu art. 87, § 3º), também o Tribunal de Contas da União dispõe da prerrogativa legal de aplicar referida sanção (art. 46 da Lei n. 8.443/92[375]). Ambas as hipóteses declaratórias de inidoneidade se encontram no âmbito de proteção do art. 337-M[376], havendo, no entanto, algumas particularidades que devem ser observadas: enquanto a sanção de inidoneidade prevista no atual art. 156, IV, da Lei n. 14.133/2021 estabelece como sanção a "declaração de inidoneidade *para licitar ou contratar*", o art. 46 da Lei n. 8.443/92, em menor abrangência, confere ao TCU a prerrogativa de declarar "a inidoneidade do licitante fraudador *para participar, por até cinco anos, de licitação* na Administração Pública Federal".

Observadas as limitações semânticas dos referidos dispositivos, e tendo como norte o princípio da legalidade estrita, eventual declaração de inidoneidade aplicada pelo Tribunal de Contas da União com base no art. 46 da Lei n. 8.443/92 não teria a aptidão necessária para ensejar a incidência do art. 337-M em caso de *contratação direta*[377] (*e.g.*, via dispensa ou inexigibilidade de licitação).

Outro aspecto importante se refere à extensão das penalidades: enquanto a declaração de inidoneidade aplicada com base no art. 156 da Lei n. 14.133/2021 estende seus efeitos à "Administração Pública direta e indireta de todos os entes federativos" (§ 4º), a declaração de inidoneidade aplicada pelo TCU com base no art. 46 da Lei n. 8.443/92 tem seus efeitos limitados à "Administração Pública Federal".

Ainda sobre a penalidade de declaração de inidoneidade, é importante destacar que a Lei n. 11.133/2021 passou a estabelecer que tanto os recursos administrativos como o pedido de reconsideração (medida aplicável no propósito de impugnar a sanção de inidoneidade, nos termos do art. 167 da Lei n. 11.133/2021) terão efeito suspensivo "até que sobrevenha decisão final da autoridade competente" (art. 168). Logo, enquanto não tornada definitiva a sanção no âmbito administrativo, não se poderá falar em perfectibilização da elementar do tipo "declarado inidôneo". Vale ainda destacar que, conforme orientação do Superior Tribunal de

---

[375] "Art. 46. Verificada a ocorrência de fraude comprovada à licitação, o Tribunal declarará a inidoneidade o licitante fraudador para participar, por até cinco anos, de licitação na Administração Pública Federal."

[376] No mesmo sentido, FREITAS, 2013, p. 145.

[377] Sem prejuízo, no ponto, da eventual caracterização de outras infrações penais (*e.g.*, art. 337-E do CP).

Justiça, a sanção de inidoneidade tem efeitos prospectivos, não afetando *de forma automática* os contratos administrativos em andamento[378].

c) Celebrar contrato (art. 337-M, § 1º)

Em sentido diverso do que ocorre com relação ao *caput*, a conduta prevista no § 1º do art. 337-M não suscita maiores controvérsias. Nos termos do art. 90 da Lei n. 14.133/2021, "A Administração convocará regularmente o licitante vencedor para assinar o termo de contrato ou para aceitar ou retirar o instrumento equivalente, dentro do prazo e nas condições estabelecidas no edital de licitação, sob pena de decair o direito à contratação, sem prejuízo das sanções previstas nesta Lei".

Vale reparar que, nos termos do art. 91, § 4º, da Lei n. 14.133/2021, "Antes de formalizar ou prorrogar o prazo de vigência do contrato, a Administração deverá verificar a regularidade fiscal do contratado, consultar o Cadastro Nacional de Empresas Inidôneas e Suspensas (Ceis) e o Cadastro Nacional de Empresas Punidas (Cnep), emitir as certidões negativas de inidoneidade, de impedimento e de débitos trabalhistas e juntá-las ao respectivo processo". Essa disposição legal reforça o dever jurídico extrapenal subjacente à figura típica (que também encontra lastro, como vimos, no art. 14, III, da Lei n. 14.133/2021), circunstância que legitima a reconfiguração de penas promovida pela nova legislação.

E se, sobrevindo declaração de inidoneidade *no curso da execução contratual*, o funcionário público vier a celebrar aditivo com o profissional ou empresa declarado inidôneo: restará, nessa hipótese, configurada a infração penal do art. 337-M, § 1º? Aqui, sem prejuízo da eventual ilicitude administrativa envolvida, a compreensão haverá de orientar-se novamente pelo princípio da legalidade estrita, de modo a impedir que, em bases analógicas, promova-se indevida equiparação entre situações jurídicas diversas, a saber: (i) a celebração do contrato administrativo – compreendido enquanto acordo de vontades entre a Administração e o particular *que efetivamente inaugura a relação jurídica administrativa*; e (ii) a modificação ou alteração dessa relação jurídica administrativa já iniciada mediante a celebração de aditivo contratual. Apenas a primeira situação é abarcada pelo raio de tipicidade do art. 337-M, § 1º, compreensão que é reforçada pela constatação de que, em diver-

---

[378] "(...) 3. A declaração de idoneidade não tem a faculdade de afetar os contratos administrativos já aperfeiçoados juridicamente ou em fase de execução, sobretudo aqueles celebrados com entes públicos não vinculados à autoridade sancionadora e pertencente a Ente Federado diverso (STJ – MS 14.002/DF, Rel. Min. Teori Zavascki, *DJe* 6-11-2009). 4. A sanção aplicada tem efeitos apenas *ex nunc* para impedir que a Sociedade Empresária venha a licitar ou contratar com a Administração Pública pelo prazo estabelecido, não gerando como consequência imediata a rescisão automática de contratos administrativos já em curso (MS 13.101/DF, Rel. Min. José Delgado, Rel. p/ Acórdão Min. Eliana Calmon, *DJe* 9-12-2008). 5. Agravo Interno da Sociedade Empresária a que se nega provimento." (STJ, AgInt no REsp 1552078/DF, rel. Ministro Napoleão Nunes Maia Filho, 1ª Turma, j. 30-9-2019, *DJe* 8-10-2019).

sos dispositivos[379], a Lei n. 14.133/2021 trata de forma autônoma a figura do "contrato" e dos "aditivos" contratuais.

d) Venha a participar de licitação (art. 337-M, § 2º, primeira parte)

O raciocínio desenvolvido por ocasião da análise da elementar "admitir à licitação" é aqui aproveitado. A perfectibilização da locução verbal nuclear "participar de licitação" deverá ser aferida à vista da especificidade do procedimento licitatório. Nesse cenário, seriam, em síntese, duas as possibilidades: (i) caso se esteja diante de situação em que a etapa de habilitação inaugure a fase externa licitatória (como estabelece o art. 43, I, da Lei n. 8.666/93), então a conduta de "participar de licitação" estará perfectibilizada no momento em que o licitante é declarado habilitado no certame; (ii) caso, todavia, se esteja diante de situação em que a etapa de habilitação se verifique somente após a etapa competitiva, então a conduta de "participar de licitação" acabará por se perfectibilizar já no momento em que o licitante declarado inidôneo venha efetivamente atuar na etapa competitiva do certame.

e) Venha a contratar com a Administração Pública (art. 337-M, § 2º, segunda parte)

Aqui valem as mesmas observações feitas no tocante ao item *c – Celebrar contrato (art. 337-M, § 1º)*.

Objetividade jurídica

Os crimes licitatórios estão catalogados como crimes contra a Administração Pública, compondo, mais precisamente, o Título XI do Código Penal, Capítulo II-B (Dos crimes em licitações e contratos administrativos). Eventual contorno às regras legais, editalícias ou contratuais no certame licitatório compromete o imperativo de legalidade e probidade que rege a atuação da Administração Pública (direta e indireta) de quaisquer dos Poderes da União, dos Estados, dos Municípios e do Distrito Federal (art. 37 da CF).

Tipo subjetivo

As figuras típicas são dolosas, inexistindo, em razão da regra da excepcionalidade (art. 18, parágrafo único, do CP), hipótese de criminalização a título de culpa. A negligência no tratamento da administração pública poderá gerar algum outro nível de responsabilidade (civil ou administrativa), sem que alcance, entretanto, o ambiente jurídico-penal.

---

[379] "Art. 91. Os contratos *e seus aditamentos* terão forma escrita e serão juntados ao processo que tiver dado origem à contratação, divulgados e mantidos à disposição do público em sítio eletrônico oficial. § 1º Será admitida a manutenção em sigilo de contratos *e de termos aditivos* quando imprescindível à segurança da sociedade e do Estado, nos termos da legislação que regula o acesso à informação. (...) § 3º Será admitida a forma eletrônica na celebração de contratos *e de termos aditivos*, atendidas as exigências previstas em regulamento."

Considerações finais

Consumação

No caso do art. 337-M, *caput*, a consumação ocorrerá com a habilitação da empresa ou do profissional declarado inidôneo no certame – caso se trate de procedimento licitatório no qual a etapa de habilitação anteceda a fase competitiva – ou com a omissão dolosa do funcionário público, ao assim tolerar ou permitir que a empresa ou profissional declarado inidôneo participe da etapa competitiva – caso essa anteceda a fase de habilitação.

No caso do art. 337-M, §§ 1º e 2º, segunda parte, a consumação ocorrerá com a celebração do contrato administrativo. Nessa hipótese, o crime assume contornos de delito de resultado, na medida em que exige a efetiva celebração do contrato, cujos efeitos dependem da publicação no órgão oficial de imprensa da entidade contratante (CARVALHO FILHO, 2010, p. 220)[380].

No caso do art. 337-M, § 2º, primeira parte, a consumação ocorrerá com a habilitação da empresa ou profissional declarado inidôneo no certame – caso se trate de procedimento licitatório no qual a etapa de habilitação anteceda a fase competitiva –, ou com a apresentação de propostas e lances pelo profissional declarado inidôneo – caso a etapa competitiva anteceda a fase de habilitação.

Impedimento indevido

Art. 337-N. Obstar, impedir ou dificultar injustamente a inscrição de qualquer interessado nos registros cadastrais ou promover indevidamente a alteração, a suspensão ou o cancelamento de registro do inscrito:

Pena – reclusão, de 6 (seis) meses a 2 (dois) anos, e multa.

Correspondência: art. 98 da Lei n. 8.666/93 (revogado):

Art. 98. Obstar, impedir ou dificultar, injustamente, a inscrição de qualquer interessado nos registros cadastrais ou promover indevidamente a alteração, suspensão ou cancelamento de registro do inscrito:	**Art. 337-N.** Obstar, impedir ou dificultar injustamente a inscrição de qualquer interessado nos registros cadastrais ou promover indevidamente a alteração, a suspensão ou o cancelamento de registro do inscrito:
Pena – detenção, de 6 (seis) meses a 2 (dois) anos, e multa	Pena – reclusão, de 6 (seis) meses a 2 (dois) anos, e multa.

O art. 337-N introduzido no Código Penal pela Lei n. 14.133/2021 reproduziu *ipsis litteris* a redação do art. 98 da Lei n. 8.666/93, com a mesma cominação

---

[380] No mesmo sentido, estabelece a Lei n. 14.133/2021: "Art. 91. Os contratos e seus aditamentos terão forma escrita e serão juntados ao processo que tiver dado origem à contratação, *divulgados e mantidos à disposição do público em sítio eletrônico oficial*".

de pena (mínima e máxima) em abstrato, havendo apenas a alteração da espécie de sanção, de detenção para reclusão.

Apesar de haver entendimento quanto à possibilidade de o sujeito ativo da primeira parte do delito – "Obstar, impedir ou dificultar" – ser comum (COSTA JR., 1994, p. 62; GRECO FILHO, 2007, p. 52), entende-se que a unidade normativa do texto, visando à tutela dos registros públicos da Administração, de modo a permitir a participação em certames licitatórios, é atividade própria do servidor público, pois a ele cabe a guarda dos sistemas de registros cadastrais, não havendo ato idôneo por particular apto a impedir a inscrição de licitante (STOCO, 2017, p. 327-328). Ainda que se compreenda haver tipo misto alternativo, prevendo dois grupos de figuras típicas, a sua relevância jurídico-penal encontra-se na preservação da igualdade e da oportunidade dos candidatos. Por isso, a primeira figura típica somente pode ser compreendida como atos que de fato impeçam a inscrição do licitante, de modo a equivaler ao conteúdo de injusto da segunda figura típica, que é a suspensão ou o cancelamento indevido do registro do inscrito.

Omissão grave de dado ou de informação por projetista

Art. 337-O. Omitir, modificar ou entregar à Administração Pública levantamento cadastral ou condição de contorno em relevante dissonância com a realidade, em frustração ao caráter competitivo da licitação ou em detrimento da seleção da proposta mais vantajosa para a Administração Pública, em contratação para a elaboração de projeto básico, projeto executivo ou anteprojeto, em diálogo competitivo ou em procedimento de manifestação de interesse.

Pena – reclusão, de 6 (seis) meses a 3 (três) anos, e multa.

§ 1º Consideram-se condição de contorno as informações e os levantamentos suficientes e necessários para a definição da solução de projeto e dos respectivos preços pelo licitante, incluídos sondagens, topografia, estudos de demanda, condições ambientais e demais elementos ambientais impactantes, considerados requisitos mínimos ou obrigatórios em normas técnicas que orientam a elaboração de projetos.

§ 2º Se o crime é praticado com o fim de obter benefício, direto ou indireto, próprio ou de outrem, aplica-se em dobro a pena prevista no *caput* deste artigo.

Diferentemente dos outros crimes deste capítulo, o tipo penal em comento não encontra correspondente na Lei n. 8.666/93. Antes da Lei n. 14.133/2021, a conduta descrita configuraria o crime de falsidade ideológica, previsto no art. 299 do CP, cuja pena é de um a cinco anos, ou seja, superior à pena cominada ao art. 337-O. Assim, o novo tipo penal mais benéfico ao acusado deve incidir retroativamente a fim de alcançar as condutas praticadas antes de sua vigência (art. 2º, parágrafo único, do CP).

A pena cominada ao delito previsto no art. 337-O, ainda que aplicada a causa de aumento do § 2º, admite a suspensão condicional do processo (art. 89 da Lei n. 9.099/95), bem como a proposta de acordo de não persecução penal (art. 28-A do CPP).

A disposição tipifica a conduta de *ocultar* ou *alterar* dados do *levantamento cadastral* ou *condição de contorno*, ou *apresentá*-los à Administração Pública em relevante dissonância com a realidade, para a elaboração de *projeto básico*, *projeto executivo* ou *anteprojeto*, em *diálogo competitivo* ou em *procedimento de manifestação de interesse*.

A adequada compreensão do preceito incriminador exige sua complementação pelas definições normativas dos elementos do tipo.

A *condição de contorno* é elemento descrito no próprio tipo penal (art. 337-O, § 1º), sendo elementos exigidos em normas técnicas que regulamentam a elaboração de projetos e servem como base para a fixação do preço pelo licitante. Trata-se de norma explicativa que, por sua vez, remete a *normas técnicas que orientam a elaboração de projetos* estabelecidas em outra fonte normativa, tais como a Associação Brasileira de Normas Técnicas (ABNT).

Na Lei n. 14.133/2021, o *levantamento cadastral* é incluído como elemento do anteprojeto (art. 6º, XXIV, *h*) e do projeto básico de obras e serviços (art. 6º, XXV, *a*). Segundo as normas da ABNT (1994), o *levantamento cadastral* destina-se à determinação dos limites e confrontações de uma propriedade, bem como de certos elementos visíveis como cercas, edificações, benfeitorias, árvores, posteamentos etc.

Retoma-se que, de acordo com o art. 337-O, as condutas típicas podem ocorrer quando da elaboração do *anteprojeto*, *projeto básico* ou *projeto executivo*, em *diálogo competitivo* ou em procedimento de *manifestação de interesse*.

O inciso XXIV do art. 6º da Lei n. 14.133/2021 define *anteprojeto* como "peça técnica com todos os subsídios necessários à elaboração do projeto básico" que deve conter, no mínimo, os elementos indicados nas alíneas *a* a *j* do respectivo inciso, dentre os quais se cita o prazo de entrega, o levantamento cadastral e o estudo do impacto ambiental.

A seu turno, o inciso XXV do art. 6º da Lei n. 14.133/2021 conceitua *projeto básico*, devendo conter, no mínimo, os elementos indicados nas alíneas *a* a *f* do respectivo inciso, dentre os quais se cita o orçamento global da obra, o levantamento cadastral e a identificação dos tipos de serviços e dos materiais e equipamentos necessários para a execução da obra.

Ainda, de acordo com a nova Lei de Licitações, *projeto executivo* é o "conjunto de elementos necessários e suficientes à execução completa da obra, com o detalhamento das soluções previstas no projeto básico, a identificação de serviços, de materiais e de equipamentos a serem incorporados à obra, bem como suas especificações técnicas, de acordo com as normas técnicas pertinentes" (art. 6º, X).

Trata-se o *diálogo competitivo* de modalidade de licitação introduzida pela Lei n. 14.133/2021 para a contratação de obras, serviços e compras, em que "a Administração Pública realiza diálogos com licitantes previamente selecionados mediante critérios objetivos, com o intuito de desenvolver uma ou mais alternativas capazes de atender às suas necessidades, devendo os licitantes apresentar proposta final após o encerramento dos diálogos" (art. 6º, XLII).

Por fim, *manifestação de interesse* consiste em procedimento no qual a Administração Pública possibilita à iniciativa privada "a propositura e a realização de estudos, investigações, levantamentos e projetos de soluções inovadoras que contribuam com questões de relevância pública" (art. 80, da Lei n. 14.133/2021) antes da realização de um processo licitatório.

Pena de multa

Art. 337-P. A pena de multa cominada aos crimes previstos neste Capítulo seguirá a metodologia de cálculo prevista neste Código e não poderá ser inferior a 2% (dois por cento) do valor do contrato licitado ou celebrado com contratação direta.

Correspondência: art. 99 da Lei n. 8.666/93 (revogado):

Art. 99. A pena de multa cominada nos arts. 89 a 98 desta Lei consiste no pagamento de quantia fixada na sentença e calculada em índices percentuais, cuja base corresponderá ao valor da vantagem efetivamente obtida ou potencialmente auferível pelo agente. § 1º Os índices a que se refere este artigo não poderão ser inferiores a 2% (dois por cento), nem superiores a 5% (cinco por cento) do valor do contrato licitado ou celebrado com dispensa ou inexigibilidade de licitação. § 2º O produto da arrecadação da multa reverterá, conforme o caso, à Fazenda Federal, Distrital, Estadual ou Municipal.	Art. 337-P. A pena de multa cominada aos crimes previstos neste Capítulo seguirá a metodologia de cálculo prevista neste Código e não poderá ser inferior a 2% (dois por cento) do valor do contrato licitado ou celebrado com contratação direta.

O cálculo da pena de multa cominada aos crimes em licitações e em contratos administrativos passa a adotar o sistema de dias-multa, baseado tanto no critério trifásico – circunstâncias judiciais, agravantes/atenuantes e causas de aumento/

diminuição da pena (art. 68 do CP) – quanto na capacidade econômica do sentenciado (art. 60 do CP).

A peculiaridade em relação à metodologia de cálculo adotada para os crimes previstos nos arts. 337-E a 337-O é que, após fixada a pena de multa segundo os critérios antes referidos, o juiz sentenciante deve ajustar a multa para que não resulte inferior a 2% do valor do contrato licitado ou celebrado com contratação direta. Deixou de existir o limite máximo de 5% do valor do contrato disposto no § 1º do art. 99 da Lei n. 8.666/93.

Em caso de concurso de pessoas, o mínimo de 2% do valor do contrato administrativo celebrado irregularmente se aplica em relação a cada acusado, segundo entendimento firmado pelo STJ ainda na vigência do art. 99 da Lei n. 8.666/93[381].

Com a revogação do §2º do art. 99 da Lei n. 8.666/93, a multa cominada a esses crimes não mais se reverte à Fazenda Federal, Distrital, Estadual ou Municipal, e sim ao Fundo Penitenciário Nacional, por força do disposto no art. 49 do Código Penal. Além disso, a multa será executada perante o juízo da execução penal, nos termos o art. 51 do Código Penal (redação dada pela Lei n. 13.964/2019).

Na vigência das disposições penais na Lei n. 8.666/93, existia certa controvérsia quanto à incidência do § 4º do art. 33 do Código Penal aos crimes em licitações. O dispositivo condiciona a progressão de regime de cumprimento da pena à reparação do dano ou à devolução do produto do ilícito nos crimes praticados contra a Administração Pública. A inserção dos tipos penais no Capítulo II-B do Título XI do Código Penal não deixa mais margem para dúvida quanto ao ponto.

Revogação do procedimento especial para os crimes licitatórios

A Lei n. 14.133/2021 deixou de reproduzir o teor dos arts. 104 a 107 da Lei n. 8.666/93, que estabeleciam procedimento especial para os crimes licitatórios, prevendo recebimento da denúncia, citação, interrogatório[382], defesa escrita em

---

[381] STJ, REsp 1.859.732/RS, rel. Min. Antonio Saldanha Palheiro, j. 13-3-2020; STJ, REsp 1.859.732/RS, rel. Min. Felix Fischer, j. 4-4-2018.

[382] Em 2016, o Supremo Tribunal Federal, no julgamento do HC 127.900 (STF, Tribunal Pleno, HC 127.900, rel. Min. Dias Toffoli, j. 3-3-2016), já havia decidido que a realização do interrogatório ao final da instrução criminal, conforme determina o art. 400 do CPP, é aplicável no âmbito dos procedimentos especiais, por preponderar o princípio da ampla defesa sobre o princípio interpretativo da especialidade. Em especial quanto aos crimes licitatórios, o STJ já havia incorporado o entendimento do STF para determinar interrogatório apenas ao final da instrução: STJ, RHC 41.419/CE, 5ª Turma, rel. Min. Ribeiro Dantas, j. 21-3-2019; STJ, AgRg no RHC 51672/SP, 6ª Turma, rel. Min. Sebastião Reis Júnior, j. 7-6-2018; STJ, HC 399765/RJ, 6ª Turma, rel. min. Maria Thereza de Assis Moura, j. 8-8-2017.

dez dias, oitiva de testemunhas da acusação e da defesa, alegações finais em cinco dias, sentença em até dez dias, apelação contra a sentença no prazo de cinco dias.

Desse modo, os crimes do Capítulo II-B seguem o rito comum – ordinário ou sumário, conforme a pena máxima cominada (art. 394, § 1º, do CPP) – estabelecido pelo Código de Processo Penal e, conforme o caso, o procedimento especial previsto para os crimes funcionais (arts. 513 a 518 do CPP).

Considerações finais

Como se vê, ainda que a Lei n. 14.133/2021 tenha trazido importantes alterações no regime das licitações públicas e no procedimento de contratação direta, na transposição das disposições criminais para a Parte Especial do Código Penal, as alterações foram pontuais. Em sua maior parte, as mudanças consistem em aumento do rigor punitivo – o que não se traduz necessariamente em uma política criminal de maior prevenção à prática de tais crimes.

Capítulo III
Dos crimes contra a Administração da Justiça

Bibliografia: DELMANTO, Celso et al. *Código Penal comentado.* 7. ed. Rio de Janeiro: Renovar, 2007; DI PIETRO, Maria Sylvia Zanella. *Direito administrativo.* 22. ed. São Paulo: Atlas, 2009; HUNGRIA, Nélson. *Comentários ao Código Penal.* Rio de Janeiro: Forense, 1958. v. 9; NUCCI, Guilherme de Souza. *Comentários ao Código Penal.* 14. ed. São Paulo: RT, 2014; PAWLIK, Michael. *Das Unrecht des Bürgers.* Tübingen: Mohr Siebeck, 2012; PRADO, Luiz Regis. *Comentários ao Código Penal.* 10. ed. São Paulo: RT, 2015; PRADO, Luiz Regis. *Curso de direito penal brasileiro.* 6. ed. São Paulo: RT, 2010. v. 3; ROXIN, Claus. El nuevo desarrollo de la dogmática jurídico-penal en Alemania. Tradução de Robles Planas e Coca Vila. *InDret* 4/2012, p. 5; SAAD-DINIZ, Eduardo. As normas penais e sua interpretação. In: BOUCAULT, Carlos Eduardo de Abreu (Org.). *Domínios contemporâneos da teoria das normas jurídicas:* das ramificações metafóricas às nervuras dogmáticas complexas. São Paulo: Editora Unesp, 2015; SANTOS, Boaventura de Sousa. Introdução à sociologia da administração da Justiça. *Revista de Processo*, 37/1985, p. 122-123.

Considerações gerais

Mesmo que não tenha intensa aplicação no Sistema de Justiça Criminal brasileiro e apresentem incidência aflitiva relativamente reduzida diante de outros tipos penais, como é o caso dos pequenos delitos patrimoniais e do tráfico de drogas, neste Capítulo do Código Penal se evidencia forte apelo à estabilização da Administração da Justiça, o que tende a justificar, em grande parte, a persistência da criminalização desses delitos.

Nos delitos contra a Administração da Justiça, a função sancionadora em face da violação das normas penais parece alinhar-se a fins sociais genéricos de preservação dos mecanismos que dão legitimidade procedimental ao Sistema de Justiça Criminal, ganhando especificidade e vinculando formas de comportamento a depender de cada uma das situações concretas que envolvem a prática cotidiana da Administração da Justiça.

Daí por que na interpretação desses delitos[383] fica bastante evidente o recurso ao reforço punitivo penal para, em maior ou menor medida, restabelecer a regularidade do funcionamento da Administração da Justiça, e é precisamente em torno dessa ideia que se constroem os tipos penais do Capítulo III. A elaboração conceitual das descrições das condutas típicas varia em relação aos limites do comportamento conforme o direito e na medida em que vulneram o regular funcionamento da Administração da Justiça.

A finalidade genérica de tutela penal da Administração da Justiça permite identificar que o objeto de proteção – tradicionalmente elaborado na teoria do delito como "bem jurídico protegido" – é referenciado ao interesse social de confiança no funcionamento da Administração da Justiça. A adequada descrição que especifica a construção dos tipos penais direciona os comportamentos juridicamente desaprovados conforme uma ideia do que seria mais ou menos relevante para a proteção da Administração da Justiça em determinadas situações da vida cotidiana.

Segundo essa perspectiva, tende-se a interpretar os tipos penais da Parte Especial tomando por base a ordenação que se faz a partir da identificação dos bens jurídicos vulnerados, entendidos como critério restritivo para formulação e aplicação das normas penais, na consagrada acepção de Claus Roxin: "realidades imprescindíveis à convivência livre e pacífica das pessoas" (ROXIN, 2012, p. 5).

No entanto, a noção de bem jurídico pode trazer uma série de problemas ou mesmo dificultar a percepção das liberdades pessoais e sua maior ou menor importância na estruturação da Administração da Justiça. Não apenas a vagueza do que

---

[383] O modelo bastante tradicional elaborado nas ideias penais de Karl Binding é também consagrado pela cisão entre normas primárias e normas secundárias, ou normas de conduta e normas de sanção. À norma primária caberia o juízo hipotético a respeito da vontade do Estado de incriminar determinado comportamento; à norma secundária a confirmação concreta da ameaça em abstrato da norma de comportamento, sendo a sua concretização determinante para dotar as normas jurídicas da capacidade de dirigir comportamentos. Nas mais recentes teses dogmáticas, o que se recomenda na interpretação das normas penais é que adequada fundamentação da pena deva atender a: "a) manter coerência entre a estrutura axiológica e os demais escalões teóricos obtidos do sistema concebido pelo autor; b) convencer quanto ao conteúdo substancial do delito; c) clareza quanto ao sentido que as feições teóricas tomadas pelo delito da matéria jurídica empírica dada pretende alcançar" (PAWLIK, 2012, p. 20). Em detalhes e em semelhante sentido, Saad-Diniz (2015, p. 119-141).

poderia ser reconhecido como "realidade" ou "convivência livre e pacífica", que acarretam indesejáveis problemas de interpretação e operacionalidade, mas a própria indeterminação do que seria ou não relevante – os limites de justificação da relevância penal de um comportamento – para a proteção do funcionamento da Administração da Justiça podem comprometer muito seriamente a validade dos comentários tradicionais aos tipos penais do Capítulo III.

Bastaria, por exemplo, suscitar o interrogante ao fato de que os Comentários comumente utilizados no Brasil deixam de questionar o rendimento do conceito de bem jurídico para os delitos contra a Administração da Justiça. Pior do que isso, um problema de natureza essencialmente prática é raramente discutido: em que medida um cidadão brasileiro deveria ser responsabilizado criminalmente para preservar a integridade da Administração da Justiça? Sob quais condições estaria o Estado penal apto a restringir a liberdade de alguém para tutelar o regular funcionamento da Administração de Justiça?[384]

Neste Capítulo III dos Crimes contra a Administração Pública, o diálogo necessário entre as teorias do bem jurídico e a revisão dos conceitos em favor das liberdades pessoais dos cidadãos brasileiros poderia ser reposto. Se, por um lado, o rendimento do conceito de bem jurídico tem a utilidade de estabelecer os contornos da intervenção penal (entendidos como barreira ao crescente processo de criminalização de comportamentos), a efetiva capacidade regulatória da Administração da Justiça deve levar em consideração as expectativas sociais em torno da adequada estruturação do Sistema de Justiça Criminal e o direito que a cada qual corresponde à regularidade procedimental da Administração da Justiça.

Na sociologia das organizações, concebe-se a "administração da Justiça enquanto instituição política e organização profissional para a produção de serviços jurídicos especializados", e o importante seria "enfoques diversos sobre a estrutura e a forma das organizações, sobre o conjunto das interações sociais no seu seio ou no impacto delas no comportamento dos indivíduos" (SANTOS, 1985, p. 122-123), enaltecendo as expectativas normativas e as liberdades pessoais que temos cada um de nós na vida em sociedade[385].

---

[384] Questionando a legitimação da intervenção punitiva a partir das estruturas profundas da moderna dogmática jurídico-penal, Pawlik (2012, p. 127).

[385] "Cometer um delito significa então: romper a obrigação de cidadão (qual seja colaborar para a manutenção do ordenamento da liberdade vigente), quer dizer, afetar a obrigação de autor que deve manifestar um impedimento concreto ao dever de cooperação com o outro. Sofrer a pena significa: dever aceitar que os próprios bens se submetam à demonstração do caráter lesivo da liberdade por semelhante processo. De tal forma que não se compreende a pena como puramente negativa – como manifestação de um mal que é respondida com outra manifestação de um mal correspondente –, mas sim positiva: como utilização do autor para restabelecimento das relações jurídicas por ele perturbadas" (PAWLIK, 2012, p. 27).

Nessa mesma linha, torna-se mais factível a interpretação em uma perspectiva normativista. Desde um conceito funcional mais genérico de Administração, o que se poderia tutelar mais propriamente seria o *direito ao regular funcionamento da Administração da Justiça*, que, em última instância, interessa por sua capacidade de organização de pessoal especializado encarregado do gerenciamento e aplicação das normas jurídicas do Sistema de Justiça brasileiro.

Neste Capítulo, os comentários foram preparados tendo-se em vista a estruturação do delito, seguida da sua compreensão e a identificação de seus principais elementos, as possibilidades de interpretação e aplicação, somadas à necessária imposição de seus limites de legitimação e adequação ao modelo constitucional brasileiro.

Em função do atual contexto nacional, a maior parte das hipóteses de aplicação concreta dos crimes contra a Administração Pública cuidará de uma imposição de reforço punitivo para dar conta dos desafios da gestão do Judiciário e, em específico: da tutela de prestação funcional dos serviços judiciais (arts. 338, 351, 352, 353, 354 do CP); da preservação da estabilidade e credibilidade do Sistema de Justiça perante a sociedade (arts. 339, 340, 341, 347, 359 do CP); da idoneidade, legitimidade e regularidade dos procedimentos em matéria de persecução penal (arts. 342, 343, 346, 355, 356, 357 do CP); ou mesmo garantindo a integridade de suas funções (arts. 344, 348, 349, 358 do CP).

Em algumas situações, referem-se genericamente a determinadas conquistas históricas, como a limitação do exercício arbitrário das próprias razões, art. 350 do CP (exercício arbitrário ou abuso de poder). Seja como for, o principal desafio para a interpretação doutrinária dos delitos contra a Administração da Justiça é reacomodar as liberdades pessoais conforme as estruturas sociais disponíveis e as expectativas em torno do funcionamento da Administração da Justiça.

Reingresso de estrangeiro expulso

Art. 338. Reingressar no território nacional o estrangeiro que dele foi expulso:

Pena – reclusão, de 1 (um) a 4 (quatro) anos, sem prejuízo de nova expulsão após o cumprimento da pena.

Considerações gerais

O tipo penal de reingresso de estrangeiro expulso inaugura o capítulo dos crimes contra a Administração da Justiça, afirmando a necessidade de tutela da regularidade dos procedimentos oficiais do Sistema de Justiça como a finalidade do reforço punitivo penal. Tradicionalmente, costuma-se caracterizar que o bem jurídico tutelado é a própria "eficácia e autoridade do ato oficial de expulsão"

(PRADO, 2015, p. 1145). Se a autoridade do comando oficial de expulsão é questionada, tripudiando o agente estrangeiro das autoridades públicas, recorre-se à tutela penal para recobrar a integridade das instituições públicas nacionais.

O destinatário do tipo penal limita-se à figura do estrangeiro (para fins penais, todo aquele que não se encontra nas hipóteses previstas no art. 12 da CF), o qual é indiferente ao ato de expulsão. O alcance da norma está circunscrito, portanto, ao estrangeiro (delito especial próprio e de mão própria) que, à indiferença de procedimento ou ato oficial do Sistema de Justiça brasileiro, que delibera sobre a proibição de permanência em território nacional com relação a determinada pessoa que mantém vínculos constitucionais e políticos com outro Estado nacional que não o Brasil.

O delito não prevê modalidade culposa e nem admite a forma tentada, exigindo-se a consumação no momento desse reingresso.

Considerações nucleares

Necessário, conforme uma adequada descrição da conduta típica, o ato de reingressar, de voltar ao território nacional, havendo ele deixado em razão de regular expulsão do território nacional (PRADO, 2015, p. 1146). A permanência em território nacional, a despeito da expulsão, não comunica qualquer sentido relevante para o direito penal.

Para fins penais, devem ser distinguidas as hipóteses de expulsão[386] (de compe-

---

[386] "A expulsão, objeto deste tipo penal, é a exclusão, por castigo, do estrangeiro que apresenta indícios sérios de periculosidade ou indesejabilidade no País" (art. 62, Estatuto do Estrangeiro, Lei n. 6.815/80). A propósito, veja-se o art. 65 do referido Estatuto: "É passível de expulsão o estrangeiro que, de qualquer forma, atentar contra a segurança nacional, a ordem política ou social, a tranquilidade ou moralidade pública e a economia popular, ou cujo procedimento o torne nocivo à convivência e aos interesses nacionais. Parágrafo único. É passível, também, de expulsão o estrangeiro que: a) praticar fraude a fim de obter a sua entrada no território nacional com infração à lei, dele não se retirar no prazo que lhe for determinado para fazê-lo, não sendo aconselhável a deportação; c) entregar-se à vadiagem ou à mendicância; ou d) desrespeitar proibição especialmente prevista em lei para estrangeiro (art. 67)". Além do disposto no Estatuto do Estrangeiro, há o Decreto n. 98.961/90, que prevê a expulsão do estrangeiro envolvido com o tráfico ilícito de entorpecentes: "Art. 1º O inquérito de expulsão de estrangeiro condenado por uso indevido ou tráfico ilícito de entorpecentes e drogas afins obedecerá ao rito procedimental estabelecido nos arts. 68 e 71 da Lei n. 6.815, de 19 de agosto de 1980, e nos arts. 100 a 105 do Decreto n. 86.715, de 10 de dezembro de 1981, mas somente serão encaminhado com parecer final ao Ministro da Justiça mediante certidão do cumprimento integral da pena privativa de liberdade. § 1º Permitir-se-á certidão do cumprimento da pena nos 60 (sessenta) dias anteriores ao respectivo término, mas o decreto de expulsão será executado no dia seguinte ao último da condenação. § 2º Na hipótese de atraso do decreto de expul-

tência exclusiva do Presidente da República), deportação[387] e extradição[388], ademais das demandas específicas por reforço punitivo previstas na Lei Federal n. 6.815/80 (arts. 65 a 75), que versa sobre a situação jurídica do estrangeiro no Brasil. Em relação ao estrangeiro condenado por tráfico de drogas, aplica-se o Decreto n. 98.961/90.

Há, no entanto, situações em que se não reconhece a tipicidade da conduta, para hipóteses de autorização consular de reingresso. Também é questionável, no caso, a capacidade de compreensão do estrangeiro em relação ao conteúdo da proibição de retorno ao território nacional. Admitem-se, portanto, hipóteses de erro de proibição (art. 21 do CP), incidindo sobre o juízo de reprovação da conduta.

A possibilidade de dúvida quanto à ilicitude da conduta também gera problemas sobre a interpretação do reingresso do estrangeiro expulso. Em favor de uma interpretação objetiva, entende-se ser "despicienda a razão do retorno proibido", que dispensa elemento subjetivo do tipo específico (NUCCI, 2014, p. 1249).

Essa a interpretação tradicional. Desde outra perspectiva, a tendência à objetivação da conduta típica, no entanto, pode gerar situações em que podem ser desconsideradas as concretas condições de cumprimento de dever e as razões, algumas até humanitárias, de reingresso no País. Sob o álibi de eliminar ameaças perigosas, a punição ainda não se substitui pelo controle transfronteiriço ou legislações específicas que possam melhor descrever as situações e o contexto da motivação da expulsão. Definitivamente, questões de interesse nacional não podem ultrapassar as concretas situações em que se deu o reingresso do estrangeiro, sendo necessária uma revisão na conduta típica em favor das liberdades pessoais.

Considerações finais

A pena prevista para o tipo penal de reingresso de estrangeiro expulso é de reclusão, de 1 (um) a 4 (quatro) anos, sem prejuízo de nova expulsão após o cumprimento da pena.

Ação penal pública incondicionada.

---

são, caberá ao Ministério da Justiça requerer, ao Juiz competente, a prisão, para efeito de expulsão, do estrangeiro de que trata este Decreto" (NUCCI, 2014, p. 1250).

[387] "A deportação, por sua vez, é a saída compulsória do estrangeiro, enviando-o para o país da sua nacionalidade ou de sua procedência no estrangeiro ou, ainda, para outro que queira recebê-lo (art. 58 da mencionada lei), no caso de sua entrada ou estada irregular no País. Poderá, em tese, retornar ao território nacional, desde que pague ao Tesouro Nacional as despesas e a multa decorrentes de sua deportação" (arts. 57 e 64 da Lei Federal n. 6.815/80) (NUCCI, 2014, p. 1250).

[388] A extradição (...) é um instrumento de cooperação entre as nações para fazer com que uma pessoa acusada ou condenada pela prática de um crime possa ser enviada para o país que o processou (NUCCI, 2014, p. 1250).

Denunciação caluniosa

Art. 339. Dar causa à instauração de inquérito policial, de procedimento investigatório criminal, de processo judicial, de processo administrativo disciplinar, de inquérito civil ou de ação de improbidade administrativa contra alguém, imputando-lhe crime, infração ético-disciplinar ou ato ímprobo de que o sabe inocente:

Pena – reclusão, de 2 (dois) a 8 (oito) anos, e multa.

§ 1º A pena é aumentada de sexta parte, se o agente se serve de anonimato ou de nome suposto.

§ 2º A pena é diminuída de metade, se a imputação é de prática de contravenção.

Considerações gerais

Na expressão clássica de Nélson Hungria, a denunciação caluniosa não passa da "querela maliciosa" (HUNGRIA, 1958, p. 457 e s.), que confunde o Sistema de Justiça criminal, movendo-o inadvertidamente em face de uma pessoa sabidamente inocente. Na mesma linha do reingresso de estrangeiro expulso, a tutela dessas situações de maliciosa movimentação do Sistema de Justiça encontra justificação no reforço à integridade e à idoneidade da Administração de Justiça.

Recentes alterações da Lei Federal n. 10.028/2010 estenderam o alcance do tipo para hipóteses em que se dá causa indevida e consciente da inocência do imputado também em relação à instauração de investigação administrativa, inquérito civil ou ação de improbidade administrativa[389].

Considerações nucleares

A construção do tipo penal de denunciação caluniosa pressupõe a fusão do conteúdo do injusto de calúnia com a conduta lícita de levar ao conhecimento da autoridade pública – delegado, juiz ou promotor – a prática de um crime e sua autoria. A complexidade do comportamento abrange tanto a calúnia quanto o fato de fazer chegar ao conhecimento de autoridade pública a prática de delito cometido por outrem.

---

[389] No que tange à improbidade administrativa: "em se tratando de representação por ato de improbidade contra agente público ou terceiro beneficiário, quando o autor da denúncia o sabe inocente, são previstas penas de detenção, de seis a dez meses, e multa (art. 19 da Lei n. 8.429/92). Todavia, adotando-se o critério cronológico de interpretação das normas jurídicas, constata-se que a Lei n. 10.028/2000 derrogou a Lei n. 8.492/92 nesse particular, cominando sanções bem mais gravosas àquele que dá causa à instauração de ação de improbidade administrativa contra quem sabe ser inocente" (PRADO, 2015, p. 1150).

Mesmo que tenha descrição típica complexa, trata-se de delito comum, podendo ser praticado por qualquer pessoa que dê causa "à instauração de investigação policial, de processo judicial, instauração de investigação administrativa, inquérito civil ou ação de improbidade administrativa contra alguém, imputando-lhe crime de que o sabe inocente" (PRADO, 2015, p. 1148).

Para a configuração da tipicidade subjetiva é indispensável a verificação da intenção específica de imputar inadvertidamente a outro a prática de crime, vulnerando o funcionamento da Administração da Justiça. Recentemente, no entanto, observa-se grande tendência a delações premiadas, nas quais se imputa a prática de crimes a outrem, hipóteses em que essa intenção não chega a vulnerar a Administração da Justiça, contanto que as informações prestadas em colaboração não sejam falsas.

Neste último caso, a falsidade pode ser ainda levada à apreciação judicial antes de configurar o tipo penal de denunciação, já que pode caracterizar, a depender de cada situação concreta, a necessidade de intensiva verificação dos direitos fundamentais da pessoa submetida à colaboração, é dizer, de pessoa acusada que esteja em contexto de defesa de seus próprios interesses.

Mesmo em se tratando de crime comum e meramente formal, a complexa tipicidade material da denunciação caluniosa alcança as hipóteses fáticas em que se dá causa à investigação administrativa, informando-se à autoridade a ocorrência de delito. Não basta, para a consumação do crime, a mera instauração do inquérito. Ou se reconhece a modalidade tentada, ou se preenche o tipo penal, com o indiciamento e a consequente citação do réu.

Há, ainda, outras hipóteses em que se discute a tipicidade da conduta. Nos casos de inocência do imputado deve restar comprovado efetivo prejuízo, sem que a inocência guarde relação com qualquer excludente de ilicitude ou culpabilidade. O mesmo vale para casos em que o agente acaba criando condições para que outros delitos sejam apurados, para além do objeto da denunciação[390].

É o crime de quem, *mala fide*, atribui falsamente à pessoa individuada uma determinada infração penal (crime ou contravenção), provocando contra o acusado a atividade policial ou judicial por meio de "*falsa crimina intendere*" (HUNGRIA, 1958, p. 457).

Historicamente, desde a clássica interpretação de Nélson Hungria, tinha-se por válida a imputação taliônica da mesma pena do crime que falsamente o agente atribuiu ao outro. Vale também para a configuração da conduta típica que a comunicação à autoridade sirva para aumentar a gravidade do delito originariamente praticado, por exemplo, mesmo sabendo tratar-se de furto, afirma-se ter

---

[390] Desde Nélson Hungria, veja-se mais a respeito em Nucci (2014, p. 1256).

havido grave ameaça e, por conseguinte, caracterização de roubo (HUNGRIA, 1958, p. 457). Do contrário, se a narrativa a respeito do comportamento foi tão irrazoável a ponto de influenciar a desistência da investigação por parte da autoridade judicial, tende-se a reconhecer a insignificância da denunciação (NUCCI, 2014, p. 1251)[391].

Para o aperfeiçoamento da conduta típica não é suficiente o dolo eventual, isto é, não basta que o agente proceda na dúvida de ser, ou não, verdadeira a acusação. Especialmente nesses casos, entende-se que é necessária a certeza moral da inocência do acusado, a "assunção do risco de ser" (HUNGRIA, 1958, p. 457).

Por outro lado, se é o caso mesmo de reduzir a vulneração do Sistema de Justiça criminal brasileiro, a indiferença à Administração da Justiça deve ser interpretada na medida em que a representação seja baseada em indícios de forte convencimento. Seria interessante a realização de experimentos nessa área, a verificar empiricamente se a maior certeza nos crimes noticiados poderia oferecer uma melhora muito significativa na prestação jurisdicional. Seria interessante buscar evidências que possam favorecer as liberdades pessoais, na medida em que se oferece um reforço simbólico evitando "punições processuais", já que, desde o clássico *The Process is the Punishment*, de Malcom Feeley (1979), se tem que o próprio processo penal representa um gravame à individualidade.

Semelhante interpretação até poderia informar legítima conveniência político-criminal. Porém, "a falsidade da imputação se verifica não apenas quando o fato imputado não se verificou, mas também quando, embora verdadeiramente ocorrido, tenha sido praticado por outra pessoa" (PRADO, 2015, p. 1149).

O anonimato ou a utilização de identidades falsas representam causas de aumento de pena (§ 1º). Tradicionalmente, o bem jurídico tutelado não é a honra, tanto assim é que não se prevê sequer a possibilidade de retratação. No entanto, deve ser avaliado o constrangimento que a liturgia processual, ainda que no Sistema especial de Justiça criminal, pode chegar a oferecer.

Recentemente, por força da Lei n. 14.110/2020, o tipo penal recebeu nova redação que amplia o espaço de proteção contra denúncias infundadas. Estendeu-se o entendimento de situações hipotéticas que merecem intervenção penal, com ênfase na intimidação em face de acusações falsas no campo do direito administrativo sancionador, em inquérito civil, improbidade administrativa e também em infrações ético-disciplinares. Mantém-se a necessidade de demonstração de que a imputação é sabidamente falsa, infundada. A medida alinha-se bem às modernas

---

[391] Prado (2015, p. 1149) acrescenta: "A falsa acusação feita em interrogatório constitui calúnia (art. 138 do CP), e na proferida em juízo configura-se o delito de falso testemunho previsto no art. 342 do CP".

tendências de juízo prévio da razoabilidade (*reasonable belief*) e devida cautela que deve orientar as investigações.

Há fartas evidências científicas de que o denuncismo e a lógica perversa de denúncias é prejudicial à individualidade do acusado, além de muito sensivelmente afetar a estabilidade das relações sociais, com a produção de dossiês que impactam na *performance* das pessoas. Na verdade, denúncias sem fundamento podem facilmente ser manipuladas para, indevidamente, lesar o imputado. O que se espera com a mudança legislativa é maior diligência em investigações e a melhoria qualitativa do procedimento, redimensionado com base na idoneidade e na suficiência do que ser investigado.

Considerações finais

A pena prevista para o tipo penal de denunciação caluniosa é de reclusão, de 2 (dois) a 8 (oito) anos, e multa.

Justifica-se o aumento de pena ao se verificar maior afetação da regularidade do funcionamento da Administração da Justiça nas hipóteses de anonimato ou de suposição de nome, justamente por tornar mais dificultoso o reconhecimento de autoria da falsa imputação.

Do contrário, pelo menor potencial de afetação da Administração da Justiça, interpreta-se que a falsa imputação de contravenção penal é causa de diminuição de pena.

A pena prevista para o tipo penal de denunciação caluniosa é de reclusão, de 2 (dois) a 8 (oito) anos, e multa.

Ação penal pública incondicionada.

Comunicação falsa de crime ou de contravenção

Art. 340. Provocar a ação de autoridade, comunicando-lhe a ocorrência de crime ou de contravenção que sabe não se ter verificado:

Pena – detenção, de 1 (um) a 6 (seis) meses, ou multa.

Considerações gerais

Menos gravoso do que o tipo penal de denunciação caluniosa (art. 339 do CP), o ato de provocar a ação de autoridade pública, seja ela policial, judiciária ou mesmo administrativa, em razão de comunicação falsa de crime ou contravenção sabidamente inexistente, vulnera a Administração de Justiça, representando igualmente menoscabo ao Sistema de Justiça Criminal.

A instabilidade gerada por semelhantes condutas prejudica seriamente a capacidade de prestação da Justiça criminal, mobilizando recursos e pessoas de forma não apenas desnecessária, mas de forma que também pode expor a Administração da Justiça à omissão diante de outras condutas que efetivamente venham a ocorrer.

A interpretação que se faz dos meios de comunicação é bastante ampla, reconhecendo-se qualquer hipótese que provoque indevidamente a ação investigação do Sistema de Justiça Criminal.

Considerações nucleares

Na comunicação falsa, incrimina-se o comportamento de qualquer pessoa (crime comum) que, conscientemente da inexistência de crime ou contravenção, dá causa à investigação policial ou processo judicial. Diferentemente da denunciação caluniosa, basta a mera movimentação do Sistema de Justiça Criminal para que se configure a conduta típica, sem a necessidade de afetação a determinada pessoa, desde o registro de um boletim ocorrência ou mesmo pela requisição de instauração de inquérito policial ou qualquer outra tomada de decisão, independentemente de sua formalização. Consuma-se independentemente do resultado (crime formal).

Se da falsa comunicação de crime ou contravenção decorrer ação de autoridade policial ou judiciária que encontrar subsídios concretos de cometimento de outra infração, interpreta-se pela atipicidade da conduta (NUCCI, 2014, p. 1258). Assim também desde as lições clássicas de Nélson Hungria: "não me parece, entretanto, que se possa emprestar semelhante elastério ao preceito incriminador, pois, neste caso, ainda que induza o autor a um certo *quid pro quo*, não será em pura perda a atividade que empregar para elucidação do crime realmente praticado e respectiva autoria" (1958, p. 467).

Luiz Regis Prado trabalha com a noção de "fraude para recebimento de indenização e comunicação falsa em concurso material", nas hipóteses em que o agente, para obter indenização ou valor de seguro, oculta a coisa e alega ter sido vítima de furto, provocando a ação da autoridade competente, incorrendo não apenas nas sanções cominadas à fraude para recebimento de indenização ou valor de seguro (art. 171, § 2º, V, do CP), mas também naquelas previstas para o delito de comunicação falsa de crime ou de contravenção (art. 340 do CP), em concurso material (art. 69 do CP) (PRADO, 2015, p. 1153).

Diferentemente do tipo penal de denunciação caluniosa, na comunicação falsa interpreta-se, desde nossa perspectiva, de forma muito pouco sistemática, que o dano social causado pela conduta de dar causa a investigação policial ou processo judicial de forma inoportuna, por si, já estaria representado pela ação do Sistema de Justiça Criminal sem propósito, lesando a Administração da Justiça e afastando-a de suas prioridades estratégicas, à indiferença de se tratar de delito ou contravenção penal. Segundo nosso ponto de vista, não haveria como punir indiscriminadamente comunicações falsas de consequências formais e conteúdo material tão distintos.

Considerações finais

A pena prevista para o tipo penal de comunicação falsa de crime ou de contravenção é de detenção, de 1 (um) a 6 (seis) meses, ou multa.

Ação penal pública incondicionada.

Autoacusação falsa

Art. 341. Acusar-se, perante a autoridade, de crime inexistente ou praticado por outrem:

Pena – detenção, de 3 (três) meses a 2 (dois) anos, ou multa.

Considerações gerais e nucleares

Assim como nos tipos penais *supra* descritos, segue a interpretação de que o bem jurídico tutelado é a regularidade dos procedimentos e a integridade funcional da Administração da Justiça. Neste caso, a autoacusação, sabidamente falsa, remonta a hipóteses nas quais se imputa ao próprio sujeito que acusa a prática ou de crime inexistente ou de crime que deveria ser imputado a outrem. A imputação falsa contra si mesmo, perante autoridade competente, pela prática de delito pode recorrer a qualquer meio idôneo, quer oralmente, quer por escrito ou até com recurso ao anonimato.

A motivação da autoacusação não afeta o juízo de reprovação do fato[392]. A conduta relevante aqui segue sendo o menoscabo inicialmente manifestado ao Sistema de Justiça Criminal, mobilizando seus esforços, recursos e pessoas indevidamente e consciente da falsidade. Manifestações humanitárias, altruísticas ou para proteção de entes próximos, inclusive familiares, não apresentam causa relevante para a resposta penal, podendo apenas atuar como circunstâncias genéricas de atenuação. O mesmo vale para os casos de retratação (PRADO, 2015, p. 1155).

Nas hipóteses de autoacusação falsa impõe-se intensiva verificação de direitos fundamentais quando se tratar de proteção de interesses de quem se auto incrimina ou quando do exercício do direito de defesa. Embora seja relevante a ressalva a respeito de uma possível condenação de terceiro inocente em função de uma autoacusação falsa, merece especialmente atenção a interpretação do direito de mentir do réu, que remonta aos próprios fundamentos filosóficos da doutrina kantiana do direito[393].

---

[392] Nélson Hungria, com a clássica erudição que o distinguia, mencionava também a questão da inimputabilidade na autoacusação falsa: "Como a falsa comunicação de crime, também a falsa autoacusação costuma ser praticada por insanos mentais (há mesmo a respeito um capítulo de Freud enriquecendo o fabulismo da psicanálise), e quando haja suspeita disso, impõe-se o exame de sanidade mental do agente" (HUNGRIA, 1958, p. 469).

[393] Na técnica jurídica, Nucci toma posição contrária: "embora, no exercício do seu direito de defesa, que é constitucionalmente assegurado – ampla defesa – e não deve ser limitado

Mesmo assim, nestes casos, o fato de que uma pessoa deva responder pela integridade da Administração da Justiça não esconde o efeito fortemente moralizante, dada a majoração valorativa em relação à confissão, demandando, em grande medida, a necessidade de ampla redefinição da configuração do tipo penal de autoacusação, a fim de melhor nivelar a tutela da veracidade da informação e os parâmetros de colaboração com a Administração da Justiça.

A autoacusação pode vir acompanhada de denunciação caluniosa, nas hipóteses em que a acusação de delito inexistente vier acompanhada de imputação falsa de autoria de conduta típica a outrem.

Considerações finais

A pena prevista para o tipo penal de autoacusação falsa é de detenção, de 3 (três) meses a 2 (dois) anos, ou multa.

Ação penal pública incondicionada.

Falso testemunho ou falsa perícia

Art. 342. Fazer afirmação falsa, ou negar ou calar a verdade como testemunha, perito, contador, tradutor ou intérprete em processo judicial, ou administrativo, inquérito policial, ou em juízo arbitral:

Pena – reclusão, de 1 (um) a 3 (três) anos, e multa.

§ 1º As penas aumentam-se de um sexto a um terço, se o crime é praticado mediante suborno ou se cometido com o fim de obter prova destinada a produzir efeito em processo penal, ou em processo civil em que for parte entidade da administração pública direta ou indireta.

§ 2º O fato deixa de ser punível se, antes da sentença no processo em que ocorreu o ilícito, o agente se retrata ou declara a verdade.

---

por qualquer norma ordinária, tenha o acusado o direito de mentir, negando a existência do crime, sua autoria, imputando-a a outra pessoa, invocando uma excludente qualquer, enfim, narrando inverdades, não lhe é conferido pelo ordenamento jurídico o direito de se autoacusar falsamente. Nem em nome do princípio da ampla defesa é-lhe assegurado o direito de se autoacusar, pois também é princípio constitucional evitar, a qualquer custo, o erro judiciário (art. 5º, LXXV). Não havendo hierarquia entre normas constitucionais, deve o sistema harmonizar-se sem necessidade de que uma norma sobrepuje outra. Assim, sob qualquer prisma, evitar a autoacusação é tipo penal perfeitamente sintonizado com a segurança almejada pelo sistema jurídico-penal. Note-se que uma confissão, mormente quando feita em juízo, tem valor probatório dos mais fortes em nosso processo penal" (NUCCI, 2014, p. 1259).

Considerações gerais

O menoscabo ao Sistema de Justiça criminal segue sendo o bem jurídico tutelado, porém, no caso do falso testemunho ou falsa perícia o objeto de tutela mais específico é a atividade funcional da Administração de Justiça. Na linha da clássica interpretação doutrinária de Nélson Hungria, "A presunção *juris* da verdade do testemunho é admitida pela lei no imperioso interêsse da fixação histórica de fatos que, afetando a ordem jurídica, têm de ser objeto ou base de julgamento, quer na órbita judiciária, quer na esfera administrativa em geral. Aquêle que é chamado a depor de ciência própria sôbre êsses fatos e, maliciosamente, deforma ou nega a verdade, ou cala o que sabe, não sacrifica apenas interesses individuais, mas, sobretudo, uma preeminente função do Estado, qual seja a de assegurar a normal realização prática do direito e da justiça" (1956, p. 470).

Considerações nucleares

O comportamento típico estende-se a várias condutas possíveis: não apenas o fato de empenhar uma afirmação sabidamente falsa, mas também negá-la ou manter-se silente, omitindo-se em relação à veracidade de fatos alheios. "A diferença entre negar a verdade e calá-la está em que aquela é uma falsidade positiva e esta uma falsidade negativa. A testemunha que nega a veracidade de um fato afirma como não verdadeiro aquilo que o é, ao passo que a testemunha que se limita a dizer nada saber sobre o fato nada afirma, mas oculta ou cala a verdade. A reticência ('calar a verdade') não se confunde com o mero silêncio: o que silencia a verdade de um fato não declara e quando declara não há engano à autoridade, o qual se verifica naquela. O silêncio reticente só constitui falso testemunho quando equivale à expressão de um fato positivo contrário à verdade suscetível de causar erro no processo. Por isso, não constitui falso testemunho a negação em prestar depoimento" (PRADO, 2015, p. 1157)[394].

O núcleo do tipo pode ser preenchido por qualquer pessoa que venha a realizar, dolosamente, qualquer uma destas condutas na condição especial de testemunha (mão própria), perito contador, tradutor ou intérprete, dando por consumada a conduta típica no momento em que se consolida o ato processual do depoimento, ou com a entrega do laudo pericial, do cálculo, da tradução, ou com a realização da interpretação falsa (PRADO, 2015, p. 1157), infiel à objetividade das coisas ou veiculando falsa percepção subjetiva delas.

---

[394] Esta classificação é seguida por Nucci (2014, p. 1261). Prado menciona também o "dever jurídico de depor": "toda pessoa pode ser testemunha, de acordo com o art. 202, CPP; contudo nem toda pessoa tem o dever jurídico de depor" (art. 206, *in fine*, CPP). Ademais, o art. 207 do referido diploma proíbe de depor, quando não desobrigadas pelo interessado, "as pessoas que em razão de função, ministério, ofício ou profissão devam guardar segredo" (PRADO, 2015, p. 1158).

Diferentemente, não resta configurada a conduta típica quando há declaração que não condiz com o que de fato se deu na realidade, não se confundindo a declaração sobre o que é do conhecimento do autor com a falsidade na declaração. A idoneidade da comunicação e a efetiva utilidade ao inquérito ou processo deve ser levada em consideração na interpretação do tipo penal[395]. A depender da pouca utilidade admite-se inclusive o reconhecimento da insignificância da conduta.

Em todas as situações está posta a questão do direito à veracidade de informações e a necessidade de intensiva verificação dos direitos fundamentais no curso do processo. Assim, por exemplo, tanto na interpretação da recusa da testemunha em depor, que permanece atípica ante o tipo penal previsto no art. 342 do CP, quanto na interpretação do direito de mentir da testemunha, alinhado ao direito constitucional ao silêncio e de não ser obrigado a se autoacusar.

A caracterização da tipicidade subjetiva deve tomar em consideração a "vontade de prejudicar a correta distribuição da justiça", de tal forma a trazer efetiva lesão a interesse de terceiro no curso do processo. Segundo interpretamos, a necessidade de intenção de lesar terceiro permitiria contestar a tradicional classificação de delito formal. Nesse entendimento, menos ocupado com a proteção da integridade da Administração da Justiça e mais afeito com a verificação de dano social que possa efetivamente causar prejuízo demonstrável, não basta, portanto, que se dê a produção de falso testemunho ou falsa perícia, sendo necessária a comprovação de que houve resultado danoso (crime material).

Retratação ou declaração da verdade

Para a eficácia da retratação ou declaração da verdade é necessário que se dê antes mesmo da sentença em Juízo de primeira Instância. Do contrário, pode apenas incidir como atenuante, nos termos do art. 65, III, b, do CP. A retratação tem caráter pessoal, sem aproveitar terceiros eventualmente envolvidos.

Causas de aumento de pena

As penas podem ser aumentadas (de um sexto a um terço) nas hipóteses de suborno ou se o crime for cometido com a finalidade de produzir efeito em processo penal – o inquérito policial, inclusive – ou em processo civil em que for parte entidade da Administração Pública direta ou indireta. Entende-se aqui que a afetação da atividade funcional da Administração Pública vai para além do seu mero funcionamento, impactando com maior reprovação as relações decorrentes de um processo ou por atos derivados da Administração Pública.

---

[395] Assim também em Nucci (2014, p. 1262).

No que diz respeito ao suborno, pode haver certo embaraço em relação ao delito de corrupção passiva (art. 317 do CP), nas hipóteses em que se tratar de ação não autorizada por autoridade competente.

Considerações finais

A pena prevista para o tipo penal de falso testemunho ou falsa perícia é de reclusão, de 2 (dois) a 4 (quatro) anos, e multa.

Ação penal pública incondicionada.

Corrupção ativa de testemunha ou perito

Art. 343. Dar, oferecer ou prometer dinheiro ou qualquer outra vantagem a testemunha, perito, contador, tradutor ou intérprete, para fazer afirmação falsa, negar ou calar a verdade em depoimento, perícia, cálculos, tradução ou interpretação:

Pena – reclusão, de 3 (três) a 4 (quatro) anos, e multa.

Parágrafo único. As penas aumentam-se de um sexto a um terço, se o crime é cometido com o fim de obter prova destinada a produzir efeito em processo penal ou em processo civil em que for parte entidade da administração pública direta ou indireta.

Considerações gerais

Nos delitos de corrupção ativa de testemunha ou perito segue-se a orientação em tutelar o regular funcionamento da Administração da Justiça. Mantém estrutura semelhante ao tipo penal de corrupção ativa (art. 333 do CP), porém, a figura típica ganha especificidade ao corromper (dar, oferecer ou prometer dinheiro ou qualquer outra vantagem a) testemunha, perito, contador, tradutor ou interprete, com finalidade especial de fazer afirmação falsa, negar ou calar-se, falseando a percepção sobre a verdade.

Considerações nucleares

Trata-se de delito comum, podendo ser cometido por qualquer pessoa, contanto que haja finalidade específica de vulnerar a Administração da Justiça. Dispensa-se a verificação do resultado, tratando-se de delito formal que não requer haja efetiva dação, oferta ou promessa de dinheiro ou qualquer outra vantagem. Tecnicamente, já bem delimitava o alcance do tipo Nélson Hungria: "Não será crime o emprêgo de simples súplicas ou suasões. Se é usada violência ou grave ameaça, o crime será o de 'coação no curso de processo' (art. 344) ou o do art. 4º, I, da Lei n. 1.579, de 1952. Se o crime não deixa de existir ainda quando seja repelido o subôrno, com maioria de razão se apresentará no caso em que, aceito o subôrno, o aceitante abstém-se de prestar o testemunho falso ou falsear a perícia, tradução ou interpretação" (1958, p. 487).

A Lei Federal n. 10.628/2001 retirou a expressão "ainda que a oferta ou promessa não seja aceita", reforçando o caráter meramente formal da corrupção ativa de testemunha ou perito.

Nestes delitos, aproveita-se na segunda parte a estrutura típica do tipo penal de falso testemunho ou falsa perícia, admitindo-se a modalidade omissiva.

Considerações finais

A pena prevista para o tipo penal de corrupção ativa de testemunha ou perito é de reclusão, de 3 (três) a 4 (quatro) anos, e multa.

Ação penal pública incondicionada.

Há possibilidade de reconhecer maior reprovação da conduta, com aumento de pena de um sexto a um terço, se o delito tem por finalidade de produzir prova útil ao processo, com a participação de entidade da Administração Pública direta ou indireta.

Coação no curso do processo

Art. 344. Usar de violência ou grave ameaça, com o fim de favorecer interesse próprio ou alheio, contra autoridade, parte, ou qualquer outra pessoa que funciona ou é chamada a intervir em processo judicial, policial ou administrativo, ou em juízo arbitral:

Pena – reclusão, de 1 (um) a 4 (quatro) anos, e multa, além da pena correspondente à violência.

Parágrafo único. A pena aumenta-se de 1/3 (um terço) até a metade se o processo envolver crime contra a dignidade sexual.

Considerações gerais

Também na coação no curso do processo a tutela penal se estende à proteção do regular funcionamento da Administração da justiça, com vistas a preservar a estabilidade na prestação dos serviços de atividade judiciária.

A realização do núcleo do tipo de coação pode ser observada a partir do uso de violência física ou intimidação que tenham por finalidade trazer benefícios a si ou a terceiros, no curso do processo, e desde que a conduta seja movida com a finalidade específica de favorecimento próprio ou alheio.

Luiz Regis Prado ressalta que "a presença do coagido não é essencial para a realização do delito. Pode a ameaça (...)" – a intimidação – "(...) ser feita em sua ausência, desde que o sujeito passivo dela tenha conhecimento (v. g. através de recado, bilhete, sinal etc.)" (2015, p. 1165).

A instabilidade da Administração da Justiça é causada pelo emprego de comportamentos violentos contra os intervenientes no âmbito da atividade jurisdicional do Estado.

Por meio do tipo penal em questão, proíbe-se a violência ou grave ameaça destinada ao favorecimento próprio ou alheio no âmbito de determinados processos de natureza especificada na descrição típica (HUNGRIA, 1958, p. 488-489).

A tutela penal sob análise tem como escopo principal a proteção da regular função jurisdicional, consubstanciada tanto na liberdade do julgador para decidir do modo que considerar mais adequado, como também na liberdade de atuação dos demais atores do Sistema de Justiça, no curso dos processos e procedimentos.

No entanto, de forma mediata, o tipo penal em comento alcança também a proteção da integridade psíquica e física daqueles sujeitos que intervêm em processo judicial, policial ou administrativo, ou em juízo arbitral. Segundo precedente do Supremo Tribunal Federal, parece que, de fato, "não pretendeu o legislador incriminar o emprego da coação em todo e qualquer processo (procedimento) administrativo, mas, na espécie, apenas naqueles que resultem em obstrução à administração da justiça". Com isso, buscando relacionar tal criminalização estritamente a contextos em que se tem como afetada a Administração da Justiça, constata-se a necessidade de "se verificar, no caso concreto, certa referibilidade do objeto do processo com a tutela judicial"[396].

Considerações nucleares

O tipo penal de coação no curso do processo estabelece de modo taxativo as formas que podem assumir a coação, nas hipóteses de violência ou grave ameaça. Para fins penais, violência é aqui compreendida como o emprego de força física utilizada diretamente para atingir a vítima, suprimindo sua capacidade de resistência, tendo em vista a finalidade de subjugá-la em atenção à vontade do agente (PRADO, 2010, p. 634). Já a grave ameaça, segundo a tradicional acepção de Nélson Hungria, consiste no comportamento "capaz de intimidar seriamente o *homus medius* (pouco importando que o mal prometido não seja injusto, pois a ameaça como meio de crime não coincide com o crime de ameaça)" (1958, p. 489).

Qualquer pessoa, tendo ou não interesse sobre a demanda, pode ser o sujeito ativo do crime de coação no curso do processo. Já o sujeito passivo, por sua vez, é tanto o Estado – em função da vulneração da regularidade da prestação jurisdicio-

---

[396] *Vide* discussões do STF no âmbito da Questão de Ordem, na APn 705, julgado em 5-12-2013.

nal – quanto a pessoa concretamente vitimada com a violência ou grave ameaça praticada pelo agente.

A aferição da gravidade de ameaça, em cada uma das relações jurídicas, deve levar em consideração as peculiaridades subjetivas da pessoa que a sofre – tais como estado de saúde, gênero, idade etc. –, havendo a necessidade, ainda, de que o meio utilizado seja idôneo a causar temor, bem como que o mal prometido pelo agente seja possível ou compreendido pela vítima como possível (PRADO, 2010, p. 634). "É preciso, como o próprio tipo penal exige, ser realmente intensa, de modo a causar potencial aflição à vítima. Como consequência, necessita cercar-se de credibilidade, verossimilhança e eficiência" (NUCCI, 2014, p. 1276). O destinatário material da violência ou grave ameaça pode ser tanto a autoridade judicial ou administrativa.

Para a configuração do tipo penal exige-se que a violência ou grave ameaça vitimize pessoa que atua ou é convocada para intervir em "processo judicial, policial ou administrativo, ou em juízo arbitral". Quanto ao primeiro caso, o termo "processo judicial" engloba as demandas de qualquer natureza (civil, trabalhista e criminal). Não obstante a descrição típica incorra na impropriedade de trabalhar com a nomenclatura *processo policial*, a norma compreende os *procedimentos* investigatórios cunhados na legislação processual penal brasileira como *inquéritos policiais*[397].

A tipicidade subjetiva se preenche com a verificação do emprego de violência ou grave ameaça contra uma das pessoas elencadas na descrição típica, com a intenção específica de "favorecer interesse próprio ou alheio". É necessário que o agente tenha tal favorecimento como escopo orientador de sua ação, mas não se exige que tal objetivo seja efetivamente alcançado.

Tratando-se de crime de mera conduta, o delito de coação no curso do processo consuma-se com o emprego da violência física ou grave ameaça, ainda que não seja alcançado pelo agente seu objetivo de favorecer interesse próprio ou alheio.

---

[397] Já o *processo administrativo* é definido por Maria Sylvia Zanella di Pietro como "conjunto de atos coordenados para a solução de uma controvérsia no âmbito administrativo"; ou, de forma mais ampla, como o conjunto ordenado de "atos preparatórios de uma decisão final da administração" (DI PIETRO, 2009, p. 620) (ressalvando-se, no entanto, a necessidade de que o processo guarde alguma relação com a Administração da Justiça em âmbito judicial, conforme definido pelo Supremo Tribunal Federal, na Questão de Ordem da APn 705). Por sua vez, o "juízo arbitral" consiste naquele em que as partes confiam o julgamento de suas controvérsias e interesses a pessoas alheias ao Poder Judiciário. Segundo o art. 31 da Lei Federal n. 9.307/96, "a sentença arbitral produz, entre as partes e seus sucessores, os mesmos efeitos da sentença proferida pelos órgãos do Poder Judiciário e, sendo condenatória, constitui título executivo". Daí o aparente interesse do legislador penal em abranger não apenas as decisões adotadas por quem exerce a atividade jurisdicional no âmbito público, mas também ao árbitro com atribuição para analisar demandas na esfera privada. Nesse sentido, cf. Prado (2010, p. 635).

O sucesso da coação na obtenção do favorecimento constitui exaurimento do crime, disso não dependendo sua consumação. Admite-se a modalidade tentada.

Se o sujeito ativo do crime de coação no curso do processo utiliza violência contra a pessoa elencada no enunciado normativo, as penas correspondentes ao delito relacionado a tal violência são aplicadas cumulativamente às do referido delito contra a Administração da Justiça. Incide, no caso, a mesma lógica do concurso material, segundo a qual são aplicadas de modo cumulado as punições nas hipóteses em que o agente, mediante mais de um comportamento, incorre na prática de dois ou mais delitos, idênticos ou não (art. 69 do CP).

Considerações finais

A pena prevista para o tipo penal de coação no curso do processo é de reclusão, de 1 (um) a 4 (quatro) anos, e multa, além da pena correspondente à violência.

Recentemente, com a Lei n. 14.245/2021, inspirado pela mobilização em torno das questões de vitimização secundária envolvendo o caso "Mariana Ferrer", houve reforço punitivo para processos que envolvam crimes contra a dignidade sexual, aumentando-se a pena de 1/3 (um terço) até a metade.

Ação penal pública incondicionada.

Exercício arbitrário das próprias razões

Art. 345. Fazer justiça pelas próprias mãos, para satisfazer pretensão, embora legítima, salvo quando a lei o permite:

Pena – detenção, de 15 (quinze) dias a 1 (um) mês, ou multa, além da pena correspondente à violência.

Parágrafo único. Se não há emprego de violência, somente se procede mediante queixa.

Considerações gerais

No tipo penal de exercício arbitrário das próprias razões, soma-se à proteção da Administração da Justiça a tutela do monopólio do exercício da Jurisdição, "o poder estatal de declarar qual o direito no caso concreto e prover suas realizações práticas" (PRADO, 2015, p. 1168).

Considerações nucleares

Tradicionalmente, a conduta típica é conhecida como "fazer justiça com as próprias mãos", e abrange comportamentos que empreguem qualquer forma de violência (física, intimidação ou meio ardiloso) para fazer valer um legítimo direito, seja ele de qualquer natureza, que poderia haver sido apreciado por autoridade judiciária. Na ausência de prestação jurisdicional adequada, o indivíduo arroga-se no direito de impor, por seus próprios meios, a pretensão que o Estado deixa de lhe oferecer.

De acordo com Nélson Hungria, "ninguém pode, arbitrariamente, fazer justiça por si mesmo. Se tenho ou suponho ter um direito contra alguém, e êste não o reconhece ou se nega a cumprir a obrigação correlata, não posso arvorar-me em juiz, decidindo unilateralmente a questão a meu favor e tomando, por minhas próprias mãos, aquilo que pretendo ser-me devido, ao invés de recorrer à autoridade judicial, a quem a lei atribui a função de resolver os dissídios privados. De outro modo, estaria implantada a indisciplina na vida social, pois já não haveria obrigatoriedade do apêlo à justiça que o Estado administra, para impedir que os indivíduos, nas suas controvérsias, *ad arma veniant*" (1958, p. 490).

Luiz Regis Prado bem pontua que "não obstante, tratando-se de pretensão insuscetível de obtenção por meio judicial, a coação privada passa a constituir o delito de constrangimento ilegal (art. 146 do CP)" (2015, p. 1168) e que, na configuração da conduta típica, "se o agente utiliza, na cobrança de dívidas, de ameaça, coação, constrangimento físico ou moral, afirmações falsas, incorretas ou enganosas ou de qualquer outro procedimento que exponha o consumidor, injustificadamente, ao ridículo ou interfira no seu trabalho, descanso ou lazer, incide no disposto no art. 71 da Lei Federal n. 8.078/90 (CDC), que prevê penas de detenção, de três meses a um ano e multa" (PRADO, 2015, p. 1169).

A expressão "salvo quando a lei o permite" constitui elemento normativo do tipo referente à possível ocorrência de uma causa de justificação, que, se presente, exclui a tipicidade da conduta. Admite-se, por exemplo, o emprego da força para manter-se ou restituir-se na posse – o desforço imediato (art. 1.210, § 1º, do CC), o penhor forçado (art. 1.470 do CC), o direito de retenção, o corte de árvores limítrofes etc.

A presença de uma eximente – legítima defesa, estado de necessidade, estrito cumprimento do dever legal, exercício regular de direito – exclui a tipicidade da conduta, além de autorizá-la (PRADO, 2015, p. 1168).

Considerações finais

A pena prevista para o tipo penal de exercício arbitrário das próprias razões é de detenção, de 15 (quinze) dias a 1 (um) mês, ou multa, além da pena correspondente à violência possivelmente empregada.

Há duas possibilidades: *(i)* se o delito for praticado mediante violência (física contra pessoa), a ação penal cabível será *pública incondicionada;* por outro lado, *(ii)* se não há o emprego de violência, somente se procede mediante queixa, tratando-se de *ação penal privada*.

Subtração, supressão ou dano de coisa própria em poder de terceiro

Art. 346. Tirar, suprimir, destruir ou danificar coisa própria, que se acha em poder de terceiro por determinação judicial ou convenção:

Pena – detenção, de 6 (seis) meses a 2 (dois) anos, e multa.

Considerações gerais

A subtração, supressão ou dano de coisa própria em poder de terceiro são condutas típicas que atendem à mesma necessidade de tutelar o regular funcionamento da Administração da Justiça, garantindo-se às pessoas, por meio de reforço punitivo, o direito à prestação jurisdicional isenta de intervenções juridicamente não permitidas.

Considerações nucleares

Neste tipo penal, reprovam-se os comportamentos que, alternativa ou cumuladamente, tiram, suprimem, destroem ou danificam coisa, móvel ou imóvel, própria em poder de terceiro, à indiferença de mediação estatal. O delito é próprio e pode apenas ser cometido pelo proprietário da coisa. Admite-se a modalidade tentada.

Trata-se de circunstância elementar do tipo o fato de que a coisa em poder de terceiro seja pertencente ao sujeito ativo do delito, seja por determinação judicial (penhora ou guarda em depósito) ou por acordo entre as partes (NUCCI, 2014, p. 1279)[398].

Na clássica interpretação doutrinária de Nélson Hungria, já se davam por articulados os principais desdobramentos do tipo penal de subtração, supressão ou dano de coisa própria em poder de terceiro: "Quanto à primeira modalidade do crime – subtração de coisa própria na legitima posse de terceiro – o que se apresenta é o *furtum possessionis*, que o Código de 1.890 (art. 332) incluía na 'família' do furto ('Tirar, sem autorização legal, a coisa própria, que se achar em poder de terceiro, por convenção ou determinação judicial, e em prejuízo 'dêle''), e que o legislador de 1940 julgou de bom aviso trasladar para a órbita dos crimes contra a administração da justiça. Objeto material, nessa modalidade, somente pode ser a coisa móvel. Nos demais casos, o que se identifica é o dano em coisa própria, de que terceiro está na posse legítima, podendo ser objeto material do crime até mesmo coisa imóvel" (HUNGRIA, 1958, p. 494).

---

[398] Nélson Hungria já destacava que "o nosso Código adotou, para a incriminação, um critério mais extensivo que o de seu modêlo: reconhece o crime tôda a vez que a coisa própria esteja na posse legítima (por determinação judicial ou convenção) de terceiro, seja, ou não, credor do agente" (HUNGRIA, 1958, p. 494).

Basta a caracterização genérica do dolo para o aperfeiçoamento da tipicidade subjetiva.

Considerações finais

A pena prevista para o tipo penal em questão é de detenção, de 6 (seis) meses a 2 (dois) anos, e multa.

Ação penal pública incondicionada.

Fraude processual

Art. 347. Inovar artificiosamente, na pendência de processo civil ou administrativo, o estado de lugar, de coisa ou de pessoa, com o fim de induzir a erro o juiz ou o perito:

Pena – detenção, de 3 (três) meses a 2 (dois) anos, e multa.

Parágrafo único. Se a inovação se destina a produzir efeito em processo penal, ainda que não iniciado, as penas aplicam-se em dobro.

Considerações gerais

A imputação de responsabilidade penal à fraude processual insere-se no âmbito de proteção do regular funcionamento da Administração da Justiça, incidindo sobre aqueles casos em que o agente busca falsear a prova processual com a finalidade de induzir em erro atividade pericial ou julgamento da autoridade competente (HUNGRIA, 1958, p. 495).

O comportamento fraudulento no âmbito dos processos judiciais, especificamente por meio das condutas descritas no tipo penal, atenta contra a expectativa que ostenta o jurisdicionado, que se vê frustrada em função da inidônea realização de seus fins. A fraude processual, em última instância, vulnera a confiança que se espera que as instituições do Sistema de Justiça Criminal (PRADO, 2010, p. 639).

Há diferenciação do grau de relevância quando a conduta é praticada para influir na esfera jurídico-penal, tendo em vista que o tipo penal de fraude processual: (i) abrange não apenas os processos judiciais em andamento, mas também aqueles ainda não iniciados, o que equivale a afirmar que a tipificação alcança as fraudes praticadas inclusive na fase investigativa; e, além disso, (ii) as penas cominadas no *caput* são aplicadas em dobro.

Qualquer pessoa pode figurar como sujeito ativo do delito de fraude processual, independentemente de ter ou não interesse direto na demanda (DELMANTO, 2001, p. 888) – tratando-se, portanto, de delito comum. Nesse sentido, o delito pode ser praticado pela parte do processo, por funcionário público, por terceiro e pelo próprio advogado, desde que efetivamente contribuam para a prática da fraude.

Considerações nucleares

Segundo a tradicional definição de Nélson Hungria, a fraude ocorre mediante a inovação artificiosa em relação ao "estado de lugar, de coisa ou de pessoa" (HUNGRIA, 1958, p. 496)[399], consistindo em uma lista taxativa. A inovação, no caso, significa "alteração, substituição, deformação, subversão" (PRADO, 2010, p. 649); a qual deve, ainda, ser praticada mediante artifício, ou seja, orientada a induzir em erro e não causada por fatores naturais. Tal inovação deve ser, ainda, idônea sob uma perspectiva tanto subjetiva (ser capaz de produzir engano em alguém) quanto objetiva (deve haver uma alteração material do lugar, coisa ou pessoa) (DELMANTO, 2007, p. 888-889). Por fim, a fraude deve ocorrer no âmbito de processos judiciais já instaurados; com a exceção da seara penal, na qual se admite como configurada a fraude ainda que o processo não tenha sido iniciado.

O tipo subjetivo da fraude processual compreende a vontade consciente de realizar a inovação artificiosa, mas acrescida ainda de um especial fim de agir – mais especificamente, de induzir em erro juiz ou peito. Não é exigido, no entanto, que o agente efetivamente alcance aquilo que pretendia com sua conduta – ou seja, que o resultado de influir em processo civil, administrativo ou penal seja efetivamente alcançado –, bastando que a conduta seja praticada movida pelo dolo e pelo especial fim de agir (PRADO, 2010, p. 651).

É necessário verificar, sob o ponto de vista dos direitos fundamentais do acusado quando a inovação decorrer de estratégia de defesa, como nas hipóteses em que se preservam os interesses e a inocência por meio da alteração de objetos, lugares ou pessoas envolvidas em situações delitivas. O que se reprova penalmente é a inovação que envolva a prática de delitos graves, como no exemplo de Nucci, a inovação que pratique ocultação de cadáver (NUCCI, 2014, p. 1281).

Por ser delito de mera conduta, consuma-se com a prática de inovação artificiosa idônea a produzir engano, não sendo exigível que perito ou juiz sejam efetivamente induzidos a erro. É comum a absorção da fraude processual por delitos mais graves e admite-se a tentativa.

Causa de aumento de pena (aplicação em dobro)

O parágrafo único do art. 347 estabelece que a pena será aplicada em dobro quando a inovação artificiosa se destinar a influir em processo penal, ainda que não iniciado. Trata-se de causa de aumento que reflete a orientação do Direito Penal à tutela dos interesses considerados socialmente mais relevantes contra condutas que os agridem de modo especialmente grave. Nesse sentido, possui um

---

[399] No caso de pessoa, não se trata de alterar estado civil, psíquico ou social, limitando-se aos aspectos físicos exteriores, tais como cirurgias plásticas e a eliminação de tatuagens características do indivíduo. O tipo penal não abrange mudanças de hábitos relativos a vestimentas ou higiene pessoal (por exemplo, barba) (PRADO, 2010, p. 650).

conteúdo de injusto próprio se comparado às fraudes praticadas no âmbito de processos civis e administrativos.

Considerações finais

A pena prevista para o tipo penal de fraude processual é de detenção, de 3 (três) meses a 2 (dois) anos, e multa.

Ação penal pública incondicionada.

Favorecimento pessoal

Art. 348. Auxiliar a subtrair-se à ação de autoridade pública autor de crime a que é cominada pena de reclusão:

Pena – detenção, de 1 (um) a 6 (seis) meses, e multa.

§ 1º Se ao crime não é cominada pena de reclusão:

Pena – detenção, de 15 (quinze) dias a 3 (três) meses, e multa.

§ 2º Se quem presta o auxílio é ascendente, descendente, cônjuge ou irmão do criminoso, fica isento de pena.

Considerações gerais

Tal como nos delitos anteriores, o tipo penal analisado tem como objetivo tutelar a Administração da Justiça, especificamente se busca evitar a frustração da atividade judicial na esfera penal, evitando, assim, que o Sistema de Justiça Criminal deixe de alcançar seus objetivos tanto de realizar a persecução penal como de obter uma decisão final acerca do problema jurídico-penal decorrente da prática delitiva.

Tratando-se de delito comum, pode ser praticado por qualquer pessoa, não havendo exigência de qualidade particular do agente para que o crime se configure. No entanto, deixa-se de atribuir pena a situações de autofavorecimento, de modo que o favorecimento pessoal não pode ser praticado pelo próprio coautor ou partícipe do crime.

Considerações nucleares

Interpreta-se como autônomo o favorecimento pessoal em relação ao crime antecedente, consistindo no auxílio prestado ao criminoso para escapar às autoridades responsáveis pela persecução penal (autoridade policial, juiz, dentre outros).

A assistência prestada ao criminoso não poderá ter sido submetida a promessa antes do delito nem praticada no curso da execução, hipóteses em que haveria um auxílio, não ao criminoso (*fautor delinquentis*), mas ao próprio crime (*fautor delinquis*). De acordo com a interpretação doutrinária de Nélson Hungria, "vê-se que o nosso Código restringe o conceito do favorecimento ao auxílio para que autor do crime não seja alcançado fisicamente pela ação da autoridade, isto é, ao auxílio consistente no homísio, escondimento ou dissimulação do criminoso ou facilitação de sua fuga (*auxilium ad celandum, auxilium ad evadendum*)" (HUNGRIA, 1958, p. 500).

Na primeira possibilidade, restaria configurada uma instigação à prática delitiva, enquanto a segunda se aproxima de cumplicidade – ambas as hipóteses integrando o conceito de participação (art. 29 do CP). Em nenhuma delas, contudo, haveria favorecimento pessoal.

A expressão "crime" do *caput* deve ser interpretada de modo restritivo – consumado ou na forma tentada, doloso ou culposo –, não abrangendo as contravenções penais. Além disso, apesar de a conduta antecedente se amoldar a determinada descrição típica, não se configurará o favorecimento pessoal se o comportamento anterior estiver abrangido por uma das causas de exclusão da antijuridicidade ou de afastamento da culpabilidade, sendo atípica a conduta. No entanto, há divergência na interpretação doutrinária acerca da configuração do favorecimento pessoal nos casos em que o comportamento antecedente tiver sido alcançado por causa extintiva da punibilidade; bem como nas hipóteses em que, sendo o delito de ação penal privada ou pública condicionada, não houver queixa-crime ou representação da vítima[400].

Há interpretação no sentido de que a expressão "autor de crime" e "criminoso" devem ser interpretadas também restritivamente e em conjugação com a presunção constitucional de inocência. Tal linha de raciocínio conduziria à atipicidade do favorecimento a quem ainda não houvesse sido condenado por decisão judicial condenatória com trânsito em julgado[401]. Contrariamente, a clássica lição de Nélson Hungria afirma ser "irrelevante que já tenha sido, ou não, instaurado inquérito policial, ou que se trate, ou não, de réu já denunciado, pronunciado ou condenado" (HUNGRIA, 1958, p. 501).

Justamente por ser delito de forma livre, pode ser praticado de variadas formas, compreendendo qualquer ato idôneo e orientado a frustrar ação das autoridades que integram o sistema de justiça criminal, em favor daquele que deveria responder pelo crime[402].

---

[400] Favorável à configuração do crime em tais casos: Prado (2010, p. 658). Em sentido contrário, Hungria (1958, p. 503).

[401] Além disso, para proceder à análise do favorecimento pessoal, seria imprescindível que o crime antecedente tivesse sido devidamente julgado, também para que fosse avaliado, por exemplo, se a infração não se encontra abrangida por causa excludente de antijuridicidade ou de culpabilidade. Nesses casos, a conduta considerada favorecimento seria atípica (Delmanto, 2017, p. 890).

[402] Assim como também já questionava Nélson Hungria, "Constitui favorecimento todo e qualquer ato que ocasione a frustração da captura ou prisão do criminoso, seja a exequível

A descrição típica classifica ainda como imprescindível que o crime antecedente seja punível com pena de *reclusão;* caso contrário, estar-se-á diante de um caso de favorecimento pessoal *privilegiado.*

No favorecimento pessoal, para o aperfeiçoamento da tipicidade subjetiva requer-se a configuração de vontade livre e consciente de auxiliar o autor de delito anterior a escapar à ação das autoridades que compõem o Sistema de Justiça Criminal. Considera-se admissível a prática de favorecimento pessoal mediante dolo eventual. Além disso, não obstante o tipo subjetivo exigir a consciência de que se está a favorecer um possível autor de crime, não há a necessidade de que se conheça o teor da acusação, sendo irrelevante também a opinião do favorecedor a respeito da culpa ou inocência do favorecido. Não há previsão legal de modalidade culposa (PRADO, 2010, p. 659).

Consuma-se o favorecimento pessoal com o auxílio idôneo do qual decorra subtração do autor de crime à ação da autoridade, ainda que de modo passageiro. A forma tentada é considerada admissível.

Favorecimento pessoal privilegiado (art. 348, § 1º)

Caso o crime antecedente seja punível com pena distinta da reclusão, tais como detenção ou multa, será considerado que o delito foi praticado em sua forma privilegiada. A figura privilegiada justifica-se em razão do conteúdo de injusto e do menor desvalor do resultado, considerando-se que os crimes apenados com penas diferentes da reclusão são menos socialmente danosos, sendo comparativamente menor o interesse social na regular persecução penal (PRADO, 2010, p. 659-660).

Exclusão da culpabilidade (art. 348, § 2º)

Optou o legislador penal brasileiro por isentar de pena quem pratica favorecimento pessoal nas hipóteses de o agente ser ascendente, descendente, cônjuge ou irmão do favorecido. Assim, restará excluída a culpabilidade independentemente de a relação familiar verificada ser de adoção, havendo entendimentos, ainda, no

---

em razão de flagrante, seja a decretada pela autoridade (judicial-penal ou administrativa), *in exemplis*: promover tumulto para que o criminoso escape à *deprehensio* 'em flagrante', proporcionar asilo ou esconderijo ao criminoso, tornar possível a sua fuga, assegurar-lhe o disfarce, despistar com falsos informes ou dissimulação de indícios a pesquisa para descoberta de seu paradeiro. Não é necessário que seja definitiva a subtração do favorecido à ação da autoridade: basta o retardamento, ainda que breve, da captura ou detenção. É irrelevante que já tenha sido, ou não, instaurado inquérito policial, ou que se trate, ou não, de réu já denunciado, pronunciado ou condenado (mas ainda em liberdade, pois, se já legalmente recolhido à prisão, a facilitação de sua evasão constituirá outro crime)" (HUNGRIA, 1958, p. 501).

sentido de que a escusa absolutória se estende também aos participantes de união estável[403]. A justificativa que embasa tal dispositivo parece ser a compreensão da existência de certos laços afetivos familiares que tornaria inexigível a conduta colaborativa com o Sistema de Justiça Criminal.

Considerações finais

A pena prevista para o tipo penal de favorecimento pessoal prevista no *caput* é de detenção, de 1 (um) a 6 (seis) meses, e multa. Na figura privilegiada, a sanção cominada é de 15 (quinze) dias a 3 (três) meses, e multa.

Ação penal pública incondicionada.

Favorecimento real
Art. 349. Prestar a criminoso, fora dos casos de coautoria ou de receptação, auxílio destinado a tornar seguro o proveito do crime:

Pena – detenção, de 1 (um) a 6 (seis) meses, e multa.

Considerações gerais

Tal como no caso dos delitos anteriores, o interesse afetado pelo favorecimento real é a Administração da Justiça: assim como auxiliar autor de crime a se eximir da persecução penal, assisti-lo na ocultação dos proveitos de sua infração frustra a consecução das finalidades próprias do sistema de justiça criminal, abalando ainda a confiança social nele depositada.

Tratando-se de delito comum, pode ser praticado por qualquer pessoa, inexistindo exigência de qualidade específica do agente para que o crime se configure. Da mesma forma, o Código Penal não pune o autofavorecimento, de modo que o favorecimento real não pode ser praticado pelo próprio coautor ou partícipe do crime. Já o sujeito passivo é, novamente, o Estado, responsável pela Administração da Justiça (PRADO, 2010, p. 663).

Considerações nucleares

O favorecimento real consiste na contribuição do agente ao autor de crime anterior para o asseguramento dos proveitos do delito. Tal como no favorecimento pessoal, não pode o auxílio ser prometido antes do cometimento do delito anterior, tampouco efetivamente prestado no curso de sua execução. Em tais casos,

---

[403] Regis Prado considera necessário que a relação de união estável seja formalizada, seja por meio de contrato registrado ou por declaração judicial. Outros autores não realizam tal exigência.

nos quais se configura auxílio ao próprio crime (*fautor delinquis*) e não ao criminoso (*fautor delinquentis*), restariam configuradas – respectivamente – hipóteses de *instigação* e *cumplicidade*, ambas caracterizadas como *participação* nos termos estatuídos pelo Código Penal (cf. art. 29) (PRADO, 2010, p. 663).

Contudo, a destinação dos proveitos do delito mostra-se essencial para a compreensão do favorecimento real, tendo em vista que este apenas se aperfeiçoa se o comportamento não constituir crime de receptação (*vide* art. 180 do CP). No favorecimento real, a conduta é orientada *tão somente ao benefício do criminoso*, enquanto na receptação a aquisição, recebimento, transporte, condução ou ocultação da coisa que se sabe ser oriunda de crime se dá em proveito *próprio, ou de terceiro que não o próprio autor do crime antecedente*. É por essa razão, inclusive, que o Código Penal classifica a receptação como crime contra o patrimônio, enquanto o favorecimento real se insere no rol de delitos contra a Administração da Justiça (PRADO, 2010, p. 663-664).

Quanto ao termo "crime", aplica-se ao favorecimento real a mesma análise realizada quanto ao favorecimento pessoal (*vide* art. 348): *(i)* interpreta-se restritivamente, não abrangendo as contravenções penais; *(ii)* aplica-se a crime doloso ou culposo, consumado ou tentado, indefinidamente; *(iii)* é compreendido como o comportamento típico, antijurídico e culpável, de modo que, se o comportamento antecedente for alcançado por causas excludentes de antijuridicidade ou de culpabilidade, o comportamento que *a priori* seria favorecimento real mostrar-se-á atípico; *(iv)* há divergência doutrinária acerca da configuração do favorecimento real nos casos em que a conduta antecedente for alcançada pela extinção da punibilidade, bem como nas hipóteses em que, sendo o delito de ação penal privada ou pública condicionada, não houver queixa-crime ou representação da vítima (PRADO, 2010, p. 664).

No caso, entende-se como proveito do crime toda e qualquer "vantagem ou utilidade", de natureza "material ou moral" que advier da prática criminosa antecedente (PRADO, 2010, p. 665)[404]. Com a elegância de costume, Nélson Hungria definia "proveito, no sentido em que é empregado o vocábulo no texto legal, é tôda vantagem ou utilidade, material ou moral, obtida ou esperada em razão do crime anterior, seja direta ou indiretamente: tanto o produto do crime (ex.: a *res furtiva*) ou o resultado dêle (ex.: a posse de menor raptada), quanto a coisa que venha a substituir a que foi objeto material do crime (ex.: o ouro resultante da fusão das joias subtraídas, ou a coisa que veio a ser comprada com o dinheiro furtado), ou, finalmente, o 'pretium criminis. Os *instrumenta sceleris* não são proveito do crime: sua guarda clandestina ou ocultação, porém, se praticada com o fim de despistar a perseguição do criminoso, será favorecimento real" (HUNGRIA, 1958, p. 505).

---

[404] *Vide* também Hungria (1958, p. 505).

O objeto material do delito em questão abrange não apenas os produtos da infração penal (por exemplo, a *res furtiva*), mas também seu resultado ou preço (v. g., no caso de o autor do crime antecedente ter recebido prêmio em pecúnia). Por outro lado, os instrumentos utilizados na prática delitiva não integram o núcleo típico (PRADO, 2010, p. 665).

Ademais, há interpretação no sentido de que a expressão "criminoso" deve ser interpretada restritivamente e em conjugação com a presunção constitucional de inocência. Tal linha de raciocínio conduziria à atipicidade do favorecimento real a quem ainda não tivesse sido condenado por decisão judicial condenatória com trânsito em julgado.

A consequência lógica é que, para proceder à análise do favorecimento real, seria imprescindível também que o crime antecedente tivesse sido exaustivamente julgado, tendo em vista que seria necessário avaliar se a infração não se encontra abrangida por causa excludente de antijuridicidade ou de culpabilidade, bem como por alguma causa de extinção da punibilidade. Por isso é que, nestes casos, a conduta considerada favorecimento real seria atípica (DELMANTO, 2007, p. 892).

Por ser delito de forma livre, pode ser praticado de variadas formas, compreendendo qualquer ato idôneo e orientado a assegurar o proveito do crime, possibilitando ao autor do crime antecedente sua utilização ou fruição (PRADO, 2010, p. 665).

O favorecimento real tem como elemento subjetivo o dolo, compreendido como a vontade livre e consciente de auxiliar o autor de crime anterior, tornando seguros os proveitos de seu crime – desde que a conduta não configure participação (art. 29 do CP) ou seja abarcada pela descrição típica da receptação (art. 180 do CP). Porém, exige ainda um "elemento subjetivo do injusto", consistente na vontade específica de tornar seguros para o criminoso os proveitos do crime antecedente, podendo ainda ser praticado mediante dolo eventual. Não estando presente a ciência da origem criminosa do proveito, estar-se-á diante de erro de tipo (art. 20 do CP). Não se admite modalidade culposa (PRADO, 2010, p. 665).

Consuma-se o favorecimento real com o auxílio orientado a assegurar os proveitos de crime precedente praticado por terceiro, não se exigindo que tais efeitos desejados sejam efetivamente alcançados. A forma tentada é considerada admissível.

Considerações finais

A pena prevista para o tipo penal de favorecimento real é de detenção, de 1 (um) a 6 (seis) meses, e multa.

Ação penal pública incondicionada.

Art. 349-A. Ingressar, promover, intermediar, auxiliar ou facilitar a entrada de aparelho telefônico de comunicação móvel, de rádio ou similar, sem autorização legal, em estabelecimento prisional.

Pena – detenção, de 3 (três) meses a 1 (um) ano.

Considerações gerais

Assim como nos delitos anteriores, o interesse afetado por esse delito é a integridade da Administração da Justiça, porém neste caso com especial atenção à regularidade da Execução Penal.

Trata-se de delito de forma livre, podendo qualquer pessoa figurar como sujeito ativo do delito em questão, não havendo exigência de qualquer qualidade especial, abrangendo particulares e agentes públicos. Também presos podem cometer o crime do art. 349-A do CP, desde que incorram em quaisquer das práticas descritas no tipo, ainda que na condição de instigadores ou partícipes. No entanto, usar e portar os aparelhos de comunicação dentro das unidades prisionais estão fora do alcance do tipo, constituindo infração grave perante a Lei de Execução Penal.

Considerações nucleares

O tipo penal em questão elenca como núcleos uma série de verbos, sendo eles, todos com relação à entrada desautorizada de aparelho comunicador móvel em instituição prisional: (i) ingressar (efetivamente introduzir o material, por qualquer meio); (ii) intermediar (estabelecer as conexões para viabilizar a entrada do aparelho juntamente com outros sujeitos); (iii) auxiliar (prestar qualquer assistência material); (iv) promover; e (v) facilitar (fragilizando fiscalização ou de qualquer outro modo reduzindo as possibilidades de a empreitada criminosa fracassar). Ainda que mais de um aparelho seja introduzido no estabelecimento prisional, será considerado que um só delito foi praticado, devendo tal circunstância ser considerada apenas na dosimetria da punição aplicada. Por fim, o termo "sem autorização legal" consiste em uma causa de justificação que, quando constatada, retira a tipicidade e antijuridicidade do comportamento do agente. Causas de justificação (PRADO, 2010, p. 668).

A tipicidade subjetiva aperfeiçoa-se com a simples verificação genérica do dolo, se o agente contribuiu de forma e livre consciente para que aparelho de comunicação adentre o presídio por qualquer dos modos elencados no enunciado típico (PRADO, 2010, p. 668).

Considerações finais

A pena prevista para o tipo penal em questão é de detenção, de 3 (três) meses a 1 (um) ano.

Ação penal pública incondicionada.

Exercício arbitrário ou abuso de poder

Art. 350. *(Revogado pela Lei n. 13.869, de 2019.)*

Fuga de pessoa presa ou submetida a medida de segurança

Art. 351. Promover ou facilitar a fuga de pessoa legalmente presa ou submetida a medida de segurança detentiva:

Pena – detenção, de 6 (seis) meses a 2 (dois) anos.

§ 1º Se o crime é praticado a mão armada, ou por mais de uma pessoa, ou mediante arrombamento, a pena é de reclusão, de 2 (dois) a 6 (seis) anos.

§ 2º Se há emprego de violência contra pessoa, aplica-se também a pena correspondente à violência.

§ 3º A pena é de reclusão, de 1 (um) a 4 (quatro) anos, se o crime é praticado por pessoa sob cuja custódia ou guarda está o preso ou o internado.

§ 4º No caso de culpa do funcionário incumbido da custódia ou guarda, aplica-se a pena de detenção, de 3 (três) meses a 1 (um) ano, ou multa.

Considerações gerais

A fuga de pessoa presa ou submetida a medida de segurança vulnera a integridade das respostas estatais ante o delito, ao menos no sentido de terem continuidade e serem concluídas nos termos definidos em lei. O tipo penal previsto no art. 351 do CP tem como destinatário não o preso ou destinatário de medida de segurança detentiva (punível apenas nos termos do art. 352 do CP, quando utiliza violência para evasão), mas sim aqueles que contribuem para que tais sujeitos se eximam do cumprimento de tais medidas jurídico-penais, em detrimento das decisões judiciais e do curso regular da execução penal. Em última análise, resta afetada a própria Administração da Justiça.

Tratando-se de delito comum, qualquer indivíduo pode figurar como sujeito ativo do delito em questão, excetuando-se a própria pessoa presa ou submetida a medida de segurança detentiva.

Considerações nucleares

O núcleo do tipo penal abrange os verbos (i) promover a fuga, ou seja, efetivamente concretizá-la ou com ela contribuir por meio dos atos que se mostrarem necessários para tanto; e (ii) facilitar a evasão, o que, por sua vez, significa prestar auxílio material ao preso ou internado, colaborando para que este ou outrem a leve a efeito (HUNGRIA, 1958, p. 511).

O termo "pessoa presa" abrange situações tanto de encarceramento resultantes de decisão judicial condenatória transitada em julgado como os casos de prisão processual. A realização do delito independe de que a pessoa fugitiva já esteja inserida em estabelecimento prisional, ou estiver sendo conduzida para ele, ou mesmo transportada a outro local pelas autoridades responsáveis. Fuga abrange a "escapada ou o rápido afastamento do local onde se está detido. Concretiza-se a fuga ainda que não seja definitiva" (NUCCI, 2014, p. 1290).

Já a expressão "medida de segurança detentiva", por sua vez, compreende situações de tratamento psiquiátrico e internação em hospitais de custódia, aplicáveis no caso de inimputabilidade ou semi-imputabilidade dos agentes desprovidos do desenvolvimento psíquico regular – obrigatoriamente, se houverem praticado delitos puníveis com pena de reclusão, ou facultativamente, no caso de as penas cominadas serem de detenção (PRADO, 2010, p. 680).

Em qualquer dos casos, a legalidade da medida é elemento normativo do tipo, bastando sua legalidade formal para que o delito se torne passível de ser configurado. Na interpretação de Nélson Hungria, se a prisão ou medida de segurança for ilegal, "a promoção ou facilitação da fuga não é mais que uma legítima defesa de terceiro" (HUNGRIA, 1958, p. 514).

Tratando-se de delito de forma livre, pode ser praticado de diversas maneiras, algumas delas inserindo-se nas formas qualificadas descritas no item subsequente.

Qualificadoras

O § 1º do art. 351 traz o primeiro conjunto de qualificadoras, para as quais o CP comina pena de dois a seis anos de reclusão. Primeiramente, tal punição será a aplicada se a fuga se der mediante o emprego de arma de fogo, conceito que abrange tanto as armas próprias (criadas especificamente para funcionar como instrumentos de ataque ou defesa, tais como revólveres e punhais) quanto as impróprias (objetos diversos que acabam sendo utilizados para fins ofensivos, apesar de não haver sido idealizados para tal finalidade); não compreendendo, contudo, os meros simulacros, haja vista o cancelamento da Súmula 174 pela 3ª Seção do Superior Tribunal de Justiça. Exige-se o concreto emprego da arma, seja para efetivamente atacar alguém ou para criar uma situação de terror (PRADO, 2010, p. 681).

A segunda qualificadora do § 1º é se a fuga é praticada por mais de uma pessoa, não se fazendo necessário um ajuste prévio, mas tão somente a união de vontades livres e conscientes de concorrerem para a realização da fuga. Além disso, considerando haver maior desvalor da ação, o parágrafo em análise traz ainda como terceira forma qualificada o arrombamento, o qual consiste no rompimento ou destruição de determinado obstáculo físico imposto à evasão (tais como portas, grades, paredes etc.) (PRADO, 2010, p. 682).

Já o § 3º, a seu turno, define uma última qualificadora, sendo esta em função de determinada condição específica do agente; mais especificamente, de ter ele responsabilidade sobre a guarda ou custódia do preso ou internado. O CP delimita tal hipótese como dotada de um conteúdo de injusto mais grave, tendo em vista que o delito é praticado mediante a violação de um dever funcional, havendo ainda maior desvalor da ação por conta do menor risco de fracasso no que concerne à evasão. Neste caso, a pena aplicável passa a ser de reclusão, de um a quatro anos (PRADO, 2010, p. 682).

A exceção fica por conta do particular, que, ao prender um indivíduo por encontrá-lo em situação de flagrante delito, solta-o em seguida, deixando de levá-lo à autoridade competente, uma vez que não há nesta hipótese um dever jurídico de manter o sujeito flagrado sob sua guarda ou custódia (PRADO, 2010, p. 682).

Aperfeiçoa-se a tipicidade subjetiva com a vontade consciente e livre de promover ou facilitar a fuga (DELMANTO, 2007, p. 896).

Há previsão expressa da modalidade culposa (art. 351, § 4º, do CP). Todavia, apenas é admitida se o sujeito ativo for funcionário responsável pela guarda ou custódia da pessoa presa ou destinatária de medida de segurança detentiva. No caso, a modalidade culposa – detenção de três meses a um ano, ou multa – se justificaria em virtude de ser exigido do funcionário maior dever de cuidado na condução de suas funções (PRADO, 2010, p. 682).

A consumação do delito se dá com a evasão efetiva da pessoa presa ou sob internação, não se exigindo que a fuga seja permanente. Ou seja, o crime se consumará caso o preso ou internado transpasse os limites dentro dos quais se considera sob guarda ou custódia, e mesmo que logo em seguida seja recapturado. Admite-se a forma tentada, nas hipóteses em que a evasão não logra êxito (PRADO, 2010, p. 682).

Considerações finais

Se o sujeito ativo do crime utiliza violência contra a pessoa, as penas correspondentes ao delito relacionado a tal violência são aplicadas cumulativamente às do crime contra a Administração da Justiça. Incide, no caso, a lógica do concurso material, segundo a qual se aplicam de modo cumulado as punições nas hipóteses em que o agente, mediante mais de um comportamento, incorre na prática de dois ou mais delitos, idênticos ou não (*vide* art. 69 do CP).

A pena cominada para o comportamento previsto no *caput* é de detenção, de 6 (seis) meses a 2 (dois) anos. Já a forma qualificada do § 1º prevê pena de 2 (dois) a 6 (seis) anos de reclusão, enquanto a figura qualificada do § 3º comina reclusão de 1 (um) a 4 (quatro) anos. Na hipótese de culpa do funcionário responsável pela custódia ou guarda, a pena prevista é de detenção, de 3 (três) meses a 1 (um) ano, ou multa.

Ação penal pública incondicionada.

Evasão mediante violência contra a pessoa

Art. 352. Evadir-se ou tentar evadir-se o preso ou o indivíduo submetido a medida de segurança detentiva, usando de violência contra a pessoa:

Pena – detenção, de 3 (três) meses a 1 (um) ano, além da pena correspondente à violência.

Considerações gerais

Assegurar a regularidade e continuidade do cumprimento de penas e medidas de segurança implica dar concretude aos fins próprios da atividade jurisdicional em matéria penal, evitando que decisões judiciais sejam inócuas e que se veja prejudicada a comunicação exteriorizada por meio da imposição da medida punitiva. A fuga de pessoa presa ou submetida a medida de segurança vulnera a Administração da Justiça e sua capacidade de oferecer respostas estatais ao delito, ao menos no sentido de terem continuidade e serem concluídas nos termos definidos em lei.

O art. 352 do CP, ao contrário do art. 351, tipifica a fuga ou tentativa fuga de iniciativa do próprio internado ou preso, desde que praticadas mediante violência contra a pessoa. Em última análise, a afetação da Administração da Justiça se dá principalmente no que concerne ao regular gerenciamento das instituições responsáveis pela execução penal. Mediatamente, também a integridade física da vítima da violência encontra proteção na tipificação em análise (PRADO, 2010, p. 686).

Tratando-se de delito próprio, apenas pode ser cometido pela pessoa legalmente submetida a prisão ou medida de segurança detentiva.

Considerações nucleares

No contexto da evasão mediante violência contra a pessoa, o verbo "evadir-se" representa o comportamento de escapar completamente à custódia ou guarda a que se está legalmente submetido, transcendendo, portanto, a mera fuga de determinado lugar fechado. Na interpretação doutrinária de Regis Prado, é irrelevante o lugar de onde se tenta evadir, podendo ser de uma unidade prisional, viatura policial, hospital de custódia, fórum judiciário, dentre outras possibilidades.

Já a expressão "tentar evadir-se" implica necessariamente que tenha sido dado início a atos executórios, não bastando simples planejamentos ou atos preparatórios. Tal como no tipo penal previsto no art. 351, prisão engloba tanto as decorrentes de sentença condenatória transitada em julgado como as prisões processuais; enquanto as medidas de segurança detentivas, por sua vez, são as de tratamento psiquiátrico e de internação em hospital de custódia (PRADO, 2010, p. 687).

Trata-se de delito próprio, podendo ser cometido apenas por aquele que desfrute da qualidade essencial de pessoa presa.

É necessário que a prisão seja ao menos formalmente legal para que se configure o delito em questão. Do contrário, a tipicidade da conduta seria afastada diante da presença de causa excludente de antijuridicidade, já que se reconhece ao réu o direito de fugir e "quem o impedir estará praticando uma agressão injusta, passível de ser contraposta pela legítima defesa" (NUCCI, 2014, p. 1291). Poderá subsistir, no entanto, a responsabilidade pelo delito correspondente à violência física, especialmente se excessiva.

Além disso, não basta a evasão consumada ou tentada para que se configure o delito, devendo ela ser praticada mediante violência contra a pessoa, compreendida como a agressão de ordem física – conceito no qual não está inserida a grave ameaça, tampouco a violência contra coisas. Caso a violência implique delitos de lesão corporal ou homicídio, haverá concurso material de crimes, nos termos definidos pelo art. 69 do CP (PRADO, 2010, p. 688).

Se a violência consistir em vias de fato, tal delito será absorvido pelo de evasão mediante violência contra a pessoa, com base na regra da consunção.

O tipo penal do art. 352 equipara o delito consumado à sua modalidade tentada. Por essa razão, a doutrina classifica a tentativa como "inadmissível" (PRADO, 2010, p. 688).

O delito se consuma com a prática da violência contra a pessoa empregada como meio para evadir-se ou tentar se evadir.

Considerações finais

A pena prevista para o tipo penal de evasão mediante violência contra a pessoa é de detenção, de 3 (três) meses a 1 (um) ano, além da pena correspondente à violência.

Ação penal pública incondicionada.

Arrebatamento de preso
Art. 353. Arrebatar preso, a fim de maltratá-lo, do poder de quem o tenha sob custódia ou guarda:
Pena – reclusão, de 1 (um) a 4 (quatro) anos, além da pena correspondente à violência.

Considerações gerais

Assegurar a regularidade e continuidade do cumprimento de penas implica dar concretude aos fins próprios do Sistema de Justiça Criminal, evitando que decisões judiciais sejam inócuas e prejudicando a comunicação veiculada pela imposição de intervenção punitiva.

O tipo penal de arrebatamento de preso envolve a retirada súbita de preso do poder das instituições do Sistema de Justiça Criminal, vulnerando a confiança no que concerne ao gerenciamento dos problemas penais de que são responsáveis.

A afetação da Administração da Justiça, nestes casos, remonta à capacidade de regular condução da execução penal. De forma mediata, estende-se também à integridade física do preso, tendo em vista que o arrebatamento tem como finalidade submeter a pessoa presa a maus-tratos.

Tratando-se de delito comum, qualquer pessoa pode ser sujeito ativo do crime de arrebatamento de preso (PRADO, 2010, p. 690).

Considerações nucleares

O verbo que integra o núcleo típico, arrebatar, representa a retirada do preso, à força, da esfera de controle daqueles que o mantêm sob guarda ou custódia.

É essencial para a configuração da conduta típica que a subtração do preso se dê mediante o emprego de violência contra pessoa ou coisa. De outro lado, é indiferente para a configuração do delito (i) o local em que o preso se encontre, exigindo-se apenas que esteja submetido a guarda ou custódia, bem como (ii) a legalidade da prisão.

A tipicidade subjetiva constitui-se pena finalidade especial de maltratar o preso arrebatado (PRADO, 2010, p. 691).

Diferentemente dos tipos penais previstos nos arts. 351 e 352 do CP, o arrebatamento de preso não abrange as pessoas submetidas a medidas de segurança detentivas. Segundo as lições de Nélson Hungria, os maus-tratos podem assumir diversas formas, indo desde as "vias de fato vexatórias" até o "linchamento" (HUNGRIA, 1958, p. 516).

Consuma-se o delito com a efetiva retirada à força do preso da esfera de controle daquele que o mantém sob guarda ou custódia, sendo indiferente se o agente efetivamente submeteu o arrebatado aos maus-tratos pretendidos. Admite-se a modalidade tentada.

Considerações finais

Além da punição prevista para o próprio delito contra a Administração da Justiça, aplica-se também a pena correspondente à violência empregada para arrebatar a pessoa presa.

A pena prevista para o tipo penal de arrebatamento de preso é de reclusão, de 1 (um) a 4 (quatro) anos, além da pena correspondente à violência.

Ação penal pública incondicionada.

Motim de presos

Art. 354. Amotinarem-se presos, perturbando a ordem ou disciplina da prisão:

Pena – detenção, de 6 (seis) meses a 2 (dois) anos, além da pena correspondente à violência.

Considerações gerais

O interesse protegido pela tipificação do motim de presos segue sendo a Administração da Justiça, consubstanciada na necessidade de proteção a um gerenciamento e estabilização das execuções penais, do que dependem também a própria efetividade das decisões judiciais em matéria penal e a consecução das finalidades da punição.

Além disso, se primariamente o interesse tutelado é a Administração da Justiça, secundariamente também são protegidos a integridade física das pessoas e o patrimônio – especialmente público – potencialmente lesado pelo tumulto na unidade prisional.

Apenas as pessoas presas podem ser sujeitos ativos do motim, tratando-se ainda de delito necessariamente plurissubjetivo, de concurso necessário ("amotinarem-se os presos"), que, no entanto, deve ser interpretado conforme o grau de efetiva instabilidade causado ao Sistema de Justiça Criminal e em função das circunstâncias do caso concreto[405].

Considerações nucleares

Segundo Hungria, o núcleo típico implica "um movimento coletivo de rebeldia dos presos, seja para o fim de justas ou injustas *reivindicações*, seja para coagir os funcionários a tal ou qual medida, ou para tentativa de evasão, ou para objetivos de pura vingança" (HUNGRIA, 1958, p. 517). Trata-se o motim, portanto, de ação violenta conjunta de duas ou mais pessoas no âmbito prisional, causando tumulto e perturbação da ordem disciplinar.

No entanto, meras irreverências ou protestos pacíficos de reivindicação não são abrangidos pelo tipo penal em questão, exigindo-se o emprego de violência contra coisa ou pessoa. Além disso, a conduta típica somente se configura se o motim for realizado no interior de estabelecimento prisional, aplicando-se apenas quando a revolta for de iniciativa de presos – tanto em decorrência de prisão processual como de decisão condenatória irrecorrível –, não abrangendo os indivíduos submetidos a medidas de segurança (HUNGRIA, 1958, p. 517).

Também neste caso há que se ponderar a respeito dos direitos fundamentais envolvidos. Apenas as pessoas presas de forma legal e regular podem cometer o delito (delito próprio), reservando-se àquelas pessoas ilicitamente presas o direito de manifestação, em face do arbítrio do Sistema de Justiça Criminal[406].

---

[405] "Embora somente se possa falar em motim ou revolta, com perturbação da ordem, quando houver mais de três presos se sublevando. Não teria cabimento considerar uma rebelião se apenas dois presos desafiam a ordem interna do presídio. Ainda assim, a fixação de um número – mais de três – é sempre relativa, pois em um presídio com mais de 5.000 pessoas detentos, por exemplo, quatro pessoas em motim não pode significar nada. Portanto, embora possamos ter um padrão de, pelo menos, quatro pessoas, o melhor é verificar o caso concreto para determinar se o tipo está ou não caracterizado" (NUCCI, 2014, p. 1293).

[406] Em sentido semelhante, Nucci (2014, p. 1293).

A tipicidade subjetiva consiste na vontade livre e consciente de realização de motim, abalando a ordem ou disciplina na prisão.

Ocorre a consumação com a efetiva perturbação da ordem ou disciplina, ainda que passageiramente. Admite-se a modalidade tentada.

Considerações finais

Além da punição prevista para o próprio delito contra a Administração da Justiça, aplica-se também a pena correspondente à violência empregada para concretizar a amotinação.

A pena prevista para o tipo penal de motim de presos é de detenção, de 6 (seis) meses a 2 (dois) anos, além da pena correspondente à violência.

Ação penal pública incondicionada.

Patrocínio infiel
Art. 355. Trair, na qualidade de advogado ou procurador, o dever profissional, prejudicando interesse, cujo patrocínio, em juízo, lhe é confiado:

Pena – detenção, de 6 (seis) meses a 3 (três) anos, e multa.

Patrocínio simultâneo ou tergiversação
Parágrafo único. Incorre na pena deste artigo o advogado ou procurador judicial que defende na mesma causa, simultânea ou sucessivamente, partes contrárias.

Considerações gerais

O tipo penal de patrocínio infiel se destina à tutela da integridade da Administração da Justiça, tendo em vista ser necessário garantir a confiança da representação dos interesses dos cidadãos perante o Sistema de Justiça Criminal. A relevância da figura do advogado se extrai da previsão constitucional de que o "advogado é indispensável à administração da justiça, sendo inviolável por seus atos e manifestações no exercício da profissão, nos limites da lei" (art. 133 da CF), refletida, posteriormente, na Lei Federal n. 8.604/94 (Estatuto da Advocacia).

No Estatuto da Advocacia (normativa infraconstitucional) há dispositivo ainda no sentido de que, "no seu ministério privado, o advogado presta serviço público e exerce função social", devendo, no patrocínio da causa, "abster-se de se entender diretamente com a parte adversária que tenha patrono constituído, sem o assentimento deste"[407]. Mesmo antes da conformação atual da ordem jurídico-constitucional e penal brasileira, Nélson Hungria já afirmava que a advocacia era

---
[407] Cfr. também em Nucci (2014, p. 1294).

imprescindível à Administração da Justiça, formando "com o ofício da magistratura ou da *jurisdictio* uma instituição única" (HUNGRIA, 1958, p. 518).

A autoria do delito em questão restringe-se ao advogado ou outro procurador judicial. Desempenham atividade advocatícia, para os fins de configuração do patrocínio infiel, a Defensoria Pública, a Advocacia Geral da União, a Procuradoria da Fazenda Nacional, bem como as Consultorias e Procuradorias Jurídicas dos Estados, Distrito Federal e Municípios, compreendendo as que representam as entidades que integram a Administração Pública indireta. É admitido o concurso de pessoas (arts. 29 e 30 do CP) (DELMANTO, 2007, p. 902).

Considerações nucleares (*caput*)

A traição que integra o núcleo típico significa comportar-se de modo a exteriorizar infidelidade aos deveres funcionais próprios do ofício de advogado (delito próprio). Para que se configure o patrocínio infiel é necessário que ele se dê em juízo – criminal, trabalhista ou civil –, de modo que o dispositivo correspondente não se aplica ao âmbito extrajudicial. Trair, para fins da configuração da conduta típica, refere-se ao comportamento desleal ou enganoso, que viola os deveres profissionais do advogado (PRADO, 2010, p. 699).

Não é exigível a existência de um instrumento formal de mandato, sendo suficiente que a parte tenha confiado o patrocínio de seus interesses a determinado advogado ou procurador. Também é indiferente que a representação se dê a título gratuito ou mediante remuneração.

Pode ser praticado mediante ação ou omissão, ocorrendo esta última especialmente quando o advogado falha com seu dever jurídico de proteger os interesses de seu patrocinado de modo a evitar a ocorrência de determinado resultado lesivo (por exemplo, quando intencionalmente perde prazo de apresentação de defesa ou deixa de recorrer) (PRADO, 2010, p. 699).

Tratando-se de crime material, é preciso que a violação do dever profissional do advogado implique algum prejuízo concreto à parte, seja de ordem material ou moral (HUNGRIA, 1958, p. 520).

A antijuridicidade da conduta pode ser excluída se a conduta em tese amoldável à descrição típica tiver sido praticada com o consentimento do ofendido, desde que disponível o interesse afetado (DELMANTO, 2007, p. 902). Para tanto, é necessária a presença dos requisitos de ordem objetiva (capacidade de prestar consentimento, a anterioridade deste e a atuação do advogado dentro dos limites daquilo que foi consentido) e subjetiva (ciência acerca do consenso e vontade livre de atuar conforme a diretriz do consentimento) (PRADO, 2010, p. 700).

Considerações nucleares (art. 355, parágrafo único)

O parágrafo único do art. 355 do CP incrimina o patrocínio simultâneo ou sucessivo (hipótese de tergiversação) dos interesses de partes contrárias, no âmbito de uma mesma relação processual. No primeiro caso, de patrocínio simultâneo, o advogado ou procurador assume ao mesmo tempo a defesa de interesses antagônicos. Já a hipótese de tergiversação engloba aqueles casos em que o causídico, tendo já patrocinado uma das partes no cerne daquele processo, passa a posteriormente defender a parte contrária. É imprescindível que o patrocínio simultâneo ou sucessivo de interesses contrapostos ocorra na mesma demanda, aqui compreendida como mesma pretensão jurídica, ainda que os processos concretamente considerados não sejam os mesmos[408].

Momento consumativo do patrocínio infiel (art. 355, *caput*)

Consuma-se o patrocínio infiel com o efetivo prejuízo causado à parte representada pelo advogado ou procurador, tratando-se de delito material. É admissível a tentativa.

Momento consumativo do patrocínio simultâneo ou tergiversação (art. 355, parágrafo único)

Consuma-se o delito de patrocínio ou tergiversação com a prática efetiva de um ato processual, na defesa de interesse contraposto a outro defendido àquele tempo ou anteriormente pelo mesmo advogado ou procurador, no âmbito daquela mesma demanda. Destarte, não basta o mero recebimento de instrumento de mandato para que o crime reste consumado. Ao contrário do patrocínio infiel previsto no *caput*, a consumação do delito contido no parágrafo único do art. 355 do CP independe da configuração de prejuízo à parte prejudicada. Admite modalidade tentada apenas para as hipóteses de patrocínio simultâneo, mas não de tergiversação[409].

Considerações finais

A pena prevista para o tipo penal de patrocínio infiel é de detenção, de 6 (seis) meses a 3 (três) anos, e multa. As mesmas sanções são aplicáveis às hipóteses de patrocínio simultâneo ou tergiversação.

Ação penal pública incondicionada.

---

[408] "*Mesma causa* não deve ser entendida em sentido demasiadamente restrito. Assim, se um indivíduo intenta, com fundamento na mesma relação jurídica ou formulando a mesma causa *petendi* em torno do mesmo fato, varias ações contra pessoas diversas, o seu advogado, em qualquer delas, não pode ser, ao mesmo tempo ou sucessivamente, advogado de algum réu em qualquer das outras, pois, no fundo, se trata de *mesma causa*" (HUNGRIA, 1958, p. 522).

[409] Nesse sentido: "Admite-se [a tentativa] na modalidade de defesa simultânea, mas não na de patrocínio sucessivo" (DELMANTO, 2007, p. 903). Sustentando tese contrária, afirma Luiz Regis Prado que, "em que pese parte da doutrina considerar admissível a tentativa apenas no patrocínio simultâneo, não há por que rejeitá-la na tergiversação. Há patrocínio sucessivo tentado, por exemplo, quando o advogado recebe o mandato, mas não chega a praticar nenhum ato processual" (PRADO, 2010, p. 701).

Sonegação de papel ou objeto de valor probatório

Art. 356. Inutilizar, total ou parcialmente, ou deixar de restituir autos, documento ou objeto de valor probatório, que recebeu na qualidade de advogado ou procurador:

Pena – detenção, de 6 (seis) a 3 (três) anos, e multa.

Considerações gerais

A conduta prevista no tipo penal em análise atenta contra a Administração da Justiça, na medida em que a inutilização ou não restituição de papel ou objeto de valor probatório podem induzir em erro o responsável por analisar o caso e emitir julgamento (PRADO, 2010, p. 703).

Somente pode ser autor do delito em questão o advogado ou outro procurador judicial (estagiário). Desempenham atividade advocatícia, para os fins de configuração do crime previsto no art. 356 do CP, a Defensoria Pública, a Advocacia-Geral da União, a Procuradoria da Fazenda Nacional, bem como as Consultorias e Procuradorias Jurídicas dos Estados, Distrito Federal e Municípios, compreendendo as que representam as entidades que integram a Administração Pública indireta. O sujeito passivo é primariamente o Estado, responsável pela Administração da Justiça, e indiretamente a parte prejudicada pela sonegação ou inutilização (DELMANTO, 2007, p. 904-905).

Considerações nucleares

Inutilizar significa tornar algo imprestável, no todo ou em parte, enquanto deixar de restituir consiste na sonegação, não devolução ou retenção de algo. Quanto aos objetos elencados no enunciado típico, com a expressão "autos" o legislador faz referência ao conjunto de peças que compõem um processo, seja de natureza cível, penal ou trabalhista; documento é qualquer escrito destinado à comprovação de fato considerado juridicamente relevante; por fim, objeto de valor probatório é aquele direcionado a servir como elemento informativo de convicção que embasa a pretensão de uma das partes do processo[410]. É imprescindível ainda que o objeto material do delito tenha sido confiado a advogado ou procurador judicial, seja antes, durante ou após a instauração do processo.

A intimação para a devolução "é imprescindível para a configuração do tipo penal, pois, do contrário, pode-se estar punindo alguém por mera negligência, e o crime é doloso, não culposo" (NUCCI, 2014, p. 1296).

Além das previsões do Código Penal, a retenção ou extravio de autos processuais judiciais ou administrativos constitui também infração disciplinar, con-

---

[410] Hungria (1958, p. 523). Cf. também Prado (2010, p. 704).

forme estabelecido pelo Estatuto da Advocacia (art. 34, XXII, da Lei Federal n. 8.906/94).

A tipicidade subjetiva consiste na intenção de inutilizar integral ou parcialmente, bem como em deixar de restituir, autos, objeto de valor probatório ou documento, recebidos na condição de advogado ou procurador (DELMANTO, 2007, p. 905).

Os momentos em que o delito se considera consumado variam conforme a modalidade pela qual é cometido: (i) inutilização: com a perda de valor probatório do objeto, inutilizado no todo ou em parte; (ii) sonegação de autos, quando o advogado ou procurador deixa de restituí-los após receber intimação para realizar sua devolução, nos termos da legislação processual vigente; (iii) sonegação de documento ou objeto de valor probatório, quando o agente não efetiva a devolução após tempo considerado relevante juridicamente, e posteriormente a solicitação formal. Admite-se a tentativa apenas na modalidade inutilização, tendo em vista que a sonegação consiste em "delito omissivo próprio ou puro" (PRADO, 2010, p. 704).

Considerações finais

A pena prevista para o tipo penal de sonegação de papel ou objeto de valor probatório é de detenção, de 6 (seis) meses a 3 (três) anos, e multa.

Ação penal pública incondicionada.

Exploração de prestígio

Art. 357. Solicitar ou receber dinheiro ou qualquer outra utilidade, a pretexto de influir em juiz, jurado, órgão do Ministério Público, funcionário de justiça, perito, tradutor, intérprete ou testemunha:

Pena – reclusão, de 1 (um) a 5 (cinco) anos, e multa.

Parágrafo único. As penas aumentam-se de um terço, se o agente alega ou insinua que o dinheiro ou utilidade também se destina a qualquer das pessoas referidas neste artigo.

Considerações gerais

O interesse protegido é a integridade da Administração da Justiça, justificando-se a incriminação da exploração de prestígio pela necessidade de reprovação daqueles comportamentos voltados a vulnerar a confiança social nas autoridades responsáveis pelo gerenciamento do Sistema de Justiça Criminal. Tratando-se de delito comum, qualquer pessoa pode figurar como sujeito ativo (PRADO, 2010, p. 706).

Considerações nucleares

A conduta típica consiste em solicitar (requerer) ou receber (aceitar ou efetivamente obter) dinheiro ou outra utilidade – a qual pode ser material ou moral –, a pretexto de exercer influência sobre membro do Ministério Público, juiz, jurado, perito, tradutor, intérprete, testemunha ou qualquer funcionário de Justiça (que colaboram para a prestação jurisdicional) (PRADO, 2010, p. 707).

O tipo penal explicita que tal solicitação ou recebimento tem caráter fraudulento, tendo em vista que *pretexto* consiste na razão fictícia, meramente aparente, voltada à dissimulação dos reais motivos do comportamento (PRADO, 2010, p. 708).

Se o dinheiro realmente for destinado a funcionário público, poderá configurar-se o delito de corrupção (passiva ou ativa, conforme arts. 317 e 333 do CP, respectivamente). Além disso, enquanto o tráfico de influência (art. 352 do CP) destina-se a influenciar a Administração Pública compreendida de modo mais genérico (por exemplo, Delegado de Polícia, autoridade fazendária, órgão administrativo responsável por concessão de alvarás etc.), a exploração de prestígio atenta especificamente contra a Administração da Justiça (razão pela qual a descrição típica elenca um rol taxativo de sujeitos que participam da Administração da Justiça) (PRADO, 2010, p. 708).

A tipicidade subjetiva caracteriza-se pela intenção de solicitar ou receber dinheiro ou outra utilidade, a pretexto de exercer influência sobre quaisquer dos sujeitos elencados na descrição típica (PRADO, 2010, p. 708).

A exploração de prestígio consuma-se com a solicitação ou recebimento do dinheiro ou utilidade, mesmo que a proposta do agente seja refutada pelo interessado. "Dinheiro é a moeda em curso oficial no País, enquanto *outra utilidade* deve ser entendida como algo significativo" (NUCCI, 2014, p. 1297).

No primeiro caso, trata-se de delito de mera conduta; já no segundo, tem-se delito de resultado. Admite-se a modalidade tentada, a depender do meio de execução escolhido pelo agente.

Considerações finais

Aumenta-se de um terço a punição se o agente alega ou sugere que o dinheiro ou utilidade solicitado ou recebido tem como destinatário qualquer dos sujeitos enumerados no enunciado típico. Luiz Regis Prado afirma que tal causa de aumento de pena incide no plano da medida da culpabilidade, tendo em vista que se aumenta a reprovação da conduta se o agente afirma ou insinua ser corrupto qualquer dos atores do Sistema de Justiça Criminal elencados no *caput* (PRADO, 2010, p. 708).

A pena prevista para o tipo penal de exploração de prestígio é de reclusão, de 1 (um) a 5 (cinco) anos, e multa. Aumenta-se a pena de um terço se o agente alega ou insinua que o dinheiro ou utilidade se destina também a qualquer das pessoas referidas na descrição típica do *caput*.

Ação penal pública incondicionada.

Violência ou fraude em arrematação judicial

Art. 358. Impedir, perturbar ou fraudar arrematação judicial; afastar ou procurar afastar concorrente ou licitante, por meio de violência, grave ameaça, fraude ou oferecimento de vantagem:

Pena – detenção, de 2 (dois) meses a 1 (um) ano, ou multa, além da pena correspondente à violência.

Considerações gerais

Trata-se da Administração da Justiça, atingida por meio do abalo causado a arrematações judiciais promovidas por particulares. De forma mediata, protege-se também a integridade física e psíquica das pessoas atingidas pela conduta violenta ou fraudulenta, é dizer, os interesses dos concorrentes ou licitantes que vierem a ser lesionados pelo comportamento do agente na arrematação judicial (PRADO, 2010, p. 710).

Por ser delito comum, qualquer pessoa pode figurar como sujeito ativo do delito de violência ou fraude em arrematação judicial.

Considerações nucleares

Incriminam-se aqui o impedimento, perturbação ou fraude de arrematação judicial promovida por particular, ao contrário do art. 335 do CP, o qual incide sobre hastas públicas organizadas pela Administração Pública ou entidade de natureza paraestatal.

Quanto aos verbos que consubstanciam a primeira modalidade do crime em análise, impedir significa obstar o início ou prosseguimento da arrematação; perturbar, atrapalhar seu regular funcionamento; e fraudar, por sua vez, implica a utilização de meio artificioso ou ardiloso voltado a causar engano (PRADO, 2010, p. 711).

Já no que concerne à segunda modalidade, afastar ou procurar afastar licitante significam não apenas ensejar sua ausência ou distanciamento físico, mas fazer com que se abstenha de apresentar proposta ou retirá-la, ainda que presente no local da hasta (PRADO, 2010, p. 711).

A segunda forma de cometimento do crime denota ainda que o legislador optou por equiparar as formas tentadas ou consumadas do delito, estabelecendo ainda que sua configuração depende de que o delito seja realizado mediante o emprego de violência (força física), grave ameaça (intimidação ou promessa de causar dano grave), fraude (artifício ou ardil) ou oferecimento de vantagem (de qualquer natureza). O crime será único ainda que vários concorrentes ou licitantes forem afastados (PRADO, 2010, p. 711).

Os momentos em que o delito se considera consumado variam conforme a modalidade pela qual é cometido: (i) primeira modalidade (impedir, perturbar ou fraudar arrematação judicial): com a concretização da perturbação ou impedimento, assim como pela efetiva prática do comportamento fraudulento; (ii) segunda modalidade (afastar ou procurar afastar concorrente ou licitante por algum dos meios elencados): quando se leva a cabo a violência, grave ameaça, fraude ou oferecimento de vantagem (PRADO, 2010, p. 711).

Considerações finais

Além da punição prevista para o próprio delito contra a administração da justiça, aplica-se também a pena correspondente à violência, se este o meio escolhido pelo agente.

A pena prevista para o tipo penal de violência ou fraude em arrematação judicial é de detenção, de 2 (dois) meses a 1 (um) ano, ou multa, além da pena correspondente à violência.

Ação penal pública incondicionada.

Desobediência a decisão judicial sobre perda ou suspensão de direito

Art. 359. Exercer função, atividade, direito, autoridade ou múnus, de que foi suspenso ou privado por decisão judicial:

Pena – detenção, de 3 (três) meses a 2 (dois) anos, ou multa.

Considerações gerais

Consiste no abalo à Administração da Justiça, quando decisões judiciais são desrespeitadas por meio de desacatamentos que prejudicam sua eficácia e prestígio (PRADO, 2010, p. 714).

Apenas pode figurar como sujeito ativo do delito aquele que foi suspenso ou privado por força de decisão judicial de exercer função, atividade, direito, autoridade ou múnus. O sujeito passivo, por sua vez, é o próprio Estado, responsável pela administração da justiça, perturbada pelo cometimento do delito em análise (PRADO, 2010, p. 714).

Considerações nucleares

O verbo exercer significa executar, desempenhar, praticar. Quanto às práticas proibidas de serem exercidas, são elas: (i) função, compreendida como a atribuição ou série de atribuições que o Estado-Administração confere a determinado servidor ou categoria para que prestem serviços; (ii) atividade, a qual consiste no conjunto de serviços e ações desempenhados por determinado sujeito no âmbito de suas capacidades; (iii) direito, de modo geral, significa a faculdade ou prerrogativa de agir de determinado modo; (iv) autoridade, compreendido como poder conferido a alguém para realizar determinados comportamentos, podendo assumir natureza pública ou privada; e (v) múnus, encarado como encargo vinculante que por dever alguém precisa exercer (PRADO, 2010, p. 714-715).

A doutrina discute, no entanto, a extensão da aplicabilidade do tipo penal em análise, após a reforma do Código Penal ocorrida em 1984. Tal incriminação destinava-se especialmente àqueles casos de descumprimento das penas acessórias, substituídas pela Lei Federal n. 7.209/84 em penas restritivas de direito ou efeitos extrapenais da condenação. Quanto às penas alternativas, o Código Penal passou a estabelecer uma forma própria de gerenciar os casos de inobservância das decisões condenatórias: a conversão da sanção em pena privativa de liberdade, nos termos do art. 44, § 4º. Por isso, o crime ora estudado estaria revogado no que concerne às penas restritivas de direitos, sob risco de *bis in idem*. Logo, a incriminação analisada incide apenas nos casos em que forem desafiados os efeitos extrapenais da condenação (art. 92 do CP), para os quais o Código Penal não previu nenhuma sanção caso não sejam respeitados[411].

A tipicidade subjetiva consiste na intenção de exercer função, atividade, direito, autoridade ou múnus, de que foi privado ou suspenso por força de decisão judicial neste sentido.

O delito consuma-se com o efetivo exercício de função, direito, autoridade, atividade ou múnus, bastando que o agente execute um ato característico de quaisquer dessas modalidades de atuação das quais se encontra privado ou suspenso. Admite-se a modalidade tentada. "Entende-se que há necessidade de ser uma decisão proferida por autoridade judiciária, voltando-se, no caso penal, principalmente, aos efeitos da condenação (art. 92, I a III, do CP)" (NUCCI, 2014, p. 1299)[412].

Considerações finais

A pena prevista para o tipo penal de desobediência à decisão judicial sobre perda ou suspensão de direito é de detenção, de 3 (três) meses a 2 (dois) anos, ou multa.

Ação penal pública incondicionada.

---

[411] Os efeitos extrapenais da condenação compreendem (i) a perda de cargo, função pública ou mandato eletivo; (ii) a incapacidade de exercer poder familiar, tutela ou curatela; e (iii) a inabilitação de conduzir veículo (PRADO, 2010, p. 713-714). Em complemento: "No que concerne à privação ou suspensão de função, atividade, direito, autoridade ou múnus determinadas na esfera extrapenal (em ação civil pública, por exemplo), observamos que tais restrições vêm sempre acompanhadas de multas estipuladas para a hipótese de descumprimento, o que, também por esse motivo, afasta a caracterização deste art. 359, sob pena, aliás, de inadmissível *bis in idem*" (DELMANTO, 2007, p. 909).

[412] "Na hipótese de se cuidar de efeito da condenação, torna-se exigível o trânsito em julgado da sentença. Por outro lado, tratando-se de outras decisões judiciais, ainda que provisórias, ou no exercício do poder geral de cautela, por evidente, não há necessidade de *trânsito em julgado*. Aliás, o tipo penal do art. 359 não se aplica, unicamente, no âmbito penal; decisões judiciais civis, impondo a suspensão ou a privação de qualquer direito, também podem ser abrangidas pela figura deste artigo, caso descumpridas" (NUCCI, 2014, p. 1299).

Capítulo IV
Dos crimes contra as finanças públicas

Bibliografia: BITENCOURT, Cezar Roberto. *Tratado de Direito Penal*: parte especial. 15. ed. São Paulo: Saraiva, 2021. v. 5; DELMANTO, Celso et al. *Código Penal comentado*. 10. ed. São Paulo: Saraiva, 2022; GALVÃO, Fernando. *Direito Penal – Parte Especial*: crimes contra a Administração Pública. 3. ed. Belo Horizonte/São Paulo: D'Plácido, 2020; MARTINELLI, João Paulo Orisini. *Dos crimes contra as finanças públicas*. In: ANDERSON, Luciano. *Código Penal comentado*. São Paulo: Thomson Reuters, 2021. p. 1232-1252; RUIVO, Marcelo. *Criminalidade financeira, contribuição à compreensão da gestão fraudulenta*. Porto Alegre: Livraria do Advogado, 2011; SOUZA, Luciano Anderson de. *Direito Penal – Parte especial*: arts. 312 a 359-H do CP. São Paulo: Thomson Reuters, 2020. v. 5.

Contratação de operação de crédito

Art. 359-A. Ordenar, autorizar ou realizar operação de crédito, interno ou externo, sem prévia autorização legislativa:

Pena – reclusão, de 1 (um) a 2 (dois) anos.

Parágrafo único. Incide na mesma pena quem ordena, autoriza ou realiza operação de crédito, interno ou externo:

I – com inobservância de limite, condição ou montante estabelecido em lei ou em resolução do Senado Federal;

II – quando o montante da dívida consolidada ultrapassa o limite máximo autorizado por lei.

Considerações gerais

A Constituição Federal estabelece programaticamente que a legislação complementar disporá sobre "finanças públicas" (art. 163, I, da CF)[413]. Trata-se do reconhecimento pelo constituinte da importância econômica do equilíbrio contábil nas contas públicas, pressuposto para o bom funcionamento estatal, a persecução de diversos objetivos fundamentais da República Federativa do Brasil (art. 3º da CF) e a garantia de diversos direitos de liberdade (art. 5º, *caput*, da CF) e sociais (art. 6º da CF).

A Lei de Responsabilidade com a gestão Fiscal (LRF) remete a tutela penal dos valores por ela protegidos administrativamente às proibições do ordenamento penal (art. 73 da LC n. 101/2000)[414]. Especificamente, o Código Penal prevê os crimes

---

[413] "Art. 163. Lei complementar disporá sobre: I – finanças públicas; (...)"

[414] "Art. 73. As infrações dos dispositivos desta Lei Complementar serão punidas segundo o Decreto-Lei n. 2.848, de 7 de dezembro de 1940 (Código Penal); a Lei n. 1.079, de 10 de

contra as finanças públicas do art. 359-A ao 359-H do Capítulo IV, inseridos pela Lei n. 10.028/2000 no Título XI (Dos crimes conta a Administração Pública).

Antes disso, os valores da LRF em relação à lei orçamentária já estavam tutelados nos crimes de responsabilidade do Presidente da República, Ministros de Estado, Ministros do Supremo Tribunal Federal, Procurador-Geral da República, ao Advogado-Geral da União, Procuradores-Gerais do Trabalho, Eleitoral e Militar e Procuradores-Gerais de Justiça dos Estados (art. 10 c/c art. 40-A, parágrafo único, I e II, da Lei n. 1.079/50). Igualmente ocorre nos crimes de responsabilidade dos Prefeitos e Vereadores (*v.g.*, art. 1º, V, VI e VII, do Decreto-lei n. 201/67) e ilícitos de improbidade administrativa previstos no Direito Penal sancionador (Lei n. 8.429/92). Isso quer dizer que a configuração de algum dos crimes contra as finanças públicas não afasta a incidência dos crimes de responsabilidade e da improbidade administrativa.

O equilíbrio contábil das contas dos entes públicos é fundamental para a capacidade de funcionamento estatal no cumprimento das finalidades prescritas pela Constituição e pelo ordenamento jurídico. É por isso que a lei impõe ao administrador a necessidade de planejamento e de respeito ao orçamento estatais, sem a possibilidade de criar despesas dissociadas dos parâmetros gerais do orçamento previamente aprovado.

Na realidade federativa atual, existem municípios e estados federados grandes produtores de renda, riqueza e receita tributária que vivem significativas dificuldades financeiras, contando com baixa capacidade de investimento. Há hipóteses de causas dessa situação financeira deficitária: (a) deficiência na divisão da receita tributária na federação; (b) deficiência na elaboração dos projetos de gestão; (c) deficiências na execução dos projetos de gestão; e (d) deficiência de controle na prevenção de más práticas dolosas para beneficiamento ilícito pessoal, dos partidos da coligação ou de terceiros.

Os crimes contra a fazenda pública designam fenômenos que atacam a Administração Pública, ofendendo especificamente o bem jurídico erário público (receita pública) de titularidade supraindividual dos cidadãos brasileiros e gerida pela Administração Pública dos três Poderes. Tradicionalmente, a doutrina costuma identificar o bem jurídico Administração Pública de titularidade monista estatal do ente público administração direta ou indireta, que administra os recursos pertencentes às finanças públicas (BITENCOURT, 2021, p. 486). Todavia, na realidade econômica do "Estado Fiscal", na qual a imensa maioria dos recursos integrantes das finanças públicas é originária da receita proveniente de tributos, deve se pensar se o reconhecimento do bem jurídico receita pública não seria de titula-

---

abril de 1950; o Decreto-Lei n. 201, de 27 de fevereiro de 1967; a Lei n. 8.429, de 2 de junho de 1992; e demais normas da legislação pertinente."

ridade supraindividual dos cidadãos, sejam contribuintes tributários, sejam beneficiários dos investimentos advindos das finanças públicas.

As condutas proibidas adotam majoritariamente a técnica de tutela dos crimes de perigo de lesão ao bem jurídico tutelado. Os crimes consideram-se consumados ainda que não esteja presente a prova da obtenção do benefício econômico pelo administrador público.

Os crimes contra a fazenda pública seguem a técnica redacional da lei penal em branco, segundo a qual a compreensão dos limites incriminadores depende do conhecimento do complemento de outra legislação, *v.g.*, ordenação de operação de crédito "sem prévia autorização legislativa" (art. 359-A do CP) ou além do "limite, condição ou montante estabelecido em lei ou em resolução do Senado Federal" (art. 359-A, parágrafo único, I, do CP). A abertura do tipo penal para a complementação preserva a atualidade da lei penal diante de alterações da legislação administrativa, em detrimento do conhecimento dos limites claros do tipo incriminador. Os complementos legais advêm, frequentemente, da Lei de Responsabilidade Fiscal (LRF), da Lei de Diretrizes Orçamentárias (LDO), da Lei Orçamentária Anual (LOA) e das resoluções do Senado Federal.

Os crimes contra a fazenda pública podem ser cometidos pelos chefes do Poder Executivo (Presidente da República, Governadores e Prefeitos), pelos Presidentes do Poder Legislativo (Senado Federal, Câmara dos Deputados Federais e Estaduais, Câmara de Vereadores) e pelo Presidente dos Tribunais Estaduais e Federais do Poder Judiciário.

Em relação ao tipo subjetivo, são crimes dolosos, sem a necessidade de prova de específica intenção de beneficiamento do administrador público e sem a possibilidade de responsabilização na modalidade culposa. Para as situações de beneficiamento doloso do administrador, segue existindo o crime de peculato (art. 312 do CP).

Considerações nucleares

A busca de crédito no mercado financeiro é frequente no serviço público, seja para superar dificuldades de caixa do ente público, seja para obter capacidade para investimentos em projetos com alto custo econômico. O crime proíbe o fenômeno de criação de endividamento para o ente público – sem a autorização legislativa para esse fim específico –, por meio de três condutas próprias específicas: ordenação, autorização e realização de operação de crédito não autorizada. Há também três comportamentos equiparados: ordenação, autorização e realização de operação de crédito "com inobservância de limite, condição ou montante estabelecido em lei ou em resolução do Senado Federal" ou quando a "dívida consolidada ultrapassa o limite" autorizado por lei.

Trata-se da proteção dos limites balizadores do espaço autônomo de atuação do Poder Executivo, que depende da autorização do Poder Legislativo para contração de crédito. É correta a crítica doutrinária acerca do perigo de ampliação na interpretação do tipo, gerando a administrativização do Direito Penal, já que o mero descumprimento da necessidade de autorização parlamentar para contratação de operação de crédito poderia aparentar caracterizar o crime, mesmo quando provado que a operação preservou as finanças públicas e foi realizada em prol do interesse público. É preciso ter cuidado que a "mera infração de dever não constitui crime" (BITENCOURT, 2021, p. 487).

O bem jurídico ofendido pelas condutas proibidas é a receita corrente do ente público específico. O endividamento não autorizado pelo poder legislativo causa dano à receita pública e coloca em perigo de dano o equilíbrio contábil entre os valores das receitas públicas e das despesas públicas. A ultrapassagem do "limite" previsto no art. 359-A, parágrafo único, I e II, do CP deve superar o patamar da insignificância.

O sujeito ativo é o servidor público com atribuição específica para "ordenar, autorizar ou realizar operação de crédito", de modo que o ato realizado por funcionário sem os específicos poderes é passível de anulação e não realiza o tipo penal. Trata-se de crime próprio do agente público com atribuição legal específica, podendo, em tese, haver coparticipação do cidadão não funcionário público, desde que conheça a qualidade de funcionário público do autor. Em relação aos verbos nucleares "ordenar ou autorizar", as condutas do Presidente da República configuram igualmente crime de responsabilidade contra a lei orçamentária (art. 10 da Lei n. 1.079/50)[415] e as condutas do prefeito municipal, crimes de responsabilidade sujeitos ao julgamento do poder judiciário (art. 1º, XX, do Decreto-lei n. 201/67)[416].

O sujeito passivo é o ente público da administração ou supraindividualidade de cidadãos titulares dos recursos geridos pela Administração Pública.

A conduta nuclear do tipo objetivo de "ordenar" é própria do agente público com atribuição para "mandar, determinar a realização de operação de crédito, sem a existência de autorização legislativa" (BITENCOURT, 2021, p. 486). O verbo "autorizar" designa a conduta de permitir, aprovar, dar, fornecer, conceder, conferir autorização para a realização da operação de crédito. Já o verbo "realizar"

---

[415] "Art. 10. São crimes de responsabilidade contra a lei orçamentária: 9) ordenar ou autorizar, em desacordo com a lei, a realização de operação de crédito com qualquer um dos demais entes da Federação, inclusive suas entidades da administração indireta, ainda que na forma de novação, refinanciamento ou postergação de dívida contraída anteriormente;"

[416] "Art. 1º São crimes de responsabilidade dos Prefeitos Municipal, sujeitos ao julgamento do Poder Judiciário, independentemente do pronunciamento da Câmara dos Vereadores: (...) XX – ordenar ou autorizar, em desacordo com a lei, a realização de operação de crédito com qualquer um dos demais entes da Federação, inclusive suas entidades da administração indireta, ainda que na forma de novação, refinanciamento ou postergação de dívida contraída anteriormente;"

significa executar, efetivar, concretizar ou celebrar operação de crédito. Habitualmente, o agente público que ordena ou autoriza a operação de crédito é superior àquele que a realiza.

O conceito de "operação de crédito" está definido no art. 29, III, da LC n. 101/2000[417]. O organismo que concede o crédito pode ser nacional (*v.g.*, agências regionais de fomento) ou internacional (*v.g.*, BID, CAF).

A "prévia autorização legislativa" para o ato pode ser de atribuição do Senado Federal (art. 52, V, da CF)[418], das assembleias legislativas ou das câmaras municipais dependendo do órgão que precise da autorização. A autorização legislativa deverá ser manifestação parlamentar específica, considerando as condições dos entes envolvidos, valores, custos e prazos da operação de crédito em particular. Não se pode confundir a autorização genérica para tomar crédito, sem a especificação de uma operação em particular, que alguns órgãos da administração detêm por força de lei, *v.g.*, empresas públicas, Ministério Público e Judiciário. A autorização legislativa referida no tipo é o pronunciamento parlamentar específico e necessário para autorização de determinado ente público em particular. A jurisprudência do STJ reconheceu configurado o crime no caso do Prefeito que assinou Termo de Confissão de Dívida com empresa concessionária de serviço público de energia elétrica, sem a prévia licença legislativa específica para tanto, incidindo na conduta de "realizar operação de crédito, interno", não autorizada especificamente pelo legislativo[419].

Nas formas criminais equiparadas, os dados presentes na autorização legislativa do Senado Federal via resolução (art. 59, VII[420], c/c art. 68, § 2º[421], da CF) serão os referenciais para a avaliação se houve "inobservância de limite, condição ou montante" (art. 359-A, parágrafo único, I, do CP). Já o conceito de "dívida pública consolidada" é o total das obrigações financeiras do ente federativo, que

---

[417] "Art. 29. Para os efeitos desta Lei Complementar, são adotadas as seguintes definições: (...) III – operação de crédito: compromisso financeiro assumido em razão de mútuo, abertura de crédito, emissão e aceite de título, aquisição financiada de bens, recebimento antecipado de valores provenientes da venda a termo de bens e serviços, arrendamento mercantil e outras operações assemelhadas, inclusive com o uso de derivativos financeiros;"

[418] "Art. 52. Compete privativamente ao Senado Federal: (...) V – autorizar operações externas de natureza financeira, de interesse da União, dos Estados, do Distrito Federal, dos Territórios e dos Municípios;"

[419] STJ, AREsp 235.040/RS, Decisão Monocrática, Min. Nefi Cordeiro, 6ª Turma, j. 10-12-2014, *DJe* 15-12-2014.

[420] "Art. 59. O processo legislativo compreende a elaboração de: (...) VII – resoluções."

[421] "Art. 68. As leis delegadas serão elaboradas pelo Presidente da República, que deverá solicitar a delegação ao Congresso Nacional. (...) § 2º A delegação ao Presidente da República terá a forma de resolução do Congresso Nacional, que especificará seu conteúdo e os termos de seu exercício."

tem alguns dos componentes previstos nos arts. 29, I[422], § 3º[423], e 30, § 7º[424], da LC n. 101/2000.

O tipo subjetivo descreve conduta dolosa direta ou dolosa eventual na modalidade própria (querer ordenar, autorizar ou realizar operação de crédito sem autorização legislativa) e na modalidade equiparada (querer ordenar, autorizar ou realizar operação de crédito com inobservância de limite, condição ou montante estabelecido em lei ou quando a dívida consolidada ultrapassa o limite autorizado por lei). A figura própria e a equiparada só se realizam dolosamente, pressupondo a vontade de violação do dever objetivo de cuidado. Portanto, é necessário que o autor conheça a inexistência de autorização ou que não observe limite, condição ou montante estabelecido em lei ou, ainda, que a dívida consolidada ultrapassa o limite autorizado por lei. Não há previsão de modalidade meramente culposa.

A consumação das condutas de "ordenar" e de "autorizar" a operação de crédito requerem que o subordinado realize efetivamente a operação em concreto – que depende do cumprimento de várias etapas –, de modo a realmente ofender a receita corrente do ente público. Caso contrário, não se teria um crime de ofensa à receita e sim uma mera infração do dever funcional, que pode ser penalmente inofensiva (BITENCOURT, p. 486 e 489). A ordenação e a autorização são geralmente condicionadas ao cumprimento prévio de vários requisitos, como a autorização legislativa, que se eventualmente não forem obtidos impedem a efetivação da operação. Para a tentativa ser possível, é necessário que o gestor público ordene ou autorize a operação que começou a ser executada pelo subordinado, sendo obstada contra a vontade do superior. Se o subordinado nem começar o procedimento para a operação – independe das razões – não estará configurada a tentativa.

Considerações finais

Em termos criminológicos, os crimes fazendários possuem baixa repercussão na jurisprudência dos tribunais, o que pode indicar as hipóteses de eventual cifra oculta desconhecida pelas instâncias de controle e da efetiva incidência de elementos despenalizadores que evitam a necessidade de instrução de processo criminal adversarial.

---

[422] "Art. 29. Para os efeitos desta Lei Complementar, são adotadas as seguintes definições: I – dívida pública consolidada ou fundada: montante total, apurado sem duplicidade, das obrigações financeiras do ente da Federação, assumidas em virtude de leis, contratos, convênios ou tratados e da realização de operações de crédito, para amortização em prazo superior a doze meses;"

[423] "Art. 29. (...) § 3º Também integram a dívida pública consolidada as operações de crédito de prazo inferior a doze meses cujas receitas tenham constado do orçamento."

[424] "Art. 30 (...) § 7º Os precatórios judiciais não pagos durante a execução do orçamento em que houverem sido incluídos integram a dívida consolidada, para fins de aplicação dos limites."

Entre os institutos despenalizadores, cabe a transação penal (art. 76 c/c art. 61 da Lei n. 9.099/95) no crime de contratação de operação de crédito. Ainda, há a hipótese de suspensão condicional do processo (art. 89 da Lei n. 9.099/95), cabível para todos os crimes do capítulo.

Especificamente o Acordo de Não Persecução Penal (ANPP), destinado ao caso de "infração penal sem violência ou grave ameaça e com pena mínima inferior a quatro anos" (art. 28-A do CPP), aplica-se a todos os crimes contra a fazenda pública deste capítulo.

É um crime de menor potencial ofensivo submetido ao processamento do procedimento comum sumaríssimo e à aplicação da transação penal (art. 76 da Lei n. 9.099/95) e da suspensão condicional do processo (art. 89 da Lei n. 9.099/95).

A ação penal é sempre de iniciativa pública incondicionada à representação, observado o procedimento especial estabelecido entre os arts. 513 e 518 do CPP.

Inscrição de despesas não empenhadas em restos a pagar

Art. 359-B. Ordenar ou autorizar a inscrição em restos a pagar, de despesa que não tenha sido previamente empenhada ou que exceda limite estabelecido em lei:

Pena – detenção, de 6 (seis) meses a 2 (dois) anos.

Considerações gerais

Remete-se às considerações gerais do crime de contratação de operação de crédito (art. 359-A do CP).

Considerações nucleares

O crime proíbe o fenômeno de ordenação ou de autorização de inscrição de despesas não empenhadas especificamente ou excedente ao limite legal em "restos a pagar", comprometendo a capacidade administrativa dos exercícios seguintes. A finalidade da incriminação é restringir a prática de gastos descontrolados pelo agente público que assume obrigações sem a existência dos recursos correspondentes para o adimplemento, repassando o endividamento para as gestões governamentais futuras e, em última instância, impedindo a execução do novo plano de governo.

O bem jurídico é a receita pública do ente público, gerida pela administração que permite a execução do plano de governo, dentro dos limites de autonomia do administrador público.

O sujeito ativo é o servidor público com atribuição legal para "ordenar" ou "autorizar" a inscrição em restos a pagar. Apenas os servidores titulares de Poder ou órgão referido no art. 20 da LC n. 101/2000 e os seus ordenadores de despesas podem ser autores do crime, *v.g.*, presidentes de tribunais judiciais e de conta, procuradores gerais, presidentes das casas legislativas nos três âmbitos, diretores, chefes, presidentes de órgãos ou sociedades da Administração Pública direta ou indireta com função de ordenar despesas. Como sujeito passivo, tem-se os titulares da receita gerida pela Administração Pública, conforme referido nas considerações gerais.

A conduta nuclear do tipo objetivo de "ordenar" significa mandar, determinar, comandar a prática "inscrição em restos a pagar". O verbo "autorizar" designa a conduta de permitir, aprovar, dar, fornecer, conceder, conferir autorização para a inscrição, já que, habitualmente, o realizador da "inscrição em restos a pagar" não tem autoridade pública (capacidade funcional específica) para a inscrição. O TRF5 julgou denúncia contra o prefeito de Girau do Ponciano/AL que teria ordenado a inscrição de restos a pagar de despesas que não foram previamente empenhadas[425].

As despesas qualificadas como "restos a pagar" são aquelas "despesas empenhadas mas não pagas até o dia 31 de dezembro distinguindo-se as processadas das não processadas" (art. 36 da Lei n. 4.320/64). Na prática, significa o endividamento do exercício seguinte pela dívida flutuante contraída e não paga no exercício anterior, demandando o registro em rubrica própria como crédito especial. Processadas são as despesas encaminhadas à liquidação, que não foram pagas por falta de recursos no caixa até o fim do exercício. Não processadas são as despesas empenhadas que ainda não passaram pelo procedimento de liquidação para apuração da existência efetiva da relação geradora do crédito, do valor exato e do seu titular (art. 63 da Lei n. 4.320/64).

A "despesa que não tenha sido previamente empenhada" refere-se à dívida não formalizada, ainda que o exercício seguinte permaneça com a mesma administração e que exista recursos para o pagamento da dívida não empenhada. O procedimento público para pagamento das dívidas inclui três fases: emissão de nota de empenho, liquidação da dívida e emissão de ordem de pagamento. O TJRS rejeitou a denúncia criminal de suposta existência de restos a pagar, sem a narrativa da específica conduta do prefeito causadora dos restos a pagar, uma vez que "não é crime a simples existência de restos a pagar, sem indicar a despesa não empenhada que implicou na existência desse resultado"[426]. O crime não é nem responsabilidade criminal objetiva pela mera existência de restos a pagar nem a mera contrariedade à lei que estabelece o limite legal de gastos. Para a caracterização do crime no plano objetivo, é preciso provar a existência da conduta de "ordenar" ou "autorizar" causadora do resultado ofensivo ao bem jurídico. O TJSP absolveu o Prefeito de Jaguariúna/SP, que supostamente teria ordenado e autorizado a inscrição em restos a pagar de despesa não empenhada previamente, mediante a prova da "inexistência de restos a pagar" e da "falta de perícia contábil"

---

[425] TRF5, Apelação 00000082920154058001, rel. Des. Ivan Lira de Carvalho, 2ª Turma, j. 6-12-2016.
[426] AP 70004612313, 4ª Câmara Criminal, rel. Des. Gaspar Marques Batista, j. 19-12-2002.

que poderiam eventualmente apoiar o "raciocínio presuntivo a respeito da autoria e culpabilidade"[427].

A despesa que "exceda limite estabelecido em lei" prevista na parte final do tipo é aquela formalizada como dívida pública para além do limite de gasto possível, causando a rolagem ou postergação do pagamento para o exercício seguinte.

O tipo subjetivo descreve condutas dolosas. Não há previsão de modalidade meramente culposa.

A consumação ocorre com a efetiva inscrição da despesa em restos a pagar. Se a ordem ou a autorização para inscrição da dívida para o pagamento no exercício seguinte for condicionada ao prévio empenho ou ao respeito ao limite legal, não haverá o crime. É preciso que a ordem ou a autorização coloque o bem jurídico em perigo de dano, não bastando a mera comprovação de uma infração de dever (BITENCOURT, 2021, p. 486). Portanto, se a ordem ou a autorização para inscrição for revogada ou anulada pelo seu próprio superior antes de começar a ser cumprida pelo subordinado, não haverá crime pela inexistência de perigo ao bem jurídico.

Para haver tentativa, é necessário que a ordem ou autorização ilegal seja dada pelo superior consciente da causação do perigo de lesão à receita pública corrente e, por razões alheias a sua vontade, a ordem ou a autorização não vier a ser efetivada, causando ofensa de perigo de lesão à receita pública.

Pode acontecer que o mandatário do cargo tenha no último ano do mandato inscrito "a despesa não empenhada em restos a pagar" – respondendo pelo art. 359-B do CP – e que o novo mandatário não ordene ou não autorize o "cancelamento do montante em restos a pagar" inscrito em valor superior ao permitido – respondendo pelo art. 359-F do CP. Caso ocorra reeleição do mandatário, as referidas condutas "agir para inscrever" e "omitir o cancelamento" são passíveis de serem realizadas pelo mesmo autor, que será acusado apenas da conduta ativa: inscrição da dívida em restos a pagar (art. 359-B). Toda conduta ativa ofensiva ao bem jurídico tem implicitamente uma omissão do dever de cuidado para a proteção do bem jurídico, por exemplo, dever de cancelamento dos restos a pagar.

Considerações finais

Entre os institutos despenalizadores, cabe a transação penal (art. 76 c/c art. 61 da Lei n. 9.099/95) no crime de inscrição de despesas não empenhadas em restos a pagar (art. 359-B do CP). Ainda, há a hipótese de suspensão condicional do processo (art. 89 da Lei n. 9.099/95), cabível para todos os crimes do capítulo.

É um crime de menor potencial ofensivo submetido ao processamento do procedimento comum sumaríssimo e à aplicação da transação penal (art. 76 da Lei n. 9.099/95) e da suspensão condicional do processo (art. 89 da Lei n. 9.099/95).

---

[427] AP 0029273-34.2017.8.26.0000, rel. Des. Ivana David, 4ª Câmara Criminal, j. 17-8-2021.

Igualmente se remete às considerações finais do crime de contratação de operação de crédito (art. 359-A do CP).

Assunção de obrigação no último ano do mandato ou legislatura

Art. 359-C. Ordenar ou autorizar a assunção de obrigação, nos dois últimos quadrimestres do último ano do mandato ou legislatura, cuja despesa não possa ser paga no mesmo exercício financeiro ou, caso reste parcela a ser paga no exercício seguinte, que não tenha contrapartida suficiente de disponibilidade de caixa:
Pena – reclusão, de 1 (um) a 4 (quatro) anos.

Considerações gerais

Igualmente se remete às considerações gerais do crime de contratação de operação de crédito (art. 359-A do CP).

Considerações nucleares

O crime proíbe o fenômeno de endividamento do mandato futuro, colocando em perigo de dano à autonomia do mandatário eleito de viabilização econômica do seu plano de governo. É corrente a prática do aumento de gastos públicos nos dois anos finais do mandato, tendo como limite legítimo para adquirir obrigações os dois últimos quadrimestres. A finalidade da proibição é evitar a irresponsabilidade financeira da gestão antecessora para com a sucessora (SOUZA, 2020, p. 487).

São punidas as condutas de "ordenar" ou de "autorizar" a assunção de obrigação nos dois últimos quadrimestres do último ano do mandato ou da legislatura, que não possa ser paga no mesmo exercício financeiro, restando parcela para ser saldada no exercício seguinte sem a reserva de disponibilidade econômica para este fim no caixa público. A Lei de Responsabilidade Fiscal veda essa prática textualmente (art. 42 da LC n. 101/2000)[428]. Nota-se que são condutas mais graves que a inscrição em restos a pagar de despesas não empenhadas ou além do limite legal, justificando uma moldura penal mais grave que a do art. 359-B do CP.

O bem jurídico ofendido pelas condutas é a autonomia econômica de efetivação da política pública de titularidade dos próximos mandatários eleitos. O

---

[428] "Art. 42. É vedado ao titular de Poder ou órgão referido no art. 20, nos últimos dois quadrimestres do seu mandato, contrair obrigação de despesa que não possa ser cumprida integralmente dentro dele, ou que tenha parcelas a serem pagas no exercício seguinte sem que haja suficiente disponibilidade de caixa para este efeito. Parágrafo único. Na determinação da disponibilidade de caixa serão considerados os encargos e despesas compromissadas a pagar até o final do exercício."

endividamento prévio aos novos mandatos do Executivo e do Legislativo pelos mandatários anteriores impede que os novos mandatários tenham a possibilidade concreta de colocação em prática dos seus planos políticos, por ainda estarem limitados pelo saldo dos antigos mandatários. O crime consuma-se com o resultado de dano à autonomia do mandatário seguinte que recebeu o mandato sem ter a previsão de rubrica específica para saldar despesas assumidas pelos mandatários anteriores, sendo assim, a tentativa é possível. Logo, a "ordem" ou a "autorização" para contrair obrigação que não for cumprida impede a consumação do crime.

Entende-se que não existirá ofensa ao bem jurídico caso o mandatário que assumiu a obrigação no último ano do mandato vier a ser reeleito, devendo seguir pagando as obrigações assumidas no exercício passado. Nessa situação, estará preservada sua autonomia econômica de efetivação do seu plano político que já vinha em curso no mandato passado.

O sujeito ativo é o servidor público com atribuição legal para "ordenar" ou "autorizar" a assunção de obrigação. Apenas os servidores titulares de Poder público ou órgão referido nos arts. 20, § 2º, e 42 da LC n. 101/2000. Como sujeito passivo, tem-se os titulares da receita gerida pela Administração Pública, conforme referido nas considerações gerais.

A conduta nuclear do tipo objetivo de "ordenar" significa mandar, determinar, comandar a prática de "assunção de obrigação". O TJRS julgou caso do prefeito de Bom Jesus/RS que ordenou e autorizou a assunção de obrigações nos últimos quadrimestres do seu mandato, "cujas despesas não poderiam ser pagas no mesmo exercício financeiro, assim como inscreveu em restos a pagar parcelas que não tinham contrapartida suficiente de disponibilidade de caixa".[429]

O verbo "autorizar" designa a conduta de permitir, aprovar, dar, fornecer, conceder, conferir autorização para a "assunção de obrigação". O STF condenou o Prefeito de Macapá/AP que teria autorizado a assunção de obrigação no último ano do seu mandato, "sem adimpli-la no mesmo exercício financeiro" e "sem deixar receita para quitação no ano seguinte".[430] O efetivo adimplemento de todas as obrigações no último ano do exercício não é obrigatório, segue havendo a possibilidade de contratação de obrigações em que o pagamento está dividido em parcelas, desde que as parcelas vincendas no exercício financeiro seguinte tenham reservada disponibilidade de caixa. O TJSP manteve condenação de prefeito que assumiu obrigações, por meio de "aditamento de contrato no último quadrimestre do mandato, conferindo ao contratado crédito no valor de R$ 144.237,77 sem que

---

[429] TJRS, Apelação Criminal 70081734402, 4ª Câmara Criminal, rel. Des. Rogerio Gesta Leal, j. 10-10-2019.

[430] STF, AP n. 916, rel. Min. Roberto Barroso, 1ª Turma, j. 17-5-2016.

houvesse verba para tal pagamento naquele ano, tampouco previsão em caixa para pagamento no ano seguinte, pelo sucessor"[431].

O prazo dos "dois últimos quadrimestres do último ano do mandato ou legislatura" é o marco normativo que indica temporalmente o limite até quando pode ocorrer a contratação lícita da obrigação. Caso alguma obrigação for contraída e quitada no mesmo exercício, não haverá crime, ainda que persistam dívidas criadas antes do período indicado no tipo para serem adimplidas pelo sucessor.

A elementar "mandato" designa conceito mais amplo que a "legislatura", sendo a delegação de poderes a um eleito para exercer atividades representando pessoas ou instituições quer no setor público, quer no privado, *v.g.*, Presidente do Tribunal, Procurador-Geral, Defensor-Geral. Já a "legislatura" é uma espécie de mandato relativo ao período no qual os eleitos ao Poder Legislativo têm poderes para exercer seus "mandatos" legislativos.

A avaliação da "disponibilidade de caixa" deve considerar todas as obrigações assumidas para serem adimplidas até o final do exercício (art. 42, parágrafo único, da LC n. 101/2000). A lei penal não proíbe radicalmente a contração de obrigações que não possam ser resgatadas no mesmo exercício, desde que existam recursos em contrapartida suficientes no caixa para saldar as obrigações assumidas. A contrapartida é entendida como a previsão em restos a pagar, com reserva de valores e indicação da fonte de custeio. Não basta que haja recursos disponíveis no caixa do novo exercício orçamentário, é preciso que tenham sido preservados recursos específicos no exercício anterior para esse fim.

Igualmente não será crime caso o titular do cargo de direção estiver diante de situação imposta por calamidade pública ou extraordinária, na qual o socorro caracteriza estado de necessidade para proteção de outros bens jurídicos.

O tipo subjetivo descreve condutas dolosas no sentido de que exige o conhecimento e a vontade de assumir obrigação nos últimos oito meses do mandato que não será saldada no mesmo exercício, nem deixará contrapartida em caixa para sua quitação no exercício seguinte (MARTINELLI, 2021, p. 1241). Não há previsão de modalidade meramente culposa.

Considerações finais

Há a hipótese de suspensão condicional do processo (art. 89 da Lei n. 9.099/95), cabível para todos os crimes do capítulo.

Igualmente se remete aqui às considerações finais do crime de contratação de operação de crédito (art. 359-A do CP).

---

[431] TJSP, Apelação Criminal 0000072-73.2018.8.26.0416, rel. Des. Otávio de Almeida Toledo, 16ª Câmara de Direito Criminal, j. 8-2-2022.

Ordenação de despesa não autorizada

Art. 359-D. Ordenar despesa não autorizada por lei:

Pena – reclusão, de 1 (um) a 4 (quatro) anos.

Considerações gerais

Igualmente se remete às considerações gerais do crime de contratação de operação de crédito (art. 359-A do CP).

Considerações nucleares

O crime proíbe o fenômeno de ordenação de despesa pelo Poder Executivo sem a devida autorização do Legislativo por via de lei. Trata-se da proteção da separação dos poderes (art. 2º da CF)[432] e do sistema de controles recíprocos da eficiência e justiça dos poderes públicos da República. A hipótese criminal significa a ultrapassagem ilícita da delimitação do espaço de cada poder na estrutura constitucional da separação dos poderes públicos, por meio do endividamento da Administração Pública.

O bem jurídico ofendido é a receita pública com procedimentos de endividamento previstos em lei. A "geração de despesa" para a Administração Pública tem limites previstos em lei, indicando hipótese de qualificação como "não autorizadas, irregulares e lesivas ao patrimônio público" (art. 15 da LC n. 101/2000)[433], estudos de fonte para o custeio e limites necessários (art. 16 da LC n. 101/2000)[434]

---

[432] "Art. 2º São Poderes da União, independentes e harmônicos entre si, o Legislativo, o Executivo e o Judiciário."

[433] "Art. 15. Serão consideradas não autorizadas, irregulares e lesivas ao patrimônio público a geração de despesa ou assunção de obrigação que não atendam o disposto nos arts. 16 e 17."

[434] "Art. 16. A criação, expansão ou aperfeiçoamento de ação governamental que acarrete aumento da despesa será acompanhado de: I – estimativa do impacto orçamentário-financeiro no exercício em que deva entrar em vigor e nos dois subseqüentes; II – declaração do ordenador da despesa de que o aumento tem adequação orçamentária e financeira com a lei orçamentária anual e compatibilidade com o plano plurianual e com a lei de diretrizes orçamentárias. § 1º Para os fins desta Lei Complementar, considera-se: I – adequada com a lei orçamentária anual, a despesa objeto de dotação específica e suficiente, ou que esteja abrangida por crédito genérico, de forma que somadas todas as despesas da mesma espécie, realizadas e a realizar, previstas no programa de trabalho, não sejam ultrapassados os limites estabelecidos para o exercício; II – compatível com o plano plurianual e a lei de diretrizes orçamentárias, a despesa que se conforme com as diretrizes, objetivos, prioridades e metas previstos nesses instrumentos e não infrinja qualquer de suas disposições. § 2º A estimativa de que trata o inciso I do *caput* será acompanhada das premissas e metodologia de cálculo utilizadas. § 3º Ressalva-se do disposto neste artigo a despesa considerada irrelevante, nos termos em que dispuser a lei de diretrizes orçamentárias. § 4º As normas do *caput* constituem condição prévia para: I – empenho e licitação de serviços, forneci-

e exigências para a verificação da compatibilidade de despesas com duração maior que "dois exercícios" (art. 17 da LC n. 101/2000)[435].

O sujeito ativo é o servidor público com atribuição legal para "ordenar despesa" que recebe a denominação administrativa de "ordenador de despesas", quem executar a ordem praticará conduta de obediência hierárquica (art. 22 do CP).

A conduta nuclear do tipo objetivo de "ordenar" significa mandar, determinar, comandar a realização de "despesa não autorizada por lei". O TJRS julgou caso do prefeito de Bom Jesus/RS que ordenou e autorizou a assunção de obrigações nos últimos quadrimestres do seu mandato, "cujas despesas não poderiam ser pagas no mesmo exercício financeiro, assim como inscreveu em restos a pagar parcelas que não tinham contrapartida suficiente de disponibilidade de caixa"[436]. O STJ apreciou pedido de soltura do ex-Presidente da Câmara Municipal de Juazeiro do Norte/CE investigado por supostamente realizar empréstimos consignados fraudulentos, tomando como crime-meio a conduta de ordenação de despesa não autorizada por lei, entre outras[437].

O TRF4 absolveu o Prefeito Municipal de Ponte Serrada/SC que utilizou "verbas públicas federais (provenientes do PETI e PAC)" e assinou "cheques para que fosse efetuado o pagamento, sem que houvesse a demonstração do recebimento

---

mento de bens ou execução de obras; II – desapropriação de imóveis urbanos a que se refere o § 3o do art. 182 da Constituição."

[435] "Art. 17. Considera-se obrigatória de caráter continuado a despesa corrente derivada de lei, medida provisória ou ato administrativo normativo que fixem para o ente a obrigação legal de sua execução por um período superior a dois exercícios. § 1º Os atos que criarem ou aumentarem despesa de que trata o *caput* deverão ser instruídos com a estimativa prevista no inciso I do art. 16 e demonstrar a origem dos recursos para seu custeio. § 2º Para efeito do atendimento do § 1º, o ato será acompanhado de comprovação de que a despesa criada ou aumentada não afetará as metas de resultados fiscais previstas no anexo referido no § 1º do art. 4º, devendo seus efeitos financeiros, nos períodos seguintes, ser compensados pelo aumento permanente de receita ou pela redução permanente de despesa. § 3º Para efeito do § 2º, considera-se aumento permanente de receita o proveniente da elevação de alíquotas, ampliação da base de cálculo, majoração ou criação de tributo ou contribuição. § 4º A comprovação referida no § 2º, apresentada pelo proponente, conterá as premissas e metodologia de cálculo utilizadas, sem prejuízo do exame de compatibilidade da despesa com as demais normas do plano plurianual e da lei de diretrizes orçamentárias. § 5º A despesa de que trata este artigo não será executada antes da implementação das medidas referidas no § 2º, as quais integrarão o instrumento que a criar ou aumentar. § 6º O disposto no § 1º não se aplica às despesas destinadas ao serviço da dívida nem ao reajustamento de remuneração de pessoal de que trata o inciso X do art. 37 da Constituição. § 7º Considera-se aumento de despesa a prorrogação daquela criada por prazo determinado."

[436] TJRS, Apelação Criminal 70081734402, 4ª Câmara Criminal, rel. Des. Rogerio Gesta Leal, j. 10-10-2019.

[437] STJ, RHC 59.048/CE, rel. Min. Felix Fischer, 5ª Turma, j. 27-10-2015.

das mercadorias pela Administração", por falta de prova da "vontade deliberada e consciente do agente de ordenar despesa não autorizada por lei" inerente ao dolo[438]. O TJSP manteve a condenação do Presidente da Câmara Municipal de Rosana/SP pelo pagamento "de valores a título de despesas de viagem para vereadores e servidores", "sem que existisse lei em sentido estrito prevendo o pagamento"[439].

O sentido da expressão "despesa não autorizada por lei" é o mesmo que despesa proibida por lei, conforme as exigências e vedações contidas nos arts. 15, 16 e 17 da LC n. 101/2000, bem como nas leis orçamentárias específicas. O STJ já exigiu a indicação exata da proibição, "afastando interpretações constitutivas e ampliadoras da tutela penal" em violação ao princípio da legalidade[440]. O fato de a despesa não estar previamente autorizada em lei segundo os referenciais citados não afirma que a ordenação da despesa caracterizará obrigatoriamente a ocorrência de crime, haja vista a incidência de causa de justificação da ilicitude (art. 23 do CP) (BITENCOURT, 2021, p. 511), *v.g.*, atender demanda do serviço de saúde pública (DELMANTO, 2022, p. 1279).

O tipo subjetivo descreve conduta dolosa de conhecer e querer ordenar despesa não autorizada em lei. Não há previsão de modalidade meramente culposa.

Considerações finais

Entre os institutos despenalizadores, há a hipótese de suspensão condicional do processo (art. 89 da Lei n. 9.099/95), cabível para todos os crimes do capítulo.

Igualmente se remete às considerações finais do crime de contratação de operação de crédito (art. 359-A do CP).

Prestação de garantia graciosa
Art. 359-E. Prestar garantia em operação de crédito sem que tenha sido constituída contragarantia em valor igual ou superior ao valor da garantia prestada, na forma da lei:
Pena – detenção, de 3 (três) meses a 1 (um) ano.

Considerações gerais

Igualmente se remete às considerações gerais do crime de contratação de operação de crédito (art. 359-A do CP).

---

[438] TRF4, Apelação Criminal 2007.72.12.000241-4, 7ª Turma, rel. Des. Nefi Cordeiro, *DE* 22-4-2010.

[439] TJSP, Apelação Criminal 0000013-79.2018.8.26.0515, rel. Des. Xavier de Souza, 11ª Câmara Criminal, j. 9-4-2021.

[440] STJ, Apn 398/MA, Min. Hamilton Carvalhido, Corte Especial, j. 18-10-2006, *DJ* 9-4-2007, p. 218.

Considerações nucleares

O fenômeno proibido no crime de prestação de garantia graciosa é a colocação do bem jurídico "finanças do ente público" (MARTINELLI, 2021, p. 1245) em situação de perigo de dano patrimonial, devido ao oferecimento de garantia (cautela) em operação de crédito originária em benefício de outro ente federativo, que não apresentou contragarantia (contracautela) do contrato em valor igual ou maior que a garantia disponibilizada. A contratação de empréstimo internacional por um ente da federação requer habitualmente garantia financeira da União, que, por sua vez, exige do Estado federado a prestação de contragarantia de valor igual ou maior do que aquele por ela caucionado. Trata-se de precaução financeira para evitar eventuais prejuízos decorrentes do inadimplemento por parte do beneficiário do contrato de crédito.

A concessão de garantia é definida legalmente como o "compromisso de adimplência de obrigação financeira ou contratual assumida por ente da Federação ou entidade a ele vinculada" no art. 29, IV, da LC n. 101/2000. Portanto, a garantia graciosa é a cautela econômica dada ao contrato de prestação de crédito por mera liberalidade, sem a previsão de cautela de contragarantia exigida por lei – em valor igual ou superior à garantia – a ser acionada em face do descumprimento da obrigação originária pelo ente público beneficiário da prestação da garantia. A finalidade da incriminação está em evitar que o agente público conceda garantias em benefício de terceiro em operação de crédito, que não tenha sido constituída contragarantia de igual valor ou maior.

A conduta nuclear de "prestar garantia" consiste no asseguramento mediante caução ou a assunção de obrigação em benefício de outrem de adimplemento de obrigação originária do tomador do crédito, diante do seu descumprimento contratual. Isto é, o ente público da administração direta ou indireta não pertencente à relação obrigacional originária assume nova obrigação de que seu patrimônio garanta a obrigação originária em nome do terceiro beneficiário da garantia. A concessão de garantia em operação de crédito é condicionada legalmente "ao oferecimento de contragarantia, em valor igual ou superior ao da garantia a ser concedida", segundo o art. 40 da LC n. 101/2000[441].

---

[441] "Art. 40. Os entes poderão conceder garantia em operações de crédito internas ou externas, observados o disposto neste artigo, as normas do art. 32 e, no caso da União, também os limites e as condições estabelecidos pelo Senado Federal e as normas emitidas pelo Ministério da Economia acerca da classificação de capacidade de pagamento dos mutuários. § 1º A garantia estará condicionada ao oferecimento de contragarantia, em valor igual ou superior ao da garantia a ser concedida, e à adimplência da entidade que a pleitear relativamente a suas obrigações junto ao garantidor e às entidades por este controladas, observado o seguinte:"

Por outro lado, nos casos em que não é exigível a "contragarantia de órgãos e entidades do próprio ente" (art. 40, § 1º, I, da LC n. 101/2000)[442], não poderá igualmente haver crime em decorrência da unidade do ordenamento jurídico que orienta a aplicação das normas do ordenamento de forma coerente e evita a existência de contradições aparentes. Pela unidade do ordenamento jurídico, uma conduta não pode ser lícita, autorizada administrativamente (concessão de garantia sem contragarantia quando o ente ou órgão beneficiário pertencer ao mesmo ente público), e ilícita, proibida criminalmente, sendo que a intervenção penal é muito mais aflitiva aos direitos fundamentais que a intervenção do direito administrativo. Se assim o fosse, seria um contrassenso com a estrutura fragmentária e subsidiária do ordenamento penal (*ultima ratio legis*).

A União federal pode obter a contragarantia exigida dos Estados e Municípios, por meio da retenção de receita tributária "diretamente arrecadadas e provenientes de transferências constitucionais", situação na qual o ente garantido outorga poderes ao garantidor "para retê-las e empregar o respectivo valor na liquidação da dívida vencida" (art. 40 da LC n. 101/2000)[443].

O sujeito ativo é qualquer servidor público da administração direta ou indireta de qualquer um dos três entes federativos, que tenha poderes decisórios para, em nome da administração, prestar a garantia graciosa. O sujeito passivo costuma ser apresentado pela doutrina como sendo o ente público da administração direta ou indireta, que administra os recursos pertencentes às finanças públicas (BITENCOURT, 2021, p. 514). Todavia, em uma realidade própria do "Estado Fiscal" na qual a imensa maioria dos recursos pertencentes às finanças públicas decorrem de receita originária de tributos, deve se pensar se o bem jurídico "finanças públicas" não seria efetivamente público com titularidade supraindividual dos cidadãos, sejam contribuintes tributários, sejam beneficiários dos investimentos oriundos das finanças públicas.

O tipo subjetivo exige o dolo de conhecer o dever legal de exigir contragarantia em determinado valor específico e querer prestar garantia graciosa assim

---

[442] "Art. 40. (...) § 1º A garantia estará condicionada ao oferecimento de contragarantia, em valor igual ou superior ao da garantia a ser concedida, e à adimplência da entidade que a pleitear relativamente a suas obrigações junto ao garantidor e às entidades por este controladas, observado o seguinte: I – não será exigida contragarantia de órgãos e entidades do próprio ente;"

[443] "Art. 40. (...) § 1º A garantia estará condicionada ao oferecimento de contragarantia, em valor igual ou superior ao da garantia a ser concedida, e à adimplência da entidade que a pleitear relativamente a suas obrigações junto ao garantidor e às entidades por este controladas, observado o seguinte: (...) II – a contragarantia exigida pela União a Estado ou Município, ou pelos Estados aos Municípios, poderá consistir na vinculação de receitas tributárias diretamente arrecadadas e provenientes de transferências constitucionais, com outorga de poderes ao garantidor para retê-las e empregar o respectivo valor na liquidação da dívida vencida."

mesmo. Caso o agente público desconheça as exigências do art. 40 da LC n. 101/2000 e o valor que deveria constar como contragarantia, não estará configurada hipótese de erro de proibição.

Por ser um crime de perigo de dano às finanças do ente público prestador da garantia, o crime consuma-se com a prestação de garantia de operação de crédito ainda que não se efetive a lesão. A prática tem mostrado que, algumas vezes, a contragarantia é apresentada previamente pelo pretenso beneficiário da garantia, a fim de que a prestação da garantia seja efetivada. É admissível a tentativa na hipótese.

Não há ofensa ao bem jurídico caso seja prestada garantia graciosa em contrato de crédito que jamais foi adimplido pelo ente concedente do crédito, exonerando aquele que tinha expectativa de tomar o crédito do dever de pagar os valores que seriam tomados.

Considerações finais

Entre os institutos despenalizadores, cabe a transação penal (art. 76 c/c art. 61 da Lei n. 9.099/95) nos crimes de prestação de garantia graciosa (art. 359-E do CP). Ainda, há a hipótese de suspensão condicional do processo (art. 89 da Lei n. 9.099/95), cabível para todos os crimes do capítulo. É um crime de menor potencial ofensivo submetido ao processamento do procedimento comum sumaríssimo e à aplicação da transação penal (art. 76 da Lei n. 9.099/95) e da suspensão condicional do processo (art. 89 da Lei n. 9.099/95).

Igualmente se remete às considerações finais do crime de contratação de operação de crédito (art. 359-A do CP) naquilo que não for colidente com a disciplina específica anteriormente apresentada.

Não cancelamento do restos a pagar

Art. 359-F. Deixar de ordenar, de autorizar ou de promover o cancelamento do montante de restos a pagar inscrito em valor superior ao permitido em lei:

Pena – detenção, de 6 (seis) meses a 2 (dois) anos.

Considerações gerais

Igualmente se remete aqui às considerações gerais do crime de contratação de operação de crédito (art. 359-A do CP).

Considerações nucleares

O crime proíbe o fenômeno omissivo de deixar de ordenar, autorizar ou promover o "cancelamento do montante de restos a pagar inscrito em valor superior ao permitido em lei". Trata-se de dever penal de agir para ordenar, autorizar ou promover o cancelamento dos restos a pagar inscritos em valor superior ao permitido em lei, de forma a proteger o bem jurídico tutelado.

O bem jurídico é a receita pública do ente público, gerida pela administração, que permite a execução do plano de governo, dentro dos limites de autonomia do administrador público.

O sujeito ativo das duas primeiras condutas é o servidor público superior possuidor da atribuição legal para "ordenar" ou "autorizar" o cancelamento; e da terceira conduta de "promover" o cancelamento é o servidor público subordinado encarregado de realizar efetivamente o cancelamento. Como sujeito passivo, tem-se os titulares da receita gerida pela Administração Pública, conforme referido nas considerações gerais.

Trata-se de crime omissivo próprio segundo o qual a lei descreve as condutas específicas que devem ser omitidas pelo destinatário da norma para a configuração do crime. A consumação do crime ocorre com a falta de cumprimento do dever de agir para proteger o bem jurídico, quando o omitente sabia estar diante de situação que podia e devia agir para proteger a receita pública gerida pela Administração Pública.

O tipo objetivo possui três condutas omissivas nucleares descritas na forma de deixar: "deixar de ordenar", "deixar de autorizar" e "deixar de promover" o cancelamento dos restos a pagar em valor superior ao permitido em lei. "Deixar de ordenar" significa não mandar, determinar, comandar que um subordinado pratique o cancelamento dos restos a pagar quando era reconhecido como devido, já que em montante superior ao permitido em lei. "Deixar de autorizar" designa a conduta do superior que deixou de permitir, aprovar, dar, fornecer, conceder, conferir autorização ao funcionário subordinado – com iniciativa, competência técnica e sem competência decisória – a efetivar o cancelamento dos restos a pagar.

A proibição da conduta de "deixar de promover" é destinada ao funcionário superior – se possuidor de capacidade técnica e possibilidade concreta de realizar por si só – e ao subordinado, que recebe a ordem ou a autorização do superior hierárquico, mas não realiza o cancelamento.

O conceito de "restos a pagar" designa a despesa empenhada e não paga até o final do exercício no qual foi contraída no dia 31 de dezembro (art. 36, *caput*, da Lei n. 4.320/64)[444], que passa para o exercício seguinte com registro em rubrica própria para ser saldada por meio de crédito especial. Há a distinção entre os "restos a pagar processados" que são os encaminhados à liquidação e não pagos por falta de recursos no caixa antes do final do exercício e os "restos a pagar não processados" que designa casos em fase anterior, na qual ainda não foi realizado o processo de liquidação do valor exato.

---

[444] "Art. 36. Consideram-se Restos a Pagar as despesas empenhadas mas não pagas até o dia 31 de dezembro distinguindo-se as processadas das não processadas."

Será atípica a conduta de "não cancelamento de restos a pagar" que estejam abaixo do limite permitido pela lei, ainda que esses restos a pagar não tenham sido previamente empenhados. Só haverá ofensa penal ao bem jurídico se ultrapassar o limite contábil, caracterizando na hipótese de se situar abaixo de eventual infração administrativa. Por essa razão, parte da doutrina considera que esse tipo penal deveria ter paralelismo com as duas condutas ativas proibidas no art. 459-B do CP, que são a inscrição em restos a pagar de despesa não "previamente empenhada" ou de despesa "que exceda limite estabelecido em lei" (BITENCOURT, 2021, p. 523).

Já na situação de conflito aparente de normas na qual o agente público ordena ou autoriza a "inscrição de despesas não empenhada em restos a pagar" (art. 359-B do CP) e, posteriormente, justamente porque pretende ver a dívida paga pela administração, não ordena ou não autoriza o "cancelamento de restos a pagar" (art. 359-F do CP) decorrentes da dívida que contraiu, haverá a incidência apenas do crime da conduta ativa (art. 359-B do CP). Toda conduta ativa ofensiva ao bem jurídico tem como pressuposto uma conduta omissiva de cumprimento de um dever de cuidado do bem jurídico. Portanto, punir duas vezes por dois tipos penais diferentes o mesmo fenômeno caracterizaria violação do *ne bis in idem* (BITENCOURT, 2021, p. 525).

A razão de ser de as incriminações dos arts. 359-B e 359-F do CP constarem em artigos separados diz respeito ao caso de haver sucessão de mandatários do cargo, respondendo o antecessor, que inscreveu em restos a pagar além do limite legal, pelo art. 359-B do CP, e o sucessor, que não determinou ou autorizou o cancelamento dos restos a pagar excessivos, pelo art. 359-F do CP.

O tipo subjetivo descreve condutas dolosas omissivas no sentido de que exige o conhecimento e a vontade de omitir a ordenação, a autorização ou a promoção do cancelamento. Não há previsão de modalidade meramente culposa.

Há duas hipóteses de erro penalmente relevante que devem ser destacadas. A primeira de erro de proibição, na qual o administrador público desconhece as regras que estabelecem o dever de determinar o cancelamento dos restos a pagar acima do limite legal. É possível que o administrador público eleito presuma eventualmente que as despesas feitas e empenhadas pelo antecessor deveriam ser honradas e jamais canceladas pelo sucessor. A segunda hipótese caracteriza erro de tipo, segundo a qual o administrador público sabe que é destinatário da norma do dever legal de determinar o cancelamento, mas desconhece em concreto estar diante de um caso em que as despesas ultrapassaram o limite legal.

Considerações finais

Entre os institutos despenalizadores, cabe a transação penal (art. 76 c/c art. 61 da Lei n. 9.099/95) nos crimes de não cancelamento de restos a pagar (art. 359-F do CP). Ainda, há a hipótese de suspensão condicional do processo (art. 89 da Lei n. 9.099/95), cabível para todos os crimes do capítulo.

É um crime de menor potencial ofensivo submetido ao processamento do procedimento comum sumaríssimo e à aplicação da transação penal (art. 76 da Lei n. 9.099/95) e da suspensão condicional do processo (art. 89 da Lei n. 9.099/95).

Igualmente se remete às considerações finais do crime de contratação de operação de crédito (art. 359-A do CP) naquilo que não for colidente com as informações anteriores.

Aumento de despesas total com pessoal no último ano do mandato ou legislatura

Art. 359-G. Ordenar, autorizar ou executar ato que acarrete aumento de despesa total com pessoal, nos cento e oitenta dias anteriores ao final do mandato ou da legislatura:

Pena – reclusão, de 1 (um) a 4 (quatro) anos.

Considerações gerais

Igualmente se remete às considerações gerais do crime de contratação de operação de crédito (art. 359-A do CP).

Considerações nucleares

O crime proíbe o fenômeno de contratação de novos servidores ou de concessão de aumento salarial ao funcionalismo público no final do mandato ou legislatura, considerando o previsível impacto econômico do incremento da folha de pagamento no orçamento público. A própria Constituição estabelece limite para "despesa com pessoal ativo e inativo e pensionista" que deve observar lei complementar (art. 169 da CF)[445].

Historicamente, esses expedientes foram realizados não suprindo a carência do serviço público ou de reconhecimento da necessidade de melhor remuneração dos servidores, mas, sim, com fins eleitoreiros deixando dívida para ser paga pelos sucessores. Entende-se que a contratação de novos servidores públicos para além da reposição do número de funcionários faltantes ou o aumento do valor do subsídio podem ser utilizados no final do mandato como manobra eleitoreira para melhorar o apreço do governo ou dos parlamentares ou para desenvolver aliança com apoiadores.

O bem jurídico protegido é a receita do ente público, gerida pela administração, que permite a execução do plano de governo, dentro dos limites de autonomia do administrador público. A técnica de tutela do bem jurídico é do crime de

---

[445] "Art. 169. A despesa com pessoal ativo e inativo e pensionistas da União, dos Estados, do Distrito Federal e dos Municípios não pode exceder os limites estabelecidos em lei complementar."

perigo ao bem jurídico, de modo que se consuma com a ordem, a autorização ou a execução do ato que acarrete aumento de despesa com pessoal, colocando o bem jurídico em perigo de lesão. A tentativa de realização das duas primeiras condutas não é punível, já que seria a tentativa de realização de crime de perigo de lesão, o que não apresenta ofensividade mínima ao bem jurídico. Se a ordem ou a autorização não puder ser realizada na prática, não haverá crime. Já a conduta de execução do ato de aumento da despesa é material, devendo ser especificamente descrito e provado o modo de realização.

O sujeito ativo das duas primeiras condutas ("ordenar" ou "autorizar") é o servidor público superior com atribuição legal para tanto. O da terceira conduta de "executar" o ato é o servidor público subordinado, que poder ser o "ordenador de despesas". Como sujeito passivo, tem-se os titulares da receita gerida pela Administração Pública, conforme referido nas considerações gerais.

O verbo nuclear "ordenar" significa mandar, determinar, comandar a realização de "ato que acarrete aumento de despesa total com pessoal". O TJSP condenou o Prefeito de Jeriquara/SP por ter ordenado atos que acarretaram aumento da despesa total com pessoal, nos 180 dias finais do mandato[446]. Por outro lado, também o TJSP manteve a absolvição do Prefeito de Vinhedo/SP, acusado de ter aumentado as despesas com pessoal passando de "34,3948% para 40,1128% da receita do município", por entender que o "tipo penal exige a comprovação do ato de ofício praticado que tenha resultado no aumento de despesas com pessoal"[447]. Portanto, caso não exista a prova de que a conduta praticada causou o aumento específico, não estará caracterizado o crime.

O verbo "autorizar" designa a conduta de permitir, aprovar, dar, fornecer, conceder, conferir autorização para a realização da operação de crédito. Já o verbo "executar" significa realizar, efetivar "ato que acarrete aumento de despesa total com pessoal".

A lei penal veda todo e qualquer aumento de despesa no período final do mandato ou legislatura, independentemente da existência de recursos previstos no orçamento e situação abaixo do limite previsto no art. 20 da LC n. 101/2000.

O conceito de "despesa total com pessoal" está previsto na lei como o "somatório dos gastos do ente da Federação com os ativos, os inativos e os pensionistas" (art. 18 da LC n. 101/2000)[448]. Cada ente federativo tem um teto de gastos com pessoal de acor-

---

[446] TJSP, Apelação Criminal 0001218-66.2016.8.26.0434, rel. Des. Amable Lopez Soto, 12ª Câmara Criminal, j. 19-10-2021.

[447] TJSP, Apelação Criminal 0008427-61.2014.8.26.0659, rel. Des. Camilo Léllis, 4ª Câmara Criminal, j. 18-2-2020.

[448] "Art. 18. Para os efeitos desta Lei Complementar, entende-se como despesa total com pessoal: o somatório dos gastos do ente da Federação com os ativos, os inativos e os pensionistas, relativos a mandatos eletivos, cargos, funções ou empregos, civis, militares e de mem-

do com a receita líquida corrente, sendo o limite de 50% da receita para a União federal e de 60% para Estados e Municípios (art. 19 da LC n. 101/2000)[449].

O ato de ordenar ou autorizar deve ter sido realizado no período dos 180 dias finais do mandato ou da legislatura. Trata-se de prazo diferente daquele previsto na Lei de Responsabilidade Fiscal para a vedação de assunção de obrigação nos últimos dois quadrimestres do mandato (art. 42 da LC n.101/2000)[450]. Para a ocorrência do crime, é preciso que o fato ocorra da metade em diante do segundo quadrimestre do ano final do mandato ou da legislatura.

O tipo subjetivo descreve condutas dolosas no sentido de que exige o conhecimento e a vontade de aumentar despesa total com pessoal. Não há previsão de modalidade culposa. Assim, o desconhecimento do autor do ato praticado que está aumentando a despesa dentro do período configura erro sobre elemento do tipo que acaba excluindo o juízo positivo de tipicidade.

Essa redação típica refere-se ao fenômeno específico de aumento de despesa com pessoal nos últimos 180 dias, diferente da genérica proibição de assunção de toda e qualquer obrigação nos últimos dois quadrimestres do ano que não possa ser paga no mesmo exercício (art. 359-C do CP). Note-se que o aumento de despesa com a folha de pagamento não pode ser resgatada dentro do mesmo exercício, porque as gestões sucessivas não poderão reduzir os vencimentos dos servidores públicos.

Considerações finais

Igualmente se remete às considerações finais do crime de contratação de operação de crédito (art. 359-A do CP).

Oferta pública ou colocação de títulos no mercado

Art. 359-H. Ordenar, autorizar ou promover a oferta pública ou a colocação no mercado financeiro de títulos da dívida pública sem que tenham

---

bros de Poder, com quaisquer espécies remuneratórias, tais como vencimentos e vantagens, fixas e variáveis, subsídios, proventos da aposentadoria, reformas e pensões, inclusive adicionais, gratificações, horas extras e vantagens pessoais de qualquer natureza, bem como encargos sociais e contribuições recolhidas pelo ente às entidades de previdência."

[449] "Art. 19. Para os fins do disposto no *caput* do art. 169 da Constituição, a despesa total com pessoal, em cada período de apuração e em cada ente da Federação, não poderá exceder os percentuais da receita corrente líquida, a seguir discriminados: I – União: 50% (cinquenta por cento); II – Estados: 60% (sessenta por cento); III – Municípios: 60% (sessenta por cento)."

[450] "Art. 42. É vedado ao titular de Poder ou órgão referido no art. 20, nos últimos dois quadrimestres do seu mandato, contrair obrigação de despesa que não possa ser cumprida integralmente dentro dele, ou que tenha parcelas a serem pagas no exercício seguinte sem que haja suficiente disponibilidade de caixa para este efeito."

sido criados por lei ou sem que estejam registrados em sistema centralizado de liquidação e de custódia:

Pena – reclusão, de 1 (um) a 4 (quatro) anos.

Considerações gerais

Igualmente se remete às considerações gerais do crime de contratação de operação de crédito (art. 359-A do CP).

Considerações nucleares

O fenômeno proibido é o endividamento público a longo prazo, por meio da captação de recursos financeiros no mercado via oferta de títulos públicos que comporão a dívida pública imobiliária e, portanto, deverão ser pagos futuramente com recursos oriundos da fazenda pública. A dívida pública mobiliária é entendida legalmente como a "dívida pública representada por títulos emitidos pela União, inclusive os do Banco Central do Brasil, Estados e Municípios" (art. 29, II, da LC n. 101/2000).

A captação de recursos financeiros no mercado para fazer frente às despesas correntes ou à determinado investimento público é lícita, desde que criação do título seja feita por lei e o seu registro se efetive no sistema de liquidação e custódia de títulos. A lei tem como finalidade impedir que a receita pública seja ofendida por operações arbitrárias ou descontroladas de captação de recursos privados criadas unilateralmente pela autoridade pública.

O bem jurídico protegido é a receita do ente público que pode vir a ser atacada por meio do incremento da dívida pública mobiliária do ente federativo. Não se trata de crime contra o sistema financeiro e sim contra a fazenda pública, dado que se tutela a receita pública e não o patrimônio de investidores e usuário do sistema financeiro (RUIVO, 2011, p. 87 e 107-108). A técnica de tutela do bem jurídico é a do crime de perigo abstrato de lesão à receita, logo, a consumação do crime acontece com a efetiva colocação do título no mercado, que deverá ser descrita e provada.

O sujeito ativo das duas primeiras condutas ("ordenar" e "autorizar") é o servidor público superior com atribuição legal para tanto. O da terceira conduta de "promover" a oferta ou a colocação é o servidor público subordinado. Como sujeito passivo, tem-se os titulares da receita gerida pela Administração Pública, conforme referido nas considerações gerais.

A conduta de "ordenar" significa mandar, determinar, comandar a realização de "a oferta pública ou a colocação no mercado financeiro de títulos da dívida pública". O verbo "autorizar" designa a conduta de permitir, aprovar, dar, fornecer, conceder, conferir autorização para a realização da oferta ou colocação. Já o verbo "promover" significa executar, realizar, efetivar, cumprir a ordem ou a autorização para "a oferta pública ou a colocação no mercado". A oferta pública do título poucos dias antes da data na qual é efetivamente possível a compra do título deve ser considerada penalmente insignificante (GALVÃO, 2020, p. 691), porque o bem jurídico não chegou a correr perigo de lesão, já que o título não estava efetivamente à disposição de compra no mercado.

O tipo subjetivo descreve condutas dolosas no sentido de que exige o conhecimento e a vontade de "ordenar, autorizar ou promover a oferta pública ou a colocação no mercado financeiro de títulos da dívida pública" criados sem autorização legal ou não registrados no sistema centralizado de liquidação e custódia.

Há duas hipóteses de erro penalmente relevantes que devem ser destacadas. A primeira de erro de proibição, na qual o administrador público desconhece as regras de criação ou registro dos títulos públicos. A segunda hipótese caracteriza erro de tipo, segundo a qual o administrador público acredita que os títulos foram legalmente criados ou estavam devidamente registrados.

Considerações finais

Entre os institutos despenalizadores, há a hipótese de suspensão condicional do processo (art. 89 da Lei n. 9.099/95), cabível para todos os crimes do capítulo. Não cabe transação penal. Ademais, se remete às considerações finais do crime de contratação de operação de crédito (art. 359-A do CP) naquilo que não for específico dos crimes de menor potencial ofensivo.

TÍTULO XII
DOS CRIMES CONTRA O ESTADO DEMOCRÁTICO DE DIREITO

CAPÍTULO I
Dos crimes contra a soberania nacional

Bibliografia: BARROSO, Luís Roberto. A superação da ideologia da segurança nacional e a tipificação dos crimes contra o Estado Democrático de Direito. *Revista de Estudos Criminais*, n. 9, Porto Alegre, Notadez, 2003; BATISTA, Nilo. Lei de segurança nacional: o direito da tortura e da morte. In: *Temas de Direito Penal*. Rio de Janeiro: Liber Juris, 1984; CAEIRO, Pedro. Crimes contra o Estado. In: FIGUEIREDO DIAS, Jorge (Dir.). *Comentário conimbricense do Código Penal – Parte Especial*: artigos 308º a 386º. Coimbra: Coimbra Editora, 2001. t. III; COSTA, Rodrigo de Souza. *Direito penal e segurança*. Rio de Janeiro: GZ, 2012; CUNHA, Rogério Sanches e SILVARES, Ricardo. *Crimes contra o Estado Democrático de Direito*. São Paulo: JusPodivm, 2021; DELMANTO, Celso et al. *Código Penal comentado*. 10. ed. São Paulo: Saraiva, 2022; FERNÁNDEZ RODERA, José A. Delitos contra la Constituición. In: GÓMEZ TOMILLO, Manuel e JAVATO MARTÍN, Antonio Maria. *Comentarios prácticos al Código Penal*. Cizur Menor: Thomson Reuters/Aranzadi, 2015. t. VI; FRAGOSO, Cristiano. *Autoritarismo e sistema penal.* 2. ed. Rio de Janeiro: Lumen Juris, 2016; FRAGOSO, Heleno Cláudio. A nova Lei de Segurança Nacional. *Revista de Direito Penal e Criminologia*, n. 35, Rio de Janeiro, Forense, jan./jun. 1983; FRAGOSO, Heleno Cláudio. *Lei de Segurança Nacional*: uma experiência antidemocrática. Porto Alegre: Fabris, 1980; LEITE, Alaor; TEIXEIRA, Adriano. Parecer sobre a Defesa do Estado de Direito por meio do Direito Penal: a experiência comparada e o desafio brasileiro. *Revista Brasileira de Ciências Criminais*, n. 182, ano 29, São Paulo, Revista dos Tribunais, ago./2021; MORAES, Alexandre de. *Direito Constitucional.* 27. ed. São Paulo: Atlas, 2011; REALE JR., Miguel. Liberdade e segurança nacional. *Anais da VIII Conferência Nacional da Ordem dos Advogados do Brasil.* Manaus, 1979; REALE JR., Miguel e WUNDERLICH, Alexandre. Parecer sobre a Lei de Segurança Nacional e a defesa do Estado de Direito no Brasil. *Revista Brasileira de Ciências Criminais*, n. 182, ano 29, São Paulo, Revista dos Tribunais, ago./ 2021; SOUZA, Luciano Anderson. *Direito Penal – Parte Especial*: arts. 312 a 359-R do CP. 3. ed. São Paulo: Revista dos Tribunais, 2022; WUNDERLICH, Alexandre. A criminalização do terrorismo no Brasil: a exceção do crime político a partir da Lei n. 13.260/2016. In: VALENTE, Manuel Monteiro Guedes (Coord.). *Os desafios do Direito (penal) do século XXI.* Lisboa: Ledit Edições, 2018; WUNDERLICH, Alexandre. *Crime político, segurança nacional e terrorismo.* São Paulo: Tirant lo Blanch, 2019.

Introdução: a superação de um modelo

Em cumprimento ao que ordenou a Constituição Federal e em atenção à tendência normativa internacional[451], o Brasil finalmente criminalizou uma série de condutas que afetam ou colocam em risco o Estado de Direito e suas instituições democráticas. Portanto, a Lei n. 14.197/2021 inovou ao acrescentar o Título XII na Parte Especial do Código Penal.

É importante salientarmos, como fizemos em trabalho anteriormente publicado, que o Brasil sofreu o impacto das tendências do Estado Nacional Socialista e do Estado Nacional Fascista, um período de triste recordação da nossa história, em que imperou o arbítrio e o abuso de poder (WUNDERLICH, 2019, p. 51). O Regime

---

[451] Outros países elegeram a realização do Estado de Direito como bem jurídico protegido, como Portugal. No Código Penal português, especialmente: "Dos crimes contra a realização do Estado de direito", art. 325º, por exemplo, estabelece "alteração violenta do Estado de Direito" (ver CAEIRO, 2001, p. 184). Na Espanha, há proteção das "instituciones básicas del Estado", "el orden o sistema constitucional", "entendiendo por tal la protección de esas instituciones, como en el marco que se desenvuelve el principio democrático que caracteriza a nuestra norma fundamental", bem como "el efectivo imperio del aparato del poder previsto en el ordenamiento constitucional, en todo o en parte, ya alzándose colectivamente en armas, ya por astucia u outro médio, pero en este caso consiguiéndolo, que, por último, seduciendo fuerzas armadas para ello (...)". Ainda, existem "Delitos contra la Constitución", como "rebelión" e os crimes contra as "instituciones del Estado y la división de poderes", a partir dos arts. 472 e 492 (ver FERNÁNDEZ RODERA, 2015, p. 48).

Militar brasileiro foi pródigo na produção de uma *legislação de terror*, altamente violadora das garantias e liberdades públicas. Ao final da ditadura militar, ainda no início do processo de abertura política, foi promulgada a Lei n. 7.170/83, a última Lei de Segurança Nacional, que teve vigência até a data de sua revogação pela Lei n. 14.197/2021 (ver parecer de REALE JR.; WUNDERLICH, 2021, p. 3).

Desse modo, em que pese tardiamente, a Lei n. 14.197/2021 suplantou o antigo modelo de Segurança Nacional no Brasil ao adotar um modelo de Proteção e de Defesa do Estado de Direito de índole constitucional, preservando a regularidade e o funcionamento de suas legítimas instituições democráticas.

Atentado à soberania

Art. 359-I. Negociar com governo ou grupo estrangeiro, ou seus agentes, com o fim de provocar atos típicos de guerra contra o País ou invadi-lo:

Pena – reclusão, de 3 (três) a 8 (oito) anos.

§ 1º Aumenta-se a pena de metade até o dobro, se declarada guerra em decorrência das condutas previstas no *caput* deste artigo.

§ 2º Se o agente participa de operação bélica com o fim de submeter o território nacional, ou parte dele, ao domínio ou à soberania de outro país:

Pena – reclusão, de 4 (quatro) a 12 (doze) anos.

Considerações gerais

O Capítulo I deste Título XII estatui ser o bem jurídico tutelado a soberania nacional, que vem a ser dado político e jurídico fruto de processo histórico por via do qual uma comunidade se afirma como nação e para tanto se impõe como independente, autônoma, com capacidade para definir em última instância seu ordenamento jurídico visando a promover o bem comum da população desta unidade territorial.

Por via da soberania nacional, que nos termos do art. 1º da Constituição Federal vem a ser o primeiro fundamento de nossa República, consagra-se a supremacia do poder que tem a nação para se constituir como Estado, ditando de forma exclusiva e originária o seu Direito (REALE JR., 1979, p. 145).

A soberania nacional tem, portanto, faces histórico-social e jurídica e a nação se afirma pelo poder que o Estado exerce sobre seu território mediante a mantença de sua higidez e do controle da segurança do país em face de intromissões estrangeiras. Dessa forma, exerce o Estado a supremacia em idêntica igualdade com a exercida pelos "poderes supremos dos outros povos" (MORAES, 2011, p. 24).

A soberania nacional não se confunde, mas liga-se à soberania popular, pois é o povo a fonte do poder que atribui a condução legítima do Estado a alguém, por via da escolha livre dos governantes. A soberania do Estado deflui da soberania nacional, permitindo que esta se afirme nos quadros de uma ordem jurídica socialmente constituída e legitimada democraticamente.

Considerações nucleares

A conduta incriminada, negociar com Estado ou agentes estrangeiros, poderia ser classificada como um tipo de *traição*. O verbo "negociar" diz respeito a ter tratativas, com interesse econômico ou não, buscando provocar atos típicos de guerra ou invasão do país. A redação do tipo é até mesmo incompreensível, mas pode-se deduzir que venha a se referir, na parte final, à invasão do território nacional.

O tipo penal compõe-se de diversos elementos, pois a negociação deve-se dar com governo, grupo estrangeiro ou seus agentes. Como há grupos estrangeiros que não se confundem e até mesmo são opositores de governos estrangeiros, mas que atuam em guerrilha, por exemplo, é necessário fazer menção a estes. Pode-se lembrar um grupo estrangeiro na organização do Sendero Luminoso, por exemplo.

A redação dada a essa conduta pelo antigo Projeto de Lei elaborado pela Comissão presidida pelo saudoso Ministro Luiz Vicente Cernicchiaro tinha o seguinte teor: "Art. 361. Entrar em entendimento ou negociação com governo ou grupo estrangeiro, ou seus agentes, com o fim de provocar guerra ou atos de hostilidade contra o País, desmembrar parte do seu território, ou invadi-lo". A negociação, de acordo com essa redação, visava a provocar guerra ou atos de hostilidade, expressões substituídas na lei aprovada por Atos de Guerra. Essa locução é vaga, pois não se trata de provocar a guerra, mas atos de guerra, deixando de se compreender no tipo a intriga e a conspiração para decretação de guerra, pois se exige a finalidade de provocar atos típicos de guerra, o que é difícil de se definir o que seja.

Descreve-se uma conduta que perfaz o tipo sem que seja necessária a ocorrência do resultado, sendo, portanto, um crime formal. Assim, a realização de negociação com a finalidade de provocar atos de guerra ou invasão do país é suficiente para tipificação.

Caracteriza o tipo penal, de conseguinte, o elemento subjetivo consistente na finalidade buscada, qual seja a de provocar atos de guerra ou invasão do país. É essa finalidade especial que justifica ser o tipo penal incluso no capítulo de defesa da soberania nacional, pois a independência e a supremacia do Estado, que exerce poder legítimo sobre o território da nação, viriam a ser lesadas por atos de guerra contra o país ou por via de invasão do espaço territorial.

O crime formal, de perigo, vem a ter causa de aumento de pena se a finalidade buscada, de "provocar atos de guerra", de certa forma se materializa, com a declaração de guerra, pois edita o § 1º: "Aumenta-se a pena de metade até o dobro, se declarada guerra em decorrência das condutas previstas no *caput* deste artigo". A causa de aumento não reproduz o tipo do *caput*, pois a pena é aumentada não se houver "atos de guerra" ou invasão, mas declaração de guerra. Deverá, para incidir a causa de aumento de pena, haver nexo de causalidade entre a negociação e a declaração de guerra, como condição para a maior reprovação da conduta.

No § 2º, tipifica-se nova conduta, consistente em "o agente participar de operação bélica com o fim de submeter o território nacional, ou parte dele, ao domínio ou à soberania de outro país". Trata-se de outro tipo penal, relativo, portanto, a ato de participação em invasão de nosso território, razão pela qual não deveria ser um parágrafo do art. 359-J, mas artigo autônomo.

A conduta consiste em haver ação concreta, ou seja, uma operação bélica voltada para estabelecer submissão de parte de nosso território a domínio ou soberania de outro país.

O tipo penal condiciona a tipificação a agir-se com a finalidade de que outro país venha a exercer a soberania ou o domínio sobre parte do território, em contradição com o *caput*, no qual se pune a negociação com grupo estrangeiro e não apenas com outro país. Assim, a norma incriminadora deveria prever ser crime atuar com o fim de submeter nosso território não apenas a domínio de outro país, mas também a qualquer grupo estrangeiro.

Considerações finais

As deficiências de redação são patentes, mas, apesar disso, o tipo penal compreende os atos de traição que ofendem nossa soberania, prevenindo e reprimindo condutas que proporcionem a intromissão de forças ou de países estrangeiros nos nossos domínios. Assim, antecipa-se a punição a atos que coloquem em perigo a soberania, bem como reprimem-se condutas que venham a efetivamente lesionar a independência e a supremacia do Estado brasileiro sobre o nosso território e nossa organização política. Por fim, registre-se que é caso de ação penal pública incondicionada na Justiça Federal (art. 109, IV, da Constituição Federal).

Atentado à integridade nacional

Art. 359-J. Praticar violência ou grave ameaça com a finalidade de desmembrar parte do território nacional para constituir país independente:

Pena – reclusão, de 2 (dois) a 6 (seis) anos, além da pena correspondente à violência.

Considerações gerais

A integridade territorial, com o exercício da soberania em toda a extensão do país, é evidentemente um objetivo natural para preservação da supremacia do Estado, que vem a ser atingida se parcela do seu espaço vier a se considerar independente e alheia ao domínio dos poderes constituídos.

Considerações nucleares

Não se incrimina a defesa do separatismo, buscando-se propagar a ideia de se pretender seccionar parte do território brasileiro, para a tornar independente. A conduta tipificada circunscreve-se à prática de violência ou grave ameaça "com a finalidade de desmembrar parte do território nacional", de forma a vir a se constituir em país independente. O que se visa a punir, portanto, é a ação violenta ou ameaçadora com a finalidade de promover a secessão. Assim, não é necessário que a conduta tenha a potencialidade de levar ao desmembramento de parte do território. A finalidade de provocar o desmembramento é o dado essencial a colorir a conduta, mesmo que não haja qualquer situação de perigo decorrente da ameaça ou grave ameaça.

A violência praticada ou a ameaça grave proferida voltadas a intimidar, com vistas a viabilizar o desmembramento do território nacional, por si só atingem a soberania nacional. Trata-se de crime de perigo, pois considera o legislador relevante a conduta que cria um abalo na higidez de nossa soberania, ao se constituir em manifestação de violência ou ameaça significativa, voltada ao interesse de separar parte do território, a ser sujeito a outra soberania.

Considerações finais

A história do Brasil apresenta exemplos de movimentos separatistas que se notabilizaram pela violência, bastando lembrar a Confederação do Equador, em 1824, no Pernambuco, que se alastrou por diversos Estados, como decorrência da Revolução de 1827. No Sul, também vicejou forte movimento separatista que desaguou na Revolução Farroupilha que pretendia estabelecer a República Rio--Grandense, instalando-se sangrenta guerra por dez anos, de 1835 a 1845.

Ainda hoje há diversos movimentos separatistas. Mas a proposta de separação não é incriminada e sim a tomada de qualquer atitude, seja por meio de violência, seja por meio de grave ameaça, tendo por fim promover o desmembramento de nosso território.

Finalmente, cabe destacar que é caso de ação penal pública incondicionada a tramitar na Justiça Federal (art. 109, IV, da Constituição Federal).

Espionagem

Art. 359-K. Entregar a governo estrangeiro, a seus agentes, ou a organização criminosa estrangeira, em desacordo com determinação legal ou regulamentar, documento ou informação classificados como secretos ou ultrassecretos nos termos da lei, cuja revelação possa colocar em perigo a preservação da ordem constitucional ou a soberania nacional:

Pena – reclusão, de 3 (três) a 12 (doze) anos.

§ 1º Incorre na mesma pena quem presta auxílio a espião, conhecendo essa circunstância, para subtraí-lo à ação da autoridade pública.

§ 2º Se o documento, dado ou informação é transmitido ou revelado com violação do dever de sigilo:

Pena – reclusão, de 6 (seis) a 15 (quinze) anos.

§ 3º Facilitar a prática de qualquer dos crimes previstos neste artigo mediante atribuição, fornecimento ou empréstimo de senha, ou de qualquer outra forma de acesso de pessoas não autorizadas a sistemas de informações:

Pena – detenção, de 1 (um) a 4 (quatro) anos.

§ 4º Não constitui crime a comunicação, a entrega ou a publicação de informações ou de documentos com o fim de expor a prática de crime ou a violação de direitos humanos.

Considerações gerais

Na figura da espionagem, visa-se a incriminar uma determinada forma de traição à pátria, efetivada por meio da entrega a governo ou a organização criminosa estrangeiros conteúdo de documento ou informação classificada como secreta ou ultrassecreta, desde que assim qualificadas por colocarem em risco a preservação da ordem constitucional ou a soberania nacional.

O tipo penal limita, portanto, o crime à hipótese de que a revelação do conteúdo possa atingir a ordem constitucional ou a soberania nacional, malgrado haja outras características que conduzem a ser decretado o documento ou a informação como secretos ou ultrassecretos.

O relevante para configuração do delito está em ser o conteúdo da informação ou do documento secreto ou ultrassecreto e ainda mais vir a colocar em risco a preservação da ordem constitucional ou a soberania.

Considerações nucleares

A ação prevista no tipo penal é a de entregar documento ou informação secretos ou ultrassecretos a governo estrangeiro, seus agentes ou organização criminosa estrangeira[452]. O verbo "entregar" significa transferir, passar, transmitir, enviar. A conduta pode se dar pelos mais diversos meios. O que se transfere não é o documento em sua materialidade, mas o conteúdo constante de documento sigiloso. A conduta tem, destarte, por objeto material o teor de documento ou informação classificados como secretos ou ultrassecretos, o que está estabelecido na Lei n. 12.527/2011, em cujo art. 24 edita-se: "A informação em poder dos órgãos ou entidades públicas, observado o seu teor e em razão de sua imprescindibilidade à segurança da sociedade ou do Estado, pode ser classificada como ultrassecreta, secreta ou reservada".

---

[452] No Projeto de Lei, estabelecia-se: "Obter documento, dado ou informação essencial para o interesse do Estado brasileiro ou classificados como secretos ou ultrassecretos, com o fim de revelá-los a governo ou grupo estrangeiro, ou a seus agentes". A conduta objeto de incriminação consistia em se obter documento, com a intenção de revelar seu conteúdo.

A classificação como secreto ou ultrassecreto será determinada segundo o disposto no § 5º desse artigo em face da gravidade do risco ou dano à segurança da sociedade e do Estado. Os critérios para classificação também exsurgem do disposto no Regulamento constante do Decreto n. 60.417/67 e com o disposto no Decreto n. 4.553/2002, em cujo art. 2º se estabelece: "São considerados originariamente sigilosos, e serão como tal classificados, dados ou informações cujo conhecimento irrestrito ou divulgação possa acarretar qualquer risco à segurança da sociedade e do Estado (...)".

A atribuição para classificar documento ou informação como ultrassecretos incumbe, conforme edita o art. 27, I, da Lei n. 12.527/2011, apenas ao Presidente da República, ao Vice-presidente, aos ministros de Estado, aos comandantes das três armas, bem como a chefes de missões diplomáticas ou consulares no exterior. Já a classificação de secreto pode ser conferida pelos acima referidos e, também, pelos titulares de autarquias, fundações ou empresas públicas e sociedades de economia mista, segundo o estabelecido no art. 27, II, da Lei n. 12.527/2011.

A redação do tipo penal exclui a revelação do teor do documento ou informação secretos ou ultrassecretos que se dê de acordo com determinação legal ou regulamentar. No Decreto n. 4.553/2002, indica-se ser admitido o acesso ao documento secreto ou ultrassecreto quando é reconhecida a necessidade de haver conhecimento de conteúdo secreto (arts. 2º, parágrafo único, e 4º, XIII). Dispõe-se, ademais, no art. 37 do mesmo Decreto: "O acesso a dados ou informações sigilosos em órgãos e entidades públicos e instituições de caráter público é admitido: I – ao agente público, no exercício de cargo, função, emprego ou atividade pública, que tenham necessidade de conhecê-los".

Destarte, para a configuração do tipo penal é necessário que o documento ou a informação não apenas sejam secretos ou ultrassecretos, mas que não haja em face da pessoa à qual seu conteúdo é transmitido necessidade de tomar conhecimento deste.

Por fim, a descrição típica, exageradamente, requer uma superfetação, qual seja a de que revelação possa colocar em perigo a preservação da ordem constitucional ou a soberania nacional. Exige-se, portanto, que se crie uma situação de perigo à ordem constitucional ou à soberania nacional, que, na verdade, já deflui da circunstância de ser o conteúdo revelado secreto ou ultrassecreto, dificultando-se dessa maneira a comprovação do delito.

A configuração típica somente ocorre se estabelecido o nexo causal entre o dar conhecimento do conteúdo e o surgimento de perigo à ordem constitucional ou à soberania nacional, dado que se acresce desnecessariamente, pois o documento ou a informação são secretos ou ultrassecretos em vista de a divulgação poder acarretar risco à segurança da sociedade e do Estado, como claramente dispõe o art. 2º do Decreto n. 4.553/2002.

Considerações finais

A configuração do tipo penal revestiu-se de dificuldade na redação constante do art. 359-K ao se exigir que só haverá espionagem se o documento ou a informação sejam reputados secretos ou ultrassecretos por colocarem em risco a preservação da ordem constitucional ou a soberania nacional. Essa é uma condição inerente a esta qualificação. O melhor teria sido configurar-se o crime com a divulgação de documentos passíveis de atingir a soberania ou a ordem constitucional, mesmo sem a qualificação de secreto ou ultrassecreto, qualificação da burocracia que pode não ter sido a tempo imposta.

Por último, como é regra aos tipos deste capítulo, é caso de ação penal pública incondicionada de competência da Justiça Federal (art. 109, IV, da Constituição Federal).

CAPÍTULO II
Dos crimes contra as instituições democráticas

Abolição violenta do Estado Democrático de Direito

Art. 359-L. Tentar, com emprego de violência ou grave ameaça, abolir o Estado Democrático de Direito, impedindo ou restringindo o exercício dos poderes constitucionais:

Pena – reclusão, de 4 (quatro) a 8 (oito) anos, além da pena correspondente à violência.

Considerações gerais

A abolição violenta do Estado Democrático de Direito é uma figura penal de alta relevância. Em trabalho monográfico anterior, defendemos que o Estado de Direito só se realiza com a regularidade e o funcionamento de suas "instituições democráticas", expressão utilizada na Constituição Federal de 1988. Em que pese a legislação ser omissa sobre a conceituação, acreditamos que a adesão à expressão "instituições democráticas" representa uma superação do modelo autoritário de segurança nacional até então adotado no Brasil. Em nosso juízo, a tutela penal é necessária, pois a defesa das "instituições democráticas" representa a própria essência da democracia, o que viabiliza a realização de um Estado de Direito por meio da concretização dos direitos fundamentais (com detalhes em WUNDERLICH, 2019, p. 46 e 272).

Como registramos na Introdução, o tema foi anteriormente tipificado na Lei de Segurança Nacional (Lei n. 7.170/83, arts. 17 e 18), última legislação especial do país[453]. É certo que a legislação autoritária foi editada em determinado tempo, como ensina Miguel Reale Jr., num momento de "transição". A Constituição Federal de 1988, por sua vez, se afasta do conceito de segurança nacional e abraça a expressão "instituições democráticas" (REALE JR.; WUNDERLICH, 2021, p. 375). Nossa posição é no sentido de que "instituições democráticas" estão representadas pelos mecanismos e instrumentos do Estado que operam em favor de sua integridade, seu funcionamento e de sua realização enquanto Estado de Direito. Dessarte, são todos os órgãos constitucionalmente estabelecidos – parlamentos, executivos, judiciários e serviços públicos essenciais (WUNDERLICH, 2019, p. 272).

Considerações nucleares

A figura da tentativa de abolição do Estado Democrático de Direito merece intervenção penal, pois é fato de alta gravidade e que visa a atingir o núcleo essencial da sociedade civil organizada. Em classificação simples, é um tipo legal comum, formal e doloso – dolo específico. O bem jurídico tutelado é o próprio Estado de Direito, que se manifesta por meio de suas instituições democráticas. O tipo não exige qualquer condição especial para o sujeito ativo, sendo o Estado o sujeito passivo primário. O crime tem diversos elementos essenciais à configuração típica, o emprego de violência (física) ou grave ameaça (moral) com intuito de abolir o Estado Democrático de Direito, impedindo e restringindo o exercício dos poderes constitucionais.

Considerações finais

A pena imposta ao tipo é de reclusão de 4 (quatro) a 8 (oito) anos, além da pena correspondente à violência. A ação penal é pública incondicionada e de competência da Justiça Federal (art. 109, IV, da Constituição Federal). Em razão da pena e da prática de violência, não se concede nenhum dos acordos penais admitidos no Brasil, exceto a colaboração premiada.

Golpe de Estado

Art. 359-M. Tentar depor, por meio de violência ou grave ameaça, o governo legitimamente constituído:

Pena – reclusão, de 4 (quatro) a 12 (doze) anos, além da pena correspondente à violência.

---

[453] "Art. 17. Tentar mudar, com emprego de violência ou grave ameaça, a ordem, o regime vigente ou o Estado de Direito. Pena – reclusão, de 3 a 15 anos. Parágrafo único. Se do fato resulta lesão corporal grave, a pena aumenta-se até a metade; se resulta morte, aumenta-se até o dobro. Art. 18. Tentar impedir, com emprego de violência ou grave ameaça, o livre exercício de qualquer dos Poderes da União ou dos Estados. Pena – reclusão, de 2 a 6 anos."

Considerações gerais

O Golpe de 31 de março de 1964 ainda é lembrado na história brasileira como a data em que o governo legalmente constituído foi deposto pelos militares. Desde lá, na linha do autoritarismo da legislação do Estado Novo, teve protagonismo a ideologia de segurança nacional em detrimento de direitos e garantias individuais. Ainda estão presentes na história nacional os efeitos nefastos da ditadura militar, que perdurou até a Constituição Federal de 1988. Dentro desse cenário, acreditamos ser legítima a intervenção penal, sendo de sublinhar que tipo penal similar estava previsto na Lei n. 7.170/83, especificamente no já referido art. 17 (REALE JR.; WUNDERLICH, 2021, p. 375.)

Após o Golpe Militar de 1964, houve sucessivas legislações que ocasionaram o colapso da ordem institucional, em atenção ao novo regime e às suas pretensões arbitrárias e punitivistas. O arcabouço legislativo impôs que toda pessoa natural ou jurídica fosse responsável pela segurança nacional, "nos limites definidos em lei". As leis visavam a garantir "a consecução dos objetivos nacionais contra antagonismos, tanto internos como externos", compreendendo, essencialmente, "medidas destinadas à preservação da segurança externa e interna", inclusive a prevenção e a repressão da "guerra psicológica adversa" e da "guerra revolucionária ou subversiva". Imperou a Doutrina de Segurança Nacional, de emulações militares e do antagonismo total com os países comunistas, momento de bipolaridade mundial, fruto da Guerra Fria, logo após o final de Segunda Guerra Mundial (REALE JR.; WUNDERLICH, 2021, p. 375 e s.).

Considerações nucleares

Trata-se de crime comum e que qualquer pessoa pode praticar, a fim de deposição do governo constituído. O sujeito passivo é o próprio Estado, pela deposição do Presidente. É crime doloso – dolo específico. É punida a própria tentativa de depor o governo, não um político em específico, mas o governo. Além disso, é punível a própria violência (física – agressão) ou ameaça (moral – temor, receio), elementares essenciais para a configuração do tipo, desde que exista a finalidade específica de deposição.

Considerações finais

A pena é de 4 (quatro) a 12 (doze) anos, além da pena correspondente à violência. Trata-se de caso de ação penal pública incondicionada, em que a competência é da Justiça Federal (art. 109, IV, da Constituição Federal). Também é importante lembrar que o art. 5º, XLIV, da Constituição Federal define esse crime como inafiançável e imprescritível, se a ação for praticada por "grupos armados, civis ou militares", contra a ordem constitucional e o Estado Democrático.

CAPÍTULO III
Dos crimes contra o funcionamento das instituições democráticas no processo eleitoral

Interrupção do processo eleitoral

Art. 359-N. Impedir ou perturbar a eleição ou a aferição de seu resultado, mediante violação indevida de mecanismos de segurança do sistema eletrônico de votação estabelecido pela Justiça Eleitoral:

Pena – reclusão, de 3 (três) a 6 (seis) anos, e multa.

Considerações gerais

A figura é novidade na legislação nacional e visa a tutelar o processo eleitoral, a eleição, bem como o seu resultado. A tutela penal é de necessidade evidente, afinal, o processo eleitoral é a base legítima para o exercício do regime democrático trazido pela Constituição de 1988. O tipo legal de crime está alocado fora da legislação especial, portanto, divorciado dos demais crimes eleitorais, o que em nosso juízo representa um equívoco que compromete o exame do sistema como um todo.

Considerações nucleares

Os verbos nucleares "impedir" e "perturbar" retratam que a conduta do agente deve ser capaz de dificultar, obstar, prejudicar, tolher ou estorvar a eleição ou a livre aferição de seu resultado. Além disso, a conduta deve ser realizada mediante a violação de algum dos mecanismos ou instrumentos de segurança do sistema eletrônico de votação estabelecido legítima e especificamente pela Justiça Eleitoral.

É certo que o processo eleitoral contemporâneo exige alta segurança para aferição dos resultados, bem como para a manutenção do sigilo das votações, especialmente do que limita ao *software* que mantém as urnas eletrônicas. Logo, é um tipo legal de crime necessário e bastante específico, que visa a tutelar o Sistema Eletrônico de Votação organizado pelo Tribunal Superior Eleitoral, preservando a eleição e seu resultado.

Portanto, o bem jurídico tutelado é a eleição, a regularidade do processo eleitoral que acarreta um resultado idôneo e de aferição legítima. O sujeito ativo pode ser qualquer pessoa, pois o tipo não exige condição especial. O sujeito passivo é o Estado. A configuração típica decorre da conduta dolosa do agente, impondo-se um dolo específico. Não há hipótese culposa, sendo admitida a hipótese da tentativa.

Considerações finais

Como nos demais tipos penais contra o Estado Democrático de Direito, trata-se de hipótese de ação penal pública incondicionada. Dos acordos penais em tese possíveis, é cabível o acordo de não persecução penal previsto no art. 28-A do Código de Processo Penal, além da colaboração premiada. No caso, a competência é da Justiça Eleitoral.

Art. 359-O. (*Vetado*)

O art. 359-O criava o tipo de "Comunicação enganosa em massa", punindo a conduta de promover ou financiar, pessoalmente ou por interposta pessoa, mediante uso de expediente não fornecido diretamente pelo provedor de aplicação de mensagem privada, campanha ou iniciativa para disseminar fatos que sabe inverídicos, e que sejam capazes de comprometer a higidez do processo eleitoral.

Houve veto presencial, pois "a proposição legislativa contraria o interesse público por não deixar claro qual conduta seria objeto da criminalização, se a conduta daquele que gerou a notícia ou daquele que a compartilhou (mesmo sem intenção de massificá-la) (...)". Ainda, segundo as razões de veto, há dúvida "se o crime seria continuado ou permanente, ou mesmo se haveria um 'tribunal da verdade' para definir o que viria a ser entendido por inverídico a ponto de constituir um crime punível" pelo Código Penal, "o que acaba por provocar enorme insegurança jurídica".

Em que pese a redação genérica que foi apontada nas razões de veto, o tipo penal em comento, ainda que no curso do processo legislativo, tem merecido exame da doutrina e está em discussão nos projetos que tratam do novo Código Eleitoral. É certo que o trabalho do legislador não é fácil. Aliás, é altamente complexo redigir um tipo penal dessa natureza. Contudo, a comunicação enganosa em massa e o disparo imoderado de *fake news* devem receber espaço no Direito Penal, fundamentalmente quando o resultado da mentira e/ou da idoneidade afete ou coloque em risco a segurança e a higidez do processo eleitoral.

Violência política

Art. 359-P. Restringir, impedir ou dificultar, com emprego de violência física, sexual ou psicológica, o exercício de direitos políticos a qualquer pessoa em razão de seu sexo, raça, cor, etnia, religião ou procedência nacional:

Pena – reclusão, de 3 (três) a 6 (seis) anos, e multa, além da pena correspondente à violência.

Considerações gerais

Na linha do que determinou a Lei n. 14.192/2021, que tutelou a atuação da mulher nos espaços e atividades relacionados ao exercício de seus direitos políticos, o art. 359-P é inovação legislativa. A tutela penal, contudo, deveria ter sido incluída no âmbito da legislação eleitoral, assim como no caso do tipo antecedente, de interrupção do processo eleitoral (art. 359-N).

O tipo legal de crime é amplo no espectro de tutela e indica uma conduta destinada à limitação de restringir, impedir, limitar ou dificultar. A conduta é acompanhada de um determinado meio, qual seja a violência física, sexual ou psicológica, que é utilizado contra o exercício de direitos políticos de qualquer pessoa, desde que em razão de seu sexo, raça, cor, etnia, religião ou procedência nacional.

Considerações nucleares

Trata-se de tipo penal bastante abrangente e composto por vários elementos essenciais. É um crime comum, sem exigência de sujeito ativo especial, em que a vítima é a pessoa violada em seu direito político. É um crime doloso, em que se exige que a conduta seja destinada a um resultado específico. Exige-se a presença de qualquer espécie de violência, física, sexual ou psicológica. A agressão física, sexual ou psicológica deve afetar o exercício de direitos políticos, qualquer deles, em razão de sexo, raça, cor, etnia, religião ou procedência nacional. É um tipo penal guarda-chuva. Da maneira que a figura foi redigida, restringir, impedir ou dificultar uma pessoa a usar o palanque em comício ou limitá-la em determinado espaço social, em razão de sua cor ou etnia, por exemplo, pode configurar o tipo.

Considerações finais

O apenamento é de 3 (três) a 6 (seis) anos, além da multa e da pena correspondente à violência. A ação penal é pública incondicionada e não é aplicável nenhum dos acordos existentes em matéria penal, ressalvada a hipótese de colaboração premial.

Art. 359-Q. (*Vetado*)

O art. 359-Q estabelecia uma ação penal privada subsidiária da ação penal pública para os crimes previstos no capítulo. A iniciativa da ação penal subsidiária era de partido político com representação no Congresso Nacional, claro, no caso de omissão do Ministério Público. Houve veto da Presidência da República com base nas seguintes razões: "A despeito da boa intenção do legislador, a proposição legislativa contraria o interesse público, por não se mostrar razoável para o equilíbrio e a pacificação das forças políticas no Estado Democrático de Direito, o que levaria o debate da esfera política para a esfera jurídico-penal, que tende a pulverizar iniciativas para persecução penal em detrimento do adequado crivo do Ministério Público. Nesse sentido, não é atribuição de partido político intervir na persecução penal ou na atuação criminal do Estado".

CAPÍTULO IV
Dos crimes contra o funcionamento dos serviços essenciais

Sabotagem

Art. 359-R. Destruir ou inutilizar meios de comunicação ao público, estabelecimentos, instalações ou serviços destinados à defesa nacional, com o fim de abolir o Estado Democrático de Direito:

Pena – reclusão, de 2 (dois) a 8 (oito) anos.

Considerações gerais

Por esse delito, que já vinha previsto nas leis de segurança nacional, todavia, acrescenta-se elemento finalístico relevante consistente em ação violenta ser praticada visando a "abolir o Estado Democrático de Direito".

Assim, se o atentado a meios de comunicação for efetuado sem a busca do fim de abolir o "Estado Democrático de Direito", pode se configurar delito previsto no Código Penal, no capítulo relativo aos crimes contra a Incolumidade Pública, por exemplo, o crime descrito no art. 260, I, consistente em "impedir ou perturbar serviço de estrada de ferro, destruindo, danificando ou desarranjando, total ou parcialmente, linha férrea, material rodante ou de tração, obra-de-arte ou instalação".

Considerações nucleares

Trata-se de crime material de ação e resultado, sendo a conduta consistente em destruir ou inutilizar estradas, edifícios, instalações de uso comum, imprescindíveis à vida cotidiana, bem como "serviços destinados à defesa nacional", como um aeroporto ou quartel.

Admite-se a tentativa, pois a ação que busca a destruição pode ter desencadeado condutas aptas à consecução do fim almejado, ou seja, destruição de um aeroporto, mas não ter alcançado o objetivo por conta da interferência de fatores alheios à sua vontade. Mas, o aspecto relevante desse tipo penal vem a ser a finalidade específica procurada pelo agente, qual seja a abolição do Estado Democrático de Direito.

Portanto, tem-se uma ação que se coloca em um conjunto de atividades para desconstituir a governo legítimo. São atos que se assemelham ao crime de terrorismo, o qual, no entanto, configura-se independentemente do objetivo de abolir o Estado Democrático de Direito (Lei n. 13.260/2016), pois se caracteriza pela finalidade de provocar terror social ou generalizado, expondo a perigo pessoa, patrimônio, a paz pública ou a incolumidade pública. Por outro lado, conforme edita o art. 2º da citada Lei, o ato terrorista caracteriza-se, também, por ser motivado por razões de xenofobia, discriminação ou preconceito de raça, cor, etnia e religião, além de pretender buscar provocar terror social. Mas, como bem se observa Alexandre Wunderlich, a "finalidade do tipo é a provocação de terror social ou generalizado, por razões de xenofobia, discriminação ou preconceito de raça, cor, etnia e religião, mas *não por motivação política*" (WUNDERLICH, 2019, p. 165).

A motivação, contudo, no caso do tipo penal em análise, é de caráter político, pois se deve realizar a conduta violenta de destruição ou inutilização em busca da abolição do Estado Democrático de Direito. Por essa razão, em concurso aparente de normas, prevalece a incidência do artigo em comento, em vista da finalidade específica de cunho político, quando se pretende abolir o Estado Democrático de Direito.

Como se pode verificar, o elemento subjetivo é o dado diferencial que distingue atos de inutilização de meios de comunicação ou instalações da hipótese do crime comum contra a incolumidade pública, do crime de terrorismo ou do crime contra o Estado de Direito Democrático. Assim, a constatação da finalidade vai definir a tipificação da conduta, sendo imprescindível comprovação desse objetivo político para se perfazer o crime do art. 359-R do Código Penal.

Considerações finais

A pena é de reclusão de 2 (dois) a 8 (oito) anos. É caso de ação penal pública incondicionada na Justiça Federal (art. 109, IV, da Constituição Federal). Em tese, dos acordos em matéria criminal, são possíveis de aplicação o acordo de não persecução penal e a colaboração premiada.

CAPÍTULO V
(*Vetado*)
Art. 359-S. (*Vetado*)

A Presidência da República vetou o Capítulo V – Dos crimes contra a cidadania – que fixava o tipo de "atentado a direito de manifestação", previsto no art. 359-S. A figura tutelava a conduta de "impedir, mediante violência ou grave ameaça, o livre e pacífico exercício de manifestação de partidos políticos, de movimentos sociais, de sindicatos, de órgãos de classe ou de demais grupos políticos, associativos, étnicos, raciais, culturais ou religiosos", impondo pena de reclusão, de 1 (um) a 4 (quatro) anos. Adicionalmente, no § 1º, fixava que se resulta lesão corporal grave, a pena é de reclusão, de 2 (dois) a 8 (oito) anos. No final, no § 2º, se resulta morte, a pena de reclusão, de 4 (quatro) a 12 (doze) anos".

Nas razões do veto foi registrado que "a despeito da boa intenção do legislador, a proposição legislativa contraria o interesse público, ante a dificuldade de caracterizar, *a priori* e no momento da ação operacional, o que viria a ser manifestação pacífica, o que geraria grave insegurança jurídica para os agentes públicos das forças de segurança responsáveis pela manutenção da ordem. Isso poderia ocasionar uma atuação aquém do necessário para o restabelecimento da tranquilidade, e colocaria em risco a sociedade, uma vez que inviabilizaria uma atuação eficiente na contenção dos excessos em momentos de grave instabilidade, tendo em vista que manifestações inicialmente pacíficas poderiam resultar em ações violentas, que precisariam ser reprimidas pelo Estado".

CAPÍTULO VI
Disposições comuns

Art. 359-T. Não constitui crime previsto neste Título a manifestação crítica aos poderes constitucionais nem a atividade jornalística ou a reivindicação de direitos e garantias constitucionais por meio de passeatas, de reuniões, de greves, de aglomerações ou de qualquer outra forma de manifestação política com propósitos sociais.

Crítica e direito de resistência

A lei fixou o óbvio ao deixar expresso que é livre a manifestação crítica aos poderes constitucionais do Estado, bem como a atividade jornalística ou reivindicatória de direitos e garantias constitucionais.

É livre a manifestação política de propósito social. Para além do direito de crítica, pensamos que o texto promove uma espécie de direito de resistência, legitimando – e não poderia ser diferente – as manifestações, passeatas, greves, aglomerações ou de qualquer outra forma de manifestação (leitura do art. 5º, IV, da Constituição Federal).

Art. 359-U. (*Vetado*)

DISPOSIÇÕES FINAIS

Art. 360. Ressalvada a legislação especial sobre os crimes contra a existência, a segurança e a integridade do Estado e contra a guarda e o emprego da economia popular, os crimes de imprensa e os de falência, os de responsabilidade do Presidente da República e dos Governadores ou Interventores, e os crimes militares, revogam-se as disposições em contrário.

Art. 361. Este Código entrará em vigor no dia 1º de janeiro de 1942.

Rio de Janeiro, 7 de dezembro de 1940; 119º da Independência e 52º da República.

Getúlio Vargas